谨以本书

贺应松年教授八十华诞

中国行为法学会

民营企业家合法权益及法律保护课题成果

当代中国行政法的使命

【上册】

马怀德◎主编

中国法制出版社
CHINA LEGAL PUBLISHING HOUSE

立言立功应国运　松鹤延年寿绵绵

——应松年教授八十华诞贺寿文集序

应松年教授的人生跌宕起伏，在人生道路经历剧烈动荡和巨大变迁时，他以坚强的意志走出人生低谷，以莫大的智慧勇立改革潮头，他浓墨重彩的人生是一个有良知的中国知识分子殚精竭虑、呕心沥血的写照。

应教授将个人的学术经历和兴趣与国家的需要、民族的命运紧密相连。观之应教授的学术研究史，就是一部中国行政法的立法史，应松年教授作为主要推动者参与了行政诉讼法、行政处罚法、行政许可法、行政强制法、行政复议法等全部重要行政法律的制定和修订，其他法律、法规、规章则不计其数，贯穿改革开放至今行政法制建设的全过程，他是中国行政法制建设的重要参与者和见证者。他的很多主张和观念已经成为法律条文，或者成为基本的法律原则，在中国特色社会主义法律体系的丰碑上应该刻上他的名字。如今，虽处耄耋之年，他仍在孜孜以求中国行政程序法，希望为法治中国的大厦再加一道梁。

应教授的学术研究总是从问题出发，从中国实际出发，关于行政法问题的探讨，无一不植根于中国实践，强调中国意识，创新的源头在于实践，深入社会、关注社会和勇于创新的精神使得应教授长期保持学术研究的领先地位，堪称学界泰斗。

作为忧国忧民的知识分子和奉献教育的教师，应先生将教书育人融入自己的生命，从教60多年来，应教授潜移默化、润物无声，培养的学生遍布海内外，播撒的“种子”已经桃李满园、栋梁满堂，带着应教授的谆谆教诲，延续着经世济民、法治国家的使命。他严谨的治学观和豁达的人生观是点燃众多弟子的火种。

“大人者，不失其赤子之心者也。”无论是风雨交加的晦暗日子，还是激情燃烧的岁月，应教授始终将人民的利益放在理论研究和推动实践的首位，他以民为本、胸怀天下、思想常新，成为最著名和最有影响的法学家之一，他也因此获得社会的高度评价和由衷的敬重。《中庸》有言：“唯天下至圣，为能聪明睿知，足以有临也；宽裕温柔，足以有容也；发强刚毅，足以有执也；齐庄中正，足以有敬也；文理密察，足以有别也。”应教授就是这样一位睿智、宽容、刚毅、正直、严谨的学界楷模。

适逢应教授八十寿诞，学界同仁和学生们结集为贺，祝愿先生身体健康、学术长青。

马怀德

2015 年 11 月 24 日

贺　信

欣闻应松年教授八十华诞，本应亲临祝贺，不巧这两天住院，无法到场，为歉！多年来，应教授在行政法教学科研领域和实践推动方面作出了杰出贡献，值此生日之际特送上祝福，祝生日快乐，万事如意！祝会议圆满成功！

罗豪才

2015年12月22日

周强院长给应松年教授八十华诞的贺信

尊敬的应松年教授：

今年12月23日是您八十华诞，我谨向您致以诚挚的祝福，并表示由衷的敬意！

作为新中国行政法学科的重要创始人和学术带头人，先生在行政法学基础理论研究、培养行政法学人才、推进行政法治建设，促进国际交流等方面作出了重要贡献。多年来，先生勤于笔耕，著述不辍，潜心培育学人，为新中国行政法学的发展起到了重要奠基作用；大力倡导法治，积极推动依法行政，热切关注民生，推动社会主义法治政府建设；关注人民司法，参与行政诉讼立法，推进人民法院行政审判工作发展；先生学术视野广阔，积极开展国际交流，热忱推动海峡两岸学术合作，赢得了广泛的赞誉和尊敬。

希望您继续关心和支持人民法院工作，继续推动和促进行政法治建设。祝愿您学术之树长青，身体健康长寿！

最高人民法院院长　周强

2015年12月22日

中华人民共和国最高人民检察院贺信

中国政法大学法治政府研究院并应松年教授：

中国政法大学法治政府研究院举办“当代中国行政法的使命”研讨会，这是行政法学界、司法实务界共同探讨行政法理论和实践的一次重要会议。首先，对研讨会的举办表示热烈的祝贺！对以应松年教授为代表的各位行政法学专家学者致以崇高的敬意！我相信，这次研讨会对于依法行政、加快法治政府建设将具有积极的促进作用。

应松年教授是享誉海内外的著名法学家和法学教育家。几十年来，应松年教授在行政法学研究道路上孜孜不倦，以深厚的学术功底和独到的视野见解，著书立说、建树颇丰；应老师始终在立法、执法领域倡导保障人权、体现人性，先后呼吁修改国家赔偿法、行政复议法，呼唤出台行政程序法，参与立法法、行政诉讼法、行政处罚法等多部重要法律法规的起草，积极推进依法行政，为法治政府建设做出了重要贡献；应老师坚持以教书育人为己任，在行政法教学阵地上耕耘40余载，呕心沥血沃百花，育才桃李满天下，也为检察机关培养了大量优秀的行政法学人才。应老师还长期担任最高人民检察院专家咨询委员，十分关心司法改革和检察改革，积极为解决检察工作中的重大理论和实践问题建言献策，为检察事业创新发展做出了重要贡献。借此机会，谨向中国政法大学法治政府研究院和应老师致以诚挚的感谢！

检察工作的发展进步离不开检察理论探索创新，离不开法学界的关心、支持。当前，检察机关正在按照中央部署，深入贯彻落实修改后的行政诉讼法，积极探索提起公益诉讼、对行政违法行为进行法律监督等重要改革。热切盼望中国政法大学法治政府研究院和应老师一如既往地关心、关注检察工作，加强行政检察制度研究，加强行政诉讼法律监督研究，共同推动建设中国特色社会主义法治体系、建设社会主义法治国家。

衷心祝愿我国行政法学事业蒸蒸日上、再创辉煌！衷心祝愿“当代中国行政法的使命”研讨会取得圆满成功！衷心祝愿应松年教授学术长青、健康长寿！

2015 年 12 月 14 日

全国人民代表大会法律委员会贺信

中国政法大学法治政府研究院并应松年教授：

欣闻贵院举行“当代中国行政法的使命”学术研讨会，我对研讨会的举办表示热烈的祝贺！对以应松年教授为代表的各位行政法学专家学者致以崇高的敬意！因研讨会正值全国人大常委会会期，我不能赴会，望予谅解。

我和应松年老师相识二十多年。从1992年我担任全国人大常委会法工委副主任分管国家法、行政法的立法工作开始，就一直把应老师当作自己的师长，经常向应老师请教，努力向应老师学习，这就是为什么我还是习惯称呼应老师。1986年全国人大常委会法工委成立行政立法研究组，应老师担任研究组的主要负责人，先后组织或参与《行政诉讼法》《国家赔偿法》《行政处罚法》《立法法》《行政许可法》《行政强制法》的研究、起草以及相关修订工作，并积极组织研究起草《行政程序法（专家试拟稿）》，为我国法治建设，尤其是构建行政法律体系作出了突出贡献。作为新中国行政法学学科的创始人和带头人，应老师还数次为全国人大常委会组成人员作法制讲座，对普及行政法知识、树立依法行政理念、推动行政法治进程发挥了重要作用；应老师在担任全国人大代表、内务司法委员会委员期间，认真履行职责，围绕国家法治建设和发展中的重大问题积极参政议政、建言献策，在多部国家法律制定的过程中提出重要意见，作出杰出贡献。

应松年同志作为中国行政法学界的领军人物，艰难困苦，玉汝于成，他与当代中国行政法发展三十年休戚与共。随着党的十八届四中、五中全会的召开，我国行政法治建设进程也日益加快，中央、地方层面重大权力清单的公布、部分省市行政程序条例的制定和实施都是我国行政法治不断向前发展的新动力。我衷心期盼在应老师的带领下，我国行政法学的专家学者在建设法治国家、推动行政立法进程中发挥更大作用！同时，衷心祝愿我国行政法学事业蒸蒸日上、再创辉煌！祝愿本次研讨会取得圆满成功！祝愿应松年教授学术长青、健康长寿！

全国人民代表大会法律委员会主任委员

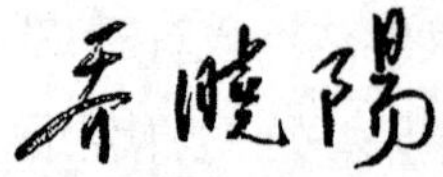

2015 年 12 月 22 日

贺　信

中国政法大学法治政府研究院并应松年教授：

欣闻贵院在京举行“当代中国行政法的使命”学术研讨会，这是在党的十八大四中全会提出全面推进依法治国，坚持法治国家、法治政府、法治社会一体建设的背景下，行政法治理论界与实务界互相交流、共同探讨、凝聚共识的一次重要活动，我谨代表国务院法制办公室并以个人名义向研讨会的举办表示热烈的祝贺！对以应松年教授为代表的各位行政法学专家学者致以崇高的敬意！

随着我国改革开放和现代化建设事业的不断推进，依法行政能力不断增强，法治政府建设不断进步。数十年来，作为我国最早从事行政法学教学研究与行政法治实践的学者之一，应松年教授始终坚持政法学理论研究，为构建我国行政法制体系奠定了深厚的理论基础；同时，应松年教授一直执教在教学一线，为法治政府建设事业培养了一大批理论基础扎实、实践能力突出、具有国际视野的法律人才；应松年教授也长期从事并积极推进行政立法，先后组织或参与了《行政诉讼法》《国家赔偿法》《行政处罚法》《立法法》《行政许可法》《行政强制法》《突发事件应对法》《政府信息公开条例》等法律法规的研究起草工作，参与众多法律、法规草案的咨询论证，积极倡导制定《行政程序法》，直接参与、推动我国政府法制建设；此外，还经常奔走于政府法治宣传教育的讲台，向全国各地行政机关、社会公众开展法治宣传教育，弘扬法治精神，提高干部群众的行政法治意识。可以说，应松年教授身体力行，为我国法治政府建设作出了重要的贡献，是我国行政法治事业的研究者、建设者和见证者。

党的十八大开启了法治国家和法治政府建设的新篇章，党的十八届四中全会作出全面推进依法治国的重大战略部署，习近平总书记围绕法治建设发表了一系列重要讲话，我国法治政府建设面临前所未有的历史机遇，行政法学理论研究和行政法治实践也迎来了新时代、新使命。在党的十八大报告提出到 2020 年基本建成法治政府要求落实之际，期盼行政法学专家学者在法治政府、法治国家建设中发挥更大作用！同时，衷心祝愿我国行政法学事业蒸蒸日上、再创辉煌！祝愿本次研讨会取得圆满成功！祝愿应松年教授学术长青、健康长寿！

国务院法制办公室副主任　甘藏春

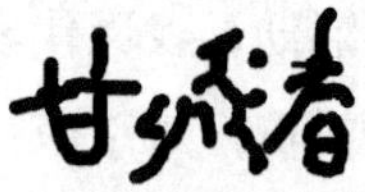

2015 年 12 月 16 日

贺应松年教授八十寿诞

童颜鹤色亦年韶，孰信先生已杖朝。
伟论千篇皆细刻，鸿文百卷尽精雕。
阳春白雪胸怀煜，朗月清泉品节昭。
法苑耕耘终不辍，期颐向迩更逍遥。

注:“杖朝”,《礼记·王制》曰:“八十杖于朝。” 后作八十岁的代称。

“期颐”：古时称百岁为“期颐之年”。

《礼记·曲记篇》曰：人生“百年曰期颐。”

国资委国有重点大型企业监事会主席　郜风涛

贺　信

敬爱的应老师：

在冬至佳节来临之际，迎来了您八十华诞。我们行政法室的全体同志怀着崇敬的心情，感谢您数十年来对国家立法事业作出的重要贡献，对我们的工作给予的最大支持。由于是常委会会期，我们不能到场向您表达敬意，就在人民大会堂，面北，遥祝您福寿绵长，老当益壮，继续为行政法学的发展掌舵导航，为行政立法事业再作贡献。

袁杰、黄薇、童卫东及行政法室全体同志

2015 年 12 月 22 日

贺　信

尊敬的应松年先生：

值此先生喜迎八十华诞之际，谨向您致以最诚挚的问候和最衷心的祝福！

先生毕生致力于我国法治建设发展特别是行政诉讼制度研究，潜心学问、笔耕不辍，是新中国行政诉讼法的基本理论体系和法律制度的主要创建者和推动者；传道授业、诲人不倦，培养了一大批优秀的行政诉讼法学者和立法、司法专业人才；心系天下、信守法治，积极参与国家行政诉讼立法和司法工作，为我国现代行政诉讼法治建设的发展作出了重要贡献。

长期以来，先生始终十分关心、支持我院的工作，深得全院干警的尊敬和爱戴，特别是专程来我院进行调研指导，为我院审判研究提供了重要的理论指导与智力支持，对此我们深表感谢！

八十载沧桑砥砺，八十载春华秋实。衷心祝愿先生健康长寿、永葆学术青春！

北京市第四中级人民法院

2015 年 12 月 17 日

贺信

在应松年先生八十寿诞庆典举行之际，中国行为法学会全体同仁表示衷心地祝贺！

作为当代中国行政法学的创始人和带头人，先生积极推进我国重大行政法律的起草与修订，始终关注行政法学的研究和教学工作，始终关注行政法治实践的推进，在理论研究、人才培养、行政法制建设、提高干部和群众的行政法律意识，以及国际学术交流等方面作出了重大贡献。先生也是中国行为法学会的学术委员，这些年学会的发展也得到了先生的关心和大力支持。

海不辞水，故能成其大；山不辞土石，故能成其高。应松年先生一生笔耕不辍、教书育人，其言、其志、其情怀，均烙印在我国行政法治当中。如今，先生已至耄耋之年，年虽高而志不衰，一如既往地致力于中国行政法学的发展历程，这种精神值得我们学习！

预祝应松年先生八十寿诞庆典圆满成功！

中国行为法学会

致应老师生日贺信

尊敬的应老师：

您好！

首先，我谨代表中国法制出版社和我个人向应老师致以崇高的敬意和衷心的祝贺！

我有幸拜读过应老师的著作，读后感触颇深。您在经历了人生的大起大落、颇多波折后，仍初心未改，坚持为中国建设法治国家、法治政府贡献自己的力量。古人说“人生七十古来稀”，八十华诞，将近一个世纪，应老师在此高龄，仍身强体健，笔耕不辍，可喜可贺，也着实令我等晚辈敬佩！应老师从教数十年来，道德文章皆堪楷模，您的学生、学生的学生，很多人或成为了行政法学界的顶梁柱，或成为了中国法治建设的中坚力量，延续着应老师的学术道路，可谓“门前桃李成蹊径，阶下芝兰足楷模”。

应老师作为中国行政法学的奠基人之一，创造了中国行政法学界的众多“第一”，为中国的行政法学理论研究和教学奠定了坚实的基础。同时，应老师作为全国人大法工委行政立法研究组的负责人，长期从事并积极推进行政立法研究，为我国的行政立法工作以及国家的法治建设作出了突出的贡献。

十多年前，我曾在国家行政学院有幸当过应老师的学生，虽然只有半年时间，但是应老师身教与言教相结合、立德与立言并重的风范，严谨治学、诲人不倦的精神，让我至今难忘。也是应老师的谆谆教诲激发了我对行政法的浓厚兴趣，将我领进了行政法的大门。我在法制办工作的时候，曾多次和应老师一起做立法调研，应老师对待立法工作认真负责、一丝不苟、实事求是，帮我解决了很多工作中的难题。应老师的身上，带有一位法学学者对我国法治国家建设的高度责任心和使命感。自我到中国法制出版社工作之后，更是感受到应老师对法律出版、法治思想传播的关心与支持。我们的许多畅销图书，如王名扬老先生的《美国行政法》、台湾翁岳生先生的《行政法》等能顺利出版，都仰赖应老师的奔走联络。应老师能把他七十华诞、八十华诞的文集托付于我们，也是对我们莫大的信任与支持。在此，诚挚地感谢应老师！

"莫道桑榆晚，为霞尚满天"，真诚祝愿应老师福如东海，寿比南山，学术之树常青！

中国法制出版社社长　江　凌

来自宁波老家的问候

欣闻应老您迎来了八十华诞，作为家乡人民的代表，浙江省宁波市鄞州区人民政府区长，陈国军祝您福如东海，寿比南山，学术常青，桃李天下！

希望您有空常回家乡看看，指导宁波法治政府的建设。

也衷心祝愿本次研讨会顺利举行。

宁波市鄞州区人民政府区长

陈国军

祝贺应松年老师八十高寿，福如东海，寿比南山，引领中国行政法学再造巅峰！并祝“当代中国行政法的使命”研讨会圆满成功！

台湾行政法学会理事长　刘宗德　恭贺

2015 年 12 月 20 日

目 录

上 册

[上篇 论文篇]

■行政法基础理论

■行政组织法制化

■行政行为与行政程序

下 册

■行政监督与救济

■其 他

[下篇 散文篇]

上 篇

论文篇

论行政管理法制化*

应松年　江必新**

党的十三大在我国历史上第一次明确提出行政管理法制化的任务。为了实现这一宏伟目标，必须对行政管理法制化的概念及内涵、基础与前提、对象与环节、途径与步骤理出基本的思路。本文试就这些问题作一初步探讨。

一、行政管理法制化的意义与内涵

什么是行政管理法制化？目前尚无统一而明确的定义。我们认为：行政管理法制化是整个行政管理体系及活动受法律调整和支配的状态。

为什么要使行政管理活动形成这样一种状态呢？这要从行政管理自身所要达到的目标说起。

行政管理是行政机关按照既定目标对国家事务进行组织、指挥和控制的过程，任何行政管理都以有效、合理地发挥人力为目标。要实现这一目标，当然可以采用多种方式，例如，给予一定的刺激，或者行政命令和强化纪律，或者通过对个体的具体分析确定最佳工作方法，或者合理地配置人力、手段、设备、材料或创造合理的环境等。这些方式都有一定的意义和作

---

* 本文原发表于《中国行政管理》1988年第6期。

** 应松年，中国政法大学终身教授、中国行政法学研究会名誉会长；江必新，最高人民法院党组副书记、副院长、审判委员会委员、二级大法官。

用，但不可能从整体上形成有效、合理的行政管理的充分必要条件。要实现有效而合理的管理，不能不借助于法律。这是因为：

首先，法律与个人的主观随意性是不相容的。法律是统治阶级意志的集中表现，在我国它是民主的体现。法律制度一经形成，就具有合理性、客观性和普遍性，能比较稳定地反映事物的本质，能比较有效地防止和制止个人专横和专断；防止和制止滥用职权现象的发生，使行政活动不至于偏离公众所期望的方向。在国家强制力的保护下，法律就成为了超越个人意志的一种客观力量，成为人人必须遵循的规范，也是人们据以评定个人工作、生活的标准之一，包括制定法律的人在内。它将不再为个别人的意志所左右，也不会因领导人的改变而改变，也不会因领导人看法的改变而改变。一切破坏法制的行为都将受到谴责。

其次，法具有规范人们行为的特性。法律一经制定，就为人们预定了一种行为模式，告知人们可以做什么，不可以做什么，应该做什么，不应该做什么。它为整个社会提供了行动的方向和准则。行政管理的对象成千上万，如果没有一些统一的规则，整个社会就会陷入混乱状态。没有管理者和被管理者行为的协调和统一，就根本谈不上管理活动的合理与有效。

再次，法具有协调冲突的功能。它能够在冲突和矛盾中找到平衡点。在现实社会中，管理者与被管理者的关系千丝万缕，难免发生矛盾和冲突。只有通过法律的调整，才能保证这些矛盾和冲突能在秩序的范围内得到妥善解决。

最后，法的一个基本特性在于它不仅为人们的行为规定出种种模式，而且设置种种法律后果以保障它所规定的行为模式的实现。因此，法能够有效地规范人们的行为。利用法的这一特性，既可以强制相对人积极地履行义务，又将强制管理者合理地、公正地、积极地行使职权。

行政管理法制化应当包含哪些基本内容？学术界有不同的看法。第一种观点认为是“以法行政”，即行政机关应利用法律手段进行管理；第二种观点认为是“依法行政”，即行政管理要服从法律的原则和规定；第三种观点认为，行政管理法制化是指在行政管理上有法可依，有法必依，执法必严，违法必究。这些观点都有一定的合理之处。我们认为，从全面的和行政法制的特点来看，行政管理法制化应包括两个方面的内容：一是依法行政；二是违法必究。这样设定行政管理法制化内容的基本依据是我国《宪法》第5条第4款的规定："一切国家机关和武装力量、各政党和各社会团体、各企业事业组织都必须遵守宪法和法律。一切违反宪法和法律的行为，必须予以追究。"

依法行政的内涵是丰富的，包括两个方面：一是政府活动必须纳入法律的范围；二是政府应当运用法律手段去管理国家事务。

依法行政是现代国家所公认的一项行政管理原则，它反映了行政管理的一般规律。但依法行政在不同政治体制的国家其含义不尽相同。在议会制国家，依法行政的基本含义是：（1）没有法律根据，行政机关不得任意剥夺任何公民的权利，也不得任意强加给任何公民以特定的义务；（2）没有法律根据，不得任意为任何特定的人设定特定的权利或免除特定的义务；（3）法律规定可以由行政官员自由裁量的情况，应当符合法律所期望达到的目的和精神。在三权分立制国家，依法行政通常包含以下内容：（1）行政活动不得违反宪法和既存的法律，必须按照法律把有关原则应用于相应的情况；（2）行政活动不得违反行政机关自己作出的决定；（3）行政活动不得违反法院的判决，等等。

我国是人民民主专政的社会主义国家，根据我国的实际情况和宪法精神，依法行政应包含以下两个方面：一是行政机关必须在法律规定的范围内活动。具体说，第一，行政组织与职权必须由宪法和法律加以设定，行政机关不得为自身设定职权；第二，行政活动的基本任务是执行宪法和法律；任何行政法规和行政活动都不得与宪法和法律相冲突；第三，没有宪法和法律的授权，行政机关不得限制、剥夺公民的权利，不得增加公民的特定的义务，也不得为任何特定的人设定特定的权利或免除特定的义务。二是行政机关的管理活动应当规范化。具体内容如下：第一，行政机关行使管理国家和社会事务的行政权能必须规范化，不能随心所欲、反复无常；第二，行政活动不得违反行政机关自己作出的规定；第三，管理者与被管理者的关系应当通过设定权利与义务、职权与职责加以客观化。

违法必究就是要使一切违法者都必须按其违法情况承担法律责任，它亦包含有两个基本内容：一是行政管理的障碍能够得到及时的排除，相对人违反行政管理法规的行为能够得到相应的制裁；二是管理者的违法行为能够得到及时纠正，从而使相对人被损害的权益能够得到切实的救济。

衡量一个法律体系是否健全和完善，一个重要的标准在于它是否可以能动地制裁违法行为。如果一个法律体系自身不能有效地制裁超越它的行为，就意味着它不仅制造着违法者，也意味着该法律并未有效地支配和调整它所面对的社会关系。因此，行政管理法制化必须将"违法必究"作为一个重要内容。

法律责任是法律的核心和灵魂，没有法律责任的法律，实际上就失去法律的特性而成为一纸空文。从这个意义上说，应该把违法必究作为当前行政体制建设中的重点。

二、行政管理法制化的基础与前提

实现行政管理法制化，既是一个紧迫的任务，又是一个巨大的系统工程，必须有步骤、有计划地实施，尤其需奠定坚实的基础，创造必要的前提。

第一，行政管理法制化必须以科学化为基础。

一般说来，法带有客观性、普遍性。但是现实的法又并不一定是科学化的外化，因为法在上升为国家意志并以规范的形式表现出来的过程中，存在许多难以控制的干扰因素。法对客观规律的反映程度，取决于人们对客观规律的认识程度。

新中国成立以来，我国制定的行政法律规范已成千上万，从总体上来说，这些法规基本上是好的，但所形成的管理体制仍存在很多缺陷。实现行政管理法制化必须以科学化为基础。

科学就是对客观规律的认识。以科学化为基础，就是：其一，有关行政管理的法律必须能反映我国实现行政管理高度民主、富有效率的双重目标的客观规律；其二，法律关系的设置，法律规范的确定，能反映法律所调整的行政关系的客观规律。只有在这两个基础上，行政管理法制化才能够发挥它应有的作用。

第二，行政管理法制化必须以民主、合理与效率为目标。

民主、合理与效率是现代国家行政管理所追求的基本目标。然而，民主、合理与效率既相互统一，又相互矛盾，在一定条件下亦可相互转化。例如，要保障公民权利，扩大民主参与，其效率可能要受到影响；而要提高行政效率，就须行政行为的简易、迅速与经济，自然会影响公民的民主权利；行政管理法规应当正视这些矛盾，并力求作出适度调整，找出两者结合的最佳点。

一方面要注意实现建立民主政治的宏伟目标，另一方面也要注意迅速实现四化的要求。笔者认为解决这一矛盾，最起码的原则是，提高行政效率必须以确保相对人的宪法权利不受行政行为侵害为前提，而绝不能借口提高效率而牺牲公民的权益。

第三，行政管理法制化必须以依法行政为主导。

行政管理法制化就其实体方面的内容来说，包含“以法行政”和“依法行政”两个方面。但行政管理法制化必须以“依法行政”为主导。理由是：第一，以法行政要以依法行政为基础，当行政主体自身的组织和状况都处于无规律的状态时，便无法期望行政主体运用法律手段来有效地行使管理职能；第二，行政机关用以行政管理的一切行政法规、行政规章都不得与宪法和法律相抵触，这是我国的一项宪法原则。只有依法行政才能保证政令统一，防止法出多门。

第四，行政管理法制化应当贯彻改革精神。

法制化具有肯定、稳定和固定的功能，这是法制化的特点和优点。但是，如果现存的不合理的东西被稳定化和固定化，那就不仅不能实现行政管理的目标，相反将会增加旧体制的僵硬度。如果把一种不合中国国情的管理模式法制化，那就会成为阻碍社会发展的桎梏。

要使改革卓有成效而不至于流产，改革本身也有法制化的必要。要使改革能经常不断而又不致发生紊乱，就应当为改革设置基本的规范。诸如改革方案提出的途径与程序、生效条件、落实的保障等，都应由法律加以设定。只有这样才能兴革有致，合理合法。

第五，行政管理法制化必须破除一些传统观念。

首先，“法不责上”的观念。认为法是管老百姓的，不能用来约束管理者，更不能用来约束政府。

其次，过分偏爱灵活性的观念。认为法限制太严，束缚手脚，片面崇拜简易，偏爱灵活，排斥限制。

再次，单纯保障的观念。只要求用法来保障行政管理的顺利进行，要求用法来排除行政障碍，而不讲法的创设功能，忽视法在形成良好的行政管理机制中的作用。

最后，片面强调稳定性观念，过分强调“成熟”原则，缺乏立法预测，忽视立法的超前性。这些观念不破除，行政管理法制化就缺乏基本依托。

三、行政管理法制化的基本环节

党的十三大报告指出：“应当为行政活动提供基本的规范和程序。”“国家的政治生活、经济生活和社会生活的各个方面；民主和专政的各个环节都要做到有法可依，有法必依，执法必严，违法必究。”行政管理活动有哪些主要环节需要法制化，是一个必须探究的课题。

任何管理制度都可以分为三大类：第一类是结构性的制度，表现为行使管理职能的机构和组织系统；第二类是程序性的制度，它们是实现管理任务的方式、途径和步骤等；第三类是监控性的制度，它们是矫正、补救行政活动的基本制度。这种分类的意义在于它揭示了管理制度表现的基本方面，有助于更好地认识每一个行政管理制度的体系及其变动关系，从而为行政管理法制化指出基本方向和环节。从上述分类来说，行政管理法制化，一是要使行政管理机构和组织系统及其权能法制化；二是要使行政程序法制化；三是要使行政监督法制化。

（一）行政组织与权能分配的法制化

行政组织机构与权能是不可分割的。行政组织机构是行政权能的物质承担者，而行政权能又是行政组织和机构的生命所在。行政组织机构与权能的法制化意味着：1. 必须依照法律的规定把行政权分化成若干职能；2. 必须依照法律的规定创造各种权能行使的条件（包括人、财、物）；3. 必须运用法律手段解决权能运用中可能出现的问题。这些问题既可能表现为权力滥用或越权，也可能表现为失职和渎职。即是说必须通过法律回答这样几个问题：（1）谁；（2）在什么条件下；（3）干什么。

要实现这一环节的法制化，通常最终要通过组织法、编制法和公务员法以及若干具体的授权法来完成。

行政机关组织法是有关行政机关的成立、任务、职权、职责、内部机构设置、人员配备、法律责任以及组织变革程序的法律、法规的总称。这是行政机关得以成立并进行活动的法律依据。我国已有一些行政机关组织法，但是不够完善，表现为还有一些重要的应该由组织法加以规范的行政机关，如国务院各部委、局尚无组织规范。应当说，行政职权分化到哪一个层次，哪一个层次就应当有相应的组织法；已有组织法中内容不够完善，如大都缺乏违反组织法应负的法律责任。如上所述，没有法律责任，就可能成为可有可无的一般文件。

行政机关编制法是有关行政机关内部机构设置和人员定额的法律规范的总称。行政权能最终需要一定的机构或人员来行使，机构的设置和人员的定额必须根据权能的性能和精简原则来确定。但在任何体制下，“帕金森定律”都会不同程度地起着作用。为了防止“帕金森定律”的消极作用，必须由法律加以控制。即设编必须有法定条件，扩编必须有法定程序，而超编必须有法律制裁。

公务员法是有关行政机关工作人员职、责、权的法律规范的总和。公务员的素质和行为直接关系到行政权的运用状态及效果。要提高行政工作人员的素质，增强行政工作人员的能力，调动行政工作人员的积极性，需要有一套客观的制度，对公务员的权利和义务，以及考试、任用、调配、培训、考核、黜升、奖惩、福利、工资、退休等制度加以规定。

除了上述三个方面的法律以外，还必须有一系列的授权法来具体地规定具体的行政权能。组织法一般只是确定其职能，而不具体规定权能的使用范围和界限，也不规定权能运用的基本原则和要求。因此，需要在具体的授权法中加以具体规定，如土地管理机关的权限应在土地管理法中加以具体规定；工商行政管理机关的权限应在有关工商管理的法律中加以具体规定等。

（二）行政管理程序的法制化

一个有组织的现代社会是一个具有相应的各方面程序制度的社会，或是一个有足够程序和制度以处理人们内部及外部关系的社会。在某种意义上来说，行政活动比行政机构本身更为重要。因为行政机关“能为”某种行为是一回事，如何去“为”是另一回事。归根结底，人们需要行政机构，最终目的还是为了行政活动。

“如何为”不仅与行政管理的合理化、公正性密切相关，而且与行政管理的效能紧密相关。因为如果没有一定的规范，行政机关或其工作人员就可能会专横地、不公平地、不合理地去运用这些权能。要避免这些不利状况的出现，就需要通过法律设置一套普遍的、公正的行政程序以实现行政管理的目标。

长期以来，我们一直重视实体法而轻视程序法，常常把程序与烦琐、官僚、文牍主义、形式主义等同起来。但实际上，任何行政活动都离不开程序。不存在没有程序的实体活动，只有科学的程序与不科学的，即文牍主义、形式主义程序之分。因此，对程序作出法律规定，使科学的程序法制化，摒弃和制止不科学的程序，正是行政管理法制化的重要内容。

行政管理程序的法制化，从长远来看，可以考虑制定一个综合行政程序法，但从我国目前的状况看，可以考虑分步进行。例如，先制定行政规范性文件制定程序法、行政执法程序法、行政司法程序法等。

行政规范性文件制定程序法，是有关行政机关发布规范性文件的步骤、方式、过程的法律规范的总称。行政规范性文件是国家行政机关为了保证自身体系正常运行和有效地管理国家事务，根据宪法和国家法律的授权，自行制定的规范性文件的总称。它包括行政机关颁布的行政法规、规章、条例、决议、命令等。通过行政程序法来规定制定规范性文件必须履行的手续、必须经过的程序，以及规范性文件成立的必要条件等。

行政执法程序法，是指有关行政机关执行职务的方式、过程和步骤的法律规范的总和。包括审批程序法、行政处罚程序法，强制执行程序法等。

行政司法程序法是指有关行政机关以第三者身份对行政管理中发生的行政争议和平等主体之间的民事或经济争议进行裁断的方式、过程和步骤的法律规范的总称。包括行政复议程序、行政调处程序、行政裁决程序、行政仲裁程序等。

（三）行政监督活动的法制化

行政管理机关拥有广泛权力，党政分开之后，政府权力将进一步加强。“无监督即无授权”，即是说授权之先必有监督权与之伴随。只有对行政活动进行有效的监督，才有可能“违法必究”，要使监督活动真正有效，必须将监督活动纳入法制的轨道。应当制定违宪审查程序法，以保障立法机关对行政机关的规范性文件的监督；制定质询、弹劾、罢免法，以保障立法机关对政务类公务员的监督；制定行政诉讼法，以保障司法机关对行政机关的监督；制定行政申诉和复议法，以保障公民对行政机关以及上级行政机关对下级行政机关的监督；制定行政监察法、审计法，以保障专门监察机关和审计机关对政府经济活动和对国家工作人员的监督。此外，党的监督、各种社会组织的监督以及强有力的舆论监督也都需要法制化。

四、行政管理法制化应当着重解决的几个问题

要实现行政管理法制化，还需要着重解决以下几个问题：

第一，必须理顺授权关系。

根据我国宪法规定，我国国家权力的渊源来自全国人民代表大会和地方各级人民代表大会，行政机关是权力机关的执行机关。因此行政机关的活动，尤其是涉及公民权益的活动必须有法律依据。

多年来，我国就存在“土政策大于王法”的问题。甚至一个乡政府、一个村委会都可以制定几条处罚措施，一个街道办事处也可以任意处以成百上千的罚款。一些地方政府在没有权力机关授权的情况下，在规章中任意设置处罚权，并要求人民法院协助强制执行。这种做法与宪法维护社会主义法制的统一和尊严的精神是不相符的。要真正解决这个问题，必须根据宪法所规定的体制来理顺授权关系。

如上所述，从严格依法办事的角度来说，没有法律的授权，行政机关既不得剥夺公民任何权利，也不得为公民增加任何义务；既不得为任何公民设定任何特权，也不得任意减少任何公民的法定义务。未经授权而任意规定，或采取影响公民权益的行为，应该认为是不合法的，因而是可以被撤销的。

这里需要提及的是，过去我们总是认为为了保障法律的严肃性和稳定性，将不成熟的规范性文件先作为行政法规发布出来，或先让地方搞一些规章，等成熟之后再上升为法律。这种做法是否有利于理顺授权关系，是值得探讨的。因为，这样做的结果，实际上是使各种随意设定的处罚权、征收权等在没有正当授权的情况下得到认可。我们认为，合适的做法应该是采取加强立法预测，举行听证会，或者公布草案，让有利害关系的单位或公民开展讨论等方式来解决，而不应采取放任自流的办法。确实不应用法律来规定的，应通过正式的授权来解决。

"无限权即无授权"，这是各国通行的一条宪法原则。这就是说，如果权力机关授权行政机关从事某项管理活动，必须要有所限制，至少应确定该项活动所应该达到的目的，明确授权的范围以及权力运用的基本原则，等等。这是防止滥用职权以及渎职和失职的最基本的环节。

第二，职权职责与权利义务关系必须具体明确。

长期以来，在行政管理上形成了重政策而轻法律的习惯。党的十一届三中全会以来，虽然加强了立法，行政法规、行政规章为数不少，但相当一些法规和规章虽名之为法而实为政策，因而起不到法的作用。具体表现是：

首先，只规定被管理者的义务，而不规定管理者的职责；只规定管理者的职权，而不规定被管理者的权利。

其次，就规范的表现形式而言，往往过于笼统，过于原则，缺乏明确、具体的规定。例如，某些法规、规章中仅规定行政机关有权处罚违法者，一不规定处罚的幅度；二不规定处罚的种类；三不规定处罚的原则与要求；四不规定违法行为的构成要件；五不规定当事人不服时的申诉和诉讼的办法。在这种情况下，即使行政机关作出甚至是荒谬的处罚决定，也很难说这个决定违法。

再次，缺乏有关权力运用的方式和程序的规定。一些法规只规定某机关享有何种职权，但对职权运用的方式和程序不加规定。现代法治国家的立法，大都重视行政权的运用方式和程序的规定，因为这是最具体、最实在的限制。这种限制不仅可以保障行政机关依法办事，而且可以提高行政效率。例如，如果对某一个行政行为在时间上进行了限制，就会有效地防止拖拉作风。

如上所述，为行政行为设置科学的程序是保证行政机关依法办事，制止主观随意性，克服官僚主义和不正之风的重要武器，是提高行政效率的重要途径。

要实现行政管理法制化，必须用具体、明确的规定取代那些过于灵活、过于模糊的规定。

最后，缺乏行政行为成立要件的规定。行政行为成立要件的规定是审查行政行为的前提，是对行政行为的合法性进行评价的基础，没有这方面的规定，就难以控制违法行政现象的发生。

第三，必须设定明确的法律后果。

法律与政策的一个显著区别在于法律可以通过法律后果的设定，保障行为人依法办事，而政策只具有号召和指导作用。由于我国长期重政策而轻法治，一些法规、规章虽然称为“法”，但事实上没有“责任”。原因之一就在于这些法规、规章对各种行为没有设定具体明确的法律后果。例如，有些法规提出行为模式的要求之后，仅提上一句“依法追究法律责任”或者“提交司法机关处理”，实际上等于对空放炮；有些法规对某些违法行为规定了法律后果，对另一些违法行为则没有规定法律后果；有些法规对被管理者一方的违法行为规定了法律后果，而对管理者一方的违法行为则不规定法律后果，或者仅轻描淡写地带上一笔。上述情况可以说是当前有法不依、执法不严的主要原因之一。

第四，必须完善法律监督机制。

完善的立法应该具备保障自身设置的规范能够实施的功能。这就是说，法律监督机制应当成为每一个管理法规的组成部分。即是说，在每一个法中都应当回答以下问题：如果行政法律关系的当事人（包括管理者和被管理者）违反了法律规定，应当由哪个机关通过什么程序来使违法者承担法律已经规定的法律后果。一些法规规定：如有违反者，“严肃处理”，而通过什么程序来发现违法者，又由谁来“严肃处理”，如何处理，语焉不详，实际上一点儿也不“严肃”。因此，要使行政管理法律法规得到真正实现，必须要同时具体地规定监督的主体、监督的方式与程序。

以上四个方面的基本问题，是任何有效的行政管理法律规范都必须解决的，缺少任何一个方面，都不可能有效地将行政管理活动纳入法制化的轨道。

全球化时代的新行政法*

姜明安**

随着世界经济全球化的演进和我国社会转型的深度展开，一种脱胎于传统行政法，但其内涵和外延均有别于传统行政法的“新行政法”正在世界许多法治发达国家和我国形成。① 这种“新行政法”，相较于传统行政法，甚至相较于20世纪中、后期的行政法，从内容到形式，都发生了和还在发生着深刻的变化。

那么，这种“新行政法”究竟“新”在何处，有哪些新的形式和内容呢？“新行政法”究竟“新”因何在，其产生和发展的原因是什么？有哪些政治、经济、文化的背景？“新行政法”究竟“新”向何方，其未来继续发展的趋势是什么？

对这些问题，我们必须加以深入考查和研究，以探寻、揭示现代行政法与传统行政法的实质区别，并据此重构现代行政法学的体系和内容。否则，我们今天的行政法学就会成为脱离时代、脱离实际、脱离社会需求的过时学说和陈旧教条了。

---

* 本文原发表于《法学杂志》2009年第10期。

** 姜明安，北京大学法学院教授、博士生导师。

① 1994年，笔者在澳大利亚悉尼大学做访问学者时，曾与澳行政法学者交流，他们在那时即提出了“新行政法”的概念。当然，20世纪八九十年代澳大利亚“新行政法”与我们今天全球化时代的“新行政法”仍有着重大的区别，尽管我们今天的“新行政法”起始于20世纪八九十年代，是在那时的基础上发展而来的（参见姜明安：《澳大利亚“新行政法”的产生及其主要内容》，载《中外法学》1995年第2期）。

一、“新行政法”，新在何处?

新行政法的“新”主要有三：调整范围的“新”、调整方式的“新”和法源形式的“新”。

（一）调整范围的“新”

所谓“调整范围的新”，是指行政法从传统行政法仅调整公域到现代行政法既调整公域，也调整私域，从传统行政法仅规范国家公权力到现代行政法既规范国家公权力，也规范社会公权力

这一“新”主要表现在下述八个方面：

1. 为解决“市场失灵”，新行政法通过对经济进行宏观调控，对价格、利率、产业发展结构等进行规制，保证经济的平衡发展，防止经济危机。而为了解决“政府失灵”，新行政法通过对政府调控、规制行为的权限、手段、程序进行规范（对规制的规制），保证行政权的正当行使，防止权力滥用。②

2. 新行政法有限度进入“私域”，对私人财产权、经营权、契约权进行适当干预（非旧时的“风能进，雨能进，公权力不能进”），对就业、企业用工、劳动条件、工资、福利、保险等进行规制。为保障社会公正，政府可对私人从事的公益服务事业（如教育、医疗、娱乐、体育等）进行一定干预，要求其对社会提供平等服务，实行反歧视原则。例如，私人开办学校或娱乐场所，法律规定其不得因种族、性别等禁止特定群体的人进入。同时，新行政法也对公权力这种干预私域行为进行规范，防止其非法和任意

---

② 如韩国国会于 1998 年制定的《行政规制基本法》和韩国政府随后通过总统令发布的《行政规制基本法施行令》，均既规范政府规制市场的行为，又规制政府本身的行为，既解决“市场失灵”的问题，又解决“政府失灵”的问题。

干预。[③]

3. 新行政法不仅调整人与人的关系，而且越来越多地调整人与自然、人与环境的关系。例如，环境生态保护法、环境影响评价法、野生动植物保护法、动物福利法等，这些法律都设置了公权力诸多的相应义务和职责。公权力不仅要更多地关注和保障人权，而且要更多地关注和保障环境、生态和动物福利（亦可称“特别权利”）。[④]

4. 新行政法有限度进入“特别权力关系领域”。对于公务员与所在行政机关的关系、高等学校学生、老师与学校的关系，传统行政法都将之完全划入自治领域，法律，特别是司法，一般都不得介入。但是新行政法将“最低限度的正当法律程序”引入“特别权力关系领域”，对于行政机关、高等学校等特别权力主体违反“最低限度正当法律程序”的行为，公务员、大学学生或教员可诉诸司法审查，请求法院裁决“内部行政争议”。[⑤]

5. 为实现公民自治和建立“有限政府”，国家公权力逐步向社会转移，社会团体、基层自治组织等各种 NGO、NPO 纷纷建立和越来越多，越来越广泛地提供过去由政府提供的“公共物品”。而社会公权力在缺乏必要的法律调控时，也可能对社会共同体成员的权利和自由构成侵犯。为了防止社会公权力滥用、腐败和对社会共同体成员权利的侵犯，新行政法开始为社会公权力行使设定界限、程序和责任，调整社会公权力和社会共同体成员的关系。[⑥]

---

③ 参见［新西兰］迈克尔·塔格特编：《行政法的范围》，金自宁译，中国人民大学出版社 2006 年版，第 1-26 页。

④ 我国于 1989 年制定《环境保护法》，2002 年制定《环境影响评价法》，2004 年修订《野生动物保护法》，至今，我国已制定有关自然资源、环境保护的法律 24 部（参见《中华人民共和国现行法律法规及司法解释大全》（第七卷），中国方正出版社 2009 年版）。

⑤ 参见湛中乐、李凤英：《略论我国高等教育学位制度之完善——刘燕文诉北京大学案相关法律问题分析》；沈岿：《扩张之中的行政法适用空间及其界限问题——田永诉北京科技大学案引发的初步思考》，载湛中乐主编：《高等教育与行政诉讼》，北京大学出版社 2003 年版，第 31-58、173-186 页。

⑥ 参见黎军著：《行业组织的行政法问题研究》，北京大学出版社 2002 年版；沈岿编：《谁还在行使权力——准政府组织个案研究》，清华大学出版社 2003 年版，第 86-90 页。

6. 在国内法和国际法领域，新行政法对国家和政府的绝对权力（有人将之归入或称为“主权”）加以适当和必要的限制。传统公法理论认为，主权是绝对的和不可限制的。但在经济全球化的现代社会，各国要进行广泛的交往，共同解决环境、生态、反恐、限核和维护、保障人权等诸多人类面临的共同问题，就不能不对各自的主权进行适当的限制。为此，新行政法在诸如反倾销、反补贴、反非关税壁垒以及国际环境保护、国际反恐等领域对国家公权力进行必要和适当的限制。⑦

7. 新行政法有限度进入执政党执政行为领域。中共十六大提出了中国共产党要“依法执政”的口号，从而规范国家公权力行为的某些法律，如政务信息公开法、官员财产申报法、行政程序法等，也将同时适用于中国共产党的机关和组织。中国共产党的机关和组织之所以要有限度地适用国家法律，是因为我国宪法确立了中国共产党在我国国家生活中的领导地位，它能够在宪法和法律范围内直接行使国家公权力。⑧

8. 新行政法进入互联网，调整“虚拟世界”中的社会关系。自20世纪90年代，互联网开始广泛进入人们的生活，现在我国有上亿网民，千家万户的网络运作已构成了区别于现实世界，但与现实世界又有着密切联系的另一个世界——“虚拟世界”。我们不能完全用调整现实世界的法律去调整“虚拟世界”，例如，我们不能用调整纸质媒体言论的法律去调整网络言论。在这一领域，新行政法刚开始进入，但展现着广阔的发展前景。⑨

（二）调整方式的“新”

所谓“调整方式的新”，主要是指行政法所确立的行政管理方式从管制到

⑦ 参见袁曙宏、宋功德著：《WTO与行政法》，北京大学出版社2002年版，第279-319页。

⑧ 笔者曾在一篇探讨正当法律程序的论文中指出：要在中国创建权利制约权力机制，首先应该在中国共产党的执政过程中推行正当法律程序，以正当法律程序规范中国共产党的执政行为（参见《正当法律程序：扼制腐败的屏障》，载《中国法学》2008年第3期）。

⑨ 参见何精华：《网络空间的政府治理：电子治理前沿问题研究》，上海社会科学院出版社2006年版；王四新：《网络空间的表达自由》，社会科学文献出版社2006年版。

自治，从命令—服从到协商—参与，从刚性管理到柔性指导的转化。

这一“新”主要表现在下述八个方面：

1. 行政行为从单方性到广泛公众参与的转变。传统行政行为的重要特征之一是其单方性：行政主体无须与行政相对人协商，无须听取行政相对人的意见和取得行政相对人的同意，即可单方面作出影响行政相对人权利义务的行为。而根据新行政法，行政主体实施行政行为，无论是抽象行政行为，如行政立法、行政决策等，还是具体行政行为，如行政许可、行政处罚，都应通过一定途径、一定方式充分听取行政相对人的意见，在吸收行政相对人参与的前提下作出。虽然相对人的同意不是行政行为作出的必须条件，但与相对人协商却是行政行为作出的一般程序。⑩

2. 政府对行政相对人的管理从微观干预到宏观调控。传统行政管理，特别是计划经济条件下的行政管理，政府对企事业、社会组织的管理往往及于其内部事务的运作（如企业内部的产、供、销、人、财、物等），对之进行全方位的干预。而根据新行政法，政府不得干预行政相对人的内部运作，凡是公民法人和其他组织能够自主决定的，市场竞争机制能够有效调节的，行业组织或者中介机构能够自律管理的，行政机关一般都不得涉足。政府对社会、经济事务的管理职能通常只限于进行宏观调控。⑪

3. 行政命令越来越多地为行政契约所取代。传统行政管理，行政命令是其主要方式。而根据新行政法，政府与行政相对人越来越具有伙伴关系的性

---

⑩ 美国、德国、日本、韩国等许多西方国家的行政程序法均规定了行政行为的公众参与程序（参见应松年主编：《外国行政程序法汇编》，中国法制出版社2004年版）。我国21世纪以来制定的有关法律、法规，如《立法法》《行政法规制定程序条例》《规章制定程序条例》，特别是国务院2004年发布的《全面推进依法行政实施纲要》，也规定了行政立法、行政决策和行政处理行为的公众参与程序。

⑪ 国务院《全面推进依法行政实施纲要》指出，建设法治政府的目标之一即政企分开、政事分开，政府的基本职能是经济调节、市场监管、社会管理和公共服务。《行政许可法》第13条规定，对于公民、法人或者其他组织能够自主决定的事项、市场竞争机制能够有效调节的事项、行业组织或者中介组织能够自律管理的事项，以及行政机关采用事后监督等其他行政管理方式能够解决的事项，国家可以不设行政许可，行政机关在这些事项上放松规制。

质，不仅是一般公共服务，就是公权力色彩很浓的监狱管理，也有的国家可通过契约的形式由私人承包。⑫

4. 行政强制越来越多地为行政指导所取代。强制性是传统行政的另一重要特征。而在新行政法机制下，行政的强制性越来越淡化，行政指导在具体行政行为的实施中得到广泛的应用。行政机关通过建议、劝告、鼓励、激励、引导等诸多柔性方式较传统行政强制手段更有效地实现行政的预定目的和任务。⑬

5. 政府越来越多地与NGO、NPO等社会自治组织合作，通过与社会自治组织互动而达成行政目标。⑭

6. 论证会、听证会、网上讨论、辩论和征询民意越来越成为行政决策、行政立法的必经前置程序。⑮

7. 公私互动、公私合作，公法私法化在行政管理中具有越来越发展的趋势。例如，公共工程建设中BOT的广泛运用，行政处罚、行政赔偿中的和解程序以及环境管理中的污染权交易的推行均是这种趋势的明显例子。⑯

8. 公权力主体更多地综合运用行政法、民法、商法、经济法、社会法乃至各种软法的手段解决公共治理中的各种复杂问题。多元化成为新行政法调整方式的重要特色之一。⑰

（三）法源形式的“新”

所谓“法源形式的新”，主要是指行政法法源从静态到静动态结合，从硬

---

⑫ 参见石佑启：《论公共行政与行政法学范式转换》，北京大学出版社2003年版，第58-98页。

⑬ 参见莫于川等：《法治视野中行政指导》，中国人民大学出版社2005年版，第29-289页。

⑭ 参见任进：《政府组织与非政府组织》，山东人民出版社2003年版，第161-331页。

⑮ 参见王锡锌：《公众参与和行政过程——一个理念和制度分析的框架》，中国民主法制出版社2007年版，第166-258页。

⑯ 参见姜明安：《新行政法：公中有私，私中有公》，载罗豪才等：《软法与协商民主》，北京大学出版社2007年版，第235-239页。

⑰ 参见罗豪才：《公共治理的崛起呼唤软法之治》中“一元多样混合法模式”一节，载《新华文摘》2009年第7期。

法到硬软法结合，从单一法源到多元法源的转化。

这一“新”主要表现在下述三个方面：

1. 传统行政法基本上由单一的国家法构成，而新行政法的构成除了国家法以外，还包括社会法、国际法，并且社会法和国际法的比重在新行政法中的比重有逐步增加的趋势。新行政法中的所谓“国家法”是指国家制定或认可的规范国家公权力主体和国家共同体成员行为，调整二者相互关系及公权力主体之间相互关系和国家共同体成员相互关系的法规范。新行政法中的所谓“社会法”是指社会共同体制定或伴随社会共同体产生、形成、发展而逐步生长的规范社会公权力主体和社会共同体成员行为，调整二者相互关系及社会公权力主体之间相互关系和社会共同体成员相互关系的法规范。新行政法中的所谓“国际法”是指国际共同体制定或伴随国际共同体产生、形成、发展而逐步生长的规范国际公权力主体和国际共同体成员行为，调整二者相互关系及国际公权力主体之间相互关系和国际共同体成员相互关系的法规范。⑱

2. 传统行政法主要由“硬法”构成，而新行政法的构成除了硬法以外，“软法”在其法律规范中亦占有重要地位。新行政法中的所谓“硬法”亦可称“刚性法”，主要是指通过国家强制约束力实现的法，如行政规制法、行政强制法、行政处罚法等。新行政法中的所谓“软法”亦可称“柔性法”，主要是指通过社会约束力、人们的理性和道德约束力实现的法，如社会自治组织章程、行业组织自律规则、企事业组织内部规范，以及行政机关向社会发布的宣导性、倡导性、指导性或建议性的告示、纲要、指南等。⑲

3. 传统行政法通常指立法机关制定的静态的法，而新行政法除了指立法

---

⑱ 笔者2003年在《论公法与政治文明》（载《法商研究》2003年第3期）一文中，曾提出公权力分为国家公权力和社会公权力的观点；之后，2004年在《公众参与与行政法治》（载《中国法学》2004年第2期）一文中提出公权力三分法，即国家公权力、社会公权力和国际公权力，以及公法三分法：国家公法、社会公法和国际公法；2005年，在《公法学研究的几个基本问题》（载《法商研究》2005年第3期）一文中，对行政法的三大法源（三种类型的公法）进行了较深入的阐述。

⑲ 参见罗豪才等：《软法与公共治理》，北京大学出版社2006年版，第1-188页。

机关制定的静态的法以外，还指社会生活中不断产生和生长的活的法、动态的法。新行政法中的所谓“静态的法”（即制定法）是指以法律文件表现的法，包括法律、法规、规章和制定成规范性文件的软法。新行政法中的所谓“动态的法”（即运作中的法，亦可称“活法”），是指法律主体在实际生活和互动关系中所实际贯彻、遵循的法律规则、原则、法律精神和法治理念。软法更多地体现为动态的法，如公民在公共治理过程中的参与，与行政机关的合作、协作等实践中所体现的法。[20]

二、“新行政法”，新因何在？

“新行政法”为什么会形成、产生和发展？笔者认为，其主要原因有四：

（一）民主化、市场化、信息化、全球化的世界潮流推动着“新行政法”的形成、产生和发展

现代民主的重要特色是民主形式由单纯的议会民主、投票民主向更多的参与式民主和审议式民主转化。议会民主和投票民主要求政府主要扮演“传送带”角色，但现代政府行使着越来越多的立法功能和决策功能，为了防止“行政专制”，将参与式民主和审议式民主引入行政领域就是必然的选择。[21]

市场竞争是与平等、自愿、等价和有偿的私法原则紧密相联系的。市场经济的发展，必然推动政府管理范式的转变，而政府在市场经济条件下对社会的管理，不能不受市场规律的约束，规范市场的私法规则不能不影响，乃

---

⑳ 美国卡多佐法官将“动态的法”又称为“变动的法”“生长的法”“用或然性逻辑验证的法”“非国家创造和存在于国家之外的法”“扎根于现实社会关系中的和扎根于公平正义信仰中的法”。其有关论述可参见［美］本杰明·内森·卡多佐著：《法律的生长》，刘培峰等译，贵州人民出版社2003年版，第26-27页。

㉑ 关于参与式民主，可参见笔者所撰《公众参与与行政法治》一文（载《中国法学》2004年第2期）；关于审议式民主，可参见笔者所撰《多些民主形式，少些形式民主》一文（载2007年7月8日《法制日报》）。

至"改造"传统的公法，即计划经济条件下形成的公法。㉒

信息化对于推动"新行政法"的生成和发展起了特别重要的作用。由于互联网的普及，传统行政的封闭性、单向性越来越被打破。在很多情形下，行政机关想不公开，想不让公众参与都不可能，想神秘都神秘不了。信息化为"阳光政府"提供了现实的条件。㉓

至于全球化，它不仅推动了世界各国经济贸易的交流互动，而且推动了世界各国政治和法制的相互影响和相互借鉴。在这种经济、政治和法制的互动过程中，法治发达国家的经验必然更多地影响法治较不发达国家的法治发展进程，从而推动"新行政法"在世界各国的生长和发展。㉔

（二）我国三十年的改革开放导致经济、政治体制的重大变革，而经济、政治体制的变革必然导致法制模式的改变

根据马克思主义关于经济基础决定上层建筑的原理，一个国家的经济基础因为经济体制改革而发生变化，其作为上层建筑的法制必然随之发生变化。与计划经济相适应的传统行政法不可能适应市场经济。传统行政法所体现的单方性、命令—服从性、强制性与市场经济要求的平等性、合作性、自主性是不相容的。市场经济体制的建立必然要求行政法模式的变革，而且必然导致此种变革，这在某种意义上是不以人的意志为转移的。㉕

㉒ 关于公私法的融合和公法私法化，可参见金自宁：《公法／私法二元区分的反思》，北京大学出版社2007年版，第111-148页。

㉓ 关于政府信息公开制度对行政法的影响，可参见刘恒等：《政府信息公开制度》，中国社会科学出版社2004年版，第1-3页；莫于川、林鸿潮主编：《政府信息公开条例实施指南》，中国法制出版社2008年版，第1-21页。

㉔ 关于全球化对法律（包括行政法）的影响，可参见笔者所撰《法律与全球化》一文（载《求是学刊》2002年第5期）。

㉕ 关于市场经济对行政法和行政诉讼法的影响，可参见笔者所著《行政诉讼法》（法律出版社2007年版）一书中的论"我国行政诉讼制度建立晚的原因"一节，第35-37页。

（三）宪政、人权、法治理念在整个国民意识中的生长和逐步普及是新行政法形成和发展的观念基础

观念是由物质决定的，观念又反作用于物质，观念反作用于物质在很大程度上是通过制度的中介作用实现。我国年的改革开放使国人的物质生活发生了翻天覆地的变化，国人物质生活的变化必然促使人们反思这种变化的原因。正是在这种反思中，宪政、人权、法治理念自然而然地在整个国民意识中的逐步生长和逐步普及。而正是这种宪政、人权、法治理念，促使和推动着传统行政法的变革和"新行政法"的生长和发展。[26]

（四）我国"新行政法"的形成同时也是公法学者与法律实务界合作与互动、政府与社会公众合作与互动、中央政府与地方政府合作与互动、党和国家领导人与普通百姓合作与互动的结果

在以上四个合作与互动中，公法学者与法律实务界合作与互动最为突出。中国新行政法的制定和运行，每一阶段、每一步骤都有这种合作与互动的图景。例如，1986年中国行政立法研究组的成立[27]和之后《行政诉讼法》《国家赔偿法》《行政处罚法》《行政复议法》《行政许可法》等一系列行政法律的出台，行政合同、行政指导概念的提出和制度建立，私法公法化、公法私法化的试行和推动，无不是公法学者与法律实务界良好合作与互动的结果。

三、"新行政法"，新向何方?

"新行政法"的发展趋势如何？在目前这样的转型时期，做完全准确的预

---

[26] 中国多部重要行政法律、法规的制定，如《行政处罚法》《行政许可法》《行政复议法》《行政诉讼法》《公务员法》《国家赔偿法》《政府信息公开条例》等，无不与宪政、人权、法治理念有着密切的联系。

[27] 关于中国行政立法研究组及其对推进中国行政法发展的作用，可参见笔者所著《行政诉讼法》（法律出版社2007年版）一书第46-50页的脚注。

测是困难的。但笔者认为，以下四点似乎是可以推断的：

1. 国家公权力向社会转移的速度会适当加快，政府的强制性权力会越来越缩减。但是，在很长的一个时期内，国家公权力和政府的强制性权力都不会消失。㉘

2. 法律对人与自然关系调整的比重相对于法律对人与人的关系调整的比重还会适当增加。但是，在任何时期，法律对人与人的关系调整总是法律的基本功能。而且，在很多时候，法律对人与自然关系的调整是通过法律对人与人的关系调整实现的。㉙

3. 私法公法化、公法私法化的趋势会越来越明显，越来越强劲。但是，公法与私法的区分在很长的历史时期内不会消失，甚至只要有人类共同体存在，有法律存在，其区分就不会消失。㉚

4. 世界各国的行政法和整个公法，各不同法系的行政法和整个公法会越来越相互借鉴，相互接近，从而相互融合（私法更是如此），但是，各国和各不同法系的行政法和整个公法的特色在很长的历史时期内不会完全消失。㉛

㉘ 关于国家公权力向社会转移的趋势，可参见笔者所撰《行政国家与行政权的控制和转化》一文（载 2000 年 2 月 13 日《法制日报》）。

㉙ 笔者在《行政法与行政诉讼法》（北京大学出版社 2007 年第 3 版）一书论“行政机关的一般职责”（该书第 125-126 页）中专门探讨了行政机关保护和改善人类生活环境与生态环境的职责。正是此一职责决定了新行政法调整人与自然关系功能增长的趋势。

㉚ 可参见金自宁所著《公法 / 私法二元区分的反思》一书（北京大学出版社 2007 年版，第 34-110 页）。

㉛ 可参见笔者所撰《法律与全球化》一文（载《求是学刊》2002 年第 5 期）。

预防化解社会矛盾的治本之策：规范公权力

马怀德*

社会矛盾是指社会群体、阶层、组织之间的紧张关系，这种紧张关系通常是由资源占有或者利益分配的不均以及意识形态、价值观等差异造成的，通常表现为一方对另一方的负面情绪，并会因负面情绪而采取的一定形式的外显行为。从法律意义上看，社会矛盾往往表现为纠纷和争议。当前社会矛盾纠纷呈现出数量增多，参与主体多元化、有组织化，表达方式极端化、暴力化、网络化等特征，而纠纷化解渠道不畅，过分依赖行政手段的纠纷解决方式，加大了纠纷解决难度，给社会稳定带来更大压力。如何认识当前社会矛盾的总体形势，分析其成因，把握社会矛盾产生发展的规律性特征，有效预防和化解社会矛盾，是当前重要的研究课题。本文在总结当前社会矛盾纠纷的特点，分析社会矛盾产生激化原因的基础上，将预防化解社会矛盾纠纷的根本途径概括为规范公权力行使，提出明确权力边界；规范立法权力；健全程序规则、规范决策和执法行为；慎用行政手段，畅通法定救济渠道等对策建议。

一、当前社会矛盾纠纷的特点

当前，社会矛盾纠纷的数量大幅增加，化解难度日益加大，形势不容乐

---

* 马怀德，中国政法大学副校长，教授、博士生导师。本文系中国法学会十大专项研究规划《全面推进依法行政的法律问题研究》的阶段性研究成果。

观。无论是从近年来全国各级法院受理案件的数量，还是信访部门受理信访案件的数量，抑或是刑事犯罪治安案件的数量，都可以说明这一点。法院受理案件的数量 2010 年达到 1100 多万件。从 1992 年开始到 2004 年，全国信访总量连续 12 年呈攀升趋势，年均增幅在 10%以上。2004 年全国信访总量达到峰值，共 1373.6 万件（人）次。[①] 2009 年虽然比 2008 年下降 2.7%，但仍然达到 1033.6 万件（人）。2008 年刑事犯罪案件数是 1978 年的 8.77 倍，社会治安案件达到 741.2 万件，比 1978 年增长了 6 倍。群体性事件从 1994 年的 1 万起增加到 2008 年的 9 万起。[②] 北京市一年通过各种方式化解处置的各类纠纷大概是 300 万起，仅信访案件就占到 8%，也就是 23.8 万，诉讼案件达到 42 万件。同时，社会矛盾的复杂程度和解决难度也相当大，北京市的重复信访率达到 12.4%，据称有 83 人上访次数达到 8500 次。[③]

归纳起来，当前的社会矛盾纠纷具有以下特点：

（一）矛盾纠纷的参与主体多元，涉及领域广泛，“官民冲突”是矛盾的主要形态

社会矛盾纠纷主体呈现出多元化特征，“不仅发生在公民之间，而且发生在公民与法人、非法人团体和组织及其相互之间，甚至发生在党员、干部与群众之间”。[④] 从农民、工人、教师，到复转军人、外商、企业主和基层干部，几乎涉及社会各类主体。社会矛盾涉及的领域日益扩大，基本上覆盖了

① 参见张恩玺：《关于社会矛盾化解的思考与实践》，载《北京政法内参》2010 年专刊第 1 期（总第 4 期）。

② 参见陆学艺：《当前中国社会生活的主要矛盾与和谐社会建设》，载《探索》2010 年第 5 期。

③ 参见 2011 年 11 月 25 日北京市“社会管理创新视角下的群众工作”会议材料。

④ 沈恒斌、吴少鹰：《新时期社会矛盾纠纷的表现形式及其多元化解决机制建构思路》，载《中国司法》2005 年第 12 期。

社会管理的方方面面。[⑤] 包括农村的土地征用、城市的房屋拆迁、国企改制、军队转业干部要求解决待遇、农村民办教师要求转公办、环境保护引发的纠纷以及劳动纠纷、医患纠纷、企业协解人员对政府的诉求等。不仅诸如“房屋、宅基地、邻里、婚姻、家庭纠纷等传统型纠纷”大量存在，而且诸如“国有企业改制、征地拆迁、劳资纠纷、环境污染等引发的现代型纠纷由于其复杂性、专业性和主体的多元化等原因，给纠纷的解决带来新的难题和挑战”。[⑥] 从社会矛盾的形态上看，当前社会矛盾主要集中在贫富差距、贪污腐败、环境污染、征地拆迁、教育问题和医疗问题等方面，公众的不满情绪也往往是针对政府的政策不公平、官员的贪腐行为、行政不作为、滥用职权、暴力执法和公共资源配置不公等。“矛盾的焦点往往直接间接集中到政府，地方政府往往首当其冲，不得不站在第一线。”“现在，一个不可否认的事实是：在各地党群、干群之间的矛盾不断增多，党群、干群关系比较紧张。有些地方党群矛盾、官民矛盾非常尖锐。”[⑦]“政府及其官员过多地卷入经济事务，甚至从事权钱交易，忽视公众利益，已经损害了政府及其官员的形象，使得公

---

⑤ 有学者将当代中国的矛盾纠纷概括为 14 种类型。如涉及城市居民和农村群众的优抚安置、社会救济、婚姻登记、婚姻中介、殡葬管理等方面的矛盾纠纷；涉及养老保险、失业保险、医疗保险、劳务市场管理、劳动争议、工伤等方面的矛盾纠纷；农村经济政策、经营和财务管理、土地承包等方面的矛盾纠纷；有关土地的征用和划拨、土地利用总体规划、土地所有权和使用权的争议、土地有偿转让、农村宅基地的使用，以及反映滥占滥用耕地等方面的矛盾纠纷；城乡建设规划、城镇管理、以及拆迁补偿和安置等方面的矛盾纠纷；城乡环境保护方面的矛盾纠纷；交通运输、公路、桥梁、航道建设和管理方面的矛盾纠纷；消费者权益、商品质量纠纷、经济合同纠纷、城乡市场监督管理、查处违法经营、个体工商户的管理等方面的矛盾纠纷；医疗事故等方面的纠纷；计划生育方面的矛盾纠纷；涉及企业改制、安全生产等方面的矛盾纠纷；涉及群体上访的矛盾纠纷；涉及家庭、邻里、刑释解教人员的安置，以及可能引发民转刑案件、群体性械斗等方面的矛盾纠纷；涉及其他有关部门的矛盾纠纷。其中，因企业改制、征地拆迁安置、干群关系、劳资关系、涉农问题等引发的纠纷尤为突出。参见沈恒斌、吴少鹰：《新时期社会矛盾纠纷的表现形式及其多元化解决机制建构思路》，载《中国司法》2005 年第 12 期，第 56 页。

⑥ 沈恒斌、吴少鹰：《新时期社会矛盾纠纷的表现形式及其多元化解决机制建构思路》，载《中国司法》2005 年第 12 期。

⑦ 郑杭生：《当前我国社会矛盾的新特点及其正确处理》，载《中国特色社会主义研究》2006 年第 4 期。

众与官员之间的互信受到削弱，并引致官民冲突、劳资冲突。”[⑧] 所以，当前社会矛盾纠纷主要是“干群矛盾”和“官民冲突”，[⑨] 尽管“干群矛盾”和“官民冲突”并不是数量最多的社会矛盾，却是对立最尖锐、对政权和社会稳定影响最大、也最难预防和化解的社会矛盾。

（二）社会矛盾纠纷的表达方式趋于极端化、暴力化，容易引发群体性事件

越来越多的社会矛盾纠纷“具有倾向激化诉诸冲突的趋势。激化的方式很多，如围堵、冲击党政机关、企事业单位或拦截公务车辆；非法集会、游行、示威、将生活不能自理者遗弃在信访接待场所；堵塞、阻断公路、铁路交通；聚众闹事、械斗、打砸抢烧或扬言爆炸；等等”。[⑩] 在征地拆迁领域，以自杀、自焚、以命抗争的各类极端事件屡屡发生，令人触目惊心。尤其是近年来集体上访、非正常上访问题突出，群体性事件时有发生，刑事犯罪案件不断增多。这些现象说明，社会矛盾的产生发展往往有一个过程，如果不能在矛盾的产生之前或者初期有效管控，容易发展成为针对公权力主体的极端事件或者群体性事件，对社会秩序和人们心理产生很大冲击。

（三）社会矛盾往往通过网络表达，形成无形抗争

新兴媒体在社会矛盾的产生发展和扩大方面扮演着非常重要的角色。国家统计局发布的2010年国民经济和社会发展统计公报显示，2010年中国互联网上网人数4.57亿人，其中宽带上网人数4.50亿人，互联网普及率达到

---

⑧ 范铁中：《快速转型时期我国社会矛盾产生的原因解析》，载《中国浦东干部学院学报》2010年第6期。

⑨ 参见李培林等：《中国社会和谐稳定报告》，社会科学文献出版社2008年版，第325页。

⑩ 参见郑杭生：《当前我国社会矛盾的新特点及其正确处理》，载《中国特色社会主义研究》2006年第4期。

34.3%。[11]“中国现有上百万个论坛，2.2亿个博客用户，据抽样统计，每天人们通过论坛、新闻评论、博客等渠道发表的言论达300多万条，超过66%的中国网民经常在网上发表言论，就各种话题进行讨论，充分表达思想观点和利益诉求。”[12] 由于互联网的便捷性和隐匿性，很多社会矛盾纠纷的信息首先通过网上传播和发酵，极易发展成为现实的矛盾纠纷，网络已经成为表达社会不满和抗争的最重要渠道。现在的社会矛盾经常是首先通过网络的形式发出声音。网络给各类信息的传播提供了极大的方便，博客、微博、短信等各种方式，均能在最短的时间内将一个很小的问题炒作成一个很大的事件。近年来发生的“李刚门”、药家鑫案、“故宫门”、中石化事件，最早都是在网上披露的，随着网上信息的快速传播，在很短时间内酿成影响颇大的重大事件。例如，故宫事件就是从最早的“失窃门”，发展到后来的“错字门”“会所门”等，短短一个月就出现了“故宫十重门”。如果对现在社会矛盾的网络表达特点缺乏认识，难以做到政府信息公开透明，不懂得如何去化解和处置这些网络突发事件，就很难避免小事拖大，大事拖炸，最终引发社会矛盾纠纷。

（四）社会矛盾的解决方式过分依赖行政手段，解决难度日益加大

尽管法律上的纠纷解决渠道有人民调解、司法调解、诉讼、仲裁、行政裁决以及信访等，但目前真正发挥作用的还是行政手段。公众出于对司法的不信任以及司法权威不足的原因，普遍倾向于通过行政或者政治方式解决纠纷，把解决纠纷的希望寄托在领导个人身上，出现了“信访不信法、信上不信下”等现象。党委政府出于维稳的需要和压力，也站在了矛盾纠纷解决的第一线，运用定指标、下批示、追责任等行政手段化解纠纷矛盾，以致千军万马齐涌党委、政府寻求“直通车”，加剧了信访潮；基层政府疲于应付，无

---

[11] http://www.china.com.cn/news/txt/2011-02/28/content_22022107.htm。最后访问日期：2012年2月12日。

[12] 中华人民共和国国务院新闻办公室：《中国互联网状况》，载中央政府门户网站，http://www.gov.cn/zwgh/2010-06/08/content_1622866.htm。最后访问日期：2012年2月13日。

原则满足上访人要求，导致生效裁判被推翻；有些地方顶不住压力就花钱买平安，“按下葫芦起了瓢”，致使信访人相互攀比；有些地方为了一时稳定不惜采取强制截访、限制人身自由等措施，进一步激化矛盾，造成矛盾纠纷的解决难度加大。⑬

二、社会矛盾纠纷产生激化的原因

当前社会矛盾数量急剧增多、矛盾纠纷不断升级激化的原因比较复杂。人们普遍认为，经济发展、社会转型导致的社会阶层、收入分配、城乡关系、区域发展、收入差距的变化，以及人们价值观多样、多元、多变等是社会矛盾增加的主因。⑭ 诚然，社会结构、利益关系、价值观念的巨大变化必然带来新的问题和矛盾。但是，在中国，特殊的政治和行政体制决定了社会矛盾纠纷的产生与公权力有着密不可分的联系。公权力失范加剧了党群矛盾和官民冲突。一方面，政府管了过多的事情，承担了过多的责任，把矛盾集中到自己身上；另一方面，党政机关、司法执法机关、公共机构和干部自身存在的问题，如形形色色的官僚主义、执法不公、行政不当、为政不廉、假公济私、欺负百姓、奢侈浪费等不良作风和腐败行为。总之，是种种损害老百姓利益的行为，加重了党群矛盾、官民矛盾，使得本来已经尖锐的这类矛盾更加尖锐。⑮ 可以说，公权力失范是社会矛盾激增的主因，预防化解社会矛盾纠纷也必须从规范公权力入手。

公权力行使不规范具体表现为以下几个方面：

---

⑬ 参见马怀德：《“信访不信法”的现象值得高度警惕》，载《学习时报》2010 年 2 月 5 日。

⑭ 参见李培林：《当前社会矛盾的判断》，载《瞭望新闻周刊》2004 年第 2 期。

⑮ 参见郑杭生：《当前我国社会矛盾的新特点及其正确处理》，载《中国特色社会主义研究》2006 年第 4 期。

（一）社会政策和法律制度滞后

由于历史的原因，许多计划经济年代的社会政策和制度安排并没有随着经济社会发展及时调整，出现了政策制度滞后的现象。同时，一些新的改革政策的出台与调整频繁，导致利益格局发生变化，一些历史遗留问题集中爆发。比如部分退伍军人和民办教师、提前离岗和退休的职工要求提高待遇；各地普遍存在的“增人不增地，减人不减地”的土地承包政策，促生了大量既无土地又无其他经济来源的农民，要求落实责任田；[16] 农村集体土地的征收和城市房屋征收的补偿标准差别过大等。再比如，随着城市化进程加快，城市的流动人口的数量大规模增加，非户籍人口能否在常住地参加高考的问题日益突出。北京2000万人口中，流动人口占到了760多万，在深圳、东莞、佛山、广州这些城市，甚至出现了户籍人和非户籍的倒挂，流动人口子女不能在常住地参加高考的政策，已经或者即将引发大量的社会矛盾。[17]“政策调整也是引发群体性事件的重要原因，由于某些地方和单位的个别政策不稳定、不连续、不合理，导致特定群体利益受损。部分群众为了引起重视，尽快解决问题，以极端方式上访请愿，以过激行为制造影响，以违法形式表达诉求，从而引发群体性事件。”[18] 法律制度的滞后则表现为实体权力（权利）和资源配置不合理、相对人程序权利缺失、政府职能缺乏明晰界分等方面。比如，“孙志刚事件”反映了《城市流浪乞讨人员收容遣送办法》的严重滞后，也催生了《城市生活无着的流浪乞讨人员救助管理办法》的出台；各地接连发生的拆迁自焚案件反映了《拆迁条例》的严重滞后，同时也催生了《国有土地上房屋征收与拆迁补偿条例》的出台。正如有学者所言，“我国的

---

⑯ 参见马灵喜：《充分发挥人民调解主渠道作用正确应对和化解新时期日益凸显的社会矛盾纠纷》，载《中国司法》2009年第2期。

⑰ 《代表建言农民工子女高考难题 放宽教育户籍限制》，载http://news.sohu.com/20110307/n279691316.shtml。最后访问日期：2012年2月13日。

⑱ 王安顺：《化解社会矛盾促进社会和谐》，载《求是》2007年第19期。

社会保障制度、收入分配制度、公共财政制度、税收调节制度、慈善公益事业等都存在严重的缺失，导致对社会代价的补偿性措施的出台和实施面临种种困难，从而使我国目前的社会代价补偿措施存在明显的滞后性，导致群众的不满情绪激增，出现政府信任危机，这是我国社会矛盾产生的深层原因。"⑲

（二）政府违法决策和处置突发事件不当

很多重大的群体性事件，往往是由政府错误的行政决策所导致。部分政府及领导没有坚持科学民主依法决策，重大事项决策前没有进行缜密的科学论证，没有与人民群众进行沟通，没有进行风险评估和合法性审查，草率行事，没有取得群众的真心理解和支持，致使一些群众对一些重大决策、重大工程项目不理解、不配合，甚至相抵触。比如"甘肃陇南事件"、2007 年"厦门 PX 事件"就是典型事件。由于行政决策缺乏应有的程序规范，违背民意、不讲科学、长官意志的错误决策成为引发社会矛盾纠纷的重要导火索。尤其在处置突发事件中，由于决策失误，往往会激化矛盾，导致严重后果。比如 2008 年的云南孟连胶农事件、贵州瓮安事件等均存在决策和处置不当的问题。⑳

---

⑲ 参见范铁中：《快速转型时期我国社会矛盾产生的原因解析》，载《中国浦东干部学院学报》2010 年第 6 期。

⑳ 孟连事件：孟连县的胶农按协议价格把胶乳卖给橡胶公司。2005 年以来，橡胶价格大幅攀升，但公司对胶乳收购价格不作调整，引致胶农愤慨。胶农决定中止出售胶乳给公司，自行给价高的收购者，遭到公司派出的保安阻止，双方多次发生冲突。县乡党委、政府对此简单地以治安案件论处，反复动用警力介入，刺激胶农，致使警察被打、警车被砸，"7·19"前已累计发生群体性事件 7 起。孟连县委、县政府认为，这些事件是农村黑恶势力作怪，要求普洱市调用警力进行打击。7 月 19 日上午，公安机关依法对 5 名犯罪嫌疑人采取强制传唤措施，在依法强制传唤任务执行完毕后，按计划向村民开展法制宣传教育时，500 多名不明真相的人员在极少数别有用心的人的煽动下，情绪激动，行为过激，多次冲越警戒线，手持长刀、钢管、铁棍、木棒向民警进行攻击性劈砍、殴打，致使多名民警受伤，民警被迫使用防暴枪自卫，由于距离较近，致使两人死亡。事件还造成 41 名公安民警和 19 名群众受伤，9 辆执行任务车辆不同程度损毁。贵州瓮安事件的深层次原因就是一方面瓮安县在矿产资源开发、移民安置、建筑拆迁等工作中侵犯群众利益，而另一方面该县长期以来失职渎职，对黑恶势力及严重刑事犯罪等重视不够、打击不力，刑事案发率高、破案率低。转引自刘锐：《我国当前预防和处理社会矛盾的法律思考》，载《国家行政学院学报》2009 年第 5 期。

（三）行政执法不规范，法律实施不良

近年来发生的很多群体性事件，追根溯源都是由于基层的执法人员暴力执法、不文明执法、不规范执法、不严格执法导致的。由于执法不规范，导致相对人不守法甚至抗法，最终影响法律的实施。执法不能与执法侵权是社会矛盾激化的重要因素，而民众的法律执行观也出现误区，往往不是通过温和合理的方式，而是采取威胁或暴力抗法的极端方式引起关注，给执法者施压，最终导致执法者与相对方关系的恶性循环。[21] 调查表明，多数纠纷涉及城镇规划、社会保障、劳资纠纷、集体土地权属等方面，许多缠诉和群体性事件也多发于上述行政管理和行政执法领域。从对四川省部分地区涉诉信访问题的抽样调查材料来看，在抽样的 300 件涉诉信访案件中，与政府行为相关的房屋拆迁、土地征用、政府颁证、国家赔偿等问题引发的涉诉信访案件占到了抽样案件总数的 32%，可见行政管理与行政执法所引发涉诉信访问题的严重性。[22] 可以说，行政执法中大量存在着的执法不严、执法不公等不规范现象制造了很多社会矛盾，也激化了很多社会矛盾。[23]

（四）行政不作为，信息不公开

随着问责制的实施，出现了比较严重的执法不作为。面对民事纠纷和投诉事件，执法机关选择回避矛盾和责任的做法，怠于履行职责，酿成重大社会矛盾或者群体性事件。履行职责不到位表现为：有的是应该配套的政策迟迟不出台，导致社会矛盾激化。比如近年来兴建了一大批大型水库，但是在水

---

[21] 参见汪习根：《化解社会矛盾的法律机制创新》，载《法学评论》2011 年第 2 期。

[22] 参见四川省高级人民法院：《化解涉诉信访老问题探求新办法》，载《人民法院报》2010 年 1 月 7 日。

[23] 在公安执法中，广泛存在对案件查处不及时、对涉及人民切身利益的问题长期不解决的不作为问题，不按规定及时调查取证、固定证据，执法随意性等顽固性的执法问题，公安民警越权办案，插手经济纠纷的滥用职权问题等。参见张续明：《公安行政执法不规范不作为对公安工作造成危害的认识》，载《公安教育》2005 年第 11 期。

库移民生活保障和扶持方面长期缺乏具体政策引导，致使各地补偿标准不统一、标准过低等，并引发了大量社会矛盾，直到国务院于2006年颁布了《国务院关于完善大中型水库移民后期扶持政策的意见》，矛盾才有所缓解。有的是执法机关未能履行好保护人身权、财产权的法定职责。法律法规要求政府履行的义务，政府没有履行，致使公民人身、财产受到损失，引发社会矛盾。这在公安领域表现尤为突出，一些公安部门存在着不出警、不及时出警、拖延办案、忽视当事人请求等问题。有的是基层政府未能及时化解社会矛盾导致矛盾升级。社会矛盾主要出现在基层，矛盾发生后，一些政府机关敷衍了事、消极应对，错过了化解矛盾的最佳时机，使得矛盾不断扩大和升级，并最终演变为群体性事件等。信息不公开也是矛盾纠纷产生的原因之一。随着现代新兴媒体的迅猛发展，公众行使知情权、表达权、参与权和监督权的热情也越来越高，特别是在应对突发事件过程中，如果政府信息不公开、不透明，政府与公众的信息沟通不畅，公众的知情权得不到充分保障，很容易产生干群关系紧张，"官民冲突"加剧。比如，发生在2011年的"7·23"甬温动车事故即是一例。国务院事故调查报告指出："在整个事故应急处置工作中，也暴露出铁道部信息发布不及时，对有关社会关切回应不准确等问题，引起社会质疑，造成了负面影响。"[24]

三、规范公权力，从源头上预防和减少社会矛盾纠纷

社会矛盾是经济社会发展到一定程度的必然产物，而且将随着经济社会的发展转型，在一定时间内只会增加，不会减少。预防化解社会矛盾，必须抓到矛盾的主要方面。毛泽东在《矛盾论》中曾说过："在复杂的事务的发展

㉔ 国务院"7·23"甬温线特别重大铁路交通事故调查组：《"7·23"甬温线特别重大铁路交通事故调查报告》，载 http://wenku.baidu.com/view/c1734cd526fff705cc170a50.html，2011年12月25日。最后访问日期：2012年2月12日。

过程中，有许多的矛盾存在，其中必有一种是主要的矛盾，由于它的存在和发展规定和影响着其他矛盾的存在和发展。”“任何过程如果有多数矛盾存在的话，其中必定有一种是主要的，起着领导的、决定的作用，其他则居于次要和服从的地位，因此，不管任何过程，如果是存在着两个以上矛盾的复杂过程的话，就要全力找出它的主要矛盾，捉住了这个主要矛盾，一切问题就迎刃而解了。”㉕ 如前所述，当前社会矛盾的主要形态是“官民冲突”，产生矛盾的主要原因是公权力行使不规范。因此，减少化解社会矛盾纠纷重在预防，关键在于规范公权力。只有通过明确权力边界、规范立法权力，完善立法制度，健全权力运行程序、规范决策和执法行为，扩大社会参与和监督等途径，才能有效预防各类纠纷，防止发生“官民冲突”，从源头上减少社会矛盾。

（一）明确权力边界，规范权力行使，预防社会矛盾纠纷

“官民冲突”产生的根源是公权力失范，具体表现为越权及权力滥用、决策不当和执法不公。公权力的行使者包括党委、政府和司法机关，因此，规范公权力必须做到党委依法执政、政府依法行政，司法机关公正司法，确保所有的公权力都在法律的范围内按照法定的规则公正行使。依法执政是规范公权力行使的关键，就是要将党的思想、路线、主张，通过政权机关的建设，转化为国家的法律、法规和规章，通过教育党员，维持党的组织纪律，保证党员在政权机关严格行使权力，依照法律办事，凡有违法违纪行为的，应当严格追究责任，确保最重要的公权力在法治轨道上运行。2010 年 11 月，中央纪委、中央组织部印发了《关于开展县委权力公开透明运行试点工作的意见》，强调要按照党内有关法规文件编制职权目录，县委权力要公开透明运行。㉖ 这是党内约束和规范基层党委权力的一次探索，但并未解决县级以

㉕ 《矛盾论》，载《毛泽东选集》（第 1 卷），人民出版社 1991 年版，第 320 页。

㉖ 参见人民网：http://tv.people.com.cn /GB /166419/13255993. html。最后访问日期：2012 年 2 月 18 日。

上党政权力的规范化行使问题。从长远看，县委以上的党政部门也应当公开其权力清单，用立法的方式明确其权力界限和关系，实现权力的规范化和法定化，防止违法和不当决策，预防和减少社会矛盾纠纷。规范约束政府权力的关键是尽快制定行政组织法和编制法，用法律形式规定组织的职能、权限和编制，依法推进政府职能转变，实现真正意义上的职权法定，防止越权决策和滥权执法。规范司法权力的关键在于继续推进司法公开、强化司法职权的合理配置和相互制约、维护当事人程序权利、加强社会舆论监督，维护司法权威，确保司法公正，积极化解和减少社会矛盾。

（二）规范立法权力，完善法律制度，减少社会矛盾纠纷

化解社会矛盾需要强化源头治理。为此，中央提出了“进一步加强和完善维护群众权益机制，形成科学有效的利益协调机制、诉求表达机制、矛盾调处机制、权益保障机制，统筹协调各方面利益关系，加强社会矛盾源头治理，妥善处理人民内部矛盾，坚决纠正损害群众利益的不正之风，切实维护群众合法权益”的要求。[27] 立法作为调整权利义务关系的公权力行使方式，自然是源头治理社会矛盾的最重要途径。为此，必须制定更加公正的制度和法律，来解决当前面临的问题和矛盾，切实维护公众的合法权益，保证社会的基础公平。在立法内容上，既要统筹兼顾不同地区、不同部门、不同群体的利益差别，解决好土地征用、房屋拆迁、企业重组改制、环境保护等突出问题，防止和纠正各种损害群众利益的行为；又要加强弱势群体保护立法，制定《济贫法》《社会救助法》《反歧视法》《不动产征收法》《精神卫生法》等一系列法律，保障弱势群体的权益，缩小社会差距，解决收入差距问题、农民权益保障问题、城乡和城市二元结构问题等。在立法方式上，既要扩大公

---

[27] 胡锦涛：《扎扎实实提高社会管理科学化水平，建设中国特色社会主义社会管理体系》，载 http://news. xinhuanet.com /politics /2011-02/20/c_121101348_3. htm。最后访问日期：2012 年 2 月 10 日。

众参与立法的途径，创新参与立法方式，完善立法听证、专家咨询论证以及公开征求意见、听取和采纳意见情况说明制度，保证公众意见和建议得到充分表达，合理的诉求、合法的利益得到充分体现；又要改革部门起草法律制度，探索建立多元化的法规规章起草工作机制，完善委托起草和立法机构、专家学者等联合起草的方式，克服立法过程中的部门利益化倾向，让立法更加体现广大人民的意志，顺应民心，反映民意。

（三）健全程序规则、规范决策和执法行为，避免“官民冲突”

加强行政决策程序建设，健全决策规则，实现行政决策的科学化、民主化、法治化，是预防化解社会矛盾的又一重要方面。[28] 规范决策权力必须健全决策程序。近年来，公众参与、专家论证、风险评估、合法性审查和集体讨论决定已经受到越来越多的重视，逐步成为各级政府重大决策的必经程序。其中，公众参与和风险评估程序对于防范化解社会矛盾纠纷尤为重要。做出重大事项决策前广泛征求群众意见，尊重其知情权、表达权、参与权和监督权，取得群众认同和支持，切实将民主决策落到实处，就能够减少社会矛盾纠纷发生的可能性。对有关经济社会发展和人民群众切身利益的重大政策、重大项目进行合法性、合理性、可行性和可控性评估，根据评估结果做决策，就能够避免后续矛盾纠纷。因此，“作决策、上项目，不仅要进行经济效益评估，看要不要干，而且要进行社会稳定风险评估，看能不能干。对符合社会公共利益、人民群众长远利益的好事要办，但不能草率决策、简单蛮

[28] 参见《国务院关于加强法治政府建设的意见》（国发〔2010〕33 号）第 11 条：“规范行政决策程序。加强行政决策程序建设，健全重大行政决策规则，推进行政决策的科学化、民主化、法治化。要坚持一切从实际出发，系统全面地掌握实际情况，深入分析决策对各方面的影响，认真权衡利弊得失。要把公众参与、专家论证、风险评估、合法性审查和集体讨论决定作为重大决策的必经程序。作出重大决策前，要广泛听取、充分吸收各方面意见，意见采纳情况及其理由要以适当形式反馈或者公布。完善重大决策听证制度，扩大听证范围，规范听证程序，听证参加人要有广泛的代表性，听证意见要作为决策的重要参考。重大决策要经政府常务会议或者部门领导班子会议集体讨论决定。重大决策事项应当在会前交由法制机构进行合法性审查，未经合法性审查或者经审查不合法的，不能提交会议讨论、作出决策。”

干”。否则，就可能引发社会矛盾。规范执法行为的关键在于健全行政程序规则。从多数法治国家的经验看，制定统一的行政程序法对于约束公共权力，保护公民权利，遏制腐败现象，克服官僚主义，提高行政效率都具有重要意义。虽然我国先后制定了行政处罚法、行政许可法、行政强制法等单行法律，但执法程序依然有缺失，需要制定统一的行政程序法来弥补各类程序的漏洞和缺陷，规范行政执法行为。目前由于缺少统一的执法程序，加之基层政府和执法机关不作为，不积极去化解处置本来并不严重的问题和纠纷，引发更大更激烈的社会矛盾。因此，要不断完善执法体制机制，解决行政执法不规范、不透明、不作为问题，严格执法程序，避免因程序违法和瑕疵影响实体结果。现在相当多数的行政信访案件，都不同程度地存在程序违法或者瑕疵问题。正是基于对程序的不满，上访人反复上访，导致此类案件久拖不决。依法预防化解处置此类社会矛盾纠纷，关键是健全程序规则，严格按照正当程序决策和执法。

四、慎用行政手段，畅通法定救济渠道，有效化解社会矛盾纠纷

关于社会矛盾的化解，理论界和实务界提出了很多建议。有主张学会做群众工作和社会工作，学会用大讨论大调解方式化解社会矛盾的；有主张整合各方面资源，综合运用法律、行政、经济和教育、疏导、协商等方法，多策并举化解社会矛盾的；还有主张构建多元化纠纷解决机制化解社会矛盾的等，不一而足。[29] 但从目前实际情况看，主要还是靠信访为主的行政手段解决矛盾纠纷。由于大量使用行政方式，以图一时一事之功效，导致法制废弛、弊端丛生。诸如诉讼、仲裁、行政复议等法定救济渠道被架空或者虚置，信访、领导批示等行政方式过度膨胀，最终导致社会矛盾纠纷解决体系紊乱。

㉙ 参见邓伟志：《论社会矛盾》，载《上海大学学报》2009 年第 19 卷第 4 期。

应该说，信访制度作为密切党和政府与群众血肉联系的重要制度，历史上在反映人民呼声、化解纠纷矛盾、维护公众合法权益等方面发挥了重要作用。虽然“信访制度严格说并不是一种特定的纠纷解决程序，然而，从实践中的作用和效果来看，信访制度却在我国的纠纷解决系统中具有不可替代的地位。”[30] 但随着社会结构及利益格局的深刻变化，人民利益诉求及表达方式呈现出多元、多样、多变的态势，信访实践也出现了新的变化。一方面，作为行政救济手段，信访在解决纠纷方面，不受任何事实证据、期限、步骤、方式等确定性要求的限制，在个别时间和个别案件中又能够“一步到位”，甚至“突破法律底线”解决问题，成为越来越多当事人的首选。领导出于维稳需要个别批示、法外解决，误导了广大信访人群，最终导致突破法律底线，用所谓的个案正义损害了社会的整体公平和正义。另一方面，由于司法权威和公信力不足，又难以摆脱地方党政权力的干预，加之现行法院受案范围有限，致使大量的纠纷不能通过司法途径得到公正解决，当事人不得不通过信访寻求行政救济，导致信访案件剧增。即使是在维稳大背景下，如大接访、带案下访、包案处理，甚至是通过各种压力维稳的方式处理了之后，[31] 信访洪峰依然持续不退，高位运行。

信访制度本质上是一种具有人治色彩的纠纷处理机制。正像温家宝总理所说的：“因为所谓上访，它所体现的不是法律的程序，还是寄托在人，寄托在领导人的批示，应该说在某种意义上还带有人治的封建色彩。在一个现代化的国家，应该依靠法，应该依据法律来解决这些问题。”[32] 实践证明，以

---

[30] 范愉：《非诉讼纠纷解决机制研究》，中国人民大学出版社 2000 年 6 月版，第 561 页。

[31] 所谓压力维稳是指出于社会稳定的需要，上级信访机构给地方政府和有关部门下达信访控制指标，规定“一票否决制”等问责机制，强行压制各级政府及有关部门通过非正常途径解决问题。地方政府和有关部门为了完成任务，避免承担责任，不惜使用“截访”“销号”“行政拘留、劳教上访人员、非法拘禁”“连坐处罚上访人员亲属”等方式限制上访人员，从而实现暂时稳定的做法。由于当前的社会矛盾基本上都是利益格局变化中出现的利益问题，所以也只能通过社会主义民主和法治的渠道，通过利益格局的逐步调整来加以解决，而不能用压制甚至粗暴的办法解决，更不能用对待敌人的办法来解决。参见李培林：《当前社会矛盾的判断》，载《瞭望新闻周刊》2004 年第 2 期。

[32] 《重温温家宝总理同大学生谈法治》，载《法制日报》2009 年 12 月 4 日。

信访为主的纠纷解决机制不仅架空了诉讼等法定救济途径，而且使党委政府站到了社会矛盾纠纷的第一线。比如在涉法涉诉信访案件中，法院成为一方当事人，而信访机构和党、政、人大的领导则成为信访人与法院之间的裁判者，当事人之间的争议演变为信访人与法院之间的博弈。[33] 原本行使裁判权的法院之上又出现了更高的“裁判”机构，党委政府成为实际上的终局裁判机关。同样体现行政色彩的领导批示更是强化了信访纠纷解决功能，领导批示得越多，批示得越明确，信访的案件数量就会越多，最终导致各类纠纷涌向行政领导。加之公众在“信上不信下”心理驱使下，寻求无限向上的行政权威，纠纷就演变成了上下反复的“马拉松”赛，难以从根本上解决。这种纠纷解决方式只能使矛盾越解决越多，社会秩序“越维越不稳”，不仅会增加行政成本，而且会强化人治思维、损害法治权威，不利于社会矛盾纠纷的预防和化解。

在法治国家，充分信任并且广泛使用法定救济渠道化解社会矛盾是普遍的做法。不仅因为法定的救济渠道是解决社会矛盾纠纷的最后途径，而且也因为这些渠道是经过长期历史检验逐渐规范化、制度化的成果，是纠纷解决制度的高级形态，具有公开透明、公正可信、长期稳定等形式正义的基本特征，是真正有效解决纠纷的最权威渠道。虽然目前社会公众对司法等法定救济渠道信心不足，也确实存在法定救济渠道不畅、司法不公甚至司法腐败等个别现象，但不能因此就放弃法定救济渠道，选择行政手段化解矛盾纠纷。相反，要慎用行政手段，充分信任各种法定的纠纷解决机制，落实中央关于“完善矛盾纠纷排查化解机制，引导群众依法表达合理诉求，切实维护群众权益”的要求，[34] 畅通各种法定救济渠道，重视发挥诉讼、复议等法定救济渠道

---

[33] 参见刘学在：《论司法终极性原则——兼论信访困境的解脱》，载 http://www.privatelaw.com.cn/new2004/shtml/20060917-133356.htm。最后访问日期：2011 年 3 月 15 日。

[34] 参见党的十七届四中全会《中共中央关于加强和改进新形势下党的建设若干重大问题的决定》，载 http://news.xinhuanet.com/politics/2009-09/27/content_12118429.htm。最后访问日期：2012 年 2 月 12 日。

化解社会矛盾纠纷的作用。

首先，要慎用行政手段解决纠纷。重新认识行政手段解决矛盾纠纷的利弊，尤其对于涉法涉诉的信访案件，应当严格依法办理，不宜将法律争议转变成行政问题加以解决，而应该在法律框架内判明是非，按照法定的程序合理公正解决。要合理定位信访制度的功能，严格限制信访范围，减少领导批示等行政方式，使信访回归到下情上达、了解信息、转交信件的最初定位，取消信访在法律案件实体处理方面的功能，将信访群众引导到诉讼、复议、仲裁等法定的救济渠道上。

其次，畅通法定救济渠道。针对司法等法定救济渠道存在的问题，改革现行的复议制度、诉讼制度等，使之更加适应新形势下社会矛盾和纠纷解决的要求，畅通法定救济渠道，重建民众对法治的信心。建议修改民法、刑法、行政诉讼法，放宽受案条件，降低救济成本，增强法定救济渠道的权威性和公信力，吸引纠纷当事人选择法定救济渠道化解社会矛盾。一要扩大诉讼的受案范围。任何法律争议都应该纳入法院的受案范围，不能把法律争议拒之门外。二要增加诉讼审级。在现有司法体制下，为避免司法地方化，部分案件应当实行三审终审，为当事人提供更多的救济渠道，确保司法公正。制定申诉法，把各类申诉案件纳入一个完整的、有效的、刚性的程序中，通过申诉程序来化解各类涉法涉诉信访争议。三要不断增强司法裁判的说理性，通过司法公开的渠道，明白地告诉当事人裁判的结果和理由，便于接受社会的监督。㉟ 四要建立起信访与复议、诉讼、申诉等法定纠纷解决渠道的衔接机制。鼓励行政复议机关与人民法院在信访机构设立接待室等，使大批涉法涉诉的信访案件直接进入复议诉讼等程序。

最后，还应当完善司法救助制度，在法治的框架内提供社会救助。加快

㉟ 审判中作社会矛盾化解工作，需要我们把调解和裁判的道理讲清楚。讲道理，不仅要用笔讲，在裁判文书中写明理由，更要口讲，用群众的语言讲明白；不仅要对当事人讲清楚，还要对社会公众讲清楚。总而言之，就是要让群众理解我们的工作，参与、接受、促成我们的社会矛盾化解工作。参见张军：《创新刑事审判化解社会矛盾》，载《法律适用》2011 年第 2 期。

社会救助法的立法及司法救助制度的建立，建立司法救助基金，丰富司法救助资源，扩大司法救助范围。确保法院在诉讼中的救助对象，不仅限于刑事案件受害人，而且扩展到所有需要政策解决的各类救助对象，通过司法救助解决那些生活陷于困顿的刑事案件受害人和其他诉讼当事人。[36]

---

[36] 很多人认为，党委政府之所以能够解决信访案件是因为有充足的资源，司法机关之所以解决不了是没有足够的资源。资源的配置政策安排和法律规定，如果把这些资源配置给司法机关，同样也能够解决那些棘手的政策性纠纷。

论协调发展导向型行政法

于 安*

目前我国行政法面临的主要问题，是适应社会法发展对政府职能提出的新要求和协调社会权与民事自由权之间的关系，为政府履行发展职能提供合法性准则。按照科学发展观和构建和谐社会的要求，我国近年来在立法工作中对社会立法给予了特别强调和高度重视。① 由于社会权对政府保障的依赖关系，政府采取了大量政策性措施来推动社会和文化权利的实现，以保障民生为中心的政府公共服务职能迅速增长。但是原来为适应建设市场经济体制需要发展起来的现行行政法基本制度，尚不能完全适应现在社会法迅速增长和政府公共服务职能扩大的历史性变化，如有代表性的行政诉讼法已经被全国人大常委会列入修订计划。

2003 年以前行政法的基本取向，受到 1986 年颁布的《民法通则》和

---

* 于安，清华大学公共管理学院教授，法学博士。

① 关于近年来我国社会立法的地位和发展。全国人大常委会法制工作委员会副主任沈春耀在向全国人大常委会的讲座报告中作了以下重要阐述：第一，2007 年以来，加强社会领域立法，是当前和今后一个时期加强和改进我国立法工作的一个重要方向；第二，一段时间以来，我国社会立法与经济立法存在着明显的不平衡、不协调状况，同深入贯彻落实科学发展观、构建社会主义和谐社会的要求有相当大的差距，已成为法治建设中一个不容忽视的问题，社会政策、社会权利、社会工作等许多有特点的内容在法律制度上体现不够；第三，社会法的理念和精神，对基本人权、企业责任、政府职能、社会组织等法律制度，对所有权、契约自由、过错责任、谁主张谁举证等法律原则，都带来广泛的、深刻的影响。参见全国人大常委会法制工作委员会副主任沈春耀："关于加强社会领域立法的若干问题"，第十一届全国人大常委会专题讲座第九讲，载中国人大网，www.rpqgov.cn，最后访问日期：2009 年 4 月 24 日。

1993年确认的“效率优先，兼顾公平”原则的深刻影响。它在正义观上偏向形式平等原则，实行权利主体人格抽象化和重视保护形式平等权利，是当时经济社会发展不平衡的法律产物。维护社会公平正义是我国政府的首要价值准则。为了实现效率与公平的平衡和统一，现在应当构建协调发展导向型的行政法体系，使行政法在新的价值观和新制度框架下运行。行政法上应当着眼于协调社会权与民事自由权之间的关系，规范政府的发展权，提高政府统筹职能的有效性，克服政府部门对GDP的不当偏好，减少和消除影响科学发展的法律和行政障碍。

一、公民权利与政府发展权

不但政治学上认为现代国家面临的重要问题是处理经济发展与社会福利关系，[②] 而且法学上也认为公法的最高境界是效率与公正的结合。对此英国学者说：英国从事公法的人对政府经济职能的扩张，“最具有共同性的反应之一一直是在测量现有的安排和实践与理想的宪法标准的关系，这种理想的宪法是指效率与公正能够结合起来”，“这些价值不仅包括那些普遍适用于政府活动的内容，例如保护个人权利，遵守正当程序，避免专横，提高决策中的确定性、可预见和一致性，而且还有那些特别针对政府在经济领域活动的价值，例如保护竞争者，保护消费者免受经济权利的滥用”。[③] 政府与社会权和

---

② “毫无疑问。当今世界中的国家建设和政治发展，处在这些同时产生而又相互冲突的要求所造成的压力之下，必须采取不同的比重。集权的需要同分权的要求相冲突，提取资源同经济增长以及进行投资的需要又同增加福利的要求相冲突。在当今世界中，一个有效的国家建设战略必须设法调解政治集权与分权、经济增长同分配之间的这些冲突。”参见［美］加布里埃尔·A. 阿尔蒙德等：《比较政治学》（1978年再版文本），曹沛霖译，上海译文出版社1987年版，第423页。

③ 德国学者认为社会权的实现会侵害自由权：“它们与古典的基本权的不同之处在于。国家为实现这些社会性内容所需要的前提条件是有代价的。实现社会权。常常会引起对于其他人自由权利的妨碍侵犯。因此。社会基本权不能作为一种直接的、能获得司法保障的公民请求权而被证成。这一点对于看待基本法中的基本权是非常重要的。”［德］康拉德·黑塞：《德国宪法纲要》，李辉译，商务印书馆2007年版，第162页。

经济性民事自由权中任何一种权利的单独结合都是有风险的，政府作用的失调有可能对任一方面权利造成损害。政府与经济性民事自由权结合的危险，是保护资本特权和压抑社会权利；政府与社会权的单独结合，则可能损害经济性民事自由权，减弱市场竞争的激励作用进而影响经济增长。

政府在协调社会权与民事自由权关系中的作用及其合法性是当代行政法的中心问题。尽管社会权是保持市场体制和行使民事自由权的必要法律条件，人们希望它们能够同时存在。但是社会权与民事自由权在同政府作用的关系有很大区别，民事自由权排斥政府的干预，社会权的实现则依靠政府按照人的需求提供保障。经济全球化提高了经济增长权重和强化对社会权法律空间的挤压，从而增加了行政法上确定政府作用合法性的难度。有关法律专家在分析包括上述“两权”在内的前期人权的局限性基础上，提出了以“发展权”使各类人权一致化或者连带化的国际人权法理论主张。④ 这种发展权理论力图阐明的是基于发展的各种人权的依存关系，包括了人们参与发展和分享发展成果全过程的权利，强调现代发展权在实现个人权利与集体权利结合上的特有作用。国际人权法还尤其重视国家作为主体的集体发展权。⑤ 上述理论主张和国际人权法文件启发我们，可以在发展权基础上实现各项人权的一致性，国家在这一过程中具有重要作用。根据胡锦涛同志在党的“十七大”报告中关于“尊重和保障人权，依法保证全体社会成员平等参与、平等发展的权利”的论述，应当把社会成员的发展权作为我国行政法的权利基础之一。

政府发展权是国家发展职能在行政法上的表述。狭义的政府发展权是政

---

④ 联合国教科文组织前法律顾问卡雷尔·瓦萨克（Karel Vasak）提出了三代权利的理论。有关研究分析认为，第一代人权是以自由为基础的公民权和政治权；第二代人权是指以平等为基础的经济、社会及文化权利；第三代人权则是基于博爱（fraternity）的发展权、和平权和环境权等连带性（solidarity）权利。见 CarlWelhTan，Solidafits the Indi－vidual and Human Rights，Hunan Rights Quarterly，Volume 22 Number3 August 2000，pp. 639-657，尤其是第 642 页的精辟分析。

⑤ 参考 1986 年第 41 届联合国代表大会通过的《发展权利宣言》的规定。它确认发展权是一项不可剥夺的集体人权：“发展权利是一项不可剥夺的人权。由于这种权利，每个人和所有各国人民均有权参与、促进并享受经济、社会、文化和政治的发展，在这种发展中，所有人权和基本自由都能获得充分实现。”

府的经济发展促进权，[⑥] 它的主要内涵是在尊重当事人自主决策和满足其营利需求的前提下，政府采取发展措施促进当事人按照政府发展意图积极行使经济性民事自由权，目的是解决市场在实现政府发展方针上可能出现的有效性和低效率问题。但是行政法担忧的问题是，政府为了追求经济增长可能与企业结盟并给予其特权性优惠，忽视社会利益和挤压社会权。当政府与企业结成伙伴关系，以营利为目的的企业经营行为与政府经济发展的公共行为相互关联，公法上的政府发展权与私法上的企业经营权相互交织。在公私法交汇情形下如何保护公共利益是当代行政法关注的重大问题之一。[⑦]

对于政府发展权的法律规范，一直是一个悬而未决的问题。[⑧] 由于政府发展权以尊重经济性民事自由权为前提，民商法无法禁止和限制这种政府权力，只能依靠公法才能实现规范目的。狭义政府发展权的合法性本来是弥补市场的自发性缺陷，刺激市场活力并引导市场跟随国家的发展战略。但是基于市场的政府发展权也受到市场机制本身的限制，它的不规范使用不但增大了政府腐败的可能性，还使政府更趋向于放任企业的经济自由权乃至放纵其滥用其经济自由权，疏于或者抵制执行社会政策。市场竞争引发的社会矛盾，不但超出了市场自我调节的能力，也超过了狭义政府发展权的调节能力。解决这一问题的法律出路，是构建协调发展导向的行政法体系，在法律上赋予政府发展权以协调经济与社会政策的内涵和必要的统筹手段，使政府的发

---

⑥ 理论上对政府促进发展作用的研究主要是在“东亚发展型国家”方面。有关发展型国家的研究著作见吉林出版集团有限责任公司 2008 年出版，曹海军翻译美国禹贞恩编的《发展型国家》一书等。

⑦ 在英国，“1989 年戈登博瑞爵士同样为如下主张辩护：公法原则应该像控制公权力一样控制私权力；他建议所有掌握权力的主体都应负责。并受良好行政之一般原则的支配。……联合国人权委员会和欧洲人权法院最近都发出了如下警告：国家不能通过将国家职能外包给商业部门而逃避其人权责任”。参见［英］默里亨特：《英国的宪政与政府契约化》，载［新西兰］迈克尔·塔格特编：《行政法的范围》，金自宁译，钟瑞华校，中国人民大学出版社 2006 年版，第 48 页。

⑧ 日本模式下政府在发展中的作用法学上概括为“行政指导”。它的合法性是颇具争议的。见［美］查默斯·约翰逊：《通产省与日本奇迹》，戴汉笠等译，中共中央党校出版社 1992 年版，第 249-282 页，尤其是第 280 页。

展权获得新的合法性。例如，如果企业滥用民事自由权拖欠或者拒绝支付民工工资，政府有权限制或者取消对企业适用政府的优惠发展政策，运用政府的经济发展措施推动保护劳工等社会政策的实现。

在保护社会权需求强劲和全球经济竞争加剧的矛盾中，保持经济可持续发展是协调经济社会发展关系的主要条件。面对这一挑战，实行新自由主义的市场经济国家转向实行经济放任政策和放缓执行社会政策。但是由于我国具备引导和支持经济发展的特定制度条件和资源配置能力，所以在我国实行协调发展导向型的行政法是可能的。

二、协调发展导向型的行政法制度建构

为了有效规范政府促进和主导经济社会发展的职能，行政法应当构建政策协调型行政决策制度和基于政策协调的整合型行政体制，使行政法在全面协调可持续的科学发展原则下运行。

（一）政策协调型行政决策制度

社会权与民事自由权的协调以及个人发展权与国家发展权的协调，在行政决策上是通过政策协调实现的。政策协调型行政决策制度，是把政策协调和统筹效果作为行政决策合法化和取得法律效力的根据。通过行政法上的效力制度，把政策协调作为行政决策发生法律效力的条件。缺少法律约束和权利保护内涵的政策协调性行政决策，极易蜕化为脱离政策目标的利益关系妥协。

通过政府公共政策推动经济社会协调发展在理论上和实践上都是可能的。研究认为，“经济增长同收入不均之间的关系并不是非常密切和必然的，并不是对政治和公共政策毫无反应的。人口控制、教育、土地所有制、财政和公共投资政策，都是可以减少经济增长过程中收入不均现象的手段”；经济与社会发展的关系比较复杂，法律上对所有政策协调内容做出规定是困难的。有关社会发展指数的研究表明：“经济增长与社会发展之间没有统一的因果关

系。这一关系随着收入群体的变化和各量的变化而各有不同。本文第一部分提到的假设没有一个可以普遍地得到数据支持，它们的每一个都是在不同的情况下基于不同的收入群体和不同的变量得到支持的。”所以，法律对经济社会政策协调性行政决策的规范，还是要集中在行政决策的方式和过程上，至少以下五个方面是应当考虑优先制度化的。

第一，在政策根据上，确定政策群的结构和主导性政策。政策协调的必要性产生于政策数量众多和政策之间的矛盾，例如产业政策、科技政策、外贸政策与教育政策、人口政策、卫生政策和社会保障政策之间存在某些矛盾关系。建立政策结构关系的主要方法是确定基本政策目标、主导性政策和其他政策对基本政策目标和主导政策的服从关系。就目前情况而言，转变发展方式是具有根本意义的政策目标⑨和政府主导发展的主要方向。作为转变发展方式主要方式之一的产业结构调整，涉及工厂的关闭转产、下岗人员的培训教育、再就业和失业管理等经济和社会政策问题。单纯追求经济效益的政策选择，非常容易在这一过程中导致社会矛盾甚至引起矛盾激化。所以必须在产业结构调整的行政决策中同时兼顾企业发展与职工社会权益保障，否则行政法就可以认为该行政决策缺乏政策协调性而不能取得法律效力。

第二，在决策方法上，行政决策应当引入政策分析评估和政策说明。政策分析应当并用定性和定量方法。对经济性政策实行社会价值的定性分析，法律上不能允许离开价值约束的经济增长；对各种发展政策实行经济学

---

⑨ “社会权利的扩张为竞争的代价设置了‘最坏路径’选择时付出的成本小些。但是这不利于依靠低成本竞争的产业。并迫使企业向高附加值的部门转移或是选择那些产业内具有较高质量、技术和产生率水平的发展战略。”［美］肖恩·瑞恩：《全球化时代的国家和市场》，吴雷钊摘译，载《国家行政学院学报》2008 年第 4 期，第 111-112 页。英文原文为 Seánó Riain：“STATES AND MARKETSNANERAOFGLOBAL - IZATION”，Annual Review of Sociology，August2000，Vol. 26，pp. 187-213.

意义的定量分析，具体测量政策协调实际状态。[10] 成本效益的定量分析方法已经在国内用于立法评估，[11] 这一方法和其他定量政策分析方法可以广泛应用到经常性行政决策之中。基于政策分析的政策协调结论可以作为行政决策合法性的理由和根据。

第三，在决策程序上，有效保护平等的社会参与权。法律上应当保证受政策影响的各个群体意见在行政决策过程得到充分的表达，根据政府协调的法律原则采纳那些合理的利益诉求；对那些不符合政策协调原则的不当干预法律应当进行限制性规范，防止利益集团运用其经济优势和社会动员力对政府决策施加不当压力。

第四，在决策实施上，控制行政资源的配置。人力资源、公共财政等行政资源的配置，是制约政策协调型行政决策可实现度的基础性因素。行政资源的有限性，不可能使所有的政策都得到平均的资源分配。因此行政资源的配置状态是确定行政决策中优先性政策的支配地位和政策之间协调度的重要指标和控制手段。

第五，在适用范围上，应当及于所有行政决策方式，即行政法规、规章、有普遍约束力的决定命令及其实施性行政措施，还通过行政决策的政策协调评估实行监督。由于高端政策性决定非常容易在实施性行政措施中被弱化乃至背离，所以应当把行政机关的实施性决策及其对法律的忠实度作为规范和

---

⑩ 例如经济发展与环境保护的关系，是引起经济和社会冲突的重要方面，研究认为："经济中最具争议的问题之一，是经济增长与环境的关系。按照传统的经济理论，环境问题出现的原因，是定价系统的失灵（Tielenberg1994）。市场决定的价格，不能充分反映由于经济活动引起的环境损害的社会成本，因此环境问题的解决取决于修正价格机制，需要进行的工作是将环境损害的社会成本内部化（internalizing）。这样做的一个结果是，产品的价格完全反映使用环境资源的成本并使这种使用具有效率。"见 Dimitrios. A. Giannias，Panagiotis Liargovas，Chepurko Yuri Alexandrovich："Economic Growth and the Environment：The European Union Case"，The Journal of Developing Areas，Vol. 37，No. 1（Autumn，2003），p. 1. Publishedby：College of Business，Tennessee State University.

⑪ 国务院 2004 年《全面推进依法行政实施纲要》第 17 条规定："积极探索对政府立法项目尤其是经济立法项目的成本效益分析制度。政府立法不仅要考虑立法过程成本，还要研究其实施后的执法成本和社会成本。"

监督的重要内容。

（二）政策协调型的行政体制

在政府主导发展的国家中，政府间权力配置合理性和协调程度对于实现发展目标具有重大影响，缺乏合理协调的行政体制将严重障碍政府发展职能的实施。政府部门的非协作性单独决策，往往是行政决策脱离总体政策目标，导致民事自由权与社会权之间相互对立的重要原因之一。鉴于经济社会政策协调对于实现发展战略的全局意义，应当在超越工作协调的高层次体制性安排上体现政策协调的要求，把经济社会政策协调性作为行政组织设置原则和职权配置的基本原则。

第一，部门设置和权限划分，应当综合运用权力集中与分散的法律手段。由于大部门体制可以使政策协调在一个行政组织内部完成，所以大部门应当成为政府部门设置和裁并调整的基本规则。但是由于政策关系的相对性，任何大部门一次性设置的优点都不可能是绝对的，例如工业与信息化部门的合并设置有利于工业化与信息化的结合，但是工业与科技的部门合并可能更有利于依靠科技提升工业技术含量和水平，所以应当根据政策协调和政策实施效率的需要定期进行部门权限关系的整合。大部门体制在本质上是一种依靠集中权力促进政策协调的组织方式，在行政管理分工需求和依靠层级保证优先管理事项的需求下，集权式的大部门体制的应用范围是有限的。基于行政分工的分散式政策协调，主要依靠行政决策程序中的协作机制。

第二，行政区的设置和区际协作，是实施区域发展政策和纵向配置政府发展权的基础性手段。应当把基于政治民主原则的政区和基于执行特殊政策和实施专门管理功能的功能区的区际关系，通过行政法予以合法化和制度化。根据经济社会协调发展的需要，可以在政区区域内或者跨越政区的区域内，适当设置规划区、政策实验区、环境保护区、生态保护区、经济开发区和金融区、林区、电区、水区等经济专业区，把区域划分和区际关系作为政府主导经济社会协调发展的重要手段。

第三，中央与地方在经济和社会发展职能方面的权限划分，是法律上协调经济社会最具挑战性的问题。在我国各地经济社会发展不平衡的情况下，中央政府的统筹职能是实现经济社会协调发展的主要因素，其中包括直接提供公共服务和直接管理建设的职能。在社会发展方面，由于各个地方政府的给付能力与全国公共服务均等化和普遍保障原则不匹配，法律上的选择应当是提高统筹级别和下放执行权限；在经济发展方面，由于政府发展职能的分级行使，地方政府发展职权的有效性限于本行政区域，极易形成货物和某些服务业的封闭性区域市场。因此，对地方政府行使发展职能的激励和中央对全国经济统一发展的主导，应当按照政策协调原则和对行政控制资源的分配权进行统筹。

结 语

规范行政体制及其行政决策过程的客观行政法，是协调发展导向型行政法的主导性制度。集中统一的政府体制和政府对公共资源的动员力和控制力，是政府能够有效行使发展权，统筹经济社会协调发展的基本条件。公共资源的动员使用和发展目标、发展战略、发展规划和发展措施的决定，是在政府行政体制内的行政程序或者国家政治决策程序完成的，与普通社会成员直接发生权利义务关系的情形很少。经济方面的发展措施基本上是尊重当事人自由意志的引导性经济刺激措施或者经济交换性的协议措施，依靠强制命令形成权利义务关系是从属性和局部性的；在社会发展方面，除了基本性保障措施以外，政府提供的普遍性社会保障和普遍性公共服务对于受益人来说，大部分都是反射利益而很少构成受益人的主观权利，所以政府行使发展权引起的社会关系，大体上都属于客观法的调整范围。在客观法性质的行政法体系中，政府发展权的合法性保障机制主要是对政策性决策的政治控制和行政监督；保障方法也将更多地依靠政策分析、绩效评估和信息公开制度，法院诉讼和对抗性审理等用于保护个人权利的传统方法不再是主要角色。

中国法治的路径选择
——英国模式的借鉴价值

张 越*

治理一个国家有没有现成的经验?

一国公法体系的最小子集是多少?

一国法治中最基本的内容有哪些?

上述问题，相信是许多治国者、研究者甚至治于人者不时会思考的问题。

进入21世纪，中国的法治建设明显提速。特别是2014年，国家最高决策层史无前例地发布了《中共中央关于全面推进依法治国若干重大问题的决定》，将建设法治中国提升为国家战略。欢呼雀跃的同时，理性的法治人必须清醒地看到，今天的成就，仅仅是目标的确定，法治中国的路径、手段、规则、体系等还有大片留白，法治中国的理想还远未实现。

一、法治需要几代人的努力

培养一个贵族，需要三代人的努力。建设一个法治的国家，三代人够吗?

对此的答案，笔者提出个假设供进一步论证：答案与回答者年龄呈正相关。

法治中国究竟什么样？这个议题迄今并没有现成的答案。过早得出的结论，只能降低中国法治的品位，压缩中国法治发展的想象空间，最终只能建成一个退而求其次的速成“山寨”版。这不是我们全面建设法治国家目标的

* 张越，法学博士，现任国务院法制办政府法制协调司副司长。

应有之义。

明确法治建设的目标和方向，只是我国近30余年法律制度恢复和建设的初步成果。这个过程，主要是恢复我国传统法制及借鉴国外成熟经验的结果，但还不是我们最终要建立的法治国家的全部。我们目前取得的成就，只是万里长征的第一步，今后的道路还很漫长、也更艰巨。满以为我们几近大功告成的故步自封的观点，只能说明立论者的浅陋和短视。

客观地说，法治是个舶来品，不是中国文化本生的概念和制度。在中国的文化积淀和背景上建设法治中国，此前的学习、了解亦是必要的。在笔者的《英国公法》中，在简单地介绍了英国的大致情况以及作为英国法治文字载体的英语的一些必备知识之后，重点介绍了英国法治的八大基本概念、十数项基本观念以及四大基本原则。这些概念、观念及原则本身蕴含的法治思维习惯，是该书后续各章介绍的具体制度的产生渊源，同时也是英国的法治之所以可以几百年来生生不息、始终不让人觉得旧的最根本原因，当然也是我们最难移植的所在。

中国建设法治国家的目标和方向已经确立，进一步需要落实的，就是路径选择，即采取哪些措施、选择什么方式、制定哪些规则、建立何种框架，才能形成具有中国特色的、确保法律自治顺畅运行的、并具有自我创新能力的法律体制。

我们的最终目标，应当是在进一步深入了解中国实际，特别是国民的最根本利益和意愿的前提下，在进一步开放、包容、深入地了解、分析、体会域外法治先进国家的法律观念、制度框架、机制设计的深层次的经验和方法的基础上，通过建立我们自己的概念、原则和述理、推理体系，奠定我们自己的具有自主创新能力的法治思维体系和法律制度根基，最终在中国创造出足以为世界所景仰、所钦佩、所效仿的现代法治体系。

这才是我们的目标，这才是当代法律人的使命和担当，这才是一个发达的世界大国的法治体系应当达到的境界和高度。对此，我们责无旁贷。

法治是以人为核心的法治观念之治，人的因素最主要地体现为观念的因素。如果我们希望在可以预期的将来也会成为人类历史上某些制度性创新的一个渊源之国的话，观念的更新、创新必不可少，同时学习、借鉴亦必不可少。

二、英国法治的基本体系

法治非哪个部门法独力所能支，而必须建立在一个体系化的结构之中，公法是笔者认为能够包容这个体系的最小的法律概念域，也是笔者对英国法治运行机理系统探究的结果。

对英国公法所讨论的内容的取舍主要取决于两个因素：一是重要性，二是原著中的篇幅。其中重要性，是笔者从中国行政法角度所作的个人判断，而原文篇幅显然是英国公法各著作中对某一问题论述的规模。当然，实际的篇幅笔者没有作严格的计数。更有可能因为本人对某些内容比较重视或者视为中国行政法的重点、难点，而给予畸重的关注，影响了实际篇幅的均衡，亦是不可避免的。

（一）宪法搭建英国法治的结构框架

法治首先是一种治理结构，是由法条为纤维拧成的绳子搭起来的架子，所有的法官、行政官员、行政管理相对人就在这个框架内按照自己对法律的理解从事自己愿意的行为，但终不能摆脱法律的羁束。而这样的结构性框架，就是由英国的宪法搭建的。

笔者研究英国宪法的着眼点，集中于对其“法—政治”结构的解构，特别是对其民主政治如何沿着选举体系、议会道路迈向宪法之治的剖析，由此得出的结论是行政法总论、部门行政法及行政诉讼法中遇到的许多终极命题的答案所系。

英国宪法领域的重点内容包括：英国的民权制度、君主制度、政党制度、选举制度、议会制度、立法制度、内阁制度、部长责任制、权力下放、违宪审查制度、议会行政监察专员等。这些制度有许多在我国国家的宪法中是不介绍的，也有许多我们认为必须介绍的却没有提及，这其中固然有某些作者取舍的因素，但主要是英国本身的制度使然。各个国家的法治中最明显的区别往往表现在宪法中，而宪法中最大的区别就在于我们有的东西别人没有，反之，别人认为不可或缺的东西，我们也没有。当然，并非所有的有无之别都是无所谓的，如果我们承认我们的制度与他们的确有区别时，其区别的原因或许最直观地体现在我们彼此之间有别的差异上。

（二）司法体制构筑英国法治的基础

在没有仔细了解英国法之前，笔者并不觉得英国司法体制有什么重要之处，但在系统地分析过他们的体制之后，笔者认为，英国可以没有宪法（如果从成文与否角度判断，事实正是如此），但不能没有司法体制；英国可以没有议会，但不能没有法院；英国甚至可以没有政府，只要有法院就可以了——英国相当长的历史就是这样过来的。对于其他国家来说，英国之治的难以效法，最困难的不是其成文法，也不是其判例制度，而是形成判例制度的那些法官所组成的团队。从某种意义上甚至可以说，英国的法治，就是英国的法官之治，这可能有些绝对，但绝不是胡说。为了证明这一点，笔者将关注的重点投向了英国的法官的出身及晋身之阶上——对法律界及法律服务界的研究，在很大程度上就是为了说明英国的法官何以能够不以物喜、不以己悲的真正原因。在这个基础上，才有可能进一步分析英国的法律解释技术、英国的司法行政体制及其变革，最终落脚于司法与立法的关系、司法与行政的关系、司法权及其自我克制、司法公正。

（三）行政管理体制构成法治的经脉

英国行政管理体制本来是英国行政法，特别是其总论部分的一个组分。但随着现代国家管理体制的现代化，行政管理体制也日趋复杂，并逐步从宪法及部门行政法中分立出来，英国也出现了将行政管理体制专门设科研究的学术习惯。

从比较研究的角度看，这方面的内容，承载了英国数百年来行政管理体制不断改革、不断适应国家的治理的现代化的最新成果，既是英国法治现代化在行政管理领域的制度体现，也是英国法治得以在现当代顺畅运行的体制平台。这些内容，恰恰是我们建设具有中国特色的法治国家过程中，在国家治理的具体结构层面必须不断完善的行政管理体制改革的可借鉴模板。

英国行政管理体制所要研究的，是英国的行政体制是怎样运作的，这是一个兼有行政管理与法治约束的混合地带，许多在我们视为完全行政性的内容，在英国已经法治化了，如公务员的待遇；而在我们认为需要加强法治化力度的领域，他们已经非常灵活了，如行政组织体制。其中的原因不唯发展过程上的差异，还与其议会民主制所附随的组织体系根部的因时而化有直接的关系。

英国当代行政管理体制有三个特点：一是强调财政控制的重要性，二是突出了法律调整行政关系的英国特色，三是重点介绍了英国的地方行政管理体制。由于对英国中央政府，特别是英王、内阁及部长等内容，一般从宪法角度介绍；英国的各行政管理部门，通常在部门行政法部分专门介绍，因此，对英国当代行政管理体制中经常被疏漏的，就是未将关注的重点引向地方行政管理体制，以及与此密切相关的地方自治、权力下放以及中央与地方关系。这些内容对于中国这样一个大国的精密的、有效的治理，无疑是非常稀缺的知识资源。

当然，有关英国地方财政管理中的某些具体制度，对于我国行政法律体制的现状而言，确有可能显得过于遥远了一些。因为我们的地方财政甚至中央财政，主要还是吃饭财政，财政控制手段在地方行政中的控制功能极度微不足道。在这种情况下研究这些问题，就是要为那些对中国法治未来充满远虑者，提前思考我国行政管理体制治本之策提供一些素材。

事实上，地方政府法是英国公法领域非常活跃的一个分支，这一点突出地表现为其名目繁多的地方立法及其更为频繁的修订频率。仅从 Wade 和 Forsyth 所著英国《行政法》2014 年版的成文法总表的列举看，名为地方政府法的立法自 1886 年开始，共有 14 部（1886，1888，1894，1899，1933，1972，1974，1985，1988，1992，1999，2000，2003，2010），此外还有涉及地方政府信息公开、财政、地方分权等各方面内容的立法 18 部。在 130 余年的时间里，如此高频度的立法、修订频率，充分说明这是英国现当代法治发展的一个不容忽视的重点领域。而考虑到英国仅及我国一个中等省份的面积和人口，对地方政府管理却如此重视，我们以其近 30 倍的国土面积、20 余倍的人口总量，说我们没有地方政府管理体制方面的问题，怎么可能。唯一的答案只可能是，我们国家的法律治理没有精细化到这个领域、这个层次，但对于建设法治中国的目标而言，这道坎估计是绕不过去的。

（四）行政法关注国家行政法治问题

就法治与宪法、行政法的关系而言，英国学者的如下概括堪称经典：英国的宪法建立在法治原则的基础之上，而行政法显然是该原则最能动地运作的领域。②

从国家治理的角度看，宪法是法治的根本大法，行政法则是动态的宪法。宪法的原则、制度需要部门法落实，而在国家治理意义上，最主要的宪法实施法就是行政法，具体又可以分为行政法总论、部门行政法两部分。这两部分内容合起来，构成与我们的行政法对话的平台，但从内容上看，英国行政法的重点不在于违法，而在于是非、甚至价值判断，这种更高级的需求及现实的产生背景，显然不完全甚至不主要来自行政系统内部的良心发现，议会民主政治不时从民间输入的活力和要求，无疑是促成这种变化更为领导性的主因。

行政法总论，也就是通常意义上的、狭义的英国行政法，是研究行政法

② Sir William Wade（the Late，in March 2004）& Christopher Forsyth：*Administrative Law*，11th ed.，2014，Oxford University Press（New York），p. 14.

者最熟悉的。但放大到国家治理的公法视野下，其部分内容已转移到了宪法、司法体制、行政管理体制等其他子部门法中，如行政法的基本原则在公法基础部分介绍，行政组织法在行政管理体制部分介绍，司法监督在行政诉讼法部门介绍，余下的内容，主要就是行政行为法方面的内容，如行政行为的分类各述、行政程序等。

英国部门行政法，本来是英国行政法的一个组成部分，将其独立出来，主要基于两个方面的考虑：一是英国的法律治理中有许多具体的制度，这些制度的引入和移植需要从专门的领域、具体的制度入手；二是对于相关部门的具体承担制度设计职责的人士而言，直接从行政法总论或者行政管理体制部分汲取营养可能会有远水解不了近渴之虞。为此，有必要将有关英国行政管理方面的具体知识、经验和制度从相关的部分中提取出来、适当提炼、酌情分类，目的就是让实务界的同仁们能够比较便宜地找到英国的相关可借鉴的制度。

笔者在研究中深深感到，要想精研英国的法治，仍有大量的工作可做，其中的一个缺口，就是英国具体的部门法，如土地法、环保法、劳保法、警察法等，每个部门法都有许多细致的、精准的制度，这些具体的内容恰恰是我们在现行立法逐渐深入技术层面后迫切希望洞悉的所在。因此，笔者将这些内容中的部分先整理出来的另外一个目的，就是诚心实意地抛砖引玉，希望有兴趣于此者在此基础上更上层楼，在具体的制度层面上构建对于英国法制的细部的工笔式的描绘。

不仅部门行政法方面的研究视野需要拓展，行政法总论部分的研究也需要深入。例如，通读过笔者《英国行政法》一书的读者或许会发现，书中的许多细节被反复强调。究其原因，一是提醒中国读者注意法治的细节，这是法治得以深化并最终盛行的前提；二是英国法中有许多内容非常复杂，或者说非常具体、明确、深入，必须从不同的角度介绍。如行政职能，至少会在四个部分涉及：在公法基础部分涉及英国公法有关政府职能的观念，在行政管理体制部分涉及具体的行政职能的设定、分布情况，在行政法总论部分会涉及行政职能的法律属性，在部门行政法部分则会涉及各个具体部门或者部门行政法中的具体职能。如果每一个法律概念及相应制度都能够保持如此的逻辑统一、前后连贯，这样的国家才称得上有一个完善的法治体系。

（五）行政诉讼法解决法治监督问题

行政诉讼法本来也是英国行政法的一个组成部分，但随着了解的深入，内容膨胀，反而成了介绍英国公法时篇幅最长的部分。这也符合英国法治对于司法审查的理解。从比较和借鉴的角度着眼，对英国行政诉讼制度的研究应当本着一个基本的出发点，就是必须具体，即按照行政诉讼的步骤，亦步亦趋地逐个环节地介绍了英国司法审查的详细内容。

当然，或许令国人失望的是，笔者研究英国行政诉讼，到了最关键的升堂部分，却只发现了两个字“挠挠”。对于这一点，应当从前述英国司法体制部分寻找根源：英国的法官可不同于有些国家的法官，他们不但是知识分子，而且是英国当然的高级知识精英——出庭律师中的佼佼者，跟这些出庭年限超过 15 年以上才有资格出任的法官们讲司法审查程序，那简直是“关公门前耍大刀”。那么，我们关心的程序问题到哪里去找呢？也只能到英国的司法体制中去找——英国的法官可以说不讲程序，他们想怎么审就怎么审。但问题的关键是，他们已经几乎到了随心所欲不越矩的地步——无论他们怎么审，从自然公正的角度看，并不违反程序！

对英国行政诉讼法的研究，一定要结合前面提到的宪法、行政法等公法基本内容，特别是英国司法体系中对于法官之所以本性从良的基础性分析，除此之外的技术性成果的介绍，只能算现成的海产品，而不是笔者极力推销的渔人之道。

上述五部分内容，再配上适当的、作为其体制背景的英国公法基础知识（主要是对英国法律体制的介绍，特别是其中对于英国法治观念的理解，是洞悉英国法治精神的门径），基本上就构成了作为一个整体的英国法治的基本体系了。对于作为一国领域内实施法治的母国、对现代世界法律体系作出重要贡献、并在当代国际法律治理领域不断推陈出新的英国，其法律治理体系的基本模样就清楚了，我们的比较、借鉴，就可以以此为蓝本开始进行了。

三、英国法治的主要经验

写下这个题目，着实把自己也吓了一跳：这是英国国内学者，包括如韦德爵士等权威泰斗，也不敢轻易涉足的。好在中国正处在法治建设的起步阶段，在此抛砖引玉，希望学界或者实务界会有更多如我一样的小身板，继续承担起介绍各国法治真情实况、解析各国法治运行机制、精研具体部门法治精义的大任，以文会友、以义理通达各方文明，形成规模优势，营造比较法制研究和煦之风，最终都能够在对不同国家的研究之后，得出类似此处对于英国法治的“经验之谈”。

回首往事，研究英国法治的年头，已经不容掐指。历数英国法治的经验，起初觉得不胜枚举，但越到后来越发现，真正能够称得上国策的，无非创新和司法最终两端，其他都是治国之术，与此二者不可同日而语，不知大家以为然否。

（一）英虽旧帮，其命维新

一个社会，只有不断创新，才有活力；

一个国家，只有法治作担保，才会有创新体制和平台；

一个民族，只有确保持续不断地创新，才会生生不息、历久弥新。

10 年前出版的《英国行政法》中，笔者曾以此感喟英国法治的传统与生机，并成为续作《英国公法》丛书的主题。回首这 10 年对英国法治进程的继续追踪，笔者更加确信，英国至今能稳居世界人均 GDP 十强，得益于法治为其营造的稳健而激励创新的基础氛围；英国法的精义，亦在于其不断创新的冲动和潜力；但很难说究竟是法治创新支撑了国家创新，还是国家创新引领了法治创新。但有一点最重要：无论从哪个方面，英国都基本上可以说与世界创新的最新潮流同步。

在这10年间，英国公法领域发生了许多世界瞩目的大事：司法部总算成立了，大法官的职权重叠终于消减了（2005年），行政裁判所体制又改革了（2007年），最高法院终于成立了（2009年），苏格兰差点儿就独立了（2014年），脱离欧盟或者加入欧元区仍是选举的热门话题（2015年）……英国公法学界依然如其先辈一样，极力跟上变革的步伐，但也只能给这个不断移动的目标来个自拍。③

但依笔者的经验，千万不要为英国学者对英国法变革的喟叹所迷惑，就像不要全信英国传统绅士对英国天气的抱怨一样：在英国人的骨子里，变革永远只不过是传统大树上每年萌发的新芽而已。对于一个现行有效的成文法渊源自1215年、判例渊源更为久远的英美法系的源流之国而言，10年的历史变革，不可能改革英国法传统的根本，也正因如此，他们更强调对英国法原理与原则的分析的重要性。切不可为了跟踪英国宪法行政法领域的最新发展，而忽视了对作为英国公法根基的基本原则、基本理念的揣摩和把握。唯有深入探寻英国公法的现行体制及其不断衍生出来的最新成果的机理，并希望通过对这一体系的全面的、彻底的分析和介绍，从中掌握法律的理念、原则、概念等自我创新的方法和门径，才有助于最终为我们能够在自己的国土创造出足以为世界所景仰、所钦佩、所效仿的现代法律规则，奠定我们自主创新的根基。

综括而言，英国公法最近10年的最新进展，突出表现为如下七个方面：一是与欧盟法的整合；二是融入欧洲人权法体系；三是仿效欧美国家的通例完善司法体制的顶层设计；四是加大依法打击恐怖主义的力度；五是沿着统一增效的目标改革行政裁判所体制；六是不断拓展信息公开（信息自由）的实践领域；七是继续探索权力下放。这些进展，几乎都和英国法与欧洲法的

---

③ Sir William Wade（the Late，in March 2004）& Christopher Forsyth：*Administrative Law*，11th ed.，2014，Oxford University Press（New York），Preface.

整合有关，但在这令英国人为难的进程中，他们继续着其祖先曾经遭遇的尴尬：在无法抗拒的避免被欧洲孤立的恐惧中，艰难地保护着自己的独立。由此产生的搞笑结果是，在对外关系方面，当包括苏格兰在内的整个联合王国的民众激烈地争论着是加入欧元区以更深入地融入欧洲，还是退出欧盟独善其身的时候，在其内部，苏格兰人却在盘算着是不是该脱离英国，退回到其1706年以前的独立状态中去。

再如引起广泛关注、国内也多有介绍的英国宪政体制改革。笔者仔细甄别发现，英国近10年来的“巨大”变化，更多的只是些徒具宪政新闻学价值的事件。对于形成英国公法重要分支的宪法行政法学领域而言，2005年宪政改革法只不过是自1215年至2014年以来连续整800年间产生的至少415部法律文献中的1部而已。许多国人之所以如此关注所谓最新进展，恰恰可能是中了某个英国人的“魔咒”：每个时代的人都有一种身处历史转折时期的错觉。

这些英国当代政治、社会领域的热点问题，都无一不是英国公法领域最基本、最主要的传统议题。因此，与其集中讨论，成就一篇综述式的短文，不如将其放在更为宏观、历史更为久远的英国公法体系中予以系统的分析，重点是分析其历史的源泉、脉络及不断改革创新的根源。这是笔者以为研究英国公法最有价值、最值得借鉴的方法论价值所在。

（二）万变求易，司法最终

人类社会的重大制度性选择，都不是科学论证的结论，而是信仰执着的结果。民主政治是如此，宪法体制是如此，法治也是如此。而对法治的信仰最集中的体现、最基本的判据何在？单就英国而言，系于对司法最终的坚信不移、彻底维护！事实上，无论司法任命体制如何改革，作为英国法中流砥柱的英国高级法官只能出自英国司法界的精英的格局不会改变，英国司法体制的根基仍屹立不动。

概括英国的法治，可以简单地归结为以下三点：

一是，所有纠纷尽可能纳入法律解决渠道，除此之外不保证有求必应；

二是，培养一支国民高度信赖的法官队伍，由他们处理各种社会纠纷；

三是，营造捍卫法官判决权威的社会氛围，用立法手段事后弥补缺憾。

简言之，英国的法治就是，基于对法治的信仰，选择法官处理所有的社会纠纷；为了确保纠纷的解决，必须强调法官必须独立于利益、独立于法外权威、独立于当事人，由此引申出法官独立意义上的司法独立；为了捍卫司法独立，必须维护司法的权威；确保司法最终是对司法独立最好的维护；确保了司法最终，就确保了所有社会纠纷都止于法官的审判，从而确保了全社会治理于法律的统治。

在此试举其中一端略作说明。在谈及法治原则下的职能分立时，英国学者特别强调，就司法分支而言，司法界的独立离不开以下两大部类之间强有力的分立形态：法院在一边，立法及执行部门在另一边。④ 这一通俗易懂的表述，参透了分权与法治的精髓：没有司法界与立法及行政的分立，就没有司法的独立，在英国议行合一体制下已经混同的立法权与行政权，就有进一步吞并司法权、从而使三种权力彻底融合的风险，届时，就是英国学者最为担心的法治荡然无存的时候。可见，一定程度地违背分权原则并不实质性破坏法治原则，但就英国而言，以司法独立为标杆的分权，则是维护法治的最后堡垒，失去了司法界的独立，英国还是不是一个法治国家就难说了。

但在2005年宪政改革法剔除大法官的司法角色之前，英国国内确实存在着大法官作为一位政府部长，是否适宜又作为一位法官在上议院听审上诉案件的问题。现在好了，大法官司法角色的剔除，意味着身居此位者，不再作为自2005年该法后设立、2009年正式运行的英国最高法院的法官了，英国宪政体制中一个多年来搅扰法学家心神的职能混同现象，终于不复存在了。当然，认真思考这个问题，特别是进一步了解大法官保留的司法职务任命方面

④ A. W. Bradley，K. D. Ewing and C. J. S. Knight：*Constitutional and Administrative Law*，Longman（an imprint of Pearson Education）2015，16th ed.，p. 93.

的权力，仍然会发现，英国的这项改革并不彻底，象征意义大于实质意义：大法官在此之前就极少在上议院司法委员会听审案件，如今的改革只是卸掉了其多年不用的冗余权力而已。

随着2005年宪政改革法的实施，如今在英国，司法独立原则已经正式为立法所确立，该法引入了一项不断巩固司法独立的法定义务。该义务既是加诸大法官、政府其他部长的，也是加诸任何对涉及司法的事务负责或者对公正的实施负责的其他人的。⑤

笔者研究的英国司法体制的重点，在于发现并勾勒出一个理性、无欲、中立、纯良的英国司法界，这个基本上由700余名50几岁的白人男性构成的精英集团，稳健地掌控着英国社会正义的方向。这个以法律贵族封顶的金字塔式构造的组织体系，是许多国家缺乏的，但又不是一代人能够成就的，他们的存在说明了人的因素在完备法治社会中依然不可或缺的重要性。

与中国的情况不同，英国的法官广泛地参与司法之外的事务，即出于司法之外的目的利用法官。法官们经常应政府之邀主持各类皇家委员会、政府部门的委员会以及根据1921年的调查裁判所（证据）法［Tribunals of Inquiry (Evidence) Act］而运作的调查裁判所，该法虽被2005年的调查裁判所法(Inquiry Act）所取代，但制度得以保留、传统得以延续。据统计，在整个20世纪，比较重要的这类委员会及调查裁判所有366个（其中据说有30%是由法官负责的)，另有约1000个政府部门的调查裁判所（departmental inquires)。⑥从原文看，存在委员会与裁判所混用的现象，对此需要说明的是，英国的这类委员会、裁判所，都是针对某些具有公众关注度的事件而组建的，主要作用就是对公众关切的事件展开调查，在查明事实的基础上提出解决问题的建议。由于这一过程与司法案件的审理具有高度一致性，同时也为了充分展示

⑤ A. W. Bradley, K. D. Ewing and C. J. S. Knight: *Constitutional and Administrative Law*, Longman (an imprint of Pearson Education) 2015, 16th ed., p. 327.

⑥ A. W. Bradley, K. D. Ewing and C. J. S. Knight: *Constitutional and Administrative Law*, Longman (an imprint of Pearson Education) 2015, 16th ed., p. 329.

政府的中立性，所以才借用素享公正之名的法官来领导这类临时机构。至于其名称，有时称调查裁判所或者裁判所，而在多人参与时就是一个委员会。

这一点，从法官参与的这些事件的例举中，就可以知道法官们在其中扮演的角色，这些事件涉及：运动场安全（safety at sports grounds）、监狱暴动（prison riots）、跨国银行倒闭（the collapse of an international bank）、出兵伊拉克事件（the so-called Arms for Iraq affair）、未来的反恐立法（the future of legislation against terrorism）、1972 年的血色星期天屠杀事件（the Bloody Sunday killings in 1972）。[⑦] 类似事件，都是英国国内政治生活中的大事，这些事，在有些国家，是通过中央政府直接出面组成调查组的方式查处的。但英国不这样做的直接原因之一是，这些事件往往恰恰涉及中央政府本身的责任问题，由中央政府出面调查，本身就会招致一片叫骂。而由素享清誉的资深法官出面，将向英国民众传递一个明确的信号：政府将彻底脱身于调查过程之外，并随时准备接受主持调查的法官提出的任何建议，包括指责甚至承担相应的道义、政治乃至法律责任。这无疑是从根本上彻底消除这些棘手政治事件的后续影响的最好办法。还别说，这一招在英国还真灵。这正是英国政府乐此不疲的原因所在。当然，其他国家想学也不容易，主要是要寻找或者培养一批具有如此公正清廉又深孚众望之士，非一日之功。

对此，即英国法官的节操，还可以另举一例。在国人看来有趣的是，最高法院的现行法官中，凡根据 1876 年的上诉管辖权法任命为常任上诉贵族法官而转任现职者，在其从司法岗位退休后，仍可以恢复其在上议院的活动能力。但实际情况是，好几位有权这样做的法律贵族都从上议院获得了准假许可，这意味着他们实际上退出了上议院的所有活动。[⑧] 这就是英国法在实践中运行而形成的最新惯例：依 1876 年的上诉管辖权法被任命为法律贵族的司法

---

⑦ A. W. Bradley，K. D. Ewing and C. J. S. Knight：*Constitutional and Administrative Law*，Longman（an imprint of Pearson Education）2015，16th ed.，pp. 329-330.

⑧ A. W. Bradley，K. D. Ewing and C. J. S. Knight：*Constitutional and Administrative Law*，Longman（an imprint of Pearson Education）2015，16th ed.，p. 178.

官们，在最高法院成立后依据新法（2005 年宪政改革法）自动转任最高法院法官，新法同时禁止最高法院法官参与上议院的活动；而根据 1876 年法任命的法律贵族，是有权参与上议院的活动的。于是二法字面上不冲突的合理解释是，凡是最初根据 1876 年法任命而成为后来的最高法院法官的，自其从最高法院退休后即可以恢复在上议院的活动能力。但这些法官们都很“自觉”，为了不给议会、政府尤其是英国法治添麻烦，当然也不排除照顾新任同事感受的考虑，他们自觉在退休后向上议院告假，不再参与上议院的任何活动，彻底告老还乡。

如此看来，总结英国的法治历程，千言万语化成一句话，就是信仰法治、信任法官，让他们做社会中坚、守住道德的底线；其他所有人，只要守法而行就可矣。但问题是，怎样培养这样一批值得依赖的法官？看来，大道至简，奉行不易。

值得庆幸的是，在这个问题上，我们已经彻底走出了彷徨：厉行法治！

自进入 21 世纪第二个十年，中国的法治进程明显提速：十八大提出要提高运用法治思维和法治方式化解矛盾、推进改革的能力，十八届三中全会进一步强调要依法改革，十八届四中全会更是史无前例地将依法治国作为中央决议的唯一主题，并在十八届五中全会中又进一步明确为“四个全面”的重要一环。

欣逢盛世，又赶上法治的春天，实为人生的一大幸事，私下揣摩，看到如此欣欣向荣的景象，当是毕生献身法治、即将步入耄耋之年的应老爷子最大的欣慰吧！值此恩师八十华诞，写点什么来纪念一下这个伟大的历史时代与个人的幸福时刻的风云际会呢？书生无用，聊以此文祝应老师生日快乐吧。

论依法治国的结构理性*

沈荣华**

自从我们党将“依法治国”写入十五大工作报告、并于1999年入宪以来，“依法治国”成为国家治理的基本方略。党的十八大报告提出“全面推进依法治国”，明确了“法治是国家治国理政的基本方式”。党的十八届四中全会通过的《中共中央关于全面推进依法治国若干重大问题的决定》，全面开启了依法治国结构理性的新征程。那就是在中国共产党领导下，完善法制，健全善法体系；明晰权力边界、规范权力运行；保证司法公正、提高司法公信力；增强全民法治观念，唤醒人民崇尚法治、遵守法治、捍卫法治的自觉性。全会在建构善法体系、强化制约权力、完善司法公正、建树法治公民四位一体的基础上，推进实质性法治建设工程。

一、良法体系建构是依法治国的前提

中国共产党十八届四中全会指出，“法律是治国之重器，良法是善治之前提”。实现依法治国必须立法先行，发挥法律的引领和推动作用。亚里士多德说过，“法治应当包括两重意义：已成立的法律必须获得普遍的服从，而大家

* 本文为国家社科基金重大招标课题《地方服务型政府建构路径与对策研究》（批准号：09&ZD063）的阶段性研究成果。

** 沈荣华，苏州市人，苏州大学政治与公共管理学院教授、博士生导师，主要从事行政法与地方治理研究。

所服从的法律又应该本身是制定得良好的法律”。[1] 什么是善法？善法是人民意志的准确体现，应该以制约权力为重点，以保护公民权利为目的，并能紧跟社会发展、符合本国国情、接轨世界文明，良法是指一个国家完善、完整的法律体系。

我国的法律包括宪法和全国人民代表大会及其常委会通过的法律、国务院制定的行政法规、省部级政府及较大的市的政府通过的规章、较大的市的人大及其常委会以上的地方人大制定的地方性法规、民族自治州和自治县的人大及其常委会制定的自治条例与单行条例，还包括最高人民法院、最高人民检察院通过的适用法律问题的解释等。从现实来看，我国并不缺少法律规范，在数量上我们用 35 年时间走完了西方 300 多年的立法历程，成就是巨大的，但远远不是完善的法律体系，其不完善之处主要表现在立法质量上。第一，多元立法呈现碎片化倾向。从中央到地方，从权力机关系统到行政机关系统，两者之间的立法原则有明确规定，但实践中却模糊不清。行政立法如何从属权力机关立法？地方立法如何服从于中央立法？现实中相当程度表现为各自为政、法出多门，表现为不统一、不配套，法律体系没有形成真正的一体化；第二，部门利益色彩严重。部门的条线倾向致使封闭立法、垄断立法，地方的块块格局致使分割立法、狭隘立法，于是，将部门诉求法律化、地方利益合法化，表现为不协调、不配合，纵横法律规范之间矛盾迭起；第三，立法主题滞后。面对飞速发展的社会与不断推进的体制改革，整个法律体系缺乏对重大现实问题的正面回应，表现为无新意、无跟进，继续存在不少空白。特别是与国际文明规则接轨相矛盾的、与市场经济原则相背离的法律规范，还没有完全清理与废除，与国际文明接轨、与市场经济体制相配的法律规范还没有及时制定与颁布；第四，法律规范的内容失调。往往普遍注重权力主体的权力行使，忽视权力主体的责任承担，注重权利主体的义务规定，忽视权利主体的权利享有，表现为不平等、不对等；第五，法律规范条

---

① ［古希腊］亚里士多德：《政治学》，吴寿彭译，商务印书馆 1997 年版，第 199 页。

款重实体、轻程序。我国的法律体系至今仍然存在着一个明显的缺陷，从具体规范性文件而言，一般都偏重于实体性内容，程序性规定普遍不足，从整个体系而言，至今没有一部统一的程序法典；第六，现行宪法也有待进一步完善。我国《宪法》对保障公民权利、安排国计民生、完善国家机构、推进体制改革都有科学合理的规定，但是，如何严密宪法的实施程序，如何建构有效的宪法监督与保障，如何实现权利资源、社会资源分配的公平、均等，都还有进一步完善的空间。这需要对我国法律体系进行立体性、全局性的质量提升。

有良法才能有真正的依法治国，这是四中全会对法治的高度肯定与价值升华。“良法”建设是一个复杂的理论工程与理念工程，需要多重元素的配套与协同，其中，最主要的元素起码有以下六个方面：第一，坚持共产党的领导。充分发挥党的组织优势与思想优势，把党建设成法治型执政党，更有效均衡各种诉求、协调各种矛盾，将最符合广大人民利益的根本意志，经过法定程序，上升为国家意志；第二，必须适应社会进步、时代发展的主流，凡是不合时宜的法律规范都应该修改、完善或者废止，凡是符合时宜的法律规范都应该制定、补充或者试点；第三，法律内容必须以符合本国国情为条件，凡是照抄照搬外国所谓先进经验的，都应该修改或者废止，凡是批判性地审视、本质性地把握外国先进经验的，都应该吸收或者借鉴；第四，必须以保护社会与公民权利为宗旨，凡是不能代表民意、民心的，都应因为脱离了法律本质，而不可能成为良法。良法必须确立人民的主体性地位，体现人民的参与性角色；第五，必须以制约公权力为目标，任何庇护公权力任性与恣意的法律体系，必然导致侵害社会与公民的合法权益，必然产生权大于法，只能是恶法而不是良法；第六，必须以公平、正义、自由为价值导向，因为人民的意志始终代表社会的进步，人民是人类社会顺应规律发展的主宰，而规律的主流价值就是公平、正义、自由，这是良法的核心内涵。

良法主要指整体法律体系，它不能与法律文件等同，法律文件是一个个具体规范，两者处于两个不同的层面。良法的评判主要侧重于整体方向把握、根本价值定位、本质内涵界定、主流原则明清，其形式具有多元性、多维性特点。法律文件是调整特定社会关系的具体规范，其评判主要侧重于权利义务关系明确、与上位法衔接不抵触、与横向法律协调不矛盾。良法是法治的主宰与灵魂，法律文件是法治的规范与依据。良法不允许权大于法的制度生存，法律文件不允许实体规范与程序规范失衡、权力与权利失调、责任与义务失当。

四中全会对建构良法提出了三个方面要求。第一表现在理念和价值上，即恪守以民为本、立法为民理念，贯彻社会主义核心价值观，使每一项立法都符合宪法精神、反映人民意志；第二表现在立法体制上，即坚持立改废释并举，增强法律的适时性、持久性、有效性。完善全国人民代表大会及其常委会宪法监督制度，健全宪法解释的程序机制。完善党对立法工作中的决策机制，将公正、公平、公开原则贯穿立法全过程；第三表现在技术上，即推进科学立法、民主立法，完善立法项目征集和论证制度。健全立法机关主导机制，拓宽社会有序参与机制，加强重点领域立法，做到重大改革于法有据、立法主动适应改革和经济社会发展需要。

四中全会强调的“凡属重大改革都要于法有据”具有依法治国的指导价值与实践意义，这需要重新面对改革实践中的几个“认识论常识”。

第一，所谓“不破不立”，这是影响了我们一代人认识的观点。“不破不立”主要来自对夺取政权规律的认识，并不适用于改革与立法的关系。面对国家机器欺压人民的本质以及将人民作为奴隶的价值，必须打碎整体制度，局部修缮只能是机会主义，“不破不立、先破后立，破字当头、立在其中”便是对夺权规律的准确描述。而改革不需重起炉灶，不是对制度推倒重来，只是调整与改善现有制度下的运作不合理部位，它不挑战制度大厦的人民主体属性，只改革不能体现人民意志的权力秉性，它不挑战保护人民利益的方向，只改革侵害人民利益的权力运作方式，它不挑战公平、正义、自由的价值定位，只是改革不能充分表达公平、正义、自由的体制结构。

第二，所谓“改革与法治的关系”。有人认为，改革就是突破与创新，必须超越现有的法治框架，法治就是秩序与稳定，必须维护现有的制度格局。一个要突破，一个求秩序，两者似乎是天生的一对矛盾体。笔者以为，这种认识的关键是混淆了概念、模糊了层次。改革是策略，法治是战略，两者本无从矛盾。问题是现实中将改革与法治置于同一个层面，将法治等同于具体规范，从而使法治的引领价值消解与隐退。经过35年的改革历程，改革积累的经验与教训，已经具备重大改革先行修改或制定法律的条件，转而由顶层设计转化成立法，说到底，以法治保障改革，而不能以改革抛弃法治。

第三，所谓“法治天生具有滞后性”。有人认为，法治没有引领功能。准确地说，法律关系滞后于社会关系，但不能说法治具有滞后性，没有引领性。随着改革的进程，权力简化、权力下放、权力减缩的规律已经成为共识，改革方向的明确与改革目标的定位，依靠法治引领来保证。不仅如此，我国法律体系呈现的明显进步，具体表现为引领改革的法律依据开始分类，或修改、或授权、或设计。对发现漏洞、残缺的已有法律，进行修改与完善，对确认继续有效的游戏规则，进行法律授权或立法规定，对确定具有先进性的局部经验，进行“可复制、可推广”的法律设计。最近，全国人大常委会“一揽子”修改了19部法律，系统解决了行政审批权的走向问题，这就为今后这一领域的体制改革提供了引领性的规范与依据。可见“重大改革于法有据、立法主动适应改革和经济社会发展需要”的判断是客观的。

二、制约权力是依法治国的核心

法治国家区别于人治国家的主要标志，一是公权力是否受到切实制约，二是全体公民是否真正享有法定权利和自由，三是法律面前人人平等是否得到严格落实，四是公平是否真正成为全社会的基本准则，五是司法是否公正。

从本质上说，权利、平等、公平、公正的实现必须以制约权力为前提，“一切有权力的人都容易滥用权力，且一直到遇到有界限的地方才休止”。[②] 博登海默说，“法律的进步作用之一乃是约束和限制权力，在法律统治的地方，权力的自由行使受到了规则的阻碍，这些规则迫使掌权者按一定的行为方式行事”。[③] 在权力体系中，立法权具有抽象性特点，司法权具有被动性特点，唯有行政权永远处于积极主动状态，法治的使命就是不允许政府权力由活跃主动变得恣意任性。因此，限定政府权力范围、约束政府权力内容、限制政府权力行使程序，便成为依法治国的核心。

改革开放 35 年来，我国在制约政府权力方面取得的成绩是有目共睹的，基本形成的监督政府权力的“差序监督”格局，构成了对政府权力的制约框架，中国共产党、人大、政府、司法机关（包括法院和检察院）、政协、新闻媒体、社会和公民是这个差序格局中的监督主体。中国共产党作为社会主义事业的开创者和引领者，拥有毋庸置疑的领导地位。党通过制定正确的路线、方针和政策来领导政府权力行使，通过党章、党纪从制度上实现对党员的监督，从而构成核心监督；人大作为国家权力机关，通过制定刚性规定，采用人大代表选举、质询、视察、罢免等形式，对政府权力进行权威监督；政府系统基于组织隶属关系构成自上而下的职权监督，通过监察部、审计署、反贪局等部门进行专门监督，通过行政复议制度在解决政民纠纷中进行直接监督；司法机关（法院和检察院）通过法定程序进行专业监督与独立监督；政协开展参与监督与民主监督；新闻媒体进行动态监督与信息监督；社会以不断壮大的社会组织为载体，逐步形成对政府权力的团队监督与对口监督；公民作为社会的主体，对政府权力进行广泛监督与具体监督。从理论上讲，我国的“差序监督”格局应该是世界上主体最多元、形式最多样、压力最强大的监督体系，能够保证政府权力处处受监督、时时受制约的空间广度。但是，由于监督力量碎片化，监督主体之间不协调、不衔接、不配

---

② ［法］孟德斯鸠：《论法的精神》，许明龙译，商务印书馆 1993 年版，第 15 页。

③ ［美］E. 博登海默：《法理学》，邓正来译，中国政法大学出版社 2004 年版，第 358 页。

套，缺乏监督的整体制度设计与有效整合，没有法治化、常态化，造成了监督的许多盲区与误区，以至于监督异化为老生常谈，甚至人们视而生厌、望而生烦。能不能对政府权力实施有效制约，是一个国家法治成熟的标志。党的十八届四中全会从国家全局发展的高度与党的生死存亡的高度，突出强调了制约政府权力的紧迫性与对策。

第一，以立法权制约政府公权力。四中全会针对当下人大对政府公权力监督不及时、反应不敏感的现实，提出了改变人大长期监督虚置的具体措施：一是改革人大会议制度，逐渐增加全国人大会议次数、延长全国人大开会时间、增设人大讨论议题，“实现立法和改革决策相衔接，做到重大改革于法有据、立法主动适应改革和经济社会发展需要”；④ 二是尽快设立宪法监督委员会，“坚持依法治国首先要坚持依宪治国。健全宪法实施和监督制度，完善全国人大及其常委会宪法监督制度，健全宪法解释程序机制”；⑤ 三是建立人大监督专员制度。由人大及其常委会遴选监督员，以人大特派员的身份对各级行政官员的违法或不当行为进行监督。

第二，以司法权制约行政权。针对当前司法不作为甚至司法腐败、司法无能现状，四中全会强调司法公正，主要表现在具体矛盾解决的程序中不偏不倚，一丝不苟，在面对公权力与私权利对簿公堂时，坚守法律规定，捍卫司法权威，通过程序规范实现对公权力的制约。全会要求：“完善确保依法独立公正行使审判权和检察权的制度，建立领导干部干预司法活动、插手具体案件处理的记录、通报和责任追究制度”；“建立健全司法人员履行法定职责保护机制”；“设立跨行政区划的人民法院和人民检察院，探索建立检察机关提起公益诉讼制度”，实行办案质量终身负责制和错案责任倒查问责制，这都是全新的要求。另外，全会要求坚持实行审判权和执行权相分离的体制改

---

④ 《中共中央关于全面推进依法治国若干重大问题的决定》，载 http://news.xinhuanet.com/2014-10/28/c_1113015330.htm。

⑤ 《中共中央关于全面推进依法治国若干重大问题的决定》，载 http://news.xinhuanet.com/2014-10/28/c_1113015330.htm。

革，坚持最高人民法院设立巡回法庭制度，坚持人民群众参与司法制度，“在司法调解、司法听证、涉诉信访等司法活动中保障人民群众参与，完善人民陪审员制度，构建开放、动态、透明、便民的阳光司法机制”。

第三，以制度制约权贵。我国市场经济发展中，产生了权力与资本相结合的权贵利益集团，影响了我国市场经济体制的成熟，侵害了平等市场主体的权利，破坏了公平竞争的市场机制，扭曲了市场经济秩序。对于权贵，人们茫然，对于腐败，人们愤恨。反腐不言而喻，权贵如何制约？诺斯说，“制度作为人类相互交往的框架，通过为人们提供日常生活的规则来减少不确定性”，⑥ 制度的确定性价值能增强公民对政府的信任度。当务之急是控制政府配置资源的范围，切断权力对资本的控制，斩断权力与资本的联姻，为市场留出空间，提高市场对权力干预的免疫能力。在法治打击腐败方面，除了严惩违法者、鼓励守法者，并将领导者法外权力与法外个人利益公布于众之外，还必须从制度上加强对权力的监督，包括采用列举式与概括式将领导者谋求私利和享有特权的可能领域、机会、形式、方法，一一公之于众，让民众真正掌握监督权。

第四，以法治规范政府权力的限度与边界。十八届四中全会指出，“要推进机构、职能、权限、程序、责任法定化，推行政府权力清单制度”，这是对政府权力范围与程序的明确界定。由于政府执法对象复杂，赋予政府自由裁量权是情理之中的，问题是如何制约政府自由裁量权的任意、任性、恣意与无度。十八届四中全会要求全面落实行政执法责任制，“健全行政裁量权基准制度”。这个基准制度就是把公权力关进制度笼子里的钥匙与通道，“真正做到依法执法、依法办事，才能让老百姓服气，才能在全社会形成良好的法治氛围”。⑦

---

⑥ ［美］道格拉斯·C. 诺斯：《制度、制度变迁与经济绩效》，杭行译，上海三联书店 2008 年版，第 4–5 页。

⑦ 习近平：《提高公民法律素质促进政治文明建设》，载《浙江日报》2003 年 12 月 4 日。

第五，以法治推进政府的开放与透明。十八届四中全会提出，要“全面推进政务公开，坚持以公开为常态、不公开为例外原则，推进决策公开、执行公开、管理公开、服务公开、结果公开”，要求政府权力行使的全过程都具有可见性。其中，一要让信息公开成为政府的义务，二要扩大政务信息公开的范围，三要严格规范政府信息公开的程序，四要完善公民权利救济的途径。公民只有了解政府公权力运作的内幕与内情，才能有效通过行政复议、行政诉讼等途径，监督政府是否依法行政。

三、司法公正是依法治国的关键

公正是法治的生命线。四中全会报告指出，“要确保依法独立行使审判权和检察权的制度”，“通过排斥人为意志的介入来确保司法人员履行法定职责的独立权力”。显然，司法独立已被我们党确认为现代法治真谛的一个准则。司法独立应该包括哪些内涵？笔者以为，根据我国具体国情，从五个关系视角切入，将更具准确性与客观性。

第一，党与司法的关系。在现实中，司法服从党的命令，地方党组织的政法委书记实际直接领导司法系统，有的地方政法委书记干脆兼任各级法院领导，因而党法不分、以党代法的现象非常普遍。四中全会对依法独立行使司法权提出了制度性规定：（1）各级党政领导支持法院、检察院依法独立公正行使职权，健全行政机关依法出庭应诉制度，支持法院受理行政案件、尊重并执行法院生效裁判制度；（2）建立领导干部干预司法活动、插手具体案件的应对制度，包括保留处理记录，实行通报制度与责任追究制度；（3）凡干预司法机关办案的，给予党纪政纪处分。造成冤假错案或者其他严重后果的，依法追究刑事责任；（4）完善惩戒妨碍司法机关依法行使职权、拒不执行生效裁判和决定、藐视法庭权威等违法犯罪行为的法律规定；（5）建立健全司法人员履行法定职责保护机制。任何党政机关和领导干部都不得让司法机关做违反法定职责、有碍司法公正的事情，非因法定事由，非经法定程序，不得将法官、检察官调离、辞退或者作出免职、降级等处分。上述五方面规定，将开创党与司法关系正常化的新局面。

第二，司法机关与权力机关的关系。按照我国《宪法》规定，权力机关与司法机关是监督与被监督的关系，权力机关的监督是最高层次、最权威的监督。但在实践中，这种监督关系已经被弱化。如何加强权力机关对司法机关的监督，使之常态化、专业化、专职化，四中全会提出了完善司法机关与权力机关关系的制度性目标，那就是全面落实权力机关的意志来“规范司法行为”。

第三，司法机关与行政机关的关系。行政干涉司法是一种普遍的世界现象，沃尔夫甘·许茨说，“行政侵犯司法，特别是侵犯法官的独立，在任何时代都是一个问题”。[⑧] 在我国，具体表现为司法弱势、行政强势。法院财政由政府拨付，各级法院、科室及其工作人员都按照行政编制定级，司法人事任免也往往由政府指派，司法辖区与行政区划高度同构。这种司法与行政并行重叠的格局必须重构，才能剥离行政权力干预，消除司法行政化现象。一要“改革司法机关人财物管理体制”，形成司法财政和行政财政的双线并行；二要建立独立于行政系统的人事制度，取消司法机关及其工作人员的行政级别，在薪酬、职称、福利、晋升等方面构筑新的岗位制度和要求；三要实行司法辖区和行政辖区分离。

第四，法院自身关系重构。我国宪法规定，人民法院上下级之间是监督与被监督的关系，在实践中，上级法院对下级法院的关系往往演化为指示甚至命令，将监督关系演变成领导关系，大大削弱了自身的独立性。改革司法管理体制，消除司法行政化，一在财政制度方面，变地方划拨为中央统一承担，形成独立的司法财政供给；二在法院设置方面，摆脱行政区划局限，考虑设置跨省高等法院，跨市中级法院，跨县或市辖区基层法院，乡镇层面可

---

⑧ ［德］沃尔夫甘·许茨：《“司法独立——一个过去和现在的问题”》，李士彤译，载《环球法律评论》1981 年第 4 期。

由巡回法庭机动审理各地案件；三实行“审执分离”制度，走出实践中“审判易、执行难”的困境，建立审判执行协同机制。

第五，法官独立。具体包含三个方面：一是独立于任何政治组织、社会组织与个人等外部主体，不受干涉和影响；二是审理过程中的独立于院长、庭长，不受内部任何领导与命令限制；三是独立于当事人，在整个审判活动中始终保持中立。四中全会还进一步为保证法官独立审判规定了具体措施：第一，“推进法治专门队伍正规化、专业化、职业化，完善法律职业准入制度，完善职业保障体系”；第二，独立的薪酬制度。法官的薪俸在任期内不得减少；第三，司法豁免制度。“法官对于其执行法官职务之有关事务，应享有不受诉讼及不出庭作证之豁免”；[⑨] 第四，惩处制度。为防范法官自身知法犯法、滥用职权，建立惩处违法、违规、违纪的法官制度。

司法独立不是目的，本身不具有终极价值，而只是一种工具性价值，它的最终目的是确保司法公正，公正才是司法的根本目的与灵魂，四中全会则首次明确将公正界定为法治的生命线，具有深远的指导意义。

司法公正主要包括司法权行使正当、司法公正与司法效率兼顾、司法公正与社会公正契合三个方面。(1) 正当行使司法权是司法公正的前提和基础。司法权的正当行使包括审判主体正当、审判权限正当、法律依据正当、审理程序正当、审判结果正当以及执行过程正当等；(2) 司法公正与司法效率兼顾是司法价值的两翼，公正有加、效率不足，则公正无法兑现。效率有加、公正不足，则效率失去意义。当下案件激增、案情复杂，单纯追求公正会造成审理期限过长、诉讼成本过高、执行程序滞后等弊端，因此，司法公正与效率必须互补；(3) 司法公正与社会公正契合。司法直面人权、权利、人格、尊严、正义等社会核心要素，司法公正直接关系社会的期望程度，也关系到对法治的支持程度。司法公正对社会公正具有重要的引领作用，司法公正必须与社会公正同步与配合。

---

⑨ 国际公约《司法独立最低标准》第 44 条规定。

司法公正需要程序公平、形式公正来体现，也需要民意导入与多元监督作保障。所谓程序公正主要体现司法过程公正，这需要配备两个公正的司法程序：一是公开制度，包括立案过程公开、司法信息公开、审判时间和地点公开、判决文书公开、审判过程公开、执行过程公开，以及判决结果所依据的法律公开颁布，还包括参与案件审理的审判长、陪审员、律师、书记员、当事人、证人等信息公开；二是设计合理的回避制度，保证遵循任何人不自己审理自己或与自己有利害关系案件的铁的规律。所谓形式公正包括完善控辩制度、优化宣判方式与尊重律师地位。控辩制度是指由法官指挥庭审，居中裁判的庭审制度，其本质是遵循程序对等性与法官中立性规则，有助于当事人对裁判结论的自愿接受；优化宣判方式主要指公开的当庭宣判方式，也有依据相关法律规定与客观事由适当延期宣判或是不公开宣判的，但不公开宣判方式正不断减少，以降低权力寻租的风险；尊重律师地位除了强化律师地位以外，主要是有利于提高案件的审理质量。司法公正还需要民意导入与多方监督来促成，以增强合乎情理和实体公正的价值倾向。

四、法治社会与法治公民是依法治国的根基

法治社会与法治公民是依法治国的基础与土壤，也是依法治国的原动力，离开了法治社会与法治公民，党领导依法治国就会变成空话，建设良法就会缺少根基，制约权力就会变得苍白，司法公正也会失去意义。

何谓“法治社会”？法治社会就是能够享有法治权利、履行法治义务、承接法治使命、认同法治权威、实现法治目标、配合法治推进、内化法治价值的社会。何谓“法治公民”？法治公民就是从法治中获得合法权益、依靠法治保障合法权益、借助法治与侵害自己合法权益现象作斗争，并在法治推进中明白自身的法治角色，增强遵法自觉，提升守法责任，恪守法律底线、维护法律权威、促进法律完善的民众。从上述概念界定可知，法治社会与法治公民都是法治资源的权利人，同时也是法治责任的义务人。权利人主要表现为

享有法治赋予的各种合法权益，享有法治提供合法权益的保障，在合法权益受损害时享有各种申诉，具有监督公权力的资格。法治的基本立场是始终站在人民一边，坚持人民主体地位，改善民生、保护民利、维护民权、反映民愿、表达民意。这方面本文不做赘述。在此，主要以法治公民的主体性与人格尊严为例。

社会与公民是法治建设的践行者，社会懂法、公民守法是依法治国的基础，一个国家如果法治社会缺失、法治公民缺位，就无法结出法治的正果。亚里士多德早就说过，“虽有良法，要是人民不能全都遵守，仍不能实现法治”。[10] 全民守法不仅是维护秩序稳定、社会和谐的力量，也是人民追求幸福、争取自由的保障。四中全会把法治社会与法治公民作为中国特色社会主义法治体系建设的重要目标，作为促进国家治理体系和治理能力现代化的重要途径，无疑具有重大意义。然而，在我国这样一个具有浓厚人治传统的国度中，无事不渗透人情关系，要实现从基于人格化情感关系的传统治理向基于法理化逻辑关系的现代治理转型，法治公民影响着这种转型的成败。

第一，法治公民蕴含了公民与国家关系的普遍意义，构建了公权力来源于公民私权利的内在机理。

公民与国家关系的普遍意义，西方早期的社会契约论给予了清晰的论证。它假设了公民与国家关系对峙格局的新型模式，并奠定了现代文明的法律逻辑与制度基础。近代西方启蒙思想家们正是凭借公民概念，以社会契约论为基础构筑了现代法律制度。不仅揭示了国家的本源，还在契约关系上自然形成了王权起源于人民、公共权力属于全体公民所有以及公民主体性的深刻概念，于是，限制公共力、保障公民私权利就自然成为现代文明的永恒价值诉求。在这样的价值导向下，公民尊重法律是由内而外、心甘情愿的事情。一句话，由公民资格塑造了公民的独立人格，公民独立人格源自从身份到契约的转向过程，契约生成了公民主体性地位，必然有利于在保障私权利、制约

---

⑩ ［古希腊］亚里士多德：《政治学》，吴寿彭译，商务印书馆 1983 年版，第 81 页。

公权力的制度中推动公民自发与自觉守法。

第二，法治公民意味着对法律的责任与负责。

我国《宪法》第2条第3款规定："人民依照法律规定，通过各种途径和形式，管理国家事务，管理经济和文化事业，管理社会事务"，宪法赋予公民参与权利与责任。法治公民在国家赋予其成员以公民身份的同时，也赋予了个人以权利与责任、权利与义务、限制与自由。所谓权利本位就是以权利为中心，对公民权利的定位。在我国，在坚持共产党领导下实现了人民当家作主，这是在党的宗旨与群众路线模式下实现的。在党的领导下，人民意志有效地转变成国家的法律，遵守宪法和法律就是遵守和服从党和全体人民的共同意志，全民守法就是人民对自身意志的负责。

第三，主人翁地位充分彰显法治公民的属性。

主人翁地位是在权利平等、参与平等中溢出的理性，是在执法与司法中公正对待同等条件公民的无偏向、无歧视的坚持，是在国家与社会出现困难与危机时的责任担当。当下，政府与公民关系一度紧张，群体事件时有发生，这既不符合法治的目标，也违背法治公民的本质内涵。在过去传统社会中，我国公民一直演绎着消极、被动的角色。在现代社会中，公民人格的独立性、积极性与自主性走向与变化，需要摆脱"命令—服从"的政民关系，确立平等对话、对等协商的政民模式，迫切需要人民意志刚性化，迫切需要主人翁地位法律化，这样，人民对法律的内心认同才能提升。马克思说，"立法者应该把自己看成是一个自然科学家，他不是制造法律，不是在发明法律，而仅仅是在表述法律"。[11] 全民守法本质上就是对自身意志的服从，人民不是法律的奴隶，而是法律的主人。

第四，维护法律权威是保障法治公民的根本途径。

全民守法必须建立在法律具有足够权威的基础上，法律没有权威，法律就退化成僵死的教条。一般来说，法律权威除了需要具备内心说服力以

⑪ 《马克思恩格斯全集》（第1卷），第163页。

外，外在强制力是必不可少的条件。内在说服力通过法律品质内生为公民的自发与自觉，权威也就在公民对共同善的追求和努力中存在。⑫ 外在的强制力是指法律特有的强制约束力，借助“一种表面上驾于社会之上的力量”，⑬ 以国家的名义与意志的形式制定和颁布，国家性由此派生出法律的权威性，产生被普遍遵守的强制力。法律的一个重要使命就是对违反法律衍生出被惩处的后果，并由此成为人们必须履行的责任，法律的强制性由国家强制力作保证。⑭ 只要违反了法律规定，任何人都必须受到法定的处罚，都必须承担法定的责任。在我国法治化转型的当下，法律权威的奠定需要不断推进管理体制改革，严肃执法机制，强化监督机制、完善诉求机制、推进奖惩机制，全民守法才能与法律约束力和威慑力相呼应。

第五，弘扬法治文化是法治公民的精神支柱。

法律文化是法治国家的价值依托，是全民守法的心理根基。法律文化的核心是法治精神，它深深扎根于民众内心，激励人们对法治的真诚信仰。卢梭曾经说过，一切法律中最重要的法律，既不是刻在大理石上，也不是刻在铜表上，而是铭刻在公民的内心里。⑮ 全民守法需要将法律精神和守法意识内化成普通民众的心智理念，成为全体民众对自身要求的一种精神底线，并在日常行为和公共生活中外化成“行事依法、有事说法、办事靠法、出事找法”的行为习惯。“法律不仅是世俗政策的工具，而且还是生活终极目的和意义的一部分”，⑯ 把法治观念、法治常识沉淀在民众的精神世界中，转变成所有民众的自我要求，使所有民众成为法治的忠实崇尚者、自觉遵守者、坚定捍卫者，是实现法治国家、法治政府、法治社会的最强劲支持力。弘扬法治文化需要加强法治教育、宣传法治精神、传播法律知识，并在全社会的法治文化

⑫ Sebastian De Grazia, What Authority is not, *The American Political Review*, Vol. 53, No. 2. (Jun., 1959), pp. 322-326.

⑬ 《马克思恩格斯选集》(第4卷)，第166页。

⑭ 孙笑侠:《论法律的外在权威与内在权威》，载《学习与探索》1996年第4期。

⑮ [法] 卢梭:《社会契约论》，何兆武译，商务印书馆1980年版，第20页。

⑯ [美] 哈罗德·伯尔曼:《法律与宗教》，梁治平译，上海三联书店1991年版，第43页。

建设中，形成守法光荣、违法可耻的社会氛围。

党的十八届四中全会第一次将依法治国方略作为全会的主题，并在党的文件中构建了依法治国结构理性的蓝图，开启了我们党领导法治建设的新征程。良法体系是依法治国的前提、制约权力是依法治国的核心、司法公正是依法治国的关键、法治社会与法治公民是依法治国的根基，四位一体、缺一不可。依法治国先要依宪治国，依法执政先要依宪执政，这是依法治国的内在逻辑。只有在依法治国结构理性中遵循这个逻辑，把握法治规律，凝聚改革锐气，付出实干勇气，积极投身到全面推进依法治国的伟大实践中去，就一定能迎来共和国的法治春天。

现代行政法上的指南、手册和裁量基准

余凌云*

一、引言

无论是英国的“非正式规则”(informal rules),还是我国的指南、手册和裁量基准,都在实践中发挥着类似“规则”的作用,行政机关也越来越依赖这些“不是法的法”(law which is not law)。

在英国,“非正式规则”名目极多,包括操作手册(a code of practice)、指南(guidance)、指南要点(guidance note)、指导纲要(guidelines)、通告(circular)、白皮书(White Paper)、纲要计划(outline scheme)、指导意见(statement of advice)、部门通告(departmental circular),等等,不一而足。有的是外在性的,直接规范相对人的活动,可以授予利益或者课加义务,或者增进双方自愿合作。但也有的只有内在性,仅规范行政机关的权力行使。在中国,指南、手册和裁量基准不仅形态各异,涵摄范围亦不同。裁量基准仅解决量罚问题,指南、手册却是对裁量运行的系统控制。它们看似内在性的,好多人也视之为内部规则,但其中的很多内容却敞亮出外在性。当

---

* 余凌云,清华大学法学院教授、博士生导师。本文是其主持的国家社科基金重点项目(项目批准号 10AZD023)“监督与规范行政权力的主要路径和重点领域”的阶段性研究成果。发表在《中国法学》2012 年第 4 期。

然，我绝不是说，英国的"非正式规则"与我们所说的指南、手册与裁量基准是一回事，但它们功能近似，都是解释法律规定、规范行政权运行、控制自由裁量的有力工具。

行政机关之所以偏好这类规则，是因为:[①]第一，它们能够为那些未经或缺少训练的执法人员提供指导，有助于管理与计划（facilitate planning and management）。第二，比较灵活，制定便捷（issued quickly），成本较低。第三，充分解释法定权力行使的理由，向公众表明行政机关的态度，让复杂问题简单化，加深公众对有关法律的理解，消弭不必要的纷争。第四，能迅速地规范裁量权行使（swiftly routinise the exercise of discretion），有助于实现公正、一致和平等对待。[②]

当然，我们也能举出一大堆反对理由。第一，它们不是经由立法程序，就有可能逃逸出立法机关的控制，并颠覆法律，走向反面。第二，它们以规则面世，也必会沾染上规则的特性，以"要么全部、要么没有"模式（in all-or-nothing fashion）运用。其结果，有可能内在地与个性化冲突，变得僵硬，无法实现个案正义。第三，对合法性的判断颇复杂，弄不好还可能弄巧成拙，将违法的实践规定进来。第四，它们的法律效力还是一个未知数，法院的态度也不明朗，这意味着其潜在着不确定法律风险。第五，将抽象的自由裁量细致化，语言、文字与表述会变得贫乏，我们实在无法将变化不拘、形态多样的实践问题都囊括无余，做到滴水不漏。

所以，对这类"规则"也就褒贬不一。有的称赞它"提供了有用的裁量结构"（they offer a useful structuring of discretion），是现代政府四大产出功能之一（the four 'output functions' of modern government）。[③]也有的讥讽它，说是

---

① Cf. Robert Baldwin & John Houghton, *Circular Arguments: The Status and Legitimacy of Administrative Rules* (1986) Public Law 239, 268.

② K. C. Davis 就指出，规则的制定将使行政过程向公众敞开，并获得更加公正、一致的决定。Cf. Carol Harlow & Richard Rawlings, *Law and Administration*, Cambridge University Press, 2009, p. 201.

③ 另外三个是规章（regulation）、规则适用（rule application）和规则解释（rule interpretation）。Cf. Carol Harlow & Richard Rawlings, *op. Cit.*, p. 190.

撇开议会去立法，为法官指点法律的意思，却又让行政机关避开了审查，[④]是"一种违宪的立法"（a species of unconstitutional legislation）。[⑤]

但我却笃信 K. C. Davis 的学说。在他看来，一些限制裁量的工作要立法机关来做，但更多的任务却得由行政机关来完成。他甚至认为，行政机关的规则是比法院审查更加有效地控制裁量工具。[⑥]我在自己的研究中也曾论证过，在当下中国，通过指南、手册和裁量基准，将"专家知识"外化为社会知识，对于治理行政自由裁量最有成效，也能够立竿见影。我也承认，用规则克制裁量，不可能彻底解决所有问题，但它却可以缩小裁量行使的误差，是一个可取的治理路径。

我们和四川交警合作，分三期制定执法指南，基本覆盖了交警执法的全部领域。[⑦]可以说，这是一种专家论证的拓展形式，也是一种别致的公众参与。我们遇到的理论问题，与国务院法制办、国家税务总局在起草规范行政自由裁量权文件时遭遇的几乎一模一样。[⑧]细细盘点一番，需要我们逐一回答的要点包括：具有怎样的效力、是否应该公开、由谁制定、什么程序。其中最核心的是效力问题。这成了本文研究的主要任务。

在我国，指南、手册和裁量基准显然不经由立法程序制定，肯定不是"立法性文件"，"不是法"。在以往的理论中，我们又有着行政规范性文件、其他规范性文件、行政规定等术语与结构。从外在形式看，指南、手册与裁

---

④ Cf. Robert Baldwin & John Houghton, *Circular Arguments: The Status and Legitimacy of Administrative Rules* (1986) Public Law 239.

⑤ Cf. Gabriele Ganz, *Quasi-Legislation: Recent Developments in Secondary Legislation*, London. Sweet & Maxwell, 1987, p. 12.

⑥ Cf. Carol Harlow & Richard Rawlings, *op. Cit.*, p. 202.

⑦ 清华大学法学院公法研究中心与四川省交警总队自2009年以来开展了一系列合作，通过制定指南来规范执法。我们于2010年完成了交警执勤执法指南，由省公安厅以规范性文件形式下发各警队执行。2011年，我们合作制定交通事故处理指南。2012年，我们又合作制定了车辆驾驶人管理指南。2011年我们还与甘肃省政府法制办、庆阳市西峰区城管合作，制定城管综合执法指南。

⑧ 笔者曾参加国务院法制办协调司组织的"《关于规范行政裁量权工作的指导意见》"论证（2010年2月26日）、国家税务总局"规范税务行政裁量权、依法行政与依法治税的关系"研讨（2011年9月6日）。本文也引介一些会上的论争。

量基准显然是以规范性文件为载体，但似乎又很难完全装入这些现成的“筐”里。因此，我们也正好可以借此机会，以指南、手册和裁量基准现象为分析样本，反思、检讨和进一步发展规范性文件理论。

用比较的眼光看，在英国，“非正式规则”似乎“自成体系”（They are in a class of their own）。因为它们无法归入议会立法、委任立法（delegated legislation）或者从属立法（subordinate legislation）之中，也无法用议会立法、委任立法或者从属立法的理论来解释，它们似乎是第三种“立法”。那么，它们的合法性、功能、法律效力以及制定程序等问题就值得审慎的思考。这引发了 1986 年上议院的一次短暂讨论，以及学者的持续研究。来来往往的多次回合，也积淀了不少理论。

在本文中，我也将带着中国问题意识，尽力爬梳英国的有关实践、理论和争论，整理干净，作为一个参照系，期望目光在来回逡巡之际，反思我们的实践。不是照搬，却能得到切肤的启示；看似隔阂、生硬，却有一定的说服力。

二、有着怎样的效力?

效力是一个核心问题，关系公开，牵扯诉讼，也是迄今理论上没有解释清楚的问题。

1. 观点的分歧

浏览规范性文件理论，我们发现，无论官方文件还是学术见解都认为，规范性文件是“除法规、规章之外的行政机关制定的具有普遍约束力的法律文件”。“普遍约束力”似乎是一个不假思索的应然命题。[⑨] 21 世纪初虽

---

⑨ 叶必丰教授曾说过：“行政规范对不特定公众和所属行政机关及其工作人员的这种拘束力，几乎并不存在争议，而且也是有相应法律依据的。”参见叶必丰：《行政规范法律地位的制度论证》，载《中国法学》2003 年第 5 期。但是，刘松山教授略有质疑，认为，“普遍约束力”不完全是强制意义上的，只是规范意义上的，并批评这种表述是不很恰当的。参见刘松山：《违法行政规范性文件之责任研究》，中国民主法制出版社 2007 年版，第 18-19 页。

有一些学者开始拷问，出现了“应采取‘高度尊重’与‘一般尊重’的不同态度，”[⑩]“是法官据以说理的‘论据’”，[⑪]“应区分法规命令和行政规则”，[⑫]以及“不属于法源，但其可以作为行政行为和司法裁判的‘依据’”等观点。[⑬]其中有些研究已接近本文的观点，却都似乎未说透。所以，我们真要较劲地去追问“普遍约束力”的来源，翻遍文献，却羚羊挂角，无影无踪。

如果说，这种“普遍约束力”是从法律、法规、规章上传递而来，那么，规范性文件一定是对立法严丝合缝的执行，但事实又非如此。要是约束力出自行政机关的职权本身，是由组织法、甚至是宪法规定的政府职权必然具有的属性，那还要立法干什么？

这躲藏在规范性文件理论中、没有思考清楚的问题，却成了实践的隐患。比如，长乐市财政局原局长王凯峰因“执行上级文件”被法院判处“玩忽职守罪”；[⑭]税务人员未遵守征税指南、导致漏征税款，被检察机关逮捕。这种“寒蝉效应”让实践部门不敢染指手册、指南，对裁量基准建设也驻足顾盼，或者仅限内部掌握、不愿公开。[⑮]

在讨论指南、手册、裁量基准的效力时，终于无法回避上述问题了。阅读国家税务总局法规司提供的材料，并结合有关会议上的讨论，有代表性的观点有三种：

第一种观点认为，具有法律效力。指南、手册和裁量基准是在执行法律

---

⑩ 沈岿：《解析行政规则对司法的约束力》，载《中外法学》2006年第2期。

⑪ 何海波：《形式法治批判》，载罗豪才主编：《行政法论丛》（第6卷），法律出版社2003年版。

⑫ 朱芒：《论行政规定的性质》，载《中国法学》2003年第1期。

⑬ 叶必丰：《行政规范法律地位的制度论证》，载《中国法学》2003年第5期。

⑭ 郑全新、于莉：《论行政法规、规章以外的行政规范性文件——由“王凯锋事件”引起的思考》，载《行政法学研究》2003年第2期。

⑮ 正因为指南效力的复杂性、多样性，行政机关内部、行政机关与法院之间认识远未统一，学者之间认识也相差甚远，所以，为减少实施风险，消除行政机关顾虑，我们在交警执勤执法指南中规定：“本指南对四川省各级公安机关交通管理部门及其交通警察具有内部拘束力。行政处罚决定不得直接以本指南为处罚依据，但是可以在说明理由与阐释有关法律依据时引用本指南的相关规定做进一步的解释。本指南的执行情况是执法考评的重要依据，对于故意不遵守本指南规定的，给予有关责任人员相应处分。”

法规时的一种“执法解释”，源自立法的效力也会传输到指南、手册和裁量基准的规定之中。实践上还有一种认识，只要规范性文件对外公布了，就具有法律效力。

第二种观点认为，不具有法律效力，但具有事实效力。因为指南、手册和裁量基准是“对执法经验的总结和归纳，具有相当的普遍性，有利于公正执法，一般情况下，行政机关应当遵循”。它们是说明理由的一种替代形，一种表征，一种衡量说理是否充分的直观标准。“如果不引用，则须说明理由。”引用了，说明理由充分。不引用，还可能引发有关的监督制约制度。

第三种观点认为，对指南、手册和裁量基准的效力，尤其是外部效力，不能总体而论、一概而论，这是不贴切的，要进行解构、分类，结合其中的条文所要实现的目的、内容来分析，这才能品咂出它们的复杂性。这是笔者所持的观点。

2. 英国的经验

在英国，“非正式规则”形成的程序不同，具有不同的法律效果（different legal effects），以及不同的行政作用（divergent administrative roles），极其复杂。

（1）对内的效力

英国法官一般认为，行政机关应当受拘束于自己制定的“非正式规则”，这种拘束力来自两个方面：

一是内部的纪律约束。对于国务卿（the Secretary of State）发布的一些关于拘留、审问、识别嫌疑人，搜查住宅，扣押以及盘查等的行为规范（codes），警察不遵守这些规范，将会受到纪律惩处（disciplinary sanctions），但是不会导致刑事或民事责任（criminal or civil liability），也不会自动地排除证据效力（the automatic exclusion of evidence）。[16]这是因内部压力而形成的拘束力，[17]也是主要机理。

---

⑯ Cf. Robert Baldwin & John Houghton, *Circular Arguments: The Status and Legitimacy of Administrative Rules* (1986), Public Law 243.

⑰ 在欧共体，这些指南、手册、实践规程等虽然在技术上不具有拘束力，但通常都要公开，并基于上层压力（peer-group pressure）而多得到执行，有时，欧洲法院或者成员国法院也对其作出解释。Cf. Carol Harlow & Richard Rawlings, *op. Cit.*, pp. 199-200.

二是对合法预期（legitimate expectations）的保护。非常能说明这一点的是 Khan 案。[18]这是通过法院从外部反射回来的一种约束力量，也因产生合法预期的情形十分有限，这种约束力也是有限的。但在这有限的范围内，会转换为一种类似与法定的义务。

所以，对内的拘束力不会全都化作法定义务。McNeill J. 在 *R. v. Police Complaints Board*, *ex p. Madden and Rhone* 案的审理中批评道，委员会犯的错误，就是把指南当作了其有义务遵守的某种东西了。[19]因为，在英国，还有一个很重要的理论，就是不得"不适当拘束裁量"（no-fettering）。赋予裁量权的行政机关在履行公共职能时，不得一味适用固定的规则或政策，在个案中自我放弃裁量权。[20]但也不是一成不变的，因为有着合法预期的原理。

（2）对外的效力

从略显杂乱的文献中，我们大致可以看到，对"非正式规则"的外部效力，英国人多是从三个方面去考察和解释的：一是权力来源，二是考量因素，三是合法预期。

一是权力来源。在英国，"非正式规则"有的是由法律授权制定的，比如，《警察和刑事证据法》(the Police and Criminal Evidence Act 1984）授权内政大臣（the Home Secretary）制定"实践手册"（Codes of Practice）。这有点像"委托立法"，也自然容易承认其法律效力。特别是一些法律中明确肯定了要制定"非正式规则"，作为整个法律的一个组成部分，并明确其具有法律效力。但是，有的"非正式规则"的制定却没有明确的授权。

因此，需要运用"直接的权力因素检查"（direct *vires* tests）方法，层层递进地分析。首先要寻找其合法性（legitimacy）或权威性（authority）来源，并

---

⑱ 该案的详情，参见余凌云：《英国行政法上合法预期的起源与发展》，载《环球法律评论》2011 年第 4 期。

⑲ Cf. Gabriele Ganz, *op. Cit.*, p. 15.

⑳ Cf. H. W. R. Wade & C. F. Frosyth, *Administrative Law*, Oxford University Press, 2004, p. 217.

判断其分量。之后，再进一步分析特定规则的性质与形式。在追索权力来源时必须解决：第一，是否有着有效的权力委托；第二，它是否延展至某一类特定的规则；第三，这类授权的规则是否非常明确，可以影响与某一特定问题有关的权利。[21]如果逐一得到认定，那么，具有外部的、与法律一样的效力定当无疑。

当然，在英国，做这样的推导，还有一个有意思的前提，就是这些规则必须足够清晰精准。合法性（legitimacy）、精确性（precision）与法律效力（effect），彼此有关。不精确的语言将使规则丧失法律效力。所以，授权法（the enabling statute）和规则之中的语言都应该是精确的。但实际上，很多规则所使用的语言多是松散的（loose）、口语化的（colloquial），这让问题变得复杂，需要法官小心鉴别。

但是，从英国的经验看，能够考证出这样具体授权的，不说没有，但也不多。同样，在我国，指南、手册和裁量基准也很少是依据特定法律的授权，绝大多数都是基于抽象的组织法授权制定出来的。

二是考量因素。即便不能按照上述线路清晰地寻觅出法律的授权，英国人一般也会说，行政机关应当考虑"非正式规则"，这是一个很重要的考虑因素，并赋予其恰当的权重，而不能完全忽视它。也就是说，行政机关在作出决定时必须适当考虑。不考虑，或者错误适用"非正式规则"，构成不合理（unreasonableness）。至于如何权重，是行政机关完全的自治范畴。相对而言，考量与权重所描述的外部效力是有限的，甚至是微弱的。

首先，既是考量，就不会为其马首是瞻，亦步亦趋，否则，与适用无异。Wade 和 Forsyth 在研究行政自由裁量权的不可转让性（inalienable）时也一再强调，裁量权意味着被授权机关必须对待每个个案，逐一作出公正判断（judge each individual case fairly），不允许为追求一致性而不顾个案的优劣。[22]

---

[21] Cf. Robert Baldwin & John Houghton, *Circular Arguments: The Status and Legitimacy of Administrative Rules* (1986), Public Law 250.

[22] Cf. H. W. R. Wade & C. F. Frosyth, *op. Cit.*, p. 325.

如果行政机关认为有必要且是适当的，也可以不适用“非正式规则”。

其次，“非正式规则”中所描述的只是一般适用情况（of general application），在特定案件中，可能存在着特殊情形，在使用上述规则时需要加以考虑。[23]也就是说，“非正式规则”是、但又不是唯一的考量因素，在特定情况下，“非正式规则”又可能在考量之外。

三是合法预期。行政机关也不是可以随心所欲地离开“非正式规则”，任意更改政策，随意改变权力运行轨迹，这其中有个保护相对人合法预期的问题。这涉及极其复杂且精致的理论。[24]如果相对人对“非正式规则”产生了合法预期，就应该保护这种预期。在这种情况下，不遵守、离开或者改变有关的“非正式规则”，必须要有压倒一切的公共利益（over-riding public interest）之需要，并充分考虑当事人的利益，说明理由。对于行政机关来说，不考虑指南，也存在着潜在的风险，那就是或许在申诉时会被纠正过来。

假如对某个非正式规则，不能用上述第一种和第三种方法解释得了，那么，它就不具有法律效力。从英国的实践看，多半属于这种情况。英国人只认可它们具有参考效力。参考意味着要考虑，但不必拘泥。

3. 效力分析

在我国，指南、手册或裁量基准对行政内部具有拘束力，这是不争之事实，唯一需要理论解释的就是这种拘束力的来源。但外部效力却与英国一样，颇为复杂，需要我们认真鉴别。

（1）对内之拘束力

指南、手册和裁量基准是行政机关尤其是上级对下级如何行使行政权、如何执行法律的指导、指示，基于行政机关的科层制、上下领导关系以及执

㉓ Cf. Gabriele Ganz, *op. Cit.*, p. 48.

㉔ 余凌云：《行政法上合法预期之保护》，载《中国社会科学》2003 年第 3 期；余凌云《英国行政法上合法预期的起源与发展》，载《环球法律评论》2011 年第 4 期。

法考评，会产生类似于法律的效果，具有比较强的拘束力。[25]在相对人看来，甚至执法人员自己也觉得，它们似乎就是法。

指南、手册和裁量基准之中，针对已发生的、多是常态下的情形，总结以往实践经验，形成惯例，并要求以后遇到同样情形时必须遵行惯例，平等对待。因此，下级行政机关在执行过程中如果没有特殊情况，原则上不得离开上述指导意见。

但是，面对复杂多变的行政实践，指南、手册和裁量基准根本无法囊括所有实践形态，仍需要行政机关执法人员在个案中行使裁量权，能动执法，实现个案正义。所以，不能通过指南、手册和裁量基准实质上剥夺执法人员的裁量权，应当允许执法人员离开指南规定，但要求说明理由。执法考评的重点就是审查理由说明是否正当、充分。

（2）对外之拘束力

总体判断，与英国相似，很难说，指南、手册和裁量基准里的条条缕缕都有外部效力。解释外部效力的学说主要有以下几种：

一是对立法的执行性解释。在很多人看来，行政机关只是在解释法律（construing the statute），以填补空隙（fill in its interstices）或者澄清不明确之处（clarify its ambiguities）。指南、手册和裁量基准就是一种“执法解释”，其外部效力源自所依据的法律、法规和规章。

这种解释方法有一定价值，近似英国人运用的“直接的权力因素检查”（direct vires tests）方法，对指南、手册和裁量基准中某些条文的外部效力，解释得比较清楚，但失之简单，它忽略了两点：第一，指南、手册和裁量基准更注重实践的操作规程，对权力的自我约束，以及对实践经验的总结。

㉕ 叶必丰教授也曾发现，“行政规范对不特定公众的强制拘束力是通过具体行政行为来实现的，对所属行政机关及其工作人员的强制性拘束力，也并非源于行政规范本身，而源于下级服从上级原则和首长负责制”。参见叶必丰：《行政规范法律地位的制度论证》，载《中国法学》2003 年第 5 期。在笔者看来，叶必丰教授对内部拘束力的解释是精当的，但忽视了执法考评。他对外部拘束力的解释，实际上已发生了移位，没有解释透彻。

第二，这种解释不是“增字解经”，不呈现出点对点、规定对规定、条文对条文的清晰结构，不完全是对法律规定、法律条文的自然延展。所以，解释是否贴切，还有斟酌余地。很难说，它们完全就是“解释上位法并因而继受法效力的、作用于外部相对人的规范性文件”。[26]

二是私人权利义务。这是着眼于外部关系，“实际上是在统一把握内容、调整对象和效力等诸因素的基础上观察问题”。如果是调整行政机关与相对人关系，具有单方面设定或变更私人权利义务特点的，就是“法规命令”，是一种法律规范。如果“仅仅适用于行政机关内部而不能作用于私人的权利义务”，就是“行政规则”，其效力不具有外部性，不是一种法律规范。[27]

当我们的目光转向指南、手册和裁量基准时，会发现，它们是行政机关的自我约束，具有强烈的内部性特征。但是，在构建裁量结构的过程中，难免要涉及相对人的行为，或作为裁量考量因素，或作为识别标准，或者希望通过指导相对人活动而形成行政机关和相对人之间的良好互动，无论哪种意图，其效果必定会外溢到相对人，对规范相对人的活动也会产生积极的作用，所以，也可能衍生出一定的外部性。但对外部发生的规范作用不是直接的，而是间接的。所以，在笔者看来，以“私人权利义务”为判断标准的学说，或许不是很合适的分析工具。

朱芒教授也发现了这一点，他指出，“很难说这种‘行政规则’不是属于‘以私人权利义务事项为调整对象的规范’”。日本学者也意识到“行政规则在现实的行政活动过程中并非如理论逻辑上那样‘单纯’，在许多情况下，行政规则——这种效力只是存在于行政系统内部的行政规范——事实上存在着外部效果”，“如果该行政内部文件规定是作为平等处理的基准的，那么可以认为事实上在该范围之内行政内部文件规定有着与法律规范相当接近的功

---

[26] 关于规范性文件的识别标准，参见袁勇：《行政规范性文件的鉴别标准——以备案审查为中心》，载《政治与法律》2010年第8期。

[27] 朱芒：《论行政规定的性质——从行政规范体系角度的定位》，载其著：《功能视角中的行政法》，北京大学出版社2004年版，第42-44页。

能”，“也可以被认为是一种准法律规范”。[28]

三是审判基准规范。“审判基准规范效力”，特别注重行政规范与执行、适用机关（主要是法院）之间的关系，“法规命令”是“对行政主体或行政机关具有外部性的拘束力，（可以）直接承担审判基准功能的规范”。[29]

朱芒教授进一步解释了这种外部性效力的产生机理，并归结到法院的审判。也就是，法院经过审查，赋予了“行政规则”的审判基准规范效力，那么，“行政机关自身制定的各类原本属于内部适用的行政规则最终成为法院司法审查活动的依据，从而成为来自外部的约束行政活动的一种法律规范，一种由法院实施的外在于行政职权体系的平等待遇（平等适用）基准。显然，司法权对行政规则的适用导致行政规则自身产生了自我拘束性质”。[30]

或许，这种平等原则与合法预期有着近似的功效，前者也是后者的一个理论诉求。但是，行政内部文件之所以是内部的，就是不对外公布、不为外人知晓。对文件内容，相对人无从获悉，法院无从得知，哪来的平等原则之适用呢？所以，在笔者看来，它不如合法预期。当然，朱芒教授也不忘提到信赖保护规范是行政的自我拘束理论的另一个来源。信赖保护与合法预期的优劣，我也已有较多的阐述。[31]

尽管在指南、手册和裁量基准的实际运用上给公众一个印象，它们似乎和法律没有差别，至少“具有事实上的拘束力”，但是，对其中那些有外溢效果的规定条分缕析之后，[32]我们却发现其有着复杂的效力结构。

---

[28] 朱芒：《论行政规定的性质——从行政规范体系角度的定位》，载其著：《功能视角中的行政法》，北京大学出版社2004年版，第52-53页。

[29] 朱芒：《论行政规定的性质——从行政规范体系角度的定位》，载其著：《功能视角中的行政法》，北京大学出版社2004年版，第42-44页。

[30] 朱芒：《论行政规定的性质——从行政规范体系角度的定位》，载其著：《功能视角中的行政法》，北京大学出版社2004年版，第53页。

[31] 余凌云：《英国行政法上合法预期的起源与发展》，载《环球法律评论》2011年第4期；余凌云：《政府信赖保护、正当期望和合法预期》，载《厦门大学法律评论》（2006年下卷）（总第十二辑），厦门大学出版社2007年版。

[32] 那些纯粹对内部规范的规定，比如执法考评、信息化建设要求，是肯定不会产生外部效力的。

第一，有着明确的法律依据，在实践基础上总结识别标准、归纳违法情形、解释法律内涵，在这个解释法律的过程中，只要是贴切、明确、不含糊的，法律的效力也会自然而然地传输到指南、手册和裁量基准的有关规定中，让它们具有法的效力。无论是从保护相对人的合法预期，还是实现法律平等原则，都应该让它们具有这样的效力。

第二，为了实践操作而规定的规程，尽管没有法律规定，也是实践所必需的。但就效力而言，更应该是指导性质。因为这是经验的累积，是行政机关把良好行政的认识输入了权力运行过程，让执法鲜活运转起来。但是，规程是不断试错之后的归纳，是已知的常态方案，不穷尽所有情形，仍需执法人员斟酌裁量，所以，只具有参考效力，不会转化为对相对人的一种法定义务。

第三，关于量罚的基准格次，是对法律的进一步解读与细化，却是建立在常态认识之下的，它们必须在相关考虑之内运行，有着上下出入的可能，因此，其拘束力表现为行政机关有考量的义务。不适用基准，要说出让法官或上级信服的理由。[33]当然，在考量体系内，符合同一案件、同等对待的，也会因合法预期之保护，而使得其具有外部的规范效力。

第四，执法程序多是法律规定。也可能存在法律疏漏、考虑不周之处，引入一些正当程序的要求。如果增补进来的程序对行政决定和保护相对人权益具有实质性影响，也会基于正当程序而产生规范的效力。[34]

我们还可以借用 Jowell 的高低裁量理论来解释上述现象。在 Jowell 看来，我们不能简单地把规则视为裁量的对立面，它是一个连续统一体上的若干点（rules are not simply the antithesis of discretion but are points on a continuum）。规则也有疏密之分，高度明确、不具有延展性（highly specific and not mallea-

---

[33] 余凌云：《游走在规范与僵化之间——对金华行政裁量基准实践的思考》，载《清华法学》2008 年第 3 期。

[34] 余凌云：《法院如何发展行政法》，载《中国社会科学》2008 年第 1 期。

ble）的规则，意味着裁量程度低，而具有开放特质、可变（open-textured and flexible）的规则，裁量空间就大。[35]

同样，法律也有这样的特性。我们在通过指南、手册和裁量基准解释法律、填补空隙时，也相当于在一个连续统一体上加密规则点。如果指南、手册和裁量基准中的某个规定将一个法律规定挤压到高度明确、不再具有延展性，那么，基于合法预期保护和平等对待，应该能够产生法的效果。但是，如果某个规定只是压缩了有关法律规定的开放特质、可变性空间，但仍然存在着运用上的多种可能性，权力如何行使还必须根据具体情境来分析判断，那么，该规定恐怕更多是参考性质的。

4. 我国法院如何看待

在中国，也有一个发展过程。有的法官认为，只要是内部的、未经公开的规范性文件，一律不考虑；公开的、但与法律抵触的规范性文件，也不予考虑。但也有的法官采取更加务实的态度，承认内部文件对行政执法的规范意义，只要与法律不抵触，就予以考虑。

后来，最高人民法院曾以座谈会纪要的形式，给出了一个指导性意见，进一步统一认识。笔者把其中关键的部分摘抄出来。

“行政审判实践中，经常涉及有关部门为指导法律执行或者实施行政措施而作出的具体应用解释和制定的其他规范性文件，主要是国务院部门以及省、市、自治区和较大的市的人民政府或其主管部门对于具体应用法律、法规或规章作出的解释；县级以上人民政府及其主管部门制定发布的具有普遍约束力的决定、命令或其他规范性文件。行政机关往往将这些具体应用解释和其他规范性文件作为具体行政行为的直接依据。这些具体应用解释和规范性文件不是正式的法律渊源，对人民法院不具有法律规范意义上的约束力。但是，人民法院经审查认为被诉具体行政行为依据的具体应用解释和其他规范性文件合法、有效并合理、适当的，在认定被诉具体行政行为合法性时应承

---

[35] Cf. Carol Harlow & Richard Rawlings, *op. Cit.*, p. 205.

认其效力；人民法院可以在裁判理由中对具体应用解释和其他规范性文件是否合法、有效、合理或者适当进行评述。”[36]

这个态度实际上就是日本人说的审判基准规范。也就是说，在行政复议和行政诉讼上，指南、手册和裁量基准不是行政决定的法律依据，只是说理性依据，因此，审查的重点是它们是否与法律相抵触，只要不抵触，就可以赋予其审判基准规范效力，确定其可以作为说理性依据，进而判决行政决定具有较为充分的合法性基础。大量的法院判决都反映出了这种趣味，如“顾荣双诉上海市工商局普陀分局工商登记案”“张先著诉芜湖市人事局公务员录用案”等。[37]

与英国相比，这种认识未免粗糙。对于找到了权力来源和合法预期的情形，这样处理是允当的。但对于考量与权重却未必。因为涉案的行政行为要考量和权重的因素未必都写在指南、手册或裁量基准之中，依照后者贴切的操作，对当事人未必公允。

三、应当公开吗？

1. 英国的实践

从英国的实践看，“非正式规则”就算有公开，也很随意。有的允许收费，也有的是免费发放。有的是正式实施时公开，也有的是在制定阶段就公开，以征求公众意见。但总体上看，不规范，且相对人不好获取（they are published haphazardly, if at all, and are inaccessible）。一个改进的建议就是，基于公正的要求，行政机关应当有义务公开非正式规则。[38]

K. C. Davis 给出的理由，在英国颇受认同，即一旦裁量让位于规则，规则

---

[36] 《最高人民法院关于审理行政案件适用法律规范问题的座谈会纪要》（法〔2004〕96 号）。

[37] 叶必丰：《行政法与行政诉讼法》，高等教育出版社 2007 年版，第 89-92 页。

[38] Cf. Robert Baldwin & John Houghton, *Circular Arguments: The Status and Legitimacy of Administrative Rules* (1986), Public Law 268, 275. Cf. Gabriele Ganz, op. Cit., p. 41.

就应当让受影响的当事人知悉。先例和规则提供了有益的裁量建构，但是，如果它们密不可知，那么，管理者即便无视先例、违反规则，偏见和偏袒，也无从发现。[39]英国人更是从古老的公正和正当程序观念中推导出行政机关有公开的义务。因为公正听取意见的权利（听证）本身就蕴含着当事人有权知悉其案件情况。所以，Wade 和 Forsyth 建言，政策应该公之于众，这样可以让申请者知道可以预期什么。[40]发生在许可领域的若干判例也显现出同样的趣味。

但是，公开是需要成本的。非正式规则的数量庞大、变动频繁，公开无疑会耗费巨大的公共资源。这让行政机关踌躇迟疑、驻足不前。然而，近年来，网络、信息和电子政务的迅猛发展改变了一切，也为这一改革提供了技术支持。现在，在英国，“非正式规则”和政策多可从“E-governance”和 ICT，也就是网络来获取，也很容易从中央和地方的政府网站上获得。[41]

对形态多样、作用各异的“非正式规则”，是否公开，显然，行政机关有判断权。但最终的话语权却在法院手里。对于应否公开，英国法官一般会做如下判断，首先，适用的“非正式规则”是否应合理地公开，不公开是否会对当事人不利。其次，要求行政机关公开是否是合理的，关键取决于“非正式规则”与所涉及的问题及其决定之间的关联程度，以及所做的决定或行为之中，“非正式规则”有着多大的效力。[42]

㊴ Cf. Robert Baldwin & John Houghton, *Circular Arguments: The Status and Legitimacy of Administrative Rules* (1986), Public Law 275.

㊵ Cf. H. W. R. Wade & C. F. Frosyth, *op. Cit.*, p. 326.

㊶ 比如，供检控小组、警察、检察官使用的《检控小组指导手册》（the Prosecution Team Manual of Guidance）是公开的，公众可以在内政部网站上查阅，但该手册的内容却没有事先征求公众的意见。又比如，英国健康与安全机构（the Health and Safety Executive）在其网站上公布内部操作性指示与指导意见（internal operational instructions and guidance），用于执行其至关重要的、包括检查、调查、许可和执行等在内的操作工作，这些指南，其工作人员可以得到并能够执行，对相对人也多少有着进行解释的作用。Cf. Carol Harlow & Richard Rawlings, *op. Cit.*, p. 192, 194.

㊷ Cf. Robert Baldwin & John Houghton, *Circular Arguments: The Status and Legitimacy of Administrative Rules* (1986), Public Law 277.

2. 我国实践的分歧

在我国，裁量基准、指南、手册的公开，同样也不规范，颇随意，夹杂着中国情境下的利害考虑。大致有三种意见：

（1）应当公开。理由有二：一是指南、手册和裁量基准关乎行政权运行，其中的法律解释、执行标准、操作规程，“涉及公民、法人或者其他组织切身利益的”，“需要社会公众广泛知晓或者参与”，对规范行为、预测后果、消弭行政纠纷、监督执法，大有裨益。无论是依据《政府信息公开条例》第9条，还是2010年国务院颁发的《关于加强法治政府建设的意见》（国发〔2010〕33号），都应该公开。二是根据《行政处罚法》第4条第3款规定，“对违法行为给予行政处罚的规定必须公布；未经公布的，不得作为行政处罚的依据”。

（2）不公开。这是来自行政机关的多数意见。指南、手册和裁量基准是对法律缝隙的填充。在这个过程中，行政机关会形成一些政策，会溢出一些法律之外的东西，要么是违法行为的识别标准、量罚策略；要么是加强自我拘束的更高要求；要么是权力运行的具体程序与操作规程。这些政策、纪律、要求一旦公之于众，行政机关的顾虑有二：一是怕万一做不到，岂不授人口实，当事人会不会诉至法院，法院又将如何对待这些政策、纪律、要求呢？二是如果相对人洞察了有关政策、纪律、要求，会不会“钻空子”？所以，不公开较为稳妥，即便执法人员做不到，至多只是执法考评上受到批评，绝不会被诉至法庭。

（3）公布。只是在案件处理过程中，要求行政机关告知当事人有关政策，当事人也可以索要有关指南、手册或裁量基准。它的好处是不张扬，也不容易被媒体、公众抓住把柄、评头论足。

3. 发现问题的症结与解决问题的立场

其实，细细品鉴，我们不难有三点发现。首先，第一种观点有道理。[43]但

---

[43] 英国人也曾感叹，以前因没有信息自由法（the Freedom of Information Act），那些“非正式规则”无法让公众获知。获取这些指南，也不能成为公民的一种权利。Cf. Gabriele Ganz, *op. Cit.*, p. 40.

在说理上仍嫌乏力，不如 K. C. Davis 说得透彻。另外，引用《行政处罚法》对公开的要求，显然是误读。这普遍见于文献、学者当中，实在太乱。对“依据”的理解，有执法和适用意义上的，也有诉讼意义上的，彼此并不相通。其实，指南、手册和裁量基准只是规范性文件，根本不可能作为处罚的依据。“依据”在行政诉讼上有着分权基础，只有法律、法规是依据，规章、规范性文件只是参考、引用，必须通过法官的合法性审查之后，才能作为“审判基准规范”来适用。在笔者看来，规范的效力只有归拢到诉讼意义上，才说得通。

其次，第一种和第三种观点没有根本分歧，实质上都是公开，只不过前者是主动公开，后者是依申请公开而已。其实，现代政府的信息化建设已为公开提供了低廉、快捷的技术平台，文件上传仅在几秒之间，但是，实践部门却拒绝上传指南、手册和裁量基准，多愿采用依申请公开，[44]也就是日本人说的“公布”。原因有三：一是新法出台之后，如何理解和执行，还需有权解释；条款所蕴含的裁量结构复杂多样，也有待实践、试错，仓促上传，行政机关害怕因其稚嫩而招来世人的讥嘲。二是行政机关人手不够、时间紧迫，上传之后，要想及时更新，恐怕有难度。不及时更新，又与《政府信息公开条例》第 18 条相悖。三是法律修订之后，行政机关更喜欢就其中修改的条款另作指南，简便至极，又易显工作成效。所以，在笔者看来，无论行政机关选择哪一种公开，都无可厚非。当然，笔者更青睐主动公开。

最后，第二种意见却和另外两种却有着本质不同。之所以如此，从根本上讲，与法院如何看待指南、手册或裁量基准的效力有关。公开原本与效力无关，公开不意味着就有法律效力。但是，在中国情境下却变成了问题，因为效力不清，对法院态度不可捉摸，所以，反过来影响了公开。

[44] 我们在《四川省公安交警执勤执法指南》中也规定：“本指南属于内部规范性文件。可以依申请公开或者在具体执法过程中告知当事人。”

四、制定主体与程序

谈论主体和程序，已进入了指南、手册和裁量基准的操作层面，但要审思的问题依旧不少。

1. 制定主体

从有关文献看，英国和美国对制定规则的主体似乎都没有特别要求，除非是那些法律授权制定的“非正式规则”，可能需要特定的机构来制定。

在我国，上至国务院、下到乡镇人民政府，从各级政府到各类行政机关，都有权制定规范性文件，这有着宪法和组织法的依据。照说，指南、手册和裁量基准的制定主体也应该广泛如斯，但却颇具争议。

一种来自官方的声音似乎是要把制定权收至各省级政府和国务院各部门，[45]稍微宽容点的，也只能容许下放到设区的市。因为在行政科层制下，限定机构的级别，能够保证制定指南、手册和裁量基准的严肃性、权威性，能够保证政策的一致性、执法的统一性，避免各自为政。这种态度大而言之没有问题，却不精致。首先，它忽视了法律空间内的政策形成必须先由基层试错开始，不断试错之后，才可能形成较为稳定的政策取向，试错的风险又需要一个集体的意志载体来降低。其次，它也没注意到裁量本身就容许地域、部门的差异，离开了地域性、部门性，也谈不上真正的统一。所以，一味排斥基层制定指南、手册和裁量基准，既不务实，也欠灵活，还与现行组织法规定相抵触。

笔者不愿做这样的限定，却有个原则，如果省、市已有指南，基层无须花费心思，画蛇添足。除非省、市规定过于笼统，还需结合基层实际再做细化。当然，笔者也反对基层一哄而上，做应景之作，只需就实践矛盾频发之处，规定指南、手册和裁量基准。

㊺ 《我国将统一规制行政裁量权适用规则权收归省部级不按裁量基准行使行政裁量权属违法》，载 http://news.sohu.com/20091020/n267537610.shtml，最后访问日期：2012年1月21日。

2. 英国的程序

在Davis的理论中，行政规则的制定程序是现代政府最伟大的发明之一，其核心特征是公开欲制定的规则，允许利害关系人做书面评价。㊻

在英国，1946年的法律文件法（the Statutory Instruments Act）只规范委任立法，对非正式的行政规则（informal administrative rules）根本不适用，也就谈不上公开和评价的基本要求。所以，英国没有美国那么复杂。在英国人看来，美国模式不合其口味，有点形式主义（formalistic）、过分概念化（over-conceptual）。他们拒绝对“非正式规则”规定过于详细的程序，因为这会损害规则的灵活性与便捷。而且，公开和评价程序意味着要容许协商，就得有妥协与变化，这将让规制“掺水”（watering-down of regulation），被弱化。㊼

但在英国的实践中，之所以会在调整外部关系上诉诸一些仅有自愿遵守意味的指南，多数是政府对压力集团（pressure groups）的一种政治妥协（political compromise），一种慰藉（a sop），是在要么施加法律义务、要么什么也不做之间的妥协（a compromise between imposing a legal obligation and doing nothing），所以，有些指南就直接交给那些受到影响的群体代表来草拟。也有的法律直接规定了要磋商或者征求意见，作为一种义务。㊽当然，实践中更常见的是非正式磋商（informal consultation），由行政机关根据时间、灵活性、公正和效率等综合考虑。具体而言，取决于以下因素：㊾

（1）“非正式规则”的性质及其影响（the nature of the rule and its effect）。一般宽泛的政策陈述，涉及大多数人的利益，却只是间接影响，一般不用磋商。但是，对政策的精确构建，对范围有限的人群产生直接影响的，需要磋商。

㊻ Cf. Robert Baldwin & John Houghton, *Circular Arguments*: *The Status and Legitimacy of Administrative Rules* (1986), Public Law 273.

㊼ Cf. Robert Baldwin & John Houghton, *Circular Arguments*: *The Status and Legitimacy of Administrative Rules* (1986), Public Law 273-274.

㊽ Cf. Gabriele Ganz, *op. Cit.*, pp. 105-106.

㊾ Cf. Robert Baldwin & John Houghton, *Circular Arguments*: *The Status and Legitimacy of Administrative Rules* (1986), Public Law 280.

（2）“非正式规则”形成的阶段（the finality of the rule）。在规则形成的早期酝酿阶段，一般不用磋商。

（3）行政负担（the administrative burden）。要考虑受影响的人数、磋商的时间和成本以及所涉及的公共利益。

（4）议会的意图（parliamentary intention）。是否对应遵守的程序有所规定。

在英国，还有着议会控制手段，但不算规范，颇杂乱。有的“非正式规则”要通过绿皮书程序（a Green Paper procedure）在议会讨论，有的不用。议会也不是对所有的“非正式规则”都进行批准、废止。

3. 我国的规定及其批判

在国务院先后发布的有关依法行政的四个重要文件中，除《国务院关于全面推进依法行政的决定》(国发〔1999〕23号）没有对规范性文件作出专门规定外，其余三个都有较大篇幅的规定，突破了早先的《国家行政机关公文处理办法》，引入了现代正当程序的理念，汲取实践精华，[50]贴近规章程序，有同构化的趋势。通过阅读，我们可以提炼出如下规定：

（1）采取多种形式广泛听取意见；

（2）要积极探索建立对听取和采纳意见情况的说明制度；

（3）法制机构进行合法性审查；

（4）领导班子会议集体讨论决定；

（5）应当在政府公报、普遍发行的报刊和政府网站上公布；

（6）统一登记、统一编号、统一发布。探索建立规范性文件有效期制度；

（7）评估。规范性文件施行后，制定机关、实施机关应当定期对其实施情况进行评估。实施机关应当将评估意见报告制定机关；

（8）定期清理。规范性文件一般每隔2年清理一次，清理结果要向社会公布；

---

[50] 据统计，至今，我国已有20个省级行政区、1个省会城市共22件地方性法规，以及31个省级行政区共72件地方政府规章，对本行政区域内的规范性文件制定程序进行规范。引自沈岿教授主持的《行政规范性文件合法性保障机制课题研究报告》（北京市政府法制办委托项目，2011年结项）。

（9）备案审查，加强备案工作信息化建设；

（10）纳入实绩考核指标体系。

中国人治理社会，喜欢统一整理，规范步调，化繁为简，最好是诉诸立法，这样有力度，纲举目张。这也无可厚非，实践也证明有效。所以，笔者对上述程序总体持肯定态度。

但是，指南、手册或裁量基准的趣味不同于立法。它们追求灵活、便捷，随时而动、因势而变、成本低廉。繁文缛节与之格格不入。从程序入手的控制，实在要小心。程式越多，去趣越远。这一层英美看得比较通透，它们没有在程序上下足劲。

第一，在上述程序中，评估太过正式，实际上是要形成一种意见的反馈与回应机制。基层在使用指南、手册和裁量基准时有何意见，可随时反映，制定机关应及时研究，修改跟进。而且，定期清理和规范性文件有效期制度，功效相近，取一即可，无须叠床架屋。

第二，征求公众意见、听证、说明理由，这在一些学者中颇有市场，但是，从我们与四川交警合作的经验看，笔者实在找不出要履行这些程序的必要。作为立法执行工具的指南、手册或裁量基准，其内容的民主性已很大程度上在立法过程中解决了。解释条文、确定执法标准、建立操作规程，更依赖专业知识、注重实践经验。专家的意见是中肯的，专家参与论证是必要的，但征求公众意见，就有些不着边际了。当然，如果在执行法律过程中需要形成政策，且有着多种选择，俯仰之间，关涉相对人权益较大得失，尤其需要公众理解、支持和配合的，那么，就要考虑适度的公众参与了。[51]所

---

[51] 比如，在贯彻机动车“五日制”限行规定的过程中，为遏制日益增多的违法，据北京市交管局统计，2010年8月，1个月内违反1次的车辆有12.6万辆，违反2次的有30.8万辆，违反3次的有1.1万辆，违反4次的有3744辆，违反5次的有735辆（8月中仅有尾号为5和0、1和6两组车辆限行五天，其他车辆限行四天）。推出连续处罚实属必要。但是，传统的连续犯、持续犯理论对于认定违法次数虽有运用余地，却因识别成本过高而不可行。采取法律拟制的方法，通过技术手段，每隔一定时段确认一次违法，比如每隔4小时、3小时或者1小时，认定违法一次，实施连续处罚，较为可行。这就需要征求公众意见，加强与公众的沟通，获得公众的理解和支持。

以，是否要履行上述程序，最好给出一些标准，让行政机关去裁量。

第三，之所以在法律中要以大量的不确定概念、裁量等方式授权给行政机关，就是希望后者有发展政策的空间，以适应快速发展、变化不拘的社会。这也就从根本上否定了通过立法控制的可行性。这也解释了为什么尽管宪法与组织法上规定有权力机关的监督和撤销权，但实际效果却不彰显。英国人在这方面也没有走得太远。

五、结束语

指南、手册和裁量基准可以在实践的基础上不断试错、不断调整，具有灵活性。起草指南、手册和裁量基准，也无须像立法那样考究文字，使用精确的法律用语。日常用语、非技术用语都可见于指南、手册和裁量基准。指南、手册和裁量基准的优点备受推崇，即能够使用规劝、指导等语言，制定起来相对容易，且迅捷，让门外汉也容易读懂。[52]

这是我们在规范指南、手册和裁量基准过程中不能忘却的。笔者不抵制引入类似立法的控制技术，但在这条进路上，无论我们多么努力，或许会稍微夯实一些民主性基础，却永远无法让它们获得类似立法的效力。决定它们效力的，自有其内在的规则。但千万不能矫情，让它们的灵活性丧失殆尽，就成一场灾难了。

---

[52] Cf. Gabriele Ganz, *op. Cit.*, p. 96.

我国法治政府的建设现状与展望*

王　勇**

一、我国法治政府建设所做出的工作和成果

（一）新中国的法制建设工作与“法治政府”的提出

在新中国成立前夕，1949年2月，中共中央专门发出了废除国民党六法全书的指示。1949年9月，召开中国人民政治协商会议，通过了共同纲领。共同纲领第17条明确规定：“废除国民党反动政府一切压迫人民的法律、法令和司法制度，制定保护人民的法律、法令，建立人民司法制度。”

新中国的成立翻开了中国历史发展的新篇章，中国的法治建设也由此进入了新的历史阶段。新中国成立之后在全面废除民国时期法制体系的基础上，以苏联的法制体系为蓝本，开始初步建立新中国的社会主义法制体系。

当然，在新中国成立初期，由于还要肃清帝国主义、封建主义、官僚资本主义残余势力，在立法方面采取的方针是“不宜追求制定一些既不成熟，又非急需的完备、细密的成套的法规，以致闭门造车”，而“应当按照当前的中心任务和人民急需解决的问题，根据可能与必要，把成熟的经验定型化，由通报典型经验并综合各地经验，逐步形成制度和法制条文，逐步地由

* 本论文是作者出版的专著《法治政府建设》（国家行政学院出版社2010年版）的部分修改内容。

** 王勇，博士，教授，博士生导师，中央党校政法部宪法行政法教研室主任。

简而繁，由通则而细则，由单行法规而形成整套的刑法、民法……”。[①] 1953年，肃清帝国主义、封建主义、官僚资本主义残余势力的社会改革运动基本完成，中央在提出过渡时期总路线的同时，提出今后“要逐步实行比较完备的人民民主的法制，来保护和促进社会生产力的进一步发展”。并提出，“应该加强全体国家工作人员和全体人民的守法教育，加强立法工作和司法工作”。[②]

1954年9月，全国人大通过了《中华人民共和国宪法》，宪法的通过拉开了新中国全面法治建设的序幕。1956年党的八大召开之后，八大通过的关于政治报告的决议提出：“国家必须根据需要，逐步系统地制定完备的法律。”随后，一大批重要的法律陆续出台并颁布实施，这个时期，党和国家对法治建设是重视的。但是，1957年后，由于当时对法治建设重要意义的认识不够深刻，八大提出的正确方针没能一贯坚持，对法律建设时而重视，时而放松，我国的法治进展并不顺利，直至1966年发生“文化大革命”，使新中国成立后逐步建立起来的社会主义法制遭到破坏，继而法治建设出现倒退。直到1978年12月党的十一届三中全会召开，确定党的工作从“以阶级斗争为纲”转移到“以经济建设为中心”，同时提出要“发展社会主义民主、加强社会主义法制”。党在十一届三中全会的决议中指出，“为了保障人民民主，必须加强社会主义法制，使民主制度化、法律化，使这种制度和法律具有稳定性、连续性和极大的权威，做到有法可依，有法必依，执法必严，违法必究”。以后，社会主义的法治建设才开始步入正轨，进入新的历史发展时期。邓小平同志在十一届三中全会前召开的中央工作会议上，针对过去存在的问题，明确指出“必须使民主制度化、法律化，使这种制度和法律不因领导人的改变而改变，不因领导人看法和注意力的改变而改变”。十一届六中全会决议指出，“必须巩固人民民主专政，完善国家的宪法和法律并使之成为任何人

① 引自新中国成立初期彭真同志在政务院会上的工作报告《关于政法工作的情况和目前任务》。
② 引自新中国成立初期彭真同志在中央人民政府委员会上的工作报告《政法工作的主要任务》。

都必须严格遵守的不可侵犯的力量”。

以1982年宪法的颁布为标志，此后大量法律、法规不断出台，国家在立法、司法、执法，以及普法等各方面大量投入精力，社会主义法治建设事业全面展开。③ 1984年，当时的全国人大常委会委员长彭真同志根据国家民主政治和商品经济发展的情况，认识到在国家管理领域加强法制的重要性，提出国家管理“要从依靠政策办事逐步过渡到不仅依靠政策还要建立、健全法制，依法办事”。④ 这样，尤其是在改革开放政策的推动下，社会主义法制框架在20世纪80年代初步建立，并在社会经济、政治、文化等多个方面渐次发挥起重要作用。

这一时期国家法治建设的重点仅在于解决长期以来社会众多领域法律严重缺失的问题，法治工作重点是在于着力弥补众多法律空白，较快改变了过去“无法可依”的法治状况。据统计，从1978年改革开放后到现在，全国人大及其常委会制定了240多部法律，国务院制定了700多个行政法规，地方人大制定或批准了8000多个地方性法规，国务院各部门和地方政府制定了30000多个规章。这样，我国已初步形成由宪法、基本法律、行政法规、地方法规组成，以宪法为中心的包括刑法、刑事诉讼法、民法、民事诉讼法、经济法、行政法、行政诉讼法、婚姻法、继承法及其他部门法律在内的比较完整社会主义的法律制度体系。

随着经济建设的不断发展，尤其是在1992年邓小平发表南巡讲话后，1992年党的十四大确定，我国经济体制改革目标是实现社会主义市场经济。从此，我国立法工作进入了一个新的阶段。十四届三中全会通过了“关于建立社会主义市场经济体制若干问题的决定”，提出新阶段的立法任务是，“遵循宪法规定的原则，加快经济立法，进一步完善民商法律、刑事法律、有关

---

③ 以宪法为例，从20世纪70年代后期起，先后制定了1982年宪法、国家机关各类组织法、民族区域自治法、特别行政区基本法、选举法、国籍法、授权法等。

④ 彭真：《在首都新闻界人士座谈会上的讲话》，载《人民日报》1984年4月8日，第1版。

国家机构和行政管理方面的法律，在21世纪末初步建立适应社会主义市场经济的法律体系”，立法的重点是“要抓紧制定关于规范市场主体、维护市场秩序、加强宏观调控、完善社会保障、促进对外开放等方面的法律。同时，还要适时修改和废止与建立社会主义市场经济体制不相适应的法律和法规”。在立法方面，党的十五大又进一步提出，要“加强立法工作，提高立法质量，到2010年形成有中国特色社会主义法律体系”。

在这个时期，我党确立了社会主义市场经济制度，提出新的改革和发展任务，社会主义的中国发生了翻天覆地的变化，我党在对马列主义、毛泽东思想、邓小平理论等党的基本理论方面不断深化和发展的过程中有了新的认识和理论创新，在改革开放的时代条件下，国内对西方先进的政治、法治理念的研究也进入一个全新的认识和研究时期，大量的研究成果不断丰富和完善了社会主义法治观念，单纯的“法制”观念开始转向对“法治”的要求，确立社会主义依法治国方针的要求也愈加强烈。

1997年，党的十五大正式提出“进一步扩大社会主义民主，健全社会主义法制，依法治国，建设社会主义法治国家”的口号，标志着我党的领导方式、执政方式的重大改革和走向成熟，是我党改革开放以来法治实践的重要理论升华，有力地推动了社会主义法治进程，是我国社会主义民主法治建设史上一座新的里程碑。1999年3月，“依法治国”被写入宪法，宪法增加规定：“中华人民共和国实行依法治国，建设社会主义法治国家。”建设法治国家的目标首次以宪法的形式予以确认，在宪法上肯定和确立了“法治”，否定了“人治”，这在我国的法治进程中具有重大历史意义。在这一宪法原则的指导下，我们制定和修改了一大批的法律，社会主义法制体系逐步走向了完善。2004年3月22日，为了适应全面建设小康社会的要求和推动依法治国的进程，国务院发布了《全面推进依法行政实施纲要》，明确提出，经过十年左右坚定不懈的努力，要基本实现建设法治政府的目标，而且还系统勾画出了未来依法行政实施的蓝图，这表明政府对依法治国、依法行政的坚定决心和信心。

2014年10月23日举世瞩目的党的十八届四中全会通过了《中共中央关于全面推进依法治国若干重大问题的决定》(以下简称《决定》)，开创了我国法治建设的新的历史篇章。

“法治政府”概念的提出，是我国民主与法治进程中的又一重大突破。从“依法行政”到建设“法治政府”，我国开始进入全面建设“法治政府”阶段。进而，“法治政府”作为实现“法治国家”的唯一途径，使我国的法治建设也向前迈出一大步。

(二) 我国法治政府建设的状况

在我国，进行法治政府建设已经具有了明确的法律依据和政治支持，该系统工程的建设是伴随着1997年党的十五大提出的依法治国，建设社会主义法治国家的方针而逐渐展开的。在此之前，无论从法治政府的理念上，还是从具体的实践做法上，都没有把这一问题作为社会主义国家的重要目标明确提出来。

依法治国的关键是依法行政，做好依法行政工作，就必须建立法治政府。1999年国务院发布了《国务院关于全面推进依法行政的决定》，这为我国构建法治政府掀开了序幕，为其提供了明确的法律依据。同时，党的十六大、十七大，又明确提出加强对执法活动的监督，推进依法行政的要求，这为我国进一步打造法治政府提供了政治支持。

建设法治政府得到执政党以及各级政府的高度重视，引起了社会的广泛关注，但是，对于什么样的政府是法治政府，怎样建设法治政府等这些基本问题，无论在学术界，还是在具体的政府部门，都没有统一的认识，对法治政府的建设工作更多停留在口号阶段，尽管各级政府也在积极地探索，但是，成效不大，表面化、形式化的工作多于有具体实际内容的工作。

2004年，国务院发布《全面推进依法行政实施纲要》，在此“纲要”中，进一步确立了建设法治政府的目标，明确了国务院全面推进依法行政建设法治政府的指导思想、具体目标、基本原则及主要任务、措施，这样，我国就具有了明确的法治政府建设的指导思想、具体目标和要求，这就为落实法治政府目标提供了切实可行的思路和方法。进而，我国的法治政府建设工作如火如荼，得到全社会的普遍关注与参与。

2014 年党的十八届四中全会通过的《决定》的第三部分专门谈“深入推进依法行政，加快建设法治政府”问题，提出要建立权责统一、权威高效的依法行政体制，要建设职能科学、权责法定、执法严明、公开公正、廉洁高效、守法诚信的法治政府。要求政府全面依法履行职能，并对行政决策、执法、政务公开作为重点问题予以强调。

然而，在具有两千多年悠久的封建历史传统的中国，建设法治政府谈何容易。尽管法治政府建设工作如火如荼，但是，缺少真正的实质性的推进，人们的认识只是在理念上有所提高，在实践中的做法上，各地千差万别，在制度的建构上，徘徊不前，在制度的执行上，很难到位。各级政府官员对经济发展的重视程度远远胜过对法治政府建设的重视，没有意识到法治政府才是推动经济快速稳定发展的主要力量，没有认识到法治政府的重要经济功能，排斥制度的经济价值属性。

近些年来，对于建设法治政府这一目标的实现，执政党是一直予以高度重视，并在着手逐步推进的。中国共产党的十六届六中全会、党的十七大对建设法治政府提出了更为明确的要求。在党的十六届六中全会上，通过了《中共中央关于构建社会主义和谐社会若干重大问题的决定》，在此“决议”中，明确指出要加快建设法治国家，全面推进依法行政，构建和谐社会。这样，就把法治政府的建设与构建和谐社会紧密地联系起来了，这就为进一步加快法治政府建设创造了更优越的环境。在党的十七大上，明确提出了保证国家机关按照法定权限和程序行使权力、履行职责的要求，并且首次将建设服务型政府设定为行政管理体制改革的目标和价值取向，将转变职能、理顺关系、优化结构、提高效能设定为行政管理体制改革的内容。党的十八届四中全会《决定》又专门细化提出了法治政府建设的目标，即要建设职能科学、权责法定、执法严明、公开公正、廉洁高效、守法诚信的法治政府。这些也均是建设法治政府的重要内容，这是我国目前在构建法治政府上取得的最新成果和最新依据。

有的学者曾概括党的十六大以来我国依法治国的重大发展，这包括：一是确立法治理念，提出和树立社会主义法治理念，为进一步推进依法治国、建设社会主义法治国家注入了新的动力和指明了前进方向；二是坚持依法执政，确立依法执政是新的历史条件下党执政的基本方式，抓住了建设社会主义法治国家的核心和关键；三是完善法律体系，中国特色社会主义法律体系基本形成；四是推进依法行政，明确了用10年左右的时间基本实现建设法治政府的目标；五是保障司法公正，为建设社会主义法治国家提供司法保障。[⑤]以上这些方面，也反映了我国法治政府建设的状况，可以说，这些年来的成就是巨大的。

目前，我国法治建设主要依赖的是在执政党领导下的各种政治权力的推动。如果社会权力可以分为政治权力和经济权力，那么，政治权力的实体在中国，就是中国共产党、各民主党派及其政治协商会议、工会、妇联、共青团等，[⑥] 各种政治权力推动法治建设的集中表现就是打造法治政府。近几十年来，法治政府的建设成绩斐然，而建设法治政府的目标也将是会持久坚持下去的，直到最终的实现。

二、目前我国法治政府建设过程中存在的问题及原因

（一）存在的问题

法治政府建设工作自然会面临很多的问题和障碍，尽管国家和政府在不断努力和探索法治政府建设工作，并针对出现的问题已做出许多有效的改进

---

⑤ 袁曙宏：《十六大以来我国依法治国的重大发展》，载《国家行政学院学报》2007年第5期，第7-10页。

⑥ 宋会昌：《现代社会权力结构新探》，载《政治与法律》1999年第1期。

措施，但是目前仍然存在不少的问题，主要集中在以下几个方面：

第一，对法治政府的理论研究不够深入，内涵不清晰，理念不统一。

对于什么是法治政府，人们的观点并不一致，往往从不同的角度理解，比较片面。对于法治政府应该具有什么要素，具有什么的理念，看法分歧巨大，这就从理论上很难统一认识，影响政策的制定。同时，在实践中，对法治政府的建设仅仅依赖政策层面上，通过政策予以推动，而政策在一定社会发展阶段会有变动性和侧重点，这就会极大影响各级政府建设法治政府的热情，具体建设工作没有后劲，缺少一以贯之的理论支撑。所以，表面上看，法治政府建设工作如火如荼，非常热闹，但实质上，缺少制度的持久性，并没有在各级政府官员思想上引起足够的重视。

第二，没有从更高层面上认识建设法治政府的意义，仅仅停留在限制政府权力，保障公民权利这一认识层次上。

法治政府的建设，不仅是要求各级政府依法行政，通过法律限制和控制政府的权力，以便保障公民权利的。法治政府是人类社会追求的最佳治理状态，从经济上讲，有助于政府与市场的正确接轨，有助于“有形之手”与“无形之手”的协同并用。法治政府的建设过程是促进经济发展，促进社会进步的过程。在非法治政府状态下，一国的经济政策会存在重大失误的可能性，已经制定的经济政策、经济制度也不会得到很好的执行。长此以往，社会就不会安定，分配就不会公平，政权也就不会稳定。

第三，在我国，依法行政观念还比较淡薄，依法行政的能力和水平比较低，这会极大地阻碍法治政府建设工作的推进。

坦率地说，近年来，特别是中央提出建设法治政府的目标以来，伴随着法治政府建设工作的宣传力度不断扩大和深入，各级政府都逐渐改变过去严重的官僚主义作风，更加重视利用法律在国家建设中的作用，但是依法行政的观念尚未深入政府的日常工作中，官本位思想仍然很严重。在实际工作中，一些执法者假公济私，以国家赋予的公权力牟取部门和个人的私利，将

“为人民谋幸福”这一制度的目的转化为“为自己谋利益”。⑦而从整体上看，行政执法在政府许多领域仍然按传统但已不适用的行政模式进行，带来的结果是依法行政的能力得不到提高，行政水平达不到现代行政的要求，法治政府的建设实践工作收效甚微。所以，行政违法行为很普遍，尽管有行政复议、行政诉讼等监督制度，但是，经过行政复议、司法审查程序仍未得到纠正的行政违法行为仍然不少。⑧

第四，行政管理体制方面存在一定的障碍，行政制度体系还不够完善。

由于我国经济正处于转型阶段，这需要各项体制和制度作相应的调整，但是，这种调整要涉及众多部门，甚至需要部门利益的重新划分，所以，这项工作不是一蹴而就的，需要一个循序渐进的过程。就目前情况来说，我国在行政管理体制上对法治政府的建设还具有一定的阻碍作用，比如我国倡导政企分开，实现有限政府，但是目前政府管理的范围仍然太宽太泛，而且还存在政府在诚信管理方面不到位等问题。

此外，我国的行政制度体系还需要改进，政府信息公开制度、政府绩效管理制度等许多制度还存在各式各样的问题，行政组织制度方面非常不完备，几乎到了无人问津的地步，⑨所以政府需要随着社会的发展和国情的变化，不断改进自己的行政管理模式和优化管理体制，鼓励制度创新和完善相关的行政制度。

第五，在政府各项具体的行政环节上还存在不少问题。

我国的行政立法科学性、民主性不强，例如征询专家组意见和广泛吸收社会公众参与等工作落实还不充分，目前仍然存在部门利益化的倾向，行政立法的公开透明程度和公众参与度都还远远不够。行政决策机制和程序还不够完善，政府对公民权益的影响体现最直接之处就在于行政的决策和程序方

---

⑦ 皮纯协：《行政法学》，群众出版社 1999 年版，第 67 页。

⑧ 章剑生：《有关行政诉讼受案范围的几个理论问题探讨》，载《中国法学》1998 年第 2 期。

⑨ 应松年、薛刚凌：《行政组织法与依法行政》，载《行政法学研究》1998 年第 1 期。

面，目前我国尚未形成一个科学统一的决策机制，政府决策的随意性比较强，而且缺乏严格遵守程序行政的观念。在具体行政过程中，侵犯相对人的程序权利现象屡见不鲜。此外，我国还缺乏严格的执法责任制，对行政权制约和监督的机制不完善，政府权责不一致，常常出现相互推诿的现象和难以落实政府责任的问题。

第六，法治政府的制度建设滞后，已有的制度不够完善。

建设法治政府，主要目的是使政府权力能够正确的行使，保障政府权力的行使符合法律的要求。对此，需要具备完善的行政法律制度，这是基础。行政法律制度就是行政法典化，它对于政府权力制约、规范政府行为具有重要作用。但是，我国行政法典化的趋向仍是比较淡化的，尤其是对行政立法的规范至今无完善的法律规范调控，行政立法行为主体、内容、程序等方面的不合法和不协调性时有发生。[10]

事实上，我国必要的行政法律制度一直缺乏，已有的制度不够完善，这就会极大地阻碍法治政府的建设工作。以行政组织法为例，1979 年针对改革开放的新形势和要求，我国于 1982 年制定了《国务院组织法》，于 1979 年制定了《地方各级人民代表大会和地方各级人民政府组织法》，其后又于 1982 年、1985 年、1995 年，对“地方组织法”做了三次修正。[11] 这项工作本应伴随着市场经济发展的需要持续不断地进行下去，但是，直到现在，进展甚微。如果说行政法学界 20 世纪 80 年代对行政组织法作了初步探讨，但是 90 年代行政组织法问题却倍受冷落，几乎到了无人问津的地步，[12] 进入 21 世纪后，仍是徘徊不前。

没有制度，就没法执行制度，政府权力的运作就必然会变形，没有完善的制度同样如此。政府权力天然具有腐蚀性，政府官员也具有天然的偏

---

⑩ 关保英：《行政法模式转换研究》，法律出版社 2000 年版，第 119 页。
⑪ 任进：《我国行政组织立法的健全与完善》，载《法学家》1998 年第 6 期。
⑫ 应松年、薛刚凌：《行政组织法与依法行政》，载《行政法学研究》1998 年第 1 期。

好，缺少制度或没有良好制度约束的政府权力就会像一匹脱缰的野马。这不仅会侵害公民的权益，也会阻碍社会经济的健康发展。

制度建设是法治政府建设的关键内容，对此，要学习与借鉴国外先进制度，立足中国国情，尽快建立与完善必要的法律制度。

（二）阻碍我国法治政府建设的因素

阻碍我国法治政府建设工作的因素是多方面的，既有传统文化方面的原因，也有很多错误认识方面的原因，同时，对于庞大的中国，各地情况千差万别，各地政府面临的阻碍复杂多样，不同地方的政府能力有强有弱，存在差别，具体说来，以下几个原因应引起足够重视。

首先，社会传统文化中的糟粕是影响和阻碍我国法治政府建设的根本原因。

中华民族历史悠久，有着深厚的文化积淀。但有时候，悠久的文化传统并不一定是好事。法治政府建设的观念所遭遇的首要挑战便来自传统。在中国的政治法律传统中，法治政府从无体现。历代的法制都以刑事法规为中心，其核心目的是维护专制君主的永久统治，法律的最高使命在于统治百姓、规范庶民以充当维持王朝永固的利器。

整个法制体系既以维持君主的专制统治为目的，则难免盈溢着“威权主义”的气息，充斥着“身份差别”的色彩。长久的人治事实使得老百姓对客观的法律规范没有信心，宁愿顺从主观独断的人治，而不向往法大于权的法治。帝王官僚只知道运用法律来规范民众、维护专制的法律思维，以及老百姓不相信乃至忌憎法律的法律文化，历经数千年的传衍浸透，深入人心，几乎成为难以破除的法律传统。在这样的法律传统中，谈何建设法治政府问题？这样的法律传统在每一个现代中国人的灵魂深处沉淀并潜移默化地影响着现代中国人的思维倾向。传统的力量是巨大的，它不是一纸法令所能破除的。只有时间的流逝才能使我们慢慢遗忘这一传统。

总的说来，我国独特的传统文化，尽管也会有促进法治政府建设的有利因素，但更多存在阻碍建设的因素，尤其是很多糟粕仍然存在。客观上讲，我国缺乏依法行政文化。事实上，我国从秦始皇统一中国以来，实行了几千年的封建统治模式，而封建社会首要特点就是实行人治和专制统治，这些观念在许多政府官员和百姓心中根深蒂固。对此，这不同于西方某些发达国家，比如法国，法国是世界上最先从理念上承认行政法是一个独立部门法的国家，之前，法国资产阶级革命为法国行政法的产生提供了政治、经济、思想准备，而更早的罗马法公私划分的传统为法国行政法的产生提供了法理基础，[13] 这样，法国的法律传统文化与世界法律文化的及早结合使其行政法治建设起步早，制度比较完善。

同时，由于我国主张依法行政模式的时间还比较短，这样，还没有形成一个全民认同的依法行政文化，这需要一个长期过程。

新中国成立后，我国法治建设有些进步，法治思想有所萌芽，但是，一段时期内采取计划经济体制和过分集权的政治模式，也仍存在很多负面影响。采取计划经济模式，相应地就需要一个集权的政治模式，大家都按指标、按计划和按指示行事，体制上也缺少依法办事的规定，所以在许多体制和制度上都不利于法治政府的建设。目前，虽然我们正建立市场经济体制以及进行政治体制改革，但是，原有的模式仍存在较大负面影响，这也需要一个较为长期的转变过程。

目前，我国群众的法律意识比较淡薄，国民素质整体偏低，参与行政管理的监督力度显然不足。百姓的法律意识不强，法律氛围不足，人们就难以或很少用法律手段维护自己的合法权益和对政府提出要求与批评。国民的教育程度不高，就会导致整体素质还达不到一个法治政府对国民素质提出的要求，百姓参与行政的积极性和条件都不足，就难以成为制约监督政府的有效力量，难以为打造法治政府创造一个良好的群众基础。

其次，行政法治建设整体工作还不够深入，很多方面存在认识上的错误。

行政法治建设需要方方面面的努力，特别是在教育方面，但是，在现实

---

⑬ 宋冰编：《读本：美国与德国的司法制度及司法程序》，中国政法大学出版社 1998 年版，第 24 页。

多种多样的阻力中，也有来自法律教育方面的影响。例如对于什么是法这一最基本的认识便值得商榷。我国法学界在讲到法的定义时常常把法与“统治阶级”“统治阶级意志”“国家强制力”这些词语联系在一起。如果作为学术研究，这种联系是无可厚非的。但如果把它作为正统定义来灌输，却值得切磋。首先，把法看作统治阶级意志的体现不太确切。法律应该以社会为基础，是全社会共同拥有的东西。把法律看作统治阶级意志的产物，认为它是阶级专政的工具，一方面带有封建传统法律文化的遗迹，另一方面也不符合我国的现实。因为1978年中共中央召开的十一届三中全会宣布剥削阶级作为一个阶级已经不复存在了。既然“被统治阶级”已经不复存在了，这时统治阶级还能够单独存在吗？这时候统治阶级专谁的政呢？另外，既然法律是阶级专政的工具，那么，法律的普遍性又是如何体现的呢？如果把法律看作阶级专政的工具，那么统治阶级认为不合适的话，这一工具便会被弃之不用，法律的稳定性又从何谈起呢？让我们再来看法律的强制性。法律的强制性虽然不可否认，但是片面鼓吹强制性会带来什么样的结果呢？哈特说其结果就如同宣传一种“强盗情境”，[14] 把法律形容为一个持枪歹徒，在强迫人们去做某事。而实际情形却并非如此，人们对法律总有内在和外在两种观点。我“有责任”做某事和我“被责成”做某事是有区别的。前者表明对法律采取了内在的观点，后者则是外在的观点。一个社会能够维系下来总是由于大多数人对法律持有内在观点，也就是说，是依靠公民的守法自觉性来实现法律的效果的。而如果情况相反的话，那么这个社会很可能已经动荡不安了。因此我们无论是在做法学研究，还是在普法宣传，一定要牢记“法典是人民自由的圣经”，这是一个立场问题。

不仅在教育方面，实际上在行政立法、行政执法等诸方面，我国离法治政府对行政法治的要求都不足，在现实中，这表现在：行政立法之间冲突严重、质量不高，程序公开透明不够、民主参与不足；必要的行政法律制度还

---

⑭ ［英］哈特：《法律的概念》，张文显译，中国大百科全书出版社1996年版，第22-27页。

没有建立起来，已经建立起来的法律制度，其科学性、可操作性不强；行政执法人员素质不高，法律意识不强，行政执法主体不规范，行政执法体制不完善，程序不透明；行政司法机构的独立性和专门性不强，行政司法的人员法律素养不高，行政司法的程序整体上不够完善，行政司法的司法审查范围不宽，等等。

最后，政府自身能力欠缺，这是影响法治政府建设的又一关键因素。

法治政府对政府自身能力提出较高的要求，目前我国政府能力离这个要求还有一段距离，主要表现在以下几个方面：一是政府管理和服务能力还存在不足，驾驭市场经济的能力还不够成熟，政府的利益协调能力还不强。二是政府决策能力还不够。这是由于政府在决策过程中，价值取向尚具有不公正与公平的因素，依法决策的意识不强，而且政府作为决策主体的法律地位不够鲜明，存在着党政不分，以党代政的问题。据有关资料统计，我国每年由于决策失误而导致的浪费在几十亿甚至上百亿元。[15] 三是政府职能转变中存在着不少问题，不符合法治政府的职能要求。目前我国政府的行政领域过于集权，权责不一致，越权和滥用权力现象多，职能弱化、滞后被动，而且执法紊乱、界限不清，这些都导致政府难以集中精力落实自己的本职工作，在职能范围内的事务不具备充分的应对能力。

同时，这里还存在一个悖论：一方面，需要提高政府的能力，需要政府主动推进法治政府的建设工作，但是，在法治不发达的情况下，能力的树立关键还要借助权威的提高，政府的推进工作效果如何，也要依赖政府的权威，而在一定阶段，权威的提高离不开政府的集权；另一方面，法治政府所依赖的环境，是以民主、自由、博爱为核心的，这需要权力的合理配置，需要分权，需要权力的科学运用，同时，需要更多的监督和社会参与，需要政府官员以及全民法律意识的提高，唯如此才会既提高政府能力，又达到一个合理的治理状态。所以，理论的宣传与实践的做法，往往难以合拍，这就为

⑮ 关保英：《行政法模式转换研究》，法律出版社2000年版，第130页。

法治政府的建设工作带来很大的难度，因而，建设法治政府的工作推动是需要博弈的，需要高超的执政艺术。

总之，建立法治政府，需要在各个方面、各个环节上都要下功夫，克服障碍，循序渐进，目前，在很多方面，我们都做得不到位，“制度供给在质量和数量上与党的理论创新步伐和经济社会发展速度还不相适应；制度执行在公正和效率上与人民群众的要求和期望还不相适应；制度遵守在自觉和普遍上与制度所应有的权威性和公信力还不相适应”。[16] 但是，也要看到我国法治建设的成就。近几十年来，我国法治建设的成就是巨大的，举世瞩目，法治政府的建设目标也是在逐渐接近的。当然，也要意识到，法治政府建设需要一个长期过程，不是一蹴而就的。在一国发展的某一阶段上，允许设定法治政府的目标，并实现之，但是，法治政府应有的终极目标却是人类社会永久追求的理想。

三、如何更快更好地建设法治政府

（一）建设法治政府的指导原则

建设法治政府，这是一项浩大的系统工程，既不能着急冒进，又不可只喊口号，不前行。它需要统一规划，循序推进，为此，需要把握好以下几点原则：

第一，建设法治政府，需要坚持在中国共产党的统一领导下，循序推进。

中国共产党是久经考验的党，它作为执政党，这是历史的必然选择。新中国成立后，正是在中国共产党的领导下，中国才由弱变强，才民族独立，才走向富强的。

目前，建设法治国家、建设法治政府都是执政党共产党所提出的，其规

---

⑯ 袁曙宏：《在新的历史起点谋划和推进法治建设》，载《国家行政学院学报》2008年6月。

划也是在党的统一领导下制定的，党在我国法治建设的征程中在起着根本性的主导作用。所以，建设法治政府必须牢牢把握在党的统一领导、统一部署下，循序推进这一根本原则。

第二，建设法治政府，需要实事求是，立足中国国情。

"纵观世界各国的法治历程，大凡法治搞得比较成功的国家，无一不是较好地坚持了法治规律与本土国情的创造性结合。"⑰ 中国也不例外。

西方发达的法治国家，在建设法治政府之前，在社会法治化普遍被人们所接受以前，都是先经历较长的思想解放、文化转型时期，这个过程虽然缓慢，但是却是至关重要的。这个阶段本身说明法治建设必须结合本国国情，不能盲目开展。基本的制度建设需要匹配制度赖以生存的土壤，如果制度赖以生存的环境没有，再好的制度也未必会发生良好的作用。除非特殊情况外，制度的出台要慎重，一旦出台，必须要具有权威的实施环境因素。对此，实事求是，立足国情，这是建设法治政府必须坚持的重要原则。

第三，建设法治政府，需要放眼世界，善于学习与借鉴世界先进法治文明成果。

我国法治政府的建设工作起步较晚，比很多成熟的法治国家要晚很多。对此，在建设进程中，需要虚心学习世界先进的法治文明成果，这是需要坚持的又一重要原则。

在中国的传统文化中，倾向于奉行以自我为中心的价值理念，从国家的侧面体现在闭关锁国、夜郎自大，对此，这固然与中国的地大物博有关，但是，更深层次的是受封建文化的糟粕影响。在新的时代面前，我们需要彻底改变传统观念，放下身架，虚心学习世界先进文明成果，这包括法治文明。诸多法治理念是人类社会的共同文明成果，它们是没有国界的。

事实上，在中国共产党的领导下，尤其是在改革开放之后，我国已经融入世界文明之中，相互借鉴、相互学习、取长补短，这已经是现实中的常态。

⑰ 袁曙宏：《法治——中国21世纪的政治宣言》，载《中国改革》2000年第1期。

对此，需要坚持，持之以恒，中华民族必将会屹立于世界民族之林。

第四，建设法治政府，需要服务于社会主义市场经济的发展这一大局，不能孤立地为了建设而建设。

建设法治政府，需要厘清政府与经济发展间的关系，不是为了建设而建设，其建设根本目的是使人民的生活更加富裕，社会更加和谐，人民的权利得到更为有效的保障，政府的权力得到有效控制。而这一切的根本是建立在一定的经济基础之上的。所以，建设法治政府，需要服务于社会主义市场经济的发展这一大局，要让法治政府的建设能更好地服务于经济的发展，这是需要坚持的基本原则。

对此，既不能忽视经济的发展，又不能忽视法治政府的建设，两者需要兼顾。而实质上，法治政府对经济发展有重要的促进作用，社会经济的持续稳定健康发展也离不开法治政府的公共权力的运行，两者是紧密联系的。在一定阶段，我们需要以经济发展为主，在一定阶段，需要狠抓法治政府的建设工作，它们是经济基础与上层建筑间的关系，需要协调发展，需要共同发展。只有这样，社会才会保持稳定均衡的前进，我们的和谐社会的目标才能够实现。

第五，建设法治政府，需要软硬法律环境建设的齐头并进，同时推进。

建设法治政府，需要制定与实施一定的法律制度，这是之所以为法治政府的硬法律环境，没有基本的法律制度，就无法可依，更谈不上执法必严、违法必究了。基本的法律制度建设是建设法治政府进程中的常规性工作。

固然法律制度非常重要，但是，法律制度赖以生存的土壤更为重要，这其实就是法治政府的软环境建设问题，它包括公民法律意识的培养、政府官员法治理念的树立、社会法律文化的培养等，这些方面不可忽视，需要与法律制度的建设齐头并进，不可偏颇。否则，所建设的法治政府就不是法理意义上的法治政府，实质上，就不是真正意义上的法治政府。

（二）对我国法治政府建设的展望

我国的经济建设取得了举世瞩目的成就，这为我国法治政府的建设提供了经济基础，全球化运动的轰轰烈烈推进，这为我国融入国际社会提供了重要的客观环境，我国开展的社会主义市场经济体制的建设，这为我国传统思想的改变提供了契机。事实上，在以上客观条件下，几十年来，我国的法治政府建设已经是硕果累累了。那么，展望未来，我国法治政府建设会是怎样呢?

首先，我国法治政府建设目标最终是会实现的。我国正处在转型阶段，是正在从传统的农耕文明转向商工文明时期，西方某些发达国家已经完成了这个转型阶段，这是历史的必然，是人类社会发展的规律，是不可抵抗的。作为历史发展的规律，转型只是存在早晚问题，不存在无法完成的问题。对此，需要坚定信心。

其次，法治政府建设需要阶段性目标。政府的法治建设不是一蹴而就的，需要若干个阶段，每一个阶段的任务完成后，如果政府的法治化程度与当地的经济、文化、人文等非常吻合，达到一个相对稳定的状态，我们可以称之为实现了法治政府。但是，这不是终极目标，如果经济、社会、文化又在发展，政府的权力运行机制需要变更，那么，此时的政府就已经不是法治政府了，它还需要进一步上升到更新的层阶，然后，相对稳定很长时期，可以说，在新的阶段、新的历史时期，又实现了法治政府。继而，继续上升、继续升华，人类不息，升华不断。

再次，我国经过若干代人的努力，在中国共产党的领导下，所建设的法治政府，是一个全心全意为人民服务的政府，一个法律至上的政府，一个政府行政权力得到很好的制约的政府，也是一个能代表人民的意志为人民谋幸福的政府。那时的政府，充满活力，朝气蓬勃，监督有力，行政高效，保障到位；那时的政府，腐败基本消灭，贪官基本绝迹，制度完备，政府透明，权责有限，诚实守信；那时的政府，生存于国民素质高、法律文化环境完善、整个社会是信仰法治的社会之中；那时的政府，生存于经济高度发达、社会高度福利、人民安居乐业、各族人民团结平等，充满自由的社会之中。这个法治政府所在的社会状态正是和谐社会状态，也是我国各族人民在共同追求的社会状态。

最后，要意识到终极化的法治政府状态，正是人类社会的最为和谐的状态，它是全世界各国的共同诉求。到那个时候，世界是和谐的大同世界，没有战争、没有欺压、没有不平等，有的是共同的理念，公平、正义、平等、自由、博爱。这个社会状态也是共产党人孜孜追求的社会状态，是人类社会的最美好形式。

打造阳光法治服务政府
激发市场活力、形成创业创新热潮

郑人豪*

党的十八届三中、四中全会提出了推进国家治理体系和治理能力现代化、全面深化改革、全面推进依法治国的总目标。习近平总书记指出："加快转变政府职能、大力简政放权，目的之一就是让市场更好发力，让企业创新创造源泉更加充分涌流。"近年来，汕头市委、市政府以再创特区新优势，建设国家海上丝绸之路重要门户——"中国华侨经济文化合作实验区"为契机，大胆开拓创新，系统调理、综合施策，全力打造阳光、法治、服务政府。充分发挥特区立法权的引领开路作用，围绕深化行政体制改革，加快政府治理转型，妥善处理政府与市场的关系，使市场在资源配置中起决定性作用和更好地发挥政府作用，努力做到简政放权、放管结合、优化服务三位一体，营造法治化、国际化营商环境，充分释放和激发大众创业、万众创新活力。

目前，探索和实践已经取得明显成效，汕头已经形成了新一轮投资创业发展热潮。经济增长速度一直高于全国、全省水平，2015 年上半年 GDP 增速预计达 8%左右；作为经济发展重要引擎的固定资产投资额持续升温，"十二五"以来年平均增长 37%，2014 年突破千亿元大关，2015 年前五月固定资产投资增速达 29%；迎来新一轮创业潮，2014 年新登记企业 4707 户、注册资本 138 亿元，分别增长 48%和 79%，2015 年第一季度延续高增长态势，新登记企业 1273 户、注册资本 92.47 亿元，分别增长 51%和 287%，目前全市登记

* 郑人豪，汕头市市长，法学博士。

在册市场主体总量已经突破22万户，按全市人口平均达到25人一户；企业创新充满活力，全市专利授权量、获省科技奖的数量一直位居全省前列，去年工业技改投资近189亿元，增长68.2%，规模居全省第二位。经济活力持续升温，消费市场保持畅旺，去年实现社会消费品零售总额1286.04亿元，规模稳居全省21个地级市的前五名；电子商务、信息消费成为新的消费热点，电子商务发展迅猛，电子商务年交易额达500亿元，入选全国电商百佳城市，网商密度居全国第23位，全市近90%企业开展电子商务应用，交易规模连续四年增速超过50%；现有“淘宝村”10个，数量在全国名列前茅，在全省排第二位。快递业务量在全国排第39位、全省第六位、粤东西北第一位。

我们的主要做法和探索有如下五个方面：

一、坚持立法引领，为深化行政体制改革提供法制保障

近年来，我们以特区范围覆盖至全市域为契机，充分用好特区立法权，以立法促进政府职能转变，规范政府履职，为行政体制改革提供制度保障。2011年以来，共提请市人大常委会审议法规草案17件，颁布政府规章35件。以规范行政程序为着力点，2011年，市政府在全国地级市第一个出台实施《汕头市行政程序规定》，构建了统一公正的行政程序规则。这不仅开创了全国地级市行政程序统一立法的先河，也是汕头市目前立法体例最完备、立法条文最多的一部规章。2013年在全国率先出台《汕头经济特区预防腐败条例》，与此相配套，汕头市还陆续制定了《汕头经济特区制度廉洁性评估办法》《汕头市行政执法案卷评查办法》《汕头市人民政府重大行政决策量化标准规定》《汕头市行政机关合同管理规定》《汕头市电子政务管理办法》《汕头市公共资源交易监督管理办法》等规章、规范性文件，作为条例的配套制度同步推进。在这些“规矩”的约束下，在原来自由裁量权较多的领域，如土地收储和出让、城市规划管理、建设规划技术标准、工程建设招投标、城市公共资源开发运营等，都制定了公开、透明、公正的普适性操作规范，从

源头上遏制了凭人情办事和违纪违法审批，大大地压缩了行政权力寻租的空间和机会，提升了政府的阳光、服务、法治形象。

二、把行政审批制度改革作为行政体制改革的“重头戏”，加快政府职能转变

一是简政放权，大力压减行政审批事项。2012年以来，我市启动新一轮行政审批制度改革，按照“依法能放、应放尽放”原则，大力压减行政审批事项，先后出台了三批行政审批制度改革事项目录，共调整行政审批事项456项，调整比例为61.54%，超过省规定40%的比例要求，仅保留市本级行政审批事项285项。在向市场放权方面，重点加大投资领域、商事登记领域和社会事业及公共服务领域的审批事项清理力度，对于能够通过法律手段和经济手段解决的事项，坚决予以取消。在向社会放权方面，汕头市作为国家民政部唯一一个“民政工作综合改革创新观察市”，2012年5月，利用特区立法权出台《汕头经济特区社会组织登记管理办法》，在省内率先对公益、慈善、服务类社会组织的登记管理进行改革创新，降低登记门槛，简化登记程序，突出“宽进严管”，大大激发了社会活力。短短2年多时间，汕头市社会组织总量从原来的1373个发展到3906个，行业经济类、公益慈善类和群众生活类社会组织大幅度增长，社会组织万人数从2.7个提高到7个。以此为契机，我们加大向社会组织转移职能力度，出台政府向社会组织购买服务目录，推动资质、认定等职能有序向社会组织转移，进一步发挥社会力量在社会治理中的积极作用。把政府不该管的事务交给市场和社会，通过行政权力做“减法”换取市场活力的“加法”，最大程度释放改革红利。同时，坚持“放管结合”，加强事中事后监管，对取消、转移、下放的行政审批事项，进一步建立健全批后监管制度。

二是创新机制，促进行政审批提速增效。推行“三集中，三个一”服务，即有审批权的部门将所有行政审批职能向一个内设机构集中，承担行政

审批职能的内设机构向综合政务服务中心集中，审批权向部门派驻中心的首席代表集中，实现一个窗口受理、一站式审批、一条龙服务。比如，市住房和城乡建设局通过设立行政许可管理科，将该局的所有行政许可和非行政许可事项集中统一对外受理，并由行政许可管理科进驻市行政服务中心窗口，将审批权限授权至窗口，企业所有申请审批事项均可在窗口受理、审核、审批、办结，改变以往窗口受理、科室办理的“前店后厂”审批模式，大大简化办事环节，节省审批时间。2014 年全市共梳理优化 231 个审批环节，压减 58 项事项的办事时限，减少审批工作日 232 个。

三是拿出“革自己命”的勇气，大力提升行政效能。按照“小政府、大社会”的改革方向，扩大信息公开范围，将政府预决算、政府采购、财政拨款项目等政务信息上网公开。同时，加大行政事务流程再造力度，压缩精简 50%的行政审批项目，建设“一站式”综合性政务服务体系，重点对重复、相近的审批事项进行整合归并，一件事情原则上由一个部门负责，确需多个部门审批的，明确牵头部门，建立信息共享和协调配合机制，防止多重审批和推诿扯皮。比如，在投资立项和城乡规划审批上实行全方位并联审批，同时审核、同步公示、同时审批，项目立项、办理规划用地手续最短在 10 个工作日内就能办结，比原来的审批时限缩短近三分之二。

四是编制清单，依法规范行政审批权力。开展市、区（县）政府工作部门职权清理和推行权责清单制度，编制政府部门权责清单目录，厘清各级纵向职权边界，推进行政权力公开规范运行。2014 年，以区作为试点，与省直对口部门同步开展纵向权责清单编制工作，共涉及行政职权事项 3292 项。2015 年，以市场监管为重点，编制《市场主体许可经营项目监管清单》和《市场主体住所或经营场所许可监管清单》，清理囊括全市 43 个部门共 387 项市场监管职责事项，全面厘清各部门的市场监管责任，规范权力边界。同时，推进行政审批标准化工作，对保留的行政审批事项，编制通用行政许可事项目录、行政审批事项办事指南和业务手册，明确管理层级，简化审批程序，优化跨层级、跨部门办理流程，实现同一审批事项同等条件下无差别办理。

三、找准行政体制改革的突破口，全面推进商事制度改革

一是坚持市场导向，着力深化“宽进”改革举措。一方面，全面落实注册资本登记制度改革和“先照后证”改革。实行注册资本认缴登记制，取消最低注册资本限额、出资期限，同时将涉及市场主体经营项目许可的108项前置审批改为后置审批，进一步降低了市场准入门槛。另一方面，创新住所登记模式。放宽经营场所使用证明条件，允许申请人在无法提供住所使用证明的情况下，只要出具水（电）缴费单和法律责任声明书，即可取得工商登记。同时，实行“一照多址”和“一址多照”登记模式。既允许企业在同一街道（镇）或同一工业园区范围内登记多个住所，也允许电子商务、网店、网络服务等行业企业使用政府部门批准设立的园区等集中办公区域作为住所登记。比如，在海湾新区和华侨经济文化合作试验区，允许企业使用管委会办公大楼作为登记住所，这样有助于解决新区建设初期住所登记难题，方便企业落户投产。

二是注重监管创新，着力推进“严管”体系建设。一方面，完善登记许可衔接机制。注重把构建登记与许可部门的衔接机制作为顺利推进商事制度改革的重要环节，创新采用“前置改后置”告知书，开发了市场主体登记信息推送系统，建立监管信息认领制度，每天向全市57个部门推送涉及审批事项的登记信息。截至目前，通过系统向相关部门推送登记信息2.9万条，由经营者签收“前置改后置”告知书累计2.6万份。另一方面，构筑部门监管协同机制。依法厘清在新的准入体系下各部门证照监管职责划分，出台行政审批事项权责清单和部门后续监管办法，探索推进相对集中执法权和联合执法、跨部门、跨行业综合执法，完善部门间的协同监管机制。

三是强化机制保障，着力完善“商改”配套措施。结合电子政务建设，大力推进工商注册便利化，开通了“网上登记，双向快递”业务，全面推行网上登记注册，在窗口派发网上工商登记指引，引导经营者通过广东省

工商局网上登记注册大厅及全国企业信用信息公示系统实现网上申报、网上受理、网上审批、网上发照及网上登记信息查询及网上年度报告申报，实现快捷办理工商业务。同时，推进市场主体信用信息公示平台建设，有效整合运用工商登记、行政审批、执法监管等信息资源，实现准入与监管联动、跨部门信息共享，推行公示信息抽查、经营异常名录等配套制度，满足公众对企业信息“一站式”便捷查询。

四、以市辖区行政体制综合改革为“试验田”，为行政体制改革创新破题探路

在向区（县）放权方面，按照社会管理重心下沉、关口前移的原则，推行自下而上改革，根据各区（县）的要求，有针对性地下放权限，形成由基层“上拱”的倒逼机制。2012 年以来，我们发挥特区先行先试优势，以市辖区为试点开展行政体制综合改革，重点大胆试水“大部制”，达到了简政放权、提升效能的预期目的。

一是创新“立法放权”，探索市、区职责关系法定化。利用特区立法权，由市人大出台区行政体制综合改革的决定，以立法形式明确并固定市级“放权”范围，将市 483 项经济社会管理和行政执法权限下放到市辖区，非经法定程序不得随意调整。调整区与街道的事权关系，区主要抓经济社会发展，街道主要抓社会管理服务，形成职能分层管理新体系。同时，加大财政转移支付力度，使区财权与事权匹配。

二是创新“大部制”实现形式，规范政府权力运行。统筹党政机构设置，整合职能相近或交叉的部门职能，精简机构超过三分之一，解决权责脱节等问题，形成“大规划”“大经济”“大建设”“大执法”等综合大部制。比如，新组建区城市综合执法和安监局，将原来分散在各部门的执法职能和相关执法队伍整合起来，重点对食品安全、交通运输、劳动监察等 12 个领域进行执法，增强了执法力量，提升了执法效能。此外，编制政府职权目

录，明确行使权力的主体、条件、运行步骤、完成时限、监督措施等，建立决策、执行、监督、评估、考核的全新行政运行机制。把大部制改革、政府职能转变、工作流程和管理方式创新有机结合起来，使决策权、执行权、监督权既相互制约又相互协调。

五、结合“互联网+”推进电子政务建设，倒逼和牵引行政体制机制改革

我们结合行政体制改革特别是行政审批制度改革，运用互联网信息技术，努力打造全天候网上政府。从 2011 年开始，着力建设全市统一的行政审批和公共服务综合信息系统——“汕头政府在线”，推进网上审批、网上服务和网上办公，在全国范围内率先实现政务办公、行政审批、公众服务、效能监察全流程电子化并整合在统一的综合信息系统中运行。目前，已经完成全市 97 个市直机关和事业单位、涉及 4500 名公务员的办公自动化系统建设。同时，建设面向公众的网上服务平台“网上办事大厅”，已有 45 个市直单位 801 项行政审批和便民服务事项梳理上网，全市 6 区 1 县、71 个街道（镇）全部上线运行，进驻事项 3324 个，实现了市、区（县）、街道（镇）网上办事大厅互联互通，数据对接，促进跨部门、跨区域业务协同和公共服务一体化。在此基础上，我们还开发了移动办公功能，为领导干部配备专用的移动办公手机终端，探索构建“全天候、全地域”办公新模式。截至 2015 年 5 月底，“汕头政府在线”办公自动化系统累计办文约 10.2 万件，网上公文交换约 19 万件，办理网上审批 38442 件，接受网上咨询 822 件。2012 年，“汕头政府在线”项目作为优秀案例入选国家电子政务理事会编撰的《地方电子政务十大应用丛书》，荣获“电子政务创新应用奖”和“地方最佳实践奖”。2013 年和 2014 年，“网上办事大厅”连续两年荣获省“政府门户网站精品栏目奖”。

通过建设“汕头政府在线”项目，有效地将综合政务服务工作从行政服

务中心等“实体大厅”向“网上大厅”延伸，形成新型的政府服务模式，致力为市民提供全天候、跨地域、多样化的审批服务和公共服务，取得了良好效果。该统一的全市OA办公信息自动化系统，客观上也倒逼、推动行政业务流程的优化、重组、再造，使行政权力在阳光和轨道上运行，大大地提升了汕头的投资创业环境和现代服务政府形象。

中国行政法学的体系化困境及其突破方向*

朱　芒**

中国行政法学面临着多重的学术任务，一方面其尚未完成自身的理论体系建构，即理论内容本身尚未达到将行政法提升到价值统一性和逻辑一致性的层面。① 另一方面又必须针对现实生活中不断复杂化的问题，直接进入各个具体的行政领域进行理论归纳尝试。② 或许在是否已经完成理论体系建构方面，学界会有争议，但无论如何，既有的理论中存在着诸多如本文下面内容所指出的那些困境，因而需要找到突破点，寻求走向未来的发展方向，这应该是学界的共识。而问题解决的前提，无疑需要找到当前理论体系建构困境发生的关键之处，以及其发生的机理，只有这样才能进而为未来的发展提供可思考的走向。

本文就是针对上述事项所做的一点尝试。由于所涉论题极其庞大，一篇短文决然无法覆盖全局，因此，本文只是针对相关思路做些初步的整理和提

---

* 本文发表于《清华法学》2015 年第 1 期。

** 朱芒，上海交通大学法学院教授，博士生导师。

① 就最近的文献而言，参见赵宏：《基本原则、抽象概念与法释义学——行政法学的体系化建构与均衡》，载《交大法学》2014 年第 1 期。赵宏认为："我国行政法虽然在短短几十年内发展迅速，却自始缺乏系统思考和体系建构，这也在相当程度上制约了国行政法学的整体和均衡迈进。"有关法学或行政法学体系化特征方面的文献，最近的成果参见赵宏：《行政法学的体系化建构与均衡》，载《法学家》2013 年第 5 期。

② 有关这方面的最近文献可见《华东政法大学学报》2014 年第 1 期的专题讨论栏目"面向具体领域的行政法"，刊登有金自宁：《风险行政法的前提问题》、骆梅英：《论公用事业基本服务权》、宋华琳：《国务院在行政规制中的作用——以药品安全领域为例》和高秦伟：《论行政法上的第三方义务》。

出问题而已。本文的研究对象只限于构建行政法学理论体系的方法，基本不触及行政法学与相应国家社会变化之间的互动关系，尽管后者是一个更为有价值的分析方向，且在发展中国行政法学方面是绝对不可缺少的主题，但在现阶段只能暂时将其另文讨论。

一、困境一：缺乏统领性的抽象概念

（一）体系形成的出发点：抽象的“行政行为”

中国行政法学发展至今，外形和渊源上都与德国行政法学相关。③ 回溯行政法学的发展史可以看到，行政法学的形成，其实是以其理论体系成立为标志。1895年，德国法学家奥托·迈耶出版《德国行政法》④ 一书，建立了学理意义上的行政法学体系，由此他被誉为“现代行政法方法真正的开山鼻祖和经典人物”。⑤

在《德国行政法》一书出版之前，德国并非没有行政法的教科书或者著作，但迈耶与之前的行政法学家们不同的是，他采用法学的方法建构起了行政法教义学，刻画出一个高于实定法的抽象层面，在此层面运用关键性概念统合行政法学整体，使其内在内容逻辑一贯。其中，在该书的“总论”部分，奥托·迈耶没有描写如税法、公路法等个别的行政管理部门的具体法律规定，而是从繁杂的凭经验（尤其是法院和其他机关的判例和实践）而总结出来的现象中分析法的一般范畴。⑥ 其中，最为关键的是，他以法院的司法裁

---

③ 赵宏指出：“现在的中国行政法，在整体架构上近于德日，在具体制度中又兼收英美，为提升实践操作的可能，又吸收了中国传统的行政模式和理念。”参见赵宏：《行政法学的体系化建构与均衡》，载《法学家》2013年第5期。

④ 中文版参见［德］奥托·迈耶：《德国行政法》，刘飞译，商务印书馆2002年版。

⑤ ［德］米歇尔·施托莱斯：《德国公法史（1800－1914）国家法学说和行政学》，雷勇译，法律出版社2007年版，第542页。

⑥ 参见何意志：《德国现代行政法学的奠基人奥拓迈耶与行政法学的发展》，载［德］奥托·迈耶：《德国行政法》，刘飞译，商务印书馆2002年版，第2页。

判为模本，创立 Verwalrungsakt 这一被译为“行政行为”的德国行政法学上的核心概念，[7] 并以此概念作为核心建构了总论体系。

在这个行政法学的理论体系中，这一高度抽象化的“（德国法学上的）行政行为”概念，统合了行政法所共通的原理而舍弃各种具体的行政权力现象，[8] 使行政法获得了形式化抽象，表现为可以被外在判断的法律形式要件，以此实现宪政的法治国家目的。同时，法治国家在进行主权干预时要受一般法律的约束，并且在法律应用的具体情况下接受独立法官的审查。[9] 因此，司法可以依靠清晰的概念和体系，将行政活动在形式上予以规范。“法治国意味着行政司法化。”[10]

我国的行政法学理论形成方面，也深受上述法学方法的影响，因为迈耶建立行政法学的方法及其成果，其作用不仅仅限于德国自身，还深深地影响了大陆法系与德国相关一系的各个国家。回溯历史可以看到，如日本和 20 世纪初期的我国便深受影响。例如，即使在现今的日本行政法学总论中，各个教科书中典型的体现概念还是“行政行为”（或与此具有相同功能的学术概念，如“行政处分”等）。[11] 该概念本身如同德国行政法学理论那样，“主要是作为学理上的概念发育而成，而并非为实定法上的概念”，[12] 法学界围绕着

---

⑦ 由于中国行政法学的理论中学者也时常使用“行政行为”一词，为了与迈耶所创用语概念的区别，在下文部分如表述迈耶德国行政法学中的行政行为概念时，将此表述为“（德国法学上的）行政行为”。参见［德］奥托·迈耶：《德国行政法》，刘飞译，商务印书馆 2002 年版，第 98 页；［德］米歇尔·施托莱斯：《德国公法史（1800-1914）国家法学说和行政学》，雷勇译，法律出版社 2007 年版，第 545-546 页。

⑧ 参见陈新民：《德国行政法学的先驱者》，载《行政法学研究》1998 年第 1 期。

⑨ ［德］米歇尔·施托莱斯：《德国公法史（1800—1914）国家法学说和行政学》，雷勇译，法律出版社 2007 年版，第 545 页。

⑩ ［德］奥托·迈耶：《德国行政法》，刘飞译，商务印书馆 2002 年版，第 64 页。

⑪ 参见［日］人見剛：“行政処分の意義分類”，载［日］芝池義一・小早川光郎・宇賀克也编：《行政法の争点》（第 3 版），有斐閣 2004 年版，第 28-31 页。

⑫ ［日］田中二郎：《新版行政法・上卷》（全订第 2 版），弘文堂 1974 年版，第 103 页。

“行政行为”概念构筑起了作为学术产物的行政行为理论。[13] 我国台湾地区的行政法学也同样受此影响，早年自日本承继德国行政法的台湾行政法学界，由50年代初期的林纪东教授的行政法教科书至目前，也大体上维持奥托·迈耶所确定了的架构。[14] 而20世纪80年代开始，台湾的行政法学体系也一定程度地影响着中国大陆法学重建过程。如今我国的行政法学体系本身及其建构方式都能显现上述影响的痕迹。

（二）我国行政法学的核心：半抽象的“具体行政行为”

在我国当代的法学建设中，自20世纪80年代起开始的行政法学学科体系建设，是否也受到迈耶体系的影响当然尚需详考。但是，值得关注的是，在《行政诉讼法》颁布之前，处于学术探索阶段的教科书在尝试创设核心概念的过程中，尽管所用名词表述不同，但也会设置类似于“（德国法学上的）行政行为”这样的高度抽象的学术概念，凭此统合行政活动整体特征及其相关的内在逻辑的学术思路已经显现。例如，早期王珉灿主编的《行政法概要》就设有“行政行为”专章，指出“行政行为，是国家行政机关实施行政活动的总称，它是国际公认的研究行政法学的专用名词，实际上是行政管理活动的代称”。[15] 由于当时《行政诉讼法》尚未颁布，从这种表述方式可见作者们将“行政行为”概念作为行政法学体系中理所当然的核心概念。而自1989年《行政诉讼法》颁布之后，在相关的行政法学者的教科书等研究作品中可以清晰地看到，学者们构建的行政法学总论体系尽管在具体的构成部分方面各展千秋，但在整体结构上与迈耶的法学方法处理结果有着类似性，都会存在一个或多个彼此关联的核心概念贯穿整个学理体系，其中“具体行政行为”（或者类似的概念）这个核心概念来承担着类似于“德国法学上的行政

---

⑬ 参见［日］芝池義一：《行政法総：論講義》（第4版），有斐閣2001年版，第17、122页以下。

⑭ 参见陈新民：《德国行政法的先驱者》，载《行政法学研究》1998年第1期。

⑮ 王珉灿主编：《行政法概要》，法律出版社1983年版，第97页。

行为”概念的作用，并且教科书的这个体系仍然维持至今。[16]

从整体的形式而言，由于有了“具体行政行为”这一核心概念对整个体系的学理统领，至少在外形上而言，我国当前的行政法学的理论体系在总论层面上已经相应成立。但是，就抽象于实定法的法学方法而言，不得不说，我国“具体行政行为”概念还属于一种半抽象的法学概念，其理由如下。

首先，“具体行政行为”直接作为法学概念使用，是在《行政诉讼法》颁布之后。该法第2条直接创设了“具体行政行为”这一法律概念，[17] 构筑了该法在体系和运用方面的核心概念。该条第1款规定“公民、法人或者其他组织认为行政机关和行政机关工作人员的具体行政行为侵犯其合法权益，有权依照本法向人民法院提起诉讼”，并且该法第5条将该“具体行政行为”设置为司法审查的对象。由此，这里的“具体行政行为”首先成为一个被解释的对象概念，是一个被规定在《行政诉讼法》具体条款中的具体的实定法律概念。正因如此，在与《行政诉讼法》相关的法学理论框架中，“具体行政行为”并非是一个抽象的法学概念，而是被法学解释和研究的具体的法律概念。

然而，在随后的中国行政法学发展过程中，“具体行政行为”并没有完全停留在具体的实定法律概念的层面上。众所周知，中国行政法学和行政法体系的发展成型，正是以《行政诉讼法》为起点发展而至。围绕着司法审查“具体行政行为”的合法性标准，在随后的行政法制建设时期建立起了诸如《行政许可法》等一系列行政法律规范。如今，这些实定法规范在法律的层面上已经构建起了规范行政活动最为基本的法律规范制度。例如，《行政诉讼法》和《行政复议法》中有关的实体规范部分、《立法法》中的行政立法规

---

⑯ 例如，在姜明安主编的《行政法与行政诉讼法》中，除了复议诉讼事后行政争讼程序之外，最主要的就是第三编“行政行为”，其中最为具体展开的部分为与司法审查直接关联应对的“具体行政行为”。参见姜明安主编：《行政法与行政诉讼法》，北京大学出版社2011年版，第150-360页。

⑰ 2014年全国人大常委会作出了《关于修改〈中华人民共和国行政诉讼法〉的决定》，将该法相关条款中的“具体行政行为”概念修改为“行政行为”。从修改后的该法律整体来看，新旧两个概念属性相同，其具体内涵尚待今后的判例和相应的研究成果。

范部分、《行政许可法》《行政强制法》《行政处罚法》所建立的相应规范和《国家赔偿法》中行政赔偿规范部分等单行的法律规范。由于这些单行的法律规范都以调整我国行政活动最为基本层面的问题为对象，因此可以说，无论就其形式还是就其功能而言，这些单行的法律规范构成了在理论上可以称为行政基本法中的相关部分。

由于这些单行的行政法律规范各自使用的概念不同，如《行政许可法》中的"行政许可"概念、《行政强制法》中的"行政强制措施"和"行政强制执行"，这样，在合法性标准与司法审查的关系方面，需要研讨这些具体的法律概念是否被《行政诉讼法》中的"具体行政行为"所包含。不仅如此，如上所述，由于《行政许可法》或《行政强制法》属于行政基本法规范，因此，在判断其各自包含的下位法或者特殊法中的概念时，也同样要判断这些法中的特定概念是否属于"具体行政行为"。例如，《道路交通安全法》设定了机动车驾驶证制度，在行政诉讼时，司法审查判断该法第 19 条第 2 款规定的"发给机动车驾驶证"行为是否合法时，不仅要判断该法定行为是否属于《行政许可法》中规定的"行政许可"行为，还必须同时断定其是否属于《行政诉讼法》规定的"具体行政行为"。在这种判断概念与概念之间是否存在包含关系的过程中，"具体行政行为"成为架构在诸如"行政许可"或"发给机动车驾驶证"等这些具体法律之上的概念，在一定的法律适用范围之内，其地位上升为在法学意义上具有统括相应法律概念基本特征的概念，由此，在这个领域之中，"具体行政行为"概念具有了一定的抽象性，成为法学概念。

由此可见，正是在上述的前提之下，中国行政法学中的"具体行政行为"概念一方面是一个具体的被解释的统括性的实定法律概念，另一方面又属于具有一定抽象性的法学概念。换言之，"具体行政行为"概念的这种双重属性导致中国行政法学目前的并没有完成自身的理论体系化。

与此相关，在确定"具体行政行为"在法学中的位置时，行政法学教科书时常会设置一个该概念的上位概念"行政行为"。这里暂且不论这样将"具体行政行为”理解为偏正结构的词汇，因而基于修辞性质的设词方式是否能够当然地支撑起法学逻辑体系，就目前而言，该“行政行为”概念与“具体行政行为”概念一样，无疑无法承担与“（德国法学上的）行政行为”同样的功能。⑱

当然，在“具体行政行为”的发展过程中，并非不能观察到一些将此概念进一步抽象，或者寻找更为一般意义上的概念的尝试，如近年来行政法教科书中出现的“行政决定”或“行政处理”等概念，至少在形式上脱离了“具体行政行为”外形。⑲ 但是，从源头上而言，这些学术作业都是在遇到实定法概念“具体行政行为”与需要进行学理抽象统和作用的法学概念“具体行政行为”之间的无法调和的矛盾之后，所寻找的替代方案，而非学术上抽象概括作业的结果。例如，使用“行政处理”概念的学者指出，“行政处理”概念“实质上是狭义行政行为的代名词，更确切地说，也会是通常人们所说的‘具体行政行为’”。⑳ 再如，在“行政决定”概念使用方面，从时间上看，学界中“行政决定”概念的出现，是在国务院 2004 年 3 月 22 日颁布《全面推进依法行政实施纲要》之后，该文件使用了“行政决定”概念。由于在使用“行政决定”概念的教科书中作者并没有对该概念与“具体行政行为”在内容方面作出学理性区分，因此至少在目前阶段两者只是形式的不同而已。但是，尽管如此，学者在教科书中使用“行政决定”概念，在某种程度上也可以理解为学界或多或少意识到了作为实定法律概念的“具体行政行为”难以承担法学概念应有的抽象功能。因此，虽然“行政决定”或“行政

---

⑱ 对于此类“行政行为”概念，赵宏指出，“尽管我国几乎任何一本行政法学教科书都不曾放弃对‘行政行为’概念的确定努力，但这一概念却至今轮廓不明，界限不清；其作为学科基石的原因从未被彻底说明，与之相关联的学理建构也显著地缺乏有机整体的容惯性”。参见赵宏：《行政法学的体系化建构与均衡》，载《法学家》2013 年第 5 期。

⑲ 例如，姜明安主编：《行政法与行政诉讼法》，北京大学出版社 2011 年版，第十四、十五章（杨建顺撰写）。

⑳ 姜明安主编：《行政法与行政诉讼法》，北京大学出版社 2011 年版，第 220 页（杨建顺撰写）。

处理”等概念替代了“具体行政行为”的表述，但是，很难判断这些新概念在功能上与“具体行政行为”概念有何不同。

二、困境二：既有概念无法统合新的问题

如上所述，“具体行政行为”概念并没有完成将我国行政法学理论体系化的任务。但是，尽管如此，在中国目前的情况下，并不意味着只要在学术上坚持采用上述迈耶法学方法，就能最终把此概念抽象至与“（德国法学上的）行政行为”具有同样统合程度的核心概念。这是因为现今中国行政法学与其他国家的行政法学一样，因时代的发展而发展变化。近年来，以行政行为为核心概念的行政法总论体系也不断受到各方面的挑战。概括而言，当今在构筑行政法理论体系时，下述两方面的变化，已经成为必须考虑的内容。

（一）原来法学方法延长线上的发展变化

如果将上述以迈耶的法学方法为源头的行政法理论体系称为传统体系的话，那么必须注意的是，该体系的初始基础是建立在19世纪德国立宪主义基础之上，体现了自由主义性质的法治国家理念，关注的是公法上实现国家任务的高权性的行为形式，如警察处分、课税处分等行政活动的行为形式。严格而言，这个时期的行政法学刚现雏形，尚处摇篮期，因此，即使在当时已经在制度中存在了的，旨在启蒙专制国家中促进臣民幸福为目的的福利性行政措施也被舍弃在体系之外。[21] 在此之后，此一脉的行政法学在“德国法学上的行政行为”基础上，统合同类方式的行政活动，形成了行政的行为形式理论。如今，从已经形成的结果来看，在以“权力—非权力”为纵轴与以“法律行为—非法律行为”为横轴形成的框架中，“德国法学上的行政行为”发生

㉑ 有关此内容，参见［日］板垣勝彦：《保障行政の法理論》，弘文堂2013年版，第23-24页中引述的Schulze-Fielitz，a. a. O.，Rn14.

的前后延伸出行政立法、行政强制执行、行政契约等行为形式，无论在行政法学中还是在实定法上都获得了定型和定位。而这样的概念及其体系表现出如下特征：一是舍弃行政活动的目的而依据其对外效果进行分类，二是行政活动被分解为行政过程中的最小单位，以此适用行政诉讼的司法审查。[22] 这里可以看到，中国行政法学中的“具体行政行为”也同样具有该“德国法学上的行政行为”的形式化和对应司法作用这两项特征。

但是，具有这样特征的“具体行政行为”概念已经无法包容我国行政法律制度现今的需求。这表现为以下两方面的内容。

其一，新制度对应的新概念。近来行政法学中，因立法的发展产生了一系列与实定法紧密相关的一些概念，如行政程序、行政调查、行政指导、政府信息公开、公私合作、民营化、私人行政等概念。这些概念并非完全来自事后司法审查的需要而设，有的甚至无法直接归入“具体行政行为”的框架之内。例如行政程序概念，当其在《行政诉讼法》第54条的框架内讨论具体行政行为是否合法时，即司法审查具体行政行为是否“违反法定程序”时，此处的行政程序构成了具体行政行为的一个合法性要件。但另一方面，当关注的是行政活动的过程时，体现行政活动过程合法性要求的行政程序本身并不构成“具体行政行为”，尤其在现代行政活动的复杂性和连续性要求下，行政程序所对应的是同一政策目的之下的整个行政活动过程，因而无法将其截成断片以嵌入单个具体行政行为的要件要求框架之内。同样，行政指导、公私合作等本身体现为行政活动的一种类型，其本身并不当然发生法律效果，因而也无法纳入“具体行政行为”的框架之中去考察。因此，这里暂且不论这些概念本身是否强调行为形式，其在行政活动中对行为形式的要求，甚至难以纳入上述“权力一非权力”与“法律行为一非法律行为”构筑

---

[22] 这里借用了日本大阪大学野吕充教授的结论。因中国行政法学与迈耶行政法学总论体系具有相当程度的同构性，再加上与德日法学之间存在着的继受关系，所以，这方面的分析应该具有很好的启示。参见［日］野呂充:《行政法の規範体系》，载［日］磯部力・小早川光光郎・芝池義一編:《行政法の新構想Ⅰ・行政法の基礎理論》，有斐閣2011年版，第53-54页。

的框架。

其二，新形态对应的新作用。就行政与其对应的国家作用而言，欧美国家存在着由秩序行政阶段而进入福利行政阶段的历史发展进程，而且在福利行政之后，而今又有被定义为“保障行政”或“担保行政”的发展阶段。[23]如前所述，“行政行为”概念产生于19世纪德国的自由法治主义时代，体现了该理念之中的法治国家理念，直接关注的是警察行政等秩序行政，对应的是自由等消极权利。同时其开始时就排除了福利行政的目的。因此，该概念所具有的形式化和对应司法作用的属性也在一开始就与此历史属性紧密相关。这里撇开该“行政行为”概念在德国百年历史中的发展变化，以及发展至今日的实际状态，由于中国的“具体行政行为”概念也具有这两项属性，因此在现今的制度运行中，无法区分在各个行政形态中，其构成方面是否应有不同之处。例如，在司法审查阶段，仅仅从法定的形式要件的角度，显然无法在理论层面上区分征税行为与发放福利待遇行为的差异。更为复杂的是，在欧美国家作为历史进程三个阶段的秩序行政、福利行政和保障行政，在当今的中国，由于全国社会发展的不均衡，这三种形态却是同生共存于同一时间空间。这样的法治现状中，“具体行政行为”所应担负的功能必然会较之欧美国家的要更为繁多和更为复杂，而这些已经脱离了“具体行政行为”概念现有属性所能承担的范围。

（二）来自研究方法及视角的变化

另一个新的变化来自对司法审查有限性与中国立法体系化不足或立法密度不足认识，从而脱离属于内部视角属性的法学方法而使用社会科学方法对行政法学的审视。[24] 如上所述，以“具体行政行为”构建的中国行政法学体

---

[23] 参见［日］板垣勝彦：《保障行政の法理論》，弘文堂2013年版，第42页。

[24] 有关这方面发展动向的最新综述文献有：本刊编辑部：《中国行政法学发展评价（2010－2011）》，载《中外法学》2013年第4期；李洪雷：《中国行政法（学）的发展趋势——兼评“新行政法”的兴起》，载《行政法学研究》2014年第1期。

系，其侧重点在于通过司法审查的作用来保障其合法性，以此实现法治国家的目标。这一点与迈耶的体系具有同构性。但是，相对于这种“面向司法的行政法学”而言，近年来出现了“面向行政的行政法”或“规制行政法学”的学术走向，其研究的关键点不在与“具体行政行为”相关联的司法审查标准之处，而是更注重行政本身的过程及其法律对此的规制方式和实效。㉕ 这类的研究，一方面，改变了原本行政法研究注重法律形式要件的方法，转而侧重行政活动的目的，由此使法学方法中原本至关重要的形式性和对应司法的两个属性受到了质疑；另一方面，由于行政过程因行政领域的复杂分割，而导致这方面的行政法学研究在一开始就必须进入到了具体而细致的特定行政领域，而不是抽象的理论论述层面，换言之，这类研究自始就没有在法学方法体系的框架之内展开，而是生长于与理论体系化的行政法总论相对的各个具体行政领域范围之内。正是这样不同发展的学术路径，导致了当今中国行政法学理论体系化建构的新困难。

三、困境三：形式框架难以容纳政策目的

在本文的第一部分提到，法学方法论中的行政法学体系属于学术性质的抽象理论建构，因此，学术体系是与各个具体的行政领域中的法制度相分离才获得存在的价值。也正因如此，一旦学术分析进入具体行政领域的法制度之中时，从体系的角度往往会将体系的理论作为大前提去涵射具体行政法制度中的相关事项。但是，这种具体行政领域中的制度发展则对应的是现实行政活动的需要，而不是理所当然地必须适应抽象的理论框架。因此，抽象的行政法学体系究竟应该如何对应具体行政领域中的法制度，也必然影响着行

㉕ 同上，本刊编辑部文。与“面向司法的行政法学”相对应的“面向行政的行政法学”的命题，目前尚无直接的论证文献，但笔者记忆中，这是沈岿教授与毕洪海博士在北京航空航天大学法学院的一次沙龙上讨论时归纳出的命题。有关此命题的综述还见于于立深：《中国行政法学30年的理论发展》，载《当代法学》2009年第1期。

政法学的体系建构。

（一）体系中政策目的的定位困境

其实就一般意义而言，行政法学的体系化一直以来也就是行政法学总论的体系建构。奥托·迈耶的行政法学自开始就有着轻视乃至无视行政法各论的宿命性倾向。㉖ 因此，依照构建总论的法学方法，在同一方法之下难以形成法学意义上独立的行政法学各论，各个行政领域中的法制度只是适用总论设置的抽象解释规则的对象。

但是，行政法学无论如何体系化，都必须回答发生在各个具体行政领域中出现的法律问题，因此，由各个具体行政领域中的法制度构成的行政法各论（或称“分论”）与抽象体系化的总论之间究竟应该是什么样的关系，这也是讨论中国行政法学如何体系化时无法回避的事项。

从过去存在的行政法学各论的情况看，其构成方法有别于总论所采用的行政的行为形式，各论的基础是行政目的。参考对我国有影响的日本行政法学体系的形成史可以看到，早期的行政法学各论是在行政形式理论与单行法之间的层面上，将完成了一定程度抽象的行政目的与实现此目的的法技术这两个视角进行组合，形成了警察法、公用企业法、公用负担法、财政法等类型。㉗ 但是，在现代行政活动中，早期这种先验的目的与实现方法的当然一致性被否定之后，现代行政法学究竟该如何构建各论呈现了多样的走向。其中无论各自的逻辑体系如何布置，行政目的是其中核心的考虑要素。例如，在相关学术走向中，有的日本学者在建构各论及其体系时，是按照现代国家中社会管理功能的制度化要求，从组织法（承担者的组织化）、生活行政法（含传统意义上的警察法、公用企业法、经济行政法和社会保障法）、生活环境行

㉖ 参见［日］遠藤博也：《行政法Ⅱ各論》，青林书院 1977 年版，第 1 页。

㉗ 例如，［日］田中二郎：《新版行政法·下卷》（全订第 2 版），弘文堂 1983 年版中的“行政作用”部分的分类。

政法（含公共设施法、城市规划法、开发行政法和环境保护法）等方面铺设逻辑框架。[28] 再如，德国传统的行政法学分为警察法、地方自治法、建筑法和公务员法四个“相关领域”，[29] 德国行政法的总论正是从这四个相关领域抽象而成，其构成可以适用于这些领域的共同学术原理。但是，从当代行政所承担的行政任务而言，仅限于这四个相关领域已经不能面对行政在对经济、自然生存基础的维护、社会安全以及学术等领域应承担的行政任务，因此，在当代，环境行政法、社会行政法、学术行政法和经济行政法也成为行政法学的各论。[30]

（二）我国的现况

这些各论建构方法总的取向都侧重于政策目的。但是，包括我国在内，相关学术动向中，政策目的究竟应该如何具体化和类型化，相关的基准则尚欠清晰性。在这方面，可以借助日本战后相关的学术动态作为参考点进行观察。日本战后在这方面可以看到其中的两个相关学术走向：[31] 其一，行政法总论的基础是依据宪法上的法治国家原理与权力分立原理，那么，行政法学各论应该将各个单个的宪法权利予以体系化；[32] 其二，由于单行的行政法律

㉘ 参见前注 26，［日］遠藤博也书，第 18-22 页。这里所提到的一些法，有的因其与总论不一致的特殊性而形成了独立的部门法，如经济法等。作者这里的分类中只是涉及相关的社会管理内容。

㉙ ［德］施密特·阿斯曼：《行政法总论作为秩序理念——行政法体系建构的基础与任务》，林明锵等译，元照出版有限公司 2009 年版，第 11 页。

㉚ 同上书，第 124-161 页。可以理解的是，在当代环境行政法等关联领域首先的意义在于作为行政法学总论的基础，其次才因此而在总论的作用下同时又具有了各论的地位。

㉛ 参见［日］野吕充：《行政法の規範体系》，载［日］磯部力・小早川光郎・芝池義一編：《行政法の新構想Ⅰ・行政法の基礎理論》，有斐閣 2011 年版，第 61-62 页。

㉜ 这方面的成果如［日］室井力編：《現代行政法入門（2）》（第 4 版），法律文化社 1995 年版。该书第 86 页在说明设置“主要行政领域”一编时指出：“现代行政活动非常广泛且相互深度交错，已经难以用几个类型将其全面囊括，但尽管如此，难以否定的是，现代行政法学的中心课题之一，就是在客观认识现代国家中行政作用、功能的基础上，基于宪法价值基准，明确与行政所特有的法的原理和原则，同时通过解释论或立法政策论将其具体实现。为此，需要具体分析怎样的权利利益，通过怎样的承担方式获得保障，其与扩张中的行政权之间是否存在紧张关系。在这样的关系之中，斟酌与行政紧密相关的法的一般性特质和各种行政领域中具体的特质，并用法学方法将此描绘出来。”该书选取的主要行政领域有警察行政与防卫行政、医事卫生行政、公共设施与生活环境建设、教育行政、社会保障与劳动保护行政、经济行政、财政。

是以相关的行政组织为前提制定的，其具有将行政组织法所设定的任务和事项具体化的职责，因此，行政法学的各论可以根据行政组织的结构进行编制。这项学术归纳，也同样为观察我国行政法学中各论的建构方法提供了一个视角。

从我国当前的学术成果来看，行政法学中直接以行政法学各论为标题的教科书或学术体系著作并不多见。[33] 早期的行政法教科书所展示的学术体系中，其内容有涉及各论的部分，如王珉灿主编的《行政法概论》。该书按照我国行政机关实际实施行政管理时的大体分类，设置了七个各论部分，即人事行政管理、外事行政管理、民政行政管理、公安行政管理、司法行政管理、国民经济行政管理教育科技文化卫生体育的行政管理。[34] 而该类各论的建构原理旨在基本包括社会政治、经济文化以至人民生活的各个方面的行政活动。[35] 而这里的这些分类，如对照我国《宪法》第89条的规定内容，可以发现，其内容基本与该条规定的内容，尤其是第6至10项的规定内容相一致。[36] 由于宪法第89条规定的是最高国家行政机关的职权，即确定在总体的国家机构可行使的职权范围中设定给最高行政机关的具体职权，属于组织规范的属性，因此，该书这样的各论分类方法，可以将其归入上述第二个种类之中。自此开始，在组织规范的层面进行分类的学术尝试一直在持续发展之中。我国在构建行政法学各论的尝试中，在对应总论的关系中，如"部门行政法"等的分类一直是被时常使用的概念。尽管"部门行政法"这项概念的定义并不确定，但其中之一的定义方法就是紧密与行政组织的职权结构相一致。这类方法或许可以称之为行政机关"职权对应型"的各论建构方法，其通过总

---

[33] 这里不包括某一行政职能部门的实务法律指导书和某一行政领域的专题研究学术著作。

[34] 王珉灿主编：《行政法概要》，法律出版社1983年版，第41页以及第三编的内容。

[35] 同上书，第42页。

[36] 如早期司法部教材编辑部曾审定了一个名称为"中国部门行政法系列教材"的系列教材，由中国人事出版社出版了《工商行政法》《上地行政法》《民政行政法》《环境行政法》《海关行政法》《审计行政法》《公安行政法》《税务行政法》《交通行政法》等多种教材。有关此事项参见孟鸿志：《论部门行政法的规范和调整对象》，载《中国法学》2001年第5期。

论形成的框架为基础，将与相关行政机关职权紧密相连的法律规范进行体系化整理。在方法一致的基础上，这些各论中的行政法建构，理论体系本身适用着总体的体系，只不过在名称上冠上该领域的名称，如“公安”具体行政行为等。因此，就各论中体系本身并不存在特定的意义，但是，各论之所以为各论，其本身强调的，恰恰是其目的性，即在相关实定法的规范约束中如何保障和实现相关行政职权的合法性目的。

这样的各论建构方法以及形成的行政法学知识体系，最初步的作用可以使行政实务工作可以直接获得法学层面上的归纳和提升，在一定程度上使法律法学化，其具有直观的指导意义。但另一方面，就法学意义本身而言，如何对相应的实定法上的行政机关职权进行抽象归类，尤其是按照怎样的标准进行抽象归类，这决定着各论构建的结果走向。

如果仅仅按照现实的具体行政机关职权相关的实定法进行各论建构工作，如针对现行的工商行政管理机关职权方面的法律规范整理工商行政法，其本身可以在一定程度上适用行政法总论的要求，但是，仅仅如此显然不具有多少学术属性。这是因为，如工商行政管理行政机关职权中的发放工商执照，与公安（警察）行政机关职权中的发放机动车驾驶证，在法理层面完全属于同一类型而并无工商行政管理行政与公安行政之间的差别。

在另一方面值得关注的是，同样是在“职权对应型”的框架之中进行的各论建构尝试，但与上述仅仅整理实定法中的职权规范不同，这种行政法学各论建构的探讨进入了对特定行政领域中的行政活动如何进行特征概括的学理探究，同时其又关注行政法学总论理论与该领域中的特定行政活动直接的关联性。例如，近年来在警察法、药品法等方面的研究中，无疑可以看到结合中国法律制度的学术努力。[37]

㊲ 有关警察法方面的研究见余凌云：《部门行政法的发展与建构——以警察（行政）法学为个案的分析》，载《法学家》2006 年第 5 期。有关药品法方面的研究见宋华琳：《部门行政法与行政法总论的改革——以药品行政领域为例证》，载《当代法学》2010 年第 2 期。

在上述所有的各论建构的学术活动中，还有一点在方法论方面需要关注的是，如果依然采用“行政行为”或“具体行政行为”的抽象方法去统合某个特定领域的行政活动的话，那么，其结果无疑还是设立适用于该领域的行政法学总论，或者说是行政法学总论适用于该领域的方法，其作用对相关行政活动仍然是将此整合到行政行为或“具体行政行为”的外延中而已，其依然是行政的行为形式问题。当然，由于这个整合过程也是依照既定的“行政行为”或“具体行政行为”标准对行政活动的验证过程，因此，其也同时存在着反向作用。当过滤出了实定法中与既定标准不同行为形式的行政活动，便会形成特殊法的事项。在这样的前提之下，针对特定行政领域所需处理的，是属于无法由行政法学总论概括的特殊法问题。行政法学各论之所以有存在的必要性，原因之一就是对应这方面的特殊法问题。这样就会形成另一种各论，即作为与总论不同的作为特殊法的行政法学各论。在各论层面上所需进行的学术抽象作业，肯定应该包含将这两者的整合，而建构中国行政法学体系之时，这两者理应被统合其中。

四、新体系建构的基础摸索

从上述的学术状况可见，中国的行政法学体系无疑尚未成型，且在思考如何构建行政法学体系时，所面临的问题和局面，较之可参考的法学发达国家更为复杂。概括而言，我国行政法学理论体系建构所在的困境是，一方面已经无法在传统的法学方法层面上继续推进原有的思路，因为“具体行政行为”概念或具有同样功能的概念已经不能完全承担体系统合的作用，无法将日益丰富的行政法现象纳入其中。在这样的前提下，在学理层面上就必然面临着这样的问题，该设置什么样的新的核心概念或者概念群，以此能够起到统合中国整个行政法体系的作用。另一方面，与行政法学体系不同的另一面，现实的具体行政领域之中的法律制度及其运行方式，究竟能够在多大范围内能够被纳入学术体系，成为可以涵射的对象范围。同时，具体行政领域中的法律问题，又能够在多大程度上为行政法学体系的建构提供素材。这些问题在思考中国行政法学体系建构时是必须要考虑的基本事项。总之，中国行政法学的体系已经不可能全然按照既有的法学方法进行抽象建构了。

如何面向未来建构中国行政法学的理论体系，这是中国行政法学者的共同任务，其最终的成型，尚需假以时日，通过学者各自的尝试和探索，在相互之间充分争论的基础上才能探究出中国自身特性的理论体系，而现今肯定最重要的是寻找出发点。

（一）新体系建构的出发点：关联领域及交互影响关系

在寻找新的中国行政法学理论体系的出发点方面，我们不能全然不顾对中国已有影响的法学思考方法。如前所述，迈耶理论本身固然在今日中国作用有限，但其法学方法发展至今的成果，同样有助于中国行政法学的理论体系建构。因此，一方面应该关注的是中国行政法学能否形成如德国行政法那样“不受实定法秩序影响，并获得普遍承认与遵守的，包含法概念、制度、基本原则的整体教义”，[38] 另一方面，这项工作还不可回避地需要纳入对于政策目的的讨论。概言之，未来无论从何种角度建构中国行政法学理论体系，都应该兼容法解释功能与承担政策目的的制度设计功能。[39]

基于上述考虑，本文借助德国阿斯曼教授的理论，尝试着为中国行政法学理论体系的建构寻找一点当今或许可行的基础。

阿斯曼在讨论现代行政法学体系建构时，将行政法学基本理论—总论与各个具体行政领域中的法制度（各论）之间的关系理解为交互影响关系，各论因此与既往的定位不同，形成行政的关联领域。[40] 未来行政法学的理论体

---

[38] 赵宏：《行政法学的体系化建构与均衡》，载《法学家》2013 年第 5 期。

[39] 阿斯曼教授指出：“行政法学之方法论必须同时兼具‘适用（法令）导向的解释’及‘制定法令导向的决定’之学术”。参见［德］施密特·阿斯曼：《行政法总论作为秩序理念——行政法体系建构的基础与任务》，林明锵等译，元照出版有限公司 2009 年版，第 33 页。

[40] 同上书，第 11、123–124 页。

系，应该形成于这种动态的交互影响关系之中。

这一点非常值得中国行政法学关注，这种交互影响关系或许也不失为探求中国行政法学理论体系建构的现今出发点。这里，不仅与既往的学说一样，各论——即各个具体行政领域中的法制度（包括其中的判例）属于构成总论一般性学说的素材——成为建构行政法学理论体系的基石，但更关键的是，在交互影响关系的框架中，各论不仅仅停留在素材的范围之内，或者是作为单向的被法解释的对象，而是积极发挥作用，促使行政法总论理论结构适应相应的变革；反之，行政法总论也提示关联领域的制度改革，从而构成各论理论的准则。[41] 通过这种交互影响关系，总论能够避免称为缺乏实定法支撑的空洞理论，从而通过建立能够应对和检讨实定法中新生问题的理论框架，完善自身建设。反之，关联领域也因此避免自身的理论是被封闭在自己独有的法解释或者法政策的范围之内的困局。

（二）当前中国可选的核心概念及其关联领域

理论体系的建构工作，首先需确定什么行政领域作为关联领域进行分析，同时，又需要决定应该选择什么概念作为基本概念，以此作为探究之出发点。

对于德国行政法中一直存在着的警察法、地方自治法、建筑法和公务员法的领域，阿斯曼首先肯定这些目前仍然是重要的关联领域，此外，根据当前重要的行政任务，他认为基于当前国家对于经济、对于自然生存基础的维系、对于社会安全以及对于学术等领域的责任，应确定环境法、社会行政法、学术法、经济行政法这几个领域为关联领域。[42]

㊶ 同上书，第123页。另日本学者原田大树教授的近作也为理解“关联领域”概念提供了很多帮助，参见［日］原田大樹：《行政法総論参照領域理論》，载《法学論》2014年第174卷第1号，第1-20页。

㊷ 参见［德］施密特·阿斯曼：《行政法总论作为秩序理念——行政法体系建构的基础与任务》，林明锵等译，元照出版有限公司2009年版，第124-161页。

由于相关领域中法的发展无法用行政法总论的一般论证来说明，“因为行政法学的体系与概念并不只是将行政实务予以抽象化而已，而是需要一个切入观点来选取或规范事实，这样才能发展成为学理而不只是实际行动的完成而已，而且意味着行政法的体系是从国家的上位概念导出，所以国家任务的转变也会导致行政法学方法论的转变”。[43] 由此，阿斯曼选择了其认为与宪法规范及规制方面的讨论具有相关性，同时也是行政法学知识起始点的几个概念作为体系建构的基本概念，即利益、行政任务、行政类型和责任作为基本概念。[44]

中国行政法学理论体系建构的摸索，同样可以自这些基本概念出发，同样可以设定同类的关联领域，并期待通过考察相互之间的交互影响关系来逐步向前推进。这是因为阿斯曼的如此设计所面对的社会和行政制度问题，中国也同样存在。但是，由于发生机制不同，如前所述，德国等欧陆国家行政介入社会的方式由秩序行政而福利行政，继而进入当前的保障行政阶段，此刻作为秩序行政功能核心的警察行政，业已发展成熟完备甚至成为法律控制密度作为严格的领域；但在中国，法治国家建设才刚刚起步，尽管如此，此时社会保障行政与生存权的关系、公共服务民营化之后相应领域政府与企业的责任分配规则等一系列问题也都是行政法学必须面对的。这样，德国等欧陆法治发达国家在历史经过中经历的几个时间阶段中发生的问题，在中国成为同生共存的空间中存在的问题。警察法如此，中央与地方关系如何法律制度化如此，大规模城市化进程之中城市规划法与建筑法如此，行政组织对构成员自我管理的公务员法也是如此。因此，在中国构建行政法学理论体系之时，警察法、中央与地方关系法、城市规划与建筑法、公务员法与环境法、社会行政法、学术法和经济行政法具有同样重要的位阶，具有同等重要的研

---

[43] 同上书，第 161 页注 145 所引 Badura，Verwaltungsrecht im Liberalen und sozialen Rechtsstaat，s. 5。

[44] 同上书，第 161-195 页。

究和发展必要性，彼此之间不应存在传统既有的或者是现今新兴的关联领域之区分。

当这些关联领域成为中国行政法理论建构的基础之时，同样基于上述与法治发达国家在历史进程维度上存在的差别，中国行政法学不能仅仅对关联领域中的法规范及其运行方式进行纯粹学术技术性的整理，而是必须考虑到中国现阶段法治国家建设尚处起步阶段的现实，因此，还必须从更高的立场，即宪法在基本权利体系方面的要求出发，对其在解释论和立法政策论等多个角度进行分析。[45]

在基本概念的选择方面，中国行政法学所处已远非迈耶的行政法学起步时代，已经处在无法预设一个唯一核心概念（如同奥托·迈耶的“行政行为”概念）作为最高位阶的概念，以此统领所有其他基本概念并支撑起整个学术理论体系，而且现实的学术发展中也已经出现位阶不同的各种概念。因此，如何在纷杂的多元概念之间建立具有逻辑一致价值一贯的核心学术框架，并通过选择或设置一组基本概念来支撑起行政法学理论体系的基础，已经成为我国行政法学可以尝试的一种方向。在此前提之下，与上述关联领域的功能同样，阿斯曼提出的利益、行政任务、行政类型和责任结构同样可以建构中国行政法学理论体系的基石。

但是，必须注意的是，上述基本概念中，“行政任务”一词所承载的学术使命在中国尤为重要和沉重。如前所述，由于行政法学理论体系偏重与司法对应的概念，在内容上过多地反映了行政诉讼法的需求，而导致自身缺乏实体性的法理内容。[46] 中国行政法学由于存在着同样的结构性问题，近年来国内出现的，在本文第二部分中第 2 部分内容以及第三部分中触及的“面向行政的行政法”或“规制行政法学”，其提倡者所做的学术努力也正是针对同样的

---

[45] 这样的学术作业应该能够从本文第三部分中第 2 部分提到的日本室井力教授的思想中获得启发。

[46] 参见［日］野吕充：《行政法の規範体系》，载［日］磯部力・小早川光光郎・芝池義一編：《行政法の新構想Ⅰ・行政法の基礎理論》，有斐閣 2011 年版，第 56 页。

问题在寻找解决方案。行政任务概念的导入，就其积极意义而言，在关联领域中讨论具体的行政任务并由此抽象出可以构建理论体系的基础，以此可以为公共政策目的进入行政法学理论体系制造一个入口，从而将行政规制等内容整合入行政法学理论体系本身之中。但另一方面，这样的整合作业还必须注意的是，处于法治国家建设起步阶段的中国，在确定行政任务概念的定位时，与法治发达国家所处的历史阶段并不相同，并没有出现适用法治主义时形式要件要求走向僵硬的局面。因此，当讨论"面向行政的行政法"等命题之时，如何避免行政（规制）法治建设脱离法治国家基本目的的走向，是中国行政法学研究者必须面对的课题。

五、结语：现在只是开始

本文归纳了中国行政法学理论体系建构所面临的困境，并借助阿斯曼理论为突破该困境设置了可以尝试的方向。这里尚需指出的是，中国行政法学发展至今只有短短的二十多年，就理论体系建构而言，可以说整体上还停留在探索的开始阶段，远非欧陆法治发达国家那样持有逻辑缜密、学理充实的学术体系，更谈不上因这类学术体系发展至僵硬化而须凭借法学的外部知识进行突破。在这样的阶段，进行理论体系建构是既无传统可依凭，也无桎梏受羁绊，可以有相当大的自主性。

另外，借助现代学术业已成熟的主张和框架作为起点，无疑能够起到事半功倍的作用。本文借助阿斯曼的理论框架，只是尝试为建构中国行政法学理论体系奠定第一步的基础。随着今后的学术研究进展，其结果是否定还是肯定乃至发展此理论框架，皆在可能之中。即使始终坚持使用同样的关联领域和同样的基本概念，最终此理论框架未被修改，但在此基础之上进行的探讨和建构作业，因其内容终须紧扣中国法律制度历史的积淀和当前的问题，所以最终的结果，在内容上肯定会脱离开始时暂借的思考框架而显现出自身的特色。

法治改革中的行政法学体系：总论与各论的“分”与“合”*

朱新力 唐明良**

在举国上下大谈“中国特色社会主义法律体系”的当下，作为法学工作者，需要思考和梳理本学科的学理体系。这样一种冲动，不仅仅来源于“在其位，谋其政”的朴素角色意识，更是对法学体系之于法律体系的推动意义之深刻体认——法学体系的科学架构可能在思想和技术层面对法律体系建设产生积极影响。① 就行政法而论，二十多年来对行政法学体系的探索亦在有声或无声地影响着中国特色的行政法律体系，无论是行政法学研究早期对行政法学基本体系的研讨，② 还是近年来学者对《行政程序法》《行政强制法》作为行政法体系核心内容的论证和呼吁，都显见行政法学体系之于行政法律体系的深刻影响。当然，行政法学体系是一个具有多重思考向度的话题，③ 笔者

* 本文的主要内容发表于《当代法学》2011年第1期。

** 朱新力、唐明良，浙江大学法学院教授，博士生导师。

① 法学体系推动法律体系的最著名例子之一是《法学总论——法学阶梯》，作为吸收了罗马各著名法学家的私法学说的法学著作和教科书，它所建构的私法学体系对后世欧洲各国民法的制定和发展产生过很大影响，世界闻名的《拿破仑法典》也是以它为蓝本制定的。参见［古罗马］查士丁尼著：《法学总论——法学阶梯》，张企泰译，商务印书馆2004年版。［美］艾伦·沃森著：《民法法系的演变及形成》，李静冰、姚新华译，中国政法大学出版社1992年版。

② 早在1991年5月23日，北京大学法律系行政法教研室便发起和组织了首次“行政法学体系与基本内容”研讨会。参见湛中乐：《首次行政法学体系与基本内容研讨会综述》，载《中国法学》1991年第5期。

③ 有学者曾在20世纪90年代从几对关系范畴总结我国行政法学理论体系的几个向度，包括“宪法学体系、行政学体系和行政法学体系”“行政法学与行政诉讼法学”“行政法学总论与分论”“制度行政法学与原理行政法学”“宏观行政法学、微观行政法学与中观行政法学”“双线体系与单线体系”“内线体系与外线体系”。参见胡建淼：《中国行政法学理论体系的模式及评判》，载《中国法学》1997年第1期。时隔十多年之后，上述七对范畴中的多数问题似已达成共识，但对于“行政法总论与分论”的问题，尚欠缺清晰的梳理和论证。

在此仅仅选择“行政法总论与各论的关系”这样一个范畴来论证和分析行政法学体系在某一方面的发展方向。

一、从“泛总论化”到部门行政法的独立性：渐渐清晰的共识

行政法总论本身的提法译自德文，基本的意思是“行政法的一般理论”，以区别于行政法各论或者说部门行政法。就两者的关系而言，在中国行政法学界，有一种观点长期占据人们的思维领地——作为行政法各论的部门行政法不具有独立的研究意义；极端的观点甚至认为，研究某一部门的行政法，只要在行政法总论各部分前冠以该部门的名称即可。于是，早期的部门行政法著作大多呈现一种“形骸化”：如以“卫生行政法”“工商行政法”为名的著作中，无非是冠以卫生、工商等部门名称，实质内容则仍照搬行政法学总论的基本框架，往往是“卫生行政主体”“卫生行政诉讼”等名词赫然在目，但细看其内容则无非是一部行政法学总论教材的翻版，基本缺乏部门行政法应有的特质。这样一种“泛总论化”的情结更是深深地渗透到研究和思考部门行政法问题的思维方式上，比如在研究食品安全行政法时，当研究者关注食品风险警示这一行政活动时，大多会条件反射似的考虑风险警示行为（活动）是行政事实行为还是具体行政行为，对风险警示行为不服，能否提起行政诉讼等“总论”框架下的典型问题，而对于食品安全管制中风险警示的适用条件、制度程序如何设计等具有政策意蕴的话题，则基本上漠然处之。事实上，不仅我国，大陆法系中的德国、日本和我国台湾地区的部门行政法研究以及总论、各论关系处理中，也都曾经出现类似的情形（笔者将之不太恰当地提炼为“泛总论化”情结），并引起了学者的反思和转向。

论者多认为，“泛总论化”情结及其一系列相关研究现象的形成，导源于大陆法系公法学研究中严格区分“法与事实”的传统。以德国为例，行政法先由分散零落的个别行政法律，也就是所谓的各论发展，尔后，才形成总论

的体系[④]。但在总论体系形成以后，特别是在 19 世纪的夜警国家理念和实践背景下（德国公法学巨擘拉邦德、奥托·迈耶均属于这个时代），公法学研究的方法论特色乃是舍去政治学、哲学和社会学上的要素；在法实证主义、私法学等具有优势的概念法学的影响下，纯粹的形式性的法学模式被作为重点。在这个过程中，具有概括性内容的警察学向立足于法学方法论的公法学发生转变，换言之，也就具有了轻视和排斥行政学的一个方面，形成了所谓“行政学是关于事实的科学，而行政法学是应然的科学”[⑤] 的清规戒律。由于“法与事实”的严格区分以及行政法学和行政学的泾渭分明，行政法学也就成了一个仅仅关注形式法治的具有内在逻辑自洽性的总论体系，重于事实描述的行政法各论被视为“行政学”的内容而在公法学中几无立锥之地。但是，德国公法学的上述传统在 20 世纪 60 年代以后开始发生变化，随着行政权的扩张和福利国家的兴起并受美国法的影响，使得德国公法学者认识到公法学中设定事实描述场所的重要性，否则公法学将在政策形成和政策辩论中失语，因此，在研究旨趣上必须从支配公法学的“法与事实的严格区分理论”转向。作为这一转向的重要表现是在德国公法学界兴起了一股“行政法总论改革”的思潮，[⑥] 在有关讨论中，论者强调行政法学除传统的规范功能和法释义学功能外，还应是一门有关治理的科学，亦即属于经世济民、使国家行政能永续发展的一门调控科学，其必须处理不同的行政法律间的价值判断的矛盾与发展的缺失，然后加以讨论整理并提出改革的方案。[⑦] 在这样的定位之下，行政法总论需要顺势而为，引入大量法政策层面和事实描述层面的话语体系予以重构。

不过，作为一个将事实描述和政策判断引入公法学研究的大胆构想，不

---

④ 陈新民：《德国公法学基础理论》（上册），山东人民出版社 2001 年版，第 123 页。

⑤ ［日］大桥洋一：《行政法学的结构性变革》，吕艳滨译，中国人民大学出版社 2008 年版，第 261–262 页。

⑥ 有关这一思潮，请参见 Rainer Pitschas：《论德国行政法总论之改革》，黄钲堤译，载《宪政时代》1998 年第 1 期。

⑦ 黄锦堂：《行政法总论之改革：基本问题》，载《宪政时代》2003 年第 2 期。

仅保守派会发出“这还是行政法学吗”的质疑，[8] 即便主张总论改革者也是心存疑虑。比如我国台湾地区支持行政法总论改革的代表者黄锦堂教授便用看似不经意的笔触提出了如下的隐忧“整个（行政法总论）改革以及各种项目，是否局部维持在行政法各论、宪法、行政学、各种政策科学、财政学、人事管理学、组织学、国家学领域，以便继续深刻发展而且也有相关专门学系，而不是将现有行政法总论教科书的架构大幅翻转？换言之，吾人并非不认识这些改革议题，而是有如何之必要性整体集合成为行政法总论的改革？”[9] 笔者认为，这是任何一位主张行政法总论改革的学者不得不直面的问题——其他各专门学科将这些问题研究得“风生水起”，你行政法学“也无风雨也无晴”，何必不咸不淡地来“横插一腿”？对此，黄锦堂教授的回答是“太极式”的，认为其间的正当性“在于学科间之分工以及行政法总论的自我理解”。

笔者于此有自己的观点，认为公法学介入前述话题具有其独门优势，[10] 但更为重要的是，正因为上述知识正当性质疑以及种种历史包袱的存在，公法学中进行事实描述和政策论辩的主要场所应在行政法各论。因为行政法总论具有其固定的逻辑自洽之精致体系，若过度扩大其内涵容量必将使其不堪重负。而作为行政法各论的部门行政法则没有“历史包袱”，它完全可以承担起为公法学提供事实描述和政策论辩场所的功能，这可能也是晚近大陆法系国家开始高度重视行政法各论并强调其独立性[11]的一个深层次原因吧。当然，通过部门行政法对于政策问题的关注，也可以反哺行政法总论，这是后话。

---

⑧ 叶俊荣先生曾经形象地描述过这种认同上的困难，参见叶俊荣：《行政法案例分析与研究方法》，三民书局 1999 年版，第 1-8 页。

⑨ 黄锦堂：《行政法总论之改革：基本问题》，载《宪政时代》2003 年第 2 期。

⑩ 事实和政策讨论在规范和价值意义上是中立的，其仅从道具或者政策工具的技术层面去探讨行政的各种实体样态，而行政法学总论关注这些问题可以在工具描述的基础上赋予其公法理论和规范框架的约束。参见朱新力、唐明良：《现代行政活动方式的开发性研究》，载《中国法学》2007 年第 2 期。

⑪ 典型的表述是“行政法总论必须尊重各论的需要与政策形成空间，而不得强迫各论一律接受”，参见翁岳生编：《行政法》（上），中国法制出版社 2000 年版，第 87 页。

近年来，中国公法学界对于部门行政法的独立性、重要性及其所承载的政策论辩功能也逐步予以认可并在一定范围内达成了共识。事实上，早在20世纪90年代早期，即有学者较为朦胧地提出：“与其大家都来全面地研究行政法与行政诉讼法而理论深度不够，倒不如各自致力于能够充分发挥自身特长的特定的某一领域搞深搞透，首先可以考虑将行政法基础理论与行政诉讼法专论的研究分离开来，然后再逐步完成行政法总论与行政法分论的分离。”⑫稍后，更有学者以其在研究部门行政法及政府管制相关话题的切身体会，批评“目前中国行政法研究过分偏重于总论之内容，重视行政法一般原理和宏观制度，忽视微观行政法与具体社会问题造成行政法理论与现实生活缺乏互动、关系疏远”。⑬ 晚近，学者们对部门行政法的体认越来越深刻，这不仅表现为我国中青年行政法学者在警察、都市、教育、社会保障、食品、能源等部门行政法领域所取得的研究进展，⑭ 也体现在一些学者对部门行政法和行政法各论问题的自觉反思，⑮ 在一定范围内，“部门行政法的研究肯定会成为今后行政法理论研究关注的热点和新的理论增长点”（余凌云语）这样一种观点获得了较大的认同。

二、部门行政法的体系构成与内容取向

在解决了为什么要研究部门行政法的问题之后，紧接着的话题是，部门行政法到底研究什么？这是一个庞大得让人窒息的问题，从研究的紧迫性出

⑫ 杨建顺：《大胆借鉴，勇于创新，建立完整系统的行政法学体系》，载《行政法学研究》1994年第3期。

⑬ 周汉华：《行政立法与当代行政法——中国行政法发展方向论略》，载《法学研究》1997年第3期。

⑭ 宋华琳：《部门行政法与行政法总论的改革——以药品行政领域为例证》，载《当代法学》2010年第2期。

⑮ 典型的作品如余凌云：《部门行政法的发展与建构》，载《法学家》2006年第5期；宋华琳：《部门行政法与行政法总论的改革——以药品行政领域为例证》，载《当代法学》2010年第2期。

发，当下急需解决的难题如何树立部门行政法在内容上的相对独立性，即避免其研究内容成为行政法总论的简单演绎甚至翻版。因此，笔者认为，部门行政法研究什么的问题首先可化约为部门行政法的体系构成以及内容取向。

在部门行政法的体系构成方面，韩国当代最著名的行政法学者之一金东熙教授曾精辟地概括为两种模式：其一是，分析有关行政作用的法令找出法的目的、结构及解释论上的共通之处，并以此为标准对行政作用进行一定类型的区分。韩国学者较多地采用这种分类方式，如金道昶博士将行政作用法分为秩序行政法、福利行政法、财务行政法、军事行政法等；李尚圭则分为秩序行政法、给付行政法、规制行政法、公用负担法、财务行政法等。其二是，直接以重要的行政作用作为全体直接考察对象，这是德国学界通常采用的方法，如 Munch 教授将部门行政法分为公务员法、地方自治法、警察秩序行政法、社会法、建筑土地行政法、环境法、道路交通法、水法、教育法、学艺法、新闻广播法、军事法。在金东熙教授看来，后者在行政作用法整体的系统性考察方面存在问题；但前者也并非全无瑕疵，在新的行政领域（如经济法环境法）中，新的行政作用方式浮现出基本特征，这些领域似不宜一贯适用系统分类方法。于是，金东熙主张一种新的混合模式，即在保留依据系统分类方法（第一种）的基础上，在对新行政作用的考察中，更注重有关实质性内容的考察，直接以该行政作用领域的全体为直接考察对象。在这种混合模式之下，金东熙教授将特别行政作用法分为警察行政法、给付行政法、公用负担法、地域开发及环境行政法、经济行政法、财务行政法等。[16]

笔者认为，金东熙教授对于两种模式的归纳基本上能够覆盖目前国内外公法学界（当然主要是大陆法系或者受大陆法系影响较深的国家和地区，英美法系似乎不探讨这个问题）对于部门行政法体系构成的学术观点。如果把金东熙归纳的两种模式分别概括为系统分类法和职能分类法，那么我国台湾地区学者黄锦堂将部门行政法分为“规制行政法、给付行政法、计划行政法、

---

⑯ ［韩］金东熙：《行政法》（第9版），赵峰译，中国人民大学出版社2008年版，第139-140页。

内部行政法”[17] 的观点、德国学者施密特·阿斯曼教授（Eberhard Schmidt-Abmann）“环境行政法、社会行政法、学术行政法、经济行政法”分类模式[18]、中国大陆学者孟鸿志的“行政调控法、经济管理行政法、科教行政法、信息产业行政法、社会行政法、治安行政法、外事行政法、军事行政法、市场管理行政法”的九范畴分类法、[19] 宋华琳博士基于“中度抽象水准”提出的“风险行政法、给付行政法、都市行政法……”中间层学理体系[20](P110)等，大致可归入系统论的序列。而前述德国学者 Munch 教授以及另外一派德国学者所主张的“交通行政法、经济行政法、教育行政法、环境行政法、人事行政法、财务行政法、社会行政法、宗教行政法、广电行政法、国土规划暨建筑行政法、地方自治法、警察与秩序行政法”[21] 分类法，中国司法部教材编辑部推出的《中国部门行政法系列教材》——“工商行政法、土地行政法、民政行政法、环境行政法、海关行政法、审计行政法、公安行政法、税务行政法、交通行政法……”等则可视为典型的职能论。

从表面上看，系统分类法所得出的部门法体系更像“法学”的学理体系，因为它在中观层次上对行政法各论领域中“法的目的、结构及解释论上”的共通之处进行了整理；而直接以行政职能作为分类标准将部门行政法罗列为公安行政法、交通行政法……则显得过于朴素，甚至给人以行政系统内之“培训教材”的感觉。但是，结合中国的法治和法学研究现状，笔者倒是认为兴起部门行政法研究的第一步应是建构“职能分类法”体系下的各论，然后第二步才是寻找“中度抽象水准”上的次级体系。其理由如下：

其一，从大陆法系行政法总论和各论的“离合”中（详见第一部分的论

---

[17] 翁岳生编：《行政法》（上），中国法制出版社 2000 年版，第 187 页。

[18] ［德］施密特·阿斯曼：《行政法总论作为秩序理念——行政法体系建构的基础与任务》，林明锵等译，元照出版有限公司 2009 年版，第 124 页。

[19] 孟鸿志：《论部门行政法的规范和调整对象》，载《中国法学》2001 年第 5 期。

[20] 宋华琳：《部门行政法与行政法总论的改革——以药品行政领域为例证》，载《当代法学》2010 年第 2 期。

[21] 参见翁岳生编：《行政法》（上），中国法制出版社 2000 年版。

证和分析），我们可以发现，行政法各论“生”或“灭”的法理根源在于是否在行政法学研究中严格区分“法”与“事实”或者“应然”与“实然”。当行政法研究摒弃“事实”时，部门行政法便没有成长空间，而当重新认为“公法学应当设定事实描述场所”时，行政法各论才会勃兴。因此，部门行政法的主要功能恰在于行政运作事实暨实然状态的描述，比如对工商行政领域中行政主体的职权设定、行为种类、政策设计、程序装置等的法规规定及其实践状态的梳理、描述便构成了工商行政法的主要及基础性内容。当然，透过事实描述之“实然”可以反哺行政法总论之“应然”，那是另外一个命题。既然如此，职能分类法所形成的体系显然更能吸纳事实描述的功能，因为在这种分类体系下，各部门行政法的具体外延能够更清晰地被锁定。而系统分类法之下的概念体系则因为其本身的抽象性（因为其已经过抽象化处理）而变得界限模糊，特别是由于目前对这一“中间体系”本身的归纳还不那么成熟，更会带来“事实描述”过程中的困惑，比如对“社会行政法”外延的理解，恐怕就众说纷纭。

其二，对于按照职能分类法形成的部门行政法体系，习惯了行政法总论研究思维的学院派可能会认为它不那么可爱，甚至有点土气，或者认为那是其他学科（比如行政管理学）来完成的任务。但事实上，如果我们左右环顾，这种重于事实描述的部门行政法恰恰是被遗忘的角落。行政法（总论）研究过程中尽管会有意地去搜索各论领域的实践素材，比如当研究行政处罚问题时，我们也许会去关注公安行政领域的处罚（包括法规和实践），但那只是零星或者偶然的眷顾，更多地是为了“找论据”，而缺乏对该领域行政运作实态的整体梳理。亦即行政法总论只是针对个别行政法律（领域）的例子零星提及，而没有全面地分类与分析省思。[22] 至于公共管理学、行政管理学等学科，其目光也更多地投向组织理论、行政伦理、领导艺术等方面，对各部门领域的行政过程中所遵循的规范、制度也缺乏整理。因此，按照职能分类而

---

[22] 黄锦堂：《行政法总论之改革：基本问题》，载《宪政时代》2003 年第 2 期。

对各部门行政领域的规范与实务进行爬梳是填补空白的重要之事！

其三，有一种担心认为，按照职能对部门行政法进行分类“都是不可取的，因为它忽视了部门行政法的相对稳定性”，㉓ 机构改革本身变动不居，如果按照机构职能进行分类就会使部门行政法产生较为频繁的变化。这种担忧不无道理，但笔者认为只要正确理解“职能”的含义，当能解决这个问题。职能分类法中的“职能”是指一种独立的行政管理事务，而不必然依附于机构，比如交通行政事务的主管机构是交通部抑或交通运输部还是其他的什么部门，都不影响以交通行政为研究对象的交通行政法的成立。换言之，主管交通事务的部门名称可能在发生变化，但作为一项行政事务，交通行政本身处于相对稳定的状态。

从以上三点出发，在当下的中国语境中笔者更愿意主张职能分类法下的部门行政法体系。但更进一步地，在笔者看来，体系问题说到底在于“形”的层面，恐怕还不是最重要、最终极的问题，比之更为本质的应是部门行政法的内容取向问题。如果部门行政法的内容仍在行政法总论的思维框架中打转而毫无创新，那么不管采用何种体系，其本质还是属于行政法总论的翻版或者具体演绎，无非是包装的形式不同而已。

对于部门行政法的内容取向，笔者认为可以提炼为“一个基础平台两个发射点”（详见下图所示）。所谓“一个基础平台”，系指对该部门行政领域的现行法规范和行政运作实态进行整理，比如金东熙教授在“警察行政法”一章中即对警察的概念、警察的种类、警察的组织、警察权发动的根据及其措施程序、警察权的限度、警察作用（警察下命和警察许可）、警察行政的生效性确保手段（警察强制和警察罚）、警察权的行使与权利救济等方面的现行法规范和行政运作实态作了细致的整理㉔，这个“基础平台”主要解决的是

㉓ 孟鸿志：《论部门行政法的规范和调整对象》，载《中国法学》2001 年第 5 期。

㉔ ［韩］金东熙：《行政法 II》（第 9 版），赵峰译，中国人民大学出版社 2008 年版，第 141-181 页。

“是什么”的问题。所谓“两个发射点”，则系基于建成的“基础平台”，对部门行政法中的问题作“合法性”和“最佳性”两个角度的“发射”，所谓“合法性”，系指传统行政法的核心——确定行政活动边界、规范公权力行使、保障相对人合法权益为指向的考量，更多的是法释义学层面的探索；所谓“最佳性”，则是以探索良好行政的制度设计、促动行政改革提高行政效能为基本指向的考量，更多的是法政策学层面的研究。[25] 并且，在“两个发射点”上，各自应都包括“评估”和“反哺”两个过程，所谓评估，即运用行政法总论所确定的基本原理对部门行政领域的现行法规范及其运作实践进行“合法性”评估，以及运用包括法学在内的多学科知识原理对部门行政领域的现行制度架构进行政策面的“最佳性”评估。所谓“反哺”，则是在探索部门行政领域问题的具体问题时，对行政法总论层面的原理进行反思甚至推进。如果以环境行政法中的环境影响评价程序为例，部门行政法研究的“一个基础平台两个发射点”将依循如下的思维步骤展开：首先是梳理当下环境影响评价程序的基本规范和操作实践，以此为基础，以行政法总论领域的正当程序原理等行政法理衡量和评估现行环评程序的“合法性”，并运用跨学科知识评判现有程序在提高行政效能、解决政策难题方面的“最佳性”，在这个探索和评估过程中，同时启发出建构环评程序理性的新思路，并以此反哺行政法总论，对总论领域的程序法理，特别是风险行政中如何设计公众参与等程序理性提供素材和启迪。当然，这样一种部门行政法内容取向的设计充其量只是“参考形态”，无非是提供一种可供选择的研究路径，而绝非“削足适履”的八股样本。事实上，相比于行政法学总论，部门行政法的最大特征便是其灵活性，只求立足于问题导向，而不在乎体系之美。

㉕ 朱新力、唐明良：《法治政府建设的二维结构：合法性、最佳性及其互动》，载《浙江学刊》2009 年第 6 期。

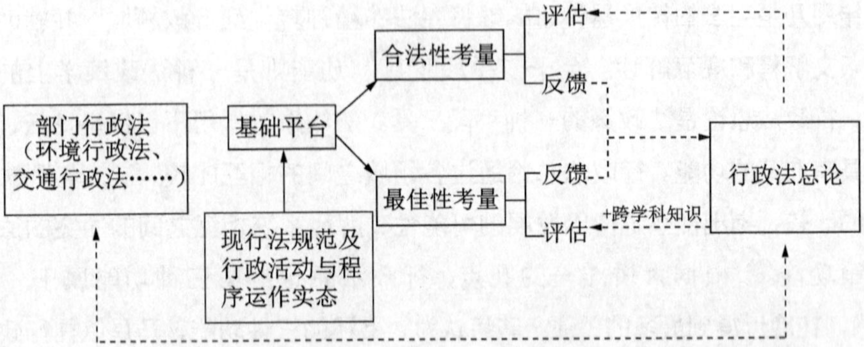

部门行政法主要研究内容示意图

在以上的讨论中，我们实际上已经涉及部门行政法与行政法总论之间的关联所在，事实上，行政法总论是行政法各论“走不出的背景”，如果各论完全游离于总论之外，那么也势必会“遁入”非法学的学科领域。因此，我们既要主张部门行政法的相对独立性，又要防备其“逃遁”或“逸散”之风险，便需在上述探索的基础上进一步理顺总论和各论之间的关系。

三、完整的行政法学体系：总论与各论的几对关系范畴

关于行政法总论所承载的基本功能，大陆法系的公法学者已经作出诸多阐述并逐步形成通说或者准通说，其中尤以德国学者施密特·阿斯曼教授的“四功能说”和日本学者阿布泰隆的“五功能说”为代表。事实上，撇开两位学者都提到的国际规则国内化的法律继受功能，除了文字表述上的不同，两者的观点其实并无大的殊异而可统一被归纳为阿斯曼学说中的“储藏器”（speicher）、“转换器（transformator）”和“手段工具（instrument）”三大基本功能：所谓“储藏器”功能，主要是减轻法律实务上之负担，比如将某个行为定性为总论上的“行政处理”或者“具体行政行为”，便可推衍出一系列的规范效果。亦即从行为形式的对应推导出实体法意义上、程序法意义上、诉讼法意义上结论的法律实务功能。“转换器”功能的内涵在于，行政法总论

的作用乃是宪法的转换器，它能够将宪法的精神转化到行政领域，并辅助进行条文解释和规范解读。至于“手段工具”功能则是一种法政策学上的功能，行政法总论是法政策的一种手段工具。法体系的作用不仅仅是论坛，并已具有典范的功能。行政法总论通过各领域之间的相互比较、制度与现实之间的比较，指出使系统得以发展的可能性、解释系统相互之间的冲突的法律政策功能。[26] 根据大桥洋一的观点，行政法总论的第三种功能属于“新贵”，在晚近得到最多的关注。笔者认为，上述的三种功能，乃是以往行政法总论研究者自觉或不自觉的服务目标，在行政法总论的这样一种功能定位之下，结合前文有关部门行政法独立性及其体系构成、内容向度的认识，笔者将行政法总论与各论之间的关系定位为“一般与特别”“形式与实质”“传送带与反向传送带”三对关系范畴。

1. 一般与特别

行政法总论与各论之间首先是一般与特别的关系，这个关系维度颇类于民法总论与分论之间的关系：行政法总论一般性地提出法治国家的基本架构，亦即“合法性”考量层面的基本框架，如职权法定、法律保留、行政行为模式、正当行政程序、司法救济与国家赔偿的一般规则，等等。而行政法各论则在遵循总论所确定的法治国家基本原理、精神和规则的基础上，于特殊性上有所发展，甚至在具体规则上可以作出超越总论规范的例外规定，这也是特别优于一般的题中应有之义。例如，目前许多国家在行政法总论领域的立法（如行政程序法）中，大多会包含类似于“除法律另有规定外，应依本法规定为之”这样的规范，彰显了行政法各论的特别规范创制空间。而晚近，在行政法总论与各论的关系上，大陆法系学者有将总论的“一般性”进一步提高的趋势，主张行政法总论的任务不在于第一线解决行政法的个别问

㉖ ［德］施密特·阿斯曼：《行政法总论作为秩序理念——行政法体系建构的基础与任务》，林明锵等译，元照出版有限公司 2009 年版，第 5 页。

题，而只是提供一个秩序的理念与架构。㉗ 笔者认为，行政法总论要退出“一线”，须以行政法各论的充分发达为前提。

不过，值得注意的是，行政法总论与各论之间“一般与特别”的关系范畴同样具有其不同于民法体系的特殊性，正如有论者已经指出的，部门行政法与行政法之间的关系不完全是总则与分论的关系。其与部门行政管理之间的密切关系，以及以问题为核心的研究特点，很可能会催生出边缘性的、多学科交融的崭新学科。㉘ 笔者赞同这一基本判断，部门行政法与行政法总论之间绝不会是纯粹的“一般与特别”或者一一映射关系，而这实际上又涉及行政法总论和各论的第二对关系范畴。

2. 形式与实质

在行政法研究疆域和方法正在发生变革的当下，行政法学在传统的“合法性”考量基础上逐步地向一门关注行政效能、关注“最佳性”的治理科学发展，㉙ 而正如本文第一部分所阐述的，由于没有“历史包袱”，部门行政法将有可能首先感知和推动这种变革。因此，部门行政法的研究主题和内容中将大量充斥如何实现“最佳”治理的政策性讨论，尽管这其中的部分知识和原理会通过下文所说的类似于“反向传送带”的机制反馈到总论，但鉴于行政法总论的核心功能，其不可能承载所有的甚至无法承载大部分的“最佳性”问题。在这样的背景下，行政法总论和各论之间大致呈现出“形式和实质”的关系：行政法总论更关注形式法治，更关心如何规范和控制行政权，比如行政职权设定的法律位阶要求、行政行为的形态及其对应的法律效果、法定

㉗ 黄锦堂：《行政法总论之改革：基本问题》，载《宪政时代》2003年第2期。

㉘ 余凌云：《部门行政法的发展与建构》，载《法学家》2006年第5期。

㉙ 两大法系似乎都在经历这样的变化，如德国代表性公法学者提出行政法学除了传统的法解释学功能之外，还具有法政策面的功能，正如注释7黄锦堂教授的介绍中所反复提及的，行政法学作为经世济民的调控科学的思想在德国行政法改革的有关讨论中，俨然已渐成共识。而在美国，著名公法学者森斯坦提出了“下一代行政法学者应当会见证从司法卫护的行政程序向着由立法者和官僚设计的管制项目的转变”的论断，表达了行政法广泛介入政策问题的意思，see Cass R. Sunstein, Administrative Substance, 1991 Duke L. J. 607，类似的观点和实践在美国行政法学研究中已占据主流地位。

和正当程序要求、法定救济途径等；而行政法各论则较为关心何种制度架构能够实现政府的良好治理，如公共行政组织的形态（及内部架构）与管制目标的匹配性、如何选择恰当的行为形态和政策工具以实现善治、何种程序建制有利于决策优化等。

当然，“形式与实质”这样一种关系归纳本身也具有相对性，部门行政法无法离开形式法治的规范框架，而随着行政法总论的改革，总论领域也将不再与实质性话题绝缘。毕竟“传统行政法治更多注重的是法治的形式，主要强调政府依法行政，而现代行政法治则注入了越来越多的实质内容”。[30] 因此，总论与各论的“形式与实质”关系只代表一种大致的判断，不具有绝对性。

3. 传送带与反向传送带

作为宪法的具体化，行政法总论是介于宪法与行政法各论领域的桥梁，充当着“传送带”（transmission belt）的角色。通过这个传送带，宪法所确立的法治国家基本价值和精神被输送到行政法治的各个领域。应该说，对于这样一个“传送带”模式，行政法的研习者并不陌生。而对于反向的传送，即从行政法各论到行政法总论甚至宪法的传输，却往往容易被人忽略。考察大陆法系行政法总论的起源及其最初范围的框定，学者多认为有三个源头：一是来自宪法之民主国原则、法治国原则，二是国家性质的公开性，三是行政法各论。行政法总论系作为行政法之一般性的法之规范，其必须接受来自行政法各论的各种发展，尤其得以属于较新型或推陈出新而有综合意义的环境法、社会法作为举例加以观察。而行政法总论的范围，首先是从警察法、地方自治法、建筑法、公务员法的规范架构中发展出来的。[31] 可见，从行政法起源伊始，行政法各论在接受总论的价值输送的同时，也反过来为总论提供素材和资源。而在日益强调行政法的法政策功能的今天，部门行政法研究中所产生的成果如公共行政组织形态、政策工具、程序建制等更是逐步积累并反馈到行政法总论，引起行政法总论的改革。

---

[30] 姜明安：《新世纪行政法发展的走向》，载《中国法学》2002 年第 1 期。

[31] 黄锦堂：《行政法总论之改革：基本问题》，载《宪政时代》2003 年第 2 期。

中国行政法释义学的建构

李洪雷*

引　言

如果将“行政法学”界定为以行政法现象为研究对象的学科，则在这一“屋顶”之下可存在多个研究进路或分支学科。例如，“行政法政策学”① 反思现行行政法在制度设计上存在的缺陷并探讨未来完善的目标和方案，“行政法社会学”② 对行政法规范的产生背景、实施状况与社会效果进行观察和分析，“行政法史学”③ 对行政法规范的发展和演变过程予以追溯和阐释，“比较行政法学”对不同法域中的行政法规范加以比较和评价，而被称之为“行

---

* 李洪雷，中国社会科学院法学研究所研究员，宪法与行政法研究室主任，法学博士。

① 关于行政法政策学（Verwaltungsrechtpolitik），参见 Wolff/Bachof/Stober，Verwaltungsrecht I，S. 116，10. Aufl.，Verlag C. H. Beck，1987.

② 关于中国行政法社会学研究的典型成果，可参见应星、汪庆华编：《中国基层行政争议解决机制的经验研究》，上海三联书店 2010 年版。

③ 德国法律史学者米歇尔·施托莱斯（Machael Stolleis）撰写的四卷本《德国公法史》（Geschichte des Öffentlichen Rechts in Deutschland）是这方面的典范之作。该系列丛书的第二卷和第三卷已译为中文出版。第二卷见雷勇译：《德国公法史（1800–1914）：国家法学说和行政学》，法律出版社 2007 年版；第三卷见王韵茹译：《德意志公法史》（卷三），元照出版有限公司 2012 年版。

政法释义学”④ 的，则是对现行行政法规范的客观内容提供概念性、系统性地考察和说明。所有这些研究进路，对人们认识、理解与反思行政法现象都有其独特的贡献和价值，在重要性上可以说难分轩轾。但是，在现代学科体系之中，行政法学之所以能够作为一门独立的法学学科而存立，端赖于其能够从理论上为行政法规范的解释与适用提供指引和帮助，否则其独立存在的正当性即可能受到质疑，而有被纳入其他学科门类（如行政学、社会学、经济学、史学等）之虞。正是在这个意义上，可以说行政法释义学构成了行政法学的核心部分，换言之，狭义的行政法学就是行政法释义学。⑤

一、行政法释义学的基本特点

行政法释义学以某个特定的行政法秩序为中心，以法律方法为主要工

---

④ 法释义学是一个源于德国法的概念，德文为 Rechtsdogmatik（Juristiche Dogmatik），也可译为法教义学、法信条学、法解释学等。我国大陆法学者近年来多运用法教义学一词。单纯就文义而言，法教义学是 Rechtsdogmatik 的精确中译。但德文 Dogmatik 的词根 Dogma 在日常用语以及在哲学或神学术语中，蕴含着“不受挑战的某种确定的思想和观点”这一含义（[英] 布宁、余纪元编著：《西方哲学英汉对照辞典》，人民出版社 2001 年版，第 273 页），“它不是通过理性的证明，而是通过权威的宣言和源自信仰的接受来排除怀疑”，在一般公众的观念中，教义学的用语也可能被认为是一种教条主义。（[德] 魏德士著：《法理学》，丁晓春、吴越译，法律出版社 2003 年版，第 141 页）。这一意涵与现代法的理性和反思精神并不契合：为通说所承认的义理（doctrine）同样要接受批判与反思，并有可能为新的通说所推翻。其实，德语中运用 Rechtsdogmatik 一词来指称以探究现行法规范含义为中心任务的狭义法学，在很大程度上只不过是历史的遗留或惯性，其通常的意涵与专业的实际之间存在很大的差距。正是在这个意义上，罗尔教授在讨论这一概念时认为，“不应太把一个名词当回事”（Klaus F. Röhl，Allgemeine Rechtslehre，S. 141，Carl Heymanns Verlag，2001）。由于在中文中教义与教义学的用语同样容易给人以教条主义的误解，因此不适宜亦步亦趋地照搬德文的用语。法律信条学一词存在与法律教义学相同的问题，甚至犹有过之。在日本，Rechtsdogmatik 被译为法解释学，但法解释学既可以意指狭义的法学，也经常被用来指称法律解释的方法论。参见梁慧星：《民法解释学》，中国政法大学出版社 1995 年版。在英文中，由于考虑到将 Rechtsdogmatik 译为 legal dogmatics 容易导致误解，一些学者主张将其译为 legal doctrine，see Aleksander Peczenik，Scienta Juris，Legal Doctrine as Knowledge of Law and as a Source of Law，p. 2，Springer，2005。

⑤ 参见 [德] 罗伯特·阿列克谢著：《法律论证理论——作为法律证立理论的理性论辩理论》，舒国滢译，中国法制出版社 2002 年版，第 311 页；Chia-yin Chang，Doctrinal Knowledge and Interdisciplinary Studies of Law：A Reflection on Methodology，载《法哲学与法社会学论丛》2011 年第 1 期（总第 16 期），北京大学出版社 2011 年版。

具，探求行政法适用中之疑难问题的解决之道。

（一）行政法释义学以行政法的适用为主要取向

行政法释义学以行政法的适用为其核心研究对象。在法治国家中，行政机关应依法行政，法院应依法裁判，行政与司法都具有法律适用的性质。但法律适用并非机械地将法律文本应用于个案之中。因语言文字的固有局限而导致的模糊性和不确定性，因立法者理性认识能力的局限而产生的或者为保留法律适用上的弹性而刻意留下的法律漏洞，因法律制定主体和制定时间的差异而导致的法律规范之间的冲突……，所有这些都会造成法律解释与适用上的困难并从而出现所谓的疑难案件。此时，法律适用者可能需要利用文义、历史、目的、体系等标准，对行政法规范的涵义加以诠释；可能需要利用类比推理、当然推理、反向推理、目的性扩张和目的性限缩等方法，对行政法上的漏洞加以补充；也可能需要运用法律适用规则对相互冲突的规范加以选择。在此过程中往往充满了不同的选择，如在法律解释中，对不同解释标准在个案中的优先顺位会有不同的主张，甚至对同一个解释标准的运用也会产生争论，如同样是运用立法史料，也可能会得出不同的结论。

这种人言人殊的现象对法治原则所要求的理性化和法律确定性构成了巨大的威胁，也给法律适用者造成极大的负担。解决或者至少是缓解这一困境的重要途径，就是通过行政法释义学的研究，对行政法解释和适用中的问题进行深入研析，并达成共识、形成通说，从而为法律适用者的实践工作提供协助。[⑥] 这有利于增强法律适用的统一性和连贯性，降低法律适用的任意性，增加法律决定的可预期性，同时降低法律适用者的思维和推理负担：对于在法释义学上已经达成共识的结论（除非已经遭到了有力的驳斥），一般不需要再进行详细的论证。

行政法释义学的法律适用取向，并不意味着行政法释义学对于行政法的

---

⑥ 关于通说，参见黄卉：《论法学通说》，载《北大法律评论》2011 年第 2 期。

制定（包括修改）没有价值。[7] 一方面，行政法释义学对于概念、类型和原则的研究可以作为行政法制度建构的基础，另一方面，行政法释义学在对现行行政法秩序进行系统化作业时，可以发现现行行政法规范在政策评价上存在的缺陷或矛盾，并从而提出符合体系的新的解决方案。[8]

（二）行政法释义学以现行行政法秩序为中心

行政法释义学以法律适用为主要取向，决定了它必须以现行行政法秩序为中心。法律适用不能违背由现行有效的实证法规范所构成的法律秩序，这既是法律规范性的当然要求，也内含于国家的权力分立（分工）体制之中。行政法释义学既然以辅助法律适用为主要任务，那么在探究某一具体法律问题时，就不能率尔依据个人的价值伦理判断、主观意见或者外国法的规定而得出结论，而必须在现行行政法秩序的框架内寻求问题的解决之道，并对自己的主张在现行行政法秩序上的依据加以论证和说明。尽管理论的行政法释义学并不排除对现行法秩序的批评并提出未来改革的建议，但这决不意味着在解决个案法律问题时可以对现行有效法的弃之不顾。这种对应然法律规范和实然法律规范的区分，是行政法适用以及行政法释义学的基础性思维。

应注意的是，因为法律概念的不确定性和法律漏洞的存在，法秩序呈现出很强的开放性和弹性，具有一定程度的“未完成性”，[9] 这使得法释义学在法秩序的形成方面往往拥有很大的价值评判和政策发展空间。法释义学所确立的概念、制度和原则，既可以补充法律体系的罅隙之处，又可以在一定程度上指引法秩序的发展方向。因此，现行法秩序并非完全独立于法释义学而存在的研究客体，法释义学本身实际上构成了法秩序的重要部分。不过，对

---

⑦ 关于法释义学对立法的功能，参见许德风：《法教义学的应用》，载《中外法学》2013 年第 5 期。

⑧ ［德］魏德士著：《法理学》，丁晓春、吴越译，法律出版社 2013 年版，第 146 页。

⑨ ［德］考夫曼、哈斯默尔主编：《当代法哲学和法律理论导论》，郑永流译，法律出版社 2002 年版，第 186 页。

于行政法释义学的这种建构意义也不能夸大，因为行政法释义学对法律问题的解决方案必须保持在现行法的界限内，只能是“带着（规范的）镣铐跳舞”，[10] 因此，法释义学尽管可以发现现有个别规范中不适当之处并加以评判，但整体而言难于提出对整个体系的改革计划，这在急剧变革的时代很多时候并不能完全满足法治实践的需要，作用的有限性会更加凸显。[11]

行政法释义学以现行行政法秩序为中心，只是意味着在就具体的法律适用问题提出解决方案时不能脱离现行行政法秩序，并非否定他国行政法释义学的借鉴意义。一方面，在行政法适用过程中，对于现行行政法秩序中的模糊、空白之处，可以援引他国行政法释义学的成果加以澄清或补充；另一方面，在建构行政法释义学的概念、类型、原则时，也即进行相对超脱于现实的法律适用问题的概念性和体系性研究时，可以在更大程度上参考他国行政法释义学的研究成果。当本国的行政法秩序尚处于初创时期，基本概念和原则尚未建构完整时，这种比较行政法的视野就显得尤为必要。

（三）行政法释义学以“法律方法”为核心要素

方法一般是指为达到认识客体（这种客体并不要求是一种实体）的目的而采取的合乎计划的（也即体系性的）、理性的程序。[12]“法律方法”（或称“法学方法”，juristische methode）作为认识法律的方法，是法释义学的核心要素，以至于这两个概念有时被作为同义语。[13] 行政法上的法律方法，是指运用概念建构、类型区分、原则的发现和适用、法律推理等工具，对现行行政

---

⑩ 林来梵教授语，见林来梵、郑磊：《所谓“围绕规范”——续谈规范宪法学的方法论》，载《浙江学刊》2005 年第 4 期。

⑪ 与此相似，斯塔克认为，当立法的决定因为根本性的政治转变或者为了解决全新的社会问题而形成与法秩序中的其他部分之间的断裂时，法释义学就无能为力了。参见程明修：《行政法释义学》，载《行政法之法律行为与法律关系理论》，新学林出版有限公司 2005 年版，第 15 页。

⑫ ［德］考夫曼著：《法律哲学》（德汉对照），刘幸义等译，五南图书出版公司 2000 年版，第 54 页。

⑬ Walter Krebs，Die Juristische Method im Verwaltungsrecht，in Eberhard Schmidt-Aßmann/Wolfgang Hoffmann-Riem（Hrsg.），Methoden der Verwaltungsrechtswissenschaft，S. 214，Nomos，2004.

法秩序的内容加以描述、解释和体系化，并对法律问题的解决提供方案，其所关注的焦点是行政法的法律解释、行政法适用的技术、行政法体系的建构和行政合法性的保障。⑭ 解决个案中的法律问题固然是法律方法的重要任务，但它并不局限于此，而是更致力于体系性的思考。⑮ 这种体系性的思考强调通过将具体的法律问题纳入法律概念和制度的普遍性、整体性、系统性的相互关联中，以把握各种法律规定和义理（dogmen）之间的关联。⑯

法律方法对于行政法学的学科独立性具有重要的助推作用，这种作用体现在两个方面：一方面，通过与法律适用的密切关联保证其与实践的相关性，从而为行政法学科的存在获得外部的正当性；另一方面，通过确立自身的核心方法，可以保证行政法学作为一个学科（wissenschaftliche disziplin）的身份（Identität）和整全性（Integrität）。⑰"法律方法导向行政法的'体系'（System）和'一般学说'（allgemeine Lehren），这也为行政法成为一个独立的法律学科奠定了基础并提供了保障。"⑱ 被视为"德国行政法中法学方法的奠基人"的F. F. 迈耶（Friedrich Franz Mayer，1816-1870），企图"把具体的归纳成为一般的，为公共法律生活中的每一个具体制度安排位置，并在与其

---

⑭ Wolff/Bachof/Stober, Verwaltungsrecht I, S. 123, 10. Aufl., Verlag C. H. Beck, 1987.

⑮ 阿列克谢认为，法释义学的工作包括对现行有效的法规范加以描述，对法规范进行概念性和体系性的研究，并提出解决疑难案件的建议。［德］罗伯特·阿列克谢著：《法律论证理论——作为法律证立理论的理性思辨理论》，舒国滢译，中国法制出版社2002年版，第311页。

⑯ ［德］克劳斯·罗克辛著：《德国刑法学总论》（第1卷），王世洲译，法律出版社2005年版，第118页。阿斯曼也认为，体系性思考要"研究法律制度之间的衔接与相互依赖，并且思考在某一点上的改变会给法律制度其他部分所造成的反作用"。Eberhard Schmidt-Aßmann, *Das allgemeine Verwaltungsrecht als Ordnungsidee*, Vorwort, Springer, 2006.

⑰ Christoph Möllers, Methoden, in Wolfgang Hoffmann-Riem, Eberhard Schmidt-Aßmann, Andreas Voßkuhle (Hrsg.), Grundlagen des Verwaltungsrechts Band I, S. 154, Verlag C. H. Beck, 2006.

⑱ Wolff/Bachof/Stober, Verwaltungsrecht I, S. 119. 对行政法学中法律方法的全面梳理，参见Walter Krebs, Die Juristische Method im Verwaltungsrecht, S. 209 ff；Andreas Voßkuhle, Neue Verwaltungsrechtswissenschaft, in Wolfgang Hoffmann-Riem, Eberhard Schmidt-Aßmann, Andreas Voßkuhle (Hrsg.), Grundlagen des Verwaltungsrechts Band I, S. 4 ff, Verlag C. H. Beck 2006.

他法律的关系中对最上位的起指导作用的基本原则进行阐述”。[19]“现代行政法方法真正的开山鼻祖和经典人物”奥托·迈耶（Otto Mayer，1846-1924），运用“纯粹的法律思考”，通过对“材料的法律渗透，行政法制度的法学建构”，更为完整地建立了行政法释义学体系。[20] 奥托·迈耶强调概念和体系的意义，认为如果行政法具有清晰的概念性和体系性特征，则国家各种各样的高权措施就能在形式上得到规范，并为决定是否需要为其后果提供法律保护提供帮助。不仅如此，“如果行政法学要想获得与其他更加成熟的法学学科并肩而立的资格，就必须成为由国家行政特有法律制度所构成的体系”。[21] 因此，行政法学要“依照特有的法理念（rechtsideen）”对行政法制度“在整体内容上的体系性发展和安排”进行阐述，并对“行政法上各个法律制度的体系加以说明”。[22] 奥托·迈耶的著作取得了巨大的成功，最终使得行政法学从警察学（行政学）和国家法学中解放出来，获得了学科的独立性。[23]

尽管法律方法对于行政法学作为一个学科而独立存在具有至关重要的作用，但行政法学界长期存在的一个争论是：对于行政法问题的解决，是要坚持法律方法的纯洁性，切断其与行政学、政治学、社会学与经济学等相邻学科（nachbarwissenschaften）之间的联系；还是应注重不同学科的交叉融

---

⑲ ［德］米歇尔·施托莱斯著：《德国公法史（1800－1914）：国家法学说和行政学》，雷勇译，法律出版社2007年版，第531页。

⑳ ［德］米歇尔·施托莱斯著：《德国公法史（1800－1914）：国家法学说和行政学》，雷勇译，法律出版社2007年版，第543页。

㉑ Otto Mayer，Zur Lehre von öffentlichrechtlichen Vertrage，in：Archiv des öffentlichen Rechts3（1888），S. 3.

㉒ Otto Mayer，Deutsches Verwaltungsrecht，1 Bde.，S. 20f，3. Aufl. 1924.

㉓ 拉班德在1887年还曾说，“行政法不存在专门的和特有的法律原则”，而到了1906年，当弗莱纳回顾行政法学科史时已经可以说，“从一种搀杂了历史、政治和国民经济等五花八门的混合学说中，德国行政法学取得了成功，成长为一门法律学科，它以曾使民法学成为伟大学科的和严格的法学方法为评判公共行政关系获取了法律原则”。转引自［德］米歇尔·施托莱斯著：《德国公法史（1800－1914）国家法学说和行政学》，法律出版社2007年版，第549页。关于奥托·迈耶与行政法学的法律方法，可参见Alfons Hueber，Otto Mayer，Die “juristische Methode” im Verwaltungsrecht，Duncker & Humblot，1982.

合，综合运用各学科的专门知识与研究成果共同解决行政法问题？有学者认为，学科综合所导致的是“方法上的杂糅主义”（methodensynkretismus）与学科之间的分工相抵触。但也有学者认为，坚持方法的纯洁性其实是对行政法社会关联的忽视，并且因为将目光专注于合法性，而遮蔽了合目的性、简便性、非正式性、节约性、经济性、及时性和亲民性等事实上与合法性密切相关的价值。㉔ 目前来看，法律方法的纯粹性已经很难维持，学科的交叉已经不可避免。这种交叉性不仅意味着当人们探讨行政法规范制定和行政法规范实效性（wirklichkeit）的问题时，必然要综合运用其他相关学科的知识，也意味着在行政法规范的适用领域，纯粹的法律方法也已不敷使用。其一，在对不确定法律概念的解释和对法律漏洞进行补充时，常需对相关因素进行权衡以及预估决定的后果，而单纯依赖法律方法有时难于对自己的主张或结论进行正当化论证。其二，传统法律方法主要着眼的是法官的法律适用，但在行政法上，首先承担法律适用任务的是行政机关，行政机关的法律适用因为其强烈的公益和政策导向性而有许多不同于法官的法律适用的特点。其三，随着现代社会的变迁和行政职能的扩张，在规划、环境、经济规制等行政领域中，利益的多元复杂性、决策的未来导向性以及风险的不确定性，都使得行政决策更加棘手，也加大了对行政行为的合法性进行判断的难度，传统的法律方法也不敷使用。㉕其四，与私人自治不同，行政机关具有作出“正确的”

㉔ 对此争论，参见 Wolff/Bachof/Stober，Verwaltungsrecht I，S. 120，S. 123。

㉕ 有学者提出，在传统的合法/违法的二元判断之外，出现了第三种范畴“不确定”（unsicher）。Christian Bumke，Die Entwichlung der Verwaltungsrechtswissenshaftlichen Methodik in der Bundersrepublik Deutschland，in Eberhard Schmidt-Aßmann/Hoffmann-Riem（Hrsg.），*Methoden der Verwaltungsrechtswissenschaft*，S. 90，Nomos，2003. 与此相似，考夫曼主要是在刑法的背景中，在合法、违法之外，提出了“法外空间”，即法律既不禁止也不允许，而是对一定的行为不作评价。[德] 考夫曼著：《法律哲学》（德汉对照），刘幸义等译，五南图书出版公司 2000 年版，第 223 页。

(richtig) 决定的法定义务。[26] 在强调善治（*Gute* Regierungsführung, good governance）的时代精神下，单纯的合法性考虑也不足以维持行政的正当性并取得公众的认同。为了既充分利用跨学科的专业知识，又避免导致学者所担心的方法上的调和主义，有的学者提出了“分化—整合”（differenziert-integrativen）的命题，也即在综合运用不同视角和学科知识的同时，也不能否定每一种思考方法的独特性。在借鉴其他学科的知识时，应分析其动因、范围与后果，[27]而不能不经过滤或未加反思地直接输入。[28] 并且无论如何，只要是将行政合法性的确保作为行政法学的首要任务，则“法律方法”在行政法学的方法体系中仍居于中心与支配的位置。[29]

二、公法与私法区分论

在大陆法系国家，公法与私法的二元区分奠定了实证法律秩序的基础结构，也构成了行政法释义学的预设前提。[30] 从行政组织法上的公法人，到行政行为法上的行政处理、行政契约和行政强制执行，再到行政救济法上独立的行政法院和行政诉讼程序，等等，所有这些法律概念和制度都建立在公私法二元区分的基础之上。尽管通说认为，公私法二元区分并非法律逻辑上的

㉖ Walter Krebs, Die Juristische Method im Verwaltungsrecht, S. 209, in Wolfgang Hoffmann-Riem/Eberhard Schmidt-Aßmann/Andreas Voßkuhle (Hrsg.), Grundlagen des Verwaltungsrechts Band I, S. 4 ff., Verlag C. H. Beck 2006.

㉗ Andreas Voßkuhle: Methode und Pragmatik im Öffentlichen Recht, in Hartmut Bauer/ Detlef Czybulka/Wolfgang Kahl/Andreas Voßkuhle (Hrsg.), Umwelt, Wirtschaft und Recht, S. 189, Mohr Siebeck, 2002.

㉘ Eberhard Schmidt-Aßmann, Das allgemeine Verwaltungsrecht als Ordnungsidee, S. 28, Springer, 2006.

㉙ Martin Burgi, Rechtsregime, in Wolfgang Hoffmann-Riem/Eberhard Schmidt-Aßmann/Andreas Voßkuhle (Hrsg.), Grundlagen des Verwaltungsrechts Band I, S. 1175 ff., Verlag C. H. Beck, 2006.

㉚ Eberhard Schmidt-Aßmann, Das allgemeine Verwaltungsrecht als Ordnungsidee, S. 285, Springer, 2006. .

(rechtslogisch)的强制要求，但公法与私法在功能和出发点方面存在基本的差异。私法的主要任务为规范私人的法律行为并协调私人相互之间实际或潜在的利益冲突。私法以私人自治为根本原则，私人享有法律框架内的自由，无须对自己的决定承担说理义务。而公法以作为国家为规范对象，以确定公权力的基础和界限为主要任务。[31] 公权力主体不享有私人自治，而是必须遵循法律保留、平等原则、比例原则和正当程序原则等要求，并且要对自己的行为加以论证或正当化。[32] 公私法二元区分的社会基础在于国家与（市民）社会的分离。[33] 当然，伴随着政治、经济与社会的变迁，在现代国家中的公私法二元区分已经丧失了绝对性，公私法的严格分离已无法再继续维持，公法与私法已经成为两个互为支持和补充的系统。[34] 例如，宪法的基本权利规定不仅可以直接约束公权力机关，还可以对通过的“间接的第三人效力”对私法的解释和适用产生“辐射影响”(Ausstrahlungswirkung)；[35] 国家不仅可以以公法组织形式和行为方式和活动，也可以以私法组织形式和方法活动；行政法可能对私法产生限制与引导作用；有时可以类推适用私法规定来填补行政法的漏洞。[36] 不过，这些关系仍然发生在两个领域相对独立存在的基础之上，不应因

---

[31] Hartmut Maurer, Allgemeines Verwaltungsrecht, S. 39 f., Verlag C. H. Beck, 2009.

[32] Eberhard Schmidt-Aßmann, Das allgemeine Verwaltungsrecht als Ordnungsidee, S. 28.

[33] Dirk Ehlers, Verwaltung und Verwaltungsrecht, in Erichsen/ders (Hrsg.), Allgemeines Verwaltungsrecht, S. 138, De Gruter, 14. Aufl., 2010. 从德国法制史角度对这一问题的分析，参见Michael Stolleis: Öffentlichen Rechts und Privatrecht im Prozeß der Entstehung des modernen Staates, in Wolfgang Hoffmann-Riem/Eberhard Schmidt-Aßmann (Hrsg.), Öffentlichen Rechts und Privatrecht als wechselseitige Auffangordnungen, S. 41 ff., Nomos Verlag, 1996; Jens-Peter Schneider, The Public-Private Law Divide in Germany, in Matthias Ruffert, The Public-Private Law: Potential for Transformation?, p. 87 f., British Institute of International and Comparative Law, 2009.

[34] Wolfgang Hoffmann-Riem/Eberhard Schmidt-Aßmann/ (Hrsg.), Öffentlichen Recht und Privatrecht als wechselseitige Auffangornungen, Nomos Verlag, 1996; Martin Burgi, Rechtsregime, in Wolfgang Hoffmann-Riem/Eberhard Schmidt-Aßmann/Andreas Voßkuhle (Hrsg.), Grundlagen des Verwaltungsrechts Band I, S. 1175 ff., Verlag C. H. Beck 2006.

[35] Klaus F. Röhl, Allgemeine Rechtslehre, S. 399, Carl Heymanns Verlag KG, 2001.

[36] 陈敏：《行政法学总论》，台北，自刊，2007 年版，第 43 页以下；Dirk Ehlers, Verwaltung und Verwaltungsrecht, S. 166 ff.

此而混淆公法与私法在概念与释义学上的（begrifflich－dogmatischen）基本差异。[37]

自清末变法以来，我国的法律体系主要受大陆法系国家影响，新中国成立后学习苏联法制，苏联法制的底子也是大陆法系，改革开放以来，通过学习、借鉴德国法、日本法和我国台湾地区的法律体系，大陆法系对我国法律概念和法律体系的影响至为深刻。但我国现行法在公私法划分问题上的立场尚未完全明确。一方面，由于我国现行法律体系承认宪法、行政法与民法等都是有着各自调整对象或方法独立的部门法，对相关争议的处理应通过不同的主体与程序进行，这至少可以说是在间接意义或者初步程度上承认了公私法的区分。尤其是自《行政诉讼法》实施以来，因为有专门的行政审判机构和行政诉讼程序，在此基础上明确区分公法案件与私法案件渐已成为法学界的共识。[38] 但另一方面，我国公私法的区分又很不彻底，如现行宪法中大量地将私人作为宪法规范的义务主体，行政诉讼和民事诉讼都统一由人民法院（尽管是由不同的审判庭）来审理，公法人、公产（公物）、行政合同、行政赔偿补偿等方面独立的行政法制度还没有建构起来。本文认为，建立在国家与社会二元分立基础上的公私法二元区分，对于清理我国全能主义传统的制度残留，引导行政法的体系性建构具有重要意义。为此，我国行政法释义学的建构，需要进一步研究公私法区分的标准，对个案进行公私法归类需要考虑的因素，公私法领域的交织、支持和补充，以及公法人、公物法和行政契约（公法契约）的具体制度，等等。

---

[37] Hartmut Maurer，Allgemeines Verwaltungsrecht，S. 41，Verlag C. H. Beck，2009.

[38] 马怀德、张红：《行政争议与三大诉讼关系论》，载马怀德主编：《行政诉讼原理》，法律出版社 2003 年版；高秦伟：《行政法中的公法与私法》，载《江苏社会科学》2007 年第 2 期；金自宁：《公法/私法二元区分的反思》，北京大学出版社 2007 年版；鲁鹏宇：《论行政法的观念革新——以公私法二元论的批判为视角》，载《当代法学》2010 年第 5 期；江利红：《以行政过程为中心重构行政法学理论体系》，载《法学》2012 年第 3 期。不同意见，参见杨伟东：《建立行政法院的构想及其疏漏》，载《广东社会科学》2008 年第 3 期。

三、行政法基本原则论

行政法释义学的一项重要任务在于确定行政法上法律原则的内容及其相互之间的（补充或限制）关系。法律原则是法律规则的生命，体现了法律规则所内蕴的价值，是其正当化的根据。立法机关依据法律原则设定具体法律规则，既有利于提高行政法规范的体系性，也可以保证行政法秩序在实质价值上的正当性。[39] 对于行政法规范的模糊之处，往往需要从隐含于法律规则背后的法律原则出发，对其加以客观目的或体系解释。当行政法规范存在漏洞时，基本原则也可以作为法律补充或续造的重要依据。行政法基本原则对现代行政法的中心使命之一控制行政裁量权具有重大意义。在现代社会，由于社会关系的高度复杂和易变性，为保障行政的灵活机动和促进个案正义，法律往往委由行政机关根据客观情况及其对法律、政策的理解加以决定，行政机关对于行为方式、幅度和程序的选择拥有较为广泛的裁量权。但是行政裁量权并非任意裁量权，行政裁量不仅不能超越权限等外部界限，也不能违反法律原则，否则同样构成违法。在德国，行政法上较常被运用的一般行政法原则（原理）有：人性尊严原则、法治国原则、法律优位与法律保留原则、必要性与比例原则、平等原则、法律安定性原则、信赖保护原则、诚实信用原则、禁止溯及既往原则、法律与行政行为的明确性原则、行政自我拘束原则、个案正义原则、禁止违反善良风俗原则、禁止权利滥用原则、行政程序的诸原则［如法定听证（rechtliches Gehör）］，禁止作为自己案件法官，禁止利益冲突和偏见）。[40] 在日本，依法律行政原则、平等原则、比例原则、行政

[39] ［德］拉伦茨著：《法学方法论》，陈爱娥译，商务印书馆 2004 年版，第 348 页以下。

[40] Friz Ossenbül, Rechtsquellen und Rechtsbindungen der Verwaltung, in Hans－Uwe Erichsen, Allgemeines Verwaltungsrecht, S. 157f, 10 Aufl., Walter de Gruyter, 1995; Dirk Ehlers, Verwaltung und Verwaltungsrecht in demokratischen und sozialen Rechtsstaat, in Erichsen/Ehlers（Hrsg）, S. 69 ff., Allgemeines Verwaltungsrecht, De Gruter, 14. Aufl., 2010; Wolff., Bachof, Stober, Verwaltungsrecht I, S. 264, 10. Aufl., München: Verlag C. H. Beck, 1994; ［德］毛雷尔著：《行政法学总论》，高家伟译，法律出版社 2000 年版，第 64 页以下。

程序上的诸原则、诚实信用原则、信赖保护原则和禁止翻供（禁反言）原则等，被承认为一般行政法的原则。[41] 在英美等普通法系国家，自然公正或正当法律程序，明确性、一致性与合理性等法律原则在行政法中发挥重要的作用。“为了阻止行政机关不公正地行使他们的广泛权力，法院已经发展出了一定的‘普通法’原则。”[42]

我国法院以往不习惯运用法律原则来裁判行政案件，这种现象目前已有所改变，法院在一些案件中开始直接援引法律的原则进行判决，并且取得了较好的社会效果。这与我国行政法释义学对比例原则、正当法律程序原则研究所提供的智识资源密切相关。但我国行政法释义学对行政法基本原则的研究仍有很大的拓展空间。例如，行政法基本原则的产生途径问题，行政法基本原则的类型问题（如行政效能效率原则是否属于行政法的基本原则），大陆法系和英美法系行政法基本原则（如依法行政原则和越权原则，信赖保护原则和正当期待原则，比例原则与合理性原则）的协调问题，每一种行政法基本原则的内涵和具体要求问题，行政法基本原则之间可能出现的紧张关系（如在授益违法行政行为撤销问题上依法行政原则和信赖保护原则之间的冲突）如何化解的问题，在运用法律原则控制行政裁量权如何不会过分限制行政机关的灵活性的问题，以及宪法基本原则（包括基本权利[43]）与行政法基本原则的关系，等等，都值得进一步深入研究。

四、行政行为形式论

行政行为形式论（die Lehre von der Handlunsformen der Verwaltung）是行

---

[41] 参见［日］盐野宏著：《行政法》，杨建顺译，法律出版社1999年版，第45页以下。

[42] Breyer, Stewart, Sunstein, Spitzer, *Administrative Law and Regulatory Policy* (4th edition), p. 415, New York: Aspen Law & Business, 1999.

[43] Martin Borowski, Grundrechte als Prinzipien, 2. Aufl., Nomos, 2007.

政法释义学中历史最为悠久的部分，是行政行为体系的核心要素，[44] 同时也构成了行政法释义学思考的典范。[45] 行政行为形式论是从纷繁复杂、形形色色的行政活动抽离出在法律上具有重要性的要素，加以归类、组合并确定其在整个行政行为体系中的地位，然后整理其所应符合的法律要求并分配其一定的法律效果。[46] 行政机关的特定行政活动，一旦被归入某种行政行为形式之中，就可以决定其应受的法律约束、法律瑕疵的后果、行政强制执行的可能性以及法律保护途径。行政行为的形式就如同一个仓库，行政机关在履行行政任务时可从中选择最有利于其完成行政任务的形式（“仓储功能”，speicherfunktion）。行政机关以及法院判断行政活动的合法性或确定其法律效果时，可以直接援用行政行为形式论中的成果，从而减轻其思维的负担（“减负功能”，entlastungsfunktion）。[47] 行政行为形式论也增加了法律确定性和行政相对人对公权行为的可预见性，从而具有重要的法治国意义。奥托·迈耶所建构的行政处理概念即是其中最为典型也是发展作为成熟的行政行为形式。

行政行为的形式具有不同的层次。在我国的行政法教科书行政行为理论体系中，一般将行政行为划分为行政立法（和其他规范性文件）、行政处罚、行政许可、行政指导、行政奖励、行政确认、行政强制、行政裁决、行政给付等不同的行为类型，并归纳相关的规则和制度。这也可视为行政行为形式论的作业。但为了达到简化思维程序、减轻立法负担等功能，还应探求是否还可以在这些概念之上抽象出拥有共同特征的新形式，并从而构建更具普适性的规则，然而同时，也要避免因为过度抽象化导致的概念空洞化。从这个角度看，我国行政法教科书中同行的行政行为类型划分即有其不足。因为很

---

[44] Eberhard Schmidt-Aßmann, Das allgemeine Verwaltungsrecht als Ordnungsidee, S. 296.

[45] Wolfgang Hoffmann-Riem, Rechtsformen, Handlungsformen, Bewirkungsformen, in ders/Eberhard Schmidt-Aßmann/Andreas Voßkuhle (Hrsg.), Grundlagen des Verwaltungsrechts Band II, S. 886, Verlag C. H. Beck, 2008.

[46] Eberhard Schmidt-Aßmann, Das allgemeine Verwaltungsrecht als Ordnungsidee, S. 298ff.

[47] Barbara Remmert, Verwaltungshandeln und Verwaltungsrechtsverhältnis, in Erichsen/Ehlers (Hrsg.), Allgemeines Verwaltungsrecht, S. 595, De Gruter, 14. Aufl., 2010.

明显，至少在各类行政许可、行政奖励、行政确认、行政给付、行政裁决及行政处罚之上，完全可以运用行政处理（决定）的概念来对其共同的规则加以探讨。[48] 另一方面，自从我国行政诉讼法采用了具体行政行为的概念以后，具体行政行为和抽象行政行为的概念在各类教材和著作中得到普遍采用，但相关讨论往往过分考虑解决行政行为可诉性的问题，对行政行为形式论的其他功能重视不足，特别是由于在具体行政行为中包含了双方行为与单方行为、法律行为与事实行为甚至内部行为与外部行为，相关规则方面存在巨大差异，因而这一概念存在过度抽象的问题，不适于作为行政行为的基本形式。[49] 与此相对，德国行政法释义学在对行政行为依据内部与外部标准、抽象与具体标准、单方与双方标准、法律行为和事实行为标准进行分类的基础上，对其加以归并和整理，从而产生的一些行政行为的基本形式，如法规命令（行政立法）、行政规则、行政处理、行政合同与行政事实行为等，继而围绕这些概念建构相关的法律制度，这一成果值得我国行政法释义学借鉴。

五、行政组织法论

行政组织是行政活动的主体，为有效履行行政任务，适当的组织形式、科学的组织结构和充足的人员、经费配备，都不可或缺。“现代国家作为一个具有决策与行动能力的主体而存在，端赖于将国家建构起来的组织法所定的标准”。[50] 行政组织法一方面从法律上将行政加以组织使其成为行动主体并确定其内部结构（建构职能），另一方面也调整行政事务的处理过程和决策（调

---

⑱ 大陆法系行政程序法的中心内容之一是构建行政处理的相关规则，而这些规则的学理基础在于行政法释义学的长期讨论。而正是由于我国多数行政法学教科书（作为行政法释义学成果的集中体现形式）对行政处理概念及制度缺乏讨论，导致我国行政程序法的制定在理论准备方面的严重不足。

⑲ 胡建淼教授带领的研究团队对此作了全面深入的研究。参见胡建淼主编：《行政行为基本范畴研究》，浙江大学出版社 2005 年版。

⑳ Ritter 语，转引自 Eberhard Schmidt-Aßmann，Das allgemeine Verwaltungsrecht als Ordnungsidee，S. 239。

控职能)。[51] 传统大陆法系行政法释义学以行政行为形式论为中心,强调对行政活动的直接控制,近年来这种状况已有很大变化,行政组织法释义学被置于行政法释义学中更加突出的位置。[52]

在我国,行政组织法更是处在行政法学的边缘地带,对于行政组织法的研究仅限于行政主体、行政授权、行政委托等高度形式化的范畴,对于行政组织法中的实体性问题少有触及。[53] 这一方面是因为行政法学界对行政组织和行政组织法的重要性认识不足,另一方面也是希望通过将研究范围限缩于与行政诉讼相关的问题而将行政法学与行政管理学(公共行政学)等相区分。但行政组织法领域中的大量问题,尽管与诉讼可能并无直接的关联,但对于行政任务的实现和行政的规范化、制度化均具有重要作用,是体系化的行政法制度中不可或缺的关键部分,不应被排除在行政法释义学的范围之外。在未来,我国行政组织法释义学应对以下问题予以关注。其一,行政组织的法律形态问题。行政组织的法律形态,包括公法人、(科层制)行政机关、(具有较大独立性的)行政署、私法形式的行政组织,等等,这些组织形态各有特点和优劣,应当结合行政任务(公务)的性质和宪法规范对其优劣加以分析和比较。其二,行政一体(einheit)与分散(vielgliedrigkeit)的正当性、界限及其保障。行政一体还是多元的问题在一般组织法释义学中具有中心意义:一体与多元的概念塑造了公共行政中信息沟通和信息处理的整个体系,决定了责任结构和参与机会,并且是确定国家责任等具体法律后果归属的出发点。[54] 其中行政一体的优势在于有利于保证行政责任的明晰、促进行政的协调统一,而行政分散的优势则在于能够更加充分地体现地方自治和行业自治的

---

[51] 同上。

[52] Eberhard Schmidt-Aßmann, Das allgemeine Verwaltungsrecht als Ordnungsidee, S. 239 ff.; Wolfgang Hoffmann-Riem, Eberhard Schmidt-Aßmann, Andreas Voßkuhle (Hrsg.), S. 841 ff.; Grundlagen des Verwaltungsrechts Band I, Verlag C. H. Beck, 2006.

[53] 这种状况近年来已有所变化,如应松年、薛刚凌:《行政组织法》,法律出版社 2002 年版;马英娟:《政府监管机构研究》,北京大学出版社 2007 年版。

[54] Eberhard Schmidt-Aßmann, Das allgemeine Verwaltungsrecht als Ordnungsidee, S. 256.

要求，更能照顾地方和专业的特殊性，也更有助于提高行政的透明性与可接近性。这两个原则如何协调，是行政法释义学需要面对的一个重要问题。其三，法律保留在行政组织领域的范围问题。法律保留原则确立了立法和行政在组织事务中的功能界限。法律保留的范围不宜过窄，过窄则不利于发挥法对行政组织的规范功能，但也不宜过宽，过宽则可能导致行政的僵化，不适应行政任务变化的需要。在我国全方位改革时期，如何在协调规范性和灵活性的基础上确定行政组织法律保留的范围，值得研究。其四，行政组织法的内部体系问题。这里应特别注意狭义的组织法问题（行政组织的形式和结构、管辖权和区划等）和人事、预算等乃至于程序、信息问题的关联，并保证相关制度能够共同发生规范作用。其五，行政组织法释义学与相邻学科的关系问题。行政组织法具有跨学科的特征，与行政学和组织学等存在密切联系，需要考虑如何将相关研究成果纳入行政组织法释义学之中。其六，如何回应本土的问题。行政组织法是一个具有强烈本土性的法律领域，对于中国的一些特殊行政组织现象，如单位体制，如何在行政法释义学中加以定位，亟待深入分析。[55]

结　语

近三十多年来我国行政法学研究的重心在于法律的建构，法学家扮演着“影子立法者”的角色，这种研究取向和角色定位与社会经济政治发展的需要是相一致的，适应了我国全方位的改革对制度转型和制度建设的需要，在这一方向上还有很大的发展空间，尤其是在部门行政法领域更是如此。行政法学者必须拓展自己的知识面，深化对现实行政过程的理解，对国家行政法制的建构作出更大贡献。但与其他学科相比，法学这门学科的独特性正是在于

---

[55] 一个初步的分析，参见李洪雷：《其他承担行政任务的主体》，载应松年主编：《当代中国行政法》（上），中国方正出版社 2005 年版。

发展出一套解决法律解释和适用问题的独特技术和理论，从这一角度来看，法学研究者忽视对法律规范的解释和适用的研究又是不可原谅的。中国行政法学研究必须通过对行政法学概念、原则、原理的爬梳，对行政法解释和适用方法的研究，建构起更加精细化的行政法释义学体系，从而为行政法规范的客观内容提供概念性、系统性地考察和说明，并以此促进行政法规范适用的安定性与可预测性。[56]

---

[56] 李洪雷：《中国行政法（学）的发展趋势——兼评“新行政法”的兴起》，载《行政法学研究》2014年第1期。

中国的部门行政法研究与行政法总论的改革*

宋华琳**

行政法总论在中国行政法学中占据了最为主要的地位，它以总体的行政和法作为研究范围，旨在建构出行政所需遵循的法治国原理的具体内涵，其任务不在于精确回答个别领域的个别问题，而是要提供相应的秩序理念和架构，让行政受到法律的制约，为所有行政活动提供概略性的指引。① 在中国已有的行政法学教科书中，绝大多数仅包括行政法总论的内容。②

中国当代的行政法可谓与市场经济体制改革和建设同步而生。基于民事权利保护的需求，基于经济体制改革确立企业自主权的需求，使得我国形成了以命令—控制型权力为主要规范对象，以保护公民、法人和其他组织个体权利为中心的行政法。③ 但随着中国国家和社会关系的剧烈变化，在秩序行政法框架下构建的中国行政法学体系，显得多少有些不敷现实之需。因此，行政法应适应社会发展的需求，进行研究方法的改革，④ 而通过研究部门行政

---

* 本文的部分内容原发表于《当代法学》2010 年第 2 期。本文第三部分、第四部分为新增内容，讨论了部门行政法研究的多元进路和理想风格。

** 宋华琳，南开大学法学院教授，博士生导师，法学博士。

① 黄锦堂:《行政法的发生与发展》，载翁岳生编:《行政法》（上卷），中国法制出版社 2009 年版，第 80 页。

② 近年来不多的例外，可参见朱维究主编:《中国行政法概要》，中国人民大学出版社 2009 年版。该书第六编题为“分论”，其中包括“部门行政法概述”“警察行政概述”“社会保障概述”三章。

③ 参见于安:《论我国社会行政法的构建》，载《法学杂志》2007 年第 3 期。

④ 参见于安:《行政法的生命在于适应社会需求》，载《法制日报》2007 年 3 月 2 日。

法，回应现实具体问题，反哺行政法学理论，或许为其中一条重要的途径。

部门行政法的研究，不仅有助于贴近现实，寻找出问题的因应之道，还有利于从具体领域中累积学术素材、学术论点、学术进步，来印证、反思与发展行政法总论。近年来我国行政法学者在警察、都市、教育、社会保障、食品、能源等部门行政法领域都取得了一定研究进展，也有多位学者就部门行政法研究发表了自己的见解。[⑤] 在本文中，笔者将以近年来自己用力较多的药品行政法领域为例证，来论述行政法总论的体系性功能，探讨展开部门行政法研究所面临的挑战、所可能的进路。探讨部门行政法研究有可能秉承怎样的理想学术风格，探讨部门行政法对行政法总论改革的可能贡献，以期获得某些更具普遍意义的学术结论。

一、行政法总论的体系性功能

在德国，行政法学最初发轫于18世纪的国家学和行政学，又同警察学、警察法有密切的联系。[⑥] 之后奥托·迈耶摒弃了以行政法各论为对象来撰写行政法教科书的风气，利用概念法学的进路，参考和援用民法上的概念术语，从纷繁复杂的行政现象中，归纳出了行政法的一般原理、原则和概念群，并组合成一个逻辑一致、相对自治的行政法总论体系。[⑦] 此后，行政法学逐渐将视野限定在法律解释、法律的技术分析、法律体系和合法性上，建立起用以统合各种终极价值、法原理原则、基本法律命题、法律制度、法律概

---

⑤ 参见余凌云：《部门行政法的发展与建构：以警察（行政）法学为个案的分析》，载《法学家》2006年第5期；杨建顺：《行政规制与权利保障》，中国人民大学出版社2008年版，第40-44页；宋华琳：《部门行政法研究与行政法总论的改革——以药品行政领域为例证》，载《当代法学》2010年第2期。

⑥ 参见［德］平特纳：《德国普通行政法》，朱林译，中国政法大学出版社1999年版，第5页。

⑦ 参见［德］奥托·迈耶：《德国行政法》，刘飞译，商务印书馆2002年版；高秦伟：《反思行政法学的教义立场与方法论学说——阅读〈德国公法史（1800-1914）：国家法学说和行政学〉之后》，载《政法论坛》2008年第2期。

念，乃至一般法律秩序的判定标准。[⑧]

自1989年《中华人民共和国行政诉讼法》颁布之后，我国开始建构以具体行政行为概念为核心，以司法审查为关切，以规范和控制行政权力为主线的行政法总论体系，这样一个行政法总论体系尽管仍有缺憾，仍处于不断发展和完善之中，但仍具有相当的学术和实践意义。这体现在如下三个方面：

首先，从法律实务的角度出发，行政法总论具有“储存器”功能，它有助于减轻行政管理实践与司法裁判实务上的负担。[⑨] 例如，在药品行政中，会涉及对药品召回、药品违法广告公告、行业禁入等活动方式性质的讨论；在日常的药品监督管理中，会涉及对处于连续状态的药品违法行为的法律适用，变更生产经营地址时违法行为发生地的认定，以欺诈手段获得药品批准证明文件效力等问题。这些看似繁难的问题、看似新颖的现象，在求诸行政法总论体系定位之后，可以获得法治国家下的外形轮廓，并进而寻求对其加以规范和控制的途径。行政法总论有助于形成更为明澈、更切中事物本质的法律思维，有助于把握个别中的一般，它不为个别领域中的个别问题给出答案，却给出了通向答案的方向。

其次，行政法总论具有法解释学的功能。[⑩] 例如，在药品行政法律规范的适用中，即需借助立法史解释、目的解释、体系解释的方法，厘清《药品管理法》第102条“药品”定义的内涵和外延，厘清“药品”和“食品”“保健食品”的区别；需要在《中华人民共和国政府信息公开条例》的框架下，理解药品规制中的政府信息公开及商业秘密、个人隐私保护的范围。借助行政法总论中的法律概念和法律制度，有助于廓清个别行政领域中层级各

---

⑧ 参见赖恒盈：《行政法律关系论之研究》，元照出版有限公司2003年版，第50页。

⑨ 参见陈爱娥：《行政行为形式—行政任务—行政调控》，载《月旦法学》2005年第5期。

⑩ 参见Eberhard Schmidt-A βmann：《行政法总论作为秩序理念——行政法体系建构的基础与任务》，林明锵等译，元照出版有限公司2009年版，第6-7页。另外正如有学者指出的，我国不仅至今尚未建立体系完整、结构严密的“行政法教义学”，这一领域的既有研究也存在诸多混沌不清、粗放乖违之处。参见赵宏：《行政行为作为行政法教义学核心的困境与革新——兼论我国行政行为学理的进化》，载《北大法律评论》（2014）第15卷第2辑，法律出版社2015年版，第507-536页。

异、数量众多的法律规范的具体意蕴。

最后，行政法总论体现了行政法的人权保障功能，体现了对部门行政权的规范与控制。我国在设计部门行政法律规范时，会更注重如何更好地管理行政相对人，却忽视了行政相对人权益的法律保护。这更凸显行政法总论的意义。行政法总论中相当一部分内容源自宪法的制度、原则和原理，行政法总论作为沟通宪法和部门行政法的桥梁，所提供的秩序理念和架构，构成了对部门行政法的体系建构、政策选择、实体内容设计的约束。例如，可以运用依法行政、比例原则、信赖保护原则等行政法总论的原理，来审视药监部门推行的驻厂监管、电子监管码、飞行检查制度的合法性与合理性。

二、行政法总论之下展开部门行政法研究的意义

尽管行政法总论对部门行政法具有思维和论证上的指引功能，但一套放之四海而皆准的行政法总论学理体系，并不能成为解决诸多部门行政法领域诸多问题的万灵丹。随着时代的发展，行政法总论亦凸显其美中不足，亦使得部门行政法研究成为当务之急。

（一）部门行政法研究与行政法制建设的推进

目前中国行政法理论和实践过分偏重于行政法总论，偏重于行政法一般原理和制度，忽视部门行政法和具体的运作，这造成行政法学理体系有时候远离社会生活实际。[11] 但实际生活中任何行政法制和公共政策的议题，行政管理和行政审判实践中任何具体的事件或案件，必定是同某一具体行政领域相联系的。在中国，行政法学者们或对部门行政法关注不多，或对多个部门行政领域开展蜻蜓点水或游击式的研究，面对金融监管、城市治理、职业安全

---

⑪ 参见周汉华：《行政立法与当代行政法——中国行政法发展方向论略》，载《法学研究》1997年第3期。

等现实问题，行政法学者总体上处于失语的状态。学术研究的匮乏，也制约着部门行政法治的进程。药品行政法的深入研究，能起到由抽象行政法理论通向生动行政实践的“桥梁”作用，从而增强行政法的应用性、可操作性，从而推进中国的行政法制建设。⑫

（二）部门行政法研究与行政法总论学理体系的建构

部门行政法的研究，有助于反思和发展行政法总论体系。行政法总论的优点在于体系和逻辑之美，但传统上以控制行政权为本位的行政法总论，无法把握行政国家下食品、药品、环境等新兴规制领域的内涵和特色。我们不仅可以在宪法基本权利、宪法规范、宪法原则的约束下，来建构行政法总论的学理体系；还可将部门行政法作为行政法总论的试金石，通过部门行政法的发展，来累积共同特征，进而反思行政法总论体系。

例如，可以运用归纳的方法，通过对药品审评中专家咨询机制实际运作的描摹，来对专家咨询在行政过程中的作用，对咨询专家的遴选、专家咨询的程序、咨询专家的利益冲突等一般性问题给出学术见解；⑬ 还可以利用演绎的方法，通过对药品监督行政处罚和行政诉讼个案的讨论，丰富行政法总论中对行政处罚、行政诉讼证据等问题的理解。

（三）部门行政法研究与中国行政法学的本土化

在中国行政法学的建构过程中，外国法的学说和制度构成了中国行政法学重要的智识资源，从而形成了以大陆法传统为骨架、注入英美法因素的一个混合体。⑭ 在这样一个继受外国法学说和制度的过程中，会有某些失真、变

---

⑫ 参见宋华琳、邵蓉：《部门行政法研究初探》，载《浙江省政法管理干部学院学报》2000 年第 2 期。

⑬ 参见宋华琳：《风险规制中的专家咨询——以药品审评为例证》，载姜明安主编：《行政法论丛》（第 12 卷），法律出版社 2010 年版。

⑭ 参见何海波：《中国行政法学的外国法渊源》，载《比较法研究》2007 年第 6 期。

形乃至中国学者的再创造，但同样不无疑问的是，现有的中国行政法学理论体系，是否都是中国所确实“存在”的实有内容，还是外国法制的移译。

一个国家的行政法制建设和行政法学理论的发展，和该国历史传承、社会结构、官僚文化、民众心理都有密切的关联。为此对新兴的、仍处于不断发展变化过程的领域，进行纵向的深入研究。例如，通过对十年来中国药品规制体制变迁的观察，通过对相应年鉴、公报、文件、媒体资讯、药界人士见解的整理，即可体会到中国国务院、国家部委、协会、专家、公众在行政过程中的地位，体察药品规制中的不同利益分布；[15] 通过对药品质量抽查检验公告、违法药品广告制度实际运作的研究，就可更好地理解公告制度在行政法学理体系上的定位及在实践中遭遇的问题。[16] 简言之，部门行政法通过动态的行政法研究，不仅研究“书本中的法”，还研究“运行中的法”，通过从非法律界人士的思想和运作中汲取营养，来解释和发展法律规则，推动中国行政法学的本土化进程。

三、部门行政法研究的多元进路

根据笔者对研究文献的观察整理，对药品行政实务的近距离观察，尝试性地将当下中国包括药品行政法研究在内的部门行政法研究，分为如下五类：

（一）总论照搬型

近年来也有学者编写了若干名为“某某行政法（学）”的教科书。如在一部名为《海关行政法学》的著作中，章节主题分为海关行政主体、海关行政相对人、海关行政法律关系、海关具体行政行为、海关行政程序、海关行政

⑮ 参见宋华琳：《政府规制改革的成因与动力——以晚近中国药品安全规制为中心的观察》，载《管理世界》2008 年第 8 期；宋华琳：《探求药监的变革之道》，载《中国处方药》2008 年第 3 期。

⑯ 参见王晓冬：《我们需要什么样的药品质量公告》，载《中国医药报》2009 年 8 月 11 日。

复议、海关行政诉讼、海关国家赔偿，从其内容中无法了解海关行政法的实体内容是什么，其内容与行政法学总论教科书并无太大区别。[17] 有的著作连实定法律规范都未关注，使得分论研究变成行政法学总论的简单翻版。

目前行政法学界编著的部门行政法著作，往往更类似于对特定领域行政法予以概括性论述的教材。可以预计的是，这样的著作不会在学术市场上留下太多痕迹，因为其缺少对特定行政法学分论的理解，缺少相应的问题意识，对具体行政领域没有指导意义，研习者无法从中获得对该领域的整体认知，也不会生成推动行政法学总论发展的知识增量。

（二）法律解释型

在我国部门行政法的研究中，虽然制度设计和制度改革依然具有重要地位，但是，完整、完善的部门行政法研究不能忽略对具体领域行政法规范解释和适用的研究。对某一特定行政领域而言，行政主体及公务人员每天在解释和适用法律，他们所适用的法律规范不仅包括《行政处罚法》《行政许可法》《行政强制法》《行政复议法》等法律，也包括该具体领域的法律、行政法规、规章、规范性文件和法律解释。例如，药品规制中要适用《药品管理法》《药品管理法实施条例》等法律法规；证券规制中要适用《证券法》。

因此，针对特定的部门行政领域，进行法律法规的编纂，[18] 对相应的法律解释加以汇编，[19] 对行政管理与行政诉讼中的典型案例加以汇编和评析，[20] 不仅有利于行政主体更好地依法行政，也有利于行政相对人对自己的活动有更稳定的法律预期，更好地维护相对人权益。目前这类“法律解释型”的相关研究成果不是太多而是太少，已有的成果也多是由实务部门取得的。这类研究将有

---

⑰ 参见严励主编：《海关行政法》，中国政法大学出版社 2008 年版。

⑱ 如国家质量监督检验检疫总局法规司编：《中华人民共和国质量技术监督法规全书》（1981 年-2005 年 6 月），中国标准出版社 2005 年版；国家食品药品监督管理局政策法规司编：《食品药品监督管理常用法律法规汇编》，中国医药科技出版社 2008 年版。

⑲ 如卫生部政策法规司编：《卫生行政执法解释手册》，法律出版社 2008 年版。

⑳ 如金永熙、张宗利、高清怀：《药品监管行政处罚案例分析》，中国医药科技出版社 2005 年版。

助于实务的改进，也为行政法学研究提供了实在、确定、典型的素材。

（三）问题导向型

法学研究不是阳春白雪之学，更不是象牙塔里自娱自乐的学问。行政法学具有很强的应用性，而行政法学分论的应用性则更强。部门行政法研究要立足社会这个“实验室”。我们的潮流或许不应是崇拜“高深”，而是秉承“研究真实世界”的质朴手法，去关注真实世界中具体行政领域的问题。[21]

部门行政法研究的问题，不一定要和行政法学总论呈现出“一一对应”的关系。例如，我国台湾地区学者陈春生教授在对核能规制的研究中，探讨了核电选址、核能技术规范、核能诉讼、核能损害赔偿等问题。[22] 在对药品行政的研究中，也涉及药品研究开发、药物临床试验、儿童药注册、罕见病用药注册、疫苗规制、药品监管收费等更为具体的问题。[23]

未来应进一步加强问题导向型的部门行政法研究。如能在行政法学总论的角度，对要研究的具体行政问题予以定位，固然有助于法律思维的简化和清晰化。但在问题具有综合性、交叉性、应用性的情况下，不如暂时抛却体系化的思维，转而对问题进行彻底性的研究，这有助于加厚部门行政法的研究，使得研究更加“接地气”，使得行政法研究可以更好地回应中国现实。

（四）体系建构型

目前的部门行政法研究可谓“术”有余而“论”不足，将个别具体行政领域的法制予以体系化，以较为清晰的线索，来梳理内容纷繁、形态芜杂的具体领域的规范与制度，应是对行政法学具体领域研究情有独钟者的共同梦

---

[21] 参见周其仁：《真实世界的经济学》，中国发展出版社2002年版，序言及封底部分。

[22] 参见陈春生：《核能利用与法之规制》，元照出版有限公司1995年版。

[23] 参见宋华琳、胡颖廉、李鸽、安永康：《药物研究开发法律责任的健全与完善》，载《中国医药技术经济与管理》2010年第8期；宋华琳：《推动罕见病用药法制建设》，载《方圆法治》2009年第16期；宋华琳：《怎么避免问题疫苗——美国疫苗监管体系的六大启示》，载《南方周末》2010年4月1日。

想。笔者曾对药事法体系进行尝试性的勾勒，认为其内容可包括：药品规制的目的和任务、药品监督管理体制、药品注册、药品标签和说明书、药品标准、药品生产、药品流通、药品使用、基本药物、药品进出口、药品分类、特殊药品管理、互联网药品信息管理、药品价格、药品广告、药品知识产权、药品上市后监管、药品监督行政管理的一般要求、药品行政处罚、药害救济、药品犯罪等。[24]

围绕行政法的个别领域，建立相应的学理体系，有助于研究者明了所研究的对象，减轻适用者思维的负担，更好地建构起沟通行政法学总论与具体行政领域的架桥。但此体系的建构绝非凭一人之力、一时之力可竟，也不能以大兵团作战的方法在短时间"攒"出一个体系来。这需要以持续、深厚的研究基础，需要学术共同体的形成，如果能有若干位学者长时期共同戮力对某个分论做持续探研，则有望推进具体领域行政法研究的进步，推进相应部门行政法学理体系的逐渐形成。[25]

（五）反哺总论型

部门行政法或者说行政法分论的研究，本身有可能构成行政法总论的一部分。例如，有学者认为全球行政法或国际行政法构成特定的行政法学分论，但或可将其视为行政法结构改革的一部分；有学者认为信息法构成行政法学分论，但其中政府信息公开、个人信息保护等内容，或者与行政法总论中的行政程序部分关系密切，或可单独成为行政法学总论的新篇章；土地行政法则相对更多地涉及行政法总论中的行政征用与补偿；教育行政法中的诸多问题，则涉及行政组织法中的事业单位改革，行政法总论中对特别权力关

---

[24] 参见宋华琳、邵蓉：《中国药事法学理论研究论纲》，载《法律与社会》1999 年第 4 期；宋华琳：《域外典型国家和地区药品立法的框架研究》，载上海市食品药品安全研究中心编：《食品药品安全与监管政策研究报告 2010》，社会科学文献出版社 2010 年版。

[25] 近年来余凌云教授在警察法领域，朱芒教授在规划法领域，金自宁教授在环境行政法领域，都作出了较有成效的探索和尝试。

系及部分社会论的讨论。如是种种，不一而足。

在研究部门行政法，对具体的法律规范、制度和案例加以分析时，应尽量把握相关学术要点在行政法学总论中的定位。这一方面有利于运用理论工具，剖析行政法学分论中的问题；另一方面也有助于更精确地明了其中的理论靶点所在，通过“解剖麻雀”，通过将分论视为行政法学总论的研究素材，来反哺总论研究。例如，可以以证券监管中的市场禁入为例，探讨行政法上的行业禁入；可以研究食品安全国际标准对中国食品标准制度的影响，去思考行政法全球化和规制全球化的新课题。[26]

四、部门行政法的理想研究风格

（一）深入具体行政领域

我国部门行政法的研究状况之所以不容乐观，因为研究者往往在没有对所研究领域的法律规范、制度沿革、各种利益相关者、行政活动方式、行政程序予以充分把握的前提下，就对其间的问题发表宏论，那么就难免有盲人摸象之虞。

行政法总论的研究者可能会认为药品行政法等具体研究具有较强的专业性、技术性，有较强的“准入门槛”。但实则不然，因为研究者只需要对相关的制度面和政策面加以把握，而无须了解太专业的技术细节。例如，行政法学者研究药品审评，不需要了解药品审评需要审评哪些具体项目，更不需要去了解药品的药理毒理属性，而需要了解国家食品药品监督管理总局依据《药品管理法》审评药品，由国家食品药品监督管理总局药品审评中心组织审评即可。这说明研究者完全可以化繁就简，对行政法分论中的要点所在加以把握。

㉖ 参见宋华琳：《中国食品安全标准法律制度研究》，载《公共行政评论》2011 年第 2 期。

研究者要深入某一具体领域，可通过梳理改革开放以来相关法律制度的变迁史，通过搜集该领域的行政复议和行政诉讼案例，通过访问相关的各级政府部门网站，通过阅读该领域、该行业的年鉴、公报、报纸、网站，通过阅读已有的法学研究成果，阅读该领域各级官员、管理相对人、技术专家发表的论文和言说，来获得对该具体领域的基本认识。

作为法律研究者，首先应摒弃学科之见，对部门行政法领域的规范与事实予以充分掌握，这构成了研究的基础。如能在基本权利保障、合法性关照下研究部门行政法，自可恪守法律学人的固有立场。

（二）研究行政法的制度改革

我国的行政法学研究更多地注重静态的规范研究，对行政法的规范和制度加以解释。我国的行政法学者更多关注行政法总论研究，关注规范和控制行政权的一般法律的制定和修改。而行政法分论更多时候成为了实务部门以及与实务部门有某种“亲缘关系”学者的“自留地”。

以药品安全规制为例，尽管我们已经有2001年颁布的《药品管理法》，但我们的药品规制还面临药品连锁物流、互联网药品经营、医疗改革、药品价格改革等现实挑战，还面临药品规制国际化的压力，面临药品审评机制改革的挑战，药品上市许可人制度还未建立，简政放权依然在路上。[27] 这些说明，行政法学研究固然仍应以规范解释为基础，以合法性关切为依归，但不应绝对地将既存的法律制度视为静态的、不变的常量，而应将其视为一个可以优化和修正的变量。并通过不断开发、创新、改革各种行政组织、行政活动、行政手段，进一步推动制度改革型行政法学的建构。

（三）审视行政活动的合法性

我国的相关行政部门，每每成为特定具体行政领域法律制度的主要建构

㉗ 参见宋华琳：《药品安全监管改革与法治建设》，载《行政管理改革》2012年第9期。

者，以及特定领域行政法律规范的主要实施者。但具体行政领域公职人员的法治素养仍有待加强，“在国家机关工作人员中，知道法治的基本要求的人极少。在工作中贯彻或注意法治要求的人就更少，甚至都很少提到法治，听到的都是依法治这里，依法治那里这类话语”。[28]

在具体行政领域中，专业性的行政机关可能会“只见树木，不见森林”，他们会熟悉自己所日常管理和实施的专业法律中的实体性内容，却忽视了《行政许可法》《行政处罚法》《行政强制法》等一般性法律的程序性约束。行政机关及执法人员甚至会有选择性地适用自己系统出台的规章、规范性文件等“小法”或“家法”，而遑顾国家法律规范等“大法”。

行政法学总论的体系即是以关注行政活动合法性为基础来建构而成。作为具体行政领域的研究者，更应以审视特定实务领域的法律规范、制度运行及个案裁断的合法性为己任，努力为行政权这匹“烈马”套上“丝缰”。作为法律人，应恪守法治的底线。在特定领域，纵使为实现行政任务而推进行政活动方式创新，也不能突破上位法的规定，突破法律优越、法律保留等原则的要求。

行政法总论所提供的秩序理念和架构，连同相关实体法律规范一起，构成了对特定行政法分论体系建构、政策选择、实体内容的约束。例如，可以运用法律优越、法律保留等依法律行政的原理，通过审视特定领域中特定行政活动的合法性，分析是否存在超越职权、违反法定程序、法律适用错误、事实认定错误、滥用裁量权等情形。

（四）关注基本权利保障

中国的部门行政法研究，往往和特定的行政部门有着非常密切的关联度乃至“亲缘关系”。乃至会因循相关部委的工作流程和一般制度，来架构相应的行政法学分论体系和实体内容，其专业化的术语和繁复的制度安排每每使

[28] 童之伟：《正确理解宪法第十三条修正案的含义》，载《法学研究》1999年第3期。

得法律学人和公众望而却步，使制度架构更加成为行政系统内的“炉内灶”。在构成实体行政领域的法律规范中，往往会更注重如何更好地管理市场和社会，而相对忽视对行政相对人的基本权利保障。

在部门行政法学研究中，应更为关注特定行政领域的权利保障。例如，药品规制可能涉及公众健康权的保障，药品监督执法可能涉及职业自由、财产权及平等对待。[29] 相对人因此具有相应的防御权和受益权，亦应要求行政部门负有相应的消极义务，尊重公民宪法上基本权利，不得违法干预公众基本权利；相关行政部门应以积极作为的方式为公民提供特定的利益，并为公民基本权利的实现创造条件。[30] 宪法基本权利、宪法规范、宪法原则构成了建构特定行政法学分论的约束。例如，可以从职业自由保障角度分析我国对药店零售企业间距的限制，分析食品药品安全中的行业禁入或“黑名单”制度。

五、部门行政法对行政法总论的可能贡献

部门行政法使得行政法总论的研究有了具体的附着物，无论是深入哪个具体部门行政法领域之中，并对其进行翔实、具体、充分的研究，都可从中体察到对行政法总论实实在在的贡献。

（一）重新审视行政法上的利益分布

法律保障利益，对利益加以衡量，并通过程序设置来衡量不同的利益。在现代社会，随着市场经济机制的发展和社会结构的日趋多元化，不同的利益群体开始形成，不同主体的利益也变得非常纷杂和繁复。[31] 对于行政法学研

㉙ 参见［德］罗尔夫·施托贝尔著：《经济宪法与经济行政法》，谢立斌译，商务印书馆 2008 年版，第 107-229 页。

㉚ 对基本权利功能与国家义务的论述，参见张翔：《基本权利的规范建构》，高等教育出版社 2008 年版。

㉛ 转引自陈新民：《德国公法学基础理论》（上），山东人民出版社 2001 年版，第 181 页。

究而言，要认定在特定行政领域中，存在哪些实际利益，其利益结构以及典型的运作规则，继而对不同的利益加以衡量，并在此基础上做出合法的决策。[32]

在药品行政领域，法律也通过对公共利益与私人利益的关注，来设计相应的制度安排。例如《药品管理法》第1条即规定立法目的包括“维护人民身体健康和用药的合法权益”，这更多是在强调为维护公众用药安全，从而设计严格的药品上市许可和上市后监管制度；但另一方面，《中共中央、国务院关于深化医药卫生体制改革的意见》中提出了人人享有医疗卫生服务，要从制度上保证每个居民不分地域、民族、年龄、性别、职业、收入水平，都能公平获得基本医疗卫生服务。[33] 因此，出于药品可及性（availability）和可获得性（accessibility）的需要，国家食品药品监督管理部门在《药品注册管理办法》第45条中规定，对治疗艾滋病、恶性肿瘤、罕见病等疾病且具有明显临床治疗优势的新药申请，对治疗尚无有效治疗手段疾病的新药申请，可以实行特殊审批；国家食品药品监督管理局还于2009年1月5日颁布了专门的《新药注册特殊审批管理规定》。[34]

另外，也应对药品企业的合法权益加以维护。例如，尽管《药品管理法》第14条第3款规定，“药品监督管理部门批准开办药品经营企业，除依据本法第十五条规定的条件外，还应当遵循合理布局和方便群众购药的原则”，但各级药品监督管理部门据此在审查药品经营许可时，对药店之间的“可行进距离”作出了量化规定，这增加了经营企业负担，还在一定程度上阻碍了市场竞争的活力；[35] 又如，在药品审评中，药品监督管理机构和药品审评部

---

[32] 参见［德］施密特·阿斯曼著：《行政法总论作为秩序理念——行政法体系建构的基础与任务》，林明锵等译，元照出版有限公司2009年版，第164页。

[33] 参见国务院新闻办公室：《中国的医疗卫生事业白皮书》，2012年12月26日发布，第7页。内容参见http://www.moh.gov.cn/mohzcfgs/s7847/201301/6fbe5f5264d84e03960eb72dbd752d05.shtml。

[34] 国食药监注〔2009〕17号，2009年1月7日公布并施行。

[35] 参见宋华琳：《论营业自由及其限制——以药店限制距离事件为楔子》，载《华东政法大学学报》2008年第2期。

门，每每未能遵循《行政许可法》所规定的期限要求，严重影响审评效率。

进而，引发我们思考的是，在中国行政法的制度设计中，是否真正考虑到了多元价值社会下的多元利益，在具有高风险的专业行政领域，如何在公共利益和经济利益之间寻求妥当的权衡，如何有效维护公共利益，并保护合法的经济利益，如何保证不同利益团体的有效参与，防止政策形成和执行过程不受特殊利益群体影响。

（二）部门行政法研究与“中度抽象水准”论题的提取

不应将部门行政法与行政法总论视为完全泾渭分明、严格区分的法律领域。某些看似归属于部门行政法的原理，或许也可构成行政法总论的一部分。可以通过对几个相近的部门行政法领域加以研究和比较，从中抽取出某些“中度抽象水准”的论题，进而对总论有所贡献，对多个相关行政领域有所导引。[36] 而通过药品、食品、核能等具体行政领域的研究，或可对我国风险行政法的原理有所推进。

就药品行政领域而言，药品作为经过了漫长研究开发、制造、流通环节的物质和组分，其本身存在着固有的风险。药品风险可能源自实验室阶段、非临床安全评价阶段或者临床研究阶段，可能源自生产、经营、储存、运输、使用阶段，还可能是因特定的药物相互作用或特异体质所致。药品风险的度量往往具有不确定性，往往可能带来无从弥补的损害，为此药品规制机构有必要运用风险评估、风险管理、风险沟通等手段，来尽可能削减药品风险。

药品也是一个典型的“决策于未知之中”（decision-making under uncertainty）的领域，以新药审评和药品上市后再评价为例，作为评审评价对象的药品，从性状、疗效、稳定性、药物相互作用等方面本身都存在不确定性，而所作出的药品规制决策本身又构成了新的变量，带来新的风险，有时

---

[36] 参见［德］施密特·阿斯曼著：《行政法总论作为秩序理念——行政法体系建构的基础与任务》，林明锵等译，元照出版有限公司2009年版，第12-13页。

药品规制者能预测到可能发生的药品风险，却无法预计出风险发生的盖然性。

为此，在晚近西方的药品规制中引入了“预防原则”（precautionary principle），这项原则要求药品规制者在颁布旨在保护人体健康的法律、政策和技术规范时，要将科学不确定性的因素考虑在内，运用统计学方法将风险控制到最少，同时在新药审评和药品再评价过程中，引入由多学科背景组成的咨询委员会，来分析药品的风险和收益，药品审评和药品规制不是将药品风险削减为零，而是旨在将风险削减到可接受的水平。[37]

在我国，《药品管理法》第29、31、33条规定的新药审评制度，第33条规定的药品再评价制度，《药品召回管理办法》[38] 所规定对已上市销售的存在安全隐患药品的召回制度，都旨在履行药品安全规制职责，努力降低药品风险。透过药品行政法的研究，有助于形成风险行政法的学理体系，思考风险行政中的专业知识、专家咨询和行政裁量，探讨风险行政中的决策程序和司法审查，进而对行政法总论有所贡献。

与之类似，对社会保障、住房、医疗等部门行政领域的研究，有助于形成具有“中度抽象特色”的给付行政法学理体系；[39] 对城市土地、公共交通、都市规划等部门行政领域的研究，或许有助于形成都市行政法的学理体系。这种坐落于“中间层”的学理体系的形成，有助于对具体行政领域实践的指导，对行政法总论的反哺，或可指示行政法总论修改的必要性及修改方向。

（三）部门行政法研究与行政组织法的建构

广义的行政组织法是有关行政组织的设置、内部结构、法律地位、相互关系、程序、履行组织职能的人员任用及其地位和必要物质手段的法律规范

㊲ S. Alban, *The "Precautionary Principle" As a Guide for Future Drug Development*, 35 (Suppl. 1) European Journal of Clinical Investigation 33-44 (2005).

㊳ 国家食品药品监督管理局第29号令，2007年12月10日公布并施行。

㊴ 参见闫尔宝：《关于给付行政的若干思考——以德日行政法为中心》，载《行政法学研究》2010年第3期。

的总称。行政组织法的架构旨在落实宪法上有关行政组织的原则性规定，明确行政系统内部法律后果的归属及其认定，同时适应行政任务的发展变化，满足行政活动的创新需要，为行政活动提供依据。[40]

在中国行政法总论体系中，行政组织法的研究始终处于相对薄弱的状态。其原因是多重的。这部分因为我国行政组织的设立和变动并未被完全纳入法治轨道，行政组织法律法规数量极少，体系极不完整；也部分因为行政法学很少去细腻地研究具体部门行政管理体制的发展与演进，因此，很难构建出渗透行政法中国元素的行政组织法理论。部门行政法则为行政组织法的发展与建构提供了肥沃的现实土壤。

以中国药品管理体制为例，自改革开放至1998年，卫生部药政管理局负责全国药品监督管理事务，1984年颁布的《药品管理法》第45条第1款规定"县级以上卫生行政部门行使药品监督职权"。在1998年进行的国务院机构改革中，根据《国务院关于机构设置的通知》(国发〔1998〕5号）开始组建国家药品监督管理局，将国家药品监督管理局作为具有行政管理职能的国务院直属机构，在2001年修订后颁布的《药品管理法》第5条中，规定了各级药品监督管理部门负责本行政区域内的药品监督管理工作。在2003年机构改革中，在原国家药品监督管理局的基础上组建了国家食品药品监督管理局。而在2008年机构改革中，国家食品药品监督管理局复归卫生部管理，改为"部委管理的国家局"。在2013年的机构改革中，则重新组建了作为国务院直属机构的国家食品药品监督管理总局。

如能冷静思忖药品监督管理体制的十年轮回，有助于我们去思考，在近些年次第形成的若干专业规制机构，如中国证券监督管理委员会、中国保险监督管理委员会、中国银行业监督管理委员会、国家质量监督检验检疫总局、国家食品药品监督管理总局等，作为《国务院组织法》第11条意义上的"直

---

[40] 参见［德］汉斯·J. 沃尔夫、［德］奥托·巴霍夫、［德］罗尔夫·施托贝尔：《行政法》(第三卷)，高家伟译，商务印书馆2007年版，第12页。

属机构”，与《中华人民共和国宪法》第90条规定的国务院各部、各委员会，究竟有怎样的区别，和美国行政法上颇具特色的独立规制机构是否具有可比性。实际上，部门内设规制机构的法律地位，是我国未来行政法治和行政改革中必须直视的普遍性问题，这些相对独立的规制机构，在法律地位、组织、负责人的任免、资金与预算、监督机制等方面，仍应具有相对独立的地位，所开展的工作并不限于政策的执行，还可积极地介入规制政策实体内容的形成之中。[41]

在1998年建立了省级以下相对垂直的药品监管体制，垂直管理是指上级政府部门对下级政府部门在特定行政领域的直接控制。而在2008年下发的《国务院办公厅关于调整省级以下食品药品监督管理体制有关问题的通知》[42]中，将药品监督管理机构由省级以下垂直管理改为地方政府分级管理。为此，应研究在中国，面对跨区域的风险，面对风险规制能力的不足，面对发展导向的地方政府角色，在哪些领域有必要推行垂直管理；同时，应去探究垂直管理和近年来快速扩张的“地方政府负总责”制度之间无法克服的内在张力，准确界定哪些领域、哪些事项应属于地方管理，应实现管理重心的下移，准确界定由地方政府负总责的领域。[43]

同时，《药品管理法》第6条规定了药品检验所的法律地位，但可研究的是，符合条件的高等院校、科研院所，可否以第三方的身份独立、公正地从事药品检验工作，并进而为研究事业单位的组织形态、治理结构、活动原则和监督机制提供素材。[44] 还可通过对中国药品审评中专家遴选机制、使用频次、会议制度、信息公开等具体制度的实证性描摹，来丰富行政法学对咨询

㊶ 参见宋华琳：《探求药监的变革之道》，载《中国处方药》2008年第3期。

㊷ 国办发〔2008〕123号文，2008年11月10日发布。

㊸ 参见周汉华：《地方政府负总责制度分析及其改革建议》，载吴敬琏主编：《比较》总第41辑，中信出版社2009年版，第41页；宋华琳：《药品垂直管理研究》，载宋华琳、傅蔚冈主编：《规制研究》第2辑，格致出版社、上海人民出版社2009年版。

㊹ 参见李洪雷：《依法分类推进事业单位改革努力建设服务型政府》，载《法制日报》2007年11月11日。

委员会及专家咨询程序的理解。

（四）部门行政法与行政活动形式的多样性

行政行为形式理论在行政法总论体系中占据重要的地位，它从具体的行政活动中剥离出若干要素，分析其在行为脉络中的意义，借此建构出一定的行政行为形式，为特定的行为形式赋予相应的法律要件与法律效果。[45] 然而，随着现代社会行政任务的变迁，这些传统的行政行为形式也逐渐不敷现实行政活动之需。特别是在新兴行政规制领域，各国在实践中都创造了许多新型的行政活动形式，从而构成了对传统行政法学说的修正与挑战。

药品监督管理部门通过制定规则，通过综合运用药品标签和说明书、药品标准、药品注册等事前规制形式，以及事后的行政处罚、行政强制，并积极探索引入违法事实公布、责令召回、行业禁入等新型规制形式，来实现确保药品安全性、有效性的行政任务。作为行政法学的研究者，也可对这些新型的活动形式加以各个击破式的研究。

对事先规制形式的研究，或可对行政法总论有如下的贡献：（1）《药品管理法》第 54 条设定了药品标签和说明书制度，该制度旨在防止药品生产经营者利用手中的信息优势误导消费者，同时促进市场的公平竞争，研究者可借此反思强制信息披露制度在行政法上的定位。（2）《药品管理法》第 32 条设定了药品标准法律制度，药品标准尽管形式上不具有法律规范的外观，但通过适用药品标准，来认定案件事实是否存在，情节轻重与否，从而构成了正确适用法律作出行政决定的基础，从而在各国都被视为保证药品质量的法定技术依据。[46] 据此可反思技术标准在行政法规范体系中的地位，反思技术标准在行政规制中的作用。（3）可透过《药品管理法》中设定的药品上市许可、药品生产许可、药品经营许可等许可制度和许可条件，来丰富对行政许可的

---

[45] 参见陈爱娥：《行政行为形式—行政任务—行政调控》，载《月旦法学》2005 年第 5 期。
[46] 参见宋华琳：《中国药品标准法律制度的发展与完善》，载《中国处方药》2008 年第 7 期。

功能、条件、程序和时限等问题的理解；通过研究药品再注册、药品批准文号清理，来反思行政许可的后续监督管理；通过对《新药注册特殊审批管理规定》的研究，来反思行政程序的效率原则和行政许可加速程序。

同时，对诸多相对新颖的，旨在确保实现行政目的的实效性手段加以研究，更将有助于行政法总论疆域的拓宽与体系的革新，如还可对药品质量抽查检验公告制度、药品召回制度以及行业禁入制度进行研究，去思考违法事实公布、责令召回、行业禁入等制度在行政法总论上的定位。

现代行政活动的法律形式可谓枚举而不胜枚举。现代行政法必须要对行政实践、制度设计提出有效的解决对策，因此要发展出各种新型的行政活动形式。但仍需在宪法原理、合法性、合目的性以及实现行政任务的目标约束下，将诸种新型的行政活动方式纳入传统的行政法总论体系框架之中，并借此对其加以规范和约束。

六、结语

笔者探讨了行政法总论的体系性功能，探讨了部门行政法研究对行政法制建设、行政法总论研究以及推进中国行政法学本土化的意义，并以药品行政领域为例证，论述了通过部门行政法研究，可以对行政法上的利益分布加以重新考量，可以抽象出某些“中度抽象水准”的结论作为行政法总论和部门行政法之间的桥梁，可以在行政任务变迁的背景下，对中国行政组织法的类型化研究有所贡献，可以反思和发展行政行为法律形式理论，拓宽行政法学的疆域，去探讨确保义务履行的诸种实效性手段。笔者在此更侧重于设问而不在于作答，更多是一种研究姿态上的警醒，试图让学界从另一个角度来发现和认识部门行政法。

通过对部门行政法的深入研究，可起到“窥一斑而见全豹”的作用。从看似艰辛的部门行政法研究中，也会收获透过具体事物剖析本质、体察真知的快乐。部门行政法研究绝非为了猎奇，是要力图应对现实中的真问题。这种研究进路使得研究对象更加限定，展开的论述更为绵密，研究结论或许具有更为普适的学术贡献。

未来中国的行政法学或可加强对具体领域中的案例、实例和制度的研究，进而对转型时期中国行政法制建设和公共管理改革有所推动；通过在具体领域和行政法总论之间的流转往复，将推进行政法总论的改革，使得行政法原则、行政组织、行政程序、行政活动形式、行政程序及问责机制能与时俱进，以适应社会需求，这将促使行政法学研究的木土化和专业化，进而丰富中国行政法学的理论研究。

追问法学方法论的体系*

——四层次建构之尝试

王学辉**

该命题的提出，意味着我对法学方法论问题持有两个基本的态度：一是对目前法学界或者说行政法学界对研究方法的认识和运用是不满意的；二是对这样的根本问题是有着自己的基本观点的。以下的讨论将围绕着什么是法学方法论？法学方法论的体系是什么？我所建构的这种四层次体系有什么好处等内容来展开。当然在论证中我会尽量结合行政法学现实研究中存在的方法论问题进行检讨。

目前学界对法学方法论的内涵一直存有争议。争议的焦点在于法学的研究对象是什么。一种观点认为，法学的研究对象就是法律或实在法，故“法学”即“法律之学”。另一种观点认为，法学的研究对象是法律现象，具体包括法的价值、法律制度、法律运行三部分，故“法学”即“法律现象之学”。由于研究对象的不同，所以两种不同的“法学”的研究方法则大相径庭。“法律之学”的方法论主要指的是专门服务于法律运用的方法和技术，“主要包括法律适用中有关法律解释、法律推理、法律论证的方法，尤其是法官在形成判决过程中所运用的法律解释、法律适用的方法”。[①]而“法律现象之学”的

---

* 该选题萌生在给行政法硕士和博士生授课之时，资料收集和写作得益于我的博士生张治宇副教授的大力协助，这样的话题一般很难深入，而我俩至少进行了不下五次的详细讨论。初稿形成后还在博士生课程中讲授过一次，8位听众也提供过各自的意见。现将该文的简体版奉献给读者。

** 王学辉，四川南充人，西南政法大学教授。

① 参见林来梵、郑磊：《关于“法律学方法论”——为了一个概念的辩说》，载《第十四届全国法律逻辑学术讨论会论文集》，2006年6月。

方法论则是专门服务于研究法律现象的学术方法。“法律现象之学”的方法论以人们对法律现象的认识方法作为研究对象，是关于法律现象研究方法的理论总结。具体来说，“法学方法论系以一套先设的假定为准据，确定基本的研究立场，从事法学理论之建构，进而以之探讨、诠释、批判法之存在与衍化现象、法之科学技术及法之实践功能等之研究态度之学科也”，② 其主要的研究内容有：人们采用什么样的观点来考察认识各种法律现象，又是以什么方法把获得的认识整理加工成为系统化的理论等。本文所研究的“法学方法论”专指“法律现象之学”的方法论。

一、法学方法论的贫困

从1995年梁慧星的《民法解释学》出版，到2002年陈金钊、谢晖主持的《法律方法》和葛洪义主编的《法律方法与法律思维》的问世，近十余年来，“法律之学”的方法论获得了长足的进展。但是“法律现象之学”的方法论却一直进展不大，目前依旧处于比较混乱且少人关注的状态。工欲善其事，必先利其器。从一定意义上说，法学研究幼稚的根源是方法论层面的得不到重视、不成熟。缺少了对“研究方法”的“研究”，必然导致研究的基础薄弱。现实中，这种薄弱主要集中表现在如下三个方面：

（一）不重视研究方法

很多研究者没有研究方法的意识。怀德教授的一个硕士王海潮同学曾统计分析了中国政法大学行政法博士论文36篇，其中22篇论文介绍了作者的研究方法，占总数的61.1%，14篇没有介绍研究方法，占总数的38.9%。也

② 参见杨奕华：《法学方法论研究范畴之商榷》，载杨建华教授七秩诞辰祝寿论文集编辑委员会编辑：《法制现代化之回顾与前瞻——杨建华教授七秩诞辰祝寿论文集》，月旦出版社股份有限公司1997年版。

统计了北京大学行政法博士论文 37 篇，其中介绍了研究方法的有 20 篇，占总数的 54.1%；没有介绍研究方法的有 17 篇，占总数的 45.9%。还随机分析了其他学校法学博士论文 30 篇，其中介绍了研究方法的有 21 篇，占总数的 70%；没有介绍研究方法的有 9 篇，占总数的 30%。③还有人将研究方法视为累赘和麻烦，随便写上两句充数应付。例如，吴志鸿在其博士论文《政府宏观调控行为研究——行政法学的视角》中明确指出，“本文使用了行为分析法和实证分析法”，④但却对于行为分析法没有更多论述和说明。再综观全文，实在难以发现“行为分析法”的踪迹。

（二）不理解研究方法

很多研究者不理解研究方法是什么，将研究方法与非研究方法混淆。例如，有人研究指出沈家本的法学研究方法有五项：第一，考证注释法；第二，叙述评论法；第三，纵向比较法；第四，中西比较法；第五，经世致用法。⑤很明显，“经世致用”是研究目的而非研究方法。又如，有人指出瞿老《中国封建社会》中的法学研究方法有三大亮点：（1）参考资料浩繁且力求精确可靠；（2）注重纵横全面的研究视角；（3）比较法的成功运用。⑥显然，这里的“参考资料浩繁且力求精确可靠”是一种研究态度而非研究方法。再如，甘雯在其博士论文《行政法的平衡理论》中指出该文“采用比较、历史、系统、逻辑的方法”。⑦这里的“系统的方法”和“逻辑的方法”是不是研究方法值得商榷，因为对文章材料的组织和内容的论证要具有系统性和逻辑性是对学术论文最基本的要求，作者将其作为自己的研究方法，似乎不是很

③ 参见王海潮：《我国行政法学研究方法论纲》，中国政法大学 2007 年硕士学位论文。

④ 吴志鸿：《政府宏观调控行为研究——行政法学的视角》，北京大学 1997 年博士学位论文。

⑤ 参见周少元、戴家巨：《从〈论故杀〉看沈家本法学研究方法》，载《法制与社会发展》2001 年第 1 期。

⑥ 参见吴靖宇：《不应被忽视的方法论——读〈中国封建社会〉有感兼谈法学研究方法》，载《延边党校学报》2011 年第 1 期。

⑦ 甘雯：《行政法的平衡理论》，北京大学 1997 年博士学位论文。

妥当。

（三）不深究研究方法

曾经一度中国法学研究中出现了“方法热”，但是这种“方法热”结果演变成了“方法秀”。表现为在自己的论文里尽量列更多的方法，形成研究方法“摆地摊”的现象。这种“摆地摊”现象说明一些人对研究方法缺少深究的精神。因为，方法是工具，每一种工具都有其专门的功能。千斤顶能顶千斤，但是开不了啤酒瓶。方法本身没有好与坏之分，只有运用得是否合适的问题。所谓合适，是指适合于研究目的。研究方法的取舍的标准并不完全是这些方法自身的优劣，而是它们与研究目标之间的适合性。每一种研究方法都有其运用的边界，只有深究这一边界，才能合理使用研究方法。例如，王锡锌在其博士论文《程序正义与正当程序：中国法治国家中的行政程序研究》中声称“笔者所运用的研究方法主要是描述性的而非规范性的，是归纳性的而非演绎性的。所谓‘描述性’，是指本文对有关程序基本理论问题的讨论，不是以一种‘应然的’态度设定规范，而是通过对现代法治国家中程序立法和实践的描述进行分析。这是因为，如果将程序的价值、权力、正义等问题，以一种应然的或规范的方法而进行讨论，很可能会陷入伦理学和道德哲学层面的纯粹思辨”。[⑧]问题是，“价值”“正义”与“正当”恰恰只有从伦理学和道德哲学的角度才能够加以言说和探讨，纯粹的实证研究是否有所谓正义和正当的存在，更谈不上研究和建构。再如，李军在其博士论文《法律行为理论研究》中声称“本文借鉴了概念法学、分析实证法学等方法揭示了法律行为概念的形成、法律行为的法技术价值、法律行为的合法性、法律行为的效力及依据等问题”。[⑨]这里所借鉴的概念法学和分析实证法学方法恰恰根

---

⑧ 王锡锌：《程序正义与正当程序：中国法治国家中的行政程序研究》，北京大学1999年博士学位论文。

⑨ 参见李军：《法律行为理论研究》，山东大学2005年博士学位论文。

本不关心作者提到的法律行为概念的形成、法律行为的法技术价值、法律行为的合法性、法律行为的效力及依据等问题，也无法解决这些问题，甚至根本不承认这些问题。

二、法学方法论的体系

(一) 为什么要建构体系？

法学的研究方法林林总总，可谓“乱花渐欲迷人眼”。王海潮同学的抽样统计发现，法学博士论文中各种研究方法共计出现 177 次，其中排名在前五位的研究方法为：比较的方法 29 次，占总出现次数的 16.4%；案例分析的方法 25 次，占总出现次数的 14.1%；马克思主义的辩证唯物主义和历史唯物主义的方法 13 次，占总出现次数的 7.3%；实证分析方法 10 次，占总出现次数的 5.6%；系统分析方法 9 次，占总出现次数的 5.1%。前五位的研究方法共计出现 86 次，占总出现次数的 48.6%，其他的研究方法共计出现 91 次，占总出现次数的 51.4%。[10] 其他出现的比较多的研究方法还有：(1) 逻辑分析法；(2) 调查研究法；(3) 分析归纳法；(4) 研究法律文件与法律文件所调整的实际社会关系相结合的方法；(5) 演绎法；(6) 实验法；(7) 实践法；(8) 坚持实事求是，从实际出发的研究；(9) 信息论；(10) 控制论；(11) 历史与逻辑的统一；(12) 与学习其他学科和行政法学的其他分支学科相结合；(13) 吸收与借鉴相结合；(14) 点与面相结合；(15) 社会学的研究方法；(16) 功能的角度；(17) 交叉方法；(18) 利益分析的方法；(19) 价值分析方法；(20) 文化视角；(21) 坚持社会现象的普遍联系和相互作用的观点；(22) 政治学的研究方法；(23) 哲学方法；(24) 法教义学（狭义法学）；(25) 法学（包括宪法学、行政法学、法理学等）的方法；

[10] 参见王海潮：《我国行政法学研究方法论纲》，中国政法大学 2007 年硕士学位论文。

(26) 理性分析方法；(27) 法律规则分析；(28) 资料分析；(29) 专家咨询；(30) 对策研究；(31) 理论分析；(32) 对行政审判实践归纳、总结方法；(33) 博弈方法；(34) 行为学方法；(35) 行政学的研究方法；(36) 个体主义的方法；(37) 统计的方法；(38) 规范分析方法等。[11]

面对这样一个复杂的方法清单，每一个研究者心里面自然会产生这样一系列的问题：我目前的研究到底需要使用哪些研究方法？如此之多的研究方法如何把握？这些研究方法各自都有什么功能？这些研究方法各自的功能边界在哪里？哪些方法对我目前的研究是有用的？如何使用这些研究方法？

我们知道，研究一个复杂的对象首先要对其进行分类。通过分类，复杂的事物被拆解开来分成数量较少的几个部分，于是其面目就变得清晰而有条理。正所谓“纲举才能目张”。研究复杂的对象的第二步，是要建立起各个类型彼此之间的关系，通过建立联系，复杂的事物被重新组合起来，拆解开来的部件重新在类型化的基础上被组合成一个整体。这样一种处理复杂对象的方法就是所谓体系化的方法。因为，“所谓体系，就是指一定范围内或同类的事物按照一定的秩序和内部联系组合而成的整体”。[12] 体系化工作的关键在于分类标准的选择，合理的分类是建立在对事物正确而深入的理解基础上的。合理的分类能够形成对事物清晰有条理的理解，不合理的分类往往会造成新的理解困难；合理类型化是建立类型间有机联系的基础，不合理分类基础上建构的联系往往是机械的、牵强的。因此法学方法论体系化的要害在于如何进行分类。

(二) 法学方法论的体系构成：三层次体系之批判

既然法学方法论体系化的要害就在于如何进行合理分类，一般来说，学界惯常将研究方法分为三个类别，这三个类别有位阶上的高下之分，故这三

---

⑪ 参见王海潮：《我国行政法学研究方法论纲》，中国政法大学 2007 年硕士学位论文。

⑫ 参见百度百科“体系”词条。

个类别的准确表述应为“三个层次”。国内学界持三层次学说的表述虽然各有不同，但是其大致的分层标准是一致的，即法学方法论分为法哲学、法学研究方法、法学研究手段三个层次。

其大致的言说理路为：法学方法论内在包含哲学、方法和手段三部分内容，三个部分形成一个有机的整体。因为“法学方法论是指在一定的哲学世界观和方法的指导下在法律科学中所形成的方法论原则和专门的技术手段”。[13]法哲学是指对法律现象所持的基本立场和态度。法律哲学制约着研究方法的选择，每一种方法论都有其相适应的法哲学。研究方法是基于特定法哲学所产生的若干研究时所必须遵守的原则。法哲学为体，研究方法为用。法学研究手段则是服务于特定研究原则的技术手段。[14]

这种哲学、方法、手段三层次的分类是从性质角度进行的划分。从性质角度的划分固然深刻，但是世界是普遍联系的，事物和事物之间性质的差异往往是模糊的，这将造成类型与类型之间的边界不清晰，进而造成理解的模糊和操作的困难。例如，第一层次的法哲学和第二层次的研究方法的差别到底有多大？如果按照一般的理解，“具体的研究方法是对哲学层面研究方法的具体化”，那么两者基本上是一体两面的关系，其实没有太大的区别。那么，一定要分出为两个层次到底意义何在吗？虽说这样分没有不妥之处，但是其观赏价值大于实际价值。再如，第二层次的研究方法和第三层次的研究

⑬ 参见［俄］B. B. 拉扎列夫：《法与国家的一般理论》，王哲等译，法律出版社 1999 年版。

⑭ 对这种三分法界定的最为具体深入的当属王海潮。他认为：“第一个层次是研究方法的哲学基础，第二个层次是具体的研究方法，第三个层次是研究实际问题时的操作技术。第一个层面是哲学基础上的，主要是对研究方法在形而上层面所面临诸如事实与价值的理论问题进行思考。具体包括马克思法哲学方法、实证哲学和价值哲学等。第二个层面是具体的研究方法层面，是对哲学层面研究方法的具体化。具体包括逻辑实证分析方法、社会学研究方法、价值分析方法、案例研究方法、法律解释方法、比较研究方法等。第三个层次是一种更加纯粹的操作技术，包括文章的做成技术和证成技术。文章做成方法是指为了写作文章而进行的选题、收集资料、分析资料、记录思想、组织材料等的方法。文章的证成方法是指文章中体现出来的论证命题的方法，如逻辑实证方法、价值分析方法、比较研究方法等。而文章的证成方法是静态的，它是文章中所体现的证成方式。”参见王海潮：《我国行政法学研究方法论纲》，中国政法大学 2007 年硕士学位论文。

手段又应该如何划分？“历史的分析方法”“利益分析的方法”“案例分析法”“成本—收益分析方法”到底是一种方法还是一种手段？要想解释清楚这些问题还是很困难的。前文指出，合理的分类能够形成对事物清晰且有条理的理解，不合理的分类往往会造成新的理解困难。笔者认为，依照此标准，这一分类不能算是很成功的。

哲学、方法、手段三层次的分类看似新颖，其实并不新鲜，在其他学科早就有过这种分类。例如，在社会学的研究方法的研究中，把研究方法分为方法论、研究方式、具体方法与技术三个层次，已经是共识。[15]但是对于三分法存在的问题，社会学界体会很深，曾召开数次社会学方法研讨会探讨这一问题，但是历十年之讨论目前还没有结果。

能否找到更加清晰的分类标准，为这个庞大复杂的研究方法家族建立起一个条理分明的“谱系”呢？笔者将尝试引入四层次的建构模式。

（三）法学方法论的体系构成：四层次体系之建构

方法就是way，就是道路，是一条从选择研究对象到得出研究结果的道路。这意味着方法是一个动态的过程，这一过程一般来说分为“资料收集”“资料整理”“解释”和“评价”这四个阶段，如一篇研究中国廉租房制度的论文，其研究方法就应该在四个阶段中都有体现：第一，收集关于中国廉租房法律制度现状的资料；第二，对廉租房法律制度的资料进行整理；第三，解释廉租房法律制度现状的成因；第四，对廉租房法律制度现状进行评价并提出建议。既然研究是一个过程，阶段不同，所需要的方法自然也不同。因此，应当放弃难以把握的性质标准，采纳更容易把握的过程标准。依照研究工作的进程，可以将法学研究方法分为获取事实的方法、整理事实的方法、

---

⑮ 参见袁方主编：《社会研究方法教程》，北京大学出版社1997年版，第26-27页；风笑天著：《社会学研究方法》，中国人民大学出版社2001年版，第6-10页；林聚任、刘玉安主编：《社会科学研究方法》，山东人民出版社2004年版，第18-21页。

解释事实的方法和评价事实的方法四个层次。

1. 获取事实的方法

法学研究必须以事实为基础。获取事实是有不同的方法的，大致可以分为直接获取事实的方法和间接获取事实的方法。

（1）直接获取事实的方法。直接获取事实的方法主要有观察法、观测法、调查法、实验法、访谈法等。

可能有人会说法学研究中有观察法、观测法、调查法、实验法、访谈法吗？这难道不是社会学的研究方法？的确，通说认为“法社会学的方法，是指运用社会学研究的方法，如社会调查、分析、统计、预测的方法，以研究法律和法律制度”。[16] 不过，笔者认为这种理解是肤浅的，是一种对社会学研究方法的误解。因为观察法、观测法、调查法、实验法、访谈法等仅仅是社会学中获取事实的方法，对于这些收集来的事实如何分析，如何定性依旧需要其他的研究方法。观察法、观测法、调查法、实验法、访谈法绝不是社会学研究方法的全部，甚至可能不是其主要部分。

实证主义社会学的鼻祖孔德就明确指出：“如果从一方面说，任何实证的理论都一定要建立在一些观察上面，那么另一方面也同样很明显，人类精神必须有某种理论，才能进行观察。从科学上看，一切孤立的，唯经验的观察都是不确定的，无用的，科学必须将观察同某一个规律（至少是假设的规律）联系起来。”因此，社会学研究的先决条件就是拥有扎实的理论基础，研究者应当学会应用结构功能主义理论来分析社会的变革，知道社会互动论能解释人与人之间的交往行为，明确社会有机论和本土方法论的缺陷。只有这样，面对社会问题时，才能在理论和规律的基础上，展开实证分析，超越“概括”的经验层次，使得研究成果也可以上升到较高的理论层次。[17]

关于这一误解，我国社会学界也多次出面澄清。“我们对社会学研究方法

---

[16] 参见梁慧星：《法学学位论文写作方法》，法律出版社2012年版，第85页。

[17] 参见蔡禾、赵巍：《社会学的实证研究辨析》，载《社会学研究》1994年第3期。

就是调查技术与统计技术的误解进行反省显得尤为必要”,[18] 因为“熟悉和掌握问卷调查法的具体程度和操作方法对于成功地进行一项调查研究来说，仅仅只是必要的，而不是充分的”。[19]“在经验研究的操作上，社会学研究方法体现为一系列技术形式，但是，这绝不意味着方法就简单地等于抽样调查和统计技术。”[20] 例如，社会学家用社会调查的方法发现了中国人口性别比的失衡程度，但是如果要探讨性别比失衡的原因机制就必须用其他的研究方法。

另外，观察法、观测法、调查法、实验法、访谈法作为实证研究的基础方法——“获取事实的方法”也不仅仅为社会学所专有，其他实证研究的社会科学，如经济学也广泛采用上述手段收集事实资料，只不过社会学最早使用、运用最熟练而已。

（2）间接获取事实的方法。间接获取事实的方法主要有文献研究方法。[21] 这种研究方法的实质是将文献、文本作为经验研究的对象获取信息，作为进一步研究的基础。就法学研究而言，历史研究的方法和案例分析的方法应该纳入文献收集法的范畴之内来处理。

第一，“史料收集的方法”与“历史研究的方法”。通说认为，“历史研究的方法，即采用考订、训诂等方法研究历史上的法律和法律制度，也是法学常用的方法。”[22] 历史研究方法名称一般有如下几种：（1）历史的方法；（2）历史研究的方法；（3）历史分析；（4）历史分析方法。问题是，这一理解可能又是一种误解。让我们看看历史学家自己是如何理解历史研究的方法的吧：“我们经常所说的史学方法不外两类：一类是处理历史资料的方法，像

---

⑱ 参见刘成斌：《方法的反省——青年研究中不可或缺的问题》，载《青年研究》2006 年第 8 期。

⑲ 参见风笑天：《方法论背景中的问卷调查法》，载《社会学研究》1994 年第 3 期。

⑳ 参见刘成斌 卢福营：《研究技术、研究方式与研究方法——兼论对社会学研究方法的若干误解》，载《华中师范大学学报》（人文社会科学版）2008 年第 2 期。

㉑ 当下，法学界从事实证调研的人往往鄙视文献收集方法这种二手资料的收集方法，以为从田野里弄来得更真实。其实不然。因为直接获取的资料和经验毕竟是有限的，要想展开大范围的、全面的深入研究，非得借助他人和前人的经验。

㉒ 参见梁慧星：《法学学位论文写作方法》，法律出版社 2012 年版，第 84 页。

考订、校勘、训话，还有对资料的辑录、整理等；一类是说明分析历史问题的方法，像阶级分析、历史比较方法等。”[23]“历史学研究方法，大体讲有以下几种：（1）最基本的方法：搜集与考订材料的方法，即考据。（2）历史比较法。（3）统计方法。（4）计量方法。（5）马克思主义的研究方法。”[24] 通过上述引文可以发现，历史的研究方法分为两类：第一，获得史料的方法；第二，解释史料的方法。考订、训诂等方法属于获取法律史料的方法而非分析法律史料的方法。至于分析史料的方法更是种类纷繁，除了我们熟悉的唯物史观的解释方法和唯心史观解释方法，还有数学方法、控制论、系统论、信息论等层出不穷的新方法。[25]

例如，行政诉讼案件起诉数量不断下降这个历史数据说明了什么？是行政侵权行为少了，还是公众对行政诉讼失去信任了？如何解释这一历史数据，就需要解释的研究方法。如果没有解释历史的理论方法，历史自己是不会说话的。[26] 困难在于，在法学研究领域中如何理解历史研究的方法。如果将其理解为解释历史现象的方法，等于什么也没有说。因为历史现象解释的方法是多元的，是“一箩筐”方法，当一个人说其采用了历史的研究方法，别人是无法判断到底是什么方法的。如果将其含义理解为“获得法律现象的史料的方法”，那么用“历史研究的方法”这一概念就显得太大。

笔者认为，“历史研究的方法”应该作为一个史学的专有概念，不宜拓展至其他学科中使用。在法学研究领域中，从明晰语义的角度，“获得法律现象

---

[23] 参见王慎荣：《关于历史研究方法的几个问题》，载《求是学刊》1985 年第 6 期。

[24] 参见漆侠：《论历史研究的方法》，载《中国文化研究》2003 年冬之卷。

[25] 例如金观涛所著《历史上的科学技术结构——试论 17 世纪之后中国科学技术落后于西方的原因》，就是利用数学方法进行解释分析的成果；金观涛、刘青峰所著的《中国历史上封建社会的结构：一个超稳定系统》和《兴盛与危机——论中国封建社会的超稳定结构》，则是利用控制论、系统论等方法解释中国封建社会长期延续的原因。

[26] 关于这一点老一辈法史学家认识得很清楚。例如瞿同祖先生就提出要先阅读外国学者的著作、从中收到启发，形成一定的方法论，然后开始研究法制史，写作有关法制史的著作。参见吴靖宇：《不应被忽视的方法论——读〈中国封建社会〉有感兼谈法学研究方法》，载《延边党校学报》2011 年第 1 期。

的史料的方法”应界定为“史料收集的方法”，意指极其含混的“历史研究的方法”概念不宜再采用，以免因词语歧义造成交流的困难。如果“历史研究的方法”就是“史料收集的方法”，那么很显然，此一方法理应作为“获取事实的方法”这一上位概念的下位概念处理。

第二，“案例收集的方法”与“案例分析方法”。在我国的行政法学著述中，案例分析方法是仅次于比较方法的第二大研究方法。在名称使用上，案例分析方法有如下几种名称：（1）案例研究方法；（2）案例评析方法；（3）案例分析法；（4）“个案研究”的方法；（5）案例评析；（6）案例研究；（7）案例分析的方法；（8）结合案例学习。[27] 虽然这一方法运用很广泛，但是这一方法依旧是一个没有具体内涵的方法。顾名思义，案例研究方法就是以案例为研究对象的方法。但是，研究者在进行案例的研究中，究竟会采用何种手段研究分析案例，则是一个难以确切预知的问题。依据不同的解释理论和不同的价值判断标准，其研究方式和研究的结论定会有所不同，这使得对案例研究方法的性质界定变得困难和不可能。例如，我国大量的法学著作包括一些“名著”，对案例研究方法的哲学层面、具体方法层面和操作技术均介绍不足，往往草草带过，字数不多，也没有对研究案例方法的更多细节作出探讨，显得简单而不成熟。其实这种不成熟是由于这个概念自身的问题造成的，因为这一方法本身没有作为一种解释性的研究方法来建构的可能。

可以说，这一方法和“历史研究的方法一样”，是一个没有准确意指的概念，它唯一表达的意义可能就是本研究是基于大量的真实的案例而展开的，是具有实证材料基础的，除此以外，这个概念没有其他意义。所以，“案例分析的方法”真正的含义就是“案例收集的方法”，很显然，同历史的研究方法一样，此一方法理应作为“获取事实的方法”这一上位概念的下位概念处理。

2. 整理事实的方法

从研究的过程看，当我们运用一定的方法收集到研究的资料后，下一步

---

[27] 参见王海潮：《我国行政法学研究方法论纲》，中国政法大学2007年硕士学位论文。

就是运用一定的方法进行资料的整理，以为进一步的解释和分析做好铺垫。整理事实常用的方法有统计的方法、数学方法等传统的方法，甚至还有最新的计算机统计方法等，不过在法学研究中，最常用的是比较的方法。“所谓比较研究的方法，亦可称为比较法的方法，是指对各种不同法系、不同的国家的法律或者法律制度进行比较分析，发现其异同及各自的优点和缺点的方法。”㉘ 这种对比较研究方法的理解是存在很大的问题的，问题就在于我们太“高看”了比较方法的功能，从而赋予了比较研究方法两个它根本无法完成的任务。因为通过比较，我们只能发现差异，发现差异之后，要解决的两个关键的问题是：第一，差异是如何发生的？第二，谁更优？谁更劣？回答第一个问题需要运用针对法律现象的解释方法，回答第二个问题则需要针对法律现象的评价方法。问题是比较方法之中压根儿就没有这两部分的内容，因此“发现其各自的优点和缺点”就成了比较方法“不可能完成的任务”，不管你是纵向比，还是横向比。

关于比较方法的这一功能限度问题，罗斯科·庞德早就有过清醒的认识，他明确指出：“将比较方法称之为法理学的一种独特方法是否恰当，仍是颇有疑问的。……比较法学（亦即对不同的发达法律体系中得到各自承认的法律律令、准则和制度所进行的一种比较）给分析法理学提供材料，但其本身却至多是法律科学的一个基础而已”，“‘比较’本身是一种普遍的思维方法，其只能提供需要进一步加工的材料，必须与‘分析’方法相结合才能生产‘成品’”。㉙ 无独有偶，国外一些成熟的比较法学家往往缺少中国比较法学者那种“指点江山”的气势，“低调”地认为“比较法是这样一种法学部门或方法：在最一般的意义上，它在各种法律秩序的精神与样式的联系上，揭示各法律秩序的形态学上的特征以及它们相互间在类型上的亲缘性”。㉚ 所谓的

㉘ 梁慧星：《法学学位论文写作方法》，法律出版社2012年版，第84页。

㉙ 参见［美］罗斯科·庞德：《法理学》（第一卷），邓正来译，中国政法大学出版社2004年版，第22页。

㉚ 参见［日］大木雅夫：《比较法》，范愉译，法律出版社2006年版，第66页。

“亲缘性”研究不过就是对差异性的总结和归纳而已。这种“本分”的研究态度正基于这样的一种洞见：比较的方法仅仅是一种整理法律事实的方法，而非解释事实和评价事实的方法。

3. 解释事实的方法

法律的世界是一个经验的世界，因此受到因果律的支配。在通过“获取事实”和“整理事实”两个阶段的研究后，我们已经解决了“是什么”的问题，下一阶段自然就是回答“为什么”的问题。探究特定的法律现象是如何产生的，其根源何在，这就是解释，解释是需要方法和理论支撑的。解释法律现象有多种理论方法，大致而言可以分为两大流派：物质决定论的解释路径和精神决定论的解释路径。

（1）物质决定论的解释路径。物质决定论持这样一种解释法律现象的立场：第一，法律现象的产生、发展和消亡是由自身的原因决定的。第二，法律现象的产生、发展和消亡是由物质因素所决定的；法律现象的产生、发展和消亡都具有规律性和必然性。

从物质决定论的立场解释法律现象的学术观点主要有如下几种：第一，经济决定论的解释思路。马克思曾说过：“人的本质并不是单个人所固有的抽象物。在其现实性上，它是一切社会关系的总和。”[31] 法律现象作为人类的一种社会现象，同样不能从它们本身来理解，也不能从人类精神的一般发展来理解。“物质生活的生产方式制约着整个社会生活、政治生活和精神生活的过程”，“不是人们的意识决定人们的存在，相反，是人们的社会存在决定人们的意识”。[32] 一言以蔽之，社会存在决定社会意识，经济基础决定上层建筑的法律。第二，社会一功能决定论的解释思路。社会学是建立在实证基础上的科学研究。“社会学的责任是要发现并解释社会世界中客观存在的规律性。而社会学研究方法作为社会学者探索社会世界奥秘的工具和手段，在这

---

[31] 《马克思恩格斯选集》（第1卷），第18页。

[32] 《马克思恩格斯选集》（第2卷），第82页。

一过程中具有十分重要的作用。与各种科学的方法一样，社会学研究方法也必然受着科学一般规律及固有特征的制约和影响。”[33] 社会学的核心解释方法是结构一功能主义。结构一功能主义者认为，社会是具有一定结构的系统，社会的各个部分是以有序的方式相互关联着的，并能够对社会整体发挥必要的功能，部分的或者结构的要素的变化会对结构的整体产生影响，进而使结构整体不断演进，在新的平衡点上稳定下来。这就是功能分析方法。[34]在法学研究中，结构一功能主义通过说明法律怎样满足一个社会系统的普适性的功能需要来解释法律现象，即法律的功能分析方法。

（2）精神意志决定论的解释路径。精神意志决定论持这样一种解释法律现象的立场，即法律现象的产生、发展和消亡是由人类的精神性因素决定的，这些精神意志性的因素表现为法律意识、法律情感、法学理论、法律习惯、法律文化与法律信仰、杰出人物的主观意志、超自然的神秘意志等。

法律的精神意志决定论曾经统治了法哲学几千年之久，在马克思之前，人们试图从各种精神意志因素，诸如宇宙理想、上帝意志、人类理性、绝对精神或民族精神出发去说明法律现象。可是，基于意识形态的原因，唯心主义和唯意志论在中国成为了一个政治上“不正确”的概念，所以直接以“唯意志论法学研究方法”“唯心主义法哲学研究方法”为标签的研究并不多，但是，不用唯心主义法哲学这个概念，不等于它在现实的法学研究中不

---

[33] 参见风笑天：《社会学研究方法：走向规范化与本土化所面临的任务》，载《华中师范大学学报》（人文社会科学版）2005 年第 6 期。

[34] 功能分析方法是社会学的分析方法，但是社会学分析方法却可能不仅仅是功能分析方法，因为当前太多的学派和学者都被学界纳入社会学的范畴之内，出现了一个“大社会学”的概念。例如，主张经济决定法律的马克思属于社会学家，而强调新教精神左右法律的韦伯也是社会学家。这一过于宽泛的界定很可能存在取消社会学的危险。因为它难以面对下面的问题：第一，社会学独特的研究对象是什么？答：社会学没有独特的研究对象。第二，社会学独特的研究方法是什么？回答不了第一个问题就必须要能回答第二个问题。可是“大社会学”的界定恰恰取消了社会学独有的研究方法。如果回答上述方法都是社会学的研究方法，那么等于说，社会学就是社会科学。社会学研究方法等于一切社会科学的研究方法。从这个意义上说，中国很多法学研究中的社会学研究方法可能只能算是一种伪社会学研究方法。

存在、不繁荣。例如，学界长期津津乐道的《新教伦理与资本主义精神》就是持反历史唯物主义的“宗教精神决定论”运用的杰出典范。教学中，老师在课堂上大谈法律精神的时候，难道不就是暗示在精神决定法的发展？甚至是大陆广为流传的“法是统治阶级意志体现”，就其实质而言难道不是一种精神决定论？就连胡锦涛同志也指出：“民族精神是我们民族的生命力、凝聚力和创造力的不竭源泉。”近年来，精神意志决定论的解释理论在我国风头越来越劲，柯林武德的名言广为流传即是一个明证，这句名言是：“历史研究的对象只能是思想，一切事件都不过是内在思想的外在表现，一切历史都是思想史。”可以说，精神意志决定论的解释路径虽然在中国社会科学包括法学的研究中声名不彰，但绝没有销声匿迹，而是处于一种“才下眉头，却上心头”的微妙状态。

从精神意志决定论的立场解释法律现象的学术观点主要有如下几种：第一，宗教精神决定论。例如，韦伯的《新教伦理与资本主义精神》的论证思路为：资本主义植根于卡尔文教义，资本主义精神是资本主义产生的决定因素；宗教精神孕育了现代资本主义。因为，“现代资本主义扩张的原动力问题不是以资本主义方式使用的资本额从何而来的问题，而首先是资本主义精神的发展问题”。第二，文化决定论。文化决定论所讲的“文化”主要是一种集体性的精神特质，本尼迪克特说过“文化是通过某个民族的活动表现出来的一种思维和行为模式，一种使该民族不同于其他民族的模式”。第三，英雄意志决定论。法律现象解释理论中的英雄意志决定论，是指这样一种观点：良好的法律的制定取决于少数杰出人物的智慧，正所谓“天不生仲尼，万古如长夜”；良好法律的执行取决于少数杰出人物的德行，正所谓“徒法不足以自行”。西方最早的法律现象解释理论其实就是英雄史观。古希腊哲学家中认为社会历史发展（包括法律的发展）的重要力量是英雄（哲学王、至善者、完人、超人等），要实现理想社会，就要选拔和培养这样的英雄。其中柏拉图以强烈的英雄气概企图实现权利和智慧的结合，论证了应该由哲学王来建立理想的社会，成为英雄治世社会理论的鼻祖。西方近代以来，这一思想依旧不绝如缕。黑格尔就说过："负责的个人是社会变化的先锋。"㉟ 中国古代对法律现象解释理论主要也属于英雄史观。儒家所推崇的英雄尧帝便是"其仁如天，其知如神，能明驯德，以亲九族，九族即睦，便章百姓，百姓昭明，合和万岁"。㊱ 英雄史观在近代的影响依旧很大。梁启超就说过，"历史者，英雄之舞台也，舍英雄几无历史。世界者何？豪杰而已矣，舍豪杰则无世界。吾读数千年中外之历史，不过百数十英雄之惭已磅礴充塞之。使除出此百数十之英雄，则历史殆黯然无色也"。英雄史观在现代中国的影响仍然存在。例如，《邓小平文选》收录了邓小平1980年8月21、23日会见意大利记者奥琳埃娜·法拉奇时的谈话，邓小平就说："毛主席一生中大部分时间是做了非常好的事情的，他多次从危机中把党和国家挽救过来。没有毛主席，至少我们中国人民还要在黑暗中摸索更长的时间。"另外，《中国共产党党章》中对共产党员"无产阶级先锋队"的定位更是透露出强烈的英雄史观的情节。第四，绝对精神决定论。黑格尔说："世界历史是'精神'在各种最高形态里的，神圣的，绝对的过程的表现——'精神'经历了这种发展阶段的行程，才取得它的真理和自觉。"㊲

（3）综合全面的解释路径

也有人认为，法律现象产生的根源是多重的，既有物质的因素，也有精神的因素，所以在解释法律现象时应该采取多视角解释方法的综合运用，以保证分析的全面性。具体事例在此略过。

（4）抉择：唯一原则

以上三种解释路径各有其合理性，但是也各有其缺点。物质决定论的解释路径在学理上比较扎实，但是解释的能力较弱。韦伯曾精辟地指出："观念的历史力量过去和现在对于社会生活的发展仍然如此巨大，以至于我们的杂

㉟ 参见［德］黑格尔著：《哲学史讲演录》，贺麟等译，商务印书馆1960年版，第67页。

㊱ 参见《史记》之《五帝本纪》。

㊲ 转引自韩震：《西方历史哲学导论》，山东人民出版社1992年版，第208页。

志非但决不能逃避这个任务，对它的关切反而要划入我们最重要的职责范围之内。”[38] 例如，饥饿与死亡是一个客观事实，但是如果一种宗教精神将其解释为报应的后果，那么，无论多么深重的压迫都不会带来揭竿而起。再如，“一战”后的德国下层民众艰难的生活境遇没有演化成无产阶级的革命，而是在民族仇恨的蛊惑下，转化成为第三帝国的侵略战争。精神意志决定论的解释路径解释的能力较强，但是学理上存在薄弱之处。对其批评的理由是：即使是精神决定了法律的存在和发展，但是精神现象最终还是由物质和实践所决定的。“根据唯物史观，历史过程中的决定性因素归根到底是现实生活的生产和再生产。无论马克思或我都从来没有肯定过比这更多的东西。如果有人在这里加以歪曲，说经济因素是唯一决定性的因素，那么他就是把这个命题变成毫无内容的、抽象的、荒诞无稽的空话。”[39]恩格斯所说的“现实生活的生产和再生产”既指物质生活的生产和再生产，也包括精神生活的生产和再生产。这一“釜底抽薪”式的攻击是致命的，因为，所谓原因只不过是相对而言的，精神在一种情况下作为原因的因素，可能在另一情况下又成为物质原因的结果。“如果我们考察因果链，我们看到它们在一个时期，从技术到经济和政治，在另一个时期，从政治到宗教和经济，等等，没有一个终点。”[40] 全面的解释路径看似全面，但是这一分析进路可能带来一种灾难性的后果。因为，法律现象背后的因果关系是复杂的、多元的，任何的法律现象都可以找到其多重原因，而且多重原因中的每一个原因背后还有原因。如果要对因果关系进行综合全面的倒追将导致一种无限的趋向，最终将使得研究没有边界、失去控制。因为：“进到无限的道路与进到地狱的道路同样宽广，如果它不通往地狱的话，也肯定会通往疯人院。当我们触及它时，那无限就变大了，它对我们而言是没有用的，只能使我们望而生畏。只有可怜的有限才能有助于

---

[38] 参见［德］马克斯·韦伯：《社会科学方法论》，韩水法、莫茜译，中央编译出版社 2005 年版，第 5 页。

[39] 恩格斯：《致约·布洛赫》，载《马克思恩格斯全集》（第 37 卷），第 460 页。

[40] 参见［德］马克斯·韦伯：《新教伦理与资本主义精神》，四川人民出版社 1986 年版，第 42 页。

我们，它是确定而具体的，能被思想所把握，它能成为我们存在的根基和行动的出发点。”[41]

综合全面的研究思路也许是正确的，但是在某一个特定的法学研究主题中，笔者认为，关于某一法律现象的解释只能是一元的，必须以一贯的线索和思路来组织和解释。否则，我们的研究成果不过就是编排了一本包罗万象的流水账或者是拼凑起来的一件“百衲衣”。规范的学术研究必有其统一性，其统一性就在于研究者用以经纬和统帅他的题材的解释理论。所有的题材都要服从和服务于这一主线。纵使无限能够被把握，我们也必须将它抛开，而应执着于那个我们抉择的唯一的解释因素。

4. 评价事实的方法

社会科学是科学，科学要求价值中立，只探究规律和因果关系。从获取事实到整理事实，最终分析出法律现象存在之成因，这一过程是社会科学研究的经典“三段论”。法学研究自然不应忽视法律现象的科学研究和实证探索，否则法学研究就成了无源之水和无本之木。但是，法律的世界不仅是经验的，也是价值的，法律必须要回答何者为正义、何者为不义的问题。由于法学天然被赋予了进行价值评判的使命，法学的研究工作中就必然包括评价法律现象的内容，与此相适应，法学研究的方法中自然也就应该包括评价法律现象的方法。

评价法律现象的方法又称价值分析方法，或称规范性研究（prescriptive study），[42] 它是依据特定的价值判断标准，从“应然”的层面去评价法律现象

---

[41] See Croce，*History*：*Its Theory and Practice*，New York，Russell &Russell，1960，p. 55.

[42] 现实中 prescriptive study 往往与 normative study 相混淆。例如有学者声称：“药事行政法研究试图从行政法学的视角，对药事法进行全方位的审视。运用规范研究（normative study）的分析方法，通过对中外相关论著和各国官方法律性文件的规范分析，借助价值判断和逻辑推理，从探求条文背后的‘精神内核’和抽象原理入手，探索药事法的应然领域（Law as it ought to be）。”（参见宋华琳：《药事行政法研究论纲——背景、方法与框架》）其实，规范性研究（prescriptive study）研究的是法律的价值问题，而 normative study 事实上应为“针对规范的研究”，是一种以法律规则为对象的实证研究。

的一种研究方法。对法律现象的评价研究者的理论视野从法律规范的实然层面扩展至应然层面，为法律本身的内在品性输入了营养和养分，为现有状态提供判断依据和精神指向，为改革和建构提供理论支持和智力资源，使法律成为具有道德属性的人类为自身量身定做的行为规则。正是在评价法律现象时，人类不再是仅仅受到因果律支配的动物性存在，而是展现人类自我超越的主体地位。人由此获得了尊严。

“法学方法论及法律哲学若是对一位只想追求当一名目光如豆的‘法匠’、而不想当法学家的法律人而言，必定会被他认为是没有必要加以重视的学问；而他也永远不可能知道，这种基础法学的涵养对培养一个风骨卓然的法律人及伟大而有深度的法律文化有何等的重要性。”[43]现实生活中诸多的立法建议，往往并没有坚实的事实基础，而是凭借着法学的理念、价值，对观念中的“好法”进行构建。他们的说服力就在于他们的价值取向。总而言之，在对事实进行评价的时候，价值问题始终是一个中心问题，舍弃价值判断显然是不明智的，也是做不到的。评价法律现象有多种方法，大致而言可以从自由、平等、人权、秩序、效益五个层面去展开。若要把这五个层面的东西论述清楚则需要花太多的笔墨，笔者在此不便详述，仅举一例，比如说，“效益”评价方法就是将价值最大化的方式分配和使用资源为其评价标准的一种研究方法。全部法律制度和所有的法律活动都是以有效地利用资源、最大限度地增加社会财富为目的。[44] 最后需要明确一点，价值层面的评价只能选择一种立场，而不能选择几个立场。

总之，在收集资料的方法和整理资料的方法两个层次上，各种方法是可以多管齐下、百花齐放的，在解释法律现象的方法这个层次上，属性相同、

---

[43] 林立：《法学方法论与德沃金》，中国政法大学出版社 2002 年版，“序言”第 1 页。

[44] 法经济学与经济学不同。经济学是一门实证科学，它通过对实证资料的分析，研究经济运行有效或者无效的成因。而法经济学作为法学，是有伦理的。所谓伦理不过就是判断对错、善恶的标准。法经济学并非不讲伦理，只不过有自己的伦理而已，这个最高的伦理标准就是效益，无效率的法才是恶法。从本质上说，“经济学帝国主义”不过是要“效率”伦理取代“正义”伦理。

相近的解释方法是可以做到兼收并蓄、互相支撑的，但是在评价法律现象的方法这个层次上，研究者只能持有一种立场。因为这是价值决断，无法骑墙。

三、四层次法学方法论的意义

1. 为研究方法的总结提供一种范本

我国法学博士论文中关于研究方法的总结目前并没有通行的模式，许多研究生在研究方法部分的总结中相当普遍的感觉是不知道该如何写。其实，所有的研究者都在使用方法，不知道该如何写的根本原因是缺少一个可以依照的清晰合理的总结条理。笔者认为四层次的方法论体系为研究方法的总结提供了一个容易把握而且较为清晰的模式。研究是一个过程，分为“资料收集”“资料整理”“解释”和“评价”这四个阶段，每个阶段都需要相应的方法。研究者只要依据“资料收集”“资料整理”“解释”和“评价”这四个部分将其所用方法加以说明，就可以以比较有条理的方式将其方法总结出来。

2. 为研究方法的选择提供一种依据

研究是一个过程，分为“资料收集”“资料整理”“解释”和“评价”这四个阶段，绝大多数的法学研究工作都需要同时运用四个层次的研究方法。例如《行政听证制度研究》这样一个选题，“资料收集”“资料整理”是必不可少的，在此基础上研究者自然要“解释”行政听证制度存在的原因，最后研究者还要对其价值进行“评价”。像这样的选题是法学研究中的主体部分，如《转型发展中的中国行政指导研究》《论行政诉讼调解》《论行政强制》等就是这一类的选题。但是，并非所有的研究课题都需要同时运用这四个层次的方法。研究方法的选择取决于研究的问题，具体来说是要看选题的属性。

如果一个研究选题就是发掘关于某一法律现象不为人知的事实和资料，那么这一选题就只需要两类研究方法：第一，收集事实的方法；第二，整理事实的方法。例如《行政撤诉考》《行政法制的基本类型——行政与法的关系的发展史》《无效行政行为的概念、性质及种类》等就是这一类的选题。如果某一选题的目的是发掘某一法律现象尚未为人所知的因果关系，那么这一选题需要三类研究方法：第一，收集事实的方法；第二，整理事实的方法；第三，解释事实的方法。例如《积极型行政信息公开制度成因研究》就是这一类的选题。如果某一选题的目的是对某一法律现象从一个新的角度进行评判角度，那么这一选题也需要三类研究方法：第一，收集事实的方法；第二，整理事实的方法；第三评价事实的方法。例如《论行政程序立法的价值》就是这一类型的选题。

3. 为学术批评的开展确立一种规范

“方法不是教条，不是框框，也不是洋八股，而是科学研究的必备条件，是其结论成立的前提和依据，也是研究者科学精神和科学态度的一种体现。”[45]学术研究的成果不同于思想性的作品，其结论和观点必须经过通过合理的研究方法、经过严格的论证过程才可以成立。因此，对于思想性作品的批评关键是看该思想是否具有原创性和启发性，而对于学术成果的批评关键是在于通过对其研究方法的检验，分析其论证过程是否严密，检验其论证过程是“纯粹”还是“混乱驳杂”，结论是否可信，即是说，检验研究者是否做到了“吾道一以贯之”。因此，学术批评应该有规矩、有规范，这个规范就是依据选题的性质，依照其研究方法展开合适的评判。例如，对价值分析方式的评价就要对其价值主张进行评判，并且注意其他价值论述的特点；对于实证性的分析，就要分析事实基础是否可信，分析工具是否可靠，信度和效度有多大。一言以蔽之，学术批评也要讲方法论，只有保持方法的清醒，才可以采取正确的评判策略。

---

[45] 参见成伯清：《社会学的修辞》，载《社会学研究》2002年第5期。

四、结语

其实，笔者提出的四层次体系建构的学术性和思想性也存不足，但与许多学者谈方法论时讲得太玄不同的是，这种四层次体系建构比较接地气，容易理解和把握。在笔者看来，研究方法的运用是一个人学识和能力的集中反映和体现。收集事实环节中考虑是否周详？整理事实环节中对于细节处理是否足够敏感？解释事实环节中分析方法的选择是否妥帖？评价事实环节中的立意是否高远……这里的每一步工作都是一个人学识、能力的浓缩，都是其综合能力的最高体现。方法是死的，人是活的。没有能力和学识的保障，一切方法都是空的、无用的，也就等于没有方法。从某种意义上说，一个人的综合能力才是他最根本的方法……

选择对“研究方法”进行研究这本身就是一件费力不讨好的事情，陈义虽高，恐窒碍难行。时值应松年先生八秩华诞之际，作此文聊表心意。

试论民营化对中国行政法制之挑战*

——民营化浪潮下的行政法思考

刘 飞**

一、前言

自新中国成立以来，我国的传统行政体制是国家行政权统帅一切，而不存在国家与社会之间的明确区分。国家在垄断几乎所有资源的基础上实行计划经济、制定一切交易规则、以身份划分社会群体、以票证制度控制经济关系、以行政化的社会保障制度来维系产品的供应。在此“全能政府”的治理模式之下，行政普遍采用命令、禁止等传统高权强制手段，国家机能被扩充发挥到了极致。① 这种模式虽然在一定时期内发挥了维护基本民生的作用，但却已经被实践证明为既不契合现代政府管理体制发展的潮流，也难以满足社会发展在实践上的需求。国家执行改革开放、发展市场经济的政策之后，原有体制受到了经济制度变革所带来的强烈冲击。政府逐渐认识到其不再能够垄断资源的分配，因此转而致力于寻求民间合作，将许多原本由国家直接掌

---

* 本文原发表于《中国法学》2009 年第 2 期。

** 刘飞，中国政法大学教授。

① 关于“全能政府”的论述，可以参考董炯：《国家、公民与行政法——一个国家-社会的角度》，北京大学出版社 2001 年版，第 158 页以下。

控的领域逐渐让渡给民间，各种形式的行政垄断遂被打破。[②] 这一国家独占领域不断缩小、民间力量渐次渗透的过程，就是所谓的民营化进程，也可以形象地将之称为“国家瘦身”的过程。

这一变革发端于20世纪80年代初，与英美两国大规模发动非国有化运动的时间基本相同，这似乎是一种历史的巧合。[③] 但是，与英美两国在市场经济发展到了高度发达阶段之后国家从超载危机中脱身、建设国家与私人之间新型合作关系的现实需求所不同的是，我国在此阶段所面临的任务是国家需要从包揽一切的计划经济之“主宰”者转变为构建和维护市场经济秩序的“主管”者。为此，国家需要从“全能政府”体制中抽身而出并致力于现代法治政府的建设。从启动方式和影响程度上而言，则我国所进行的民营化与英美两国相比实际上存在着一个巨大的时间差。直到20世纪90年代末，我国决策层的文件中仍然申明要“坚持以公有制为主导”，民营化主要是由地方政府或企业的主管部门在推动，中央则采取了“默认态度”。[④] 而英美两国在20世纪80年代初就已经开始了“大刀阔斧”地推进民营化。[⑤] 德国政府也在同一时期在联邦和部分州的层面上推出了旨在削减国家任务和提升国家经济

---

② 有学者认为我国民营化进程具有一定的“自发性”，理由是“中央政府没有为这种全国性的公有企业改制提供政治层面上的全国性规范”。参见中国社会科学院经济研究所微观室：《20世纪90年代中国公有企业的民营化演变》，社会科学文献出版社2005年版，第7页。

③ 通常认为，民营化进程发端于英国。但是德国学界对于民营化问题的提出实际上也由来已久，例如福斯特霍夫（1902-1974）的主要贡献之一就是强调国家和公民之间（通过行政合同等方式进行）的合作关系，参见*Achterberg*, Allgemeines Verwaltungsrecht, 2. Aufl. 1986，§ 2 Rn. 70。关于我国的民营化进程，萨瓦斯认为，中国因始于1978年的农业部门改革而成为了社会主义国家中的“民营化的先驱”，参见［美］萨瓦斯著：《民营化与公私部门的伙伴关系》，周志忍等译，中国人民大学出版社2002年版，第17页。

④ 中国社会科学院经济研究所微观室：《20世纪90年代中国公有企业的民营化演变》，社会科学文献出版社2005年版，第7、24页。

⑤ ［美］萨瓦斯：《民营化与公私部门的伙伴关系》，周志忍等译，中国人民大学出版社2002年版，第14页以下。

竞争力的民营化一揽子政策（privatisierungspolitik）。[⑥] 而“公私合营事业”在德国最初的崛起，则有着更为悠久的历史。[⑦] 相比较而言，我国不仅在民营化进程上落后于上述国家，对于民营化相关问题的研究也还处于初步阶段。何为民营化？应否以及如何在法律规范体系中确定民营化的界限？民营化是否就意味着国家甩手不管？这些问题都还有待于给出答案。民营化所涉及的法律问题，遍及宪法、行政法、民商法、财政法等几乎所有的法律领域，本文所关注的仅是其中的一个侧面，即如何从公法——主要是行政法——的角度来分析民营化的挑战以及行政法所应当作出的回应。限于篇幅，本文主要在宏观层面上提出并分析问题，对于民营化所涵盖的各种形态之间的具体差别，则暂时无力顾及。

二、民营化之概念

由于我国民营化进程启动于新中国成立以来所形成的“全能政府”体制基础上，其从一开始就担负了具有中国特色的使命。在从“全能政府”到“有限政府”的过渡过程中，政府直接管辖范围的缩减构成了民营化的中心课题，而20世纪80年代所提倡的“政企分开”则正是这一“缩减”的显著标

---

⑥ 德国的这一政策于20世纪80年代形成于联邦和部分联邦州的层面。参见 Bundesminister der Finanzen，Gesamtkonzept fuer Privatisierungs - und Beteiligungspolitik des Bundes，ZoegU 8，1985，S. 203；Bericht der Bundesregierung zur Verringerung von Beteiligungen und Liegenschaften des Bundes，Drucksache des Deutschen Bundestages. 12/6889。本文中所论述的民营化即德国法语境中的 Privatisierung，我国学者通常将之译为“私有化”，参见毛雷尔著：《行政法学总论》，高家伟译，法律出版社2000年版；施利斯基：《经济公法》，喻文光译，法律出版社2006年版。在德国，民营化实际上是一个古老的话题，参见程明修《公司协力之行政行为》一文中的介绍，载程明修：《行政法之行为与法律关系理论》，新学林出版股份有限公司2005年版，第48页以下。需要说明的是，“民营化”一词在德国并非一法律概念，也尚未形成学理上趋于一致的概念通说，而是仍旧为一不确定概念（unbestimmter rechtsbegriff）。德文中的 privatisierung 一词，除了“民营化”“私有化”之外，还可以译成私营化、私人化等术语。

⑦ 参见刘淑范：《行政任务之变迁与“公私合营事业”之发展脉络》，载《中研院法学期刊》2008年第2期，第1页以下，尤其是该文第32页以下的部分内容。

志。从这一视角出发，可以看出我国的民营化浪潮实际上是由两股洪流汇聚而成的：一部分是将本来不应或依情势而不再应由政府包揽的事项让渡于民间，另一部分是对于政府应当继续担负职责的事项寻求民间的合作。

对于第一部分而言，政府的“包揽”可能是基于一定时期内的历史原因形成的，也曾起到过一定的积极作用，只是从目前的行政现实和建设法治政府的需求来看，不应再由政府包揽，因此应当以合适的方式将之交还民间。例如，计划经济时代几乎一切物资供应均由政府直接掌控，形成了诸如布票、糖票、猪肉票、自行车票、粮票等五花八门颇为严格的票证分配制度。随着经济的发展和物资的丰富，这些事项已经不再需要由政府包揽，应使之完全回归民间。政府除以一定形式保证特定物资的战略储备份额以外，不再直接插手生产和流通等环节。对于这一部分本来不应或不应再由政府包揽的事项而言，政府在民营化之后脱身而出，原则上不再担负相关的履行职责，此即德国法中所谓的“去国家化”过程。[⑧] 而第二部分则属于政府仍然应当担负职责的事项，只是出于成本、社会经济效益、转变政府职能等方面的考虑而需要以一定方式寻求民间合作，因此政府的职责并不因民营化的进行而完全解除。在此意义上，本文姑且将前者称为“回归性的民营化”，将后者称为“合作性的民营化”。

由于近30年来改革开放政策的推行，纯粹“回归性的民营化”已经不再

⑧ “去国家化（entstaatlichung）”亦称为“除国家任务化”“除国家化”“除任务化”等，指国家在一定情况下可以将特定事项完全交由民间来完成，而不再视之为国家任务，如近年来德国铁路和邮政的民营化。这些事项通常可以被称为“非义务性的国家任务”或“任意性国家任务”。而国家不能放弃的其他任务则被称为“义务性国家任务”，主要有国防、外交、公共安全等方面的任务。德国学界中也有人将去国家化视同任务民营化，并将之归类于狭义的民营化（privatisierung im engen sinne），参见 Wolff/Bachof/Stober, Verwaltungsrecht 3，5. Aufl. 2004，§ 90 Rn. 13。许宗力在“民营化”与“除国家任务化”两概念之间作了明确区分，认为“除国家任务化”不属于民营化的范畴，参见其《论行政任务的民营化》，载《当代公法新论》（中），元照出版有限公司 2002 年版，第 583 页。詹镇荣把“真正采取国家全然放弃行政任务执行责任”的方式称为“完全民营化”，参见其《民营化法与管制革新》，元照出版有限公司 2005 年版，第 3 页。本文虽然认为应将“去国家化”列入“民营化”范畴之内，但同时认为，即使存在“去国家化”之情形，国家在必要时同样应伸出“干预之手”，以承担其最低限度的保障责任，而不能完全甩手不管。

能够成为民营化项下的主体内容，而“合作性的民营化”却仍然方兴未艾。从各种行政性公司垄断的打破到国有企业的股份制改造，从公用事业的民营化浪潮到教育中民办成分的出现，无不体现了这一趋势的存在。从实质层面而言，在2005年4月4日出台的《国务院关于2005年深化经济体制改革的意见》中，所谓的“大力推进国有企业股份制改革”和“深化垄断行业和公用事业改革”也是针对“合作性的民营化”提出的。因此，本文所称的“民营化”主要就是指“合作性的民营化”。需要说明的是，此“合作”与新中国成立初期所进行的“公私合营”的内涵不同。虽然“公私合营”实质上也是一种“合作”的方式，但是当时的情形是“公”方扩张，“私”方退缩，而现在的情形则是正好相反的“国退民进”。“公”与“私”在不同时期的此消彼长之转换，诠释了新中国成立以来国家管制模式的变动历程，也反映了“公”与“私”之间内涵迥异的相互依存关系。个中意旨，已非本文所能揣摩。当然，尽管所谓“回归性的民营化”的提法在一定程度上揭示了我国民营化特定历程中的部分特征，但是其与“合作性的民营化”之间的区分仅仅具有象征性的意义而已，因为两者所具有的“政府寻求民间的合作”这一根本特征是相同的。

不过，即便明确了上述基础之后，仍然无法轻易定义“民营化”一词。现行法规中并无“民营化”的用语，因此其并非具有确定意义的法律概念。也许正因这一不确定性的存在，不同语境下所给出的“民营化”定义可谓千差万别。有学者对此作出总结，认为民营化存在于共计四种意义之上，即狭义民营化、广义民营化以及两种不同的最广义的民营化，并认为其中的广义民营化为恰当的概念。⑨ 对此，笔者基本持赞同意见。本文无意于详细论述众多概念之间的区别，而是基于上文中所谓的“合作性的民营化”这一基本定

---

⑨ 详见杨欣：《变革与回应：民营化的行政法研究》，中国政法大学2006年博士学位论文（尚未正式出版），第10页以下。杨文对于民营化的讨论是在广义的基础上进行的，但是其论述主要限于“真正的民营化”的方式，本文的讨论则不限于此。

位，采用许宗力教授所谓的“国家利用或结合民间资源履行行政任务的现象”这一广义民营化定义。[⑩] 这一界定也与德国学者施托博教授所阐述的“民营化意味着把原本由公权力机关提供的产品和服务转变为由私人主体提供或者由私人主体参与提供”的观点相符。[⑪] 但是，与许宗力教授的观点有所不同的是，本文并不将设置私法人以履行行政任务的所谓“组织民营化”排除在“民营化”范畴之外。因为以私法组织的形式来完成行政任务的做法，正是时下政府完成行政任务的重要方式之一。在我国目前的法制环境之下，如何规范“组织的民营化”也正是需要予以解决的重要问题之一，故应将之作为“民营化”范畴内的重点考察对象。[⑫] 质言之，本文认为民营化的范围应包括由民间主体参与履行行政任务和提供公共服务的所有方式在内。从形式上而言，这一范围的界定也同于德国学界的多数观点，即认为“民营化”是一个内涵宽泛的集合概念（sammelbegriff）。

在此框架之内，可以对民营化的各种具体类型作出不同的分类。以德国学界常见的分类方式而言，可以有任务民营化、实质民营化、功能民营化、财产民营化、程序民营化等各种类型的划分，但各种类型之间的区分却不是绝对的，而是一种相互交叉重叠的关系。[⑬] 为论述的简便，本文采用布吉

---

⑩ 许宗力：《论行政任务的民营化》，载《当代公法新论》（中），元照出版有限公司 2006 年版，第 582 页。

⑪ Stober, Allgemeines Wirtschaftsverwaltungsrecht, 14. Aufl. 2004, S. 37.

⑫ 台湾地区学者通常认为“组织民营化”对于效率的提升而言影响有限，因此多将之置于“行政私法（Verwaltungsprivatrecht）”的范畴内加以研究，参见许宗力：《论行政任务的民营化》，载《当代公法新论》（中），元照出版有限公司 2006 年版，第 584 页以下对于“法人化”的论述。但是，也有人在“民营化”范畴内探讨“组织民营化”的相关问题。参见詹镇荣：《民营化后国家影响与管制义务之理论与实践——以组织私法化与任务私法化之基本型为中心》，载詹镇荣：《民营化法与管制革新》，元照出版有限公司 2005 年版，第 103 页以下。德国学界的通常做法是既将“组织民营化”列入“民营化”的范畴加以研究，同时也在“行政私法”的框架内对之进行研究。本文认为“组织民营化”属于国家寻求民间合作的方式之一，因此将之纳入“民营化”的范畴内。

⑬ Vgl. ausfuehrlich dazu etwa *Di Fabio*, Privatisierung und Staatsvorbehalt, JuS 1999, 585 ff. 亦参见刘淑范：《行政任务之变迁与“公私合营事业”之发展脉络》，载《中研院法学期刊》2008 年第 2 期，第 60–87 页。

(Martin Burgi) 教授提供的一个较为简明的分类法，即将民营化分为组织民营化（organisationsprivatisierung）、功能民营化（funktionale privatisierung）和任务营化（aufgabenprivatisierung）三大类。⑭ 组织民营化指的是通过国家管理或者控股的私法人来完成行政任务的民营化方式。由于完成行政任务的私法人实质上是国家以私法形式组织起来的独立的行政单位，任务本身仍然保留在国家领域，因此组织民营化又被称为“非真正的民营化（unechte privatisierung）”“形式民营化（formelle privatisierung）”或纯粹组织形式上的民营化（rein organisationsmaessige Privatisierung）。⑮ 功能民营化指的是国家任务的部分“执行责任”由私人来承担的方式，如由各种形式的行政助手（verwaltungshelfer）来承担部分行政职能。在此过程中，国家仍然负担公共任务的“执行责任”和“保障责任”，只不过一部分执行功能通过“委外”、公私协力（public-private-partnership）等方式借助于私人的力量来完成而已。从行政程序的角度来看，私人主体在此过程中实质上是承担了行政程序中的部分环节，因此功能民营化也可以在一定范围内被称为“程序民营化（verfahrensprivatisierung）”。任务民营化指的是国家从“执行责任”中抽身而出，完全由私方主体提供特定公共服务和公共产品的民营化方式。由于国家不再负责履行该项任务，该任务被“真正”地归于民营，因此任务民营化又被称为

---

⑭ Burgi, Verwaltungsorganisationssrecht, in: Erichsen/Ehlers（Hrsg.）, Allgemeines Verwaltungsrecht, 12. Aufl. 2002, § 54 Rn. 9 ff.

⑮ 布吉教授认为“授权（Beleihung）”属于组织民营化的形态之一。他认为“授权（Beleihung）”与行政助手之间存在明确区别：被授权人（der Beliehene）本身即为行政主体，属于间接国家行政的组成部分，“授权”即属于组织民营化的一种方式；而行政助手仅仅为行政主体提供帮助而已，其行为不具有对外的效力，属于功能民营化的范畴。此观点与许宗力教授将 Beleihung 归类为功能民营化的看法不同。前者似为德国学界的通说。由于本文不以各种类型之间的区别为论述重点，故对此两种不同观点不作进一步分析。值得注意的是，台湾学者认为 Beleihung 为委托的一种类型（受委托行使公权力），与我国大陆学者所定义的“授权”有所区别。关于台湾学者所阐释的“委托”，可以参考黄锦堂：《行政组织法之基本问题》，载翁岳生主编：《行政法 2000》，中国法制出版社 2002 年版，第 309 页以下；黄锦堂：《“行政机关”、“委托”、“委任”、“委办”、“受委托执行公权力”之意义》，载葛克昌、林明锵主编：《行政法实务与理论》，元照出版有限公司 2003 年版，第 187 页以下；詹镇荣：《民营化法与管制革新》，元照出版有限公司 2005 年版，第 10 页以下。

“实质民营化（materielle privatisierung）”或“真正的民营化（echte privatisierung）”。

总体而言，民营化是国家与私人之间在“执行责任（erfuellungsverantwortung）”上的分担，而国家对于公共产品和公共服务的给付所负有的“保障责任（gewaehrleistungsverantwortung）”则保持不变。⑯ 也就是说，民营化进程使得民间力量承担或者分担了原本由国家承担的“执行责任”，而国家责任的重心将由直接承担“执行责任”转移到原则上仅仅担负“保障责任”上来。⑰ 而对于以“民营”方式提供的公共产品和公共服务，即使是在所谓“真正的民营化”模式下，国家也仍然负有“保障责任”，即国家同样应当在必要的情况下伸出管制之手。正是由于这一“分担模式”的转变，民营化时代行政法的重心，不再仅仅是国家以强力管制的方式来达成行政目的，而是应致力于促成国家与民间的合作与分工，以期在国家与民间之间构筑一种新型的伙伴关系。在此，渗透于民营化进程中的市场理念必将对于行政法的规制模式构成影响，民营化进程也会引发行政法关注重心的转向。或许我们可以因此而认为，民营化时代的行政法需要构建的是行政与民间之间的合作关系，其最终目的是建设一个合作的行政国家（einer kooperative verwaltungsstaat）。⑱

三、民营化的界限

明确民营化之基本概念之后，随之而来的一个问题就是，民营化的推进

⑯ Burgi, Verwaltungsorganisationssrecht, in: Erichsen/Ehlers（Hrsg.）, Allgemeines Verwaltungsrecht, 12. Aufl. 2002, § 54 Rn. 8.

⑰ 参见 *Schuppert*, Rueckzug des Staates?, Die Oeffentliche Verwaltung 1995, S. 761 ff.（S. 768）。对此，巴杜拉（Peter Badura）教授认为传统宪政国家的核心任务是限制国家活动的范围并保障个人的自由和权利，而现代国家的特征则表现为由国家对经济和社会利益提供的保障。参见 *Badura*, Staatsrecht, 3. Aufl. 2003, Rn. 33.。

⑱ Ritter, Der cooperative Staat, Archiv des oeffentlichen Rechts, Bd. 104（1979）, S. 389. 另参见张桐锐：《合作国家》，载《当代公法新论》（中），元照出版有限公司2002年版，第576页。

是否应有其界限？国家是否可以在所有的公务范围内推行民营化？国家是否应当以尽可能地推行民营化为己任？这些都是有待作出解答的问题。本文认为，民营化可能有以下三个方面的界限：其一，法定界限；其二，事项范围上的界限；其三，实现程度上的界限。具体内容分述如下：

1. 法定界限

民营化是否有其法定界限？国家应当在何种范围内可以或者应当寻求民间合作？哪些领域应当仍然保留于国家（Staatsvorbehalt）？现行法规中并未对此作出明确规定。不仅如此，现行法规中根本就没有“民营化”一词。有人曾经提出来民营化是否合宪的问题，其主要争论点在于民营化是否符合宪法第6条、第7条的规定。[19] 但是，宪法的上述规定既没有规定国家机关应当“亲自”履行其权力，也没有对国家任务的范围作出明确限定。而且在现行宪法制订之时，人们也未见得考虑到了需要为国家任务的保留范围确定界限的问题。此外，上述二条文中所确定的“公有制”与实现“公有制”的具体方式之间的具体关系也还有待于进一步的研究予以确认。[20] 因此，本文认为，从宪法条文本身难以得出关于民营化法定界限的明确结论。

在我国法制环境之下，民营化的可能范围首先取决于规范上的强制性规

---

⑲ 参见《关于国有企业改革的185学人呼吁书》，载http://bbs.chinalabs.com/26981.html，最后访问日期：2008年8月6日。《中华人民共和国宪法》第6条规定：“中华人民共和国的社会主义经济制度的基础是生产资料的社会主义公有制，即全民所有制和劳动群众集体所有制。社会主义公有制消灭人剥削人的制度，实行各尽所能、按劳分配的原则。国家在社会主义初级阶段，坚持公有制为主体、多种所有制经济共同发展的基本经济制度，坚持按劳分配为主体、多种分配方式并存的分配制度。”第7条规定：“国有经济，即社会主义全民所有制经济，是国民经济中的主导力量。国家保障国有经济的巩固和发展。”从这两个条文出发，“民营化”可以拓展的空间似乎极其有限。

⑳ 德国法学界中也有过类似的争议，起因在于德国基本法第33条第4款的规定为：“国家职权原则上应作为一种固定任务由从属于公法职务和忠诚关系中的公职人员行使”。然而，多数人的观点认为，基本法并未明确规定公权力机关必须自行履行其全部职能，因此公权力机关原则上可以决定是否“亲自”履行其职能，而国家则应为此承担保障和规制责任（eine Gewaehrleistungs- und Regulierungsverantwortung），这就是公权力机关在履行职能方面的原则上的选择自由（die prinzipielle Wahlfreiheit）。参见Schmidt-Assmann，Das Allgemeine Verwaltungsrecht als Ordnungsidee，2. Aufl. 2004，S. 172 ff.，Zippelius/Wuettenberg，Deutsches Staatsrecht，31. Aufl. 2005，S. 308，*Stober*，Allgemeines Wirtschaftsverwaltungsrecht，15. Aufl. 2006，§ 3 III，§ 26.。

定和行政政策上的指导性取向。目前，法规层面的明确规定基本上还是一片空白，而指导性的政策规范则较多，因而其构成了确定民营化范围的主要依据。例如，国家计委于2002年1月发布了《“十五”期间加快发展服务业若干政策措施的意见》，提出要积极鼓励非国有经济在更广泛的领域参与服务业发展，放宽外贸、教育、文化、公用事 业、旅游、电信、金融、保险、中介服务等行业的市场准入。此外还有国家计委等部门于2002年9月10日发布的《关于推进城市污水、垃圾处理产业化发展的意见》、建设部于2002年12月27日发布的《关于加快市政公用行业市场化进程的意见》、国务院于2005年2月19日发布的《国务院关于鼓励支持和引导个体私营等非公有制经济发展的若干意见》（国发〔2005〕3号）等。在现行法规对于民营化并未作出明确限制的情况下，中央行政机关主要以具有类同于行政法规或规章效力的指导性意见来表明其对于推进民营化的态度。是否应该在制定法层面上明确民营化的可能范围，还有待商榷。当然，即便是在民营化的可能范围内，进行民营化也未见得就是一种最佳选择。[21] 相反，在目前民营化监管体制尚未完全形成的情况下，大力推进民营化还可能起到完全背离民营化初衷的效果。例如前些年常见的以“保证外方固定投资回报”的方式来吸引国外投资的做法，即对我国经济的发展造成了不良影响，以至于国家必须要出台相关专门政策来解决遗留问题。[22] 因此，目前法律规范中仍未对允许进行民营化的范围作出明确规定，或许也不失为立法者出于谨慎考虑而作出的一种明智选择。

㉑ 在目前可见的资料中，民营化的失败案例比比皆是，参见余晖、秦虹主编的《公私合作制的中国试验》一书中列举的大量案例，上海人民出版社2005年版。其中第139页至第145页叙述的三个失败的案例尤其值得参考。本文认为，对于我国现有的民营化失败案例进行具体分析也应成为当前的课题之一。

㉒ 参见2002年9月10日发布的《国务院办公厅关于妥善处理现有保证外方投资固定回报项目有关问题的通知》。当然，此处所涉及的不仅仅是民营化事项。对此，有学者指出：“在不确定的制度禀赋条件下，监管制度尚未进入法制化、程序化和规范化轨道，被监管产业的定价方式也没有确立规则，因此，各地政府无法对未来监管改革市场化程度作出可信的承诺，其信用程度受到了很大的质疑。在这种条件下，依靠固定投资回报来吸引外资进入就成为几乎唯一的策略。”参见余晖、秦虹主编：《公私合作制的中国试验》，上海人民出版社2005年版，第146页。

2. 事项范围上的界限

既然现行法规体系中并未对民营化的界限作出规定，那么是否在所有的事项上都可以进行民营化呢？有学者认为，仅有“任意性国家任务”可以进入民营化的范围，而“义务性国家任务”则不在此范围之内。[23] 本文认为这一看法是符合我国实际的，但是其不具有可操作性。因为从现有规范体系出发，尚无法确定此两种国家任务之间的界限，也还没有形成可以对这一界限作出解释的机制。从德国的经验来看，传统的观点认为仅有司法、警察、军事、外事、财政等领域不适合进行民营化。[24] 但是，实践中并非所有与上述领域有关的事项都不适合于民营化，如在传统上被视为应由国家绝对保留事项（absoluter staatsvorbehalt）的司法领域，也可以在多元化纠纷解决机制、刑事执行等方面引入民间力量。[25]

目前，我国学界对于此问题的研究还比较缺乏，而实践中推进民营化的步骤则是耐人寻味的。2006 年年底，国资委宣布军工、电网电力、石油石化、电信、煤炭、民航、航运等七大行业将由国有经济控制。[26] 但是“控制”是否意味着排斥民营化呢？国资委似乎并没有给出明确的答案。而仅仅数月之后，中国国防科学技术工业委员会出台了《关于非公有制经济参与国防科技工业建设的指导意见》，其意在鼓励和引导非公有资本和企业参与军品科研生产。[27] 本文认为，此“意见”的出台意味着军事领域民营化时代的开端，因此

㉓ 董保城：《台湾行政组织变革之发展与法制面临之挑战》之标题五，载 http://founder.china.cn/law_china/thesis/txt/2006-12/04/content_246926.htm，最后访问日期：2008 年 8 月 6 日。

㉔ Schoch, Privatisierung von Verwaltungsaufgaben, Deutsches Verwaltungsblatt 1994, S. 962 ff.（S. 963）.

㉕ Hoffmann-Riem, Justizdienstleistungen im kooperativen Staat, in: Schuppert（Hrsg.）, Jenseits von Privatisierung und “schlankem” Staat: Verantwortungsteilung als Schluesselbegriff eines sich veraendernden Verhaeltnisses von oeffentlichem und privatem Sektor, 1. Aufl. 1999, S. 159 ff.

㉖ 《国资委提出：七大行业由国有经济控制》，载 http://gov.finance.sina.com.cn/chanquan/2006-12-19/25170.html，最后访问日期：2008 年 8 月 6 日。

㉗ 《国防科工委发意见：鼓励非公有制企业参与军品研制》，载 http://www.fcgrb.com/news/20070301/fcggnxw/201224.htm，最后访问日期：2008 年 8 月 6 日。

即使是在“由国有经济控制”的领域，也还是存在“民营化”的拓展空间的。至于不涉及公权力行使的公共服务、行政给付等领域，原则上都应被纳入民营化的可能范围。尤其是水、电、管道燃气和电信等公用事业，应逐渐被看作为人民生活所必需。如果这一“必需性”得到确认的话，即使有些地区的居民无力支付服务费用，政府也应致力于提供这些公用事业的服务，而不应完全以经济利益为导向。[28] 当然，针对不同事项，还有具体应当以何种方式进行民营化的问题。本文认为，依据经济效益原则，对于垄断高利润行业应当开放民营化，对于微利或者无利的行业应当在政府扶持下进行民营化，其共同的目标应是以民营化来提升公共服务的质量，从而达成改善民生之最终目的。

3. 实现程度上的界限

民营化是否应当有实现程度上的界限？也就是说，在政府寻求与民间合作以完成行政任务的过程中，应当在何种程度上推进民营化？是应当以最大程度可能地推进民营化为目标，还是应以某种程度为限来推进民营化？从实践来看，目前不同行业之间的民营化程度差别显著。例如在我国铁路资本构成上，铁道部国有资本占了大约95%的比重，而其他资本基本上无法或者无意于进入。1997 年至 2002 年之间，铁路客运量的增长率只有 2. 5%。[29] 与此同时，我国的公路由于实施了“贷款修路、收费还贷”的政策，客运量在 1988 年至 2002 年之间增加了 168%，国家对公路建设的投资比重则从 20 世纪 70 年代的 80%以上下降到 90 年代中期的几近于 0。1997 年之后虽然有所回升，但是也没有超过 10%。[30] 尽管铁路和公路两者之间实际上并无可能进行简单的直接对比，尤其是铁路建设中的民营化进程还存在完全不同于公路建设上的实际困难，但还是可以在一定程度上看出民营化程度对于效率提升的意

---

[28] 参见余晖、秦虹主编：《公私合作制的中国试验》，上海人民出版社 2005 年版，第 101 页。

[29] 林晓言：《铁路的民营化改革与市场融资》，经济科学出版社 2006 年版，第 5-7 页。

[30] 中国社会科学院经济研究所微观室：《20 世纪 90 年代中国公有企业的民营化演变》，社会科学文献出版社 2005 年版，第 356 页。

义。当然，过高或者过低程度的民营化都是不可取的。与铁路上过低的民营化相对应的是，公路建设中的过高程度的民营化同样受到了质疑。目前，我国已经成为了世界上为数不多的全面实行道路收费制的国家，并且收费公路的总里程已经占到了全世界收费公路里程总量的70%以上。[31] 此外，公路收费标准亦属偏高，并且至今仍未见有因民营化的持续推进而逐步下降的趋势。[32] 在此背景之下，已经有人提出“政府在回避其对基础设施发展所应承担的责任”的看法。[33] 本文认为，民营化的推进程度固然决定于国家的立法，[34] 但是应当以最大可能实现行政效率和发展民生为取向，而程度过高或者过低的民营化恐怕都无益于效率的提升。只有对相关的成本效益作出充分的评估之后，才能在个案中对于应当在何种程度上推进民营化作出决策。

四、民营化对我国行政法制之挑战

如此纷繁复杂的民营化形态和如此广泛的民营化可能性，犹如一股巨大而又无形的力量，对于行政治理模式以及行政法制形成了巨大的冲击。政府应当如何应对？应如何实现社会效益最优？是否仅仅强调“依法行政”就可以高枕无忧？本文认为，民营化浪潮挑战的不仅有直接涉及民营化的各种具

---

[31] 根据2002年的一个统计数字表明，全世界建有收费公路的国家与地区共有20多个，建有收费公路14万公里，其中约有10万公里在我国，年收费额达460亿元。参见《我国将调整公路收费政策》一文，载http://news.xinhuanet.com/zhengfu/2002-06/20/content_448896.htm，最后访问日期：2008年8月6日。

[32] 参见《世行报告称中国高速公路收费比发达国家还高》，载http://news.mop.com/o/2007/0213/07416007.shtml，最后访问日期：2008年8月6日。

[33] 中国社会科学院经济研究所微观室书：《20世纪90年代中国公有企业的民营化演变》，社会科学文献出版社2005年版，第357页。

[34] 例如铁路法和公路法对于是否以及应当在何种程度上推进民营化作出了完全不同的规定。1989年颁布的《铁路法》规定，铁路主管部门是法定的政企合一机构（第3条第2款、第72条）。铁路法第4条规定：“国家重点发展国家铁路，大力扶持地方铁路的发展。”而1997年颁布的《公路法》则明确规定：“国家鼓励、引导国内外经济组织依法投资建设、经营公路。”（第4条第2款）第21条第2款规定：“国家鼓励国内外经济组织对公路建设进行投资。开发、经营公路的公司可以依照法律、行政法规的规定发行股票、公司债券筹集资金。”

体制度和法规，更对于政府机关的组织、权限乃至于整体意义上的行政法制提出了挑战。下面仅就作者视野所及的几个问题进行探讨：

1. 民营化对于传统行政方式和行政目标的挑战

传统行政方式在于强调依法行政，行政目标则在于合法和公平。政府行为只要不违背法律的明确规定，即可以被认为是符合了行政目标。在此基础上，国家管理的手段可以是整齐划一的，皆以权力行使的法定性为其基础。作为这一特征的具体表现之一，《行政诉讼法》第50条规定："人民法院审理行政案件，不适用调解。"从通常的理解上而言，"作为被告的行政机关应当依法行政，没有随意处分的权力"。[35] 那么，是否行政行为的合法性就是行政机关的唯一目标了呢？本文认为，至少在民营化问题上并非如此简单。由于现有法律规范对于民营化的规定完全不成体系，因此民营化的推进主要取决于行政主管部门的裁量权，而不是法律的明文规定。在此，如果仍然停留于控制政府权力、保护个人权利的传统行政法视角，难以得出有益的结论。民营化的根本目的在于政府公共管理效能的提高，在"合法"的基础之上，行政机关如何将其裁量权转化成行政效能的提高才是关键。所以，在民营化问题上，"行政合法"是对于政府行政的基本要求，"行政效能"是对于政府行为的更高要求。

民营化对于政府管理目标提出了更高的要求：政府不应再完全拘泥于法规的明文规定，而是应在法定裁量权范围内积极寻求民间合作；不应再以整齐划一的行政命令作为达成行政目标的基本方式，而是应根据具体情况积极稳妥地推进民营化；不应再以管制为导向，而以满足民生所需之目标为导向，以民众能够获得更为优质的公共产品和公共服务为目标。为实现这些转变，在民营化过程中必须要建立起更为顺畅的民意表达途径，因为民生发展之方向即来源于民意。民众的意思表达应该成为政府在民营化过程中作出决

㉟ 江必新主编：《中国行政诉讼制度的完善：行政诉讼法修改问题实务研究》，法律出版社2005年版，第204页以下。

策的重要依据。为此，在整个民营化过程中，包括民营化之后，涉及相关事项的信息应当持续公开。其公开的范围应当同于行政信息的公开的范围：即以公开为原则，以不公开为例外；对于不公开的事项，应当给出不予公开的明确理由。尤其对于地方政府而言，为满足民生所需，其应当在权限范围内根据地方的具体情况来制定民营化的总体步骤和目标。对于地方民营化的步骤和路径，应当在结合地方具体实情的基础上，经过科学调研和广泛征求意见来确定。

在寻求民间合作的过程中，政府与企业的目标取向可能是截然不同的，政府需要的是多元化资源的支持和行政效率的提高，企业需要的是实现利润最大化。但是，是否只要两者之间进行某种程度的“对接”就符合现代行政的要求了呢？情况也未见得如此。之所以要进行民营化，内在驱动之一还在于需要市场因素的适度渗入，以提高完成行政任务之效能。民营化仅是现代行政的一种方式，其目的仍然在于行政任务的达成。纵然我国民营化的现实动因主要在于解决国家财政困境，也还是需要同时引入适度竞争以促进民生发展。[36] 否则，民众所“享受”到的仍然是垄断产品，区别只不过此前为“行政垄断”而今为“民营化垄断”而已。[37] 换言之，民营化本身并非目的，关键是看政府能否通过民营化来提供更好的社会服务和社会产品。为克服“公营”期间“产品”单一化的问题，应以维持适度的“民营化后竞争”的方式来避免新的垄断的形成。

2. 民营化对于政府传统监管制度的挑战

对民营化的监管涉及多方面的内容，目前的突出问题之一即以民营化的名义来赚取国有资产，其中最为突出的现象则是以“空手套白狼”的方式来

---

[36] 王红领等学者在中国国有企业的一个巨大的数据库的支持下所进行的研究表明，政府推行民营化政策的“收入”动机强于“效率”动机，转引自林晓言：《铁路的民营化改革与市场融资》，经济科学出版社 2006 年版，第 69 页。亦参见杨欣：《变革与回应：民营化的行政法研究》，中国政法大学 2006 年博士学位论文，第 19 页及以下。

[37] 萨瓦斯认为，“任何民营化努力的首要目标是（或者说应该是）将竞争和市场力量引入公共服务、国企运营和公共资产利用过程中”，参见［美］萨瓦斯：《民营化与公私部门的伙伴关系》，周志忍等译，中国人民大学出版社 2002 年版，第 124 页。

“掏空”国有上市公司的做法。[38] 如同其他相似的案件一样，这些案件的处理结果往往是直接责任人员受到了刑事制裁。但是，从这些案件中可以看出的共同点是，行政主管部门违法失职实为此类案件频发的主要诱因之一。正是因为主管部门在考察投资方主体资格、作出国有股权转让决定、国有资产管理等方面监管不力，才使得并不高明的骗术能够一再得逞。而之所以出现这些现象，固然与主管机关工作人员怠于履行职务和相关人员的“公关手段”有关，但是主管机关普遍的监管意识不强则是其中的重要原因之一。在传统体制中，被监管者通常是监管机关的直接下属，双方基于“同一系统内部”的固定纽带和长期以来形成的信任关系，常常把监管视为一种日常履行的内部手续。启动民营化进程之后，如果这种意识不发生改变的话，必然形成监管缺失的局面。对此，一贯思路就是设立一些独立的监管机构来执行民营化过程中的政府监管职能，如改革开放以后所设立或者独立出来的煤监局、安监局、药监局等机构，这一思路也与其他国家的经验相契合。有学者甚至提出，应当“成立专门的直接对国家权力机关负责的民营化执行机构”。[39] 然而，从近年来一些专门监管机构的设立及其运行经验来看，似乎无法期望以此方式能够解决问题。专门的监管机构固然能够专门解决一些问题，但是却未能取得预期的效果。并且，由谁来监督这些专门的监管机构的问题，似乎也不好解决。同时，设立独立的监管机构也不符合多年来精简机构的需要。在此，台湾地区的经验亦可资借鉴。[40]

---

[38] 例如可以参见“明星电力诈骗案主犯被判无期”一案，载 http://www.gutx.com/news/jiaodianxw/416052.htm，最后访问日期：2008 年 8 月 6 日。类似的案例还有“中川际原董事长丛钢案”“西昌电力前董事长张斌诓骗上亿国资案”等。

[39] 王军：《国企所有权转让的法律和现实》，载王文杰主编：《公有企业民营化》，清华大学出版社 2005 年版，第 71 页。

[40] 台湾“行政院”曾发布关于其“组织改造的目标与原则”的报告，指出过度相信成立新组织是解决公共问题的良药、导致水平组织过多是其组织架构及其运作中的五项缺失的第一项。该报告全文刊载于 http://www.president.gov.tw/2_special/innovation/t6-3-1.html。转引自董保城：《台湾行政组织变革之发展与法制面临之挑战》之标题四，载 http://founder.china.cn/law_china/thesis/txt/2006-12/04/content_246926.htm，最后访问日期：2008 年 8 月 6 日。

本文认为，设立独立监管机构的观点固然有一定道理，但是，民营化进程所“拷问”的仍然是整个行政组织能否依法办事、能否坚持公开透明照章办事的问题。如果这一基础性问题未能得到解决，则在此土壤之上也难以培植出能够独善其身的监管机构。相反，如果依法行政真正成为了政府行政中的首要规则，则现有各主管机构也足以担负监管之职，而不必设立新的机构。况且，民营化过程所涉及的行政管理事项通常是综合性的而非单一性的，因此即使成立独立的监管机构，也常常需要在其他行政机关的配合下方能顺利开展工作，而致使该监管机构无法独善其身。总之，接受民营化洗礼的是政府的整体监管制度和行政法制水平，而不是某一个独立或者非独立的监管机关。当然，具体应当如何完善监管制度的问题，还有待于进一步的研究来进行论证。

3. 对于政府行政能动性的挑战

许宗力教授认为，民营化后的国家管制义务包括：给付不中断的担保义务、维持与促进竞争的担保义务、持续性的合理价格与一定给付品质的担保义务、既有员工的安置担保义务、人权保障义务与国家赔偿责任之承担等。[41]为完成上述任务，需要行政机关能够以能动的方式积极主动、张弛有度地适应于社会经济的发展。由于民营化涉及的领域广泛、情况复杂，粗线条的法规往往不能作出足够明确的规范，因此行政机关不应再以法律规定中的授权范围为其“避风港湾”。具体而言，行政机关应该能够在适用于其管理领域的特别法框架内，积极主动地运用行政资源来达成行政管理目标的最优化实现。这里的管理目标以特别法中的规定为其依托，但是却不应完全以特别法的规定为限。行政机关应当及时根据社会经济发展的需要来调整其短期以及中长期行政目标，并以能动的手段来努力达成其目标。为此，“法律没有明确规定”不再能够成为行政机关怠于作为或者不作为的理由。只要特定时期内的

---

[41] 许宗力：《论行政任务的民营化》，载《当代公法新论》（中），元照出版有限公司2002年版，第606-610页。

社会经济发展需要行政机关有所作为，行政机关就应当积极作为。因为任何成文法的规范都不仅不可能穷尽社会现实的需求，而且更不可能在规范层面上体现行政管理的现实性、灵活性和效率要求。也就是说，成文法规范所能够体现出来的充其量只是行政管理中应当遵循的基本原则而已，具体的行政管理方式和措施的确定还有赖于行政机关的积极作为。倘若仅仅局限于以成文法规范来要求行政机关的话，势必使得行政机关时时能够以“法律没有明确规定”为由而可以无所作为，并且不用为此承担任何责任。当然，如果要以这样的标准来评估行政机关的话，势必会引发一连串的新问题，如谁才是有资格的评价者，成文法规范之外的标准究竟应如何确立等。这些问题的解决，诚然已非本文之力所能及。

4. 民营化对现有权利救济途径的挑战

借助于民间力量来提供社会服务和社会产品，并不能完全推卸政府最低限度的保障责任。但是，在民营化框架之下，国家应当在何种程度上担负起责任呢，应当为权利救济提供何种司法救济途径呢？如果完全由“私方”以民事责任的形式来承担责任，则无异于是国家完全推卸责任而“遁入私法”。有学者指出：“……以私法实现行政目的方式目前游走于公、私法两域的边缘，成为公、私法都不能尽心照顾的‘流浪儿’”，因此应“将这种行政活动中引起的争议全部纳入行政诉讼，以防止行政‘遁入私法’而失去监督”。[42]这种观点固然有其道理，但是本文认为，解决问题的关键在于为相对人提供一定的司法救济途径，而并不意味着对于所有的相关争议都应当通过行政诉讼途径得到解决。民营化的具体形态千差万别，其对于社会服务和社会产品的提供未见得就是建立在公法基础之上。基于这样的原因，德国在司法实践中对于行政法院和普通法院之间受理案件的传统分工方式，并未因近年来民营化浪潮的冲击而有所改变，而是仍然基于基础法律关系的不同来界定各自

[42] 参见章剑生：《现代行政法面临的挑战及其响应》，载 http://theory.people.com.cn/GB/49150/49152/5170539.html，最后访问日期：2008 年 8 月 6 日。

的受案范围。确切而言，行政法院受理公法上的争议（《行政法院法》第40条），普通法院受理民法上的争议（《德国法官法》第13条）。对于同时具有这两种法律关系的争议，则允许相对人拥有一定的选择权，即其可以在两个法院之间选择一家提起诉讼，由该法院对于争议案件作出裁判。[43] 从一定意义上说，此即所谓“两阶段理论（zweistufentheorie）”的一种具体适用。[44]

具体而言，国家在民营化过程中作出的决定——例如对民营化合作方的选定和民营化方式的选择——是国家行使公权力以完成行政任务的过程，其中所发生的争议应属于公法争议（行政争议）。而对于后民营化阶段在提供社会产品和社会服务的过程中所产生的争议，则需要作具体界分。原则上而言，对于功能民营化方式，由于国家任务完全由行政机关履行的性质未变，因此发生争议时可采用针对国家权力的救济制度。对于组织民营化和任务民营化而言，由于提供公共产品和公共服务的主体为私法人，因此原则上应当采取民事方式来解决争议。总体而言，问题的关键在于权利救济途径的敞开和公正的纠纷解决机制的构建，而不在于是否应将之纳入行政诉讼的受案范围。在此，我国行政诉讼受案范围与民事诉讼受案范围之间还有许多权利救济的真空地带存在。以一定方式解决此问题，以期在我国诉讼制度中能够形成适用于所有公法和私法争议的诉讼救济制度、使得各种性质和形式的争议都能够求诉有门并得到及时、公正的裁判，才是解决问题的关键。但是，具体以何种形式的制度来应对此种需求呢？以扩大行政诉讼受案范围的方式？还是完善行政诉讼与民事诉讼之间相互衔接制度的方式？还有待于进一步的研究来给出答案。

---

[43] Ehlers, Verwaltung und Verwaltungsrecht, in: Erichsen/Ehlers (Hrsg.), Allgemeines Verwaltungsrecht, 12. Aufl. 2002, § 2 Rn. 87.

[44] Ausfuehrlich dazu *Kopp/Schenke*, VwGO, 13 Aufl. 2003, § 40 Rn. 16.

五、结语与展望

面对民营化的汹涌浪潮，我国学界似乎还没有予以足够的重视。民营化究竟会对我国行政法制产生多大的影响，目前也还难以作出全面的评价。本文认为，民营化是现代国家达成民生目标之必需手段，而非其直接目的。“民营化”并非仅仅一个“公”与“私”领域之此消彼长的过程，而是对于政府应当担负职责的事项在现阶段的具体处理方式。不论民营化与否，也不论民营化的程度如何，所直接涉及的仅是国家实际履行义务的分配，而不能削减国家的保障责任。因为基本民生的维系，乃是政府存在的最根本之合理性基础。基于这样的考虑，民营化应当如何进行，必然需要以民生福利之发展为基本出发点而有所取舍。在此情势之下，仅仅强调政府应当依法行政，似乎已经失之片面。相应的，行政法所担负的任务不再仅仅是进行管理和监督，而是同时应致力于形成行政与相对人之间的合作关系。既要营造鼓励民间主体参与履行行政任务和提供公共服务的法制环境，又需要确保国家能够担负起“保障责任”以及对于“民营化”进程之控制力。因此，民营化时代行政法发展的主题不应再限于管理或控权，而是同时还要致力于顺应社会发展所需的合作行政关系的构建。

本文的讨论只是对于民营化这一复杂课题的粗浅尝试。许多重要的问题都还未讨论，例如民营化过程中员工的安置问题、民营化各种形态之间的具体差别等。即便是本文已经讨论的问题，也还有待于更为深入细致的研究予以补充。因此在本文结束之时，提出的问题反而比解决的问题要多。这或许也反映了目前对于民营化问题以及以此为出发点而对于整体意义上的行政法制问题的探讨多有不足的现状。可以预见的是，随着我国经济的持续稳步发展，民营化进程必将随着实践的发展而逐步在广度和深度上得到拓展。不仅是在行政领域，在司法、立法甚至军事领域亦存在有推进民营化的广阔空间。因此，推进民营化和对民营化的规制将会是我国法治进程中面临的长期性任务。

立法权与司法权的规范与实践

——基于普通法议会制的比较

张吕好*

立法权与司法权之间的关系是基础性的宪法安排，涉及相关政权组织的设立、产生、职权及其运行等，是建立优良政体的核心内容之一。在不同的政体目标下，立法与司法的关系表现出不同内容。我国人大制度下立法与司法之间的一些具体内容，如人大选举和任免同级法院法官、法院对同级人大负责并报告工作、法院依法独立行使审判权、法官对法律规范的适用与审查等，正在经历各不相同的实践、反思、讨论和改革。一方面是强调党对司法、人大对司法工作领导的传统，法院的组织、活动为此受到严格限定，但在另一方面，司法也在争取其独立性、专业性，间或表现出扩权的冲动。如何认识两者之间的界限，两者之间应以何种方式形成联系，这涉及宪法体制的建构和维护。因此，从现行宪法体制、宪法原理上讨论立法权与司法权的关系问题，有利于形成相互统一的观念和模式，克服对于立法与司法这一基本政治架构的误解与误用。

一、对人大与法院相互地位的简要描述

1982年《宪法》实施以来，在宪法规范的意义上，人大作为国家权力机关和立法机关，以及人民法院作为国家审判机关的地位得到保持。但在人大

* 张吕好，中国政法大学法学院教授。

制度实际运行中，立法规则和司法机制还没有成为根深蒂固的国家治理基础，规范与实践之间存在偏差。

1. 人大为司法体系规定组织、职权、责任与程序。但由于人民政府主导了次级立法，造成人民政府对司法体系的全面参与（人民代表大会制度，立法权和行政权没有明确的界限）

人民政府对司法体系的主导，首先是通过制定政府立法（法规、规章等）驾驭司法体系。

其次是由于有大量的立法空白，政府取代人大，实际行使对法院的管理权，如人事管理、财政管理。

最后，由于立法不作为、行政主导，中国的立法阐释权大多在政府各部委，如教育部负责解释教育法。政府通过解释立法全面参与司法体系。

2. 人大限定了人民法院的功能，但法院突破限定，法院大量地进行法律解释、法律审查和创制法律适用规则的活动

在人大制度下，宪法和法律为法院规定了以“法律的适用”为核心的审判职能，法院的核心功能是“依法审判”，即运用审判权实现法律的目的：在权力模式上，区别于行政执法权，法院行使司法审判权，即认定事实、适用法律审理和裁决案件（宪法、法院组织法）；其直接效果是解决纠纷（民事诉讼法等）；但设置审判权力的深层意图是以解决纠纷的方式实现立法机关的立法目的。

法院通过“适用”立法机关制定的“法律”，与立法机关发生联系。但是这个“法律的适用”过程，在实践中经常表现出以行使审判权为名义的权力扩张，突破立法机关对法院的功能、地位的限定，发展出诸如法律解释、司法审查之类的权力。这是对立法权、司法权运行规律把握不足而导致的，以致理论与实践、规范与经验、静态制度设计与动态运行过程之间产生矛盾：当司法基于其运行实践提出扩权要求，或立法对司法的监管在实践中无力而为，一些人基于宪法文本要求立法权、司法权恪守制宪之初就分配给它们的角色。总之，（宪法）文本与（宪政）经验的冲突，对既定的立法设计提出了

挑战，构成重塑立法权、司法权之间关系的主要背景和动力。

二、司法权在实践中的扩张

以下分三个环节，论述法院如何向立法权方面推进法院的“审判”职能。

（一）法律规范的解释

1982年《宪法》规定全国人大常委会有权“解释法律”，2000年的《立法法》有相同规定。法律解释权由此被认为构成立法权的一部分。

然而人大常委会对法律的解释权并不被认为具有排他性，法院亦有权对所适用的法律规范进行解释。1955年的司法解释就向最高人民法院授予解释权。到1981年，全国人大常委会一个关于法律解释的决议，分别赋予最高人民法院、最高人民检察院和国务院及主管部门对法律的解释权。“两高”解释的可能不一致，促使立法者试图通过《立法法》进行规范，立法法草案中最初规定“法出一门”，后变成“两高”都有权作司法解释。法律委员会建议“立法法只对法律解释作出规定，至于具体应用法律解释问题，可以另行解决，同时删去草案中关于废止1981年全国人大常委会关于加强法律解释工作的决议的规定”。②

现有的人大体制构建了法律、法律解释、司法解释的树形架构，确立了法院、司法解释之于法律、法律解释的地位，但是实际情况非常复杂，主要表现为：全国人大常委会作出的法律解释过少，很多法律需要人大常委会的解释但是得不到解释；而“法律的具体应用”中的司法解释则数量庞大（尤其是最高人民法院的司法解释），相较法律而言更为法官们所愿意遵从，但其与全国人大常委会的法律解释很难划清界限，并造成司法解释因频频创制规则或与法律冲突而侵犯了立法权，司法解释缺乏立法机关的监督等破坏人大

---

② 《乔晓阳作关于立法法草案修改情况的报告》，载《人民日报》1998年12月18日。

体制的问题。[③] 因此，当法律赋予司法解释以合法地位后，就应确定司法解释的界限是什么，什么样的司法解释可以稳妥地存在于现有法律体系中。

法律需要解释，法律的解释的意义存在于法律本身，如为了理解法律的意图，需要阐明法律规范文本的含义、目的、价值等。在国外，法律解释是常用以解决法律规范冲突的有效方式。立法冲突产生于对高度抽象的法律文本语言的不同使用，有时则缘于不同立法者持有不同价值标准和法律认知而导致。当法律规范之间发生冲突时，有权机关不是直接作出撤销决定，而是尽量行使解释权调和相互冲突的法律规定，即按照与宪法不相抵触的方式解释法律（美国、法国、德国），在解释不能避免冲突时才适用冲突规则。

“法律的具体应用”中需要司法解释解决的问题，正是法律本身的问题，因此司法审判过程提供了对法律进行解释的一个契机，而司法审判者的司法解释仅是基于司法部门的立场、经验、方法所作出（以此区别于立法部门的立场、经验和方法），它被规定为效力上低于立法部门的法律解释仅仅来自人为的规定或法律体制的限定，认为立法者对立法的解释更符合立法意图或符合实际需要也只是一种假定，并不符合实际。

（二）法律规范的审查

对一个具体纠纷“依法审判”，法官需要对所“依”（适用）的“法”作出符合立法意图的解释，其前提是，在作出不同规定或相互冲突的法律规范体系中，决定那些被优先适用、选择适用或排除适用的规范。

在我国，由于立法主体多元，造成立法层级和种类多样，而立法权限不明确及立法授权不规范（表现为宪法和法律关于不同立法主体之间的权限划分不具体，部门规章制定主体由国务院组成部门扩张到直属机构、地方性法

③ 例如《民事诉讼法》规定，当事人在庭审结束前有提出反诉的权利。但最高人民法院在《关于民事诉讼证据的若干规定》中规定：当事人增加、变更诉讼请求或者提起反诉的，应当在举证期限届满前提出。《合同法》的立法中删除了“情势变更”要件，但在司法解释中又被加了进去。

规和地方政府规章的制定主体由省向市扩张），又导致法律规范冲突频繁出现。《立法法》第78~83条规定了法律规范的适用规则，涉及纵向立法冲突和横向立法冲突的效力位阶和适用规则，如上下位立法之间、特别规定与一般规定之间、新旧立法之间。

法院有权适用法律规范，行使相应的司法解释权，但上述条款是否包含着对法官的其他授权，法官是否有权选择和决定法律规范的适用？

2003年的"李慧娟事件"，法官为适用法律规范审理案件，运用了审查并判定相关法律规范之合法性、有效性的"权力"（判决书中写道"《河南省农作物种子管理条例》作为法律位阶较低的地方性法规，其与《种子法》相冲突的条款自然无效"，河南省人大常委会斥责其为"违法行为"，要求必须对主审法官严厉处罚）。该事件的核心点是法官不仅实行审查而且公开宣布了审查结论，引发了对法官是否具有对法律规范的独立审查权的争议。

法官的独立审查权可以促进法院高效地适用法律，在司法适用过程中行使审查权可以有效地验证法律的合理性，但是，是不是要以宣布无效或撤销的方式，来宣示法院对法律规范的审查、监督权？相反的观点是，法官没有对法律规范宣布无效或撤销的审查权，法官的审查不应是直接的、结论式的、最终的，但可以以适当的方式，即"行审查之实、但不以审查为名"，法院在相互冲突的法律规范中自主选择适用的法律规范，而以默示的方式排除适用另一些规范，但不宣布其无效或撤销。"我国法院……当然可以直接选择适用法律规范，无需一概送请有关机关裁决"④ 表达了对法院拥有法律规范审查权的支持，《最高人民法院关于裁判文书引用法律、法规等规范性文件的规定》第7条"……不得自行在裁判文书中认定相关规范性法律文件的效力"的规定则将这种支持限定在间接审查的范围内。在这一背景下理解《行政诉讼法》第52条、最高人民法院司法解释第63条，法院的审查权力应是有限的、间接的。

---

④ 参见孔祥俊：《在法律规范冲突中的选择适用权》，载《法律适用》2004年第4期。

对于法官能否成为审查法律规范的主体，是存在争议的，保守的观点认为，法官不应享有审查权，对于法律规范冲突的适用规则只能由立法者自身判定。这意味着法官最多只能对法律规范的有效性提出建议，实质的审查权须请示特定的立法机关行使，理由在于法官的审查权必须依托于分权制衡的宪法体制，使法院能够获得审查立法权合宪性的独立司法权，而法官的司法独立传统和司法专业素养亦构成重要条件。中国的人大制度赋予法院依法独立审判的权力，但这个权力不包括法院对立法的审查权，对立法的审查权由全国人大常委会行使（《立法法》第90条），因而法院的独立司法权是狭义的和消极的，被限定在人大立法权所认可的限度内。

法院的法律规范审查权，是从法院的独立司法权实践中逐渐发展出来的。审查权的内容、限度与方式，具体定义了抽象的“独立司法权”。围绕着审查权的争论，是司法权从理论走向实践、从规范走向实证的结果。这是司法权在实践中对外扩张的一个重要表现。

（三）司法规则的创制

法院的角色是作为国家的“审判”机关，法院应当“依法”进行审判，将法律适用于各种纠纷的解决中。但是在实践中，“依法”和“审判”常常呈现出不一致或矛盾：无论是前述的法律规范解释，还是法律规范审查与适用，都需要存在可以援引的法律规则；当缺乏作为审判依据的法律规则时，在进行“审判”和拒绝“审判”之间法院应该作出何种选择？这决定了法院在多大程度上具有独立于立法机关的解决纠纷的能力，法院是以审判还是以法律的适用为终极使命。

在中国法律体系中，法院只能依法进行审判，审判权被严格限定在实体和程序的法律规则内。

文本中的政体设计终究要面对实践的检验，除非司法权因其主动行使而制造了大量冤假错案的时期（这一时期的司法权服从长官意志，司法权异化为专制工具），在通常情况下，完全遵循“依法审判”的结果是法院功能退化，大量纠纷因缺乏法律规范而不能进入司法程序。

司法权为弥补立法的欠缺而创制规则，事实上发挥了立法的作用，如最高人民法院对于单行法律在具体审判中如何适用的一般解释有时被认为是准立法（法院系统内部遵照执行的“审判意见”具有相似的效果）；此外，法院制定司法程序方面的规则，也可看作对传统上属于立法权领域的事务的主动介入；更能反映司法的积极意义的规则创制活动，则是案例制度的推出，在中国的成文法体系下这被命名为“指导性案例”，尽管不具有对下级法院的强制约束效力，也不像一般司法解释那样以成文规则的形式出现，但案例制度因其提供了对法律规范予以解释和适用的“方法”，因而对整个法律体系的影响程度更大，很可能确立一种全新的规则体系，一种以司法的视角谨慎解释和适用立法文本的体系，一种对立法意图及其内容保持审视和规则再造能力的体系。

从目前的实践看，法院司法解释在出台前一般要经过与立法（有时包括行政）部门的商讨，取得相关部门的共识，因此司法解释对立法的增、删、变更是在立法部门所认可的范围内，很难形成对立法意图的巨大冲击。至于指导性案例，多种制约机制限制了它的规则创制功能。

从严格依法审判到能动司法、司法积极主义，法院在向立法领域推进审判权方面逐渐形成准立法式司法解释等几种主要方式。司法实践推动了司法权扩张，尽管这不被立法体系所公开承认。

四、普通法议会制的经验

（一）对普通法议会制的界定

议会制政体奉议会立法为法治规则的最高形式，议会立法落实宪法公民权，为行政部门、司法部门规定权限、职能等。英国模式的普通法议会制，则另具特别之处。

普通法国家的议会制实行议会主权，议会主权是重要的宪法原则，这一原则解决了最高政治权力从国王向以议会为中心的力量的实质转移，议会成为当然的最高立法机构，议会立法是法律的最高形式。

但是区别于“王权至上”，接受孟德斯鸠分权理论的议会主权否认主权的绝对性，在议会与行政、司法之间实行分权（从功能上的分权逐渐到机构上的分权），议会仅负责制定法律，法律的执行和适用则依赖于行政、司法部门。这样，在议会制政体下“法律的治理”不是由立法来主导，而是决定于立法、行政和司法各个权力，行政、司法在功能上也参与整个“法治”（其中，行政的功能负责政策制定并提出立法草案，司法功能负责适用法律解决纠纷），从而突破议会主权原则对行政、司法的地位的规定。

形成这一“法治”模式，源于普通法是从具有普遍适用效力的判例法发展而来，虽然议会主权确立后议会立法和判例法共同成为法律的渊源，但是判例法才是核心，制定法必须经过司法的适用（变成判例法）才具有法律意义。按照对“法治”内涵的界定，法律具有最高地位，在法律面前任何人（无论是官员还是平民）都是平等的，因此，普通法的“法治”必然倚重判例法的最终的、最高的地位，议会可以制定立法并被行政机构执行，但它需要得到司法的最终适用，司法决定如何适用立法，这构成普通法“法治”的核心。

（二）司法权是“发现”法律规则的权力

普通法议会制因其普通法传统，司法权对议会立法的适用方法和后果，迥异于那些以成文法为传统的议会制国家。

普通法制度下，法律最初表现为判例，法官为解决提交到法院审理的纠纷，在裁判过程中发现法律规则，然后予以宣布。为实现法律的统一性、可预见性，法官要对同案予以同判，要遵循过去由法院对同类案件所宣布的判决，即遵循先例。以法律报告制度（law reporting）和法院等级体系为基础的遵循先例原则，维护了法律规则的统一，而且使法官从中发现法律（而非创制）。

遵循先例原则还包含法官如何解释制定法。法官可以适用制定法解决纠纷，而判决中对制定法的解释应当遵循先例，也就是说要遵循判例法传统。

即使进入20世纪以后制定法迅速增长，占据了普通法法律体系中的主要部分，但由于这一法律体系仍旧为普通法的方法所支配，故仍称呼为普通法系并区别于民法法系

由此可见，普通法议会制树立了议会立法的最高地位，但是议会立法可以被法官在司法裁判过程中予以解释，而且是以遵循判例法传统的方式解释。进入判例法体系的议会立法，可能产生不同的后果，而其原因或前提就在于司法权对议会立法拥有以判例法为依据的解释权：

（1）在加拿大，司法权有权裁定议会立法的有效性（裁定其是否符合人权宪章），但违宪的立法只能由议会本身修正。[⑤]

（2）在英国、新西兰，议会立法与人权法案是否相适应也由法院裁定，对违反人权法案的立法，法院可以公开发布书面宣告，从而产生以行政立法进行快速修正的程序，否则将被提交欧洲人权法院解决（对英国而言）；新西兰法院与英国法院的权力相似，但它以默示形式存在，也不作出书面的宣告。

不同于普通法的法律解释方法和后果，在成文法地区，议会制定法典化的法律规则，法律条文穷尽法律的全部内涵，是法院裁判的唯一依据。[⑥] 在法律适用方面，法官将事实涵摄于法律条文之下，通过逻辑演绎获得判决结论，法官应用议会的法律，法官并不创造法律。

受普通法传统的影响，今天的成文法国家不再强调法律规则体系的闭合特征，由于对法典和法律规范的疏漏、矛盾、模糊性等缺陷予以承认，因而逐渐发展出对立法进行查遗补缺的法律方法，系统化的法律解释方法和论证方法得以在司法裁判过程中运用。在这一过程中，立法在事实上被司法所发展，但立法仍然对司法具有约束和指导的意义，司法是以其自称为“规范性的方法”来发展立法、完成对法律规范的适用。

---

⑤ 例如，2013年12月20日，加拿大最高法院裁定反娼妓法中打击娼妓卖淫的3条法案违反人权宪章，法院给予国会一年时间对违宪的法案作出修订。2014年6月4日加拿大政府提出新法案，准备禁止“买春”而不禁“卖春”，但新法案需要得到议会讨论和最高法院批准。

⑥ 这是进入法典化时代之后，继承了概念法学的“法条主义”所持主张。

（三）立法权监督司法权的方法

当司法权因法律适用的需要而解释议会立法，立法权也为司法权设定了界限。

普通法议会制下议会具有高于司法权的最高地位，是司法权的源泉，议会立法可以不被司法适用，但是议会立法本身只能基于议会的政治性的决定过程而无效。这种对司法权的限制，维护了以议会为政权中心的议会制结构，否则，议会制将与总统制等同，议会制的政治基础将不复存在。

普通法议会制下，议会维护其政权中心地位的另一项权力，是以制定立法取代判例法。在新西兰，议会作为最高立法机构，可以以制定法取代普通法，目的是推动法律变革（当制定法被废止后，普通法重新发生效力）。

五、结论与启示

普通法议会制的实践勾画了立法权与司法权之间的界限：议会负责制定立法，法院负责法律的适用和解释。以判例法体系为依据的法官对议会立法的解释权，存在于普通法传统中，司法权的范围受司法的经验和能力所决定。在适用和解释议会立法的过程中，法官大体遵循着与议会进行合作而非对立的训诫，这是议会制政体对司法功能的清晰界定。

因此，普通法议会制提供的启示是，法院对制定法的适用过程必然伴随着司法解释权的运用，司法解释权的力度、程度应与司法能力相匹配。

司法解释权的限度在于，它仅对特定个案适用，因为司法解释的适用来自在个案条件下的论证，其再次适用应遵循相同的过程。

议会制规定了立法和司法的相互关系，司法权对立法的解释不能侵害立法权的功能和地位，议会制下的议会不是普通的立法机构。

行政相对人抵抗权与中国的法治实践

金伟峰*

一、宪法上的公民抵抗权与行政法上的相对人抵抗权

抵抗权本是政治和宪法意义上的一个专有概念，特指公民拥有的，必要时可以对由国家法律所产生的义务采取不服从以至抵抗的权利。① 肯定人民拥有反抗政府权力的理论依据主要是社会契约论、人民主权论和天赋人权论。按照社会契约论和人民主权论，整个国家的存在和运作类似于一个契约的签订，人民不仅是这个契约的签订者，以形成公意，同时也是契约和公意的服从者。至于政府只不过是公意的执行者，其权力是人民委托的。人民和政府的关系，“完全是一种委托，是一种信用；在那里，它们仅仅是主权者的官吏，是以主权者的名义在行使着主权者所托付给他的权力，而且只要主权者高兴，就可以限制、改变和收回这种权力”。② 而基于天赋人权论，每个人都有与生俱来的、不可剥夺的权利。“人类天生都是自由平等和独立的”，“任何人均不得侵犯他人的生命、健康、自由或财产”。③ 法律不是限制自由，而是扩大和保障自由，即保障基本人权。如果政府不尊重基本人权而滥加侵

* 金伟峰，浙江杭州人，浙江大学光华法学院教授，法学博士。

① 参见陈新民：《德国公法学基础理论》（下册），山东人民出版社 2001 年版，第 603 页。

② ［法］卢梭：《社会契约论》，商务印书馆 1982 年版，第 75-76 页。

③ ［英］洛克：《政府论》，商务印书馆 1983 年版，第 59 页。

害，人民自然可以起而反抗，以保障其源于自然法的天赋人权。

最早规定公民抵抗权的是1776年美国弗吉尼亚的《人权宣言》和美国的《独立宣言》。经过长期的发展，至今许多国家相继在宪法中确立了公民抵抗权。其中以德国基本法的规定最为典型。德国在1968年6月24日公布的第17次基本法修正案中，增加了基本法第20条第4项，规定对于任何意图排除基本法第1至3项之秩序者，在别无其他救济程序时，任何德国公民皆拥有抵抗权。

在宪法中规定公民抵抗权的本意是允许公民为维护宪法秩序、防止政府专制，在特别必要时，可以反抗专制的法律、抗拒国家机关的违法。但是，如果公民误用和滥用这一权利，法律安定性和国家权威必然受到破坏。因此，出于对公民滥用抵抗权的担忧，宪法对公民抵抗权行使条件往往要规定非常严格的条件。④ 因此“基本法虽然承认这个权利之存在，但距今整整二十年，却未有一个有关人民援引的抵抗权案件，获得联邦宪法法院之认可。这个抵抗权规定的实际作用，即可想而知矣！”⑤

如果说宪法上的公民抵抗权还只是停留在抽象的、空泛的宪法规定上，那么行政法上的相对人抵抗权在许多国家已经通过建立无效行政行为制度进行了充分的实践。“行政行为无效的法律制度，实际上是在法律上赋予人们直接根据自己对法律的认识和判断，公开无视和抵抗国家行政管理的权利。”⑥ 本文试就相对人抵抗权的行使对象、方式，以及我国现行立法上存在的不足和制度完善等方面进行探讨。

二、相对人抵抗权的实现——对无效行政行为的拒绝与防卫

行政法学通说认为，行政行为一经成立即具有公定力，即行政主体作出

④ 例如，根据《德国基本法》第20条第4项的规定和宪法法院的判决意见，公民抵抗权的行使条件包括：（1）宪政程序之侵害；（2）严重公然之侵害；（3）最后手段。参见陈新民：《德国公法学基础理论》（下册），山东人民出版社2001年版，第613-618页。

⑤ 陈新民：《德国公法学基础理论》（下册），山东人民出版社2001年版，第635页。

⑥ 于安：《德国行政法》，清华大学出版社1999年版，第127页。

的行政行为，不论合法还是违法，都应推定为合法有效，相关的当事人都应加以遵守或服从，这是行政效率原则的要求。⑦ 诚然，从早日达到行政目的，早日使行政法律关系得以确定的角度出发，承认行政行为的公定力具有一定的合理性。但是，无论行政行为的违法性多么严重，行政相对人及其他有一定利害关系者只要不申请行政复议或提起行政诉讼，便无法对抗行政行为的这种事实上的效力，无疑是极其不合理的。⑧ 法的安定性原则要求赋予行政行为存续力，即使行政行为可能存在瑕疵；但在行政行为具有明显并且重大瑕疵的情况下，不应再适用法的安定性原则，而应当适用实质的正当性原则。⑨ 为了解决上述"安定性"与"正当性"之间的矛盾，西方国家（主要是大陆法系国家）提出了一种补救的理论，即无效行政行为理论，并在行政程序法中确立了相应的制度。

无效行政行为是指那些形式上虽已存在，但因重大且明显违法，不待有权机关确认并宣告，自始、当然、确定地不发生法律效力的行政行为。⑩ 它具有以下三个一般特征：

第一，无效行政行为在性质上属于形式行政行为。无效是对形式上已经作出的行政行为效力的一种否定性评价，其前提是行政行为在形式上已经存在。无效行政行为是违法行政行为的一种，而违法行政行为与合法行政行为一样，也是一种行政行为。正因为无效行政行为是一种形式行政行为，在大陆法系国家才建立了可以由行政法院进行审查和确认的制度。⑪ 有时，人们为了强调无效行政行为违法的严重性，指出"一个无效的行政行为绝不是行政

---

⑦ 参见罗豪才：《行政法学》，北京大学出版社 1996 年版，第 113 页。

⑧ 参见胡锦光、杨建顺、李元起：《行政法专题研究》，中国人民大学出版社 1998 年版，第 59 页。

⑨ 参见［德］哈特穆特·毛雷尔：《行政法学总论》，法律出版社 2000 年版，第 251 页。

⑩ 参见胡建淼主编：《行政违法问题探究》，法律出版社 2000 年版，第 504 页。

⑪ 当然，由于无效行政行为不具有行政行为的法律效力，任何人都没有表示尊重和服从的义务，所以有关争议也可通过民事诉讼、刑事诉讼或其他法律途径解决，法院在民事诉讼或刑事诉讼中也可依申请或依职权确认其无效。大陆法系国家和地区建立无效行政行为制度的目的是为相对人提供更多的权利救济途径。

行为”。[12] 对此我们应当从论者的语境出发分析其语义，论者显然是针对无效行政行为的法律效力而言的，指的是一个无效的行政行为根本不具有行政行为的法律效力。至于法国行政法院将严重而明显的违法行为（如行政机关的行为与行政机关的权限毫无关系）称为“无效和不存在”，[13] 也只是说明行政行为的效力不存在，而不是指行政行为在形式上也不存在。[14]

第二，无效行政行为在范围上限于重大且明显的违法行政行为。对于无效行政行为的范围，虽然理论上无法达成完全一致的意见，但是在大陆法系国家和地区，支配着判例和学说的观点，主要是重大明显说。“无效行政行为，是指具备了行政行为所内在的瑕疵而违反了重要的法规，瑕疵的存在是明显的这两个情形。”[15] 即就无效行政行为的违法性而言，其内在性质“重大”，外在表现“明显”，并为一般人所感知和认同。许多国家和地区的行政程序法典关于无效行政行为的规定也表明，无效行政行为是指重大而且明显的违法行政行为。例如，《联邦德国行政程序法》（1976 年 5 月 25 日通过，1997 年 1 月 1 日重新修订公布）第 44 条第 1 项规定：“行政行为具有严重瑕疵，该瑕疵按所考虑的一切情况明智判断属明显者，行政行为无效。”

第三，无效行政行为在后果上表现为自始、当然和确定无效。具体包含三层含义：一是自始无效，即从行政行为作出时就不具有任何法律效力。作出无效行政行为的机关或其他有权机关得随时宣告或确认其无效，相对人也可随时请求有权机关宣告或确认其无效。二是当然无效，即无论相对人是否主张无效，有权机关是否确认无效，无效行政行为都没有法律效力，任何人

---

⑫ ［印］赛夫：《德国行政法——普通法的分析》，五南图书出版有限公司 1991 年版，第 104 页。

⑬ 参见王名扬：《法国行政法》，中国政法大学出版社 1989 年版，第 166 页。

⑭ 王名扬先生认为：“不存在的行政行为在外形上也不存在。这种不存在可能是物质上的不存在，例如一件虚造的公文书，可能是法律上的不存在，例如行政机关的行为和行政机关的权限毫无关系。”王名扬著：《法国行政法》，中国政法大学出版社 1989 年版，第 166 页。笔者认为，行政机关作出的与其权限无关的行为虽然在本质上不属于行政行为，但它毕竟具有行政行为的形式，因而属于一种形式行政行为。对于这种形式行政行为，完全可以将其视为无效行政行为并适用无效行政行为制度。事实上，法国和其他大陆法系各国都将这种行政行为的“不存在”纳入无效行政行为的范围。

⑮ ［日］盐野宏：《行政法》，杨建顺译，法律出版社 1999 年版，第 114 页。

可以忽视其存在而不予尊重和执行。三是确定无效，即行政行为的内容绝对不可能被法律所承认，它不仅从一开始就无效，而且不因事后的追认、转换等补救而变为有效。“一旦法院宣布某一行政行为在法律上无效，那就如同什么事也没有发生一样。”⑯

无效行政行为因具有重大和明显的违法情形而自始不发生任何法律效力，意味着它不具有公定力以及由此产生的拘束力、确定力和执行力。因此，为维护自身合法权益，相对人对无效行政行为除了可以不受任何时间限制地通过申诉、申请复议、提起诉讼等途径寻求救济外，有权无视其存在，拒绝履行义务，必要时甚至可以采取劝阻、警告、逃脱等方式进行正当防卫和对抗。

当然，相对人对无效行政行为与一般违法行政行为进行区分时，其判断标准主要是该行政行为是否存在重大、明显违法。但是，由于重大、明显违法标准的弹性，以及认识上存在的差异，不同的人对无效行政行为的判断往往也会出现偏差。相对人对无效行政行为的判断是否正确，其抵抗行为是否合法，最终还需得到有权机关的确认。如果有权机关不予认同，相对人就可能失去对一般违法行为寻求救济的权利。“当事人对无效行政行为不需要采取任何行动；他不用理睬即可。实践中这种做法却带有相当风险，因为无法保证以后所有的行政机关和行政法院也会这样认为。公民在两可情况下因而有相当的利害关系，必须看到无效性应具有约束力地被确定下来。……区分无效与可撤销（简单违法的）行政行为时，必须从法律的稳定性和法律的纯洁性出发，并注意不能过分苛求当事人自己来反对违法的行政行为。可撤废性构成一般原则，无效只属于例外。”⑰“如果关系人自己认为行政行为无效，须冒一定和风险。行政机关很有可能不接受公民的意见而执行（违法、可撤销但有效的）行政行为；而且，确认行政行为无效的请求也可能一无所获。公民在法定期限内要求撤销行政行为，才是明智之举。”⑱

---

⑯ ［英］威廉·韦德：《行政法》，徐炳等译，中国大百科全书出版社 1997 年版，第 45 页。

⑰ ［德］平特纳：《德国普通行政法》，朱林译，中国政法大学出版社 1999 年版，第 137 页。

⑱ ［德］哈特穆特·毛雷尔：《行政法学总论》，高家伟、刘兆兴译，法律出版社 2000 年版，第 254 页。

三、相对人抵抗权立法现状与司法实践

不少法律、法规和规章虽无行政行为“无效”的规定，却已经明确赋予相对人对某些行政行为的抵抗权。[19] 其中最为典型的是《行政处罚法》的规定。该法第49条规定：“行政机关及其执法人员当场收缴罚款的，必须向当事人出具省、自治区、直辖市财政部门统一制发的罚款收据；不出具财政部门统一制发的罚款收据的，当事人有权拒绝缴纳罚款。”第56条规定：“行政机关对当事人进行处罚不使用罚款、没收财物单据或者使用非法定部门制发的罚款、没收财物单据的，当事人有权拒绝处罚，并有权予以检举。上级行政机关或者有关部门对使用的非法单据予以收缴销毁，对直接负责的主管人员和其他直接责任人员依法给予行政处分。”在这里，“有权拒绝”实际上意味着不出具财政部门统一制发的罚款收据，以及不使用罚款、没收财物单据或者使用非法定部门制发的罚款、没收财物单据的行政处罚属于无效行政行为。

在我国，确认行政行为无效的司法实践最早始于普通诉讼中。一个典型例证是最高人民法院于1994年3月30日发布的《关于企业开办的其他企业被撤销或者歇业后民事责任承担问题的批复》（法复〔1994〕4号）。该批复认为：“企业开办的其他企业虽然领取了企业法人营业执照，但实际上没有投入自有资金，或者投入的自有资金达不到《中华人民共和国企业法人登记管理条例实施细则》第十五条第（七）项或其他有关法规规定的数额，以及不具备企业法人其他条件的，应当认定其不具备法人资格，其民事责任由开办该企业的企业法人承担。”“人民法院在审理案件中，对虽然领取了企业法人营业执照，但实际上并不具备企业法人资格的企业，应当依据已查明的事

[19] 例如，《中华人民共和国行政处罚法》第49条、第56条；《中华人民共和国税收征收管理法》第59条；《中华人民共和国统计法》第12条；《中华人民共和国会计法》第5条；《中华人民共和国农业法》第67条；《中华人民共和国乡镇企业法》第31条；《中华人民共和国全民所有制工业企业法》第33条；《中华人民共和国个人独资企业法》第25条；《中华人民共和国中小企业促进法》第6条。

实，提请核准登记该企业为法人的工商行政管理部门吊销其企业法人营业执照。工商行政管理部门不予吊销的，人民法院对该企业的法人资格可不予认定。”根据这一批复，人民法院在民事诉讼中，可以直接认定已领取《企业法人营业执照》，但实际上不具备企业法人法定条件的企业不具备法人资格，从而间接确认其由工商部门核发的营业执照无效。此外，法院还经常在涉及婚姻效力的民事诉讼中，以及以行政行为的合法性或有效性为要件的刑事诉讼中，否定某些行政行为的效力。例如，在涉嫌妨碍公务罪的刑事案件中，司法机关有时通过宣告不构成妨碍公务罪从而间接认定公务行为不成立或无效。[20]

在行政诉讼中，由于行政诉讼法未规定确认无效诉讼，法院只能以撤销判决撤销本属无效的行政行为。[21] 但是，也有一些法院大胆地尝试对某些行政行为适用确认无效判决。[22] 特别是 1996 年 10 月 1 日《行政处罚法》生效后，司法实践中还出现了确认依法“不能成立”和相对人“有权拒绝”的行政处罚无效的案件。[23]

---

⑳ 例如，2000 年陕西延安“夫妻黄碟案”。该案以人民检察院认定“妨碍公务”的证据不足，决定不批准逮捕张某而告终。

㉑ 例如，张正先不服龙岩市新罗区烟草专卖局以擅自收购烟叶对其处罚决定案。参见最高人民法院中国应用法学研究所编：《人民法院案例选》（行政卷下），中国法制出版社 2002 年版，第 1153-1155 页。在该案中，法院认定被告在作出行政处罚时，违反了《行政处罚法》第 31 条和第 32 条规定。《行政处罚法》第 31 条规定：“行政机关在作出行政处罚决定之前，应当告知当事人作出行政处罚决定的事实、理由及依据，并告知当事人依法享有的权利。”第 32 条规定：“当事人有权进行陈述和申辩。行政机关必须充分听取当事人的意见，对当事人提出的事实、理由和证据应当进行复核；当事人提出的事实、理由或者证据成立的，行政机关应当采纳。行政机关不得因当事人申辩而加重处罚。”第 41 条进一步规定：“行政机关及其执法人员在作出行政处罚决定之前，不依照本法第三十一条、第三十二条的规定向当事人告知给予行政处罚的事实、理由和依据，或者拒绝听取当事人陈述、申辩，行政处罚决定不能成立；当事人放弃陈述或者申辩权利的除外。”从法理上分析，依法“不能成立”的行政处罚是根本就不具有任何法律效力的，因而无须撤销，而只需确认其无效即可。

㉒ 例如，北京军区天津房地产管理分局不服天津市房地产管理局等吊销房屋所有权证决定案。参见最高人民法院中国应用法学研究所编：《人民法院案例选》（行政卷下），中国法制出版社 2002 年版，第 926-930 页。

㉓ 例如，慈某诉某市容所、某工商所、某区巡警支队侵犯财产权、人身权案。参见北京市高级人民法院行政审判庭编：《北京行政诉讼案例研究》，中国审计出版社 2000 年版，第 230-241 页。显然，在该案中，法院确认被诉具体行政行为无效的依据是《行政处罚法》第 3 条第 2 款、第 41 条、第 49 条和第 56 条关于“无效”“不能成立”“当事人有权拒绝”的规定。

在法律规定和司法实践的基础上，2000年3月10日最高人民法院发布的《关于执行〈中华人民共和国行政诉讼法〉若干问题的解释》（以下简称《行政诉讼若干问题解释》）中首次确立了确认无效的行政判决形式。该解释第57条第2款规定："有下列情形之一的，人民法院应当作出确认被诉具体行政行为违法或者无效的判决：（一）被告不履行法定职责，但判决责令其履行法定职责已无实际意义的；（二）被诉具体行政行为违法，但不具有可撤销内容的；（三）被诉具体行政行为依法不成立或者无效的。"这一规定为确认行政行为无效的司法实践提供了依据。

从现行的行政诉讼法、行政复议法以及行政处罚法和行政诉讼法若干问题解释等规定来看，就一般违法行政行为而言，相对人的复议、诉讼等救济权利都能得到较好的保护。但就无效行政行为而言，仍然存在与法治主义相悖的问题，行政相对人的程序权利有待于得到完整保护。《行政诉讼若干问题解释》虽然吸纳了无效行政行为理论，并首次确立了"确认无效"的新型判决形式，但真正要在司法实践中得以充分运用，仍有许多问题需要解决。

1. 无效行政行为标准的模糊

《行政诉讼若干问题解释》第57条第2款明确规定了确认无效判决，但是行政法学界和实务界对确认无效判决的适用争议颇大。首先，确认无效与确认违法之间如何界分？即何种情况下法院应当作出确认无效判决，何种情况下法院应当作出确认违法判决？其次，如果确认无效判决仅适用于"被诉具体行政行为依法不成立或者无效"，㉔ 那么"依法不成立"与"无效"之间又如何界分？总之，该规定并未确立无效行政行为的判断标准。

事实上，《行政诉讼若干问题解释》第57条第2款中所谓的"行政行为

㉔ 这是目前许多学者和法官的理解，即对于"被告不履行法定职责，但判决责令其履行法定职责已无实际意义的"和"被诉具体行政行为违法，但不具有可撤销内容的"，法院应当作出确认违法判决；对于"被诉具体行政行为依法不成立或者无效的"，法院应当作出确认无效的判决。参见江必新：《中国行政诉讼制度之发展》，金城出版社2001年版，第139页；甘文：《行政诉讼法司法解释之评论——理由、观点与问题》，中国法制出版社2000年版，第162-165页；张树义主编：《寻求行政诉讼制度发展的良性循环》，中国政法大学出版社2000年版，第247-249页。

依法不成立或者无效”，并不分别对应于学理上的行政行为不成立和无效，而是指现行立法（主要是指行政处罚法）中所明确规定的行政行为不成立和无效。[25] 对于“行政行为依法不成立”，《行政处罚法》第41条已有明文规定：“行政机关及其执法人员在作出行政处罚决定之前，不依照本法第三十一条、第三十二条的规定向当事人告知给予行政处罚的事实、理由和依据，或者拒绝听取当事人的陈述、申辩，行政处罚不能成立；当事人放弃陈述或者申辩权利的除外。”当然，所谓“行政处罚不能成立”并非行政处罚事实上没有成立，而是指行政处罚因严重违反法定程序和正当程序因而在法律上视为不成立，其实质是自始无效。[26] 而现行立法中明确规定的“无效”实为广义的无效，如果一概适用确认无效判决，则《行政诉讼法》等规定的撤销判决、确认违法判决将失去其存在的价值。

无效行政行为判断标准的模糊势必会在法院适用确认无效判决的司法实践中出现了两种倾向：一是法官因为无所适从而谨小慎微，基本上不适用确认无效判决，即使有心适用，也可能会更多地请求最高人民法院作出答复；二是法官凭借自己对无效的理解，大胆地、经常性地作出确认无效判决，以至于形成混乱的、缺乏一致性的法律适用状况。[27]

司法实践也确实如此，自2000年《行政诉讼若干问题解释》公布以后，法院适用确认无效判决的案件极其有限。即使是对于“依法不成立”的

---

[25] 这一点可从原最高人民法院行政审判庭庭长、最高人民法院副院长江必新的观点中得到印证。江必新认为：“一般说来，没有成立的行政行为是不能被诉的，应当视为起诉时机还不成熟。但是考虑到行政处罚法已使用了不成立的行政行为的概念（严重违反法定程序的视为行政行为不成立），不能说不成立的行政行为就绝对不能进入诉讼过程。不成立的行政行为既然是不生效的行政行为，当然不能用撤销判决，只能用确认判决。”江必新：《中国行政诉讼制度之发展》，金城出版社2001年版，第177页。

[26] 从理论上说，行政行为是否成立是一个事实判断问题，其着眼点在于判定行政行为在客观上是否形成或存在；而所谓“行政行为依法不成立”则是法律在对行政行为是否客观存在这一事实判断的基础上进行第二次判断，即价值判断。

[27] 参见沈岿：《法治和良知自由——行政行为无效理论及其实践之探索》，载《中外法学》2001年第4期。

行政行为，法院也很少适用确认无效判决，而往往以撤销判决代替。[28] 另一方面，也有一些法院不顾《行政诉讼若干问题解释》在原有的撤销判决之外增设确认无效判决的意图，随意适用确认无效判决。[29] 实践中，这种滥用确认无效判决的情形在本来为数不多的确认无效判决中占有相当的比例，有的法院甚至将确认无效判决适用于违法程度较为轻微或并不违法的行政行为。

2. 确认无效诉讼制度的缺位

虽然《行政诉讼若干问题解释》在原有的撤销判决之外，增设了确认无效这一判决形式，但不能据此认为在我国的行政诉讼中已经建立了独立的确认无效诉讼制度。因为《行政诉讼若干问题解释》的相关规定并没有解决确认无效诉讼的两大至关重要的问题：一是确认无效判决的适用对象并不明确，也就是说，《行政诉讼若干问题解释》本身并未确立无效行政行为的判断标准和种类。二是缺乏确认无效诉讼的特别程序。在大陆法系国家和地区，之所以把无效行政行为与可撤销行政行为相分离，主要是基于两者在诉讼程序上的差异。因为无效行政行为不受争讼时效的限制，相对人可以在任何时间向有权机关提出确认无效的请求；而可撤销行政行为受法定时效制度的约束，相对人必须在法定期限内请求救济。对于无效行政行为，相对人既可以提起行政诉讼，也可以提起一般诉讼，即任何法院在任何诉讼中都有权确认无效；而对于可撤销行政行为，相对人只能通过撤销诉讼请求救济，普通法院无权审查并予以撤销。如果确认无效诉讼与撤销诉讼在诉讼程序上完全一样，确认无效判决就不具有任何独立存在的价值。

---

[28] 例如，王选林不服泸州市公安局江阳区分局治安拘留处罚决定案。参见最高人民法院中国应用法学研究所编：《人民法院案例选》2002 年第 2 辑（总第 40 辑），中国法制出版社 2002 年版，第 371-376 页。

[29] 例如，吴迪辉不服株州市人民政府、株州市城市客运管理处强制其退出营运处理决定案。参见最高人民法院中国应用法学研究所编：《人民法院案例选》2002 年第 2 辑（总第 40 辑），中国法制出版社 2002 年版，第 413-419 页。在该案中，被告市客运处、被告市政府组建的临时机构株州市中巴车营运线路调整联合办公室作出的通知已在原告起诉之前被宣布停止执行，法院再确认其无效显然无任何意义。

四、相对人抵抗权制度的完善

针对上述列举的现行立法实践中存在的问题，笔者认为在今后的行政程序立法中，必须进一步确立和完善无效行政行为制度，并重点解决以下几个方面问题：

1. 明确无效行政行为的确认标准

对无效行政行为的界定，建议借鉴德国、西班牙等国家和我国台湾、澳门地区的立法，采用列举性条款和概括性条款相结合的方法进行规定，即列举无效行政行为的主要情形，随后附加“其他重大、明显违法行为”这一概括性规定，以明确无效行政行为与一般违法行政行为的区别。这样，相对人对无效行政行为行使抵抗权才有章可循，也便于人民法院审理行政诉讼案件和行政复议机关审查行政复议案件时具体操作。

2. 增加对侵益性无效行政行为的防卫规范

有关法律、法规和规章中“不能成立”“有权拒绝”等规定如何操作是一个亟待解决的问题。某些明显、重大缺陷并不需要专家才能认定，而只需要具有常人的智识就能很容易地作出判断。[30] 笔者认为，《中华人民共和国刑法》第20条和《中华人民共和国民法通则》第128条规定的“正当防卫”，[31] 应该当然地适用于行政领域，即对实施后将导致犯罪的无效行政行为，相对人可以采用适当的措施进行正当防卫，因正当防卫造成损害的，不承担法律责任。

㉚ 参见刘莘：《具体行政行为效力初探》，载《中国法学》1998第5期。

㉛ 《中华人民共和国刑法》第20条规定：“为了使国家、公共利益、本人或者他人的人身、财产和其他权利免受正在进行的不法侵害，而采取的制止不法侵害的行为，对不法侵害人造成损害的，属于正当防卫，不负刑事责任。正当防卫明显超过必要限度造成重大损害的，应当负刑事责任，但是应当减轻或者免除处罚。对正在进行行凶、杀人、抢劫、强奸、绑架以及其他严重危及人身安全的暴力犯罪，采取防卫行为，造成不法侵害人死亡的，不属于防卫过当，不负刑事责任。”《中华人民共和国民法通则》第128条规定：“因正当防卫造成损害的，不承担民事责任。正当防卫超过必要的限度，造成不应有的损害的，应当承担适当的民事责任。”

对此有必要在有关立法和司法解释中明确规定。同时鉴于行政行为的特殊性，相对人实施正当防卫应严格控制损害程度，原则上不应等于或大于无效行政行为可能造成的损害。

3. 建立确认无效的特别程序

无效行政行为的实践，必须得到程序法的支撑。没有特别的行政复议和诉讼程序，无效行政行为的法律规定在实践中将成为一纸空文，相对人受行政行为侵害时，其正当权益也将难以得到法律的有效保护。因此建议：

（1）在《行政诉讼法》和《行政复议法》中，应分别规定确认无效判决和确认无效复议决定。同时明确规定，相对人提起确认无效的诉讼请求（复议申请）不受期限限制；原告（申请人）对确认无效的诉讼请求（复议申请）负有举证责任，应当提供该具体行政行为无效的相关证据。

（2）《行政诉讼若干问题解释》第 57 条第 2 款应分解为二，即对“确认违法”和“确认无效”分别进行规定，并分别列举确认违法判决和确认无效判决的适用情形。

4. 改革现行强制执行的审查程序

人民法院行政审判庭组成合议庭对具体行政行为的合法性进行审查时，应要求或允许被申请执行人参加该程序，改变仅审查“卷面有无错误”的传统司法审查办法。这样，在行政复议和行政诉讼等救济途径以外，提供被申请执行人一个说理的机会，以证明其拒绝履行无效行政行为所设定义务的正当性，保护自身的合法权益。人民法院经过审查，认为被申请执行人提出的证据足以证明行政行为无效的，应当作出不予执行的裁定。

相对人权利保护的法治限度*

——无效行政行为理论与制度的反思

张旭勇**

一、问题的提出

基于行政管理效率和公共秩序维护的需要，行政行为公定力理论科以相对人服从违法行政行为的义务。但是，受“二战”后纳粹党独裁统治反省运动和宪法上抵抗权实证化的影响，德国在1976年的行政程序法中首次确立了无效行政行为制度。[①]据此规定，对明显违法的无效行政行为，相对人可以拒不服从或行使抵抗权，还可以随时请求有权机关宣告或确认无效，不受救济期限的限制。虽然至今为止还没有成功抵抗无效行政行为的实例，[②]但是，无效行政行为概念所蕴含的对国家威权的反抗和对相对人权益的保护，仍然富有极强的道德感召力和现实诱惑力。西班牙、葡萄牙、我国的澳门和台湾等国家和地区，在20世纪下半叶，先后在立法上确立了无效行政行为制度。近年来，我国学者对无效行政行为理论也普遍持欢迎态度，并表现出持续高涨

---

* 本文是国家社科基金项目“利益裁量、裁判强度与行政判决的制度重构”（批准号09CFX021）的阶段性研究成果（原发表于《法学》2010年第9期）。

** 张旭勇，浙江财经大学法学院教授。

① 1976年《联邦德国行政程序法》第44条第1款规定：“行政行为具有严重瑕疵，该瑕疵按所考虑的一切情况明智判断属明显者，行政行为无效”；该法第43条第3款规定：“无效行政行为始终不产生效力。”

② ［德］平特纳：《德国普通行政法》，朱林译，中国政法大学出版社1999年版，第139页。

的制度化建构热情。[③] 有学者指出："从法治的发展维度着眼，如果一种制度（无效行政行为制度）设计是值得并具有一定可行性的，我们就必须为它的建构迈出第一步，哪怕会遭遇种种阻力，甚至阻力过大而使得这一步走歪了。"由全国人大法工委和中国政法大学的专家学者草拟论证的《行政程序法》（草案建议稿）第88条，明确规定了行政行为无效的情形及当事人的拒绝权，向制度化建构迈出了实质性的一步。[④]

在这样的背景下，鲜有学者对理论本身的正当性、制度运作的可能性以及制度目标的实现提出过质疑。但是，这并不意味着没有问题，反而凸显了这些问题探讨的开拓性意义。关于无效行政行为制度的正当性和操作可能性，日常生活经验与行政法治实践向我们提出了一系列难题：具体行政行为往往涉及第三人和社会公众的权益，相对人抵抗无效行政行为是否具有正当性？相对人根据自己的判断而实施抵抗是否过于武断？如果相对人误用或滥用了抵抗权，我们又怎样保护第三人与社会公众的权益？普通相对人能否对行政行为无效与否作出准确判断？相对人趋利避害的本性是否会影响行政行为无效与否的判断？相对人有实力抵抗行政行为吗？所谓"温和的抵抗"可行吗？延长救济期限对相对人权益保护有帮助吗？等等。这些问题全面反映了无效行政行为理论与制度的正当性、操作性困境，也是目前理论界尚没有注意和重视的问题，值得我们进一步的深入探讨与研究。

本文围绕上述问题展开，尤其关注具体执法语境下相对人抵抗权的正当性、相对人无效判断的可靠性及制度运作的可能后果，揭示无效行政行为理论的正当性缺陷、制度运作中不可克服的主客观障碍及相对人抵抗实力的缺失，主张只保留被动意义上发挥开拓救济途径功能的无效行政行为概念。

---

③ 关于建构我国无效行政行为制度的主张，参见金伟峰：《我国无效行政行为制度的现状、问题与建构》，载《中国法学》2005年第1期；王锡锌：《行政行为无效理论与相对人抵抗权探讨》，载《法学》2001年第10期；沈岿：《法治和良知自由——行政行为无效理论及其实践探索》，载《中外法学》2001年第4期等。

④ 参见马怀德主编：《行政程序立法研究——〈行政程序法〉草案建议稿及理由说明书》，法律出版社2005年版，第234页。

二、无视他人权益的抵抗权不具有正当性

对明显违法的无效行政行为的抵抗权，是强化相对人权益保护的一种私力救济手段，但它同时可能对第三人或社会公众的合法权益造成损害。在平等对待相对人、第三人以及社会公众合法权益的前提假定下，抵抗权不具有理论正当性。

（一）不考虑他人权益保护的天赋权利论

关于无效行政行为之抵抗权，国内学者，往往从社会契约、天赋人权、人民主权、正当防卫等“大词”出发，主张相对人对无效行政行为的抵抗权只是天赋人权与人民主权的自然延伸和内在要求，只是正当防卫理论在行政法领域的具体运用。⑤ 我们暂且可以称其为天赋权利论。该理论关于抵抗权的具体推导过程是这样的：首先，私人的财产、生命和自由是天赋的不可侵犯的自然权利，是第一位的，是先于政府存在的；其次，政府是人为的、后来的，是第二位的，人们订立契约组成政府的目的是为了保护天然权利。所以，当政府的行为不但不保护反而侵害公民天然权利时，人们当然就有权奋起抵抗。⑥ 天赋权利论的论证极为简洁明了，它在坚信人的某些权利是天赋的、不可侵犯的基础上，自然而然地引申出相对人的抵抗权。

上述推导过程的致命弱点是，没有同等考虑第三人和社会公众的权益保护需要。之所以忽视了抵抗权对第三人和社会公众合法权益的影响，根本原因在于把具体行政行为所引起的权益关系错误地归结为相对人与政府的双方关系。表面上看，具体行政行为确实只调整相对人与行政主体之间的权利义

---

⑤ 参见金伟峰：《无效行政行为研究》，法律出版社 2005 年版，第 48 页以下；柳砚涛、刘宏渭：《论无效行政行为防卫权及矫正机制》，载《行政法学研究》2003 年第 2 期。

⑥ “如果政府不尊重保障基本人权而滥加侵害，人民自然可以起而反抗，以保障其源于自然法的天赋人权。”参见金伟峰：《无效行政行为研究》，法律出版社 2005 年版，第 53 页。

务关系，但实际上其最底层的目的是调整、维护相对人与第三人或社会公众之间的相互性正义关系。具体而言，当行政主体依职权主动作出具体行政行为时，实际上是应广大民众的利益要求，把立法程序已经确定的广大民众利益具体化、固定化；⑦ 当行政主体依申请被动作出具体行政行为，是应相对人的请求，也是把立法已经确立的个体权益具体化；不管是依职权作出行政行为维护公众利益，还是依申请作出行政行为保护个体利益，都会同时涉及另一方的利益，都是对相对人与第三人、社会公众的利益关系的调整。正如有学者所说的："行政机关的职能被设想为根据相互冲突之私人利益在特定事实情形中的状况以及相关制定法所体现的政策，来调整这些私人利益。"⑧ 时下国内的行政法学理论，在控权理念和人权保护大旗的影响下，⑨ 过多地把目光投向行政权的控制与特定相对人权益保护，有意无意地遗忘了具体行政决定背后的第三人和社会公众的利益，忽视了相对人的行为对第三人和社会公众的可能侵害。苏力教授在分析"黄碟案"时指出："评论此事的学术法律人和实务法律人都完全没有注意到此事件的真正冲突双方其实并不是代表国家的警方与看黄碟的张氏夫妇，而是这对夫妇与他们的邻居。"⑩这一见解是准确而深刻的，是对当下关于具体行政行为功能的错误认识的及时纠正。

既然具体行政行为的功能是维护相对人与第三人、社会公众的权益平衡，那么，相对人对具体行政行为的抵抗就不是什么天然权利对抗政府行为，而是一种天然权利对抗另一种天然权利。以"黄碟案"为例，张氏夫妇会主张自己看黄碟是天然权利，实际上我们的言论也支持这种主张；然而张氏夫妇的邻居们也会主张免受看黄碟行为的打扰是他们的天然权利，有人举

---

⑦ 类似的阐述请参见［德］马克斯·韦伯：《社会学的基本概念》，胡景北译，上海人民出版社2000年版，第81页。

⑧ ［美］理查德·B. 斯图尔特：《美国行政法的重构》，沈岿译，商务印书馆2002年版，第22页。

⑨ "在现代社会，人们倾向于提倡一种夸大的宽容，表现为一种对人权的夸张爱好。"参见赵汀阳：《论可能生活》（修订版），中国人民大学出版社2004年版，第185-186页。

⑩ 苏力：《也许正在发生——转型中国的法学》，法律出版社2004年版，第134页。

报这一细节已经表明有些邻人确实自认为受到了打扰并引起了某种不舒服。对于这一天然权利间的冲突，我国法律关于在公共场合播放、传播淫秽视频的禁止规定，把张氏夫妇看黄碟的天然权利和邻居们免受黄碟打扰的天然权利都法定化，即把这两种天然权利分别限制在隐秘的私人空间和开放的公共空间。但是，在行政执法实践中，两种天然权利之间的冲突并不会因为纸面规定而完全消灭，往往是转化为法定化了的天然权利的界线的冲突，即张氏夫妇看黄碟的地点是属于完全隐秘的私人空间还是触及了邻居们生活在其中的外部公共空间。具体行政行为是对这种此类权利冲突的处理，是对双方已经法定化的天然权利及其界线的固定与确认。所以，在警察与张氏夫妇冲突的背后，隐藏着更为根本的张氏夫妇与邻居的冲突，是所谓天然的私人权利的冲突。

如果抵抗具体行政行为的实质是相对人与第三人及公众权益的冲突，那么，相对人就不能根据自己的判断采取抵抗行动。因为，私人权利及其主体在法律上被假定为平等的，而所谓平等在法律程序上表现为任何一方的自我判断都不具有要求另一方服从的优先效力。也许，有人会反驳并强调，相对人只抵抗明显违法的行政行为，而明显违法的无效行政行为所维护的第三人与社会公众的权利是越界的，本来就不应该得到保护。但是，这个条件在行政执法现场是不可控制的，等于无条件，或者说这个条件取决于相对人的主观认识能力和善良美德。⑪ 因此，只要我们不过分武断地假定张氏夫妇看黄碟的权利高于邻居们免受黄碟打扰的权利，那么，张氏夫妇之类的相对人就不能拥有抵抗权。⑫ 从相对人的天然权利推导出对自认为明显违法的行政行为的抵抗权，是以相对人权益优先保护的假定为基础的，是以牺牲相对人、第三

---

⑪ 有学者认为，相对人对无效行政行为应当拥有抵抗权，但是，相对人必须善意地行使抵抗权，所以，需要通过加强行政相对人的道德修养来保证无效行政行为制度的良法本性。参见胡敏洁：《论公定力与行政相对人程序抵抗权》，载《黑龙江省政法管理干部学院学报》2003 年第 1 期。

⑫ “假如一个非暴力反抗理论仅仅宣称人民有权利反抗邪恶的或愚蠢的法律和判决，反抗的正确性直接来自法律的邪恶性，那么这样的理论是无用的。”参见［美］德沃金：《原则问题》，江苏人民出版社 2005 年版，第 134 页。

人和社会公众的合法权益及其保护的平等性为代价的，因而不具有理论正当性。

（二）无法满足“不涉及他人权益”条件的良知自由论

从天赋权利角度推导抵抗权的缺陷是明显且难以克服的，沈岿教授在《法治和良知自由——行政行为无效理论及其实践探索》（以下简称《良知》）一文中，从法治确保公民良知自由之必要性的角度论证了不服从行政行为的正当性。[13] 我们暂且把这一学说称为良知自由论。良知自由论认为，政府作出的行政行为就其本性而言亦具有规范意义，因而在一定程度上必须具备与立法者创制之法类似的、要求人们普遍遵守的品性。要求人们服从实定法的理由也是要求人们服从具体行政行为的正当理由，公定力只是实定法服从义务在行政领域的一种延伸，二者的原理如出一辙。要求人们遵守实定法和具体行政行为的具体根据，既不是国家意思表示的优越效力，也不是所谓的社会对政府的信任，而是人们对确定的、和平的、稳定的、可以预见的、彼此安全的生活秩序的依赖。但是，由于法治的目标不是让人成为守法之机器、惟法是从之“奴隶”，而是要让每个人都成为自由、独立、追求幸福、具有良知和正义感的丰富的生命体，所以，当统治者颁布的某些法令和当时人们普遍所持的正义观念相悖，与有着特定宗教、文化背景的公民个人的信仰、良知相悖时，公民不服从实定法就是正当的。同理可得，为维系安定的法律秩序而提出的行政行为公定力也不应该是绝对的。当行政行为与个人的良知判断相悖时，基于实现“良知自由和正义感”的法治目的，相对人抵抗具体行政行为是正当的。

然而，良知自由理论是以“不涉及他人权益”为前提条件的，从良知自由推导出的抵抗权理论必须继承这一适用条件。宪法和法理上良知自由理论

---

[13] 参见沈岿：《法治和良知自由——行政行为无效理论及其实践探索》，载《中外法学》2001年第4期。

的运用限于不涉及他人权益的领域，一旦影响到他人权利就不具正当性，其典型例子是拒绝向国旗敬礼、焚烧国旗、抵制征兵等。德沃金在探讨个人不服从实定法的正当性时，明确表示“保护人们免受他人伤害”是“反对容忍涉及暴力的善良违法的很有力的理由”。之所以不能涉及他人权利，其根本目的在于维护公民权利的平等性，避免出现追求良知自由的过程导致他人自由与权利的泯灭。[14] 以“不侵害他人”作为良知自由理论的适用条件，是维护人的平等性的需要。把这一理论资源引入行政法，用来论证相对人抵抗行政行为的正当性，也同样要受“不侵害他人”条件的限制。《良知》一文注意到了这个适用条件，明确提出“不主张利用暴力与行政决定所涉第三人发生冲突”。[15] 至于非暴力地不服从具体行政行为以及利用暴力但不与第三人直接发生冲突是否正当，则没有给出明确的回答。但是，根据良知自由论的条件限制，不管是否采取暴力方式，也不管是否直接与第三方发生冲突，只要不服从的具体行政行为涉及他人权益，任何抵抗具体行政行为的举动都是不正当的。

那么，具体行政行为是否会涉及他人权益?《良知》一文对于具体行政行为是否普遍涉及第三人和社会公众权益的问题没作任何阐述。我们注意到，宪法学、法理学上所讨论的允许人们依据良知抵抗的实定法往往不是调整公民之间相互性关系的法律，而是调整公民与政府之间关系的法律，比如征兵法、国旗法以及规定焚烧国旗构成犯罪的刑法规范等，[16] 所以，不服从这些实定法的举动，一般不会直接侵害第三人与社会公众的权利。但是，行政实体法往往是直接调整私人之间的相互关系的，比如消费者权益保护法、环

---

⑭ 参见［美］德沃金：《认真对待权利》，信春鹰、吴玉章译，中国大百科全书出版社 1998 年版，第 287 页。

⑮ 参见沈岿：《法治和良知自由——行政行为无效理论及其实践探索》，载《中外法学》2001 年第 4 期。

⑯ 参见［美］德沃金：《认真对待权利》，信春鹰、吴玉章译，中国大百科全书出版社 1998 年版，第 275、281 页；强世功：《言论自由与公民宗教——从焚烧国旗案看美国自由派与保守派之争》，载《清华法学》2008 年第 1 期。

境保护法、交通法、食品卫生法、药品监督管理法、许可法、价格法、治安管理处罚法、产品质量法等。⑰ 作为适法产物的具体行政行为，也是直接调节与维护私人间的相互性正义关系，因此，一方对行政行为的抵抗必然会影响另一方的利益。⑱ 良知自由论注意到了抵抗权行使不能伤害他人的条件限制，但是，它没有意识到具体行政行为的涉他性会如此普遍，致使抵抗权行使的前提条件根本无法满足。我们不能把具体行政行为涉及他人权益的情况局限于《最高人民法院关于执行〈中华人民共和国行政诉讼法〉若干问题的解释》第13条所规定的、具有原告资格的公平竞争权人、受害人等几类利害关系人。这几类利害关系人只是受具体行政行为影响的特定的第三人，除此以外，大部分行政行为还直接影响不特定的社会公众利益。我们没有理由把社会公众的利益受影响的情形排除于行政行为的涉他范围之外。⑲ 因此，具体行政行为是普遍涉他的，相对人基于良知自由的抵抗权行使的前提条件是普遍缺失的，因而真正基于良知自由的抵抗权不具有任何实践价值。

（三）行政行为的中立裁判性决定了相对人的服从义务

既然相对人对行政行为的不服从实际上是私人权利之间的冲突，而私权及其主体又是平等的，那么，为什么代表第三人和公众权益的行政行为却首

---

⑰ 《中华人民共和国食品安全法》第1条规定："为了保证食品安全，保障公众身体健康和生命安全，制定本法"。该规定表明，食品卫生领域的行政执法行为直接关系公众的健康与生命。《中华人民共和国道路交通安全法》第1条规定："为了维护道路交通秩序，预防和减少交通事故，保护人身安全，保护公民、法人和其他组织的财产安全及其他合法权益，提高通行效率，制定本法。"该条规定表明，道路交通领域的执法行为也直接涉及第三人和社会公众的生命、财产安全及其他合法权益。

⑱ 国家权力的涉他性在刑事执法领域也普遍存在，国家的犯罪追究权及其行使，除了直接影响犯罪嫌疑人的权益之外，还间接地影响社会公众的安全，所以，对于沉默权、刑讯逼供等制度的赞美或谴责不能片面地从犯罪嫌疑人的权益出发，不能忽视国家追诉权背后的社会公众安全的有效保护。参见龙宗智：《沉默权与法制浪漫主义》，载龙宗智：《上帝怎样审判》（增补本），法律出版社2006年版，第104页；苏力：《法律与科技问题的法理学重构》，载《中国社会科学》1999年第5期。

⑲ 对现代行政法学而言，如何通过程序设计保证社会公众的利益在行政执法过程中得到充分的体现构成一个重大主题。参见［美］理查德·B. 斯图尔特：《美国行政法的重构》，沈岿译，商务印书馆2002年版，第63页以下。

先要求相对人服从？是不是因为第三人与社会公众的权益比特定相对人权益优越，或者更值得保护？答案是否定的。具体行政行为之所以具有要求相对人首先服从的优先效力，是因为具体行政行为是对特定相对人和第三人、社会公众之间利益冲突的中立判断。行政机关与法院都是中立的执法机关，其使命都是代表社会实施宪法与法律的价值选择。[20] 从这个角度看，具体行政行为与法院裁判有着天然的联系与类似性。行政机关在具体执法场合，处于类似于法院的居中裁判者角色，隐含的另一方当事人是特定第三人或社会公众。所以，与法院对社会纠纷作出中立裁判一样，行政机关作为第三方对权益冲突双方的中立裁判，较之于冲突双方自身的判断，当然就具有效力优先性。[21] 只要是群体生活，人就不可能完全依据自己的意志而行动，在发生争议的时候，他们必须把争议的决定权交给第三者，并只能依据第三方的裁判而行动。[22] 即使相对人认为作为国家行政权力裁判载体的行政行为明显而且重大违法，也不能自动获得"自己做自己案件法官"的资格，而只能进一步诉求第三方（复议机关或法院）裁判。这种效力优先性，是作为工具的国家完成其秩序维护使命的必要技术。尽管这种技术性处理存在这样那样的问题，但是，放任有利害关系的普通相对人根据自己的判断行事会更糟糕。[23]

三、相对人对无效与否的判断极不可靠

后退一步，即使赋予相对人无效行政行为之抵抗权是值得追求的一种价值选择，那么，相对人能否以及是否愿意对行政行为是否无效作出可靠的判断？笔者以为，不管是从判断所需的认知能力，还是从判断者的自我利益关

---

⑳ 参见张千帆：《论行政中立——从美国行政法看行政公正》，载《法商研究》2005 年第 6 期。

㉑ 参见［德］费希特：《自然法权基础》，谢地坤、程志民译，梁志学校，商务印书馆 2004 年版，第 6 页。

㉒ 同上书，第 106 页。

㉓ "不论就法律的实体内容，还是就法律的形式外表来说，自立标准，自行其是，国内和国际的法律秩序都会面临土崩瓦解的危险。"刘星：《西方法律思想导论》，法律出版社 2007 年版，第 198 页。

涉性角度看，相对人对行政行为无效与否的判断都极不可靠。这大大增加了相对人抵抗权侵害他人权益的现实可能性，进一步弱化了抵抗权的正当性基础。

（一）相对人欠缺无效判断的客观认知能力

理论上，“一个典型的、理智的正常人足以判断无效”的假定是非常可疑的。因为，不管行政行为的违法性如何明显，判断者首先必须具备相关的法律知识，一个不具备相关法律知识的人，拿什么作为标准判断某个行政行为的违法性？在日常生活中，一个不懂法的人往往是依据自己的道德认知和公平正义直觉作出判断的，所以，判断的结果是违背道德与否而不是违法与否。但是，这两者是不能等同的。在法治日益复杂的现代社会，明显违背道德或公平正义感的行政行为完全可能是合法的。[24] 无效行政行为理论主张，一个正常人就可以判断是否无效，不需要任何法律专业知识，实际上是抹杀法律和道德之间的界线，否认法律与道德的外延交叉的事实。

即使普通相对人具备相关的法律知识，也不一定能独自准确判断行政行为是否无效。普通相对人关于行政行为是否无效的客观判断能力，涉及事实认定、法律解释以及把相应的事实框定到相应的法律条文之下并最终准确得出结论等几个层面的能力。[25] 对于这几个方面的能力，一个普通人的独自判断能力是极为有限的。以事实认定为例，尽管相对人往往是亲身经历者，但是，由于个人知识、经验或生活体验以及所处的位置不同，“只在此山中，云深不知处”是谁也无法否认的常见局限。我们都不会否认，即使是最诚实的目击证人，其证词也不一定可靠。甚至，我们常说的“旁观者清，当局者迷”，对于普通相对人的事实认知来说也是适用的。关于法律解释，则更是一

㉔ 参见沈宗灵：《现代西方法理学》，北京大学出版社 1992 年版，第 76 页。

㉕ 事实认定和法律解释实际上是一个紧密联系、相互影响的统一过程，而不是完全分开的两个问题，有时候甚至是不可分割的一个问题。关于事实认定与法律解释之间复杂关系的详细阐述，参见苏力：《送法下乡——中国基层司法制度研究》，中国政法大学出版社 2000 年版，第 197 页以下。

个仁者见仁、智者见智的问题，每一个人的“前见”构成了解释法律的偏见。说得更实际一点，在许多场合，法律解释仅仅是解释者故意掩盖利益的过程或手段。认为人数众多、背景各异的普通相对人凭借理智就能够很容易或足以对无效作出判断，㉖ 只能是一种想象的幸福。从表面上看，无效行政行为理论预设的相对人判断能力要求很低，只要是一个典型的、理智的人即可；但实际上，从相对人很容易对无效作出判断的结果反推可知，无效行政行为理论其实已经假定普通的相对人具有上帝的视角，是全知全能的。赋予相对人上帝的视角并不能真正地解决实践中的问题，因为现实中的人不可能真正具有上帝的视角，处于特定时空条件下的现实生活中人只能从特定的视角、凭借有限的智识和经验去感受这个世界。㉗

也许，笔者对普通相对人判断能力的质疑，会受到无效行政行为理论建构者的反质疑。因为，在它们看来，借鉴德国、西班牙等国家的立法经验，通过立法对行政行为无效的几种主要情形的明确列举，就可以确保相对人轻而易举地识别无效行政行为，进而使得相对人行使抵抗权有章可循。㉘ 可是，这样的列举方案对行政行为无效判断的意义是极为有限的，更称不上完美。因为：一方面，立法对无效情形的列举总是十分有限的，更多的情形还是需要依赖抽象无效标准；另一方面，甚至更使人感到无奈的是，立法列举的无效情形依然存在理解与解释的空间，立法列举之文字描述与实践中存在

㉖ 这一叙述策略并不新奇，自然法学以及天赋权利学说都采用这种无法加以证明的叙述方式，即以自明之理为基础。往坏处说，它只不过比崇尚绝对权威略胜一筹的教条。无论在科学方面还是社会研究方面，自明之理都经不起经验方法的广泛而一贯地运用。参见［美］乔治·霍兰·萨拜因：《政治学说史》，刘山等译，南木校，商务印书馆1986年版，第641页。

㉗ 在我们的现实生活中，“人民的眼睛是雪亮的”似乎是不容置疑的流行语，但是人民以及作为人民之一分子的特定相对人，是否真的如上帝一样全知全能？答案应该不会有太大的争议。赋予普通相对人上帝的眼光，不仅不会改进现实，反而会使人们遗忘自己的局限，失去反思自己有所不知或不可能知的能力。国内已有学者注意到“上帝眼光”的叙述方式及其引出的问题，并作了详细深刻的分析。参见苏力：《中国传统戏剧与正义观之塑造》，载《法学》2005年第9期。

㉘ 参见王锡锌：《行政行为无效理论与相对人抵抗权探讨》，载《法学》2001年第10期；金伟峰：《我国无效行政行为制度的现状、问题与建构》，载《中国法学》2005年第1期。

的无效情形之间并不具有确定的一一对应关系，[29] 至少这种对应关系不可能是一目了然的。常识告诉我们，文字的意义不是非常确定的，也不是不会改变的，对于文字的字面含义不同的群体也有不同的理解，甚至立法者能否把自己的思想准确地表达于文本之中也是个问题。所有这些因素，都使立法明确列举的无效情形变得非常不明确。认为一个典型的、理智的普通相对人就足以判断行政行为是否无效，是一个虚构的前提条件。

（二）相对人难以克服无效判断的主观动机障碍

即使普通相对人的认知能力不存在障碍，那么，有利害关系的相对人是否愿意作出力所能及的判断？换句话说，相对人的行动选择主要是取决于认识的准确性，还是更多地依据理性人的利害关系计算？当个体依据准确认识行动但却对自己有害时，个体是否会故意违背自己的判断行事？

现实世界中的人大多会有这样的生活经验，即每一个人都企图获取利益，以满足自身不断扩张的欲望。在市场经济条件下，这种生活经验得到最充分的表露。正因如此，前些年人们总是有意无意地把“道德堕落”相当程度上归罪于“市场经济”。人类的利己本性还不仅仅是现实生活经验的有限总结，它有更深刻的生物学根据。从生物遗传进化选择的角度看，若一个群体中有一些带有无条件利他基因的个体，利他行为会使这些个体牺牲或减少自身生存和繁殖的机会，即使这种趋向是微弱的，时间却可以将其后果无穷放大，以至最终，群体中利他的基因，在严酷的自然选择的剪刀下，渐渐减少，直至消亡。[30] 面对这样的生存环境与进化规律，利己动机是人类不得已的选择。一切与这一人类本性根本对立的制度与文化，一旦步入实践终究是乌

[29] 《联邦德国行政程序法》第44条第2款列举了诸如“依法应交付原本而未交付的”“因事实上的原因，该行为无法实施的”以及“违背善良风俗的”等无效情形，这几种情形的列举不足以让人在实践中明白无误地判断出无效行政行为。甚至可以说，“重大明显瑕疵”抽象标准的致命缺陷同样被具体的列举方案所继承。

[30] 参见郑也夫：《信任论》，中国广播电视出版社2001年版，第24页。

托邦，利己是人类各种制度有效运作的前提假定。我们常说的“屁股决定脑袋”就再简单不过地表明了一切。无效行政行为理论把无效与否的判断权交给相对人，而判断结果又影响相对人的切身利益，在这种语境下，我们无法合理期待相对人会纯粹依凭智识和良心作出公允的判断。

我们有什么办法能让相对人力所能及地作出无效与否的判断呢？依据现行的通说，把无效的最终判断权交给有权机关，无效判断错误的巨大风险由相对人承担，在一定程度上可以促使相对人谨慎行使抵抗权。[31] 但是，不管由于何种原因造成的错误判断风险概由相对人承担，加重了相对人的不利后果，与保护相对人合法权益的初衷是背道而驰的。更何况，要求无过错相对人承担不利后果显得极不人道。我们一方面告诉相对人有权依据自己的判断实施抵抗，另一方面同时告诉相对人随时准备承担判断错误带来的不利后果，实际上等于否定了相对人无效判断与抵抗的权利。正因如此，即使世界上最早确立无效行政行为制度的德国，也不提倡“勇于同无效行政行为作斗争”，相反却主张“公民在法定期限要求撤销行政行为，才是明智之举”。[32] 也许有人提出，我们可以只要求有主观过错的相对人承担错误判断的风险，免除相对人因客观认识能力原因造成的错误判断的责任，由此充实相对人无效判断与抵抗的权利。但是，我们又如何能辨别相对人判断错误的真正原因是客观的还是主观的？更为致命的是，在紧急行政执法领域，即使由相对人承担判断错误的风险，有时相对人还是愿意理性地选择有代价的拖延战术，致使紧急领域的行政执法秩序也难以保障。总之，面对理性利己的相对人，我们无法在制度设计上既切实赋予相对人无效判断与抵抗的权利，又避免相对人故意把非无效的行政行为作为抵抗的对象。

我们在法律制度设计时不能仅仅考虑应当如何，还要考虑带有私心杂念

---

[31] 参见［德］哈特穆特·毛雷尔：《行政法学总论》，高家伟译，法律出版社2000年版，第250页；沈岿：《法治和良知自由——行政行为无效理论及其实践探索》，载《中外法学》2001年第4期；金伟峰：《我国无效行政行为制度的现状、问题与建构》，载《中国法学》2005年第1期。

[32] ［德］哈特穆特·毛雷尔：《行政法学总论》，高家伟译，法律出版社2000年版，第254页。

的正常人面对这些规则时会如何选择行动。波斯纳在讨论协助自杀问题时指出："法律会允许濒临死亡的病人拒绝治疗，但是法律却拒绝允许病人授权医生杀死自己。法律之所以禁止医生协助自杀是担心这会给医生增加一个杀人的工作，担心不耐烦的医生匆忙把付不了钱的病人过早送进死亡，担心不耐烦的家人迫使病人安静离开。"[33] 波斯纳担心医生和家属协助自杀的理由，也是我们担心相对人滥用抵抗权的理由。

四、不服从无效行政行为是无力且无益的冒险举动

再后退一步，即使相对人愿意对行政行为是否无效作力所能及的判断，相对人也没有实施成功抵抗的物质力量，而且不服从无效行政行为不会带来实际益处，相反，可能会造成更加不利的后果。

（一）相对人无力抵抗无效行政行为

相对人不服从或抵抗行政行为不是语词上的意思表示，而是以一定的物质力量为保障的实力举动，那么，相对人是否有足够的物质力量实施抵抗？无效行政行为制度建构论者强调，相对人针对无效行政行为的直接抵抗权，包括消极的拒绝、不服从和积极的暴力抵抗两种方式。尽管原则上反对使用暴力，但是他们主张针对类似实施后将导致犯罪的无效行政行为，相对人可以直接使用暴力进行正当防卫。[34] 这种主张，表面上似乎注意到了无效行政行为及其后果的严重性与相对人抵抗方式之间的协调，但是，只要我们对行政执法过程稍加分析就可以发现，这种所谓的"协调"在行政执法实践中是徒劳的。因为，无效行政行为决定是无法对相对人合法权益产生直接危害

---

[33] 参见［美］理查德·A. 波斯纳：《道德和法律理论的疑问》，苏力译，中国政法大学出版社2001年版，第148页。

[34] 参见王锡锌：《行政行为无效理论与相对人抵抗权探讨》，载《法学》2001年第10期；金伟峰：《我国无效行政行为制度的现状、问题与建构》，载《中国法学》2005年第1期。

的，直接侵害相对人合法权益的是无效行政行为的执行活动。[35] 针对行政机关执行无效行政行为的实力举动，行政相对人除了直接使用暴力外，别无选择。针对执行无效行政行为的实力举动，任何思想上的高尚或者理论根据的充分都无济于事。虽然良知自由论者特别强调抵抗的非暴力原则，但是，它没有告诉我们非暴力抵抗为何能够成功。在我国行政处罚法等法律文本中出现了诸如“不服从”“有权拒绝”等语词，这些词语极具欺骗性和误导性。[36] 相对人以什么方式不服从？怎样拒绝？不服从和有权拒绝如何得以实现？如果处罚机关采取了查封、扣押、拍卖财物的执行举动，相对人除了诉诸暴力，还有什么办法能实现所谓的“不服从”和“拒绝”？

如果诉诸暴力，行政相对人是否具有足够的力量抵抗行政机关的实力举动？关切于相对人和国家行政机关的力量对比，我认为任何论证都是多余的。有人曾对公民拒绝违法行政行为的可行性发出这样的感叹：“有在农村工作经历的人都知道，早些年是抢粮、牵猪牵羊加打人，后来见什么搬什么，再后来电视机什么的不值钱了，就扣人，关到派出所去。至于四套班子分工带队下乡‘抢东西’的笑话，也常有耳闻。让农民对这样的一群人说不，会有什么结果，是个简单的常识，不知道有多少人敢以身试法。”[37] 这段生动形象的描述，尽管可能有些夸大与失实的成分，但让我们多少体会到了相对人成功抵抗无效行政行为的渺茫性。行政权是一种组织化的国家暴力，普通相对人没有足够的力量与勇气直接抵抗无效行政行为实施活动。在一般情况下，普通相对人直接对抗行政执法无异于鸡蛋碰石头，无法构成真正的暴力对抗，就

---

[35] 在这里，无效行政行为的实施指行政机关自行执行，其中包括行政机关有合法执行权的情形以及行政机关无执行权时的违法执行，但不包括行政机关申请法院执行。有学者认为，“法律法规没有赋予行政机关强制执行权的模式下，当然，在法律上，（就）不存在（行政机关）当场作出当场执行的情况。”参见沈岿：《法治和良知自由——行政行为无效理论及其实践探索》，载《中外法学》2001 年第 4 期。这种认识局限于行政机关的有权执行，而没有考虑行政机关虽无权限但仍违法强制执行的情形。

[36] 例如，我国《行政处罚法》第 56 条规定：“行政机关对当事人进行处罚不使用罚款、没收财物单据或者使用非法定部门制发的罚款、没收财物单据的，当事人有权拒绝处罚。”

[37] 吴非：《听上去很有力度》，载《南方周末》2002 年 12 月 19 日，第 11 版。

如同几只蚂蚁与人无法形成真正的暴力对抗一样。这是一种常识，相信大多数人不会异议。当然，我们也不能完全排除这种情况的存在，即行政相对人是一个有组织或有着共同利益关涉的群体，具有暂时对抗行政执法的实力；或者，单个的行政相对人动用器械或者自杀式袭击的方式对抗行政执法。[38] 即使在这种情况下，相对人也只是暂时抵住了行政执法活动，行政相对人的暴力抗法最终都是不可能成功的，况且直接抵抗行政执法的后果往往对相对人更加不利。

对于公民直接行使抵抗权的上述后果，即使无效行政行为制度建构论者也已清醒地意识到，并极力欲以避免。有学者指出，“如果行政机关行使强制性权力，无论其是否滥用，一般都不应该倡导行政相对人以自己微弱的力量或以社区的传统家族、宗族、群体力量来对抗行政强力。”[39] 但是，如果既不能以微弱力量抵抗又不要以群体力量来对抗，那么，抵抗权就只能是一个装饰性的摆设了。其实，在一个民主国家的权利系统内，人们必须在国家的支持下实现权利，[40] 但是，相对人的无效抵抗权恰恰是无须国家支持的权利，甚至还是直接抵抗国家机关的权利。[41] 这是难以想象的。因而，相对人的无效抵抗权注定是一项无法落实的纸面权利，仅仅是社会弱者需要的一剂心理安慰。无效行政行为理论实际上以一种鼓励浪漫的乐观主义掩盖了相对人抵抗权行使过程中的种种困境。这种盲目的乐观不仅误导了相对人，而且麻痹了人们不断完善常规救济手段的神经。

---

[38] 这种理论上的分类并非空穴来风，直接来自现实生活。相关报道请参见王小飞：《暴力抗法背后的困惑》，载《中国牧业通讯》2004 年第 17 期；张毅、胡晓琼：《男子汽油瓶对抗强拆 10 小时，执法者被烧伤》，载《华商晨报》2005 年 7 月 15 日；《十年五次聚众暴力抗法》，载《深圳商报》2004 年 4 月 3 日。

[39] 沈岿：《法治和良知自由——行政行为无效理论及其实践探索》，载《中外法学》2001 年第 4 期。

[40] 参见［美］托马斯·雅诺斯基：《公民与文明社会》，柯雄译，辽宁教育出版社 2000 年版，第 67 页。

[41] 无效行政行为制度，“实际上是在法律上赋予人们根据自己对法律的认识和判断，公开无视和抵抗国家行政管理的权利”。于安编著：《德国行政法》，清华大学出版社 1999 年版，第 127 页。

（二）不理睬无效行政行为对相对人更加不利

相对人不服从无效行政行为还有一种温和的方式，即不理睬无效行政行为。所谓的不理睬行政行为，就是既不履行具体行政行确定的义务，又不在法定期限内申请复议或提起诉讼。因为相对人对无效的判断不具有最终确定性，所以，不理睬无效的行政行为往往导致相对人在法定期限外寻求救济。无效行政行为理论与制度支持这种突破常规期限的救济途径。但问题是，不理睬无效行政行为或主动在法定期限外寻求救济，有何实质性意义？

客观地说，无期限救济确实有开拓权益救济的作用，致使无效行政行为不会因为时效的经过而变为有效。但是，在行政法治实践中，行政相对人是否需要无限的救济期限来开拓权益救济通道是成问题的。我国《行政诉讼法》第38条、第39条和《最高人民法院关于执行〈中华人民共和国行政诉讼法〉若干问题的解释》第41条、第42条，针对不同情况分别规定了15天、3个月、2年、5年以及20年五种救济期限，我国行政诉讼法和司法解释还规定了救济期限延长制度，这些规定赋予了相对人足够的时间诉诸常规的法律救济手段。因此，从权利救济的充分性这个角度看，无限制的救济期限是没有必要的。我们必须认识到，救济期限的长短与权利救济的充分性关系不大，只要它能保证相对人有足够的时间准备启动救济程序即可。无限制的救济期限，对于我国行政相对人来说，不仅是不必要的，而且还是非常有害的。因为：首先，我国现行法律规范没有明确规定无限制的救济期限，法院也不会受理超期限的行政案件，正因如此，我国目前的确认无效诉讼是一个可有可无的规定；[42] 其次，即使规定了特别的无限救济期限，行政行为是否真的因为无效而具有无限期的可救济性，最终必须由法定救济机关判断，一旦法定救济机关与行政相对人的判断不一致，那么，行政相对人原本通过正常渠道可以获得的救济因为期限的经过而成为泡影；再次，即使相对人的无效判断

[42] 参见张旭勇：《行政诉讼确认无效判决三题》，载《行政法学研究》2004年第4期。

准确无误，进入无效确认诉讼程序之后，相对人需要对行政行为的“无效”承担举证责任，对相对人更加不利；[43] 最后，对于需要对“无效”担举证责任的相对人而言，原始纠纷经过的时间越长，其收集并提供证据的困难就越大，败诉的概率与风险就越大。我们可以明显体会到“无限制救济期限”带给相对人的种种不利：一方面，无效判断的风险是巨大的，行政相对人往往会因为自己难以预料的原因判断失误而失去原本拥有的救济机会；另一方面，即使无效判断准确无误，也会给自己带来举证的困难。面对无限制救济期限制度的作用和风险之间的巨大反差，正常的理性人不会犹豫，更不会作出相反的选择。

但是，仍有学者主张：“针对行政机关作出的指定履行期限的决定，行政相对人若认定其无效，可以不服从，即不履行义务也不在复议或者起诉期限内求诸救济机制。法定期限届满之后，行政相对人可以提起单独的确认无效之诉，也可以在行政机关申请司法执行程序中提出行政行为无效主张。法院的确认无效判决或者不予执行裁定，都将是对公民正当不服从的支持。”[44] 对于这一观点，我们始终挥之不去的强烈疑问是：这样的不服从与及时启动救济程序有何区别？除了自寻烦恼以外还有什么其他意义？

五、结语

无效行政行为理论与制度，是一种理想的相对人权利保护追求。目前，已有的研究把“概念混乱”“标准模糊”“确认无效诉讼缺位”等问题，当成无效行政行为制度运行中的技术难题，有避重就轻之嫌。[45] 实际上，诸如“抵抗权的涉他性”“无效判断的不可靠性”以及“抵抗的实力基础

---

[43] 关于在无效确认之诉中，由相对人承担举证责任的阐述，同上注。

[44] 沈岿：《法治和良知自由——行政行为无效理论及其实践探索》，载《中外法学》2001 年第 4 期。

[45] 金伟峰：《无效行政行为研究》，法律出版社 2005 年版。

缺失”等问题，才是无效理论与制度面临的真正难题。令人沮丧的是，这些难题似乎是无解的。因为，在相对人抵抗权行使会普遍涉及他人利益的领域，我们无法在赋予相对人抵抗权的同时又同等地保护第三人和社会公众的利益；在人同等潜在的恶的假定下，我们不能相信有利害关系的普通相对人的判断比没有利害关系的专业执法人员的判断更加可靠；在国家拥有履行职能所必需的强大物质力量的背景下，相对人不可能拥有成功抵抗的实力基础。这就意味着，无效行政行为制度构想是一个不可能实现的法律理想，和实体自然法思想一样，是一个绝代佳人。[46]

在法治的框架内，我们能做的是不断地明确实体权利、完善行政程序、强化事后救济、设置暂时权利保护、扩大国家赔偿范围、提高国家赔偿标准以及发展外部的言论自由、舆论新闻监督制度等，尽可能减少重大明显的违法行政行为以及由此带来的伤害，我们不可能通过赋予相对人抵抗权而一劳永逸地阻挡重大明显违法行政行为或达到类似的权利保护效果。这是由于法律的操作技术所决定的相对人权利保护的法治限度。[47] 这是自由与权利的悲剧，也是法治的悲剧，更是国家权力的悲剧。人类是无法逃脱这个命运的。

当然，被动意义上的无限期救济制度还是值得保留的。也就是说，如果相对人起诉时已超过诉讼期限，但行政行为确属重大明显违法的无效情形，法院可以也应当受理并作出确认无效的判决。[48] 我们不是主张相对人不理

---

[46] “不幸的是，悠悠数千年的自然法在着实火了一把，被当做革命的口号，写进独立宣言、法国人权宣言之后开始衰败了，第二次世界大战后短暂的复兴不过是被扮成打鬼的钟馗。”郑永流：《自然法，一个绝代佳人?》，载《法哲学也法社会学论丛》（二），中国政法大学出版社 2000 年版，第 315 页。

[47] 法律可以规定惩罚酒后驾驶机动车的危害行为，以保护行人及其他人的人身与财产安全，但是，对于同样危害极大的疲劳驾驶行为，只要还没有导致事故或其他违章行为，法律就无法惩罚，至多只能作些思想上的说教和实践中的提醒，最根本的原因是对人的疲劳程度无法简便而准确地测算，这是法律控制技术所决定的行人保护限度。

[48] 当相对人在法定期限内起诉的，哪怕是提起确认无效诉讼，法院也可以按照撤销诉讼来处理，作出与确认无效相同法律效果的撤销判决。因为，在诉讼时效内起诉就不存在开拓救济途径的必要。

睬自己认为是无效的行政行为，只是有必要为已过诉讼期限的案件提供最后的、对相对人较为不利的救济手段而已。之所以要开拓救济手段，是因为社会集体意识难以容忍如此严重的违法行为，因而要延长人们纠正它的时间期限。法院受理后发现行政行为又不属于无效的，应当裁定驳回起诉，因为行政行为无效是常规期限外受理案件的前提条件。从这个角度看，确认无效诉讼和裁判与我国三大诉讼法上的审判监督制度具有类似的性质和功能，都是一种非常规的救济手段，都是以实体违法或错误的确定作为救济程序启动的前提条件。因此，我国的行政诉讼法或司法解释，应当明确提起无效确认无效诉讼的特别时效。在针对无效的情形规定特别的诉讼期限之前，新增确认行政行为无效判决没有任何实质意义。

我国政府债务法律风险及其防范

刘 丹 王 晔*

一、政府债务法律风险的基本理论

（一）政府债务风险的概念

政府债务是以政府名义向社会公众以及外国政府等组织举借或担保举借的债务，是政府履行职能的物质保障，是依据信用原则，有偿、灵活地取得公共收入的一种形式。[①] 其中国债作为信用度最高的债券，是由国家财政管理部门发行的，由国家承担还本付息的一种债券。由国家作为发债主体，有强大的财政收入作为后盾，国债较之同类债券风险很小。但任何债券都有风险的存在，当国债余额不断累积给政府财政造成沉重压力，对整个国民经济都会带来损害。单从某一年的角度来看，有些学者认为国债风险是指某一年度内政府财政无法按既定计划筹集到足够的资金来偿还到期的本息，从而丧失国家财政信用的可能性。[②] 根据经济学家白海娜的观点，政府面临的债务风险总体可以分为：直接显性债务风险、直接隐性债务风险、或有显性债务风险、或有隐性债务风险。

---

* 刘丹，湖南行政学院教授，副院长。王晔，湖南行政学院副教授。

① 韩增华：《中国地方政府债务风险管理：融入预算过程》，经济科学出版社2013年版，第28页。

② 张月华：《我国国债风险产生的原因及对策分析》，载《理论导刊》2004年第9期。

（二）政府债务风险量化指标

常用的债务量化指标对于衡量政府偿债风险以及流动性风险具有重要作用。对于大多数国家而言，数据的相关性以及可获得性是债务指标选择的首要依据。常用的债务量化指标包括：债务负担率、偿债率、赤字率、或有负债总额、流动资产与支出需求比等（详见表1）。

表1 常用债务量化指标分析

指标名称	量化方式	优点	缺点
债务负担率	当年债务余额/当年GDP	间接反映了未来的偿债成本	未能反映基本财政赤字对于可持续财政的影响
偿债率	当年还本付息额/当年财政收入	部分反映政府支出责任	没有充分反映财政平衡对于可持续性的影响
赤字率	当年财政赤字/当年GDP	反映当期借款需求	未能反映收入能力、基本平衡以及可持续性
或有负债总额	政府当年的或有债务总额	部分反映未来负债情况	未能考虑到违约风险对政府支出责任的影响；未根据地方收入能力对中央政府的财政压力进行调整
流动资产与支出需求比	流动资产/当年财政支出	反映流动性风险	未能反映收入能力、基本平衡以及可持续性

资料来源：马骏：《对地方财政风险的监控：相关的国际经验》，载Hana PolackovaBrixi、马骏主编：《财政风险管理：新概念与国际经验》，梅鸿译，中国财政经济出版社2003年版，第277-278页。

（三）政府债务的演进

我国政府债务根据主体的不同可以划分为中央政府债务（即国债）和地方政府债务。改革开放初期，中央财政连年出现赤字，为平衡财政收支、改变困难状况，中央政府恢复发行内债、举借外债。随着改革开放的日益深入，政府在促进社会公平，提高公民福利待遇等公益领域的支出不断扩大。此外，在外汇资产管理以及金融资产管理等方面的积极参与，使得政府债务的筹资规模日益膨胀（参见图 1）。自 1994 年颁布《预算法》《银行法》后，利用银行透支弥补财政赤字的做法被禁止，使得政府的赤字完全债务化。以上种种原因导致改革开放以来政府的收支差额扩大，债务规模飙升。③

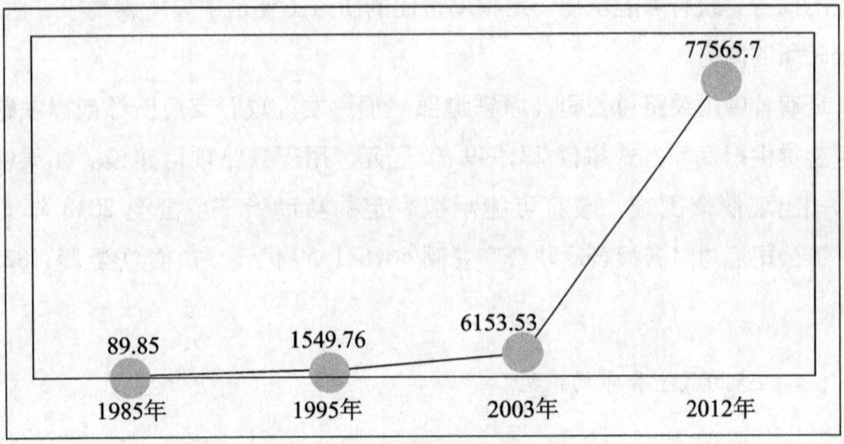

资料来源：国家统计局的统计数据年鉴（单位：亿元）

图 1 中国国债年度筹资额

二、中央政府债务法律风险分析

（一）中央政府债务规模

截至 2013 年 6 月底，中央政府负有偿还责任的债务 98,129.48 亿元，负有担保责任的债务 2,600.72 亿元，可能承担一定救助责任的债务 23,110.84 亿元。

其中政府负有偿还责任的债务主要是由中央财政资金偿还的国债债券、国际金融组织和外国政府贷款。政府负有担保责任的债务包括转贷给中央单位由非财政资金偿还的国债债券、国际金融组织和外国政府贷款、中央汇金

③ 赵全厚、息鹏：《中央与地方政府债务管理的演进及改革取向》，载《地方财政研究》2009 年第 12 期。

投资有限责任公司发行用于商业银行配股和中国出口信用保险公司注资以及由财政部提供担保的债券。中央部门及所属单位债务主要是以国家重大水利工程建设基金偿还的南水北调工程建设贷款以及中央单位举借由非财政资金偿还的债务。政府可能承担一定救助责任的债务主要是中央所属高校、医院、科研院所的债务。

还有，中国铁路总公司（原铁道部）通过发行政府支持债券或以铁路建设基金提供担保等方式举借 22,949.72 亿元，用于铁路项目建设。如果铁路总公司出现偿债困难，政府可能承担一定的救助责任。截至 2013 年 6 月底，该公司汇总财务报表反映资产总额 46,631.59 亿元，负债总额 29,182.15 亿元。

（二）违约风险和市场风险

违约风险是指国家不能清偿到期债券本息的风险。根据目前我国国债负担率以及政府的信用度状况，违约风险在未来十年甚至更长时间发生的概率很低。国债的投资风险主要表现为：银行利率的升降、国家政策、股市行情，国债利息以及到期收益率的高低等对国债净价的影响。其中银行的利率因素以及到期收益率因素的影响更为突出。

（三）转贷风险

根据我国现行《预算法》的规定，地方政府没有被赋予自主举债权。当地方政府的建设资金出现短缺的时候，往往由中央财政发行债券再转贷给地方政府。国债转贷投资项目主要集中在无收益或收益时间长的项目上，如环保、基础设施等公共产品项目。公共产品项目因其收益回收期长或无收益性满足不了偿还既定期限内国债的本息。在地方政府无力偿还的情况下，地方政府的债务转嫁给了中央政府，由此加重了中央政府的财政负担。

三、地方政府债务法律风险分析

（一）地方政府债务的现状

1. 地方政府债务法律风险的界定

地方政府性债务指地方政府及其部门机构财政拨款提供支持事业单位等直接借入拖欠或提供担保形成的债务，以及地方政府及部门机构成立的公司为进行基础设施建设以政府财政作为担保形成的债务。地方政府债务可以划分为：地方政府直接债务、地方政府担保债务、地方政府融资平台的债务。地方政府债务法律风险是指地方政府无力偿还到期债务，导致政府无法运转所承担的法律风险。

有的学者根据表现形式将地方政府债务法律风险分为结构性风险、外在性风险 效率风险、规模风险。④

2. 现阶段地方政府债务规模分析

根据国家审计署2013年6月发布的审计数据，2012年年底36个地方政府债务余额已接近3.85万亿元，其中银行贷款占78.07%，由此计算，银行地方政府贷款余额超过3万亿元。地方政府债务可以分为两部分：一是可以根据公开数据测算的显性债务，主要包括平台贷款、城投债、信托以及中央代发地方债；二是公开数据不可获得、难以统计的隐性债务，包括垫资施工、建设—转移模式（BT）、建设—经营—转让模式（BOT）、融资租赁、售后回租、发行理财产品、私募、违规集资和养老金隐性债务。从政府层级看，省级、市级、县级、乡镇政府负有偿还责任的债务分别为17,780.84亿元、48,434.61亿元、39,573.60亿 元和3,070.12亿元（详见表2）。

---

④ 赵晔：《现阶段中国地方政府债务风险评价与管理研究》，西南交通大学出版社2011年版，第25页。

表 2　2013 年 6 月底地方各级政府性债务规模情况表　　单位：亿元

政府层级	政府负有偿还责任的债务	政府或有债务	
		政府负有担保责任的债务	政府可能承担一定救助责任的债务
省级	17,780.84	15,627.58	18,531.33
市级	48,434.61	7,424.13	17,043.70
县级	39,573.60	3,488.04	7,357.54
乡镇	3,070.12	116.02	461.15
合计	108,859.17	26,655.77	43,393.72

资料来源：国家审计署 2013 年《全国政府性债务审计结果》

从举借主体看，融资平台公司、政府部门和机构、经费补助事业单位是政府负有偿还责任债务的主要举借主体，分别举借 40,755.54 亿元、30,913.38 亿元、17,761.87 亿元（详见表 3）。

表 3　2013 年 6 月底地方政府性债务余额举借主体情况表　　单位：亿元

举债主体类别	政府负有偿还责任的债务	政府或有债务	
		政府负有担保责任的债务	政府可能承担一定救助责任的债务
融资平台公司	40,755.54	8,832.51	20,116.37
政府部门和机构	30,913.38	9,684.20	0.00
经费补助事业单位	17,761.87	1,031.71	5,157.10
国有独资或控股企业	11,562.54	5,754.14	14,039.26
自收自支事业单位	3,462.91	377.92	2,184.63
其他单位	3,162.64	831.42	0.00
公用事业单位	1,240.29	143.87	1,896.36
合计	108,859.17	26,655.77	43,393.72

资料来源：国家审计署 2013 年《全国政府性债务审计结果》

从债务率（债务余额与地方政府综合财力的比率）角度来看，国家审计署抽样调查的地方政府的债务风险大体反映了全国的平均水平。根据国家审计署《36个地方政府本级政府性债务审计结果》的数据，在36个地方政府本级中，有10个地区2012年政府负有偿还责任的债务率超过100%；如加上政府负有担保责任的债务，有16个地区债务率超过100%。根据2012年地方政府的综合财力测算，2012年年末，全国各级地方政府的总体债务率为102.1%。

（二）地方政府债务存在的风险

1. 短期内的流动性风险

流动性风险是指经济主体由于金融资产的流动性的不确定性变动而遭受经济损失的可能性。就目前看来，短期内地方政府债务存在较大的债务风险。根据国家审计署的报告，[⑤] 地方政府负有偿还责任的债务率偏高。部分地方政府出现了新债还旧债、逾期不还债的现象，同时部分地方融资平台的信用情况不断恶化。

囿于四大国有银行的较强规范性，地方政府很难从这几个银行获得贷款，相比较而言，城市商业银行由于地域性的特点难以摆脱地方政府的影响，从而使得地方政府债务资金主要来源于城市商业银行。由于地方政府债务规模过大加之城市商业银行规模相对又小，从而导致地方政府成为了城市商业银行的主要贷款对象。地方政府偿债能力的不足加剧了城市商业银行破产和倒闭的风险。

地方政府债务绝大多数都是2009年地方政府举债开始产生的，偿还期非常集中，增大了地方政府偿债力。一些债务的风险期限结构项目的投资回收周期不匹配，随着偿还高峰期的到来，部分地方政府的资金链将面临流动性

⑤ 全国有78个市级和99个县级政府负有偿还责任的债务率高于100%，分别占两级政府总数的19.9%和3.56%。

风险。⑥

2. 违约和信用风险

中国地方政府债务规模在局部地区超过了政府的偿债能力。据国家审计署的数据统计，各级地方政府都有举借债务。但是政府层级不同所借债务和偿还的能力都有差异。⑦

由于我国地域发展的不平衡，相对落后的省份为本地区经济的快速发展，地方政府债务规模相对于GDP以及财政收入过大，虽然总量上不及沿海发达省份但在负债率、偿债率和债务率却远远高于经济发达地区。从而使得局部地区的政府债务规模远超过地方政府偿债能力。如果地方政府未能按时偿还债务，一再拖欠到期债务，将为后续政府项目筹资、经营借款埋下隐患，甚至演化为信用危机。市场经济是建立在信用的基础之上，政府拖欠债务势必会导致公信力降低，动摇投资者的信心，影响整个社会的信用环境以及社会经济的健康发展。⑧

3. 财政风险

地方政府债务的过度膨胀影响地方财政正常运行，并导致地方的财政状况恶化。某些地方政府为了募集资金上马项目，过度依靠各种各样变相的举债方式，这种"饮鸩止渴"的融资，在短期内增加了地方政府可支配收入，使得项目得以实施。但是从长期来看，造成了地方政府债务不断膨胀，未来面临更大的还本付息支出而且仓促上马的项目并不一定能够达到项目立项时的各项经济指标预期，不但造成项目的后续资金需求难以满足，也使得地方政府举债增加财政状况恶化，严重时甚至影响地方政府的稳定运行。

---

⑥ 谢群：《中国地方政府债务研究》，财政部财政科学研究所2013年博士学位论文。

⑦ 以浙江省为例，2009年年末，浙江全省的债务余额为4579万元，债务负债率为20.15%，偿债率为28.28%，债务率为97.46%。而浙江省本级的债务率91.1%远远低于市县级的97.99%。全省超过一半以上的市县在负债率、偿债率和债务率三个指标上都超过了警戒线。

⑧ 马丹丹：《地方政府债务风险监管研究》，载《兰州大学学报》2011年第5期。

（三）地方政府融资平台与地方政府债务风险

1. 地方融资平台的相关概念

地方融资平台是指地方政府通过国债、划拨土地、股权等资产设立融资公司，并以财政收入作为还款承诺，吸纳社会资金用于基础设施建设和公益事业项目。主要表现为地方政府设立的一系列基础设施建设公司或者城投公司（城市投资建设公司）。这些融资平台公司名义上是独立的企业法人，自负盈亏，但是实质上与地方政府有着千丝万缕的联系，这些公司的主要负责人由政府或相关部门领导担任，融资也是受政府所托，并且多数不具有偿债能力，主要依靠财政拨款还本付息。因此，这些融资平台所融得的资金实质上就是地方政府的负债。

2. 地方融资平台带来的债务风险

2008 年金融危机后，中央政府推出了“4 万亿经济刺激计划”，地方政府需要负担其中的 2. 82 万亿元投资额度。巨额的资金不是由财政收入或政府债券提供的而是来自众多地方融资平台的融资。由于地方融资平台背后的政府信用，商业银行对其的支持力度不断加大。自此之后地方融资平台在全国呈现井喷式发展，地方融资平台发展到县一级城市。地方融资平台的贷款来源从主要来自国家开发银行发展到四大国有银行、地方金融机构等。据银监会的统计数据显示，2009 年年末全国有 13 个省份的融资平台余额是当地财政总收入的 1 倍以上，更有甚者达到了 3. 2 倍，其中 90%的项目融资依赖银行贷款。[⑨] 随着这种情况的不断发展，地方债务急剧膨胀，巨额的地方债务让很多学者担忧经济发展会因此受到影响。

2009 年年末，央行以及银监会向全国 32 个省市发出检测报告，提醒地方政府注意地方融资平台的债务风险以及由此带来从财政风险。次年年初，国

---

⑨ 赵晔：《现阶段中国地方政府债务风险评价与管理研究》，西南交通大学出版社 2011 年版，第 89 页。

务院第四次全体会议上再次提出了规范地方融资平台管理，防范地方融资平台大量举债带来的风险。随即，银监会发布三条规定对地方融资平台公司进行解包清查，严控新增贷款，责令整改违规贷款。

目前大部分的地方融资平台是为了应对地方政府不能独立发行债券而快速建立起来的，地方政府通常会将优质的国有资产无偿划拨给该公司来多发债和美化会计报表，通过大量的政府补贴来弥补亏损以及提高利润。所以，很多学者认为，一旦经济下行，政府收入减少，土地价值降低，这些债务的还本付息就会很困难。一旦地方债务发生偿债危机，最终只能由中央财政来偿还，国家最终会增发信用来弥补因为转移支付而带来的赤字，直接导致通货膨胀，同时，地方债务的偿还危机会急速导致商业银行等金融机构的财务状况迅速恶化，进而扩散到金融领域的其他方面，将会给我国的国家信用、金融稳定和人民财富造成极大的损失。

四、防范地方政府债务法律风险的制度措施

（一）赋予地方政府发债权

无论是从理论还是实践的角度看，赋予地方政府发债权都是必要的和可行的。从理论的角度来看，按照财政学理论，一级政府对应着一级财力和一级事权。一级财力意味着政府有其法定的财政收入如地方税收、政府性基金、政府性收费、国有资产收益，当然也包括债务收入。一级事权意味着各级地方政府有提供各地区公共产品的责任。各级地方政府享有发债权是政府的权利，也是实现其事权的必然要求。[10]

现有的中央政府代发地方政府债券虽然有利于监管和提高信用等级，但同时也体现不出的地方政府的信用状况。在这种情况下，实际上是中央政府

---

⑩ 黄芳娜：《中国地方政府债务管理研究》，财政部财政科学研究所2011年博士学位论文。

在做担保，投资者不能全面真实的了解地方政府的债务状况，不利于市场监督。同时地方政府发债有利于提高政府信用等级，也避免因地方政府没有发债权，而中央代发地方债又无法满足其资金缺口导致的大量的隐性负债使地方政府债务不透明而累积风险。

赋予地方政府发债权同时也面临一些困难，如预算法律制度的修改、地域财政实力的差异、财政信息透明度等。但在分税制改革的背景下，部分省份已经具备了发行地方政府债券的条件，具有一定的承债能力。在综合信用评级的基础上，实行中央审批制是地方政府发债的可行之路。

（二）健全和完善地方债务预算管理

目前大多数地方政府还没有建立完整的债务预算管理制度。各地方政府对本级政府实行的债务预算管理存在一定的问题：预算范围并没有完全覆盖所有债务；债务预算的规范性有待提高；债务预算只是简单的反映地方政府债务信息而没有明确资产负债状况与风险的关系；预算约束较软，没有形成相应的制度约束以避免地方政府存在中央政府的救助预期引发道德风险。

要完善地方债务预算管理首先要统一债务预算的编制方法。科学细化的预算草案，使预算资金收支来龙去脉清晰，方便纳税人了解和监督政府预算收支执行情况，更重要的是便于人大审查和监督。其次是要实行参与式预算，参与式预算是指政府将涉及公众切身利益的公共项目建设资金，交给公众讨论并由公众决定，使预算编制更加公开、民主、透明。另外需要硬化政府间预算约束，就是通过立法形式，硬化地方政府预算约束，以避免地方政府存在中央政府的救助预期引发道德风险，从而防止地方政府将其债务风险向上级部门转嫁。[11]

---

⑪ 黄芳娜：《中国地方政府债务管理研究》，财政部财政科学研究所 2011 年博士学位论文。

（三）建立地方政府债务风险预警机制

建立地方政府债务风险预警机制是防范政府债务风险、避免政府债务危机爆发的重要环节。随着我国地方政府债务规模的加剧，经济增长速度的下行，地方政府债务规模无序扩张，科学有效的地方政府债务风险预警机制的建立是当务之急。预警机制建立后能尽早识别和预警地方政府债务风险，从而及时采取措施防范和化解风险，具有重要的现实意义。

目前在预警上所使用的方法一般主要可以分为三大类，这三类分别是指数预警、统计预警和模型预警。从具体预警方法来看，预警方法主要可以包括为：Logistic 回归分析法、多变量判别分析模型——Z 分数模型、基于人工神经网络（ANN）的预警评价方法、失败树（FCTA）预警法等。

要设立合理的风险预警机制来监控地方政府债务。风险预警机制关注的是预警手段和方法的选择，预警程序的优化等问题。债务产生的原因是很多的，任何债务危机的显现都有一个过程，因此，有必要建立债务风险预警系统，对财政运行过程进行跟踪、监控，从而及早发现债务危机信号，使政府在债务危机的萌芽阶段就能采取有效措施，建立风险预警组织体系，规范风险预警程序，避免危机出现。

（四）建立债务信息披露制度

建立债务信息披露制度是保障政府债务健康有序进行，监督财政运行中的违法、违规、腐败等现象的重要措施。同时也对投资者了解政府信息，作出理性的投资选择有重要意义。

地方政府债务信息的披露应当满足各级政府的财政管理部门、宏观经济决策和管理部门、立法机关和审计部门、社会公众等信息使用者的需求，全面披露债务收入、债务支出、债务投资项目收入以及还本付息这四个阶段的财务信息，并且对债券的发行、结构、相关政策等相关非财务信息公开披露。要建立政府债务报告制度，规范政府资产、负债等财务状况的信息披露。政府债务报告是全面、系统地反映政府债务状况的信息载体，也是政府会计综合信息披露的规范化途径，应该实行权责发生制的政府会计。债务信息披露制度，还要求公开相关的非财务方面的信息。例如，对于地方政府债券发行的具体信息，如债券融资的目的、融资计划、债券的优先级、还本付息的方式及资金来源、提前赎回条款、是按面值还是折价发行、利率浮动、发行机构、发行期限等任何信用增强以及有助于改善发行者的财务和经营状况的信息等都应当作为相关非财务信息进行披露。

生态文明的“善政到善治”

——国家治理能力现代化下的地方环境治理能力变革

钭晓东*

一、治理能力体系及现代化——政府环境治理的更深层次引领与功能使命

党的十八届三中全会提出“推进国家治理体系和治理能力现代化”的重要目标，为我国环境问题治理、生态文明及其法治保障、政府环境治理的功能定位提供了引领指向与重要基石。在当前生态文明演进的时势大背景下，“国家环境治理能力体系及能力现代化”自然就成为“国家治理能力体系及能力现代化”战略中最为重要的组成，无疑也赋予了国家及政府的环境治理体系及治理能力以更深层次引领，其功能定位及运行也面临更高层次的使命。

必须清醒地认识到，“偏爱效率、注重竞争”的工业文明正自觉与不自觉地将人类社会带入注重“个体利益中心主义”及“急功近利需求满足”的陷阱，从而客观上导致公共利益沦为“弱势利益”而使其的保护受到忽视。尤其是在经济利益与环境利益的取舍与权衡中，“环境利益保护”处于弱势的境

* 钭晓东，宁波大学法学院教授，厦门大学兼职教授，博士生导师，武汉大学法学博士，澳大利亚 MACQUARIE 大学博士后，主要研究方向：环境行政政策法律。本文系本人所主持的国家社科基金重点研究项目：《民本视域下国家环境义务》（编号 13AFX023），“教育部新世纪优秀人才支持计划”资助项目（编号 NCET-12-1270）；教育部人文社会科学重点研究基地重大项目《新时期环境保护体制机制改革与环境法律制度变革》（编号 11JJD820001）的阶段性研究成果。

况更为明显。在当前国家及政府的“利益协调、公共问题解决及公共利益维护”的治理体系及治理能力面临更高要求的时势背景下，我国的国家环境治理能力体系及现代化进程，首先需要实现治理理念及方式的转型，其中的基本转型路径是——从“环境管理”到“环境治理”。在此转型过程中，在目标指向上，对处于弱势的“环境利益维护”予以倾斜保护；在理念及方式上，体现“管理到治理”的进展，体现出更多的基于政府、社会与企业等多元力量彼此信任的“合作共治”。“同‘统治’、‘管理’相比，‘治理’一词具有实质性的差别，首先是强调依法治理，……提倡良法善治，全面推进依法治国，健全社会主义法治体系，建设法治中国。重视程序制度建设，主张程序正义和实质公正。同时，实现治理主体的多元化，治理主体不仅仅是行政机关，还包括公民和社会组织，有主导、有协同、有参与。充分重视维护公民的合法权益，主张权利与义务的统一，以权利为本，以民生为本。”① 诸多事实及范例也表明，环境问题的复杂性及环境治理工程的艰巨性，尤其需要国家及政府的环境行政范式变革，“拓展环境行政治理方式，实现环境行政范式多元化”，以顺应与积极回应生态文明的需求。而这也是实现我国在生态文明演进背景下，环境治理体系和治理能力现代化的根本途径和关键突破点。借助重整环境法律责任机制、改良诉讼机制、发挥补偿机制之“造血”功能等进一步展开。而政府—权力优化（环境治理引导能力的塑造）、市场—利益激励（环境治理驱动能力的培育）、社会—权利商谈（环境治理支撑能力的夯实）可组成国家环境治理能力体系的三个层面。从而在三个层面的联动中加以实现。

二、政府的环境治理能力变革从地方先行先试

一定程度上，环境问题的全球化，决定了国家及政府的环境治理能力体

---

① 应松年：《加快法治建设促进国家治理体系和治理能力现代化》，载《中国法学》2014年第6期。

系及现代化是一个全球性工程。在此间的“环境治理能力体系及现代化全球化”进程中，西方发达国家在实践中也积累了不少经验，亦有诸多教训。诚然，西方作为法治建设的先发国家，其经验乃至教训，是一笔财富，但这不意味着“唯西方经验马首是瞻”，西方经验也绝非包治百病的灵丹妙药。更何况，即使是最为成功的经验，引入之后若无生植的土壤，最终注定只是“橘生淮南”，徒具其形而已。必须反思当前法学研究中的一个误区：常常不自觉间采取西方视角与方法，甚至将“西方问题”作为“中国问题”加以研究，遮蔽甚或扭曲中国现实及中国特色。无疑，“地方性”的承认是法得以成活的根本。对环境问题而言，任何一种环境问题都是依附于特定区域、特定地理环境生态而生发，环境问题的这种特性决定了环境法学理论建构是一种典型的“地方性知识”，必须与“地方特质”联系起来，才能真正发挥法律的功能。当然，这种地方性，“不只是指空间、时间、种族、文化传统”等差异，而且也指“特色”。

由此，在国家及政府的环境治理能力体系及现代化进程中，本国本土的政府环境治理的实践经验及教训问题的独立思考及特色形成不容迟疑。尤其是对于中国这样一个有着深厚文化特质与底蕴的文明古国。总体而言，“比较法研究是一个常用的方法，但在比较法研究中，更多侧重于规范的比较，往往缺少对一个法律制度在该国的功能、历史文化背景、现实运作状况的分析，缺少一个制度在中国本土适应性的论证。个案研究开展得不够，案例分析大多停留在解说、论证判决依据上，缺少对制度原理的挖掘。学界还需要进一步强化学术研究的问题意识和方法意识”。② 中国是一个社会转型中倍受西方“关注”的社会主义大国，一个政治、经济、人口、环境大国。生态文明演进背景下中国环境权益保护的建设任务更艰巨、问题更多、困难更大、道路更特殊。在此背景下，在国家及政府的环境治理能力体系及现代化进程

② 应松年、何海波：《行政法学的新面相：2005-2006 年行政法学研究述评》，载《中国法学》2007 年第 1 期。

中，立足现实国情的“本土化运动”无疑尤为必要，以免不自觉陷入“西方经验中心主义”的误区。将西方经验视为“标准答案”和理想图景，无疑是对中国问题、国情及特色的遗忘和误读。更何况，在当前法律话语权一定程度被西方所重点影响乃至垄断的情境下，中国这样的特殊国度，无论是于情于理，还是于己于人，都不应失语。需要“实现从以政府为单一主体、以单位管理为主要载体、以行政办法为主要手段、以管控为主要目的的传统模式，向政府行政管理与社会自我调节、居民自治管理良性互动，社区管理与单位管理有机结合，多种手段综合运用，管理与服务融合，有序与活力统一的多元治理、共建共享的新模式转变，构建起与发展社会主义市场经济、民主政治、先进文化以及构建和谐社会要求相适应的中国特色社会管理体制”。③因此，如何在“中国立场、世界眼光”基础上，用中国的理论和话语体系，解读国家及政府的环境治理能力体系及现代化的中国实践、中国道路，打造具有中国特色、中国风格、中国气派的环境行政理论体系和学术话语体系，增进中国环境行政范式变革的自觉与自信，是一个时代命题。毋庸置疑，时势赋予了我国地方环境治理及政府环境行政变革的范式以诸多使命。

从当前我国环境行政范式的运行上，常不自觉地呈现“大城市利益中心、国有大中企业中心、政府命令强制中心、国家治理中心”等倾向；现行环境行政范式及法律制度偏重于反映大中城市需要及国有大中型企业污染防治特点，无疑非常需填补“适应于小城市（镇）、乡村环保需求的相关环境行政范式及行政监管法律制度”等问题研究。温州一直处于改革开放的前沿，是一个典型的“敢为人先、敢于先行先试”的二线城市。在我国的改革先行大潮中，经历了诸多阵痛，也积累了诸多经验，面临着不少的教训。不过无论如何，其中的经验及阵痛都是后续变革的一笔财富，即使是教训。就温州地方治理问题的研究而言，“温州模式”一词及相关议题曾引起学界的广泛关注，尤其是经济学界。目前已有关于“温州模式”的研究，其中的研究角度

---

③ 应松年：《社会管理创新要求加强行政决策程序建设》，载《中国法学》2012年第2期。

多限于经济学角度，偏重于“温州经济模式”的历史发展进程、模式功能及其可推广性等，从而在研究视角与领域方面存在明显的学科制约及视角局限。无疑，需要从研究学科领域及视角上进行突破。当前，生态文明演进的时代背景，国家治理体系及治理能力现代化的时势需求，都为温州地方治理的研究提供了新的契机，也从“环保、地方治理模式变革”等视角为温州地方治理的研究提供了新视角。显然，“温州模式”作为一个改革开放前沿的先行先试地方实践范例，“温州模式”绝非仅为“温州经济模式”，温州地方治理及温州模式研究的实际意义在于通过总结“温州模式”的形成和发展机理，揭示“温州模式”的“体制模式”示范效应和“发展模式”示范效应。从而为国家治理体系及治理能力现代化理论与实践提供鲜活的地方样本及回应范例。

三、温州地方治理模式变革的重要基石——三大内在运行机制

治理需权威，但权威不一定是政府。善治离不开政府，也离不开市场机制的用，更离不开主体合作与功能发挥，否则只是“善政”非“善治”。因此，国家及政府要推进及实现治理体系及治理能力现代化，政府与市场应结合以解决双重失灵，并且须培育市民社会以释放政府压力，从而在“自上而下与自下而上”的互动中最大限度增进公益。“温州模式”作为市场化改革模式的代表，其中的三大运行机制，可以成为推进“善政→善治”的多元化环境行政范式变革、实现政府环境治理体系及治理能力现代化的重要链接，而它们本身也是实现温州模式内生式超越的重要基石。

建构多元化环境行政范式，实现多中心环境治理以公民社会的存在与发展为前提，但实证的分析表明：因政权性质、法律制度、分权程度、经济与社会发展程度、社会异质性程度、宗教与文化传统等因素的影响，世界各国的公民社会自组织在概念、规模、结构、收入来源、作用等方面千差万别。④

---

④　王绍光：《多元与统一——第三部门国际比较》，浙江人民出版社 1999 年版，第 414-416 页。

便在一国内，因地区间社会经济发展的不均衡；文化的地域性特质；地方政府扶持力度的差异，许多的差别同样存在。差别的存在决定了多中心环境治理的成功实现不可能是共时的、普遍性的，而必然经历从局部向整体、从低水平向高水平渐进发展的过程。但问题是什么样的"局部"才可能产生这种制度变迁呢?

政府与市场对环境问题解决的"失败"产生了多中心环境治理的制度需求，但这种需求却不足以导致从"局部"开始的制度变迁。首先，环境问题在本质上是伴随着人类的经济活动特别是企业的活动，由于直接或间接产生的环境污染或环境形态、质量的变化而造成的社会损失。⑤ 所以，只有当经济发展水平提高导致环境问题更为严重时，现有不均衡的制度安排才会激发制度创新的动机。环境政策产生的历史印证了这点：环境问题在古代人类城市形成以来就已经产生，但直到18世纪产业革命后，随着工业化和城市化的迅速发展，因变得严重，才使19世纪中叶产生了环境政策。其次，环境与资源密切相关，但不同于资源。公共资源的自主治理可能在仅有资源占有者自组织情况下，成功的实现。多中心环境治理却必须有众多具有不同动机、不同利益追求的异质性自组织的合作行动。环境利益相同的社群或共同环境公害的受害者可能容易组织成"局部性团体"，而对"事业性团体"来说，成员的参与者也许基于意识形态，并且通常是利他主义的。⑥ 因此，环境自组织的形成更需经济学以外的解释，如赋有冒险、创新的文化特质，对环境问题解决的强烈信念等。再次，自主治理的实现是公民社会充当初级行动团体的、自下而上的、自发的诱致性制度变迁过程，政府虽仅以次级行动团体身份对其加以促进，但作用却是关键性的。如温州的个体、私营经济在发展过程中，如果没有温州地方政府的"政策默许"或"政策追认"，就不可能有今日

---

⑤ ［日］宫本宪一:《环境经济学》，生活·读书·新知三联书店2004年版，第108页。

⑥ Richardson J. and Jordan G., *Governing Under Pressure*: *The policy Process in a post-parliamentary democracy*, Oxford: Blackwell, 1979, p. 17.

的辉煌。最后，现有知识的积累与社会科学知识的进步能降低制度发展的成本，[⑦] 成为影响制度供给的重要因素。所以，催生并实现多中心环境治理的“局部”将更可能是具有丰富自组织管理经验、环保理念普及、环境行政立法与执法范式的变革观念超前的文化发达地区。

温州地处浙江南部，历史上由于交通闭塞、区位条件差、国家投资不足、自然资源贫乏，属浙江省经济落后地区。但改革开放后“温州模式”作为我国经济市场化、民营化的典范，以充分尊重和发挥民众的首创精神为核心，在全国性经济体制渐进式改革中，率先通过需求诱致的局部制度变革形成了浙江省以至全国“制度创新”的一个“空间极点”。[⑧] 但从 1998 年后，温州经济增长开始放慢，制度创新日渐式微；甚至有学者甚至提出温州模式将在挽歌中落幕而在一两代时间内瓦解。[⑨] 在此情形下，如何寻求温州模式的进一步发展与超越自然成为政府、学界以及民间广泛关注的重大问题。2004 年在杭州召开的“温州模式演化与前景”研讨会认为：长期来看，温州不会出现大的产业结构调整，出现大企业和引进高新技术的可能性小，小企业、私有企业仍占主导。[⑩] 这就是说，温州的发展只可能从温州的特点出发，以新的视角参透温州模式的本质，通过内生式超越实现。而从温州模式发展演变的路径依赖性及其自增强机制归纳，意识形态、组织模式和政府管理三参数的作用不容忽视。而该三参数在“温州模式”的发展进程中，则表现为起决定性作用的三大运行机制：需求诱致型管理模式、驱利型意识形态、簇群型组织模式。无疑该三大机制将构成温州模式内生式超越的重要基石，而将其与多元化环境行政范式的链接，将有利于温州模式向“环保经济

---

⑦ ［美］R. 科斯等：《财产权利与制度变迁——产权学派与新制度学派译文集》，上海三联书店 1994 年版。

⑧ 金祥荣：《多种制度变迁方式并存与渐进转换的改革道路》，载《浙江大学学报》（人文社会科学版）2000 年第 4 期。

⑨ 人民网——地方要闻：《GDP 惨落到浙江第 7 名，温州模式要在挽歌中落幕?》，载《经济参考报》，http://unn.people.com.cn/BIG5/14748/2454239. html。

⑩ 陈莽：《温州模式演化与前景研讨会综述》，载《商业经济与管理》2004 年第 6 期。

双赢模式建构路径”靠拢，从而真正实践温州模式的内生式超越。

四、“温州模式”内在运行机制与环境行政机制多元化的链接

1.“驱利型意识形态”与“受益者补偿”的衡平填补

（1）“驱利型意识形态”运行机制

“意识形态是种节约机制，通过它，人们认识了他们所处环境，并被一种‘世界观’导引，从而使决策过程简单明了”[11] 这就是说，意识形态可使制度安排与发展模式构建所需的服务费用减少，是相关制度变迁的思想准备。特定地理环境及历史文化积淀，使驱利意识形态一直隐含或显现地在温州存在，并处主导地位。以叶适为代表的“永嘉学派”就曾提出“功利与仁义并存”，认为“既无功利，则道义者乃无用之虚语耳”、“抑末厚本，非正论也”。[12] 这种经世致用、反对“空谈心性”的思想为温州奠定了功利和重商的文化取向，从而以一种与中国传统的主流意识形态（重义轻利）相异的意识形态存在并得以发展。这种追求个人理性与追求自身利益最大化的倾向，虽与传统的重义轻利、厚本抑末的儒家思想价值观相悖，却是市场经济的基本要求，故在我国由计划向市场经济转轨过程中，温州驱利型意识形态经过对中国传统意识形态改造和吸纳后逐渐形成的一种与市场经济相适应的意识形态，并成为“温州模式”运行的一个决定性意识形态因素。

（2）“驱利型意识形态”的内涵分析与“受益者补偿”的衡平填补

通过对“驱利型意识形态”的深层内涵分析，我们发现在温州制度创新及解决“搭便车”问题的实践中，有三种意识倾向，为制度创新的生发起了重要作用，即①“投之所入，利之所生，损之所归”的驱利与风险偏好意识。

---

⑪ ［美］D.C. 诺思：《经济史中的结构与变迁》，陈郁等译，上海三联书店、上海人民出版社 1999 年版，第 53 页。

⑫ 蔡克骄：《瓯越文化史》，作家出版社 1998 年版，第 157 页。

②流动性氛围的营造与灵活性个性的发挥。③合理利他以求利益最大化。而环境责任原则为解决诺思的“搭便车”问题，目前也面临制度创新，故有必要将温州“驱利型意识形态”与环境责任的原则填补与制度创新作一结合思考：

其一，根据“投之所取，利之所生，损之所归”原则，分析目前环保的投入者、环境利益享有者、污染风险承担者的实际分配，我们可发现原有的利益享有与责任承担原则需要填补。政府环保活动的公益性质是自不待言，而企业、个人的环保活动，则兼具自益和公益性质，其会产生三种结果：[13]“利益外溢”“公共消费”“损失外溢”。其中“利益外溢”使利益不能独享，环境利益的公享使环保演化为特殊“公共消费”，而消费者欲“利之所生”就须“投之所取”，为环保兑付投资；而“损之所归”的“公共消费”补偿的责任与风险，就应推广至全社会成员。

其二，这种结果必然要求享用环境改善利益的成员应承担必要的环保费用，形成环保公共费用的个人支付。因为从自益性角度，单位和个人从区域性公共环境行为中获益，应对该享有补偿。从公益性角度，其所创造的利益为“公共体”所消费，从而形成个体承担公共费用情形，故对其外溢利益的补偿，应由“公共体”来承担，因为无论是资源开发利用，还是污染行为，都是对公益占有、使用和收益，故污水、垃圾集中处理设施建设和运营费用，流域性自然保护费用等需整个流域或区域的所有单位和个人承担，这种公共费用的个体承担情况，须推行环保责任社会化原则，否则，区域与流域控制就是空话。故可引入“温州模式”式的利于个性灵活发挥的流动性氛围，打破原有责任承担者仅限污染者的禁锢，将责任主体扩展到消费者，使排污者和消费者共负补偿责任。

其三，环境利益的耗损补偿，实质是污染外部不经济的内部化的理解和演化问题。从环境法角度而言，与其说为减少外部性，不如说是使外部性分

⑬ 李启家：《环保市场化、产业化与环境法律制度创新》，载《2001年环境资源法学国际研讨会论文集》，第480页。

配更合理，通过国家强制力对外部性损失分散与分担化，使环境利益补偿在合理分配基础上，建构“温州模式”式的有认同感且相互配合的“关系经济”，运用合理的利他机制，在合作中寻找潜在利益，促进环境利益享有主体环保个性与功能的发挥，实现环境利益最大化。

2.“簇群型组织”与“代履行”的制度设计

（1）“簇群型组织”运行机制

簇群指在某特定领域内互相联系、在地理位置上集中的公司和机构的集合，包括一批对竞争起重要作用、相互联系的产业和其他实体。[14] 就温州而言，之所以能获得“中国鞋都”“中国电器之都”“中国金属外壳打火机生产基地”“中国剃须刀生产基地”之称，目前正申报审批或欲申报中的“中国服装名城”“中国制笔城”“中国锁都”“中国塑编之都”以及眼镜、人造革、泵阀、汽摩配等行业，都已充分显现产业簇群效应。在专业市场中，“信息费用由于买者和卖者大量存在而降低”，“机会主义受到成员众多的竞争（和人格化交换）的约束”，[15] 从而使度量费用降低，进而降低了交易费用，促使专业市场延伸向全国各地。温州市场组织演变正如诺思所说，“组织的变迁旨在降低这些交易费用，结果在市场规模扩大以及发明的产权得到更好的界定，从而在提高了创新收益率的同时，创新成本也得到根本性的降低”。[16] 其演变路径为：产权界定→市场形成→专业化→市场规模扩大、交易费用上升→组织创新→技术变化→组织再度创新去实现新技术的潜力。此种以“簇群”为基础的组织模式成为“温州模式”运行机制的重要组成。

（2）“簇群型组织模式”的簇群效应与“代履行”的制度设计

温州簇群组织的外部效应主要体现在：知识外溢效应；结构聚集效应；

---

⑭ ［美］迈克·E. 波特:《簇群与新竞争经济学》，载《经济社会体制比较》2000 年第 2 期。

⑮ ［美］D. C. 诺思:《经济史中的结构与变迁》，陈郁等译，上海三联书店、上海人民出版社 1999 年版，第 38 页。

⑯ ［美］D. C. 诺思:《经济史中的结构与变迁》，陈郁等译，上海三联书店、上海人民出版社 1999 年版，第 180 页。

竞争合作效应；区位升级效应。而环保产业化与代履行制度的提出，无疑也希望环保市场拥有这份成果。

但现行环保责任承担的观念与方式，仍仅限责任者直接履行，典型的如三同时制度，要求污染治理设施与主体工程同时设计、同时施工、同时投入使用。这一规定是建在排污者是治污最佳人的假定上，显然受末端治理思想影响，而随着环保产业化，其科学性必受挑战。实践将证明，代履行制度、环保产业化及专门环保公司运营将更经济更有效，更易实现“经济、社会与环境效益的统一”：①经济效益的追求。宏观上，培植新经济增长点；微观上，将提高资金资源利用率，防止重复建设，也支柱产业甩掉污染防治负担，致力于生产，从而为环境公益维护创造条件。②社会效益的实现。产业化可集中资金和力量重点解决严重的环境污染和生态破坏问题，利于促进社会安定与公众身体健康；而环保产业公司也利于增加就业机会。③环境效益的提高。借产业化引入竞争机制，提高综合治理能力，推广技术，增强公众环保意识。这是簇群效应、法律制度效率的追求，更是环境行政模式变革及环保与经济发展关系衡平的必然选择。

3.“需求诱致型”与政府环境行政职能拓展

（1）“需求诱致型”运行机制

根据诺思等的制度变迁理论，比较分析需求诱致和政府强制型制度变迁路径，我们会发现温州制度变迁以需求诱致为主导，而温州模式的经济绩效则证明需求诱致制度变迁对经济转型具重要意义。另外根据杨瑞龙先生的两种制度变迁方式（供给主导型和需求诱致型），三个变迁阶段（供给主导→中间扩散→需求诱致），我们也可证实：虽中国目前总体正处中间扩散式（即地方政府主导制度变迁），但温州模式已符合过渡到需求诱致管理模式条件，其中驱利意识形态是温州制度变迁的前提条件。反对空谈仁义道德的“永嘉学派”使温州人的文化选择偏向功利与重商，较早形成商人习俗且倾向风险偏好。温州这种灵活意识形态在制度变迁中获得成功。而地理环境则是温州制度变迁的物质条件，为冲破耕地少、资源相对缺乏的困境，温州人放弃小农经济而从事工商业，以分散个体决策使分散的稀缺资源得到更有效运用，这种对资源使用的分散性又使温州事实存在着私有产权，而温州政府则作为市场博弈的第三方力量，通过制定法令和公共政策不断界定和实施产权。它对制度变迁的作用可分为三阶段：①1978－1984 年，政府放松管制、无为而治使微观主体获得最宝贵的先发制度创新优势；②1985－1992 年，政府开始在微观制度创新基础上界定产权、制定和实施新法规，从而形成制度变迁，如允许挂户经营、股份合作，利率改革，加强对个体、私营、股份合作企业及各类市场的管理。③以 1993 年 7 月的二次创业为标志，政府参与市场活动趋向活跃，垄断的资源和政策、规划成为政府获得新收入的源泉。政府的制度创新，为微观主体创造了大量商机与产权激励，取得了诸多绩效：建立有效的竞争和激励机制，形成适应市场经济、促进效率的市场组织和产权制度；经济持续高速增长，失业率低；微观主体迅速积累财富，并形成向全国的经济辐射效应；最重要的是培养了主体的自主意识和决策能力，有利于新制度创新，形成对政府的约束机制，最终形成政治组织制度变迁。

（2）“需求诱致模式”与责任社会化原理上的政府环境行政职能拓展

虽然提出污染者负担原则是历史必然，但到目前为止，污染者负担原则在我国仍仅以概念方式提出，其相关内容还需丰满，特别是其内涵及相关范畴须界定，相关制度支撑需明确，而动力首先来自政府职能与责任的转变。若政府职能定位不当、部门的寻租，会导致资源配置不当而降低效率，造成政府失灵。一般说来，政府管理活动效率高低取决于两因素：[17] 一是政府管理产生的社会效果，包括经济与生态效果。二是投入的政府管理消耗。包括物质与非物质消耗。政府管理效率是社会效果与管理消耗间的比值。因此提高政府环境资源配置效率要从社会效果和管理消耗两方面着手，一方面提高社会效果，但要改变过去那种只把社会效果定义为经济效果，甚至只是 GDP 效

---

⑰ 关保英：《行政法的价值定位：效率、程序及其和谐》，中国政法大学出版社 1997 年版，第 90-91 页。

果的做法，把环境效果纳入社会效果评价体系中，并使之充分发挥作用。另一方面要降低管理消耗，途径有降低静态组织和人员的消耗以及政府动态管理活动的消耗。政府欲提高环境资源配置效率，就须在社会效果与管理消耗的比值间适度定位，以免使待分配的利益存量锐减。

这无疑对政府环境法律规制与环境管理职能适度提出了新课题，而温州“需求诱致模式”下的“适度政府”实践，却给我们转变行政模式以启发。温州需求诱致制度变迁在实质上是以“适度政府”参与温州模式的实践过程。这种需求诱致下的“适度”集中体现于：其一，“强制力”的度，政府充分“该为”，如制定法令和公共政策，界定产权，公平合理分配；其二，“诱致力”的度，政府作为第三方参与市场博弈，营造开放氛围，提供激励机制，给各方以充分诱致及选择；其三，“填补力”的度，借政府调动各方，营建填补机制以实现利益衡平。因此为真正使环境行政模式从管制型向管理型发展，政府职能定位应作以下调整：

①重新界定责任者及其责任范围，夯实政府的权力行政职能

其一，重新界定“污染者”，增设“受益者”。过去“谁污染，谁治理”原则及“污染者治理”的责任主体范围都限于直接排污者，着重强调污染者个体责任和利益，体现对环境自益行为扩张的限制；而“污染者付费、利用者补偿、开发者保护、破坏者恢复”原则虽将责任主体扩张为污染产生者和自然资源利用与开发者，但原有的责任者阵营仅限“污染者”的思维定式并未打破，根据前文所分析的“环境利益溢出”效应及环境资源的“公共消费性”，决定了将环保责任主体从直接排污者扩展到消费者，将消费者视为“最终污染者与受益者”，使直接排污者和消费者共负补偿责任；从产品生产到消费，污染产生到排放，各相关人皆应承担相应的污染控制费，才能真正体现公平与合理。相反，若恪守原有的责任主体界定，将难以体现法律公平价值，更将导致两种不利结果：一是将区域（集中）控制原则和制度所要求的环境保护费用的全社会分担置于无理无据的状态；环境保护产业化中公共设施经营专门化和个体设备的社会化经营以及公共设施收费就不能得到法理依

据的支持和支撑。二是这实际是强调“末端控制”，将环境保护责任施加于“末端”，施加于污染物的处理与处置，不利于预防优先原则和“源头控制”原则的，不利于清洁生产的展开；也难以把污染控制延伸到原料、技术、工艺等环节；难以扩张到消费环节的控制。

其二，拓展责任范围。“谁污染、谁治理”原则是把污染者责任限定在治理现有污染，且只对污染治理负责，承担形式限定为缴纳排污费，且该费并不及于全部排污行为。这完全是事后消极补救，且侧重治理污染物造成的损害。污染者治理的责任范围有所扩展，污染者（实质上仍是排污者）对现有与潜在的污染治理负责；但责任范围仍是缴纳超标排污费和治理污染。以上两原则反映的是点源控制思想，未体现集中和区域控制思想，未体现污染预防，且极易给人以只治理污染而不赔偿他人人身或财产损失的印象。“污染者付费，利用者补偿，开发者保护，破坏者恢复”原则作了扬弃：a. 污染控制领域不再仅限在治理，而是体现预防优先及治理与预防并举。b. 环保不只适于污染防治，且要求实现污染防治和资源保护一体化。c. 责任范围相应扩展，承担的不仅是自身的防治义务，也承担区域环境恢复、环境保护的义务。而环境容量限度也要求开发者除缴纳资源补偿费、环境恢复费外，亦应对容量占用相应补偿。而环境基金缴纳、污染防治的外部费用在商品和劳务价格上的反映，都是受益者补偿的实践。

其三，环境损害赔偿责任方式拓展——“私法性”的环境责任保障制度的制定。新防卫社会论者格拉马提卡认为传统责任概念强调个人违规应受的惩罚性义务，而国家一方则只强调刑罚的权利，却忽略了国家或社会也可能是致害因素；从而提出以“反社会性的指标及其程度”取代“责任”。[18] 这实际上是对责任“社会性”和“伦理性”的肯定，但是严格责任、无过错责任等客观归责原则仍非万全之策。特别是在“事故时代”，环境侵权具社会性，而损害社会化又必导致责任社会化。故各国应调整环境损害赔偿责任构

---

⑱ 王晨：《刑事责任的一般理论》，武汉大学出版社 1998 年版，第 107–112 页。

成要件、为降低企业经营风险并保证受害人获充分补偿，避免侵权人支付能力不足或责任人无法确定，或因侵权人赔偿负担过重影响社会发展，政府在污染者负担原则基础上，除规定传统责任方式外，应制定相应“私法性”环境责任保障制度：如责任集中制度、“私法性”环境责任担保与保险制度等。

②以代履行制度为媒介，发挥政府的非权力行政功能

“三同时”与限期治理都是典型命令控制式，在目前环保中仍不可或缺。它们都强调排污者的个体责任，强调自己履行，但随着污染集中治理与环保产业化发展，强调“三同时”与限期治理制度都可能导致重复建设和效益低下。且民主化发展需要行政机关变简单“命令”为“服务”，更多运用“柔性”方式，如行政合同、指导、奖励等非权力方法，更注重相对人意志，给予充分选择，使行政双方更趋平等，适应相对人需要，减少了抵触情绪，在柔和氛围内实现环保目的。因此“三同时”、限期治理、环评等传统环境法律制度的完善，需要充分发挥政府柔性行政功能，为市场机制在环保中的运用创造条件，通过计算与比较法律和社会成本，择优选用代价最小的责任形式或责任形式组合，最终实现“经济、社会与环境效益统一”。

③构建“公法性”社会保障体系，发挥政府的衡平填补机能

“公法性”社会保障机制是基于现代社会福利思想、连带思想而建，它包括社会保险、行政补偿和国家给付等多种形式，进而组成“公法性”社会保障体系。从历史角度看，最初构想以保障劳工为目的，其后逐步拓展到公民生活和意外事故，但非直接源于环境公害。而环境公害所致损害，在某种意义上属不可避免的社会性权益受损，其赔偿已成为社会安全保障的新课题。且因环境损害责任的特殊性与复杂性，使“私法性”环境责任保障制度在实践中存在不足，⑲ 需“公法性”社会保障机制补充。

---

⑲ 如保险制度的对象存在局限性，因为风险的可能性与不可预见性、人身伤害及财产损害的损害存在是保险关系的成立要件，因此那些具有累积性、复合性，具有一定程度必然性的环境侵权行为，就会因其不是自然灾害或意外事故等风险所造成而被排除；同样，动植物及其生境、自然景观、生态环境以及自然资源等环境利益的损害，则会因其非人身、财产损害而被排除。

其一，社会保险。它是相对于商业保险的非盈利性社会福利制度，以国家制度的特别法为依据，由政府组织实施，用保险方式对污染受害者救济。如1973年日本颁布的《公害损害健康补偿法》，在法律上确立了公害损害补偿制度。这项制度旨在迅速、公正地保护公害受害者，是一项以污染致害者的缴纳金，通过行政程序，对受害者实施的福利事业。

其二，行政补偿。[20] 行政补偿制度是指根据有关法律规定，以行政手段介入环境侵权损害的赔偿，由政府以征收环境费，环境税等方式设立补偿基金，并设定相应救助条件，以基金补偿保障损害赔偿迅速、有效、切实实现。其中环境费、税是指利用环境资源者要交纳环境使用费或资源税的制度，包括排污收费和资源税费。但就征收对象而言，以往多向直接责任人征收，这种个体责任倾向有必要变革：a. 排污收费可提前至污染物产生环节而不仅限排放环节；b. 资源税费征收对象由直接开发、利用者拓展至资源使用和消费者；c. 设环境资源税，因为排放污染，环境开发、利用与消费都是资源利用，受益者应予必要补偿。当然环境税、费应保证专款专用，特别是用于补助重点污染源源治理及区域综合治理和保护，补助区域、流域中因开发利用资源而受到制约的地区，补助区域性环境复原项目等。另外在侵权责任人确定的情况下，基金组织保留向加害人追偿金的权利。通常情况下，在环境侵权行为人偿付能力不足，根本不具偿付能力、无法确定加害人、受害人需救助而民事诉讼缓不济急等情形下，该制度有适用的必要。

其三，国家给付。它是指因加害人以及相关的责任保险人、财务保证人等的支付能力有限，致使受害人无法获得适当赔偿时，由国家以政府财务给予补偿或给付，从而负担部分损害赔偿责任。传统上国家一般不介入和干预私法损害赔偿纠纷，因为在国家与社会分立以及市民社会的自主存在优先于国家的理论之下，私人性的民间往来以及由此产生的损害或不公平，应当由

---

[20] 戚道孟：《环境污染损害赔偿责任社会化问题初探》，载《2001年环境资源法学国际研讨会论文集》，第4页。

私人自己通过合理性判断来加以回避、归属或在损害发生时向加害人求偿，因此只要市民社会能够运作，国家便应以旁观者身份而不随意介入私法损害赔偿纠纷，以免造成不当干涉。但就环境损害而言，其特殊性使致损者有时单凭个人财力很难负担，故国家在加害人赔偿能力不足时出面承担部分赔偿责任，对国民经济和社会秩序均极为必要和重要。㉑ 如德国《原子能法》第 36 条规定核损害的赔偿额超过最高赔偿限额的，在一定限度内，由联邦负责赔偿等。

以上除了政府传统意义上的责任者及其责任范围界定的职能外，无论是环境责任代履行制度的实施、“私法性”的环境责任保障制度的制定，还是“公法性”社会保障体系的建构，从根本上更是“污染者负担”原则的重要组成，是使“污染者负担”原则具有生命力的保障，也是“私法自治”受限制，“私法公法化”现象产生，“福利国家”与“积极给付行政”的兴起的结果与表现，而这些现象没有“需求诱致”的机制是无法实现的。

应当说，在法律责任与非法律责任之间、在各种类型的法律责任之间经常会有一个较模糊的区间，这使得责任之间会有一定的流动性。在这一区间范围内，人的法律选择的主动性更为突出，责任的具体形态也呈现更丰富的多样性。社会关系的性质在影响人的选择的同时也就决定了责任的流动性。“社会本身更内在地体现着对它进行社会调整的种种限度，社会调整方式的选择要体现社会关系的自身要求，责任设定的根据也在于此，法律责任的合理性也根源于此。”㉒ 因此责任实现环节及各组分间不是排斥或替代的，而应是补充和辅助的，不同价值间的协调不仅是责任体系化的目标，同时还法律责任的实现的保障。而这种责任承担由单一转向多元，由分立转向合作的转变，正是“污染者负担”原则提出的立足点。因此总体而言，环境责任的制度体系应包括环境保护个体化和社会化责任制度，并且在这两种制度中，个

㉑ 邱聪智：《公害法原理》，台湾三民书局股份有限公司 1984 年版，第 96 页。

㉒ 叶传星：《论设定法律责任的一般原则》，载《法律科学》1999 年第 2 期。

体化责任是环境保护责任的基础，而社会化责任是环境保护深度发展的必然，只有两者结合才能以"代履行"增进效率，以"受益者补偿"体现公平，真正实践污染者负担原则，才能实现由点源控制向流域、区域和点源控制相结合，实现从污染控制向污染控制和环境资源综合保护相结合。

五、余论

国家/社会不再是此消彼长，而是一个多维的开放体系；而提高行政效益关键也不在于集权程度，而是其自发性机制与激励机制的构成，这也正是"多中心自主治理结构"的存在基础。但"全能全权型"政府不仅会导致自由的"不当缺席"，且不利自主性意识培养与发挥，同时"命令控制中心主义"也因欠缺自主性机制诱导，已面临"合法性危机"与"合理性压力"，故须实现"多元化"变革，拓展行政方式，实现管理向治理发展，建构基于"市民认同"的"自主自律内生秩序"。而温州的三大内在运行机制的经验，能为此种变革提供借鉴；也为环境问题解决提供了一个很好的借鉴摹本，因为它们在本性上是可以契合的，以主体的利益追求为驱利机制，以不同主体间的合作与竞争为权利维护手段、资源配置方式，以政府与其他主体的利益平衡为激励机制，其目的就是使在各方主体都能参与的情况下寻求一种稳定的、长期有效的资源（包括环境资源）利用方式，其将在更为广泛、更为深远的层次上来解决环保与经济发展、社会进步之间的冲突。同时也给我们带来进一步的思考：如环境问题的解决有许多自己的特性，还包含许多一般理论所无法解答或解决的问题；"温州模式"的研究视角尚待转换（如如何从环境保护角度去研究"温州模式"的内涵及其运行机制、去研究社会及经济体制的转型等），而若仅从经济领域去研究"温州模式"无法真正充分发挥其潜力与示范功能。环保与经济发展的衡平需求也给我们提出了新的课题——研究领域的界限必须被打破，守着研究领域分流窠臼的做法既无战略也不经济，我们必须实现传统研究领域界限的突围，并夯实温州"环保内涵”，为温州模式走“环保经济双赢模式建构路径”，真正实践温州模式的内生式超越提供思路。当然这种契合性思考仅是一个开始，尚有诸多问题需要我们进一步去思考与解决。

生态文明的演进，无疑对国家的环境治理体系及能力现代化提出了更高的要求。而要倾斜保护环境利益，推进国家及政府的环境治理体系及能力现代化，又立足于国家及政府的环境治理能力体系的建构。综合而言，国家及政府的环境治理能力体系结构可以分为三层（如下图）。

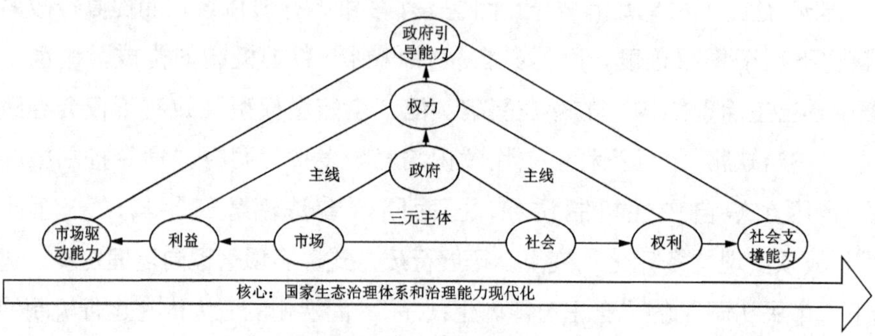

“联动中”的国家环境治理能力体系

（1）政府—权力优化——环境治理引导能力的塑造。必须配置“规制型”制度，优化环境公共权力运行机制，提升政府对环境治理的引导能力，这是我国迈向环境治理的关键环节。（2）市场—利益激励——环境治理驱动能力的培育。必须配置“激励型”制度，促进环境公权利维护机制，提升市场对环境治理的驱动能力，这是我国迈向环境治理的中通环节。（3）社会—权利商谈——环境治理支撑能力的夯实。“十八届四中全会决定明确提出国家治理体系和治理能力的现代化，行政方式由管理转向治理。治理与管理不同，管理仅只行政机关的管理，治理则包括行政机关以外的基层自治组织、社会团体、社会组织、基层组织的自治、自律，形成多元的治理。”㉓ 因此，必须配

㉓ 应松年：《行政诉讼法律制度的完善、发展》，载《行政法学研究》2015 年第 4 期。

置“社会权利商谈型”制度，完善环境私权利保护机制，提升公民社会对环境治理的支撑能力，这是我国实现从环境管理到环境治理转型的重要基石。从而在三个层面的联动中，实现环境利益的倾斜保护与矫正正义，推进国家及政府环境治理能力的现代化，进而彰显行政法治体系在生态文明法治进程中的时代责任及现代意义。

我国政府职能转变的历史演进及法制特点

青　锋　张水海*

转变政府职能，深化行政管理体制和机构改革，是发展社会主义市场经济和社会主义民主政治的必然要求，是政治体制改革的重要内容，贯穿我国改革开放和社会主义现代化建设的全过程。通过政府改革，我国政府职能配置不断走向合理化，不断适应经济社会发展的新形势、新需要，提高了政府为人民服务的效率和水平。本文拟对我国七次政府机构改革的过程进行简单的梳理，以考察政府职能转变的实现过程和法制特点，探究政府职能转变的基本路径。

一、改革开放后6次政府机构改革的演进过程及其特点

新中国成立后，政府职能配置是适应高度集中的计划经济体制要求的，同时受苏联集权模式的影响，呈现出政府高度集权、社会萎缩、政企不分、政事不分、机构臃肿、人浮于事、效率低下等特点。这种政府职能配置的弊端很多，官僚主义严重，效率低下，极大地阻碍了生产力的发展。① 1978

* 青锋，法学博士，原国务院法制办协调司司长；张水海：法学博士，国务院法制办政府法制协调司副处长。

① 从新中国成立到十一届三中全会前的29年里，我国在1951年、1954年、1960年、1970年先后进行了四次机构改革，但这些改革只是集中在机构精简、人员裁减和提高行政效率上，并没有上升到职能和体制的高度，中央对地方也是收权、放权反复循环。到1981年年底，国务院部委52个、直属机构43个、办公机构5个，共100个单位，达到了新中国成立以来的最高峰。参见薛刚凌：《行政体制改革研究》，北京大学出版社2006年版，第63页；石杰琳：《中西方政府体制比较研究》，人民出版社2011年版，第201页。

年改革开放后，国家开始逐步推行社会主义市场经济体制，为了适应这种变革，我国先后进行了6次较大规模的行政体制改革，对政府职能配置进行了调整。[②]

1. 1982年的改革

党的十一届三中全会后，全国的工作重心逐步转移到社会主义现代化建设上来，国务院第一位的任务就是集中精力领导经济建设。为此，加强中央对国家日常经济活动的集中统一领导，解决机构臃肿、人浮于事、效率低下、干部老化等问题显得尤为迫切。1982年1月13日，邓小平同志在中央政治局会议上发表了《精简机构是一场革命》的重要讲话，他指出：精简机构是一场革命。如果不搞这场革命，让党和国家的组织继续目前这样机构臃肿重叠、职责不清，许多人员不称职、不负责，工作缺乏精力、知识和效率的状况，这是不可能得到人民赞同的。[③] 1982年3月8日，第五届全国人大常委会第22次会议通过了《全国人民代表大会常务委员会关于国务院机构改革问题的决议》，原则批准了国务院机构改革初步方案。这次改革被有的学者称为“精兵简政”的改革。通过这次改革，国务院原有副总理13人，减为2人。国务院部门从100个减为61个，其中国务院部委由52个减为42个，直属机构由43个减为15个，办公机构由5个减为3个。国务院人员编制从5.1万人减为3万人，领导职数减少了67%。[④]

所以，这次改革的特点，就是精简撤并机构，机构撤并了，管事的人没

② 有学者将我国改革前的“全能主义”行政体制概括为以下6个方面的特征：（1）政府万能与社会萎缩；（2）政府职能过度膨胀；（3）政府职能结构不合理：经济职能过强、社会职能过弱，微观管理功能过强、宏观管理功能过弱，社会管制功能过强、社会服务功能过弱；（4）机构臃肿、部门林立、部门之间缺乏有效的协调；（5）行政机关工作人员队伍庞大，人浮于事；（6）权力过分集中。参见：石佑启、杨治坤、黄新波等著：《论行政体制改革与行政法治》，北京大学出版社2009年版，第51页。还可参见唐铁汉等著：《中国行政管理体制改革战略研究》，国家行政学院出版社2009年版，第21页。

③ 《邓小平文选》（第2卷），人民出版社1994年版，第396页。

④ 石佑启、杨治坤、黄新波等：《论行政体制改革与行政法治》，北京大学出版社2009年版，第46页。

了，所谓的职能也就没了。

当然，这次改革加强了中央对国家日常经济活动的集中统一领导，大规模精简机构和人员，明确部门职责分工和协调机制，提高工作效率。⑤ 这次改革根据重叠的机构撤销、业务相近的机构合并的原则，大规模撤并冗余重叠机构，明确部门分工，加强了部门的综合性、协调性。“通过这次机构改革，一定要坚决改变那种分工不合理、职责不分明的状况。只能因事用人，决不能因人设事。一个机构可以办的，就不要设许多机构；一级机构可以办的，就不要设几级机构；一个人可以办的，就不要配备几个人。每个机构，每个人，负什么责，办什么事，都要有个章程。”“机构精简之后，还要进一步深入研究各部门上下左右之间的工作关系、行政组织同经济组织之间的关系，以及政府机构怎样才能更好地管理企业事业单位并为它们服务，订出切实可行的规章制度。”⑥现在回头来看，通过一次机构改革就想达到这些目标，显然是很难实现的。

2. 1988 年的改革

1982 年机构改革后，由于经济体制改革的全面展开，政府体制滞后之处日益凸显：政府职能结构不合理，政企不分，政府直接管理、微观管理过

---

⑤ 根据国务院的部署，各部、委行动很快，第一批先行一步的 12 个单位已经取得了令人高兴的成果。从这 12 个单位的改革方案来看，机构臃肿、领导班子老化和人浮于事的状况，有很大的改变。这些单位精简后，部级单位由 12 个减到 6 个；部内的司、局级行政机构由 180 个减到 112 个；机关工作人员的编制，由原有的 8693 人，减到 5864 人，减少 33%。变化最大的是部、局两级领导班子精干了，副职大大减少了。部长、副部长原有 117 人，现在配备 27 人，减少 77%。正副司、局长原有 617 人，现在配备 304 人，减少 51%。这些单位精简后，部级领导干部的平均年龄，将由 64 岁降到 57 岁；司、局级干部的平均年龄，将由 59 岁降到 53 岁。大学文化程度的干部，在部级领导班子中，将由原来的 31%提高到 48%；在司、局一级，将由原来的 32%提高到 45%。新提拔的领导干部，有部长 2 人，副部长 5 人，正副司、局长 57 人。这些情况表明，在干部的年轻化、知识化和专业化方面，向前迈进了可喜的一步。参见《关于国务院机构改革问题的报告（1982 年）》，载中国人大网，http://www.npc.gov.cn/wxzl/gongbao/2000-12/26/content_5328235.htm，最后访问日期：2011 年 10 月 4 日。

⑥ 参见《关于国务院机构改革问题的报告（1982 年）》，载中国人大网，最后访问日期：2011 年 10 月 4 日。

多，间接管理、宏观调控不力；机构再次膨胀、层次过多、职责不清、相互扯皮，工作效率不高，到1988年，国务院设部委45个、直属机构22个、办事机构4个、由部委归口管理的国家局14个、非常设机构82个，工作人员总数5万余人；政府工作人员的素质和结构不适应经济的、法律的间接管理方式等；[⑦] 必须下决心对政府机构自上而下地进行改革。根据党的十三大精神，1988年4月9日，第七届全国人民代表大会第一次会议通过了《关于国务院机构改革方案的决定》。

这次改革提出以政府职能转变为关键，要求按照政企分开的原则，把直接管理企业的职能转移出去，把直接管钱、管物的职能放下去，把决策、咨询、调节、监督和信息等职能加强起来。政府对企业由直接管理为主逐步转到间接管理为主，减少政府机构直接干预企业经营活动的职能；强化宏观管理、淡化微观管理；重点改革专业经济管理部门，撤销专业部委组建公司，完善或新建一些综合和行业管理机构。同时，逐步理顺政府同人民团体的关系，把原来行政机关的部分职能转移到各种协会去承担。[⑧]此外，提出精简、统一、效能的原则，要求精干机构、精简人员，提高行政效率。提出适应党政职能分开和干部人事制度改革的要求等。[⑨]

可见，这次改革的特点在于针对“精简——膨胀——再精简——再膨胀”

---

⑦ 宋平：《关于国务院机构改革方案的说明（1988年）》，载中国人大网，http://www.npc.gov.cn/wxzl/gongbao/2000-12/26/content_5002068.htm，最后访问日期：2011年10月4日。

⑧ 所以，这次机构改革不是搞简单的撤减、合并，而是转变职能，按政企分开的原则，把直接管理企业的职能转移出去，把直接管钱、管物的职能放下去，把决策、咨询、调节、监督和信息等职能加强起来。比如，考虑到原国家计划委员会、国家经济委员会在职能上重复交叉比较严重，而且承担了许多应该由其他部门管理、甚至企业经营的具体事务。所以，撤销国家计划委员会、国家经济委员会，组建新的国家计划委员会，作为国务院管理国民经济和社会发展的综合部门，不再承担微观管理与行业管理的职能，是一个高层次的宏观管理机构。又如，撤销煤炭工业部、石油工业部、核工业部，组成中国石油天然气总公司、中国统配煤矿总公司、中国核工业总公司，新组建能源部作为国务院统管全国能源工业的职能部门对这些公司进行归口管理。参见宋平：《关于国务院机构改革方案的说明（1988年）》，载中国人大网，http://www.npc.gov.cn/wxzl/gongbao/2000-12/26/content_5002068.htm，最后访问日期：2011年10月4日。

⑨ 白钢等：《中国公共政策分析2001年卷》，中国社会科学出版社2001年版，第23页。

的问题，首次提出以转变政府职能为关键，着手理顺关系、转变职能、精简机构、提高效率，并探索国家公务员制度。不过，这次改革，还是通过重点改革专业经济管理部门，撤销专业部委组建公司，完善或新建一些综合和行业管理机构来进行，这表明政府职能转变走的还是动机构的路子。

3. 1993 年的改革

1992 年，党的十四大召开，明确提出我国经济体制改革的目标是建立社会主义市场经济体制。1993 年 3 月 22 日，第八届全国人大一次会议审议通过了《关于国务院机构改革方案的决定》。[10] 据此，这次改革把适应社会主义市场经济发展的要求作为改革的目标，仍然提出重点在转变职能，理顺关系，精兵简政，提高效率。

这次改革的主要方面还是进行了大幅度精简机构和人员。精简后保留和新设了宏观调控和监督部门，社会管理职能部门，以及关系国家经济命脉的基础行业部门和新型技术行业部门。国务院组成部门设置 41 个（含国务院办公厅），直属机构和办事机构 18 个，共设置 59 个，比原有的 86 个减少 27 个，非常设机构由 85 个减少到 26 个，人员精减了 20%左右。

同时，仍然提出改革的重点是转变政府职能，但是，特点是将政府职能转变的根本途径放在政企分开。

4. 1998 年的改革

根据党的十五大精神，1998 年 3 月 10 日，第九届全国人民代表大会第一次会议通过了《关于国务院机构改革方案的决定》，开展了改革开放以来规模最大的一次行政管理体制改革。这次改革的特点在于精简机构和人员规模力度很大，经过改革，除国务院办公厅外，国务院组成部门由 40 个减少为 29 个，人员从 3.2 万多人减为 1.67 万多人，减幅为 47.8%。[11] 这次改革基本上

---

⑩ 参见罗干：《关于国务院机构改革方案的说明（1993 年）》，载中国人大网，http://www.npc.gov.cn/wxzl/gongbao/1993-03/16/content_1481286.htm，最后访问日期：2011 年 10 月 5 日。

⑪ 石杰琳：《中西方政府体制比较研究》，人民出版社 2011 年版，第 202 页。

改变了计划经济时期形成的行政管理体制和组织结构，并逐步形成适应社会主义市场经济体制需要的新的行政管理体制。

同时，在政府职能转变上，原则仍然是按照发展社会主义市场经济的要求，转变政府职能，实现政企分开，把政府职能切实转变到宏观调控、社会管理和公共服务方面来。首次提出了政府由直接管企业、管生产和分钱、分物转变到宏观调控、社会管理和公共服务方面来；强调依法治国，完善行政组织法。

5. 2003 年的改革

根据党的十六大提出的深化行政管理体制改革的任务和十六届二中全会审议通过的《关于深化行政管理体制和机构改革的意见》，为了顺应加入世贸组织的新形势、新需要，2003 年 3 月 10 日，第十届全国人民代表大会第一次会议通过了《关于国务院机构改革方案的决定》。这次改革的特点是没有对机构数量和人员规模作大的调整，但明确提出把转变政府职能作为机构改革的关键，以适应社会主义市场经济体制为目标。坚持政企分开、精简、统一、效能和依法行政的原则，形成行为规范、运转协调、公正透明、廉洁高效的行政管理体制。政府要承担经济调节、市场监管、社会管理和公共服务职能，在加强宏观调控和市场监管职能上有所突破，并且实践改革法律保障原则，为建设适应社会主义市场经济需要的政府体制奠定了组织基础。[12]

6. 2008 年的改革

党的十七大明确提出，要加快行政管理体制改革，建设服务型政府。党的十七届二中全会通过了《关于深化行政管理体制改革的意见》，对行政管理体制改革进行了具体部署。根据党的十七大和十七届二中全会精神，2008 年 3 月 15 日，第十一届全国人民代表大会第一次会议通过了《关于国务院机构改革方案的决定》。这次改革突出了三个重点：一是加强和改善宏观调控，促

⑫ 参见王忠禹：《关于国务院机构改革方案的说明》，载《全国人民代表大会常务委员会公报》2003 年第 2 期。

进科学发展；二是着眼于保障和改善民生，加强整合社会管理和公共服务部门；三是按照探索职能有机统一的大部门体制要求，对一些职能相近的部门进行整合，实行综合设置，理顺部门职责关系。这次改革的主要内容有：[13]

（1）提出了深化行政管理体制改革的总体目标，到2020年建立起比较完善的中国特色社会主义行政管理体制。同时，提出了建设服务型政府。

（2）进一步转变政府职能。加快推进政企分开、政资分开、政事分开、政府与市场中介组织分开，更好地发挥市场在资源配置中的基础性作用，更好地发挥公民和社会组织在社会公共事务管理中的作用，更加有效地提供公共产品，改善民生。

（3）着力理顺部门职责关系，建立健全部门之间的协调配合机制，精简机构和人员，改革完善预算和税政管理，进行地方政府机构改革。深化乡镇机构改革，推进事业单位分类改革等。

可见，这次改革的特点是大部门制和行政管理体制上的改革，转变政府职能方面没有具体的规定。

二、政府职能转变历史过程的简析

综观6次机构改革，在政府职能转变上的基本特征，主要是精简机构和人员，但每次都有些不同之处。

第一，1982年到1998年的4次改革，是以大幅精简机构和人员为改革的主题，政府职能的转变处于次要地位。2003年到2008年的2次改革，虽然没有大幅精简机构和人员，主要文章还是在部门整合、职能归并等问题上，但是职能转变问题的重要性得到提升。

第二，1992年后，随着我国市场经济体制的改革目标的确立，政府职能转变问题就主要与适应经济体制改革的要求紧密联系，政企分开，向企业放

---

⑬ 同上。

权，就成了职能转变的主要内容和形式。所以，1993 年的第 3 次改革虽然提出改革的重点是转变政府职能，但是特点是将政府职能转变的根本途径放在政企分开。

具体操作是按照建立社会主义市场经济体制的要求，大力转变职能，政企分开、简政放权，推动企业进入市场，加强宏观调控和监督部门，强化社会管理职能部门，减少具体审批事务和对企业的直接管理。政府还权于市场、企业和社会，行政管理职能主要是统筹规划、掌握政策、信息引导、组织协调、提供服务和检查监督。综合经济部门重点搞好宏观管理和国民经济发展战略、发展规划和经济总量的平衡，制定产业政策，培育与发展市场，有效调控社会经济活动。专业经济部门一类逐步改组为不具有政府职能的经济实体，或改为国家授权经营国有资产的单位，或改为行业管理组织，将原有的政府管理职能转移给政府综合部门负责；一类是改为行业总会，作为国务院的直属事业单位，保留行业管理职能；一类是保留或新设的行政部门，主要职能是规划、协调、服务、监督。

1998 年的第 4 次改革重点在机构改革和精简人员上。在政府职能转变上，仍然是按照发展社会主义市场经济的要求，实现政企分开。当然，在宏观政策层面首次提出的政府由直接管企业、管生产和分钱、分物转变到宏观调控、社会管理和公共服务方面来，也是值得肯定的。

第三，2003 年的第 5 次改革虽然提出要进一步转变职能，减少行政审批事项，提出政府要承担经济调节、市场监管、社会管理和公共服务职能，按照政事分开原则，改革事业单位管理体制，但是，基本思路还是“政企分开”的路子。直到 2008 年的第 6 次改革，这种情况延续下来。所以，2008 年的改革关于职能转变的内容，还是这样表述的：加快推进政企分开、政资分开、政事分开、政府与市场中介组织分开，更好地发挥市场在资源配置中的基础性作用，更好地发挥公民和社会组织在社会公共事务管理中的作用，更加有效地提供公共产品，改善民生。

第四，把“政企分开”作为政府职能转变的根本路径，这是从计划经济体制向社会主义市场经济体制转变阶段的历史条件决定的，也是适应建立社会主义市场经济体制的要求的最好的选择。政府职能的定位，从全能政府管制，到逐步推行政企分开、政资分开、政事分开、政府与社会中介组织分开。政府还权于市场、还权于公民社会，不再直接干预企业的微观生产经营活动。同时，加强宏观调控，明确政府承担经济调节、市场监管、社会管理、公共服务等职能。政府不过多的管企业的微观经济活动，把权力下放给企业时，政府管理企业经济活动的职能就自然随之转变了。这也是这个历史阶段和经济发展过程中最迫切需要解决的问题。这种政府职能的成功转变，也促使计划经济体制迅速顺利地转变为社会主义市场经济体制。

此外，在管制与服务关系上，从只注重政府管制、维持社会管理秩序，到开始重视公共服务，提出要以改善民生为重点，加强社会管理和公共服务，建设服务型政府。

第五，尽管在这6次改革中，没有把行政审批制度改革作为政府职能转变的基本路径，但是，2003年颁布实施的行政许可法，却在客观上促使了政府职能的转变不仅仅在经济领域，并且呈现了法制化的趋势。行政许可法颁布前后，国务院先后六批取消和调整行政审批项目，2002年第一批取消了789项；2003年第二批取消了406项，另将82项行政审批项目作改变管理方式处理，移交行业组织或社会中介机构管理；2004年第三批取消了385项，同时改变管理方式、不再作为行政审批、实行自律管理的行政审批项目39项；2007年第四批取消128项；2010年第五批取消113项。国务院先后五批次取消调整行政审批项目2142项，占改革前行政审批项目总数的一半以上。2012年第六批又取消了171项。行政许可法实施后，通过行政审批制度改革，不仅扩展了政府职能转变的广度，也拓展了转变的深度。

由上可见，这6次改革的过程中，政府职能转变经历了由单纯强调精简机构和人员，到提出转变政府职能，并加强行政法制建设的阶段，经历了逐步重视政府职能转变，到以其为整个行政管理体制改革的核心和关键的过程，经历了以政企分开为政府职能转变根本路径的选择。

三、2013：转变政府职能的新路径

2013年3月，第十二届全国人大第一次会议审议通过的《国务院机构改革和职能转变方案》，打出了机构改革与职能转变同步进行的“组合拳”。国务院组成部门将减少至25个，这是改革开放以来第七次机构改革，是备受瞩目的一次重大系统性改革举措，参加全国两会的代表和政协会的委员们认为，这将推进政府由“全能型”向“服务型”转变。

这个方案，以邓小平理论、“三个代表”重要思想、科学发展观为指导，根据党的十八大和十八届二中全会精神，要高举中国特色社会主义伟大旗帜，按照建立中国特色社会主义行政体制目标的要求，以职能转变为核心，深化国务院机构改革和职能转变，重点围绕转变职能和理顺职责关系，继续简政放权、推进机构改革、完善制度机制、提高行政效能，加快完善社会主义市场经济体制，为全面建成小康社会提供制度保障。

这次政府职能转变，首先是强调政府职能转变深化行政体制改革的核心，同时，明确指出政府职能转变的总的原则和方向：这次国务院机构职能转变，按照政府职能向创造良好发展环境、提供优质公共服务、维护社会公平正义转变的要求，适应加强市场监管、提供基本社会保障的需要，转变国务院机构职能，处理好政府与市场、政府与社会、中央与地方的关系，深化行政审批制度改革，减少微观事务管理，该取消的取消、该下放的下放、该整合的整合，以充分发挥市场在资源配置中的基础性作用、更好地发挥社会力量在管理社会事务中的作用、充分发挥中央和地方两个积极性，同时该加强的加强，改善和加强宏观管理，注重完善制度机制。通过推动职能转变，加快形成权界清晰、分工合理、权责一致、运转高效、法治保障的国务院机构职能体系，真正做到该管的管住管好，不该管的不管不干预，切实提高政府管理的科学化水平。也就是说，在职能转移、下放、整合、加强这四个方面着力推进。一是，在推进职能转移上，着力解决政府与市场、政府与

社会的关系问题，充分发挥市场在资源配置中的基础性作用，更好地发挥社会力量在管理社会事务中的作用；二是，在推进职能下放上，着力解决国务院部门管得过多过细问题，充分发挥中央和地方两个积极性；三是，在推进职能整合上，着力解决职责交叉、推诿扯皮问题，提高行政效能；四是，在推进职能加强上，着力解决国务院部门抓大事管宏观不够问题，改善和加强宏观管理，注重完善制度机制。

这次政府职能转变的最大亮点和特点，是不仅明确了政府职能转变的总的原则和方向，更重要的是明确了职能转变的路径和突破口——行政审批制度改革，明确列出了几个非常清晰的重点和措施，并且在行政审批制度改革方面有大的突破。主要有：

一是减少和下放投资项目审批，最大限度地缩小审批、核准、备案范围，切实落实企业和个人投资自主权。对确需审批、核准、备案的项目，要简化程序、限时办结。对已列入国家有关规划需要审批的项目，除涉及其他地区、需要全国统筹安排或需要总量控制的项目以及需要实行国家安全审查的外资项目外，在按行政审批制度改革原则减少审批后，一律由地方政府审批。对国家采用补助、贴息等方式扶持地方的点多、面广、量大、单项资金少的项目，国务院部门确定投资方向、原则和标准，具体由地方政府安排，相应加强对地方政府使用扶持资金的监督检查。同时，为避免重复投资和无序竞争，强调要加强土地使用、能源消耗、污染排放等管理，发挥法律法规、发展规划、产业政策的约束和引导作用。

二是减少和下放生产经营活动审批事项，按照行政审批制度改革原则，最大限度地减少对生产经营活动和产品物品的许可，最大限度地减少对各类机构及其活动的认定等非许可审批。市场主体能够自主决定、市场机制能够有效调节、行业组织能够自律管理、行政机关采用事后监督能够解决的事项不设立审批。下放生产经营活动审批事项。凡直接面向基层、量大面广或由地方实施更方便有效的生产经营活动审批，一律下放地方。

三是减少资质资格许可和认定，对不符合行政许可法规定的，一律予以取消；按规定需要对企业事业单位和个人进行水平评价的，改由有关行业协会、学会具体认定。除法律、行政法规或国务院有明确规定的外，其他达标、评比、评估和相关检查活动一律予以取消。

四是减少行政事业性收费，取消不合法不合理的行政事业性收费和政府性基金项目，降低收费标准，建立健全政府非税收入管理制度。

五是逐步改革工商登记制度，对按照法律、行政法规和国务院决定需要取得前置许可的事项，除涉及国家安全、公民生命财产安全等外，不再实行先主管部门审批、再工商登记的制度，商事主体向工商部门申请登记，取得营业执照后即可从事一般生产经营活动；对从事需要许可的生产经营活动，持营业执照和有关材料向主管部门申请许可。即将“先证后照”改为“先照后证”。将注册资本实缴登记制改为认缴登记制，并放宽工商登记其他条件。为严格控制新设行政审批项目，防止边减边增，今后一般不新设许可，因特殊需要确需新设的，必须严格遵守行政许可法的规定，加强合法性、必要性和合理性审查论证，同时抓紧规范非许可审批项目的设定和实施。改革工商登记制度。

政府职能转变在行政审批制度改革这五个方面很具体，很有可操作性，真正把政府职能转出去了，落到了实处。这对充分发挥市场在资源配置中的基础性作用，加大企业自主决策权，解决市场准入和就业门槛较高，企业和个人办事难、成本高的问题比较突出，为从体制机制上最大限度地给各类市场主体松绑，激发企业和个人创业的积极性意义重大。同时，更好地发挥社会力量在管理社会事务中的作用，充分发挥中央和地方两个积极性，使政府职能转变有很好的承接。此外，优化职能配置，进一步理顺部门职责关系，实现资源共享，最大限度地整合分散在国务院不同部门相同或相似的职责，解决部门职责分工不尽合理，存在不少职责交叉、分散等问题。这次机构改革和职能转变上，还强调加强制度建设和依法行政，建设职能科学、结构优化、廉洁高效、人民满意的服务型政府，提高政府依法行政水平，需要把治国理念转化为制度体制机制，加强事关长远的制度机制整体设计，加快法治政府建设。

关于政府职能转变与行政审批制度改革问题，李克强总理 2013 年 5 月在国务院机构职能转变动员电视电话会议上的讲话中有非常精辟的论述。他指出：这次国务院机构改革和职能转变，是在改革开放以来历次机构改革、简政放权的基础上进行的。其特点是改革方案把机构改革和职能转变有机结合起来，把职能转变作为核心，把行政审批制度改革作为突破口和抓手，这是我们思路的进一步创新。转变政府职能，就是要解决好政府与市场、政府与社会的关系问题，通过简政放权，进一步发挥市场在资源配置中的基础性作用，激发市场主体的创造活力，增强经济发展的内生动力；就是要把政府工作重点转到创造良好发展环境、提供优质公共服务、维护社会公平正义上来。也就是说，既要把该放的权力放开放到位，又要把该管的事务管住管好，这不仅是当前形势下稳增长、控通胀、防风险的迫切需要，也是保持经济长期持续健康发展的重大举措，是我国经济社会发展到这一阶段的客观要求。[14]

根据国务院的要求，取消和下放行政审批项目的工作随即展开。2013 年 5 月 15 日，国务院发布了《国务院关于取消和下放一批行政审批项目等事项的决定》，决定取消和下放一批行政审批项目等事项，共计 117 项。其中，取消行政审批项目 71 项，下放管理层级行政审批项目 20 项，取消评比达标表彰项目 10 项，取消行政事业性收费项目 3 项；取消或下放管理层级的机关内部事项和涉密事项 13 项（按规定另行通知）。[15] 另有 16 项拟取消或下放的行政审批项目是依据有关法律设立的，国务院将依照法定程序提请修法。这些取消和下放的行政审批等事项，重点是经济领域投资、生产经营活动的项目，包括一些对企业投资项目的核准，涉及企业生产经营活动的许可，以及涉及企业、社会组织和个人的资质资格认定等。

---

⑭ 《李克强在国务院机构职能转变动员电视电话会议上的讲话（2013 年 5 月 13 日）》，载《人民日报》2013 年 5 月 15 日，第 2 版。

⑮ 《国务院关于取消和下放一批行政审批项目等事项的决定》（国发〔2013〕19 号）。

2013年5月31日，李克强主持召开国务院常务会议，围绕转变政府职能通过一批法律修正案草案和废止、修改部分行政法规的决定。此次政府职能转变有16项拟取消和下放的行政审批事项涉及需要修改法律，30多项涉及需要修改行政法规。为有序推进这项工作，把转变职能、简政放权各项措施尽快落到实处，会议讨论通过了《税收征收管理法》等12部法律的修正案草案和国务院关于废止、修改部分行政法规的决定草案。同时，为加强事中事后监管，这次修改法律、行政法规时，进一步健全了有关监管制度。会议强调，在推进职能转变过程中，要始终贯彻依法治国的基本方略，坚持依法办事，提高依法行政水平，不断推进法治政府建设。会议决定，上述法律修正案草案经修改后，由国务院提请全国人大常委会审议；国务院关于废止、修改部分行政法规的决定以国务院令公布施行。[16]

从这次政府职能转变看，有三个明显特点：

一是，抓住了行政审批制度改革这个突破口和关键处，深入推进政府职能转变。在这次取消和下放的事项中，取消的有107项，超过80%，目的就是要尽快降低市场准入门槛，从体制机制上给市场主体松绑，进一步激发企业和个人创业的积极性。同时，把一些适合由地方管理的事项下放给地方，发挥地方的管理优势，调动地方的积极性。重点选择投资审批、企事业单位及社会组织生产经营和业务活动审批、资质资格许可认定等制约经济社会发展活力、人民群众反映强烈的审批事项。

二是，对不该管的事、不该有的权，坚决取消，彻底下放，不搞形式、不避重就轻。通过简政放权，进一步发挥市场在资源配置中的基础性作用，激发市场主体的创造活力，增强经济发展的内生动力；就是要把政府工作重点转到创造良好发展环境、提供优质公共服务、维护社会公平正义上来。

---

⑯《李克强主持召开国务院常务会议——研究部署进一步加强婴幼儿奶粉质量安全工作 围绕转变政府职能通过一批法律修正案草案和废止、修改部分行政法规的决定》，载光明网，最后访问日期：2013年5月31日。

三是，注重法制对政府职能转变的引领、推动和保障。这次政府职能转变决定发布后，国务院很快就通过了会议讨论通过了《税收征收管理法》等12部法律的修正案草案和国务院关于废止、修改部分行政法规的决定草案。相应对有关政府职能转变事项进行了规范。

四、关于以行政审批制度改革为突破口来转变政府职能的几点思考

前几次改革虽然提出过政府职能转变，但是没有真正找到政府职能转变的突破口，没有抓住行政审批制度改革这个关键。1982年的改革，虽然从机构上进行了精简，但是没有真正提出政府职能转变。1988年的改革提出了政府职能转变，特别是党的十四大后建设社会主义市场经济体制，强调以政府职能转变为重点，但是仍旧没有把处理好政府与市场、社会的关系落脚在行政审批制度改革这个核心问题上。2003年行政许可法发布前后，按照行政许可法的要求，开始了行政审批清理，取消和调整了一些行政审批项目。但是，在改革中，也没有明确提出政府职能转变要以行政审批制度改革为突破口。现在，明确提出政府职能转变要以行政审批制度改革为突破口，并以此为关键推进政府职能的转变，这既是历史发展的必然结果，也符合中国经济社会管理的特征，是完全正确的路径选择。我们应当坚定这条路径。但是，在行政审批制度改革的过程中，还存在一些问题，不利于政府职能的转变。

第一，行政审批制度改革还没有到位，取消和调整行政审批的力度还需要进一步加大。2013年前，虽然国务院部门已先后分六批取消和调整了2497项行政审批项目，占原有总数的69.3%。31个省（区、市）本级共取消和调整了3.7万余项行政审批项目，占原有总数的68.2%。[17] 但是，国务院各部门还有大约1300多项行政审批事项，有的不需要进行许可，这不仅包办了该由

---

[17] 温家宝：《努力建设人民满意的政府》，载《求是》2013年第2期。

企业负责的决策，费力办了事，又不符合发展要求，还影响政府形象。正如李克强总理说：有些审批事项看起来让人费解，要下决心进一步打开转变政府职能这扇大门，把该放的权力放到位，激发各类市场主体发展活力和创造力。[18] 应当坚持市场化改革取向，做到最大限度减少对生产经营活动和产品物品的许可，最大限度缩小投资项目审批、核准、备案的范围，最大可能减少对各类机构及其活动的认定，原则上取消不符合行政许可法规定的资质资格许可。

第二，政府职能转变过程中法制设计、引领，法制保障不够。有学者认为，我国的改革应该在改革的启动、设计、程序、保障等方面法治化，不能由行政机关自己来设计并主导自己的机构改革。[19] 有的学者认为，我国宪法和行政组织法、行政编制法等关于政府职能配置尚不完善，应当进行修改，增强对我国的行政体制改革进行设计和保障，推动政府职能配置改革的顺利进行。[20] 有的学者从行政主体的角度对政府职能配置改革路径进行分析，提出应当构建多元化的公共行政主体来配置行政权力。[21] 有的学者从公共行政范式转换的角度，研究政府职能转变及其行政法变化，提出我国行政范式不能单一化，应当完善我国政府职能配置的范式，提升行政相对人的法律地位。[22] 还有学者从行政相对人在行政改革中的权利和地位的角度，提出政府职能配置改革应当尊重行政相对人的知情权、参与权、改革监督权等法律权利。政府职能转变后，相应的法律法规没有及时得到清理，并进行修改、完善和废止，改革成果缺乏法制保障。有的行政审批项目，国务院已经取消了，但是

---

⑱ 《李克强在国务院机构职能转变动员电视电话会议上的讲话（2013 年 5 月 13 日）》，载《人民日报》2013 年 5 月 15 日，第 2 版。

⑲ 薛刚凌主编：《行政体制改革研究》，北京大学出版社 2006 年版，第 261 页。

⑳ 石佑启、杨治坤、黄新波：《论行政体制改革与行政法治》，北京大学出版社 2009 年版，第 91–154 页。

㉑ 薛刚凌主编：《行政主体的理论与实践——以公共行政改革为视角》，中国方正出版社 2009 年版，第 72 页。

㉒ 石佑启：《论公共行政与行政法学范式转换》，北京大学出版社 2003 年版，第 157 页。

一些地方和部门依据被废止的行政法规制定的实施行政许可的规章还在，过了很长一段时间也不进行清理，甚至仍然依据该规章实施行政许可，侵害公民合法权益。

第三，有的行政审批项目取消后，还需加强后续的监管措施。比如，在有的行政管理方面采取了不少职能转变的措施，但重事前审批、轻事中事后监管问题仍然严重，未能实行全过程监管，造成取消行政审批后，出现一些管理上的问题。

第四，有的地方通过政策文件、规章变相设置行政许可，需要加以审查纠正。比如，有的通过备案搞变相许可，有的增设行政许可条件，有的违规增设行政许可事项和环节，需要予以纠正。比如，行政法规就某事项规定了事后监督原则，有关行政主管部门应当加强事后监管，落实有关监管措施。但有关行政主管部门却发布规章，以加强监管的名义要求备案，未经备案不得从事经营活动。这就变相设置了行政许可，违反了上位法规定的事后监督的基本原则，也违反了行政许可法规定的市场主体通过自律能解决的靠市场主体自身解决的精神。在行政许可法对行政许可的设定权和实施机关已经作出明确规定的情况下，某些部门在规章中仍为本部门设定具有行政许可性质的"审批""资质审查""批准备案"等权限。这些做法，实际上不利于政府职能的转变。

针对上述问题，为了真正把政府职能转变到位，在行政审批制度改革这个突破口上，有以下几点考虑：

第一，从严控制行政许可的设定，巩固行政审批制度改革这个突破口。

严格行政许可设定，是深化行政审批制度改革、推进政府职能转变的必然要求。凡公民、法人或者其他组织能够自主决定，市场竞争机制能够有效调节，行业组织或者中介机构能够自律管理的事项，政府都要退出。凡可以采用事后监管和间接管理方式的事项，一律不设前置审批。以部门规章、文件等形式违反行政许可法规定设定的行政许可，要限期改正。探索建立审批项目动态清理工作机制。

有的同志建议，一是严格依法办事，除法律、行政法规外，其他地方性法规、部门规章和地方政府规章以及所有文件，一律不允许设立行政审批事项。二是除特殊领域和行业、职业（包括直接涉及国家安全、公共安全、经济宏观调控、生态环境保护以及直接关系人身健康、生命财产安全等特定活动；有限自然资源开发利用、公共资源配置以及直接关系公共利益的特定行业的市场准入等；提供公众服务并且直接关系公共利益的职业、行业，需要具备特殊信誉、特殊条件或者特殊技能等资格、资质的事项；直接关系公共安全、人身健康、生命财产安全的重要设备、设施、产品、物品，需要按照技术标准、技术规范，通过检验、检测、检疫等方式进行审定的事项；企业或者其他组织的设立等，需要确定主体资格的事项，等等），可以设立行政审批外，其他领域和行业、职业等，都应当向社会资本开放，允许企业、社会组织和公民个人自由投资，自担风险，政府无须再设立审批门槛。三是凡是能够通过技术标准或者其他手段解决的事项，原则上也不得设立行政审批。四是凡是涉及向企业和公民提供公共服务的事项，如居民身份证、结婚证等，都应当简化程序，减少环节，方便群众。五是凡是一个部门、一个审批能够解决的事项，不得由多个部门设多个审批，增加办事成本。㉓

对此，我们认为是有一定道理的。从理论上看，我们认为：（1）对企业不使用政府性资金的投资活动，对人员能力水平评价的事项，对中介服务机构所代理的事项，对产品、活动实施行政许可的事项，应当从严控制。（2）通过严格执行现有管理手段和措施能够解决的事项，不得设定行政许可。通过技术标准、管理规范能够有效管理的事项，不得设定行政许可。（3）对同一事项，在一个管理环节设定行政许可能够解决的事项，不得在多个管理环节分别设定行政许可。同时，积极推进行政审批规范化建设。新设审批项目必须于法有据，并严格按照法定程序进行合法性、必要性、合理性审查论证。

㉓ 陈富智：《行政审批制度改革的目标》，载《学习时报》2013年7月15日。

第二，坚持法制引领政府职能转变，及时修改、废止有关法律法规，巩固和保障改革成果。

政府职能转变，涉及划分公权力和私权利的界限，涉及分配社会资源，协调不同的个人之间、群体之间、公民与国家之间的利益之争以及各个领域的利益失衡，保障人们的正常生活和社会秩序。当前，我国仍处于并将长期处于社会主义初级阶段的基本国情没有变，人民日益增长的物质文化需要同落后的社会生产之间的矛盾这一社会主要矛盾没有变，这一主要矛盾导致我国各种社会矛盾产生的根本原因在于在不同的阶层、群体之间不断扩大的利益分化和失衡。[24] 实践证明，法律是调整利益分配的最有效手段，有效的社会管理需要依照法律建立有效的利益表达的法律机制、利益分配机制、利益协调平衡机制。[25] 在“权力法定”这个大前提下，就政府职能转变而言，除了坚持政府的主导地位，还需要进一步倡导改革法律先行，改革成果用法律来保障，制定部门组织法、行政收费法，并完善国务院组织法、地方政府组织法，推动机构和编制的法治化，涉及具体事项的改革，还需要制定单行法律法规来推动改革的进程，并及时巩固改革成果。

取消行政审批后，如果不及时对有关法律法规进行清理，就不能很好地巩固改革成果，很有可能反复。因此，需要在决定取消行政审批项目后，及时启动有关法律的修改废止程序。至于行政许可法治化与法律法规的清理修改和废止等方式问题，当前多采用发布一个国务院决定或者“一揽子修法”方式，提高了修法的效率，可以继续推行。

第三，放、管结合，加强市场监管，强化法制监督，确保政府职能转变顺利进行。

转变职能，放和管是两个轮子，只有两个轮子都做圆了，车才能跑起来。大量减少行政审批后，政府管理要由事前审批更多地转为事中事后监管，实

㉔ 王春光：《快速转型时期的利益分化与社会矛盾》，载《江苏社会科学》2007 年第 2 期。

㉕ 邓伟志主编：《创新社会管理体制》，上海社会科学院出版社 2010 年版，第 443 页。

行“宽进严管”。加强事中事后监管，发现问题就必须叫停、处罚。现在有的地方和部门搞事后备案，通过掌握信息来加强监管，有的地方取消审批后，进一步创新公共服务方式，优化必要的行政审批程序，同时对行政相对人的违法行为严格监管，发现有违反其他相关法律法规的行为，予以严肃处理，真正做到严格规范公正文明执法，这些做法都是值得借鉴的。

另外，要强化法制监督，下位法设定行政许可不得违反上位法，包括规章、规范性文件不得设定行政许可。监督行政许可的合法设定，有利于巩固行政审批制度的改革成果，维护社会主义法制统一，推进依法行政。

行政主体法定的理论与实践研究*

杨小军　陈建科**

前　言

行政主体法定理论深受行政被告制度与理论的影响，至今仍保持着浓厚的诉讼法特色。该理论就是行为主体、权力主体和责任主体三主体的统一。行政主体的职权来源于宪法组织法的直接规定，或者单行立法的授权，而且只有宪法、组织法，或者单行立法的形式规定的行政主体，才是合法合格的行政主体，其他法律形式不具有确定行政主体的资格。在这样的理论和制度下，结论就是：行政主体是被法所直接确定的，包括组织法、单行法，其他非立法形式不能确定行政主体；行政主体范围被界定为：政府、政府部门、派出机关。但是以行政被告资格制度为核心的现行行政主体法定理论和制度，不能代表行政实践和行政制度，难以解释行政改革过程中出现的新问题，无法回应行政主体多元化的客观现实，另外行政主体的理论和制度也存在不一致之处。因此，我们认为，行政主体法定仍然应当是坚持的制度，但是主体法定当理解为政府根据立法确定行政主体的制度。但是政府确定行政

---

* 本论文是国家社科基金重大课题《进一步建设法治政府目标与任务研究》（10zd&042）的阶段性研究成果。本文原发表于《桂海论坛》2014 年第 4 期。

** 杨小军，国家行政学院教授、博士生导师，法治政府协同创新中心教授；陈建科，国家行政学院博士生。

主体要受到一定的制约，要将权力关进制度的笼子里，确定权力的应当是政府，建章立制，将确定行政主体的规范性文件主动公开，同时兼顾行政体制及其改革目标与形势，以及理顺相关权力关系。

一、现有理论与制度

（一）主体法定理论的诉讼法特色

行政主体法定理论深受行政诉讼制度和理论的影响（被告资格制度），至今仍然保留着浓厚的诉讼特色。行政诉讼法制定以后，针对行政行为不服，相对人应当以谁为被告提起行政诉讼成为问题。行政机关概念的局限性已经比较明显，难以胜任这一使命，至少难以周延被告的范围。[①] 从另一个角度讲，行政诉讼法制定以后面临着行政诉讼被告资格的抽象化的现实需求。《行政诉讼法》第25条规定的一般情况下的被告、经过复议案件的被告、共同作出行政行为的案件被告、行政委托案件的被告、行政机关被撤销案件的被告、以及法律法规所作行为的被告确定情形，实际上抽象出“行政机关和法律、法规授权组织”；1999年最高人民法院《关于执行〈中华人民共和国行政诉讼法〉若干问题的解释》中第20条关于被告确定的补充，特别是第23条中规定：“原告所起诉的被告不适格，人民法院应当告知原告变更被告；原告不同意变更的，裁定驳回起诉。应当追加被告而原告不同追加的，人民法院应当通知其以第三人的身份参加诉讼”；这些规定正好为行政主体法定理论的存在提供了实在法依据，或者加强其存在的合理性，人们拿行政主体法定理论来判断合法合格行政诉讼被告也就似乎无悖于法理。[②] 在我国行政诉讼制度的起步阶段，将行政主体法定理论与行政诉讼被告对应起来，无论对于行政相对人还是人民法院都具有便捷和简明的效果，虽然这种勾连并非无懈可

① 参见杨海坤、章志远：《中国行政法基本理论研究》，北京大学出版社2004年版，第178页。
② 参见周志刚：《行政法学专论》，厦门大学出版社2009年版，第119-120页。

击，实用主义和过于简单化的倾向明显，[③] 但是被告资格制度对行政主体法定理论的影响是直接而重大的。

（二）行政主体资格理论

行政主体资格理论，简单地说就是权力主体、行为主体、责任主体三者的统一。按照行政法的理论，行政主体资格的法律要件一般有三：[④]（1）行政主体应当是享有行政职权的组织；（2）行政主体应当能够以自己的名义实施行政活动；（3）行政主体应当具有能够独立承担由实施行政活动所带来的法律责任的权利能力。[⑤] 理论通说和法律以及司法解释对于行政被告的资格条件说法、规定不少，但是实质条件也是这三点：其一，必须是行政行为主体。所谓行为主体，就是指作出被诉行为的主体。“被告须是被诉具体行政行为的主体。……主体与行为之间必须有行为人与行为的关系。一般来讲，凡是以自己的名义独立作出具体行政行为，该主体就是该诉讼的被告。”[⑥] 即便是不作为行为，也不能免除行为主体的条件要求。其二，须是行政职权主体。没有权力独立对外作出行政行为的，不是行政法上的行政主体，不具有行政法上独立的“人格”和地位，不能成为适格的行政被告。也就是说，“虽然以自己的名义作出具体行政行为，但因其没有取得法定行政主体资格，不能独立承担责任”。[⑦] 其三，须是责任主体。成为行政被告，不仅事实上有行为要

③ 参见杨海坤、章志远：《中国行政法基本理论研究》，北京大学出版社2004年版，第182页。

④ 参见叶必丰：《行政法与行政诉讼法》，高等教育出版社2007年版，第104-108页；王周户：《行政主体》，载王连昌、马怀德主编：《行政法学》，中国政法大学出版社2007年第3版，第42-46页；李海平：《行政主体资格》，载应松年主编：《行政法与行政诉讼法》，中国人民大学出版社2009年版，第63-65页。

⑤ 这一点与民事责任能力不同，民事责任能力说到底是财产责任能力，而行政被告的责任能力则是权利能力，即行为主体在法律上是否具备了独立承担责任的资格。该资格又是以法律赋予的独立权利为依据的。

⑥ 应松年主编：《行政诉讼法学》，中国政法大学出版社2011年第5版，第129页。

⑦ 参见最高人民法院行政审判庭编：《关于执行〈中华人民共和国行政诉讼法〉若干问题的解释释义》，中国城市出版社2000年版，第38页。

求，身份上有行政职权主体要求，责任方面，还应当具备独立承担其行为法律责任与后果的权利能力，否则不具备行政被告资格。这一要求典型地反映在最高人民法院《关于执行〈中华人民共和国行政诉讼法〉若干问题的解释》（以下简称《若干问题的解释》）第20条的规定中，即“行政机关组建并赋予行政管理职能但不具有独立承担法律责任能力的机构，以自己的名义作出具体行政行为，当事人不服提起诉讼的，应当以组建该机构的行政机关为被告”。⑧ 以行为主体、职权主体、责任主体三要素确定行政被告资格实际上就是以行政主体资格标准确定行政被告，也就是将行政主体资格理论直接移植到了行政被告资格制度与理论中。可以说，现在的行政主体资格理论是行政被告资格理论的基础，这种理论我们可以称之为“行政主体资格说”。⑨

（三）主体法定的职权来源与“法”之表现形式

行政主体职权来源有固有职权、授予职权以及委托职权三种；行政主体法定，即只有组织法、单行法直接规定的执法主体，才是合格的行政主体，才被认定为该行政职权的合法主体。《行政诉讼法》第26条规定，“公民、法人或者其他组织直接向人民法院提起诉讼的，作出行政行为的行政机关是被告。经复议的案件，复议机关决定维持原行政行为的，作出原行政行为的行政机关和复议机关是共同被告；复议机关改变原行政行为的，复议机关是被告。复议机关在法定期限内未作出复议决定，公民、法人或者其他组织起诉原行政行为的，作出原行政行为的行政机关是被告；起诉复议机关不作为的，复议机关是被告。两个以上行政机关作出同一行政行为的，共同作出行政行为的行政机关是共同被告。行政机关委托的组织所作的行政行为，委托的行政机关是被告。行政机关被撤销或者职权变更的，继续行使其

---

⑧ 原则上临时组建的机构不具有被告资格，但是具有独立承担责任能力的除外。参见江必新：《中国行政诉讼制度之发展——行政诉讼司法解释解读》，金城出版社2001年版，第121页。

⑨ 参见杨小军：《行政被告资格辨析》，载《法商研究》2003年第6期。

职权的行政机关是被告”。《若干问题的解释》第20条将授权的依据由法律法规扩大到规章。由此可以看出我国的行政主体职权主要有三种：固有职权、授予职权、委托职权。有学者认为，行政主体的资格都是通过法律赋予的，这些法律包括宪法、行政组织法或者特别法律法规；通过宪法与行政组织法的规定获得的是固有职权，通过特别法律法规获得的是授予职权，但是有些法律法规虽然表面上表现为授权，但是规定的是行政机关宪法或者组织法规定的固有职权，此时不能称为授权，应为固有职权。[10] 无论是是固有职权还是授予职权主体，其职权的获得均是由法律（包括宪法、组织法和单行法律、法规或者规章）所直接规定了的，任何其他的规范性文件不具有设定或者授予行政职权的法律效力；通过其他非立法形式获得“行政职权”的组织不是行政主体，不具备行政主体资格，不具有行政法上的法律地位。[11]

（四）小结

在这个理论和制度之下，结论就是：行政主体具有浓厚的行政诉讼法特色，深受行政被告资格制度与理论的影响；行政主体资格是行为主体、权力主体和责任主体三者的统一；行政主体的职权来源有固有职权、授予职权和委托职权三种；行政主体是被法所直接确定的，包括组织法、单行法，其他非立法形式不能确定行政主体。行政主体范围被界定为：政府、政府部门、派出机关。

---

⑩ 梁凤云：《行政主体资格的取得、变更、消灭和确认》，载朱维究、王成栋主编：《一般行政法原理》，高等教育出版社2005年版，第123-130页。

⑪ 法律地位与法律资格密切相关。取得了行政主体资格才能具有行政主体法律地位。所谓行政主体的法律地位是指具有行政职权、享有行政优益权、必须履行行政职责、必须对违反职责承担责任、可以用自己的名义实施行政行为、应以自己的名义承受行政行为所引起的法律效果、可以用自己的名义参加诉讼活动，等等。参见应松年主编：《行政法与行政诉讼法》，中国人民大学出版社2009年版，第63页；胡建淼：《行政法学》，法律出版社2010年版，第69页。

二、问题所在

以行政诉讼被告资格为核心的上述制度和理论，不能代表行政实践和行政制度，主要存在以下问题：

（一）难以解释行政改革中出现的新问题

现有行政主体法定理论无法回应机关改革、行政体制改革等普遍出现的政府对行政机构及其职权的分配、再分配事实。按照上述理论，这些改革大多无法改变主体法定的事实，导致改革是政治但不是法治的悖论。在传统的行政主体法定理论下，行政主体的资格是法律法规直接确定的，但在行政机构改革中，越来越多的行政主体的资格都不是法律法规直接规定的，而是同级政府或者上级行业主管部门根据法律法规的规定直接确定的。行政机关主体法定的理论，面对的缺失行政主体由行政机关内部文件（如“三定方案”）确定的，甚至一些具体的行政事务还是政府内部会议纪要、协调会议之类的确定的。这种矛盾的事实普遍存在，我们不能视而不见，或者一味地否定机构改革的普遍事实。

（二）无法回应行政主体多元化的事实

行政主体法定理论引入，根据宪法行政组织法的规定形成固有职权行政主体，根据授权形成授权行政主体，暂时破除了国家是行政的唯一承担者的观念，适应了权力社会化的部分要求。改革开放以来，特别是随着改革开放的进一步推进，行政主体的形式更加多元化，政府简政放权进行机构和行政改革，权力重新整合，向下级和社会转移，这就面临着一个如何从理论上进行解释的问题。有学者试图从“法律法规授权”解释入手着力解决这一问题，这一解释本身存在问题不说，一些组织虽然没有法律法规授权，但是却对外行使行政管理权，可以进行行政处罚甚至进行行政复议和行政立法，实际行使着行政主体的权力，有的还大于一般行政主体的权力，这样法律法规授权就难以解释。

各地都有如下行政管理行政执法的主体：政府、政府的部门、政府部门的下属机构（如公安交通管理局）、二级机构（如交通行政执法大队）、综合执法机构（如文化综合执法机构）、相对集中执法机构（如城管执法局）、政务服务审批平台机构（有些平台不仅仅是场所，也逐渐具有了机关的性质和地位）、管理委员会（如各地各类的开发区管理委员会）、功能区、一个牌子两套机构、临时机构、议事协调机构（如行政复议委员会）等。我们认为，之所以会出现如此多的部门、机构等主体，根本上是两个原因：一是行政层级多，法律法规根本就不可能规定得如此详细和全面。所谓法律法规授权，经常是"挂一漏万"的。二是各级政府有权也有权力冲动去确定自己的行政主体。如此之多的行政主体，按照传统的主体法定理论是无法解释的，也是法律和法规所难以认识的。是法律法规之错还是各地政府之错？恐怕都不是，而是我们认识的偏差，是行政主体多元化的普遍事实与传统主体法定理论的冲突。

（三）"例外行政主体"的理论与制度存在矛盾

按照上述理论和制度，行政机关才是一般的行政主体，非行政机关的组织（如事业单位）只有在立法有授权的情形下，才能成为法定的行政主体。但在行政实践中，非行政机关编制的组织（事业单位，议事协调机构等）越来越多地成为行政主体（事实上就是与行政机关一样存在和行使行政职权）。例如，中国证券监督管理委员会（简称中国证监会）⑫ 的地位就显得十分尴尬：⑬ 一方面，中国证监会设立的依据是《中国证券监督管理委员会职能设

---

⑫ 类似的还有中国保险监督管理委员会，简称中国保监会；中国银行业监督管理委员会，简称中国银监会以及中华人民共和国国家电力监督委员会，简称国家电监会等。

⑬ 杨海坤、章志远：《中国行政法原论》，中国人民大学出版社 2007 年版，第 162-163 页。

置、内设机构和人员编制规定》。该规定只是国务院的一个规范性文件，不是正式的行政法规，而且该规定对中国证监会的定位是国务院直属事业单位，不是行政机关，也没有所谓的法律法规的授权；但是另一方面，中国证监会却对外行使着行政调查权、行政处罚权等行政执法权，还拥有进行行政立法、创设行政处罚的权力，而且还可以对设计自身的行政复议案件进行处理，行使着强大的行政职权。显然法律法规授权是难以对中国证监会之类组织的这类现象作出合理解释的，随着公共行政改革的推进，行政分权和公务分权的发展越来越多的非政府组织将会成为行的公共权力的行使者，现行的传统主体法定理论的解释力正在下降。这些个普遍的事实，与我们理论所说的例外，明显不一致。

三、我们的观点——主体法定理论新解

主体法定，是我们仍然同意的观点。但我们认为，所谓主体法定，应当是政府根据宪法和组织法赋予的权力确定行政主体，而不是法律直接规定行政主体。

（一）立法授权的意义

立法的授权，一般并不具有确定实际执法主体的意义，只有概念上确定主管部门或者机构的意义。《宪法》第 89 条规定了国务院的行政职权，第 90 条规定各部各委员会根据法律和国务院的行政法规、决定命令，在本部门的权限内，发布命令指示和规章。《宪法》第 107 条和第 108 条规定了地方各级人民政府的职权及其划分原则，但是并没有确定实际的执法主体。《国务院组织法》第 3 条规定国务院行使《宪法》第 89 条规定的权力，第 10 条规定各部、各委员会根据法律和国务院的决定，可以在本部门的权限内法律命令、指示和规章，没有确定实际执法主体的意义。《地方各级人民代表大会和地方各级人民委员会组织法》第 59 条规定县级以上地方人民政府应当行使哪些职

权，第64条规定地方各级人民政府根据工作需要和精干的原则，设立必要的部门等，但是也没有实际确定实际的行政主体，只具有从概念和根本原则上确定行政主体的意义。至于其他法律、法规授权，如《商标法》规定，国务院工商行政管理部门设立商标评审委员会，负责处理商标争议事宜等也是如此。

就通常所说的单行法授权而言，也是如此。在众多的单行法中，似乎都在直接授权给一个特定的行政机关，但仔细分析我们发现其实不然。因为单行法所授予的主体，只是一个概念上明确的“主管部门”或者“主管机关”，而单行法并没有规定这个“主管部门”或者“主管机关”是谁。就像公司法授权的工商行政主管机关、治安管理处罚法授权的公安行政主管机关等一样，就部门立法或者起草立法来讲，似乎是特指工商局和公安局。但该“工商行政主管机关”或者“公安行政机关”从法律上分析，则可能被各级政府确定为不是工商局或者公安局，至少在部分行政职权赋予上是这样的。这也就是说，所谓法律授权特定行政机关，也包含着法律授权和政府确定分配权力的两方面内容，而不一定就是法律直接确定的主体。

（二）主体法定原则构成内容

主体法定原则是由立法规定和政府设立机构和分配权力共同完成的。判断一个组织是否是合法合格的行政主体，主要有两部分构成，包括立法和政府两方面。立法设定权力，然后赋予相应的权力到政府；政府根据法律的规定设立相应的机构，然后在政府与部门、部门与部门间分配行政权力，但是主体法定并不就此结束，还存在行政权力的再次分配问题。随着突发情况的出现，以及社会的发展产生一些新生事物，或者带来一些新问题，原来的权力分配可能存在职能交叉或者权力大小失衡等问题，需要对行政权力在政府与部门间，部门与部门间进行重新整合或者重新分配，以适应社会发展，解决突出问题。

（三）行政主体组织要件的作用

行政主体的组织要件（编制、临时或者常设等）并不能从根本上决定行政主体。这里要分清行政主体的权利能力、行为能力和责任能力问题，三者互相联系，但是有着明显的区别。行政主体的资格是指行政主体的法律人格，即行政主体必须具备相应的权利能力而言的；权利能力是指行政主体享有权利和承担义务的能力和资格，其各项权利的产生必须以其主体的权利能力为前提，不直接涉及行为能力和责任能力问题。[14] 而行政主体的组织要件，并不能从根本上决定行政主体的资格，更准确地讲，行政主体的组织要件涉及的是其行为能力问题，与行政主体资格无关，当然更与行政主体法定原则无关。

（四）理论依据

行政执法主体的权力获得逻辑程序是设定权力（立法）——赋予权力（立法）——分配或者再分配权力（政府）。从前述可知，行政主体法定是由立法规定和政府设定机构以及分配权力共同完成的。也就是说行政执法主体的权力是由立法和政府两个方面构成的，不是在一个程序或者环节就告以终结，而且立法环节与政府环节存在逻辑顺序上的先后之分。立法设定权力和赋予权力在先，其中立法设定权力最前，是行政执法主体获得权力的前提和第一步，然后立法规定一定的机构，将设定的权力赋予相应的机关。再者是政府环节，政府根据法律法规的规定设置或者确定一定的机构或者社会组织，然后将权力在这些机构或者社会组织间进行分配，并且随着社会的发展，新问题的出现，为了更好地回应这些问题与变迁，运用自己的权力根据法定的原则将行政执法的权力在这些组织间进行再次分配。

（五）法律依据

宪法和地方组织法规定：大政府，小部门是宪法和地方组织法确定的基本行政体制。同级政府有权决定行政机关的设立。当然就应当有权分配其职

---

⑭ 参见梁凤云：《行政主体资格的取得、变更、消灭和确认》，载朱维究、王成栋主编：《一般行政法原理》，高等教育出版社 2005 年版，第 123 页。

权和再分配其职权。宪法规定国务院以及地方各级人民政府根据宪法和法律，规定行政措施，制定行政法规，发布决定和命令；规定各部和各委员会的任务和职责，统一领导各部和各委员会的工作，且领导不属于各部和各委员会的全国性或者区域性的行政工作；领导和管理经济、教育、科学、文化、卫生、体育和计划生育、民政、国防、民族等事务，是大政府。各部门、各委员会根据法律和行政法规、规章、法规、决定命令，在本部门权限内，发布命令、指示和规章，国务院组织法和地方组织法的规定基本一致，是小部门。这就是我国的基本行政体制。根据宪法和国务院组织法的规定，国务院有权规定各部和各委员会的任务和职责，统一领导各部和各委员会的工作，规定中央和省、自治区、直辖市的国家行政机关的职权的具体划分；根据宪法和地方组织法的规定，地方各级人民政府的各工作部门受人民政府的统一领导；所以各级人民政府对其部门，国务院对中央和省级地方人民政府的行政执法权力可以进行分配和再分配，但是部门的设立、增加、减少或者合并需要经过全国人大批准或者国务院批准由本级人大常委会备案。[15]

四、政府确定行政主体之限制

按照我们的理论，政府依法以权确定行政主体，也需要规范，既要依法，也要依权，还要依程序、依规律，等等。

（一）规范权力

政府有权确定行政执法主体，但需要规范。权力一开始隐含着同公共利益相背离的可能性，因为权力是一种从社会中产生但又自居于社会之上并且日益同社会想脱离的力量。[16] 权力的这种特征说明权力具有极强的扩张性，一

---

⑮ 即便如此，部门变动的提案权在于政府，从这个意义上说，政府掌握主动权，而且政府对其所属部门或者委员会负有领导职能，可以对其所属部门或者委员会的职责进行调整或者分配。

⑯ 参见《马克思恩格斯选集》（第4卷），第166页。

旦超过一定的边界和界限，就会侵害到公民和社会的利益。正如孟德斯鸠所言："有权力的人们使用权力一直到遇到有边界的地方为止。"[17] 因此权力要受到制约，将权力关进制度的笼子里，而不是将公民关进制度的笼子里。那么首先就要用权力制约权力，在权力的获得阶段，立法时就应当对行政执法主体的执法权力的内容、期限、行使要求进行约束；在法律执行过程中，要接受人大的监督和检察院的法律监督；违法行为出现以后，还需承担一定的法律责任和政治责任。同时公民要加强权利意识，自觉维护自己的合法权益，政府要提供畅通的渠道，使得公民和社会的诉求能够准确及时表达出来，参与到执法程序中来，并得到合理解决和满足。

（二）规范主体与程序

确定行政执法主体的权力是政府，不是政府的部门，更不是其他机构。规范主体与规范行文。主体法定原则由立法设定权力、赋予权力，以及政府设立机构和对权力进行分配和再分配两部分共同完成的。千条江河归大海，政府，并且只能是政府才有资格确定行政执法的主体，以确保行政执法主体资格确定的标注统一性和严肃性，政府的部门或者办公机构，应该不具有这样的权力，当然其他机构更不能具有这样的权力。所以我们认为，政府确定行政执法主体时，不能把确定主体这种涉及权力和权利内容的事项，降低到仅仅是行政机关内部事务的地步，仅仅用编办或者办公厅的名义对内行文了事。

（三）建章立制

政府对于确定行政执法主体事项应当立法、立规。如前所述，虽然宪法组织法，以及单行立法设定了行政执法权力，并将行政执法权力分配给了政府。但是这种法律形式以及内容显得过于原则和笼统，应当进行细化，对确定行政执法主体的目标和原则，确定什么样的行政执法主体——行政执法主体的资格要件，以及怎么样确定行政执法主体——行政执法主体确定过程的

---

⑰ ［法］孟德斯鸠：《论法的精神》，商务印书馆 1982 年版，第 154 页。

具体规则进行详细严格的规定。首先，应当结合政治、行政改革背景以及经济社会发展情况综合确定行政执法主体确定的宗旨和原则，以指导后续的环节和工作。其次，政府确定行政执法主体时应当对行政执法主体的资格条件进行规定，包括职权条件、组织要件、[18] 行为能力和责任能力进行规定并进行区分，以确定符合法定条件的行政执法主体。最后，制定详细的行政执法主体确定规则，规范与约束行政执法主体的确定程序和过程。如此一来，行政主体事项的确定过程将会更加规范，结果也会减少随意性，不至于确定的行政执法主体存在这样或者那样的问题。

（四）内外都有关

确定行政执法主体的文件属于应当主体公开范围。《政府信息公开条例》第 9 条规定政府信息应当主动公开的情形主要有四种，[19] 显然政府确定行政执法主体的立法或者规范性文件属于需要社会公众广泛知晓或者参与的，以及反映本行政机关机构设置、职能和办事程序等情况，应当主动公开。而此类立法或者规范性文件，在县级以上各级人民政府在各自职责范围内确定主动公开的政府信息的具体内容中，属于重点公开的政府信息。各级政府应当将主动公开的政府信息通过政府网站、政府公报、新闻发布会以及广播、电视和报刊等方式公开，方便公众知晓，各级人民政府应当为公民法人或者其他

---

[18] 包括机构、职位和人员编制。如果没有组织机构，那么行政主体的意志将难以表达出来。拥有一定的机构就应当配备相应的职位和人员编制，有组织机构而没有后者，行政主体的行政管理活动无法进行；有后者而没有前者，行政执法的权力将沦为个人权力，导致权力滥用和人治行政。如果都没有，就无法享有行政法律地位，无法成为一个拥有行政职权和职责并承担法律责任的法律实体。参见王周户：《行政主体》，载王连昌、马怀德主编：《行政法学》，中国政法大学出版社 2007 年版，第 42-46 页。

[19] 《中华人民共和国政府信息公开条例》第 9 条规定："行政机关对符合下列基本要求之一的政府信息应当主动公开：（一）涉及公民、法人或者其他组织切身利益的；（二）需要社会公众广泛知晓或者参与的；（三）反映行政机关机构设置、职能、办事程序等情况的；（四）其他依照法律、法规和国家有关规定应当主动公开的。"

组织或者政府信息提供相应的便利。[20] 政府对于应当主动公开的事项须及时按照条例的要求进行公开，不履行政府信息公开义务的，公民法人或者其他组织可以向上级机关、监察机关等举报，由监察机关或者上一级行政机关责令改正，情节严重的给予行政处分，更严重的还可以追究相关责任人的刑事责任。

（五）尊重规律兼顾体制

兼顾基本行政体制，顺应行政体制改革的形势。我国《宪法》《国务院组织法》以及《地方组织法》所确定的是大政府与小部门体制，这是我国的基本行政体制，确定行政执法主体应当那个兼顾这一基本的行政体制，不可异想天开。同时我国的行政体制一直处于不断改革的过程之中，应当把握好我国的行政体制改革脉搏和节奏，顺应行政体制改革发展趋势。改革开放以来的六次行政管理体制改革，极大地促进了我国行政管理体制的建立和发展，在政府职能转变、依法行政、政府科学民主决策以及政府自身建设——如公务员制度的建立与完善——等方面取得了较大的成就；特别是 2002 年党的十六大召开到现在，主要在推进服务型政府和法治政府建设方面，使得我国的行政管理体制改革全方位深化；党的十七届二中全会通过《关于深化行政管理体制改革的意见》提出 2020 年建立起比较完善的中国特色社会主义行政管理体制目标，[21] 党的十八大要求要沿着这一目标，深入推进政企分开、政资分开、政社分开、政事分开，建设结构优化、职能科学、廉洁高效和人民满意的服务型政府。[22] 所以除了兼顾我国的基本行政体制，还应顺应我国建设社会主义行政管理体制的改革目标和基本要求。

---

[20] 如在国家档案馆、图书馆设置政府信息查阅场所，并配备相应的设施设备，着力建设政府电子网站等。

[21] 该意见提出，到 2020 年建立起比较完善的中国特色社会主义行政管理体制。通过改革，实现政府向创造良好发展环境、提供优质公共服务。维护社会公平正义的根本转变，实现政府组织机构以及人员编制向科学化、法制化和规范化的根本转变，实现行政运行机制和政府管理方式向规范有序、便民高效、公开透明的根本转变，建设人民满意的政府。

[22] 参见魏礼群：《行政体制改革论》，人民出版社 2013 年版，第 25-26、36-37 页。

我国行政体制改革法治化思考*

石佑启**

改革与法治是决定当代中国命运的两个最为重要的主题。深化行政体制改革是推进国家治理体系和治理能力现代化的重要组成部分，是发展社会主义市场经济和发展社会主义民主政治的必然要求，是全面深化改革的突破口。改革开放以来，我国不断推进行政体制改革并取得了重大进展。但随着改革开放的深入推进和经济社会的快速发展，我国行政体制改革面临着许多新的挑战，与完善社会主义市场经济体制、建设法治中国、实现国家治理现代化的要求相比，还存在很大差距，需要切实转变改革的方式，科学选择改革的路径，走法治改革之路，以法治思维和法治方式推进改革，以法治的理性和权威性来保障改革的连续性、稳定性，使改革达到预期的目标。

一、行政体制改革法治化的必要性分析

我国的改革已步入攻坚期和深水区，涉及若干利益上和体制上的深层次问题和矛盾，必须对“摸着石头过河”为主的改革思路、“政策推进型”的改革路径、“政府自我革命”的改革模式予以调整和转型，推进行政体制改革步入法治化轨道，以法治来凝聚改革共识，以法治引领和规范改革行为，以法

* 本文原发表于《法学评论》2014 年第 6 期。

** 石佑启，法学博士，广东外语外贸大学教授、博士研究生导师。

治降低改革的成本和风险，以法治巩固改革成果。具体来说：

（一）行政体制改革是消除行政体制改革中人治因素影响的必然选择

进行政治与行政体制改革，必须处理好“人治与法治的关系”。人治与法治是两种不同的治国方式，人治强调的是个人的意志和权威，是将个人的意志凌驾于法律之上，国家的一切大事皆由个人或少数人按照自己的主观意志来决定的治国方式；法治强调的是法律至上，强调法律的权威，要求依照公平、正义的法律来治理国家。美国当代著名法学家 E. 博登海默说过：“法律是人类最伟大的发明，别的发明让人类学会驾驭自然，而法律的发明则令人类学会如何驾驭自己。”① 人治会导致权力恶性膨胀，异化为社会公害。我国为实现依法治国、建设社会主义法治国家进行了艰辛探索，1978 年，党的十一届三中全会总结我国民主法制建设正反两方面经验，特别是吸取“文化大革命”中法制遭到严重破坏的沉痛教训，提出了发展社会主义民主、健全社会主义法制的重大方针。邓小平同志指出：“为了保障人民民主，必须加强法制。必须使民主制度化、法律化，使这种制度和法律不因领导人的改变而改变，不因领导人的看法和注意力的改变而改变。”②“我们过去发生的各种错误，固然与某些领导人的思想、作风有关，但是组织制度、工作制度方面的问题更重要。这些方面的制度好可以使坏人无法任意横行，制度不好可以使好人无法充分做好事，甚至会走向反面。”“不是说个人没有责任，而是说领导制度、组织制度问题更带有根本性、全局性、稳定性和长期性。这种制度问题，关系到党和国家是否改变颜色，必须引起全党的高度重视。”③ 1992 年邓小平同志在南巡讲话中再次强调，治理国家“还是要靠法制，搞法制靠得住些”。1997 年 9 月，党的十五大郑重提出了“依法治国，建设社会主义法治

---

① ［美］E. 博登海默：《法理学：法律哲学与法律方法》，邓正来译，中国政法大学出版社 1999 年版，第 219 页。

② 《邓小平文选》（第 2 卷），人民出版社 1994 年版，第 146 页。

③ 《邓小平文选》（第 2 卷），人民出版社 1994 年版，第 333 页。

国家”的重大战略任务。1999 年 3 月，“依法治国”的基本方略和奋斗目标被庄严地写入《宪法》，形成现行《宪法》第 5 条的规定，即中华人民共和国实行依法治国，建设社会主义法治国家。2007 年 10 月，党的十七大报告以科学发展观为统领，将深入落实依法治国基本方略列入实现全面建设小康社会奋斗目标的新要求。2012 年 11 月，党的十八大报告提出：“法治是治国理政的基本方式。”强调“要更加注重发挥法治在国家治理和社会管理中的重要作用”，并提出“全面推进依法治国，加快建设社会主义法治国家”，到 2020 年实现全面建成小康社会宏伟目标时，“依法治国基本方略全面落实，法治政府基本建成，司法公信力不断提高，人权得到切实尊重和保障”。十八届三中全会又明确提出了建设法治中国的战略目标。可以说，我国建设社会主义法治国家，是现实的需要，是历史的必然。行政体制改革的法治化，既是这个大背景下的必然选择，也是法治国家建设中的有机组成部分。通过走法治化的道路，可以有效地消除行政体制改革中人治因素的影响，增强行政体制改革的稳定性、系统性和协调性。

（二）行政体制改革是调节行政体制改革中各种利益关系的有效举措

行政体制改革的核心对各种权力及其利益格局的重新调整，改革的过程实际上是利益关系重新协调的过程。利益是人们交往的纽带，所有社会矛盾和社会冲突的根源均存在于人们的利益关系之中。古人云：“天下熙熙，皆为利来，天下攘攘，皆为利往。”④ 马克思曾指出：“人们为之奋斗的一切，都同他们的利益有关。”⑤ 2013 年 3 月 17 日，李克强总理回答记者提问时说：“改革要触动固有的利益格局。现在触动利益往往比触及灵魂还难。但是，再深的水我们也得趟，因为别无选择，它关乎国家的命运，民族的前途。”⑥ 利益

④ 《史记·货殖列传》。

⑤ 《马克思恩格斯全集》（第 1 卷），人民出版社 1995 年版，第 187 页。

⑥ 李克强：《触动利益比触及灵魂还难再深的水也得趟》，载中国新闻网，http://www.chinanews.com/gn/2013/03-17/4650201.shtml，最后访问日期：2013 年 10 月 18 日。

关系调整得好，就会使改革健康有效地进行下去；利益关系调整不好，改革就会受阻、中断甚至无功而返。有学者认为，“改革进程中的主要难题，不在于表面上的‘体制摩擦’，而在于这种摩擦背后的‘利益摩擦’。因此，对‘改革战略’的思考，应着眼于如何尽可能妥善地解决改革过程中发生的各种利益矛盾。艰巨的任务，必须要通过法律来完成，因为法律在调整利益诸手段中处于首要地位。”⑦ 法律是利益关系的调节器，协调与平衡各种利益冲突是其重要功能，法律在对利益关系的协调中，展现其生命力和存在的价值。“法律之所以存在，因为人们继续不断地评估和重新评估利益，因为他们希望利益调和，因为他们希望保障他们本身的利益和承认尊重他人利益的正当。这种相互的权利义务观念是建设政治社会的基石。”⑧ 法律的制定过程就是一个充分的利益博弈过程，是分配和调节利益的过程；法律的实施过程就是一个实现公平正义的过程。“法律自身代表着一种公正、客观、平衡的精神，在多元的社会利益矛盾和冲突中保持一种中立的品质，并创造出一个公平的世界。”⑨ 对于社会转型、体制转轨、价值取向多元，利益高度分化的当下中国来讲，没有什么比法治更能够凝聚人们的共识。遵循法治原则和精神，对各种类型的利益冲突做出妥当协调，事关改革成败。有学者认为，“缺乏法律制度上的推进和保障，是当前中国改革停滞不前的重要因素。……新的权力和利益关系的确立，不仅需要有法律来指导和规范，需要有法律的推动和落实，而且改革的成果更需要有法律的保障”。⑩ 故深化行政体制改革，必须走法治化的道路，使改革具有可预期性，增强人们对改革的认同度，激发人们的积极性、主动性和创造性。

---

⑦ 强昌文：《论利益的法律调整机制》，载《安徽大学学报》（哲学社会科学版）2004 年第 4 期。

⑧ ［荷］克拉勃：《近代国家观念》，王检译，商务印书馆 1957 年版，第 54 页。

⑨ 陆平辉：《利益冲突的法律控制》，载《法制与社会发展》2003 年第 2 期。

⑩ 杨解君：《全球化与中国行政法的应对：改革路径的分析》，载《学术研究》2012 年第 11 期。

（三）行政体制改革是实现改革总目标的客观要求

党的十八届三中全会决议明确提出了全面深化改革的总目标，即完善和发展中国特色社会主义制度，推进国家治理体系和治理能力现代化。在新的历史起点上推动实现这一总目标，是深化行政体制改革的重要任务。国家治理体系和治理能力，是一个国家制度和制度执行力的集中体现。十八届三中全会决议要求，到 2020 年，在重点领域和关键环节改革上取得决定性成果，形成系统完备、科学规范、运行有效的制度体系，使各方面制度更加成熟更加定型。2014 年 2 月 17 日，习近平总书记在省部级主要领导干部学习贯彻十八届三中全会精神全面深化改革专题研讨班开班式上发表重要讲话强调："今天，摆在我们面前的一项重大历史任务，就是推动中国特色社会主义制度更加成熟更加定型，为党和国家事业发展、为人民幸福安康、为社会和谐稳定、为国家长治久安提供一套更完备、更稳定、更管用的制度体系。"2008 年中共中央、国务院印发的《关于深化行政管理体制改革的意见》明确指出，加强依法行政和制度建设，坚持用制度管权、管事、管人。这些都明确了制度建设的重要地位和紧迫任务。加强法治建设，是完善和发展中国特色社会主义制度的基本内容；法治是国家治理体系和治理能力现代化的基本要求，要发挥法治在完善国家治理体系和提升国家治理能力中的根本性作用，推进国家治理进入良法善治的轨道。"正义的目标应当通过合法方式实现。"⑪ 如果不通过合法的方式，不受法律的约束，改革就会扭曲异化，背离改革初衷。十八届三中全会还提出，必须切实转变政府职能，深化行政体制改革，创新行政管理方式，增强政府公信力和执行力，建设法治政府和服务型政府。可见，应紧紧围绕推进国家治理体系和治理能力现代化的总目标，依法深化行政体制改革，大力加强法治政府建设，构建科学完善的行政管理的体制、机制与制度，并以此为切入点推动国家政治、经济、文化、社

⑪ 罗豪才、宋功德：《坚持法治取向的行政改革》，载《行政管理改革》2013 年第 3 期。

会、生态文明和党的建设等各个方面体制机制和制度更加科学、更加完善，实现党、国家、社会各项事务治理制度化、规范化、程序化、法治化。

二、行政体制改革法治化的内涵探究

行政体制改革法治化是一项系统工程，涉及的范围很广，首先应审视的是行政体制改革权本身的法治化，这是容易被人们所忽视的问题，只有将行政体制改革的主体与对象区分开来，将行政体制改革权纳入法治轨道，才有助于解决“政府自我革命”的难题，并在此基础上，探讨行政体制改革的对象或内容的法治化，主要包括政府职能的法治化、行政组织与编制的法治化、行政权的配置及其运行的法治化。

（一）行政体制改革权的法治化

行政体制改革权是关于行政改革的权力。有学者认为，行政改革权指国家立法机关和行政机关依法享有的重新界定配置行政权、调整行政组织结构和规模以及完善公务员制度的权力。[12] 笔者认为，行政体制改革权由行政体制改革的设定权和行政体制改革的执行权构成。实现行政体制改革权的法治化，必须做到：

1. 行政体制改革权设定的法治化。行政体制改革权属于国家权力范畴，其设定主体只能是国家权力机关，应遵循法律保留原则，即应由国家权力机关通过宪法和法律的形式设定，不能由国家行政机关自行设定。如果不区分行政体制改革的设定权与行政体制改革的执行权，不明确行政体制改革设定权的归属，由政府既行使行政体制改革的设定权，又行使行政体制改革的执行权，就无法摆脱“政府同时扮演着改革主体与改革对象双重角色”的

---

⑫ 参见邝少明、夏伟明：《论行政改革权的法制化》，载《中山大学学报》（社会科学版）2003年第3期。

窘境。从目前我国的情况来看，行政改革权的设定主体并不是单一的，而是多元的。不仅全国各级人大及其常委会有行政改革权的设定权，而且国务院及其部委和一些地方人民政府也享有此种权力。形成这种局面的原因是多方面的，但主要是由我国有关行政改革权的立法滞后，无法满足现实需要，从而给行政机关自行设定一定范围的行政改革权留下了空间。在行政体制改革过程中，立法机关没有制定相关的法律对行政改革权进行界定、划分及确定其归属。因而，行政机关行使行政改革权缺乏必要的法律依据和法律授权，常处于失控和无序的状态。“我们现在面临的问题似乎更多的是行政机关在设定组织、编制、结构、聘任公务人员、配置行政权力等方面的无序状态。历次改革中，行政部门往往未经法律授权以规章、命令、决定等形式自行设置机构和配置权力，造成改革的混乱。这显然是由于行政改革权没有依法设置造成的。改变这种局面最有效的方法是用法治原则来建立秩序、减少混乱。”⑬ 即使为适应急剧的社会转型和改革的需要由行政机关设定行政改革，也应有法律授权或者由有权机关的明确授权，以解决行政体制改革的权限不足问题，使得那些于法无据、甚至不符合现行法律规定的改革措施获得合法性。行政体制改革权的法治化要求行政体制改革要从“依法”或“依授权”开始，并要将改革的成果“入法”，即要通过修法或立法来巩固改革成果，防止改革反弹。

2. 行政体制改革权运行程序的法治化。我国的行政体制改革，应当超越政策型推进型的改革模式，建构法律推进型的改革模式，实现行政改革权运行程序的法治化。这有助于最大限度地保障行政体制改革权运行的权威性和合理性，如果缺乏法定程序保障，行政体制改革权就无法正常有效地运行。在行政改革权运行程序方面，西方国家有一套比较成熟的做法，大致可分为四步：一是通过立法成立一个改革研究委员会，行使改革设计权。该委员会的性质一般为非官方组织，吸收社会各界人士参加，由其对行政改革的所有

---

⑬ 邝少明、张威：《论行政改革权》，载《中山大学学报》（社会科学版）2002 年第 6 期。

问题进行全面调查研究，并在充分论证的基础上提出改革方案；二是立法机关制定有关改革的法律，行使行政改革决定权，并为改革提供法律依据和保障。其通常做法是，立法机关对机构改革研究委员会提出的改革建议，采纳其中合理的部分制定法律，决定是否改革以及改革的内容；三是政府根据有关改革的法律，具体行使改革执行权。在执行过程中，西方政府倾向于分阶段、分步骤稳妥地进行，而非运动型的方式；四是设立一个专门机关行使改革监督权，监控行政改革方案的实施，确保行政改革的顺利推行。⑭ 有学者建议，我国行政改革权的行使可按以下三个步骤进行：（1）成立一个专门委员会，研究、论证和决定行政改革方案行使行政改革设计权。该委员会必须具有代表性和中立性，要独立于行政机关，并实行合议制。（2）重大改革事项的立法程序。由相关法律对立法机关与行政机关之间的行政改革权限进行合理划分。行政改革中重要的组织事项，必须通过立法程序决定，其他事项则可由中央政府直接决定。（3）成立专门机构推行行政改革。一方面，有权机关要赋予该机构一定的执行手段；另一方面，对执行过程中反映出来的问题要及时予以解决，切实保障行政改革执行权的正当行使。⑮ 笔者认为，我国可以借鉴西方国家的经验，结合我国的实际情况，将改革设计成三个阶段：改革设计与决策阶段、改革执行阶段、改革监督阶段。通过法律对行政体制改革的每一阶段的主体、职权、工作程序与机制、责任等作出明确规定，保障改革程序的规范化、法治化。⑯

（二）行政体制改革内容的法治化

1. 政府职能法治化。政府职能是政府一切活动的起点。职能定位是否准确，是政府能否正确有效行使权力、发挥作用的前提和基础。如果说政府机

⑭ 参见孟鸿志等：《中国行政组织法通论》，中国政法大学出版社 2001 年版，第 269 页。
⑮ 参见应松年、薛刚凌：《行政组织法研究》，法律出版社 2002 年版，第 105 页。
⑯ 参见石佑启等：《论行政体制改革与行政法治》，北京大学出版社 2009 年版，第 87 页。

构改革是外表，那么政府职能转变就是内核，二者之间是“表”和“里”的关系，只有把转变政府职能切实向前推进，有效简政放权，组织机构调整等其他方面改革才能取得实质性突破，才能更好地激发市场活力和社会活力，增强发展的内生动力。切实转变政府职能，是深化行政体制改革的核心和关键，是牵引行政体制改革的“牛鼻子”，是建设法治政府和服务型政府的必然要求和题中应有之义。而政府职能转变既需要立法来引领和推动，也需要法律来确认和巩固职能转变的成果。“要把法律当成转变政府职能的依据，把法治当成转变政府职能的路径，并把政府职能转变的成果体现在法治政府建设上。”⑰ 评判行政体制改革是否法治化，必须看政府是否真正形成了从全能政府向有限政府的转变；是否真正做到了政企分开、政资分开、政事分开、政府与市场中介组织分开；是否真正解决了政府“不越位”“不缺位”“不错位”问题；是否真正实现了政府职能配置的科学化和法定化。

2. 行政权力配置法治化。伴随着政府职能的转变，必须调整行政权力结构，合理配置行政权力，在协调平衡好政府与市场、政府与社会、政府与其他国家机关之间外部关系的同时，在政府系统内部也要形成纵横合理、结构均衡、权责明确、关系顺畅的权力格局，并要将这种权力配置关系纳入法律调整的范围。这主要包括两方面内容：一是在纵向上实行法律分权。所谓法律分权，是指在分清中央政府与地方各级政府职责的基础上，通过宪法性法律对中央政府与省级政府、上级地方政府与下级地方政府之间的行政权力划分作出规定，赋予各级政府独立的主体地位，以法律的形式将各级政府的职权、职责和责任固定下来，非经法定程序不得随意改变，各级政府之间发生行政权限争议可以通过法律途径解决。通过法律分权，“从表面上看这是一个权力在不同层级的分配问题，实质上这是对上下级权力关系的革命性改造，将上下级权力关系由政治关系改变为法律关系，从而将上下级权力关系

---

⑰ 杨晶：《以加快转变政府职能为核心深化行政体制改革》，载《行政管理改革》2014 年第 3 期。

纳入法治的轨道”。[18] 法律分权的重心就是在科学划分中央政府与地方政府事权、上级地方政府与下级地方政府职能的基础上，实现中央政府与地方政府、上级地方政府与下级地方政府之间关系的法治化，依法规范二者关系，并在中央政府权力与地方政府权力之间、上级行政机关权力与下级行政机关权力之间探寻一种具有相对稳定性和可操作性的制度，从而建立起一个有权威、有内聚力的中央政府和上级行政机关以及有活力、有向心力的地方政府和基层行政机关；[19] 二是在横向上实行行政权力的综合化配置。这是指在转变政府职能的基础上，将反映行政职能相同或密切相关、管辖范围类似、业务性质相近的行政权力进行合并，相对集中配置给一个行政部门，由一个大的部门统一行使相关的行政权力。通过部门行政权力的“内涵式”变革来实现行政精简、统一、效能的目标，以求从根本上解决职能交叉、部门林立、多头管理及管理低效等问题。通过纵向上的法律分权和横向上行政权力的综合化配置，改变行政权力在纵向上高度集中与横向上过于分散的状况。通过建立与完善相应的法律制度来保障行政权力结构调整的相对理性和巩固行政权力合理配置的成果，推动行政权力配置进入科学化、法治化的轨道。

3. 行政组织与编制法治化。行政组织法治化要求行政组织的设立、内部组织结构、外部运行方式等都要有明确的法律予以规范，行政组织依法进行运作，依法处理与其他组织的关系，按照党政职能分工、政企分开和精简、统一、效能的原则，建立完善的行政组织体系。如果行政组织的设立没有法律的基础，可以不依法而自生自灭，那么，相应的人员配备也会因此而不合理、不合法。在此情形下谈法治政府建设是不可能的。行政组织是行使行政权的载体，其设置是否科学合理，关系到行政权的有效行使和行政效能的提高，影响到公民权利义务的行使与履行。改革开放以来，我国虽曾进行过多

---

[18] 周永坤：《规范权力——权力的法理研究》，法律出版社2006年版，第221页。

[19] 参见石佑启、陈咏梅著：《行政体制改革及其法治化研究——以科学发展观为指引》，广东教育出版社2013年版，第203-204页。

次机构改革，却陷入“精简一膨胀一再精简一再膨胀”恶性循环的怪圈，其原因是多方面的，但从法治角度上看，主要在于没有完备的组织法规范，政府机构与权能配置没有法的有效制约。目前，我国行政机关的设置、地位、职责、权限等，主要由《宪法》《国务院组织法》《地方各级人民代表大会和地方各级人民政府组织法》加以规定。然而，从我国组织立法来看，行政组织的立法体系极不完善，在国务院组织法、地方政府组织法中，对行政组织机构的设立、职责权限、基本准则、调整程序等都是原则性规定，未对不同类别行政机关的设置和职权作出明确、具体的规定。这导致在行政管理的实践中，行政执法部门层次过多、职责不清、权责脱节和多头执法等问题，造成管理对象的无所适从，由此破坏了法治的权威，损害了政府的形象。故深化行政体制改革必须高度重视行政组织法的作用，必须遵循行政组织法定原则，健全行政组织法体系，实现行政组织设置的科学化和法定化。

行政编制的法治化就是通过专门的立法对行政机关编制的提出、审查、论证和批准程序、领导职数限额、人员编制标准及违反编制的法律责任等，作出具体、明确的规定，把编制管理纳入到规范化、制度化和法治化的轨道。党的十三大报告中就提出：“要完善行政机关组织法，制定行政机关编制法，用法律手段和预算手段控制机构设置和人员编制。”中共中央、国务院印发的《关于深化行政管理体制改革的意见》指出，通过改革，实现政府组织机构及人员编制向科学化、规范化、法制化的根本转变。党的十八届三中全会通过的《中共中央关于全面深化改革若干重大问题的决定》提出：“严格控制机构编制，严格按规定职数配备领导干部，减少机构数量和领导职数，严格控制财政供养人员总量。推进机构编制管理科学化、规范化、法制化。”到目前为止，我国没有专门的行政编制法，政府机构的设置、人员的编制设置表现出很大的随意性。因人设事、因人设岗的现象时有发生。因此，应尽快制定一部统一的行政编制法，严格按照“因事设岗、因岗择人”的原则，控制行政机构的在编人员和非在编人员编制，防止一些地方执法部门自行“增肥”，实现机构编制从“经验型”“政策型”向“自律型”“法治型”转变。

4. 行政权运行法治化。要规范行政权力的运行，构建立法民主、决策科学、执行顺畅、监督有力的权力运行体系，确保行政机关及其工作人员严格依法办事、依法行政。党的十七大报告指出：“健全组织法制和程序规则，保证国家机关按照法定权限和程序行使权力、履行职责。”党的十八届三中全会通过的《中共中央关于全面深化改革若干重大问题的决定》提出：“推行地方各级政府及其工作部门权力清单制度，依法公开权力运行流程。”推进行政权运行的法治化，主要包括：一是要加强和改进政府立法工作，严格按照法定权限和法定程序进行立法，完善立法工作机制，扩大公众有序参与，充分听取各方面意见，使所立之法律能准确反映经济社会发展要求，更好地协调利益关系，提高制度建设的质量，保障法制的协调统一性。二是要规范行政决策行为，建立健全决策信息公开制度，民主科学决策程序和保障制度、决策评估体系和纠错改正机制等，以扩大公民有序参与，实现行政决策的科学化、民主化、法治化。十八大报告强调，健全决策机制和程序，发挥思想库作用，建立健全决策问责和纠错制度。建立健全重大决策社会稳定风险评估机制。凡是涉及群众切身利益的决策都要充分听取群众意见，凡是损害群众利益的做法都要坚决防止和纠正。三是要深化行政执法体制改革，建立权责统一、权威高效的行政执法体制，完善行政执法程序，规范行政执法行为，加强对行政执法的监督，全面落实行政执法责任制和执法经费由财政保障制度，切实做到严格、规范、公正、文明执法，确保法律的正确有效实施。四是要健全对行政权力的监督制度，整合监督资源，强化监督的力度，形成监督合力，使行政权力与责任挂钩、与权力行使主体利益脱钩，切实做到有权必有责、用权受监督、违法需追究、侵权要赔偿，实现权责统一。

三、行政体制改革法治化的策略选择

（一）善于运用法治思维和法治方式深化改革

党的十八大报告提出："要弘扬社会主义法治精神，树立社会主义法治理念，增强全社会学法尊法守法用法意识。提高领导干部运用法治思维和法治方式深化改革、推动发展、化解矛盾、维护稳定能力。"习近平总书记在2014年2月28日下午主持召开中央全面深化改革领导小组第二次会议并发表重要讲话时指出："在整个改革过程中，都要高度重视运用法治思维和法治方式，发挥法治的引领和推动作用，加强对相关立法工作的协调，确保在法治轨道上推进改革。"法治思维，是按照法治的根本要求、精神实质和价值追求，分析、判断、处理客观现实问题的思维方法或者思维过程；法治方式是运用法治思维处理和解决问题的行为方式，是法治思维实际作用于人的行为的外在表现。法治思维决定和支配法治方式，法治方式体现和强化法治思维。运用法治思维和法治方式深化改革，就是要求坚持改革要尊重法律、于法有据、依法而行，改革的成果要用法律制度加以巩固，形成办事依法、遇事找法、解决问题用法、化解矛盾靠法的良好法治环境。2013年6月19日，上海市人大常委会第四次会议表决通过了《关于促进改革创新的决定》，该决定明确规定："改革创新应当坚持法治原则，遵守宪法和法律，注重运用法治思维和法治方式推进改革创新。"运用法治思维和法治方式推进改革，要求转变改革方式，树立法治改革观，将改革纳入法治的轨道，走依法改革之路。这是中国改革本身的战略转型。只有政府和社会公众都善于运用法治思维和法治方式，才能为深化改革、全面建设小康社会提供坚强有力的法治保障。改革的成效将更加体现在如何提高运用法治思维、法治方式深化改革的能力上，以切实保障改革沿着法治化的道路健康有序推进。有学者认为，"党的十八大以来，在运用法治思维和法治方式处理深化改革问题上，已经做出很好的典范。2013年8月31日第十二届全国人大常委会第四次会议通过《关于授权国务院在中国（上海）自由贸易试验区内暂时调整实施有关法律规定的行政审批的决定》，这是国家权力机关以法治思维和法治方式推动新形势下深化改革的一项重大立法实践。这次通过全国人大常委会的立法授权，进行上海自由贸易区的改革，是以法治思维和法治方式促改革的一次生动演绎”。⑳

（二）处理好立法与改革的关系，实现二者互动共进

在行政体制改革过程中，必须处理好改革和立法的关系，把立法决策与改革决策有机结合起来，把深化改革同完善立法有机地结合起来，一方面要深化改革，一方面要守住法治的底线，二者不可偏废。应运用辩证的思维审视改革创新与依法行政的关系，两者并非总是此消彼长的对立（零和博弈）状态，在一定条件下可以形成相辅相成、相得益彰的（正和博弈）状态。“西方国家在行政改革中，都具有一个法律与改革呈良性互动的特点，法律指导、规范和保障了改革，而改革又促进法律变迁。”㉑ 西方国家为了保障行政改革的顺利进行而制定了与之相配套的法律法规，如美国克林顿总统在就任之初，便指定副总统戈尔组成革新委员会，并于1993年发表了《国家绩效评估报告》，而1993年所通过的《政府绩效与成果法》乃是此次行政改革的法律依据。日本国会在1998年6月12日通过《中央省厅等改革基本法》，确立了改革的大政方针。随后，1999年7月，日本国会通过并公布了共包括17部法律的中央省厅改革关联法，明确了改革后的内阁与省厅的机构调整、中央与地方责权划分以及独立行政法人的职能。1999年12月，日本国会通过并公布了共包括61部法律的省厅改革施行关联法，明确了各省厅之间的关系和每个独立行政法人的目的、事业范围等，在充分的立法基础上，2001年1月才开

---

⑳ 付子堂、陈建华：《运用法治思维和法治方式推动全面深化改革》，载《红旗文稿》2013年第23期。

㉑ 杨解君：《全球化与中国行政法的应对：改革路径的分析》，载《学术研究》2012年第11期。

始新一轮的行政改革。[22] 法国议会在1982年通过了《关于市镇、省和大区权利与自由法》，以此为据开始了以权力下放为重要内容的地方分权改革，为实现1982年确定的目标，法国在此后10年间共颁布了71项法律和748个法令予以补充和完善；1992年2月3日和6日，法国政府又先后颁布了关于行使地方议员权责条件法和关于共和国地方行政指导法两个重要的法律文件，将地方分权改革一步步推向高潮。"虽然各国改革的内容和方式不同，但是，无论是普通法国家较为激进、全面的改革，还是大陆法系国家较为和缓、渐进的改革，从中都可以看出具有明显的法制化特征。改革的推行要求对原有的相关法律予以调整或者制定新的法律。在改革推进的同时伴随着大量的立法活动。"[23] 当代中国的立法与其他国家特别是西方发达国家立法的一个重大区别是，中国的立法都是改革背景下和改革进程中的立法。但不能因此就错误地认为，中国的改革无法可依、难以依法甚至无须依法，中国的立法只是消极地确认和巩固改革的成果，而不能引领和推动改革。要处理好改革的"变"与立法的"定"之间的关系，改革的"变"要依法而"变"，否则，就会变味或变样；立法的"定"不只是定结果，而要定方向、定目标、定原则、定主体、定方式、定过程、定责任等，要摆脱"先改革后立法"甚至"立法不作为"的困境；要借鉴域外的经验，结合我国的国情，坚持以立法引领和规范改革，以改革促进法律的发展，实现改革与法律的良性互动。张德江委员长在主持十二届全国人大常委会党组学习贯彻党的十八届三中全会精神时指出："要完善中国特色社会主义法律体系，加强立法工作，坚持科学立法、民主立法，提高立法质量，依据改革举措，结合立法规划和立法工作计划，需要修改的法律按照程序及时修改，使重大改革于法有据、有序进行，需要得到法律授权的重要改革举措，要按法律程序进行。"要做好法律的立、改、废工作，对陈旧过时的法律规范予以废除；对需要修改的法律予以修改，先立

---

[22] 参见陈都峰：《国外行政改革的内动力机制及其启示》，载《理论与现代化》2006年第3期。

[23] 薛刚凌主编：《行政体制改革研究》，北京大学出版社2006年版，第270-271页。

后破，有序进行；有的重要改革举措，需要得到法律授权的，要按法律程序进行。以此确保行政体制改革于法有据，有法可依，为改革的顺利推进铺好法治之路。罗豪才先生指出：行政改革与法治的关系，至少体现为两点："第一点是行政改革完全可以依法推进，依法行政不但不会捆绑行政改革的手脚，反而通过改革前的法律设定、改革中的法律实施以及试点改革后的法律修改，来为行政改革提供全方位的法律保障，无法律则无行政改革。第二点是行政改革与依法行政不仅可以做到并行不悖，而且改革创新精神和行政法治建设还应当齐头并进、良性互动，通过行政改革提高法律的回应性，通过依法行政保证行政改革合乎理性，二者统一于建设服务型政府与法治政府的目标之中。"㉔

（三）以公开透明和民主参与的方式推进改革

"任何一项事业的背后都存在某种决定该项事业发展方向和命运的精神力量。"㉕"以人为本"是行政体制改革与法治共同的逻辑起点、精神支柱与价值追求。行政管理体制改革，在价值目标上，必须坚持"以人为本"这一本质要求，真正把维护社会公平正义、增进人民福祉、促进人的自由全面发展作为出发点和归宿。"从行政体制改革的这一根本目的出发，应当说改革是起因于民，目的为民，其检验标准也应当是以人民群众得到利益和实惠为准。"㉖"法治是源于人类对自身的存在、价值和命运的一种制度安排，'以人为本'则是深藏在它背后决定其发展方向和命运的最高的精神力量。"㉗ 当下行政体制改革的基点就是政民关系科学调整和合理定位，改革所涉及的政府职能转变、行政组织结构的优化、行政权力的配置与运行等，绝不仅仅是行政系统内部

㉔ 罗豪才、宋功德：《坚持法治取向的行政改革》，载《行政管理改革》2013 年第 3 期。

㉕ [德] 马克斯·韦伯著：《新教伦理与资本主义精神》，于晓、陈维纲译，三联书店 1997 年版，第 98 页。

㉖ 方世荣：《试论公众在行政体制改革中的权利》，载《国家行政学院学报》2002 年专刊。

㉗ 吕世伦、张学超：《"以人为本"与社会主义法治——一种法哲学上的阐释》，载《法制与社会发展》2005 年第 1 期。

的事情，直接关系到公民等一方利益的变动，会对公民的权利义务产生重大影响，公民等一方理所当然地应当是行政体制改革中的重要参与主体，并分享因行政体制改革所造就的公共福祉。[28]行政体制改革有效回应公民需求和公民积极参与改革是一个双向互动的过程，也是行政体制改革民主化、法治化的具体体现和基本要求。公开透明是民主参与的前提和基础，民主参与的过程是沟通交涉的过程，也是讨论论证的过程，可以使改革方案得到社会的认可和接受。“越是大规模的、涉及范围广泛的改革，其成本和风险也越大，就越加需要开放、透明的改革，需要全社会的理解和支持。也只有通过听取和整合各方面的意见，改革方案和措施经过反复论证，才能保证其科学性、合理性和可行性并最终得到落实。”[29] 封闭的改革过程与政府行政已不能适应经济发展的要求；社会公众要求参与改革与行政的呼声和能力不断提高，改革决策与方案的形成需要充分发扬民主，广泛听取公众的意见，政府活动需要更多地与公众进行互动沟通，这样才具有深厚的社会基础，才能产生良好的社会效果。实践中，一些地方发生抵制化工项目上马等群体性事件，主要问题就在于政府决策过程不公开透明，没有公众参与、民主讨论、深入沟通的过程。因此，转变执政方式，权力运作公开透明，社会公众有效参与，是当下的必然选择。行政体制改革要以公开透明和民主参与为突破口，特别是要建立健全制度化的信息公开与公众参与机制，使社会公众的主体地位在改革中受到尊重，法定的权利和利益得到保障和增进，才能赢得社会公众的认同、支持和配合，才具有力量的源泉，并能在良性互动的基础上实现改革的预期目标。

四、结语

法治是治国理政的基本方式，是国家和社会健康有序运行的基石。我国

---

[28] 参见石佑启等：《论行政体制改革与行政法治》，北京大学出版社 2009 年版，第 90 页。

[29] 杨解君：《全球化与中国行政法的应对：改革路径的分析》，载《学术研究》2012 年第 11 期。

在新的历史起点上深化行政体制改革，必须走法治之路，必须充分发挥法治对改革的引领、促进和保障作用，并应通过公开透明和民主参与等方式来有效推进改革。行政体制改革的正当性首先体现为合法性，必须与建设社会主义民主政治和法治国家相协调，偏离法治轨道的改革会误入歧途。全面深化行政体制改革是一场攻坚战和持久战，也是一个艰难的利益博弈过程，在这一过程中，只有将行政体制改革与法治有机结合起来，将创新性与合法性有机统一起来，才能更好地凝聚改革共识，才能从根本上确保改革不断取得新的进展和突破。行政体制改革与法治是辩证统一的关系，二者之间存在对立的一面，也有统一的一面。“如果说改革必然要试错，那么法治的作用就在于纠错以防止出现一种全局性、长期性的失误；如果说改革就要付出代价，那么法治的作用就在于最大限度地降低改革成本，规避不必要的代价；如果说改革就必然有风险，那么法治就是规避风险、把风险控制在最小范围内的不二法门。”[30]“尽管改革与法治建设在思维路径上存在矛盾，但在现实社会中，改革需要与法治并行，用法治方式推进改革、凝聚改革共识不可或缺。”[31]要以法治为行政体制改革铺就成功之路，以法治增强行政体制改革的系统性、整体性、稳定性和协调性，以法治维护国家的长治久安，以法治保障公民的权利和自由，以法治实现社会的公平正义，使行政体制改革受到法治的滋养，使深化行政体制改革的过程成为推进法治的过程，让社会公众分享改革和法治中国建设的红利。

㉚ 江必新：《以法治思维和方式推进法治中国建设》，载《人民论坛》2013 年第 11 期。
㉛ 陈金钊：《对“以法治方式推进改革”的解读》，载《河北法学》2014 年第 1 期。

权力清单的行政法构造研究

关保英*

权力清单是最近我国行政法治实践中关注的一个热点问题，① 它既反映在有关行政领导关于政府法治建设的讲话中，又反映在一些行政机关有关日常行政活动的行为准则中，甚至一些地方已经用一定的方式对本系统中的权力清单进行了规范和调整。② 与实务部门对权力清单相对重视相比，我国学界尤其行政法学界却鲜有学者从行政法学的视野对该问题进行研究。可以说，权力清单在行政法中究竟处于是什么样的地位、具有什么样的法律属性，以及权力清单究竟具有什么样的效力等关键问题，即便是在对权力清单进行规范和调整的行政机关或者政府法治部门也不是很明确的，这便导致不同地方的行政机关在构造权力清单时有着不同的方式和方法，不同部门的行政机关在对权力清单进行构造时有着不同的方式和方法，不同层级的行政机关在对权力清单进行构造时有着不同的方式和方法。总而言之，权力清单既是我国目

* 关保英，上海政法学院副校长，博士生导师。

① 国务院总理李克强在省部级主要领导干部学习贯彻十八届三中全会精神，全面深化改革专题研讨班上以深化经济体制改革为题作了报告。他强调，要处理好政府与市场的关系，逐步建立各级政府的权力清单制度。在此之前，上海市市委书记韩正也曾提出要建立政府权力清单制度。由此可见，权力清单的构造已经势在必行，然而，究竟怎么建立权力清单及其相应的制度，却是学界和实务部门需要深入探讨的问题。

② 例如，北京市西城区政府经过普查，全面摸清了全区 68 个部门所掌握的 5000 余项行政职权，实现了部门全覆盖；成都市不仅公布了市级政府的权力清单，而且还公布了各区（市）县、乡镇（街道）的权力清单，实现了政府层级的全覆盖；河北省万全县甚至进一步向基层延伸，为村干部开出了“权力清单”，等等。这表明，在我国权力清单已经成为行政法治中一个实实在在的制度或规范。

前政府法治实践中的一个热点问题，又是一个较为混乱的问题。在笔者看来，无论我们如何对权力清单进行规范和调整，都不能够否认权力清单本身就是一个行政法上的问题，是一个行政法治问题，即便我们要通过权力清单对行政权的行使进行有效规范，也必须用行政法的相关理念和制度对其进行构造。其中诸多问题只有上升到行政法学乃至于整个公法学的高度，才能使权力清单成为改变我国行政法治的一个重要路径。正是基于这样的考虑，笔者撰就本文，拟对权力清单行政法构造中的若干理论和实践问题予以探讨，并希望引起学界和实务部门对该问题的重视。

一、权力清单行政法构造的含义

权力清单的行政法构造是指用行政法手段对行政权行使中的具体类型进行列举或者概括规定，进行许可或者禁止规定的一个行政法手段，通过该手段使特定行政主体所行使的行政权力反映在一个具有细目的清单之上，使这个清单能够为行政主体的权力行使提供依据，并能够通过该清单对行政主体的非理性权力行使进行约束。如果我们将问题进一步深化、进一步具体化，便可以发现权力清单的行政法构造具有下列科学内涵。

第一，用行政法明确行政主体资格。权力清单的行政法构造涉及的首要问题是行政权的主体资格问题。任何权力及其行使都与一定的主体发生着这样或那样的联系，没有主体资格的权力是不存在的；反过来说任何一个行政权力都应当有对应的主体来行使。在行政法学理论中主体资格问题是一个非常关键的问题，是行政法制核心的问题之一。“任何行为都有对应的行为主体，没有主体的行为时不存在的。行政法上的行政行为是由具体行政主体资格的机关或组织实施的。行政行为的实施者具有行政主体资格，是在法律上规定的合格行政主体。”[③] 我们注意到我国行政执法中长期以来就存在着主体

③ 关保英：《行政法学》，法律出版社2013年版，第392页。

资格不规范的问题，这既表现为有些权力若干不同的主体都能够行使，而有些主体则行使着非常广泛的行政权力，而且有些并不具有行政主体资格的组织或者个人也在有些情况下行使着行政权力。在我国制定《行政处罚法》之际，人们就对行政处罚主体资格问题有着极大的社会关注，在这样的关注下《行政处罚法》出台之后，我国政府行政系统便形成了一个制度，叫“处罚主体资格上榜制度”，该制度的内容是：哪个行政机关有资格行使行政处罚权必须上榜公布，必须以行政公开化的方式让社会公众知晓。当时人们并没有认为这与权力清单有什么关联性，但是用当下的视野来观察，行政处罚主体上榜公布的制度实质上具有权力清单的性质，因为它将行政处罚权的行使与具体的行政主体作了合理对应。沿着这个逻辑进行演绎，便可以说在权力清单的清单之中，行政主体资格是不可以回避的一个问题，因为清单上的权力必须为特定的行政主体所享有。与其说权力清单所清理的是行政权力，还不如说它是用行政法手段来明确一个行政过程中的行政主体资格。近一段时间，我国多地都出现了农民工执法的问题，出现了临时工执法的问题，或者其他具有非行政主体执法的问题，那么，通过权力清单就必然会将没有行政主体资格的组织或者个人从行政权行使的资格中剔除出去。这对于行政法治的建构是极其重要的，同时也为我们构造权力清单提供了一个非常好的思路，就是首先从权力主体资格的角度进行构造。

第二，用行政法明确行政权力的概念。行政权的概念问题既是一个理论问题，又是一个非常复杂的行政法治实践问题。首先，行政权本身可以有一个相对抽象的概念，在这个概念中，可以将它与立法权、司法权等国家权力予以区分，著名的“权力分立”理论就“暗含着将立法、行政和司法这些不同的职能分配给不同的政府部门”。④ 其次，行政权力会随着层级的变化而变化，会随着职能的变化而变化。例如我国《宪法》第89条就规定了最高国家

④ ［英］彼得·莱兰、［英］戈登·安东尼著：《英国行政法教科书》，杨伟东译，北京大学出版社2007年版，第22页。

行政机关的国务院所行使的近二十项行政权力，它包括行政管理权、预算编制权、提案权、行政保障权、行政保护权、行政监督权、救济状态决定权等。[⑤] 而《宪法》第107条则规定了县级以上地方行政机关所行使的近十项行政权力，如行政执行权、公务员管理权、行政规则形成权、行政预测权等，[⑥] 同时规定了乡镇人民政府所行使的近五项行政权力，如行政执行权、行政管理权等。[⑦] 由此可见，不同层级的国家行政机关行使着不同的国家权力，我国从国务院开始就对行政系统的内部职能进行了相应的划分，这些划分最终体现在行政权力的区分上，如土地管理权、税收征收权、环境管理权、工商管理权、交通管理权等。[⑧] 行政权的层级划分和职能划分将广延的行政权概念作了相对细化。最后，行政权的行使还与具体的行政过程紧密结合在一起，不同的行政管理或者行政执法过程行使着不同的行政权力，如行政许可权、行政处罚权、行政强制权、行政裁决权等，[⑨] 这些都表明行政权力的概念是极其复杂的，即便我们能够从理论上将行政权的概念界定清楚，也并不等于在行政执法中、在行政机关作出行政行为时每一种行政权力都有一个准确的内涵和外延。作为权力清单而论，就是要对行政权在不同状况下的或者不同层面上的概念作出界定。通过这样的界定使一个具体的行政过程中行政权的行使都具有内涵上的共识，也具有外延上的相对确定性，这是权力清单的第二个基本含义。

第三，用行政法明确行政权力的微观内容。应当说行政权的概念界定通

---

⑤ 关保英：《行政法学》，法律出版社2013年版，第253页。

⑥ 同上书，第63页。

⑦ 同上书，第264页。

⑧ 我国行政系统内部的权力划分也遵循着一定的原则和规则，以国务院职能部门的划分为例，我们就从总体上将国务院的职能部门归入到四个范畴之中，如宏观调控部门、专业经济管理部门、教育科学文化和社会保障管理部门、国家政务部门等。但是，由于我国在国务院层面上还有直属机构、办事机构、事业单位等不同类型的机构设置，这就使得我国行政系统内职能管理的划分相当复杂，这也是造成我国行政权行使中存在大量模糊地带的一个原因。

⑨ 2004年最高人民法院颁布了《最高人民法院关于规范行政案件案由的通知》，在这个通知中，将我国行政系统行使的行政权力以及与这些权力相关的行政行为分成了27种，如行政处罚、行政强制、行政裁决、行政给付，等等。

过权力清单予以明确所解决的只是行政权在宏观上的问题，因为任何概念界定从逻辑学的角度讲都是一个抽象，即是说，我们即便能够在权力清单中将一个具体行政权的概念解读清楚并不等于说该权力的行使在行政法治实践中就不会遇到这样或那样的阻滞；恰恰相反，行政主体所面对的行政事态的复杂性必然会导致同一意义上的行政权力在不同的行政事态中会有不同的表现。以行政处罚权为例，我们可以抽象地讲，行政处罚权是行政主体在行政相对人违法的情况下所行使的一个制裁权力，但是行政处罚权分布于数十个行政职能部门之中，会与无数行政违法行为发生对应关系，这就要求每一个具体的行政处罚都必须与职能性的或者区域性的行政违法行为相对应，我国《行政处罚法》出台之后，诸多职能部门结合本部门的实际状况对行政处罚权重新作出规范就生动表明了这一点。[⑩] 随着行政权行使中技术化程度的日益提升，权力清单必须能够清理出行政权行使中的一些微观内容，如时效、当事人的状况、附加条件等。

二、权力清单行政法构造的范畴

任何权力的行使都存在于一定的关系之中："可以获得他人服从之事实上的可能性，谓之权力。"[⑪] 因为权力本身就发生在不同主体的关系形式之中，行政权也不例外，也是在与其他主体发生关系的过程中呈现出来的。所以我们用行政法构造权力清单就是要梳理行政系统与其他主体在行政权运作中的相关关系：一则，权力清单要处理行政主体与行政相对人之间的关系。这是权力清单所反映的实质内容，即行政主体对行政相对人能够发生什么样的作用，行政相对人能够对行政主体的权力行使起到什么样的作用等，都是

⑩ 如《行政处罚法》出台后，一些职能部门陆续制定了《价格违法行政处罚规定》《金融违法行为处罚办法》《道路运输行政处罚规定》《农业行政处罚程序规定》《食品卫生行政处罚办法》《交通行政处罚程序规定》，等等。

⑪ 谢世维、谢瑞智：《法律百科全书》，三民书局 2008 年版，第 391 页。

权力清单应当予以体现的。当然，行政主体与行政相对人之间的关系是与行政执法过程和行政行为有机的联系在一起的，如何从技术上用权力清单将这一对范畴的关系清理出来，是一个十分关键的问题，也是一个不能回避的问题。二则，权力清单要处理行政主体与其他国家机关的关系问题。最为主要的是行政主体与国家权力机关间的关系。我们知道，行政主体的有些职权是法定的，有些职权是由国家权力机关授予的，或者国家权力机关通过委托关系而赋予的，这些复杂的行政权取得的形式都与行政法治精神有着密切联系，权力清单必须将行政主体从权力机关取得权力的诸种方式梳理出来。当然，也包括行政主体与审判机关和检察机关的关系形式，这些关系同样是我们在构造权力清单时应当予以谨慎对待的。三则，权力清单要处理行政主体之间的关系问题。行政权存在于行政系统之中，而行政系统既有纵向上的层级划分，也有横向上的职能划分。这种层级划分和职能划分必然涉及行政权的分配方式，必然涉及权力清单如何清理不同形态的行政权内容。我国在2002年就在城市管理领域对相关职能权力进行了整合，把原来由多部门进行管理的城市行政管理职权整合在了一个行政部门之下，像这样的行政管理现象在我国普遍存在，这是在涉及行政权力的过程中必须予以处理的问题。一旦处理不当，便会对行政权力清单起到负面作用。四则，权力清单要处理行政主体与其他社会主体的关系问题。行政主体在行政执法中除了与行政相对人发生直接关系之外，还要与其他社会主体发生间接关系，而且在有些情况下，这样的间接关系并没有发生在行政权的具体处理中，而是就已经涉及行政主体与其他社会主体的关系。正因如此，我国学界近年来将探讨行政权行使过程中涉及的利益作为了一个热点问题，这便导致公共利益、公众利益、国家利益、社会利益，乃至于行政利益等成了行政法研究中的几个热点词汇。这都表明权力清单仅仅涉及行政主体与行政相对人的关系还是远远不够的。如何在权力清单中将行政主体与其他社会主体间的关系理清楚便是不能回避的问题。上述这些都是法哲学范畴的问题，它们作为公法制度的理论基础或者现实基础必然要反映在行政法治中。权力清单的内容构造便不能够与上述问题予以割裂，或者说上述问题从深层次上决定着权力清单的范畴。那么，一旦到了权力清单的形式内容中，我们便可以说权力清单的行政法构造应当包括下列范畴。

第一，厘清行政权的职能权限。行政权有综合权限和职能权限的划分，所谓综合权限就是指一个行政系统所行使的行政职权具有综合性，如我国各级人民政府所行使的行政职权。就大多数行政权力而论则是由行政系统的职能部门来行使的，这便形成了行政上的职能权限。对于综合权限而论，通常具有综合性，这种综合性行政组织法并不刻意地作出具体规定，而是通过概括规定的方式让管理机关在管理过程中具有灵活性。与之相比，职能权限则是另一种情形，它是在行政系统内部严格分工的情况下所形成的职权。我国有数十个职能部门的划分，每一个职能部门都有自己特有的职能权限，应当指出的是这些职能权限的划分都具有相对性，也就是说在一个行政权的具体行使中，职能权限有时候与其他相邻权限交织在一起，甚至有界限上的模糊性。例如，食品管理和药品管理就存在职能上的相对性；还如，环境管理中就有诸多职能权限交织的问题。这种职能上的相对性在行政法治实践中很容易导致权力行使中两种不利情况的发生：一是行政越权，就是此一主体超越权限行使彼一主体的权力；二是行政推诿，就是一个权力本该由一个机关行使而发生了两个行政机关推诿的情形。这两种情形对我国行政权的行使所带来的负面效应是非常明显的，因此作为权力清单而论就应当将每一个职能部门的职能权限予以厘清，在一个清单中将一个职能部门的权限予以集中，而且禁止其他部门行使该权力。可以说，职能权限的厘清是权力清单内容构造的核心内容。

第二，厘清行政权的地域权限。从理论上讲，行政权的地域权限应当是非常清楚的，因为我国行政系统在权限的地域划分上还是比较明确的。例如我国有省与省之间的地域划分、市与市之间的地域划分、县与县之间的地域划分、乡与乡之间的地域划分等，这些划分目前仅是一个区域划分问题，似乎还没有一个行政法典对不同地域的权限作出严格规定。但是从我国行政权行使的实践来看，不同行政区域管理本区域范围内的行政事项似乎是明确的。也就是说总体上区域权限的争议不存在太大问题。然而，在行政执法实践中，一个行政行为的作出却往往有着复杂的地域关系要素。正因如此，我国《行政处罚法》就对地域管辖作了规定，学界也提出了行政违法发生地、行政违法实施地、行政违法结果地等相关概念，这些概念均表明地域上的权限划分同样非常重要，那么，权力清单便应当对于行政执法中不同的地域管辖、权力行使中的不同地域状况作出严格规定，仅仅通过行政区划的相关内容来区分地域管辖，来区分行政权的地域界线似乎是不够完善和严谨的。当然，将行政地域权限的厘清放在行政执法中进行控制是一个较难的问题，通过权力清单如何进行具体规范，还需要我国在行政执法实践中作进一步探索。

第三，厘清行政权的层级权限。我国的行政体制是一个大系统，而且由于我国是实行单一制的国家，因此行政权的层级划分就显得非常重要。我国宪法将行政层级分为中央、省、市、县、乡等若干级别，这样的划分使我国行政机构体系呈现出一个金字塔式的结构。显然，这种结构性不同层级的权力划分是一个难题，如国务院和省政府究竟怎样区分职权，国务院能不能够直接行使省政府的权力，国务院能不能直接行使县政府的权力等都是有争议的问题。我国学界就有人提出，国务院与省以下地方行政机关是包容关系，就是说国务院有权行使这些机构的权力。当然也有人认为上下级行政机关之间是一种法律关系，应当通过行政法规范予以联结，它们都具有独立的法律主体资格，作为一种法律主体每一层级的行政机关都有其独立的职能权限，并且该职能权限具有排他性。笔者认为，后一种观点是有道理的，是相对科学的。如果在我国认可这种观点具有科学性以后，那么不同层级行政机关权限的列举规定就成了权力清单的内容之一。[12] 我国宪法和政府组织法在不

---

⑫ 《意大利行政程序法草案》在《行政组织》一编中专门设置了“单独机关”的概念，该概念是将行政组织中的每一个行政机关无论其地位的高低都当成一个独立的行政主体来看待的。我们认为，在我国行政法中也应当引入“单独机关”的概念。通过这个概念，使每一个行政机关都成为一个独立的法律关系主体，通过这个概念也将上下级行政机关的关系处理成法律关系，权力清单的构建也应当沿着这样的逻辑进行。

同层级行政权行使的规定中是相对概括的，目前的规定并没有把不同层级行政机关的权限梳理出来，所以通过权力清单厘清层级权限是其另一范畴。

第四，厘清行政权的事态权限。权力清单的本质在于让行政系统或者行政主体所行使的权力能够清清楚楚明明白白，因此权力清单如果要达到比较高的境界就必须对行政主体所管理的具体事项作出规定，所面对的具体行政事态作出规定，并能够让任何一次权力行使都能够与具体的行政事态相对应。我们注意到，我国行政权在法律典则中所体现出来的状况与行政事态的对应性是相对较差的，绝大多数行政主体究竟对哪些事态行使行政权力，我们并没有一个清单。当然，有些部门法关于行政权与行政事态的对应关系作了比较好的规定，这主要体现在一些部门行政法中，例如《治安管理处罚法》就对治安违法的行为作了列举规定，尤其在分则部分将治安违法作了类型化的处理，对每一个类型又进行了较为详细的列举。⑬ 治安管理机关在治安管理中就有了特定的对应事态，只能在该事态发生时进行权力行使。《道路交通安全法》关于交通管理职权的规定，《土地管理法》对土地管理的规定，都反映了这种职权与事态的对应。正如上述，我国目前典则体系中有关这样的对应性实在太少，这应当是权力清单所要解决的一个难题，而且可以说随着社会的发展，行政机关所面临的行政事态也处在不断的发展和变化之中，这进一步为权力清单在此方面的内容构造增加了难度。

第五，厘清行政权的幅度权限。行政权的行使分成羁束的状况与自由裁量的状况两种情形。前者是指行政权在行使中没有上限和下限的选择，只有一个标准答案，行政机关必须严格地按照法律所规定的标准答案去行使职权。这种羁束的权力行使在行政法中究竟占有多少比重，我们不得而知。张家洋先生则将羁束行为与裁量行为的逻辑关系作了这样的阐释：“在法治行政的原

---

⑬ 《治安管理处罚法》将治安违法的行为分为扰乱公共秩序的行为、妨害公共安全的行为、侵犯人身权利和财产权利的行为、妨害社会管理秩序的行为等若干类型。在每一个类型之下，又详细列举了一些相对较小的行为类型。这便为权力清单的制定提供了一定的量化标准。

则下，行政机关行使职权执行事务，原应以法规为依据，未可擅自决定处理。惟现代国家所讲求的法治行政原则，在观念上已有所转变，即注重权利法治，且就世纪情形而言，行政事务内容广泛复杂，客观情势有变动不居；而行政法规数量究属有限，内容亦未能完备，对各种不同情事，殊难规范无遗。因之，行政机关执行事务，在适用法规之余，仍有藉自身合理判断作成决定的需要。基于此种需要，则国家法令应就各种行政机关职权范围内，赋予适当程度的裁量权，以补充法规内容的不足，增加法规的适应性，使行政机关得以权利执行事务，决定轻重缓急，提高行政效率。”⑭ 后者则是指法律对行政权的行使规定了上限和下限，在这个上限和下限之中，行政主体有权进行选择，有权根据实际情况进行裁量。但是对于这种裁量的行政执法或者权力行使，行政法典则常常规定了上限和下限，既不存在无穷大的问题，也不存在无穷小的问题。应当说，行政法对上限和下限的规定无论其幅度多大都是符合权力清单之要求的。但应指出，根据行政权相对恒定的定律，如果立法机关在对行政权的幅度进行规定时做得细一些，行政机关行使的权力就要小一些；反之，若立法机关对行政权的规定中表述相对宽泛一些，行政机关所行使的权限则要大一些。近年来随着我国行政法治的不断推进，人们通过自由裁量基准的制度尽可能压缩行政机关自由裁量的空间和余地，以此减少和降低行政权行使的风险。笔者要强调的是，在我国行政法治实践中相当一部分由行政机关进行裁量的权力，立法机关要么没有规定上限和下限，要么规定了上限而没有规定下限，要么仅仅规定了下限而没有规定上限等。在这三种情况中作为裁量性的权力实质上是没有幅度的，没有幅度的权力是导致行政权滥用的主要原因。因此，在我国行政法治实践中这种情形即便不一定是主流，也应当引起高度重视。我们应当通过列举上限和下限的方式使行政权行使的幅度尽可能压缩，包括时间上的幅度、包括行政机关所选择手段上的

⑭ 张家洋：《行政法》，台湾三民书局1998年版，第585-586页。

幅度、包括行政相对人承受能力的幅度等，都应当作出严格规定。[15]

三、权力清单行政法构造的方式

目前我国权力清单的行政法构造是由行政系统内部通过行政文件的方式进行的，这种构造方式是有很大缺陷的。因为它将权力清单作为一个事实行为来看待，将权力清单作为一个内部行为来看待，将权力清单作为一个政策导向来看待，等等。[16] 事实上，权力清单是具有严格的行政法属性的，而它发生作用也是反映内部和外部关系的，不仅仅反映行政系统内部诸关系。更应当强调的是，权力清单不应当与行政政策相等同，如果仅仅将其处理成一种权宜之计，就会大大降低权力清单在行政法治中的价值。因此，笔者认为，权力清单必须和我国行政法治的完善紧密结合起来，从法律形式上看，权力清单的构造应当有下列路径：一是修改行政组织法。我国的行政组织法主要有《国务院组织法》和《地方各级人民政府组织法》，这两个组织法分别对国务院的权力和地方各级政府的权力作了规定，从行文方式上看，这些规定都是以列举方式进行的，似乎具有权力清单的性质。但这样的列举还不能与权力清单所要求的境界相等同。因此，如果要提高权力清单的地位，就应当修改政府组织法，除了修改《国务院组织法》和《地方各级人民

---

⑮ 在行政法上，行政主体的裁量权与其承担的法律义务是一个相互对应的东西，即是说行政相对人自由裁量权的范围决定着它履行义务的范围，而它履行义务的范围也决定着它行使裁量权的范围。如果我们将行政机关的裁量权范围有所缩小，那么它履行义务的范围也就必然有所加大，反之亦然。这表明权力清单制度与行政法上的控权理论有着天然的联系。

⑯ 应当说权力清单的概念及其规范在我国的产生是通过法治思维的导向而为之的，但同时我们也应当看到，目前我国通过行政系统来构造权力清单，也从另一个角度反映了权力清单在内容构造上法治思维的运用还是不足的。反过来说，目前权力清单的制定大多是政治思维和政策思维的产物，这必然是有缺陷的。只有当权力清单完全受法治思维的指导和规范时，它才能够产生良好的社会效果。

政府组织法》之外，还要对每个职能部门的相关组织规则进行修改。[17] 通过这样的修改将行政系统中的综合权限和职能权限都予以厘清，使其具有权力清单的效果。当然，对于我国行政法治而论，此一途径在较短的时间内还是难以完成的，但从提升行政法治的质量和强调权力清单的重要性的角度来看，修改组织法是构筑权力清单所有方式中最为重要的。二是对相关部门行政管理法进行修正。行政权在行使中都与一定的行政执法联系在一起，而行政执法的具体依据主要是部门行政管理法。事实上，行政机关对许可权、处罚权、强制权等权力的行使都必须依据部门行政管理法的规定，如行政主体要作出食品卫生方面的行政处罚就必须依据有关食品卫生的部门行政法，行政主体要对环境违法行为进行处罚就必须依据环境部门行政管理法。由此可见，部门行政管理法所规定的部门行政权力都是具体的，那么要建立权力清单便可以针对每一个部门管理将该领域的权力以清单的方式列举出来。此一路径对于权力的职能部门来讲是有很大难度的，因为我国部门行政管理法的法典分布的范围和领域的确十分复杂。三是制定专门法典，列举相应的权力清单。这样的专门法典也有多种可以选择的模式，如一个行政区域可以制定一个专门的权力清单，一个职能部门可以制定一个专门的权力清单，一个层级政府机关可以制定一个专门的权力清单，甚至一个行政机关也可以制定一个专门的权力清单等，它可以作为一个路径供我们选择。我们注意到，在我国目前的权力清单构造中都以此种方式为主，这是我们从行政法典则的角度对权力清单行政法构造的方式所作的分析。若从深层观察，权力清单的行政法构造是一个具有强烈技术色彩的问题，包含丰富的法律内容，这都使得权力清单行政法构造的方式并不那么简单。笔者试对权力清单行政法构造方式

---

⑰ 在我国《行政组织法》的制定议程中，部门行政机关的组织规则是一道非常靓丽的风景线，如我国就先后制定过《治安保卫委员会暂行组织条例》《劳动保险委员会组织通则》《税务复议委员会组织通则》《人民调解委员会暂行组织通则》《国务院秘书厅组织简则》《国务院人事局组织简则》《国务院机关事务管理局组织简则》《中央救灾组织委员会组织简则》，等等。尽管这些组织简则在我国目前的行政法体系中已经不存在相应的规制力，但它却作为我国行政组织立法的一项宝贵财富，对我国今后的行政组织立法起到借鉴作用。

中的深层问题作下列进一步的揭示。

第一，通过实体规则和程序规则的权力构造。行政权力一旦处于运行状态就是实体性和程序性的统一，即是说，我们如果把权力清单当成一个静态的东西来看，权力清单中的权力内容就具有强烈的实体性，因为这些权力都能够为行政相对人设定义务，都能够对行政相对人实体上的物质和精神利益造成影响，所以权力清单中的权力无论如何都具有实体上的属性。然而，任何行政权力无论其怎样发生实体上的作用，都必须有一定的主体、一定的方式、一定的顺序、一定的期限、一定的后果等形式上的要素，这种形式要素实质上是行政权运作的程序内容。当我们从字面上来讨论权力清单时无疑是基于实体而论之的，但当权力清单中的权力付诸实施时，它又是程序性的。这就说明权力清单的行政法构造既不纯粹是实体问题，也不纯粹是程序问题，而是实体和程序的统一。作为权力清单的制定者，必须下意识地将实体规则与程序规则予以统一，使权力清单中的内容既具有实体上的权利和义务，又具有权力行使过程中的程序规则，这也是权力清单科学性的必然要求。

第二，通过行政法典则和行政命令的权力构造。权力清单在构造过程中可以有两个路径选择：一个路径选择是目前诸多地方所普遍为之的，就是将其作为行政系统的内部问题；第二个路径选择就是将权力清单作为行政系统与社会系统发生交换关系的问题，即是说把权力清单看成行政系统对其他社会主体的一个承诺或者一个有关权力行使的态度。这两个路径都可以进行选择，当然在笔者看来，我们应当选择后者而非前者。这两个路径在实施过程中都有着不同的方略乃至于不同的方式和方法，例如如果选择前者，就可以通过内部行政命令的方式对权力清单进行构造，即通过上级行政机关对下级行政机关设定行为准则的方式制定权力清单；如果选择后一种路径，则应当将权力清单与其他行政法典相等同，将权力清单作为行政法的一个基本渊源。从行政法治追求最高境界的角度讲，我们应当通过制定行政法典的方式构造权力清单，但在目前权力清单还在进行探讨和尝试的情况下，可以把用行政命令对权力清单进行构造作为一个必要补充，这样的补充在短期之内更加能够体现它的价值和有效性。

第三，通过常态性与个案性的权力构造。我国行政法治的进程是将纲领性与权宜性作了有效处理的，即是说我们在完善我国行政法治的过程中，一方面强调了行政法治的长远目标和总体构建，我们将行政法治作为一个总的体系进行构建，并使我国行政法体系基本上得以形成；⑱ 另一方面我们在建设行政法治中，也常常从实际出发，解决那些需要急需解决的问题，制定那些需要及时制定的法典。我们注意到，我国行政六法的制定并没有完全强调立法过程中的逻辑性，而是哪个急需就先制定哪一个，哪个制定时条件相对成熟就先制定哪一个，哪一个在制定过程中得到了社会的普遍认同就先制定哪一个，所以我国在行政行为法尚未制定的情况下却制定了行政诉讼法。当然，这种权宜性的立法方式是违背立法逻辑的，而且也会对行政法治带来诸多负面效应。但我们可以说，这样的立法路径也是不得已而为之的，而且从另一个角度看并非一定违反科学。这种将纲领性和权宜性相结合的行政法治建设方式对于权力清单的构造也有一定的借鉴意义。即是说，我们应当将权力清单的构造作为行政法治中的一个常态行为，甚至用一个或者一些专门的行政法典来规范权力清单，使权力清单成为行政法治中的一个常态性的行为。同时，由于我国行政权行使的无序性常常集中在一些较为敏感的领域，如粗暴执法、选择执法、钓鱼执法等非理性行政执法主要集中在两三个行政执法部门，这便提醒我们权力清单的制定是有轻重缓急之分的，有些敏感部门需要尽快出台相应的权力清单，而其他绝大多数行政执法部门则需要将权力清单的制定作为一个长期行为。因此我们在权力清单行政法构造的方式中应当正确处理常态性与个案性的关系，可以先通过个案性的权力清单构造解决公众反应比较大的权力行使问题，然后再形成一种常态性的权力清单制度或者机制。

---

⑱ 2011 年全国人大常委会宣布我国的法律体系已经建成，这其中也包括行政法体系，即是说我国的行政法体系从官方公布的文件来看已经建成。但同时我们应当指出，行政法体系中还缺少一些重要的行政法典，如统一的行政程序法典、统一的行政编制法典，而部门行政法典的缺位则还要多一些，如新闻法等。

第四，通过羁束性与裁量性的权力构造。上面我们已经分析了权力行使中的两种行为方式，即羁束的权力行使方式和自由裁量的权力行使方式。行政法究竟要将侧重点放在羁束的权力行使中还是放在自由裁量的权力行使中向来就是有争议的问题，[19] 美国学者施瓦茨就曾经指出："行政法如果不是控制自由裁量权的法，那它是什么呢?"[20] 表明行政法的核心功能在于控制行政自由裁量权。我国学者并不完全赞同施瓦茨的这个理论，而且事实上行政自由裁量权只是行政权的一种形态，是行政权行使中的一种状态。与之相比，行政权在行使中还有大量行为是处于羁束状态的，例如《城市生活无着的流浪乞讨人员救助管理办法实施细则》第3条规定："流浪乞讨人员向救助站求助时，应当如实提供本人的下列情况：（一）姓名、年龄、性别、居民身份证或者能证明身份的其他证件、本人户口所在地、住所地；（二）是否享受城市最低生活保障或者农村五保供养；（三）流浪乞讨的原因、时间、经过；（四）近亲属和其他关系密切亲戚的姓名、住址、联系方式；（五）随身物品的情况。"此条就是一个羁束条款，当民政部门在进行行政救助时就必须按照此条的规定行使相关权力而没有自由裁量的余地。我国行政法体系中这种羁束性的条款以及用这种羁束性的条款所规定的行政权力是普遍存在的。这就表明在我国行政法治中，除了裁量性的权力行使之外，还有大量的羁束权力行使状况。基于此，权力清单的构造应当将羁束性与裁量性予以有机结合，我们可以通过相应的裁量规则来构造权力清单，通过这样的清单使行政主体有关裁量权的行使受严格的上限和下限的制约，并有相应的参考系数。同时，也要对那些羁束性的权力行使构造清单。上述两个方面对于一个完整意义上的行政法治来讲是不可以偏废的，这是权力清单行政法构造的又一个方式。

---

⑲ 行政法究竟将侧重点放在规制羁束行政行为中，还是放在自由裁量权的行使中，这与行政法的价值取向有关，也与行政法发展的历史有关。在"红灯理论"的行政法治时代，行政法的主要规制对象是羁束的权力行使，而在"绿灯理论"的行政法治时代，行政法则将主要的规制对象放在行政自由裁量权的行使方面，由此可见，这个问题本身就具有非常大的相对性。

⑳ ［美］伯纳德·施瓦茨著：《行政法》，徐炳译，群众出版社1986年版。

第五，通过立法机关与行政机关的权力构造。行政法的制定主体包括立法机关和行政机关两个方面，依《宪法》和《立法法》的规定，立法权是由立法机关行使的，而且当立法机关行使立法权时具有专属性和排他性，法律保留原则实质上认可了这样的属性，“所谓被授予之权力不得再委任之原则”。[21] 同时，在现代法治国家为了强化行政权行使的积极性和主动性，为了解决行政权行使中的技术问题，行政机关也行使着一部分行政立法权。我们还要指出，在法治发达国家行政系统承担着非常广泛的行政法制定权，而且这几乎成了现代行政法的一个特色或者发展趋势。我国作为行政法治不断进步的国家，行政系统所享有的立法权也在不断扩展，行政法规和政府规章在我国行政法体系中已经占有了非常大的比重，这种行政法现实为我们提出了一个不能回避的问题，那就是权力清单的制定究竟主要由立法机关来行使，还是主要由行政机关来行使，这是必须予以解决的问题。笔者注意到，近年来我国行政系统制定约束行政权行使的行政法典则的情形越来越普遍。例如，2008 年湖南省人民政府制定了《湖南省行政程序规定》，2009 年广州市政府制定了《广州市规范行政执法自由裁量权规定》，2013 年苏州市政府制定了《苏州市重大行政决策程序规定》，等等。[22] 这都表明我国行政系统已经重视了对行政权行使的自律性，如果以这样的逻辑来推论，权力清单由行政系统制定似乎是合理的。然而，在笔者看来，牵涉到行政权行使的机制、方式和程序的立法准则似乎由立法机关制定更加合乎逻辑，所以我们认为权力清单应当通过法律和地方性法规的形式出现，即由全国人民代表大会或者地方人民代表大会来制定似乎更为合理。但同时我们也没有必要完全否定行政系统自身制定权力清单的行为，如果我们能够将两种立法路径予以结合便真正能够体现行政权的他律性和自律性。

㉑ 罗傅贤：《行政程序法论》，台湾五南图书出版有限公司 2004 年版，第 34 页。

㉒ 诸多地方制定的规范行政权的行为规则对实现行政法治都有着积极意义，有些内容甚至涉及了行政权行使中的一些实质性的问题。以《湖南省行政程序规定》为例，共有 178 个条文，几乎涉及行政程序立法的所有方面的内容。

论行政权力清单的编制

彭云业 张立峰*

依法治国是国家治理能力和治理体系现代化的重要标志，依法治国的重要表现是“权力被关在制度的笼子里”，行政权力的设定受到控制，行政权力的行使受到监督。中国共产党十八届三中全会、十八届四中全会强调建立的行政权力清单制度，其最重要的法律价值就在于“对行政权的有效控制，它使行政控权对象明确化、控权方式具体化、控权过程严格化”。① 建立权力清单制度也是对过去诸多实践的理性总结，对以往制度规定的提升及规范。②

一、行政权力清单编制的理论支撑

（一）法治——行政权力清单编制的原则

中央提出编制政府及其职能部门的权力清单，是为了让行政权力在阳光下运行。数千年历史发展表明，法治是人类社会经过不断选择找到的符合现代社会治国理政的方式。

法治国家和人治是天然不能共存的。人治因其局限性注定会被历史所抛

* 彭云业，山西大学法学院教授、硕士生导师，主要从事行政法学研究；张立峰，山西大学法学院宪法学与行政法学硕士研究生。

① 关保英：《权力清单的行政法价值研究》，载《江汉论坛》2015 年第 1 期。

② 祝福恩、刘迪：《权力清单制度的界定、意义及对策选择》，载《中共杭州市委党校学报》2014 年第 6 期。

弃。中国数千年的封建社会就是人治的典型。在人治社会，人们把获取公平正义的希望全部寄托在拥有贤明君主或者开明官员身上。一个权力不受监督制约的时代，人治的随意性和膨胀性随处可见，皇帝口含天宪，一句话就可以随意剥夺一个人的生命权，官员“一人得道，鸡犬升天”，家族式势力极度膨胀，百姓终日处于被压迫状态。自由、平等、人权在人治社会是一些不存在的概念，没有人能够真正自由，管制是常态；森严的等级制度更是让平等绝无可能，社会的所有资源几乎全部集中在当权者手中；所谓“普天之下，皆是王土，四海之内，皆是王臣”，个体没有独立的人格，更奢谈其他更高级的权利，人格经常处于被践踏的状态。人治社会也有律法，但这种律法充满了不确定性，人们无法根据这种律法对自己的行为后果进行预期，也无法对别人的行为进行判断。有的律法并不被人所知，出现“刑不可知，则危不可测”，人们惶惶不可终日，充满了对未知的恐惧。

现在实行依法治国，行政权力清单的出台，促使行政主体明确自己有什么权力，从而做到清单之外无权力，法无授权不可为；也使行政相对人知道行政权力的界限在哪里，有效对抗行政机关及授权组织利用其拥有的行政权力寻租。

（二）限权——行政权力清单编制的价值

现代行政法治的核心理念是限权。过于强大的行政权会给行政相对人带来很多生活不便，如果不取消不必要的行政审批权，不进行简政放权，“证明你妈是你妈”的问题就会一直困扰着行政相对人。行政权的无限扩张，市场主体的自由会被无限压缩，这与市场经济客观要求的开放和自由是不符的。习惯于权力本位的行政机关，潜在地认为权力是无所不能的，其实质是人治思维。

建设法治政府要求行政机关依法行政，法无授权不可为，职权法定。权力清单的编制正是为了梳理法定职权，清理非“法”之权，[③] 使行政机关清楚

③ 非“法”之权是指由其他规范性文件（包括红头文件）设定的权力。

自己拥有哪些权力，不应该有哪些权力，做到心中有数。同时，行政权力清单的内容必须具有行政法学理论基础，否则，权力清单将变成无源之水、无本之木。

“目前我国权力清单是由行政系统内部通过行政文件的方式进行构造的，这种方式存在很大缺陷。因为它将权力清单作为一个事实行为、内部行为、政策导向来看待。事实上，权力清单是具有严格的行政法属性的，不应当与行政政策相等同。权力清单必须与我国行政法治紧密结合起来。”④ 从目前的实际情况看，从权力清单的制定到公布都缺乏法制化的外观。

二、编制行政权力清单的几个细节问题

我国各级政府权力清单制度建设通过清权厘权、科学确权、简政放权和严格制权等改革步骤，逐步清晰权力边界，压缩寻租和自由裁量空间，以实现职权法定。⑤ 笔者曾参与了省级行政权力清单的编制工作，认为将行政权力清单编制作为一个多程序综合性的过程，下列环节相当重要：

（一）前期准备

对工作的足够重视是顺利开展工作的前提，足够的人员配备，充足的资金支持，应有的设备配置，科学的工作安排等是保证工作顺利完成的必要条件。而这些准备的前提是对工作难度的充分调查和考量，通过了解其他省份的工作情况，评估本省情况，从而制订符合本省实际情况的工作计划。在人员配备方面，如果出现牵头单位人员不足的情况，可以从本地有实力的高校借调科研工作者。在资金支持方面，本地政府应该从全局的高度充分重视行

---

④ 关保英：《权力清单的行政法构造》，载《郑州大学学报》（哲学社会科学版）2014 年第 6 期。

⑤ 胡税根、徐靖芮：《我国政府权力清单制度的建设与完善》，载《中共天津市委党校学报》2015 年第 1 期。

政权力清单的编制工作，给予编制工作必要的资金支持，以保证工作的顺利开展。在设备配置方面，应该配置高质量的设备，坚持效率第一原则，而不能让设备制约了工作的进度，如果只考虑完成本次权力清单编制工作而采购一些一次性打印机等设备，就可能会影响工作效率的提高。

对工作的艰巨性要有充分的思想准备。因为，行政法律法规数量庞大，其他规范性文件更是浩如烟海。虽然执法部门对该领域的法律规范比较熟悉，但也仅限于常用的法律规范，对不常用的法律规范则并不熟悉。在清理本部门的行政权力时就会不可避免地存在漏报情形，即不能梳理出所有涉及本单位的行政权力。从已经公布权力清单的省份看，每个省在权力清单的编制过程中，都有一个牵头负责部门，法制办和编办则成为首选，因为法制办对现行法律法规比较熟悉，而编办在编制各部门“三定规定”的过程中也对各单位的职能比较清楚。

（二）科学分类

根据行政法理论，结合行政执法实践，对梳理的行政权力进行科学的分类，有助于高效地梳理。必须明确梳理什么权力，不梳理什么权力。比如抽象行政行为是否梳理应该明确。抽象行政行为没必要梳理，因为抽象行政行为有很强的抽象性和不确定性，其针对的对象是广泛而不具体的，而权力清单就是为了明确各部门有什么确定的权力。如果只梳理具体行政行为，那么，应该区分哪几类行为进行梳理也需要明确。如行政检查权是否应成为梳理对象。从行政法理论维度看，行政检查是现代社会一种重要的行政行为，行政检查权的行使频率很高。从行政实践看，行政检查是保证行政管理有效的一种重要的常规性行政管理手段，这也使其具有很大的权力寻租空间。所以，对行政检查权的梳理就成为编制权力清单无法避开的问题。总之，权力清单中包含的每一种行政权力一定是经过充分论证和考虑的，而不能草率决定，否则就会影响到权力清单应有的严肃性和科学性。

（三）权力依据

行政权力清单编制所持的重要原则是职权法定。在我国，行政法律法规占了我国全部法律规范的绝大部分，而行政法律法规之外的其他行政规范性文件则更是浩如烟海，这些规范性文件有的是具有设权性质的文件，这也导致行政机关的权力越来越多，却难以得到有效的监督和制约。一方面，进入权力清单的权力必须有法律法规等规范性文件作为依据，另一方面，行政权力清单的编制实际上不是一次性的工作，随着法律的变化应该是一个动态的长期工作。所以，一时的工作制度并不能满足这种长期的动态化需求。国家应制定相应的行政法规，地方可以细化并制定权力清单编制的地方性法规。注意随着法律依据的变化而不断地补充和删减。

（四）合法性论证

对梳理出来的行政权力一定要进行合法性论证，比如设定依据是否合法，如果合法，那么具体权力引用的法律依据是否相互对应，以及所引用依据是否为现行法等。

再如，实施主体是否适格，因为“权力清单的行政法构造涉及的首要问题是行政权的主体资格问题。在行政法学理论中主体资格问题是一个非常关键的问题，是行政法制核心问题之一”。[⑥] 对实施主体的界定有助于划清重叠行政权力在不同部门之间的界线。如果存在难以界定的情形，则应该集体讨论，或者请相关行政法专家界定。

（五）理论与实际相结合

实务部门主导的行政权力清单编制工作，离不开理论研究者的参与。有

---

⑥ 关保英：《权力清单的行政法构造》，载《郑州大学学报》（哲学社会科学版）2014 年第 6 期。

些地方的行政权力清单编制工作背离了初衷，把权力清单编制的格式完善作为了主要工作，以僵硬的数字压缩部门权力，至于是否应该删减、合并，并不寻求学理解释，只凭领导意志推进工作。所以，导致了权力清单的编制与学理分析没多大关系，反倒成了领导意志的体现。

特别是一些在学理上定位尚有争议的权力就需要谨慎对待。比如学界把监狱管理关系定位为特别权力关系。特别权力是否属于行政权力，又是否需要在权力清单中进行梳理，就需要进行充分的讨论研究，而不能随意地下结论。通过查阅各省已经公布的权力清单，笔者发现只有安徽和吉林二省的监狱管理局公布了行政权力清单，且只有两项行政权力，即罪犯减刑假释审查和罪犯会见管理，而其他省份的监狱管理局就没公布。对此，有的学者认为监狱行使的权力是一种刑罚执行权，不应该列入行政权力清单。而这种刑罚执行权究竟是一种司法权力还是行政权力学界尚有争议，故而，对于这种权力就应该聘请理论界的专家进行充分的分析探讨再决定是否入清单，而不能草率对待。

（六）如何学习借鉴

鉴于有不少省份已经公布了权力清单，那么，本省在编制权力清单的过程中就可以学习外省的经验。当然也不能局限于外省，毕竟外省也是根据自己省份的实际情况编制的，所以，有一些权力符合外省的特殊情况。有的省份做得很粗糙，就完全没必要借鉴，因为不利于本省省权力清单编制工作的展开。

除了向其他兄弟省份学习外，还可以进行不同层级之间的学习借鉴，比如，本省省级权力清单的编制工作就可以向本省已编制出权力清单的某县学习其在编制权力清单工作中的一些好的做法。就笔者所知，基层政府在编制权力清单的过程中反而比较重视相关领域专家学者的作用，基本上专家学者都属于全程参与的状况，从而保证了权力清单的理论自洽性。上海等地甚至有专门的法治研究中心进行专项研究，从而为当地政府权力清单工作的编制提供合法性论证和合理性分析。

三、行政权力清单编制的延续

（一）动态调整

为了适应社会发展的需要，总有新的法律规范出台，也会对不适应现实需要的法律规范进行修订、废除，以职权法定作为基础指导的权力清单，必须做出相应的调整，以符合法律规定。这种动态调整也为行政相对人适用法律提供了一个统一的标准，从而有助于法制的落实。

这种调整也必须形成常态化机制，即已经公布的行政权力清单不能一成不变，也不能随时改变，而要建章立制，形成法定程序，对确需调整的权力清单项目通过合法的程序进行调整，方能适应法律法规的不断变化。

（二）及时完善

如果动态调整是从应然角度提出的要求，那么，及时完善就是从实然角度提出的要求。动态调整更侧重于更新，即随着法律的变化而更新根据已经变化的法条设定的权力，做到法条与清单的一体变动，协调变动。权力清单的及时完善是一种实用反馈，这种实用可能是发现清单本身的逻辑不周，也可能是权力运行流程的阻抑性作用，即流程规定和实际操作并不同轨，使得人们在根据权力运行流程图规定的程序行为时遇到了阻抑。

任何一项工作都不可能在第一次做的时候就完美无瑕，总有一些问题考虑不周到。这就需要在以后的工作实践中根据遇到的问题随时进行完善，从而使权力清单不管从理论还是执法实践来说，都能发挥预期作用。

（三）公布与遵守

编制出来的行政权力清单如何公布不仅仅是一个程序问题，更是关乎其能否实现价值最大化的问题。从已经公布权力清单的浙江、江苏、安徽、山东、吉林等省份看，基本是进行栏目化公布，即开辟一个专门的栏目进行公布，这样既便于查找，又不会显得杂乱无章。但是，对于不熟悉网络使用的人来说，会给他们的使用带来一些不便。笔者认为，应该从便民原则出发，建立一个专门的网站，诸如××省权力清单网。虽然这样的网站功能单一，却有极大的便利性。

（四）过渡性作用与取消

有学者主张的行政权力清单具有强烈的行政法属性，权力清单是依法行政的必然要求。也有学者认为权力清单只是我国法治成熟过程中的过渡性手段，不应该具有长久性。各种观点都有一定的道理，笔者比较同意后一种观点，因为权力清单的行政法属性并不构成编制权力清单的必然逻辑基础。权力清单从其性质来看，并没有行政法学理论的直接支撑，其政治属性比法律属性更强，所以，笔者以为，从依法治国的角度看，这种模糊的性质使得权力清单只能作为一种过渡性措施。

如果人人都依法办事，行政机关依法行政，法律体系健全，法治观念深入每一个公民内心，人们对外行为的准则就是法律的普遍规定和全社会共同遵守的道德，就算没有行政权力清单，也一定是包括法治政府在内的全方位的法治国家。

（五）司法终局原则

行政权力清单能够明确地方各级政府及其工作部门的权力，对行政机关行使权力具有规范作用，对行政相对人和其他社会主体具有指引作用。那么，在权力清单制度运行过程中产生的纠纷应当如何应对？这就需要解决如何才能把权力清单制度的运行与司法裁判有效地衔接起来而不至于使二者之间出现割裂。权力清单制度应该有解决纠纷的内在机制以维持其有效运行，而这种内在机制又应该与司法机关对纠纷的解决机制统一起来，而这种统一的逻辑前提就是坚持司法终局原则，也即如果权力清单制度内在纠纷解决程序仍然解决不了时，就应该考虑走司法途径，通过司法裁判进行终端应对。

推行政府权力清单法律制度研究

周 实 王天依*

一、权力清单制度的法律研究现状

权力清单作为一项新生的制度发展不可谓不快，各地亦因地制宜，因时制宜展开了相应的权力清单理论和实践探索研究，但涉及权力清单制度的几个基本理论问题仍然亟待解决：

（一）权力清单的定义问题研究现状

权力清单出现以来，虽然已经有学者对其进行了比较深入的理论研究，但权力清单的定义这一基础问题却被有意无意地忽略掉了。对于权力清单定义问题的研究，回避态度是不可取的，在权力清单的定义尚不明确的前提下，又何谈权力清单制度的完善、法律上的保障？尽管从目前来看，想要确立一个受到广泛认可的权力清单的定义依然有难度，但由于权力清单的定义问题构成了整个权力清单制度研究体系的基础，故而对权力清单的法律保障的研究亦必离不开对权力清单定义的探究。

---

* 周实，东北大学文法学院教授、法学博士；王天依，东北大学文法学院2014级宪法行政法硕士研究生。

（二）权力清单的运行方式、重要环节研究现状

目前国务院各部门和各地方政府都已经开展了对于权力清单制度的实践，并且针对各自的职能特点尝试探索适合自身的一套权力清单制度，这导致目前的权力清单形式在各部门、各地方之间形式上呈多样化。

就目前来看，权力清单模式多样化的情况短时间内还将继续，但究竟哪些环节最能够代表权力清单的本质，权力清单又有没有一个共性的、共同的运行方式，这既是当前众多学者研究的盲点，也是本课题即将研究的重点之一，只有确定了权力清单的最关键环节，才能在设计权力清单保障措施时有的放矢，真正保障权力清单运行，把保障措施落到实处。

（三）权力清单制度的推行、保障措施

权力清单制度的实践方面虽然取得了一定的成就，但就目前来看，相应的推行和保障措施，尤其是法律上的推行和保障制度的设立仍旧处于滞后状态，而没有法律强制力作为后盾的权力清单只能沦为另一次运动式的行政权力整治，而无法成为常态化、制度化的控权机制，这无疑是目前权力清单研究和实践上存在的重点缺憾：

虽然传统的行政诉讼和行政复议在权力清单的法律保障上仍然发挥着不可或缺的作用，但仅仅依靠传统的纠纷解决方式恐并不足以保障权力清单的顺利运行。行政诉讼和行政复议作为传统的行政纠纷解决方式，其有效性固然是值得肯定的，但同时诉讼和复议的救济方式也会给当事人带来巨大的时间和费用的消耗，这种结果的产生无疑与权力清单降低公民负担的初衷相悖。虽然行政诉讼和行政复议解决包括权力清单在内的行政纠纷的有效性、终局性毋庸置疑，但行政复议、诉讼方式提起的主体单一，受理范围受限，成本高昂，易激化矛盾等局限的存在促使我们探索主体更加多元化、更加迅速和廉价、更有利于行政主体与当事人沟通的新机制。

二、关于权力清单的定义问题的研究

权力清单的定义问题是权力清单研究当中的一个基础问题，如果连权力清单“是什么”都没有弄清的话，那么，谈“如何执行”“如何保护”的问题只能事倍功半。然而当前对于权力清单的各项研究中，权力清单的定义的研究往往被有意无意地忽略，这种回避的态度势必影响对于权力清单及其法律保障制度的深入研究。

《关于全面推进依法治国若干重大问题的决定》的表述是“依法全面履行政府职能，推进机构、职能、权限、程序、责任法定化，推行政府权力清单制度”。[①]《关于推行地方各级政府工作部门权力清单制度的指导意见》要求“将地方各级政府工作部门行使的各项行政职权及其依据、行使主体、运行流程、对应的责任等，以清单形式明确列示出来，向社会公布，接受社会监督”。《中国共产党第十八届中央委员会第四次全体会议公报》《建立健全惩治和预防腐败体系2013-2017年工作规划》《国务院批转发展改革委关于2015年深化经济体制改革重点工作意见的通知》等重要文件亦有类似表述。

以上重要文件指出，权力清单的根本目的是推进依法全面履行政府职能，推进机构、职能、权限、程序、责任法定化，主要方式以清单形式列出各项行政职权及其依据、行使主体、运行流程、对应的责任等，向社会公开，接受社会监督。

综合权力清单的目的和方式，笔者认为不妨将权力清单定义为以清单形式向社会公开各项行政职权及其依据、行使主体、运行流程、相应的责任，以期推进政府职能依法履行的制度。

权力清单的根本目的是深入推进依法行政，贯彻法无授权不可为，法定职责必须为，既不能乱作为又要防止懒政的不作为，坚决杜绝随意减损公民、

---

① 李伟娟：《依法全面正确履行政府职能降低行政成本》，载《才智》2015年第10期。

法人合法权益或肆意加重其义务的行为发生，保证每一项行政权力行使的规范化。

权力清单最大的特点是公开，将机构、职能、权限、责任全部预先以多种方式向社会进行公布，将行政权力行使运行的全过程置于阳光之下，避免暗箱操作行为、避免滥用裁量权加重公民负担的行为，最大化地降低权力寻租的可能性。

当然，在此初步定义下，还有很多问题亟待厘清，尤其是权力清单的性质、效力以及司法实践中的认定的问题，这也是本文的重点之一。

三、权力清单推行、保障的关键环节问题的研究

权力清单对于公民来说的重大意义首先在于打破了行政机关对于信息的单方面垄断，强制性地要求将各项行政职权及其依据、行使主体、运行流程、对应的责任全部于事前向社会进行公布；其次，由于行政权力运行流程的法定化、规范化减少了公民的办事负担，限制了行政机关滥用裁量权。所以，权力清单最为核心的构成在于权力清单的公布环节与公布权力清单后的执行环节。而权力清单公布后、运行中亦需要相应的法律制度予以保障，为公民提供相应的救济渠道。

1. 公布环节的重要性：权力清单的公布环节是权力清单面向社会的开始，权力清单一旦公布就意味着其所涉及的行政机关必须依照权力清单的规定办事，而不得任意再对公民设置负担。《关于推行地方各级政府工作部门权力清单制度的指导意见》要求政府机关所行使的每项职权的名称、编码、类型、依据、行使主体、流程图和监督方式等，都应及时在政府网站等载体上公布。[②] 公布的手段可以多种多样，包括网络、传统媒体、办事大厅的宣传手

---

② 张妍：《黑龙江省服务型政府网站建设现状及改进策略》，载《黑龙江对外经贸》2009 年第 11 期。

册等，但目的都是达到对公民的告知（notice），使之了解在办事过程中当如何做，在遇到行政违法行为时应当如何维护自己的权力。从目前各省市的实践效果来看，以互联网为代表的新媒体在权力清单的公布环节发挥了其他公布方式所无法比拟的作用：互联网的信息更加易于公民随时获取，亦可以较为容易地将大量办事信息和流程集中公布，极大地减轻了公民办事负担。

2. 执行环节的重要性：同其他制度一样，执行才是权力清单真正的试金石，权力清单是否能够达到规范行政权力运行、减轻公民办事负担最终决定于执行的效果。从近期的实践来看，上海、苏州等地的权力清单试点工作已经取得了初步的成绩，受到了广泛好评。在执行中政府工作部门要按照权力清单所规定的权力流程依法行使职权，防止行政权力滥用加重公民负担；也要积极主动履行职责，避免不作为的懒政现象发生。权力清单执行过程中应尝试建立权力清单反馈，完善机制，使权力清单制度成为可以长期执行的有生命力的制度，将其不断完善，保障其可以长期的运行下去，发挥其设立的宗旨，成为稳定长时间发挥作用的制度，而非沦为又一次的运动性权力整治，防止“热度”丧失后出现难以为继的状况。

3. 救济环节的重要性：对于权力清单，有一个不容忽视的问题——当权力清单运行过程中发生行政争议应当如何处理？这是一个涉及权力清单有效性的问题，若处理不慎，导致权力清单失去了实效，失去了执行力，则辛苦构建的权力清单制度溃于一夕之间。权力清单的争议除了原有的行政复议、行政诉讼之外，本文亦将对其他的救济途径，尤其是事前事中的救济和替代性纷争解决方式处理权力清单争议进行探讨，争取建立快速且成本低廉的权力清单法律保障体系，为权力清单的长期存续提供法律支持。

四、推行权力清单的关键领域

对于权力清单的推进的关键领域首先在于行政许可领域。行政许可是行政机关对于公民的授益行为，亦涉及部分行业的准入，因此也直接地影响公民法人经济利益，改革开放之后的很长一段时间内，由于行政许可领域缺乏法律的有效制约，导致了行政主体滥用行政许可权力，甚至以此进行寻租的现象，严重的加重了公民的负担，同时也掣肘了地方经济的发展，深受诟病。

权力清单的公布使得行政许可权力及其依据、行使主体、运行流程、对应的责任都提前对社会公开，使得行政审批许可当中，行政机关不再存在肆意增加程序加重当事人义务的行为的可能性，一改曾经存在的“审批跑断腿”“一百个印章”的乱象，只要公民、企业达到法律要求的要件，即必须予以受理，符合要求的必须依法予以许可。

当前各省市的权力清单推行实践中，行政许可往往是首要的进军领域，上海、浙江等地的实践收效明显，行政许可的受理与通过数量明显提高，效率较以往有较大提升，对于当地经济的盘活起到了相当积极的作用。

行政执法、行政处罚是与公民、企业最为贴近的行政权力之一，行政处罚在很长一段时间内作为部分部门的“创收”途径，滥用行政处罚权力、多头处罚、一事多罚等行为屡见不鲜，令人深恶痛绝。现实中存在的“钓鱼执法”“临时工执法”“城管执法”等执法方式既无法可依，又常常带来执法者与民众的激烈冲突：如上海司机孙中界搭载“路人”，但遭遇“钓鱼执法”，愤而断指自证清白；沈阳小贩夏俊峰因处罚过程中与城管队员发生争执，最终刺死二人；而2015年年末又发生了周口女工周秀云太原讨薪过程中遭遇警察暴力执法死亡的恶性事件。

权力清单施行后，行政执法、行政处罚权力的行使部门，行使程序，处罚数额限制等全部系统化地公开，滥用行政处罚权力，行政处罚程序不规范等行为全部无处藏身。由于行政处罚权力的行使部门的明确，多头执法在事实上成为不可能。同时，任何行政执法行为亦必须严格遵守法定程序，全程需按权力清单预先公布的内容予以执行。

前文所述的行政许可、行政处罚、行政执法等领域往往是权力清单最先实行的领域，在这些领域中权力清单的实行已经取得了初步的成效，对于其他领域权力清单亦应积极探索，主动扩展，争取更大规模的覆盖。

五、权力清单的具体法律推行、保障措施研究

（一）传统行政复议、诉讼方式的局限

行政诉讼和复议作为解决行政法律纠纷的传统和具有终局意义的方式，在权力清单的法律保障制度中必然会占有一席之地。二者的优势在于通过充分的审查和对抗，在较为严格且规范的程序限制下，做出具有终局性、权威性的处理，对于权力清单这样的新生制度，相关的行政诉讼和复议的结果可能还会具有相当的示范性，这是其他的法律保障措施所难以企及的。

就权力清单的保障来说，采取行政复议和行政诉讼最大的问题在于案件的受理问题，目前来说我国现行的行政诉讼案件的受理范围是否能将全部涉及权力清单的行政争议都纳入进审查范围值得质疑——至少有一部分涉及权力清单的争议有可能会被纳入不可诉的范围之内，如权力清单的设定问题会被认为是行政机关内部事务而不具可诉性。

另外，对于行政诉讼来说，基于司法的谦抑性，司法机关审查权力的行使必须基于公民的提起，且难以在事前、事中发挥作用，往往导致对于公民所能提供的救济具有局限性，同时较长的诉讼过程亦往往使得公民在解决纠纷中积累“怨气”，这都要求我们在传统的行政诉讼外，探索更加廉价、更加快速的且在事前事中亦能发挥作用的纠纷解决方式。

（二）专门受理机构探索

1. 美国行政委员会的借鉴意义

19 世纪以后，随着社会经济的变化而产生一系列新型的社会、经济、劳动领域的问题，对于这些新型问题，传统的执行部门、司法部门受限于专业水平往往无力处理，受制于高发的专业领域纠纷，美国行政委员会应运而生。

行政委员会别名独立规制委员会，其以准司法程序行使其准司法性权

限，区别于司法机关的是，行政委员会关于专门技术性事项的审查，设立了专门陪审，以弥补委员专业能力方面的不足。行政委员会实际被赋予了第一审的地位，以分担司法机构的部分职能。

2. 权力清单争议专门受理机构的设想

美国行政委员会的独立、高效、准司法性，尤其是其处理专业性极强的问题时所展现出的能力，值得我们借鉴：

（1）在权力清单运行的过程中所发生的行政争议和纠纷尽量迅速和低成本的解决，传统的纠纷解决方式如行政复议和行政诉讼会给当事人带来极大的负担，这无疑是与权力清单制度设立的初衷所相悖的，故有必要采取更加廉价、迅速且有终局性的解决方式。

（2）权力清单的设计和日常运行往往会涉及多个部门，而其中又往往会涉及相关部门、相关行业、相关学科当中的各类专业性问题，传统的解决方式当中，裁判者、仲裁者往往受到专业知识能力的掣肘，专门受理机构应当适当借鉴美国行政委员会吸纳各行业陪审员的方式，处理相关专业方面的问题。

（3）对于可能涉及各行各业的权力清单制度在其运行乃至于初始的设立阶段，学习美国行政委员会广纳各行业内部人士的意见，甚至聘请行业专家作为长期的监督员或顾问，会对权力清单的完善和长期实行当起到积极的作用。

（三）权力清单实施评估、问责制度

1. 权力清单评估制度

（1）权力清单设计评估

权力清单的先期制度设计水平是权力清单得以顺利实行的必要前提，权力清单的制度设计是否符合规律，直接关系到权力清单是否能够切实的减轻公民负担、规范行政权力运行的关键问题。所以，权力清单的评估应从权利清单的制度设计开始。真正行之有效的权力清单制度应当是坚持行政适度原则，不使公民承受不必要的负担，同时针对重点领域的管理不应放松，二者不可偏废。

权力清单的设计，并不能期待一蹴而就，权力清单的制度设计涉及多个行政部门及其相关的行业的规范方式，设计有相当的复杂性，即使在设计完成、实行一段时间之后，也应当通过评估机制及时的进行反馈和总结，以不断完善权力清单的制度设计。

（2）权力清单执行评估

权力清单除了先期的设计外，更需要一以贯之的执行。对于公民来说，权力清单的核心环节就是行政权力的运行流程的透明、高效、便民。未经合法性、合理性和必要性的审核，绝对不允许擅自加重公民的负担。

每个事项的承办机构、办理要求、办理时限等都必须明确且固定，都必须事前通过网络、办事窗口等向社会进行多种形式的公开，提高行政职权运行的规范化水平。

实行权力清单后，涉及行政裁量权行使的事项是评估的重点，权力清单不可能完全消除行政裁量权，但行政裁量权的行使必须规范合法透明，严防滥用行政裁量权乃至借此进行权力寻租的行为的发生，对于不安规定流程履职、滥用行政裁量权、以行政权力寻租的行为必须依纪依法追究责任。

2. 领导问责制度

中央办公厅、国务院印发的《关于推行地方各级政府工作部门权力清单制度的指导意见》明确指出，权力清单推行的主要任务之一就是强化权力监督和问责，对不按权力清单履行职权的单位和人员，依纪依法追究责任。

维护权力清单的权威性和严肃性的根本在于各地方政府工作部门、依法承担行政职能的管理部门以及设在地方的具有行政职权的机构必须严格依照权力清单行使职权，任何违反权力清单运行机制的行为都必须受到惩处，对于不按规定履行职权的单位和人员尤其是该单位担任领导职务以及负有相关事项主要管理责任的人给予惩戒，并依照《公务员法》进行处分。

3. 权力清单评估制度化

权力清单是一项需要长期坚持的制度，故权力清单的评估机制也应当制度化，避免运动化执法所带来的弊端。权力清单的评估必须建立日常的制度，应使之成为常态化，作为评估考核制度的一部分，以制度化的评估，保证权力清单的推行和长期运转，防止“一窝蜂”地推行权力清单制度后无法持之以恒地坚持权力清单制度的现象发生。

（四）权力清单程序法律化

1. 美国文书削减法案与信息自由法案

行政权力运行的规范化在各国都是基于规制行政权力运行的需要而不断积累，逐步构建起来的美国亦不例外。

美国在 20 世纪分别出台了文书削减法案（Paperwork Reduction Act）和信息自由法案（Freedom of Information Act），前者旨在降低公民和企业的文书负担，规定任何联邦政府部门或者独立机构向公民采集“必要信息”的行为必须以法律的形式加以规定，并且要事先进行公布；而后者则树立了“政府机构应当公布本部门的建制、结构和本部门各等级组织受理情报咨询、查找的程序和项目，并提供相应的信息分类索引”的办事规则。③

2. 日本程序法

日本行政法早期关于行政程序性的规定复杂而烦琐，在规制过程中往往容易导致事务处理的不透明，由于这些程序的复杂琐碎，甚至在当时被其他国家视为一种“非关税壁垒”。

日本第三次行政改革会议中，“公正、透明的行政程序部会”进行了行政程序法案的制定工作，平成 3 年（1991 年）最终制定了《行政程序法》，要求对于当事人的权利利益的处分有必要事前告知处分的内容，赋予当事人提起获得告知的权利，增强行政决定作出的过程的透明性。

3. 权力清单立法

权力清单要求任何权力的行使必须有法律的授权、依照法律运行，从此逻辑来讲，权力清单本身也必须以法律化的方式才能真正具有效力，否则的

---

③ 俞道融：《地方政府权力清单制度法治化研究》，载《理论界》2015 年第 4 期。

话，权力清单本身即沦为了另一种人治的形式。

另一方面，欲使权力清单方面的争议和纠纷得到解决的话，无法可依完全是不可想象的，因此无论从执行还是从保障救济的角度来讲，权力清单的立法化势在必行。由于各个地方权力清单形式的多样化，所以权力清单的立法应当以地方性立法为主，如何在不超越地方立法权限的前提下，完成有可行性的权力清单立法是一个重大的挑战。另外，全国范围内亦应当有总括性的立法，赋予权力清单合法性，并且可适当对权力清单本质性、原则性的内容加以立法，使之法律化。

（五）行政型 ADR 的探索

1. ADR 的含义和基本类型

ADR 即“行政替代性纷争解决方式”（Alternative Dispute Resolution），意味着代替诉讼程序的纠纷解决方式。

依据解决纷争的主体和解决方式的不同，可将 ADR 分为由司法机关进行和解、调停、仲裁的司法型 ADR；由行政机关进行处理行政不服申诉、斡旋、调停等的行政型 ADR；以及民间人士所进行的民间型 ADR 三种。

2. ADR 在国外的发展

（1）美国 ADR 的发展

作为诉讼大国的美国是 ADR 产生最早的国家之一，在 20 世纪 70 年代美国就总结了传统诉讼程序“零和解决”“程序过剩”“时间和巨大的费用”等方面的不足，开始了 ADR 的探索，最终发展出了斡旋、仲裁、调停、事实认定等多种形式的 ADR，意在建立迅速且廉价、重视社会关系的修复的纠纷解决方式。1996 年《行政纷争解决法》的出台规定了行政纷争解决的 ADR。

（2）日本的行政型 ADR

日本的行政型 ADR 虽然起步略晚于美国，但却形成了丝毫不亚于美国的完善的行政纷争解决 ADR 体系——从某些角度来说甚至犹有过之。

日本行政型 ADR 包括了行政不服申诉，由行政审判机关进行的斡旋、调停、仲裁，以及苦情处理、监查制度等。尤其是针对事后救济和损害赔偿难以恢复当事人权益的行政不服申诉，对权力清单的法律保障体系的建设有着重要的借鉴意义。

3. 针对权力清单设立 ADR 的探索

ADR 相较于传统的纠纷解决的方式显而易见，特别是在权力清单问题上：如果公民为了主张权力清单相关权益会导致过重的金钱和时间成本的耗费的话，无疑是再次变相地加重了公民负担，有悖于权力清单设立的宗旨。

除了低成本、迅速外，ADR 方式的解决更加灵活，可以在事前、事中发起，避免事后救济的局限性。而 ADR 的低对抗性也能使处理结果更容易为公民接受，减少政府与公民之间情绪的对立。

权力清单 ADR 具体的措施是可以由前文所提及的权力清单争议专门处理机构负责相关的调解、仲裁的工作，将其作为处理权利清单争议的前置必要程序，这样一方面可以降低重复设立机构的成本，另一方面可以使权力清单争议处理机构中具有专业知识的人提前介入纠纷的解决，及时化解纠纷。

针对权力清单设置的 ADR 的具体程序可以借鉴不服申诉制度，将涉及权力清单实行过程中产生的纠纷统一纳入申诉范围之内，在行政机关涉及权力清单的决定作出后，当事人可立即向申诉机构请求对该行为进行撤销或更正等措施。

权力清单不服申诉 ADR 机构宜设立于办事机构，以便于公民在对涉及权力清单的行政行为作出后立即提起申请。对于不服申诉的处理应当采取书面审理为主，但应当赋予申请人口头陈述其申请理由和意见的机会。由于申诉所涉及的大部分为程序上的内容，故可以尽量快速作出结论，对于部分简单的纠纷可以尝试当天作出结论，以免延长处理的时间，加重公民的时间成本负担。另外，在作出决定后，应当有相应的说明制度，向公民说明纠纷的处理的依据，并告知正确的办事程序，争取通过一次程序彻底解决纠纷，彻底化解矛盾。

论行政法对行政主体和市场主体的协调作用

杨 寅*

政府是国家行政权的行使者，它同市场的关系如何协调是许多国家经济发展的核心问题，也是长期以来争论无止的话题。政府作用的内核是管理，市场的灵魂是竞争。当市场和政府能协调一致地运行时，就会取得惊人的成就，而当它们相互对立时，则会带来灾难性后果。①中国经济在由计划体制向市场经济的过渡中，涉及诸多利益和权力的调整，因此，理应全面分析自己的国情，选择出政府和市场矛盾的平衡点，以期达到最优化的经济效果。上述任务固然该由经济学者承担，但是对政府结构、职能的正确评估以及对协调政府和市场关系的框架设计却应是政治和法律学者无可推卸的责任。“在许多方面看，关于法律体制的决定产生于远远超出简单的经济学范围的考虑。这些法律的制定与其说是依据精炼的经济的成本——效益分析，还不如说是对广为接受的关于公平的价值及其观点所作出的反应。”②行政法学是关于国家行政权力的法律学说。面对政府和市场的关系，行政法学应对政府作用的实体形态——行政主体的一般理论有所分析，得出行政主体和市场运行主体相互区别的一般标准，具体分析市场经济下的政府职能。

---

* 杨寅，上海政法学院教授，曾系中国政法大学研究生院行政法专业 1991 级硕士生。1994 年年初，作者根据当时行政法专业导师组组长应松年教授的要求，将本人当届硕士论文部分内容整理发表于《行政法学研究》1994 年第 2 期。特不避稚浅，以此文恭贺应老师八十寿辰！

① 《1991 年世界发展报告》，中国财经经济出版社 1991 年版，第 1–2 页。

② ［美］萨缪尔森・诺德豪斯著：《经济学》（第 12 版）（下），高鸿业等译，中国发展出版社 1992 年版，第 1170 页。

一、行政主体与市场主体

（一）对市场主体的认识

市场主体是指市场活动的实施者和参与者，包括以取得经济效益为目标的自主经营、自负盈亏的生产者和经营者，也包括消费者。政府无疑亦参与市场活动，但政府作为行政的主体，其行为不是市场行为，而是市场活动的“裁判”和监督者，它不是直接参与者，不能称其为市场主体。有人提出：“政府的宏观调控行为虽是一种行政活动，但政府还可以直接参与市场活动。比如，财政部国债司发行国库券而形成国库券交易市场，银行和国有资产管理局参与金融资产交易等。”③从市场理论上说，财政部发行债券的目的是宏观调控的需要而不是为了盈利，其行为是行政行为而非盈利性的市场活动。作为行政主体的国家银行，不能从事市场活动，各专业银行在市场活动中要逐步与行政职能脱离走向企业化，以经营者的身份成为市场主体。国有资产管理体制正逐步改革，作为政府职能部门的国有资产管理局是行政主体，它不能以市场主体的资格直接进行产权交易，而是由各种企业性的中介机构，如投资公司、资产经营公司、资产董事会等去完成。

社会生产的完整过程是由生产、经营、消费三方组成的。消费者是市场的必有成分，消费者需求的扩张或收缩直接决定着市场发展规模的扩大或缩小，牵涉到微观经济领域里的每个企业的生产、经营活动。因此，消费者的活动也是市场活动。在一定情况下，消费者本身也是生产者和经营者。把消费者排斥在市场主体之外，理论上不通顺，在经济实践中也难以成立。④政府可以成为消费者，参与市场活动，但这时政府已不是行政主体而是民事主体，它和私人消费者已无区别。所以，在此特殊情况下，政府成了市场主

---

③ 郭成伟：《中国市场经济全书》，中国政法大学出版社 1993 年版，第 80 页。

④ 臧志风：《社会主义市场经济读本》，北京师范大学出版社 1993 年版，第 41 页。

体，但它的法律资格也发生了变化。

（二）行政主体和市场主体的区分意义

如何在政府和市场之间划出一道界限，无疑是建立市场经济的一大课题，也是本文的侧重之处。政府的实体形态是行政主体，而市场的参与者是市场主体。行政主体和市场主体的区分目的是说明，哪些社会组织和个人能够进入市场从事直接的经济活动，揭示市场参与者的范围。

行政主体和市场主体是不同的法律人格者，享有不同的权利、承担不同的义务。享有特定权利能力的主体只能参与特定性质、范围和层次上的社会关系并承担特定的义务。虽然一个法人或自然人可以不同的法律人格参与不同的法律关系成为不同的法律主体，但是在一个具体的法律关系中，一个自然人或法人只能以一种法律主体的面貌出现，否则，必然导致该法律关系的紊乱。市场经济关系中，主体间的法律地位是完全平等的民事关系，若代表行政权力的行政主体直接参与其中，正当、公平的竞争就无从谈起。行政活动商品化，市场活动行政化都会破坏正常的社会秩序。因此，区分行政主体和市场主体是顺利实现政府职能转变、端正二者各自的位置、建立合理法律框架的前提。

（三）行政主体和市场主体的区别

从总体上说，行政主体活动的本质是行使行政权力，履行公务的过程。它追求的是公共秩序和社会的整体效益，而市场主体活动的目的是追求盈利和满意的消费选择，其活动的效益是用能否实现价值的最大化来衡量的。具体说来这种区别包括：

1. 权力性行政主体和市场主体的区分。权力性行政主体是体现公共权力性最强的一类行政主体，它的行为特点是采用命令或禁止的方式实现目标。它和市场主体的区别最明显。当前，除国有资产管理局可通过中介机构间接控制一部分企业外，其他权力性行政主体一律不应在其内部设立企业或行政性公司。[5]

2. 公务性行政主体和市场主体的区分。首先，在组织方面，公务性行政主体是行政性实体而非盈利性组织，其工作人员大都是公务员。行政性公务行政主体的组成人员均是公务员，公用性、行业性公务行政主体的工作人员并不要求全部是公务员，但其领导和主要组成人员可以是公务员。公务行政主体在人员构成、定额、内部机构设置方面接受国家编制管理机关的业务管理，人员经费（限于公务员）由固定国家财政预算拨给。

其次，在财产方面，公务行政主体的一切经济收入和支出列入国家或地方的预算项目，没有独立的财产权。它所使用的财产一般为国有资产，也可能为私人财产（如租赁的私人办公用具、场所等）。而市场主体在财产方面具有自主权，自主经营、自负盈亏，内部有着严密的会计核算制度。应指出，国有企业的资产属国家所有，但今后国家将不再直接对国有资产加以控制，而是通过企业性的中介机构，如控股公司、企业集团、投资公司的形式加以间接管理，即通过股份化实现由实物型控制向价值型控制转变。国有企业的产权变动通常要经过作为股东方的中介机构的审批。中介机构是盈利性的企业（市场主体）。因此，在国有资产领域也体现了市场主体的财产自主权。

再次，在权利、义务方面，公务行政主体的活动没有权力性行政主体那样有明显的权力特征，受政治因素的影响也没有后者大，其活动的主要目标就是规划和协调公共利益，提供公共服务。但是，在需要时，公务行政主体也可依法享有诸如公用征收、强制执行、财产不得被扣押乃至财产性行政处罚等项行政职权。在各类公务行政主体中，享有上述职权的范围、程度不同。行政性公务行政主体在活动过程中，享有的可能性最多，但除非依照法律，这些职权不得委托和转让。市场主体是民事主体，它只享有民事权利，承担民事义务。

最后，公务行政主体的职责不像权力性行政主体的管理活动那样，原则上不能委托。在特定情况下，公务行政主体可以将公务委托给市场主体进

---

⑤ 《搞“翻牌公司”不是改革是倒退》，载《中国青年报》1993年3月2日。

行，这种委托产生的法律后果均由委托的公务行政主体承担。市场主体不因这种委托而成为行政主体，受委托者不得享有行政处罚、强制执行、公用征收等项行政职权，但行政主体一般应向受委托的市场主体提供必要的物资、技术和资金。

二、政府对市场的间接作用

（一）间接作用的理由

1. 市场的存在和运行需要科学合理的法律规则和政治制度，这些不仅是维护市场本身自发秩序不可缺少的环境条件，也是保证整个社会生活秩序所必需的。

2. "公共货物"（public goods）理论。在社会生活一些领域的服务是必不可少的，但由于无法采用市场经营的方式来经营，而只能由政府或主要由政府来提供服务，大至社会治安、教育、社会福利、环保，小到路灯、街心花园等。"就纯粹的公共产品（如安全）来讲，阻碍私人提供的障碍是如此之大，以至政府必须成为主要的供应商……"⑥这种只能由政府提供服务的现象，被经济学称作"灯塔作用"。⑦

3. 一些投资大、见效缓、回收慢、风险高的领域，私人企业往往不愿染指。如技术开发、三峡工程等。

4. 市场的自发调节是事后性的，各种经济信号的反馈有一定的时滞。这样，往往导致经济波动，特别是对生产周期长的产业部门更是如此。因此，需要由政府适用现代技术提供各种有关市场状况的信息，给企业的微观

---

⑥ ［美］罗伯特·考特、托马斯·尤伦著：《法和经济学》，张军等译，上海三联书店 1991 年版，第 147 页。

⑦ "灯塔"的例证也受到一部分经济学家的批评，详见［美］罗纳德·哈里·科斯著：《企业、市场与法律》，盛洪、陈郁译，上海三联书店 2009 年版，第 168 页。

经济活动提供参考。

5. 不适宜由普通企业经营的部门，“不适宜”是条因时因地而异的标准。如在我国通讯、铁路、石油、钢铁、煤炭、电力和自然垄断型资源的开采等。

（二）我国政府间接作用的具体领域及评价

1. 市场经济的创新与建立在我国是一个非自发的中央推行过程，政府必须提供出贴切的法律框架，建立以保护市场经济体制为目标的法律体系。这对于保证从计划体制向市场体制过渡及市场体制的运转起着决定性的作用。在政府立法工作中，要转变“立法是对现行行为的规范和对经验总结与固定”的传统立法观，突出有关市场经济立法的预见性、超前性和引导作用。

2. 创造良好的基础条件和外部环境，使市场活动能更有效地进行。这些作用既包括由公务性行政主体提供的诸如交通、通讯、能源、文化教育、环保、标准计量、科技与信息网络、城市公用事业和法律服务（如律师、公证、专利、行政调解、行政仲裁、行政复议）等。⑧这一领域的主要问题是要明确有关公务行政主体的性质，划清它们和市场主体的界线（如公立科研机构、公立大学、邮电、交通等部门），另外，也要注意它们和权力性行政主体的区分。这样才可能对各类公务行政主体加以分析，设计出相应合理的结构，然后用法律规范对其组织、职权和义务予以确认，以期实现各自对于社会的最优化的服务。

三、政府对市场的直接作用

政府对市场的直接作用包括两方面：一是政府对市场的直接干预或管理；二是政府对市场的宏观调控（不针对具体企业的间接调控）。

---

⑧ 有的经济学论述把法院的司法活动也放在政府作用的讨论范围内，本文将其排除在政府作用之外。

（一）我国政府对市场的直接干预及简评

为克服垄断、不正当竞争、分配不公等市场失灵现象，政府通常采用行政执法的手段对市场运行加以直接干预。针对市场活动的行政执法实际上是对市场活动进行事前、事中和事后监督的过程。包括工商、税务、⑨ 审计、海关、标准计量、卫生检疫、物价等行政执法领域。政府通过行政执法活动克服和纠正诸如欺行霸市、控制销售、假冒伪劣、走私、偷漏税和黑市交易等不正当竞争和分配不合理现象。

当前行政执法领域的主要问题有：第一，行政执法部门职、责、权乃至执法手段和方式不明确，导致越权执法或执法不力。行政执法部门是行政主体，它不能进入市场而成为市场主体。另外，行政执法机关为企业担保借款、发行股票、办行政性公司、行政工作人员交风险抵押金等现象要坚决克服。第二，行政执法部门现在命令、审批和许可权过强，同时，行政执法权的行使没有程序的约束，往往导致权力滥用，损害企业利益，不利于市场运行机制的完善。

（二）政府的宏观调控作用

为实现推行中长期发展计划、调控经济总量、促进市场结构优化以及对国民收入进行再分配等宏观目标，政府需要通过调节经济变量来影响市场内部的微观经济行为，使之符合宏观经济发展的要求（宏观调控）。宏观调控的范围包括信贷、利率、税收、财政、工资、价格和投资等。宏观调控的具体内容通常是由政府经济计划的目标决定的。税收和利率是最重要的宏观调控方法。

在宏观调控领域的主要问题是：第一，政府的宏观调控主要依靠利率和税收两种手段进行，对价格的调控范围要逐步缩小。第二，就整个经济计划工作来说，要从旧体制下的计划观念、计划对象、计划方法和推行计划的方

⑨ 对税率的管理属宏观调控的范围，而税务机关的征税行为是行政执法行为。

式中改变过来，适应市场需要。例如，可用行政合同的方式代替原来单一的行政命令方式推行计划。第三，改革和健全税制，强化税收能力。第四，对财政、金融体制进行改革，加强财政预算约束，理顺中央和地方的财政关系，深化金融体制改革，使专业银行逐步企业化，向商业银行过渡。第五，对投资体制也要进行改革并增加地方的宏观调控能力。第六，打破“诸侯经济”模式，形成全国统一市场，策动内陆地区的发展。

四、行政法对市场经济的意义

（一）市场经济和行政法的产生

市场经济在各国的推行是为了实现对社会资源的最佳配置，从而推动社会的进步和发展。市场经济的实质是社会经济行为平等自由的竞争，它最早诞生于17世纪欧洲大陆重商主义的背景之下。市场的形成被英国著名经济学家约翰·希克斯描绘成新世界的起点。18世纪，正是由于新兴阶级对自由市场的追逐，最终引发了反映这种要求的资产阶级大革命。也正是在革命的过程中，行政法产生了。行政法的最早特征就表现为控制约束专横的行政权力，维护新兴阶级利益。因此，行政法是“控权法”的说法，带有深刻的历史痕迹。这样的行政法观念是和排斥政府干预社会经济生活的经济思想相衔接的。然而，行政法发展至今，社会生活已发生了重大变化，行政的特征和范围已不同于以往。作为经济生活中枢的市场所要求的已不仅仅是对行政权力的约束，而更多的是在客观上需要政府提供优良的服务。在此背景下，行政法的含义也产生了变化。

（二）建立市场经济离不开行政法

1. 建立市场经济要求行政权力服务于市场秩序，保障市场主体的民事权利。由于和市场主体相比，行政主体总是处于优越的地位，享有许多特权。

故此，需用行政法对行政主体行使权力的范围和程序加在规定，避免行政主体超越或滥用权力，保障市场主体的民事权利不受违法行政的侵犯。由于行政执法是行政主体最经常、最频繁的活动，也是政府直接干预市场主体行为的活动，所以这种规定主要针对行政执法行为。

2. 市场的正常运行离不开政府的直接作用，但政府无论是在直接干预经济（行政执法）方面，还是在宏观调控领域都离不开行政法。行政执法的有效进行必须有身份明确的行政执法主体，同时，也要赋予相应的职权和执法手段。在宏观调控领域，与计划体制相比，宏观调控的对象、内容都发生了变化。市场经济在客观上要求政府不能像旧体制那样用单一的行政手段进行调控，而必须由主要依靠行政手段逐步向经济政策导向过渡，并有配套的法律加以规范（如有关预算、信贷、投资、计划和税收等方面的立法）。上述这些方面的制度完善和具体作用都与行政法制建设密切相关。

3. 在政府对市场间接作用的领域也离不开行政法。推行市场经济一些大的框架性立法属行政立法的范畴。⑩如被德国人称为市场经济大宪章的《反不正当竞争法》。市场经济的建立必须要有稳定良好的外部环境和基础性服务。这不仅涉及一般性的行政立法，如《行政程序法》《行政诉讼法》等，而且也离不开专门性行政立法，如《铁路法》《环保法》《治安管理处罚法》等法律对部门、行业实施依法管理。

（三）行政法对行政主体和市场主体的协调目标

在经济学看来，如果所有厂商过分注重的是生产的安全和质量，担忧政府的严厉，固然会使经济生活井然有序，但同时也会减少厂商在法律风险很高的领域中革新的愿望，扼杀企业创造力，使市场缺少生机。相反，夸大对政府权力的控制，把行政主体影响市场的直接作用和间接作用从实体到程序

⑩ 行政立法有三种含义：一种是有权行政主体所立之法；二是立有关行政之法；三是包括前两种意义的最广义的行政立法。本文的行政立法是最广义的用法。

均加以羁束，势必弱化政府对市场的管理能力。因此，无论是赋予行政主体执行政策的权力，还是自由裁量权的适度保留，行政法都至关重要。

从宏观上说，行政法对市场经济的作用集中表现在三大领域。一是行政主体直接干预市场和宏观调控领域里的行政法，如《行政处罚法》《计划法》《银行法》等；二是有关监督行政主体，约束行政权力，维护市场主体权利的行政法，如《行政诉讼法》《行政监察法》《行政复议法》《国家赔偿法》等；三是涉及政府对市场的间接作用的行政法，如《专利法》《环保法》等。

从上述三个领域看，在政府直接干预市场（行政执法）和宏观调控领域里，行政主体充当的是市场活动的“裁判”和监督者，这里的行政法可以视为“管理法”；在监督行政权力保护市场主体权利的领域里，行政法表现出“控权法”的色彩；而在政府间接作用于市场活动的领域，行政法则明显偏向于“福利和服务行政法”。用平衡的观点，无论在行政执法和宏观调控领域（保障市场秩序、推行宏观经济目标与保护市场主体自由经济活动的平衡），还是在监督行政权领域（控制行政权力与实现行政效率的平衡），行政法都表现出平衡主义的特点。究其实质，市场经济条件下平衡主义行政法就是在行政主体的行政权力和市场主体的民事权利间的平衡。当然，用市场主体权利本位的观点看待行政主体和市场主体的关系，行政权力是为市场服务的。在二者协调的过程中，行政权力应当趋向淡化，突出服务的特点，行政法在市场经济条件下所追求的目标是服务。服务行政法对市场经济来说最充分地体现了社会福利精神。⑪

五、市场经济对我国行政法基本观念的影响

（一）行政权力和民事权利的构造关系

我国曾长期奉行集权体制，以行政命令推行计划的方法是政府管理经济

---

⑪ 《西方法律思想史资料选编》，中国政法大学内印本，第107页。

的最主要方式。在此状况下，国营企业不是自负盈亏、自主经营的法人，在产、供、销各个环节上，它们作为行政主体的附属物存在，而不是以平等民事主体的身份参与经济活动。因此，国营企业不是完整意义的民事主体，其参与经济活动最基本的民事权利附属于行政主体的行政权力。而数量有限的私人企业和集团企业参与经济生活的民事权利又往往受到行政权力的恣意干涉。在高度计划的背景下，政府的过度干预也是必然的。正如列宁在制定第一部社会主义民法时指出的："必须扩大国家对'私法'关系的干预，扩大国家废除'私人'契约的权力。"⑫可见在传统计划体制下，民事主体的地位是不稳定的，它们的民事活动也很难实现"意思自治"。民商法在社会经济生活里只占有很小一片天地，民事权利从属于行政权力，是第二性的。经济生活更多地表现为行政命令和服从的关系，而非平等自愿等价有偿的民事关系。

现代的市场经济是国家有限干预下的自由经济，市场的自发作用，即市场运行本身的客观规律是本位性的、前提性的，国家的干预是服务于市场的、第二位的。"政府在宪法上的权力被广泛地加以解释并被用来维护公共利益和督察经济制度。"⑬计划体制向市场体制转变表现在政府职能上就是由"政府主导型"向"政府服务型"转变。要保证市场的第一性地位，市场主体的法律型态——民事主体的法律地位就应该明确，行政权力和民事权利的关系也要端正。民商法所规定的市场主体的民事权利是市场经济得以存在、运转的基础，因而，要维护市场主体法律地位，它的民事权利必须得到保证。在国家法律界定了行政主体干预市场主体的范围、限度的前提下，受法律保护的民事权利在市场经济活动中是第一位，行政权力要以民事权利为本位，尊重和维护民事权利。凡市场主体权利所及的范围，行政权力不得侵入。在行政权力也民事权利构造的关系上，如不能正确处理，让行政权力任意侵入市场生

---

⑫ 《列宁文稿》（第4卷），人民出版社1978年版，第222页。

⑬ ［美］萨缪尔森·诺德豪斯著：《经济学》（第12版）（下），高鸿业等译，中国发展出版社1992年版，第1166页。

活，权力商品化和市场混乱就不可避免，体现市场活动基本要求和民商法基本精神的“契约自由”“意思自治”也就无从谈起。

（二）市场经济条件下的行政法、民商法和经济法

建立市场经济要有良好的法律制度与之相配套。“没有合适的法律和制度，市场就不会产生体现任何价值最大化意义上的效率。”⑭ 行政法作为行政主体和市场主体的协调器固然必不可少，但是调整市场主体之间活动的基本法是民商法。虽然，行政法的一些技术来源于民商法（如赔偿），而民商法的一些规范也渗透进行政法的要求，但是平等主体间的民事关系却是不能由行政法规范来调整的。从另一方面说，行政法对市场经济的意义并不仅仅限于有的学者所概括的“经济行政法”领域。行政执法和宏观调控领域以及监督行政主体活动的行政法同样必不可缺。忽略任一方面，都是对行政法意义的片面和偏颇的认识，影响市场经济的运行。

不论把经济法理解为国家干预经济之法或有关经济之法，⑮都不能说明它是可以和行政法、民商法并称的部门法。“国家干预经济之法”即经济行政法，表明经济法囊括于行政法之中；“有关经济之法”会导致其与民商法学科界限的混淆，在实践中也会使经济主体的性质变得混乱，不能准确划定行政主体干预经济主体的范围与程度，法律调整不适当和市场混乱则必然。再者，宪法、刑法、劳动法的有关内容皆可视为“有关经济之法”。经济法学科的研究内容由于上述原因表现出很强的不确定性。“经济法与其说是一种法律体系，不如说是一种法律研究方法。”⑯行政法、民商法是有关市场运行的基本法，但法律对市场经济的意义还表现在其他法律部门。在实践中，法对市场经济的作用，体现在各部门法对市场活动综合调整的过程。

---

⑭ ［美］布坎南：《自由、市场和国家》，平新乔、莫扶民译，北京经济学院出版社 1988 年版，第 89 页。

⑮ 梁慧星、王利民：《经济法的理论问题》，中国政法大学出版社 1986 年版，第 132-133 页。

⑯ 《国际比较法百科全书·民法与商法》，法律出版社 1976 年版，第 91 页。

六、市场经济下行政法作用之完善

（一）明确行政主体的法律地位，避免和市场主体的错位

首先，为了协调好政府和市场的关系，不仅在行政法学理论研究中要注重“行政主体”，而且在立法、司法和行政活动实践中也要强化“行政主体”意识。把握行政主体和市场主体的区别不是在形式意义上的名称之别，而是看某实体是否拥有国家行政权，[17]是否代表国家提供公共服务。诸如公立医院、公立大学、公立图书馆和科研机构以及拥有行政职权的某些行业组织，虽不是政府的职能部门，没有“机关”的称谓，但其和政府的职能部门一样，不能视为市场主体。

其次，在对两类主体区分的基础上，要对各类行政主体的法律地位、组织机构、人员、职权、财产、经费等方面用法律规范的形式加以明确。当前，做好这项工作有三条途径可供选择：（1）结合《公务员法》的制定，把行政性行政主体、行政性公务行政主体的工作人员及其他公务行政主体主要组成人员的公务员身份及相应的职、责、权在《公务员法》里予以明确。（2）在各单项有关行政主体的立法和修改过程中，对行政主体的法律地位、组织结构等项内容加以明确规定。（3）在条件成熟的情况下，可以法律的形式制定有关行政主体的基本法，可称作《行政主体法》或《行政组织法》，并和相应的市场主体的基本立法相协调。

最后，对当前大量存在的行政性公司，如各部、委所属的各类企业、教学科研机构所属企业乃至部分军队、检察院、法院系统所属企业，加以整顿、清理。该撤的撤，该改变隶属关系的，要彻底与行政主体和其他国家机关脱钩。工商部门对于企业登记注册一定要把握好尺度，不能让权力性公司一拥

---

[17] 这里的行政权既包括“公共权力”，也包括“公务”的含义。

而上。对国家公务员要禁止其从事兼职性的市场活动。

（二）加强经济行政立法，改善行政执法状况

1. 市场经济之下，经济行政立法迫在眉睫

“无论是政治的立法或市民的立法，都只是表明和记载经济关系的要求而已。”⑱我国在由计划体制向市场体制的转换过程中，经济行政立法工作要在全面分析市场运动规律的基础上，反映市场经济的客观要求，逐步建立起以维护市场经济体制为目标的法律体系。我国市场经济的总体框架是：（1）建立在明确界定产权基础上的自主经营、自负盈亏的市场主体。（2）能够向市场主体提供正确的价格参数和平等自由竞争的市场。（3）政府对市场合理、有效地直接和间接作用。

当前，要注重立法规划和立法对市场经济的引导作用，经济行政立法要逐步由按所有制立法、行业立法，甚至按商品品种立法过渡到围绕市场经济的总体框架上来。具体可从以下几个方面加快立法速度：一是市场主体方面的立法，主要是通过规定企业与国家之间的产权关系、财务关系以及各种市场主体间的平等关系来界定市场主体的基本权利。“必须强调立法制度对权利界定的作用，即在一定的收入分配条件下，权利的界定会使资源配置达到最有效率。”⑲这方面的立法包括：《公司法》《企业法》《合伙法》《破产法》等。二是市场秩序方面的立法，以保证开放、统一、公平的市场运转。这方面的立法有：《反不正当竞争法》《证券交易法》《房地产交易法》《反欺诈法》《反倾销法》《消费者权益保护法》（已颁行）《产品责任法》《仲裁法》《合同法》《票据法》等。三是有关宏观调控和公共福利、社会保障方面的立法。如《银行法》《计划法》《预算法》《投资法》等。

⑱ 《马克思恩格斯全集》（第4卷），第121-122页。

⑲ ［美］哈罗德·德姆塞茨著：《竞争的经济、法律和政治维度》，陈郁译，上海三联书店1992年版，第8-9页。

2. 行政执法现状亟待改善

行政执法是政府直接干预市场对市场活动加以监督管理的方式。这既是政府最经常的活动，也是与市场主体最直接发生联系的领域。当前，行政执法现状的不理想之处表现在：一方面是行政执法不力。由于行政执法主体的职责权限不明，造成它缺乏足够的威信，加上执法人员的责任心不强等原因，常使行政执法目标难以实现，出现市场秩序的混乱。比如，市场主体的偷、漏税行为、假冒伪劣产品泛滥、审计流于形式、各种翻牌公司大量出现等现象。因此，为完善行政执法制度，加强对市场秩序的行政执法监督，《行政处罚法》《行政许可法》《强制执行法》《行政奖励法》和具体行政执法领域的立法（如工商、税务、标准计量、审计等部门）需要加快进行。

在有关行政执法立法工作中，一定要明确行政执法主体的法律地位，避免与市场主体的错位，要禁止行政执法单位利用职权从事市场活动不得使其拥有隶属性企业。对有关行政执法部门的已有立法，要根据市场经济的需要及时修改。另外，由于行政执法人员素质不同、长期用计划体制下的工作方法进行执法，加上对行政执法又缺乏程序性约束，所以，滥用行政执法权力，侵犯市场主体权利的现象时有发生，其中最突出表现在行政处罚领域。[20]因此，加强对行政执法的规范，制定有关法律、法规尤为必要。其中最基本的是制定《行政程序法》。“现代市场经济的中心课题是优化选择机制的形成，而公正合理的法律程序正是改善选择条件和效果的有力工具。”[21]行政程序法表现为对行政执法行为方式、步骤与过程的约束，它对于保护市场主体的合法权益，提高行政效率，建立市场经济体制意义重大。要通过行政程序法建立行政公开、听证、回避等项制度，使行政执法能真正地为市场服务。

（三）强化对行政主体的监督

在经济管理活动中，行政主体不是必然地能遵循经济效率和社会公正的

---

⑳ 参见高帆：《市场经济和行政权力》，载《中国法学》1993 年第 3 期。

㉑ 季卫东：《程序比较论》，载《比较法研究》1993 年第 1 期。

要求，不会总是如费边社会主义传统中的无所不知的、仁慈的社会守护神那样起作用，其行为常常会偏离合法和合理的要求。如果行政主体的违法行为不能得到及时纠正并承担相应的法律后果，保护市场主体权利，维护市场正常秩序最终也不可能实现。因此，对行政主体的活动进行监督势属必然。有人提出监督会降低政府的能力和威信。其实，政府真正地威信和能力来源于社会公众的信赖，威信和能力不应该也不可能建立在政府恣意胡为之上。

行政程序法固然体现出对行政主体作用于市场活动的一种事前和事中约束。但对行政主体活动的事后监督，最应强调的是来自外部的国家审判机关和检察机关的监督。权力机关的监督虽是最高层次的监督，但它更多地反映了政治性的色彩，不是对行政主体作用于市场过程最经常、最直接的监督。审判机关的监督主要是通过行政审判进行的。市场经济条件下，行政审判工作要强化为市场经济服务的审判意识，依法该受理的案件一定要坚决受理、依法审理，决不推诿，切实保护市场主体的合法权利，不能因某些行政主体有着××公司的名称，就将案件一推而去。

检察机关的监督，主要是通过对自侦案件（法纪和经检）的查处，针对公务员在执行职务过程中的犯罪行为的（如贪污、贿赂、玩忽职守等）。目前，检察机关最应关注的是惩办那些利用行政职权从事经济活动，扰乱市场秩序的犯罪。在行政系统内部，行政监察监督也要加强。监察工作的重点应转到监督行政主体的公务员活动，维护市场秩序的轨道上来，对利用行政权力搞权钱交易的现象，要坚决纠正，协调好行政主体和市场主体的关系。

另外，建立我国的行政公开制度，增加透明度非常重要。公务员的行政活动只有如“鱼缸里的金鱼一样”（透明和有限），才能实现对行政主体真正、有效地监督。最后，要保证行政主体在市场条件下合理、有效地活动，实现对政府非法作用于市场活动的监督，必须完善行政主体的法律责任制度，纠正违法行政行为，促进良好的市场秩序的形成。当前，应抓紧制定《国家赔偿法》，明确行政主体非法侵犯市场主体权利所应承担的赔偿责任，维护市场主体的经济利益，保持政府对市场的优良作用，这一点尤为具有现实意义。

《国务院组织法》实施情况分析

张迎涛*

1982年12月10日，全国人民代表大会常务委员会公布施行了《中华人民共和国国务院组织法》(以下简称《国务院组织法》)。《国务院组织法》在性质上属于部门组织基本法，即规范国务院所有部门组织的共性组织事项的法律。三十多年来，《国务院组织法》在规范国务院部门组织设置、保障和推进国务院机构改革中发挥了重要作用。随着我国依法治国的全面推进和政府机构改革的深入实施，《国务院组织法》在国家治理体系中的作用日益凸显，与此同时，该法在实施过程中暴露的问题也应当引起足够的重视。

一、1982年《国务院组织法》的实施情况

1982年《国务院组织法》的条文数量很少，仅有11条。该法的实施呈现出以下特点：

1. 国务院副秘书长职位数量处于增长态势。1982年《国务院组织法》第7条第2款规定："国务院设副秘书长若干人，协助秘书长工作。"这是一条典型的授权性规则，授权国务院自行决定副秘书长的职数。授权性规则是指在中央政府组织法中创设部门组织并给部门组织配置职能、设置机构、配备人员等使部门组织获得组织资源的规则，授权性规则的作用在于让部门组织拥

* 张迎涛，交通运输部科学研究院副研究员，法学博士。

有合法的身份，并获得履行行政职能的各项条件，确保部门组织能够正常运作。与授权性规则相对应的是控权性规则，即对部门组织的内部职能分配、机构设置、工作程序、人员数额等进行控制的规则，控权性规则的作用在于规范部门组织的内部工作程序、优化部门组织结构并控制部门组织规模。1982 年《国务院组织法》总共 11 个条文中，有 4 条属于授权性规则，有 2 条属于控权性规则，有 4 条既包含授权性规则，又包含控权性规则。总体来看，该法的一大特点是非常重视授权性规则，而较为轻视控权性规则。就国务院副秘书长的数量而言，该法仅仅规定国务院设副秘书长若干人，并没有明确的数量控制，这就意味着副秘书长这个职位的数量由国务院根据实际需要来确定。从实际情况来看，国务院副秘书长的数量处于增长的趋势。国务院办公厅于 2008 年 7 月 17 日发布的《国务院办公厅主要职责内设机构和人员编制规定》将国务院办公厅的副秘书长职数增加至 9 名，而在 1998 年的原规定中，副秘书长仅有 5 名。有媒体报道，2015 年 5 月，国务院实际设置的副秘书长职数达到了 10 名，[①] 超过了前述“三定”规定中限定的数量。对于国务院关于副秘书长职数的规定，地方也多有借鉴，一些地方政府设置了数量较多的副秘书长职位，甚至个别地方的副秘书长职位数量达到了 20 个。[②]

2. 国务院组成部门数量逐步减少，但国务院部门总数变化不大。1949 年新中国成立之初，政务院的部门分为委、部、院、会、署、行和秘书厅，经过六十余年的演变，目前国务院的部门已经大致定型为国务院办公厅、国务院组成部门、国务院直属机构（含国务院直属特设机构）、国务院办事机构和国务院直属事业单位。1949 年至今，国务院部门总数一直维持在 30 个以上，最多的时候达到了 100 个。1982 年以来，尽管国务院组成部门的数量呈逐步减少的趋势，但是国务院部门总数变化不大，一直维持在 60 个以上（见

---

① 参见《揭秘国务院的副秘书长们》，载 http://news.ifeng.com/a/20150520/43795272_0.shtml，最后访问日期：2015 年 11 月 8 日。

② 参见赵勇：《铁岭的 20 个副秘书长没有“临时”的吧》，载 http://news.xinhuanet.com/politics/2008-11/28/content_10423639.htm，最后访问日期：2014 年 7 月 10 日。

表1)。如此众多的部门设置在实践中引发了部门职能交叉、管理层次增多、总理难以有效驾驭、财政负担沉重、行政效率较低等我国长期以来未能彻底解决的诸多棘手问题。

表1 1949年-2015年政务院或国务院部门数量统计表③

年份	部门数量	具体构成④
1949年	35个	委(4);部、院、会(25);署、行(5);秘书厅(1)
1953年	42个	委(4);部、院、会(34);署、行、局(3);秘书厅(1)
1954年	64个	部、委(35);直属机构(20);办公机构(8);秘书厅(1)
1956年	81个	部、委(48);直属机构(24);办公机构(8);秘书厅(1)
1958年	68个	部、委(40);直属机构(18);办公机构(9);秘书厅(1)
1959年	60个	部、委(39);直属机构(14);办公机构(6);秘书厅(1)
1965年	79个	部、委(49);直属机构(22);办公机构(7);秘书厅(1)
1970年	32个	部、委(29);组(2);办公室(1)
1977年	56个	部、委(30);直属机构(20);办公机构(5);办公室(1)
1978年	76个	部、委(36);直属机构(32);办公机构(7);办公室(1)
1981年	100个	部、委(51);直属机构(43);办公机构(5);办公厅(1)
1982年	61个	部、委(42);直属机构(15);办事机构(3);办公厅(1)
1987年	72个	部、委(45);直属机构(22);办事机构(4);办公厅(1)
1988年	68个	部、委(41);直属机构(19);办事机构(7);办公厅(1)
1992年	74个	部、委(41);直属机构(19)、办事机构(9);直属事业单位(4);办公厅(1)
1993年	67个	部、委(40);直属机构(13);办事机构(5);直属事业单位(8);办公厅(1)

③ 表中数据来源于国家行政学院编著:《中华人民共和国政府机构五十年》,党建读物出版社、国家行政学院出版社2000年版,第4页以下;1993年、1998年、2003年、2008年、2013年《国务院关于机构设置的通知》。

④ 括号中的数字指该类部门的数量。

续表

1998 年	63 个	部、委（29）；直属机构（17）；办事机构（6）；直属事业单位（10）；办公厅（1）
2003 年	66 个	部、委（28）；直属特设机构（1）；直属机构（18）；办事机构（4）；直属事业单位（14）；办公厅（1）
2008 年	63 个	部、委（27）；直属特设机构（1）；直属机构（16）；办事机构（4）；直属事业单位（14）；办公厅（1）
2013 年	60 个	部、委（25）；直属特设机构（1）；直属机构（16）；办事机构（4）；直属事业单位（13）；办公厅（1）

3. 部门负责人副职数量超编严重。1982 年《国务院组织法》第 9 条第 1 款规定："各部设部长一人，副部长二至四人。各委员会设主任一人，副主任二至四人，委员五至十人。"其中关于各部门副部长、副主任和委员的量化规定体现了 1982 年《国务院组织法》对部门组织负责人数量的控制，然而这种控制在实践中却没有发挥出应有的作用。本文对 2008 年 12 月、2013 年 6 月和 2015 年 11 月这三个时间节点上，国务院组成部门的部门负责人副职数量进行了简要统计（见表 2 至表 4）。从统计数据可以看出：一是国务院组成部门的部门负责人副职类型较多，除了副部长、副主任、副行长、副审计长这些属于《国务院组织法》《中国人民银行法》等法律规定的副职类型外，各部门还存在副部级的驻部纪检组组长、政治部主任、党组成员、部长助理等职位。二是部门负责人副职数量超编现象较为严重，以国务院现有的 25 个组成部门为例，除国防部和国家安全部外，在 23 个国务院组成部门中，如果只计算副部长的数量，至少有 61% 以上的部门的负责人副职数量超编，有个别部门甚至超编 1.5 倍；如果算上副部级的其他职位数量，那么至少有 87% 以上的部门的负责人副职数量超编，其中，超编最为严重的部门甚至超出规定编制的 2.5 倍。可见，除了要对副部长这一类型的职位数量进行控制之外，还有必要对其他副部级的职位数量加以控制。当然，有的部委的副职数量超编是属于 2008 年大部制改革的遗留问题，但是这个遗留问题花了七年时间仍然未能得到妥善解决。

表 2 国务院组成部门负责人副职数量统计简表⑤（2008 年 12 月）

部门名称	副职数量	超编数量	部门名称	副职数量	超编数量
外交部	6	2	国土部	5	1
发改委	9	5	环保部	5	1
教育部	6	2	建设部	3	0
科技部	5	1	交通部	5	1
工信部	6	2	水利部	4	0
民族委	4	0	农业部	6	2
公安部	6	2	商务部	8	4
监察部	4	0	文化部	6	2
民政部	4	0	卫生部	7	3
司法部	4	0	计生委	4	0
财政部	5	1	人民银行⑥	5	0
人保部	9	4	审计署	4	0

表 3 国务院组成部门负责人副职数量统计简表⑦（2013 年 6 月）

部门名称	副职数量		部长助理等	副职超编数量	部门名称	副职数量		部长助理等	副职超编数量
	副部长	其他副职				副部长	其他副职		
外交部	5	1	5	2	国土部	5	3		4
发改委	10	1	5	7	环保部	5	2		3
教育部	6	4		6	住建部	4	1	2	1
科技部	5	3		4	交通部	6	2	4	4
工信部	5	3	1	4	水利部	6	2		4

⑤ 表 2 中的副职数量仅指副部长、副主任、副行长、副审计长等的数量，不包含党组成员等副部级职位的数量。国务院当时有组成部门 27 个，其中国防部、国家安全部和铁道部这三个部门的相关信息无法在互联网上查到。

⑥ 2003 年《中国人民银行法》第 10 条第 1 款规定：“中国人民银行设行长一人，副行长若干人。”因此，中国人民银行的副行长职数不受 1982 年《国务院组织法》的约束。

⑦ 表中“其他副职”包括副部级的驻部纪检组组长、政治部主任、党组成员、部长助理等；“部长助理等”包括非副部级的部长助理、总工程师、副秘书长等。

续表

部门名称	副职数量		部长助理等	副职超编数量	部门名称	副职数量		部长助理等	副职超编数量
	副部长	其他副职				副部长	其他副职		
民族委	3	1	1	0	农业部	6	2	3	4
公安部	8	1		5	商务部	6	2		4
监察部	4			0	文化部	5	2		3
民政部	4	2		2	卫计委	9	1		6
司法部	3	2		1	人民银行	5	3		0
财政部	4	5		5	审计署	4	4		4
人保部	9	1		6					

表 4　国务院组成部门负责人副职数量统计简表⑧（2015 年 11 月）

部门名称	副职数量		部长助理等	副职超编数量	部门名称	副职数量		部长助理等	副职超编数量
	副部长	其他副职				副部长	其他副职		
外交部	6	1	2	3	国土部	5	4		5
发改委	10	4	4	10	环保部	4	1	2	1
教育部	6	2		4	住建部	4	1	1	1
科技部	5	2	1	3	交通部	6	4	3	6
工信部	6	3	1	5	水利部	5	1		2
民族委	4	1	2	1	农业部	5	2	4	4
公安部	6	2	2	4	商务部	5	6		7
监察部	4			0	文化部	4	3		3
民政部	4	1	2	1	卫计委	7	1		4
司法部	4	1		1	人民银行	5	4		0
财政部	6	1	3	3	审计署	4	4		4
人保部	8	1		5					

---

⑧ 表中“其他副职”包括副部级的驻部纪检组组长、政治部主任、党组成员、部长助理等；“部长助理等”包括非副部级的部长助理、总工程师、副秘书长等。

4. 各部委司局级内设机构过多。一般认为，管理幅度以6-8人为宜。⑨对国务院组成部门的司局级内设机构进行调查发现，国务院组成部门目前存在司局级内设机构数量过多的问题。各部门司局级内设机构数量最少的为11个，最多的为30个，平均下来每个部设有19.7个司局级内设机构。司局级内设机构数量位于10个与20个（不含20）之间的组成部门有13个，位于20个与30个（不含30）之间的组成部门有8个，位于30个以上有2个。（见表5）近些年的大部制改革更多注意到了部门与部门之间的整合，却忽视了部门内设机构的整合。例如，在2008年大部制改革之前，人事部有司局级内设机构11个，劳动和社会保障部有司局级内设机构12个，加起来共23个，然而在2008年大部制改革将两个部门合并之后，新的人力资源和社会保障部的司局级内设机构数量达到了25个之多。

表5 国务院组成部门规模和内部结构数据简表

部门名称	部门行政编制	司级内设机构数量⑩	司级领导职数	司级领导职数占部门行政编制的比率（%）
外交部⑪	2,000	27⑫	92	4.60
发改委	1,029	30	143	13.90
教育部	556	24	79	14.21
科技部	258	13	45	17.44
工信部	731	26	103	14.09
民族委	188	11	33	17.55
公安部⑬	1,137	19	70	6.16

⑨ 参见应松年、薛刚凌：《中央行政组织法律问题之探讨——兼论中央行政组织法的完善》，载《公法研究》2002年第1期。

⑩ 含机关党委、离退休干部局，不含机关服务局（机关服务局属于事业单位）。

⑪ 参见《国务院办公厅关于印发外交部职能配置、内设机构和人员编制方案的通知》（国办发〔1994〕2号）。

⑫ 该数据来源于外交部网站，最后访问日期：2015年11月8日。

⑬ 参见《国务院办公厅关于印发公安部职能配置、内设机构和人员编制方案的通知》（国办发〔1994〕45号）。

续表

监察部		27⑭		
民政部	332	15	54	16.27
司法部	294	15	43	14.63
财政部	680	24	94	13.82
人保部	509	25	80	15.72
国土部	366	17	57	15.57
环保部	311	15	48	15.43
住建部	345	17	57	16.52
交通部	398	14	56	14.07
水利部	318	14	49	15.41
农业部	627	19	75	11.96
商务部	956	30	111	11.61
文化部	327	13	44	13.46
卫计委	545	23	78	14.31
人民银行	734	21	85	11.58
审计署	682	15	102	14.96
合计		453		

5. 各部委司局级领导职数占比过高。对国家发改委、教育部等20个国务院组成部门的司局级领导职数进行调查发现，国务院组成部门的司局级领导职数占比过高。这些部门的司局级领导职数占部门行政编制的比率均在11.5%以上，大多数维持在15%左右，有8个部门的占比在15%以上。占比最高的甚至达到了17.55%，这意味着10个公务员中几乎有2个司局级领导（见表5）。

6. 各部委纵向管理层次过多。管理层次会受到管理幅度的影响，在工作量一定的情况下，管理幅度通常与管理层次成反比关系，管理幅度越大，管

⑭ 该数据来源于监察部网站，最后访问日期：2015年11月8日。

理层次就越少。[15] 管理层次的设置必须适当，过多过少都会影响行政效率。[16] 从形式上来看，目前国务院部门内部的管理层次为三级，包括部级、司局级和处级，同时，每一个级别有正职和副职之分，正职统管全局，副职分管协助。但是在行政实践中，由于副职多为实职，往往形成一个单独的层级，部门内部的管理层次实际上已经演变为六级，导致决策效率较低。

7. 各部委越权组织行为频现。越权组织行为主要表现为一些部委擅自设置副部级和准副部级领导职位。1982 年《国务院组织法》只限制了各部委副部长和副主任的数量，但是没有限制各部委的准副部级领导职位的数量，于是一些部委的“三定”规定设置了诸如总工程师、总经济师、总审计师等形形色色的准副部级领导职位。在新中国成立初期，我国的中央政府部门组织法曾设置了部长助理、秘书长、副秘书长等职位，改革开放以后，1982 年《国务院组织法》不再为各个部门设置部长助理、秘书长、副秘书长等职位。但是，一些部门的“三定”规定中却越权设置了部长助理、秘书长、副秘书长等副部级或准副部级职位。

8. 随意设置直属机构。1982 年《国务院组织法》第 11 条规定：“国务院可以根据工作需要和精简的原则，设立若干直属机构主管各项专门业务……”据此规定，国务院有权自行决定什么是直属机构、是否设置直属机构、设置多少个直属机构。在实践中，诸如海关总署、国家税务总局、国家工商行政管理总局、国家质量监督检验检疫总局等直属机构承担的职能的性质与作为国务院组成部门的各部并没有什么不同，都属于公共管理职能。同样是公共管理职能，为什么一些由直属机构承担，而另外一些由组成部门承担呢？国务院从未提出直属机构与组成部门的区分标准，在直属机构的设置上保留了很大的自主空间，导致直属机构的设置随意性较大。

---

⑮ 参见阎洪琴、翁毅编著：《公共行政组织》，团结出版社 2000 年版，第 24 页。

⑯ 参见邹钧主编：《日本行政管理概论》，吉林人民出版社 1986 年版，第 72 页。

二、修改1982年《国务院组织法》的建议

针对1982年《国务院组织法》存在的上述问题，建议加快修改该法，并着重在以下若干方面予以完善。

1. 合理界定国务院部门职能边界。行政职能是决定行政组织设置的根本性因素。只有行政职能转变到位，行政组织的改革才能真正到位。建议在《国务院组织法》中写入国家辅助性原则，明确规定“凡是公民、法人和其他组织能够自主解决的，市场竞争机制能够调节的，行业组织或者中介机构通过自律能够解决的事项，除法律另有规定的外，不得列入国务院部门职能”，将其作为衡量一项事务是否应当由国务院部门来承担的标准。以国家辅助性原则为依据，全面清理和评估国务院部门职能，确保形成权界清晰、分工合理、权责一致、运转高效、法治保障的国务院机构职能体系。

2. 科学划分国务院部门的类型。建议以部门是否具有对外管理职能为标准，将国务院部门分为职能部门和辅助部门两种类型。其中，职能部门承担对外管理职能，有权以本部门名义对外实施公共管理。职能部门又可以根据其承担的职能的复杂程度，分为综合管理部门和专业监管部门。辅助部门是国务院的辅助机构，负责辅助国务院决策，辅助国务院统一领导和协调国务院各职能部门的工作，无权对外实施公共管理。根据职能的不同，辅助部门又可以分为秘书部门、辅助决策部门、监督部门和内部管理部门。

3. 严格控制国务院部门的数量。从域外各主要国家的内阁部门组织数量一般控制在12个至21个之间可以看出，国务院组成部门的数量控制在20个以下较为合适。因此，建议《国务院组织法》明确规定，国务院组成部门的数量不得超过20个，同时，严格控制国务院其他部门的数量。

4. 压缩部门管理层次。目前，国务院部门组织的管理层次从顶端的部长到基层的科员大致为六级，存在层次过多的问题，有必要削减各层次副职的数量，弱化副职的分管职能，强化副职的辅助职能，使副职不再成为单独的

一个管理层次，从而将部门组织的内部管理层次压缩为三层，即部长、司（局）长、处长。具体而言，明确规定各级副职的职数上限，副职主要承担两方面的工作：其一，在正职因出差或疾病等暂时不能履行职责期间，接受正职的委托代行正职的职责；其二，接受正职的委托，具体负责某一方面的事务。

5. 优化部门管理幅度。不仅要实行“大部制”，而且要建立大司局、大处室。根据行政管理基本理论，从总理到部长，从部长到司（局）长，从司（局）长到处长的管理能力是递减的，如果总理能够有效管理的部门组织数量上限为 20 个，那么部长能够有效管理的司（局）级机构的数量上限、司（局）长能够有效管理的处级机构的数量上限、处长能够有效管理的科员的数量上限应当逐步减少。我国台湾地区“中央行政机关组织基准法”规定“业务单位设六司至八司为原则”，“辅助单位不得超过六个处、室”，业务单位和辅助单位数量上限相加为 14 个。建议《国务院组织法》将部门内设司局级机构数量限制在 14 个以内，司局内处级机构数量限制在 8 个以内。与此同时，由处长管理的科员的数量不仅要设定上限，而且要设定下限，以解决目前各处室广泛存在的“官多兵少”的问题。

6. 优化部门人员结构。不同的职位需要具有不同的知识、经验和能力等素质的人员，只有人员素质与职位需要相匹配，该职位的效用才能得到最大程度的发挥。建议《国务院组织法》严格控制司局长等领导职数所占比例，优化高级、中级、初级公务员各自所占的比例，聘任制公务员与一般公务员的比例[17]以及公职人员与工勤人员的比例。

7. 优化部门内设机构比例。理顺大部制架构下部委与其管理的国家局的关系，压缩国家局的内设机构数量，避免重复设置机构。在简政放权的同时，建议《国务院组织法》规定，根据需要合理设置部委内设业务机构，严格控制部委内设的规划、财务、法制、科技等综合管理机构的数量。同

⑰ 参见应松年、薛刚凌：《行政机关编制法论纲》，载《法学研究》1993 年第 3 期。

时，严格控制非常设机构的设置，大幅整合和精简部委下属事业单位。

8. 规范部门组织的设置程序。根据对部门组织造成影响的不同，部门组织的设置程序可以大致分为部门组织的设立程序、变更程序和撤销程序，其中，部门组织的设立程序是较为基本的程序，变更程序和撤销程序的许多环节可以参照设立程序进行。建议《国务院组织法》明确规定部门设置的必经程序，包括专家论证程序、公众参与程序等，⑱ 杜绝随意设置部门。其一，专家论证程序，一个部门组织是否应当设立以及应当如何设立都需要由宪法学、行政学、行政法学、经济学、财政学等相关学科的专家学者组成专门小组加以充分论证。其二，公众参与程序，部门组织的设立意味着将有一个新的部门对某项社会事务施加管理，必然会对一些公民和社会组织产生或多或少的影响，只要是自身利益因部门组织的设立而受到影响的公民和社会组织都有权亲自或者通过自己的代表参与到部门组织设置过程中来，发表意见，参与决定部门组织的设立。

9. 设定中央国家机关所有公职人员的总额。日本在 1969 年率先制定了《行政机关定员法》，将日本中央行政机关的常勤职员总数最高额限定为 506,571 人，有效控制了公职人员规模。2010 年，我国台湾地区参照日本的做法，出台了“中央政府机关总员额法”，将“中央”机关总员额上限确定为 17.3 万人。建议借鉴日本的成功经验，在《国务院组织法》中明确设定中央国家机关所有公职人员的总额上限。此外，还要明确部门组织的公职人员数额分配规则，避免部门之间公职人员数量的失衡。

10. 严格控制部门编制和领导职数。不仅要严格控制国务院各部门的行政编制总数，还要严格控制部门下属的事业单位的事业编制的总数，而且要禁止部门内部行政机构占用事业编制。建议《国务院组织法》按照精简统一效能的原则，明确规定部门的人员编制数额和国务院及其部门的领导职数。具体而言，参考多年来的实践，可以考虑规定国务院设副总理二至四人，国务

---

⑱ 参见应松年、薛刚凌：《行政组织法基本原则之探讨》，载《行政法学研究》2001 年第 2 期。

委员二至四人，专职副秘书长的职位数量不得多于国务院副总理与国务委员的数量。同时，改变现有《国务院组织法》“一刀切”方式规定各部委负责人副职数量的方式，充分考虑各部委承担职能多少及复杂程度的不同导致人员编制总数不同的客观情况，明确规定根据各部委人员编制总数确定其副职数量上限的计算规则。

11. 建立部门间的职能争议解决机制。明确规定部门组织之间的职能争议解决机制，以便迅速地化解职能争议，确定职能归属，提高行政效率。其一，解决部门组织职能争议的主体，当部门之间无法通过协商解决职能纠纷时，必须有一个主体出面负责最终解决争议。建议授权国务院最终解决部门职能争议。其二，解决部门组织职能争议的时限，《国务院组织法》应当明确规定部门组织之间发生职能争议后，可以相互协商的期限、向负责解决争议的主体申请解决争议的期限以及负责解决争议的主体作出最终裁决的期限，防止部门职能争议久拖不决。

12. 健全监督机制。在监督主体方面，近期，继续由中央机构编制委员会办公室承担监督职能；远期，由全国人大常委会下设专门机构承担监督职能，确保监督主体独立公正的履行监督职能。在监督方式方面，包括采取惩戒措施和实施绩效评估这两种方式。在法律责任方面，包括通报批评；建议改正或者责令限期纠正；撤销违法设置的机构；撤销超编的任命决定；建议有权主体对负有直接责任的主管人员和其他直接责任人员依法给予行政处分；建议全国人大及其常委会削减该部门组织的预算等。此外，为防止部门领导职数超编，有关部门在提请任命国务院部门负责人副职时，须经中编办就该副职是否超编进行专门审查。

论自然资源国家所有权的创设*

王克稳**

在自然资源所有权制度的创设中，自然资源国家所有权的创设是极为重要的内容，涉及的问题甚多，创设自然资源国家所有权的法律目的、自然资源国家所有权与私法所有权应有的不同和区别、自然资源国家所有权的所有者、代表者与管理者的设置以及创设自然资源国家所有的基本因素与条件等都是自然资源国家所有权创设中需要明晰的基本问题，本文拟围绕这些问题展开探讨。

一、自然资源所有权的法律创设

自然资源，通常是指“存在于大自然中的，在一定经济技术条件下可以被人类用来改善生产和生活状态的物质和能量”，[①] 包括土地、[②] 水、矿藏、森林、草原、野生动植物、阳光、空气等，自然资源具有下列几方面的特征：第一，自然性。自然资源是存在于自然界的天然资源，人类可以利用它，但它的存在本身不是人类劳动的结果而是大自然对人类的恩赐。第二，可利用

---

* 本文原发表于《苏州大学学报》（法学版）2014 年第 3 期。

** 王克稳，苏州大学王健法学院暨东吴公法与比较法研究所教授。

① 戚道孟主编：《自然资源法》，中国方正出版社 2005 年版，第 1 页。

② 广义上，土地是一类最为重要的自然资源，但考虑到世界上绝大多数国家（地区）多将土地作为私法上的不动产纳入民法的调整范围并创设为民法上的物权，故土地资源不纳入本文的讨论范围。

性。广泛存在于自然界的物质和能量并不都构成自然资源，能够称之为自然资源的仅限于对人类有利用价值且人类有能力利用的那些资源，沙漠、迷雾是自然界广泛存在的物质，地震、海啸、台风等都是自然存在的巨大能量，但它不但不能为人类所利用，反而具有极大的破坏性，因而，在现有的技术条件下它们还不能称之为自然资源。第三，相对性或变动性。自然资源的相对性或变动性可从两个方面理解：一方面，自然资源的范围是随着人类科学技术的进步而不断拓展的，人类社会“迄今的资源利用史一直是不断发现的历史，对资源基础的定义在不断拓展”；③ 另一方面，由于不同国度科学技术水平上的差异，在一个国家被视为资源的物质在另一个国家很可能只是自然界的物质而非资源，“即使在今天，评价资源的方式在空间上也是千差万别的”。④ 因此，自然资源是一个相对的和动态的范畴。

自然资源因其巨大的使用价值及对人类生产与生活的影响而被纳入法律的调整范畴，法律调整自然资源最为重要的制度就是为自然资源创设所有权，这一制度源于罗马法。在罗马法上，自然资源被划分为共用物、公用物和无主物，共用物是指供人类共同享用、任何人包括罗马市民和外国人都可以享用的物，包括空气、阳光、海洋和海岸等，共用物是没有主体的物，不能作为所有权的客体，换言之，共用物是全人类共同所有的物，这类物又称众所共有的物；⑤ 公用物又称公有物，是指罗马市民公共享有的物，包括公共土地、牧场、河川港口等，法律上采国家所有的形式；⑥ 野兽鸟鱼，即生长在陆上、海里和空中的一切动物都属于无主物，一旦被人捕获，根据万民法，即属于捕获者所有，因为自然理性要求以无主之物，归属最先占有者；⑦ 海中长出的岛屿，属于先占者所有，在被占有之前不属于任何人。⑧ 囿于认识

③ ［英］朱迪·丽丝著：《自然资源分配、经济学与政策》，商务印书馆 2002 年版，第 12 页。
④ 同上书，第 22 页。
⑤ ［罗马］查士丁尼著：《法学总论》，张企泰译，商务印书馆 1997 年版，第 48 页。
⑥ 周枏著：《罗马法原论》，商务印书馆 2009 年版，第 302 页。
⑦ ［罗马］查士丁尼著：《法学总论》，张企泰译，商务印书馆 1997 年版，第 48–50 页。
⑧ ［罗马］查士丁尼著：《法学总论》，张企泰译，商务印书馆 1997 年版，第 52 页。

与技术条件的限制，罗马法上对自然资源所有权的设定比较简单，作为所有权客体的自然资源的范围亦比较狭窄，人类对自然资源所有权的设定是随着自然资源价值的不断被发现和技术条件的不断进步而逐渐拓展的。随着人类开发利用自然资源能力的不断提升，自然资源所有权的创设逐渐呈现以下两方面的趋向：

第一，具有独立利用价值的资源不断从其所依附的资源中分离出来作为独立的所有权客体。表现之一是矿藏和地下水资源从土地中分离出来作为独立的所有权客体。矿藏和地下水原为土地的组成部分归属于土地所有权人，但矿藏和地下水的独立利用价值和开采技术的成熟使得矿藏和地下水率先从土地所有权中被分离出来作为独立的所有权客体分别纳入矿业法、水法、温泉法[⑨]等法律的调整范围；表现之二是空域与地下空间资源从土地资源中分离出来作为独立的所有权客体。在早期，“上至苍穹、下至地心”的绝对土地所有权观念深入人心，但随着人类对空域与地下空间资源利用需求的增加，空域和地下空间资源开始从土地中分离出来作为独立的所有权客体分别纳入空域法、地下空间法[⑩]等法律的调整范围；表现之三是野生动物资源从森林资源中分离出来作为独立的所有权客体。在创设有所有权的森林区域，野生动物原作为森林资源的一部分归属于森林资源的所有权人，或作为无主物，适用先占取得，但野生动物巨大的利用价值和无序的猎捕使得大量的野生动物灭绝或濒临灭绝，基于保护野生动物的需要，野生动物开始从森林资源中分离出来或不再作为无主物而纳入野生动物保护法的保护范围；表现之四是渔业资源有从水域资源中分离出来的趋势。渔业资源是依附于水域生存的，与野生动物类似，在创设有所有权的水域，渔业资源通常属于水域所有权人，在公海等没有所有权归属的水域，渔业资源属于无主物，尽管迄今为止绝大多数国家立法上渔业资源仍为无主物，但针对渔业资源独立的经济价

⑨ 日本是一个温泉资源丰富的国家，该国为此在河川法之外专门立有温泉法。

⑩ 譬如日本专门针对地下空间制定有《地下深层空间使用法》。

值和过度捕捞导致的枯竭，越来越多的人呼吁为渔业资源创设所有权并由独立的渔业法调整。除此之外，被逐渐分离出来的资源还包括（河、海）岸线资源、无线电频谱资源、野生植物资源、种质资源、环境资源等。

第二，将自然资源创设为国家所有渐具普遍性且范围越来越广。从权利归属角度看，自然资源大致可分为下列几种情形：一是为人类所共同享有、不能作为所有权客体的资源，如阳光、空气等；二是设定为国家所有的资源，如海域；三是分属国家与私人所有的资源，如森林；四是无主物，如渔业资源。在凡设定有所有权的自然资源上，尽管没有一个国家采绝对单一的所有权模式，但不可否认的是，将自然资源创设为国家所有渐具普遍性且其范围不断扩大，自然资源的国家所有成为自然资源所有权的主要形态，甚至一些原先被创设为私人所有的自然资源也逐渐被国有化。以水资源为例，罗马法上曾将水看成私人所有权的标的物，法国民法典主要也是考虑所有权人的个人利益，只是在涉及重要的（各种排水役权的）水流时才规定了某些限制，但水对人类的重要性以及并非取之不尽、用之不竭的有限性，使得水越来越被看成集体的财产，体现在法律上就是以多个单行立法对民法典的条文进行修改，使关于水的法律不断朝着排除私人所有权而向着国家所有的方向发展，法国最后一次修改是 1992 年 1 月 3 日关于水的法律（归入《环境法典》）。该法律第 1 条规定，“水是国家的共同财产之一部分，水的保护、利用以及可用水资源的开发，在遵守自然平衡的同时，属于国家整体利益”。⑪ 除法国外，其他国家（地区）关于水资源的立法也大多如此，或直接设定为国家所有，或设定为全民所有并以公共信托的形式交给国家管理。⑫

---

⑪ ［法］弗朗索瓦·泰雷、菲利普·森勒尔著：《法国财产法》（上），罗结珍译，中国法制出版社 2008 年版，第 310 页。

⑫ 如日本 1995 年修订的《河川法》第 2 条规定：（1）河川属公共资源，因此河川的保护、利用及其管理必须妥善进行，以达到第 1 条所述的目的。（2）河川的水资源不得据为私有。我国台湾地区“水利法”第 2 条规定：“水为天然资源，属于国家所有，不因人民取得土地所有权而受影响。”美国《俄勒冈州水法》规定，所有的水资源属于公众所有，载 http://www.mwr.gov.cn/zwzc/zcfg/gwsfgf/200912/t20091209_153023.html。

我国是将自然资源设定为公有（包括国家所有和集体所有）且主要采国家所有立法模式的国家，我国自然资源所有权的设定大体有三种情形：一是无例外地全部设定为国家所有，属于单一国家所有的资源有矿藏、水流、海域（《矿产资源法》第3条、《水法》第3条、《海域使用管理法》第3条）、无居民海岛（《海岛保护法》第4条）、无线电频谱资源（《物权法》第50条）。二是除法律规定属于集体所有的外都属于国家所有，《宪法》第9条第1款和《物权法》第48条规定，森林、山岭、草原、荒地、滩涂等自然资源，属于国家所有，但法律规定属于集体所有的除外。三是凡法律规定为国家所有的属于国家所有。野生动植物资源（《物权法》第49条）即属这类情形，根据《野生动物保护法》第2条、第3条的规定，纳入野生动物保护法规定保护的野生动物属于国家所有，未纳入野生动物保护法规定保护的野生动物为无主物。

二、创设自然资源国家所有权的目的

科学技术的进步，人类利用自然资源能力的提升，使得对资源的利用需求不断增加。但不同自然资源之间的品性差异极大，有些资源属于可再生且非耗竭性资源，譬如风能、太阳能、潮汐能、大气等气候资源至少在人类现有的技术条件下是取之不尽、用之不竭的；有些资源属于可再生但又可耗竭性资源，譬如野生动植物资源、水资源等，过度的捕捞、捕获、采集、汲取也会导致资源的枯竭；有些资源属于不可再生但非耗竭性资源，譬如土地、海域、环境等，这类资源虽然属于非耗竭性资源，但过度的使用也会导致其退化而丧失其使用价值，如土地的沙化、盐渍化，环境、海域因过度污染致其丧失自净能力从而失去使用价值；有些资源属于不可再生且可耗竭性资源，譬如矿产资源。因此，在可供人类利用的资源中，除了可再生且非耗竭性的资源外，其他资源的过度开发使用要么会导致资源的枯竭，要么会导致其丧失使用价值，而在产权不明晰的情形下，过度的开发使用几乎是必然的。

因此，有效保护自然资源、保证资源的合理、适度的开发使用成为人类面临的共同课题，而通过创设产权解决这一难题成为共识。

但在如何创设产权方面存在着较大的分歧。以波斯纳为代表的经济分析法学提出私有化是有效利用公用资源的佳径，不少私法学者也认为，在自然资源的产权安排方面，私有制较公有制更符合人类的自然倾向。建立自然资源私有产权制度，可以克服市场失灵，私人对其占有的自然资源具有保护和有效利用的积极性，可以避免自然资源的滥用。[13] 我们不否认私有产权制度在资源配置效率方面的优势，但在自然资源领域不加区分地创设私有产权存在下列几方面难以解决的问题：首先，作为私有产权标的的物必须是特定的物，因为只有那些能够为权利人支配和控制的物，才能成为物权的客体。在自然资源领域，符合这一特征的主要是土地，这也是为什么“从罗马法开始到近代，物权的客体主要是土地”[14] 的重要原因，而其他的自然资源，要么是流动的，要么其数量或储量是不确定的，要么是无形的，要么各样特征兼具，自然资源的这些特性使得私有产权的创设变得非常困难甚至不可能；其次，产权创设涉及资源使用中公平与效率的平衡问题，自然资源是天然形成的，它不是某些人的劳动成果，“这类财产本质上是属于国家范围内的全体人民共同的财富，是人类生存所必须依赖的物质财富，因此，它理应归属于全民。将其宣布为国家所有，其意义不在于使国家独享这些资源或完全自由自主地处分这些资源，而是确保这些资源能够为社会公平、有效和有序地利用。国家仅有确立这些资源利用方式和秩序的权利和义务”。[15] 一旦创设为私有，意味着这些自然资源成为少数人的私有财产，其他的社会成员即失去了使用的权利，这也许能提高资源的使用效率，但不符合资源使用的公平原则，况且，不少自然资源譬如公有水面、海洋、海岸、沙滩等本身就具有公

---

⑬ 谭宗宪：《论自然资源管理制度创新》，载《国土资源科技管理》2005 年第 1 期。

⑭ 王利明：《物权法论》，中国政法大学出版社 2008 年版，第 11 页。

⑮ 高富平：《中国物权法：制度设计和创新》，中国人民大学出版社 2005 年版，第 89 页。

用性质，将其设定为私有不符合该资源使用性质；最后，不少自然资源的开发使用会产生极强的外部性，会造成环境的污染甚至引发生态灾难。在产权私有的情形下，私有业主享受资源收益最大化的同时将资源开发的外部性留给了社会和公众，这些涉及全体公众利益的问题是私有产权制度所无法克服和解决的。正因如此，将自然资源设定为公有特别是国家所有成为各国（地区）普遍采取的立法模式。

将自然资源创设为国家所有的目的在于：一是为了宣示这些资源的全民所有。尽管立法上的表述不尽相同，但凡设定为国家所有的资源都是立法者认为应属于全体人民共同所有的那些资源，应为全体社会成员的共同财富，“现代意义的‘国家’显然不等于‘国王’，更不等于政府，而是指特定主权范围内的人民，至少是符合宪法或法律规定条件的公民，因而‘国家所有’即全体人民所有”。[16] 二是为了落实全民所有自然资源的管理与保护责任。因全民非法律上有行为能力的主体，无法直接履行对全民财产的管理与保护责任，而国家作为全民的集合体，有能力也有义务履行对全民所有财产的管理与保护责任，为了落实全民所有资源的管理与保护责任，法律上将全民所有的财产创设为国家所有。简言之，创设自然资源国家所有的目的系基于管理与保护全民所有资源的需要。由设定国家所有权的公共目的所决定，自然资源国家所有权与民法上的所有权有着显著的不同：[17] 在所有权的设定方面，国家所有权主要是由宪法、资源法等公法创设的；在所有权的主体上，自然资源实行国家与全民的双重所有；在所有权的内容上，国家行使的主要是一种资源管理权，这种资源管理权包括合理规划与控制资源开发利用，公开、公平、公正地分配资源的开发使用权，禁止与惩罚随意侵占和使

⑯ 张千帆：《城市土地“国家所有”的困惑与消解》，载《中国法学》2012年第3期。

⑰ 受法国等大陆法系国家公法上所有权理论的影响，我国也有不少学者认为自然资源国家所有权为公法上的所有权。参见尹田：《民法思维之展开》，北京大学出版社2008年版，第296页；谭柏平：《自然资源物权质疑》，载《首都师范大学学报》（社会科学版）2009年第3期；王克稳：《自然资源特许使用权之论》，载《公法研究》第11辑，浙江大学出版社2012年版。

用自然资源的行为，预防和治理资源开发使用过程中产生或者可能产生的生态环境灾害，协调、处理资源开发使用过程中的争议纠纷；在所有权的行使方式上，国家作为所有权人通常是以禁止和许可等公法手段作为所有权的体现和行使方式，而自然资源开发使用权则多是由国家以许可等方式出让给单位与个人行使；在所有权的保护方面，自然资源国家所有权多采行政处罚和刑罚等公法手段予以保护。

我国是公有制国家，从我国宪法和资源法的规定看，将大量的自然资源创设为国家所有虽有意识形态因素的作用，但从创设国家所有权的立法目的看，也还是为了宣示自然资源的全民所有以及为了加强对自然资源的管理与保护。《宪法》第9条第1款规定，矿藏、水流、森林、山岭、草原、荒地、滩涂等自然资源，都属于国家所有，即全民所有；第2款规定，国家保障自然资源的合理利用，保护珍贵的动物和植物。禁止任何组织或者个人用任何手段侵占或者破坏自然资源。《矿产资源法》《水法》《海域使用管理法》《野生动物保护法》等资源法亦在各自的立法上明确了设定国家所有权的目的，即保障资源的合理开发利用，加强资源的保护，禁止随意侵占、破坏资源，防治资源开发中的灾害等。就资源的全民所有与国家的管理与保护义务而言，我国创设自然资源国家所有权的目的与其他国家创设自然资源国家所有的法律目的并没有本质的不同和区别。

三、自然资源国家所有权的所有者及国家的权利与义务

承前所述，我国是采自然资源双重所有立法模式的国家，根据我国《宪法》第9条第1款的规定，自然资源国家所有权的所有者有二：一为国家，二为全民。那么，国家所有与全民所有之间是一种什么关系呢？宪法未再规定。我国学界对此存有不同的认识：有的从公有制角度去解释，认为国家所有即全民所有是公有制特有的制度安排，“在公有制国家，国家所有权与全民所有制是两个密切相关的概念，前者是上层建筑，后者是经济基础。这

里的全民所有是以维护全民所有制为价值取向，以国家所有权的全民性出发，确认其权利主体是全体人民”。[18] 换言之，国家所有权是全民所有制的法律体现。有的从法律上代表人的角度去解释，认为“自然资源全民所有”并非严格意义上的法学概念，因为全民并非法律主体，不具有独立的法律人格，全民所有这种“社会所有”必须过渡为法律上的所有权，才能获得保护，自然资源全民所有过渡为法律上的所有权，直接体现为宪法上的所有权，宪法上自然资源国家所有权的权利主体名为主权国家，实为全体人民，由此才生发出了自然资源“国家所有即全民所有”的宪法规范。[19] 有的从现代民主国家的本质去解释两者关系，认为现代意义上的“国家”是指特定主权范围内的人民，因而，“国家所有”即全民所有。[20]

以上观点都有一定道理，但在国家所有与全民所有的关系上似乎又都没有从法理上说透，甚至存有误解。譬如，自然资源的双重所有并非公有制的我国特有的制度，它在英美法系国家普遍存在着。那么，如何理解这种双重所有的法律现象呢？自然资源国家所有意即自然资源法律上归属国家所有，自然资源全民所有意即自然资源实质上属于全民所有，国家所有即全民所有意即自然资源“法律上（形式上）国家所有，实质上全民所有”。自然资源所以实质上全民所有，是因为这类资源是全体人民的共同财富，是全民生产和生活的基础和保障，它们应为一国主权范围内的全体人民共有；自然资源所以法律上采国家所有，是因为全民非法律上的主体，而全民中的任一成员也不能成为全民所有的法律上的所有者，因而法律上需要一个合格的主体履行全民所有的职能，由于国家本身就是全体人民共同组成的政治组织，它作为全民所有财产法律上的所有者具有合法性和正当性。这种“法律上国家所有，实质上全民所有”的双重所有权制度实际上是公共信托理论在自然资

---

⑱ 马俊驹：《国家所有权的基本理论和立法结构探讨》，载《中国法学》2011 年第 4 期。
⑲ 崔建远主编：《自然资源法律制度研究》，法律出版社 2012 年版，第 36-39 页。
⑳ 张千帆：《城市土地“国家所有”的困惑与消解》，载《中国法学》2012 年第 3 期。

源管理领域的适用。

信托，源于英国，是英美法上一项十分重要的制度。其含义是指委托人基于对受托人的信任，将其财产权委托给受托人，由受托人按委托人的意愿以自己的名义，为受益人的利益或者特定目的，进行管理或者处分的行为。[21]双重所有权是信托制度的基石，“信托制度将所有权区分为法律所有权和衡平法所有权，前者由受托人所享有，后者归属于受益人”，[22]但法律所有权（普通法上的所有权）仅是名义上的所有权，而衡平法上的所有权才是实质所有权，在二者发生冲突时，衡平法所有权优于法律所有权。英美法上没有公私法的划分，对于具有共同所有和公共使用性质的物没有建立起公法上的物权制度，但他们巧妙地将信托理论运用于公共管理领域，从而建立起类似大陆法系公法物权理论的公共信托理论，[23]这一理论成为国家管理、使用自然资源的重要理论基础。为了有效保护作为信托人的全民的财产，公共信托理论延续了信托双重所有权的理念，按公共信托理论，自然资源属于全体人民所有，国家只是这些自然资源的受信托人，接受全体人民的委托管理自然资源。公共信托理论最初适用于水资源领域，后随着资源保护的需要而逐渐扩大到几乎所有的自然资源领域，甚至传统上被认为属于无主物的渔业资源有学者也呼吁将其确定为全民所有的财产以加强保护，譬如在美国，针对日渐枯竭的渔业资源，有人建议，“应当像对待近海石油一样，把近海的鱼确定为全体

---

[21] 参见我国《信托法》第2条。

[22] 于海涌主著：《英美信托财产双重所有权在中国的本土化》，中国政法大学出版社2011年版，第30页。

[23] 公共信托理论与公物理论虽然起源不同，但本质上是相通的，作用是相同的。英美法上以公共信托理论为基础建立起来的公共财产制度类似于大陆法系的公物制度（参见侯宇：《美国公共信托理论的形成与发展》，载《中外法学》2009年第4期）；而无论是公共信托理论还是公物理论，都表达了对公共信托资源或公物的公共用途的关注和对管理者处置其用途的权力的限制，因而，在维护公物的公共用途不受侵犯方面发挥了同样重要的作用（参见肖泽晟：《公物法研究》，法律出版社2009年版，第108-109页）。

美国公民的财产，建立年度捕捞的科学配额”。[24] 在美国，公共信托理论不仅在司法实践中得到广泛应用，而且作为一项法律原则写入许多州的宪法和环境法中。

我国虽是大陆法传统的国家，但对具有共同所有与公共使用性质的物并未建立起公法上的物权制度，创设为国家所有的自然资源被作为民法上的物全部纳入物权法的范畴；[25] 另外，虽然我国的法律传统中没有双重所有权理论，也没有衡平法的传统，但源于英美法上的信托制度则为我国所接纳，《中华人民共和国信托法》的制定标志着信托制度在我国落地生根，信托已广泛适用于国有资产管理、信托投资、遗产继承以及公益事业等领域。因此，在已建立起信托制度的我国，在自然资源领域植入信托理论并建立符合中国国情的公共信托理论没有任何制度障碍，可以取得与公物理论异曲同工的效果，而且公共信托理论避免了公物理论在自然资源保护方面的局限性，更有利于自然资源的全面保护；[26] 在立法上，我国宪法关于自然资源双重所有的规定已逾三十年了，从法理的角度解读，这种基于公共目的所创设的双重所有制度最合理的理论诠释就是公共信托理论；实践中，以公共信托理论指导自然资源国家所有权的创设方能实现国家所有权的公共目的，使全民财产真正造福于全体人民。

以公共信托理论指导自然资源国家所有权的创设，需要从下列几方面规范国家所有权的制度内容：

首先，应当明晰自然资源国家所有权的权利内容应主要是一种资源管

---

[24] ［美］E. S. 萨瓦斯著：《民营化与公私部门的伙伴关系》，周志忍等译，中国人民大学出版社2002年版，第55页。

[25] 参见《物权法》第45、46、47、48、49、50条。

[26] 在大陆法系国家，公物的成立是由物的公共使用目的所决定的，那些所有权归属国家但不能供公共使用的自然资源诸如石油、天然气、矿产、地下水等都不属于公物，只有那些能够供公共使用的公有水面、海洋、湖泊等方成立自然公物，因此，公物理论对自然资源的保护是有限的；而在英美法系国家，凡是本质上应归属全体人民所有的自然资源都属于公共信托资源，因此，在大陆法系国家不属于公物的矿产、能源等资源在英美法系国家都属于公共信托资源。相比较，公共信托理论对于自然资源的全面保护更具意义。

理权。

在信托关系中，受托人所享有的所有权主要是一种管理信托财产的权利。信托，只是为了完成信托目的，将信托财产权宜性地交付给受托人管理而已，因此，在信托关系中，受托人作为信托财产法律上的所有权人，并不能行使财产所有权的全部权能，受托人享有的主要是一种纯粹管理性权利。㉗ 公共信托中的受托人也不例外，在自然资源领域，国家作为全民资源的受托人，享有的是对自然资源的管理性权利，我国《宪法》第 9 条第 2 款规定的国家对自然资源的管理与保护性权利与公共信托理论的基本精神完全一致。

从立法上明晰国家在自然资源所有权中的权利内容对于保证国家所有权的正确行使、抑制国家所有权的滥用具有重要意义。在我国，立法上从民法通则到物权法都将自然资源国家所有权纳入民法上所有权的范围；理论上亦多将自然资源国家所有权等同于民法上的所有权，认为民法上所有权所包含的四项权能，即占有、使用、收益和处分，在自然资源国家所有权场合也是存在的，甚至认为将自然资源国家所有权界定为具有私法性质的权利有利于所有权权能的发挥；㉘ 实践中各级政府更是如同私人所有者般如饥似渴地行使着对自然资源的占有、使用、收益及处分权能，很少考虑公众的诉求与利益，国家所有权的行使几乎不受约束，全民所有完全被架空。以武汉的城市湖泊为例，曾经，武汉市内数百个大小湖泊星罗棋布，遍布三镇，武汉当之无愧地被称为“百湖之市”，湖泊既是武汉市民的共同财富，它承载着城市供水、气候调节、美化环境等多重公用功能，也是武汉市民的骄傲，然而，这个曾经享有“百湖之市”美誉的武汉还剩多少湖泊呢？武汉市水务局最新的调查数据显示，近三十年武汉湖泊面积减少了 228.9 平方公里，五十年来，近 100 个湖泊人间“蒸发”，目前中心城区仅存的 38 个湖泊，仍面临着继续被侵蚀的危险。以武汉内环最大湖、被誉为武汉的“城市之肺”的沙湖

㉗ 侯宇：《美国公共信托理论的形成与发展》，载《中外法学》2009 年第 4 期。
㉘ 崔建远主编：《自然资源法律制度研究》，法律出版社 2012 年版，第 47-48 页。

为例，湖泊不断被填埋、蚕食、污染，沙湖的面积已从从前的上万亩缩减至如今的119亩，沦为“城市之泪”，周围除了政府的所谓市政工程外，布满了商业开发楼盘，武汉城区普通商品房价格在6000元/平方米左右，而沙湖周围的商品房均价在11000元/平方米左右，巨大的经济利益使得各路开发商纷纷将目光投向沙湖，并使出各种解数争取填湖用地，不少楼盘均声称其建设用地都是通过招拍挂等合法程序取得的，[29] 如果开发商所称属实，那么，武汉当地的政府则完全沦为填湖倒地的普通商人，他们与开发商相勾结，不断侵吞、蚕食着作为全民财产的公有湖泊，在他们身上根本看不到作为全民财产管理者的身影。因此，让国家回归管理者的角色已是我国国有自然资源管理的当务之急，是公共信托理论对受托人的基本要求，这不仅是当下全民的利益诉求，也是事关子孙后代的大事，有限的自然资源如果被当今的政府全部糟蹋完了拿什么去供养我们的子孙后代!

其次，应当突出国家所有权的义务性质以及国家作为所有权主体的义务与责任。

信托关系的本质是一种信任关系，信托委托人是基于对信托受托人的信任方将其信托财产交付给受托人管理，因此，对委托人的忠诚、对信托财产的审慎管理是信托受托人的基本义务。这一原理同样适用于公共信托领域，在自然资源的管理中，对信托资源的审慎管理不仅是国家的权利，更是其应当履行的义务，这些义务包括：对作为委托人的全民的忠诚义务；对信托资源审慎的保护义务；保证信托资源持续服务于公用的义务；保证每个公民平等地享有和使用信托资源的义务；不得任意改变信托资源公共用途的义务；即使私人出价再高也不得转让公共信托资源的义务；等等。

从立法上突出国家所有权的义务内容对于推动国家积极履行对自然资源的管理与保护在我国具有特别重要的意义。仍以武汉的城市湖泊为例，为了保护这些城市湖泊，截至2011年，武汉已制定了《武汉市湖泊保护条例》

---

[29] 《武汉大量围湖楼盘涉嫌违规：万亩湖面缩至119亩》，载《人民日报》2012年3月29日。

《武汉市湖泊保护条例实施细则》《武汉市湖泊整治管理办法》《武汉市中心城区湖泊保护规划》在内的20多部与保护湖泊有关的地方性立法，并成立了市委书记带头的“铁腕治湖小组”，专门治湖的规范性文件之多、体系之全、力度之大、涵盖之广，全国罕见，然而，20多部规范性文件加上市委书记的铁腕治湖，填占湖泊、污染湖泊的现象仍屡禁不止。[30] 在自然资源管理领域，普遍存在着“不闻不管、以罚代管、运动式执法、象征性处罚”的现象，管理者的纵容、包庇、支持、放纵，使得违法侵占、掠夺、破坏自然资源的现象呈愈演愈烈之势。除了随意侵蚀公有水面、湖泊外，为了发展所谓的地方经济而任由污染企业随意排污、肆意污染公共水面的现象亦非常普遍。云南滇池是一个天然高原湖泊，被誉为云贵高原上的一颗明珠，兼有城市供水、工农业用水、旅游、航运、水产养殖、气候调节等功能，近几十年来，云南省开发滇池的旅游资源，在周围地区建设了大量的宾馆、旅店、度假村等设施，由于大量的商业开发和经济利用，滇池的水质遭到严重污染，自20世纪80年代起，滇池的水质以无法阻挡的趋势迅速恶化，蓝藻大面积蔓延，水功能逐渐丧失。滇池的污染引起了中央的高度重视，1996年，国家环保总局将滇池列入“三河三湖”重点整治，先后有130多家企业和科研机构进入滇池治污。在资金投入上，滇池治理在“九五”期间完成投资超过25亿元，“十五”期间超过31亿元，“十一五”期间的计划投资是183亿元，现已完成投入171.77亿元，经费投入逐年增加，治理效果却难尽人意，滇池的污染治理成了一个无底洞。最近又闻，云南有关方面说，滇池污染治理存在资金缺口，而且缺口高达80%，为此，正在审议中的《云南省滇池保护条例（草案）》拟以地方性法规的形式规定设立滇池保护专项基金，其中基金来源之一是拟对滇池流域2920平方公里范围内的五华、盘龙、官渡、西山、呈贡、晋宁6个县区的酒店、旅社入住者，按每人每天10元的标

---

[30] 《城市流泪武汉平均2年将消失3个湖》，载http：//www.water.hc360.com，最后访问日期：2012年5月9日。

准，开征收取滇池生态资源补偿费。此消息一出，引发了舆论的轩然大波，社会舆论普遍认为，当地政府这种收取生态保护费的行为，其实是地方政府把自己应当承担的环保责任转嫁到游客的头上。不管该项费用最终是否会开征，有人一针见血指出，"滇池都已成为一个反面教材。滇池从新中国成立以来为云南省所创造的GDP，和今天治理滇池污染所需要的巨额投入是非常不相称的，滇池过去做的经济贡献和现在需要付出的经济代价相比，也是不相称的。这无疑是一种短浅的发展模式，只看到了眼下的GDP增长或其他一些利益"。[31] 从这些公有水面、湖泊不断被侵蚀、污染的事例中不难看出，国家作为公有水面、湖泊、河流等国有资源法律上的所有者，没有履行好作为全民财产受托人应尽的信托责任和管理义务，甚至普遍存在着严重的渎职和失职。

最后，应当明确国家所有权的公共利益目的并遏制国家所有权主体对经济利益的追逐。

在信托关系中，受托人作为信托财产法律上的所有权人，"并不享有为了自己的利益并按照自己的意志来支配它的权利，而只是负有为了出让人或者其所设定的其他人的利益并按照出让人的意志来支配它的义务"。[32] 在公共信托关系中，自然资源本质上的全民所有决定了国家作为自然资源法律上的所有权人应当服从于全民的意志、服务于全民的利益，这既是法律上创设自然资源国家所有权的初衷，也是国家行使所有权正当性的基础，立法上应当明确国家所有权的公共利益目的。

要让国家所有权真正回归公共利益的目的必须从法律上遏制国家所有权主体对经济利益的追逐，若没有有效的制度约束，国家所有权主体牺牲公共利益、追逐经济利益几乎是必然的。在现实中，我国自然资源国家所有权的行使体现的多是地方政府主要官员的意志，追逐的多是地区利益、部门利益

---

[31] 杜晓：《云南拟收取滇池生态"保护费"三问》，载《法制日报》2012年8月9日。

[32] 张淳：《信托法原论》，南京大学出版社1994年版，第100页。

甚至个人私利。仍以武汉的填湖为例，填湖、污染所以屡禁不止，业内人士坦承，在高调护湖却填湖不断的怪圈背后，是地方和部门利益在作祟。依照国务院批复的武汉市城市总体规划，武汉市水务局起草编制了武汉中心城区38个湖泊“三线一路”（蓝线、绿线、灰线和环湖道路）保护规划。如果这个规划确定下来，离湖泊水域线30米以内作为绿化用地，严禁建筑开发。离水域线330米内，严禁高层建筑和高密度建筑，如果“三线一路”最终确定，就相当于给湖泊上了一道保护锁，再想填湖占湖就很困难了。然而，这个规划已费时几年，经过市政府会议多次讨论，至今未能最终定稿。每次讨论，总有一些区长提出不同意见，硬要将自己辖区内的湖泊说成鱼塘不予画线，或者要求缩小三线范围，湖泊周边的地块都是开发商眼中的香饽饽，区政府宁愿将湖填埋卖钱而不愿花钱保护。[33] 类似的事例同样发生在东部沿海各省份的填海造地运动中，古今中外各国无不将海岸作为人类的共同财富对待，然而，近年来我国11个沿海省份纷纷发起了填海造地造房运动。以大连为例，大连是我国拥有海岸线最长的城市，自2005年起开始了填海造地运动，据大连海洋局的调查，至2020年大连的填海需求将达四五万公顷，而这种大规模填海造地运动的背后也是对经济利益的疯狂追求，填海造地每亩的成本不超过20万元/亩，而拍卖给开发商的价格平均60万元/亩，在巨大的经济利益面前，给环境带来损失的计算被彻底忽略了。在专家眼中，填海对自然的破坏是毋庸置疑的，它会减少湿地这一地球之肺，它会改变水动力流向从而使港口资源受到破坏，而长久以来形成的自然岸线显然比人工岸线更能抵御台风等恶劣气候的侵袭。还有最大也是最难定量的，就是对生态系统的破坏。[34] 更令人哭笑不得的是，各地原本以保护自然资源为由建立的各类自然保护区已逐渐沦为“保护开发区”，一些重要的国家级自然保护区甚至面临

㉝ 《城市流泪武汉平均2年将消失3个湖》，载http：//www.water.hc360. com，最后访问日期：2012年5月9日。

㉞ 参见《填海“大跃进”：大规模填海造地造房运动的背后》，载《南方周末》2011年8月13日。

解体的危机。[35] 湖南张家界武陵源风景名胜区、江西庐山风景区、黑龙江五大连池风景区等列入世界自然遗产名录的风景名胜区因过度开发和人为破坏被联合国遗产委员会官员黄牌警告……这种对地方利益、部门利益甚至个人利益的疯狂追求使得地方政府的官员们在自然资源的利用方面丧失了起码的理性和对自然规律的敬畏，他们以短视的目光过度消耗着有限的自然资源，丝毫不考虑给生态环境带来的破坏和给子孙后代埋下的祸患，本以保护自然资源、服务于全民利益为目的创设的国家所有权在运行中反成为糟蹋自然资源的最大制度性祸害，国家所有权所承载的公共利益以及权利行使的正当性已荡然无存。

当然，公共信托理论只是解决国家作为自然资源法律上的所有人应当如何作为，实践中，要让国家回归受托人的本位，防止国家所有权行使中的越权、滥权和腐败，还必须建立起有效的约束机制，因其涉及的问题较多，容另行讨论。

四、自然资源国家所有权的代表者与管理者

由于国家本身也是一个抽象的主体，因此，国家所有权在运行中还需要具体的代表者。根据我国《矿产资源法》《海域使用管理法》《水法》《草原法》等资源法和《物权法》的规定，除法律另有规定的外，我国的自然资源国家所有权都是由国务院代表国家行使。在立法上，我国自然资源国家所有权的代表者是集中统一的，但面对庞大、散布的自然资源，国务院事实上不会也不可能直接去行使所有权，我国自然资源国家所有权代表者的集中统一只是形式上的，实际上却是分散代表的。在实际运行中，自然资源国家所有权的代表者在纵向上被分解为各级地方政府的分级代表，资源分布在哪个区域，这个区域的政府即成为该资源的实际控制人和事实上的代表人，而地方

[35] 《自然保护区沦为"保护开发区"》，载《经济参考报》2012年7月2日。

政府面对国有资源，关心的不是抽象的国家所有或全民所有所承载的公共利益，而是资源的开发利用给地方财政带来的收益和给本届政府带来的政绩，由于法律上对国家所有权的行使缺少有效的规范和约束，在经济利益的驱动下各级政府普遍将收益最大化作为所有权行使和资源利用的唯一目标，我国的自然资源基本上处在一种“谁控制谁代表、谁代表谁利用、谁利用谁收益”的状态，“国家所有”完全成了摆设，“全民所有”更成了不着边际的概念，宪法关于“国家保障自然资源的合理利用”的规定更是成了一句空话。地方政府的这种短视行为和角色的错位直接造成资源利用的低效率、浪费、破坏和污染。“重眼前、轻长远，重开发、轻保护，重利用、轻治理”成为我国自然资源利用领域最为突出的问题。

在资源的管理方面，我国通过在各级政府设立对应的资源行政管理主管部门的做法行使自然资源的管理权，资源管理部门接受同级人民政府与上级主管部门的双重领导，上下级管理部门之间以分级审批的方式划分彼此之间的管理权限，这种管理体制表面上看十分严密，实际上漏洞百出：首先，平行的管理部门之间的相互掣肘使资源的管理难以合力为之。不同的资源由不同的主管部门管理是一种典型的分割管理，这样的管理体制造成不同的资源管理部门在职能配置方面要么交叉重叠，譬如资源使用的重复许可与重复收费，要么形成管理的空白，有些需要管理的资源找不到主管部门；同时，在行业管理和部门立法的双重作用下，立法上又针对同一资源的不同使用形态设置了不同的行政主管部门，导致对同一资源的多头管理，譬如水资源的主管部门是水利部门，但是城市地下水的开发利用与保护部门是建设行政主管部门，农业用水的主管部门是农业行政主管部门，渔业水域生态环境和水生野生动植物的主管部门是渔业行政主管部门，水上运输的主管部门是交通运输管理部门，对娱乐用水域进行管理和保护的部门是旅游行政主管部门，湿地保护的行政主管部门是林业部门，而向水体排放污水的主管部门则是环境行政主管部门，这种“九龙治水”的管理模式造成了大家都有权管，但要真正进行管理时发现大家都缺少足够的权力；特别是在现行体制下，受部门利益牵制，各部门的管理权力难以真正做到从维护公共利益的角度出发，有时权力的行使反成了维护本部门利益的工具和手段，“各怀心思、各具私心”的各管理部门之间难以进行真正的协调甚至相互掣肘，这使得对资源的管理难以形成合力。

其次，资源管理部门的双重领导体制使得资源管理不得不屈从于地方政府的资源开发需要。在国家所有权地方化的背景下，作为地方政府职能部门的资源行政管理部门不得不服从于地方政府的资源开发利用，当资源的开发利用与资源的管理发生冲突时就只有开发、没有管理了。以内蒙古鄂尔多斯煤炭开采为例，鄂尔多斯以探明储量1244亿吨、远景储量占内蒙古一半、全国的六分之一的煤炭储量而成为21世纪我国重要的能源接续基地，但在这个基地，煤炭开采中的浪费与破坏性开采令人痛心不已，有媒体将鄂尔多斯煤炭开采中的问题归纳为：高厚煤层区：采一丢十令人心疼，房柱式炮采：吃少丢多隐患无穷；小煤窑开采：“老鼠打洞”暴殄天物。面对如此掠夺性的开采，我们没有看到资源行政主管部门任何积极的管理行为，看到的恰是相关职能部门对这种乱象的纵容甚至支持。[36]

最后，中央主管部门对地方政府资源利用的审批控制权基本上形同虚设。为了遏制地方政府对资源的过度利用，我国法律上赋予中央政府主管部门对地方政府资源开发利用的监管权，主要是对一定规模或数量以上的资源开发利用的审批权，但地方政府通过化整为零的方式轻易就绕过了中央主管部门的审批，而以中国之大，中央主管部门的触角很难及时延伸到各地方，就是被中央发现了，也很容易大事化小、小事化了。仍以前面提到的大连的填海造地为例，《海域使用管理法》明确规定，要填海必须首先取得海域使用权证，超过50公顷的填海项目必须由国家海洋管理局审批，但大连的填海项目无一是通过国家海洋局审批的，由于对地方政府以化整为零方式架空中央主管部门审批的行为缺少相应的制约措施，中央资源行政主管部门对地方政府

㊱《鄂尔多斯煤炭正在经历浪费和破坏性开采》，载《经济参考报》2005年7月25日。

资源使用的审批与监管基本上形同虚设。

基于上述分析，我国自然资源国家所有权的创设除了应通过立法还原全民所有、国家管理的本质外，还应当对自然资源国家所有权制度以及所有权的代表人制度与管理人制度进行必要的改革，具体构想如下：

首先，在自然资源国家所有权的创设方面应当改变目前单一所有和集中代表的做法，实行中央与地方的分级所有与分别代表，将不同类型的自然资源按其性质划分为中央所有和省级所有两级所有，中央所有的资源由国务院代表，省级所有的资源由省级人民政府代表。

从域外的制度经验看，对于创设为国家所有的自然资源立法上很少采单一的国家所有与中央政府唯一代表的做法，通常都依自然资源的不同属性在中央与地方之间进行合理的所有权划分，归属中央所有的自然资源由中央政府或联邦政府代表国家行使所有权，而地方所有的自然资源则由地方政府或地方自治团体作为所有权的代表，譬如在美国，水资源基本都是州所有和管理。在市场经济条件下，各区域、各地方在统一的国家利益之外事实上存在着特殊的区域利益诉求，一味强调资源的集中、垄断和单一的国家所有，是一种无视资源区域利益的行为，这样的制度设计不仅不利于调动地方政府在资源保护中的积极性，反而造成地方政府在资源开发利用中的短视行为，因此，如何平衡中央利益与区域利益是自然资源国家所有权创设中十分重要的问题；而且，我国的资源规模十分庞大，资源分布极不均衡，将所有的资源都设定为单一的国家所有并由中央政府集中代表事实上是做不到的，实行资源的分级所有与属地化管理是必然趋势。因此，可以按资源的不同功能、性质在中央与地方之间对资源的权属进行合理的划分，对于那些直接关系全民利益、国家安全的资源直接设定为中央所有，具有局面性特征、实际上只能由资源所在地的人民共同享有和管理的资源可以设定为地方所有；同时，实行资源的分级所有与分级代表也是划分资源保护、管理职责权限的要求，对于中央所有的资源主要由国务院及其授权部门履行所有者的职能，对于地方所有的资源主要由地方政府及其授权部门履行所有者的职能。

其次，改革现行的资源管理体制，以资源的经营性管理与综合性管理分离为基础分别建立自然资源的经营性管理体制和综合性管理体制。

在自然资源的管理权能中，一部分权能是代表国家履行对资源的经营性管理职能，包括资源使用的出让许可与收费，对资源使用权的授予与登记，对资源的开发利用以及相对人遵守资源法情况的监督检查，对违法利用自然资源相对人的处罚和制裁，对资源使用中的争议纠纷的调处等；还有一部分职能是代表国家履行对资源的开发利用与保护的综合性管理职能，包括制定有关自然资源管理的政策、规定，建立资源的调查、统计、登记、监测体系，编制资源开发利用与保护的总体规划，规定和控制可以开发利用的资源的范围，针对不同类型的自然资源建立相应的保护和管制制度等。之所以将自然资源管理中的两种职能分开来是因为两种职能的性质和功能是不同的：经营性管理职能侧重于资源的开发利用，而综合性管理职能侧重于资源的保护；经营性职能是一种微观的、直接的管理，而综合性管理是一种间接的、宏观的管理；经营性管理因面对不同类型的资源，涉及资源管理的专业性和差异性，而综合性管理涉及资源管理的系统性、整体性，要求超越特定的、具体类型的资源，以整体的自然资源为管理对象、以不同门类自然资源的共性为基础、以不同门类自然资源之间的相互关系为协调和纽带进行一体化的规划与管理。以上差异体现在管理体制的设置和管理权力的配置上，对于经营性管理可采“相对集中、适度分散”的模式，从事经营性管理的资源管理部门可以在“明晰职能、避免交叉、覆盖全面”的基础上设置；对于综合性管理应采集中统一的模式，应将现行各经营性管理部门中的综合性管理权力从经营性管理权力中分离出来、将现行各管理部门中分散的综合性管理权力集中统一起来，从而建立完整统一的资源综合利用的决策、规划与管制体系。此外，在资源分级所有与分别代表制度建立后，自然资源的管理体制也应当在中央与地方分别创设，为了加强对国有资源的监管和体现分级所有，对归属中央的自然资源，中央政府可以根据需要设定区域性的或流域性的管理机构代表中央政府履行对资源的管理职能，而对地方所有的自然资源，则应由地方自主管理。

五、创设自然资源国家所有权的决定性因素

在我国，《宪法》第9条第1款是创设自然资源国家所有权的最高法律依据，但该条规定在列举的自然资源外加了一个概括性的“等”，这个“等”是等内等还是等外等？对它的不同理解直接涉及有关创设国家所有权的资源立法能否超越《宪法》第9条第1款规定的范围创设新的自然资源国家所有权，对此，宪法未作明确规定。从关于自然资源国家所有权的立法实践看，我国立法机关显然是将《宪法》第9条第1款中的“等”理解为等外等，这从关于自然资源的具体立法上可以明显看出，譬如野生动物资源、海域、无居民海岛、无线电频谱资源等都已经超出了《宪法》第9条第1款所列资源的范围而被具体的法律创设为国家所有。自然界的自然条件与自然因素很多，远不止上述立法所规范的那些资源，而且，迄今为止没有一个国家将所有的自然条件与自然因素全部纳入法律的规范范畴，更不用说纳入国家所有权的范畴了。那么，哪些自然资源可以设定为国家所有？设定自然资源国家所有的决定性因素有哪些呢？我们认为，一项资源是否应创设为国家所有，至少应当结合考虑下列因素：

第一，资源的稀缺性。

法律上创设所有权的初始目的是定分止争，而定分止争的本质是解决资源的有限与需求无限之间的社会矛盾，稀缺意味着相对于需求而言，资源的供给是有限的，它无法满足所有人的需求，通过创设所有权可以明晰资源的归属，进而解决因资源的分配不足引起的纷争。因此，稀缺是创设所有权的前提，如果某一类资源在现有技术条件下和人们可预期的时间内是取之不尽、用之不竭的，那就不存在针对这类资源创设所有权的条件。2012年6月14日，黑龙江省以地方性法规的形式发布《黑龙江省气候资源探测与保护条例》，条例的主要内容之一就是规定风能、太阳能等气候资源的国家所有。该

条例一出即引发巨大的争议，其中争议的焦点之一就是：风能、太阳能等气候资源在现有的技术条件下且在可预见的将来都属于取之不尽、用之不竭的，将其创设为国家所有必要性何在？还需要明确的是，资源的稀缺只是创设所有权的基本条件而并非创设国家所有权的基本条件，因为在很多情形下创设私人所有权恰恰是有效解决资源稀缺的重要制度安排。

第二，资源与公共利益的关联程度。

资源与公共利益的关联程度是自然资源是否应创设为国家所有第二个方面的决定性因素。资源与公共利益关联程度的判断标准之一是资源与人类生产与生活的联结程度。虽然所有的自然资源都与人类的生产与生活（公共利益）密切相关，但具体到某一特定类型的自然资源，其与公共利益的关联程度是存在差异的，有的资源譬如水、大气、海洋等构成一切生物繁衍生息与人类生存的基本条件，它们对于人类的生存与生活具有特殊重要的意义，这类资源按其功能和作用必须设定为全民所有，而有些资源譬如草原、森林、野生动植物等按其功能和性质不属于生物繁衍和人类生存的基本条件，而且由不同的主体所有、使用和管理，其收益和效益存在着很大差异，这类资源完全可以采多元化的所有权结构，根据其与公共利益关联程度的高低分别创设为国家所有、地方自治团体所有（集体所有）或私人所有。资源与公共利益关联程度判断标准之二是资源的开发利用与可持续发展之间的关系。对于生生不息的人类来说，资源的开发利用不仅是当代人的需求，也是子孙后代的需要，特别是对于那些存量固定、不可再生资源的开发利用，直接涉及当代人与子孙后代之间的利益关系，将这类资源设定为国家所有主要是为了保证这类资源的合理开发利用、平衡当代人与子孙后代之间利益关系的需要，这也是世界上大多数国家通过立法将矿产、能源等资源从土地所有权中分离出来并设定为国家所有的原因。资源与公共利益的关联程度判断标准之三是资源开发利用的外部性。在经济学上，外部性（externalities）又称外部效果（external effects）或外溢效果（spillover effects），它是指“交易中未加考虑而应由第三者承受的效果”，[37] 外部性有正外部性（外部经济）与负外部性（外部不经济）之分，我们这里所指系资源开发利用中的负外部性问题。在自然资源的开发利用中，不同类型的资源其开发利用产生的负外部性是不同的，有些资源譬如风能、太阳能的开发利用基本上没有外部性的问题（人们将这类资源的开发利用生成的能源称之为清洁能源），而有些资源的开发利用则具有极强的外部性，譬如矿产资源、地下水的开发会引起地面沉降，森林资源的过度砍伐会造成土地沙化、水土流失，资源开发中的外部性直接造成了少数人受益而多数人受损的局面，而这一问题靠政府之外的市场力量是无法解决的，这也是为什么有些自然资源不能分割适用于私有的原因所在。以上的分析可以看出，自然资源国家所有权的设定与该资源与公共利益的关联程度是密不可分的，资源的开发利用与公共利益的关联程度越高，该资源创设为国家所有的必要性越强。

第三，创设国家所有权的成本与效益。

成本与效益衡量是创设自然资源国家所有的第三个决定性因素。一项制度的设计只有在收益高于成本时这样的制度设计才是有意义的，自然资源国家所有权的设计也不例外。某一资源一旦创设为国家所有，涉及法律的适用、执行、监督、保障等一整套机制的建立，这些都需要成本支持，如果创设某一类型自然资源国家所有权的执行成本太过巨大，那么，这样的所有权创设是值得怀疑的。仍以《黑龙江省气候资源探测与保护条例》为例，立法规定气候资源国家所有并为气候资源探测设定了探测许可，虽然普遍认为黑龙江的这一立法是一种典型的设租行为，但有人指出，政府能否得到设想的租金还不确定，“因为风是流动的，它不会因为在黑龙江被利用了或不被利用，在吉林或者其他地方就不能被利用；太阳也不可能仅照在黑龙江的大地上，而其他地方就整天漆黑，这样，如果一个地方限制对这类特殊资源的开发，那么，开发者完全可以选择到其他地方进行开发。这样的法律只能起到限制当

---

[37] ［美］丹尼尔·F. 史普博著：《管制与市场》，余晖等译，上海三联书店 1999 年版，第 3 页。

地这类产业发展的作用而已”。[38] 有人推测，宪法及法律之所以没有把风和阳光等气候资源创设为国家所有，就是由于调节和管理这类流动性极大的特殊资源会引发无法想象的巨额社会成本，世界各国也都没有把风和阳光等气候资源设定为国家所有的先例。另外，自然资源过度国有化还可能导致对国有资源的肆意掠夺、侵占和破坏等极端现象的发生，本以资源保护为目的的制度创设结果反而导致了资源的破坏，这是成本与效益在另一层面的不成比例。在我国，虽然主张自然资源国有化的势力十分强大，但面对庞大的国有资源，管理者实际上既没有足够的管理能力，也没能足够的管理动力，他们不可能像私人那样去呵护国有资源，这会导致单位和个人对资源的竞相掠夺、侵占和破坏，《宪法》第12条关于“社会主义的公共财产神圣不可侵犯”规定在不少自然资源领域事实上已沦为“社会主义的公共财产谁都可以侵犯”的境地。自然资源国家所有权的制度设计并非是最完美的制度，只能说是人类到目前为止所能找到的在自然资源的管理和保护中较为适合的制度，不可夸大国家所有的作用。“中国建立在自然资源公有产权基础上的制度安排带来了中国自然资源普遍浪费与破坏本身就已说明，单一的自然资源公有产权已经筑成自然资源合理开发利用的障碍。”[39]

第四，公益与私益的平衡。

公益与私益的平衡是创设自然资源国家所有的第四个决定性因素。所有权的创设问题实质是一个资源的分配问题，在自然资源上是否应创设为私人所有权实质上是自然资源能否在国家与私人之间进行自然资源的合理分配。从我国自然资源所有权的创设看，我国的自然资源分属国家所有与集体所有，但以国家所有为主，集体所有为辅，完全排除了私人所有。反观域外的制度设计，没有一个国家绝对排除自然资源的私人所有的，多是在国家与个

---

[38] 《黑龙江出台条例设定太阳能风能探测开发门槛，专家称条例存设置行政审批之嫌》，载《法制日报》2012年6月20日。

[39] 肖国兴、肖乾刚：《自然资源法》，法律出版社1999年版，第73页。

人之间进行合理的所有权划分或者对天然状态下的资源不进行所有权的制度设计而按先占原则确定所有权的最终归属，凡设定为国家所有的那些资源往往都是具有较强公共性的资源，而那些公共性较低但可以满足不同群体的不同需求、可以由不同的主体进行所有和管理、不同主体的所有与管理会带来完全不同的收益效果的资源则在国家与私人进行所有权的合理划分，或直接设定为私人所有。在我国，绝对的国家所有忽视了对私人资源利益的尊重和保护，并产生了严重的资源分配不公：一方面，几乎所有具有重要经济价值的自然资源都被国有企业以“代表国家开发利用”的名义无偿占有和垄断，私人使用这些资源的权利被完全剥夺了；另一方面，按性质只能由个人使用的自然资源则在“国家所有、有偿使用”的口号下以高价拍卖的方式出让，甚至在被创设为国家所有之前已为私人世世代代所拥有和使用的一些资源（譬如渔民使用的传统渔场、水域、滩涂）在被创设为国有后也由地方政府收回并以有偿方式重新出让。而且，机械的国家所有甚至会导致立法上无法自圆其说和实践中难以执行的尴尬。譬如依《野生动物保护法》第 3 条的规定，野生动物资源属于国家所有。第 17 条规定，国家鼓励驯养繁殖野生动物。那么，驯养繁殖的野生动物的所有权归属于谁呢？从该法第 3 条的规定看，似乎也应属于国家所有，其他诸如承包人通过承包经营荒山、荒地等形成的树林、草原等，其所有权是否也应当属于国家呢？如是，有多少人会愿意为此付出劳动与艰辛去为国家无偿创造财富呢？因此，自然资源所有权的创设必须兼顾公益与私益，我国自然资源所有权的创设应当改变目前这种单一的国家垄断主要自然资源的结构，逐步向着自然资源所有权多元化的结构模式转变，除了在中央与地方之间实行合理的分级所有外，还应当在国家与个人之间进行资源所有权的合理划分，譬如森林资源，除了国家所有与集体所有的外，对于私人承包荒山、荒地种植的森林应当承认其所有权归属于承包经营者所有，如此，方能充分调动农民垦殖的积极性，其他诸如矿产资源、水资源、草原等也都应当按照其经济价值、储量或分布在国家、集体与个人之间进行合理的所有权划分。

治理理念视阈下的行政自制

崔卓兰　丁伟峰　姜　城*

随着行政任务的繁重和多元化，行政主体既要积极行使行政权力以应对行政任务变迁的情势，又要不断规范行政权力以满足行政法治化的要求。行政主体的“两难处境”对其治理能力提出了严峻挑战。行政主体的治理能力所面临的挑战，本质上是对行政权力运行机制的挑战，需要行政主体适应治理现代化的要求，转变行政权力的行使方式。如何科学配置、规范地行使行政权力，不断提升行政主体的治理能力，就成为新形势下行政法的重要任务。

治理理念为提升行政主体的治理能力提供了新的思路。“治理，简单地说，就是网络化的公共行为，一种非预先设定的和常历常新的关于合作的关系实践，它与过去的行政等级架构和因循守旧的程序有很大不同。”① 治理理念强调多元治理主体的共治，即行政主体与相对人及社会组织之间通过互动合作，以自组织方式实现行政任务，主体平等、权力共享和契约治理是治理理念的核心内容。有学者认为，治理关注的核心问题是政府如何才能有效地与政府内和政府外的组织展开互动合作，最终实现行政目标。② 行政自制是治理理念应有之意，行政权力缺乏克制就会变得专横、任性，行政主体与相对

* 崔卓兰，吉林大学法学院教授，博士生导师；丁伟峰，吉林大学法学院宪法与行政法学博士研究生；姜城，华南师范大学法学院讲师。

① ［法］让-皮埃尔·戈丹著：《何谓治理》，钟震宇译，社会科学文献出版社 2010 年版，第 26 页。

② 参见［英］杰瑞·斯托克著：《地方治理研究：范式、理论与启示》，载《浙江大学学报》2007 年第 2 期。

人及社会组织之间的互动合作就无法得到维系，治理现代化更是无从谈起。随着经济政治社会发展，行政任务的多元化和实现手段的多样化，行政主体亦会不断地强化自我约束。当前我国政府不断推进“自我革命”,[③] 正是对国家提出的治理体系和治理能力现代化的及时回应。

一、主体平等与行政自制

治理理念所蕴含的主体平等，就行政法领域而言，主要表现为行政法律关系中行政主体与相对人及社会组织之间法律地位的平等。相对人及社会组织不再是行政主体命令、支配的对象，而是与行政主体居于平等的法律地位，通过沟通、协商、谈判等参与方式与行政主体展开互动合作。同时，行政主体也不再是高高在上的命令者，而是不断地“屈尊”于相对人及社会组织，虚心听取其利益诉求，注重提升公共产品与公共服务的质量。就主体平等的实质而言，主要是指行政主体与相对人及社会组织之间权利义务的再平衡，体现了权利本位和行政权力公共性的回归。“现代法治社会中，享有权利就需要承担义务，承担义务就依法享有权利。”[④] 主体平等并不是对行政主体地位的挑战或者行政权力的剥夺，而是为了更好地在行政主体与相对人及社会组织之间进行权利义务的再分配，保证多元治理主体之间的平等法律地位，进而提高相对人及社会组织的独立性，建立基于主体平等基础上的相互信赖、相互尊重、互动合作及相互监督的良好关系。行政主体与相对人及社会组织之间不再是“泾渭分明”的管理者与被管理者，而是“你中有我，我中有你”的合作者或者伙伴，他们在平等的基础上来共同实现行政任务。正如德国行政法学者所说，公民不只是单纯的仆从，更应当被视为独立的法律

---

③ 参见2014年、2015年的《政府工作报告》。

④ 李鸿忠:《法治思维是现代治理的首要思维》，载《人民日报》2015年1月14日。

主体和行政的伙伴来对待，并且与行政主体共同担负起行政责任。[⑤]

行政主体与相对人及社会组织之间的法律地位的演变，与社会发展程度紧密相连。传统行政中行政主体主要负责秩序和提供基础设施等行政任务，相对人“不被信任”普遍存在，行政主体处处设防，严格进行审批管制，导致了行政主体与相对人之间处于对立、不信任的状态，如备受关注的“奇葩证明”现象。[⑥] 由于社会组织发育的不足，而被忽视或者弱化。但给付行政和服务行政的兴起，带来了行政任务的繁重和多元化，打破了过去的二元对立局面，甚至有学者提出“利用者民主主义”。[⑦] 行政任务不再为行政主体所垄断，相对人及社会组织不能只是公共产品与公共服务的享用者，也应当成为行政任务的担当者。尤其是风险社会的到来，对于自然灾害、突发事件、重大疾病等，仅靠政府部门自身的努力，很难将安全风险降到最低。恰是公民义无反顾的担当，构成了对当事部门的积极补位，填补了公共安全链条上的漏洞。[⑧] 国内外的立法实践领域，也日益呈现出通过多元治理主体之间的互动合作、责任共担等方式以实现行政任务的社会共治的发展趋势。[⑨] 尤其是近期颁布的《环境保护公众参与办法》（2015）则凸显了行政主体对公民、社会组织作为环境治理主体地位的认同。[⑩] 行政主体与相对人及社会组织不再是“零和”关系，而是“多赢”关系，民主行政已经成为公共行政的发展趋势。尤其是行政主体与相对人及社会组织之间通过民主协商机制来推进互动合作，已经备受现代福利国家的青睐。而实现互动合作的前提是行政主体与

---

⑤ 参见［德］哈特穆特·毛雷尔著：《行政法学总论》，高家伟译，法律出版社2000年版，第362页。

⑥ 参见李超：《如此奇葩证明为哪般》，载《检察日报》2015年5月12日。

⑦ 所谓“利用者民主主义”，就是强调社会福祉之提供应以利用者为本位。参见刘宗德：《制度设计型行政法学》，北京大学出版社2013年版，第120页。

⑧ 唐伟：《公民也是公共安全守护者》，载《人民日报》2014年7月29日。

⑨ 参见《环境保护法》（2015）第6条、9条、53条、56条、57条等；《社会救助暂行办法》（2014）第4条；《食品安全法》（2015）第3条、4条、10条等。

⑩ 参见环保部颁布的《环境保护公众参与办法》（2015）；《河北省环境保护公众参与条例》（2015）。

相对人及社会组织之间存在着平等的法律地位，否则就没有平等协商的可能性，所形成的多元共治局面也无法保证是各方真实的意愿。

主体平等为行政自制提供了前提条件。所谓行政自制，是指行政主体针对自身存在的违法或者不当行为所做的预防、发现、遏制及纠错等一系列的下设机制，其首要功能是弥补单纯的外部控制模式的诸多不足，进一步编织好规范行政权力的法治之网。[11] 行政自制蕴含行政主体对相对人及社会组织的尊重之意，在处理政府与市场、政府与社会的关系方面保持克制。也只有行政主体与相对人及社会组织之间存在平等的法律关系，行政主体才不得不对相对人及社会组织加以认真对待。《政府工作报告》（2015）明确提出，政府要勇于自我革命，为市场和社会留足空间。行政主体应该根据主体平等的要求，协调其与相对人及社会组织之间的关系，促进多元治理主体之间互动合作的不断发展完善。首先，行政主体要科学界定行政权力边界。行政权力边界是行政主体运用行政权力干预市场、社会的范围，行政主体超越边界行政就会违反法律规范。这就要求行政主体在行使行政权力时，尽可能地尊重并遵从相对人及社会组织的自主选择，而不能够一味地采取命令控制手段进行干预。行政主体遵循主体平等，保持自我克制，并非意味着否定行政主体的主导地位和发挥引领作用，而是在行政主体与相对人及社会组织之间科学合理地分配权利义务，打破行政主体垄断行政权力的局面。通过做好行政权力的“减法”，换取市场和社会活力的“加法”。《行政许可法》第 13 条规定，通过明确政府与市场、社会及公民之间的边界，构建了有限政府，并确立市场、社会及公民相对于政府而言具有优先性原则。此时，行政主体不是“抽身而退”，而是改变了行政权力的运行方式，由事前审批转向事中、事后监管，如工商、税务和最高人民法院等为了加强信用监管而推行的“失信联

⑪ 参见崔卓兰、刘福元：《行政自制——探索行政法理论视野之拓展》，载《法制与社会发展》2008 年第 3 期。

合惩戒机制”。[12] 莱昂·狄骥的“公务论”对于科学划定行政权力的界限颇具启发意义，“任何因其与社会团结的实现与促进不可分割、而必须由政府来加以规范和控制的活动，就是一项公共服务，只有它具有除非通过政府干预，否则便不能得到保障的特征”。[13] 西方著名行政法学者罗西提出的“必须保护的利益”，[14] 也为科学合理地划定行政权力边界提供了借鉴。如果相对人及社会组织无力满足“必须保护的利益”的情况下，行政主体就有义务保障这些利益得到满足。我国正在推行的“权力清单”“负面清单”以及“责任清单”等改革措施，就是为了明晰行政主体的权力边界，实现“大道至简”。因此，行政主体应遵循“法无授权不可为”，不断进行自我限权，相对人及社会组织则应遵照“法无禁止皆可为”，为其参与行政、扩大自治奠定了基础，进一步激发市场和社会的活力。同时，为了预防行政主体的不作为，通过“责任清单”约束行政主体的“为官不为”情形，做到法定职责必须为。[15] 通过科学界定行政权力边界，明确了不同治理主体的权责关系。其次，行政主体应扮演“元治理者”的角色。由于不同治理主体的规模、利益、价值偏好等存在冲突，必然存在治理失灵的可能。[16] 既要发挥治理的积极作用，又要防范治理失灵的风险，元治理进入了人们的视野。根据鲍勃·杰索普的观点，元治理就是“自组织的组织”[17]。行政主体扮演“元治理者”的角色，即通过行

---

⑫ 成慧：《编织信用监管的大网》，载《人民日报》2015年7月21日。

⑬ ［法］莱昂·狄骥著：《公法的变迁》，郑戈译，辽海出版社、春风文艺出版社1999年版，第50-53页。

⑭ “将利益限定在一个特定的历史社会文化、经济和政治背景下，共同体能够且必须要加以满足的含义。那么这些利益一起就构成共同体利益（安全、发展和福利）、社会团体利益以及个人的利益，对此至少对应着公共行政的潜在职责状态。”参见［意］罗西：《行政法原理》，李修琼译，法律出版社2013年版，第9页。

⑮ 参见陈恒：《划清政府和市场的边界》，载《光明日报》2014年10月9日。

⑯ 学者指出，由于存在利益、信任、民主、效率等方面因素，治理失灵成为可能。参见江必新、王红霞：《社会治理的法治依赖及法治的回应》，载《法制与社会发展》2014年第4期。

⑰ 参见［英］鲍勃·杰索普著：《治理的兴起及其失败的风险：以经济发展为例的论述》，载《国际社会科学杂志》1999年第1期；包国宪、周云飞：《中国公共治理评价的几个问题》，载《中国行政管理》2009年第2期。

政主体来协调或者平衡不同治理主体间的不同利益和价值偏好，维系多元治理主体之间的互动合作以实现共同目标。此时行政主体的主要任务是培育其他治理主体、搭建互动合作平台、创造互动合作的运行环境，应付运行中碰到的复杂环境等。这里虽然把行政主体拉回到中心位置，但是作为“元治理者”的行政主体，并不具有凌驾于相对人及社会组织之上的超然地位，而最多只是“同辈中的长者”。“元治理不可混同于建立一个至高无上、一切治理安排都要服从的政府。”⑱ 行政主体作为“同辈中的长者”，只有充分尊重相对人及社会组织并不断规范行政权力时，才能获得相对人及社会组织的遵从，进而赢得正当性。

二、权力共享与行政自制

治理理念所蕴含的权力共享，主要是指行政权力在行政主体、相对人及社会组织之间的重新分配，改变传统上由行政主体垄断行政权力的局面。权力共享是对多元治理主体间的权力关系的描述，表明了主体间的平等法律地位，并不意味着行政主体放弃了行政权力或者削弱边缘化行政主体，而是通过行政权力在多元治理主体之间的再次分配，实现行政权力重新回归社会的价值取向。权力共享体现了行政主体与相对人及社会组织之间的包容、合作、参与、多赢等意涵，是处理政府与市场、政府与社会之间关系的重要行为准则。“权力共享化”⑲ 已经成为信息时代行政权力的发展趋势，即通过分散行政权力来为行政主体“减负”，借助相对人及社会组织所具有的信息和专业知识等优势来实现行政任务。尤其是工作所在领域的风险较大的情况下，如食品药品安全领域、环境保护领域及社会救助领域等，行政主体越来越倾向于

---

⑱ Jessop B, The Rise of Governance and the Rise of Failure: the Case of Economic Development, *International Social Science Journal*, 1998, 50 (155): pp. 29-45. 转引自：于水、查荣林、帖明：《元治理视阈下政府治道逻辑与治理能力提升》，载《江苏社会科学》2014 年第 4 期。

⑲ 秦水若：《信息时代行政权力发展的六大趋势》，载《中国行政管理》2005 年第 12 期。

权力共享以防范和降低风险，进而提升自身的治理能力并走向良好行政。同时，权力共享促进了行政的公开化和透明化，有助于防范行政主体集中行使行政权力而造成滥用的风险。

权力共享是对行政民主化、法治化的有效回应。在传统行政中，行政权力被视为行政机关的“专属”权力，禁止行政机关以外的主体染指。这是因为当时并没有准确区分行政机关与行政主体的不同，经常以行政机关指代所有的行政主体，进而导致行政权力被片面地认定为国家行政机关的权力。[20] 然而，伴随现代民主法治的不断发展，相对人及社会组织日益成熟并呈现了利益多元化的趋势，必然要求分享行政权力和参与行政过程。而且，基于权力依赖、正当性收益等原因，行政主体亦乐于与相对人及社会组织共享行政权力。所谓权力依赖，即“缺乏对资源的控制会削弱一个组织或一群组织（组织的网络）”，[21] 进而导致该组织或者组织网络对其他组织的依赖加深。资源依赖程度对于组织间的权力分配具有重要影响。[22] 行政任务的繁重和多元化，使行政主体对相对人及社会组织的依赖程度加深，相对人及社会组织能够凭借其专业知识和资源占有等方面的优势而分享行政权力。有学者指出，“伴随着公共部门和私人部门之间界限的逐渐模糊，政府对私人部门的依赖已经变成了战后主要的行政政策模式”。[23] 此处所指的正当性收益，即行政主体与相对人及社会组织间共享行政权力，使其参与行政权力的运行过程，进而获得相对人及社会组织的认同，提高行政主体的公信力并降低行政执行的成本。一般来讲，正当性与行政参与度成正比关系，即相对人及社会组织的行政参与程度越高，则正当性程度越高。“正当性收益相当大程度上取

---

⑳ 应松年、薛刚凌：《论行政权》，载《政法论坛》2001 年第 4 期。

㉑ ［美］小威廉·T. 格姆雷、斯蒂芬·J. 巴拉：《官僚机构与民主——责任与绩效》，俞沂暄译，复旦大学出版社 2007 年版，第 156 页。

㉒ 参见王诗宗、宋程成、许鹿：《中国社会组织多重特征的机制分析》，载《中国社会科学》2014 年第 12 期。

㉓ ［美］唐纳德·凯特尔著：《权力共享：公共治理与私人市场》，孙迎春译，北京大学出版社 2009 年版，第 8 页。

决于对过程的参与，尤其是提供影响结果之机会的过程。”[24] 无论是基于权力依赖的现实，还是基于正当性收益的考量，行政主体都应重视相对人及社会组织的地位和作用，创建多元治理主体互动合作的平台，加强与相对人及社会组织的对话、协商与合作，保证行政主体的意思与相对人及社会组织的意思具有一致性。并且行政实践也表明，离开了相对人及社会组织的配合，行政主体根本不可能正确地认定案件事实，不可能全面地发现有关的法律观点并作出正确的判断。[25] 通过行政主体与相对人及社会组织之间的互动合作，进而整合不同资源并形成治理合力。行政主体与相对人及社会组织之间的互动合作，常常是以行政任务为驱动，缺少长期合作的动力机制。而权力共享则为多元治理主体之间的互动合作提供了动力机制，即行政主体与相对人及社会组织之间通过共享权力，形成了相互竞争、相互监督、相互合作的良性互动关系。

权力共享与行政自制之间存在着密切的联系，为行政自制提供了重要保障。行政自制的本质是行政主体基于正当性、权力依赖以及行政伦理等方面的考虑，而能动地规范行政权力，确保行政权力不偏离公共性的轨道。为了在行政主体与相对人及社会组织之间实现权力共享，行政主体应努力做好简政放权、调整行政组织结构、协调分散的行政权力等方面的工作。首先，行政主体应当简政放权。长期以来，行政主体担负了很多不该担负的事情，行政主体的“越权”行为屡见不鲜，严重损害了行政主体的公信力，甚至恶化了行政主体与相对人及社会组织之间的关系。伴随信息技术的发展、社会力量的壮大以及行政环境的复杂多变，行政主体没有必要亦没有能力“事必躬亲”，简政放权成为有效的解决途径。简政放权是为了更加合理、科学地在不同治理主体之间进行权力分配，以期发挥行政权力的更大效能。“分权现在不

---

[24] ［美］朱迪·弗里曼著：《合作治理与新行政法》，毕洪海、陈标冲译，商务印书馆 2010 年版，第 205 页。

[25] 参见［德］汉斯·J. 沃尔夫、奥托巴霍夫、罗尔夫·施托贝尔著：《行政法》（第二卷），高家伟译，商务印书馆 2002 年版，第 191 页。

仅包括社会在形成公共政策中政府权力、权威和责任的转移，也包括权威和资源的共享。”㉖ 一是确保相对人享有知情权、表达权、参与权、监督权等权利。毋庸置疑，政府的权力来自人民，政府的权威来自人民的认同，㉗ 行政主体运用行政权力的行为与相对人的利益休戚相关，具有利害关系的相对人就成为最有力的监督者之一。而实现相对人对行政主体的有效监督，必须确保其享有知情权、表达权、参与权和监督权等权利，强化行政参与程序对相对人行政参与的保障作用。也只有实现相对人对行政主体的有效监督，才能增强行政主体与相对人之间的互信，进而促进双方互动合作的深入展开。二是遵循社会组织自治优先原则。行政主体应该减少行政干预，降低准入门槛，提高社会组织承接权力的能力，㉘ 为社会组织的自治保留空间，不能将其视为“二政府”。㉙ 比如，当前科研腐败问题严重，其中行政干预成为至关重要的原因。治理科研腐败不妨发挥学术共同体等社会组织的作用，回归学术本位。㉚ 很多事情，由行政权力进行干预，可能会产生更大的风险。这主要是因为行政主体出于对监管成本和犯错风险等方面的考虑，常常存在被动监管的情形，而通过利益相关者的自组织方式，能够有动机去相互监督，并且符合专业性的特点。如浙江温州行业协会在环境污染治理方面的积极作用。㉛ 三

㉖ ［美］G. 沙布尔吉玛、丹尼斯·A. 荣迪内利：《分权化治理：新概念与新实践》，唐贤兴、张进军等译，格致出版社、上海人民出版社 2013 年版，第 5 页。

㉗ 参见周望、孔新峰：《深耕“政无信不立”，避免“塔西佗陷阱”》，载《光明日报》2014 年 10 月 11 日。

㉘ 目前民政部探索建立“社会组织第三方评估机制”就是提升社会组织承接权力的能力的重大举措。参见民政部颁发的《民政部关于探索建立社会组织第三方评估机制的指导意见》。

㉙ 有学者指出，简政放权是为了理顺政府、社会、公众的关系，使各关系主体互相配合、互相支持、互相合作，形成良性的共生共荣关系。参见蔡学英：《简政放权的价值导向》，载《光明日报》2014 年 7 月 23 日；此外，“行业协会商会与行政机关脱钩”的改革也是促使社会组织摆脱“二政府”的重要举措。参见《行业协会商会与行政机关脱钩总体方案》。

㉚ 参见袁于飞、金振娅：《遏制科研腐败须回归学术本位》，载《光明日报》2014 年 10 月 12 日。

㉛ 参见周莹、江华、张建民：《行业协会实施自愿性环境治理：温州案例研究》，载《中国行政管理》2015 年第 3 期。

是合理分配治理责任。根据责权一致原则，简政放权也意味着治理责任在不同治理主体之间的重新分配，即行政主体的监管责任、相对人的自我责任及社会组织的相应责任应该协调一致。

其次，行政主体应重塑行政组织结构。行政组织结构与权力配置具有相关性。权力共享要求“政府必须将他们的能力与不同的非政府参与者相融合以变得有效”，[32] 而这种“相融合”就离不开行政组织结构的重塑，即要求行政主体必须正确运用行政组织权，建立结构科学的行政组织体系。行政主体垄断行政权力的时代，行政组织结构表现为科层制，主要通过层级控制链进行控制，缺少开放性与相容性。相对人及社会组织被排斥在行政权力之外，缺乏表达诉求的空间，难以形成良性的互动合作。此时的行政权力很容易受自我利益驱动而偏离公共性的轨道，造成行政权力被滥用。当今是行政主体与相对人及社会组织之间权力共享的时代，需要行政组织具有开放性、结构扁平化、增强回应性等特性，与相对人及社会组织之间能够“对接”“耦合”。因为多元治理主体之间只有在有效的沟通、协商的基础上，才能形成互动合作关系。但值得注意的是，重塑行政组织结构应防止行政组织结构完全“私化”而失去公共性。因为行政主体的组织结构如果被“私化”后，不道德行为就有增加的倾向，[33] 并且行政主体可能会借此来规避责任。

最后，行政主体应完善权力共享的协调机制。权力共享有益于多元治理主体之间的互动合作，并有助于规范行政权力和降低监督成本等。但是，权力共享将不可避免地冲击传统的“行政一体性”，[34] 导致科层制行政组织下的

---

[32] ［美］罗伯特·阿格拉诺夫、迈克尔·麦圭尔著：《协作性公共管理：地方政府新战略》，李玲玲、鄞益奋译，北京大学出版社 2007 年版，第 24 页。

[33] 参见［美］乔治·弗雷德里克森著：《公共行政的精神》，张成福等译，中国人民大学出版社 2003 年版，第 156 页。

[34] “一般而言，行政一体性系指称国家行政整个成为一体，由最高之行政首长指挥、监督，并以此总体向选民与议会负责；行政一体性并不排除公营造物、公法人之设立，只要其仍然受到必要的指挥、监督；行政一体性一般系指称单一性、相同方向性、组织上之封闭性。”参见翁岳生：《行政法》（上册），中国法制出版社 2009 年版，第 322 页。

行政权力呈现“碎片化”，并加大治理过程中的交易成本。权力共享并不能消除自我利益追求所带来的行政权力“碎片化”的倾向，缺少有效的协调机制，就无法实现权力共享之初衷。因为“组织存在于复杂的组织网络中，它们必须互相合作才能成功”。[35] 所以必须采取有效的措施来协调行政权力，防止权力分割带来的“碎片化”和交易成本上升等不良现象，进而阻碍权力共享机制发挥应有的功能。一是行政主体应该重视非正式协调方式的作用。即行政主体负责人对相对人及社会组织采用非正式的劝说、协商、对话等方式进行交流，并就有关内容达成共识。二是行政主体应该重视正式协调方式的作用。行政主体采用正式协调方式主要包括采用协调委员会、专题会议等，来整合与相对人及社会组织间的利益并达成一致。

三、契约治理与行政自制

治理理念所蕴含的契约治理是相对于命令控制而言的，主要是指运用契约方式和契约精神来调整行政主体与相对人及社会组织之间的关系，确保多元治理主体间的互动合作能够顺利地进行。由命令控制转向契约治理，意味着行政主体与相对人及社会组织之间通过沟通、谈判、协商等方式来协调主体间关系，尊重相互之间的承诺。“这一转向指出，治理正在越来越多地通过协议，而不是通过直接的法律和政治行动进行。”[36] 主体平等、权力共享为多元治理主体之间的互动合作奠定了基础，而契约治理则为互动合作提供了有效途径。治理强调行政权力运行过程的民主化，强调多元治理主体之间的互动合作，将“良好行政”“善治”等作为其价值追求。治理倡导多元治理主体之间通过互动合作来实现行政任务，而不是优先采用高权的行政行为。而契

---

[35] ［美］盖依·彼得斯著：《美国的公共政策——承诺与执行》（第 6 版），顾丽梅、姚建华等译，复旦大学出版社 2008 年版，第 226 页。

[36] ［美］菲利普·库伯著：《合同制治理——公共管理者面临的挑战与机遇》，竺乾威、卢毅、陈卓霞译，复旦大学出版社 2007 年版，第 49-50 页。

约治理改变了行政主体对相对人及社会组织的“防御性”态度，软化了行政主体与相对人及社会组织之间的关系，承认治理主体的多元化并能够展开互动合作。契约治理的互动性与合意性的特质，能够提高相对人及社会组织的主体地位并增加其满意度，进而降低监督成本和执行成本。学者杨解君认为，契约意味着主体平等、互惠互利、意思参与、尊重权利等。㊲ 契约治理的运行机理是：契约治理基于自愿、平等、协商基础之上而形成合意，体现了多元治理主体的共同利益诉求，是平衡公共利益与私人利益的有效机制，所以契约关系的当事人都应遵守契约义务。契约治理作为行政主体与相对人及社会组织间的新型交互关系，“契约由相互性构成，契约所代表的社会秩序的理念是以交换为基础的，在很大程度上，交换是一个奠基于利己和互惠基础上的自我强制的制度”。㊳ 因此，契约治理是对治理的有效回应，是对提升治理能力的有益探索。

契约治理是一个重要的现代性现象，是对行政任务繁重和多元化的有效回应。现代的行政主体已成为生存照顾的主体，即“生存照顾乃现代行政之任务”。㊴ 如果片面依靠行政处罚、行政许可、行政强制等高权的行政方式，可能会引发相对人及社会组织和行政主体之间的“对立”，而无法实现行政任务。并且完全由行政主体替代相对人及社会组织保障其合法权益，也为道德风险的产生提供了土壤。同时经济社会发展导致不确定性事件越来越多，“所谓不确定性，是指不可能查明或者非经不合乎比例的重大支出不能查明的状态”。㊵ 这也需要行政主体与相对人及社会组织之间互动合作以应对不确定性事件，契约治理则是不错的选择。通过契约治理提高相对人及社会组织的法律地位、促进权力共享等，借助多元治理主体的力量来实现行政任

㊲ 参见杨解君：《中国行政法的变革之道——契约理念的确立及其展开》，清华大学出版社 2011 年版，第 11 页。

㊳ 于立深：《公共问题的技术解与契约解》，载《读书》2013 年第 4 期。

㊴ 陈新民：《公法学札记》，法律出版社 2010 年版，第 41 页。

㊵ ［德］汉斯·J．沃尔夫、奥托巴霍夫、罗尔夫·施托贝尔著：《行政法》（第二卷），高家伟译，商务印书馆 2002 年版，第 156 页。

务，这已经成为国内外行政领域的发展趋势。而契约治理方式可以通过对话、谈判、协商等方式，在行政主体、相对人及社会组织之间进行权利义务的分配。契约治理的兴起与其说是昭示了行政权力的撤退，还不如说是行政权力的重新定位和运行方式的转变。这种权利义务的分配方式具有民主协商的基础，能够获得各方的接受和积极履行，而不再是行政主体单方面的意志。契约治理有助于在当事人中间培养对结果的责任感，促进多元治理主体之间良性的互动合作。正如学者所言，行政主体与相对人及社会组织间的资源互相依赖关系，不可避免地将促进主体间的互动合作，用契约的形式建立起新型关系，优势互补，各尽其能，各司其职。[41] 并且，随着经济政治社会不断发展，由于资源的短缺，具有命令性质的行政开始部分撤退，因而有利于社会自我规制的形式得到相当大的发展。合作和契约型的行政活动诸如行政合同则日见增多。[42]

治理理念虽然强调主体平等、权力共享，但契约治理中的行政主体既是契约的参与者，又是行政权力拥有者和使用者，因此行政主体主动地规范行政权力对于契约治理具有重要意义。契约治理要求行政主体坚持契约观念、遏制优越性被滥用、做好行政信息公开以及平衡各种利益关系等。首先，行政主体应接受行政权力契约化的观念。行政主体必须改变传统的命令控制观念，摆脱“禁止公权契约化”[43] 观念的禁锢，转向并接受契约治理的观念，更多采用对话、谈判、协商等非强制性方式与相对人及社会组织展开合作。随着社会民主化进程的加快，行政主体与相对人及社会组织间的关系绝非简单的权力关系所能涵盖，通过主体间的对等身份以生成公法上之契约已广为接受。[44] 因为行政任务不断呈现出明显的社会性特征，这就要求行政主体应该借

㊶ 参见陈庆云、鄞益奋等：《公共管理理念的跨越：从政府本位到社会本位》，载《中国行政管理》2005 年第 4 期。

㊷ 参见［荷］勒内·J. G. H. 西尔登、弗里茨·斯特罗因克著：《欧美比较行政法》，伏创宇等译，中国人民大学出版社 2013 年版，第 156-157 页。

㊸ 殷继国：《论公权契约化——兼论国家干预契约化》，载《行政法学研究》2013 年第 1 期。

㊹ 参见吴庚：《行政法之理论与实用》，中国人民大学出版社 2005 年版，第 264 页。

助相对人及社会组织的力量来共同实现行政任务，并且这种契约治理较之于传统高权的行政方式具有优先性。㊺ 例如，美国的矿山安全卫生合作服务执法模式和环境自愿协议制度，以及我国在食品安全等领域采用的社会共治模式等。㊻ 只有行政主体将行政权力契约化的观念内化于心，才会降低行政主体的权力本位观念，进而维系行政主体与相对人及社会组织之间长久的互动合作。一是加强对行政主体及其工作人员的职业培训，提高对"公权契约化"的认识。二是通过工作手册、指南等方式，明确规定契约治理作为解决问题的手段具有"优先性"㊼。

其次，行政主体应防范优越性的滥用。行政主体拥有并行使行政权力，导致其在契约关系中具有优越性，存在破坏多元治理主体之间互动合作的风险。行政主体很可能凭借优越性将其单方意志转化为共同意志，或者通过与契约关系其他当事人"合谋"而损害公共利益和他人的合法权益，或者"推卸相关责任"。"这就是说，行政机关不得通过合同协议的方式扩大法定的活动空间"，㊽ 因为契约治理的当事人基于平等基础上形成的合意，行政主体并不享有绝对的优越性，相对人及社会组织也不是被支配的客体。"契约所具有的维系力量，倒是社会交给它的"，㊾ 所以行政主体应当主动遵守与履行契约义务，违反契约义务必须承担相应责任。所谓行政主体的优越性是为了更

㊺ 参见［日］南博方著：《行政法》（第6版），杨建顺译，中国人民大学出版社2009年版，第80页。

㊻ 参见汤道路：《从对抗到合作：美国矿山安全卫生执法模式沿革与启示》，载《河北法学》2014年第3期；李鸻：《通过契约实现行政任务：美国环境自愿协议制度研究》，载《行政法学研究》，2014年第2期；丁煌、孙文：《从行政监管到社会共治：食品安全监管的体制突破——基于网络分析的视角》，载《江苏行政学院学报》2014年第1期。

㊼ 《联邦德国行政程序法》（1976）第54条规定：当局尤其可以与行政行为将要针对的人缔结公法上的契约，以代替发布行政行为。参见于安：《德国行政法》，清华大学出版社1999年版，第220页。

㊽ ［德］哈特穆特·毛雷尔著：《行政法学总论》，高家伟译，法律出版社2000年版，第363页。

㊾ ［法］埃米尔·涂尔干著：《社会分工论》，渠东译，生活·读书·新知三联书店2000年版，第76页。

好地维护和促进公共利益，而不能成为行政主体的免责事由或者寻租的借口。比如，英国行政主体行使权力的方式之一就是契约控制，即行政主体在行使行政权力时往往不采取单方面命令方式，而是采取和相对人签订合同的方式。并且行政主体只能在相应的权限范围内签订合同，不能利用合同取得本来没有的权力。

再次，行政主体应主动公开行政信息。行政信息公开对于契约治理尤其重要，因为契约在某种意义上带有私密性，通过暗箱操作来"遮掩事实"将会产生道德风险。长期以来人们一直担心，"最重要的代理问题是在指定了代理人后，委托人并不能确保代理人会依据委托人的要求来履行任务契约"。[50]同时，契约治理也不同程度地挤掉了"其他政治责任形式"。[51]这些契约治理所无法回避的潜在风险，要求行政主体应该推进行政信息公开，尽可能消弭信息不对称的状态，明确多元治理主体之间的权责分配，有助于消除契约治理所带来的诸多风险要素，进而最大限度地维护和增进公共利益。同时，在公开行政信息的基础上，行政主体应加强与相对人及社会组织之间的信息沟通，以应对契约治理中存在的模糊地带，增强相互之间的信任程度。信任越多，越没有必要经常对服从进行监督。[52]

最后，行政主体应该培育协商性的环境以确保公平的结果。契约治理的本质是多元治理主体在协商性的环境中追求公平的结果。协商性的环境对于契约治理所追求的公平结果具有决定性影响，是追求公平结果的必要条件。实际上，行政主体、相对人及社会组织由于占有资源、拥有权力的不均衡，经常是处于强势地位的主体俘获处于弱势地位的主体并垄断了话语权。同时，契约过程因为规则缺失而充满了不可预测性。这些都严重地破坏了协

---

[50] ［美］达尔·W. 福赛斯著：《更快、更好、更省?》，范春辉译，江苏人民出版社 2014 年版，第 59 页。

[51] ［英］卡罗尔·哈洛、理查德·罗林斯著：《法律与行政》（上卷），杨伟东等译，商务印书馆 2004 年版，第 402 页。

[52] 参见［美］罗伯特·阿格拉诺夫、迈克尔·麦圭尔著：《协作性公共管理：地方政府新战略》，李玲玲、鄞益奋译，北京大学出版社 2007 年版，第 167 页。

商性的环境。这就要求行政主体应该通过利益整合、意见交流和冲突化解等方面的机制建设，不断培育协商性的环境。尤其需要强调的是，行政主体应当保证“资源劣势”的利益相关者享有平等的话语权。

四、结语

主体平等、权力共享和契约治理作为治理理念的核心内容，它们之间存有内在的逻辑关系：主体平等是实现治理的前提条件，权力共享和契约治理是实现治理的保障。治理理念解构了治理过程中行政权力的运行模式，倡导行政主体与相对人及社会组织之间互动合作，发挥单个主体所无法产生的治理合力，以应对行政任务的繁重和多元化。而行政主体在互动合作中居于关键地位，甚至直接决定了治理现代化的成败，因此规范行政主体及行政权力就显得尤为重要。这不仅需要从外部控制对行政权力进行规范，更应积极挖掘行政自制对于行政权力的规范作用。行政自制也应该以治理理念为指导，发挥治理理念对行政自制的引领作用，努力探寻治理过程中行政权力的运行规律并有效地对之予以规范，进而不断提升行政主体的治理能力。同时，通过治理理念的视阈来透析、发展和完善行政自制，揭示了行政自制的动力来源。也表明了行政自制的建设过程不再是“自说自话”，而是通过与外部因素的不断互动得以完成的，即行政主体能动地将外部压力转化为自我防控、自我提升的内在动力。行政自制与外部控制只是相对而言，而不能严格划分甚至割裂二者对行政权力的规范作用。

关于行政机关申请司法机关“冻结”措施的若干问题探讨*

——基于《中华人民共和国行政强制法》的视角

胡建淼**

一、问题提出

《中华人民共和国行政强制法》①(以下简称《行政强制法》)第9条将行政强制措施的种类设定为:(一)限制公民人身自由;(二)查封场所、设施或者财物;(三)扣押财物;(四)冻结存款、汇款;(五)其他行政强制措施。冻结存款、汇款(以下简称“冻结”)显然是与限制公民人身自由、查封场所、设施或者财物、扣押财物和其他行政强制措施相并列的一种独立的行政强制措施。

冻结措施与查封、扣押等措施不同的是,它有赖于金融机构的协助。但从制作“冻结决定书”并下达“冻结通知书”的角度,即从“冻结”的实施主体出发,在现行法律制度中其实存有两种情况:一种是由行政机关实施的冻结措施;② 另一种是由行政机关申请司法机关(尤其是人民法院)实施的冻

---

* 本文为庆贺应松年教授八十华诞首次发表。

** 胡建淼,国家行政学院法学部主任、法学教授、博士生导师。

① 2011年6月30日第十一届全国人民代表大会常务委员会第二十一次会议通过,2011年6月30日中华人民共和国主席令第49号公布,2012年1月1日起施行。

② 根据《行政强制法》第70条的规定,“法律、行政法规授权的具有管理公共事务职能的组织在法定授权范围内,以自己的名义实施行政强制,适用本法有关行政机关的规定”。同时结合《行政强制法》第10条关于冻结限于由法律设定的规则,得到法律授权的具有管理公共事务职能的组织实施冻结行为的,视同行政机关所作的冻结行为。

结措施。由行政机关实施的冻结属于行政强制措施并受《行政强制法》调整，这一点是毫无疑问的；但由行政机关申请司法机关实施的冻结，是否同样属于行政强制措施并受《行政强制法》约束，这一点恰恰既无法律依据，又无理论依据。

《行政强制法》本身并未对由行政机关申请司法机关实施的冻结作出规定。据权威人士解释，“在立法过程中，本条[③]曾有一款专门规定申请法院冻结事宜。后来考虑到申请法院冻结不适用本节程序，故没有再涉及行政机关申请法院冻结的问题，行政机关、司法机关及金融机构可以依照其他法律的规定办理”。[④] 作者以为，这里只是解释了《行政强制法》为什么只规定由行政机关实施的冻结行为，而不规定由行政机关申请司法机关实施的冻结行为的理由，但这一解释并未回答由行政机关申请司法机关所实施的冻结这一措施的行为属性问题。换句话说，并未回答由行政机关申请司法机关所实施的冻结行为是属于行政行为，还是司法行为。

这是所有问题的理论基础。如果由行政机关申请司法机关所实施的冻结措施也属于行政强制措施，那么，它理所当然地应当被纳入《行政强制法》的调整范围；如果它不属于行政强制措施，那么它又属于什么，并适用什么法律调整呢?

二、制度现状

从理论上说，冻结是指有权机关，为了防止当事人转移或者隐匿违法资金，损毁证据，或者为了保障法律决定得到有效执行，通过金融机构对当事

③ 指《行政强制法》第 29 条。该条规定：“冻结存款、汇款应当由法律规定的行政机关实施，不得委托给其他行政机关或者组织；其他任何行政机关或者组织不得冻结存款、汇款。冻结存款、汇款的数额应当与违法行为涉及的金额相当；已被其他国家机关依法冻结的，不得重复冻结。”

④ 引自全国人大常委会法制工作委员会行政法室编著：《中华人民共和国行政强制法解读》，中国法制出版社 2011 年版，第 99 页。

人的账户采取的停止支付、禁止转移资金的强制性保全措施。在中国现行法律制度中，有不少法律、法规规定了冻结措施。由于《行政强制法》对冻结措施采取"法律保留"原则，因而我们对法规和规章规定的冻结措施不加论及。从法律层面看，目前中国有四部法律直接设定了行政机关或者授权具有管理公共事务职能的组织拥有冻结存款、汇款这一行政强制措施的权力：

1. 《中华人民共和国海关法》。[⑤] 该法第61条第1款规定："进出口货物的纳税义务人在规定的纳税期限内有明显的转移、藏匿其应税货物以及其他财产迹象的，海关可以责令纳税义务人提供担保；纳税义务人不能提供纳税担保的，经直属海关关长或者其授权的隶属海关关长批准，海关可以采取下列税收保全措施：（一）书面通知纳税义务人开户银行或者其他金融机构暂停支付纳税义务人相当于应纳税款的存款……。"

2. 《中华人民共和国税收征收管理法》。[⑥] 该法第38条第1款规定："税务机关有根据认为从事生产、经营的纳税人有逃避纳税义务行为的，可以在规定的纳税期之前，责令限期缴纳应纳税款；在限期内发现纳税人有明显的转移、隐匿其应纳税的商品、货物以及其他财产或者应纳税的收入的迹象的，税务机关可以责成纳税人提供纳税担保。如果纳税人不能提供纳税担保，经县以上税务局（分局）局长批准，税务机关可以采取下列税收保全措施：（一）书面通知纳税人开户银行或者其他金融机构冻结纳税人的金额相当于应纳税款的存款……。"

3. 《中华人民共和国证券法》。[⑦] 该法第180条规定："国务院证券监督管

---

⑤ 1987年1月22日第六届全国人民代表大会常务委员会第十九次会议通过，根据2000年7月8日第九届全国人民代表大会常务委员会第十六次会议《关于修改〈中华人民共和国海关法〉的决定》修正，2000年7月8日中华人民共和国主席令第35号公布，自2001年1月1日起施行。

⑥ 1992年9月4日第七届全国人民代表大会常务委员会第二十七次会议通过，根据1995年2月28日第八届全国人民代表大会常务委员会第十二次会议《关于修改〈中华人民共和国税收征收管理法〉的决定》修正，2001年4月28日第九届全国人民代表大会常务委员会第二十一次会议修订，2001年4月28日中华人民共和国主席令第49号公布，自2001年5月1日起施行。

⑦ 1998年12月29日第九届全国人民代表大会常务委员会第六次会议通过，根据2004年8月28日第十届全国人民代表大会常务委员会第十一次会议《关于修改〈中华人民共和国证券法〉的决定》修正，根据2005年10月27日第十届全国人民代表大会常务委员会第十八次会议修订，2005年10月27日中华人民共和国主席令第43号公布，自2006年1月1日起施行。

理机构依法履行职责，有权采取下列措施：……（六）查询当事人和与被调查事件有关的单位和个人的资金账户、证券账户和银行账户；对有证据证明已经或者可能转移或者隐匿违法资金、证券等涉案财产或者隐匿、伪造、毁损重要证据的，经国务院证券监督管理机构主要负责人批准，可以冻结或者查封……。”

4.《中华人民共和国反洗钱法》。[⑧] 该法第26条第1款规定：“经调查仍不能排除洗钱嫌疑的，应当立即向有管辖权的侦查机关报案。客户要求将调查所涉及的账户资金转往境外的，经国务院反洗钱行政主管部门负责人批准，可以采取临时冻结措施。”

此外，有下列五部法律规定行政机关或者授权具有管理公共事务职能的组织可以申请司法机关冻结有关当事人的资金：

1.《中华人民共和国审计法》。[⑨] 该法第34条第2款规定：“审计机关对被审计单位违反前款规定的行为，有权予以制止；必要时，经县级以上人民政府审计机关负责人批准，有权封存有关资料和违反国家规定取得的资产；对其中在金融机构的有关存款需要予以冻结的，应当向人民法院提出申请。”

2.《中华人民共和国行政监察法》。[⑩] 该法第21条规定：“监察机关在调查贪污、贿赂、挪用公款等违反行政纪律的行为时，经县级以上监察机关领导人员批准，可以查询案件涉嫌单位和涉嫌人员在银行或者其他金融机构的存款；必要时，可以提请人民法院采取保全措施，依法冻结涉嫌人员在银行或者其他金融机构的存款。”

---

⑧ 2006年10月31日第十届全国人民代表大会常务委员会第二十四次会议通过，2006年10月31日中华人民共和国主席令第56号公布，自2007年1月1日起施行。

⑨ 1994年8月31日第八届全国人民代表大会常务委员会第九次会议通过，根据2006年2月28日第十届全国人民代表大会常务委员会第二十次会议《关于修改〈中华人民共和国审计法〉的决定》修正。

⑩ 1997年5月9日第八届全国人民代表大会常务委员会第二十五次会议通过，根据2010年6月25日第十一届全国人民代表大会常务委员会第十五次会议《关于修改〈中华人民共和国行政监察法〉的决定》修正，2010年6月25日中华人民共和国主席令第31号公布，自2010年10月1日起施行。

3.《中华人民共和国银行业监督管理法》。[11] 该法第41条规定：“经国务院银行业监督管理机构或者其省一级派出机构负责人批准，银行业监督管理机构有权查询涉嫌金融违法的银行业金融机构及其工作人员以及关联行为人的账户；对涉嫌转移或者隐匿违法资金的，经银行业监督管理机构负责人批准，可以申请司法机关予以冻结。”

4.《中华人民共和国证券投资基金法》。[12] 该法第77条规定：“国务院证券监督管理机构依法履行职责，有权采取下列措施：……（四）查询当事人和与被调查事件有关的单位和个人的资金账户、证券账户或者基金账户，对有证据证明有转移或者隐匿违法资金、证券迹象的，可以申请司法机关予以冻结……。”

5.《中华人民共和国保险法》。[13] 该法第154条规定：“保险公司在整顿、接管、撤销清算期间，或者出现重大风险时，国务院保险监督管理机构可以对该公司直接负责的董事、监事、高级管理人员和其他直接责任人员采取以下措施：（一）通知出境管理机关依法阻止其出境；（二）申请司法机关禁止其转移、转让或者以其他方式处分财产，或者在财产上设定其他权利。”

上述法律表明，我国的审计机关、行政监察机关、银行业监管机构、证券监管机构和保险监管机构可以依照有关法律，申请司法机关采取冻结措施。这里的“司法机关”，除法律直接表明人民法院外，应当理解为公安机关、人民检察院和人民法院。

---

⑪ 2003年12月27日第十届全国人民代表大会常务委员会第六次会议通过 根据2006年10月31日第十届全国人民代表大会常务委员会第二十四次会议《关于修改〈中华人民共和国银行业监督管理法〉的决定》修正。

⑫ 2003年10月28日中华人民共和国第十届全国人民代表大会常务委员会第五次会议通过，2003年10月28日中华人民共和国主席令第9号公布，自2004年6月1日起施行。

⑬ 1995年6月30日第八届全国人民代表大会常务委员会第十四次会议通过，根据2002年10月28日第九届全国人民代表大会常务委员会第三十次会议《关于修改〈中华人民共和国保险法〉的决定》修正，2009年2月28日第十一届全国人民代表大会常务委员会第七次会议修订，2009年2月28日中华人民共和国主席令第11号公布，自2009年10月1日起施行。

三、行为性质

现在让我们回到问题的原点，行政机关（包括得到法律授权的具有管理公共事务职能的组织）申请司法机关所实施的冻结行为到底属于什么性质。这里主要涉及以下几种行为性质的选择。

（一）刑事侦查措施——司法行为

冻结措施在中国的司法领域广泛存在。《中华人民共和国刑事诉讼法》[⑭]第142条第1款规定："人民检察院、公安机关根据侦查犯罪的需要，可以依照规定查询、冻结犯罪嫌疑人的存款、汇款、债券、股票、基金份额等财产。有关单位和个人应当配合。"这种由《刑事诉讼法》所创设的冻结犯罪嫌疑人的存款、汇款、债券、股票、基金份额等财产的措施，属于刑事侦查措施；从上位概念上考察，它又属于司法行为。

这种措施有两个特点：一是，它由刑事侦查机关，如人民检察院、公安机关，出于侦查犯罪需要而依法主动采取的一种措施；二是，它只适用于针对犯罪嫌疑人，对于一般的违法人员或者其他人员不适用此措施。

对照上述特点，本文所研讨的行政机关申请司法机关的冻结措施无法归属于此类。因为，它需以行政机关的申请为前提，不是司法机关的主动行为；它只针对一般当事人而不是犯罪嫌疑人而采取的措施。

（二）诉讼保全措施——司法行为

另外一种冻结措施同样属于司法行为，它就是中国民事诉讼中的保全措

---

⑭ 1979年7月1日第五届全国人民代表大会第二次会议通过，根据1996年3月17日第八届全国人民代表大会第四次会议《关于修改〈中华人民共和国刑事诉讼法〉的决定》第一次修正，根据2012年3月14日第十一届全国人民代表大会第五次会议《关于修改〈中华人民共和国刑事诉讼法〉的决定》第二次修正，2012年3月14日中华人民共和国主席令第55号公布，自2013年1月1日起施行。

施。根据《中华人民共和国民事诉讼法》[15] 第九章“保全和先予执行”中的规定，在民事诉讼中，人民法院可以依一方当事人申请或者依职权对当事人的财产采取包括冻结在内的保全措施；当事人申请保全的，必须提供担保并在30日内提起诉讼。[16]

作为诉讼保全的冻结措施具有下列几个特点：一是与诉讼的关联性，它必须在诉讼前或者诉讼中发动并实施，无诉讼便无保全；二是依一方当事人的申请或者由人民法院依职权实施；三是需要提供担保，当事人申请冻结的，必须提供相应的担保。

对照上述特点，行政机关申请司法机关的冻结措施同样不属于此类。因为，它与诉讼没有关联性，而且无须提供担保。

（三）司法对行政的协助措施——需司法协助的行政行为

看来，行政机关申请司法机关实施冻结措施，显然不属于上述两种司法行为（刑事侦查措施和诉讼保全措施），将它们视作行政行为也是不够典型的，因为行政行为长期以来被各种行政法教科书视作纯而又纯的，由行政主体作出的，不允许由司法机关介入的行为。

这种传统的行政行为理论概念现在已越来越受到现行法律制度的挑

---

⑮ 1991年4月9日第七届全国人民代表大会第四次会议通过，根据2007年10月28日第十届全国人民代表大会常务委员会第三十次会议《关于修改〈中华人民共和国民事诉讼法〉的决定》第一次修正，根据2012年8月31日第十一届全国人民代表大会常务委员会第二十八次会议《关于修改〈中华人民共和国民事诉讼法〉的决定》第二次修正，2013年8月31日中华人民共和国主席令第59号公布，自2013年1月1日起施行。

⑯ 《中华人民共和国民事诉讼法》第100条规定：“人民法院对于可能因当事人一方的行为或者其他原因，使判决难以执行或者造成当事人其他损害的案件，根据对方当事人的申请，可以裁定对其财产进行保全、责令其作出一定行为或者禁止其作出一定行为；当事人没有提出申请的，人民法院在必要时也可以裁定采取保全措施。人民法院采取保全措施，可以责令申请人提供担保，申请人不提供担保的，裁定驳回申请。人民法院接受申请后，对情况紧急的，必须在四十八小时内作出裁定；裁定采取保全措施的，应当立即开始执行。”第101条规定：“……申请人在人民法院采取保全措施后三十日内不依法提起诉讼或者申请仲裁的，人民法院应当解除保全。”第103条规定：“财产保全采取查封、扣押、冻结或者法律规定的其他方法……。”

战，在现行行政法律制度中，有的行政行为是可以依靠行政机关自身完成的（大量的行政行为属于此类），有的则需经过司法协助来完成，由《中华人民共和国行政诉讼法》[17] 第97条[18]和《行政强制法》第53条[19]所确定和创设的行政机关申请人民法院强制执行行政决定的制度便算是典型。与行政机关申请人民法院强制执行相类似，[20] 行政机关申请司法机关实施冻结，至少是一种司法对行政的协助行为，这种措施在性质上应当属于“需司法协助的行政行为”。

需司法协助的行政行为，首先是一种行政行为。之所以作此主张，乃是因为两点：一是，整个冻结行为或者执行行为的发源点都是行政机关的行政意志（行政决定），无此源点，冻结行为或者执行行为都无以发生；二是，虽然司法机关在协助中拥有对行政决定的审查权和监督权，可以将程序进行下去或者由此终结，但只要让程序进行下去，便意味着是在履行一种行政决定而不是司法裁判。其次，它具有司法协助性。这固然与大量的行政行为不同。但是，如果说需司法协助的行政行为是两种行为的组合（行政行为与司法协助行为）的话，那么，行政行为无疑是一种“主体行为”，司法协助行为则是一种“辅助行为”。

这样，我们在传统行政行为的理论上，需要补充一对范畴。行政行为从是否需经司法协助，可以划分为“无需司法协助的行政行为”与“需经司法

---

⑰ 1989年4月4日中华人民共和国第七届全国人民代表大会常务委员会第二次会议通过，1989年4月4日中华人民共和国主席令第16号公布，自1990年10月1日起施行。

⑱ 该条规定：“公民、法人或者其他组织对具体行政行为在法定期限内不提起诉讼又不履行的，行政机关可以申请人民法院强制执行，或者依法强制执行。”

⑲ 该条规定：“当事人在法定期限内不申请行政复议或者提起行政诉讼，又不履行行政决定的，没有行政强制执行权的行政机关可以自期限届满之日起三个月内，依照本章规定申请人民法院强制执行。”

⑳ 有专家明确指出，“行政机关申请人民法院采取冻结措施类似于申请人民法院强制执行行政决定，不同的是，凡没有强制执行权的行政机关都具有申请人民法院强制执行的权力，此类申请权不需要法律特别规定，但并不是所有没有冻结权的行政机关都可以申请人民法院冻结”。引自江必新主编：《〈中华人民共和国行政强制法〉条文理解与适用》，人民法院出版社2011年版，第175页。

协助的行政行为”，后者的典型例子就是行政强制法律制度中的行政机关申请司法机关实施冻结措施和行政机关申请人民法院强制执行行政决定。

四、法律适用

立法者的任务是针对作为法律规范对象的行为之性质及由此形成的社会关系来设计法律并作出适用选择。是行为的性质决定法律适用而不是相反。

既然行政机关申请司法实施冻结同样属于行政强制措施（行政行为），不过是需经司法协助的行政强制措施（行政行为）而已，那么它理应适用《行政强制法》。但现状是，《行政强制法》只对行政机关实施的冻结措施作出了规定，对行政机关申请司法协助而实施的冻结措施未作规定。所以，目前对它的法律适用，无法适用《行政强制法》，“行政机关、司法机关及金融机构可以依照其他法律的规定办理”。[21]

但存在的未必就是合理的。笔者认为，既然与行政机关实施的冻结行为一样，行政机关申请司法冻结的行为同样属于行政强制措施，那么它理应适用《行政强制法》，否则《行政强制法》的内容结构将是不完整的，尽管行政机关申请司法冻结的程序与行政机关自己实施冻结的程序会有不同。不过现在的问题不在于它不适用《行政强制法》，而在于《行政强制法》对它未作规定，从而使它找不到适用的规则。

与《行政强制法》对行政机关申请人民法院强制执行的立法态度比较，我们不得不要为行政机关申请司法冻结的“立法待遇”抱不平，因为《行政强制法》不仅为行政机关的强制执行单设了第四章（行政机关强制执行程序）进行了规范，而且同时为行政机关申请人民法院强制执行单设了第五章（申请人民法院强制执行）作出规定。这同时说明，《行政强制法》为行政

[21] 引自全国人大常委会法制工作委员会行政法室编著：《中华人民共和国行政强制法解读》，中国法制出版社2011年版，第99页。

机关申请司法冻结作出单独规定不是不可能的。这不是技术问题，而是对行政机关申请司法冻结行为性质的认识问题。

五、法律设定

从权力角度考察，行政机关自己实施冻结措施的，是基于它的“直接冻结权”；行政机关申请司法机关实施冻结的，则是基于“间接冻结权”。权力法定是法治国家的要求。权力法定的基本要求就是权力必须依法设定。《行政强制法》在对“直接冻结权”的设定上，采用了“法律保留”原则。该法第10条规定：“行政强制措施由法律设定。尚未制定法律，且属于国务院行政管理职权事项的，行政法规可以设定除本法第九条第一项、第四项和应当由法律规定的行政强制措施以外的其他行政强制措施。尚未制定法律、行政法规，且属于地方性事务的，地方性法规可以设定本法第九条第二项、第三项的行政强制措施。法律、法规以外的其他规范性文件不得设定行政强制措施。”由此表明，行政机关的冻结权，须由全国人大及其常委会的“法律”设定，行政法规、地方性法规、规章和规章以下的其他规范性文件都不得设定冻结措施。

在法律设定问题上，“直接冻结权”的问题已经解决，但冻结措施的另一半即“间接冻结权”尚未解决。也就是说，行政机关申请司法机关冻结是否须与行政机关自己实施冻结一样，只以“法律”为依据。在现实法律制度中，行政法规设定“间接冻结权”的现象并不少见，如国务院于2005年公布的《禁止传销条例》[22] 第14条第1款规定：“县级以上工商行政管理部门对涉嫌传销行为进行查处时，可以采取下列措施：……（八）对有证据证明转移或者隐匿违法资金的，可以申请司法机关予以冻结。”类似这种由行政法规设

---

[22] 2005年8月10日国务院第一百零一次常务会议通过，2005年8月23日中华人民共和国国务院令第444号公布，自2005年11月1日起施行。

定的“间接冻结权”是否有效？

有一种观点认为，“关于申请冻结权的设定是否与冻结权一样必须由法律设定的问题，本法没有明确规定，从我国目前关于申请冻结权的立法情况看，除法律外，行政法规也可以规定申请冻结权”。[23]

笔者认为，尽管与“直接冻结权”比较，“间接冻结权”在程序上会严格一些，需经司法机关的审查把关，但只要“间接冻结权”也是作为行政强制措施“冻结权”的一部分，那么，它就应当服从《行政强制法》对“冻结权”设定上的“法律保留”原则，即不得为行政法规设定“冻结权”开口子。

六、法律救济和责任承担

基于“间接冻结权”的冻结行为，这种由行政机关申请司法冻结的“需经司法协助的行政行为”，与“无需司法协助的行政行为”即纯行政行为不同的是，它是一种双主体和双行为的组合。这种行为的主体，既有行政机关，又有司法机关；这种行为的本身，既有行政决定行为，又有司法协助行为。针对这种复合性行为，如果行政相对人不服应当如何救济？具体来说：(1) 是否可以申请行政复议或者提起行政诉讼？(2) 以谁为被申请人或者被告？(3) 行政机关与司法机关的责任如何划分？

如前所述，以行政机关申请司法冻结和行政机关申请人民法院强制执行为例的“需经司法协助的行政行为”尽管具有“复合性”，但它本质上还是属于“行政行为”。既此，按照《中华人民共和国行政复议法》[24] 和《中华人民共和国行政诉讼法》确定的受案范围，包括行政机关申请司法机关冻结在内

---

[23] 引自江必新主编：《〈中华人民共和国行政强制法〉条文理解与适用》，人民法院出版社 2011 年版，第 175-176 页。

[24] 1999 年 4 月 29 日第九届全国人民代表大会常务委员会第九次会议通过，1999 年 4 月 29 日中华人民共和国主席令第 16 号公布，自 1999 年 10 月 1 日起施行。

的“需经司法协助的行政行为”自然应当适用行政复议和行政诉讼。况且,《行政强制法》第8条明文规定:“公民、法人或者其他组织对行政机关实施行政强制，享有陈述权、申辩权；有权依法申请行政复议或者提起行政诉讼；因行政机关违法实施行政强制受到损害的，有权依法要求赔偿。公民、法人或者其他组织因人民法院在强制执行中有违法行为或者扩大强制执行范围受到损害的，有权依法要求赔偿。”

接着，如果行政相对人对行政机关申请司法机关冻结的行为不服，应当以谁为被申请人或者被告呢?我们认为，在这种“复合性”的行政行为中，行政机关是主要主体，司法机关是协助主体从而是配合主体；行政决定是主行为，司法协助是配合行为。据此，在针对行政机关申请司法机关冻结行为不服的复议和诉讼中，应当以行政机关为行政复议被申请人或者行政诉讼被告人，司法机关有过错的，可以一并列为第三人。至于责任的承担，根据《行政强制法》第8条第2款的精神，司法机关在协助程序中有违法行为或者扩大损害的，应当承担赔偿责任，此外，既由行政机关承担责任。

行政行为合理性审查的范围和限度

吴偕林*

新《行政诉讼法》[①] 明确授权人民法院对行政机关的行政行为进行合理性审查，探索合理性审查的标准、范围和限度，建立可以应用于司法实践的审查原则，有利于平衡司法权和行政权的权力分界，提高行政机关依法行政的水平，更利于发挥司法机关行政审判的监督职能。

一、行政行为合理性审查现状

多数意见认为，行政法上合理性原则的确立，与政府行政自由裁量权的存在和发展，以及人们对行政自由裁量权认识的深化，特别是对其控制意识的加强有关。[②] 为了使政府具备应对新情况、新问题的适应能力和快速反应的能力，法律在赋予政府权力之外，还需赋予政府在行使职权时以较为广泛的自由裁量权。然而正如英国行政法学家威廉·韦德所言："所有的自由裁量权。"[③] 为了协调法律规制与自由裁量之间的平衡，保障政府自由裁量权的行使而又不至于被滥用，仅以传统意义上的合法性原则又难以达到全面约束自

---

* 吴偕林，上海市第三中级法院院长，教授。

① 《中华人民共和国行政诉讼法》于1990年10月1日起施行，于2014年11月1日修正，以下简称新《行政诉讼法》。

② 胡建淼：《行政法学》，法律出版社2003年版，第61页。

③ ［英］威廉·韦德著：《行政法》，徐炳等译，中国大百科全书出版社1997年版，第70页。

由裁量权的效果。因此，各国一般均确立了合理性原则来控制自由裁量权的滥用。主要的审查方式即司法审查和行政审查。在我国早期的司法实践中，一般以“行政行为是否适当”来指代行政合理性原则，但随着研究的深入，合理行政的说法渐成主流，如国务院颁布的《全面推进依法行政实施纲要的通知》（国发〔2004〕10号）除了规定合法行政的要求之外，还规定了合理行政的要求，提出行政机关实施行政管理应当遵循公平、公正的原则等要求。

但与国外的司法审查实践不同的是，我国行政法学界一般认为行政合法性原则是一个司法审查的原则，而行政合理性原则不是一个司法审查的原则。④ 2000年公布的《最高人民法院关于执行〈中华人民共和国行政诉讼法〉若干问题的解释》第56条第2项也曾规定：被诉具体行政行为合法但存在合理性问题的，人民法院应当判决驳回原告的诉讼请求。这种两分法导致行政诉讼只能审查违反行政合法性原则的行政违法行为，而不能审查违反行政合理性原则的不当行政行为；只能审查行政裁量行为有无违反法定程序或者越权，而无法对其进行实质审查，弱化了人民法院解决纠纷的能力。尽管修改之前的《行政诉讼法》第54条第2项、第4项⑤规定法院可以撤销滥用职权的行政行为以及变更显失公正的行政处罚，但由于没有在司法审查中明确合理性审查原则，对于滥用职权的行政行为和显失公正的行政处罚这两种事实上的行政不合理行为，人民法院在司法实践中由于不方便说理等种种原因，没有充分运用这两种判决。这也导致了在行政处罚、行政许可、行政裁决等领域，行政机关以本机关在权限内自由裁量权为理由，“同事不同罚”“不同事同罚”等，而法院亦不能依据合法性审查原则判决撤销或者变更行政行为，造成当事人认为法院没有解决实际问题，甚至认为法院与行政机关之

④ 胡建淼：《行政法学》，法律出版社2003年版，第67页。

⑤ 修改之前的《行政诉讼法》第54条第2项规定：“具体行政行为有下列情形之一的，判决撤销或者部分撤销，并可以判决被告重新作出具体行政行为：……5. 滥用职权的。”本条第4项规定：“行政处罚显示公正的，可以判决变更。”

间官官相护。

事实上，从合理性原则的确立起源来看，无论是英美法系，还是大陆法系，合理性原则的确立并不是直接来自行政法的设定上，而是首先建立在行政诉讼法的判例确定之上，即正是通过法院的司法审查才确立了合理性原则在行政法上的地位。在司法实践中，合法性和合理性只是程度上的区别，而非性质上的区别。法和理从来就没有成为非此即彼的关系。因此，将合法性审查理解为排斥合理性审查的理由在逻辑和实践上都是站不住脚的。[⑥] 更何况，就对行政行为监控的最终落脚点在违法的认定上而言，行政合理性原则与行政合法性原则只是调整的层面不同，本质上是相同的，是和谐一体的。故将合理性审查置于合法性审查的框架下，宽泛地说行政诉讼中司法审查行为适用行政合法性原则未尝不可。但是，不能因此而否定行政合理性原则在行政诉讼中的可适用性。[⑦] 新《行政诉讼法》的修改，也体现了这样一种要求。

新《行政诉讼法》颁布以后，虽然在总则中没有明确行政诉讼的合理性审查，但第 70 条规定："行政行为有下列情形之一的，人民法院判决撤销或者部分撤销，并可以判决被告重新作出行政行为：……（五）滥用职权的；（六）明显不当的。"第 77 条规定："行政处罚明显不当，或者其他行政行为涉及对款额的确定、认定确有错误的，人民法院可以判决变更。"新《行政诉讼法》规定的撤销和变更判决情形中，新增的"明显不当"的情形已经在"质"和"量"上全面超越了原先"行政处罚显失公平"的范围，确立了在合法性审查的框架下，对行政行为的合理性进行司法审查的制度。这种审查方式不仅与行政诉讼法确立的合法性审查原则不悖，也是对合法性审查原则的必要和有益补充，与修改前的"合法性审查"原则相比，在内容的广度和

---

⑥ 江必新：《新行政诉讼法专题讲座》，中国法制出版社 2015 年版，第 10 页。

⑦ 吴偕林：《行政合理性原则》，载胡建淼主编：《论公法原则》，浙江大学出版社 2005 年版，第 244 页。

深度上都有了巨大的变化，对扩张人民法院司法审查的力度和广度，更好发挥行政审判的职能作用，有着深远的法理意义和法律意义。

二、行政行为合理性审查的范围

（一）行政行为合理性审查范围概述

行政诉讼合理性审查的范围，侧重于关注司法权与行政裁量权的横向关系，着力于解决司法权对行政权的干预的边界。尽管两大法系主要国家在司法传统和相关法律制度上存在着很多不同，但是这些国家都扩大了法院对行政行为的审查范围。例如，美国对行政行为进行合理性审查的范围极为广泛，不仅仅局限于行政机关狭义地行使自由裁量权的行为，还包括行政机关对法律解释、法律适用和制定法规的行为；不仅包括实体决定的合理，还包括程序步骤和方式的合理。对于“合理”的含义理解，则随着历史的发展，适应形势的变化和法官自身的态度，有着动态的发展。但就其基本内容或者说标准而言，则大抵包括以下内容：因素考虑的相关性、目的的合法性、思维方式的非主观臆断性、行为的非专横任性性、内容的合常理性、程序的正当性等。而且，美国法院一旦认定行政机关的行为构成不合理，处理结论将是判决撤销。⑧ 大陆法系的德国，通过制定融程序与实体为一体的行政法院法典，对于司法对行政自由裁量权的审查范围和审查广度由予以明确。根据德国《行政法院法》第114条规定：“在行政机关经授权依裁量作出行为的范围内，行政法院同样应审查行政机关是否逾越了裁量的法定边界或者行使裁量权的方式不符合法定授权的目的，而致使行政行为以及对行政行为的拒绝行为或者不作为违法。”总体而言，可以看出两大法系国家在行政合理性司法审查的范围上有所区别但趋于一致，呈现出可审查范围更加广泛，限制审查

---

⑧ 王名扬：《美国行政法》（下），中国法制出版社1995年版，第722页。

性规定逐渐减少的趋势。

相比较而言，我国行政行为合理性审查的广度则有所不及，行政羁束行为、抽象行政行为、内部行政行为等尚未纳入审查范围。对此，我们认为：

首先，行政行为合理性审查不仅适用于自由裁量行为，还应适用于整个裁量行为。行政裁量行为分为法规羁束裁量和行政自由裁量两类。从法律的运作实践来说，即使法律授予行政机关的是羁束行为或者说羁束裁量权，由于成文法依赖语言符号，而语言又有自己的模糊性，所以仍存在自由裁量的可能。[⑨] 对法律规则的解释和运用，并不像车间里的自动流水线，而是解释和运用主体判断理解水平、价值观念等自觉不自觉介入参与发挥作用的过程，可以说只要有判断的空间，就有着裁量的空间。因此，如果我们注意到人的思维方式及思维过程在法律适用中的重要作用，并注意到行政裁量的无所不在、无时不在，那么，就应当承认行政合理性原则的无所不在，无时不在。[⑩] 因此，对行政行为合理性的审查，不应仅限于行政机关的自由裁量行为，还应及于整个行政机关的裁量行为，甚至及于羁束行为。

其次，本次新《行政诉讼法》修改的一大特色，即将原法规定的“具体行政行为”修改为“行政行为”，并在新《行政诉讼法》第53条中规定：“公民、法人或者其他组织认为行政行为所依据的国务院部门和地方人民政府及其部门制定的规范性文件不合法，在对行政行为提起诉讼时，可以一并请求对该规范性文件进行审查。”这明确了法院对抽象行政行为进行附带合法性审查的制度。而既然我们承认行政合法性原则与行政合理性原则只是调整的层面不同，本质上是相同的，合理性审查是包含在合法性审查的框架下的，那么，对于该规范性文件的制定程序、内容等要素进行合理性审查，亦存在坚实的理论基础。特别是在如今的法治环境下，规范性文件的制定与实施，往往是得到了合法性授权的，而真正引起行政争议，造成“官民矛盾”

⑨ 朱新力：《行政诉讼中的事实问题》，载《中国法学》1996年第5期。

⑩ 胡建淼主编：《论公法原则》，浙江大学出版社2005年版，第240页。

的，恰恰是其中的内容是否合理的问题。如果只审查规范性文件的合法性而不审查其合理性，则会使第53条的规定虚置。

再次，新《行政诉讼法》第74条第1款第2项规定，行政程序轻微违法，但对原告权利不产生实际影响的，人民法院判决确认违法，但不撤销行政行为，这体现了新《行政诉讼法》对行政程序的审查设立了更为严格的标准，即尽管行政行为出于效率和成本的考虑不予撤销，但程序轻微违法仍将会导致被确认违法的不利法律后果。值得重视的是，这改变了原来司法实践中依据司法解释对此类情形可作“判决驳回原告诉讼请求”的做法，确认违法的判决将给行政机关带来道德上的不利谴责，亦给法院今后的工作开展带来新的挑战。但另一方面，这也是新的机遇。新增的这条规定，扩展了法院对行政程序的审查范围，即对程序“轻微违法”的程度加以合理性审查。一般而言，当以保护当事人合法权益为目的而设立的，由法律规定了严格条件、形式和流程的行政程序出现瑕疵时，违法的程度较高。例如，行政处罚法和行政许可法规定的听证程序、行政强制法规定的催告程序等，当这些程序出现瑕疵，直接影响原告合法权益的可能性较大，其违法程度可能就超越了“轻微”的界限，属于程序违法，应当判决撤销行政行为。而其他一些程序，如行政决定书送达延迟等，一般不会影响原告的权益，应当认定为“轻微违法”，判决确认违法而不撤销行政行为。[11] 当然，以上分析仍属一般概括，在实践中，亦有可能出现听证程序略有瑕疵，而送达程序严重违法的情形，特别是程序违法，何种程度、情节属于“轻微”，何种程度、情节属于“轻微以上”，合理性审查的分寸如何把握，涉及确认违法和判决驳回诉讼请求的分际，极有可能引发不同的解读。故具体到个案中，仍需要法官对涉嫌违法的程序及其违法程度作合理性审查，综合各种因素加以判断分析，以作出最后的判定。

最后，新《行政诉讼法》第74条第1款第1项规定，行政行为依法应当

---

⑪ 参见梁凤云：《新行政诉讼法讲义》，人民法院出版社2015年版，第462页。

撤销的，但撤销会给国家利益、社会公共利益造成重大损害的，人民法院判决确认违法，但不撤销行政行为。其中，“国家利益”“社会公共利益”如何界定，学界历来众说纷纭，尚无定论。在司法实践中，尽管法院对此条款的适用比较谨慎，范围一般限于一些针对重大工程建设所作出的行政行为中，但不可否认的是，对涉及“国家利益”“社会公共利益”的行政行为的认定，亦有法院进行合理性审查的内容和空间。

诚然，在目前的司法环境下，受制于行政行为专业性较强等种种因素，或许法院尚无力对上述规范性文件等行政行为的合理性进行实质审查，但随着司法改革的不断深入，法律人才储备的不断扩大，法官素质的不断提高，将对抽象行政行为等一系列行政行为的合理性审查纳入法院司法审查范围，深化合理性审查制度建设，亦应将是大势所趋。

（二）行政行为合理性审查范围的界定

行政行为合理性审查的范围，依据新《行政诉讼法》，主要为第 70 条、第 77 条规定的“滥用职权”和“明显不当”的两种行政行为。然而，这两个概念，都存在着一定的模糊和不确定性，作为不合理的行政行为，滥用职权、明显不当的行政行为与一般的违法行为也未有本质上的差别，但与一般的违法行为相比，滥用职权、明显不当的行政行为具有一定的隐蔽性。毕竟，“法无授权即禁止”，判断一个行为是否合法较为容易，而判断一个行为在合法的外衣下是否“合理”，则有一定的难度。因此，如何界定“滥用职权”和“明显不当”两个概念并加以正确适用，关系到法院在司法审查活动中能否正确有效地行使职能，把握好司法权与行政权的边界。我们尝试分别从“滥用职权”和“明显不当”的内涵和外延加以界定。

1. “滥用职权”与“明显不当”的内涵辨析

（1）滥用职权。通说认为，滥用职权是指行政机关作出的具体行政行为，虽然在其权限范围之内，但行政机关不当地行使职权，不符合法律授予这种权力的目的、原则和精神。⑫ 一般而言，滥用职权的行政行为有以下四个特点：第一，从表面上看，行政行为的作出是合法的，是在其权限范围内进行的；第二，滥用职权作出的行政行为不符合社会公益或者法定目的；第三，滥用职权不等于滥用行政裁量权，只有严重违反行政合理性的行政裁量行为才是滥用职权。轻微和一般不当的违反合理性的行政行为属于行政不当。第四，滥用职权的行为在主观上往往带有"故意"的性质，是否为了个人利益或者小团体利益等目的而故意作出的。

（2）明显不当。"明显不当"的行政行为替代难以审查的"显失公正"的行政行为成为司法审查的对象，是本次行政诉讼法修改的重大突破和发展。"明显"是指一般理智的人都能看得出。"明显不当"，是指具有一般理智的人都能看得出行政机关作出的行政行为客观上明显的不适当、不合理。司法审查明显不当的行政行为的核心是对明显不当的程度的把握。第一，"明显不当"要求行政行为的作出要不适当、不合理。第二，"明显不当"不是一般的不当，必须要达到明显的程度。

事实上，"滥用职权"与"明显不当"的区分尚有一定的难度，有人认为，滥用职权与明显不当的区别在于，滥用职权是从行政行为动机和目的方面分析的，明显不当是从结果上看的。⑬ 即使不论在该种论断下，明显不当与滥用职权存在重合的可能，也不能忽视滥用职权也须以结果不合理为要件，若仅有主观上的不当，而无结果上的不当，亦难称之为滥用职权。⑭ 而明显不当的行为，亦难免有主观上的影响。此时，两者的区分便难以言述，遑论要法官在司法审查将两者泾渭分明地区分开来。从参与行政复议法立法的人士的角度看，行政复议法中的明显不当的情形主要包括：第一，对违法行为的处理显失公正的，同类违法行为，程度、后果相似而处理的内容明显不

---

⑫ 胡康生主编：《行政诉讼法释义》，北京师范大学出版社 1989 年版，第 92 页。

⑬ 石佑启、杨勇平：《行政复议法新论》，北京大学出版社 2007 年版，第 202 页。

⑭ 参见胡建淼主编：《行政违法问题探究》，法律出版社 2000 年版，第 303 页；朱新力：《行政滥用职权的新定义》，载《法学研究》1994 年第 3 期。

同，或严或宽的应确定为明显不当；第二，明显违背国家基本方针政策的，如对乱收费乱罚款行为，有些虽然地方文件规定，但违背了中央文件的基本要求的，应视为明显不当；第三，为局部利益而影响全局工作的行政行为。例如，在农村土地承包中行政机关为建设乡镇企业违反政策强令农民解除承包合同。[15] 从上述表述来看，在某些领域滥用职权行为与明显不当的行为在很大程度上存在竟合，其外延或许只有程度上的差异，而无性质上的区别，都属于在职权范围内作出的不合理的行政行为。故以下对两者的外延，作合并阐述。

2.“滥用职权”与“明显不当”的外延辨析

我们认为，以下几种情形，可以认定为滥用职权或明显不当的行政行为：

（1）不符合立法目的的行为。尽管行政裁量权暗含着某种程度的选择的可能，但行政机关在行使行政裁量权时，只能从立法目的的角度去选择怎样行使。例如，交通部门查处超载客车时不分流乘客，只处以罚款即放行，没有达到保护乘客的目的，就属于违反了立法的目的。此外，一些符合社会公益而非出自私人利益的行政行为，一般而言也是正当的，但是如果不符合法律规定的目的，也是不合理的行政行为。

（2）相关因素斟酌有误的行为，表现在行政机关行使职权时，应当考虑的因素没有被考虑，不应当考虑的因素却被考虑了。英国大法官丹宁勋爵说过，国家机构的自由裁量权向来不是没有约束的，其应当依据法律规定行使裁量权。它最起码表明：国家机构一定要受到相关因素的影响与指导，而不受不相关因素的影响与指导。[16] 一般应当考虑的相关因素有：一是法律明确规定的内容，如是否主动消除或减轻违法行为危害后果，是否有立功表现等；二是法律没有明文规定的应当受到考虑的相关因素，但是与其他法律条文相结合可以推导出。除此之外的不相关因素，如其他行政机关负责人的“打招

---

⑮ 张春生主编：《中华人民共和国行政复议法释义》，法律出版社 1999 年版，第 143-144 页。
⑯ 王名扬：《英国行政法》，中国政法大学出版社 1987 年版，第 172 页。

呼”等，则不应当考虑。

（3）不符合平等对待原则的行为。平等对待是人人平等原则在法律适用中的体现，是在行政法领域的具体化。所有人在法律面前一律平等，情况相同一样对待，情况不同区别对待。当然，平等并不是说绝对的、完全的，它是相对的、部分的。平等对待原则不禁止差别对待，但这种区别对待必须建立在事物的不同性质与不同情节上，禁止没有正当理由的差别对待，否则就可能构成滥用职权或明显不当。

（4）不遵循惯例的行政行为。行政机关的行政行为应当有一定的稳定性，虽然立法本身没有规定遵循惯例原则，但是从立法条文所隐含的立法精神中可以看出行政主体一般应当遵循惯例。惯例原则要求假如出现同样情况应当同样对待。但惯例原则应当受到限制：被用于惯例原则审查的案件情况一定要与该惯例没有实质上的区别；惯例必须要合法；惯例必须要具有一定数量；政策性的变化可以在一定范围内否决惯例的遵守。法院在审查时可对比惯例，若行政机关的行政裁量行为反复无常或与惯例相悖，则可能构成滥用职权或明显不当。

（5）违反比例原则作出的行政行为。比例原则是德国行政法的基本原则，主要指行政机关为达成行政目的，要在限制个人利益的手段与实现公共利益的目的之间进行权衡，以选择一种既为实现公共利益所必要又对相对人损害最小的手段；手段与目的之间要有一定的比例。比例原则的内容包含适当性原则、必要性原则以及狭义比例原则。适当性原则是指行政机关行使行政权力的手段应当与所追求的目的相符合，即手段的实施必须能够达成法定目的或至少有助于该目的的达成。如果行政机关所采取的手段根本不能达成行政目的，则违反了妥当性原则；必要性原则，指行政机关行使行政权力只要能达成行政目的即可，不能过度侵害公民权利。如果在能够达成目的的情况下，存在两种以上的手段可供选择，必须选择对公民权利侵害最小的手段进行，而不可“用大炮打麻雀”。例如，消防管理机关在对旅店的消防设施进行检查时，如果发现该旅店没有配备消防设备，责令其补备即可，没必要吊销其营业执照；均衡原则则指行政机关行使行政权力所采取的手段，虽然是达成行政目的所必要的，但是也不能使公民因此受到的侵害大于行政机关所欲达成的目的。若以中国俗语，可比喻成“杀鸡取卵”，即形容一个人的行为（杀鸡，剥夺鸡的生命）和所追求的价值（卵）之间，不成比例的均衡关系。⑰ 违反了上述原则，则有可能属于滥用职权或明显不当的行政行为。

（6）出于不良动机作出的行政行为。每一个行政行为的作出，其背后都存在着行政机关内部工作人员的价值判断，亦受其主观意识的影响，特别是受作出行政行为的动机的影响。经常看到的不良动机包括牟利益、徇私情、打击报复、满足虚荣心等。恶因难结善果，出于不良动机所实施的行政行为往往有可能是滥用职权的行为。对于这种行为，情节严重的甚至可能入刑。

（7）不适当的迟延。不适当的迟延指行政机关在法定或者合理期限内不合理地拖延履行法定职责，构成不作为的滥用职权或明显不当。法定期限指法律、法规和规章明确规定的期限，合理期限是指在无法定期限的情况下，以常理可以确定的期限。在行政事务中，如有行政规定确定的履行法定责任期限，可以在无法定期限规定时参考使用。⑱ 当然实践中，在没有法定期限的前提下，对于合理期限的把握亦有难度，需根据案件实际情况加以分析认定。例如，在浙江省金某诉某市交通局拖延履行法定职责行政争议上诉案件中，法院认为，上诉人某市交通局扣押被上诉人金某小货车的时间是2003年2月14日，但直到同年7月25日方作出处罚决定，超过合理的履行职责期限。该期限虽然没有法律明确规定，但从《浙江省道路运输管理条例》相关规定的文义和行政强制措施临时性的特点来看，在上诉人实施暂扣车辆措施后，应当及时查实并作出处理决定，故可以认定本案上诉人确有拖延履行法定职责的情形。⑲ 对于这种情况，可以认定为滥用职权或明显不当。

---

⑰ 陈新民：《德国公法学基础理论》（下），山东人民出版社2001年版，第370页。

⑱ 章剑生：《现代行政法基本理论》，法律出版社2014年版，第470页。

⑲ 浙江省台州市中级人民法院《行政判决书》（［2004］台行终字第32号）。

上述事项，可能还不足以全面概括合理性审查的内容标准。行政诉讼法实施25年以来，关于合法性审查原则及审查范围，在法律制度层面、审判实践经验层面、社会公众的普遍认知层面，已经有了很为完善和成熟的积累，建立起来关于职权依据、执法程序、法律适用、事实认定等多方面的法定要件审查规则，因此，法官对于行政行为合法性的判断一般情况下可以说驾轻就熟、成竹在胸。然而，相较于合法性审查，合理性审查还刚刚起步，由于在法律制度层面、审判实践经验层面、社会公众的普遍认知层面上的先天不足，对合理性审查原则的范围的界定，似乎需要探索摸索才能一步一步向前推进。尽管我们在上文已稍作尝试，但社会的发展变化日新月异，新情况、新问题层出不穷，在没有法定要件审查的机制下，合理性审查的范围究竟如何把握，更依赖于法官在遵循内心良知和法律信仰的基础上，综合考虑地方经济发展水平的差异性、特定地区的风序良俗、公共利益等诸多复杂因素，以高超的业务水平和专业素养加以分析判断。

3. 行政行为合理性审查的限度

从辩证的角度看，任何事物都具有两面性，行政行为合理性审查作为法院司法审查的一部分也是一把“双刃剑”，其存在一方面可制约与监督行政权力，保护公民的正当权益不受国家权力的不当侵犯；另一方面，也可能过度干预行政权力的行使，影响行政机关运转的效率，特别是对于行政行为合理性的审查，又涉及行政机关行使权力最频繁的裁量行为领域。因此，讨论行政行为合理性审查限度，就是在讨论如何把握好法院对行政行为合理性审查的适度性的问题，以对行政权和司法权进行合理配置，减少司法与行政之冲突，减少司法审查中的不确定现象，以降低和避免行政诉讼审查机制“制衡不足”或者“干预过度”的双重危险。具体而言，有以下几个层次：

第一，对涉及行政机关专业裁量的领域，人民法院的审查应保持节制而谨慎的态度。无可否认，行政合理性审查带有用司法裁量审查和判断行政裁量是否合理的性质，只要进行合理性审查，必然有司法裁量介入行政裁量的客观现实存在。但法院和行政机关具有不同的专业和技能优势。对于带较强技能事项的审查，法院应采取尊重态度。[20] 在涉及医疗事故责任认定、交通事故责任认定等行政裁量权色彩浓烈的行政案件中，司法裁量不具备相应的专业知识和能力，对于医疗事故是否构成、交通事故是否存在以及相应的一系列问题，应当由相关专业的专家学者加以裁量和判断，法官只是法律专家，不是学术权威，不可能加以判断也不可能取代专家学者的判断。若司法裁量取代了学术自由和专业裁量，会危害权利划分的根基，使司法权取代行政权。[21] 当然，即使是行政机关所擅长的专业事项和领域的判断，也不能保证行政机关不具有非法的目的、动机或不当的考虑而滥用其权力。若过分强调对行政机构的专业知识的尊重，势必使法院对行政的审查形同虚设，无所作为。可以在专业性审查中借鉴美国的“法院之友”制度，适度发挥专家辅助人或专家咨询作用，帮助法官全面准确地作出法律判断。总之，法院对专业领域行政行为合理性的审查，应当在充分参考专家意见和专业性的权威鉴定的基础上进行，对其中事实认定的审查，若没有明确的法律相反规定或相反的证据推翻之，应更多的尊重行政机关的决定。

第二，对已经经历过较为严格的行政程序的行政行为，法院对其的审查程度应当较低。这是因为，程序的完备与严格，在某种程度上保证了行政行为的质量以及结果的公正。故，若行政程序十分完备且具有司法程序特性，例如经过了复议的行政行为，法院对其审查程度应相对较低，亦能体现出设置严格行政程序以及由此所耗费的成本的价值和意义；如果行政程序相对简单，对公民的权益保护不尽完善，就尚需法院增加控制力度。[22]

第三，对于个案行政行为的合理性的审查认定，应当针对个案情况具体分析，综合考虑各种因素。如前所述，对于行政行为合理性的审查认定，目前没有、今后也不可能有一套放之四海而皆准的认定规则，涵盖所有不合理

⑳ 参见杨伟东：《行政行为司法审查强度研究》，中国人民法学出版社 2003 年版，第 13 页。
㉑ 参见胡建淼主编：《论公法原则》，浙江大学出版社 2005 年版，第 273 页。
㉒ 参见杨伟东：《行政行为司法审查强度研究》，中国人民法学出版社 2003 年版，第 14 页。

的行政行为，对于合理性的认定，需要综合考虑地方经济发展水平的差异性、特定地区的风序良俗、公共利益等诸多复杂因素及合理底线，这其中，法官对相关因素的判断，即构成司法裁量，既然行政裁量存在滥用职权或明显不当的可能，则司法裁量亦有可能。故，法官的裁量行为，应当更加谨慎和节制。例如，在判断行政行为是否属于不遵循惯例的不合理行政行为时，对于惯例与系争行政行为之间的联系与区别，亦应综合考量。即使两者在表面上看具有同一性，是针对同样的情形作出的处理结果相同的行政行为，但由于空间、时间上的差异，㉓ 事实上惯例与系争行政行为并不相同，此时若适用惯例作出认定系争行政行为不合理的决定，则欠妥当。因此，对于这一问题，需要法官在遵循内心良知和法律信仰的基础上进行衡平，以高超的业务水平和专业素养加以分析判断。

第四，对确实构成滥用职权或明显不当的行政行为，要敢于认定，以撤销判决或变更判决的方式加以判决。这一问题主要有两个方面：一是要敢于审查认定“滥用职权”。实践中，“滥用职权”的审查标准在行政诉讼中很少被采用，法院认定行政机关“滥用职权”的案件可谓微乎其微。这主要是因为“滥用职权”本身是一个不确定的法律概念，并附带有道德上的谴责成分，一旦法官适用这个标准作出判决，特别容易引起行政机关的反感，并通过现有体制向法院施加压力。同时，在举证责任上，亦有一定的困难。对此，建议在对法院既成判决总结性研究的基础上，从中提炼若干认定规则，为法院在审查实践中参照适用，并与行政机关形成良性沟通。二是要逐步扩大变更判决的使用频率。在司法环境仍有待改善的今天，法院仍可能会基于种种考虑，以谨慎、求稳的心态不直接判决变更，而是判决撤销，这可能会弱化了合理性审查对于行政行为监督与规制作用，使司法的监督功能依

㉓ 譬如，在西部欠发达地区作出的行政处罚的金额与在东部发达地区作出的行政处罚的金额相同，但两地的经济发展水平完全不同。或，某地 20 年前的罚款与 20 年后的罚款相同，但经济已大幅度发展。

然是浅尝辄止。根据新《行政诉讼法》第70条、第77条的规定，对于明显不当的行政处罚，人民法院既可以选择变更判决，也可以选择撤销原判，判决行政机关重新作出行政行为。相比撤销判决，变更判决在一些情况下能有效地节约行政和司法成本，同时，也能有效减少“官了民不了”的情况出现。如果说考虑到司法权不能过度介入行政权，而应当对行政行为合理性审查保持一定适度要求的话，那么在进行适度审查的范围下，人民法院假如能够认定行政行为严重不合理，则必然有一个合理的底线标准加以评判，在此基础上，对明显不当的行政处罚行为加以适度的变更就有了客观的基础。[24]

综上，对行政行为合理性的审查必须要实现裁量标准的共鸣和介入的适度，既尊重和保障行政裁量（包括学术裁量）的自主权，又保证监督的有效性，防止裁量权的滥用。在对行政裁量行为实施合理性审查时，解决好适度性问题，避免使已经走出的宝贵一步再次倒退。

㉔ 参见吴偕林：《行政合理性原则》，载胡建淼主编：《论公法原则》，浙江大学出版社2005年版，第274页。

行政裁量基准的性质定位及其制度边界

周佑勇*

一、作为行政自制规范的性质定位

裁量基准是近年来伴随着裁量治理转型而在我国基层执法实践中逐渐探索并发展起来的一种新兴制度，旨在通过行政机关设定一种规则化的具体判断选择标准来加强对裁量权的自我控制。然而，究竟什么是裁量基准，为什么需要裁量基准？这在当前我国行政法理论上存在着较大的分歧，从而极大影响到其制度的合理建构。

针对裁量基准的性质问题，概括起来，目前理论上主要存在“规则化裁量基准观”和“具体化裁量基准观”这两种观点。按照“规则化裁量基准观”，裁量基准是行政机关行使“行政立法权”制定的具有法律效力并为司法所直接适用的一种立法性规则。其目的在于“通过‘规则细化’甚至‘量化’的方式而压缩、甚至消灭自由裁量”。① “具体化裁量基准观”则认为，裁量基准是行政执法机关对其所执行的行政法律规范的具体化，其目的在于为行政机关行使裁量权提供一种具体的判断标准，并不构成具有法律拘束力的

* 周佑勇，法学博士，东南大学法学院教授、博士生导师，教育部“长江学者”特聘教授。

① 王锡锌：《自由裁量权基准：技术的创新还是误用》，载《法学研究》2008 年第 5 期。

规则。[②]

笔者认为，“裁量基准”一词实际上可以在两个意义上被使用。一层含义是行政机关在具体的个案裁量中所设定的作为其依据或理由的判断选择标准。它相当于上述“具体化裁量基准观”中所谓的“具体的判断标准”。这实际上是任何个案裁量中都必须具备的作为其实体上的利益衡量所必备的环节，也是由裁量权自身的性质所决定的。所谓裁量权是法律赋予行政机关根据具体情况自主作出独立选择判断的权力。但是这种判断选择并非任意的，而必须具有明确的标准和理由，否则就会导致裁量权的滥用或不当。而且“当裁量决定对相对人有着重大的影响后果时，决定的作出者负有说明决定之理由的职责”。[③] 譬如，法律规定行政机关对某种违法行为可以处以500~2000元的罚款，那么在个案裁量中究竟是处以500元、还是1000元、1500元或者是2000元的罚款，可以由行政机关判断选择，但得有个标准，比如根据情节的轻重来选择罚款的多少。这个标准构成了裁量权正当行使的理由。它一般应当由立法者通过详细的规则事先予以规定，在立法者没有提供这种判断的标准或提供的判断标准不完备时，就是需要由行政机关在行使裁量权的过程中来加以设定或补充。这种由行政机关在裁量权行使过程中所设定的作为其依据或理由的判断选择标准，就是我们所谓的“裁量基准”。实际上它是行政机关在具体的个案裁量对其所依据的理由的一种补充。另一层含义则是以规范性文件的形式所设定的用以确定抽象的个案裁量所普遍适用的标准。它相当于上述“规则化裁量基准观”眼中的裁量基准。这层含义与前一层含义上使用的裁量基准的不同之处，在于它是独立于个案裁量之外，以规则化的路径而展开的，因而具有特殊的性质功能和独立的研究价值。

从目前我国各地推行的裁量基准实践来看，在裁量基准的制度生成中有

---

② 王天华：《裁量标准基本理论问题刍议》，载《浙江学刊》2006年第6期。

③ Geneviève Cartier，Administrative Discretion and the Spirit of Legality：From Theory to Practice，*Canadian Journal of Law and Society*，2009，24 No. 3，p. 325.

两个不容忽视的客观事实或显著特色值得关注，一是基层治理的创新，二是“规则之治”的进路。首先，裁量基准在中国本土实践中的制度生成，最初是源于我国基层社会治理的一种制度创新，是地方基层执法者对基层执法的典型经验总结与实践性创造。④ 因此，大量裁量基准的制定都是出自基层的市县级行政机关，而并非具有行政立法权的行政机关。显然，这些由基层行政机关制定的裁量基准并不能构成一种立法性规则。其次，目前我国裁量基准毕竟普遍采取的是事先制定规范性文件或规则的设定方式，带有明显“规则之治”的控权色彩。因此完全排除其作为一种内部规则而具有自我拘束的效力也是欠妥的。

基于上述这两个方面的实践观察，笔者认为，裁量基准尽管可以在上述两个意义上使用，但又明显不同于前述两种观点所说的裁量基准，而是兼具“行政自制”和“规则之治”的双重品质，在性质上应当定位为一种裁量性的行政自制规范，或者说是一种自制型的裁量性行政规范。具体而言，所谓“裁量基准”是指行政机关根据授权法的旨意，对法定授权范围内的裁量权予以情节的细化和效果的格化而事先以规则的形式设定的一种具体化的判断选择标准，其目的在于对裁量权的正当行使形成一种法定的自我约束。根据这一界定，对裁量基准性质的理解，必须将技术、形式与功能三者有机地结合起来，综合把握它在这三个层面的法律属性。

1. 技术上的“裁量性”。裁量基准使用的技术是“情节的细化”和“效果的格化”。“目光在事实与法律规范间‘来回穿梭’，是法律适用的普遍特征。”⑤ 尽管裁量权是行政机关对同一事实要件产生的法律效果作出处理决定的权力，只存在于法律效果的处理之中，但是任何裁量决定都必然涉及对各种事实情节的综合考量，并建立在权衡各种利益关系的基础上，其实质是一

---

④ 周佑勇、钱卿：《裁量基准在中国的本土实践——浙江金华行政处罚裁量基准调查研究》，载《东南大学学报》（哲学社会科学版）2010 年第 4 期。

⑤ ［德］伯恩·魏德士著：《法理学》，丁小春、吴越译，法律出版社 2003 年版，第 296 页。

个复杂的利益衡量过程。对事实要件的认定，为对处理决定的裁量奠定了基础。[⑥] 而在个案裁量中，这种对“事实要件的认定”反映在法律规范之“要件—效果”结构中，也就是对“法律要件的判断补充”。从这种意义上讲，行政裁量就是行政机关在对法律要件作出判断补充后对法律效果所作出的适当选择，由此可以得出这样一个公式：裁量=要件判断+效果选择。因此，任何一个裁量基准的设定，并不是单纯对法律效果的格次化，也包含着对引起该效果的事实情节的细化，两者共同构成了裁量基准对裁量规范中的“事实—效果”规定的一种完整补充。从裁量基准所使用的“情节细化”和“效果格化”这两种技术来看，裁量基准实质就是一个利益衡量的过程，与具体个案裁量中的利益衡量并没有实质区别，都是根据作为利益载体的情节的轻重来选择不同的法律效果。在这里，它既没有创设新的权利、义务，也没有采取纯粹法律解释的方法，而是一种利益衡量的方法，因此不能归属为立法性规则，也不完全就是一种解释性规则，可以称之为是一种“裁量性”行政规则。

当然，“裁量基准与解释基准这两个概念在实践中往往浑然一体、无法截然分离”，[⑦] 裁量基准中经常会包含有属于解释性行政规范的内容和要素。尤其是“情节的细化”往往就是对“法律要件”中不确定法律概念的一种解释，构成一种解释性规范或解释基准。但是，设定裁量标准的方式是进行“要件—效果”的补充规定，除了“情节的细化”外，还必须有“效果的格化”与之相对应，才能构成一种完整的裁量基准。而且如前所述，这样一个根据各种细化后的情节进行“效果格化”的过程，实际上是一个利益衡量的过程，而并一个单纯的法律解释过程。因此，即便是裁量基准的“情节细化”构成一种解释性规范或解释基准，也并不影响裁量基准与解释基准的区分，以及将裁量基准作为一种裁量性行政规范的整体定性。

2. 形式上的“规则性”。裁量基准以规则的形式表现出来，虽然在性质

---

⑥ 周佑勇：《行政裁量治理研究：一种功能主义的立场》，法律出版社 2008 年版，第 16 页。

⑦ 王天华：《裁量基准基本理论刍议》，载《浙江学刊》2006 年第 6 期。

上并不属于法或者立法性规则的范畴，但毕竟属于行政机关制定的内部行政规则。一方面，裁量基准主要是通过对裁量权规范的情节细化和效果格化的技术，补充裁量权的判断标准，并不为相对人创设权利和义务，不对相对人产生直接的法律效力，也不构成一种裁判性规范，不能为司法所直接适用。但另一方面，裁量基准毕竟是以一种规范性文件或规则的形式而存在的，属于行政机关的一种内部行政规则。这种规则一旦制定出来，则基于行政系统内部层级指挥监督权，具有一种对内的拘束力，以保证其在行政系统内部得以贯彻执行。

3. 功能上的“自制性”。从表面上看，行政机关设定裁量基准标准只是为裁量权的行使提供一种具体的判断标准，但是如果欠缺这种标准，就可能导致裁量权的滥用或不当，因此设定裁量基准的内在目的在于保证裁量权的正当行使。裁量基准作为一种规则，正是通过对内的自我拘束力，体现出一种对裁量权的自我限定、自我建构与自我制约的功能，目的在于对裁量权的正当行使形成一种自我约束，而非纯粹为了通过“规则细化”甚至“量化”的方式而压缩、甚至消灭自由裁量。当然，裁量基准的这种“自我约束”仍然体现的是一种“法的约束”。只不过这种“法的约束”主要来自于授权法的旨意，即法律原则。从这个意义上讲，通过裁量基准这样一种自我约束机制，事实上将“法的约束”延伸到裁量权的整个判断选择过程之中，从而成为连接抽象的法律与具体的裁量之间的桥梁，既是对抽象的法律具体化，又为下一步针对个案作出具体裁量决定提供一般化的行为模式。

二、制度上的局限性之克服

裁量基准作为一种自制型的行政规范即一种“规则化”的行政自制，在制度上亦存在着来自于其固有的作为“规则之治”与作为“行政自制”两个方面的局限性：一是，严格规则之下无裁量，过度规则化必然难以实现个案裁量的正义，二是，过分依赖行政机关的自制也会导致一种新的“行政专制”。因此，必须从制度层面为划定一个合理的边界，以从根本上克服这两个方面的局限性。具体而言，在裁量基准的运行机制和制度构建中必须充分把握三个方面的平衡，即在羁束与裁量之间的平衡、在规则与原则之间的平衡及在自制与他制之间的平衡。

1. 在羁束与裁量之间的平衡。裁量基准旨在通过规则羁束限制裁量，但是从行政执法实践来看，由于规则往往过于僵化而使得执法者蜕化为类似于自动售货机的执法机器，由此给裁量的个别正当性造成损害，这正是裁量基准作为“规则之治”的最大局限性之所在。因此，一个设定科学、运行合理的基准，应该能够满足在行政裁量的规范性与能动性、羁束与裁量之间平衡的技术要求。

首先，在效果的格化上，应当预留一定的裁量幅度。一般来说，裁量基准不宜采用直接指向一个单一固定的处理结果的“定额制”，它应把法律规定的裁量种类、幅度分割和格化为相互衔接的“段”而不是孤立的“点”，使得执法者在基准之下仍能能动地根据不同个案的具体情况而选择效果与情节相当的最优结果，不至于完全剥夺个案裁量的空间。例如，杭州市旅委制定的《〈导游人员管理条例〉行政罚款裁量规则》（杭旅政法〔2008〕222 号）将《导游人员管理条例》第 23 条规定的“1000 元以上 3 万元以下的罚款”格化为 1000 元、2000 元和 4000 元这三个孤立单一的固定金额。这在实践中极易陷入粗糙和粗放的尴尬之境，并不能很好地体现个案正义的要求。⑧ 同时，在划分具有幅度空间的处罚格次的基础上，格次之间应有升降的机制，格次之内亦应有增减的机制。例如，金华市公安局制定的《赌博违法行为处罚裁量

---

⑧ 还有一种“公式化”的裁量基准也是值得商榷的。例如，《〈杭州西湖风景名胜区管理条例〉行政罚款自由裁量权适用规则》就规定了一种罚款公式，即在风景区内饲养家禽家畜的，罚款数额=最低额（20 元）+自由裁量度（1000 元-20 元）×（家禽数量/10 只）×100%（10 只以上按最高额处罚）。按照该公式，养 1 只鸡罚 118 元，多养一只鸡多罚 98 元，养 10 只鸡以上罚 1000 元。如此精细化的公式计算，实际上取消了个案裁量。笔者认为，即便采取这样的罚款公式，也应当在情节的细化方面留有余地，并采取科学的统计指标分析方法。详见周佑勇：《行政裁量基准研究》，中国人民大学出版社 2015 年版，第 121 页。

基准（试行）》规定，具备特定的严重情节的，应提高一个档次处罚；而具备特定的酌情从轻情节的，则可考虑在同一裁量格次内降 30% 以下幅度裁量，此即格次之间的升降机制和格次之内的增减机制。这两个技术细节令基准对处罚的格化不再机械和呆板，而使各个处罚格次成为一个衔接有致、转换畅通和有机联系的整体，所以亦为裁量基准所应必备。

其次，在情节的细化上，应当预含有限的情节判断余地。情节判断余地，是指裁量者在情节的提取认定、判断比较和考量适用等方面所拥有的自主决定空间。赋予执法人员相应的情节判断余地，对于鼓励能动执法以追求个案正义、避免基准陷入僵化之虞来说，同样是极有必要的。例如，金华市公安局《赌博违法行为处罚裁量基准（试行）》第 14 条第 6 项即设置了“其他情节严重情形的”这样的兜底性规定，这样，对执法实践中可能出现的第 14 条之外的其他严重情形，如为未成年人赌博提供条件的，执法人员就拥有纳入情节考量范围的增补权，保证了最终的处罚结果更好地符合个案正义的要求。但是这种情节的判断余地应该是有限的。对情节判断余地的限制，主要表现在如下两点：一是禁止情节考虑的恣意。正如德国联邦宪法法院判例所云：“如果一个法律上之区别对待或相同对待不能有一个合乎理性、得自事物本质或其他事理上可使人明白之理由，简单地说，如果该规定被认为是恣意时，则违反平等原则。”⑨ 情节考虑的恣意是对基准所追求的平等对待的悖反。对于执法者来说，应当禁止“不相关考虑”，考虑应当考虑的情节，而不考虑不应当考虑的情节，纳入考量范围的裁量情节应与个案事实之间具有合理的、充分的实质上的联系和理由。二是情节的设置也不能过于宽泛。作为对法律规范的细化，基准本身应当尽量避免不特定法律概念和模糊语言的运用，而应设置明确具体而又丰富多元的情节。在现实中我们也看到某些裁量基准只把情节粗糙地细化为“情节较轻”“情节一般”和“情节较重”，或者

---

⑨　参见张锟盛：《论析禁止恣意原则》，载城仲模主编：《行政法之一般法律原则》（一），台湾三民书局 1994 年版。

"初次处罚""二次处罚"和"三次及以上处罚"。⑩ 实际上，这样的基准在实践中能否有效规制裁量是很值得怀疑的。正如有学者指出的那样，"当前，裁量基准制度的运用最直接的目标仍是在于控权，防止基准过于抽象，使其技术更为精细，（相对于防止基准的僵化）在任务上更为迫切"。⑪

2. 在规则与原则之间的平衡。在对待裁量基准的边界上，不仅要避免裁量基准的过度"规则化"，还要防止裁量基准成为一种新的"行政专断"。对此，法律原则以其所特有的抽象化特征而发挥着解决规则之间的冲突或者填补规则之漏洞的作用，并发挥着较之于行政规则更强的规范化预期作用。⑫ 无疑，法律原则在保证行政的必要灵活性同时又有效制约行政专断这两个方面，都是有益的。⑬ 从另外一个角度而言，裁量基准作为立法对裁量权进行"法的约束"的一种延伸，这种"法的约束"主要来自于法律原则，法律原则是设定裁量基准的法律依据。因此，裁量基准作为一种规则化的行政自制，并非一种绝对的 "规则至上"，也非不受任何法律制约的"政府自治"，而仍然应当以法律原则为取向，定位为一种在法律原则主导下的行政自我控制机制。对此，一方面必须将裁量基准限制于法律优先、法律保留等行政法定原则之内，以协调这种行政自我管制与依法行政之间可能发生的冲突，并防止出现新的"行政专断"。另一方面，裁量基准作为对裁量权行使的一种程序性实体约束，实际上就是一个利益衡量的过程，与个案裁量中利益衡量并无实质的区别，因此必须遵循作为利益衡量一般原则的比例、平等对待、信赖保护等行政均衡原则，⑭ 以保障其实体内容上的客观、公平、公

⑩ 例如，《苏州市交通局交通行政处罚裁量标准（试行）》规定："未取得道路运输经营许可，擅自从事道路运输经营的，情节较轻或危害性较小处罚3万元；情节较重或危害性较大处罚5万元；情节严重或危害性很大处罚10万元。""不符合从事客货运经营规定条件的人员驾驶道路运输经营车辆的，初次处罚500元；两次处罚1000元；三次及以上罚2000元。"

⑪ 朱新力、骆梅英：《论裁量基准的制约因素及建构路径》，载《法学论坛》2009年第4期。

⑫ 参见［英］马丁·洛克林著：《公法与政治理论》，郑戈译，商务印书馆2002年版，第358页。

⑬ See Phillip · J. Cooper, *Public Law and Public Administration*, Englewood Cliffs, N. J.: Prentice Hall, 2nd edition, 1988, p. 103.

⑭ 参见周佑勇：《行政法基本原则研究》，武汉大学出版社2005年版，第200页以下。

正，使裁量的实体内容获得最佳建构。

根据比例原则的要求，行政机关行使裁量权应当符合法律目的，全面考虑各种因素，综合衡量各种利益关系，使其所采取的措施和手段与所追求的行政目的相适应、成比例。平等对待要求行政机关“同等情况同等对待，不同情况区别对待或按比例对待”，具体包括禁止恣意、行政自我拘束两项子原则。其中，禁止恣意原则不仅禁止行政机关的故意恣意行为，而且禁止任何客观上违反宪法基本精神以及事物本质的行为。行政自我拘束原则要求行政机关在作出行政裁量决定时，若无正当理由，应当受先例或惯例的约束，对于相同或同一性质的事件作出相同的处理。根据信赖保护原则的要求，行政机关实施的行政行为对相对人产生了值得保护的信赖利益后，不允许政府随意变更或者撤销该行政行为。无论是比例原则，还是平等对待和信赖保护原则都要求行政机关在制定裁量基准时，应当综合衡量各种利益因素，充分权衡各种利益关系以设定最佳的判断选择标准。

就行政处罚领域来说，《行政处罚法》第4条规定了行政处罚应考虑的基本因素是“违法行为的事实、性质、情节以及社会危害程度”。据此，裁量基准的制定应当根据这些基本因素，并充分考虑各因素的主次情况、所占比重等，以综合评定的方式来将法律、法规、规章规定的量罚幅度，具体细化为若干裁量格次，并规定每个格次所给予的不同量罚标准，以求解量罚最佳适度点，确保“过罚相当”，防止轻错重罚，重错轻罚。在实践中，凡是按照固定比例，或以一律按照法定最高限额或最低限额进行处罚等情况而设定的裁量基准，事实上都是有违比例原则的。违反比例原则而制定的裁量基准，将丧失其存在的正当性。在台湾司法审查实务中，已有成案对不合比例原则的裁量基准作出了否定性的判决。如法院在违规营业罚锾案（93判字第1127号）判决[15]认为，行政机关基于行使裁量权的需要，有权根据其行政目的的考

⑮ 台湾地区“最高行政法院”2004年（93）判字第1127号判决，载 http://fyjud.lawbank.com.tw/list.aspx。

量而订定裁量基准，但仍应遵循立法者授权裁量的旨意和目的。这里的立法授权旨意和目的，主要体现在“法律原则”之中，包括比例原则、平等对待、信赖保护等原则。在上案中，被上诉人所定《电子游戏场业违规营业罚锾金额标准》，将法定罚锾数额下限提高为240万元，法院认定其不符合立法者授权裁量之意旨，有违比例原则，从而作出了否定性的判决。

此外，平等对待和信赖保护原则还直接影响到裁量基准的适用效力，要求行政机关对已经设定和公布的裁量基准必须适用并不得随意变更，如需逃逸或变更，都必须有正当理由，否则构成违法。

3. 在自制与他制之间的平衡。裁量基准作为一种行政自制的形式，在性质上主要是对裁量权的一种自律性约束，因此在没有“他制”的情况下，其有效性的发挥完全取决于主体自身的专业、技术和经验。尽管行政机关在这个方面具有极大的优势，但毕竟也是有局限的，完全依赖于这种技术专家式的自制，极有可能出现一种新的“行政专断”。因此，这种自律机制的设计必须依赖于他律因素的嵌入。对此，既需要适当引入行政系统外部的“他制”，也需进一步完备行政系统内部的“他制”。这些制度通常被设计为公众参与制度、公开制度以及行政系统内部的评议考核、责任追究、责令说明理由制度和报备审批程序等制度。当然，这里需要对这些制度作进一步的检讨。

首先，关于公众参与制度。鉴于实践中裁量基准的制定完全依托行政机关自身力量，纯粹采取一种“自下而上”的内部自我生成机制，笔者曾经建议，“为了保证裁量基准的民主性和规范化，行政主体应当尽可能为行政相对人提供参与裁量基准订立的各种条件和机会，透过立法引导与行政推进并举，保障民众广泛和直接参与裁量基准的制定过程”。[16] 对此，有学者提出，“裁量基准是在立法授予的裁量空间中的再创造，而立法的民主性已然解决，在十分有限的授权空间中，民主元素添加与否，意义并不彰显，这种再

---

⑯ 周佑勇：《裁量基准的正当性问题研究》，载《中国法学》2007年第6期。

创造将更多地依靠行政机关的经验、技术和智慧”。⑰ 但是，笔者仍然坚持认为，尽管裁量基准制定的程序有别于立法程序，因为前者应当“既经济又有效率”⑱，因此不必过分加入立法程序的民主元素而完全采取类似如正式听证这样的公众参与形式，但是为了增强裁量基准的科学性和相对人的可接受性，必须适当引入具有他制元素的相对或有限的公众参与机制。如广泛征求、听取一线行政执法人员和相对人的意见。⑲ 特别是一线执法人员的经验十分重要，基准实际上是执法经验的总结，其设定是否科学很大程度上取决于执法经验是否成熟。此外，让专家参与裁量基准的起草和论证，也有助于裁量基准的理性化和正当化。

其次，关于裁量基准的公开制度。裁量基准作为行政系统内部的行政规则，严格说对外并不具有拘束力，但由于它构成了裁量权的判断标准，对相对人权利义务也会产生实质性影响，因此目前理论上普遍坚持裁量基准“必须公开”的观念。这种观念直接影响到制度的设计，如《湖南省行政程序规定》第 91 条第 2 款规定，“裁量权基准应当向社会公开”。《广州市规范行政执法自由裁量权规定》第 8 条也做了同样的规定，“行使行政执法自由裁量权应当坚持公开原则，自由裁量标准应当向社会公开”。然而，在对待裁量基准的公开性问题上，我国目前的实践以及域外的态度都是相当谨慎的。例如，较早在我国推行裁量基准的金华公安局在实践之初并没有做到完全的公开，而是采取“逐渐公开”的策略。⑳ 更有意思的是，《金华市规范行政处罚

---

⑰ 余凌云：《游走在规范与僵化之间——对金华行政裁量基准实践的思考》，载《清华法学》2008 年第 3 期。

⑱ Kenneth Culp Davis，*Discretionary Justice*，University of Illinois Press，1971，p. 65.

⑲ 如海南省人民政府办公厅《关于全面开展规范行政处罚自由裁量权工作的通知》（琼府办〔2009〕3 号）规定：“在（基准的）细化过程中，应当广泛征求市、县相应行政执法部门的意见，同时要听取行政管理相对人的意见。”“要在广泛征求、听取一线行政执法人员和行政管理相对人意见的基础上，科学划定行政处罚自由裁量阶次，列举与行政处罚阶次相对应的情形，确保行政处罚自由裁量细化基准具有可操作性。”

⑳ 余凌云：《游走在规范与僵化之间——对金华行政裁量基准实践的思考》，载《清华法学》2008 年第 3 期。

自由裁量权工作实施意见》只要求各行政执法机关将本机关制定的裁量基准“在办公场所”进行“公示”。在美国，《联邦行政程序法》第552节规定，必须在联邦登记簿上公布“机关制定和采取的基本政策的说明，和机关采取的普遍使用的解释的说明”。然而事实上“法院是很少强迫行政机关执行上述条款的”。[21] 同样，在日本，《行政程序法》对审查基准采取的表述是“必须”公开，而对“处分基准”却是“尽量”或“努力公开”。[22] 另外，需要注意，日本《行政程序法》在裁量基准公开性问题上，亦区分了“公布”与“公开”的不同含义，立法者采用的是“公开”而非“公布”。这一区分的重要意义在于——“‘公开’并不要求行政厅承担如‘公布’那样广而告知的义务”。[23] 从裁量基准的实践及域外在对待公开性问题上的这种“谨慎”态度来看，我们有必要对裁量基准“必须公开”的观念予以重新检讨。笔者认为，或许建构一种“相对公开”理念，更加能够与裁量基准控权原理予以融合。从裁量基准作为一种自律技术来看，行政机关并不负有“必须公开”的义务，因此裁量基准的公开可以树立类似《日本行政程序》对“处分基准”采取的基本态度——“努力公开”的立法表述。而即使是努力公开，在具体公开方式上，我们也并不苛以广而告之之任务，并不必须要求行政机关像行政立法程序那般严肃和僵化。实际上，“行政机关公开法律与政策的方式不一而足，有非正式的也有非常正式的。例如，工作人员的非正式谈话、行政机关成员的私下说明、行政机关代表的公开讲话、行政机关的新闻发布会、官方的政策说明等类似的形式。……所有这些沟通方式都是非常有益的，应当加以利用”。[24] 无疑，“相对公开”的理论预设，能够较好地满足在“自制”

---

[21] Russell L. Weaver, An APA Provision on Non-legislative Rules, In 56 *Administrative Law Review* (2004), p. 1187.

[22] ［日］横川隆生：《审查基准、程序性义务与成文法化——有关裁量自我拘束的一则参考资料》，朱芒译，载《公法研究》2005年第1期。

[23] 朱芒：《日本〈行政程序法〉中的裁量基准制度——作为程序正当性保障装置的内在构成》，载《华东政法学院学报》2005年第1期。

[24] Kenneth Culp Davis, *Discretionary Justice*, University of Illinois Press, 1971, p. 102.

与“他制”之间的平衡要求。此外，按照“相对公开”的理念，裁量基准的公开可以根据其成熟度来决定，对于已经成熟的裁量基准应当尽量公开，提前使之普遍化，而对于那些认为还不成熟的裁量基准，也可以在个案裁量中以说明理由的形式向特定相对人予以公开。这样，通过具体个案经验到典型个案经验的积累再到基准的普遍化，基准的科学性也会得以大大增强。

三、裁量基准效力范围的合理界定

面对裁量基准这样一种“规则化”的行政自制规范，还需要进一步追问的是，其究竟是否具有法律效力？如果具有法律拘束力，则很有可能因为严格拘束于“规则化”的基准而导致适用上的机械、僵化，犹如戴着脚镣跳舞，又怎能实现个案正义？若没有强制约束力，那它是否又有存在的必要？这无疑是一个两难的问题。因此，需要对裁量基准的效力范围加以合理的界定，否则，仍然很难克服其制度上固有的“规则化”之局限性。对此，可以透过周文明诉文山县交警大队案为例来观察。该案案情是：[25]

2007年8月2日，周文明驾车行驶至云南省文山县境内省道210线某处时，被文山县交警大队执勤民警拦下，告知其行驶速度为每小时90公里，已超出该路段每小时70公里的限速，并以该超速行驶不满50%被处以罚款200元、记3分的处罚。而根据云南省公安厅制定的《云南省道路交通安全违法行为罚款处罚标准暂行规定》第9条第31款的规定，“机动车超过规定时速未到50%的，处50元以上100元以下罚款”。周文明据此认为交警罚款200元的处罚没有充分的法律依据，提起行政诉讼。一审法院经审理后判决交警罚款显失公正，变更罚款为80元。文山县交警大队对此不服提出上诉，并认为根据《道路交通安全法》第90条的规定，对超速行驶不满50%的上限处罚

㉕ 参见陈娟：《驾驶机动车超速，究竟罚多少：云南省公安厅红头文件引争议》，载《人民日报》2008年4月2日，第15版。

为200元罚款，而近年来，文山县所发的交通事故，主要原因就是超速行驶，鉴于严峻的道路交通安全形势，文山县交警一直对超速行驶实施该上限处罚。二审法院认为，云南省公安厅制定的该暂行规定仅属其内部下发的规范性文件，其效力低于法律、法规，原审法院适用规范性文件为依据变更上诉人适用法律规定作出的处罚内容于法无据，据此撤销一审判决，维持文山县交警大队作出的处罚决定书；驳回被上诉人周文明的诉讼请求。

本案中，一、二审判决的结果截然不同，显然其争议的焦点是如何对待《云南省道路交通安全违法行为罚款处罚标准暂行规定》这一裁量基准的效力问题。一审法院认为，该裁量基准具有法律约束力，行政机关行使裁量权应当受此约束，并适用该裁量基准作为审判的依据。二审法院则认为，该裁量基准仅属行政机关内部下发的规范性文件，不属于法院审理行政诉讼案件的审判依据，因而通过不予适用而事实上否认了其法律效力；同时，还维持了文山县交警大队逸脱该裁量基准而作出的具体决定。显然，其判决背后所隐藏的理由是：文山县交警大队之所以没有适用《云南省道路交通安全违法行为罚款处罚标准暂行规定》这一裁量基准关于50~100元罚款的规定，即逸脱该裁量基准而直接根据《道路交通安全法》规定的上限处罚作出决定，主要考虑了这样一个个案的特殊情况，即严峻的道路交通安全形势，且导致文山县交通事故的主要原因是超速行驶。而二审法院经过审查又认为该个案特殊情况符合立法授予裁量权的旨意，属于正当理由，故而认为文山县交警大队基于该个案特别情况的考虑而逸脱该裁量基准所作出的处罚决定是合法的。基于该案件分析，笔者认为，在对待裁量基准的效力界定上应当把握以下几点：

第一，裁量基准对行政机关具有法律效力。裁量基准作为行政机关制定的一种内部性行政规则，本质上属于上级机关对下级机关发布的一种职权命令，因而对下级行政机关和执法人员具有当然的拘束力。下级行政机关和执法人员对裁量基准应当严格遵照执行。[26]

第二，作为法律效力的例外：个别情况考虑义务或逸脱裁量基准。也就是说，行政机关在个案裁量中基于个别情况考虑，仍然可以逸脱裁量基准而直接依据法律规范作出决定。因为，根据立法授权旨意，立法者授予行政机关裁量权的目的旨在追求个案正义，要求行政机关在作出具体决定时必须综合考量个案具体情况。行政机关在个案执法中发现裁量基准存在并未予以揭示的考虑事项，仍然负有个别情况考虑的义务，而不能机械地、僵硬地适用裁量基准。例如，根据《中华人民共和国道路运输条例》第70条第3项的规定，客运经营者在运输途中擅自将旅客移交由他人运输，处罚标准为1000~3000元。《苏州市交通局交通行政处罚裁量基准（试行）》将其进一步细化为：初次违规处罚1000元，第二次处罚2000元，第三次或者以上处罚3000元。显然，该裁量基准仅以违规次数作为处罚的唯一依据。然而，倘若行政机关在个案中仅仅考虑有没有前科，而不再考量其他相关事项，如行为人违规情节轻重、造成损害大小、主观过错、悔改表现等因素，难以想象可以实现个案公正。因此，在这种情况下，行政机关因考虑个案的特殊情况而逸脱该裁量基准，并不必然意味着其违法。

第三，这里的"个案的特殊情况"必须是构成逸脱裁量基准的正当理由，并遵循正当的说明理由程序。"不说明理由或理由不成立的行政处理是越权行为。"[27] 从确保裁量权的公正行使、平等对待以及信赖保护等原则的要求

㉖ 透过目前裁量基准制度推行的实践来看，多数行政机关都建立了相应的内部评议考核和责任追究制度，以保证裁量基准对内的拘束力。如山东省淄博市人民政府办公厅发布的《淄博市规范行政处罚自由裁量权工作实施方案》第5项专门规定了"建立评议考核制度"。《重庆市质量技术监督局关于依法行使处罚自由裁量权的规定（试行）》第9条规定，"各行政执法机构行使行政处罚自由裁量权的情况纳入行政执法责任制内容进行年度考核、考评。对因行使行政处罚自由裁量权不当影响案件办理质量的，按照《重庆市质量技术监督行政执法过错责任追究办法》的规定追究有关行政执法机构及行政执法人员的过错责任"。《南京市文化局（市文物局）行政处罚自由裁量权规定》第12条规定，"对违反本规定的，应当依据《南京市文化局（市文物局）行政过错责任追究规定》和《南京市文化局（市文物局）行政执法责任制规定》的规定，追究相关责任人的责任"。

㉗ 参见王名扬：《法国行政法》，中国政法大学出版社1989年版，第183页。

来看，行政机关要作出与裁量基准不同的判断，也必须具有合理的理由。如果不能作出充分的说明理由，就有滥用职权之嫌疑，甚至产生违法的问题。㉘实际上，根据现代法治的要求，任何裁量权的行使都必须有一定的判断标准，否则就会导致裁量权的滥用或不当。这种裁量判断标准即裁量权行使的正当化理由。裁量基准作为对裁量权行使判断标准的补充，只不过提前以规则的形式公开了这种判断标准，其实质就是裁量权行使或行政机关作出具体行政行为的依据或理由。当裁量基准符合授权法的授权目的和立法意旨时，行政机关依据该裁量基准作出具体行政行为，即属具有正当的理由。因此，尽管根据立法授权旨意，行政机关基于个案特殊情况的考虑，可以逸脱裁量基准而作出不同于该裁量基准的行政决定，但该"个案特殊情况"必须构成不同于该裁量基准的其他正当理由，并负有说明义务。而该"个案特殊情况"是否正当，亦有赖于行政机关作出具体裁量决定之前，事先探求授权法的授权目的和立法意旨。只有行政机关履行了个别情况考虑的义务且该个别情况系属于符合立法旨意的正当化理由，其不按照裁量基准作出具体行政决定才属合法。此外，还必须遵循正当的说明理由程序，㉙否则，行政机关仍然应当严格遵守裁量基准，而不得与之相违背。可以说，让行政机关负有个别情况考虑的义务，能够较好地划定裁量基准的效力边界。

四、结语

除上述问题外，裁量基准作为一项新兴制度还有很多问题需要在实践中

㉘ ［日］盐野宏著：《行政法》，杨建顺译，法律出版社1999年版，第76页。

㉙ 从各地的实践来看，有的地方专门建立了行政机关内部的责令说明理由制度和审批程序制度。如在金华行政裁量基准实践中，"对试点单位没有依照裁量标准提出处理意见的，责令其说明理由。试点单位无正当理由的，应当由法制部门直接按照裁量标准进行量罚。局领导应当支持法制部门的正确的审核意见，对试点单位随意裁量的问题要提出纠正意见并责令其改正"。再如，《深圳市工商行政管理局行政处罚自由裁量规则（试行）》第14、15条规定，逸脱裁量基准的案件在审批程序上要经过办案机构→核审机构→分管局长→局长办公会议的审查批复。这说明裁量基准的约束力是刚性的，公务员没有适当的理由和有效的证据以及履行逐级报请批准的程序就无法逸脱裁量基准的边界。

进一步探索和明确。但是，无论如何，透过裁量基准这种源自中国本土的成功实践，我们可以看出：未来中国行政法治的变革应当更加关注中国的本土资源，注重挖掘中国法治的中国元素，结合中国的特色来解决中国的问题，而不能一味移植西方所谓“成功”的法治经验。另外，裁量基准作为“自下而上”来自于中国基层社会治理中的成功经验，也意味着我们不能单纯借助于“自上而下”的政府强制性力量来推进行政法制度的变迁，而应当更多地“自下而上”，对源自中国基层社会治理中的成功经验和典型实践加以总结提炼。这或许正代表着未来中国行政法治变革的基本方向之一，值得我们行政法学理论和实践的共同关注。

论行政立法参与权的权能*

方世荣**

2013年1月1日被称为“史上最严厉”的新交规（公安部《机动车驾驶证申领和使用规定》）开始实施，其中“闯黄灯罚六分”的罚则受到许多公众的质疑。一周后公安部下发通知要求对违反黄灯信号的以教育为主暂不处罚，所解释的原因是，“一些群众比较集中地对闯黄灯的相关处罚规定提出了意见和建议。对此，公安部高度重视”。① 在这里，行政机关暂不处罚的做法值得肯定，但问题是该罚则直接影响社会公众的利益，为何事前未向社会广泛听取意见?② 这从一个侧面反映了行政立法机关（以下均称行政机关）还没有充分开放参与行政立法（包括起草、审查、审议审批和作出法律解释）程序，公众对行政立法参与权的享有和行使尚存在一些不足。本文试就行政立法参与权的应有权能内容提出一些见解。

---

* 本文发表于《中国法学》2014年第3期，为作者主持的2011年度国家社会科学基金项目“应对气候变化的行政法问题研究”（项目批准号：11AFX011）的阶段性成果。

** 方世荣，中南财经政法大学法学院教授，博士生导师，法学博士。

① 卢国强、刘景洋：《中国“史上最严”交规遭遇“黄灯”争议》，载新华网，http://news.xinhuanet.com/legal/2013-01/05/c_114253287.htm，最后访问日期：2013年1月5日；《公安部交管局下发通知要求违反黄灯信号以教育为主暂不处罚》，载公安部网站，http://www.mps.gov.cn/n16/n1237/n1342/n803715/3493809.html，最后访问日期：2013年1月5日。

② 类似的现象还有，如此后两个多月国务院办公厅出台有关房地产市场调控的《关于继续做好房地产市场调控工作的通知》（国办发〔2013〕17号）。两会期间，曾有人大代表对其中涉及《个人所得税法》适用的规定提出了“推出以前没有经过听证，就一个通知就发出去了”的疑问。参见郝园园、高亮、李晓哲：《全国人大代表赵冬苓：税收立法应回归人大》，载《半岛都市报》2013年3月7日。

一、行政立法参与权内容的现有规定及认识上的局限性

行政立法参与权目前是一个学理上的概括表述，法律上并没有专门、统一的概念。在行政法学上，它经常被作为行政参与权的一个组成部分加以描述，[③] 基本含义是指社会公众参与行政机关行政立法活动的权利。在这里，社会公众泛指公民个体、法人和其他组织，但公民中有一种特殊个体即“专家”需要区分：专家如不是作为普通公民的一员而是因受行政机关聘请参与其内部帮助工作，则属于行政机关的行政助手身份。有学者认为这类行政助手“相当于行政机关手足的延伸”，“是在行政机关的直接指挥监督下协助行政机关执行行政任务”，[④] 地位上类同行政机关的内部人员。此种意义的专家参与在性质和方式上已不同于一般意义的公众参与，其行政立法参与权问题本文暂不涉及而要另行研究。行政机关在广义上应包括行政立法起草部门、审查机构和审议审批机关。

如果不拘泥于权利的名称只就其实质内容而言，我国目前有许多法律文件已对行政立法参与权作出了规定。如《宪法》第一章“总纲”第2条第3款规定：“人民依照法律规定，通过各种途径和形式，管理国家事务，管理经济和文化事业，管理社会事务。”这从宪法上规定了广大公民参与包括行政立法在内的国家事务管理的民主权利。《中华人民共和国立法法》（以下简称《立法法》）明确规定：“保障人民通过多种途径参与立法活动。”在此，保障

③ 有学者指出：行政参与权“指行政相对人有权通过听证、评论等各种形式依法参与行政管理，如参与行政法规、规章及行政政策的制定，参与与自身有利害关系的具体行政行为程序等”。或表述为：“行政相对人有权依法参与行政管理。如参与行政法规、规章及行政政策的制定（参与讨论、听证、论证等）；参与国民经济和社会发展计划的编制和实施；参与与自身有利害关系的具体行政行为的相应程序等。”参见朱维究、王成栋主编：《一般行政法原理》，高等教育出版社2005年版，第187页；姜明安主编：《行政法与行政诉讼法》（第二版），北京大学出版社、高等教育出版社2005年版，第164-165页。

④ 章志远：《私人参与执行警察任务的行政法规制》，载《法商研究》2013年第1期。

人民“参与立法活动”无疑也昭示了社会公众享有参与立法的权利，行政立法参与权当然包含在其中。在地方的相关立法中，《湖南省行政程序规定》第9条规定:“公民、法人或者其他组织有权依法参与行政管理，提出行政管理的意见和建议”，这里的行政管理自然也包括地方政府的行政立法活动。《广州市规章制定公众参与办法》第9条在“市政府依法保障公众的立法参与权”的条文规定中则明确使用了“立法参与权”一词，由于它专门针对政府规章的制定，因而其语境本意就是指“行政立法参与权”。

以上这些都是“行政立法参与权”的概括性表述，要进而列出该权利的内容，从《立法法》《行政法规制定程序条例》《规章制定程序条例》等法律法规中，可以发现有以下几项明确规定的具体权利：

第一，对立法起草提出意见的权利。《立法法》第58条、《行政法规制定程序条例》第15条分别规定，“行政法规在起草过程中，应当广泛听取有关机关、组织和公民的意见”。《规章制定程序条例》第15条也规定，“起草的规章直接涉及公民、法人或者其他组织切身利益，有关机关、组织或者公民对其有重大意见分歧的，应当向社会公布，征求社会各界的意见；起草单位也可以举行听证会”。

第二，对立法送审稿提出意见的权利。对此种权利，《行政法规制定程序条例》第19条规定，“重要的行政法规送审稿，经报国务院同意，向社会公布，征求意见”。《规章制定程序条例》第21条规定：“法制机构应当就规章送审稿涉及的主要问题，深入基层进行实地调查研究，听取基层有关机关、组织和公民的意见。”

第三，对行政法规、规章的废止或修改提出审查建议的权利。《立法法》第90条和《法规规章备案条例》第9条分别规定，“社会团体、企业事业组织以及公民认为行政法规、地方性法规、自治条例和单行条例同宪法或者法律相抵触的，可以向全国人民代表大会常务委员会书面提出进行审查的建议”；“国家机关、社会团体、企业事业组织、公民认为地方性法规同行政法规相抵触的，或者认为规章以及国务院各部门、省、自治区、直辖市和较大的市的人民政府发布的其他具有普遍约束力的行政决定、命令同法律、行政法规相抵触的，可以向国务院书面提出审查建议”。

立法规定的上述各种具体权利，从形式上看似具有多样性，但观察它们所能发挥的作用，却可以发现实际上只是一种权利——“提出立法意见的权利”。无论是公众对起草送审稿或立法草案提出意见，还是建议进行立法修改或废止的审查等，其共性都是提出对行政立法的建议和意见。

在现有的理论研究中，直接讨论这一问题的著述很少，就笔者所掌握的文献资料，目前尚无著作进行专门研究，仅两篇论文有所涉及。其中杨建顺教授按行政立法的过程，提出公众参与行政立法应具有以下几项权利：（1）对行政法规、规章乃至其他规范性文件制定、修改和废除的“知情权”和“建议权”；（2）对行政立法草案表达意见和诉求的权利（他称之为“实际参与权”）；（3）“请求审查、变更或者撤销行政法规、规章以及其他规范性文件的”权利。[⑤] 石旭斋教授提出的权利内容与之大体相同，认为在行政立法程序的设计中需切实保障的行政立法参与权包括：（1）行政立法立项阶段的动议权及建议权；（2）行政立法起草阶段的听证参与权；（3）行政立法事后提出有关违法审查的建议权（他称之为“对行政立法的社会监督权”）。[⑥] 与杨建顺归纳的权利相比较，他增列了一项现行立法尚未规定的立项动议权。从学者们的上述阐述可知，他们一方面根据现行制定法已有的内容规定，另一方面也结合公众参与行政立法的现实需要，从理论上归纳行政立法参与权的诸项内容，初步提炼出了公众对行政立法的“知情权”“动议权”“建议权”“表达意愿权”“听证权”和“请求审查权”等各种具体权利。这是对行政立法参与权研究的一个推进，也使得行政立法参与权的内容在理论上逐步系统化和丰富化。将以上这些权利（其中知情权应除外，从严格意义上讲，知情只是参与应具备的一个前提条件，还不构成实际意义的参与）作为行政立法

⑤ 杨建顺：《行政立法过程的民主参与和利益表达》，载《法商研究》2004 年第 3 期。

⑥ 参见石旭斋：《行政立法民主保障之问题与对策》，载《政法论坛》2006 年第 4 期。

参与权的内容并无不妥，因为它们都运用于参与行政立法活动，都是行政立法参与权在行政立法立项、起草和立法后等不同程序阶段中的具体表现形式。但在功能上，这些权利也都可还原为只是“提出立法意见的权利”。所谓“动议权”“建议权”“表达意愿权”“听证权”和“请求审查权”等虽然名称多样，本质上仍是有权对行政立法提出建议或意见，差别无非在于运用的程序阶段不同（如分别在立项阶段、起草阶段、审核阶段和立法出台后的阶段），提出意见、建议的内容不同（如建议立项、建议修改或废止、提出具体的起草意见等），或者提出意见、建议的方式不同（如直接建议的方式和通过听证会的方式等）。可见对这些权利的现有理论归纳还只能是列举了行政立法参与权在不同场合的“外在表现形式”。

以上有关行政立法参与权内容的现行规定以及理论认识值得反思，它显现了一个令人疑惑却未受重视的问题：行政立法参与权是否就局限为“提出立法意见的权利”？如果是，那就意味着行政机关只要满足公众表达立法意见、建议的权利，行政立法参与权便获得实现，该权利的使命仅仅是为行政立法提供一些完全由行政机关来决定取舍的咨询、参考意见。至于行政机关是否吸纳甚至是否理睬这些意见或建议则与行政立法参与权无关，或者说并不受该权利的约束。显然，这种意义的行政立法参与权是很低层级的，远不能满足社会公众当今民主参与的期待和需要，不符合我国《立法法》确定的公民立法参与的目的。《立法法》第5条规定：“立法应当体现人民的意志，发扬社会主义民主，坚持立法公开，保障人民通过多种途径参与立法活动。”这明确了立法参与的根本目的所在，即实行民主立法，保证立法能体现人民的意志。“提出立法意见的权利”固然是实行民主立法的一种重要权利，但它只限于有权自由表达对立法的意见，在实际功能上十分有限，难以约束行政机关应当合理采纳所表达的意见，因而还不能形成有效保障行政立法体现人民意志的参与机制。由此，“提出立法意见权”与行政立法参与权当然是不能等同的。

这一问题在人大立法中也同样存在。社会公众对人大立法和行政立法都享有参与权，从两种参与权本身来讲，权利的主体、性质基本相同。但由于它们各自运用的立法领域不同，涉及的立法工作机制有区别，针对的义务主体各异，因而两种参与权所发挥的作用、权能强度、要求的义务保障和履行方式等均有一定差别。本文重点分析对行政立法的参与权而暂不讨论对人大立法的参与权，一方面是因篇幅所限，更重要的，是因行政立法参与权所针对的行政立法，在立法机制上不同于人大立法实行各方民意代表的民主审议、表决机制，而是由首长制的行政机关单方决定机制，属于极易产生“民主赤字”的领域，必须设计较充分的公众参与权加以制约。从一定意义上讲，公众的行政立法参与权主要解决行政立法是否民主的问题；而公众的人大立法参与权主要解决协助人民代表全面反映民意、使人大立法民主更为充分的问题。前者是以直接民主来制约单方恣意，后者是以直接民主来补充间接民主，两者的意义和重要性并不在同一层面上。面对行政机关单方拥有的立法职权，行政立法参与权更需强度和效能上的保障。

行政权力的运用有充分的民意基础才具备正当性，传统上行政权力的正当性源于它只是作为民意机关立法的传送带，由严格执行民意机关制定的法律而从“民意机关那里获得人民主权的传送”。⑦ 随着社会和时代的发展，公共行政和国家行政职能的范围不断拓宽，民意机关制定法律的有限性和滞后性、法律内容的原则性以及模糊性使行政机关难以及时有效处置大量复杂的行政事务。民意机关不能不授权行政机关进行必要的行政立法、行政决策和拥有一定的自由裁量权。这些行政权力的行使在很大程度上已不再是传送来自民意机关制定的法律，由此也因缺乏民意基础而产生了正当性危机。这正如一位美国专家所言：“关于授权立法的必要性，当前已经达成普遍共识；真正的问题在于如何使此种立法与民主协商过程、严格审查过程和控制过程保

⑦ 王锡锌、章永乐：《专家、大众与知识的运用——行政规则制定过程的一个分析框架》，载《中国社会科学》2003 年第 3 期。

持一致。”[⑧] 可见社会公众的行政立法参与权对行政机关立法职权的行使具有正当性保障的重要意义，因而特别需要强化它促使行政立法体现民意的约束力。这项权利不仅要保障公众充分“表达民意”，还要能约束行政机关认真“听取民意”和正确“吸收民意”，这是需要足够的权利能量才能达到的。而单一的“立法意见权”只能保障表达民意，不能约束行政机关必须采纳意见，甚至难以约束行政机关必须认真倾听民意。这反映在现行立法和相关理论构建上，就是参与行政立法的目的与实现目的的手段之间还未能设计恰当的匹配关系，这的确需要认真研究并加以改进。

二、从权能视角观察行政立法参与权的内容

行政立法参与权是一项正在发展中的新型民主权利，法律法规的现有规定并不意味着它已具有科学、合理性，理论研究也不应只限于解读现行法律法规的规定。如果突破以往对行政立法参与权外在表现形式的认识，换而从为有效实现行政立法参与目的所需职能的角度来观察其权利内容，或者说借助权能分析的方法来思考行政立法参与权，将可形成对该权利内容新的认识。

权能是“权利的内容和职能”。[⑨] 它也能揭示权利的具体内容，但在认知角度上不是着眼权利的外在形式，而是强调权利内部不可或缺、能对实现权利的目的发挥特定功能的各种构成。权能在民法上经常使用，常见于对物权或所有权内容的分析。“中国学者一般继承罗马法以来大陆法系的传统，将物权的权能归纳为占有、使用、收益和处分四项内容。”[⑩] 对于这些权能的形成，有学者曾提出过见解：“所有权之权能是所有人为利用所有物以实现其对

⑧ ［美］A. 贝文在“授权立法问题特别委员会”上的发言，转引自［美］理查德·B. 斯图尔特著：《美国行政法的重构》，沈岿译，商务印书馆 2011 年版，第 1 页。

⑨ 参见佟柔主编：《中国民法》，法律出版社 1990 年版，第 232 页。

⑩ 孙宪忠：《中国物权法总论》，法律出版社 2009 年版，第 39 页。

所有物的独占权益，而于法律规定的范围内可以采取的各种措施和手段。”[11] 这一论断的启发意义在于，它提示了权能是从权利的内在构成部分对实现权利目的所具有的职能来认定的，即它们都是为实现权利目的所需要、并由法律加以规定的各种手段和措施（即各种具体权利）。以权能的标准来确定行政立法参与权的内容，是对行政立法参与权自身各种内在元素及其作用的一种新的归纳和揭示。基于确定权能的分析路径，我们可从实现行政立法参与目的之需要来观察行政立法参与权应具备的权利内容。

如前所述，行政立法参与的目的是实行民主立法，保证行政立法体现人民的意志，对此目的，行政立法参与权中至少需要具备哪些权利内容才能较有效达成？从公众参与行政立法、推进行政立法体现民意的实际过程观察，可以发现有四个基本环节是不可缺少的：第一，民意主体进入行政立法程序的环节，即公众要能进入行政立法过程以获得表达民意的相应条件和有效时机，它须由行政机关提供特定的程序空间和时间等组成；第二，民意的输出环节，即公众要充分表达自己对立法的具体意见和建议，行政机关不得阻挠和禁言；第三，民意的整理消化环节，即公众的意见建议能得到行政机关的认真听取、分析和研究；第四，民意的吸收环节，即公众的意见、建议中合理的部分获得行政机关的采纳，融入行政立法的内容之中。由此逐步推进，最终使得行政立法体现人民的意志。在这四个基本环节上，行政立法参与权在内容上都必须配置相应的权利手段来发挥对行政机关立法活动的约束功能。在进入行政立法程序的环节上，民意主体必须有资格和权利进入已启动的行政立法程序，其所发挥的功能是为进一步运用行政立法参与权中的其他权利提供前提条件，这是“进入行政立法程序的权利”。在民意的输出环节，民意主体必须有权自由、充分地发表对行政立法的意见和建议，其具有的功能是为“行政立法体现民意”提供广泛、丰富的民意民智资源，此为“提出立法意见的权利”。在民意的消化环节，民意主体必须有权要求行政机

---

[11] 陈华彬：《物权法原理》，国家行政学院出版社 1998 年版，第 213 页。

关回应自己提出的立法意见，所发挥的功能是通过信息公开和说明理由促使行政机关必须认真听取、研究和处理各种立法意见，它可概括为“立法意见得到回应的权利”。在民意的吸收环节，民意主体必须有权约束行政机关采纳自己的合理意见，所具有的功能是保证民意能成为行政立法的结果。这可称之为“合理意见获采纳的权利”。上述这些权利，分别在不同环节上，以各自的功能对行政立法参与目的的实现发挥着递进作用，因而应成为行政立法参与权中必要的权利内容。

（一）进入行政立法程序的权利

进入行政立法程序的权利（以下简称程序进入权），是社会公众依法享有参与行政立法的资格，并通过行政机关提供的条件和途径进入行政立法过程的权利。这里的“行政立法过程”仅指某项具体的行政立法从启动到结束的程序过程，公众进入这一特定时空的权利即为程序进入权。当然，当一项行政立法的程序结束之后，公众还有权对该立法的结果提出修改、撤销或废止的建议，但这实际上是进入立法后的监督程序，而这一过程是完全开放的，公众可以随时随地、自主自由地进入监督过程发表意见，其权利行使不受特定时间、空间的限制，因而讨论的意义不大。

对某项具体行政立法的程序进入权从实际享有来看，有静态的参与资格和动态的资格运用两种形式：

一是参与资格，即具有参与行政立法的身份性权利，这一权利的享有，要求行政机关通过适当的方式履行确认义务给予保障。参与资格并非在任何情况下人人都同样具有。根据不同的行政立法事项，社会公众中的各个成员有的与某项行政立法有特定利害关系，即行政立法内容直接决定权利义务变化的当事人；有的则并无特定利害关系，即只是一般性公益关系的公众，因而参与资格并不完全相同：（1）当行政立法的事项范围特定，只涉及有利害关系的对象时，则只有该类有利害关系的公民、组织才具有参与资格，其他一般社会公众可以不具有。这是公民、组织以其法律上的利害关系这一条件取得参与资格。行政机关有义务以通知这类特定对象参加专门的听证会、特定范围的座谈会和征求意见会等方式，确认并赋予其参与资格。(2) 当行政立法事项涉及广泛的社会公益时，凡我国公民（除被剥夺政治权利的人外）和组织都具有参与的资格，这是社会公众以其公民或组织机构的身份取得参与资格。对此，行政机关有义务通过公告全社会征求意见等方式，确认并赋予社会公众都具有参与的资格。

二是运用其资格实际进入行政立法程序的权利，这是动态形式的行动性权利。这一权利是能够在特定期限内实际进入行政立法程序的空间范围。此特定期限是该行政立法活动从开始启动到最终结束前的时段，这是行政立法的有效参与期间。而空间范围是公众进入的立法活动平台：有的是特定并相对封闭的工作场所，如听证会、座谈会、听取意见会的会场等；有的是完全开放的形式，如信件、电话、网络等各种自由反映意见的渠道。以参与资格实际进入行政立法程序，在现实中表现为：有参与资格的主体有权进入听证会、座谈会等工作场所，行政机关无正当理由不得拒绝、阻挠；有权运用信函、网络、电话等各种沟通渠道，行政机关不得禁止，或者不提供畅通的渠道（如拒收信函、阻止网站登录、不接听电话等）。

行政立法若处于内部封闭状态，公众在程序之外不能知晓、不能参加也就无从表达意愿，这是无法实现参与目的的。程序进入权对公众参与行政立法具有“准入证”的作用，是公众对某项行政立法享有参与资格并获得参与途经和时机上保障的权利，因而与“提出立法意见的权利”有一定区别。立法意见权偏重于能自由地表达意愿，而程序进入权偏重于有资格并获得有效表达的特定时机和条件，没有后者作保障，前者就失去有效行使的机会（如在立法程序结束之后）而不能发挥应有作用。程序进入权与立法意见权易于被混为一体，因为在一般思维上，既然主体行使了对立法的意见权，也就表明他已进入了立法过程，似无区分的必要。但立法意见权的现实运用实际上有两种情况，从中可以发现它与程序进入权是可分离的：一种是在某项行政立法的程序之中行使，这取决于行政机关对公众开放了该项行政立法的程序，公告通知了本项立法的相关事宜，提供了参与的具体时间、地点或方法等，也即先满足对该项行政立法的程序进入权，公众由此进入程序并进而表达意见和建议来影响立法结果。另一种是行政机关未开放行政立法程序，社会公众只是在某项行政立法程序完结、立法结果已公布后才得知，因事前未实现程序进入权而失去适时提出意见建议的时机，则只能事后对立法的既定结果表达异议，行使意见权。这固然对今后启动立法修改和废止有一定作用，但对本项行政立法结果的形成已无实际意义，其相关利益诉求和意愿已不可能体现在现有立法的内容之中。前述公安部“史上最严交规”也正是未满足“程序进入权”造成了失误。由于没有对公众开放立法程序，导致与该罚则有切身利益关系的广大车辆驾乘者无从知晓这一立法事项，也无从在制定过程中表达意见，只能是事后对结果提出质疑和不满。可见程序进入权有其特定价值而不可忽略，应当确立为一项相对独立的参与权利。从国外的情况看，美国的规章制定对程序进入权就给予了充分的重视。美国《联邦行政程序法》第553条（b）规定：“机关应将拟定之规章以通告形式在《联邦登记》上公布，此类通告应包括：（1）说明有关公共规章的会议的时间、地点和性质；（2）指出拟制定之规章的法律依据；（3）拟定之规章的条款，或说明拟定之规章的主要内容及其所涉及的主题和问题。”第553条（c）进一步规定：“机关在按本条要求发布通告以后，应为有利害关系的当事人提供通过提交书面资料、书面意见，进行口头辩论或提交书面辩词等方式参与规章制定的机会。”[12] 这些条款均是对程序进入权的确认，对公众顺利、有效地参与行政立法起到了前提性的保障作用。

目前我国立法对公众的程序进入权实际上已有所涉及。如《规章制定程序条例》规定，起草直接涉及公民、法人或者其他组织切身利益的规章，“应当向社会公布，听取社会各界的意见”，这一条款不仅是在赋予公众的“立法意见权”，同时也通过“向社会公布”的规定，要求行政机关事前（即规章的

---

⑫ 应松年主编：《外国行政程序法汇编》，中国法制出版社1999年版，第75-76页。

起草阶段）就向社会开放行政立法程序，并确认全社会广大公众都有即时参与进来的资格，这就隐含了程序进入权的内容。但这一规定也还有不足，表现为："向社会公布"的规定过于原则，没有就公布的方式、公布的内容、起止时间、为公众提供的参与途径等事项作统一、明确的要求。尤其重要的是，"向社会公布"作为对行政机关的义务要求却缺乏相应责任后果配套，这就难以约束行政机关必须依法公布，因而也没能固化并有效保障公众的程序进入权。如《规章制定程序条例》第15条在规定"应当向社会公布，征求社会各界的意见"之后，第23条又规定，"规章送审稿直接涉及公民、法人或者其他组织切身利益，有关机关、组织或者公民对其有重大意见分歧，起草单位在起草过程中未向社会公布，也未举行听证会的，法制机构经本部门或者本级人民政府批准，可以向社会公布，也可以举行听证会"。对照该两项规定不难发现，规章的起草单位在起草时，应向社会公布而未公布的，并无责任后果，只是由审查送审稿的法制机构以补充"公布"来弥补，即使补充"公布"也是一种自由裁量，即可以公布也可以不公布。这表明现行立法对程序进入权及其保障的规定还不够完善。

（二）提出行政立法意见的权利

提出行政立法意见的权利（以下简称立法意见权），是指公众对行政立法事项提出具体建议、意见的权利。包括对行政法规、规章的制定、修改和废除提出建议的权利；对行政法规、规章送审稿或草案的具体条款内容等提出意见的权利等。行政立法体现人民的意志，有赖于民意、民智能在立法过程中得以真实、全面地表达和展示，从而为行政立法加以吸收提供前提条件。同时，行政立法活动的特点是整合社会成员的意愿，公众的参与主要是提供思想智力而非付出体力行为，因而提出意见建议、表达利益诉求是他们参与行政立法的基本活动形式，这使得立法意见权必须成为行政立法参与权中一项最基本的权利内容。

从权利性质上看，立法建议权属于表达权和言论自由的范畴，行政机关的对应义务主要是保障社会公众畅所欲言和充分表达意见、对意见建议认真听取、容忍异议或批评等。我国现行立法对行政立法参与权内容的规定主要就是提出立法意见的权利，应当说已经比较充分，但还可以加以完善。如立法意见权的行使范围可进一步拓宽，行使的方式应更为简便易行、减少成本。

（三）立法意见得到回应的权利

立法意见得到回应的权利（以下简称获回应权），是指公众提出了立法意见后，有权得到行政机关对意见的反馈，包括公布提出意见的情况和行政机关处理的情况等。程序进入权和立法意见权保障了公众在立法程序中顺利输出民意，但不足以约束行政机关能真正倾听民意、正确对待民意。行使立法意见权所广泛表达的民意是公众各种利益主张的汇集，它有赖于行政机关认真了解、消化整合并将合理的成分吸收为立法内容，而这一收集和处理过程通常是行政机关的内部工作过程，其能否认真、公正地对待立法意见公众在外部难以知晓，这便需要赋予公众获得回应的权利，建立行政机关对民意处理的公开反馈机制以形成制度约束。国务院2004年发布的《全面推进依法行政实施纲要》曾明确要求“积极探索建立对听取和采纳意见情况的说明制度”，并作为改进政府立法工作方法、扩大公众参与程度的一项内容，这无疑已提出了公众的“获回应权”及其实现的问题。建立对听取和采纳公众意见情况的说明制度，其核心内容是明确公众有权得到回应说明和行政机关应承担回应说明的义务和责任。公众提出参与意见后得到回应作为一项权利，是实现行政立法程序正义的重要手段，对于维护立法意见权行使的实效必不可少。它能在立法意见权的基础上能递增参与权的强度，约束行政机关不得对立法意见不予理睬或随意处置，从而提升对行政立法的参与水平。

公众享有对行政机关的获回应权本质上就是行政立法程序中说明理由制度的具体运用，根本作用是对行政机关处置公众意见的态度和自由裁量权形成控制机制，以实现承载人格尊严、过程公开和结果理性等价值的程序正义。它要求行政机关通过履行回应的义务来体现对公众的参与主体地位和人格尊严的充分尊重；公开对公众意见收集、倾听、处置的基本情况；证明对公众意见的处置决定（无论采纳与否）都是经过理性分析和判断的结果而非恣意和专断。在行政立法参与中，这项权利的配置特别有利于维护立法意见权的实效，缺少这项权利，单一的“立法意见权”可能变异成既不知意见是否被阅知、也不知是否有合理价值、更不知如何作处理的“不受理睬的权利”。罗伯特·达尔曾指出：“回应性是民主自身正当性的理由。”⑬ 如果公众参与行政立法只是一方提出诉求且最终如“泥牛入海”，未能得到主导立法的行政机关的任何反馈，那就是一种只具形式意义的单方“表达”而不是社会公众认同的民主参与。

从行政机关回应公众意见的可行性看，我国在行政立法实践中已有过一些做法。如2010—2011年《城市房屋拆迁管理条例》在修订时，广大公民提出了65601条意见，国务院法制办对收到的意见进行了归类整理，并在网站上公布了《关于〈国有土地上房屋征收与补偿条例（第二次公开征求意见稿）〉的说明》，对一些代表性的意见和采纳情况等作了较系统的说明，取得了良好的社会反映和效果。⑭ 但这在行政立法中还不具有普遍性，更未成为行政机关的法定义务。目前《立法法》《行政法规制定程序条例》和《规章制定程序条例》都还只规定了起草行政法规、规章应广泛“听取意见”，却未规定行政机关对公众意见有回应的义务，而在行政决策领域这项权利却已得到立法上的确认。如《湖南省行政程序规定》第37条规定，决策承办单位应当将公众对重大行政决策的意见和建议进行归类整理，“公众意见及采纳情况应向社会公布”。因而，在行政立法制度的设计中，公众立法意见权与获回应权之间的断裂是需要加以修补的。

---

⑬ Robert A. Dahl, *Democracy and Its Critics*, New Haven: Yale University Press, 1989, p. 95.

⑭ 参见国务院法制办公室:《关于〈国有土地上房屋征收与补偿条例（第二次公开征求意见稿）〉的说明》，载法律教育网，http://www.chinalawedu.com/new/16900a178a2010/20101222 wangyo13451.shtml，最后访问日期：2012年12月10日。

（四）合理意见获采纳的权利

合理意见获采纳的权利（以下简称获采纳权），指公众提出的合法、合理意见有权得到行政机关的采纳而成为立法结果。公众参与行政立法最终是要使行政机关吸纳民意并转化为行政立法内容，但立法意见权以及获回应权仍不具达成这一目的的功能。因为立法意见权只是有权表达意见，获回应权只能要求行政机关作出意见收集情况和处置理由的说明（包括采纳、不采纳或其他处理），不能要求应当采纳。这也是行政立法不同于人大立法由民意代表审议、投票决定的特点。为了约束行政机关应当按一定尺度来取舍意见，防止单方随意性，行政参与权中需要配置公众合理的意见有获得采纳的权利。这项权利是以民意的“合理性”尺度来约束行政机关应当采纳，从而保障正当利益诉求能够进入立法内容的权利指向。它可直接促使行政立法“体现人民的意志”，因此应作为行政立法参与权中最具实质作用的权利内容。

这种权利在行政决策和行政执法领域，已见诸许多法律文件。如《行政处罚法》第 32 条规定：“行政机关必须充分听取当事人的意见”，“当事人提出的事实、理由或者证据成立的，行政机关应当采纳”。《行政许可法》第 48 条第 2 款规定：“行政机关应当根据听证笔录，作出行政许可决定。”根据听证笔录作出许可决定，也就是要求行政机关应采纳当事人合法、合理的听证意见。再如《湖南省行政程序规定》第 6 条、第 37 条也分别规定，在行政管理和重大行政决策中，行政机关“对公众提出的合理意见应当采纳”。可见，合理意见获得采纳已经形成为一种要求行政机关承担相应保障义务的权能。但在行政立法领域，这一权利在相关立法中明显被忽视，采纳公众的合理意见即使作为一项原则要求也未见有规定，行政机关如何采纳公众参与意见在规则上模糊不清，基本上是由行政机关作自由裁量。依现行规定，行政立法可以举行听证会，但《规章制定程序条例》只要求行政机关“应当认真研究听证会反映的各种意见”，提出的只是工作态度的规范而不是采纳标准的规范。这些都是有待立法作出改进的。

当然，合理意见获采纳在“合理”的标准及其如何具有可操作性上还有待更深入的研究，但作为一项原则应当加以确立。总体上讲，它并不是各说各理，而应是法治框架下社会共同体普遍认可、接受的公共理性，这至少可从实体和程序两个方面来进行探索、设计并逐步完善。

三、行政立法参与权内容的立法完善

根据以上分析，行政立法参与权为实现其目的，是需要一系列功能性权利来作支撑的，它们在行政立法参与的不同环节能发挥各自的作用。从理论上梳理并总结这些权能对于保障行政立法参与权的充分行使具有重要意义。无权能内容或权能不充分的行政立法参与权易于成为空洞名词并缺乏实效，我国相关立法应当通过修改或制定细则等方式，对行政立法参与权中应有的权能内容作出较系统的规定。

（一）关于程序进入权

程序进入权作为一项权利，应通过强化行政机关的相关义务规定得到确立和保障。

1. 细化参与行政立法的具体事项

规定起草立法“向社会公布”“广泛征求意见”不仅要作原则性要求，更重要的是细化参与行政立法的有关具体事项，以确定社会公众尤其是有利害关系的对象的参与资格，方便他们通过明确、有效的途径进入立法程序。这主要包括：（1）应以易于知晓、接收的方式公布。向全社会公开征求意见的，要规定应在政府公报、重要报纸、电视等媒体以及政府门户网站上公告发布；采取论证会、座谈会、听证会等形式听取意见的，要求应对参会对象送达会议通知，列明会议时间、地点、议程等。（2）应及时发布启动行政立法程序的信息，明示公众参与的起止时限。（3）告知公众参与的具体途径、方法，并要求行政机关保障这些途径、方法的通畅性和工作有效性。（4）公布行政立法的草案、依据以及相关理由说明，对其中可能涉及公众切身利益的重要条款内容应作出专门提示等。

2. 增设行政机关的责任内容，确立不公开行政立法程序的应有法律后果

行政机关未对公众履行法定“公布”义务的，要规定相应的责任后果，包括：（1）停止行政立法程序的推进。起草单位提出相关行政立法草案送审稿未向社会公布听取意见的，不得进入审查、审议程序，已经报送的予以退回。（2）责令补正，即对退回的草案送审稿，由有权机关责令起草部门重新向社会公布并征求意见。（3）因故意或严重失职违反规定，造成不良社会影响的，对主管人员和直接责任人员要追究行政责任。

（二）关于立法意见权

1. 在立法意见权的行使范围上

《立法法》《法规规章备案条例》只规定公民有权对行政法规、规章的废止或修改提出审查建议，未规定公民对行政法规、规章及其法律解释的制定有建议权，这尚不够完整。随着我国法治国家建设的加快推进，全社会对法律制度的供给有着广泛的意愿和诉求，行政机关应支持、鼓励公民提出制定行政法规、规章及其法律解释的建议，以广集民智并及时回应社会对法治的需求。

2. 立法意见权在行使方式上应更为便民

目前公众对行政立法的参与方式有听证会、座谈会、论证会和公开征求意见等，这些方式在实践操作中有一定的局限。如听证会、论证会、座谈会等会议形式所能容纳的参与者范围十分有限，也要耗费参与者较多的时间和精力。对此，立法应提倡或要求行政机关采用更为便民的方式听取意见。如就立法内容设计出有理由说明的备选答案，由公众简便易行地进行网上投票、填写问卷调查和提供民意测验，等等。

（三）关于获回应权

公众的获回应权在行政立法中现尚属空白，有必要建立行政立法的说明制度予以保障行政机关对公众意见履行回应说明的义务应当作为行政立法的一项程序性要求，否则不能在审议时通过。当然，从讲求实效和方便可行考虑，行政机关履行义务的内容也无须事无巨细，可主要对涉及公众立法意见的重要事项作出回应，其中重点应是与立法内容有利害关系对象的意见、有广泛社会影响的事项和公众特别关注的重要问题：（1）向社会公布对立法意见的收集、整理和分类等信息，以使公众充分了解参与意见的整体状况以及行政机关的自身工作，形成双方信息上的对称；（2）对切身利益受立法内容直接影响群体的意见采纳与否，应说明理由；（3）对立法内容中分歧较大的意见作提示说明，引导公众理性看待各自的意见；（4）对因误解而形成并在社会上产生较大影响的意见，需及时加以澄清；等等。回应在时间上根据需要可以在起草阶段，也可以在审查阶段。回应的方法应通过政府网站等重要媒体作出，对于受立法内容影响较大的特殊群体，必要时也可单独对代表其利益的社团组织（如协会、联合会等）作出书面回复。

（四）关于获采纳权

合理意见获采纳权的缺失，将难以保障行政立法体现人民意志。立法上确立这项重要权利，首先要规定“行政机关应采纳公众提出的合法、合理的意见”这一原则，提出对行政机关取舍公众意见的基本要求。在这一原则的指导下，进而探索、建立判断“合理”的相关规则基准，对此可从实质理性和程序理性两个方面展开，以实质理性的标准为主，以程序理性的标准为补充。

1. 合实质理性的标准

即当公众意见在内容上符合一定实体标准时，行政机关就应当采纳而不能随意取舍。这种实体标准可从合法律性、合情理性、合科学性等方面来考虑。合法律性是以公众的立法意见符合法律精神、原则、法律规范和相关政策且不违反法律的禁止性规定等作为判断；合情理性是以充分的事实根据、符合道德伦理、公序良俗、现实需要和可行条件等作为判断；合科学性则以符合相关科学技术标准等作为依据。行政机关如认为公众意见因不符合这些标准而不作采纳的，则应提出相应的论证报告或意见。总之，对采纳公众意见需建立必要的基准。这类基准应当专门作出规定并在不同的程序环节中运用。如在起草环节，起草单位应依照确定的基准来衡量和取舍通过立法听证会、论证会、座谈会或其他方式收集的公众意见，并作为立法起草的重要依据；在审查环节，根据相关规定，审查机构要审查起草单位的送审稿“是否正确处理有关机关、组织和公民对规章送审稿主要问题的意见”，那么是否采纳了公众合实质理性的意见就应列为专项审查内容，要求起草单位提交相关论证报告或意见；在审议（审批）环节，审议（审批）机关应将是否采纳公众合实质理性的意见作为重要问题之一进行审议，要求起草单位或审查机构提交相关论证报告或意见。

2. 合程序理性的标准

即对经一定民主程序所形成的结果性意见，行政机关必须采纳。程序是“理性选择的保证”，[15] 程序理性的结果具有获得广泛认同的功能，[16] 因而合程序理性也应当作为行政机关采纳公众意见的一种标准。在实体上，当各方的立法意见分歧较大，以合实质理性的标准来取舍公众意见有困难，或者不足以保证取舍的公正、公平性时，合程序理性的标准能作为补充或替代。

合程序理性的采纳标准还可以分为两种：采纳多数决程序的结果和采纳协商程序的结果。

（1）多数决程序的结果。以多数人意见作出决定是一种程序理性和公平，能够最大限度地反映民意所向，因此，对经投票或其他表决方式形成的

---

⑮ 季卫东：《程序比较论》，载《比较法研究》1993 年第 1 期。

⑯ 参见周永坤：《法理学——全球视野》，法律出版社 2010 年版，第 349 页。

全体或多数意见，行政机关应当采纳。该种采纳标准在行政决策领域已经运用。如《城乡规划法》第22条规定："乡、镇人民政府组织编制乡规划、村庄规划，报上一级人民政府审批。村庄规划在报送审批前，应当经村民会议或者村民代表会议讨论同意。"在这里，"村民会议或者村民代表会议讨论同意"，通常就是经会议票决程序形成的一致同意或多数人同意结果。这类方法也能适合于行政立法活动。在多数决程序的设计上，可以让公众通过网上投票的程序方式形成意见，或者由行政机关经民意调查程序形成统计意见。如果公众对某一立法内容或条款的肯定性意见占多数，行政机关就应采纳；公众的否定性意见达到相当比例（如有半数或三分之一以上反对或质疑），行政机关则要考虑作出修改或撤除等。

（2）协商程序的结果。行政立法面对着复杂多元的利益格局，各种利益诉求的冲突不可避免，简单以多数人同意的程序结果来取舍，不利于保护少数利益群体或弱势群体的合法权益。为了防止出现"多数人的暴政"，对于一些不宜以多数决程序抉择的立法事项，应建立必要的协商程序，通过各方的民主协商来达成共识。对经协商程序达成的结果，行政机关也应采纳。在缓解社会矛盾、达成和谐的意义上，法"也是反映社会所有参与者利益的一种妥协性质产物"，[17] 立法内容的正当性也能因"反映人们的交涉性合意"[18] 而具备被社会成员共同认同的基础，它是立法具有可接受性的一种保障。

对于行政立法的协商制度，美国已制定《协商式规则制定法》，规定基于"符合公共利益""行政机关有足够资源"以及"受规则严重影响的利益主体可辨认且数目有限"等条件，可以召集不同的利益代表组成规则制定协商委员会，经过讨论协商达成行政规则的草案。[19] 我国的行政立法实际上也有协商

---

⑰ ［德］彼得·巴杜拉著：《自由主义法治国与社会法治国中的行政法》，陈新民译，载陈新民：《公法学札记》，台湾三民书局1995年版，第115页。

⑱ 季卫东：《当前法制建设的几个关键问题》，载《中国法学》1993年第5期。

⑲ 参见《美国协商式规则制定法》，王贵松译，载万鄂湘、张军主编：《最新行政法律文件解读》，人民法院出版社2005年版。

制度的规定，但仅限于行政机关的内部协商。《行政法规制定程序条例》第23条规定，“国务院有关部门对行政法规送审稿涉及的主要制度、方针政策、管理体制、权限分工等有不同意见的，国务院法制机构应当进行协调，力求达成一致意见”；《规章制定程序条例》第16条第2款也规定，“起草单位与其他部门有不同意见的，应当充分协商”，这显然忽略了行政机关与公众之间以及公众中不同利益群体之间的协商。“立法不是有关部门之间权力与利益的分配与再分配，而应该反映人民的共同意志和根本利益”，[20] 目前只注重行政机关不同部门之间的协商机制是存在缺陷的，需要补充行政机关和公众以及公众之间的协商制度。

一般而言，协商程序可适用于下列情形的立法事项：第一，公众之间形成了有代表性的不同立法意见，各自均有一定的合法、合理依据，行政机关难以根据实质理性标准取舍，此时可由行政机关组织各方代表协商讨论，以达成都能接受或基本同意的立法方案。第二，当立法内容涉及特殊群体的切身权益，不宜由社会公众中多数人意见来决定时，行政机关也可以组织相关方面的代表进行协商，通过互谅互让达成能兼顾利益的结果。第三，当立法内容涉及某类特定的利益群体，而行政机关因考虑角度不同与之有观点分歧时，也可以直接同相关代表通过协商达成一定程度的合意。这些基于协商合意达成的程序理性结果，在不违反法律禁止性规定或损害社会公共利益时，行政机关立法时应当充分尊重并予以采纳。

---

[20] 杨景宇：《在“广东学习论坛”上的报告：完善法律制度夯实社会和谐的法治基础》，载杨景宇：《法治实践中的思考》，中国法制出版社2008年版。

行政立法前评估制度初探*

——从“闯黄灯处罚”条款谈起

李向东**

2013年1月1日，号称“史上最严交规”——公安部第123号令《机动车驾驶证申领和使用规定》开始实施，其中“闯黄灯处罚”条款引发很大争议，追尾事故频发。不到4天，公安部不得不表示，处罚会慎重，初期以教育为主，使得该条款成为一纸空文。行政机关出台的很多法规、规章和规范性文件，经常发生同样的尴尬问题，实施后无法执行或者效果差强人意，反倒是那些非明文规定的“潜规范”发挥作用，比如“中国式过马路”“购车泊车位证明”等，形成“规制失灵”。一个重要的原因在于，在行政立法出台前，没有进行科学有效的可行性和可操作性论证，也就是本文要探讨的行政立法前评估制度。

一、概念的辨析

（一）行政立法和规制

一般认为，行政立法是指行政机关依照法定程序，在自己的职权范围内制定并颁行有关行政管理事项普遍应用的规则的活动。具体是指根据《宪法》《地方组织法》和《立法法》的规定，国务院制定行政法规的活动以及国务

---

* 本文原发表于《中国行政管理》2013年第3期。

** 李向东，中国政法大学宪法行政法博士。

院各部门和有关地方政府制定行政规章的活动。但是这些法律条文本身并没有界定行政立法的概念。

行政法学者做了不少研究，有人就总结出了四种含义：① 一是由全国人大及其常委会制定的行政领域的法律；二是国家机关制定行政管理的法律规范的活动；三是行政机关制定规范性文件的活动；四是享有行政法规和规章制定权的行政机关制定规范性文件的活动，将不享有行政法规和规章制定权的行政机关制定规范性文件的活动排除在行政立法之外，这一种是行政法学界较为接受的。当然也有学者从批判的眼光提出，国内行政法学界关于行政规范性文件和行政立法的理论与立法存在着方向性错误。因为规范性文件能够直接规定私人的普遍性权利义务，从实质上的权力划分角度而言，至少部分的行政规范性文件可以纳入行政立法之列。而《立法法》只规定到行政法规和规章而没有规定行政规范性文件，那是该法的缺陷。②

现实生活中，除了行政法规和规章外，行政政策、管理措施、办法细则等，数量非常之多，影响公民身边权利义务之广泛和深入，每个人都有切身体会，比如关于房屋拆迁、机动车限号等措施。“闯黄灯处罚”条款的法律渊源就有两种：一个是部门规章，即公安部第 123 号令；另一个是公安部为贯彻该规章发布的《一百问》，恰恰是这个法律文件明确了闯黄灯的具体处罚措施。

因此，只要具备由行政机关制定的具有普遍约束力的规则这个特点，就可以纳入行政立法的范畴，不应该因为行政机关的层级大小而有所区分。把规范性文件排除在行政立法范畴之外，这种区分层级高低的做法应被看作权力本位的思维逻辑。

国外并没有行政立法这样的表述，英美文献中的表达形式是：rule -

---

① 应松年：《行政行为法》，人民出版社 1992 年版，第 40 页。

② 涂四溢：《行政规范性文件与行政立法》，载 http：//www.haishu.gov.cn/info.asp? ID=5788，最后访问日期：2013 年 3 月 14 日。

making 或者 regulation-making。近些年来，西方主要国家开展的规制治理改革（regulatory governance reform）规模和范围非常之大，就是通过提高政府制定法规规章和政策的质量，达到改进政府管理事务的效率和效果。随着政府规制理论的兴起，经合组织和政府规制理论研究者逐渐习惯于用“regulation”或者“regulatory”。近来法学界一些学者越来越接受“规制”的译法，并认为它既包括政府部门的法规规章（这是最主要的部分），也包括相关政策、措施、大型项目、规划和监管行为等。当行政立法的范围扩展到行政法规和规章之外的规范性文件、政策措施等时，就与规制的含义有了很大的交集。

（二）行政立法前评估和规制影响评估

通过概念辨析，行政立法评估和规制影响评估在本文语境下是基本相通的。规制影响评估制度，就是对拟定的或者已经发布的规制政策和方案产生的影响进行分析和估计的政府决策工具，分析对象包括法律法规、规章、政策、措施等具有普遍约束力的政府行为和规则，包括前评估、过程评估和后评估。[③] 行政立法前评估的含义，是指对各种潜在的或者可能的行政立法方案进行的必要性、可行性和有效性等问题的评估和预测分析。

近些年，对中国法制建设情况的批评大多集中在法律法规的制定和实施效果上。欧盟中国商会在 2012 年指出，“法律和法规范围宽泛、执行尺度不一”是影响中国未来经济表现的最大障碍。[④] 美中贸易全国委员会也在 2012 年度《中国商业环境调查结果》中表示，“虽然中国的法律法规大部分由中央政府制定，其实际执法和法律实施则由省级和地方机关进行。地方机关常常对法律有不同的解读，导致具体执法也多有差异”。[⑤] 这些评论不无道理，如

---

③ 吴浩、李向东主编：《国外规制影响分析制度》，中国法制出版社 2010 年版，第 2 页。

④ 欧盟中国商会网站，http://www.euccc.com.cn/upload/media/media/28/Executive_Position_Paper_CN%5B777%5D.pdf，最后访问日期：2013 年 11 月 12 日。

⑤ 美中贸易全国委员会网站，https://www.uschina.org/public/documents/2012/11/2012-member-survey-chinese.pdf，最后访问日期：2013 年 11 月 12 日。

《劳动合同法》刚一颁布，企业界、学者就提出了劳动合同法的质疑与反对意见，提出了加重企业负担的问题。再比如，北京、广州汽车限号和摇号政策的出台，引发政策实施前的购车狂潮，虽然官方认为起到了缓解交通的作用，但交通管理局和民营调查机构甚至媒体的调查结果相互矛盾。因此，为避免现实生活中的“规制失灵”，引入科学的行政立法前评估，对一项政策给社会、经济、相关人带来的正负影响进行量化的评估，为是否出台该项措施提供支撑，具有迫切的现实需要和深远意义。

二、前评估和后评估之争

立法评估制度是一个全面的概念，之所以提出前评估的概念，是因为我国目前开展的立法评估都是后评估。2004 年《全面推进依法行政实施纲要》提出了对行政立法进行成本效益分析和事后评估的要求，标志着行政立法评估制度在我国中央层面的正式法律文件中得到了确认，但是没提出前评估的问题。2011 年，国务院新闻办公室发表《中国特色社会主义法律体系》白皮书提出，要“建立健全立法前论证和立法后评估机制，不断提高立法的科学性、合理性，进一步增强法律法规的可操作性”。这里使用了前论证的表述，但是没有具体解释，无法辨析与前评估概念的异同。

目前的文献资料，几乎都是关于后评估的论述，有人认为，“立法后评估，一般是指在法律、法规颁布实施一段时间后，结合法律、法规的实施情况，包括取得的成效、存在的问题，对特定的法律、法规所进行的评价，目的在于更好地实施、修改完善被评估的法律、法规，并从中总结经验，为开展相关立法提供借鉴和指导”。[⑥] 有人提出，“立法后评估是指有关主体按照一定的标准和程序，通过一定的方法和技术，对实施了一定时间的立法的协调性、科学性、可操作性、有效性等进行分析和评价的一种活动，是了解立法

⑥ 许安标：《立法后评估初探》，载《中国人大》2007 第 8 期。

效果、提高立法质量和立法水平的重要手段”。[7] 也有人认为，“立法后评估是着眼于立法制定出来并在实施一定阶段后对其效果所进行的评估。立法后评估制度在我国自产生时候起，虽然也关注法律实施的效果、后果，但更多是从它实施的效果、后果来考察法律本身存在的问题（更准确地讲是立法的问题，比如立法的价值、技术、内容等），以此判断该法律是否有修改完善甚至废除的必要”。[8]

有少数学者论及前评估问题。毛亚儒、何蓉认为我国行政立法评估制度的第一个问题就是行政立法前评估制度的缺失。[9] 论述较为深入的是中国政法大学的席涛，他认为，众多关于后评估的文章虽然都强调评估法律法规制度的实施绩效和发现存在的问题，以便修改或者废止，但概念仍然不清晰。目前的立法后评估强调了评估的必要性、合法性、协调性、可操作性和实效性，没有直接将法律法规的经济影响、社会影响和环境影响作为评估标准或者一级指标，也没有评估法律法规的经济成本、社会成本、经济收益和社会收益。这些评估标准应置于立法前评估，而现实作为立法后评估标准，产生了本末倒置。[10]

席涛还认为，无论中央政府部门还是地方政府都是选择立法影响比较单一的法规进行后评估，适用范围比较窄，执法主体比较少，相关信息的收集、整理和分析比较集中，评估难度相对较小。这是有道理的。没有公开的信息表明，“闯黄灯”条款进行了前评估，反而在出台后连篇累牍的议论文章提供了大量的本来应由制定机关进行前评估工作的数据和信息，形成了事实上的后评估。比如，变成黄灯时，距离多远才能刹住车不越线；是否应该加“绿

---

⑦ 张禹：《立法后评估主体制度刍议——以地方行政立法后评估为范本》，载《行政法研究》2008年第3期。

⑧ 汪全胜：《立法后评估概念阐释》，载《重庆工学院学报》（社会科学版）2008年第6期。

⑨ 毛亚儒、何蓉：《我国行政立法评估制度探析》，载《中国经贸导刊》2012年第13期。

⑩ 席涛：《立法评估：评估什么和如何评估——以中国立法评估为例》，载《政法论坛》2012第5期。

灯闪”；黄灯规则是否利于交通通畅等，提供了定量的和实证的资料。⑪

通过统计历年《中国法律年鉴》和网络公开信息，1987—2012 年行政法规一档计划数量和一档计划实际完成数量有个对比（参见表 1）。

表 1 行政法规年度一档计划及其实际完成数量对比表（1987—2012 年）

年份	1987	1994	2006	2007	2008	2009	2010	2011	2012
一档计划件数	58	55	33	44	47	37	38	28	33
一档计划实际完成	31	10	8	12	16	8	8	17	

可以看出，立法计划的完成总体不尽如人意，说明立法的预测和计划存在瑕疵，立项研究存在改进的地方。部门在报送立法项目时，没有开展行政立法前评估，尤其是定量的分析和预测，是导致立法项目出台不顺的一个重要原因，反倒是计划外完成的立法项目占了相当比例。由此可见，无论学术还是实践都表现出了对前评估的忽视。

三、国外行政立法前评估制度的启示

国外行政立法评估发展的最初阶段就是为了对行政立法、规制政策制定进行前评估。

1. 美国。美国是最早实施行政立法前评估的国家，行政立法评估制度形成了较为成熟的理论框架，并在政府规制治理中广泛应用，取得良好效果。其法律渊源来自于美国政府的几个法案和政府命令，重要的是 1993 年的 12866 号总统令，要求对拟定的行政立法（proposed rule）进行规制影响评估，1996 年预算管理办公室发布了评估的方法指引。2011 年 1 月，奥巴马总统发布的 13563 号令《改进规制和规制审查》，重申了 12866 号令确定的对拟定规章的影响进行评估的制度，保证规章的成本有效性，减少对社会经济的

⑪ 王姝：《黄灯亮后刹车过线停住不处罚》，载《新京报》2013 年 1 月 5 日。

负担。

2. 经合组织。1997 年，经合组织发布了《规制影响评估：经合组织国家最佳实践》，通过总结各主要国家的经验，对开展行政立法评估提出了 10 条有益的经验。2008 年，发布了《建立规制影响评估的机制性框架：政策制定者指南》，针对行政立法前评估问题提出，在决策过程中的尽早阶段进行，很多国家在部门提供立法草案第一个初稿时，就要进行规制影响评估，这样在初次意见沟通时就可以提供草案将来可能的影响，评估结果也容易融入决策预定目标，否则评估只能作为政治工具了。2012 年，在捷克召开了规制影响评估研讨会，再次强调行政立法前评估问题，在决策制定过程中起草新的规制措施草案的尽早阶段实施评估，明确政策目标，评估出台法规是否必要，怎样的措施才最有效果和效率。

3. 欧盟。2001 年欧盟理事会在持续发展战略中提出，为了改善欧盟规制质量，所有涉及政府与市场的重要的立法、条例、规章、指令等议案，都要进行对经济、社会、环境的潜在影响的评价。2009 年修订了 2005 年的《影响评估指南》，一是扩大了影响评估的范围，包括了所有立法动议文件；二是强调加强公众参与，确保相关人对新制订的方案及其影响评估能够提出意见，有些复杂敏感的方案至少提供 8 周的评论时间，并且对公众意见明确反馈。评估方法上，强调基本权利保护，社会影响评估包括就业和劳动力市场、就业平等、非歧视公共卫生和安全等，小企业是否被排挤，以及如何提供备选机制帮助小企业遵守规制，在竞争影响、行政负担遵守实施成本等方面，更加强调量性评估，包括二氧化碳甚至非市场如环境、健康影响的数量化和货币化。

经合组织和欧盟包括了西方的主要发达国家，从他们的实践来看，前评估工作得到了良好的效果和推广。总结其成功经验，有几个共同的特点或者启示：

（1）政治层面包括议会和政府高层的支持十分重要，否则评估工作的推动力不足，也就无法对立法质量作出贡献。

（2）使用清楚的评估方法，对于评估工作质量非常关键。比如，运用定量的成本效益分析法等方法，其作用不在于计算的精确度，而在于分析、了解拟定立法对现实社会的影响，通过改变传统的拍脑袋式的决策思维逻辑，来改善问题解决方案、拓展政府在社会中发挥的作用。闯黄灯条款之所以引起如此的争议，就是可操作性问题没有解决，当黄灯亮起时，机动车要保持什么样的速度，才能不违反交规。一些人戏称，像“驴”车一样走照样来不及刹车，实施首日各地因为黄灯条款频发追尾事件印证了这一窘迫；有关民间组织提供的数据显示，定量分析对于制定法规规章非常有用，尤其是对于条款的可操作性，《新京报》2013 年 1 月 5 日转载 DCCI 互联网数据中心数据：时速哪怕在 20 公里，离线 5 米时黄灯亮则 100%越线；如果提前 8 秒预警，或可保证车辆不越线。7 组司机，分别按时速 80 到 20 公里限速行驶，发现黄灯踩刹车到制动力完全发挥，平均反应时间近 1 秒，刹车距离结果为：以 7 组司机按 80 到 20 公里限速行驶，距离 5 米时，全部车辆都会在黄灯亮时越线；距离 10 米时，只有车速最低的一辆车能停住不越线；距离 20 米时，车速较低的 3 辆车可以停住；40 米时，车速较低的 5 辆车能停住；50 米时，车速较低的 6 辆车能停住，但时速 80 公里的车仍然会越线。

（3）强调公众参与，并以此验证评估工作设定的前提条件。如果在行政立法起草早期公布，就是非常好的参与行政立法制定的机会，而公众参与本身也有积极的意义，在参与过程中收到的各种信息和反馈更加全面，尤其是利益相关人的信息。

（4）评估是一个全面的、连续的过程，事前、事中和事后的评估都应该尽可能地开展。但是各国都强调前评估，要求要尽早地开展行政立法评估。

（5）建立一个行政立法前评估的机构机制，由行政立法起草部门负责评估，而质量控制交给一个独立的能够建立评估质量标准的监督机构。

（6）培训专家和技术力量，制定书面指南，让评估工作规范、有效。我们这方面是短板。

四、行政立法前评估制度设计的关键问题

西方行政立法前评估的实践产生了良好的效果，证明是一个行之有效的工具。探索如何构建符合中国国情的具有可操作性的行政立法前评估制度，具有现实意义，有几个在制度设计中需要认真研究的问题。

（一）行政立法前评估的内容和目的

立法前评估，是一个收集信息、反映问题的过程，也是利益主体诉求的博弈过程。评估内容包括行政立法方案的必要性、合法性、协调性和可操作性，评估对经济、社会和环境产生的影响，尤其要评估立法设计的制度、规则和可操作性措施的约束条件，寻求解决约束条件的方法和步骤。[12] 通过评估，达到以下目的：

1. 希望在备选方案中作出最佳选择。高质量行政立法项目应当是以尽可能有效的成本获得高效率的政策决定。

2. 为决策者和公众提供有关可能产生影响的信息，提高透明度和公众参与。

3. 改善立法和政策制定过程。通过前评估，可以提供广泛的信息和展示政府决策如何造福社会，提高决策者的参与度、完善问责制。

（二）行政立法前评估的定位

评估只是一个决策工具，系统地和连贯地审视、分析政府行为引起的有关潜在影响，向决策者沟通信息。评估自身不做决策，并不意味它是中立的。它所提供的强有力的信息、分析事项、分析和表述方式及其在决策进程中的安排，能够强烈地影响相关人的价值观念、增强或者削弱决策参与人的争论

---

[12] 席涛：《立法评估：评估什么和如何评估——以中国立法评估为例》，载《政法论坛》2012 第 5 期。

能力，甚至产生出本来不可能作出的决策。它不仅仅是一种简单“增加”到决策系统中的技术工具，更是一种传输观念的方法，这个观念就是，什么是适当行为，什么是国家的正当作用。

（三）行政立法前评估的基本步骤

首先，由行政立法起草部门进行评估：一是评估行政立法项目的必要性，该评估的核心是市场失灵，因为只有市场失灵时政府规制才是必要的。在美国，制定部门应指出立法要解决的问题是什么？该问题是否是由重大的市场失灵造成的，或者存在令人信服的公众需求？如果是重大市场失灵造成的，则要从定性和定量两个方面描述该问题的状况，从而进一步证明由政府进行干预的必要性。如果不能充分证明政府干预是正当的，则要证明政府干预、修正市场失灵，可以带来更多的经济利益而不是损失。二是评估备选方案。即便存在市场失灵，还有一些替代方案可供选择，这样的替代方案包括利用司法、政府补贴、运用经济刺激的立法手段、修订现行法规以及地方政府的干预等。三是进行具体的成本效益评估。成本效益评估的主要内容包括两个方面：其一，立法对经济、就业、环境、公共卫生与安全所产生的效益，包括经济效益、社会效益和积极的影响；其二，立法对中央和地方政府以及对公民守法所产生的消极影响或者带来的负担。

其次，设立专门机构对评估进行审查。在美国，行政立法成本效益评估的审查机关是联邦管理和预算办公室，其下属的信息与规制事务办公室负责对联邦部门起草的法规草案和评估报告进行审查。

最后，要公开征求公众意见。行政立法成本效益评估的意见能否被接受，还要经过公众评论的检验。

（四）行政立法前评估的基本方法

在法律经济学研究中，实证经济学的分析方法最适合于研究法律的“效果评估”问题，包括对法律的效能做定性的研究和定量的分析，目的是更好地说明，法律的实际效果与人们对该项法律预期的效果是否一致，或是在多大程度是一致的。评估的主要方法参见表 2 。

表 2　行政立法分析的不同方法

方法	含义标准	优势	不足
成本效益分析	理想的规制方案的证明就是：效益大于成本	规制的积极效应和负面效应均能反应，目的是确保经济社会利益最大化利益	一些重要的效益不能量化，影响其权重。规制成本负担人如果不能获得补偿，影响说服力程度
成本效果分析	针对单位效益的成本。因为效益相同，所以优先选择不多增加成本的方案	能够排除低效率方案，并能提供容易识别的对比分析	无法作出效益最佳水平的选择。效益目标不同时，该方法则失去参考性
风险分析	定量分析方案的风险大小，包括健康生命等	能够提供减少风险程度的信息	不考虑风险意外的因素包括成本，而且风险影响可能是负面的和不相称的
风险 - 风险分析	对所有风险进行综合评价	更加完整，能了解方案的其他效应	影响可能是不相称的
成本评价	针对企业遵守法规产生的成本	评估遵守规制付出的综合成本，提供法规方案的可行性信息	不评估效益，不能确认方案的积极效应是否与这些成本相称

我们目前缺失的是定量的分析评估方法，无论是立法项目的前论证，还是立法后评估，普遍反映了这一问题。从国外经验来看，成本效益分析法的使用是一种趋势。成本和效益的量化，能够对各种方案中成本和效益通过货币价值计算方式进行比较。澳大利亚在制定国家燃油质量标准时就使用了成本效益分析法，对四个方案主要进行了资金、操作成本和健康效益的分析，从中选出最佳效益方案。在进行成本和效益量化时，如果存在市场竞争比较价格，则有助于测算成本和效益，比如工资水平、产品价格变化等；如果没有市场存在，可以从其他数据中推算，比如支付意愿的民意调查、预期寿命的价值估算、对资产或者财产价格的影响程度等。

当然定量分析从技术上有难度，这也是我们没有专门的技术力量，开展有效的定量分析的主要原因。有些成本和效益可能形成于将来，人们更倾向于看重眼前的成本和效益，所以可以允许成本和效益“折现”成“当前价值”的形式予以表述，从而计算一项方案的“当前净价值”。这时，由于未来成本和效益出现了不确定性的问题，所以清楚地界定假设条件非常重要，一方面使用现行可能的最佳估算方法，另一方面也要承认永无“正确”答案。

如果量化不可行，就用定性分析。尤其是货币化是成本收益分析中非常有难度的一个步骤，但是还是有一些实用的方法协助比较各个方案的影响，而且不需要很高的技术含量。多重标准分析法就是其中最常见的一种，在确定方案目标的同时也确立可以准确衡量这些目标完成程度的标准，用打分的形式比较各个备选方案的优劣，评出最能有效利用现有资源的一项。

（五）行政立法前评估的公众参与

国外实践表明，把行政立法其评估纳入公众参与程序中，是一个日益明显的融合趋势。公众参与是促进行政立法前评估质量的有效手段。成本效益分析方法是预测性的分析，存在许多不确定的因素。即使是最好的评估分析也不可能完全预见风险，真实的信息也往往会因为各种原因失真，如对生命价值的确定等就很难有统一的认识。因此，公众评论在立法评估中占有重要地位。

“闯黄灯处罚”条款争议中，可以看到，公众提供的各种信息对该规章的可行性、合理性和可操作性具有真正的建设性意义。假如，在制定前就进行这样的公众参与，恐怕不是这样的结果了。著名的微博“新华微评”为此评论，规则的出台，应反复论证并广泛听取意见。黄灯亮时未越过停止线车辆应停车这项规定，在目前信号设施及道路设计标准不一的情况下，实际操作难度巨大。

总之，“闯黄灯处罚”条款引发的现象是一件好事，提醒我们思考行政立法科学性的关键问题，也促使我们去运用其他学科的先进方法去论证每一个行政立法项目，让它们贴近老百姓切身利益，实现有效治理。

论征收征用权*

沈开举**

一、征收征用权的界定

（一）征收征用权的概念

1. 国外关于征收征用制度的演进

近代西方，占主导地位的国家观乃是“管得越少的政府便是最好的政府”，国家的职能被限定于提供国防、治安、基本公共设施等最基本的公共产品，这是“夜警式”国家的典型特征。因而，在征收征用制度的创始时期①及其后相当长的一段时期内，征收征用②的含义非常狭隘，往往仅限于国家为了公用强制购买私人土地的领域。征收征用之所以必要，是由于政府因特定公用目的需要的土地在市场上往往买不到，市场上有的且私人愿意出卖的土地，政府又由于受地段的限制用不上。征收征用的实质是强制性买卖，被征

---

* 本文原发表于《理论月刊》2009 年第 2 期。

** 沈开举，郑州大学法学院，教授（法学院常务副院长），博士。

① 征收制度最早出现在德国 1794 年《普鲁士一般邦法》序章中，该法第 74 条规定：国家成员之个别权利及利益，如与促进公共福祉之权利及义务发生实际上之干戈（冲突）时，个别之权利及利益应予让步；第 75 条又规定：对于因公共福祉而牺牲权利及利益之人，国家应予补偿。这被认为是“对于个人所享有之既得权利，仅能基于特殊公益上理由，方能予以剥夺或限制，且应给予补偿”。参见翁岳生编：《行政法》，中国法制出版社 2002 年版，第 1670 页。

② 在西方大多数国家，征收与征用是合一的，没有概念上的差别。

收征用人在强制买卖中丧失的是意思自治，而不是财产权，所以就必须对被征收征用人的财产损失按市场价格予以公平补偿。在美国，征收征用被称之为 eminent domain，“是指政府机构取得私有财产，将其转作公共使用的固有权力，同时应就取得私产给予合理补偿”。③ 实际上就是政府强制取得私人不动产，同时给予私人公平的市场价格。④ 在英国，这种征收征用被称为强制购买（compulsory purchase），⑤ 而在德国，其则被称之为古典征用。⑥

工业革命后经济高速发展，伴随着福利国家理念的提升，私有财产权的伴随义务也逐渐增多，西方国家征收征用概念的含义被极大的扩展，已远远不限于为公用而取得土地等不动产。征收征用的客体不再限于有体物，已扩大到债权、著作权等权利；其法律形式也不限于行政处分，还包括直接以法律征收；所有权发生转移不再为其必要条件，对于财产权的限制也被认为是征收征用；征收征用的目的既包括以满足特定的公用事业的需要，也包括有利于一般公共利益。这使国家对私人财产权的限制措施及合法公权力行为的附随效果所造成的损害被包括在征收征用的范围之内。同时因合法公权力行为造成非财产权益的特别牺牲时也能被认定为征收征用。⑦ 德国联邦最高法院在 1953 年的一起疫苗接种案件中，首次确认了补偿的范围及于财产权以外的其他权利。日本有关的立法学说和判例也承认要求公民提供劳力以及因预防接种而侵害生命、健康的损失补偿。⑧ 在法国，公民得到行政机关通过公用征调的方式强制取得劳务的补偿也属于对非财产权的补偿。⑨

---

③ See *Black Law Dictionary*, Seventh edition, West Group, p. 1467.

④ See *Condemnation Property: Practice and Strategies for Winning Just Compensation*, Theodore J. Novak Brian W. Blaesser, Thomas F. Geselbracht, Rudnick & Wolfe, p. 66.

⑤ ［英］威廉·韦德著：《行政法》，徐炳等译，中国大百科全书出版社 1997 年版。

⑥ 陈新民：《德国公法学基础理论》，山东人民出版社 2001 年版；翁岳生编：《行政法》（下册），中国法制出版社 2002 年版；李建良：《损失补偿》，中国法制出版社 2002 年版。

⑦ 李建良：《行政法上损失补偿制度之基本体系》，载《东吴大学法律学报》；［德］哈特穆特·毛雷尔著：《行政法总论》，高家伟译，法律出版社 2000 年版。

⑧ ［日］室井力：《日本现代行政法》，吴微译，中国政法大学出版社 1995 年版。

⑨ 王名扬：《法国行政法》，中国政法大学出版社 1988 年版。

2. 我国征收征用制度的演进

从宪法的层面看，新中国成立后我国关于征收和征用的规定最早可见于1954年《中华人民共和国宪法》的第13条："国家为了公共利益的需要，可以依照法律规定的条件，对城乡土地和其他生产资料实行征购、征用或者收归国有。"1982年《中华人民共和国宪法》第10条规定，"城市的土地属于国家所有。农村和城市郊区的土地，除由法律规定属于国家所有的以外，属于集体所有；宅基地和自留地、自留山，也属于集体所有。国家为了公共利益的需要，可以依照法律规定对土地实行征用"。从上述宪法条文的有关规定看，在宪法的层面，我国只有"征用"的概念。但由于"宪法是行政法的基础，行政法是宪法的具体化"，在行政法学中出现了"行政征收"和"行政征用"的概念，这两个概念是对我国现行的有关制度的理论概括。但由于我国宪法中没有征收的规定，对征用也未明确规定补偿，造成征收、征用的理论与制度的混乱。

2004年《中华人民共和国宪法修正案》第20条规定，"国家为了公共利益的需要，可以依照法律规定对土地实行征收或者征用并给予补偿"；第22条规定："公民的合法的私有财产不受侵犯。""国家依照法律规定保护公民的私有财产权和继承权。""国家为了公共利益的需要，可以依照法律规定对公民的私有财产实行征收或者征用并给予补偿。"

笔者认为，在我国，征收就是国家为了公共利益的需要，根据法律强制取得集体所有的土地所有权和公民的不负缴纳义务的私有财产的所有权，并给予正当补偿的法律制度。而征用就是国家为了公共利益的需要，根据法律法规强制取得集体所有土地的使用权、公民私有财产的使用权或劳务，并给予适当补偿的法律制度。

征用与征收的区别主要表现在：第一，行为效果不同。征收的效果是发生所有权的转移，征用只是使用权的改变。第二，行为的对象不同。征用的对象除了集体土地、公民的私有财产，还包括劳务。第三，行为的依据不同。征收的依据必须是法律，征用的依据除了法律之外，还可以是法规，这是因为征用一般具有暂时性、紧急性，而且强制取得的只是使用权，所以其严格程度要低于征收。第四，补偿的原则不同。征收的补偿是完全补偿，而征用的补偿是适当补偿。所谓适当有以下几层含义：首先，补偿的是直接损失；其次，补偿的是物质损失；最后，补偿的是实际损失，也就是已发生的损失。同时由于征用的紧急性，可以进行事后补偿。值得指出的是，征收征用的理论基础是一致的。

3. 征收征用权的内涵

征收征用权，是指一国政府未经财产所有人的同意，为了公共用途而取得、限制或影响私人财产权益的权力。征用权的行使主要受到三个宪法上的限制：（1）公共利益。（2）正当程序。宪法上的其他限制是平等保护条款。（3）公平补偿。将财产收为公用的征收征用权将极大的负担加诸单个私有财产所有者身上，不像税收权和治安权，征用权是对于社会整体来行使的。出于公用目的而获得财产的权力属于每一个独立自主的政府。它是属于主权的一种权力。征收征用权是不可让渡的，也就是说，它不能被购买、出售或转让。

（二）征收征用权与相关概念的区别

1. 征收征用权与警察权

警察权理论产生于美国。为了清楚的说明联邦及州立法当局拥有侵犯人民财产权利的理由，美国的宪法学界引进了所谓的警察权力（police power）理论，以此作为肯定联邦及各州立法合理性的依据。所谓警察权力理论，是指美国联邦及各州可以拥有警察权力来管理人民，在特定情况下也可以将人民的自由权及财产权等基本权利予以限制或剥夺。国会及州立法当局拥有这种限制人民基本权利的手段，主要是源于宪法的第五及第十四修正案。

征收征用权与警察权都源自于国家主权，均是国家机关享有的管理国家内政外交事务方面的公权力。二者虽都具有权力行使主体特定性、强制性等方面的特性，且该项权力的行使都必须遵循正当法律程序的基本要求，但二者仍有区别，主要体现在：警察权本身就具有强制性，不一定要通过征收征用作为执行形式。相应地，征收征用制度是以一定的公共利益作为其行动合法性的前提，因此也不必再援引警察权力作为其手段合法性的依据。对于这两个概念之间的区分，美国联邦最高法院的大法官们，不论是在判决意见，或是在反对意见里，都试图提出一些解决方案。其中一些重要的学说，陈新民先生在《德国公法学基础理论》（山东人民出版社 2001 年版）中早有精辟的论述，将之概括为：（1）权利移转论及无辜论。早在 1887 年，美国联邦最高法院大法官哈兰（Harlan）就在“Mugler v. Kansas”一案的判决中提出这个理论。[10] 他将“无辜论”（Innocent）作为区分标准。凡是警察权力的行使，只是在于限制有害于公益或社会目的的财产权行为（所谓“有害使用”noxious use）。相反的，公用征收的相对人，则都是限制其“无辜”使用财产权（innocent use）。这一理论认为征用的特征表现在被征用物所有权的“移转”或者政府“实质性占有”（in physicalpossession），可以说这是德国古典征收论的代表。（2）损失程度论。这个理论是霍尔姆斯大法官（Holmes）在 1922 年的 Pennsylvania Coal v. Mahon 案中提出的。霍尔姆斯认为，应该以对权利侵犯的程度——人民利益损失的程度（magnitude of loss）大小来作判断。凡是属于警察权力的侵犯，其侵犯程度必然“微小”，而征收权力所侵犯的财产权，效力必然非常庞大，因此可以用人民财产权的损失程度作为判断标准。霍尔姆斯的理论最明显的缺点就是——其本身并未提出一个明确的最后界限来界定警察权力的行使范围。（3）特别负担论。这种理论的特点是将征收和警察权力行使的对象区分为“个案性质”及“一般性质”两种。对被征收者而言造成其个人财产权承担一种特别负担。典型代表是 1978 年判决的

---

[10] 这个案件的案由是因为堪萨斯州通过《禁酒法》，从而使得原告所经营的啤酒厂濒临倒闭，原告本人也面临失业及破产。因此，原告主张《禁酒法》是一个征用法令，必须给予原告适当的补偿。但联邦最高法院对原告的诉求予以否认。哈兰大法官提出两个准则，来区分警察权力与征用制度。首先他认为，《禁酒法》的通过，并没有“剥夺（deprive）”原告对酒厂的所有权，原告的财产也并没有受到损失。467 U. S. 986，S. Ct. 2862，81L. Ed. 2d 815。

"Penn Central Transp Co. v. New YorkCity"案。[11] 从朗奎斯特大法官在不同意见中提出的观点可以看出，这个理论是基于宪法权利平等的考虑，主张人民因为公益（古迹维护）所导致的特别损失，应该基于公平分担的原则予以补偿。可惜的是，这一原则并未被广泛采用。（4）实质性侵犯论。假如对人民财产权的侵犯是"持续性"的及"实质性"的，也可能形成征收。美国联邦最高法院在1946年的"United States v. Clausby"案所作的判决，[12] 以道格拉斯（Douglas）大法官为首的意见认为，军用飞机持续性及经常性（regular）的低飞，致使地上养鸡场内的鸡群因惊恐而不能下蛋，由此造成的损失属于征收的侵害，应该给予补偿。这种"侵犯"是以"持续性"（并伴随经常性）作为其理论特征。这种区分标准不能有效地解决其他同样也造成人民财产权的持续且实质上损失的警察权力。所以，这个理论也不甚完善。

2. 征收征用权与税收权

税收是国家存续的物质基础，是国家参与国民经济再分配的一种形式。政府生产提供公共产品[13]和公共服务是人类社会需要政府的理由。政府公共物品提供职责的设定首先须以充足的公共财政支持为基础。而巨额财政资金的来源主要就是税收。国家通过税收取得财政收入，并基于公共需要向社会提供公共物品，如国防、治安、法律、警务、消防等。这种公共物品理论解释了国家征税权存在的合理性和必要性。如果没有这些公共物品，那么个人的私人利益和体现这种个人利益的私人需要是无法实现的，更谈不上私人利益的最大化。税收这种公益性体现，使得其应当也有理由优先于个人利益。

而征收征用私人财产的做法却给个人带来了额外的、沉重的负担，也就是说，公共福利的义务重重压在了被征收征用者——其可能是单个或者一部

---

[11] 438 U. S. 104，98 S. Ct. 2646，57L. Ed. 2d. 631.

[12] 328 U. S. 256，66 S. Ct. 1062，90L. Ed. 1206.

[13] 公共物品是与私人物品相对应的一个概念，具有消费的非竞争性、消费的非排他性、效用的不可分割性、消费的强制性特征。一般不能或不能有效通过市场机制由企业和个人来提供，而主要由政府来提供。在一个经济社会中，只要有公共物品存在，"免费搭车者"就不可避免也无法排除，因此只能主要由政府出面提供。

分公民——的肩上，而不是像税收那样将社会作为一个整体来对待。这就形成了被征收征用者为公共福利的维护所付出的特别牺牲。出于社会公平的考虑，国家必须作出公正的补偿。纳税人则是通过税款的合理使用而受益来得到补偿的。[14] 正是由于税收带有的侵益性，自现代民主政体确立后，国家的税收必须依照国民的代表机关通过的法律进行课税或征税，此即近代西方各国在宪法上所确立的“租税法律主义”原则。在中国，收税和收费合称“征收”，即专指国家对私人征收一定数额的金钱，与英文中的“Levy”一词相对应。征用与税收都是对合法财产的一种减损，但二者的区别是非常明显的。其一，针对的对象不同。征用的对象是特殊的，所谓特别是指它不具有一般性，征用的对象只涉及特殊组织或人群，而税收的对象则涉及一般的组织或人群。其二，理论基础不同。某些特殊的人为了公共福利作出了特别牺牲，对他们来说是不公平的。因为公共福利的负担由公众承担才是合理的，所以国家要对他们进行补偿，以弥补他们为公共福利蒙受的损失。税收的对象具有一般性，税收造成的损失人人有份，再进行补偿没有必要。如果对每一个纳税人再进行补偿，反而会因为税收的成本给纳税人造成更大的损失，公共福利也得不到保障。虽然有的观点认为纳税人通过税款的合理使用从中受益，也能得到补偿，但确切地说这种补偿应当理解为一种对公共产品的消费。因此，在税收领域，只存在一般的损失和共同受益，即共同纳税和共同消费，这与特定的个人作出特别牺牲而公共受益的征用有着本质的区别。征收征用之所以要补偿，原因正在于此。其三，税收的标的在现代社会基本上限于金钱，而征收征用的标的则是各种财产权益，而不是征用金钱。

---

⑭ Henderson Bridge Co. v. City of Henderson，173 U. S. 592，615（1899）（已纳税的桥梁公司接受了市政与保护的利益）County of Mobile v. Kimball，102 U. S. 691，703（1880）（指在使州和县获益而征税的行为不是为了公共使用而获得财产的行为）Morale v. City of Baltimore，5Md. 314，320（1854）；People ex reel. Griffin v. Mayor of Brooklyn，4 N. Y. 419（1831）（为修缮街道而征税的行为表明了公共负担由个人分担的做法，纳税人可从政府的收益中获得补偿）。

二、征收征用权的渊源

根据国家学通说，国家的构成包括三个要素：人民、土地和主权。国家乃人类社会有组织的一种政治共同体，人民是其不可缺少的必然要素；土地是一国人民生存活动的必要地域范围，构成一国管辖的地域要素；主权则是对内的统治权和对外的独立权、平等权与自卫权，构成一个国家人格独立性的精髓。英文中的主权（sovereignty）一词，其拉丁文的本意即为最高权力。法国公法学家狄骥认为，支撑传统公法学的理论和原则的基本支柱有二：一为公权力学说；二为个人权利学说。而对公权力而言，狄骥多称之为“主权”。“国家是组织而成的，它建立了一个政府代表自己。政府是作为国家意志的代表来行为的。因此，政府以国家的名义来行使主权（公权力）……”也正是因此公权力形成了对个人的优越性。所以，研究征用权时必然要将它与主权联系起来。

16世纪，法国人让·博丹在《论共和国》一书中认为，“国家是由多数家族的人员和共同财产组成的合法政府，并为一个主权及理性所支配的团体”。而主权是“一个国家的绝对的和永久的权力，是管理国民与庶民的至高权力，除了受神法和自然法的约束外，它不受法律约束”。因此，国家（或）共同体的最高权力称为主权，主权是一个国家之所以得以存在的核心准则。国家区别于其他社会政治组织的根本标志，就在于它拥有至高无上的主权，主权是国家的属性，是国家的本质特性，其拥有绝对性、永久性、不可让渡性和不受侵犯性。博丹的主权学说中的主权者是君主，国家主权更多地是指君主在其统治的范围内所拥有的至高无上的绝对权力。与此相似的，被称为“国际法之父”的荷兰法学家格劳秀斯也认为主权属于国家，主权是国家的最高统治权。而霍布斯则将至高无上的“主权”视为国家的“灵魂”，强调主权者的权力不受任何个人、团体的权力限制。

洛克否认主权在君，提出议会主权论，即国家的最高统治权应该归属于由人民委托的代表行使。他将国家与政府区别开来，认为人们建立政府是为了更好保护人权，政府也要受到法律的制约，为此遵循分权原则来配置权力是必要的。后来，卢梭第一次完整地提出了人民主权学说。他认为，人们通过订立社会契约组成共同体，每一个结合者及其自身的全部权利都转让给整个集体，因而主权的实质就是全体的意志，主权属于人民，每个人都可以构成主权者的一个成员。法律和政府原则都是为了保证人民主权的权威，政府的权力来自人民并服从人民意志，由此确立了人民才是国家主人的“主权在民”的原则。卢梭等人提出的人民主权思想，是与国家主权相对立的。此后的民主法治国家正是以主权在民为原则来构造国家制度。直到至20世纪初，随着社会生活的发展公法观念也随之发生了变迁，“公共服务的概念正在取代主权的概念。国家不再是一种发布命令的主权权力。它是由一群个人组成的机构，这些个人必须使用他们所拥有的力量来服务于公众需要”。“对于现代社会的经济组织来说，国家所需要的已经不再是发布命令的权力，而是满足需要的义务。我们承认统治阶级仍然保有着一定的权力；但是，他们如今保有权力的根据不再是它们所享有的权利，而是他们所必须履行的义务。”“那些事实上掌握着权力的人并不享有行使公权力的某种主观权利；而恰恰相反，他们负有使用其手中的权力来组织公共服务，并保障和支配公共服务进行的义务。”⑮

同样，行政征收征用权的理念也应当从权力行政向服务行政转变，征收征用也从单纯的权力行使转向对公共利益和福祉的增进与维护。也就是说，征收征用行为虽有国家权力行使的表象，但却成为履行公共义务的手段，所以公众公共利益的增进与否，成为限制和约束征收征用行为的必要要素。一般来说，征收征用权是指一国政府未经财产所有人的同意，为了公共用途而获得财产的权力。由此，政府实际上拥有了超越市场自由财产交易的特别权力。可以说，通过立法去实施征用是政府拥有固有的、不可剥夺的权力，这实质就是国家主权的对内表现，公民对之必须服从。然而，这种至上

⑮ ［法］莱昂·狄骥著：《公法的变迁》，郑戈、冷静译，辽海出版社、春风文艺出版社1999年版。

于公民私有权利的政府权力在人民主权原则之下并不是绝对和无限制的。征用权的行使主要受到两个宪法上的限制：（1）公正的补偿；（2）正当程序。当然还有宪法上的其他限制因素，诸如平等保护条款等。税收权和治安权是对于社会整体来行使的，与此不同的是，为公共用途而获得财产所实施的征用权却给个人财产带来了极大的不利益。

从历史上看，“征收征用权”这一词是指独立存在于任何成文宪法或制定法中的权力，它是主权国家的固有权力；为了公益的需要，主权国家可以运用该权力在对财产所有人给予公正补偿的基础上而征用其私人财产。在美国及其许多州，主权属于人民，它是通过联邦和州的宪法授权给政府行使。于是，主权（即人民）为了共同福祉而征用财产的权利是固有的，通过宪法和法律，这种权利被赋予了政府——简言之，财产所有人要受到可出于公益目的而征用其财产的更高位阶的权利——主权的制约。这是所有人拥有不动产上的利益的最根本的前提之一，这也恰恰是其面临的最大的风险之一。财产所有权总是要受到可出于公益目的而征用财产的更高位阶的权利——“主权”——的制约。主权这种固有的权利是由人民赋予，进而通过联邦和州的宪法授权给政府行使。各州行使征收征用权的基本渊源主要表现在三个方面：（1）州宪法；（2）普通的制定法；（3）有关州、地方和管制方面的单个制定法。财产所有人对抗征用的权利一般是在州宪法中规定，而且征用权只能通过权威部门的明确授权或通过必要的推定而得到，除非经立法机关的特许，否则，已得到授权的组织不能将其征用权再授权或转让给其他组织。当然，为了实现本州的公共利益，州立法机关可授予市政府、县政府或其他公法、私法人征用土地的权利，但是必须根据制定法的规定对被征用的财产所有人给予补偿，补偿范围应当包括财产所有人遭受的损失。[16]

---

[16] 关于征用权与主权的论述详见 *Condemnation Property*：*Practiceand Strategies for Winning Just Compensation*，Theodore J. Novak Brian W. Blaesser，Thomas F. Geselbracht，Rudnick & Wolfe，pp. 1–3。

三、征收征用权的类型

（一）公用征收

公用征收是指行政主体为了公共利益的需要，按照法定的形式和事先公平补偿的原则，以强制方式取得私人不动产的所有权或其他物权的程序。[17]

公用征收是征用制度初期的表现，其范围主要限于不动产的所有权及其他物权。在美国，征用被称之为强制征用［“潜在的高位支配权”(right of eminent domain)］，[18] 实际上就是政府强制取得私人不动产，同时给予私人公平的市场价格。[19] 在英国，这种征用被称为强制购买（compulsory purchase）。[20] 在德国，这种征用形式被称为古典征用。[21]

公用征收主要有以下特征：(1) 财产征收的标的，限于所有权及其他的物权。实际上主要是土地的所有权。(2) 法律形式是行政机关以具体行政行为的方式和程序作出。(3) 以满足某种特定公用事业的需要为征用目的。公用征收理论要求征用必须基于公共利益的需要。也就是说，公用征收必须是为了公共利益的需要而必须成为征用的标的物时，方可认为有充足的公用需求。[22](4) 发生权利变动的结果。

由上可知，公用征收制度，乃是一种获取财产的过程。当然，虽然有的国家将其称为“古典征用”并非意味着它只存在于近代。相反，即使在现代

---

[17] 王名扬：《法国行政法》，中国政法大学出版社 1988 年版。

[18] See *Black Law Dictionary*, seventh edition, West Group, p. 1467.

[19] See *Condemnation Property: Practice and Strategies for Winning Just Compensation*, Theodore J. Novak Brian W. Blaesser, Thomas F. Geselbracht, Rudnick & Wolfe, p. 66.

[20] ［英］威廉·韦德著：《行政法》，徐炳等译，中国大百科全书出版社 1997 年版。

[21] 陈新民：《德国公法学基础理论》，山东人民出版社 2001 年版；翁岳生编：《行政法》（下册），中国法制出版社 2002 年版；李建良：《损失补偿》，中国法制出版社 2002 年版。

[22] 陈新民：《德国公法学基础理论》，山东人民出版社 2001 年版；翁岳生编：《行政法》（下册），中国法制出版社 2002 年版；李建良：《损失补偿》，中国法制出版社 2002 年版。

国家，这种为公用而取得私人土地的方式仍是征用的主要形式。

（二）管制性征用

管制性征用（regulatory takings）是指国家的公权力运用对私人财产权的限制超越了私人应当承受的限度，构成了特别牺牲并依法需要予以补偿的行为。

福利国与行政国时代的到来，要求国家对于私人财产权以各种不同的方式予以干预和限制。为了公共利益所必需而对私人财产权实施的剥夺与限制，只要该国家限制造成的损失超过其所应尽的社会义务而形成一种“特别牺牲”时，基于“公平负担”的法理，就应给予公正补偿才合乎公平。否则，既不能使私人财产损失得到公正的弥补与救济，也会导致公权力对财产权利的剥夺与限制得不到应有的和起码的约束。

在这种情况下，已有的公用征收的概念显然不能担负起对私人这种特别损失提供权利保障的重任。进而，征用概念被革命性的扩张，将国家对于财产权所进行的过度限制也纳入征用的范畴之内。由于这种征用是通过具有强制力的法规的管制作用而间接地在效果上拘束财产，而非直接移转财产的所有权，因而在美国被称为管制性征用（regulatory takings）。[23]

这种管制性征用的实质是对于财产的使用权的过分限制，进而使私人承受了特别的损失——基于公正而言，这种负担本应由社会全体来承担。

（三）事实征用

事实征用（de facto takings）又称“公权力附随效果损害”，是指合法的公权力行为或措施，在实施过程中，对于个别的私人造成的附带结果或后果。

当国家并非有意占有或使用私人财产，或者限制私人财产权，而仅仅是

---

[23] See *Condemnation Property: Practice and Strategies for Winning Just Compensation*, Theodore J. Novak Brian W. BLaesser Thomas F. Geselbracht, Rudnick & Wolfe, p. 42.

其合法行为的附随结果在客观上造成了私人财产的损失时，如公路管理机关清除积雪的行为造成使盐长时间的漫溢在私人地产上，这造成私人供水污染、农作物枝叶脱落、灌溉设施损坏以及其他损害。[24] 公路管理机关的行为得到了制定法授权并且是以合理的方式作出的，但是，对财产所有人造成的损害与在征用中由于被征用而受到财产利益损失几乎一样。

在这些情况下，尽管政府没有表现出任何出于公共目的而占有或使用财产的意图，但上述行为也构成了征用。[25] 在美国，这被称之为事实征用（de facto takings）。该侵害并非出于国家机关的本意，但逾越了财产权人所能忍受的程度。在台湾地区被称之为"公权力附随效果所引发的损害"。[26] 总而言之，政府行为只要在效果上剥夺了财产所有人在其财产上所有法定利益或在某些情况下其大部分利益，就应认为该行为构成了征用。征用并不一定是政府取得财产所有权，只要存在着政府破坏或在实质上减损财产权人的权利或其财产上利益的事实，就足以构成对财产的征用。[27]

综上所述，为有效保障私人财产权，西方国家宪法上的征收征用这一概念的含义被极大地扩展，已远远不限于为公用而取得土地等不动产这一传统意义上范围。这使国家对私人财产权的限制措施也可能被视为征收征用；而且，合法公权力行为的附随效果所造成的损害也被视为征收征用。

四、征收征用权的限制

（一）公共利益的限制

当公共利益作为独立的主体被纳入社会利益体系之中后，如何协调及平

---

[24] Foss v. Maine Turnpike Auth., 309A. 2d 339, 341 (Me. 1973).

[25] Hom v. City of Chicago, 87N. e. 2d 642, 646 (Ill. 1949), Cert. denied & appeal dismissed, 338 U. S. 940 (1950).

[26] 翁岳生编：《行政法》，中国法制出版社 2002 年版。

[27] United States. v. General motors Corp, 323 U. S. 373, 378 (1945).

衡公共利益与私人利益之间潜藏的二元对立的紧张关系，就成为人类社会的永久性课题。在这场利益角逐的博弈过程中，私有财产的神圣性被财产权的社会性取代，公共利益成为财产权行使的界限，并开始作为限制公民权利的标准被凸现出来。征收征用是强制性地取得私人财产权的行为，只有在为了实现公共利益的情况下才能进行。这是征收征用必须符合的目的性要件。这样，公共利益成为公权力介入私人领域的入口。当公共利益介入财产权的限制之后，人们就一直面临着如何平衡公共利益与私人利益这一价值判断的困惑。因此，财产的征收征用制度首先就是一个公共利益与私人利益衡量比较的问题。由此而建立的征收征用补偿制度的意旨，就在于使公共利益之揭注与个人权利保护之间获得一定程度的平衡。换言之，国家基于公共利益而剥夺或限制人民之权利时人民应予容忍，但是对于其权益所受之损失，则应当予以补偿。

人们对“公共利益”难以给出一个完整而又清晰的定义，而只能进行片面的描述。诚如陈新民教授所言：公共利益不仅在法律、法学、行政及司法实务上以各种形式上类似或不同的表达方式。而被普遍使用，甚至可以说是一个用以架构公法规范体系及公权力或国家权力结构的根本要素或概念。但是到底什么是公共利益，却没有哪个国家的法律有明确的规定。它是一种典型的“不确定法律概念”，这是由公共利益“利益内容”的不确定和“受益对象”的不确定所决定。[28] 而这就很容易滋生对公共利益的滥用，容易导致人们的信任危机和对行政合法性的怀疑。如果没有加以严格的界定，往往会导致公共利益的过度膨胀和公共权力的滥用。公共利益的无限扩大必然导致行政权力的无限扩大，要对行政权力进行限制，就必须对公共利益进行严格的界定，否则，必然带来灾难性的后果。而在公共利益与财产权之间实现公平衡量，是防止公共利益膨胀的必然选择。

虽然公共利益成为政府限制或者剥夺公民私有财产权的主要理由，但作

㉘ 陈新民：《德国公法学基础理论》，山东人民出版社 2001 年版；翁岳生编：《行政法》（下册），中国法制出版社 2002 年版；李建良：《损失补偿》，中国法制出版社 2002 年版。

为公共利益代表的政府在行使公权力则有义务在公共利益和私人财产权之间进行利益衡量。政府不能简单地以公共利益的名义胡乱作为。其任何涉及公民私有财产权的行为，都必须在公共利益与私有财产的利益衡量中找到影响公民私有财产权的充分理由。因此，当政府在决定是否要牺牲私人利益以保障公共利益的实现时，应当首先依照比例原则权衡两者的大小，考量该行为所要实现的公共利益是否真的大于其可能损害的私人利益，然后才能作出选择，而不应先入为主地认为公共利益就一定天然地优先于私人利益。只有这样才能保证私人利益不受公权力的肆意侵犯，才能实现对人权的尊重，体现权力行使的合法性。

同时，大量假借公共利益之名胡作非为的事实也表明，在确定公共利益界限的时候，必须划定一条实现公共利益时不得损害相应私人利益的底线，不能简单地用公共利益来压制私人利益。因为公共利益与私人利益在本质上是一致的，公共利益由私人利益组成，为维护私人利益而存在。正如卢梭的观点，个人利益服从公共利益，只不过是社会成员服从自己的利益而已；国家和全体社会成员强迫个别社会成员服从公共利益，只是强迫他服从自己的利益。[29] 这种统一性是公共利益优先于私人利益的基础。因此，给公共利益以优越的地位，正是基于公共利益与私人利益大小及重要性的权衡。故而，公共利益优先原则的成立，必须以各种利益的均衡和比例原则的适用为前提，必须在对各种权利进行充分的分析、考量和尊重的基础上来把握。在这一点上，“公共利益的需要”是行政裁量权的逻辑起点和价值归宿。翁岳生认为，“国家为追求公共利益而限制人民自由权利时，不能超越必要的限度，尤其人性尊严已成为‘宪法’之基本理念，行政于实现国家目的时，更须予以尊重”。[30] 在公共利益的追求与个人权利的保障出现冲突时，应遵循比例原则来衡量二者利益。征收征用制度首先就是一个公共利益与私人利益衡

㉙ ［法］卢梭著：《社会契约论》，何兆武译，商务印书馆1980年版。

㉚ 翁岳生编：《行政法》，中国法制出版社2002年版。

量比较的问题，只有当为了实现公共利益，且所要实现的公共利益大于所要牺牲的个人利益时，征收征用才有其存在的正当根据。

（二）正当程序的限制

在西方历史上，人们总是对权力怀有深深的恐惧。美国宪法之父杰弗逊就曾宣言：自由的政府，不是以信赖而是以猜疑为基础建立的。我们用制约性的宪法约束受托于权力的人们。这不是出自信赖，而是来自猜疑。因此，在权力问题上，不是倾听对人的信赖，而是需要用宪法之锁加以约束，以防止其行为不端。此言并不因社会的发展而丧失其真理性。到了20世纪初，现代行政国家正在形成，行政权力得到了扩张。各国均建立起了庞大而强有力的行政管理机构，并赋予其解决具体问题的自由裁量权。然而，由于权力所固有的恶的因素，不受制约的权力总有异化的危险。人类经过漫长的探索得出的结论是惟有法治是防止权力滥用的最优路径。法治的基本含义是政府必须依法办事，而且“政府必须根据公认的限制自由裁量权的一整套规则和原则办事。其实质是防止滥用自由裁量权的一整套规则”。[31] 在今天看来，行政法的基本精神就在于对行政权力的控制。行政程序法以其程序性价值完成了这个任务。而行政听证程序作为行政程序法的核心制度，更加完整全面地体现行政法的控权思想，即通过赋予相对人程序抗辩权对抗行政权，从而达到对行政权的合理控制。

20世纪以来，基于社会发展的现实需要，行政自由裁量权力广泛存在已成为事实，并且成为解决众多社会问题的有力工具。但行政法治却面临着两难困境，既要赋予行政自由裁量权，又要防止自由裁量权的滥用。因此必须寻找新的更有效的控制行政自由裁量权的方法，以解决严格规则控权模式[32]的

---

[31] ［英］韦德：《行政法》，中国大百科全书出版社1997年版。

[32] 严格规则主义作为一种传统的法律控制原则，以法的形式正义理念为基础，奉行严格的法律至上思想，要求政府严格按照法律对行政权力范围及其行使方式的规定执行权力，主张“无法律即无行政”，“法无明文授权即禁止”的规则，行政机关不享有宽泛的自由裁量权。

危机。对此，台湾学者汤德宗总结道：行政因其性质使然，决策主体通常亦为程序主体。当行政法发展初期，行政机关大体只有执行权，其所执行者或为法律之规定，或为法院之裁判。执行之际享有的裁量空间有限，“球员兼裁判”所可能引发的利益冲突尚不明显。为行政效率计，行政机关内部并无必要厉行“职能分工”，禁止职司调查、举发工作的公务员兼任裁决、处罚的工作。而由立法监督与司法审查所构成的外部监督机制，大抵已足以防止行政滥权。及至现代福利国家兴起，行政内容日趋专业化、多样化，行政机关获得了大量“委任立法”权与“行政裁决”权，“球员兼裁判”可能引发利益冲突的机会因而大增。另，原有的外部监督机制，表面上虽仍然存在，但实际上监督效用已大不如前。面对如此发展情势，乃有另辟蹊径，发展内部监督机制即寓有：经由程序履行，促成行政决策正当，减轻“球员兼裁判”疑虑的用意。[33] 这样，通过对于严格规则模式的反思。学者们把控权的希望寄托于法律程序，强调行政自由裁量权必须更多在它的行使过程中受到监督和规范。于是人们把行政法的控权重点从实体法转移到程序法上。正当程序控权模式应运而生，其体现以下特征：从行政行为过程着眼，侧重于行政程序的合理设计，行政主体的适用技术是以正当程序下的行政决定为特征的，权力的理由通过相对人的介入和行政主体共同形成，通过合理的行政程序设计来实现控制行政权力的目的。[34]

英国古老的“自然正义”原则，正是在此情况下在行政法领域中得到复兴。美国的“正当程序”规则成为行政程序法迅猛发展的宪法基石。具体而言，行政程序蕴含了以下多重功能，包括：（1）行政程序可使行政机关遵守立法授权的本旨，行政程序所产生的“行政笔录”并有助于法院审查行政决策时所依据的事实基础。（2）行政程序可提高行政决策的正确性，减少事实

---

[33] 汤德宗：《行政程序法论》，台湾元照出版公司2005年版；翁岳生编：《行政法》（下册），中国法制出版社2002年版。

[34] 孙笑侠：《法律对行政的控制——现代行政法的法理解释》，山东人民出版社1999年版。

认定错误或偏颇而导致错误决定的机会。（3）行政程序可以提高行政机关的政治负责程度。按公开行政决策所依据的事实认定及论理过程，使所有利害关系人得以间接监督行政裁量的行使。（4）行政程序有助于减少立法机关假行政决定之名，讨好或惩罚特定团体的机会。行政决策往往影响特定地区或族群的财富分配，行政程序公开决策理由的设计，可以减少机关受到来自总统或国会的政治压力。（5）行政程序可使民众乐于接受行政机关的决策。当此行政权力日增，而国会与法院对行政之控制日渐式微的时刻，行政程序使人民有参与行政决策的机会，进而提高行政决策的正当性。[35]

（三）公平补偿的限制

在西方各国，宪法对财产权保障的直接宣示性条款实际上并不重要，重要的是在国家对私人财产实施征收征用（taking）时，对私人因此而承担的特别负担给予公正补偿。“从来没有哪个制度否认过宪法的征收征用权，重要的是征收征用的法律限制。”[36] 对于征收征用，最重要的法律限制方式便是必须给予私人公正的补偿。征收征用补偿制度在宪法上的确立，使得公权力对于私人财产进行剥夺与限制，即使为公益所必需，由多数人以民主程序决定，也必须对于为公益承受特别负担的私人予以充分的、公正的补偿，从而使私人财产权保障被真正落到实处。西方国家宪法所普遍确立的补偿原则是“公平”或“正当”补偿原则，因为确立这些原则所依照的精神相通，即都在于弥补当事人的特别牺牲，以实现公平负担。公平、公正或正当这些用语的差异往往只是因为各国语言的差异和中文翻译的不同，其实并无实质的差别，所体现的理念都是公平与正义。[37]

---

[35] 汤德宗：《行政程序法论》，台湾元照出版公司 2005 年版；翁岳生编：《行政法》（下册），中国法制出版社 2002 年版。

[36] ［美］路易斯·亨金著：《宪政与权利》，郑戈译，三联书店 1996 年版。

[37] 正当补偿，英文为“due compensation”，其中英文单词“due”，汉译为“充分的、正当的、公正的、公平的、合法的”，因此，我国从美国宪法第五修正案翻译过来的所谓“公正补偿”“正当补偿”乃至“公平补偿”，其实是一回事。

公平补偿是为各国宪法所普遍确认的征用的基本原则和构成要件，也是对征用这一国家权力行为的实质性约束。当国家可以任意地、武断地剥夺私人财产而可以不予补偿时，“财产权神圣不可侵犯”便是一句毫无意义的虚幻的口号。尤其是在民主政体之下，对私人财产权构成最大威胁的，恰恰可能就是民主的多数以公共利益的名义并通过民主的程序而实施的无偿征用。为此，就必须由宪法把公平补偿设定为国家在进行征用时所必须承担的一项无可推卸的法定责任；同时，补偿所必须支付的高昂成本是防止政府滥施征用权的最有效手段。此外，补偿也是公平负担的必然要求，是文明政府所尊奉的自然公正原则的必然延伸。为了公共利益而牺牲个人的利益是必要的，但使公众受益的公权力行为所支付的成本应由社会全体成员平等负担，个人由此而遭受的于一般税赋负担以外的额外负担或偶发性损失，应由公共之手来予以弥补。其方式就是国家以全体纳税人交纳的金钱补偿特别牺牲者的损失，以谋求社会公众与特别牺牲者二者之间的负担平等。因此，补偿体现着近代宪法中的平等精神和保障个人权利、制约政府权力的精神，并成为近现代宪法在构建征收征用制度时所必不可少的一项内容。

正因如此，在许多国家宪法上的征收征用制度中，征收征用与补偿往往是“唇齿条款”，即凡根据公共利益而对私人财产予以剥夺或限制者，必须给予公平补偿，补偿是征收征用的核心要件，“无补偿即无征收征用”。德国《基本法》第 14 条第 3 款规定：“公用征收，必须依据规定补偿的性质和范围的法律，始得进行。确定补偿的原则是公共利益与原所有者利益的公平的平衡。”美国宪法中并没有诸如“财产不可侵犯”之类的明文规定，但却有征用补偿条款，即宪法修正案第 5 条和第 14 条所规定的正当程序条款，“私有财产不给予公平补偿，不得充作公用”。可以说，其对财产权保护的核心并不在于禁止政府对私有财产的征收征用，而在于设置了征用补偿这一条件阻却机制。在美国，一般认为政府的财产征收征用权属于主权中所固有的一项权限，而美国宪法修正案第 5 条和第 14 条的有关规定乃是一种人权条款，原则上不能推出公共权力的某项权限，不能由此导出政府对私人财产可拥有征收征用权。因此，征收征用条款并非赋予这一权限，只不过是规定了其行使的条件而已，其中最重要的条件就是征收征用必须补偿。[38] 受美国的影响，日本《宪法》第29条第3款规定："私有财产在正当补偿下得收为公用。"该项规定显然深受美国宪法的影响。我国《宪法》第13条第3款规定："国家为了公共利益的需要，可以依照法律规定对公民的私有财产实行征收或者征用并给予补偿。"

当然，2004年宪法修正案只是对征收征用的原则性规定，诸如征收征用的程序、违法征收征用、征收征用补偿的法律救济等，还需要相关法律法规的具体配套落实，才能形成比较完善的制度。这些不是本文所能解决的问题，还有待今后的努力。

㊳ 林来梵：《美国宪法判例中的财产权保护》，载《浙江社会科学》2003年第5期。

行政规划裁量基准初探*

孟鸿志**

引　言

党的十八届四中全会关于《全面推进依法治国若干重大问题的决定》再次重申并明确要求："建立健全行政裁量权基准制度，细化、量化行政裁量标准，规范裁量范围、种类、幅度。"由此，建立健全行政裁量基准制度将上升到国家战略层面，成为推进依法行政、加快建设法治政府的重要举措。行政法学必须站在四中全会的新高度，全面审视和回应"行政裁量权基准制度"这一重大课题。毫无疑问，上升到国家战略和依法治国层面的行政裁量基准制度，绝不仅仅是针对以往普遍存在的行政处罚裁量基准制度，而是包括行政规划在内的更为广泛的行政裁量领域（如行政许可裁量基准、行政征收裁量基准、行政强制裁量基准、行政给付裁量基准等）。换句话说，被冠以"行政裁量"的基准制度应当是一种体系化、多元化（或类型化）的制度，而且不同行政行为之间的裁量基准制度存在很大的个性差异，行政处罚裁量基准只不过是典型行政行为中的一种裁量制度。但遗憾的是，我国行政执法实践乃至学界把主要兴趣和目标都聚焦到行政处罚领域，对其他行政领域中的裁

* 本文原发表于《法学论坛》2015年第6期。

** 孟鸿志，南大学法学院教授、博士生导师，研究方向：宪法学与行政法学。

量基准制度缺少系统的梳理和个性化研究。到目前为止，除行政处罚裁量基准外，其他行政行为的裁量基准理论文章寥若晨星，这在行政规划领域表现得更为突出。这种研究现状至少在理论上是不全面的，在实践上也难以全面回应构建行政裁量基准制度的需求。受行政规划性质的决定，行政规划裁量的空间、范围和幅度更大，裁量的目的、手段与方法更具个性和复杂性，因而对行政规划裁量控制的“基准制度”也应当有别于传统的行政裁量基准制度。本文正是基于行政规划裁量的特殊性，对规划裁量基准制度做一初步探讨。

一、行政规划行为是否有必要适用裁量基准

在现代汉语中，对“基准”一词的解释偏重于工程技术词义，通常是指“机械制造中，用来确定零件或部件上某一几何元素（点、线、面）的位置所依赖的另外一个作为标注起点的几何元素（点、线、面）”。[①] 现实生活中，该词汇已由工程技术领域广泛扩展到银行、价格、甚至法律等领域。裁量基准语境下的“基准”一词，一般等同于“准则”“标准”或“规则”，旨在限缩、控制和规范裁量权的行使。[②]

行政裁量基准，是近年来中国本土实践中“自下而上”逐步建立和发展起来的一种新型制度。以2004年浙江金华市公安局正式下发的《关于推行行政处罚自由裁量权基准制度的意见》为起点，行政处罚裁量制度迅速在全国各地行政机关获得推广和应用，并对行政执法实践产生了重大影响。[③] 这种

---

① 《辞海》，上海辞书出版社2000年版，第1552页。

② 参见周佑勇：《行政裁量基准研究》，中国人民大学出版社2015年版，第9页。

③ 2004年2月浙江省金华市公安局率先在全国推出了《关于推行行政处罚自由裁量权基准制度的意见》，并陆续出台了对赌博、卖淫嫖娼、偷窃、无证驾驶、违反互联网营业场所规定等常见违法行为的行政处罚裁量权基准。随后，全国各地行政执法实践陆续出台各类行政处罚裁量基准。截至2014年年底，仅省、自治区和直辖市一级出台的有关行政裁量基准总则性规定就有25个，这其中直接使用“行政处罚裁量”名称的有19个，其他6个虽名称上叫“行政裁量权”，但主要也是针对行政处罚裁量的规定。此外，以《湖南省行政程序规定》为代表的地方行政程序立法中也有相关裁量基准的规定。

“自下而上”“自我规制”的制度创举，在理论和实践中引发了诸多新问题，从而引起了党和国家的高度重视，也引起了学界的关注和讨论。中央层面自2006年以来先后正式出台的五个重要文件中，都明确提出了规范行政裁量权的要求和规定。④ 而在学界讨论中，赞成者、质疑者甚至否定者均有之，但总的趋向是肯定性态度为主，⑤ 且研究的领域主要集中在行政处罚裁量基准问题上。⑥ 受本文主题和篇幅所限，笔者无意于讨论行政裁量基准制度的利弊之争，但却非常主张以肯定和积极的态度，去全面审视和构建行政裁量权基准制度，这也是回应党的十八届四中全会要求的“建立健全行政裁量权基准制度”这一重大命题而必须持有的态度。

行政规划是行政主体为实现特定的行政目标而对未来一定时期内拟采取的方法、步骤和措施依法作出的具有约束力的设计和规划。⑦ 由于行政规划是关于未来的一份蓝图，是目的与手段、政策与技术、预测与选择的综合机能体，因而有着不同于传统行政处罚、行政许可等典型行政行为的特征。行政规划的制定和实施过程涉及多元利益的调整，因而在具体内容上又富有专门的技术性和政策性判断。这种双重属性决定了行政规划在编制和执行中存在着广泛的创造空间，即规划裁量。“行政法的精神在于裁量”，⑧现代行政规划

---

④ 这五个正式文件分别为：2006年中办、国办联合发布的《关于预防和化解行政争议健全行政争议解决机制的意见》、2008年国务院发布的《关于加强县市政府依法行政的决定》、2010年国务院发布的《关于加强法治政府建设的意见》、2013年党的十八届三中全会通过的《中共中央关于全面深化改革若干重大问题的决定》、2014年党的十八届四中全会通过的《全面推进依法治国若干重大问题的决定》。除上述五个文件外，2009年国务院法制办还专门下发了《关于规范行政裁量权的指导意见》（征求意见稿）。

⑤ 我国目前对行政裁量基准的研究，多数学者持肯定态度，代表性学者如周佑勇教授、黄学贤教授等；部分学者持质疑态度，如余凌云教授、王锡锌教授、朱新力教授等；少数学者持否定态度，如关保英教授等。

⑥ 但也有少数学者开始研究行政处罚裁量基准之外的行政规划裁量基准和行政许可裁量基准，如骆梅英教授发表的《行政许可标准的冲突及解决》（载《法学研究》2014年第2期）。

⑦ 孟鸿志：《行政规划》，载应松年主编：《中国当代行政法》，中国方正出版社2005年版，第1038页。

⑧ 杨建顺：《行政规制与权利保障》，中国人民大学出版社2007版，第104页。

的功能决定了规划裁量充斥在行政规划的全部过程中，具有相当的广泛性和内在的必然性。[⑨] 行政规划的制定机能正是一种基于行政机关广泛的规划裁量权的强力形成权能，以至于常常被称为“第二立法权”或“第四种权力”。[⑩] 从这种意义上讲，行政规划行为很大程度上即是规划裁量的过程，行政规划权即规划裁量权。只要有裁量权就会有裁量的滥用，就像绝对的权力导致绝对的腐败一样。受行政规划自身属性的局限，加之我国已有的行政规划立法不够完善，实践中大量的行政规划还游离于法律的控制之外。如从法的制定层面讲，现有的行政规划立法缺乏统一性和确定性。目前关于行政规划的立法基本上分散于各单行的法律、法规和规章中，整个行政规划缺少一部统一的规划法的指引，从而导致各分散的立法在立法目的、规划性质和形式、编制规划的基本原则、规划的程序、规划管理体制以及法律责任与救济等方面没有统一的标准可循。同时，几乎所有涉及行政规划的法律条文表述都极具抽象性，行政规划的规则相比其他规则具有更大的开放结构，其意思中心被限定得很小，从而造成了法律的不确定性。从法的实施层面讲，行政规划裁量虽然可以使不确定的法律概念通过结合事实、考量多重因素进行确定化，但充满弹性和抽象的法律概念也会导致裁量空间过大、裁量标准不一问题，使规划裁量走向任意甚至专横。以现行《城乡规划法》为例，该法第三章“城乡规划法的实施”中所规定的“妥善处理”“统筹兼顾”“优先安排”“因地制宜”等不确定性条文，在实践中不具有可操作性，何谓“妥善处理”，何为“优先安排”等，具有很大的裁量空间。这必然会导致行政规划裁量种种失范现象。[⑪]

行政规划制定法上的缺陷以及规划裁量行为的运行现状，不仅为完善相关规划立法提供了空间，也为行政规划基准制度的构建提供了必要性和可行

---

⑨ 参见孟鸿志：《行政规划裁量与法律规制模式的选择》，载《法学论坛》2009 年第 5 期。

⑩ 杨建顺：《日本行政法通论》，中国法制出版社 1998 年版，第 567 页。

⑪ 参见孟鸿志：《行政规划裁量与法律规制模式的选择》，载《法学论坛》2009 年第 5 期。

性。近年来，我国各地推出的行政裁量基准，就是旨在法律规定的空间内，依据立法者的意图以及行政法上的基本原则并结合执法经验，通过设定更为细化的裁量权行使规则和标准加强对裁量权的规范和控制。尽管目前这种裁量基准主要集中在行政处罚领域，但就其“行政自制”“细化规则”和“补充法律”的原理和功能，完全可以适用于行政规划的裁量领域。行政规划由于是政策性的规划蓝图，其法律规范构造更加抽象，因而制定更为明确、细化和可操作的行政规划裁量标准，以规范行政规划裁量范围、种类、幅度，具有特殊的意义。规范和控制行政规划裁量的具体标准，虽然有别于一般的行政裁量基准（如行政处罚裁量基准），但它应当是全部行政裁量基准制度的重要组成部分。

二、基于行政规划裁量基准文本的考察

行政规划是一种特殊的行政行为，因而在裁量基准上与传统的行政行为（如行政处罚）有着很大的差异。这可以从行政规划裁量基准的文本现状和行政规划裁量基准的独特个性两个层面加以分析。

笔者以行政规划中最具典型意义的城市规划领域为考察视角，并借助北大法宝数据库、百度、谷歌等搜索引擎，以“裁量基准”“规划”“标准”“城乡规划”“城乡规划裁量”“城市交通规划”为关键词进行检索。从检索的资料可以看出，规制有关城市规划裁量标准的文本名称呈现多样性。其中，严格以“裁量基准”或“标准”命名的规范文本仅有《上海市城乡规划违法建设行政处罚裁量基准实施办法》（2015 年）、《重庆市规划局行政处罚裁量基准》（2015 年）和《河南省住房和城乡建设系统行政处罚裁量基准（试行）》（2012 年）。其他则采用了“自由裁量权规定”，或“规划技术标准与准则”“建设标准”等。经过类型化梳理后，相关的裁量标准包括：（1）涉及规划行政处罚的标准：主要有住房和城乡建设部《关于规范城乡规划行政处罚裁量权的指导意见》（2012 年）、《金华市区规划行政处罚自由裁

量办法（试行）》（2006年）、《宜昌市城市规划部门行政处罚自由裁量权实施标准》（2009年）、《吉首市城市规划管理局行政处罚裁量权基准制度（试行）》（2012年）、《清远市城乡规划局规划管理自由裁量权规定（试行）》（2011年）、上海市规划和国土资源管理局《上海市城乡规划违法建设行政处罚裁量基准实施办法》（2015年）等；（2）涉及规划行政处分的准则：主要有监察部、人力资源和社会保障部、住房和城乡建设部《城乡规划违法违纪行为处分办法》（2013年）、《四川省城乡规划违法违纪行为行政处分规定》（2009年）等；（3）涉及编制规划的指导意见：主要有《建设部关于贯彻实施〈城乡规划法〉的指导意见》（2008年）、《江苏省住房和城乡建设厅关于贯彻实施〈江苏省行政规划条例〉的指导意见》（2010年）、国家发改委《关于加强城市轨道交通建设管理的通知》（2015年）、交通运输部《城市公共交通规划编制指南》（2014年）等；（4）涉及规划的技术标准：主要有《建设部关于国家标准〈城市居住区规划设计规范〉》（2002年）、《建设部关于发布〈工程建设标准体系〉（城乡规划、城镇建设、房屋建筑部分）通知》（2003年）、《建设部关于发布〈工程建设标准强制性条文〉（人防工程和城乡规划部分）的通知》（2000年）、住房和城乡建设部《城乡规划工程地质勘察规范》（2012年）、《珠海市城市规划技术标准与准则》（2015年）、《苏州市城市规划若干强制内容的规定》（2013年）、《昆明市城乡规划管理技术规定》（2012年）、《广州市城乡规划技术规定（试行）》（2012年）、《威海市城市规划管理技术（土地使用、建设管理）》（2015年）、《石家庄市城乡规划局城市土地利用和建筑管理技术规定》（2014年）、住房和城乡建设部《城市道路交通设施设计规范》（2011年）、《城市对外交通规划规范》（2013年）等；（5）涉及编制规划的程序：主要有《广州市城乡规划程序规定》（2011年）、《保定市城乡规划分级决策与审批规定》（2014年）、住房和城乡建设部《城市综合交通体系规划编制办法》（2010年）、《城市综合交通体系规划编制导则》（2010年）、国家发改委《城市轨道交通编制和评审要点》（2015年）、《四川省城市公共交通规划编制导则（试行）》（2006年）等。

通过对上述文本的类型化分析，我国行政规划裁量基准呈现如下基本现状：

一是现有城市规划裁量基准的文本主要集中于城乡规划主管部门的行政处罚领域，其处罚裁量基准一般也遵循“情节细化”和“效果格化”的技术构造，与其他行政处罚裁量基准无异。这种适用行政处罚意义上的裁量基准，即指行政机关根据授权法的旨意，对法定授权范围内的处罚裁量权予以情节细化和效果格化而事先以规则的形式设定的一种具体化的判断选择标准，其目的在于对处罚裁量权的正当行使形成一种法定的自我约束。[12] 例如，《河南省住房和城乡建设系统行政处罚裁量基准（试行）》中的《〈中华人民共和国城乡规划法〉行政处罚裁量标准》第2条，即是将《城乡规划法》第64条规定的“责令停止建设；尚可采取改正措施消除对规划实施的影响的，限期改正，处建设工程造价百分之五以上百分之十以下的罚款”细化为三种情形，分别为：“轻微违法行为的表现情形，责令停止建设，限期改正，处建设工程造价5%以上6%（含6%）以下的罚款；一般违法行为的表现情形，责令停止建设，限期改正，处建设工程造价6%以上8%（含8%）以下的罚款；严重违法行为的表现情形，责令停止建设，限期改正，处建设工程造价8%以上10%（含10%）以下的罚款。”

二是被冠以行政规划“裁量基准”的文本缺乏。行政规划裁量不同于传统意义上的行政裁量。传统意义上的行政裁量（如行政处罚裁量）需要处理的是诸多既成事实，并多以普通行政信息为支撑，而行政规划裁量需要处理众多设想性事实及伴随的创造性判断，所依赖的考量因素涉及较多科技风险与专业知识，此类事实信息的辨识不能单凭客观证据佐证，往往涉及大量主观成分的介入。[13] 如城乡规划中前期调研所要处理的事实信息，对其进行收集

---

⑫ 参见周佑勇：《行政规划裁量基准研究》，中国人民大学出版社2015年版，第37页。

⑬ 参见马驰骋：《行政规划裁量理论特性研究》，载《重庆交通大学学报》（社科版）2012年第1期。

与处理就涉及对当时当地社会发展现状、环境承载能力以及人民期待等自主性判断，在上述判断选择中所遵循的具体化标准就应当是城市规划的裁量基准。但文本考察的结果恰恰揭示了这一层面的标准并没有冠以“裁量基准”名称。造成这一现象的原因并非是实践中城市规划裁量基准的缺乏，而是缘于城市规划裁量基准并非采用传统意义上的裁量基准文本范式。如《清远市城乡规划局规划管理自由裁量权规定》中第12条⑭规定了核发“规划条件”应当符合的要求，第13条、⑮ 14条、⑯ 15条⑰分别规范了规划条件中的“公共服务设施及其建设规模”“用地规模”“用地红线”的具体裁量依据，第21条⑱还规定了增加容积率的禁止性情形。由此可见，上述条款对《城乡规划法》第38条中的“规划条件”进行了细化，并对其中涉及的具体要求提供了相对可操作的客观标准，应当属于城市规划裁量基准范畴。

三是从规划控制角度上看，行政规划裁量基准实际上存在三种模式的理解。第一种模式是立法规则，即是指立法层面设定的标准，包括法律、法规和规章。如《城乡规划法》以及各省制定的相应实施条例（地方性法规）和

⑭ 第12条 核发规划条件应当符合以下规定：（一）应当依据控制性详细规划或者村庄规划提出；尚无经批准的控制性详细规划的地块，应当依据经批准的修建性详细规划或者规划建设方案提出。（二）具体内容和指标确定应当符合有关法律、法规、规章、规范性文件和标准的要求。（三）属于单独申领规划条件的建设项目，申请人应已取得经有关部门批准、核准或备案的立项文件，或建设用地已纳入市储备用地出让计划。规划条件以书面形式核发

⑮ 第13条 规划条件中公共服务设施及其建设规模，应当按照控制性详细规划或者村庄规划确定。控制性详细规划或者村庄规划中未明确的，应当按照国家标准《城市居住区规划设计规范》关于公共服务设施的设置要求，并且结合周边地段已建成或已规划配套的公共服务设施确定。

⑯ 第14条 单独核发规划条件时，确定用地规模，应当符合本规定第七条的规定。

⑰ 第15条 单独核发规划条件时，划定用地红线应当符合以下规定：（一）应当符合城乡规划。（二）应当以现状实测地形图为依据，按照地块四至范围已建成的市政道路边线、自然地形地貌、现状建筑、围墙等划定。（三）四至范围应当与相邻地块用地界线合理衔接。（四）应当结合城乡规划确定的地块边线划定；在用地规模远小于所在规划地块用地面积的情况下，应当尽可能使地块一侧或两侧临规划道路，同时尽可能保证地块形状规整，以利剩余地块的开发和建设。

⑱ 第21条 凡有下列情形之一的不得增加容积率：（一）同一项目用地已完成部分建设，并已公告预售，剩余用地申请调整容积率的。（二）违法建设项目。（三）与城市规划相冲突的。（四）公示时利害关系人反对强烈并有充分理由的。（五）组织论证无法通过的。（六）两年内已增加容积率一次的。（七）法律规定不得调整容积率的其他情形。

实施规定（地方政府规章）。第二种模式是细化相关法律责任的裁量基准，如细化《城乡规划法》的法律责任部分的行政处罚裁量基准和行政处分准则，其中的行政处罚部分在现实中常常被冠以“裁量基准”名称，因而在形式上与传统的行政裁量基准（即行政处罚裁量基准）是一致的。第三种模式是除上述两种模式之外的其他行政规范性文件，即有关制定行政规划本身意义上的细化标准，现实中常常表现为指导性规则和技术标准。笔者认为，从裁量基准“行政自制”“规则细化”和“法律补充”的功能上看，第一种模式即立法规则通常不是行政裁量基准，第二种模式虽然发生在规划领域且符合传统裁量基准的形式，但多数表现为相关法律责任的裁量基准，因而不是行政规划行为本身意义上的裁量基准。而只有第三种模式才属于行政规划的裁量基准，笔者探讨的行政规划裁量基准就是指第三种模式的裁量基准，它在实践中虽然没有被冠以裁量基准名称，但属于真正意义上的行政规划（即制定或修改行政规划）裁量基准。

三、行政规划裁量基准的独特法律个性

行政规划裁量基准与一般行政裁量基准之间既有联系，又有区别。从相同点上看，行政规划中有关法律责任的裁量基准与普通的行政处罚裁量基准是一致的，呈现出技术上的“裁量性”、形式上的“规则性”和功能上的“自制性”的统一。一是两者使用的技术均为“情节的细化”和“效果的格化”，其实质都是利益衡量的过程，它既没有创设新的权利和义务，也没有采取纯粹法律解释的方法，而是使用了利益衡量的方法。二是两者均以规则的形式表现出来，但性质上并不属于立法性规则，而是行政机关制定的内部行政规则。因为立法性规则必须创设相对人的权利和义务，具有普遍法律效力并为司法所统一适用。[19] 三是两者裁量基准的设定并非纯粹为了“通过‘规则

---

⑲ 参见周佑勇：《行政规划裁量基准研究》，中国人民大学出版社 2015 年版，第 39 页。

细化’甚至‘量化’的方式而压缩、甚至消化自由裁量”，[20] 其内在目的在于保证裁量权的正当行使，或者说对裁量权的正当行使形成一种“自我约束”和“自我规制”。[21] 上述三个层面的法律属性在城市规划处罚裁量基准文本中皆能够充分体现，其裁量基准遵循着“情节细化”和“效果格化”的技术构造、兼具“行政自制”和“规则之治”的双重品质。

但从差异性上看，行政规划裁量基准又具有不同于一般行政裁量基准的独特法律个性。

第一，从裁量的空间上看，传统或一般的行政裁量往往是针对在具体案件中个别的公益与私益进行权衡比较，如行政处罚裁量适用的是对个案利益衡量，而行政规划裁量所需要考量的利益范围更广，需要评价的利益更多元、更复杂。行政规划裁量与一般意义行政裁量之间的区别不仅在量上，即法律赋予规划裁量的空间明显要大于行政裁量，而且在质上亦有不同。[22] 因此，传统的行政裁量理论并不能完全适用于规划裁量的实践。行政规划裁量是行政机关在法律的框架内，就拟定规划、变更规划以及执行规划中有关规划的目标、手段和内容等所形成的判断、选择和作出正当决定的权力，主要包括形成规划的裁量权、变更规划的裁量权以及执行规划的裁量权。[23] 因此，行政规划裁量往往包含更多的“创造性”和“形成性”要素，而绝不仅仅止于规范的执行要素。

第二，从法律规范和裁量基准的技术构造上看，传统意义上的法律规范构造通常采用“要件—效果”范式，其裁量以满足法律的相关构成要件为标准而产生特定的法律效果，因而其具体化的裁量基准也常常呈现出“情节细化”或“效果格化”的逻辑结构。有学者进一步指出，设定裁量基准的方式

---

[20] 王锡锌：《自由裁量权基准：技术的创新还是误用》，载《法学研究》2008 年第 5 期。

[21] 参见周佑勇：《行政规划裁量基准研究》，中国人民大学出版社 2015 年版，第 42 页。

[22] 参见郭庆珠：《行政规划及其法律规制研究》，中国社会科学出版社 2009 年版，第 234-237 页。

[23] 孟鸿志：《行政规划裁量与法律规制模式的选择》，载《法学论坛》2009 年第 5 期。

是进行“要件—效果”的补充规定，除了“情节的细化”外，还必须有“效果的格化”与之相对应，才能构成完整的裁量基准。[24]“效果的格化”似是构成裁量基准的必要条件。对此，笔者持商榷态度，因为“要件—效果”的规范构造并不能囊括行政行为的全部，至少行政规划行为就无法完全适用。事实上，规划法的构造一般采用“目的—手段”范式，其裁量主要是根据规划法的目的而设计达至目的之手段、方法和步骤，规划裁量不存在法律要件构造与法律效果确定这一过程，因而规划裁量基准的逻辑结构通常是遵循“目的细化”和“手段细化”的路径，重点针对规划法中不确定概念的具体化。如城市规划法中普遍包含不确定概念，这些不确定概念不能成为要件构成部分，其作用不在于涵摄具体事实，而是对规划行为与规划裁量的引导和指引。

第三，从裁量基准的性质和类型上看，规划裁量基准与一般裁量基准也有诸多不同。行政规划的性质虽存在理论之争，[25]但其具有的更广泛的裁量性、多元化和综合性的独特个性是不争的事实。而且，行政规划常常表现为一种事先的、积极的抽象行政行为，它是在一定时间内是一系列后续行为的指南和依据，其形式常常表现为“规范性文件”，是多次参照的“准法律”。因而作为“法律”框架下规制行政规划（“准法律”）的裁量基准在性质上不能简单化一，它表现为制定主体、规划目标、规划原则、手段方式、持续时间、效力范围等诸多因素的多元化，以及目标设定与手段结合上的综合性，它兼具抽象性与具体性、法律性与事实性的综合法律属性。而传统的裁量基准，虽然具有“自治性”“规则性”和“裁量性”的特征，但都是针对具体行政行为的细化规则，即针对个案裁量的基准。而且，即使是针对典型具体行政行为的裁量基准也不可能是统一的模式，不同类型具体行政行为的

---

[24] 参见周佑勇：《行政规划裁量基准研究》，中国人民大学出版社2015年版，第41页。

[25] 行政规划的性质及表现形态多种多样，如“政策性行为说”“立法行为说”“具体行政行为说”“机能说”“分别归类说”“内部行为与外部行为说”“拘束性与非拘束性（指导性）说”等。参见孟鸿志：《行政规划》，载应松年主编：《中国当代行政法》，中国方正出版社2005年版，第1044-1046页。

裁量基准（如行政处罚裁量基准、行政许可裁量基准、行政征收裁量基准、行政给付裁量基准）都存在不同的个性，因此不能用现有的行政处罚裁量基准模式代替其他行政行为的裁量基准。以行政许可裁量基准为例，其与行政处罚裁量基准就存在很大差异。行政许可裁量基准一般是许可机关对相对人是否获得许可的审查与判断标准，是对许可法定条件和程序的解释和细化。正如有学者指出的：相对以往被大量讨论的行政处罚裁量基准而言，许可领域充斥着要件裁量，而处罚领域往往以结果裁量为主，与合法性问题相比，许可更关乎正当性评判。许可裁量基准因承担更多的政策功能而以提供申请人行为的可预测性为目标。许可具有授益性，并为符合申请的相对人设定承担的成本，因而许可的审查标准需要明确为申请人提供行为指引。处罚则相对更依赖于被处分人情况的个案判断并以平等适用为目标。处罚具有负担性，处罚基准的公布仍需防范使不受制裁的违法行为明确化的风险。许可标准的运作机理，多表现为“自上而下”的阶梯式规则体系，这些规则形式多样、名称不一，既有法律法规也有技术标准。[26] 而行政处罚裁量基准多表现为“自下而上”的行政规范性文件，其名称通常冠以“裁量基准”。

四、建立健全行政规划裁量基准的保障机制

对行政规划裁量能不能规制，选择什么样的模式进行规制，规制到何种程度是适当的和可行的，这些一直成为困扰人们的难题。[27] 本文认为，行政规划制定法上的缺陷以及规划裁量行为的运行现状，既为完善相关规划立法提供了空间，也为行政规划裁量基准制度的构建提供了必要性和可行性。对规划裁量的法律治理也可以采用内外监控、“他制与自制”并举的混合规制模式。

㉖ 参见骆梅英：《行政许可标准的冲突及解决》，载《法学研究》2014 年第 2 期。

㉗ 孟鸿志：《行政规划裁量与法律规制模式的选择》，载《法学论坛》2009 年第 5 期。

1. 完善相关的组织法，为规划裁量权的正当行使设定组织法上的边界。虽然行政机关应拥有广泛的规划裁量空间，但并不意味着其权力的行使不受任何限制。行政规划裁量的失范与组织法的不完善有密切的关系。“根据传统的法律保留论，难以要求非拘束性行政计划必须有法律依据，但是，从行政计划在现实中的重大功能来看，是不应该使其完全脱离法律统治的，一般认为，为防止行政厅任意制订计划，制约行政厅的计划裁量权，行政计划最起码要有组织法上的根据。”[28] 行政规划的组织法形式既包括宪法性的组织法，也包括分散在各单行规划法中的组织法规范，如《城乡规划法》。完善有关行政规划的组织法，至少要遵循以下原则：一是重要的行政规划权特别是具有拘束力的行政规划权必须由法律明确授权；二是进一步明确规划机关的权限分工和法律责任，违反职权法定的越权规划，当属无效，应承担相应的法律责任。

2. 制定行政规划法，为规划裁量权的正当行使设定统一的原则和程序规则。所谓制定行政规划法就是指在行政规划领域中也制定一部类似于《行政处罚法》一样的基本法。由于行政规划的特殊性质，由组织法或分散的单行实体法对行政规划内容完全加以制约是不可能的，即使实体法很健全，其对行政规划权的规制也是有限度的。因而对行政规划的规制模式应从实体法控制转移到实体与程序控制相结合上。因此，在我国制定统一的行政规划基本法以及统一的行政裁量基准制定程序规则，是非常必要的。其中统一的行政规划法所要解决的核心问题是：第一，确立行政规划的基本原则，包括依法规划原则、科学规划原则、公众参与原则、利益平衡原则、信赖保护原则等。第二，要确立规划程序中最重要的听证制度和说明理由制度。第三，确立行政规划裁量的制度边界。虽然行政规划内容不可能都由法律全面作出明确的规定，但从行政规划在现实中的重大影响来看，不应该留下法律控制的盲区。统一的行政规划法应从规划关系主体、规划权限以及编制规划的目的和手段

㉘ 参见杨建顺：《日本行政法通论》，中国法制出版社 1998 年版，第 567 页。

等方面进行规制。这就要求：（1）合理划分行政规划关系主体的权利义务。以保障行政规划关系主体及社会公众参与规划的制定，保障他们基于信赖保护原则而在规划法律关系中享有的基本权利。（2）规制行政规划裁量权的边界。行政规划法至少应从以下几个方面对行政规划裁量权进行原则性规制。一是法律依据的规定。行政规划法应当尽量采取明确式的授权，以保证规划权力来源合法、明确。二是避免法律冲突的规定。即要求规划的内容原则上不能与法律、法规相抵触，上下级机关之间的规划内容不能相抵触，上级机关的规划是下级机关规划的考量界限。部门规划的内容要与相同位阶全局的规划保持一致。三是法律保留事项的规定。凡属法律保留的事项，行政规划机关必须遵守，所制定的行政规划内容不能侵犯诸如公民基本权利等重要事项。四是集中事权的特别规定。行政规划所特有的法律效力之一就是集中事权的效力，它使得规划在实施过程中无须再经由其他机关许可。因此并非所有的行政规划都能适用该项制度，必须要有法律的特别授权规定。（3）规制行政规划权行使的目的和手段。目的是行为的灵魂所在，“我的目的构成规定着我的行为的内容”。[29] 对于行使公共权力的行政规划来说，其目的尤其重要，它决定了行政规划的合法性与正当性问题。因此对行政规划的法律规制还应包括在法律上明确规定制定规划时应予考虑的行政目的。以往我国许多法律都是笼统地规定诸如制定规划要与经济和社会发展相适应，而没有详细规定制定规划所要达到的基本目的和所要采取的基本手段。在实践中，由于法律缺少这方面的规定，在拟定行政规划之初，在目的的正当性和手段的可行性方面就缺少相关的参考因素。因此，行政规划法对制定规划时应实现的目标和基本条件等尽可能作出明确规定，从而使行政机关在规划正式拟定前，就必须考虑相关法律目的的规定，衡量拟制定行政规划的目标是否具有合理性和合法性，是否具备实现它的现实基本条件等。

3. 以“目的细化”与“手段细化”的技术构造，建立健全行政规划裁量

---

[29] ［德］黑格尔著：《法哲学原理》，范扬、张企泰译，商务印书馆 1961 年版，第 124 页。

基准制度。在完善行政规划相关立法前提下，行政规划裁量基准的建构应遵循“目的细化”与“手段细化”的技术构造。（1）完善“目的细化”规则。目的细化主要表现为正当程序对行政规划裁量的要求，因此完善目的细化规则应当引入正当程序的原理和规则。其主要内容包括：一是行政规划裁量客观公正、避免偏私；二是对当事人不利的决定必须规定听证程序；三是保证利害关系人公平参与。（2）完善“手段细化”规则。手段包括方法、步骤、措施、范围、内容、时间等具体范畴。行政规划的过程是一个利益识别、分析、选择、整合、表达的过程，手段的细化规则应贯穿行政规划的全部。笔者认为，可以从利益衡量上去细化手段规则：一方面在规划形成上细化利益衡量的过程，具体可分为利益调查与汇集、利益分析与评估、利益的权衡与协调。另一方面规定规划形成后的衡量瑕疵，如该衡量的没衡量、衡量的错误评估或比例失调。此外，在手段细化中，还必须考虑相关法律原则的适用，其中最为重要的就是比例原则的适用。具体又包括：一是手段适当，即规定所采取的行政措施必须能够实现行政目的或至少有助于行政目的达成并且是正确的。也就是说，在“目的—手段”的关系上，必须是适当的。二是手段必要，即在能达成法律目的诸方式中，应选择对相对人权利最小侵害的方式。三是手段均衡，即所采取的措施与其所达到的目的之间必须合比例或相称。（3）合理运用法律解释技术。对行政规划裁量中涉及的不确定法律概念，可以在上述规则和原则的指导下，合理运用法律解释技术。在具体的概念解释中，仍需要结合目的、手段进行利益衡量。

4. 完善相关的监督和救济制度，为规制规划裁量权的不当行使设定全程监控和救济途径。有权力必有监督，有侵害必有救济，无论是何种性质的行政规划都会对社会产生不同程度的影响，因此，行政规划的制定和实施，必须建立完善的监控体系及其救济制度，包括权力机关监控、行政层级监控、审判监控以及社会监控四种类型。不同类型的监控具有不同的功能和作用。其中，权力机关监控是最权威、最强有力的，其可通过审查、批准、决定、撤销等方式对行政规划从源头上实施监控。完善人大对行政规划（含预算）

的监督，重点是确立审查的标准和切实有效的监督程序。行政层级监控是最直接、最便捷的监督。完善行政层级监督应主要通过确立行政规划备案审查机制、拓展行政规划复议审查以及建立一系列有关行政机关的自律机制来实现。审判监控涉及行政权与司法权的分配问题，应通过完善《行政诉讼法》和《国家赔偿法》以及建立相关的补偿制度的途径，将影响重要的、有处分性的拘束性规划纳入行政救济体系中。

重大行政决策公众参与制度建设研究

胡 东 张维周*

随着社会的进步和人类文明的发展，传统的行政决策模式已经不再符合现今的社会发展需要，个人决策将被民主决策所取代，公众参与决策是行政决策模式发展的必然产物。而公众参与行政决策既是民主的体现，也是行政决策具有科学性的保障。尤其是重大行政决策关乎特定多数人或团体的利益，因此，更需要公众参与行政决策。本文对重大行政决策公众参与制度的概念、意义等方面进行了阐释，进一步分析了我国重大行政决策公众参与制度存在的问题，提出了完善的建议，以期对我国重大行政决策公众参与制度的建设有所裨益。

一、理论：从重大行政决策到公众参与制度的确立

为促进政府对经济和社会发展提供优质的公共服务，国家启动了旨在重新界定“政府—市场”关系的行政管理体制改革，在改革的过程中呈现出一定程度上“放松管制”和“向下放权”的特征。尽管如此，政府仍然被赋予了更多的改善民生和科学发展的职权，在履行与利益群体息息相关的，诸如“社会服务、社会保障、环境保护和基础设施建设”等职责方面，政府享有更广泛的行政决策权。行政决策作为政府对社会公共利益进行资源配置和价值

* 胡东，黑龙江大学教授，法学博士；张维周，黑龙江大学，宪法与行政法学研究生。

分配的行为方式，关系整个社会的公共利益的诉求，同时，社会群体利益正日渐多元化的趋势要求行政决策必须增强其回应性。基于此，国务院在2004年颁布的《全面推进依法行政实施纲要》中提出“建立健全公众参与、专家论证和政府决定相结合的行政决策机制。实行依法决策、科学决策、民主决策”。2014年10月，党的十八届四中全会通过的《中共中央关于全面推进依法治国若干重大问题的决定》（以下简称《决定》）再一次明确指出，“健全依法决策机制。把公众参与、专家论证、风险评估、合法性审查、集体讨论决定确定为重大行政决策法定程序，确保决策制度科学、程序正当、过程公开、责任明确”。目前我国各地方相继出台了有关重大行政决策的规定，这些规定中许多都将公众参与作为行政决策程序的组成部分。然而，我国学界对重大行政决策公众参与的理论的研究相对薄弱，特别是对重大行政决策公众参与基本概念和范围等基础理论的研究不够，这直接影响了该制度的完善。

（一）重大行政决策的概念与范围

对于重大行政决策的概念和范围问题，不仅在学术界和实务界未形成统一认识，甚至单单在学理上重大行政决策也是一个模糊不清、饱受争议的概念。在实践中政府决策的经验主义导向严重，各地有关重大行政决策事项范围的法律规范也比较混乱。① 长期以来，行政法学界对于行政决策的研究并未给予足够的关注，然而行政决策始终是行政权发生作用的基本方式，是行政主体调整社会利益、分配社会资源的重要制度媒介，具有强烈的政策属性。

关于行政决策的概念，理论界主要存在三种观点，分别是“行为论”“决定论”和“过程论”②。

“行为论”是指行政机关在职权范围内就行政管理的一定事项，确定目

① 黄学贤、桂萍：《重大行政决策之范围界定》，载《山东科技大学学报》（社会科学版）2013年第5期。

② 同上。

标，制定各种方案，选择方案以及在执行过程中调整方案的行政行为③。

“决定论”是公共管理学者对行政决策中抽象行政行为属性的概括，指“国家各级行政机关为履行行政职能，在其管辖权限范围内作出处理公共行政事务的决定”。④

“过程论”是指“国家行政组织为了实现行政目标，依据既定政策和法律，对面临要解决的问题，拟定并选择活动方案的行为过程”。⑤

以上三种观点从行政行为、行政决定、行政过程这三个不同的视角对行政决策进行了解读。由于行政决策具有抽象行政行为和具体行政行为的双重性质，既无法将其归类为抽象行政行为，也无法将其纳入具体行政行为的行列，在目前尚未达成理论统一和实践统一的“双轨概念混乱”状态的情况下，只能综合这三种不同观点并结合其特殊性质来认识行政决策。

因此，行政决策的概念可以界定为，行政决策是指行政机关依法履行行政管理职能，针对特定目标，拟定、选择活动方案并作出决定的行为过程。

重大行政决策是行政决策的一种，然而，“重大”这个难以判断其隐含价值的概念也给“重大行政决策”概念的界定增添了相当的难度，对于“重大”的理解，根据不同的参照标准有其不同的定义，通常的“重大”是相对于“一般”而言的，不同的决策作出主体、不同时期、不同利益相关人对于决策“重大”与否的理解都存在诸多分歧。

在行政决策实践中，各地方在确定重大行政决策事项范围时一般以《国务院工作规则》第22条规定的中央重大行政决策的表述为参照：“国民经济和社会发展计划及国家预算、重大规划、宏观调控和改革开放的重大政策措施、国家和社会管理重要事务、法律议案和行政法规等。”参照这一表述，各地方再根据本级政府管辖地域和事权范围因地制宜地作出适当调整，一般采

③ 皮纯协：《行政程序法比较研究》，中国人民公安大学出版社2000年版，第269-270页。

④ 杨寅：《公共行政学》，北京大学出版社2009年版，第220页。

⑤ 刘莘：《法治政府与行政决策、行政立法》，北京大学出版社2006年版，第77页。

用概括法、肯定式列举法和否定式排除法三种模式表述重大行政决策的范围。例如，《广州市重大行政决策程序规定》（2011）采取的是“概括法+肯定式列举+否定式排除”法，《苏州市人民政府重大行政决策程序规定》（2014）采取了“概括式+否定式排除”法，《重庆市政府重大决策程序规定》（2006）采取的是肯定式列举法。在肯定式列举中，各地方所涉事项基本可以分为政府立法类事项，规划和计划类事项，财政资金安排、使用和国有资产处置类事项，市场监管和资源开发、保护类事项，城乡建设、社会管理和公共服务类事项，应急类事项，行政机关机构改革和人员管理类事项，体制改革类事项等。

由此可见，对于重大行政决策范围的确定目前只能根据各地区的实际情况由法规、规章的制定主体因地制宜地把握。重大行政决策与一般行政决策相比，具有全局性、长期性、综合性等特点，[⑥] 针对的问题往往是宏观的基础建设性等问题，牵涉的利益群体范围广、成本投入较高，因此重大行政决策难以迅速作出，此外，重大行政决策与一般行政决策最明显的区别在于，重大行政决策程序在政治和法律的控制方面更为严格。

根据以上分析，可以将重大行政决策定义为，重大行政决策是指行政机关依法履行行政管理职能，对关系本行政区域经济社会发展全局，与公民、法人和其他组织利益密切相关的重大事项拟定、选择活动方案并作出决定的行为过程。

（二）重大行政决策公众参与的概念与本质

1. 公众参与的概念

公众参与是舶来制度，肇始于 20 世纪六七十年代西方理论界。通常认为，1960 年美国学者阿诺德·考夫曼首次提出了“参与式民主”（participatory

---

⑥ 黄学贤、桂萍：《重大行政决策之范围界定》，载《山东科技大学学报》（社会科学版）2013 年第 5 期。

democracy）概念，当时参与式民主主要运用于学校、社区、工厂等微观治理领域。1970年，美国学者佩特曼（C. Pateman）出版的《参与和民主理论》一书，把参与的领域从微观领域拓展到政治领域。⑦

公众参与又称公民参与、民众参与（popular participation），属于一种政治原则或政治实践，在西方国家通常认为它是指促进和便利受到决定或决策潜在影响或者对该决定或决策感兴趣的相关人介入或涉足该决定或决策。公众参与暗含着公众可以影响决定或决策。

塞缪尔·亨廷顿等人认为："政治参与就是平民试图影响政府决策的活动。政治参与有下面内容：第一，政治参与包括活动而不包括态度。第二，政治参与是指平民的政治活动，或者更确切地说，是指充当平民角色的那些人的活动。由此把政治参与同政治职务区分开来。第三，政治参与只是试图影响政府决策的活动。这类活动的目标指向公共当局。因为公共当局通常被认为对于社会价值的权威性分配拥有合法的最终决定权。第四，政治参与包括试图影响政府的所有活动，而不管这些活动是否产生实际效果。第五，政治参与不仅包括行动者本人自发的影响政府决策的活动，而且包括行动者受人策动而发生的影响政府决策的活动，前者称之为自动参与，后者称之为动员参与。"⑧

自20世纪90年代公众参与引入我国以来产生了不同的观点。俞可平教授对公众参与采用广义界定的方法，他认为"公民试图影响公共政策和公共生活的一切活动"⑨ 皆可称之为公众参与。在他看来，只要具备三个基本要素，即可构成公众参与。"一是参与的主体。公民参与的主体是拥有参与需求的公民，既包括作为个体的公民，也包括由个体公民组成的各种民间组织。

---

⑦ 王锡锌：《公众参与：参与式民主的理论想象及制度实践》，载《政治与法律》2008年第6期。

⑧ ［美］塞缪尔·亨廷顿、琼·纳尔逊著：《难以抉择》，汪晓寿等译，华夏出版社1989年版，第5页。

⑨ 蔡定剑：《中国公众参与的问题与前景》，载《民主与科学》2010年第5期。

二是参与的领域。社会中存在一个公民可以合法参与的公共领域，这一公共领域的主要特征是公共利益和公共理性的存在。三是参与的渠道。社会上存在着各种各样的渠道，公民可以通过这些渠道去影响公共政策和公共生活。”⑩

不过，有学者持狭义的公众参与观点，认为“作为一种制度化的公众参与民主制度，应当是指公共权力在作出立法、制定公共政策、决定公共事务或进行公共治理时，由公共权力机构通过开放的途径从公众和利害关系人或组织获取信息，听取意见，并通过反馈互动对公共决策和治理行为产生影响的各种行为”。⑪

当然也有学者把公众参与主要限定在行政管理领域，认为公众参与是“行政主体之外的个人和组织对行政过程产生影响的一系列行为的总和”。⑫

比较而言，狭义的观点较能明晰公众参与的边界，也能契合实际。狭义观点下的公众参与具有如下特点：

第一，不包括选举等政治行为，也不包括抗议等维权行为。

第二，强调行政机关与公众之间的沟通与互动性。这里的公共权力机关主要是指行政机关，但不应限于行政机关，其他行使公共权力的机关也应包括其中。公众参与强调公共机关与公众之间的交流互动，互动不但有双方信息的交换，而且有意见的交流，是一个双向的互动过程，不是公共权力机关或者公众单方的行动。

第三，注重公共权力运转的开放性。公众参与不再是公共权力机关“唱独角戏”，完全由公共权力机关“说了算”，公众参与打破了公共权力运转过程的封闭性，把公众引入其中，从而使公共权力运转成为开放性的过程。

2. 公众参与的本质

公众参与表现为公众通过不同的形式参与公共权力行使的过程，有权与

---

⑩ 王英英：《论决策模式的转换与公众参与》，第八届中国管理学年会——中国管理的国际化与本土化，2013 年 11 月。

⑪ 蔡定剑：《中国公众参与的问题与前景》，载《民主与科学》2010 年第 5 期。

⑫ 江必新、李春燕：《公众参与趋势对行政法和行政法学的挑战》，载《中国法学》2005 年第 6 期。

公共权力机关展开交流、对话，进而推动整个立法、决策或公共事务的治理。从其本质而言，公众参与是一种权力分享。在传统的制度安排下，公共权力运行表现为公共权力机关高高在上，公众或者特定的利害关系人是被管理者，一个“被”标识出公众或者特定利害关系人的角色和定位：命令的接受者，处于服从地位，具有被动性。相对应的，公共权力机关是命令的发出者，居于支配地位。公众参与的存在或者出现打破了传统公共权力的运转结构，公共权力机关不再是权力运转的完全主导者和话语权的完全控制者，公众或特定利害关系人能够影响决定或决策的作出，从而具有了一定的话语权。正是从这一意义上说，公众或特定利害关系人能够分享公共权力。

（三）建立重大行政决策公众参与制度的意义

1. 公众参与是寻求行政决策自身合法化的路径

随着政府职能由“消极行政”向“积极行政”的转变，旧有的管理主义模式下的行政机关作出单向度的决策开始面临合法性的问题。传统行政决策模式中的“传送带”理论及“专家理性理论”并不能为行政机关在现代行政活动中提供一个有效的外部合法化路径，而赋予公众更多的参与和决策权利则有望使行政决策的作出从根本上得到大众的接受和认可。“如果行政机关在政策或决定的形成过程中为所有可能受影响的利益主体提供了参与的机会和论坛，就可以通过这些参与者的协商而达成所有人所接受的妥协，这就在微观意义上体现了利益代表和参与式民主，也就是对立法过程的一种复制。”⑬据此，现代行政决策模式寻求通过公众参与来实现行政决策自身的合法化，即将旧有的单向度的行政决策模式变革为一种参与式行政决策模式，将行政决策模式视为一种行政过程，确保可能受到决策制定影响的公众都能参与到政府决策的过程中，政府与公众能够通过交流的平台，相互沟通协商，产生理解和认同，最后达成一致意见。因此，“允许利益代表的参与并在

---

⑬ 王锡锌：《依法行政的合法化逻辑及其现实情境》，载《中国法学》2008年第5期。

充分考虑各种受影响利益的基础上而作出的决策，就在微观意义上基于和立法一样的原则而获得了合法性”。

2. 公众参与是公众参与权保障和实现的重要方式

我国宪法虽然没有就公众参与权给予明确规定，但在《中华人民共和国宪法》第2条第3款中规定了“人民依照法律规定，通过各种途径和形式，管理国家事务，管理经济和文化事业，管理社会事务”。由此可见，公众参与权是在宪法框架下的一种法律预设，公众参与权的保障与实现是符合宪法精神的。根据这一预设，2008年出台的首个行政程序地方立法《湖南省行政程序规定》第28条规定：“行政程序参与人在行政程序中，依法享有知情权、参与权、表达权、监督权。”这四项权力表明行政决策中的公众参与权并非只是单一的程序性权利，而是集知情权、参与权、表达权和监督权于一身的复合型权利。而公众参与权的这四项内容则贯穿于公众参与过程的各个阶段。正如学者所说：“将公众参与过程加以分解，在每个过程之中赋予工作相应的主体性权利，并匹配相应的权利制度和救济制度，方能使公众参与得到制度性保障。”⑭

3. 公众参与是实践参与式民主的有效途径

建立民主政府的过程，即民众获得政治参与权的过程，这与民主方式息息相关。随着“新公共运动”的兴起和对精英式民主政治的批判，民众必须拥有自身的决定权：“法律体制的一个目标就是，不仅通过允许满足人们的偏好来确保资质的实现，而且更根本的是应该在偏好形成的过程中确保自治的实现”，⑮ 这一理论的核心理念是“凡生活受到某项决策影响的人，都应该参加这些决策的制定过程”。⑯ 这使得公众参与到政府行政决策中被认为是实践

---

⑭ 熊文钊、曹旭东：《公众参与的合理性和权利保障制度》，载《2007年轮法治——“反腐败法制建设”国际学术研讨会论文集》。

⑮ ［美］凯斯·R. 孙斯坦著：《设计民主：论宪法的作用》，金朝武等译，法律出版社2006年版，第189页。

⑯ ［美］约翰·奈斯比特著：《大趋势——改变我们生活的十个新方向》，孙道章译，中国社会科学出版社1984年版，第161页。

参与式民主最为有效的途径。在现代政治体制的宏观框架下，参与式民主其要旨并不在于取代代议制民主，而是在微观角度，公众参与作为一种参与式民主的形式适用于行政决策所涉及的社会服务和社会治理等领域内。其必要性在于，通过公众参与决策来提高公众学习、认识和交流能力，使公众成为“有见识的公众”（informed citizenry），[17] 从而为提升民主决策的质量和合法性提供可能。

二、实践：重大行政决策公众参与制度建设存在的问题

公众参与作为行政机关作出重大行政决策的必经程序，对于保障民主决策和科学决策具有重大意义。伴随着我国行政决策法治化进程的加快，重大行政决策公众参与制度的构建和完善工作正在有条不紊地展开，然而，通过考察公众参与制度建设的实践可以看出，我国在重大行政决策公众参与制度的建设上还存在一些问题和不足，主要表现在以下几个方面：

第一，重大行政决策过程性信息公开制度不健全，影响公众有效参与决策。公众参与行政决策的过程，就是向决策者提出主张、表达诉求，与决策者和利益冲突方进行对话、辩论、协商的过程，目的是推动决策结果朝着有利于参与者的方向发展。[18] 为了达到这一目的，公众必须充分掌握重大行政决策的相关过程性信息。实践过程中制定有关重大行政决策的程序规则时，对决策过程性信息公开的重要性认识尚有不足，没有对决策过程性信息公开作出全面、系统的制度安排，相关信息披露不足导致公众难以及时有效获取相关决策过程性信息，致使参与者无法作出有效的判断和准备而只能临场发挥，难以有效参与决策。有些公共权力机关只是单方面的宣传公共政策，仅

---

⑰ Gillian Brown, *The Consent of the Governed: the Lockean Legacy in Early American Culture*, Harvard University Press, 2001. p. 159.

⑱ 夏金莱：《论行政决策公开——从公众参与行政决策的视角》，载《河南财经政法大学学报》，2014年第4期。

把公众参与简单视为一种施政措施和工具，而没有向公众或者参与者提供充分信息，或者选择性地提供公众参与的相关信息，这势必会导致公众因不能充分掌握资讯而难以有效参与决策。

第二，重大行政决策立项建议公开征集制度不健全，导致公众难以行使立项建议权。实行重大行政决策立项建议公开征集制度，有助于从源头上保障公众对重大行政决策的积极参与。在很多情况下，公众基于维护自身合法权益的需要，也期待着政府能够就某些事项作出决策。目前我国各地已初步确立了重大行政决策立项建议公开征集制度，但其规定总体上过于简单，个别规定本身也不尽合理，导致该制度在整体上缺乏可操作性，难以在实践中发挥作用。有的地方在政府决策规则中规定了省政府拟决策事项的提出和确定程序，又规定了“公民、法人和其他组织认为某些重大事项需要提请省政府决策的，可以通过前款规定的途径提出建议”。也就是公民、法人和其他组织提出重大决策立项建议的途径须适用“省政府拟决策事项的提出和确定程序”，但是，公民、法人和其他组织通过这一途径提出立项建议并不具有可行性，因此这一规定并没有多大实际意义。[19]

第三，重大行政决策听证制度不完善，难以充分保障公众的参与权。听证是一项比较正式、严格的程序制度，如果没有科学妥当的设计和安排，听证便很容易变成“走过场”的游戏，难以发挥其应有的作用。实践中行政机关在作出重大行政决策时也经常采取举行听证会这种公众参与方式，但实际效果并不理想，原因就是重大行政决策听证制度过于粗糙。我国目前尚未制定统一的《行政程序法》对听证制度作出统一的规定，有关行政决策的听证制度仅靠各地颁布的地方性法规或规章的形式来设计，其中相当一部分只有原则性的规定，缺乏具体的、可操作性的规定。由于听证制度不健全，致使公众参与行政决策的听证程序随意性较大。例如，哪些领域或者事项应该实行听证，以及有关听证议题的确定、听证代表的遴选、听证程序的规范、听

⑲ 参见《黑龙江省人民政府重大决策规则》第8条的规定。

证笔录的效力等都没有明确的规定，行政机关没有受到刚性的约束。在实践中，许多听证代表是预先设定或者指派的，很多通过参与讨论的内容及其结论也是预先就设定的，听证代表甚至被提前告知可以提出不赞成、修改或者完善的意见和建议，但针对决策机关或者领导已经决意要推行的决策方案，不得提出质疑或者否定性意见。许多在听证中提出的意见和问题，由于缺乏制度约束，最后也沦为说了白说的状态，最终还是由领导拍板。再如，从理论上讲基于所要打算解决事项性质的不同来选择不同的参与形式是确保公众参与有效性的关键，但实践中行政机关不加区分地将各种公共参与形式作为手段适用于一切行政管制领域或事项，甚至有些行政机关根本不区分决策类型，只要进入公众参与阶段就采用听证方式，这样做的结果是严重影响公众参与的兴趣，导致公众参与的效果不佳。

第四，重大行政决策公众参与反馈制度不完善，影响公众参与决策的积极性。公众对于重大行政决策享有知情权、参与权、表达权和监督权，对于公众提出的意见或者建议，决策机关应当予以尊重，并适时作出必要的回应。如果决策机关对公众提出的意见或者建议不适时作出必要的回应，势必会影响公众参与决策的热情和信心。各地虽然确立了重大行政决策公众参与反馈制度，但还不够完善。例如，在各地实践中有时是以公民、法人和其他组织提出的意见不予采纳作为强制决策机关反馈意见的条件，有时又以公民、法人和其他组织提出的建议具有重要价值作为强制决策机关反馈意见的条件，[20]对公众参与意见是否予以反馈缺乏一致性，也不符合保障公众参与权的精神和要求。此外，关于决策机关对公众的意见或者建议进行反馈的时间也没有作出明确的要求。

第五，重大行政决策公众参与实施缺乏监督和评价体系。在重大行政决策过程中的公众参与实施状况如何，针对某个特定的行政决策是否应该推行公众参与，如何选择恰当的参与形式，具体由哪个部门负责公众参与的具体

---

⑳ 参见《黑龙江省人民政府重大决策规则》第10条、第23条的规定。

实施，如果怠于履行公众参与程序应该承担何种责任，个案中公众参与制度实施效果如何等，实践中缺乏相应的组织机构来进行全方位的监督和评价，最终使得公众参与成为一种任由政府部门选择适用的东西。有学者就指出："最后造成的结果是，听证会举行了，座谈会召开了，行政决策依然按照行政机关的预设的模样进行。"[21] 我国由于外部监督机制不够完善，公众如何参与、参与效果的评价最终还是由政府自己决定。诚然，政府内部的监督尚可发挥作用，即按照行政层级监督关系，上级行政机关可以监督下级行政机关重大行政决策公众参与制度的贯彻执行。但是，不可否认，如果涉及整个行政机关贯彻执行的效果时，这种监督模式就存在根本性的缺陷了。因此，法律除了应该对公众参与的监督作出具体的规定，还应该设计出具体的制度赋予当事人对公众参与的过程和结果提出质疑的权利，从而确保公众参与能够取得实效。

总之，从宏观上审视和分析我国重大行政决策公众参与制度建设中存在的问题，我们会发现当中还有许多需要我们予以重视并加以完善的制度内容。这些问题的存在，一方面是我国现有行政法治发展水平的体现，另一方面也是我国重大行政决策公众参与相关制度的设计缺乏统一规范和完整的制度平台所导致的结果。

三、对策：完善重大行政决策公众参与制度的建议

党的十八届四中全会作出的《中共中央关于全面推进依法治国若干重大问题的决定》明确指出，要"健全依法决策机制。把公众参与、专家论证、风险评估、合法性审查、集体讨论决定确定为重大行政决策法定程序，确保决策制度科学、程序正当、过程公开、责任明确"。

为切实保障公众对重大行政决策活动的有效参与，必须健全和完善公众

---

[21] 王锡锌：《行政过程中公众参与的制度实践》，中国法制出版社2008年版，第12页。

参与重大行政决策的相关制度。针对重大行政决策公众参与制度建设存在的问题，应当从以下几个方面加以完善：

（一）厘定公众参与的范围或事项

哪些事项适合或者应当公众参与，是推行公众参与首先要解决的问题。只有范围明确，公众参与才能顺利开展。党的十八届四中全会《决定》把公众参与确定为重大行政决策法定程序，从而表明凡重大行政决策都要经公众参与程序，然而，重大行政决策仍是一个不确定概念，因此，要厘清公众参与的范围就要明确重大行政决策的范围。

总的来说，重大行政决策限定在经济调节、市场监管、社会管理、公共服务等政务事项的范围内，但是对于具体事项，各地的理解有所不同，不少地方政府在特定的地方立法或文件中对这些具体事项作了列举。通过对地方相关立法、文件中列举的事项进行比较，我们可以将重大行政决策归纳为以下七种类型的决策事项：

一是政府立法和文件制定类事项。主要是提出地方性法规草案、制定政府规章等行政立法事项，以及市县级政府制定规范性文件的事项。

二是规划和计划类事项。主要包括编制本行政区域的国民经济和社会发展规划、年度计划等社会经济、政治和文化发展的综合规划；制定城市总体规划、土地利用规划、自然资源开发利用总体规划、生态环境保护规划等涉及城市发展的专业规划。

三是财政资金安排、使用以及国有资产处置类事项。主要包括本级政府财政预算编制、重大财政资金安排和支出、政府重大投资项目、政府重大合同行为、国有资产处置等。这类决策关涉本行政区域的大额度公共资金的运作，是政府履行职能的基础。

四是市场监管、资源利用与保护类事项。主要包括本行政区域内的经济布局、产业结构调整、市场准入条件、特种行业管理、政府定价和调整；土地、矿藏、水流、森林、山岭、荒地、滩涂、海域等自然资源开发利用和生态环境保护。

五是城乡建设、社会管理和公共服务类事项。主要包括城市基建、住宅建设、交通管理等城乡建设事项；社会治安、基层民主法制建设、民政、宗教等社会管理事项；劳动就业、社会保障、科技教育、文化卫生等基本公共服务政策举措。这类行政决策直接涉及人民群众的切身利益，是社会普遍关注的热点和社会矛盾的焦点。

六是行政机构改革和人员管理类事项。主要包括政府所属部门、重要机构的设立、撤并和职能划分、调整，以及对行政机关工作人员的奖惩任免。对此类事项看法不一，只有少数地方将其纳入。就狭义的“行政决策”而言，这些事项具有行政机关内部事务性质，一般不对行政管理相对人产生直接影响，大部分地方对其只作内部规范。

七是改革类事项。主要包括制定本行政区域的经济体制改革、行政管理体制改革、财政体制改革的重大政策。[22]

由于行政机关层级的不同及地区的不同，重大行政决策的范围也不尽相同，因此，应当通过地方立法明确不同行政机关重大行政决策的范围，从而明确公众参与重大行政决策的范围。

（二）健全重大行政决策过程性信息公开制度

公众有效参与重大行政决策的前提是决策过程性信息的公开，决策过程性信息公开的程度和公众获取这一信息的便捷程度直接影响着公众参与决策的广度和深度。[23] 如果公众对所参与的活动及相关情况一无所知或知之甚少，公众即使参与，成效也会大受影响，不能达到预期目的。因此，无论哪一种公众参与方式，事先为参与者提供或公开相应的信息材料，是做好公众参与的重要基础。为了确保公众能够有效参与重大行政决策，必须健全重大

㉒ 刘平：《上海市重大行政决策程序研究报告》，载《政府法制研究》2009 年第 3 期。

㉓ 邓世豹：《完善重大行政决策公众参与制度》，载《南方日报》2014 年 2 月 24 日，第 2 版，

行政决策过程性信息公开制度，充分保障公众对重大行政决策活动的知情权。凡是决策机关在决策过程中形成的政府信息，只要属于公开范围的，决策机关都应当及时、全面、准确地公开。

有关公众参与前应当向公众或者参与者提供哪些信息或者材料，尚无统一规定，需要根据具体领域分析，整体来看规定较少。《湖南省行政程序规定》第35条规定："除依法不得公开的事项外，决策承办单位应当向社会公布重大行政决策方案草案，征求公众意见。公布的事项包括：（一）重大行政决策方案草案及其说明；（二）公众提交意见的途径、方式和起止时间；（三）联系部门和联系方式，包括通信地址、电话、传真和电子邮箱等。"依此规定，向公众提供的信息主要是"重大行政决策方案草案及其说明"。《济宁市重大行政决策程序规定》则针对不同公众参与提出不同的信息提供或者公布要求。对听证会，"决策事项承办单位应当在听证会举行15日前公告下列事项：（一）举行听证会的时间、地点；（二）拟作出行政决策的内容、理由、依据和背景资料；（三）申请参加听证会的时间、方式"。对以座谈会方式征求公众意见的，"决策事项承办单位应当邀请有利害关系的公民、法人或者其他社会组织代表参加。决策方案及其起草说明应当至少提前5日送达与会代表"。对以开放式听取意见方式征求公众意见的，"应当在举行开放式听取意见的3日前，将决策方案、开放式听取意见的时间、地点等有关事项向社会公布"。上述规定属于对公众参与信息提供或者公布的安排比较好，不仅有规定，而且力求作出合理的规定，可以作出参照和参考。

（三）健全重大行政决策建议项目公开征集制度

为了推进民主决策，切实保障公众的参与权，决策机关在重大行政决策的立项阶段即应当充分保证公众的有效参与。为此，决策机关应当通过门户网站或者报刊等媒体向公众公开征集重大行政决策建议项目，实行"开门决策"，使重大行政决策项目的确定符合民情、集中民智、体现民意。

首先，要明确公民、法人和其他组织有向决策机关提出重大行政决策立项建议的权利，畅通公民、法人和其他组织提出建议的渠道。公民、法人和其他组织认为某些重大事项需要提请有关行政机关作出决策的，可以通过信函、电子邮件和传真等方式，向决策机关提出立项建议。决策机关认为公民、法人和其他组织提出的立项建议符合要求的，应当依照有关规定予以办理立项手续，并告知提出建议的公民、法人和其他组织。

其次，要对行政机关公开征集重大行政决策立项建议的行为予以规范，确保“开门决策”落到实处。行政机关主动公开征集重大行政决策立项建议的，应当面向全社会发布公开征集立项建议的公告，以方便公众有针对性地提出重大行政决策立项建议。在公告中，行政机关应当载明征集对象、征集内容、征集要求、[24] 征集截止日期、建议报送方式、征集单位等内容。

（四）完善重大行政决策听证制度

充分听取社会公众的意见是重大行政决策的必经程序，而听取公众意见的最有效方式就是听证。听证程序是指行政机关通过举行“听证会”的形式，听取当事人意见的程序。在听证程序中，行政机关采用类似法庭审判程序的方式听取意见，参加听证会的主体相互之间进行口头辩论、质证，这是行政机关听取意见所能采用的最为正式、最为严格的形式。[25] 在重大行政决策程序中建立听证程序，有利于最大限度地保障公众的决策参与权，增强行政决策的客观公正性、可接受性。

听证制度的核心在于听证代表的选取，而代表的确定既要考虑到程序的容纳性，也要考虑到代表的广泛性和代表性。代表的遴选应当把握两点：一是尽量选择与参与事项有利害关系的人；二是选取的代表要考虑其所代表的不同利益情况，要使各方利益的代表形成均势，即代表数量应当尽量相

---

[24] 一般而言，提出重大行政决策项目建议，应当明确决策项目名称，阐明决策的必要性、可行性，所要解决的主要问题和拟确立的制度等方面的内容，并注明联系人和联系方式。

[25] 王万华：《重大行政决策中的公众参与制度构建》，载《中共浙江省委党校学报》2014 年第 5 期。

同，不能比例失调。代表的数量不宜固定，而应在代表的广泛性和代表性确定。

不过，如何遴选代表仍是复杂的技术性问题。国内现有立法规定不多，一些地方立法对此作出了规定。例如，《山东省行政程序规定》的安排是，与听证事项有利害关系的公民、法人和其他组织，可以申请参加听证会。决策事项承办单位应当根据听证公告确定的条件、受理申请的先后顺序和持不同意见人员比例相当的原则，合理确定参加人。决策事项承办单位可以根据需要邀请有关专业人员、专家学者参加听证会。申请参加听证会的人数较多的，决策事项承办单位应当随机选择参加人。听证参加人的基本情况应当向社会公布。《济宁市重大行政决策程序规定》则更进一步，规定“与听证事项有利害关系的公民、法人和其他组织，可以申请参加听证会。申请参加听证会的人数不超过50人的，决策事项承办单位应当采取适当方式让申请人全部参加听证会。申请参加听证会的人数超过50人的，决策事项承办单位应当根据听证公告确定的条件、受理申请的先后顺序和持不同意见人员比例相当的原则，合理确定参加人。决策事项承办单位可以根据需要邀请人大代表、政协委员、有关专业人员、专家学者参加听证会。听证参加人的基本情况应当向社会公布”。

（五）完善重大行政决策公众参与反馈制度，构建公众参与监督与评价体系

公众有参与重大行政决策的权利，可以通过信函、电报、电传、传真、电子数据交换和电子邮件等方式向决策机关提出建议或者意见。对于公众提出的建议或者意见有特定形式和内容要求的，决策机关应当事先公告；提出建议或者意见需要采用格式文本的，决策机关应当向公众开放提供相关格式文本。对于公众提出的建议或者意见，决策机关必须认真听取，并及时予以反馈。对公众提出的建议或者意见，若行政机关不及时予以反馈，势必会影响到公众参与决策的热情和信心，更难以确保公众参与决策的效果。

首先，要建立公众参与决策建议或者意见的登记制度。对公众提出的相

关建议或者意见进行登记，是建立公众参与反馈制度的前提，也是决策机关确定反馈对象的重要依据。对于公众提出的建议或者意见，决策机关应当及时予以登记。在这一阶段，决策机关无须考虑建议或者意见本身的科学性、合理性，只要公众提出的意见或者建议与决策机关的决策事项相关，决策机关原则上即予以登记。

其次，要建立对公众参与决策建议或者意见的答复制度。对于登记在册的决策建议或者意见，决策机关无论是否采纳，都有向提出建议或者意见的公众及时作出答复的义务。决策机关认为公众提出的建议或者意见符合要求，决定予以采纳的，应当及时通知提出建议或者意见的公众。决策机关认为公众提出的建议或者意见不符合要求，决定不予采纳的，应当及时向提出建议或者意见的公众作出必要的解释或者说明。决策机关要求公众对提出的建议或者意见进一步予以补充、完善的，针对公众补充、完善的建议或者意见，决策机关亦应及时作出答复。决策机关就公众提出的建议或者意见，原则上应当采用“一对一”的方式答复，唯在特殊情况下才可以采用“一对多”的方式答复。

对于公众参与监督评价机制的设计与执行，最关键就是信息的获取、解读与交换，没有适当的信息处理机制，就没有有效的监督评价机制，而信息反馈是监督评价能够有效运作的前提条件。建立健全公众参与监督与评价体系除应进一步完善前文所述对重大行政决策公众参与情况所进行的政府内部监督机制，同时还应构建外部监督机制，监督主体除传统意义上的民意机关如人大、政协以外，同时还应允许公众参与者，具有影响力、分析力、代表性的专业团体或具有号召力和公信力的社会知名人士以媒体作为平台，对公众参与的运行过程以及产生的效果进行评价。具体操作方法可以借鉴美国行政规章制定的“公告—评论”程序。行政机关将拟引入公众参与的事项及其相关文件材料、公众参与的运行情况尤其是采用听证过程中的听证笔录以及对公众意见的反馈情况在政府公报或是其他媒体上公布，让公众知晓，然后在一定期限内，公众参与者、知名人士或相关领域专家都可以针对所进行的公众参与的实体以及程序性问题提出质疑作出评价。

法治政府建设的地方程序立法推进*

——兼论制定《北京市行政程序条例》的几个问题

王万华**

法治政府建设是依法治国战略的重要组成部分，党的十八届四中全会通过的《中共中央关于全面推进依法治国若干重大问题的决定》（以下简称《决定》）提出“深入推进依法行政、加快建设法治政府”，要求“完善行政组织和行政程序法律制度”，进而明确提出完善公众参与政府立法机制、把公众参与等确定为重大行政决策法定程序、完善执法程序、建立健全行政裁量权基准制、推行行政执法公示制度等一系列程序机制，需要完善行政程序立法予以回应。《决定》通过之后，江苏省、宁夏回族自治区相继在2015年1月发布《江苏省行政程序规定》和《宁夏回族自治区行政程序规定》，继湖南省、山东省之后，地方在省级层面出现新一轮制定地方行政程序规定的立法趋势。目前出台的12部地方行政程序规定都是以政府规章和行政规范性文件的形式出现，体现了政府自我约束、自我限权。与其他地方不同，北京市首次尝试以制定地方性法规的方式制定行政程序立法，以全面推进北京市的法治政府建设，如果立法成功，将实现政府立法到人大立法的突破，这对未来全国人大制定《行政程序法》无疑具有十分重要的意义。目前，《北京市行政程序条

---

* 本文是北京市人大常委会委托项目“《北京市行政程序条例》预案研究”项目的研究成果，原发表于《法学杂志》2015年第8期。

** 王万华，“2011计划”司法文明协同创新中心研究人员、中国政法大学诉讼法学研究院教授。

例》（以下简称《条例》）的立法工作已经开始启动，[①] 本文拟就《条例》制定的背景、要解决的主要问题、立法定位、《条例》拟建构的主要程序制度等内容展开探讨，以期进一步推动《条例》的起草工作。

一、法治政府建设的内容扩展和路径调整对完善行政程序立法提出要求

（一）法治政府建设的内容扩展与程序主义进路的确立

20 世纪的百年间，随着西方国家普遍由议会国家转型为行政国家，[②] 为回应行政权扩张带来的规范需求，世界范围出现三次相对集中的行政程序法典化时期。[③] 其中，美国于 1946 年、德国于 1976 年、日本于 1993 年、我国台湾地区于 1999 年制定行政程序法，通过完善行政程序立法规范行政权成为域外普遍应用的规范机制。近年来，完善行政程序法的努力在域外进一步由国家层面发展到国际组织层面，[④] 2014 年 9 月 1 日，欧盟行政法研究网发布了由来自德国、法国、意大利、英国、荷兰、波兰等国家的 18 位著名公法学者历经五年完成的《欧盟示范行政程序法》，[⑤] 法案的目的和宗旨是将欧盟宪法确立的良好行政的基本原则制度化，保障欧盟法律得到更好实施。法案包括

---

① 《北京市行政程序条例》于 2013 年作为“任期内调研起草、根据国家立法进程适时安排或者条件成熟时制定、修订的法规”列入北京市地方性法规五年立法规划（2013-2017）中；作为法规预案研究项目列入北京市人大常委会 2014 年立法工作计划中，该项预案研究工作委托应松年教授主持完成，王万华教授承担撰写工作；在 2015 年北京市人大常委会立法工作安排中列为“对行政程序条例开展立项论证”。

② 许崇德、王振民：《由议会主导到行政主导——评当代宪法发展的一个趋势》，载《清华大学学报》（哲社版）1997 年第 3 期。

③ 三次立法浪潮可参见王万华：《行政程序法研究》，中国法制出版社 2000 年版，第 70-81 页。

④ 2011 年 10 月 16 日在北京京仪大酒店举行的“中国-欧盟行政程序法高峰论坛”上，来自德国汉堡大学的 Armin Hatje 教授就欧盟制定《行政程序法》之必要性及面临的问题作了主题报告。

⑤ Herwig C. H. Hofmann, Jens-Peter Schneider and Jacques Ziller edited: ReNEUAL Model Rules on EU Administrative Procedure, 2014 Version for online publication, http: // www. Reneual. Eu., visited in Sep. 10, 2014.

总则、行政规章制定、行政决定、行政合同、相互协助、行政信息管理六章。

域外普遍推行的行政程序法治经验在《决定》关于法治政府建设的表述中得到吸收采纳。《决定》明确提出“完善行政组织和行政程序法律制度，推进机构、职能、权限、程序、责任法定化”，并对如何完善行政程序法律制度提出具体制度建构要求，包括：

1. 政府重大行政决策程序法定化。随着社会、经济、文化快速发展，制定重大行政决策和出台红头文件成为政府日益普遍使用的管理工具，但由于缺乏法律规范和对利益受影响主体的救济机制，受领导追求短期政绩影响，这些行为随意性很大，三拍决策现象较为普遍，带来一系列问题，诸如决策失误给国家财产造成重大损失，决策不公引发很多信访问题，决策不透明产生大量官员腐败问题。对此，《决定》明确提出健全依法决策机制，把公众参与、专家论证、风险评估、合法性审查、集体讨论决定确定为重大行政决策法定程序，需要立法予以回应。

2. 完善行政法规、规章制定程序。《决定》要求完善公众参与政府立法机制；行政机关不得法外设定权力，涉及公民、法人或其他组织权利和义务的规范性文件，按照政府信息公开要求和程序予以公布。

3. 加强对行政执法过程的规范。行政诉讼、行政复议、国家赔偿、行政监察、行政问责等都属于事后监督与救济机制，不能直接规范行政执法本身，《决定》要求将规范机制由事后监督向事前、事中进行规范扩展，并提出了一系列规范行政执法活动过程的具体机制，如提出完善执法程序，建立执法全过程记录制度，明确具体操作流程，严格执行重大执法决定法制审核制度，建立健全行政裁量权基准制度，加强行政执法信息化建设，推行行政执法公示制度等。

4. 确立公开原则作为规范行政权的核心机制。公开是现代行政程序立法的核心要素，《决定》提出全面推进政务公开，要求坚持以公开为常态、不公开为例外原则，推进决策公开、执行公开、管理公开、服务公开和结果公开。

5. 要求完善公众参与机制。公众参与政府活动过程是现代行政程序的基本要求，是实现国家管理向公共治理转型的重要机制。党的十八届三中全会提出改革的总目标是实现“国家治理体系和治理能力现代化”，为达成这一目标，《决定》提出要完善公众参与机制，包括完善公众参与政府立法机制，把公众参与作为重大行政决策法定程序之一。

在全面推进依法治国时代背景之下，《决定》对法治政府建设的内容与路径作出调整，值得我们关注：

第一，规范对象由部门扩展到政府，政府的行政行为成为行政法治调整规范的重点。法治政府建设的重心长期以来放在政府工作部门的行政执法活动，政府的重大行政决策行为和制定行政规范性文件的行为在国家法层面一直没有出台立法予以规范，由此引发的行政争议也不属于行政复议与行政诉讼受案范围，难以对政府行为形成有效的监督与制约。与针对特定当事人作出的执法决定相比较，重大行政决策和行政规范性文件以不特定多数人为对象作出，社会影响更大，实践中存在的问题也更多，很多上访和群访事件都与重大行政决策和红头文件的随意发布有关，非常有必要纳入法治轨道。《决定》将政府行政行为纳入法治政府建设的工作重点，对推动法治政府建设具有十分重要意义。

第二，提升行政效能与防止行政权滥用并重。传统行政法主要关注如何防止行政权滥用，这一点在《决定》中得到进一步强化，如多处提到“行政机关法无授权不可为”，“行政机关不得法外设定权力”。行政权具有支配性，因而需要防止滥用，以保障公民权利。同时，行政又是一种积极的国家作用，仅仅防止行政权滥用并不充分，公民福祉还需依赖一个有作为的政府，行政法还需要促进行政机关积极作为，为民众提供良好公共服务。对此，《决定》对如何提升行政效能也提出了要求，拓展了法治政府建设的内容，包括加强行政执法信息化建设和信息共享，提高执法效率和规范化水平；推进政务公开信息化，加强互联网政务信息数据服务平台和便民服务平台建设等。党的十八大以来国务院一直在持续推进简政放权，其中简政的主要内容就是简化程序，优化流程，方便公民、企业办事，为民众提供更为便捷的服务，为市场经济的发展提供便捷服务。根据欧盟的要求，简化经济活动的许可程序，为企业提供优质公共服务，亦是德国《联邦行政程序法》上最新发展内容。⑥ 通过完善程序立法，提升行政效能，将成为未来行政法治建设的重要内容。

第三，法治政府建设主要路径转向程序法治进路，强调对行政活动的过程进行规范。与行政复议、行政诉讼、行政问责等事后监督机制相比较，⑦ 行政程序法直接规范行政权力的运行过程，对行政权力的规范更为直接，规范力度也因而更大。《决定》将规范行政活动的主要机制由事后监督扩展到过程规范，包括将重大决策程序法定化，完善行政执法的过程，全面推进政务公开包括结果公开与过程公开。这些要求体现了通过法定程序规范行政活动过程进而规范行政权合法、公正、高效行使的规范思路，程序进路成为建设法治政府的主要实现机制，完善行政程序立法成为推动法治政府建设的制度保障。

（二）法治政府建设的程序主义进路的确立需要制定综合性统一行政程序立法予以回应

法治政府建设的程序主义进路的确立提出完善行政程序立法的要求。完善行政程序立法首先需要解决立法路径问题。立法路径涉及两个方面的问题：其一是继续“零售立法”的单行法思路，还是转向制定综合性的统一行政程序法？其二是继续地方先行的先地方、后中央立法思路，还是直接转向由全国人大制定《行政程序法典》？

1. 行政程序立法应当由零售立法转向制定综合性统一立法

制定单行《行政处罚法》《行政许可法》是中国特有之立法现象，但这实

---

⑥ 2014年11月4日，笔者在德国汉堡大学作短暂访问期间，Armin Hatje 教授对德国《联邦行政程序法》的最新发展作了简要介绍，其中提到简化程序。

⑦ 关于目前的法治政府建设机制体系存在的结构性缺陷的分析请参见王万华：《法治政府建设的程序主义进路》，载《法学研究》2013年第4期。

为受制于特定时期学理研究之不足与行政法治发展初期所限的结果，并非有何特别优势。《行政处罚法》的立法工作起步于1991年，当时学界关于行政程序法的理论研究刚刚起步；立法层面，行政程序立法尚非常薄弱，数量不多的行政程序法律规范主要是部门规章和地方立法。针对当时情况，立法者确立了从单行法入手，“成熟一个、制定一个”的“零售立法”思路。⑧ 零售立法的思路是符合当时的社会条件的，但随着社会的发展，只能解决特别规范需求的单行立法已经远远不能适应法治政府建设的需要，主要体现在以下几个方面：

第一，难以满足法治政府建设内容扩展带来的立法需求。全面推进依法治国时代背景之下，法治政府建设作为依法治国战略的重要组成部分，其内容全面扩展，从部门的行政执法扩展到政府的重大行政决策与行政立法、行政规范性文件，从传统的高权行政扩展到以双方合意为基础的行政合同，从传统行政法关注的防止权力滥用扩展到促进行政权力积极行使，内容十分丰富。如果延续单行立法的思路，需要针对应规范的行政行为逐一立法，而仅行政执法活动类型就有二十余种，⑨ 立法速度远远跟不上立法需求，难以避免出现立法空白。

第二，单行立法只能满足特别规范立法需求，不具有普遍适用性，无法对基本原则、行政程序证据制度、行政裁量权规范机制等具有普遍适用性的一般性程序规范作出规定，而后者，才是完善行政程序立法重点需要规定的内容。行政管理实践中存在的很多问题带有普遍性，暴露了总则性质法律规范的缺失，如执法不公问题并不局限于某个部门，不局限于某类执法活动，不局限于某个地方，只是在不同部门、不同类型执法活动、不同地方存

⑧ 时任全国人大法工委国家法室主任、全国人大法工委原副主任、中国立法学研究会会长张春生在多次关于行政程序法理论研讨会上都表达了这一观点。

⑨ 最高人民法院2004年公布的《最高人民法院关于规范行政案由的通知》中列举的行政行为种类有27种，除行政处罚、行政许可、行政强制之外，还包括行政确认、行政合同、行政奖励、行政补偿、行政给付、行政征用、行政征购等20余种。

在的严重程度不同而已。单行立法受制于立法权限，无法对具有普遍适用效力的一般性规范作出规定，需要制定统一行政程序立法。

第三，《行政处罚法》《行政许可法》都存在被规避适用的问题，显示综合性立法缺失带来的法律易被规避适用的困境，制定综合性立法则可以防止立法规避适用问题。调研中发现，为了规避争讼风险，个别执法机关一年里没有作出一件行政处罚决定，而是代之以约谈当事人的方式在进行执法。

第四，单行立法存在很多自身无法克服的技术问题，容易出现各单行法之间缺乏内在逻辑联系，重复立法、法律规定相互重叠、条文“打架”等现象。

2. 继续地方立法先行的思路，地方立法积累到一定量之后，制定国家层面《行政程序法》

2008 年，湖南省制定全国第一部行政程序规定，即《湖南省行政程序规定》，开统一行政程序立法的先河。目前，已经有十二个地方制定行政程序规定，[10] 其中，湖南省、山东省、江苏省、宁夏回族自治区为省级行政程序规定，覆盖人口约二亿五千万人，浙江省、北京市、重庆市正在起草地方行政程序立法。延续地方立法先行的立法思路，主要基于以下考虑：

第一，《行政复议法》修改目前尚未开始，启动《行政程序法》立法工作可能性很小，由地方先行立法制定行政程序规定，一方面可以先行在地方推动法治政府建设，另一方面可以通过地方量的增加为《行政程序法》出台积累立法基础，走一条政府信息公开立法的路径，当地方立法积累到一定量的时候，国家层面《行政程序法》的出台就是水到渠成之事。

第二，有助于化解立法存在的争议。制定统一行政程序法典面临的质疑之一是中国地区发展极不平衡，反对者担心普遍性程序制度是否存在某些地

---

⑩ 其他 11 个地方是：山东省（2011 年）、江苏省（2015 年）、宁夏回族自治区（2015 年）、陕西省西安市（2013 年）、海南省海口市（2013 年）、广东省汕头市（2011 年）、甘肃省酒泉市（2013 年）、河北省邢台市（2013 年）、四川省凉山自治州（2009 年）、青海海北藏族自治州（2012 年发布试行规定、2014 年发布正式规定）、云南省永平县（2010 年）。

方水土不服的问题。其实，“程序法富有科学性与技术性，与实体法比较，少有国家、民族、地方、传统或伦理色彩”。[⑪] 已经出台的十二部地方行政程序规定，内容上相似度非常高，基本以第一部《湖南省行政程序规定》为模板，反映地方行政程序立法面临问题的相似性。地方立法先行，可以化解立法难以普遍适用的担忧，使国家层面《行政程序法》在总结地方共性问题基础上具有更强的适用性。

第三，为行政程序法治实践积累基础。地方行政程序立法与实施的过程，是一个培育行政人员和公民、企业程序法观念和认识的过程。[⑫] 地方立法先行，可以为国家层面《行政程序法》的实施作好积累和准备。《行政程序法》制定后，在已制定行政程序规定的地方实施将会更为顺利。

北京市人大拟制定《北京市行政程序条例》，积极回应了《决定》在新的社会条件下对法治政府建设内容和路径作出调整之后对完善行政程序立法提出的新的要求，并首次尝试以地方性法规的方式完善统一行政程序立法，实现政府立法到人大立法的突破，顺应了《立法法》修改提出的加强人大立法主导的立法工作方向，对未来全国人大制定《行政程序法》具有十分重要意义。

二、制定《北京市行政程序条例》要解决的主要问题

预案研究工作小组经过在北京市展开调研，发现当前主要存在以下问题，需要完善程序立法予以规范。

1. 重大行政决策程序机制不完善，定量分析论证不足，公众参与欠

---

⑪ 翁岳生：《日本1964年行政程序法草案研究》，载翁岳生：《行政法与现代法治国家》1990年，第329页。

⑫ 笔者于2013年在湖南省就《湖南省行政程序规定》实施情况进行调研，发现《湖南省行政程序规定》实施五年来，行政程序由最初不为公务员和民众熟悉，到逐渐转化为为人们所熟悉的新的工作机制。

缺，决策透明度不够，难以对领导合法决策、科学决策、民主决策形成有效约束。完善重大行政决策法定程序是《决定》的重要内容，北京市在重大行政决策中存在以下几个方面的问题需要完善立法予以规范：（1）部分重大行政决策越权决策，侵犯公民、企业权利，如长期实行的交通限行措施对公民财产权利的行使构成限制，违反职权法定原则。（2）有的重大行政决策缺乏科学论证，实施效果不理想。（3）重大行政决策听取公众意见不够。政府决策习惯于听取人大、政协、部门的意见，不重视听取公众意见。（4）有的重大决策综合统筹不足，存在部门本位现象。一些重大行政决策的作出仅仅考虑如何尽快促进城市经济发展目标的实现，忽视对环境保护、文化历史名城保护等因素的考虑。

2. 行政规范性文件制定存在随意发文、越权发文、临时文件长期适用问题。《决定》提出加强和改进政府立法制度建设，北京市目前仅制定了《北京市行政规范性备案监督办法》，侧重事后监督备案，行政规范性文件制定程序还缺乏规范，有的行政规范性文件越权为公民、企业设定义务；有的部门随意发文，文件数量大但缺乏有效管理，难以及时清理，文件之间重复规定、前后冲突等问题不同程度存在；有的试行性规定、暂时性规定长期适用，得不到及时废止。

3. 行政执法存在多方面问题需要完善立法。（1）执法体制不顺带来多层执法、多头执法问题。（2）公民、企业权利在执法过程中缺乏程序保障，越权执法、执法谋利等执法乱作为现象存在，需要通过立法加强对当事人在执法过程中的阅览卷宗权、陈述意见权等程序权利保障，完善对执法权的制约与监督机制。（3）执法不作为、拖延履职、执法不力。执法中的懒政、怠政现象造成法律得不到有效实施，一些违法行为长期得不到制止、纠正，执法缺位在社会上形成守法者不利、违法者获利的不良导向。（4）行政执法常态执法机制不足，执法不规范。（5）执法裁量权行使缺乏明确的规则指引，执法不公问题较为突出，损害政府公信力。为解决执法不公问题，《决定》提出建立健全行政裁量权基准制度，需要完善立法予以回应。（6）执法效能不足，需要完善相关机制提高政府公共服务水平。《决定》明确提出要推动行政执法的信息化，北京近年来在推进行政信息化建设，优化行政流程，提供便民服务等方面发展很快，但仍然存在执法信息共享缺乏制度保障等问题，需要完善机制予以规范。

4. 行政合同等创新性行政管理方式需要立法予以明确。行政合同在行政管理实践中得到广泛应用，适用于政府特许经营、国有土地使用权出让、政府采购等事项。党的十八届三中全会《深化改革若干重大决定》中明确提出地方政府要加强各类公共服务提供，推广政府购买服务，凡属事务性管理服务，原则上都要引入竞争机制，通过合同、委托等方式向社会购买服务，行政合同在未来的应用将会更为宽泛，我国需要借鉴德国等国家立法经验，在行政程序立法中对行政合同这一新的管理方式作出规定。

三、起草《北京市行政程序条例专家建议稿》的立法定位

（一）立法目的

制定《条例》的立法目的分为根本目的与直接目的两个层次。制定《条例》的根本目的是贯彻落实党的十八届四中全会《决定》关于“深入推进依法行政、加快法治政府建设”对完善行政程序立法提出的要求，全面推动北京市法治政府建设。为实现这一根本目的，《北京市行政程序条例专家建议稿》（以下简称《建议稿》）规定《条例》的直接目的包括两个方面：保障公民权利和提升行政效能。这一定位主要基于以下考虑：

第一，《决定》对完善立法规范行政权提出双重要求。《决定》在法治政府建设中要求一方面要防止行政权力滥用，保障行政权合法、公正行使；另一方面要能够提高行政效能，提升政府公共服务水平。

第二，行政活动的双重性产生双重规范需求。一方面，行政活动是行政权的体现，而行政权力作为一种国家权力，具有高权支配性，没有制约的权

力容易被滥用，因此，立法要防止行政机关滥用权力侵犯公民权利，保障公民、法人或其他组织的权利是立法的首要目的。另一方面，行政活动性质上是一种积极的国家作用，国家法律的有效实施，优质的公共服务的提供，都依赖于一个有效率的政府，因此，立法不是单纯限权，相反，要通过立法来提升行政效能。包括通过限制行政官员的恣意，保障行政活动在法律范围内实施；通过优化程序，简化经济活动领域的管制程序，推动经济发展；通过立法促使行政人员积极作为，保障法律得到有效实施。

第三，现代行政权力运行包含行政民主与行政理性两方面基本要求。全面推进依法治国是为了实现三中全会确立的“实现国家治理体系和治理能力现代化”的改革总目标，基于行政权在现代国家权力结构中的地位，行政的现代化转型是实现国家治理体系和治理能力现代化的关键，法治政府建设要保障政府公共管理实现现代转型，因此，制定《条例》，要契合现代行政的基本理念与基本要求，推动行政权力运行机制实现现代化转型。源起于西欧、现成为人类社会发展历史阶段的现代化有两点核心基本要求：其一是人的主体性地位的确立。⑬ 对个体独立主体地位的尊重是行政权运行首先需要符合的基本要求，因此，保障公民在行政权力运行过程中的程序权利是立法的首要目的。其二是理性主义渗透入人类活动的各个方面。韦伯理性化的概念既包括个人行动和观念的理性化，也包括社会的各种制度、组织和结构的理性化。通过制定《条例》推动政府活动理性化，特别是对解决实践中较为普遍存在的拍脑袋决策，决策定量分析不够，科学论证不足等决策非理性现象有十分重要意义。

第四，就北京市行政管理面临的问题来看，也带有双重性，需要通过立法达到提升行政效能和防止行政机关滥用权力、保障公民权利的双重目的。北京行政管理存在两方面的问题：一方面是行政活动中存在权力滥用、执法不公问题，需要进一步完善制度实现行政公正；另一方面是公共管理效能有

---

⑬ ［德］哈贝马斯著：《现代性的哲学话语》，曹卫东等译，译林出版社2004年版，第19页。

待提升。行政管理效能不足，形式上体现为国家立法得不到有效实施，实质上是政府不能提供有效的公共治理和公共服务，受损害的是民众的利益，影响城市的可持续发展，需要通过制度来提升行政效能。

（二）立法内容定位

《建议稿》在确定《条例》规定内容时考虑了以下几点因素：其一，回应《决定》对完善行政程序立法提出的基本思路与制度构建要求。其二，回应北京市行政管理中存在的主要问题，针对问题，建构制度，解决问题。其三，立法要能够推动北京行政管理实现国家管理到公共治理的现代转型，程序机制相应要契合现代行政权力运行机制的基本要求。基于三点因素考虑，《建议稿》在内容上作出如下定位：（1）将政府行为包括重大行政决策与行政规范性文件纳入《条例》规范的范围。重大行政决策程序法定化是《决定》提出的主要内容，《建议稿》重点对重大行政决策的五大法定程序及责任机制作出规定。（2）以外部行政程序为重点，对内部行政程序适当进行规范。（3）除规范传统高权行政执法方式之外，还规定了行政合同、行政指导等新型行政管理方式。（4）将公开、透明作为规范行政权的核心机制，其基本要求涵盖行政活动的方方面面。《建议稿》回应《决定》关于“全面推进政务公开”的基本要求，对重大行政决策、行政规范性文件、行政执法、行政合同、行政指导中的过程公开与结果公开作出明确规定。（5）将完善公众参与制度作为推动政府管理向公共治理转型的主要机制。（6）回应党的十八大以来国务院一直推动的简政放权各项改革，将简化对外行政程序和优化内部行政流程作为提升行政效能、提供良好公共服务的主要机制。

（三）立法架构以行政行为类型为主线

行政行为类型多样，性质差异很大，对程序的要求差别也很大，因此，根据行政行为的类型来架构相应的程序制度是合理的，可以使程序制度更具有针对性。如重大行政决策是一种公共意志表达的活动，如何让各种利益诉求进入决策过程，最终决策如何整合各种利益，是决策程序要解决的核心问题。行政执法以特定当事人为对象，执法机关在认定事实基础上，作出执法决定，保证事实认定的准确和执法过程中当事人的权利，是执法程序要解决的主要问题。《建议稿》以行政行为为架构主线，对于不同类型行政行为共同适用的制度，则采用指引性条款明确所适用的条款。

（四）程序制度构建遵循充分类型化思路

行政有效运转需要人财物等行政资源支撑，近年来，行政管理实践日益面临行政事务繁多与行政资源不足的矛盾。解决这个问题，首先需要政府转变职能，放权给市场和社会。在政府职能范围内，则需要通过程序制度类型化来合理配置行政资源，根据行政事务的大小繁简实行程序分流。这一点最为典型的是美国1946年《联邦行政程序法》。该法将程序制度分为四种：规章制定正式程序、规章制定非正式程序；裁决正式程序、裁决非正式程序，其中，又以非正式程序为主，正式程序只有在法律要求根据听证笔录作出最终决定时才适用。《建议稿》在程序制度构建时遵循了充分类型化的思路，包括：（1）根据行政事务的性质，实行程序繁简分流，扩大简易程序适用范围。（2）区分行政结果对当事人权利产生的影响，将程序区分为不利决定程序与授益决定程序。（3）区分常态行政程序与紧急状态行政程序。《建议稿》仅规定常态行政程序，通过指引性条文明确紧急状态行政程序适用特别法的规定。

（五）条文表述强调制度可操作性

我国立法工作已经由最初的“宜粗不宜细”调整为注重“立法质量”，提升立法质量的一项重要内容就是法律条文应当有可操作性，尤其程序立法应当满足这一基本要求。《立法法》修订对第6条增加规定一款“法律规范应当明确、具体，具有针对性和可行执行性”。《建议稿》注重程序制度的可操作性，以避免下位法重复细化立法。

论政府采购招标行为法律属性及其规制*

——以正当行政程序为展开

叶树理**

一、政府采购招标行为适用“双阶理论”

政府采购采用公开招标方式选择供应商，其招投标过程适用《中华人民共和国招投标法》（以下简称《招投标法》），对于政府机关的招标行为，《招投标法》并未明确规定，加之招标、评标过程均由政府部门掌控，法律亦尚未对政府部门招标（含评标）行为有一个明确的法律定性，从而导致政府部门在招投标过程中有大量的行政裁量空间的存在，因而规范政府采购的招标行为势必是整个招投标程序顺利的关键环节。要对政府采购中招标行为进行法律约束，势必应当对其招标行为进行法律定性，确定招标行为的法律属性。就目前学说上来看，对政府采购招标行为仁智见解不一，众说纷纭，但学说争议的存在不影响法律的适用，相反地，国外包括我国台湾地区均有对政府采购行为的明确立法以及法律适用。因此，对政府采购招标行为定性是规范整个政府采购招投标程序的重点问题。

（一）民事行为说

有认为政府采购招标是民事行为，不是具体行政行为，供应商不能对投

---

* 本文原发表于《法制与社会》2015年第8期，有增节。

** 叶树理，东南大学法学院教授，东南大学工程法研究所副所长。

标争议提起行政复议或者行政诉讼，对招标、评标、决标过程中发生的争议，只能通过申诉制度进行救济；[①] 也有认为政府采购招标本质上民事行为，但兼具有行政性特点，并且政府采购主要由《合同法》《招投标法》等民事法律规范调整，同时兼由行政法规调整。[②] 这两种观点的存在，首先其没有考虑政府采购招标程序的特殊性。政府采购招标并不是完全的私法自治，而是各投标人在满足政府部门规定的招标条件下以获取中标的缔约机会，而这种机会并不是像民事契约那样自然就平等地存在，虽然我国《政府采购法》有明文规定政府采购合同适用《合同法》，但这毕竟是对政府采购经招投标程序缔结后而发生的法律效果，并不能当然类推适用政府采购合同的缔结程序，亦即招投标程序。同时，我国缔结私法契约在理论上的一般程序与《合同法》在立法上均未有招投标程序之规定，如果当然地将政府采购招投标适用《合同法》之规定亦无法周全保护投标当事人之利益，从政府采购合同适用《合同法》的法律效果来倒推政府采购行为（招标行为）是私法行为既在逻辑上的混乱，也在法律原理上站不住脚，因此完全彻底地肯定政府采购招标为私法契约应当不妥。而且，政府采购工程采购契约就立法而言，《政府采购法》亦有其特殊性，不同于一般的民事性法律，也正是因为如此，在实际操作和适用法律过程中，就政府工程采购来说，应当优先适用《政府采购法》相关规定，在其规定不足或当事人另有补充的，才援引其他法律法规予以补充。

（二）混合行为说

这部分学者认为政府采购招标所缔结的合同不是单纯的民事合同或行政合同，而是所谓的“政府+商事、行政+经济的经济合同”或政府商事合同；经济合同或者政府商事合同，本质上是国家或政府在经济活动或者经济管理

---

① 卢长普：《政府采购制度的有关法律问题的思考》，载《法学论坛》2001 年第 4 期。

② 朱慈蕴、郑博恩：《论政府采购合同的性质》，载《中国政府采购》2002 年第 1 期。

中，将其意志直接体现到原本由私人自治的契约关系中去；经济合同或政府商事合同既非当事人自治的单纯的民事合同，也非可以不顾及经济和市场的单纯的行政合同；在市场经济条件下应对政府采购实行“纵横统一”的管理和调整。③ 显然，持这种观点的学者通过对“混合契约”的概念的逻辑解读来印证招标行为其实包含着行政高权和私法自治的混合行为，但其并未真正从混合契约的定义和性质来解读政府采购行为，属于概念法学的逻辑错乱。在法释义学上，混合契约是指由数个典型（或非典型）契约的部分而构成的契约，混合契约在性质上系属一个契约，与契约联立有别，应予注意。④ 从以上定义来看，认为政府采购契约是混合契约的学者因为政府采购契约含有“行政”“经济”等非纯民事契约之性质而认定其为“非典型契约”的做法值得商榷。我们通常所说的“混合契约”应如王泽鉴先生所言，是为契约之间的混合，而非性质的混合，更不是契约中含有不同性质的“缔约成分”而径可认定。混合契约乃因不同契约的混合而无法统一适用《合同法》所规定的有名合同项下的规则时，方可称之为“混合契约”。政府采购合同本身便是单一属性的契约，在缔约之后适用《合同法》也是《政府采购法》的明文规定，并不具有持“混合行为说”观点的学者指出的具有混合属性。

（三）行政行为说

政府采购招标行为是行政行为的理论前提是德国首先提出的“双阶理论”，笔者持此观点。“双阶理论”虽然在我国大陆尚未被学者采纳，但我国台湾学者多数认为政府采购契约无论在立法上还是在实务操作层面，均有“双阶理论”适用之余地，⑤ 而且大陆法系代表国家德国和我国台湾地区在立法上均已明确政府采购招标行为适用“双阶理论”。我国台湾学者陈敏教授引

③ 史际春、邓锋：《经济（政府商事）合同研究》，载《河南大学学报》（社科版）2000年第5期。
④ 王泽鉴：《债法原理》（第一册），中国政法大学出版社2001年版，第112页。
⑤ 我国台湾地区现行“政府采购法”之立法在理论与实务上均承认其采“双阶理论”。

用德国行政补助发放行为来阐明“双阶理论”，即“补助之给予，包含对特定相对人是否给予补助之决定及实际给予补助之二阶段”。[⑥] 在政府采购中，此理论的适用便在于前阶段是政府给予某投标人之中标资格和实际签订政府采购合同二阶段。台湾大学的程明修教授认为台湾“政府采购法”施行后，“政府采购法”第74、85-1、83条分别规定，“厂商与机关间关于招标、审标、决标之争议，得依本章规定提出异议及申诉”、“机关与厂商因履约争议未能达成协议者，得以下列方式之一处理：一、向采购申诉审议委员会申请调解。二、向仲裁机构提付仲裁。前项调解属厂商申请者，机关不得拒绝。采购申诉审议委员会办理调解之程序及其效力，除本法有特别规定者外，准用民事诉讼法有关调解之规定。履约争议调解规则，由主管机关拟订，报请行政院核定后发布之”、“审议判断，视同诉愿决定”，他提到“一般均认采购法施行后已由法律明定采取所谓双阶理论，亦即以采购契约是否成立为基准，契约成立前认为系公法关系，契约成立后认为系私法关系，因此发生在契约成立前之所有争议以及停权处分之争议，悉依异议、申诉及行政诉讼程序来处理。而采购契约成立后之履约争议，则依采购法第85-1条向采购申诉审议委员会申请调解或依传统之民事诉讼仲裁解决争议”。因此，从台湾“政府采购法”理论框架、立法过程和法条文义解释来看，采购行为在中标前的招标行为被定性为公法性质的行政行为是相当明显的。[⑦]

我国《政府采购法》自2003年发布实施以来，并未有典型的在采购人（政府）和供应商之间的行政诉讼案例，而更多的、更富代表性的是供应商和采购监督管理部门之间的行政诉讼案件，这既是我国《政府采购法》第58条[⑧]的救济措施，也是同条款的缺点。因为，这首先得须经过供应商的“投

---

⑥ 陈敏：《行政法总论》，台湾新学林出版有限公司2011年版，第662页。

⑦ 参见林家祺：《政府采购行政诉讼》，台湾新学林出版有限公司2009年版，第26-27页。

⑧ 《中华人民共和国政府采购法》第58条规定：投诉人对政府采购监督管理部门的投诉处理决定不服或者政府采购监督管理部门逾期未作处理的，可以依法申请行政复议或者向人民法院提起行政诉讼。

诉”环节，直至财政监管部门有行政不作为之情形时，方可依法寻求行政救济（行政复议或者行政诉讼），无法直接保障相对人的诉权，或者说转嫁了采购人（政府部门）的违法责任，避开了供应商（投标人）对采购人（政府部门）的直接救济途径。这条立法在实践中的操作，从我国“政府采购第一案”⑨可见一斑，在该案中，原告也是政府采购招标中落选的投标人之一北京现代沃尔公司，因其以最低标投标而落选，对财政部提起投诉，而财政部并未作出明确的回复，旋即其以财政部未履行对政府采购行为的监管职责和未对其投诉事项予以处理和答复为由，向北京市第一中级人民法院提起行政诉讼，请求判令财政部在一定期限内履行其法定职责，对招标机关国信招标有限责任公司和中国远东国际贸易总公司作出具体行政行为，最后二审以维持一审、判决财政部败诉告终。⑩ 虽然这个判决大大增强了投标人的信息，维护了阳光采购的法治化进程，但并未完全确立招标人和投标人、供应商和采购人之间的行政法律关系，并未赋予供应商对采购人的直接诉权（暂且不论诉权性质为何）。由此可见，我国实践操作中似乎尚未完全确立政府采购前一阶段的行政行为法律关系（我国台湾地区称之为公权力关系），但是从保障当事人诉权以及获得更直接的救济渠道出发，应当采取德国和我国台湾地区的立法实践，确认“双阶理论”在我国政府采购及政府采购契约中的适用，

二、政府采购招标行为应纳入行政正当程序之规制

虽然我国大陆尚无正式“行政程序法”出台，但是学理上对于行政正当程序已有一定程度的研究，在各类行政部门法中均有正当程序规则的适

⑨ 2005年3月23日，北京现代沃尔公司以财政部未履行对政府采购行为的监管职责和未对其投诉事项予以处理和答复为由，向北京市第一中级人民法院提起行政诉讼，请求判令财政部在一定期限内履行其法定职责，作出具体行政行为。由于该诉讼是《政府采购法》2003年1月1日起正式实施后的第一例状告财政部的政府采购案件，故有“政府采购第一案”之称。

⑩ 具体案情参见新华网，载 http://news.xinhuanet.com/legal/2012-11/22/c_123985099.htm，最后访问日期：2015年5月19日。

用，可以说行政正当程序规则无不约束着任一行政行为，因此在确立政府采购招标行为是具体行政行为的同时，应当对其行为适用行程正当程序规则，以防在招投标过程中公权力的无限扩张，损害当事人合法权益。笔者拟参考借鉴德国和我国台湾地区之立法例，从政府机关的公正回避义务、告知义务和投标人的听证权三个理论层面对政府采购招标阶段中的行政正当程序做梳理和检讨。

（一）政府机关回避义务

我国台湾地区“行政程序法”规定了三种回避类型，即“自行回避”“申请回避”和“命为回避”，对应学理上的是“主动回避”“申请回避”和“强制回避”。设置回避原则之理由正如学者黄俊杰所言，国家任何公权力之行使，本均应避免因执行职务人员个人之利益关系，而影响机关任务正确性及中立性之达成，是凡有类似情形即有设计适当回避机制之必要，而为避免公务员在行政程序中执行职务有偏颇之虞，故本法有回避制度之规范设计，得使行政行为遵循公正之程序，确保依法行政之原则，以保障人民权益，增进人民对行政之信赖。[11] 就我国台湾学理上之认定而言，行政程序中回避之基本是由应当包括“利益冲突”“预设立场”和“其他足认有偏颇之虞之具体事实”，也即我国大陆传统学理上认定的“利害关系”和“偏见”，唯缺少一条兜底要件。[12] 而《政府采购法》第12条规定，在政府采购活动中，采购人员及相关人员与供应商有利害关系的，必须回避。供应商认为采购人员及相关人员与其他供应商有利害关系的，可以申请其回避。[13] 此条文是政府采购招标中唯一得以适用并规制行政机关的回避制度条款，仅仅规定了具有“利害关系”的情况下，政府采购人员及其相关人员才需要回避，至于政府采购人员

---

⑪ 黄俊杰：《行政程序法》，台湾元照出版公司2010年版，第85页。

⑫ 参见章剑生：《论行政回避制度》，载《浙江大学学报》（人文社会科学版）2002年第6期。

⑬ 参见《中华人民共和国政府采购法》第12条。

及其相关人员有“偏见”和“其他足以产生偏见的具体事实”存在的情况下，政府采购招标中的行政程序应当具有适用之可能，同时该条文亦无明确规定采购人员及相关人员违反回避规则的情况下的法律责任，也没有在该条文之后赋予招标人相应的救济渠道，因此就该条文而言，应当补正以上程序上有待完善之处，同时填补相应法律责任和救济渠道，以完善《政府采购法》的立法缺陷。

（二）政府机关告知义务

谓参与程序之当事人与利害关系人，有即时获悉与其利害攸关的事实及决定之权利。[⑭] 依行政程序进行的过程和作用，基本可以分为“预告”和“决定告知”。就“决定告知”之程序而言，我国台湾地区“政府采购法”第78条第2项规定采购申诉审议委员会应于收受申诉书之次日起四十日内完成审议，并将判断以书面通知厂商及机关，[⑮] 从而得以明确采购人的救济途径。我国大陆《政府采购法》第56条亦作了相类似的规定，“政府采购监督管理部门应当在收到投诉后三十个工作日内，对投诉事项作出处理决定，并以书面形式通知投诉人和与投诉事项有关的当事人”，以保证正当行政程序的决定告知义务。但就“预告”程序而言，我国台湾地区“政府采购法”第41条规定机关对前项疑义之处理结果，应于招标文件规定之日期前，以书面答复请求释疑之厂商，必要时得公告之；其涉及变更或补充招标文件内容者，除选择性招标之规格标与价格标及限制性招标得以书面通知各厂商外，应另行公告，并视需要延长等标期。机关自行变更或补充招标文件内容者，亦同。[⑯] 对比我国大陆的告知程序，其仅限于决定或者结果的告知，而这种告知并不对投标人的投标行为以及其投标利益的可期待性产生任何影响，并未达到我国

---

⑭ 汤德宗：《行政程序法论》，台湾元照出版公司2003年版，第83-85页。

⑮ 参见我国台湾地区“政府采购法”第78条。

⑯ 参见我国台湾地区“政府采购法”第41条。

台湾“政府采购法”规定“告知”程序所含有的预期法律效果，我国台湾地区这种招标阶段变更或补充招标文件的预告知程序在我国大陆的《政府采购法》抑或《招投标法》中均没有明确的规定，而恰恰这种变更或补充招标文件的告知程序对招标人的权益尤为重要，应当吸收借鉴我国台湾地区这种立法，同时赋予政府有违招标程序告知义务时当事人的救济途径，裨以强化政府采购过程中行政程序的正当性和投标人的中标利益可期待性。

（三）投标人的听证权

学者陈敏亦将“听证权”称为“听审权”，系指无论在司法程序或行政程序，国家机关行使公权力作成决定时，必须根据当事人先前已对其陈述意见，或有机会对其陈述意见之情况，是为所谓之“法律听审”。[17] 其将行政相对人的听证权分为“听证”和“陈述意见”，而听证适用正式程序，仿效司法程序；而陈述意见则适用非正式程序。就“听证”而言，其因程序正式，消耗时间人力巨大，对于行政效率的要求显然难以满足，即便在德国和我国台湾的行政程序立法中，均很少有见其以举行听证为常态的立法例。在我国大陆的《政府采购法》立法中，亦没有对招标人举行听证权利的赋予，若从行政效率理念出发，应当不认为其有违程序正当原则。至于就“陈述意见”而言，台湾“行政程序法”第138条规定，行政契约当事人之一方为人民，依法应以甄选或其他竞争方式决定该当事人时，行政机关应事先公告应具之资格及决定之程序。决定前，并应予参与竞争者表示意见之机会。[18] 其条文规定的“决定前，并应予参与竞争者表示意见之机会”，是在其“政府采购法”中尚未规定但在“行政程序法”中规定的对投标人保护较为合理的立法条文设计，正因为这种立法设计，使得我国台湾地区“政府采购法”未周全保障的投标人权利在“行政程序法”中予以规制政府部门，使得政府部门在进行招

---

[17] 陈敏：《行政法总论》，台湾新学林出版有限公司2011年版，第792页。

[18] 参见我国台湾地区“行政程序法”第138条。

标时应当充分考虑，否则其招标行为会面临违反行政程序而导致无效等法律后果的风险。而我国大陆的《招投标法》第16、17条均仅规定了发布招标公告和发出投标邀请书，尚无在决定前予以投标人表达意见的机会。但是在《招投标法实施条例》中却做了类似于我国台湾“行政程序法”的规定，该法第22条规定，潜在投标人或者其他利害关系人对资格预审文件有异议的，应当在提交资格预审申请文件截止时间2日前提出；对招标文件有异议的，应当在投标截止时间10日前提出。招标人应当自收到异议之日起3日内作出答复；作出答复前，应当暂停招标投标活动。[19]《招投标法实施条例》弥补了《招投标法》未规定投标人提出意见的权利空缺，但《招投标法实施条例》并未对政府采购部门违反这一程序所产生的法律后果和应承担的法律责任作出具体规定，导致这一条款在实际运用中丧失其应有的立法价值。参照我国台湾地区的做法，我国大陆把投标人提出意见的程序权利规定在《招投标法实施条例》中更加具体化应值肯定。但我国台湾的立法将其原则性地规范在“行政程序法”中，该法第141条规定了违反此一程序导致合同无效的法律后果，相比我国大陆徒有条文而无责任归属的做法，却显得更加契合实际。因此就广义的行政正当程序听证权之保障而言，我国《政府采购法》《招投标法》以及《招投标法实施条例》在法律责任的归属上需作出一定的明确性立法规范。

三、相对人因行政机关违反正当程序之救济

如果政府机关在采购招标的行政过程中，没有符合客观正当以及公平公正之要求违反行政正当程序要求，如拒绝阅卷申请、应当回避没有回避或者信息不对称地告知部分投标人，则由此违反行政正当程序原则而导致投标人或其他利害关系人得以寻求救济。

---

⑲ 参见《中华人民共和国招标投标法实施条例》第22条。

（一）中标人之救济

政府机关根据《招投标法》之开标评标程序而选定的中标人，在学理上如前文所述应当属于就公法上具体事件所为之决定而对外直接发生法律效果之单方行政行为，即具体行政行为。此时中标人优先取得与政府机关取得缔结契约的地位和权利，但是依据我国《政府采购法》第46条第2款规定，中标、成交通知书发出后，采购人改变中标、成交结果的，或者中标、成交供应商放弃中标、成交项目的，应当依法承担法律责任。[20]《招投标法》第60条第2款规定，中标人不按照与招标人订立的合同履行义务，情节严重的，取消其二年至五年内参加依法必须进行招标的项目的投标资格并予以公告，直至由工商行政管理机关吊销营业执照。[21] 由此可知，中标人如若在中标后没有任何正当理由不与政府机关缔结政府采购契约的，将招致一系列的行政处罚，由此可以看出中标人即使中标了，其权利义务亦受法律规制，而这种规制的法理基础应当是中标人的后阶段行为亦受政府具体行政行为公定力之约束。根据权利义务对等原则，政府亦应对其作出的行政行为承受违反法定程序而遭受法律可责难性之风险，如此方得以保障中标人的程序性权利。因此，中标人在中标后如果以不服政府机关在招标过程中所为行政行为有程序瑕疵而不与政府机关签订政府采购契约，应当得到此种正当行政程序的保障而成为正当合理之事由。从另一侧面观之，本文采纳“双阶理论”下政府采购招标行为是行政行为的观点，行政行为应受正当程序之约束乃行政法理论实务界一致认可的观点，唯在我国大陆的立法上尚未明确正式的法源，因此就从当事人救济途径而言，虽然现在可以在其他部门立法和行政法规中寻求请求权基础，但是唯有推动行政程序的立法才能从根源上规制行政行为的程序正当性。

---

⑳ 参见《中华人民共和国政府采购法》第46条。
㉑ 参见《中华人民共和国招标投标法》第60条。

（二）其他投标人之救济

此处所谓的“其他投标人”亦即除中标人之外的落选投标人，台湾有称之为“采购竞争者”。在言及其因行政程序瑕疵而寻求救济之前，学说上关于其是否因落选而致使权益受损众说纷纭，主要分为两种观点。

有采“无受损说”的主要是学者罗昌发，其指出，台湾“政府采购法”第75条规定，厂商对于机关办理采购，认为违反法令或我国所缔结之条约、协议（以下合称法令），致损害其权利或利益者，得于下列期限内，以书面向招标机关提出异议，所谓“厂商对于机关办理采购，认为违反法令或我国所缔结之条约、协议”，只需厂商认为权利或利益受损害并加以主张即可。惟其不断质疑此种立于第三人地位之（落选）厂商，有无权利或者利益受损害，毕竟，依“政府采购法”第一条之立法目的，政府采购制度之建置，系为“依公平、公开之采购程序，提升采购效率与功能，确保采购品质”，并非为落选厂商权益而设，且不可否认者系政府采购行为带有私法契约之性质，厂商是否得标，尚且涉及招标机关之裁量权限，获选与否仅系厂商之反射利益，甚难谓其为权益。[22] 由此可见，罗教授从政府采购立法意旨出发，结合政府采购契约在双阶理论下的私法契约之性质，尚承认行政裁量空间的存在，而不认为落选的投标人得以行政程序瑕疵而从公法上寻求救济。

有采“行政行为说”的是台湾许宗力大法官，其认为落选厂商与招标机构间是否成立行政处分，依“行政程序法”第92条之要件判断，最有争议即在于是否对权益产生规制作用，即其是否为导致权力或义务发生、变更、消灭或确认的行为。[23] 然而，是否具有法律效果，除了影响落选对中标人究系行政处分或行政事实行为的判断外，亦关乎落选投标人的诉讼权益。诉讼权益亦是由宪法保障之基本权，作为解释法律规范时，补充或者使得普通法律是

㉒ 参见罗昌发：《政府采购法与政府采购协定论析》，台湾元照出版公司2004年版，第338页。
㉓ 参见翁岳生主编：《行政法》（上），台湾元照出版公司2006年版，第481页。

否包括特定人权利保之内涵更加明确，这也使得基本权利在普通法律规范解释时具有所谓“内涵于规范之效力”。由此可见，持此说的学者透过宪法上基本权利的演绎推理，将之涵摄至法规范效力上，以肯认在政府采购过程中因程序瑕疵而使得落选投标人得以救济的权利。

其实，其他落选的投标人是否得对行政部门程序违法寻求救济途径只是这些落选投标人得否对政府部门提起行政诉讼问题的一个分支。问题的根源即在落选投标人有无行政诉讼的诉权。当然，如果将来我国进行行政程序立法仅对该落选投标人赋予程序瑕疵救济权利则另当别论，但理论来说其他参与竞争的投标人亦应当赋予全面的救济途径。从国际上大陆法系的理论发展来看，过去认为竞争者不能提起行政诉讼，其主要理由是认为竞争者不是行政行为的直接相对人，竞争者因该行政决定所受之损害，至多只认为是一种期待利益或反射利益，这种利益在过去传统见解一直被认为只是一种间接的且不够明确的利益。[24] 但是近年来越来越多的国家和地区包括美国、英国、法国、德国以及我国台湾地区均在扩大行政诉讼的主体范围，政府采购其他落选投标人的诉讼和传统行政诉讼特征亦极其相似，目前以上国家和地区的政府采购诉讼制度已逐渐从过去的被害者模式转化到利害关系人诉讼模式中。我国《政府采购法》第3条规定，政府采购应当遵循公开透明原则、公平竞争原则、公正原则和诚实信用原则。[25] 同时，《招投标法》第5条规定招标投标活动应当遵循公开、公平、公正和诚实信用的原则。[26] 因此，两法的立法宗旨都是在于政府机关在招标评分的标准内，具有选择裁量之空间，并择优评标，同时立法者还赋予参与投标的所有人（包括中标人和落选的投标人）在政府机关这种选择裁量空间内依法享有一个公平公正的无瑕疵程序环境。

㉔ 林家祺:《政府采购行政诉讼》，台湾新学林出版有限公司2009年版，第221页。

㉕ 参见《中华人民共和国政府采购法》第3条。

㉖ 参见《中华人民共和国招标投标法》第5条。

四、结语

政府采购招投标因其过程和性质的特殊，德国双阶理论首先对其进行定性并为我国台湾地区立法所承认，因此在前阶段进程中会有大量行政行为和行政裁量的存在，行政正当程序原则应当贯穿整个招投标程序的始终。本文所列举的几项行政正当程序内容并非涵盖整个政府采购招投标过程，救济途径之探讨亦非仅限于中标后之中标人和落选投标人，鉴于借鉴域外立法经验和理论基础，对我国大陆政府采购招标阶段行政程序之适用做一个小角度的思考，以期抛砖引玉、窥斑知豹，希冀将来形成政府采购过程中的行政程序适用体系。

中国大陆行政合同的纠纷解决：现状、问题与路径选择

杨解君　陈咏梅　耿宝建*

在中国大陆地区，行政合同在行政管理实务中的大量存在已是不容置疑的客观事实。对此，行政法学界普遍持肯定的态度，而私法学者则多持否定和怀疑的看法。① 伴随着行政合同数量和适用范围的扩大，行政合同纠纷也随之不断增多。如何顺畅地解决行政合同纠纷，已成为极为现实的迫切需要。然而，目前立法上并无行政合同的明确界定，统一的《合同法》将合同仅局限于民事合同范畴，② 现行法律对合同能否适用于行政领域以及如何适用等亦未作出明确规定，立法的缺失与理论的纷争在一定程度上导致了行政合同纠纷解决的困境与乱象，对行政合同的发展及制度化已构成严重障碍。本文拟从行政合同纠纷解决的现实状况出发，分析目前所存在问题并探讨可供选择

---

* 杨解君，广东外语外贸大学教授，法学博士、博士生导师；本文是 2013 年海峡两岸行政法学学术研讨会交流论文。最初由杨解君提出写作思路、观点和大纲，华南师范大学增城学院副教授陈咏梅协助完成初稿，同时也包含最高人民法院行政庭法官耿宝建的贡献。

① 区别于行政法学界的肯认，私法学者对行政合同往往持否定或质疑的态度，如王利明教授认为："行政合同究竟如何定义，其规范的对象是什么，恐怕仍是个值得探讨的问题。即使存在行政合同，是否要由合同法调整，亦不无疑问。"参见王利明：《合同的概念与合同法的规范对象》，载《法学前沿》（第二辑），法律出版社 1998 年版，第 6 页。又如梁慧星教授提出了如此质疑："什么是行政合同，中国现实中有没有行政合同，哪些属于行政合同？这些问题当然有深入探讨的必要……如果说有所谓行政合同的话，只能存在于行政权力使用领域，属于行政法律关系……"参见梁慧星：《讨论合同法草案征求意见稿专家会议上的争论》，载《法学前沿》（第二辑），法律出版社 1998 年版，第 55 页。争论的结果是行政合同被排除于统一《合同法》的规定之外。

② 《中华人民共和国合同法》第 2 条第 1 款规定："本法所称合同是平等主体的自然人、法人、其他组织之间设立、变更、终止民事权利义务关系的协议。"

的解决办法，以期有助于行政合同纠纷难题的解决。

一、行政合同及其纠纷状况

在我国大陆地区，尽管公、私法理论上的分歧与法律制度构建上的缺陷仍在，但行政法学界对行政合同的存在均持肯定态度，对行政合同及因行政合同而产生的纠纷可从如下几个方面加以描述。

（一）理论研究状况：关于行政合同的界定

对行政合同的界定是建构行政合同纠纷解决机制的前提。尽管法律和法规尚未明确接受和使用“行政合同”这个概念，但行政合同的概念及存在受到行政法学界的普遍认同，对行政合同界定的讨论主要集中在行政合同的识别标准及合同主体的构成上。

1. 行政合同的识别标准

关于行政合同的识别标准主要有“主体说”“目的说”及“法律关系说”三种观点。“主体说”以合同当事人的行政主体身份为判断标准，凡一方或双方当事人为行政主体的，该合同即为行政合同；“目的说”以合同是否以实现行政管理为目标或以公共利益为目的为标准，如果签署合同的目的是实现一定的行政管理目标或为公共利益，则此合同为行政合同；[③]“法律关系说”主张从行政法律关系的角度进行判断，凡是能够产生、变更、消灭行政法律关系的合同为行政合同。[④] 有关行政合同的判断标准，多数学者持“目的论”，即以是否以公共利益或行政管理为目的进行判断。

---

③　如有学者认为：“行政合同，是指行政主体以实现行政管理为目的，与行政相对人就有关事项协商一致而达成的协议。它具有行政性、合意性和法定性。”参见姜明安主编：《行政法与行政诉讼法》，北京大学出版社 1999 年版，第 251 页。

④　如有学者认为：“所谓行政契约就是指以行政主体为一方当事人的发生、变更或消灭行政法律关系的合意。”参见余凌云：《行政契约论》，中国人民大学出版社 2000 年版，第 40 页。

2. 行政合同的主体构成

就行政合同的主体构成而言，有的学者认为行政合同既可存在于行政机关之间，也可存在于行政机关与个人、组织之间，⑤ 有的学者则认为行政合同只能存在于行政机关与被管理方的公民、法人或其他组织也即行政相对人之间，⑥ 行政主体之间的合同为行政委托或行政协议，不属行政合同的范畴。

3. 观点阐释

我们认为，行政合同是行政行为的一种方式，是行政主体为完成一定的行政管理目的（或为了公共利益）而寻求的一种与公民或组织进行合作的形式，这种合作既存在于行政主体与行政相对人之间，也存在于行政主体之间。⑦ 如区域合作协议、两地的边界变更协议等。

因此，笔者对行政合同作如下的定义：行政合同是指行政主体为了实现行政目的（或为公共利益目的），而与另一方当事人就行政上的权利义务互为意思表示并达成合意的法律行为。⑧ 包含几层含义：

一是行政合同是行政主体的一种行政行为方式，行政机关在合同的订立与履行过程中享有一定的特权（即行政优益权）；

二是行政合同是行政主体之间或行政主体与行政相对人之间基于合意的法律行为，⑨ 兼具行政性与合意性；

---

⑤ 如有学者认为："行政合同是指行政机关之间，或行政机关与个人、组织之间，为实现国家行政管理的某些目标，而依法签订的协议。"参见罗豪才主编：《行政法学》，中国政法大学出版社 1996 年版，第 268 页。

⑥ 如有学者认为："行政合同，指行政机关以实施行政管理为目的，与被管理方的公民、法人或其他组织意思表示一致而签订的协议。"参见应松年主编：《行政法学新论》，中国方正出版社 1998 年版，第 344 页。

⑦ 如两地的边界变更协议、区域合作协议等。至于有学者提出的行政机关之间签署的协议因无法适用"行政优益权"原则而应将之排除于行政合同范畴之外的观点，我们认为，行政优益权只是为实现行政合同目的而派生的内容，不能反过来作为识别行政合同的标准。

⑧ 杨解君主编：《中国行政合同的理论与实践探索》，法律出版社 2009 年版，第 3 页。

⑨ 一般情况下，行政合同必有一方是行政主体，行政机关往往既是行政主体也是行政合同的一方主体；某些特殊情况下，某些组织不是行政主体却构成了行政合同的一方主体，它们与其他组织或者人员之间也可成立行政合同。例如，根据《中华人民共和国农村土地承包法》的规定，在农村土地承包合同中，发包方是村集体经济组织或者村民委员会或者是村民小组（第 12 条），承包方主要是家户（第 15 条），而负责农村土地承包及承包合同管理的是农业、林业等行政主管部门或者乡（镇）人民政府（第 11 条）。

三是行政合同的目的在于实现行政职能或特定的行政目标，不以公共利益或一定行政管理目标的实现为目的的合同不应属于行政合同。

（二）理论分类及其实践：行政合同的类型与表现

不同类型的合同，具体的纠纷解决机制不尽相同。区别于法、德等行政合同制度较为成熟的大陆法系国家，[⑩] 我国大陆目前尚无行政合同的类型划分，有必要在借鉴的基础上并立足我国具体实际对不同形式的行政合同作出类型划分。依据不同的分类标准，在理论上可将行政合同划分为对等合同与从属合同、义务合同与处分合同、和解合同与双务合同、内部合同与外部合同。[⑪]

行政合同在实践中的形态表现多种多样，诸如：政府特许经营合同、公共工程承包合同、土地承包合同、国有土地出让合同、政府采购合同、公有房屋租赁合同、行政征收或征用补偿合同、公务员聘任合同、政策信贷合同、环境保护行政协议、政府科研合同、教育行政合同（如学生委托培养合同）、计划生育合同、治安处罚担保协议、公务委托合同、行政执法和解合同、执法目标责任书、消防安全责任书，等等。实践中，在城乡基础设施、公用设施建设等公共项目建设或服务合同方面，政府还创新了诸多新机制，如 BT（building—transfer）、BOT（build—operate—transfer）、BOO（build—own—operate）、BOOT（build—own—operate—transfer）、BLT（build—lease—transfer）、BTO（build—transfer—operate）、ROT（rehabilitate—operate—transfer）、DBFO（design—build—finance—operate、BOOST（build—own—operate—subsi-

---

⑩ 以法国为例，法国的行政合同主要有公共（采购）合同、公共服务委托管理合同、公务人员招聘合同、国家与地方政府间的合同等。参见杨解君主编：《法国合同法》，复旦大学出版社 2009 年版，第 42-96 页。德国的《行政程序法》对行政合同的类型划分进行了规定，相关学理也依据不同标准进行了较为严格的划分。

⑪ 类型划分，参见杨解君主编：《中国行政合同的理论与实践探索》，法律出版社 2009 年版，第 8-9 页。

dy—transfer)、ROMT (rehabilitate—operate—maintain—transfer)、ROO (rehabilitate—own—operate) 等多种模式,[12] 一些地方政府利用这些模式很好地解决了公共工程建设或公共服务的投资融资问题和管理问题。

(三) 立法上的规定状况

目前，针对行政合同的立法有着明显的局限。最为突出的就是，立法上还没有“行政合同”的法律概念，因而立法上亦未将行政领域中客观存在的合同形式明确定性为行政合同，但是在有关主体的设定、双方权利义务的规定、合同管理以及法律责任等方面却强烈地体现了行政色彩。因而，这种立法上没有规定“行政合同”概念及定性的状况，并不妨碍我们基于行政合同性质的理论预设进行立法上的梳理。从现行立法的规定来看，立法主要针对的是特定领域的行政合同，设定的形式主要有法律、行政法规或规章。涉及行政合同的立法，主要表现在：

1. 法律

涉及行政合同的法律主要有：一是《行政强制法》规定了行政强制执行过程中，行政机关可与当事人达成执行协议；二是《公务员法》规定了聘任制公务员合同；三是《治安管理处罚法》和《税收征收管理法》，分别规定了行政拘留暂缓执行担保和纳税担保两种行政担保合同；四是《清洁生产促进

---

⑫ 载 http://wenku.baidu.com/view/8ff4b9d6240c844769eaee92.html。例如，BT (building—transfer) 模式：即建设—转让，是政府利用非政府资金来进行基础非经营性设施建设项目的一种融资模式。项目工程由投资人负责进行投融资，具体落实项目投资、建设、管理。工程项目建成后，经政府组织竣工验收合格后，资产交付政府；政府根据回购协议向投资人分期支付资金，投资人确保在质保期内的工程质量。BOT (build—operate—transfer) 即建设—经营—转让，是指政府通过合同授予私营企业（包括外国企业）以一定期限的特许专营权，许可其融资建设和经营特定的公用基础设施，并准许其通过向用户收取费用或出售产品以清偿贷款，回收投资并赚取利润；特许权期限届满时，该基础设施无偿移交给政府。BOO (build—own—operate) 即建设—拥有—经营。项目一旦建成，项目公司对其拥有所有权，当地政府只是购买项目服务。BOOT (build—own—operate—transfer) 即建设—拥有—经营—转让。项目公司对所建项目设施拥有所有权并负责经营，经过一定期限后，再将该项目移交给政府。

法》（2002 年制定，2012 年修改）规定了节约资源、削减污染物排放量协议；五是《农村土地承包法》和《土地管理法》分别规定了农村土地承包合同和土地承包合同。另外，《政府采购法》规定了政府采购合同，尽管理论上可以将其定性为行政合同，但法律明确将其作为了一种特殊的民事合同。⑬

2. 行政法规

对行政合同进行规定的行政法规，主要有：国务院发布的《全民所有制工业企业承包经营责任制暂行条例》（1988 年）、《全民所有制小型工业企业租赁经营暂行条例》（1988 年）、《城镇国有土地使用权出让和转让暂行条例》（1990 年），《国有土地上房屋征收与补偿条例》（2011 年）等，这些条例将合同制度引入国有企业和国有资源分配、管理领域。

3. 规章

从对涉及行政合同的法律规范的梳理结果来看，对行政合同的规定主要体现为部门规章，在地方政府规章中《湖南省行政程序规定》则明确规定了行政合同。由部门规章规定的行政合同主要有：一是国家计委、教育部、财政部联合发布《高等学校接受委托培养学生的试行办法》（1984 年）首次规定委托培养学生合同制度；二是国家计划生育委员会发布的《流动人口计划生育管理和服务工作若干规定》（2003 年）规定了计划生育合同；三是国家税务总局发布的《关联企业间业务往来预约定价实施规则（试行）》（2004 年）规定了关于主管税务机关与纳税人之间的《预约定价安排》（即关联企业间业务往来预约定价的税收管理协议）；四是水利部发布的《关于水权转让的若干意见》（2005 年）规定了水权转让协议；五是建设部发布的《廉租住房保障办法》（2007 年）规定了租赁住房补贴协议或廉租住房租赁合同等。而湖南省人民政府发布的《湖南省行政程序规定》（2008 年），第一次以地方立

---

⑬ 《政府采购法》第 43 条规定“政府采购合同适用合同法”。而合同法所规定的合同仅指民事合同，可见国家立法是将政府采购合同定性为民事合同的。

法的形式（地方政府规章）共计六条明确了“行政合同”概念及制度。⑭

这里需要说明的是，《湖南省行政程序规定》对行政合同概念的使用及制度的规定具有重大的现实意义和理论意义，其规定值得肯定和赞许。但是，它在立法上和司法适用上却面临着极为尴尬的窘境，这是因为它改变了诸多法律的规定，在法律效力层级和司法适用上都难以站得住脚。例如，《湖南省行政程序规定》规定了政府采购的行政合同，这与《政府采购法》和《合同法》将政府采购合同定性为民事合同的规定相悖，也被最高人民法院明确排除在案件审理的依据之外。⑮

（四）行政合同的纠纷状况

实践中，行政合同纠纷主要表现为行政主体违约与行政相对人违约而导致的纠纷两种情况。⑯

1. 因行政主体违约而产生的纠纷

因行政主体违约而产生的纠纷主要包括两种情形：一是行政主体违反诚信原则、公开公平等合同原则，不履行或不适当履行合同义务而产生的纠纷；二是行政主体因行政优益权的行使而产生的纠纷。为保证行政管理目标或公共利益的实现，行政主体在行政合同的订立与履行过程中往往享有一定的行政优益权，行政优益权理论上主要包括了缔结合同时选择当事人的权利，对合同履行的指挥权、监督权，情事变更情况下单方面变更、解除合同及相对

⑭ 《湖南省行政程序规定》第93条规定了行政合同的概念及适用范围：“本规定所称行政合同，是指行政机关为了实现行政管理目的，与公民、法人或者其他组织之间，经双方意思表示一致所达成的协议。行政合同主要适用于下列事项：（一）政府特许经营；（二）国有土地使用权出让；（三）国有资产承包经营、出售或者出租；（四）政府采购；（五）政策信贷；（六）行政机关委托的科研、咨询；（七）法律、法规、规章规定可以订立行政合同的其他事项。”

⑮ 最高人民法院《关于适用〈中华人民共和国合同法〉若干问题的解释（一）》（法释〔1999〕19号）第4条就明确规定：“合同法实施以后，人民法院确认合同无效，应当以全国人大及其常委会制定的法律和国务院制定的行政法规为依据，不得以地方性法规、行政规章为依据。”

⑯ 当然也存在行政主体之间因违反行政合同而产生的纠纷，还有多主体间因违反公私混合协议而产生的纠纷等。

人不履行或不适当履行时的制裁权等。从现行立法规定来看，《湖南省行政程序规定》明确规定了对行政合同履行的指导和监督权，也隐含了变更或者解除的权利（只是不得擅自变更或者解除）。⑰ 行政主体行使行政优益权时应当受到严格的限制，必须基于公共利益的需要并遵循法定的程序和要求进行。实践中，行政主体因行使行政优益权产生的纠纷主要有：因行使选择当事人的特权而产生的有无履行该行政合同能力或条件的纠纷；因行使指挥、监督权而产生的行政主体违法行使特权或滥用特权的纠纷；因行使单方面变更、解除合同或制裁特权而发生的纠纷；因赔偿或补偿责任而产生的纠纷等。

2. 因行政相对人不履行或不适当履行合同而产生的纠纷

行政合同因公益的目的与特定的相对人订立，要求相对人严格依据合同履行合同义务，相对人对合同义务的履行原则上应为自己履行，因行政相对人而导致的合同纠纷主要包括两种情形：一是相对人未按合同约定履行合同或虽有履行但未能满足合同对履行的要求；二是相对人未经行政主体的同意，擅自转让合同义务或将合同委托他人履行。

二、行政合同纠纷的解决办法

有关行政合同纠纷的解决，目前在立法上尚无统一的规定，最高人民法院的司法解释亦是自相冲突，而实践中的具体操作更是五花八门，颇为混乱，理论研究尚不丰富。

（一）立法情状：多样态

立法上有关行政合同的纠纷解决途径及办法的规定，可以说形态多样。总体上而论，皆可归入“无”与“有”两类情形，而在“有”之下则形式

---

⑰ 该规定第 97 条规定：“行政机关有权对行政合同的履行进行指导和监督，但是不得对当事人履行合同造成妨碍。”第 98 条规定：“行政合同受法律保护，行政机关不得擅自变更或者解除。”

纷呈。

一是无规定。例如，《行政强制法》尽管有关于行政强制执行协议的规定，却无发生纠纷应如何解决的规定；[18]《湖南省行政程序规定》尽管有关于行政合同制度之详尽规定，却对其纠纷解决采取了回避态度。

二是有规定但解决途径与办法各异。立法上对行政合同纠纷解决有规定的状况又可主要细分为：仲裁与诉讼，仲裁与复议（或直接诉讼），调解、仲裁或诉讼，行政处理与诉讼，行政复议，诉讼等。

其一，行政仲裁与诉讼。如《公务员法》第100条规定，“聘任制公务员与所在机关之间因履行聘任合同发生争议的，可以自争议发生之日起六十日内向人事争议仲裁委员会申请仲裁。当事人对仲裁裁决不服的，可以自接到仲裁裁决书之日起十五日内向人民法院提起诉讼”。

其二，行政仲裁与复议或者依照合同约定直接起诉，选择仲裁及复议的不得向法院起诉。如《全民所有制工业企业承包经营责任制暂行条例》（1988年国务院发布，1990年、2011年两次修订）第21条第1、2、3款规定：“合同双方发生纠纷，应当协商解决。协商不成的，合同双方可以根据承包经营合同规定向国家工商行政管理机关申请仲裁；也可以根据承包经营合同规定直接向人民法院起诉。承包经营合同未规定纠纷处理办法，但当事人在合同订立后或发生纠纷时达成申请工商行政管理机关仲裁的书面协议的，由工商行政管理机关依法受理该仲裁案件。承包经营合同的任何一方当事人对仲裁机关的裁决不服，均可在接到裁决书之日起10日内向上一级仲裁机关申请复议。上一级仲裁机关作出的复议裁决，或逾期未申请复议发生法律效力的仲裁决定，均为终局裁决。”

其三，行政调解、仲裁或起诉。如《农村土地承包法》第51条规定：

---

⑱ 《行政强制法》第42条规定：“实施行政强制执行，行政机关可以在不损害公共利益和他人合法权益的情况下，与当事人达成执行协议。执行协议可以约定分阶段履行；当事人采取补救措施的，可以减免加处的罚款或者滞纳金。执行协议应当履行。当事人不履行执行协议的，行政机关应当恢复强制执行。”

“因土地承包经营发生纠纷的，双方当事人可以通过协商解决，也可以请求村民委员会、乡（镇）人民政府等调解解决。当事人不愿协商、调解或者协商、调解不成的，可以向农村土地承包仲裁机构申请仲裁，也可以直接向人民法院起诉。”《农村土地承包经营纠纷调解仲裁法》（2009 年）除规定了调解、仲裁或起诉外，还鼓励双方自行和解（其第 3 条规定：发生农村土地承包经营纠纷的，当事人可以自行和解）。

其四，行政处理与起诉。如《土地管理法》第 14~16 规定了在土地承包合同履行期间，关于土地所有权和使用权争议，由当事人协商解决；协商不成的，由人民政府处理。对有关人民政府的处理决定不服的，可以自接到处理决定通知之日起三十日内，向人民法院起诉。

其五，行政复议。如《行政复议法》第 6 条第 6 项规定公民、法人或者其他组织“认为行政机关变更或者废止农业承包合同，侵犯其合法权益的”，可依法申请行政复议。

其六，诉讼，但并未明确是行政诉讼还是民事诉讼。如《国有土地上房屋征收与补偿条例》第 25 条规定：“房屋征收部门与被征收人依照本条例的规定，就补偿方式、补偿金额和支付期限、用于产权调换房屋的地点和面积、搬迁费、临时安置费或者周转用房、停产停业损失、搬迁期限、过渡方式和过渡期限等事项，订立补偿协议。补偿协议订立后，一方当事人不履行补偿协议约定的义务的，另一方当事人可以依法提起诉讼。”

（二）最高法院司法解释或指导意见：相互冲突

对于进入诉讼的行政合同案件，由于现行法律往往笼统地规定为向人民法院提起诉讼，因而导致当事人提起诉讼和人民法院受理案件的困惑：究竟是通过行政诉讼途径还是通过民事诉讼途径？对此，最高人民法院就有必要作出法律适用上的解释。但是，由于行政合同的种类和表现形式多样，法律并无统一的规定而是散见于各种单行法之中，加之最高人民法院行政庭和民事庭的理解与定性的不同，由此而导致针对行政合同的行政诉讼与民事诉讼司法解释的尖锐冲突。

在行政诉讼的司法解释方面，虽然最高人民法院发布的《关于贯彻执行〈中华人民共和国行政诉讼法〉若干问题的解释》（以下简称《若干问题的解释》）并无“行政合同”概念及受案范围等的规定，但它并不排斥将行政合同纳入行政诉讼的范畴。《若干问题的解释》第1条第1款规定：“公民、法人或者其他组织对具有国家行政职权的机关和组织及其工作人员的行政行为不服，依法提起诉讼的，属于人民法院行政诉讼的受案范围。”在此，《若干问题的解释》将受案范围在《行政诉讼法》规定的“具体行政行为”概念的基础上扩大到了“行政行为”，由此可知《若干问题的解释》的倾向性态度。此点在《最高人民法院关于规范行政案件案由的通知》（2004年）中已得到体现。该通知明确了“行政合同”是27种“行政行为种类”的一种。另外，最高人民法院在有关行政合同行为性质定性及诉讼途径方面的司法指导意见中也明确了某些行政合同属于行政行为，当事人不服提起行政诉讼的，人民法院应当依法受理。⑲

在针对有关行政合同纠纷的民事司法解释中，最高人民法院基本主张合同纠纷按民事诉讼途径进行。《最高人民法院关于审理涉及国有土地使用权合同纠纷案件适用法律问题的解释》（法释〔2005〕5号，2004年11月23日由最高人民法院审判委员会第1334次会议通过）就将国有土地使用权出让、转让等行政合同规定在民事诉讼的受案范围之内。根据《最高人民法院民事案件案由规定》（法〔2011〕41号，2011年2月18日修改，2007年10月29日最高人民法院审判委员会第1438次会议通过）关于“合同纠纷”案由的规

⑲ 如《最高人民法院行政审判庭关于拍卖出让国有建设用地使用权的土地行政主管部门与竞得人签署成交确认书行为的性质问题请示的答复》（〔2010〕行他字第191号）认为：土地行政主管部门通过拍卖出让国有建设用地使用权，与竞得人签署成交确认书的行为，属于具体行政行为。当事人不服提起行政诉讼的，人民法院应当依法受理。《最高人民法院关于土地管理部门出让国有土地使用权之前的拍卖行为以及与之相关的拍卖公告等行为性质的答复》（〔2009〕行他字第55号）认为：土地管理部门出让国有土地使用权之前的拍卖行为以及与之相关的拍卖公告等行为属于行政行为，当事人不服提起行政诉讼的，人民法院应当依法受理。

定，并没有区分行政合同纠纷与民事合同纠纷，但其规定却基本包括了绝大多数的行政合同纠纷，包括房屋拆迁安置补偿合同纠纷、建设用地使用权合同纠纷、土地承包经营权纠纷（土地承包经营权确认纠纷、承包地征收补偿费用分配纠纷、土地承包经营权继承纠纷）、农村土地承包合同纠纷、特许经营合同纠纷、聘用合同争议（从概念种属上来看应包括公务员聘用合同争议）、建设工程合同纠纷（从概念种属上来看应包括公共建设工程合同纠纷）、公共服务合同纠纷（规定了供用电、供用水、供用气、供用热力四种公共服务合同纠纷）等。最高人民法院基于从私法、民事诉讼和民事审判工作实际情况作出的“合同纠纷”民事案由，无疑使得大量的行政合同案件的审理归入了民事诉讼，并导致了行政诉讼与民事诉讼的冲突。

（三）实务操作状况：非诉与诉讼中的乱象

现实运作中的行政合同纠纷解决途径与办法，更是五花八门。当然，总体来说，可以归入非诉与诉讼两种。在行政合同纠纷的非诉解决中，有协商、调解、行政处理、仲裁或复议等多种形式。行政合同纠纷非诉解决途径的形成，既有来自法律法规的规定，也有通过合同双方对纠纷解决的约定。如《关联企业间业务往来预约定价实施规则（试行）》（2004 年）在其附录部分就有关于“预约定价安排（参照文本）”争议的解决规定：“如双方就本安排的实施和解释发生歧义，应先协商解决。经协商不能解决的，双方均可向上一级税务机关或国家税务总局申请协调。如果纳税人不能接受协调结果，应考虑修改、中止或撤销本安排。”通过这种格式合同样本对纠纷解决的约定，从而排除了行政合同纠纷进入诉讼的途径。

对于进入诉讼阶段的行政合同案件而言，绝大多数的案件都被当作民事合同案件来处理，而没有被法院作为行政诉讼案件受理。即使当事人提起行政诉讼，法院往往以行政裁定驳回原告诉请或告知应进行民事诉讼。即在行政合同案件的司法解决中，民事诉讼起着主导作用，只有极少数行政合同案件进入到了行政诉讼途径。并且，这些行政合同案件之所以能够侥幸地进入到行政诉讼之中，需要经历重重困难，需要多种因素的叠加与综合：一是原告提起行政诉讼；二是一审法院裁定不属于行政案件；三是当事人上诉，二审法院裁定属于行政案件（但在这一阶段，二审法院一般都会维持一审法院的裁定）；或者当事人申诉，上级法院裁定属于行政案件；[20] 四是这类行政合同案件往往是因行政机关单方面变更或撤销合同而发生的，人民法院从而将其转化为“单方行政行为”或者说“权力性行政行为”而加以审理，从而回避了其是否为行政合同的性质问题。

行政合同纠纷的解纷，往往表现出如下特点：一是大量的行政合同案件通过诉讼外的途径解决，司法功能受到限制。二是在诉讼途径上主要是通过民事诉讼实施救济，从而限制了行政诉讼促进行政机关依法行政和保障相对人权益的功能发挥。三是在适用规则上适用民事法律的倾向明显。由于人们受传统合同观念的影响、民事立法规定和民事审判实践的影响，实践中对行政合同的解决规则，在程序上主要适用民事诉讼规则，实体上的适用规则也相应地存在着“民法化”（或私法化）倾向。

（四）理论研究状况

关于行政合同纠纷的解决，现有研究主要集中在对行政合同纠纷的救济方式及适用规则方面的探讨，对人民法院审理行政合同案件是适用行政法规则还是民法规则，理论界存在较大争论。

1. 关于行政合同的救济方式

有学者倾向于行政复议和行政诉讼，并认为运用非讼形式解决行政契约纠纷的出路是行政复议制度；[21] 有学者“赞同通过行政法上的救济方式来处理

---

⑳ 从行政审判实践来看，往往二审法院或者申诉法院的层级较高（即高级人民法院或者最高人民法院）的，才会认定此类行政合同纠纷属于行政案件。如最高人民法院（2007）行监字第70—1号行政裁定，是针对河北省高级人民法院两级法院作出的当事人对政府部门作出的终止合同的行为应提起民事诉讼的行政裁定书而作出的裁定。

㉑ 应松年主编：《行政行为法——中国行政法制建设的理论与实践》，人民出版社1993年版，第624页。

行政契约纠纷”；[22] 有学者建议“在行政诉讼中构建专门的双向性构造模式以解决行政合同纠纷”，并“建立行政合同的调解救济方式”。[23]

2. 关于行政合同的适用规则

学界对解决行政合同纠纷适用民事规则还是公法规则有着不同的观点。有学者认为“行政合同关系本质上是一种应由公法规则调整的行政关系”，[24] 有学者主张行政合同尽管不同于一般的民事经济合同，但毕竟是一种合同，符合合同的一般特征，具有合同的一般属性，因而对行政合同案件的审理不能绝对排除民事法律规范和规则的适用，尤其需要依据合同的一般规则和原理。[25] 还有学者认为，对于行政合同诉讼，应在行政诉讼基本原则继续适用的基础上，有范围、有限度地引入民事救济的规则，但其适用范围应限制在涉及行政合同的行政诉讼。[26]

（五）小结

通过对行政合同纠纷解决的立法状况、理论探讨与实际操作的分析可以得出一个较为明确的结论，那就是大陆地区目前有关行政合同纠纷的解决还面临较大的困境。从立法的角度来说，关于行政合同的统一立法尚无，甚至行政合同这一概念都尚未得到立法的确认，既有的立法数量少、层级低，适用范围有限，法律法规间的冲突较为严重；从实务的角度来说，无论是诉讼外的救济还是司法救济，制度设计都非常粗陋，特别是在司法救济方面还面临行政合同能否获得司法救济、何种诉讼形式的司法救济、行政主体的原告资格问题、证据规则问题等诸多难题；从理论研究来看，对行政合同救济方式及适用规则等方面的探讨还存在较多分歧，理论研究成果较为单薄，还不

---

[22] 余凌云：《论行政契约的救济制度》，载《法学研究》1998 年第 2 期。

[23] 高峰、刘伟：《行政合同界定及其救济方式研究——以比较为主要视角》，载《内蒙古大学学报》（人文社会科学版）2006 年第 6 期。

[24] 江必新：《中国行政合同法律制度：体系、内容及其构建》，载《中外法学》2012 年第 6 期。

[25] 毕可志：《论对行政合同的司法救济》，载《长白学刊》2004 年第 4 期。

[26] 涂师铭、郭海龙：《行政合同争议的司法救济途径》，载《法制与经济》2007 年第 10 期。

能充分地满足立法和实务的需要。

三、可供选择的路径及其评析

对行政合同纠纷的解决，可供选择的方式多种多样，诸如：

1. 否认行政合同的存在及其纠纷解决

即不认可行政合同的存在，认为根本不存在行政合同，因此也就无须为行政合同纠纷设计任何救济方式，这是最为糟糕的一种情形。在行政合同客观存在的现实情形下，如果无视行政合同的存在，不提供任何救济方式，既不能实现对行政合同纠纷的解决，也不符合“有权利必有救济”的法治原则。

2. 将行政合同的纠纷统一按私法规则解决

即在解决行政合同的纠纷问题上，不承认其特殊性，完全按照《民事诉讼法》和《合同法》等确立的民事诉讼规则和民事合同规则来进行处理。但是，这种解决纠纷的方式将难以处理和解决诸多行政合同问题尤其是与行政职权相关联的特殊规则问题。

3. 维持现状：“公私救济”并存且以民事诉讼为主

即认可行政合同的存在，但在目前对行政合同的性质、主体构成、法律救济等存在理论上的争议及立法规范不足、制度设计不全的情况下，对因行政合同产生的纠纷，能够依据行政法的相关规定适用行政法上的救济，以行政法上的救济来处理；能够适用民法上的救济的，以民法上的救济来处理。这种情况所导致的情形最为明显的就是对行政合同纠纷解决程序的无序与处理结果的冲突，也使得诸多行政合同纠纷陷入“行民不分状态”而得不到解决。不过，这种救济模式与不为行政合同纠纷设计任何救济方式相比，要好于完全无救济的状况。

4. 针对行政合同纠纷，健全行政法上的救济方式

即在认可以行政法上的救济方式解决行政合同纠纷的基础上，进一步健全和完善各项行政救济和行政诉讼救济制度。除建构行政救济方式解决行政

合同纠纷的制度（这些制度建构主要包括协商、行政仲裁、行政裁决、行政复议等）外，还包括行政诉讼救济。在行政诉讼制度方面，通过修正现行的《行政诉讼法》，将行政合同纳入行政诉讼的受案范围，在行政诉讼的原告资格、受案范围、审查原则、举证责任、审理程序与裁判等方面补充特殊规则，为行政合同纠纷解决提供司法救济的制度支持。

5. 建构包括救济的统一行政合同法律制度

有学者认为中国行政合同的制度构建可供选择的方案有三种：一是私法模式，即通过私法规则调整行政合同关系；二是公法模式，即通过公法规则调整行政合同关系；三是拆分模式，即拆分行政合同中的行政性要素与契约性要素，用公法规则调整其中的行政性要素，用私法规则调整其中的契约性要素。并主张：中国行政合同应选择公法模式来构建一个完整的行政合同法律制度体系，包括主体制度、权利制度、行为制度、责任制度和救济制度五个方面；首选方案是在统一的行政程序法典中就行政合同的有关规则与其他行政行为一并规定；次选方案是由国务院制定《行政合同条例》并修订行政复议、行政诉讼等制度。㉗

用公法模式构建一个统一完整的行政合同法律制度的确是一个好的思路，但在具体选项上实则有多个选项。例如：一是修改《合同法》，将只规定民事合同的《合同法》转化为包括民事合同与行政合同以及其他合同的综合、统一的合同法，专章设定统一的行政合同制度；二是在拟出台的《行政程序法》中专章系统规定行政合同制度；三是制定专门的《行政合同法》系统构建统一的行政合同法律制度；㉘ 四是通过国务院制定专门的行政法规——《行政合同条例》；五是只针对行政合同纠纷通过《行政诉讼法》的修改将行政合同纳入行政案件受案范围，再由最高人民法院作出相应的司法解释，当然在

㉗ 江必新：《中国行政合同法律制度：体系、内容及其构建》，载《中外法学》2012年第6期。

㉘ 就此已有学者从行政合同的缔结、履行以及纠纷解决角度系统设计了《行政契约法》（试拟稿）。参见蔺耀昌：《行政契约效力研究》，法律出版社2010年版，第185-208页。

最高人民法院作出行政合同的司法解释时还必须修改或废止其相关的司法解释。

四、状况溯源与基本主张

（一）现状之缘由

我们必须勇于面对中国大陆目前行政合同纠纷解决的现实状况，针对问题的根源寻求解决的途径。造成目前行政合同纠纷解决一系列问题的源头，主要是两个方面：一是最高权力机关的非科学性立法规定。正是立法的不科学、立法者部门视角的局限导致了立法上的乱象（将所有的合同都视为民事合同，却又不能包括种种形态，一方面按私法规则定性，另一方面却又按公法规则安排制度设计，立法自身都不能自圆其说等），并进而带来行政合同纠纷解决的混乱。二是最高人民法院相互矛盾的司法解释与司法指导。也正是出自最高人民法院相互冲突且“民事老大”的司法解释而导致了诉讼方式的冲突，影响了司法功能的正常发挥。

当然，这两个弊病源头与我国大陆目前部门法理论研究存在着很大的关联度。正是民法学话语权的主导地位及其认知的局限和行政法学研究的薄弱在一定程度上导致了立法和司法在行政合同及其纠纷解决问题上的“民法化”倾向。

（二）共识前提与基本主张

在面对多种可供选择的解决方案与路径时，以下几点应是确立解决办法的共识前提：一是在法律制度的应对上，有相应的制度配置要优于无制度安排的空白；二是在法律规范上，统一的规范优于杂乱无序或者相互冲突的立法状态；三是在救济途径上，多样化优于单一手段；四是在诉讼机制上，行政诉讼的解决优于民事诉讼的解决；五是在诉讼程序上，专门针对行政合同的独特或特殊的规则优于普通的诉讼程序规则；六是在法律的适用规则上，应优先适用公法规则，私法规则亦具有准用性。

有鉴于此，笔者特提出如下基本主张：

一是立法上统一规范行政合同及其纠纷解决机制，而最为适当的办法就是通过修改现行行政诉讼法，将行政合同案件纳入行政诉讼，为行政合同纠纷提供规范、可行、最优的纠纷解决机制。

二是司法解释对行政合同案件作出统一而明确的司法解释，消除出自最高人民法院同一机关的相互冲突的司法解释，应在诉讼机制和适用规则上“去民法化”，因而在最高人民法院系统内其民事与行政的协调统一至关重要。

三是在理论研究上实行“公私法”的融通研究，既避免“民法独大”的私法化倾向，又提升行政法学研究，为行政合同及纠纷解决制度的构建提供强大的理论支持。

四是最高人民法院应在法院系统内就行政合同案件的审理分工进行大胆的探索，诸如设立公私法案件冲突解决的机构等。

行政许可与规制影响分析制度的建构*

高秦伟**

一、问题的提出

行政许可作为规制国家中重要的手段，作用不言自明，且随着中国《行政许可法》的颁行与实施，中国行政法也因此获得了长足的发展。① 但是，现行行政许可制度仍然存在一定的不足，如行政许可设定权主要集中于中央，地方立法受到了较为严格的控制，虽然如此的立法配置对于抑制行政许可的泛滥、规制膨胀（regulatory inflation）、权力寻租等一系列的现实问题具有积极意义。但是，这种立法配置也会导致政府职能的缺失，而且无法积极应对经济社会发展的需要。② 将权力集中于中央机关、集中于立法机关是近年来中国立法所体现出来的一个鲜明特色。如 1996 年《行政处罚法》将限制人身自由的行政处罚规定为法律的专属设定事项，对法律、行政法规、地方性法规以及规章等的层级范围作出了严格的规定，尤其是对规章，没有赋予其设定权，只是赋予其在严格限定条件下的规定权。2003 年的《行政许可法》

* 本文原发表于《政治与法律》2015 年第 9 期。

** 高秦伟，中央财经大学法学院、法学院副院长、教授、法学博士。

① 参见周汉华：《行政许可法——观念创新与实践挑战》，载《法学研究》2005 年第 2 期。

② 参见杨建顺：《新世纪中国行政法与行政法学发展分析——放权、分权和收权、集权的立法政策学视角》，载《河南省政法管理干部学院学报》2006 年第 4 期；曹缪辉、王太高：《行政许可设定权的反思与重构》，载《学海》2012 年第 4 期。

不仅没有赋予部委规章以行政许可设定权，而且对省级政府的规章也只是在严格的限制条件下赋予临时行政许可设定权，强调“其他规范性文件一律不得设定行政许可”，将行政许可的委托实施限定为“其他行政机关”，排除了对行政机关以外的“管理公共事务的事业组织”进行委托的情形。2010 年的《行政强制法》亦呈现出对前述诸种特点的沿袭。

以上这些做法可视为期冀（仅仅）通过设定不同层级行政机关的权限来解决实体法上的权利与义务配置问题。如在《行政许可法》立法过程中，许多人认为如果让国务院各部委、地方人民政府在规章中设定行政许可或者县乡人民政府以其他规范性文件的方式设定行政许可，就容易影响社会经济秩序，侵犯公民法人和其他组织的合法权益。对此，可能不能一概否认低层级规范的许可设定权，[③] 能否设定许可取决于政府职能的转变，也涉及设定行政许可的过程控制、成本收益分析（Cost Benefit Analysis，CBA）等问题。[④] 我们应该知道，立法者在制定高层级法律规范时总是框架性立法，具有概括性、笼统性与抽象性，有时甚至许多领域根本就不存在相应的法律、行政法规，如果仍然固守只有法律、行政法规才能够设定行政许可的主张，下级行政机关根本无所作为，弊端可见。[⑤] 由此引发的问题便在于：设定行政许可的关键并不在于哪一级行政机关设定行政许可，而在于通过怎样的程序设定许可，设定什么内容的许可，[⑥] 而这些都会与行政许可合理化问题相关联，涉及西方通行的规制影响分析（Regulatory Impact Analysis，RIA）在中国如何建构，这也构成了本论文的问题意识。新一届政府将深化行政许可制度改革作

③ 参见李云林等：《美国行政许可——形式、设定及实施》，载《中国行政管理》2013 年第 2 期。

④ See Michael A. Livermore & Richard L. Revesz, eds., *The Globalization of Cost-Benefit Analysis in Environmental Policy*, Oxford University Press, 2013, pp. 4-15.

⑤ 参见我国《行政许可法》第 15 条。

⑥ 即使以法律、行政法规设定许可，如果不能确保相应的程序机制，同样会滥用行政许可，而同时中国又欠缺对立法的审查机制，那么这种行政许可能仍然存在问题。

为转变政府的突破口，截至2014年年底已取消和下放798项行政审批事项，[7]并要求省级政府2015年年底市县两级政府2016年前基本完成“权力清单”的梳理。[8]与此同时，理论上的探讨更显必要，因此本文将首先分析中国法上行政许可合理化的相关制度并指出不足；其次对国外规制影响分析的意义与具体框架予以评析；最后则对中国建构规制影响分析的理念与制度作出思考，以期能为进一步的研究与实践运作提供相应的理论基础。

二、中国法上行政许可合理化的规定及其实践

中国《行政许可法》对行政许可设定的合理化问题给予了一定的关注，明确了设定许可的原则（第11条），可以设定许可的事项（第12条）以及设定许可的例外（第13条），这在立法政策学上是可取的，即使未能对政府职能进行科学的定位，未对国家、社会、市场、私人等领域进行科学合理的界分，尚足以根据这些原则、范围来设定行政许可。同时，《行政许可法》也在一定程度上借鉴了西方法治发达国家规制缓和理论与规制影响分析的方法，在第19、20、21条作出了行政许可合理化的制度性规定：（1）草案单位起草法律、法规、规章草案，拟设定行政许可的，应向制定机关说明设定行政许可的必要性、对经济和社会可能产生的影响；（2）行政许可的设定机关应当定期对其设定的有关经济和社会事务的行政许可进行评价；（3）行政许可的实施机关可以对已设定的行政许可的实施情况及存在的必要性，适时进行评价，并将意见报告该行政许可的设定机关；（4）公民、法人或者其他组织可以向行政许可的设定机关和实施机关，就行政许可的设定和实施提出意见和建议；（5）省、自治区、直辖市人民政府对行政法规设定的有关经济事

---

⑦ 参见《截至2014年底已取消和下放798项行政审批事项》，载http://economy.gmw.cn/newspaper/2015-01/09/content_103594000.htm，最后访问日期：2015年1月15日。

⑧ 参见中共中央办公厅、国务院办公厅：《关于推行地方各级政府工作部门权力清单制度的指导意见》，2015年3月24日。

务的行政许可事项，根据本行政区域经济和社会发展情况，认为通过《行政许可法》第13条所列方式能够解决的，报国务院批准后，在本行政区域内停止实施有关行政许可。这一制度大体包括两大部分，即许可设定前的评价（第19条）与许可实施过程中的评价（第20条），后者被中国学界直接称为行政许可的评价制度或实施评价制度，[⑨] 前者则属于立法说明部分，相对于《立法法》中相关的条款[⑩]增加了需要说明“对经济和社会可能产生的影响”。[⑪] 而有关省级人民政府对行政许可的停止实施问题，还涉及中央与地方在经济事务方面的权力配置问题，在此不作讨论。[⑫]

（一）行政许可设定前的评价（立法说明制度）

中国2000年《立法法》第48条规定：提出法律案，应当同时提出法律草案文本及其说明，并提供必要的资料。法律草案的说明应当包括制定该法律的必要性和主要内容。由此可以看出，立法说明是法律案的组成部分，一件法律案必须包括立法说明。立法说明要“说明”的核心是制定法律的必要性和主要内容，除此之外，对立法说明的撰写并无其他限制性、约束性规定。2015年《立法法》第54条增加了“起草过程中对重大分歧意见的协调处理情况”。就目前中国各级立法中所呈现的立法说明，大多以定性、整体性说明为主，限于文字描述，可行性论证有时并不完整。即使按照《行政许可法》第19条的规定加以实施，也仅占整个立法说明的一小部分，很难充分说明该行

---

⑨ 参见陈柳裕：《行政许可评价问题研究——以〈行政许可法〉第20条的实施为中心》，载《当代经理人》2005年第13期。

⑩ 如中国《立法法》（2000年）第48条、《行政法规制定程序条例》第16条、《规章制定程序条例》第17条。

⑪ 因此周汉华认为《行政许可法》第19条的规定，是中国法律中第一次对立法成本收益分析原则的某种间接采用，参见周汉华：《〈行政许可法〉——观念创新与实践挑战》，载《法学研究》2005年第2期；周汉华：《对行政审批制度改革的进一步思考》，载《中国青年报》2013年6月6日。

⑫ 有关的论述，国内文献可参见唐明良、卢群星：《论地方性法规的行政许可设定权——对〈行政许可法〉第十五条第一款的解读及其他》，载《重庆大学学报》（社会科学版）第11卷第4期（2005年）。

政许可对经济与社会可能产生的影响。就内容而言，立法说明多侧重于立法的必要性与可行性分析，强调与国家法律体系的一致性和与上位法的不抵触性，以合法性为主。而对经济、社会、文化、就业、环境的影响分析，对拟立法规实施后产生的经济效益、社会效益、生态效益的预测和分析，以及对立法成本、执法成本、守法成本的预测分析均是不充分甚至是缺乏的。

（二）行政许可实施过程中的评价（狭义的行政许可评价制度）

行政许可评价制度的核心内容在于判断一项行政许可是否需要设定，进而及时调整不合时宜的行政许可项目。在中国，狭义的行政许可评价则是指一个由行政许可设定机关、实施机关、社会公众或其委托的专业机构，依照法定程序，对行政许可设定和实施情况进行评价，以决定是否有必要取消该行政许可事项或对行政许可实施办法进行修改的一项行为。有学者认为它属于“立法后评估”的一项重要内容，是提高立法质量的重要途径。[13]

1. 具体制度

按照学者的分类，将狭义的行政许可评价制度分为行政机关评价和行政相对人评价，而行政机关评价又可进一步分为行政许可的设定机关评价和行政许可的实施机关评价，行政许可的设定机关应当定期评价，行政许可的实施机关可以适时评价。[14] 行政许可评价的内容包括：所评价的行政许可项目的实施情况，所评价的行政许可项目继续存在的必要性。事实上结合《行政许可法》第11条规定的原则以及行政许可制度的本质属性，行政许可评价的内容还应该包括是否符合经济和社会发展规律，是否有利于发挥公民、法人或者其他组织的积极性、主动性，是否有利于维护公共利益和社会秩序，是否有利于促进经济、社会和生态环境协调发展。为了配合《行政许可法》的实

---

⑬ 参见郑造桓、汤达金、陈俏：《行政许可评价体系构建研究》，载 http://www.locallaw.gov.cn/dflfw/Desktop.aspx? PATH=dflfw/sy/xxll&Gid=f92ea694-ca74-44cb-9e16-54c1f4365ed4&Tid=Cms_Info，最后访问日期：2009年12月12日。

⑭ 参见张冲：《略论行政许可评价制度》，载《大众科技》2008年第2期。

施，许多地方都颁布了配套的规范，对行政许可评价制度进行了规定。如《重庆市行政许可评价暂行办法》第2条规定："本办法所称行政许可评价，是指行政机关按照一定的程序对其设定或者实施的行政许可进行综合性评判的活动。"《云南省气象局行政许可设定和实施评价制度》第2条规定："本制度所称行政许可设定和实施评价，是指行政许可的实施机关对已设定的行政许可的实施情况，行为的合法性，是否遵循经济和社会发展规律，能否有效维护行政许可相对人的合法权益等方面适时进行评价的行为。"《上海市设定临时性行政许可程序规定》则详细地规定了设定行政许可的论证、成本收益分析等内容。⑮

2. 实施状况

根据实务部门的统计，2005年时就有11个省级政府和10个国务院部门开展了立法成本收益分析研究，10个省级政府和11个国务院部门开展了法规规章实施情况的后评估工作。2007年海南省开始全面推行立法成本收益分析工作。⑯ 2008年杭州市人民政府法制办公室决定全面有序推进政府规章定性定量分析，进行成本收益评估。同年山东省建立立法成本收益分析制度，《湖南省行政程序规定》要求属于重大行政决策的地方立法可以进行成本收益分析。⑰ 暂不论这些制度是否科学全面，实践中行政许可评价制度的实施例子却并不多见。以宁波市人大常委会法制工作委员会《关于对部分地方性法规设

---

⑮ 其他可参见《江苏省行政许可监督暂行规定》《大足县行政许可评价暂行办法》《淮南市行政许可评价管理暂行办法》《杭州市劳动和社会保障局行政许可评估评价制度》《北京市质量技术监督局行政许可工作评价管理办法（试行）》《深圳市实施行政许可若干规定》《福建省交通行政许可实施评价制度》等。

⑯ 参见《海南省人民政府办公厅关于开展立法成本效益分析工作的实施意见》（琼府办〔2007〕130号）。该实施意见对立法成本与立法收益进行了界定。

⑰ 参见安徽省人民政府法制办公室课题组：《立法成本效益分析制度研究》，载 http://www.chinalaw.gov.cn/article/dfxx/dffzxx/ah/201306/20130600387647.shtml，最后访问日期：2013年6月2日（执笔人黄显鸿）。

定的行政许可的评价报告》为例,[18] 可以说明目前的实施状况：2005 年宁波市对该市部分地方性法规设定的行政许可进行了评价，评价的范围为《宁波市非机动车管理条例》《宁波市出租汽车客运管理条例》《宁波市燃气管理条例》《宁波市河道管理条例》和《宁波市无居民海岛管理条例》等5 个地方性法规。其中，关于《宁波市非机动车管理条例》设定的两项行政许可被实施进行了评价，分别是关于核发助力自行车等部分非机动车操作证的行政许可、关于自行车登记后核发号牌和行驶证的行政许可。该市法工委综合研究评价，认为助力自行车等部分非机动车日益普及，逐渐大众化，本身也没有操作技术要求，核发操作证已没有必要，建议取消该项行政许可；对自行车登记后核发号牌和行驶证的行政许可，该市法工委也建议取消，因为自行车已经成为人们普遍拥有的代步工具，不再是需要登记的“重要物品”，对自行车登记核发号牌和行驶证也没有必要性。最后提出了相关的建议，至于评价程序、方法等则均未提及。

另一个例子，海南省人大常委会在 2007 年评估《海南省经济特区机动车辆燃油附加费征收管理条例》时，强调了评估立法成本，侧重对立法自身的工作成本、执法成本和社会成本进行评估。在对收费公路收费成本和行政执法成本进行评估时，假设不进行公路规费体制改革，采取设立收费站收取交通规费这一方式，按海南省现有的高等级公路和桥梁状况，据估算，至少需要一次性投入 8600 万元用于收费站建设，同时还需相应增加征收工作人员 690 人，而目前全省征管机构仅有 560 人，并且相对于所征收的燃油附加费金额，征收成本在全国最低。通过评估立法的成本和收益，得出实施该条例既达到了保障公路畅通无阻的目的，又缩减了收费公路收费成本和行政执法成本，具有说服力。[19]

---

⑱ 参见宁波市人大常委会法制工作委员会：《关于对部分地方性法规设定的行政许可的评价报告》，载 http://www.nbrd.gov.cn/art/2004/12/2/art_6385_269937.html，最后访问日期：2009 年 12 月 12 日。

⑲ 参见符琼光、登云秀：《合理确定评估内容　运用多种评估方法》，载《中国人大》2008 年第 8 期。

3. 存在问题

相关论者指出行政许可评价制度存在的问题在于：评价主体单一化，并无专门的行政许可评价机构和第三方独立评价机构。评价指标体系的片面化，过多考虑了经济性指标，评价时间过于笼统等。[20] 当然，最为关键的是对评价主体、程序、方法认识不够，导致评价内容深度分析不足，这与目前中国"立法后评估"制度所产生的问题基本一致，关键方法缺失，实务部门仅仅拿一些较为简单的法律法规加以评估，实效性与影响力均成问题。[21]

总之，通过分析可以看出，目前中国立法说明式的评价制度发挥评价的作用并不大，多以定性、整体性描述来说明设立行政许可的必要性与可行性，即使有些地方试行立法前评估制度，[22] 但内容仍显粗疏，定量描述以及对经济与社会可能产生的影响分析、评价不足。相对来讲，狭义的行政许可评价制度则至少在法规范的建构上更受中国实务界的重视，然而现实中并未能发挥所期望的作用，行政过程中应用极少，相关案例更是鲜见。[23] 因此，中国的行政许可合理化制度需要进一步发展与完善。

---

⑳ 相关分析可参见徐晓明、易波：《行政许可评价制度相关问题探讨——权力矫正的动态机制分析》，载《江苏社会科学》2007 年第 1 期；付越：《民族地区行政许可评价制度——问题与对策》，载《黑龙江民族丛刊》2009 年第 1 期；万强：《关于建立和完善地方性法规行政许可评价机制的思考》，载《时代主人》2010 年第 10 期。

㉑ 参见席涛：《立法评估：评估什么和如何评估（上）——以中国立法评估为例》，载《政法论坛》第 30 卷第 5 期（2012 年 9 月）。

㉒ 可参见张桂芹、周怡萍：《青岛市启动立法前评估试点》，载 http://rdcwh.qingdao.gov.cn/n8146584/n8152681/n23294495/n23294679/23298700.html，最后访问日期：2011 年 12 月 21 日；《山东首次召开立法前评估会　立法由搭架子变"精装修"》，载 http://news.163.com/12/0424/21/7VSUNA4R00014AEE.html，最后访问日期：2012 年 8 月 21 日；李向东：《行政立法前评估制度初探——从新交通法规"闯黄灯"条款谈起》，载《中国行政管理》2013 年第 3 期；《陕西省地方立法评估工作规定》第 2、8、12 条的规定。

㉓ 目前的立法后评估强调了评估的必要性、合法性、协调性、可操作性和实效性，但没有直接将规制的经济影响、社会影响、环境影响作为评估标准，且实践中将一些立法影响比较单一的法规进行后评估，评估过于简单。相关分析可参见席涛：《立法评估：评估什么和如何评估（上）——以中国立法评估为例》，载《政法论坛》第 30 卷第 5 期（2012 年 9 月）。

三、国外规制影响分析的具体制度

通过行政许可等一系列的规制措施来调整经济与社会的发展是各国的通行做法，面对规制不断增多、僵化的情形，20世纪70年代末，美国率先开始实行规制影响分析制度（主体以成本收益分析为主），目前已经形成了较为完善的制度。[24] 所谓规制影响分析制度就是对已制定和拟制定的规制进行系统的评估分析，对已制定规制的实施情况和产生的实际效果进行评价，对拟制定的规制可能产生的效果和风险进行估量，为行政规制的颁布与修改提供信息和依据的制度安排。[25] 如今，虽然规制影响分析在不同国家的运用方法和名称不尽相同，如加拿大称为"规制影响分析说明"，美国更多使用"成本收益分析"或者"规制分析"的术语，英国使用的是"规制遵从成本评估"（Compliance Cost Assessment，CCA），而德国使用了"立法效果评估"，[26] 但是在许多国家（约有50个国家）如日本、澳大利亚、欧盟[27]以及经济合作与发展组织（OECD）等国家和组织均在政策评价的框架下研究与实施规制影响分析制度。[28]

（一）规制影响分析的意义

规制影响分析的意义在于：第一，可以提升规制质量，在诸多的备选方

---

[24] See Thomas O. McGarity, *Reinventing Rationality: The Role of Regulatory Analysis in the Federal Bureaucracy*, Cambridge University Press, 2005; R. H. Pildes & C. R. Sunstein, Reinventing the Regulatory State, 62 *Univ. of Chi. L. Rev.* 1 (1995).

[25] 参见高秦伟：《美国规制影响分析与行政法的发展》，载《环球法律评论》2012年第6期。

[26] 参见吴浩、李向东编：《国外规制影响分析制度》，中国法制出版社2010年版，第2页。

[27] See Andrea Renda, *Impact Assessment in the EU*, Brookings Institution, 2006; Jonathan B. Wiener, Better Regulation in Europe, 59 *Current Legal Probs.* 447 (2006).

[28] See OECD, Regulatory Impact Analysis: Best Practices in OECD Countries, OECD, 1997; Robert Baldwin & Martin Cave, *Understanding Regulation: Theory, Strategy and Practice*, Oxford University Press, 1999, p. 87.

案中作出最佳选择。现代行政，在坚持公平正义的同时，亦从效益出发，强调规制设定的合理性，进行提升规制质量，并将有限的行政资源分配给高效率的规制方案。不仅仅是国内法，国际层面也有同样的要求。如世界贸易组织法律体制下的“必要性测试”（necessity test）是检验某项国内措施（包括法律）对国际贸易自由化限制程度的一种方法。其产生的深层次原因在于，贸易自由化的目标与国内公共政策目标难免冲突，为保证国内公共政策目标的实现，又不过分损害贸易的发展，有必要对国内措施进行一定程度的限制，使其仅保持在实现国内公共政策目标的“必要”限度内。[29] 于是，成本收益分析或者规制影响分析走向了国际层面。[30]

第二，可以整合多元的规制目标以及促进透明、协商与公众参与度。从各国的情况来看，规制影响分析均将决策记录和行为措施的影响予以公开，允许公众参与评论，有利于提高政府透明度和决策质量，并增加责任感。正是基于这个意义，经合组织认为规制影响分析不仅是一个分析工具，而且是一个统筹衡量不同利益的协调工具。[31]

第三，改善立法与规则制定过程。虽然规制影响分析并不直接针对行政程序问题，但是由于它的引入，通过规制机制和规制绩效评估的设计，弥补了传统行政程序法仅仅注重形式、未及利益与实体整合的功能，[32] 极大地改善了立法与规则制定的过程、质量，进一步促进了行政程序法的持续发展。

目前多数国家的规制影响分析主要是通过对行政规制可能导致的成本与收益进行估算，旨在从可供选择的规制方案中选择出社会收益最大且最有效

㉙ WTO 相关协定中有许多条款都涉及必要性检验，包括 GATT 第 20 条，TBT 第 2 条第 2 款及第 5 款，SPS 第 2 条第 2 款及第 5 条第 6 款等。

㉚ See Alberto Alemanno, Is There a Role for Cost-Benefit Analysi Beyond the Nation-State? Lessons from International Regulatory Cooperation, in Michael A. Livermore & Richard L. Revesz eds., *The Globalization of Cost - Benefit Analysis in Environmental Policy*, Oxford University Press, 2013, pp. 104-116.

㉛ 参见吴浩、李向东编：《国外规制影响分析制度》，中国法制出版社 2010 年版，第 5 页。

㉜ 参见［德］施密特·阿斯曼著：《秩序理念下的行政法体系建构》，林明锵等译，北京大学出版社 2012 年版，第 333 页。

率的议案，进而权衡有限的公共资源如何在经济增长、市场秩序的维护、环境保护等各种目标中予以均衡使用，以理性、客观的数据告诉政府规制到何种程度是合理的。由于涉及数据的估算，导致法学者很难独自担当这一任务，这无疑使诸多其他学科的学者（如经济学家、社会学家、行政学家等）参与到了规制过程中来，对规制实践以及行政法学的发展意义亦极为重大。[33]

（二）规制影响分析的框架

1. 方法论

各国的规制影响分析模式并不相同，因此在方法论上也并不一致，有些偏重于效果分析，有些侧重于财政成本，有些侧重于评估商业守法成本，但总的来讲，即使缺少严格的成本收益分析，各国均在向“考虑更宽泛的直接或间接成本、效益和成本这些因素的方法靠拢”。[34] 对方法论的落实，需要制定书面指南，多数国家均发布了指导文件。美国管理与预算办公室（Office of Management and Budget，OMB）于2003年发布的A-4通知认为，成本收益分析是政府规制分析的一项重要工具，成本收益分析将待评估的政府规制政策可能产生的收益和成本用货币单位量化，为政策决策者判断备选方案的效率，也就是哪个备选方案对社会的净收益是最大的，提供一个清晰明确的指引。[35] 成本收益是将经济学的分析方法与工具应用于政府规制过程，最大的特点在于将成本和收益货币化，进而进行比较，以收益大于成本或者收益能够证明成本的正当性作为决策依据。有关成本收益分析的争议很多，如关于生命、健康、安全是否能够货币化，支付意愿的问题，贴现率的问题，准确率的问题，长期存在。[36] 但是越是争论，人们对成本收益分析方法的认同越是增

㉝ 参见马英娟：《美国监管影响分析制度述评》，载《法商研究》2008年第1期。

㉞ 吴浩、李向东编：《国外规制影响分析制度》，中国法制出版社2010年版，第7页。

㉟ Office of Management and Budget，Circular No. A-4：Regulatory Analysis，September 17，2003.

㊱ See Frank Acerman & Lisa Heinzerling，*Priceless*：*On Knowing The Price Of Everything And The Value Of Nothing*，New Press，2004.

加，反对对规制进行成本收益分析的主张越来越少。目前的趋势是绝大多数的人均转向如何改善、精进成本收益分析方法，使其效果更好。如最新的发展是美国学者桑斯坦（Cass Sunstein）试图使规制影响分析更加“人性化”（humanizing），试图使用更多的方法（如行为经济学、消费者心理学）来解释人的行为，使用更多的数据而非完全货币化的方式进行分析，在新的“开放政府”的框架下展开数据收集、透明以及公众参与等工作。[37] 具体内容参见表1。

表1 规制影响分析的方法

概念	描述	优点	缺点
成本收益分析（Cost - Benefit Analysis）	如果收益超过成本，则规制方案就可行	既反映规制的积极效果与负面效果，也保证政策符合最大利益的需要	某些重要的收益元素可能无法量化，因此权重很低。如果受政策负面影响的人们不能无法获得补偿，则该标准具有较低的说服力
成本效果分析（Cost - Effective Analysis）	计算单位收益的成本。优先考虑能够以不增加更多的成本而产生相同或更多收益的政策	排除效率明显偏低的政策并提供政策在产生收益时的相对功效指数	无法解决对收益最佳水平的选择。当存在不同的收益水平并且一项政策不能以较低的成本产生较大的收益时，则该准则不具有决定性
风险分析（Risk Analysis）	对受政策影响的风险范围和有关健康后果进行定量分析	可以告诉决策者政策是否将在很大程度上降低风险	风险影响多样性且难以对等。无法解决降低风险所需的成本或者评估除风险以外的其他影响

---

[37] See Winston Harrington, Lisa Heinzerling, and Richard D. Morgenstern, eds., *Reforming Regulatory Impact Analysis*, Resources for the Future, 2009, p. 12; Andrea Renda, *Improving the Use of Economic Analysis in Public Policy and Legislation*, Intersentia, 2011, p. 25; Matthew D. Adler & Eric Posner, Happiness Research and Cost-Benefit Analysis, 37 *J. Legal Stud.* 253 (2008).

续表

概念	描述	优点	缺点
风险-风险分析(Risk - Risk Analysis)	综合评价政策的所有风险效果，包括成本、结余，确保政策能够降低风险	更为完整的风险分析形式，对规制其他影响可以产生成本有一定的认知	并未认知到规制最终并不影响风险的其他效果：风险影响可能是多样性的且不相对等
成本评价(Cost Assessment)	评估规制对企业、消费者和工人产生的成本，可能包括试图确保成本不太高的努力	试图综合确定社会为规制付出的总价，并提供对其经济可行性的认知	未涉及规制的收益，也不能确认付出特定数量的成本而取得的积极效果是否值得

资料来源：W. Kip Viscusi, Improving the Analytical Basis for Regulatory Decision-Making, OECD, 1997, p. 176.

一项规制只有以某一特定的基准线为参照，才能看出其产生的各种影响，最常用的基准线就是现状，即规制不存在时的状况。特别需要指出的是上述方法中，成本效果分析是指在预期收益无法用货币单位量化的情况下，评估预算约束条件下单位成本的有效性，对不同备选方案所产生的成本进行比较，是一种成本分析方法。在目前的规制影响分析实践中，成本收益分析和成本效果分析通常相互补充，综合运用。当成本收益分析无法准确以货币形式量化的情况下，才考虑适用成本效果分析。成本收益分析方法要求分别将成本与收益量化，用统一的货币单位表示，在此基础上，比较收益减成本，即净收益的大小。[38] 成本效果分析仅识别、评估备选方案的成本，以及该成本产生的相应结果和影响，原因是备选方案的收益无法货币化衡量，或者货币化衡量的成本非常高且缺乏准确性。成本收益分析适用于经济性规制，成本效果分析适用于社会性规制。[39]

---

[38] 参见蒋红珍：《政府规制政策评价中的成本收益分析》，载《浙江学刊》2011年第6期。

[39] See Fred Anderson, et al., Regulatory Improvement Legislation: Risk Assessment, Cost-Benefit Analysis, and Judicial Review, 11 *Duke Envtl. L. & Pol' y F.* 89, 93 (2000-2001).

2. 审查机构

各国负责规制影响分析的审查机构也不太一致，但多以建立专门机构为特征，未建立专门机构的也因与各国行政体制有关，有的在产业、经济和商业部门，有的在预算与公共管理部门，有的在内阁办公室，有的在议会审计办公室，[40] 总体而言，这些机构离政府中心职能越近，离预算职能越近，越能让规制者意识到规制影响分析的重要性，越能够建立具有强大权威、信息资源充足的审查机构。同时，各个具体的规制部门也要展开规制影响分析，这里就涉及集中与分权之间的平衡问题，如果将责任完全交给规制部门，就会缺乏足够监督；而完全将规制影响分析的责任交给一个专门的机构，隔绝于规制决策过程之外，就会变成一种软弱的学术操练。[41]

3. 适用范围

有些国家通过法律方式加以明确，有的则通过低级别的法规加以明确，有些两者兼有，对低一级政府的规制影响分析适用不多，联邦国家中州级政府有一些规制影响分析项目，但还没有一个国家的市一级政府运用规制影响分析方法。也有国家对于是否进行规制影响分析没有特别硬性的规定，如加拿大《法定文件法》(Statutory Instruments Act) 只是要求对所有的“法规”进行规制影响分析。根据比例原则，对能产生较大影响的法规应当进行细致的规制影响分析，对规制影响分析的运用也要进行评估。而美国，只有“重要”规制项目适用成本收益分析，重要规制行为包括了规制在一年内对经济影响是否达到或超过 1 亿美元；考虑规制对经济部门、生产力、竞争、就业、公共健康、安全和环境是否产生了副作用；规制是否对各级政府（包括州、地方和种族自治政府）产生了严重的经济负担。澳大利亚着眼于“妨

[40] 奥地利、芬兰不另设主管机关，而采规制机关本身进行评估。参见刘继虎、王红霞：《迈向科学的监管建制——管制影响分析之域外实践与本土化进路》，载江必新主编：《行政规制论丛》(2009年卷)，法律出版社 2009 年版，第 145 页。

[41] 参见吴浩、李向东编：《国外规制影响分析制度》，中国法制出版社 2010 年版，第 12 页。

碍公平竞争的法律、条例、法规命令或管制措施”。[42] 韩国则把符合下列四项标准之一的界定为“重要法规”：（1）所预测年度影响超过 100 亿韩元；（2）所影响的人数超过 100 万人；（3）明显会限制市场竞争；（4）明显会背离国际标准。[43]

4. 步骤

各国适用步骤与程序也不太一致，但基本内容差不多。根据美国第 12866 号行政命令，规制影响分析的步骤包括：首先，评估采取规制行为的必要性。只有市场失灵时政府规制才是必要的，规制部门应指出拟制定的法规要解决的问题是什么？该问题是否是由重大的市场失灵造成的，或者存在令人信服的公众需求？如果是重大的市场失灵造成的，则要从定性和定量两个方面描述该问题的状况，从而进一步证明由政府进行干预的必要性。如果不能充分证明政府干预是正当的，则要证明政府干预、修正市场失灵可以带来更多的经济利益而非损失。即使存在市场失灵，还有一些替代方案可供选择，而不需要行政规制干预。这样的替代方案包括利用司法体系、实施反垄断、补贴、运用经济刺激的立法手段等。如果法规要解决的问题不是重大市场失灵造成的，则应当证明存在令人信服的公众需求。如果制定法规是根据法令或者司法命令进行的，也要陈述清楚。其次，评估可替代的方案。分析报告中要描述可供选择的其他替代方案及其数量，至少应当有 3 个备选方案。如果选择了某个方案，要说明选择该方案的理由。如果有关的法律规定限制了规制方案的选择，使其不能最大化的符合第 12866 号行政命令的原则，就应该确认这些限制，并估算其机会成本。最后，进行具体的成本收益分析，主要包括两个层面：一是拟制定的法规对经济、就业、环境、公共卫生与安全所产生的收益，包括经济收益、社会收益和积极的影响；二是拟制定的法规对联邦、

---

[42] 刘继虎、王红霞：《迈向科学的监管建制——管制影响分析之域外实践与本土化进路》，载江必新主编：《行政规制论丛》（2009 年卷），法律出版社 2009 年版，第 144 页。

[43] See Delia Rodrigo, Regulatory Impact Analysis in OECD Countries Challenges For Developing Countries, OECD, 2005.

州和地方政府以及对公民与组织守法（特别是对中小企业、就业等）所产生的消极影响或者带来的负担。按照行政命令的要求，对法规拟采取的每一项行政规制措施都要进行分析，要测算某一法规的成本与收益，要考虑市场的演变，外部要素的变化对成本与收益的影响，政府机关、被规制者遵守法规的程度等因素。

欧洲学者则总结指出规制影响分析的步骤包括：[44]（1）界定问题。首先在于界定问题，如市场失灵、规制失灵以及干预的必要性。（2）确定可替代性的规制选项。如对通过信息的规制、基于原则的规制、自我规制或者合作规制等的考量，规制方式的选择应该与涉及问题具有比例性。（3）收集数据。本阶段要展开研究，咨询利害相关人以及外部专家委员会的研究。（4）对替代方案进行评估。利用不同的方法，包括成本效果分析、成本收益分析、最小成本评估（Least-Cost Assessment，LCA）以及风险分析，也包括不规制时的情况。（5）确定首选的政策选项。（6）彻底评估首选政策选项的影响。定量分析可能的影响、关联风险等。（7）提出建议。规制影响分析应该提出报告，将评估报告加以说明。（8）规定监测与评价内容。规制影响分析报告也应该包括监测与评价内容。

5. 向公众公开规制影响分析

各国的情况也不太一致，如经合组织十七个国家中，三个发布规制影响分析草案听取评论意见，六个发布最后文本，而九个国家经常不予公布。不过总的趋势来看，各国均在朝着公开透明的方向发展。

总之，规制的目的是为了弥补市场的不足，建立科学的规制体制在于界定政府与市场的关系，在于发挥市场的优势，因此各国均在为建立有效的规制体制框架而作不懈奋斗。同时，更为重要的是各国均在为提升规制质量而设计机制，美国、欧盟与经合组织都建立了中央层面的规制审查与协调机

---

[44] See Andrea Renda, *Improving the Use of Economic Analysis in Public Policy and Legislation*, Intersentia, 2011, pp. 17-18.

构，实施规制影响分析工作。为什么在强调分权制衡的市场经济国家，要求建立中央层面的规制协调机构呢？一个重要的原因就在于各国规制机构各不相同，且发展过于分散，需要建立一个对几十个机构分散的规制予以审查和协调的机构，成为规制的“规制者”。进一步讲，各国都建立了国家层面的规制影响分析指南，要求规制机关要对市场失灵产生的问题进行透彻的分析，分析规制对经济的影响、[45] 对社会的影响、[46] 对环境的影响，[47] 这个分析的过程也是规制机关与相关利益团体进行交流、磋商的互动过程，有利于信息的收集与传递，也有利于达成，只有这样的规制才具有广泛的社会基础，才能被社会接受，规制目的才能够达成。规制影响分析从另一个侧面也促进了公开、透明、民主的机制的发展。[48]

四、中国的回应：走向更好的规制？

长期以来，在中国，行政许可作为政府规制的重要内容与手段受到人们高度关注。《行政许可法》的颁布，也并未完全解决行政许可合理化设定与实施问题。从前面的分析来看，相关规定与规制影响分析制度内涵要求相差较远。国务院于2001年成立行政审批改革工作领导小组，到目前为止，先后十余次颁布关于取消和调整行政审批项目的决定，2014年政府工作报告中更是提出今年要取消和下放行政审批事项200项以上，建立权力清单制度，进一

㊺ 美国重点强调对竞争和生产率，对州、地方政府、民族自治区域等的影响；欧盟以列举的方式，强调对竞争、投资、贸易的影响，以及对欧盟统一市场的影响；经合组织非常注意对竞争环境的影响，包括市场结构、价格形成、企业经营、消费者选择等。

㊻ 规制对社的影响，包括对个人的就业、健康、安全、寿命、生活质量、平等机会的影响，对社会分配和社会福利的影响，对公共卫生、健康、安全、质量、道德、突发性事件的影响等。

㊼ 规制对环境的影响，包括有关安全质量指标、污染控制指标、风险控制指标，促使企业通过技术革新和设备更新，保障安全的工作环境，提供安全的产品，减少污染排放的影响等。

㊽ Cf. Michael A. Livermore & Richard L. Revesz, Regulatory Review, Capture, and Agency Inaction, 101 *Geo. L. J.* 1337, 1356-61 (2013).

步简政放权。[49] 应该讲这是件好事，以2014年为例，我们可以发现此次取消与下放的行政审批事项，大多集中于经济领域投资、生产经营活动的项目，目的在于解决好政府与市场、社会的关系。但是有些事项为何要设立许可、为何要取消审批，却很难有充足的理由服众。联想起前面几次行政审批制度改革，不免隐忧不断。因为在历次的行政审批改革中，都出现了一边取消另一边增加或者变相增加许可项目。为了不让中国行政许可走向这种“减少—增加—变相增加”的怪圈，引入与完善规制影响分析及其评价机制显得尤为重要，这一程序的透明化以及公众的参与也尤为重要，如此方能更好地解决规制中的问题。当然，还应该明确的是，引入与完善规制影响分析制度，并不在于取消规制（中国许多社会性规制尚未建立），也不在于仅仅限于政府规制，而是在于通过行政许可的削减、简化与整合，充分发挥市场、社会、政府各自的角色，走向更好的规制（better regulation）。[50]

（一）更好的规制

规制影响分析对规制质量的最重要贡献在于其对规制者制定规则的影响，而不仅仅是单纯的成本与收益的估算。事实上，随着政府规制对象越来越复杂，规制影响分析的方法与内容也从单纯的成本与收益估算，转向到既涉及成本收益的经济分析，还包括科学分析、政治分析等内容。[51] 科学分析帮助行政机关评估风险并形成适当的应对之策，由于健康、安全与环境领域涉及科学问题，因此行政机关会在形成政策与作出决定时咨询科学意见，典型

---

[49] 参见李克强：《政府工作报告（2014）》，在第十二届全国人民代表大会第二次会议上，2014年3月5日，载 http://www.gov.cn/guowuyuan/2014-03/05/content_2629550.htm，最后访问日期：2014年3月6日。

[50] See Scott H. Jacobs, Current Trends in the Process and Methods of Regulatory Impact Assessment: Mainstreaming RIA into Policy Processes, in Colin Kirkpatrick & David Parker, eds., *Regulatory Impact Assessment: Towards Better Regulation?* Edward Elgar, 2007.

[51] See Lisa Schultz Bressman, Edward L. Rubin & Kevin M. Stack, *The Regulatory State*, Aspen Publishers, 2010, pp. 433-520.

的例子是当今世界多国均在食品安全领域采纳了基于风险评估的规制模式。政治分析包括了对公众态度、政治偏好等政策形成的政治因素所展开的分析。无论内容如何调整与扩张，规制影响分析的目标在于将理性的方法贯彻于规制领域的每个环节，期待规制质量提升，迈向更好的规制。

法与经济学思潮在美国学界与实务界占据了优势的地位，涉及合同、侵权、财产领域，更涵盖竞争与规制范畴。学者提出了行政法与经济学（administrative law and economics）的术语，用以回应行政法与规制政策中经济学与行政法学的互动、共生。[52] 虽然在美国之外，法与经济学并未取得学界的强烈回应，但是毫无疑问的是即使规制影响分析的初衷在于利用经济学的方法分析并减轻规制负担，但是随着规制理念的变化，人们意识到规制简化（simplification）、改善规制环境或者规制缓和并不是唯一的目标，实现更好的规制才是各国所追求的。先前，在规制哲学上，欧盟特别崇尚风险预防原则（the precautionary principle）与规制影响分析。[53] 但是前者的使用主要在于赢得公众信任，有时成本过高，因此，更好的规制作为一种理念将内容转向了规制影响分析，在这一点上，美国似乎更为乐意看到欧盟的变化，因为规制影响分析更加理性、基于量化的风险分析方式作出决定，而预防原则可能有时呈现出非理性、非科学的特征。同样在美国，保护主义团体一直也在批评成本收益分析的方法，认为将人的生命价格化是值得质疑的。[54] 这些团体以环境保护主义者为代表，他们被称为“规制的狂热者”（regulatory zealot），要求不惜

---

[52] See Andrea Renda, *Law and Economics in the RIA World: Improving the Use of Economic Analysis in Public Policy and Legislation*, Intersentia, 2011, p. 26.

[53] See Ragnar E. LÖfstedt, The Swing of the Regulatory Pendulum in Europe: From Precautionary Principle to (Regulatory) Impact Analysis, *The Journal of Risk and Uncertainty*, 28: 3, 237, 243 (2004).

[54] See Michael A. Livermore & Richard L. Revesz, Retaking Rationality Two Years Later, 48 *Hous. L. Rev.* 1, 6 (2011-2012).

代价确保高标准的规制。[55] 为了解决这些争议，克服规制影响分析特别是成本收益分析的不足，同时更为了政府能够找到有效、适当的规制方法解决经济、社会发展的诸多问题，有关更好的规制的理念日益受到人们的关注，比如OECD国家提出了更好的规制的基本原则，基本做法是通过提高规制的法律和事实基础，明确政策选择，帮助政府官员作出更好的决定，建立更有序的和可预见的程序，废除过时的和不必要的法规，使政府行为更加透明。[56] 具体包括十项问题：（1）问题是否明确？（2）政府行为是否适当？（3）制定规制是否是最佳的政府行为形式？（4）规制是否具有法律基础？（5）哪级政府适合执行此规制？（6）规制收益是否大于成本？（7）规制的成本与收益是否透明？（8）规制是否清楚、统一、系统并易于理解？（9）是否所有利益相关人有机会表达其观点？（10）如何实现规制的遵从？英国的“更好的规制”委员会（Better Regulation Commission）对于更好的规制理解则较为简洁，包括五项基本原则：透明（transparency）、责任（accountability）、比例（proportionality）、一致性（consistency）、目标性（targeting）。[57] 前三项内容较为明确，而一致性要求政府规制连贯一致并公正执行；目标性要求规制以解决问题为主，尽量减少负面影响。

---

[55] See Nicholas Bagley & Richard L. Revesz, Centralized Oversight of the Regulatory State, 106 *Colum. L. Rev.* 1260 (2006); Laura J. Lowenstein & Richard L. Revesz, Anti-Regulation Under the Guise of Rational Regulation: The Bush Administration' s Approaches to Valuing Human Lives in Environmental Cost-Benefit Analyses, 34 *Envtl. L. Rep.* 10954 (2004); Samuel J. Rascoff & Richard L. Revesz, The Biases of Risk Tradeoff Analysis: Towards Parity in Environmental and Health-and-Safety Regulation, 69 *U. Chi. L. Rev.* 1763 (2002); Richard L. Revesz, Environmental Regulation, Cost-Benefit Analysis, and the Discounting of Human Lives, 99 *Colum. L. Rev.* 941 (1999).

[56] See OECD, Recommendation of the OECD on Improving the Quality of Government Regulation, OECD, 1995, pp. 14-22.

[57] See Better Regulation Commission, http://en.wikipedia.org/wiki/Better_Regulation_Commission. 其他国家有关更好的规制的认识也不一致，如澳大利亚，参见 http://www.asic.gov.au/asic/pdflib.nsf/LookupByFileName/Better_regulation.pdf/$file/Better_regulation.pdf，最后访问日期：2013年1月7日。

更好的规制是对规制影响分析的进一步完善，实践中更好的规制内涵因各国的情况不同而有所区别，与规制影响分析既有相同之处，又有差别之处。相同之处，如多数国家将规制影响分析的实现等于更好的规制的实现；而有些国家则除了规制影响分析之外，还可能包括对传统行政规制替代形式的考量，当然，在规制影响分析之中也会考虑各种规制形式以及不规制的方式，但是此处考量更多的各种替代形式的充分适用，如对自我规制（self-regulation）、合作规制（co-regulation）等综合并用。[58]其中，更聪明的规制（smarter regulation）侧重于对不同机制与方法进行整合，实现最佳规制。[59]聪明的规制超越了国家单一规制体系的局限，试图将公共团体、私人主体（产业协会、利益集团、企业与个人）等的规制均纳入观察范围之内。[60]"聪明"规制构成了"更好的规制"的重要组成部分。不过聪明规制更加偏好于更广泛的工具与机制，更加偏好于较小的干预，为实现政策目标而选择最佳工具，赋予规制者权力从而能够发挥规制者的作用，极力创造机会实现双赢的结果。因为规制影响分析在更好的规制中占据核心位置，而规制影响分析又主要是衡量传统政府规制的作用，可能会忽略那些自愿性、激励型的方法。更好的规制仅仅对单一的规制建议加以成本收益估算，而没有综合考虑相关的手段，聪明的规制涉及诸多的变量，这可能是规制影响分析无法实现的任务。如何让"更好的规制"更好，首先，要让规制影响分析关注不同规制者及其策略，虽然规制影响分析过程中会对不同的规制替代方案进行考量，但

---

[58] See Robert Baldwin, Is Better Regulation Smarter Regulation?, *Public Law* 485 - 511 (2005); Robert Baldwin, Better Regulation in Troubled Times, *Health Economics, Policy and Law* (2006) 1: 203-207.

[59] See Neil Gunningham & Paul Grabosky, *Smart Regulation: Designing Environmental Policy*, Clarendon Press, 1998; Cass Sunstein, Paradoxes of the Regulatory State, 57 *Uni. of Chi. L. Rev.* 407 (1990); Julia Black, Decentring Regulation: Understanding the Role of Regulation and Self Regulation Post-Regulatory World, 54 *C. L. P.* 103 (2001); M. Moran, *The British Regulatory State*, Oxford University Press, 2003, pp. 21-26.

[60] See OECD, International Regulatory Cooperation: Addressing Global Challenges, OECD, 2013.

是就考量的时间而言，如果进入到规制影响分析才关注多元化的规制体系时已显略晚。其次，不仅仅要设计新的政府规制，同时还要认知市场、社会等的作用。如今，更好的规制是规制改革议程中最为流行的标签，包括的内容除了规制影响分析，还有简化程序、市场型的规制手段、咨询手段、基于风险的实施与检查方式、规制后评估等。[61] 对此，美国学者认为如今的美国规制应该学习欧洲的经验，不是少或者多而是更好（better, not just less or more）。[62]

（二）制度基础

以上这种理念事实上在中国也是有一定的制度基础的。如《立法法》首先将科学性作为立法的重要原则之一，之后，2004 年国务院颁布《全面推进依法行政实施纲要》要求“积极探索对政府立法项目尤其是经济立法项目的成本效益分析制度。政府立法不仅要考虑立法过程成本，还要研究其实施后的执法成本和社会成本”。“规章、规范性文件施行后，制定机关、实施机关应当定期对其实施情况进行评估。实施机关应当将评估意见报告制定机关；制定机关要定期对规章、规范性文件进行清理。”虽然该规定要求对政府立法项目进行全面的成本收益分析，但实践中立法后评估制度却纷纷建立起来，上海、山东等地分别对地方性法规、政府规章进行了评估。2005 年，国务院特别举办“立法成本与效益分析和法律实施评估”培训班，为国务院部门法制工作机构和全国各地方政府法制工作机构从事立法工作的人员开展培训。[63] 2007 年 12 月，海南省人民政府颁布《关于开展立法成本效益分析工作的实施意见》，这是全国首个关于政府立法成本收益分析的指引文件，规定了立法成本收益分析的基本含义、原则、内容、程序、方法等内容。党的十八

---

[61] See Claudio M. Radaelli & Anne C. M. Meuwese, Better Regulation in Europe: Between Public Management and Regulatory Reform, *Public Administration* Vol. 87 Issue 3 (2009).

[62] See Robert W. Hahn & Robert E. Litan, Counting Regulatory Benefits and Costs: Lessons for the US and Europe, 8 *J. Int' l Econ. L.* 473 (2005).

[63] 参见席涛:《立法成本效益分析制度填补我国立法空白》，载 http://blog.sina.com.cn/s/blog_4ae91dea01008nu0.html，最后访问日期：2011 年 1 月 15 日。

届四中全会再次强调立法质量，并要求推进科学立法、民主立法，健全依法决策机制。这些规范均构成了中国构建规制影响分析的制度基础，关键需要我们去落实。但是目前中国法律法规立项和草案的说明材料，一般均缺乏拟立法规对经济、社会、环境的影响分析，即使有，也仅仅是定性描述。《行政法规制定程序条例》第8条、第17条、第18条，《规章制定程序条例》第11条、第18条、第19条所确定的对送审稿的审查标准基于属于形式审查。评估缺少操作性指引，无经费保障，信息资料有限，并无法律效力。

此外，值得注意的是，虽然“规制”一词引入中国行政法已有十余年时间，但是目前的研究并不系统，对于规制与产业发展、规制正当性、规制与其他替代性手段之间（如事中、事后规制方式）的关系、许可与规制之间的关系等理论问题未有深入体系化研究，因此，更难有规制影响分析的空间，理论上的不足导致实践中经常出现“批量削减”行政许可或简单增加行政许可的做法。中国有必要从目前的框架制度出发，构建细致的运行机制。同时，从西方国家情况来看，规制影响分析在世界各国的实践往往是从中央开始，除澳大利亚外，规制影响分析很少首先在地方层面运用。中国在中央层面倡导建构规制影响分析制度后，地方上的积极探索与实践可称为中国特色，有必要予以关注。

（三）建构策略

中国的规制体制处于不断发展与完善之中，规制质量的提升更是题中之义，那么规制影响分析的建立就显得极为必要。除了加强理论研究外，在建构策略上我们必须意识到建构该制度一定要获得高层政府的支持方可能有效，各国经验证明了这一点。[64] 而且建构过程应该是个漫长、渐进的过程，有必要渐次展开、系统规划。如在层级上，中央政府应引入规制影响分析，结合地方探索经验，逐渐推广；在领域上，可从个别、比较容易开展规制影响

---

[64] See OECD, Regulatory Impact Analysis: Best Practices in OECD Countries, OECD, 1997.

分析的领域（如商贸领域），从量化与数据获取较为容易的领域开始，积累经验，逐步扩展到一般的规制领域；在程度上，可以先从描述性分析开始，逐步推进到定性分析与量化分析相结合的形态，辅以规制影响分析报告，最后等法律文件将规制影响分析制度的具体实施办法明确固定下来，并建立专责机关负责实施。实施步骤可分为长远目标与近期目标。

1. 长远目标

首先要立法。要使规制影响分析制度持续发挥提升行政规制、行政许可合理性的作用，必须在立法中明确规制影响分析的要求，将之纳入立法与决策程序之中。如《韩国行政规制基本法》第2章就明确规定了规制影响分析及其审查的要求，根据规定，规制影响分析书的内容应包括：（1）制定或强化规制的必要性；（2）规制目的的实现的可能性；（3）是否有其他替代手段及是否与现有规制重复；（4）规制施行后，受规制的集团或国民应负担的成本和收益的比较分析；（5）是否有限制竞争因素；（6）规制内容的客观性和明确性；（7）制定或强化规制所需要的行政机构、人力及预算的支出；（8）有关民愿事务的处理内容和程序等是否合理。[65] 当然，一些国家规制影响分析的法律依据既可能是行政命令（如美国），也可能是内阁方针或财务委员会决定（如加拿大），它们的共同属性就是分析依据的权力来源是中央层面的，这样就保证了它的强制执行力。

其次是组织设计。除了行政许可设定与实施机关应负责提交规制影响分析报告之外，对该报告进行审查的机关的设立也极为重要，其可以从宏观的角度来整合规制资源，保证规制影响分析得以实施。从各国的经验来看，设立中央层面的统一审核评估机构非常重要，该机构的职能在于审查和协调规制机构在制定、修改、实施和评估规制政策过程中出现的相关问题，即内部协调；听取专家学者、利益团体和相关人员的意见，即外部协调。建立这个

---

[65] 参见《韩国行政规制基本法》第2章；李秀峰、陈晔：《韩国行政规制基本法的制定与实施》，载《国家行政学报学报》2003年第1期。

机构，目的是将政策制定、执行与审查、协调相分离，保证政策的客观性和有效性。集中履行审查职能，将规制的制定权与审查权相分离，对程序性和实质性条款进行更客观、更专业、更技术的审查，可以保证规制与法律、行政命令之间的协调一致；履行规制机构之间的协调职能，避免规制机构之间在一些问题上的规制重复、冲突与真空，使规制机构之间在规制理念、程序、方法与对象上协调一致；履行规制"规制者"的职能，避免狭隘的部门偏见与利益，广泛征求利害关系人、专家学者、同行评议人的意见，提升规制质量，防止俘获问题。[66] 当前，有学者根据中国的现状，建议国务院法制办公室长期负责行政立法的规划、起草和审查工作，比较适合承担规制影响分析的审查职能。[67] 更有学者对各级法制办寄托了此种希望。[68] 不过由于中国目前情形比较复杂，因此不仅要强调规制影响分析机构的级别定位，还要强调分析机构的独立性与专业性地位，以及未来中国行政审批改革或者规制改革机构的设立有关。[69]

2. 近期目标

第一，应在条件成熟时，修改《行政法规制定程序条例》和《规章制定程序条例》中的有关条款，建立提议、制定、事后评估行政法规和规章的规制影响分析制度。两部条例（各自的第 16 条与第 17 条）均有立法说明，但说明中都没有关于制定行政法规和规章的影响分析，没有成本收益、成本效果性分析与评估。这也导致如今一些部门或地方规制随意设定，公众参与不够，应该通过规制影响分析程序与方法，促使相应的机关在制定许可或者设

---

[66] See Richard L. Revesz & Michael A. Livermore, *Retaking Rationality: How Cost-Benefit Analysis Can Better Protect the Environment and Our Health*, Oxford University Press, 2008, pp. 171-183.

[67] 参见马英娟：《政府监管机构研究》，北京大学出版社 2007 年版，第 267 页。

[68] 参见于立深：《成本效益分析方法在行政法上的运用——以〈行政许可法〉第 20、21 条为例》，载《公法研究》（第四卷），中国政法大学出版社 2005 年版，第 120-121 页。

[69] 从国外的经验来看，特别是结合中国国情，需要常设一个综合的部门来推进中国规制改革，整合现有的编制部门、监察部门、法制部门以及相关具体部门的力量。这个机构与规制机关之间的关系也值得关注。

定规制时，深入调查把握必要性，了解其对经济、社会、环境的影响，量化成本与收益，提高规制的质量，完善社会福祉。

第二，建立规制影响分析的原则、程序与方法。许多的规制在设定时争议很大，各方各持己见，并无相应的根据，因此建立规制影响分析制度极为必要。但是如何操作，需要专门立法加以确定。要分析规制对经济、社会、环境的影响，通过成本收益，决定是否有必要规制。当前，可以在专门的领域展开试点，如商务部，对涉及 WTO 的立法进行规制影响分析与审查。

值得指出的是，虽然近些年来中国在食品药品、环境保护、生产安全、金融保险、互联网等领域建立了一系列的政府规制机构和颁布了有关法规，但是由于缺乏有效的规制工具，颁布了一些不够科学甚至不该颁布的规制政策，规制质量不高且难以执行，导致规制目标无法顺利实现。因此要研究适合中国国情的规制影响分析的指导原则和适宜于中国现有人力资源、数据收集和法律框架的评估步骤与方法。要借鉴国外经验，制定中国的规制影响分析指南。同时应明确评估机构以及各职能单位的权责义务，要从更好的规制理念出发，关注各种规制形态。

五、结论

通过以成本收益分析为核心的规制影响分析制度的运作，除非行政许可的社会收益或者潜在的社会收益能够证明其社会成本或者潜在的社会成本是适当的，否则不应该设定行政许可；通过对不同规制工具的成本收益分析比较，选择对社会净成本最小、净收益最大的方法，进而将有限的资源从低效率规制方案配置给高效率规制方案，提高政府行为的有效性，降低成本；通过对不同规制领域及其规制政策、替代规制措施的成本与收益的比较，选择能为社会带来最高净收益的规制目标，规制影响分析可以帮助行政机关在备选方案中作出最佳选择，提高行政决策水平；通过规制影响分析，可以为决策者与公众提供有关可能产生影响的信息，改善立法与政策制定过程。相反，如果不重视这一制度可能会导致行政许可过度，行政机关介入本应由市场调节或者其他替代措施可以解决的领域；同时，由于不重视成本收益分析，行政机关往往不能选择最具成本收益的规制工具，导致规制资源配置经常不合理，政府疲于应对。那么，在中国强调《行政许可法》的实施、进行规制改革（行政审批改革）时建构规制影响分析制度就显得极为重要了。

我们知道，《行政许可法》在制定过程中，讨论最多、难度最大的问题就是如何划定一个界限，明确哪些事项需要设定许可，哪些事项根本不需要设定许可。这个问题的重要性不言自明，即使《行政许可法》作出了一些原则性的规定，实践中一些不该设立的行政许可事项仍然以某种方式“合法化”。为了科学设定行政许可，除了从合法性角度对设定主体加以规范之外（当然收权的做法亦值得反思），要贯彻《行政许可法》规定的原则，还需要从合理性角度对行政许可本身进行规范。国外的规制影响分析正是实现合理性要求的具体制度，本文结合中国的现状，分析认为中国应该建构设定行政许可的经济、社会影响说明以及与之相关的规制影响分析制度。但是也进行了长远目标与近期目标的界分，借鉴国外做法并积累相当经验后可以进行立法规定与设立专职机构负责规制影响分析。

从规制缓和到提升规制质量、实现更好的规制，这也使行政法本身发生了许多的变化，特别是对规制影响分析的关注，体现了规制程序由单纯控权走向控权与促进良好规制、理性规制并进的改革方向。规制是一个跨学科的概念，每当遇到食品安全事件或者环境污染的恶性事件后，政府与大多数公众的第一反应就是一定要加强行政规制，对这些领域实施更为严格的规制措施，以保障公众的健康与安全。此时，因应于那些严重的事件与缓解民众的恐慌，行政机关经常未经思考、不计成本设立了诸多的行政规制。有时如此的做法反而会恶化规制的效果，引发行政成本与政府和公众的对立。规制影响分析以及更好的规制可以告诉我们是否需要规制以及如何有效地规制。

论风险规制中的知情权*

刘 恒**

一、问题的提出

我们早已进入一个风险时代。核泄漏、食品中毒、全球变暖、空气污染、恐怖袭击等事件的发生，不可逆转地对植物、动物和人类的生命造成威胁。而中国在这个风险舞台上表现得有过之而无不及。有毒食品网“掷出窗外”制作的中国食品安全问题形势图，公众环境研究中心制作的中国水污染地图和中国空气污染地图形象地展示了我国民众所感知或未被感知的各种风险。风险的威胁要求政府积极作为，使得“降低风险已经成为现代政府的基本目标”。[①] 政府干预的逻辑在于，在这个“短缺社会的财富分配逻辑向晚期现代性的风险分配逻辑的转变过程”[②] 中，风险分配与财富分配一样无法完全依赖市场来达成公平状态——风险的产生本质上是市场行为负外部性的表现，这种负外部性无法通过市场自我调节，形成更低价格或更高报酬来完成合理的

---

* 基金项目：教育部人文社科重点研究基地重大项目“香港信息公开制度研究”（10JJDGJW013）。

** 刘恒，经济学博士、法学博士后，中山大学公法研究中心主任、法学院教授、博士生导师。

① ［美］凯斯·R. 孙斯坦著：《风险与理性安全、法律及环境》，师帅译，中国政法大学出版社2005年版，前言第1页。

② ［德］乌尔里希·贝克著：《风险社会》，何博闻译，译林出版社2004年版，第15页。

风险分配，[③] 因此需要政府介入进行规制。

与政府的积极规制同步的，是民众对风险的敏感度和关注度的增加。这种意识以主张知情权的面目展现，并在近年的社会热点事件中扮演重要角色。如2008年三聚氰胺事件爆发时，香港食物安全中心拒绝公布所有奶制品三聚氰胺的含量而遭民众投诉；2010年深圳大亚湾核电站燃料棒出现裂纹，由于未及时与当地民众沟通而引发焦虑不满；以及2011年温州动车事件以及2012年的毒地住宅等。[④] 除了危害本身，这些事件都由于民众的知情权没有被政府所重视而矛盾升级，从本质上反映出目前风险规制中的一个误区，即规制机构并没有认可指向风险信息的知情权（本文称为风险知情权）并努力作出制度回应。目前有限的风险信息披露仅以反射利益的面目出现，规制机制总体上弥漫一种家长式的高傲态度与个案式的事后弥补心态，民主参与被排除在这个过程。

针对这种现状，本文试图论证，知情权是现代风险规制机制的逻辑起点之一，规制机构应当积极回应这种社会需要，而不能仅作为运用信息工具后的反射利益。围绕这个核心，本文首先描述知情权客体是如何随着时代发展变化而变化的（第二部分），而风险信息成为知情权的新客体，是后工业时代下民众对风险的意识觉醒与权利主张（第三部分）。然而目前的风险规制采取一种事后性、被动性、保守性、单向性的信息披露机制，规制机构基于各种理由尚未意识、故意忽视甚至积极排斥这种知情权（第四部分）。因此，应确立知情权的基础地位，建立一套以参与、平衡、监督为基本准则，通过基础性的风险信息教育培训、个案式的风险预警公告、常态式的风险交流相互结合的良性风险规制机制来应对我国目前的风险规制需求和回应民众的风险信

③ *See* Irene Henriques, Perry Sadorsky: The Determinants of an Environmentally Responsive Firm: An Empirical Approach, Journal of Environmental Economics and Management, 1996, vol. 30, issue 3, pages 381-395, p. 381: "Consequently, they will be unable to trade off higher risks for either higher wages or lower prices in an informed way so that the unaided market would not necessarily result in either the right amount or the correct distribution of risk."

④ 这些事例将在下文详述及标注来源。

息需求（第五部分）。

在论述前，需要对本文所使用的核心概念和研究范围加以限定和说明。

风险：本文在一般意义上使用该概念，主要指某种对人类健康和环境质量的危害可能性与对这种危害可能性的认识。这里强调风险在本体论和认识论上的双重属性，[⑤] 以及自然和社会的双重来源。[⑥] 不包括经济性风险（如股票投资）或制度性风险。[⑦]

风险信息：基于风险的概念，风险信息是指可让民众了解其生存环境中所存在的可能对自身与后代产生的危害及其发生频率和危害后果的信息。这些信息或是原始的（被感知的），或是加工过的（专业的）。这些信息并不局限于某个领域，但本文的探讨主要集中于食品安全、环境污染以及核辐射。

风险规制：是指政府（规制机构）所采取的规避或降低风险，保证民众安全和环境质量的活动，属于社会性规制的范畴，不包括经济性风险的规制（如股票市场的规范化）。风险规制的根本目的是杜绝或降低风险发生概率，保障生存环境的质量和民众生命的安全，延长寿命。

本文采取跨领域的视角研究客体为风险信息的知情权，而没有采用以领域划分的方法（如环境知情权、食品知情权等），是因为当知情权的客体是风险信息时，其涉及多个领域，分享共同的权利特点，面对类似的忽视态度、

---

⑤ 本体论意义上的风险是“世界的一种客观状态”，这意味着“风险独立于我们的认知以及我们声称拥有的关于什么处于风险之中和某种风险成为现实的可能性有多大的知识（主观判断）而存在”。（47 页）而认识论上的风险是指人类所能够感知到的一种不好的心理效果。如实证主义对风险的经典定义“一个负面事件的概率乘以该事件的后果”实际上便是一种认识论的风险，因为风险取决于人为统计的概率——一种主观的认知。而事实上，风险兼具有这两种特性。参见尤金·A. 罗莎著：《风险的社会放大框架的逻辑结构：超理论基础与政策含义》，载［英］尼克·皮金、［美］罗杰·E. 卡斯帕森、保罗·斯洛维奇编著：《风险的社会放大》，谭宏凯译，中国劳动社会保障出版社 2010 年版，第 34 页以下。

⑥ 即包括自然风险和人为风险。自然风险是大自然中不确定因素可能给人类带来的危害（如台风、海啸、地壳运动等），人为风险是人类自身社会运作中的不确定性危害（如交通风险、恐怖袭击等）和人类干涉自然所带来的不确定性危害和自然的反击（如全球变暖、核辐射、转基因食品安全等）。

⑦ 即贝克所说的制度性崩溃。

引发类似的难题并需要类似的制度保障。因此本文的论证和最后的结论是可以适用于不同的相关领域的。

二、知情权的成长

每一种权利都是一个开放和流动的系统，其背后是随时代发展和社会进步而消失、增加或变化的利益需求。当背后的利益需求在社会达成一般共识而需要上升到权利层面加以保护时，便会产生新的权利类型或为旧的权利注入新的内涵。前者的典型代表如有体物所有权到无体物知识产权的发展，后者的典型代表即知情权。

（一）传统的知情权

知情权的背后是某类主体对某种信息的主张。自该概念被创设之后，作为权利客体⑧的信息种类便随着一场场的民权运动而发生变化。我们现在最常使用的表述如政府信息知情权、劳动者知情权、消费者知情权、社区知情权等，在它们不够严谨且标准不一的概念背后，其实是不同的信息内容。尽管知情权这个概念自第一场民权运动后就深入人心，但每一次新客体的生成都需要经历一次新的“主张—抗争—认同—制度保障”的过程，并最终赋予这个概念新内涵。以知情权在美国民权运动中的发展为例，可以呈现民众焦点的转移与这个概念逐渐丰富的互动过程。

指向政府信息的知情权：政府信息是知情权最原初的客体。20 世纪四五十年代处于“冷战”期间的美国政府实行信息封闭政策，使得民众对信息的需求被压抑，并最终爆发了要求政府信息公开的知情权运动。这场由新闻界发起运动主要针对冷战期间政府对新闻的审查和各种信息的保密。新闻界的主

---

⑧ 学界对于权利的主体、客体、对象等概念有不同的理解，较为混乱。对它们进行考究不是本文的目的，本文所采用的“客体”是指权利人可主张的利益载体，即知情权所“知”的对象（某种信息）。

张包括取消秘密审判、允许在法庭内摄影、获取更多政府档案、更频繁和详尽的总统新闻发布会、电视、收音机对国会会议的报道、更少的秘密国会委员会会议、政府官员发布信息的更少限制等。⑨ 这些主张传统上被认为是新闻自由的内涵，但经过库伯（Kent Cooper）将其贴上“知情权”的标签，⑩ 使其不再仅仅是新闻界的私事，而是所有民众都应该抗争的权利。知情权运动使得各州政府相继颁布了一些保障公开的立法，并最终促使国会颁布了1966年的信息自由法，此后，民众继续推动政府颁布了1972年《联邦咨询委员会法》(Federal Advisory Council Act)、1976年《阳光下的政府法》（Government in the Sunshine Act)、1996年《电子信息自由法》（The Electronic Freedom of Information Act，Amendments of 1996）等保障知情权的立法。

这是关于知情权的第一场运动，美国民众的焦点只放在政府信息上。由于美国的政治民主从建国以来就深入人心，“选民有权利知道自己的代理人在做什么”是不被质疑的观念。当政府在冷战期间侵害民众早已深入人心的信息自由时，权利捍卫必然爆发。而此时的政府信息是狭隘的“关于政府运作的信息”，集中在政府的档案、活动、财政等方面，并非我们现在理解的更为广义的“政府掌握的信息”。后者是知情权深入发展后的客体扩展。

指向商品信息的知情权：知情权概念在市场交易领域被明确使用要晚于其在公法领域的使用，但消费者对商品信息的需求其实由来已久，只是在20世纪中期之前没有使用这个概念，而一直隐含于拥有悠久历史的民事交易原则——诚实信用和契约自由中。⑪ 而由于进入20世纪，商品经济快速发

---

⑨ RA Oakes，Open Meeting Statutes：The Press Fights For The“Right to Know”，*Harvard Law Review*，Vol. 75，No. 6（Apr.，1962），p. 1199.

⑩ *See* Kent Cooper，*The Right to Know：An Exposition of the Evils of News Suppression and Propaganda.*（New York：Farrar，Strauss，and Cudahy，1956），foreword.

⑪ 诚信原则要求市场主体以善的心态来促成交易，分享交易利益，因此不能隐瞒或欺诈；契约自由要求市场主体可以根据自己的真实意愿作出交易行为，而这种真实意愿必然需要建立在充分的信息获取上。因此，这两个原则实际上都暗含了市场交易主体享有知情权需求。关于消费者知情权的三个发展阶段，参见王宏：《论消费者知情权产生和发展的三个阶段》，载《山东社会科学》2012年第1期。

展，市场出现日益增多的不公平现象，消费者处于劣势地位，终于刺激了西方维权运动的兴起。[12] 消费者通过联盟和运动呼吁对个体权利的关注和维护，其中对交易信息的权利主张，便借用了这个在政府信息领域深入人心的概念，提出了消费者知情权。1963 年 3 月 15 日，美国前总统肯尼迪在向国会提出的消费者权利法案中，明确主张消费者具有四项权利，其中第二项的"获取信息的权利"或"被告知的权利"（The right to be informed），是该概念的明确提出。此后，消费者保护法和其他法律、行业规范、消费者联盟的监督等共同构成的保障体系建立，知情权也成为市场交易的一项基本权利。

于是，知情权这个概念涵盖了公法领域和私法领域，承载了两种完全不同的信息客体。

指向劳动信息的知情权：70 年代爆发的第三场革命再一次体现民众利益增长点和关注点的转移。"知情权这个概念——过往用于指代媒体自由和公民享有知悉政府活动的权利——到了 70 年代中期，完全被劳工运动所占用。"[13] 劳动者作为市场交易主体（买卖劳动力），其享有的知情权其实在消费者知情权运动中便有所体现，之前主要通过市场自我调节如合同自由和集体谈判来实现。但由于雇主越来越处于优势地位，劳动者所获得的信息质量下降（仅能获得一般的劳动情况和明显而即刻的危险信息），对于长期的职业危险，如长期暴露于含有危害物质的工作环境、长期接触有害物质等，雇主缺少公开的动力，劳动者也难以获取相关信息。因此，针对职业安全的劳工运动爆发，民众要求政府对该领域进行规制，最终促使了《职业安全与健康法》（Occupational Safety and Health Act）的通过。但该法所采用的标准规制是一项缓慢而复杂的工程，使得民众开始转向知情权的声张。从 1975 年费城的职业安全和健康团体发动全国性的知情权运动开始，一直到 1983 年里根政府公布

---

⑫ 关于各国消费者运动的概况，参见梁慧星：《消费者运动与消费者权利》，载《法律科学》1991 年第 5 期。

⑬ Susan G. Hadden, *A citizen's right to know: risk communication and public policy*, westview press, 1898, p. 20.

保障劳动者知情权的危害通信标准（hazard communication standard），经历了从州到联邦的艰苦的知情权运动。[14]

（二）指向风险信息的知情权

可以明显察觉在第三场运动中，知情权的客体已具有风险信息的影子。如果说第一场知情权运动发生于公领域，第二次发生于私领域，劳动者知情权运动便是发生在公私之外的新地方——社会领域，是民众的关注点从政治民主、市场公平交易方面转向生活需要的社会福利方面。随着普通民众的社会地位的提高、生活水平的改善，民众开始产生对更健康地生活、劳动的需要。然而，尽管风险信息包括在这场劳工运动所主张的信息中，但由于这场运动是劳动者与雇主之间的较量，公权力主体并不属于信息掌握者和发布者，与本文要探讨的更大范围的风险知情权的特征依然有较大差别，因此视其为独立的一场运动。但这场运动的高涨预示了风险信息成为民众新的关注点，此后，劳工运动发展成后来的社区知情权运动，知情权明确地指向了风险信息。

早在1979年，美国费城发动劳动者知情权运动时，职业安全联盟和环保团体便在讨论工作场所有毒物质的会议上涉及场所外的权利。随着有毒物质

---

⑭ 1975年费城的职业安全和健康团体发动全国性的知情权运动后，1976年费城职业安全和健康区域项目（Philadelphia Area Project on Occupational Safety and Health）正式向职业安全与健康局（Occupational Safety and Health Administration，OSHA）请愿，要求其制定规章要求雇主向雇工告知健康风险。作为对该运动的回应，OSHA设定了两个步骤：第一，确定工作场所的有害物质；第二，对不熟悉基本危害过程的雇主和雇工进行培训教育，并于1980年公布了获取雇员暴露和医疗记录标准（Access to Employee Exposure and Medical Records Standard），确保了劳动者有权获取自己的医疗记录、监控工作环境化学物质的行业卫生研究成果等。接着发布了一个关于有害物质确认和标识的提案（hazardous material labeling）。但OSHA的进展非常缓慢，使得民众开始在各州寻求更快捷的权利保护。1979年康涅狄格通过立法保障劳动者享有获取21种可能存在于工作场所的致癌物质的信息的权利，纽约、缅因、密西根、西佛吉尼亚、康涅狄格、加利福尼亚等州紧跟其后通过了自己的劳动者知情权法。而在1983年，里根政府终于公布了危害通信标准（hazard communication standard）。*See* Eula Bingham, The " right to know " Movement, *AJPH Novement* 1983, Vol. 73, No. 11, p. 1302.

泄漏事件的频发,[15] 民众的关注点从“工厂内”扩展到“工厂外”，甚至还“进入家庭”（如垃圾站问题）。[16] 这种基于同一社区而需要掌握化学物质排放情况的知情权被称为社区知情权。1981 年，费城通过了美国第一部涉及劳动场所和社区知情权的法律。各地紧跟其后将这种公民主张制定为法律。强大的基层运动使得国会开始考虑修订 1985 年将失效的综合环境回应、赔偿和责任法（Comprehensive Environmental Response，Compensation and liability Act），但 1984 年 12 月的博帕尔泄漏事件以及此后的西弗吉尼亚泄漏事件，将民众要求社区知情权的呼声推向高潮，也使得国会感觉到需要颁布一个新的法规来正面回应这个问题。1986 年，《应急计划和社区知情权法案》(Emergency Planning and Community Right-To-Know Act）获得通过，通过与有害物质排放目录（Toxics Release Inventory）的挂钩，实现了企业定期公布信息，美国环境保护署整理公布信息，民众参与政策制定的机制。民众关于有害物质信息的知情权保障制度基本成型。关于有害物质信息的知情权在欧洲也经历了类似的发展过程而被确立。

除了这场指向有毒化学物质的知情权运动，20 世纪中后期，民众的信息需求除了在公法、私法和劳动法领域深入，还不断扩散至食品安全、交通运输、核电生产、环境污染等领域的信息。这些信息与上述有毒物质的信息一样，都是由于某种可能对人或环境产生危害的可能性存在，而引起人们的焦虑，为了规避风险而产生知悉的需求。因此，风险信息成为新的知情权客体。

三、风险知情权产生的时代背景

知情权的历史发展过程显示，权利是伴随着社会需求更新、转移或增加

---

⑮ 1980 年至 1985 年美国所发生的有毒、有害物质的泄漏事件，光登记的就超过 7000 起。*See* Eric M. Falkenberry：the Emergency Planning and Community Right to Know Act a Tool for Toxic Release Reduction in the 90s，3 Buff. Envt'l. L. J. 1.

⑯ Eula Bingham，The “right to know” Movement，*AJPH Novement* 1983，Vol. 73，No. 11，p. 1302.

而发展的。知情权与其他权利相比，具有更动态的内涵和外延，是由于其客体——信息是变化莫测、种类繁多的。而对风险信息的需求在工业化与全球化不断深入的进程中逐渐累积，在被学者称为“后工业时代”的社会中形成聚焦。

（一）后工业时代的风险特征

大约始于蒸汽机发明的工业革命改变过往围绕土地的农耕社会，进入以工业技术创造财富的时代。这个时代以工厂和烟囱为标准，农民大量涌入城市，社会结果发生巨变。此时，财富生产和分配是整个社会的基本逻辑，而技术创新和投入是生产的源动力。到了20世纪中期，工业时代的基本结构开始发生转变，很多人察觉到了它在能源、经济运作、社会阶层、家庭结构乃至政治关系等的一系列变化，“后工业时代”“后现代社会”“信息时代”“第三次浪潮”“晚期现代化”等概念被用来描述这个新的阶段。后工业时代以知识和信息为基本要素，1956年美国白领及服务业员工的人数首度超过蓝领的工厂工人，被视为新时代到来的一个早期标志。[17]“广泛地说，如果工业社会以机器技术为基础，后工业社会则是由知识技术形成的。如果资本与劳动是工业社会的主要结构特征，那么信息和知识则是后工业社会的主要结构特征”。[18]而信息化打破国界，产生了全球化。因此，信息化和全球化是后工业时期的两个最重要特征。

而从风险的视角描述，后工业时代的最大特点是在工业时代积累的各种风险终于凸显并爆发。整个现代化过程试图通过技术干预自然创造财富，通过财富积累满足人的需要，但经济高度增长的背后是资源贫瘠、自然破坏和生态不稳定。这些后果将后工业时代的社会变成一个“风险社会”。“在古典工业社会，财富生产的逻辑超过风险生产的逻辑，因此风险是次要的，被作

---

⑰ [美] 阿尔文·托夫勒、海蒂·托夫勒著:《再造新文明》，白裕乘译，中信出版社2006年版，第37页。

⑱ [美] 丹尼尔·贝尔著:《后工业社会的来临：对社会预测的一项探索》，高铦等译，新华出版社1997年版，第9页。

为潜在的副作用或‘外部性’。而在后工业时代，这种关系发生了颠倒。风险生产和分配的逻辑主导了社会变革的进程”。[19] 风险能够成为主导，主要源于：

自然与人的关系发生转变。工业时代所积蓄的不稳定开始在后工业时代体现，自然改变其温顺的一面，对人类的过度开发利用发起攻击和报复。

工业时代的二元格局被打破。工业时代将世界一分为二，一边是引领工业革命的富国，一边是沦为殖民地的穷国。而后工业时代的全球化打破了这种明显的优劣形态，“第三次浪潮国家无法将污染、疾病及移民都挡在国境外，而如果穷国以玉石俱焚的方式破坏其环境、掀起一场生态战争，富国也将无法幸免”。[20] 风险不是某个国家或地区的事，而是全球的事。

财富分配转向风险分配。工业时代是财富生产和分配的逻辑，而到了后工业时期，财富积累带来的各种风险凸显，民众一方面体会到了现代化的好处，不愿放弃其果实，另一方面感受到了其带来的风险，希望努力避免，因此关注点从财富的生产分配转向了其反面镜像：风险的规避和分配。[21]

知识信息促使社会多元化。工业时代的逻辑是技术资本和财富之间的逻辑，谁掌握技术和资本，谁便垄断财富。“围绕财富分配的多寡，社会成员就形成了具有差异性的不同社会群体——阶级、阶层、特殊利益集团”。[22] 因此工业时代的斗争是各种经济阶层的斗争。而后工业时代以知识和信息为核心，知识和信息使得社会价值多元化，整个社会是“各种生产方式、各种集权机制以及多元价值追求同时存在并相互作用的社会”。[23] 财富不再是最基本的社会分化要素，而具有普遍性的风险成为其中一个重要的分化标准。由于风险是客观存在的，谁掌握知识和信息谁便可能规避风险。因此，社会变成

---

⑲ Paul Shrivastava，Ecocentric Management for a Risk Society，*The Academy of Management Review*，Vol. 20，No. 1（Jan.，1995），pp. 118-137，120.

⑳ ［美］阿尔文·托夫勒、海蒂·托夫勒著：《再造新文明》，白裕乘译，中信出版社 2006 年版，第 21 页。

㉑ 参见［德］乌尔里希·贝克著：《风险社会》，何博闻译，译林出版社 2004 年版。

㉒ 李友梅：《从财富分配到风险分配：中国社会结构重组的一种新路径》，载《社会》2008 第 6 期。

㉓ 李友梅：《从财富分配到风险分配：中国社会结构重组的一种新路径》，载《社会》2008 第 6 期。

一个不同信息集团制造、转嫁或规避风险的舞台。

（二）风险需求的产生

由于风险成为后工业时代的典型特征，民众基于各种表征和感受，并在科技进步和知识普及的促进下，开始对风险产生信息需求。这种社会需求的产生源于以下几个因素：

危害事件频发。特别是在20世纪中期以后，核电站泄漏、禽流感、环境污染、恐怖袭击等事件频发而引发人类对自身生命安全、健康以及居住环境质量的担忧。尽管科技的发展使得人类控制自然、改造自然的能力加强，但新的风险（如车祸）和更严重的风险（核辐射）却在加剧，并呈现人为性和全球性的特征。危害事件的发生使得民众产生规避的欲望，这种欲望首先体现在知情权的主张上。

民众价值观与风险意识的变化。人类对生命健康的重视似乎不具有时间和地域的差异，但对生命质量和生存环境的重视确实是伴随着和平与温饱的基本实现之后的更高追求。人类变得更“怕死”了，也开始关注环境质量和代际正义了。这种“怕死”的意志转化为对风险的敏感度和关注度的增强。无论风险是否增加，风险在总体上更被重视了。

检测技术提高。科技进步带来检测技术的发明和革新，提供了更深入认识风险和认识更多风险的可能性。致癌物质、有毒物质甚至不健康物质的种类越来越多，危害后果被进一步论证和展现，使得民众意识到风险的存在，并刺激了其进一步了解的欲望。

知识交流与专家系统权威的减弱。一方面，知识的普及后果是民众看到自身了解风险、规避风险的能力，且风险知识开始在专家与外行人之间流动。“风险概观不再是专家们的专门藏品”。[24] 另一方面，专家系统的腐败、勾结

---

[24] ［英］安东尼·吉登斯著：《现代性与自我认同 现代晚期的自我与社会》，赵旭东、方文译，生活·读书·新知三联书店1998年版，第139页。

与捕获等事迹的存在打击其可信赖性，其中立立场也受质疑，[25] 且存在于专家系统内部的不一致也消解民众的信心。[26] 民众不愿意在把“关乎生死”的事情拱手交托他人，而希望参与到风险规制政策的制定和实施中去。

基于此，风险信息成为知情权的新客体。我国的工业化进程虽较发达国家缓慢，但后工业时代的风险特征也开始在进入21世纪后凸显，民众的风险意识也开始萌发，关注点开始转向风险信息。如2012年发生的毒地住宅事件。[27] 在古代，百姓购买房屋可能更关注风水问题，进入现代市场交易后更关注房屋价值和质量问题，在后来出现一房多卖的骗局后，更希望获得的是关于房产证真伪和其他房屋交易的信息。而在近年环境污染事件、生命健康危害事件的频发、检测技术的进步、民众对健康的日益关注以及对有关部门和开发商的不满，最终吸引全社会关注住宅用地有毒与否的环评信息。

可见，知情权的客体不断发展变化，并早已指向了风险信息。但在目前我国的风险规制中，尚未重视这种新增的权利客体并作出制度回应。

四、风险知情权的规制困境

（一）立法规定与实施现状

我国尚未有制度明确保障风险知情权，目前涉及风险信息披露的规定主

---

[25] 一个质疑的例子是国家三聚氰胺的达标含量由该领域专家设定，但该领域的专家可能服务于乳制品产业，因此属于非中立的利益代表。

[26] 参见［英］安东尼·吉登斯著：《现代性与自我认同 现代晚期的自我与社会》，赵旭东、方文译，生活·读书·新知三联书店1998年版，第4章。“我们可能记得，吸烟曾被某些医学专业部门所提倡，认为是一种让人放松的东西；而牛羊肉、黄油和冰激凌也都曾被说成是有益于身体健康的。”“在任何时候，医疗职业内部对于风险因素及健康危险的病因都存在有根本性的，有时甚至是极端的意见不一致”（第198页）。

[27] 《财经》2012年第14期报道《毒地潜伏》后，引发全社会对获得住宅用地环评信息的诉求。

要体现在食品安全、环境排放两种信息披露制度中。此外，在饮用水、[28]工业产品质量安全、[29]安全生产、[30]化妆品[31]领域也有所涉及。从总体上看，目前的风险信息公开呈现事后性、被动性、保守性、单向性的特点。

事后性：在风险转化成危害后果之后才重视风险信息的披露。2011 年的温州动车事故是最为明显的例子。在事故发生前，相关部门仅注重正面信息的宣传，在事故发生后民众才意识到高铁、动车的高速发展背后的风险，相关风险信息才开始披露。

被动性：往往在经历"事故发生—掩盖失败—民众施压—上级关注"四阶段后的被迫信息公开。公开速度与质量取决于民众压力的大小与上级的重视程度。

保守性：强调有限度的公开以及信息的统一管理发布。如《中华人民共和国食品安全法》第 82 条规定的国家建立食品安全信息统一公布制度。国务院办公厅的 2012 年政府信息公开重点工作安排中，作为重点公开领域的食品安全信息依然采取有所保留的"原则上都应公开"的表述。

单向性：强调风险告知而非沟通交流。如《中华人民共和国食品安全法》所规定的食品安全风险监测和评估体系侧重政府内部的信息交流，仅在"食

㉘ 《卫生部关于加强饮用水卫生监督监测工作的指导意见》（卫监督发〔2012〕3 号）："（十六）探索信息公示制度。地方各级卫生监督机构要积极探索建立饮用水卫生安全公示制度，促进供水单位不断提高守法责任意识，加强与群众的饮用水卫生安全风险交流，逐步提高饮用水安全保障工作水平。"

㉙ 《工业企业产品质量分类监管试行办法》（2012）第 20 条："国家质检总局根据工业产品质量安全风险信息开展风险等级评估，将工业产品质量按风险程度分为 Ⅰ 级（高风险）、Ⅱ 级（较高风险）、Ⅲ 级（一般风险），并动态发布重点工业产品质量监督目录……"

㉚ 《国家安全监管总局办公厅关于进一步做好安全生产信息公开工作的通知》（安监总厅〔2012〕74 号）第三点"大力推进生产安全事故信息公开"："……及时发布可能引发事故灾难的自然灾害风险信息和重大隐患预警信息。"

㉛ 《山东省人民政府办公厅关于印发山东省药品安全"十二五"规划的通知》（鲁政办发〔2012〕10 号）第五点"加强安全监测预警与应急体系建设"："2. 建立化妆品安全风险交流与监测评价体系。制定和实施安全风险交流与监测评价制度和工作规范，健全安全风险监测评价网络，开展重点监测和哨点监测，及时发布安全风险警示信息。"

品安全风险评估结果得出食品不安全结论的……告知消费者停止食用”（第16条）或“对经综合分析表明可能具有较高程度安全风险的食品，国务院卫生行政部门应当及时提出食品安全风险警示，并予以公布”（第17条）。

而事实上，即使是目前有限的立法规定和政府工作安排，也没有很好地得到落实。如企业污染信息公开制度、[32] 环评制度[33]的实施现状都体现了这一点。知情权的缺失导致我国的风险规制机制没有体现政府与民众相互信任和依赖的关系，出现“公布的不是想知道的，想知道的没有公布”的困境。

（二）风险知情权的性质：权利抑或反射利益？

权利是在法律上可以作为其利益主张的力量。当他人侵害某种权利或义务人不履行对应的义务时，可以请求国家救济。而反射利益是指“因法规范之执行产生有利于人民的效果，但人民并无诉请法院令行政机关授予该利益之请求权”。[34]

尽管近年来民众可获得的信息越来越多，但这种信息获取更多是以信息工具使用后产生的反射利益的面目出现，而非规制机构积极保障知情权的结果。信息工具作为风险规制工具之一种，被广泛地运用在环境治理与其他领域，被称为继强制命令性规制工具、市场规制工具之后的“第三次浪潮”。[35]

---

[32] 参见《尊重公众环境知情权：我们需要了解生活的环境》，载 http://env.people.com.cn/GB/5655758.html，最后访问日期：2012年10月22日。《环保组织申请公开云南铬污染企业融资信息被拒》，载 http://zqb.cyol.com/html/2012-02/17/nw.D110000zgqnb_20120217_1-05.htm，最后访问日期：2012年10月22日。《环境信息公开：企业不能说的秘密》，载 http://www.p5w.net/news/gncj/200911/t2657651.htm，最后访问日期：2012年10月22日。

[33] 参见张有义、高胜科：《毒地知情权严重缺失 环保部门为保地价力不公开》，载 http://business.sohu.com/20120620/n346157770.shtml，最后访问日期：2012年10月22日。

[34] 李震山：《论行政资讯公开》，载杨解君编：《行政契约与政府信息公开 2001年海峡两岸行政法学术研讨会实录》，东南大学出版社2002年版，第279页。

[35] Cohen, M. (2002). Transparency after 9/11: Balancing the "Right-to-Know" with the Need for Security. Corporate Environmental Strategy, 9 (4), 368-374. Tietenberg, T., (1998). Disclosure strategies for pollution control. Environmental and resources economics, 11 (3), 587-602.; Tietenberg and Wheeler, 2001.

其通过强制信息公开来施加来自民众的压力，从而迫使企业减少环境污染与提高产品质量，也使得民众具有知悉风险的可能性。然而，信息工具的运用是政府治理工具的自发选择，是否运用信息工具、如何运用、是否实现风险信息的传递等都是规制机构自由裁量的结果，并不受法定义务的限制。民众过往所尝到的信息甜头，只是信息工具运用后的一种附带的、偶然的、间接的利益实现，当利益不复实现时，也没有请求救济的可能。民众基于《环境信息公开办法》而可能获得的污染企业信息便是一种环保部门为了治理污染而运用信息工具后的反射利益。规制机构并未在制定规制策略时将其作为一种需要加以考量的权利和规制工具选择的逻辑起点。

（三）风险知情权的双重障碍

这种规制现状不能仅归结于规制机构的价值趋向，其中也具有知情权本身的权利特质所引发的制度难题。这些原因可分为客观与主观两类原因。这些原因或者是由于私利，因而需要制约、规范，或者是由于误解，因而需要检验、澄清，或者是由于利益冲突，因而需要考量、平衡。

1. 第一重障碍：客观因素

指向风险信息的知情权具有区别于其他知情权的特质，这些特质导致了制度化的困难，使其在风险规制中不被作为权利纳入考量。

第一，成本考虑。我们在讨论一种风险的时候，风险的危害后果可能尚未发生，或者仅部分发生。此时风险仅是被“感知”，而未被“认识”。在风险的危害结果尚未发生时，是否付出收集信息的成本被质疑。由于某种风险信息必须被收集、研究之后才能确定其是否值得收集，但此时成本已无法收回。因此对于搜集成本过大的信息，政府便具有排斥性，以逐利为目的的生产商更是不愿意投入成本。如 2008 年乳制品含三聚氰胺事件爆发，香港民众大力呼吁公布所有产品的检验结果，但食物安全中心基于各种原因，仅公布了不合格产品的名目而拒绝公开所有奶制品的三聚氰胺含量。[36] 拒绝公布的其中一个原因便是对所有合格产品的数据进行精细化与规范化使其可以公开，需要巨大的成本。然而，风险知悉需求一般是在危害后果发生后或已有严重先例时才产生，因此已具有投入的必要。且相比其他规制手段和事故后的补救，信息规制成本更低。当然，合理的成本分配机制也是必需的。

第二，信息发布的后果难以预测。风险信息可能引发恐慌并导致不理性行为，如2011年日本地震引发核泄漏，消息传来导致我国出现抢盐风波[37]；或者在社会传播过程中被夸大或以偏概全，如1959年发生于美国的影响巨大的曼越橘事件，食品药品监督局（FDA）针对种植于华盛顿和俄勒冈的曼越橘发布警告，导致全国曼越橘种植主的巨大损失，最终以国会救助和补偿才平息事件。[38] 但实际上，是否恐慌关键在于信息内容、发布方式与是否有良好

---

[36] 民众要求知悉所有奶制品的三聚氰胺含量，但香港食物安全中心以成本问题为由拒绝公布。有媒体引用《信息公开守则》要求信息公开，被食物安全中心以“避免公众混淆”“破坏政府与业界伙伴关系”等理由拒绝。这些理由招经申诉专员批驳，最后食物安全中心公布了19个合格样本，但以没有数据为由拒绝公布三聚氰胺含量低于1ppm的样本。关于香港议员与民众呼吁公开三聚氰胺含量的情况：参见《香港候任议员建议全面公布食品三聚氰胺含量》，载http://www.lawtime.cn/info/xiaofeizhe/plus/view.php? aid=9157，最后访问日期：2012年10月22日。关于食物安全中心关于为什么不公布合格样本的三聚氰胺含量的解释，参见香港食物安全中心“常见的问题”，载http://www.cfs.gov.hk/tc_chi/whatsnew/whatsnew_fstr/whatsnew_fstr_Test_dairy_product_FAQ.html，最后访问日期：2012年10月22日。关于食物及卫生局局长周一嶽对立法会议员的答复的情况，参见《立法会一题：三聚氰胺事件》，载http://www.info.gov.hk/gia/general/200810/22/P200810220102.htm，最后访问日期：2012年10月22日。

关于香港申诉专员对投诉的处理与分析的情况，参见EFFECTIVENESS OF ADMINISTRATION OF CODE ON ACCESS TO INFORMATION，载http://ofomb.ombudsman.gov.hk/doc/DI189.pdf，最后访问日期：2012年10月22日。关于食环署被迫公布三聚氰胺食品的情况，参见《食环处被迫公布三聚氰胺食品》，载http://forum.hkonline.com.hk/redirect.php? tid=4189&goto=lastpost，最后访问日期：2012年10月22日。

[37] 参见《深圳抢购碘盐！市民跟风 人心惶惶》，载http://www.s1979.com/news/china/201103/1712367017.shtml，最后访问日期：2012年10月22日。《日本地震导致中国抢盐大战》，载http://www.s1979.com/news/china/201103/1712364017.shtml，最后访问日期：2012年10月22日。

[38] *See* Ernest Gellhorn, Adverse Publicity By Administrative Agencies, 86 *harv. l. rev.* 1380 (1973).

的沟通机制。如2010年深圳核电站的轻微泄漏事件采取保密的理由是“属于二级安全标准以下，对外界没有影响，公布会引起恐慌”。但事实上在事件曝光之后，核电站与民众的交流使得彼此更为信任，而没有引起预想的恐慌。[39]

第三，风险信息尚未收集，风险知情权所指向的客体还未形成。公私法领域的知情权都有明确存在的对象，而信息不存在也成为可拒绝公开的理由。如我国《政府信息公开条例》第2条、《最高人民法院关于审理政府信息公开行政案件若干问题的规定》第12条的规定。而风险知情权有时并非指向已经存在的信息客体，而是指向尚未被收集的信息，如建垃圾焚烧厂时，被选地址的周边居民要求披露焚烧厂对环境、生活的风险信息，此时知情权所要求的并不仅是“信息”，而是“收集信息”。也即是风险知情权并不仅限于把已有的信息公布，而涉及建立一个整体的信息搜集、交流、发布机制。

不能否认风险知情权存在的这些客观障碍，但因此而不去努力实现无疑是“因噎废食”，且通过良好的制度设计，完全有可能实现不利后果的最小化与福利的最大化。

2. 第二重障碍：主观因素

相比客观因素，主观因素主要是人为的排斥或干预，包括：

第一，商业秘密可能与风险信息的发布相冲突。风险信息可能是商业信息，而商业信息可能隐含商业秘密，因此商家拒绝公开。在美国社会知情权运动中，商业秘密即是行业的首要忧虑：“让我们紧张的不是让公众或环境组织知道，而是让竞争对手知道”。[40] 当商业力量将这种压力作用于政府，规制机构便产生抵制知情权的动力。然而，这并不是风险知情权才面临的挑

---

[39] 2010年5月深圳大亚湾核电站燃料棒出现裂纹，由于属于二级安全标准以下的事件因而没有公布，但在安咨会上向委员做了说明。有委员在会后把材料带回了香港，后被香港媒体于6月14日当作突发事件报道，引发深圳居民的不满。后经沟通，并为引起居民恐慌。“我们注意到，在事故信息完全公开后，核电企业和当地居民的互信反而加强了”。参见《“核泄漏”旧闻追问：谁的知情权与透明度?》，载 http://biz.cn.yahoo.com/10-06-/12/xj2b.html，最后访问日期：2012年10月22日。

[40] Leo H. Charney, Right-to-know: Jobs at issue, *The New York Times*, April 24, 1983, Section 11, New Jersey, p. 8.

战，鉴于政府信息知情权或消费者知情权都可能与商业秘密相冲突，因此这并非是无法解决的难题。通过把不侵犯商业秘密的信息与侵犯商业秘密的信息相分离（如目前美国排污许可证公开的做法），以及进行利益衡量可解决这个问题。

第二，公权力基于私利而不愿实现。政府规制的正当性基础是其公益性。只有当市场机制难以发挥调整功能（如难以使外部性内部化）而私法也难以弥补这种缺陷时，政府运用规制工具介入市场运行才具有正当性。但这种公益性只是逻辑起点，并非真实状态。许多研究成果表明，规制机构的运行和规制工具的运用过程中，可能受到立法者、行政官、利益团体和产业的干预和影响，成为他们谋取私利的手段，使得看似正义的公共政策，“也许是某些私人动机的伪装罢了”。[41] 当政府进行某项风险规制时，禁止某种有害物质的政策也许只是大企业假借政府之手打击小企业的手段而已，而规制机构积极地规制可能只是为了赢取威望和声名。在上述香港三聚氰胺的案例中，食物安全中心在答复信息公开申请时所使用的“公开会破坏政府与商家的关系”“公开会使政府成为被告”等理由，便是从政府自身利益考量的表现。与商业秘密一样，这也并不是风险知情权才面临的问题，因此同样可以通过制度设计来解决，甚至恰恰需要通过实现民众的知情权来监督、矫正。

第三，将对规制政策造成干预。风险知情权的一个重大特点，在于其不止于信息公开，而与公共政策的形成密切相关。民众对风险知情权的主张的根本目的在于参与风险规制政策的形成，希望在获取信息的基础上与政府共同决策。因此，风险知情权只是手段，而其后的政策制定才是目的。然而，一方面，风险信息往往掌握在生产者手里，生产者作为私主体并不愿帮助公民实现公共政策的参与。美国社区知情权的实现进程中便遭到这种抵制。社区知情权主张民众有权利知道所居住的环境中的有害物质及其含量，并基

[41] ［英］安东尼·奥格斯著:《规制：法律形式与经济学理论》，骆梅英译，中国人民大学出版社 2008 年版，第 4 页。

于这些信息参与公共政策的制定（如焚烧厂的选址、生产过程中有害物质的禁止等）。如果说政府信息、商品信息的公开都是一种信息不对称的矫正，赋予社区成员知情权则要求市场私主体提供风险信息帮助公民进行公共决策，这是“更难被接受的概念性跨越”[42]。另一方面，政府在风险规制政策制定过程中一旦承认民众的知情权，将信息与民众获得分享，就意味着把其后的规制政策也暴露于阳光之下，可能面对民众的质疑与抨击。而在公共政策制定过程中，民众与政府的考量因素往往有差异，因此风险知情权的实现，将对规制政策造成干预和影响。如近年沸沸扬扬的 PM2.5 事件，起因于 2011 年 12 月 4 日 19：00 美国大使馆所发布自测的 PM2.5 数据显示污染问题的严重性，引起了全民对公布 PM2.5 的呼吁。尽管政府及时回应了这种信息需求，担负起测量与公布 PM2.5 数据的职责，但随后，测试点的选取、如何设定合格标准等问题又一次次引起民众的讨论与批评。[43] 对此，应当转变传统思维，明确风险是政府与民众共同面对的，是政府的“分内事”，却不是政府的“家内事”。民主参与已是现代风险规制制度所不可或缺的因子，而知情权是民主参与的实现基础。

除了上述原因，没有法律规定也可能成为规制机构拒绝知情权的理由，但这是可以无须分析而轻易驳倒的——法律需回应现实需要，以法律规定为由的拒绝是对因果关系的颠倒，因此“吾人不能仍习于以法律尚未规定为借口，推定人民无由请求之固有思考窠臼或长期限于该泥淖之中”。[44]

---

[42] Susan G. Hadden, *A Citizen's Right to Know: Risk Communication and Public Policy*, Westview Press, 1898, p. 24.

[43] 参见《网友质疑南京 3 个 PM2.5 监测点“太生态”监测部门回应》，载 http://www.yangtse.com/system/2012/03/16/012943094.shtml，最后访问日期：2012 年 10 月 22 日。《PM2.5：选择监测点不能总盯着公园和绿地》，载 http://news.sina.com.cn/pl/2012-03-17/022424128343.shtml，最后访问日期：2012 年 10 月 22 日。参见《PM2.5 标准向西方看齐不现实》，载 http://money.163.com/12/0214/00/7Q6C7SAO00252G50.html，最后访问日期：2012 年 10 月 22 日。

[44] 李震山：《论行政资讯公开》，载杨解君编：《行政契约与政府信息公开 2001 年海峡两岸行政法学术研讨会实录》，东南大学出版社 2002 年版，第 284 页。

五、风险知情权的规制机制

要解决民众对风险信息日益增加的需求与规制机构事后、被动、保守、单向的信息披露之间的矛盾，应当建立一种以知情权为基础的现代风险规制机制。这套机制应当明确民众享有的风险知情权，以参与、平衡、监督为建构准则，通过基础性的风险信息教育培训、个案式的风险预警公告、常态式的风险交流三种机制良性配合实现风险规制目标。

（一）立法界定风险信息

通过立法明确认可公民享有对风险信息的知情权，首先，应当在宪法层面或政府信息公开基本法层面明确知情权的基础地位和内涵。这种知情权是一种普遍的、基础的、基于信息自由的权利。如《世界人权宣言》第 19 条、《公民权利和政治权利国际公约》第 19 条所明确规定的公民享有接受和传播信息的自由。这里的信息并没有限定种类，不能因风险信息可能产生恐慌之类的原因而将其排除在知情权之外。其次，在各个具体领域明确民众享有具体的某种风险信息的知情权并设计落实的制度。1986 年美国的《应急计划和社区知情权法案》、1988 年世界经济合作与发展组织的《关于向公众提供信息以及公众参与、预防有毒物质事故决策程序的决策建议》[45] 都确认了风险的潜在受影响者有知悉有毒物质信息权利。1998 年联合国欧洲经济委员会《奥胡斯公约》及其后制定的实施指南[46]也认可了民众的环境信息知情权。从正面认可某种具体的风险信息的知情权，可促进规制机构、商业主体以及民众理

---

[45] "Decision-Recommendation concerning Provision of Information to the Public and Public Participation in Decision-making Processes related to the Prevention of, and Response to, Accidents Involving Hazardous Substances" (C (88) 85/Final).

[46] "Convention on Access to Information, Public Participation in Decision-making and Access to Justice in Environmental Matters", "The Aarhus Convention: an Implementation Guide".

念的转变，促进各方主体积极参与风险信息的分享交流，并提供制度建设的依据。总之，明确公民的风险知情权是一个良好的风险规制机制的理念基础和立法依据。

（二）确立参与、平衡、监督的规制准则

在确认风险知情权的基础上，现代风险规制机制应当形成参与型、平衡型、监督型的运作模式。这些建构准则是对知情权的进一步升华，也是必须以知情权获得保障为基础才可能实现的。

1. 参与型

风险知情权的实现不仅停留在信息公布，而应当以信息公布为基础，让民众参与到风险规制的整个过程。如上文所述，现代社会民众已产生了参与的需求，且风险是最终关于民众自身利益的事情，规制机构也应当鼓励民众参与。这需要破除“政府和专家能够替代民众决定什么是正确而有益的”的传统误区，让民众扮演一个贝克称为“开放的上议院”（open upper chamber）的角色，以“我们希望怎样生活”为标准来检验科学规划、成果与危害后果。[47] 因此，应当建构一个专业知识不具有垄断性的公共领域，政府、专家、民众和其他利益团体能在信息共享的基础上实现对话。

美国 EPCRA 制度便是这种逻辑与价值的体现。该法要求特定企业、机构每年报告有害物质的排放量和废弃物的移动量。而政府根据这些报告的数据制作成数据库向民众公开。民众的参与体现在两个方面：第一，不同于以往的公开制度，EPCRA 背后的目的是将民众引入政策制定过程。通过地方应急计划委员会（Local Emergency Planning Committees）召开座谈会，“EPCRA 最重要的成果是迫使行业代表和政府官员与社区成员坐在一起，并告诉社区成

---

[47] Ulrich Beck, From Industrial Society to the Risk Society: Questions of Survival, Social Structure and Ecological Enlightenment, Theory, Culture & Society 1992 9: 97, p. 119.

员：他们在做什么，做得怎么样，为什么这样做”。[48] 第二，民众直接从排放者处获取信息，而政府和媒体帮助民众分析和理解各种信息，民众消化信息后又参与到公共政策制定讨论中来。公众将独立评估这些信息，而不是吸收由政府加工过的信息，从而打破了过往“由政府和企业联合的决策圈”。[49] 主动权掌握在民众手中，他们可根据这些信息去选择他们愿意承受的风险量，用以交换行业带来的经济社会福利。这种“基于信息在公众、行业与政府之间的三方对话模式”[50] 获得了良好的效果。据统计，实行 TRI 之后头十年，列入 TRI 目录中的化学物质排放量就减少了 42.8%。[51]

2. 平衡型

针对上文所描述的成本、商业秘密、恐慌等问题，一个能够运作良好的风险规制机制应当是一个可以兼顾各种要素、平衡各方利益的机制。在明确信息工具的运用比其他规制工具和事故发生后的补救成本更低的前提下，政府应当优先考虑信息规制工具的使用；鼓励和补助来自商家、行业组织或公益组织的信息收集、公开活动；将信息进行拆分，兼顾商业秘密和知情权；采取灵活的信息公开方式，等等。

以美国加利福尼亚对海鲜中水银的信息规制为例，2005 年在 Lockyer v. Benihana 一案中，法院对原告 Lockyer 根据加州《安全饮用水和有毒物质规

---

[48] Motta, Bernardo H., “The Right to Know and the Fight Against Toxic Environments: The Emergency Planning and Community Right-To-Know Act Of 1986.” PhD diss., University of Tennessee, 2009. p. 135.

[49] Douglas H Ward, Prospects for safer communities: emergency response, community right to know, and prevention of chemical accidents, 14 *Harv. Envtl. L. Rev.* 135 1990, p. 74.

[50] Motta, Bernardo H., “The Right to Know and the Fight Against Toxic Environments: The Emergency Planning and Community Right-To-Know Act Of 1986.” PhD diss., University of Tennessee, 2009. p. 133.

[51] 金自宁：《作为风险规制工具的信息交流——以环境行政中 TRI 为例》，载《中外法学》2010 年第 3 期。但是应当注意，美国 EPCRA 制度并非一个完美的制度，关于其缺陷与改进设想，*See* Alexander Volokh, the Pitfalls of the Environmental Right-to-Know, 2002, 2 *Utah Law Review*, 805. Susan E. Dudley, It is Time to Reevaluate the Toxic Release Inventory, 12 *Mo. Envtl. L. & Pol'y Rev.* 1.

制法案》（Safe Drinking Water and Toxic Enforcement Act）[52] 所提出的知情权诉求进行了协调，区分了两类不同的餐厅，要求粘贴不同程度的警告标识。第一类警告较为详细，包括“……怀孕或哺育妇女、将要怀孕的妇女、小孩不应该吃以下鱼类：剑鱼、鲨鱼、大西洋马鲛……”。而第二类标签较为简单：“这里贩卖的食物可能含有被加州确认的导致癌症、不正常发育或其他生殖性损害的物质。”[53] 这种区分情况贴标签的做法即兼顾了商家利益，控制了规制成本，又确保公众能够获取到信息，并根据信息作出符合自身利益的决策。

3. 监督型

鉴于上文所描述的规制失灵的情况，良好的风险规制机制应当能够压缩公权力寻租空间或被捕获的可能性。但事实上，如果能够以知情权为基础来建构，最后的机制必定可以发挥监督的功能。因为，无论采用信息工具或经典规制工具，只要保障了公民的知情权，公权力与其他责任者的决策来源、执行过程与规制后果都公开接受检验，徇私与谋利空间将大大压缩。当风险并不严重时，采用较为温和的信息工具，向公众披露各种可能的风险信息，公众便可以自己作出决策，合理规避风险，此时政府和行业的角色仅在于帮助民众理解和消化信息，而难以通过政策制定而谋取私利。当民众普遍认为某种风险已严重到需要政府直接干预时，再将这种信息反馈给政府，由政府制定规制政策。此时的规制政策来源于民众的愿望而不再是政府与行业的“密谋”，从而较少了寻租的空间。当风险严重而需要采用经典规制手段（如制定标准、禁止销售等）时，民众了解风险的存在情况、危害后果、政府与行业的应对措施，采取措施的原因等信息，可参与政策制定过程，同时判断政策的公益性，监督政府和行业的行为，迫使政府更好地达成规制目标、行业更好地遵守规制政策。要达到这种目标，主要需要设计合理的责任分配

[52] 该法案被更广泛地称为“第 65 议案”，章节 25249. 6 规定产品含有致癌物质或复制性病毒物质的都应当给出清晰与合理的警告。

[53] Katherine Renshaw：Sounding Alarms：Does Informational Regulation Help or Hinder environmentalism? 14 N. Y. U. Envtl. L. J. 654. p. 685.

和追究制度，如公益诉讼制度的建立。

（三）构建风险规制的信息互动机制

具体的制度需要基于不同行业的情况作细微的设计与论证。但围绕知情权的中心地位以及参照上述三种基本的模型目标，可以粗略地描述这种具体机制应当是以“基础性的风险信息教育培训”“个案式的风险预警公告”和“常态式的风险交流”三种制度良性互动的风险规制机制。其中，前二种已有实践素材，而第三种在我国尚未起步。

基础性的风险信息教育培训：民众容易对风险信息恐慌，恰恰反映了风险信息太少以及没有相关的知识普及和培训。民众的理性需要通过科学知识的推广来培育，而不是封闭信息流通。因此，政府、行业、学校、媒体和公益组织应当共同完成这项工作。

个案式的风险预警公告：我国相关领域已基本建立这种预警系统与信息公告，目前问题主要在于政府依然没有转变传统信息垄断与秘密行政的思维，在涉及地方利益、部分利益和行业利益时并不主动公开信息，而大部分风险警告都是轻微性与受众少的。

常态式的风险交流：风险交流概念尽管早在2002年便有部门规章提及，[54]并在近年频繁地出现在政府工作规划和指导意见中，[55] 但尚未有具体的制度落实。

风险交流（risk communication）是一个在个体、组织与机构之间交换信息与观点的互动过程，主要运用于涉及健康和环境风险的社区事务（空气污染、饮用水、有毒物质场所等）以及个体事务（如提醒屋主注意室内氡含量和含

---

[54] 《进境动物和动物产品风险分析管理规定》（国家质量监督检验检疫总局）。

[55] 如《国家食品药品监督管理局关于加快推进保健食品化妆品安全风险控制体系建设的指导意见》（国食药监许〔2011〕132号）、《卫生部关于进一步加强食品安全监测与评估工作的通知》（卫监督发〔2009〕19号）、《江苏省人民政府办公厅关于印发江苏省“十二五”食品药品安全保障规划的通知》（苏政办发〔2011〕177号）等都提到了风险交流。

有铅的涂料)。[56] 在美国或欧洲各国已有较为完善的制度和指引。可借鉴美国的有毒物质交流制度和欧盟的食品安全交流制度，建立全国性和社区性的双层风险交流制度。全国性的风险交流制度以政府为主导，由利益相关者的代表参与，通过“影响有影响的人”[57] 的传递方式来实现风险交流。而社区层面的风险交流以社区、街道、住宅小区或利益关联体等单位为范围，由提供社区服务的公益组织或居民自治组织为主导发起交流活动。风险交流机制针对不同的情况，如风险存在的长期或短期，一种风险或多种风险，家庭内、社区内或全国性乃至全球性的风险等形成不同的交流机制。如深圳大亚湾核电站周边的居民区针对面临的核泄漏风险与核电站在每次事故（无论大小）后进行沟通交流、一个包含几所高校的大学城建立综合性的交流平台，就大学城内的空气质量、交通安全乃至绿化树上成熟的芒果是否可食用等生活风险定期交流。

这三种机制应当形成良性互动，互为补充，解决目前单向式、个案运动式的披露模式，如2008年之后，便没有了关于三聚氰胺的信息，而此后是否还有危害个案发生、安全标准的设定经实践检验是否科学、企业为达标做了哪些技术改进等信息没有再进一步披露。这种状况需要通过三种制度相互配合来改进，基础性的风险信息教育培训告知民众关于奶制品的知识（如是否应当因为三聚氰胺而放弃牛奶的健康价值），紧急的预警系统在危害发生时发生警告、阻止消费者购买有害奶制品，风险交流制度为民众、奶制品行业代表、专家和政府建立沟通平台，在事故中交流信息、收集意见，在事后继续发布后续信息。只有这样，才能建构一个完整的、有效的风险应对机制，使所有利益相关人能够联合起来应对风险社会的挑战。

---

[56] Risk Communication：Working with Individuals and Communities to Weigh the Odds，Prevention Report of Office of Disease Prevention and Health Promotion，February/March 1995，http：//odphp. osophs. dhhs. gov/pubs/prevrpt/archives/95fm1. htm，Last visit：June 27，2012.

[57] 参见罗季阳、张晓娟、李经津、陈志锋、罗祎、王欣、杨倩、訾蔚东：《欧盟食品风险交流机制和策略研究》，载《食品工业科技》2011 年第 7 期。该文原载《暨南学报》2013 年 5 期，人大报刊复印中心 D411，《宪法学与行政法学》2013 年第 10 期全文转载。

综上所述，现代风险规制机制的建构应当围绕知情权展开。承认公民对风险信息享有一种权利而非利益。利益仅是可能获得的，也可能在利益平衡中被排除的。而权利是优先考虑的，除非与其他权利相冲突，否则应最大限度的满足。现代风险规制机制应当将知情权作为整个风险规制机制的逻辑起点，努力克服各种围绕风险信息公布的主客观障碍，在整个机制中对风险时代的信息需求和现代民主参与潮流作出回应。

城管追逐与摊贩抵抗

——摊贩管理中的利益冲突与法律调整

何　兵*

引子：烤串引发的血案

2006年8月11日，河北来京人员崔某在海淀区卖烤肠时被城管截获。在索回三轮车未果后，崔某持刀刺向海淀城管分队副队长李志强，致其死亡。

在城管与小贩之间旷日持久的“追逐与抵抗”游戏中——笔者名其为“都市游击战”——城管与小贩相互加害屡见不鲜。但本次事件却因时间、地点、人物的特殊，使剧情达到高潮。地点：首都北京街头；人物：城管海淀分队副队长；时间：下午四时五十分。城管队长喋血首都街头，本身就属爆炸新闻，而事件后来的演变更值得聚焦和细味。

事件在城管内部和社会上引起强烈反响。北京5000多名城管中，有3000人参加了李志强遗体告别仪式，市政府面临的压力可以推知。为了告慰英雄并抚慰他的同事，市政府罕见地——许多牺牲的公安民警都没有这种待遇——予其“烈士”称号。市委书记在李志强遗像前三鞠躬。

“烈士”称号只能授予制度的楷模。杀害制度楷模的人，当然死罪难逃。这不仅合乎情理，也合乎人民司法的传统，但故事却发生了转折。公众发现，崔某并非李逵式的凶煞恶魔，他也是遵循制度的楷模。崔某求学的小学、

* 何兵，中国政法大学法学院教授，博士生导师。

中学证明他品质良好，成绩优良；服役的部队证明他获得“优秀士兵”称号，多次在大会上作为典型被点名表扬；崔某在京打工期间的同事证明，崔某谋生艰辛，但性情温和，乐于助人。崔某的清白历史与悲惨现状曝光后，学界、媒体等民间社会遂深度介入。检方对杀人罪犯的指控与公众对弱势群体的同情，同时上演，剧情忽然紧张。明暗之间，各种力量纷纷登场。一位女城管直言：“判他死缓，工作没法做。”而著名军人老作家魏巍发表网文：“连我这个老兵也禁不住心里难过，让我也为这个退伍兵，为这个苦人儿求个情吧!”他还说了一句让决策者心生寒意的话：“退伍兵反应强烈!”对中国社会来说，军心必须稳定。“退伍兵”这个潜在但随时可能登场的群体必须安抚。各方的紧张气氛，随着崔某的“死缓”判决而缓和下来。但城管与小贩之间的都市游击战，仍在继续。本文将演示和说明，这场持续几十年、危害千万人的“都市游击战”，并非不可避免。小摊贩治理中的失误，折射出中国当代行政决策的诸多积弊，必须设法清除。

一、古已有之的小贩

贩夫走卒，古已有之。古已有之的小摊贩，在新中国成立之初，就因为它的“非计划性”，被冠以“资本主义尾巴”，归入国家严厉打击对象。早在1957年11月28日，《人民日报》就报道，湖北黄冈一农民因贩鱼秧、贩牛，被说服教育后决心割断“资本主义尾巴”。在政治挂帅的年代，人们虽然有口难辩，但“追逐与抵抗”其实从那时就已开始。

改革开放后，虽然私人交易合法化，但对城市流动小摊贩，依然沿袭严格监管的传统。直至1999年11月，北京市《关于加强对外地来京人员经商和利用违法建设从事经营活动管理的通知》，依然对小摊贩采取严堵政策。它规定外地来京人员申领个体营业执照，必须持有户籍所在地县级以上工商行政管理机关核发的营业执照或者出具的进京经商证明；经营场地的合法证明；初中以上文化程度学历证明；育龄妇女必须持有暂住地计划生育主管机关核发的《婚育证》……凡不具备上述证件、证明材料的，一律不得核发营业执照。

摊贩皆是沿街作业，所占街道本非"经营场地"，无法取得"合法证明"。加上其他苛刻条件，使外地人在京合法摆摊几无可能，而小摊贩的主体正是外地来京人员。

摊贩经济在政策受到排斥的主要理由：（1）影响规范化市场运营，打乱政府城市规划。我们在整治小摊贩行为的背后，不时瞥见规范化市场经营者的影子。（2）侵占道路，破坏周边卫生环境。（3）欺骗消费者，出售不安全、不健康食品。小摊贩用"地沟油"炸制食品，用变质原材料生产食品等爆炸性新闻，助长了取缔行为。（4）影响城市外观等。官方语言中，小摊贩是一种落后和不文明现象，是"脏乱差"的源头。安徽合肥为创建文明城市，提出"无摊城市"的口号。河南洛阳为创建文明城市，全面取缔店外经营、占道经营和马路市场。

虽然面临多重打压，但小摊贩却像雨后春笋，茁壮成长。一首无名氏撰写的儿歌，反映了小贩们"痛苦并快乐"的生活："北京马路边一个小摊贩，每日晒太阳辛苦把钱赚。我一只眼卖东西一只眼看城管，提心吊胆自由自在，我在北京站……"城管们对在巷道间与他们游击的小摊贩，有时不以为忤。他们形象地自比"苍蝇拍"，并不想拍死多少只苍蝇。只要他们到场，苍蝇们识趣地飞走就满足了。城管与小贩，这两个在观念上"敌对"的群体，呈现出几分相互依赖的关系。

小贩久治不愈的根源在于社会客观的需求。据报，北京市"十五"结转10.8万名闲置农村劳动力，第一产业有30万农村劳动力需要向第二、三产业转移。预计"十一五"期间，有40.8万农村劳动力需要向二、三产业转移。首钢等国企改制、事业单位改革等原因导致失业人员78.76万人。新增劳动力登记失业人员57.43万人，期末城镇登记失业率将达到3.5%左右。另据《北京市2003年外来人口动态监测调查公报》，2003年北京市409.5万流动人口中，摊点经营人员占6.78%。依此数字北京有近30万名游商。另据上海浦东新区2007年初步统计，新区的摊贩8000个，遍布城乡，外来人员占到65%左右，下岗再就业占30%以上。市民对设摊投诉占到投诉的60%，成为投诉热点。

我国大陆从事摊贩职业的人口总数，至今未见官方或学术数据。据台湾的调查，截至2003年8月底，台湾地区摊贩从业人口计443797人，占总就业人口4.6%。参照这一比例进行粗略测算，大陆摊贩就业人口约为2553万人。

二、城管追逐与小贩抵抗

小贩队伍与时俱进，城管的行政职责与时俱增，城管的对策似乎只能“扩军”。从1997年成立至今，北京市城管从无到有，现有内部机构7个，直属单位3个，事业单位3个，18个区县各设相应机构和人员，全市共有城管执法人员5000多人。此外，各级城管还聘请了为数众多的城管保安。这些协管员、城管保安，性质上属于行政辅助人员，不占编制，没有处罚主体资格。制度上他们的职责是：从事法律宣传、社区日常管理、巡查，劝阻违法行为，向城管执法人员通报信息等工作。如果将城管比作与小贩作战的正规军，则协管和城管保安相当于支前的民兵——有时难免被当作正规军使唤。

虽屡经扩充并动员民间力量，城管仍感到兵力不济。十年间，北京市城管已担负起14项城市管理职责，被授予了308项处罚权，其中任何一项如欲足额完成，足以将城管拖垮。城管人员“朝九晚五”工作时间根本无法实现，有时人均加班时间超出国家规定36小时的4倍。广州市城管副队长因创建卫生城市，连续工作六十多天工作到深夜，猝死在家门口。

城管的任务有多重？以查处黑车为例。北京黑车有7.2万辆，而正规出租车只有6万辆。2007年4月，北京16委办局掀起为期一月的打黑车“狂飙行动”。虽然一些“黑车”落网，但更多的“暂时休整”或“战略转移”到远郊。官方坦陈，整治效果不理想。一位城管形容，黑出租车就像大海里游来游去的鱼，在大街小巷穿行往来，数也数不清。为了总览城管工作全貌，来看一下北京朝阳区城管大队2006年的工作总结。

“1~11月，我们全力以赴，较好地完成了‘两节’‘两会’、两个黄金周、清明节、扫雪铲冰、控制扬尘污染、整治‘城中村’、整顿低级次市场、消除暴露垃圾、中央市区领导视察、世青赛、中非论坛等专项整治任务。在开展各项执法工作中，共出动执法人员275910人次，执法车辆59657车次，规范‘门前三包’44551家，取缔无照经营、露天烧烤15788起；与建委、环保等部门检查工地19092个次，查处扬尘污染、夜施扰民、道路遗撒14532起；与公安、交通等部门查处各类黑车19688辆；查获小广告窝点2392个、非法小广告650万张；查处非法户外广告1998起，拆除大型户外广告35块，拆除违法建设告知、引导、救助流浪乞讨人员1500余人次，罚款1200余万元。行政复议、诉讼案件160起，无一起败诉。办理人大代表建议、政协委员提案、群众来信来访855件，办结率100%。办理城管热线、市、区各类督办件32641件。上报非法小广告号码4140个，已全部停机，267名违法当事人接受了处罚”。

总结排列的工作量未必完全可信，但足以反映城管职责的“海量”。郑州市城管局长坦言，治理小摊贩“难度很大，力不从心”。不足三个月后，郑州就发生城管粗暴执法，引发千余大学生围攻事件。上海浦东新区区长算账说：“按照现有摊贩数量，每个地方派人固守，要2000人左右，而全区所有执法人员只有900人左右。”

一如北京某城管负责人所言，自城管成立以来：“对小贩的打击从未停止，打击手段也不断变化，并且屡次施以重拳”。城管口中的“打击”，小贩名之为“扫荡”。虽然“扫荡”多年，但小贩们说“可是我们还没被赶走”。

打“时间差”是小贩的基本对策。城管下班小贩上班，两者上演“真人版”的“猫和老鼠”游戏。在日夜不断的“猫和老鼠”游戏中，小贩采用人海战、游击战、拉锯战、持久战。而城管无论在人数、持久、灵活性上，都难以长时间占上风，只能依靠“运动战”，陷入“整治一回潮一再整治一再回潮”的怪圈，让英雄气短。在题为“城管遭遇职业暗探游击战”文章中，记者报道了上海杨浦区小贩与城管间的一场都市游击战：

晚上6点多，记者看到十几个皮肤黝黑的青年男子，在人行道上围成一圈打牌，时不时地朝对面的弄堂张望。一家杂货店员工告诉记者：对面是城管大队，这些人是专盯城管的探子。

晚8点，城管大队执法行动开始了。副队长苦笑着告诉记者："现在只能和探子斗智斗勇。"执法车辆刚驶上长海路，探子们马上骑车分散开来，进入角色。有些冲到执法车前疾行，有些尾随在后，有人掏出手机通话。不时有等候在路口的男子加入他们的队伍。有人体力不支，马上有人接替。队员们介绍，以前探子只敢偷偷跟在执法车后面，现在人数越来越多，胆子越来越大，几个探子甚至骑在第一辆执法车前面。为迷惑探子，8辆执法车时分时合，但被摆脱的探子没多久又出现了。"他们是团体行动，多处布点，手机联系，要完全摆脱非常困难。"当天行动的重点是××街，当执法队伍分头绕行到达时，跨门店都已经退回到室内，几个店员正将燃烧的煤饼浇灭……

"这里已经得到消息了……"房队长有些失望，但显然也有心理准备。

晚上近11点，执法人员返回大队，十几个探子还在。他们每天都要盯到凌晨两三点。由于城管不能惩处跟踪行为，探子人多胆大，甚至多次跟踪城管队员回家。据介绍，两年前探子就出现了，大多是摊主本人或家人，人少胆小，影响比较小。而今仅杨浦区的探子就已经发展到数十人，非常"职业化"，几乎都是排档摊主联合雇用。更让城管大队感到被动的是，这些探子经常冒充群众拨打举报电话，欺骗城管人员，把执法队伍引到假地点。假举报严重影响了正常执法。

旷日持久的追逐与抵抗，让小贩们从战争中学会了如何战争。他们自发组织起来，联合雇佣职业暗探，与职业城管相抗衡。这些职业暗探对城管严防死守，几乎"服务到家"。他们不满足于一味地防御，尝试着主动出击，骚扰对手。冒充群众拨打举报电话，把城管引到假地点，这种疲劳战"严重影响了正常执法"。他们跟踪城管队员回家，对城管队员施加无法言说但又切实存在的人身威胁。他们企业化的工作效率与职业化的敬业精神，让官僚化的城管相形见绌。如果没有其他因素介入，自然竞争的结果，一定是城管而不是小贩落败。

小贩即使落网，抵抗并未结束。“软磨硬缠”是一种有效的抵抗。人性化执法，小贩并不买账。他们软磨硬缠，认错学习，但总是不认罚，让城管的“胜利”落空或打折。物品可以不要，但装物品的篮子一定要索回，这种不屈不挠让城管无可奈何。“老人、妇女、儿童以及残疾人”被充分利用起来了。由他们软磨、硬缠、耍赖、谩骂，对城管实施“软暴力”。这种“一哭二闹三躺倒”式的抵抗，对执法人员的精神损伤不亚于人身伤害。他们不惜躺车底、堵车头扩大事态，争取“观众”。观众们的斥责，人民群众的“不理解”，让城管的正义感严重受挫，心理上灰溜溜的。这种“软暴力”以及它唤来的社会同情，可以从根本上摧毁城管的战斗意志。海淀区城管大队一名干部说：李志强事件从根本上动摇了不少城管队员的信念，为工作搭上身家性命，死后还受到种种非难，值吗?

对城管有直接杀伤力的还数“硬暴力”。且看部分媒体的报道题目：“摊主滚烫一瓢油泼向城管执法队员”“无照菜贩手执双刀砍伤两名城管队员”“成都女摊主暴力妨害执法用尿泼城管”“城管叫屈：几乎天天挨打”“摊主为报复城管人员，将赤裸儿童尸体挂在其门上”……据上海杨浦区统计，2006 年全年共发生暴力抗法案件 214 起，涉及乱设摊整治的 142 起，队员受伤人数 238 人次。2007 年至 8 月为止，暴力抗法案件和队员受伤人数已接近去年全年水平，案件数近 180 起，队员受伤人数近百人，其中 60%以上涉及乱设摊整治。

对国家政局极为不利的是，这些无处不在的“软暴力”和“硬暴力”，会不经意地突然诱发群体性动荡。2007 年 6 月 6 日晚，河南郑州因城管打落摆摊女生门牙，导致一千多名学生包围城管、焚烧车辆。2007 年 6 月 14 日晚，由于城管野蛮执法，兰州上百市民围堵执法车近 4 个小时。集体性对抗已非偶发事件，呈燎原之势。

三、城管与小贩的暴力化

对于软硬不吃、软硬皆施的小贩，城管时常采取“一脚定乾坤”方法——抄摊儿。两者开始频频交手，以暴抑暴。旁观者惊异于城管的粗暴，但城管却有自己的无奈。一个城管队员自曝心理历程：“参加城管之前看见过抄摊儿无法理解，成桶的白米饭被倒在垃圾堆上。后来没想到我也开始抄摊。我是不得已。”文明执法不能解决问题，只好“一脚定乾坤”。在街上执法，这是最高效率的方式。当“一个城管要面对60个无证摊贩，不想用暴力都难”。笔者指导的研究生曾在天安门城管部门实习，回来感叹道：“连我们都想动手了。”

按照现行的行政处罚法，城管对小贩进行处罚，至少应当表明身份、告知权利、收集证据等，而实际上小贩瞥见城管就溜之大吉。当法律规则难以操作而上级命令又必须执行时，城管只能自创规则。一旦城管摆脱正式规则的约束时，执法就只能凭纪律和良知。纪律和良知若再失守，暴力就开始了。法律不允许城管使用暴力，而完成任务又必须借助暴力，非法施暴成了必然选择。暴力一旦失控，就难有边界。深圳街道办城管队员当街扒掉市城管队员的裤子，北京十余名城管当街围殴警察。为了规避法律风险，城管更愿意借助协管来实施暴力：

……两名假证贩子说，他们先后遭到数名男子围殴，被罩住了脑袋押上汽车，身上财物被洗劫一空，还搜走了银行卡并逼问密码，卡里原有几百元钱只剩下几十元……到下午2点多，一名身着城管制服的女工作人员掀开秦鹏的头套，要为他做“笔录”，核实了秦鹏的手机号码与户籍地址后，要他写下“以上内容属实”并签字按手印。笔录后他被重新戴上头套押上车……让他脱掉鞋子下车，摘下他的头套，命令他“往前走，不准回头”。秦鹏后来打听到，自己被抛在十三陵水库附近……

“卖假证本来就不合法，不敢找警察。”第三天得知另一个同行也“遇劫”了，他们决定求助警察。协管被抓到后，刑警问他：“知道怎么回事吗?”他说：“不就是钓鱼吗?”“钓鱼”者是城管大队协管，听说包括城管副队长共十三四个被带到派出所，赃物有许多手机、钱、银行卡等，光手机就有32部。该案后来移交昌平警方。在取保候审期间，副队长仍继续执法。

案件最后不了了之。这不完全因为官官相护，因为案件事实本身就是“灰色”的。虽然故事充斥着非法镜头，但身着城管制服的女工作人员做“笔录”却又像在正式执法。小贩声称“被劫”，保安自称“钓鱼”。“打劫”的东西虽然有遗失，但也有的保存在单位里。行动者并非个人暗中进行，而是集体公开行动。即使请教刑法专家，这种行为也难准确定性——既像打劫，又像执法，介乎两者之间。而以下事件，则完全是黑色的了：

盘踞海淀某小区的“地头蛇”和城管分片队员张某某、小区物业经理潘某某、保安队长张某某勾结，用“城管抽查”的名义打击不交保护费的小商贩。据水果小贩刘义等人介绍，收“保护费”始于非典前的两年，最多时有二十多人收钱，张某某也收。张某某的势力范围“地方大，位置好，一个摊位每月要收2000元”；紧挨张某某地盘的是物业经理潘某某的“摊位”，“每月收1600元”；保安队长张某某占有四个摊位，每个在800元左右。“城管抽查”成了收费手段，不交钱，城管就带保安来抄你。上级单位检查时，这些人会提前打招呼。刘义称：“他们生意兴隆！我们算了一下，一个人一年至少能收十几万元。”

收费始于2001年，警方抓捕在2007年，收费期约六年，期间黑白两道相安无事。各方分配比例比照权力大小：城管张某某“地方大，位置好”，单个月收2000元；物业经理的地盘紧挨着张某某单个月收1600元；保安队的摊位月收800元。应当可以纳入国库的数百万“税源”流失了。人民政权在张某某所管的“片区”被彻底非法化。这种“一个都不能少”式的全面收费持续六年。在人民群众眼里，“塔院城管”这个“组织”而不是“个人”非法化了。

不到两个月，朝阳城管某分队的两任保安队长涉嫌抢劫和敲诈勒索小贩被警方抓捕。水果小贩赵强说，从他去年秋天来这里摆摊，就很少见到城管队员上街，都是城管保安在街上巡逻。今年 7 月 8 日，保安班长和队长要他们四个卖光盘的每月交 2000 元保护费。四个小贩交钱后越想越后悔：以前遇见保安，逃跑概率至少是 50%。就算被抓，给他们“意思意思”也能拿回光盘，每月损失远远小于 500 元。没想到他们胃口越来越大，干不下去了。他们选择了报警。

协管保安为什么可以收保护费？城管队长说，和平街目前有 15 名城管，50 多名协管，管辖范围 4.6 平方公里，人流量大、街面复杂，一些城管偷懒，导致保安单独执法。刘宾出事后都是城管带着保安出来执法。

一名城管保安说，我们早上 6 点半起床，8 点正式上班，如果没有临时任务，一般每天晚上 10 点左右下班，没什么制度约束，工作主要靠自觉。每月工资 900 元。我们上岗这两个月，常有小贩塞钱塞烟，都被拒绝。“有个中年妇女要给我 200 块钱，让我把她被没收后停在院子里的三轮车推出来。我拒绝后，她很不解地离开了，临走还自言自语‘以前都是这样干的’。”

这个案例有几点要注意：

1. 此前小贩被抓，只要“意思意思”就能拿回光盘。这些“意思”应当给了巡逻保安，而非保安队长，无法通过保安队长之手再转移他人。从保安班长和队长角度来看，这是“失控”，是手下的人在“黑领导”，所以他们要亲自和小贩谈收费。假如城管有不法之念，宜假手保安与小贩交易，避免风险。一旦事发最好保安一走了之，大家安静。假如保安落网，只要城管一口咬死，就可成功地刷清自己。

2. 保安的收费标准远远低于保安队长，小贩的原话是“远远小于 500 元”，估计应在 200 元以下。高收费逼得小贩没法干，才有了报警和事发。如果收费合理，小贩不会报警，两者相安无事。和平街范围大、任务重，“很有必要”招聘协管。目前和平街有 50 余名协管，而城管只有 15 名。招聘协管名为“分担”事务，而协管一旦到岗，城管就偷懒。城管虽然实行工资与效益部分挂钩，但实效不大。因为事务分配权在城管，只要让保安多干点儿，任务照样完成。通过任务发包，城管队员成功转型，很少上街，“都是城管保安在街上巡逻”。上街如果动手，保安理当冲锋在前。

3. 保安每天工作时间近 14 小时，月收入 900 元，等于或小于普通饭店服务员工资。工作没什么制度约束，主要靠自觉。巡回时，常有小贩“塞钱塞烟”。工资少、工时长而且没有前途，保安会逐渐腐化，实现从“拒贿”到“收贿”再到“索贿”的转型。那位送钱被拒的中年妇女说：“以前都是这样干的。”这里包括两层意思：其一大家都这么干，其二一直这么干。“这么干”已成惯例。摊贩市场被城管和保安们成功地私有化，至少部分私有化了。

北京城管队员非法化最确切的个案，要数顺义区城管高丽营分队队长常某某。他被法院径直判以“参加黑社会性质组织罪”和“敲诈勒索罪”。在少数城管暴力化同时，小贩社会也开始暴力化了。他们或者自行组成黑社会，或者寻求黑社会保护。

某日下午，两名城管队员在遭到暴徒殴打后，竟被要求下跪认错。说起被打的一幕，城管队员感到灰心。两人在劝阻这些摊贩离开游览区时，一名女摊贩破口大骂，其他摊贩在旁煽风点火。他们收缴一名摊贩的秤，摊贩一边打电话，一边对执法人员说：“你们两个等着，我要你们好看!”几分钟后，9 名手持刀具和铁棍的男子赶来，对安某和薛某大打出手。在殴打过程中暴徒们不断用地方话辱骂安某和薛某，威胁他们不准再来“管闲事”。其中一名歹徒威胁被打倒在地的薛某，要他跪下向女摊贩“认错”。

执法大队李队长说：“这些人居无定所而且三五成群。当执法人员纠正他们的违法行为时，他们气焰嚣张，甚至有些执法人员下班回家还经常会被跟踪，我们特别害怕自己的家人遭到报复。他们已经结成帮派，只要一人受到执法人员的清理，他们就全体结帮，并叫来同伙打人，更甚的是，这伙人垄断了游览线，不允许其他外地人在他们的‘势力范围’内摆摊设点。”

通过暴力强行划定并垄断利益，属于典型的黑社会行为。这些人居无定所，三五成群，气焰嚣张，跟踪威胁城管队员，以至城管“特别害怕”。如果任由事态发展，结果可推而知。从小贩角度，由于他们无法组成正常社会，也无法寻求政府保护，只好组成“新疆帮”“安徽帮”等类型的私人社会，必要时寻求黑社会帮助。据研究黑社会问题的南京大学教授蔡少卿估计，中国黑社会成员超过百万。黑社会猖獗的客观原因之一是农村盲流人口涌入城市，迫于生活加入黑帮。

四、小贩治理中的个人、社会与国家

摊贩治理，并非城市化进程中无法克服的“中国难题”，世界各地都曾经历过失业人群“摊贩化”，经历过从排斥驱逐到认同疏导。非法化小摊贩和激烈的取缔，各地也曾发生，但国家正式制度驱使数百万官员与数千万摊贩，进行长达二十余年流泪加流血的“都市游击战”，无论其规模还是其惨烈程度都属世界史上罕见。治理小摊贩并不难，各国有着近乎共同的答案，要旨是：（1）小摊贩合法化，划定区域和时段，让其有序经营；（2）成立小摊贩自治组织，实现自我治理和约束；（3）国家提供必要的制度规范和监督救济，协调摊贩与其他利益集团的关系，避免摊贩社会黑化。这些治理原则，已为韩国、日本、美国等国和我国台湾地区实践所证实。大陆有限的几个试点单位，收效也极其良好：

3月8日下午6点，下班高峰，小摊点摆成一字长蛇阵。卖臭豆腐的，烤羊肉串的，卖馄饨的，三轮车、桌子摆放得井井有条。地面出奇的整洁，不像很多城市脏水横流，苍蝇群飞。“要是几个月前来，绝对看不到这副场景。”城管中队长江志正说。摊点生意和“市口”直接相关，每个摊位都设法前移，动辄就堵得动弹不得。为抢占地形，摊主们时不时打得头破血流，成为镇江市脏乱差的典型。执法队员跟摊主的关系，势同水火，“动谁的摊子谁就跟我们‘拼命’”。

城管大队长尹小雪想，能不能换个思路，让他们进行自我管理呢？为此，镇江市城管局联合公安、工商等部门，先后召开三次协调会，启动“民主自治”试点。八位摊主一致同意无记名投票选出正副小组长，通过抽签进行摊位排序。商定自路口向北 20 米内摆放摊位，按序号定时轮流交换位置，正副组长监督协调。

试点一个月，效果出奇的好。自治组长黄世萍说，现在大家规规矩矩，既用不着起大早抢位子，也不用跟城管队员吹胡子瞪眼。上家泼了脏水扔了垃圾，下家就会提醒清扫；下家生意忙不过来，上家就在旁边搭把手。

镇江城管把民主自治的好处归纳为一箭三雕：秩序规范了，市容整洁了，关系和谐了。城管的工作模式发生质的变化，从执法为主转变成协调为主。有什么问题，聚在一起开个会，提个醒就行了。城管在与不在，现场的秩序、卫生都差不多！现在矛盾解决了，城管也可以"隐身"了。

义士路小贩自治效果"出奇的好"，其实不奇。政府打击小摊贩的理由无非"脏乱差"，而"脏乱差"其实是政府错误管出来的，并非摊贩经济的胎记。政府非法化小摊贩，摊贩们的利益无法保障，无法形成恒定的社会关系网络。小贩之间、小贩与居民之间的秩序难以生成，即使生成终当短命，因为这些秩序都在国家打击之列。朝不保夕的小贩，当然无心将摊位装点得整洁漂亮，因为不定哪天被抄，投入打了水漂。小贩无心树立信用，因为信用依靠日积月累，而小贩只能"打一枪换个地方"。由于法律不认可小贩之间划分的利益范围，小贩之间只能奉行"先占为王"的丛林规则，天天抢占地形，"时不时打得头破血流"。无从讲信用、讲卫生、讲秩序，一切失序，"乱成一团糟"。借用浦东新区张学兵区长的话："乱设摊是我们管出来的，主要责任在政府。"

一旦政府转变立场，事物就回归本来面目。秩序形成了：通过抽签进行摊位排序；自路口向北 20 米内摆放摊位；按序号定时轮流交换位置。自主选择的秩序被自觉地遵守，无须国家执法。城管在与不在，现场的秩序、卫生都差不多！大家规规矩矩，互相帮助，其乐融融。城管也称一箭三雕："秩序规范了，市容整洁了，关系和谐了。"城管的工作模式发生了质变，从执法为主转变成协调为主。矛盾解决了，大家安生了，城管也隐身了。

摊贩经济的政治和经济正当性，学界早有归纳。一般认为，摊贩经济并不缺乏效率，它是市场经济的重要组成部分。摊贩经济不仅增加 GDP，还有更多的优点：（1）满足低层和普通市民阶层的生活需要，廉价的摊贩市场是他们消费品的理想来源。（2）丰富城市文化。摊贩经济能营造一种特殊的城市街头文化，让游客和市民感受地方的特殊风味。如法国巴黎街头艺人的展示、我国传统的庙会、夜市，不提供购物便利，还是城市文化独特的景观。（3）摊贩是恢复街道活力，有效利用公共空间，增加城市魅力的佳径。“欧洲有露天吧台，亚洲有街道摊贩。”摊贩制造街头的喧闹，活跃着城乡的交流。（4）解决部分就业。许多人受资金、技术、年龄限制，只能自我就业。起点低、资金少、操作容易的摊贩生意，成为就业捷径。

分析摊贩经济的政治正确性及治理的技术细节，非本文的主旨，一个小贩都能从实践中得出真知：

“我（笔者注：一个金融会计专科毕业的女摊贩主）觉得马路设摊为国家释放了很大的压力，不是什么羞耻的事情，不应该取消。管理上有几点：第一，马路单边摆放。第二，统一形象摆放。比如一个摊位不超过两米，就可以设计一个两米长的工具，大家统一在这个范围内。第三，统一时段经营。可分为早市和夜市。摊位固定大家都不会抢摊位了。第四，有一个摊位申请人工作卡制度，不要有抄摊位的现象，维护真正需要的人的利益。第五，要有限制经营项目的管理，这样不会出现大排档脏乱差，或者黄碟之类。第六，要有卫生管理。可以出台一个守则进行考核。没有做好卫生自理的，可以取消经营资格。”

本文旨趣在于，这个并不复杂在互联网时代更不难发现的“正确答案”，为何二十多年来一直没被政府部门“采信”？摊贩非法化背后的利益和真正的推手究竟为何？小贩非法化的始作俑者是工商部门，此后职责移转给城管。小贩非法化固然让一线的城管很辛苦，但另外，正是通过这种义正辞严式的“造事”和责无旁贷式的“揽事”，作为新设部门的城管成功地使各界相信自己“重任在肩”，成功地站稳了脚跟并扩军，提升了城管在政府系统中的“权重”。2007 年 3 月 9 日，北京革新西里社区决定试行小贩自治，效果良好，但消息传出后某城建科长就直摇头："她划定了一个地方就能摆摊，那城管执法怎么办呢？居委会认可他们了，那城管到底是算他们违法还是不违法呢？"一位城管队长也说："就算是上海等其他地区都放宽对小摊贩的管理，北京也不行。2008年北京还有个奥运呢！"

由居委会"划定一个地方"，城管当然难以认同，这涉及城管与居委会谁享有"认可权"这一核心问题。居委会单方面"划定"，在城管看来属于"擅自篡权"，形同政变。虽然政府设立城管的目的是"集中行使行政处罚权"，不应享有行政许可权，但组织一旦设立，组织的目标就会异化，会优先关注自身的命运。面临"失权"威胁时，城管不再言苦言累，颇有不辞辛劳之意。一个月后，居委会主导的试点被迫取消，街面又回复到"脏乱差"时，城管的解释是："我们永外地区3.03平方公里，派出所有120号人，但是我们城管只有16个人。"言外之意还要加人。2007年3月27日，在居委会试点被取消后，城管主导的一项旨在加强管理的改革措施开始试点。

权力意味着利益，正是通过非法化小摊贩，城管才"重任在肩"，得以大量行使处罚权，从而获得与处罚权相关的合法和不法的利益。合法利益包括处罚权、变相许可权，将事业编制转为行政编制的可能……非法利益包括收保护费、默许亲朋好友设摊……如果摊贩合法了，"那城管执法怎么办呢？"这句屈原式的天问，不经意间现出庐山真面目。这里发生了美国社会学家戴维·波普诺所谓的组织变迁中的目标置换，即组织成员会更加关注组织本身的存续和他们在组织中的位置，而不去关心组织的实际目标。

利益的复杂性决定人们心态的复杂性。虽然非法化摊贩经济可以使城管获得合法和非法的利益，但也同时使他们失去许多可以获得的利益。由于城管左右媒体能力有限，且不法行为多发生在众目睽睽之下，致使城管的口碑和公众形象恶化。如"一跺脚，二瞪眼，三掀摊子，四罚款，不用问是城管"。城管恶化的公众形象直接损害执政党和一级政府的公众形象，弱化了城管领导集团的政绩，降低了城管部门的利益交涉能力，并使从业人员丧失职业的荣誉感，自上至下陷入迷茫。

“革命不是请客吃饭，不是做文章。”当生命和健康天天面临真实的威胁和损害时，城管不可能不怕。围观群众的骂声使他们迷茫和焦虑，“不知道自己是功臣还是罪人”。但决定战争的，是将军而不是士兵。一位城管队员感悟道：“其实谁都没有错，是我们的体制不够健全。”由于我国行政部门实行领导班子办公会议决策制，这些基层的经验、智慧、利益和情感，无法左右决策。领导除了考虑基层现实，还要考虑上级态度、部门扩展和自己政绩，政策形成具有不确定性。正如魏巍所批评的：“有些地方政府官员，满脑子形式主义，虚荣观念。为了自己的‘政绩’，脱离当地的实际情况，无视人民的生计，高调地提出什么构建‘无摊城市’。”不难发现，部门利益诱导和领导层专断是错误决策迟迟不能修正的原因之一。

原因之二是中央与地方之间事权划分不明。小摊贩的治理，法理上属于地方事务而非中央事务，没有必要进行中央决策。但我国中央与地方之间事权划分不明，习惯上地方依赖于中央，而中央立法又习惯于“一刀切”，地方难有选择的空隙，不同政策之间比较和竞争机制无从生成。即以摊贩治理为例，各国治理的实践是通过牌照发放来实施管理，而在我国，牌照之发放属于行政许可事项。依行政许可法，省级以下政府皆无权创设，即使中央部委也无权创设。行政处罚法上也有类似规定。中央政策法律相互冲突。政策面上，中央强调向地方分权，如国务院关于《全面推进依法行政实施纲要》第19条要求“适当下移执法重心；对与人民群众日常生活、生产直接相关的行政执法活动，主要由市、县两级行政执法机关实施”，但具体制度上，又通过《行政许可法》和《行政处罚法》将设定许可权与处罚权上收，地方难有机动处置之余地。地方和基层最容易发现政策的错误所在，但为了保持政治正确，即使发现政策有误，也要等待中央调整政策，从而与中央“保持一致”。中央政府性质上本应是政策性政府，而非事务性政府，主要职责应在于政策选择。如果中央政府揽权揽事太多，发牌照，搞评比，评先行……，则会导致事务功能膨胀，政策功能萎缩，政策反馈速度落后于时代需求。

原因之三在于决策的非公开性。虽然《行政许可法》规定，设定行政许可应当公开听证，但至今为止，行政部门习惯于非公开决策而非透明决策。仍以摊贩治理为例，近来国家工商总局及建设部分别表态，要放松管制。但决策过程中，有哪些利益需要考量，决策过程中争议之焦点与存在之困难，皆未见公之于众。行政系统仍习惯于自身内部非公开决策，然后将结果“周知”公众。上海市曾公开宣布将于2007年“五一”前出台摊贩合法化政策，媒体广为报道。此后却未见下文，仅告知存在难度，力争年底前出台。究竟决策中存在何等之难处，公众并未与闻。虽然决策者可能会听取相关部门意见，但由于没有公开的辩论程序，相关事实和证据无法提交，各方利益无法有序表达，意见无从整合。普通人民无法旁观和参与政策选择，无法发现和纠正错误的政策选择。

原因之四在于决策行政化而非立法化。小摊贩的治理，涉及小摊贩、社区居民、商场、临街住户等多方利益，直接关涉到人民基本生活——如没有好摊贩导致没有好早点，应当属于立法事项而非行政事项，应通过立法程序整合社会意见。由于我国行政立法与权力机关立法界线不明，且立法机构运行机制不合理，无法有效立法，致使应由立法机关完成的任务，交由行政部门来完成。立法整合机制不能有效运行，只能依靠部门协调。由于小摊贩治理事务涉及工商、城管、公安等多个部门，各部门互不隶属，一旦产生争议无从决断，有赖各方调和立场。其间任何一个部门强硬作梗，决策无法形成。摊贩合法化所涉及的牌照发放权，城管部门与工商部门即有争议。前言的镇江市城管局，就与公安、工商等部门开了三次协调会。部门之间并无法定有效的协调机制，主要取决于领导之间的协调。部门利益冲突、领导政策偏好等，都会导致“久协不调”。

原因之五是社团管制过严。摊贩合法化与否的政策选择，涉及利益最大的当然是小摊贩们。由于新中国成立以来，对社团管制过严，采取许可制，而非登记制。数以千万计的小贩不能组成利益集团，小贩们无法通过集团，将自身利益关系有序有力地进行表达。由于不能组成集团，在利益博弈中，被原子化的小摊贩们，无法与集团化的居民集团和官僚集团相抗衡，在决策程序中，成为“沉默的大多数”，甚至被妖魔化。又因为利益所关，他们不得不进行“都市游击战”，抵抗和反击不合理的制度，用无声的躲避、有声的还击和顽强的生存，唤得社会对他们的存在、利益和价值的重新审视。上海浦东新区区长反思：对乱设摊的整治，从新中国成立到现在没有停止过。为什么整治的力度越来越大，城管队伍越来越大，最后还是不行呢？当一样东西顽强的生存、顽强表现出来的时候，你要找出背后的合理性在哪里，然后找一找政府工作的差距在哪里。值得注意的是，区长之所以有如此深刻的反思，一个重要原因是暴力抗法上升，而非摊贩团体有意见上呈。摊贩治理还涉及社区参与治理的问题。有议论认为可以将摊贩交由社区治理，而社区作为一个社会组织，也没有成熟。自治和管理能力有待发展，形成政府想放权，也无处可放的局面。

伴随着摊贩与城管之间矛盾的普遍化与激烈化，各级各地政策开始松动。建设部和国家工商总局表态要让摊贩经济合法化；北京市要求城管执法人性化；上海试点摊贩合法化…… 政府终于准备调整政策了。“三十年河东，三十年河西”，而往返之间，社会已付出血的代价。

财产权与征税权的博弈

——以某能源公司与农税局纳税争议为例

肖泽晟*

“征税的权力事关毁灭的权力。”①“对统治者的控制，一直是通过对征税权的约束来实现的。”② 在宪法上，公民依法纳税的义务对应的是政府的征税权力，是对财产权这一基本权利的当然限制。征税权一旦缺乏必要的限制，公民的财产权就会被架空而难以得到保障。征税权与财产权之间是此消彼长的关系。如何实现两者之间的相互制约和平衡，是公法学不容回避的难题。本文特以某能源公司与A县农业税收征收管理局（以下简称A县农税局）纳税争议案中能源公司维权面临的困境为例，探讨现行制度之下财产权与征税权之间的博弈为什么总是“鸡蛋碰石头”，并试图从宪法和法律层面就如何实现财产权与征税权之间的平衡提出相应的对策建议。

一、能源公司与县农税局纳税争议案简介

某能源公司的井田主要位于山东省A县与江苏省B县的交界处，其中徐庄、孔庄、姚桥三个煤矿部分采区在某某湖湖下采煤。

---

* 肖泽晟，南京大学法学院教授、博士生导师。

① ［澳］布伦南、［美］布坎南著：《宪政经济学》，冯克利、秋风、王代、魏志美等译，中国社会科学出版社2004年版，编校序第6页。

② 同上书，第10页。

1. 徐庄煤矿

徐庄煤矿自1987年就开始进行湖下开采，对湖区湖田、鱼塘产生影响。由于当时湖内水位较低，部分湖田能够一年两季正常耕种。采煤使湖区下面的土地沉陷后，致使原湖田减产或绝产，徐庄煤矿参照湖外农田补偿标准，对采煤塌陷湖田进行一年两季补偿，并按照《耕地占用税暂行条例》，对采煤塌陷湖田绝产地缴纳耕地占用税。

自2003年以来，由于湖区生态环境保护及南水北调工程需要，湖水作为资源不再随意排放，湖区常年保持汛限水位，汛期水位超过或与湖田标高相当，部分湖田被水淹没，不能种植。鉴于此，徐庄煤矿分别于2005年和2007年，按照4500元/亩的标准，与当地有关村委会签订了《一次性补偿协议》，对采煤塌陷湖区进行了一次性处理。

2009年8月13日，A县农税局向徐庄煤矿送达了对1987年至2007年间开采完毕的2840亩（其中约1500亩村民仍在利用）采煤塌陷湖区（含减产地）计征18938094.69元耕地占用税税票。法院根据农税局的执行申请于2009年11月作出准予执行该笔税款的行政裁定，并于2009年11月30日予以强制执行。

2. 孔庄煤矿

孔庄煤矿与徐庄煤矿同处下级湖区，采煤塌陷湖区主要是鱼塘、树木、柳条林、芦苇、湖田。孔庄煤矿对1998年开始受采煤塌陷影响的湖区，也是按一年两季补偿村民的损失。由于未形成绝产地，孔庄煤矿一直未缴纳耕地占用税。由于2003年后湖区水位提升，孔庄煤矿从2006年开始对采煤塌陷湖区进行了一次性终结补偿处理，补偿面积为4372.65亩，其中约2400亩仍以养鱼、种树等方式为村民利用。A县农税局于2009年12月27日向孔庄煤矿发出两份《告知》(赵庙乡湖田应纳税款3367.55万元，高楼乡湖田应纳税款206.47万元)，要求限期缴纳35740178.72元耕地占用税，此前A县农税局从未向孔庄煤矿提出过征税要求。2010年2月23日，能源公司孔庄矿收到农税局对206万元税款处4倍罚款计825万元的处罚决定书。

3. 姚桥煤矿

姚桥煤矿采煤塌陷湖区位于上级湖，湖区常年蓄水，水位比原地表标高提高了2米多，原来的沼泽地均被淹没在水下。采煤塌陷前，湖区内大多为水面，局部区域有网箱养殖。姚桥煤矿自1992年开采煤矿影响湖区后，一直采取一次性补偿的方式对采煤塌陷湖区进行处理。由于开采前即为自然水面，姚桥煤矿从未缴纳过耕地占用税。2009年12月15日A县农税局向姚桥煤矿发出《纳税通知书》，要求对2007年12月31日前塌陷的湖田计26992068.29元耕地占用税限期申报完税，此前A县农税局从未向姚桥煤矿提出过征税要求。

上述A县农税局向某能源公司三个煤矿就A县境内塌陷湖区征税金额合计81670341.7元。

2010年1月29日，对A县农税局向能源公司所属徐庄煤矿作出的缴纳1893万元耕地占用税的决定，能源公司向山东省人民政府申请行政复议，要求撤销该决定。2010年1月29日，能源公司对A县农税局先后拒绝其在孔庄矿纳税争议中提供保证担保和质押担保的行为，向山东省人民政府申请行政复议，要求责令A县农税局接受能源公司提供担保的请求。随后，能源公司对孔庄矿纳税决定不服向山东省人民政府申请行政复议，并要求停止纳税决定的执行。5天后，山东省人民政府法制办告知能源公司，对本案相应的纳税决定不服，应向A县人民政府申请行政复议。

在代理能源公司处理该案的过程中，笔者发现，即使农税局的纳税决定在事实认定、行政程序与法律适用上明显违法，它要有效维护自己的财产权利，依然面临巨大的法律障碍和法理难题。在这场能源公司维护自身财产权与农税局行使征税权之间的生死较量中，能源公司几乎处于无力还手的境地。以下将从法律和法理层面对这一现象加以剖析。

二、农税局纳税决定的合法性分析

在本案中，农税局的纳税决定在事实认定、行政程序和法律适用方面显然都存在违法之处。

首先，该纳税决定认定事实不清，证据不足。姑且不论本案涉税的三个煤矿采煤塌陷湖区的湖田、鱼塘和林地是否属于法律意义上的“耕地”范畴，即使退一步把涉税的塌陷湖区都认定为法律意义上的耕地，本案计税的依据也只是三个煤矿分别与采煤塌陷区域村民委员会就绝产地、减产地和不受影响的可利用资源达成的一次性补偿协议中确定的面积，即将补偿的面积作为占用的耕地的面积。以徐庄矿为例，在给予一次性补偿的区域中，有1612.4亩属于没有开发和没有塌陷的湖面面积，是能源公司所属徐庄矿考虑到附近村民委员会的实际经济困难而按照正常湖田政策支援它们并给予一次性补偿的面积。事实上，目前有大约1500亩受影响的湖田、鱼塘、林地属于减产地，依然在被村民利用，根据财政部、国家税务总局财税〔2005〕1号文的规定，不应作为耕地占用税征税的对象。孔庄煤矿的情况与徐庄煤矿基本相同。姚桥煤矿的情况是，因采煤而塌陷的区域只有部分湖面是网箱养鱼，其他大部分区域属于自然水面，根据2007年12月31日之前有效的法律、法规的规定，根本不能成为耕地占用税征税的对象。税收征收法律关系为行政法律关系，而非民事法律关系，因此，作为税务行政机关，农税局就应当依职权对计税的土地地点、范围、面积、损毁程度等事实进行核定，并提供这些计税土地曾全部作为农业税征收客体的证据，而非依据平等民事主体——煤矿与采煤塌陷区村民委员会之间达成的民事协议中确定的面积作为征税的依据。

其次，该纳税决定缺乏应有的法律依据。根据2007年12月31日前有效的法律、法规和规章的规定，我们找不到三个纳税决定将减产地、网箱养鱼的水面和不受影响的水面都作为耕地占用税征收对象的法律依据。即使需要征收耕地占用税，也应根据财政部、国家税务总局财税〔2005〕1号文的规定，按照耕地遭受破坏的程度，分期征收。而且根据《税收征收管理法》第52条的规定，因税务机关的责任，致使纳税人少缴税款的，税务机关在三年内可以要求纳税人补缴税款。农税局的三个纳税决定将涉及的征税范围扩张到三个煤矿1987年至2007年间开采完毕的塌陷湖区（含减产地）的耕地占用税，已经严重威胁到能源公司相关债权人的利益，应当有法律、法规的明确规定作为依据。另外，纳税义务人还反映，自2003年起，政府开始对微山湖进行生态保护以及实施南水北调工程，微山湖水位上升，致使采煤塌陷湖区中许多原来由村民耕种的湖田和鱼塘事实上被淹没。如果纳税义务人所反映的情况属实，那么原来允许征收耕地占用税的"耕地"已不复存在，即使税务行政机关可以继续征收该笔耕地占用税，也应当自这些"耕地"消灭之日起三年内补征。显然，税务行政机关在本案中有义务提供证据证明征收耕地占用税的"耕地"全部是2006年8月13日之后因采煤而塌陷的"耕地"。

最后，该纳税决定在行政程序上违反法律规定。国务院《全面推进依法行政实施纲要》第20条规定：行政机关作出对行政管理相对人、利害关系人不利的行政决定之前，应当告知行政管理相对人、利害关系人，并给予其陈述和申辩的机会；作出行政决定后，应当告知行政管理相对人依法享有申请行政复议或者提起行政诉讼的权利。对重大事项，行政管理相对人、利害关系人依法要求听证的，行政机关应当组织听证。行政机关行使自由裁量权的，应当在行政决定中说明理由。而在能源公司纳税争议中，A县农税局在作出影响相对人重大权益的纳税决定之前，没有提供具体的事实和法律依据，没有说明理由，没有听取当事人的陈述和申辩，更未告知当事人依法享有的权利，因而违反了正当程序的基本要求。此外，根据《中华人民共和国行政复议法实施条例》第17条的规定，行政机关作出的具体行政行为对公民、法人或者其他组织的权利、义务可能产生不利影响的，应当告知其申请行政复议的权利、行政复议机关和行政复议申请期限。然而，在本案中，A县农税局并未告知相对人申请行政复议的权利、行政复议机关和行政复议申请期限，因而严重违反法定程序。

可是，即使纳税决定的违法性如此明显，纳税义务人在现行制度框架下依然面临救济上的巨大困难。

三、能源公司维权面临的法律障碍和法理难题

在农税局的系列纳税决定作出之后，能源公司内部就是否应当通过法律途径维护自己的权益引起了诸多争议，其原因在于能源公司作为纳税义务人要维权面临诸多法律障碍和法理难题。

（一）涉税的三个煤矿采煤塌陷湖区土地性质是否属于法律意义上的“耕地”范畴？

亚当·斯密早就说过：“在课税中，每一个人应当缴纳的赋税的确定性是一件极为重要的事情，我相信，从所有国家的经验来看，极大程度的不平等也不及极小程度的不确定的害处那么大。”③ 在能源公司的纳税争议中，由于三个纳税决定所认定的采煤塌陷事实都发生在2007年12月31日之前，即新的《耕地占用税暂行条例》实施之前，而旧的条例对于因采煤而塌陷的湖区是否属于法律意义上的“耕地”并没有明确。这种不确定性不仅使能源公司对于自己是否需要缴纳耕地占用税无法明确，而且也助长了税务部门的专横。

根据1987年的《耕地占用税暂行条例》第2条第2款的规定，用于种植农作物的土地，视为耕地。根据《财政部关于耕地占用税具体政策的规定》第2条的规定，耕地是指种植农作物的土地（包括菜地、园地）。但本案涉税的三个煤矿采煤塌陷区属于湖区，从其本来的公共用途是航道、行洪、水生动植物与生态环境保护以及南水北调而非农业用途上讲，属于江河、湖泊范

③ ［英］亚当·斯密著：《国民财富的原因和性质的研究》（下），杨敬年译，陕西人民出版社2001年版，第895页。

畴，而不属于耕地，就如同公路偶尔被作为农贸市场之用但并非农贸市场一样。从法律上讲，采煤塌陷区附近村民违反《中华人民共和国水法》第37条、第40条，《中华人民共和国河道管理条例》第24条、第37条等的禁止性规定而在微山湖湖区开发的湖田、林地和鱼塘，除了取得水行政主管部门、养殖主管部门等相关主管部门特许的外，都不应当归入1987年的《耕地占用税暂行条例》所要保护的“耕地”，不属于应当征收耕地占用税的“耕地”。“法律解释应取向于法律目的，必须从目的观点加以解释。文义的、历史的及体系的解释均仅是确认法律目的的手段。”④ 尽管1987年的《耕地占用税暂行条例》第2条第2款规定，占用前3年内曾用于种植农作物的土地，亦视为耕地，但是，从该条例的立法目的来看，耕地占用税不是为了财政目的而征收的税，而是为了保护耕地，防止耕地因建设活动而减少，从而将占用耕地产生的外部成本内部化而征收的一种“社会目的税”⑤ 或者诱导性税捐，其指导原则是功绩原则和比例原则。如果A县农税局对于附近村民违反法律法规强制性规定而开发的湖田、林地和鱼塘，也作为这里应受保护的“耕地”而向能源公司征收耕地占用税，则无异于鼓励、纵容村民实施《中华人民共和国水法》第37条、第40条，《中华人民共和国河道管理条例》第24条、第37条等禁止性规定的行为，从而与该条例所要实现的社会公益目的相悖。而且将那些因采煤而减产的湖田、林地和鱼塘视为对耕地的完全占用并征税，已经构成对纳税义务人不利的类推，不仅违反税法类推禁止原则，⑥ 也违反了比例原则。因此，为避免出现违反上位法的结果，A县农税局就不应对

④　陈清秀：《税法总论》，台湾元照出版有限公司2006年版，第146页。

⑤　德国学者Tipke认为，税法可以根据规范的主要目的的不同，区分为财政目的税法、社会目的税法和简化目的税法。转引黄士洲：《限定继承、遗产税协力义务与漏税处罚——“最高行政法院”2005年度判字第826号判决评析》，载台湾行政法学会主编：《行政法院裁判评析》，台湾元照出版有限公司2008年版，第37-138页。

⑥　根据租税法律主义，依法纳税中的所谓“法”并不包括法无明文规定，而类推适用的情况。“税法是否得以类推，在德国判例及学说均有争论，多数之主张课纳税义务人以负担之类推，不许之。”参见葛克昌：《税法基本问题（财政宪法篇）》，月旦出版社股份有限公司1996年版，第28、135页。

受采煤塌陷影响的湖田、林地和鱼塘（属于村民违法开发）征收耕地占用税。

在A县农税局作出的几个纳税决定中，A县农税局并未指出涉税湖区是否因为依法经过水行政主管部门等行政主管部门的特许而成为法律意义上的“耕地”。尤其是在受姚桥煤矿采煤影响的区域中，大部分为自然水面（不是耕地），其余部分用于网箱养鱼，而网箱养鱼依赖的是水面而非土地，根本不属于依附土地并对水流加以封闭的“鱼塘”，因而不属于1987年的《耕地占用税暂行条例》规定必须征收耕地占用税的“耕地”。即使退一步讲，按照2008年1月1日起施行的《耕地占用税暂行条例》第13条和《耕地占用税暂行条例实施细则》第23条的规定，因采煤而损毁养殖水面的，也只是比照临时占用养殖水面的规定缴纳耕地占用税，因而并非严格意义上对“耕地”的占用。

（二）在新条例实施后，A县农税局是否有权继续征收耕地占用税？对其纳税决定不服，应向谁申请复议？

A县农税局是A县财政局的下属部门，尽管依照1987年的《耕地占用税暂行条例》的规定，有权代表财政部门征收耕地占用税。但是，2008年1月1日起开始施行的《耕地占用税暂行条例》第12条已经明确规定“耕地占用税由地方税务机关负责征收”，因此，目前向能源公司征收耕地占用税的合法主体应当是A县地方税务局。在没有法律、法规授权的情况下，按照职权法定原则，A县农税局以自己的名义向能源公司征收耕地占用税，显然侵犯了行政法规授予A县地方税务局的法定职权。

但是，2008年6月13日山东省人民政府鲁政字〔2008〕137号《关于贯彻执行〈中华人民共和国耕地占用税暂行条例〉有关问题的通知》第4条规定：“财政、地方税务部门要积极协商，做好耕地占用税征管职能划转前的准备工作。在省政府确定将耕地占用税征管职能划转地方税务部门前，仍由财政部门负责耕地占用税征收管理工作。”另外，财政部和国家税务总局于2009年联合发出的通知也只是限令各地应当在2009年12月31日前完成耕地占用税征管职能的划转工作。因此，从这些红头文件的规定来看，A 县农税局在 2009 年 12 月 31 日前似乎有权征收耕地占用税。

显然，这里存在着红头文件（具有一定的合理性）架空行政法规的问题。这一问题不仅构成能源公司维权的巨大障碍之一，也使得纳税义务人寻求行政复议救济渠道面临向谁申请行政复议的难题。

对于这一难题，公司内部形成了三种意见：

第一种意见认为，对 A 县财政局所属农税局的纳税决定不服，应当向 A 县人民政府或者上一级财政局申请行政复议。

第二种意见认为，应当向 A 县人民政府申请行政复议。2008 年 1 月 1 日起施行的《耕地占用税暂行条例》第 12 条第 1 款明确规定，耕地占用税由地方税务机关负责征收，因此，A 县地税局属于征收耕地占用税的合格主体，但是根据已经废止的 1987 年《耕地占用税暂行条例》的规定，A 县财政局属于征收耕地占用税的合格主体，在耕地占用税征管职能划转给 A 县地税局之前，依然有权征收耕地占用税，到底谁有权征收耕地占用税涉及行政机关之前的权限争议，因此，依法应当由两者的共同上级行政机关即 A 县人民政府受理行政复议申请。

第三种意见认为，应当向山东省人民政府申请行政复议。根据 1987 年的《耕地占用税暂行条例》第 9 条的规定，财政部门（但并没有使用“地方财政部门”一词）负责对 2007 年 12 月 31 日之前（即新的条例实施之前）发生的耕地占用税实施征收。因此，A 县农税局作出的纳税决定的法律后果就有两种可能的归属：一是接受财政部门委托收取耕地占用税；二是 A 县农税局作出的纳税决定可以视为依照红头文件规定受 A 县地税局委托作出的决定。该决定可以理解为是 A 县财政局和 A 县地税局联合作出的纳税决定。对该决定不服，能源公司有权根据《行政复议法》第 15 条第 1 款第 4 项规定向其共同上级行政机关山东省人民政府申请行政复议，并有权要求审查作为其权限依据的有关红头文件的合法性。

（三）纳税义务是否可以由行为责任人移转到状态责任人?

本案中的能源公司是1999年由某集团公司发起设立并上市，同时根据协议承受了集团公司的部分民事权利义务，包括对原来由集团公司开采的煤矿进行使用和管理的义务，但是，就在此之前因集团公司采煤而塌陷的湖区而言，耕地占用税的缴纳义务人是否可以变更为能源公司，不无疑问。因为按照日本学者关于纳税义务成立时间一般采用法律确定的课税要件成立时说，[⑦]只要开采活动致湖区塌陷的事实成立，开采人集团公司的抽象纳税义务就告成立，那么，为什么集团公司的抽象纳税义务最后变成了能源公司的具体纳税义务呢?

如果从行政法上防止损害的角度上讲，不仅行为责任人即集团公司负有避免因其采煤活动而导致湖区塌陷的义务，而且状态责任人即在民事上对已经开采过的矿井享有所有权或者使用权的单位（如本案中的能源公司）也有防止湖区塌陷的义务。从保护受害人的角度上讲，对于1999年能源公司成立之后发生的湖区塌陷事实，集团公司和能源公司就应依法承担相应的连带法律责任，如民事赔偿责任和行政处罚责任，但是，除了能源公司成立时的相关合同已经约定由能源公司承受集团公司纳税义务之外，作为状态责任人的能源公司的行政法义务并不当然包括对早已经发生的损害事实（即1999年之前的湖区塌陷事实）承担本应由行为责任人即集团公司承担的耕地占用税纳税义务，因为直接从采煤中获得利益的行为责任人集团公司相比状态责任人能源公司而言毕竟是最大的受益者，按照获利原则[⑧]和权利义务一致的基本法理，也应由行为责任人集团公司对1999年之前发生的湖区塌陷事实承担耕地占用税缴纳义务。

---

⑦ 参见刘剑文：《财税法学研究述评》，高等教育出版社2004年版，第250页。

⑧ 税法上的获利原则是指要将征税权扩张到第三人，必须是国家税收权益遭受损失的原因恰好是因为第三人的获利。参见翟继光、张晓东：《征税权扩张与第三人财产权的保护》，载《河北法学》2008年第12期。

（四）对2007年12月31日之前的耕地占用税的征收，是否应依照《税收征收管理法》的规定执行？

对2007年12月31日之前的耕地占用税实施征收，按照1987年的《耕地占用税暂行条例》第12条的规定，纳税人同财政机关在纳税或者违章处理问题上发生争议时，必须首先按照财政机关的决定缴纳税款和滞纳金，然后在10日内向上级财政机关申请复议。上级财政机关应当在接到申诉人的申请之日起30日内作出答复。申诉人对答复不服的，可以在接到答复之日起30日内向人民法院起诉。而根据《税收征收管理法》第2条、[9] 第14条[10]和《税收征收管理法实施细则》第9条[11]的规定，财政部门征收耕地占用税不适用《税收征收管理法》的规定，但是依照纳税决定作出之时的《耕地占用税暂行条例》（2008年1月1日起施行）第15条[12]的规定，耕地占用税的征收管理应当适用《税收征收管理法》的规定。对于这一问题又形成了以下几种意见：（1）由于随着社会的进步，立法规定的程序会越来越科学，因此，按照实体从旧、程序从新的原则，主张适用《税收征收管理法》规定的程序。实体从旧、程序从新的原则，有两方面的含义：一是实体具备溯及力，新税法与旧税法的界限仍是新税法的实施日期，在此之前发生的纳税义务，当时有效的旧税法仍具支配力；二是程序税法在特定条件下具备一定的溯及力，即对于一项新税法公布实施以前发生的纳税义务在新税法公布实施以后进入税款征收程序的，原则上新税法具有约束力。（2）主张适用旧的《耕地占用税暂行条例》第12条的规定，理由是新的《耕地占用税暂行条例》第15条的规定仅仅指的是地方税务机关征收耕地占用税必须适用《税收征收管理法》的规

---

[9] 凡依法由税务机关征收的各种税收的征收管理，均适用本法。

[10] 本法所称税务机关是指各级税务局、税务分局、税务所和按照国务院规定设立的并向社会公告的税务机构。

[11] 《税收征收管理法》第14条所称按照国务院规定设立的并向社会公告的税务机构，是指省以下税务局的稽查局。

[12] 耕地占用税的征收管理，依照《中华人民共和国税收征收管理法》和本条例有关规定执行。

定，而本案纳税决定是由财政机关作出而非地方税务机关作出。（3）主张在程序适用上也应遵循有利于纳税义务人的原则，适用对纳税义务人有利的程序。由于《税收征收管理法》规定的程序与旧的《耕地占用税暂行条例》第12条以及有关《行政复议法》的规定进行比较，哪样的程序对纳税义务人更有利难以判断，因此，应由纳税义务人选择。在本案中，纳税义务人因为已经缴纳税款，因而可以选择根据旧的《耕地占用税暂行条例》第12条的规定，自缴纳税款之日起10日内，向上级财政部门申请行政复议，这对能源公司更为有利。

（五）如果对2007年之前的耕地占用税的征收，应依照《税收征收管理法》的规定执行，那么，通过提供纳税担保以解除对申请复议权利的限制是行政机关的权力还是纳税人的权利？

在针对能源公司下属孔庄煤矿的纳税决定案中，能源公司于2009年12月21日向农税局提供保证担保，即由某集团公司以4.4亿元净资产为能源公司3574万元耕地占用税及其滞纳金提供纳税担保，2009年12月28日，农税局复函能源公司孔庄煤矿，认为该保证担保书不符合国家税务总局《纳税担保试行办法》的有关规定，不同意纳税担保，要求按期纳税。2010年2月1日，能源公司向A县农税局递交《纳税担保书》及银行承兑汇票7张，计3669万元，但A县农税局拒绝接收。后能源公司以邮寄方式提供银行汇票质押担保，依然遭到拒绝。问题是，在此情况下，是否意味着能源公司只有缴清税款之后，才能申请行政复议；如果在法律规定的60天复议申请期限内无力缴清税款，是否意味着能源公司就丧失了申请行政复议的权利？

根据《税收征收管理法》第88条的规定，纳税人同税务机关在纳税上发生争议时，必须先依照税务机关的纳税决定缴纳税款及滞纳金或者提供相应的担保，然后才可以依法申请行政复议。而《税收征收管理法实施细则》则明确要求纳税义务人提供的担保必须得到税务机关的同意或者认可，才能解除对其申请行政复议权利的限制。2010年4月1日起施行的《税务行政复议规则》第33条第2款进一步规定，纳税义务人对纳税决定不服申请行政复议，必须是纳税义务人所提供的担保得到了作出具体行政行为的税务机关的确认。因此，国家税务总局认为通过提供纳税担保来解除对纳税义务人申请行政复议权的限制，决定权属于税务机关。但是，能源公司认为，《税收征收管理法》第88条规定的真正含义是指纳税人有权在缴纳税款或者提供相应的担保中选择一种方式，以保障纳税人申请行政复议权利的顺利行使。其具体理由是，如果税务机关向纳税人作出了缴纳巨额税款（如10亿元）的决定，而纳税人又无力在60天内缴清，税务机关又拒不接受任何形式的担保或者对纳税人提供的担保处处予以刁难（即不予确认），那么纳税人就没有任何救济途径而只能等着破产了。显然，这并非《税收征收管理法》第88条的本意。如果纳税人必须经过行政许可才能解除对申请行政复议权利的限制，那就意味着纳税人依照宪法规定享有的申诉与控告权就将被变相剥夺，因而与宪法保障公民权利救济权的规定不符。因此，能源公司认为，通过提供纳税担保以解除对申请复议权利的限制是纳税人的权利，而非行政机关的权力。只要纳税人依法提供了与缴纳税款相对应的担保（不管征税机关是否同意），纳税人就有权在提供相应担保之日起60天内申请行政复议。⑬ 至于所提供的担保要达到什么样的要求才能认定已经提供相应的担保，应当由法律或者行政法规作出具体规定。

事实上，《税收征收管理法实施细则》第61条也明确规定了纳税担保的方式和方法。某集团公司曾经以4.4亿元净资产为能源公司提供纳税担保，以及能源公司后来以承兑汇票作为纳税担保均符合法律和行政法规的规定，A县农税局适用国家税务总局《纳税担保试行办法》的规定不同意纳税

---

⑬ 根据目前各地法院作出的判决，大部分法院都认为申请行政复议的60天期限的起算日都是纳税决定书送达纳税义务人之日，而不考虑因为不可抗力等正等理由耽误法定期限时申请行政复议期限从障碍消除之日起计算的问题。笔者认为，起算点本来是知道该具体行政行为之日，但因为《税收征收管理法》第88条的规定，纳税人并不能立即申请行政复议，而必须先缴纳税款（往往没有能力在规定期限内缴纳），属于因正当理由耽误法定申请期限的情况，因而应自纳税人缴清税款或提供有效担保之日起计算60天内申请行政复议。

担保，侵犯了《税收征收管理法》赋予纳税人在提供纳税担保后就可以申请行政复议的权利，属于适用法律法规错误。

（六）未告知行政复议权利情况下的复议申请期限计算问题

由于能源公司下属徐庄煤矿有关人员拒收农税局下达的纳税决定书，致使能源公司一直不知道纳税决定的内容。直到农税局申请法院强制执行，并在法院举行执行听证时，能源公司才知道纳税决定的内容。由于农税局一直没有告知能源公司有关纳税决定的事实、理由和依据，以及能源公司依法享有的权利，尤其是行政复议权利，因此，在法院于2009年11月30日强制执行该纳税决定之前，能源公司并未申请行政复议。等到能源公司于2010年1月29日向复议机关申请行政复议时，已经面临申请行政复议的60天法定期限是否已届满的争议。

按照《税收征收管理法》第88条的规定，由于能源公司在法院强制执行之前，一直没有执行该纳税决定，能源公司也未缴纳税款或提供相应的担保，因而能源公司不得申请行政复议，而根据《行政复议法》第9条的规定，行政复议申请期限自知道具体行政行为之日起计算为60日。显然，法院作出的强制执行纳税决定的裁定就是基于能源公司未在法定期限内申请行政复议或者提起行政诉讼的考虑。能源公司也确实未在知道具体行政行为之日起60日内申请行政复议。

然而，能源公司内部一直有一种意见认为，A县农税局作出该纳税决定时，既没有提供事实和法律依据，没有说明理由，没有听取当事人的陈述和申辩，更未依法告知当事人申请行政复议的权利、行政复议机关和行政复议申请期限，因此，按照《行政复议法实施条例》第17条、第15条第1款第5项以及《行政复议法》第9条第2款的规定，因A县农税局未依法告知纳税义务人申请行政复议的权利、行政复议机关和行政复议申请期限等事项，致使纳税义务人耽误法定期限的，应当属于法律规定的耽误法定申请期限的“正当理由”，因而应自纳税义务人知道申请行政复议的权利、行政复议机关和行政复议申请期限之日起计算复议申请期限。

四、平衡财产权与征税权的法律对策

“自由带来过多的赋税，但是，过分的赋税带来的则是奴役，引起赋税的减少。”⑭ 这句话充分表明了对征税权施加限制的必要性。能源公司所碰到的纳税争议足以说明，授予政府的任何权力，都有可能在某些地方、某些场合，以不同于公民在“无知之幕”中所规定和期待的方式得到行使。如果不能从宪法和法律层面对征税权施加足够的限制，那么公民的财产权就将面临严重的威胁，公民财产权与行政机关征税权之间的博弈就无异于“鸡蛋碰石头”。穆勒曾经说过：“政府的利益在于课以重税，共同体的利益在于尽可能少纳税，少到只能维持政府的必需开支。”⑮ 政府与共同体的利益之间往往存在冲突。为实现财产权和征税权之间的平衡，避免国家过度掠夺老百姓的财富，防止征税权蜕变为毁灭一切的权力，就应当从以下几个方面解决纳税义务人维权所面临的障碍：

1. 确立税收法律保留原则，加强税收立法对征税权的控制。我国早有学者指出，我国税收行政立法权面临法律依据不明、有明显越权立法嫌疑、依特别授权进行的行政立法违反授权决定的要求等合法性危机，因而主张按照税收法定原则的要求，建立以最高权力机关的税收立法为主、以行政机关的税收立法为辅的税收立法新格局。⑯ 税收法定原则应当指的是，没有法律依据，国家就不能课赋和征税，国民也不得被要求缴纳税款，而国家税收所依据的法律应限于“人民行使权力的议会制定的法律或议会授权制定的法规”。⑰

---

⑭ ［法］孟德斯鸠著：《论法的精神》（上），孙立坚、孙丕强、樊瑞庆译，山西人民出版社2001年版，第255页。

⑮ 转引［澳］布伦南、［美］布坎南著：《宪政经济学》，冯克利、秋风、王代、魏志美等译，中国社会科学出版社2004年版，第1页。

⑯ 袁明圣：《我国税收行政立法权的合法性危机及其出路》，载《法商研究》2010年第1期。

⑰ 张守文：《论税收法定主义》，载《法学研究》1996年第6期。

这实质上就是税收法律保留原则。既然宪法规定了公民负有依法纳税义务，并成为对公民财产权的当然限制，那么按照基本权利法律保留原则，征税权就应由公民的代议机关掌握，有关征税的范围、客体、税目、税基和税率等，就应以全国人大及其常委会制定的法律作为依据，而非国务院行政法规（《耕地占用税暂行条例》甚至没有取得任何授权，[18] 事实上也未在第1条指明法律依据）作为依据，更不能由国务院授权财政部、国家税务总局甚至省一级人民政府来规定。同样，考虑到法律解释机关完全可以通过对法律的解释来达到修改法律的目的，因此，对税法的解释权也应由全国人大常委会行使，而不得将其授权给行政机关。非常庆幸的是，全国人大于2015年3月修订的《立法法》明确规定，“税种的设立、税率的确定和税收征收管理等税收基本制度”只能由法律规定。这是对税收法律保留原则的法律表述。本案纳税义务人面临的困境足以说明，国务院违反法律保留原则制定《耕地占用税暂行条例》以及由税务主管部门和财政部门对相关条款进行解释，必然对公民财产权带来严重威胁。

2. 明确纳税义务是否可以通过概括继受（如作为纳税义务人的自然人死亡或公司合并或者分立）或个别继受（如买卖、赠与、转让）而由民事权利的继受人继受。从行政法上讲，纳税义务是否可以继受，应取决于其是否属于高度属人性义务。[19] 就一般情况而言，大多数纳税义务并非高度属人性义

[18] 尽管全国人大常委会于1984年9月18日通过了《关于授权国务院改革工商税制发布有关税收条例草案试行的决定》，在该决定中授权国务院在实施国营企业利改税和改革工商税制的过程中制定有关税收条例并以草案形式发布试行，但是1987年的《耕地占用税暂行条例》并无“草案”字样，就内容看也显然不在授权立法的范围之内。因此，尽管耕地占用税的开征具有正当性，但目前它依然属于国务院擅自开征的税种。即使2001年5月1日起施行的《税收征收管理法》第90条授权国务院制定耕地占用税征收管理的具体办法，国务院也无权就耕地占用税的征收范围、标准等作出规定，而只能就如何征收耕地占用税作出程序性的规定。事实上，2008年1月1日起施行的新的《耕地占用税暂行条例》，同样没有指出其制定的法律依据，就是很好的例证。

[19] 高度属人性义务与义务人的人格紧密结合，不能脱离该义务人而单独存在，因而不具有可继受性，不得为继承、让与或代为履行的标的。例如，因违规行为而被课予的罚款缴纳义务，就属于高度属人性义务，不得为继受的标的。参见蔡宗珍：《公法上无主义务之强制执行？——评司法院大法官释字第621号解释》，载《中研院法学期刊》2008年第2期。

务，因而可以由民事权利继受人继受。不过类似本案中将采煤塌陷地视为对耕地的占用而征收耕地占用税，其义务人应为行为责任人，此时的纳税义务具有某种程度上的属人性，要将其从行为责任人转移给状态责任人，应有法律的明确规定作为依据。

3. 对《税收征收管理法》第64条第2款关于“纳税人不进行纳税申报，不缴或者少缴应纳税款的，由税务机关追缴其不缴或者少缴的税款、滞纳金，并处不缴或者少缴的税款百分之五十以上五倍以下的罚款”的规定进行修改，使处罚幅度压缩为“并处不缴或者少缴的税款百分之五十以上一倍以下的罚款”。该条规定的罚款在性质上并非执行罚而是行政处罚，因为该罚款是在追缴未纳税款的同时采取的措施，而非为了迫使纳税义务人缴纳税款而采取的措施。该条规定的法律责任与该法第63条有关偷税行为的法律责任完全相同，实际上是将未进行纳税申报的行为等同于偷税，而纳税申报义务的规定仅仅为的是税收征收机关的程序便利，与实体事项无涉，第64条规定却为了维护此种程序利益的目的，而采取了近乎没收财产的手段，手段与目的之间显然不符合比例，因而违反了《行政处罚法》规定的过罚相当原则，并有借违章行为的制裁反客为主地接管纳税义务人辛苦积累的绝大部分财产之嫌。如果将这样的罚款与执行罚比较，我们就可以看到这种规定的不合理性。我国《行政处罚法》对于不按期缴纳罚款的，只能按日加处3%的罚款，而根据《行政强制法》的规定，执行罚的实施时间超过30日，当事人仍不履行的，行政机关就必须采取直接强制执行措施。尽管“纳税人不进行纳税申报，不缴或者少缴应纳税款”的行为与不缴纳罚款的行为在社会危害性上具有类似性，但是，《税收征收管理法》第64条规定的罚款幅度却达到了欠缴税款的0.5倍到5倍，这样大的处罚幅度给了税务部门滥用裁量权的广阔空间，因而不具有任何正当性。例如，在能源公司孔庄案中，能源公司于2010年2月22日向农税局缴纳206万元税款的当日，农税局就以能源公司逾期缴纳税款为由，依该法第64条规定作出了处欠缴206万元税款4倍计825万元的处罚决定，显然背离过罚相当原则。因此，建议将《税收征收管理法》

第64条规定的处罚幅度修改为："并处不缴或者少缴的税款百分之五十以上一倍以下的罚款。"

4. 修改《税收征收管理法》第88条的规定，取消对纳税义务人申请行政复议权利的限制，代之以加处一定数额罚款或者提供担保的方式来保障纳税决定的执行。除了我国之外，目前还没有发现世界上有哪个国家明确规定不先缴税就不能申请行政复议的。从我国《宪法》对公民控告、申诉权利的保障来看，国家为了公共利益的需要，可以对公民的控告、申诉权利包括申请行政复议权利施加适当限制，但是不得剥夺公民的这些宪法权利。然而，《税收征收管理法》第88条对纳税义务人申请行政复议权利的限制实质上达到剥夺了公民申诉权利的后果（根据大多数法院的做法来看）。例如，税务机关在没有任何理由的情况下就向纳税义务人作出要求缴纳10亿元税款的决定，但因为纳税义务人无力缴纳，也无法提供相应的担保，自然也就无法申请行政复议，那么等到申请行政复议的60天期限届满后，纳税义务人就没有任何救济途径而只能等着破产了。这正好验证了学者们所说的由这一条文引发的悖论："税务机关侵权越严重，越不容易被制裁；纳税主体被侵害得越严重，越不易获得救济。"[20] 显然，《税收征收管理法》第88条的规定违反了宪法关于保障公民申诉、控告权的规定，应当予以废止。如果用比例原则来衡量，在纳税决定作出之后，以加处一定数额罚款或者提供相应担保的方式，或者采取其他强制执行措施，就足以保障应缴纳国家的税款得到及时、足额征收，就没有必要对纳税义务人的救济权利施加限制。

5. 修改我国法律有关纳税争议管辖的规定，以摆脱地方保护主义。本案纳税义务人面临的维权困境表明，地方税务部门所征收的耕地占用税属于地方税，归地方财政所有，因此，地方税务部门所代表的是地方政府的利益，一旦发生纳税争议，由地方政府负责处理或者由基层人民法院来处理，都不具有公正处理争议所需要的中立性，尤其是在纳税义务人属于外地

---

[20] 傅红伟：《税务行政诉讼若干问题初探》，载《行政法学研究》1999年第2期。

企业和人员时，很容易出现地方保护主义的做法。能源公司与农税局之间纳税争议在处理过程中碰到的地方保护问题就是典型例子。因此，建议修改我国的《行政复议法》与《行政诉讼法》，规定纳税义务人在对地方税务部门的纳税决定不服申请行政复议或者提起行政诉讼时，有权要求有关国家机关实行异地管辖。

6. 参照最高人民法院《关于执行〈中华人民共和国行政诉讼法〉若干问题的解释》第41条的规定，修改《行政复议法》第9条第2款，明确规定："……因不可抗力或者因行政机关未依法告知行政相对人申请行政复议的权利或者申请复议的期限等正当理由而耽误法定申请期限的，申请期限自障碍消除之日起继续计算。"

五、结语

国家让人受益，也对人形成威胁。现在它是"朋友"，然而通常它便是"敌人"。[21] 因为它是一个抽象物，所以许许多多的机构和人总是以它的名义，或让人们变得更加富裕，或使人们遭到监禁，使人们的财产遭到剥夺……也正因如此，"对政府的行为应该给予严格的界定、限制和约束，其行为不应有丝毫的随心所欲或反复无常。它应该像一个客观公正的机器人，以法律作为其唯一的动力或发动机"。[22] 显然，在农税局与能源公司高达9000余万元的纳税纠纷中，农税局作为政府的代表者，并未能做到这一点。尽管其随心所欲作出的纳税决定已经破坏了能源公司广大投资者的正当预期，在事实认定、法律适用与行政程序上明显违法，且能源公司为了确保自己申请行政复议的权利不受限制，已在2010年2月全部按农税局的决定缴纳了8100余

㉑ ［英］帕特里克·邓利维、布伦登·奥利里著：《国家理论：自由民主的政治学》，欧阳景根、尹冬华、孙云竹译，浙江人民出版社2007年版，第1页。

㉒ ［美］詹姆斯·L. 多蒂、德威特·R. 李著：《市场经济大师们的思考》，林季红等译，江苏人民出版社2000年版，第270页。

万元的耕地占用税，但是，2010年3月9日，在有关部门领导协调下，能源公司与农税局迅速达成以下初步协议：已经缴纳的税款不再退还，没有缴纳的税款、滞纳金和罚款大约1000万元也不再缴纳。能源公司有关领导的主要考虑是："打了官司伤了感情，即使赢了还得给。"而农税局愿意与能源公司达成协议，并非出于对课税事实进行调查的成本太高或者法律对塌陷湖面是否应征耕地占用税不明这一情况的考虑，而是因为纳税决定明显违法。从税收法定主义原则来看，此种调解协议并不具有适法性。由此案可以看出，在中国当前的制度背景下，要实现财产权与征收权之间的平衡，还有很长的路要走！

论“举轻以明重”在行政处罚中的应用*

柳砚涛**

一、问题的提出

事例一：我国《道路交通安全法》第91条、《机动车驾驶证申领和使用规定》第12条和第67条等规定已把“酒驾”“醉驾”和“毒驾”纳入处罚范围，但对“药驾”① 的处罚仍属法律空白。

传统理论认为，处罚法定寓意“法无明文规定不处罚”，据此，在立法机关对“药驾”的当罚性作出明文规定之前，不能施以处罚。但从药理学角度看，有些药物服用后会导致视力、听力减退、注意力分散，甚至不能正确分辨交通标志，极易导致判断失误、酿成惨剧，因而“药驾”对交通秩序及公共安全的危险性、危害性甚于“酒驾”和“毒驾”，更应受到法律制裁。那么，能否引入举轻以明重原理，依据“酒驾”“醉驾”“毒驾”的处罚规定对“药驾”进行处罚?

事例二：2006年1月至11月间，周某明利用在短时间内“频繁申报和撤销申报”手段操纵“大同煤业”等15只股票价格，严重扰乱证券市场秩序。

---

* 本文原发表于《政治与法律》2015年第8期。

** 柳砚涛，山东大学法学院教授，博士研究生导师，法学博士。

① 这里所说的“药”指的是感冒药、止疼药等非受国家管制的常用药，非《道路交通安全法》第22条所规定的“国家管制的精神药品或者麻醉药品”，后者实质上属于“毒驾”的范围。

2007年12月17日，证监会以《证券法》第77条的兜底条款（“以其他手段操纵证券市场”）为依据，对其进行处罚。②

因“频繁申报和撤销申报”不在《证券法》第77条明文列举的“联合买卖”或“连续买卖”“相对委托”以及“洗售”三类当罚行为之列，按当下通说，若证监会仅依据笼统的兜底条款作出处罚，会违背处罚法定原则之明确性要求。但是，该行为不需投入任何真金白银，弹指之间就能操纵股票价格，时间短、风险小、收效大，对证券市场秩序及股民财产安全的危害性甚于“示例性列举”的当罚行为。那么，在缺少针对兜底条款的立法解释的情况下，执法人员能否应用举轻以明重原理直接依据兜底条款作出处罚？

上述两个事例共同指向一个命题：执法机关能否在缺乏针对性立法和法律解释的情况下，应用举轻以明重原理判断行为的当罚性。该命题的研究价值在于：

第一，法治时代是一个讲究理性与逻辑、重视法律方法的时代，“从法哲学、法学理论和法社会学发展一般的注释理论从而为行政执法和行政审判提供方法”，③ 已经成为行政法学研究的前沿性课题。同时，随着实质法治理念不断拓展，以“理念法”为代表的不成文法源在行政法领域的价值也日渐凸显，将兼具法律方法与“理念法”性质的举轻以明重作为处罚法定原则的必要补充，在实践层面便于确保当罚标准的适度开放性和包容性，在理论层面有利于以法律方法来“激活”传统行政法学理论体系。

第二，行政实践中确有不少与前述事例相类似的理论问题急需学界解答：受制于处罚法定原则，面对违法性、危害性更重、但法无明文规定当罚的行为，执法人员是否只能感叹行为人的“幸运”和“条文法”的无奈而无所作为？法律解释机关“延展”当罚行为的兜底条款应遵循何种理性标准？如何

② 参见“周建明操纵市场案”，载 http://www.cs.com.cn/rx/03/200903/t20090311_1785801.htm，最后访问日期：2015年3月24日。

③ ［德］汉斯·J. 沃尔夫、奥托·巴霍夫、罗尔夫·施托贝尔著：《行政法》（第1卷），高家伟译，商务印书馆2002年版，第312页。

确保兜底条款的“延展”行为与“示例性列举”相一致？针对新型案件，执法人员可否直接“举轻以明重”，而无须等待立法或法律解释？

第三，举轻以明重在民法、刑法等其他部门法中已有相应角色定位，④ 行政法理论对此尚无只言片语，实践层面也少有敢于“第一个吃螃蟹”的个案，面对其在行政处分、处罚、救助、奖励等广泛的适用空间，我们不能不感叹当下行政法学者理论与制度体系的滞后。

据此，笔者试图将“举轻以明重”引入行政处罚，旨在解决法无明文及兜底条款情况下违法行为的当罚性问题。

二、必要性及应用场合分析

举轻以明重意指在法无明文规定、但待决行为比法定当罚行为的违法性、危害性更重时，依据“以小推大”的逻辑对待决行为进行处罚。该原理最初作为刑法“入罪”的条件，早在虞舜时代就有记载，《尚书·舜点》载明：“宥过无大，刑故无小。”⑤ 及至唐代，该原理得以发扬光大，《唐六典》卷六《尚书刑部·刑部郎中》规定：“若正条不见者，其可出者，则举重以明轻；其可入者，则举轻以明重。”⑥ 在《唐律疏议》中也有多处记载，如《名例律·断罪无正条》总第50条规定：“诸断罪而无正条，其应出罪者，则举重以明轻；其应入罪者，则举轻以明重。”⑦ 该条疏议对“已杀”“已伤”期亲

---

④ 民法中的主要论述可参见：王利明：《法学方法论》，中国人民大学出版社2011年版，第351-357页；王泽鉴：《王泽鉴民法学说与判例研究（8）》，中国政法大学出版社2009年版，第14-15页；梁慧星：《论法律解释方法》，载《比较法研究》1993年第1期。刑法中的主要论述可参见：张明楷：《刑法学中的当然解释》，载《现代法学》2012年第4期；陈兴良：《罪刑法定主义》，中国法制出版社2010年版，第14-16页；欧阳竹筠、杨方泉：《刑法当然解释论》，载《中国刑事法杂志》2005年第3期。

⑤ 该句话的含义是“不罚取法重的明文，处罚取法轻的明文”。参见蔡枢衡：《中国刑法史》，广西人民出版社1983年版，第132页。

⑥ 《唐六典》卷六《尚书刑部·刑部郎中》总第107条。

⑦ 《唐律疏义》卷六《名例律·断罪无正条》总第50条。

尊长等是否当斩问题规定："无已杀、已伤之文，如有杀、伤者，举始谋是轻，尚得死罪，杀及谋而已伤是重，明从皆斩之坐。"⑧《名例律·十恶》总第6条疏议对子孙"厌魅"父祖是否属十恶之罪的问题规定："厌、诅虽复同文，理乃诅轻厌重。""然祝诅是轻，尚入'不孝'；明知厌魅是重，理入此条。"⑨

举轻以明重的价值并未随时代的变迁而泯灭，现代法治背景下，该原理对于处理"法无明文"的疑难案件和兜底规定的阐释仍具重要的法律价值。⑩

（一）顺应"条文法"向"理念法"转变

2004年最高人民法院发布的《关于审理行政案件适用法律规范问题的座谈会纪要》规定，人民法院在解释和适用法律时，"既要严格适用法律规定和维护法律规定的严肃性，确保法律适用的确定性、统一性和连续性"，又要"避免刻板僵化的理解和适用法律条文"。无论执法抑或司法，均不能机械地执行法律条文，而应透过条文的字里行间探寻和执行法的精神、理念、价值、目的，使机械的法律条文在法律方法的冲击与调和下真正演变成"活的法"，使法的"明文"不仅仅是"法"，更应成为"法源"。相应地，执法、司法人员亦不再是"一个把既定的法律条文安放在一定的案件事实上的机械工具"⑪，而是变成一个以全面法律知识和良好法律素养为基础的法的精神、理念与理性的领悟者和实践者。以曾一度引起社会轰动的"闯黄灯被罚案"为例，法院根据"黄灯亮时，车辆已经通过停车线的可以继续通行"的法律规定，应用法律目的、反向推论、利益衡量等"理念法"，得出"黄灯亮

---

⑧ 《唐律疏义》卷六《名例律·断罪无正条》总第50条疏议。

⑨ 《唐律疏议》卷二《名例律·十恶》总第6条疏议。

⑩ 在民事审判中适用最多，如在"董明平、张光清与朱纯华确认合同无效纠纷案件"中，法院明确指出，根据举轻以明重，法律规定合伙人未经其他合伙人同意，以其在合伙企业的财产份额"出质"的行为无效，则未经其他合伙人同意"转让"其出资份额的行为更无效。参见安徽省宣城市中级法院（2014）宣中民二终字第00051号判决书。

⑪ 马怀德主编：《行政诉讼原理》，法律出版社2003年版，第397页。

时，车辆还没越过停车线的不能继续通行”[⑫] 的结论，使闯黄灯这种危险驾驶行为得以处罚，并受到社会的广泛认同。

将“举轻以明重”原理引入行政处罚，是“盘活”机械、有限的“条文法”，应对“理念法”转向的必要举措，这主要体现在“举轻以明重”的两种存在样态上：

第一，从静态上看，“举轻以明重”是一种共识性的法理，符合事物本质或普遍的正义观念，具有“理念法”的普适性、客观性、稳定性和持续性的特点，当属行政法的不成文法源。将其以法源的形式引入行政处罚，能在“条文法”之外为执法或司法提供一种可资利用的规范依据，以增强处罚的灵活性和适应性，诚如学者所言，“当正式渊源完全不能为案件的解决提供审判规则时，依赖非正式渊源也就理所当然成为一种强制性的途径”。[⑬]

第二，从动态上看，举轻以明重是在规范与事实之间找寻实质契合性的法律适用方法，从立法本意或实质精神方面来解读法律规范，运用“合法性”而非“合法律性”的思维来审视待决事实，[⑭] 以“轻重相举”的当然之理在待决事实与规范条文之间架起桥梁，最终求得处罚结果的“合法性”和“可接受性”，这完全符合“理念法”的规制方式和价值目标。

（二）推动立法性解释向具体适用解释转变

法律解释是对法律进行理解、阐释和适用的能动整合过程，必须遵循亲临性原则，只有将法律解释与具体案件的处理相结合，才能保证过程的有序性和结论的正当性。我国当下行政法解释是一种立法性解释，无论是行政解

---

⑫ 参见浙江省嘉兴市中级人民法院（2012）浙嘉行终字第15号判决书。

⑬ ［美］E. 博登海默：《法理学：法律哲学与法律方法》，邓正来译，中国政法大学出版社1999年版，第415页。

⑭ 这里的“合法性”强调公权力的行使要受具有普遍共识的法治精神、原则、理念和要求的约束，是一种经验主义倾向；“合法律性”强调公权力的行使要符合既定的法律规范本身，是一种规范主义倾向。参见韩春晖：《论法治思维》，载《行政法学研究》2013年第3期。笔者认为，作为“合法性”基准的还应包括法的价值、目的、原理、方法、规则等。

释还是司法解释，主要由有解释权的机关颁布统一的解释文件或政策，执法人员或法官无权具体解释法律。这种“适用者不解释，解释者不适用”的模式无法保证解释的灵活性、针对性和及时性，进而使法律对实践的指导、监督或矫正功能大打折扣。

“举轻以明重”是打破行政法解释“立法性垄断”的依据和方法。在“法无明文”时，只要待决事项与法定事项呈现轻重相举关系，具体执法人员就有权依据举轻以明重直接实施处罚而无须等待有权机关的立法解释。这实质上是对具体执法人员法律解释权的承认，使行政法适用权与解释权有效对接，增加执法过程的能动性和灵活性。

（三）弥补“开放的处罚漏洞”，提高处罚应对性

“条文法”的有限性和僵化性弊端以及对处罚法定的机械性、偏执性理解会导致“开放的处罚漏洞”，致使一些违法性、危害性更严重的行为因“法无明文”而逃脱处罚。

“运用法律的价值推导工具，可以在法律对具体案件未规定或无明文规定，以及实在法明确规定或规则不能涵盖具体案件，存在法律‘缺乏’或‘漏洞’时，消除其‘缺乏’或‘漏洞’，为具体案件建立起裁判大前提。”⑮作为一种价值推导工具，“举轻以明重”能弥补法律缺位，克服“处罚不能”的现实困境。如在英国有这样一个案例：根据英国1920年《官方秘密法》第3节的规定，任何人不得在军事“禁区附近”从事阻碍公务人员维护国家安全的活动。在阿德勒诉乔治案中，George因在“禁区内”（皇家空军基地）参加抗议活动阻碍哨兵值勤，而被治安法官依据上述规定认定其应被罚。“禁区附近”的字面含义仅指“禁区外围”，不包括“禁区内”，但“禁区内”较之于“禁区附近”的活动在危害性、违法性等方面更重，更能阻碍国家公务，如不对其处罚，会影响法律的平等性、权威性和正义维系功能。

---

⑮ 王洪：《司法判决与法律推理》，时事出版社2002年版，第110页。

我国当下处罚实践急需引入举轻以明重来解决类似问题，有案为证：2006年证监会以未及时披露公司的诉讼和仲裁事项为由，根据2004年修正的《证券法》第177条对深圳和光商务公司作出处罚，但这里的未披露事项属于“上市公司”应披露的“持续信息”，非本条规定的“发行人”应披露的“发行信息”，[16] 按处罚法定原则，证监会不能援引本法条对“上市公司”进行处罚。[17]“举轻以明重”有助于摆脱本案中处罚“对象不能”的窘境，因有资格在证券市场上公开交易的“上市公司”的影响力远大于还处于募集设立阶段的“发行人”，前者不遵守披露义务对证券市场秩序造成的破坏甚于后者。加之，“持续信息”较之于“发行信息”，直接关乎股东的利益，更需要被披露和监督，既然第177条规定证券“发行人”当罚，则“上市公司”更应受罚。

（四）弥补“隐藏的处罚漏洞”，克服处罚随意性

为确保处罚条款的周延性和灵活性，法律常以“等”或“其他”等词语来“延展”“衍生”当罚行为，但这些词语在词义上的概括性和模糊性会使一些立法原意并不涵盖的行为被纳入当罚范围，如果没有理性标准加以约束，执法人员就会借此扩张处罚权，导致“隐藏的处罚漏洞”。例如，已废止的《投机倒把行政处罚暂行条例》第3条第2款笼统地将“其他扰乱社会主义经济秩序的投机倒把行为”交由“省级以上工商行政管理机关根据国家法规和政策认定”，这就等于给解释机关一个“空白授权”，难以确保由兜底条款“延展”“衍生”的行为与“示例性列举”行为在当罚标准上保持一致，公民也会因兜底条款解释的随意性而时刻面临“动辄受罚”的风险。

“举轻以明重”可为兜底条款的“延展”范围“立界”，其以示例性列举

---

[16] 对于采取募集方式设立的公司而言，因在证券发行阶段公司还未正式成立，更未上市，故“发行人”不能包含“上市公司”。正基于此，2005年修订的《证券法》第193条对该罚则条款进行修改，在“发行人”后单独增加了“上市公司”，但按照法不溯及既往原则，本案只能适用原《证券法》。

[17] 参见刘井玉：《隐性法律规范冲突的解决》，载《人民司法》2009年第10期。

之“轻”，明兜底内容之“重”，“当且仅当”待决行为重于“示例性列举”行为时，执法人员才有权直接依据兜底条款施以处罚，进而防范行政机关巧借字义的宽泛性滥施处罚。例如，根据《道路交通安全违法行为记分分值》第4条第2款的规定，驾驶机动车有拨打、接听手持电话等妨碍安全驾驶的行为的，应一次记2分。如果驾驶员在驱车过程中“利用手持电话玩游戏”，这更能分散驾驶员精力和妨碍安全驾驶，交管部门完全可以依据“举轻以明重”将该行为“装入”“等”字兜底条款内进行处罚。

（五）迎合多种行政处罚实践场合的需求

除作为当罚性判定标准外，“举轻以明重”在行政处罚的其他场合也有应用价值。

第一，在处罚适用规则层面，当待决行为是否属于法定从重情节缺乏明文规定时，可依据“‘轻行为’尚属从重、‘重行为’更当从重”的逻辑，对待决的重行为从重处罚。这一点在我国《行政处罚法》框架下显得尤为必要，因为该法只规定了“不予处罚”“从轻或者减轻处罚”“行刑折抵”等适用规则，缺少“从重处罚”规定，当下执法实践中所操作的“从重”或者基于一般法理或者基于行政机关的自律规则。对此，“举轻以明重”可以“补缺”和“助成”：凡是其他具体法律、法规中明确规定了从重情形的，重于该情形的违法行为均应受到从重处罚。

第二，在程序选择方面，当处罚是否必须履行某个特定程序缺乏明文规定时，须依据“‘低强度’的处罚尚需履行该程序，‘高强度’的处罚自不待言”的逻辑，将“高强度”处罚纳入该程序的适用范围。以听证为例，《行政处罚法》第42条将“责令停产停业、吊销许可证或者执照、较大数额罚款等”列为应听证的处罚范围，根据举轻以明重，具有“加甚性”的“撤销”处罚更有听证必要，执法机关在作出撤销之前，应当告知相对人有要求听证的权利，否则即构成程序违法。如此可以将传统观念中的某些“任意程序”变成隐性“强制性程序”，不仅便于提高程序正义度和保障权利，而且有利于提高实体处理的正确性。

第三，在“规定权”的范围界定方面，《行政处罚法》第10条至第13条将处罚“规定权”限定为“在法律规定的给予行政处罚的行为、种类、幅度范围内”，何为“范围内”？法律未明文限定。笔者认为，为防止有权机关借“规定权”之名行“设定权”之实，须将“举轻以明重”作为界定“范围内”的标准，“规定权”所衍生的当罚行为在违法性、危害性等方面必须甚于上位法所列的当罚行为或所隐含的当罚标准，否则即属于“超范围”规定。

三、可行性论证

“举轻以明重”以待决事项与法定事项之间存在的种属关系或递进关系为逻辑基础，当用以弥补“隐藏的处罚漏洞”时，其所依据的是种属关系，并把种属概念的范围加以具体化、明确化。尽管当前对该情形下“举轻以明重”的性质存在争议，[18] 但因起码在形式上符合法条的字面含义，且能起到限制处罚权的实际效果，因而并不违背处罚法定原则。当用以弥补“开放的处罚漏洞”时，其所依据的是递进关系，因起码在形式上超越了法条的字面含义，且有“扩张”处罚范围或“加重”处罚程度等不利结果，学界对其自身的正当性及其与处罚法定原则之间的符合性存有异议。

因此，欲建立人们对“举轻以明重”的可行性确信，至少需要回应两点疑问：第一，“举轻以明重”以“法无明文”为前提，这是否违背处罚“法定”？第二，“举轻以明重”得出的是“当罚或重罚”等不利于相对人的结论，这是否影响其正当性？是否违背“有利归于个人”原则？

（一）不违背处罚法定原则

尽管“举轻以明重”的“法无明文”、类推处罚、价值判断等特点与处罚

---

[18] 有学者认为该种情况下属于文义解释而不是当然解释。参见郑永流：《法律方法阶梯》，北京大学出版社2008年版，第198页。

法定原则的明确性、法定性和限权性等要求有视觉冲突，但二者在本质上并不抵触。

1. 处罚法定并不禁止同一违法类型内的类推

“类推处罚之禁止”是处罚法定原则的必然要求，这不容质疑；“举轻以明重”在性质上属于类推，这已是国内外学界的通说，笔者亦无意否定。但是，“举轻以明重”并不违背处罚法定，原因在于两种语境下的类推不是同一概念。处罚法定所禁止的是不同违法类型之间的类推，“举轻以明重”是同一违法类型项下不同违法行为之间的类推，同一违法类型内的类推不但不会被处罚法定所禁止，而且具有独立存在价值和必要性。因为处罚条文的作用并不在于固定或指向具体的违法行为，而在于表明法律所欲规范的违法类型，这一违法类型可包含多种没有体现在文字上的违法行为，其内涵与外延需要借助同一违法类型内的类推来“找寻”和具体框定。

处罚法定禁止类推的实质是禁止比照已规定的违法类型创设新的违法类型，并不禁止在同一违法类型内部进行具体违法行为之间的类推。如法律规定对使用“畜力车”盗窃林木的行为必须加重处罚，则加重处罚用“汽车”盗窃林木的行为自不待言，[19] 两者属于同一类型，只是行为表现和种类上有差别。“法律有时给行政划了一个圆，只要行政机关不越出边界，在这个圆内基于行政任务而创造性地从事行政活动，也是符合依法行政原理的。”[20] 这个内在于行政处罚中的“圆”的边界就是已明定于法律文本中的“违法类型”。

“举轻以明重”是同一违法类型内类推的典范，其所对比的轻重两事物只是处于同一种类型的不同发展阶段，如“禁止以网捕鱼”较之于“禁止垂钓”，前者只是在后者基础之上的发展和递进，并没有突破法律规定而额外创造新的违法类型。与处罚法定所禁止的类推相比，举轻以明重是一种“弱烈

⑲ 此为德国联邦最高法院在一起盗窃林木案件中的判决，参见［德］克劳斯·罗克辛：《德国刑法学总论》（第1卷），王世洲译，法律出版社2005年版，第87页。

⑳ 章剑生：《依法行政原理之解释》，载《法治研究》2011年第6期。

意义上的自由裁量”,[21] 其建立在“超过的相似性”[22] 的基础之上，实质上是“有类进推”的“法的发现”而非“无类而推”的“法的创造”，其“不是对预设的法进行创造性地具体化，而是去认识预设的法”,[23] 是对法定处罚范围的“还原”而非“扩大”。两者之间的具体差别在下表中可直观体现：

	处罚法定禁止的类推	举轻以明重
前提	法律没有规定	法律没有明确规定
对象	整体违法类型	具体违法行为
范围	不同违法类型之间	同一违法类型之内
裁量	强烈意义上的自由裁量	微弱意义上的自由裁量
实质	无类而推的法的创造	有类进推的法的发现
效果	扩大法定的处罚范围	还原法定的处罚范围

2. 处罚法定之“法”包括默示规范

从规范层面看，举轻以明重与处罚法定并不抵触的原因在于，处罚法定中的“法”不仅指明示规范，还包括默示规范。对在默示规范“射程”范围内的违法行为予以处罚，并不违反处罚法定，这主要源于默示规范的内涵与价值。

默示规范[24]与默示推理[25]相对应，意指一些不言自明的当然性规范，不需

---

[21] 德沃金将自由裁量区分为“微弱意义上自由裁量”和“强烈意义上的自由裁量”两种样态，前者意指遵守现有法律规则，但必须有判断而不能机械地使用；后者意指抛开法律规则约束，完全诉诸于价值判断的法外裁判。参见［美］德沃金著：《认真对待权利》，信春鹰、吴玉章译，上海三联书店 2008 年版，第 53-55 页。

[22] 杜宇：《刑法上之“类推禁止”如何可能？一个方法论上的悬疑》，载《中外法学》2006 年 4 期。

[23] ［德］乌尔弗里德·诺依曼著：《法律教义学在德国法文化中意义》，郑永流译，载郑永流主编：《法哲学与法社会学论丛》（第 5 辑），中国政法大学出版社 2002 年版，第 17 页。

[24] 也有学者称为“隐形规定”，如陈兴良教授所言，“凡是被法律文本的字面所记载的，就可以说是法律有显形规定。凡是法律文本的字面所未能载明，但被其逻辑所包含的，就可以说是法律有隐形规定。无论是显形规定还是隐形规定，都是法律的明文规定，这是没有疑问的”。参见陈兴良：《罪刑法定主义的逻辑展开》，载《法制与社会发展》2013 年第 3 期。

[25] 法律推理中存在“默示推理”，意指有一些不言自明的既存事实，不需要特别声明即可认定。当前合同法中的“默示废止”以及证据规则中的“事实推定”（笔者注）就是该原理的体现。参见刘平、史莉莉：《法理在行政执法中应用的研究》，载《政府法制研究》2007 年第 5 期。

要法律明文就可被推知。正如学者所言，“制度中不仅有明示规范，也有默示规范；默示规范是不言自明的；……在行政执法中我们应当学会运用默示的规则，依法履行好自己的职责”。[26] 默示规范只是法律形式之“默”而非法律内容之“无”，其作为一种法的现实存在状态，理应充当权力行使的依据。有限的处罚明示规范无法应对复杂多变的社会环境，为防止仅以法律明文为依据造成“以辞害意”的后果，必须将默示规范纳入处罚法定之“法”的范围。

默示规范通过举轻以明重得以延展和具体化，举轻以明重则以“以小推大”的逻辑“挖掘”或“示明”潜在的默示规范，并以此为依据对“大”事件作出处罚。在此，立法者采取的是“以小定大”或“见微知著”的逻辑，对存在“大小覆盖”关系之“小”事件的当罚性作出明示规定，以此表明“大”事件当罚的态度。换言之，“大”事件的当罚性已包含在条文法的语义之中，所谓的“法无明文”实则立法态度处于一种“隐而不显”的状态，这与耶塞克、魏根特所称之“被隐藏的构成处罚的行为情况”[27] 具有相通之处。

3. “举轻以明重”与处罚法定具有目的重合性

处罚法定并不苛求处罚设定与法律文字一一对应，而是意在确保处罚的可预测性和可控性。“举轻以明重”所含价值理念的普适性和推理过程的客观性决定了“推导”结论的可预测和可控，并以此与处罚法定的实质目的相一致。

其一，“举轻以明重”不是一个或几个人的主观判断，而是整个社会共同体所持有的牢固的正义观念，是一种社会通行的行为标准。其所蕴含的理性在实际生活中潜移默化地指引着人们的行为，并能被任何有正常智力和理性的社会大众所接受和预测。

---

[26] 刘平、史莉莉：《法理在行政执法中应用的研究》，载《政府法制研究》2007 年第 5 期。

[27] ［德］汉斯·海因里希·耶赛克、托马斯·魏根特著：《德国刑罚教科书》（总论），徐久生译，中国法制出版社 2001 年版，第 670 页。只是此言针对的是刑罚中主客观不统一或不对应的情况，而本文针对的是行政处罚中事实与规范不统一或不对应的情况，但二者在道理上具有共通性。

其二，与一般类推相比，"举轻以明重"的推理过程具有相对客观性。主要体现在：第一，从推理标准上看，一般类推遵循的是横向的"相似"标准，在类比点的选择以及相似性的判断上具有较多的主观裁量因素，处罚结果因此变得捉摸不定。相反，"举轻以明重"遵循的是纵向的"加甚"标准，其以行为的危害性为对比点，以轻重程度为判断标准，比较点的特定性和判断标准的客观性决定了其推理过程具有法律可控性。例如，《刑法》(1997年修订)第201条曾规定"因偷税被税务机关给予二次行政处罚又偷税的，处三年以下有期徒刑或者拘役，并处偷税数额一倍以上五倍以下罚金"，按照"举轻以明重"原理，"因偷税被税务机关给予三次（或三次以上）行政处罚又偷税的"更应该处以上述刑罚，这里的"二次"与"三次（或三次以上）"的数理计算关系更加鲜明。据此，《刑法修正案（七）》特将该条修改为"二次以上"的做法实属多余之举，只要借助举轻以明重就完全可达致相同的目的，而不必通过修法在法条文字上动"外科手术"。第二，从推理方式上看，"举轻以明重"运用的是三段论式的演绎推理，大前提是法条F明文规定A1当罚，小前提是A2与A1属于同一类型且比A1"重"，结论是"A2当罚"是F的隐含规定，应依据F对A2施以处罚。可见，其推理过程仍遵循事实之于规范的"涵摄"思维，本质上是对既有法律规范的发现和适用。而一般的类推运用的是类比推理方式，仅由两个事实在某些属性上的相似性即推出法律应对其作相同评价的结论。例如，通奸与重婚相类似，且重婚当罚，则通奸行为同样当罚。这一推理过程既不包含对现有法律规范的解释和分析，亦无"默示规范"的推出，本质上是从应然层面所作的价值判断和选择，主观性和不确定性大。

（二）不违背"有利归于个人"原则

"有利归于个人"作为行政法乃至公法解释之特有原则，与刑法理论中的"存疑时有利于被告"或允许"有利类推"等秉持相同的人权理念，意指在一项利益不能确定应当属于个人、国家或公共团体时，一般应作有利于个人之解释。[28] 按此逻辑，当行为是否可罚存在法律上的疑问时，是否必然要作出“不罚或不重罚”的解释，进而否定“举轻以明重”？答案是否定的。“举轻以明重”在结果上的不利性并不影响自身的正当性，其与“有利归于个人”原则并行不悖。

1. “举轻以明重”是法律解释方法，“有利归于个人”是法律解释政策，前者具有优先适用性。

法律解释方法是发现法律真意的“技术”，其以文义、体系、历史等为考量要素，以实现立法意图为目标，本质上是一种“规范内”；法律解释政策直接指向裁判者欲达致的实际效果，其既不探究法律的真实含义，亦不分析事实与规范的对应关系，而是直接从结论角度为法律解释设定价值取向，本质上是一种“规范外”。因法律适用必须以其自身的含义为基本前提，故“方法”应优于“政策”。据此，当因法律规定不明确而导致适用上的疑问时，应当首先借助一般的法律解释方法去探究立法含义，并依此得出法律结论。只有当穷尽一切法律解释方法仍无法得出唯一确定的法律结论时，法律解释政策才具有适用的空间。

“举轻以明重”是一种具体的法律解释方法，“有利归于个人”是一种具有公法价值倾向的法律解释政策或立场。当某法条只明文规定轻行为可罚，重行为是否可罚不得而知时，应首先适用“举轻以明重”去发现或补充法律的真实含义，而不能直接根据“有利归于个人”得出“不罚或不重罚”的结果。正如法国学者所言，当法律存在疑问时，“法院并不能因此而免于适用法律，法院也无义务一定要采取‘最利于犯罪人的限制性解释’……法官应当首先借助于一般的解释方法，从中找到发的真正意义……如果疑问仍然存在，法官则应当作有利于被告的解释”。[29] 这虽是对刑法“存疑时有利于被

---

[28] 参见姜明安：《行政执法研究》，北京大学出版社 2004 年版，第 187-188 页。

[29] 参见［法］卡斯东·斯特法尼等著：《法国刑法总论精义》，罗结珍译，中国政法大学出版社 1998 年版，第 140 页。

告”的阐释，但道理同样适用于本文立场。

2.“举轻以明重”指向法益保护机能，“有利归于个人”指向人权保障机能，两者应协调统一。

处罚法定的价值不仅在于监督处罚权行使和保障人权，更在于惩治违法、维护公共利益和社会秩序。无论是处罚的设定与实施，还是对处罚法的解释与适用，都应兼顾人权保障和法益保护的双重机能。尽管囿于国家处罚权的天然强大，现代行政法需要对人权保障投入更多的制度设计，法益保护机能更容易实现，但这本身并不能说明后者具有优先性或排他性。据此，因“有利归于个人”指向人权保障机能，“当罚或重罚”意义上的“举轻以明重”则指向法益保护机能，二者应具有平等性和协调统一性，任何以结果不利性来否定“举轻以明重”的观点都是对二者关系的误读。

四、应用规则

“举轻以明重”必须在处罚法定原则的框架内运行，而严守这一界限的关键在于遵守相关的应用规则。因“举轻以明重”的合法性和正当性依据主要来自形式逻辑、事理逻辑和立法目的，其应用规则的设置也须围绕这三方面展开，并适当融入程序正义理念。

（一）同质性规则

欲使“举轻以明重”具有形式逻辑上的当然性，必须满足“待解释事项包含在法条规范含义之中，也即在法律规范之中存在待解释事项的落脚点”，[30]而“落脚点”有无的判断需要依靠同质性规则，即只有待决的“重行为”与法定的“轻行为”属于同一类型，且“重行为”是由“轻行为”和“加甚因素”发展而成时，才能将其纳入当前规范的规制范围并施以处罚。

---

[30] 李翔：《论我国刑法中的当然解释及其限度》，载《法学》2014年第5期。

目前对于“同一性”的判断标准存在不同观点，[31] 笔者认为，“构成要件相似+共同意义”的综合判断标准能兼顾客观形式与实质价值两个方面，因而更科学更全面。首先，就相似的构成要件而言，关键在于判断哪些特征在法律考量上具有决定性意义，唯有法定行为与待决行为在这些关键点上具有同一性时，才可作同类认定。如前述案例一中，“醉驾”“药驾”和“毒驾”都是服用了影响驾驶安全的物品，这是对案件具有决定性意义的共同构成要件，至于其他具体物品种类上的差别并不影响案件同一性的认定。其次，共同意义是指轻重两行为损害的客体必须相同。“毒驾”和“醉驾”“药驾”都是对正常的交通秩序和公民的人身财产安全这一客体的侵害，符合共同意义的要求。

（二）梯度性规则

梯度性规则要求待决行为必须比法定当罚行为的社会危害性更重，且这一轻重差距足以达到一般人都能识别和认知的程度。唯此，才能保证其在事理逻辑上的当然性，才有所谓“更有适用的理由”可言。如“禁止折枝”与“连根拔起”之间就存在轻重程度上的明显差距，法律规定前者当罚，则后者更当罚，这是任何有正常智力和理性的社会公众都能认同的。

实践中，“轻”与“重”该如何判断？王泽鉴先生主张将“要件”和“效果”作为轻重程度比较的对象，“所谓‘重’者，指其法律要件较宽或者法律效果较广，而所谓‘轻’者，指其法律要件较严或法律效果较狭”；“何者为重，何者为轻，应就法律要件与法律效果之间的关联为法律上衡量的判断”。[32] 笔者认为该观点值得商榷。因为“重”者系法律未规定的行为，其本身并没有独立的法律要件和效果，所谓要件的“宽”与“严”和效果的

---

[31] 如“构成要件类似说”“实质一致说”“同一思想基础说”，转引自刘士国：《类型化与民法解释》，载《法学研究》2006年第6期；再如“共同意义说”，参见林立：《法学方法论与德沃金》，中国政法大学出版社2002年版，第129页。

[32] 王泽鉴：《举轻明重、衡平原则与类推适用》，载王泽鉴：《民法学说与判例研究》（第8册），中国政法大学出版社1998年版，第9页。

“广”与“狭”，以及二者“关联”的轻重衡量根本无从谈起。

相比之下，张明楷教授提出的从“违法”和“责任”两方面来比较“轻”“重”的主张更具有理论正当性和现实可操作性。[33] 无论违法抑或犯罪，其社会危害性的大小都是由行为构成要素决定的，待决行为与法定行为的轻重比较自然要从其自身的构成要素入手，即“危害程度的轻重是法律评价上的轻重，而其判断还需借助于法定案型与现实案型的行为构成比较而进行”，“违法”与“责任”标准恰好符合此要求。“违法”是指法益侵害的轻重，涉及行为的客观构成要素；“责任”是指主观恶性的大小，涉及行为的主观构成要素。从具体内容上看，前者包括行为的手段、对象、后果、时间、场合、次数、数额等要素；后者包括行为人的动机、目的、故意、过失等要素，执法、司法人员必须在考察多种要素的基础上进行综合判断。

（三）立法目的符合性规则

立法目的要素的引入，不仅能提高法的灵活性和开放性，更是避免法律适用恣意、维护法律权威的关键，“恰恰在一种以规则为中心的法律秩序中，为了减少对条文解释的恣意，或者制止官员越权行事——即超出授权范围行事，推论必须经常要求离开规则而求助于目的”。“举轻以明重”作为一种法律适用方法，必须受立法目的制约。执法人员应首先根据目的性条款、立法背景资料中关于立法目的的说明或是借助体系、历史、比较等解释方法，确定法律明文背后的目的；然后将举轻以明重的结论与立法目的相比较，只有两者相符合时，待决行为才能被当前法条所吸收。例如，由“禁止游泳者着装不当、修补不当、衣料透明”的法律明文，可确定“规范游泳者着装行为，维护海滩文明秩序”的立法目的，据此处罚“一丝不挂”行为当然属于立法目的的应有之义。[34]

---

[33] 关于“违法”和“责任”标准的内容，参见张明楷：《刑法学中的当然解释》，载《现代法学》2012 年第 4 期。

[34] 参见刘星：《西窗法雨》，花城出版社 1998 年版，第 140 页。

（四）说明理由制度

为避免“法无明文”状态下的处罚给人以突兀和妄为之感，必须提高“举轻以明重”应用过程的说理性。为此，《行政处罚法》第31条关于处罚告知制度中的“依据”，不应只限于当下执法实践中大都采用的法条罗列，还必须对选择该法条作为处罚依据的理由作出说明。可喜的是，已有个别地方或部门通过规范性文件对此提出了要求，如杭州市2010年《说理性行政处罚决定书操作规范》第8条中规定，“办案人员应当结合个案事实对法律、法规和规章进行更详尽的法理阐述，以充分的说理来论证采用特定的法条作为处罚依据的理由”。第10条“说明法理”项下则规定“运用法理对案件的定性、情节、处罚等问题做透彻的分析说明”，从而为“举轻以明重”融入“法理”预留了空间。

从内容上看，“举轻以明重”的说理应从以下三个层面展开：一是结合个案事实，从目的、精神等方面对法条进行全面剖析；二是在具体分析法定事实与待决事实之“轻重”关系的基础上，对选择“举轻以明重”的正当性进行严密论证；三是对应用“举轻以明重”，由前提导出结论的过程作出详细说明，增强处罚结果的说服力。

五、应用现状及不足

当下行政处罚实践中，“举轻以明重”的法律价值没有得到应有的发挥，尤其在“法无明文禁止即自由”的权利生成法则和“法无明文授权即禁止”的权力生成法则之下，执法、司法人员大多对其“敬而远之”。笔者通过检索最高人民法院公报、审判指导案例丛书、中国裁判文书网等，查出应用“举轻以明重”的案例寥寥无几，有限的案例也大多出现于其他部门法领域，且存在若干不足。

（一）应用方式隐晦

因受制于传统观念或迫于舆论压力，执法、司法人员对举轻以明重“讳莫如深”，即使实际运用其弥补“法无明文”的缺陷或解决实践中“先法”未预料的问题，也很少在相关法律文书中明确提及“举轻以明重”的字眼。笔者在中国裁判文书网以“举轻以明重”和“举轻明重”为关键词，以2000年1月1日至2015年1月28日为区间，检索出的122条裁判记录中，只有1例行政案件，且其针对的是行政确认而非行政处罚。㉟

这种“犹抱琵琶半遮面”式的应用方式，在“吴俊铭、郑清诈骗罪再审案件”中体现得淋漓尽致。㊱ 检察院在抗诉理由中提出：“《关于办理诈骗刑事案件具体应用法律若干问题的解释》（以下称《解释》）第7条已将在犯罪中所起作用及社会危害性均相对较小的提供信用卡、手机卡、通讯工具等帮助行为明确规定为诈骗罪共犯，根据举轻以明重，对于在诈骗中起重要作用的转移赃款行为更应该以诈骗共犯论处。”法院判决肯定了上述结论，但仅以“根据《解释》第7条之精神，郑清应以诈骗共犯论处”作结，“举轻以明重”被笼统的“精神”掩盖。这种回避或隐晦的应用态度，既不利于判决的说理性，亦不利于“举轻以明重”作为法理或法律方法的完善和推广。

（二）标准不统一

由于缺乏明确统一的规则，实践中对“举轻以明重”的判断标准宽严不一，与行政一贯性、司法统一性的要求相差甚远。主要表现有二：第一，曲解“举轻以明重”的含义。以一公司对职工的处罚案件为例，麦格纳动力总

㉟ 本案中，法官认为《工伤保险条例》第14条第6项关于工伤认定情形的规定是立法者采用了举轻以明重的立法原则。根据“非本人主要责任”的标准，本人在交通事故中负主要责任的不应认定为工伤，相比主要责任更为严重的全部责任，则更不应该认定为工伤，参见重庆市第一中级人民法院（2014）渝一中法行终字第00130号判决书。

㊱ 因相关行政裁判案件数量有限，只能借用刑法裁判实例来说明，但问题具有共通性。参见福建省高级人民法院（2012）闽刑事终字第1号判决书。

成（常州）有限公司以员工张瑞年在厂区公共区域小便，给公司造成不良影响为由将其解雇，该公司认为，《渐进惩处管理规定》已明确规定："因过失对环境造成破坏和污染"应给予"书面警告"，"举轻以明重"，该员工故意破坏环境的行为应当给予更严厉的处罚（即解雇）。[37] 可见，此公司管理者把"举轻以明重"在量罚中的含义理解为"情节比法律明文重的，可适用比法定量罚类型更重的处罚"，这曲解了该原理的本意。因为"举轻以明重"只能在"是否从重"层面上判断从重条件，不能在"怎样从重"层面上创设从重结果。易言之，处罚决定的作出只能依据法条明文规定的量罚幅度直至最高量罚标准，而不能以举轻以明重为由在法外创设更重的处罚幅度或种类。

第二，颠倒"举轻以明重"的逻辑顺序。"举轻以明重"作为"入罚"标准，必须遵循以"轻"行为之规定处罚"重"行为的逻辑，而实践中这一"入罚"口径被扩大，出现以"重"行为之规定处罚"轻"行为的案例。如某市装修管理法明文禁止将没有防水要求的房间或者阳台"改成"卫生间或厨房间，某房主在自家装修时，将原来的卫生间向卧室"扩大"了1.96米，并铺设排水管道。该市房管局以违反上述法律规定为由对其作出处罚。[38] 这实际是以"整体改成"之禁止的法律规定来处罚"局部扩大"的待决行为，错用"举轻以明重"的推理逻辑，导致处罚范围的扩张。

（三）论证不充分

当下"举轻以明重"的应用个案均缺乏将内心裁量形之于外的推理论证过程，以致人们无法检验执法、司法人员在同质性、合目的性、轻重梯度等问题上判断的正确性，既增加了"举轻以明重"被滥用的风险，亦不利于增强结果的说服力和相对人的认同感。如在"胡志良与天安保险公司道路交通

---

[37] 参见江苏省常州市中级人民法院（2014）常民终字第430号判决书。

[38] 参见最高院行政审判庭：《中国行政审判指导案例》（第1卷），中国法制出版社2010年版，第53-57页。

事故人身损害赔偿案”中，法官对应用举轻以明重作了以下描述：“在上述三种情况下，保险人不承担财产损失的赔偿责任，并有权向致害人追偿其垫付的抢救费用。举轻以明重，醉酒驾驶发生交通事故，保险人在强制保险责任限额内赔偿受害人后仍有权向致害人追偿。”[39] 法官适用“举轻以明重”，试图从可追偿“抢救费”的法律明文，推出“一般赔偿费”也可追偿的结论，但“抢救费”和“一般赔偿费”是否具有同质性？判断后者可追偿是否内隐于立法目的？从何角度比较两者的轻重？其轻重梯度是否符合明显性的要求？对于上述问题判决书中均缺乏明确论证，以致人们无从了解判决理由，自然会对判决结论的正确性心生疑虑。

六、融入当下行政处罚理论与制度及关联机制的路径

欲克服“举轻以明重”在实践与技术层面的不足，确保行政处罚理论的先进性以及制度的应对性和可预测性，需将“举轻以明重”由一种潜在的逻辑思想转变为一种现实的处罚规则和当罚性评判标准。基本方法有二：一是将其融入我国当下的行政处罚理论与制度机制；二是融入行政处罚关联机制。

（一）融入行政处罚理论与制度体系的路径

第一，统一行政处罚概念。当下行政法学理论关于行政处罚的概念有“规范说”与“秩序说”两种观点，前者将处罚前提设计为“违反行政法律规范”，后者则设计为“违反行政管理秩序”。除非“规范说”中的“规范”涵盖“默示规范”，进而融入“举轻以明重”原理，否则，笔者建议一律采“秩序说”，一则避免因将“规范”狭隘理解为“条文法”或“明文”所带来的对于“举轻以明重”的排斥；二则“秩序说”便于融入举轻以明重，以危害社会秩序的轻重梯度为标准，对社会危害性“甚于”或“重于”“明文”

---

[39] 参见浙江省温州市中级人民法院（2010）浙温民终字第291号判决书。

当罚行为的违法行为进行处罚。

第二，并入《行政处罚法》第4条规定的处罚公正原则之中。处罚公正原则包括“处罚平等”和“过罚相当”两方面的内容，二者均与举轻以明重的“法理”相通：一方面，“举轻以明重”项下的轻重两行为具有同质性，对重者施以处罚是“处罚平等”的必然要求。另一方面，只有对重者施以处罚才能与违法行为的事实、性质、情节以及社会危害程度保持基本均衡，进而符合“过罚相当”或“合比例”的要求。

第三，将来修改《行政处罚法》时，将“举轻以明重”作为处罚适用规则纳入第四章“行政处罚的适用”当中，与不予处罚、从轻或减轻处罚、行刑并科与折抵等共同组成行政处罚适用规则体系，使举轻以明重由“原理”上升到“法律规则”层面。

第四，构建一种“行为可罚性推定”制度，将“举轻以明重”作为推定依据融入其中。2002年最高人民法院《关于行政诉讼证据若干问题的规定》第68条规定了推定制度，法官可依据某些“不证自明”的道理直接推定事实存在而无须证据证明，其实质上是一种“事实存在性推定”。与此相呼应，有必要构建一种“行为可罚性推定”制度，意指在某行为实质上具有当罚性但缺乏明文的法律依据时，法官可依据某些“不证自明”的道理直接推定该行为当罚。

“举轻以明重”具有合理性、客观性和公认性的特点，符合“不证自明”的要求，将其作为推定依据并纳入“行为可罚性推定”制度的具体方式有二：一是借助“法律推定”模式，将其作为明确的推定规则写入立法；二是借助“事实推定”或“司法认知”模式，将其作为一种“日常生活经验法则”，纳入法官自由心证的范畴。

（二）融入行政处罚关联机制的路径

第一，融入行政法律方法体系。法国学者 Barreau 指出，“离开方法的科学就不能称之为科学”，[40] 法律方法能有效提升理论对实践的回应能力，对提

---

[40] 转引自王利明：《法学方法论》，中国人民大学出版社2011年版，第6页。

高学科的科学性、适应性和完整性具有重要作用。“举轻以明重”作为一种对行政法学相对陌生的法律适用方法，理应融入当下行政法理论体系。

按照传统法律方法理论，行政法律方法体系应包括法律发现、法律推理、法律解释等不同内容，[41] 据此，“举轻以明重”融入其中的方式亦有多种：在法律发现层面，其是在制定法出现模糊或空缺时寻找裁判大前提的方法；在法律推理层面，其作为连接法律规范与待证事实的实质推理方式；在法律解释层面，其属于论理解释或社会学解释方法的内容；在利益衡量层面，其是在法的稳定性与灵活性、社会公共秩序维护与公民权利自由保障之间进行价值权衡和利益取舍的依据；在漏洞补充层面，其作为弥补开放漏洞和隐藏漏洞的工具，在“禁止裁量”与“绝对裁量”之间达致“有序裁量”和“合目的裁量”的目标。

第二，扩张行政裁量的范围，承认要件裁量。要件裁量与结果裁量相对应，[42] 前者是指行政主体对法律规范的适用条件享有判断余地，后者是指行政主体对行为的法律后果享有选择空间。当下行政法理论对行政裁量的理解主要停留在结果裁量层面，对要件裁量尚缺乏必要的探讨。“举轻以明重”是在法律适用条件规定不明时，解释法律并将事实带入法律之中的依据，在性质上属于一种要件裁量基准。若将要件裁量纳入行政裁量的范畴，“举轻以明重”的融入便可顺理成章。

第三，纳入行政合理性原则的内涵范畴。合理性原则所关涉的“客观规律”“立法目的”“道德观念”等要素与“举轻以明重”所遵奉的“事物本质”“当然之理”等要素具有相通性和契合性，这就决定了合理性是“举轻以明重”的实现目标，“举轻以明重”是合理性原则的具体化或实现途径，将“举轻以明重”归入到合理性文义范畴应无障碍。

第四，作为行政审判依据，当前有三种具体实现途径：一是完善以修改

---

[41] 参见陈金钊：《司法过程中的法律方法论》，载《法制与社会发展》2002 年第 4 期。

[42] 关于要件裁量和效果裁量的界分，请参见［日］盐野宏：《行政法》，杨建顺译，法律出版社 1999 年版，第 91-93 页。

后《行政诉讼法》第63条为载体的行政审判依据体系，改变条文法“一统天下”的现状，将“举轻以明重”等“理念法”纳入其中；二是将“理念法”融入修改后《行政诉讼法》第6条规定“合法性”审查标准的“法”当中；三是修改后《行政诉讼法》第77条将“变更判决”的条件设定为“行政处罚明显不当，或者其他行政行为涉及对款额的确定、认定确有错误的”，“举轻以明重”可以作为“明显不当”的判断依据。

七、结语

徐国栋教授有言：“立法者不是可预见一切可能发生的情况并据此为人们设定行为方案的超人”，因而“任何法律都是千疮百孔的”。[43] 法律都不可能包罗万象，不可能预见未来的所有法现象，但秩序、福祉等价值要求法律必须时刻“跟进”甚至“领先”社会生活，因之法律方法对于当下日新月异、纷繁复杂的社会现象而言就显得尤其必要，唯有如此才能使法律规范条文真正成为“活的法”。面对“条文法”无法涵盖和预测的违法行为，“举轻以明重”可以起到“理念法”、法律方法和法律精神“传送带”的作用，能够在不违反处罚法定的前提下“延续”行政处罚设定中“示例性列举”和“兜底条款”的生命力，使法律在社会实践面前不至于陷于被动落后的窘境，也能以法律方法和不成文法源“激活”当下几近静寂、不能与时偕行的行政法学理论、制度与规范体系，避免出现美国现实主义法学派曾经描述的那种景象：“各种法律规范，无论是表现为法律，还是表现为判例，都会不可避免地成为某种凝固的东西，并落后于生活。”[44]

---

[43] 参见徐国栋：《民法基本原则解释：以诚实信用原则的法理分析为中心》，中国政法大学出版社2004年版，第182页。

[44] 转引自上海社会科学院法学研究所编译：《法学流派与法学家》，知识出版社1981年版，第56页。

论行政规划变更的法律规制*

宋雅芳**

当人类进入现代社会，社会生活愈加复杂，社会分工便日益细化，人们之间的社会关系和利益也因此而变得冲突和矛盾不断。对于现代社会而言，建立一个强有力的组织加强协调以维护其内部的稳定和促使其不断向前发展成为一个迫切的要求，而在今天看来，只有政府才可以担当如此重任。然而，需要注意的是，“现代国家的行政不比农业或早期工业时代一样，许多国家政策的实行都必须‘慎谋而后动’，因为愈重要的行政措施一定会牵涉到人民的权利义务、国家预算的来源、社会的反应……所以必须事先作周详的规划”。① 因此，通过行政规划来实施对社会的管理已经成为不可避免的趋势，而合理有效的行政规划不仅可以统筹行政主体自身以及其组成部门之间的行动，使其所控制和支配的社会各种资源得到最为有效的利用，而且可以在其拟定过程中听取各方意见，有利于现存的和未来潜在的问题的解决。②

从定义上来看，笔者认为将行政规划界定为 “行政机关为了实现国土或城乡规划、兴办公共事业或者公共设施等行政目标，对将来一定期限之内拟

---

* 国家社会科学基金资助项目，《行政规划法律制度研究》，项目号 05BFX016。

** 宋雅芳，四川绵阳人，郑州大学法学院副教授，郑州大学宪法行政法研究中心研究员。

① 陈新民：《中国行政法学原理》，中国政法大学出版社 2002 年版。

② 在 2004 年国务院颁布的《全面推进依法行政实施纲要》第 9 条中强调 “要充分发挥行政规划、行政指导、行政合同等方式的作用”，似乎可以作为佐证。

采取的方法、步骤、措施而对外作出具有法律约束力的计划”似乎更为合理一些。③ 其本质应是一种行政主体对当下以及未来人们彼此之间以及人类同自然之间利益的衡平。诚如德国学者所界定的那样其“是为了以最好的方式实现根据现有条件确定的目标而进行系统准备和理性设计的过程，是为了实现特定的制度设计而协调各种不同的，甚至相互冲突的利益的过程”。④

然而，拘于人类理性的局限和不足，对于自身行为所可能产生的结果和意义，人们是无法完全准确预见的。⑤ 应该承认，这种理性的局限和不足同样存在于政府机构。而其产生的结果之一，便是政府需要对被“证明”是“失败”的行政规划进行变更。这甚至可以说是行政规划正常的“生理现象”。⑥ 因此，我们需要经常面对行政规划的变更，以及因这种变更而带来的种种可能的后果，包括那些我们并不十分乐意见到的结果。当然，这并不意味着我们对政府随意、任性地变更自己的规划予以承认，更不意味我们对这种随意和任性应该忍受而无所怨言。我们要做和能做的是对这种变更进行法律规制。这无疑也是一个真正追求民主法治的国度，一个正在建立“法治国家”的政府所应尽的职责和义务。

③ 在这里，拘于篇幅的限制，本文回避了其他主体（比如立法机关）通过一定手段（比如制定法律）而实施的具有行政内容的规划，而仅仅从主体的视角将行政规划限定在由行政机关作出的行政规划。关于此定义，可参见行政程序法试拟稿（专家意见稿）修改稿 15（正式稿）第 148 条。

④ 在当下中国，或许是为了表示与实行了 30 多年的“计划经济”进行决裂，政府和学者们似乎更喜欢用“规划”来代替“计划”，并认为“规划”是一种比较长远的、较为全面的发展计划，而“计划”则只表示工作或者行动开始前预先拟订的的步骤和具体内容。相对于“计划”而言，“规划”更具有宏观性、战略性和长远性。不过，在德国和日本更多的是采用了“行政计划”一词，可参见[德] 汉斯·J. 沃尔夫，奥托·巴霍夫，罗尔夫·施托贝尔：《行政法》（第二卷），高家伟译，商务印书馆 2002 版。

⑤ 正因为如此，现代新制度经济学家抛弃了把人假设为单一的、具有完全理性的、能够全知全能的追求理性和利益的“最大化”“经济人”。他们认为“毫无疑问，人的理性是有限的”。一方面是因为环境是复杂的，在经济活动中，人们面临的是一个复杂的、不确定的、甚至是完全陌生的世界；另一方面是人对环境的计算和认识能力是有限的，人不可能是无所不知的。新制度经济学的教材一般都有这方面的论述。

⑥ [日] 盐野宏著：《行政法》，杨建顺译，法律出版社 1999 年版，第 156 页。

一、行政规划变更所存在的问题以及其可能的后果

当下的行政规划变更所存在的问题多多，种种问题似乎表明其是游离在一个不受规制的法治化的“国度”之外，其中主要和需待解决的问题在于：

1. 行政规划没有法律依据随意地变更，而这种变更又多以公共利益为幌子

在市场经济的早期，人们普遍认为“最好的政府，就是管得最少的政府”，作为社会的“守夜人”，政府仅需负责人民安全、维护社会秩序等。然而，随着社会的发展和日益复杂，政府开始主动或者被动地全面干涉社会事务，变成了“从摇篮到坟墓”的全能政府。应当说这种变化是必然而不可避免的。不过，在这过程中，政府任性的随意而为的危险也大大增加，为此大陆法系国家在授予行政机关以广泛的社会管理权和自由裁量权时，同时确立和发展了 “法律至上”（the princip1e of the supremacy of the law）和信赖保护原则。法律至上原则要求行政机关的职权行为必须得到法律的授权和以法律为最终依据，对一些可能对人民权益造成重要的危害的行为必须由法律来规定而不能行政机关自己裁量。信赖保护原则是指行政管理相对人对行政权力的正当合理信赖应当予以保护，行政机关不得擅自改变已生效的行政行为，确需改变行政行为的，对于由此给相对人造成的损失应当给予补偿。[7]

可惜的是，这两个原则在当下中国并没有得到实施，以至于在现实中“没有法律依据也可以制定行政规划已经成为司空见惯的通例”。[8] 而行政规划主体不合法、超越法定权限、背离法定程序等似乎也不是什么离奇的事了，而通过这种规划得来的结果，又不被行政机关自身尊重。以城市规划为

---

⑦ 而在英美法系国家虽然没有明确提出信赖保护原则的概念，但在行政法中具有体现信赖保护原则精神的相关规定。比如美国信赖保护原则主要通过规定行政机关之间的相互信任和忠诚限制来实现的，可参见《美国联邦行政程序法》。

⑧ 高秦伟：《行政计划及其法律规制》，载《理论探索》2003 年第 5 期。

例，“就时常发生一些遵从领导意志而忽视规划严肃性的例子，往往因个别领导一句话就改变原有的规划”。⑨

这种随意的变更之所以产生，在很多时候是因为行政机关简单地、错误地把公共利益等同于其自身的利益，把利益代表者和维护者（政府）当作了利益人自身（民众）的结果，以为只要扣上“公共利益”的帽子便可以任意行为。于是，实践中便产生了大量行政机关和社会组织假借“公共利益”之名而损害民众利益之实的事件。毫无疑问，政府如此行为的结果是相当有害且具有“破坏性”的，既破坏了其自身工作的连续性和稳定性，使公民权利、公共秩序乃至整个社会都会处于不稳定、无序、多变的状态，也使得民众对政府的信赖不断丧失。

2. 行政规划变更的程序不公开、不民主、不完善，严重侵犯利益相关人的权利

行政规划的终极目的是更好地促进社会的发展，其行为大多关涉大众福祉和公共利益，其一旦以法定程序确定下来，便会对一定区域和范围内的公民产生不可忽视的影响。然而，当下中国的行政规划无论是制定程序，还是变更程序我们都无从看到规划所涉及的利益相关人的身影，当然，也听不到他们表达自身利益的声音。⑩ 于是，一次次的行政规划的变更都是在利益相关人没有参与甚至毫不知晓的情况下作出。那么，这种规划的合法性和正当性到底缘于何处呢？难道仅仅因为政府是公共利益和人民的代表，其就可以撇开其“被代理人”——人民而任意行为吗？

需要注意的是，对于行政机关作出的行政规划，由于其涉及当下以及未来某一段时期内政府对社会资源和利益的调控和分配，基于对政府的信任和

---

⑨ 连玉明主编：《中国城市年度报告 2005》，中国时代经济出版社 2005 年版，第 206 页。

⑩ 值得一提的案例是“任俊杰不服二七广场改建方案而状告郑州市规划局”一案。尽管这个案件并非起因于典型的行政规划变更，但是其对于我们了解和认识当前中国行政规划的确定和变更中民众参与程度，以及民众参与的艰难都有很直观的帮助。关于此案可参看《民间设计者的“广场梦”》，载《南方周末》2003 年 4 月 3 日第 999 期，也可参见 http://www.southcn.com/weekend/commend/200304030006.htm。

对其特殊地位的考虑，民众对其是不可能不加理会的。通常情况下，民众会按照行政规划所确定的方案和路线来调整自己的行为。例如，当行政规划把城市的一个区域规划为开发区时，很多民众可能便会争先恐后地到该地投资。[11] 然而，在一个不是相当长的时间内，政府便废止了原来的规划而重新作出另外的规划，而这种规划的变更只是因为领导人的更替或者执政理念的转变（这种情况在当下中国也并不少见）。或许，可以有这样或者那样的理由来充分证明政府规划变更的必要性。然而，民众按照行政规划所进行的投资和建设，所消耗的物力和财力难道就这样随着规划的变更而付之东流吗？如果说市场经济条件下，理性的“经济人”必须面对决策中的风险和承担因这种风险而来的损失，那么这种因规划变更而带来的风险和损失是不是应该由民众来承担?

3. 行政规划变更的救济和补偿制度缺失，致使利益相关人的合法权利得不到保障

可以确定无疑的是，在很多情况下，行政规划的变更会给相当一部分相对人造成不利的后果，尽管并不总是这样。然而，对于行政规划变更不服的救济，我们几乎无法从现行法律中找到有效的法律依据。按照当前行政法的理论和分类，行政规划及其变更行为是抽象行政行为。根据《行政复议法》的规定，这种变更可以在复议过程中一并审查，然而这种行政机关内部的救济方式所能起到的作用并不如意。[12] 而根据《行政诉讼法》的规定，抽象行政行为不属于人民法院行政诉讼的受案范围。因此，因行政规划受到损害的权

---

⑪ 这种现象在中国并不少见，特别是在20世纪最后十年期间，中国广袤的大地上几乎到处可以看到这种现象。

⑫ 重庆市规划局2005年行政复议工作情况显示：截至11月底，市规划局行政复议案件为29件，较去年全年的18件增加了61%。其中，市局作为复议机关的行政复议案件为26件，被申请人包括主城区分局及区县规划局（建委），其中受理21件，不予受理5件。在受理的21件行政复议案件中，有2件未结案，19件已结案件的复议结果为维持14件，撤销2件，终止审理3件。市局作为被申请人的行政复议案件3件，其中建设部复议1件，复议结果为不予受理；市人民政府复议2件，复议结果为维持1件，申请人撤回复议申请1件。载 http://www.cqupb.gov.cn/content.aspx? id = 2978,最后访问日期:2005年12月14日。

利基本上处于无救济状态。

对行政规划的变更进行合理的法律规制应该是行政规划制度中的一个极为重要组成部分，其重要性就在于对已经按照法定程序和充分听取公众意见的规划予以有效的“保护”，这既是对民众利益的一种保护，也是对先前的行政行为的公信力和确定力的尊重，毫无疑问，这也是诚信政府、责任政府的内在要求。因此，我们所架构的行政规划变更的具体制度和程序也应当以此为价值和逻辑起点。⑬ 本文将从实体和程序两个路向展开，并着眼于建立合理、有效的规制制度。

二、对行政规划变更的实体规制

1. 信赖保护原则

按照现代行政法理念，国家和人民之间应该存在信赖关系，公民必须信任行政机关所作出的决定，以此安排自己的生活，否则社会秩序的稳定性和社会生活的可预测性便会遭到破坏。对相对人的信赖利益主要有两种保护方式，即存续保护和财产保护。所谓存续保护，即因行政行为而产生的行政法律关系主体之间的法律关系，不论其是否合法，一律要稳定行政相对人所信赖的法律状态。所谓财产保护，即在必要时打破原有法律状态，而对行政相对人因信赖行政行为而遭受的损失予以补偿。即当公民信赖行政行为，并且这种信赖值得保护时，为保护行政相对人的信赖利益，该行政行为受到存续保护而不得任意撤废，即使出于公共利益的需要必须变更、撤废该行政行为时，也应给予相对人正当的补偿。作为对相对人权利的莫大干预，行政规划变更必须置于信赖保护原则的规制之下，即行政机关必须信守已经作出的行

⑬ 尽管从当下中国的情况来看，充分听取了公众意见的行政规划可能并不多见，具体的行政规划确定过程中能够遵循的法定程序也不多，但是这并不妨碍我们构架合理的，甚至有点严格的行政规划变更程序和制度。其能够提醒我们的是，要进一步重构公正合理的行政规划确定程序和制度。

政规划决定，不得随意变更。

2. 公共利益（public interest）的考量

对行政规划变更进行实体规制，考量和认定其变更是否符合公共利益，无疑应当是一个不容回避的问题——因为即便是基于信赖保护原则的要求，政府也可以“公共利益”为由而变更行政规划。从世界范围来看，法治发达国家在行政规划变更的具体制度和程序的规定上可能存在着差异，但都毫无例外地把“公共利益”的认定作为行政规划变更的重要前提。而在已有的关于行政规划的论述中，各国学者们都认同这样一个观点，即行政规划是关涉整个社会或者社会的某一部分（行业）的重大利益的行为，因此在其变更程序中强调其应当符合公共利益的要求是必要的。之所以有这样的要求就在于，先前的行政规划之所以被确定就在于其是符合公共利益的，那么如果这个规划需要变更而不是基于公共利益，就不能赢得其自身的正当性和合法性。当然，在这里需要承认的是，社会在不断发展，公共利益的内容也随之不断发生变化和调整，这使得重新界定和考量何为“公共利益”，成为了必要，也有了可能。

所以问题的关键聚焦在何为“公共利益”？由于其内涵的模糊性和不可捉摸性，使得准确完整地对其进行界定是很困难的，虽然很多学者对何为“公共利益”都曾进行过深入的探讨。一些理论学家甚至认为给公共利益下一个明确的定义是不可能的。⑭

不过，这并不表明公共利益是一种不可言状的虚无缥缈，尽管无法准确定义其内涵，但是可以达成共识的是，公共利益应当具有社会共享性。其表现为公众对公共物品的多层次、多样化、整体性的利益需求，这种需求的满足需要通过公众集体行动、有组织的供给方式才能实现。如果进行非语境化的语意分析，以下两个层面的理解将会十分有益：第一，所谓社会性是指公共利益具有相对普遍性或非特定性，其并非特定的、部分人的利益。即其应

---

⑭ 李春成：《公共利益的概念建构评析》，载《复旦学报》2003 年第 1 期。

当为一定范围内不特定人服务而没有商业利益包含在内。第二，所谓共享性既是指“共有性”，也是指“共同受益性”，这种受益不一定表现为直接的、明显的“正受益”，公共利益受到侵害事实上也是对公众利益的潜在威胁。[15]而从物质表现形式上来看，公共利益的主要的现实的表现为公共物品——“是指非竞争性和非排他性的货物。非竞争性是指一个使用者对该物品的消费并不减少它对其他使用者的供应。非排他性是使用者不能被排斥在对该物品的消费之外”。[16] 在今天看来，公共物品多表现为社会公众可以共享的产品、服务或资源，主要包括国防、治安、法律制度、公共基础设施、重大科研成果、基础义务教育、公共卫生保健、社会保障和公共福利制度等。

当然，这只是表明“公共利益”是一个现实存在，而且具有具体表现形态的概念。不过一个更为重要的问题还在于，我们需要确定一个正当的程序来确定何为“公共利益”，而这一点将在本文接下来的讨论中予以揭示。

3. 利益衡量和比例原则

上述我们对公共利益的问题进行了初步的探讨和解决，然而问题并没有完全解决，也没有到此结束。我们或许还应该考虑是不是政府只要基于“公共利益”的要求就可以变更已经发生法律效力的行政规划?

对这个问题的回答需要在一个更为宏大的“场域”中进行，当公共利益作为独立的主体被纳入社会利益体系之中后，如何协调和衡平公共利益与私人利益之间潜藏的二元对立和紧张就成为人类社会中不容回避的永久性课题之一。在这场利益角逐的博弈过程中，私有财产的神圣性逐渐被财产权的社会性取代，公共利益成为私有财产权行使的界限并作为限制公民权利的标准日益凸显出来。然而，这并不意味着公共利益“天生”就优越于公民的私人利益，当公共利益与私人利益发生冲突时，私人利益让位和服从于公共利益

⑮　参见沈开举:《征收征用与补偿》，澳门科技大学出版社 2005 年版。

⑯　世界银行:《变革世界中的政府——1997 年世界发展报告》，中国财政经济出版社 1997 年版，第 26 页。

也并非一个不容置疑也毋庸置疑的普适真理。我们应当看到公共利益与私人利益在本质上是一致的，公共利益由私人利益组成（尽管并非其简单的叠加），并为维护私人利益而存在。因此，公共利益优于私人利益应当是基于对公共利益与私人利益大小及重要性的分析、考量、权衡后的抉择。

具体到行政规划领域，当政府在决定是否要牺牲私人利益以保障公共利益的实现而进行行政规划的变更时，就应当依照比例原则权衡两者的大小，考量该变更所要实现的公共利益是否真的大于其可能损害的私人利益，然后才能作出选择，而不应先入为主地认为公共利益就一定天然地优先于私人利益。只有这样才能保证私人利益不受公权力的肆意侵犯，才能实现对人权的尊重，而行政规划的变更也才有其存在的正当根据和坚实基础。

三、对行政规划变更的程序规制

现代行政法治的一个重要的标志和要求就是程序正义，通过正当程序的一系列原则和制度来对行政行为的过程加以控制，其要求在制度设计中，应重视公民对行政活动的知情权、参与权，要求将公民作为行政行为的主体而不再是客体来对待。因此，在借鉴正当程序的相关理念和制度的基础上，应当对行政规划变更进行更为合理和严格的程序规制。结合当下中国的特殊国情，具体的程序规制应包括以下几方面的内容：

1. 行政规划变更的申请

行政规划方案的实施过程中，如果基于情势的变更或者其所依据法律的修改需要进行变更，那么首先应由该行政规划的实施机关或者一定数量的利益相关人递交申请给有变更决定权的国家机关，从而启动行政规划的变更程序。在这里笔者认为，对全局性的、应由政府作出的行政规划，变更的决定权应属于相对应的各级人民代表大会。因为人民代表大会才是国家的权力机关，才是公共利益的代表，也只有其才可以对如此重大的问题作出终局性的决定。[17] 对于由政府职能部门依职权所做的行政规划，应当由其所隶属的同级人民政府或者上级行政机关（如果该行政机关采用垂直管理体制的话）来决定行政规划的变更。不过，考虑到行政规划的变更可能会影响到相邻的行政区域内人民的利益或者涉及其他行政主体职权，故对产生跨区影响或者涉及其他行政主体职权的行政规划的变更应当听取相邻行政区或者相关行政主体的意见。如果双方产生争议，应由其共同上级机关来作出裁决。

2. 行政规划变更的公告

公布行政规划变更方案，是为了让公众在举行听证会之前对行政规划的变更有足够的了解。公告应当在听证会举行前的一定时间内将行政规划变更的事由登载于政府公报或其他的媒介上，并应当允许公众查询。对于公布的内容，应当主要包括以下几方面：第一，需要展示行政规划变更的具体内容，以及变更的具体事实和法律依据；第二，告知利益受影响的行政相对人在一定的时间内可以提出书面异议并递交给听证机关；第三，告知愿意参加行政规划变更听证的公众应在一定的时间内到听证部门进行登记。当然，行政听证机关也可依职权主动通知利益相关人来参加听证会。

3. 行政规划变更的听证

听证（public hearing）是正当程序的基本要求，其本意为申辩、质证。行政法上的听证本质在于政府站在中立的立场上，通过听取利益相互冲突群体的不同意见，从社会公共利益最大化的视角来作出决定。

（1）对于听证制度的理解和把握的关键是对相关主体的利益分配由“谁来行使决定权”和“如何行使决定权”的回答。对这两个问题的不同回答在一定的意义上决定着听证制度中当事人之间不同的法律地位。在我国，行政

---

[17] 宪法的规定无疑也提供了坚实的法律支持，我国宪法规定全国人大的职权之一就是“审查和批准国民经济和社会发展计划和计划执行情况的报告”。而《中华人民共和国地方各级人民代表大会和地方各级人民政府组织法》中也给予了各级人大与此类似的职权。

规划变更听证应由行政规划的决定主体来主持，即该规划拟定主体所对应的同级人民代表大会、同级人民政府或者其直接上级行政机关来主持，依据不同的情况而定。

（2）对于听政主持人的选任，从各国的规定来看，主要有两种做法：一种是美国的行政法官制，另一种是由行政机关的首长或指定的人员担任，而采用后一种做法的国家和地区占绝大多数。⑱ 结合我国的政治体制和现实情况，笔者认为如果需要由人大来决定是否需要变更行政规划的话，应由各级人大常委会选派人员来主持听证，而如果需要由政府或上级行政机关来决定是否批准行政规划的变更，那么应由行政主体的首长或指定的人员来担当此任。

（3）行政规划的变更听证应允许尽可能多的利害关系人参加，即凡受到该行政规划变更影响的个人和组织均应有资格参加行政规划变更的听证。当然，由于行政规划涉及的范围较广，符合听证条件的参与人的人数一般而言也较多，而分散的、单个的公民参与行政规划的变更程序会有诸多不利因素，所以，笔者曾经在论及行政规划的确定程序中提出，在人数众多的情况下“可以让具有相同或相似利益诉求的公民结为一个团体，共同推举一个或若干个公民作为他们的代表参与（可以参照民事诉讼中的多数人诉讼机制）”。⑲ 在此也应该可以参考。

（4）在听证过程中，行政机关应当说明其是基于何种事实和理由而希望变更行政规划的，这种变更是否符合公共利益的需要，变更行政规划对利益相关人的损害是否小于其试图保护的公共利益？毫无疑问，这就涉及上文曾提到的通过正当的程序来认定公共利益的问题，也涉及行政行为的比例原则。对此，笔者认为只有经过听证会的辩论和质证，经过相关利益主体的利益表

⑱ 应松年：《外国行政程序法汇编》，中国法制出版社 1999 年版，第 217 页。

⑲ 宋雅芳：《论行政规划确定程序中的参与机制》，载《郑州大学学报》（哲学社会科学版），2006 年第 1 期。

达，所认定的才是真正的公共利益，而不是将“公共利益”的解释权完全赋予行政机关。而这种公共利益也只有经过比例原则的衡量以后，才可以成为行政规划变更的依据和理由。

4. 行政规划变更的裁决

对于行政规划变更的裁决是行政规划变更的决定机关在进行听证后针对行政规划变更所进行的裁决。只有经过行政规划变更的裁决程序，行政规划的变更才能产生法律效果，没有经过此裁决程序的行政规划变更不具有法律效力的，更不能被实施。当然，为了能够使听证真正取得效果，应当在法律中明确规定行政规划的变更裁决必须依据听证会的案卷来进行，遵循严格的“案卷排他主义原则”。

四、对行政规划变更的救济

1. 将行政规划变更纳入司法审查的范围

行政规划作为行政主体行政的方式之一，必然与行政相对人发生关系。而在这过程中，出现与相对人的利益纠纷是不可避免的，特别是在出现随意变更和违法变更时常常会侵害行政相对人的合法权益。然而，根据我国现行行政诉讼法的规定，行政规划不能纳入行政诉讼的受案范围，使得利害关系人在合法权益受到侵害时却无法得到合理的救济，因此，应当完善行政规划的侵权救济机制，允许利害相关人在认为行政规划的变更侵害其合法权益的情况下提起行政诉讼。[20] 这不仅有利于保护相对人的合法权益，而且可以有效地监督行政规划的批准者依法行政，从而减少行政规划拟定以及实施中违法行为的发生。

---

⑳ 当然，这有赖于一些更基本问题的解决，即对“抽象行政行为”和“具体行政行为”理论的澄清，并尽快把“抽象行政行为”纳入司法审查的范围。

2. 对因行政规划变更而导致利害关系人的损失予以补偿

即便行政规划的变更是合法和正当的，并符合了公共利益和比例原则的要求，那么对于少数公民因此而受到的“特别牺牲”是否要给予补偿？应当注意的是，政府行为一经法定程序作出，即具有确定力、拘束力和执行力，法律要求相对人对此予以信任和依赖，而规划变更的结果之一便是：使信赖政府的规划行为的人遭受到了特别的、额外的和沉重的负担，也即说，公共福利的义务重重压在了一部分公民的肩上，而不是像税收那样将社会作为一个整体来对待，这时，政府对因此而遭受损失的人应给予补偿。因为这种行为无疑已经构成了征用——在今天看来，所谓的征用实质上已经演化为“致使私人财产权益遭受特别牺牲的合法公权力行为”。[21] 而对于征用行为，出于社会公平的考虑，国家必须作出公正的补偿。

3. 对违法变更行政规划的行为予以惩处

行政规划是一项行政决策，这种决策对一个社会的影响是深远的，比如城市规划的变更可能会改变该城市的发展路向，而无数生活在该城市的居民将因此而受到各种影响。倘若行政规划的变更过程中出现了不应有的违法决策（包括程序违法和实体上不符合公共利益），比如我国过去大量存在的“形象工程”“面子工程”，就应当对违法变更者追究相应的政治责任、行政责任和法律责任。只有如此，才能有效地防止行政机关们盲目追求短期效应，而置国家、地区的长远利益于不顾。

五、结语

或许在本文结束时，我们还应当确信这样一个事实，即行政规划的法治

[21] 在今天看来，西方宪法上的征用已不复其本来的含义，“能指”与“所指”间产生了极大的断裂与内在紧张。征用这一概念成了一个似乎无处不用的“万金油”。关于此问题的详细讨论可参见沈开举：《征收、征用与补偿》，法律出版社 2006 年版，第 5 页。

建设是一个相关制度彼此关照和磨合的过程——无论从应然还是实然意义上——某个观念或者制度的创新或者引进并不能使法治的实践在瞬间便达到辉煌。历史昭示着我们，无论对一项制度进行怎样的精心雕琢——尽管这样的雕琢并非不重要——但如果相关制度和其不兼容，这精心雕琢的在理论上看似完美的制度则有可能因为缺乏整体协调而大打折扣。当下的行政规划变更中诸多问题的解决都依赖于制度创新者站在更高的层面——即站在法治的高度对行政规划的相关法律制度通过整合进行重构，从而在理想的不能实现和现实的不甘妥协的两难困境中，找到一种使规划变更法律制度的内部能够达到丝丝入扣之和谐统一的最优路径。

行政法治视野中的约谈：概念、性质与路径

黄学贤　孟强龙*

研究缘起

为贯彻落实党的十八大关于全面深化改革的战略部署，党的十八届三中全会通过的《中共中央关于全面深化改革若干重大问题的决定》（以下简称《深化改革的决定》）指出，全面深化改革的总目标是完善和发展中国特色社会主义制度，推进国家治理体系和治理能力现代化。而有效的政府治理必须切实转变政府职能，深化行政体制改革，创新行政管理方式，增强政府公信力和执行力。管理到治理的转变，是对福利国家危机、全球化等现实挑战的回应，以形成“善治”为核心的社会治理体系为目标，从而构建政治国家与公民社会的新型关系和最佳状态，在现代行政上多表现为非权力性手段的运用。2014 年 10 月 23 日，党的十八届四中全会通过的《中共中央关于全面推进依法治国若干重大问题的决定》（以下简称《依法治国的决定》）指出，法律是治国之重器，依法治国是坚持和发展中国特色社会主义的本质要求和重要保障，是实现国家治理体系和治理能力现代化的必然要求。正如杨建顺教授所言，在一个特殊的时期，一些法治之外的做法可以解释，但是随着社会形势发展，这些做法应该纳入法治的轨道，党的十八届四中全会应该是一些

* 黄学贤，苏州大学王健法学院教授、博士生导师；孟强龙，无锡漫修律师事务所律师。

"法外之地"的转折点。然而，一直以来，公法学的基本性视角是通过法院以及法官的眼睛来思考如何处理既已发生的纠纷，即它有着将法作为病理学而予以把握的特点。[①] 相反地，我们今天所论及的要求则是着眼于现实运行中的行政活动以及对其加以实际规制的法律。行政约谈作为当下的一种"时髦"的工作方式，却并未引起理论界的足够重视，专著付之阙如，文章寥寥可数。众所周知，行政法学是一门实践性和应用性极强的学科，立足实践，注重回应现实需要，因此，理论界与实务界对同一问题的"冰火两重天"的态度并不多见，据此，我们相信这是一个被理论界冷落、但需要引起关注的问题。对运作中的行政约谈进行法治化的研究，是对机械地利用行政执行法律这一预定论调的否定，通过实证性的研究，即观察现实的行政活动，探究行政约谈的兴起背景、廓清行政约谈的概念、性质，建构行政约谈的类型，揭示行政约谈的异化现象并分析成因，通过与域外相似制度的比对与借鉴，最终提供行政约谈的法治化路径，满足约谈本土化的要求，推动法治政府的建设与国家治理能力现代化。

约谈作为一项颇具中国特色的制度，却并非我国大陆地区"土生土长"的产物，而是来自香港地区的"舶来品"。[②] 2002 年 9 月，辽宁省地方税务局关于《开展外籍人员个人所得征税约谈工作》的通知（辽地税函〔2002〕296 号）[③] 标志着"约谈"正式进入官方文件。[④] 此后，随着"约谈"在税务改革

---

① ［日］大桥洋一：《行政法学的结构性变革》，吕艳滨译，中国人民大学出版社 2008 年版，第 5 页。

② "约谈"原是香港特区税务局针对被审查的纳税主体的"喝咖啡"制度，作为经验被引介入内地。此外，香港税务局对"约谈"的官方表述为"会晤"，"约谈"则来自港台媒体的泛指。实际上，任何执法机构在没有获得法庭强制令时，希望与当事人见面的举动，都被认为约谈。参见胡贲：《部委"约谈"：误解与真相》，载《南方周末》2011 年 6 月 9 日，时局版。

③ 本法规已被 2006 年 1 月 6 日辽宁省地方税务局关于印发《辽宁省地方税务局税务约谈办法》的通知废止。该通知对"成立约谈小组""约谈程序及步骤""约谈内容"等。

④ 多数人认为，约谈制度第一次进入官方的正式文件始于 2003 年 9 月北京市地方税务局推出的《北京市地方税务局税务函告、约谈工作实施办法》，从时间上而言，这是不正确的。参见胡贲：《部委"约谈"：误解与真相》，载《南方周末》2011 年 6 月 9 日，时局版；李庆：《行政约谈制度的法治化》，载《中央社会主义学院学报》2012 年第 1 期；沈斌：《行政约谈制度之研究》，华东政法大学 2012 年硕士学位论文，第 5 页；邢鸿飞、吉光：《行政约谈刍议》，载《江海学刊》2014 年第 4 期。

领域的全面展开，“以谈促收”的方式充分凸显出约谈的灵活性与高效性，⑤使得这一新兴的行政手段迅速蔓延开来，其触角伸至“环境保护”⑥“国土资源、能源”⑦“市场监管、安全生产监管”⑧ 等行政管理的多个领域。⑨ 实际上，不仅行业约谈盛行，从中央部委到地方各级政府及其工作部门也纷纷出台了“安全生产约谈问责制度”“土地违法约谈制度”“组织部廉政约谈制度”“党委书记约谈制度”等各类文件。据笔者不完全统计，现行有效的行政规范中使用“约谈”的部委规章、地方性法规、地方政府规章以及其

---

⑤ 杨小妹：《我省首次集中公开约谈污染企业》，载《陕西日报》2015年4月8日，第1版；王丹：《评估查问题，约谈出成效：密云地税首次约谈“约出”75万》，载《北京科技报》2003年4月2日，第2版；林伟明：《蛇口国税局日前成功辅导企业自查调增应纳税所得额，约谈三家企业促收税款400万》，载《深圳特区报》2006年10月30日，第B08版；郭涛、俎庆云：《约谈督促零税负企业主动补税》，载《中国税务报》2006年10月13日，第3版。

⑥ 董若义、郝呈富：《莱芜约谈制度为企业把脉，约谈企业50余家次》，载《中国环境报》2010年5月7日，第3版。

⑦ 刘振国、程秀娟：《国土资源部2014年共约谈土地矿产违法严重60市246县》，载《中国国土资源报》2015年1月9日，第1版；葛然：《土地监管领域的行政约谈》，载《江苏法制报》2012年12月24日，第6版；张维宸：《约谈一个，警示一方，教育一片》，载《中国国土资源报》2010年12月17日，第5版。

⑧ 訾晓燕：《酒泉约谈食药生产问题企业》，载《甘肃法制报》2015年4月9日。潘宜平、罗恒发：《约谈制促进公用企业自律——厦门12315“软硬兼施”实行人性化监管》，载《中国工商报》2005年1月29日；黄荔：《天津建立重大安全事故、重大安全隐患约谈制度——约谈企业十日内上交整改报告》，载《建筑时报》2005年11月10日，第5版；苗青等：《切实维护消费者合法权益，徐州工商行政约谈网商和快递企业》，载《江苏法制报》2014年11月24日，第3版；张汉澍：《约谈产生不涨价联盟，中外乳企业力不从心》，载《华夏时报》2011年5月16日，第24版。

⑨ 据笔者统计，现如今，“财政、金融、审计”“城乡建设、环境保护”“工业、交通”“公安、安全、司法”“国民经济管理、国有资产监管”“国土资源、能源”“科技、教育”“劳动、人事、监察”“市场监管、安全生产监管”“卫生、体育”“文化、广电、新闻出版”等每个行业都已制定了相关约谈办法，已成遍地开花之态势。

他规范性文件已有178部之多，其中部委规章15部，[10] 地方性法规24部，[11] 地方政府规章45部，[12] 其他规范性文件95部[13]（各年数量详见表1）。

表1 使用“约谈”的现行有效的行政规范数量统计[14]

	2014	2013	2012	2011	2010	2009	2008	2007	2006	2005	2004	2003	2002	合计
法律	0	0	0	0	0	0	0	0	0	0	0	0	0	0
行政法规	0	0	0	0	0	0	0	0	0	0	0	0	0	0
部委规章	1	2	1	5	1	2	1	1	0	0	0	0	0	14
地方性法规	6	7	4	2	2	1	2	0	0	0	0	0	0	24

---

⑩ 包括：2004年公安部《交通事故处理程序规定》第63条（已失效）、2007年卫生部《卫生信访工作办法》第31条、2008年公安部《道路交通事故处理规定》第72条、2009年商务部《两用物项和技术出口通用许可管理办法》第9条、2009年环保部《限期治理管理办法》（试行）第11条、2010年国家食品药品监督管理局关于《建立餐饮服务食品安全责任人约谈制度》的通知、2011年国资委《地方国有资产监管工作指导监督办法》第24条、2011年住建部、发改委、人社部《房地产经纪管理办法》第28条、2011年交通运输部《交通运输部安全生产约谈办法》（试行）、2011年海事局《水上安全管理约谈规定》、2011年国家安全监管总局、国家煤矿安监局《煤矿生产安全事故通报约谈分析和督导制度实施办法》、2012年环保部《环境监察办法》第25条、2013年交通运输部《快递市场管理办法》第38条、2013年中国人民银行《征信机构管理办法》第32条、2014年国家食品药品监督管理总局《医疗器械生产监督管理办法》第56条。

⑪ 其中，浙江省5部、湖北省4部、广东省2部、陕西省2部、重庆市2部、安徽省1部、北京市1部、河南省1部、黑龙江省1部、江苏省1部、山东省1部、辽宁省1部、宁夏回族自治区1部、新疆自治区1部。

⑫ 其中，江苏省5部、广东省5部、天津市4部、河南省4部、浙江省3部、贵州省3部、安徽省2部、福建省2部、河北省2部、西藏自治区2部、宁夏回族自治区2部、湖南省2部、甘肃省1部、海南省1部、湖北省1部、吉林省1部、青海省1部、山西省1部、陕西省1部、重庆市1部、广西壮族自治区1部。

⑬ 其中，河南省10部、山东省9部、广东省7部、黑龙江省6部、江苏省6部、安徽省5部、福建省4部、江西省4部、河北省4部、浙江省4部、北京市3部、湖北省3部、辽宁省3部、陕西省3部、四川省3部、云南省3部、新疆维吾尔自治区3部、宁夏回族自治区3部、湖南省2部、山西省2部、天津市2部、甘肃省1部、贵州省1部、海南省1部、吉林省1部、上海市1部、广西壮族自治区1部、

⑭ 数据处理规则说明：（1）已被修正的规范以制定日期为准；已被修订的以修订日期为准；（2）数据来源于“中国法律、法规信息系统”及“北大法宝”，检索关键词为“约谈”；（3）采集时间截止于2014年11月22日。

续表

地方政府规章	4	12	5	12	7	4	1	0	0	0	0	0	0	45
其他规范性文件	5	16	21	16	13	3	4	7	3	2	2	2	1	95
合计	16	37	31	35	23	10	8	8	3	2	2	2	1	178

约谈从税收征管领域的异军突起，仅用“灵活性”这一特征来概括恐怕难免会陷入片面性的质疑。事实上，“约谈现象”与当今的时代特征有着密切的联系，从某种程度上而言，约谈深刻反映了当下行政的任务由“防止型”到“预防型”的转变、服务行政理念与公众参与的要求。

一、揭开行政约谈的面纱——概念与类型

法律充满概念。“概念是构筑科学思想大厦的工具”，是一切科学考察的出发点，[15] 没有概念可能会使我们的论证推理失去前提。[16] 可见，概念是打开一项学术研究大门的钥匙，我们对行政约谈的探究也将从这里出发。

行政约谈的概念是反映其本质属性（或特有属性）的思维形态。[17] 传统意义上的约谈通常指司法警察官或司法警察，因调查犯罪嫌疑人犯罪情形及搜集证据之必要，得适用通知书，通知犯罪嫌疑人到场询问。[18] 当“约谈”与“行政”在现代风险社会联合之后便发生了概念上的模糊化。我国

---

⑮ ［奥］埃利希：《法社会学原理》，舒国滢译，中国大百科全书出版社 2009 年版，第 9、28 页。

⑯ 章剑生：《现代行政法基本理论》，法律出版社 2008 年版，第 194 页。

⑰ 参见张大松、蒋新苗主编：《法律逻辑学教程》（第 3 版），高等教育出版社 2013 年版，第 154 页。

⑱ 管欧等：《法律类似语辩异》，五南图书出版公司 1987 年版，第 325 页。

有关约谈的规范性文件对约谈的描述基本相同，大致可以归纳为“约见谈话”⑲“有针对性的提醒和建议”⑳“约请说明疑问”㉑“告诫性谈话”㉒“诫勉谈话”㉓“问责谈话”㉔ 等几种类型。然而，这种开放式的概括方法，最多只能称之为“描述”，它们具有不确定性，甚至为政治传统中的各种沟通机制的进入提供了方便，过去的“个别谈话”“传达文件”，甚至“组织生活会”等形式，都被注入了“约谈”的新瓶之中。因此，行政约谈法治化道路的首要任务便是摒弃“描述”式的笼统概括，转而寻求对约谈概念的严格界定，即首先廓清行政约谈“是什么”。

有学者认为，所谓约谈，指的是拥有具体行政职权的机关，通过约请谈话、沟通信息、学习政策、分析讲评等方式，对下级组织运行中存在的问题予以纠正并规范的准具体行政行为。也可以这样理解，约谈是问责前的一种“警告”或“打招呼”，㉕ 其对象是清一色的官员。㉖ 有学者认为，所谓行政约谈，是指当行政相对人涉嫌违法时，为防止违法行为的发生或蔓延，行政主体运用协商对话机制，通过与行政相对人“秘密”交谈的方式传递警示信

⑲ 《福建省交易场所管理办法》第25条、《海南省建筑工程质量和安全生产责任事故约谈制度》第2条、《黑龙江省安全生产约谈制度》第2条、《吉林省生产安全责任事故约谈制度》第2条、《长沙市安全生产督导约谈制度》。

⑳ 中华人民共和国海事局《水上安全管理约谈规定》第2条、宁波市国家税务局关于《进一步加强约谈辅导工作》的通知。

㉑ 中国人民银行《征信机构管理办法》(〔2013〕第1号)、汕头市地方税务局《外籍人员个人所得税质疑约谈暂行办法》。

㉒ 《重庆市产品质量条例》第34条、《无锡市建设工程安全生产管理条例》第40条、2013年潍坊市人民政府办公室关于印发《潍坊市环境保护约谈制度》的通知、河南省人民政府办公厅关于印发《河南省违反土地管理规定行为警示约谈办法（试行）》的通知、《山西省安全生产责任事故约谈制度》。

㉓ 《交通运输部安全生产约谈办法（试行）》第3条、《湖北省耕地质量保护条例》第29条、2012年《南昌市公路管理局安全生产约谈办法（试行）》《无锡市建设工程质量监督管理办法》第9条、《江苏省危险化学品生产经营单位安全生产约谈制度（试行）》第3条。

㉔ 《贵州省安全生产约谈制度》第2条、《湖北省人民政府办公厅关于实行安全生产约谈的通知》《青岛市安全生产约谈制度（试行）》第2条、《银川市安全生产约谈制度》第2条。

㉕ 徐娟:《约谈缺的不是权威是公开》，载《法制日报》2013年3月26日，第7版。

㉖ 浏星:《“行政约谈”别像撒娇的小粉拳》，载《中国青年报》2011年1月28日，第2版。

息，明确指出行政相对人行为可能存在的违法情形，加以必要的引导和教育，促使行政相对人做或不做某种行为的一种管理活动。[27] 抑或是，行政主体依法在其职权范围内，针对所监管的行政相对人出现的特定问题，为了防止发生违法行为，在事先约定的时间、地点，与行政相对人进行沟通、协商，然后给予警示、告诫的一种非强制行政行为。[28] 还有学者认为，一般情况下，行政约谈指的是拥有职权的行政机关对辖区内所管理的部门或行政相对人的违法行为进行约见谈话，促其自纠或进行行政处分、行政处罚的系列行为。[29] 可见，学界关于行政约谈多种定义的主要区别在于：行政约谈是调整行政主体内部法律关系的手段，还是用于调整行政主体与行政相对人外部法律关系的活动，抑或两者兼顾。从法律文本上看，约谈无论作为内部行政行为，还是外部行政行为，均能够找到支撑依据。据笔者不完全统计，将行政约谈视为内部行政行为的有：2部部委规章、17部地方政府规章、5部地方性法规；[30] 将行政约谈视为外部行政行为的有：9部部委规章、16部地方政府规

㉗ 邢鸿飞、吉光：《行政约谈刍议》，载《江海学刊》2014年第4期。

㉘ 张玉芙蓉：《我国行政约谈制度存在的问题及其法治化探析》，载《中天学刊》2014年第4期。

㉙ 郭少青：《环境行政约谈初探》，载《西部法学评论》2012年第4期。

㉚ 部委规章：《卫生信访工作办法》《地方国有资产监管工作指导监督办法》；地方政府规章：《合肥市国土资源管理规定（试行）》《安徽省住房保障工作考核约谈问责暂行办法》《广东省治理货运车辆超限超载工作责任追究办法》《汕头市安全生产警示制度和安全生产约谈制度》《南宁市房地产市场调控工作约谈问责办法》《贵州省电煤供应和采购储备考核奖惩暂行规定》《甘肃省住房保障工作考核问责暂行办法》《海南省建筑工程质量和安全生产责任事故约谈制度》《郑州市违反土地管理规定行为警示约谈办法（试行）》《河南省违反土地管理规定行为警示约谈办法（试行）》《湖北省人民政府办公厅关于实行安全生产约谈的通知》《中共湖南省委办公厅、湖南省人民政府办公厅关于建立县级党政主要领导教育工作约谈制度的通知》《天津市基本住房保障管理办法》《天津市依法行政考核办法》《天津市城市管理规定》《西藏自治区矿产资源勘查开发监督管理办法》《浙江省城镇住房工作考核督查和约谈暂行办法》；地方性法规：《安徽省人民代表大会常务委员会关于加强建筑施工扬尘污染防治工作的决定》《湖北省耕地质量保护条例》《湖北省优化经济发展环境条例》《湖北省湖泊保护条例》《杭州市安全生产监督管理条例》。

章、19部地方性法规；[31] 将行政约谈既作为内部行政行为又作为外部行政行为的有：3部部委规章、12部地方政府规章、1部地方性法规。[32]

行政约谈在立法上的多重用途与实践中社会公众的认知相吻合。实践中，一般认为行政约谈具有两方面的作用，即约谈官员和约谈相对人，二者具有不同的功能。前者是行政主体组织内的约谈，由上级机关约谈下级机关的首长或相关负责人，或是“提醒、关爱”那些“有不良传言的”官员、“监督干部8小时之外的生活”，[33] 或是作为未完成行政任务的问责方式，如国家土地总督察开展的“土地问责约谈”，[34] 或是为了防范地方保护主义，确保公

㉛ 部委规章：《道路交通事故处理规定》《两用物项和技术出口通用许可管理办法》《限期治理管理办法（试行）》《关于建立餐饮服务食品安全责任人约谈制度的通知》《房地产经纪管理办法》《水上安全管理约谈规定》《快递市场管理办法》《征信机构管理办法》《医疗器械生产监督管理办法》；地方政府规章：《福建省建设工程安全生产管理办法》《福建省交易场所管理办法》《广东省快递市场管理办法》《广州市安全生产管理规定（试行）》《深圳市房地产市场监管办法》《长春市房地产开发企业信用评价暂行办法》《江苏省自然人失信惩戒办法》《苏州市市场价格行为监督管理办法》《无锡市建设工程质量监督管理办法》《无锡市快递管理办法》《宁夏回族自治区药品流通监督管理办法》《青海省价格监督检查办法》《西安市民办医疗机构促进与管理办法（试行）》《宁波市企业信用监管和社会责任评价办法》《杭州市市场调节价监督管理若干规定》《重庆市地方税收征管保障力法》；地方性法规：《北京市食品安全条例》《深圳经济特区合同格式条款条例》《广东省实施〈中华人民共和国价格法〉办法》《河南省企业工资集体协商条例》《湖北省邮政条例》《无锡市建设工程安全生产管理条例》《宁夏回族自治区环境教育条例》《青岛市价格条例》《陕西省价格条例》《陕西省水土保持条例》《乌鲁木齐市大气污染防治条例》《浙江省曹娥江流域水环境保护条例》《杭州市交通建设工程监督管理条例》《温州市民间融资管理条例》《浙江省价格条例》《重庆市产品质量条例》《重庆市医疗机构管理条例》《辽宁省水土保持条例》。

㉜ 部委规章：《安全生产约谈办法》《煤矿生产安全事故通报约谈分析和督导制度实施办法》《环境监察办法》；地方政府规章：《贵州省安全生产约谈制度》《贵州省电煤应急保障工作省级约谈制度》《石家庄市药品零售监督管理办法》《石家庄市安全生产约谈制度的通知》《郑州市重大环境问题警示约谈制度的通知》《郑州市地方煤矿安全生产约谈制度》《长沙市安全生产督导约谈制度》《无锡市安全生产履职约谈规定的通知》《银川市安全生产约谈制度的通知》《山西省安全生产责任事故约谈制度》《天津市安全生产责任制规定》《西藏自治区生态环境保护监督管理办法》；地方性法规：《哈尔滨市建设工程安全生产管理条例》。

㉝ 刘俊：《纪委的“茶”好喝吗》，载《南方周末》2011年4月14日，时局版。

㉞ 刘晶瑶：《约谈过后，土地问责不能说说而已》，载《新华每日电讯》2011年1月18日，第3版。

平的市场经济环境；[35] 后者是行政主体对行政相对人的约见谈话，是现代社会的治理方式之一，以预防、教育为手段，提升相对人的守法意识，降低经营风险与违法风险。笔者以为，内部问责与外部警示均是行政约谈不可忽视的作用，只强调行政约谈的外部性而忽略其内部性，不利于发挥约谈实效的发挥，只强调行政约谈的内部性而无视其外部性，则不利于约谈制度的建设。因此，比较理想的方案是将二者均纳入约谈的调整范围，通过科层式的内部约谈迫使下级行政主体有效落实法律、法规及相关政策，避免行政不作为或者形式作为而实质不作为。[36] 通过柔和的外部约谈对行政相对人进行警示、宣传、教育，达到预防风险的社会治理目标。概言之，行政约谈有广义和狭义之分，广义的行政约谈包括内部行政约谈与外部行政约谈，可以理解为具有一定行政管理职权的行政机关，针对其下级行政机关或行政相对人，采取谈话、听取意见、普法教育、提供信息、违法预警等方式，对其组织管理或社会治理所涉事项中的问题予以规范纠正或加以预防的行政行为。狭义的行政约谈，仅指行政外部约谈，约谈发起人是行政主体，被约谈者是行政相对人，其特征是行政主体以警示、教育、说明、建议等方法，不能造成强制力或拘束力，不得恐吓相对人，且相对人有不接受约谈的权利，行政机关不得因此给予处罚或不利益。相较于内部行政约谈，外部行政约谈由于涉及相对人的权利、义务，应当受到更加严密的“监视”，在主体、内容、适用情形、性质、法律效力等方面均有进一步研究的必要。因此，本文即是对狭义上的行政约谈的考察。

二、旧貌还是新颜？——行政约谈的法律属性

不同性质的行政行为应当受不同规则的调整。[37] 从某个角度来看，不同类

---

[35] 蒋昕捷：《20年首次约谈地方政府，食药总局频出奇招，中药材“刮骨疗毒”》，载《南方周末》2013年8月1日，绿色版。

[36] 对“形式作为而实质不作为”的详细论述，参见黄学贤：《形式作为而实质不作为行政行为探讨——行政不作为的新视角》，载《中国法学》2009年第5期。

[37] 参见江必新：《论行政许可的性质》，载《行政法学研究》2004年第2期。

型行政约谈所具有的权力成分的差异也是行政约谈的性质界定不明的“后遗症”。因此行政约谈的性质是我们应当直面的核心问题。

实务中，行政约谈多被认为是行政指导的表现形式，如2013年国家工商总局发布的《工商总局关于加强商品交易市场规范管理的指导意见》第8项指出，“各地要注重发挥行政处罚等刚性执法手段的威慑作用，……同时，要进一步强化行政指导力度，在法定职权范围内，通过建议、辅导、提醒、规劝、示范、公示、约谈等非强制性方式引导经营者诚信守法经营”，这一定位也体现在各地方制定的规范性文件之中，如《湖南省工商行政管理局广告行政约谈工作制度》第2条规定：“本制度所称的广告行政约谈是指工商行政管理机关对广告主、广告经营者、广告发布者进行当面约谈，督促其及时纠正广告违法行为，宣传广告相关法律法规，指导其建立和完善广告经营相关管理制度，积极落实长效管理措施，促进监督管理的行政指导行为。”《苏州市市场价格行为监督管理办法》第21条规定，“政府价格主管部门可以采取建议、提示、引导、劝勉、告诫、约谈、警示等方式指导经营者规范价格行为”。

正是这个在实务中“争议不大”的问题却成了学界各种观点相互争锋的“主战场”。已经达成的共识仅限于——行政约谈是作为“柔性的行政执法方式”或称“非强制性行政行为”而存在的。[38] 如进一步探寻行政约谈的法律属性则是“百花齐放、百家争鸣”的“繁荣”景象。

有观点认为，行政约谈属于柔性执法方式，具有行政指导性质。[39] 有观点认为，行政约谈是当代行政治理模式转变背景下行政指导发展出来的一种新的表现形式，应当被纳入广义的行政指导范畴，属于行政事实行为。[40] 有观点认为，行政约谈属于行政法律行为，虽与行政指导有相似性，但在利益诱导、

---

[38] 章志远教授认为，行政约谈是中性行政手段。参见章志远：《行政法学总论》，北京大学出版社2014年版，第261页。

[39] 何天梅：《推行“行政约谈制度”》，载《中国食品药品监管》2014年第1期。

[40] 葛然：《当代行政法视野中的行政约谈研究》，苏州大学2013年硕士学位论文。

行为依据、救济方式上都不同于后者，属于“类行政指导”。[41] 有观点认为，行政约谈是一种新型的非强制行政行为，不是准行政行为和行政事实行为，而是一种全新的具体行政行为；[42] 还有观点认为，行政约谈是非类型化的行政行为，就某一特定的行政约谈行为而言，既可能是行政处罚，也可能是行政指导，还有可能仅是一种纠纷的解决途径或者其他行为。[43] 甚至有观点认为，行政约谈是道德行为，因为约谈强调参加约谈以及遵从约谈结果的自觉自律的事实行为，是基于约谈双方自由意志而产生的非强制性事实行为，在本质上也是以内在自律为主的自律与他律相统一或超越自律与他律的道德制度，是以非强制性为主的非强制性与强制性相统一或超越非强制性与强制性的道德制度，是以伦理精神为统摄的道德制度化与制度道德化相统一的道德制度，是超越工业社会的法律制度和面向后工业社会的道德制度。[44]

还有学者另辟蹊径，试图从部门行政法的视角管窥行政约谈的属性。如环境执法约谈领域，有观点认为，环保行政执法约谈属于准行政行为，其在本质上而言属于行政契约，因为约谈主体之间可根据现实需要，创设新的、具有约束性权利与义务的法律关系，甚至可以包含与现有法律不完全一致的内容。[45] 也有观点认为，环境行政约谈分为约谈行为本身和整改意见，前者属于行政事实行为，后者属于行政指导行为，就整体而言属于类行政指导行为；[46] 税务稽查约谈领域，有观点认为，税务约谈可以看作税法吸取了私法中

㊶ 邢鸿飞、吉光：《行政约谈刍议》，载《江海学刊》2014 年第 4 期。

㊷ 张玉芙蓉：《我国行政约谈制度存在的问题及其法治化探析》，载《中天学刊》2014 年第 4 期。

㊸ 李庆：《行政约谈制度的法治化》，载《中央社会主义学院学报》2012 年第 1 期。

㊹ 黄爱宝：《生态行政约谈制度：创新价值与完善方向》，载《江苏行政学院学报》2013 年第 6 期。

㊺ 参见王利：《我国环保行政执法约谈制度探析》，载《河南大学学报》2014 年第 5 期；张福刚：《生态文明建设的法治保障——以环境行政执法约谈法治化为视角》，载《毛泽东邓小平理论研究》2013 年第 6 期。

㊻ 郭少青：《环境行政约谈初探》，载《西部法学评论》2012 年第 4 期。

自愿平等协商来达成一致这一方式的合理内核发展而来的。[47] 还有观点认为，税务稽查约谈为解决征纳双方非对抗性争议起到桥梁作用，是一种纠纷解决机制；[48] 知识产权约谈领域，有观点认为，知识产权约谈是行政机关通过约谈沟通等方式，对下级组织、企业运行管理中存在的问题予以纠正并规范的准具体行政行为。[49]

综上所述，学界关于行政约谈的性质的观点有：行政事实行为说、行政法律行为说、准行政法律行为说、阶段性行政行为说、行政指导说、类行政指导说、行政契约说以及纠纷协调机制说。如此多的争议反映出行政约谈性质的复杂性，但也从侧面显示出探讨这个问题的必要性与重大价值。学界众多的观点为我们深究行政约谈性质提供了“智力支持”，使得我们能够站在“巨人的肩膀”上，也许能看得更远、更真切。笔者经过整理发现，以上诸多学说的争议点基本集中在以下几个问题上：第一，行政约谈是否有作为一种独立行政行为的价值？第二，行政约谈是行政法律行为还是行政事实行为？第三，行政约谈属于行政契约、行政指导还是其他？

（一）行政约谈是具有独立价值的行政行为

行政约谈的独立性问题实际上是探讨行政约谈是阶段性、未成熟的行政行为还是已成就的行政行为。如果仅作为具体行政行为的实施步骤，则不具有独立性，类似于德国学者所称的“非正式行政活动”，即指行政决定作出时或作出前，行政机关与公民之间进行协商或者其他形式的接触的行为，为法

---

[47] 巴海鹰：《税务稽查约谈制度研究——以“新公共管理运动”的视角》，载《税务与经济》2009 年第 1 期。

[48] 金灿、张鸿顺：《税务稽查约谈：解决非对抗性争议的有效途径》，载《中国税务》2007 年第 1 期。

[49] 杨华权：《知识产权纠纷中的政府约谈——兼评政府的知识产权意识》，载《科技与法律》2011 年第 6 期。

律行为作准备或者替代法律行为。[50] 否则在约谈结束后则属于已成就的行政行为。之所以有行政约谈独立性价值的质疑，是因为实践中的行政约谈往往与后续的行政和解、行政处罚相联系。如有学者认为，约见谈话只是行政调查的基础，是行政处罚的程序之一，是执法和解的一种交流形式。[51] 此时，行政机关约谈相对人的行为，只是了解情况，并不会增加相对人负担或者对其权利产生不利益，当行政主体据此作出了行政处罚等具体行政行为之后，相对人应当以行政处罚违反法定程序，限制了其陈述申辩的权利为由提出异议，而并不针对约谈行为本身。换言之，约谈是行政主体作出处分或措施前的必经程序——行政主体履行告知义务、相对人行使陈述申辩权——而存在的，并不具有独立价值。对此观点笔者尚不能苟同。首先，且不论此种“督办处罚型”约谈的正当性（实际上是约谈异化的表现），现实中存在大量的约谈是独立存在的——如违法预警型约谈——并不会有后续的处罚、和解措施，因此若将约谈简单归结为行政主体作出其他具体行政行为的阶段性过程，显然是以偏概全的。其次，认为约谈无独立价值的学者往往将“约谈”等同于“调查”或者“协商”，不可否认约谈具有的调查、协商功能，但却不可将此功能无限放大，因为行政主体并非“为了谈而约”，更主要的是了解相对人的立场以便给予警示、进行教育、提出建议，从这方面来看，约谈的工具主义价值更为突出。最后，相对人对行政行为具有信赖利益，否认约谈的独立价值就是拒相对人于法律救济之外，不利于相对人权利的保护；另外，行政主体为了避免承担责任，甚至会采用“以谈代罚”的手段，不利于“责任政府”的培育，长此以往必然会对法律实施产生不利影响。

---

[50] ［德］哈特穆特·毛雷尔著：《行政法学总论》，高家伟译，元照出版有限公司 2002 年版，第 379 页。

[51] 张郁：《反垄断执法和解制度与“约谈”关系探析》，载《吉林广播电视大学学报》2012 年第 5 期；易斌、徐俊：《湖北随州市曾都区工商局公平交易分局实行行政处罚案件处罚前约谈制度》，载中国政府法制信息网，http://www.chinalaw.gov.cn/article/dfxx/zffzdt/200906/20090600135591.shtml，最后访问日期：2015 年 4 月 25 日。

（二）行政约谈是非权力性的行政行为

在以“命令——服从”为话语权的传统行政法理念中，权力性作为行政权的最主要内涵是不容置疑的，然而，随着行政实践的发展，诸如行政指导、行政奖励、行政调解等新型行政行为的兴起，行政行为逐渐由行政权中心主义转向相对人权利中心主义——以行政程序参与为先导。在这样的背景之下，行政行为通过引入“非权力性”概念实现其“华丽的转身”。所谓非权力性行政行为，指行政主体在行政活动中针对相对人所实施的不带命令性或强制性的行为，故又称非强制性行政行为。在此类行政行为中，相对人享有基于利益判断，而作出是否服从的选择自由，相对人若不服从，行政机关不能因此给予处罚或其他形式的制裁，其实现主要是以相对方的心理与意识的认同为前提，是通过利益诱导、道理说服以及依靠政府的威信赢得服从。[52] 在行政主体发出约谈通知后，相对人可以选择参与约谈或者不参与约谈；约谈过程中，相对人在回答行政主体的询问、接受辅导时也可针对约谈事项提出疑问并要求作出反馈；约谈之后，相对人可以选择采纳约谈建议或者不采纳约谈建议，采纳此种建议或彼种建议。不论相对人作出何种选择，行政主体均不得以相对人未遵从其“好意”为由施以惩戒或设置障碍。有观点认为，行政主体发出约谈通知后，相对人惧于行政主体事后可能给予的不利益而不敢“说不”，由此否认约谈的非权力性。我们虽无法回避这样的质疑，但应当认识到，基于行政主体的优势地位，相对人在存在的“心理压力”是很难避免的，但也不可过分高估“心理压力”对相对人行为的影响，毕竟绝大多数人扮演的是善于利益衡量的“理性人”角色。此外，“心理压力”也有别于法律上的强制力，基于前者而实施或者停止某项行为，属于权利的处分（放弃），基于后者而进行的作为或不作为是守法行为，是义务的履行。过分强调相对人的“心理弱势”是不利于新型行政行为尤其是非权力性行政行为的发

---

[52] 崔卓兰、刘福元：《非强制行政行为制度化探微》，载《法制与社会发展》2011 年第 3 期。

展的。但需要说明的是，此处相对人的“心理弱势”不同于行政主体的“恐吓”，前者是基于行政主体的公权力主体地位而产生的“压迫感”，后者是由于行政主体的行为（如告知不遵从约谈结果将给予处罚）而形成的“事实上的强制力”。

（三）行政约谈是行政事实行为之行政指导的表现方式

事实行为是指以某种事实结果而不是法律后果为目的的所有行政措施。[53]行政主体约请相对人谈话以防止其违法的一种“善意提示”行为，并非课予相对人义务，不会导致行政法律关系的产生、变更或者消灭，其也并未以后续之强制执行为为后盾来行使。具言之，行政约谈属于行政事实行为之一种——行政指导行为。所谓行政指导是指行政机关在其职权或者所管辖事务的范围内，为实现一定的行政目的，要求特定的人为一定的作为或者不作为的指导、劝告、建议以及其他不属于处分的行为。[54] 由此可见，行政指导之构成要件包括：第一，须为行政主体之行为；第二，须为该行政主体的任务或所管事务的范围；第三，只能以完全依靠相对人自愿合作的方式实现。[55] 其类型有抑制性行政指导、诱导性行政指导以及协调性行政指导。[56] 作为行政约谈主要类型的纠纷协调型约谈、违法预警型约谈均可与行政指导相包容。

如前所述，不少学者已经注意到行政约谈与行政指导在性质上的相似性，但在态度上却依然是迟疑的、不彻底的，他们采取的是更为温和的“认证方式”——将行政约谈归为“类行政指导行为”，以表明行政约谈与行政指导虽有一定的契合性，但在性质上仍是无法兼容的。主要理由有二：第

---

[53] ［德］哈特穆特·毛雷尔著：《行政法学总论》，高家伟译，元照出版有限公司 2002 年版，第 379 页。

[54] ［日］盐野宏：《行政法总论》（第四版），杨建顺译，北京大学出版社 2008 年版，第 133 页。

[55] ［日］室井力等主编：《日本行政程序法逐条注释》，朱芒译，上海三联书店 2009 年版，第 218-219 页。

[56] 李惠宗：《行政法要义》，五南图书出版股份有限公司 2002 年版，第 485-486 页。

一，行政约谈"提出警示"的功能突破了传统行政指导的"利益诱导"特征；[57] 第二，从法律效果看，行政指导行为不存在必须履行的义务，它在行政法律关系主体间不产生拘束力，行政主体也不得采取措施强制行政相对人履行；而在约谈行为实施之后，该行为就对行政相对人产生法律上的拘束力，其必须按照约谈记录所记载的内容去履行。[58] 德国著名哲学家、数学家莱布尼茨（Gottfried Wilhelm Leibniz）提出了关于事物的差异率，"在一个花园中找不到两片完全相同的树叶"。诚然，行政约谈与行政指导在诸多方面存在着差异，但这并不影响二者的同质性。首先，"诱导性行政指导"又称"辅助性行政指导""助成性行政指导"，是由行政机关对民间各种事业或个人，为使其生活或工作业务有所改善，附加给付的成果，所采取之行政指导。[59] 从外观上看，行政指导通常附随补助金、融资等利益作为"诱饵"，而行政约谈多采用直接建议、劝说的方式，相比较而言，约谈所给予的经济利益确实要小于前者，但其可以降低相对人的违法机会，用法律意识、知识、技术为相对人的财富增长"保驾护航"，以提高其福祉，所以很难说避免违法不是一种诱导方式。至于法律效果上的差异，行政约谈与行政指导作为非强制性行政行为，相对人均有较强的自主性、自觉性、选择性，《约谈记录》只是约谈的书面记录，是反映约谈过程的载体，不能被作为强制执行的依据。至于在约谈后形成的《整改意见》，有观点认为是行政协议，笔者以为，此《整改意见》是行政主体在根据相对人的陈述，了解相对人心理、动机之后，结合各项法律法规，发出的以警示、告知以及建议为主要内容的通告，其中可能有行政主体与相对人经协商一致后达成的整改措施，但相对人仍有最后采纳或不采纳建议的权利，即使相对人事后反悔，行政主体也不能依据《整改意见》对相对人加以惩戒或使其负担其他不利益。

---

[57] 郑毅：《现代行政法视野下的约谈——从价格约谈说起》，载《行政法学研究》，2012 年第 4 期。

[58] 邢鸿飞、吉光：《行政约谈刍议》，载《江海学刊》2014 年第 4 期。

[59] 李惠宗：《行政法要义》，五南图书出版股份有限公司 2002 年版，第 485-486 页。

综上所述，行政约谈是一项具有独立价值的非强制性的行政行为，它不以直接发生法律效果为目的，具有行政指导性质，享有广阔的生存空间。然而得出约谈的行政指导性质——对于期待新鲜感的人们——可能是令人失望的，却是严谨的、负责任的与实践相吻合的，因为确立一项新的制度需要严密的证成，这是处于发展初期的约谈制度尚且难以达到的要求。

三、行政约谈异化的挑战：强制化及过度化

行政权的异化是行政权的运行脱离了其设定的本意，向另外的方向发展。[60] 我们可以将一切不正当地运用行政权的行为称为行政权的异化。[61] 众所周知，行政权具有天然的扩张性，异化的行政权就如同“脱缰的野马”，成了限制很少的强制力量，时刻威胁着无法与之抗衡的公民权，需要时刻警惕，以确保它被“圈养”在法律规范的“笼子”之中。行政约谈的异化主要表现在两方面：约谈强制化与约谈过度化。

（一）行政约谈强制化

约谈，即为建议，当有从与不从之自由。行政约谈异化的第一个表现是约谈强制化。所谓行政约谈强制化，指的是行政主体对相对人拒绝参加约谈、不履行或未完全履行约谈整改意见的行为采取记录诚信档案、行政处罚、限制资质等不利益，迫使相对人接受约谈（意见）。将强制力与行政约谈捆绑在一起，是落入了古典行政法的窠臼。“我们欢迎这样的行政约谈会”[62] 正是因

---

[60] 胡建淼主编：《公权力研究：立法权、行政权、司法权》，浙江大学出版社 2005 年版，第 290 页。

[61] 有人将这种现象称为“行政职权行为的失范”，即行政机关违反法律的规定，作出行政行为，实施管理活动，行政职权的运行背离法律规范。参见王学辉、宋玉波等：《行政权研究》，中国检察出版社 2002 年版，第 191 页。

[62] 陈福恪：《“我们欢迎这样的行政约谈会！”》，载中国工商报网，http://www.cicn.com.cn/content/2012-10/23/content_118962. htm，最后访问日期：2015 年 4 月 25 日。

为其“充满人性的关怀”而有别于传统的行政强制行为。事实上，行政约谈在兴起之初就划清了与行政强制行为的界限，2003 年《北京市地方税务局关于税务约谈事项的通告》就出现了“纳税人有权拒绝约谈”的萌芽。[63] 随着实践的发展，约谈的强制力被进一步强化：约谈开始前，要求相对人无故不得缺席；约谈过程中，要求相对人作出承诺；约谈结束后，要求相对人根据在规定的时限内落实《整改意见》并向行政机关通报，由后者进行验收（审查），如发现未履行或未完全履行则施以（加重）处罚或其他负担（详见表 2），即前文所概称的“督办处罚型”行政约谈。

表 2　行政规范中有关“约谈强制化”的规定（部分）

规范名称	事由	强制措施	备注
快递市场管理办法	拒绝、阻碍约谈	1. 治安管理处罚；2. 对快递企业，邮政管理部门还可以责令停业整顿直至吊销其快递业务经营许可证	本法第 38 条、第 50 条;《邮政法》第 77 条
国家食品药品监督管理局关于建立餐饮服务食品安全责任人约谈制度的通知	被约谈	1. 列入重点监管对象，其约谈记录载入被约谈单位诚信档案，并作为不良记录，与量化分级管理和企业信誉等级评定挂钩；2. 两年内不得承担重大活动餐饮服务接待任务；3. 建议相关部门取消其年度评先评优资格；4. 凡因发生食品安全事故的餐饮服务提供者，应依法从重处罚，直至吊销餐饮服务许可证，并向社会通报	本法第 4 条

[63] 《北京市地方税务局关于税务约谈事项的通告》为了保证税收执法的公正性、合法性，保护纳税人的合法权益，现将税务机关在实施税务约谈时应遵循的程序通告如下：一、必须向纳税人发出《税务检查约谈通知书》；二、必须由两名或两名以上税务人员同时进行，并出示税务检查证；三、必须在税务机关固定场所实施。税务机关在实施税务约谈时不符合以上规定的，纳税人有权拒绝接受约谈。对税务约谈人员的违规行为，纳税人可拨打举报电话：12366 或 88371695。

续表

规范名称	事由	强制措施	备注
江苏省自然人失信惩戒办法	无故不纠正相关失信行为或者无故不参加约谈、约谈事项不落实	1. 上升为较重失信行为予以惩戒：（1）作为日常监督检查或者抽查的重点；（2）进行限定范围的公示或者书面告知；（3）3年内禁止报考公务员或者行政事业性岗位工作人员；（4）暂停或者减少相关社会福利、补贴和政府优惠政策支持；（5）法律、法规、规章规定的其他惩戒方式。2. 具有较重失信行为的自然人，列入省、市公共信用信息系统黄名单，有效期3年	本法第18条、第20条、第21条
新疆维吾尔自治区环境保护厅环境保护约谈办法（试行）	不整改、不认真整改、逾期不能完成整改或者整改不合格	对被约谈人进行责任追究	本法第7条
郑州市重大环境问题警示约谈制度	无故不参加约谈；对《警示约谈纪要》落实不到位的，或故意搪塞推托、不落实整改要求	通报批评，并按有关规定追究被约谈人的责任；对该地区或企业取消一切评先资格，符合条件的实施“区域限批”或“一票否决”，并在主要媒体予以公布	本法第3条、第5条

行政约谈之所以有存在之价值，在于行政机关可以利用非强制性的方法，如劝导、协助、鼓励人民采行一定之行为，来达到行政目的。但是行政机关所为的约谈行为一旦“变质”时，劝导变成带有恐吓（即不听劝导时将予以最严厉之处分）意味，或是将行政约谈作为日后为行政裁量之“事实前置行为”，如将对不听从辅导者，在日后为行政处分时，予以不利的裁量，则易引发滥权的后果。易言之，虽然行政约谈本身并无法律拘束力，但会在将来有拘束力的行政行为时产生“后遗症”，故而论及行政机关在为行政约谈

时，应该更重视“滥权的危险性及可能性”。[64] 当然，行政主体将强制力“镶嵌”在行政约谈上，显然是出于制止、纠正违法行为的目的，通常情况下，以强制力为后盾，提高违法成本是直接而有效的，但为了确保约谈建议得以落实而直接采用“拿来主义”是否正当仍是值得思考的——有无其他办法可以制止违法行为？首先，要求相对人必须参加约谈并且在一定期限内上报履行情况，否则将施以加重处罚或限制资质，其强制性已经达到相对人几乎不可能抗拒的程度，故而在实质层面上，已发生课予相对人不再从事该行为之不作为义务的法律效果，突破了约谈的边界，而走向行政命令；其次，一般而言，相对人在行政主体作出约谈建议之后，或是出于对行政主体的尊重（“给面子”），或是惧于行政权的威慑（“识时务”），或是认识到行为的违法性（“顾大局”），都会主动采取措施，积极回应行政主体的要求，[65] 以免除今后的负担，因此，现实中极少数人会违背约谈建议——这是可以预见的——因为在现代社会广泛、复杂的社会结构关系下，任何人都不能彻底脱离其所置身的“关系场”来作出行为选择。[66]

退一步讲，即使相对人拒绝履行约谈建议，也未必需要对此种拒绝行为采取强制措施，此时行政主体可以对相对人的违法行为依法作出处理。如行政主体发现经营者的价格行为存在不规范、不合理的情形，出于预防违法的目的，约谈经营者并提出整改意见，后经营者仍不主动纠正以至于出现违法事由，此时行政主体可以直接依据《价格法》及其相关规定对其进行处罚。概言之，强制力之于行政约谈，本身便是不能承受之重，“督办处罚型”约谈会扭曲约谈的价值定位，不利于约谈的良性发展。此外，强制力也并非约谈建议得以实现的唯一保障，厘清法律关系，有效把握行政权的发动时机更能

---

[64] 参见陈新民：《行政法学总论》，三民书局1997年版，第320-321页。

[65] 范子军：《“约谈执法”，谈不动“霸王条款”》，载《人民法院报》2014年3月18日，第2版。

[66] [美] Lan R. 麦克尼尔：《新社会契约论》，雷喜宁、潘勤译，中国政法大学出版社2002年版，第5页。

为法治的发展助力。

（二）行政约谈过度化

约谈虽好，亦不能因噎废食。行政约谈异化的另一个表现是约谈过度化。所谓行政约谈过度化，是指行政机关过分依赖约谈，超越了约谈应当发挥作用的范围。任何一项制度都有其发挥效用的环境与空间，超过了范围便会产生“副作用”甚至“反作用”。行政约谈的作用范围乃是行政相对人有违法之虞或者轻微违法情形，通过警示的方式令相对人守法而行。然而，实践中的约谈出现了过度化倾向，发展出了“以谈代罚”以及其他不应有的功能。

一方面，行政约谈过度化是由于行政裁量与行政权的滥用很难严格区分开有关，“以谈代罚”现象的出现便是行政权滥用的结果。具言之，“以谈代罚”有两种表现形式：第一，相对人的行为已达到违法状态，但行政主体基于种种考虑，以约谈的方式警示相对人纠正违法行为，以豁免其行政处罚之责罚；第二，行政主体的行为已达违法状态，行政主体基于种种考虑，以约谈和解的形式，降低相对人的违法责任。据此，从某个方面来看，具有行政和解性质的税收执法约谈便有可能是约谈异化的表现形式。“税收法定”是税法的基本原则，其实质就是要规范税收立法与税收征管活动，[67]国家税务机关应当严格依法征税，并对违反税法的纳税行为采取相应的惩罚措施。在法律未作明文规定的情况下，补缴措施不能成为阻却违法的事由，即便经过约谈之后相对人自愿补缴应纳税额，对于先前的违法行为仍然应当给予相应的处罚，否则便是行政机关的不作为了，因此“执法和解型”行政约谈是需要警惕的。正所谓“商谈可能是件好事，但重要的是规制者在必要时采取迅速、果断的行动”，[68]故此，应当在立法中明确“不得以约谈建议代替行政处罚”，如《广州市安全生产管理规定（试行）》第20条第2款：“安全生产违

[67] 王鸿貌：《税收法定原则之再研究》，载《法学评论》2004年第3期。
[68] ［英］哈洛・罗林斯：《法律与行政》，杨伟东等译，商务印书馆2004年版，第727-728页。

法行为应当给予行政处罚的，不得以安全生产约谈警示代替行政处罚。”《河南省违反土地管理规定行为警示约谈办法（试行）》第6条，“警示约谈不代替依法对土地违法违规行为的行政处罚、纪律处分和法律处罚”。《郑州市违反土地管理规定行为警示约谈办法（试行）》第9条：“警示约谈不代替对违反土地管理行为依法进行的行政处罚、纪律处分等处理。”《郑州市人民政府关于印发郑州市重大环境问题警示约谈制度的通知》第5条：“约谈制度不代替对环境违法行为依法进行的行政处罚、纪律处分等处理。”

另一方面，虽然行政约谈属于非权力性行政行为，但由于会给相对人造成心理上的压力，因此仍需保持“谦抑”品格，不要“把手伸得太长”，尤其是市场领域的约谈要十分谨慎，否则会陷入行政干预的质疑。党的十八届三中全会《深化改革的决定》指出，经济体制改革是全面深化改革的重点，核心问题是处理好政府和市场的关系，使市场在资源配置中起决定性作用和更好发挥政府作用。一方面，市场决定资源配置是市场经济的一般规律，健全社会主义市场经济体制必须遵循这条规律，着力解决市场体系不完善、政府干预过多和监管不到位问题。必须积极稳妥从广度和深度上推进市场化改革，大幅度减少政府对资源的直接配置，推动资源配置依据市场规则、市场价格、市场竞争实现效益最大化和效率最优化。政府的职责和作用主要是保持宏观经济稳定，加强和优化公共服务，保障公平竞争，加强市场监管，维护市场秩序，推动可持续发展，促进共同富裕，弥补市场失灵。另一方面，要完善主要由市场决定价格的机制。凡是能由市场形成价格的都交给市场，政府不进行不当干预。政府定价范围主要限定在重要公用事业、公益性服务、网络型自然垄断环节，提高透明度，接受社会监督。国家发改委频频发动的价格约谈，虽然官方申明“约谈只是一种沟通方式和提前介入，不是行政干预，更谈不上干涉企业定价自主权”，[69] 但还是受到了“约谈显然不是

---

[69] 胡建辉：《发改委申明约谈不是行政干预》，载《法制日报》2011年4月20日，第6版。

平等对话，而是政府试图影响市场涨落幅度的不对称措施”⑩ 的质疑。实际上，正如经济学家许小年所言，“发改委如果想了解物价情况，可以到市场调查，企业没有犯错，凭什么约谈人家”。⑪ 众所周知，价格波动受到很多因素的影响，成本、供求关系、货币发行量等，调控通胀仅仅通过“约谈”是不可能抑制的，政府不能借约谈之名行干预之实，否则便是行政恣意了。此外，行政约谈的过度化与行政约谈本身的行政指导性质有关系。行政约谈、行政指导等非强制性行政行为的兴起固然提升了相对人的法律地位，享有了更多的“发言权”，却正因为其柔和性，一旦侵犯相对人的利益，司法救济便显乏力，此时，行政主体便可逃逸法律责任。因此如何平衡“有所为”与“有所不为”是衡量一个政府治理能力的重要指标，前者需要政府敢于亮剑、勇于担责，后者要求政府有“壮士断腕”的决心，还权于民。

综上所述，行政约谈虽属新生之物，但其异化倾向已现端倪，行政约谈强制化与过度化是约谈异化的集中表现，是对约谈制度设立初衷的歪曲。非强制性与强制性是一对难以调和的矛盾，是行政约谈与具体行政行为的分水岭，“督办处罚型”约谈并非约谈的真正面貌，其实质是具体行政行为，应当受到法律的约束。相对人明确拒绝约谈时，行政机关应立即停止，并不得据此对相对人为不利之处置。易言之，行政主体可对其后续违法行为加以约束，而不能针对其拒绝约谈（意见）的行为。约谈过度化的产生是行政缺位与越位的结合，一方面由于政府不敢担责，试图通过指导性的约谈代替强制性的处罚，以躲避司法的追究，是形式作为事实不作为，有规避作成行政处分之嫌疑；另一方面行政约谈存在适用范围不当、权力滥用的问题，在限价约谈中主要表现为限价约谈使用范围过大和以限价约谈取代相关法律规定，⑫ 是事实上的乱作为，应当在立法中明确“不得以约谈建议代替处罚”。

---

⑩ 周海滨、王永福：《约谈下的“单”》，载《中国经济周刊》2011 年 5 月 16 日，第 55 页。
⑪ 李蕾：《企业就怕“穿小鞋”》，载《新京报》2011 年 4 月 20 日，第 B05 版。
⑫ 胡明：《论行政约谈——以政府对市场的干预为视角》，载《现代法学》2015 年第 1 期。

四、行政约谈的法治化路径

中国行政法的发展是一个认识逐步深化、视野渐次开阔、经验日积月累的艰难探索过程，是一个不断反思、批评、调整的理论试错过程，[73] 为了进行有效的社会治理，学科体系需要在维持结构基本稳定的前提下进行边际调整，以不断满足行政行为方式多样化的需要。尚处于发展初期的行政约谈制度有很多不规范甚至异化现象亟须完善与纠正，行政约谈法治化是走出制度上的徘徊期的唯一路径。

（一）端正基本理念

理念犹如大厦的地基，是行政约谈制度得以建构的基础设施。正如学者所言，“行政法制的理念、观念、原则、制度、规范之间是层层递进的关系，他们的关系呈现为金字塔形状，理念在金字塔的最顶端，而且理念起着统领作用，依次往下是观念、原则、制度、规范”。[74] 可见，行政约谈理念是制度得以建构的基础设施，同时也起着指引制度发展方向的作用，关系着“法治化”能否得以有效开展的关键性作用。

行政约谈融合了预防性、服务性、合作性等现代行政的特征，其基本理念是人权的保障。所谓人权保障理念，就是指行政目的设立、程序的安排、行为的开展以及救济方式都要以保障相对人权利为中心和出发点。行政约谈的设立初衷是预防相对人违法，希冀通过说服教育等柔性手段，使相对人得以知悉行政主体的执法方向与违法认定标准，让相对人主动认识到违法的可能性与后果，并给予可供选择的整改方案供相对人自主决定。强迫相对人参加约谈、

---

[73] 参见袁曙宏、宋功德：《统一公法学原论——公法学总论的一种模式》（上卷），中国人民大学出版社 2005 年版，第 271 页。

[74] 罗豪才：《现代行政法制的发展趋势》，法律出版社 2004 年版，第 147 页。

自证违法、要求接受约谈结果等行为都是违背行政约谈的人权保障理念的，因此，人权保障理念的确立排除了行政机关利用行政约谈的外衣实行迂回强制行为的可能性——避免了法治主义空洞化。行政主体在作成行政约谈时应考虑相对人之任意性，不得有再命相对人为任何行为并事后审查或监督之事项。

（二）确立基本原则

1. 依法约谈原则

法律优先与法律保留是依法行政原则的两大阵营，前者要求行政机关之行为必须遵循现行法律规定，不得违法；后者要求行政机关作成行为均需有法律上的依据，即必须在有法律授权的前提下，方可为行政行为。相比较而言，后者对行为的要求明显严于前者，优先原则是（消极地）禁止违反现行法；保留原则则是（积极地）要求行为有法律依据，可谓“法无明文规定不可为”。在法律缺位时，优先原则并不禁止行政活动，而保留原则排除一切行政行为。然而，针对行政约谈、行政指导等非权力性的行政行为而言，其产生本就是“应景之物”，用以弥补法律规范之不足，如果严格要求其必须提供法律依据，则不免显得过于“不近人情”与“强人所难”。因此，作为非权力行政行为的约谈可以较少受到法律保留原则的约束，仍保有在法律优先原则下的生存空间。具体而言，行政主体实施约谈不得违背现行法律规定以及一般法理要求，如行政约谈应当平等对待，对具有相同或类似情形的公民、法人或其他组织一并约谈，不得“挑肥拣瘦”，更不能“亲疏有别”，不得因拒绝约谈遭受不利益，也不得因接受约谈而享有额外的利益。现实中，行政机关“选择性约谈”并不鲜见，发改委的价格约谈有时被认为是“寻找替罪羊的过程”，“生产要素涨价几乎不约谈，还要帮着做群众情绪安抚工作，而消费产品一涨就要约谈，回过头来拿着群众情绪来劝企业识大体、顾大局”。[75]

---

[75] 韩哲：《约谈式“微观调控”几时休》，载《北京商报》2012年8月21日，第2版；韩哲：《约谈是明知其不可而为之》，载《北京商报》2012年4月16日，第2版。

在相对人拒绝约谈之后，不得因此施以惩罚或成为日后对其他违法行为加重处罚的理由；注重保护相对人的隐私或商业秘密等。此外，还需注意的是，行政约谈的实施不得逾越行政机关在组织法上的权限范围，此所谓“行政约谈之组织法上的授权”。如税务机关不得为工商行政机关之职权事项，如在施行税务行政行为时发现相对人有违反工商法律法规之虞，可转告工商行政机关，建议工商行政机关进行约谈，但是否组织实施仍由工商行政机关决定。行政约谈还须遵守程序之规定，这也是目前约谈受到诟病的原因之一。

2. 信赖保护原则

诚信不仅是私法的要求，也是公法的精神。“苟无诚信原则，则民主宪政将无法实行，故诚信为一切行政权之准则，亦为其限界。”[76] 诚信原则“映射”在行政法领域，则具体表现为信赖保护原则。所谓信赖保护原则是指，行政主体对自己作出的行为或承诺应守信用，不得随意变更，不得反复无常。行政主体在约谈之后，往往会将警示、建议通过“约谈意见”的方式发送给相对人，虽此“约谈意见”对相对人并无法律上的约束力，换言之，相对人可对此不予采纳，但基于行政主体的特殊地位，通常无不给予较大程度的尊重。具体而言，首先，相对人有认为约谈为合法的信赖。行政机关作出约谈之前必须做好“尽职调查”，避免由于疏忽大意导致的约谈内容错误（不存在约谈事由）；其次，相对人有认为约谈全面的信赖。行政主体应当将与约谈事由相关联的其他危险行为一并约谈，不得多次、间断、重复约谈；再次，相对人有认为“约谈意见”为最终意见的信赖。行政主体在约谈之后应当向相对人出示书面的“约谈意见”且不得随意更改；最后，相对人有认为“约谈意见”为合法的信赖。相对人根据“约谈意见”实施的作为或不作为不被认定为违法；相对人因实施“约谈意见”而遭受财产上的额外损失，得请求补偿。总之，相对人信赖行政主体之行政约谈而行为或不作为，但事后行政主体的行为与先前的行政指导矛盾，使得对人之信赖落

---

[76] 罗传贤：《行政程序法基本理论》，五南图书出版股份有限公司1993年版，第65页。

空，此时相对人可通过信赖保护寻求一定之救济。

3. 比例原则

比例原则要求行政主体在实施行政行为时，要进行手段与目的之间的权衡，以选择一种既能够达到行政目的，又对相对人干涉最小的手段。换言之，比例原则一方面要求行政主体不得随意发起约谈，约谈要有必要性；另一方面要求行政主体的约谈要“中肯”，约谈要合乎比例。首先，在某种程度上，行政权对公民的“不打扰”即是“保护”。因此，为了避免行政权“骚扰”公民的正常生产生活，行政主体发起约谈必须基于足够的事实，具有急迫的危险，即相对人的行为已经处于违法边缘或者虽是轻微违法但即将引发较为严重的后果。进一步讲，“急迫的危险”，指损害之结果已经开始有其影响，或该影响在极短时间内有出现在安全边缘的可能性，亦即其损害可能性已然实现或迫在眉睫，以此规定，将得采取防除行动之危害限制在急迫的具体危害。所谓急迫，是指在该情形下，若不予以制止，则无法阻止危害之状态。现行危害在时间上几乎都是急迫情形，但准许采取制止或排除行为之时点未必仅限于损害发生之稍前，而是若再延迟采取制止或排除行动，即无足够可以排除该危害之时间。换言之，在该情形下，若不予制止，是否果真不能阻止危害之发生，并非物理上可能性之有无，而应该是依社会通说作为判断标准。其次，“约谈意见”之警示、建议之手段应当是预防危险能够采用的手段中成本最小、效益最高的，不能增加相对人的额外负担；在危险已经消失之后应当及时告知相对人。此外，在实施过程中，行政主体应当给予适当的帮助。

（三）推动程序立法

“没有程序保障的情形下，说服极易变质为压服，同意也成了曲意迎合。”[77] 行政程序的实施并非只是着眼于如何监督政府避免滥权，而是如何能

---

[77] 季卫东：《法律程序的意义：对中国法制建设的另一种思考》，中国法制出版社2004年版，第89页。

借程序理性的提升，来提升行政权正当性的基础，进而促进政策的顺利推行。因此，行政行为的作出要经过特定的步骤，以行政处罚为例，一般需要经立案、调查、调查报道、告知（事实、理由、依据和有关权利）、听取申述申辩（或听证）、处罚或处理决定、送达、执行、结案、归档等。在此基础上，如果相对人提起复议或诉讼，程序则会更加复杂。然而，由于非权力性行为侵犯相对人权益的可能性较小，故一直游离于法律程序的视线之外。约谈程序的缺失，使得其迅速俘获行政机关的“芳心”，不断扩大“势力范围”；另外，也正是由于程序失范，其也时刻处于异化的危险之中。随着实践的发展，后者越来越成为约谈制度良性发展的障碍，因此，为约谈“量身定制”一套“正装”是值得努力的。当然，基于现实情况的复杂性与多样性——只需看看现实中最主要的税务约谈与安全生产约谈的巨大差异就能明白，这套程序机制不可能做到如行政处罚程序那样面面俱到，但从宏观上还是能够把握到些许的共性，即宏观意义上的一般程序——贯穿行政约谈的启动、实施、运行所应当经过的步骤、阶段、顺序以及时限等一般程序事项，是各个具体领域的行政约谈程序制度存在和适用的基础和依据。[78]

在进行程序立法时，应当“开宗明义”，首先，明确约谈目的、性质与原则，不得滥用。其次，规定被约谈人的权利，如在约谈的任何阶段，相对人都可表示拒绝，约谈机关应立即停止约谈，且不得仅因该相对人拒绝约谈，而对其为不利处置，而应当根据个案之事实证据予以处理。再次，规定约谈的范围，可采取“概括——列举——排除”的模式，同时明确“约谈不得代替行政处罚或其他强制措施”。在具体程序上应当作较为详细的、可操作的步骤安排，如约谈前：约谈机关应书面通知约谈对象，告知警示约谈的目的、事项、时间、地点和需要提交的相关材料，一并叙明约谈理由与依据。需要注意的是，此时必须已经有一定的事实依据，且应当给予相对人必要的准备时间，不得“程序突袭”。约谈时：告知相对人享有的权利和救济途径；

---

[78] 葛然：《当代行政法视野中的行政约谈研究》，苏州大学 2013 年硕士学位论文。

约谈机关基于事实指出相对人行为的违法性或违法可能性，并予以辅导、警示，同时保证相对人充分发表意见；做好约谈记录交予相对人核对并可提供复印；除涉及国家秘密、商业秘密、个人隐私等不便公开的事项外，约谈一律公开。约谈后：约谈机关制作约谈意见或建议并及时发送相对人。在相对人同意的前提下，可对整改情况进行辅导。最后，追究行政主体违法约谈的行政责任，造成其他严重后果的移交司法机关。

需要说明的是，程序机制仍有它的界限，其最大的问题就在于，其本身并不能提供一套如何参与、参与到多少程度才算足够、谁能参与谁不能参与等牵涉正当程序的标准与说明。[79] 所以，在遵守一般约谈程序的基础上，各领域结合自身特点，总结出具有典型性的操作范式亦不失为一种积极的尝试。

此外，有如行政约谈、行政指导、行政计划等“未型式化的行政行为”的出现可能会对立法的模式带来重大变革——面向未来的、开放式的目标模式，即从“条件模式”向“目标模式”的转变。[80] 未来在行政约谈的统一立法中，如期望通过“条件模式”——即规定约谈的具体构成要件等——来实现法治化命题是难以想象的，不如转向“目标模式”的努力，通过“目的——原则——程序”的方式（这也是本文的努力尝试）为约谈的各项建制“保驾护航”。

结束语

《深化改革的决定》以及《依法治国的决定》是当下国家治理的顶层设计。全球化时代，政府的角色从过去直接、由上而下的统治，转变为重视协

---

[79] 叶俊荣：《面对行政程序法》，元照出版有限公司2010年版，第380、386页。

[80] 以往法律规定的典型模式乃是“条件模式”，即规定一定的构成要件与法律效果，在满足要件时，则发生固定的法律效果。换言之，在“条件模式”下的个案决定是“输入取向”的，亦即决定的作成与否所考虑的是“输入项”（过去已发生的事实），而非“输出项”（后果），是机械化的。“目的模式”是指法律并未规定明确的构成要件，而只规定法律所要求之目的，至于达成目的的手段则任由个案的决定者来决定。换言之，决定者的工作不再是对过去事实的调查，而是对其行为之未来效果加以预测，以决定是否作成该决定。因此，其乃“输出取向”“未来取向”。详见张桐锐：《合作国家》，载翁岳生教授祝寿论文编辑委员会编：《当代公法新论：翁岳生教授七秩诞辰祝寿论文集》，元照出版有限公司2002年版，第569-570页。

调、平行伙伴的“治理”。在行政手段与方式上表现为：从“正式”到“非正式”、从“命令管制式”到“伙伴化协商”，从“实质决策”到“资讯提供”。[81] 行政约谈正是在这一背景之下诞生的“应景”之物，它促成了行政由“反应型”管理向“预防型”治理的转变，反映了服务行政的理念，迎合了公民参与行政的需求。作为行政指导表现形式之一，行政约谈具有非权力属性，这种“人性关怀”的制度，受到了行政主体和公民的广泛欢迎，因而在短时期内得到迅速的发展，并形成了决策参谋型、纠纷协调型、违法预警型三种主要的约谈模式。然而，当我们还未来得及对行政主体的创造性欢呼时，却又要防范“执法和解型”“督办处罚型”等异化了的约谈再次挤压自由的空间。为了寻求约谈法治化的路径，我们把目光转向我国台湾地区的警察“约谈”与“行业警示”制度，试图寻求合适的“引流方向”。约谈通向法治化的道路上，在立法条件尚未准备就绪之时，可通过人权保障的基本理念的指引，确立依法约谈原则、信赖保护原则以及比例原则等原则，同时配以程序标准，在实现对行政权的规制的同时，提升行政权的正当性基础。最后，应当完善对非权力性行为的救济手段，尤其是具有事实强制力的非权力性行为，可考虑通过扩大行政诉讼法的“容量”，以及扩充“公权力”行为的外延的方式，对侵害相对人合法权益的约谈给予规制及赔偿。

如何完成行政约谈、行政指导、行政奖励等“非权力性行政行为”这套法律“规定动作”之外的“自选动作”，仍有很长的“挣扎期”。

---

[81] *See* Martin Shapiro，supra note40，at id.，at375-6. 转引自张文贞：《面对全球化——台湾行政法发展的契机与挑战》，载翁岳生教授祝寿论文编辑委员会编：《当代公法新论：翁岳生教授七秩诞辰祝寿论文集》，元照出版有限公司2002年版，第19、21-23页。

行政程序重新进行初论

——以台湾地区“行政程序法”第128条规定为中心

陈进会*

壹、前言

行政程序重新进行有广义与狭义之分。广义的行政程序重新进行，系指台湾地区“行政程序法”第117条由行政机关于法定要件下依职权撤销违法行政处分之全部或一部①②；狭义的行政程序重新进行，则指台湾地区“行政程序法”第128条由行政处分之相对人或利害关系人于法定要件下申请行政机关撤销、废止或变更原行政处分及同法第129条行政机关就申请人依同法

* 陈进会，男，1957年生，台北友联法律事务所主持律师（10045）、“国立”台湾科技大学兼任讲师。

① 本文所提及之“宪法”、“法律”、“法规”、“判决”、“判例”、“函释”、“解释”、“法院”或“机关”，若未特别指名（指明）者，均系指台湾地区而言。

② 台湾地区“行政程序法”第117条规定：“违法行政处分于法定救济期间经过后，原处分机关得依职权为全部或一部之撤销；其上级机关，亦得为之。但有下列各款情形之一者，不得撤销：一、撤销对公益有重大危害者。二、受益人无第一百十九条所列信赖不值得保护之情形，而信赖授予利益之行政处分，其信赖利益显然大于撤销所欲维护之公益者。”

第128条申请程序重新进行所为之决定③④。

本文限于篇幅，系以台湾地区“行政程序法”第128条为探讨对象，至于行政机关依同法第129条规定，就行政处分相对人或利害关系人依“行政程序法”第128条申请行政程序重新进行所为之决定及其性质与行政处分相对人或利害关系人对此所应采取之救济方法，不在本文讨论范围。

---

③ 台湾地区“行政程序法”第128条规定：“行政处分于法定救济期间经过后，具有下列各款情形之一者，相对人或利害关系人得向行政机关申请撤销、废止或变更之。但相对人或利害关系人因重大过失而未能在行政程序或救济程序中主张其事由者，不在此限：一、具有持续效力之行政处分所依据之事实事后发生有利于相对人或利害关系人之变更者。二、发生新事实或发现新证据者，但以如经斟酌可受较有利益之处分者为限。三、其他具有相当于‘行政诉讼法’所定再审事由且足以影响行政处分者。前项申请，应自法定救济期间经过后三个月内为之；其事由发生在后或知悉在后者，自发生或知悉时起算。但自法定救济期间经过后已逾五年者，不得申请。”

台湾地区“行政程序法”第129条规定：“行政机关认前条之申请为有理由者，应撤销、废止或变更原处分；认申请为无理由或虽有重新开始程序之原因，如认为原处分为正当者，应驳回之。”

④（关于行政程序重新进行的范围如何，学者见解不一：

1. 采取广义、狭义之分类者有：

（1）广义：“行政程序法”第117条以下；狭义：“行政程序法”第128条、第129条。傅玲静：《论行政程序之重新进行——以遗产税之核课与剩余财产差额分配请求权价额之扣除为例》，载《月旦法学杂志》2007年8月，第147期，第104-109页。

（2）广义：“行政程序法”第117条、第122条；狭义：“行政程序法”第128条；蔡震荣：《行政程序重开之探讨》，载《中华警政研究学会会讯》2003年9月，第3期，第8-10页。

（3）广义：“行政程序法”第117条是否涵盖其内，实际意义不大，惟同法第122条属之；狭义：“行政程序法”第128条。詹镇荣：《行政程序重新进行之程序标的》，载《东吴法律学报》2011年7月，第23卷第1期，第102-108页。

（4）广义：“行政程序法”第117条、第122条、第123条；狭义：“行政程序法”第128条。林石猛、李俊良：《释义“行政程序法”第一二八条第一项“新事实”、“新证据”——兼评近年来“最高行政法院”裁判》，载《月旦法学杂志》2015年5月，第240期，第86页、第87页。

（5）广义：“指行政机关对以行政处分之事件，重新进行行政程序，再为是否撤销、废止或变更原行政处分之决定。”一般所指行政程序之重新进行系指“行政程序法”第128条。陈敏：《行政法总论》，台湾地区自版2011年9月第7版，第481页。

（6）广义：“泛指对于已不得请求救济之行政处分，仍得加以废弃之情形”；狭义：“仅指依关系人之申请，行政机关在具备法定事由之情况下，得对已经不得请求撤销之行政处分加以变更或废弃。”Harmut Maurer，Allgemeines Verwaltungsrecht，8. Auf.，München 1992，Rn. 52. 转引自许登科：《论诉愿再审程序目标及诉愿再审决定之救济》，载《月旦法学杂志》2003年1月，第92期，第114页。（转下页）

"行政程序法"第128条第1项规定之行政程序重新进行，系以"行政处分于法定救济期间经过后"为其适用对象。而行政处分"是最常见的公共行政活动方式，是传统的行政法基本概念，是行政活动方式类型化的基石，也是行政主体完成广泛行政任务的手段"。⑥

（接上页）(7) 洪家殷认为德国学者亦将德国程序再度进行，区分为广义（依德国《行政程序法》第51条规定以外的法律基础所实行的程序再度进行）与狭义（依德国《行政程序法》第51条规定之程序再度进行）。见氏著：《论行政处分程序之再度进行——以德国一九七六年行政程序法第五十一条之规定为中心》，载《政大法学评论》1992年6月，第45期，第311-314页。

2. 以"行政程序法"第128条、第129条规定探讨行政程序重新进行者：吴庚：《行政法之理论与实用》，台湾三民书局2010年9月，增订11版1刷，第403页。林锡尧：《行政法要义》，台湾元照公司2006年9月，3版第1刷，第537页。吴志光：《行政法》，台湾新学林公司2013年9月，5版2刷，第220页；同氏著：《行政程序重新进行之要件》，载《台湾法学》2010年4月，第150期，第69-73页。林腾鹞：《行政法总论》，台湾三民书局2013年3月，修订3版1刷，第470页。李建良：《行政处分》，蔡茂寅等著：《行政程序法实用》，台湾新学林公司2013年11月，第4版，第317-321页。黄俊杰：《行政法》，台湾三民书局2014年9月，修定4版1刷，第357页；同氏著：《程序重新》，载《月旦法学教室》2008年8月，第95期，第26页。李惠宗：《行政程序法要义》，台湾五南公司2004年10月，初版3刷，第331页。程明修：《行政程序法上有关行政处分撤销与程序重新进行之规范改正》，载《法学丛刊》2012年7月，第227期，第67页、第68页、第94页；同氏著：《是否重开行政程序之决定均为行政处分》，载《台湾法学》2009年1月，第120期，第209-210页。

3. 以台湾地区"行政程序法"第128条规定探讨行政程序重新进行者：刘建宏：《行政法院既判力与行政程序重新进行及违法行政处分撤销——以财税事件为研究中心》，载《诉愿专论选辑——诉愿新制专论系列之十三》，台北市政府，2012年12月，第49页、第50页；同氏著：《税捐行政程序重开之探讨》，载《当代财政》2012年2月，第14期，第28-37页。张文郁：《行政处分之形式存续力和依法行政原则之维护》，载《月旦法学杂志》2002年9月，第88期，第21页。陈淑芳：《再开行政程序之申请》，载《月旦法学教室》2006年5月，第43期，第26-27页。林树埔：《"行政程序法"第128条程序重开之理论与实务》，载《法令月刊》2010年2月，第61卷第2期，第76-86页。惟因限于上开文章之篇幅，无法确认其等是否亦将"行政程序法"第129条规定纳入行政程序重新进行之范围。

4. 蔡志方则将行政程序重开区分为争讼性与非争讼性，"行政程序法"第117条、同法第128条均属非争讼性之行政程序重开。见氏著：《论争讼性与非争讼性之行政程序重开》，载《全国律师》2001年3月，第39-49页。

5. 本文认为"行政程序法"第117条及第128条均系以法定救济期间经过后已具形式存续力之行政处分为适用对象，并因之由或使行政机关再次审查原行政处分之合法性而为决定。因此，本文将"行政程序法"第117条、同法第128条及同法第129条行政机关就申请人依同法第128条申请程序重新进行所为之决定，分别归类为广义、狭义之行政程序重新进行。

⑥ ［德］汉斯·J. 沃尔夫、奥托·巴霍夫、罗尔夫·施拖贝尔著：《行政法第二卷》，高家伟译，台湾地区"商务印书馆"2002年8月第1版，第9页。

亦系传统行政法学发展以来，最核心的行政行为形式⑦，乃最主要的行政作用，为大陆法系行政法学的中心课题⑧，是具体行政作用中最受重视者⑨，是所有行政行为中使用最频繁且最重要的一部分⑩。因此，凡得以行政处分为之之事务，当事人即有可能利用“行政程序法”第128条规定申请救济。

且以行政处分于法定救济期间经过后，即发生形式存续力，形成法安定性状态。则何以行政处分之相对人或利害关系人仍能向行政机关请求撤销、废止或变更该行政处分？如此是否会造成对法安定性的影响？其理论基础及法理之依据何在？如何在法安定性与合法性、个案正义、人民权利维护与救济间求得平衡？“行政程序法”第128条规定之适用范围如何？“行政程序法”第128条规定是否完善？是否尚有需修正之处？

凡此，均与行政程序重新进行之制度、适用及人民权益息息相关，自应予以关注与探讨，希冀有助于增进对此一相对陌生制度⑪的认识与了解，并期此一制度合适合用。因此不揣浅陋而为文。

贰、行政程序重新进行之意义及其理论基础与法理依据

一、行政程序重新进行之意义

学者对行政程序重新进行之称谓不一，有称为“手续之重新进行”⑫，

---

⑦ 程明修：《行政法上之意思表示、法律行为与行政处分》，载台湾行政法学会出版，《损失补偿、行政程序》2005年7月初版第1刷，第253页。

⑧ 翁岳生：《论行政处分之概念》，载《行政法与现代法治国家》，台湾地区自版1990年9月11版，第1页。

⑨ 李震山：《行政法导论》，台湾地区自版2013年9月，修订9版3刷，第337页。

⑩ 陈新民：《行政法（第三版）》，台湾地区张继昊发行2013年1月第3版，第163页。

⑪ 詹镇荣：《行政程序重新进行之程序标的——我国与德国法制之比较》，载《东吴法律学报》2011年7月，第23卷第1期，第130页。程明修：《行政程序法上有关行政处分撤销与程序重新进行之规范改正》，载《法学丛刊》2012年7月，第227期，第95页。

⑫ 翁岳生：《西德一九七三年行政手续法草案之研究》《西德一九七六年行政手续法（附录全部译文）》，均载《行政法与现代法治国家》，《“国立”台湾大学法学丛书（二）》，台湾地区自版1990年9月11版，第242页、第280页。

"程序之再度进行"或"程序再度进行"⑬，有称为"程序重开"⑭"行政程序重开"⑮"重开程序"⑯"程序再开"⑰"再开行政程序"⑱"重开行政程序"⑲"行政处分之程序再开"⑳"程序重新"及"行政程序之重新开始"㉑"程序重新"及"行政程序重新"㉒，"行政处分之重新进行"㉓或以"程序的重新进

---

⑬ 洪家殷：《论行政处分程序之再度进行——以德国一九七六年行政程序法第五十一条之规定为中心》，载《政大法学评论》1992年6月，第45期，第307页。

⑭ 林树埔：《"行政程序法"第128条程序重开之理论与实务》，载《法令月刊》2010年2月，第61卷第2期，第76-86页。蔡孟彦：《"最高行政法院"2011年度判字第2191号退税请求权与程序重开》，载《税务旬刊》2012年9月，第2195期，第37-43页。黄俊杰：《程序重新》，载《月旦法学教室》2008年8月，第95期，第26页。

⑮ 蔡志方：《论争讼性与非争讼性之行政程序重开》，载《全国律师》2001年3月，第39-49页。李建良：《公法类实务导读》，载《台湾法学》2009年4月，第125期，第161页。刘建宏：《税捐行政程序重开之探讨》，载《当代财政》2012年2月，第14期，第28-37页。蔡震荣：《行政程序重开之探讨》，载《中华警政研究学会会讯》2003年9月，第3期，第4页；惟氏于所著《行政法概要》，台湾五南公司2012年10月，初版一刷，第181页，则称为"行政处分之程序重开"。行政诉讼研究会于2010年11月27日所举办之"行政诉讼法"第18次研究会学术研讨会，将其题目订为"既判力与行政程序重开及违法行政处分之撤销"，载《台湾法学》2011年11月，第187期，第46-64页。

⑯ 程明修：《是否重开行政程序之决定均为行政处分——最高行九七裁五四〇六》，载《台湾法学》2009年1月，第120期，第209-210页。

⑰ 林明昕：《论诉愿之再审与行政处分之废弃——道介乎行政争讼法与行政程序法之间的法学课题》，载《公法学的开拓线——理论、实务与体系之建构》，台湾元照公司2006年9月，初版第一刷，第290-317页。

⑱ 陈淑芳：《再开行政程序之申请》，载《月旦法学教室》2006年5月，第43期，第26-27页。

⑲ 盛子龙：《法定救济期间经过后之权利救济》，载《月旦法学教室》1997年5月，第25期，第22-23页。

⑳ 林明锵：《行政法讲义》，台湾新学林公司2014年10月，一版一刷，第218页。

㉑ 张文郁：《行政处分之形式存续力和依法行政原则之维护》，载《月旦法学杂志》2002年9月，第88期，第21页。李建良：《行政处分》，蔡茂寅等著：《行政程序法实用》，台湾新学林公司2013年11月第4版，第317页。傅玲静：《论行政程序之重新进行——以遗产税之核课与剩余财产差额分配请求权价额之扣除为例》，载《月旦法学杂志》2007年8月，第147期，第101-120页；同氏著：《遗产税之核定与行政程序之重新进行》，载《月旦法学教室》2007年5月，第55期，第20页。

㉒ 林素凤：《程序重新、诉愿再审与再审之诉——兼评台北市政府二〇〇二年十月十六日府复字第〇九一一九〇二七五〇一号复审决定》，载《月旦法学杂志》2005年3月，第118期，第210页。

㉓ 李惠宗：《行政程序法要义》，台湾五南公司2004年10月，初版三刷，第331页。洪家殷：《有持续力之行政处分与行政处分程序之重新进行》，载《台湾法学》2009年4月，第125期，第143-148页。

行”与“程序的重新开始”“重新开始程序”并用[24]。惟多数将之称为“行政程序重新进行”[25]。

然无论如何称谓行政程序重新进行，均不影响对行政程序重新进行之定义。

本文认为依“行政程序法”第128条及同法第129条所为之行政程序重新进行为狭义的行政程序重新进行。因此，狭义的行政程序重新进行，乃是人民就程序已终结而具有形式存续力之行政处分，于具备法定要件时，申请行政机关重新开启一新的行政程序，以使行政机关再次审查原行政处分之合法性而为是否撤销、废止或变更原行政处分决定之制度。

惟无论行政机关本于职权或依人民之申请所开启之新的行政程序，并非原行政处分所进行的第一次行政程序的延伸，而系第二次全新的行政程序。因此，所谓行政程序重新进行中所谓的“重新”，并非指行政程序，而系指新旧两个行政程序所涉事件的同一性[26]。

㉔ 黄俊杰：《行政法》，台湾三民书局2014年9月，修订四版一刷，第357页。

㉕ 吴庚：《行政法之理论与实用》，台湾三民书局2010年9月，增订十一版一刷，第405页，吴庚教授系以“行政程序重新进行”为章节。惟该章节内，亦有将之称为“行政程序重开”。李震山：《行政法导论》，台湾地区自版2013年9月，修订九版三刷，第359页。陈敏：《行政法总论》，台湾地区自版2011年9月第7版，第482页。吴志光：《行政法》，台湾新学林公司2013年9月，5版2刷，第220页；同氏著：《行政程序重新进行之要件》，载《台湾法学》2010年4月，第150期，第69-73页。林腾鹞：《行政法总论》，台湾三民书局2013年3月，修订3版1刷，第470页。林锡尧：《行政法要义》，台湾元照公司2006年9月，3版第1刷，第537页。詹镇荣：《行政程序重新进行之程序标的》，载《东吴法律学报》2011年7月，第95-133页。程明修：《行政程序法上有关行政处分撤销与程序重新进行之规范改正》，载《法学丛刊》2012年7月，第227期，第67页。吴绮云编译：《行政程序之重新进行与行政法院判决既判力拘束之关系》，载行政诉讼及惩戒厅编辑：《德国行政诉讼事件裁判选辑》，第150页。刘建宏：《行政法院既判力与行政程序重新进行及违法行政处分撤销——以财税事件为研究中心》，载《诉愿专论选辑——诉愿新制专论系列之十三》，台北市政府，2012年12月，第48-81页。

㉖ Vgl. Ule/Laubinger, Verwaltungsverfahrensrecht, 4. Aufl., 1995, S. 701。转引自詹镇荣：《行政程序重新进行之程序标的》，载《东吴法律学报》2011年7月，第103页。

二、行政程序重新进行之理论基础与法理依据

行政处分既已因程序终结而具有形式存续力，本已无通常救济途径。乃因透过行政程序重新进行之建制，使原已无通常救济手段之行政处分有再次使行政机关审查其合法性之机会。因此，行政程序重新进行对行政处分之相对人或利害关系人而言，无异系使其就已具形式存续力之行政处分通常救济途径起死回生的重生（再生）制度。其理论基础及法理依据何在，自有略予叙述之必要。

行政程序重新进行，既与行政处分存续力有关，自亦略加说明行政程序重新进行与行政处分存续力之关系。

（一）行政程序重新进行与行政处分存续力之关系

行政处分之效力为何，学者间之见解不一。惟行政处分具有存续力之效力，乃学者多数见解[27]。

行政处分之存续力（Bestandkraft des Verwaltungsaktes），系指“行政处分经通知而生效后，如未经撤销、废止，亦未因其他事由失其效力，其效力继续存在之谓”。[28]

---

[27] 翁岳生：《论行政处分》，载《法治国家之行政与司法》，台湾元照公司 2009 年 1 月 2 版第 1 刷，第 12-13 页。陈敏：《行政法总论》，台湾地区自版 2011 年 9 月第 7 版，第 391-394 页。许宗力：《行政处分》，翁岳生编：《行政法（上）》，台湾地区台湾元照公司 2006 年 10 月第 3 版第 1 刷，第 511-522 页。李震山：《行政法导论》，台湾地区自版 2013 年 9 月，修订 9 版 3 刷，第 358-367 页。吴志光：《行政法》，台湾新学林公司 2013 年 9 月，5 版 2 刷，第 199-201 页。林锡尧：《行政法要义》，台湾元照公司 2006 年 9 月，3 版 1 刷，第 303-319 页。林腾鹞：《行政法总论》，台湾三民书局 2013 年 3 月，修订 3 版 1 刷，第 478-488 页。李惠宗：《行政法要义》，台湾五南公司 2004 年 7 月 2 版 3 刷，第 365-368 页。黄俊杰：《行政法》，台湾三民书局 2014 年 9 月，修订 4 版 1 刷，第 337-342 页。陈春生：《行政处分》，李建良等著：《行政法入门》，台湾元照公司 2005 年 2 月 2 版第 2 刷，第 277-281 页。陈慈阳：《行政法学基础理论（一）行政法总论》，台湾地区自版 2001 年初版，第 433-444 页。［德］H. Maurer 著：《行政法学总论》，高家伟译，台湾元照公司 2002 年 9 月初版第 1 刷，第 253-255 页。

[28] 陈敏：《行政法总论》，台湾地区自版 2011 年 9 月第 7 版，第 433 页。

行政处分之存续力，分为形式存续力与实质存续力：

1. 形式存续力

系指行政处分之相对人或利害关系人，对该处分已不能依通常救济途径，即以异议、诉愿、行政诉讼方式，请求变更或撤销之谓[29]。又称为不可争力[30]，不可撤销性[31]或不可争性[32]或不可争讼性（Unanfechtbarkeit）[33]。通说认为此概念内涵与法院判决之形式确定力相当[34]。行政处分于下列情形，发生形式存续力：

（1）法律救济期间已过、当事人抛弃法律救济、法律救济途径已尽或根本不许提起法律救济。在特殊情形，亦可因争讼权失效（Verwirkung des Anfechtungsrechts）而发生[35]。

（2）因例外情形“失权”而发生[36]。

---

[29] 翁岳生：《论行政处分》，载《法治国家之行政与司法》，台湾元照公司2009年1月第2版第1刷，第13页。吴庚：《行政法之理论与实用》，台湾三民书局2010年9月，增订11版1刷，第364页。陈敏：《行政法总论》，台湾地区自版2011年9月第7版，第435页。林腾鹞：《行政法总论》，台湾三民书局2013年3月，修订3版1刷，第482页。

[30] 李震山：《行政法导论》，台湾地区自版2013年9月，修订9版3刷，第357页。黄俊杰：《行政法》，台湾三民书局2014年9月，修订4版1刷，第339页。

[31] 吴庚：《行政法之理论与实用》，台湾三民书局2010年9月，增订11版1刷，第364页。林腾鹞：《行政法总论》，台湾三民书局2013年3月，修订3版1刷，第482页。陈新民：《行政法（第三版）》，张继昊发行2013年1月第3版，第185页。[德] H. Maurer著：《行政法学总论》，高家伟译，台湾元照公司2002年9月初版第1刷，第254页。

[32] 吴志光就行政处分形式存续力，又称为不可撤销性或不可争性，见氏著：《行政法》，台湾新学林公司2013年9月，5版2刷，第199页。

[33] 林腾鹞：《行政法总论》，台湾三民书局2013年3月，修订3版1刷，第482页。陈敏：《行政法总论》，台湾地区自版2011年9月第7版，第435页。程明修：《论暂时性行政处分与行政程序法之修法建议》，载《东吴法律学报》2014年6月，第26卷第1期，第62页。

[34] 吴庚：《行政法之理论与实用》，台湾三民书局2010年9月，增订11版1刷，第364页。陈敏：《行政法总论》，台湾地区自版2011年9月第7版，第435页。李震山：《行政法导论》，台湾地区自版2013年9月，修订9版3刷，第357-358页。林腾鹞：《行政法总论》，台湾三民书局2013年3月，修订3版1刷，第482-483页。

[35] 陈敏：《行政法总论》，台湾地区自版2011年9月第7版，第435页。

[36] 李震山：《行政法导论》，台湾地区自版2013年9月，修订9版3刷，第359页。

（3）原告在本案终局判决后撤回诉讼或法院驳回原告诉讼确定而发生㊲。

2. 实质存续力

系指行政处分之内容对相对人、关系人及原处分机关均发生拘束之效力㊳。行政机关仅于具备一定之要件时，如台湾地区“行政程序法”第117条规定及“诉愿法”第80条规定，始得予以废弃或变更（有限制之废弃可能性）㊴。

行政处分经送达或公告而发生其实质存续力，并非先有形式存续力后有实质存续力㊵。

“行政程序法”第128条规定，允许行政处分之相对人或利害关系人对“法定救济期间经过后”之行政处分，于一定要件下，得向行政机关申请重新进行行政程序。惟行政处分既已经过法定救济期间，既已产生形式存续力，竟允许当事人得对之申请重新进行行政程序，无异弱化行政处分形式存续力之作用㊶。因此，行政程序重新进行，使行政处分形式存续力相对化㊷。惟亦有学者

㊲ 林锡尧：《行政法要义》，台湾元照公司2006年9月，第3版第1刷，第315页。李建良：《行政处分》，蔡茂寅等著：《行政程序法实用》，台湾新学林公司2013年11月第4版，第319页。林明昕，亦认为“原告在本案终局判决后撤回诉讼”之情形，亦会发生形式存续力，《论诉愿之再审与行政处分之废弃 一道介乎行政争讼法与行政程序法之间的法学课题》，载《公法学的开拓线——理论、实务与体系之建构》，台湾元照公司2006年9月，初版第1刷，第310页。

㊳ 吴庚：《行政法之理论与实用》，台湾三民书局2010年9月，增订11版1刷，第364页。陈敏：《行政法总论》，台湾地区自版2011年9月第7版，第436页。

㊴ 陈敏：《行政法总论》，台湾地区自版2011年9月第7版，第436页。

㊵ 吴庚：《行政法之理论与实用》，台湾三民书局2010年9月，增订11版1刷，第364页。林腾鹞：《行政法总论》，台湾三民书局2013年3月，修订3版1刷，第483页。黄俊杰：《行政法》，台湾三民书局2014年9月，修订4版1刷，第339页。

㊶ 李震山认为：行政处分具形式确定力，于逾法定救济期间后，仍得依申请或本于职权为全部或一部之撤销、废止或变更，此等得为程序重开等例外情形，使存续力之实质确定效果减弱。见氏著：《行政法导论》，台湾地区自版2013年9月，修订9版3刷，第359页。

㊷ 詹镇荣：《行政程序重新进行之程序标的—我国与德国法制之比较》，载《东吴法律学报》2011年7月，第99-102页。傅玲静：《论行政程序之重新进行——以遗产税之核课与剩余财产差额分配请求权价额之扣除为例》，载《月旦法学杂志》2007年8月，第147期，第103页。林石猛、李俊良：《释义“行政程序法”第一二八条第一项“新事实”、“新证据”——兼评近年来“最高行政法院”裁判》，载《月旦法学杂志》2015年5月，第240期，第84页。

称行政程序重新进行，与行政处分的形式确定力，系处于对立的关系㊸。

（二）行政程序重新进行之理论基础与法理依据

1. 理论基础

行政处分具有形式存续力后，行政处分之相对人或利害关系人已无从以通常救济方式推翻该行政处分，因而形成法安定性之状态。惟作成行政处分之机关，其本身即为作成行政处分之当事人，难谓其所作成之行政处分绝无错误之可能。而行政处分必须合法，始能保障人民之权利，并藉以抑制行政机关之专断或滥权。保障人民权利乃是法治国家责无旁贷之义务。行政处分形式存续力断不能使之成为行政机关之尚方宝剑或挡箭牌。

更何况，行政处分形式存续力并非绝不可撼动，亦“不得成为对行政处分再为审查之绝对阻碍（absolute Sperre）”㊹。经由非当事人之客观之法院经过严谨诉讼程序所确定之裁判，尚得经由再审途径以为救济，岂独容忍身为行政处分当事人之行政机关基于高权所为之行政处分，具有较法院确定裁判更强之效力㊺。基于法益衡量，自应容许行政处分之相对人或利害关系人，于

㊸ 林明锵：《行政法讲义》，台湾地区台湾新学林公司 2014 年 10 月，1 版 1 刷，第 219 页。林石猛、李俊良：《释义“行政程序法”第一二八条第一项“新事实”、“新证据”——兼评近年来“最高行政法院”裁判》，载《月旦法学杂志》2015 年 5 月，第 240 期，第 84 页。

㊹ Maurer, Allgemeines Verwaltungsrecht, 14. Aufl., 2002, §11 Rn. 55. 转引自傅玲静：《论行政程序之重新进行——以遗产税之核课与剩余财产差额分配请求权价额之扣除为例》，载《月旦法学杂志》2007 年 8 月，第 147 期，第 103 页。

㊺ 陈敏：《行政法总论》，台湾地区自版 2011 年 9 月第 7 版，第 481 页、第 482 页。詹镇荣：《行政程序重新进行之程序标的》，载《东吴法律学报》2011 年 7 月，第 102 页。洪家殷：《论行政处分程序之再度进行——以德国一九七六年行政程序法第五十一条之规定为中心》，载《政大法学评论》1992 年 6 月，第 45 期，第 307 页、第 308 页。傅玲静：《论行政程序之重新进行——以遗产税之核课与剩余财产差额分配请求权价额之扣除为例》，载《月旦法学杂志》2007 年 8 月，第 147 期，第 103 页。林石猛、李俊良：《释义“行政程序法”第一二八条第一项“新事实”、“新证据”——兼评近年来“最高行政法院”裁判》，载《月旦法学杂志》2015 年 5 月，第 240 期，第 318 页。林明昕：《行政处分之撤销》，载《月旦法学杂志》2002 年 10 月，试刊号，第 31 页。林树埔：《“行政程序法”第 128 条程序重开之理论与实务》，载《法令月刊》2010 年 2 月，第 61 卷第 2 期，第 76-86 页。陈淑芳：《再开行政程序之申请》，载《月旦法学教室》2006 年 5 月，第 43 期，第 26 页。李建良：《行政处分》，蔡茂寅等著：《行政程序法实用》，台湾新学林公司 2013 年 11 月第 4 版，第 318 页。吴志光：《行政法》，台湾新学林公司 2013 年 9 月，5 版 2 刷，第 220 页、第 221 页。

一定要件下，请求行政机关重新进行行政程序，藉以使行政机关有再次审查该行政处分合法性之机会。此为行政程序重新进行之理论基础。

2. 法理依据

基于行政程序重新进行之理论基础，可知行政程序重新进行之法理依据，系在行政处分已具形式存续力产生法安定性之状态下，透过法益衡量，调和法安定性原则及合法性原则的冲突[46]，于一定要件下，使法安定性原则退居于合法性原则之后[47]，寻求个案正义即法律正义，贯彻法治国依法行政

---

[46] 洪家殷:《论行政处分程序之再度进行——以德国一九七六年行政程序法第五十一条之规定为中心》，载《政大法学评论》1992年6月，第45期，第306页。林树埔:《"行政程序法"第128条程序重开之理论与实务》，载《法令月刊》2010年2月，第61卷第2期，第76页。陈慈阳:《行政法学基础理论（一）行政法总论》，台湾地区自版2001年初版，第477页；同氏著:《人民申请行政程序重开之案例解析》，载《台湾法学》2015年6月，第274期，第103页。另詹镇荣对此称为"法安定性与个案正义之调和"，见氏著:《行政程序重新进行之程序标的》，载《东吴法律学报》2011年7月，第23卷第1期，第99-102页。吴绮云认为系"为解决合法性原则与法律安定原则之冲突"，见氏著:《行政程序之重新进行与行政法院判决既判力拘束之关系》，载行政诉讼及惩戒厅编辑:《德国行政诉讼事件裁判选辑》，第150页。蔡志方认为:"程序重开制度系作为解决行政法程序安定性与妥当性冲突时之方法"，同氏著:《论争讼性与非争讼性之行政程序重开》，载《全国律师》2001年3月，第40页。

[47] 詹镇荣对此认为系使法安定性原则于特定条件下，退居于实质正义之后，同氏著:《行政程序重新进行之程序标的》，载《东吴法律学报》2011年7月，第23卷第1期，第100页。

原则，使人民权利得到有效确实之保障⑱⑲。从而，行政程序重新进行之法理

---

⑱ 陈敏：《行政法总论》，台湾地区自版2011年9月第7版，第484页、第485页。蔡志方：《论争讼性与非争讼性之行政程序重开》，载《全国律师》2001年3月，第39-40页。詹镇荣：《行政程序重新进行之程序标的——我国与德国法制之比较》，载《东吴法律学报》2011年7月，第23卷第1期，第99页、第100页、第101-102页。程明修：《行政程序法上有关行政处分撤销与程序重新进行之规范改正》，载《法学丛刊》2012年7月，第227期，第95页。林明昕：《论诉愿之再审与行政处分之废弃 一道介乎行政争讼法与行政程序法之间的法学课题》，载《公法学的开拓线——理论、实务与体系之建构》，台湾元照公司2006年9月，初版第1刷，第310页；同氏著：《行政处分之撤销》，载《月旦法学杂志》2002年10月，试刊号，第31页。傅玲静：《论行政程序之重新进行——以遗产税之核课与剩余财产差额分配请求权价额之扣除为例》，载《月旦法学杂志》2007年8月，第147期，第103页。盛子龙：《因租税核课处分违法而溢缴税款之退税请求权初探——行政法院相关判决之分析与评论》，载《诉愿专论选辑——诉愿新制专论系列之十》，台北市政府，2009年12初版，第120页。林树埔：《"行政程序法"第128条程序重开之理论与实务》，载《法令月刊》2010年2月，第61卷第2期，第76页至第86页。洪家殷：《论行政处分程序之再度进行——以德国一九七六年行政程序法第五十一条之规定为中心》，载《政大法学评论》1992年6月，第45期，第306页。陈慈阳：《行政法学基础理论（一）行政法总论》，台湾地区自版2001年初版，第477页；同氏著：《人民申请行政程序重开之案例解析》，载《台湾法学》2015年6月，第274期，第103页。杨惠钦于公务人员保障暨培训委员会于2009年6月24日主办之"研商程序重开于保障事件所衍生之相关问题座谈会"之发言，载《公务人员保障暨培训委员会，保障法制座谈会、研讨会及专题讲座纪录汇编（上册）》，公务人员保障暨培训委员会，2011年7月，第375页。张文郁：《行政处分之形式存续力和依法行政原则之维护》，载《月旦法学杂志》2002年9月，第88期，第20-21页。林素凤：《程序重新、诉愿再审与再审之诉——兼评台北市政府九十一年十月十六日府复字第〇九一一九〇二七五〇一号复审决定》，载《月旦法学杂志》2005年3月，第118期，第210页。林石猛、李俊良：《释义"行政程序法"第一二八条第一项"新事实"、"新证据"——兼评近年来"最高行政法院"裁判》，载《月旦法学杂志》2015年5月，第240期，第84页。李建良：《行政处分》，蔡茂寅等著：《行政程序法实用》，台湾新学林公司2013年11月第4版，第317页、第318页。

⑲ 关于行政程序重新进行之理论基础及法理依据，兹引数例台湾地区"行政法院"判决供参：台北"高等行政法院"2006年度诉字第2872号判决意旨："行政处分于法定救济期间经过后，即生形式存续力（不可争性），基于法安定性之考虑，原不容人民对之再有所争执，惟具有既判力之法院判决，尚允许经由再审程序重新审查、变更，则程序之缜密性与严谨性不如判决之行政处分，其存续力自非绝对不可撼动，是行政机关于特定条件下，得重新进行行政程序，此为'行政程序法'第128条及第129条之所由设。"台中"高等行政法院"2007年度诉字第290号判决意旨："行政处分于法定救济期间经过后，具有下列各款情形之一者，相对人或利害关系人得向行政机关申请撤销、废止或变更之。但相对人或利害关系人因重大过失而未能在行政程序或救济程序中主张其事由者，不在此限：一具有持续效力之行政处分所依据之事实事后发生有利于相对人或利害关系人之变更者。二发生新事实或发现新证据者，但以如经斟酌可受较有利益之处分者为限。三其他具有相当于'行政诉讼法'所定再审事由且足以影响行政处分者。固为"行政程序法"第一百二十八条第一项所明定。惟此一规定以行政处分之相对人或利害关系人于法定救济期间内，未依法定之救济程序请求撤销、废止或变更，致该行政处分发生形式之确定力。基于法之安定性原则，相对人或利害关系人即应尊重其效力，本不得再有所争执。（转下页）

依据，其内涵包括：行政处分形式存续力之相对化（弱化）、依法行政原则之贯彻、法安定性原则之维护、合法性原则之要求、个案正义原则之考量、基本权程序保障功能之深化与基本权的维护与保障。

透过法益衡量，调和法安定性原则及合法性原则的冲突，于一定要件下，使法安定性原则退居于合法性原则之后，则“行政程序重新进行”与“行政救济权利保护”[51]、行政程序重新开始与“法安定性”与“人民权利之保护”间[52]系处于对立、拉锯之紧张关系。

从行政程序重新进行使人民有机会获得再次的救济机会的角度观察，行政程序重新进行一方面可以深化基本权程序保障功能，降低、减少民怨，避

（接上页）然为保护相对人或利害关系人之权利及确保行政处分之合法性，法律乃明定于具有一定事由时，准许相对人或利害关系人得向行政机关申请撤销、废止或变更，以符法治国家精神。”台北“高等行政法院”2009年度诉字第848号判决意旨：“行政机关所为处分虽具存续力，然非绝对禁止处分机关事后自行废弃，仅其废弃权限受法律一定条件之限制，不得任意撤销与废止，如行政程序法第117条以下规定是也。而基于行政程序着重弹性、效率与合目的性之考虑及官署自身集裁决者与当事人于一身，其决定之正确性与公信力本无法与诉讼判决比拟，是诉讼程序所谓一事不再理原则，除非法律别有规定，否则行政机关非不能对同一事件重为决定。”“最高行政法院”2006年度判字第1809号判决意旨：“按行政程序法第128条第1项规定：行政处分于法定救济期间经过后，具有下列各款情形之一者，相对人或利害关系人得向行政机关申请撤销、废止或变更之……所称于法定救济期间经过后，系指行政处分之相对人或利害关系人于法定救济期间内，未依法定之救济程序请求撤销、废止或变更，致该行政处分发生形式之确定力而言。基于法之安定性原则，相对人或利害关系人即应尊重其效力，不得再有所争执。惟为保护相对人或利害关系人之权利及确保行政处分之合法性，法律乃明定于具有一定事由时，准许相对人或利害关系人得向行政机关申请撤销、废止或变更，以符法治国家精神。”“最高行政法院”2009年度判字第706号判决意旨：“行政处分于法定救济期间经过后，而发生形式确定力者，基于法之安定性原则，相对人或利害关系人应尊重其效力，原不得再对之争讼。惟为保护相对人或利害关系人之权益及确保行政处分之合法性，于法定救济期间经过后，而当其具有法定事由时，应准许行政处分之相对人或利害关系人得向行政机关申请撤销、废止或变更行政处分，以符合法治原则，是行政程序重开制度之目的，系在调和法之安定性、目的性与正义间之冲突。”“最高行政法院”2010年度判字第1060号判决意旨：“上开‘行政程序法’第128条规定，系针对于法定救济期间经过后，已发生形式确定力之行政处分，为保护相对人或利害关系人之权利及确保行政之合法性所为之例外规定，赋予行政处分之相对人或利害关系人于具有该条规定之一定事由，得向原处分机关请求重开行政程序之规范。”

[51] 詹镇荣：《行政程序重新进行之程序标的》，载《东吴法律学报》2011年7月，第23卷第1期，第98页。

[52] 李建良：《行政处分》，蔡茂寅等著：《行政程序法实用》，台湾新学林公司2013年11月第4版，第318页。

免或消弭行政机关与人民间的紧张关系并建立互信的基础，有助于行政任务或行政目的的达成；另一方面，行政程序重新进行亦得以在行政多样化、行政权扩大化、专擅化、滥权化的情形，作为对行政机关行使行政权的监督与制衡之手段之一。对行政权之合法行使，实亦具有正面的功能。

（三）行政程序重新进行法理的冲突与调和

关于法律原则[53]间的冲突应如何解决？

Robert Alexy 认为[54]：两个原则在具体个案发生冲突时，并无任何原则优于另一原则，两个原则处于抽象层次的同一位阶，并处于一种“紧张关系”(Spannungsverhältnis)。要解决原则冲突，必须衡量相互竞争的法益，法益强度较高的原则优先。两个原则在具体个案发生冲突时，“其中一个原则在此具体案件必须退让，冲突才能解决”。惟此并非谓退让的另一个原则被宣告无效。同时，原则之间的优先顺序会因具体的个案而改变，端视在该具体案件中强度较大的原则才会被适用。

行政程序重新进行，即是立法者就行政处分已具有形式存续力，已生法安定性状态之法秩序，因法安定性原则与合法性原则冲突，经过法益衡量后，就本无优先顺序之法安定性原则、合法性原则，于一定要件下，选择合法性原则应优先于法安定性原则，法安定性原则应退让于合法性原则之后，以实践个案实质正义，贯彻法治国依法行政原则，使人民权利得到有效确实保障之制度。

---

[53] Robert Alexy 认为法律原则非仅是法律秩序的中心原则或其深层结构，而且，其还具有某种逻辑规范上的意义，“原则”为法律规范的一种结构特征。Alexy 以“初显特征”（prima facie-charakter）区分规则与原则，将“原则”定义为“理想应然”（ideals Sollen），“规则”定义为“实际应然”（reals Sollen），并将“原则”进一步界定为“极佳化诫命”（Optimierungsgebot）。“原则与规则之间最具关键的区分在于原则是极佳化的诫命”。Robert Alexy，Theorie der Grundrechte，S. 75. 转引自张嘉尹：《法律原则、法律体系与法律概念论——Robert Alexy 法律原则理论初探》，载《辅仁法学》2001 年 12 月，第 24 期，第 1-46 页。

[54] 张嘉尹：《法律原则、法律体系与法律概念论——Robert Alexy 法律原则理论初探》，载《辅仁法学》2001 年 12 月，第 24 期，第 17-19 页。

叁、行政程序重新进行之适用要件

“行政程序法”第128条规定：“行政处分于法定救济期间经过后，具有下列各款情形之一者，相对人或利害关系人得向行政机关申请撤销、废止或变更之。但相对人或利害关系人因重大过失而未能在行政程序或救济程序中主张其事由者，不在此限：一、具有持续效力之行政处分所依据之事实事后发生有利于相对人或利害关系人之变更者。二、发生新事实或发现新证据者，但以如经斟酌可受较有利益之处分者为限。三、其他具有相当于‘行政诉讼法’所定再审事由且足以影响行政处分者。前项申请，应自法定救济期间经过后三个月内为之；其事由发生在后或知悉在后者，自发生或知悉时起算。但自法定救济期间经过后已逾五年者，不得申请。”

归纳学者[55]、“最高行政法院”判决[56]及“行政程序法”主管机关“行政院

---

[55] 吴庚：《行政法之理论与实用》，台湾三民书局2010年9月，增订11版1刷，第405页、第406页。陈敏：《行政法总论》，台湾地区自版2011年9月第7版，第483页、第484页。林腾鹞：《行政法总论》，台湾三民书局2013年3月，修订3版1刷，第470页、第471页。黄俊杰：《行政法》，台湾三民书局2014年9月，修订4版1刷，第357页；同氏著：载《月旦法学教室》2008年8月，第95期，第28页。李建良：《行政处分》，蔡茂寅等著：《行政程序法实用》，台湾新学林公司2013年11月第4版，第318页、第319页。

[56] “最高行政法院”2008年度裁字第5406号裁定意旨：“准此，行政程序重开之要件如下：（一）处分之相对人或利害关系人得为申请人；（二）须向管辖行政机关提出重新进行程序之申请；（三）须具备“行政程序法”第128条之各款事由；（四）申请人须于行政程序或救济程序中非基于重大过失而未主张此等事由；（五）自法定救济期间经过未逾3个月或自法定救济期间经过未逾5年。重开程序之决定可分为两个阶段，第一阶段准予重开，第二阶段重开之后作成决定将原处分撤销、废止或仍维持原处分。若行政机关第一阶段即认为重开不符合法定要件，而予以拒绝，就没有第二阶段之程序。上述二种不同阶段之决定，性质上皆是新的处分。”“最高行政法院”2008年度判字第1076号判决意旨：“人民依‘行政程序法’第128条规定申请重新审理，须具备下列要件始得准许之：即1. 行政处分已不可争讼。2. 须有重新进行程序之事由。3. 当事人须非因重大过失，未在先前之行政程序或法律救济程序中，主张所据以申请程序重新进行之事由。4. 应自知悉重新进行程序之事由起，于一定之期限内提出申请。”

法务部”函释[57]，行政程序重新进行之要件包括：（1）行政处分已不可争讼；（2）申请人为行政处分之相对人或利害关系人；（3）须向管辖机关提出行政程序重新进行之申请；（4）须具备“行政程序法”第128条之各项事由；（5）申请人须于行政程序或救济程序非基于重大过失而未主张此等事由；（6）自法定救济期间经过未逾三个月或自法定救济期间经过未逾五年。

一、适用对象（或称“程序标的”[58]）—“行政处分于法定救济期间经过后”

“行政程序法”第128条系继受自德国1976年《行政程序法》第51条规定[59]。惟德国该法第51条第1项规定用语为“已不得请求撤销（unanfecht 行

[57] “行政院法务部”2006年1月17日法律字第〇九四〇〇四八二三五号函，“二、按行政程序法（以下简称本法）第128条系有关行政程序重新进行之规定，其要件为：（一）处分之相对人及利害关系人（即第三人效力处分之第三人）均得为申请人；（二）受理申请之机关通常为原处分机关；（三）须具备本法第128条之各款事由；（四）申请人须于行政程序或救济程序中非基于重大过失而未主张此等事由；（五）自法定救济期间经过未逾3个月或自法定救济期间经过未逾5年（吴庚：《行政法之理论与实用》，增订9版，第414页）”。

[58] 詹镇荣：《行政程序重新进行之程序标的》，载《东吴法律学报》2011年7月，第23卷第1期，第98页、第108页。该文对台湾地区“行政程序法”第128条规定之程序标的范围是否包括业经“行政法院”判决确定之行政处分，有详细分析，堪为研究此一问题颇值参阅之文章。

[59] 詹镇荣：《行政程序重新进行之程序标的》，载《东吴法律学报》，2011年7月，第23卷第1期，第97页、第121页。程明修：《行政程序法上有关行政处分撤销与程序重新进行之规范改正》，载《法学丛刊》2012年7月，第227期，第95页。洪家殷：《论行政处分程序之再度进行——以德国一九七六年行政程序法第五十一条之规定为中心》，载《政大法学评论》1992年6月，第45期，第348页。林明昕：《论诉愿之再审与行政处分之废弃 一道介乎行政争讼法与行政程序法之间的法学课题》，载《公法学的开拓线——理论、实务与体系之建构》，台湾元照公司2006年9月，初版第1刷，第307页。“行政院经济建设委员会健全经设法规工作小组”委托国立台湾大学法律学研究所所执行，《行政程序法之研究（行政程序法草案）》，“行政院经济建设委员会健全经设法规工作小组”印行，1990年12月，第115页-116页。《立法院公报第八十八卷第六期（一）》，1999年1月，第1502页、第1501页。《法律案专辑》，第252辑（四）法制（十九）行政程序法案，“立法院”公报处，2000年7月初版，第1489页、第1491页。《行政程序法立法资料汇编》，台湾五南公司，第205页、第207页。

政处分"[60]（亦有译为"已确定之行政处分"[61]"不具可争讼性之行政处分(unanfechtbarer verwaltungsakt)"[62]或行政处分"不得声明不服(unanfecht-bar)"[63]，德国联邦行政法院及学者认为经法院判决并具确定力之行政处分，亦包括在该条项"已不得请求撤销之行政处分"之规定内[64]。惟因"行政程序法"第128条规定用语为"行政处分于法定救济期间经过后"，与德国规定用语不同，则"行政程序法"第128条第1项规定"行政处分于法定救济期间经过后"究何所指？因涉及行政程序重新进行之程序标的范围及当事人之权益，攸关重要。此一问题，学说及实务见解分歧，且为适用"行政程序法"第128条核心所在。其争议之焦点，厥在"行政程序法"第128条第1项所规定之"行政处分于法定救济期间经过后"，应否包括业经行政法院判决

---

⑥⓪ 洪家殷就德国一九七六年《行政程序法》第51条第1项与此相关部份译为："第五十一条：程序之再度进行（Wiederaufgreifen des Verfahrens）（1）官署应依关系人之申请，决定已不得请求撤销（unanfechtbar）行政处分之废弃（Aufhebung）或变更（Änderung）……"《论行政处分程序之再度进行——以德国一九七六年行政程序法第五十一条之规定为中心》，载《政大法学评论》，1992年6月，第45期，第313页。程明修就德国《行政程序法》第51条第1项与此相关部份译为："（1）于下列情形之一时，官署应依关系人之申请，决定已不得请求撤销（unanfechtbar）行政处分之废弃（Aufhebung）或变更（Änderung）……"见氏著：《行政程序法上有关行政处分撤销与程序重新进行之规范改正》，载《法学丛刊》2012年7月，第227期，第94页。

⑥① 翁岳生对德国一九七六年《行政程序法》第51条全文译为："（1）官署应依关系人之声请，决定已确定之行政处分之废弃或变更，如：1. 行政处分所根据之事实或法律状态事后发生有利于关系人之变更者。2. 有新证据方法存在，使关系人将因而受较有利之决定者。3. 有类似民事诉讼法第五百八十条之再审原因存在时。（2）前项声请，仅于关系人未因重大过失不能在原手续，尤其藉法律救济主张重新进行之理由时，始得准许之。（3）声请应于三个月内提出之。上述期间，自关系人知悉有再度进行手续之理由存在之日起算。（4）此项声请，由依第三条有管辖权之官署决定之；被请求废弃或变更之行政处分系由其他官署作成时，亦同。（5）第四十八条第一项第一句与第四十九条第一项之规定，不受影响。"见氏著：《西德一九七六年行政手续法（附录全部译文）》，载《行政法与现代法治国家》，《国立台湾大学法学丛书（二）》，台湾地区自版1990年9月11版，第280页。"法务部"，《法务部行政程序法制定资料汇编（四）》1993年9月，第309页。

⑥② 詹镇荣：《行政程序重新进行之程序标的》，载《东吴法律学报》2011年7月，第23卷第1期，第110页、第120页。

⑥③ 林明昕：《论诉愿之再审与行政处分之废弃　一道介乎行政争讼法与行政程序法之间的法学课题》，载《公法学的开拓线——理论、实务与体系之建构》，台湾元照公司2006年9月，初版第1刷，第307页。

⑥④ 洪家殷：《论行政处分程序之再度进行——以德国一九七六年行政程序法第五十一条之规定为中心》，载《政大法学评论》1992年6月，第45期，第328页、第342页。

确定之行政处分在内？

1. 学者见解

学者对此之见解，有广义说、狭义说及折衷说之分。

广义说主要基于“行政程序法”第128条规定之文义[65]；“行政程序法”第128条“法定救济期间经过后”仅系例示规定，在适用上并不限于此[66]；“行政程序法”第128条与原来行政处分之诉讼标的并非同一[67]；有效权利保护、诉讼经济及法律适用平等原则[68]；“行政程序法”第128条第1项但书规

---

[65] 陈淑芳于行政诉讼研究会于2011年11月27日主办之“行政诉讼法”第18次研究会，“既判力与行政程序重开及违法行政处分之撤销”学术研讨会之发言，载《台湾法学》2011年11月第187期，第52页。盛子龙于行政诉讼研究会于2011年11月27日主办之“行政诉讼法”第18次研究会，“既判力与行政程序重开及违法行政处分之撤销”学术研讨会之发言，载《台湾法学》2011年11月第187期，第59页。

[66] 蔡茂寅等著：《行政程序法实用》，台湾新学林公司2013年11月第4版，第319页。林明昕：《论诉愿之再审与行政处分之废弃 一道介乎行政争讼法与行政程序法之间的法学课题》，载《公法学的开拓线——理论、实务与体系之建构》，台湾元照公司2006年9月，初版第1刷，第306-312页。詹镇荣：《行政程序重新进行之程序标的》，载《东吴法律学报》2011年7月，第23卷第1期，第122页。

[67] 洪家殷：《论行政处分程序之再度进行——以德国一九七六年行政程序法第五十一条之规定为中心》，载《政大法学评论》1992年6月，第45期，第342-344页；同氏于公务人员保障暨培训委员会举办之保障法制问题研讨会及座谈会之发言。转引自林树埔：《“行政程序法”第128条程序重开之理论与实务》，载《法令月刊》2010年2月，第61卷第2期，第79页。陈英钤于公务人员保障暨培训委员会于2009年6月24日主办之“研商程序重开于保障事件所衍生之相关问题座谈会”之发言，载《公务人员保障暨培训委员会，保障法制座谈会、研讨会及专题讲座纪录汇编（上册）》，公务人员保障暨培训委员会，2011年7月，第386页、第387页。

[68] 刘建宏：《行政法院既判力与行政程序重新进行及违法行政处分撤销——以财税事件为研究中心》，载《诉愿专论选辑——诉愿新制专论系列之十三》，台北市政府2012年12月，第81页；惟氏另认为税捐事件经行政法院实体判决驳回确定，不得依“行政程序法”第128条之规定申请程序重开。若事件经行政法院程序裁定驳回确定，惟该税捐事件经受理诉愿机关以实体驳回确定，不得依“行政程序法”第128条之规定申请程序重开；若系经诉愿机关程序不受理决定确定，纳税义务人自得依“行政程序法”第128条之规定申请程序重开（见氏著：《税捐行政程序重开之探讨》，载《当代财政》2012年2月，第14期，第30-34页，又似系采下述折中说之见解。翁培佑亦认为行政程序重开其合法性原则重要性远胜于法安定性原则，人民申请程序重开即系为保障其基本权益，既判力似无完全阻却重开行政程序之坚强理由。司法系解决纷争及保障人权之最后及最权威角色，如果违反判决之既判力可透过程序重开得到矫正，亦不减损司法在现代社会中保障人权的角色。见氏著：《我国核课处分程序重开之探讨》，“国立”政治大学法学院1998年5月硕士在职专班硕士学位论文，第129-第130页。

定文义、立法沿革、立法目的、诉讼标的及既判力等立场分析[69]，认为“行政程序法”第128条第1项所规定之“行政处分于法定救济期间经过后”，应包括业经行政法院判决确定之行政处分在内[70]。

狭义说主要基于避免法律对通常救济程序及非通常救济程序所设救济法定期间虚设、当事人毫无限制提起救济浪费行政或司法资源、业经实体判决已具有既判力[71]；不同之救济制度各有其不同之制度设计考虑[72]，认为“行政程序法”第128条第1项所规定之“行政处分于法定救济期间经过后”，不包括业经行政法院判决确定之行政处分在内。

折衷说认为“行政程序法”第128条第1项所规定之“行政处分于法定救济期间经过后”，是否包括业经行政法院判决确定之行政处分在内，不可一概而论，应分别情形而定：有以是否经过法院实体或非实体判决来区分，前者不得声请程序重新进行，后者则得为之[73]；有以诉讼标的是否相同而定[74]；

---

⑲ 詹镇荣：《行政程序重新进行之程序标的——我国与德国法制之比较》，载《东吴法律学报》2011年7月，第23卷第1期，第125页、第127页、第130页。

⑳ 采广义说见解之学者，尚有：吴庚：《行政法之理论与实用》，台湾三民书局2010年9月，增订11版1刷，第486页。林腾鹞：《行政法总论》，台湾三民书局2013年3月，修订3版1刷，第470页。傅玲静：《论行政程序之重新进行——以遗产税之核课与剩余财产差额分配请求权价额之扣除为例》，载《月旦法学杂志》2007年8月，第147期，第108页。

㉑ 林素凤：《程序重新、诉愿再审与再审之诉——兼评台北市政府九十一年十月十六日府复字第〇九一一九〇二七五〇一号复审决定》，载《月旦法学杂志》2005年3月，第118期，第212页、第213页。

㉒ 吴志光：《行政法》，台湾新学林公司2013年9月，5版2刷，第221页。陈爱娥于公务人员保障暨培训委员会于2009年6月24日主办之“研商程序重开于保障事件所衍生之相关问题座谈会”之发言，载《公务人员保障暨培训委员会，保障法制座谈会、研讨会及专题讲座纪录汇编（上册）》，公务人员保障暨培训委员会2011年7月，第374页、第375页。

㉓ 林锡尧：《行政法要义》，台湾元照公司2006年9月，3版第1刷，第539页。黄俊杰：《行政法》，台湾三民书局2014年9月，修订4版1刷，第357页；同氏著：载《月旦法学教室》2008年8月，第95期，第29页。

㉔ 林树埔：《“行政程序法”第128条程序重开之理论与实务》，载《法令月刊》2010年2月，第61卷第2期，第82页。张文郁于公务人员保障暨培训委员会于2009年6月24日主办之“研商程序重开于保障事件所衍生之相关问题座谈会”之发言，载《公务人员保障暨培训委员会，保障法制座谈会、研讨会及专题讲座纪录汇编（上册）》，公务人员保障暨培训委员会2011年7月，第380-382页。

有以应视当事人于诉愿决定或法院判决，是否有机会在该救济程序加以主张或救济而观[75]；有以原行政处分显属违法或不当者，例外的不承认行政处分之实质确定力[76]。多数学者采广义说。

2. 实务见解

行政法院判决就此之立场，亦与学者相同，亦有广义说、狭义说及折衷说之分。

广义说认为“行政程序法”第128条第1项“行政处分于法定救济期间经过后”之范围，包括业经行政法院判决确定在内之行政处分，例如：高雄“高等行政法院”2003年度诉字第134号判决；台北“高等行政法院”2003年度诉字第5535号判决、2008年度诉字第2851号判决[77]。

狭义说认为“行政程序法”第128条第1项“行政处分于法定救济期间经过后”之范围，不包括业经行政法院判决确定在内之行政处分，例如：“最

---

[75] 周志宏于公务人员保障暨培训委员会于2009年6月24日主办之“研商程序重开于保障事件所衍生之相关问题座谈会”之发言，载《公务人员保障暨培训委员会，保障法制座谈会、研讨会及专题讲座纪录汇编（上册）》，公务人员保障暨培训委员会2011年7月，第390页、第391页。

[76] 李震山：《行政法导论》，台湾地区自版2013年9月，修订9版3刷，第361页。

[77] 仅以台北“高等行政法院”2008年度诉字第2851号判决意旨为例：“按‘行政程序法’第128条，对人民得申请行政程序重开之情形，明文规定如下：行政处分于法定救济期间经过后，具有下列各款情形之一者，相对人或利害关系人得向行政机关申请撤销、废止或变更之。但相对人或利害关系人因重大过失而未能在行政程序或救济程序中主张其事由者，不在此限。一、具有持续效力之行政处分所依据之事实事后发生有利于相对人或利害关系人之变更者。二、发生新事实或发现新证据者，但以如经斟酌可受较有利益之处分者为限。三、其他具有相当于‘行政诉讼法’所定再审是由且足以影响行政处分者。前项申请、应自法定救济期间经过后三个月内为之；其事由发生在后或知悉者，自发生或知悉时起算。但自法定救济期间经过后已逾五年者，不得申请。因此，行政处分须已法定救济期间经过不可讼争，行政机关始得依人民之申请重开行政程序。此处之不可讼争，应包括经司法判决确定之情形。固然，论者有依‘行政诉讼法’第213条、第214条规定为据，指诉讼标的经行政法院判决者，具有确定力，其效力即于当事人及其继受人，基此，其经行政法院判决，而具有‘行政程序法’第128条第1项各款事由者，应提起再审之诉救济。惟对被告机关而言，撤销诉讼之确定判决，系课以其不得重为被撤销行政处分；课予义务诉讼之确定判决，系课以其应为判决所命行政处分之义务。行政法院确定判决，并未限制被告机关废弃加负担处分或作成授益处分，故而，原行政处分因行政法院判决而确定，亦不妨碍行政机关重为实体之决定。此由‘行政程序法’第128条第1项但书之反面解释，当事人非因重大过失，而未在法律救济程序中主张得申请重新进行行政程序之事由者，即不在排除范围之规定，亦可推知。”

高行政法院”2014年度判字第233号判决[78]、2011年度判字第2163号判决、2010年度判字第1060号判决、2009年度裁字第3303号裁定、2004年度判字第83号判决；台北“高等行政法院”2005年度诉字第2658号判决、2002年度诉字第1587号判决；台中“高等行政法院”诉字第373号判决。

折衷说认为行政处分非经行政法院实体判决确定，仍得申请行政程序重新进行。若行政处分经行政法院实体判决确定，惟无从依再审程序救济，仍得依“行政程序法”第128条规定，申请行政程序重新进行。例如：“最高行政法院”2011年度判字第577号判决[79]、2010年度判字第1016号判决；台中“高等行政法院”2009年度诉字第247号判决。

行政法院判决实务，多数认为“行政程序法”第128条第1项规定的“法定救济期间经过后”，系指行政处分因法定救济期间经过后，不能再以通

---

[78] 仅以“最高行政法院”2014年度诉字第233号判决意旨为例：“又非经实体判决确定之行政处分，符合上开规定者，虽得依上开规定申请重新进行行政程序，若经行政法院实体确定判决予以维持之行政处分，相对人或人得依再审程序谋求救济，故不在重新进行行政程序之列。基于诉讼经济及避免法院判决之既判力与行政处分之存续力产生衡突两大原则，亦应将法定救济期间经过后采取限缩性之解释，仅限于未于法定救济期间提起救济致处分确定之情形，始得申请程序重开，固与‘行政程序法’第128条第1项但书未能在行政程序或救济程序中主张其事由者之文义未尽相符，惟为防止滥诉及避免存续力与既判力之冲突，目前实务上对‘行政程序法’第128条之限缩性解释，仍较文义性解释更能符合程序重开之立法意旨及规范目的，尚与法律保留原则无违，本院历次确定判决均已阐述甚详，且为一贯之见解”。

[79] 仅以“最高行政法院”2011年度判字第577号判决意旨为例：“（一）按（第1项）行政处分于法定救济期间经过后，具有下列各款情形之一者，相对人或利害关系人得向行政机关申请撤销、废止或变更之。但相对人或利害关系人因重大过失而未能在行政程序或救济程序中主张其事由者，不在此限。一、具有持续效力之行政处分所依据之事实事后发生有利于相对人或利害关系人之变更者。二、发生新事实或发现新证据者，但以如经斟酌可受较有利益之处分者为限。三、其他具有相当于‘行政诉讼法’所定再审事由且足以影响行政处分者。（第2项）前项申请，应自法定救济期间经过后3个月内为之；其事由发生在后或知悉在后者，自发生或知悉时起算，但自法定救济期间经过后已逾5年者，不得申请。”为“行政程序法”第128条所明文。其所谓法定救济期间经过后，系指行政处分因法定救济期间经过后，不能再以通常之救济途径，予以撤销或变更，而发生形式确定力者而言。非经行政法院实体判决确定之行政处分，符合上开规定者，相对人或利害关系人自得依上揭规定申请重新进行行政程序；若经行政法院实体判决确定之行政处分，因其得依再审程序谋求救济，故不在得依上揭规定申请重新进行行政程序之列，惟如无从依再审程序谋求救济，符合上开规定者，解释上，应容许其依上揭规定申请重新进行行政程序，以求周延。

常之救济途径加以撤销，而发生形式确定力而言，排除业经行政法院判决确定之行政处分。即将“行政程序法”第128条第1项规定之“行政处分于法定救济期间经过后”而导致行政处分发生形式确定力之情形限于“法定救济期间经过”，而不及于其他足使行政处分发生不可争力之情形。因此，“行政处分于法定救济期间经过后”之概念内涵较之“行政处分具形式存续力”之用语为狭，并不包括其他足使行政处分发生形式存续力之事由在内[80]。

3. 本文见解

本文基于以下数点理由，就“行政程序法”第128条第1项规定之“行政处分于法定救济期间经过后”之程序标的，与我国台湾地区多数学者及德国学者对联邦行政法院之见解相同，认为“行政程序法”第128条第1项规定之“行政处分于法定救济期间经过后”，亦应包括业经行政法院判决确定之行政处分在内：

（1）依该条文的立法沿革

“行政院经济建设委员会健全经社法规工作小组”委托台湾大学法律学研究所执行台湾地区“行政程序法”之研究，由台湾大学法律学研究所拟订之台湾地区“行政程序法”草案第81条（行政程序重新进行）[81]，此一版本嗣后成为立法委员陈婉真于“立法院”提案之“行政程序法”草案第81条[82]，“法务部”研拟之台湾地区“行政程序法”草案第145条，其用语均为“已不得请求撤销之行政处分”[83]，与德国1976年《行政程序法》第51条第1项规定之“已不得请求撤销之行政处分”从同。虽然于“法务部”“行政程序

[80] 詹镇荣：《行政程序重新进行之程序标的》，载《东吴法律学报》2011年7月，第23卷第1期，第111页。

[81] 《行政程序法之研究（行政程序法草案）》，“行政院经济建设委员会健全经设法规工作小组”印行，1990年12月，第115页。

[82] 《法律案专辑》，第252辑（四）法制（十九）行政程序法案，“立法院”公报处，2000年7月初版，第1496页、第1055页。《“立法院”公报第八十八卷第六期（一）》1999年1月，第490页。

[83] “法务部”，《“法务部”“行政程序法”制定资料汇编（三）》1993年9月，第273页。

法”研究制订委员会讨论中，有委员建议将其修改为“行政处分于法定救济期间经过后”[84]，此并成为“行政程序法”草案第112条定稿内容及谢启大委员及吴东升委员之条文用语[85]。惟上开委员会之修改“仅系基于体系上法条文字一致性之考虑而已，显无牵涉到将行政程序重新进行标的的实质内涵作刻意之限缩。”[86]“依当时立法讨论之过程，从未有否定该条文字虽有变迁，但其原义与德国法之理解一致之立场。”[87]

德国《行政程序法》第51条第1项之“已不得请求撤销之行政处分”规定，本无排除业经行政法院判决确定之行政处分。因此，从立法沿革而言，业经行政法院判决确定之行政处分，亦得为“行政程序法”第128条规定之程序标的。

（2）基于比较法之立场

“行政程序法”第128条规定，系继受、参酌德国《行政程序法》第51条规定而来，此观草案条文说明、立法理由载系参考德国《行政程序法》第51条、第51条第1项至明[88]，学界对此亦无异说。

无论德国学者或德国《行政程序法》第51条公布施行前后之联邦行政法院，均肯认经行政法院实体判决确定之行政处分，仍为该法第51条行政程序

---

[84] 该委员会朱石炎委员于该委员会1992年6月9日第四十四次会议时，建议配合已通过的第139条用语（违法行政处分之撤销），将上开所述用语予以修正。见“法务部”，《“法务部”“行政程序法”制定资料汇编（三）》1993年9月，第275页。

[85] 《“立法院”公报第八十八卷第六期（一）》1999年1月，第490页、第492页。《法律案专辑》，第252辑（四）法制（十九）行政程序法案，“立法院”公报处，2000年7月初版，第1501页、第1502页。

[86] 詹镇荣：《行政程序重新进行之程序标的》，载《东吴法律学报》2011年7月，第23卷第1期，第112页。

[87] 程明修：《行政程序法上有关行政处分撤销与程序重新进行之规范改正》，载《法学丛刊》2012年7月，第227期，第96页。

[88] 《行政程序法之研究（行政程序法草案）》，“行政院经济建设委员会健全经设法规工作小组”印行，1990年12月，第116页。《“立法院”公报第八十八卷第六期（一）》1999年1月，第490页、第492页。《法律案专辑》，第252辑（四）法制（十九）行政程序法案，“立法院”公报处，2000年7月初版，第1501页、第1503页。《“行政程序法”立法资料汇编》，台湾五南公司，第205页、第207页。

重新进行之程序标的[89]。

从比较法之立场，“行政程序法”第128条规定，系继受、参酌德国《行政程序法》第51条规定而来，将该条规定之“行政处分于法定救济期间经过后”之程序标的扩及至业经行政法院实体判决确定之行政处分，并无突兀之处。

（3）依行政处分发生形式存续力之原因

行政处分于下列情形，发生形式存续力：

①法律救济期间已过、当事人抛弃法律救济、法律救济途径已尽或根本不许提起法律救济。在特殊情形，亦可因争讼权失效（Verwirkung des Anfechtungsrechts）而发生[90]。

②因例外情形“失权”而发生[91]。

③原告在本案终局判决后撤回诉讼或法院驳回原告诉讼确定而发生[92]。

依上所述，行政处分发生形式存续力之原因，非仅法律救济期间已经过一种，业经行政法院裁判确定之行政处分亦属之。因此，将业经行政法院判决确定之行政处分纳入“行政程序法”第128条第1项之程序标的，亦无悖于行政处分发生形式存续力之原因。

（4）依司法权之本质

司法权之本质，堪称以审判为其核心[93]，司法权特色之一，即具有正确性

---

[89] 洪家殷：《论行政处分程序之再度进行——以德国一九七六年行政程序法第五十一条之规定为中心》，载《政大法学评论》1992年6月，第45期，第328页、第342页、第344页。詹镇荣：《行政程序重新进行之程序标的》，载《东吴法律学报》2011年7月，第23卷第1期，第117页、第119页。

[90] 陈敏：《行政法总论》，台湾地区自版2011年9月第7版，第435页。

[91] 李震山：《行政法导论》，台湾地区自版2013年9月，修订9版3刷，第359页。

[92] 林锡尧：《行政法要义》，台湾元照公司2006年9月，第3版第1刷，第315页。蔡茂寅等著：《行政程序法实用》，台湾新学林公司2013年11月第4版，第319页。林明昕，亦认为“原告在本案终局判决后撤回诉讼”之情形，亦会发生形式存续力，《论诉愿之再审与行政处分之废弃　一道介乎行政争讼法与行政程序法之间的法学课题》，载《公法学的开拓线——理论、实务与体系之建构》，台湾元照公司2006年9月，初版第1刷，第310页。

[93] 法治斌、董保城：《宪法新论》，台湾元照公司2014年9月，6版第1刷，第398页。

的保障[94]。

职司司法审判者为人，其依据证据，认定事实并适用法律。惟司法审判者对证据及事实之认定与法律之适用，本其独立审判之职权行使，同一案件往往因不同之审判者而可能有不同之结果，实难谓经法院裁判确定之判决，系百分之百绝无错误。因此，将业经行政法院判决确定之行政处分纳入“行政程序法”第128条第1项之程序标的，以追求适正的结果，符合司法权具有正确性保障的本质与特征。

（5）依行政程序重新进行之立法意旨

“行政程序法”第128条之立法理由明揭：“按行政处分于法定救济期间经过后，原已发生形式确定力，基于法之安定性原则，相对人或利害关系人应尊重其效力，不得再有所争执。惟为保护相对人或利害关系人之权利及确保行政之合法性，于具有一定事由时，似应准许行政处　分之相对人或利害关系人得向行政机关申请撤销、废止或变更原处分，以符法治国家精神，是其制度之目的，系在调和法之安定性与合法性间之冲突，至为灼然。”[95]因此，行政程序重新进行之立法意旨，本在使法安定性原则退居于合法性原则之后，以贯彻法治国依法行政原则，追求个案正义，保障人民权益。

---

[94] 翁岳生：《行政法学基础理论（一）行政法总论》，台湾地区自版2001年初版，第346页、第347页、第349页。汤德宗：《权利分立与违宪审查——大法官抽象释义权之商榷》，载《“权利分立新论”》，台湾三民书局1998年版，第78页。

[95] 《“立法院”公报第八十八卷第六期（一）》，1999年1月，第490页、第492页。《法律案专辑》，第252辑（四）法制（十九）行政程序法案，“立法院”公报处，2000年7月初版，第1501页、第1503页。《行政程序法立法资料汇编》，台湾五南公司，第205页、第207页。

从台湾地区“行政诉讼法”第273条及同法第274条规定[96]，允许当事人于符合该条文规定之事由时，得对该确定终局判决提起再审之诉，亦可以证明经行政法院判决确定之行政处分，其合法性并非绝无错误或绝不容挑战。甚且，法律条文有限，对法律条文之解释或有不同，个案情节又复杂多变，法官既非神仙，亦非“机械式”地套用公式审判，加以法官个人学养经验不同等因素，行政法院之确定判决，是否完全合法及符合个案实质正义，亦非无疑。容许将业经行政法院判决确定之行政处分，亦得为行政程序重新进行之程序标的，有助于合法性的确立及个案正义的呈现，贯彻法治国依法行政原则，保障人民权益，合于行政程序重新进行之立法本旨。

（6）依“行政程序法”第128条之文义

“行政程序法”第128条第1项但书规定：“……但相对人或利害关系人因重大过失而未能在行政程序或救济程序中主张其事由者，不在此限。”其但书规定“未能在行政程序或救济程序中主张其事由者”，由其中规定“救济程序中”，可推知立法者并未限制未曾提起行政争讼救济之相对人或利害关系人始得申请行政程序重新进行，即便已提起行政争讼（包括诉愿、“行政诉讼

---

[96] 台湾地区“行政诉讼法”第273条规定：“有下列各款情形之一者，得以再审之诉对于确定终局判决声明不服。但当事人已依上诉主张其事由或知其事由而不为主张者，不在此限：一、适用法规显有错误。二、判决理由与主文显有矛盾。三、判决法院之组织不合法。四、依法律或裁判应回避之法官参与裁判。五、当事人于诉讼未经合法代理或代表。六、当事人知他造之住居所，指为所在不明而与涉讼。但他造已承认其诉讼程序者，不在此限。七、参与裁判之法官关于该诉讼违背职务，犯刑事上之罪。八、当事人之代理人、代表人、管理人或他造或其代理人、代表人、管理人关于该诉讼有刑事上应罚之行为，影响于判决。九、为判决基础之证物系伪造或变造。十、证人、鉴定人或通译就为判决基础之证言、鉴定或通译为虚伪陈述。十一、为判决基础之民事或刑事判决及其他裁判或行政处分，依其后之确定裁判或行政处分已变更。十二、当事人发现就同一诉讼标的在前已有确定判决或和解或得使用该判决或和解。十三、当事人发现未经斟酌之证物或得使用该证物。但以如经斟酌可受较有利益之裁判为限。十四、原判决就足以影响于判决之重要证物漏未斟酌。确定终局判决所适用之法律或命令，经“司法院”大法官依当事人之声请解释为抵触宪法者，其声请人亦得提起再审之诉。第一项第七款至第十款情形，以宣告有罪之判决已确定，或其刑事诉讼不能开始或续行非因证据不足者为限，得提起再审之诉。”台湾地区“行政诉讼法”第274条规定：“为判决基础之裁判，如有前条所定之情形者，得据以对于该判决提起再审之诉。”

法”）救济者，亦应包括在内[97]。

且台湾地区“行政程序法”第 117 条及第 128 条所谓的法定救济期间经过后，并未特别规定系以法定救济期间经过后未经行政法院判决确定之情形。从体系解释，若经行政法院判决确定之行政处分即无程序重开请求权，与“行政程序法”第 128 条第 1 项但书规定之文义有间。由“行政程序法”第 128 条第 1 项本文及但书规定之体系解释，“行政程序法”第 128 条第 1 项本文之文义有扩张解释之可能性。“行政程序法”第 128 条规定之适用范围，须回到利益衡量及价值判断上，即如何平衡人民权利有效保护、诉讼经济及法安定性、法律和平之维护等价值冲突之核心问题思考[98]。

再从前述立法沿革，立法者亦无意将业经行政法院判决确定之行政处分排除于“行政程序法”第 128 条第 1 项规定之外。

因此，将业经行政法院判决确定之行政处分作为“行政程序法”第 128 条第 1 项规定之程序标的，亦无违反“行政程序法”第 128 条之文义。

（7）就保护必要性及公平性而言

“因法院确定判决而生不可争力之行政处分，最起码曾依循过通常救济途径，并受法院判决之确认。较之于逾法定救济期间而未提起诉愿及行政诉讼之行政处分而言，其尊重通常救济程序体制之程度反而为高”，是于此更应受保护者，乃系遵守救济制度寻求救济之行政处分之相对人或利害关系人，而非不遵守法定救济途径之行政处分之相对人或利害关系人[99]。

若吾人仅允许因逾越法定救济期间而未曾提起行政争讼之相对人或利害

---

[97] 詹镇荣：《行政程序重新进行之程序标的》，载《东吴法律学报》2011 年 7 月，第 23 卷第 1 期，第 121 页。林石猛、李俊良：《释义行政程序法第一二八条第一项“新事实”、“新证据”——兼评近年来“最高行政法院”裁判》，载《月旦法学杂志》2015 年 5 月，第 240 期，第 85 页。

[98] 盛子龙于行政诉讼研究会于行政诉讼研究会于 2011 年 11 月 27 日主办之《行政诉讼法》第 18 次研究会，“既判力与行政程序重开及违法行政处分之撤销”学术研讨会之发言，载《台湾法学》2011 年 11 月，第 187 期，第 59 页。

[99] 詹镇荣：《行政程序重新进行之程序标的》，载《东吴法律学报》2011 年 7 月，第 23 卷第 1 期，第 122 页、第 123 页；引号内文，请见同文第 122 页。

关系人得依该条文申请行政程序重新进行，反而排除已依法提起行政争讼救济并经行政法院判决确定之相对人或利害关系人依该条文申请行政程序重新进行，实无异惩罚遵守救济制度寻求救济之相对人或利害关系人，反而鼓励该相对人或利害关系人不遵循法定救济途径，而依行政程序重新进行寻求救济[100]。此对遵守救济制度寻求救济之相对人或利害关系人，显非公平，“不仅有悖于法律救济原则顺序设计之旨趣，更使法定救济期间之强制规定形同具文”[101]，亦属本末倒置。

因此，将业经行政法院判决确定之行政处分，亦作为“行政程序法”第128条第1项规定之程序标的，符合保护之必要性及公平性。

（8）就诉讼标的[102]及既判力[103]而言

部份学者及多数行政法院判决认为业经行政法院判决确定之行政处分，因已具既判力[104]，因而将其排除于“行政程序法”第128条程序标的之外。

惟经行政法院判决确定之行政处分，其争议之标的为行政法院之判

---

[100] 詹镇荣：《行政程序重新进行之程序标的》，载《东吴法律学报》2011年7月，第23卷第1期，第122-123页。林石猛、李俊良：《释义“行政程序法”第一二八条第一项“新事实”、“新证据”——兼评近年来“最高行政法院”裁判》，载《月旦法学杂志》2015年5月，第240期，第85页。

[101] Vgl. M. Sachs, Das Wiederaufgreifen des Verwaltungsverfahrens, JuS 1982, S. 266. 转引自詹镇荣：《行政程序重新进行之程序标的》，载《东吴法律学报》2011年7月，第23卷第1期，第123页。

[102] 关于行政诉讼诉讼标的之讨论，请参阅：陈清秀：《行政诉讼法》，台湾元照公司2015年9月7版1刷，第450-462页。张文郁：《行政诉讼中撤销诉讼之诉讼标的之研究》，载《权利与救济（二）——实体与程序之关系》，台湾元照公司2008年4月初版第1刷，第139-187页。

[103] 所谓既判力，乃行政法院判决具实质确定力之别称，“其内容乃为诉讼标的之法律关系，于确定之终局判决经裁判者，当事人不得就该法律关系更为起诉，且于其他诉讼用作攻击或防御方法时，亦不得为与确定判决意旨相反之主张”。见：刘宗德、彭凤至：《行政诉讼制度》，翁岳生编：《行政法（下册）》，台湾元照公司2006年1月第3版第1刷，第454页。陈敏：《行政法总论》，台湾地区自版2011年9月第7版，第1540页、第1541页；惟其对此另称：“无论原诉讼当事人或其权利继受人，皆不得再质疑该判决就诉讼标的所为决定之正确性。实体判决始具有实质确定力，程序判决则否”。

[104] 台湾地区“行政诉讼法”第213条规定：“诉讼标的于确定之终局判决中经裁判者，有确定力。”即诉讼标的经确定之终局判决裁判者，具有既判力。

决，而行政程序重新进行之争议标的为行政机关之行政处分，两者争议标的缺乏同一性[105]。

行政机关对申请人申请行政程序重新进行所为之准驳决定，系就申请人有无“行政程序重新进行之程序上请求权”存在而为程序面之判断，与行政法院确定判决系就原行政处分实体上法律关系所为判断有关之诉讼标的“确认原行政处分合法且未侵害原告之权利或法律上利益（撤销诉讼）”[106]或确认“原告请求行政机关作成其所请求内容之行政处分依法并无请求权利（课予义务诉讼）”[107]不具同一性；若行政机关准予行政程序重新进行且就其为实体决定，亦系基于与原行政处分不同之基础事实、法律状态或证据资料而为，两者亦不具同一性，尚非原确定判决既判力所及[108]。

因此，从诉讼标的与既判力的范围观之，对行政程序重新进行之申请所为之准驳或重为实体上决定，均非先前行政法院确定判决实质确定力即既判力所及之范围。

---

[105] 洪家殷：《论行政处分程序之再度进行——以德国一九七六年行政程序法第五十一条之规定为中心》，载《政大法学评论》1992 年 6 月第 45 期，第 342 页。

[106] 许宗力、彭凤至认为原告起诉请求撤销原处分，应主张行政处分违法，损害其权利或法律上利益。刘宗德、彭凤至：《行政诉讼制度》，翁岳生编：《行政法（下册）》，台湾元照公司 2006 年 1 月第 3 版第 1 刷，第 478 页。

[107] “最高行政法院”2008 年度 12 月第 3 次庭长法官联席会议就课予义务诉讼之诉讼标的，作成决议如下：“课予义务诉讼之诉讼标的，依‘行政诉讼法’第 5 条规定，应为原告关于其权利或法律上利益，因行政机关违法驳回其依法申请之案件，或对其依法申请之案件不作为致受损害，并请求法院判命被告应为决定或应为特定内容行政处分之主张。又依同法第 213 条规定，上开课予义务诉讼之诉讼标的，于确定之终局判决中经裁判者，有确定力。是原告提起课予义务诉讼如经判决驳回确定者，该判决之确定力（既判力）不仅及于确认原告对于请求作成其所申请行政处分依法并无请求权，且及于被告机关原不作为或否准处分为合法、不作为或否准处分并未侵害原告之权利或法律上利益之确认；若行政法院依‘行政诉讼法’第 200 条第 3 款规定判决原告胜诉确定者，该判决之既判力，不仅及于确认原告对被告依法有作成所请求行政处分之权利，及命令被告机关作成特定内容之行政处分，且及于被告机关之否准处分为违法并侵害原告之权利或法律上利益之确认；如行政法院依‘行政诉讼法’第 200 条第 4 款规定判决原告胜诉确定者，该判决就原告对被告是否有依法作成所请求行政处分之权利虽未加以确认，亦未命令被告机关作成特定内容之行政处分，惟该判决之既判力，仍及于系争否准处分或不作为为违法并侵害原告之权利或法律上利益之确认。”

[108] 詹镇荣：《行政程序重新进行之程序标的》，载《东吴法律学报》2011 年 7 月，第 23 卷第 1 期，第 124 页。

（9）就司法实务之历史脉络

“行政程序法”第128条程序重新进行之规定，虽系继受自德国《行政程序法》第51条之规定而来。惟依“司法院”1936年度院字第1557号解释：“……苟原处分原决定或再诉愿官署，于诉愿再诉愿之决定确定后，发现错误……而撤销原处分另为新处分……”；‘行政法院’1961年度判字第25号判例意旨〔耕地放领〕：“县市政府依实施耕者有其田条例所为之耕地放领，既经过公告期间而无人申请更正，固已有其形式上之确定力，如原处分官署或其上级主管官署发见其为放领错误，以职权斟酌，将其形式上确定之放领处分予以纠正，既于依法行政之精神无违，自无不可。”“行政法院”1992年度判字第1169号判决意旨：“行政机关依职权撤销已确定之行政处分……”等历史脉络，在“行政程序法”第128条规定之前，行政处分废弃制度，实已于司法实务中具体实践，亦非将行政处分之撤销限于“法定救济期间经过”，因其他原因行政处分业经确定之情形，亦在得撤销之列[109]。

在“行政程序法”第128条规定之前，台湾地区修正前“诉愿法”第14条第2项但书、第17条第2项及修正后之“诉愿法”第58条第2项、第80条第1项及第81条第1项规定，亦均已肯认行政程序重新进行制度[110]。

---

[109] 林明昕：《论诉愿之再审与行政处分之废弃　一道介乎行政争讼法与行政程序法之间的法学课题》，载《公法学的开拓线——理论、实务与体系之建构》，台湾元照公司2006年9月，初版第1刷，第311页。惟上开行政法院50年度判字第25号判例业经“最高行政法院”九十一年十、十一、十二月庭长法官联席会议决议嗣后不再援用。

[110] 蔡志方亦认为台湾地区行政程序重开制度并非始自“行政程序法”第128条，除前引修正前、后之台湾地区“诉愿法”外，上开“司法院”院字1936年度院字第1557号解释、“行政法院”1965年判字第255号判决，亦均肯认此一制度。见氏著：《论争讼性与非争讼性之行政程序重开》，载《全国律师》2001年3月，第40-42页。台湾地区“诉愿法”第58条第2项：原行政处分机关对于前项诉愿应先行重新审查原处分是否合法妥当，其认诉愿为有理由者，得自行撤销或变更原行政处分，并陈报诉愿管辖机关。同“诉愿法”第80条第1项：“提起诉愿因逾法定期间而为不受理决定时，原行政处分显属违法或不当者，原行政处分机关或其上级机关得依职权撤销或变更之。但有左列情形之一者，不得为之：一、其撤销或变更对公益有重大危害者。二、行政处分受益人之信赖利益显然较行政处分撤销或变更所欲维护之公益更值得保护者。”同“诉愿法”第81条第1项规定：“诉愿有理由者，受理诉愿机关应以决定撤销原行政处分之全部或一部，并得视事件之情节，径为变更之决定或发回原行政处分机关另为处分。但于诉愿人表示不服之范围内，不得为更不利益之变更或处分。”

因此，将“行政程序法”第128条规定“法定救济期间经过后”扩及于因“法定救济期间经过”以外而生形式存续力之行政处分，包括业经行政法院判决确定的行政处分在内，既无违司法实务之历史脉络，亦无橘逾准而为枳或因时空背景及文化因素不同，有难以适应之虞。

（10）就人民权利有效确实保障而言

依据“有权利，即有救济”（ubi ius ibi remedium）之法理，凡权利受侵害时，应有法律救济之方法即法律救济途径，即人民之诉讼权，斯为权利之本质[111]。此种完整的权利救济保障，亦为“台湾地区”“宪法”第16条保障诉讼权之核心内容[112]。

“宪法”第16条规定，人民有诉讼之权，诉讼权为人民程序基本权之一种[113]，亦属基本权的制度性保障[114]。依“司法院”大法官释字第396号解释理由书（无漏洞之权利保护）[115]、释字第418号解释理由书（具有实效之权利保护）[116]、

---

[111] 翁岳生：《行政诉讼现代化之研究》，载《行政法与现代法治国家》，台湾地区自版自刊本1990年9月11版，第392页。

[112] 刘宗德：《宪法解释与诉讼权之保障——以行政诉讼为中心》，载《“司法院”大法官九十三年度学术研讨会论文集及记录》，“司法院”，2005年9月第1版，第264页、第278页。

[113] 吴庚：《宪法的解释与适用（第三版）》，台湾地区自版2004年6月第3版，第286页。

[114] “司法院”大法官释字第396号解释理由书。

[115] “司法院”大法官释字第396号解释理由书：“‘宪法’第十六条所定人民之诉讼权，乃人民于其权利遭受侵害时，得诉请救济之制度性保障，其具体内容，应由立法机关制定法院组织与诉讼程序有关之法律，始得实现。惟人民之诉讼权有其受宪法保障之核心领域，为诉讼权必备之基本内容，对其若有欠缺，即与‘宪法’第十六条保障人民诉讼权之意旨不符。本院释字第二四三号解释所谓有权利即有救济之法理，即在指明人民诉请法院救济之权利为诉讼权保障之核心内容，不容剥夺……”

[116] “司法院”大法官释字第418号解释理由书：“‘宪法’第十六条保障人民诉讼权，系指人民于其权利遭受侵害时，有请求法院救济之权利，法院亦有依法审判之义务而言。此种司法上受益权，不仅形式上应保障个人得向法院主张其权利，且实质上亦须使个人之权利获得确实有效之保护。司法救济之方式，有不论民事、刑事或行政诉讼之裁判，均由普通法院审理；有于普通法院外，另设行政法院审理行政争讼事件，我国即从后者。然无论采何种方式，人民于其权利因违法行政处分而遭受侵害时，得向法院请求救济，则无不同。至立法机关将性质特殊之行政争讼事件划归何种法院审理、适用何种司法程序，则属立法者之权限，应由立法者衡酌权利之具体内涵、诉讼案件之性质及既有诉讼制度之功能等因素，以法律妥为合理之规定……”

释字第512号解释理由书（公平之审判程序）[117]，“宪法”第16条诉讼权之保障范围包括提供尽可能无漏洞之权利保护、具有实效之权利保护以及公平之审判程序等三种内涵[118]。而建构无漏洞之权利保护且具有实效且公平之权利保护，系基于人性尊严[119]之要求，使人民在诉讼程序上作为诉讼的主体，而非降为单纯的国家行为或是法院裁判的客体，以担保在台湾地区“行政诉讼法”程序的个人尊严及自由的程序保障[120]。“宪法”第16条诉讼权之保障，不仅形式上保障人民得向法院主张其权利，实质上须人民权利获得确实有效之保障（“司法院”大法官释字第418号解释理由参照），即诉讼权亦保障“具有实效之权利保护”（effektiver Rechtsschutz）[121]。

故将“行政程序法”第128条第1项规定的“法定救济期间经过后”具有形式存续力之行政处分，解为仅是立法者对具有形式存续力之行政处分之

---

⑰ “司法院”大法官释字第512号解释理由书：“‘宪法’第十六条保障人民有诉讼之权，旨在确保人民有依法定程序提起诉讼及受公平审判之权利，至诉讼救济应循之审级、程序及相关要件，应由立法机关衡量诉讼案件之种类、性质、诉讼政策目的，以及诉讼制度之功能等因素，以法律为正当合理之规定，本院释字第三九三号、第三九六号、第四一八号、第四四二号解释阐释甚明……”

⑱ 翁岳生主编：《行政诉讼法逐条释义》，台湾五南图书公司2002年11月初版1刷，第5页、第6页（导论，翁岳生执笔）。

⑲ 有关人性尊严之相关内容或论述，请参阅：蔡维音：《德国基本法第一条“人性尊严”规定之探讨》，载《宪政时代》第18卷第1期，第36-48页。黄桂兴：《浅论行政法上的人性尊严概念》，载城仲模主编：《行政法之一般法律原则》，台湾三民书局1983年8月初版，第1-26页。李震山：《人性尊严之宪法保障》，载《人性尊严与人权保障》，台湾元照公司2011年10月4版1刷，第1-24页。李建良：《自由、平等、尊严——人的尊严作为宪法价值的思想根源与基本课题》，载《人权思维的承与变——宪法理论与实践（四）》，台湾新学林公司2010年9月1版1刷，第1-62页。李惠宗：《宪法要义》，台湾元照公司2006年9月3版1刷，第82-85页。陈慈阳：《宪法学》，台湾元照公司2005年11月2版1刷，第485-496页。法治斌、董保城：《宪法新论》，台湾元照公司2014年9月第6版第1刷，第209-212页。蔡宗珍：《人性尊严》，许志雄等著：《现代宪法论》，台湾元照公司2002年10月第3版第1刷，第45页-54页。陈清秀：《行政法的法源》，载翁岳生编：《行政法（上）》，台湾元照公司2006年10月第3版第1刷，第124-126页。

⑳ 翁岳生：《行政诉讼法逐条释义》，台湾五南图书公司2002年11月初版1刷，第4页、第5页。

㉑ Vgl. Schmidt-Aßmann，in，Maunz/Dürig，GG Art. 19 Abs. 4. Rn. 4f，Kai-A. Otto，Der Anspruch auf ein Verfahren in angemessener Zeit，1995，Peter Wilfinger，Das Gebot effektiven Rechtsschutz in Grundgesetz und Europ? ischer Menschenrechtskonvention 1995. Sachs（hrsg），GG，2. Aufl.，Rn. 145-149. 转引自翁岳生主编：《行政诉讼法逐条释义》，台湾五南图书公司2002年11月初版第1刷，第8页。

一种例示宣示，将其扩大解释因各种原因发生存续力之行政处分均涵盖在内[122]，使包括业经行政法院判决确定之行政处分在内，其结果，尽量让人民有接近法院之权利（完整的权利救济保障）与受公正有效审判的权利（有效的权利救济保障），乃系有效保障人民权利的实践，亦系落实“宪法”第16条人民诉讼权应予保障的具体途径。

基于本文以上各点，“行政程序法”第128条第1项规定的“行政处分于法定救济期间经过后”之程序标的，应包括业经行政法院判决确定之行政处分在内。惟因现行规定，造成解释及适用上之疑义与困扰。为期明确，本文建议于将来修正“行政程序法”第128条规定时，宜斟酌将该条项“行政处分于法定救济期间经过后”修正为“已不得请求撤销之行政处分”[123]。

二、申请主体

依“行政程序法”第128条第1项规定，得申请行政程序重新进行之当事人，为行政处分之相对人或利害关系人。

行政处分之相对人，应包括本国人及外国人、自然人、法人及非法人团体在内。

至于行政处分之利害关系人，系指具有法律上利害关系之人，不包括仅有事实上、道德上、情感上、经济上或名誉上之利害关系[124]。

---

[122] 詹镇荣：《行政程序重新进行之程序标的》，载《东吴法律学报》，2011年7月，第23卷第1期，第122页。林石猛、李俊良：《释义“行政程序法”第一二八条第一项“新事实”、“新证据”——兼评近年来“最高行政法院”裁判》，载《月旦法学杂志》2015年5月，第240期，第85页。李建良：《行政处分》，蔡茂寅等著：《行政程序法实用》，台湾新学林公司2013年11月第4版，第319页。

[123] 学者詹镇荣建议将其修正为“不具争讼性之行政处分”，见氏著：《行政程序重新进行之程序标的—我国与德国法制之比较》，载《东吴法律学报》2011年7月，第23卷第1期，第125页、第130页。学者程明修建议将其修正为“行政处分已不得请求撤销后”，见氏著：《“行政程序法”上有关行政处分撤销与程序重新进行之规范改正》，载《法学丛刊》2012年7月，第227期，第97页。

[124] 吴志光：《行政法》，台湾新学林公司2013年9月，5版2刷，第406页。姜世民：《民事诉讼法（上册）》，台湾新学林公司2012年11月1版1刷，第257页。

至于如何判断具有法律上利害关系，依“最高行政法院”判决，系以保护规范理论[125]作为判断依据，“即为保护规范效力所及而得以自己名义提起行政救济之法律上利害关系人”。[126][127]

三、申请行政程序重新进行之事由

（一）具有持续效力之行政处分所依据之事实事后发生有利于相对人或利害关系人之变更者（“行政程序法”第128条第1项第1款）

本款适用之要件为“具有持续效力之行政处分”，非“具有持续效力之行政处分”不在其列。因不具持续效力之行政处分合法性之判断，以作成时之法律及事实为准，此种处分已具不可争力后，当事人根据行政处分作成后之事实或法律状况，重新提出申请，系另一个新程序的开始，请求作成一个新的决定，非行政程序重新进行[128]。

“行政程序法”第128条第1项第1款规定之事实事后发生变更，系指作成行政处分时，“对决定之作成具有重要性之事实，其后不复存在，或作成后，发

---

[125] 有关保护规范理论，请参阅：李建良：《保护规范理论之思维与适用——行政法院裁判若干问题举隅》，载黄丞仪主编：《2010行政管制与行政争讼》2011年11月，第249-320页。

[126] 傅玲静：《遗产税之核定与行政程序之重新进行》，载《月旦法学教室》2007年5月，第55期，第21页。

[127] 有关“最高行政法院”依保护规范理论作为判断是否具有“行政程序法”第128条规定之法律上利害关系，仅以“最高行政法院”2011年度判字第788号判决意旨为例：“按‘行政程序法’第128条规定，行政处分于法定救济期间经过后，须行政处分之相对人或利害关系人始得向行政机关申请撤销、废止或变更之，如经行政机关否准，得循序提起行政诉讼。而所谓利害关系乃指法律上之利害关系而言（本院著有1986年判字第362号判例）。法律上利害关系之判断，系以保护规范理论为界定利害关系第三人范围之基准。如法律已明确规定特定人得享有权利，或对符合法定条件而可得特定之人，授予向行政主体或国家机关为一定作为之请求权者，其规范目的在于保障个人权益；如法律虽系为公共利益或一般国民福祉而设之规定，但就法律之整体结构、适用对象、所欲产生之规范效果及社会发展因素等综合判断，可得知亦有保障特定人之意旨时，即应许其依法请求救济，此观“司法院”释字第469号解释理由书自明。故若可藉由保护规范理论判断为其系相关联法规范所保护权利或法律上利益之归属主体，其权利或法律上利益因行政机关之处分而受损害，即可认为具有诉讼权能；反之，若非权利或法律上利益，而仅系单纯政治、经济、感情上等反射利益受损害，自无诉讼权能。”

[128] 陈敏：《行政法总论》，台湾地区自版2011年9月第7版，第486页。

生对决定具有重要性的新事实”。[129] 或谓“作出决定时成就的事实要件事后消灭，或者事后产生了新的对决定具有重要意义的事实”。[130] 此所谓的事实，“系指作为法效要件存在的、具体的、有特定时空的事态，包括外在的状况与内在的状况。依照通说，获得自然科学或医学的新知识，也可构成事实变更”。[131]

本款仅规定“具有持续效力之行政处分所依据之事实事后发生有利于相对人或利害关系人之变更者”，而不及于“法律事后发生变更”之情形，学者多数见解认为此属立法缺漏[132]。按行政处分作成后，其所根据之事实与法律均有可能发生有利于相对人或利害关系人之变更，两者自应公平对待，以符平等原则。因此，具有持续效力之行政处分所依据之事实及“法律发生有利于相对人或利害关系人之变更”，均应得作为申请“行政程序法”第128条行政程序重新进行之事由。至于所谓法律状态变更，系“指对于决定具有重要意义的法律规定于行政行为作成后被废弃、制定或者变更”。[133] 同时，法律状态变更应仅指有关法律文字之变更，法律见解或法院实务变更不属之[134]。法院判

---

[129] Vgl Ule/Laubinger，Verwaltungsverfahrensrecht，Köln 1995，4. Aufl.，§65 Rdnr. 18；Erichsen，in：Erichsen，Hans-Uwe（Hrsg.），Allgemeines Verwaltungsrecht，Berlin 1998，11. Aufl.，§20 Rdnr. 9. 转引自陈敏：《行政法总论》，台湾地区自版2011年9月第7版，第485页。

[130] ［德］汉斯·J. 沃尔夫、奥托·巴霍夫、罗尔夫·施拖贝尔著：《行政法第二卷》，高家伟译，台湾地区“商务印书馆”2002年8月第1版，第126页。

[131] 林锡尧：《行政法要义》，台湾元照公司2006年9月第3版第1刷，第540页。

[132] 陈敏：《行政法总论》，台湾地区自版2011年9月第7版，第487页。傅玲静：《论行政程序之重新进行——以遗产税之核课与剩余财产差额分配请求权价额之扣除为例》，载《月旦法学杂志》2007年8月，第147期，第108页。吴志光：《行政法》，台湾新学林公司2013年9月，5版2刷，第221页；同氏著：《行政程序重新进行之要件》，载《台湾法学》2010年4月，第150期，第70页。蔡茂寅等著：《行政程序法实用》，台湾新学林公司2013年11月第4版，第319页。林石猛、李俊良：《释义行政程序法第一二八条第一项“新事实”、“新证据”——兼评近年来“最高行政法院”裁判》，载《月旦法学杂志》2015年5月，第240期，第103页。

[133] ［德］汉斯·J. 沃尔夫、奥托·巴霍夫、罗尔夫·施拖贝尔著：《行政法第二卷》，高家伟译，台湾地区“商务印书馆”2002年8月第1版，第126页。另请参阅：陈敏：《行政法总论》，台湾地区自版2011年9月第7版，第485页。

[134] 德国Badura（巴杜拉）教授于1992年9月17日在“‘行政院法务部’‘行政程序法’研究制定委员会”之演讲“德国行政程序法之基本思想”，载《“法务部”“行政程序法”制定数据汇编（三）》，“法务部”，1993年9月，第396页、第397页。

例之变更，亦非属之[135]。惟判例之变更，其性质若属“变更法律之法律续造”(rechts? ndernde Rechtsfortbildung)，则亦为法律状态之变更，得为申请行政程序重新进行之事由[136]。

依“行政程序法”第123条第4款规定[137]，法律变更得为废止授予利益之合法行政处分之事由。本条款当事人所争议者，亦非原处分之合法性。因此，解释上，法律变更应为本条项第1款规定所涵盖[138]。

学者认为本款规定“具有持续效力之行政处分”之定义困难、分类不易，造成适用发展之局限性[139]；且依“行政程序法”第110条第1项及第3项规定[140]，行政处分从通知时起至失其效力时止，行政处分原则上均具持续效力，本款“具有持续效力之行政处分”之内涵易与“行政程序法”第110条规定之“效力”发生混淆[141]，其等因而建议将其删除。“行政院法务部”“行政程序法”研究制定委员会之委员亦有认为“具有持续效力之行政处分”定

---

[135] 陈敏：《行政法总论》，台湾地区自版2011年9月第7版，第486页。

[136] Vgl. Maurer，Hartmut，Allgemeines Verwaltungsrecht，München 1997，11. Aufl.，§11 Rdnr. 66；Woff/Bachof/Stober，Verwaltungsrecht II，München 2000，6. Aufl.，§51 Rdnr. 116. 转引自陈敏：《行政法总论》，台湾地区自版2011年9月第7版，第486页。

[137] 台湾地区“行政程序法”第123条规定：“授予利益之合法行政处分，有下列各款情形之一者，得由原处分机关依职权为全部或一部之废止：一、法规准许废止者。二、原处分机关保留行政处分之废止权者。三、附负担之行政处分，受益人未履行该负担者。四、行政处分所依据之法规或事实事后发生变更，致不废止该处分对公益将有危害者。五、其他为防止或除去对公益之重大危害者。”

[138] 陈敏：《行政法总论》，台湾地区自版2011年9月第7版，第485页。吴志光：《行政法》，台湾新学林公司2013年9月5版2刷，第221页。蔡茂寅等著：《行政程序法实用》，台湾新学林公司2013年11月第4版，第319页。

[139] 程明修：《行政程序法上有关行政处分撤销与程序重新进行之规范改正》，载《法学丛刊》2012年7月，第227期，第103页。

[140] 台湾地区“行政程序法”第110条规定：“书面之行政处分自送达相对人及已知之利害关系人起；书面以外之行政处分自以其他适当方法通知或使其知悉时起，依送达、通知或使知悉之内容对其发生效力（第1项）。一般处分自公告日或刊登政府公报、新闻纸最后登载日起发生效力。但处分另订不同日期者，从其规定（第2项）。行政处分未经撤销、废止，或未因其他事由而失效者，其效力继续存在。无效之行政处分自始不生效力（第3项）。”本条文引号内容之括号表示（第1项）、（第2项）、（第3项），系作者所自行标示。

[141] 洪家殷：《有持续力之行政处分与行政处分程序之重新进行》，载《台湾法学》2009年4月，第125期，第147页、第148页。

义不易，学说上亦有争议，亦建议将其删除[142]。

从比较法的立场来看，德国《行政程序法》第51条第1项第1款规定为："1. 行政处分所根据之事实或法律状态，事后发生有利于关系人之变更者。"[143] 加上前开所述，"具有持续效力之行政处分"之定义困难，亦有与我国台湾地区"行政程序法"第110条规定之"效力"发生混淆之可能，且该条款未将行政处分作成后法律状态之变更加以规定，形成立法疏漏。因此，本文建议于将来修正"行政程序法"第128条规定时，宜斟酌将该条款修正为"行政处分所依据之事实或法律状态事后发生有利于相对人或关系人之变更者"。以期周全。

（二）发生新事实或发现新证据者，但以如经斟酌可受较有利益之处分者为限（"行政程序法"第128条第1项第2款）

1. 发生新事实

多数学者认为本款"发生新事实"规定，系属立法疏漏，盖在有持续效力之行政处分，若发生新事实即事实变更，原属同条项第1款之事由；在非持续效力之行政处分，发生新事实，即可进行新处分，无须重新进行行政程序，废弃原处分[144]。本款"发生新事实"，系"立法院"审议时所增列，不符

---

[142] 该委员会董保城委员于该委员会1992年8月25日第四十九次会议时，建议将"具有持续效力之"等字删除。见："法务部"，《"法务部""行政程序法"制定资料汇编（三）》1993年9月，第336页。

[143] 翁岳生：《西德一九七六年行政手续法（附录全部译文）》，载《行政法与现代法治国家》，台湾地区自版1990年9月11版，第280页。"法务部"，《"法务部""行政程序法"制定资料汇编（四）》1993年9月，第309页。

[144] 陈敏：《行政法总论》，台湾地区自版2011年9月第7版，第487页。另外认为"行政程序法"第128条第1项第2款"发生新事实"规定，系属立法疏漏之学者，尚有：吴志光：《行政法》，台湾新学林公司2013年9月5版2刷，第222页；同氏著：《行政程序重新进行之要件》，载《台湾法学》2010年4月，第150期，第69-73页（第71页）。洪家殷：《有持续力之行政处分与行政处分程序之重新进行》，载《台湾法学》2009年4月，第125期，第147页。傅玲静：《论行政程序之重新进行——以遗产税之核课与剩余财产差额分配请求权价额之扣除为例》，载《月旦法学杂志》2007年8月，第147期，第109页。陈淑芳：《再开行政程序之申请》，载《月旦法学教室》2006年5月，第43期，第27页。林石猛、李俊良则认此属立法错误，《释义"行政程序法"第一二八条第一项"新事实"、"新证据"——兼评近年来"最高行政法院"裁判》，载《月旦法学杂志》2015年5月，第240期，第104页。

法理[145]。

行政法院判决多数见解认为本款所谓“发生新事实”，系指该新事实于原行政处分作成后始发生之事实而言[146]；惟少数见解则认为并不限于原行政处分作成后始发生之事实，亦包括作成行政处分时已存在之事实[147]。

按无持续效力之行政处分，其效力已“因一次之遵守、执行或法律形成而完结”[148]，该行政处分之内容亦已因此而实现，其后纵有新事实之变更，亦不影响已完结之行政处分，应无从再申请行政程序重新进行；且无持续效力之行政处分其合法性，原则上系取决于作成行政处分时之事实及法律状态[149]，若以嗣后新事实的发生，否认其合法性，恐有侵犯行政机关第一次行政权行使之嫌[150]。

该“发生新事实”既不适用于无持续效力之行政处分，而有持续效力之行政处分于作成后，若事实发生有利于行政处分之相对人或利害关系人之变更，即可依同条项第1款规定办理。因此，本文建议于修正“行政程序法”第128条规定时，宜斟酌将本条款该“发生新事实”及其但书规定“但以如经斟酌可受较有利益之处分者为限”等字删除，将该条款修正为“发现有利

---

[145] 陈敏：《行政法总论》，台湾地区自版2011年9月第7版，第487页。

[146] 例如：“最高行政法院”2005年度判字第169号判决、2011年度判字第1559号判决；台中“高等行政法院”2003年度诉字第591号判决、2001年度诉字第732号判决。

[147] 例如：“最高行政法院”2011年度判字第2191号判决；高雄“高等行政法院”2003年度诉字第1348号判决。

[148] 陈敏：《行政法总论》，台湾地区自版2011年9月第7版，第354页。同见：吴志光：《行政法》，台湾新学林公司2013年9月5版2刷，第191页。

[149] 陈敏：《行政法总论》，台湾地区自版2011年9月第7版，第354页。吴志光：《行政法》，台湾新学林公司2013年9月5版2刷，第191页。

[150] 林石猛、李俊良：《释义“行政程序法”第一二八条第一项“新事实”、“新证据”——兼评近年来“最高行政法院”裁判》，载《月旦法学杂志》2015年5月，第240期，第93页。

于行政处分相对人或利害关系人之新证据者”。[151]

2. 发现新证据

有关本款新证据之意义及存在时点，依多数学者见解，认为本款所谓之“新证据”，只要是能够证明事实真伪与存否之证据，无论该证据系于行政处分作成时已存在而不知或未予援用，或行政处分作成后始成立者，均包括在内[152]。

行政法院判决多数见解，系以“行政法院”1980年度判字第736号判例针对再审事由所阐释“按当事人对于本院判决提起再审之诉，必须具有台湾地区“行政诉讼法”第28条（按即现行法§273 Ⅰ）所列各款情形之一者，始得为之。而该第10款（即现行法第13款）所谓发现未经斟酌之重要证物者，系指该项证物在前诉讼程序中即已存在，而当事人不知其存在，并以如经斟酌可受较有利益之裁判者为限”之见解为依据，因而认为所谓“发

---

[151] 因本文建议将本条款修正为：“发现有利于行政处分相对人或利害关系人之新证据者”，该新证据既系有利于行政处分相对人或利害关系人，已足以取代原条款但书规定之“但以如经斟酌可受较有利益之处分者为限”。因此，原条款但书之规定可以删除。又，林石猛、李俊良主张：于该条款未修正前，将该条款之使用作目的性限缩仅适用于“有持续效力之行政处分”；并主张未来修正“行政程序法”第128条时，将该条款“发生新事实”删除，《释义“行政程序法”第一二八条第一项“新事实”、“新证据”——兼评近年来“最高行政法院”裁判》，载《月旦法学杂志》2015年5月，第240期，第105页、第106页。

[152] 采此见解之学者，包括：陈敏：《行政法总论》，台湾地区自版2011年9月第7版，第486页。李建良：《行政处分》，载蔡茂寅等著：《行政程序法实用》，台湾新学林公司，2013年11月第4版，第319页、第320页。陈慈阳：《人民申请行政程序重开之案例解析》，载《台湾法学》2015年6月，第274期，第104页。傅玲静：《论行政程序之重新进行——以遗产税之核课与剩余财产差额分配请求权价额之扣除为例》，载《月旦法学杂志》2007年8月，第147期，第109页。林树埔：《“行政程序法”第128条程序重开之理论与实务》，载《法令月刊》2010年2月，第61卷第2期，第84页、第85页。林石猛、李俊良：《释义“行政程序法”第一二八条第一项“新事实”、“新证据”——兼评近年来“最高行政法院”裁判》，载《月旦法学杂志》2015年5月，第240期，第106页。周志宏于公务人员保障暨培训委员会于2009年6月24日主办之“研商程序重开于保障事件所衍生之相关问题座谈会”之发言，载《公务人员保障暨培训委员会，保障法制座谈会、研讨会及专题讲座纪录汇编（上册）》，公务人员保障暨培训委员会2011年7月，第254-256页。

现新证据”，系指于作成行政处分之时业已存在，惟未经斟酌之证据而言[153]。惟实务上，亦有少数判决见解认为本款所谓“新证据”，并不以行政处分作成时已存在或成立为限者[154]。

实务上多数见解将本款“新证据”作限缩性解释，限于行政处分作成时已存在之证据，为当事人当时所不知且未经行政机关斟酌者，不包括行政处

[153] 仅以“最高行政法院”2014 年度判字第 319 号判决意旨为例：“原判决以：多位学者均主张‘行政程序法’第 128 条第 1 项第 2 款所称所谓之发现新证据，可以为行政处分作成时已存在，亦可以为行政处分作成后始成立者。又行政处分除追求合法性外，更追求其妥当性，故依程序重开制度设计之原旨，本即欲使行政处分于确定后较法院判决更有变更之弹性及可能性，以兼顾个案正义。‘行政程序法’第 128 条第 1 项第 2 款既系规定发现新证据，而非如‘行政诉讼法’第 273 条第 1 项第 13 款系规定发现未经斟酌之证物，显见立法者有意将重开程序事由与再审事由为不同之规定。况如将新证据局限于行政处分作成时即已存在之证据，其内涵即可为同条项第 3 款所定其他相当于‘行政诉讼法’第 273 条第 1 项第 13 款之再审事由所涵盖，岂非使‘行政程序法’第 128 条第 1 项第 2 款所定发现新证据之程序重开事由成为具文等语，固非无见。惟依照本院一贯之见解，咸认‘行政程序法’第 128 条第 1 项第 2 款所称所谓之发现新证据，系指于作成行政处分业已存在，但为申请人所不知，致未经斟酌之证据而言，并不包括作成行政处分后始发现之证据，有改制前本院 1980 年度判字第 736 号判例可稽。况行政处分除追求合法性及妥当性外，行政处分之安定性亦不能不予以兼顾，尚不能仅因考虑个案正义而贸然为个案解释，致破坏法之安定性。至于学者之见解，仍有歧异，尚不能作为本件判断之依据。”同旨另见：“最高行政法院”2014 年度判字第 233 号，2012 年度判字第 971 号判决、2011 年度判字第 1559 号判决、2010 年度判字第 1161 号判决、2010 年度判字第 461 号判决、2005 年度判字第 762 号判决，台北“高等行政法院”2014 年度诉更一字第 73 号判决、“最高行政法院”2012 年度判字第 1095 号判决、2011 年度判字第 1704 号、2011 年度判字第 1487 号、2010 年度判字第 55 号、2010 年度判字第 1015 号等判决、2009 年裁字第 3114 号裁定、2007 年度判字第 1359 号、2006 年度判字第 1994 号、2005 年度判字第 762 号等判决、台北“高等行政法院”2002 年度诉字第 5211 号判决、台中“高等行政法院”2007 年度诉字第 218 号判决、2013 年度诉字第 356 号判决。

[154] 仅以“最高行政法院”2014 年度判字第 184 号判决意旨为例：“按行政处分于法定救济期间经过后，具有下列各款情形之一者，相对人或利害关系人得向行政机关申请撤销、废止或变更之。但相对人或利害关系人因重大过失而未能在行政程序或救济程序中主张其事由者，不在此限：一、具有持续效力之行政处分所依据之事实事后发生有利于相对人或利害关系人之变更者。二、发生新事实或发现新证据者，但以如经斟酌可受较有利益之处分者为限。‘行政程序法’第 128 条第 1 项第 1 款、第 2 款分别定有明文，而依上述第 1 款明文为具有持续效力之行政处分等语之规范方式，可知第 2 款规定之适用，不以具有持续效力行政处分为限。又遗产税之核课，依遗产及赠与税法第 1 条规定，系以被继承人死亡时作为认定事实及法律适用之基准时点，而依上述‘行政程序法’第 128 条第 1 项第 2 款规定，遗产税纳税义务人复得以本款所定发生新事实或发现新证据者，但以如经斟酌可受较有利益之处分者为限之事由，于行政处分之法定救济期间经过后，向行政机关申请撤销、废止或变更原行政处分，且所谓发生新事实，依其文义，当非限于被继承人死亡时已发生之事实，是于原核课遗产税处分确定后，纳税义务人固不得援引本款所称之发生新事实或发现新证据，主张变更核课遗产税之事实认定及法律适用之基准时点，惟基于本款之明文规定，应认尚得依发生之新事实或发现之新证据而重为被继承人死亡时之事实认定。”同旨另见：台北“高等行政法院”2001 年度诉字第 732 号判决、2009 年度诉字第 285 号判决、2013 年度诉字第 995 号判决、“最高行政法院”2011 年度判字第 2191 号、第 1751 号、2014 年度判字第 184 号判决。

分作成后始成立之证据，显有值得斟酌之处：

（1）就本款立法文义而言，本款仅规定发现新证据，并非规定“发现于行政处分作成时已存在之新证据”，难认立法者有意将该款之新证据作限缩。实务上采限缩解释，恐与立法文义不符，恐有违立法者本意[155]。

（2）就行政程序重新进行制度之本旨而言，其目的即在相对化或弱化法安定性原则，使其于一定要件下退居于合法性原则之后。行政处分作成后所成立之新证据，若能证明原行政处分系属违法，将原处分予以撤销，形式上虽然系撤销违法之行政处分，惟实质上即系行政处分合法性的实现，此与行政程序重新进行制度之本旨相符。

（3）就个案实质正义及公平性而言，台北“高等行政法院”2003 年度诉字第 544 号判决、2005 年度诉字第 395 号判决；“最高行政法院”2011 年度判字第 1480 号判决[156]、2011 年度判字第 1487 号判决[157]，均认为受免职处分者

---

[155] 林石猛、李俊良：《释义“行政程序法”第一二八条第一项“新事实”、“新证据”——兼评近年来“最高行政法院”裁判》，载《月旦法学杂志》2015 年 5 月，第 240 期，第 106 页、第 107 页。

[156] “最高行政法院”2011 年度判字第 1480 号判决意旨：“‘行政程序法’第 128 条第 1 项……上诉人系主张其遭受免职处分所缘由之刑事案件，经台湾‘高等法院’2008 年度矚上诉字第 2 号判决无罪确定，请求被上诉人依‘行政程序法’第 128 条第 1 项第 2 款及第 3 款（及‘行政诉讼法’第 1 项第 11 款），请求程序再开，并撤销系争免职处分。查行政处分与刑事判决原得各自认定事实（本院 1986 年判字第 309 号判例参照），行政争讼事件并不受刑事判决认定事实之拘束（本院 1970 年判字第 410 号判例参照）。被上诉人系因上诉人收贿包庇电玩业者，及将临检消息泄漏予业者，有‘公务人员考绩法’第 12 条第 3 项规定破坏纪律，情节重大，有确实证据，1 次记 2 大过，而依‘警察人员管理条例’第 31 条第 1 项第 1 款及第 2 项作成系争免职处分，上诉人对系争免职处分提起行政争讼败诉确定。行政诉讼确定判决即原审 2007 年度诉字第 3195 号判决，在斟酌上诉人所涉刑事案件第一审判决无罪情形下，仍认定上诉人收贿包庇电玩业者，及将临检消息泄漏予业者，该当‘公务人员考绩法’第 12 条第 3 项规定破坏纪律，情节重大，有确实证据。是以，上诉人所主张上开高等法院无罪判决，系刑事判决本于其认定事实所作成，其认定事实既不能拘束系争免职处分及上开行政诉讼确定判决为事实认定，系争免职处分及上开行政诉讼确定判决亦系本于自行认定之事实而作成，上诉人所主张之高等法院无罪判决之作成，即与系争免职处分及上开行政诉讼确定判决之事实认定无关，既无发生新事实，亦无新证据，更无为系争免职处分基础之刑事判决，依其后之确定裁判已变更之情事，上诉人主张系争免职处分有‘行政程序法’第 128 条第 1 项第 2 款及第 3 款（及‘行政诉讼法’第 1 项第 11 款）事由，请求程序再开，并撤销系争免职处分，即属无据。原判决驳回上诉人之诉，于法无不合。”

[157] “最高行政法院”2011 年度判字第 1487 号判决意旨：“按‘行政程序法’第 128 条规定……上开第 1 项第 1 款所谓行政处分所根据之事实或法律关系变更，指当事人所争议者系原为（转下页）

系基于行政责任而作成，其刑事部分纵经判决无罪确定，仍不能认此无罪确定判决为新事实、新证据，仍不能因之而撤销免职处分，如此认定显违个案正义且对当事人不公平。盖原免职之处分既系基于该涉嫌刑事案件中基础事实所为，该刑事案件既经法院判决无罪确定，即足以证明涉嫌刑事部分之“基础事实”非“事实”，原免职处分所依据之“基础事实”亦失所附丽，自应回复当事人之清白。否则，无异使行政处分之效力大于经过严谨审判程序之司法判决，难无行政权凌驾司法权之嫌，且有悖于行政程序重新进行制度之理论基础一即使经过严谨之司法程序所作成之确定判决尚得透过再审之诉以为救济，自无许由身为当事人之行政机关所作成之行政处分其效力反较之具有确定力之法院判决有更强之效力。

因此，本文认为本款所谓新证据，解释上不应限缩且局限于行政处分作成时已成立或存在之证据，亦应包括行政处分作成后始成立之证据，且不限于证据，有关证据方法，如新科技之鉴定方法或鉴定报告，亦应包括在内。如此，始能合于行政程序重新进行之本旨乃在于合法性原则之要求高于法安

（转上页）合法之行政处分，于作成之后，事实或法律状况产生有利于己之改变；第 2 款所谓新证据，指行政处分作成时已存在但为当时所不知或未援用者，该新证据证明原行政处分所根据者系不正确之事实，系自始违法之行政处分；第 3 款所谓其他具有相当于‘行政诉讼法’所定再审事由且足以影响行政处分，参以‘行政诉讼法’第 273 条第 1 项各款事由，可知在此涉及当事人争议者亦系行政处分之自始违法。而行政程序重开系允许处分相对人或利害关系人具有一定要件时，得对于已具存续力之行政处分加以争执，冀以改变原处分效力之程序，类似诉讼法上之再审程序。在进行已确定之行政处分有无违误之实体判断之前，自应先审究请求重开是否符合法定要件，如不符合重开要件，即无进一步审理原处分之违法性之可能，合先叙明。（二）系争免职处分所认定之事实即上诉人涉嫌包庇色情业者，连续接受设宴款待及性招待，并指示属员将查获无照营业场所之临检纪录表及笔录抽除、隐匿，经地方法院裁定羁押，破坏纪律，情节重大，其有或无乃过往已存在之人为真象，不可能于事后发生何等改变，仅证据之调查及取舍使审判结果还原真象或无法还原而已。上诉人指为具有重开事由之刑案确定判决，则系刑事法院审究个案之证据后，对上诉人有无触犯贪污治罪条例犯行之判断，并非过往既存事实发生改变，亦非发生足以推翻免职事由之新事实；原处分作成时并非以任何刑事判决之记载为基础，自非属‘行政诉讼法’第 273 条第 1 项第 11 款所定为判决基础之民事或刑事判决及其他裁判或行政处分，依其后之确定裁判或行政处分已变更者之情事。而上诉人仅援引前揭刑事判决书之理由内容，而非提出足以推翻原处分所认定事实之新证据，尚与‘行政诉讼法’第 273 条第 1 项第 10、13 款所定证人就为判决基础之证言为虚伪陈述者、当事人发现未经斟酌之证物或得使用该证物者之情形有间。”

定性原则之要求，贯彻依法行政原则，实践个案实质正义，使人民权利得到有效确实之保障。本文建议，于将来修正“行政程序法”第128条规定时，宜斟酌于同条增列第3项：“第一项第二款所指之新证据，指行政处分作成前已存在或成立而未及调查斟酌，及行政处分作成后始成立之证据”。[159][160]

（三）其他具有相当于“行政诉讼法”所定再审事由且足以影响行政处分者（“行政程序法”第128条第1项第3款）

行政法院之确定判决，如具有台湾地区“行政诉讼法”第273条及同法

---

[159] 台湾地区“刑事诉讼法”第420条第1项第6款原规定：“有罪之判决确定后，有左列之一情形者，为受判决人之利益，得声请再审：一、……六、因发现新事实新证据，足认受有罪判决之人应受无罪、免诉、免刑或轻于原判决所认罪名之判决者。”法院见解向来认为该条项所谓“新证据”，系指“原事实审法院判决当时已经存在，然法院于判决前未经发现而不及调查斟酌，至其后始发现者”，即新证据需具备“新规性”及“确实性”之要件。惟“立法院”于2015年1月23日通过该条项修正，放宽该“新证据”之范围，将同条第1项第6款修正为：“有罪之判决确定后，有下列情形之一者，为受判决人之利益，得声请再审：一、……六、因发现新事实或新证据，单独或与先前之证据综合判断，足认受有罪判决之人应受无罪、免诉、免刑或轻于原判决所认罪名之判决者。”并于同条第3项增列：“第一项第六款之新事实或新证据，指判决确定前已存在或成立而未及调查斟酌，及判决确定后始存在或成立之事实、证据。”其修正之立法理由即指出：“一、……二、再审制度之目的既在发现真实并追求具体之公平正义，以调和法律之安定与真相之发见，自不得独厚法安定性而忘却正义之追求。上开判例创设之新规性要件，使错误定罪判决之受害者无从据事实审法院判决当时尚不存在或尚未发现之新证据声请再审，显已对受错误定罪之人循再审程序获得救济之权利，增加法律所无之限制。三、爰修正第一项第六款，并新增第三项关于新事实及新证据之定义，指判决确定前已成立而未及调查斟酌，及判决确定后始行成立之事实、证据，并例如：原判决所凭之鉴定，其鉴定方法、鉴定仪器、所依据之特别知识或科学理论有错误或不可信之情形者，或以判决确定前未存在之鉴定方法或技术，就原有之证据为鉴定，合理相信足使受有罪判决之人应受无罪、免诉、免刑或轻于原判决所认罪名之判决者亦包括在内……”（“立法院”公报，2014年12月16日，第103卷第85期，第128-138页）。“行政程序法”第128条第1项第2款有关新证据之认定，自亦宜斟酌“刑事诉讼法”第420条上开修正之立法理由及其修正内容而为修正。“刑事诉讼法”第420条修正之立法理由：“发现真实并追求具体之公平正义，以调和法律之安定与真相之发见，自不得独厚法安定性而忘却正义之追求。”于修正“行政程序法”第128条第1项第2款有关新证据之认定时，实具参酌之价值。

[160] 林石猛、李俊良认为：“刑事诉讼法”第420条业经“立法院”于2015年1月23日三读通过，放宽同条第1项第6款“新证据”之范围，大幅放宽该款声请再审规定之适用，“因此，既然‘最高行政法院’当初对于行政程序重新进行事由中所谓新证据的认定，因袭民事、刑事法院的见解，此时正应当体悟上开立法者放宽再审事由之谆谆意旨，对于行政程序重新进行事由中所谓新证据的认定上，应采取相同判准，认为凡是足以推翻或动摇原行政处分所据以作成之事实基础的证据，皆应属之。”见氏著：《释义“行政程序法”第一二八条第一项“新事实”、“新证据”——兼评近年来“最高行政法院”裁判》，载《月旦法学杂志》2015年5月，第240期，第111页、第112页。

第274条规定之事由[161]，得于法定期间[162]提起再审之诉。

再审系非常之法律救济程序，系对已确定之终局判决提起[163]，以突破或排除原确定终局判决之确定力[164]。再审程序之设计，本质上亦系在解决“法律正义性”与“法律安定性”间之矛盾[165]。

---

[161] 台湾地区“行政诉讼法”第273条规定：“有下列各款情形之一者，得以再审之诉对于确定终局判决声明不服。但当事人已依上诉主张其事由或知其事由而不为主张者，不在此限：一、适用法规显有错误。二、判决理由与主文显有矛盾。三、判决法院之组织不合法。四、依法律或裁判应回避之法官参与裁判。五、当事人于诉讼未经合法代理或代表。六、当事人知他造之住居所，指为所在不明而与涉讼。但他造已承认其诉讼程序者，不在此限。七、参与裁判之法官关于该诉讼违背职务，犯刑事上之罪。八、当事人之代理人、代表人、管理人或他造或其代理人、代表人、管理人关于该诉讼有刑事上应罚之行为，影响于判决。九、为判决基础之证物系伪造或变造。十、证人、鉴定人或通译就为判决基础之证言、鉴定或通译为虚伪陈述。十一、为判决基础之民事或刑事判决及其他裁判或行政处分，依其后之确定裁判或行政处分已变更。十二、当事人发现就同一诉讼标的在前已有确定判决或和解或得使用该判决或和解。十三、当事人发现未经斟酌之证物或得使用该证物。但以如经斟酌可受较有利益之裁判为限。十四、原判决就足以影响于判决之重要证物漏未斟酌。确定终局判决所适用之法律或命令，经‘司法院’大法官依当事人之声请解释为抵触宪法者，其声请人亦得提起再审之诉。第一项第七款至第十款情形，以宣告有罪之判决已确定，或其刑事诉讼不能开始或续行非因证据不足者为限，得提起再审之诉。”台湾地区“行政诉讼法”第274条规定：“为判决基础之裁判，如有前条所定之情形者，得据以对于该判决提起再审之诉。”

[162] 台湾地区“行政诉讼法”第276条：“再审之诉应于三十日之不变期间内提起。前项期间自判决确定时起算，判决于送达前确定者，自送达时起算；其再审之理由发生或知悉在后者，均自知悉时起算。依第二百七十三条第二项提起再审之诉者，第一项期间自解释公布当日起算。再审之诉自判决确定时起，如已逾五年者，不得提起。但以第二百七十三条第一项第五款、第六款或第十二款情形为再审之理由者，不在此限。对于再审确定判决不服，复提起再审之诉者，前项所定期间，自原判决确定时起算。但再审之诉有理由者，自该再审判决确定时起算。”

[163] 确定之裁定，如有台湾地区“行政诉讼法”第273条规定之再审事由，得依同法第283条规定声请再审，称为“准再审”。

[164] 陈敏：《行政法总论》，台湾地区自版2011年9月第7版，第1596页、第1597页。陈清秀：《行政诉讼法》，台湾元照公司2015年9月第7版第1刷，第789页。

[165] 苏俊雄大法官于“司法院”大法官释字第393号解释（就“行政法院”1987年度判字第1451号判例 就因证物伪造、变造提起再审所为要件之限制是否违宪之解释）所提出之不同意见书，指出再审程序之设计，本质上亦系在解决“法律正义性”与“法律安定性”间之矛盾：“……真正之法律安定性之实现，亦应尽量以法律正义之原则为基础。法制上，再审程序之设计，即为解决法治国家原理所导致之法律正义性（Rechtsgerechtigkeit）与法律安定性（Rechtssicherheit）间之矛盾问题。至于立法者对于法律安定性与实质之法律妥当性之裁量如有冲突时，因两项均属法治国家之基本原则，不得以恣意而自由为立法裁量，而应尽量以是否符合宪法规定之意旨为断……”

行政程序重新进行制度，系于行政处分已具不可争力时，例外允许行政处分之相对人或利害关系人得申请行政程序重新进行，以调和法安定性原则与合法性原则之冲突，寻求其妥当性，即个案之正义，与再审之设，亦系就已确定之行政法院判决提供非常的救济途径，其亦系为解决法治国原理之“法律正义性”与“法律安定性”间之冲突，两者性质类似[166]。因此，本款规定“其他具有相当于‘行政诉讼法’所定再审事由且足以影响行政处分者”，得申请行政程序重新进行。

已具不可讼争性之行政处分，虽具有相当于“行政诉讼法”第273条及同法第274条规定之事由，惟仍须各该事由足以影响行政处分之决定，始足当之，此观该条文规定“且足以影响行政处分者”自明。

又“适用此一门坎类型，必以有待重启行政程序之确定行政处分本身具有‘行政诉讼法’第273条第1项各款或同法第274条之再审事由为前提。又此等前提要件，与法院审查有待重启行政程序确定行政处分合法性时所作成之确定判决有无再审事由一节，分属二事，不应混为一谈”。[167]

（四）非因行政处分之相对人或利害关系人因重大过失而未能在行政程序或救济程序中主张其事由者（“行政程序法”第128条第1项但书）

依本条项规定，行政处分之相对人或利害关系人于行政程序或救济程序中有“重大过失”未主张行政程序重新进行之事由，始不得再以该事由申请行政程序重新进行。若其仅因抽象过失或具体过失而在行政程序或救济程序中未主张行政程序重新进行之事由，则允许其得以该事由申请行政程序重新进行。盖以“重大过失（grobe Fabrlaessigkeit，culpa lata）”已属“未作最简单便捷之思考，而对每个人必然注意了解之事项未加注意”[168]，显然欠缺普通

---

[166] “最高行政法院”2011年度判字第1487号判决意旨即指出：“行政程序重开系允许处分相对人或利害关系人具有一定要件时，得对于已具存续力之行政处分加以争执，冀以改变原处分效力之程序，类似诉讼法上之再审程序。”

[167] “最高行政法院”2012年度判字第833号判决意旨。

[168] 德国BGHZ 17，191判例。转引自黄立：《民法债编总论》，台湾元照公司2000年9月第2版第2刷，第246页。

人之注意，几近故意[169]。既因有可归责于申请人重大过失之事由，自不得使其再藉行政程序重新进行寻求救济。

（五）须于法定期间内提出，即“应自法定救济期间经过后三个月内为之；其事由发生在后或知悉在后者，自发生或知悉时起算。但自法定救济期间经过后已逾五年者，不得申请”（“行政程序法”第128条第2项）。

本条项所称“三个月内”或“五年”，系属除斥期间[170]。

行政处分之相对人或利害关系人若欲依“行政程序法”第128条第1项规定，申请行政程序重新进行，应于该条项所定法定期间内提出。否则，即丧失申请行政程序重新进行之权利，以维法的安定性[171]。

四、行政程序重新进行之程序阶段构造

（一）德国学者及实务见解

此一问题，在德国学说及联邦行政法院实务，有“三阶段审查说”（dreistufiger prüfungsaufbau）及“二阶段审查说”（zweistufiger prüfungsaufbau）之争议[172]。

---

[169] 李震山：《行政法导论》，台湾地区自版2013年9月，修订9版3刷，第618页。“最高行政法院”2012年度判字第221号判决意旨，对抽象过失、具体过失、重大过失有具体的阐述：“所谓过失，以其欠缺注意之程度为标准，可分为抽象的过失、具体的过失及重大过失三种：应尽善良管理人之注意（即依一般观念，认为有相当知识经验及诚意之人应尽之注意）而欠缺者，为抽象的过失；应与处理自己事务为同一注意而欠缺者，为具体的过失；显然欠缺普通人之注意者，为重大过失，故过失之有无，抽象的过失，乃以是否欠缺应尽善良管理人之注意定之；具体的过失，则以是否欠缺应与处理自己事务为同一之注意定之；重大过失，系以是否显然欠缺普通人之注意定之，苟非欠缺其注意，即不得谓之有过失（“最高法院”1953年台上字第865号判例参照）”。

[170] 所谓除斥时间（Ausschlussfrist），系法律对当事人权利所预定之行使期间，乃权利预定期间，又称为预定期间，目的在排除有瑕疵原因之法律行为。除斥期间为法律所规定，自始固定不变，此固定期间一经过，权利即消灭。王泽鉴：《民法概要》，王慕华发行，2008年12月增订4刷，第145页、第146页。施启扬：《民法总则》，台湾地区自版，2010年8月8版2刷，第382页、第383页。

[171] 参照“最高行政法院”2009年度判字第189号判决意旨。

[172] 詹镇荣：《行政程序重新进行之程序标的》，载《东吴法律学报》2011年7月，第23卷第1期，第109页。傅玲静：《论行政程序之重新进行——以遗产税之核课与剩余财产差额分配请求权价额之扣除为例》，载《月旦法学杂志》2007年8月，第147期，第106页。洪家殷：《论行政处分程序之再度进行——以德国一九七六年行政程序法第五十一条之规定为中心》，载《政大法学评论》1992年6月，第45期，第314-317页。

采“三阶段审查说”者，将行政程序重新进行申请之审查程序，分为第一阶段为申请合法性审查（Zul? ssigkeit）；第二阶段为申请有无理由审查（Begründetheit）；第三阶段即系于决定开启第二次行政程序后，就事件所进行之实体审查⑰。

采“二阶段审查说”者，认为行政机关就行政程序重新进行申请之审查，第一阶段只要程序上审查是否准予开启第二次行政程序；第二阶段审查即系于准予开启第二次行政程序，就同一事件实体审查而为是否作出撤销、废止或变更处分之实体决定⑰。

就德国“三阶段审查说”及“二阶段审查说”之争议，有学者认为“三阶段审查说”为多数说⑰。但有学者认为“二阶段审查说”为多数说⑰。

---

⑰ Vgl. J. Ziekow，Verwaltungsverfahrensgesetz，Kommentar，2. Aufl.，2010，§ 51 Rn. 2；Stelkens/Bonk/Sachs，Verwaltungsverfahrensgesetz，Kommentar，6. Aufl.，2001，§ 51 Rn. 22；Wolff/Bachof/Stober，Verwaltungsrecht II，6 Aufl.，2000，§51 Rn. 122. 转引自詹镇荣：《行政程序重新进行之程序标的》，载《东吴法律学报》2011 年 7 月，第 23 卷第 1 期，第 109 页。傅玲静：《论行政程序之重新进行——以遗产税之核课与剩余财产差额分配请求权价额之扣除为例》，载《月旦法学杂志》2007 年 8 月，第 147 期，第 106 页。

⑰ Vgl. Kopp/ Raumsauer，VwVfG，10. Aufl.，2008，§51 Rn. 12a，转引自詹镇荣：《行政程序重新进行之程序标的》，载《东吴法律学报》2011 年 7 月，第 23 卷第 1 期，第 109 页及傅玲静：《论行政程序之重新进行——以遗产税之核课与剩余财产差额分配请求权价额之扣除为例》，载《月旦法学杂志》2007 年 8 月，第 147 期，第 106 页。

⑰ 洪家殷：《论行政处分程序之再度进行——以德国一九七六年行政程序法第五十一条之规定为中心》，载《政大法学评论》1992 年 6 月，第 45 期，第 314 页。詹镇荣：《行政程序重新进行之程序标的》，载《东吴法律学报》2011 年 7 月，第 23 卷第 1 期，第 109 页。

⑰ Vgl. Ule/Laubinger，Verwaltungsverfahrensrecht，4. Aufl.，1995，§65Rn. 7，S. 704；Baumeister，Der Anspruch auf ein Wiederaufgreifen unanfechtbar abgeschlossener Verwaltungsverfahren，VerwArch. 1992，S. 377；Erichsen/Ebber Das Wiederaufgreifen unanfechtbar abgeschlossener Verwaltungsverfahren gem?? §51 VwVfG，Jura 1997，S. 424-425. 转引自傅玲静：《论行政程序之重新进行——以遗产税之核课与剩余财产差额分配请求权价额之扣除为例》，载《月旦法学杂志》2007 年 8 月，第 147 期，第 106 页。

（二）台湾地区学者及实务见解

台湾地区学者，对此亦有采“三阶段审查说”者[177]及采“二阶段审查说”者[178]。

“行政程序法”主管机关“行政院法务部”[179]及行政法院[180]均采“二阶段审查说”。即第一阶段先审查是否符合“行政程序法”第128条规定之法定要

---

⑰ 采“三阶段审查说”之学者，有：詹镇荣：《行政程序重新进行之程序标的》，载《东吴法律学报》2011年7月，第23卷第1期，第110页。林锡尧：《行政法要义》，台湾元照公司2006年9月第3版第1刷，第538页。陈敏：《行政法总论》，台湾地区自版2011年9月第7版，第488页、第489页。吴志光：《行政法》，台湾新学林公司2013年9月5版2刷，第222页；同氏著：《行政程序重新进行之要件》，载《台湾法学》2010年4月，第150期，第72页。林素凤：《程序重新、诉愿再审与再审之诉》，载《月旦法学杂志》2005年3月，第118期，第210-211页。蔡震荣：《行政程序重开之探讨》，载《中华警政研究学会会讯》2003年9月，第3期，第10页。

⑱ 采“二阶段审查说”之学者，有：傅玲静：《论行政程序之重新进行——以遗产税之核课与剩余财产差额分配请求权价额之扣除为例》，载《月旦法学杂志》2007年8月，第147期，第106页、第107页。林腾鹞：《行政法总论》，台湾三民书局2013年3月，修订3版1刷，第473页。程明修：《是否重开行政程序之决定均为行政处分》，载《台湾法学》2009年1月，第120期，第210页。黄俊杰：《行政法》，台湾三民书局2014年9月，修订4版1刷，第357页；同氏著：载《月旦法学教室》2008年8月，第95期，第32页、第33页。林树埔：《“行政程序法”第128条程序重开之理论与实务》，载《法令月刊》2010年2月，第61卷第2期，第77页。叶百修于“法务部”行政程序法研究制定委员会2002年7月28日第四十七次会议之发言，载“法务部”，《“法务部”“行政程序法”制定资料汇编（三）》1993年9月，第300页。

⑲ “行政院法务部”95年1月17日法律字第0940048235号函：“次按本法第129条规定：行政机关认前条之申请为有理由者，应撤销、废止或变更原处分；认申请为无理由或虽有重新开始程序之原因，如认为原处分为正当者，应驳回之。查人民对已不可争讼之行政处分，请求行政机关予以撤销或废止时，其实包含两项请求：其一，请求行政机关重新进行行政程序；其二，请求行政机关经由重新进行之行政程序，废弃该原已不可争讼之行政处分（‘高雄高等行政法院’1992年2月27日91年度简字第270号裁判意旨参照）。是以，程序之重新进行可分为二个阶段：第一阶段为是否准予重开，第二阶段为重开之后作成决定将原处分撤销、废止或仍维持原处分。如第一阶段即认为不符法定要件而拒绝重开程序，就无进行第二阶段之可能。上述各阶段之不同决定，性质上皆属新的处分，受处分不利影响的申请人或第三人均可提起争讼（吴庚：《行政法之理论与实用》，台湾三民书局2010年9月，增订11版1刷，第414页）。”

⑳ “最高行政法院”2014年度判字第233号判决意旨：“而行政程序重开系允许处分相对人或利害关系人具有一定要件时，得对于已具存续力之行政处分加以争执，冀以改变原处分效力之程序，类似诉讼法上之再审程序。在进行已确定之行政处分有无违误之实体判断前，自应先审究请求重开是否符合法定要件，如不符合重开要件，即无进一步审理原处分之违法性之可能”。同旨另见：“最高行政法院”2006年度判字第172号判决、2008年度裁字第5406号裁定、2011年度判字第1487号判决、2012年度298号判决。

件。如果符合，再进一步对原行政处分进行是否违法之第二阶段的实体审查。

（三）本文见解

本文认为，“行政程序法”第128条并未将行政程序重新进行之申请，区分为合法性要件、有无理由要件。只要该申请人符合该条项规定之事由及于法定期间提出申请，即属符合该条文规定之法定要件[181]。若符合该法定要件，再进行原行政处分是否违法之实体审查，故采二阶段审查说。

五、行政机关对行政程序重新进行所为决定之性质

无论行政机关依“行政程序法”第129条[182]对申请人申请行政程序重新进行所为之决定为何，学者[183]及行政法院判决实务[184]，均认为其决定俱为行政

---

[181] 傅玲静认为“行政程序法”第128条并未如德国联邦“行政程序法”第51条第2项就申请合法性为规定；且申请程序重新进行的结果，无论为不合法或不备法定事由，均会遭驳回。故“行政程序法”第128条第一阶段之审查无须区分为申请合法性及有无理由之审查，而应整体审查是否符合该条文规定的法定要件即可。见氏著：《论行政程序之重新进行——以遗产税之核课与剩余财产差额分配请求权价额之扣除为例》，载《月旦法学杂志》2007年8月，第147期，第106页、第107页。

[182] “行政程序法”第129条规定：“行政机关认前条之申请为有理由者，应撤销、废止或变更原处分；认申请为无理由或虽有重新开始程序之原因，如认为原处分为正当者，应驳回之。”

[183] 吴庚：《行政法之理论与实用》，台湾三民书局2010年9月，增订11版1刷，第406页。陈敏：《行政法总论》，台湾地区自版2011年9月第7版，第493页。林锡尧：《行政法要义》，台湾元照公司2006年9月第3版第1刷，第541页。李建良：《行政处分》，蔡茂寅等著：《行政程序法实用》，台湾新学林公司2013年11月第4版，第321页。吴志光：《行政法》，台湾新学林公司2013年9月5版2刷，第223页；同氏著：《行政程序重新进行之要件》，载《台湾法学》2010年4月，第150期，第72页。林腾鹞：《行政法总论》，台湾三民书局2013年3月，修订3版1刷，第472页、第473页。林树埔：《“行政程序法”第128条程序重开之理论与实务》，载《法令月刊》2010年2月，第61卷第2期，第77页。傅玲静：《论行政程序之重新进行——以遗产税之核课与剩余财产差额分配请求权价额之扣除为例》，载《月旦法学杂志》2007年8月，第147期，第112-114页；同氏著：《遗产税之核定与行政程序之重新进行》，载《月旦法学教室》2007年5月，第55期，第21页。程明修：《是否重开行政程序之决定均为行政处分》，载《台湾法学》2009年1月，第120期，第210页。詹镇荣：《行政程序重新进行之程序标的》，载《东吴法律学报》2011年7月，第23卷第1期，第128页、第129页。林石猛、李俊良：《释义“行政程序法”第一二八条第一项“新事实”、“新证据”——兼评近年来“最高行政法院”裁判》，载《月旦法学杂志》2015年5月，第240期，第89-91页。

[184] 以“最高行政法院”2008年度裁字第5406号裁定意旨为例：“行政程序重开之要件如下：（一）处分之相对人或利害关系人得为申请人；（二）须向管辖行政机关提出重新进行程序（转下页）

处分。

肆、结论

"行政程序法"被称为"第二权的基本法(Grundgesetz der zwiten Gewalt)"[186]，意即"行政权的宪法"[187]。"行政程序法"为"宪法精神具体化"[188]、在性质上具有《宪法》的位阶[189]、准宪法的法律[190]、准宪法的性格[191]。同时，在行政主体的活动或影响扩及"全球化"(Globalization)[192]，"行政程序法"得透过行政程序之定位、修正、调整，面对及因应全球化浪潮及公私协

(接上页)之申请;(三)须具备"行政程序法"第128条之各款事由;(四)申请人须于行政程序或救济程序中非基于重大过失而未主张此等事由;(五)自法定救济期间经过未逾3个月或自法定救济期间经过未逾5年。重开程序之决定可分为两个阶段，第一阶段准予重开，第二阶段重开之后作成决定将原处分撤销、废止或仍维持原处分。若行政机关第一阶段即认为重开不符合法定要件，而予以拒绝，就没有第二阶段之程序。上述二种不同阶段之决定，性质上皆是新的处分。受处分不利影响之申请人依法自得提起行政争讼。"同旨另见:"行政院法务部"2006年1月17日法律字第69400482号函、台北"高等行政法院"2002年度诉字第2297号判决、"最高行政法院"2006年度裁字第36号裁定、101年度判字第298号判决。

[186] Peter Haeberle, Verfassungsprinzipien "im" Verwaltungsverfahrensgesetz, in: Festschrift zum 50 jaehrigen Bestehen des Richard Boorberg Verlags, 1977, S. 47 (50). 转引自李建良:《行政程序法与正当法律程序——初论行政程序法的立法目的与规范内涵》，载《宪政时代》2000年1月，第25卷第3期，第16页。

[187] 李建良:《行政程序法与正当法律程序——初论行政程序法的立法目的与规范内涵》，载《宪政时代》2000年1月，第25卷第3期，第16页。

[188] 董保城:《行政程序中程序行为(Verfahrenshandlung)法律性质及其效果之探讨》，载《政大法学评论》1994年6月，第51期，第74页。

[189] 李建良:《行政程序法与正当法律程序——初论行政程序法的立法目的与规范内涵》，载《宪政时代》2000年1月，第25卷第3期，第4页。

[190] 汤德宗:《行政程序法》，翁岳生编:《行政法(下)》，台湾元照公司2006年10月第3版第1刷，第34页。叶俊荣:《面对行政程序法转型台湾的程序建制》，台湾元照公司2002年3月初版第1刷，第22页。

[191] 王浦杰:《行政程序法之内涵及其实际——由各行政行为作成之程序立论》，"司法院"出版:《司法研究年报第23辑第十六篇》2003年11月第1版，第1页。

[192] 黄锦堂:《全球化的挑战与台湾行政法之回应》，载社团法人台湾行政法学会主编:《全球化/福利国家/特别权利关系/公私协力》，社团法人台湾行政法学会2012年12月初版第1刷，第2页、第33页。

力的要求[193]及挑战[194]，“行政程序法”的重要性，不言可喻。

行政程序重新进行规定于“行政程序法”，而程序法的“最低要求则是赋与当事人最基本参与程序的权利”[195]，人民享有行政程序的保障，系基本权在现代的一项内涵[196]。“行政程序已经成为法治主义对行政国时代无所不在的行政权的一种基本规范手段。”[197]“程序规范乃是确保公权力行为公平合理及符合法治国家原则所必须。”[198]“没有程序保障的地方，不会有真正的权利保障。”[199] 同时，行政程序重新进行之适用对象为“法定救济期间经过后”之行政处分，而行政处分为传统公法体系中的核心领域[200]，为最典型、最重要的行政行为的行为形式[201]，亦“为各国行政管理中最重要、最复杂、最富有实践意义、最具本国特色的部份”[202] 因此，行政程序重新进行规定于“行政程序法”内，自寓有其深意。

---

[193] 黄锦堂：《全球化的挑战与台湾行政法之回应》，载社团法人台湾行政法学会主编：《全球化/福利国家/特别权利关系/公私协力》，社团法人台湾行政法学会，2012年12月初版第1刷，第30-33页。程明修、詹镇荣：《台湾公私协力理论，法制及实务动向》，台湾行政法学会主编，《全球化/福利国家/特别权利关系/公私协力》，2012年12月初版第1刷，第379页-380页。

[194] 程明修、詹镇荣：《台湾公私协力理论，法制及实务动向》，台湾行政法学会主编，《全球化/福利国家/特别权利关系/公私协力》，2012年12月初版第1刷，第379-380页。

[195] 萧文生：《自程序与组织观点论基本权利之保障》，载《宪政时代》2000年1月，第25卷第3期，第33页。

[196] 黄锦荣：《行政程序法理念与重要释义问题之研究》，载翁岳生教授祝寿论文编辑委员会编辑：《当代公法新论（中）——翁岳生教授七秩诞辰祝寿论文集》，台湾元照公司2002年7月初版第1刷，第374页。

[197] 应松年：《中国的行政程序法：语境、问题与方案》，载《应松年文集（上卷）》，中国法制出版社2006年11月第1版，第644页。

[198] 德国Badura（巴杜拉）教授于1992年9月17日在“‘行政院法务部’‘行政程序法’研究制定委员会”之演讲“德国行政程序法之基本思想”，载《“法务部”“行政程序法”制定数据汇编（三）》，“法务部”，1993年9月，第402页。

[199] 罗传贤：《行政程序法基础理论》，台湾五南公司1993年7月初版1刷，第7页。

[200] 李惠宗：《行政法要义》，台湾五南公司2004年7月第2版第3刷，第328页。

[201] 陈春生：《行政处分》，李建良等著：《行政法入门》，台湾元照公司2005年2月第2版第2刷，第264页。

[202] 应松年：《行政行为》，氏主编：《行政法学新论》，中国方正出版社2004年1月第3版，第126页。

行政程序重新进行系在行政处分已具形式存续力，形成法安定性状态下，使行政机关有机会再次重新审查原行政处分之合法性，于法安定性原则与合法性原则冲突的情形下，经过法益权衡，调合其冲突，于一定要件下，使法安定性原则退居于合法性原则之后，以实践个案正义，贯彻法治国依法行政原则，使人民权利得到有效确实的保障。是行政程序重新进行与法安定性，行政的民主化、现代化、效率化，行政处分的合法性，人民权利的维护与保障攸关。

本文从理论与实务并参酌德国学者与联邦行政法院就德国《行政程序法》第51条规定之见解，略事探讨行政程序重新进行之内涵、理论基础及法理依据与“行政程序法”第128条规定之适用情形及其得斟酌修正之处。

法律制度的建立不易，经过千锤百炼，乃能成其丰厚、扎实与完整。台湾地区行政程序重新进行制度自2001年1月1日施行迄今，虽已历经约十五年寒暑。惟就法制浩瀚的历史长河，其犹属发轫，生命初起，应予珍惜、呵护及关注。透过学术研究与行政法院判决的对话、激荡，探究行政程序重新进行制度的良窳得失，开启行政程序重新进行制度的宏观视野。吾人踵继前贤，继续耕耘行政程序重新进行制度的领域，期为行政程序重新进行制度的延续、发展与成长，贡献一己心力，庶此一制度臻于完备完善。

政府信息公开中的公共利益衡量*

王敬波**

《中华人民共和国政府信息公开条例》（以下简称《条例》）第14条第4款规定，“行政机关不得公开涉及国家秘密、商业秘密、个人隐私的政府信息。但是，经权利人同意公开或者行政机关认为不公开可能对公共利益造成重大影响的涉及商业秘密、个人隐私的政府信息，可以予以公开”。该款设置两个制度：一是列举国家秘密、商业秘密、个人隐私作为信息公开的例外事项的制度，二是赋予行政机关公开可能对公共利益造成重大影响的涉及商业秘密、个人隐私的政府信息的权力。该条将公共利益与例外事项关联起来，分别置于公开和不公开的两端。例外事项是基础，公共利益是信息公开的决定性因素，二者共同厘清信息公开的范围。全面、明确的例外事项和可度量的公共利益是进行比较和衡量的前提。应该说，例外事项越清晰，促进公开的公共利益越明确，信息公开的范围和边界越好把握。

一、政府信息公开的利益结构

信息公开虽是政府行为，但是往往涉及申请人、第三人、国家等多方利

---

* 本文为2014年国家社科基金重大项目“国家治理体系现代化与法治政府建设”（项目编号：14ZDA018）成果。本文原发表于《中国社会科学》2014年第9期。

** 王敬波，中国政法大学法治政府研究院教授。

益主体。申请人作为公开信息的请求者，其要求能否得到满足，构成申请人利益。政府基于行政管理的需要，向个人、企业、社会组织收集大量信息，这些信息的公开必然涉及个人、企业和社会组织的利益，形成与申请人相对称的第三人利益。政府涉及国防、外交、军事等国家安全信息的行为则事关国家利益。政府信息公开的核心矛盾是公开还是不公开，并以之为中心，在不同的主体之间形成利益冲突。以《条例》第 14 条第 4 款的规定为例，在依申请公开信息的情形下，基础利益格局如图 1 所示：

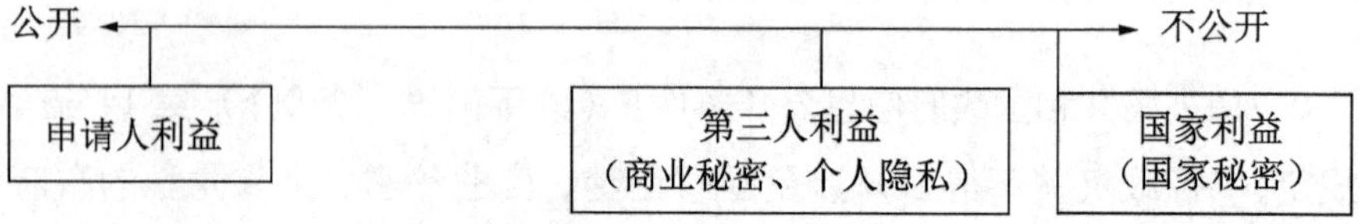

图 1　基础的利益格局

在这个基础的利益格局中，申请人主张公开政府信息。反对公开的第三人利益在于保护个人隐私或者商业秘密，国家秘密则是国家利益的载体。总体上看，这是一个平面的利益结构图。作为法定例外事项的国家秘密、商业秘密、个人隐私优先于申请人利益。

如果在《条例》第 14 条第 4 款的规定上增加公共利益衡量后，则其结构见图 2：

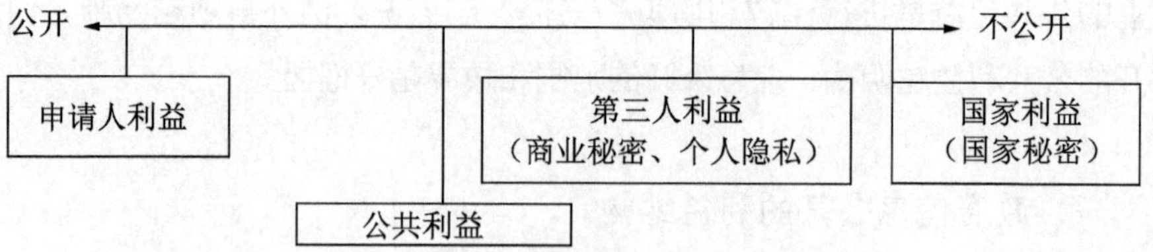

图 2　增加公共利益衡量制度的利益结构

对比图 1 和图 2，可以直观地发现，公共利益衡量制度改变了基础的利益关系，平面的利益格局变成复合式的立体格局。公共利益成为一个巨大的砝码，在公开还是不公开的博弈中，当其向公开的方向倾斜时，成为影响政府信息公开的最主要的因素，并直接决定信息公开的范围。进一步分析不同利益主体的利益列表，要求公开政府信息的申请人的利益可以细化为两种：一种是获得政府信息的利益，另一种是申请人对信息的再利用及其衍生利益。前一项“知情权”[①] 由《条例》第1条立法目的明示“为了保障公民、法人和其他组织依法获得政府信息”，后一种利益由《条例》第13条规定，“公民、法人或者其他组织还可以根据自身生产、生活、科研等特殊需要，向国务院部门、地方各级人民政府及县级以上地方人民政府部门申请获取相关政府信息”。从文字表述看，《条例》似乎给申请人利益贴上了生产、生活、科研的“三需要”作为标签，但是就一般意义而言，当申请人自身生产、生活、科研等特殊需要可解释到最大化时，“三需要”几乎可以涵盖申请人所有的诉求，申请人也因之可以是任何人。从申请信息公开的实际情况看，越来越多的行政机关不再将“三需要”作为申请人资格的限制条件。有的地方政府甚至明确要求辖区政府和行政机关原则上不能适用这一理由拒绝公开政府信息。[②] 从国际比较看，世界上很多国家在信息公开法中都没有设置申请人的资格限制，任何人都可以提出信息公开申请，不需要说明任何理由。[③] 申请人特殊利益的虚化和公共利益衡量制度共同改变了信息公开的利益格局，公共利益取代申请人利益成为促进信息公开的主动力。在行政机关主动公开信息的情况下，并不存在申请人利益，行政机关主要依靠利益衡量判断公开与否。

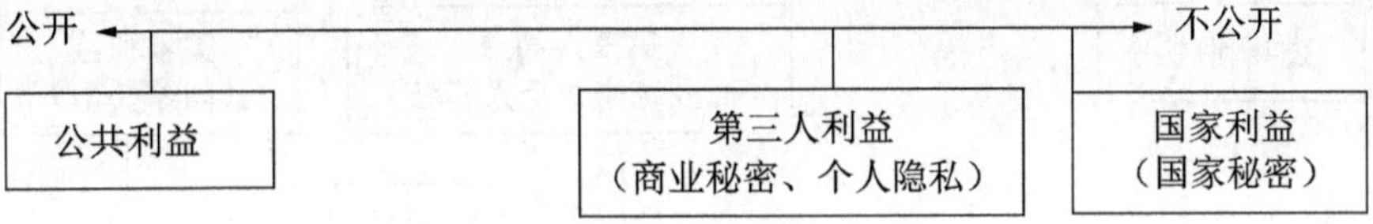

图3　申请人利益虚化后的利益格局

---

① 《条例》虽然没有直接使用“知情权”的概念，但是2008年《政府信息公开条例》颁布，时任国务院法制办公室副主任张穹答记者问时指出：“全面贯彻实施该条例，有利于保障公民、法人或者其他组织依法获取政府信息，实现人民群众对政府工作的知情权、参与权和监督权。”（参见曹康泰主编：《中华人民共和国政府信息公开条例读本》，人民出版社2007年版，第12页）。

② 李广宇：《政府信息公开司法解释读本》，法律出版社2011年版，第186页。

③ 参见朱芒：《公共企事业单位应如何信息公开》，载《中国法学》2013年第2期。

公开并不总是有益的，反对公开的理由主要在于因信息公开可能产生的损害。各国一般将需要保密的事项作为信息公开例外列举于信息公开法律中。从宽泛的角度而言，国家秘密、工作秘密④均可以理解为公共利益而存在（见图3）。企业等组织的秘密、个人隐私从性质上属于与公共利益相对称的个体利益。行政机关因履职的需要，收集、调取企业、其他组织或者个人的信息，该信息因此成为政府信息的一部分，这些信息的公开不仅关涉个体权益，也与政府履职密切相关。“政府发挥其功能的能力取决于好的信息，但获得信息可能侵犯隐私权或者另外相似的权利”。⑤ 政府获取个体信息有两种方式：一是企业、个人自愿提供的，二是企业、个体依据法律规定或者行政命令被迫提供的。无论哪种情况，如果政府没有履行保护商业秘密和个人隐私的责任，都会在不同程度上损害公共利益。前者，可能影响企业、个人向政府提供信息的积极性，从而不愿意向政府提供信息。后者，虽然迫于法律规定或者行政命令，企业和个人必须提供信息，但是出于自我保护的考虑，会刻意减少或者隐瞒必要的信息，而企业和个人的不配合，必然影响政府履行职能，损害公共利益。在考虑到第三人利益与公共利益之间的关联后，政府信息在公开与不公开之间的博弈发生如图4的变化：

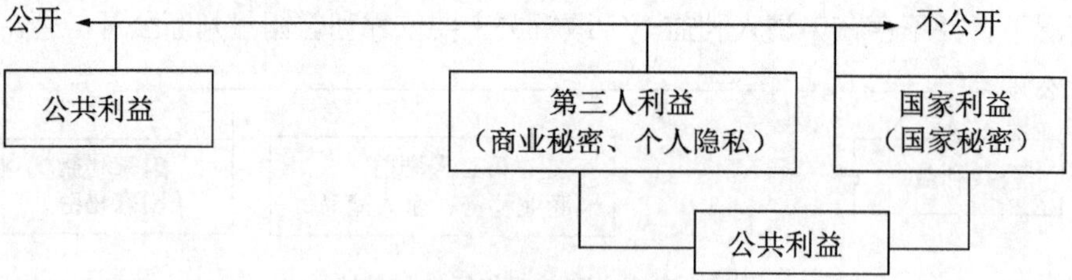

图4　公共利益之间的衡量

---

④ 《中华人民共和国公务员法》第12条：“公务员应当履行下列义务：……（六）保守国家秘密和工作秘密……”

⑤ 章剑生：《知情权及其保障——以〈政府信息公开条例〉为例》，载《中国法学》2008年第4期。

从上述图 1 至图 4 政府信息公开中利益关系的演化可以发现，虽然政府信息公开所涉及的利益主体较多、种类各不相同，但是，不同主体的利益都能与公共利益之间形成关联，信息公开与不公开的对局因而转化为公共利益之间的衡量。无论公开还是不公开，公共利益都起到重要作用，利益冲突最终演变为促进公开信息的公共利益和支持不公开信息的公共利益之间的博弈。如果不能厘清作为基础性问题的公共利益及考量因素，政府信息公开的范围就无法最终确定。

二、政府信息公开中的公共利益

从世界上不同国家信息公开法文本中“公共利益”一词的使用上，可以清晰地看到其两面性。包含我国在内的一些国家在信息公开法律中将公共利益作为促进信息公开的因素，相反，冰岛、爱尔兰、泰国等国家则将公共利益作为不公开信息的理由之一，规定如果公开信息有违公共利益，则不应公开信息。⑥ 甚至在有些国家和地区的信息公开法律中，一方面，规定当公共利益超越例外事项时，应该公开信息；另一方面，又引用公共利益作为拒绝公开例外事项的理由。

（一）促进公开的公共利益

公共利益必须以个体利益为基础，并最终落实在个体利益之上，二者是从具体到抽象，从特殊到一般的过程。知情权是一种既可以满足个体特殊利益需要，也具有公共职能的基本人权。第一，人身权是最基本的个人权

---

⑥ 例如冰岛《信息法》第 6 条规定：如果涉及重大公共利益或者包含以下重要信息，则限制信息获取权，包括：国家安全或者国防事务；与其他国家或者国际组织的关系；包含处于竞争领域的国有企业、地方企业或者商业企业的商业信息；国家或者地方政府开展的调查和计划，如果公开变得毫无价值或者无法达到预期目标；公开后可能对环境保护产生严重影响的稀有物种、矿藏、化石、岩层的地理信息。

利，因此公共健康、公共安全和环境信息就构成典型的公共利益。信息公开的公益性首先体现在公共健康、公共安全和环境保护上。第二，财产权是另一重要个人利益。政府财政资金由全体国民提供，公共财政资金的有效使用关系全民福祉。因此，如果信息公开有助于监督政府使用公共资金，则符合公开的公共利益。第三，个人信息可能因不同原因而为政府所掌握，并成为政府信息的组成部分。公民是个人信息的所有者，对该信息具有正当利益，如果政府掌握的个人信息存在缺漏、错误，个人有权纠正。政府可能基于个人信息作出影响当事人权益的行政决定，因此，政府掌握的个人信息的准确性就具有公益因素。第四，个人作为国家成员自由、平等、有序地参与政治生活的权利是公民的民主政治权利。为解决代议制民主和协商式民主可能与公共利益相悖的问题，信息公开成为弥补其缺陷的重要途径，进而成为民主制度的组成部分。第五，监督国家机关及其工作人员的公务活动是公民参政权不可缺少的内容。一些国家明确有利于揭露政府或者公务人员违法、不当或者失职行为的信息符合公共利益。⑦

如何将促进公开的公共利益外化在信息公开法中，则是信息公开的立法问题。信息公开的公共利益与信息公开法的立法目的之间具有内在的一致性。《条例》第1条从三个方面阐释了信息公开的立法目的：一是明确公民享有信息获取权；二是促进政府依法行政；三是发挥政府信息的服务作用。提高政府工作透明度，促进依法行政的目标进一步体现在《条例》第9条政府需要主动公开的信息中，尤其反映在“需要社会公众广泛知晓或者参与的”、反映本行政机关机构设置、职能、办事程序等情况的的规定中。发挥政府信息的

---

⑦ 例如波黑《信息公开法》第9条规定：尽管属于本法第6、7、8条规定的例外事项，当公开符合公共利益时，主管部门仍然应当公开申请的信息。在确定公开该类信息是否符合公共利益时，主管部门应当考虑包括但不限于以下要素：任何法定义务的违反，犯罪行为的存在，不公正，滥用职权或者疏于履职，擅自使用公共资金，或者对于个人、公众、环境的健康和安全造成危险。Bosniaand Herzegovina，The Freedom of Access to Information Act，Article 9.

服务作用则是为了满足“公民、法人或者其他组织的切身利益”。[⑧] 虽然通过解释《条例》的立法目的可以在一定程度上缓解由于公共利益概念模糊造成的困扰，但作用有限。一些国家为解决公共利益难以界定的问题，选择在信息公开法律中进一步释明公共利益的考量因素，为公共利益衡量提供必要的指引。例如，加拿大《信息获取法》第 20 条规定政府机关负责人应当拒绝公开包含第三方商业秘密的信息公开申请，但是如果该公开是为了与公共健康、公共安全或者环境保护有关的公共利益；并且促进公开的公共利益明显高于第三方的损失，可以公开。[⑨]

（二）例外事项中的公共利益

不支持公开信息的公共利益隐含在信息公开法规定的例外事项中。公开信息对公共利益产生的损害包括两种情况，一种是直接损害公共利益。属于国家秘密的信息本身就意味着公共利益，在确定国家秘密的过程中已经进行了公开与否的利益衡量，损害的判断是在国家秘密定密过程中完成的，在信息公开的过程中无须进行，只要是国家秘密，就意味着如果公开必然损害公共利益。另一种公开信息对于公共利益的损害是衍生的，由对个体利益的损害转化而来，或者与个体利益相伴而生。作为信息公开例外事项的商业秘密和个人隐私，在法律制度中表现为个体利益，如果行政机关因为公共利益公开商业秘密或者个人隐私，引发的直接危害是侵犯商业秘密和个人隐私，其中个体利益损失经由国家赔偿程序可能转化为国家利益。此外，因政府公开商业秘密或者个人隐私，造成的潜在公共利益损失表现在政府以后获得企业和个人信息的难度和准确性上受到影响。

---

⑧ 《条例》第 9 条：行政机关对符合下列基本要求之一的政府信息应当主动公开：（一）涉及公民、法人或者其他组织切身利益的；（二）需要社会公众广泛知晓或者参与的；（三）反映本行政机关机构设置、职能、办事程序等情况的；（四）其他依照法律、法规和国家有关规定应当主动公开的。

⑨ Canada，Access to Information Act，Article 20（6）（a）（b）.

（三）公共利益的两面性

信息公开领域的公共利益具有公开与不公开的两种可能性，支持信息公开的知情权本身就是一种公共利益，其内涵接近信息公开的价值，并外化于信息公开法的立法目的，其外延具有开放性，包括但不限于以下具体目标：重要公共事务的讨论；提高行政决策的科学性；监督公共资金使用的合法性和效益性；监督公共机构履行职能；确保或者提高公务人员的责任性；揭露违法犯罪行为；保护公共健康和公共安全、环境保护；发挥政府信息的服务作用。作为信息不公开依据的公共利益则源于信息公开的危害，并外化于信息公开法的例外事项，其外延具有限缩性，限于法律明确规定的范围。从总体上看，促进公开的公共利益更接近一般的、普遍的公共利益。不公开的公共利益则是特殊的、具体的公共利益。反观我国现行法律体系，关于信息公开例外事项的规定及其公共利益衡量条款存在较大的缺陷，直接影响《条例》的实施。《条例》关于信息公开例外事项的规定不清晰、不全面，不公开的公共利益展现就不全面，需要对《条例》进行修改，增加例外事项的规定，将公开可能影响坦诚表达意见的讨论性信息，与公共利益无关的纯粹内部管理信息，公开可能影响行政执法的调查信息等作为例外事项明确列举。

三、公共利益衡量的原则与标准

公共利益固有的不确定性、变动性使得公益间的冲突与权衡难以把握，而在政府信息公开中的两面性加剧了衡量的难度，主要体现在以下几个方面：第一，眼前利益与长远利益之间的衡量。商业秘密和个人隐私是具体的、确定的，当下需要保护的；通过信息公开揭露违法行为，监督依法行政等可能带来的公共利益则是抽象的，长远的。第二，特定个体利益与不特定社会利益之间的衡量。商业秘密和个人隐私都有确定的利益主体，而信息公开追求的公共利益则是社会共同利益。第三，物质或者精神利益与法律价值之间的衡量。商业秘密具有保障企业竞争力的经济价值，个人隐私是人格权的组成部分，具有抽象的精神利益，是自由发展人格之必需；通过信息公开监督行政，提高公共资金使用效率则是抽象的、较高层级的法律价值。第四，可量化利益与不可量化利益之间的衡量，商业秘密作为经济利益，其价值是可以量化的，但是维护公共健康或者监督行政等公共利益则是难以量化的。要解决这些难题，需要对处于公开和不公开两端的公共利益进行全面的解析，排除不需要纳入衡量范围的因素，在必须衡量的因素间确定不同利益的位阶，依其轻重确定应当保护的利益顺序。

（一）利益衡量的前提基础

公共利益衡量发生于利益冲突的场合，但并非所有的利益均需要衡量，如果要公开的信息与支持公开的公共利益之间没有关系，即使公开信息也无助于实现公开所希望实现的目的，则不需要将其纳入公益衡量的范围。行政机关通过探索技术手段或者使用替代方式，力求在维护不同利益之间达成平衡，减少或者避免因公开信息导致的利益损害，也就是在各种可以达成行政目的的方式中寻找对权益损害最小的方式，即最小损害原则。这些方法包括区分事实信息和意见信息，最大限度公开事实信息，以确保公众可以有效参与公众政策的制定。另外，遮蔽个人信息后公开意见信息，避免表达意见的个人被追溯，既公开意见信息，也可以保护意见的自由表达。例如，荷兰以是否能够通过意见追溯到个人作为标准决定是否公开个人意见。[10] 此外，公开时间的恰当选择也可以达成兼顾的目的，如在决策实施一段时间后公开，可以确保决策者负责任地表达意见，也可以保护议决过程中意见的自由表达。

---

⑩ Netherlands，Act Containing Regulations Governing Public Access to Government Information，Section10（2），Section11.

（二）公益优先与公开优先

公共利益衡量条款存在于信息公开法案中，不能脱离信息公开法的框架，把握信息公开法律体系核心价值的主导性至关重要。如前所述，信息公开领域的公共利益具有两面性，实践中可能出现公开还是不公开背后都有公共利益的情况，在这种情况下，仅仅依靠公益优先原则显然无法解决问题，必须从公共利益衡量制度上升到信息公开法律体系的层级上考虑。信息公开法的立法目的决定其核心价值是公开，围绕公开，又生长出一些其他利益，如参与公共决策的机会、监督公共资金的有效利用、获悉公共健康和公共安全信息，等等。这些利益不是理论上的抽象利益，而是实实在在的具体利益。对于那些将公共利益衡量作为一项基本原则，适用于所有信息公开例外事项的国家而言，这种核心价值的体现非常清晰，即使对于将公共利益衡量适用于部分事项的国家，基于公共利益考虑公开特定信息，也无损于公开的核心价值地位。“公益优先”与“公开优先”是递进关系，不是并列关系。“公益优先”是第一顺位的原则，存在于公共利益衡量条款，在公共利益和非公共利益的衡量中，公共利益获得优先考虑。“公开优先”是第二顺位的原则，植根于信息公开法，在公共利益之间的竞争中，支持公开的公共利益获得优先考虑。两个原则相辅相成，缺一不可，共同指导公共利益衡量条款具体应用。没有公益优先，信息公开失去价值目标；没有公开优先，决策者陷在公共利益似是而非的概念中无所适从。

（三）公共利益衡量的标准

公开还是不公开，在天平的两端摇摆着，越接近信息公开的立法目的，公开的分量越重；越接近例外事项的利益，不公开的可能性越大。公开的公共利益超越公开造成的损害时，选择公开信息，反之，选择不公开信息。从平行关系看，可以分辨两个或者两个以上并列制度所固有的利益之间的衡量，而这种利益之间常是直接冲突的对极关系。以北京、天津采取的汽车限购政策为例，类似公共政策制定中相关信息的公开成为社会争论的焦点。⑪ 公开信息有利于民主决策或者可能影响经济秩序，或者事实性信息应当公开，意见性信息不应公开都是不全面的，不符合复杂的利益关系。至少在三个层级上涉及对极利益，需要逐一剥离。第一个层次，民主决策的科学性和社会经济秩序稳定。公开信息，满足公民知情权，是公众民主参与公共决策的基础，而民主参与无疑有益于提高决策科学性。但是类似政策必然涉及社会经济秩序的稳定，如果过早公开，可能引起社会的抢购、囤积风潮，或者影响政策的执行效果。第二个层次，服务于促进公共政策的科学性这一共同目的，仍然存在公开和不公开信息的对极考量。公开信息是为了扩大社会公众的参与，政府决策中可以听到更多的意见，利于民主决策；不公开信息则是为了避免不成熟政策建议的提前公布而引起社会误解。第三个层次，就机关内部决策参与者和外部专家的个人意见的公开与否，也存在对极利益，公开有利于监督，使其更负责地表达意见；不公开是为了保护决策者或者参与者坦诚地表达意见。公共利益衡量需要将全部的利益解构和铺陈后，根据最终获得的利益进行衡量，作出是否公开的决定。经过层层分解，针对意见性信息是否公开最终演变为坦诚地表达意见和负责任地表达意见之间的衡量，二者对于科学决策同等重要，难以判断何者优先。从意见发表者的立场划分，可以分为与决策事务没有利害关系的中立者和与之有利害关系者。通常公务人员需要在获取全面信息基础上，秉持客观、公正立场作出决定。而来自行政机关外部的专家则基于专业知识中立地提出建议，二者均与涉及的事务没有直接的利害关系，机关内部考核制度和专家的专业地位可以督促其尽职履责，外部压力非但无助于其客观中立，相反却可能影响其意见的表达。对于利害关系人的意见则应以公开为主，不仅有助于决策者倾听不同的声音，而且这些来自不同利益团体的意见有助于决策所需要的客观事实的全面

---

⑪ 张维：《天津上演小客车5小时抢购风潮———学界激辩限购政策应否设“缓冲期”》，载《法制日报》2013年12月17日，第6版。

形成。

从种属关系看，需要分辨一般利益和具体利益。例如，商业秘密与公共利益衡量，很多企业都有商业秘密，公开政府信息时应考虑商业秘密的保护，这里保护的是一般利益。不同的企业具有不同的属性，因此在商业秘密与公共利益衡量中会表现出不同的具体利益。国有企业因其股权中公共财政的投入而关涉公共利益。上市公司则因其股票公开发售而涉及公众利益。从事供水、供热、供电、通信等公用事业的企业，从事的行业关涉公共利益，它们的商业秘密保护与一般企业不同。再如，个人隐私受到保护是公民基本权利，公务员作为公民当然享有个人隐私权利，个人并不因就职于政府而丧失隐私权益，但是公务员因其承担公共职责，行使公共权力，其隐私权益会减弱，其享有的个人隐私保护权益少于普通公民。信息公开法的核心目的是反腐败和确保管理者对被管理者负责。公开信息可以使公众获悉政府或者公务人员不当行为，将政府行为置于公众的严密监督之下。公务人员信息公开与否可以从三个角度衡量：第一，根据信息的性质可以区分职务相关信息和与职务无关的纯粹的个人信息应受到隐私保护。第二，公务员层级与其享有的权力，掌握的公共资源密切相关，其与公共利益的关联也因层级有所差异，级别越高，享有公共权力越大，与公共利益关系越密切，享有的个人隐私权益相应克减。第三，公务人员职责岗位与隐私权益之间呈现不同的对应关系，需考虑公开个人信息是否对其履行职责造成妨碍，特别需要保护的是从事行政执法、刑事侦查、国家保卫等特殊岗位人员。第四，公务人员产生形式对其隐私权益的影响，通过选举产生的公务人员，为保证选举的公正性，需要公开更多信息，以便公众可以充分行使选择权。对于考任或者聘任的公务人员，享有更高程度的个人隐私。

从关联关系看，对于商业秘密、个人隐私等个体利益，不能仅从第三人利益的单一角度进行衡量，还需要考虑其与公共利益之间的关系。一般而言，但并不总是如此，把各种主张或者要求归入最普遍的形式，即社会利益，有助于对它们进行比较。当我们考虑什么主张或要求应予承认，在什么限度内予以承认时，当我们试图在某个新的领域或者新的情势中调节彼此冲突和重叠的主张与要求时，把个人利益纳入社会利益并借此权衡它们是非常重要的。[12]

我国行政机关往往将《条例》第23条规定的“征求第三人意见”的程序实体化，以第三人不同意公开作为决定不公开的唯一依据，刻意规避公共利益衡量的法定职责。[13] 美国早期的情况与中国类似，主要根据政府向信息提供者给予保密承诺或者信息所有者不公开来判断是否公开商业秘密或者商业敏感信息。这种方式在1974年国家公园和保护协会诉内政部案件中被改变。[14]哥伦比亚地区上诉法庭在分析了美国《信息自由法》中规定的信息公开例外事项中的第4项“商业秘密，从他人处获得的保密的商业或者金融信息”的立法史后提出：例外4具有保护个人利益和政府利益的双重目的。首先，需要保护向政府提供信息的个体的利益，避免因公开信息而使其处于竞争的劣势。其次，从政府利益角度看，政府作为政策制定者需要获得商业和金融信息，如果不考虑个体希望信息保密的意愿而公开信息会降低其与政府合作的意愿。通过该案件，法庭改变了原来只关注个体利益的角度，进而从政府和信息提供者两个角度展开衡量，综合考虑对于政府获得信息的能力造成的损害和对于信息提供者竞争利益的损害进行判断。在1991年大规模能源项目诉原子能管理委员会案件中，哥伦比亚上诉法庭进一步区分了政府要求提供信息和自愿向政府提供信息两种情况，将“国家公园和保护协会案件”中确立的竞争损害标准限制在政府要求信息提供者提供信息的情况下，此时，政府的利益不在于信息的可得性，而是保证信息的可靠性，个人的商业不利是与公开的公共利益进行衡量的唯一因素。对于自愿向政府提供信息的，私人可

---

[12] Roscoe Pound, A Survey of Social Interests, *Harvard Law Review*, vol. 57, no. 1 (Oct. 1943), pp. 1-39.

[13] 伏创宇：《两岸信息公开豁免案例之比较评析——以个人隐私和商业秘密之探讨为中心》，载姜明安主编：《行政法论丛》(第13卷)，法律出版社2011年版，第363页。

[14] National Parks & Conservation Associationv. Morton, Secretary, Department of the Interior, 498F. 2d765 (D. C. Cir. 1974).

能因为政府公开信息而拒绝和政府合作，政府的利益在于保证信息的可得性，通常将信息提供者不对外公开作为判断保密性的标准。⑮

可以看出，在信息公开利益衡量中，既要考虑个体商业秘密等利益的保护，也要考虑政府信息获得能力的保护。对于信息提供者自愿提交的信息，如果信息提供人按照惯例不公开，则不应公开，对于应政府要求提供信息的，虽然存在提供信息的可靠性和质量降低的可能性，但是总体上公开信息对政府获得信息的能力不良影响不大，如果不公开信息，必须证明公开信息对个体利益造成明显的损害。从个体利益和公共利益的关系看，个体商业秘密是主利益，可以通过国家赔偿程序转化为国家经济损失，从而成为可量化的公共利益。政府获取信息的能力是副产品，依附于商业秘密、个人隐私等第三人利益而存在。衡量时区分政府获取信息的利益可能受到影响的情况，不能割裂二者之间的连带关系，即不能撇开第三人利益而单独考量政府利益。

从衍生关系看，利益的分类不能绝对化，一种利益往往在变换角度和立场的情况下被认作另一种利益。在进行利益衡量中，需要注意不同类型的利益之间发生转化的可能性，因此，不仅关注直接公共利益，对于衍生或者派生的，“潜伏”在其他公共利益之下的间接公共利益也不能忽视。发生于2005年的英国的避难中心保险费案件可以说明些问题。该案中，申请者要求公开避难中心的保险费增长的信息。被申请人引用《信息公开法》例外7（a）规定的“损害公共机构的竞争性地位”为由拒绝公开。如同很多类似案件一样，监督公共资金的有效运用常被作为典型的公共利益。在该案的审查中，英国议会监察专员首先认同确保公共机构在公共资金的使用上负责任是公共利益但是议会监察专员话锋一转，“本案中，公开信息可能导致公共机构需要向合同对方提高支付标准，因而增加公共支出”。增加公共支出显然破坏

⑮ Critical Mass Energy Project v. Nuclear Regulatory Commission，975F. 2d871（D. C. Cir. 1992）.

了确保纳税人的金钱得到有效使用的目的。因此，经衡量，不公开的公共利益超越公开的公共利益。[16]

从公共利益超越例外事项的程度看，可以分为简单超越和优势超越两种情况。印度、[17] 日本[18]等国家规定公共利益衡量的标准达到简单超越即可，也就是，公开的公共利益大于例外保护的利益，就可以公开信息。如果二者势均力敌，难以取舍时，公开优先原则会发生作用。公开的公共利益大于或者等于例外条款保护的利益时，可以公开信息。还有一些国家法律中要求公共利益超越例外条款保护的利益必须达到优势的程度。例如，南非[19]和加拿大[20]法律都要求公开信息的公共利益超越例外条款保护的利益的程度必须达到"明显"的程度。加拿大安大略省《信息自由和隐私保护法》甚至要求"非常强烈的公共利益明显地超越例外事项的目的"。《条例》第 14 条第 4 款规定的"重大影响"类似与优势超越，在立法目的上更加注重保护例外事项的利益，强调要有足够的公共利益才能突破例外事项。公开的公共利益大于或者绝对大于例外事项保护的利益时，可以公开信息。无论是简单超越还是优势超越，公共利益衡量无法抽象实现，必须在个案中进行具体分析方能完成。无论是公开获得的公共利益还是公开造成的损害都应是具体的，而非抽象的。同样，公开造成的损害也应当是可以预见的，具有现实性或者必然性，而非主观臆断的。

---

⑯ Caseno. A. 17/05，"Refusal to Provide Information Relating to the cost of Insurance Premiums for Detention Centres，" in Megan Carter and Andrew Bouris，Freedom of Information：Balancing the Public Interest，2ed.，London：The Constitution Unit，UCL，p. 51.

⑰ 印度《信息权法》第 8 条第 1 款规定了信息公开的 10 种例外事项，第 2 款规定："1923 年的《国家秘密法》和本条第 1 款规定的例外事项，如果公开的公共利益大于对不公开所保护的利益的损害，行政机关可以决定公开信息。" India，The Rightto Information Act，Artice 8.

⑱ 日本《行政机关拥有的信息公开法》第 7 条规定："申请公开包含非公开信息的档案，如果存在公共利益的特殊需要，行政机关可以酌情公开信息。"

⑲ South Africa，Promotion of Access to Information Act，Article 46.

⑳ Canada，Access to Information Act，Article 20（6）（a）（b）.

四、公共利益衡量的程序

从利益衡量的程序看，可以分为强制进行公共利益衡量和选择进行公共利益衡量两种情况。第一种，行政机关在决定是否公开信息时，必须进行公共利益衡量，如果公开的公共利益大于或者明显超越不公开的利益时，必须公开信息。例如，南非的《信息公开促进法》第46条规定为公共利益而强制公开，如果公开信息有助于揭露实质性违法或披露即将面临的严重的公共安全或环境风险；以及公开信息的公共利益明显超越公开的危害，行政机关的信息专员必须公开信息。[21] 第二种，公共利益衡量的裁量权掌握在公共机构手中，是否进行公共利益衡量以及公共利益衡量后是否公开信息由信息公开机构裁量决定。[22] 如日本《行政机关拥有的信息公开法》第7条规定行政机关可以因公共利益而酌情公开例外事项的信息。在公共利益被置于促进公开的条件下，强制性的公共信息衡量比裁量型的公共信息衡量可以更好地支持公开。因为裁量型的公共利益衡量，是否进行利益衡量的决定权在行政机关，而行政机关通常不愿意公开信息，可以通过消极对待公共利益衡量来避免公开信息。《条例》第14条的“不公开可能对公共利益造成重大影响的涉及商业秘密、个人隐私的政府信息，可以予以公开”中“可以”的字面含义，属于裁量型利益衡量。但是第23条又规定“行政机关认为不公开可能对公共利益造成重大影响的，应当予以公开”。需要修改《条例》第14条关于“可以公开”的表述，改为“应当公开”，与第23条保持一致，将公共利益衡量明确为行政机关的法定义务。

信息的扩散性、因果关系的判断进一步增加了制度实施的难度，构建一

㉑ South Africa，Promotion of Access to Information Act 2000，Article 46.

㉒ Maeve McDonagh，*The Public Interest Test in FOI Legislation*，Research Paper，University College Corh，Ireland，p. 7.

套公共利益衡量的分析方法和程序非常重要。第一，全面的利益解构是利益衡量的前提，将涉及的公共利益层层分解至最末端，再将需要衡量的利益因素置于同一平面上进行衡量。第二，在全面揭示涉及的利益后，对于利益进行排序，原则上公共利益优先于非公共利益，公开的公共利益优先于不公开的公共利益，“公益优先”和“公开优先”是信息公开法的核心价值。第三，进行相关性分析，将与利益衡量相关的因素列举出来，对于无关的因素不纳入衡量的范围。第四，寻找是否可以通过遮盖、替代等技术方法实现既公开信息，又避免损害的方法。第五，如果必须进行利益衡量，可以从平行关系、种属关系、关联关系、衍生关系等角度，针对公开可能获得的公共利益和公开可能造成的损害之间“比大小”。

五、结语

奥尔森指出，实际上，除非一个集团人数很少，除非存在强制或者其他特殊手段以使个人按照他们的共同利益行事，有理性的、寻求自我利益的个人不会采取行动以实现他们共同的或集团的利益。特别是在规模较大的社会群体中，个人理性很难自发地导致集体理性。不同于物质利益，民主政治权利激起共同理性的可能性更小。因此，共同利益与个体利益相比，是较容易受到损害和较难实现的，共同利益的范围越大，越是如此。

知情权作为范围最广、共同利益范围最大、也是最难以实现的共同利益，更应给予特别保护。根深蒂固的保密文化普遍存在于世界范围的政府之中。即使是最先进的法律也无法强制公务员采取开放的态度。信息公开法正是致力于使公务人员认识到信息公开不仅是一项麻烦的义务，也是一项基本人权，更是提高政府管理水平，重塑官民互信的必要途径。信息公开之于当下的中国，更是从理念到方式的革命性变化。一个开放、透明的政府，不仅是世界上公认的国家治理现代化的标志之一，也是中国向世界证明制度自信的说明书。

政府信息公开与国家秘密保护*

郑春燕**

一、引言：都是立法者惹的“祸”？

《政府信息公开条例》实施至今，从全国范围来看，主动公开的上升趋势较为明显，依申请公开的状况仍不够理想。① 这其中，免于公开的例外事由之滥用，尤其是频繁以国家秘密为由不予公开的现象，备受诟病。对此，不少学者著文立说，将“病因”归结于《政府信息公开条例》未对国家秘密作精确的界定，而《保守国家秘密法》中国家秘密的定义与列举又过于宽泛，希冀通过再次修法推动政府信息公开的实践。②

问题是，刚刚于2010年修订通过的《保守国家秘密法》，果真如此不堪吗？

众所周知，我国《保守国家秘密法》第9条第1款详细列举了国家秘密

---

* 本文原发表于《中国法学》2014年第1期。

** 郑春燕，浙江大学光华法学院，副教授、博士生导师，法学博士。

① 《中国行政透明度报告·2011》揭示，全国30个被观察与评测的省级行政单位，主动公开的平均得分为71.20%，但依申请公开的平均得分仅为36.30%。参见北京大学公众参与研究与支持中心：《中国行政透明度观察报告·2011-2012》，法律出版社2013年版，第26页。

② 参见山文岑：《政府信息公开视角下〈保密法〉的缺陷及其完善》，载《青海社会科学》2011年第4期；周丹、孙培军：《国家秘密：进退中的信息保密与公开——基于〈中华人民共和国保守国家秘密法〉修订的分析》，载《行政与法》2011年第4期。

的具体表现形式。不可否认，该条文中较多地使用了概念边界模糊的不确定法律概念，如第1项有关"国家事务重大决策中的秘密事项"的表述，第7项有关"经国家保密行政管理部门确定的其他秘密事项"的表述。但对于其他国家秘密的列举，基本上采用了国际法例通行的表达方式。③ 更何况，《保守国家秘密法》的相关条文，会对属于国家秘密的事项，形成体系解释上的制约。在未细致梳理《保守国家秘密法》的国家秘密构成要件之前，匆忙将责任归咎于立法的"先天不足"，显然未能"箭指靶心"。

为此，本文试图以规范分析的方法，诠释立法者意图建构的国家秘密认定要件，并尝试衔接《政府信息公开条例》与《保守国家秘密法》的相关机制；接着，遴选5份由上海市第二中级人民法院针对同一上诉人作出的政府信息公开二审判决书，以司法审查标准、司法审查强度、司法审查方式的多元视角，观察行政审判对立法设计的回应现状；在分析两者离合关系的基础上，文章第四部分重新解释了最高人民法院《关于审理政府信息公开行政案件若干问题的规定》（以下简称《政府信息公开规定》）的相关规定，以期完善涉及国家秘密公开案件的审查模式；最后，基于对政府信息公开与国家秘密保护研究的反思，文章重申了规范分析方法对法学研究与实践的价值。

二、立法者的言说：确定国家秘密的复合要件

我国国家秘密保护的法源，可以追溯至《宪法》。1982年《宪法》虽未明确规定人民的知情权，却在第53条和第76条清晰地指出中华人民共和国

---

③ 美国一直被视为信息自由的典范。我们可以简单对照一下中美有关国家秘密的范围，从制度层面上观察两者之间的距离。由奥巴马总统于2009年11月29日颁布的第13526号令，是美国现行有效的主要定密法律依据。该总统令第1.4节对属于国家秘密的信息形式作了明确规定，其中大多数国家秘密形式均能在我国《保守国家秘密法》第9条第1款中找到对应的内容。*See* Executive Order 13526-Classified National Security Information，December 29，2009. 王锡锌教授曾经撰文介绍过美国法律中的国家秘密界定，但当时有效的第13292号令（由布什总统颁布）在文章发表后不久，即被第13526号令修订。参见王锡锌：《政府信息公开语境中的国家秘密探讨》，载《政治与法律》2009年第3期。

公民以及全国人民代表大会的代表保守国家秘密的义务。对《宪法》第53条和第76条贯彻的结果，就是我国在未制定统一的政府信息公开立法之前的，1988年率先颁布实施了《保守国家秘密法》。这样的历史足迹，与全球透明政府、阳光行政的法治理念，格格不入。因此，在酝酿出台《政府信息公开条例》之时，《保守国家秘密法》的修订也提上了日程。修改过程中的核心问题之一，即处理公开与保密的关系。从修订草案、二次审议稿到最终稿，涉及公开的条款比重逐渐增加，直至最终稿的总则部分吸收了“法律、行政法规规定公开的事项，应当依法公开”的规定。有学者认为，这种调整表明《保守国家秘密法》“已经隐含确认了‘公开是原则，保密是例外’”的立法精神。[④] 因此，尽管2010年修订的《保守国家秘密法》第2条对于国家秘密的定义，使用了与1988年版本完全相同的描述：“国家秘密是关系国家安全和利益，依照法定程序确定，在一定时间内只限一定范围的人员知悉的事项。”其与相关条文合力建构的国家秘密要件，却需在新的立法理念下作出阐释。

（一）确定国家秘密的形式要件

1. 定密主体

国家秘密应由法律授权的定密主体及定密责任人确定，这是判断是否为国家秘密的首要形式要件。《保守国家秘密法》第2条并未明确国家秘密的定密主体，但第12条第1款和第13条第2款分别规定了定密责任人与有权定密机关、单位。结合条文内容，应认定设区的市及以上、自治州一级的机关及其授权的机关、单位的负责人及其指定人员，为有权限的定密责任人。其中，绝密级国家秘密的定密权限，只限于中央国家机关、省级机关及其授权的机关、单位。以上内容来自条文的明示，通常不会引发歧义。

但关于定密主体，有两点需要特别注意：

第一，派生国家秘密的密级确定与定密主体。《保守国家秘密法》第13

---

④ 周汉华：《〈保守国家秘密法〉修改述评》，载《法学家》2010年第3期。

条第3款第1句规定："机关、单位执行上级确定的国家秘密事项，需要定密的，根据所执行的国家秘密事项的密级确定。"也就是说，执行国家秘密所派生的信息，也可能属于国家秘密。问题是，谁来确定？实务中有观点认为："机关单位执行上级确定的国家秘密事项需要定密的，其直接可以根据所执行的国家秘密事项的密级来确定"。⑤ 即执行机关或单位直接有权定密。此种观点值得商榷。从第13条第3款第1句的文义来看，该条文仅明确了派生国家秘密的密级；从13条第2款与第3款第1句作为前后文的关系来看，两者是一个整体，第3款既未明确派生国家秘密的定密权限，就应当遵守第2款的规定，这也符合立法者分类国家秘密并分层授权的初衷；此外，本着"公开为原则，保密为例外"的立法精神，国家秘密的确定，应限制于必要的最小范围。试想，若所有执行绝密级国家秘密的机关、单位，都能自行确定绝密级派生国家秘密，绝密文件岂不"满天飞"？因此，笔者以为，《保守国家秘密法》第13条第3款第1句应解释为：派生国家秘密的密级，由执行机关、单位，报请到原定密机关、单位，根据所执行的国家秘密事项的密级确定。

第二，"不确定是否可公开信息"的审查主体与定密主体。《政府信息公开条例》第14条第3款规定："行政机关对政府信息不能确定是否可以公开时，应当依照法律、法规和国家有关规定报有关主管部门或者同级保密工作部门确定。"这里的"确定"，仅仅是对能否公开的判断。若有关主管部门或者同级保密工作部门认为该政府信息可能涉密，而自己又无相应定密权限时，仍需按照《保守国家秘密法》第13条第2款的规定，报送有审批权限的机关、单位确认。否则，将会构成下位法对上位法的抵触。实践中，一些行政机关将保密审查中的"确定"，直接理解为"定密"，从而导致法律适用上的混乱。如在前页注释中提及的"上海经协公司诉浙江省建德市人民政府政

⑤ 马惟菁、马良骥：《政府信息公开行政案件中派生国家秘密的认定——浙江高院判决上海经协公司诉建德市政府其他信息公开案》，载《人民法院报》2012年7月19日。作者均为浙江省高级人民法院法官，其中马惟菁法官是该案合议庭成员。本文中"派生国家秘密"的概念，即源于此文。

府信息公开案”中，建德市人民政府针对行政相对人的公开申请，依据《政府信息公开条例》第14条第3款的规定，向建德市保密局发函，要求后者确定被申请公开的《合作备忘录》为国家秘密。在建德市保密局作出《关于确定〈合作备忘录〉为国家秘密的函》（建保函［2011］1号）之后，建德市人民政府随即以国家秘密为由作出免于公开决定。⑥ 根据《保守国家秘密法》第13条第2款的规定，建德市保密局作为一个县级市的保密行政管理部门，无权确定即便是秘密等级的国家秘密，其之所以作出确认函，是误将《政府信息公开条例》第14条第3款中的“确定”等同于“定密权”。这种误认，为滥用国家秘密回避公开埋下了伏笔。

2. 定密依据

定密主体应当依据合法的定密依据，确定国家秘密。鉴于国家秘密及其密级范围的种类繁多，且需要根据国家安全的国内、国际形势及时调整与更新，《保守国家秘密法》第11条第1款将制定具体基准的权限，授予了国家保密行政管理部门与外交、公安、国家安全和其他中央有关机关。考虑到第11条第1款使用的是“会同……规定”的表述以及第11条第3款的程序要求，只有经上述机关协调商议并于一定范围内对外公布的基准，方能作为定密依据。遗憾的是，直至今日，被授权部门仍未推出具体的保密基准。目前存在的细化规定，仅有1990年《保守国家秘密法实施办法》的第4条、第5条。虽然《保守国家秘密法实施办法》未随着《保守国家秘密法》的修订而修改，但其不与新法相抵触的内容，参考《最高人民法院公报》相关案例的裁判摘要，应能继续适用。⑦

除此之外，其他任何机关、单位，均无权制定普遍的、可反复适用的保

---

⑥ 参见〔2012〕浙行终字第51号行政判决书。

⑦ 尽管《保守国家秘密法实施办法》依据1988年的《保守国家秘密法》制定，但参考“博坦公司诉厦门海关行政处罚决定纠纷案”中有关“行政机关为实施法律而根据法律制定的实施细则、条例等行政法规，在相关法律修改后，只要没有被法律、行政法规或者制定机关明令废止，并且不与修改后的法律相抵触，就仍然可以适用”的裁判摘要，该办法未与新法相抵触的部分，仍能继续适用。有关该判决的内容，参见《最高人民法院公报》2006年第6期。

密范围规范。某一主体拥有定密权限，并不等同于有权制定定密依据。混淆两者，将导致行为定性上的偏差，泛化国家秘密的确定，从而违背《保守国家秘密法》第11条第1款和第13条第2款分别设计保密依据与保密权限的立法初衷。

3. 定密程序

《保守国家秘密法》未专门规定定密程序，仅在第12条第2款提及了内部审批流程，第13条第3款第2句设计了向上报批前的保密步骤，第19条第2款规范了延长保密期限的处理时限。这些条款均指向某一事项的事先定密程序。

除了事先定密程序，有学者提出还存在相应的事后加密程序，[⑧] 其依据为1990年5月实施的《保守国家秘密法实施办法》第38条第2款有关“尚未进行清理的，仍应当按照原定密级管理；发生、发现泄露行为时，应当依照《保密法》和本办法的有关规定，对所涉及的事项是否属于国家秘密和属于何种密级重新加以确认”的规定。对此，笔者保留看法。从《保守国家秘密法实施办法》第38条第1款的内容来看，本条主要是为了解决1988年《保守国家秘密法》颁布初期，与之前所定国家秘密的衔接问题。其性质应属过渡条款，意在处理“新法是否适用于旧法下已发生但尚在持续的事实，是否依新法改造旧法而形成但尚在持续的法律关系”。[⑨] 也就是说，立法者的初衷不在于设计一个具有普遍适用性的事后加密程序。作为笔者观点的一个有力的佐证，即当时的立法者将第38条置于《保守国家秘密法实施办法》的附则之中，而非第二章“确定密级、变更密级和解密”部分。时隔20年，针对新修订的《保守国家秘密法》实施后发生的事实或新形成的法律关系，定密机关自然无权主张适用事后加密程序。

另一个定密程序的表现形式，往往未得到应有的重视——国家秘密标志。

---

⑧ 参见章剑生：《阳光下的“阴影”——〈政府信息公开条例〉中的“不公开事项”之法理分析》，载《政法论坛》2009年第6期。

⑨ 杨登峰：《法的过渡条款的制定原理与方法——从〈劳动合同法〉的规避问题说起》，载《法学论坛》2009年第6期。

根据《保守国家秘密法》第17条的规定，国家秘密的载体，以及属于国家秘密的设备、产品，应当作出国家秘密标志。也就是说，国家秘密必须对外明示，以便能从外观上直接判断国家秘密的状态。若因未加注国家秘密标志的原因而导致秘密泄露，不能因此追加责任。这一点对于负有保守国家秘密义务的公民，具有切实的保障作用。[⑩] 国家秘密的标志包括秘密等级、保密期限以及特定情况下的解密条件。

（二）确定国家秘密的实质要件

即便是有权定密主体依照定密程序依法确定的事项，若不符合确定国家秘密的实质要件，仍不能视为国家秘密。从《保守国家秘密法》第2条及相关条文的规定来看，我国国家秘密的实质要件包括保密的必要性、非公开性和不可滥用性。

1. 保密的必要性

根据《保守国家秘密法》第2条的规定，只有"关系国家安全和利益"的事项，才能被确认为国家秘密。这些事项的具体范围，列举在第9条第1款之中。

尽管国家安全和利益，属于概念核心和概念边界均模糊的价值概念，意图明晰其概念内涵，无异于自缚不可能之任务。但结合《保守国家秘密法》与《政府信息公开条例》的相关规定，仍能帮助我们理出概念界定的基本头绪：（1）根据《保守国家秘密法》第9条总括部分的揭示，我国的国家安全和利益，不仅仅限于国防、军事与外交，还包含政治、经济等与国家安全息

---

⑩ 如河南省沁阳市人民检察院诉于萍故意泄露国家秘密案中，由于检察机关在移送的案卷上没有标明密级，法院认为，作为刑事被告人辩护人的于萍通过合法手续获取的案卷材料，让当事人亲属查阅，不构成故意泄露国家秘密罪。参见《最高人民法院公报》2004年第2期。

息相关的事务;[11](2)作为相互作用的另一面，第9条所列举的事项只有牵涉到国家安全和利益的，才能构成国家秘密。因此，对于广受批评的第9条第1款第4项中的“社会发展”事项，应作限缩性解释，即只有公开后会对国家安全和利益造成损害的“社会发展”事项，才属于《保守国家秘密法》保护的范围，从而避免泛滥为“十分广泛的领域”;[12](3)从《政府信息公开条例》第8条将国家安全和公共安全、经济安全、社会稳定并提的结构来看，国家安全并不包括一国内部社会治安层面的需求，后者已被公共安全和社会稳定涵摄。

在上述三条线索的基础上，我们承认，在涉及国家安全和利益问题上，定密机关拥有为达成目的所必需的裁量权。只是，“从没完全纯粹的裁量”,[13] 定密机关在定密时，必须说明他们认定国家安全和利益受到特别严重、严重或一般损害时的考虑。且这种解释，必须指向现实的、可以特定化的不利益，“如仅以抽象、空泛毫无根据或互相矛盾不合理之说词，作为拒绝公开之理由，则不得认定其限制公开为有‘相当之理由’”。[14]

2. 保密的非公开性

非公开性是《保守国家秘密法》第2条强调的另一实质要件——“在一

---

⑪ 国家秘密的事务范围与一国的国家政策定位密切相关。如受2001年“911”恐怖袭击的影响，共和党人布什总统于2003年颁布的13292号行政命令，就将防御国际恐怖主义的信息，明确列入国家秘密的范畴。See Executive Order 13292 - Classified National Security Information, March 25, 2003, Section 1.4. 奥巴马总统颁布的Executive Order 13526-Classified National Security Information, December 29, 2009, 在Section 1.4部分列举国家秘密的具体形式时，却避免了直接使用防御国际恐怖主义的措辞，而仅在总则部分概括性地提及此类信息也属于保密范围。这主要是因为民主党对共和党执政期间大肆扩张国家秘密官僚机构的做法颇多非议，因此不愿过分强调防御国际恐怖主义信息的涉密性。*See* David Brooks, The Technocracy Boom, *The New York Times*, July 19, 2010.

⑫ 湛中乐、苏宇:《论政府信息公开排除范围的界定》，载《行政法学研究》2009年第4期。

⑬ L. Neville Brown, John S. Bell, *French Administrative Law*, Clarendon Press Oxford (fifth edition), 1998, p. 254.

⑭ 范姜真微:《政府资讯公开与国家机密保护——以日本之学说与实务见解为主》，载台湾《政大法学评论》2007年总第100期。

定时间内只限一定范围的人员知悉的事项”。该要件的成立，需要同时满足“一定时间”“一定范围”与“知悉”三项要素。

从《保守国家秘密法》第15条的规定来看，“一定时间”的确定，秉承必要性原则，其中，绝密级不超过30年，机密级不超过20年，秘密级不超过10年。根据该法第12条、第16条的内容来看，“一定范围”的人员包括国家秘密的定密人、承办人以及其他被定密主体限定或批准的具体人员。他们之所以成为有权主体，或因为法定职权，或基于保密协议，但均被限制在必要的最小范围。尽管如此，这并不意味着在保密期限内超出该范围就违反了非公开性的要求。在保密期限内、保密人员外的普通民众，若只是接触到国家秘密的载体，或根据小道消息、间接报道臆测国家秘密的内容，尚不能达到“知悉”的程度。所谓“知悉”，是指确实掌握信息的实体内容。一旦法定范围以外的普通民众，可以通过公开的搜索、复制、阅读途径，了解到某一事项的实体内容，则纵使该事项关系到国家安全和利益，也已突破非公开性的底线，从而与国家秘密“分道扬镳”。[15]

对于非公开性的认定，在实施中还需要妥当地把握判断时点，即某一事项于何时间点，尚不为法定范围之外的普通民众知悉，方可满足“非公开性”。对此，笔者的观点是，只有在确定国家秘密之时，该事项仍只限于“一定范围的人员知悉”，才能构成非公开性。在国家秘密确定之后，即便该事项遭到泄密，引发的只是启动补救措施还是解密程序的问题，并不影响该事项本身的国家秘密属性。

3. 保密的不可滥用性

此次《保守国家秘密法》的修改，有一项非常重要却易被忽视的添彩之笔：“机关、单位违反本法规定，对应当定密的事项不定密，或者对不应当定

⑮ 一个广传业内的“笑话”是，当中央电视台新闻联播报道了《中共中央国务院关于促进农民增加收入若干政策的意见》（中发〔2004〕1号文件）的惠农举措之后，有农民想查阅该文件，却被告知该文件属于秘密级国家秘密。参见沈福俊：《建立与政府信息公开制度相适应的保密制度——以〈保守国家秘密法〉的修改为视角》，载《法学》2009年第9期。

密的事项定密，造成严重后果的，由有关机关、单位依法对直接负责的主管人员和其他直接责任人员给予处分”。第49条第2款对“不应当定密的事项定密后所需要承担的法律后果”的宣示，标志着我国《保守国家秘密法》确立了确定国家秘密的第三项实质要件：保密内容的不可滥用性。

从其他法域的立法经验来看，判断国家秘密的认定是否构成了滥用，主要从定密机关的目的或动机入手。如我国台湾地区的“国家机密保护法”⑯ 第5条第2款规定：“核定国家机密，不得基于下列目的为之：（一）为隐瞒违法或行政疏失。（二）为限制或妨碍事业之公平竞争。（三）为掩饰特定之自然人、法人、团体或机关（构）之不名誉行为。（四）为拒绝或迟延提供应公开之政府资讯。”美国第13526号令第1.7节也做了类似规定：“不得基于以下情形定密、持续保密或妨碍解密：（一）隐瞒违法⑰、低效或行政错误；（二）避免对行政机关、组织或个人造成尴尬；（三）限制竞争；（四）为妨碍或拖延公开那些基于国家安全的利益无需保护的信息。”⑱ 某一符合必要性和非公开性的事项，若基于上述目的或动机被确认为国家秘密，也终将因其内容的违法性甚至违宪性而受到否定。我国《保守国家秘密法》第49条第2款虽未进一步展开“不应当定密”的表现形式，但在适用时可以借鉴国际上的通行法例予以解释。

至此，我们可以总结，我国《保守国家秘密法》对于国家秘密，采取的

---

⑯ 2003年2月6日公布，同年9月26日行政院令发布定自2003年10月1日实施。

⑰ 最近发生的Snowden泄密事件，更是将国家秘密认定的不可滥用性课题提到了风口浪尖上。其中，Snowden为自己辩护的一项重要理由，就在于认为政府行为违反了美国宪法第四修正案。而反对者也正是从国家秘密认定有无违反不可滥用性入手，指出被泄密的“棱镜”（Prism）项目，在“得到国会和负责监督情报活动的特殊法院FISA同意”的前提下，应被推定为合法，因此Snowden无法获得《情报工作者揭密保护法》（The Intelligence Community Whistle-blower Protection Act）的保护。Snowden最终的命运如何，在法律层面上主要取决于对国家秘密认定是否因为违法而违反了不可滥用性的判断。*See* Pete Williams，Analysis：Why Edward Snowden isn't a Whistle-blower，Legally Speaking，*NBC News*，June 18，2013，http://usnews.nbcnews.com/_news/2013/06/18/19024443-analysis-why-edward-snowden-isnt-a-whistle-blower-legally-speaking?lite，visited on June 20，2013.

⑱ Executive Order 13526 - Classified National Security Information，December 29，2009，Section 1.7.

是复合形式的认定结构，即只有既符合形式要件亦符合实质要件的事项，才能构成国家秘密。尽管现行制度仍有可待完善之处，但若在法律适用中严格贯彻立法者的建构意图，应能较好地防范国家秘密确定泛滥之情形。

三、法院的姿态：退守到国家秘密司法审查的最边缘

于是，探求问题症结的目光，自然就转移到对执法实践的观察。作为展现行政机关和法院适用《保守国家秘密法》和《政府信息公开条例》的共同平台，涉及国家秘密的政府信息公开案件的行政判决，无疑是最佳的切入口。

为了增强观察的客观性与公正性，笔者遴选了2012年上海市第二中级人民法院针对同一上诉人作出的5份行政判决。这5份判决，都是上诉人郑某申请公开上海市延安中路×弄×号房屋产权凭证的历史登记材料及相关文件，被上海市住房保障和房屋管理局或上海市静安区住房保障和房屋管理局，以所申请信息属于国家秘密为由免予公开之后，提起行政诉讼的终审判决。[19] 5份判决中涉及两份重要的文件：其一为《关于将本市公房资料列为保密资料的通知》（沪房地资公2006314号），其二为作为沪房地资公2006314号文件制作基础的建设部《关于同意将上海市公房档案资料列为保密资料的复函》（建办住房函〔2006〕85号）。被上诉人在不同程度上以此文件为

---

⑲　在北大法意网中，以“公开”和“国家秘密”为全文关键词，搜索出88份相关行政判决。经阅读排除，以国家秘密为由免于公开的行政判决实际只有59份。其中，拙文遴选的5份判决分别是郑某诉上海市静安区住房保障和房屋管理局政府信息公开争议案（〔2012〕沪二中行终字第268号，以下简称案例1），郑某诉上海市住房保障和房屋管理局政府信息公开争议案（〔2012〕沪二中行终字第426号，以下简称案例2），郑某诉上海市静安区住房保障和房屋管理局政府信息公开争议案（〔2012〕沪二中行终字第346号，以下简称案例3），郑某诉上海市静安区住房保障和房屋管理局政府信息公开争议案（〔2012〕沪二中行终字第265号，以下简称案例4），郑某诉上海市住房保障和房屋管理局政府信息公开争议案（〔2012〕沪二中行终字第263号，以下简称案例5）。参见http://edu.lawyee.net/Case/Case_Result.asp? Stype=case，最后访问日期：2013年1月10日。尽管这5份判决涉及的国家秘密，均确定于《保守国家秘密法》修订之前。但分析显示，法院于2012年展开审查时，尚不能保障1988年《保守国家秘密法》建构的国家秘密的最基本要件，更遑论落实修订后新增加的理念与要件。执法实践对国家秘密规范要件的回应情况，仍可由此得以揭示。

据，作出免予公开决定。由于5起案件具有关联性和相似性，且作出判决的均为上海市第二中级人民法院，因此对这5份判决的系统爬梳和对比，可以较为全面地展现法院对于作为免于公开的法定事由——国家秘密的司法审查标准、司法审查强度和司法审查方式。

（一）远离实质的司法审查标准

《保守国家秘密法》的复合式国家秘密认定结构，已经在第二部分的分析中得到证成。那么，它是否如立法者的预期在实践中得到贯彻？我们可以看一下前4份判决描绘的司法审查标准现状。

案例1中，上诉人未就国家秘密的复合式要件提出任何有利的质疑。尽管如此，被上诉人仍然提出了“根据沪房地资公2006314号文件，上海市房地产卡系公房历史资料，属于保密文件”的答辩理由。法院最终也以此文件为据，认定公房资料为保密资料，驳回了上诉。整个审查过程，三方均未涉及确定国家秘密的实质要件，但被上诉人以沪房地资公2006314号文件为定密依据的主张，得到了法院的支持。

案例2中，上诉人提出了“被上诉人定密所依据的沪房地资公2006314号文仅是行政文件，不能作为定密依据”的异议。显然，该项异议针对的是定密依据自身的合法性问题，仍未染指确定国家秘密的实质要件。被上诉人的答辩理由和法院的判决理由与案例1相同，即直接以沪房地资公2006314号文件为据，未加任何说明即确认国家秘密的存在。

与前面两个案例不同的是，在案例3中，上诉人的异议分为了两个层面：“被上诉人无证据证明上诉人申请的信息系国家秘密，被上诉人所称的314号文件也不符合确定文件密级的条件。”从证据的实体性特征来看，上诉人的第一项质疑似有挑战国家秘密的必要性之倾向，尽管此种指向并不清晰；而对314号文件的否定则集中在定密权限之上。遗憾的是，被上诉人只是进一步作了“现行有效的沪房地资公2006314号文件是根据国家建设部《关于同意将上海市公房档案资料列为保密资料的复函》制作的”说明。法院的判决理由甚至与案例 1、案例 2 没有区别。两者均并未回应上诉人的第一项异议。

如果说案例 3 中，上诉人对于确定国家秘密的实质要件审查请求还不明晰，那么案例 4 中有关“上诉人已经合法取得了该政府信息，被上诉人认定上诉人申请公开的政府信息为国家秘密，证据不足”的主张，则直指被确认为国家秘密的信息违反了非公开性的要求。对于上诉人如此明确的实质要件质疑，被上诉人采取了回避的策略，仍然坚持案例 1、案例 2 中的答辩理由。法院虽予以了回应，却认为：“房地资公 2006314 号文件将公房历史资料确定为保密资料，被上诉人据此答复上诉人其申请公开的政府信息为国家秘密，认定事实清楚。上诉人关于其已合法取得上述政府信息的主张，并不能改变该政府信息已被确定为国家秘密的事实。”可见，在法院的视野里，定密依据已足以证成国家秘密，非公开性并不是确认国家秘密的必要条件。

前 4 份行政判决的梳理结果，向我们展现了不论是行政机关还是法院，对于确认国家秘密实质要件的远离。在这 4 份判决书中，只要行政机关在国家秘密的认定上，有相应的行政文件为依据，则不论上诉人是否进一步指出国家秘密确认所需要的其他实质要件，法院一概接受行政机关的形式定密依据，不作任何实质性的审查。显然，仅以形式要件作为国家秘密司法审查的唯一标准，并不符合《保守国家秘密法》的立法预期。

（二）点到即止的司法审查强度

即便在同一司法审查标准之下，由于法院对国家秘密认定的尊重程度有别，司法审查也会呈现出不同的强度。

如前所示，四个案例中法院最终作出“驳回上诉，维持原判”决定的唯一理由为“房地资公 2006314 号文件将公房历史资料确定为保密资料”。而除了案例 1 之外，上诉人均对 2006314 号文件能否直接作为定密依据提出了质疑。从形式上看，[20] 既然上诉人对定密依据提出异议，法院就应当对定密依据本身的合法性进行审查。但即便在案例3中，被上诉人已经对2006314号文件的合法性基础作出了解释的前提下，法院也仍然对该争议视而不见，丝毫未有进一步延伸司法审查触角的迹象。如若我们回顾《保守国家秘密法》对于确认国家秘密形式要件的各项具体要求，就会发现立法者至少为最小限度司法审查强度提供了实施的可能。更遑论《保守国家秘密法》对实质要件的设计，即便法院从尊重行政专长的角度，也应奉行“判断余地”的中等司法审查强度。

法院对被上诉人形式定密要件的完全既受，折射出法官对国家秘密认定过程所涉专业知识的忌惮。而之前因另一课题与法官的访谈，则从另一侧面揭示出法院不愿深入审查国家秘密认定过程的内在原因：审查程度越深，法官接触到的国家秘密文件也就越多，承担的保密职责也就越大。[21] 在《保守国家秘密法》对法官这一可能接触国家秘密的特殊群体未做明确的权利义务规范的背景下，法官选择在司法审查强度领域的“无条件缴械”，也就成了明哲保身的“正常”之举。

（三）真空隔离的司法审查方式

前4份行政判决，均未涉及法院的司法审查方式。但案例5中，法院对于涉密文件如何审查的态度，仍为我们打开了窥视类似案件司法审查方式的窗口。

---

[20] 之所以强调“从形式上看”，是因为，建办住房函〔2006〕85号复函实际上是将上海市公房档案资料确定为国家秘密的具体决定，沪房地资公2006314号文件是执行建办住房函〔2006〕85号复函的行为。两者均不属于定密的规范性依据范畴（本文第二部分已经分析过，《保守国家秘密法》对定密依据有专门的授权规定。某一主体拥有定密权限，并不等同于有权制定定密依据。）但不论是上诉人、被上诉人还是法院，均未注意到这一定性的错误。

[21] 2010年3月，笔者曾赴北京市高级人民法院行政庭调研。在调研过程中，许多法官提出，出于审查能力的考虑，对于涉及国家秘密的证据，能否免除实体审查的职责。参见胡建淼、吴高庆、郑春燕等：《行政诉讼证据的理论与实证研究——最高人民法院〈关于行政诉讼证据若干问题的规定〉的修改意见稿与论证》，中国法制出版社2010年版，“北京调研报告”部分，第60页以下。

在该案中，针对上诉人提出的，“被上诉人没有提供将沪府私房落政（1988）发字第53号文定为国家秘密的证据”的质疑，被上诉人辩称：“被上诉人已经提供了将上述文件定密的相关文件供法院审查，因该定密文件亦为保密文件，故不向上诉人提供。”也就是说，国家秘密以及确定国家秘密的文件，均不能公开质证，而是由法院单方、秘密审查。非但如此，对于上诉人“要求获知相关材料的文号、名称”的请求，也被法院以“缺乏法律依据”为由，“不予支持”。由此可以判断，上诉人不仅不能接触国家秘密的实体内容，甚至与确认国家秘密的形式要件彻底隔绝，整个国家秘密的司法审查处于真空隔离的状态。这虽然能够很好地防止国家秘密的泄露，但由于缺乏相对一方当事人的对峙式监督与抗衡，也易纵容国家秘密确认的泛滥。

四、司法解释反思：涉及国家秘密公开案件的审查模式重解

司法审查现状与立法设计之间的鸿沟，向我们揭示了修法之外的路径：以司法审查的完善，实现立法者预期的公开与保密之间的平衡。鉴于最高人民法院已经颁布《政府信息公开规定》，谋求制度预期与实践落实相符的关键点，主要在于解释完善涉及国家秘密公开案件的审查模式。

（一）涉及国家秘密公开案件的举证责任

根据《政府信息公开规定》第5条第1款有关“被告拒绝向原告提供政府信息的，应当对拒绝的根据以及履行法定告知和说明理由义务的情况举证”的规定，被告若以涉及国家秘密为由拒绝提供信息的，应当证明该信息属于国家秘密。结合《保守国家秘密法》的复合式国家秘密结构，被告不仅需要提交确定国家秘密的形式要件，还需要证明该信息的实体内容符合确定国家秘密的实质要件。相应地，法院也应确立复合国家秘密的双重审查标准，对国家秘密主张的形式与实质要件均展开审查。

至于证明标准，学界与实务界的通说将其分为优势证明标准、清楚而有说服力标准以及排除合理怀疑标准。[22] 考虑到政府信息公开案件既未涉及公民人身权，又不属于行政裁决或行政赔偿类案件，被告提交的证据只需达到一般行政案件清楚而有说服力的证明标准即可。但即便在这一标准之下，由于《保守国家秘密法》对定密主体、定密依据的形式要件规定较为清晰，法院应实行全面、严格的司法审查强度，一旦被告无证据证明定密主体的权限或者无合法的定密依据，就应当撤销以国家秘密为由的免予公开决定。而针对《保守国家秘密法》规定不详的定密程序，以及具有高度专业性、政治敏感性的实质要件，法院在审查时可分别遵从最小司法审查强度与中等司法审查强度。[23]

（二）涉及国家秘密公开案件的司法审查方式

《政府信息公开规定》第6条明确规定："人民法院审理政府信息公开行政案件，应当视情采取适当的审理方式，以避免泄露涉及国家秘密、商业秘密、个人隐私或者法律规定的其他应当保密的政府信息。"对于何谓"适当"，最高人民法院未作进一步的描述。从案例5的分析来看，法院将"适当"理解为一种真空隔离的秘密审查，连相关材料的名称、文号都不能向对方当事人披露。但从第6条的立意来看，只有在可能泄露国家秘密的情况下，法院才需要改变审理方式，而告知相对一方当事人相关材料的名称、文号信息，并不会导致国家秘密的泄露。不仅如此，在最高人民法院参与起草《政府信息公开规定》的李广宇副庭长看来，"那些用于证明政府信息依法属于不予公开范围（包括涉及国家秘密）的相关证据材料，则完全属于定案依

---

[22] 参见甘文：《行政诉讼的证明标准》，载《人民司法》2003年第4期。

[23] 行政裁量的司法审查强度可以分为：最小司法审查、中等司法审查和严格司法审查。其中最小司法审查主要针对效果行政裁量的实体性内容以及所有行政裁量的程序性内容，中等司法审查主要针对要件裁量，以及专业性、政策性比较强的行政裁量和计划裁量。参见王贵松：《论行政裁量的司法审查强度》，载《法商研究》2012年第4期。

据，不仅可以公开出示，而且应当由当事人质证”。[24] 据此，案例 5 中法院对于国家秘密的司法审查方式，有保密过度之嫌。

倘若经公开质证的证明材料，可以证明争议信息属于国家秘密，则根据《政府信息公开规定》第 5 条第 4 款的规定，被告可以请求在诉讼中不予提交，人民法院应当准许，即国家秘密本身可以享受“呈堂豁免”。这种允许国家秘密不在法庭上公开出示，而由法院秘密审查的方式，是各国政府信息公开诉讼的通行做法。如美国《信息自由法》第 552 节（a）（4）（B）项规定：“法院可以秘密审查（camera review）行政记录的内容。以判断这些记录或者部分记录是否可以免于公开。”[25] 但与其他免于公开案件相比，美国法院不太愿意对涉及国家秘密的案件开展秘密审查，DC 巡回法院也建议只有当行政机关的宣誓证言有缺陷时再实施秘密审查。[26] 这是因为法院虽有权秘密审查争议信息的实体内容，国家秘密的专业性和政治敏感性也会让法官觉得无从下手，因此不如先给行政机关留出充分说理并宣誓所言为真的机会，如此即便法院进入秘密审查，也可以基于行政机关的说理，更好地判断争议信息的实体内容是否符合国家秘密的要求。

美国法院对于国家秘密专业性和政策性审查的担忧，对于我国的法官而言，并不显得陌生。如果说漠视《保守国家秘密法》设计的实质要件，一部分原因在于对现行法律制度的规范分析能力不足，那么另一个不得不关注的现实考虑就是法院自认并不具备审查国家秘密实质要件的能力。因此，在指出《保守国家秘密法》复合形式认定结构之后，为推动法院对实质要件的审查，应该强化被告对国家秘密实质要件认定的说理责任。相应地，被告对实质要件的举证责任，就应囊括对争议事项符合必要性、非公开性和不得滥用

---

[24] 李广宇：《政府信息公开司法解释读本》，法律出版社 2011 年版，第 209 页。

[25] Freedom of Information Act，Section 552（a）（4）（B）.

[26] Harry A. Hammitt，Ginger MaCall，Marc Rotenberg，John A. Verdi and Mark S. Zaid，*Litigation Under the Federal Open Government Laws* 2010，Published Jointly by EPIC Publications，Access Reports，The James Madison Project，Twenty-Fifth Edition 2010，p. 400.

性的说明性文件。尽管这些文件是诉讼启动后新生的证据，看似违反了“先取证后裁决”的行政程序证据规则，但考虑到国家秘密确认过程的封闭性，可将原告或第三人质疑国家秘密认定的主张，视为“原告或者第三人提出其在行政程序中没有提出的反驳理由或者证据”（最高人民法院《关于行政诉讼证据若干问题的规定》第2条）的情形，由法院批准允许被告补证。㉗

五、简短的结语：行政法学研究方法的自省与反思

对“国家秘密”认定要件的规范分析结果，让学界声讨《保守国家秘密法》的声音，有了自我反思的理由。尽管新修订的《保守国家秘密法》仍有可待完善之处，但未厘清立法者的制度设计意图，就匆忙陷阵修法的战术，在“中国特色社会主义法律体系如期建成”（吴邦国语）的今天，已渐显无力。而随着法院判决书的公开，以行政审判为入口，解释、填补法律制度可能的空间，为法治的发展提供了切实可行的路径。遗憾的是，作为法学特有的规范分析方法，“迄今为止都没有在中国法学界获得应有的位置”。㉘动辄修法或立法的思路，不仅在法学研究中长期处于主导地位，亦备受实践部门的青睐。其结果是，规范数量不断增加，法的实效性却未经由细致的法律解释得以实现，从而诋毁了法治的权威。

当然，不可否认，规范分析的方法并不能解决所有的问题。一如文章所述，“国家秘密”的实质要件在司法实践中遭受冷遇，一个非常重要的现实因素，是法院对审查实质要件所需能力的信心不足。在许多法官看来，一旦司法审查的触角深入到国家秘密审查的实体内容，就必然意味着法官需要对国家秘密的认定展开实质性审查，而法官既不是此类问题的专家，更不易把握

㉗ 在美国，若政府信息涉及国家秘密，则法院允许行政机关在诉讼阶段补证。参见张千帆、赵娟、黄建军：《比较行政法》，法律出版社2010年版，第495页。

㉘ 谢晖：《论规范分析方法》，载《中国法学》2009年第2期。

与领会国家在不同时期保护不同类型国家秘密的整体基调与具体指示。对他们而言，此类问题的解决，不仅需要法律解释的技术本身，也依赖于权力制衡的政治体制、科学技术的时代突破等其他社会子系统的协作。正是意识到国家秘密司法审查可能存在的上述瓶颈，一些法治国家开始尝试在法院之外，探索其他的救济途径。如前述美国奥巴马总统第 13526 号令第 5. 3 节就专门设立了“跨机关保密申诉委员会”（Interagency Security Classification Appeals Panel），[29] 各州、国防部、司法部、国家档案局、国家情报局主任办公室、国家安全顾问都可以指派一位资深代表作为该委员会的全职、兼职委员，或由行政首长指派工作人员担任委员会成员。该委员会有权就私人针对定密争议提起的申诉作出决定，为私人提供了更为专业化的内部救济机制。委员会成员来源的权威性与广泛性，确保了国家秘密认定的专业性与内在性，从而大大提升了私人对委员会申诉决定的信任，最终减轻了法院司法审查的压力。就我国而言，移植该制度最大的难点，在于如何树立行政内部救济机制的公正形象，以避免重复行政复议制度的尴尬。也许，独立机构的组织形态是值得考虑的设计方案。

需要强调的是，这些规制方法的运用，都需要奠基于规范分析的基础之上，唯此才有法学的立命之本。[30] 这是一个未完成的课题，不论是有关政府信息公开与国家秘密保护的研究，还是就行政法学方法的自省与反思。

㉙ Executive Order 13526 – Classified National Security Information，December 29，2009，Section 5. 3.

㉚ 近年来，笔者持续关注新型行政现象给行政法学带来的冲击和挑战，但这并不意味着，笔者对经典规范分析方法的懈怠。“对包括自己在内的许多行政法学者来说，规范的行政法学分析方法，仍是需要弥补的课程。”郑春燕：《程序主义行政法治》，载《法学研究》2012 年第 6 期。

立法中的行政程序规定研究

冯　威*

一、关于研究工作的说明

（一）研究背景

行政法是行政实体法与行政程序法的有机统一，实体法对行政法律关系进行实际调整，直接厘定行政法律关系主体的权利义务，而程序法则对行政法律关系主体行使权利或履行义务的外在表现提出要求。正当行政程序在规范和监督行政权力、促进行政效率、保障公民、法人或其他组织有效参与公共行政和维护其合法权益等诸多方面发挥的作用几近无须论证。《行政诉讼法》施行以来，尤其是国务院“全面推进依法行政实施纲要”发布以来，行政程序立法和相关制度建设一直是行政法治建设的重要领域，相应地，行政程序相关学术研究也渐次展开，历久弥新，积累了相当的理论研究成果。

总体而言，过去二十余年中，有关行政程序的学术研究主要集中在以下四个领域：（1）关于行政程序的基本理论研究，包括对行政程序内涵与法律价值、行政程序与行政诉讼程序的区别、行政程序与行政实体性法律规范的关系以及行政程序立法的必要性等基本理论问题。这大致成为行政程序进入

* 冯威，中国政法大学博士后研究人员。

我国行政法学视野的发端，为行政程序立法和更加具体细致的研究奠定的基调。（2）以《行政诉讼法》为契机的主要行政行为程序研究，1989年颁布的《行政诉讼法》第54条将行政机关在作出具体行政行为时违反法定程序作为可被人民法院撤销或部分撤销，并可责令重新作出的情形之一，从法律规定上解决了长期以来未能说明的行政程序违法法律责任问题，该规定赋予行政程序以确定的法律效力，也引起了实务部门和学界的高度重视，它一方面催生了一批格外重视行政程序规定的行政行为相关立法，如《行政处罚法》《行政许可法》和《行政强制法》等；另一方面也激发了学界对主要行政行为、重要程序制度的研究热情，社会生活中开始建立起行政权力与法定程序相伴而行的基本观念。（3）专项行政程序立法和统一行政程序立法研究。进入新世纪以来，伴随依法行政的持续推进，行政程序立法也呈现出新气象，以2007年《政府信息公开条例》和2008年《湖南省行政程序规定》为标志，重要行政程序制度的专项立法和统一行政程序立法的地方先行格外引人瞩目，相应的学术研究也开始聚焦和探讨对既有粗疏零散立法格局的突破性方案。（4）有关行政程序的辐射性研究。除了关注国内立法之外，学界还开展了不少有益的辐射性研究，包括域外行政程序立法的经验性研究、有关行政程序立法模式的比较性研究、具体行政程序制度的借鉴性研究等。这些学术积累无疑成为我国行政程序法治未来长足发展的理论储备和支撑，但同时我们也发现，经过二十多年的行政程序法制建设，在全国层面统一行政程序立法呼声渐高的当下，有必要及时对已有的立法作一系统、全面的梳理和总结，对经验和不足作出客观判断以指导今后的立法。

（二）研究目的与意义

本项研究的直接目的是系统梳理我国现行立法中有关行政程序的规定，如细致考察哪些立法中已经规定了行政程序，这些行政程序涉及哪些类别的行政行为和具体程序制度等，通过这种“地毯式”搜索，完成我国现行立法中行政程序的全景式素描，然后以此为素材作深入的理论分析。其意义主要有四：

1. 有益于对行政程序立法作阶段性盘点，摸清“家底”。任何理论或制度创新都应当建立在对既有素材充分掌握、认知基础之上，既不能无中生有，也不能置若罔闻。在行政程序法治建设方面，最生动也是最有意义的素材就是现行立法中的行政程序规定，这项看似技术含量不高的工作而且异常烦琐的工作，恰恰能够客观反映一段时间以来这个行政法治建设重要领域的成就，也是未来制度发展完善的出发点。

2. 有益于查缺补漏，完善行政程序立法体系。我国行政法律制度建设起步较晚，总体上的顶层设计并不细致充分，发展不甚均衡，行政程序方面的立法也难以避免地出现缺漏、不协调甚至冲突。只有做全面系统梳理才易于发现这些不足，进而设计更科学合理的行政程序法律体系。

3. 有益于总结行政程序立法规律。分析既有立法，可以归纳出行政行为程序化、行政程序法治化的过程所遵循的共同规律是什么，行政程序立法受制于哪些基本的因素，各地域、各类别行政程序规定的异同反映出哪些问题，以及基于现有的经验，能不能创制出各地方、各领域进行行政程序立法的可操作的制度模型。

4. 有益于为统一立法作准备。制定统一的行政程序法典是20世纪以来法治国家共识性的制度选择，尽管我国的行政程序法典不能一蹴而就，但在客观认识现有制度状况的基础上积极完善体系，筹备统一立法，既是行政法学人的历史使命，也是中国行政法治建设的现实选择。

（三）研究对象与方法

基于研究目的和初衷，本项研究在研究对象选取上本着全面客观反映我国行政程序立法基本面貌的原则，囊括了现行有效的法律、行政法规、地方性法规、国务院部门规章以及地方政府规章。

得益于现代科技的发展、发达，它使得原本复杂无比甚至不可能完成的任务成为可能。本项研究的素材主要借助搜索引擎获取。笔者选择北大法律信息网上的“北大法宝——中国法律检索系统”作为检索信息库。作为本报告分析的样本库主要来自其中的两个子数据库:《中国法律法规规章司法解释全库》和《中国地方法规规章库》。然后针对不同位阶的和不同数据体量的立法文本作了有差异的两类处理。第一，对于法律和行政法规，共计938件，采取了数据库搜索到文本，然后由研究人员以逐条阅读过滤的方法，将直接含有行政程序内容的条款（或章节）摘取出来，提炼出其中的五项内容制作成表格，包括“法律/法规名称及颁布时间”“章节名”“条款”（全文）“所涉行政行为”“所涉程序制度”。第二，对于部门规章、地方性法规以及地方政府规章，由于其数据体量过大，难以展开人工逐条过滤，因而采用了对立法名称进行关键词检索的方法进行梳理，检索时均设定了“现行有效”作为时效条件，本报告的法律规范截至2013年8月31日。其中针对地方立法的关键词选取了“程序”“制定”“听证”“公开”“参与”“决策”“执法”等；针对部门规章的关键词选取了“程序”“制定”“听证”“公开”“执法”等。

运用上述方法采集到的信息约23万余字，这成为本项研究的基础。不得不指出，无论是人工逐条过滤还是基于互联网技术的筛选，都难免存在认识上的不尽一致、判断上的尺度差异、零星遗漏和技术误差，但愿在海量数据中这些分歧、误差不致太过影响研究过程、内容和结论。

二、主要研究内容及基本结论

1. 行政程序立法的基本成就。在作为检索范围的我国现行有效的324件法律（本数据含全国人大常委会决议、决定）中，含有行政程序规定的为100件，占法律总数的30.8%；在作为检索范围的我国现行有效的638件行政法规中，含有行政程序规定的为403件，占行政法规总数的63.2%。在部门规章中，以“程序”为关键词的检索结果为72件；以“执法”为关键词的检索结果为37件；以“制定（规章、规范性文件）”为关键词的检索结果为22

件；以“听证”为关键词的检索结果为18件；以“公开”为关键词的检索结果为8件；以“参与”“决策”为关键词的检索几无结果，多以更低位阶文件出现。以数量为序依次为“程序”“执法”“制定”“听证”“公开”。在地方立法中，以“程序”为关键词的检索结果为地方性法规3件，[①] 地方政府规章132件；以“制定（规章、规范性文件）”为关键词的检索结果为地方政府规章92件；以“执法”为关键词的检索结果为地方性法规20件，地方政府规章66件；以“听证”为关键词的检索结果为地方性法规3件，地方政府规章57件；以“公开”为关键词的检索结果为地方性法规3件，地方政府规章51件；以“决策”为关键词的检索结果为地方政府规章24件；以“参与”为关键词的检索结果为地方政府规章1件。以数量为序依次为“程序”“制定”“执法”“听证”“公开”“决策”“参与”等。

从上述粗略的数据上看，不难得出一个基本的判断：这些立法在时间上前后跨度有60年左右，但有关行政程序的立法主要集中于20世纪90年代以来，尤其是行政诉讼法颁行以来的20余年。经过20余年的立法实践，行政程序方面的立法进步明显，相当一批法律、行政法规、部门规章和地方立法都有了行政程序方面的规定，其他规范性文件中的有关规定更不计其数。这无疑成为我国推进依法行政的重要制度资源，也在实践中改变着“重实体、轻程序”的法律文化。

但同时应当指出，只有31.2%的法律中包含行政程序条款，这个指数并不算太高，这固然存在有些法律本身与行政管理、行政权力行使无直接关联的客观原因，但也有大量关涉行政权力行使的法律并无程序上的具体约束。一组具有参照意义的数字是，第十届全国人大立法规划中有76件立法，其中

① 以“程序”为关键词对地方性法规进行检索，结果为56件，但其中绝大部分都是关于人大及常委会工作程序的规定，如《兰州市人民代表大会及其常务委员会立法程序的规定》《博尔塔拉蒙古自治州制定单行条例程序规定》等，对56个结果做甄别，只有3件规定的是行政程序，分别为《江苏省行政处罚听证程序规则（试行）》《上海市行政处罚听证程序试行规定》以及《福建省行政执法程序规定》。

由国务院直接提请审议或起草的有39件，占51.3%；第十一届全国人大立法规划有64件，其中由国务院（或国务院部门）直接提请审议或起草的有48件，占75%，原则上讲，由国务院提请审议或起草的法律所调整的事项应当属于国务院的职权范围，即行政权力行使的领域，如果加上由全国人大常委会专门委员会提请审议或起草的、与行政事务相关的法律（如规划中的《行政强制法》由全国人大法工委提请审议，《税收基本法》由全国人大财经委和预算工作委员会提请审议等），那么与行政相关的法律在所有法律中占的比例会更高。依照依法行政和行政程序法治的基本原理，法律每授出一项行政权力，都应当明确其行使的基本规则，包括实体与程序规则。这无疑与"30.8%"形成鲜明的反差。在一定程度上这说明，要做到行政权力与相应的法律程序如影随形，仍有较大的进步空间。

2. 从行政程序类别上看，在所有的行政程序立法中，不同行政行为的程序性规定呈现出明显的冷热不均的局面，其中涉及行政处罚、行政许可、监督检查执法等行政行为和信息公开、听证等程序制度的法律规范较多，较具体也较完善，如在100件有行政程序规定的法律中，33件规定了行政许可程序，17件规定了行政处罚程序，47件规定了监督检查执法程序。相应地，关于行政命令、行政征收、行政给付以及一些事实行为，程序性规定较少。这种状况的形成有现实层面和制度层面的两个原因，现实层面的原因是行政处罚、行政强制、监督检查执法作为共同行政行为，在各领域行政管理实践中适用较多，得到了立法的特别关照；制度层面的原因则应当归功于行政处罚法、行政许可法、行政强制法以及政府信息公开条例等中央统一立法所起的带动作用。实践证明，中央统一立法或者重大政策部署对于该领域的行政法规、地方性法规、行政规章的制定有着至关重要的示范性、规定性和引领性，换句话说，部门和地方行政程序立法的主要动力之一来自对法律和重大政策要求的积极回应。

这一推断从作为研究对象的各层次立法所制定的时间节点上也能得到有力的印证。从行政程序立法的时间段上看，呈现出一些比较集中的时间点，比如在1996年到2000年短短的5年间中，有关听证的地方立法就有地方性法规2件，地方性规章26件，这显然与《行政处罚法》的出台有不可分割的关系；又如有关重大行政决策的地方立法均为近十年制定，这与“全面推进依法行政实施纲要”以及“国务院关于加强市县政府依法行政的决定”等政策部署有直接呼应性。再如以“制定（规章、规范性文件）”为关键词的检索结果中，22件部门规章有21件，92件地方性规章中有74件制定于2000年之后，其制度依据便是《立法法》中关于规章、规范性文件制定的要求。

3. 从已有的立法来看，同类行政行为或同类程序制度在不同行政领域或地域间的规定具有高度的同质性。尽管有关行政程序规定的立法数量上有几百部之多，但其中近似性、同质化的特征非常明显。如现有的5件地方行政程序规定（湖南省、山东省、汕头市、西安市、海口市），在立法结构和立法内容上几无二致；国务院许多部门的职权职责千差万别，但相应的行政处罚程序规定却大同小异。这种现象或许可以从两个方面进行解释，一是行政程序本身就是在诸多行政管理方式中抽取出的具有共性的规则——近代以来，世界范围内行政法法典化的尝试屡遭失败，而行政程序法典化的实践风生水起就是这个道理——因此具体行政领域和地域对行政程序的原则、制度的影响均不大，也就是说在行政程序问题上，部门特性、地方特性不明显；二是这些高度近似性的立法往往都可以万法归宗找到一部统领性的立法或政策文件，如《建设行政处罚程序暂行规定》《生猪屠宰行政处罚程序规定》《司法行政机关行政处罚程序规定》《医药行政处罚程序暂行规定》等，看起来在社会领域中包罗万象，立法主体也各不相同，但总归受制于《行政处罚法》的规定。程序性立法的同质性特征，恰好成为行政程序应当加强统一立法的有力论据，各自为政的立法只能耗费更多的制度资源，同时也无法有效提升立法的位阶。

4. 行政程序立法实践为理论研究提供了丰富的素材，研究与实践的互动有待深化。过去二十余年的行政程序法治实践是理论与实务不断互动的过程，伴随实践发展已逐渐形成一套行政程序基本理论，但在研究过程中发现，有些基本理论问题仍需深入，以指导立法完善。这些问题择要包括：

（1）关于行政程序法律关系的认识。对我国立法中的行政程序规范做细致的考察不难发现，这些规范明显呈现出行政主体与相对方交互关系，即行政程序反映的是行政权力的行使过程，这个过程由行政主体和公民、法人或其他组织共同参与完成。从规范内容上看，既有针对行政主体的程序规定，也有针对公民、法人或其他组织的程序规定；当然，从规范的数量上看，对于行政主体的规定远多于对公民、法人或其他组织的规定。这与一直以来行政法学界两种通识性的观念有所龃龉，一是将“行政程序”的概念界定为“行政机关实施行政行为时所应当遵循的方式、步骤、时限和顺序所构成的一个连续过程”，[②] 二是认为行政程序规范的内容是行政主体程序义务与公民一方程序性权利的总和。上述两种观念是对行政程序的简单化理解，不能客观反映和充分解释为什么行政程序法中有不少规范是对公民一方提出的法律要求，以及公民在行政程序法中是否只是权利主体一种定位。以行政许可为例，公民的申请权是一项重要的程序性权利，申请行为是完整的行政许可程序中至关重要的一环，但立法往往会对申请行为作出细致的程序性要求。[③] 再如在重大行政决策中，参与决策的公众、专家等主体如何定位？是不是行政程序的主体？立法实践对上述理论问题已经有所回应，《湖南省行政程序规定》第二章标题为“行政程序中的主体”，这个法律概念显然比“行政程序主体”要模糊和开放，在外延上包括了行政机关、其他形式行政职权的组织、当事人和其他参与人（当事人、利害关系人、公众、专家以及咨询机构

---

② 姜明安主编：《行政法与行政诉讼法》（第五版），北京大学出版社、高等教育出版社 2011 年版，第 333 页。

③ 如《专利法》第 26 条规定：“申请发明或者实用新型专利的，应当提交请求书、说明书及其摘要和权利要求书等文件。请求书应当写明发明或者实用新型的名称，发明人的姓名，申请人姓名或者名称、地址，以及其他事项。说明书应当对发明或者实用新型作出清楚、完整的说明，以所属技术领域的技术人员能够实现为准；必要的时候，应当有附图。摘要应当简要说明发明或者实用新型的技术要点。权利要求书应当以说明书为依据，清楚、简要地限定要求专利保护的范围。依赖遗传资源完成的发明创造，申请人应当在专利申请文件中说明该遗传资源的直接来源和原始来源；申请人无法说明原始来源的，应当陈述理由。”

等)；而《山东省行政程序规定》第二章标题直接确定为“行政程序主体”，分别涉及行政机关、法律法规授权组织、受委托组织、公民、法人和其他组织，不仅如此，还分别明确了公民、法人和其他组织的程序性权利和义务，即“依法享有申请权、知情权、参与权、监督权、救济权”，“参与行政程序，应当履行服从行政管理、协助执行公务、维护公共利益、提供真实信息、遵守法定程序等义务”。

关于这个问题，笔者有两个基本观点：第一，应当将行政程序中的行政主体和公民及其他参与者置于行政法律关系分析框架下来认识，尽管由于行政法的实体规范与程序规范多有交织，不宜对实体法律关系和程序法律关系作截然的二分，但这并不妨碍从程序角度考察行政法律关系。在这组关系中，所有参与行政过程的主体都享有权利，负有义务。对于行政主体而言，既享有客观上主导整个行政过程的权力，更负有法律确定的各项具体行政程序义务；对于公民等参与主体而言，既享有广泛的行政程序性权利，也负有一定的行政程序义务。在这种分析框架下，既能够充分照应公民及其他参与主体的主体性地位，也能对行政程序的权利义务作全面、科学的设计。任何一方主体都不能只享有权利而不履行义务，也不能只履行义务而不享有权利。第二，这并不等于说行政程序中的行政主体和公民的权利义务等量齐观，完全对等，从行政程序立法的制度初衷，即行政程序法治的价值观上讲，行政程序的基础性意义还是规范行政权力、保障公民权益以及促进行政效率。因此行政程序立法中也应当确立有针对性的价值倾向：对于行政主体而言，行政过程主导权具有客观性，但应当更多设计规范行政过程、限缩行政恣意的义务性规范；对于公民等参与人而言，应当更多强调和发展其程序性权利，而其程序义务设置应当受到严格控制，防止通过立法将行政机关的职责转化为公民义务及其他为公民徒增程序负担的情形。

（2）关于内部行政程序。以有无外部相对人的参与为标准，行政行为可分为外部行为和内部行为。近年来的行政法治建设重点集中在直接影响公民、法人和其他组织权益的外部行政行为上，如行政处罚、许可、强制、征收等行为，相对而言对内部行政行为程序的理论关注不够充足，相应的制度建设也有待突破。狭义的内部行政程序指的是行政机关与公务员、上下级或同级行政机关之间处理行政事务或进行内部管理活动中适用的程序。但在行政实践中，还大量存在着具有更广泛意义的内部行政程序，主要包括行政管理中请求批准、指挥命令、指导建议、行政认可、行为备案等形态的事务处理程序。狭义的内部行政程序在较长时间里受传统行政法学中“特别权力关系”理论的影响，一度成为行政法治建设的盲区，但随着“特别权力关系”理论的逐步破解，以行政组织法、公务员法等一系列法律为依托，已经建立起一套有别于外部行政关系处理的规则。但相较之下，第二类内部行政程序更加模糊不清，加之缺乏外部相对人的有效参与，其法治化程度更低，甚至有悖于正当程序原则。以《港口法》的规定为例，第11条规定，“地理位置重要、吞吐量较大、对经济发展影响较广的主要港口的总体规划，由国务院交通主管部门征求国务院有关部门和有关军事机关的意见后，会同有关省、自治区、直辖市人民政府批准，并公布实施。主要港口名录由国务院交通主管部门征求国务院有关部门意见后确定并公布。省、自治区、直辖市人民政府征求国务院交通主管部门的意见后确定本地区的重要港口。重要港口的总体规划由省、自治区、直辖市人民政府征求国务院交通主管部门意见后批准，公布实施。前两款规定以外的港口的总体规划，由港口所在地的市、县人民政府批准后公布实施，并报省、自治区、直辖市人民政府备案。市、县人民政府港口行政管理部门编制的属于本条第一款、第二款规定范围的港口的总体规划，在报送审批前应当经本级人民政府审核同意。”该条款用大量笔墨规定了港口规划的具体程序，其中有行政机关上下级之间的衔接，有不同行政部门之间的沟通，有规划前的征求意见，有规划后的备案程序，不可谓不具体详尽。但作更为细致的考察不难发现，除特定情形下征求军事机关意见以外，港口规划的所有程序均在政府内部进行，而这种涉及经济社会发展、重要资源安排、生态环境保护的重要决策居然不需要公民、社会组织的有效参与，这显然与行政决策的民主性、科学性要求相去甚远。对于该类内部行政程序而言，法治化的重点不是在于使内部衔接更顺畅和有效，而是要打破封闭式的决策结构，将内部行政程序充分外部化、规范化，使更多的利害相关主体参与其中，让更多的决策信息暴露在公众监督之下。内部行政程序外部化无疑是一个重要的理论课题，有待深入的研究。

（3）关于行政程序责任。凡是违法行为都要追究法律责任，这是法治的基本原则，行政程序法律制度同样需要设置相应的法律责任，才能发挥法律实效。《行政诉讼法》第54条规定，具体行政行为违反法定程序的予以撤销或部分撤销，并可以判决被告重新作出具体行政行为。这是关于具体行政行为程序责任的最直接规定。除此之外，《行政处罚法》也给予行政程序空前的重视，明确规定违反法定程序的行政处罚无效（第3条），由上级行政机关或者有关部门责令改正，可以对直接负责的主管人员和其他直接责任人员依法给予行政处分（第55条）。诉讼法、处罚法等法律初步构建起违反法定程序的行政行为的效力规则和法律责任，但仍存在两个方面的问题，一是对于违反法定程序的行政行为的效力界定具有模糊性，比如在行政处罚法和行政诉讼法中分别规定了“违反法定程序的行政处罚无效”与“对违反法定程序的行政行为予以撤销或者部分撤销”，在行政法学基本理论中，行政行为的“无效”和“可撤销”是有不同含义的概念，前者是指行政行为因具有重大明显瑕疵或具备法定无效条件，自始不发生法律效力的情形；而后者主要指行政行为违法或明显不适当，缺乏合法要件的状况，须经过法定程序由国家有权机关作出撤销决定方可否定其效力，并且，撤销行政行为要受到维护公共利益和其他人合法权益的限制。何种程序违法导致何种法律效果，在处罚法与诉讼法中并未讲清，需要立法的进一步厘清。二是现有行政程序法律责任主要涉及的是具体行政行为的程序违法，主要由复议机关或司法机关判断，而对于没有进入行政复议、诉讼制度视野的大量行政立法、决策行为的程序责任少有规定。如果说具体行政行为中的程序责任主体相对明确具体，可以追究至“直接负责的主管人员和其他直接责任人员”的话，那么行政立法和决策行为的程序责任主体和责任形式的确定更加复杂。总而言之，加强行政程序责任设置，是行政程序立法的重要内容，相应的理论研究也有待继续深入。

三、行政程序立法展望

行政程序法制建设应当覆盖行政权力行使的各个点面，任务繁重，覆盖面广，全国性的统一立法需要有相当的观念基础、制度基础和理论基础的储备，这也决定了这项工作不可能一蹴而就，像其他领域的基本立法一样，需要经历渐进的过程。对二十余年立法实践的回顾和总结，意义便在于勾勒出行政程序立法路径的基本脉络，规划未来的发展方向。

行政程序立法的渐进性不等于各级各类立法主体各自为政作零星突破，应当有规划、有重点、有目标、有方案。基于本项研究，笔者认为，未来一段时期我国行政程序立法的重点应当呈现出“四个先行”。

1. 重点程序制度先行。2007 年颁布的《政府信息公开条例》是目前唯一一部针对具体行政程序制度的立法，施行 5 年有余，其制度效应可圈可点，不仅表现在全社会层面的正当程序观念显著提升、公民知情权得到较为有效的保障和在全政府层面行政恣意的大幅限缩，同时也表现在它引领和催生了各领域、地方的一批以公开为主题的立法。研究表明，以“公开”关键词的检索，2007 年以后制定的部门规章有 5 件，地方性法规 2 件，地方政府规章 25 件。这些立法逐渐形成了一个制度体系，促进了“条例”实效性的发挥。

然而到目前为止，政府信息公开以外的程序制度尚没有中央层面的专项立法，不少重要的程序制度已经有了较为充分的立法经验积累，也经历了多年的制度实践，有必要在此基础上酝酿全国性的统一立法。比如听证制度，与社会生活、群众关切紧密相关，无论是具体行政行为中的听证（如行政处罚中的听证、行政许可中的听证、行政强制中的听证），还是重大行政决策中的听证都已经有了制度基础，研究数据表明，以“听证”为关键词的检索中，专项的部门规章有 18 件，地方性法规有 3 件，地方政府规章 57 件。与此状况近似的还有公众参与制度、执法回避制度等。对于这些制度基础较为扎实的重要行政程序制度，应当及时总结制度经验，制定相应的专项统一立法，以推动各领域、地方更全面的立法。

2. 重点行政领域先行。政府的行政工作千头万绪，各有分工，不能互相替代，但坦率地讲，在条块分割的行政管理模式下，各行政领域与经济社会发展和群众关切的密切程度并不完全同等，在短时间无法作出统一立法部署的客观情况下，应当集中有限的立法资源，推动重点行政领域的立法先行。

在目前的立法体制下，各行政领域的行政程序立法主要由国务院各部门和地方人民政府完成，并以前者为主，而由于国务院各部门的年度立法计划都是自行制定、自行实施，因此立法项目的确定主要依赖于各行政部门的自身判断和依法行政的自觉性，客观上形成的结果是哪个部门的法制工作积极主动，行动力强，相应的法制建设成果便较为显著，反之亦然。笔者认为，包括行政程序立法在内的行政立法需要强化顶层设计，国务院和地方人民政府的法制机构应当加强重点领域程序立法的引导和推动，尤其有效防止社会亟须继续立法的重点领域长期得不到制度回应的状况发生。

所谓“重点领域”是一个模糊概念，并没有十分确定的界定标准，但大致应当优先考虑几类领域：社会敏感度、关注度较高的领域，如城市管理执法领域；行政组织、执法队伍庞大，职权职责较为集中复杂的领域，如公安领域；与经济社会生活关联度极高的领域，如工商、卫生行政领域；对公民利益、公共利益影响特别重大的领域，如规划部门和综合决策部门；一个时期行政违法，尤其是程序性违法高发频发的领域，如交通部门；等等。除此之外，“重点领域”的选择还应当与行政管理体制改革的总体方向、规划和行政目标的设定保持同向性。“重点领域”立法先行不是立法权的厚此薄彼，而是科学有效统筹立法资源的现实选择。

3. 重点行政行为先行。与“重点领域”逻辑相近，各类行政行为的程序立法也应当大致分出轻重缓急。自 20 世纪 90 年代以来，行政法治建设率先向约束行政机关共同行政行为的行政处罚、行政许可和行政强制等一系列重要行为发力，制定出几部奠定依法行政基石的法律，产生了提纲挈领的效应，催生了相应的行政法规、地方性法规和规章的制定，形成了直至今日相应几项行政行为法治化程度明显较高的局面。这无疑应当作为行政程序立法的一条重要经验。从这个角度讲，未来一段时间有必要重点给予行政程序立法关注的有：（1）重大行政决策。近年来，行政法治实践的触角逐渐从具体执法领域向重大问题的决策领域延展，特别关注行政决策权的运行和规范，防范这项有着深刻社会影响力和巨大裁量空间的权力失控。行政决策权的法治要点在于打破一直以来封闭式的决策结构，引入能够保障决策科学性、民主性和法治性的制度元素，而其重点则在于探索一套有着内在逻辑的决策程序制度。在以“决策”为关键词的检索结果中，仅有地方性政府规章 24 件，尚没有行政法规、部门规章和地方性法规层面上的专项规定。从这些规章的内容上看，大致建立起重大行政决策过程中由风险评估、专家论证、公众参与、听证、合法性审查以及集体讨论等构成的制度框架，但规定得相对简单粗糙，如专家的遴选、合法性审查标准、集体讨论与首长负责的关系等诸多问题尚需进一步明确细化。重大行政决策应当成为各地方、各部门立法的重点项目，并应当积极创造条件促动行政法规形式的全国层面的立法。（2）行政调查。作为一种行政管理方式，行政调查在行政实践中广泛应用，表现多样，对公民、法人或其他组织权益的影响也显而易见。行其实践表现有检查、审查、盘查、普查、勘验、鉴定等，甚至测绘、统计实质上也应当归属于调查活动，内容上广泛遍及公安、工商、税务、质检、环保等各领域。但与其适用的广泛程度相对照的是相应的程序设计极不充分，导致调查中的自由空间和随意性过大，对公民人身、财产、信息等权益时有侵越。导致这种现象的主要原因有理论层面的也有现实层面的，理论上行政调查并不符合规范意义上“行政行为”的全部要件，通常被界定为事实行为，在以行政行为为主要研究对象的行政法学理论体系中客观上对其关注不足。现实中行政调查往往不是独立的行为，通常作为处罚、强制等行政处理的前置性活动存在，也没有受到单独的重视。但无论作为独立形态的行政调查（如测绘、统计、普查），还是作为其他行政行为一个环节的调查（如处罚中的调查），都需要对其程序作更加精细化、规范化的规定，创造条件制定有关行政调查的专项立法。（3）行政给付。行政给付是给付行政的重要制度形态，是政府在民生保障、提升福祉方面的基本职能，行政机关通过向公民发放救济金、养老金、失业补助、最低生活保障等维持处于经济困难状况下的公民基本生活，进而维持社会秩序和安定。由于行政给付具有授益性特征，在给付行为的程序规制问题上受到的重视远不及损益性行政行为，现有的《社会保险法》《妇女权益保障法》《老年人权益保障法》《城市居民最低生活保障条例》《农村五保供养工作条例》等法律法规中有零星规定，但关于给付的资格审查、紧急状态下的简易程序、给付公开公平机制、给付期限等具体问题远不细致。行政给付一边关涉政府重大资金的妥善配置，一边关系弱势群体的生存安危，公平、有效的给付制度是社会良心的重要指标，尤其是在政府愈发重视社会保障、社会福利事业发展的时期，完善统一的行政给付程序立法极具现实意义。

4. 地方立法先行。2008 年湖南省人民政府首开行政法治先河，率先颁行系统规范行政程序的地方政府规章，即《湖南省行政程序规定》。到 2013 年，已有 5 个省、市制定了同类地方政府规章，除湖南规定之外还有《山东省行政程序规定》（2011）、《汕头市行政程序规定》（2011）、《西安市行政程序规定》（2013）和《海口市行政程序规定》（2013）。这些地方立法与以往有关行政程序的立法不同之处在于，它们不是针对某项具体行政程序制度、某个行政领域或某种行政行为提出的程序要求，而是表现出高度的宏观性、系统性，不仅确立了行政程序的合法、公开、公正、参与、效率、信赖保护等基本原则，也全面规范了行政活动中包括重大决策、规范性文件制定、执法、监督等各个环节；不仅规定了行政权力运行的程序规范，同时也设置了相应的违反法定程序的法律责任。更为重要的是，从法律执行方面看，地方政府基于依法行政的自觉性制定的立法，在贯彻落实的重视程度、积极性和配套措施上均有明显的优势，因此，条件成熟的各地方借鉴这种模式，结合当地实际适时启动行政程序立法程序，制定自己的行政程序规定，成为中央统一立法前的过渡阶段，这或许可以在行政法治建设领域探索出一条行之有效的“渐进式”立法模式。

在研究过程中笔者注意到，尽管行政程序的地方立法已经破冰并渐成燎原之势，但也存在着一定缺憾。现有各地方的立法均为地方政府制定的规章，属于行政立法的范畴，也就是说，这些规定是行政体系内的自我约束，而非外部制约。这容易出现三个方面的问题：第一，行政程序规定的法律效力位阶偏低，作为地方政府规章，它们的效力低于法律、法规，在行政过程中通常不具有优先适用的效力，在行政诉讼中要接受法院的选择适用，并不具有当然的、确定的“依据效力”。客观上讲，其实践中的影响力和执行力很大程度上来自作为规章制定机关的政府的权威推动，而非较高的法律效力。第二，从规范行政权力的角度来讲，政府自身依法行政的自觉性固然重要，但自体监督的效果终归有限，往往不及来自行政系统之外的其他有权主体的监督，自体监督问题成为政府制定的行政程序规定在实施中的软肋。第三，行政法具有实体规范与程序规范交织融合的特点，所有行政程序方面的立法都会涉及行政实体权力责任、公民实体权利义务的配置，也会涉及不少外部关系的处理，这些重要内容使得地方行政立法力有不逮。比如在前述的几部规章中，都规定了“重大行政决策”的程序，无疑非常重要，也具有深刻的法治意义，但无论在理论上还是实践中，政府重大行政决策权与地方人大重大事项决定权之间的关系、界限、衔接等一系列问题一直以来都没有得到充分、清晰的论证，这种情况下，由政府规章自己设定“重大行政决策”权的事项范围、法治要求略有僭越之嫌。因此，基于上述几方面的原因，有理由认为，未来行政程序方面的地方立法如果能在地方人大层面有所突破，以地方性法规的方式立法，对于提升立法层次、强化法治约束力和理顺行政监督关系而言都具有积极意义。

从世界范围来看，域外百余年来的制度经验表明，行政程序立法发展的基本趋势是制定统一行政程序法典。“四个先行”是行政程序立法持续推进过程中尊重立法规律的必经阶段和现实选择，并非最终形态和目标。

四、余论：行政程序立法与行政法治建设

以立法中的行政程序规定作为一条主要的线索，我们可以清晰地看到，行政程序法制建设过程同时也是重塑政府权力的过程。通过程序机制约束，广泛、庞大的行政权越来越开放、透明、有序和有效。行政程序建设是行政法治建设的重要领域和有力引擎，它将行政法治的着力点从立法规制和司法审查回归到行政权力行使的过程中来，也必将推进基于政府权力运行本体性、规律性的认识。毫无疑问，行政程序法治完善程度已经成为法治政府建设的重要指标。

由集中审批到集成服务*

——行政审批制度改革的路径选择与政务服务中心的发展趋势

艾 琳 王 刚**

党的十八大报告提出："深化行政审批制度改革，继续简政放权，推动政府职能向创造良好发展环境、提供优质公共服务、维护社会公平正义转变。"行政审批制度改革是转变政府职能的突破口，是建设服务型政府的着力点。行政审批制度改革要在已有成就的基础上取得新突破，必须在改革的方式方法、实施主体和载体建设上有所创新。行政审批制度改革与政务服务中心发展相互促进、彼此渗透的历程表明，进一步推进行政审批制度改革需要充分依托政务服务中心的集成优势，以政务服务中心的业务建设和功能提升带动行政审批制度改革的全面深化。

一、行政审批制度改革的任务远未完成

行政审批制度改革在全国范围内经过十五六年的多轮推进，从削减事权到强化监管、再由规范管理到提高效率、改善服务，取得了显著的成效，审批事项大幅减少，管制领域不断压缩，办事效率显著提高，审批行为日趋规范，办理环节持续简化，流程再造受到关注；改革工作的深入推进，有力地推动了政府职能转变，优化了行政资源配置，提升了行政效能，促进了廉政

* 本文原发表于《中国行政管理》2013 年第 4 期。

** 艾琳，女，吉林大学法学院讲师，法学博士。王刚，男，深圳市政务服务管理办公室研究员。

建设。但是，我们也注意到，当前的行政审批状况与社会主义市场经济发展的要求相比，管得过宽、审得过繁、批得过滥的问题仍然存在，制约了市场机制作用的有效发挥，对健全自主的社会体系的建立也产生了抑制效应；与中央提出的“建立职能科学、结构优化、廉洁高效、人民满意的服务型政府”的要求相比，还有不小的差距。强制许可、重复审核、寻租审批的现象仍然屡禁不绝，即使采取了包括实施电子监察、目录台账管理、合法性前置审查等在内的众多技术性、监视性、管制性措施，但既能有效防止“公权私用”又能保障行政效率的平衡机制并没有全面建立，与体现依法行政要求和以申请人为服务导向的行政审批还有一定距离，行政审批在维护公平、公正和社会正义方面的作用还发挥得不够。可以说，无论是市场主体、社会成员，还是政府自身，对进一步推进行政审批制度改革的呼声和期望依然十分强烈，行政审批存在的问题为持续改革留下了很大的空间。

建立规制管理、实施行政审批，是任何政治制度、法律制度都必然设置的，是行政管理必不可少的重要手段，也是市场交易便宜开展、社会交往有序进行所需要的，但是，设置哪些审批事项、实施怎样的审批制度、采取何种的许可方式、形成什么样的运作机制却有着优劣之别。由于行政审批制度改革所具有的涉及面广、社会效果好、政治敏感度低等特点，各级政府一直以来对此都寄予了很多期许，总的来讲不外乎体现为两类：一是充分认识到行政审批制度改革的重大价值，把它始终作为重点改革任务强力推进；二是把行政审批制度改革当作实现其他施政目标的重要手段，亦步亦趋，跟风而动。从政府施政的角度，一般是兼而有之。

我们注意到，现行的“合法性”审查附带“必要性”“合理性”审查的“对审批事项的行政审批”的改革模式，随着审批事项的大幅精简和改革的日渐深化，其单纯着眼审批事项增减所能取得的边际效益在不断递减；实际上由于改革者难以深入到审批事项的具体实施过程之中，很难准确评估审批事项的社会效果，对审批事项的“必要性”“合理性”审查往往无从有效开展，所能做的就是对审批事项形式要件的“合法法”审查。同时，由于思维惯性、行政习惯和对经济发展速度的过高追求，在行政审批实施及其制度改革中，具体会表现为重视具体项目许可批准的行政协调而忽视行政审批的制度建设，重视审批要素的形式规范而忽视许可行为的实施活动，重视具体事项的精简而忽视关联审批事项协同机制的构建；基于上述原因，以及与信息不对称下的运动式的间歇性改革所形成的路径依赖，使行政审批制度改革工作难免存在“破”多“立”少的情形，以“破”体现改革成绩、以“管”体现改革力度。由于改革的“制度”色彩淡化、“机制”构建缺失，使有些改革停留在了行政审批的“技术性改革”层面，而非我们希望的行政审批的“制度性改革”。

行政审批制度改革是在不做“外科手术”（机制改革）的情况下也能推进政府职能转变。① 着眼于对当下行政审批制度改革实际状况的简要研判，对如何进一步深化此项改革相应地提出三点思考：一是改革的空间还很大，对现有审批事项应进一步大幅压缩（特别是属中央、省事权的审批事项），多取消少下放，说真的做实的，从强化法治行政和服务行政两个方面促进政府职能转变，从根本上改变“全能政府”的功能定位和运作形态；二是改革出现了滞胀，只问社会效应不管实际效果的形式主义的花样“改革”还不少，既不解决问题还增加行政成本，需要进一步触及现行的管理体制、运作机制，增强制度构建的能力，才能使改革成果取得放大效应，推动行政体制改革；三是改革的复杂性增大，需要更加注重整体构建、协调推进，以平台整合实现横向协同和纵向贯通，以流程再造实现一体化的无缝隙服务，提升政务服务品质，维护社会公平正义，提高市场运转效率、规范社会秩序，增强政府公信力。

① 高小平：《解放思想　深化行政体制改革》，载《中国行政管理》2013 年第 3 期。

二、集中审批驱使行政审批制度改革走向深入

（一）政务服务中心是行政审批制度改革的重大成果

行政审批制度是一个动态演变的过程，它既反映了特定法律制度、行政体制的要求，也对应着市场完善和社会发育的程度。改革开放后，伴随着以简政放权为核心的行政审批制度改革的展开，出于招商引资、扩大开放、加快发展的需要，为使企业“引得来、办得了、留得住”，“审批什么、怎样审批、如何加快”的问题自然而然地进入了地方政府的视野。1995 年 10 月 18 日深圳市外商投资服务中心建立，1999 年年初金华市设立市政府集中办事大厅，催生了不同以往分散办理审批事项的集中办理模式的确立，即以“一站式审批、一条龙办理、一窗式服务”为显性特征的审批服务模式。这种体现“公”“私”平等的工作人员与申请人面对面的申报、受理和发证的服务方式，在形成对许可权力公开制约的同时，也提升了公务员的服务理念，强化了申请人的权利意识。当然，这种集中审批、集合办公的政务服务模式并非我们独创，在市场化改革中中国政府遇到的困扰欧美发达国家早都出现过，等级森严、机构膨胀、效率低下、规制过多等问题在很大程度上是官僚体制的通病。

20 世纪 80 年代以来，发轫于英国、美国的管理改革运动波及全球，企业型政府理论、公共选择理论、服务政府理论、新公共管理理论、电子政府治理理论、新公共服务理论等层出不穷，形成了世界范围的政府再造改革潮流，有效地改善了这些国家的公共管理水平，促进了社会经济的发展。行政审批一站式（one-stop shop）服务，就源于当时英国保守党政府实施的一系列行政执行自主化改革，改革按照政策制定与政策执行分开原则设立了统一办理涉及公共服务事项的执行机构。与我国政务服务中心比较接近的运作模式，欧美国家一般称为市政厅，澳大利亚称为连接中心，日本称为役所，可

以说政务服务中心在很大程度上是舶来品。在各地形式多样、极富创造的探索实践中，政务服务中心以旺盛的生命力落地生根、遍地开花，这已经是不争的事实。

2004 年 7 月 1 日起施行的《行政许可法》，以法律的形式对集中办理行政许可做了明确。2011 年 6 月 8 日中办、国办联合印发了《关于深化政务公开加强政务服务的意见》（中办发〔2011〕22 号）文件，对政务服务及政务服务中心的建设和发展做了较为系统的制度安排。

政务服务中心在行政审批制度改革中诞生和发展，是多种因素、各方力量共同作用的结果，而希望借此对内改善工作作风、提高行政效能、树立良好政府形象，对外营造优良发展环境、增强区域竞争力、加快社会经济发展是最重要的两个推手。作为行政审批制度改革的产物，政务服务中心顺应时势，自我约束，找准自身定位，以便捷服务使申请人因感受到从未有过的尊重而满意，以规范管理让审批部门通过沟通协作、合作配合而达到共赢，在吸纳行政资源、实施平台构建中，形成了与集中审批、集约办理相适应的服务形态、运作机制、行政文化。“政务服务中心建设是伴随我国行政审批制度的改革而产生的一种政府权力的运行机制和服务体系”，“应该是同级人民政府提供最海量、最全程、最快捷公共服务产品的单位”。②

与此同时，在地方政府的推动下，政务服务中心所搭建的第三方平台的优势效应得到发挥，不断拓展了整合领域、扩大了服务功能，有的还将政务公开、热线电话、行政投诉、电子政务、公共资源交易等直接面向社会和公众的事务，同时又有着内在联系的政务服务事项，纳入政务服务中心实施整体规范、统筹管理。将这些政务服务事项进行集中整合，建立协同一致、互补一体的运作机制，打造政府统一的政务服务界面，充实了行政审批制度改革的社会价值，丰富了行政管理体制改革的方式和手段，在大幅节约行政成本的同时，为社会和市场提供了更佳的公共服务产品。

② 高小平：《解放思想 深化行政体制改革》，载《中国行政管理》2013 年第 3 期。

（二）信息不对称制约着行政审批制度改革的深入

缺少政务服务中心的参与，没有集中审批业务平台的支持，行政审批制度改革如同隔山打牛，只能停滞在对审批事项依据是否充分、受理条件是否合理、审批职权该由谁履行等固定要素的裁定上，解决此类显性问题的改革工作具有静态性、稳定性和浅表性的特征，因而对审批许可活动的实施管理、审批办理机制的创新推进等，则显得心有余而力不足。之所以如此，一方面在于行政审批的改革者与实施者之间，利益冲突和信息不对称性等问题始终存在，改革者受职责权限、业务能力等主观因素的限制很难逾越"隔行如隔山"的"情况不了解"的局限，先天不足使改革者必然心有余悸；另一方面在于受各种客观因素的制约，改革者无法深入到审批部门的具体业务中、参与到实际的实施活动，雾里看花，特别是对那些专业性、复杂性很强的审批事项，于是规定要求无论如何"上纲上线"，调研督查力度再大也总难免有"隔靴搔痒"的意味，对行政审批的具体行为难以发挥显著、恒久的约束和指导。

多年的工作实践告诉我们，行政审批如同一座座浮在水面上的"冰山"，一般情况下，我们能够看到和解决的多是露出水面的部分，很难逐一触及"冰山"水下的内容。譬如不少地方公布的审批事项，只有法律依据、申报条件、许可结果比较明确的行政许可事项，或者与之高度类似的非许可审批事项，而且在事项界定上也存在着认定标准不一、口径大小不同的巨大差异，从而给体现主政者"改革决心"的审批事项精简比例预定目标留下了操作空间。另外，行政许可事项极其严格的设置条件实际上产生了对其他类审批事项的挤出效应，而对这些具有相同或者相近许可属性的审批事项尚未能从法律制度上作出详细明确的解释，导致审批事项分类上的模糊、认定上的不确定。在这种情况下，审批部门工作中实际存在和大量发生的出于行政管理、行政服务等需要的审批事项，单纯运用"合法性"审查方式进行事项梳理和确认，其效果如同刻舟求剑，难以作出相应的审查结论；同时又由于审批事项的多少似乎与本地区的投资发展环境有着某种联系，于是有的地方就“化繁为简”，不将这些审批事项纳入行政审批的统计范畴，导致以此为基础制定的行政审批事项目录的客观性、完整性、实效性等被打折扣。由于审批事项“黑箱”心照不宣的实际存在，客观上使它成为了体现行政审批制度改革成果的“牛皮糖”，成为了审批部门保留审批事项的“避难所”。

以行政权力约束行政权力的“严管”改革模式，就其本质是与行政审批的制度改革无关的。在行政审批的“家底”未必清楚，“冰山”到底有多大、多深没有摸清的情况下，以审批事项目录管理实现权力管理，即使撇开行政管理的自由裁量权、目录事项颗粒度过大等因素，“目录之外无审批”也可能是美好的奢想。更何况，在行政审批实际办理中，还普遍存在着申请人看不懂我们用“业务术语”编制的办事指南的情况，又为审批部门的按需解读和发挥“其他要求”的效力提供了条件。管理在任何时候都是实现目标的手段，而不是目的本身，因而管理措施也应受必要成本的约束。行政审批制度改革必须紧密契合行政审批的业务运作而开展，充分尊重市场、社会的要求，考虑到申请人的诉求。在“冰山”上构建的管理制度，无论设计多么严密总难免不够坚固。将行政审批制度改革与行政审批的具体实施紧密结合，在一定程度上能够弥补改革者与被改革者信息不对称的缺陷，增强了改革的针对性、有效性和实用性，也体现和拓展了政务服务中心的功能价值。

行政审批制度改革是个老话题，但由于行政审批中的诸多问题依然没有解决，特别是制约其进一步深化改革的一些深层次问题是与法律制度体系、行政管理体制等相生相伴的，因此，它仍然是一个亟待破解的新课题，深化改革的迫切性很强、难度很大。毫无疑问，选择恰当有效的方式手段、建立持续改进的运作机制是实现行政审批制度改革取得突破性进展的关键，它需要以现实性的范式证明改革的合理性和必要性，以多方的共赢来实现整体效能的提升和行政成本、社会成本的双重降低。从这一点讲，政务服务中心不仅要履行行政审批的监管者、组织者的职责，还要切实承担审批服务的改良者、创新者的职能，以及审批数据的整理者、提供者的义务，因此，依托政务服务中心实施以对行政审批整体管理、审批许可一体化协同、审批办理无缝隙服务为特征的制度创设性改革，应成为行政审批制度改革的一个新的开始。

（三）依托政务服务中心将行政审批制度改革推进下去

实行集中审批，将散布在各个审批部门的审批事项聚合到政务服务中心办理，搭建了对审批许可实施日常管理的平台。由于可以做到对审批活动全过程和具体行为、办理结果的管理，提高了监管工作的行政效能，为深化行政审批制度改革奠定了坚实的工作基础。简言之，一是借助对行政审批的全面管理，建立起日常化的管理协调机制，使行政审批制度改革从间歇式改革转为经常化改进，由本本主义的条文式审查改革转向从实际出发、注重实效的改善形态，打造基于信任、开放、协同的行政文化和业务运作，形成基于过程活动、行为可视、结果可溯的绩效评估体系；二是从申请人办事的角度（也就是整体构建的角度），综合运用串联、并联和联合审批的方法，通过跨部门业务协同对行政审批的方式改进、环节简化、流程再造等实施一系列机能式创新，借助信息化技术支撑构建"全事项管理、全数据流转、全过程监督"的行政审批运作机制。

由于在政务服务中心可以实现对行政审批"全封闭"的事项管理，从而使一系列根植于审批业务具体实施而开展的优化创新，能够从"内部"取得不同审批部门的支持配合，对行政审批的办理方式、流转机制进行必要的调整改进，无须再像以往推进行政审批制度改革只能停留在审批部门之外对其进行说教号召和命令要求的方式上。换言之，实施集中审批能够透过政务服务中心内部化的运作管理，将审批部门的法定职能同时转换为政务服务中心的内部事务，从而便宜实现对审批事项及其办理行为的管得住、管得好，实现对行政审批业务创新的改得准、改得了，提供协同政务服务的做得深、做得优。

当然，我们也注意到，目前的实际情况与这一改革期望之间尚有不小的差距，但这并不影响努力方向的确定。在实际工作中，一些地方的政务服务中心对有审批职能的机构组织整合并不到位，审批业务整合能力也有待提升，不少有关联关系的审批事项在政务服务中心之外分散办理且游离监管，实施集中办理的审批事项也未建立起基于整体流程的一体化协同的运作机制。审批事项纳入政务服务中心办理、实现整体流程协同再造的难度系数，既与审批部门的组织结构、办理规程的繁复程度成正比，也与审批事项的“含金量”、许可项目的关联度密不可分。相对而言，前者是实施改革的客观障碍，有时可以通过行政权的介入一次性强力克服，后者才是行政审批制度改革的根本阻碍，而且是一种可以持续发酵、需要长期应对的阻力和困难。此外，在行政审批制度改革中力图解决的行政审批“九龙治水”的问题，却在各方重视下有的地方又形成了“分而管之”的局面，这同样不利于改革工作的稳定推进和改革目标的持续实现。

总之，鉴于不同层级政府事权的差异，政务服务中心应在践行共同使命和价值的同时，立足各地实际找准功能定位，创造性地开展工作；在推进行政审批制度改革中，不能因为审批许可中的问题而包办替代审批部门，不宜因为要构建协同运作的制度而超越职权干预审批业务的正常开展。另外，政务服务中心聚合审批事项及其办理职权的能力，表面上看是其聚集行政资源并加以组织重构的效力，实质上是一级政府内部治理和领导能力的体现。审批事项的汇聚，应最终转化为政务服务中心对审批事项及其审批活动的资源整合和整体效能的提升，也就是政府管理能力和统筹效力的提高上。

三、集成服务是政务服务中心发展的必然趋势

经过十多年的快速发展，政务服务中心正在进入一个全新的历史阶段，其显性标志包括：进驻范围不断扩大、服务内涵逐渐丰富、机构职能日益完善、网上审批稳步拓展、服务体系开始健全等。需要说明的是，这种发

展态势既体现了决策者的意志，也顺应了社会呼声，即使它还有诸多不完美之处。可以说，以方式改进、机制创新、共建共享为特征的政务服务中心建设，是改革开放以来为数不多的既取得巨大成就又被各方共同认可的改革，正是以实现多赢的改革逻辑争得了在行政体制内生存的现实基础，奠定了政务服务中心的社会价值。行政审批制度改革要取得突破，“必须超载部门眼界进行设计，克服利益相关者阻碍和影响，防止执行中的走形变样，改革统筹协调就显得更加重要”。③ 政务服务中心的不完善之处，既是行政管理体制现实缺陷的折射，也是它不断汲取生命力的源泉，从这一点讲，保持多样化恰是其继续发展的需要，但并非没有规律可循。总体而言，我们认为从政务服务的角度分析，政务服务中心在进一步推进行政审批制度改革和自身发展中，至少会体现出以下三个方面的趋势性特征：

（一）审批业务的集成

在实施行政审批制度改革中，政务服务中心必然要发挥自身独有的聚集优势，着眼于构建完整的审批业务和整体的流程链条，强化对申请人办理事项便捷性的关注，打通审批部门之间自然形成的体制壁垒，建立全事项、全流程的一体化的运作机制，构建行政审批层面上的协同政府，消除行政审批管理中的碎片化困扰。也就是说，要在不断提高单一审批事项办理效率的同时，着力消弭审批部门的本位梗阻，弥合申请人申报许可的服务间隙，在保证行政审批顺畅流转的同时，取得社会效能的整体提升。因此，基于政务服务中心构建的集中审批平台，应更有针对性地继续做好审批事项的精简、下放、转移等，该退出的要退出、该强化的要强化、该转换方式的要转换方式，将所有审批事项台面化，促进政府与市场、与社会在良性互动中逐渐归位、就位；同时，要将改革工作引入到审批许可条件的简化、环节的优化以

③ 张定安：《以改革创新的精神推进政务服务中心又好又快发展》，载《中国行政管理》2012年第12期。

及流程的再造上来，依托信息化技术建立政府层面的行政审批供应链系统，从便利申请人办事的角度，改变审批受理独自开展、审批办理互不相关的状况，推进基于整体审批业务的跨部门流程再造，提升审批许可的集约化办理，从方便申请人办事的角度在政府内部形成行政审批以法律关系、业务关系、逻辑关系为纽带的紧耦合。全新的行政审批运作机制的建立，政府集约化程度的提升，必然带来政府再造的客观效果，从而有效地推进行政体制改革工作。

（二）审批数据的集成

数据开放、信息共享能够大幅降低行政审批的烦琐性，提升工作效率和审批结果的准确度，并减轻审批部门的工作压力，便利服务窗口的工作开展，增强单位之间的协同性，对改善政府管理体制和运作机制是十分有益的。要实现行政审批的流程再造，就必须改变行政审批数据信息的“部门所有制”格局，解决电子与政务“两张皮”“相背离”的状况。但是，由于处在不同环节的审批部门在开放共享中各自受益程度不一，积极性也不一致，特别是信息的开放共享所带来的知识外溢效应，会导致某些掌握基础数据、核心信息的审批部门行政权力的实际流失，因此，要建立政府层面的行政审批供应链系统并非易事。另外，在“条强块弱”的体制格局和信息化应用将审批业务与审批部门其他职能履行实行交叉融合的情况下，不同信息系统之间的非技术性壁垒越来越厚，打通“信息孤岛”的工程越来越艰巨。一头连着审批部门、一头接着申请人的政务服务中心，作为审批许可实施终端的管理者、服务终端的提供者，具有对审批许可的互动行为和流转过程能够进行更深介入、更有效组织的优势，采取由审批业务入手、借助流程组织带动的方式，通过建立第三方的具有技术整合、功能整合和业务整合功能的信息系统，为在复杂的网络环境下实现“互联互通、信息共享、协同办理、全程管理”创造了现实可能。

随着跨部门审批业务流程再造主导下的信息化协同系统建设的推进，政务服务中心可以横向整合打通、纵向连接互认的方式，分别采用内外有别、有限开放、授权使用、强制互认等不同方法，使行政审批信息不对称的问题在数据信息的应用层面得到有效的解决。在电子政务、跨部门审批流程再造的推进过程中，作为整合行政审批向申请人提供集中政务服务的服务平台和形象界面，政务服务中心必然会朝着成为行政审批数据加工、数据应用和数据服务承担者的角色转变。做政府部门均需要、其他部门又不便做的事务，是在体制夹缝中诞生的政务服务中心的先天使命之一，因此，它的成长壮大将会更有效地弥补政府序列中横向整合和协同机构缺失的不足，而具备协作机制构建能力的横向整合和协同机构理应是一个知识型组织，进一步讲，将集中沉淀的实时的审批数据进行收集、筛选、整理、辨识、挖掘、提供、发布必然成为政务服务中心最为重要的工作。

（三）政务服务的集成

组织的价值在组织之外。政务服务中心“真正的突破必须把政府当作一个整体，以客户需求为导向的审批流程和服务流程，需要对各个相关部门的审批流程进行重新归集、调整和整合，需要构建整体协同的一体的运作机制，需要从政务中心物理集中、业务集成和数据集成的优势来重新构建整体性的政务互动体系”。④“横向协同到边、纵向联动到底”的政务服务体系的建立，要求政务服务中心必须在做好场所的实体办事大厅的同时，建设虚拟的网上办事大厅，二者的建设模式应该是“实体大厅上网、虚拟大厅落地”，不再受场所限制的网上办事大厅的业务范围应该是本辖区所有的政务服务事项。网上办事大厅应该具有为法人、自然人和其他组织提供基于业务集成、数据集成基础上的流程式、同质化、可选择的政务服务。这将意味着需要对行政审批的理念、行政审批制度的价值等作出新的阐述，需要政务服务

---

④ 张定安：《以改革创新的精神推进政务服务中心又好又快发展》，载《中国行政管理》2012年第12期。

中心按照建设服务型政府的要求切实履行起新的职责使命，将对行政审批的集成扩展为政务服务的集成，使政府的服务形象具体可感，提升政府提供公共服务产品的能力，推动政府职能的转变，促进规范有序的市场经济、社会组织的培育。与此同时，政务服务的集成将极大地发掘集中审批的行政价值，增强政府与社会、与公众的实质性互动，提升政务服务中心的社会效用，促使审批部门转变管理方式、调整运作体制和运行机制，强化政府的公信力，建设更加优良的政务环境。

综上所述，行政审批制度改革、政务服务中心建设是政府为促进经济发展和适应社会转型要求，在理念、管理和服务方式上自觉作出的重大调整，实现了集中审批的政务服务中心进一步推进集成服务的建立，对行政体制改革意义重大。顺应整体政府、协同政府的发展要求，行政审批制度改革与政务服务中心发展交叉互动、协同推进，按照依法行政的要求，依托政务服务中心打造的综合政务服务平台实现审批业务、审批数据、政务服务的集成，必将带动我国行政审批制度改革的全面深化，促进人民满意的服务型政府建设目标的实现。

论政府购买公共服务中的政府责任

许 燕*

政府购买公共服务在我国兴起是在20世纪90年代末，是随着世界范围内的公共行政改革和我国政府职能转变展开的。在计划经济时代，无论是经济还是社会公共服务均采用政府包办的方式，实践证明政府包办不仅加重了政府的负担，而且难以满足公众的需求，特别是随着我国人民生活水平的提高，对公共服务的需求呈现多元化趋势，迫切需要进行改革。政府购买公共服务在西方兴起于20世纪70年代末80年代初，90年代末传入我国，以上海、深圳等地为试点，逐渐向其他地区扩展。国内外的实践证明，政府购买公共服务有利于转变政府职能，提高公共服务的供给效率，满足公众的多元化需求。但是改革也面临考验，公共服务转移给私人后，责任如何划分，如何承担等问题，将影响这一制度在我国的发展。公共服务的转移并不是政府责任的转移，政府不能以此为借口逃避、转移本应承担的责任。

一、公共服务理论的演变

最早提出公共服务概念的是法国公法学者莱昂·狄骥，他于1912年明确

---

* 许燕，女，河北省石家庄人，1980年出生，中国科学技术信息研究所博士后，法学博士。

提出“公共服务”的概念，并认为政府是公共服务提供的唯一合法主体。[①] 20世纪30年代经济危机出现，经济学家萨缪尔森与1954年提出了“公共产品”的概念，认为由于市场失灵的存在，必须通过政府干预，政府提供公共产品与公共服务具有提高市场效率、实现社会平等和稳定经济的重要作用。[②]

20世纪70年代末，新公共管理理论兴起，公共行政研究广泛采取了以消费者为导向的方法来研究公共服务，提出宁要提供公共服务的多元结构，而不要单一的无所不包的供给方式结构的倾向。这种理论认为政府应该起掌舵而不是划桨的作用，应该利用非政府组织和私人部门的力量来提供公共服务，政府应由重视公共服务提供的投入与过程转向注重结果与产出。学界研究开始区分公共服务的生产与供给，认为公共服务的生产与供给并不相同。著名经济学家理查德·马斯格雷夫最早对这两个概念进行了区分，后来又被以文森格·奥斯特罗姆为代表的制度分析学派所继承并进一步阐述。事实上，公共服务的供给包含生产，但并不必然等于生产，公共服务生产方式和过程可以具有多样性，生产主体可以是政府以外的组织。但是公共服务的供给主体仍然是政府，政府仍需承担向公众供给公共服务的基本职能，是公共服务供给的最终责任主体。[③] 这一理论也为政府购买公共服务中的政府责任构成的理论基础。

二、政府购买公共服务中的政府责任

根据公共服务的生产和供给分离理论，政府购买公共服务正是这一理论的实现方式。政府购买公共服务是指政府将其直接生产供给的公共服务，通

---

① 参见［法］莱昂·狄骥：《公法的变迁——法律与国家》，郑戈、冷静译，辽海出版社、春风文艺出版社1999年版，第53、446页。

② 参见［美］萨缪尔森、诺德豪斯：《经济学》（上），商鸿业等译，中国发展出版社1992年版，第79页。

③ 参见何精华：《区分供给与生产：基于政府公共服务职能实现方式的分析框架》，载《中国行政管理》2007年第2期。

过特定方式，移交给政府以外的社会组织、企业来完成，政府对服务过程进行监督，对结果进行评估，并根据评估结果向社会组织和企业支付费用。政府购买公共服务是公共服务供给方式的创新，是公共服务供给链条中“生产”的分离，即政府通过“购买”（支付财政资金）的方式，将公共服务的“生产”环节分离出去，移交给政府以外的组织，是一种服务生产的转移，而不是政府责任的转移，政府仍需对生产的结果和质量负责，是公共服务供给的最终责任主体，是一种政府供给，私人生产的服务模式。

向公众提供公共服务是政府的固有职责，政府购买公共服务是公共服务生产过程的私有化而非政府责任的私有化，虽然政府通过购买公共服务将生产职能转移给私人部门，但是政府作为公共服务最终供给供者的角色却没有变，它转移的只是责任的实现形式，而不是责任本身。④ 西方学者詹姆斯·森德奎斯特就提出了“真假民营化”的问题，他认为“真民营化”下，政府的责任不能被转移，政府角色也不会消失，其所转移的只是通过民间功能所表现出来的绩效。而“假民营化”是政府推卸责任的一种方式，通过向民间转移公共服务进而放弃政策制定、规划、执行、监督、评估等职责，政府从公共服务中消失。假民营化的结果注定是失败的，因为他违背了政府提供公共服务的基本宗旨，放弃了政府本因坚守的基本职责。⑤

三、政府购买公共服务中的政府责任变迁

（一）政府责任的内涵

根据政府责任的语义结构分析，政府责任是指政府应该承担的责任，其中责任有两层意思：一是应尽的义务，分内应做的事。二是应承担的过失。⑥

---

④ 参见陈国权等：《责任政府：从权力本位到责任本位》，浙江人民出版社 2009 年版，第93 页。
⑤ 詹镇荣：《民营化法与管制革新》，元照出版公司 2005 年版，第 3-4 页。
⑥ 《现代汉语词典》（增补本），商务印书馆 2002 年版，第 1574 页。

政府责任亦可以理解为包含两层意思，一是政府应尽的义务，分内应做的事情；二是政府应当承担的过失。随着时代的发展，政府的责任的重点有一个逐步变化的过程，从最初的重政治责任，到重经济责任，再到重社会责任。根据国内外学者的研究，政府责任的内容主要包括政府职责和政府课责两方面。⑦ 前者主要探讨政府在积极意义上为达到良好行政所应当履行的职责、承担的义务；后者主要探讨政府在消极意义上，也就是政府违反职责与义务时所应当承担的后果、责任。

（二）公共服务购买模式下的政府责任变迁

政府购买公共服务后，政府为公众提供公共服务的责任并没有改变，然而承担责任内容和方式却与以前不同。政府由公共服务的直接履行责任转变为间接担保责任；由以公平为主的责任，转变为将成本、效率引入的政府绩效责任。

1. 由直接履行责任转变为间接担保责任

传统服务模式下，政府既是公共服务的生产者又是供给者，政府职能不断扩张，无所不在。然而这种扩张并没有带来服务的高效率和运行上的低成本，特别是西方开始出现财政吃紧、效率低下、公众怨声载道的情况，特别是随着公众对公共服务多元化需求的增长，政府开始力不从心，开始探索新的公共服务供给模式。开始通过将公共服务的生产职能转移给私人组织减轻财政负担，通过竞争，降低成本，提高效率。在这种模式下，政府责任的承担方式亦发生了变化，由传统的公共服务履行责任转变为担保责任。即政府购买公共服务将政府由一线的服务生产者转变为退居幕后的宏观调控者。政府不再直接向公众生产公共服务，但是政府负责为私人生产创造条件，如制定政策、完善法律规范，对私人服务承接者进行评估、监督服务提供过程、

⑦ Terry L. Cooper, *The Responsible Administrator: An Approach to Ethics for Administrative Role*, San Francisco: Jossey-Bass, 2006, pp. 147-182.

评估服务质量等。在这种意义上，政府责任更多的是一种国家担保责任，担保私人生产公共服务时的公益取向，担保公共服务不因生产主体的变更导致服务质量的下降、价格的提高等问题，同时保障公众享受到质量高、效率高、多样化的公共服务。

“国家担保责任”理论由德国学者提出和发展，德国代表性人物柏林洪堡大学的舒珀特教授（Gunnar Folke Schuppert）认为：作为一种富有前瞻性的先进理念，担保国家促成了新的历史时期国家与社会之间相互关系的重新建构。[8] 在这种责任形态下，国家处于担保人的地位，其责任是保障某项国家任务的实现，特别是在民营化日益普遍的情况下，政府不再是国家任务的直接完成者，为了确保与私人的合作实现公共利益、不失公平、公正，国家通过设定相关条件以及相关的结构性要求来影响私人，从而保证民营化下的国家任务不失原来的方向和目标。

有学者认为政府购买公共服务中的政府担保责任主要包括以下几个方面：第一，公共服务给付不中断的担保义务，即公共服务不因私人生产而出现中断；第二，维持和促进竞争的担保义务，对于可选择性、可替代性公共服务，应当保证服务范围内有多家私人组织可同时经营，从而保证竞争和服务品质；第三，合理的价格与一定服务质量的担保义务，公共服务不因私人提供而提高价格或降低服务质量，损害公用利益；第四，人权保障义务与国家赔偿之责任。[9] 笔者认为，政府购买公共服务中的政府担保责任主要包括三类：一是宏观调控责任，即制定政策、法律法规、规范和标准的责任，为政府购买公共服务提供有利的社会环境。二是评估、监管责任，即负责对私人服务承接者进行评估，监管服务生产过程，评估服务质量，保障服务提供的

---

⑧ Gunnar Folke Schuppert，“Der Gewährleistungsstaat-modische Label oder Leitbild sich wandelnder Staatlichkeit”? inders（Hrsg.）：Der Gewährleistungsstaat-Ein Leitbild aufdem Prüfstand，Baden-Baden，2005，S. 13ff.

⑨ 参见黄锦堂：《行政任务民营化之研究——理论和现况》，载《公法学与政治理论——吴庚大法官荣退论文集》，元照出版公司 2008 年版。

连续性以及服务的质量、价格和效益。三是课责责任，即当发生私人在服务中发生侵犯公众合法权益，没有正当履行服务职责时，政府所应承担的接受司法审查和国家赔偿的责任。

2. 绩效和成本——收益分析标准成为新的政府责任标准

私人提供公共服务最显著的优点之一就是高效率，这是一般政府所达不到的，政府购买公共服务的动力之一也是为了公共服务供给的绩效。政府购买公共服务所借助市场机制吸纳私人的优势资源提高公共服务的供给能力和供给效率，实现效率价值。美国是世界上最早开始探索政府绩效管理的国家，特别是在公共服务领域，美国开始公共服务私营化的直接目的就是实现服务提供的高绩效。美国国会于 1993 年通过了《政府绩效与结果法》，该法规定了政府绩效管理的目的、内容、责任等一系列问题，并为绩效管理规定了详细的实施进程，体现了美国政府绩效管理的信心，该法也正式将效率标准作为政府行为评价标准。[10]

政府购买公共服务的理论基础之一是公共选择理论，该理论的重要内容之一就是在公共管理中引入经济学的管理方法，将“成本——收益分析”引进政府工作的评价系统。美国总统里根 1981 年签署了 12291 号行政命令，该命令将成本——效益分析（CBA）引入政府责任（特别是决策行为）体系。成本——收益机制分析要求每一个机构尽可能准确地量化现在和预测将来的成本和收益，对于那些难以量化或者不可能量化的价值，如公正、人的尊严、公平和分配影响等也要纳入考虑的范围。克林顿于 1993 年通过了《政府绩效与结果法》，将绩效、效率标准正式作为政府行为标准。[11]

我国政府在政府购买公共服务中也明确了绩效和成本收益原则，《国务院办公厅关于政府向社会力量购买服务的指导意见》明确提出要加强政府向社

---

⑩ 参见林鸿潮：《美国〈政府绩效与结果法〉述评》，载中国宪政网，http://www.calaw.cn/article/default.asp? id=2762，最后访问日期：2014 年 3 月 1 日。

⑪ 参见杨欣：《公共服务合同外包中的政府责任研究》，光明日报出版社 2012 年版，第 99－104 页。

会力量购买服务的绩效管理，严格绩效评价机制。建立健全由购买主体、服务对象及第三方组成的综合性评审机制，对购买服务项目数量、质量和资金使用绩效等进行考核评价，考核结果要向社会公布。[12] 地方政府购买公共服务中也强调绩效原则，山东省《政府向社会力量购买服务办法》也规定，政府在购买公共服务中应坚持“注重绩效”的原则，坚持有利于提高资金效益和降低服务成本原则，坚持精打细算，把有限的资金用在刀刃上，不断提升政府购买服务的经济效益和社会效益。[13]

四、政府责任体系

政府购买公共服务下政府扮演的是双重角色，政府既要承担部分直接生产公共服务的履行责任，同时也是公共服务购买者，要承担公共服务购买的担保责任。这两种角色下的政府责任共同构成了现代政府在公共服务领域中新的责任体系。具体包括部分公共服务的履行责任和购买服务的担保责任。前者的履行责任是指不适合由社会力量提供，或者社会力量没有能力、不愿意提供的服务。后者的担保责任则包括宏观调控责任，评估、监管责任和政府苛责。

1. 履行责任

虽然私营企业和社会组织提供公共服务能够在一定程度上弥补政府的不足，但是这些组织毕竟不是公共部门，对于某些公共服务，一般社会组织往往没有能力提供，而营利企业则往往因为收益小而不愿提供。比如，偏远地区的邮寄等公共服务，私营快递公司一般不会服务这些地区，但这些地区也不能没有邮寄这项服务，因此必须由国家邮政部门提供最基本的邮寄业务。再如，对特殊弱势群体的照顾，残疾人、无家可归的流浪人员等，一般的私

---

⑫ 参见《国务院办公厅关于政府向社会力量购买服务的指导意见》（国办发〔2013〕96 号）。

⑬ 参见山东省《政府向社会力量购买服务办法》（鲁政办发〔2013〕35 号）。

营组织并不愿意提供这些服务。由于我国社会组织力量薄弱，没有足够的能力来服务如此多的人群，因此政府民政部门成了提供社会救助服务的主体。在这方面，政府体现了作为公共部门的重要责任，保证公民普遍获得基本的公共服务。政府直接履行的公共服务主要包括应急服务，满足公众基本生活需要水、电、气等服务，市场发育不成熟的公共服务以及对弱势群体提供保护的基础性服务。

2. 担保责任

（1）宏观调控责任

①完善配套的法律规范体系

政府购买公共服务首先是作为一项政府改革的政策来推行的，特别是前期，没有法律的规范，没有统一的规则和标准，各地自成体系，导致各地购买制度的不统一，购买范围和界限不清，购买程序不规范，权利义务不确定、救济手段不完善等，严重影响了政府购买公共服务在我国的发展。因此，应当加强国家层面和地方、部门、行业层面政府购买公共服务法律、规范、标准的完善，为政府购买公共服务创造良好的法律、社会环境。

②建立公平竞争的市场经济秩序

政府购买公共服务的目标是引进市场机制和竞争因素。我国处于市场经济的初期，市场发育还很不成熟，不成熟的市场机制将导致竞争的不充分，产生腐败或者新的垄断，从而违背政府购买公共服务的初衷。因此建立公平的、开放的市场经济秩序是政府购买公共服务制度良性发展的重要条件。一方面要最大限度地排除政府对市场的不正当干预，保证市场的自主性、公平性；另一方面政府不能完全退出市场，否则会造成竞争的无序性和盲目性，因此要完善政府和企业的行为规则，既保证市场在资源配置中的基础作用，又有良好、公平、有序的市场竞争秩序。

③发展公民社会、培育社会组织

限制我国政府购买公共服务发展的一个重要条件是我国没有发达的公民社会，国家与社会的分离较晚，社会组织数量少、力量薄弱，独立性差，导致很多社会组织无法承担起提供公共服务的职能。因此政府有责任从法律、政策方面为社会组织的发展提供条件。要进一步放松社会组织成立登记制度，同时还要为社会组织的发展提供支持，包括资金资助、税收优惠、场地和配套设施等公共资源的资助等。

④加强对公共服务的财政和资源支持力度

政府购买公共服务可以减轻政府的财政负担，但是并不意味着政府购买服务的资金支付越少越好。公共服务的很多内容属于软服务，比如养老服务、教育服务、医疗服务、弱势群体照顾任务等，这些服务主要以人为服务对象，服务质量和水平直接关系公众基本权益，仅仅以价格为衡量标准很容易导致服务质量的下降。另外，有些公共服务领域投入大，回报小，比如养老行业，单靠私人的力量很难维持长期经营，这就需要政府在财政上的大力支持。以美国为例，美国联邦政府会通过各州对私人养老机构、疗养机构投入很大支持性资金，用于补助这些机构所接纳的老人、残疾人等特殊群体，此支持包括给予其资本，补贴其运营支出等，而且偿还90%适格病人的护理费用，据统计，政府对私人疗养院的医疗补助占整个疗养院一半以上的收入。[14]而相比美国，我国政府对公共服务的财政投入比例很低，以2010年为例，我国医疗卫生支出占全国财政总支出的5.3%，而美国为17%；我国社会福利支出占全国总财政的12.8%，而美国占26%，由此可见，我国政府对社会公共服务领域的投入比重还很小，这样很难满足社会的公共服务需求。政府除了财政的支持还包括公共资源的支持，如环境、场地、设备、税收优惠政策等，这些都是政府对公共服务的支持手段。

（2）评估、监管责任

①购买前的评估、论证责任

购买前的评估论证包括对购买对象、必要性和可行性、成本效益分析、

---

⑭ 参见［美］朱迪·弗里曼著：《合作治理与新行政法》，毕洪海等译，商务印书馆2010年版，第390-391页。

服务承担者的资助评估等内容。公共服务内容众多，哪些公共服务适合购买，哪些适合政府自己提供，政府要做好前期的准备工作。事实证明，公共服务购买界限不清将严重影响政府购买公共服务制度的发展。实践中，很多地方执法权外包给了私人组织，比如城管、治安、消防、交管等，造成了恶劣的社会影响，也引发了人们对政府购买公共服务的质疑，其实购买本身并没有错，错的是将不该转移给私人的事项转移了出去。因此必须在前期进行评估论证，确定购买对象，进行必要性和可行性分析。

确定了公共服务的购买对象后，要进行成本效益分析。在美国，联邦政府对要推行购买的每项公共服务平均要花费 3~4 年的时间进行前期论证。德国对推行购买的公共服务进行前期论证的时间更长，他们会成立专门的市场检验小组，负责对某些公共服务的市场化进行实地检验，根据检验结果决定是否可以采取市场化的方式。[15] 我国有地区也开展了公共服务购买的前期论证工作，如 2011 年北京石景山区委社会工委、区社会办就开展了购买公共服务的前期论证，对公共服务购买的必要性、可行性、购买的领域，资金的规模，购买的方式、程序、监管等做了全方位的论证。[16] 以后政府对公共服务购买的论证将会成为常态，不仅要对公共服务购买的整体进行论证，还要对每一项拟购买的公共服务进行论证。

服务承接者是代替政府向公众提供公共服务的组织，其能否提供好公共服务，能否提供高质量的公共服务很大程度上取决于服务承接者自身的能力。在公共服务购买前要将服务供应者的资格标准具体化，同时对服务承接者的资质和能力进行评估论证。山东省在《政府向社会力量购买服务办法》第 7 条对公共服务承接者的资格做了概括性规定，具体到某些公共服务的购买

---

⑮ 参见党秀云、周晓丽：《论德国公共服务改革及其对我国的启示》，载《四川行政学院学报》2007 年第 1 期。

⑯ 参见《石景山区关于开展政府购买公共服务的论证报告》，载石景山社会建设网，http://sgw.bjsjs.gov.cn/learning/8a8481d2355ffc7d01365d06cf9f0371.html，最后访问日期：2015 年 10 月 12 日。

时，政府要根据该办法所规定的标准进行资质审查和评估。[17]

②公共服务生产过程的监管责任

监管责任是政府购买公共服务最重要的责任之一，政府通过购买将公共服务转移给私人以后，政府退居幕后，其直接提供公共服务的责任减少，但是监管责任大大增加，政府责任转化为确定和监督合同执行及其外部效应的消除责任。政府对服务过程的监管包括对服务连续性的监管，对服务质量和价格的监督，对资金使用情况的监督，对是否遵守程序和严禁转包规定的监管，是否侵犯消费者合法权益的监管等。

政府购买公共服务将公共服务的生产转移给了私人组织，私人组织代替政府站在了一线，与公众进行直接接触，是服务合同的当事人，这时政府虽然退居二线，但是作为供给责任的最终责任人，应该保证公共服务不因提供主体的转移而导致服务不连续，服务质量下降，服务价格提高等问题。实践中经常会出现这样的情况，政府将部分公共服务转移给私人后，私人组织基于自身服务成本和利益的考量，往往会偷工减料，降低服务质量，或者提高服务价格，甚至中断服务等手段以实现利益最大化。政府虽然是公共服务的购买者，是购买协议的当事人，但是政府本身并不是公共服务的直接消费者，并不能在第一时间内直接体验到公共服务的质量和水平。同时根据合同相对性原则，公众虽然是公共服务的最终消费者，但并不是购买合同的当事人，无法根据合同追究服务提供者违约责任，因此必须建立由政府、公众和第三方参与的监管机制，由公众直接将服务的体验反馈给政府，从而保证服务的连续性以及服务的高质量。同时，由于购买前要对服务承接者进行严格

---

⑰ 该办法规定服务承接者应当具备以下条件：（1）依法设立，能独立承担民事责任。（2）治理结构健全，内部管理和监督制度完善。（3）具有独立的财务管理、会计核算和资产管理制度。（4）具备提供公共服务所必需的设施、人员和专业技术能力。（5）具有依法缴纳税收和社会保障资金的良好记录。（6）在参与政府购买服务竞争前 3 年内无重大违法违纪行为，通过年检、资质审查合格，社会信誉、商业信誉良好，获得 3A 以上评估等级的社会组织可优先获得政府购买服务资格。（7）法律、法规规定以及购买服务项目要求的其他条件。参见山东省《政府向社会力量购买服务办法》（鲁政办发〔2013〕35 号）。

的资质审查，因此为了保障服务质量，严禁对购买服务进行二次转包，这些都是政府需要监管的内容。

③服务结果评估、验收和资金支付责任

政府购买公共服务的目的是提高服务绩效，利用较少的成本，获得较大的收益，提高服务效率，满足公众对公共服务的多元化需求。政府购买公共服务后，效果如何？能够达到预期目的？对服务结果进行最后的评估是关键。评估内容包括服务质量的评估、效率的评估、价格的评估、公众满意度的调查、是否存在侵犯消费者合法权益等违法情况等内容。很多地方将服务质量的评估结果与资金支付直接挂钩，从而保证服务质量。例如，福建省2014年发布的《关于推进政府购买服务的实施意见》中指出，应当按照资金支付与服务质量挂钩原则明确支付方式。这就意味着，服务承接主体并非签了合同就能拿到钱，还得看服务的质量如何，以及是否有违规行为等。政府要按照购买合同规定的服务标准组织履约验收，验收完成并进行公示后，才能按规定程序进行资金支付。

（3）政府课责

政府课责是指政府在消极意义上违反职责与义务时所应当承担的后果、责任。政府课责的责任形式有很多种，包括政治责任、行政责任、法律责任、道德责任等，鉴于责任形式的多样性和复杂性以及本文的研究目的，在此仅以法律责任为内容，讨论政府课责。当政府违反上文所述积极职责时，应当承担相应的法律后果，政府承担法律后果的重要路径就是接受司法审查，进行国家赔偿。

根据政府购买公共服务的特点，可以启动对政府司法审查的主体包括两种：一是，与政府购买公共服务合同相关的主体，包括服务承接者和第三人。前者是指与政府签订购买合同的主体，其承接了政府的公共服务，负责向公众提供特定的公共服务。后者是参与政府公共服务的购买，但是没有中标，或者没被选中的一方，其可能认为政府存在监管不力，或者不透明度，缺乏公正等因素。二是，公共服务受益者，即公共服务的服务对象——

社会公众。这类主体虽然不是购买合同的主体，表面看与政府不发生直接的关系，但是却是公共服务的服务对象，政府将公共服务转移给私人，将直接影响公众的权益。另外，政府虽然不是公共服务的直接提供者，但是政府将公共服务直接提供任务转移给私人后仍然承担担保责任，即保证公共服务内容实现和服务不中断、质量不下降等责任，因此当服务承接者违约时，应当建立允许公众通过行政诉讼途径追究政府担保责任，获得国家赔偿的权利和途径。

五、结语

政府购买公共服务改变了传统的政府责任形式，在公共服务购买模式下，政府从承担履行责任为主转化为承担担保责任为主。同时以成本——效益基础的绩效和效率标准纳入了政府责任体系。新模式下的政府责任体系不仅能够避免政府逃避、转移责任，而且能够提高政府购买公共服务的绩效，提高公共供给效率，从而适应公众日益增长的公共服务的多元化需求。

谨以本书

贺应松年教授八十华诞

中国行为法学会
民营企业家合法权益及法律保护课题成果

当代中国行政法的使命

【下册】

马怀德◎主编

中国法制出版社
CHINA LEGAL PUBLISHING HOUSE

目　录

下　册

■行政监督与救济

［下篇　散文篇］

行政诉讼司法体制改革重述

赵大光*

不同国家和地区公权力之下的权利救济模式有所不同，普通法系国家由普通法院审理各类案件包括行政案件，诸如美国、英国和澳大利亚等。大陆法系国家和地区普遍采用行政法院的模式，如法国、德国等及我国台湾、澳门地区。还有一些国家选择在普通法院中设立专门审理行政案件的审判庭模式，如中国大陆等。司法体制或模式由各国根据具体国情加以选择，但从发展趋势看，在行政变得越来越复杂、越来越专业的情况下，行政法院模式似乎更具适应性。① 这项改革对于中国大陆而言，尤其具有紧迫性及现实可行性。

一、行政法院模式的可适应性

自行政法院在法国出现二百多年以来，呈现出不断蔓延扩展的趋势。据不完全统计，在世界200多个国家、地区和国际组织中，至少已有75个设有行政法院或者专门行政法院。不仅多数的大陆法系国家和地区如此，一些传统的伊斯兰法系国家，如土耳其、黎巴嫩、伊朗和沙特阿拉伯亦在其列。在

* 赵大光，男，原最高人民法院行政审判庭庭长。

① 在德国，独立的行政法院被看作法治国家中不可替代的一种限制国家权力的形式。参见［德］弗里德赫尔穆·胡芬著：《行政诉讼法》，莫光华译，法律出版社2003年版，第5页。

一些大国中，如俄罗斯的行政法院已呼之欲出，中国大陆也在研究考虑是否设立行政法院的问题。普通法系国家如美国也曾讨论过这个问题，理论界和实务界呼声强烈，由普通法院审理各类案件包括行政案件的传统抑或产生动摇。由于行政案件的专业性越来越强，出现了借鉴大陆法系经验的趋势。例如，英国的行政裁判所已经实现了从行政裁决机制向初审行政法院的角色转变；澳大利亚则在地方层面上开始出现若干初审行政法庭；美国的行政法官制度实质上已经起到了初审行政法院的功能。1983 年，在法国最高行政法院倡导下，最高行政法院国际协会（International Association of Supreme Administrative Jurisdiction）成立，目前共有 80 多个正式成员国（含地区），还有 30 个观察员和邀请国，设有 16 个理事席位。中国最高人民法院于 2013 年 4 月首次当选理事。行政法院之所以广受青睐并大行其道，是由其具有较强的可适应性决定的。

（一）有益的理论基础

对行政法院的产生具有助推作用的理论很多，其中比较有影响的有公私法二元论、福利国家理论和基本权利理论。

公私法二元论虽然对行政法院的产生并没有决定性的作用，但是对于行政法院制度的完善却创造了有利条件，是划分行政法院和普通法院管辖范围的基础理论，至今仍在发挥作用。如德国《行政法院法》第 40 条第 1 款规定："一切未被联邦法律划归为属其他法院管辖的非宪法性质的公法上争议，对之均可提起行政诉讼。"这一理论要求针对公私法的不同特点建立不同的公法争议和私法争议解决机制。在这个意义上，行政诉讼法实际上就是解决公法上法律争议的法院程序法，也是通过各种具体的裁判去实现宪法和行政法的方式。事实上，如果没有这样一套诉讼机制，有关实体性公法（宪法和行政法）的高度专业化知识将毫无用处。[②] 公私法理论在各国行政法院都得

② ［德］弗里德赫尔穆·胡芬著：《行政诉讼法》，莫光华译，法律出版社 2003 年版，第 5-6 页。

到了积极运用，使得行政法院的管辖范围能够与时俱进，不断满足社会日益增长的司法需求。如法国行政法院早期采用“公权力机关行为”的主体标准，自1873年Blanco案件开始，又增加了公务标准，将同时具备“公权力机关所为”和“满足公共服务”两个要件的公共服务纳入了受案范围，其后，“公权力机关所为”这一要件不断降低门槛，近年来扩大到几乎消失的地步。③

西方国家由2个世纪前的自由国家到1个世纪前的行政国家再到“二战”前后的福利国家，行政机构在此过程中不断膨胀，行政职能不断扩张，国家不仅要提供个人需要的社会安全，为公民提供作为经济、社会和文化等条件的各种给付和设施，还必须对社会和经济进行全面干预，承担生存照顾的职能。④ 福利国家已不再局限于仅“从外部”或者“自上而下”地干预社会财富的分配，事实上，它早已通过福利国家的转化体系，通过生活救济和环保措施，卷入了这些分配冲突之中。⑤ 与过去相比，行政争议的形态变得更加复杂，基于自由法治国家传统逐一解决个案的审判模式无法适应新的需要。与普通法院相比，行政法院的专业性特点使得以德、法等国为代表的各国很快适应了新的形势，随着新的诉讼类型的不断产生和完善，行政法院能够使其审查职能与社会需求保持同步。

由于基本权利对于现代国家和人民的极端重要性，各国在宪法上不仅赋予基本权利以对抗私人侵犯的效力，更强调其对抗国家侵害的效力。德国着眼于“二战”时期希特勒国家社会主义强权式的统治之痛，特别在《基本法》第1条强调基本权利被视为“可直接适用的法律”，直接拘束立法、行政和司法，即直接拘束国家权力。⑥ 按照传统理论，宪法的主要功能之一，便是保障

③ ［英］L. 赖维乐·布朗、［英］约翰·S. 贝尔著：《法国行政法》（第五版），高秦伟、王锴译，中国人民大学出版社2006年版，第121–123页。

④ ［德］哈特穆特·毛雷尔著：《行政法学总论》，高家伟译，法律出版社2000年版，第17页。

⑤ ［德］弗里德赫尔穆·胡芬著：《行政诉讼法》，莫光华译，法律出版社2003年版，第8页。

⑥ 陈新民：《德国公法学基础理论》（上册），山东人民出版社2001年版，第290页。

人民的基本权利。[7] 基本权利不仅得到宪法法院或者宪法委员会的保障，也离不开行政诉讼乃至行政复议制度的保障。基本权利倘若不能在日常行政实践中受到尊重，将变得毫无意义。从德国以及类似的国家情况看，行政法院已经成为实施基本权利最重要的机关。在行政审判中，以基本权利作为判决基础的情况屡见不鲜。如从《宪法》第 2 条关于只有与合乎宪法的秩序相一致（即形式和实体上的法律）的国家行为，才有权干涉个人自由之规定中，可以推导出一种个人请求权，如果缺乏这样的干预基础，被诉行政行为就应当撤销。反过来说，如果个人以许可保留满足了一个预防性禁令的条件，则《基本法》第 22 条规定的一般行动自由权就赋予了他进行相应活动的权利，据此则应当认为其提起的义务之诉具备理由。作为基本权利在行政诉讼中反复应用的结果，比例原则、实际协调（praktische konkordanz）、交互作用（wechselwirkung）等审查标准已经如此巩固，以至于可将它们视为对某些法律空白的合乎宪法的补充。[8]

（二）中央事权的属性

中央事权是在界定中央与地方各自的管辖范围时使用的一个概念。如果说某一事务领域属于中央管辖范围，就可以说它属于中央事权。单一制国家实行中央事权的推定，只要法律没有将某一事务领域授权地方管辖，就属于中央事权；联邦制国家则相反，只要法律没有将某一事务领域授权中央（联邦）管理，则属于地方（州）事权。司法事务属于典型的中央事权。在单一制国家，司法系统负责法律在全国范围内的统一适用，维护法律的位阶秩序，确保以国家法律为核心的高级法的贯彻实施。在联邦制国家，联邦司法体系负责联邦法律在全国范围内的实施，在地方（州）法院体系适用越权的

---

⑦ 陈新民：《德国公法学基础理论》（上册），山东人民出版社 2001 年版，第 287 页。

⑧ ［德］弗里德赫尔穆·胡芬著：《行政诉讼法》，莫光华译，法律出版社 2003 年版，第 9－10 页。

地方（州）法律或者不适当地运用司法权，妨碍联邦法律适用时加以干预，以维护联邦法律的权威性。世界各国行政诉讼都属于司法事务，当然也都属于中央事权。从各国行政法院制度的设计来看，显然也都考虑了中央事权的要求，但程度并不完全相同，具体有两种不同情形：

一是中央包办的模式，即行政诉讼事务完全由最高行政法院以及中央在地方设立的各级行政法院管辖。法国是一个典型代表。法国行政法院最初是中央和地方分设的体制，地方行政法院是对省参事院进行几次重大变革，一方面要去地方化，另一方面加强司法化发展而来。1953 年以后各级行政法院的成员的管理，由最高行政法院的秘书长负责。每个法院由一位最高行政法院的普通职行政法官掌管。当行政法庭和行政上诉法院的某位成员行使这些职能时，他就被任命为最高行政法院的普通职行政法官。⑨ 行政法院人员录用和办公经费均由最高行政法院统筹安排，并统一由最高行政法院与总理直接交涉。而普通法院的人员录用以及日常经费则要由司法部门管理。包括维谷卢副院长在内的法国行政法院的法官们一再强调，理解法国行政法院的独立地位，把握住它的整体性是非常重要的。⑩

二是中央与地方合作的模式，即基层的行政诉讼事务由地方高层控制，再由最高行政法院控制地方高层。德国是典型代表。德国各级行政法院法官的产生有两种情形：联邦行政法院的法官经联邦行政法院法官选举委员会选举产生之后，由联邦总统任命。根据各州宪法的规定，高等行政法院和初等行政法院的法官，均由该州司法部长在州选举委员会选举产生之后任命。行政法院院长对本院的行政法官有监督权，除此之外，高等行政法院院长对初等行政法院也有监督权，并被认为是最重要的监督机构。⑪ 关于财政保障，联邦行政法院的经费由联邦政府承担，高等行政法院和初等行政法院的

---

⑨ 胡建淼主编：《世界行政法院制度研究》，中国法制出版社 2013 年版，第 35 页。

⑩ 王振宇、阎巍：《德国与法国行政审判制度观察与借鉴》，载《法律适用》2013 年第 10 期。

⑪ 胡建淼主编：《世界行政法院制度研究》，中国法制出版社 2013 年版，第 152 页。

经费则由各州承担。在行政诉讼事务管辖方面，联邦行政法院是行政案件的最终也是最权威的裁判机关，这一点与上述体制相结合，就可以产生中央与地方合作，促进中央事权实现的效果。

（三）职权主义色彩

与其他国家相比，设立行政法院的国家，其行政诉讼职权主义的特点更为突出。法国行政诉讼职权主义特点主要体现在：一是纠问式审理方式。所谓纠问式，主要是指程序"不是在双方当事人而是在法官的掌控之下"。[12] 在行政诉讼尤其是预审阶段的所有主要问题包括是否要求当事人补充信息、是否启动正式调查和现场勘查、是否进行询问和进一步询问等，完全由法院依职权决定。通常当事人只需按照法庭的要求作出相应的诉讼行为即可。二是书面审理。法国的刑事诉讼和民事诉讼比普通法国家更多地运用书面程序，行政诉讼中这一特点更为明显，案卷因此就显得特别重要（芬兰也是如此），最高行政法院几乎不存在辩护律师进行口头辩论的情况。在下级行政法院，诉讼程序规则允许双方当事人以个人名义或者通过律师提交口头评论，范围仅限于在诉讼程序中的笔录阶段已经出现的问题。这种评论通常较为简短，但有时可能直击案件事实的要害，尤其是在审判长提问双方当事人的时候。行政法院不同于民事法院，因为一方当事人会遇到书面的"答辩摘要"或权威性的总结与结论。三是政府专员（也是行政法官）充当重要角色。当行政机关与原告都聘请了律师，案件就采用原告、被告、法官三方辩论的形式，这与其他国家两造对抗的方式存在很大不同。

德国行政诉讼的职权主义色彩有所缓和，但还是存在不少职权主义的印记，其中较为明显的有两点：一是依职权调查。法院调查时不受参加人的陈

---

[12] R. Chapus, Droit du contentieux daministratif, 6thedn. (paris, 1996), no. 718. 转引自 The Government and Politics, 3rd edn. (1989), 100-101，转引自［英］L. 赖维乐·布朗、［英］约翰·S. 贝尔著：《法国行政法》（第五版），高秦伟、王锴译，中国人民大学出版社 2006 年版，第 82、92 页。

述与举证申请的拘束，如同在刑事程序、财政和社会法院程序中所表明的那样，一个正确的行政决定代表公共利益的前提，就是它客观上的正确性和全面的事实调查。因此行政法院法的出发点是：假设存在一个客观先在的事实，必要时它可以不依赖于当事人双方得到“查证”。这一立足点不同于民事诉讼中通行的“提出原则”（你提供事实，我就给你权利）。因此可以说，法院承担着多方面的促进、引导和主持功能。这也要求法院必须消除行政机关进行的有关事实调查中存在的瑕疵，并促使案件的“裁判时机成熟”。二是法院对于诉讼途径的选择给予指导。按照当事人主义的观点，应当尊重当事人对诉讼路径的选择，如果选择错误，也应由当事人自己承担后果。在德国如果出现这样的情况，就会认为法官没有尽到职责。按照行政法院法的规定，法官首先应当对诉状作出解释或者必要时可以直接转换，至少也要给当事人一个具体的指示，使之成为一个适当的诉讼种类。[13]

（四）解决争议的专业优势

由于行政案件往往涉及行政领域专门业务或者技术问题，在普通法系国家如美国，将行政争议分为事实问题和法律问题，事实问题由于涉及专业性和技术性，法院只审查法律问题，而事实问题留给行政法官。其中主要的原因就是，普通法国家的法官可以审理各类案件，审理行政案件并不需要特殊的资质和资历，这导致法官不具备解决行政争议相应的专业能力，在很大程度上限制了司法审查作用的发挥。与此相比，行政法院制度下的法官对行政领域较为了解，这对于行政争议的实质解决至关重要。如法国的行政法官具有丰富的行政经验：一是知识背景不同。行政法官的来源有三种：（1）国立行政学院的优秀毕业生；（2）政府任命的其他行政部门的官员；（3）直接招聘的法律专家。其中通过前两种途径进入行政法院系统的法官占法官总数的

---

⑬ ［德］弗里德赫尔穆·胡芬著：《行政诉讼法》，莫光华译，法律出版社2003年版，第204页。

70%以上。值得一提的是，在进入行政法院之前，有些人并不是法律专家，也不要求具有法律文凭和有法院的工作经历，即使是个工程师也可以被任命为法官。行政法院看重的是他们的基础学历和在行政机构甚至在民营机构的工作经历，因为这些经历可以使他们对上述机构的工作内容和方式有所了解，从而有助于行政法院对行政命令据以作出的经济、社会方面的情况了如指掌。⑭ 二是与行政机关之间的交流。最高行政法院共有300多位成员，其中三分之二的人在法院工作，三分之一的人被派往其他行政机构，在政府各部、委员会巡回，担任各部部长的助手。另外，行政法官在正式担任法官职务之前都须到基层行政机关锻炼，以便于谙熟行政业务。行政法官能够充分认识到困扰政府的特殊问题，他们在行政领域都是专家，并因此而受到政府官员的广泛尊重。这使得司法控制变得更容易。⑮

其他国家和地区虽然没有像法国那样突出行政法官的行政背景，但也注意到其特殊的专业性要求。德国专家普遍认为，行政诉讼和其他诉讼差异明显，对法官审理行政案件有比较高的专业领域的要求，这种要求超出了普通法院法官的能力，行政法院审理行政案件是有保障的，其原因就在于行政法官具备专业化的优势。为了保障行政法官对行政专业的了解，建立了非常广泛的外调制度，使得行政法官有充分的机会在司法部等各种行政机关任职。⑯奥地利宪法对行政法院成员的任职条件作了明确规定，要求所有成员必须具备修完法学和政治学的学历。我国台湾地区明确要求行政法院法官除具备法官资格外，还必须具有一定的行政法背景。希腊国家法官学院负责选拔教育未来的刑事、民事和行政法官，以及未来的最高行政法院和国家审计法院的法官，并对现任法官进行继续教育。

---

⑭ 王振宇、阎巍：《德国与法国行政审判制度观察与借鉴》，载《法律适用》2013年第10期。

⑮ [英] L. 赖维尔·布朗、[英] 约翰·S. 贝尔著：《法国行政法》(第五版)，高秦伟、王锴译，中国人民大学出版社2006年版，第41页。

⑯ 王振宇、阎巍：《德国与法国行政审判制度观察与借鉴》，载《法律适用》2013年第10期。

二、现行诉讼体制的缺憾

与大多数国家和地区的诉讼体制不同，大陆法院是按照行政区划体制设置的，即每个市、县设置一个普通法院。尤其是在法院院长、法官及所有人员的选用上，是由所在地党委和人民代表大会及其常务委员会决定；法院的业务经费、工资待遇及其他物质保障，由所在地政府纳入财政预算和视情法予以提供。这样的体制设计，使法院的人、财、物等置于地方公权力机关的实际控制之下，从某种意义上说，法院与对其具有控制权的机关之间形成了一定的利害关系。这种利害关系对于以监督行政权力行使为已任的行政审判而言，必然成为影响其职能作用发挥的难以逾越的障碍，"行政审判地方化"使审判权不可避免地受制和从属于地方，不仅与司法权作为中央事权的属性相背离，实践中"县法院审不了县政府"也就成为一种常态。其结果是法律底线频告失守，权力监督和权利救济难以到位，社会对行政诉讼的不满和疑虑日益加重，社会治理现代化建设因缺乏科学的司法体制支撑而大打折扣。

行政诉讼功能弱化所导致的消极后果是明显的。据统计，从 1990 年至 2014 年，全国法院共受理一审行政案件 1912854 件，年均一审收案 87117 件。行政审判在保障公民、法人和其他组织的合法权益和监督行政机关依法行政等方面，发挥了一定积极的作用，但与人民群众不断增长的司法需求及行政审判应当发挥的作用相去甚远。行政案件占法院全部案件的比重由 10 年前的 2%降到 2014 年的 1. 48%。2014 年全国法院不予受理和驳回起诉的情形占一审行政案件结案总数的 12. 51%，是民商事案件的 7 倍以上，人民群众对行政诉讼"告状难"反响极大。行政案件撤诉率逐年提高。2014 年一审案件撤诉比例占全部审结案件的 30. 23%；而受理后以实体判决方式结案则仅占结案总数的 48. 87%。原告胜诉率逐年走低，从早期的 30%左右降到目前的不足 12. 91%。上诉率、申诉率不断攀升，2012 年行政案件上诉率为 68. 36%，分别是同期刑事、民事案件的 5. 67 倍和 2. 81 倍。行政案件申诉率为 12. 69%，分别是同期刑事、民事的9.91倍和10.4倍。在部分地区几乎所有一审案件均上诉，所有二审案件均申诉。当事人选择行政诉讼途径解决行政争议的越来越少，采取非正常渠道上访或越级上访的越来越多，“信访不信法的”现象由此而生。

行政审判存在的上述问题及其后果早已显现，试图破解这一难题的努力也从未间断。2006年中共中央办公厅、国务院办公厅在《关于预防和化解行政争议健全行政争议解决机制的意见》中即明确要求：“积极稳妥地推进行政诉讼改革，通过探索完善行政案件管辖制度改革等措施，保障人民法院依法独立公正地行使审判职能。”人民法院《二五改革纲要》提出，“改革和完善行政案件管辖制度，从制度上排除干预行政审判的各种因素”。2008年最高人民法院专门出台了《关于行政案件管辖若干问题的规定》，通过“提级管辖”“指定管辖”和“异地交叉管辖”等方式，尽可能排除地方行政干预。一些法院还进行了相对集中管辖探索。应当说这些改革措施都取得了一定成效，但法院自身推进的提级管辖、交叉管辖和相对集中管辖的改革与探索，只是对行政诉讼受理机制的变革，有着明显的局限性，无法解决体制原因造成的审判权不独立问题。正如某些学者所言“行政诉讼案件交叉管辖是特定时期、特定地域产生的特别制度，不具有普适性。要想彻底破解行政诉讼难题，从根本上杜绝地方干预，还需要进一步更新观念，创新体制”。事实表明，行政审判体制不进行根本性变革，单凭管辖制度的修修补补，短期可能取得一定成效，但长期来看必然存在边际效应递减问题；不解决司法审判区域与行政管理区域分离问题，不从制度上排除地方政府的干扰，让人民群众在每个行政案件实现公平正义的目标将难以实现。而如何进行机制体制性的根本变革，需要拓宽视野并合理借鉴世界各国行政诉讼制度的成功经验。

三、当前司法体制改革的局限性

对于大陆行政诉讼体制存在的弊端及其原因，近年来各界已经开始有所认识并对此多有论述与建议，其中比较集中的声音是主张建立独立的行政法院系统。中央层面在司法改革过程中也试图采纳这一观点，但在改革的路径和方向上颇有分歧和争议，最终没能纳入整体改革方案之中，而代之以设立跨行政区划法院和最高人民法院派出巡回法庭等措施。这不能不说是个历史性的遗憾。

四、行政诉讼体制的选择

中国大陆行政审判体制改革的最佳方案是设立专门的行政法院。这不仅因为行政法院的可适应性，也是基于同为大陆法系国家所具有的共同特点所致，包括具有同一性的台湾和澳门的成功经验更具说服力和可借鉴价值。纵观不同国家和地区设立行政法院的模式，既有共同特点也有不少差异，积极吸取世界法治文明成果有益成分，结合本国国情和增强问题意识寻求改革之路，是科学理顺司法体制、有效解决现实问题的正确选择。

行政法院与普通法院的关系主要有三种类型。一是从属型，即行政法院从属于普通法院中的最高法院。蒙古、巴拿马和墨西哥等设地方行政法院，从属于最高法院；波兰除设地方行政法院外，亦设最高行政法院，从属于最高法院。二是同属型，即行政法院和普通法院共同从属于更高级的司法机构。如希腊为特别最高法院，西班牙为司法总委员会，我国台湾为“司法院”。三是并列型，即最高法院和最高行政法院是相互并列的两个最高司法机构。多数设立行政法院的国家采用此种模式。

大陆宜采用从属型模式，即行政法院从属于最高人民法院。这主要基于几个方面考虑：一是与现行司法制度基本兼容。人民法院是国家审判机关，最高人民法院是国家最高审判机关，这是我国宪法规定的基本司法制度。如果在最高人民法院之外另行设立最高行政法院，现行基本司法制度将发生根本性改变。建立从属于最高人民法院的专门行政法院，不会冲击现行的基本司法制度。二是基本可以满足行政审判体制改革目标。行政审判体制改革的主要目的是去除司法地方化和实现专业化，行政法院从属于最高人民法院，既可以在一定程度上摆脱来自地方政府的干预和控制，也能够体现按照中央事权的属性进行设计的要求，确保中央对地方政府的监督，保障政令畅通。三是有助于保持司法的一致性。行政法院与普通法院的职权分配问题，由于行政法院与普通法院同属于最高人民法院，借助最高人民法院的司法解释和指导性案例等制度可以得到很好的解决。四是其定位具有可行性。行政法院作为专门法院，根据《人民法院组织法》第28条规定："专门人民法院的组织和职权由全国人民代表大会常务委员会另行规定。"到目前为止，经全国人大常委会授权设立的专门人民法院已有铁路运输法院、海事法院和知识产权法院。行政法院作为审理行政案件的专门法院，既与现行司法体制基本吻合不必进行大的调整，又具有组织法依据而且简便易行。

上述设想如能够得到权力机关认可，行政审判体制改革应当以建立完整的从属于最高人民法院的专门行政法院系统为目标，至少应当设立三级行政法院和专门审判机构：一是跨县域设立的初等行政法院，主要负责审理第一审行政案件；二是跨地市域设立的高等行政法院，主要负责审理第二审行政案件以及司法管辖区内重大复杂行政案件。初等和高等行政法院可以采取派出法庭或者巡回审判等方式，解决便民诉讼问题；三是最高人民法院跨省设立若干巡回法庭，代表最高人民法院行使行政审判权，主要负责审理再审案件以及跨省的重大复杂行政案件。初等和高等法院的院长、副院长和法官由省级人民代表大会及其常务委员会选任；办公经费等物质保障由省级人大和政府统筹安排。这种体制设计不仅有成功的经验和制度可资借鉴，而且符合党的十八届三中全会关于"推动省以下地方法院人财物统一管理"的总体目标。

五、我心目中的应老师

他是一位开拓者，是新中国行政法学教育的缔造者之一，并且这种追求和奋斗从未间断过，他为中国法学研究和法治建设几乎奉献了毕生精力，立下不可磨灭的功勋。

他治学严谨，诲人不倦，桃李天下，即使耄耋之年仍在孜孜钻研，笔耕不辍，培养新人。他注重理论与实际的结合，无论是讲学还是创作都很接地气。

他敢于发表不同观点和意见，勇于坚守法治和良心的底线，无论面对的是哪个层级的高官或大鳄，体现了一个真学者的品格与风骨。

他淡泊名利，清醒自信，无论周边多么浮躁与功利，始终以敬畏之心奉法，以谦恭之德面世，以慈悲之怀待人，不为名利所动，不为权势所屈，不为世风所扰，始终保持我就是我的自信。甚至在当今万众追捧健身运动的热潮之中，他却仍然恪守"生命在于静止"的信条。

他思想解放从不保守，既致力于本土问题的研究，又博采各国先进法治文化之长，以推动中国法学教育和法治建设为使命，走出国门虚心学习借鉴，并率先架起两岸和港澳地区学术交流平台，为更多法律人开启了通往世界之窗。

他是个慈祥有爱的长者，能够包容所有不同观点、不同流派、不同性格之人，从不耍大牌，从不居功自傲，展现了一为长者雍容大度和宽广胸怀，他亲切迷人的微笑足以征服任何人。

应老师是我十分崇敬热爱的良师益友，也是我由肤浅狭隘逐步走向相对理性成熟的向导。在他步入八十华诞之际，我衷心祝愿老人家健康长寿，也愿意与他继续分享童年的快乐时光！

行政复议适用法律问题之研究*

应松年　董　皞**

行政机关解决行政争议以何种规范作为依据，是一个十分重要的问题，但近年来在行政法学的研究中，人们却把这一问题忽视了。纵观近十年有关行政复议的论著，竟无一涉及此类问题。这一问题的提出和解决是我国行政复议立法发展的必然，它的意义不仅限于行政复议本身，而且涉及如何看待我国行政立法体制、地方政府制定的行政规范的效力以及行政复议与行政诉讼审理案件的依据是否统一等基本问题。

在着手起草我国行政复议条例过程中，对行政复议适用法律的问题虽众说纷纭，但大体上有三种意见：第一种意见认为，解决行政复议案件应该适用法律、行政法规和地方性法规，以便与行政诉讼适用法律保持一致，否则就可能出现判断同一行为人的行为正确与否采用不同衡量标准的问题。第二种意见认为，行政复议还应以部门规章和地方性规章为依据，因为在法律法规空缺或法律法规规定不够具体的情况下，规章的适用是十分必要的。第三种意见认为，行政复议还应以县级以上人民政府制定的规范性文件（包括行政措施决定、命令等）为依据，否则，依据宪法规定而制定的这些规范性文件将会失去存在的意义。

产生上述分歧的原因在于我国具有两个体系和多种层次的立法体制，而

---

* 本文原发表于《政法论坛》（中国政法大学学报）1990 年第 1 期。

** 应松年，中国政法法学终身教授，博士生导师。董皞，广州大学副校长，教授，博士生导师。

且各级人民代表大会及其常委会和各级人民政府都有制定规范性文件的权力，这些规范性文件在不同区域或领域内，不同程度地实现发挥着作用。由于制定机关的不同，实施范围和对象不同，这些效力等级不同的规范之间不仅不可避免地存在着内容上和效力上的差异，并且存在着产生冲突的可能性。行政复议机关在解决行政争议过程中，确定办案依据时，不能不考虑这些问题，更不能无视它们在行政活动中客观实在地发挥着自己的作用。

下面笔者将从行政复议适用行政规章和规范性文件的可能性与必要性入手，对行政复议如何适用行政规章和规范性文件以及行政复议与行政诉讼适用法律的关系问题进行一些探讨和研究。

一、关于行政复议适用行政规章和规范性文件的可能性

传统上对法律适用的观念一直存在着争论。一种认为法律适用是指对宪法、法律、行政法规和地方性法规的适用，并不包括对部门规章、地方性规章和其他规范性文件的适用，另一种意见则认为应该包括规章在内。《中华人民共和国行政诉讼法》第52条对这一争论作了法律上的解决，规定“人民法院审理行政案件，以法律和行政法规、地方性法规为依据”。但应引起注意的是，这里所说的依据仅是指人民法院这一主体范围内适用法律时的依据。也就是说，这里规定的人民法院解决行政争议时的法律适用问题，并不涉及或意味着排除了行政机关解决行政争议适用行政规章或规范性文件的可能性。关于这一问题，我们可以从三方面来阐述：

（一）法律规范的效力等级并不意味着较高效力等级的规范对较低效力等级规范的否定

我国现行立法体制是两个体系、多种层次的立法。从体系上分：权力机关制定行政法律规范的权力；行政机关制定行政法律规范的权力。从层次上分：全国人民代表大会及其常委会制定法律的权力；国务院制定行政法规的

权力；省、自治区、直辖市和省、自治区人民政府所在地的市以及国务院批准的较大的市的人民代表大会及其常委会制定地方性法规的权力（民族自治地方还包括自治州、自治县的人民代表大会制定的自治条例和单行条例）；国务院各部委、省、自治区、直辖市和省、自治区人民政府所在地的市以及国务院批准的较大的市的人民政府制定行政规章的权力。除此之外，州、市、县的人民政府还分别有制定普遍约束力的规范性文件（决定、命令）的权力。确定和区分这些规范效力等级的目的有二：其一，在于确定不同机关制定的规范适用的地域性或部门性，根据地区或部门的特点，为解决地区性的或专门性的问题提供依据；其二，在于保证我国法律体系的统一性和完整性，为解决各种规范之间的冲突提供依据和标准。根据我国宪法和地方各级人民代表大会和地方各级人民政府组织法的规定，处理不同体系和诸多层级规范之间相互关系的基本原则是：地方性法规不得与法律和行政法规相抵触；所有法律、法规、规章以及规范性文件都不得与宪法相抵触，本级权力机关可以撤销本级行政机关不适当的规范性文件或决定、命令；上级权力机关或上级行政机关可以撤销下级权力机关或下级行政机关的不适当规范性文件或决定、命令。这些原则是我国行政法律体系统一性与完整性的保障。这里所说的抵触是指立法精神和重大问题上主要方面的抵触与矛盾。就具体规范而言，由于其立法角度、着眼点和着重点不同，适用范围、部门和地域不同，都有其产生的原因和存在的意义，并且是不能相互取代的，只要不违背上述原则，即使地方性法规与部门规章之间，或者地方规章与部门规章之间有所差异、都应视为正常现象，而不应该以一种规范的存在否定或取代另一种规范。所以，一味地要根据效力等级来确定在解决行政争议时适用这一级的规范而不适用那一级的规范，是既不合理也不现实的。如果一发生冲突就要求有关机关作出解释或裁决，是会出现很多弊端的。一方面，由于情况比较复杂，及时作出解释或裁决也绝非易事，无疑会拖延案件的解决；另一方面，由于各种规范多且杂，冲突机遇大，有权机关必定被这些问题所纠缠而穷于应付，甚至可能由于个别案件的特殊情况而出现否定或撤销某些合法、适当的规范。因此，解决矛盾的办法就是制定专门的冲突规范，对在什么条件下适用哪些规范作出明确具体的规定，以免执法者与相对人无所适从。

（二）行政复议不适用规章或规范性文件就意味着对行政机关制定规范性文件职权的否定

首先，行政规章和规范性文件是行政机关为了实现其行政管理职能而作出的抽象行政行为，制定并适用行政规章和规范性文件是行政机关的基本职权之一。行政机关制定、适用行政规章和规范性文件，并不是对法律和法规的否定，而是在其职权范围内对法律法规空缺的补充或者对法律法规的具体化。行政规章和规范性文件的适用是行政执法的具体表现形式，如果连行政机关都不予适用，则这些行政规章和规范性文件就会变成一纸空文，行政职能就无法实现。

其次，行政规章和规范性文件是对相对人有一定约束力的行为规范，行政机关可以依据行政规章和规范性文件对相对人采取相应的具体行政行为；相对人不服的，可以申请复议。如果在复议时又以别的法律法规为依据，势必使相对人对行政规章和规范性文件的正确性产生怀疑，行政机关也会因不能前后一贯地执行行政规章和规范性文件而感到进退两难。

（三）上级行政复议机关适用下级行政机关制定的行政规章或规范性文件并不意味着对行政隶属关系的否定

行政隶属关系是反映上下级行政机关之间领导与被领导关系的状态，这种隶属关系主要表现在上级行政机关对下级行政机关的监督，下级行政机关对上级行政机关的服从，上级行政机关可以向下级行政机关授权，下级行政机关对上级行政机关负责等方面。作为上级机关的行政复议机构适用下级行政机关制定的行政规章和规范性文件，并未打破上下级行政机关之间的隶属关系，它不是要求上级行政机关按照下一级行政机关的意图进行行政活动，也不是上级行政机关依据下级行政机关的行政规章和规范性文件作出与相对人有利害关系的具体行政行为，而只是意味着上级行政机关对下级行政机关合法适当的抽象行政行为的认可。

二、关于行政复议适用行政规章和规范性文件的必要性

我国法律规定行政机关享有制定行政规章和规范性文件的权力，目的在于允许其适用这些行政规章和规范性文件。如果排除这些行政规章和规范性文件适用性的话，那么还有什么必要规定行政规章和规范性文件的制定权呢？实际上，不管人们在行政规章和规范性文件的效力及适用方面作了多少争论，现在又提出了是否有必要在行政复议时适用的问题，在实践中，这些行政规章和规范性文件都确实在发挥着作用。从我国实际情况看，这种作用还是不可取代的。毫无疑问，它的实施将同样会引起行政争议，这一现实也不能回避。如果上级行政机关进行行政复议不适用行政规章和规范性文件，是否意味着上级行政机关不承认下级行政机关制定的行政规章或规范性文件的有效性呢？对于下级行政机关而言，这种顾虑无疑是存在的。因为上下级行政机关之间的关系毕竟不同于行政机关与司法机关之间的关系，人民法院在审理行政诉讼案件时，无权宣布某个行政规章或规范性文件无效，仅仅是不适用某种行政规章或规范性文件，并不意味着对行政规章或规范性文件的否定。但行政机关之间的关系则不同，上级行政机关对下级行政机关的影响力和监督权是无时不在的。如果行政复议时对作出具体行政行为的依据不置可否，只有两种解释：或者是否认这种依据，或者是未履行监督权。否认适用行政规章或规范性文件作为行政复议依据的结果，必将是导致依据行政规章和规范性文件作出的具体行政行为的无效；不履行监督权，则是上级行政机关的失职行为。所以行政复议适用行政规章或规范性文件，既是上级行政机关对下级行政机关抽象行政行为的两种监督，又是一种认可，具有双重意义。

三、行政复议如何才能适用行政规章和规范性文件

进行行政复议如果适用行政规章和规范性文件，碰到的主要问题就是行政复议在解决具体行政行为是否合法适当之前，首先要确定行政规章和规范性文件本身是否合法适当。这就产生了上级复议机关在解决行政复议案件过程中是否需要审查或以什么为标准来审查下级行政机关抽象行政行为的问题。

我国《地方各级人民代表大会和地方各级人民政府组织法》第51条规定："县级以上的地方各级人民政府行使下列职权：……（三）改变或者撤销所属各工作部门的不适当的命令、指示和下级人民政府不适当的决定、命令；……"根据这一规定，上级行政机关对下级行政机关的抽象行政行为有当然的审查权。

首先，上级行政机关对下级行政机关抽象行政行为的审查应该不限时间，不拘形式。无论何时何地在何种情况下，只要发现下级行政机关作出的抽象行政行为不合法不适当，就应及时予以改变或撤销。因此，上级行政机关在行政复议过程中，必须先对作出具体行政行为的依据——行政规章或规范性文件——本身的合法性或适当性进行审查，然后才可以考虑是否适用这个行政规章或行政措施来解决行政争议的问题。如果行政规章和规范性文件合法适当，则应作为解决争议的依据，否则应予以改变或撤销。但对于依据权力机关制定的规范所作出的具体行政行为，行政复议机关只能审查具体行政行为是否符合权力机关制定的规范，而不能对规范本身进行审查。

其次，上级行政机关对下级行政机关抽象行政行为的审查，必须依据法律、行政法规和地方性法规。在法律法规空缺的情况下，可以参照上级或本级人民政府制定的行政规章或规范性文件。审查时，先是合法性的审查，后是适当性的审查。如果连合法性都达不到，何谈适当？合法性的审查是最基本的审查。法律法规空缺时，应以包含相关内容的最高效力等级的行政规章或规范性文件为依据进行审查。

行政机关依据法律、法规、行政规章或规范性文件作出具体行政行为的情况有三种：一是直接依据法律、行政法规和地方性法规作出具体行政行为。对于不服这类具体行政行为提出的复议，复议机构只能适用法律、行政法规和地方性法规作为解决争议的依据。二是依据其他地方权力机关制定的规范性文件作出具体行政行为。对于不服这类具体行政行为提出的复议申请进行复议时，只能适用该规范性文件作为办案依据，而不能对其进行审查，这些规范性文件的审查权在制定该规范性文件的权力机关或其上级权力机关。如果发现权力机关制定的规范性文件与宪法、法律、行政法规或地方性法规有抵触，应先建议有权机关予以撤销或改变。三是依据部门规章、地方性规章以及县以上人民政府制定的规范性文件作出具体行政行为。对于这类具体行政行为的复议，分两种情况处理：第一种情况，如果复议机构属于制定行政规章或规范性文件的上级行政机关，则首先要对行政规章、规范性文件的合法性或适当性进行审查，对不合法或不适当的行政规章或规范性文件应予以改变或撤销，对合法适当的则应予以适用。第二种情况，如果复议机构是制定行政规章或规范性文件的下级行政机关，进行复议时只能适用该行政规章或规范性文件，而不能对其进行审查。若发现违法或不当的行政规章或规范性文件，则应建议有权机关予以改变或撤销。

四、关于行政复议适用行政规章和规范性文件与行政诉讼办案依据是否协调一致的问题

根据我国《行政诉讼法》第 63 条的规定，“人民法院审理行政案件，以法律和行政法规、地方性法规为依据”。那么，一件经过行政复议和行政诉讼两个阶段的行政争议案件，就有可能遇到在行政复议阶段适用行政规章和规范性文件，而在行政诉讼阶段则适用法律、行政法规和地方性法规的情况。这就存在对同一法律关系在解决争议的不同阶段适用不同衡量标准的问题，也即行政复议与行政诉讼办案依据是否不够协调一致的问题，回答是否

定的。首先，处理不同体系和层级规范之间的关系的原则，确保了我国法律体系的统一性和完整性。在协调统一的体系中，某个具体规范与整个体系总是协调一致的，适用哪个规范来解决具体纠纷，是适应各部门、各地区具体情况的需要，不存在局部与整体不协调的问题。其次，行政机关制定行政规章或规范性文件，是行政行为的具体方式之一。行政规章和规范性文件实际上就是法律、行政法规和地方性法规的具体化，通俗地讲，也就是国家宪法和其他法律法规的实施细则，因而不存在标准不统一的问题。最后，行政复议乃至解决行政争议最终的、最权威的标准，只能是法律、行政法规和地方性法规。人民法院审理行政案件，必然要对作出具体行政行为所依据的行政规章或规范性文件进行审查。如果发现地方政府规章与部委规章不一致，则要由最高人民法院报请国务院作出解释或裁决，国务院的解释或裁决则具有行政法规的效力，人民法院应当予以适用。如果经审查认为规章或规范性文件与法律、行政法规和地方性法规无抵触，这正说明行政规章、规范性文件与国家法律规定是协调一致的，那么，人民法院直接适用法律、行政法规或地方性法规解决行政争议，就不存在适用了不同标准的问题。如果行政规章或规范性文件与法律、行政法规和地方性法规相抵触，人民法院当然不能予以适用。除了以不予参照表示否定之外，不能宣布其无效，而应由有权的权力机关或行政机关将其撤销或修改，使之与法律、行政法规或地方性法规协调一致。

综上所述，建议我国行政复议条例关乎办案依据应表述为：行政复议以法律、行政法规和地方性法规为依据。也可以适用经审查认为合法、适当的行政规章或规范性文件。对行政规章和规范性文件合法和适当性的审查要以法律、行政法规为依据，法律法规未规定的，可以参照上级行政机关制定的行政规章或规范性文件。

浅议日本《行政不服审查法》的修订及其启示

方 军*

一、日本《行政不服审查法》出台的背景和意义

日本的行政不服审查是与我国行政复议大体对应的法律制度。作为行政救济机制的一环，行政不服审查与行政复议都是大陆法系早期诉愿制度在新的社会条件下发展变革的产物。不仅如此，在当今世界各国行政复议制度体系中，以日本、中国台湾地区和韩国为代表的东亚模式已经成形，成为脱胎于传统欧陆诉愿体制同时吸收了英美行政裁判（行政法法官）制度的司法基因的制度类型。应当说，东亚模式的行政复议制度改革起源于“二战”以后，深受当时特定的社会和经济因素影响。在这个过程中，日本是东亚地区改革旧的诉愿制度的先行者。早在1952年，日本政府就委托“临时诉愿制度改正委员会”研究修改1890年仿效欧陆国家制定的《诉愿法》，1954年又成立诉愿制度调查会继续推进修法工作。1960年，诉愿制度调查会向内阁总理大臣提交诉愿制度改善纲要。在此基础上，1962年日本国会通过了《行政不服审查法》，同时废止了原《诉愿法》。需要指出的是，《行政不服审查法》是日本的行政复议制度的一般法。在该法之外，还存在一些有关行政复议的单行特别规定，这些行政复议的特别规定包括国税不服审查制度以及行政审

* 方军，国务院法制办复议司副司长，法学博士。

判制度等，它们在行政复议机关和行政复议程序方面作了不同于《行政不服审查法》的规定，具有程序更为严谨、地位更为独立的特点，可以说更加接近英美行政复议制度的高度司法化属性。

总的来看，日本从《诉愿法》向《行政不服审查法》的转变，是在大陆法系传统基础上吸收英美法系法律理念的结果，特别是带有高度司法化的行政审判制度，就是美国行政委员会制度在日本的应用。这种转变的关键之处在于，人们不再强调行政复议主要作为行政系统内部监督的效果，而是更加重视其法律救济的功能，用日本学者的观点来表述，如果传统的诉愿制度更加强调“行政的自我统制，即确保客观的法秩序和行政的公正运作”① 的话，行政不服审查制度则将向私人提供简易迅速的救济放在第一位，同时试图有助于实现行政的自我统制的目的。由此可以看出，行政自我监督成为行政复议的附带甚至是第二位的功能，这是对欧陆诉愿制度的一种颠覆性变革。基于这种思路，日本《行政不服审查法》中明确规定了不利变更禁止的原则，并且允许引入了言辞辩论的程序。可以说，在东亚地区，日本开创了大陆法系诉愿制度引入英美法系观念进行改造的先河，为此后东亚模式的形成奠定了制度和理论基础。

在日本改革旧有诉愿制度的影响下，1970 年 12 月中国台湾地区也对南京国民政府于 1930 年颁布的“诉愿法”作了第一次修订，不仅条文增加，最为令人称道的是新“诉愿法”第 26 条增订的如下内容：“各机关办理诉愿事件，应设诉愿委员会，组成人员以熟谙法令者为原则；其组织规程，由主管院定之。”不少学者认为这实际上是开始参照西方行政委员会的做法。台湾地区“诉愿法”又历经多次修订，其中 1995 年 1 月修正公布的“诉愿法”第 26 条吸收了实际部门的成功做法，规定诉愿审议委员会组成人员以熟谙法令者为原则，“其中社会公正人士、学者、专家不得少于诉愿审议委员会成员三分之一”。1998 年，“诉愿法”作了全面修订，条文从 28 条扩充到 101 条，其中

① ［日］盐野宏著：《行政救济法》，杨建顺译，北京大学出版社 2008 年版，第 10 页。

第52条进一步规定，诉愿审议委员会委员“由本机关高级职员及遴聘社会公正人士、学者、专家担任之；其中社会公正人士、学者、专家人数不得少于二分之一”。第53条又规定：“诉愿决定应经诉愿审议委员会会议之决议，其决议以委员过半数之出席，出席委员过半数之同意行之。”至此，台湾地区行政复议制度虽然仍然保留了“诉愿法”的名义，但是与欧陆传统诉愿制度相比，也已发生了根本性的变革。在体制上通过半数以上的外聘委员来改造旧的诉愿体制，“一改过去各机关诉愿会委员绝大多数为内部高级主管兼任，予人审议结果不客观，形成官官相护之不良印象”。② 诉愿决定虽以诉愿管辖机关名义作出，但是行政机关不得干涉诉愿决定的形成，诉愿决定由诉愿委员会议决，标志着诉愿体制趋于准司法化。因此，诉愿虽然形式上仍为行政内部的自我审查程序，但并非真正由行政机关再次一般行政程序重为裁决③。配合诉愿体制的调整，诉愿程序也有不少变动。比如，取消了原有的再诉愿，仅保留一级诉愿；将诉愿先行程序（异议）与诉愿程序合并，诉愿人提起诉愿，必须向原处分机关提出；诉愿决定于诉愿人表示不服之范围内，不得为更不利的变更；扩大诉愿受理范围，赋予地方自治团体和行政机关诉愿当事人的能力；增设课以义务诉愿的类型，加强当事人不服行政不作为的救济力度。对于这些制度变动，理论界也有不同的评价，有的学者从传统大陆法系的观点出发，批评诉愿准司法化后削弱了以前突出行政内部审查的特性；也有学者对诉愿与诉愿先行程序（异议）合并后出现的实际问题提出反思，认为新《诉愿法》规定诉愿人必须经由原处分机关提起诉愿，虽然用意良善，但在实务操作上也出现流弊，主要是原处分机关可能将未明确表示诉愿意旨的案件以请愿（案件）处理，规避人民的救济请求。④

---

② 张自强、郭介恒：《诉愿法释义与实务》，第192页。转引自蔡志方：《从诉愿制度的机能，论诉愿委员会的组织体制》，载《首届两岸四地当地政府解决行政争议机制学术研讨会会议论文》。

③ 张文郁：《台湾诉愿制度特点简介》，载《首届两岸四地当地政府解决行政争议机制学术研讨会会议论文》。

④ 张文郁：《台湾诉愿制度特点简介》，载《首届两岸四地当地政府解决行政争议机制学术研讨会会议论文》。

韩国重新获得独立后，于1951年仿效日本法制，制定了《诉愿法》。这部法律存在的最大问题，是诉愿机关的客观公正性差。[⑤] 随着韩国社会发展和民主进步，诉愿制度的革新提上议事日程。韩国1980年制定的第五共和国宪法规定：作为（法院）审判的前审程序，可以进行行政审判（对原有诉愿制度改革后的新制度名称，相当于中国的行政复议，与行政诉讼不是同一概念），行政审判程序由法律规定，但是必须准用司法程序。1981年，韩国公法学会开展了“行政审判制度的综合研究”，次年向政府提交了修法建议。韩国政府1982年开始对《诉愿法》进行修改，最后于1984年12月出台了《行政审判法》。这部法律公布后于1995年12月、1997年8月、1998年12月、2005年12月、2008年2月、2010年1月历经六次修改，特别是在保障行政复议的独立性方面不断改进，被认为是东亚地区行政复议制度的代表。[⑥] 韩国行政复议制度改革的最大特点是高度的准司法化趋势，这点已经远远超过台湾地区，更是日本所不可企及的。从其1998年12月修订的《行政审判法》规定的行政复议机构设置及其与行政复议机关的关系看，韩国不论是政府还是部门作为行政复议机关，其行政复议机构都在同级政府之下统一设置，部门不再另设行政复议机构。行政复议机构采取由决策机构和工作机构相结合的复合体制，其中决策机构为主要由外部专家组成的行政审判委员会，工作机构则是政府法制部门下设的行政复议局专任。行政复议委员会实行合议制，以决议的方式确定裁决的内容，通知行政复议机关按照该裁决对外作出行政复议决定。这些年来，韩国行政复议制度修订频繁，总体的改革“倾向于逐步减少行政复议机关同有关行政机关之间的瓜葛、增加独立性，以期确保复议的公正性”，“根据《行政审判法》第31条，复议机关必须‘依照’行政审判委员会的决议内容，即必须受到行政审判委员会关于复议结论的决

---

⑤ 吕艳滨：《韩国的行政复议制度》，载周汉华主编：《行政复议司法化：理论、实践与改革》，北京大学出版社2005年版，第396页。

⑥ ［日］尹龙泽：《东亚比较法视野下的日本行政复议法的修改》，肖军译，载《时代法学》第7新卷第5期。

议的羁束，不得作出与其内容不同的裁决。这一规定无疑加大了行政审判委员会在复议中的自由性和独立性”。[⑦] 韩国关于行政复议效力的规定，也从根本上摆脱了欧陆传统观念的桎梏，带有极强的英美法系特色，根据其法律规定，当事人不得对行政复议裁决提起行政诉讼，如有不服只能以原行政处分为对象向法院起诉（韩国学者称之为原诉讼被告认定上的原处分主义），这充分体现了“裁判者不当被告”原则和诉讼经济原则的要求，有效避免了行政复议和行政诉讼无谓的程序循环，大大节约了行政复议和行政诉讼的法律资源。2008 年 2 月，韩国《行政审判法》第五次修订时，取消了行政复议机关的法律概念，直接由行政审判委员会以自己的名义进行审查和裁决，并将裁决文书送达双方当事人；同时，国务总理行政审判委员会也从政府法制部门之下独立出来，与原来的国民苦衷处理委员会（相当于我国的信访机构）、国家清廉委员会（相当于我国的监察部）合并重组为国民权益保护委员会。这次修订，使韩国行政复议的司法化进一步提高，议决机关与行政复议机关实际上的合一，也提高了行政复议的效率，并使行政复议机构成为完全的超脱的第三方。2010 年 1 月，《行政审判法》最近一次修订时，为了适应行政复议案件逐年大幅增加和行政复议程序的准司法化，以及当事人日益强烈的参与行政审判程序的要求，导入了临时处分、异议申请、利用电子信息处理系统等新的制度；将国务总理行政审判委员会更名为中央行政审判委员会，同时将常任委员会由 2 名增加到 4 名；为防止乱设特别的行政复议程序，相关行政机关如果打算通过单行立法新设特别行政复议时，必须事先与中央审判委员会协商并取得其同意，以保障统一的行政复议制度的实施。当然，对行政复议体制调整频繁、改革力度甚大，学术界也有一些不同看法，有人认为“让国民权益委员会一起实施国家清廉委员会、国民苦衷处理委员会的职能，是没有看清行政审判功能的特殊性；实施准司法功能的行政审判机

---

⑦ 吕艳滨：《韩国的行政复议制度》，载周汉华主编：《行政复议司法化：理论、实践与改革》，北京大学出版社 2005 年版，第 401-402 页。

关，与以制度改善为目的的国民苦衷处理委员会、国家清廉委员会，在性质上完全不同，将其统合多少有些勉强”。[⑧] 综合来看，以日、台、韩为代表的行政复议东亚模式来看，在改革进度上呈现出后来居上的倾向，韩国行政复议制度的司法化是其他两地不可比拟的，而台湾地区在修法频率和改革力度上也明显超过了日本。

日本是东亚地区行政复议制度变革当之无愧的首倡者和先行者，然而自1962年制定《行政不服审查法》以来，再无大的修法进展，实践中除特别的行政不服审查制度成效显著外，一般行政不服审查机制运作效果平平，其原因是多方面的，最主要的还是在某种程度上难以完全突破传统大陆法系观念的影响，变革虽早，但是约束也多。用今天的眼光来看，日本的行政不服审查制度仍然存在不少重大局限，其理论界和实务界都认为，《行政不服审查法》需要从三方面进行改进：一是，使国民更加便利地利用行政复议；二是，健全审查机构并加强其独立性，“没有人办案，制度再好也没用”；三是，认真解决实施中的不平衡问题。在这些问题中，最突出的是行政不服审查“不是由审查请求人和处分厅进行的双方当事人的对抗程序”，“存在着难以消除一般民众对审查的公正性、中立性的不信任及疑惑的问题”，这种构造性的问题“让人们深感在《审查法》的领域中进行全面性改革完善的必要性”。[⑨]

二、最近十年来日本《行政不服审查法》的修订历程及其关注的主要问题

日本国内对于行政不服审查制度的检讨和反思由来已久。大约20年

---

⑧ ［韩］金容燮：《韩国行政诉讼前的权利救济方法》，载《东亚行政法学会第8次国际学术大会论文集（2008）》，转引自［日］尹龙泽：《东亚比较法视野下的日本行政复议法的修改》，肖军译，载《时代法学》第7新卷第5期。

⑨ ［日］南博方著：《行政法》（第六版），杨建顺译，中国人民大学出版社2009年版，第163页。

前，当时的总务厅行政管理研究中心设置的事后救济制度调查研究委员会，有关研究报告对行政不服审查制度自身设计问题指出了七点不足。进入新世纪以来，随着日本地方分权改革的实施以及《行政程序法》的修订（2005年）等行政法制的完善，日益彰显了《行政不服审查法》救济范围过窄、审理公正性不高等固有缺陷，日本行政不服审查制度研究会提出的《行政不服审查制度研究报告书》，对立法问题和修订方向作了系统阐述。特别是随着日本行政诉讼制度的修订，要求进一步发挥作为行政系统内部法律救济机制的行政不服审查制度的作用，《行政不服审查法》的修订也理所当然地提上了日程。[10] 2006年至2007年，日本总务省在总务副大臣之下设置了“行政不服审查制度研讨会”，研讨会于2007年7月提出了最终报告，形成了系统的修法建议。日本政府采纳了该法建议，并于2008年4月向国会提出了修订行政不服审查制度的三个法案，即《行政不服审查法案》《有关部分修改行政程序法的法律案》《行政不服审查法相关法律完善法案》。2009年8月，因日本众议院解散、民主党政权随后上台，该法案未经付诸表决而成为废案。

民主党执政后，民主党政权对2008年自民党政权提出的行政不服审查制度修订三法案产生重大分歧，认为自民党法案存在重大问题，于是组织了“行政救济研讨小组”，谋求把行政不服审查改造成为灵活有效的行政救济机制。该小组提出的修法意见中，核心是建立健全且具有独立地位的审理官制度。但是，在按照这个思路修订《行政不服审查法》的过程中，2012年年底民主党失去了政权，有关立法活动也随之中断。

自民党重新取得政权后，总务省在2008年法案的基础上，恢复了行政不服审查法的修订工作。2003年6月，总务省颁布了《行政不服审查制度的修订方针》，作为指导修法的总体构想。该修订方针列明以下四个方面的内容：

---

[10] 参见本多滝夫、江利红：《日本行政系统的转化和行政不服审查法的“现代化”》，载《行政法学研究》2015年第3期。

（一）基本思路

1. 给国民广开与行政处分相关的申请渠道的行政不服审查制度（指根据《行政不服审查法》提出的不服申请以及与此相关的制度），是以救济受违法、不当的行政处分侵害的国民权利和利益的同时，通过在行政内部重新审查自己的处分，确保行政的合理运营为目的的制度，是获得国民信赖的公正行政的基础构成。

2.《行政不服审查法》制定后的50年间，未曾得到彻底修改，而在这期间，国民的权利意识的变化、《行政程序法》的制定以及《行政事件诉讼法》的彻底修改等，围绕制度的环境有了很大的变化，确保审理的公正性等切合时代的制度修改已成为紧迫的课题。

3. 在与这次修正相同的问题意识下，2008年4月《行政不服审查法案》《关于整理与行政不服审查法施行相关法律等的法律案》以及《修正行政程序法一部分的法律案》等三法案，经过广泛讨论，得到内阁会议决定，提交到国会。2008年法案在尚未开展审议的情况下，因2009年众议院解散而审议未结，成为废案，可是既然不是国会否定了修正内容，就应该基本上保持修正内容，同时根据各方面的最新意见也可以作适当补充完善。因此，对于修订方针未提到的事项，基本上以2008年自民党法案为准。

（二）行政不服审查法的修正

1. 申请行政不服审查的程序。（1）不服行政厅的处分者，可以提出审查请求。（2）除了法律（根据条例作出处分的，指条例）有特别规定的情形外，应当向处分厅的最上级行政厅（当处分厅没有上级行政厅以及处分厅是主任大臣或外局厅的长官时，指该处分厅；处分厅的上级行政厅是主任大臣或外局厅的长官时，指该主任大臣或外局厅的长官）提出审查请求。（3）除了审查请求外，可以例外增设“再调查请求（暂定，下同）”以及“再审查请求（暂定，下同）”等结构。（4）再调查请求。对行政厅的处分，当法律规定可以提出“再调查请求”时，可以提出“再调查请求”。在这种情形，不服申请人可以不经过“再调查请求”，直接申请审查请求。(5) 再审查请求。法律有特别规定时，不服对审查请求作出的裁决，可以按照法律规定提出“再审查请求”。对“再审查请求”的具体的审理程序，再做进一步研讨。另外，不规定未经“再审查请求”的裁决不得提起取消诉讼的内容。

2. 审理体制。(1) 审理的主持者。审查请求的审理，原则上由审理员进行。审查厅在审查厅所属职员（如果制作第4项规定的名册的，指在该名册中记载的人）中指定审理员的同时，应当向审查请求人及处分厅通知此事。但是，在行政委员会或审议会等（包括地方自治法第138条之4第1项和第3项规定的机关）成为审查厅或者根据条例作出处分时条例有特别规定或者审查请求人不补正审查请求书中的瑕疵而驳回该审查请求的场合，除外。审理员必须是与审查请求相关处分有关联的人员以外的人。成为审查厅的行政厅，应当努力制作审理员名册，制作后必须通过适当方法予以公开。(2) 第三方机关。审查厅接到审理员提出的意见书（关于审查厅应当作出的裁决的意见书）后，除下列情形外，审查厅为主任大臣或外局厅的长官时，应当向行政不服审查会（暂定）咨询，审查厅是地方公共团体（仅限于都道府县或市区町村以及地方公共团体的情形）的长官时，应当向第2项规定的地方公共团体的机关咨询：a. 要作出与审查请求关联的处分时，其他法律（根据条例作出处分的，指条例）规定，应当经过审议会等（指审议会、行政委员会、地方公共团体的议会以及政令规定的与此类似的东西，在本项中相同）的议决的内容而且经过该议决已执行该处分的情形；b. 要作出裁决时，其他法律（根据条例作出处分的，指条例）规定应当经过审议会等的议决的意思或可以经过议决的意思，而且通过该议决后要作出裁决的情形；c. 与审查请求相关的与不作为相关的处分，经过在第（1）规定的审议会等的议决，要作出裁决的场合；d. 审查请求被行政不服审查会等（指第2项规定的机关，下同）认定为不需要咨询的场合；e. 因审查请求不合法而不予受理的场合；f. 取消与审查请求相关的全部处分（属于事实行为及根据法令不予受理或驳回申请的处分的除外）、作出应当废除与审查请求相关的全部事实行为为内容的命令或者废除、作出应当根据法令支持申请的全部为内容的命令或者支持的场合（属于被提出反对这些措施为内容的意见书的场合或者在陈述口头意见时被陈述这种意见的场合，除外）。另外，除了上述情形之外，对符合以下的一定要件的情形，朝着不需要咨询行政不服审查会的方向，继续推进研讨：a. 对申请所指向的处分，法令已明确规定标准等情形；b. 审查请求人及参加人不希望咨询行政不服审查会等情形。为了响应审查厅的咨询而进行对审查请求的调查审议，在总务省设置行政不服审查会（暂定）的同时，在地方公共团体设置执行机关的附属机关。对此，向地方公共团体能够采取以下措施的方向，继续推进研究：a. 与其他地方公共团体共同设置相应机关；b. 委托其他地方公共团体处理相应事务；c. 接到审查请求时，临时任命委员。

3. 审理程序。（1）作为通过审理员进行的审理程序，设置与审理程序的有序开展、答辩书的提出、反驳书等的提出、口头意见的陈述、证据文书等的提出、物件的提出要求、证人的陈述及鉴定要求、验证、对审理关系人的质问、审理程序的有序开展、程序的合并或分离、审理员停止执行意见书的提出、审理程序的终结及审理意见书相关的规定。（2）除了前项内容外，审查请求人或参加人到审理程序终结为止，可以向审理员请求查阅和复写根据行政不服审查法规定提出的文书及其他物品，此时，审理员除了可能损害第三方利益的情形或有其他正当理由外，不能拒绝其查阅或复写。另外，同意复写的，在实际费用的范围内，可以收取费用。

4. 申请救济期限。（1）除有正当理由外，自从知道作出处分之日起经过3个月（对该处分提出过“再调查请求”的，自从知道对该“再调查请求”作出决定之日起经过1个月）后，不能提出审查请求。另外，除有正当理由外，自从知道作出裁决之日起经过1个月后，不能提出“再审查请求”。（2）除有正当理由外，自从作出处分（对该处分提出过“再调查请求”的，自从对该“再调查请求”作出决定）之日起经过1年后，不能提出审查请求。

5. 其他。关于不服申请程序、不服申请处理状况等的信息提供方面，对努力采取必要措施方面，需要继续研讨。

（三）行政程序法的修正

1. 要求处分等。当发生违反法令的事实，为了纠正此事应该受到处分或行政指导（只限于法律规定了可以作为其根据的内容）而预料未受到时，任何人可以向有权限的行政厅等提出此意，要求作出相应处分或行政指导。接到提议的行政厅等，进行必要的调查后，根据其结果认为有必要时，应当作出相应处分或行政指导。

2. 申请停止行政指导。为纠正违法行为而作出行政指导（只限于法律规定了可以作为其根据的内容）时，其相对人预料该行政指导不符合相关法律规定的要件时，原则上可以向作出该行政指导的行政机关提出申请，要求停止该行政指导以及采取必要的措施。接到申请的行政机关，通过必要的调查，认为该行政指导不符合相关法律规定的要件时，应当停止该行政指导以及采取必要的措施。

（四）关系法令的修正

根据《行政不服审查法》，规定特别程序的个别法，与 2008 年法案一样，应当以确保与行政不服审查法同等以上的程序保障水平为出发点，立足于各个别法的宗旨，进行必要的条款修改工作。（1）关于所谓的裁定的干预。a. 与所谓的“裁定的干预”相关的不服申请，适用改正后的行政不服审查法规定。b. 与所谓的“裁定的干预”相关的法律，在维持现在的不服申请受理机关的基础上，为适用新法而进行相关规定的修改。（2）不服申请前置。作为修改不服申请结构的一环，对不服申请前置进行必要的修改时，在以下基本标准下，进行相关规定的修改。a. 大量性（成为不服申请前置的对象的不服申请是否大量存在）；b. 第三方机关的干预（具有专门技术性及公正性的第三方机关是否干预不服申请）；c. 专门技术性（是否具有不经过不服申请而直接提起诉讼就给裁判所的审理带来障碍的专门技术性)。(3)代理人制度。关于向个别需要特定资格资质的人士的代理权赋予问题,应该与此次行政不服审查制度的修改分开,单独进行研究讨论。

根据上述修订方针,自民党启动了正式修法程序,2014 年 3 月,向第 186 次国会提出了有关行政不服审查制度修改的新的三法案(《行政不服审查法案》《有关部分修改行政程序法的法律案》《行政不服审查法相关法律完善法案》)。这些法案于同年 6 月获得国会通过,《行政不服审查法》问世 52 年来的首次修订宣告完成。从国会最终通过的修订法案看,基本上没有超越修订方针所陈述的情形。一般认为,这次修订最大的亮点可以归结为:第一,公正性提高。合议制以外的机关必须指定审理员审理案件,审查员还有相应的资格规定,审理员名册必须对外公开。审理案件的机关负有向行政不服审查会咨询的广泛义务,行政不服审查会由三名人员以合议的方式审议案件,对审查会的会长和委员予以职业保障。审理案件的程序引入对抗性,给予相对人质疑抗辩权。在程序设计上不再片面强调简易快捷,而是注重简易与公正的结合。第二,便民性增强。相对人申请救济的时间由原来的 60 日延长到 3 个月。将原有的异议程序与审查请求程序统一为审查请求,使程序更为简明。审理机关可以采取灵活多样的方式审理案件。废止和减少不必要的行政不服审查前置程序,增强行政不服审查制度和行政诉讼制度的竞争性。第三,救济性强化。主要是给予审理机关和审查员必要的救济手段,及时纠正违法不当的行政行为,保障相对人的合法权益。

日本《行政不服审查法》经过 2014 年的最新修订之后,大量吸收了行政法理论的创新成果,弥补了原有法律的诸多缺陷,在一定程度上克服了与东亚其他国家(地区)有关制度相比存在的明显短板,具有较强的理论和实践意义。同时,也有学者指出,这次修法的效果不可高估,尽管修法本身是针对原有制度存在的公正性欠缺的主要问题进行的正面变革,其中又以新导入的审理员制度和审查会制度作为主要的突破口,但是“审理员的独立性、中立性的制度性担保并不充分,审理员的意见书以及行政不服审查委员会的答复并不能充分拘束不服审查机关的判断，这些都削弱了行政不服审查制度的竞争力”；“与事前的行政程序制度以及行政诉讼制度的竞合甚至是抵触，妨碍了行政不服审查制度的‘现代化’。妨碍这次行政不服审查制度彻底改革的原因在于存在于各种制度背景之下的传统的概念、思考框架等”。⑪ 换言之，日本行政不服审查制度的进一步变革完善，障碍在于打存旧有的理论体系，出路在于不断的实践总结和理论创新。

三、日本行政不服审查法修订对中国行政复议制度完善的启示

我国“行政复议”一词产生于1949年以后的特定历史背景之下。在很长的时间里，行政复议与旧有的诉愿制度的内在关联被人为割裂，诉愿制度在世界范围内的发展变革对我国行政复议制度几无影响。1990年中国出台第一部统一的行政复议法规时，虽然立法机构第一次明文承认了行政复议与诉愿制度的同一性，但是当时的《行政复议条例》并未接受行政复议的救济属性，相反着力渲染它的内部监督特性。从“二战”以后世界多数国家和地区的行政复议（诉愿）制度变革的历史进程不难看出，承认并体现行政复议的第一位功能是救济功能，通过给予相对人有效的法律救济以最大限度地化解行政争议，并据此重新设计行政复议的体制机制、程序规则以及与相关制度（行政诉讼、信访）的关系，这是建立完善的行政复议制度的理论起点。

经过20多年的发展，我国行政复议实践已经积累了相当丰富的经验，《行政复议法》的修订也早就呼声不断，特别是国家决策层明确宣示行政复议是解决行政争议的多元机制的一个重要环节，无疑为中国的行政复议制度变革创造了良好的条件，但是遗憾的是，《行政复议法》的修法过程一波三折，至今尚无实质进展。究其原因，很重要的一条就在于理论界和实务部门

⑪ ［日］本多滝夫、江利红：《日本行政系统的转化和行政不服审查法的“现代化”》，载《行政法学研究》2015年第3期。

包括立法机构对如何认识行政复议的性质定位，如何认识行政复议的功能作用，如何设计行政复议的体制机制，如何构建行政复议的审理程序，以及如何促进行政复议与行政诉讼的有机衔接，还未形成基本一致、比较清晰的系统认识。[⑫] 然而，离开上述的这些关键问题，行政复议制度的修订很可能无功而返，勉强在细枝末节的问题上修修补补，也不会真正有助于发挥行政复议在解决行政争议方面的应有作用。为此，笔者在 2013 年年底主持研究修订《行政复议法》时，曾经就提供给有关方面的修法指导思想作过这样的表述：行政复议法在体制机制、办案程序、与行政诉讼法的衔接等方面的诸多问题，都与我们以往对于行政复议“是什么”（性质）和“做什么”（功能）的认识密切相关。长期以来，受行政诉讼法和传统理论的影响，行政复议被单纯看作一种具体行政行为，主要功能侧重于行政执法监督。在中央强调行政复议是行政争议解决机制的一环、要求把行政复议作为化解行政争议主渠道的大背景下，各方面普遍感到，结合 20 多年来我国行政复议走过的历程看，完善行政复议制度，更大程度上发挥行政复议的作用，必须把行政复议首先看作一种行政救济行为（与行政诉讼这种司法救济行为相对应），把其主要功能定位于居中裁决行政争议、最大限度地化解矛盾纠纷。在此基础上，借鉴域外成功做法并总结一些地方和部门探索的经验，修订《行政复议法》需要重点考虑相对集中行政复议职责、实行行政复议委员会裁决制度、健全行政复议证据规则、完善行政复议审理程序、厘清行政被告的理论基础、建立行政复议人员资格制度。

日本行政不服审查制度的修订历程和修订后的学者评论，从一个侧面为笔者的上述判断提供了论据。当今世界，行政复议呈现欧陆模式、英美模式和东亚模式“三足鼎立”，不同模式有其各自的历史背景和法律文化根基，同

---

⑫ 在理论界，尽管以应松年教授为代表的部分法学家多年来一直主张把行政复议打造成为解决行政争议的主渠道，并按照这个目标重构现有的法律制度，但从目前的情况来看，这个观点还很难说已成共识。

时各种模式也不是一成不变的，而是处在不断地变革发展之中。就我国行政复议制度的发展趋势而言，需要广泛地学习域外的有益做法，而东亚模式的经历、经验则可能有更多的可借鉴之处。因此，日本行政不服审查制度的产生、发展和完善的过程，以及其中的争议和得失，尤其值得我国的理论界和实务界关注。

行政诉讼架构分析*

——行政行为中心主义安排的反思

杨伟东**

时下，围绕着行政诉讼法修改的研讨如火如荼，不同版本的修正方案和专家建议稿随之浮出水面。尽管各方对行政诉讼法的修改时机是否恰切、究竟是大修还是小改等修改策略上意见不尽相同，但是，就修改内容而言，各方关注焦点似乎较为一致。扩大受案范围、提高行政审判的独立性、拓宽原告资格、改变经复议后的被告确定规则、增加行政公益诉讼等成为讨论的热点，相反对行政诉讼制度的架构及安排问题鲜有提及和关注。此次行政诉讼法的修改为我们打破现有条文架构束缚全面反思行政诉讼制度提供了难得的契机，本文拟偏离讨论热点聚焦于行政诉讼架构的初步分析，意在为行政诉讼法的修改创设一个新的观察视角。

一、提出和分析行政诉讼架构的意义

行政诉讼架构是本文为分析行政诉讼制度的安排而提出的概念，主要指行政诉讼的运转基点及由此确立的行政诉讼制度框架。引入这一概念并非标新立异，而旨在思考我国行政诉讼制度安排的基础性问题。

毋庸置疑，我国现行的行政诉讼制度架构和安排采用的是纯粹的、彻底

---

* 本文原发表于《华东政法大学学报》2012年第2期。
** 杨伟东，国家行政学院法学部教授、博士生导师，法学博士。

的（具体）行政行为中心主义。[1] 行政行为是行政诉讼制度安排的基石和运转的基点，即行政诉讼制度围绕行政行为建立，以行政行为为中心运转；行政行为是贯穿行政诉讼制度的主线，即行政行为连接法院与行政诉讼参加人的关节点，贯穿于行政诉讼始终。下表是行政行为在行政诉讼各个环节或主要制度中的体现：

环节或制度	体现	相关条文
基本原则	行政行为合法性审查	第5条
受案范围	是否是行政行为、何种性质的行政行为	第2、11、12条
原告	认为具体行政行为侵犯其合法权益的公民、法人或者其他组织	第2、41条
被告	以自己名义作为具体行政行为的行政机关或组织	第25条
证据	被告对作出的具体行政行为负有举证责任	第32条
起诉	针对具体行政行为是否提出撤销、变更等请求	第41、54条
审理	对具体行政行为合法性进行审查	第2条
判决	维持、撤销、变更与履行判决	第54条

上表的统计表明，[2] 行政行为不仅决定着现行行政诉讼制度的基本安排，而且主导着行政诉讼的展开，原告针对（具体）行政行为提出诉讼请求，被告为捍卫（具体）行政行为的合法性提供证据，法院围绕（具体）行政行为是否合法进行审理并作出裁判。事实上，《行政诉讼法》对行政行为的强调和倚重，甚至到了忽视原告诉讼请求的地步，并曾经给司法裁判带来了难题。[3]

---

① 事实上是具体行政行为中心主义。抽象行政行为的引入，会带来不同的变化。

② “行政行为”一词在《行政诉讼法》中出现频率极高。据初步统计，“行政行为”在《行政诉讼法》中出现达36次，仅次于“人民法院”（117次）和“行政机关”（52次）。单此一点，也可以看出“行政行为”在行政诉讼中的重要性。

③ 维持判决的存在以及最高人民法院司法解释在行政诉讼中确立驳回诉讼请求判决形式即是明证。有关分析请参见应松年、杨伟东：《我国〈行政诉讼法〉修正初步设想》（上、下），载《中国司法》2004年第4、5期；马怀德主编：《行政诉讼原理》，法律出版社2003年版，第417-429页。

我国行政诉讼确立之时，行政法制度刚刚起步，面对行政诉讼这一需要调节法院的司法权、行政机关的行政权和公民的救济权三重互相交织的基本关系的特别场域，立法者选择并确定用（具体）行政行为作为连接三方的介质，实属不易。（具体）行政行为是行政机关行使职权的一般产出，合法是行政法治的基本要求，以此为基点，既可以厘清司法权与行政权的界限，也可以确立司法保护公民权益的尺度。因而，《行政诉讼法》第 5 条所确立的具体行政行为合法性审查原则，以及第 54 条所确定的具体行政行为合法性判定标准，不仅反映了其时学术界对行政实体法上的合法与违法标准的认知，更是学术界对这一认知在立法上的固化。回望行政法的发展，行政诉讼制度以行政行为合法性为中心的安排，的确对我国行政法治建设起到了巨大的推动作用。④

不过，在我国行政诉讼已确立 20 多年后的今天，行政诉讼是否要沿袭或复制行政实体法上的要求的架构，依然实行完全的行政行为中心主义，值得我们反思。之所以提出这一问题，既源于下文将具体分析的现有架构面临的现实难题，也基于这一问题本身的重要性。

1. 关乎行政诉讼目的的确定及实现

《行政诉讼法》制定之时，我国行政诉讼的目的究竟如何确定就存有争议。⑤ 然而，1990 年《行政诉讼法》依然作出了至今备受争议的第 1 条规定。⑥ 依现在眼光看，《行政诉讼法》第 1 条将保护公民合法权益、监督行政机关与维持行政机关依法行使行政职权一并列为行政诉讼的目的的确存在一

---

④ 《行政诉讼法》实施后，我国相继建立了行政复议、公务员、国家赔偿、行政处罚制度、行政许可等制度。“固然，推动行政法律制度发展的因素有多种，但行政诉讼无疑是其中最重要的影响因素之一。”应松年、薛刚凌：《行政诉讼十年回顾——行政诉讼的成就、价值、问题与完善》，载《行政法学研究》1999 年第 4 期。

⑤ 参见姜明安：《行政诉讼法》（第 2 版），法律出版社 2007 年版，第 51-52 页；张树义：《行政诉讼法（草案）若干争论问题再思考》，载《法学》1989 年第 3 期。

⑥ 1990 年《行政诉讼法》第 1 条规定：“为保证人民法院正确、及时审理行政案件，保护公民、法人和其他组织的合法权益，维护和监督行政机关依法行使行政职权，根据宪法制定本法。”

定的问题，特别是有关维持行政机关依法行使行政职权规定的存在的确有点离奇，被指与行政诉讼本质不合。这一安排固然与其时行政权强大和配套制度不健全等有关，[⑦] 不过仔细分析可以看出其实质上与行政诉讼的架构有密切关联。正是由于现行行政诉讼制度是以中性的审查和判定行政行为是否合法作为整体制度安排的基点，那么自然就会得出行政行为违法撤销等同于支持原告、行政行为合法维持视同于维护行政权威的结论。换言之，现行行政诉讼制度纯粹的行政行为中心主义，强化了维持行政权力的色彩。

有充足理由可以预见，维护行政权力的目的会在未来的行政诉讼法消失。不过，这并不意味着有关行政诉讼目的的论争在行政诉讼法修改中不再会有争议。事实上，监督行政机关与保护公民合法权益二者之间虽有相当大的关联性，但“两种目的模式所隐含的理念及其所进行的制度设计可能有重大的差异”。[⑧] 现有完全以行政行为为中心而不是当事人的权利保护为基点的制度设计，无疑偏重于前者，而不是后者，也正是这一点一直遭到学术界和实务部门的批评。

因此，行政诉讼架构是行政诉讼目的在行政诉讼制度的具体化，关乎行政诉讼目的的实现。

2. 直接影响行政诉讼具体制度安排及运转

行政诉讼既是法院和行政诉讼参加人共同活动的平台，也是复杂的程序活动。原告、被告围绕哪一基点展开争议和对峙，法院以哪一中心进行审理和裁判，行政诉讼程序各个环节的衔接和关注焦点，皆与行政诉讼的架构相关。是以双方之间的行政争议还是原告诉讼请求，抑或被诉行政行为或其他，作为行政诉讼的基点并安排相应的制度，直接影响到行政诉讼的运转。

3. 涉及行政诉讼法与行政实体法关系处理

行政诉讼与行政法的关系，不同于民事诉讼、刑事诉讼与民事、刑法的

---

⑦ 参见杨伟东：《行政诉讼目的探讨》，载《国家行政学院学报》2004 年第 3 期。

⑧ 同上。

关系。行政诉讼是行政法不可或缺的组成部分，但又有相对的独立性。可以说，“行政诉讼法既非单纯的‘行政法’，又非单纯的‘诉讼法’。在广义上，它是公法上的法律争议的法院程序法；同时，它也是通过各种具体裁判去实现宪法和行政法的方式”。⑨ 因此，行政诉讼制度在必须与行政法安排建立起内在联系的前提下，未必需要对行政实体法亦步亦趋，而需要遵循诉讼本身的安排。例如，行政诉讼的被告资格不一定需要与行政主体一一对应；行政法追求行政法治秩序，“对行政诉讼而言，单是客观合法性审查还不具有决定意义。在单个法定主体层面上反映客观秩序的，主要还是主观权利……，亦即，个体……因立法性决定或者个案生效而获得的，从而他可以在行政诉讼过程中实施的权利”。⑩

二、行政行为中心主义安排存在的问题

经过20多年的发展和实践，现行纯粹以行政行为为中心的行政诉讼安排已暴露出诸多问题。

（一）能否涵盖所有类型的行政争议值得怀疑

自《行政诉讼法》引入“行政行为”这一概念以来，何谓“行政行为”聚讼至今。由于“行政行为”一词已非单纯的学术概念，而系“法律用语”，如何理解和确定行政行为的内涵和范围具有重要的现实意义。1991年，由最高人民法院通过的《关于贯彻执行〈中华人民共和国行政诉讼法〉若干问题的意见（试行）》（以下简称《贯彻意见》）⑪ 尝试通过对“具体行政

---

⑨ ［德］弗里德赫尔穆·胡芬著：《行政诉讼法》，莫光华译，法律出版社2003年版，第4页。
⑩ 同上书，第17页。
⑪ 1991年5月29日最高人民法院审判委员会第499次会议讨论通过，2000年3月10日废止。

行为”的界定[12]消弭纷争，然而这一好心不仅没有达成预期效果，反而被指限缩了行政诉讼受案范围。2000 年，最高人民法院在《关于执行〈中华人民共和国行政诉讼法〉若干问题的解释》（以下简称《若干问题解释》）中放弃了对“具体行政行为”的界定而代之以描述。[13] 不过，在有关起草者看来，《若干问题解释》摒弃的正是《贯彻意见》所代表过往行政法学界采用的狭义行政行为界定，而采用的是广义的行政行为，从而拓宽了行政行为的范围，由此其“不仅包括法律行为，而且包括事实行为；不仅包括单方行为，而且包括双方行为；不仅包括侵益性行为，而且包括赋权性行为；不仅包括受益性行为，而且包括制裁性行为；不仅包括刚性行为，而且包括柔性行为”。[14]

《若干问题解释》及其起草者在现有行政诉讼框架下所作出的推进行政诉讼和行政法发展的努力值得钦佩，不过《若干问题解释》的规定同样无法消除学术界和法院对何谓“行政行为”的追问，“哪些行为是‘行政行为’或‘具体行政行为’的争议仍然存在”。[15] 在广义行政行为下，当事人对行政合同、行政指导、程序性行政行为等诸多类别的行为能否提起行政诉讼，依然无明确的结论。不得已，最高人民法院只有通过一些司法解释明确相关行为的可诉性及可诉性行为的范围。例如，最高人民法院《关于审理政府信息公开行政案件若干问题的规定》[16]（以下简称《政府信息公开规定》）详尽列举可诉行为的范围，起草者费力解释行政机关的政府信息公开活动为行政事实行

---

⑫ 内容为：“‘具体行政行为’是指国家行政机关和行政机关工作人员、法律法规授权的组织、行政机关委托的组织或者个人在行政管理活动中行使行政职权，针对特定的公民、法人或者其他组织，就特定的具体事项，作出的有关该公民、法人或者其他组织权利义务的单方行为。”

⑬ 《若干问题解释》第 1 条第 1 款规定“公民、法人或者其他组织对具有国家行政职权的机关和组织及其工作人员的行政行为不服，依法提起诉讼的，属于人民法院行政诉讼的受案范围”。

⑭ 江必新：《司法解释对行政法学理论的发展》，载《中国法学》2001 年第 4 期。

⑮ 江必新、李春燕：《统一行政行为概念的必要性及其路径选择》，载《法律适用》2006 年第 1-2 期。

⑯ 2010 年 12 月 13 日由最高人民法院审判委员会第 1505 次会议通过，自 2011 年 8 月 13 日起施行。

为，属于《行政诉讼法》上的“具体行政行为”。[17] 为此，有学者开始了倡导推翻行政法学界一直采用的行政行为定义，用广义的行政行为统一行政行为界定的学术努力。[18]

针对目前“行政行为”带给我们的是又爱又恨的局面，一些行政诉讼法修改专家建议稿干脆摒弃了“行政行为”一词，代之以行政机关或授权组织“行使行政职权的行为”，[19] 有的甚至完全抛弃立法上的行为用语模式，替换为“行政争议”。[20]

（二）一些行政争议无法得以根本解决

如果说行政诉讼受案范围问题可以通过极度拓宽行政行为的范围，或直接替换为行政机关和授权组织行使行政职权的行为得以缓解，但以审查行政行为或行政职权行为中心的合法性安排行政诉讼运转仍存在无法根本解决行政争议的问题。

1. 行政行为或行政职权行为并非只有合法与违法两项结果，存在难以或不好判断合法或违法的“中间地带”。[21]

2. 弱化或忽视了原告的诉讼请求或权益保护。行政行为中心主义直接针对的是行政行为合法与否，而非原告的诉讼请求。不可否认，在请求撤销行政行为的案件中，法院可以通过审理行政行为的合法性并继而通过撤销等裁

---

⑰ 参见江必新、李广宇：《政府信息公开行政诉讼若干问题探讨》，载《政治与法律》2009年第3期。

⑱ 参见江必新、李春燕：《统一行政行为概念的必要性及其路径选择》，载《法律适用》2006年第1-2期；江必新：《行政行为效力判断之基准与规则》，载《法学研究》2009年第5期。当然，对广义的行政行为的界定以及以其统一行政行为的思路，也有不少学者提出反对，认为“不断拉张行政行为外延”，虽可暂时缓解一些矛盾，但也存在造成“严重后果”的可能。参见余凌云：《行政法讲义》，清华大学出版社2010年，第212页。

⑲ 参见《〈行政诉讼法〉修改建议稿（北大版）》第2条，载 http://sub.cppss.cn/index.php? m=Index&a=view&id=2。

⑳ 参见马怀德主编：《司法改革与行政诉讼制度的完善——〈行政诉讼法〉修改建义稿及理由说明书》，中国政法大学出版社2004年版，第88-89页。

㉑ 参见江必新：《行政行为效力判断之基准与规则》，载《法学研究》2009年第5期。

判形式回应原告的诉讼请求。但是，在一些案件中法院无法通过直接审查行政行为合法性满足当事人的请求。例如，在行政不作为特别是行政机关对当事人的请求未作出任何回应而当事人要求作成特别决定的案件中，我们虽然可以从行为角度把行政不作为视为拟制的行政行为，但从诉讼角度看法院简单的合法与违法的判定无助于原告的权益保护。

可以说，在行政诉讼中，一些案件可以通过行政行为这一中介并继而以其合法与违法的判定对应上原告的请求，但在相当多的案件中行政行为无法或难以充当回应原告诉讼请求的使命。在一些案件中，被诉具体行政行为被认定违法予以撤销，被告似乎败诉。但却不一定意味着原告胜诉，原告可能只是得到了被诉具体行政行为被撤销的结果，实质权益无法得到有效保护，甚至行政机关还会作出相同或相似的行政行为。毫无疑问，行政诉讼具有不同于刑事诉讼和民事诉讼的特点，但既然作为一种诉讼安排，行政诉讼就需要符合基本的诉讼要求，能够回应原告诉讼请求，充分保护原告权益。

3. 难以或无法根本解决争议

现实中，行政许可、行政裁决、行政确认等多种行政行为，不仅关系到原告而且涉及第三人的权益，不只有公民、组织与行政机关的对峙，更有公民、组织之间的对抗，行政争议与民事纠纷相互交织。在此情况下，行政行为合法与否只是多方争议的表现，各方的权益才是争议的焦点。如果法院仅简单对行政行为的合法与违法作出判定，而不对原告与第三人间的实体权益予以确定，往往是“隔靴搔痒”，难以或无法根本性解决争议。目前，行政诉讼无法发挥有效化解行政争议的功能，导致行政争议久拖不决、循环诉讼，[22]固然原因很多，但与行政诉讼完全以行政行为为中心的安排有很大的关系。

（三）一些案件的审理事实上突破了行政行为中心主义的安排

鉴于《行政诉讼法》以行政行为为中心的安排无法适应现实需要，最高

㉒ 典型案例，请参见王光辉整理：《一个案件，八份判决——从一个案例看行政诉讼与民事诉讼的交叉与协调》，载《中外法学》1998 年第 2 期。

人民法院事实上已通过《若干问题解释》及针对专门案件的司法解释作出了调整。《若干问题解释》作为对《行政诉讼法》规定的系统、全面解释，对弱化行政行为中心主义作出的重要贡献，是提高了法院判决对原告的诉讼请求的回应性，新增驳回原告诉讼请求和确认判决，弱化了维持判决的作用。不过，在弱化行政行为中心主义方面，针对专门案件的司法解释贡献似乎更大，这以《关于审理行政赔偿案件若干问题的规定》和《关于审理政府信息公开行政案件若干问题的规定》为典型。

行政赔偿诉讼是特殊的行政诉讼，已得到学术界和实务部门的认可。它要解决的问题是“国家是否要承担行政侵权赔偿责任”，[23] 因而无论是一并提起行政赔偿诉讼还是单独提起的行政赔偿诉讼，特别是在单独提起行政赔偿诉讼中赔偿义务机关拒绝赔偿、根本未进行答复还是答复未使当事人满意，行政行为或行使行政职权的行为都不成为法院审理和裁判的焦点，法院事实上是在解决一个原初的法律争议，即原告的请求是否符合行政赔偿的条件；如何符合，应如何赔偿。由于行政行为或行使行政职权的行为隐退或消失，行政赔偿诉讼的运作机制遂发生根本性改变，当事人的举证责任分配、法院的审理和裁判方式等与一般的行政诉讼有了重大不同。

与行政赔偿诉讼的独特性较早获得认可不同，政府信息公开诉讼的特殊性晚近才得到国内学术界和司法解释的承认。政府信息公开制度作为新的制度，或者知情权作为新的权利，需要新的机制和安排来落实和保障。从政府信息公开诉讼方面看，其不同于一般的行政诉讼在于这类案件同样无法或难以纳入行政行为中心框架来认识。虽然政府信息公开诉讼案件有多种形态，但其典型形式是行政机关未公开（或明示拒绝或未作答复）申请人要求的政府信息，或者公开内容、方式未满足当事人的要求，申请人诉诸法院要求公开相应相关政府信息。尽管我们也可以把行政机关的各类回应或反应视为广义的行政行为或行使行政职权的行为，但该行为是否合法并非此案案件

---

[23] 应松年主编:《行政诉讼法学》(修订第2版)，中国政法大学出版社2002年版，第270页。

关注的焦点。相反，申请人所要求公开的信息是否属于政府信息、该信息是否存在、是否属于不公开范围、是否属于被告公开等问题，[24] 成为这类案件的争议中心和法院审查的重点。而在原告的主张成立时，法院对这类案件的裁判重心也并不落在被告拒绝公开答复或所作出的答复的撤销之上，而在于原则上要求被告按照一定的要求或形式公开相应信息。[25] 当然，政府信息公开诉讼原告资格宽泛也是这类案件的重要特征，即凡申请公开政府信息的公民、法人或者其他组织遭到拒绝，即有权向法院提起起诉。[26]

三、适度调整行政诉讼制度的架构

针对行政诉讼存在的问题，已有学者提出行政诉讼类型化的建议。[27] 尽管行政诉讼类型化的提出基于多种原因，但某种意义上具有解决本文所提出的行政诉讼架构问题。不过，碍于将行政诉讼类型化可能带来的僵化与程序复杂化，并因此给当事人提起诉讼和获得救济带来不便甚至不利，不少学者对引入类型化的行政诉讼安排有相当大的顾忌。考虑到行政诉讼的发展情况和法官的能力，本文也对现代阶段在国内推行行政诉讼持审慎态度。尽管如此，并不意味着无须对现有的行政诉讼安排作出调整。

㉔ 参见李广宇：《政府信息公开诉讼：理念、方法与案例》，法律出版社 2009 年版，第 156-160 页。

㉕ 参见最高人民法院《关于审理政府信息公开行政案件若干问题的规定》第 9、10 条。

㉖ 虽然对《政府信息公开条例》第 13 条中申请人提出政府信息公开申请要有“自身生产、生活、科研等特殊需要”的规定有不同的理解，特别是国务院办公厅《关于施行〈中华人民共和国政府信息公开条例〉若干问题的意见》规定“行政机关对申请人申请公开与本人生产、生活、科研等特殊需要无关的政府信息，可以不予提供”，把“特殊需要”作为认定申请人的公开申请是否符合条件的要素之一，但《关于审理政府信息公开行政案件若干问题的规定》并未将其列入政府信息公开诉讼原告资格的内容，如双方对此有争议，法院应作为实体问题审理。经审理，原告“不能合理说明申请获取政府信息系根据自身生产、生活、科研等特殊需要，且被告据此不予提供的”，“法院应当判决驳回原告的诉讼请求”，而不是驳回起诉。

㉗ 如，马怀德、吴华：《对我国行政诉讼类型的反思与重构》，载《政法论坛》2001 年第 5 期；章志远：《行政诉讼类型化模式比较与选择》，载《比较法研究》2006 年第 5 期。

调整行政诉讼架构的基本思路，就是要突出行政诉讼保护公民、法人或者其他组织权益这一目的。公民、法人或者其他组织的诉讼请求是否成立、其权益是否应获得保护，应成为行政诉讼制度的中心，包括受案范围、审理和裁判等在内的行政诉讼运转均应围绕这一中心展开。原则上，只有在公民、法人或者其他组织的诉讼请求是否成立、其权益是否应获得保护，需要以对行政行为是否合法作出判断为前提时，行政行为才能成为审理和裁判的重点。除此之外，法院应将公民、法人或者其他组织与行政机关之间的争议作为原初争议加以解决。在此思路之下，可以重点对行政诉讼安排作如下三方面的调整。

1. 将行政行为合法性审查降格为撤销行政行为诉讼的基本原则。行政行为合法性审查原则规定在《行政诉讼法》总则之中，被奉为能彰显行政诉讼有别于刑事诉讼和民事诉讼的独有行政诉讼基本原则。然而，如前文所分析，无论从行政诉讼的目的还是行政诉讼的实际运转来看，此原则的作用被夸大了，它的作用空间应体现在原告诉请撤销行政行为的案件之中。为公民、法人或者其他组织提供充分救济，应取而代之成为行政诉讼的基本原则。

2. 针对特殊类型案件的设置特别程序。不可否认，撤销行政行为的诉讼是行政诉讼的典型形式，在不实行类型化的情况下，此类诉讼仍应是行政诉讼安排的基本框架。不过，在此之外，应设置“特别程序”专章对特殊类型的程序作出不同于撤销行政行为诉讼的安排。特殊程序中应包括的诉讼类型有：行政赔偿补偿诉讼、行政裁决诉讼、行政合同诉讼、行政不作为诉讼、行政公益诉讼等。

3. 充实判决形式。现有的一审判决形式无法满足保护当事人权益的目的，除废除维持判决外，应当充实判决形式。一是增设禁令判决。即禁止行政机关从事一定的行为的判决，目的在于给予公民、法人或者其他组织提供预防性救济。不过，鉴于此种判决形式可能干预行政机关的自主决定权，目前宜进行相当严格的控制，只有在行政机关拟采取的措施会当事人权利造成难以弥补损失且该损失是现实时，法院才作出禁令判决。㉘ 二是扩大变更判决的适用范围。为能彻底解决纠纷，可适当扩大变更判决的适用范围，针对行政裁决和行政征收等案件，可以适用变更判决。三是强化法院在履行判决中对行政机关职责的确定。在可能的情况下，法院应对行政机关应履行职责的内容作出更清晰的分析和确定。㉙

㉘ 《政府信息公开规定》首次对禁令判决作出尝试性规定。第 11 条第 2 款规定："诉讼期间，原告申请停止公开涉及其商业秘密、个人隐私的政府信息，人民法院经审查认为公开该政府信息会造成难以弥补的损失，并且停止公开不损害公共利益的，可以依照《中华人民共和国行政诉讼法》第四十四条的规定，裁定暂时停止公开。"

㉙ 针对履行判决内容的细化，一些司法解释开始触及。最高人民法院《关于审理行政许可案件若干问题的规定》第 11 条规定："人民法院审理不予行政许可决定案件，认为原告请求准予许可的理由成立，且被告没有裁量余地的，可以在判决理由写明，并判决撤销不予许可决定，责令被告重新作出决定。"《政府信息公开规定》第 9 条第 1 款："被告对依法应当公开的政府信息拒绝或者部分拒绝公开的，人民法院应当撤销或者部分撤销被诉不予公开决定，并判决被告在一定期限内公开。尚需被告调查、裁量的，判决其在一定期限内重新答复。"二者均倾向于"在行政机关没有裁量余地时作出判断"时，法院可以判决责令被告作出特别内容的决定。参见赵大光、杨临萍和王振宇：《最高人民法院〈关于审理政府信息公开行政案件若干问题的规定〉之解读》，载《法律适用》2010 年第 4 期。

开放合作型行政审判模式之建构*

章志远**

一、问题的提出

2012年3月和8月，《中华人民共和国刑事诉讼法》和《中华人民共和国民事诉讼法》第二次修正案相继在十一届全国人大第五次会议和十一届全国人大常委会第二十八次会议上通过，这标志着全面修改刑事诉讼法和民事诉讼法任务的顺利完成。在这一背景之下，作为三大诉讼法之一的行政诉讼法的修改更加令人瞩目。事实上，最近一年来官方与学界围绕行政诉讼法的修改展开了一系列行动：权威学者及资深法官通过接受媒体专访、组织学术研讨、发表专题论文等形式为修法鼓与呼，不同版本的修订方案和专家建议稿不断推出，预示着修法研究高潮的临近。① 尽管各方在扩大受案范围、放宽原告资格标准、增加公益行政诉讼、优化行政审判程序等微观问题上已逐渐形成共识，但在行政诉讼目的排序、行政诉讼类型化改造、行政诉讼协调和解、行政审判体制变革等重大问题上尚存在诸多分歧。其实，无论是在学术共识

* 本文原发表于《法学研究》2013年第1期。

** 章志远，华东政法大学行政法学科带头人，教授、博士生导师，法学博士。

① 仅在2012年上半年，《苏州大学学报》第1期、《华东政法大学学报》第2期、《行政法学研究》第2期就发表了17篇有关行政诉讼法修改的专题论文。此外，中国行政法学研究会2012年年会的主题也是“行政救济制度的完善”，与会行政法学者较为集中地探讨了行政诉讼法的修改问题。

还是分歧的背后，都隐含着研究者对中国行政审判模式的不同认知。也就是说，现行《行政诉讼法》的修改究竟是要继续坚持立法当初所确立的行政审判模式，还是要在激荡的社会变迁中与时俱进地加以调适。修法的细节问题固然重要，但模式选择问题却尤为紧迫。当代中国究竟需要一个什么样的行政审判制度已经成为现行《行政诉讼法》修改无法回避的“前提性”问题。对中国式行政审判模式的深入讨论，无疑能够为行政诉讼法的修改提供一个全新的观察视角。

行政审判模式概念的重提实际上也是对最近十年来最高人民法院一系列司法政策调整的理论回应。在我国行政诉讼制度的历史发展进程中，特别是在过去十年，最高人民法院一直扮演着极为重要的角色。在行政诉讼法修改时机尚未完全成熟的背景下，最高人民法院充分利用体制内的各种有利资源，以出台司法解释、发布司法文件、作出司法批复、公布指导案例等正式形式以及树立地方样板、领导视察讲话、发表学术成果等非正式形式，不遗余力地推动行政审判制度的完善。“促进行政纠纷实质性化解”“健全司法与行政良性互动机制”“优化行政审判司法环境”“拓展行政审判服务功能”等新兴话语的提出，预示着行政审判领域司法政策的悄然转型。② 作为司法机关解决一定历史时期司法活动中所面临问题的行动准则，司法政策的变迁在很大程度上影响着具体诉讼制度的发展和诉讼理念的更新。事实上，行政审判领域司法政策的不断调整已经加剧了“文本上”的行政诉讼与“行动中”的行政诉讼之间的背离。为此，面对最高人民法院不断释放出的制度变革信号，行政法学者无疑应当给予持续而深入的理论关怀，通过对这些碎片化制度创新的理论整合，努力提炼中国本土化的行政审判模式。一旦行政审判政策调整与行政法学理论研究出现良性互动的局面，作为修法两大推动力量的法院和学界之间必然会凝聚更多共识，进而为行政诉讼法修改任务的顺利完

---

② 有关中国行政审判事业十年来发展历程的系统总结，参见江必新：《中国行政审判：十年的创新、前进和发展》，载《人民法院报》2012 年 9 月 5 日。

成奠定充分的智识基础。

如果将目光投向当代中国的行政纠纷解决实践，不难发现，伴随着社会转型时期行政纠纷的日益复杂化和多样化，一个多元化的行政纠纷解决体系也正在重组之中。特别是在执政党提出构建社会主义和谐社会的政治理念之后，“化解社会矛盾、促进社会和谐”业已成为新时期司法机关和行政机关的重大历史使命。可以说，动员体制内的一切有利资源参与社会矛盾化解是当前及今后相当长一段时间执政党和国家的中心工作。为此，行政诉讼制度的变革必须置身于多元化行政纠纷解决体系的“场域”之中。从某种意义上来说，21 世纪之初中国的行政纠纷解决体系还处在一个“旧三国演义”的时代：信访犹如最强势的魏国，行政诉讼是实力居中的吴国，而行政复议则是实力最弱的蜀国。[③] 不过，新近行政复议和行政调解制度发展的动向却显示这种格局有可能被打破。国务院在《关于加强法治政府建设的意见》中明确提出“要充分发挥行政复议在解决矛盾纠纷中的作用，努力将行政争议化解在初发阶段和行政程序中”“要把行政调解作为地方各级人民政府和有关部门的重要职责，充分发挥行政机关在化解行政争议和民事纠纷中的作用”。行政复议委员会试点工作的顺利推进、行政调解在地方和部门内的积极探索，彰显出官方对行政机关主导行政纠纷解决的改革偏好。可见，当下行政诉讼制度所面临的外部环境已经与立法之初相去甚远。从“单兵突进”到“协调并进”，从“独步天下”到“相互竞争”，如何在社会矛盾化解与和谐社会构建的政治语境中“图生存、谋发展”显然已经成为行政诉讼制度变革必须作出的抉择。因此，对行政审判模式转换的思考也直接源于行政诉讼制度在多元化行政纠纷解决体系中的重新定位。

从诉讼法学原理上看，行政审判模式概念的重提则是对既往诉讼模式区分理论的一种反思与超越。一般认为，行政诉讼制度脱胎于民事诉讼。传统诉讼理论根据法院和当事人在诉讼中的不同地位和作用，将民事诉讼模式区

③ 章志远：《信访潮与中国多元化行政纠纷解决机制的重构》，载《法治研究》2012 年第 9 期。

分为当事人主义和职权主义两种模式。④ 其中，当事人主义是当事人诉讼行为实行意思自治的民事诉讼模式；职权主义是注重法院职权并以此限制当事人意思自治的民事诉讼模式。这种区分不仅构成了当今世界各国民事诉讼模式的两大基本类型，而且还深刻地影响着研究者对行政审判模式的认知。⑤ 总体而言，当事人主义与职权主义诉讼模式的划分还停留在程序运作机理层面，用其解释置身于整个国家权力结构中的行政审判的模式不免有隔靴搔痒之感。诚如学者所言："行政诉讼本质是一种国家权力结构的设计，行政诉讼的存在及其运作无时不涉及权力的配置、冲突及协调，因此谋求运作良好的行政诉讼，既必须把行政诉讼置于宏观的权力结构图景中加以考察，又必须仔细入微地观察行政诉讼具体运作中的权力关系"。⑥ 为此，必须从权力结构的外部视角重新观察行政审判的模式，从而增强其对我国行政诉讼制度实践的解释力。⑦

正是基于对"作为行政诉讼法修改的前提性问题""行政审判领域司法政策调整的理论回应""行政诉讼在多元化行政纠纷解决体系中的定位"和"超越程序运作视野下当事人主义与职权主义模式划分"的四重体认，本文试图从司法权与行政权关系乃至司法权与整个国家权力结构之间关系的外部视角重新审视我国行政审判模式问题。就研究进路而言，本文的思考与美国学者达玛什卡考察现代国家中的司法制度时统合"司法与国家权力结构之间的关

④ 参见江伟主编：《中国民事诉讼法专论》，中国政法大学出版社 1998 年版，第 26 页。

⑤ 我国行政法学者有关这一主题的零星研究，参见王宗光：《职权主义——我国行政审判模式的必然选择》，载《政治与法律》2001 年第 4 期；黄学贤、邹焕聪：《职权主义与当事人主义融合背景下中国行政审判模式的重构》，载《江苏警官学院学报》2006 年第 3 期。

⑥ 杨伟东：《权力结构中的行政诉讼》，北京大学出版社 2008 年版，第 201-202 页。

⑦ 事实上，近年来国内民事诉讼法学者和刑事诉讼法学者已经开始在更为广阔的社会视野中自觉地反思传统当事人主义与职权主义诉讼模式、抗辩式与纠问式诉讼模式划分理论的局限性，提出了"和谐主义诉讼模式""合作性司法"等极富冲击力的学术观点。相关研究成果参见黄松有：《和谐主义诉讼模式：理论基础与制度构建——我国民事诉讼模式转型的基本思路》，载《法学研究》2007 年第 4 期；陈瑞华：《司法过程中的对抗与合作——一种新的刑事诉讼模式理论》，载《法学研究》2007 年第 3 期。

系”和“司法与政府职能的关系”视角具有异曲同工之效。[⑧] 当然，鉴于行政审判本质上是“权力对权力的审判”，是“强力对付强力的游戏”，[⑨] 因而司法权与行政权的关系将成为本文主要的观察角度。本文的研究旨在表明，《行政诉讼法》文本当初所确立的封闭对抗型行政审判模式在22年的制度运行过程中遭遇了严重挫折，而当下中国正在发生的社会转型又急迫呼唤行政审判模式的转变，一种新的以开放合作为基本特征的行政审判模式正在形成，并将对我国行政诉讼制度未来的改革和完善产生广泛而深远的影响。

二、封闭对抗型行政审判模式的受挫

在中国这样一个“官本位”传统根深蒂固的国家，“民告官”制度的建立确实具有异乎寻常的意义。当《行政诉讼法》颁行时，“人治时代的终结，法治时代的开始”[⑩]“中国行宪史上一块重要的里程碑”[⑪] 等溢美之词不断被公法学者用来加以讴歌。即便是在20多年以后，当我们在讨论行政诉讼制度的完善时，对其本身存在的巨大价值仍然坚信不疑。那么，《行政诉讼法》为什么能够在20世纪80年代末期的中国得以颁行？《行政诉讼法》文本所宣示的行政审判模式究竟是怎样的一幅图景？立法当初所确立的行政审判模式的实践命运如何？带着这一连串的追问，我们应当回到原点，回到《行政诉讼法》颁行前后的那段时期，通过立法史的回顾探究当代中国行政审判模式的雏形及其境遇。

---

⑧ 参见［美］米尔伊安·R. 达玛什卡：《司法和国家权力的多种面孔——比较视野中的法律程序》，郑戈译，中国政法大学出版社2004年版，第19页。

⑨ 胡肖华、江国华：《行政审判方式的特点研究》，载《法律科学》2000年第5期。

⑩ 龚祥瑞主编：《法治的理想与现实》，中国政法大学出版社1993年版，第148页。在作者的自传中，龚祥瑞先生则将《行政诉讼法》的颁布视为中国立法史上的一次创举——突破了自秦始皇以来儒法两派关于“人治”与“法治”的虚妄论争。参见龚祥瑞：《盲人奥里翁：龚祥瑞自传》，北京大学出版社2011年版，第360页。

⑪ 陈端洪：《对峙——从行政诉讼看中国的宪政出路》，载《中外法学》1995年第4期。

（一）封闭对抗型行政审判模式的形成

1982 年 3 月，五届全国人大常委会通过《中华人民共和国民事诉讼法（试行）》。该法第 3 条第 2 款规定："法律规定由人民法院审理的行政案件，适用本法规定。"这一规定通常被视为中国行政诉讼制度试验的开始。不过，行政诉讼法立法工作的真正启动则是 1986 年之后的事情。根据公开的资料，1986 年，在《民法通则》颁布之后，在一次全国人大常委会法制工作委员会召开的会议上，与会人士讨论了我国的行政立法问题。一致认为，刑法、民法、行政法、刑事诉讼法、民事诉讼法、行政诉讼法是国家的基本法，在已有了刑法、刑事诉讼法、民法通则和民事诉讼法（试行）的条件下，进一步完善法制的最重要任务就是尽快将行政法、行政诉讼法的立法提上议事日程。随后，在时任全国人大法律委员会顾问陶希晋先生的倡议下，"行政立法研究组"正式成立。研究组最初的使命就是着手起草类似《民法通则》的《行政基本法》，后来由于社会条件和立法技术均不成熟，这一探索暂时被搁置。1987 年 2 月，研究组在与全国人大法工委协商后，决定先行起草《行政诉讼法》（试拟稿）。1988 年 8 月，研究组完成《行政诉讼法》（试拟稿）并提交全国人大法工委。后经广泛征求意见、反复修改，最终在 1989 年 4 月 4 日经七届全国人大二次会议审议通过。⑫

回顾《行政诉讼法》的制定过程，不难看出，其历时之短、出台之快实属历史罕见。从正式启动到最后通过，前后仅两年时间。无论从学术研究成果的积累还是各项社会条件的准备来看，《行政诉讼法》的出台都难免给人一种"仓促"之感。事实上，《行政诉讼法》的顺利通过与当时政治体制改革的外部环境休戚相关。在立法起草的过程中，适逢党的十三大召开。在题为

---

⑫ 有关现行《行政诉讼法》制定进程的介绍，可参见姜明安：《行政诉讼法学》，北京大学出版社 1993 年版，第 31-37 页；何海波：《法治的脚步声——中国行政法大事记（1978—2004）》，中国政法大学出版社 2004 年版，第 48-51 页。

《沿着有中国特色的社会主义道路前进》的报告中，“加快和深化改革”成为最重要的主题词。[⑬] 报告不仅认为“把政治体制改革提上全党日程的时机已经成熟”，而且还提出“实行党政分开、进一步下放权力、改革政府工作机构、改革干部人事制度、建立社会协商对话制度、完善社会主义民主政治、加强社会主义法制建设”等一系列政治体制改革的具体任务。尤其值得关注的是，报告还明确指出了“制定行政诉讼法，加强对行政工作和行政人员的监察，追究一切行政人员的失职、渎职和其他违法违纪行为”的行政立法任务。从这个意义上来说，党的十三大报告无疑“催生”了《行政诉讼法》的制定。[⑭]

正是由于最高决策层及时释放出政治体制改革的信号，参与《行政诉讼法》起草工作的法律界人士才备受鼓舞，进而使立法进程大大加快。显然，离开了这一特殊社会历史时期的背景，人们就无法理解在学理和实践积累都明显不足的情况下《行政诉讼法》为何能够异常顺利地出台。按照制度经济学的理论，《行政诉讼法》的颁行属于典型的“强制性制度变迁”。[⑮] 在政治精英和法律精英的共同主导下，《行政诉讼法》的颁行一开始就几乎成为立法者的有意安排。作为国家厉行民主与法治的标志性成果，《行政诉讼法》

---

⑬ 统计结果显示，党的十三大报告中有 175 处提到了“改革”，有 12 处提到了“政治体制改革”。以后历次党代会报告中“改革”及“政治体制改革”两词出现的频率分别为党的十四大报告（124，6）、党的十五大大报告（93，5）、党的十六大报告（89，7）、党的十七大报告（101，5）、党的十八大报告（86，5）。

⑭ 何海波：《法治的脚步声——中国行政法大事法（1978-2004）》，中国政法大学出版社 2004 年版，第 61 页。党的十三大报告对《行政诉讼法》制定的影响还可从时任全国人大常委会副委员长、法制工作委员会主任的王汉斌所作的草案说明中得到印证。《关于〈中华人民共和国行政诉讼法（草案）〉的说明》开宗明义地指出：“制定行政诉讼法，是刑事诉讼法、民事诉讼法（试行）制定之后，我国社会主义法制建设的一件大事，也是我国社会主义民主政治建设的一个重要步骤。行政诉讼法的制定，对于贯彻执行宪法和党的十三大报告提出的保障公民合法权益的原则，都有重要的积极的意义。”

⑮ 经济学家林毅夫先生认为，诱致性制度变迁指的是一群（个）人在响应由制度不均衡引致的获利机会时所进行的自发性变迁；强制性制度变迁指的是由政府法令引起的变迁。参见林毅夫：《关于制度变迁的经济学理论：诱致性变迁与强制性变迁》，载［美］R. 科斯等：《财产权利与制度变迁》，刘守英等译，上海三联书店 1994 年版，第 374 页。

的颁行预示着国家对行政纠纷解决司法化方向的偏好，希冀通过民众的起诉使得行政机关的具体行政行为能够受到司法机关的独立审查。在《行政诉讼法》诸多条文的字里行间中，人们能够强烈感受到行政审判程序的对抗性和封闭性。在这种封闭对抗的审判过程中，司法机关始终主导着程序的具体流向。例如，作为1990年《行政诉讼法》的“灵魂条款”，该法第1条明确规定：“为保证人民法院正确、及时审理行政案件，保护公民、法人和其他组织的合法权益，维护和监督行政机关依法行使行政职权，根据宪法制定本法。”尽管“维护”一词以及各种目的之间的排序时常受到学者诟病，但“保证人民法院正确、及时审理行政案件”明确置于首位的做法却昭示立法本身对司法中心地位的追求。按照这种“司法中心主义”的立法进路，“人民法院依法对行政案件独立行使审判权”“人民法院审理行政案件一律实行合议制”“人民法院审理行政案件除涉及国家秘密、个人隐私和法律另有规定者外一律公开进行”“人民法院审理行政案件不适用调解”等一系列刚性的原则性规定进一步固化了司法权与行政权之间的对抗。⑯

作为封闭对抗性行政审判模式的程序表征，《行政诉讼法》第51条对诉讼过程中原告撤诉特别是被告改变所作行为的限制彰显出人民法院对诉讼指挥权的全盘垄断。“程序具有暂时冻结某一状态的用途。一个事物或案件在被置之程序的那一刻开始，就与社会发展的因果链隔离了”。⑰ 当行政相对人将其与行政主体之间的纠纷诉诸法院而进入行政诉讼程序之后，这一争议事项

⑯ 参见《行政诉讼法》第3、6、45、50条的规定。时任全国人大常委会副委员长、法制工作委员会主任的王汉斌在《关于〈中华人民共和国行政诉讼法（草案）〉的说明》中曾经指出：“人民法院依法对行政案件独立行使审判权，不受行政机关、社会团体和个人的干涉。这是宪法规定的人民法院行使审判权的基本原则，对审理行政案件更应当予以强调。……由于行政案件审理难度较大，草案规定，人民法院审理行政案件，由审判员组成合议庭，或者由审判员、陪审员组成合议庭，不适用民事诉讼法（试行）关于‘简单的民事案件，由审判员一人独任审判’的规定。”（着重号系笔者所加）这些说明旨在凸显行政审判制度的特殊性，实现行政诉讼与民事诉讼的分野。相比之下，民事诉讼不仅允许甚至鼓励人民法院进行调解，而且还允许人民法院在当事人申请之后对某些案件进行不公开审理（《民事诉讼法》第93-99条、第134条第2款）。

⑰ 季卫东：《法治秩序的建构》，中国政法大学出版社1999年版，第19页。

即被暂时冻结起来。与此相对应的是，原被告双方都必须在人民法院的主持和引导下实施相关的诉讼活动，直至行政纠纷的最终解决。在这一过程之中，作为案件审理对象的被诉行政行为就不能被随意地加以改变。正如学者所言："从诉的提起开始（具体权利要求的设定），经过争议之点在法律意义上的形成（要件事实的确定）、证明和辩论以及上诉等阶段到达判决的确定，具体案件的处理可以被视为一个'法的空间'形成过程。在这个过程中，程序的逐渐展开以获得具有既判力的决定为目标且有强烈的不可逆性质。这种不可逆性的表现之一即体现在程序的展开对于当事者和法官的拘束性上，即到一定阶段后当事者提出新的事实或证据可以被禁止，法官也不能随意宣称已经完成的程序不算数而要求从头再来。"⑱《行政诉讼法》的上述规定就在于塑造行政审判"法的空间"，使人民法院成为诉讼程序"存亡"的最高主宰者，并最终得出胜败对错的权威裁判。

《行政诉讼法》施行之后，最高人民法院相继在1991年和2000年发布了《关于贯彻执行〈中华人民共和国行政诉讼法〉若干问题的意见（试行）》（以下简称《贯彻意见》）和《关于执行〈中华人民共和国行政诉讼法〉若干问题的解释》（以下简称《若干解释》）。一般认为，《若干解释》"对行政诉讼法作了更加符合立法精神和原则、更加符合行政审判实践需要、更加符合行政诉讼制度发展方向的解释"。⑲ 不过，无论是《贯彻意见》还是《若干解释》，都没有偏离《行政诉讼法》文本所确立的行政审判模式，甚至在某些方面还进一步强化了其内在的封闭性和对抗性。例如，《贯彻意见》第1条直接界定具体行政行为的做法曾经遭受很多学者的非议，被认为人为地缩小了具体行政行为的范围。如果结合第2条有关劳动教养、强制收容审查以及征收超生费等行为可诉的规定，就能看出《贯彻意见》在受案范围问题上作了很

---

⑱ 王亚新：《民事诉讼中的依法审判原则和程序保障》，载梁治平编：《法律解释问题》，法律出版社1998年版，第154-155页。

⑲ 罗豪才教授语，参见其为最高人民法院行政审判庭甘文法官所著《行政诉讼法司法解释之评论——理由、观点与问题》（中国法制出版社2000年版）一书所作的"序"，第1页。

多有利于原告一方的解释。又如，《贯彻意见》第76条在《行政诉讼法》限制被告改变所作行为的基础上进一步规定“行政机关不得在第二审程序中改变其原具体行政行为”“上诉人如因原具体行政行为被改变而申请撤回上诉的，人民法院不予准许”，这些内容显然强化了行政审判程序的对抗性。至于《若干解释》，无论是受案范围的拓展、原告资格的放宽还是证据规则的完善、判决种类的增加，都体现了最高人民法院十年间司法审查规则和政策的变迁。特别是管辖制度、被告设定、排除妨害诉讼行为的手段等方面的新规定，有利于减少行政审判的阻力，对人民法院依法独立行使行政审判权原则的落实发挥了重要的保障作用。[20]

（二）封闭对抗型行政审判模式的特点

上述立法史的简要回顾显示，在20世纪90年代，《行政诉讼法》文本确立了一种独特的封闭对抗型的行政审判模式。这种模式为人们摹绘出一幅行政审判的理想图景：民众通过起诉将其与行政机关之间的行政争议提交到法院面前，法院通过受理起诉主宰行政审判程序的进行；在“法的空间”的塑造过程中，法院针对具体行政行为的合法性展开独立审查，并通过权威裁判的作出实现社会正义。具体来说，封闭对抗型行政审判模式呈现出如下三个方面的特点：

1. 明辨是非曲直。封闭对抗型行政审判模式的首要特点就在于审判目标上的明辨是非曲直。也就是说，当人民法院受理行政相对人的起诉之后，一切诉讼程序的运作都指向最终胜负裁判的作出。从《行政诉讼法》排除调解和简易程序的适用以及坚持合法性审查、合议制、公开审判和以判决形式结案上看，行政诉讼是一定要在争议双方决出胜败对错的。与富有柔性和“给

---

⑳ 江必新大法官即认为，“采取有效法律措施，确保人民法院依法独立公正地行使行政审判权”是制定《若干解释》的基本指导思想。参见江必新：《中国行政诉讼制度之发展——行政诉讼司法解释解读》，金城出版社2001年版，第6-11页。

面子”的调解相比，判决是“撕破脸”的一刀两断方式，其根本使命在于“定纷”而非“止争”。《若干解释》有关驳回诉讼请求判决和确认判决的补充规定，在很大意义上固化了明辨是非曲直的行政审判政策导向。结合《行政诉讼法》出台之前政治体制改革的特殊社会历史背景，可以看出，封闭对抗型的行政审判模式旨在营造一个独立的审查判断空间，由人民法院单枪匹马地为行政相对人最终讨个“说法”。在现行宪法所确立的“强行政、弱司法”的权力配置格局之下，这种行政审判模式表现出浓郁的理想主义情结，其象征意义要远远大于现实意义。

2. 凸显权力对抗。司法权与行政权之间的冲突与对抗，是贯穿行政审判始终且无法避免的事实。一般认为，《行政诉讼法》总则所规定的“审查具体行政行为合法性原则”是行政诉讼区别于刑事诉讼、民事诉讼的特有原则。“人民法院在行政诉讼中对具体行政行为进行审查是指对具体行政行为的合法性作出有法律效力的评价、确认，从而决定相应具体行政行为能否存在，能否继续对社会、对相对人发生拘束力，而不是指作一般的评价、判断。”[21] 正是基于对行政诉讼这一特有原则的尊奉，整个《行政诉讼法》的框架结构都是围绕具体行政行为的审查而展开的。从受案范围、管辖、证据到审理、判决和执行，处处体现出司法权与行政权之间的对抗。尽管行政诉讼法律关系是一种三方关系，但人民法院与被告之间的矛盾与对抗却始终居于主导地位。《贯彻意见》以及《若干解释》扩大受案范围、增加提级管辖、强化裁判执行等诸多制度设计方面的努力，都在于进一步摆脱行政机关的干扰，增强司法审查的实效。

3. 司法主导运作。为了通过权力对抗达到明辨是非曲直的目标，《行政诉讼法》还将审判程序的指挥权完全授予人民法院，最大限度地压缩了原、被告之间通过合意解决纠纷的可能。这是封闭对抗型行政审判模式表现出的又一重要特点。与民事诉讼当事人享有充分的处分权相比，行政诉讼当事人在

---

[21] 姜明安：《行政诉讼法学》，北京大学出版社 1993 年版，第 71 页。

整个诉讼过程中都必须听从人民法院的指挥，很难实际影响行政审判程序的运作。一方面，行政相对人的起诉一旦被受理之后，案件即被“封存”起来交由人民法院处理，原告的撤诉只有经过法院裁定准许之后才能终结审判程序；另一方面，基于行政权不得自行任意处分的传统法理，作为被告的行政机关负有积极应诉和举证的义务，不能通过随意改变被诉具体行政行为而终结审判程序。颇具对抗色彩的是，《贯彻意见》和《若干解释》不惜违背“有错必究”原则和行政行为效力理论，对被告在一审程序中的改变权明确作出了限制，彰显出人民法院对行政审判程序运作的绝对主导权。根据《贯彻意见》第62条的规定，被告在一审程序中改变原行为，如果原告不申请撤诉或者申请撤诉未获准许，法院就应当继续审理原被诉行为。“行政主体自己否定了被诉行政行为的公定力，并另外作出了一个事实上具有公定力的新行政行为；但由于原告及法院并不一定就承认被告的改变之举，因而原行政行为的公定力事实上也还是存在的。这样一来，针对同一个对象实际上就同时存在着两个彼此不同的行政行为。”[22] 尽管《若干解释》第50条对被告一审期间的改变权予以明确认可，但仍然赋予人民法院在原告不撤诉时对原行为的审查权。可见，法院对诉讼程序进展的绝对主导权极大地压缩了当事人处分权的空间，进一步显示出行政审判模式固有的封闭性与对抗性特征。

（三）封闭对抗型行政审判模式的挫败

《行政诉讼法》通过之后，社会各界曾经给予普遍好评，对其实施同样充满殷殷期待。相比之下，当时境外的一些学者则对该法实施前景表示出相当的忧虑。例如，有学者分析了该法有效实施所面临的一系列障碍：政府官员对该法心存芥蒂、怕出庭当被告，认为司法有干涉行政之虞；法院地位孱弱，法官审理案件面临支持行政机关的压力；普通公民不信任行政诉讼，担

---

[22] 章志远：《行政行为效力论》，中国人事出版社2003年版，第160页。

心官官相卫、赢了官司比输了官司更惨。[23] 不幸的是，《行政诉讼法》20多年实施的历程完全证明了该学者“鸡蛋碰石头”的预言，行政诉讼“立案难、审理难、判决难、执行难”的问题全面暴露出来。可以说，封闭对抗型行政审判模式已经遭遇到严重的挫折。

首先，从行政相对人角度上看，行政审判的公信力在不断下降，信访以及其他畸形维权方式的兴起打破了行政诉讼中心地位的预想。在《行政诉讼法》的制定过程中，立法者曾担心受案范围过宽会导致人民法院案件数量上的“承受力”问题。事实上，20多年来的司法统计数据显示：全国法院一审行政案件的数量并没有出现原先预期的“井喷”局面。在《行政诉讼法》实施的最初几年里，全国一审行政案件只有2万多件；直到2001年，一审行政案件数量才达到10万件；随后即出现下滑、徘徊局面，直到2007年之后，一审行政案件数量才恢复到10万件，最近两年基本保持在13万多件。与数以亿计的行政纠纷相比，通过行政诉讼解决的数量实在过于稀少。“行政诉讼案件的这个数量，不符合行政执法的实际，不符合行政纠纷的实际，更不符合将人民内部矛盾纳入法律程序解决的要求，以及对行政权力广泛监督的需要。”[24] 令人更为揪心的是，在这些数量本就不多的一审行政案件中，和解撤诉结案的一直保持在三成以上，有的年份甚至接近六成；同时，判决支持原告的案件基本上在二成以下，有的年份甚至不到一成。过高的撤诉率和过低的胜诉率既是《行政诉讼法》实施陷入困境的真实写照，也是行政审判自身公信力在不断下降的危险信号。[25] 2009年11月9日，最高人民法院发布《关于依法保护行政诉讼当事人诉权的意见》（法发〔2009〕54号），坦承“行政诉讼‘告状难’现象依然存在，已经成为人民群众反映强烈的突出问题

---

[23] See Susan Finder: Like Throwing an Egg Against a Stone? Administrative Litigation in the People's Republic of China, 3 *Journal of Chinese Law* 10 (1989).

[24] 杨小君：《行政诉讼问题研究与制度改革》，中国人民公安大学出版社2007年版，第3页。

[25] 新近有关行政诉讼司法统计数据的一个综合性分析，可参见何海波：《困顿的行政诉讼》，载《华东政法大学学报》2012年第2期。

之一”，呼吁各级人民法院“不得随意限缩受案范围、违法增设受理条件”。在《行政诉讼法》实施近二十年之际，还要通过最高司法机关发文郑重强调“依法保护当事人诉权”，这本身就宣示了封闭对抗型行政审判模式的挫败。进入21世纪之后，信访潮的涌现、数字不断攀升的群体性事件以及“闹访”“自焚”等畸形维权方式的出现，进一步暴露出现行以司法为中心的行政纠纷解决机制的崩溃危险。

其次，从行政机关角度上看，行政诉讼化解官民矛盾的能力较弱，行政复议、行政调解的兴起不断侵蚀着行政诉讼的生存空间。植入权力对抗因子的《行政诉讼法》刚一施行，就遭遇到行政机关的强烈抵触。当时，一些行政机关的工作人员质问：“我们办的案子，还要法院认可，这是全国人大吃了饭没事干想出来的。”广西桂林的一个镇长甚至还说：“群众告镇长，这是孙子告爷爷。”㉖ 国务院在1990年9月专门召开贯彻实施行政诉讼法的电话会议，通过领导讲话形式自上而下地动员部署。不过，多年以来，行政机关对行政诉讼制度的抵触情绪并未根除，一直想方设法地排斥司法机关的审查，尽可能将行政纠纷保留在行政系统内部解决。其中，行政复议制度的发展对行政诉讼事实上就起到了分解和侵蚀作用。一般认为，1990年12月24日国务院发布《行政复议条例》（以下简称《条例》）是为了“配合”行政诉讼制度的实施。其实，结合行政复议制度的整个发展进程，可以说《条例》完全是被《行政诉讼法》倒逼出来的，是行政机关试图最大限度地保障行政权顺利运作的本能之举。在近20年的制度演进中，行政复议与行政诉讼之间上演出一幕幕激烈的“竞争剧”：《行政诉讼法》——《条例》——《贯彻意见》——《条例》修改——《行政复议法》——《若干意见》——《行政复议法实施条例》。最近，“行政复议应成为我国行政纠纷解决主渠道”㉗ 的呼声在官方和学界逐渐泛起，行政复议对行政诉讼生存空间的挤压再度显现。

㉖ 江必新、梁凤云：《行政诉讼法理论与实务》，北京大学出版社2009年版，第107页。

㉗ 参见应松年：《行政复议应当成为解决行政争议的主渠道》，《行政管理改革》2010年第12期。

与此同时，尚在探索之中的行政调解却被正式写入国务院新闻办公室新近发布的《中国的司法改革》白皮书中，预示着大量的行政纠纷可能会被强制性分流到行政机关的行政程序中进行化解。其实，早在2006年年底，鉴于行政诉讼等主导性行政纠纷解决机制难以有效化解官民矛盾，中共中央办公厅和国务院办公厅就非常罕见地联合下发《关于预防和化解行政争议健全行政争议解决机制的意见》（中办发〔2006〕27号），首次正式提出“健全行政争议解决机制”的设想，并将其上升到“关系群众切身利益、关系社会和谐稳定和关系党的执政地位巩固”的全局高度。来自行政系统的各种反映显示，封闭对抗型行政审判模式的实效性亟待反思。

最后，从人民法院角度上看，行政审判的外部环境长期未见好转，行政诉讼的规范性功能日渐式微。由于“司法的依附性”“没有违宪审查制度”以及“公民诉讼没有安全保障”等宪法意义上的体制性障碍，行政诉讼法实施陷入困境几乎成为一种宿命。[28] 在司法体制没有根本改革的背景下，法院系统一直都在试图优化行政审判的外部环境。例如，在行政诉讼法实施的过程中，“民告官不见官”“法官审案不见官”的现象极为普遍，以至2001年11月福建省罗源县县长刘嘉水“亲自出庭”应诉一起行政诉讼案件居然成为轰动一时的新闻。[29] 为了推动、引导行政首长积极出庭应诉，近年来一些地方的法院使出浑身解数，试图通过争取当地党委和政府的支持采取联合发文的形式对此作出刚性要求。这一做法虽在个别地方产生了出庭率高达100%的效果，但总体上并没有改变行政首长不愿、不敢、不屑出庭的现状，甚至还加

---

[28] 陈端洪：《对峙——从行政诉讼者中国的宪政出路》，载《中外法学》1995年第4期。

[29] 参见陈海：《县长为何出庭当被告》，载《南方周末》2002年1月31日。

剧了法院功能“工具化”和庭审过程的“庸俗化”。[30] 又如，在能动司法哲学的影响下，一些地方的法院注意积极拓展行政审判的延伸服务功能，通过司法建议、行政审判白皮书、司法与行政联席会议等多种形式为行政机关出谋划策。法院的这些主张、做法“更多强调和行政机关的沟通、配合与协调，这种司法的自我限缩在一定程度上有一种自我保护的功效”，但是，法院长期沉湎于此的结果注定会是“司法的中立、消极、自治如梦幻泡影”。[31] 结合最近几年各地法院大张旗鼓地推行协调和解的行政案件处理新机制，人们不难看出，行政诉讼制度的规范性日渐式微，“行动中”的行政诉讼与“文本上”的行政诉讼几乎面目全非了。从这个意义上来说，人民法院自身的实践创新已经在很大程度上消解了《行政诉讼法》所确立的封闭对抗型行政审判模式。

三、开放合作型行政审判模式的初现

面对封闭对抗型行政审判模式的挫败和社会转型对行政审判工作的新要求，最高人民法院近十年来通过各种形式不断调整行政审判政策，积极探索行政审判制度创新，在很大程度上促成了行政审判模式“静悄悄的革命”。可以说，一种新的以开放合作为内核的行政审判模式已经初现。

（一）社会转型呼唤行政审判模式转变

肇始于20世纪80年代的改革开放已经将中国带入一个不可逆转的社会

---

[30] 例如，在山东五莲、海南海口等地，为了提高行政首长出庭应诉率和行政案件协调和解率，法院出于“给面子”的考虑实行到被诉行政机关去开庭的做法。事实上，法院频繁到作为一方当事人的被诉行政机关去开庭使得司法的工具化面相更为突出，会在很大程度上加剧行政相对人对司法的不信任，实属得不偿失的庸俗之举。参见刘顺斌等：《将行政权力导向法治轨道——五莲法院促司法与行政良性互动》，载《人民法院报》2011年7月22日；陈祥林：《行政审判 新理念推动新实践》，载《人民法院报》2009年11月22日。

[31] 汪庆华：《政治中的司法：中国行政诉讼的法律社会学考察》，清华大学出版社2011年版，第118页。

转型时期。在政府的强力主导之下，中国的城镇化进程在21世纪之初迅速加快。在2012年的政府工作报告中，“中国城镇化率已经达到50%”的字样赫然列在其中，这是中国社会结构的一个历史性变化。伴随着城乡二元结构的断裂、人口结构的巨变和社会关系结构的变动，社会利益纠纷、社会矛盾日益突出。近年来，社会资源分配的不公、城乡贫富差距的加大和正式解纠机制的迟钝，严重威胁到社会的稳定与和谐。信访潮的涌现和群体性事件的频发，更是社会有机体面临崩溃的征兆。事实表明，当前中国的社会矛盾纠纷主要是“干群矛盾”和“官民冲突”。被国家的最高决策层视为解决人民内部矛盾、实现社会稳定最有效方式之一的行政诉讼制度，在解决行政纠纷、化解官民矛盾方面显然没有发挥应有的作用。充满理想主义色彩的封闭对抗型行政审判模式在激烈的社会转型中越发显得不适，行政审判模式亟待转型。

首先，就行政相对人而言，将行政争议提交法院处理不仅希望能够讨个说法，更希望纠纷能够得到实质性解决。在社会转型时期，官与民之间的矛盾纠纷往往都具有十分复杂的社会背景，很多案件的背后都存在错综复杂的利益博弈。因此，行政案件的处理必须达到“案结事了人和”的效果。[32] 然而，封闭对抗型的行政审判模式却片面追求明辨是非曲直的目标，禁止通过调解、和解等更为灵活的手段妥善化解行政纠纷，行政案件的处理往往出现“官了民不了”的结局。当前，日益增多的行政申诉、上诉案件就反映出行政诉讼制度“定纷”功能有余而“止争”功能不足的问题。仅以2010年为例，尽管相当比例的一审行政案件是以协调和解和其他方式结案的，但以判决方式结案的一审案件上诉率仍然高达78.8%；法院立案再审的数量占当年全部一审行政案件的1.1%，占全部二审案件的4.1%。[33] 这些数据表明，行政

㉜ 例如，作为最高人民法院新近公布的“全国法院十大践行能动司法理念优秀案例”中唯一的行政案例，“张织脉、裘爱玲诉绍兴市人民政府不履行招商引资奖励行政职责案”的处理就体现了“三个效果”的统一，做到了案结、事了、人和。参见《全国法院十大践行能动司法理念优秀案例》，载《人民法院报》2012年11月7日。

㉝ 何海波：《困顿的行政诉讼》，载《华东政法大学学报》2012年第2期。

案件的审理不能简单的一判了事，必须立足纠纷的实质性化解，使行政相对人的利益得到最大程度的实现，进而真正地实现社会和谐。诚如学者所言，纠纷的解决决不仅限于是非判定的作出，其内涵至少包括“化解和消除冲突”“实现合法权益和保证法定义务的履行”“法律或统治秩序的尊严与权威得以回复”“避免或减少同类冲突的重复出现”等。[34] 可见，从行政相对人角度上看，一种新的以促进行政纠纷能够得到实质性解决为目标的行政审判模式亟待建立。

其次，就行政机关而言，基于经济发展、社会稳定与社会和谐的三重考量，希望得到人民法院的配合实现社会多元合作共治。与西方市场主导的城市化发展路径所不同的是，我国的城镇化推进完全是一种政府主导型模式。从中央到地方，各级党政机关的相应部门对于城镇、城市的设置、规划、建设选址、土地使用的审批、土地功能的改变、规划许可证、工程许可证、基础设施的建设、改造拆迁等事务都有着严格的审批和直接决定权，举凡开发区的大规模建设、新城的设置乃至大规模的旧城改造都由政府直接运作。[35] 政府主导型的城镇化发展模式尽管能够在短时间内实现经济社会的发展目标，但也造成了土地闲置、环境恶化、社会分化等一系列十分棘手的社会问题。近年来，诸多群体性事件都是由失地农民、城市拆迁户及环境污染受害者等弱势群体所引发的。“国家对稳定的高度强调以及纠纷对社会稳定的影响，决定了纠纷解决在社会生活和政治运行中的特殊意义。持续多发的社会冲突很容易使转型社会陷入无序状态乃至引发社会危机。”[36] 正是基于对社会稳定价值的重大关切，执政党在 2006 年 10 月提出了“构建社会主义和谐社会”的政治理念，要求“统筹协调各方面利益关系，妥善处理社会矛盾”。就行政机关而言，在保持经济平稳较快发展的同时，动员体制内一切有利因素

---

[34] 顾培东：《社会冲突与诉讼机制》（修订版），法律出版社 2004 年版，第 27 页以下。
[35] 李强等：《中国城镇化“推进模式”研究》，载《中国社会科学》2012 年第 7 期。
[36] 范愉：《纠纷解决的理论与实践》，清华大学出版社 2007 年版，第 336 页。

化解社会矛盾、维护社会稳定就成为最重要的中心工作。因此，当行政相对人将行政纠纷诉诸人民法院时，行政机关也迫切需要得到司法机关的理解、配合和支持，进而共同完成化解社会矛盾、促进社会和谐的政治任务。然而，封闭对抗型的行政审判模式却以司法与行政之间的对抗作为明辨是非的手段，拒绝与行政机关之间任何可能的合作。为此，从行政机关角度上看，一种新的凸显司法与行政良性互动的行政审判模式也需要建立。

最后，就人民法院而言，基于自身能力和所处环境的考虑，也希望“借力”于其他机关通过各种方式妥善化解行政纠纷。身处急速社会转型时期的当代中国，大量行政纠纷的发生源自复杂的社会原因，矛盾尖锐、处理难度大。以目前法院在体制内的孱弱地位和有限能力而论，实在难以承受如此过重的包袱。2004 年 10 月，时任最高人民法院院长的肖扬首席大法官在美国耶鲁大学所发表的题为“中国司法：挑战与改革”的演讲中就曾经提出：在中国目前的法院审判中，对正义执着追求的“理想主义”可能在一定程度上必须让位于解决纠纷的“现实主义”。[37] 为了积极应对复杂多样的行政纠纷，近几年来，人民法院一直在努力探索优化行政审判外部环境的机制，试图通过协调当事人双方及其他外部社会力量一起参与行政纠纷的化解。尤其是在原告人数众多、社会影响突出的群体性行政争议的化解过程中，人民法院几乎自始至终都要在法律与政策、实质正义和程序正义、维护政府权威与个人权利、自主与谦抑之间不断穿行。在最高人民法院《关于妥善处理群体性行政案件的通知》（法〔2006〕316 号）所开列的机制“清单”中，“认真做好群体性行政案件的稳控工作”“积极探索以和解方式解决群体性行政争议机制”“处理群体行政案件要把司法为民和服务大局紧密联系起来”“要切实提高协调利益关系、开展群众工作、处理人民内部矛盾、维持社会稳定的本领”“紧紧依靠党委的领导和政府的支持”等政治话语充斥其间，反映出人民法院的实践智慧和对现实的无奈。相比之下，封闭对抗型的行政审判模式强调司法

---

[37] 颜茂昆：《肖扬在美国耶鲁大学发表演讲》，载《人民法院报》2004 年 10 月 12 日。

的中心地位，由法院主导一切行政纠纷的化解。很显然，这种传统的行政审判模式难以适应行政纠纷化解多中心的现实。可见，从人民法院角度上看，一种新的去司法中心化的行政审判模式也急需建立。

（二）开放合作型行政审判模式的初现

在激荡的社会转型过程中，人民法院究竟是通过何种路径实现行政审判模式悄然转变的呢？有学者在分析“我国法院是如何发展行政法”时，曾经总结出司法解释、《最高人民法院公报》及法院内的规范性文件或者权威性文件等三种最主要的“法官造法”路径，认为它们“超越了个案的纠纷解决，能够产生具有法一样的对未来案件反复适用的规范效应，能够在特定的事项与领域内建章立制，形成一种稳定的法秩序”。[38] 就超越《行政诉讼法》文本本身、总结行政审判实践经验、引领行政审判模式调适而言，最高人民法院的司法解释特别是权威性司法文件发挥了至关重要的作用。

自2004年开始，最高人民法院先后发布《关于进一步加强行政审判工作的通知》（法〔2004〕33号）、《关于加强和改进行政审判工作的意见》（法发〔2007〕19号）、《关于当前形势下做好行政审判工作的若干意见》（法发〔2009〕38号）等三个具有全局指导意义的权威性行政审判政策文件，推动了封闭对抗性行政审判模式的嬗变，对行政审判制度的变迁产生了极为深刻的影响。法〔2004〕33号文明确提出要“积极开展行政审判制度创新”“努力营造良好的行政审判司法环境”，要求各级法院“按照人民法院司法改革的总体部署，根据行政审判工作的特点和规律，积极改革和创新行政审判制度和工作机制，争取短期内使行政审判工作上一个新台阶”“结合当地实际，主动自觉地接受党委领导和人大监督，争取政府支持”。“创新”“主动”等词语的首度出现，彰显出最高人民法院加强行政审判工作的决心，也拉开了行政审判模式转型的序幕。此后，在上述三个纲领性文件的指导下，最高人民

---

[38] 余凌云：《法院是如何发展行政法的》，载《中国社会科学》2008年第1期。

法院又相继发布了一系列重要司法文件和司法解释，从不同侧面突破了现有法律规定的局限，通过司法政策的调整促进行政审判模式的悄然转向。这些解释和文件主要包括：《关于为构建社会主义和谐社会提供司法保障的若干意见》（法发〔2007〕2号）、《关于进一步发挥诉讼调解在构建社会主义和谐社会中积极作用的若干意见》（法发〔2007〕9号）、《关于进一步加强司法建议工作为构建社会主义和谐社会提供司法服务的通知》（法发〔2007〕10号）、《关于行政诉讼撤诉若干问题的规定》（法释〔2008〕2号）、《关于充分发挥行政审判职能作用为保障和改善民生提供有力司法保障的通知》（法〔2008〕125号）、《人民法院第三个五年改革纲要（2009-2013）》（法发〔2009〕14号）、《关于依法保护行政诉讼当事人诉权的意见》（法发〔2009〕54号），《关于开展行政诉讼简易程序试点工作的通知》（法〔2010〕446号）、《关于加强司法建议工作的意见》（法〔2012〕74号）。解读这些权威性文件，不难看出，《行政诉讼法》文本所规定的诸多制度都已经出现了明显变化，有的甚至完全走向了文本规定的反面。作为一种非穷尽的列举，表1直观地反映出这些变化，折射出封闭对抗型行政审判模式的蜕变。

表1 司法政策调整促进行政审判模式转型实例

基本事项	新增内容	司法文件依据	《行政诉讼法》
行政审判任务	促进依法行政，化解行政争议；从源头上预防和减少争议；注意争议的实质性解决，促进案结事了	法发〔2007〕2号 法发〔2007〕19号 法发〔2009〕38号	第1条 保证人民法院正确、及时审理行政案件；保护公民、法人和其他组织的合法权益；维护和监督行政机关依法行使职权
司法权与行政权关系	加强与行政机关的沟通与联系，取得行政机关的理解和配合，增进司法与行政的良性互动	法发〔2007〕19号 法发〔2009〕38号	第5条 对具体行政行为是否合法进行审查

续表

基本事项	新增内容	司法文件依据	《行政诉讼法》
行政审判组织形式	适用简易程序审理的案件，经当事人同意，可以实行独任审理	法〔2010〕446 号	第 6 条 合议制
行政首长出庭应诉	肯定和支持行政领导出庭应诉；推动行政机关法定代表人出庭应诉制度，为协调、和解提供有效的沟通平台	法发〔2007〕19 号 法发〔2009〕38 号	第 29 条 当事人可以委托一至二人代为诉讼
积极探索行政案件处理新机制	善于运用协调手段有效化解行政纠纷；推动当事人和解；人民法院可以建议被告改变其所作的具体行政行为；善于利用现行体制提供的各种资源	法发〔2007〕9 号 法发〔2007〕19 号 法〔2008〕125 号 法释〔2008〕2 号 法发〔2009〕38 号	第 50 条 不适用调解 第 51 条 被告改变其所作的具体行政行为，原告同意并申请撤诉的，是否准许，由人民法院裁定
简易程序	明确适用简易程序的案件范围，制定简易程序审理规则	法发〔2009〕14 号 法〔2010〕446 号	无
司法建议	坚持严肃性、必要性、针对性、规范性和实效性原则；坚持能动司法，延伸审判职能	法发〔2007〕10 号 法发〔2009〕38 号 法〔2012〕74 号	第 65 条 行政机关拒绝履行判决、裁定的，一审法院向其上级行政机关或者监察、人事机关提出司法建议

（三）开放合作型行政审判模式的特点

最高人民法院近几年来一系列司法政策的调整显示，一种具有浓郁中国本土气息的行政审判模式正在形成。这种本土化的行政审判模式与《行政诉讼法》文本所宣示的“封闭对抗”已渐行渐远，“开放合作”的意蕴却日益浓厚。这种模式为人们摹绘出另一幅行政审判的别样图景：民众通过起诉将其与行政机关之间的行政争议提交到法院面前，法院通过与行政机关之间的互动合作，将审判活动转化为有效化解矛盾的过程，经由多元主体的程序运作最终实现行政纠纷的实质性解决。具体来说，开放合作型行政审判模式呈现出如下三个方面的特点：

1. 促进行政纠纷实质性化解。与以明辨是非曲直为根本任务的封闭对抗型行政审判模式相比，开放合作型行政审判模式的最终目标在于促进行政纠纷的实质性化解。日本学者棚濑孝雄曾言，审判制度的首要任务就是纠纷的解决，如何通过审判妥善解决纠纷是法解释学的中心课题。[39] 现行《行政诉讼法》片面强调人民法院对被诉行政行为的合法性进行审查并作出类型化的胜负裁判，这种简单化的处理方式往往难以触及行政案件背后深层次的权利义务关系，过高的行政案件申诉上访率与过低的原告服判息诉率之间形成了强烈反差。有鉴于此，最高人民法院近年来特别强调行政案件的审理要达到"案结事了人和"的效果，避免出现"案结事不了""官了民不了"的现象。这种司法导向体现了行政审判纠纷解决观的复归，与我国当下化解社会矛盾、构建和谐社会的主流政治观完全契合。一般认为，行政纠纷实质性化解具有三层含义：一是案件已经裁决终结；二是当事人之间的矛盾真正地得以解决，没有留下后遗症；三是通过案件的审理，明晰了此类案件的处理界限，行政机关和社会成员能够自动根据法院的判决调整自身行为。[40] 在纠纷实质性化解观的支配下，包括判决、调解、协调和解、司法建议在内的各种处理方式都可以尝试，包括法院、行政机关、原告以及其他一切有利的社会资源都可以加以利用。从这个意义上来说，促进行政纠纷实质性化解是开放合作型行政审判模式最为显著的特点，体现出浓郁的现实主义情结。

2. 实现司法与行政良性互动。以促进行政纠纷实质性化解为目标的行政审判模式必然要求重新塑造司法权与行政权之间的关系，避免出现对立化和

---

[39] ［日］棚濑孝雄著：《纠纷的解决与审判制度》，王亚新译，中国政法大学出版社 2004 年版，第 1 页。

[40] 江必新：《论实质法治主义背景下的司法审查》，载《法律科学》2011 年第 6 期。

附庸化两种极端关系形态。作为行政诉讼法律关系中最为重要的一环，人民法院与行政机关之间的合作尤为必要。特别是在中办、国办联合下发《关于预防和化解行政争议健全行政争议解决机制的意见》之后，“从源头上预防和减少行政争议发生”已经成为我国和谐社会政治语境下的核心司法理念，无疑是人民法院和行政机关的共同使命。从这个意义上来说，实现行政纠纷的实质性化解构成了行政机关和人民法院之间“合作”与“共谋”的牢固政治基础。[41] 近年来人民法院从不准调解到大张旗鼓地推崇协调、从鼓励行政首长出庭应诉到倒逼行政首长出庭应诉、从消极对待司法建议到积极运用司法建议，这些转向无不反映出人民法院在现行体制的夹缝中谋求行政审判发展空间的良苦用心。如果结合同一时期行政系统内部的类似努力，就不难发现这种主动调适其实是相辅相成的。[42] 司法与行政之间良性互动关系的形成，为行政纠纷的实质性化解奠定了坚实基础。

3. 程序运作主体多中心主义。与封闭对抗型行政审判模式坚持由司法主导程序运作所不同的是，开放合作型行政审判模式倡导的是多中心的程序运作。也就是说，人民法院通过开放行政审判活动过程，吸纳更多的司法外力

---

[41] 例如，在第五次全国行政审判工作会议上，时任中央政法委书记的罗干就明确提出了衡量行政审判工作好坏的三项新标准，即“是否化解了行政争议”“是否理顺了群众情绪”及“是否促进了社会的和谐稳定”。与此同时，他还意味深长地指出：“司法机关和行政机关分工不同，但在执行国家法律和维护社会和谐稳定方面目标是一致的，要努力实现司法和行政的良性互动。”参见罗干在第五次全国行政审判工作会议上的讲话，2007 年 3 月 27 日。

[42] 国务院 2004 年发布的《全面推进依法行政实施纲要》（国发〔2004〕10 号）第 28 条规定，“对人民法院受理的行政案件，行政机关应当积极出庭应诉、答辩。对人民法院依法作出的生效的行政判决和裁定，行政机关应当自觉履行”。2008 年发布的《关于加强市县政府依法行政的决定》（国发〔2008〕17 号）第 22 条进一步指出，“要认真做好行政应诉工作，鼓励、倡导行政机关负责人出庭应诉。行政机关要自觉履行人民法院做出的判决和裁定”。国务院《关于加强法治政府建设的意见》（国发〔2010〕33 号）第 25 条明确规定：“做好行政应诉工作。完善行政应诉制度，积极配合人民法院的行政审判活动，支持人民法院依法独立行使审判权。对人民法院受理的行政案件，行政机关要依法积极应诉，按规定向人民法院提交作出具体行政行为的依据、证据和其他相关材料。对重大行政诉讼案件，行政机关负责人要主动出庭应诉。尊重并自觉履行人民法院的生效判决、裁定，认真对待人民法院的司法建议。”无论从规范内容还是具体用语上看，国务院三个建设法治政府的纲领性文件都体现出对司法权威的尊重和建立行政与司法良性互动关系的愿望。

量参与审判程序的运作，共同推动行政纠纷的实质性化解。在多中心主义的程序运作框架之下，原、被告双方不再是消极、被动地听从于人民法院的安排，而是更加频繁地通过合意解决纠纷。行政首长出庭应诉之所以被誉为“执政为民的试金石”“法治政府建设的风向标”“社会矛盾化解和社会管理创新的大智慧”和“政府自身建设的好抓手”，[43] 就是因为行政首长出庭搭起了官民之间平等对话与理性沟通的平台，为人民法院协调行政案件、促使当事人和解撤诉提供了极大便利。与此同时，简易程序的设置特别是双方同意实行独任审理的试点，体现出人民法院对当事人程序选择权的尊重，促进了行政纠纷解决方式和行政案件审理程序的多元化发展。在最高人民法院近几年发布的一系列司法文件中，“善于利用现行体制提供的各种资源”“积极争取当地党委和政府的支持”“建立健全民意沟通表达机制”等措辞频频使用，暗含着司法高层对优化行政审判外部环境、借助各种司法外社会力量参与矛盾纠纷化解的热切期望。短短五年时间内，最高人民法院相继发布两项推进司法建议工作的专门文件，使这一原本极为边缘化的制度上升为行政审判的中心制度，成为与行政判决、裁定及决定并驾齐驱的第四类重要的行政诉讼法律文书。[44] 司法建议的兴起，表明人民法院已经开始有意识地发挥行政审判的延伸功能。这种不拘泥坐堂问案、主动为党委、政府出谋划策的做法，是贯彻能动司法理念的体现，有助于人民法院社会管理创新“促进者”角色的充分发挥。[45] 可见，在多中心的程序运作中，人民法院自身的司法功能也呈现多元化的发展趋势，加之前述行政纠纷解决方式的多元化和行政案件审理程序的多元化，可以看出，“多中心主义的司法”已经取代“司法中心主义”而成为开放合作型行政审判模式的又一重要特征。

---

[43] 江必新：《积极推进行政机关负责人行政诉讼出庭应诉工作》，载《人民法院报》2011 年 7 月 23 日。

[44] 章志远：《我国行政诉讼司法建议制度之研究》，载《法商研究》2011 年第 2 期。

[45] 江必新：《拓展行政审判职能 推进社会管理创新——行政审判在社会管理创新中的角色思考》，载《法律适用》2011 年第 3 期。

分析至此，开放合作型行政审判模式与传统的封闭对抗型行政审判模式的区别可以通过表2直观地显示出来。

表2 开放合作型行政审判模式与封闭对抗型行政审判模式的区别

审判模式比较事项	封闭对抗型行政审判模式	开放合作型行政审判模式
诉讼目标	明辨是非曲直	行政纠纷实质性化解
司法功能	权利保护、监督依法行政	权利保护、监督与促进依法行政、服务
审辩关系	对抗	合作
审理组织	合议制	允许独任审判、吸纳司法外力量参与
审查标准	合法性审查	允许合理性审查
审理程序	普通程序	允许简易程序
结案方式	判决	允许协调和解
程序运作	司法主导	多主体共同主导

四、开放合作型行政审判模式的展开

无论从我国政党政治的特色还是社会转型的现实上看，开放合作型的行政审判模式对于化解社会矛盾、维护社会稳定、促进社会和谐都具有明显的比较优势，其要义值得在修改《行政诉讼法》的过程中加以贯彻。当然，回顾过去几年人民法院通过调整司法政策引导行政审判模式的转向，也能够发现某些矫枉过正的做法，如过于重视协调结案甚至片面追求协调和解撤诉率、热衷于构建各种徒具形式的互动机制、片面理解为大局服务的口号甚至无原则地迁就行政机关等。诚如有的学者所言，中国语境下的司法边界问题是如何“矫正过度司法”和“克服司法软弱”的问题。[46] 就未来行政审判制度的变革而言，既需要保持司法谦抑有所不为，也需要树立司法权威有所作

[46] 吴英姿：《司法的限度：在司法能动与司法克制之间》，载《法学研究》2009年第5期。

为，从而使人民法院能够在理想与现实之间灵活地行走。笔者认为，当前和今后一个时期，我国开放合作型行政审判模式的构建应坚持如下三项基本原则：

（一）适度抗衡是开放合作的前提

开放合作型行政审判模式的建构并不意味着司法机关可以完全放弃对行政行为的合法性审查，也不意味着司法机关可以一味采取模糊、迁就的方式寻求行政纠纷的功利性化解。针对行政审判实践中出现的各种各样的变异，有学者批评“中国的法院为了摆平各种关系，很大程度上所展现的并不是一个中立司法者的面向”。[47]《行政诉讼法》颁行 22 年来，尽管遭遇到很大挫折，但其对于行政法治的推动、人权保障的落实、官民矛盾的化解以及公法研究的促进都起到了积极作用。很显然，全部推倒重来、甚至有意使行政诉讼制度向民事诉讼制度简单复归的做法并不合乎适宜。相反地，对于传统封闭对抗型行政审判模式中的某些合理因子仍有必要予以继承。正如美国社会法学的创始人庞德所言：“我们必须决定，通过法律我们预计能做些什么以及必须把什么留给其他社会控制机关去办。我们必须检验我们所有的法律武器，估计一下每件武器对于我们今天的任务有多大的价值，还要问一问，可能设计一些什么新的东西，以及设计出来之后，我们能合理地期望它们完成什么任务。”[48] 事实上，在近几年的司法政策调整过程中，最高人民法院也展现出适度强化抗衡的一面。除了不断扩大受案范围拓宽司法抗衡行政的领域之外，加大指定管辖、异地审理和提级管辖的力度，为司法抗衡行政提供有力的组织保障；充分发挥行政诉讼附带解决民事争议的功能，为在事实问题上有效抗衡行政提供可能；设置政府信息公开案件禁止性判决，为在民众权

---

[47] 汪庆华：《政治中的司法：中国行政诉讼的法律社会学考察》，清华大学出版社 2011 年版，第 161 页。

[48] ［美］罗斯科·庞德著：《通过法律的社会控制 法律的任务》，沈宗灵等译，商务印书馆 1984 年版，第 114 页。

利预防性保护中抗衡行政提供机会；等等。

笔者认为，在开放合作型行政审判模式的建构中，首先应当坚持适度抗衡是开放合作的前提原则。就适度抗衡的匹配性制度设计而言，关键在于“行政审判权独立行使”和“行政诉讼类型化改造”的落实。其中，前者的目的在于为适度抗衡提供组织保障；后者的目的在于为适度抗衡提供空间保障。当前，围绕行政审判权独立行使的改革主张很多。其中，取消基层法院行政审判庭、由中级法院主要承担行政案件一审任务和设置独立的行政法院系统专门审理行政案件两种主张尤其引人注目。最高人民法院行政审判庭法官梁凤云新近撰文指出：“建立独立的行政法院体系，是司法机关长久地、公正地承担其行政诉讼职能的基本条件。行政法院的设立构成了本次《行政诉讼法》修改的最重大课题。甚至可以说，只要设立行政法院，其他问题几可迎刃而解。”[49] 行政法院的设置事关中国司法改革的走向，也涉及国人特别是政治精英对西方社会司法独立理念的理解程度和继受方式，实有必要循序渐进从而不断凝聚社会共识。不过，在现行《宪法》第126条“人民法院依照法律规定独立行使审判权，不受行政机关、社会团体和个人的干涉”规定的解释框架下，各种有助于行政审判权独立行使的举措都可以进行尝试。出于“妥善消解司法权与行政权间的紧张对立”[50] 的考虑，对行政诉讼制度实施类型化改造却有必要。在不同类型的行政诉讼中，司法与行政抗衡的程度并不相同。一般来说，撤销诉讼、课予义务诉讼、确认诉讼中的对抗相对比较激烈，调解结案受到很大限制；相反地，一般给付诉讼中的合作成分则大为增强，调解结案应受鼓励。因此，为了明确抗衡和合作的具体场域，行政诉讼类型化改造就显得比较迫切。最高人民法院行政审判庭两位资深法官新近也撰文指出：“为了解决行政诉讼对权利救济请求缺乏回应性、对行政权力的行使方式缺乏针对性、审判方式缺乏科学性以及解决纠纷无法做到实质性等问

---

[49] 梁凤云：《〈行政诉讼法〉修改八论》，载《华东政法大学学报》2012年第2期。

[50] 章志远：《行政诉讼类型构造研究》，法律出版社2007年版，第33页

题，最重要也是最有效的办法就是引入行政诉讼类型化的思想。”[51]

（二）机制创新是开放合作的关键

作为一种全新的行政审判模式，开放合作既是诉讼理念和诉讼哲学的更新，同时也是纠纷解决机制的转型。鉴于现行《行政诉讼法》完全是一种行政行为中心主义的结构安排，因而在行政纠纷解决机制上体现的也都是一种一元化的思路：单一的撤销诉讼，单一的合法性审查，单一的普通程序审理，单一的判决结案方式。按照行政诉讼类型化的改造思路，就必须充分发挥行政争议以及行政相对人诉讼请求的引领作用，通过多元化的机制创新，改变目前纠纷解决方式僵化、单一的局面。为此，就必须处理好“边缘与中心”“变革与守成”之间的关系，将一些实践证明行之有效的机制及时吸纳进来，形成一种多中心主义的结构。

笔者认为，在开放合作型行政审判模式的建构中，与开放合作精神相匹配的机制建设主要包括如下四个方面：一是多元化的行政审判程序。当前，需要从适用范围、审判组织及审理规则等三个方面进一步完善简易程序。[52] 除此之外，针对信息公开等特殊行政案件，还可以规定法院对屏蔽审查权的分享，即“法官有权在当事人双方不在场的情况下，单独就行政文件的内容进行审查，并在自由心证的基础上作出被告是否应当向原告公开有关信息的裁判”。[53] 针对已经经过行政复议程序特别是复议听证式审查程序之后进入行政诉讼程序的案件，以及适用简易行政执法程序作出的行政处理决定，可以考虑适用更为灵活、快捷的诉讼程序进行审理，从而使有限的行政审判资源得到更为科学合理的配置。二是多元化的纠纷解决方式。除了从外

---

[51] 李广宇、王振宇：《行政诉讼类型化：完善行政诉讼制度的新思路》，载《法律适用》2012年第2期。

[52] 参见章志远、朱志杰：《我国行政诉讼中的简易程序制度研究》，载《江苏行政学院学报》2012年第5期。

[53] 章志远：《行政诉讼类型构造研究》，法律出版社2007年版，第191页。

延和内涵上进一步完善现行行政裁判方式以外，有必要参照《行政复议法实施条例》的有关规定并结合司法实践的经验得失，对行政诉讼调解和和解结案方式作出详细规定，切实扭转目前行政诉讼非正常撤诉率过高的局面，防止行政审判在运动化治理的政治生态中越陷越深。同时，要进一步发挥“裁判补充型”司法建议在行政纠纷化解中的特殊作用。三是多元化的司法审查标准。除了在撤销诉讼、科予义务诉讼及部分确认诉讼中继续坚持合法性审查标准之外，应着力从两个角度构建多元化的司法审查标准：一是区分事实问题、法律问题、政策问题和裁量问题，针对行政案件所涉及的不同面相的问题分别进行合法性、合理性和合目的性审查；二是区分不同类型的行政诉讼，在无效确认诉讼中探索建立“是否明显违法”的审查标准，在一般给付诉讼中探索建立实质性审查标准。四是多元化的庭审布局。庭审布局属于法律仪式范畴，法庭场景的布置、审判地点的选择并非微不足道的技术问题，其背后往往具有深刻的司法隐喻。近年来，“圆桌审判的德州模式”“行政首长出庭应诉的海安模式”“法院文化建设的港闸模式”等地方样板的兴起，显示出中国行政审判庭审布局多元化的发展趋势。这些极具符号学意义的改革举措暗合了近年来“司法为民”“法律效果、社会效果与政治效果相统一”的理念，需要在及时总结实践经验之后上升为正式的制度安排。

（三）尊重规律是开放合作的界限

任何审判模式的运行都必须尊重司法规律、顺应时代潮流。在开放合作型行政审判模式的生成和发展中，也存在很多令人担忧之处。特别是在能动司法、和谐社会、多元纠纷解决机制、社会管理创新等口号的影响之下，行政审判实践出现了一些明显的矫枉过正之举。例如，判决的中心地位存在被协调撤诉取代的现实危险，行政案件存在被非诉行政案件淹没的可能，司法的中心地位存在被其他力量架空的现实威胁，司法的纠纷解决功能存在被其他行政解决方式挤压的窘境。为此，就必须重申对规律的尊重，把握好开放合作的界限，避免行政审判走向新的误区。

笔者认为，在开放合作型行政审判模式的建构中，对规律的遵循应从外部和内部两个维度展开：首先，就外部视角而言，需要正确判断包括司法在内的各种行政纠纷解决方式的利弊，继续倡导一种“自由竞争、适者生存”的自然法则。英国宪法学巨匠詹宁斯曾言：“此项职能从行政机构转移到法院或者从法院转移到行政机构一般都不会有实质性的改变，因为它需要的是更公正的裁判机构，而不管其拥有多少权力，或者因为它需要的是某种特定的程序，而不是另外的一种程序。”[54] 对于司法和行政在纠纷解决中的地位来说，在破除司法万能的神话之后，也要警惕落入行政万能的陷阱。根据媒体最近的披露，在由行政机关负责起草的《行政复议法（修订建议稿）》（以下简称实务稿）中，行政复议已经成为行政诉讼的前置条件。实务稿规定：“公民、法人或者其他组织认为具体行政行为侵犯其合法权益的，应当先申请行政复议；对行政复议决定不服的，可以依法向人民法院提起行政诉讼，但是法律规定行政复议决定为最终裁决的除外。”[55] 如果这条建议最终被立法者采纳，官方所希冀的“把行政复议制度建设为解决行政纠纷的主渠道”完全可能化为现实。对于正处在十字路口的中国行政诉讼制度而言，这与其说是一种解脱，不如说就是一场新的灾难。行政复议对行政诉讼的侵蚀由来已久，但在《行政诉讼法》第37条“自由选择模式”的庇护下，这种侵蚀作用并未产生太大的实际效果。为此，对上述建议应当予以高度警惕，避免行政审判的外部空间遭受重压。“只有在相对人的自由选择中，行政复议与行政诉讼制度的优劣才能为相对人所实际感知；也只有通过相对人的自由选择，行政复议与行政诉讼制度才能在彼此激烈的竞争中获取相应的生长空间。”[56] 其次，就内部视角而言，需要正确对待行政诉讼制度的使命，避免将其自我降

---

[54] ［英］詹宁斯著：《法与宪法》，龚祥瑞、侯健译，北京三联书店1997年版，第208页。

[55] 参见周芬棉：《行政复议法修订列入计划 两版修订稿提交法制办 实务界希望行政复议作为诉讼前置条件》，载《法制日报》2012年10月10日。

[56] 章志远：《我国行政复议与行政诉讼程序衔接之再思考》，载《现代法学》2005年第4期。所幸的是，新近有学者专门撰文重申了“坚持自由选择模式”的观点。参见杨伟东：《复议前置抑或自由选择——我国行政复议与行政诉讼关系的处理》，载《行政法学研究》2012年第2期。

格为一种纯粹的行政纠纷化解方式。正如德国学者胡芬所言：“行政诉讼法既非单纯的‘行政法’，又非单纯的‘诉讼法’。在广义上，它是公法上法律争议的法院程序法；同时，它也是通过各种具体裁判去实现宪法和行政法的方式。”㊺ 对于我国现阶段行政审判制度的使命来说，不能因为官民矛盾纠纷化解的紧迫性就放弃了对权利保护和监督行政的追求。事实上，“二战”结束之后各国行政诉讼制度在“权利保护功能之强化、诉讼种类之增加、行政裁判权之扩大、行政裁判之司法化”㊻ 四个方面表现出共同的发展趋势。毫无疑问，在开放合作型行政审判模式的建构中，对这些行政审判制度内在的发展规律必须予以认真对待，避免行政诉讼的价值在模式重构的旗号下被扭曲。

五、结语：理解行政审判的“中国模式”

自改革开放以来，中国厉行法治的实践已过“而立之年”。在这一伟大的历史进程中，被誉为“中国现代行政法的开端”的《行政诉讼法》的颁布成为具有里程碑意义的重大事件。孕育于特殊政治体制改革环境中的《行政诉讼法》具有浓厚的理想主义气息，饱含着国人对“作茧自缚”的行政法治的美好憧憬。本文的研究则显示，该法所确立的封闭对抗型行政审判模式在实践中遭遇到严重挫折。与此同时，最高人民法院又在历史的关键时期通过调整司法政策引领行政审判模式的悄然转型，一种以开放合作为特质的新的行政审判模式正在初现。在继受西方的司法审查理论之后，中国本土化的行政审判制度有望生成。

如果放眼中国的整个法治事业，同样可以看出法治的进路也正处于转型之中，即从单向度的学习、借鉴西方法律制度和理论的“追仿型进路”迈向以适应中国具体国情、解决中国实际问题为目标的“自主型进路”。“自主型

㊺ ［德］弗里德赫尔穆·胡芬著：《行政诉讼法》，莫光华译，法律出版社2003年版，第4页。
㊻ 蔡志方：《行政救济与行政法学（一）》，三民书局1993年版，第101页。

法治进路的实质，就是把解决中国实际问题、实现有效的社会控制与治理的要求渗透到法律及其运作的整个过程之中，从而形成与中国国情相适应的法治体系。”[59] 从这个意义上来说，本文所关注的行政审判模式的变迁无疑为中国法治发展的自主型进路提供了注脚。中国社会的转型仍在艰难进行之中，中国法治的探索也在进退维谷之间。如何在法治理想与中国现实之间进行适度妥协，如何在普世价值与中国特色之间理解行政审判制度，如何在变革与守成之间完成行政诉讼法修改的历史任务，注定是我们这一代人将要长期面临的课题。人们有理由相信，开放合作型行政审判模式的进一步发展，不仅会影响到我国行政诉讼制度未来的变革，而且也必将为我国自主型法治进路的探索积累更多有益的经验。

---

[59] 顾培东：《中国法治的自主型进路》，载《法学研究》2010 年第 1 期。

有无必要通过司法审查约束行政被告的上级行政机关*

——复议机关做行政诉讼被告的制度变化及理据分析

莫于川**

引言：通过修法能否改变复议机关的维持会形象?

一般认为，行政复议是立足于行政体系内部的行政纠纷解决机制，既有行政性质又有司法色彩，其在整体上被视为行政争议的一种行政解决机制，但其准司法化已成国际趋势，在学界也取得较多共识。① 即便这一观点成为通说，但是行政复议的准司法化，也须要理性地吸纳司法制度的长处，对复议权形成公正、公开、有力的程序约束，才能促使行政复议制度扮演依法解决行政争议、积极推动依法行政的一种主渠道角色。自《行政复议法》于1999年颁布实施以来，中经2007年《行政复议法实施条例》的补强细化，我

---

* 此系笔者新近完成的论文，收入文集供研讨会交流，以此作为祝寿文稿之一，谨对应松年教授八十华诞表达敬意，衷心祝愿寿星应老师身体健康，阖家幸福，工作顺利，再登高峰!

** 莫于川，中国人民大学法学院教授、博士生导师、宪政与行政法治研究中心执行主任、中国行政法研究所所长，中国行政法学会副会长。

① 较为集中的论述参见周汉华主编：《行政复议司法化：理论、实践与改革》，北京大学出版社2005年版；杨小军：《我国行政复议制度研究》，法律出版社2002年版；朱新力：《行政复议应向司法化逼近》，载《法学研究》2004年第2期；方军：《论中国行政复议的观念更新和制度重构》，载《环球法律评论》2004年第1期；刘莘：《行政复议的发展历程与未来展望》，载《江苏社会科学》2008年第5期；应松年：《行政复议应当成为解决行政争议的主渠道》，载《行政管理改革》2010年第12期。

国的行政复议制度在实践中发挥了积极作用，但也面临诸多问题和挑战，其中的重要挑战之一就是如何改变长久以来形成的“复议机关是维持会”的负面外部形象。[②] 列入全国人大常委会立法计划的《行政复议法》修法工作正在进行中，已形成的修法试拟稿针对此问题作出多项规定，但毕竟还只是修法构想。相比之下，与之同时开始进行的《行政诉讼法》修法工作则进展较快，已于2014年11月1日由全国人大常委会三审通过了修法方案，且于2015年5月1日起施行，其中就调整复议机关的被告资格制度作出了专项规定，旨在从根本上解决“复议机关是维持会”的老大难问题。[③] 但学术界和实务界对此也有不同看法，存在一些疑虑。鉴于如何认识此争议对于新法实施多有影响，本文就此略作分析、略陈管见、求教大方、谨供参考。

一、复议机关是否做被告的制度变化梳理

为配合1989年《行政诉讼法》的实施，国务院于1990年12月通过了《行政复议条例》，行政复议制度得以全面建立。1999年4月，实施数年后《行政复议条例》升格为《行政复议法》，与行政诉讼并行的行政复议制度更完整确立。随着《行政诉讼法》完成首次修改，行政复议法制再次面临革新转型的历史任务。《行政复议法》施行10余年来，我国的行政复议工作得到显著发展，行政复议案件数量增长较快，现在已达到每年10余万件，行政复

---

② 为人诟病的“维持会”现象的基本缘由是：1990年10月1日起施行的《行政诉讼法》第25条第2款规定：“经复议的案件，复议机关决定维持原具体行政行为的，作出原具体行政行为的行政机关是被告；复议机关改变原具体行政行为的，复议机关是被告。”因此，在既往20多年的行政法制实践中，许多行政复议机关及其公务人员从“趋利避害”“多一事不如少一事”的本性和从政心理出发，往往为了本机关不当被告而在复议实务中只是走走过场，简单地维持原行政行为的做法比较普遍，行政复议制度未能很好发挥出监督和救济功能，导致复议公信力严重下降的现实困境，这被人们批评为“维持会现象”。

③ 修改后的《行政诉讼法》第26条第2、3款规定的基本含义可以概括为“维持必然当共同被告，不作为也可能当被告”。许多专家学者和全国人大代表、人大常委对此持肯定意见，认为“这一修改有利于发挥行政复议的缓冲作用”（列席全国人大常委会会议的全国人大代表贾春梅语）。

议案件过去大幅落后于行政诉讼案件的局面有所改观。然而，由于立法之初对行政复议制度的性质及制度构建定位存在较多缺陷，造成行政复议制度长期面临公正性质疑，居高不下的维持决定率（隐形维持决定率更高）大大损害了此项监督救济制度的社会认同度和公信力。特别是多年来出现的信访潮对行政复议制度形成很大冲击，出现政府办公区域内，信访机构门前排长队，复议机构却是门可罗雀的讽刺现象。地方各级行政复议机构及其工作人员在地方机构改革中也往往成为首先被裁撤的机构和人员。面对困境，关于行政复议制度司法化方向改革的呼声在理论界和实际部门似乎越来越高，近年来一些中央行政机关和地方政府在复议体制、复议机构、复议程序等方面开展了改革试点，为行政复议制度改革完善进行了富有深意的探索尝试，也为进一步修改《行政复议法》积累了宝贵经验。

在我国，行政复议制度与行政诉讼制度相比较，从制度设计初衷而言，前者具有高效、便捷、专业等制度优势，还具有行政系统特有的资源配置和隶属关系优势，有助于简便快捷地实现案结事了，在特定案件中更有利于保护申请人利益，更有利于行政争议的彻底解决。因此，行政复议与行政诉讼二元并行的行政争议解决机制在我国目前及未来很长时期不仅有必要维持，还应将行政复议塑造为解决行政争议的主渠道，但前提是必须对行政复议制度进行公正性改造，能够公正地解决行政争议。

由此观之，原有的复议机关作为行政被告的上级行政机关的角色和责任问题，就成为绕不过去的一个疑难体制问题，必须勇于面对、妥善应对、合理解决。在由于多种原因致使拟议中的《行政复议法》修改工程滞后的情况下，利用《行政诉讼法》时隔25年首次修改的机会，对于复议机关是否做、如何做行政被告的长期争议难题加以根本性解决，彻底改变“维持会”现象，不失为明智的行政法制革新路向。

为给《行政诉讼法》修改工作提供参考，笔者曾在10年前按照全国人大常委会法制工作委员会的要求，组织中青年学者完成了《关于修订〈中华人民共和国行政诉讼法〉的建议稿（中国人民大学方案）》，于2005年3月30

日报送全国人大常委会法工委，供该项修法工作参考。之后随着行政诉讼实践新进展，社会各方面对此已有更多共识，修改《行政诉讼法》列入全国人大常委会的立法规划和工作安排，笔者再次组织《行政诉讼法》修改研究课题组，形成了《中华人民共和国行政诉讼法》修改专家建议稿（中国人民大学2012年方案）及其理由说明书和专题研究报告，于2012年2月报送全国人大常委会法工委，而且将多次课题成果充实修改形成专著《建设法治政府需要司法更给力——行政诉讼法修改问题研究及专家建议稿》，由清华大学出版社于2014年9月出版，提供立法机关进行修法工作以及关心法治政府建设和司法改革进程的社会各界参考。

我们课题组在修法建议稿中明确提出：按照现行的法律规定和司法解释，对于经过行政复议的案件，当事人不服仍然起诉的，被告按照如下规则确定：复议机关维持原行政行为的，以原来的行政机关作为被告；复议机关改变原行政行为的，以复议机关作为被告；复议机关不受理复议申请或者没有在法定期限之内作出复议决定的，当事人仍然不服原来的行政行为，以原行政机关为被告，不服复议机关不履行职责的行为，则以复议机关作为被告。由此产生的一个严重现实问题是，复议机关为了避免作被告，往往不分青红皂白地维持原行政行为。为了解决这一问题，促使其更为认真、负责地对待行政复议，我们提出了两种备选方案：方案之一：复议机关应当与作出原行政行为的行政机关成为共同被告，在试点推行复议委员会的地区，还可以将复议委员会引入成为第三人；方案之二：法院应当依职权将复议机关列为第三人参加诉讼。方案二主要是考虑到一步到位地推行方案一可能难度较大，只是一个过渡性的备选方案。我们课题组所提方案的总体思路，是要加强对复议机关的监督，鞭策其认真作出行政复议决定。无论是方案一还是方案二，与原有制度相比，其优点是显而易见的：一是有利于鞭策复议机关认真对待行政复议工作，防止复议机关为了避免作被告而一概维持原行政行为；二是便于弄清案件事实，“如果是做共同被告，那么复议机关的责任也强化了，举证的问题也解决了”；[4] 三是有利于保护公民合法权益，复议机关为避免败诉后果，必然促使作出原行政机关在诉讼过程中改变原行政行为；四是法院可以通过复议机关更好地督促原行政机关履行生效裁判。简言之，我们所提方案旨在强化复议机关的审慎和责任意识，促使其依法行使复议权，合理动用行政资源，认真对待复议工作，妥善解决行政争议。[5]

不仅笔者带领研究团队，在多次呈报的修法方案中提出上述意见和建议，其他一些研究团队和实务部门同志也提出了类似意见和建议。例如，江苏省兴化市人民法院卞婧娴法官就曾在 2014 年 4 月提出，由于复议机关与被诉具体行政行为有利害关系，复议机关与案件审理结果有利害关系，复议机关具有参加行政诉讼的权利和义务，因此需要在行政诉讼法中增加规定，让作出维持决定的复议机关作为行政诉讼的共同被告。[6]

能否实现重大的法律制度变迁，时下的政治和社会背景以及高层的认识和决心也非常重要。限于篇幅，这里简要梳理引述影响行政复议和行政诉讼制度变化的两条重要政策依据：其一，党的十八届三中全会决定提出，在创新有效预防和化解社会矛盾体制方面，要“改革行政复议体制，健全行政复议案件审理机制，纠正违法或不当行政行为。完善人民调解、行政调解、司法调解联动工作体系，建立调处化解矛盾纠纷综合机制”。其二，党的十八届四中全会决定提出，要“健全社会矛盾纠纷预防化解机制，完善调解、仲裁、行政裁决、行政复议、诉讼等有机衔接、相互协调的多元化纠纷解决机制”。这就为推动重要的行政复议和行政诉讼制度变迁提供了必要的基本方针和政策依据。

在此政策背景下，2014 年 11 月 1 日三审通过了《行政诉讼法》修改方

④ 参见莫于川等：《行政诉讼制度改革中的焦点问题——目标、方案与理由》，载《重庆邮电学院学报》2006 年第 2 期。

⑤ 参见莫于川主编：《建设法治政府需要司法更给力——行政诉讼法修改问题研究及专家建议稿》，清华大学出版社 2014 年版，第 66 页。

⑥ 参见卞婧娴：《维持决定的复议机关应为共同被告》，载《人民法院报》2014 年 3 月 26 日。

案，新法于2015年5月1日起施行。25年来首次修改的《行政诉讼法》，不仅对行政诉讼的角色定位有了更为正确清晰的认识，更对受案范围、管辖制度、主体资格、证据制度、诉讼程序、裁判执行等几乎所有重大制度进行了修改完善，还就涉及行政复议法的若干疑难问题作出了重大修改。当然，这些修改未必都能获得完全一致的肯定意见，很多问题有待学界和实务界同仁进一步研讨，有待司法实践加以破解，但可以相信，随着我国法制建设进入精细化、科学化发展阶段，行政诉讼制度定会更趋完善，同时也会促使行政复议制度加快完善步伐，从而促进实现良法善治，最终建成法治国家。

修改后、刚施行的《行政诉讼法》第26条第2款规定："经复议的案件，复议机关决定维持原行政行为的，作出原行政行为的行政机关和复议机关是共同被告；复议机关改变原行政行为的，复议机关是被告。"第26条第3款（本次修改新增的）规定："复议机关在法定期限内未作出复议决定，公民、法人或者其他组织起诉原行政行为的，作出原行政行为的行政机关是被告；起诉复议机关不作为的，复议机关是被告。"这两款规定具有非常重大、深刻的意义，须要全面认知、深入理解、严格实施。

上述规定明确了复议机关不作为之际原告起诉的标的和被告的确定问题，也即：行政行为被复议机关维持的，由原来规定的原行政机关作被告，修改为原行政机关和复议机关是共同被告；同时吸纳司法解释的成熟经验，针对复议机关不作为的情形增加规定：公民、法人或者其他组织既可以以原行政机关为被告起诉原行政行为，也可以以复议机关为被告起诉复议机关不作为。这样的规定显然更符合改变"维持会"现象的需要，也更多共识、更加合理、更易操作。

二、此次修法的有关争议点及修改理据分析

上述修改带来的变化是积极和可行的，但学术界和实务界也有争议和疑虑，甚至引起一些争议，批评者认为此项制度革新不符合行政复议的准司法

化趋势⑦，会增加行政争议解决成本，且加重复议机关的负担，特别是一些全国人大常委会委员也不赞同作此制度改变。⑧ 这样的担心和疑虑是正常的，应当认真回答。针对本次修法所作重要修改和争议点，可从如下四个方面做简要的理据分析⑨：

其一，关于复议机关与原行政机关的被告资格认定问题。该条修改的目的是希望能在一定程度上对复议机关施加一定的压力，解决复议机关甘当"维持会"的弊端。之所以在复议机关维持原行政行为时，须要让复议机关作共同被告，是因为复议机关维持原行政行为即可不当被告，也就没有撤销违法行政行为的动力；而且一般行政法理认为，复议机关作为原行政机关的上级行政机关，具有极大的行政权限，行政复议决定也是一种特殊的行政行为——行政司法行为，一旦复议机关全面审理案件后作出维持原行政行为的决定，可视之为实际上是复议机关随后也作出了一个行政决定，只不过该行政决定的实质内容和外观形式与原行政行为完全竟合而已，因而被诉后将作出维持决定的行政复议机关作为被告接受司法审查也在情理之中。该处修改在修法过程中争议较大，而且如何修改也几经讨论。修法过程中，还有一种方案提出，复议机关维持的，以复议机关为被告，原行政机关（作出被诉行政行为的行政机关）列为第三人，对此，另有意见认为被告和第三人的诉讼地位各自独立，而复议机关与原行政机关均作为行政执法机关，不应有各自不同的诉讼利益，不宜处于不同的诉讼地位。还有的方案主张只让复议机关作被告，对此，另有意见认为只让复议机关作被告可能不利于查明案件事实。

---

⑦ 所谓准司法化趋势，是指行政复议的审理主体、各方关系、审理对象、审理程序、裁决依据、裁决形式、法律效果等要素和环节越来越趋似于行政诉讼，其中一个重大相似点在于行政复议机关作为司法型纠纷解决机制中的裁决者也不因作出该项裁决而当被告。

⑧ 例如在修法草案审议中，符跃兰委员认为，作此修改后下级行政机关对上级复议机关容易产生依赖性，也易于出现复议机关疲于应付行政诉讼的情形；艾斯海提·克里木拜委员进一步表示，作此修改后不利于上级对下级的监督，既耗费当事人的时间和精力，又浪费行政资源和司法资源，故建议复议机关维持与否都不当被告。

⑨ 此部分的理据分析得到北京市一中院行政庭副庭长龙非法官的诸多指教和帮助，谨致谢忱！

还有一种温和方案提出，可以不让复议机关当被告，但如果诉讼结果是撤销原行政行为，则可在判决中一并撤销该复议决定，这对复议机关是一个否定评价，对此，另有意见认为这种方案对复议机关的监督力度不足，显得太过温情。

综上，经过各种方案的讨论和选择，立法机关最终采用了在上述情况下让复议机关和原行政机关作共同被告的方案，主要是考虑到复议机关作为上级行政机关的特殊资源、审查便利、解决力度和特殊效果等诸多因素，这也是包括中国人民大学行政诉讼法修改研究课题组等机构所提建议方案的基本意见。需要指出的是，复议机关维持原行政行为时，复议机关与原行政机关作共同被告这种立法模式并无域外的立法例，可以说是具有中国特色的一次制度革新尝试，其实施效果尚待观察。至于复议机关改变原行政行为的情况，则仍由复议机关作被告。

其二，关于制度变化如何影响法院管辖权和诉讼标的问题。实际上，被告的变化还直接影响到关于法院管辖权和诉讼标的应当如何认知和处理。根据新《行政诉讼法》第 18 条和第 21 条的规定，经复议的案件，也可由复议机关所在地人民法院管辖。两个以上人民法院都有管辖权的案件，原告可以选择其中一个人民法院提起诉讼。上述规定，复议机关所在地人民法院和原行政机关所在地法院均有管辖权。但是，上述规定并未解决级别管辖的问题，特别是在复议机关是区县以上人民政府的案件中，原行政机关和复议机关对应的法院级别分别是基层法院和中级法院，如何确定级别管辖仍未明确，对此仍有待最高法院的司法解释予以明确（此问题在进行跨行政区划设置法院的行政审判体制改革试点的北京、上海两地已基本解决）。其次关于诉讼标的，新《行政诉讼法》第 79 条专门增加规定了：复议机关与原行政机关为共同被告的案件，人民法院应当对复议决定和原行政行为一并作出裁判，即表明诉讼标的包括复议决定和原行政行为。

其三，关于如何正确辨认何谓改变原行政行为的问题。尽管根据新《行政诉讼法》，无论复议机关维持原行政行为还是改变原行政行为，均会成为被告，但是关于“改变原行政行为”的界定依然很重要，因为涉及复议机关是作为共同被告还是单独被告的问题。关于复议决定改变原行政行为，于 1999 年 11 月 24 日由最高人民法院审判委员会第 1088 次会议通过、2000 年 3 月 10 日起施行的《最高人民法院关于执行〈中华人民共和国行政诉讼法〉若干问题的解释》（以下简称“九十八条”）第 7 条规定了三种情形，即：（1）改变原具体行政行为所认定的主要事实和证据的；（2）改变原具体行政行为所适用的规范依据且对定性产生影响的；（3）撤销、部分撤销或变更原具体行政行为处理结果的。其中第三种情形比较容易判断；第二种情形由于要求改变依据必须达到对定性产生影响的程度，故实践中判断难度也不是很大；判断难度最大的是第一种情形，因为何谓原行政行为认定的主要事实和证据，常常存在较大的主观裁量空间，故法院既往在司法实务中对此采行比较严格的审查标准，比如原行政行为认定了较为笼统的事实，而复议决定将相关事实进一步具体化，通常不会被认定为改变主要事实和证据。

除了前述司法解释规定的三种情形外，《行政复议法实施条例》规定了新的复议决定方式，也对何谓改变原行政行为提出了新的课题。例如，根据《行政复议法实施条例》第 48 条第 1 款第 1 项的规定，驳回申请人的行政复议申请的，由于没有改变原来的行政法律关系状态，因此其法律效果等同于维持原行政行为。对于此种情况，可否认为驳回的前提是复议机关已作出了一种确认，也即确认原行政行为是合法的，实际上这相当于复议机关作出了一个与原行政行为的实质内容相同但并无维持决定外观的行政判断呢？还有一种情况是确认原行政行为违法，复议决定既没有撤销或改变原行政行为，但又从法律效果上否定了原行政行为。目前在行政审判实务中的倾向性意见认为，确认违法毕竟改变了原行政行为的法律关系状态，应当认为是改变了原行政行为的一种情形。

既往的行政审判实务中还有一种更具争议的情形：申请人针对 A 行为申请行政复议，而复议机关错误地认定了复议标的，维持了一个 B 行为，申请人对复议决定不服提起行政诉讼，究竟应当如何审查起诉条件？一种意见认为，复议机关针对申请人的申请实质上并未作出复议决定，而作出的复议决定并未改变任何既定的法律关系，故不可诉；另一种意见则认为，复议机关未针对申请作出复议决定，这已经构成违法，理当以复议决定作为诉讼标的。实际上，这种情况即等同于行政复议不作为，但同时又存在一个复议决定作为载体，因此申请人无论是从复议机关不履行复议职责的角度，还是从复议决定未针对具体申请作出的角度，复议机关作为被告都是适当的。至于人民法院受理之后是审理复议决定还是审理复议机关不履责还是兼而有之，大致只是一个技术处理层面的问题。

其四，关于复议不作为的情形应当如何处置问题。新《行政诉讼法》第26条第3款实际上是借鉴了“九十八条”第22条的规定，虽然表述上与司法解释略有差异，但含义并无差别，因此尽管是增加的条款，对于司法实务工作者来说应当不会感到陌生。原《行政诉讼法》只是规定了复议机关维持或改变原行政行为时如何确定被告，但没有涉及复议不作为的情形，[10] 因此司法解释对此予以了完善和明确，该司法解释有关规定也在此次修法的过程中得到了立法者的认可。对于复议机关不作为的选择性诉讼，体现了行政复议对于当事人而言是一种选择性的救济途径（法律规定必须复议前置除外）。准司法程序的复议程序也是一种行政程序，其性质上的双重性是当事人可选择不作为的复议机关或者原行政机关作被告的法理基础，也表明此次修法尊重了当事人的选择权利。

三、正确辨识和妥当处理新司法解释带来的新问题

《行政诉讼法》时隔25年进行的这次修改属于全面修改，从最终通过的修正案来看，共61项修改，法律文本由11章减为10章（删去原第九章侵权

---

[10] 其实，一般行政法理倾向于认为，“不作为”实际上也是有关主体作出的一种行为选择，是对应于“作为”行为的一种“不作为”行为，也是不履行法定职责的一种行政违法行为，故应受到司法审查和评价。

赔偿责任），新法第七章（审理和判决）由旧法的不分节改分为5节，原法律文本约四分之三的条文有修改，最重要的增、修内容涉及8个方面32处，采纳了学界和实务界多年来呼吁修法完善行政诉讼制度的许多建议，整体框架更趋合理，修改内容针对性强，制度设计趋向细致，推出若干制度创新，均值得肯定。但是，正因为改变较多、较大，新法实施中应予注意的问题也很多，这里择要作分析。

在新的《行政诉讼法》即将施行的前夕，2015年4月20日由最高人民法院审判委员会第1648次会议通过并于同月22日公布了最高人民法院《关于适用〈中华人民共和国行政诉讼法〉若干问题的解释》（法释〔2015〕9号，简称“二十七条”），自2015年5月1日起施行。“二十七条”中的第6条至第10条共5条涉及复议机关做被告如何认识和处理，也即“二十七条”使用了占其条文实体内容总数五分之一的篇幅回应新的《行政诉讼法》第26条的有关规定，可见最高人民法院对此制度变化的高度重视以及与行政机关积极互动的态度之一斑。这里先简单列举条文如下：

“二十七条”第6条第1款规定：“行政诉讼法第二十六条第二款规定的‘复议机关决定维持原行政行为’，包括复议机关驳回复议申请或者复议请求的情形，但以复议申请不符合受理条件为由驳回的除外。”第2款规定：“行政诉讼法第二十六条第二款规定的‘复议机关改变原行政行为’，是指复议机关改变原行政行为的处理结果。”

“二十七条”第7条规定：“复议机关决定维持原行政行为的，作出原行政行为的行政机关和复议机关是共同被告。原告只起诉作出原行政行为的行政机关或者复议机关的，人民法院应当告知原告追加被告。原告不同意追加的，人民法院应当将另一机关列为共同被告。”

“二十七条”第8条规定：“作出原行政行为的行政机关和复议机关为共同被告的，以作出原行政行为的行政机关确定案件的级别管辖。”

“二十七条”第9条第1款规定：“复议机关决定维持原行政行为的，人民法院应当在审查原行政行为合法性的同时，一并审查复议程序的合法性。”

第2款规定："作出原行政行为的行政机关和复议机关对原行政行为合法性共同承担举证责任，可以由其中一个机关实施举证行为。复议机关对复议程序的合法性承担举证责任。"

"二十七条"第10条第1款规定："人民法院对原行政行为作出判决的同时，应当对复议决定一并作出相应判决。"第2款规定："人民法院判决撤销原行政行为和复议决定的，可以判决作出原行政行为的行政机关重新作出行政行为。"第3款规定："人民法院判决作出原行政行为的行政机关履行法定职责或者给付义务的，应当同时判决撤销复议决定。"

上述司法解释条文，总的看是细化了法律条文规定的新制度，多数都有利于新法的理解和执行；但是，有的条文似乎与新法的精神和规范有所距离，须再加斟酌、妥当执行。例如，"二十七条"第6条的两款规定，实际上限缩了纳入司法审查范围的复议机关所做行为。特别是，新法关于"复议机关改变原行政行为"的表述，实际上具有非常丰富的实际意蕴和行为类型，但经过"二十七条"第6条第2款看似简单的一句话（"是指复议机关改变原行政行为的处理结果"）的"执行性微调"，大大限缩了应当接受司法审查的复议行为范围，给新法出台后正承受巨大压力、正认真谋求如何建章立制来增加和培训应诉人员加以应对的无数个复议机关大大减压，全都长长地舒缓了一口气，但制度革新的良法追求恐怕也就难以带来善治效果，如此司法解释条文恐会让所谓"最高人民法院成了最高立法机关、最终立法机关"的调侃性批评旧话被重提，徒增无谓争议和疑虑。

再如，"二十七条"第8条的规定也不尽符合这次修改《行政诉讼法》的基本方针和原则。这是因为，新法有关规定的一个重要变化就是采取有效举措来防治行政机关对于人民法院独立行使审判权的干涉，这也是我国宪法关于司法制度的基本精神和制度规范。[11] 而要防治行政机关对于人民法院独立行

---

⑪ 《中华人民共和国宪法》第126条规定："人民法院依照法律规定独立行使审判权，不受行政机关、社会团体和个人的干涉。"

使审判权的干涉，首先就要从源头上解决在受案环节的行政干涉，而且还要在尊重当事人选择权的基础上，实行“就高不就低”的管辖原则和制度。因此，新的《行政诉讼法》专门增加了一个条文（第3条第2款），特别规定了“行政机关及其工作人员不得干预、阻碍人民法院受理行政案件”。而新法对于此类共同被告案件的管辖办法未作具体规定，是有特殊的立法考量的。但“二十七条”第8条规定“作出原行政行为的行政机关和复议机关为共同被告的，以作出原行政行为的行政机关确定案件的级别管辖”。这实际上是作出了“就低不就高”的制度安排（也许有方便诉讼管辖的考量），是否符合立法原意，显然值得再加斟酌。鉴于作出原行政行为的行政机关和复议机关是共同被告，其在行政审判场景中是诉讼利益共同体的关系，而且此类案件肯定案情较为复杂或者当事各方之间的矛盾冲突较大，对于作为原告的公民、法人或其他组织来说，而且对于审理机关来说，均可谓面临着更大的压力；如果改由更高级别的人民法院来审理，行政审判实务生态或许会改善许多，这对于提起诉讼的行政相对人，也即甘冒诉讼风险拿起法律武器捍卫合法权益、同时也在客观上发动了能够引入司法审查促使行政机关依法行政的法律监督程序、因而带来公益功效的行政原告来说，或许是更合法、更合理、更正当的制度安排。当然，从便民原则、便利原则、法律经济学原则来考量，也可为行政相对人提供一种自由选择，也即规定一个但书：“如果当事人起诉原行政行为的，由作出原行政行为的行政机关所在地人民法院管辖。”

司法学视角下的新行政诉讼法述评

蒋惠岭*

2014年修改的《中华人民共和国行政诉讼法》（以下简称新行政诉讼法）在多个方面对行政法理论和实践有了新的发展，这是有目共睹的。从司法学视角来看，新行政诉讼法还是中国司法学理论的一部杰作，当然也因历史背景局限而留下不少遗憾。

在司法学上，诉讼制度被称为“动态的司法制度”。毫无疑问，1989年制定的《中华人民共和国行政诉讼法》创建了一个独立的诉讼制度分支，改变了中国的诉讼结构，重新配置了行政权与司法权，确定了两者全新的关系，是中国司法制度发展历史上的一次重大变化，也是司法学理论的一个重大突破。新行政诉讼法在25年的实践积累与理论探索的基础上，对行政诉讼制度分支进行了细致的修补、校正、完善，也成为了研究中国司法制度、发展中国司法学理论的一个重要文本。

本文将从司法学的视角，结合当前我国以及其他国家司法改革的最新发展，对于新行政诉讼法对我国司法制度理论和实践的发展以及尚未解决的问题略作评述。

---

* 蒋惠岭，现任最高人民法院高级法官，司法改革办公室副主任，国家法官学院兼职教授，上海交通大学“双千计划”实务教授，中国应用法学研究所博士后科研工作站联合指导导师。

一、法院功能论

新行政诉讼法开宗明义，于第1条规定：“为保证人民法院公正、及时审理行政案件，解决行政争议，保护公民、法人和其他组织的合法权益，监督行政机关依法行使职权，根据宪法，制定本法。”

该条除增加了对法院公正审判的要求、删除了对法院维护行政行为的内容外，最重要的一点变化便是对法院“解决行政争议”的功能的明示。同时，在新行政诉讼法其他具体制度上也突出了“解决行政争议”的司法功能。虽然这看起来似乎为法院功能应有之义，但与民事诉讼法、刑事诉讼法相比，新行政诉讼法是首先阐明法院解纷功能的。

宪法明确规定，人民法院是国家的审判机关，依照法律独立行使审判权。与此同时，由于司法机关的被动属性，其行使审判权的结果必然了结一个案件。作为国家的司法机构，法院是依照法律解决当事人之间的法律争议的机关。面对法律争议，法院自有规则之治（以法律尺度去衡量以判断曲直）与解决纠纷（以法律尺度或者相关的其他适当方式平息当事人之间的争端）两种功能。前者是法律功能，为其本质属性，旨在实现法律规则的确定性；后者是社会功能，为司法的附随效果，旨在体现对争端的修补。规则之治的本质属性决定着法院的根本功能，而解决纠纷的修补性使法院的法律属性得到效果的最大化，同时又对法院提出了一些新的相关的要求。解决争议的功能从结果（效果）视角使法院的功能以及实现其功能的方式得到了极大的丰富。

回顾我国法院65年来的发展历史，法院的功能经历了一个从政治功能主导到法律功能主导、从社会功能优位到多重功能协调并存的发展历程。到今天，我国法院的法律功能和社会功能更为清晰，政治功能也随着依法治国的深入推进而在发生微妙的变化。新行政诉讼法明确将法院“解决行政争议”的功能确定下来，对于新时期司法制度的发展有着十分重要的意义。

《行政诉讼法》第1条规定了“解决行政争议”的立法目的。这一规定对于司法制度的重要意义在于：

一是丰富了法院审理行政案件的价值取向。也就是说，法院审理行政案件在追求公正、及时、维权、监督的同时，还要关注解决行政争议的目的。虽然通过正确适用法律实现了上述目的之后，解决行政争议的目的基本也能实现，但在此过程中如有对解决行政争议的特别需求，解决争议也可以成为一项优先实现的目的。例如，如果在依法裁判后可能因该案的特殊情况而引起争议扩大或升级，法院则可以运用更加灵活的方法，确保在不违反法律的前提下化解纠纷。换句话说，法院各种价值取向之间的关系可能会因为“解决行政争议”功能的实现而有所调整。

二是增加了法院审理行政案件、解决行政争议的方式方法。新行政诉讼法在第 60 条中规定了对行政赔偿、补偿以及行政机关行使法律、法规规定的自由裁量权的案件可以调解，这在一定程度上调整了原法规定的行政诉讼不适用调解的思维方式。同时，为了有效解决行政争议，最高人民法院曾发布专门的司法解释，通过协调撤诉的方式化解行政争议。① 在实践中，地方法院在行政诉讼中力促行政案件的“协调撤诉”工作，取得一定的效果。② 虽然“协调撤诉”的工作方法是法院在行政诉讼环境不佳的情况下的无奈之举，但也在某种程度上刺激了法院解决行政争议功能的发展。

---

① 见最高人民法院 2008 年 1 月 14 日发布的《关于行政诉讼撤诉若干问题的规定》（法释〔2008〕2 号）。根据该司法解释，人民法院经审查认为被诉具体行政行为违法或者不当，可以在宣告判决或者裁定前，建议被告改变其所作的具体行政行为，包括改变被诉具体行政行为所认定的主要事实和证据；改变被诉具体行政行为所适用的规范依据且对定性产生影响；撤销、部分撤销或者变更被诉具体行政行为处理结果。有下列情形之一的，可以视为“被告改变其所作的具体行政行为”：（一）根据原告的请求依法履行法定职责；（二）采取相应的补救、补偿等措施；（三）在行政裁决案件中，书面认可原告与第三人达成的和解。

② 例如，安徽省滁州市南谯区人民法院在行政审判中，积极探索建立行政案件协调机制，努力化解行政相对人与行政机关之间的矛盾纠纷，2011 年 1~4 月行政案件协调撤诉率达 85%。南谯法院根据案件的不同情况，以查明案件事实为基础，以法律释明为手段，找准争议的焦点和利益共同点，阐明事实，明释法律，明确评判标准，多方联动，讲情、讲理、讲法，做深入细致的工作，解决争议。通过对行政相对人释法析理，最终促使原告主动撤诉，从而达到案结事了的目的。见尹家茜：《南谯法院八成以上行政案件协调撤诉》，载《人民法院报》2011 年 4 月 22 日。

三是可以带动对行政争议的非诉讼解决机制发展。当在行政诉讼过程中确立了“解决行政争议”的目的之后，其影响绝非仅限于诉讼过程，而是会扩大到非诉讼领域。目前，我国的行政复议、行政裁决、行政调解、行政协商、行政和解等多种纠纷解决机制都已成为化解行政争议的重要手段。最高人民法院启动的多元化纠纷解决机制改革也为行政争议的解决提供了平台。1990年，美国国会通过了《行政争议解决法》(Administrative Dispute Resolution Act)，旨在授权和鼓励联邦行政机关适用调解、协商、仲裁或其他非正式程序，迅速处理行政纠纷。该法要求各个联邦行政机构推广ADR的自愿使用，“提供及时、专业和廉价的争议解决方式”。美国国会称“广泛领域的争议解决程序，不断加深对这种程序有效使用的理解将改善政府运作和服务”。[③] 就我国的新行政诉讼法来说，确立解决行政争议的立法目的同样将会带动行政机关化解纠纷的积极性，最终由各种非诉讼纠纷解决机制与法院的诉讼渠道共同形成系统化的行政纠纷解决体系。

二、接近正义（寻求司法救济）原则的应用

接近正义（access to justice，又译寻求司法救济）是20世纪70年代以来世界范围内兴起的一项司法改革运动，目前已经成为一项成熟的司法原则，成为建设现代司法制度的一项重要标准。虽然接近正义运动最初以帮助穷人获得司法救济为主要目的，后来发展到对儿童、妇女、老人、少数民族、残障人士和其他弱势群体的特别司法保护，以及再后来发展到开辟司法渠道之外的替代性纠纷解决机制，但其根本精神是在降低诉讼门槛、扩大司法救济的同时，为纠纷当事人提供最合适的纠纷解决机制。[④] 而反观我国的行政诉

③ 见项冶萍等：《美国ADR对完善我国非诉讼纠纷解决机制的借鉴意义》，载《政府法制研究》2007年第9期。

④ 参见齐树洁：《程序正义与司法改革》，厦门大学出版社2004年版，第425页。

讼制度，近年来社会反映强烈的“立案难”问题与接近正义原则无疑是背道而驰的。

根据立法机关的说明，行政诉讼法修改的目的之一是解决“三难”，即立案难、审理难、执行难。这“三难”都是寻求司法救济道路上的重大障碍，其中立案难最为突出。原因主要有两个：一是客观原因造成的立案难，如路途遥远、当事人无力聘请律师等；二是主观原因造成的立案难，如法院受现行司法体制弊端的影响而不愿或不敢受理行政案件，或者受理之后采取消极的方法规避对行政行为合法性的判断等。然而，新行政诉讼法在很大程度上提高了对行政相对人寻求司法救济的方便度，扫除了接近正义的一些重大障碍。

一是扩大了受案范围。虽然我国还在建设法治国家的初级阶段，扩大行政诉讼受案范围不可能做到一步到位，但这次修改仍然在第12条中扩大了受案范围，并保留了原来的“除前款规定外，人民法院受理法律、法规规定可以提起诉讼的其他行政案件”的规定，为以后的立法继续扩大受案范围留下空间。⑤

二是扩大了当事人范围。对于原告资格，新行政诉讼法改变以往的主观标准为客观标准，即与行政行为有利害关系的人可以提起行政诉讼，从而避免了法院在适应主观标准确定行政诉讼原告资格时的不准确和人为设立门槛，从本质上解决立案难问题。同时，新行政诉讼法第26条还扩大了被告的资格，规定在复议机关维护原行政行为的，复议机关和作出原行政行为的机关是共同被告。复议机关在法定期限内未作出复议决定的，原行政机关和复议机关都可以成为被告。

三是实行了立案登记制度。为实现“接近正义”原则，新行政诉讼法改原来的立案审查制为立案登记制。对于不符合起诉条件的，作出不予立案的

⑤ 见全国人大法制工作委员会行政法室编著：《中华人民共和国行政诉讼法解读》，中国法制出版社2014年版，第37页。

裁定并阐明不予立案的理由。该法第51条第3款还规定，“起诉状内容欠缺或者有其他错误的，应当给予指导和释明，并一次性告知当事人需要补正的内容。不得未经指导和释明即以起诉不符合条件为由不接收起诉状”。第52条还规定，对于法院不接收起诉状、接收起诉状后不出具书面凭证等行为的，当事人可以提出投诉，上级法院应当作出相应处理。新行政诉讼法规定的立案登记制一方面可以解决法院系统因体制性障碍而难以发挥作用的问题，另一方面也可以促使所有法律纠纷纳入诉讼程序由法院依法作出裁判，使之变成“体内循环”，从而避免采取信访、申诉甚至其他非正常手段的“变通处理”。因此也可以说，立案登记制改革也是在为法治铺路。当然，在目前的司法体制和法治环境下，将所有行政争议都纳入诉讼渠道无疑会给法院在案件数量、办案能力等方面带来很大压力，但在司法机关可以承受的前提下，拓宽行政诉讼范围、扩大司法监督范围、维护相对人诉权是当前的主要任务。之后，再通过改革审理方式、推进多元化纠纷解决机制改革、提高审判效率等方式，保证办案效率。

三、司法管辖区制度的法律定位

作为司法制度中的一个基础性概念，司法管辖区通常是指法院行使所有案件管辖权的地域范围，有时也专指某些类型案件的地域范围。世界各国并不严格地将司法管辖区与行政区划对应起来，经常会将若干个行政区划放在一个司法管辖区之内，这样可以方便当事人寻求司法救济，也便于事务管理。但是，司法管辖区与行政区划的重合也有可能因为区划大小不一、案件数量有多有少而造成司法资源配置失衡，管辖不便等。因此，各国更重视司法管辖区设置的灵活性。

我国的司法管辖区设置情况与其他国家又有根本区别，基本上保持着按照行政区划设置司法管辖区的模式，因为现行体制仍是同级人大产生同级法院。但在近年的司法改革实践中，司法管辖区与行政区划在特殊情况下有所分别，主要体现在两个方面：一是通过国家行政措施设立的与行政区划不重合的区域范围，如开发区、保税区等；二是按照案件类型合并或调整法院的管辖区，如知识产权案件集中管辖、少年案件集中管辖、行政案件异地管辖等。

党的十八届三中全会要求建立司法行政事务“省级统管”的新型模式，目前也已经在七个省市开展试点。根据《关于司法体制改革试点工作的框架意见》，基层法院和中级法院将不再由同级政府负责管理，而是收归省级统管。⑥ 2014年12月2日，中央全面深化改革领导小组第七次会议审议通过了《设立跨行政区划人民法院、人民检察院试点方案》，准备率先在北京、上海试点设立跨行政区划的中级法院。⑦ 这样一来，法院的司法管辖区与行政区划完全重合的现象便可能从体制上发生松动，至少没有必要严格与行政区划相重合。换句话说，在新的司法管理体制下，一个省行政区划内各个法院的司法管辖区没有必要受行政区划的严格限制。省级政权（或法院）可以在尊重历史的前提下适当调整，为各个法院确定与其框架、力量、案件等相适应的司法管辖区。

在当前只有改革政策而没有法律依据的情况下，新行政诉讼法第18条第2款作了开拓性的规定：“经最高人民法院批准，高级人民法院可以根据审判工作的实际情况，确定若干人民法院跨行政区域管辖行政案件。”这一规定体现了十八届三中全会和四中全会的精神，为司法体制改革留下了空间。⑧ 根据这一解读，设立跨行政区划的普通法院管辖行政案件和其他特别类型的案件，可以在一定程度上防止地方保护和行政干预。如果不能设立跨行政区划的法院管辖行政案件，则可以按照新行政诉讼法的规定，由最高人民法院批准确定一些人民法院跨行政区域管辖行政案件。在行政诉讼法作此规定之

⑥ 见《中央司法体制改革试点框架意见发布，中央司改办负责人就司法体制改革试点工作答记者问》，载《人民日报》2014年6月15日。

⑦ 见《中央通过设立跨行政区划人民法院和人民检察院试点方案》，载《人民日报》2014年12月3日。

⑧ 见全国人大法制工作委员会行政法室编著：《中华人民共和国行政诉讼法解读》，中国法制出版社2014年版，第57页。

前，各地法院试点探索的集中管辖、异地管辖等，都是试图在现行司法体制框架下在一定程度上改变司法管辖区的范围，使法院的司法管辖区与行政区划在一定程度上进行分离。但当时终因法律依据不足，难以获得普遍认可。新行政诉讼法为我国改革司法管辖区制度提供了宝贵的法律依据。

四、法院的裁判依据

我国法院的司法行政工作虽然在很大程度上依赖地方人大、地方政府提供人事任免、机构安排、经费支持等，但根据《宪法》第123条的规定，中华人民共和国人民法院是“国家的审判机关”而不是地方的审判机关。根据宪法第126条的规定，人民法院“依照法律”独立行使审判权而不是依照法律之外的规范行使审判权。按照这一标准来看新行政诉讼法的相关规定，我们可以发现我国在法院对行政案件的裁判依据方面仍然存在一些实质性的问题。

新行政诉讼法第63条规定：“人民法院审理行政案件，以法律和行政法规、地方性法规为依据。地方性法规适用于本行政区域内发生的行政案件。人民法院审理民族自治地方的行政案件，并以该民族自治地方的自治条例单行条例为依据。人民法院审理行政案件，参照规章。”进而在第64条中规定，“人民法院在审理行政案件中，经审查认为本法第五十三条规定的规范性文件不合法的，不作为认定行政行为合法的依据，并向制定机关提出处理建议”。

再看第53条的规定，“公民、法人或者其他组织认为行政行为所依据的国务院部门和地方人民政府及其部门制定的规范性文件不合法，在对行政行为提起诉讼时，可以一并请求对该规范性文件进行审查。前款规定的规范性文件不含规章”。该条主要是对“规范性文件”的概念以及审查作了规定。根据该条规定，人民法院可以附带审查的规范性文件包括国务院部门和地方人民政府及其部门制定的规范性文件，但不包括规章在内。

虽然这次修改扩大了法院对规范性文件的合法性审查，但仍然采用了原行政诉讼法对《宪法》第126条中的“法律”的扩大解释，将由国家权力机关经过民主程序制定的法律与国务院经过行政程序制定的“行政法规”以及地方国家权力机关制定的“地方性法规”都当作法院审查行政行为合法性的依据。这种只看规范级别、不顾制定机关、忽视制定程序的做法给司法理论造成了很大混乱。这种观念看起来是对行政规范的尊重，但实际上是对民主立法的变相否定，也是对法院的“国家属性”或司法权的“中央事权”属性的变相否定。

在以往的观念中，由于国务院是由全国人大产生的最高行政机关，所以通常将行政法规与全国人大及其委员会制定的法律相提并论，有时也将地方性法规与法律相提并论，将其一并作为“依照法律独立行使审判权”的法院的审理依据。实际上，法律是由民主的代议机关通过民主决策程序制定的，是人民意志的反映。由人大产生的法院所适用的法律规范，只能是这些经过民主程序由立法机关制定的法律。至于行政机关的行政规范（如行政法规、行政规章），则是为了行政管理的目的，通过行政程序制定的规则，并不直接反映人民意志。因此，通过民主程序制定的法律与依行政程序制定的行政法规在性质上存在根本区别。绝不能因为都属于“规则”，便“打包”成为法院审理行政案件的依据。

从法院与行政机关的关系方面来分析，法院审理行政案件以行政法规为依据或参照行政规章，也存在重大问题。按照宪法规定，法院审理各类案件（包括民事案件、刑事案件、行政案件）都应当依照法律独立进行。如果法院审理检察机关提起公诉的刑事案件时依照最高人民检察院制定的司法解释进行，则会被批评为有违司法公正。如果法院审理行政机关或国有企业作为一方当事人的民事案件时依照国务院制定的行政法规进行，同样会违反司法的中立地位，也违反当事人平等原则。那么，当人民法院审理行政机关作为被告的行政案件时依据国务院的行政法规进行，则同样会受到质疑，有违反法治原则之嫌。

因此，按照我国宪法的规定，与行政机关制定的其他规范性文件一样，行政法规实际上也应当是“附带审查”的对象。按照国家权力之间的尊重与让渡的原则，对于国务院的行政法规以及其他行政机关制定的关于行政管理的规范，法院通常会采取尊重的态度，但这并不能改变行政法规的性质和地位，更不能因此就当然成为法院审理行政案件的依据了。

五、法院与行政机关相互尊重的原则

在各国的政府权力配置中固然强调分权制衡，但同时又通过相应的机制将不同的权力“粘合”在一起，形成政权的合力。即使在因为政党政治而看似政府分支之间冲突不断的国家，最终仍能找到解决问题的出路。这已经成为政治学中的一般理论，也体现在各个政府分支之间的法律关系上。我国也不例外。例如，我国《宪法》第3条明确规定了国家行政机关、审判机关、检察机关与人民代表大会的关系，也规定了中央和地方的国家机构在职权划分方面的原则。《宪法》第135条还特别规定，“人民法院、人民检察院和公安机关办理刑事案件，应当分工负责，互相配合，互相制约，以保证准确有效地执行法律”。

在宪法行政法理论中，不同国家机关之间不只是权力和职责的分立，还存在一定程度的相互尊重、共同协作的关系（deference）。在多党制国家，虽然这种关系会受到党派之争的影响，相互之间的尊重也属迫不得已。对不受党派之争影响的司法部门来说，这种尊重更多源自司法机关对宪法和其他法律精神的理解。当法院行使对立法机关制定的法律的违宪审查权时，仍应保持一定分寸，尽量尊重经过民主程序制定的法律。在对法律没有审查权的国家，法院在解释法律时会尽量适用“有效解释”的方法。对于行政机关的行政行为或规范，法院同样会保持一定尊重和谦抑，对于行政机关对事实的认定以及合法限度之内的行政行为予以认可。⑨

在新行政诉讼法中，虽然法院审理的行政行为的范围有所扩大，对于行政行为的事实依据也要进行司法审查，但在其他方面仍然体现着法院对于行政行为的尊重和谦抑。一是人民法院审理行政行为的标准依然是“合法性”标准而非“合理性”标准。也就是说，对于行政行为是否合理，例如在自由裁量权幅度之内的行为，法院原则上不会干涉。但是，当行政机关因滥用自由裁量权而导致行政行为明显不当的，则作为违法行为处理。曾有学者主张将“合理性”标准与“合法性”标准并列，但这种审查标准不仅存在失之过严的问题，而且会影响行政权的功能发挥。二是对参加诉讼的行政机关及其主要负责人的处置方式亦把握分寸。例如，新行政诉讼法第 66 条第 2 款规定，“人民法院对被告经传票传唤无正当理由拒不到庭，或者未经法庭许可中途退庭的，可以将被告拒不到庭或者中途退庭的情况予以公告，并可以向监察机关或者被告的上一级行政机关提出依法给予其主要负责人或者直接责任人员处分的司法建议”。三是根据新行政诉讼法第 96 条的规定，行政机关拒不履行法院判决、裁定、调解书的，人民法院对行政机关的负责人采取罚款，或者将其拒绝履行的情况予以公告，或向监察机关或该行政机关的上一级行政机关提出司法建议。只有在造成恶劣社会影响的，才可以对该行政机关直接负责的主管人员和其他直接责任人员予以拘留。

但是，鉴于目前对我国行政机关执法水平尚不能适应法治国家的要求，因此我国并没有像其他多数国家一样对于行政行为中认定的事实问题不加审查，而是坚持“以事实为根据，以法律为准绳”的原则，“要查清被诉的行政行为是否真实存在，该行政行为的法律依据和实施程序，以及该行政行为与原告的权益损害之间是否存在因果关系等事实问题。”⑩ 由此可见，我国

⑨ Ernst-Ulrich Petersmann，*Multilevel Judicial Governance as Guardian of the Constitutional Unity of International Economic Law*，30 Loy. L. A. Int'l & Comp. L. Rev. 367（2008）.

⑩ 见全国人大法制工作委员会行政法室编著：《中华人民共和国行政诉讼法解读》，中国法制出版社 2014 年版，第 18 页。

司法机关与行政机关之间的互相尊重关系具有中国特色，但必将随着法治水平的提高而有所发展。

六、其他具体问题

除了上述重要问题外，新行政诉讼法在其他一些方面也体现出它对我国司法制度的塑造，但仍有尚未解决的问题。

一是行政诉讼证明标准。在法院对行政案件的事实进行审查的国家，证明标准与民事诉讼、刑事诉讼有所区别。对于刑事诉讼来说，超越合理怀疑标准、确实充分标准等建立了最为严格的证明标准；在民事诉讼中，优势证据标准、高度盖然性标准等建立了相对较低的证明标准；在行政诉讼中，占主流地位的是具有说服力的标准（convincing），其严格程度介于刑事证明标准和民事证明标准之间。[11] 但是，新行政诉讼法对原法关于行政行为事实基础的标准并没有变化，仍然使用“行政行为证据确凿，适用法律、法规正确，符合法定程序”的标准。但是，汉语里的“证据确凿”是指事实凿凿有据，确实无疑，甚至比刑事诉讼中的“确实充分”或超越合理怀疑的标准还要高出一档。由此可见，行政诉讼的证明标准在新行政诉讼法中的表述并不能反映行政诉讼的本质属性。近年来，关于改革行政诉讼证明标准的讨论越来越多，改革的呼声也越来越高。这必将有利于行政诉讼制度的科学化。

二是行政案件再审标准。新行政诉讼法将行政诉讼的“申诉制度”改造为“申请再审制度”后，对申请再审的条件也作了细化规定。该法第90条规定的八项条件中，有两项涉及事实问题，即：有新的证据，足以推翻原判决、裁定的；原判决、裁定认定事实的主要证据不足、未经质证或者系伪造的。再审程序存在于我国三大诉讼领域，而每个领域中都涉及事实错误方面的理由。而从司法实践来看，因为事实证据方面的原因而再审的案件在我国仍占

---

⑪ 柳沛：《行政诉讼的证明标准文献综述》，载《法制博览》2012年第10期。

多数。这一方面展现了我国法院"有错必纠"的决心，但也反映了一直困扰我国再审程序改革的一个重要问题，即法院在二审之后的审判监督程序中是否既要进行法律审，又要进行事实审。可以说，新行政诉讼法对再审标准问题并没有新的发展。

三是检察机关的准"监察专员"定位。"监察专员"（Ombudsman）最早产生于瑞典。1908 年，瑞典议会监察专员作为立法机关和行政机关之间权力制衡的一个机构而建立起来，此后 Ombudsman 逐渐成为一个专有词汇并为许多国家所借鉴。"监察专员"专指由立法机关选举或任命，独立地调查或处理公众对政府部门或公共机构的违法或者不当行政行为申诉案件的官员。他既可以基于公民个人的申诉也可以基于自己的职权主动对相关机构或部门展开调查，但调查处理建议不具有强制约束力，只有依靠被申诉机构自觉执行或依靠社会舆论和议会的压力迫使其接受。监察专员依照宪法或相关法律的规定独立行使监督权并为申诉人提供救济，不受任何党派、团体或机构的干预。[12] 在我国曾有不少学者建议采纳这一制度，国家也尝试在财政领域设立财政监察专员制度，积累了一些经验。

在行政诉讼法修改过程中，为加强对行政行为的监督，有一种观点认为应当发挥检察机关的作用，使其充当"监察专员"的角色，改进行政机关的工作。虽然立法机关最终没有采纳这一意见，但对于这一制度的改革和研究并没有停止。2014 年 10 月 30 日发布的《中共中央关于全面推进依法治国若干重大问题的决定》明确提出，"检察机关在履行职责中发现行政机关违法行使职权或者不行使职权的行为，应该督促其纠正。探索建立检察机关提起公益诉讼制度"。虽然这一决定先于新行政诉讼法的发布，但党的改革政策与国家的法律之间在这一问题上的默契是十分明显的。尽管目前尚无法律依据，但通过今后的司法改革，检察机关通过试点积累经验，加大对行政机关违法或不当行使行政权力的行为监督力度，这必将引起检察机关与行政机关

---

⑫ 见杨曙光:《瑞典的议会监察专员制度》，载《中国改革》2006 年第 10 期。

的关系的重大变化。这种与瑞典的“监察专员”制度十分相似的机制，特别是检察机关对行政机关违法行使或不行使职权行为的“督促纠正”权，或许能推进中国式的“监察专员”制度的建立。如果检察机关对于行政机关的违法行为提起公益诉讼的改革尝试获得成功并得以纳入立法，更能使检察机关对行政机关的监督“如虎添翼”，最终加快依法行政和依法治国的进程。

以上是从司法学视角对新行政诉讼法中若干问题的简要评论。实际上，每一个问题都关涉司法制度的根本问题，也关系到当前正在进行的司法体制改革。虽然诉讼法的实施并不直接涉及司法管理，但司法管理体制和机制的改革能够在很大程度上促进诉讼法目的的实现。同时，诉讼法的严格实施也会在一定程度上推动司法管理体制和机制的改革。新的行政诉讼法在一些方面对司法制度有所发展，但也留下了一些需要深入研究、逐步解决的问题。随着法治环境的改善和法治水平的提高，特别是行政诉讼与司法改革的相互作用，待下一次修改行政诉讼法时必将有更大的进步。

论作为行政诉讼法基础概念的“行政行为”*

闫尔宝**

在行政诉讼法修改过程中，全国人大常委会公布的两次修正案征求意见稿在修法内容上有一个重要变化，即在第一稿中保留以具体行政行为作为行政诉讼法的基础概念统领全部法条，而第二稿中则改为以行政行为作为统帅行政诉讼法全部条文的基础概念。在对第二稿提出的个人建议中，笔者主张保留具体行政行为这一法律术语，狭义界定其为行政主体针对具体事件作出的单方法律处置行为，而对于具体行政行为之外的其他行政活动形式引发的争议可考虑设置不同的行政诉讼类型分别进行应对。从最终公布的行政诉讼法修改决定看，立法机关是选择了第二稿的修法策略，由此，行政行为取代具体行政行为成为今后法律适用过程中经常提及的基础概念。① 不过，从行政诉讼制度的精致化、行政诉讼制度与行政行为法学研究相互衔接与促进的角度出发，笔者保留自己的意见。②

---

* 本文原发表于《华东政法大学学报》2015 年第 2 期。

** 闫尔宝，南开大学法学院副教授，法学博士。

① 新修改的行政诉讼法以“行政行为”取代“具体行政行为”的理由是：原行政诉讼法使用“具体行政行为”概念，针对的是“抽象行政行为”，主要考虑是限定可诉范围。审议修改过程中，有些常委委员、地方、专家学者和最高人民法院提出，现行行政诉讼法第 11 条、第 12 条对可诉范围已作了明确列举，哪些案件应当受理，哪些案件不受理，界限是清楚的，可以根据实践的发展不再从概念上作出区分，建议将“具体行政行为”修改为“行政行为”。法律委员会经研究，建议将现行行政诉讼法中的“具体行政行为”统一修改为“行政行为”。参见《全国人民代表大会法律委员会关于〈中华人民共和国行政诉讼法修正案（草案）〉修改情况的汇报》。

② 详见闫尔宝：《论行政诉讼法的修订路径：以当事人诉讼活用论为参照》，载《中国法学》2014 年第 6 期。

本文承接立法修改的内容，继续讨论新法内容的落地将会对行政行为法和行政诉讼法的适用带来哪些影响。

一、行政行为的学术意涵进一步稀薄

行政行为首先是一个学术用语，进而转化为法律用语。该用语于学术上如何解释，在法律适用中如何界定，既关涉学术发展，又直接影响行政管理和行政审判实践。

2000年最高人民法院《关于执行〈中华人民共和国行政诉讼法〉若干问题的解释》（以下简称《若干问题的解释》）实施后，1991年最高人民法院《关于贯彻执行〈中华人民共和国行政诉讼法〉若干问题的意见（试行）》（以下简称《试行意见》）对具体行政行为的界定被取消，行政行为成为判断行政诉讼受案范围的标准。由此，遵从基本学理对具体行政行为的定义所开启的连接学术研究与行政诉讼制度实践的探索偃旗息鼓，具体行政行为连带行政行为如何界定的问题重新归入混沌状态。[③] 那么，《若干问题的解释》实施10多年来，作为基本学术用语的行政行为是否有了明确界定呢？从笔者观察来看，围绕着行政行为如何准确界定的问题，目前依然存在争议。概括起来，主要有以下几种代表性观点：

第一，通行教材的观点。以罗豪才、应松年、姜明安教授主编的通行教材为代表，基本上将行政行为界定为行政主体实施的直接产生行政法律效果的行为。[④] 其特点是：行政行为是法律行为；行政行为包括抽象与具体、单方与双方行为两大类型。

---

③　沿用最高人民法院对具体行政行为的界定思路，则学理与实定法适用之间将产生有机联系，与国外相关概念和理论的对接也成为可能。其论证过程参见闫尔宝：《最高法院放弃界定具体行政行为策略检讨》，载《法制与社会发展》2012年第5期。

④　参见罗豪才主编：《行政法学》，北京大学出版社2012年版；应松年主编：《行政法学新论》，中国方正出版社2004年版；姜明安主编：《行政法与行政诉讼法》，北京大学出版社、高等教育出版社2011年版。

第二，接近德日的行政行为观点。以章志远教授为典型代表，在其论文和著作中，提出将行政行为界定为具有行政权能的组织或个人行使行政权，就具体事项针对行政相对人所作的直接产生外部法律效果的行为。[⑤] 其特点是：行政行为是具体的单方的法律行为。[⑥]

第三，行政行为的宽泛界定。2000 年之后，随着《若干问题的解释》的实施，一些学者，典型代表如叶必丰教授、江必新教授等，开始主张对行政行为重新回归《行政法概要》的界定方式。[⑦] 其特点是行政行为涵盖了抽象行为与具体行为、单方行为与双方行为、法律行为与事实行为等多种行为类型。

第四，其他界定方式。如余凌云教授将行政行为界定为“行政主体在职权行使过程中所作的能够引起行政法律效果的单方意思表示行为”，其特点是排除了事实行为和行政合同行为；[⑧] 胡建淼教授将行政行为界定为“行政主体基于行政职权，为实施国家行政职能而作出的，能直接或间接引起法律效果并受行政法规制的法律行为。它由行政规定与行政决定所组成”，其特点是将行政规范性文件的制定行为纳入行政行为范畴，而将行政立法排除在该范畴之外，[⑨] 等等。上述界定多为学者基于自己的理解提出的界定方法，尚未引起足够的共鸣。

从以上概括介绍可知，我国学界对行政行为的理解尚未形成统一认识，此点与德国、日本和我国台湾地区形成鲜明对照，在某种意义上反映出我国学理研究的不成熟。行政行为的多义理解势必会影响到法律实践操作，同时学理研究与法律实践之间的有序衔接也受到一定阻碍。

---

⑤ 章志远：《行政行为概念之重构》，载《行政法学研究》2001 年第 4 期。章志远：《行政行为效力论》，苏州大学 2002 年博士学位论文，第 12、13 页。

⑥ 叶必丰：《行政法与行政诉讼法》，武汉大学出版社 2010 年第 3 版，第 162 页；江必新、李春燕：《统一行政行为概念的必要性及其路径选择》，载《法律适用》2006 年第 1 期。

⑦ 在大陆地区最早的一本行政法统编教材《行政法概要》中，行政行为即被界定为各种行政管理活动的总称，范围涵盖了抽象行为与具体行为，法律行为与事实行为，单方行为与双方行为等。但此种过于宽泛的界定并未为后来的学界所接受。

⑧ 余凌云：《行政法讲义》，清华大学出版社 2010 年版，第 213、214 页。

⑨ 胡建淼：《行政法学》，法律出版社 2010 年版，第 147 页。

在新修改的行政诉讼法将行政行为作为基础性概念，并引领全部法律条文的背景下，今后对行政行为的理解会发生何种变化呢？考察行政诉讼法的立法目的和当前立法机关对新法规定的解释，参照2000年《若干问题的解释》所表露出的意图，可以得出这样一个结论：行政行为这一基本学术概念将会朝着日益宽泛界定的方向发展，日益成为一个含义稀薄的法学概念。

根据立法机关对新行政诉讼法条文的解读，行政诉讼法修改之后，我国的行政诉讼制度依然保持“民告官”这一显著特点，保护相对人的合法权益仍然是行政诉讼的主要立法目的。为实现此目的，新法第2条所规定的作为引发行政诉讼根源的“行政行为”的含义必然不会被限定的过窄，按照立法机关的解释，其范围涵盖了作为行为与不作为行为，法律行为与事实行为，单方行为与双方行为。[10] 也就是说，除学理意义的抽象行政行为之外，纳入行政诉讼受案范围的行政行为将是一个内涵稀薄、外延相当开放的法律用语。此一特性早在2000年《若干问题的解释》出台时即已经有所体现，按照当时最高人民法院的说明，该司法解释所规定的行政行为，是指具有国家行政职权的机关、组织及其工作人员，与行使国家行政权力有关的，对公民、法人或其他组织的权益产生实际影响的行为以及相应的不作为，不仅包括作为，也包括不作为，不仅包括单方行为，也包括双方行为；不仅包括法律行为，而且包括非法律行为。[11] 由此可知，新行政诉讼法所使用的行政行为概念在含义理解上与此前的最高人民法院司法解释具有一定承继关系。

综上可知，在新修改的行政诉讼法以行政行为作为受案范围确定标准和行政诉讼审查对象的前提下，出于扩大对相对人合法权益保护的考虑，立法机关的意图是尽量扩张行政行为的范围，而司法机关也必然会遵从立法意旨而扩充行政行为的涵盖范围，此种立法意图和法律适用实践必将日益影响到作为学术

---

⑩ 参见袁杰主编：《中华人民共和国行政诉讼法解读》，中国法制出版社2014年版，第5页。

⑪ 最高人民法院行政审判庭编：《关于执行〈中华人民共和国行政诉讼法〉若干问题的解释释义》，中国城市出版社2000年版，第5页。

概念的行政行为的理解，行政行为含义的扩展为大势所趋。果真如此，则行政行为的内涵将日益稀薄，范围将日益泛化。由此，不得不让我们发出这样的慨叹：行政行为界定在台湾地区的曲折经历也将再次在大陆地区重演。⑫

二、行政行为法基本概念和理论体系需做相应调整

如前所述，新修改的行政诉讼法对行政行为采用了宽泛解释的态度，可以想见，最广义的行政行为观念将随着法律适用实践的发展而逐步做实。此种立法和司法实践必然会对行政行为法学理论研究带来一定影响，由此，我国大陆地区的行政行为法学基本概念和理论体系必将迎来新一轮的调整。

首先，在行政行为含义泛化、具体行政行为被弃用的背景下，与最高人民法院《试行意见》对具体行政行为的界定为代表的典型行政行为将不得不寻求新的“冠名”。实际上，在《若干问题的解释》之后，寻找替代具体行政行为新名词的努力便已初露端倪。如有学者已经有意识地抛弃含义变得日益不确定的具体行政行为概念，而改用“行政决定”“行政处理”来对应其核心特征，并意图与德日的行政行为、台湾地区的行政处分概念与相应制度相呼应。⑬ 可以想见，在新法明确将含义稀薄的行政行为作为基础性概念的前提下，一段时间内，学界对具体事件产生法律处理效果的典型行政行为的“冠名”之争将会进一步升级。

其次，在行政行为含义泛化不再具有典型的法律意义的背景下，从学理建构的角度看，行政行为法的理论体系也将会重新调整。比如，在具体行政行为不再使用的情况下，抽象行政行为这一语词的保留是否还有意义？这一

---

⑫ 台湾地区早期学界沿用行政行为概念，并有详尽分析，但随着行政命令、行政处分等典型行政行为形式的研究日渐深入，作为其上位概念的行政行为日益成为一个内涵空洞的学术用语而逐渐被虚置。当前流行于台湾地区的由翁岳生教授主编的《行政法》一书中，行政行为一词虽然屡被学者提及，但并未见设置专章对其进行系统分析。

⑬ 典型代表如宋功德：《聚焦行政处理：行政法上熟悉的陌生人》，北京大学出版社 2007 年版。叶必丰：《行政行为原理》，商务印书馆 2014 年版，“前言”第 4 页。

问题必然会被提出。再如，在以行政处理（或行政决定）成为对具体事件的单方处理行为的代名词之后，其他的行政行为形式，如行政合同、行政指导等，也可能摆脱行政行为之下如何安排位置的尴尬而获得独立存在的意义，不再与具体行政行为有任何扯不清的关系。[14] 笔者推测，将来的行政行为法体系设计也许会呈现以下两种状态：

一是为行政行为在行政行为法理论体系中留有一席之地，但内容将日益简化，有关行政行为的学理讨论将只限于含义和类型的简单介绍，在此基础上，再根据一定的分类标准、遵循一定的逻辑顺序来整合各种行政行为的具体形式。其代表性例证如叶必丰教授设计的行政行为体系：[15]

- 行政行为
  - 行政法律行为
    - 单方行政行为
      - 抽象行政行为
        - 行政立法（行政法规与规章）
        - 行政规范性文件
      - 具体行政行为（征收、给付、处罚、强制等）（行政决定）
    - 双方行政行为
      - 行政合同
      - 行政协议
  - 行政事实行为（行政调查、指导等）

二是直接放弃对行政行为基础问题（如概念界定、类型划分等）的介绍，弱化行政行为法体系的观念，分别对行政规范制定行为和行政决定（或行政处理）等各种行政行为具体表现形式直接展开介绍。目前，此种行政行为法体系安排的代表性例证是姜明安、余凌云二位教授主编的《行政法》。在该书中，于介绍完行政法理论基础、原则和行政主体理论之后，便直接开始探讨行政规范制定行为、行政处理行为以及非强制性行政行为（计划与规划、

---

⑭　在具体行政行为成为法定概念的时代，具体行政行为与行政合同之间究竟是排斥关系还是重合关系一直存在争议。如《试行意见》认为具体行政行为不包含双方法律行为，而学者则认为，具体行政行为包含双方法律行为。典型论述参见方世荣：《论具体行政行为》，武汉大学出版社 1995 年版，第 12 页。

⑮　叶必丰：《行政法与行政诉讼法》，武汉大学出版社 2010 年版，第 163 页。

指导、契约、调解、奖励、资助、政府采购等)。[16] 需要说明的是，此种行政行为法体系设置与台湾地区的行政法学理对行政行为法体系的设计相同。

以上两种行政行为法体系设计思路各有特点，不好比较其各自优劣。笔者以为，在行政行为含义泛化的背景下，以上两种体系设计思路都可能成为今后行政行为法体系分析的选择项。

三、法定行政行为概念需要根据个案审理对象的不同进一步区分

新修改的行政诉讼法以行政行为作为法定基础概念已是既成事实。但笔者以为，以含义泛化的行政行为概念来统领相关法律条文，只在某种一般程度上解决了行政诉讼受案范围扩展的问题，却无法为不同行政案件的受理和审理提供任何帮助，具体到个案，还需要法官根据既有学理来作出具体判断。

从学理角度分析，虽然新修改的行政诉讼法以行政行为之名将各种具体的行政行为形式纳入行政诉讼受案范围，但由于不同的行政行为形式性质、类型不同，所引起争议的实质内容有别，相对人的诉求各异，其审理和裁判也必将存在差别。因此，单纯以行政行为来连缀行政诉讼法相关条文并进行概括性表述在立法技术上依然显得过于粗糙，由此造成具体法条的含义理解带有很大的模糊性，并未对个案的处理提供任何指引，需要由法官根据不同案件的具体情况来区分涉案行政行为到底属于何种性质，并具体分析所适用法条中的行政行为究竟针对的是何种性质的行政行为，这就难以避免法律适用上的争议。

（一）同一法定行政行为概念，不同行政行为形式指向

新修改的行政诉讼法虽然解决了《若干问题的解释》曾经存在的“行政

---

[16] 参见姜明安、余凌云主编：《行政法》，科学出版社2010年版。

行为”与“具体行政行为”概念混用的问题，[17] 以统一的行政行为概念取代了原行政诉讼法中的所有具体行政行为表述，但也带来了一个问题：在行政行为形式具有不同性质的前提下，以单一的行政行为概念统领受案范围、证据制度和裁判适用等法律条文，会让人难以分清到底所涉法条究竟指向何种性质的行政行为。以下举出几例：

1. 合法性审查原则的适用对象

新修改的《行政诉讼法》第6条规定，人民法院审理行政案件，对行政行为是否合法进行审查。该条规定保留了行政诉讼的合法性审查这一基本原则，且基于其总则中的位置，一般应理解为适用于所有行政诉讼案件的审理。但是，合法性审查原则是否用于所有行政行为形式，有无例外情况？这些问题还有讨论的余地。如果相对人起诉的是行政处罚决定、行政征收决定等具有直接法律效果的单方行为，合法性审查原则当然适用，而针对行政合同履行过程中所发生的政府违约行为引起的行政诉讼案件，合法性审查是否还能适用？确切地讲，人民法院是在进行一般意义的合法性审查，还是在进行违约性审查？[18]

2. 被告负举证责任的适用对象

新修改的《行政诉讼法》第34条规定，被告对作出的行政行为负有举证责任，应当提供作出该行政行为的证据和所依据的规范性文件。由于行政行为有单方法律行为与双方法律行为之分，有作为行为（广义上含拒绝行为）和不作为之分（主要指不予答复情况），而单方的作为法律行为往往直接产生公定力、确定力和执行力，根据“先取证、后裁决”的行政程序原则，在行政诉讼中，有必要适用被告负举证责任原则；而对于不予答复及不履行合同义务的行为引起的行政诉讼案件，则很难适用被告负举证责任的规定。因

[17] 在《若干问题的解释》中，具体行政行为概念与作为行政行为交错出现，一并使用。在对行政行为、具体行政行为未作出明确界分的情况下，同一司法解释中先后使用不同的术语，不可避免地增加了解释、辨别的难度。

[18] 《行政诉讼法》第13条第1款第11项规定，人民法院受理相对人认为行政机关不依法履行、未按照约定履行或者违法变更、解除政府特许经营协议、土地房屋征收补偿协议等协议而起诉的案件。

此，笼统地规定被告对行政行为负举证责任客观上存在指向不明问题。

3. 起诉期限的适用对象

新修改的《行政诉讼法》第46条规定，公民、法人或者其他组织直接向人民法院提起诉讼的，应当自知道或者应当知道作出行政行为之日起六个月内提出。法律另有规定的除外。因不动产提起诉讼的案件自行政行为作出之日起超过二十年，其他案件自行政行为作出之日起超过五年提起诉讼的，人民法院不予受理。此条规定的适用对象主要针对单方作为的行政行为（还可以扩大至拖延等不作为行为），但是否适用于不履行行政合同的政府违约行为，则值得进一步探讨。

4. 诉讼期间停止执行的行政行为何指

新修改的《行政诉讼法》第56条原则规定，除法律法规规定停止执行的情况外，诉讼期间，不停止行政行为的执行。很明显，此条所规定的行政行为主要是指单方法律行为，而不包括所谓的双方合同行为，法官需要在二者之间作出区分。

5. 撤销判决、确认判决的适用对象

新修改的《行政诉讼法》第70条规定，行政行为具有主要证据不足、适用法律、法规错误、违反法定程序、超越职权、滥用职权以及明显不当的情形的，人民法院有权判决撤销或者部分撤销，并可以判决被告重新作出行政行为。第74条规定，行政行为违法但不具有可撤销内容的，被告改变原违法行政行为，原告仍要求确认原行政行为违法的，人民法院有权依法作出确认违法判决。第75条规定，行政行为有实施主体不具有行政主体资格或者没有依据等重大且明显违法情形，原告申请确认行政行为无效的，人民法院依法判决确认无效。上述条文中所规定的行政行为基本是指行政主体单方面作出的直接产生法律效果的行政决定行为，很难适用于双方的行政合同行为。

（二）法官需要根据个案情况分别确定审查对象和审理内容

根据上述举例可知，虽然新修改的行政诉讼法在其总则、受案范围、证据制度、审理程序、裁判方式等不同的条文中都统一使用了行政行为概念，但由于具体案件所涉行政行为形式、性质、种类均存在差异，为更好地适用立法规定，客观上需要审理案件的法官来作进一步区分的工作，区分涉案行政行为的性质、种类，进而分别确定行政诉讼法的相关条文应当如何适用。由此，行政行为含义的泛化引起的个案区别适用的任务完全交给了案件的审理法官。在法官学理素养不深、实践情况复杂的现实情况下，将区分个案审理对象进而确定条文适用的任务交给法官，在某种程度上，可以说是立法机关未尽到明确立法的职责。

与之形成对照的是，德国、日本和我国台湾地区则通过行政诉讼类型法定的方法解决了涉案行为的不同引起的区分难题。典型代表如我国台湾地区“行政诉讼法”第 4 条（撤销诉讼之要件）规定，人民因中央或地方机关之违法行政处分，认为损害其权利或法律上之利益，经依诉愿法提起诉愿而不服其决定，或提起诉愿逾三个月不为决定，或延长诉愿决定期间逾二个月不为决定者，得向高等行政法院提起撤销诉讼……第 5 条（请求应为行政处分之诉讼）规定，人民因中央或地方机关对其依法申请之案件，于法令所定期间内应作为而不作为，认为其权利或法律上利益受损害者，经依诉愿程序后，得向高等行政法院提起请求该机关应为行政处分或应为特定内容之行政处分之诉讼……第 8 条（给付诉讼之要件）规定，人民与中央或地方机关间，因公法上原因发生财产上之给付或请求作成行政处分以外之其他非财产上之给付，得提起给付诉讼。因公法上契约发生之给付，亦同。从上述规定可以看出，我国台湾地区的行政诉讼法明确区分了作为撤销诉讼、课予义务诉讼和一般给付诉讼的审理对象，即撤销诉讼针对的是违法处分行为，课予义务诉讼针对违法的不作出处分的行为，一般给付诉讼针对公法上的财产给付以及契约给付行为。在立法明确区分涉案行为的类型，进而分别确定其诉讼救济途径的情况下，法官被免去了区别个案审理对象的任务。

在我国大陆地区，于行政诉讼法修改期间，一些学者对以区分涉案行为性质、种类为基础的行政诉讼类型化观点曾不以为然，[19] 而行政诉讼法笼统地使用行政行为概念来统领全部法律条文的现状也在某种程度上呼应了反对学者的主张。但在新法适用过程中，针对前文指出的涉及行政行为的法条适用的区分难题，却在某种程度上一再显示出将行政诉讼案件类型化处理的必要性。在个案受理和审查过程中，行政审判法官将不得不借助自己对行政行为性质、种类的理解，通过自己的智识努力来实现行政诉讼案件的类型化处理。比如针对行政处罚、行政征收等单方法律行为提起的诉讼，因涉案行为具有的公定力等法律效力的特点，法官将对应原告的诉求，适用撤销诉讼、确认诉讼来加以解决，在司法审查中，适用起诉不停止执行制度，适用被告负举证责任制度，并针对行政行为的效力形态选择适用撤销判决或者确认违法或无效判决；针对不履行法定职责（如不作出许可决定、不办理登记等）提起的诉讼，法官将对应原告的诉求，适用课予义务诉讼解决，适用原告承担部分举证责任以及履行判决；针对不履行行政合同的争议，法官将适用一般给付诉讼解决，适用“谁主张，谁举证”的举证责任分配规则，综合考虑双方的观点，作出给付判决抑或驳回原告诉讼请求判决。国外成熟经验表明，针对不同性质、类型的行政行为形式适用类型化的审查方式，将极大提高案件的审理效率，及时解决行政争议，并有利于积累审判经验，推进不同性质和类型的行政行为的学理研究。与之对照，在新修改的行政诉讼法以含义宽泛的行政行为概念统领诉讼法全文的情况下，上述行政争议类型化处理的效果难以得到体现。

四、学界对行政行为具体形式的研究将在更大程度上影响法官判断

笔者以为，对法定行政行为的理解和结合个案的具体适用，一方面需要法官作出不懈的努力，另一方面更需要学界研究成果的指导。而且，就我国

---

⑲ 参见刘飞：《行政诉讼类型制度的功能》，载《法学研究》2013 年第 5 期。

大陆地区目前的实际情况而言，对于个案中不同行政行为性质、种类的区分尤其需要借鉴学术研究的成果。

与法、德等典型大陆法国家先积累判例、后学术总结进而建构制度这一学术研究与制度建构的发展路径不同，我国大陆地区行政诉讼制度的建立与发展受学理影响极深，甚至可以说，在特定时期，学术界的指导在行政诉讼制度建构中占据了主导地位。就我国时间较短的行政诉讼实践现状而言，可以认为，在未来一段时间内，此种受学术引领的行政诉讼制度发展特点还可能持续。

如前所述，在行政诉讼法以行政行为这一术语统帅立法全文的背景下，区别个案的适用对象、进而确定不同审理规则的任务完全交给了审判法官，而法官如何来具体辨别涉案行政行为的性质、种类，进而解释涉及行政行为的相关条文，并作出恰当的选择，将在很大程度上受到学界研究成果的影响。因此，可以预见的是，学界对行政行为具体形式的研究成果将在很大程度上影响法官的判断。

撇开行政行为的不同理解方式不谈，当前我国学界对各种具体类型的行政行为（如行政处罚、行政强制、行政许可等）的研究已相对成熟，且从比较法的角度而言，与法国的行政处理，德、日的行政行为，台湾地区的行政处分相对应的行政行为形式及其理论（无论其名称是行政处理还是行政决定），在大陆地区也已有了相当程度的积累，这些研究成果在很大程度上已经为行政审判实践所接受，并成为今后进一步进行行政诉讼类型化区分的基础。在此学术研究基础上，以含义宽泛的行政行为作为基础概念的行政诉讼法的适用，需要在更大程度上借鉴学界的研究成果，法官在个案中于适用含有行政行为表述的相关法条时，将自觉或不自觉地去参照学界既有的研究成果，进而形成其对个别法条如何理解和适用的判断。

行政裁决的救济制度及其改革

傅士成*

一、我国法律规定行政机关解决民事纠纷的基本情况

1949年以来，我国规定行政机关解决民事纠纷的法律、法规、规章和政策性文件很多，但规定的具体方式和用语差别很大。出现频率较高的规定方式和用语有：调解处理，调处，处理，责令停止侵权行为、赔偿损失，受侵权人有权向主管机关提出控告，主管部门会同有关部门调解和裁决，裁决，裁决和处理等。由于新中国成立以后，迅速形成了党和政府（行政部分）主导型的国家治理体制，规定由行政机关解决民事纠纷的各种规定很多，以至于在新中国成立之初的很长时间，有问题（包括有纠纷）找政府，成为人们寻求纠纷解决的一种习惯和常规行为方式。1957~1978年间，由于法律虚无主义盛行，法院审理的案件成倍萎缩，国家主要依靠行政部门和单位解决纠纷。政府各部门不仅主管职权范围内的行政事项，而且对于其主管领域内的人、财、物具有很大的“主权”，除对所属成员进行行政管理外，还对管辖范围内的各类纠纷行使调解和裁决权。部门内部成员之间的纠纷除“事重”以外，将被视为人民内部矛盾，由部门解决。部门之间的纠纷则被视为共同上级主管部门的内部纠纷，由上级主管部门解决。解决的方法主要是“协调”

---

* 傅士成，南开大学法学院党委书记，教授，法学博士，博士生导师。本文为首次发表。

和“裁决”。[①] 但是，1979 年以前，由于我国还没有系统的法律、法规汇编，更由于许多这样的规定散见于党和政府的各种文件当中，做系统的统计整理工程浩大。因此，对我国法律规定行政机关解决民事纠纷情况较系统的统计，仅限于 1979 年以后。1979 年以前的情况，只以典型规定或典型事例说明。

需要说明的是，我国法律规定行政机关解决民事纠纷的用语很多，也很不一致，只有少数使用了“裁决”字样。这里遵从我国行政法学理论既有的研究习惯，将法律规定的行政机关行使裁断性权力解决民事纠纷的行为，用“行政裁决”加以概括。

经统计，目前我国全国人大及其常委会制定的法律中（有的已经修改），有 22 部法律 38 个条文对行政机关解决民事纠纷作出了规定。[②] 除上述法律规定以外，国务院制定的行政法规和国务院各部门制定的部门规章对行政机关解决民事纠纷作出规定的还有一批。但由于行政法规和规章的数量太大，有的部分汇编工作没有跟上，故这里只以典型规定说明问题。

行政法规规定行政裁决的情况，典型的如国务院 2001 年制定的《城市房屋拆迁管理条例》（已废止）；[③] 部门规章规定行政裁决的情况，典型的如司

---

① 参见何兵：《现代社会的纠纷解决》，法律出版社 2003 年版，第 27 页。

② 这些规定行政裁决的现行法律及其相应的条文是：《中华人民共和国土地管理法》第 16 条；《中华人民共和国森林法》第 17 条；《中华人民共和国草原法》第 16 条；《中华人民共和国矿产资源法》第 49 条；《中华人民共和国专利法》第 45 条、第 46 条、第 54 条、第 55 条、第 57 条、第 58 条；《中华人民共和国商标法》第 33 条、第 34 条、第 41 条、第 42 条、第 43 条、第 53 条；《中华人民共和国妇女权益保障法》第 52 条、第 53 条；《中华人民共和国环境保护法》第 41 条，《中华人民共和国水土保持法》第 39 条；《中华人民共和国水法》第 56 条、第 57 条、第 58 条；1996 年修正的《中华人民共和国水污染防治法》第 55 条；《中华人民共和国大气污染防治法》第 62 条；《中华人民共和国环境噪声污染防治法》第 61 条；《中华人民共和国邮政法》第 35 条；《中华人民共和国消费者权益保护法》第 34 条；《中华人民共和国残疾人保障法》第 49 条、第 51 条；《中华人民共和国道路交通安全法》第 74 条；《中华人民共和国食品卫生法（试行）》第 40 条、第 41 条；《中华人民共和国渔业法》第 13 条、第 14 条；《中华人民共和国药品管理法》（1984 年 9 月 20 日第六届全国人民代表大会常务委员会第七次会议通过）（已废止）第 56 条；《中华人民共和国计量法》第 27 条；《中华人民共和国行政复议法》第 8 条、第 30 条。

③ 该条例第 16 条规定：“拆迁人与被拆迁人或者拆迁人、被拆迁人与房屋承租人达不成拆迁补偿安置协议的，经当事人申请，由房屋拆迁管理部门裁决。房屋拆迁管理部门是被拆迁人的，由同级人民政府裁决。裁决应当自收到申请之日起 30 日内作出。当事人对裁决不服的，可以自裁决书送达之日起 3 个月内向人民法院起诉。拆迁人依照本条例规定已对被拆迁人给予货币补偿或者提供拆迁安置用房、周转用房的，诉讼期间不停止拆迁的执行。”

法部1990年制定发布的《民间纠纷处理办法》。[④]

在1979年以前的相当长时间内，我国存在“行政替代司法”的倾向，[⑤]其表现之一就是，规定行政机关裁决民事纠纷的文件不少，如1961年《中共中央国营企业工业工作条例（草案）》规定：“企业之间、部门之间有关经济合同的纠纷，由各级经济委员会设置专门机构裁决和处理。”1962年8月，国家经济委员会《关于各级经委仲裁国营工业企业之间拖欠贷款纠纷的意见（草案）》规定：“拖欠贷款中的经济纠纷，首先由企业之间协商解决，解决不了时，报经委。”[⑥]这里实际上赋予了行政机关“一揽子”裁决民事纠纷的权力，客观上排除了法院对这部分纠纷的管辖权。

上述规定说明，我国行政机关裁决民事纠纷是其法定的或者政策规定的职权和职责，从规定上看，行政机关裁决民事纠纷存在于行政管理的诸多领域。

与此同时，我国《民事诉讼法》第124条的规定非常值得关注。该条规定：“人民法院对下列起诉，分别情形，予以处理”，其中第3项规定“依照法律规定，应当由其他机关处理的争议，告知原告向有关机关申请解决”，结合前后各项的规定，这里的“应当由其他机关处理的争议”，在性质上显然也是民事争议，即在性质上属于民事纠纷。[⑦]这说明，我国《民事诉讼法》并没有把所有的民事纠纷，全部“一揽子”地交给法院通过民事诉讼解决，法院

---

④ 该办法第3条规定：“基层人民政府处理民间纠纷的范围，为《人民调解委员会组织条例》规定的民间纠纷，即公民之间有关人身、财产权益和其他日常生活中发生的纠纷。”第4条规定：“处理民间纠纷，必须以事实为根据，以法律、法规、规章和政策为准绳，对于当事人在适用法律上一律平等。”第5条规定：“基层人民政府处理民间纠纷，可以决定由责任一方按照《中华人民共和国民法通则》第一百三十四条第一款所列举的方式承担民事责任，但不得给予人身或者财产处罚。”

⑤ 何兵：《现代社会的纠纷解决》，法律出版社2003年版，第29页。

⑥ 转引自范愉：《非诉讼纠纷解决机制研究》，中国人民大学出版社2000年版，第484页。另需说明：经济纠纷是我国特定历史时期的用法，本质上就是民事纠纷，这在法学理论上和实务中早已形成共识。

⑦ 争议和纠纷，均指社会主体之间的一种利益对抗状态。在法学理论和法律实务中，争议和纠纷含义相同，经常混同使用。本文主要使用纠纷一词，但有时根据特定法条的规定和特定的需要，也使用争议一词。

不是解决民事纠纷的唯一机关。在法院之外，只要有法律的授权，其他机关可以取得解决一定范围民事纠纷的权力，《民事诉讼法》给包括行政机关在内的其他机关解决一定范围的民事纠纷是预留了空间的。

通读法律、法规和部门规章关于行政机关解决民事纠纷的规定，可以发现，各个法律、法规、规章对行政机关解决民事纠纷的规定方式差别很大，根据启动形式的不同和解决方式的不同，可以把行政机关解决民事纠纷归纳为以下几种类型：

1. 行政机关“依职权处理”型

《土地管理法》第16条规定：“土地所有权和使用权争议，由当事人协商解决；协商不成的，由人民政府处理。单位之间的争议，由县级以上人民政府处理；个人之间、个人与单位之间的争议，由乡级人民政府或者县级以上人民政府处理。当事人对有关人民政府的处理决定不服的，可以自接到处理决定通知之日起三十日内，向人民法院起诉。在土地所有权和使用权争议解决前，任何一方不得改变土地利用现状。”

《土地管理法》第16条的规定，明确授予了人民政府不待当事人提出申请，主动“处理”土地所有权和使用权争议的权力。但“处理”一词只表明解决，究竟怎么解决，显然给有权处理的人民政府留下了较大的裁量空间。作同样规定的还有《草原法》第14条、《森林法》第17条、《矿产资源法》第49条、《水土保持法》第39条、1986年制定的《渔业法》（该法已于2000年修订）第12条、《城市公共交通车船乘坐规定》第8条等。

2. 行政机关“依申请处理”型

1996年修正的《水污染防治法》（该法已于2008年修订）第55条规定：“造成水污染危害的单位，有责任排除危害，并对直接受到损失的单位或者个人赔偿损失。

赔偿责任和赔偿金额的纠纷，可以根据当事人的请求，由环境保护部门或者交通部门的航政机关处理；当事人对处理决定不服的，可以向人民法院起诉。当事人也可以直接向人民法院起诉。

水污染损失由第三者故意或者过失所引起的，第三者应当承担责任。

水污染损失由受害者自身的责任所引起的，排污单位不承担责任。”

与《土地管理法》第16条、《草原法》第14条、《森林法》第17条、《矿产资源法》第49条规定的人民政府主动“处理”不同，环境保护部门或者交通部门的航政机关对因水污染引发的污染单位与受害人之间的赔偿纠纷，只能根据当事人的申请进行处理。换言之，如果当事人没有申请处理，环境保护部门或者交通部门的航政机关就没有处理该纠纷的权力。作同样规定的还有1987年制定的《大气污染防治法》第36条和1995年修订后的《大气污染防治法》第45条（2000年修订的《大气污染防治法》有了变化）。这里的“处理”与第一种类型中的“处理”存在同样的问题。

3. 行政机关“依申请调解处理”型

《环境噪声污染防治法》第61条规定：“受到环境噪声污染危害的单位和个人，有权要求加害人排除危害；造成损失的，依法赔偿损失。

赔偿责任和赔偿金额的纠纷，可以根据当事人的请求，由环境保护行政主管部门或者其他环境噪声污染防治工作的监督管理部门、机构调解处理；调解不成的，当事人可以向人民法院起诉。当事人也可以直接向人民法院起诉。”

与前两种类型规定的“处理”不同，这里的“调解处理”实际上把“处理”的方式限定在“调解”上，与裁决的“裁断性”已经有了距离。在启动程序上，这种类型与第二种类型相同，即都需要以相对人申请为条件。作同样规定的还有2000年修订的《大气污染防治法》第62条，《治安管理处罚法》第9条，《道路交通安全法》第74条，1986年制定、1994年修订的《治安管理处罚条例》第5条等。

4. 行政机关“依职权责令停止侵权行为、赔偿损失”型，简称“责令”型

《渔业法》第35条规定：“进行水下爆破、勘探、施工作业，对渔业资源有严重影响的，作业单位应当事先同有关县级以上人民政府渔业行政主管部

门协商，采取措施，防止或者减少对渔业资源的损害；造成渔业资源损失的，由有关县级以上人民政府责令赔偿。”1985 年制定的《草原法》（该法已于 2013 年修订）第 18 条规定：“草原所有权、使用权受到侵犯的，被侵权人可以请求县级以上地方人民政府农牧业部门处理。有关农牧业部门有权责令侵权人停止侵权行为，赔偿损失。被侵权人也可以直接向人民法院起诉。”

与前几种类型规定解决方式关注解决过程不同，这里的“责令停止侵权行为，赔偿损失”，实际上是规定解决结果，即解决的结果是行政机关责令侵权行为人停止侵权行为，责令侵权行为人对受害人赔偿损失。这样的解决结果，显然需要首先认定是不是构成侵权行为，是不是造成了损失及损失的大小。这里暗含着对解决过程的要求，但法律条文并没有明确规定，其随意性的空间显然比较大。作同样规定的还有《计量法》第 27 条、《环境保护法》第 32 条、《水污染防治法》第 55 条、《铁路法》第 46 条等。

5. 向行政机关“控告”型

1984 年制定的《药品管理法》（该法已于 2001 年修订）第 56 条规定：“违反本法，造成药品中毒事故的，致害单位或者个人应当负损害赔偿责任。受害人可以请求县级以上卫生行政部门处理；当事人不服的，可以向人民法院起诉。受害人也可以直接向人民法院起诉。

损害赔偿要求，应当从受害人或者其代理人知道或者应当知道之日起一年内提出；超过期限的，不予受理。”

1982 年制定的《食品卫生法（试行）》（该法已于 1995 年修订）第 39 条规定：“违反本法，造成食物中毒事故或者其他食源性疾患的，应当负损害赔偿责任。受害人有权要求损害赔偿。

损害赔偿包括医药费，误工工资、生活补助费、丧葬费，遗属抚恤费。”

国务院 1984 年 2 月 27 日发布的《关于农村个体工商业的若干规定》第 13 条规定：“……对侵犯农村工商业户合法权利和利益的行为，个体工商业户有权向当地或上级人民政府提出控告，或者依法向人民法院起诉。”

与前几种类型从解决机关角度规定不同，这种类型从当事人（受害人）

及其权利角度加以规定，赋予当事人请求有关部门处理的权利，或者赋予当事人向有关部门控告的权利，或者只赋予当事人（受害人）有要求损害赔偿的权利。作同样规定的还有《妇女权益保障法》第48条、《邮政法》第35条、《消费者权益保护法》第34条、《残疾人保障法》第49条等。

6. 不规定行政机关如何解决，甚至不规定由谁解决，只规定“依法解决”型

《渔业法》第13条规定：“当事人因使用国家规划确定用于养殖业的水域、滩涂从事养殖生产发生争议的，按照有关法律规定的程序处理。在争议解决以前，任何一方不得破坏养殖生产。”

这里的“按照有关法律规定的程序处理”，既没有明确由谁处理，也没有明确具体怎么处理。这种类型的规定，实际上只是指向性的规定，是一种没有错误，但也很难操作、甚至无法操作的规定。

7. 行政机关“裁决”型

《治安管理处罚条例》（该法已失效）第38条规定：“被裁决赔偿损失或者负担医疗费用的，应当在接到裁决书后五日内将费用交裁决机关代转；数额较大的，可以分期交纳。拒不交纳的，由裁决机关通知其所在单位从本人工资中扣除，或者扣押财物折抵。”现行《专利法》第57条规定：“取得实施强制许可的单位或者个人应当付给专利权人合理的使用费，或者依照中华人民共和国参加的有关国际条约的规定处理使用费问题。付给使用费的，其数额由双方协商；双方不能达成协议的，由国务院专利行政部门裁决。”

这是最直接赋予行政机关裁断性权力的类型。

如果把“裁决”理解为“经过考虑，作出决定”,⑧ 把行政裁决理解为对民事纠纷的裁断，很难说上述规定及其类型都是我们通常所说的行政裁决。换言之，行政裁决只是行政机关解决民事纠纷多种类型中的一种。

行政机关解决民事纠纷的上述类型归纳，基本上可以全面反映我国1979

⑧ 《现代汉语词典》（第5版），商务印书馆2005年版，第124页。

年以来法律、法规和部门规章规定行政机关解决民事纠纷的状况。需要说明，上述引用的法律、法规、规章及其相应的条文，大部分是现行有效的，但同时也有少部分是已经废止或失效的。无论是现行有效的，还是已经废止或失效的，都是1979年以来我国曾经存在和依然有效的规定。对这些规定的梳理、归纳和分析，至少可以对我国行政机关解决民事纠纷所走过的路，及行政机关解决民事纠纷在立法上的基本情况，形成比较清晰的认识，并为进一步的分析和研究奠定基础。

二、我国行政裁决救济的现状和存在的问题

根据目前有关法律的规定，我国对行政裁决的救济存在三种情况：⑨

第一，大部分行政裁决都不适用行政复议救济。《行政复议法》第6条只规定，对确认土地、矿藏、水流、森林、山岭、草原、荒地、滩涂、海域等自然资源的所有权或者使用权的决定不服，可以申请行政复议。结合《行政复议法》第8条第2款关于“不服行政机关对民事纠纷作出的调解或者其他处理，依法申请仲裁或者向人民法院提起诉讼”的规定，在现行制度下，对自然资源的权属民事纠纷的裁决可以申请行政复议，对其他行政裁决不能适用行政复议救济。

第二，大多数行政裁决可以适用行政诉讼救济。最高人民法院1991年和2000年先后对《行政诉讼法》所作的两次全面解释，或者直接规定对权属纠纷、赔偿纠纷和补偿纠纷的行政裁决，可以通过提起行政诉讼救济，或者未排除对行政裁决提起行政诉讼的可能性。在审判实践中，对上述行政裁决不服提起诉讼，法院一般也是作为行政案件受理的。

第三，一部分行政裁决不适用行政诉讼救济，而只能就原来的民事纠纷向法院提起民事诉讼。最高人民法院1993年发布的《如何处理经乡（镇）人

⑨ 参见应松年、袁曙宏主编：《走向法治政府》，法律出版社2001年版，第277-278页。

民政府调处的民间纠纷的通知》规定，当事人不服乡（镇）人民政府调处决定向人民法院起诉的，人民法院应当以原纠纷双方为案件当事人。根据这一规定，当事人对行政裁决不服，不能针对行政裁决提起行政诉讼，而只能就原民事纠纷提起民事诉讼。

上述三种情况，是根据《行政复议法》《行政诉讼法》及其司法解释、规定行政裁决的单行法的规定，经过一定的实践形成的。其中，不同地区，不同法院和不同的行政机关，由于对法律规定理解的不同，在一定程度上存在具体做法的不一致，甚至存在同样的行政裁决案件，具体处理的方式和结果完全不一致的情况。这种情况当事人很难接受，对于构建统一的、有公信力的法治也是不利的。为了更清楚地说明问题，下面分别按复议救济和诉讼救济两种情况予以说明。

1. 行政裁决的复议救济

行政裁决的复议救济，就是纠纷当事人对行政裁决不服，通过向作出裁决的行政机关的上一级行政机关或者法定的行政机关申请行政复议，以求矫正当事人认为的行政裁决存在的违法或其他问题。目前，只有《行政复议法》第 6 条第 4 项规定：公民、法人或者其他组织可以“对行政机关作出的关于确认土地、矿藏、水流、森林、山岭、草原、荒地、滩涂、海域等自然资源的所有权或者使用权的决定不服的”申请行政复议，但《行政复议法》第 8 条第 2 款又规定：“不服行政机关对民事纠纷作出的调解或者其他处理，依法申请仲裁或者向人民法院提起诉讼。”《行政复议法》第 6 条第 4 项规定的确权决定，虽然客观上可能具有解决权属争议的功能，但《行政复议法》显然不是从行政机关裁决民事纠纷角度加以规定的，也就是说，《行政复议法》没有把这里的确权决定看作行政裁决，它更多的是把确权决定看作一个典型的行政行为。《行政复议法》第 8 条第 2 款是一个排除性规定，即对行政机关就民事纠纷作出的调解或者其他处理不服，排除在行政复议的受案范围之外，不得对“调解或者其他处理”申请复议。这里的“调解”是指行政机关对民事纠纷的调解，一般不会发生理解上的分歧。这里的“其他处理”究竟包括哪些内容？是否包括行政裁决？意见分歧比较大。来自立法起草者的意见认为，行政机关对民事纠纷进行调解以外的其他处理，主要有以下几种情况：一是对土地权属争议的处理；二是对林木、林地权属争议的处理；三是对水事纠纷的处理；四是对草原权属纠纷的处理；五是对水面、滩涂权属争议的处理；六是对矿业权争议的处理；此外还有法律、行政法规规定的行政机关对民事纠纷的处理。⑩ 这样的理解实际上把典型的行政裁决全部排除在行政复议受案范围之外了。

与来自立法起草者的理解不同，有学者对《行政复议法》第 8 条第 2 款规定的理解则完全是另外一种情形。杨小君教授根据《行政诉讼法》及司法解释的规定认为，《行政复议法》第 8 条第 2 款规定的“其他处理”只能是仲裁处理，连同该款排除的调解，《行政复议法》第 8 条第 2 款所排除的只有行政机关对民事纠纷的调解处理形式和仲裁处理形式。⑪

对同一个条文，理解的差异如此之大，实践中有的地方对行政裁决实行复议救济，有的地方不实行复议救济，也就不足为怪了。由此也可以看出，立法语言留下太大的弹性空间，会给实践留下太多的麻烦。

必须指出，《行政复议法》第 6 条和第 8 条的规定，把行政裁决的确权决定和其他裁决分开来对待，对确权决定实行复议救济，对其他处理不实行复议救济。这种把处理一个问题的行为一分为二的做法，也使问题更加复杂化。

2. 行政裁决的诉讼救济

行政裁决的诉讼救济，就是纠纷当事人对行政裁决不服，通过向法院提起诉讼，以求矫正当事人认为的行政裁决存在的违法或其他问题。目前，我国《行政诉讼法》没有直接涉及行政裁决能否被起诉的规定，但是，1991 年最高人民法院发布的《关于执行〈行政诉讼法〉若干问题的意见》（以下简称《若干问题的意见》）和 2000 年最高人民法院发布的《关于执行〈行政诉

⑩ 曹康泰主编：《中华人民共和国行政复议法释义》，中国法制出版社 1999 年版，第 48-49 页。

⑪ 杨小君：《我国行政复议制度研究》，法律出版社 2002 年版，第 38 页。

讼法〉若干问题的解释》（以下简称《若干问题的解释》）及其他司法解释，对行政裁决能否被起诉问题的处理前后不一。概括起来讲，分为以下两种情况：

第一种情况是：行政机关裁决或作其他处理后，当事人不能再向法院提起诉讼。这种情况往往是根据体现某一政策的司法解释而为。如政策性房地产纠纷，即因国家政策变化引起的房地产纠纷，当事人对行政机关所作的处理，不能向法院提起诉讼。最高人民法院1992年11月25日发布的《关于房地产案件受理问题的通知》规定：凡不符合民事诉讼法、行政诉讼法有关起诉条件的属于历史遗留的落实政策的房地产纠纷，因行政指令而调整划拨、机构撤并分合等引起的房地产纠纷……均不属于人民法院主管工作的范围，当事人为此而提起的诉讼，人民法院应依法不予受理或驳回起诉，可告知其找有关部门解决。最高人民法院1992年12月9日发布的《关于因体制变动引起的房地产纠纷案件不应受理的复函》指出，案件当事人双方诉争的房屋、土地纠纷，是因体制变动引起的，应由有关部门解决，不应由人民法院作为民事案件受理。又如，对于在特定历史时期大规模出现的某类民事纠纷，都是由行政机关处理，不允许向法院起诉。[12] 这实际上是既不能寻求行政诉讼救济，也不能寻求民事诉讼救济，只能由有关部门处理。

第二种情况是：行政机关作出裁决后，当事人对裁决不服的，可以向法院提起诉讼。如《大气污染防治法》第36条规定“造成大气污染危害的单位，有责任排除危害，并对直接遭受损失的单位或者个人赔偿损失。赔偿责任和赔偿金额的纠纷，可以根据当事人的请求，由环境保护部门处理；当事人对处理决定不服的，可以向人民法院起诉。当事人也可以直接向人民法院起诉”。这里实际上为当事人规定了两种救济途径：一种途径是，向环境保护部门提出请求，由环境保护部门处理；当事人对环境保护部门处理决定不服

⑫ 王光辉：《中国行政裁决制度研究》（硕士学位论文），存北京大学法学院图书馆，第86-87页。

的，还可以向人民法院提起诉讼。另一种途径是，当事人不经环境保护部门处理，直接向人民法院提起诉讼。其中，前一种途径就属于行政机关作出裁决后，当事人对裁决不服，可以向法院提起诉讼的情况。这种情况显然体现了行政裁决非终局性原则。

法治意味着法的统治，而法的统治又意味着一切有法律意义的行为和争端最终都可以提交法院通过诉讼解决。[13] 这是支撑行政裁决非最终性原则的观念。上述第一种情况，虽然目前还存在，但总体而言，属于一定历史阶段的做法，随着法制的健全，法治观念的普及，这种做法已经和正在逐步减少。但这种情况的存在，也从另一个方面反证了行政机关解决纠纷的必要性和重要性，反证了法院作为专司纠纷解决职能的机关，其解决纠纷能力的有限性和局限性。

由此看来，行政裁决诉讼救济的突出问题，不是在行政裁决作出后能不能寻求诉讼救济，而是在实行诉讼救济的时候，实行什么样的诉讼救济，是实行民事诉讼救济呢，还是实行行政诉讼救济？目前，实行两种诉讼救济的法律规定都有，实行两种诉讼救济的做法都存在，支持两种规定和两种做法的观点都很有市场，并且都很强烈。以下也分两种情况说明：

第一种情况是行政诉讼救济。对行政裁决实行行政诉讼救济的法律依据主要是有关司法解释。最高人民法院 1991 年发布的贯彻执行行政诉讼法《若干问题的意见》第 4 条规定：公民、法人或者其他组织对行政机关就赔偿问题所作的裁决不服的，可以向人民法院提起行政诉讼。第 5 条规定：公民、法人或者其他组织对行政机关依照职权作出的强制性补偿决定不服的，可以依法提起行政诉讼。第 7 条规定：公民、法人或者其他组织对人民政府或者其主管部门有关土地、矿产、森林等资源的所有权或者使用权归属的处理决定不服，依法向人民法院起诉的，人民法院应作为行政案件受理。此外，最高人民法院 1993 年作出的《关于不服政府和房地产行政主管部门对争执房屋

---

⑬　傅士成：《关于我国抽象行政行为的司法豁免问题》，载《南开学报》2000 年第 4 期。

的确权行为提起诉讼人民法院应作何种案件受理问题的函》规定：当事人对人民政府和房地产行政主管部门关于房屋产权争议的确权决定不服而提起诉讼的，人民法院应作为行政案件受理。最高人民法院2000年对前述执行行政诉讼法《若干问题的意见》进行了修改，重新发布了执行行政诉讼法《若干问题的解释》。《若干问题的解释》改变了对受案范围采用列举方式的规定方式，虽然不再直接规定对行政裁决可以提起行政诉讼，但它在排除事项中没有排除对行政裁决提起行政诉讼的可能性。按照《若干问题的解释》的思路，可以得出结论，对行政裁决仍然是可以提起行政诉讼的。

第二种情况是民事诉讼救济。对行政裁决实行民事诉讼救济的法律依据主要是有关司法解释、全国人大常委会法制工作委员会的答复及部委规章的规定。最高人民法院1987年作出了《关于人民法院审理案件如何适用〈土地管理法〉第23条〈森林法〉第14条规定的批复》，该批复明确指出："当事人之间发生的土地、森林、林地所有权和使用权争议由县级以上人民政府作出处理，但其性质仍属民事权益纠纷，人民法院审理此类案件仍应以原争议双方为诉讼当事人。此类案件依法起诉到人民法院，由民事审判庭受理。"全国人大常委会法制工作委员会1988年作出的关于"治安案件当事人对公安机关的赔偿裁决不服的，是否有权向法院提起诉讼"的询问的答复称："根据《民法通则》的规定，赔偿损失、负担医疗费用属于民事案件的范围，当事人应享有向法院起诉的权利，对公安机关的调解不能达成协议或者对公安机关的裁决不服的，可在一定期限内向人民法院对造成损失的一方当事人提起民事诉讼。"司法部1990年发布的《民间纠纷处理办法》规定："基层人民政府作出处理决定，当事人必须执行。如有异议的，可以在处理决定作出后，就原纠纷向人民法院起诉。"这实际上把经过行政裁决的纠纷仍然按民事诉讼途径解决。从时间上看，上述两个答复和一个规章都形成于最高人民法院1991年发布的关于执行行政诉讼法《若干问题的意见》之前，与《若干问题的意见》有冲突尚可理解。但1991年《若干问题的意见》发布以后，有关机关仍然沿着上述两个答复和一个规章的思路，对实施机关作出通知、答复、复函，就让人难以理解了。这些通知、答复、复函有：

（1）1991 年 12 月 2 日司法部发布（在《若干问题的意见》发布之后）《关于适用〈人民调解委员会组织条例〉第 9 条第 2 款有关问题的通知》指出，经商最高人民法院，现明确以下几点："……（二）当事人对基层人民政府处理决定不服的，可在法定期限内就原纠纷向人民法院提起民事诉讼。"

（2）全国人大常委会法制工作委员会"法工委复字（92）1 号"《关于正确理解和执行〈环境保护法〉第四十一条第二款的答复》，对国家环保局提出的"当事人对环保部门就赔偿纠纷所作的处理不服而向人民法院起诉的，不应以环保部门作被告提起行政诉讼，而应就原污染赔偿纠纷提起民事诉讼"的意见，予以全面认可。

（3）1993 年最高人民法院发布《关于处理经乡（镇）人民政府调处的民间纠纷的通知》指出："民间纠纷……先请求乡（镇）人民政府处理但不服处理决定而向人民法院起诉的，人民法院应当作为民事案件依法处理，以原纠纷的双方为案件当事人。"

（4）1993 年最高人民法院作出《关于适用〈城市房屋拆迁管理条例〉第 14 条有关问题的复函》指出："在城市房屋拆迁过程中，拆迁人与被拆迁人对房屋拆迁补偿形式、补偿金额、安置用房面积、安置地点、拆迁过渡方式和过渡期限，经协商达不成协议发生的争执，属于平等主体之间的民事权益纠纷。……房屋拆迁主管部门或同级人民政府对此类纠纷裁决后，当事人不服向人民法院起诉的，人民法院应以民事案件受理。"⑭

上述四个通知、答复、复函，其中有三个与执行行政诉讼法《若干问题的意见》一样，是最高人民法院发出的。最高人民法院在同一时期内发出相互冲突的司法解释，实在让人费解。究其原因主要有两个方面：一是主张对行政裁决实行行政诉讼救济的司法解释，都是由行政审判庭负责起草的，反

---

⑭ 上述资料来源于王光辉：《中国行政裁决制度研究》（硕士学位论文）的整理，该文存于北京大学法学院图书馆，见该文第 88-90 页。

映的是行政审判庭的认识和意见；主张对行政裁决实行民事诉讼救济的司法解释，都是由民事审判庭负责起草的，反映的是民事审判庭的认识和意见。最高人民法院内部不同部门之间认识和意见的不一致，导致最高人民法院对同一问题发出不同的声音。二是从本质上分析，则反映了对行政裁决性质及其在裁决民事纠纷中地位的认识存在严重分歧。这种认识的分歧所导致的司法解释的冲突，造成实践中的做法不一，客观上妨碍了行政裁决作用的发挥，妨碍了行政裁决所面对的民事纠纷的解决进程和解决效果，也妨碍了行政裁决制度的发展和完善。

三、实践中的探索和理论上的认识

由于上述问题的存在，我国理论界和实务部门对行政裁决究竟应该实行何种救济的反思，可以说从来没有停止过。

来自实践一线的工作者曾经提出过许多建议，归纳起来主要有以下三种：⑮

其一，通过法律赋予行政裁决司法初审的性质。即行政裁决作出后，若纠纷双方不服，不能以裁决机关为被告，而只能以对方当事人为被告向人民法院提起诉讼。人民法院对行政裁决案件实行一审终审制。这种观点，是把行政裁决置于初审的地位。

其二，赋予人民法院对行政裁决案件完全管辖权。即当事人对行政裁决行为提起行政诉讼以后，法院对被诉行政裁决既有权作出维持或撤销的判决，也有权判决变更。同时，对行政裁决所涉及的民事、经济纠纷亦有权进行调解或判决。这种观点，是让法院把对行政裁决的不服同行政裁决所裁决的民事纠纷，“一揽子”加以解决。

---

⑮ 宋龙凌、严惠仁、郭云龙：《适应现代社会发展需要，规范、完善行政裁决制度》，载姜明安主编：《中国行政法治进程调查报告》，法律出版社 1998 年版，第 76-92 页。

其三，不改变现行的审查、诉讼制度，但尽快建立行政附带民事诉讼制度。人民法院根据纠纷当事人的诉讼请求，在对被诉行政裁决的合法性进行审查和裁判的同时，通过民事诉讼程序处理民事、经济纠纷。这种观点，是建立行政诉讼附带民事诉讼的观点，也属于“一揽子”解决的方案。

也有学者提出了重建行政裁决的原则，这些原则涉及行政裁决救济的主要有以下几种。

其一，确认行政裁决的效力。即将行政裁决的正当性建立在“不服可以不从，服了就要听从”之上。裁决作出后，当事人在法定期限内不起诉的，说明当事人已经服从，即不得再起诉并应当履行。一方不履行的，对方有权申请法院强制执行。

其二，有限度地逐步推行行政裁决先行制度。即国家应根据社会发展的状况，在纠纷较多的行政部门设立相应的行政裁判所，由裁判所以简便、快捷的程序先行解决纠纷，从而一方面为法院减轻大量的案件负担，另一方面为当事人提供迅速、便捷的纠纷解决渠道。

其三，裁判者不被追诉。我国行政裁决发展缓慢的一个原因是立法对于行政裁决认识不清，理论和立法上皆认其为具体行政行为，一旦当事人不服行政裁决诉诸法院的，裁决机关成了被告。这也是行政机关对裁决民事纠纷持消极态度的原因。该学者认为，假如当事人对行政裁决不服，可以另行起诉，诉讼仍应在当事人之间进行，作为裁决者的行政机关不应演变为被告。理由之一是，由于当事人不服行政裁决可以另行起诉，则行政机关已无滥用裁决权并强制当事人接受其裁决的可能，相应地，司法权对于行政权的制约即无必要；再一个根本理由是，为了保证裁决者自由地裁决，一个根本的前提条件是裁判者不受追究。

其四，符合程序正义的底线。即实现中立、两造对抗、程序公开、裁决应附具理由和证据等。

其五，接近司法之正义。因为行政裁判所的设立主要出于效率和便捷考虑，程序保障属于其次。为了防止行政裁判所独断、擅权的最佳方法是通过司法审查制度对其加以约束。[⑯]

上述来自实践一线工作者的意见也好，来自学者的主张也罢，从根本上说无外乎两种：一种是主张对行政裁决实行行政诉讼救济，另一种是主张对行政裁决实行民事诉讼救济。其实，这两种意见与最高人民法院作出前述相互冲突的司法解释相伴随，早在 20 世纪 80 年代中后期制定《行政诉讼法》的过程中就已经存在，在后来的理论研究和实践中依然存在。

最高人民法院江必新副院长早在其 1989 年出版的《行政诉讼问题研究》一书中，就比较详细地分析和探讨了这个问题。

他指出："行政机关进行裁决的方式不同，对公民权利义务的影响程度亦不同。在确定（针对行政裁决提起的）诉讼性质时，应当考虑这种差异。事实上，这类（针对行政裁决）的诉讼既不像民事诉讼，又不像行政诉讼。与民事诉讼相比，这类诉讼具有以下几个特点：第一，当事人之间的民事法律关系由于行政机关的裁决介入了行政法律关系，诉讼不纯属于民事法律关系领域；第二，行政机关的正式裁决既已作出，就是具有"公定力"的行政行为，诉讼过程中必须对该行政行为作出判断；第三，对行政裁决的评价和判断是处理当事人之间争议的前提。与行政诉讼相比，这类诉讼又具有以下几个特点：第一，这类争议必须经过行政机关的先行处理，因此，一方当事人提出权利请求或赔偿请求，意味着对一个正式的行政决定的内容提出了争议，也意味着原告人与原争议对方发生争议。第二，这类诉讼存在两个权利主体，即存在着'三维关系'，不仅存在着行政机关与双方当事人的两重行政关系，还存在着原争议双方之间的民事关系。第三，在这种诉讼过程中，法院不仅要审查行政机关决定的正确性，而且要对原争议双方的权利义务关系作出裁判。可以说，这类诉讼案件是含有行政因素的民事案件，也可以说含有民事因素的行政案件。正是这两种因素的混合，才造成了学者们的困惑和

---

⑯ 何兵：《现代社会的纠纷解决》，法律出版社 2003 年版，第 237-245 页。

司法实践中审理程序和方式的不统一。”[17]

在上述分析的基础上，江必新院长提出了解决这个问题的五种可供选择的方案：一是作为行政诉讼案件处理；二是作为民事诉讼案件处理；三是作为行政附带民事案件处理；四是作为民事附带行政案件处理；五是作为一种独立的诉讼形式——当事人诉讼。[18] 在上述五种方案中，江必新主张采用第一种方案，其核心理由是，行政裁决是正式成立的行政行为，而正式成立的行政行为具有公定力，民事诉讼无法解决行政裁决行为的效力问题。

与主张按行政诉讼案件处理的观点不同，有人主张，当事人不服行政机关以第三者身份作出的业已成立的行政裁决的案件，只能构成民事案件。其主要理由如下：第一，行政机关的裁决没有改变当事人之间法律关系的性质；第二，纳入行政诉讼既增加了当事人，又增加一重法律关系，将会增加诉讼难度；第三，行政机关不愿当被告。[19]

还有学者主张采用行政诉讼附带民事诉讼的办法处理。杨小君教授认为，在行政裁决中，所包含的权益纠纷内容与性质比较复杂，不是单一的。再加上现在行政诉讼制度不完善，使得这个问题更趋复杂化。其实，在行政裁决中，涉及民事法律关系与行政法律关系两种不同性质的法律关系，但最终仍然定性为行政法律关系，在诉讼制度上适用行政附带民事诉讼的办法来彻底解决行政裁决中的所有法律纠纷，可以使行政诉讼制度对行政裁决行为的司法审查健康发展。[20] 与这种观点相适应，最高人民法院2000年3月发布的关于执行行政诉讼法《若干问题的解释》第61条规定：被告对平等主体之间民事争议所作的裁决违法，民事争议当事人要求人民法院一并解决相关民事争议的，人民法院可以一并审理。这一规定，似乎露出了采纳这种观点的端倪，但还不是行政诉讼附带民事诉讼。因为，法院是否一并审理，仍要以

⑰ 江必新：《行政诉讼问题研究》，中国人民公安大学出版社1989年版，第72–73页。
⑱ 江必新：《行政诉讼问题研究》，中国人民公安大学出版社1989年版，第73页。
⑲ 转引自江必新：《行政诉讼问题研究》，中国人民公安大学出版社1989年版，第75页。
⑳ 杨小君：《我国行政诉讼受案范围理论研究》，西安交通大学出版社1999年版，第143页。

当事人是否提出申请为条件，即使当事人提出申请，法院可以一并审理，也可以不一并审理。

各种主张至今依然存在，实践中的不同做法至今也依然存在。

四、改革与完善我国行政裁决救济制度的思路

行政裁决的法律效果表明，行政裁决是行政机关作出的有效的法律行为。行政裁决程序上的司法终裁原则，又要求行政裁决不能是最终的裁决，当事人对行政裁决不服的，有权向法院提起诉讼。在我国加入WTO以后，行政裁决的非最终性，即允许当事人对行政裁决不服向法院提起诉讼，是我国承诺的义务。在是否允许当事人对行政裁决不服向法院提起诉讼问题上，已经不存在讨论的余地。现在的关键问题是，当事人对行政裁决不服向法院提起的诉讼，究竟是何种性质的诉讼？换言之，对于当事人不服行政裁决所提起的诉讼，法院按什么性质的诉讼（或案件）进行审理？根据前文所罗列的种种观点，概括起来主要有两种思路：一是行政诉讼救济的思路；二是民事诉讼救济的思路。下面分别就这两种思路进行分析：

关于行政诉讼救济的思路及其存在的问题：

主张对行政裁决实行行政诉讼救济的观点，实际上把行政裁决视同具体行政行为，同时又看到行政裁决作为一种具体行政行为，同其他具体行政行为相比有其特殊性和复杂性。这种特殊性和复杂性集中表现为：两种不同性质的法律关系彼此交织，即裁决主体因实施裁决行为而与双方当事人形成的行政法律关系和原纠纷双方当事人之间的民事法律关系彼此交织。无论是纠纷当事人申请行政裁决，还是裁决主体主动实施裁决，都是为了解决业已存在的民事纠纷。在解决民事纠纷的过程中，由于行政权的介入，又引入了裁决主体与纠纷当事人双方之间的行政法律关系。因此，行政裁决中行政法律关系的存在，是以原民事纠纷关系的存在为基础的，是伴随着行政权的介入而产生的。由此可以看出，两种不同性质的法律关系虽然交织在一起，但存

在先后和主次之别。裁决作出之后，当事人不服，从表面上看，是对裁决行为的不服，实质上是对民事纠纷的处理结果不服。当事人所关心的是民事纠纷的解决，而不只是裁决行为本身。但是，行政裁决作为具体行政行为，一经作出就具有法律效力，纠纷当事人不能自行否定行政裁决行为的法律效力。生效的行政裁决已对纠纷当事人的权利构成影响，而要撤销或变更该裁决，唯有向上一级行政机关申请复议或向法院提起行政诉讼，通过复议或诉讼，解决行政裁决行为是否合法的问题，进而解决行政裁决行为能否继续存在的问题，此外别无他法。

但是，对行政裁决实行行政诉讼救济，有其自身无法克服的问题：[21]

第一，无法使当事人原来的民事纠纷得到行政诉讼判决的最终解决。根据《行政诉讼法》的规定，法院审理行政案件，只对被诉具体行政行为的合法性进行审查，除对显失公正的行政处罚外，不能对其他具体行政行为作出变更判决。这样，在不服行政裁决的行政诉讼案件中，法院只能根据审查的情况，作出维持、撤销或撤销并责令行政机关重新作出行政裁决的判决。由于行政裁决是针对当事人之间民事权利义务争议作出的裁决，如果该裁决被法院判决维持，说明法院认可了行政机关对民事争议的裁决，也就是认可了行政裁决对民事纠纷的解决结果。这样，当事人之间争执的权利义务关系，不仅得到了行政裁决的解决，而且得到了法院的认可，纠纷在法律上得以了结。但是，如果该裁决被法院判决撤销，就回到了行政裁决作出前的状态。从形式上看，法院审理案件的程序结束了，但民事纠纷并没有解决，当事人解决民事纠纷的诉求，行政诉讼并没有给予正面的回应，出现“官了民不了”的局面。如果当事人不满足这种状态，就必须重新开始新一轮的裁决甚至诉讼。而且从逻辑上说，这种重新开始新一轮的裁决甚至诉讼，可以无限循环下去。辽宁省葫芦岛市发生的一起历时 6 年、经过 14 次裁判还没有结

---

[21] 以下分析参考了王光辉：《中国行政裁决制度研究》（硕士学位论文），存于北京大学法学院图书馆，第 91-93 页。

案的行政案件，[22] 证明了这种循环不仅是可能发生的，而且是无法避免的。这种局面的出现，不仅不利于纠纷的解决，而且常常制造出新的纠纷；不仅加重当事人的讼累，而且妨碍行政效率，还导致行政机关对行政诉讼产生抵触情绪。[23]

第二，导致行政机关严重抵触行政裁决，甚至推动立法取消行政机关的行政裁决权。调查显示，“大部分行政机关领导人及行政裁决人员，对把行政裁决纳入司法审查不理解，认为行政裁决行为不同于为维护国家利益而作出的行政执法行为。行政机关以第三者身份居间处理平等主体之间的纠纷，与纠纷双方并不存在实体利害关系，结果反而作为被告被诉至法院，耗费大量人力、物力不说，一旦败诉还要承担诉讼费用甚至赔偿责任，这无论于理于法都不通。”[24] 这种认识在行政机关中有一定的普遍性，导致出现行政机关在行政裁决实践中，主动放弃行政裁决权，甚至推动立法取消行政机关行政裁决权的不正常情况。[25] 具体表现为三种情况：

第一种情况是，原本享有行政裁决权的行政机关通过自身系统的规章或规范性文件，否定自己的行政裁决权。如公安部以《贯彻〈行政诉讼法〉若干问题的通知》的形式，把原《治安管理处罚条例》第38条规定的裁决，变为调解，调解不成或达成调解协议后反悔的，告知双方当事人到人民法院按民事案件起诉。2005年制定的《治安管理处罚法》干脆把原来的必须由公安机关裁决处理，变为公安机关“可以调解处理”。行政机关自我否定自己的权力，推动立法否定自己原有的权力，在其他领域是非常少见的。这种情况是非常耐人寻味的。

---

[22] 吴毓平：《一起经过14次裁判的行政案件》，载《行政法学研究》1998年第4期。

[23] 参见王光辉：《中国行政裁决制度研究》（硕士学位论文），存于北京大学法学院图书馆，第91-92页。

[24] 宋龙凌、严惠仁、郭云龙：《适应现代社会发展需要，规范、完善行政裁决制度》，载姜明安主编：《中国行政法治进程调查报告》，法律出版社1998年版，第76-92页。

[25] 2005年制定的《治安管理处罚法》和2003年制定的《道路交通安全法》压缩了行政裁决存在的空间。

第二种情况是，对法律规定行政机关必须裁决的纠纷，也尽可能以调解的方式处理，使行政裁决制度在实践操作过程中变为行政调解制度，或者退化为调解制度，造成制度的变种。陕西省西安、宝鸡、汉中和铜川四市在1990~1996年所收的行政案件中，裁决机关采取调解方式结案的居多，占结案数的83%，其中，在商标、广告、计量、环保、卫生、专利等侵权赔偿纠纷中，行政机关调解结案的占95%。[26] 分析行政裁决人员的心理应当是：宁可调解，也不愿裁决给自己惹上被诉和当被告的麻烦。

第三种情况是，在行政管理活动中，行政机关拒绝行使行政裁决权，对当事人申请裁决的纠纷不予受理。这种情况并非个别现象，调查显示，西安市行政裁决案件自1993年起逐年下降。[27] 其原因不是没有需要裁决的纠纷，而是行政机关不愿意受理，或者干脆拒绝受理。这种情况实际上是把纠纷推向了社会，其后果可能是预想不到的。

关于民事诉讼救济的思路及其存在的问题有以下几个方面。

主张对行政裁决实行民事诉讼救济的观点，实际上把行政裁决视同行政调解。赋予纠纷当事人不服行政裁决时，可以将行政裁决弃而不顾，就原纠纷径直向法院提起民事诉讼的权利。这种观点实际上把行政裁决的效力置于以纠纷当事人接受为条件的境地。也就是说，如果纠纷当事人不服行政裁决，在法定期限内就原纠纷向法院提起诉讼，行政裁决等于不存在。在这种情况下，行政裁决对纠纷当事人的权利义务没有任何影响，就行政裁决向法院提起行政诉讼显然没有必要。因为行政诉讼只能针对已经实施终了并对相对人权利义务产生影响的具体行政行为而提起。

但是，对行政裁决实行民事诉讼救济，也有其自身无法克服的问题：

第一，由于法院内部行政审判庭和民事审判庭存在职能划分，民事审判

---

[26] 宋龙凌、严惠仁、郭云龙：《适应现代社会发展需要，规范、完善行政裁决制度》，载姜明安主编：《中国行政法治进程调查报告》，法律出版社1998年版，第76-92页。

[27] 宋龙凌、严惠仁、郭云龙：《适应现代社会发展需要，规范、完善行政裁决制度》，载姜明安主编：《中国行政法治进程调查报告》，法律出版社1998年版，第76-92页。

庭无法解决行政裁决的合法性和效力问题。虽然纠纷当事人是就民事纠纷提起的诉讼，但该民事纠纷毕竟已经经过了行政裁决，如果法院作出的判决与行政裁决的内容一致，问题还不突出。但是，如果法院作出的判决与行政裁决的内容不一致，就形成对一个纠纷有两种解决结果，存在体现两种解决结果的两个法律文书的情况。从法律上讲，两个法律文书都是有效的，至少法院判决并没有直接宣布行政裁决无效。

第二，当事人持有两个解决结果不一致，又都是有效的法律文书，使当事人既无所适从，又可以根据自利的原则任意选择对自己有利的文书，提出相应的要求。这不是当事人的过错，而是制度安排上的问题。

第三，对行政裁决不服向法院提起民事诉讼，法院只能重新和直接审理已经由行政机关裁决过的民事纠纷，而行政裁决存在和发展的原因之一，是这些纠纷涉及专业技术知识，或者属于综合性、群体性纠纷，不适合法院通过诉讼解决。如果实行民事诉讼救济，无异于还是把这些纠纷交给法院审理。与直接向法院起诉的区别，只在于这样的纠纷经过了行政裁决。

针对实行行政诉讼救济和实行民事诉讼救济各自存在的问题和不足，借鉴英国行政裁判所和美国行政法官制度的经验，借鉴我国已有的研究成果，笔者认为可以采取以下方式解决：

第一，对我国的行政裁决进行全面清理，按照涉及专业性和技术性程度的高低划分为一般性行政裁决和专业技术性行政裁决，并分别设计不同的救济制度。

第二，对于一般性行政裁决，也就是不涉及较高专业技术知识的行政裁决，实行行政诉讼救济。即在当事人不服行政裁决向法院提起诉讼时，法院按行政案件受理，同时附带受理当事人之间的民事纠纷案件，也就是对一般行政裁决，采用行政诉讼附带民事诉讼的方式解决。这种方式的前提条件是，行政裁决所针对的纠纷不涉及复杂的专业技术知识，一般也不涉及政策的推行和实施，法官完全可以应用通行的法律知识加以解决。这种方式的好处是，通过行政诉讼可以对行政裁决实施事后监督，可以避免“官了民不了”

的情况发生，可以减轻当事人的讼累，使纠纷得到一体化解决。

第三，对于专业技术性行政裁决，也就是涉及较高程度专业技术知识的行政裁决，实行民事诉讼救济。即在当事人不服行政裁决向法院提起诉讼时，法院按民事案件受理，但同时把行政裁决视为或者置于初审的地位，以法律明确规定，专业技术性行政裁决一旦被起诉到法院，该行政裁决就不发生法律效力，法院作出的判决与先前行政机关作出的行政裁决不一致，以法院作出的判决为准。

第四，按纠纷解决机制的特点和要求，加强行政裁决制度建设，特别是行政裁决程序制度建设，使行政裁决制度，特别是程序制度符合纠纷解决机制的基本要求，同时容纳行政快捷、便利和高效的特点。在行政裁决制度建设方面，要特别注意吸收美国行政机关内部“职能分立”的做法和经验，逐步建立相对独立的行政裁决机构，并与执行通常职能的机构相互分立，互不隶属。

第五，在协调行政机关与法院关系方面，借鉴美国“首先管辖权”制度，对于可以由行政机关裁决，也可以由法院审理的民事纠纷，一般首先由行政机关裁决。同时，不论法院是按行政诉讼审理一般行政裁决，还是按民事诉讼审理专业技术性行政裁决，都采用尊重行政机关首次判断权的原则，即尊重行政机关对事实的首次认定，尊重行政机关对专业技术知识的判断，同时以严密的行政裁决程序制度约束行政裁决过程。但保留法院说最后一句话的权力，即保留法院最终的审查权。由此协调司法权与行政权在行政裁决环节上的关系。

第六，从更长远发展计，可以考虑逐步打破目前我国行政裁决和行政复议分立的格局，也就是打破行政机关裁决民事纠纷的行政裁决制度，与裁决行政纠纷的行政复议制度各自独立运行的格局，将二者合并为统一的行政机关裁决纠纷制度。

修改后行政诉讼法实施的几点思考与建议

吕立秋*

2014年11月，行政诉讼法在实施25年后完成了首次修改，并在2015年5月1日起开始实施。新行政诉讼法实施半年以来，在很多方面逐步发挥作用，在促进政府依法行政、化解争议方面均取得了瞩目的成绩；当然也有一些需要在实践中进一步调整和改进的操作环节，本文一并予以论述。

一、行政诉讼法在促进行政机关依法行政方面发挥了重要作用

行政诉讼法的规则不仅仅是法院审理案件的依据，更是行政机关检验自身行政行为合法性的重要标准，是行政机关作出行政行为环节必须要遵守的准则。因此，行政诉讼法实施中的一项重要功能就是对行政机关自我纠正和改进工作环节发挥的重要作用。

1. 基于规范性文件纳入审查，对行政机关发布的“红头文件”进行梳理、清理。行政诉讼法确定了抽象行政行为附带审查制度，对行政机关而言是一个非常大的触动和压力。众所周知，在抽象行政行为不可诉的制度框架下，行政机关比较倾向于通过发布“红头文件”的形式设定相对人的权利义务，完成行政机关的一些意志而避免受到法院的司法审查。因此，现存行政

* 吕立秋，全国律协行政法专业委员会副主任，观韬律师事务所高级合伙人。

机关的规范性文件的现状可以说普遍存在着与上位法冲突矛盾、相互之间不一致、上位法已经废止的尚未及时清理等乱象。行政诉讼法本次确立的规范性文件附带审查，对于行政机关及时对规范性文件的废、改、立工作有极大的促进作用，很多行政机关快速启动了反应机制，将废、改、立的工作提上日程并尽快完成。

2. 基于复议机关维持原行政行为后做共同被告的规定，复议机关在完善复议程序，严格复议流程以及严格审查被复议的行政行为方面，做出了巨大的努力。

复议机关长期以来饱受“维持会”的诟病，其形成的机制和原因是非常复杂的，不仅包括对参加诉讼程序本能的避免，更有行政机关内部运行机理的原因，比如行政机关上下级之间的关系、法制部门与业务部门的关系等各种因素的影响。但是从避免产生诉讼或者避免产生大量诉讼的角度看，本次修法确定的共同被告制度，对复议机关而言是一个非常大的触动，复议机关一方面加大了调解的力度，将一些案件和纠纷通过调解的方式结案；另一方面加大了审查的力度，将一些被复议的行为撤销或者确认违法。

3. 基于行政诉讼法对程序违法的严厉法律后果，加大了对行政程序的重视。

在行政诉讼法修改之前，尽管立法中明确规定了“违反法定程序”属于行政违法的重要类型，是撤销判决、确认违法判决的重要理由，但是在司法实践中，法院系统和行政机关普遍将程序问题划分为“严重程序违法”和“轻微程序违法”，对于严重的程序违法一般是作为撤销判决或者确认违法判决，而对于“轻微的程序违法”，比如超过法定期限、行为的形式有欠缺等问题，通过法院“司法建议书”的形式或者通过在判决书中释明或者指出的方式处理，长此以往，行政机关对于程序问题的重视已经日益松懈。本次修法，将程序问题上升到一个新的高度，行政机关加强了对程序合法的重视程序，对于期限、形式、送达等各个环节进行了规范，发挥了非常好的积极作用。

4. 基于行政协议纳入行政诉讼司法审查范围，对行政机关已经签署的协议进行分类梳理，对于即将签署的各类协议认真甄别，明确法律属性。

行政协议纳入行政诉讼的受案范围，是一项比较重大的制度设计。行政协议受到私法调整的理念已经深入人心，但是毕竟有一些协议纯粹用私法的理念是无法处理和解决的，引入公法机制有助于行政协议更加深入地发展，并被纳入到一个特别类型的协议引起关注。行政机关此前已经签署了大量的协议，比如招商引资协议、土地出让协议、安置补偿协议、政府采购协议、特许经营协议等，这些协议在签署过程中，除了单行法有特别规定的以外，基本遵循了民商法的原则。在行政诉讼法修改后，行政机关及时结合行政诉讼法及最新司法解释的规定，对有关协议进行清理和梳理，对于不明类型的合同的法律后果进行提前预判，对下一步签署协议行为进行规范。

5. 基于行政诉讼法将“明显不当”的行为作为撤销判决的理由之一，行政机关加大了行为作出前“是否前后一致”“是否同等情况同等对待”的审查。

“滥用职权”标准在实践中罕有运用，这给行政机关的裁量权留下了过大的空间，前后不一致，同等情况不同等对待以及不同等情况同等对待的情形并未被认定为违法的一个标准。修法后将“明显不当”标准纳入对行政行为的评价体系，一方面，行政相对人加大了对该规则的适用要求，主动搜集整理行政机关行政行为是否前后一致，是否同等情况同等对待的证据，并要求行政机关保持公正；另一方面，行政机关自己加大了这方面的认识，对于行为的客观公正的重视程序有所提升，这会有效提高行政行为的公信力，并有助于公平公正的社会理念的培育和形成。

二、行政诉讼法在解决“立案难”问题上产生了突出的成效

（一）立案数量明显增加

根据2015年11月2日《最高人民法院关于行政审判工作情况的报

告》，最高人民法院认真做好实施准备工作，及时制定出台司法解释，指导各级人民法院妥善应对新法实施以及立案登记制改革对行政诉讼带来的影响，对依法应该受理的行政案件，做到有案必立、有诉必理，努力从制度上、源头上解决“立案难”问题，为人民群众依法维护自身合法权益敞开大门。2015 年 1～9 月，各级人民法院受理各类行政案件 40 万件，同比上升 47.6%，仅 5 月一个月就受理 2.6 万件，同比上升 221%。这样的一个局面对行政诉讼制度而言是一件大好事，有一些历史积压的案件得以受理，新产生的案件基本无障碍进入诉讼程序，案件数量短期内的增加具有一定的合理性。

（二）立案难问题得到有效缓解

相对人提起行政诉讼更加方便、快捷、有效。除通过立案制可以基本无障碍进入行政诉讼程序以外，通过网上立案、邮寄方式立案等更加便捷的方式，有效降低了立案的成本，提高了立案效率。基于行政诉讼的特点，行政诉讼的原告往往要提出多案诉讼的情况，通过先行的立案等级制得到有效的解决。

（三）人民法院不立案情况日益罕见

人民法院在做到有案必立方面做出了非常大的努力，所以行政诉讼的“立案难”基本得到了解决。这在一定程度上可以有效引导当事人将纠纷纳入诉讼渠道，减少信访不信法的状况，并在一定程度上引导社会矛盾的理性化、法制化解决。

三、行政诉讼在化解争议方面日益发挥积极作用

（一）调解制度

通过调解的方式解决行政争议，是有效解决争议的重要路径，可以有效解决行政诉讼的“空转”魔咒；当然，在新形势下，行政机关是否愿意进行

调解以及如何进行调解，还需要考虑决策能力和决策风险的问题，因此，人民法院在行政调解中需要发挥总的作用也日益重大。近期通过人民法院再审法官的大力协调，一起持续了将近十年的纠纷已经有望得到解决，社会矛盾也有望有效化解。

（二）判决形式的增加有助于法院灵活处理不同纠纷

行政诉讼中的“判决采取补救措施”“判决变更”等方式更有利于纠纷的直接解决，对于法院解决行政争议更加有针对性和确定性，避免争议反复、重复进入司法审判程序。

此外，行政诉讼附带民事诉讼制度也将发挥更好的作用。

四、行政诉讼法修改后运行中的几个突出问题及解决建议

行政诉讼法在具体执行方面，也有一些执行层面上需要进一步统一认识，细化执行的工作亟待解决。

（一）行政诉讼“审理难”的问题并未在制度上给予重视和解决

2015 年 5 月 1 日以来，实施了立案登记制，根据最高人民法院的统计数据，新行政诉讼法实施以来到 8 月 31 日，同期案件受理量相比去年同期增长了 87.08%，但是在法院的法官配备上并未明确同步增加人员，法院队伍是否能够确保审判活动的进行，需要在制度上给予充分和足够的重视。否则大量案件进入诉讼程序，如果得不到及时有效的审理，其效果反而会影响司法的公信力。为此我们建议如下：

1. 加大对行政法官的人才引进力度

现阶段的突出问题是很多优秀法官选择了离开法官岗位，导致原本人手不足的行政审判雪上加霜，但是目前尚没有具体的解决方案和措施。我们认为，有必要加大对行政审判人员的政策倾斜，在人员的数量、工作待遇等各

个方面给予优惠措施，打造一支稳定的行政法官队伍，这是配套行政诉讼立案登记制的必要措施，是将信访案件分流到法院审判程序的重要保障，也是实现行政审判活动专业化的必然要求。

2. 进一步加大简易程序的适用力度

《行政诉讼法》第 82 条确立了行政诉讼的简易程序，但是实践中运用的并不多，基层法院面临着无法有效组成合议庭的状况、一名法官与两名人民陪审员组成合议庭、临时组成合议庭等严峻的态势，事实上一名法官独自审理一些行政案件并非存在技术或者法律上的障碍。

为此，需要通过宣传或者引导，使得法官愿意将法定简易程序案件纳入简易程序，同时在案件审理中，提前征求当事人的意见，将一般程序案件纳入简易程序，这样可以有效提升审判效率。

3. 加快探索并建立强制律师代理制度

律师代理，在立案环节可以减少大量完全不符合诉讼要件的滥诉案件，在庭审环节，也可以使审判中心制得以实现；否则大量的自然人原告，大多数属于社会弱势阶层，他们不懂得法律，更不懂得行政诉讼的规则，或者错误选择了诉讼的方式，或者进入诉讼后不知道如何进行诉讼，不懂得举证质证，无法维护自身合法权益；个别当事人甚至人身威胁、语言谩骂法官。法官大量进行法律和程序的释明、解释，导致审判工作效率低下；审判后当事人不理解，继续上访、控告；甚至有的当事人起诉后让行政机关应诉，但是开庭时故意不出庭按撤诉处理，将诉讼程序视为儿戏，这些都大大减损了审判权威，减损了法官的自豪感和荣誉感，减损了行政审判的专业性和严肃性。为此，加快探索建立强制律师代理制度势在必行。

（二）对于如何避免诉权滥用的问题提出制度解决方案

立案登记制实施以来，案件进入诉讼程序没有任何门槛，案件数量激增，滥用诉权的情况极为突出，比如没有被诉行为就立案、随意列举多个被告立案、根本不是行政主体被当作行政诉讼被告立案，等等。没有制度性的解决机制，行政诉讼将走入一条艰难的路。当务之急，有以下几个方面的制度需要尽快确定：

1. 适当提高行政诉讼的受理费用。目前50元一件的诉讼费制度已经实施多年，成本过低是导致滥用诉权的一个便利条件，适当提高该诉讼费标准，有利于将一些滥用诉权的冲动刹住（因最终是由败诉方承担的，实质上并不会真正加重胜诉方的负担）；

2. 探索建立行政诉讼被告两个阶段应诉的制度。立案登记制以来，大量行政诉讼案件进入程序，行政机关必须在15日内进行答辩，但是大量案件不符合起诉条件，可是行政机关从审慎的角度必须进行实体答辩（答辩期内不提交证据不再有机会提供证据），这样浪费了大量的成本和资源。建议能够尽快出台司法解释，将应诉的程序抗辩与实体抗辩分步骤进行，一旦程序抗辩成立，不再需要进行实体抗辩，这样可以有效减轻应诉的负担，降低行政机关的应诉成本。

（三）关于机关负责人应诉制度需要尽快评估如何实施的问题

从实施情况看，行政机关负责人出庭应诉制度已经形同虚设；行政诉讼法要求机关负责人“应当”出庭应诉，根据司法解释的要求，行政机关的副职负责人也可以作为“机关负责人”出庭应诉，但是实际上这项制度并未落到实处。实践中行政机关负责人都忙于本职工作，很难真正有时间参加诉讼活动；此外，机关负责人并不具备诉讼经验，出庭的发言大多是程序性的，或者提前设定的，很难和法庭或者原告进行互动意义上的应诉工作。就这一制度的设定和实施，需要尽快启动评估机制，或者在诉讼中要求机关负责人“应当应诉”，否则就尽快修改有关的内容，以强化法律的权威性。

（四）复议机关做共同被告的问题及解决

1. 关于共同被告之成本收益分析问题

复议机关维持原行政行为的情况下，复议机关和原行政机关应当做共同被告的制度实施以来，复议机关大量成为共同被告，且因为管辖地可以在复议机关所在地，也可以在原行政机关所在地，导致两级行政机关均可能异地应诉，时间成本和各类成本加大，且复议机关应诉活动中，一般仅负责程序问题，其作用不大，实施效果并不明显，且造成大量的程序和资源浪费，建议尽快评估和检讨该制度，评估是否有修改立法之必要。

2. 不同地域审判标准不一，给行政机关执法带来较大的困惑

近期，作为复议机关的同类行为，共同被告在全国不同法院应诉过程中出现了一些复杂的局面，即各地法院对同一问题的审判尺度不统一的问题，比如同样的行政行为，有的地方的法院按照行政行为纳入受案范围，有的法院认为不属于行政诉讼受案范围；有的法院在管辖上认为适用专门管辖，有的法院认为适用一般管辖等。这样的不同审判标准，为行政机关作出行政行为和复议行为带来比较大的困难，如果行政机关要考虑不同法院的审理标准调整行为标准，其行为的一致性和一贯性将被打破，也会造成行政的困局。为此，各地行政法院在同类问题上尽快统一审判标准，避免同类案件不同判决的情形。

3. 复议机关作为共同被告情况下，原行政行为不符合起诉条件的，复议行为是否还需要独立审理的规则不明确

复议机关作为共同被告，其地位是一个从属的地位，还是一个独立的地位，这个问题，影响到诉讼中的很多问题的具体处理。具体而言，比如基于复议期限和起诉期限的计算标准不同，同一行政行为，虽然进入了行政复议程序，但是实际上已经超过了法院的起诉期限。那么复议机关作为共同被告的情况下，原行政行为已经超过起诉期限不予以受理或者裁定驳回起诉，对于复议决定的审理工作是否还要继续下去？如果继续审理，做出何等判决？如果不继续审理，其终结程序的法律依据是什么？这方面，我们认为现行的立法和司法解释并没有给出明确和清晰的规定，导致这类案件缺乏一定的可操作性，需要尽快予以厘清和解决。

4. 复议机关为了减少当共同被告的风险，过于严格地审查被复议的行政

行为，也出现了复议标准与法院司法审查标准不一致的问题，对行政机关确定执法尺度带来很大的困扰。

复议机关基于需要做共同被告的考量，在对原行政行为进行审查时，往往适用了比人民法院的司法审查更加严格的标准，这样在实践中出现了比较普遍的复议标准比审判标准更严格，以及复议标准和审判标准不一致的问题。这个问题在现阶段极为突出的主要原因还在于，当事人为了纠纷的解决，出于种种考虑，将行政争议的复议程序设计为必经程序或者尽量都先提起行政复议。所以对行政机关而言，一方面要应对的是行政复议标准，一方面要应对审判标准，这在决策中是一个非常大的难题。

（五）行政合同之诉中行政机关缺乏诉权

新的行政诉讼法将行政合同纳入到行政审判的范围，但是行政机关一方却没有诉权，这就导致行政机关签订行政合同后，当事人如果不起诉，该纠纷根本无法进入诉讼程序，行政机关实际上被束缚了手脚。为此，建议尽快确立行政机关在合同中的诉权，否则该类问题会日益突出。

（六）诉讼程序空转的问题尚未找到有效的解决方案

一个案件经过多次司法审查解决实质问题，行政诉讼程序无法解决行政争议的情形仍然比较普遍。在实践中我们也遇到过个别的信息公开案件，经过六次审判程序才最终解决纠纷。在这方面我们认为有行政诉讼制度本身的规律的原因，但是也有一些情况是完全可以避免的：

1. 行政裁决的理由可以考虑更加详尽。有一些撤销判决书或者确认违法的判决书，说理部分不够具体，当行政机关需要重新做出行政行为时，无法找到明确的司法确认的事实和理由，这样当行政机关再次寻找新的事实和理由作出行为时，就面临着再次违法的风险。这无形中增加了各方当事人以及法院的诉讼负担。

2. 行政机关比较谨慎使用“判决在一定期限内公开信息”这样的判决类

型，更多地在使用“判决在一定期限内重新答复”。事实上，很多信息公开案件从法院审判活动中可以查明事实，下一步行政机关应当如何办理基本可以得出定论，法院如果比较明确地判决行政机关公开信息，可以避免行政机关再次决定不公开的情况。

3. 人民法院需要加大对行政机关的监督力度，在判决、裁定生效后的执行领域，如果行政机关没有执行相关义务，人民法院应当依法采取相关措施。

（七）人民法院在促进政府制度建设方面发挥更加积极的作用

行政诉讼是对个案的审判，但是在个案的审理中，人民法院可以很容易发现立法的问题、制度设计的问题、规范性文件的问题等，这些问题通过个案的审判很难真正解决，而是需要从制度设计上予以解决。我们认为人民法院在促进制度建设、制度完善和行政机关系统性解决和防范风险方面，还有很大的工作空间。

行政检察的基本体系*

张步洪**

新中国检察制度从产生时起就承担着法律监督的使命。然而，检察制度创设之初，“法律”的内涵远不如现在这么丰富。在我国社会主义法律体系日臻完善的今天以及今后，检察机关还能否作为法律监督机关而存在，不仅是一个宪法定位问题，而且是一个现实定位问题。尽管宪法学主流观点认为我国宪法关于检察机关的定位具有制度合理性，但是，仍然不断地有学者对检察机关的宪法定位提出质疑，理由之一就是检察机关的职能较为集中地体现于职务犯罪侦查、审查逮捕、提起公诉以及诉讼监督等方面，在监督行政尤其是直接监督国家行政主体活动的合法性方面，并不是一个重要角色。有的学者主张修改宪法和《人民检察院组织法》关于检察机关是国家法律监督机关的规定，将检察机关定位为国家公诉机关和司法监督机关。有的学者认为，检察权本质上应当是行政权。① 当然，检察机关宪法定位不仅是一个宪法问题，检察体制是政治体制的重要组成部分。尽管如此，在行政法律规范日臻完善的今天，检察机关能够在多大程度上保障和监督行政法治的实现，是衡量检察机关法律监督属性的重要标准。从世界各国检察制度的功能来

---

* 原文《行政检察基本体系初论》，载《国家检察官学院学报》2011 年第 2 期；本文系在此基础上根据近年来法律和司法政策发展变化情况修改而成。

** 张步洪，最高人民检察院副厅级检察员，法学博士。

① 陈卫东：《我国检察权的反思与重构——以公诉权为核心的分析》，载《法学研究》2002 年第 2 期；陈瑞华：《问题与主义之间——刑事诉讼基本问题研究》，中国人民大学出版社 2003 年版，第 29-33 页。

看，即使在检察机关被定位于纯粹的公诉机关，检察权对司法活动的监督功能也是显而易见的。无论是以前的苏联还是现在的俄罗斯，检察机关的监督功能都主要是指其监督行政权的功能。基于此，我们将行政检察定义为检察机关监督公共行政的制度与活动。② 全面地研究检察机关监督公共行政的有关制度，不仅有利于明确检察机关的宪法定位，也有助于为检察制度自身的完善提供理论依据。本文通过疏理有关检察监督行政的研究状况，进而分析确立行政检察基本体系的必要性，在此基础上简要分析行政检察基本体系两个基本要素：行政检察权在国家与社会中的定位和行政检察应当包含的具体制度。

一、行政检察理论研究现状

过去的检察理论主要是从狭义上理解行政检察，相关研究成果主要集中于行政诉讼监督方面。在法学的其他学科中，行政检察一直是个边缘问题。有关检察机关监督公共行政的研究成果缺乏系统性和完整性。基本上没有从国家权力结构出发全面考察检察机关对公共行政的监督的研究成果。仅有的一些研究成果也只是初步的探讨，③ 绝大多数有关行政检察的研究成果是从某个特定角度展开的。有关检察权对国家行政权进行监督的研究成果可概括为四个部分：

（一）对行政活动进行直接监督的研究状况

新中国检察制度创建之初，在1954年至1957年“反右”开始之前的一段时间里，检察机关曾经拥有对行政机关的一般监督权，但在历史上，这种

② 习惯上，人们通常把行政检察界定为检察机关监督行政诉讼的制度与活动。有关行政检察的界定，笔者将另行撰文予以分析。

③ 张步洪：《中国宪政体制下检察机关监督职能研究——检察权制约行政权的单向分析》，载北京大学法学院编：《润物无声：中国宪政之路（北京大学法学院百年院庆文萃）》，法律出版社2004年版，第387-400页；张步洪：《检察机关对公共行政的监督》，2001年中葡高级论坛论文。

一般监督并没有在国家和社会生活中发挥多大的实际作用。检察机关恢复重建以后，中国的社会环境和法制环境已经发生了巨大变化，因此，近三十年来的检察理论研究成果大多是作为历史来描述一般监督的。尽管不少检察人员时常提起检察机关曾经拥有的一般监督权，但是，希望重新按照一般监督的理论改革检察制度的系统研究却不多见。关于检察机关直接监督行政活动的研究成果主要集中在两个方面：一是对劳动教养检察监督的研究；二是对行政执法机关移送涉嫌犯罪案件实行检察监督的研究。

劳动教养制度废止之前，④ 检察机关对劳动教养执行活动进行监督的规范依据是国务院制定的行政法规。1979 年《国务院关于劳动教养的补充规定》第 5 条规定，“人民检察院对劳动教养机关的活动实行监督。”理论界关于劳动教养检察监督的研究成果比较少。⑤ 有学者研究了对劳动教养活动进行法律监督的法理基础和法律原则，⑥ 有学者分析了劳动教养法律监督的缺失，⑦ 有学者研究了检察机关对劳动教养审批活动进行监督等问题。⑧ 劳动教养由于制度本身的弊病以及适用中出现的偏差，长期以来一直受到社会各界的批评。有学者认为应当彻底废止劳动教养制度；也有学者主张以违法行为矫治制度取代劳动教养制度。⑨ 换句话说，对于是否设置违法行为教育矫治制度，同样存在认识分歧。如果要设置这样的制度，它仍然是一种直接影响公民基本权利、限制（或有条件剥夺）自然人人身自由的行政措施。党的十八届四中全会提出，“完善对涉及公民人身、财产权益的行政强制措施实行司法监督制度”。在我国，司法机关包括法院和检察院。司法监督既包括法院通过行政诉

---

④ 2013 年 12 月 28 日，第十二届全国人民代表大会常务委员会第六次会议审议通过了《关于废止有关劳动教养法律规定的决定》。

⑤ 在“中国知网”资源库中检索“劳动教养”和“监督”两个关键词，仅有六条结果。

⑥ 潘益云：《完善我国劳动教养法律监督的思考》，湖南师范大学 2008 年硕士学位论文。

⑦ 倪瑞兰：《劳动教养法律监督权的缺失与完善》，载《华南师范大学学报》（社会科学版）2009 年第 3 期。

⑧ 袁向阳：《对劳教审批法律监督的思考》，载《四川矫治》2007 年第 4 期。

⑨ 刘贵彬、韦洪乾：《违法行为矫治法难出台，“劳教”存废学者看法不一》，载《检察日报》2007 年 12 月 26 日。

讼对行政强制措施进行的监督，也包括检察机关的监督。其中提到的行政强制措施，包括行政机关基于行政秩序需要作出的限制或剥夺公民人身自由的各种具有法律依据的行政措施，也包括行政机关超越权限采取的、没有法律依据的行政强制措施，对检察机关应当如何对行政强制措施进行监督，尚待深入具体的研究。

2001 年 7 月，国务院《行政执法机关移送涉嫌犯罪案件的规定》第 14 条规定："行政执法机关移送涉嫌犯罪案件，应当接受人民检察院和监察机关依法实施的监督。"2003 年 4 月召开的全国整顿和规范市场经济秩序工作会议提出"进一步解决行政执法与刑事司法的衔接问题，加强案件移送和监督检查，不得以罚代刑"。此后，检察机关商同有关部门研究行政执法与刑事处罚相衔接的具体措施，[⑩] 联合发布了大量的规范性文件。此后，报刊杂志上随之出现了一批有关检察机关对行政执法机关移送涉嫌犯罪刑事案件监督的论文。这些文章大多从实践情况出发分析问题或提出建议，对于这项制度的功能定位和理论根据缺乏深入全面的分析。

无论是对劳动教养活动的监督，还是对行政执法机关移送涉嫌犯罪案件的监督，在理论上都属于监督行政的范畴，而不是单纯的检察理论问题。过去的研究注重监督方式和监督策略，较少关注行政法规授权检察机关监督行政的正当性与合宪性，以及检察机关对行政机关的活动实施直接监督的确定标准等基本问题。

（二）行政抗诉制度的研究状况

在整个行政检察制度中，有关行政抗诉制度的文章数量较多，对个别具体问题的研究比较深入。但也有问题：一是从国家和社会全局角度研究行政抗诉问题的成果不多；二是立足于检察本位、着眼于技术层面的研究较

⑩ 李和仁：《形成打击经济犯罪的合力——建立行政执法与刑事执法相衔接工作机制座谈会述要》，载《人民检察》2003 年第 12 期。

多，缺乏针对行政抗诉制度合理性的充分研究论证，缺少针对行政抗诉制度科学性的精密设计；三是关于行政抗诉的专门研究较少，多数研究将民事抗诉与行政抗诉一起进行分析。例如，《经济全球化对我国民事行政检察监督制度的影响及对策》⑪《制约民事行政检察的现实因素》⑫《民事行政抗诉理由及适用标准探究》。⑬ 再如，刘立宪、张智辉主编的检察文库之《司法改革热点问题》一书第六章"有关检察机关职权的争议"，将"关于民事、行政诉讼监督权的争议"放在一起进行研究。⑭ 然而，自20世纪以来，对民事审判的检察监督就不断受到质疑，至2003年前后，有关民事抗诉权存废的问题不时被学界作为一个问题来讨论，专门主张废除行政抗诉权的研究不多。

将民事监督与行政监督混同起来研究，掩盖了行政诉讼监督必须面对的一些重要问题。例如，根据法律规定，行政诉讼监督不同于审判监督，它包括对行政诉讼被告履行诉讼义务的监督。2012年修改民事诉讼法时，虽然将"人民检察院有权对民事审判活动实行法律监督"改为"人民检察院有权对民事诉讼实行法律监督"，但是，检察机关不可能像监督行政机关履行公法义务那样监督公民行使诉讼权利、主张民事实体法上的权利。过去的实践中，检

---

⑪ 刘阳、徐汉明撰写，发表于《人民检察》2004年第1期。尽管民事审判监督和行政诉讼监督基于同样的宪法基础而创设，而质疑民事检察和行政检察的观点的理论根据也主要来自于西方现有的制度。我国的民事审判监督、行政诉讼监督，源于苏联的检察制度，难以在西方司法制度中找到范例。如今，苏联已经解体。而经济实力强大的西方国家的政治制度也为不少国人所崇尚。中国加入WTO之际，甚至有人主张中国在政治上也要与西方接轨。从这个角度说，加入WTO，给中国检察制度带来的主要是挑战，而没有多少机遇。其中，行政检察与宪法制度和政治体制具有更高的关联度。对于民事抗诉，最大的分歧在于，有的学者认为它跨越了民事审判监督的界限，而成为一种救济方式。既然是一种救济方式，为什么不能通过降低再审标准的方式由法院直接提供呢?

⑫ 李喜春撰写，发表于《人民检察》2004年第1期。实际上，影响行政检察发展的因素与影响民事检察发展的因素有诸多不同。民事审判监督的制约因素是理论界一些学者将其等同于诉讼监督而进行的质疑。行政诉讼监督的最大制约因素是检察机关进行监督也不得不看行政机关的脸色行事，难以真正承担起监督行政的使命。

⑬ 张步洪撰写，发表于《人民检察》2000年第4期。虽然研究得深入，我们发现，行政裁判和民事裁判按照不同的诉讼程序和证据规则作出，依据的是不同的部门法，针对的是不同性质的争议，衡量违法与否或者对错的标准也存在诸多差异，分别研究更为合适。

⑭ 刘立宪、张智辉主编：《司法改革热点问题》，中国人民公安大学出版社2000年版，第194-199页。

察机关基本没有开展直接针对行政诉讼被告的监督，2014年修改的行政诉讼法直接加强了法院对被告一方（行政机关及其法定代表人、负责人）违反诉讼义务的制裁措施。

（三）行政公益诉讼制度的研究状况

通过“中国知网”检索系统搜索标题中含有“行政公诉”的论文，最早的研究成果发表于1987年。⑮ 但是，1989年行政诉讼法出台之前，行政机关侵犯公民、组织合法权益的事件经常发生，因此，这部法律基本上是遵循保护个体利益的逻辑进行设计的，它难以将行政公益诉讼涵盖进来。1989年行政诉讼法颁行后，直到1994年，才有人发表有关行政公诉的论文。⑯ 此后，随着经济与社会的发展，人们越来越关注公共利益保护问题，有关行政公益诉讼的研究成果越来越多。

这些文章主要围绕行政公诉的必要性与可行性、宪政基础、基本原则、受案范围、原告资格、启动主体等问题进行讨论。多数学者主张赋予检察机关行政公诉职能。⑰ 有学者介绍了域外检察机关提起行政公诉的制度。⑱ 也有学者对行政公诉制度的合理性与可行性提出了质疑，认为行政公诉有悖于现行行政诉讼制度的目的和原则，逾越了行政诉讼检察监督的应有边界，破坏了既存的国家权力配置格局，阻碍了行政诉讼功能的正常发挥。⑲

总体来看，过去有关行政公益诉讼的研究大多是从公共利益保护的实际需要出发，结合引用国外资料，认为我国应该确立由检察机关提起行政公益诉讼的制度。在考察外国的公益诉讼制度时，大多忽视了西方检察官在公益诉讼中的政府（行政）立场而不是纯粹意义上的公益立场，对中国现有的涉

---

⑮ 王祺国：《行政公诉探讨》，载《政治与法律》1987年第3期。

⑯ 郑传坤、刘群英：《行政公诉初探》，载《现代法学》1994年第6期。

⑰ 刘红星：《论行政公诉》，中国政法大学2004年硕士学位论文；谭素青：《行政公诉制度研究》，湘潭大学2005年硕士学位论文。

⑱ 田凯：《初论域外检察官的行政公诉》，载《中国检察官》2006年第3期。

⑲ 章志远、汪秋慧：《行政公诉质疑》，载《行政法学研究》2002年第2期。

及公益的争议解决机制缺乏考量，对检察机关在现行体制下维护公益的功能估计过高。

（四）职务犯罪侦查制度的研究状况

在过去相当长的一个时期内，职务犯罪被认为是纯粹的刑事法问题。正因为如此，过去围绕职务犯罪侦查的研究成果主要是从犯罪构成或者诉讼技术的角度来展开的。主要研究成果可以概括为两大类：有关制度设计的研究和有关技术问题的研究。其中，制度设计研究，由于缺乏必要的行政责任理论作为支撑，刑法学对职务犯罪构成的研究有时难免会偏离法律的本意。[20] 诉讼法学者大多从结构论的角度分析司法职能配置，对于检察机关行使职务犯罪侦查权的宪政意义认识不足。对于职务犯罪侦查权的归属，形成了截然相反的观点。一种观点认为，检察机关行使职务犯罪侦查权，与其审查逮捕、公诉等职能存在冲突。另一种观点认为，检察机关依法承担的逮捕、起诉、侦查等职能在性质上都属于法律监督，因而并无不妥。至于职务犯罪侦查所承载的监督和保障行政法统一实施的功能，更是为刑事法学所忽视。检察机关也很少从监督公权力（特别是行政权）正常运行的角度研究职务犯罪的刑事政策走向。只有个别行政法学著作讨论了违法行政的刑事责任问题。[21] 之前，对于职务犯罪构成与行政法理论的关系，行政职务犯罪对行政行为效力

---

[20] 《检察日报》曾经报道一起渎职犯罪案件：王凯锋在任福建省长乐市财政局局长期间，通过局长办公会研究决定，授权该市财政局信用服务部，先后与27家企业签订周转金借款合同，并由企业所在地的乡镇财政所提供担保。现在这27家企业已倒闭，财政周转金尚有745.8万元未能收回。法院认为，被告人王凯锋身为财政局长，应当对财政周转金的发放、回收等工作负领导责任。在我国《担保法》实施后，王凯锋仍然允许行政机关作为担保主体，违反了担保法中关于“国家机关不能作为担保主体”的规定，致使国家财产遭受重大损失，其行为已构成玩忽职守罪，应依法追究刑事责任，判处有期徒刑五年零六个月。在检察机关查办此案的过程中，国内一位具有代表性的资深学者公开在媒体上为王凯锋鸣冤，认为王属于执行上级政策所犯错误，不应作为犯罪对待。

[21] 姚锐敏、易凤兰：《违法行政及其法律责任研究》，中国方正出版社2000年版。该书第九章从“行政职务犯罪的概念”“我国行政职务犯罪的立法及其缺陷”“行政职务犯罪的刑事责任”三个角度分析了违法行政的刑事责任。

的影响，刑事诉讼法学和行政法学均未进行深入研究，几乎属于理论空白。[22]

二、研究行政检察基本体系的意义

我国宪法将检察机关定位为法律监督机关，同时，行政机关正常行使职权、行政主体的一般违法又不属于检察监督的范围。这使得检察监督的范围比较模糊。理论上亟待对行政权与检察权之间的关系进行全面系统的研究。检察机关作为国家机关、机关法人应当接受行政机关的公共管理，享受行政机关提供的公共服务。同时，检察权对行政权的监督也应当放在国家与社会之间关系的大背景下进行设计。因此，研究行政检察的基本体系具有重要的理论意义和现实意义。

（一）理论意义

1. 有利于丰富行政法学中的监督行政理论

不同时期的行政法教科书，甚至同一时期不同学者编著的教科书，其内容和结构不尽相同。但是，通过其中的具体内容，结合学者们公开发表的论文，可以大致了解不同时期多数行政法学者心目中的行政法学体系框架。传统行政法学以行政组织法、行政行为法、行政法责任与监督行政为基本框架。20 世纪 90 年代以后，行政主体法、行政行为法、行政救济法成为行政法学研究的重要内容。

行政责任、行政救济与监督行政属于既相互关联又各不相同的问题。在不同学者主编的教科书中，甚至在同一学者主编的不同教科书中，有关行政法责任、行政救济法、监督行政法的内容，有时单独出现，有时一起出现。[23]

---

[22] 张步洪：《行政检察制度论》，中国检察出版社 2013 年版，第九章“职务犯罪侦查与法治行政”。

[23] 例如，应松年主编：《当代中国行政法》，中国方正出版社 2005 年版；该书第五编“行政监督与行政救济法”就同时介绍了行政违法、行政法律责任、国家权力机关的监督、行政诉讼、行政复议、行政赔偿、行政补偿等制度。

在应松年教授和杨伟东教授编写的《中国行政法学二十年研究报告》[24] 中，没有关于检察监督的专门介绍。这个报告对过去二十年间行政法学研究的重要成果进行了系统的梳理，其中没有行政检察的内容。尽管如此，笔者还是找到了行政检察制度属于行政法学理论体系的证据。罗豪才教授主编的一部行政法教科书将检察监督作为一种监督制度予以叙述，但被视为与司法监督相并列的监督制度。[25] 可是，在罗豪才教授主编的其他行政法教科书中却没有检察监督的内容。[26]

对于控制行政权的必要性，行政法学界具有较高的共识度。监督制度无疑是保障行政权正当行使的重要前提。为了规制行政权，行政法学引入了法治发达国家的不少成熟的观念和规则，例如比例原则、听证制度，等等。除现代西方国家普遍采行的以权利制约权力的做法之外，公权力的监督制约也是必不可少的。因为任何私权利的行使都离不开公权力的支撑。行政监察、审计、检察都是以公权力约束公权力的制度安排。较早的行政法学教科书中曾经有关于行政监察、审计的内容。这些内容虽然在现有的行政法学教科书中消失了，但它们仍然是十分重要的行政法制度。我国宪法将检察机关定位为法律监督机关，检察权应当在多大程度上、多大范围内监督行政权，检察机关应当以什么方式监督行政权，也存有争议。为此，需要有一个基本框架来引领行政检察的理论研究。

2. 有利于丰富中国特色社会主义检察理论

新中国检察制度起源于苏联检察制度。苏联解体后，俄罗斯检察机关职能与苏联检察机关职能大体相当，但是人们对检察机关性质的认识发生了一

---

[24] 应松年、杨伟东编:《中国行政法学二十年研究报告》，中国政法大学出版社 2008 年版。

[25] 罗豪才主编:《行政法学》(修订本)，中国政法大学出版社 1999 年版；该书第 12 章“监督行政行为”部分第四节的内容为“检察监督与司法监督”。

[26] 罗豪才主编:《行政法学》(新编本)，北京大学出版社 2000 年版；该书只介绍了行政责任而没有关于监督行政与救济的内容。此后，罗豪才主编的几部《行政法学》教科书都没有关于检察监督的内容，北京大学出版社 2001 年版、2005 年版。

些变化。[27] 这种情况下，新中国检察制度的发展完善，只有发掘本土资源。新中国检察制度是社会主义革命的产物，它植根于人民代表大会制度，是人民代表大会制度的重要组成部分。

检察制度重建以后不久，其宪法定位和性质就成为法学界争论的焦点。有学者从西方的观念和学说出发，有的从中国检察职能的现状出发，认为检察机关应当定位于行政机关。客观地看，在法律规范体系日益复杂的今天，检察机关不可能承担起对所有法律的实施进行全面监督或者一般监督的使命，检察监督也不可能代替人大监督、行政内部监督，但这并不意味着检察机关应当局限于公诉和司法监督。在保障行政法秩序实现的某些环节，检察监督是不可或缺的。只有对行政检察制度进行全面的研究，才能为改革完善检察制度提供理论支撑。

检察权作为一种独立于行政权的国家权力而存在，首先是国家权力分工的结果。新中国检察制度的理论基础首先是分权学说。分权原则是近代民主宪政中的重要原则，其理论基础是洛克和孟德斯鸠的分权学说。分权原则要求不同性质的权力应当分立，不能集中于国家机构的同一部门或同一批人。[28] 或许是由于美国实行“三权分立”，美国的强大夸大了“三权分立”的优越性，有些人在观念上将分权原则等同于“三权分立”。显然，“三权分立”只是分权的一种表现形式。社会主义国家的学者对于分权曾经有过曲解，认为“分权原则只是资产阶级虚伪的遮羞布，认为国家权力是不可分割的，社会主义国家宪法原则是议行合一而不是分权”。[29] 我认为，分权学说是人类文明的共同成果，不是资本主义特有的东西。将“三权分立”视为分权的唯一方式，在逻辑上讲不通，在实践中是有害的。美国实行“三权分立”，它也是当

㉗ 有的学者认为，俄罗斯联邦宪法规定，检察机关既不是立法机关、执行机关，又不是司法机关，而是代表俄罗斯联邦对现行法律执行情况实施监督，因而是一种特殊的国家机关。刘向文、宋雅芳：《俄罗斯联邦宪政制度》，法律出版社 1999 年版，第 269 页。

㉘ 胡建淼主编：《论公法原则》，浙江大学出版社 2005 年版，第 88 页。

㉙ 转引自周佑勇、汪燕：《论行政检察监督权》，载《检察论丛·第三卷》，法律出版社 2001 年版，第 179 页。

今世界上最强大的国家。不少实行“三权分立”的国家属于发达国家。我们可以说，分权促进了社会的文明进步，为经济发展创造了良好的制度环境，但是，我们不能说这种进步应当归功于“三权分立”而不是分权。新中国检察制度是按照分权原则，根据列宁关于法律监督的理论，将检察权作为一种独立的国家权力予以设置的产物。列宁的法律监督思想产生于苏联特定的社会历史环境，主要是为了防止国家分裂。苏联解体的历史足以证明列宁的判断是正确的，也可以说明检察制度在反分裂方面的作用是有限的。我们在进行制度设计时不可过高估计某一种具体制度的作用。

此外，证明检察权作为一种独立的国家权力而存在的科学性与制度合理性，需要我们全面地研究检察权与行政权之间的关系，甚至检察权、行政权、私权利三者的关系。在我国，检察制度是国家宪法制度的一部分，那么，检察理论自然就是宪法理论的组成部分。然而，检察理论过去对于检察权与行政权关系的考察是局部的、微观的，缺乏有关检察权与行政权监督与被监督关系的系统研究。从整体上考察检察权与行政权之间的关系，是探寻中国将检察权作为一种独立的国家权力的制度合理性不可回避的问题。

3. 有利于公法理论在不同学科间的融合与借鉴

我国行政法学在过去三十年间快速发展，对于推动中国的法治行政和法治政府建设发挥了不可替代的积极作用。但是，行政法学研究成果的影响还仅限于传统的行政领域和行政救济领域。它并没有因为行政责任与刑事责任的某些客观存在的共性而成为刑法学学者研究职务犯罪构成的理论支撑，它也没有借鉴刑事法学中的成熟理论。前者如，行政权理论在行政法学中已经比较成熟，它对于完善职务犯罪构成理论可以起到巨大的推动作用。后者如，行政法学中的行政责任理论，偏重于行政主体责任的研究，对于行政主体与行政公职人员之间责任转换、追究程序的衔接，缺乏系统全面的研究；刑事检察偏重个人责任的研究，而忽视行政主体责任。诸如职务犯罪构成这类传统刑法学的内容，仅仅依靠传统的犯罪构成理论进行解释，难以体现基本的公平和正义，用以指导实践，有时难免出现偏差。可以说，检察机关对于行政法学研究成果的利用也非常有限。研究行政检察的基本体系，有利于唤起检察权研究者对行政法学理论价值的再认识。

（二）实践意义

研究行政检察的基本体系，不仅具有重要的理论意义，而且有着多方面的实践意义：

1. 探寻检察权监督行政权的完整内涵

在法治环境下，国家、社会、公民扮演着不同角色。检察权对行政权的监督，不仅涉及检察权在国家权力体系中的职能定位，而且涉及检察机关的社会角色。检察机关在国家和社会生活中应当发挥什么作用，决策者必须作出选择。

其一，完善保障法律规范统一正确实施的制度安排。法律的公平、正义依靠法律规范的统一正确实施来实现。而法律的统一正确实施需要相应的制度做保障。我国《宪法》第5条规定："国家维护社会主义法制的统一和尊严。""一切法律、行政法规和地方性法规都不得同宪法相抵触。""一切国家机关和武装力量、各政党和各社会团体、各企业事业组织都必须遵守宪法和法律。一切违反宪法和法律的行为，必须予以追究。""任何组织或者个人都不得有超越宪法和法律的特权。"为了实现这些目标，国家创设了一系列的制度。我国的检察监督就是保障法律正确统一实施的专门的制度设计。"宪法明确规定人民检察院是国家的法律监督机关。这就说明检察机关的性质是专门监督法律在全国的统一和正确的实施、与犯罪行为作斗争的机关。"[30] 这也被认为是我国检察制度不同于西方检察制度的一大特点。随着法治建设的推进，行政法在国家法律体系中的重要性日益突出。检察机关能否肩负起法律监督的使命，关键在于能否对公共行政形成有效的监督。过去，有学者从诉

---

[30] 肖蔚云：《论宪法》，北京大学出版社 2004 年版，第 270 页。这种表述虽然将检察机关的职能局限于"与犯罪行为作斗争"过于狭隘，但它却揭示了检察机关法律监督的真意。

讼本身出发，从检察具体职能出发，认为检察机关实际不是法律监督机关。从检察权监督行政权的角度，全面分析检察权在保障行政法秩序方面的职能，探寻检察权配置的内在规律，有利于克服对检察监督功能的片面认识，有利于促进科学配置检察权。

其二，为实现法律平等保护与社会公平正义寻找出路。现代国家，社会关系日趋复杂，每个人的行为都会不同程度地影响到他人利益。为此，国家应当为个体利益和社会公益提供平等的法律保护。在我国，公益保护的重要性主要是由两方面因素决定的：一是行政权的职能特点。按照国家制度设计，行政机关就是相应行政领域的公益代表。几乎所有行政行为与行政不作为都涉及公益。监督和保障行政主体按照法律预设的目的进行活动，就是保障公益。二是我国的基本国情。在我国，保障和维护公益具有更为特殊的意义。新中国成立以后，劳动人民在战争的废墟上重建家园，凭借辛勤劳动和无私奉献积累了大量的国有财产和集体财产，这是国家建设社会主义市场经济的基础。我国自改革开放以后，从逐渐重视法制到推行依法治国，体现了治国理政方式的巨大进步。在推进法治的过程中，国家对个体利益的保障力度也越来越大，有关私权保护的法律不断完善。但是，有关保护公益的很多法律规范却长期停留在文字和口头上。有关公私权益冲突的规则亟待细化，计划经济体制沿袭下来的公益保障机制已经不能适应社会发展的需要。现实生活中，公益时常受到损害，法律难以为公益提供有效的保护，宪法和基本法律关于公益与私权的规定没有得到有效的贯彻落实。基于此，研究检察权对行政权的监督，在尊重行政活动基本规律的前提下完善检察监督的措施和制度，有利于体现法律平等保护的精神。一方面，公益是全社会成员的共同利益。侵害公益就是对社会公平正义的挑战。另一方面，在法治国家，作为利益个体的公民、组织的法定权利与合法自由受法律保护。现实生活中，公民、组织的权利与自由容易受到来自公权力的侵害，尤其是容易受到行政权的侵害。过去三十多年来，公法学者以捍卫个体权利为己任。检察权对行政权实施直接或间接监督，追究行政活动中发生的侵犯公民、组织合法权益的违法犯罪行为，有利于从根本上保障公民、组织的合法权益，有利于实现社会公平正义。

2. 推动检察职权配置与行使的科学化

其一，有利于重新审视现有社会条件之下检察权与行政权的关系。检察机关恢复重建以来，“行政检察”很少为人们所重视。然而，也正是行政检察职能，曾经承载着中国检察的辉煌与屈辱，左右了检察机关的兴衰成败。现在，检察机关的机构设置、人员配备，主要是从刑事检察的角度进行设计的，人们对现行制度之下检察与行政的关系缺乏系统的、全面的认识；检察权对行政权的监督，在检察机关内部比较凌乱地分散于多个职能部门。系统研究行政检察制度，揭示分散于不同法律之中、由不同检察内设机构行使的权能与行政权之间监督与被监督的关系，有利于实现行政检察制度的进一步科学化。

其二，有利于完善发展检察权监督行政权的制度。根据宪法规定，中华人民共和国实行依法治国，建设社会主义法治国家。依法治国的核心和重心是依法行政。依法行政的前提是在建立科学的决策体系的基础上完善权力制约体系，加强对行政活动的监督。其中，来自行政系统外部的监督和制约具有不可替代的作用。我国检察机关设置于行政系统之外，是专司法律监督的国家机关，理应在推动行政法治的过程中发挥重要的积极作用。科学设计行政检察制度，按照职权法定原则的要求完善检察机关监督公共行政的职能配置，是行政法保障体系建设的重要组成部分。同时，检察机关只有在充分认识自身承担的监督行政职责的基础上，才能在保障和监督依法行政方面发挥更大的作用。

当然，任何问题的解决不是只有一种方法，对行政权的有效监督也不可能仅仅依靠一种制度和方法。行政权庞大与泛滥并不必然得出扩张检察权的结论。从检察学的角度看，完善检察权力结构、发展检察制度必须服从于、服务于国家法治建设的总体需要。这在客观上要求检察研究者摈弃检察本位主义，着眼于推进国家法治的大局。

三、行政检察的基本要素

行政检察作为我国社会主义检察制度的重要组成部分，是一个复杂的制度和理论体系。诸如，行政检察权存在的理论基础、价值取向、功能定位、原则要求、程序载体，及其在诉讼程序中的适应性，行政检察权能与非诉讼程序的衔接等问题，都应当作为行政检察理论的范畴予以通盘考虑。本文只介绍两个最基本的问题：一是行政检察权与其他权力、权利的关系；二是行政检察所包含的具体制度。

（一）基本关系

无论设计行政检察制度，还是研究行政检察理论，都不可避免地要摆正两个关系：一是检察权与社会权的关系；一是检察权与其他公权力的关系。

1. 行政检察权与社会权的关系

在民主制度之下，检察机关没有必要代行本应属于社会的权力。现代国家，无论实行社会主义还是资本主义，都以不同形式实行民主制度。我国的一切国家权力属于人民，人民有权管理国家事务、监督公职人员。根据党中央要求，社会主义民主应当扩展到政治、经济、文化、社会生活的各个方面。民主建设与法制建设密切相关，相辅相成。这些民主权利在宪法中有明确规定。我国宪法规定，“公民对于任何国家机关和国家工作人员，有提出批评和建议的权利；对于任何国家机关和国家工作人员的违法失职行为，有向有关国家机关提出申诉、控告或者检举的权利，但是不得捏造或者歪曲事实进行诬告陷害”。“对于公民的申诉、控告或者检举，有关国家机关必须查清事实，负责处理。任何人不得压制和打击报复。”围绕这些宪法权利，国家建立了行政诉讼、行政复议、信访等法律和工作制度。

行政检察制度的设计，应当建立在尊重和保障公民宪法权利的基础之上。有关特定公民、组织私权利的事项，原则上尊重利害关系人的选择权。此外，为了将维护法制统一与救济公民、组织合法权益结合起来，检察机关除依职权发现和纠正违法之外，还应当接受公民、组织的申请或者申诉，同时按照行政和审判救济优先的原则设计检察程序。最后，有关国家利益和社会公益的事项，应当按照有利于社会公众发现违法行政的思路深化政务公开，在此基础上，将公民、组织的检举、揭发与检察机关的调查了解有机结合起来。

2. 检察权与其他公权力的关系

检察权与其他公权力的关系，取决于检察权在国家权力体系中的定位，理论上不无争议。有些学者从西方个别学者的三权分立学说出发，认为中国也应当实行立法、行政、司法三权分立的制度设计。

我们在研究社会科学时，首先应当区分分权理论与分权学说。分权理论是人类文明的共同成果，分权已经为现代国家的政治体制所广泛采行。但是，分权学说是学者们基于分权的理念所作的研究。不同学者从不同角度出发，对分权的认识不尽相同。例如，近代分权学说的开创者洛克在《政府论》一书中将国家权力分为立法权、执行权和对外权，而孟德斯鸠《论法的精神》一书关于三权分立的学说将国家权力分为立法权、行政权和司法权，孙中山先生将国家权力分为五种，制定了五权宪法。正因为如此，非要将检察权归属于司法或者行政的做法是没有意义的。

其次，只有立足于中国社会现实、现行政治体制研究行政检察才有现实意义。行政检察制度的设计，应当在人民代表大会制度之下，力求检察监督与人大监督相匹配、相衔接，同时尊重监督制约机制的多样性，权衡各种制约机制的成本与社会效益，防止个别机关垄断监督权带来低效率。

最后，客观看待检察监督的独特优势与公权制约公权的天然局限。从社会的角度看，所有国家机关，虽然其性质不同，但是其公职人员都属于国家公职人员，属于同一社会阶层，有着共同的利益和立场。基于此，在研究检察监督的范围和程序时，不宜首先考虑检察监督措施，而是应当着眼于其他的监督和救济措施，尤其是社会监督。

（二）主要制度

从检察权在推动和保障法治行政的基本功能出发，结合近年来党和国家司法政策的重大变革，行政检察制度应当包括以下几个方面：

1. 行政诉讼检察监督制度

行政诉讼检察监督，虽然实践中监督对象主要是法院，其法治功能在于通过监督行政诉讼保障行政法秩序。因此，行政诉讼检察监督具有监督行政权和监督审判权两方面的功能。

（1）行政诉讼检察监督行政权的功能

在行政诉讼中，行使国家行政权的行政机关是恒定被告。由这一特点所决定，行政诉讼检察监督应当承担起维护诉讼结构平衡的使命。先前，笔者曾经提出，行政诉讼检察监督是对行政审判活动、行政诉讼被告履行义务、行政裁判合法性的全面监督，而不是单纯针对行政审判活动的监督。检察机关应当通过参加诉讼、支持起诉、督促被告履行诉讼义务以及行政抗诉、行政公诉等方式进行监督。然而，2014 年行政诉讼法强化了行政诉讼中审判权对行政权的制约功能，增加了法院依法公正审判行政诉讼案件的保障措施，[31]加重了被告参加行政诉讼的作为义务。如果这些法律规定能够落到实处，检察机关对行政机关不履行诉讼义务进行监督就是拾遗补阙。如果这些法律规定不能落实，检察机关还应当发挥监督作用。

（2）行政诉讼检察监督审判权的功能

当初，行政诉讼检察监督在我国的出现，主要是为了补强行政审判的公信力。党的十六大以来，中央将强化监督作为推进司法改革、实现司法公正的重要保障。2012 年以来相继修改三大诉讼法，均体现了强化检察权对审判

㉛ 根据 2014 年《行政诉讼法》第 64 条、第 66 条、第 93 条第 4 项，法院可以向行政机关提出司法建议已经成为审判权监督行政权的一种法定的监督方式；该法只规定了针对法院的检察建议，没有规定针对行政机关的检察建议。

权进行监督的改革思路。党的十八大以来的司法改革政策的基本特点是遵循司法规律。基于这样的政策背景，2014 年行政诉讼法中，审判权监督行政权、检察权监督审判权的特点更加突出。

尽管 2014 年行政诉讼法增加了检察建议作为一种独立的监督方式，但在现实中，抗诉仍然是最重要的监督方式。有人认为，抗诉应当定位于监督而不是救济。实际上，抗诉兼具监督与救济功能。检察机关受理申诉就表明这种制度具有救济功能，这是无可争辩的基本逻辑。在此基础上，完善行政抗诉制度应当考虑监督与救济的双重需要，正确处理检察监督权与当事人处分权的关系，为公民、组织寻求救济提供公平的司法保障。为此，检察机关有义务保障公民、组织依法申请抗诉的权利。

2. 对行政行为的检察监督

党的十八届四中全会之前，检察机关针对行政行为的直接监督，基本上停留在论证和探索阶段。党的十八届四中全会提出了一些检察机关监督行政行为的改革举措，为完善行政检察制度提供了政策依据。

其一，督促行政机关依法履行职责。党的十八届四中全会提出，“检察机关在履行职责中发现行政机关违法行使职权或者不行使职权的行为，应该督促其纠正”。这只是一个制度框架。首先，从监督案件来源看，限于检察机关“履行职责中发现”的违法行政，显然不同于对违法行政进行一般监督。何谓检察职责？它也有很大的伸缩性，比如检察机关控告检察部门接收公民、组织的控告、举报、申诉材料也属于“履行职责”吗？如果这么宽泛，那就等于行政机关对所有违法行政都可以“发现”和督促纠正。再比如，检察机关在审查批准逮捕案件的时候，嫌疑人向检察官反映说他家的房子被行政机关强拆了，检察机关要不要监督？其次，从监督方式、程序和效力看，法院对行政行为进行监督需要经过非常负责的程序，检察机关“督促其纠正”不可能甚至没有必要经过很复杂的程序，这就决定了它督促纠正的对象应该是显而易见的违法行政，以免行政机关屈从于检察机关的判断。[32]

其二，提起行政公益诉讼。党的十八届四中全会提出，“探索建立检察机关提起公益诉讼制度”。2015 年 7 月 1 日，全国人大常委会审议通过《关于授权最高检开展公益诉讼试点的决定》，“授权最高人民检察院在生态环境和资源保护、国有资产保护、国有土地使用权出让、食品药品安全等领域开展提起公益诉讼试点”；“提起公益诉讼前，人民检察院应当依法督促行政机关纠正违法行政行为、履行法定职责，或者督促、支持法律规定的机关和有关组织提起公益诉讼”；“人民法院应当依法审理人民检察院提起的公益诉讼案件”。创设行政公益诉讼制度，在技术层面，还要解决一些难题。比如，检察机关公诉动机不足；涉及公益的重大行政决定的判断权能否让渡到司法机关；国外有检察权代表行政权保障公益的诉讼，但没有检察机关与行政机关对抗的行政公益诉讼。基于检察机关的宪法地位，我国不可能建立西方式的行政公益诉讼制度，可以考虑在以个体权利制约公权力的框架之下配置检察机关公诉权；以单行法个别确定检察机关提起公诉的范围，有限地赋予检察机关行政公诉权；不同行政行为复杂程度不同，公益诉讼程序以督促作为提起诉讼的前置程序，审理过程应当有公众参与，繁简结合。

其三，对行政强制措施进行监督。党的十八届四中全会提出，“完善对涉及公民人身、财产权益的行政强制措施实行司法监督制度”。涉及公民人身权、财产权的行政强制措施早已纳入行政诉讼受案范围。十八届四中全会提出这一改革举措，显然需要在此基础上进行制度设计。行政强制措施具有即时性等特点，一旦执行常常无法回转。从审判的角度看，需要设置针对行政强制措施的简易审理程序，规定特别时限，增强行政诉讼的防御功能。同时，在我国，司法机关包括法院和检察院。从检察的角度看，有必要对重大行政强制措施的决定和执行进行预防性监督，避免执行违法的行政强制措施或者违法执行行政强制措施给公民、组织造成不必要的损害。

---

[32] 我国检察机关拥有职务犯罪侦查权，在具体案件中不排除行政机关会屈从于检察机关的判断。

3. 检察职能在刑事程序中的行政法作用

关于“刑事程序中检察职能的行政法作用”。有的学者认为这不是一种规范的表述。笔者认为，如同行政法学与刑事法学属于不同的法学学科一样，行政程序与刑事程序属于不同的法律程序。一方面，将刑事程序中的这些检察措施视为行政检察措施过于牵强。另一方面，行政检察理论又不可忽视它们的存在。基于此，探讨刑事检察措施对行政法治的推动作用，及其与行政法理论的关系，是行政检察理论与整个检察理论有机结合的重要前提。

关于检察机关行使的刑事追诉等职能的性质，理论上不无争议。有观点认为，刑事侦查程序，属于公诉之前的程序，就是特别的行政程序，它不是诉。因而，检察机关进行的侦查监督、职务犯罪侦查，实际上都属于特别的行政程序。笔者认为，现代国家关于司法权与行政权的划分都不是绝对的。例如，德国由初级法院行使公司登记权。但是，在其他大多数国家，公司登记都是由行政机关承担。虽然我们可以基于公诉之前的法律程序与公诉之后的法律程序的诸多差异，把它视为“特别行政程序”，但是，它和一般的行政程序相比，却更加特殊。侦查程序的依据是刑事法典，与刑事公诉、审判程序前后相继，作为刑事司法职能对待更为合适。正因为如此，笔者倾向于遵循法学中的传统分类，将职务犯罪侦查、监督涉嫌犯罪案件从行政执法环节向刑事司法程序流转作为刑事检察程序中职能的行政法作用。比较具有代表性的有两个方面：

（1）监督犯罪案件从行政环节向刑事程序流转。法律授予检察机关刑事立案监督职能的初衷，在于保障刑事法得到严格遵守和适用，防止“以罚代刑”。然而，现行法规定的刑事立案监督制度具有明显的局限，为此，有必要前移监督重心，在不影响行政效率的前提下，允许检察机关利用现代技术手段通过直接同步查询重大行政执法信息，在行政执法环节防范“以罚代刑”。

（2）职务犯罪构成的行政法理。职务犯罪构成在理论上不同于一般刑事犯罪。普通犯罪是违反公民义务的行为，职务犯罪违背的是公法上的义务。刑事责任是公法责任的一种形式。从这个角度说，说明检察机关承担的职务犯罪侦查职能的法律监督性质。检察机关查办职务犯罪案件之后，应当以建议或者案件移送等方式督促恢复法律秩序，解决与职务犯罪有关的行政决定的效力问题，督促追究有关人员的行政责任或纪律责任。

检察权对行政权进行监督，应当遵循公权力行使的基本规则。它们既是检察制度的重要内容，又是法治行政的一部分。在完善这些制度时，既要遵循检察活动的基本规律，又要在法治行政的总体框架下进行取舍与设计。一定程度上，行政检察是我国社会组织发育不全，社会力量监督公权力能力不足的产物。它必须建立在尊重正当的行政裁量、法院对行政争议作最终判断的制度基础之上，不可以替代公民维护公益和私益的其他合法途径。

结　语

本文研究的是一种以公权力监督公权力的制度。法治的实现，需要有一套规范公权力运作的制度，也需要一个具有公平正义观念和法治理想的公职人员群体，这样的群体的形成需要一个公平正义的制度环境和社会环境。笔者历来相信，公平、正义、廉洁都是可以传递的，不公平、不正义、不廉洁都是可以传染的。每一个公职人员作为被管理者时所感受到的公平正义，是社会公平正义的希望之火，是实现社会公平正义的力量源泉。程序正义有助于实现实质正义，却无法掩盖实质上的不公。一个国家的同一个时期，行政官员和法官、检察官不可避免地处于同样或类似的环境之中，不同机关、相同层级的公职人员总体上处于同一社会阶层，公权力之间的分工、监督、制约既有必要，又有局限。从这个角度说，法治的核心问题是国家与社会的关系问题。社会和公众监督公权力的制度和程度，才是衡量国家法治化程度的更高标准。

一并审理民行争议案件的审理规则

——对修改后的《行政诉讼法》第61条的理解

郭修江*

一并审理民行争议，又有人将之称为行政附带民事诉讼，是指行政诉讼中，当事人就与行政争议相关联的民事纠纷提起民事诉讼，请求人民法院一并审理裁判的制度。《最高人民法院关于执行〈中华人民共和国行政诉讼法〉若干问题的解释》（以下简称《执行解释》）第61条首次在我国创设了民行纠纷一并审理制度，该条规定："被告对平等主体之间民事争议所作的裁决违法，民事争议当事人要求人民法院一并解决相关民事争议的，人民法院可以一并审理。"法发〔2009〕38号《最高人民法院关于当前形势下做好行政审判工作的若干意见》（以下简称38号文件）进一步发展了这一制度，规定"在受理行政机关对平等主体之间的民事争议所作的行政裁决、行政确权、行政处理、颁发权属证书等案件时，可以基于当事人申请一并解决相关民事争议"。"对于行政裁决和行政确认案件，可以在查清事实的基础上，直接就行政主体对原民事性质的事项所作出的裁决或确认依法作出判决，以减少当事人的诉累。"修改后的行政诉讼法在吸收司法解释、司法政策文件规定，总结行政审判实践经验的基础上，增设了一并审理民行争议制度。

修改后的《行政诉讼法》第61条规定："在涉及行政许可、登记、征收、征用和行政机关对民事争议所作的裁决的行政诉讼中，当事人申请一并解决相关民事争议的，人民法院可以一并审理。""在行政诉讼中，人民法院认为

* 郭修江，最高人民法院行政审判庭审判长、第二巡回法庭主审法官，法学硕士。

行政案件的审理需以民事诉讼的裁判为依据的，可以裁定中止行政诉讼。”为贯彻执行该条规定，《最高人民法院关于适用〈中华人民共和国行政诉讼法〉若干问题的解释》（以下简称《适用解释》）对一并审理民行争议审理程序已作出了具体规定。结合司法解释规定，对《行政诉讼法》第61条规定的一并审理民行争议制度作出如下解读：

（一）设立一并审理制度的目的

人民法院之所以会在司法解释和司法政策中创造性地设立了一并审理民行争议制度，主要原因在于：过去没有一并审理民行争议制度时，涉及民行交叉案件审理，各级人民法院对相关案件的审理规则非常混乱，做法不统一。大量民行交叉案件，人民法院民事审判和行政审判之间各行其是，或相互推诿，造成当事人之间的纠纷长期得不到有效解决；或相互争抢，造成民事、行政判决相互冲突对立，无法执行。为此，最高人民法院在借鉴刑事附带民事诉讼制度、总结地方法院探索经验的基础上，创设了一并审理民行制度。实践证明，这一制度确实能够有效解决人民法院内部对民行争议相互推诿或者争抢所带来的问题，对于实质性化解行政、民事争议有非常明显的效果。正因如此，本次行政诉讼法修改中，全国人大常委会将这一制度上升为法律。从一并审理民行争议产生的过程我们可以看出，设立这一制度的主要目的是提高审判效率，防止因民行两种不同诉讼程序可能带来的裁判冲突，及时、有效化解民行争议。这一目的恰恰又与本次修法增加行政诉讼化解行政争议的目的相契合。因此，在解读和落实一并审理民行争议制度及相关司法解释时，必须紧紧围绕实现这一目的进行，任何偏离这一目的的解读和做法都应当是错误的。

行政审判实践中，有一种错误倾向，认为民事纠纷法律关系复杂，证据采信和事实认定困难，有些民事争议可能还会有大量的数字计算问题，行政诉讼中一并审理民事争议，增加了行政审判法官的工作量。因此，一些法官遇到民行交叉案件，不是想方设法将民事争议纳入行政诉讼一并审理，而是采取推脱、拒绝，不予受理的态度，不愿意介入民事纠纷。这种思想和做法是违背行政诉讼法设立这一制度基本宗旨的，应予克服。

（二）一并审理的适用范围

《执行解释》第61条首次创设一并审理民行争议制度，将其范围限定在行政裁决案件中，规定行政裁决案件的审理中，可以一并解决行政裁决所涉民事争议。38号文件扩大了一并审理民行争议的适用范围，规定在审理行政裁决、行政确权、行政处理、颁发权属证书等案件时，均可以基于当事人申请一并解决相关民事争议。修改后的《行政诉讼法》第61条将一并审理民事争议的范围限定在审理涉及行政许可、登记、征收、征用和行政裁决案件时，可以就相关基础民事争议一并进行审理。应当注意的是，修改后的《行政诉讼法》第61条对一并审理民行争议的适用范围的列举是明确的、具体的，没有如38号文件在列举之后加“等”字，因此，根据行政诉讼法的规定，人民法院一并审理民行争议，仅限于法律条文所列举的行政许可、登记、征收、征用和行政裁决五类案件，其他行政案件不得适用一并审理制度。

民行交叉案件的类型十分广泛，从不同角度可以有不同的分类。从行政案件的类型上只要是可能与民事争议相关联的行政案件都有可能形成民行交叉。例如，行政处罚案件中，被处罚人的行政违法行为同时属于民事侵权行为侵犯受害人的人身或财产权利的，受害人对行政处罚决定不服，同时请求一并解决相关民事损害赔偿纠纷的，也属于民行交叉案件。但是，根据行政诉讼法的规定，人民法院不能一并审理，因为行政处罚相关民行交叉案件未被纳入一并审理民行争议的适用范围。另外，民行交叉案件还可以从基础关系的角度进行分类，有以民事为基础的民行交叉案件，有以行政为基础的民行交叉案件，还有并行关系的民行交叉案件。笔者认为，《行政诉讼法》第61条规定的民行交叉案件均应当属于以民事为基础的民行交叉案件，不包括以行政为基础和并行关系的民行交叉案件。这一点从其第2款规定看尤其明显，该款规定“行政案件的审理需以民事诉讼的裁判为依据的”，显然是指以民事为基础的民行交叉案件。之所以说包括第61条第1款一并审理民行争议制度也仅适用于以民事为基础的民行交叉案件，主要还是从第一款所列举的三种行政案件类型分析得出的结论。第一是行政许可和登记类案件。这类案件民行交叉主要发生在涉及基础民事权利转让后，行政许可相关主体变更登记的案件中。例如，公司股权转让后，相应地进行公司股东变更登记；土地房产买卖后，要进行相应的土地房产权属主体的变更登记等。第二是征收、征用类案件。这类案件民行交叉主要发生在征收、征用及其补偿纠纷中，当事人对征收、征用的财物权属产生争议，直接影响到征收、征用及其补偿主体的确定，此时权属纠纷仍然是征收、征用及其补偿争议的基础。第三是行政裁决类案件。行政裁决本身就是行政机关对民事纠纷的处理，民事争议当然是行政裁决的基础。

（三）提起民事诉讼的时间

一并审理民行争议，其前提是民事纠纷的一方或者双方当事人一并提起民事诉讼。没有当事人一并提起民事诉讼，就只有一个行政诉讼，不可能有民事、行政一并审理之说。那么，民事纠纷的当事人应当在什么时间阶段有权一并提起民事诉讼呢？应当说，这一问题是一并审理民行争议案件诉讼程序启动需要解决的前提条件。《适用解释》第17条第1款规定：“公民、法人或者其他组织请求一并审理行政诉讼法第六十一条规定的相关民事争议，应当在第一审开庭审理前提出；有正当理由的，也可以在法庭调查中提出。”对该款规定应当有以下几点认识：一是民行争议的当事人一方必须先行提起了一个行政诉讼，或者是在提起行政诉讼的同时，作为行政诉讼原告的当事人对相关民事争议一并提起了民事诉讼。如果特殊情况下，当事人先行提起了民事诉讼，之后又相关行政争议亦被提起行政诉讼，人民法院认为需要将两个案件合并由审理行政争议案件的合议庭按照行政诉讼法规定的一并审理民行争议程序进行审理的，须经民事案件原告一方的同意。因为，是否一并审理民行争议，实质是民事争议案件原告一方的选择权。二是当事人先行提起行政诉讼，行政诉讼过程中，民事争议一方当事人又提起民事诉讼，并要求一并审理的，民事诉讼通常应当在第一审开庭审理前提出。这里的“第一审开庭审理前”应当是指一审首次开庭审理前，不包括庭前证据交换程序。三是为鼓励当事人提出一并审理民行争议的诉求，有正当理由的，也可以准许当事人在法庭调查中提出。所谓“正当理由”，应当做从宽理解，包括当事人不懂法、不了解一并审理民行争议制度，经法官释明后，在法庭调查中提出一并审理民事争议诉讼请求的情形。同时，对“法庭调查中”也应当做宽泛理解，涵盖法庭调查结束前的任何时候，包括多次开庭情况下，最后一次开庭法庭调查前均应当允许当事人提出一并审理民事争议的诉讼请求。应当注意的是，当事人在“第一审开庭审理前”或者“法庭调查中”，提出一并审理民事争议诉讼请求的，人民法院应当依法保障民事诉讼被告一方当事人的诉讼权利，通过推迟开庭时间、宣布休庭择日另行继续开庭，充分满足民事诉讼被告一方法定的答辩期限。当然，民事诉讼被告一方同意放弃该项权利的除外。

（四）一并审理的例外

《适用解释》第 17 条第 2 款、第 3 款规定：“有下列情形之一的，人民法院应当作出不予准许一并审理民事争议的决定，并告知当事人可以依法通过其他渠道主张权利：（一）法律规定应当由行政机关先行处理的；（二）违反民事诉讼法专属管辖规定或者协议管辖约定的；（三）已经申请仲裁或者提起民事诉讼的；（四）其他不宜一并审理的民事争议。”“对不予准许的决定可以申请复议一次。”对该款规定内容分述如下：

1. 关于“法律规定应当由行政机关先行处理的”情形。主要是指相关基础民事纠纷法律规定必须由行政机关先行处理，人民法院对该类民事争议不能直接受理的情形。例如，在征收、征用集体土地的案件中，甲经济社认为某县政府征收的集体土地是其所有的土地，要求撤销该县政府以征收乙经济社集体土地名义所作的土地征收决定，同时要求人民法院对涉案土地权属民事争议进行一并审理。该案中，根据《中华人民共和国土地管理法》第16条规定，集体土地权属纠纷应当申请人民政府先行处理，当事人直接向人民法院提起民事诉讼不属于人民法院民事诉讼受案范围。因此，对于甲经济社提出的一并审理纠纷的诉讼请求，人民法院应不予准许。

2. 关于“违反民事诉讼法专属管辖规定或者协议管辖约定的”情形。民事案件的管辖与行政案件的管辖在法律上有所不同，这就必然造成民事争议案件的管辖法院与行政争议案件的管辖法院有可能不在同一法院的情形。如果审理行政案件的人民法院对相关民事争议不具有法定或者约定管辖权，则人民法院不应准许一并审理民行争议。但是，如果因人民法院依法进行集中管辖试点造成审理行政案件的人民法院对相关民事纠纷丧失管辖权的应当除外。主要理由是，可以一并审理民行争议和进行集中管辖试点都是行政诉讼法赋予人民法院的职责权限，经最高人民法院批准，高级人民法院确定实施集中管辖的，不仅仅是对相关人民法院行政案件的集中管辖，同时也包括了一并审理民行争议案件集中的管辖。除此之外，笔者还认为，如果相关民事争议当事人之间存在有效的仲裁协议，应当依法通过仲裁途径解决，未经其他当事人同意，民事争议一方当事人提出一并审理民行争议的，人民法院亦不应准予。理由与本项规定的理由一致，人民法院对该民事争议没有管辖权。

3. 关于“已经申请仲裁或者提起民事诉讼的”情形。民事争议一方当事人不选择一并审理民行争议程序，已经另行通过仲裁或者民事诉讼程序解决相关民事争议的，通常情况下当然不能再准许一并审理民行争议。例外的情况是民事争议双方当事人放弃仲裁程序，或者提起民事诉讼的一方当事人同意一并审理民行争议，从有利于民行争议的快速、实质解决的角度考虑，人民法院应当准予一并审理。

4. 关于“其他不宜一并审理的民事争议”的情形。笔者认为，为避免这项规定成为一些人民法院推诿、不受理当事人请求一并解决民事争议起诉的依据，对这项规定必须做严格的限制性解释，应当将其限定在人民法院一并审理民事纠纷将会违反法律规定的其他情形。如前所述，一并解决民行争议是基本原则，只要民事争议一方当事人依法提起一并审理民事争议的诉讼请求，人民法院从及时、便捷、有效实质性化解行政争议的角度，必须要对相关民事争议一并审理。无法定理由拒不一并审理的，违反行政诉讼法立法目的和第61条规定，属于审判程序违法。当事人以此提起上诉的，上一级人民法院应当裁定撤销一审判决，发回重审，并责令原审法院对相关民事争议一并审理。

（五）民事争议的立案登记

《适用解释》第18条规定："人民法院在行政诉讼中一并审理相关民事争议的，民事争议应当单独立案，由同一审判组织审理。""审理行政机关对民事争议所作裁决的案件，一并审理民事争议的，不另行立案。"

1. 单独立案。司法解释为何要求对民事争议应当单独立案，主要是考虑以下几个因素：第一，当事人请求对民事争议一并审理，起诉必须符合法定立案条件。如果起诉不合法定条件，人民法院不能一并审理。单独立案，正是为了对当事人的起诉是否符合法定条件进行审查认定。第二，另行提起民事诉讼需要缴纳诉讼费，没有相应的案号，人民法院内部工作程序难以操作。且是否缴纳诉讼费也是最终能否一并审理的前提条件。如果起诉人不按期、足额缴纳诉讼费，又不符合缓、减交费条件的，同样不能一并审理民事争议。第三，对一并审理民事争议的案件单独立案，另行计算工作量，有利于鼓励行政审判法官一并审理民行争议案件。

应当注意的是，民事案件单独立案，并不意味着单独审理和另行判决。民事争议单独立案后，应当由审理行政争议案件的合议庭与行政案件一起并案审理，同时判决。如果一审法院先审理民事案件，中止行政案件的审理，等待民事案件判决生效后，再恢复行政案件审理，就违背了行政诉讼法设立一并审理民行争议制度的初衷，属于审判程序违法，二审法院应当裁定撤销一审判决，发回重审，责令一审法院依法对民行争议一并审理，同时作出判决。

2. 行政裁决案件的例外规定。根据《适用解释》第18条第2款的规定，行政裁决案件一并审理民事争议的，无须另行单独立案。主要原因在于，行政裁决案件中，被诉行政行为处理的就是民事争议当事人之间的民事纠纷，行政机关对民事争议处理是否合法公正，就是被诉行政行为合法公正与否的全部内容，两者完全重合。在此情形下，即便当事人不提起民事诉讼，根据行政诉讼法关于全面审查被诉行政行为合法性的原则，人民法院对民事争议应当如何处理才是公证合法问题也必须进行全面审查。因此，对一并提起民事诉讼另行单独立案，完全没有必要。实践中，人民法院审理行政裁决案件，对当事人请求一并审理民事争议的，人民法院作出判决时，必须对民事争议部分作出实体判决，不得作出撤销被诉行政裁决行为、责令被告限期重新作出行政裁决行为的判决。否则，二审可以遗漏对民事诉讼请求判决为由，撤销一审判决，发回重审。

笔者认为，人民法院审理行政裁决案件，实质不仅仅是一并审理民行争议的问题。从另一角度考虑，人民法院对行政裁决案件实质是享有司法变更权。主要理由是：民事争议传统上原本就是人民法院管辖的事项，对民事争议如何处理，人民法院享有完整的判决处理权限。法律、法规规定由行政机关先行裁决的民事争议，行政机关裁决后，当事人只能对行政机关作出的行政裁决行为提起诉讼，案件的性质由民事案件转变为行政案件。但是，即便如此，人民法院对基础民事纠纷所享有的完整的判决处理权限，在行政案件中仍然没有改变。从这个意义上讲，人民法院在审理行政裁决案件中，又是对行政裁决行为具有司法变更权。换句话说，人民法院审理行政裁决案件，即便当事人不提起一并审理民事争议，人民法院仍然有权对基础民事争议作出实体判决，而且从实现行政诉讼法关于解决行政争议立法目的的角度考虑，人民法院应当对基础民事争议直接作出实体判决。

（六）审理民事争议的法律适用

《适用解释》第19条第1款规定：“人民法院一并审理相关民事争议，适用民事法律规范的相关规定，法律另有规定的除外。”从实体法的角度考虑，民事争议的解决，当然应当首先适用相关民事法律规则进行审理和判决。行政诉讼中一并对相关民事争议进行审理和判决也不应例外，除非法律对相关民事争议的处理确有特别规定，根据特别法优于一般法的法律适用规则，应当适用特别法规定。本案规定与法律适用的一般规则并无实质区别。

人民法院在一并审理民事争议过程中，诉讼程序如何适用法律，司法解释未作明确规定。笔者认为，一并审理民行争议中，因主诉是行政诉讼，整体上诉讼程序按照行政诉讼法规定的程序进行，但是，就民事争议部分而言，原则上适用民事诉讼法的规定。例如，当事人的答辩期限、举证责任的分配等民事诉讼法有特别规定的，优先适用民事诉讼法的规定。

（七）民事纠纷调解对行政行为合法性的影响

《适用解释》第 19 条第 2 款规定：“当事人在调解中对民事权益的处分，不能作为审查被诉行政行为合法性的根据。”当事人对自身民事权利享有自由处分的权利，因此在一并审理民事争议的过程中，人民法院可以对民事争议进行调解，调解达成协议的，应当制作调解书，调解书一经送达即发生法律效力。但是，行政案件还涉及对被诉行政行为合法性的审判问题。民事纠纷解决后，人民法院是否可以根据双方在民事调解过程中认可的事实，或者依照民事调解结果，对被诉行政行为的合法性进行审查认定？对此，司法解释作出明确规定，不可以。这一点与《最高人民法院关于行政诉讼证据若干问题的规定》第 66 条“在行政赔偿诉讼中，人民法院主持调解时当事人为达成调解协议而对案件事实的认可，不得在其后的诉讼中作为对其不利的证据”规定的精神是完全一致的，只是将范围扩大至民事纠纷的调解。应当注意的是，《适用解释》只是讲当事人在“调解中对民事权益的处分”不能作为“审查被诉行政行为合法性的根据”，但是，对“当事人为达成调解协议而对案件事实的认可”是否可以作为“审查被诉行政行为合法性的根据”未作规定。笔者认为，同样道理，也不能作根据。

（八）一并审理的裁判形式和上诉、再审

《适用解释》第19条第3款规定："行政争议和民事争议应当分别裁判。当事人仅对行政裁判或者民事裁判提出上诉的，未上诉的裁判在上诉期满后即发生法律效力。第一审人民法院应当将全部案卷一并移送第二审人民法院，由行政审判庭审理。第二审人民法院发现未上诉的生效裁判确有错误的，应当按照审判监督程序再审。"该款规定包含以下几层意思：

1. 民行纠纷分别裁判。如何理解《适用解释》第19条第3款"行政争议和民事争议应当分别裁判"？目前，有一种观点认为：一并审理民行争议必须分别审理、分别裁判。笔者认为，这种观点是错误的。行政诉讼法既然规定一并审理民行争议，就必须是一并审理，而不是分别审理，分别审理直接违反《行政诉讼法》第61条第1款一并审理的规定。至于《适用解释》第19条第3款规定的"分别裁判"，笔者认为，是指针对人民法院对当事人分别提出的民事案件诉讼请求和行政案件诉讼请求，应当分别一一作出裁判，不得漏审、漏判当事人提出的任何一个诉讼请求。"分别裁判"并不是指人民法院必须分别作出一份民事判决书和一份行政判决书，要同时有两份判决文书。审判实践中，是制作一份判决文书，还是两份判决文书，是法官的裁量权，应当结合案件的实际情况，由主审法官自行选择决定。从简化程序、一揽子实质解决争议、便于阅读理解的角度考虑，笔者更赞成一般应当在一份判决文书中对当事人就民事争议和行政争议提出的诉讼请求分别作出裁判，具体格式可以参照刑事附带民事判决在一份判决书中分别对刑事和附带民事作出判决的格式。一份判决文书的名称就叫"某某人民法院行政判决书"。因一并审理民行争议中，司法解释要求对民事争议"应当单独立案"，除行政案件的案号外，应该还有一个单独的民事案号。这两个案号在一份判决书中可以分两行、先行政后民事、上下排列。至于判决结果部分，因为一并审理民行争议通常民事是基础，从逻辑关系上讲，一份判文书中应当先对民事部分作出判决，之后再对行政部分作出判决。一份判决不会影响当

事人对部分内容提出上诉，上级人民法院对上诉部分审查。相反，因为一份判决书全面表述了案件的事实和处理结果，反而更有利于上级法院对上诉案件的审理。

2. 上诉和再审问题。通常情况下，由于一并审理民行争议案件民事是基础，只要当事人对民事部分不服提出上诉，必然会对行政判决提出上诉，这时候是全案上诉，二审法院应当对全案进行审理。但是，特殊情况是，当事人对与被诉行政行为合法性有关的民事判决部分无异议，对行政争议的判决不上诉。但是，对于民事判决中与被诉行政行为合法性无关的履行争议、违约责任等内容不服上诉，这时候人民法院只应对民事上诉部分进行审理，不对行政判决和未上诉的民事判决部分进行审理。同样，在审判监督程序中，对于影响行政行为合法性的民事判决内容予以再审的，必须对民事、行政判决全案再审；反之，如果仅仅是对与被诉行政行为合法性无关的民事判决部分再审的，只审理民事判决存在错误的部分，则不对民事判决其他部分和行政判决部分进行审理。一并审理民行争议案件一审是由行政审判庭审理，二审和再审原则上也应当由上一级人民法院的行政审判庭审理。

（九）裁定中止行政案件的审理

《行政诉讼法》第 61 条第 2 款规定："在行政诉讼中，人民法院认为行政案件的审理需以民事诉讼的裁判为依据的，可以裁定中止行政诉讼。"中止诉讼的前提是，行政诉讼中相关民事争议当事人对作为行政案件基础的民事争议，另行向有管辖权的人民法院提起了民事诉讼，有管辖权的人民法院已受理该民事案件，行政案件须等待该民事案件的处理结果。这时，根据《执行解释》第 51 条第 1 款第 6 项有关"案件的审判须以相关民事……案件的审理结果为依据，而相关案件尚未审结的……中止诉讼"的规定，一审法院应当裁定中止行政案件的审理，待相关民事争议案件判决生效后，恢复行政案件审理，依照生效民事判决结果，作出行政判决。

《行政诉讼法》第 61 条第 2 款实际上是对一并审理民行争议案件的排除

性规定。原则上，只要民事争议一方当事人提起一并审理民事争议的诉讼，人民法院就应当按照《行政诉讼法》第61条第1款的规定，一并审理民行争议案件。但是，如果民事争议的一方当事人已经选择另行提起民事诉讼解决基础民事争议，有管辖权的人民法院已经受理该民事诉讼，原则上受理行政争议案件的人民法院已经丧失一并审理民行争议案件的机会。此时，只能等待民事争议案件的裁判结果，依法中止行政案件是唯一选项。《行政诉讼法》第61条第2款在这里只是提到了民事争议当事人另行提起民事诉讼，民事案件已经被受理的情形。但是，实践中还可能出现多种情况：（1）当事人就相关民事争议依法申请仲裁，仲裁机构已经依法受理；（2）当事人就相关民事争议已经申请行政机关先行裁决，有权机关受理后正在调查处理过程中；（3）当事人就相关民事争议申请行政机关或者社会团体进行调解，相关行政机关或者社会组织正在调解过程中；等等。那么，是否只要当事人对相关民事争议请求相关国家机关或者社会团体进行处理，相关单位已经受理，人民法院就应当中止关联行政案件的审理呢？笔者认为，不是。只有当事人向法定的专门解决该类基础民事争议的组织提出并已获受理时，人民法院才可以中止相关行政案件的审理。例如，上述列举的（1）（2）两种情况，即属于应当中止审理的情形，但是，（3）就不属于向法定的专门解决类似民事争议提出申请并已受理的情形，人民法院不应中止行政案件的审理。

应当注意的是，过去在审理房屋登记行政案件过程中，少数法官错误理解《最高人民法院关于审理房屋登记案件若干问题的规定》（以下简称《房屋登记司法解释》）第8条规定，在告知当事人先行解决民事争议之后，对已经受理的房屋登记行政案件即裁定中止审理。这种做法既违反了《房屋登记司法解释》第8条规定，也是不符合行政案件中止诉讼的法定条件。《房屋登记司法解释》第8条规定："以作为房屋登记行为基础的买卖、共有、赠与、抵押、婚姻、继承等民事法律关系无效或者应当撤销为由，对房屋登记行为提起行政诉讼的，人民法院应当告知当事人先行解决民事争议，民事争议处理期间不计算在行政诉讼起诉期限内；已经受理的，裁定中止诉讼。"其中，

"已经受理的"同时包含了两层含义：一是指人民法院已经受理了当事人就房屋登记争议提起的行政诉讼；二是指经人民法院释明后，当事人就相关基础民事纠纷已经依法提起民事诉讼或者申请仲裁，有管辖权的人民法院或者仲裁机构已经受理。只有在行政争议案件和基础民事争议案件均已受理的情况下，行政案件才可以中止审理。否则，中止审理缺乏事实根据。

（十）作为行政案件主要事实进行审理

《行政诉讼法》第61条第1、2款对以民事为基础的民行交叉案件，分别规定了两种不同的处理方式。第1款针对的是民事争议的当事人一并提起民事诉讼，请求人民法院一并审理民行争议的情形，规定人民法院须一并审理民行争议；第2款针对的是民事争议的当事人另行提起民事诉讼不愿意一并审理民行争议的情形，规定人民法院须中止行政案件的审理，待民事判决生效后，根据民事判决结果作出行政判决。但是，审判实践中，除以上两种情形外，还存在第三种情形，即，民事争议的当事人既不一并提起民事诉讼也不另行提起民事诉讼，此种情形下，人民法院审理行政案件对基础民事争议应当如何处理，第61条未作规定。

笔者认为，上述情况下，人民法院应当将基础民事纠纷中与被诉行政行为合法性相关联的部分内容作为行政案件的主要事实进行审理认定。换句话说，如果民事争议的各方当事人在行政诉讼中均不一并或者另行提起民事诉讼，亦不通过申请仲裁或者请求相关国家机关先行处理等法定的民事争议解决途径解决涉案基础民事争议，对于基础民事争议中与被诉行政行为合法性直接相关联的事实和法律问题，人民法院在审理行政争议的案件中必须予以审理认定。主要理由是：第一，在以民事争议为基础的行政案件中，相关民事争议内容，就是行政行为的主要事实根据。例如，在房屋登记行政案件中，原告诉被告将原本登记在其名下的房屋所有权转移登记至第三人名下的房屋转移登记行为违法，理由是第三人向房屋登记机关提供的原告与第三人之间的房屋买卖合同是虚假的，属于可撤销的或者无效的民事合同。此时，房屋买卖是否真实、有效这一民事争议的相关事实，就是被诉转移登记行为所依据的主要事实。这一事实如果真实有效存在，被诉房屋转移登记行为的主要事实就是清楚的；反之，被诉房屋转移登记的主要事实就是不清楚的。第二，根据《行政诉讼法》第6条规定，人民法院对被诉行政行为合法性全面审查。作为被诉行政行为的主要事实根据，且是当事人双方争议焦点问题，当然属于行政诉讼中人民法院对被诉行政行为合法性进行审查的主要内容。人民法院只有查清相关基础民事争议基本事实是否真实有效存在，才能够对被诉行政行为是否合法有效作出判断。根据行政诉讼对被诉行政行为合法性进行全面审查的基本原则，人民法院必须对基础民事争议中关系到被诉行政行为合法性的内容进行审理认定。第三，如果行政诉讼中人民法院认为基础民事争议与被诉行政行为合法性相关联的内容属于另一个法律关系，不属于行政案件的审查范围，直接违背了行政诉讼法规定的全面审查被诉行政行为合法性的基本原则，同时也未对行政案件中当事人各方争议焦点问题进行审理认定。人民法院仅仅依据对被诉行政行为主要事实以外的其他内容的审理，作出行政判决，不能以理服人、实质性化解行政争议，完全是程序空转。第四，人民法院在行政诉讼中对基础民事争议与被诉行政行为合法性相关联的事实和法律问题进行审理认定，并不超越人民法院的审判职权范围。人民法院对与被诉行政行为合法性进行审查认定的内容包括两部分：一是民事争议基本事实的认定；二是民事关系是否合法有效的判断。基础民事争议基本事实认定，包括对与被诉行政行为合法性相关联的民事争议事实的审理认定，当然属于行政审判的职责权限；民事关系的合法性判断，稍有点复杂，但是也没有超越人民法院的审判权范围。因为，尽管人民法院内部存在民事审判和行政审判的区分，但是，就判决书而言，最终都是以人民法院的名义作出。在行政诉讼中，由行政审判法官对直接关系到被诉行政行为合法性的民事关系的合法有效性作出判断，属于人民法院的审判权范围，也是行政审判法官依法作出行政判决所必要的职权。否则，行政案件将无法裁判，法官不能拒绝裁判的基本原则将无法落实。第五，人民法院在行政诉讼中查明与被诉行政行为合法性相关联的民事争议事实，证明标准与民事诉讼中查明事实的标准是一致的，均采用优势证明标准；在民事关系合法有效性的判断上，行政审判法官也是要根据民事法律规则作出确认，与民事诉讼中的使用规则并无二致。因此，不会产生行政审判法官与民事审判法官在相同证据材料面前，得出不同事实认定和不同法律判断的结果。而且，就行政审判法官队伍而言，相当部分的行政审判法官本身就是从民事法官岗位转岗而来，甚至目前还要同时办理大量民事案件，基本不存在因行政审判法官不懂民事案件审理规则造成错判的问题。

当然，行政诉讼中，当事人提起一并审查民事争议的诉讼，人民法院对民事争议的审查范围是要受到限定的，人民法院在行政诉讼中只能对与被诉行政行为合法性相关联的事实和法律问题进行审查认定，对于与被诉行政行为合法性无关联的其他事实和法律问题，人民法院无审理和裁判权。举例说明，在因买卖关系而发生的房屋转移登记行政案件中，基础的民事争议中，只有房屋买卖合同是否真实、有效是与被诉转移登记行为的合法性有关的事实和法律问题，属于人民法院行政诉讼的审查范围，房屋转让合同中的履行争议，包括是否还要支付购房款、是否逾期交付、是否要承担违约责任等问题，不属于行政诉讼的审查范围。对与被诉行政行为合法性无关联的民事争议，当事人可以在行政判决作出后，依法另行通过民事诉讼解决。当然，另行提起民事诉讼的审理中，民事案件的审理和裁判应当受到生效行政判决的拘束，另诉的民事履行纠纷案件的裁判不得与生效行政判决对相关民事事实和法律问题作出的认定和判断相冲突。如果审理民事履行纠纷案件的人民法院认为生效行政判决的相关认定确有错误，应当依法通过审判监督程序纠正行政判决后，再继续审理民事履行纠纷案件。

司法复议制度初论

杨临宏*

司法复议是一项发挥着独特价值和功能的司法制度，对于解决司法活动所引发的纠纷具有十分重要的意义。但由于我国立法上对司法复议的规定不完善和法学理论界对此问题至今尚无人开展过认真深入的研究，① 因此，该项制度并未引起人们的足够重视。如果司法过程中出现的争议不加以解决或者纠纷是在有争议的氛围中（当事人不信任）解决，当事人对解决纠纷的机制从内心深处就已经不信任，即使法院强制作出裁判，当事人也很难接受。本文试图对这一制度进行初步的探讨，以期能引起理论界与实务界的关注。

一、司法复议界说

（一）司法复议的概念及性质

从不同的视角，可以对司法复议作不同定义。从司法机关的角度看，司法复议（或称诉讼复议），可定义为，在司法活动过程中，当事人对司法机关作出的某些特定司法行为不服，而依法向有权司法机关提出复议申请，请求撤销或者变更已经发生效力的司法行为，由有权司法机关受理后对该特定司法行为进行再次审查并作出裁决的司法活动。简言之，司法复议为司法机关

* 杨临宏，云南大学法学院教授，法学学士，云南大学滇西发展研究中心主任。

① 作者从中国期刊网上进行搜索，没有发现直接专门研究司法复议制度的论文。

重新处理司法行为的一种特殊司法活动。从当事人权利保障的角度看，司法复议又可定义为在司法活动过程中，当事人就司法机关作出的某些特定司法行为不服，而依法向有权的司法机关提出撤销或者变更申请的一种制度，亦即司法复议是一种给予诉讼当事人权利救济的制度。

不论从何种角度来界定，司法复议都是具有行政性和司法性双重性质的法律行为，但究其本质，司法复议应属一种特殊形态的司法活动。首先，从司法复议运作模式上看，诸如复议程序启动方式、复议遵循的程序、复议所具有的效率性等方面与行政复议有着诸多的相同相近之处。司法复议机关所实施的复议活动与司法机关的基本职权——司法裁判权并不相同，具有行政权力的外观（命令与服从性），也具有自己裁决自己的纠纷的嫌疑。其次，司法复议过程中司法机关的复议权力和行政复议过程中复议机关所享有的复议权力在属性上又有着本质性的差别。司法复议有着不同于行政复议（终局性的行政复议和非终局性的行政复议）所不具有的特质。从整个国家的权力运行上讲，行政权是受到司法权约束的，行政复议一般情形下都是可以成为诉讼的对象，在法定条件下司法权对其进行审查，依法判断其是否合法。但是，司法复议不能成为司法审查的对象。这也就是说，司法复议具有程序上的终局性，因此，司法复议应属于一种特殊形态的司法行为，而非行政行为。总体而言，行政复议与司法复议有着本质的区别：行政复议是具有一定司法性的行政行为，其本质上是行政行为；而司法复议是具有一定行政性的司法活动，其本质上则是司法行为。

（二）司法复议的基本特征

司法复议与行政复议相比较，虽然都属于复议制度，是对已经作出的行为的再次审议，但是两者在制度设计上亦存在本质性的区别。司法复议虽然是一种司法活动，但是它又不同于其他司法活动。比较而言，司法复议具有以下几方面的特征：

第一，司法复议主体类型多样。行政复议的主体是单一的，即行政复议机关。而司法复议的主体，不仅仅限于法院，还包括其他实际行使司法权的机关。例如，在刑事诉讼中，人民检察院、公安机关、国家安全机关等也对一些特定的事项具有司法复议的权力。

第二，司法复议所处理的争议是司法活动过程中发生的司法争议。这里的司法争议主要是指司法机关在司法活动过程中因实施特定的司法行为而与相对人发生的争议。这种争议有些属于实体性的权利争议（如当事人对法院作出的司法罚款或者司法拘留不服，可向上一级法院申请复议），有些是属于程序性的权利（如当事人对申请回避被驳回后申请复议）。司法复议的对象是司法活动过程中司法机关因保障司法程序的正常有序进行而作出的决定或裁定。尽管这种决定或裁定主要牵涉当事人的程序性权利，但是从结果来看，对当事人的实体权利维护及实现具有重大甚至是根本性的影响。因此，当司法机关作出这种决定或裁定后，赋予当事人一定的救济权就必不可少。可以说，司法复议既是国家司法机关司法救济的重要环节，也是司法机关内部监督和纠错机制的重要环节。

第三，司法复议审查方式多样。目前司法复议的方式，我国的法律尚无统一规定。如《最高人民法院关于适用〈中华人民共和国刑事诉讼法〉的解释》第30条规定："对当事人及其法定代理人提出的回避申请，人民法院可以口头或者书面作出决定，并将决定告知申请人。当事人及其法定代理人申请回避被驳回的，可以在接到决定时申请复议一次。不属于刑事诉讼法第二十八条、第二十九条规定情形的回避申请，由法庭当庭驳回，并不得申请复议。"在当事人申请后，应当如何复议，法律对此并没有作进一步的规定。实践中，当庭的复议方式是依据当事人口头陈述以及提供的资料作出决定的，是否具有审慎性和客观真实性，确实存在进一步考量的空间。

第四，司法复议效力的终局性和救济方式的独特性。一般情况下，行政复议都是可以被纳入司法制度体系中进行审查的，其并不具有终局性的法律效力，即行政复议的决定（除法律明确规定外）通常具有可诉性。但是，经过司法复议作出的决定或裁定，当事人不可以对其提起诉讼，即司法复议具有终局性的效力。如果当事人认为司法复议不当，实践中往往是通过在其他程序中对司法复议提出异议，获得救济。如果该异议成立，产生的结果也多数是原决定、判决或裁定被撤销，重新启动司法程序，而很少只针对司法复议作出独立的审查裁决。例如，当事人在一审程序启动时提出回避申请后被法院驳回，经申请复议仍被驳回，当事人在二审中就一审程序中的回避问题提出异议，一旦二审接受当事人的异议申请，二审法院就可能作撤销一审判决或裁定，发回重审，但二审法院并不会专门对司法复议是否合法适当作出相对独立的决定或裁定。

第五，司法复议的申请人不仅限于当事人，行使司法权力的公安机关、检察机关也有一定的申请司法复议的权力。而在行政复议中，只有行政相对人才有权申请行政复议，行使行政职权的行政主体是不能申请行政复议的。

二、我国司法复议制度的立法现状

（一）我国司法复议制度的立法状况

就立法状况而言，本文从司法复议内容的角度出发，对我国当前三大诉讼法及相关司法解释的复议立法做一小结。从现行的立法来看，我国关于司法复议的规定如下：《刑事诉讼法》第 30 条第 3 项、第 32 条第 2 项、第 90 条、第 100 条、第 175 条、第 188 条第 2 款、第 194 条第 1 款、第 271 条 2 款、第 287 条第 2 款等 9 个条款中规定了司法复议问题；《民事诉讼法》中第 47 条、第 108 条、第 116 条第 3 款、第 225 条等 4 个条款规定了司法复议问题；《行政诉讼法》中第 55 条第 4 款、第 56 条第 2 款、第 57 条第 2 款、第 59 条第 3 款规定了司法复议问题。2014 年 9 月 13 日公安部公布了《公安机关办理刑事复议复核案件程序规定》（自 2014 年 11 月 1 日起施行）要求公安机关办理刑事复议、复核案件，应当遵循合法公正、有错必纠的原则，确保国家法律正确实施。对公安机关办理刑事复议案件的申请、受理、审查和决定等问题作了具体的规定。这些规定归纳起来有如下几类：

第一，有关诉讼回避的司法复议。《刑事诉讼法》第30条第3款规定："对驳回申请回避的决定，当事人及其法定代理人可以申请复议一次。"《刑诉解释》第28条规定："被决定回避的人员对决定有异议的，可以在恢复庭审前申请复议一次；被驳回回避申请的当事人及其法定代理人对决定有异议的，可以当庭申请复议一次。"《人民检察院刑事诉讼规则》（试行）第27条之规定："人民检察院作出驳回申请回避的决定后，应当告知当事人及其法定代理人如不服本决定，有权在收到驳回申请回避的决定书后五日内向原决定机关申请复议一次。"第28条规定："当事人及其法定代理人对驳回申请回避的决定不服申请复议的，决定机关应当在三日以内作出复议决定并书面通知申请人。"《民事诉讼法》第47条规定："申请人对决定不服的，可以在接到决定时申请复议一次。复议期间，被申请回避的人员，不停止参与本案的工作。人民法院对复议申请，应当在三日内作出复议决定，并通知复议申请人。"根据《行政诉讼法》第55条4款的规定，"当事人对决定不服的，可以申请复议"。《最高人民法院关于执行〈中华人民共和国行政诉讼法〉若干问题的解释》（以下简称《行诉解释》）中第47条第4款规定："申请人对驳回回避申请决定不服的，可以向作出决定的人民法院申请复议一次。复议期间，被申请回避的人员不停止参与本案的工作。被申请人的复议申请，人民法院应当在3日内作出复议决定，并通知复议申请人。"

第二，有关财产保全、先予执行的司法复议。《民事诉讼法》第108条规定："当事人对保全或者先予执行的裁定不服的，可以申请复议一次。复议期间不停止裁定的执行。"《最高人民法院关于适用〈中华人民共和国民事诉讼法〉的解释》第171条："当事人对保全或者先予执行裁定不服的，可以自收到裁定书之日起五日内向作出裁定的人民法院申请复议。人民法院应当在收到复议申请后十日内审查。裁定正确的，驳回当事人的申请；裁定不当的，变更或者撤销原裁定。"《行诉解释》第48条第3款规定："当事人对财产保全或者先予执行的裁定不服的，可以申请复议。复议期间不停止裁定的执行。”

第三，有关证据保全的司法复议。《最高人民法院关于民事诉讼证据的若干规定》第 19 条规定：“当事人及其诉讼代理人申请人民法院调查收集证据，不得迟于举证期限届满前七日。人民法院对当事人及其诉讼代理人的申请不予准许的，应当向当事人或其诉讼代理人送达通知书。当事人及其诉讼代理人可以在收到通知书的次日起三日内向受理申请的人民法院书面申请复议一次。人民法院应当在收到复议申请之日起五日内作出答复。”《最高人民法院关于行政诉讼证据若干问题的规定》第 25 条规定：“人民法院对当事人调取证据的申请，经审查符合调取证据条件的，应当及时决定调取；不符合调取证据条件的，应当向当事人或者其诉讼代理人送达通知书，说明不准许调取的理由。当事人及其诉讼代理人可以在收到通知书之日起三日内向受理申请的人民法院书面申请复议一次。人民法院应当在收到复议申请之日起五日内作出答复。人民法院根据当事人申请，经调取未能取得相应证据的，应当告知申请人并说明原因。”

第四，有关司法罚款、拘留处罚的司法复议。如《刑事诉讼法》第 188 条第 2 款规定：“证人没有正当理由拒绝出庭或者出庭后拒绝作证的，予以训诫，情节严重的，经院长批准，处以十日以下的拘留。被处罚人对拘留决定不服的，可以向上一级人民法院申请复议。复议期间不停止执行。”《最高人民法院关于适用〈中华人民共和国刑事诉讼法〉的解释》第 250 条第 2 款规定：“诉讼参与人、旁听人员对罚款、拘留的决定不服的，可以直接向上一级人民法院申请复议，也可以通过决定罚款、拘留的人民法院向上一级人民法院申请复议。通过决定罚款、拘留的人民法院申请复议的，该人民法院应当自收到复议申请之日起三日内，将复议申请、罚款或者拘留决定书和有关事实、证据材料一并报上一级人民法院复议。复议期间，不停止决定的执行。”《刑事诉讼法》第 194 条第 1 款规定：“在法庭审判过程中，如果诉讼参与人或者旁听人员违反法庭秩序，审判长应当警告制止。对不听制止的，可以强行带出法庭；情节严重的，处以一千元以下的罚款或者十五日以下的拘留。罚款、拘留必须经院长批准。被处罚人对罚款、拘留的决定不服的，可以向上一级人民法院申请复议。复议期间不停止执行。"《刑事诉讼法》第287条第2款规定："被决定强制医疗的人、被害人及其法定代理人、近亲属对强制医疗决定不服的，可以向上一级人民法院申请复议。"《民事诉讼法》第116条第3款规定："罚款、拘留应当用决定书。对决定不服的，可以向上一级人民法院申请复议一次。复议期间不停止执行。"另外，《最高人民法院关于适用〈中华人民共和国民事诉讼法〉的解释》第185条规定："被罚款、拘留的人不服罚款、拘留决定申请复议的，应当自收到决定书之日起三日内提出。上级人民法院应当在收到复议申请后五日内作出决定，并将复议结果通知下级人民法院和当事人。"第186条规定："上级人民法院复议时认为强制措施不当的，应当制作决定书，撤销或者变更下级人民法院作出的拘留、罚款决定。情况紧急的，可以在口头通知后三日内发出决定书。"《行政诉讼法》第59条第3款仅规定："罚款、拘留须经人民法院院长批准。当事人不服的，可以向上一级人民法院申请复议一次。复议期间不停止执行。"

第五，有关控告人对不立案决定的司法复议。如《刑事诉讼法》第110条规定："人民法院、人民检察院或者公安机关对于报案、控告、举报和自首的材料，应当按照管辖范围，迅速进行审查，认为有犯罪事实需要追究刑事责任的时候，应当立案；认为没有犯罪事实，或者犯罪事实显著轻微，不需要追究刑事责任的时候，不予立案，并且将不立案的原因通知控告人。控告人如果不服，可以申请复议。"另外，《人民检察院刑事诉讼规则》（试行）第184条第2款规定："对不立案的复议，由人民检察院控告检察部门受理。控告检察部门应当根据事实和法律进行审查，并可以要求控告人、申诉人提供有关材料，认为需要侦查部门说明不立案理由的，应当及时将案件移送侦查监督部门办理。"

第六，有关公安机关对人民检察院不批准逮捕决定的司法复议。如《刑事诉讼法》第90条规定："公安机关对人民检察院不批准逮捕的决定，认为有错误的时候，可以要求复议，但是必须将被拘留的人立即释放。如果意见不被接受，可以向上一级人民检察院提请复核。上级人民检察院应当立即复核，作出是否变更的决定，通知下级人民检察院和公安机关执行。”《人民检察院刑事诉讼规则》（试行）第323条规定：“对公安机关要求复议的不批准逮捕的案件，人民检察院侦查监督部门应当另行指派办案人员复议，并在收到提请复议书和案卷材料后的七日以内作出是否变更的决定，通知公安机关。”

第七，有关公安机关认为不起诉的决定有错误的司法复议。如《刑事诉讼法》第175条规定：“对于公安机关移送起诉的案件，人民检察院决定不起诉的，应当将不起诉决定书送达公安机关。公安机关认为不起诉的决定有错误的时候，可以要求复议，如果意见不被接受，可以向上一级人民检察院提请复核。”《人民检察院刑事诉讼规则》（试行）第415条规定：“公安机关认为不起诉决定有错误，要求复议的，人民检察院公诉部门应当另行指定检察人员进行审查并提出审查意见，经公诉部门负责人审核，报请检察长或者检察委员会决定。人民检察院应当在收到要求复议意见书后的三十日以内作出复议决定，通知公安机关。”对于人民检察院自行侦查的案件，《人民检察院刑事诉讼规则》（试行）第289条3款规定：“下级人民检察院认为上级人民检察院的决定有错误的，可以向上级人民检察院提请复议，上级人民检察院维持原决定的，下级人民检察院应当执行。”

第八，有关检察机关在抗诉中的司法复议。如《人民检察院刑事诉讼规则》（试行）第589条规定：“上一级人民检察院对下级人民检察院按照第二审程序提出抗诉的案件，认为抗诉正确的，应当支持抗诉；认为抗诉不当的，应当向同级人民法院撤回抗诉，并且通知下级人民检察院。下级人民检察院如果认为上一级人民检察院撤回抗诉不当的，可以提请复议。上一级人民检察院应当复议，并将复议结果通知下级人民检察院。”

（二）现行司法复议制度存在的问题

以上笔者不厌其烦地详细罗列了我国现行诉讼法律及相关司法解释中关

于司法复议制度的全部规定。总体上看，我国司法复议制度的建立对诉讼过程中化解当事人与司法机关之间的纠纷发挥着积极作用，体现了一定的司法效率，保证了诉讼活动的顺利进行。但就目前的立法状况而言，仍然存在着一定的缺陷。以回避为例，有权对驳回申请回避决定进行复议的机关是原作出该决定的组织和个人，那么具体的司法复议事项应该由哪些机构具体负责处理？应当由庭长、院长，还是审判委员会决定？同时，由于司法复议的结果是具有终局性的，一旦复议维持原决定，当事人又当通过何种途径保护自己的合法权益？并未对上述问题作具体规定。又如从复议的期限和作出复议的方式来看，相关的法律规定也不尽完善。《民事诉讼法》有相关规定，即人民法院对复议申请，应当在三日内作出复议决定，并通知复议申请人。但《刑事诉讼法》及《行政诉讼法》对此并无规定，仅见于相关司法解释。

根据上述的条文，概括起来，我国司法复议制度存在的缺陷主要有：

第一，立法一般只规定可以申请司法复议，但没有规定司法复议机关应当如何复议；

第二，司法复议的职权一般都是分别由不同司法机关的有关个人行使，没有规定建立相对统一的司法复议机构；

第三，没有复议时限和程序的统一规定、缺乏严格的复议监督机制；

第四，没有对司法复议机构的复议方式、作出复议决定的方式作出明确的规定；

第五，不区分程序性问题和实体性问题，司法复议的范围缺少科学的分类。

三、完善我国司法复议制度构想

（一）完善我国司法复议制度的价值取向

从我国目前法律规定来看，司法复议的对象既有直接牵涉司法活动过程中的当事人实体性权利的事项，也有涉及当事人程序性权利的事项。司法复议制度的设计应是为了及时解决司法活动中因某些程序性事项引发的争议，从而保证整个诉讼活动的正常有序进行，其基本的价值目标应该是效率优先。通观我国现行诉讼法关于司法复议对象的规定来看，其基本的目标应是有效保障诉讼程序的顺利进行，以提高诉讼效率。可以说，司法复议制度的最大价值也就是在于最大化地保障和推进整个诉讼进程，并保障当事人权利的有效实现。但是司法复议制度在追求其效率价值的同时，也应当符合法治的基本精神，应当积极实现司法公正的价值。尽管说迟到的公正也是不公正的，但就一个失去公正的效率而言，其危害则更大。

（二）完善我国司法复议制度的建议

第一，准确定位司法复议制度。司法复议是具有一定行政性的司法行为，其本质上仍是司法机关的司法行为，而非行政行为，然而司法复议的结果却是终局性的，这将不利于保护司法复议相对人的合法权益。为此，遵循有权力必有救济的原理，就有必要在现有的司法体制下设计出一套行之有效的司法复议模式，从而保障当事人的合法权益。

第二，建立相对集中的司法复议体制。我国目前行使司法权的机关除法院以外，检察机关、公安机关、国家安全机关等也行使了一定的司法权。从司法复议制度上来看，它们也都享有对一定事项的司法复议权。从我国现行立法的规定看，采取的是“谁的事情谁复议”的解决方式，是典型的“自己做自己的法官”，其结论很难让当事人信服。因此笔者建议在以每一司法层级为基础，建立由法院、检察院、公安机关联合的司法复议机构，统一解决本司法层级产生的司法复议案件。

第三，规范司法复议对象，限定司法复议范围。根据我国当前立法，司法复议的对象可谓繁多，包括回避、财产保全、先予执行、证据保全、罚款、拘留等诸多内容。但概括起来可以分为两类，一类是针对当事人程序性的事项，如申请回避、财产保全、先予执行、证据保全的司法复议等；另一类是针对当事人实体性的事项，如司法罚款、司法拘留的申请复议等。笔者认为，在现有的司法体制模式下，可以考虑将司法复议的对象限定在针对当事人的程序性事项上。如果涉及对当事人不利的实体性裁定或决定，当事人可以通过诉讼的方式或上诉的方式进行救济。之所以把司法复议制度的复议对象限定在针对当事人的程序性事项上，是因为即使司法机关在这个程序上发生错误或者不当，还不至于从根本上损害当事人的利益，因为当事人还可以通过其他程序得到有效救济。反之，如果是法院针对当事人作出的司法罚款或者司法拘留等涉及当事人实体性的事项，根据我国现行法律的规定，相关的救济措施仅仅是司法复议，一旦复议机关维持原决定，便很难通过其他救济渠道挽回当事人的损失。因此，对涉及当事人实体性的事项理应赋予当事人诉权，从而实现司法公正的真正价值。

第四，细化立法，使司法复议制度进一步明确化、完备化，为司法机关的操作提供具体的依据，防止不同地区、不同部门、不同人员在进行司法复议时各行其是。

指导性案例“参照”问题的实证研究*

石　磊**

2010年12月，最高人民法院印发《关于案例指导工作的规定》（以下简称《案例规定》），明确了案例指导的相关制度，标志着中国特色案例指导制度正式确立。[①] 2011年12月，最高人民法院发布第一批指导性案例，至今已陆续发布10批52个指导性案例。案例指导制度确立以后，理论界和实务界都给予了高度关注。十八届四中全会通过的《中共中央关于全面推进依法治国若干重大问题的决定》提出：“加强和规范司法解释和案例指导，统一法律适用标准。”这是中国共产党的有关文献首次对案例指导提出明确要求，体现了政治高层对案例指导制度的高度重视。加强和规范案例指导，在司法改革的大背景下，也被赋予了更为特殊的地位和使命。2015年5月，最高人民法院发布《〈关于案例指导工作的规定〉实施细则》（以下简称《实施细则》），进一步补充细化了《案例规定》。《案例规定》第7条已明确规定：“最高人民法院发布的指导性案例，各级人民法院审判类似案例时应当参照。”“参照”是指导性案例拘束力的表现形式，是指导性案例的生命力源泉。指导性案例在司法审判中的“参照”效果直接影响到其效力和价值的发挥。因此，指导性案例的“参照”问题一直是案例指导工作非常需要关注的一个重要问题。但

---

* 本文在2015年首届天津大学法学院司法论坛（学术会议）上发表过，略作修改。

** 石磊，中国政法大学行政法学博士，最高人民法院研究室案例指导处副处长，法官。

① 广义上的案例指导制度是一个国家或地区有关司法案例的制度总和。我国大陆地区最高人民检察院也确立了相关案例指导制度，本文研究对象仅限于最高人民法院发布的指导性案例及相关制度。

是，由于《案例规定》对指导性案例的“参照”规定得十分原则，何为“参照”、如何“参照”等问题留有空白，也给实践操作带来一些困难。《实施细则》第9条至第11条对指导性案例的“参照”规则作了一些规定，在一定程度上缓解了这个问题。由于《实施细则》近期刚出台，实践效果还有待于进一步检验，本文主要是对《案例规定》发布以后，《实施细则》出台以前“参照”问题进行的实证研究，期望能厘清指导性案例“参照”的基本情况、面临的问题和发展趋势。

指导性案例“参照”情况的分析，离不开对历年裁判文书的分析和研究。目前，我国法院每年制作的裁判文书数量超过一千万，但长期缺少全面的案例检索系统。2015年5月，在最高人民法院内网开通了《中国法律知识总库》（以下简称《总库》）。《总库》是在最高人民法院指导下，由最高人民法院信息中心、中国应用法学研究所等单位与九章研究所合作建立，该系统收录了目前已公开的全部裁判文书，并不断更新增加新的内容。借助该系统，本文作者对指导性案例“参照”的有关情况进行了初步调查分析。

一、概述

前文已述，目前最高人民法院共发布10批52个指导案例。其中，有20件指导案例被103篇裁判文书引述，从未被引述的指导案例尚余32件。[②] 本文使用的“引述”是指检索裁判文书全文有引用、叙述指导案例的情况，这又分为两种类型，一是“关键性引述”，二是“非关键性引述”。所谓关键性引述，是指法官在裁判文书的说理部分引述了指导案例。[③] 所谓非关键性引

② 数据统计范围：截止到2015年8月23日，《中国法律知识总库》收纳的裁判文书及案例。

③ 《总库》收集的裁判文书和案例主要来源于“中国裁判文书网”和最高人民法院下属相关部门的出版案例，如公报案例、《人民法院案例选》等。为了更有效地整合本已十分稀缺的最高人民法院发布的出版案例资源，在本研究报告中，暂时将公报案例、出版案例评析部分对指导案例的引用也作为“关键性引用”处理。从长期来看，这类引述无须作为常态分析对象。

述，是指当事人在控（诉）辩理由中引述了指导案例，但法官在裁判文书的说理部分并未给予回应、分析或评述。

按照上述类型区分，在103篇引述指导案例的裁判文书中，39篇涉及“关键性引述”，64篇涉及“非关键性引述”（见下图）。

在39篇涉及“关键性引述”的裁判文书中，实际参照了指导案例的为34篇，未参照指导案例的为5篇。

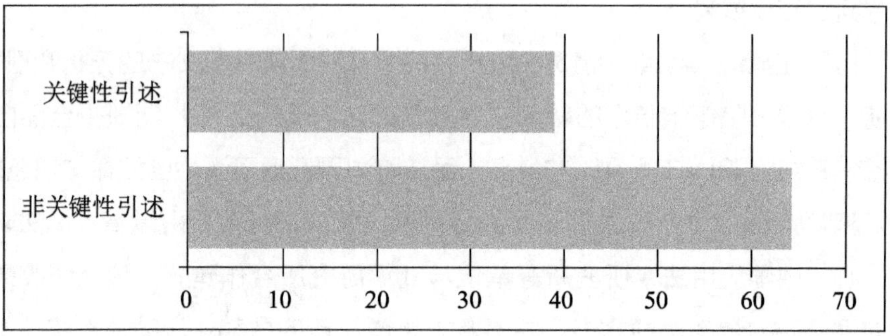

二、“参照”规则

由于《案例规定》并未提供明确的指导案例“参照”规则，在案例指导制度运行近5年后，最高人民法院出台的《实施细则》第9条至第11条对“参照”规则作出了规定。《实施细则》要求是否为“类似”案件要从基本案情和法律适用方面判断，“参照”的对象是指导案例的裁判要点，而且应当将指导案例作为裁判理由引述，但不作为裁判依据引用。④

④ 《实施细则》第9条：各级人民法院正在审理的案件，在基本案情和法律适用方面，与最高人民法院发布的指导性案例相类似的，应当参照相关指导性案例的裁判要点作出裁判。第10条：各级人民法院审理类似案件参照指导性案例的，应当将指导性案例作为裁判理由引述，但不作为裁判依据引用。第11条：在办理案件过程中，案件承办人员应当查询相关指导性案例。在裁判文书中引述相关指导性案例的，应在裁判理由部分引述指导性案例的编号和裁判要点。公诉机关、案件当事人及其辩护人、诉讼代理人引述指导性案例作为控（诉）辩理由的，案件承办人员应当在裁判理由中回应是否参照了该指导性案例并说明理由。

应当说，在《实施细则》发布之前，司法审判实践中对指导案例“参照”规则的把握与上述规则基本是一致的。尤其是最高人民法院作出的裁判或者出版的案例评析中，对指导案例的地位、效力，以及具体参照规则的认识与《实施细则》相吻合。

例如，有的裁判文书明确，只有指导案例有“参照”的效力，其他类型的案例则没有。2014 年 6 月 4 日，最高人民法院在“李艺东、李宝华、四川鑫顺达融资担保有限公司、四川中南明大置业投资集团有限公司、厦门明大置业投资集团有限公司、厦门水晶之约投资管理有限公司、厦门市今丰商贸有限公司、中国工商银行股份有限公司厦门前埔支行与黄木兴一般借款合同纠纷申请再审民事裁定书”中指出：“（一审原告）援引的本院公报案例并非是本院根据《关于案例指导工作的规定》发布的指导性案例，其主张本案应参照该案例处理没有依据。”

再如，最高人民法院出版的案例评析认为诉讼争点“类似”是参照指导案例的必要条件。在《人民法院案例选》收录的出版案例“无锡恒茂时代不动产经纪有限公司诉张民欣、顾正荣居间合同纠纷案”⑤ 评析部分，评析人指出：“诉讼争点比对，是判断指导案例与待决案件‘类似’与否的核心内容和关键环节。本案诉讼争点属于约定条款的效力问题。第 1 号指导案例的诉讼争点属于是否构成违约问题。因诉讼争点不同，法院审判的问题和判决理由均不相同，故本案与第 1 号指导案例不相‘类似’。第 1 号指导案例不构成本案的‘参照’性案例。”

以发展的眼光来看，尽管《实施细则》已就“参照”规则作出了一些规定，但“参照”指导案例的具体规则和条件（特别是对案件与指导案例之间类似性的判断）还有很大的发展空间，值得学术界和实务界关注。本文第三部分第（二）项中研究了几篇实践中未“参照”指导案例的案件，从中就可以看出问题的复杂性。本文作者认为，无论办案法官在裁判文书说理部分

---

⑤ 《人民法院案例选》（2012 年第 1 辑），人民法院出版社 2012 年版，第 139-144 页。

“引述”指导案例后是否“参照”，对于案例指导制度的发展都具有十分重要的意义，而那些未“参照”指导案例的裁判文书，特别有助于厘清指导案例被“参照”的具体规则和法律边界。

三、裁判文书“参照”情况评析

指导案例没有被“参照”，由于直接涉及指导案例确定的裁判规则是否被遵守，故对指导案例的发展更有值得关注、研究的意义。本研究报告对几篇不“参照”指导案例的裁判文书进行了研究。

（一）因基本案情不同而不“参照”指导案例，符合指导案例“参照”规则

例如，郑州海王工业盐销售有限公司与中牟县盐务管理局不服行政处罚案［案号（2012）牟行初字第 19 号］法官认为基本案情与指导案例有区别，因而不应参照。而该法官不参照的理由如下：“最高人民法院发布第二批指导案例（指导案例 5 号）中苏州盐务局作出处罚的依据是地方性规章，根据行政处罚法的规定地方性规章无权设定行政处罚，而本案被告作出处罚依据的地方性法规有权设定行政处罚。”因此，该案法官认为，指导案例 5 号不适用于该案。

再如，童长文与孙灿文、中国人民财产保险股份有限公司新乡市分公司平原路营销服务部机动车交通事故责任纠纷案［案号（2015）新中民一终字第 241 号］法官认为，“指导案例第六批第 24 号案例裁判要点是解决交通事故的受害人没有过错，其体质状况对损害后果的影响不属于可以减轻侵权人责任的法定情形。而本案解决是否涉及无意思联络共同侵权人（注：一被诉侵权人是交通事故肇事人，另一被诉侵权人为被诉医疗过错的医疗机构）责任分配的法定情形。鉴于第 24 号指导案例与本案不属同一类案件性质，童长文请求参照第 24 号指导案例，不考虑其他介入因素，由保险公司首先承担赔

偿责任的上诉理由无法律依据及事实根据，本院不予采纳。”

（二）因法律适用不同而不“参照”指导案例，符合指导案例“参照”规则

例如，在《人民法院案例选》收录的出版案例“无锡恒茂时代不动产经纪有限公司诉张民欣、顾正荣居间合同纠纷案”⑥评析部分，评析人认为法律争点与指导案例有区别，因而不应参照。而该评析人指出：“本案诉讼争点属于约定条款的效力问题。第1号指导案例的诉讼争点属于是否构成违约问题。”虽然两案均涉及居间合同的“跳单条款”，但“因诉讼争点不同，法院审判的问题和判决理由均不相同，故本案与第1号指导案例不相‘类似’。第1号指导案例不构成本案的‘参照’性案例”。

（三）“参照”指导案例的“裁判要点”，还是“参照”指导案例的完整裁判文书，在实践中有不同做法

关于“参照”指导案例，历来就有两种观点：一种观点认为，对指导案例的“参照”，主要是参照其“裁判要点”；而另一种观点则认为，对指导案例的“参照”，应考虑指导案例的整体。目前，第一种观点属于主流观点。但在实践中，也存在法官因考虑了案件的整体情况而决定不“参照”指导案例的情况。例如，寿光市再生资源公司与王志胜、郭成安、魏佑学、张士宝、周长凯股东损害公司债权人利益责任纠纷案［案号（2014）莱中商终字第1号］法官在分析是否“参照”指导案例9号“上海存亮贸易有限公司诉蒋志东、王卫明等买卖合同纠纷案”时并未直接分析裁判要点，而是指出：“指导案例9号所依据的事实是‘公司无办公经营地，账册及财产均下落不明’、‘股东怠于履行清算义务，导致公司主要财产、账册等均已灭失，无法进行清算’，判令股东对公司的债务承担连带清偿责任。本案中的事实与指导案例不

⑥《人民法院案例选》2012年第1辑，人民法院出版社2012年版，第139-144页。

同，志胜公司有明确的查封财产，不存在主要财产及账册等均已灭失、无法进行清算的情况，且上诉人的诉讼请求是根据《最高人民法院关于适用〈中华人民共和国公司法〉若干问题的规定（二）》第十八条第一款的规定主张被上诉人承担赔偿责任，而非第二款规定的连带责任，亦与指导案例不同。”特别值得一提的是，相关司法解释条款的引用并未出现在指导案例 9 号文献中，而是出现在其原审裁判文书［案号（2010）沪一中民四（商）终字第 1302 号］中。很显然，寿光市再生资源公司与王志胜、郭成安、魏佑学、张士宝、周长凯股东损害公司债权人利益责任纠纷案的法官十分仔细地研究了指导案例 9 号，甚至研究了其原始裁判文书，并基于案件的整体情况，最终决定不“参照”指导案例 9 号。本文作者认为，对于这种情况值得继续关注和研究。

（四）应当参照而不“参照”指导案例，可能构成错案

梁昌礼、唐红芳与唐洪亮、怀远县宏达运输有限责任公司等机动车交通事故责任纠纷案［案号（2014）芜中民一终字第 00964 号］法官未“参照”指导案例 24 号。其不参照理由为：“本院认为，最高人民法院发布的指导案例可以为同类型案件提供裁判参考，但在审判实践中仍应尊重个案的特殊性，结合具体案例具体分析。根据双方庭审意见、鉴定意见结论及鉴定人员庭审陈述，结合本案证据材料，认定梁昌礼双侧重度肾功能障碍（伤残三级）与交通事故之间的参与度为 50%符合案情，一审法院结合损伤参与度计算残疾赔偿金于法有据，应予支持。”然而，指导案例 24 号的裁判要点恰恰是明确交通事故中侵权损害赔偿应以“过错”为归责原则，不应以“参与度”计算赔偿数额。因此，本案裁判文书中提出的不参照理由有违背指导案例所依据的《侵权责任法》《道路交通安全法》等法律的嫌疑，可能构成错案。

四、裁判文书“引述”指导案例的其他情况评析

（一）仍有大量案件存在当事人引述指导案例，而法官未予回应的情况

《案例规定》第7条规定：“最高人民法院发布的指导性案例，各级人民法院审判类似案例时应当参照。”这里使用“应当”一词，并未赋予法官可以参照或不参照的自由选择。《实施细则》第11条第2款更进一步明确，“公诉机关、案件当事人及其辩护人、诉讼代理人引述指导性案例作为控（诉）辩理由的，案件承办人员应当在裁判理由中回应是否参照了该指导性案例并说明理由”。

然而，如本文的实证分析所见，在103篇引述指导案例的裁判文书中，有64篇涉及“非关键性引述”，即尽管当事人在控（诉）辩理由中引述了指导案例，但法官在裁判文书的说理部分并未给予回应、分析或评述。本文作者认为，在《实施细则》出台以前，出现这种情况是正常的，但《实施细则》出台以后，此类情形应予避免，否则可能导致诉讼程序存在瑕疵的疑问。

（二）有的案件在不同审级时对指导案例“参照”情况不同

例如，在前述郑州海王工业盐销售有限公司与中牟县盐务管理局不服行政处罚案［案号（2012）牟行初字第19号］中，法官分析了指导案例5号。但该案经上诉后被裁定发回重审，重审时法官并未对指导案例做评析，重审案件属于非关键性引述［重审案件案号（2013）牟行初字第72号］，这种做法值得商榷。

（三）对指导案例的“引述”仍不十分规范

在《实施细则》出台之前，对于如何引述指导案例缺乏规则指引。《实施

细则》第 11 条第 1 款，首次就此问题提出了要求：“在裁判文书中引述相关指导性案例的，应在裁判理由部分引述指导性案例的编号和裁判要点。”按照这一要求，目前实践中的一些做法就显得不够规范。例如，“中国人民财产保险股份有限公司长兴县支公司与易清华、李炜、浙江省志超电源有限公司、江西省志超电源有限公司机动车交通事故责任纠纷案”［案号（2014）宜中民三终字第 133 号］法官在总结上诉意见时这样表述：“二、虽然最高院公布了相类似的案例认为无须考虑参与度，但该案例只针对交强险的赔偿，本案还涉及商业险的赔偿，故本案不能完全参照最高院的案例处理。三、本案和最高院案例还有一个本质性的区别，最高院案例中的当事人的疾病不影响到人的正常生活，也不影响到关节等部位的生理功能，故不考虑参与度。但本案中一审原告的原有疾病和外伤共同影响到后面的残疾结论，交通事故的外伤只是加重了功能障碍。因此，本案由赔偿义务人承担全部的残疾赔偿金显失公平。”如此引述指导案例，指代非常不明晰，没有释明论证理由的依据或出处，不符合指导案例的引述要求，即使从裁判文书撰写的一般要求来看，也显得不够规范。

五、结论

从总体上看，已经有部分指导性案例在司法审判实践中被“引述”，其中有的“关键性引述”是“参照”了指导案例的。有的虽然没有“参照”指导案例，但从基本案情、法律适用方面作了评析，提出了案件不相类似，所以不应“参照”指导案例的理由。但也有的裁判没有“参照”指导案例，其说理和依据可能存在问题，有构成错案的嫌疑。还有的裁判在实质上是“参照”了指导案例的裁判要点作出裁判的，但并没有亮明是参照指导案例作出裁判的，与明确的、显性的“参照”相对应，这种“参照”方式可以称之为“隐性”参照。“隐性”参照难以从案例库中检索样本，对其进行较为全面的分析存在困难，这种参照的方式是否规范没有明确规定，有待于实践中进一步观察和研究。实践中还存在的问题，一是“参照”指导案例的表述形式有些不统一；二是有的案件当事人在诉辩理由中“引述”了指导案例，但办案法官并未在说理部分评述；三是有的案件在一审或二审时办案法官对指导案例进行了“引述”，而再审或发回重审时却没有对是否应当“参照”指导案例进行评述。应当说，这些案件裁判时都发生在《实施细则》出台以前，有一些认识或做法不一致比较正常。但《实施细则》出台以后，指导案例“参照”规则和效力应该统一起来，严格按照《实施细则》执行。指导性案例“参照”情况的发展和变化，在将来很长一段时间仍然是案例指导工作特别需要关注的一个重要问题。指导性案例的“参照”效果如何，将对案例指导制度的发展产生决定性影响。

制度变革与审判实践

——以行政诉讼法修改为视角

李琳平*

2014年11月1日，全国人大常委会第十一次会议审议通过了关于修改行政诉讼法的决定。这是党的十八届四中全会召开后，国家立法机关修改的第一部国家基本法律，与四中全会《中共中央关于全面推进依法治国若干重大问题的决定》的起草几乎是同步进行，充分体现了十八届四中全会精神。2015年4月最高人民法院公布《关于人民法院登记立案若干问题的规定》和《关于适用〈中华人民共和国行政诉讼法〉若干问题的解释》。以上法律、司法解释均于5月1日起施行。短短6个月的时间，行政诉讼制度的变革，对行政审判实践产生重大影响。

一、制度变革给行政审判带来的影响

（一）行政案件数量大幅上升

行政诉讼法修改前，因"民告官"案件大多涉及民生利益，呈现群体化、激烈化态势，因此，人民法院实行严格的审查标准。大量的涉及发展、稳定的群体性、敏感性行政争议，吉林省高级人民法院采取立案前协调、引导当事人通过其他途径等方式解决，全省行政案件呈逐年下降趋势。

* 李琳平，吉林省高级人民法院行政审判庭庭长，吉林大学法学院兼职教授。

表1 2010年至2014年全省一审、非诉行政执行案件收案统计表（单位：件）

案件类型	2010年	2011年	2012年	2013年	2014年	合计
一审	3317	3721	2153	2065	1741	12997
非诉执行	5659	6462	4111	4973	4107	25312

截止到2015年10月30日，全省法院受理一审行政诉讼3043件，同比增长95%。（全省其他案件平均增长不足20%）行政诉讼案件远远超过其他类案件的增长）。

（二）"民告官"范围进一步扩大，案件类型多样化

吉林省行政诉讼案件涉及三十余个领域。其中，土地房屋征收拆迁、房屋登记、劳动和社会保障、治安处罚案件长期处于收案前五位。修改后的《行政诉讼法》扩大了受案范围。将行政机关订立的行政协议、依申请一并审理相关民事争议、规章授权组织的行为列入受理范围，将涉及人身权和财产权之外的知情权、受教育权、劳动权、环境权等行政争议纳入受案范围，起诉期限由过去3个月延长到6个月。这些规定使得一些过去按民事受理或者法院不受理的大量的案件进入司法审查范围。新型案件不断涌现，涉及能源、农业、物价、环保、财政、审计、教育等行政管理领域，案件类型呈现多样化趋势。

如起诉行政机关侵犯公平竞争权；请求行政机关公布已取得廉租房的人员名单、条件；请求劳动和社会保障部门审批其享受最低生活保障待遇；起诉教育学区划分影响到其子女就近入学权，请求就近入学，撤销该学区划分方案；起诉学院不颁发学位证；请求公安机关出具身份证明，办理境外结婚登记，等等。另，诉政府信息公开、工龄、工资核定、工伤认定、最低生活保障等案件数量大量增加。

（三）行政机关败诉案件增多，司法监督进一步强化

1989年行政诉讼法的立法宗旨是维护和监督行政机关依法行使职权。人

民法院行政审判实践中考虑更多的是对发展大局的支持，对行政行为的维护，2010 年至 2015 全省行政机关平均败诉率只有 9.6%。修改后的《行政诉讼法》，立法宗旨中删除了维护和监督行政机关依法行使职权中的“维护”，保留了“监督”，将明显不当的合理性行政行为纳入合法性审查范围，引入对规章以下规范性文件合法性一并审查制度。

这些内容的修改，要求行政机关必须依照合法性和合理性要求依法行使行政职权，不能只注重发展、稳定价值而忽视合法性价值。要求人民法院行政审判工作必须发挥司法监督功能，依法纠正违法和明显不当的行政行为，在法律红线内支持依法行政，推动改革发展，维护社会稳定。司法审查标准更加严格。

特别是司法权不能代替行政权行使的理论有了重大突破。比如修法前，土地确权案件、工伤认定案件以及行政机关居间裁决案件，人民法院只能判决撤销违法不当的行政决定，不能是直接确定权利义务。行政诉讼法修改后，审判中要求少用慎用撤销重做判决，直接确定权利义务。即在撤销不予工伤认定决定的同时，判决行政机关在一定期限内作出确认为工伤的决定。2015 年 1 月 1 日至今，全省法院一审判决行政机关败诉率为 21%，是过去五年行政机关平均败诉率 9.6%的一倍多。

（四）以各级政府为被告的案件数量大幅上升

在城市化推进过程中，县市政府作为房屋土地的征收主体，不可避免地成为行政案件的被告。我国法律没有规定公众向政府申请信息公开需支付成本费用，信息化的现代社会，公众获取政府信息的潜意识被强烈的刺激。同时，修改后的行政诉讼法关于复议机关改变原行政行为为被告，维持行政行为的为共同被告的规定，使得各级政府因土地房屋征收、信息公开、行政复议这三种情形的作为或不作为，被起诉到人民法院的一审案件行政案件大量上升。

2015 年 1 月至今，各级政府为被告的一审诉讼案件达 887 件，占一审行政诉讼案件的三分之一。其中，人民法院受理以省政府为被告的案件为84件，是2010年至2014年过去五年18件的4.7倍，是2014年3件的28倍。更高层级的行政机关的行为进入司法审查范围，修改后行政诉讼法更加严格的司法审查标准、对行政负责人不应诉、不履行判决的公示制度、罚款拘留等责任追究制度，必然导致行政相对人维权意识更加强烈，必然会促进行政机关从行政理念、行政立法、行政执法、行政复议等各个环节强化行政自制，加强司法应对，规避败诉风险。

二、制度变革后，实践中面临的困难和问题

（一）滥诉问题突出，人民法院将面临更加沉重的涉诉信访压力

近年来，行政案件申诉率高、进京上访率高的问题凸显。行政案件申诉上访呈群体化、激烈化态势，个别申诉上访人不惜以生命为代价激烈申访，以多个个案当事人串联起来形成声势浩大的群队堵门、堵道，成立网友之家发布言论，实现其利益诉求。

实行登记立案后，过去人民法院一直未予受理的，涉及企业改制、涉及民办教师待遇政策以及其他历史遗留问题，大量的因涉诉上访进京闹访被治安拘留、劳动教养的案件，以及一些行政机关已经经过信访答复、复查、复核的案件，又因当事人闹访，重新作出行政复议决定交代申请起诉期限和权利。以上情形的当事人要求进入法院行政诉讼程序解决，待法院作出生效的裁定和判决后，使信访问题、适用政策问题转变为涉诉涉法问题。新、老信访问题叠加，循环信访，考验着人民法院对信访问题的承接能力。目前全省法院受理的3047件一审案件中，约有四分之一为此类案件。

蒋某，江苏省无锡市人。到上海市公安局举报浙江省委政法委书记及多名省厅级政法领导为犯罪集团，未得到理睬。实行登记立案以来，到全国各地多省份，包括我省10个中院起诉上海市公安局要求兑现举报奖金30万~

120万，明显构成滥诉。

毛某等86多人为英俊乡社员，1986年至1996年期间，村党总支、村民代表会议制定了《劳动管理规定》和《村规民约》，规定私自三个月不上班者均属自动离职，不再享受任何社员待遇。毛某等86人多年因擅自离职被取消社员身份进行上访。乡人民政府、区政府分别作出答复、复核意见。毛等80多人向人民法院提起行政诉讼，请求确定区政府依照《中华人民共和国地方各级人民代表大会和地方各级人民政府组织法》规定，保护其合法的财产权、民主权，要求解决土地承包问题、分配征地补偿款、给予社会保障。

（二）法律适用问题和困难

1.“解决行政争议”的立法宗旨对人民法院行政审判工作提出了更高要求，当前形势下，一些社会问题法院无力解决

免征农业税、实行粮食直补，激发了农民耕种土地的热情。依照法律规定，集体经济组织成员因未实际取得土地承包经营权，应申请行政机关解决。大量的应分得集体承包土地的农民起诉行政机关不作为，要求法院判决行政机关解决承包地问题。30年承包期限不变，地少人多，没有机动地，在登记立案的背景下，法院怎样审理？能否判决行政机关履行法定职责？

两个村集体土地接壤。分别被开发区管委会和县政府征收，征收补偿标准相差很大，被征收人要求按照开发区管委会高标准给予公平补偿。但征收主体不同，征收决定分别作出，补偿方案和标准已经分别层报审批，不存在违法问题，那么平等补偿的适用范围是多大，是一个村还是相近地块？法院如以明显不当判决提高补偿标准，依据是什么？解决争议的唯一途径就是全省统一地价、统一补偿标准，这是法院难以做到的。

2. 行政协议的确定并纳入行政案件审理范围是人民法院行政审判工作面临的最大难题

饱受争议的行政协议纳入了行政诉讼的审理范围，为行政合同是否存在画上了一个句号。在受理范围、如何审理方面又产生了新问题。新法第12条

规定，认为行政机关不依法履行、未按照约定履行或者违法变更、解除政府特许经营协议、土地房屋征收补偿协议等协议的，公民提起的诉讼，法院应当受理。那么，国有土地使用权出让、转让协议是否属于行政协议不明确，属于民事还是行政案件受案范围，目前全国法院做法不统一。我国目前没有《行政合同法》，行政协议的缔约过失等赔偿责任如何把握，审理行政协议是适用国家赔偿的赔偿原则，还是适用民事赔偿原则，是直接赋予行政协议强制执行效力还是允许行政机关提起诉讼，这些问题急需通过制定司法解释，为审理行政协议案件提供依循。

经开区管委会与土地所有人和使用人签订安置补偿协议，支付 2 亿元。但土地征用未获国务院批准，安置补偿协议无效，土地所有人拒不返还补偿款。修改后的行政诉讼法规定提起行政协议诉讼的原告只能是行政相对人，那么，经开区管委会到人民法院起诉，是否具备行政案件原告资格？解决的途径是什么？

27 户被拆迁人与区政府签订房屋征收补偿协议，协议中确定朝向为南，104 平方米户型，但实际安置时，朝向为北，92 平方米，户型改变面积减少，27 户被拆迁人起诉区政府要求履行原协议或赔偿损失。问题是，楼房已经建成，履行原协议已经不可能。能否按照《最高人民法院关于审理商品房买卖合同适用法律若干问题的解释》规定，解除合同，给付购房款两倍以内的赔偿金？这 27 户如能协调解决或判决赔偿了，其余已经签订协议搬迁的一千多户到法院起诉怎么处理？怎样平衡国家利益、公共利益和个人利益？

（三）法院之间受案不平衡，司法资源合理配置问题亟待解决

全省上下级法院之间、地区之间受案不平衡。修改后的行政诉讼法规定县以上人民政府为被告的一审案件由中级人民法院管辖，申请再审向上一级法院提出。这些规定带来的变化是基层法院受理一审案件相对减少，中级法院一审、二审案件增多，省法院申请再审案件增多，全省三级法院案件呈“倒金字塔”格局。全省除铁路、林业法院外的 73 个基层法院，平均每院受

理一审诉讼案件不足百件。各中级法院数量远远超过基层院几倍，省法院目前已受理二审、申请再审案件近 500 件。各地区之间受理案件不平衡，长春地区受理一审行政案件近千件，其他地区不足 400 件。各基层法院之间受案不平衡，案件集中在市、州中心区或经济比较发达的县市。

基层法院办案量不足导致法官配备不足、办案经验不足，上级法院因案件增多无暇指导的问题凸显。司改后员额试点后，案件激增、入额法官减少。有的法院不区分行政、民事案件的不同特点，采用同样绩效考核标准。民事法官每年要审结 150~200 件案件，对行政庭法官也按此标准考评。对行政案件数量不足的，将破产、建筑工程施工合同、继承、商标侵权等案件调整到行政法官名下，使长期从事行政审判的法官既要学习民事审判新业务，同时又面临行政诉讼法及相关司法解释、新出台行政法律法规的学习，压力巨大。如何合理地运用审判资源，推进管辖体制机制改革，推动行政审判专业化进程，是行政审判亟待解决的重大课题。

（四）一些地区、部门依法行政仍停留在纸面

从行政诉讼审查情况看，全省依法行政情况总体向好。但个别地区、个别领域行政理念亟待转变，执法不规范、不公正、不文明和不作为、乱作为等问题还时有发生。一些行政机关对企业不依法调查、取证、不履行法定听证程序，随意关停、断电，对承担上百万的国家赔偿金不知惧怕；重大行政决策，民主参与、专家论证、风险评估、集体讨论走过场甚至没走程序；诉讼中不举证、不履行生效判决的现象依然存在。这些问题，严重损害行政执法权威和司法公信。

董某诉某区城市管理行政执法局强制拆除房屋案，董房屋建于 20 世纪 60 年代，一直未翻建，虽然没有产权证照，但 1972 年和 1988 年交纳过城市房地产税、土地使用费。2007 年棚户区改造，区行政执法局以该房屋属于违章建筑为由强制拆除。董系低保户，没有工作单位，没有子女，房屋被拆除后，没有安置补偿，租房居住。行政机关未充分考虑被拆迁人房屋历史形成

原因以及被拆迁人的生活状况等因素，直接将无证照房屋一律视为违章建筑，使得当事人不仅没有享受到棚户区改造带来的实惠，反而连基本的居住权都无法得到保障。

三、思路与对策

（一）明确权力界限，建立行政案件终结机制

明确司法与信访、行政权的界限定位。尽管“法院是法律帝国的首都，法官是法律帝国的王侯”，但法院不是“消防队”，法官也不是“灭火队员”。审判权对行政权的审查强度不是无限的，法院对政策性问题的审查更是有限度的。特别针对体制改革、政策变动、历史遗留问题等具有较强政治性因素的案件，司法权的有限性表现尤为突出。审判权与行政权、信访有各自的权力界限。明确各自权力分工，才能应对和化解信访问题。

人民法院要依法审查当事人的起诉。登记立案不等于不审查立案，对于当事人的起诉符合起诉条件的应当及时受理，对于已经超过起诉期限等不符合法定起诉条件的，依法裁定不予受理或者驳回起诉。

落实新行政诉讼法“一次再审一次抗诉”的审判监督程序。人民法院应向当事人释明不予受理的理由和根据以及行政机关或信访程序解决的途径，向当事人交代不服人民法院生效判决和裁定的，可以按照新行政诉讼法规定，向上级人民法院申请再审，仍不服的向检察院申请抗诉。

进行甄别后归入案件终结程序。根据最高人民法院下发的《人民法院涉诉信访案件终结办法》规定，当事人经过一、二审、申请再审、向检察院申诉程序后仍上访的缠诉的，进行甄别后归入案件终结程序。人民法院不再接收上访材料、不再接待上访人。杜绝无原则救助，避免蝴蝶效应。通过公开审判、案例讲法、依法处置违法上访人等活动，引导公民依法维权，使司法的规范、引导、教育作用发挥出来。逐步形成崇尚法律、自觉遵守法律、将

信访问题步入法治化轨道。

（二）深化司法改革，科学确定行政审判绩效考核标准

推进管辖制度改革。新《行政诉讼法》第18条第2款规定，经最高人民法院批准，高级人民法院可以根据审判工作的实际情况，确定若干人民法院跨行政区划管辖行政案件。针对“有案无人办”和“有人无案办”的矛盾，开展行政案件跨行政区域集中管辖，案件集中到领导重视、审判力量较强、案件较多的基层法院。行政法官由省法院统一调配，充实到集中管辖法院，整合审判资源。

科学设定行政法官绩效考核标准。针对行政诉讼采用的明显优势证明标准原则，行政案件当事人行政法律地位的不平等性、涉案的当事人的群体性、民生利益的特征，以及行政法律法规规章的广泛性，科学确定行政法官的办案数量定额标准，体现行政审判的专业性。明确各级法院职能定位。针对基层、中院大量一审案件的特点和新行政诉讼法实施后面临的新问题，上级法院特别是省法院要充分发挥对下指导功能，加强新型案件适用法律的指导，统一裁判标准，统一执法尺度。

（三）促进法治政府建设，注重源头预防

卡多佐说过：“政府是威力巨大的榜样，如果政府自己违法，就滋生对法律的蔑视，引诱民众各行其道，所以要首先遏制政府违法。”人民法院要严格履行司法审查监督职责，对被诉行政执法行为的事实根据、法律依据、执法程序等进行全面审查，对适用法律错误、主要证据不足、违反法定程序、超越或滥用职权的，依法判决撤销；对被诉行政机关不履行或拖延履行法定职责的，依法判决在一定期限内履行；对行政处罚显失公正的，依法判决变更，推进法治政府建设。

继续做好行政审判白皮书工作。针对行政案件多发以及行政案件败诉率较高领域的司法审查情况进行梳理分析，通过召开座谈会等各种形式，提出行政

执法活动存在的问题和改进工作的建议，以保障从源头上预防和化解行政争议。

推进行政首长出庭应诉工作。依据新修改的《行政诉讼法》之规定，“被诉行政机关负责人应当出庭应诉。不能出庭的，应当委托行政机关相应的工作人员出庭”。努力改变老百姓告官不见官的问题，切实缓解官民矛盾，切实解决实际问题。

（四）构建互动平台，强化理论和实践的结合

法律的生命力在于实施，法律的权威也在于实施。人民法院在审判实践中，通过与各大学法学院合作，开展专项课题调研，主动邀请专家学者参与司法，通过对新型、疑难案例的论证研讨，把审判实践生动丰富的案件实例与学科优势结合起来，为法学研究、法律实践提供解决问题的新思路，为法律制度的完善提供实践和理论支持，促进地方法治化进程，促进人民法院审判体系和审判能力现代化。

中国行政审判法官的知与行*

——行政诉讼法实施状况调查报告·法官卷

林莉红 宋国涛**

引言

《行政诉讼法》的颁布实施，开创了我国民主法制建设的新局面，是中国行政法发展的里程碑。① 该法实施20余年来，在保障公民权益、推动依法行政和培育宪政基础等方面起到了重要作用。但行政诉讼法的一些具体规定随着时代变迁而逐渐凸显不足。为此，理论界与实务界都发出了修改行政诉讼法的呼声，我国立法机关也先后两次将行政诉讼法的修改列入立法规划。② 对行政诉讼法实施状况的全面准确把握是完善行政诉讼制度的前提。法官群体居于行政审判实践一线，参与并见证了行政诉讼法实施以来的生动历史和现实状况，深切地感受着当前中国行政审判面临的困难和行政诉讼制度存在的不足，因此开展针对从事行政审判工作的法官群体的问卷和访谈调查，并辅之以对行政裁判文书档案的分析，从这一角度展示行政诉讼法的实施状

* 本文原发表于《行政法学研究》2013年第2期。

** 林莉红，武汉大学法学院教授、博士生导师、法学博士；宋国涛，中共河南省委党校法学教研部讲师、法学博士。

① 应松年：《坚持实事求是推进法学研究和法制建设——纪念中共十一届三中全会召开20周年笔谈》，载《中国社会科学》1998年第5期，“中国行政法与行政法学的发展”。

② 第十届和第十一届全国人民代表大会常务委员会先后于2003年和2008年两次将行政诉讼法的修改列入其五年立法规划。

况，具有不言而喻的重要性。本调查报告力图反映此次调查研究成果，以期为法律修改和学术研究提供参考和素材。

一、分析框架与理论假设

（一）分析框架

本报告从法官的面向来考察中国行政诉讼法的实施状况。研究者综合运用了问卷调查、访谈调查和裁判文书内容分析的研究方法，以对法官的问卷调查为核心。拟定的分析框架为，对法官的问卷调查，了解受访者对行政诉讼法以及制度环境的认识，倾听他们对行政诉讼法某些规定在实践中运用情况的反映，征求其对行政诉讼法修改的意见，从而以定量分析的方式，展示行政诉讼法的执行情况、法官们变革制度的愿景，以及法官对行政诉讼制度未来发展的信心度。对法官的访谈调查以定性分析为主，综合了解行政诉讼法运行条件、环境、实效、困难以及修改等问题。而对裁判文书的内容分析则主要运用非介入性调查的优势，客观展现行政诉讼法实施中的某些图景，以与受访者的认识进行比较验证。

（二）理论假设

根据研究者对行政诉讼制度运行状况的观察和现有研究成果的把握，在正式的调查之前，我们有以下理论假设。

1. 法官对行政诉讼法的具体规定较为了解

法官卷的调查对象是从事行政审判的法官、法院主管行政审判的副院长和主持全面工作的院长。因此，调查对象对行政诉讼法的具体规定应较为了解。同时，由于各种原因，对行政诉讼法的立法目的和功能可能有不同的评价。

2. 行政诉讼法的某些规定未得到严格执行

行政诉讼法制定于 20 世纪 80 年代末期，虽然当时中国的法学理论远不及今日之发达，但依法行政、正当程序和法律至上等现代行政法治理念均贯彻于条文之中。由于各种原因，行政诉讼法的一些具体规定未得到严格的实施，行政诉讼制度处于夹缝中生存、进退维谷的尴尬境地，③ 抑制了其保障人权和监督行政功能的发挥。

3. 行政审判受到多重法律外因素的影响

我国《宪法》《法官法》和《行政诉讼法》均规定法院应当依法独立行使审判权，法官应当忠实执行宪法和法律，应当遵循以事实为基础以法律为准绳的原则审理和裁判案件。但由于各种原因，法院无法真正独立于行政机关并对其进行监督，更难以排除来自法院外的各种直接或间接的干预，以及通过推行司法政策施加的影响。同时，信访制度在党和政府维稳政策的推动下成为民众解决纠纷的“置顶”途径，而信访压力转化为法院和法官的考核指标时就可能成为影响行政审判的重要因素。

4. 法官个人的背景情况可能影响其对行政诉讼的认知和对行政诉讼法修改、前景的看法

在我国，法官来源广泛，且其经历和教育背景不同。不同级别法院的法官工作重点、工作负荷与工作环境也存在相当大的差异。法官的教育背景、所在法院级别等因素可能影响其对行政诉讼法本身的认识和行为倾向，以及对行政诉讼法修改、行政诉讼发展前景的看法。

二、调查结果与分析

（一）调查对象的基本情况

社会研究中，通过抽样调查来研究总体样本状况的最理想方法是概率抽

③ 参见殷志文：《在权力与权利夹缝中生存——我国行政审判法官职业理念分析》，载《行政法学研究》2006 年第 1 期；何才林：《夹缝中的变革——以行政审判管辖权为视角的叙事》，载《北大法律评论》2009 年第 2 辑。

样。但在各种现实条件的限制下，我们只能在兼顾需要和可能的前提下采用偶遇抽样，但也采取了增强非随机抽样样本代表性的措施。本项调查中，研究者向调查对象发放问卷共计1300份，调查对象分布在东部（山东省、上海市、浙江省、江苏省）、西部（青海省、广西壮族自治区、重庆市）、南部（广东省）、北部（辽宁省）和中部（湖北省、湖南省、河南省、江西省）的61个不同级别的法院，[④] 回收有效问卷1074份。对调查对象的选择，我们主要通过师生、朋友等各种熟人关系联系到欲调查法院或行政审判庭的领导，经其同意后开展调查。在调查方式上，部分是我们走访调查法院，在与调查对象访谈前后，发放调查问卷，由调查对象填写后现场回收。这种情况下也有少数问卷是留在行政庭，由庭长事后交给当时不在场的行政庭法官填写后邮寄给我们。部分是通过邮递、举办会议或法官集中培训的机会发放问卷给受访者后予以跟踪回收。

研究者统计数据时区分了百分比与有效百分比，除特别说明外，文字分析均采用有效百分比。

调查对象的某些指标与目前已知的全国法院法官的基本情况比较接近，如就法官的层级结构而言，我国基层法院法官约占全国法官总数的76.8%，和本项调查的样本相差不大；有的指标有一定的差异，如法官的性别。[⑤] 但大多数指标由于无法查找全国数据而难以比对。

据我们访谈调查，我国现在确实存在人民法院没有设立行政庭的情况，但非常少，主要在青海、西藏等地区。调查对象中选择所在法院“没有行政庭”的有7人，经比对原始问卷和回溯检查，确定这7份问卷可能来自两个省参加法官培训时刚刚成立法院如开发区法院的法官，或填答失误。

---

④ 需要说明的是，研究者在对中级法院的法官进行问卷调查时，因一些中级法院也通知了基层法院的法官参加，因此加上这些基层法院的数量，调查对象所在法院的总数至少达78个。

⑤ 最高人民法院网站“人民法院介绍”：“根据统计，全国共有32个高级人民法院（含1个解放军军事法院），409个中级人民法院，3117个基层人民法院。全国共有法官19万余人，其中高级人民法院共有0.7万人，中级人民法院共有3.6万人，基层人民法院共有14.6万人。女法官占24.81%。”载http://www.court.gov.cn/jgsz/rmfyjj/，最后访问日期：2013年1月15日。

表1 调查对象基本信息表

	样本总数	性别		年龄结构			学历状况		
		男	女	30岁以下	31~50岁	51岁及以上	大专及以下	本科	研究生及以上
人数	1074	653	410	149	801	117	71	785	211
有效百分比	100	61.4	38.6	14	75.1	11	6.7	73.6	19.8

	样本总数	政治面貌				所在法院级别			
		中共党员	共青团员	民主党派及无党派人士	群众	基层人民法院	中级人民法院	高级人民法院	最高人民法院⑥
人数	1074	921	31	47	66	769	245	49	1
有效百分比	100	86.5	2.9	4.4	6.2	72.3	23.0	4.6	0.1

	样本总数	从事行政审判工作年限			所在法院行政庭人数			
		不满3年	3~7年	8年及以上	1~2人	3~5人	6人及以上	没有行政庭
人数	1074	384	322	360	185	617	256	7
有效百分比	100	36	30.2	33.8	17.4	57.9	24	0.7

（二）法官对行政诉讼法立法目的与功能的认知

1. 法官对行政诉讼法立法目的的看法

我国行政诉讼法规定了三重立法目的，其中“正确、及时审理行政案件”，相对于行政诉讼法保护公民权利和监督行政机关之目的而言，是直接的、表层的立法目的，是行政诉讼作为一项诉讼制度所应当具有的。目前司法实践中一种明显的倾向是重视法院解决纠纷的功能，而忽视其通过审判宣示权利义务、保证法律实施、维护法治尊严的作用。就立法目的中保护权利和监督行政二者孰轻孰重的问题而言，目前学界观点也并不统一，因此，我

⑥ 需要说明的是，本项研究的问卷调查没有专门针对最高人民法院的法官进行，但在最后统计数据中出现一份最高人民法院法官的问卷，我们分析这可能是最高人民法院某一位在基层法院挂职锻炼或出差的法官所填写的问卷。

们认为，法官们选择此两立法目的之任一都可以理解，而我们需要考察的是，调查对象对“解决纠纷”目的的重视程度。

由于“三重目的”都为立法所规定，而本题考察的是最主要的目的，因此研究者特意在调查题干后加上了“（单选，限选一项）”标注。

表 2　您认为我国制定行政诉讼法最主要是为了（单选，限选一项）：

选项		人次	百分比	有效百分比
有效回答	解决纠纷、促进和谐	261	24.3	25.0
	保护公民、法人和其他组织的合法权益	553	51.5	52.9
	监督行政机关	199	18.5	19.0
	说不清楚	32	3.0	3.1
	总计	1045	97.3	100.0
缺失		29	2.7	
总计		1074	100.0	

大多数受访法官（71.9%）选择我国制定行政诉讼法最主要的目的是保护权利和监督行政二者，也有四分之一的法官表示行政诉讼法的最主要目的是“解决纠纷、促进和谐”。这在某种程度上似乎可以解释目前行政审判实践中重视调解的原因，即尽管调解在行政审判实践中受到重视的原因有很多，但法官对行政诉讼法立法目的的认识也是其中之一。

双变量分析显示，法官的不同背景与其对行政诉讼目的的看法关系不大。调查对象中，就选择“解决纠纷、促进和谐”的比例而言，不同性别、年龄、从事行政审判年限等五个背景因素的法官选择的比例相差都在6个百分点以下。[⑦] 不同政治面貌对“目的”的看法的交叉分析数据有一

⑦ 就选择“解决纠纷、促进和谐”的比例而言，男性法官和女性法官的比例分别是22.7%和28.6%；年龄为30岁以下、31~50岁和51岁及以上的法官的比例分别是24.0%、25.8%和20.9%；从事行政审判工作年限不满3年、3~7年和8年及以上的法官的比例分别是25.9%、23.4%和25.5%；所在法院的级别为基层人民法院、中级人民法院和高级人民法院的法官的比例分别是26.0%、23.5%和18.8%；所在法院行政庭有1~2位、3~5位、6人及以上和0人的法官的比例分别是28.2%、24.9%、24.0%和0.0%。

定差别，[⑧] 但由于政治面貌中中共党员占据了绝大多数（86.5%），这种差别背后的影响因素可以忽略。此外，数据相差最大的就是学历了。[⑨] 不同学历背景的调查对象选择这一选项的比例数据相差 8.1 个百分点。总体来说，法官个人背景因素对其看待行政诉讼法的目的没有明显影响。

2. 法官对行政诉讼法功能的看法

立法目的表达的是主观倾向。那么，行政诉讼法的功能客观上发挥情况如何？

表 3　您认为行政诉讼制度能保护老百姓的合法权益吗？

选项		人次	百分比	有效百分百
有效回答	能	384	35.8	36.4
	作用有限	627	58.4	59.4
	不能	13	1.2	1.2
	“赢一阵子，输一辈子”	9	0.8	0.9
	说不清楚	23	2.1	2.2
	总计	1056	98.3	100.0
缺失		18	1.7	
总计		1074	100.0	

表 4　您认为行政诉讼对行政机关有何影响？

选项		人次	百分比	有效百分比
有效回答	促进了行政机关依法行政	569	53.0	54.3
	有些促进，但效果不明显	423	39.4	40.4
	没有影响，行政机关的各种不法现象依然如故	32	3.0	3.1
	束缚了行政机关的手脚，行政机关不敢大胆处理违法行为了	6	0.6	0.6
	说不清楚	17	1.6	1.6
	总计	1047	97.5	100.0
缺失		27	2.5	
总计		1074	100.0	

⑧ 政治面貌是中共党员、共青团员、民主党派及无党派人士和群众的法官选择“解决纠纷、促进和谐”的比例分别是 25.8%、16.1%、12.8%和 28.1%。

⑨ 学历为专科及以下、本科、研究生及以上的法官选择“解决纠纷、促进和谐”的比例分别是 22.1%、23.8%和 30.2%。

虽然在立法目的的选择上，大多数法官认为行政诉讼法首要的立法目的是保护公民权利（52.9%），但在反映客观效果时，明确肯定行政诉讼法在促进行政机关依法行政方面效果的比例（54.3%）明显高于在保护老百姓合法权益方面效果的比例（36.4%）。而且，从问卷题目设计来看，在保护权利方面，与肯定回答“能”相对应的“作用有限”，语义其实比较负面，而对行政机关的影响“有些促进，但效果不明显”，则相对来说比较正面，毕竟是“有些促进”。认为保护权利方面“作用有限”的比例达到了59.4%，表示超过半数的法官不认同行政诉讼法能够很好地保护公民、法人和其他组织的合法权益。由此可见，法官对行政诉讼法的目的与功能的认识是存在偏差的。

而法官对行政诉讼法目的与功能认识的偏差和由此产生的矛盾心理在受访者对开放式问题[10]的回答和访谈中也都有体现。如问卷编号为E170的法官写道，“人民法院审理行政案件，既要保护公民、法人和其他组织的合法权益，又要维护和监督行政机关依法行使行政职权。如何实现二者有机统一，是审判实践中经常遇到的问题。希望多调研这方面的问题”。又如一位受访法官在访谈中说道，“行政案件的成本高，即使通过诉讼，法院一般也难以撼动行政行为，打官司不如走关系。比如规划类案件通过诉讼难以解决，法院在此类诉讼中无法发挥作用”。而访谈调查中另一位资深的行政审判庭庭长在谈到这个问题时，无不辛酸而无奈地说：“中国行政诉讼的原告为行政诉讼制度的发展做出了巨大的贡献。”

3. 法官对选择行政诉讼的看法

探究深谙行政诉讼实践的法官不服行政处罚时首选的行政救济途径有助于了解行政诉讼在行政救济系统中的地位，而分析法官对公民不服行政处罚时选择行政诉讼的原因则能够进一步反映行政诉讼制度的实践效果。

---

⑩ 法官卷调查问卷最后一题为开放式问题：“关于本调查问卷以及行政诉讼调研课题，您想告诉我们的任何想法”，调查对象可以自由填写。共计287人填写了该题，其中填答“无”或“没有”的有17人次。除去这17人次，有效回答占全部调查对象的25.1%。

(1)法官在不服行政处罚时较多首选与该行政机关沟通

表5 如果您不服行政机关的处罚，请问您首先会怎么办?(单选，限选一项)

选项		人次	百分比	有效百分比
有效回答	忍了算了	63	5.9	6.1
	与该行政机关沟通	355	33.1	34.3
	找关系“私了”	101	9.4	9.8
	申请行政复议	160	14.9	15.5
	到法院打官司	254	23.6	24.6
	去信访	36	3.4	3.5
	找媒体曝光	25	2.3	2.4
	其他	40	3.7	3.9
	总计	1034	96.3	100.0
缺失		40	3.7	
总计		1074	100.0	

总的来说，法官对行政救济途径的选择比较多元。但最多的(34.3%)还是选择“与该行政机关沟通”，而并非“到法院打官司”。这其实也算是一个常识，就是“与行政机关沟通”在解决行政纠纷时是一个最为简便的方式，当这一方式不能解决问题时再寻求其他方式。法官们对此也不例外。

对此题从法官不同背景所做的多变量分析显示，不同背景的法官对这一问题的回答虽然有一定的差异，但差异并不明显。[11] 此题选项较多(八项)，

---

[11] 在选择“忍了算了”“与该行政机关沟通”“找关系‘私了’”“申请行政复议”“到法院打官司”“信访”“找媒体曝光”和“其他”八个选项中，男性法官的选择比例分别是5.9%、32.3%、8.8%、16.0%、25.9%、4.6% 2.1%和4.3%，女性法官选择上述选项的比例分别是6.2%、37.3%、11.2%、14.9%、22.6%、1.7%、3.0%和3.0%。学历为专科及以下的法官选择上述各项的比例分别是6.2%、18.5%、12.3%、32.3%、27.7%、0.0%、3.1%和0.0%，学历为本科的法官的比例分别是6.4%、33.8%、8.9%、15.0%、24.7%、4.2%、2.4%和4.6%，学历为研究生及以上的法官的比例分别是4.9%、41.7%、11.8%、12.3%、23.0%、2.0%、2.5%和2.0%。所在法院为基层人民法院的法官选择上述各项的比例分别是4.9%、35.5%、8.9%、15.9%、24.5%、4.3%、2.3%和3.6%，所在法院为中级人民法院的法官选择上述各项的比例分别是10.5%、32.1%、12.7%、10.1%、25.3%、1.7%、3.0%和4.6%，所在法院为高级人民法院的法官选择上述各项的比例分别是2.0%、30.6%、8.2%、36.7%、18.4%、0.0%、2.0%和2.0%。年龄为30(转下页)

因而回答易于分散，但总体来说，各类群体的选择差异不大。差异较大的表现在政治面貌和所有法院没有行政庭的背景上。政治面貌中非中共党员的三类人群只占全部调查对象的13.5%，故其差别可以忽略。所在法院没有行政庭的调查对象只有7人，样本数量太小，不具有统计意义。

（2）法官对当事人选择行政诉讼原因的认识

表6 某人不服行政机关的处罚到法院起诉，您认为他为什么会选择到法院去打官司？

选项		人次	百分比	有效百分比
有效回答	相信法院会作出公正的裁决	492	45.8	48.4
	迫不得已才打官司	377	35.1	37.1
	将打官司作为与行政机关谈判的筹码	106	9.9	10.4
	其他	41	3.8	4.0
	总计	1016	94.6	100.0
缺失		58	5.4	
总计		1074	100.0	

（接上页）岁以下的法官选择上述各项的比例分别是3.5%、38.9%、9.0%、18.8%、21.5%、2.1%、3.5%和2.8%，年龄为31~50岁的法官选择上述各项的比例分别是6.3%、35.1%、11.0%、13.5%、24.2%、3.7%、2.1%和4.1%，年龄为51岁及以上的法官选择上述各项的比例分别是8.2%、23.6%、1.8%、25.5%、0.9%、3.6%、3.6%和2.7%。政治面貌是中共党员的法官选择上述各项的比例为6.2%、34.0%、9.5%、15.1%、25.3%、3.7%、2.4%和3.8%，政治面貌为共青团员的法官选择上述各项的比例是0.0%、40.0%、0.0%、33.3%、23.3%、3.3%、0.0%和0.0%，政治面貌是民主党派及无党派人士的法官选择各项的比例分别是6.5%、32.6%、15.2%、6.5%、23.9%、0.0%、6.5%和8.7%，政治面貌为群众的法官选择各项的比例分别为6.2%、38.5%、13.8%、18.5%、16.9%、3.1%、1.5%和1.5%。从事行政审判工作年限不满3年的法官选择各项的比例分别是5.4%、37.1%、8.9%、16.9%、21.8%、3.8%、3.5%和2.7%，从事行政审判工作年限为3~7年的法官选择各项的比例分别为5.8%、31.5%、10.7%、14.6%、27.6%、3.2%、2.3%和4.2%，从事行政审判工作年限为8年及以上的法官选择各项的比例分别是7.2%、33.8%、9.7%、14.9%、24.9%、3.4%、1.4%和4.6%。所在法院行政庭人数为1~2位的法官选择上述各项的比例分别是4.0%、35.2%、8.0%、19.3%、22.7%、4.0%、1.1%和5.7%，所在法院行政庭人数为3~5位的法官选择上述各项的比例分别是5.9%、35.8%、9.1%、13.2%、25.0%、4.4%、3.2%和3.4%，所在法院行政庭人数为6人及以上的法官选择上述各项的比例分别是7.9%、30.8%、12.3%、18.2%、24.9%、1.2%、1.2%和3.6%，所在法院没有行政庭的法官选择上述各项的比例分别是14.3%、14.3%、14.3%、14.3%、28.6%、0.0%、14.3%和0.0%。

调查显示，不足半数受访法官认为公民不服行政处罚选择到法院起诉的原因是法院能够做到公正裁决，这一比例表明受访法官对法院依法公正审判的认可度不高。同时，37.1%的受访法官选择“迫不得已才打官司”，这说明了在受访法官看来，公民不服行政机关行政处罚时并不愿意选择通过打官司的途径来解决行政争议，只有在其他途径比如协商、调解或行政复议等途径无法奏效时才会转而诉诸司法救济。这在受访法官对开放式问题的回答中也有明确体现，如问卷编号为 HF002 的法官写道，“行政诉讼法颁布实施伊始，有一段较好的发展过程，诉讼案件上升，原告胜诉率比较高，但自 2001 年以来，受案下降，胜诉率下降，老百姓不打行政官司了，因为他们知道跟政府打官司打不赢，‘大接访’活动等一系列的措施，更让老百姓信‘青天’不信法，长此以往，行政诉讼越走越窄的路更不好走了”。问卷编号为 HF067 的法官写道，“一般行政诉讼案件原告人在行使诉讼权利时是在无奈情况之下才向法院起诉”。

（3）法官对法院与行政机关关系的看法

法官如何看待法院与行政机关的关系将直接影响法官对行政诉讼法的立法目的与法律规定的理解，以及他们的行为倾向等，因此本题意在从不同侧面分析法官对法院与行政机关关系的认知状况。

表 7　您如何看待法院与行政机关的关系？

	是		不是		说不清楚		缺失	
	人次	百分比	人次	百分比	人次	百比比	人次	百分比
法院应当独立审判	925	86.1	21	2.0	30	2.8	98	9.1
行政机关应当服从法院的裁判	844	78.6	34	3.2	31	2.9	165	15.4
法院应当配合行政机关的工作	202	18.8	523	48.7	107	10.0	242	22.5
法院与行政机关都应当服从和谐、稳定的大局	788	73.4	58	5.4	89	8.3	139	12.9

受访法官普遍认同“法院应当独立审判”。但也普遍赞成“法院与行政机关都应当服从和谐、稳定的大局”。而在法院是否应当配合行政机关的工作方面，法官们的观点不仅不太一致，而且这种不一致在某种程度上与前述两项问题的回答相矛盾。

本题中需要引起关注的是缺失值。四个问题的缺失值都较高，最高的达到22.5%，是法官卷所有问题中缺失值最高的。另外，有的题目“说不清楚”的比例也较高。“说不清楚”与缺失值加在一起大约占全部受访者的三分之一。究其原因，可能因为本题关于“法院与行政机关关系”的调查，有些“敏感”，也可能法官感觉这些题目不好回答，认为四个问题之间的关系不清。

（三）法官对行政诉讼法实施状况的反映

行政诉讼法在司法实践中的贯彻执行情况是全面把握行政诉讼实施现状的重要组成部分。行政诉讼法实施状况包括行政诉讼法规定的原则、规则和相关制度的遵守执行情况。

1. 关于行政案件受理的情况

表8　在您的印象中，有没有行政案件应当受理而没有受理的情况？

选项		人次	百分比	有效百分比
有效回答	有，很普遍	208	19.4	19.6
	有，很少	541	50.4	51.0
	没有	222	20.7	20.9
	案件受理由立案庭审查，我们不清楚	89	8.3	8.4
	总计	1060	98.7	100.0
缺失		14	1.3	
合计		1074	100.0	

调查结果显示，70.6%的受访法官承认在司法实践中有行政案件应当受理而没有受理的情况（包括“有，很普遍”和“有，很少”）。我们在对法官

进行访谈调查中也发现，司法实践中这种情况较为普遍，主要是涉及土地征收与征用、房屋拆迁补偿、政府做被告或者共同诉讼、群体性诉讼等所谓影响“社会稳定”、阻碍城市发展或有损政府形象的“敏感案件”。对这类案件，法院往往找各种理由不予受理，或者采取案外协调的方式解决。对此，理论界早已意识到，最高人民法院也试图加以解决，[⑫] 但似乎效果并不明显。

2. 关于发现行政机关提交伪造日期的证据时如何处理

表 9　在行政诉讼中，如果您发现行政机关提交的证据是在决定作出后收集的，却标着行政决定作出前的日期，您会如何处理？

选项		人次	百分比	有效百分比
有效回答	不采纳该项证据材料，视情况以伪造证据为由对其采取妨害诉讼的强制措施	96	8.9	9.1
	不采纳该项证据材料，直接排除在案卷之外	596	55.5	56.5
	会对证据材料加以审查，如果是真实的，采纳；虚假的，不采纳	328	30.5	31.1
	不知道	35	3.3	3.3
	总计	1055	98.2	100.0
缺失		19	1.8	
总计		1074	100.0	

行政机关在行政决定作出之后收集证据材料，却标明行政决定作出之前的日期，并将此证据材料提交法院，这是一种做伪证的行为，应当依照行政诉讼法的规定作出排除妨害诉讼的强制措施。但据我们日常观察，司法实践中法院对此一般都持非常宽容的态度，很少法院会采取排除妨害诉讼的强制措施。此问题可以考察法官对行政机关做伪证的看法、对行政机关遵守法定

---

⑫　参见郭春雨、郭修江、沈海蛟：《江必新在行政审判座谈会上要求切实解决行政诉讼告状难》，载《人民法院报》2009 年 7 月 17 日，第 001 版；另见杨海坤、章志远主编：《行政诉讼法专题研究述评》，中国民主法制出版社 2006 年版，第 490-498 页。

程序的态度，以及排除妨害诉讼的强制措施的运用情况。

调查结果显示，65.6%的受访法官选择不采纳该项证据，其中更有9.1%的调查对象回答会视情况以伪造证据为由对其采取妨害诉讼的强制措施。这与我们对实践的观察有相当程度的距离。目前尚无法判断调查对象在回答这一问题时是否存在追求标准答案的心理，但可能有。当然，这里询问的是“如果您……”，因此调查对象按照他心目中的标准答案来回答似乎也无可厚非。

但同时，仍有31.1%的受访法官明确选择“会对证据材料加以审查，如果是真实的，采纳；虚假的，不采纳”的做法。可见，行政诉讼法关于证据合法性的要求并未得到严格执行。同时也反映了法官对行政机关遵守法定程序的要求不高。

3. 关于对原告撤诉申请是否审查

表10　审理行政案件时，原告申请撤诉，您会如何处理？

选项		回答人次	百分比	有效百分比
有效回答	一般都会同意	567	52.8	53.9
	会审查撤诉原因，根据情况决定是否同意	471	43.9	44.8
	其他	13	1.2	1.2
	总计	1051	97.9	100.0
缺失		23	2.1	
总计		1074	100.0	

行政诉讼法规定，对原告提出的撤诉申请，无论是主动提出，还是被告改变具体行政行为后提出，都要加以审查，然后做出是否准予撤诉的裁定。申请撤诉不符合法定条件的，人民法院应当及时作出判决。大多数受访法官表示“一般都会同意”，也就是说，一般不对原告的撤诉申请加以审查，或者审查也是走过场。这表明行政诉讼法规定的人民法院应当对原告申请撤诉进行审查的规定在实践中并没有得到执行。

4. 关于排除妨害诉讼的强制措施规定的执行情况

表 11 在您的行政审判经历中，有没有采取过排除妨害诉讼的强制措施？（可多选）

		人次	百分比	有效百分比
（1）对原告方（包括原告及其代理人）采用过 （2）对被告方（包括被告及其代理人）采用过 （3）对除（1）（2）之外的人采用过 （4）从来没有用过	1	68	6.3	6.5
	1、2	10	0.9	1.0
	1、2、3	7	0.7	0.7
	1、3	6	0.6	0.6
	2	31	2.9	3.0
	2、3	1	0.1	0.1
	2、4	1	0.1	0.1
	3	41	3.8	3.9
	4	880	81.9	84.2
	总计	1045	97.3	100.0
缺失		29	2.7	
总计		1074	100.0	

84.2%受访法官表示在其行政审判经历中“从来没有”采取过排除妨害诉讼的强制措施。对原告方采取过的比例为 8.8%（6.5+1.0+0.7+0.6=8.8），高于对被告方采取过的比例 4.9%（1.0+0.7+3.0+0.1+0.1=4.9）。这与媒体频频曝光的被告行政机关不应诉、不答辩、不出庭，败诉后不缴纳诉讼费用、不执行法院生效裁判，打击报复原告和证人，甚至采取公然在法庭上抓原告等严重妨害诉讼秩序的现象存在出入。⑬ 要说明的是，表 9 假设的是法官遇到此类问题时会如何处理，而本题反映的是究竟如何处理的。尽管表 9 反映，9.1%的法官仅就伪造证据这种情况而言都会采取妨害诉讼的强制措施，但实际上，很少采取强制措施，无论是针对原告方还是针对被告方。

我们另外还设计有一题，考察司法实践中某些情况出现的频率，其中之

⑬ 参见京青：《江苏怪事：被告当庭抓原告》，载《政府法制》1994 年第 5 期；王同义：《从“民告官”到“官抓民”——沈华荣涉嫌诈骗案前前后后》，载《中国律师》2001 年第 9 期；孟天：《被告抓原告：行政诉讼“带伤起跑”》，载《人民法院报》2007 年 9 月 9 日，第 008 版。

一为“被告伪造证据”，回答选项是“经常”“偶尔”和“从来没有”。共计32.1%的受访者表示在其审理行政案件的过程中，发生过被告伪造证据的情况（3.2%“经常”，28.9%“偶尔”）。但是，如表11反映，受访法官对被告方采取过强制措施的比例只有4.9%。行政诉讼法规定，伪造证据的，人民法院应当视情节轻重采取不同的排除妨害诉讼的强制措施。可见大量的伪造证据行为没有受到任何惩处，法律关于排除妨害诉讼的强制措施的规定并未得到很好落实。在此需要说明的是，第一，前述表9所描述的情景实际上是一种伪造证据的行为，但我们没有对其贴上这个标签，目的是了解那种情况下法官会如何处理。但这里，我们给出了一个明确的概念——“伪造证据”。有些受访者可能根本就没有将表9所描述的情形视为伪造证据，我们在座谈中也发现了这一点，因此，实际上伪造证据的行为频率可能更高。第二，对数据做更严谨的分析，4.9%的比例是对被告方的，包括被告及其代理人。而“被告伪造证据”表述的只是“被告”。也就是说，从纯数据角度分析，由于被告伪造证据而受到排除妨害诉讼的强制措施处理的，比例小于4.9%。

5. 关于对违反法定程序的行政行为如何处理

表12 在您审理行政案件时，发现行政行为“违反法定程序”，是如何处理的？

选项		人次	百分比	有效百分比
有效回答	只要违反法定程序就撤销	308	28.7	29.1
	轻微违反法定程序，不撤销；严重违反，撤销	737	68.6	69.6
	仅违反法定程序，不会撤销	14	1.3	1.3
	总计	1059	98.6	100.0
缺失		15	1.4	
总计		1074	100.0	

行政诉讼法规定行政行为“违反法定程序”的，人民法院应当判决撤销，并未规定违反主要程序还是次要程序，外部程序还是内部程序，以及违反程序的严重程度。从调查结果来看，多数受访法官在审理行政案件时对

“违反法定程序”的行政行为并不是严格遵循行政诉讼法的规定一律予以撤销，而是区分行政行为违反法定程序的程度而分别采取不同的处理措施。这在一方面反映了法官在行政审判实践中存在“重实体轻程序”的观念和做法，另一方面也说明受访法官对违反法定程序的行政行为存在较高的宽容度。

不过，仍有29.1%的受访者选择“只要违反法定程序就撤销”。如此高的比例与我们访谈中了解到的法官一般不会因为违反法定程序就撤销行政行为的状况有较大出入，也与我们对裁判文书的统计分析结果不一致。在我们收集的2767份一审裁判文书中，判决为1202份。其中做出撤销判决（包括撤销判决、撤销并赔偿判决两类）的总数为210份，占判决总数的17.5%。而在撤销判决中，法院以“违反法定程序”为由（在五个理由“违反法定程序”“主要证据不足”“适用法律错误”“超越职权”“滥用职权”中只要有“违反法定程序”统计在内，既包括以多个理由作出撤销判决，也包括单以“违反法定程序”为由）作出撤销判决的总数为62份，单以“违反法定程序”为由作出撤销判决的频数为19。这样，一审法院以“违反法定程序”为由作出撤销判决占撤销判决总数的29.5% 占全部判决数的5.2%。而仅“违反法定程序”一项即做出撤销判决的，占撤销判决总数的9.0%，占全部判决书的1.6%。考虑到行政行为违反法定程序比较普遍，进入法院后的案件，法院经过审理做出撤销被诉行政行为的判决却较少（撤销判决占判决总数的17.5%，占裁判文书总数的7.6%）这样的分析还是可以给我们某种启发，那就是有可能问卷调查的对象在回答这一问题时在追求标准答案。当然，由于问卷调查对象所在法院与提供裁判文书的法院并不完全一致，因此这样的对比只能作为参考。

6. 关于法官对当事人态度是否相同

法官对待当事人的态度，不是法律上的要求，因此，大概不合适作为考察法律是否得到执行的一个标准。但这是一个合理性问题，与法律的执行密切相关。在人们思想上还残存着“官官相护”封建观念的社会里，法官的态度，特别是行政诉讼中对待原告和对待被告的不同态度，会给当事人，特别是原告思想上造成很大的冲击。而且，对待当事人态度不一样，是不是也可以折射出背后可能有更多的不一样？

表 13 您觉得在行政诉讼中法院对老百姓与对行政机关的态度有差别吗？

选项		人次	百分比	有效百分比
有效回答	对老百姓态度好些	113	10.5	10.8
	对行政机关态度好些	121	11.3	11.5
	对老百姓与对行政机关态度一样	731	68.1	69.8
	说不清楚	83	7.7	7.9
	总计	1048	97.6	100.0
缺失		26	2.4	
总计		1074	100.0	

69.8%的受访法官反映在行政诉讼中“对老百姓与对行政机关态度一样”。而对同一选项，行政机关工作人员、民众和律师三类群体回答的比例分别是43.3%、17.9%和14.5%。为什么法官与其他群体，特别是与民众和律师的回答差距如此之大？谁的回答最为真实？对此，作为研究者，我们似乎难以定论。不过，相比较法官“对行政机关态度好些”与“对老百姓态度好些”，所有群体选择前者的比例都高于后者。[⑭] 当然，“态度”好坏是一种主观性很强的判断，也是当事者的一种感觉。从为人处世的角度来看，法官即使对当事一方态度好，他也可以让其感觉对另一方态度也好。起码，在这一点上，法官们并未做到。

另外值得关注的是，这是一个很容易选择“标准答案”的题目。但仍然有超过30%的调查对象没有选择“标准答案”。这似乎在某种程度上也表明行政诉讼中法官对待双方当事人的态度有所差别。

7. 关于在作出行政裁判时考虑的因素

我国《行政诉讼法》第5条规定了“人民法院审理行政案件，以事实为

⑭ 法官、民众、行政机关工作人员、律师选择“对行政机关态度好些”的比例为11.5%、47.3%、26.4%、54.3%，选择“对老百姓态度好些”的比例为10.8%、4.4%、8.4%、4.2%。

根据，以法律为准绳”。然而，正如有学者所指出的，法官不是自动售货机，“尽管常规（大多数）司法决定看上去都是法条主义驱动的，但法官绝非仅适用已有的规则或有什么独特的法律推理模式，他们不是法条主义者。法官的政治偏好或法律以外的其他因素，例如法官个人特点以及生平阅历和职业经验，会塑造他的司法偏见（preconception），进而直接塑造他对案件的回应”。[15] 在法官办理案件的过程中，事实和法律以外的因素也会有一定的影响。但哪些因素会对行政审判法官产生影响?

表 14　您对行政案件作出裁判时，会不会考虑下列因素?

	会考虑（百分比）	不会考虑（百分比）
纠纷能够彻底解决	98. 3	1. 7
最大限度地保护相对人的合法权益	97. 1	2. 9
可能得罪当地行政机关	54. 4	45. 6
党的政策	93. 7	6. 3
政法委的意见	86. 4	13. 6
上级法院的意见	95. 3	4. 7
本院领导的意见	92. 3	7. 7
当事人投诉、信访	79. 9	20. 1
媒体的反应、社会舆论	79. 2	20. 8

显然，上述某些“因素”是法官作出裁判时应该考虑的，如“纠纷能够彻底解决”和“最大限度地保护相对人的合法权益”，但有些因素则是完全不应当考虑的，如“可能得罪当地行政机关”“媒体的反应、社会舆论”等。其中“政法委的意见”“上级法院的意见”和“本院领导的意见”一般来说相对具体，而来自不同方面的具体意见，在个案中有可能是矛盾的。但对所有这些“因素”，都有超过半数的法官回答会考虑。看来法官在办理案件时需要

⑮ [美] 理查德·波斯纳著：《法官如何思考》，苏力译，北京大学出版社 2009 年版，代译序第Ⅳ页。

顾及太多因素，一些法律外的因素也会考虑。这在受访法官对开放式问题的回答中有普遍的反映，如问卷编号为 GXF002 的法官写道，“行政诉讼中，受到影响或干预的因素太多——不仅仅来自行政机关”；问卷编号为 ZF003 的法官写道，“行政审判如何能避免来自党委的干涉？如何避免因绩效考核的压力而考虑上级法院的意见?”；问卷编号为 YF041 的法官回答为，“信访、缠访问题严重困扰法院行政审判工作的正常进行”；问卷编号为 GF117 的法官写道，“行政审判有别于民事审判，需考虑的因素较多，对社会产生的影响也大，不能一概以目前的考核机制衡量行政审判法官的工作”。

前述七个方面表明，行政诉讼法实施情况不好，很多具体规定并未得到严格遵守，法官在审理案件时考虑多重法律外因素。那么，原因是什么？法官对行政审判难的描述以及原因的看法，可以给我们一些答案。

8. 法官对行政审判难原因的认识

行政审判难甚至举步维艰已经成为理论和实务界对我国行政诉讼实施状况的基本评价。本调查力图从法官对行政法律规范、行政诉讼法与国情相符性、行政审判人员素质问题以及行政审判的外在环境等方面分析行政审判难的原因。

表 15　您认为下列问题是不是行政审判难的原因?

	是		不是		不知道	
	人次	百分比	人次	百分比	人次	百分比
行政实体法律内容繁杂，难以全面了解	626	62. 6	357	35. 7	17	1. 7
法律法规不健全，标准不好掌握 *	777	77. 2	215	21. 4	14	1. 4
行政诉讼法落后了，很多规定尚待完善	790	78. 9	171	17. 1	40	4. 0
行政诉讼法超前了，不适合中国实际	97	10. 3	788	83. 3	61	6. 4
行政审判人员业务素质不高 *	368	37. 4	570	58. 0	45	4. 6
法院领导不重视 *	390	39. 8	551	56. 2	40	4. 1
行政机关不配合，干预、刁难 *	461	47. 3	472	48. 5	41	4. 2
媒体的不当影响	403	42. 0	482	50. 3	74	7. 7

续表

群众不懂法 *	627	64.2	315	32.2	35	3.6
审判没有真正独立 *	787	78.2	181	18.0	39	3.9
法官保障制度不完善	835	83.3	145	14.5	23	2.3
绩效考核的一些做法让法官左右为难	759	76.4	209	21.0	26	2.6
政治体制不改革，行政审判弄不好 *	630	65.1	249	25.7	88	9.1
当事人缠诉、滥访	749	75.7	206	20.8	34	3.4

法官普遍反映行政审判难，但究竟“难”在哪里？我们设计了若干可能会被法官认为是行政审判难的原因，以考察法官的看法。另外，行政诉讼法实施初期，龚祥瑞先生曾率研究人员开展了“《中华人民共和国行政诉讼法》实施现状与发展方向调查”（该项调查于1991年开始，集中的调查，特别是集中的问卷调查时间为1992年夏，以下简称1992年调查）。[16] 考虑到1992年调查的一个重点也是这一问题，我们特地从当时的调查问卷中选择了若干问题，与我们结合当今的情况所设计的题目放在一起。

从调查数据反映的情况看，法官们对有些原因非常认同，选择“是”的比例超过60%，如“行政实体法律内容繁杂，难以全面了解”等九项。其中认为“法官保障制度不完善”是行政审判难原因的比例最高，达到83.3%，其次为“行政诉讼法落后了，很多规定尚待完善”，为78.9%。

法官们对有的原因很不认同，如“行政诉讼法超前了，不适合中国实际”。有的原因认同度不高，如“行政审判人员业务素质不高”等四项，选择“是”的，在40%左右，且与选择“不是”的比例接近，表明调查对象对这些问题的看法分歧比较大。行政诉讼法是不是超前了，媒体的影响，以及政治体制改革三题，回答“不知道”的比例略高，大概这部分法官觉得这样的

---

⑯ 原题以及此原题涉及1992年调查的有关数据均参见龚祥瑞主编：《法治的理想与现实——〈中华人民共和国行政诉讼法〉实施现状与发展方向调查研究报告》，中国政法大学出版社1993年版（下文简称龚祥瑞书），第294页，下文不再标注。加*者表示使用“1992年调查”的原题。

题不好回答。

与1992年调查所得数据相比，造成行政审判难的原因中，有些原因的认同度下降了，有些则变化不大。对比分析，有一些值得深思的结果。

关于“行政机关不配合，干预、刁难”是不是造成行政审判难的原因，两次调查结果有较大的差异。1992年调查，232位受访法官的有效回答中，选择“行政机关不配合，干预、刁难”“是”“不是”和“不知道”的比例分别是66.4%、27.2%和6.5%。本次调查认同其是审判难原因的比例大幅下降到47.3%，降幅接近20个百分点。这个结果与我们访谈了解到的情况比较接近，那就是近年来，行政机关对行政审判直接的干预确有减少。比如，在访谈时，当被问及“审理行政案件有没有感觉到来自案件本身之外的压力”时，有法官说道，“近些年来由于法治政府建设的不断加强，行政机关乱作为、不作为、越权作为的案件越来越少，大多行政案件并无明显的法律瑕疵，故在案件审判中来自行政机关的压力也相对较少”。也有法官反映到，“基本没有，现在案件行政机关干预的不多了”；还有法官讲道，“在我做行政法官期间，没有受到行政干扰。当然之前行政庭在判案时是有这种情况的”。

与此相关的，虽然认可“审判没有真正独立”是行政审判难原因的高达78.2%，但相比较1992年调查238位受访法官中81.1%的有效回答，比例也有所下降。说明行政审判的环境总体上还是有所改善。

从事行政审判的法官对“法院领导不重视”的感受程度有一定的变化，但变化不大。1992年调查的结果显示，225位受访法官中，回答“是”“不是”和“不知道”的比例分别是33.3%、54.2%和12.4%。相比较，本次调查回答“是”的比例提高5个百分点，当年回答“不知道”的比例较高。我们在访谈中发现，不同的法院对此回答差异较大。有的法院领导不重视行政审判工作，如存在行政审判庭法官办理民事案件、行政审判庭安排即将退休的法官或其他职务人员如院办公室主任兼行政庭审判员等现象。但也有的法院对行政审判非常重视，安排精兵强将从事行政审判工作。

77.2%的受访法官认为“法律法规不健全，标准不好掌握”是行政审判难的原因，而1992年调查的结果是76.4%，两者相差不到一个百分点，可以说基本一致。但众所周知，当下的中国，法律的制定情况与20年前已不可同日而语，国家更是宣布中国特色的社会主义法律体系已经基本形成。但法官们的感觉却是基本同样的。这有些令人费解。

关于“群众不懂法”是不是审判难的原因，我们的调查与1992年调查结果也非常接近。1992年调查回答“是”的比例为68.3%。这个结果也颇为耐人寻味。20多年来，党和政府非常重视法制宣传教育，一直在进行普法宣传，⑰ 社会公众的文化程度也有很大幅度的提高。⑱ 但从法官角度来看，群众不懂法的现象依旧，这可能需要有关部门检讨普法工作的内容与效果。当然，这个问题虽与社会公众法律意识的实际情况相关，但也更可能与法官对社会公众法律意识的期待相关。可以说，相比较法官群体而言，群众永远都是“不懂法”的。关键是法官们认为“群众不懂法”是不是行政审判难的原因。如果法官对群众“懂法”有较多的期待，那么即便社会公众的法律意识有了提高，法官们还是会认为“群众不懂法”。所以，究竟是社会公众法律意识问题，还是法官对群众懂法的期待较高，还需要做进一步的研究。

关于行政审判难的原因，相当多的法官在开放式问题的回答中涉及。如问卷编号为E015的法官写道，“我国的司法体制决定法院不能独立审判，审判时要考虑的因素太多，法官很难依法公正审判，行政诉讼时行政机关有时

⑰ 在我国，全国性的普法活动自1986年开始由国家司法行政管理部门启动以来，目前已经进行到“六五”普法阶段（即第六个五年计划，2011年是“六五”普法的启动年。）。在每个阶段，国家司法行政机关针对不同群体开展了多个主题的全国性普法活动。

⑱ 新中国成立后，我国先后于1990年和2011年分别进行了第四次和第六次全国人口普查。在人口教育程度方面，与1990年全国人口普查的结果相比，2011年的人口普查中，每10万人中具有大学文化程度的由1422人上升为8930人，具有高中文化程度的由8039人上升为14032人，具有初中文化程度的由23344人上升为38788人，具有小学文化程度的由37057人下降为26779人；文盲率（15岁及以上不识字的人口占总人口的比重）由15.88%下降为4.08%。参见：李硕雅：《从全国第六次人口普查看我国人口问题》，载《经济论坛》2012年第1期；国家统计局人口统计司编：《中国人口统计年鉴1990》，科学技术文献出版社1991年版，第3–4页。

根本不把法院看在眼里，不出庭应诉，法官在裁决时有时还要向上级领导汇报，根本不敢得罪当地政府，虽然国家法律不断出台，但老百姓的合法权益根本得不到保障，能忍则忍，少数人的挣扎也是胳膊拧不过大腿，要么以失败告终，要么被收买，感觉前途黯淡”。问卷编号为 HF014 的法官写道，“人民法院的宪法地位与现实社会地位不符，以致难以独立行使审判权，更遑论行政审判权的行使，所幸各级正在稳步推进中。进入法院的门槛高，政治、经济待遇差，人才外流严重，不利于法院的队伍和业务建设。法官的自身价值难于实现，工作、生活没有多少尊荣（权）威可言。行政审判在法院的审判体系中排弱势地位，行政审判法官后继乏人”。

开放式问题的回答中也有很多法官表达了对人民法院独立行使审判权以及重视行政审判的希望。如问卷编号为 GXF002 的法官写道，“行政诉讼中，受到影响或干预的因素太多——不仅仅来自行政机关。在制度层面上切实保障法院、法官独立行使审判权，相信是让行政诉讼发挥其应有作用的方向”。编号为 GXF062 的法官写道：“各级法院领导应高度重视行政审判工作，提高行政审判人员的政治、物质待遇。”这样的呼吁很多，鉴于篇幅，本文不一一列出。

面对困难，如何应对？这一问题在访谈中涉及较多。在大的社会背景和体制环境下，长期起来，法官已经学会体察时务和自我保护。比如一位从事多年行政审判的中级法院行政审判庭庭长说：“我们一直在抗争，但也要自我保护。你只能打狗，不要想去打老虎。”某基层法院的院长说：“我当院长的任务就是保护我们的法官。”还有法官说：“我们法官要讲政治讲法律，我们自己感觉这个事情很重要，也会汇报汇报。”关于上访，有法官反映，“上访问题搞得我们非常牵涉精力，一有案件上访，我们就要去做工作，当事人耍赖但是出于政治考虑，我们也要认真对待，耐心说服，不积极想办法息事宁人会被上级认为是‘不讲政治’，这个错误是谁都不敢犯的”。关于立案，有基层法院院长说：“有些案件不能立案，法院工作主线一定要为大局服务，为党委服务。”“立案受到限制，主要是为大局服务。比如有的案件当事人比较特殊的案件一般不立。涉及当事人是政府的，立案时要慎重，涉及企业的，涉及敏感行政行为的，如拆迁等，这些案件进来了，不好出去，法律效果有，但政治效果、社会效果不好。”体察时务和自我保护的结果就是法官在审理案件时自觉兼顾各种效果，追求政治正确的答案，而法律至上、依法办案则放在了多重考虑之后。

（四）法官对行政诉讼法修改的意见

如前述，大多数法官认同“行政诉讼法落后了，很多规定尚待完善”，当然也有法官持不同意见。行政诉讼法修改涉及相关制度的改变，不同背景的法官对此是否有不同的考虑，需要结合调查对象的背景进行多变量分析。对此，我们选取行政诉讼法修改中涉及全局性或关键性的几个观点，借以考察法官对于法律修改、制度改革的不同态度。

1. 法官对行政诉讼法具体制度的修改存在分歧

表 16　您认为我国行政诉讼制度是否有必要在以下方面做出改变？

	有必要		没有必要		说不清楚	
	人次	百分比	人次	百分比	人次	百分比
建立行政法院	561	55.5	348	34.5	101	10.0
规定原告提起行政诉讼前必须先申请行政复议	333	33.4	621	62.3	43	4.3
取消基层法院一审行政案件的管辖权	287	28.6	654	65.3	61	6.1
建立行政公益诉讼	719	72.5	203	20.5	70	7.1
加强行政诉讼的检察监督	502	51.5	384	39.4	89	9.1
设置简易程序	782	78.2	179	17.9	39	3.9
全面引入调解制度	725	72.4	215	21.5	62	6.2
规定原告必须有律师作为代理人的律师强制代理制度	275	27.7	649	65.4	69	6.9

法官们认同度比较高的几项是“建立行政公益诉讼”“设置简易程序”和“全面引入调解制度”。

关于调解，1992 年调查中，在被问及现行《行政诉讼法》不适用调解原则是否应修改时，240 位受访法官中，选择“不应修改”的占 72.9%。[19] 而本次调查，认为有必要“全面引入”调解制度的却与 1992 年调查反对调解的比例基本持平。表明从行政诉讼法实施初期到现阶段，法官们对行政诉讼中调解制度的态度发生了根本的变化。

建立行政法院，可以说是步子迈得较大的做法，法官们的意见分歧较大（选择“有必要”的 55.5%，选择“没有必要”的 34.5%，选择“说不清楚”的 10%）。以性别为背景进行双变量分析，男性法官选择“有必要”“没有必要”和“说不清楚”的比例分别是 60.2%、32.6%和 7.2%，女性法官选择“有必要”“没有必要”和“说不清楚”的比例分别为 47.5%、37.9%和 14.6%。表明在这个问题上，女性法官相对倾向于保守。这是在表 16 涉及的若干观点中，性别影响最大的一个问题。[20]

加强行政诉讼的检察监督，法官们的分歧也较大（51.5%：39.4%：9.1%），似乎有点令人费解。行政诉讼中的检察监督，虽然监督的对象也包括原告、被告双方当事人，但主要还是对法院的审判活动进行监督。超过半数的法官认为应当加强检察监督，“说不清楚”的比例也达到了 9.1%，这是不是法官们自认为行政审判质量不高的表现？

比较多的法官（65.3%）不认同取消基层法院一审行政案件的管辖权。这究竟是因为调查对象中多数为基层法院的法官，还是因为法官们普遍都不认为基层法院作为行政案件的第一审法院有什么问题或困难？双变量数据显

[19] 1992 年调查中调查问卷第 13 题。参见龚祥瑞书，第 300 页。

[20] 关于行政诉讼法修改，只有“规定原告提起行政诉讼前必须先申请行政复议”和“加强行政诉讼的检察监督”两个问题，男性法官选择“有必要”的比例低于女性法官，前者男女比例为 31.3%和 36.3%，后者男女比例为 49.9%和 53.8%。其他问题，男性法官选择“有必要”的比例均高于女性法官。以下列出各问题选择“有必要”的男女比例：“取消基层法院一审行政案件的管辖权”30.7%、25.3%，“建立行政公益诉讼”76.2%、67.3%，“设置简易程序”80.7%、74.3%，“全面引入调解制度”72.5%、71.8%，“规定原告必须有律师作为代理人的律师强制代理制度”29.3%、24.6%。从数据上看，性别因素对法官选择行政诉讼法修改方案的影响并不大，但大致来说，女性法官相对趋于保守。

示，对于“有必要”“没有必要”“说不清楚”三个选项，基层法院法官回答比例为 32.5%、59.2%、8.2%，中级法院法官回答比例为 14.8%、84.3%、0.8%，高级法院法官回答比例为 38.6%、61.4%、0.0%，最高人民法院法官此题回答缺失。来自基层法院和高级法院的法官认为有必要取消基层法院一审行政案件管辖权的比例均高于平均值，只有来自中级法院的法官表现出非常明显的倾向，那就是保留基层法院一审行政案件的管辖权。这倒是很好理解：一方面，在第一审行政案件由基层法院管辖的情况下，中级法院作为终审法院，享有对案件的最终决定权。另一方面，如果取消基层法院对一审行政案件的管辖权，中级法院受理一审行政案件的数量必然会大大增加，进而必然导致工作量增大，压力也随即转移到自身。如此，对中级法院法官来说，还不如保留现有的做法。

法官对行政复议制度的作用评价不高。关于原告提起行政诉讼前是否必须先申请复议，行政机关工作人员和律师选择“有必要”“没有必要”“说不清楚”的比例分别是 55.0%、35.2%、9.8%和 16.1%、80.4%、3.5%。比较而言，明确认同行政复议“有必要”作为行政诉讼必经的诉前程序的，法官群体的比例最低，而律师群体最明确地表示“没有必要”将行政复议作为行政诉讼必经的诉前程序。

2. 多数法官认为现行行政诉讼受案范围应该扩大

表 17　您认为是否应扩大现行法律规定的行政诉讼受案范围？

选项		人次	百分比	有效百分比
有效回答	应该扩大	644	60.0	61.0
	维持现状	218	20.3	20.6
	应当缩小目前的受案范围	79	7.4	7.5
	扩大不扩大无所谓	58	5.4	5.5
	说不清楚	57	5.3	5.4
	总计	1056	98.3	100.0
缺失		18	1.7	
总计		1074	100.0	

同样的问题提给律师和行政机关工作人员，他们回答“应该扩大”的比例分别是81.9%和57.8%，受访法官与行政机关工作人员的回答结果比较接近。究其原因，我们认为这可能是因为受访法官和行政机关工作人员更多关注的是执法的条件、能力与环境等问题，如法律能否得到执行、执行环境是否优良等问题。我们访谈中也有较多法官指出，在目前中央和地方均提倡司法应为和谐社会建设保驾护航，司法裁判要让人民满意等政策的影响下，扩大受案范围，只是徒增法官审理案件的压力。而维持现状、缩小受案范围以及扩大与否无所谓的加在一起的比例33.6%，也印证了上述解释。

性别因素对这一问题的回答似乎有一定的影响。男性和女性法官选择“应该扩大”的比例分别是65.8%和53.1%，选择“说不清楚”的比例分别为3.6%和8.5%。至于原因，我们的调查没有涉及，有可能在这一问题上女性法官相对保守，不认为现行的行政诉讼制度需要有大的改变；或者更为现实，不认为扩大行政诉讼的受案范围能够改变什么。

从法官所在法院级别的角度看，通过双变量分析，我们发现，随着所处法院级别的提高，受访法官选择“应该扩大”的比例逐渐增加。所在法院的级别分别是基层、中级、高级和最高人民法院的法官选择“应该扩大”的比例分别是57.4%、68.8%、81.3%和100%。级别越高的法院的法官越倾向于扩大受案范围，可能是他们更为超脱，而越是基层法院的法官面对的问题和困难越大。

3. 法官对律师在行政诉讼中的作用评价不高

表18 您如何看待行政诉讼中当事人委托代理人？

选项		人次	百分比	有效百分比
有效回答	现在当事人委托律师代理诉讼的太少，应当规定当事人必须请律师	217	20.2	20.6
	当事人应当请懂法律的人做代理人，是不是律师无所谓	587	54.7	55.9
	行政诉讼中，当事人请不请代理人都无所谓	159	14.8	15.1

续表

有效回答	律师或其他人代理都是添乱	51	4.7	4.9
	说不清楚	37	3.4	3.5
	总计	1051	97.9	100.0
缺失		23	2.1	
总计		1074	100.0	

多数受访法官肯定懂法律的诉讼代理人在行政诉讼中能够发挥作用，但对诉讼代理人的身份并没有苛求，即是否为律师并不重要。这一点，裁判文书分析结果所反映的司法实践的情况也是如此，“课题组收集的一审案件中，律师代理与非律师代理之间就不存在较大的差距，甚至法律工作者代理案件的胜诉率高于律师”。[21] 表16中所显示的65.4%的受访者认为“没有必要”规定原告必须有律师作为代理人的律师强制代理制度，也与此结果契合。表明在这些法官看来，行政诉讼中，律师的作用不大。

15.1%的法官认为“行政诉讼中，当事人请不请代理人都无所谓”，意味着在这部分法官看来，当事人是否请代理人，他们都会一样办案。

不过，裁判文书分析结果显示，二审中，“原告若聘请了律师，相比无代理人或由其他公民作代理人时，胜诉率会明显提高，”对被告来说，“律师作代理人时，会小幅提升行政机关胜诉率”。[22] 也就是说，在二审中，当事人是否聘请律师代理，与案件的处理结果有一定的关系。而法官卷双变量数据分析显示，来自不同级别法院的法官对此的差异并无明显的规律，表明二者之间没有关联性。[23] 也就是说，即使从判决结果上看不同审级案件中当事人是否

[21] 顾大松：《行政诉讼中的律师与律师眼里的行政诉讼——〈行政诉讼法〉实施状况调查报告·律师篇》，载《行政法研究》2013年第3期。

[22] 朱春华：《行政诉讼二审审判状况研究——基于对八个法院2009-2010年3274份二审裁判文书21项指标的统计分析》，载《清华法学评论》2013年第7卷第4期。

[23] 双变量数据显示，基层法院法官选择各选项的比例分别是21.0%、57.4%、13.8%、4.0%和3.8%，中级法院法官选择各项的比例分别为21.2%、51.0%、17.0%、7.5%和3.3%，高级法院选择各项的比例依次是8.5%、55.3%、29.8%、6.4%和0.0%；最高人民法院法官选择各选项的比例分别是100.0%、0.0%、0.0%、0.0%和0.0%。

聘请律师与案件的处理结果具有一定的联系，但不同级别法院的法官对此却并没有不一致的认识。因此，总的来说，法官对行政诉讼中律师作用的评价不高。

（五）法官的自我评价和对行政审判发展前景的信心度

1. 多数法官对我国现阶段法官队伍的总体评价较好

表 19 您对我国现阶段法官队伍的总体评价是：

选项		人次	百分比	有效百分比
有效回答	很好	80	7.4	7.6
	较好	625	58.2	59.1
	一般	340	31.7	32.2
	不好	10	0.9	0.9
	很差	2	0.2	0.2
	总计	1057	98.4	100.0
缺失		17	1.6	
总计		1074	100.0	

法官的自我评价折射出其职业认同感和群体认同感。对此，我们设计了区分明显层次的五个选项。虽然有66.7%的受访法官认为我国现阶段法官队伍是“好”（包括“很好”和“较好”两种评价），但其中只有7.6%的受访者选择评价我国现阶段的法官队伍为“很好”。有约三分之一的受访者自我评价为“一般”。当然，选择明显负面的两个选项“不好”“很差”的极少（见表19）。

对比民众、律师和行政机关工作人员三类群体对此题的回答，可以看出法官的自我评价与外界的评价之间存在一定的反差。民众回答“很好”“较好”“一般”“不好”“很差”的比例分别是3.8%、18.1%、41.1%、9.4%和6.1%；律师回答“很好”“较好”“一般”“不好”“很差”的比例分别是1.6%、22.2%、59.2%、12.1%和4.9%；行政机关工作人员回答“很好”

“较好”“一般”“不好”“很差”的比例分别是8.6%、29.5%、45.8%、5.5%和3.3%。总体来说，三类群体对法官的评价都较法官的自我评价更为负面，而民众和律师尤甚。

根据一项2005年对警察群体的问卷调查，此时法官的自我评价略好于彼时警察的自我评价。那项调查中，在问及“您对我国现阶段警察队伍的总体评价”时，受访警察回答“很好”“较好”“一般”“不好”“很差”的比例分别是7.9%、41.6%、41.8%、6.8%和1.9%。[24] 这两个数据之间其实并没有直接的关联性。不过，这两类群体都是为国家“打工”的人员，对他们各自的自我评价进行一番比较可以分析不同群体的自我认同状况，从而在某种程度上检视国家的人才策略、公务人员的心理状况等内容。当然，这并非本文主旨，故仅点到为止。

法官的自我评价也涉及法官对自身业务素质的看法。我们在对行政审判难原因的调查中，涉及行政审判人员的业务素质问题。超过半数的受访法官（58%）认为“行政审判人员业务素质不高”不是行政审判难的原因，但也有37.4%的受访者认为这是行政审判难的原因，表示至少有37.4%的受访者认可“行政审判人员业务素质不高”。这个情况比1992年调查反映的情况略好。1992年调查时，在226名受访法官的有效回答中，关于“行政审判人员业务素质不高”是否行政审判难的原因，选择“是”“不是”和“不知道”的比例分别是43.8%、47.8%、8.4%。

访谈中，不少法官谈到心理压力大，以及缺乏职业荣誉感、神圣感。这种压力既有来自外部的、社会的，也有来自法院内部的，如上级法院和本院的绩效考核等。对此，开放式问题和访谈中都有大量涉及。如编号为YF022的调查对象写道：“行政诉讼中当法律效果、社会效果、政治效果不一致

---

[24] 虽然两次调查的对象、时间与内容等方面存在差异，但就抽样调查而言，我们姑且在认同二者都具有代表性的基础上，进行对比研究。对警察自我评价的调查结果可参见林莉红、余涛、张超：《刑讯逼供社会认知状况调查报告（警察卷）》，载林莉红主编：《程序正义的理想与现实——刑事诉讼相关程序实证研究报告》，北京大学出版社2011年版，第64页。

时，若偏离法律依据，法官要承担很大风险；若依据法律，社会效果、政治效果差时，法官又要承担当事人信访或有关领导等方面的压力。”对此，笔者在《信访对行政审判的影响分析》一文中也有描述和分析。

2. 多数法官认为我国行政审判发展前景有希望但困难大

表 20 您认为行政审判的前景如何?

选项		本项调查			1992 年调查[25]	
		人次	百分比	有效百分比	人次	有效百分比
有效回答	光明	172	16. 0	19. 1	23	8. 5
	有希望，但困难大	629	58. 6	69. 8	299	84. 2
	黯淡	63	5. 9	7. 0	14	5. 1
	不清楚	37	3. 4	4. 1	6	2. 2
	总计	901	83. 9	100. 0	342	100. 0
缺失		173	16. 1			
总计		1074	100. 0			

两次调查，表示“有希望，但困难大”的都占大多数。这表明多数法官对行政审判的发展前景抱有信心，但对行政诉讼法发展所存在的困难也怀揣担忧。

时隔20年，受访法官选择“光明”的比例提高了十多个百分点。考虑到1992年调查中选择“光明”选项的就不高（8.5%），本次调查的结果还是有些乐观的，这说明法官群体的信心度在增强。

不过，本次调查，在选择“光明”的比例提高的同时，选择“黯淡”和“不清楚”的比例也略有提高，相应地，选择“有希望，但困难大”的比例下降，表明法官们对“前景”问题的分歧在加大。从开放式问题的回答中也可以看出来这一点，法官们对于“光明”和“黯淡”表达出非常不同的情绪。不少法官表达了自己的希望，如问卷编号为 E016 的法官写道：“社会文明的

㉕ 调查数据参见龚祥瑞书，第 306 页。

发展是必然的，相信行政诉讼的明天会更好。”问卷编号为 E105 的法官写道：“艰难、努力、希望。”问卷编号为 HF002 的法官写道：“中华民族法治化的进程是不可逆转的，我们这一代法官注定成为牺牲品，但前景是美好的。”问卷编号为 HF127 的法官写道：“行政审判有希望，困难需社会各界、特别是从事行政审判的法官们共同努力。”但也有法官感觉行政审判前景暗淡、举步维艰，如问卷编号为 E064 的法官写道：“法院体制本身就黑，行政审判前景黯淡。”问卷编号为 HF044 的法官写道：“行政审判案源枯竭，举步维艰。”问卷编号为 HF066 的法官写道：“行政诉讼想得到发展、壮大、道路漫长而又曲折，在目前体制下，行政审判要真正实现独立，难度很大。”问卷编号为 GF112 的法官写道：“政治体制不改革，行政诉讼没希望，或者说没有大的希望。”

交叉分析再次显示，个人背景对法官看待问题的影响并不大，或者说没有表现出明显的规律性。性别、年龄两个因素几乎没有影响，㉖ 学历和所在法院行政庭法官人数对这一问题的影响没有表现出规律性且数据相差不大。㉗ 我们特别关注法官从事行政审判的年限对这一问题的影响，发现从事行政审判年限长短不同的法官对行政审判前景的看法也没有什么明显不同。㉘ 但法官所在法院级别具有一定的影响，来自高级法院的法官比来自基层法院和中级法院的法官对行政审判的前景明显更为乐观。㉙ 不同政治面貌对“前景”的看法

㉖ 就“光明”选项而言，男性法官和女性法官选择的比例分别为 19.1%和 19.2%；年龄为 30 岁以下、31~50 岁和 51 岁及以上选择的比例分别是 19.9%、18.7%和 20.0%。

㉗ 专科及以下、本科、研究生及以上选择“光明”的比例分别是 24.1%、17.1%和 24.5%；所在法院行政庭有 1~2 位、3~5 位、6 人及以上和没有行政庭的法官选择“光明”的比例分别是 20.5%、18.2%、20.7%和 14.3%。

㉘ 从事行政审判工作不满 3 年的法官选择“光明”“有希望但困难大”“黯淡”和“不清楚”的比例分别是 20.8%、68.3%、7.9%和 3.0%；从事行政审判工作 3~7 年的法官选择这四个选项的比例分别是 17.4%、70.7%、7.7%和 4.2%；从事行政审判工作 8 年及以上的法官选择这四个选项的比例分别是 18.9%、70.4%、5.5%和 5.2%。

㉙ 对于“前景”的四个选项，基层法院法官回答比例为 19.0%、69.4%、7.4%、4.2%，中级法院法官回答比例为 14.2%、74.4%、7.3%、4.1%，高级法院法官回答比例为 52.6%、47.4%、0.0%、0.0%，最高人民法院法官此题回答缺失。

的交叉分析数据仍然有一定差别,[30] 但如前述，由于政治面貌中中共党员占据了绝大多数，我们可以忽略这种差别背后的影响因素。

同时，对前景的看法也与法官的自我评价等有关。对行政审判前景表示乐观的法官自我评价也相对较好。认为行政审判前景“光明”的法官自我评价为“很好”“较好”“一般”“不好”“很差”的比例分别是 21.5%、68.6%、9.9%、0.0%、0.0%，而认为行政审判前景“黯淡”的法官相应的评价分别是 0.0%、36.5%、57.1%、4.8%、1.6%。表明在法官心目中，行政审判人员综合素质与行政审判前景具有关联。

不过，本次调查中，此题有 16.1%的缺失率（1992 年调查缺乏缺失率统计）。这部分调查对象不作回答的原因，有可能觉得对前景之类的问题不好预测，也有可能是不愿意做预测。而这也可能正说明法官们对行政审判前景有分歧。

三、调查结论与建议

（一）基本结论

尽管问卷调查难以避免调查对象追求标准答案和回避敏感题目的心理,[31] 但不同题目和各项调查结果之间存在一些内在关联，可据此来验证受访者的回答。因此，我们认为，本项研究的调查结果应当能够客观反映法官群体对

---

[30] 政治面貌是中共党员、共青团员、民主党派及无党派人士和群众的法官选择“光明”的比例分别是 19.2%、34.5%、11.8%和 15.8%，选择“有希望，但困难大”的比例分别是 69.7%、58.6%、76.5%和 70.2%，选择“黯淡”的比例分别是 7.0%、0.0%、8.8%和 10.5%，选择“不清楚”的比例分别是 4.1%、6.9%、2.9%和 3.5%。

[31] 受访者追求标准答案的心理是社会调查中普遍存在的问题，如有学者指出，有关“回答准确性（response accuracy）”研究表明，受访者往往使答案看起来更好或避免使他们难看的手法来修饰答案（distort answers）。[美] 弗洛伊德·J. 福勒著:《调查问卷的设计与评估》，蒋逸民等译，重庆大学出版社 2010 年版，第 28 页。另见郭淑华:《现代社会调查真实性所面临的挑战》，载《社会》2003 年第 5 期；黄盈盈、潘绥铭:《中国社会调查中的研究伦理：方法论层次的反思》，载《中国社会科学》2009 年第 2 期。

我国行政诉讼法实施问题的认知状况。根据上述调查结果及其分析，我们得出以下基本结论。

1. 行政审判环境有所改善，但行政诉讼制度功能发挥有限

行政诉讼法实施以来，人民法院共计处理两百余万件行政案件，案件类型已由最初的公安、土地等领域扩展到所有的行政管理领域。[32] 二十余年的制度运行，毕竟在社会上引起一定的效果，这种效果会以某种方式反射到法官群体。而法官身处行政审判一线，对审判环境的感受和体会又影响自我认同和职业认同。从法官的角度看，相比较行政诉讼法实施之初，行政审判的环境有所改善，比如行政机关的直接干预减少，审判独立得到一定程度加强等；法官也具有相当程度的自我认同感，对行政审判的前景具有一定的信心。

但就《行政诉讼法》规定的解决行政争议、保障公民权利和监督行政三重立法目的而言，法官们虽普遍反映行政诉讼法在某种程度上促进了依法行政，但这种促进恐怕主要还是由于行政诉讼法作为一部法律本身具有的威慑作用而带来的。在个案的审理上，难言真正起到了保护当事人合法权益的作用。而保护权益，应当是诉讼制度在解决纠纷的基础上首要和主要的功能。

2. 行政诉讼法的实施状况不容乐观，一些法律规定沦为“虚置”条款

调查结果显示我国行政诉讼法一些重要规定并未得到严格执行。这主要表现在：第一，行政诉讼法受案范围的规定未全面实现。大多数法官反映有法院对应当受理的行政案件不予受理的情况。第二，行政诉讼法一些程序要求并未得到严格遵守。在法院审理行政案件的过程中，对法律明确要求的某些程序事项，法官可能走过场而并未遵守。第三，行政诉讼法关于判决的规定未真正贯

---

[32] 2010年2月最高人民法院在其网站“司法数据”栏目中发布的《数说人民法院审判工作60年》长文，以“60年行政审判从无到有并拓展到所有行政管理领域”为小标题披露，“1983年以来，全国法院共审结行政案件184万余件”。减去行政诉讼法实施之前的案件数量，加上2010-2012年的数字，总数超过200万件。载 http://www.court.gov.cn/qwfb/sfsj/201002/t20100221_1368_3.htm，最后访问日期：2012年9月1日。

彻，法官未严格按照行政诉讼法的实体要求作出裁判。这究竟是因为某些法律条文不切合实际而应当被修改或取消，还是法官在现实权力与权利博弈下的无奈之举？对此，可能需要从制度环境和条文本身进行全面深入剖析。

3. 行政审判面临体制和制度的多重制约和困难

从法官反映的情况看，除了行政诉讼制度本身不够完善，法律需要修改之外，行政审判还面临行政实体法律体系繁杂、法律法规不健全且标准不好掌握、法官保障制度不完善等制度因素，以及独立审判未落实、法院管理行政化、法官绩效考核制度不科学、信访闹访减损司法权威等不利于依法独立审判的体制制约。

多数法官作出行政裁判时，在考虑行政诉讼法立法目的同时，还考虑了若干法律外因素，这些法律外因素成为制约我国行政审判的现实力量。这可能导致我国行政诉讼法规定的依法独立审判和以事实为根据以法律为准绳的原则在实践中成为可有可无的摆设。

4. 行政审判法官素质较高，但知行不一现象明显

从事行政审判的法官，绝大部分具有良好的教育背景，对行政诉讼法的立法目的和功能定位有较为清醒的认识，对行政诉讼制度的具体规定较为了解。但是，基于现实中各种因素的考量，法官们并未依法独立行使审判权，并未严格依照法律的规定审理案件。法官在作出行政裁判时，更倾向于发挥行政诉讼解决纠纷的功能，会考虑行政机关、政法委、当事人投诉信访、媒体报道与社会舆论等各种法律外因素。尽管法官抱怨很多，但还是会主动迎合本院领导的意见、上级法院的考核以及社会对和谐稳定的要求。在长期的体制环境浸淫下，法官已适应这种环境，即便在个案中没有外在的直接干预，也会自觉地寻求“政治正确”的答案。“讲大局”“讲政治”已经成为法官的一种自觉行动。

除了制度环境，法官受法院内部司法政策和考核机制的影响甚大，围着“指挥棒”转的能力很强。如尽管行政诉讼法颁布当初，从事行政审判的法官大多由民庭转来，而本次问卷调查的对象大部分从事了三年以上的行政审判

工作，但对待调解却有着截然不同的倾向。应该说，这种情况，主要是法院内外部环境的影响所致。

法官自己在某种程度上认识到了这种偏差，也有反思，很多法官甚至有非常清醒的认识。但在纠结的同时选择了对现实妥协或者变通的行为倾向。很显然，这不是法官的问题。对于法官知行不一的现象，我们不应当责怪法官。相反，这让我们有理由对中国的司法改革抱有某种信心。虽然古代哲人们在知先行后还是知行合一问题上早有争论，但毕竟“知”是前提。如果法官普遍能“知”，我们是不是可以对行政诉讼制度的未来持更加乐观的态度？

5. 多数法官主张修改行政诉讼法，但对如何修改存在分歧

调查结果表明，多数法官认为行政诉讼法应修改，但对具体制度的修改存在不同程度的分歧。不管是对行政诉讼的受案范围是否应当扩大的问题，还是认为我国行政诉讼制度是否有必要建立行政法院、是否有必要取消基层法院一审行政案件的管辖权、是否有必要建立行政公益诉讼、是否有必要加强行政诉讼的检察监督以及是否有必要规定原告必须有律师作为代理人的律师强制代理制度等问题上，法官群体内部均存在不同程度的意见分歧。

6. 不同背景的法官对相同问题的认识没有明显不同

我们在问卷中设计了对法官背景的调查，包括性别、年龄、学历、政治面貌、所在法院级别、从事行政审判年限等。这些背景资料的获取，除了展示调查调查的现状外，还可以进行多变量的分析，以呈现和比较不同的法官群体的状况。结果显示，除了性别、所在法院级别会微弱影响法官对某些问题的看法外，大多数问题上，法官的认识与他们个人背景没有表现出明显的规律性，也就是说法官个人背景对他们的认知没有明显影响。[33]

---

[33] 这是一个否定的事实。证明这点需要列出调查对象的背景与表现认知的问题之间的众多甚至全部交叉分析数据，比如性别、年龄等与任何一个表现认知的问题之间的双变量交叉数据。限于篇幅，除前文特别分析者外，其他未列出。

(二)初步建议

行政诉讼制度的发展不仅关乎人权保障制度的完善，而且涉及一国宪政体制的宏大工程，绝非一蹴而就之制度调整，因此需要在立足现实的基础上采取多管齐下的改革措施。基于上述调查结果与结论，笔者拟提出如下建议：

1. 采取多种措施，保证人民法院真正有效地行使对行政案件的审判权

我国当前行政审判之所以面临多重困境甚至举步维艰，固然有行政诉讼制度本身不够完善、相关法律规定不具体等原因，但更为根本的问题是目前我国行政诉讼制度所处的外部环境不能保证人民法院真正独立行使审判权。由此，厘清法院内外部关系，改善法治环境是根本。从外部来说，要真正摆脱法院是行政机关附属物的观念，认真考量信访在整个纠纷解决机制中的定位，提高法院地位，树立司法权威。从内部来说，应当认真评估现有的法官绩效考核制度对法官的影响，检讨绩效考核制度的优劣，建立科学的法官考核评价制度，明确上下级法院的审判监督和业务指导关系；同时，要重视行政审判工作，加强行政审判力量。

2. 认真研讨并及时修改行政诉讼法

与学界、立法机关的看法一致，法官们也认为行政诉讼法修改有必要且很紧迫。但如何修改，可能还需要理论界和实务界进行更多研究。对此，从调查反映的情况，至少需要对以下主题进行深入研究。第一，完善撤诉审查程序、判决规定、证据效力等内容，明确违反法定程序的含义。第二，检讨行政复议制度。从理论上说，行政复议具有简便、快捷、专业性强等优势，我国公众习惯于在纠纷发生后先申请行政机关处理，世界许多国家也有类似制度。但实践中行政复议制度的效果并不好，需要检讨其制度设立、实践运作等方面存在的问题。第三，发挥律师等诉讼代理人在行政诉讼中的作用，鼓励更多具有行政法知识的律师、法律工作者以及其他公民参与行政案件的审理。当然，对于法官们比较认同的一些修改意见，如扩大行政诉讼受案范围、确立行政公益诉讼、设置简易程序等，也需要做进一步的规划和论证。

3. 推进行政法官队伍建设，完善法官权能保障和职业保障制度

行政法律体系庞杂、行政行为专业性强，需要职业化的法官，因此，应当采取多种途径推进职业化行政审判队伍的建设，保证行政审判法官队伍的相对稳定性。鉴于法官个人背景情况对其认知并无明显影响，因此，制度环境的改善显得尤为重要。对此，要强调健全和完善法官权能保障和职业保障制度，让法官能够真正依法独立行使审判权。

关于行政案件事实认定方法论走向的思考*

高家伟**

美国哲学家威廉·詹姆士说："哲学在人类事业中是最崇高而又最平凡的。它在最细微的地方下功夫，而展开最广泛的远景。人们说哲学家'烤不出面包'，但它却能鼓舞我们的灵魂，使我们勇敢起来。"① 对詹姆士教授的这句话可以作这样的理解：哲学观念的革新是科技进步的先导和前提，它不仅指出方向，而且鼓舞勇气。坚实的哲学基础不仅是科学与玄学的分水岭所在，也是技术与巫术的分道扬镳之所在。凡是没有哲学理论支撑的方术或许会产生一时"显著"的奇效，但最终会因为哲学根基的薄弱而无法抗拒异化因素的纠缠，宿命般地走向玄学的迷途或者坠入巫术的歧途之中。可见，科学只有与哲学并肩作战才能战胜伪科学与反科学的纠缠。这是本文所以选择从哲学角度探寻行政执法案件事实认定方法的目的所在。

当笔者尝试应用哲学的眼光审视行政案件事实认定的过程时，惊喜地发现了近年来在我国行政执法机关认定案件事实的经验点滴中若隐若现地呈现出的三个思想脉络。这三个思想的脉络一方面从证据法的角度体现出近年来我国行政执法程序的三个进步趋向，另一方面也间接地折射出行政审判认定

---

* 本文系教育部人文社科重点研究基地中国政法大学诉讼法学研究院自设项目"行政执法决定中的证据问题研究"的最终成果之一。

** 高家伟，2011 年司法文明协同创新中心研究员，中国政法大学诉讼法学研究院教授、博士生导师，中国软法研究会副会长。

① ［美］威廉·詹姆士著：《实用主义》，陈羽纶、孙端禾译，商务印书馆 1979 年版，第 6 页。

案件事实的三个司法哲学基调。随着这种内在观念的基调不断地强化，临时、偶然而又分散的实践经验的点滴就如同足迹般而逐步地形成一个比较清晰的发展轨迹，以至于最终形成路径依赖。为了将有限的篇幅集中于原理层面的思考，想必尊敬的读者们会原谅笔者不能在这里全面地梳理相关的司法解释和案例文献，这似乎是一本学术专著或者至少是撰写另一篇专门的学术论文才能完成的一项学术重任。为此，文章将视角集中在了方法论的层面，探讨了三种可以称之为“主义”哲学趋向：

一、风险主义：行政案件事实中不确定性因素的风险化

这里所说的风险主义是指近年来行政执法机关越来越重视从风险规避的角度认识和对待行政案件事实时所蕴含的不确定因素，使案件事实的调查与认定过程成为了一个发现、分析、评估和预防一切潜在不确定性因素的所谓风险规避过程。这就意味着在传统的认定案件事实的过程中增加了一个崭新的角度或者说是层面，产生了诸多超出现有证据规则调整范围的因素。笔者称之为“风险主义”。

造成这种趋向的原因很多：首先是社会的风险化转型，亦即所谓的风险社会的来临。在理论上风险社会是一套针对工业社会的弊端而诞生的具有浓厚反托邦色彩的特殊话语体系，而在实践上则是一个借助现代科技的威力而将过去、现在与未来彻底一体化联动起来的行动逻辑。② 其次是近年来在公共决策程序中实行的所谓社会风险评估程序向非公共决策领域的扩展。在公共决策风险评估中获得的认识和方法被习惯性地用于任何一个可能产生较大社会影响的案件事实认定过程中。对案件事实认定而言，这意味着认知维度与

---

② 参见［德］乌尔里希·贝克著：《再谈风险社会：理论、政治和研究计划》，载［德］芭芭拉·亚当、乌尔里希·贝克、约斯特·房·龙编著：《风险社会及其超越：社会理论的关键议题》，赵延东、马缨等译，北京出版社2005年版，第320-347页（第12章），尤其是第325页。

负担的大幅度增加。

从哲学的角度来看，风险是横贯政治、经济和社会诸领域并且三大领域一体化整合起来的一个结构要素，它的根源在于伦理和文化。[③] 当这种要素被激发出来，从潜在走向实在，相对于其他诸要素而占据主导地位时，就会取代原先的主导秩序规则，将自身的功能属性扩展为整个系统的元秩序规则，而所有处于辅助地位的要素功能及其秩序规则会作相应地调整。[④] 正是在风险成为主导性的结构要素从而造成主导秩序规则发生嬗变的逻辑下，一种崭新类型的法律治理模式（风险规制）、经济运行模式（风险经济学）和社会文明形态（风险社会）得以产生。针对这些本体论层面的主要研究课题，在方法论的层面，数理概率分析在风险哲学中占据了主导地位。这绝非偶然，因为人们期望把握未来，不确定性因素越多，人们越是希望对它们作精确性的预控。近年来方兴未艾的风险规制理论的真正亮点在于数理概率的分析方法，也就顺理成章了。

风险规制理论意义上的风险是指在公共领域中存在的对公民人身权和财产权造成损害的可能性，由损害与概率两大要素构成。[⑤] 与风险规制理论不同的是，本文将关注的目光转向管制过程本身，意在从风险规制理论出发，结合行政执法案件事实领域认定的特殊性，回过头来反思管制自身存在的风险。从管制经济学的角度来看，这是政府管制失灵的一种典型情况——如果政府

---

③ 请注意风险在不同领域中的不同意义：经济领域中的风险是利润的一种来源机制、负担的转嫁机制和财富的分配机制，多有积极的经营功能；与此不同，政治与社会领域中的风险通常指可能造成损害的不确定性因素，多有消极的破坏功能。经济领域中的风险收益往往以政治和社会领域中的风险成本为代价。经济、社会和政治诸领域中风险的根源并非在于市场和技术，而是在于参与者所奉行的道德观念和生活方式。为此参阅：[美] 奈特著：《风险、不确定性和利润》，安佳译，商务印书馆 2010 年版，前言部分。

④ [德] 赫尔曼・哈肯著：《协同学——大自然构成的奥秘》，凌复华译，上海译文出版社 2013 年版，第 8 页（序参数及其支配定律）、第 47–49 页（激光学上在自组织运动中占主导地位的电子引起其他电子共振）、第 103 页（混沌学上的序参数交替规律）。

⑤ 关于行政管制意义上的风险概念，参见沈岿主编：《风险规制与行政法新发展》，法律出版社 2013 年版，第 4 页和第 63 页（风险的定义，赵鹏）、第 84 页（风险的属性，戚建刚）；金自宁编译：《风险规制与行政法》，法律出版社 2012 年版，第 3–26 页（界定风险）。

不能有效克服自身内部蕴含的风险，那么，在对市场风险进行管制时很有可能带来双倍的风险。

出于前述考虑，本文将风险视为在特定条件下可能导致行政执法人员在事实认定上出现错误的各种不确定性因素亦即认知错误风险，对风险哲学的思考集中在对认知错误风险因素进行归类、测量和评估的概率分析方法层面。笔者期望借此拓宽研究行政案件事实认定规律的理论视角，提高行政处理决定的正确率，从而减少“政府失灵”现象的发生。从更深层次的角度来看，笔者还期望推动风险行政法作为一个相对独立的行政法分论领域的形成。

（一）作为管制风险的认定事实错误

从风险规制理论和管制经济学的角度来看，行政执法中的认定事实错误是管制风险的一种特殊类型，它是指因来自人类自身主观认知能力局限、执法环境不良因素的干扰、执法制度设计的缺陷以及执法资源的客观有限性而导致行政执法人员在事实认定方面出现错误的可能性，具体表现为因事实认定错误而造成的损害大小及其可能性的程度（概率）。

以此观之，案件事实的认定过程中隐含着太多的不确定性因素。准确认定事实的过程是一个从证据确实充分的客观事实此岸达到案件事实清楚的主观真实彼岸的知识发现过程，主体、客体、目的、价值、媒介、方法等诸多方面的因素交织在这个过程中。事实的此岸如此纷繁复杂，真实的彼岸如此模糊遥远，而其间的中介与桥梁又遍布歧途的诱惑，行政执法人员认定案件事实的准确性在很大程度上取决于对不确定性因素的预判和排除。如果执法过程中所蕴含或者涉入的不确定性因素没有被及时发现和排除，认定事实错误的概率就会随之增加，而所谓认定事实之准确性的程度也就随之降低。在这个意义上，认定案件事实的准确性表现为一个摇摆或者浮动的认知错误概率分值。

以此而论，作为准确认定事实之两大要素的“证据确凿充分”和“案件事实清楚”之间并不具有必然性的逻辑等式，后者以前者为前提，但并非前者的必然结果。换言之，对“案件事实清楚”这一——三大诉讼法以证明标准的方式所表达的——理想的证明状态的获得来说，“证据确凿充分”是必要的手段，但绝非充分的条件。即使在证据材料确凿充分这一点毫无争议的情况下，证明制度设计的缺陷、证明方法选择或应用的错误、语言与术语选择的不当，尤其是对同一案件事实在法律上进行理解或者解释的分歧、法律价值的冲突及其权衡的考虑等因素，都会使人类认识能力的潜在缺陷转变成一种客观存在的认识错误原因，进而酿成错案。

顺着这个思路就会发现，认定案件事实的准确性具有实质和形式两个层面的含义。实质意义上的准确性是指行政执法人员在现有资源允许的范围内最大限度地——而非完全地——排除了认识错误的风险，其认定案件事实的准确程度达到了预期理想的风险概率分值。换言之，如果行政执法人员在现有的制度框架和资源条件所允许的范围内排除了各种妨害认识的不确定性因素，那么，即使所认定的案件事实与客观上作为一种自然状态而发生的案件事实之间在距离，也应当被认为准确认定案件事实。形式意义上的“准确性”是指案件事实认定过程的规范性与正当性：证据材料经查证、取证、质证、认证等证明环节而变得确凿充分之后，还需要经过——辩论、推理、解释乃至协商等法律论证的过程，原本作为一种生活事实而发生的案件事实通过一套规范化、正当化的交涉过程客观全面、系统完整地进入法律的场域，成为被法律规范要件所限定并且被法律语言所描述的事实——法律事实，最终成为行政执法人员在处理决定书中简要描述的裁判事实。从这一点来看，所谓的“准确认定案件事实”——在法律上认为没有错误的事实认定，不仅表现为执法人员凭借其心证自由而认为“案件事实清楚”的主观认知状态，而且表现为案件事实认定过程在方法的科学性与完备性、程序的规范性与正当性等方面所达到的水平。总体而言，认定案件事实的准确程度是实质层面的概率分值与形式层面的规范性和正当性的内外表里统一。

（二）作为风险防控措施的证据规则

如果将可能导致认识出现偏差的不确定性因素作为妨碍准确认定案件事实的风险，那么，证据规则就是在微观的层面防控这种风险的措施，而整个证据法制度则应当被作为一种认识论意义上的风险防控体系来设计。一旦这种风险防控体系被科学地建立起来，而证据规则又得到了正确的遵循，那么，发生冤假错案的可能性就会大大降低。

首先，作为一种认识风险防控机制，证据法制度的设计应当立足于执法人员主观能动性的发挥。因为执法人员的自律、知识和技能，尤其是责任心与公益精神，是有效排除成见与偏见的误导，准确把握认定案件事实的范围、方式、标准、依据和语言的关键所在。

其次，证据法制度的设计需要考虑行政执法的特殊复杂性。行政执法人员身处官僚体制的理性铁笼之中，官僚体制中的消极因素会直接影响案件事实的认定过程。他们位于社会矛盾的前沿阵地，在这里社会关系的复杂性、利益纷争的剧烈性、时间资源的紧迫性、技术装备条件的有限性、人力和财力资源的稀缺性之间相互交织各种各样的多难窘境。就此而言，行政执法人员在认定案件事实方面的错误可能性会远远多于行政法官。这也就从一个角度说明了为什么行政执法案件事实认定过程越来越接近于认识错误风险的防控过程。

最后是相关配套制度的重要性，其中尤其是诉讼制度的设计不可忽视。诉讼法的制度设计虽然不像证据规则那样直接指向证明的具体过程，但是，对证明过程的影响却丝毫不亚于证据法制度本身。在根据证据法规定的程序和标准形成最终的事实认定时，行政执法人员会发现，他很有可能被现行诉讼法制度设计的种种缺陷而被给予最后致命的一击。有学者将证明过程对诉讼制度的依赖称为证据法的“漂移”性。美国的达玛斯卡教授认为，案件事实认定的实际运作状况不仅有赖于证据法自身的设计。除了完善的证据规则之外，更有赖于法院体制、法官制度、律师制度和程序模式的设计及其实际运作。[⑥] 这一点在被称为世纪审判的辛普森案件中有典型的体现。[⑦]

（三）作为风险测量方法的概率分析模型

有鉴于此，只有不断扩展新的方法才能将行政执法人员从越来越窘迫的两难处境之中解救出来。针对行政执法的行业特殊性而设计对错误风险进行精确把握的数理分析公式和计算机概率分析模型，是一个值得尝试的办法。根据笔者对有关学理文献[⑧]的粗浅理解，在行政执法事实认定中建立概率分析模型的一般注意事项是：

1. 前提假设。任何概率分析模型的建构都基于学界和实务界普遍接受的原理或者原则作为理论支撑点（原理假设），并且设定原理发挥作用的客观条件（条件假设）。不同的原理意味着不同的分析角度选择，而不同的条件设定意味着不同的出发点选择，这也就相应地决定了概率分析模型建构的角度和出发点。例如，在建立一个有关证人证言可靠性的概率分析模型时，必需的原理假设有：（1）证明目标设定，这里有客观真实与法律真实两种具有普遍代表意义的理论模式可供选择。[⑨]（2）理想的作证条件：证人的合法权益受到法律的切实保障，证人了解作证的权利、责任和规则，法官有效组织证人作证过程以排除干扰。

前提假设具有明确依据、限定范围、给定条件等多种功能。前提假设的错误将导致概率分析模型的根本性错误。

---

⑥ ［美］米尔建·R. 达玛斯卡著：《漂移的证据法》，李学军、刘晓丹、姚永吉、刘为军译，中国政法大学出版社 2003 年版，第 5 页。

⑦ ［美］科林·埃文斯著：《证据 历史上最具争议的法医学案例》，毕小青译，生活·读书·新知三联书店 2007 年版，第 309-330 页［第 15 章“O. J. 辛普森（1994）”］。

⑧ 陈克艰：《上帝怎样掷骰子——因果性、概率与归纳》，四川人民出版社 1987 年版，第 99-134 页（第五章“归纳的特殊形态——数理统计”，建模过程是：确定目标问题，选择随机变量，分配函数值，初步建模，完善建模）；沈岿主编：《风险规制与行政法新发展》，法律出版社 2013 年版，第 34 页［一种公式：风险（R）＝损害的程度（H）×发生的可能性（P）］。

⑨ 关于客观真实与法律真实的区别，参见樊崇义：《刑事诉讼的哲理思维》，中国人民公安大学出版社 2010 年版，第 76-105 页。

2. 命题设定。亦即用简单明晰的语言，明确地限定有待测量分析的问题的内容，例如证人证言的可靠性是指可以量化的方式衡量的作为可定案证据的可信度，但不包括证明力的大小。

3. 方法选择。概率分析方法总体上有古典封闭型和现代开放型两种。前者由著名的怀疑论道德哲学家休谟先生开启，以因果律和归纳法为基础，以在可明确限定的环境条件下追求绝对确定性的分析结论为目标。古典三段论式的演绎方法正好是这种分析模式的反致，亦即将通过归纳法和因果律而推导出来的确定性结论作为普遍的公理前提，将假设条件作为小前提，然后必然地推导出相应的结论。后者由著名的经济学家凯恩斯先生开启，虽然也是以因果律、归纳法为经验知识的基础，但面向的却是一个拥有无数不可预测的不确定性因素的大型开放复杂的社会或者市场环境条件，因此，目标转向了对不确定性概率的分析，而分析方法也转向了对变量（因素）及其相互作用关系的发现与测算。分析公式和模型之所以多种多样，是因为命题及其假设的前提不同，选择用于分析的变量的多少、性质和种类不同，以及对变量因素相互之间作用关系的假设不同。如今后者已经取代前者而成为现代概率分析方法的主流。

以品质对证人证言可靠性的影响为例，如果采取前一种方法，首先需要通过一定数量抽样，得出特定的结论作为为后来的个案作演绎分析的前提。假设经过 100 份的抽样归纳，得出了结论是：品质不端正必然导致证言虚假。那么，在一个案件中，如果证人被认为品质不端，其证言就会被相应必然地推定为虚假，因而不可采信。

如果采取后一种开放式的分析方法，情况就会复杂得多，因为它要面向的是一个充满了各种不确定性因素的开放环境。

4. 变量提取。也称为参数选择。要在一个开放的环境（例如法庭之外的社会环境）之中去发现和提取对特定命题（例如证人证言的可靠性）具有分析价值（证据法上称之为相关性）的因素，需要动用多学科的知识（例如伦理学、社会学、心理学、语言学、物理学、经济学、信息学、数学），因为不同的学科意味着不同的知识角度，相关的知识角度越多，意味着可发现的具有分析价值的因素（相关性因素）就越多。

例如对证人证言的可靠性分析涉及：伦理学上的人性假设——一个正常的理性的人在人格方面的基本特征；心理学上的理论假设——性格、情境、记忆、感知、成见、偏见等心理作用机制的运行规律对证人作证过程的影响；语言学上的理论假设——语境、词语、语句（直叙、比喻、渲染）、方式等对表达效果及其理解效果的影响；物理学上声学、光学等原理——例如客观环境对人的视觉和听觉等感知能力的影响；信息学上的信号传播原理——信源、信号、信道、减噪、转换、还原等原理——的角度考察作为信息传播过程的证人作证过程中的影响因素；另外，随着经济分析方法步入证据法的殿堂，经济学上的经济人假设、个人利益最大化以及效益均衡等原理等对证人作证过程的潜在影响，也是值得考虑的因素。

现代概率分析基于环境的开放性以及不确定性因素来源的开放性，这意味着概率分析方法的应用有赖于分析人员具备一个开放的知识结构。不难想见，执法人员靠着模糊的个人经验而进行粗放式判断的做法将随着国民知识水平的提高和权利意识的觉醒而会被认为是神秘主义的主观臆断，将被逐渐抛弃。

5. 作用量限定。又称为函数值设定。不同的变量具有不同的作用力，亦即与本案事实的认定具有不同程度的相关性，因此可分配的作用力分值也就不同。作用力分值的分配是概率分析中最难突破的瓶颈问题。在作用力与数学符号之间建立稳定常态的对应关系是进行公式化演算的根本前提，而在社会科学领域之中尚无类似物理学那样的可作绝对精确性量化把握的测量工具。关于该问题的复杂性，可以从牛顿那部深奥的《自然哲学的数学原理》⑩ 一书中窥见一斑。在该著作中，牛顿在众所周知的数学原理与天体力学原理之间建立了一套精准的对应关系，从而使得以数学方法计算天体运行的轨道成为

⑩ ［英］牛顿著：《自然哲学的数学原理》，赵振江译，商务印书馆 2006 年版，笔者的知识能力限于第 1–33 页（定义和定律部分）。

可能。何时在社会科学领域之中能够有这样的一部著作出现，只可期待，而不可预计。

在这种完备的方法论体系诞生之前，只能将有限的经验作为建立分析模型的知识基础。例如，以百分制测算交流语境对证人证言的可靠性影响：假定其他相关因素不变并且与不影响所选定的测算因素，再根据日常的经验假设语境的作用力分值为30，词语的作用力分值为30，语句的作用力分值为30，个人语言习惯的作用力分值为10。那么，在一个能够排除表达习惯影响的完全理想的交流语境之中，执法人员认定证人表达的词语精准度达到了70%，语句的精确度达到了80%，那么，证人证言内容可靠性的计算公式则为：30×70%+30×80%+30×100%+10×100%=85%。这意味着证人证言具有85%的可靠度。这里需要注意的是，这并不意味着该证言对本案事实的认定具有85%的证明力。这份具有85%可采信度的证人证言到底具有多大的证明力，还需要在与其他相关证据的比较的基础上认定。

6. 内部作用力关系设定。也称为函数关系设定。在任何系统之中，不同的变量因素不是孤立的，而是相互影响、相互作用的过程中调整着各自的角色、功能和地位。不同变量因素作为一个系统整体内部的因素相互之间存在不同的作用关系，而不同的作用关系在客观上会影响特定变量因素发挥作用的分值。有些因素可能会被反向作用的因素抵消，有一些则会被正向作用的因素加强，不同的系统因素在相互作用最后会达成一种均衡的状态。不同因素正向相互作用而呈现出的一种最为常见的均衡状态是各自作用力度的简单数学平均值。

按照前面的公式，假设五项因素是正向作用——在证据上称为相互印证——的关系，那么，按照平均值的简单数学模型建立证人证言可靠性的计算公式：（70%+80%+100%+100%）÷4=87.5%。由于相互印证的正向作用关系而致使证人证言作为一个证据整体的可靠性增加了2.5%。

7. 外部条件作用力设定。系统内部诸因素各自的功能、地位和相互作用关系在很大程度上有赖于外部环境条件的影响，这方面的一个典型事例是四脚蛇的性别取决于受精卵孵化环境的温度，另一个典型事例是金鱼、飞蛾和蝴蝶之间的生命形态转换则取决于环境的温度和湿度。如同内部因素作用力分值的设定，在对其规律尚未获得肯定性的认识之前，外部因素作用力值的设定也只能根据经验来大致地评估，这是社会科学诸领域的共同软肋。就像混沌那样，这种模糊性也在所难免。

接着前文的分析公式：假设律师交叉询问的误导、当事人与证人之间利害关系的阻碍等不良因素而造成作证环境（语境）可能抵消掉证言准确度的30%，而证人的表达习惯（例如方言）等可能抵消掉证言准确度的50%，那么，前述公式将扩展为：30×70%+30×80%+30×70%+10×50%=71%。这意味着证人证言的可靠性降低至75%。12.5%的可靠性因素被交流语境中存在的反向因素抵消掉了。

8. 建立分析模型。简称初步建模。有鉴于笔者自己尚处于外行的水平，前文的举例可谓按照自己的粗浅理解所设计出来的一种简单至傻瓜化级别的分析模型。如果能够对建立专门针对行政执法案件事实认定的特殊情况的分析模型具有积极的推动作用，即使微弱如绵薄，也值得操作。一套有效的分析模型必须是将各种变量因素综合起来而进行协调同步演算的数字化、图形化和自动化的计算机程序。有鉴于前文所述的知识开放性，该计算机程序的设计有赖于多学科专业人士的知识协同。

9. 校正分析模型。通过实验来发现模型在各个环节中可能存在的缺陷，修正认识上的疏忽、偏差和漏洞。从建模过程的无限循环往复中可以深切地体会到科学研究无止境、人生有涯而学无涯的真谛：科学的高峰越是攀登就觉得高远，知识的海洋越是游戏就感觉越深沉，对确定性的因素追求得越是真切就会发现不确定性的因素越是增多。

10. 应用分析模型。标准分析模型在实践中的应用采取开放相对主义的态度，为吸纳、应对例外和意外情形留下足够的余地。无论分析模型多么完备，其结论的证明力都是相对的，不能替代其他证据种类和证明方式，尤其不能替代对全面事实进行综合审查判断的心证过程。

二、科技主义：超越科学方法的内在局限性

这里所说的科技主义是指在行政案件事实认定中既高度重视现代科学技术的应用，又注意克服科技理性内在局限的一种谨慎负责的态度。现代科学技术理性本质上属于方法理性和工具理性的范畴，而完整的人类理性则是主体理性、目的理性、价值理性与方法理性、工具理性的有机统一。工具理性与方法理性的发展归根结底要为主体理性、目的理性和价值理性的彰显而服务；反之，则会限于科技拜物教与工具宿命论的泥潭之中。因此，要正确地应用数理量化的分析方法就必须注意超越它的局限性，也就是说，只能将其作为一种事实认定的辅助方法来使用。

伴随风险社会来临的一种趋势是人们对科学技术的重视与依赖。风险因技术而导致，而为了克服风险，需要更加先进的技术。这就在科学技术与风险之间形成了一种水涨船高的互动逻辑。科技的本质、超越其局限性由此成为科技哲学理论日益关注的一项课题。[⑪] 科学的宗旨在于：通过唯实主义的利剑破除一切神秘主义的权威和绝对主义的教条，解放思想；依精确、直观、严谨、系统的实证分析方法，全面客观地认识事物的本质规定性。近现代物质文明的辉煌印证了科技的创造力，而两次世界大战也印证了科技的破坏力。原因在于，科学在打倒宗教神学的神秘绝对权威的同时，却也忽视了对人文价值的关怀。科技越是先进，反而越是将人类带入一种冷冰冰的理性主义世界之中。另外，随着科学界日渐步入利益的纷争和价值的决断过程中，中立

⑪ 本文关于科技哲学的论述，参见：詹颂涛：《科技时代的反思》，中山大学出版社 2002 年版，第 1-157 页（科技的本质及其负面影响）；王巍：《科学哲学问题研究》，清华大学出版社 2004 年版，第 169-179 页（第十章“科学与价值”）；林继宏：《科技哲学十五讲》，北京大学出版社 2004 年版，尤其是第 138-155 页（第七讲“自然科学的本质与价值”，科学与伪科学、反科学的划界）；李宏伟：《科学技术哲学的文化转型》，商务印书馆 2008 年版，尤其是第 1-53 页（第一章“科学哲学思考”）；林毓生：《科技哲学十讲》，译林出版社 2013 年版，第 133-151 页（第七讲“规范与超越”）。

性与客观性的精神内核迷失，戴着有色眼镜观察世界，不时误入伪科学与反科学的荆棘丛中。

以此观之，科学技术只有科学的精神和态度的指引下才能得到正确的应用，包括概率分析在内的一切科学方法只有在其局限性得到充分认识并且克服的情况下，才能真正地有助于风险的精确把握。风险分析方法的应用是有前提条件和范围限制的，不合理地扩大概率分析方法的适用范围，过度地追求确定性，就会迎来形式机械主义的桎梏和知识专制主义的枷锁。为了在事实认定领域中出现这种弊端，执法人员必须培养科学哲学的观念。为此：

（一）摆脱迷信的纠缠与假象的蒙蔽

迷信与假象是行政执法人员在认定事实方面最可能发生的两类错误。从科学史的角度来看，科技的进步往往是在摆脱伪科学与反科学的压制与纠缠的过程中进行的。反科学的压制与破坏使得科学精神难以找到藏身之地，使科学的知识与方法失去用武之地，而伪科学的纠缠则使科学成果随时面临被误用或者滥用的危险。

1. 迷信与假象。迷信是蒙昧、奴性与权威交互作用的结果，其本质是拜物教。任何权力都有走向腐败的内在自然倾向，任何权威也都有借助奴性和蒙昧将自身绝对化的倾向。除非外在制度的有效约束和内在道德性的自律，原先作为合法性来源的权威就走向自己的反面，成为不义之源——这在认识论上的典型表现就是蒙昧、奴性和迷信。现实告诉人们，科技并未从权力的异化逻辑和权威的滥用逻辑中走出来。科学借助实证主义的利剑破除了中世纪神学教条主义的权威——一种建立在超自然力量的神秘体验的基础之上的拜物教，但科学并没有“知止有定”，而是通过与商业和政治统治者的联袂而在现代社会中获得了统治地位（所谓的技术统治），于是乎技术万能的神话四处蔓延，技术决定论成为社会进步的主旋律，整个社会在技术统治的理性铁笼中被建构成单向度的，而人也被塑造成单向度的人。[12] 科技拜物教与宗教拜神教的相同之处在于对人类尊严价值的轻视，这是科技自身潜在的一大危害性所在。

迷信的纠缠使科技难免歧途的诱惑，而假象的困扰使科技的发展道路曲曲折折。实证主义的方法论可以在很大程度上消除主观臆断的错误，但是却无法克服人类认知能力的内在局限性。习俗风尚作为一种预先给定的条件形成了路径依赖，先前的知识积累很有可能构成教条主义的成见，而个人偏好作为一种有色眼镜更是可能构成偏见，加之语言作为交往媒介所具有的内在局限性，诸如此类的假象阻碍了人类获得正确的认识。

2. 通过科学的方法破除迷信和假象。为了摆脱迷信的纠缠，穿透假象而发现事物的本质与规律，科学界不遗余力地打造着方法论的利剑。例如：

（1）假象识别法。洛克在《人类理解论》中将模糊的命题和原则、传统的假设、强烈的情欲和目的以及权威作为四种妨害人们获得正确知识的错误尺度。[13] 培根在《新工具》一书中归纳了科学研究中常见的四种假象：剧场、族类、洞穴、交换，随后提出了三十多种破除假象的办法。[14]

（2）系统怀疑法。这种方法奠基于休谟的怀疑哲学，在笛卡儿那里得到具体化，在罗素那里得到发扬。在休谟那里，怀疑哲学是作为反对宗教神秘绝对权威的一把利剑来打造的，其实质内核是批判的理性主义。[15] 但在笛卡尔那里，怀疑变成了科学探索的一个有效方法。笛卡尔在《探求真理的指导原则》中提出了二十项原则，在《谈谈方法》中又指出了具体的方法，罗素则将笛卡尔的方法论宗旨归结为“系统的怀疑法”：借助科学的实验进行不断地

---

[12] ［美］马尔库塞著：《单向度的人：发达工业社会意识形态研究》，世纪出版股份有限公司/上海译文出版社 2008 年版，导言（批判的停顿：没有反动派的社会）。

[13] ［英］洛克著：《人类理解论》（下册），关文运译，商务印书馆 1959 年版，第 712 页。

[14] ［英］培根著：《新工具》，许宝骙译，商务印书馆 1984 年版，第 7-114 页。

[15] ［英］休谟著：《人类理解研究》，关文运译，商务印书馆 1957 年版，第 132-145 页（第 12 章“怀疑哲学”）。

怀疑、彻底地怀疑和有条理的系统怀疑。⑯ 因为只有借助这种科学意义上的怀疑方法才能真正地来展开思想的旅程，发现并且证明自我的存在，最终形成一种完整真实的直观，亦即在“纯净专注心灵的构想”的基础上和“在理性的光芒照射”而形成的内心确信。⑰

（3）改进知性法。斯宾诺莎提出的办法是改进知性，通过一种无遮蔽的知性来获得对事物的完善认识：从想象的偶然性发现现实的可能性，从现实的可能性中发现符合事物本质的必然性，然后进而迈向完善的认识——在内心之中形成对事物的目的、属性、元素、结构、规律等形成一套客观、全面、确定而又内在一致、因而符合事物本性的至善认识。⑱

（4）审美直觉法。法国科学家彭加勒先生提出了：从事实万象中提炼出那些简单有序、重复稳定、有限价值、反映本质的科学事实精华，凭着科学的美感放飞想象的翅膀，将灵感、顿悟、意识、情感、理性、逻辑与经验等因素综合起来，形成顿悟的直觉。⑲

（5）本质直观法。德国哲学家胡塞尔提出，这是一种直截了当地排除假象、迷信、偏见、成见的办法：用纯粹现象学的本质直观，突破一切权威、成见、偏见、情感、方法、语言等的遮蔽，以一种透明的直觉直接地奔向事物的本质内核，透视本质与现象之间的关系⑳。

不同的科学家提出的方法论各有千秋，按照知识协同学的原理将它们综

---

⑯ ［英］罗素著：《哲学问题》，何兆武译，商务印书馆 1999 年版，第 12 页（笛卡尔的“我思故我在”是一种“系统的怀疑法”）。

⑰ ［法］笛卡尔著：《探求真理的原则》，管振湖译，商务印书馆 1991 年版，第 10-15 页（原则三）、第 121-122 页（关于直观）；《谈谈方法》，王太庆译，商务印书馆 2000 年版，主要是译序（笛卡尔及其生平哲学）、第 1-60 页（正文的六部分）。

⑱ ［荷］斯宾诺莎著：《知性改进论》，贺麟译，商务印书馆 1960 年版，尤其是第 19-29 页（哲学的目的与知识的种类）。

⑲ ［法］彭加勒著：《科学与方法》，李醒民译，商务印书馆 2006 年版，主要是中译序、第 5-66 页（第一编“科学与科学家”）。关于彭加勒的直觉判断法，另请参见郑毓信：《科学哲学十讲》，译林出版社 2013 年版，第 133-138 页（科学研究中的审美直觉）。

⑳ ［德］胡塞尔著：《纯粹现象学通论》，［荷］舒曼编，李幼蒸译，商务印书馆 1992 年版，第 49-54 页；［德］胡塞尔著：《哲学作为严格的科学》，倪梁康译，商务印书馆 1999 年版，第 34-41 页。

合起来，针对案件事实的不同类型形成具有特殊针对性的方法论结构，有助于更为全面客观地认识案件事实。从当代大科学的发展趋势来看，多学科知识的协同也是执法案件事实认定过程的一个未来走向。

3. 通过科学的精神与态度确保科学方法的正当应用。探索综合应用科学方法的方法论协同结构模式属于知识协同学的范畴，将在下文论述。这里要说的一点感悟是，科学的精神与态度是正确应用科学方法、准确认定案件事实的根本前提。在态度扭曲、精神迷失的情况下，方法越是先进就越是危险。在科学精神和态度的确立、坚守和培养方面，古典科学界不遗余力。孔德将实证精神作为人类从神学和形而上学阶段步入科学阶段的核心标志，认为“形而上学和神学，按照其绝对的、因而基本不变的性质，二者都不大可能带来真正的进步，也就是说，不能持续地向既定目标前进。……实证精神自然而然重新基本的主动意识，同时总是把世纪知识的推广与完善视作各种理论工作的主要目标”。㉑ 沿着实证主义的道路，爱因斯坦将有关世界的可知性、有序性与客观性以及科学研究的普遍性、进步性、至善性等方面的信念作为建立科学共同体、进行卓有成效的科学探索的前提。㉒ 通过大师们的教诲可以看出：至善的目的、实证的精神、独立的人格、客观的立场、严谨的作风、包容的胸怀等都是科学态度必不可少的内在构成要素；认识（案件）事实的准确性，并非首先有赖于表现为这些科学方法自身的先进性和完备性，而是首先有赖于科学的精神与态度。就此而言，培养科学的精神，确立科学的态度，是行政执法人员正确应用包括概率分析等在内的一切科学方法的必要前提，也是有效地破除迷信或者假象的纠缠与遮蔽的利剑所在。

（二）协调科学判断与规范判断之间的关系

检验科学态度的一个试金石是如何处理科学判断与规范判断之间的关

㉑ ［法］奥古斯特·孔德著：《论实证精神》，黄建华译，商务印书馆 1996 年版，第 41 页、第 42 页。

㉒ 郑毓信：《科技哲学十讲》，译林出版社 2013 年版，第 16-28 页（古典朴素科学观）。

系，对此以休谟而代表的分离说、[23] 以赖欣巴哈为代表的并行说、[24] 以李凯尔特为代表的混合说、[25] 以杜威为代表的结合说[26]各有其支持者。笔者认为，泰戈尔在《流萤集》中的诗句言简意赅地给出一个很好的答案："真理偏爱自己的边界，因为她在边界上遇到美。"[27] 要使"善"与"真"达成统一，只有在美的边界点上才有可能。有鉴于科学判断与规范判断在目的、内容、方法等方面的本质差异，要使两者在和谐美的层次上协调统一，首先要确保各自的独立性与特殊性，在两者各行其道而又并行不悖的前提下才能朝着和谐美的共同指向达到统一。据此，行政执法决定对当事人权利义务的安排只有建立在对此，准确的事实认定和价值最大化均衡点上，力求事实判断与价值判断的统一，才能达到现代实质法治意义上的实质合法性要求。为此：

1. 科学判断与规范判断的分离。关于两者分离的必要性，罗素在《科学与神秘主义》一文中指出："那些忘记善恶，只顾追求事实的人，与那些因欲望扭曲事实，只看到自己想看的东西的人相比，更容易达成善举。"[28] 这就是说，通过单纯的事实发现而自然而然地达到至善的境界，是科学主义的宗旨所在。据此，要在价值判断与价值判断相互交织的法律事实认定过程中正确地应用科学的方法，必须首先将案件事实真相的发现过程与法律价值权衡的过程区分开来，明确两者在目的、内容、方法等方面的区别。科学判断的立

---

[23] ［英］休谟著：《道德原则研究》，曾晓平译，商务印书馆 2001 年版，第 137-146 页（附录一《关于道德情感》：理性与情感的分离，道德判断与事实判断的分离）。

[24] ［德］H. 赖欣巴哈著：《科学哲学的兴起》，伯尼译，商务印书馆 1983 年修订第 2 版，第 43-61 页（第 4 章"道德指导的寻求与伦理—认识平行论"），尤其是第 45 页（"自然和数学的规律首先得被认为是规律、是把认知力加于我们身上、不容有任何例外的关系，然后才能被认为是伦理规条的平行物。'规律'这个字的双重意义，道德命令和自然或理性规律这两种意义，可以证明这种平行论的结构"，由此在道德判断与科学判断之间建立一种二元平行论的理论结构）。

[25] ［德］李凯尔特著：《文化科学和自然科学》，涂纪译，商务印书馆 1986 年版（文化科学以价值判断为核心，自然科学以事实判断为核心，在两者之间存在一个混合地带）。

[26] ［美］希拉里·普特南著：《事实与价值二分法的崩溃》，应奇译，东方出版社 2006 年版，第 37-58 页（事实与价值的缠结）。

[27] 《泰戈尔抒情诗选》，吴岩译，上海译文出版社 1990 年版，第 271 页。

[28] 转引自［奥］鲁道夫·哈勒著：《新实证主义》，韩林合译，商务印书馆 1998 年版，第 23 页。

足点在于事实判断，目的在于真（实）——查明案件事实的发生过程及其本质规定性，简单、直观、精确的量化分析方法——例如数理概率分析方法——具有独到之处，它直接切入事实的原本过程，以直观的方法展示事实的本质规定性。与事物本质的内在、无限、抽象等特征相对应，透视事物本质规定性的直觉具有直接、抽象、整体、秩序的特征。这种直觉是经过复杂、模糊的思辨过程而形成的，作为认识的高级阶段高于局部的知识和表面知识。

与此科学判断不同的是，规范判断的立足点在于价值判断，目的在于（至）善——在尊严、自由、平等、民主、秩序、效率等正义诸价值之间做出契合主流意识形态和民众文化偏好的最大化均衡。在这里，信念起着至关重要的作用。这里所说的信念，是指法律共同体区别于其他职业共同体的特殊文化观念，其核心正是以正义诸价值为实体内容的法治信念。正是这种信念将执法中事实认定的过程引向正义，为事实认定过程中各种科学方法的应用设定至善的方向和标准。泰戈尔将基于人类超验价值的信念比喻为像黎明前的报晓鸟那样指导认识的行程："信念是鸟，它在黎明仍然黑暗之际，感觉到了光明，唱出了歌。"㉙

可见，直觉的内容是有关案件事实内在本质规定性的清晰的、直接的、整体的认识，而信念的内核则是执法人员根据把握到的案件事实的本质规定性，在仍然存在诸多不确定性因素的情况下，朝着至善的价值目标——亦即泰戈尔所言的感觉到了的光明——而作出的义无反顾的抉择。通过直觉与信念的区别，更有助于理解科学判断与事实判断区分开来的理由：信念具有潜在、混沌、发散和无限的特征，它更适合用诗意的语言来表达，而不能用量化分析的公式来说明。完备的数理分析公式可以用来验证或者佐证直觉，但不能用来验证或者佐证信念，这是在应用科学方法时尤其需要注意的一点。

在将价值判断和事实判断分开之后，可以发现其间隐隐约约地潜藏着一位神秘的角色：情感！她可以使两者在美的边界上携手联袂，也可能使两者

㉙《泰戈尔抒情诗选》，吴岩译，上海译文出版社 1990 年版，第 271-272 页。

在丑陋的争斗中两败俱伤。不难发现，在情感深处隐藏着的是顽固不化的个人价值偏好。它可以像有色眼镜那样既框定认知的范围，也给认知的过程蒙上意识形态的色彩。如果将个人的情感因素不加过滤地介入到案件事实的认定过程中，就会造成事实认定的片面性与随意性。由此可见，用理性来引导和约束情感既是将科学判断与价值判断之间区分开来的关键所在，也是将两者在“美的边界上”协调起来的关键所在。

2. 科学判断与规范判断的协调。将两类判断分离开来的目的在于使两者更好地结合。法律事实认定位于规范判断与事实判断之间，其特殊之处在于所追求的事实真相源于但高于事实原相。与自然科学家不同的是，执法人员在认定案件事实过程中是用法律的思维理解事实，用法律的语言表述事实，用法律的规范（要件）重新型构事实。准确的案件事实认定是全面客观地发现事实、公正安排权利义务、均衡协调多元价值、尊重社会主流价值偏好、尊重当事人情感偏好等方面的考虑综合协调的结果。对事实认定而言，纯粹自然的事实原相是原料，而不是成品，因此好不奇怪的是，对同样的案件事实可以作不同的认定结论。

导致这种合理差异的主要在于将事实判断与规范判断之间协调的方法。在笔者的知识范围内，笛卡尔为此提出的中道至善原则最为可取，其要点是：（1）科学方法的应用指向至善的目标；（2）应用科学方法的范围和方式要尊重习俗和惯例，遵从“最明智人的看法”；（3）防止极端与偏激，因为这有助于避免“限制…（科学）自由”，“可以在犯错误的时候不致离正道过远”；（4）保持为随时调整而必需的灵活性，使科学方法的应用尽可能切合变化的现实，如果不变化就会“违反良知”，就必须改变方法应用的范围和方式。[30]笛卡尔的观点可谓科学方法论意义上的中庸之道。

笔者认为，有鉴于行政执法中事实认定过程所面临的事实判断与价值判

---

[30] ［法］笛卡尔著：《谈谈方法》，王太庆译，商务印书馆 2000 年版，第 19-20 页（合乎中道作为科学方法论的第一条原则）。

断之间的碰撞更为激烈，笛卡尔的中道至善的协调原则具有更大的借鉴意义。据此，对立法者而言，主要是将有关价值判断的知识和事实判断的知识综合起来，制定一套完备的证据法规则：一方面引入有关事实判断的科学方法，确立有关证据的客观性和相关性的规则，例如相关性规制、传闻证据规则、最佳证据规则；另一方面制定反映价值判断理性的规则，例如非法证据排除规则、特权证据规则等。对执法者而言，在于将科学理性与价值理性综合起来形成更加完备的实践理性：一方面破除一切带有权威拜物教色彩的先验教条主义的桎梏，用科学理性和思想的自由来确保事实发现的客观、全面与精确；另一方面注重人文价值的关怀，使案件事实的发现过程不至于突破人类伦理道德的底线，确保其始终指向至善的法律目的进行；在两者之间起缝合作用的正是理性引导下的情感——脱离的情绪化色彩的人文情怀。在这个意义可以说，情、理、法的统一是科学意义上的和谐美的界碑所在，也是衡量认定案件事实是否准确的最终标准所在。

（三）多学科方法的综合应用：知识协同学的视角

趋于至善的事实认定有赖于尽可能完善的理性，而这又有赖于多学科方法的综合应用。随着知识分精细化程度的提高，知识综合的需要也越来越突出。在前文有关概率分析方法应用的论述中可以看到，任何一个案件事实都是多向度的，只有通过综合地采用政治学、伦理学、社会学、经济学等多学科的知识，采用多学科的分析方法，相互弥补不同学科各自的局限性，才能全面地认识案件事实中所蕴含的政治、经济、文化、科技和法律等因素，作出客观全面的认定结论。为了回应知识综合的需求，突破整合的难题，推动科学从古典细化分科型的小科学范式顺利实现向当代协同型大科学范式的转变，[31] 知识协同学（Knowledge Collaboration，KC）作为一种崭新的理论领域开始产生。根据哈肯教授在《协同学》一书中奠定的理论框架，结合为数不多的文献，[32] 在事实认定过程中整合多学科知识时需要注意的问题是：

1. 知识目标设定。知识协同服务于特定的认识目标，目标不同，需要整合的学科知识也就不同，由此形成的知识结构秩序也不同。

对事实认定而言，设定认知目标的首要环节是证明对象的限定。例如，证人证言的可采性（证据资格，合法性与相关性）与可靠性（真实性）是两个不同的认知目标，真实性与证明力也是两个不同的认知目标。

其次是证明标准的选择。这里有两种具有代表性的理论模式可供选择：一是还原主义的客观真实模式。认为案件事实认定的目标在于逼真地再现案件事实的原貌。其基本的理论假设前提是案件事实具有稳定性和连续性，可以在事后予以再现因而可能被全面地认识。二是建构主义的法律真实模式。认为案件事实的认定过程本质上是一个法律规范的发现、选择与适用的理性思辨过程，案件事实的发现情况在很大程度上取决于交流语境的营造，取决于当事人进行举证、质证、辩论的情况，取决于执法人员和当事人对案件事实的解释与理解，这种观点排除了案件事实再现的可能性，不仅案件事实本身在不断地运动变化，当事人自身的感受和认识也在变化，因此事后进行的事实认定是在新的环境条件下出于新的目的、应用特殊的法律语言对案件事

㉛ 关于小科学与大科学之间的区别和联系，参见申丹娜：《大科学与小科学争论评述》，载《科学技术与辩证法》2009 年第 1 期；陶迎春：《小科学与大科学的关系研究综述》，载《东南大学学报》（哲学社会科学版）2006 年第 11 期（增刊）；宋剑耕、孙章：《普赖斯〈小科学，大科学〉一书对我国的启示》，载《科学学与科学技术管理》1984 年第 9 期。

㉜ 樊治平、冯博、俞竹超：《知识协同的发展及研究展望》，载《科学学与科学技术管理》2007 年第 11 期；郭强、关欣、曹昕莹、张政超、何友：《知识融合理论研究发展与展望》，载《中国电子科学研究院学报》2012 年第 3 期；佟泽华：《知识协同的内涵分析》，载《情报理论与实践》2011 年第 11 期；陈昆玉、陈昆琼：《论企业知识协同》，载《情报科学》2002 年第 9 期。熊励、孙友霞：《协同知识管理研究进展》，载 http://www.ciotimes.com/application/km/km201005260921. html010-05-26 09:02:530；李庆东：《创新系统内知识协同演化过程研究》，载 http://www. studa. net/jingji/091021/11391648-2. html；《知识协同体系研究》，载 http://www.idnovo.com.cn/article/2010/0316/article_60986. html。

实进行重新建构。[33] 笔者持折中说的立场，主张汲取两种模式的可取之处。还原主义模式的合理之处在于突出了案件事实之中所蕴含的本质规定性因素，指出了认定案件事实准确性的一个不可或缺的方面：符合客观规律，把握案件事实的本质规定性。建构主义模式的合理之处在于突出了案件事实中所蕴含的变化因素，完全同样的事实过程，因时间、场域、规范、语言等方面的变量因素不同，有关其意义的理解和过程的描述必然存在合乎情理的差异。把握这种合乎情理的差异是准确认定案件事实的另一个不可或缺的方面。认定案件事实的准确性应当是合乎规律的本质规定性与合乎情理的差异性之间的统一。

2. 可行性前提设定。基于知识协同的大科学得以建立的首要前提是科学界确信不同学科的知识之间存在内在的关联性，这就像自然界不同的生命种类之间内在关联地组成了自然界那样。自然界的有序性、整体性反映到科学界，就成为不同学科领域知识之间的整体有序性。知识协同学的目的在于探寻这种整体有序性的内在规律及其方法。据此，在多学科的方法论之间也存在这种整体的有序性，只有在不同学科的方法之间建立了某种合理的秩序，知识协同才能有效进行。

另一个重要前提是：整体大于部分之和。不同学科知识的综合不是简单的拼凑，而是一种组合型的创新，通过协同而产生的新知识结构在整体效能上应当大于分散的知识。“这就意味着即使发现了组建如何构成，还得明白组件如何运作。”[34] 更意味着必须发现将不同部分的知识连贯起来的精神链条。莱布尼茨在《新系统论及其说明》中称之为“系统灵魂”，亦即在任何独立而又完整的存在之中必有一个将各个部分统一起来、并且作为其存在之显著标

---

[33] 尚华：《论建构主义与案件事实的认定》，载《前沿》2011 年第 5 期；[德] 阿列克西：《法律论证理论：作为法律证立理论的理性论辩理论》，中国法制出版社 2002 年版，第 173-193 页（第 3 章“埃尔朗西学派的实践商谈理论”）。

[34] [德] 赫尔曼·哈肯著：《协同学——大自然构成的奥秘》，凌复华译，上海译文出版社 2013 年版，第 5 页。

志的灵魂。[35] 按此，知识协同模式的建构绝非不同学科知识的简单堆砌或者拼凑，而是必须像一座建筑物那样有整体的规划和设计。

3. 初始条件设定。“初始条件的微小不精确性，将对事件的进程产生宏观影响。”[36] 出发点的选择必然地决定未来的行程。就知识协同而言，初始条件是指现有技术专家的知识积累水平，制度政策环境情况，资源、设备和技术状况等。设定是指充分地认识现有条件的客观制约作用，根据客观条件设定行动的起点。

作为现代大科学理论基础的协同学汲取了古典系统论的成果，但与之不同的是开放性、复杂性与不确定性。古典系统论针对的是闭合型的系统环境，目标是静态平衡的功能结构，追求系统的持续稳定。现代协同学关注的是大型复杂开发的系统环境，目标是系统在诸多不确定性因素的影响下而实现动态的均衡。这意味着，在按照现代协同学原理设定初始条件时必须采取开放的视角，将参与协同的知识主体看作开放社会中的自由行动者，将有待协同的知识客体视为一个多维立体开放、全方位动态演进的知识系统，因此对各种用于知识协同的管理技术模型采取广泛包容的态度。

4. 主导方法选择。在协同学上称之为序参数设定，是指根据特定的目的和条件选择占据主导地位的运动模式或者秩序规则（亦即元规则）。这一点体现在知识协同方面，表现为作为实践出发点或者理论支撑点的学科知识的选择。不同学科的方法具有不同知识结构、功能属性和作用范围。确立某种科学方法为占据核心地位的主导方法——例如风险概率分析方法，也就在很大程度上决定了整合应用不同学科——例如伦理学、语言学、心理学、经济学等——知识时所要建立的知识秩序和所应遵循的运行规则。以分析概率分析作为认定事实的主要方法，意味着所有其他相关学科的知识都将被披上风险

㉟ ［德］莱布尼茨著：《新系统论及其说明》，陈修斋译，商务印书馆 1999 年版，第 1-23 页（新系统）。

㊱ ［德］赫尔曼·哈肯著：《协同学——大自然构成的奥秘》，凌复华译，上海译文出版社 2013 年版，第 101 页。

的色彩，都会被视为一种发现和控制的风险的知识来源，或者本身就被作为风险的一种要素来对待。

5. 理论支撑点的设定。由于知识协同学涉及多学科的知识之间错综复杂的关系，为了在不同的学科知识模块之间不至于迷路，像绘制地图的经纬度那样，有必要建立一个适合特定知识结构的分析坐标，作为理论的支撑点而贯穿新建立起来的知识体系。在这里，力学上的均衡点理论、临界点理论等是可取的选择。㊲

6. 整合模式的选择。这是指不同学科知识之间相互作用关系的安排，也称为知识模块关系设计。在协同学上，序参数与控制始终联系在一起，因为序参数作为元规则对其他处于辅助地位的组件规则起着示范、引导、压制的作用。但是，序参数的作用不是绝对的，元规则的作用也是有限的，序参数所确立的只是元规则的范本，而实际上运行的（知识整合）秩序规则在很大程度上受系统其他组件——亦即其他相关学科知识模块——的结构和功能属性的影响。除此之外，外部环境条件——尤其是文化氛围——也起重要作用。由于内外部的影响因素很多，控制模式的形成具有自发性和随机性的特征。针对同一认识目标的完全相同的学科知识之间在整合时，可能因为文化氛围的不同而呈现出不同的控制关系结构。

7. 描绘知识场景图。凭借想象力，利用已有的知识积累，将相关学科的知识模块按照选定的序参数及其模式进行组合，在头脑中形成了一个有条理的知识体系时，再以可视图形的方式展现出来。这可以说是绘制知识协同的路线图，不同学科的知识之树此时成为一片活生生的知识森林，不同领域的知识大厦可以汇聚成一片知识的 CBD（Central Business Centre）。

8. 建立计算机分析模型。在知识协同学上称为选择技术支持工具。将知识协同路线图转化为数据信息，综合应用知识管理、决策支持、办公自动化、

㊲ ［德］赫尔曼·哈肯著：《协同学——大自然构成的奥秘》，凌复华译，上海译文出版社 2013 年版，第 43-60 页（光原子自组织运动中的平衡）、第 72-73 页（突变理论中的临界点）。

工作流等方面的技术，建立可供多学科专家协同工作、共同分析目标问题的计算机程序平台。

9. 营造有利于协作的文化氛围。知识协同的内容是高度精细化分科的多学科知识，需要多人同步协作才能实现。在这里，一个有利于知识协作的文化氛围的营造是必不可少的条件。笔者认为，阿帕网是这方面的典型，共同的目标、共同的价值观、平等的工作地位、相互之间充分的信任和及时的沟通，是知识协同的前提。[38]

10. 专家的选择和角色安排。相对于有待整合的知识（客体要素）、用于整合的制度和技术（工具要素）、支持整合的文化（观念要素），作为主体要素的专家是最为重要的因素。专家之间作为协作伙伴的协同关系模式多种多样。一个单位内部的知识协作，通常采取等级化的协作模式。而不同单位背景和学科背景的外聘专家之间则通常采取扁平化协作模式，这两种模式之间并不矛盾。这里需要注意的是专家之间的协作模式与知识客体的整合模式之间并没有必然的对应关系，后者具有无限多样的样式。

有鉴于知识协同学处于起步阶段，笔者的前述思考只是一种粗略的理论构想。要针对行政执法事实认定而建立起一套具有广泛应用价值的多学科知识协同模型，有赖于有志之士的长期共同努力。

三、能动主义：事实认定过程的开放与透明

在科技与风险的互动逻辑中没有逃避的退路，只有迎着风浪探索下去的活路。对风险因素的把握既需要确立科学的精神、态度和方法，也需要克服和超越科技的局限性。这归根结底取决于行政执法人员的主观能动性的发挥。这里所说的能动主义，是指重视发挥并且信任行政执法人员主观能动性的一

---

[38] 参见［美］卡斯特著：《网络星河》，郑波、吴炜译，社会科学文献出版社 2007 年版，第 9-70 页（第一章“来自因特网的教训”、第二章“因特网文化”）。

种积极施为的态度。

对这种事实认定层面的能动主义观念，可以从如下方面认识：

（一）能动性的一般内容

作为能动主义哲学核心范畴的能动性具有多种理解角度。英美法系从分权原则和民主原则的角度研究司法职能的能动性，并且将其作为司法最低限度主义的对立物。尽管行政权相对于司法权来说具有更为明显的能动性特征，但能动主义哲学关注的焦点始终放在司法职能领域。之所以如此是因为，司法的能动性一方面像杠杆那样调整着司法权与立法、行政权之间的界限，另一方面像一个大问号那样从代议制民主的角度质疑司法职能扩张的限度。从这一视角出发，司法能动性主要表现为法院在弥补法律漏洞、突破法定程序限制、突破先例、创设新的法律原则、引导和塑造社会、参与国家核心决策、凝聚国民基础共识等方面的积极作用，主要方法是在个案裁判中解释法律。㊴

毛泽东在《论持久战》一文中从战争的角度对能动性的要旨作了经典的论述，成为具有中国特色的能动主义哲学观的纲领性文献。毛泽东首先将自觉性与能动性联系在一起，提出了“自觉的能动性”的概念。“自觉”的要旨在于具有针对并且符合实际的正确思想，亦即实事求是，准确了解实际情况，洞察事物（战争）的内在规律性，据此制定正确的计划、方针、政策。“能动”的要旨在于主观努力，对指挥员来说就是在客观条件允许的范围内充分发挥主观指导的能力，“不但要有压倒敌人的勇气，而且要有驾驭整个战争发展变化的能力。”其次，毛泽东指出“自觉的能动性”的表现形式是“主动性、灵活性和计划性”。主动性的要旨在于依靠正确的主观指导，掌握（战

㊴［美］沃尔夫著：《司法能动主义——自由的保障还是安全的威胁?》，黄金荣译，中国政法大学出版社2004年版，第1–53页（导论：框定问题）；［美］桑斯坦著：《就事论事——美国最高法院的最低限度主义》，泮伟江译，北京大学出版社2007年版，序言部分。

争）主导权，通过对优势与劣势、主动与被动之间辩证关系的把握，化被动为主动，逐步地由局部的优势和主动转变为全局的优势和主动。灵活性的要旨在于"克服战争特性中的纷乱、黑暗和不确实性，而从其中找出条理、光明和确实性来"，根据战场实际情况灵活机动变换时间、地点、兵力和战术，从而将主动性体现在具体的作战行动中。计划性的要旨在于根据掌握的确实性情况预先拟定作战的方案，在不确定性之中寻找和把握确定性，寓确定性于不确定性之中。[40] 按此，以勇气和能力为内核，以主动权为立足点，以自觉性、主动性、计划性、灵活性为支撑点，交织互动、相辅相成地构成了能动性的基本内容，这就是具有中国特色的能动主义哲学观的基本理论框架。

以毛泽东的论述为基础，借鉴英美法系学界关于司法能动性论述，笔者认为，对行政执法的能动性应当从职能和人员两个层面来理解：

1. 行政职能的能动性。这是指行政职能作为国家职能的一个组成部而具有的能动性特征。能动性是统治、立法、行政、司法、军事等所有国家职能的一个共同属性。与其他职能相比较，行政职能的能动性表现为：

（1）面向未来。与司法立足于已经发生的事实、对过去进行反思的风格不同，行政职能固然要立足于现实，但其着眼点却是未来。如果说现实是可以把握的确定性，那么，未来则是尚未了解和把握的不确定性。在这个意义上，面向未来就是面向不确定性，也就是面向各种可能的风险。由此可见，不确定性与风险性是公共行政职能的一个内在结构要素。

（2）引导塑造。与司法职能着力于矫正违法行为、对预期理想的法定秩序进行恢复和重建的风格不同，行政职能虽然也努力防治和处理违法行为，恢复被破坏的经济和社会秩序，但其着力点却是秩序的积极创造，在现有秩序的基础上产生新的秩序。在变革与稳定之间的紧张关系之间，行政职能具有内在的变革偏好。因此，在变革的时代中，行政职能往往会在国家职能的整体结构占据主导的地位。

---

[40] 《毛泽东选集》，人民出版社 1967 年改排袖珍本，第 444-446 页、第 455-464 页。

2. 执法人员的能动性。行政职能的能动性是宏观制度层面的属性，最终要在微观执法的层面落实到执法人员个人的能动性，才会产生实际的效果，具体表现为：

(1) 自觉性。这是指执法人员对行业管理的实际情况及其内在规律的认识和把握的程度。这取决于实践经验的积累、专业知识的培训、责任心和公益精神以及个人的主观价值偏好。

(2) 主动性。这是指执法人员勇敢地面对问题，全面客观地认识问题，从政治、经济、社会和环境等方面全面地考虑和提升执法的效果，力求法律与政策的统一，形式的合法性与实质的合法性统一，政治效应、经济效果和社会影响的统一。

(3) 创造性。亦即在遵循法治基本原则的前提下，针对具体情况灵活地设计执法的过程，调整调查和认定案件事实的范围、标准和方法，根据政府的公共政策取向创造性地解释和适用法律、法规和规章。

(二) 能动性的具体表现

具体到事实认定过程，行政执法中的能动性主要表现为三个层面：

1. 事实裁量权。这是行政职能能动性在宏观制度层面的典型表现，就是行政执法人员在案件事实调查范围的限定、认定方法的选择以及不确定法律概念的解释等方面所享有的裁量余地。执法人员在行使事实裁量权是受一般法律原则和裁量基准的双重限制，前者限定了事实裁量权行使的目的，后者规定了程序、方式和后果。

2. 心证自由权。这是行政执法能动性在微观层面的典型表现，是执法人员得以发挥其能动性的主要制度保障，是指执法人员独立自主地认定案件事实而不受外来干涉的权利，良心自由、意志自由、意见自由、思想自由构成了心证自由的四大支柱，而独立的人格则是心证自由最为深厚的基石。只有在由这种基石和支柱上建立起来的法律制度大厦中，心证自由才能得到充分行使，案件事实才能得到准确的认定。

从主观认知的层面来看，事实裁量权中所蕴含能动性因素必须内化为行政执法人员的内心认知自由，才能得到有效的行使。这是因为，为了按照法定的精神和目的行使裁量权，行政执法人员必须有效地调动日积月累的经验和知识，排除不相关因素的干扰，准确地限定案件事实的范围和种类，均衡地协调事实判断、价值判断与情感判断之间的关系，综合全面地考虑效果。要做到这一点，必须赋予执法人员以足够的意志自由、思想自由和知识自由，并且培养他们的哲学思维和专业想象力。

3. 直觉判断力。这是执法人员直观能动性的内核。执法人员要展开自己的专业想象力，使心证的自由在理性的轨道上行驶，离不开直觉判断能力的培养。这种能力是建立在丰厚的专业知识和丰富的执法经验基础上的一种综合判断力。对此，不同学者从不同的角度作了颇有启发价值的描述。卡多佐大法官认为，这种直觉判断力不是出自呆板的逻辑演绎和严格的规范分析，而是出自法官们作为法律职业者“本能的韧性，完善和改善理智的刻板，用一颗理智的同情心，聆听宇宙万物的秘密”。[41] 胡塞尔教授认为，这种直觉判断是一种能将现象都纯粹化地还原到本质的本质直观能力，它将事实与本质联系起来，从“事实和本质的不可分离性”中将对个别事实的判断与对本质的判断结合起来的一种本质直观，是在对（案件）事实进行了充分全面认识的基础上进而与事实判断相脱离，而获得的一种具有全面性、必然性、规律性等所谓至善圆满内核的本质认识。[42] 洛克认为这种直觉判断是在明白性与确实性方面都强于辩证的和感觉的，因此处于认知水平的最高等级。[43] 马赫教授认为，这种直觉判断的功能在于启动并且增强感觉、记忆、联系和概念

---

[41] ［美］本杰明·N. 卡多佐著：《法律的成长　法律科学的悖论》，董炯、彭冰译，中国法制出版社 2002 年版，第 51-52 页。

[42] ［德］胡塞尔著：《纯粹现象学通论》，［荷］舒曼编，李幼蒸译，商务印书馆 1992 年版，第 48-58 页。

[43] ［英］洛克著：《人类理解论》（下册），关文运译，商务印书馆 1959 年版，第 528 页。

等思维形式，使它们在时空和逻辑上成为一个有序的认知系统。[44] 石里克教授认为，这种直觉判断力本质上是一种需要证实的自明性内在认知能力。[45] 牟宗三先生认为，这种智的直觉在中国的哲学语境是一种形而上的道德思想境界。[46] 毛泽东在《论持久战》中将“运用之妙、存乎一心”来形容这种直觉的判断力。[47]

笔者认为，直觉判断是一种经过取证、质证、认证、采证的理性筛选过程而在执法人员内心之中自然地产生的认知混合物，除了前述学者们所言的本能理智性（卡多佐）、本质直观性（胡塞尔）、整体有序性（马赫）、内在自明性（石里克）、道德境界性（牟宗三）和内在微妙性（毛泽东）之外，它的另一个显著特点是要素混合性。它不仅将哲学上的逻辑推理与科学上的经验判断混合在一起，而且将事实判断、价值判断、情感判断混合在一起。它是在执法人员的内心世界中形成的一张创造性的事实图画。在这张图画中，个别证据材料所记载的事实因素作为一种色彩元素，通过执法人员的法律思维和论证的手法，得以汇聚成一种具有内在融贯性结构的案件事实过程图。在这张图画中，人们可以发现执法人员在价值偏好、思维习惯、人生哲学等方面的烙印，因为恰恰是这些烙印构成了图画的风格特征元素。同样的事实元素之所以会在不同的执法人员心目中之形成不同风格的画面，原因正在于此。在执法人员内心中形成的这幅案件事实画面一旦形成即不可能拆分。

㊹ ［奥］恩斯特·马赫著：《认识与谬误——探究心理学论纲》，李醒民译，商务印书馆 2007 年版，第 160-180 页（第 9 章“感觉、直觉、幻想”）。

㊺ ［德］M. 石里克著：《普通认识论》，李步楼译，商务印书馆 2005 年版，第 184-211 页（内在认知的自明性及其证实）。

㊻ 牟宗三：《智的直觉与中国哲学》，中国社会科学出版社 2008 年版，第 114-140 页（16 智的直觉之意义和作用）、第 160-186 页（18 智的直觉如果可能？儒家“道德的形上学”之完成，19 道教与佛家方面的智的直觉）。

㊼ 《毛泽东选集》，人民出版社 1967 年改排袖珍本，第 462 页。

（三）能动性的制度保障

行政执法人员主观能动性的发挥有赖于如下三个方面的制度保障：

1. 保障执法人员作为认知主体的独立地位。充分保障执法人员作为事实认知主体的人格独立性是发挥个人主观能动性的首要前提。执法人员是活生生的有灵者，绝非对上级指令只作机械式绝对服从的、一个可以随时被更换掉的岗位部件。根据前文所述，科学的精神、态度与方法与行政执法人员的独立性之间是表里一体的关系。只有在人格、思想、情感等方面完全地获得了独立性的情况下，行政执法人员才可能排除情感判断、价值判断、规范判断等负面因素的干扰，远离伪科学与反科学因素的纠缠，真正地进入一种科学的精神状态之中，用科学方法将事实认定的过程纳入科学的轨道上。

2. 开放事实认定过程的知识来源。在古典司法证明范式中，心证自由往往与心证过程在时空上的封闭性联系在一起，心证自由是通过法官在时空范围上的封闭——与世隔绝——来得到保障的。这种封闭的心证自由模式在现代科学主义的大背景下不免笨拙。诸如计算机网络技术的发展、高等教育的普及、社会的精细化分工、多学科知识与方法的综合协同整合趋势等使执法人员在专业知识方面失去了原先的优势，这是造成政府公信力下降的一个重要原因。在这种情况下，打破心证过程的封闭性，提高心证过程在知识来源方面的开放性，是提高心证理性程度的一个必要途径。心证的过程不仅是一个认识过去的、已经发生的案件事实的再现过程，而且是一个凝聚各方智识，面向未来（可能发生的事实）而进行积极能动筹划的事实型构过程。通过将过去的事实与未来的事实联系起来，心证自由得到了扩展。

3. 提高心证过程的内在透明度。如果说提高知识来源的开放性是针对关系人和社会而言，那么，提高心证过程的透明性则是针对执法人员的思维过程——内在主观世界——而言的。要在事实认定的过程中吹去各方利益和情感的尘封，冲淡各种价值偏好的扭曲作用，提升当事人和民众的信任度，除了尽可能开放知识的来源以便广泛凝聚智慧之外，另一个有效的办法是提高心证过程的透明度。

与古典司法证明模式再作一对比，有助于说明这个问题。在古典司法证明模式下，法官的心证过程不仅在知识来源是封闭的，而且在过程上是神秘的。裁判书记载的只是事实认定的结果及其（表面的）理由，至于在法官的内心之中进行的深层次的心理认知过程则受到职务保密权的特殊保障。这种主观心理认知过程的秘密性具有保障法官心证自由的积极作用——尤其是为了反抗君主专制和宗教绝对权威是完全必要的，但也难免司法专横主义的倾向——在现代民主法治的时代这变得越来越不可接受。由此现代司法逐步走向了透明的发展趋势，这种具有神秘和专横色彩的古典心证自由模式日渐式微，为了有效保障当事人的知情权和民众的知情权，不仅法庭审理的过程要公开，而且心证过程也要逐渐地走向透明。[48] 在这种趋势下，如是说行政执法人员的心证自由与法官的心证自由有什么不同的话，那就是更大范围、更高程度的公开性与透明度。为此，执法人员认定事实的内容、过程、方法、依据与结论应当走向明细化，那种简略而又宽泛的事实认定模式应当被逐渐废除。

通过风险、科技、能动三个方面的哲学考察可以看出，行政执法中的案件事实认定是一个能动积极的科学探索过程。在这个过程中，人类主观能动性因素和情感因素、法律规范的解释与适用的因素、价值判断和利益权衡的因素相互交织，致使案件事实的认定过程蒙上了一层又一层的“有色玻璃”。在这个过程中，案件事实的存在形态经历了从生活事实向规范事实、裁判事实的转变：从作为纯粹客观的自然现象或者社会现象而发生的生活事实经立案调查而进入法律程序中，成为对法律规范的解释和适用具有意义的规范事实，再经过当事人和关系人的举证与质证，以及行政执法人员的审查判断而成为对作出行政处理决定具有直接意义的裁判事实。在这个过程中，那些被

---

⑱ 关于司法透明，参见樊崇义主编：《诉讼原理》，法律出版社 2009 年版，第 462-492 页（第 9 章“司法透明”）。

称为“事实”的各种因素或者题材不断地被截取、涂抹、重构与加工，人为的色彩被越来越多地添加到事实本身之中去，以至于裁判事实认定所言的“事实真相”与纯粹客观自然的“事实本相”之间可能会形成一条宽大的鸿沟。随着人类社会走向大型、开放与复杂，这条认识论的鸿沟会变得越来越宽大和汹涌。要跨越它，就必须不断地开拓新的方法，而拓宽哲学的视野则必须先行一步，因为方法论的创新归根结底取决于哲学观念的突破。

"有错必纠"的界限*

——基于焦志刚诉和平区公安分局治安管理处罚决定行政纠纷案展开的分析

章剑生**

一、问题的提出

一旦行政机关作出的行政决定被认定有"错误"，那么该行政决定必须被纠正。这一思想在国家意识形态上被概括为"有错必纠"原则。本质上，"有错必纠"是一项政治（政策）性原则，几十年来它一直是贯穿于我们政治生活中的一项基本原则，也是我们政治道德（德治）的集中体现。①"文革"结束之后，这一个原则成为党和国家平反1949年以来尤其是"文革"制造的大

* 本文原发表于《中国法学》2013年第2期。

** 章剑生，浙江大学光华法学院教授、博士生导师，法学博士。本文系浙江大学光华学者岗资助项目"中国行政法发展的进路——基于'个案—规范'理论框架所展开的解释之阶段性成果"。上海交通大学法学院朱芒教授对本文提出了许多十分有益的意见、建议，尤其是"学理框架的展开"部分的写作处理方法，在此深表谢意。对两位匿名评审专家提出十分中肯的意见一并感谢。

① 毛泽东在《关于正确处理人民内部矛盾的问题》中指出："我们的方针是：'有反必肃，有错必纠'。……但是发现了错误，一定要改正。无论公安部门、检察部门、司法部门、监狱、劳动改造的管理机关，都应该采取这个态度。"参见《毛泽东选集》（第5卷），人民出版社1977年版，第377-378页。在这里，"反"和"错"是如何认定的，毛泽东在此文中并没有给出答案。从后来的实践看，我们基本上可以认为这个答案是"由不受拘束的权力决定"。即使在"建设社会主义法治国家"写入宪法之后，这个问题仍然没有得到解决，如在河南省高级人民法院对赵作海错案平反的审理过程中，"有错必纠"原则仍然起着决定性作用。无论在制度理念上还是规则适用上，"有错必纠"与现代行政法中的"行政决定的确定力和撤销规则"是不可相提并论的。

量冤假错案的基本指导思想，[②] 获得了良好的社会效果。之后，它偶尔也被吸收为有关行政机关内部监督立法的一项法律原则，指导行政机关上下级之间的监督活动。[③] 从政治哲学上看，它属于实质正义的范畴。不过，如果我们以"只问结果，不计手段"的实用主义指导思想，而不是通过一个可控的法律程序机制落实此项原则，那么我们最终看到的一定是那些如秦香莲一样的社会底层小民那一把把哭泣的泪水，而不是一种可以将冤假错案的发生率降到最低限度的普适性权利保障性制度。

与传统政治思维支配下处理"错案"方式不同的是，现代行政法以行政决定效力理论为基础构建了一套行政决定撤销规则，试图规范行政机关的"纠错"行为。[④] 但是，尽管"有错必纠"与"行政决定撤销"有着不少相似之处，但两者在观念、机制与制度匹配等方面的差异性仍然相当明显。[⑤] 在依法行政原则之下，[⑥] 行政机关不仅在外需要应对行政相对人可能发起的行政复议、行政诉讼甚至令人头痛不已的"上访"，而且还要承受来自内部依照层级

---

② 如在1978年针对林彪、"四人帮"制造的冤假错案处理问题上，时任最高人民法院院长江华在全国第八次司法工作会议上说："当前，要遵照中共中央有关文件的精神，抓紧复查因反对林彪、'四人帮'而被判刑的冤错案件，认真落实政策。冤家必须彻底平反。错案要予以纠正，全错的全平，部分错的部分平，不错的不平。"参见《江华司法文集》，人民法院出版社1989年版，第26页。

③ 如《公安机关内部执法监督工作规定》第4条规定："执法监督工作必须以事实为根据，以法律为准绳，遵循有错必纠、监督与指导相结合、教育与惩处相结合的原则。"《交通运输行政执法评议考核规定》第4条规定："执法评议考核应当遵守严格依法、公开公正、有错必纠、奖罚分明的原则。"另外，还可以参见如《国土资源信访规定》第3条、《人力资源社会保障行政复议办法》第3条和《质量技术监督行政复议实施办法》第3条，等等。

④ 参见章剑生：《现代行政法基本理论》，法律出版社2008年版，第166页以下。

⑤ 国务院《全面推进依法行政实施纲要》（2004）规定："非因法定事由并经法定程序，行政机关不得撤销、变更已经生效的行政决定；因国家利益、公共利益或者其他法定事由需要撤回或者变更行政决定的，应当依照法定权限和程序进行，并对行政管理相对人因此而受到的财产损失依法予以补偿。"依照现代行政法理论的解释，"撤销"适用于违法行政决定，"撤回"适用于合法行政决定，而这一适用规则都是建立在行政决定确定力的效力理论之上。基于这一点，我们可以清楚地看到国务院在《全面推进依法行政实施纲要》中接受了这种现代行政法的思想，也看出了这种思想与"有错必纠"原则之间的差异性。

⑥ 国务院为此已专门发布四个有关依法行政的文件，它们是：《关于全面推进依法行政的决定》（国发〔1999〕23号），《全面推进依法行政实施纲要》（2004）、《关于加强市县人民政府依法行政的决定》（2008）和《关于加强法治政府建设的意见》（2010）。

制而建立起来的各种式样的考核、监督机制的制度性压力；而这种内部机制的运作往往有其自身的政治逻辑，与外部由行政法构建起来的规则并不一致。但是，这种内部机制的作用有时会产生“效力外部化”现象，从而使内外规则之间发生冲突。本文如下要展开讨论的“焦志刚诉和平区公安分局治安管理处罚决定行政纠纷案”（以下简称“焦案”）便是最高人民法院公布的一个撞击上述两种“纠错”规则的指导性案例。⑦

本文以“焦案”为分析对象，以贯穿于《公安机关内部执法监督工作规定》（以下简称《规定》）中的“有错必纠”原则为底色，结合“焦案”的裁判文书所记载的原告、被告的陈述和法院的裁判理由，试图解释并解决如下问题：（1）最高人民法院在“焦案”之前的态度是什么，它是通过何种载体表现出来的，为什么它会有这样的态度；（2）作为指导性案例的“焦案”，其裁判的规范性逻辑是否意味着最高人民法院的态度发生了转变，这种转变的过程是如何展开的；（3）因为“焦案”具有指导性案例的地位，它所形成的上述规则在实务中究竟有多大的普适性范围。另外，在方法论上，本文所用素材均来自《最高人民法院公报》上有关“焦案”的文字记载，故以下分析不考虑承办“焦案”的法官们的具体背景，如他们所受的专业教育、工作经历等因素。

二、“焦案”的切分

（一）案件概要

2004年3月30日23时许，原告焦志刚与正在执法的交通民警王心魁等发生冲突后，即投诉交通民警王心魁酒后执法，经天津市公安局督察处查证，确认焦志刚举报交通民警王心魁酒后执法一事不实。和平公安分局即以

---

⑦《焦志刚诉和平公安分局治安管理处罚决定行政纠纷案》，载《最高人民法院公报》2006年第10期。

焦志刚的不实举报阻碍了国家工作人员依法执行职务为由，依照《治安管理处罚条例》第19条第（7）项之规定，于同年3月31日作出公（和）决字（2004）第056号行政处罚决定书（以下简称056号处罚决定书），给予焦志刚治安罚款200元的行政处罚。焦志刚对此处罚决定没有提出异议，在法定期限内没有申请行政复议和提起行政诉讼。在056号处罚决定书已经发生法律效力后的同年7月4日，和平公安分局告知焦志刚：由于天津市公安局公安交通管理局反映对他处罚过轻，所以要撤销056号处罚决定书，重新查处，重新裁决。同年7月13日，和平公安分局作出公（和）决字（2004）第047号行政处罚决定书（以下简称047号处罚决定书），处予焦志刚治安拘留10日。焦志刚不服此处罚决定申请行政复议，天津市公安局以事实不清为由撤销了047号处罚决定书，要求和平公安分局重新作出行政处罚决定。同年11月19日，和平公安分局作出870号处罚决定书，处予焦志刚治安拘留15日。焦志刚不服此处罚决定再次申请行政复议，天津市公安局维持了870号处罚决定书。焦志刚为此提起行政诉讼，经两审终审，法院撤销了和平公安分局作出的870号处罚决定书。

（二）问题提炼

根据上述“焦案”的案情概要，大致可以划出该案发展的几个阶段：（1）2004年3月31日和平区公安分局作出056号处罚决定书，焦志刚在法定期限内没有提起行政救济。（2）2004年7月13日和平区公安分局撤销056号处罚决定书后，重新作出处予焦志刚治安拘留10日的047号处罚决定书，焦志刚不服申请行政复议。（3）天津市公安局以事实不清为由撤销了047号处罚决定书，要求和平区公安局对焦志刚重新作出行政处罚决定。（4）2004年11月19日和平区公安分局再次作出处予焦志刚治安拘留15日的870号处罚决定书，焦志刚不服再次申请行政复议。（5）天津市公安局作出维持870号处罚决定书的复议决定，焦志刚对此不服提起行政诉讼，要求法院撤销870号处罚决定书。（6）天津市和平区人民法院一审判决撤销870号处罚决定书，和平区公安分局不服提起上诉，天津市第一中级人民法院驳回了和平区公安分局的上诉，维持原判。上述6个案情发展阶段涉及行政程序、行政复议和行政诉讼三种不同性质的法律程序。

依照法院查明的事实，天津市和平区公安分局之所以要撤销056号处罚决定书，是“由于天津市公安交通管理局反映处罚过轻”。“处罚过轻”是合法抑或违法——或者说是“对”还是“错”——的问题，天津市和平区公安分局、天津市公安局一直都没有明确的态度。直到和平区公安分局在行政诉讼中提起上诉时，我们才看到了它的基本观点：

“公安部《公安机关内部执法监督工作规定》第十三条规定：‘在执法监督过程中，发现本级或者下级公安机关已经办结的案件或者执法活动确有错误、不适当的，主管部门报经主管领导批准后，直接作出纠正的决定，或者责成有关部门或者下级公安机关在规定的时限内依法予以纠正。’第十九条第一项规定，对错误的处理或者决定予以撤销或者变更。依照上述规定，上诉人在接到上级机关要求重新裁决的指令后，撤销了对被上诉人焦志刚罚款200元的056号处罚决定书，责令办案单位重新查处，才又作出给予被上诉人治安拘留的行政处罚决定。这个行政处罚决定的作出符合法律规定，程序不违法。”⑧

也就是说，和平区公安分局撤销056号处罚决定书的理由是它是一个“错误”的处罚决定，而且它还明示了法律依据。从中我们可以清楚地看到它的思考逻辑：撤销“确有错误、不适当的”056号处罚决定书是合法的，因为它有公安部的《规定》作为依据。顺着它的推理逻辑，我们不难得知它在撤销056号处罚决定书时，并没有考虑过（至少在判决书的文字中读不到）如下几个法理问题：（1）056号处罚决定书是否已经产生了实质确定力？（2）如果它已经具有了实质确定力，那么它是否拘束上级公安机关发出的“重新

⑧ 沈德咏主编：《最高人民法院公报案例大全》（下卷），人民法院出版社2008年版，第1677-1678页。

查处、重新裁决"的指令?(3)如果有拘束上级"指令"的效力，那么撤销"错误"的处罚决定书应当有何规则可循?等等。上述问题涉及行政法学上行政决定的确定力与撤销规则的法理，如果我们能够用行政法学理论对上述问题加以厘清，对实现在"错案"纠正中依法行政与法的安定性之间的价值平衡应该是颇有实益的。

三、学理框架的展开

在1983年第一部高等学校法学试用教材《行政法概要》中，确定力已被列为行政决定的法效力之一。确定力是"行政措施所规定的事项，未经法律允许，公民不得要求更改，这是对公民的确定力。……行政措施的内容一经决定以后，即为最终的决定，行政机关不得任意更改其内容，这是对行政机关的确定力"。[9] 上述对公民的确定力为不可争执力，对行政机关的确定力为不可变更力。第二部高等学校法学试用教材《行政法学》延续了《行政法概要》中有关行政决定确定力的内容：确定力"也称不可变更力。指行政执法行为一经有效确定，非依法不得变更或者撤销。确定力表现在两个方面：对公民的确定力。已确定的行政决定，公民无权自行变更；对行政机关的确定力，已确定的行政执法行为，非经法定程序，行政机关也不得随意改变。"并强调了"行政执法行为的确定力是法制稳定的基本因素"。[10] 1994年高等政法院校规划教材《行政法学》在前两部法学统编教材的基础上，进一步强调"对于行为主体的行政机关，确定力意味着非依法定理由和程序，不得随意改变其行为内容，或就同一事项重新作出行为。……行政行为的不可变更力并不意味着行政行为绝对不可以变更。基于法定理由、经过法定程序，行政行

---

⑨ 王珉灿主编:《行政法概要》，法律出版社1983年版，第122页。这里使用的"行政措施"即本文中的行政决定。

⑩ 罗豪才主编:《行政法学》，中国政法大学出版社1989年版，第136页。这里使用的"行政执法行为"即本文中的行政决定。

为可以依法改变”。[11] 与之前的国家统编教材相比，[12] 1999 年全国高等学校法学专业核心课程教材《行政法与行政诉讼法》关于行政决定效力中的“确定力”理论在论述的篇幅上有了增加，但并没有质的大拓展。[13] 直到该教材 2005 年第 2 版，才初步形成了一个以确定力为上位概念，下分为形式确定力、实质确定力的学理框架，[14] 并一直保持到了它最新的第 5 版。[15]

这个具有“通说”地位的学理框架内容大致是，即使已经生效的行政决定是违法的，对行政机关仍具有不可任意撤销的法效力（实质确定力），除非在遵守如下规则的前提下，行政机关才可以行使撤销权：

1. 撤销依据。即行政机关行使撤销权的法依据。关于撤销是否需要具体制定法依据问题，学理上并没有一致的说法。有的学者认为，“有关主体只能依据实定性的明文规定予以改变或主张争辩，而不能基于确定力的一般原理予以改变或主张争辩”。[16] 从制定法上看，类似的个别性法依据是有的，如《行政处罚法》第 54 条第 2 款规定：“公民、法人或者其他组织对行政机关作出的行政处罚，有权申诉或者检举；行政机关应当认真审查，发现行政处罚有错误的，应当主动改正。”但是，此条文内容毋宁看作是“有错必纠”的换一种表述，基本上没有行政法上行政决定确定力理论的法律精神。不过，到了《行政许可法》时，“有错必纠”原则在相关的法条中开始淡出，撤销权依

---

⑪ 王连昌主编：《行政法学》，中国政法大学出版社 1994 年版，第 292-294 页。

⑫ 在之前的国家统编教材中，关于行政决定确定力部分的论述，虽然都在内容上论述了它的两个效力面向，即行政相对人和行政机关，但从未使用形式确定力和实质确定力二分法。另，本文中使用的“确定力”，与“存续力”相当，因本文在这里是整理中国行政法学中既有的理论，为便于论述，故仍使用“确定力”。参见章剑生：《现代行政法基本理论》，法律出版社 2008 年版，第 146 页以下。

⑬ 姜明安主编：《行政法与行政诉讼法》（第 1 版），北京大学出版社、高等教育出版社 1999 年版，第 155-156 页。

⑭ 姜明安主编：《行政法与行政诉讼法》（第 2 版），法律出版社 2006 年版，第 240-242 页。

⑮ 姜明安主编：《行政法与行政诉讼法》（第 5 版），北京大学出版社、高等教育出版社 2011 年版，第 206-207 页。另外，叶必丰教授的《行政行为的效力研究》（中国人民大学出版社 2002 年版）、章志远教授的《行政行为效力论》（中国人事出版社 2003 年版）两部专著，对这一学理框架的形成、发展作出了显著的学术贡献。在本文以下对“焦案”的分析中，所涉及的主要是“实质确定力”理论。

⑯ 叶必丰：《行政行为的效力研究》，中国人民大学出版社 2002 年版，第 111 页。

据的法条具体化十分明显。[17] 倘若在没有制定法的情况下，依法行政原则可否成为行政机关行使撤销权的依据？基于撤销权对行政相对人的影响不同，可以原则上承认依法行政原则是行政机关撤销权的依据；但如果撤销的结果更不利于行政相对人，从保护行政相对人的权益角度，个别性依据就相当必要了。当然，行政法也不排除行政机关为了其他目的而撤销违法的行政决定。此时，是否需要有个别性依据在比较法上是有结论的。[18]

2. 撤销限制。倘若行政机关有撤销权的具体法条依据，它还必须受到如下限制：（1）信赖利益保护原则的限制。信赖利益保护原则是"指为受益人所信赖的授益处分，若有违法瑕疵，行政机关虽得加以撤销，但其中信赖利益显然大于撤销所欲维护之公益，且受益人并无信赖不值得保护的情形，则行政机关即不得将该处分撤销，以保障受益人的既得权益"。[19] 信赖利益的判定，学说上通常认为应当符合如下要件：第一，行政相对人确信行政决定的存在，所以，行政不作为不会发生信赖利益保护问题。第二，行政相对人的信赖利益值得保护，所以因欺骗等手段获得的利益不属于信赖利益保护之列。第三，经权衡，与撤销违法行政决定所获得的公共利益相比，[20] 该信赖利益更值得保护。此判断要件是否成立是一个比较复杂的认识过程，因为，这两种利益通常不具有量化的特征，需要行政机关通过缜密的权衡、比较，方可获得正确、妥当的结论。[21]（2）除斥期间。违法行政决定并不影响它能够产生、

---

[17] 参见《行政许可法》第69条。

[18] 在日本法上，"如果是违法的瑕疵，当然存在违反依法律行政的原理的问题，此外，如果出现违反公益的状态，便产生违反行政目的的问题。也就是说，行政行为的撤销的实质性根据，在于合法性的恢复或者合乎目的性的恢复。从这一点看，在行政行为的撤销不需要法律的特别根据上，学说是一致的"。[日] 盐野宏著：《行政法总论》，杨建顺译，北京大学出版社2008年版，第113页。

[19] 张家洋：《行政法》（增订3版），台湾三民书局2002年版，第503页。另参见余凌云：《行政法上合法期待之保护》，载《中国社会科学》2003年第3期。

[20] 关于何谓"公共利益"，在实务中一直处于十分模糊状态，直到2011年《国有土地上房屋征收与补偿条例》的实施，才有了一个相对清晰、明了的判断标准。

[21] 在"益民公司诉河南省周口市政府等行政行为违法案"中，最高人民法院首次引入的"信赖利益保护"理论，在中国行政法学理论上引起较大反响，相关讨论可参见余凌云：《蕴育在法院判决之中的合法预期》，载《中国法学》2011年第6期；胡敏洁：《论行政法中的案例研究方法》，载《当代法学》2010年第1期；陈海萍：《论对行政相对人合法预期利益损害的救济》，载《政治与法律》2009年第6期等。

变更或者消灭相应的法律关系。随着时间的推移，相关的个人和组织在这种具有违法性的法律关系上形成的社会关系逐渐趋于稳定。在这样的情况下如果行政机关动用撤销权，欲使社会关系重新回到原有状态，可能会给社会带来更大的不稳定；人们基于这样的事实所作出的生产、生活的合理预期，可能因为行政机关行使撤销权而中断。这样的后果显然不利于社会安定与发展的，因此，行政机关必须在法定期限内行使撤销权。[22]

3. 撤销规则。基于行政机关的立场，撤销违法行政决定是为了满足依法行政的需要，也是一种自我纠错的方式。但是，因违法行政决定的内容不同，撤销之后对行政相对人产生的影响也有所不同，所以，行政机关行使撤销权需要遵循不同的规则：

（1）授益性行政决定的撤销。原则上，基于行政相对人的信赖利益保护，行政机关不得撤销授益性行政决定。[23] 但是，授益性行政决定具有如下情形的，行政机关可以撤销：第一，授益性行政决定不予撤销，将对公共利益产生重大不利影响的。如若不撤销行政相对人持有的卫生许可证，其生产的食品可能将对不特定公众的生命、健康产生重大危害。第二，行政相对人对授益性行政决定没有形成信赖利益。如行政相对人没有依据营业执照从事经营活动，如预定货物等，也就没有信赖利益。

（2）负担性行政决定的撤销。因负担性行政决定对行政相对人没有授益，不存在信赖利益保护问题，如罚款 200 元，或者行政拘留 10 天等，所以，对于负担性行政决定，行政机关原则上应当撤销。但是，如果撤销负担

[22] 在制定法，尚未有行政机关撤销权的除斥期间的明确规定。在比较法上，如中国台湾地区“行政程序法”第 121 条规定：“第一百十七条之撤销权，应自原处分机关或其上级机关知有撤销原因时起二年内为之。”

[23] 如在申诉人佛山市圣芳（联合）有限公司与被申诉人中华人民共和国国家工商行政管理总局商标评审委员会、原审第三人强生公司商标撤销行政纠纷案中，最高人民法院认为：“由于修改前的商标法对商标评审采取行政终局制度，对于当时已经行政终局裁决的争议事项，只能尊重和维护当时的法律制度，不能再以修改后的法律有新规定为理由对已决事项重新启动程序，否则，会冲击已经形成的法律秩序，打乱在当事人之间已经依法形成的利益格局，使当事人无所适从，也有损生效裁定的权威性和公信力。在行政终局制度下，终局裁定形成了秩序并产生信赖利益。当事人可以据此形成确定的预期，实施相应的市场行为。圣芳公司在终局裁定后对商标进行的大规模使用和宣传以及因此建立的商业信誉，应该受到法律保护。”参见最高人民法院《行政判决书》（〔2008〕行提字第 2 号）。

性行政决定涉及重大公共利益的，那么行政机关的撤销权需要受到法律限制。[24] 对于负担性行政决定是否撤销，一般由行政机关裁量决定。但是，裁量是必须受到限制的权力，不是"随意"用权的另一种表述。

（3）复效性行政决定的撤销。复效性行政决定的撤销分为两种情况：第一，对行政相对人同时产生授益性和负担性双重法律效果的行政决定。在撤销时，通常以双重法律效果的行政决定是否可分为前提，分别适用不同规则；如果不能区分的，从保护行政相对人权益角度，宜适用授益性行政决定撤销的规则。第二，对第三人产生法律效果的行政决定，以行政决定直接指向行政对象人的内容来确定是授益抑或负担，分别适用上述（1）、（2）规则。

四、"焦案"的处理进路

行文至此，我们可以发现在我国行政法学上，与本文所涉的行政决定确定力和撤销规则的学理框架已经基本成形，在司法实务的个案中它也已有所体现，[25] 满足了我们今天讨论"焦案"的基本需要。现把它联结到本文第二部分从对"焦案"的切分中导出的若干法理问题时，我们可以发现，法院表现出来的法律立场并没有越出上述学理框架，而公安机关却仍然忠实于传统的

[24] 《行政许可法》第69条第3款规定："依照前两款的规定撤销行政许可，可能对公共利益造成重大损害的，不予撤销。"

[25] 如在深圳市安吉尔电器有限公司诉国家工商行政管理总局商标评审委员会商标注册纠纷案中，法院认为："商标评审委员会主动作出（2003）第1049号结案通知书的原因是其发现（2001）第1283号终局裁定引用引证商标的信息有误，并认为应当予以纠正。商标评审委员会作出（2003）第1049号结案通知书作为一个具体的行政行为，实质上是对（2001）第1283号终局裁定的效力重新判定。因其作出时间在商标法修改之后，该行政行为的相对人可以依照修改后的商标法就该结案通知书提起诉讼，但是，从行政法的基本理论看，一方面，行政行为一旦成立，即具有公信力、确定力和存续力。如果允许商标评审委员会在认为在先的终局裁定确有错误时，通过在后的行政决定予以纠正，就会造成商标法修改之前的行政终局决定重新纳入司法审查程序的结果，而修改后的商标法对已发生法律效力的终局行政决定不应具有溯及力。另一方面，法律虽不禁止行政主体对行政行为的撤销和废止，但这种权力应当受到严格的程序限制，否则，将会导致行政行为确定力和由确定力所保证的权利的稳定性受到损害。"参见北京市第一中级人民法院《行政判决书》（［2005］一中行初字第759号）。

"有错必纠"原则；即使是制定、发布《公安机关内部执法监督工作规定》的国家公安部也是如此。由此我们可以看到，法院和公安机关在"焦案"中存在着两种完全不同的处理案件逻辑思路；从某种意义上说，"焦案"是这两种逻辑思路冲突的产物。那么，从"焦案"中我们是否可以推断，法院所遵从的学理框架已经为司法审查所完全接受，而公安机关或者其他国家机关（包括立法机关）为什么仍然囿于"有错必纠"原则来处理"错案"呢？显然，这样的结论单凭一个"焦案"可能是难以证成的，不过，今天如果站在"焦案"作为指导性案例的立场上，进一步讨论这个问题的实益不可轻估。

（一）最高人民法院以往的态度

在"焦案"之前，最高人民法院在本文所涉的问题上表现出来的态度是与"焦案"相左的。虽然我没有足够的材料来证实、解释最高人民法院在"焦案"之前所持态度的原因是什么，但是，现有法律框架中为数不少的、浸透着"有错必纠"原则的法律规范，㉖ 不可能不影响到最高人民法院在处理个案时策略性方向的选择，以下两个例证或许可见一斑：

1. 个案。由最高人民法院作出终审判决的行政案件并不多见，但这并没有影响我们观察最高人民法院司法行动的方向。最高人民法院在陕西省咸阳无线电二厂诉咸阳市人民政府确认企业经济性质上诉案中（以下简称"咸阳案"）认为：

"咸阳市政府在咸阳无线电二厂原法定代表人陈安民移居国外并得出该厂

㉖ 《宪法》第108条规定："县级以上的地方各级人民政府领导所属各工作部门和下级人民政府的工作，有权改变或者撤销所属各工作部门和下级人民政府的不适当的决定。"《行政复议法》第4条规定："行政复议机关履行行政复议职责，应当遵循合法、公正、公开、及时、便民的原则，坚持有错必纠，保障法律、法规的正确实施。"《行政处罚法》第54条第2款规定："公民、法人或者其他组织对行政机关作出的行政处罚，有权申诉或者检举；行政机关应当认真审查，发现行政处罚有错误的，应当主动改正。"《环境行政处罚办法》第75条规定："环境保护主管部门通过接受当事人的申诉和检举，或者通过备案审查等途径，发现下级环境保护主管部门的行政处罚决定违法或者显失公正的，应当督促其纠正。环境保护主管部门经过行政复议，发现下级环境保护主管部门作出的行政处罚违法或者显失公正的，依法撤销或者变更。"

为其私营企业，已影响该厂正常生产秩序和社会稳定的情况下，组织调查组对该厂的资产权属和经济性质问题进行调查，在1997年第六次常务会议上认定咸阳无线电二厂属全民所有制企业，纠正其1995年第九次常务会议对该厂不恰当的决议和咸阳市工商局在企业变更登记中的不规范行为，责成其所属工商行政管理局严格依法办理企业变更登记手续，符合《中华人民共和国地方各级人民代表大会和地方各级人民政府组织法》第59条第3项的规定。”[27]

“咸阳案”是我在最高人民法院公开的裁判文书中查到的一个与本文论述主题相关的个案，且它生效于“焦案”之前，可以作为观察最高人民法院态度的一个样本。在“咸阳案”中，1995年10月咸阳市政府第九次常务会议对咸阳无线电二厂的性质作出了一个“决议”，将该厂定性为“民营企业”，1996年1月咸阳市工商局也依照该“决议”作出了变更企业性质的工商登记。对咸阳市政府的“决议”和咸阳市工商局“变更登记”，当事人和利害关系人在法定期限内都没有依法提起行政诉讼，[28]这两个行政决定已产生了确定力。之后，因原咸阳无线电二厂厂长陈安民主张该企业性质是私营企业而提起民事诉讼，引发了该厂职工的反对。1997年5月咸阳市政府第六次常务会议纠正了自己在1995年10月作出的“决议”，将咸阳无线电二厂的性质改为“全民所有制企业”，并责成咸阳市工商局办理变更咸阳无线电二厂为“全民所有制企业”的工商登记。针对咸阳市政府的“纠正”和“责成”是否违法的争议，最高人民法院在二审中认为它符合《中华人民共和国地方各级人民代表大会和地方各级人民政府组织法》（以下简称《组织法》）第59条第3项的规定，即县级以上的地方各级人民政府有权“改变或者撤销所属各工作部门的不适当的命令、指示和下级人民政府的不适当的决定、命令”。本案中的法律

---

[27] 最高人民法院《行政判决书》（［1998］行终字第12号）。

[28] 根据当时最高人民法院《关于贯彻执行〈中华人民共和国行政诉讼法〉若干问题的意见（试行）》第35条规定：“行政机关作出具体行政行为时，未告知当事人的诉权或者起诉期限，致使当事人逾期向人民法院起诉的，其起诉期限从当事人实际知道诉权或者起诉期限时计算，但逾期的期间最长不得超过1年。”

依据其实涉及两个问题：（1）咸阳市政府第六次常务会议纠正了1995年10月自己作出的“决议”，它的“纠正”依据是什么？（2）咸阳市政府责成咸阳市工商局办理变更咸阳无线电二厂为“全民所有制企业”的登记，它的“责成”依据又是什么？《组织法》第59条第3项中只有“改变或者撤销”，并没有“纠正”和“责成”，但最高人民法院并没有区分这两种不同性质的行为，也没有为“纠正”引用更为明确的法律依据，而笼而统之用“符合”二字充当了判决理由的主要内容。更重要的是，《组织法》第59条第3项中并没有支持咸阳市政府自我“纠正”之前作出“决议”的法律依据。由此是否可以推断，最高人民法院到“咸阳案”为止，尚未受到行政决定确定力和撤销规则理论的影响；虽然它在判决理由中未提到“有错必纠”，但“有错必纠”是它处理“错案”的基本立场，否则，此案的裁判就涉嫌没有“法律”依据了。

2. 批复与答复。“批复”是最高人民法院的一种司法解释形式。[29] 与“批复”不同的是，“答复”不是一种司法解释，它是最高人民法院各业务审判庭针对地方高级人民法院就个案中的问题如何处理的请示所作出的一种法律“指示”。在实务中，我们未见最高人民法院对“批复”与“答复”在效力上有所不同的态度，因此，姑且把它当作一种事实上的“司法解释”，因为它对下级人民法院处理所请示的个案的确具有事实上法效力，甚至还可以将这种事实上的法效力散发到以后法院对类似案件的处理上。

在与本文所涉的问题上，2003年10月最高人民法院在《关于房地产管理机关能否撤销错误的注销抵押登记行为问题的批复》（法释〔2003〕第17号）中非常简洁地给出了答案：“房地产管理机关可以撤销错误的注销抵押登记行为。”[30] 这个批复只给出了一条实体规则，与“有错必纠”原则十分契合。广

[29] 《最高人民法院关于司法解释工作的规定》第6条规定：“司法解释的形式分为‘解释’、‘规定’、‘批复’和‘决定’四种。……对高级人民法院、解放军军事法院就审判工作中具体应用法律问题的请示制定的司法解释，采用‘批复’的形式……”

[30] 此批复于2003年10月14日最高人民法院审判委员会第1293次会议通过。

西壮族自治区高级人民法院在此案的请示中说："根据行政法原理，行政行为一经作出，就具有公定力、确定力，对于行政机关和相对人都产生约束力。如果行政行为是违法的，行政机关有权予以撤销或变更。但是，如果行政行为已经使行政相对人对其产生信赖，行政相对人在此信赖基础上已经作出一定行为，行政机关在考虑撤销违法或不当行政行为时，应保护行政相对人的信赖利益。"㉛ 在这段请示文字中，广西壮族自治区高级人民法院清晰地表达了现代行政法上确定力和撤销规则的法理，甚至提到了"信赖利益"原则应当对行政机关行使撤销权加以限制。显然，它希望最高人民法院能够注意到这一理论，并借助于最高人民法院的"批复"载体，将这一理论引入自己手边待处理的个案之中。但是，最高人民法院似乎对这一法理没有多大兴趣，硬生生地给出了这样一条简洁的实体规则。现在看来，最高人民法院的确错过了一个发展中国行政法理论的良机。在此"批复"的第二年即2004年4月，最高人民法院在答复贵州省高级人民法院《关于复议机关是否有权改变复议决定请示的答复》(〔2004〕行他字第5号）中，依旧延续"咸阳案"和2003年"批复"中的法律立场。该"答复"称："你院〔2004〕黔高行终字第02号《关于吴睿韡诉贵阳市人民政府撤销复议决定一案适用法律的请示》收悉。经研究认为：行政复议机关认为自己作出的已经发生法律效力的复议决定有错误，有权自行改变。因行政机关改变或者撤销其原行政行为给当事人造成损害的，行政机关应该承担相应的责任。"到此，我们可以得到一个结论：在"焦案"之前，最高人民法院在行政机关是否有权以及如何撤销被认为是违法行政决定这个问题上，它的法律立场是"有错必纠"原则，而现代行政法上的行政决定的确定力和撤销规则法理尚未影响到最高人民法院。㉜

㉛ 最高人民法院行政庭编：《行政执法与行政审判》(总第8辑)，法律出版社2004年版，第39页。

㉜ 如在坑贝元村民小组诉广东省惠州市人民政府林业行政复议决定案的裁判要旨规则运用时，最高人民法院认为，1982年《林权证》发证确有错误的，不适用《行政复议法》，但是，原发证机关或者确权裁决机关的上一级人民政府可以"纠错"，也并未考虑到"除斥期间"的问题。最高人民法院行政庭编：《中国行政审判案例》(第2卷) 第46号案例，中国法制出版社2011年版，第39页。

（二）“焦案”处理的规范性逻辑

2006年10月，“焦案”作为指导性案例公布在《最高人民法院公报》上。基于《人民法院第二个五年改革纲要》（2004—2008年）所给予指导性案例的定位，“焦案”有最高人民法院“统一法律适用标准、指导下级法院审判工作”的作用。由此，我们可以清楚地发现，从“焦案”开始最高人民法院在对待违法行政决定的撤销问题上，它的法律立场已经在“静悄悄”地发生转变，即从“有错必纠”原则的意识形态中淡出，转而接纳了现代行政法上行政决定确定力和撤销规则法理。以下我们来分析法院处理“焦案”的规范性逻辑，观察法院是如何完成这个“转变”的。

1. 当事人的主张

当事人以诉讼请求及随附理由满足法定条件后，开启了法院的诉讼程序，法院随后在审查双方主张后作出裁判，旨在定分止争。因此，分析法院处理案件的规范性逻辑，应从当事人的主张着手，才能看清楚法院裁判思路的脉络。

（1）原告的主张。从最高人民法院公布“焦案”的材料中，焦志刚在诉讼中提出的诉讼主张是：

“因原告错误举报查扣车辆的执勤交通民警酒后执法，被告和平公安分局已经给予原告治安罚款200元的行政处罚。该行政处罚决定生效后，被告又说要重新查处，重新裁决。被告的重新裁决是给予原告治安拘留10日的行政处罚，原告不服申请复议，天津市公安局也以事实不清为由撤销了该处罚决定，要求被告再重裁。然而被告在相同的事实基础上，以870号处罚决定书再次裁决，竟然把对原告治安拘留10日改成了治安拘留15日。被告完全不顾《中华人民共和国行政处罚法》（以下简称《行政处罚法》）上关于‘行政机关不得因当事人申辩而加重处罚’的规定，对不服处罚决定而申辩的原告加重处罚，是滥用职权违法行政。请求判决撤销被告作出的 870 号处罚决定书。”[33]

从上述原告的主张中，我们可以看到原告焦志刚对本案的一个基本态度是：对治安处罚 200 元的 056 号处罚决定书，他是没有异议的，因此他没有在法定期限内申请复议或者提起行政诉讼，该 200 元治安罚款的行政处罚决定已经产生了形式确定力。在被告后来告知他因天津市公安局公安交通管理局反映处罚过轻，所以要重新查处，重新裁决时，他也没有（或许他根本不知道）基于“行政决定的确定力和撤销规则”的法理提出异议。在因他不服 047 号处罚决定书而申请行政复议后，天津市公安局撤销 047 号处罚决定书的理由是“事实不清”，而不是被告违反了行政决定的撤销规则。在针对 870 号处罚决定书提起行政诉讼时，焦志刚也没有提及被告撤销 056 号处罚决定书违反了行政决定的撤销规则，而是认为它违反了《行政处罚法》关于“行政机关不得因当事人申辩而加重处罚”之规定。由此我们可以推断，在“焦案”中“裁判摘要”第 1 项的内容——“依法作出的行政处罚决定一旦生效，其法律效力不仅及于行政相对人，也及于行政机关，不能随意被撤销。已经生效的行政处罚决定如果随意被撤销，不利于社会秩序的恢复和稳定”——并非来自原告的主张。

（2）被告的主张。应该说，056 号处罚决定书是被告天津市和平区公安分局的真实意思表示，与焦志刚“违法行为的事实、性质、情节以及社会危害程度相当”。[34] 后来，天津市和平区公安分局作出的 047 号处罚决定书和 870 号处罚决定书都是在它的上级公安机关“要求”下的产物，是下级服从上级组织原则下自我“纠错”结果。在最高人民法院公布的“焦案”材料中，被告有这样一段辩称：

㉝ 沈德咏主编：《最高人民法院公报案例大全》（下卷），人民法院出版社 2008 年版，第 1676 页。

㉞ 参见《行政处罚法》第 4 条第 2 款。

“被告虽然对原告作出过治安罚款200元的行政处罚，但因为天津市公安局公安交通管理局向天津市公安局纪检组反映该治安处罚过轻，市公安局纪检组根据公安部监督条例的相关规定要求被告重新裁决，故被告在撤销了原治安罚款200元的行政处罚决定后，依法作出870号处罚决定书。该处罚决定事实清楚、证据确凿、适用法律正确、程序合法，法院应当维持。”㉟

虽然被告关于“重新裁决”的原因或者理由的辩称有点异常，但置其于行政系统内部层级制中，我们也是不难理解被告重新作出行政处罚决定的行为。被告这一辩称，试图想证明它撤销056号处罚决定书并作出870号处罚决定书的合法性。但是，它的这一辩称并没有为一审法院所支持：

“原告焦志刚在交通民警王心魁执行公务时，不仅不配合，反而拨打110无中生有地举报王心魁酒后执法。和平公安分局据此认定焦志刚阻碍王心魁执行职务，根据治安管理处罚条例第十九条第（七）项规定，决定给予焦志刚罚款200元的行政处罚，事实清楚、证据确凿，处罚在法律规定的幅度内，且执法程序合法。天津市公安局公安交通管理局认为和平公安分局对焦志刚所作的处罚过轻，应当在复议期限内依法定程序解决。非经复议机关复议和人民法院审判，任何机关和个人都不得改变已经发生法律效力的处罚决定。和平公安分局在056号处罚决定书已经生效的情况下，仅因天津市公安局公安交通管理局认为处罚过轻，即随意地自行变更处罚决定，程序明显违法。特别是焦志刚对和平公安分局的第二次处罚决定不服申请复议后，不但未能得到应有的行政救助，反而受到加重处罚。和平公安分局的做法明显与行政处罚法第三十二条第二款‘行政机关不得因当事人申辩而加重处罚’的规定不符。”㊱

上述这段裁判理由可以分解为三个论点：（1）056号处罚决定书是符合

㉟ 沈德咏主编：《最高人民法院公报案例大全》（下卷），人民法院出版社2008年版，第1676页。

㊱ 沈德咏主编：《最高人民法院公报案例大全》（下卷），人民法院出版社2008年版，第1676页。

法律规定的；(2) 在056号处罚决定书已经生效的情况下随意地自行变更该处罚决定书，程序明显违法；(3) 第二次处罚决定（即870号处罚决定书）违反《行政处罚法》第32条第2款的规定。在这里，一审法院裁判理由中“随意地自行变更处罚决定”，已经隐含了行政决定效力理论中的确定力。也就是说，即使被告认为056号处罚决定书违法，那么在它产生了实质确定力之后，也应当遵守撤销规则（程序），但是，被告却“随意地”撤销了056号处罚决定书。可见，一审法院并不认同被告对“确有错误、不适当”的行政处罚决定，可以在“有错必纠”原则下“随意地”撤销。在这里，一审法院对最高人民法院在“咸阳案”、法释〔2003〕第17号“批复”和〔2004〕行他字第5号“答复”中所持的观点并不理会。当然，因为这是一审裁判的理由，它是否能够产生法律效力，将取决于二审法院的态度。

被告天津市公安局和平公安分局因不服一审判决，向天津市第一中级人民法院提起上诉。它的上诉理由主要有三点：

“(1) 公安部《公安机关内部执法监督工作规定》第13条规定：‘在执法监督过程中，发现本级或者下级公安机关已经办结的案件或者执法活动确有错误、不适当的，主管部门报经主管领导批准后，直接作出纠正的决定，或者责成有关部门或者下级公安机关在规定的时限内依法予以纠正。’第19条第1项规定，对错误的处理或者决定予以撤销或者变更。依照上述规定，上诉人在接到上级机关要求重新裁决的指令后，撤销了对被上诉人焦志刚罚款200元的056号处罚决定书，责令办案单位重新查处，才又作出给予被上诉人治安拘留的行政处罚决定。这个行政处罚决定的作出符合法律规定，程序不违法；(2) 行政处罚法第32条第2款的规定，是指行政机关在行政处罚决定作出前，要允许当事人申辩，不得因当事人申辩而加重处罚，这个规定不适用于行政处罚决定作出后的行政复议程序；(3)《中华人民共和国行政复议法》(以下简称行政复议法) 没有规定行政处罚决定被复议机关撤销后，行政机关重新作出的裁决不得加重处罚。上诉人在决定对被上诉人治安拘留10日的047号处罚决定书被复议机关撤销后，重新作出给予被上诉人治安拘留 15 日的 870 号处罚决定书，符合法律规定。一审认定 870 号处罚决定书违反法定程序、违反法律规定，是不当的。请求撤销一审判决，依法判决维持被诉具体行政行为。”[37]

这里引述了被告上诉的完整理由，以利于我们全面了解被告的法律观点，但本文关涉的是它的第一点理由。从第一点上诉理由中我们可以看到，被告把公安部《规定》作为支持它上诉的法律理由，应该说没有方向性错误。那么《规定》是一部什么性质的规范性文件？它能否作为支持上诉人理由的规范依据呢？从内容上看，《规定》是公安机关内部监督的法律依据，其法律位阶是部门规章。[38] 在《规定》制定时，国家已经公布实施了《行政诉讼法》《国家赔偿法》《行政处罚法》和《行政复议法》等，这几部法律所承载的法律理念是现代的，与现代行政法理论发展大致保持在同一水准上。但是，从《规定》的内容看我们不难发现，支撑它 4 章 27 条背后的一个重要原则仍然是“有错必纠”。《规定》第 4 条规定：“执法监督工作必须以事实为根据，以法律为准绳，遵循有错必纠、监督与指导相结合、教育与惩处相结合的原则。”又第 15 条规定：“对公安机关及其人民警察违法行使职权或者不依法履行职责，致使办理的案件或者执法行为不合法、不适当的，必须依照有关法律、法规和本规定予以纠正和处理。”其实，“有错必纠”并不错，问题是行使“纠”（撤销）的权力是否需要受到行政决定已经产生的实质确定力的拘束，并遵守由法的安定性等原则导出来的撤销规则等。也就是说，“有错必纠”是有界限的。然而在《规定》中，公安机关在何种情形下不得撤销已产生实质确定力的行政决定，或者虽然可以撤销行政决定但必须给予行政相对人损失补偿，以及撤销的效力不得溯及既往等问题都付之阙如，更遑论“信赖利益保护”原则限制撤销权。所有这些问题在“有错必纠”原则下都被划出了应当考虑的范围，或多或少暴露出了制定机关的法治观念

[37] 沈德咏主编：《最高人民法院公报案例大全》（下卷），人民法院出版社 2008 年版，第 1675 页。
[38] 1999 年 6 月 2 日由公安部第 40 号令公布实施。

的滞后性。在实务中，我们不难发现《规定》也一直被当作公安机关自我纠错的法律依据。[39]

综上，我们是否可以作出这样的推断：被告并不了解在现代行政法上还有所谓的“行政决定确定力和撤销规则”法理，所以，在二审中它把《规定》作为论证870号处罚决定书合法的主要法律依据。不过，令人不解的是，对于被告如此“重要”的规章，它在一审中却没有和《治安管理处罚条例》《行政处罚法》作为法律依据向法院提交，[40] 直到二审时才在上诉状中提出来。但从一审中被告辩称内容中“重新裁决”等用语看，《规定》的确是它在撤销056号处罚决定书时考虑到的法律依据，或许是它遗忘了向法院提交。当然，另一种情况可能是，被告知道甚至赞同“行政决定实质确定力和撤销规则”的法理，但它毕竟不是一条明确的、可操作性的法律规范，况且它也不可能拒绝执行它的上级公安机关根据《规定》发出的“重新裁决”的指令。

2. 二审法院的裁判逻辑

那么，面对“焦案”中双方当事人各自主张以及一审法院的裁判理由，二审法院的裁判逻辑又是如何展开的呢？因二审法院的裁判理由并不限于本文所涉问题，所以这里仅摘取其中与行政决定确定力和撤销规则有关的片段。

（1）“上诉人和平公安分局据此认定焦志刚的行为触犯了治安管理处罚条

---

[39] 如在焦国锋诉郸城县公安局治安行政处罚案中，原告认为，被上诉人于2008年11月20日根据《公安机关内部执法监督工作规定》第19条的规定，决定撤销该案，却又于同一天作出了被诉（2008）第73号处罚决定书对原告进行处罚。该案已撤销，若对原告进行处罚，就应当重新立案处理。而被告认为，被上诉人原作出的公安行政处罚决定书因填写错误被郸公行撤字（2008）6字《撤销行政处罚决定书》予以撤销，撤销的是决定书，而不是案件，根本无须重新进行立案处理。遗憾的是，法院对此争点没有作出表态。参见河南省周口市中级人民法院《行政判决书》（〔2009〕周行终字第63号）。

[40] 沈德咏主编：《最高人民法院公报案例大全》（下卷），人民法院出版社2008年版，第1677页。《最高人民法院关于行政诉讼证据若干问题的规定》第1条第1款规定：“根据行政诉讼法第三十二条和第四十三条的规定，被告对作出的具体行政行为负有举证责任，应当在收到起诉状副本之日起十日内，提供据以作出被诉具体行政行为的全部证据和所依据的规范性文件。被告不提供或者无正当理由逾期提供证据的，视为被诉具体行政行为没有相应的证据。”

例第十九条第（七）项规定，并根据该条规定作出056号处罚决定书，给予焦志刚治安罚款200元的处罚。这个处罚决定事实清楚、证据确凿，处罚在法律规定的幅度内，且执法程序合法，是合法的行政处罚决定，并已发生法律效力。依法作出的行政处罚决定一旦生效，其法律效力不仅及于行政相对人，也及于行政机关，不能随意被撤销。已经生效的行政处罚决定如果随意被撤销，也就意味着行政处罚行为本身带有随意性，不利于社会秩序的恢复和稳定。"[41]

从这部分裁判理由看，前段内容即"上诉人……并已发生法律效力"，我们可以看作法院对现代行政法上行政决定确定力理论的重述，由此可以证实二审法院在构筑本案裁判理由的前提时，已经偏离了最高人民法院在"咸阳案"、法释〔2003〕第17号"批复"和〔2004〕行他字第5号"答复"中所持的观点，间接地否认了"有错必纠"原则在本案中适用。在后段内容即"依法作出……不利于社会秩序的恢复和稳定"中，前一句是二审法院阐述了行政决定的确定力，后一句是二审法院指出了"随意撤销"可能导致的不利后果。虽然法院在这里未直接涉及"信赖利益保护"和"除斥期间"对撤销权的限制，但是从"不得随意撤销"之用语中我们隐约感到法院已经意识到了"随意撤销"与"不利于社会秩序的恢复和稳定"之间存在着不可割断的关联性。而这种"关联性"却是与"信赖利益保护"和"除斥期间"所体现的精神实质是一脉相承的。因此，从这种"关联性"中解释出法院已经或者将来愿意接受现有学理框架内的撤销限制，我以为在理由上是说得过去的。[42]

（2）"错误的行政处罚决定，只能依照法定程序纠正。……无论是交通民警王心魁还是王心魁所供职的天津市公安局公安交通管理局，都与焦志刚不

㊶ 沈德咏主编：《最高人民法院公报案例大全》（下卷），人民法院出版社2008年版，第1678页。

㊷ 所谓"信赖"，即信赖行政行为的存续之力。它如同法一样提供一个可预测的未来，具有稳定社会生活持续延伸的功能。本案焦志刚被动接受056号处罚决定书，交纳200元罚款并非属于"不可逆转性地处置"财产或者其他权利。所以，他对056号处罚决定书没有信赖利益可言。所以，如果法院已经关注到了"信赖保护"对撤销权限制功能，那么在本案中没有涉及也是有理由的。

存在个人恩怨，都不是治安管理处罚条例所指的被侵害人，都无权以被侵害人身份对上诉人和平公安分局所作的056号处罚决定书提出申诉。……056号处罚决定书依照法定程序作出，事实清楚、证据确凿，处罚在法律规定的幅度内，是合法且已经发生法律效力的处罚决定，不在《公安机关内部执法监督工作规定》所指的'错误的处理或者决定'之列，不能仅因交警部门认为处罚过轻即随意撤销。这样做，只能是与《公安机关内部执法监督工作规定》的制定目的背道而驰。再者，《公安机关内部执法监督工作规定》是公安部为保障公安机关及其人民警察依法正确履行职责，防止和纠正违法和不当的执法行为，保护公民、法人和其他组织的合法权益而制定的内部规章，只在公安机关内部发挥作用，不能成为制作治安管理行政处罚决定的法律依据。"㊸

在这部分裁判理由中，二审法院首先提出了一个命题，即"错误的行政处罚决定，只能依照法定程序纠正"。它是为驳斥被告"重新裁决"符合法律规定的观点而设立的论证前提。这里的"法定程序"显然是指被告若认为056号处罚决定书因违法而要被撤销，也必须遵守撤销规则和法定程序。在完成了这个论证奠基工作之后，法院开始展开它的论证逻辑：（1）启动"纠错"程序违法。因为法院认为根据《治安管理处罚条例》第39条的规定，㊹ 只有治安管理处罚中的受害人才能通过申诉启动"纠错"程序，无论是民警王心魁还是王心魁所供职的天津市公安局公安交通管理局都不是本案的"受害人"。（2）056号处罚决定书不是错误的行政处罚决定。既然056号处罚决定书合法有效，那么被告就不能把它当作一个"错案"来处理。有了这样一个前提，法院继而认为，被告仅仅因为交警部门认为处罚过轻而当作一个"错案"，随意把它撤销了。在这里，法院的裁判理由其实隐含着另一层意思：即

㊸ 沈德咏主编：《最高人民法院公报案例大全》（下卷），人民法院出版社2008年版，第1675页。

㊹ 《治安管理处罚条例》（已失效）第39条规定："被裁决受治安管理处罚的人或者被侵害人不服公安机关或者乡（镇）人民政府裁决的，在接到通知后5日内，可以向上一级公安机关提出申诉，由上一级公安机关在接到申诉后5日内作出裁决；不服上一级公安机关裁决的，可以在接到通知后5日内向当地人民法院提起诉讼。"

使是一个“错案”，被告也不能“随意撤销”。这与二审法院裁判理由（1）是一脉相承的。（3）《规定》是内部规章，不得对外发生法律效力。也就是说，即使被告重新裁决是符合《规定》的，因为它是内部规章，所以不能成为作出行政处罚决定的法律依据。此段裁判理由虽与行政决定确定力和撤销规则之间没有直接关系，但在这里它却具有釜底抽薪的功效。

综合上述分析，我们从二审法院的裁判理由中可以看到，作为下级法院的二审法院对“焦案”的裁判，它并没有遵从最高人民法院以往在个案和批复、答复中表达出来的观点，而最高人民法院将“焦案”纳入指导性案例并予以公布，实际上也改变了自己以往在这个问题上所持的观点。因此，“焦案”是最高人民法院在对待现代行政法上行政决定确定力和违法行政决定撤销规则态度转变的一个重要的“指导性案例”。

（三）“焦案”的“参考”效力

1.“参考”的阐释

法律的普遍正义是个案正义的不断积累而成的，没有堆积起来的个案正义，法律普遍正义就没有基础。基于这样的命题，最高人民法院创设的指导性案例制度可以看作获得法律普遍正义的一条进路。“法官的作用并不仅仅是在法条中寻找法律并将其运用于具体的案件，而且他们通过选择相关的法律原则和判例来裁定案件，促进对法律的阐释。”[45] 因此，通过指导性案例来解释与发展法律，应当是法律普遍正义实现的路径之一。

指导性案例制度源于1999年最高人民法院发布的《人民法院第一个五年改革纲要（1999-2003）》。该纲要提出：“2000年起，经最高人民法院审判委员会讨论、决定有适用法律问题的典型案件予以公布，供下级法院审判类似

---

[45] ［美］马修·戴弗雷姆著：《法社会学讲义》，郭星华等译，北京大学出版社2010年版，第94页。

案件时参考。”[46] 五年之后最高人民法院在《人民法院第二个五年改革纲要(2004-2008)》中对指导性案例制度进一步提出：“建立和完善案例指导制度，重视指导性案例在统一法律适用标准、指导下级法院审判工作、丰富和发展法学理论等方面的作用。最高人民法院制定关于案例指导制度的规范性文件，规定指导性案例的编选标准、编选程序、发布方式、指导规则等。”[47] 由此可见，2006 年最高人民法院发布的“焦案”，在下级法院审判类似案例时是有“参考”效力的。

那么，何谓“参考”？从文义上，参考是利用有关材料找出解决的方法。从最高人民法院创设指导性案例制度的宗旨看，指导性案例的制度核心是由最高人民法院从法院个案裁判理由中提炼出一条可以在今后类似案件中反复适用的“法规范”，以实现“同案同判”的普遍正义。所以，在指导性案例制度中，“参考”大致可以解释为，在法院审理案件时，如果它与最高人民法院公布的案例相类似，那么法院可以从该案例中寻找本案裁判的思路、方法与理由等，尽可能遵循同案同判的原则。[48]

指导性案例确实有比较法上“判例”的外观，但是，与其说指导性案例的本质是创建判例制度的萌芽，毋宁说它是力助司法裁判从形式正义转向实质正义的一种制度性装置。在这个意义上不把指导性案例当是一种“法外”创新，而是旨在实现同案同判的一种司法解释或许更为妥当。同案同判的诉求是民众一种朴素的平等观，为了回应这种具有实质正义内涵的平等观，各

[46] 最高人民法院《人民法院第一个五年改革纲要（1999-2003）》。

[47] 最高人民法院《人民法院第二个五年改革纲要（2004-2008）》。

[48] 2010 年最高人民法院发布了《关于案例指导工作的规定》（法发〔2010〕第 51 号），至 2012 年年底最高人民法院已公布 12 个指导案例。但是，根据《人民法院第二个五年改革纲要（2004-2008）》的要求，《最高人民法院公报》至今仍然在公布“指导性案例”。所不同的是，在法院审理类似案件时，前者具有“参照”效力（《关于案例指导工作的规定》第 7 条），后者则是“参考”效力。对于《最高人民法院公报》上公布的案例，在未根据《关于案例指导工作的规定》第 9 条“清理、编纂后，作为指导性案例公布”之前，这种指导性案例的“参考”效力仍将继续存在，“焦案”就是一例。或许，在可以预见的相当一段时间内，这种“双轨制”的指导性案例制度仍将存在下去。

级法院其实一直在作各种各样的努力，类似于指导性案例制度，如郑州中原区法院试行先例判决制度、[49]天津市高级人民法院“判例指导制度”[50]和成都市中级人民法院“示范性案例制度”，[51]等等。当然，指导性案例所导出的“法规范”不能离成文法太远，否则就可能被指责有“法官造法”的嫌疑。同时，指导性案例也不能亦步亦趋于成文法，否则指导性案例的功能就不可能彰显。指导性案例导出的“法规范”应当定位于消解成文法的局限性：以成文法为基础又不拘泥于成文法。因此，最高人民法院赋予指导性案例的“参考”效力以实现同类同判的目的是妥当的。

2. “焦案”之“参考”实效[52]

指导性案例的同案同判“参考”效力是否能如期发生，需要在实务中通过个案来验证。以“焦案”为例，我发现在“焦案”之后，仍有法院坚持最高人民法院在“焦案”之前的法律立场，“焦案”的“同案同判”参考效果并不显著。如在王秀明不服福清市人民政府治安行政复议决定案中（以下简称“王秀明案”），一审法院认为：

“根据《最高人民法院关于复议机关是否有权改变复议决定请示的答复》，行政复议机关认为自己作出的已经发生法律效力的复议决定有错误，有权自行改变。因行政机关改变或者撤销其原行政行为给当事人造成损害的，行政机关应该承担相应的责任。该答复虽赋予行政复议机关有自行改变其原行政行为的权力，且相关法律法规对行政复议机关改变其所作出的已经发生法律效力的复议决定程序没有明确规定，但这种改变不能是随意的。”[53]

---

[49] 《法制日报》2002年8月25日。

[50] 天津市高级人民法院：《关于在民商事审判中实行判例指导的若干意见》（2002年10月15日）。

[51] 《人民法院报》2005年4月28日。

[52] 自“焦案”公布之始，我就对它所涉及的问题颇感兴趣，之所以今天才把对它的个案分析思路整理成文，主要原因是我想观察它在两个“人民法院改革纲要”的要求下，它对下级人民法院审判类似案件是否产生或者能够在多大范围内产生“参考”效力。若干年之后，在并不完善的裁判文书公布制度中，我找到了若干类似的个案，为我全面分析“焦案”提供了实证材料。

[53] 福州市中级人民法院《行政判决书》（〔2009〕榕行初字第31号）。

本案一审法院在裁判理由中已经表达了“改变不能是随意”之观点，它接近于行政决定的确定力和撤销规则法理，但这并不是它所引用的最高人民法院规则“答复”中的内容，在这里毋宁看作“焦案”对它产生的一点点影响。但是，这一点点影响在二审法院的裁判理由中也被抹去了。

“有错必纠是依法行政的一项重要原则。行政复议机关认为自己作出的已经发生法律效力的复议决定有错误，有权自行改变。本案中，福清市人民政府于2009年6月9日作出行政复议决定后，根据已有的证据材料，认为福清市公安局相同办案人员在同一时间段对不同证人进行调查取证，违反了《公安机关办理行政案件程序规定》，在决定撤销公安行政处罚决定的同时，有必要责令公安机关重新作出具体行政行为，并认为陈华辉是否实施了违反治安管理行为，应由公安机关在重新作出具体行政行为时予以查明。本院认为，福清市人民政府依原有证据作出改变复议决定的行为，并无不妥。因法律法规未明确规定行政复议机关改变其作出的已经发生法律效力的复议决定的程序，故福清市人民政府在作出新的复议决定时，以更正通知的形式将原复议决定予以作废，程序并无不当。”[54]

从此二审裁判理由中我们可以清楚看到，一个在“焦案”之前最高人民法院的“答复”内容，构成了“王秀明案”二审法院裁判理由的核心。在这里，我们可以发现与作为指导性案例的“焦案”相比，最高人民法院的“答复”更容易为下级法院所接受。这或许是“指导性案例”是一个新的制度，尚未有“答复”这样的权威性；也或许是在下级法院的业务考核中，采用最高人民法院“答复”的风险比“指导性案例”要小得多。在“焦案”之

---

[54] 福建省高级人民法院《行政判决书》（〔2010〕闽行终字第21号）。

后，如同“王秀明案”二审法院观点相似的行政案件并不少见。[55] 由此可见，作为指导性案例的“焦案”它的参考效力相当有限，甚至可以说它微乎其微；即使在“王秀明案”中的一审法院接收了“焦案”的一点点影响，但这点影响仍然被此案的二审法院所忽略了。

3. 影响“参考”的几个可能因素

其实，我们在其他一些个案中，已经看到了法院不同意行政机关可以“随意撤销”具有确定力的行政决定之观点，如在日本可乐丽株式会社不服北京市工商行政管理局朝阳分局撤销行政处罚决定案中，法院认为：“被告朝阳工商分局依据其行政权力撤销行政处罚，必须遵循法律的正当程序原则，即对涉及当事人利益的事项作出裁判前，要听取当事人的意见，给予申辩的机会。”[56] 在另一个治安行政处罚案件中，法院认为：“治安拘留处罚决定一经作出，非经法定程序撤销，其具有公定力和执行力。任何人都不能否定其效力。上诉人上诉称，县有关领导答应其拘留决定不再执行。因拘留决定并未依法撤销，故无论该事实是否存在都不能够否定拘留决定的法律效力，所以该事实是否存在与本案无关，本院不予审查，上诉人的该上诉理由不能成立，本

---

[55] 在崔秀敏不服北京市大兴区北臧村镇人民政府撤销集体土地建设用地使用证变更登记案中，法院认为：“被告北臧村镇政府无权将第三人刘克勤名下的兴集建（93）字第0221-089号集体土地建设用地使用证变更登记为原告崔秀敏名下，该变更登记行为属于超越权限，理应撤销，其自行予以纠正并无不妥，所作出的（2006）大北行撤字第1号北臧村镇人民政府关于撤销变更兴集建（93）字第0221-089号集体土地建设用地使用证行为的决定是符合法律规定的。”二审法院认为：“虽然现有法律中并未规定行政机关是否有权撤销自身的错误决定，但考虑到北臧村镇政府原土地管理所隶属于北臧村镇政府，并非原北京市大兴区人民政府土地管理局派出机构，以及崔秀敏的合法权益可以通过另案民事诉讼等途径得到适当保护的事实，一审判决驳回崔秀敏要求撤销被诉决定的诉讼请求正确，本院应予支持。”参见北京市大兴区人民法院《行政判决书》（〔2007〕大行初字第31号）和北京市第一中级人民法院《行政判决书》（〔2007〕一中行终字第784号）。在牛卫红与三门峡市劳动和社会保障局收回工伤证、取消工伤认定纠纷案中，法院认为：“市劳动局依据上述情况，认为牛卫红于1992年申请办理的工伤证，由于申报材料与事实不符，牛卫红因工负伤的事实不能成立。为完善对工伤证的管理，确保工伤证的严肃性和有效性，按照有错必纠的原则，对不属于工伤，不符合发证条件的工伤证予以收回，以市劳动局的名义为牛卫红颁发的工伤证再由其收回，是在其职权范围内。”参见河南省三门峡市湖滨区人民法院《行政判决书》（〔2008〕湖行初字第2号）。

[56] 贺荣主编：《行政执法与行政审判实务——行政处罚与行政强制》，人民法院出版社2005年版，第98页。

院不予支持。”[57]既然如此，为什么“焦案”的影响还是那么稀薄呢？如下几点分析可能会给出一个具有普遍意义的答案：

（1）“有错必纠”的社会认同感十分强大。在我们的政治文化中，“有错必纠”的意义并不仅仅在于个案获得了“昭雪”，更重要的是，它往往包含了某种政治目标，或者说实现个案的公正处理仅仅是一种手段，目的在于通过个案的“有错必纠”使得政治上的某种目标获得了社会民众的支持，以达成某种治理手段的合法性。与行政决定的确定力相同的情况是，诉讼法上的裁判既判力理论也终究敌不过以实质正义为导向的“有错必纠”，加上信访制度的外力作用，裁判既判力如同沙滩上的高楼，十分容易被外力所倾覆。另外，在立法上“有错必纠”一再被确立为法律原则，如地方立法中的各种“行政执法监督条例”。最高人民法院在相关的批复、答复中也持相同的态度。所以，在以裁判的既判力理论支撑下的行政决定确定力和撤销规则法理，因其与“有错必纠”这一中国民众传统法律价值有着直接冲突，即使在20世纪80年代的《行政法概要》中已经出现，它也一直如水上浮萍，未能在实务的土基上生根发芽。

（2）“焦案”没有发展出具有可操作性的规则。如果将行政诉讼定位于“纠纷解决”之功能，那么通过个案发展出“规则”不可能成为办案法官的“任务”。“法官不能拒绝裁判”意味着法官即使在没有法规范的情况下也必须“找”到“法规范”，并把它作为自己裁判案件的依据，那么，法官到哪里去“找”法规范呢？在我们这样的法律环境中，成文法当然是法官的首选对象。指导性案例不是成文法，“同类”“类似”案件的认定，也不具有或者还没有发展出可操作的具体规则，加之法官们普遍没有掌握判例法中的“区别技术”，的确有相当的客观困难。在法院内部的考核体系中，参考指导性案例判案可能会给办案法官带来极大的风险。与司法解释相比，指导性案例所导出的“法规则”在适用时给法官的裁量空间更为逼仄，后者留给法官的解释

[57] 重庆市第五中级人民法院《行政判决书》（〔2008〕渝五中行终字第188号）。

余地远不如司法解释那样可以“再解释”。因此，既然指导性案例作为一种新制度，尚未发展出具体的操作规则，一旦指导性案例所导出的“法规则”成为障碍时，对指导性案例采取视而不见的态度，或许是一种最好的司法“策略”。

（3）传统司法理论带来的阻力。积极制造指导性案例反映出法院“司法能动”的倾向，比如，就某一个专门问题指定一个地方法院选择个案进行试验性审理，将司法政策以特洛伊木马的技术融入该案的裁判理由之中，然后再从中“提炼”出指导性案件的规则。但这种司法活动的方式很难为传统的司法理论所认同。指导性案件的“法规范”形成于个案，且有特定的场域，它与离开了个案，且与由特定机关依照事先制定的法规范不同。前者被视为“司法造法”，批评者的声音从未消停过。所以，为了确保自己的裁判走出法院之后“平安无事”，法院明智的做法是不要让自己的裁判与某一个指导性案例联系在一起，以避免他人指责其裁判于“法”无据。

五、结语

对个案条分缕析的目的是为掘尽其中的所有问题，但包藏“焦案”中的问题可谓是“一文难尽”。在“焦案”中我们还可以看到，天津市公安局纪检组指令其下级和平区公安局“重新裁决”，是一个从“结构性错位”的权力体系中发出来的一项命令，但它发生了预期的法律效果。在正常的权力结构体系中，和平区公安局是可以借助于法律程序抵挡这项命令的，但是，我们发现和平区公安局如同木偶一样，不停地顺着别人的手势作出一个又一个的行政处罚决定，直到它的上级——天津市公安局——作出维持该行政处罚的复议决定为止。在这里，我们看到一个很有意思的现象：行政复议程序也并没有产生所谓的“对于恣意的限制”功能，[58] 倒成为“结构性错位”的权力体

---

[58] 季卫东：《法治秩序的建构》，中国政法大学出版社 1999 年版，第 15 页。

系中胡乱的权力被“合法化”的一种法制装饰品。由此可见，限制权力恣意的程序如要发生预期作用，肯定还需要以其他法律机制匹配作为前提。这里的“其他法律机制”或许也应该包括“指导性案例”制度。

虽然“焦案”作为指导性案例的参考效力十分有限，但是它吸收了现代行政法上“行政决定实质确定力和撤销规则”的法理，在一定程度上印证了“法院是行政法理论的开拓者”之命题。在法院裁判和行政法学界互动过程中产生的行政法理论，仅仅停留在相互欣赏的欢声笑语中是远远不够的，在这里，通过制定成文法“固化”这些行政法理论，可能是法官和学者们共同努力的方向。就“焦案”而言，能够影响未来在中国的“行政程序法”中实现行政决定确定力和撤销规则的条文化，或许是它的法律价值所在。

中国行政复议法的修改与完善

王成栋*

引　言

中国自1990年由国务院颁布《行政复议条例》作为实施1989年全国人大颁布的《行政诉讼法》的配套行政法规，建立起新中国的较系统、完整的行政复议制度，[①] 到1999年全国人大颁布《行政复议法》，2007年国务院发布《行政复议法实施条例》，都力图在政府系统内部建立起对行政机关行政行为的监督约束机制，为日益紧张的官民关系提供制度性的缓和和消解空间。

---

* 王成栋，中国政法大学行政法学教授。

本文发表在2013年1月25日的日本《法学新报》第119卷第7、8号。由崔延花翻译成日文。

论文运用行政纠纷解决原理，用实证的研究方法，揭示了作为解决行政争议主渠道的行政复议制度效果不彰，成为摆设，为人诟病的事实："三底一高四趋势"；原因是对行政复议性质定位的行政化，制度设计时的反司法化；对策是司法化改造：复议机构的独立、公开公平公正和参与的司法化程序及其他配套的制度安排。通过定量和定性分析得出的"三底一高四趋势"及其原因、对策的系统阐述是学术界首次，对行政复议制度的弊端认识及其修改的紧迫性有了更全面的认识。

① 所谓行政复议，《行政复议条例》第2条规定："公民、法人或者其他组织认为行政机关的具体行政行为侵犯其合法权益，可以依照本条例向行政机关申请复议。"《行政复议法》第2条规定："公民、法人或者其他组织认为具体行政行为侵犯其合法权益，向行政机关提出行政复议申请，行政机关受理行政复议申请、作出行政复议决定，适用本法。"学界普遍认为，"行政复议是指公民、法人和其他组织以行政机关的具体行政行为侵犯其合法权益为由，依法向有复议权的行政机关申请复议，受理申请的复议机关依照法定程序对引起争议的具体行政行为进行审查并作出裁决的活动。"参见应松年主编：《行政法学新论》，中国方正出版社2004年版。

但令人遗憾的是，法律规范的调整和增加，并未能为解决中国日益增多的行政纠纷提供有效的制度资源，包括行政复议在内的行政法上的监督和救济制度整体陷入了制度困境。

一、"三底一高四趋势" 的制度困境

行政复议行为是行政系统内部的为行政相对人提供救济并对行政进行监督的制度，在中国的改革发展中并没有成为人们信赖的能躲避风雨的参天大树，而是随风飘摇的孱弱的小苗。《行政复议法》于1999年颁布，笔者选取正式实施后的国家有关部门有正式统计数据的2002年到可以查寻数据的2009年的8年进行统计，[②] 见下表：

类别 年份	行政复议案件			
	受案数	审结数	复议维持数及其比例	复议改变数及其比例
2002	76456	47864	34900（72.9%）	12964（27.1%）
2003	75918	47950	34644（72.3%）	13306（27.7%）
2004	81833	49958	37726（75.5%）	12232（24.5%）
2005	90624	53672	41732（77.75%）	11940（22.25%）
2006	91667	54211	43645（80.5%）	10566（19.5%）
2007	86288	52133	44044（84.5%）	8089（15.5%）
2008	78002	49163	41027（86.25%）	6218（13.75%）
2009	77877	46142	40234（87.2%）	5908（12.8%）
平均	82333	50137	39744（79.6%）	10153（20.39%）

注：数量单位为"件"。

可以看出，行政复议案件呈现"三底一高四趋势"：一是受案数低，年平

② 杨良顺（湖北省政府法制办副主任）：《对行政复议制度功能定位的思考》，载中国政府法制网，发布时间：2011年4月28日；笔者参考国务院法制办对全国31个省、市、区和61个中央部委的统计数据；马怀德主持中国法学会十大专项研究规划之《全面推进依法行政的法律问题研究》（内部资料）。

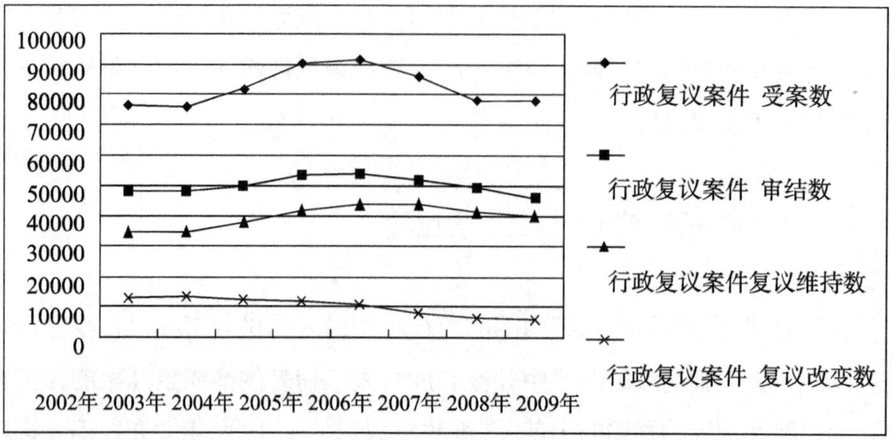

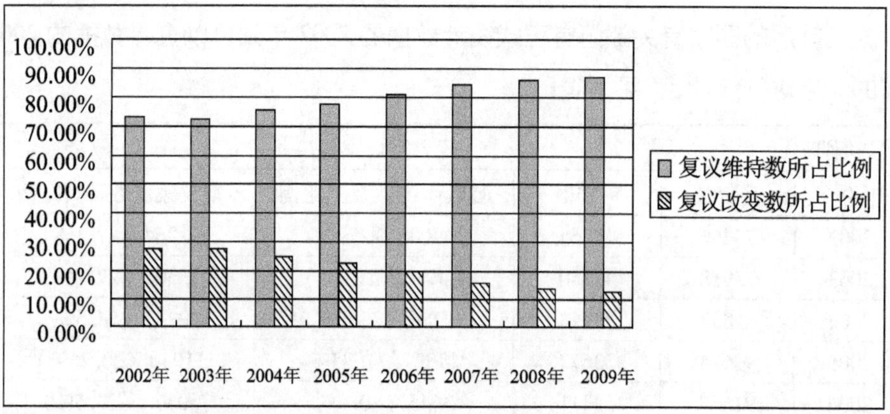

均为82333件，始终没有上升到10万件，不如行政诉讼案件10年的平均数96227件，而且自2006年以来有下降趋势；二是审结数低，审理结案年平均为50137件，与受案数相似，2006年以来有下降趋势；三是获胜数低，即行政行为被撤销、变更、确认违法、责令履行等数低，年平均10153件，获胜率占20.39%，且有下降趋势，2009年获胜率只占12.8%。一高指行政复议案件维持数高，平均39744件，维持率占79.6%，且维持比例由2002年的72.9%，2005年的77.75%，2009年增长到40234件，维持率占87.2%，呈显著增加的趋势（见上图）。这种状况相对于不断增长的中国经济和快速转型的中国社会而言，相对于每年数以亿计的行政行为而言，相对于每年难以胜数的行政纠纷而言，相对于每年大量信访案件（据国家信访局有关数据，2008年以来每年均超过3000万件）和暴力维权事件而言，相对于英国的行政裁判所每年受理的复议案件100多万件而言，相对于韩国国务总理行政复议委员会2004年受理20082件而言，[③] 中国行政复议制度斥之为倒退，斥之为摆设，一点不过分。

二、行政复议立法定性错误是制度根源

什么原因导致行政复议制度不彰呢？原因应该是多方面的，除了与经济虽快速发展但发展质量不高、结构性失衡相联系外，更在于中国的政治制度、法律制度尚处于成长期决定了包括行政复议等行政救济制度的稚嫩、粗疏，因此，行政复议制度也要与经济发展、政治法律制度的发展同步发展。但行政复议制度本身存在的问题更具有根本性：行政复议立法定性错误、定位不准，法条粗疏，制度疏漏，导致了行政复议制度的过度闲置。

1. 行政性和行政监督功能定位错误

行政复议的性质是指行政复议的本质属性，具有客观性，对人们的制度选择起着决定性的作用，有什么样的性质定位，就有什么样的制度设计。行政复议性质在理论界一直有行政性、行政救济性、行政司法性、司法性四种观点，行政复议功能有层级监督功能和权利救济功能之争。在由行政主导的《行政复议条例》《行政复议法》立法过程中，行政性和层级监督功能的主张者占据主导地位，“行政复议是行政机关内部自我纠正错误的一种监督制度。完善行政复议制度，充分发挥行政复议制度的作用，对于加强行政机关的内部监督，促进行政机关合法、正确地行使职权，维护社会经济秩序，维护公民、法人和其他组织的合法权益，维护社会稳定，具有重要意义”。在说明立

③ 金国坤：《行政复议委员会：行政复议困难的突破口》，载《国家行政学院学报》2009年第3期。

法指导原则时，再次强调其“体现行政复议作为行政机关内部监督的特点，不宜、也不必搬用司法机关办案程序，使行政复议司法化”。[④] 这种反司法性和淡化权利救济功能的主张使得行政复议制度呈出如下特点：

第一，未设专门的行政复议机构。行政复议由各级政府、各级政府部门内设的政府法制机构作为复议机构承担复议工作，《行政复议法》第3条中规定“行政复议机关负责法制工作的机构具体办理行政复议事项”，一方面，复议机构与作为政府或部门的复议机关的关系是一个机关的内部从属关系，行政复议与处理一般行政事务一样，层级报批，听命于行政首长；《行政复议法》第28条规定：“行政复议机关负责法制工作的机构应当对被申请人作出的具体行政行为进行审查，提出意见，经行政复议机关的负责人同意或者集体讨论通过后，按照下列规定作出行政复议决定……”这种权力配置是典型的行政式的领导集权，首长负责制。因此，行政复议机构的组织形式和行为模式都是行政性的。另一方面，复议机关与被申请人行政机关之间的关系被定位于上级对下级的行政层级监督关系，其基础关系是上下级行政隶属关系。而这种隶属关系在中国的传统行政文化中表现为千丝万缕的利益关系，下级俘获上级，上级护着下级的官官相护难以避免。

第二，行政复议程序的行政性。行政复议虽然在某些形式上如实行“不告不理”，被申请人必须提交答辩书、申请人以及第三人有阅卷权等具有一定的司法性。但作为程序核心的审理和决定环节，由于《行政复议法》第22条规定，行政复议原则上采取书面审查的办法，使得行政复议机关具有了绝对的主导性，在查清事实问题方面更多地依赖于被申请人提交的证据材料，在办案过程中排除了申请人的参与，申请人在提交复议申请书之后只能消极地等待，而复议机关更重视与被申请人的沟通。书面审查不进行言词辩论，只在申请人提出要求或复议机构认为必要时，才听取申请人、被申请人和第三人的意见。书面审查排除了对证据的质证。这样的制度安排没有体现裁决争

---

④ 杨景宇：《关于〈中华人民共和国行政复议法（草案）〉的说明》。

议行为应当具有的两造对抗，居中裁决的基本程序构造。[⑤] 可以说，行政复议程序在关键方面不如行政处罚、行政许可中某些程序规定。

2. 准司法化与权利救济功能的回归

针对行政复议法制度定位的偏差，有学者作了较全面的概括：第一，片面强调行政复议的“内部监督”功能，而对行政复议更为重要的“权利救济”和“纠纷解决”功能却有意淡化甚至漠视；第二，片面强调行政复议程序的“行政性”，拒绝作为纠纷解决机制的行政复议制度对最低限度的程序公正的渴求；第三，简单地将行政复议主体的行政性与行政诉讼程序的司法性相对立，没有对司法程序在行政领域的援用给予必要的关注。[⑥] 行政复议的行政性和行政层级监督的观点不仅主导了立法而且主导着行政复议法的实施，是导致行政复议制度困境的深层次理论根源。

要使行政复议制度走出困境，必须重新定位行政复议的性质和功能。无论是英国的行政裁判所制度、美国的行政法官制度，还是日本的行政不服审查制度，韩国的行政审判委员会制度，中国台湾地区的诉愿制度，这些公法制度的一个共同特点就是为权利受损者提供权利救济，体现“无救济无权利”“救济优于权利”的权利及其救济观。因而，行政复议从本质上来说，是一种通过解决行政纠纷而为公民权利提供法律救济的制度。行政复议机关通过撤销或变更行政机关的违法或不当的行政行为进而监督并追究其违法的行政责任，是在维护公民权利解决行政纠纷过程中实现的，因而层级监督功能是行政复议的“副产品”，而不是制度本身的主要目的。

以权利救济功能作为出发点构建行政复议制度，在于如何构建复议机关、复议申请人、复议被申请人三方之间的实体和程序权利义务，在于赋予复议机关的独立行使复议权的程度以如何引入司法化的程序安排，尤其是申请人

---

⑤ 王万华：《行政复议程序反司法化定位的思考及其制度重构》，载《法学论坛》2011 年第 4 期。

⑥ 章志远：《行政复议困境的解决之道》，载《中共长春市委党校学报》2008 年第 1 期。

和被申请人的两造对抗程序。“行政复议制度的司法化，从性质上讲是在保持以行政方式解决争议的效率的同时，尽量引入司法程序所具有的独立和公正性，使行政复议制度实现公平与效率的有机结合，最大限度保护公民的合法权益。”⑦ 一句话，建立相对独立的行政复议机关，构建准司法化的而非行政化的体现公开、公正、参与、辩论、质证、回避、合议为特征的程序制度，“最关键是：保证行政复议制度的公正性。”这已成为中国学术界的共识。⑧

三、行政复议体制“三化”革新：机构的独立化、人员的专业化、职能的司法化

1. 中国行政复议体制存在的问题

由于立法指导思想的偏差、政府领导的法律意识薄弱，孱弱的行政复议法律制度与其他法律制度一样没有得到应有的贯彻，反映在行政复议体制上：一是行政复议机构普遍不健全，不少市、县政府没有设立政府法制机构，当然就没有行政复议机构；二是行政复议由行政复议机关负责法制工作的机构具体办理行政复议事项，行政复议机构是非专门机构而是兼办机构；三是行政复议机构完全属于一般的行政组织，其运行完全套用一般行政程序，由作为行政复议机关的政府首长和部门首长最终负责案件的裁决，审者不决，决者不审，缺乏必要的超脱性和中立性。⑨

2. 行政复议机关的独立和复议人员的专业和中立

行政复议的公正是赢得公众信任的关键，而公正的前提是作出复议决定

---

⑦ 周汉华：《中国行政复议制度的司法化改革方向》，载周汉华主编：《行政复议司法化：理论、实现与改革》，北京大学出版社 2005 年版。

⑧ 应松年：《把行政复议制度建设成为我国解决行政争议的主渠道》，载《法学论坛》2011 年第 5 期。

⑨ 方军：《我国行政复议组织改革刍议》，载《法学论坛》2011 年第 5 期。

的机关必须独立和中立，必须具有职业化的能力和水平。从世界范围来看，英国行政裁判所、美国行政法官和行政法官办公室模式之所以比法德行政内部救济更受国民信赖，就在其裁决者具有独立性和裁决过程更具司法性；而进入新世纪以来，韩国和中国台湾地区的行政复议受到国民青睐，其根本原因也是在传统诉愿制度的外壳下，引入了带有很强英美色彩的行政复议程序，不断祛除行政化的色彩，不断迈向“准司法化”，由此形成了别具一格的东亚行政复议模式。[10] 因此，借鉴英美和东亚模式改革中国行政复议制度不失为极佳选择。[11]

第一，改革行政复议的组织原则。行政复议是裁决行政纠纷的机制，应将其定位为准司法的活动。行政复议组织具有独立性、专门性和专业性。

第二，在中央、省、地（市）、县四级建立统一的独立的行政复议委员会，相对集中行政复议权，赋予其独立行使行政复议，裁判行政争议的主体资格，以自己的名义专门行使行政复议权。在行政复议委员会内设海关、税务等法律规定复议前置的或专业性较强的专业复议委员会。

第三，行政复议委员会设常任专职委员和非专职委员。委员除在政府法制机构中具有法学和复议知识的公务员中由政府全体会议决定任命外，都必须是符合下列条件之一者：有律师资格且有一定的实践经验，在高等院校科研院所担任或曾经担任教授法律学的副教授以上职务的人士，人大代表、政协委员中具有法律知识和行政复议知识和经验的人士。

第四，行政复议委员会以审议会形式审理行政复议案件。由过半数的来自复议机关外部的委员出席并有半数的出席人员的合议票决形成最终的行政复议决定。

第五，明确行政复议委员会及委员的责任追究机制。对委员滥用职权、

---

⑩ 青锋、方军、张越：《韩国行政复议制度》，中国法制出版社2005年版。

⑪ 金国坤：《行政复议委员会：行政复议困局的突破口》，载《国家行政学院学报》2009年第3期。

阻挠正确行政复议决定的作出或者严重违反公正立场的行为，对行政复议委员会明显违纪违法行为或不当行为进行惩戒。

四、行政复议受案范围的完善：更新确定模式、扩充受案范围

1. 复议受案范围存在的问题和缺陷

就法律本身而言，行政复议受案范围由确定模式（表达方式）和具体内容两方面构成。无论从理论还是实证的角度，现行行政复议法在这两方面上都存在缺陷。

就确定模式而言，现行复议法的受案范围的确定模式造成了理论与实践的双重困境。现行行政复议法采取了“概括式+列举式+补充式+排除式”的确定模式，即首先概括了行政复议受案范围的原则（《行政复议法》第2条），其次正面列举了可以受理的行政行为（《行政复议法》第6条），再次正面补充列举了附带审查政府的规定（《行政复议法》第7条第1款），最后反向排除了一些不属于受案范围的行为（《行政复议法》第7条第2款，《行政复议法》第8条）。这种规定看起来完整科学，实质上存在缺陷。理论上讲，此种模式造成逻辑上的不周延性。正面列举与反向排除之间存在很大的空白地带，而且正面列举的方式也使得的概括性原则被架空。实践中，行政机关由于各种原因，经常滥用自由裁量权，对行政复议范围作出缩小解释，将大量法律未明确列举的行政行为排除在行政复议范围之外。[12]

就内容而言，现行复议法的受案范围过于狭窄。首先，复议法将复议的范围限定为具体行政行为，这一点有违行政复议的监督性质，同时，具体行政行为的内涵外延的不明确，又导致实践操作的困境。其次，可以申请复议的抽象行政行为的范围有限，不包括行政法规、规章，以及国务院制定的行

---

⑫ 沈建勋、杨邦意：《行政复议范围探究》，载《中国工商管理研究》2010年第1期。

政规范性文件。最后，将公务员的行政处分及其他人事处理决定排除在受案范围之外，不利于公务员权利的救济。

就审查模式而言，附带审查规范性文件的效果并不理想，主要体现在复议时间过分拖延，公民的权利得不到及时救济，对于规范性文件的处理往往只有个案意义，恶法仍然作恶的情况没有得到根本的解决。

2. 行政复议受案范围确定模式更新和范围扩展

行政复议受案范围的确定模式是立法的技术问题，科学的受案范围确定模式应当符合两个标准：其一，保证逻辑的周延性；其二，防止受案范围被不当限缩。“概括+排除”的方式能够达到这一效果。另外，为了回应行政复议以“权利救济为主，以行政监督为辅”的性质定位，有必要扩大行政复议的受案范围，从而更好地发挥行政复议的救济功能，并且更加充分地实现行政复议的监督功能。

第一，改变现行行政复议法受案范围的确定模式，建立“概括+排除”的确定模式。“概括+排除”模式是指法律首先规定行政复议受案范围的原则，凡是符合这个原则的案件都属于复议受案范围。其次法律应当将不适合行政复议的案件进行排除，对于需要排除的案件应当明确列举。这种模式既可以实现逻辑的周延性，又能防止行政机关只受理明确列举的案件任意限缩受理范围的情况发生。

第二，对受案范围的基本原则进行改造。《行政复议法》第2条将复议范围限定为具体行政行为，有违复议的性质，建议修改为：“公民、法人或者其他组织认为行政行为侵犯其合法权益，向行政机关提出行政复议申请，行政机关受理行政复议申请、作出行政复议决定，适用本法。”原则上，相对人只要认为行政主体的行政行为侵害到自己的合法权益都可以申请复议。这样规定，一方面可以避免区分具体行政行为和抽象行政行为的困境，另一方面也体现了复议的监督性质，而不必限于具体行政行为。

第三，扩大行政复议的范围。应当将下列事项列入行政复议的范围：（1）国务院制定的规范性文件和政府规章。（2）行政机关对其工作人员作出的行政处分。将这种案件纳入复议范围有利于实现复议的监督性，同时，有利于更好的保护公民的合法权益。

第四，严格限缩应当排除的复议事项的范围。复议法排除复议范围过于宽泛，应当对其进行限缩。根据性质和目的，应当排除的复议事项仅包括：(1) 国家行为；(2) 法律、行政法规；(3) 行政机关的调解行为；(4) 个人行为。为了防止复议机关任意扩大排除事项的范围，建议对排除事项进行法定解释，尤其是国家行为和个人行为两个概念应当在法律中进行解释。

第五，确立规范性文件审查的双轨制。实践中，附带审查规范性文件效果不佳，建议确立规范性文件直接审查制，即相对人可以直接对规范性文件申请复议，当然，也可以在具体行政行为中一并提起。考虑到规章的严肃性和特殊性，建议仍以附带复议为原则，暂不实行直接申请复议制度。

五、行政复议受理制度的弥补：受理制约机制的建构

1. 行政复议受理存在的问题

实践中，行政复议受理难问题日益突出，行政复议机关拒绝受理或者不予答复的现象时有发生，不予受理案件数逐年增加。究其原因就在于行政复议受理的制约机制不健全。而行政复议受理制约机制的不健全，又源于法律本身规定的不完善。尽管《行政复议法》第 17 条[13]设定了推定受理制度，[14]第 20 条设定了受理监督制度，[15] 但是，这两种制度本身存在无法回避的缺陷：首先，尽管法律规定了推定受理，但是复议机关对复议申请置之不理的情况

---

[13] 《行政复议法》第 17 条：行政复议机关收到行政复议申请后，应当在五日内进行审查，对不符合本法规定的行政复议申请，决定不予受理，并书面告知申请人；对符合本法规定，但是不属于本机关受理的行政复议申请，应当告知申请人向有关行政复议机关提出。除前款规定外，行政复议申请自行政复议机关负责法制工作的机构收到之日起即为受理。

[14] 推定受理制度，即只要复议机关收到复议申请，不作出不予受理决定的，就视为已经受理。

[15] 《行政复议法》第 20 条：公民、法人或者其他组织依法提出行政复议申请，行政复议机关无正当理由不予受理的，上级行政机关应当责令其受理；必要时，上级行政机关也可以直接受理。

如何处理，法律并未作出明确的规定。其次，上级机关责令受理和直接受理的效果并不好，由于利益勾连，行政机关的上级机关并不愿意直接受理行政复议，而责令原复议机关受理复议的效果也差强人意。

另外，推定受理的方式，实际造成了申请人的不便。《行政复议法》第17条确立了推定受理制度，未规定复议机关向申请人送达受理通知书的义务。立法的目的虽然是为了简化程序，方便申请人，但是，实际效果并不好。不送达受理通知书的做法，反而不利于申请人了解情况，而且不利于申请人及时寻求进一步的救济。

2. 行政复议受理制约机制——备案、复核、复审机制

受理行政复议申请是复议机构的职责，但复议受理机构可能怠于履行自己的职责，这个时候建立相应的制约机制就显得非常必要了。督促受理机构履行受理职责有两个途径，一是为受理机构设定特定的义务，如备案义务；二是建立外在的监督制度，如复核、复审制度，内外结合推动复议受理机构积极履行受理职责，缓解行政相对人告状无门的尴尬。

第一，确立案件受理的备案制度。复议机构对于复议申请均应当记录在案，然后进行审查以确定是否受理，备案制度有助于监督复议机关复议的受理情况，核查复议机关的复议受理率。

第二，向申请人发放案件登记表副本。案件登记表是证明申请人曾经向复议机关提出复议申请的凭证，因而向申请人发放案件登记表副本有利于加强对复议机关的监督。

第三，建立不予受理的复核机制。经审查，复议受理机构认为复议申请不符合受理条件的，可以提出不予受理的意见，将复议申请书提交复议委员会，由复议委员会对复议申请是否符合条件进行审查，如果复议委员会认为应当受理的，作出受理决定，并向申请人送达复议受理通知书。如果复议委员会认为不应当受理的，可以作出不予受理的决定，并说明理由。

第四，建立不予受理的复审机制。对于不予受理的决定不服的，应当允许申请人就不予受理的决定，向本级或者上级行政复议委员会提出复审请

求，该复审原则上属于最终决定，申请人不服的可以向人民法院提起诉讼。

第五，对于决定受理的复议申请，应当向申请人送达复议受理决定书。复议受理决定书上应当注明申请人的权利、复议审理的方式、复议的时间和地点等。

六、复议管辖制度的变革：相对集中复议管辖权

1. 现行复议管辖制度存在的缺陷

《行政复议法》第12条确立了复议管辖的基本制度，即条条管辖制度。[16]从实证和理论的角度分析，现行复议管辖制度存在以下缺陷和弊端。

首先，由上级主管机关处理复议事项，复议结果的公正性难以保证。实践中，下级部门在很多情况下对于要实施的行政执法活动（特别是重大、复杂的案件）都事先征求上级主管部门的首肯或支持，加之，行政机关内部之间往往会存在官官相护的情况，因而由上级主管机关直接处理复议争议，实践证明难保复议的公正。

其次，被申请人的本级人民政府与上级主管部门复议管辖冲突和复议决定的效力难以协调。如果一个案件涉及数个申请人，有的申请人向被申请人的本级政府提出复议请求，有的向被申请人的上级主管机关提出复议申请，由谁管辖无法调和。对于同一行政行为，本级人民政府作出的复议决定和上级主管部门作出的复议决定的效力冲突亦无法调和。在共同管辖条件下，行政相对人对复议机关的复议决定不服，向另一个复议机关就原行政行为又提出复议申请，应如何处理也是行政复议法的空白点。这些都会影响法制的统一性和行政复议的权威性。

最后，省部级机关自我管辖，有违自然公正原则。根据《行政复议法》

---

[16] 条条管辖，即由上级行政主管部门管辖不服下级行政主管部门作出的具体行政行为的行政复议案件，包括条块选择管辖和专属条条管辖。

第14条的规定，对于国务院部门或者省级政府部门的具体行政行为不服的，由该机关自己作为复议机关。根据自然公正原则，任何人不能做自己案件的法官，而行政复议法的这种制度安排显然是有违自然公正原则的。

2. 相对集中行政复议管辖权

行政复议管辖制度应当顺应复议体制改革的要求，原因在于复议体制对于复议管辖具有决定的作用。复议管辖制度的设计应当注重如下两点：其一，行政复议管辖的统一性，对复议管辖权进行集中。对复议管辖权进行尽可能的集中有利于减少复议机构的重叠，节省不必要的开支。另外，对管辖权进行集中可以使公民申请复议更加方便，而且能够有效地解决现行管辖体制存在管辖冲突问题。其二，复议管辖的设置应当注重复议的监督性质和行政机关的层级性。一级复议机关管辖的事项应当是下一级机关及其工作人员的行政行为，不是自己的或者上级机关的行政行为，这样可以保证复议的有效性，也可以避免越级管辖。

第一，取消现行条条管辖和自我管辖的复议管辖制度，对管辖权进行相对集中。根据我国行政机关的层级，可以将行政复议机关分为四级，包括：国务院、省级、设区的市和自治州级、县级。县级行政复议委员会统一管辖除本县人民政府以外的其他县级行政部门、直属机构、县政府和部门主管的法律法规授权组织、乡镇人民政府为复议被申请人的案件。设区的市级复议委员会统一管辖除本市人民政府以外的本级人民政府所属部门、直属机构、市政府和部门主管的法律法规授权组织、县级人民政府为被申请人的案件。省级复议委员会管辖除省级人民政府以外的本级人民政府所属部门、直属机构、政府和部门主管的法律法规授权组织和市级人民政府为被申请人的案件。国务院复议委员会管辖各部、委员会和省级人民政府为被申请人的案件（见下图）。

第二，对于专业性较强的部门，在复议委员会中设专业委员会具体行使管辖权。

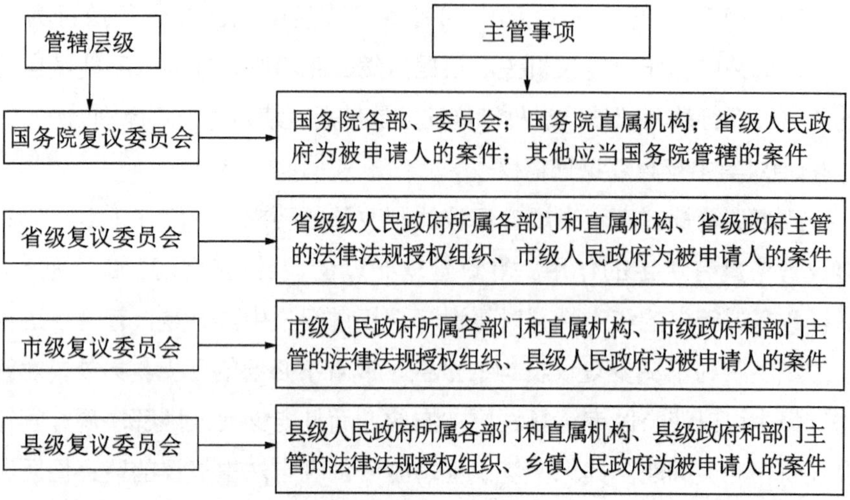

七、行政复议审理机制的创新：审理的司法化、程序的类型化

1. 现行复议审理机制存在的问题和不足

行政复议的审理是确定是非曲直、判定被申请行政行为合法与否的关键环节，是整个行政复议制度的核心。审理机制是审理方式和审理程序的有机组合，现行审理方式和程序均存在问题和不足。

就审理方式而言，《行政复议法》第22条确立了书面审查的原则，只有特殊情况下复议机构才听取各方的意见，存在诸多弊端：第一，书面审原则与行政复议公开原则相背离，缺乏相对人的有效参与。书面审理的方式实质上是一种封闭式的审理方式，复议的申请人和社会公众对于复议的过程基本上不了解，更遑论有效的参与。第二，书面审理的方式导致复议过程的过度行政化。在现实中，复议案件往往按照审批文件的内部流程逐级报批，行政复议解决争议的性质被行政化所掩盖。第三，书面审理的方式难以确保复议决定的正确性。因为仅对书面材料进行审核，很难全面、清楚地了解案件事实，也就难以保证复议机构的判断建立在客观的事实之上。同时，书面材料一般都是行政机关提交的，不经当事人进行辩论和质证很难保证其真实性。

就审理程序而言，现行复议法至少存在两方面不足：一方面，程序过度简化，缺乏可操作性，使得复议机构无法适从，导致复议过程的随意和无序。另一方面，复议程序的正当性缺失，这主要体现在没有回避制度，缺乏申请人和第三人的参与，没有质证和辩论等。

2. 审理程序机制司法化、程序类型化

中国的行政复议不成功实践和国外的制度经验从正反两方面证明，只有最大限度的引入司法化的审理方式和程序，为公民提供有效的救济途径，才能取得人们对于该制度的信任。因而，我国行政复议法也应当引入司法审理方式和程序，增强行政复议的有效性。

第一，取消书面审理原则，建立开庭审理原则。休厄法官曾说过：正义不仅要得到实现，而且要以人们看得见的方式实现。为了实现看得见的正义，使复议机关更充分地了解案情，保证复议的公开和参与，有必要取消书面审理原则，确立开庭审理原则。

第二，增设相关程序制度，保障复议程序的正当化。应当在复议法中增设如下制度：（1）回避制度，规定回避的事由、范围和程序；（2）律师代理制度，允许律师代理复议的当事人参加复议；（3）说明理由制度，复议机关作出不利于当事人的决定时，应当对此说明理由；（4）告知制度，复议机关应当善意的告知复议当事人各种权利和注意事项。

第三，对复议程序进行类型化，建立审理的一般程序和简易程序。根据案件的复杂程度和复议申请人的意愿，可以选择适用一般程序和简易程序对案件进行审理。

一般程序的规则。一般程序主要是指复议听证程序，其应当遵守以下规则：（1）就适用范围而言，听证程序主要适用于以下四种案件：标的数额较大的，案情重大、复杂的，复议机关认为必要的和当事人提出申请的。（2）应当对听证的具体程序进行明确的规定。（3）听证应当公开进行，但是涉及国家秘密、商业秘密和个人隐私的除外。（4）听证过程中，应当组织复议各方进行辩论和质证。（5）听证应当制作笔录，并且作为复议机关作出决定的依据。(6) 经过听证的，复议委员会可以采用多数决，对案件作出决定。

简易程序的规则。简易程序仅保留听取各方当事人意见的程序，不需要公开质证和辩论，可以大大节省审理的成本和效率。简易程序应当遵守以下规则：(1) 简易程序仅适用于案件事实清楚当事人没有异议、争议标的数额较小和复议申请人申请或同意适用简易程序的案件。(2) 简易程序仍应当听取复议各方的意见。(3) 如果复议机关发现案件比较复杂的，应当转为一般程序。(4) 适用简易程序的案件，应当当场作出复议决定。

八、行政复议中引入调解与和解：纠纷解决机制多元化

1. 复议法中引入和解与调解制度的可能性

对于行政复议中是否可以适用调解与和解制度，学界仍存在争议。反对调解制度者的主要观点是：行政复议主要审查行政行为的合法性因而不存在调解的问题，同时，还认为行政机关对行政权并无处分权，因而不能进行调解。基于此，复议法并未规定调解与和解制度。其实，行政复议本质上是一种纠纷解决机制，因而有必要扩展纠纷解决的渠道，和解与调解作为解决争议的重要方式，可以适当引入行政复议当中。现实中，行政机关改变具体行政行为后，申请人撤回申请的情况就是一种和解的表现，法律不对其进行规定，实质上就无法对其进行有效的规制。在特定的情况下，由复议机关居中对复议双方的争议进行调解，促成双方达成谅解，可以起到案结事了的效果，因而复议中引入调解制度也未尝不可。

2. 纠纷解决机制多元化

纠纷解决机制的多元化是大势所趋，因而行政复议中可以适当引入调解与和解制度。当然，由于行政复议制度有其自身的独特性，在复议中引入和解与调解制度应当注重与复议制度的本质相契合，一方面促进行政主体与相对人之间纠纷的解决，实现案结事了；另一方面确保行政复议对行政主体的监督作用。

第一，和解引入的规则。和解是复议申请人与被申请人之间通过协商达成谅解，申请人撤回复议申请的制度。适用和解的条件是：申请人与被申请人自愿达成协议，而且该协议不违反法律、不侵害其他公民的合法权益。和解的基本程序是：申请人或者被申请人提出和解请求，经复议机关允许，双方在庭外进行协商。达成和解协议的，向复议机关提交和解协议，复议机关应对和解协议进行审查，如认为该和解协议符合法律规定，则准予相对人撤回申请，并要求被申请人履行和解协议。如果认为和解协议不符合法律规定、侵害其他公民的合法权益或者有强迫的情况存在，可以不准予和解协议，继续对复议案件进行审理，及时作出复议决定。当然，如果双方经协商未达成和解协议的，复议机关应当继续审理及时作出复议决定。

第二，调解的规则。调解不同于和解，它是复议机关居中对申请人与被申请人之间的争议进行斡旋，促使双方达成谅解从而解决行政争议的方式。调解是一种结案的方式，复议调解书与复议决定具有同等效力。复议调解适用的案件：程序违法的案件、轻微违法的案件、相对人不服行政机关行使自由裁量权的案件、行政赔偿和补偿案件。复议调解应当坚持的原则是：自愿原则，即调解的启动、调解的结果均应当基于双方当事人的自愿。分清是非原则，即复议调解亦应当建立在当事人陈述和辩论的基础上，查清案件事实，而不能只是和稀泥。

九、行政复议证据制度的调整：科学分类、细化规制、保障权利

1. 复议中证据制度存在的缺陷

证据是判明是非的关键，是任何争议解决机制的核心，无论诉讼还是复议证据无疑都是至关重要的。但是，行政复议法对证据制度的规定却存在很大的漏洞和不足。

第一，缺少对于证据种类的科学划分。按照证据学理论，不同的证据具有不同的特点，审查方式和效力上各具特色，因而行政复议法对证据不进行

分类，对证据进行笼统规定的做法欠妥。

第二，证据认定规则缺失。证据认定规则是复议机关对相关证据进行审查，确定证据的证明能力和证明力，从而决定是否采信该证据以及该证据的证明力大小的规则。行政复议法对于证据认定的规则过于模糊，无法操作，这无疑影响到了证据的认定。

第三，证据相关制度缺失。调查取证制度、证据交换制度和申请调取证据制度等都是证据制度的重要内容，其对于复议机关客观的作出行政决定具有重要的意义，但是目前行政复议法欠缺对这些制度的规定，无疑会影响复议决定的客观性和可接受性。

2. 行政复议证据种类的科学划分、规则的细化

按照证据学理论，证据制度包括：证据种类、证据的认定规则和与证据有关的权利和规则等内容。科学的证据制度对于行政复议决定建立在客观的事实基础之上具有重要的意义。行政复议的证据制度应当与诉讼的证据制度相衔接，借鉴行政诉讼的证据制度。理由有二：其一，两种制度都是重要的纠纷解决机制，在证据的调查、认定上有其共通性。其二，行政复议和行政诉讼之间特殊关系所决定了要注重诉讼和复议证据制度的衔接。基于此，建议从以下几个方面完善证据制度：

第一，对证据进行科学分类，确保证据的认定更加理性。建议结合证据理论和行政诉讼法的规定，对行政复议中存在的证据进行具体分类，从而使复议证据制度更加科学。

第二，细化证据认定规则。应当将证据的认定规则进行明确化，包括证据能力的条件、不同证据的证明力大小、证据效力的认定规则等，从而使复议机关在认定证据时有章可循。通过细化证据规则，可以防止证据认定的随意性，提高证据认定的客观性。

第三，赋予复议工作人员必要的证据调查和调取权。应当允许复议机关工作人员，应申请人、第三人申请或者其自身认为必要时，调取相关证据。为了查明案件事实，应当授权复议机关工作人员对证据进行调查核实，其他

单位和个人应当配合。

第四，明确申请人和第三人查阅、摘抄、复制卷宗的权利。规定阅览卷宗制度是平等原则在复议程序中的要求，也是申请人与第三人能够有效参与复议，更好维护自己权利的前提与基础。完整的卷宗阅览权包括查阅、摘抄、复制卷宗。现行立法规定了查阅的权利，有必要扩展至摘抄、复制。

第五，建立和完善相关证据制度和规则。为了更好地发挥证据制度的功能，应当建立和完善相关的证据制度和规则，如增加规定证据交换与证据保全制度；增加规定非法证据排除规则与自认规则等。

十、行政复议决定的完善：诉讼豁免、完善决定的种类和条件

1. 复议决定存在的缺陷

就法律本身而言存在以下缺点：首先，复议决定种类欠缺，不能满足现实需要。针对不同的情况，作出不同的决定才能更好地解决行政争议。但是，复议法对于复议决定类型的规定存在欠缺。比如，《行政复议法》没有规定驳回复议请求的决定类型，以至于复议机关经常混淆驳回复议申请和驳回复议请求的决定。没有规定情况决定和补正决定，无法满足现实需要。其次，未明确区分撤销、变更、确认违法决定的适用条件。撤销、变更和确认违法决定是三种不同性质的行政复议决定，但《行政复议法》第28条将这三种决定的适用条件混合在一起未加区分，后果是复议机关很少作出变更决定，大大降低了行政复议的实效性。

2. 行政复议决定诉讼豁免、决定的种类扩充和条件明确

复议决定是复议机关对案件进行审理之后，作出的具有法律效力的判断和处理，与诉讼的判决具有相似的性质。复议决定的科学性直接决定复议的实效性，应当尤为重视。复议决定的完善应当着眼于解决现实存在的复议决定维持率过高、复议决定缺乏说理性和复议决定不能满足复议实践等几个突出问题，基本的原则应当是找准病因，对症下药。

第一，赋予行政复议决定诉讼豁免权。行政复议的司法化定位使行政复议本身带有对行政纠纷进行居中裁判的性质，复议决定也因此而具有了类似于仲裁决定和司法判决的性质，这决定了复议决定本身应当是不可诉的。因此，应当将行政复议决定排除在行政诉讼受案范围之外，行政相对人对于复议决定不服的，仍应当以作出原具体行政行为的行政机关为被告，不能直接起诉复议机关。至于复议决定的效力问题，可以适用法院判决优先原则，复议决定与法院判决不一致的，以法院判决为准。赋予行政复议决定诉讼豁免权，一方面符合行政复议的司法化定位；另一方面也有助于解决现实中复议机关因怕诉而作出过多维持决定的问题。

第二，规定复议决定说明理由制度。对复议决定说明理由，是正当法律程序的要求。行政机关作出行政复议决定应当说明理由，包括对事实认定、法律适用、裁量因素等作出具体说明。强化复议决定说明理由制度，一方面有助于提升复议各方对复议决定的可接受性，另一方面也可以使行政复议机关的复议决定更具理性。

第三，吸收《行政复议法实施条例》的相关规定，增加规定驳回复议请求决定、责令补正决定和情况决定，并对适用情形作出具体规定。其中，补正决定的适用条件应当是：（1）作出行政行为所必需的申请在事后才提出的。（2）必须说明的理由事后才给予的。（3）必须举行的对参加人的听证事后才补做的。（4）作出行政行为所必需的委员会的决议事后才作出的。（5）必须参与的其他当局在事后才参与的。

第四，明确复议决定的适用条件。不同的复议决定有不同的特点，因而其适用条件也存在差异，只有将各种复议决定的适用条件进行明确化，才能使复议机关有章可循，使复议决定更加科学和准确，因而有必要对复议决定的不同条件进行明确化。

行政督查思考

刘善春*

一、行政督查

（一）督查即督促检查

行政督查指行政主体为保障法律、法规、规章、规范性文件及有关行政命令、决定、批示得到遵守和执行，依法对下级行政机关进行检查、监督和纠正的内部行政措施。行政督查又称政务督查。《中共中央关于全面推进依法治国若干重大问题的决定》明确要求加强政府内部权力制约。行政督查是政府完善内部层级监督的一环，也是落实党和政府重大决策部署的重要保障，对推进国家治理体系和治理能力现代化有着重要意义。

行政督查权威性高，综合性强，目的性明确，实效性突出。新一届政府高度重视行政督查，将其作为中央、国务院决策部署和政策措施贯彻落实打通"最先一公里"和"最后一公里"的重要工具，在全国范围内开展了两次大规模的全面督查。与实务中督查强度相比，理论界对行政督查缺乏足够关注。直面行政督查迫切实际问题，破解督查面临的权威不足，各地区、各部门各行其政，做法不一局面，可以制定综合性行政督查法，为行政督查提供

* 刘善春，中国政法大学法学院教授、博士生导师；中国政法大学法学院博士研究生颜翔提供初稿。

法制基础。结合督查工作实际，参照“决策、发令、执行、监督与反馈等组成部分”样式，对督查程序进行合理设计。明确行政督查方法，对督查主体为实现督查目标和提高督查效能所采取的方式、手段和途径作恰当安排；对现有限期报告、调查复核等制度进行重新审视并填充细节。

（二）行政督查特征

1. 行政督查主体是上级国家行政机关，其他组织不为行政督查。

2. 行政督查对象是下级行政机关或有关机构。比如，2014 年 6 月国务院开展的行政督查就将 27 个中央部委及 16 个地方省市政府列为督查对象。

3. 行政督查主体应依法定职责权限行事。必须在其职权范围内进行。如下级行政机关不能督查上级机关，工商部门不能进行环保督查。

4. 督查内容是被督查对象遵守法律、政府重大决策部署及有关行政命令、决定的贯彻落实情况。如《国务院关于对稳增长促改革调结构惠民生政策措施落实情况开展全面督查的通知》就明确了取消和下放行政审批事项、推进简政放权的政策措施落实情况等 19 个重点督查事项。政府通过行政督查，保证国家政令畅通，实现行政管理目标。

5. 行政督查措施必须灵活有效。督查方式主要有听取工作汇报，召开座谈会，收集基层的意见，展开调研暗访，抽查相关文件、材料及档案等。

6. 行政督查种类多样。（1）全面督查，即上级政府针对某项全局性的工作对下级政府及有关部门履职情况进行系统督查，比如对政府工作报告落实情况的督查；（2）专项督查，即行政机关就某项专门工作对有关部门进行专项督查，比如对重特大突发事件的处置督查；（3）日常督查，即行政机关为推进某项职责范围内的工作，例行性督促有关部门落实相关政策和任务，比如环保部开展的环境整治督查。

7. 行政督查依法进行。

8. 行政督查主体对督查中发现的失职渎职、违纪违法等情形及时移报监察机关立案调查，并进行追责。

二、行政督察原则

（一）法治效能原则

是指督查主体依法并在法律权限范围内有效进行。“如甘肃省行政督查的基本原则包括：交办督查、分级负责、实事求是、讲求实效。吉林省行政督查的基本原则可概括为：实事求是、注重实效、协同动作；西藏自治区则以突出重点、领导授权、实事求是、注重实效、及时准确为行政督查的基本原则。”① 贯彻这个原则可以确保督查主体与督查对象之间和谐，减少抵触，保障督查顺利地进行。

（二）合理督查原则

行政督查不仅要合法，而且要适当。目前行政督查一般是依行政授权进行，有的是为了处置重特大突发事件，具有时间紧，任务急等特点，个别督查事项发生在重点区域、重要时段，行政督查主体进行此类督查获得上级较大授权，采取手段与措施高度灵活，行政督查主体必须坚持合理督查，避免采取明显不当的督查措施。②

（三）客观真实督查原则

督查对象必须将被督查内容如实地报告给督查主体，这是规矩。督查主体也应将可能行政责任告知督查对象。

---

① 盖威、郭圣莉：《行政督查法治化的现实问题、理论依据及路径研究》，载《中国行政管理》2015 年第 2 期。

② 李克强：《政府工作报告》，载《人民日报》2015 年 3 月 17 日。

（四）责任行政原则

督查实质是行政问责，就是行政督查主体针对下级行政机关及其公务员所应承担的责任和义务的质问，并对消极影响而承担否定性后果的责任追究。[③] 由于缺乏责任行政意识，“一些地方、一些部门存在着对中央、对上级决策部署的‘执行力’弱化的倾向，已严重干扰了社会主义现代化建设事业顺利进行”。[④] 政府部门行政活动中的无为执行、选择执行、错误执行、象征执行等现象仍存在。国办发〔2014〕42号文件规定要建立责任追究制度，明确行政督查主体发现政府重大决策部署落实中存在失职渎职、违纪违法等情形，要及时将有关情况和线索移送监察机关立案调查，严肃追责。2015年国务院公布大督查第一批问题处置结果中，对辽宁、吉林等7省59名干部在审批、决策和监督等政策执行过程中懒政怠政、失察失职渎职等不作为问题，给予相关责任人党纪政纪处分，个别违法者受到刑事处理。其中涉及地厅级5人、县处级20人。[⑤] 不过，行政督查制度对行政问责规定较笼统，可操作性不强。如《云南省政府系统督办工作暂行规定》仅对执行不力、久拖不办或反馈不及时的部门给予通报批评；对造成严重后果的，要追究有关部门主要负责人和经办人的责任，但具体要承担什么不利法律后果并没有明确设定。

行政督查的问责对象包括：一是行政督查对象，即被督查的行政机关及其负责人、有关公务员，以及行使行政权力的其他组织和人员；二是行政督查机构本身，比如下级行政督查机关由于工作失职给上级督查机关工作造成严重后果，必须给予问责。现行的行政督查制度一般只对行政督查对象进行问责，较少问责下级督查部门。没有问责的压力使一些督查部门的督查工作

③ 参见伍洪杏：《行政问责的理论依据新探》，载《理论与改革》2012年第1期。

④ 郑茂生、张美荣：《提高政府执行力关键在于加强督查》，载《福建理论·人文社会科学版》2006年第12期。

⑤ 参见周之地：《大督查后要有大追责》，载《北京青年报》2015年8月28日。

流于形式。以福建某市为例，“少数部门对督查工作不够重视，或者说口头上重视、形式上重视，而行动上忽视，从市的领导批示件办理情况看，2009年和2010年分别有21%和13%的批示件未能按时反馈”。⑥

行政问责范围不宽。当下行政督查范围较窄，一般限于工作不力、久拖不办、反馈不及时、失职渎职以及造成重大失误等情形。我们认为：决策失误、用人失察；违法行政、行政失当；枉法裁判、执法不公；责任事故、以权谋私；弄虚作假、违反财经纪律；监督不力、疏于管理等情形都应纳入督查问责范畴。

责任行政原则的确立保障了行政机关权力与责任、义务的平衡，要求行政督查对象必须主动有效地履行法定职责，以实现法律所预期的目的。行政督查主体也受责任原则约束。在行政督查过程中，任何行政机关出现违法、不当或损害等情形，都必须承担法律责任。

（五）完善行政督查法制建设。

督查内容都是上级行政机关关注的重点、难点问题，需要有力度才能将督查做好。强有力督查需要法律作后盾。督查体系建构还缺乏清晰的法律依据，从国务院到地方各级人民政府的督查依据主要是规范性文件。国务院有关文件有《国务院办公厅关于加强督促检查工作的通知》（国办发〔1998〕112号）、《国务院办公厅关于进一步加强督促检查切实抓好工作落实的意见》（国办发〔2008〕120号）以及《国务院办公厅关于进一步加强政府督促检查工作的意见》（国办发〔2014〕42号）。根据国家规定，地方各级政府也制定了一些细则，如《浙江省人民政府政务督查工作规则》《海南省人民政府政务督查工作规则》《长春市人民政府督查工作细则》等。这些规范性文件效力较低，影响行政督查权威性。

---

⑥ 黄兴生：《政府执行力视角下的完善地方政务督查研究——以福建省某市为例》，载《中共福建省委党校学报》2012年第1期。

行政督查职能定位需明确。行政督查包含检查和督促，检查是前提，督促行政机关实现行政目标是目的，只有对督查对象遵守法律、法规、规章、规范性文件及执行有关行政命令、决定、批示的情况进行全面掌握，才能提出具体的改进建议，落实有关行政机关责任，实现行政目标。

应完善行政督查组织法制，如督查部门设置，国务院和省级人民政府一般设置督查室；有的省独立设置省人民政府督查室，有的省在政府办公厅设立督查处，有的是省政府办公厅督查处与省政府督查室实行一套人马两块牌子。各省级督查机构的行政级别也各不相同，有的是副厅级机构，有的是正处级，有的是正处级机构但配备副厅级督查专员。设区市政府和县级政府的督查机构一般设在政府办公厅或办公室内。

督查人员资质需进一步设定。目前行政督查队伍参差不齐，有的督查部门人员配备不齐，部分督查人员责任心不强，政策水平不高，与行政督查工作不相适应，影响了督查效能。我们认为，督查人员除了具备可靠的政治素质外，还需要精通法律，了解国家方针、政策和本地区、本部门、本单位的各项具体规定，精通经济管理、行政执法、公共管理等专业知识和较高的组织协调、调查研究能力。

三、行政督查方法

科学的方法对于实现行政督查目标至关重要。行政督查如果依赖行政指令，直截了当、针对性强、行政效率高，但形不成规范而统一的运行机制。随机使用，或扩大政府应急权力，也易损害当事人的合法权益。⑦ 为推进行政督查的法治化，实现行政自制，⑧ 必须强化督查法律方法运用。有人提出了

---

⑦ 参见郎佩娟:《行政方法的变革与发展》，载《河北学刊学》2008 年第 4 期。

⑧ 参见于立深:《现代行政法的行政自制理论——以内部行政法为视角》，载《当代法学》2009 年第 6 期。

“公开督查、书面督查、电话督查、网络督查、实地督查、随机督查、联合督查和跟踪督查”等方法。[⑨]

1. 检查。检查是行政督查常用而又行之有效的方法。检查对向非常广泛，可以是具体项目，有关资料，可以是现场。为掌握更多情况，实地检查一般深入基层。如2014年国务院大督查第五督查组在浙江督查时，除在省会听取汇报和进行调研外，还分赴嘉兴、宁波和温州等地深入基层展开检查。

2. 调查。为了解督查对象的守法、执法以及贯彻落实有关决定、命令情况，行政督查主体必须查明实际。调查可以通过询问，召开座谈会和明访、暗访等途径，掌握真实、准确、详尽的第一手材料，并针对存在的问题，及时提出矫正措施。

3. 审查。行政督查主体对督查对象呈送的文件、报告、账册、报表、档案等有关书面材料进行核实、查验，以判断其真伪，尽可能保证所提供材料的真实性，以确保行政督查结论准确可靠。

4. 听取汇报。行政督查主体通过召开会议，听取督查对象就督查内容进行有关汇报和说明，以此来了解督查对象落实有关法规、政策和决定、命令的情况。

5. 催办。对于交办下级有关部门的督查事项，一般采用发督办催办通知、电话联系、网络督查平台下达任务或上门催办等方式，定期或不定期地督促承办单位按照规定要求办理督办事项并反馈办理情况。

6. 第三方评估。充分发挥智库等专业机构的作用，对督查对象进行独立的第三方机构进行专业评估，以求得到更科学、更客观的督查结论。比如，2014年国务院大督查就“首次引进了第三方评估和社会评价”，[⑩] 起到了良好督查效果，推动了政策落实。

---

⑨ 盖威、郭圣莉：《行政督查法治化的现实问题、理论依据及路径研究》，载《中国行政管理》2015年2期。

⑩ 张定安：《督查是科学行政的重要抓手》，载《中国行政管理》2015年第6期。

四、行政督查程序

行政督查程序为内部行政程序，如《海南省人民政府政务督查工作规则》将督查程序分为分解立项、及时交办、督促检查、督查事项反馈和立卷归档。

1. 立项。督查机关应当根据法律、法规和国家其他规定，以及有关行政命令、决定、批示按照本级人民政府和上级督查机关的要求，确定督查工作重点，编制督查项目计划。

2. 交办。督查机关应当根据督查项目计划，结合督查项目的内容和各级政府及部门的职责，及时将督查项目交给具体承办单位办理。交办要明确目标任务、工作责任、办理要求和办结时限。需两个以上部门共同办理的，要明确主办单位和协办单位。不宜交给下级政府和部门、单位办理或领导明确要求督查部门办理的事项，由督查机关直接组成督查组，编制督查方案，调查了解被督查单位的有关工作情况，并在实施督查前，向被督查单位送达督查通知书。

3. 报告。督查组或承办单位督查事项办理完毕后，应及时编写督查报告，在向督查机关报告前，应当书面征求被督查单位意见。被督查单位应当自接到督查报告之日起规定时限内提出书面意见；逾期未提出书面意见的，视同无异议。督查组或承办单位应当针对被督查单位提出的书面意见，进一步核实情况，对督查报告作必要修改，连同被督查单位的书面意见一并报送督查机关。

4. 问责。督查机关有关业务机构和专门机构或者人员对督查报告以及相关督查事项进行复核、审理后，由督查机关提出办理意见。内容包括：对督查事项的评价，对违反有关规定行为提出处理、处罚意见，移送有关主管机关、单位的意见，改进工作的意见等。对依法应当追究有关人员责任的，向有关主管机关、单位提出给予处分的建议；对依法应当由有关主管机关处理、处罚的，移送有关主管机关；涉嫌犯罪的，移送司法机关。督查机关在督查中发现损害国家利益和社会公共利益的事项，但处理、处罚依据又不明确的，应当向本级人民政府和上一级督查机关报告。上级督查机关应当对下级督查机关的督查业务依法进行监督。

5. 归档。督查机关应当按照国家有关规定建立、健全督查档案制度。对已办结的督查项目，及时进行收集、整理、立卷，定期移交档案部门管理或由督查机关归档备查。

五、行政督查制度保障

行政督查法律制度有基础保障制度、资金支持制度、信息交流制度和公众参与制度等。

1. 基础保障制度。指督查机构和督查人员，离开这两个要素，督查就是空中楼阁。应明确规定县级以上人民政府及其职能部门均应设置专门的督查机构，以“××政府督查室”或“××部门督查室”命名，专门履行行政督查职能，以自身名义独立行使督查权。督查机构应配备专职督查人员，各级人民政府及职能部门应保证督查人员所需编制，也可根据督查工作实际需要聘请兼职督查员。[11]

2. 资金支持制度。行政督查部门常有手里无权、督查无力的感叹，这是由于督查部门缺乏制约督查对象的手段所制。可以借鉴美国的督查经验，“把计划的督促落实与预算有机整合起来，提高工作的有效性”。[12] 对那些贯彻落实法规、政策和决定、命令不力的部门，行政督查部门有权建议适当削减其预算，给被督查部门套上经费预算“紧箍咒”。

3. 信息交流制度。由于行政督查内容一般都是政府和公众重点关注

---

⑪ 盖威、郭圣莉：《行政督查法治化的现实问题、理论依据及路径研究》，载《中国行政管理》2013 年第 2 期。

⑫ 张定安：《行政督查的国际经验借鉴》，载《行政论坛》2010 年第 4 期。

的，比如重大政策落实情况和重特大突发事件。行政督查主体必须建立向公众披露有关信息，及时回应社会各种关切。

4. 公众参与制度。参与行政督查是公众知情权、监督权得到保障的重要体现，也是公众维护其自身合法权益的手段。“将各项公共决策真正落到实处，以满足人民群众利益诉求”，是行政督查的根本目的。对一些群众关注度高、社会影响大的督查事项，特别是涉及环境保护、群众维权等民生事项，可邀请新闻媒体单位进行查访，通过舆论监督促进工作落实。督查进展情况要及时网上公开，提高督查的社会关注度和群众参与度。

日本行政救济制度法律分类及功能解读

曾祥瑞*

在日本，基于法治主义的行政，必须是适合法规且为实现公益而进行，即法治主义要求行政不仅仅是停留在法的要旨，当国家或者地方公共团体等行政主体的行政违法或不当侵害了行政客体的权利或者利益时，必须给予受害者接受救济的权利，称之为“行政救济制度”。简言之，所谓的行政救济制度是指对因违法或者不当行政受到侵害的行政客体的权利或者利益给予救济的一系列法律制度的总和。

日本行政法学界的学者及实务界的有识之士对行政救济制度的概念理解与具体制度的法律分类理解不一，但是并不存在本质区别，因为源于国家或者地方公共团体等行政主体的行政归根结底是为了提高国民福祉，所以，对违法或者不当行政造成的国民权益（具有现实性与将来性）的损害，当其符合一定要件时，必须给予行政领域固有的法律救济。具体而言，日本行政法学体系中广义的行政救济分为行政法上的救济与民法上的救济，其中所谓的民法上的救济是指国民因行政活动而受到权益损害时可以利用民法、民事诉讼法获得救济，例如：禁止道路建设、请求国立或者公立医院事故赔偿责任等。众所周知，对行政上的损害的法律救济基于民法、民事诉讼法具有明显的局限性，加之行政领域本身行政主体与国民关系的不同于民事关系的特殊性，因此，需要设定行政上固有的法律救济，称为“广义的行政救济”。中义

* 曾祥瑞，辽宁大学法学院教授，法学博士。

的行政救济则分为金钱上的救济与其他救济，但是，由于金钱上的救济不能根本性解决国民权益上受到的损害，所以此种分类一般被认为意义不大。狭义的分类则包括对国家或者地方公共团体等行政主体违法或者不当行政造成的损害的各种法定形式的救济，由行政上的苦情处理制度、行政不服审查制度、行政裁判制度、行政诉讼制度、国家补偿制度（国家赔偿中的行政赔偿、行政上的损失补偿）构成。本文所叙述与研究的内容是基于狭义上的行政救济制度展开的。

一、行政上的苦情处理制度与行政裁判制度

（一）行政上的苦情处理制度

作为行政救济制度的构成之一，行政上的苦情处理制度是一种非正式的程序，指的是国家或者地方公共团体等行政主体听取国民因行政活动而产生的不平、不满、报怨、希望、期望，并在行政机关内部进行调查等从而作出适当的对应措施。行政上的苦情处理制度也是不断发展完善的，但其性质不是对国民权益的实质性救济，而是行政机关的一种事实上的服务，其特点如下：一是救济对象的相对广泛性，即作为对国民因行政活动产生的苦情采取的对应措施，与行政不服审查等相比具有节约时间、费用、劳力的优势及行政不服申诉对象外的国民也可以成为苦情处理的对象。二是活动的相对专业性，表现在：由地方公共团体设置的市民对话室等进行，由国家的总务厅的行政监察局、地方分支部门等进行，总务厅长官委任的市街村有识人士组成的行政对话委员会进行。三是程序限制少，针对的事项可以是与自己权益无关的事项。至于行政上的苦情处理制度的功能，集中的认识是纠正违法或不当行政、完善保护人权的行政内容方面的重要作用；也是行政事务进行经常性监督、指出其违法或者不当行政活动、劝告其改善的重要方式之一。因此，谋求行政上的苦情处理制度的更加充实，达到救济国民权益与纠正行政违法或者不当的平衡是今后的努力目标。

（二）行政裁判制度

日本行政法理论与实务界认为，所谓的行政裁判制度是指行政委员会（公正交易委员会、公害等调整委员会等）或者其他类似行政机关（电波监理审议会等）依照准司法性程序作出一定决定的程序（包括“二战”以前就存在的特许裁判和海难裁判）。行政裁判在事实上分为两种，一种是作为争讼裁决的程序的裁决，例如：人事院就对国家公务员的不利益处分进行的不利益审查、电波监理审议会的对行政大臣的处分提出的异议中诉讼审查等。此外，还有对私人间争讼的裁决的裁判，例如：劳动委员会进行的不当劳动行为的救济命令程序、公害等调整委员会的关于公害受害的裁定程序等。另一种是第一次性行政权行使的程序的裁决，例如：公正交易委员会为了排除私人性垄断、不当的义务限制等进行的裁决、电波监理审议会进行的不利益处分程序等。行政裁判制度的特色如下：一是职权行使的独立性；二是程序的准司法性；三是司法审查时审级的省略及实质性证据法则；四是法院对行政裁决结论的尊重。因此，行政裁决制度的功能被认为与行政不服审查功能一致，是一种在行政程序内解决行政争议的制度。

二、行政不服审查制度（“行政不服申诉制度”）

行政不服审查制度，又称“行政不服申诉制度”，是指国民对行政厅的违法或者不当处分及其他相当于行使公权力行为提出不服申诉，请求上级行政厅撤销该处分等的制度，其特色如下：一是书面审理主义；二是职权主义；三是当事人主义；四是行政机关自我反省的行政监督的一环；五是程序简易（“略式争讼”）。值得注意的，一是依据《宪法》第76条规定，行政厅不得作出终审裁判，因此，对行政不服审查结果不服时可以向法院起诉，故而行政不服审查制度与行政诉讼制度共同被称为“行政争讼制度”。与行政诉讼制度不同的是，行政不服审查制度可以对违法性处分（法律问题）和不当行政处分（裁量问题）共同提出，具体包含审查请求、异议申诉、再审查请求。二是行政不服审查制度中的教示制度，即国民不服行政处分时，是否提出、何时向何处提出等，由行政厅作出处分时提出教示或者依利害关系人请求提出教示。综观行政不服审查制度，由于将其与行政诉讼制度共同称为“行政争讼制度”，其功能一为确保行政的合法与适当；二为适用简易、迅速的程序救济国民权益、解决行政争议。由于行政不服审查制度是在行政系统内进行的，其审查的公正性与权利救济的确实性有待于依赖实务与制度的完善而加强。

三、行政诉讼制度

在日本，行政诉讼制度又称为“行政案件诉讼制度”，是指行政厅的违法处分造成权益损害引起的诉讼制度，具体而言，因行政作用产生了对国民的具体性不利益状态或者可能性，因而国民向法院提起诉讼，请求就行政厅行使行政权的作为或者不作为的合法性进行审查，以求排除违法状态、权利利益的恢复乃至实现的程序。行政诉讼的实质与行政厅行使的行政权相关联，因此必须注意的问题包括：一是司法权的界限问题；二是行政诉讼法没有规定时可以适用民事诉讼法；三是行政诉讼实务中，行政厅的权力性行为引起的诉讼、损失补偿诉讼、公务员关系诉讼居多。依据日本现行行政案件诉讼法的相关规定，日本的行政诉讼的种类可以归纳为：抗告诉讼、当事人诉讼法、民众诉讼与机关诉讼，其中抗告诉讼作为核心内容又分为：撤销诉讼（抗告诉讼的核心）、无效等确认诉讼、不作为的违法确认诉讼、附义务诉讼与禁止诉讼。此外，1962 年制定的行政案件诉讼法在 2004 年作出了重大改革：一是扩大了权限范围；二是附义务诉讼的法定；三是禁止诉讼的法定；四是确认诉讼的明示；五是审理的充实与促进；六是为了行政诉讼法易于利用而新设了抗告诉讼被告的简明化、抗告诉讼管辖法院的扩大、起诉期间的延长、教示制度等。经过十年多的实践，修改后的行政案件诉讼法又面临了一系列新问题，即国民接受审判的权利的实质性保障、多种诉讼类型的引进、行政厅裁量基准的明确化、国民迅速接受审判的可能性、废止个别法的行政不服审查前置规定而修改为选择主义、环境、消费者、计划、开发等领域的行政作用方面市民诉讼的设立等问题。

关于行政诉讼法制度的功能，因其是因行政厅的处分或者其他相当于行使公权力的行为引起的诉讼，并且是法令化的规则对行政活动的事后确认，所以其功能被认为：一是确保行政权的合法、有效；二是保障国民权利利益。值得注意的是，行政诉讼制度的实效性与功能性的确保，需要行政诉讼制度各个方面具体制度的参与完善来实现。为此，面临行政的实务界归纳起来主要是，起诉的数量比较而言极少、原告胜诉率低、行政诉讼法适用门槛高、法院不能触及行政裁量内事项、原告方不能充分且有效利用行政救济制度等。为了解决诸如此类问题，今后努力方向大体为，避免作为最后担保法治的行政诉讼制度空洞化、总括性且实效性保障国民权益、确保作为主权者的国民对行政活动整体的组织性、实效性、程序性的介入等。

四、国家补偿中的行政赔偿与行政补偿

日本行政法中的国家补偿是指对国民因国家或者地方公共团体等的活动引起的损害或者损失的填补的制度总称，总体由国家赔偿（包括行政赔偿、司法赔偿、立法赔偿）与行政上的损失补偿（行政补偿）制度、基于结果责任的国家补偿制度、负担金制度（包括受益者负担金与原因者负担金制度）构成，其中国家赔偿与行政补偿是核心，二者在对受害人的救济上具有共通性，但作用上不同，国家赔偿具有制裁功能；损失补偿则具有担保职务执行的适当及废止违法行为的作用。

（一）行政赔偿

行政赔偿是国家赔偿制度的重要组成部分，是指因国家或者地方公共团

体违法行使公权力行为造成的损害由国家或者地方公共团体承担赔偿责任的制度。关于行政赔偿的性质，日本行政法学界存在着代位责任说与自己责任说的分歧，但对行政赔偿制度的基本内容上无明显争议，即所谓的公权力的行使包括权力的行使与不行使（不作为）；所谓的违法则具有多样性，包括结果不法说、行为不法说、违法性与不当性等学说与分歧。

行政赔偿制度的功能在于通过对国民因职务行为违法造成损害的填补来救济国民权益；也是通过对违法职务行为的确认与判断来确保行政的合法性。

（二）行政损失补偿

行政损失补偿制度基于行政上的利害调整，因为行政权的终极目的是为公益提供服务、着眼于公众整体利益；行政带来的惠泽由国民平等享受；也应当平等负担为此所需要的费用。因此，所谓的行政损失补偿是指对因国家或者地方公共团体的合法性活动产生的损失的填补。日本行政法学界对损失补偿的反对声音也不少：一是认为虽然国家或者地方公共团体合法性产生损害很多，但是该损害未必得到行政损失补偿；二是认为所谓的对合法性行政活动产生的损失的补偿，实质是对国家或者地方公共团体课以过大的财政性负担；三是认为行政损失补偿制度无意义、不适当。无论怎样，日本的行政损失补偿制度彰显着保障国民权益、增进国民福祉的行政主体目标的确立、完善而得到建立、健全与完备，因为行政损失补偿制度毕竟是对有意思表示的、国家或地方公共团体的、以限制国民权益为内容的、合法性公务活动造成的损害的直接相对方进行的财产上的损失填补。为此，要注意行政上的损失补偿制度和生活权补偿与第三者补偿区别开来，前者是指为保障生活或者生存权而进行的补偿，包括狭义的生活权补偿与生活再建措施补偿；后者则指对中间的蒙受不利益的人的补偿，包括少数残存者补偿与离职者补偿等。

行政损失补偿制度与行政损害赔偿制度是为了国民权益受到损失或者损害的切实救济而设立并存在的行政救济制度，反映了行政的服务性、福利性与公平负担理论在行政救济体系中的体现。

行刑衔接中的刑事优先原则反思*

练育强**

所谓“两法”衔接是指行政执法与刑事司法的衔接。2013 年 11 月 12 日，党的十八届三中全会《中共中央关于全面深化改革若干重大问题的决定》（以下简称《决定》）中将“完善行政执法与刑事司法衔接机制”作为全面深化改革的重大问题之一。2014 年 10 月 23 日，党的十八届四中全会《决定》中也明确指出了“两法”衔接中存在的问题是“有案不移、有案难移、以罚代刑”等现象，并指出应“健全行政执法和刑事司法衔接机制”，以“实现行政处罚和刑事处罚无缝衔接”。可见，健全和完善“两法”衔接机制已成为了非常迫切的国家战略任务，对此，我们既需要深入衔接机制运作的实践中去发现导致衔接难的原因所在，同时我们也需要对衔接机制运作的基础理论进行反思，尤其需要思考的是，在新的时代背景下，该理论能否有效指导衔接的实践工作。

当前，在“两法”衔接机制运作中最基础的理论是刑事优先原则，该原则要求，针对同一不法行为，需要同时予以行政处罚与刑事处罚时，应当优先追究刑事责任。因此，行政执法机关在处理行政违法案件时，发现相关行为已涉嫌构成违法犯罪时，应当及时将案件移送司法机关立案追究刑事责任。对于该原则，除极个别学者指出“将‘刑事优先原则’适用于行政处罚与刑

---

* 国家社科基金青年项目“证券行政处罚与刑事制裁衔接问题研究”（11CFX048）。

** 练育强，华东政法大学副教授，法学博士。

事处罚竞合的案件中，是对‘刑事优先原则’错误理解和不适当滥用”外，[①]绝大多数学者都明确认可该原则在“两法”衔接中基础理论地位，并且该原则还直接影响了衔接机制的建立与运作。因此，对刑事优先原则进行的深入反思，应是健全和完善衔接机制的关键所在。

一、刑事优先原则的渊源

刑事优先原则首先确立于刑民交叉领域，同一案件既涉及犯罪需要追究刑事责任，同时又涉及民事纠纷需要追究民事责任时，法律赋予刑事责任的追究予以优先实施。对于该原则，虽然没有具体的法律文本上明确规定，但是，在20世纪80年代中期以前，刑事优先具有无可挑战性，刑事优先原则似乎是自然法则。[②] 80年代后期虽然遇到了一定的挑战，但其地位仍然得到了权威部门的维护与巩固：如1987年3月，最高人民检察院、最高人民法院、公安部共同发布的《关于审理经济纠纷案件中发现经济犯罪必须及时移送的通知》（法研发〔1987〕7号）中，明确规定“各级人民法院在审理经济纠纷案件中如果发现有经济犯罪事实的，即应及时移送”，“人民法院在审理经济纠纷案件中如果发现有经济犯罪时，一般应将经济犯罪与经济纠纷全案移送”；同年10月，《最高人民法院关于财产犯罪的受害者能否向已经司法机关处理的人提起损害赔偿的民事诉讼的复函》（［1989］民他字第29号）中指出，“关于财产犯罪的受害者可否一起损害赔偿的民事诉讼问题比较复杂，应当设法继续追赃，不宜采取提起民事诉讼的办法”。

之所以如此，既与我国的法律文化传统相关，也与当时的社会结构形态密切关联。在中国，从公元前5世纪至20世纪初，诸法合体、民刑不分、以

① 谢治东：《行政执法与刑事司法衔接机制中若干问题理论探索》，载《浙江社会科学》2011年第4期。

② 马济林：《从刑事优先到民事优先》，载《法学评论》2008年第5期。

刑为主的法典体例，历经二千五百余年基本上沿承不变，这种保守性是世界上少有的。[③] 因此，刑事优先原则的适用在中国古代可谓有着极为深厚的法律文化底蕴，封建社会公权的绝对优先地位以及传统的重刑思想的影响，为刑事优先原则奠定了坚实的基础。[④] 新中国成立后至改革开放前，我国实行的是高度集中的计划经济体制，由于在这一体制之下，更多强调的是国家与集体的利益，作为个体的民事权益极为简单，因此，在追究犯罪嫌疑人的刑事责任与保护相关主体的民事权益方面一般不会产生冲突。

自国家实行有计划的商品经济，尤其是社会主义市场经济以来，经济的发展和社会结构形式的巨大变化，通过刑事优先原则处理刑民交叉案件出现了对于被害人民事权益救济不力的问题，因此不少学者开始反思刑事优先原则的适用。但是，也有部分学者仍然极力主张刑事优先原则，甚至将其扩展到了只要有关多责任的追究，其中一旦涉及刑事责任就应采取优先追究原则，该学者指出，“刑事优先”原则是指在一切调查处理程序中发现有犯罪事实存在时应当首先由有权管辖该案件的侦查或者司法机关依照刑事诉讼程序进行追究。因此，“刑事优先”原则应当在纪律调查程序、行政处罚程序、民事诉讼程序以及其他任何涉及刑事犯罪的调查处理过程中加以贯彻，以保障和维护有关管辖的司法机关对犯罪案件启动刑事司法程序的决定权。[⑤]

二、刑事优先原则在“两法”衔接中的运用

自20世纪90年代初，学者们开始关注行政处罚与刑罚处罚的衔接时，刑事优先原则就得到了广泛的认同。如陈兴良教授指出：“在对行政犯罪实行双重处罚时，应当优先追究其刑事责任，在追究刑事责任以后，除刑事

---

③ 张晋藩：《中国法律的传统与近代转型》（第二版），法律出版社2005年版，第205页。
④ 周福民、白江：《刑事优先原则中的法律理念冲突》，载《法学》2006年第2期。
⑤ 张智辉：《刑法改革的价值取向》，载《中国法学》2002年第6期。

处罚吸收行政处罚的情形外，可以再行由行政机关予以行政处罚。”[⑥] 周佑勇教授、刘艳红教授则明确指出：“在适用程序上衔接行政处罚与刑罚处罚的关系，首先必须遵循刑事优先原则。”[⑦] 刘远教授等也指出：“衔接机制的目的在于依法追究犯罪分子的刑事责任。这一目的决定了衔接机制必须以刑事执法机关为中心来建立。”[⑧] 学者们之所以主张刑事优先原则，不同的学者的理由不完全一致。陈兴良教授的观点是：“实行刑事优先原则有利于打击犯罪，实行刑法的防卫机能。当然对于个别在追究刑事责任的同时需要及时追究行政责任的，可以采取刑事附带行政的方式解决。”[⑨] 周佑勇教授和刘艳红教授的理由包括以下几个方面：“第一，行政犯罪与行政违法行为相比，社会危害性更严重，应优先审查；第二，刑罚处罚与行政处罚相比，制裁程度更为严厉，应优先施行；第三，行政机关先作出行政处罚，并不是司法机关审理行政犯罪案件的必经程序，作为行政处罚的事实和证据依据，对司法机关并不具有当然的效力，还需经司法机关重新调查、核实和认定，而司法机关认定的犯罪事实和审查的证据，对行政机关具有当然的效力。”[⑩]

学者们的这些主张无疑直接影响了随后“两法”衔接制度的建立与运作，虽然在规范层面上，还没有哪一部法律、行政法规或规范性文件在条文中直接规定刑事优先原则，但是从有关衔接制度的行政法规以及规范性文件的字里行间中还是可以明确看出刑事优先原则的体现。目前规范“两法”衔接的最高法规是国务院于2001年颁布实施的《行政执法机关移送涉嫌犯罪案件的规定》（以下简称2001年《国务院规定》），《国务院规定》的第1条就制定的目的进行了规定，即“为了保证行政执法机关向公安机关及时移送涉嫌犯罪案件，依法惩罚破坏社会主义市场经济秩序罪、妨碍社会管理秩序罪

---

⑥ 陈兴良：《论行政处罚与刑罚处罚的关系》，载《中国法学》1992年第4期。

⑦ 周佑勇、刘艳红：《论行政处罚与刑罚处罚适用衔接》，载《法律科学》1997年第2期。

⑧ 刘远、汪雷、赵玮：《行政执法与刑事执法衔接机制立法完善研究》，载《政法论丛》2006年第5期。

⑨ 陈兴良：《论行政处罚与刑罚处罚的关系》，载《中国法学》1992年第4期。

⑩ 周佑勇、刘艳红：《论行政处罚与刑罚处罚适用衔接》，载《法律科学》1997年第2期。

以及其他罪，保证社会主义建设事业顺利进行，制定本规定”，其中“及时”二字充分表明了刑事优先原则。在随后公布的3部规范性文件中也都明确规定了“及时”二字，如2004年《最高人民检察院、全国整顿和规范市场经济秩序领导小组办公室、公安部关于加强行政执法机关与公安机关、人民检察院工作联系的意见》（高检会〔2004〕1号）（以下简称2004年《意见》）中“前言”部分明确提到了目前“两法”衔接中存在的问题有“信息沟通不畅、案件移送不及时，协作配合不规范”等。2006年的规范性文件则直接在标题中提到要“及时”移送涉嫌犯罪的案件，即《最高人民检察院、全国整顿和规范市场经济秩序领导小组办公室、公安部、监察部关于在行政执法中及时移送涉嫌犯罪案件的意见》（高检会〔2006〕2号）（以下简称2006年《意见》）。2011年中共中央办公厅、国务院办公厅转发国务院法制办等八部门制定的《关于加强行政执法与刑事司法衔接工作的意见》（以下简称2011年《意见》）中的“一、严格履行法定职责”中的“（二）”中明确规定：“行政执法机关在执法检查时，发现违法行为明显涉嫌犯罪的，应当及时向公安机关通报。”

此外，2008年，国务院法制办在《对陕西省人民政府法制办公室〈关于对行政执法机关移送涉嫌犯罪案件后管辖权问题的请示〉的复函》（国法秘政函〔2008〕199号）中则更是彻底体现了刑事优先原则，该复函中明确指定了对于移送公安机关的涉嫌犯罪的案件，行政执法机关只有在三种情形下才具有管辖权：第一，公安机关不予立案，并依法退案的案件；第二，公安机关立案后审查认为没有犯罪事实或者显著轻微，不需要追究刑事责任后移交同级别行政执法机关的案件；第三，经刑事诉讼后被免予刑事制裁的案件。该复函虽然没有明确说明刑事优先原则，但是从关于行政执法机关对于涉嫌犯罪案件的管辖权的说明来看，只有在司法机关确立无罪或免予刑事处罚后，行政执法机关才能行使相应行政执法权。这样的规定是否合理性暂不作评论，但却非常彻底地反映了刑事优先原则。

在制度层面上，明确提出刑事优先原则的应是最高人民法院行政审判庭于2010年出版的《中国行政审判指导案例》第1卷第14号案例“枣庄永邦橡胶有限公司诉山东省枣庄市国家税务局税务行政处罚案”（以下简称第14号案例）。[11] 在该案的“一审法院认为”中指出，“《中华人民共和国行政处罚法》第七条第二款和《行政执法机关移送涉嫌犯罪案件的规定》第三条、第五条、第八条、第十一条规定，如果违法行为已构成犯罪，应该依法追究刑事责任的，行政机关不得以行政处罚代替刑事处罚，必须依法向公安机关移送。这些规定说明以下两点：其一，在实体上，有关人身权和财产权的刑事处罚优于行政处罚，相关的行政处罚必须和刑事处罚进行折抵；其二，在程序上，有关人身权和财产权处罚的刑事程序优于行政程序。如果违法行为已构成犯罪，必须依法向公安机关移送。在司法机关对该违法犯罪行为未作出最后处理之前，行政机关如在向公安机关移送之前未作出有关人身权和财产权的行政处罚，则不再针对同一违法行为作出该类行政处罚，否则构成程序违法”。在该段说理中，法院明确提出了有关人身权和财产权的刑事处罚无论是实体上还是程序上都应优先于行政处罚，否则行政执法机关涉嫌程序违法。

但是，与国务院法制办不同的是，该案例并未采取完全的刑事优先原则，而是主张有限的刑事优先原则。第一，处罚种类上的有限性。根据《行政处罚法》第8条的规定，行政处罚的种类有：警告；罚款；没收违法所得、没收非法财物；责令停产停业；暂扣或者吊销许可证、暂扣或者吊销执照；行政拘留；法律、行政法规规定的其他行政处罚。学理将这六种处罚种类概括为四大类，即申诫罚、财产罚、资格（能力）罚、人身自由罚。根据《刑法》第32、33、34、35条的规定，刑罚有主刑和附加刑两大类：主刑包括了管制、拘役、有期徒刑、无期徒刑、死刑；附加刑包括了罚金、剥夺政治权利、没收，对于外国人还可以独立适用或者附加适用驱逐出境。这其中主刑

---

⑪ 参见中华人民共和国最高人民法院行政审判庭编：《中国行政审判指导案例》（第1卷），中国法制出版社2010年版，第69-74页。

是关于自由和生命的处罚，附加刑则包括了财产和资格（能力）的处罚。显然，对于处罚种类而言，行政处罚中的申诫罚以及资格（能力）罚并不存在所谓的刑事优先，对于涉嫌犯罪的违法行为即使已经移送司法机关，行政执法机关仍然能够作出这一处罚。第二，处罚的时限上的有限性。根据“一审法院认为”中说明，对于涉嫌犯罪的违法行为，行政机关如在向公安机关移送之前未作出有关人身权和财产权的行政处罚，则不再针对同一违法行为作出该类行政处罚，但如果在移送之前已经作出了有关人身权和财产罚的则是有效的。因此，处罚时限上也是有限的。

三、刑事优先原则的检讨

对于适用于民刑交叉领域的刑事优先原则自90年代初被学者们引入行刑交叉领域后，在制度层面上，国务院法制办与最高人民法院行政审判庭的主张不尽相同。在将健全和完善行政执法与刑事司法衔接机制作为国家全面深化改革的重大问题之一后，对于该原则的原点理论的反思也就显得尤为迫切。

（一）刑事优先原则存在的社会基础是否还存在？

存在于民刑交叉领域的刑事优先原则的社会基础主要体现为两个方面，一方面是传统的法律文化基础，一方面上社会结构形态。对于发展到21世纪的今天，这两方面是否还能成为刑事优先原则的基础呢？显然值得怀疑。

就传统的法律文化基础而言，自1840年鸦片战争后，在西方的现代法文化的猛烈冲击下，加上中国的社会传统的经济结构与阶级结构的巨大变化，使得传统法律文化支离破碎，很难再继续抱残守缺，这是中国传统法律文化史上的历史性巨变。清末，在沈家本等法律精英的努力下，建立了仿大陆法系的新的法律体系，废除了不合时代的五刑、比附、司法行政部分等封建法制，改变了礼法合一、诸法合体、重刑轻民等中国古代法律的传统，引进了标志着西方法制文明的罪刑法定、刑罚人道主义、司法独立等法律原则和制度。[12] 虽然，这一法律体系并未能够得到实施，但对于随后的南京临时政府、北洋政府以及南京国民政府的法制建设起到了巨大的影响。新中国成立后，尤其是党的十一届三中全会后，立法工作得到高度重视，2011 年 3 月 10 日，时任全国人大常委会委员长吴邦国在向十一届全国人大四次会议作报告时，明确宣布“以宪法为统帅，以宪法相关法、民法商法等多个法律部门的法律为主干，由法律、行政法规、地方性法规等多层次的法律规范构成的中国特色的社会主义法律体系已经形成”。可见，传统法律文化已经彻底失去了其存在的土壤，即使部分观点还会影响到极个别人的思想，但对于法律制度的建构而言，已不可能产生实质性影响。

就社会结构形态而言，新中国成立后，在经济上推行社会主义公有制和计划（命令）经济，在政治上实行以党的一元化领导为核心内容的高度集中集权制，1949 年以前产生的所有民间组织几乎完全消失。50 年代初，全国性社团只有 44 个，1965 年不到 100 个，地方性社团也只有 6000 个左右。这些社团的类别也十分单调，主要是工会、共青团、妇联、科协和工商联等 9 类群众组织。[13] 而且在本质上，这些社团与国家机关并没有本质区别。因此，这一时期，国家与社会完全是一体的，强调的是国家与集体的利益至上，个人以及个人权利根本就无从谈起。刑事犯罪侵犯的主要是国家利益，即使这一违法行为也同时侵犯到了私人的权益，但由于国家利益的至上，应优先予以追究。但自从 1978 年实行改革开放以来，尤其是 1992 年党的十四大正式确立了建立社会主体市场经济体制后，我国的国家结构形式发生了重大的变化，国家与社会逐渐二元化，各种经济组织、民间组织、社会团体等如雨后春笋般的大量产生，对于不同的社会主体，法律的平等保护则是法治国家应有之义，因此，无论是国有财产还是私有的财产都应得到法律的同等对待。

---

⑫ 参见张晋藩：《中国法律的传统与近代转型》（第二版），法律出版社 2005 年版，第 321-408 页。

⑬ 俞可平：《市场经济与中国公民社会的兴起》，载俞可平主编：《市场经济与公民社会——中国与俄罗斯》，中央编译出版社 2005 年版，第 3 页。

此外，2004年的宪法修正案中明确增加规定了“国家尊重和保障人权”，并将第13条“国家保护公民的合法的收入、储蓄、房屋和其他合法财产的所有权”修改为“公民的合法的私有财产不受侵犯”，从这两个条款的规定中可以明确，宪法层面上，已完全将公民的民事权益保护与国家利益维护放在同一水平线上。因此，对权利人利益的保护上，除了刑事法律手段以外，还应当包括民事法律手段和行政法律手段，且优先择用何者，应取决于权利人的意志而非国家司法机关的意志。[14]

总之，由于传统法律文化依存的土壤的缺失以及国家结构形态的变化，也即刑事优先原则存在的社会基础不复存在，使得在民刑交叉中的刑事优先原则遭遇到了巨大的挑战，民事优先原则则得到了一定程度的认同。那么，渊源于此的“两法”衔接中的刑事优先原则还有存在的基础吗?

（二）刑事处罚是否必然严于行政处罚?

学者们之所以极力主张在“两法”衔接中适用刑事优先原则，核心的观点就是刑罚处罚与行政处罚相比，其制裁程度更为严厉。[15] 因此，刑事法律相对于除了宪法以外的其他任何法律、法规、纪律而言，应该说其保护的利益是最重要的，或者说其用于保护同等重要的利益时所具有的手段是最有效的。[16] 刑事法律所保护利益是否是最重要的，上文已有论述，不再赘述。就保护同等重要的利益所具有的手段是最有效的，也即刑事处罚的制裁程度严于行政处罚，却是值得商榷的。

由于刑罚最高可以剥夺自然人的生命，因此，在这一点上，其严厉性毋庸置疑，而且也是其他任何的制裁手段，保护行政制裁手段所不具有的。此外，对于人身自由罚而言，行政拘留处罚合并执行的，最长不超过20日，而

---

⑭ 马济林：《从刑事优先到民事优先》，载《法学评论》2008年第5期。

⑮ 周佑勇、刘艳红：《论行政处罚与刑罚处罚适用衔接》，载《法律科学》1997年第2期。

⑯ 张智辉：《刑法改革的价值取向》，载《中国法学》2002年第6期。

刑事处罚主刑中被羁押的最轻的处罚措施——拘役的期限为 1 个月以上 6 个月以下，因此，有关人身自由的刑事处罚严于行政处罚也是没有任何异议的，但是其他的处罚措施就很难直接得出这样的结论了。

首先，就资格（能力）罚而言，虽然《刑法》与《行政处罚法》中都规定了资格（能力）罚的处罚措施，但两者无论是处罚的具体形式还是针对对象都不相同，因此很难直接进行比较。《刑法》中的资格（能力）罚就是附加刑中的“剥夺政治权利”以及对于犯罪的外国人可以单独或者附加适用“驱逐出境”，此外，2015 年 6 月，第十二届全国人大常委会第十五次会议刚刚审议的《刑法修正案（九）》（二次审议稿草案）的第 1 条也规定了资格（能力）罚，即“在刑法第三十七条后增加一条，作为第三十七条之一：‘因利用职业便利实施犯罪，或者实施违背职业要求的特定义务的犯罪被判处刑罚的，人民法院可以根据犯罪情况和预防再犯罪的需要，禁止其自刑罚执行完毕之日或者假释之日起从事相关职业，期限为三年至五年’”。从实施的对象来看，这几种处罚措施针对的都是自然人。《行政处罚法》中的资格（能力）罚与《刑法》中的完全不同，包括两种：一种是责令停产停业，一种是暂扣或者吊销许可证、暂扣或者吊销执照，其中责令停产停业主要针对的是单位的违法行为，而暂扣或者吊销许可证、暂扣或者吊销执照针对的既可以是单位也可以是自然人。对于这些种类完全不同的资格（能力）罚很难区分出哪一个更为严厉，但就某一具体的资格（能力）罚而言，如吊销许可证或执照，有学者指出其严厉程度甚至超过刑罚的措施。该学者的观点是“吊销许可证之所以被认为是一种比刑罚更为严厉的制裁措施，是因为许可证的吊销意味着被许可人被彻底排除在市场之外，而即便被提起刑事诉讼，从而可能受到处罚或遭受信誉上的损失，却仍然允许企业从事交易活动”。[17]

其次，就财产罚而言，也很难区分彼此间的严厉程度。财产罚在《刑法》中主要体现为没收与罚金，在《行政处罚法》中表现为没收与罚款。就没收

[17] Colin Scott：《作为规制与治理工具的行政许可》，载《法学研究》2014 年第 2 期。

而言，根据《刑法》第59条的规定，没收财产是没收犯罪分子个人所有财产的一部或者全部，所指应是合法财产，而根据《行政处罚法》第8条的规定，行政处罚中没收的是违法所得与非法财物，因此，两者之间在所谓严厉程度方面，毫无可比性。就罚款与罚金的比较而言，根据《行政处罚法》第28条中的规定"人民法院判处罚金时，行政机关已经给予当事人罚款的，应当折抵相应罚金"，仅从文本的角度分析，折抵的前提应是罚款的数额少于罚金，自然就能够推导出罚款的严厉性低于罚金。但是事实情况却往往是罚款的数额高于罚金，就以第14号案例为例，该案行政处罚决定书中认定的罚款数额是500万元，而罚金的数额只是150万元，虽然该案中的行政处罚决定最终被法院予以撤销，但是从数额上还是大体可以看出，罚款的数额是高于罚金的。在这样的情况下就很难判断罚款与罚金各自的严厉程度了。

最后，还需要思考的是，行政处罚与刑事处罚的价值取向也不尽相同。行政处罚作为行政执法的手段之一，其强调更多的是效率，及时维护社会秩序、市场秩序是其主要目标，因此，资格（能力）罚，如责令停产停业、暂扣或吊销许可证或执照等的及时运用可以迅速稳定社会、市场秩序。而刑罚措施由于其可能剥夺行为人的生命与自由，为了防止枉法裁判、冤假错案等发生，刑罚的运用强调更多的应是公正。因此，两种价值取向不尽相同的制裁措施非得要分个谁严谁松是否有可能以及是否有必要？

（三）"两法"衔接的目的是否是优先追究刑事责任？

刑事优先原则的核心是优先追究刑事责任，将之作为"两法"衔接的基本原则，理论上论证逻辑就是"两法"衔接的目的就是优先追究刑事责任，因此，应适用刑事优先原则。对此，我们需要反思的是，"两法"衔接的目的是为了"优先"追究刑事责任吗？

从法律规范层面来看，最早对"两法"衔接进行规定的是1996年的《行政处罚法》，但该法针对"两法"衔接并不是行政执法与刑事司法的衔接，而是行政处罚与刑罚的衔接。该法中共有5个条文涉及行政处罚与刑罚的衔接，分别是第7条第2款、第22条、第28条、第38条第1款第4项、第61条，内容主要涉及三个方面：一是违法行为构成犯罪，不得以行政处罚代替刑事处罚；一是行政处罚与刑罚之间的折抵；一是如不移交追究刑事责任，相关责任人应承担何种责任。此外，1997年《刑法》第402条也规定了"徇私舞弊不移交刑事案件罪"。从这些规定来看，强调的核心是"违法行为构成犯罪，必须追究刑事责任"，防止的是"以罚代刑"，因此是一种结果上的衔接，而且这些规定也没有涉及具体的衔接机制的运行问题。

从政策层面来看，最早提出"两法"衔接的协作机制的是2001年5月10日国务院颁布的《关于整顿和规范市场经济秩序的决定》（以下简称《决定》），《决定》中明确规定了"行政执法部门在查处违法行为中发现的犯罪线索，必须及时通报并依法移送公安部门及其他有关部门，坚决制止一些地方和部门存在的瞒案不报、以罚代管、以罚代刑现象，造成严重后果的要严肃追究责任"。而之所以如此规定，是认为"依法严惩破坏市场经济秩序的违法犯罪行为，是整顿和规范市场经济秩序的重要措施"。因此，可以看出，国务院最初推进"两法"衔接协作机制的目的是为了整顿和规范市场经济秩序。

随后为了具体落实《决定》中有关衔接协助机制，先后制定了1部行政法规和4部规范性文件，除了2001年《人民检察院办理行政执法机关移送涉嫌犯罪案件的规定》外，其余的1部行政法规与3部规范性文件都说明了制定的目的。2001年《国务院规定》第1条规定的是，"为了保证行政执法机关向公安机关及时移送涉嫌犯罪案件，依法惩罚破坏社会主义市场经济秩序罪、妨害社会管理秩序罪以及其他罪，保护社会主义建设事业顺利进行，制定本规定"。从该条的规定可以看出，2001年《国务院规定》的制定目的有三个层次，最终目的是为了"保护社会主义建设事业的顺利进行"。

2004年《意见》在引言中指出了制定该《意见》的目的是"为了解决工作中存在的问题，建立起行政执法机关与公安机关、人民检察院相互配合的长效工作机制"，存在的问题则主要体现在"信息沟通不畅、案件移送不及时、协作配合不规范等"以及"破坏社会主义市场经济秩序的违法犯罪案件不断增多，行政执法机关查处的案件也逐年增长，但移送司法机关追究刑事责任的案件较少，移送后最终追究刑事责任的案件也较少”。2006年《意见》的引言中关于制定该《意见》的目的概括的较为简单，即“完善行政执法与刑事司法相衔接工作机制，加大对破坏社会主义市场经济秩序犯罪、妨害社会管理秩序犯罪以及其他犯罪的打击力度”。2011年《意见》的引言中则指出了该《意见》制定的目的是“为加强行政执法与刑事司法衔接工作”，而之所以要“加强”，是因为“在一些行政执法领域，有案不移、有案难移、以罚代刑的问题仍然比较突出”。

由于2001年《国务院规定》中增加了“依法惩罚破坏社会管理秩序罪以及其他罪”的规定，因此将《决定》中“整顿和规范市场经济秩序”的目的上升到了“保护社会主义建设事业的顺利进行”，但大体意思是一致的，即解决的是社会秩序的稳定问题，尤其是市场秩序的稳定问题。而达到这一目的的手段就是通过依法惩罚破坏社会主义市场经济秩序罪、妨害社会管理秩序罪以及其他罪的犯罪行为予以实现。三部规范性文件的制定的目的则是“加强或完善行政执法与刑事司法衔接工作”。此外，十八届四中全会《决定》中针对“健全行政执法与刑事司法衔接机制”的目的也表述得非常清楚，即“坚决克服有案不移、有案难移、以罚代刑现象，实现行政处罚与刑事处罚无缝衔接”，其最终的目的就是“实现行政处罚和刑事处罚无缝衔接”。

因此，从法律、行政法规、三部规范性文件以及十八届四中全会《决定》中的规定来看，“两法”衔接制度的目的有两层含义：一层含义是不能以行政处罚代替刑罚，即违法行为构成犯罪，必须追究刑事责任；另一层含义则是通过追究违法犯罪行为的刑事责任，以达到社会秩序稳定，尤其是社会主义市场经济秩序稳定的目的。可见，追究刑事责任是“两法”衔接的目的，但不是为了“优先”追究刑事责任，因此，为了“优先”追究刑事责任而适用的刑事优先原则的必要性也就自然值得反思了。

论我国行政问责的法治化及其路径选择

曹 鎏*

从2002年香港政府推行“高官问责制”，问责正式进入公众视野，历经2003年“非典”期间包括两名省部级高官在内的上千名官员因隐瞒疫情或防治不力而被罢免，问责在我国大陆地区得以正名以来，这一原本只定位于“非典”特殊时期的非常举措，其在中国人民战胜“非典”过程中所表现出来的为政权合法性和正当性保驾护航的强劲生命力，使其迅速发展成为我国政治生活的强人符号，并为我国深入推进政治体制改革提供了重要突破口。可以说，从个案式风暴问责到常态化理性建制阶段的转变已经在我国短短八年间的中国特色问责发展轨迹中显示出来。但问责的制度化其实仅仅构成问责发展中的表象需求，将问责机制中最核心的策略和方法上升为法律并给予良好的实施，意即实现问责法治，毫无疑问，这不仅是法律回应问责机制在我国发展过程中现实需求的生动表现，更是确保问责机制得以良性发展的根本出路。基于此，本文将在揭示法治化在我国的现实必然性和逻辑正当性的基础上，探究中国特色行政问责之法治化发展路径，以为问责法治的实现提供理论支撑与指导。

---

* 曹鎏，中国政法大学法治政府研究院副教授。

一、一个不容回避的问题：基础概念的澄清

基础概念的澄清构成学术研究的逻辑起点。问责机制在中国的发展具有鲜明的本土特色。自问责正式进入大陆地区以来，当普通民众甚至还没有来得及仔细品读其深刻内涵，它就在以一种约定俗成的姿态发挥其整肃吏治、以儆效尤的功能。其实，无论是目前的中央立法还是地方的问责文件，即便是浩如烟海的学术著作以及期刊论文，实务界乃至理论界对问责内涵的认识依然莫衷一是，无法统一。归纳起来，这种认识上的差异性主要表现为以下两种路径：一种是通过对责任范畴的考量，或者在泛化意义上去使用问责，直接将问责等同于责任追究机制的简称，相应地就将问责对象确定为全体公务员，或者是基于我国当前现实需要的考虑，认为问责应该具有填补中国当前监督行政方面空缺的基本功能，故采用问责之狭义，认为问责应该定位于对政治责任和道德责任的追究，故将问责对象锁定为享有一定领导职务的行政官员；还有一种路径则体现为对“问”重视程度的不同，一种观点认为问责应该侧重于问之属性，强调对责任的过问以及对“过问”的回应，另外一种观点恰恰相反，认为问责与传统的责任追究机制不无不同，应当仍然注重其事后制裁的功能。

正如马克思所揭示的，“理论在一个国家的实现程度，取决于理论满足这个国家的需要的程度”，[①] 故对于问责内涵的把握，应当从我国政治体制改革特别是行政体制改革的现实需要出发，通过追本溯源式地从问责被引入以及发展的背景分析，以获得具有相当说服力的权威阐释。基于此，笔者认为，中国特色行政问责之内涵，其特殊性主要体现为以下三个方面：

1. 问责对象的特定性

行政问责的概念是由“行政”、“问”以及“责”三个部分组成，其中

---

① ［德］马克思、恩格斯：《马克思恩格斯选集》（第1卷），人民出版社1995年版，第78页。

"行政"构成对问责外延的限定，表明了问责适用的具体对象。问责对象到底应当泛指行政机关所有工作人员，还是应当将其锁定为享有一定领导职务的行政官员？从某种意义上来说，正是因为问责"剑指"享有领导职务的政府官员，其整肃吏治、以儆效尤的独特功能所蕴含的治官治权理念与现代民主控权语境中民众对掌权者治理能力与时俱进的期待和渴望才得以达致完美的契合。中国的现实需要亦是如此。如何实现对执掌权力的行政官员的有效制约，以确保其能够鞠躬尽瘁地"为民服务"，尤其是对于实践中所发生的对人民的生命和财产招致重大损失的事件或者事故，如何真正贯彻"对民负责""受民监督"的执政理念，对于我国这样一个深受"官本位"思想②影响的国家来说，这无疑构成我国在推进民主化进程中最亟待解决的难题之一，而问责机制就恰恰为此提供了一个突破口。基于此，将问责的对象限定为享有领导权力的政府官员即领导干部，而不是一般工作人员，实际上正是抓住了责任体系中最为关键和核心的环节，正所谓"纲举目张"，因为在行政系统内部，对一般公务员的监督和制约通过系统内的上级对下级的追责方式即可实现，故只有强化人民对行政领导权的有效规制才能从根本上促成行政官员能够秉承"执政为民"的根本宗旨来组织管理整个行政机关。故问责语境中的问责对象应当具有特定性，只限于经过特别程序（选举或任命）产生、具有一定行政领导级别和职务并且系属于国家公务员范畴的行政机关工作人员，我们将其简称为行政官员。③ 可以说，正是问责对象的这种特殊性，却在一定程度上彻底地改变了我国为官能上不能下的政治逻辑，使得我国责任政

---

② 正如有学者所概括的，中国传统政治文化的核心就是"官本位"，具体表现在三个方面：一是万事皆下品，唯有做官高；二是一人得道，鸡犬升天；三是官进则荣，官退则耻。参见胡良俊：《浅议我国领导干部引咎辞职制度》，载《学术探讨》2004 年第 12 期。

③ 根据《中华人民共和国公务员法》第 16 条有关对公务员领导职务层级的规定可知，问责语境中的行政官员是指享有行政领导职务的，涵盖国家级正职、国家级副职、省部级正职、省部级副职、厅局级正职、厅局级副职、县处级正职、县处级副职、乡科级正职、乡科级副职共 10 类人员，意即在中央和地方各级政府以及所属职能部门任职的前述行政领导，也就是我们常说的领导干部。但要注意，享有前述职级却隶属于各级政府及其所属职能部门内部工作机构的领导干部并不属于问责对象范畴，当问责事件发生时，此类领导干部主要承担因存在违法违纪行为而引发的行政责任和法律责任。

府的建构从此有了可以依托的、更加真实和有效的路径。

2. 责任范畴的有限性

确定问责语境中的责任范畴构成厘清问责内涵的核心内容。实际上，关于责任范畴的讨论，一直以来都是学术界对问责内涵理解方面最大的争议点。鉴于行政官员履行职责、承担义务的内容属性将直接决定问责制的具体运行模式，故理论上，我们可以将行政官员的责任分为政治责任、行政责任、法律责任和道德责任④四种，这四类责任之间既相互独立，又相互影响和渗透，从而共同形成一个多元复合的责任体系。但这种应然视角下行政官员所承担的责任体系显然无法直接等同于我国现实所需的责任范畴，毕竟任何新制度的产生必须有它独特的价值和蕴意。事实上，早在 2002 年香港推行高官问责制以前，我国大陆地区就有改革开放以后第一起问责事件，即 1979 年“渤海二号”沉船事件，令时任石油部部长宋振明辞职。以后还有过其他问责事件，⑤ 但均以“个案式”处理为主，问责缺少制度化、规范化。当 2003 年“非典”疫情的爆发成为对我国政府执政能力特别是危机处理能力的深层次拷

④ 所谓政治责任，是指政治官员制定符合民意的公共政策并推动其实施的职责及没有履行好职责时应承担的谴责和制裁，既包括对积极意义上的政治责任的履行，也包括消极意义上的政治责任的承担，承担方式主要体现为政治官员在政治上受信任的程度降低，具体方式随失去信任程度的不同而所差异，最严厉的形式就是失去行使政治权力的资格，参见张贤明：《政治责任与法律责任的比较分析》，载《政治学研究》2000 年第 1 期；问责视角下行政官员的行政责任，是指行政官员职位分内应作之事以及未做好分内之事在行政组织内部所受到的谴责和制裁，既包括积极意义上的行政官员有履行岗位之责并完成好上级交派的任务以保证行政目标的顺利实现的基本义务，也包括当行政官员不能尽职尽责地完成其本职工作或者违法行使职权时将承担的消极意义上的行政责任；所谓行政官员的法律责任，是指行政官员依法行使职权以及出现违法失职行为而受到的谴责和制裁，具体包括行政法律责任和刑事法律责任两种，前者是指在行政官员对外行使职权过程中，因违反行政法律规范的义务性规定而承担的不利后果，其主要表现形式为行政处分，而后者是指行政官员违法行使职权的行为严重危害到社会秩序以致构成犯罪时，依据刑法的有关规定所承担的责任形式；所谓道德责任，是指行政官员在履行职权时必须承担的道德义务以及违反道德要求所应受到的责任追究，其本质上属于典型的主观责任范畴，是行政官员对自身忠诚、良知和认同的信仰。

⑤ 比如 1987 年 5 月 6 日，大兴安岭发生特大森林火灾，时任林业部部长杨钟、副部长董智勇被撤销职务，而大兴安岭多名处级以上干部受到党纪、政纪处分，直接责任人因犯有玩忽职守罪而承担刑事责任；1988 年 1 月昆沪列车发生颠覆事故，时任铁道部原部长丁关根引咎辞职，不久全国人大常委会决定免去丁关根铁道部部长职务，等等，不一而足。

问时，我国中央政府在短时间内对包括两位省部级高官在内的上千位政府官员因隐瞒疫情或防治不力而制裁的问责举措，正式赋予了问责在我国所应具有的特殊意蕴。显然，将问责这样一种新的责任追究机制引入我国大陆地区之中，乃是为了弥补现有责任追究机制的不足，在法律制度、党纪和政纪之外另辟一个通道，使政府官员行使权力的全过程都能受到强有力地、无缝隙地监督和约束，这显然与香港推行高官问责制的初衷具有“异曲同工”之处，即希望通过推行高官问责制来解决政府官员负有政治使命却在实践中不直接向代议机关承担政治责任和道德责任的问题。可见，问责背后所蕴含的这种权力制约的理念正回应了现代民主框架下民众对一个负责任的政府的强烈诉求，这对于弥补传统意义上的行政管理框架下的内部追责机制动力不足的先天缺陷具有决定性意义。因此，笔者认为，在我国现实语境中，问责之责任范畴应当突出强调政府官员责任的政治维度和道德维度，即政治责任和道德责任的有机结合（我们将其简称为领导责任），这不仅与中央《问责暂行规定》中问责之责任范畴相契合，[⑥] 同时这也是与其他国家相比，我国最亟待强化的责任追究类型。

3. 问责的过程性与动态性

从语义构成上讲，“问”作为责的前缀，决定了问责应具有过程性与动态性的特点。根据《汉语大词典》的界定，“问”不仅有“追究”之意，同时还可以将其解释为“询问”。[⑦] 显然，为了确保问责结果的公平、公正，责任追究之前必然需要展开调查确认的过程，“问”的过程以及“问”的结果应当是问的主体与问的对象双向交流后的“产物”。可见，与传统的责任追究机制强调事后制裁结果的功能相比，现代民主框架下的问责机制应当更注重公众

⑥ 综观《问责暂行规定》的全部条款，虽然并未直接对问责内涵作出明确界定，但第4条有关问责与党纪政纪处分以及刑事责任竞合问题的规定实际上已经揭示了问责的作用范围，问责是与党纪政纪处分以及刑事责任并列的责任追究方式，即问责之责任范畴应当是指行政责任和法律责任以外的其他责任类型。

⑦ 《汉语大词典》对“问”的解释主要包括：①询问：洁问；②论难：探讨；③考察：过问；④审讯；⑤追究等，不一而足。参见罗竹风：《汉语大辞典》，汉语大辞典出版社1993年版，第29页。

参与的基本理念，追责前人民对行政官员职责履行情况的过问以及行政官员对过问后的回应之特性，一方面体现为正当程序原则对问责过程的有效规制；另一方面，通过问的过程强化被问责官员的内心认可程度并真正内化为其日后认真履职的道德约束力量进而实现问责的预防与修复功能也是大有裨益的。因此，问责语境中的“问”应当包含以下两个方面的内容，缺一不可并且有先后顺序之分：首先是问责过程的双向性，体现为问责事件发生后，问责主体对问责对象进行询问、质询以及问责对象对问责主体进行解释说明回应的过程；其次才是问责主体实现责任对接进行实体层面的追责过程。故问责语境中完整意义上问的过程需要涵盖包括问的主体、问的对象、问的范围、问的程序、问的方式、问的执行以及问后的救济共七个方面的基本要素。

综上，所谓行政问责，是指行政官员因其职责和义务履行情况而受到质询进而承担否定性后果（谴责和制裁）的治吏机制。但要注意的是，与传统意义上行政管理框架下的上问下责的运行机制不同，行政问责应当突出强调行政官员所担当的政治责任和道德责任的特殊维度：人民不仅有权享有政府的基本服务，同时还有直接监督政府依法行政、并要求其承担责任的权利，故对于执掌权力的行政官员来说，他们不仅有义务制定符合民意的公共政策，同时更负有推动符合民意的公共政策执行的基本职责以及没有履行好这些职责时所应当承担的现代民主框架下的人民的谴责和制裁。可见，这是一种典型的民主控权视角下的责任追究机制，即借助公众所具有的强烈主权意识和政治参与意识，以形成对行政官员强有力的监督，并真正促成行政官员负责任的行动，通过这种自下而上的公众参与为问责机制的良好运转提供源源不竭的动力源泉，其实，问责机制对现代民主政治的重大贡献恰恰体现于此。

二、法治化的必然：中国行政问责的根本出路

任何良制的产生背后都有着深刻的内在逻辑。行政问责在我国大陆地区

的兴起与发展不仅有着鲜活的现实基础，其蕴含的深刻的理论基础也充分证明了法治化努力的逻辑必然性。

（一）行政问责在我国施行的必然

尽管行政问责在我国大陆地区的兴起表面上看乃是源自于“非典”疫情肆意蔓延对中国政府治理能力特别是危机处理能力的深层次拷问，但其本身所蕴含的内在价值却恰恰彰显出这一非常时期的非常举措在中国地区的施行已是必然，“非典”仅仅起到了“催化剂”作用。

首先，实现与市场经济发展相适应地政府职能转变构成问责在我国大陆地区兴起的潜在动因。经济基础决定上层建筑，当市场化改革目标成为我国以“经济建设为中心”战略部署的重大决策并付诸实施之后，伴随着市场经济的深入推进，政府必须随之转型以与经济发展相适应，一方面政府要为市场经济体制的发展和完善提供必不可少的权利保障和公共物品，另一方面政府又必须能迅速回应社会需要、维护社会公平、实现公共利益、创造公共价值，显然，问责机制正为民众得以监督政府必须负责任地行动的基本诉求的实现提供了突破口。其次，西方诸国发起的以“善治”为目标的政府治道变革为问责在我国的兴起提供了重要的助推力。所谓善治，就是使公共利益最大化的公共管理过程，其本质特征就在于它是政府与公民对公共生活的合作管理，⑧ 而以善治为目标的政府治理结构的重塑，强调追求社会公平与维护公民权利，要求行政更加透明、公开，对公众更有责任和回应性的本质，只是基于各国政治体制以及经济文化等社会背景的差异性和特殊性，不同国家采取的改革策略可能有所区别。⑨ 故在世界政治经济一体化的今天，随着各国先

---

⑧ 参见俞可平主编：《善治与治理》，社会科学文献出版社 2000 年版，第 8–9 页。

⑨ 比如英国政府为提升政府管理的责任性而采取“三步走”改革模式，具体包括颁布《部长级官员守则》以强化部长的政治责任、颁布《公民宪章》白皮书以推行服务承诺责任制以及颁布《政府现代化白皮书》以强化政府为民服务的能力；美国政府则通过采取建立监察长办公室（Coucil of the Inspects General on Integrity and Efficiency）、政府伦理办公室（Office of Government Ethics）等措施来保证政府官员的公共责任，等等，不一而足。

进思想和理念的不断融合，中国政府改革的脉动不可避免地将会受到全球化政府改革浪潮的影响。与此同时，中国政府在执政党的领导下自省式地自我改革与完善，实际上构成问责机制在我国得以顺利推行的直接动因。虽然与西方诸国社会转型模式和法治发展道路不同，中国政府变革的主要动力源在于政府自身，但是改革开放后的中国政府不断放松管制、走向治理并提供优化服务的发展轨迹，再一次验证了这一独特的中国模式对于实现我国经济和政治转型的决定性意义。特别值得一提的是，自2003年以来，我国新一届中央领导和政府更加注重以人为本，更加强调执政为民、为民负责的执政理念，[10] 无疑为问责这一强有力的治官治权机制中国化的过程提供了充分的养料和直接的动力源泉。最后，我国大力推进法治政府建设，建设法治国家的基本国策为问责机制在我国的确立、发展与完善提供了强有力的支撑与保障。借助法治的优越性为问责机制的运行提供最为可靠的基础框架，将构成我国问责机制得以良性发展的根本出路。

（二）行政问责对法治的呼唤

2003年“非典”成为问责正式进入我国大陆地区的标志性事件。短短8年间，从个案式权力问责到常态化制度问责的转变，已经在我国别具本土特色的问责发展轨迹中清晰地显现出来，特别是2009年5月党中央和国务院联合颁布的《问责暂行规定》，作为我国第一部能够在全国范围内适用的、较为全面系统地对问责机制作出具体规制的专门性规定，尽管其在性质上偏重于党内规范，但是它的出台标志着我国问责发展已经进入了一个全新的阶段：告别风暴，走向理性已经成为不可阻挡的历史潮流。

然而，简单的制度化并非问责机制发展的终点。问责的制度化仅仅构成

---

⑩ 比如胡锦涛总书记曾在讲话中多次强调“权为民所用、情为民所系、利为民所谋”以及“立党为公、执政为民”的基本思想，而温家宝总理也分别在不同场合提出“坚持以人为本、执政为民，建设人民满意的政府”的基本要求、“为民、务实、清廉”的行为准则以及“建设一个行为规范、公正透明、勤政高效、清正廉洁的政府，建设一个人民群众满意的政府”的基本目标。

问责发展中的表象需求，因为形式上的制度化很容易走向实质意义上的专制化。事实就是最好的明证。2003 年“非典”以来，面对包括中央乃至地方不断出台的问责制度，我们丝毫未看到一直以来问责旨在重点制约的频发的安全事故有任何消退的迹象，相反，当原本旨在于治官治权的问责机制在我国实践中频频遭遇制度困境，[11] 其被异化、被虚置的迹象渐显时，这种“人治”的复燃恰恰说明法治手段保障的不足。可见，在中国当前独特的政治环境和现实背景之下，虽然问责机制已经在我国由政府主导的变革模式中借助执政者的权威达至立竿见影的效果，但随着问责机制在我国的推进，这种模式本身对具体掌权者既得利益的冲击极易使问责机制的运行陷入动力不足的宿命。我们显然不能消极地等待问责所需要的各种条件在漫长的社会演进过程中自发产生，相反，我们却可以继续借助外力的作用强制发展并完善为确保问责的良性运行所需要的内在条件、运行条件以及外部环境条件的建设，毫无疑问，法律在法治国家所具有的至高无上的权威就恰恰为我们提供了突破口。

基于此，问责这一具有鲜明的民主特质的治吏机制中国化的过程必然彰显出鲜明的中国印记：在中国，确保问责机制得以良性发展的根本出路就在于实现问责法治，即借助法律的权威为问责机制的建构、运行规则和程序设定最为基础和稳定的制度依据，并确保其得以良好的实施，这才是适合中国国情的中国特色发展之路。

三、行政问责法治化的要义

实现法治是人类治理社会的理想模式，而法治化正是我们向这一宏伟蓝图探索的过程。正如前文所分析的，实现行政问责的法治化，是确保我国行

---

⑪ 比如在我国无中央统一立法的情况下，地方分而治之的局面所带来的同过不同罚、问责不全、问责不公等问题，无疑加重了实践中问责的混乱局面，大大损害了问责本身的公信力；典型的如多次被媒体曝光的被问责行政官员悄然间复出事件，被问责官员的复出往往呈现出无理、无据、无程序的“三无”复出现象，这种“躲猫猫”式的政治作秀无疑是对问责机制整肃吏治功能的最好嘲弄，等等。

政问责得以良性发展的必然选择和根本出路。何为法治化的要义？法治化的核心意旨与制度意蕴正为探索中国特色法治化发展路径提供了充分的理论支撑。而对法治化要义的把握则需要在汲取宏大的具有普适意义的法治理论的框架基础上，[12] 通过深入剖析我国当前的本土环境以及现实需要来获得。基于此，笔者认为，问责语境中的法治化，其要义应当涵盖以下两个方面的内容：

首先，最高立法机关制定了熔铸理性与正义之良法，这是确保问责法律能够有效实施的基础和前提，更是从根本上增强问责机制权威性和公信力的源泉，当然也是确保问责机制能够在法治轨道上得以良性发展的关键。可见，实现对行政问责的法律规制，是以国家机器为坚强后盾，并利用法律所应具有的内在道德性、强制性以及权威性的特质，不仅可以规范并统一现有的地方问责制度，克服问责的盲目性和随意性，同时也可以利用法律所蕴含的程序正义的意旨来抵消难以在实体层面实现对行政官员问责机制全方位控制的弊端，即借助程序正义这种被称之为“看得见的正义”以最大限度地接近人类对正义的渴盼。因此，理想状态下问责法治化的实现应当就是充分借助于程序正义对问责机制的规制功能，以确保对行政官员领导责任的追究在法治的轨道上运行，即将问责机制中最核心的技术和方法上升为法律基础上，尽量按照正当程序的基本要求，通过设置严密的程序规则以有效地规范对行政官员领导责任追究的全程，确保问责机制能够完全在法律预设的框架内得以良性运行，以彻底摆脱人为因素的恣意干扰。

---

⑫ 法治的内涵博大精深，事实上，已经有多位享誉世界的思想家们对其进行过深入的解析，典型代表古希腊著名思想家亚里士多德所提出的法治理论，“法治应该包含两重意义：已成立的法律获得普遍的服从，而大家所服从的法律又应该本身是制订得良好的法律”，“其中‘良法’的标准可以总结为三点：良法是为了公共利益而不是为了某个阶级（或个人）的法律；良法应该体现人们所接受的道德价值；良法必须能够维护合理的城邦制度于久远”；到了现代，法治理论又得到了进一步发展，典型的如 1959 年于印度召开的“国际法学家会议”通过的《德里宣言》对法治的阐释，“（1）法治不仅要求政府承认个人的公民权利和政治权利，而且要求创设和维护得以使每个人保护‘人的尊严’、实现每个人的人格充分发展的社会、经济、教育和文化条件；（2）法治原则不仅要求用法律防止行政权的滥用，而且要求政府有效地维护法律秩序以保障上述条件；（3）司法独立和律师自由是保障实施法治原则必不可少的条件”，等等。

其次，立法机关制定的问责之良法得到了普遍的、一以贯之的施行，亦即关注问责法律的实施问题。其实，问责机制之所以如此高效地发展成为我国政府治道变革的重要突破口，乃是在我国政府主导以及民意诉求的合力推动下强制完成的，但尚不具备成熟的控权土壤以及良好的政治和行政生态环境却是我国的基本现实，特别是在我国“官本位”思想依旧浓厚的背景之下，问责机制在运行过程中频频遭遇困境恰恰反映出这一具有鲜明民主特质的权力制约机制对我国本土资源的“水土不服”。但当问责机制已经毋庸置疑地发展成为我国大陆地区不可替代的治吏机制，特别是当前问责机制遭遇被异化和蜕变的风险渐显时，时间的紧迫性已经不容我们消极地等待确保问责机制得以良性发展的各种民主性要素自发地演变出来，而是要在一个有限的时间里，把问责机制发展所需的制度环境和文化以及技术支持尽量地创造出来，把应该完善和改革的东西尽量有步骤、有计划地快速完成，即致力于补充并完善问责机制得以良性发展的配套机制，这构成推进问责机制法治化的必要保障。

四、我国行政问责法治化的路径选择

任何良制从其产生到完善都是一个长期的、渐进的过程。问责尤其如此。事实上，问责这一具有较强政治性的民主控权机制，即便是已经历经百年以上控权历程的西方国家，我们也完全找不到能够与我国本土所需的问责之内涵完全吻合的机制。当我国执政党领导下的中国政府已经将问责这一彰显现代民主控权理念的治吏机制自觉主动地确定为其进一步实现自我完善与改革的路径时，问责与我国本土资源的融合必然伴随着更多的本土化的自创式发展，中国特色的问责必须在回应本土所需中实现独特的中国模式的缔造。实现问责法治构成中国特色问责机制发展的终极目标，法治化的征途必然伴随着不断的试错与选择。法治的实现需要法律的制定、实施与保障机制的有机统一，这无疑为我们探索适宜中国特色问责法治化之发展路径提供了重要突破口和切入点。

(一) 制定统一的《行政官员问责法》，奠定问责法治化的制度基础

制定全国性的统一的问责法，即《行政官员问责法》是实现问责法治的基本前提。纵观我国问责发展的实践轨迹，“政策先行、地方立法先行”的立法模式确实在问责机制发展初期缓解了我国问责实践亟须解决规范化和制度化的客观需求，但随着我国问责实践的不断开展，这种立法模式在实践中所引发的同过不同罚、问责不公、问责不全、问责地方化严重等问题的普遍存在，已经形成一股巨大的冲击力制约着问责机制治吏功能的进一步发挥。我们不得不清醒地认识到：问责机制这一公共物品必须而且只能由中央统一供给，即由全国人大制定统一的《行政官员问责法》是问责机制得以真正实现规范化和制度化的最终归宿，更是唯一出路。事实上，我国 8 年多的问责实践已经累积的经验和教训也充分成就了制定统一问责法所需的各种现实条件，可以说，我国在国家层面制定统一问责法的立法时机已经相对成熟，理论界亟待立法部门尽快做出破冰之举。

(二)《行政官员问责法》中的核心理论问题

1. 问责的基本原则

问责的基本原则构成确保问责机制得以良性运转的中枢和精髓，对于实现问责的法治化至关重要。所谓问责的基本原则，是指能够反映问责机制的本质特征和价值，并贯穿于行政官员问责机制运行的始终，对问责法律的制定与实施具有普遍规制作用的根本法律准则。笔者认为，问责的基本原则应该涵盖权责一致原则、依法问责原则、比例原则、问责平等原则、正当程序原则以及惩教结合原则共六大方面。其中权责一致原则作为首要原则，构成问责机制的逻辑前提和理论基础，意即行政官员享有的职权（权力）与其承担的职责（义务）应当具有高度的一致性和密切的对等性，正所谓“职权有多大、其职责就有多大”；而依法问责原则则是确保问责机制在法治轨道上运

行的根本性指导原则，是指问责机制运行中的每一个环节都应当受到法律的约束，“无法律、则无问责”；比例原则构成公平、理性问责的基础和前提，意即行政官员因问责而受到的制裁方式，必须与其自身过错大小、造成的损失及其影响程度等客观事实成比例；而问责平等原则则是“法律面前人人平等”这一宪法原则在问责领域中的具体体现，是指在问责过程中，不管问责对象的级别与权力到底有多大，问责主体一律要做到同等对待、一视同仁，禁止任何恣意和专断的差别待遇，但要注意的是这里的平等并非形式意义上的平等，而是需要在事实不同与处理不同间具有某种实质的内在关联；[13]正当程序原则至关重要，问责机制的法治化更多地需要依靠程序来实现，所谓正当程序原则，是指问责权力的行使应当遵循最低限度的程序要求，是约束问责过程的根本原则，具体又可以被细化为公开原则、参与原则和避免偏私原则；而惩教结合原则关乎问责机制的功能定位，尽管问责机制应当突出强调它的制裁功能，但制裁并非唯一目的，将教育贯穿于问责过程的始终，使制裁能够立足于挽救和防范，从根本上促成行政官员政治伦理道德的形成，这才是问责方式的价值所在。

2. 问责的归责原则和构成要件

问责的归责原则及构成要件是从理论层面解决判断责任归属的依据问题．其中归责原则是判断行政官员是否承担领导责任的理论抽象，而构成要件则是对归责原则的具体细化和分解，两者共同作用决定问责的广度和深度。鉴于问责的本质属性以及功能定位，笔者认为，行政官员问责之归责原则宜采用特殊过错推定原则。所谓特殊过错推定原则，是指当发生法定问责的情形时，如果行政官员不能证明有法定抗辩事由存在，那么，就推定行政官员存在过错而对其问责。基于此，问责的基本构成要件应当涵盖以下四个方面的内容，且缺一不可：（1）责任主体，即执掌权力的行政官员，但要注意的是在具体问责个案中，责任人级别的归属问题，不能一概而论，而是需要由问

---

⑬ 参见林锡尧：《行政法要义》，台湾三民书局1998年增修版，第46页。

责主体在法定权限范围内综合考虑各种事实因素，比如损失的大小、影响的地域范围、民意的需求等客观情况后作出最终决定；（2）过错要件，是指对问责语境中行政官员可归责心理状态的否定性评价，但要注意的是，与行政官员因违法违纪而承担的行政责任和法律责任不同，行政官员的领导责任往往具有间接性，故我们无法直接依据故意或过失的公认标准来认定行政官员的主观过错程度，但是却可以采取逆向思维的方式⑭推导出行政官员存在未履行或未妥善履行职责的失职行为，当然这种未履行或未妥善履行要以能为其自身所控制，或者在其主观意志能力范围内为限；⑮（3）损害结果，是指因责任主体一定的行为或事件使人民权益和公共利益所遭受的不利影响，正所谓“无损害则无责任”，但要注意的是引发行政官员领导责任的损害必须是一个确定的事实，同时这个损害还要在量上达到一定程度，满足“度”的要求才足以启动问责；（4）因果关系，是指损害结果与造成损害结果原因之间的关联性，它直接构成归责的逻辑前提和基础，笔者认为，对行政官员领导责任认定与追究中的因果关系应当作扩张理解：只要所辖地区或部门出现决策失误或者发生重大事故等严重损害公共利益、人民权益的客观事实，我们都可以反向推定为是由行政官员（主要是行政首长）领导不力所致，而不管行政官员领导不力是否构成造成上述损害后果的必然原因或根本原因，只要两者具有逻辑上的关联性，人民就有权问责于该行政官员，但要注意的是，行政领导责任本质上是一种有限责任，行政官员仅对其所辖公共事务对外承担领导责任，对超出其监督、支配权限范围外的其他事项当然不应负责，比如由意外事件、不可抗力等事件引发的重大损失，这显然已在行政官员所能掌控的职权范围之外，理应免责。

---

⑭ 所谓逆向思维，是指我们可以根据人民主权原则的基本要求，尝试采用“将主观状态客观化的认定标准”，即通过法律预先设定行政官员对公共利益造成损害或损失的事故或事件具有过失责任，同时也设定免责理由，对于行政官员能够在法定范围内提出抗辩理由的，将给予免责，否则将要推定其存在危害公众或者公共利益的失职行为而受到相应的制裁。

⑮ 参见［美］乔·萨托利著:《民主新论》，冯克利、阎克文译，东方出版社 1993 年版，第 120 页。

3. 问责的构成要素

问责的主体、范围、程序、方式及其适用共四大方面的内容，[16] 构成问责制度的核心构成要素，是确保问责机制得以顺利运转的必要组成部分。

（1）问责主体。问责的主体旨在解决“由谁问责”的问题，即当出现问责事由时，有权追究相关人员责任的个人和组织的统称。鉴于行政问责旨在通过民主框架下的权力制约机制以真正促成执掌权力的行政官员为民负责的行政伦理，问责主体理应具有较强的“人民性”“突出的坚定性”以及具有“足够的独立性、信用和权威”，同时，不同的利益群体在行政过程中对政府官员所形成的不同的价值期待和诉求，又决定了问责主体广泛性的特质。可见，根据人民主权原则的基本要求，理想状态下的问责主体应当是由国家权力机关主导、包括执政党、民主党派、政府、司法机关、社会公众、新闻媒体等共同参与、相互协调配合的有机结合体。当然，在问责机制发展初期，由于我国以执政者自我推动路径为主导的独特改革模式，决定了当前这种由党委和政府主导的同体问责模式成为现阶段的现实需求，但随着我国民主法治进程的不断推进以及政治文明程度的不断提高，权力机关在我国政治生活中位居主导性地位必将成为不可阻挡的历史潮流。

（2）问责范围。与普通的治吏机制不同，问责更突出强调它的民主价值与功能。鉴于行政问责更多的是作为对行政责任和法律责任追究机制无法企及的领域所作的强化和补充，故问责的范围只能是特定的，且必须与其所担负的使命相匹配，以充分填补行政官员的权力行为尚未引起法律责任和纪律责任，但却存在过失或不当时无规范得以援引的真空，以实现对执掌权力的行政官员全方位、无缝隙的监控。基于此，有关问责范围的法律界定，则需要在充分回应公众对行政官员的政治责任和道德责任的基本诉求基础上，严格秉承“以人民意志和公共利益需要”为依归的根本宗旨，具体采用肯定式

---

[16] 理论上，问责制度中的核心构成要素还应当包括问责对象，而问责对象在本文有关构成要件之责任主体要件中已作论证，故此处不再赘述。

概括和列举与否定式列举排除相结合的立法模式，以尽量实现规定本身的周延性、明确性与可操作性。

（3）问责程序。缜密、完备的问责程序对于实现问责的法治化具有不可替代的重要价值。从某种意义上来说，行政官员问责的法治化需要借助于程序来实现，即通过程序的规定以形成对问责过程的有效制约，保证问责的公平和效率，进而实现问责主体与被问责行政官员间权利义务的平衡。基于此，为了充分体现问责程序所应具有的理性和正义的基本价值，笔者认为，立法时可以在问责程序中融入一些司法性要素，以确保问责的全过程从启动、调查、决定再到申诉程序均能符合最低限度的程序公正（即正当程序原则）的基本要求。

（4）问责方式及其适用

行政问责的方式及其适用直接决定了问责机制能否在实践中真正发挥其整肃吏治、以儆效尤的基本功能。所谓行政问责的方式，是指行政官员因承担消极意义上的领导责任而受到的具体制裁。理想状态下的问责方式应当呈现出体系化特点：不同问责情形适用不同的问责方式，而这些问责方式之间又能软硬搭配、刚柔相济，以形成前后相续而又严密细致的逻辑体系，同时，为了真正实现问责旨在“给权力的授予者——人民一个满意交代”的美好初衷，问责的方式应该具有足够的“震慑力”。但要注意的是，尽管问责机制需要强调它的制裁功能，但制裁本身仅仅具有工具的效用，问责方式更应当突出其独具的更深层次的民主价值功能，即问责方式的选择应当更多地突出其对行政官员纠偏纠错的作用，以从根本上得以促成行政官员鞠躬尽瘁“执政为民”的为官理念。基于此，笔者认为，鉴于行政领导责任乃是在民主政治体制下基于民意的信任而任职的行政官员因其履职不力而承担的不利后果，故具体问责方式只能以其任职资格为限，并要随其受信任降低程度的不同而有所区别，具体包括政治道歉、引咎辞职、责令辞职以及免职四种形式。

所谓问责的适用，是指问责主体依法判断所涉行政官员是否应当被问责以及应当采取何种问责方式进行问责的专门活动。鉴于实践中引发问责的事件往往非常复杂，所涉行政官员的过错大小、造成的损失以及影响程度、主观过错与损害结果之间的因果关系等要素在具体问责情形下又是如此千差万别，法律本身的固有局限性决定了法律无法对上述实现作出面面俱到的规定，而只能为其设定一个最为基本的框架而已。故对于实践中问责个案的具体适用，大多数情况下，都需要借助问责主体所具有的法定裁量权根据具体案件事实进行综合权衡，在充分考虑包括损失大小、影响地域范围、主观过错程度、民意的需求等事实因素后作出最终的问责决定。可见，为了确保问责机制的良性运转，精英化的问责主体、合理的问责范围、缜密、完备的问责程序以及科学、公正的问责方式，任何一个要素都无法或缺，不过这也仅是达致公平问责的必要而非充分条件而已。

（三）法治化的保障：配套机制的补充与完善

徒法不足以自行。一部统一问责之良法的制定仅仅解决了我国问责领域有法可依的最为基础性问题，问责法治的实现程度还要取决于已经制定的法律是否能够在实践中得到一以贯之的实施，而这正是处于社会转型期的我国在建设法治国家过程中最亟待解决的难题之一。不得不承认，旨在治官治权的问责机制先天就与我国长期以来形成的传统行政文化间存在相当的张力，当问责机制借助执政者的自觉探索在我国地区得以强力推行以来，实际上这种受体与供体之间的不匹配就一直存在，而且影响并制约着问责功能的进一步发挥。因此，借助国家的强制力积极主动地创造能够确保问责法律得以良好实施的各种内在条件和外部运行条件，具体包括根据权责一致原则的基本要求构建明晰化的权责划分机制、实现信息公开与政务透明以保障公众监督权的切实行使、重塑行政官员的问责文化并增强官员的伦理道德意识以提升问责文化的软约束作用以及强化公众参与、培育成熟发达的公民社会为问责机制提供源源不竭的动力源泉，这构成推进问责机制法治化的必要保障。

结　语

行政问责在我国的兴起正是一个富有责任的执政党领导下的政府回应时代要求的生动体现，特别是其蕴含的深刻民主价值更为我国独特的以执政党和政府为主导的改革模式提供了持之以恒的“自我维持力”。当前法治化成为中国特色行政问责机制得以良性发展的根本出路，借助法治的优越性为问责机制的顺畅运转提供最为坚固的制度支撑以及国家强制力的坚实保障，无疑会令这种现代民主社会不可或缺的控权模式在我国的真正发展壮大夯实基础。尽管在当前我国传统行政文化依旧浓厚的背景之下，我国行政官员问责法治化的征途注定漫长并充满艰辛，但其为我国责任政府和法治政府建设的完美契合所提供的黄金通道，无疑值得我们对这一美好愿景怀着无法动摇的坚定信念，并辅以持之以恒的努力。

我国政府采购专业性行政救济机制及其完善

——基于对台湾地区经验的借鉴

陈又新*

在二阶段理论下，对于政府采购招投标、审标、决标过程中发生的争议，及其政府运用行政高权做出的不予发还投标保证金、列入不良厂商等行为，自可以提起行政复议或者行政诉讼。这些救济的机制是现行法制在政府采购领域的运用，本文不再展开。但是，政府采购活动由于其专业性的特点，大多数国家或地区均在传统救济以外设计专业性的救济机制。① 我国及台湾地区政府采购专业性行政救济机制分别为投诉制度和申诉制度。可以说，作为我国政府采购专业性行政救济机制的投诉制度是我国《政府采购法》赋予供应商制衡公权力重要的途径。本文即在比较我国及我国台湾地区政府采购专业性行政救济机制的制度规定、运行实践的基础上，对如何完善我国政府采购领域的专业性行政救济机制进行探讨。②

* 陈又新，中国社会科学院法学研究所，博士后研究人员。

① 不仅如此，有些国家对于审理政府采购案件的法官亦要求专业知识。*See* Sue Arrowsmith, *The Law of Public and Utilities Procurement*, Sweet & Maxwell, 1996, pp. 595-596.

② 实际上，专业化的行政救济如果得以完善，在整体救济体系中将发挥更重要的功能，正因如此，一些国家存在不过不穷尽行政救济，该行为即为非终局行为或非成熟行为，而不得提起司法审查的规定。See Stephen G. Breyer, Richard B. Stewart etal, *Administrative Law and Regulatory Policy*, Wolters Kluwer, 2011, p. 959.

一、投诉制度：我国政府采购专业性行政救济的现状与问题

（一）我国政府采购投诉制度的基本情况

我国政府采购中的投诉制度是指，质疑供应商对采购人、采购代理机构的答复不满意或者采购人、采购代理机构未在规定的时间内作出答复的，可以向同级政府采购监督管理部门提出投诉的制度。③ 由该规定可知：其一，我国政府采购的投诉受理机关是各级财政部门；④ 其二，投诉的前提条件是经过质疑程序。此外，我国《政府采购法》还规定了，供应商可以提起质疑的条件、期间，投诉的受理机关、暂停采购制度、应当作出答复的期间以及对投诉处理决定不服的救济。⑤ 为了规范我国政府采购的投诉处理制度，财政部还专门制定了《政府采购供应商投诉处理办法》。

供应商直接同采购实体解决争议，有利于迅速解决纠纷、化解矛盾、减少投诉成本。⑥ 因此，我国《政府采购法》在投诉之前设置了质疑程序，鼓励供应商直接同采购机关交涉解决争议。质疑程序是供应商与采购机关之间的交涉，不涉及第三方，相关的规定较为灵活，不属于本文讨论的专业性救济机制范畴，本文不展开讨论。但是，作为政府采购专业性行政救济机制的投诉制度——本文讨论的重点，在整个政府采购活动中起到了关键性作用。

首先，对参与政府采购的供应商来说，投诉制度为政府采购供应商在政府采购合同签订前与采购机关产生的争议提供了救济的渠道；其次，对法院来说，及时、高效的投诉制度可以为法院减轻大量的负担；最后，对政府采购制度本身来说，投诉制度无疑是监督政府采购活动公平、公正、公开进行

---

③ 参见《政府采购法》第55条。
④ 参见《政府采购法》第13条。
⑤ 参见《政府采购法》第50、55条。
⑥ 杨汉平：《政府采购的质疑与投诉》，载《中国政府采购》2002年第2期。

最有效的方式，为营造一个公平竞争的采购环境起到了保障的作用。

（二）现行投诉制度存在的问题

政府采购投诉制度作为第三方救济机制是政府采购解决纠纷重要的渠道。目前来看，我国政府采购投诉制度主要存在两方面的问题，即财政部门作为投诉处理机关存在的问题和投诉处理决定性质定位不清存在的问题。

1. 财政部门作为投诉处理机关存在的问题

首先，财政部门作为政府采购投诉处理机关缺乏中立性。纠纷解决的主体必须与纠纷的任何一方当事人都不存在某种利益和身份关联，否则就难以公正的裁决纠纷。[⑦] 投诉制度作为政府采购救济制度，是解决供应商与采购人之间纠纷的救济制度，因此，投诉的处理机关必须保持中立性。在我国，财政部门作为政府采购活动的监督管理部门，其众多职能中包括了多项可能引起供应商投诉的事项。例如：认定政府采购代理机构资格；审批达到公开招标限额标准但需采用非公开招标方式的项目，即审批采购方式，管理采购信息、公告，建立并管理政府采购评审专家库等。[⑧] 供应商可能产生争议的投诉事项本身就是财政部门的职能，使得财政部门成为了纠纷的当事人，再由其来处理该纠纷，缺乏纠纷处理者应有的中立性。

此外，财政部门与政府设立的集中采购机构的密切关系，也使其失去了作为裁决者的中立性。实践中，有些集中采购机构直接由省级财政部门代管，更是直接隶属于同级财政部门。[⑨] 而且，根据我国现行的政府采购执行体制，集中采购是我国主要的采购方式，我国 2012 年集中采购就占到了整个采

---

⑦ 陈袓彧：《探讨、展望——东北财经大学举办政府采购法国际研讨会》，载《中国政府采购》2004 年第 9 期。

⑧ 参见财政部国库司（政府采购管理办公室）编：《政府采购法律法规工作手册》（2012 修订本），经济科学出版社 2012 年版，第 1 页。

⑨ 许大卫、任京萍：《新时期政府集中采购机构的法律地位及核心竞争力》，载《中国政府采购年鉴 2012》，中国财政经济出版社 2013 年版，第 399-400 页。

购的87.6%。[⑩] 因此，让财政部门处理政府采购供应商的投诉显然缺乏中立性。

其次，财政部门作为政府采购投诉处理机关缺乏效率性。根据我国现行《政府采购法》的规定，在整个政府采购活动中，财政部门的职能非常多：在确定采购需求时，各级人民政府财政部门负责政府采购预算和计划管理以及进口产品审核等事项；在确定政府采购组织形式时，省级以上财政部门负责拟订本级集中采购目录、认定政府采购代理机构资格等事项；在确定采购方式时，财政部门负责审批达到公开招标限额标准但需采用非公开招标方式的项目，即审批采购方式；在组织采购活动的过程中，省级以上财政部门负责指定媒体、管理采购信息、公告，负责建立并管理政府采购评审专家库，负责制定合同范本等事项；在采购活动过程中，各级财政部门负责监管采购行为、负责考核集中采购机构业绩、负责处理供应商对此阶段提出的投诉事项；在采购合同履行及验收阶段，财政部门负责监督合同履行和验收等事项；在申请支付资金阶段，财政部门要负责审核及支付资金等事项。[⑪] 除此之外，财政部门还肩负着制定采购政策、规章制度的重任。

在财政部门处理众多职能的同时，政府采购争议也在与日俱增。2003年1月1日《政府采购法》颁布实施，2004年12月《政府采购供应商投诉处理办法》（财政部第20号令）出台，促使供应商参与政府采购活动的积极性日益高涨，维权意识不断增强，与此同时投诉事项也逐渐增多。[⑫] 然而，财政部门在面对如此之多的职能和与日俱增的投诉事件的同时，人员数量却没有相应增加，远未达到他们的工作量。例如，河南省财政厅政府采购处，全处7

---

⑩ 中国政府采购年鉴编委会编：《中国政府采购年鉴2013》，中国财政经济出版社2014年版，第172页。

⑪ 参见财政部国库司（政府采购管理办公室）编：《政府采购法律法规工作手册》（2012修订本），经济科学出版社2012年版，第1页。

⑫ 汤保全、宋熙文：《政府采购供应商投诉处理问题初探》，载《中国政府采购年鉴2006》，中国财政经济出版社2007年版，第335页。

位公务员，年龄偏大，平均年龄近 50 岁。[13] 财政部门人员的缺乏导致其根本不能负担该项工作。因此，由财政部门来处理政府采购投诉事件的效率实在让人担忧。

实践中的情况证实了这一点。2012 年，在全国政府采购金额 13977.7 亿元的规模下，财政部门只收到了 876 起投诉案件（其中受理了 771 件）。[14] 在这样的情况下，还有财政部门的人员提出：目前我国政府采购活动中，无效的质疑与投诉偏多，大量没有事实依据的无效质疑与投诉，不但干扰了正常的采购工作，影响了采购效率，同时也增加了采购机构、监管部门的工作难度，加大了采购成本。[15] 可见，财政部门根本不能负荷政府采购中投诉处理的工作量，将政府采购投诉处理纳入财政部门的职能极其影响其处理投诉事件的效率。

除此之外，财政部制定的《政府采购供应商投诉处理办法》也证明了这一点。财政部为了减少各级财政部门的工作量，在其制定的《政府采购供应商投诉处理办法》中专门规定，“投诉人 1 年内 3 次以上投诉均查无实据的、捏造事实或者提供虚假投诉材料的，属于虚假、恶意投诉，财政部门应当驳回投诉，将其列入不良行为记录名单，并依法予以处罚”。[16]

最后，财政部门作为政府采购投诉处理机关缺乏专业性。政府采购是针对财政支出建立的一种管理制度，是通过对支出的管理规范采购行为。法律将各级人民政府财政部门规定为政府采购的监督管理部门，主要考虑到财政部门具备相应的职能和监督管理条件。政府采购资金主要来源于财政支出，可以说没有财政支出就没有政府采购行为。因此，政府采购与财政支出

---

⑬ 汤保全、宋熙文：《政府采购供应商投诉处理问题初探》，载《中国政府采购年鉴 2006》，中国财政经济出版社 2007 年版，第 338 页。

⑭ 参见中国政府采购年鉴编委会编：《中国政府采购年鉴 2013》，中国财政经济出版社 2014 年版，第 167-173 页。

⑮ 安徽省财政厅政府采购处：《质疑与投诉的新问题和新思路》，载《中国政府采购》2008 年第 7 期。

⑯ 《政府采购供应商投诉处理办法》第 26 条。

管理是一个事物的两个方面，不可分割、不可替代，是财政部门的内在职能，其他部门不能替代财政部门在政府采购管理方面的职能。

但是，将政府采购的投诉处理也纳入财政部门的职能中就缺乏专业性的考虑了。政府采购除了涉及财政部门擅长的财政学的内容之外，还涉及法律、管理等专业性较强的内容。尤其是，在《招标投标法》与《政府采购法》统一的必然趋势下，政府采购还将涉及工程方面的专业内容，这些都是财政部门所不熟知的内容。实践也证明了这一点，目前的政府采购投诉处理决定参差不齐，五花八门，带有普遍性的问题，不是“缺斤少两”，就是轻描淡写，必备要件残缺不全，很少将投诉意见和争议焦点全面反映在投诉处理决定中。⑰ 因此，将财政部门作为政府采购投诉处理机关缺乏专业性的考虑。

综上所述，我国将财政部门作为政府采购投诉的处理机构问题重重，解决问题的方向正如我国学者所呼吁的：我国今后应尽快设立独立的政府采购申诉受理机构，使管理机构与申诉受理机构相分离，彼此之间形成一种制约机制。⑱

2. 投诉处理决定性质定位不清存在的问题

我国《政府采购法》规定了：“投诉人对政府采购监督管理部门的投诉处理决定不服或者政府采购监督管理部门逾期未作处理的，可以依法申请行政复议或者向人民法院提起行政诉讼。”⑲ 由此规定可以得知，我国将投诉处理决定认定为行政机关作出的行政行为，因此，对该行为有异议可以申请行政救济。

有从事政府采购实务者在此基础上进一步提出，“财政部门的投诉处理决定是行政机关对与政府采购行政管理相关的民事纠纷作出行政裁决”。⑳ 但是，行政裁决是行政机关对平等主体之间的民事纠纷作出的。然而，政府采

⑰ 谷辽海：《政府采购投诉处理决定亟须规范》，载《经济参考报》2006年2月22日，第6版。
⑱ 王鹏：《浅议政府采购法律监督制度的完善》，载《江西行政学院学报》2006年12月。
⑲ 《政府采购法》第58条。
⑳ 谷辽海：《政府采购投诉处理决定亟须规范》，载《经济参考报》2006年2月22日，第6版。

购合同签订前涉及众多公法因素，不能将采购机关与供应商之间的争议视为平等主体之间的民事争议。根据我国《政府采购法》的规定，其并没有明确规定采购机关和供应商在政府采购合同缔结前发生争议的性质，因此，不能由此必然得出财政部门作出的投诉处理决定是行政裁决的结论。

但是，财政部门投诉处理决定法律效力的认定可能会增加供应商的救济链条长度，并且改变财政部门干涉争议的强度。若采购机关与供应商在政府采购合同缔结前发生的争议被认定为公法争议，那么财政部门的投诉处理决定可以通过法律的修改将其认定为一种专业性的复议机制。[21] 供应商可对此直接进行行政诉讼，且财政部门对争议的处理可以更加具有职权主义特征，以维护公共利益，有助于加强其对争议解决的彻底性。因此，有必要重新检讨财政部门作出的投诉处理决定的性质定位，以更好地完善我国政府采购投诉处理机制。

二、申诉审议委员会制度：我国台湾地区的经验

根据我国台湾地区“政府采购法”的规定，“厂商对招标文件的规定，对招标文件规定的释疑、后续说明、变更或补充，以及对采购的过程、结果都可以向招标机关提出异议”。[22] 而对于异议处理结果不服或招标机关逾期未处理的，厂商可向主管机关、直辖市或县（市）政府所设立的采购申诉审议委员会申诉。[23] 这就是台湾地区“政府采购法”所规定的申诉制度。

我国台湾地区整个申诉制度的规定都是围着采购申诉审议委员会进行的。如果说，申诉制度是我国台湾地区整部“政府采购法”的精髓所在，[24] 那

㉑ 我国在专利、商标领域的就建立有类似的制度，例如商标评审委员会对商标局行为的复审虽然不适用《行政复议法》，但其结果不能再次复议，只能提起行政诉讼，起到了替代行政复议的功能。

㉒ 我国台湾地区“政府采购法”第75条。

㉓ 参见我国台湾地区“政府采购法”第76条。

㉔ 参见罗昌发：《政府采购法与政府采购协定论析》（第三版），元照出版有限公司2008年版，第339页。

么，采购申诉审议委员会的设置，是整个申诉制度的核心。除了“政府采购法”和“政府采购法施行细则”外，还有“采购申诉审议委员会组织准则”以及“采购申诉审议规则”都对采购申诉审议委员会制度作出了详细的规定，现将这些规定大致梳理如下。

（一）申诉审议委员会组织准则

采购申诉审议委员会之成立。我国台湾地区政府采购的申诉审议委员会由主管机关及直辖市、县（市）政府分别设立，处理政府采购厂商申诉及政府与厂商之间的履约争议调解事项。争议厂商根据其参与的为“中央”或地方机关办理的采购，向相应的主管机关、直辖市或县（市）政府所设立的采购申诉审议委员会提出申诉，若地方政府未设立采购申诉审议委员会，可以委请“中央”主管机关处理。[25]

采购申诉审议委员会之组成。申诉审议委员会由主任委员 1 人、副主任委员 1 人以及委员 7 至 25 人组成。其中，主任委员由主管机关或直辖市、县（市）政府就本机关高级人员派员兼任，综合管理会务；副主任委员由主管机关或直辖市、县（市）政府就本机关高级人员或具有法律或采购相关专门知识的公正人士派员或聘任兼任，协助处理会务。[26] 另外，关于委员的产生方法同副主任委员，但由本机关高级人员兼任的最多为 3 人，且不得超过全体委员人数的 1/5；至于受聘任委员，其任期为 2 年，期满可续聘。[27]

为了保证委员会的权威性及专业性，委员会中的公正人士必须具备严格的条件。根据我国台湾地区“采购申诉审议委员会组织准则”的规定，所谓公正人士，应具备“曾任实任法官、检察官或‘行政法院’评事者；曾执行律师、会计师、建筑师、技师或其他与政府采购有关之专门职业人员业务五

---

[25] 参见我国台湾地区“政府采购法”第 76 条第 1 项。
[26] 参见我国台湾地区“采购申诉审议委员会组织准则”第 3 条。
[27] 参见我国台湾地区“采购申诉审议委员会组织准则”第 4 条。

年以上者；曾任‘教育部’认可之国内、外大专院校副教授以上职务三年以上，且教授法律或采购相关专门学科者；具有与政府采购相关领域之专门知识或技术，并在该领域服务五年以上者”，㉘ 其中之一的资格。

（二）申诉审议委员会审议规则

其一，采购申诉审议委员会之审议事项为：厂商对异议结果不服或异议机关逾期未答复的申诉、厂商对刊登政府采购公报的异议结果不服或机关逾期未答复的申诉、厂商与机关因履约争议未能达成协议的调解。㉙

其二，采购申诉审议委员会之审议期限及程序。厂商提出申诉时，应同时将副本抄送招标机关，招标机关自收到申诉书副本之日起10日内，以书面的方式向该采购申诉审议委员会陈述意见。㉚ 审议期限为40日，必要时可延长40日。㉛

其三，申诉案件之形式审查。不予受理的情形：未达公告金额的（刊登政府采购公报的异议结果不服的除外）；超过法定期间的；不符合法定形式的；不符合管辖的；重复申诉的；招标机关已经自行纠正的；申诉者不适格的；采购履约争议；非政府采购事件；其他。㉜

其四，申诉案件之实体审查。申诉事件经审查没有不受理的情形的，由申诉委员会主任委员指定委员1人至3人为预审委员，进行实体审查。㉝ 指定

㉘ 参见我国台湾地区“采购申诉审议委员会组织准则”第5条。

㉙ 参加我国台湾地区“采购申诉审议委员会组织准则”第2条。

㉚ 参见我国台湾地区“政府采购法”第78条第1项。

㉛ 参见我国台湾地区“政府采购法”第78条第2项。

㉜ 参见我国台湾地区“采购申诉审议规则”第11条：“申诉事件有下列情形之一者，应提申诉会委员会议为不受理之决议：一、采购事件未达公告金额者，但第二条第二项事件，不在此限。二、申诉超过法定期间者。三、申诉不合法定程式不能补正，或经通知限期补正届期未补正者。四、申诉事件不属收受申诉书之申诉会管辖而不能依第九条规定移送者。五、对于已经审议判断或已经撤回之申诉事件复为同一之申诉者。六、招标机关自行依申诉厂商的请求，撤消或变更其处理结果者。七、申诉厂商不适格者。八、采购履约争议提出申诉，未申请改行调解程序者。九、非属政府采购事件者。十、其他不予受理之情事者。”

㉝ 参见我国台湾地区“采购申诉审议规则”第13条。

委员进行预审，有助于厘清争议焦点，加速案件的进行。预审委员应就申诉事件作成预审意见，载明处理经过，并附相关证明文件，提交申诉会委员会议审议。[34] 预审委员的职责在于协助申诉会查明事实及确认争议焦点，甚至就相关争议焦点预先找寻答案。为执行该任务，预审委员必须作成相关书面意见作为凭证。

申诉委员会审议申诉事件时，根据案情复杂程度，可以选择书面审议，也可以依职权或依申请通知申诉厂商、机关到指定场所陈述意见。[35] 另外，申诉会在审议案件时可以按照事件需要，选任咨询委员 1 人至 3 人以备咨询。[36] 并不是每一个案件都会选任咨询委员，咨询委员只在必要时由申诉会选任。

其五，审议判断之作成及效力。根据我国台湾地区“政府采购法”的规定，采购申诉审议委员会的审议判断视同诉愿决定。[37] 另外，在认定招标机关有违法的情形时，申诉会可以建议招标机关处置方式。[38]

对于审议判断指明的原采购行为违反法令的，招标机关必须做出合法的处理。但是，针对招标机关的处置方式，属于建议性质，招标机关可以按照采购申诉审议委员会的建议处置，也可以在一定条件下不予采纳。若招标机关不依照建议处置的，必须在法定的时间报请上级机关核定，并书面说明理由。采购申诉审议委员会在给招标机关建议时，不能仅考虑提出申诉厂商之利益，还应当考虑公共利益、相关厂商利益及其他有关情况。[39]

---

[34] 参见我国台湾地区“采购申诉审议规则”第 18 条。

[35] 参见我国台湾地区“政府采购法”第 80 条第 1 项、第 2 项。另，该法第 80 条第 3 项规定：采购申诉委员会于审议时，得嘱托具有专门知识经验的机关、学校、团体或人员鉴定，并得通知相关认识说明或请机关、厂商提供相关文件、资料。

[36] 参见我国台湾地区“采购申诉审议规则”第 14 条。

[37] 参见我国台湾地区“政府采购法”第 83 条。

[38] 我国台湾地区“政府采购法”第 82 条第 1 项：采购申诉审议委员会之审议判断，应以书面附事实及理由，指明招标机关原采购行为有无违反法令之处；其有违反者，并得建议招标机关处置之方式。

[39] 参见我国台湾地区“政府采购法”第 82 条第 3 项。

其六，关于暂停采购。采购申诉审议委员会在完成审议前，必要时可以通知招标机关暂停采购程序。[40] 这一措施，对厂商权益的保证极为重要。如果异议程序未结束前，该争议的招标程序已经结束，该标案已经决标于他人，那么此时申诉程序也就没有任何意义了，即使申诉结果有理由，仍然没有挽回余地。正是因为该项措施的重要性，我国台湾地区“采购申诉审议规则”赋予了预审委员向申诉会建议采行暂停采购措施的权力。[41]

其七，关于费用。采购申诉审议委员会办理审议，先行向厂商收取审议费、鉴定费及其他必要的费用。[42] 每一申诉事件的审议费用为新台币 3 万元，鉴定费及其他必要费用由申诉会根据需要通知当事人缴纳。[43] 若审议判断指明采购行为违反法令，“政府采购法”赋予了提出异议申诉厂商向招标机关请求偿付其准备投标、异议及申诉所支出必要费用的权利。[44]

其八，招标机关自行纠错机制。若招标机关认为申诉有理由，为避免不必要的程序，法律允许并鼓励招标机关自行更正。[45] 招标机关自行纠错的，应当将其结果及时通知该采购申诉审议委员会，以免采购申诉审议委员会做无用之功。[46]

其九，申诉之撤回。申诉提出后，厂商可以在审议判断送达前撤回，但是一经撤回就不能再就同一事项提出申诉。[47] 申诉撤回后，采购申诉审议委员

---

[40] 参见我国台湾地区“政府采购法”第 82 条第 2 项。

[41] 我国台湾地区“采购申诉审议规则”第 17 条规定：“预审委员审议申诉事件，认为有必要者，经提报申诉委员会议决议后，得通知招标机关暂停采购程序。但预审委员认为时间紧迫，应及时处理者，申诉委员会得以书面征询全体委员的意见，获半数委员之书面同意后暂停之。”

[42] 我国台湾地区“政府采购法”第 80 条第 4 项。

[43] 参见我国台湾地区“采购申诉审议收费办法”第 4 条、第 7 条。

[44] 参见我国台湾地区“政府采购法”第 85 条。

[45] 我国台湾地区“政府采购法”第 84 条第 1 款：厂商提出异议或申诉者，招标机关评估其事由，认其异议或申诉有理由者，应自行撤消、变更原处理结果，或暂停采购程序之进行。但为紧急情况或公共利益之必要，或其事由无影响采购之虞者，不在此限。

[46] 参见我国台湾地区“政府采购法”第 84 条第 2 款。

[47] 参见我国台湾地区“政府采购法”第 81 条。

会应即终结审议程序，并通知申诉厂商及招标机关。[48]

其十，申诉之救济及损害赔偿。采购申诉审议委员会的审议判断，视同诉愿决定。[49] 这就意味着厂商若对该审议判断不服，可以直接提起行政诉讼。[50]

厂商不能对采购申诉委员会在审议过程中的个别程序性事项单独提出行政诉讼，只能在对审议判断不服时才可以一并提出。[51] 如申诉厂商认为招标机关在收到要求撤销或更改原决定的申诉判断，而没有撤销或者改变的，不能再度提起异议申诉程序，而是应该寻求例如损害赔偿的法律救济。[52]

根据我国台湾地区“政府采购法”的规定，只要采购申诉审议委员会的审议判断指明招标机关的原采购行为违反法令，厂商就可以据此向招标机关请求偿付其准备投标、异议申诉及申诉所支出的必要费用。[53]

三、我国台湾地区采购申诉审议委员会制度的启示

（一）采购申诉审议委员会设置的启示

我国台湾地区申诉制度最核心，也是对我国政府采购专业性行政救济最大的启示，就是成立一个独立的专门负责政府采购申诉的机构。对于政府采购合同签订前的争议处理模式，不管是“单机构、单渠道模式”“多机构、多渠道但允许供应商进行选择模式”，还是“多机构、多渠道、逐层审查模式”，[54] 建立专门处理政府采购供应商投诉的独立机构已经是必然的选择。建

---

[48] 参见我国台湾地区“采购申诉审议规则”第 26 条。

[49] 参见我国台湾地区“政府采购法”第 83 条。

[50] 我国台湾地区“采购申诉审议规则”第 22 条：审议判断书必须附记如不服审议判断的救济方式，即可以于审议判断书送达之日起 2 个月内向高等行政法院提起行政诉讼。

[51] 参见我国台湾地区“采购申诉审议规则”第 27 条之一。

[52] 参见我国台湾地区“采购申诉审议规则”第 11 条规定了，“对于已经审议判断或已经撤回的申诉事件重复申诉的”为采购申诉审议委员会不予受理的情形之一。

[53] 参见我国台湾地区“政府采购法”第 85 条第 3 项。

[54] 张幸临：《政府采购质疑投诉处理机构研究——GPA 的规定及成员方的选择》，载《东北财经大学学报》2013 年第 4 期。

立专门的机构来处理政府采购供应商在合同签订前产生的争议，除了保证其中立性外，专业性和效率性也是政府采购争议处理机构所应当具备的。我国台湾地区采购申诉审议委员会的经验，是我国成立专门机构来解决供应商采购争议值得借鉴的：

首先，我国台湾地区政府采购的申诉审议委员会是由主管机关公共工程委员会及直辖市、县（市）政府分别设立，专门负责采购申诉及履约争议的调解的机构，具有裁决机关所应具备的前提条件——中立性。中立性是争议处理机关所应具备的前提条件，只有具备中立性的争议处理机关才能作出公正、无偏私的决定，从而获得当事人的信任。因此，完善我国投诉制度最根本之处就是要保证投诉处理机关的中立性。台湾地区专门设立争议处理机构的做法值得借鉴，并且也是完善争议处理制度唯一的出路。

其次，除了中立性外，采购申诉委员会还具备了专业性的特点。采购申诉委员会的组成人员都是与政府采购相关领域之专门知识或技术，并在该领域服务5年以上的专家，其人员的专业性保证了争议解决的公正性，以及争议解决的质量。台湾地区采购申诉委员会由专业人员组成的做法，是解决我国财政部门因为受到专业性的限制，而导致其在处理争议时逃避争议焦点最有效的方式。

此外，采购申诉委员会的中立性和专业性也保证了其解决争议的高效性。专门成立的采购申诉委员会专门负责争议的解决，避免了我国财政部门既要处理采购审批等其他事项，还要处理投诉事项导致的手忙脚乱情形的发生。采购申诉委员会的专业性，也是其高效解决采购争议的有力保证。

（二）采购申诉审议委员会运行规则的启示

1. 采购申诉审议委员会审议规则之异议前置程序存废与否

机关办理采购如果有违反法令，导致厂商的权利或者利益受到损害的，我国台湾地区“政府采购法”所设计的救济程序是“异议前置主义”：厂商必须先向招标机关提出异议，如对招标机关处理异议的结果不服，或招标机关逾越法定期限不处理的，才可以向采购申诉委员会申诉。“政府采购法”

异议申诉制度采用“异议前置程序”，其主要作用在于招标机关的内部审查及自我监督，给招标机关提供一个自我检讨的机会。

但是，我国台湾地区公共工程委员会的一项调研报告明确指出，大多数学者认为异议程序的存在影响厂商救济时间，并对采购争议的解决没有实质帮助，应予以废除。[55] 支持该观点的理由[56]有如下三点：首先，异议制度最为人诟病的就是要求厂商向其所认为的违法行为主体提出异议，不但厂商多有顾忌且成效极有限。如同过去向原处分机关提起诉愿，鲜有原处分机关变更或撤销原处分一样，厂商向招标机关提出异议，少有机关认为有理由，并自行撤销或变更原处理结果。其次，采购申诉委员会所作成的申诉判断，依其性质视为诉愿决定，依台湾地区“行政诉讼法”的规定，其救济还有向高等行政法院提起行政诉讼及向“最高行政法院”提起上诉两个审级，因此采购争议的救济已经有三级三审，没有另设异议程序的必要。最后，废除异议程序后，“政府采购法”规定的有关采购申诉委员会在必要时通知招标机关停止采购程序的规定将得以更好的落实。废除异议程序可以避免招标机关故意拖沓异议的处理，而使厂商提起申诉时招标程序已经终结，对厂商就没有提出申诉实际意义的问题。

至于废除异议程序后的申诉程序，我国台湾地区公共工程委员会的研究报告指出，可以参考台湾地区现行的“诉愿法”关于提起诉愿程序的规定：申诉的提起应由厂商缮具申诉书，经招标机关向采购申诉委员会提出；招标机关对于厂商的申诉应先行重新审查原处理结果是否妥当，如认为申诉有理由，可以自行撤销或变更原处理结果，并陈报采购申诉委员会；招标机关如不依厂商的申诉撤销或变更原处理结果，招标机关应附具理由，并将相关文

---

[55] 参见我国台湾地区“行政院”公共工程委员会：《公共工程委员会处理政府采购争议事件成效评估及修法事宜之研究》，第 100 页。

[56] 参见我国台湾地区“行政院”公共工程委员会：《公共工程委员会处理政府采购争议事件成效评估及修法事宜之研究》，第 89 页。

件送采购申诉审议委员会。[57] 这样的做法，既可以保留自行更正的机会，也可以缩短救济程序。

内部的异议制度没有外部监督申诉制度这么有效及有公信力，而且还有耽误厂商宝贵救济时间之嫌。因此，异议前置程序，甚至异议制度本身是否有存在的必要，都有着很大的质疑。我国台湾地区公共工程委员会之所以有这样的建议，是因为他们的“诉愿法”规定的提起诉愿的程序就是如此：诉愿人可以通过原行政处分机关向诉愿管辖机关提起诉愿；原行政处分机关先行重新审查原行政处分是否合法妥当，认为诉愿为有理由的，可以自行撤销或变更原行政处分，并陈报诉愿管辖机关；原行政处分机关不依诉愿人的请求撤销或变更原行政处分的，附具答辩书，并将必要的关系文件，送于诉愿管辖机关。[58]

我国台湾地区学者建议废除政府采购中的异议制度，是因为在其诉愿制度有通过原处分机关向诉愿管辖机关提起诉愿的规定，该规定已经给予原处分机关提供了一个自我检讨的机会。采购机关自行纠正错误，是解决纠纷最快捷、最经济的方式，所以给予采购机关一个自行纠错的机会有其存在的必要性。而且，随着我国政府采购法制的完善，采购机关的行为将会日趋规范，先行质疑程序在提供一个内部审查及自我监督机会的同时，还有助于减少行政资源的浪费。

但是，我国行政复议并没有类似台湾地区诉愿通过原处分机关向诉愿管辖机关提起诉愿的规定，因此，我国政府采购关于质疑前置的规定仍是有必要的。对于我国学者提出的质疑前置的效率及效果问题，[59] 可以通过缩短质疑答复时间的规定以及完善质疑处理规则的规定来解决。

---

[57] 参见我国台湾地区“行政院”公共工程委员会：《公共工程委员会处理政府采购争议事件成效评估及修法事宜之研究》，第 89 页。

[58] 参见我国台湾地区“诉愿法”第 58 条。

[59] 何红锋、张璐：《我国政府采购质疑与投诉制度的不足与完善》，载《北京行政学院学报》2005 年第 5 期。

2. 采购申诉审议委员会审议规则之审议决定性质认定

我国《政府采购法》规定，投诉人对财政部门的投诉处理决定不服或者政府采购监督管理部门逾期未作处理的，可以依法申请行政复议或者向人民法院提起行政诉讼。[60] 根据该规定，可以得知，我国财政部门作出的投诉处理决定，被认定为一个行政行为，可以对其进行行政救济。但是，我国《政府采购法》没有明确规定采购机关在政府采购合同签订前的行为性质。因此，实践中有政府采购实务工作者将财政部门的投诉处理决定视为行政裁决行为。[61]

然而，暂且不论采购机关在政府采购合同签订前的行为性质为何，如若将财政部门的投诉处理决定仅视为一个行政行为或者行政裁决的话，不利于供应商的权利保护。首先，如果财政部门的投诉处理决定仅是一个行政行为，那么意味着供应商的救济链条就被拉长了。供应商只能通过财政部门的投诉处理，再对投诉处理决定寻求行政救济，不仅使其救济链条冗长，还模糊了争议焦点。[62] 其次，如果财政部门的投诉处理决定仅是一个行政行为，那么其对纠纷的解决是不彻底的。供应商在对财政部门的投诉处理决定不服提起行政复议或行政诉讼时，撤销的是财政部门的投诉处理决定，因此，供应商与采购机关之间的纠纷依然存在。

相比之下，我国台湾地区将采购申诉委员会的审议判断视为诉愿决定的规定，更加有助于纠纷的解决。我国台湾地区政府采购适用二阶段理论，"'政府采购法'中厂商与机关间关于招标、审标、决标之争议，规定属于公法上争议"。[63] 由此得知，台湾地区政府采购在招标、审标、决标过程中作出的行为被认定为行政行为。在此基础之上，根据我国台湾地区"政府采购法"的规定：采购申诉审议委员会的审议判断视同诉愿决定。[64] 厂商若对采购申诉

[60] 《政府采购法》第58条。

[61] 谷辽海：《政府采购投诉处理决定亟须规范》，载《经济参考报》2006年2月22日，第6版。

[62] 陈又新：《政府采购行政救济制度在我国台湾地区的发展及其启示》，载《价格理论与实践》2014年第5期。

[63] 参见我国台湾地区"最高行政法院"2008年5月第一次庭长法官联席会议决议。

[64] 我国台湾地区"政府采购法"第83条。

委员会作出的审议判断不服，可以直接提起行政诉讼。因此，台湾地区的采购申诉委员会就相当于专门的诉愿机关，即我国的复议机关。我国台湾地区将采购申诉委员会的审议判断视为诉愿决定的规定，使供应商与采购机关之间的纠纷能在一个环节里就得到有效的解决，可以作为完善我国政府采购投诉制度的经验借鉴。

3. 采购申诉审议委员会审议规则之其他规定

关于采购申诉审议委员会之审议事项。由于我国台湾地区采购申诉委员会是由具有政府采购专业知识的专家组成的，所以对于处理政府采购纠纷具有专业性。因此，台湾地区采购申诉委员会的审议事项，除了包括对异议不服的事项可以提起申诉，还包括厂商与机关因履约争议未能达成协议的可以向采购申诉委员会申请调解，以及厂商对机关作出的即将被刊登政府采购公报的异议结果不服产生的争议。[65] 我国今后成立专门的政府采购投诉处理机关，也可借鉴台湾地区采购申诉委员会审议事项的范围，将履约阶段的调解以及不良厂商的认定等争议也包括进来，充分利用专门机构的专业资源。

关于采购申诉委员会之预审委员及咨询委员。我国台湾地区采购申诉委员会审理案件时，先由申诉委员会主任委员指定委员 1 人至 3 人为预审委员，进行实体审查，预审委员应就申诉事件作成预审意见，载明处理经过，并附相关证明文件，提交申诉会委员会议审议的规定，[66] 有助于厘清争议焦点，加速案件的进行。此外，申诉委员会在审议案件时可以按照事件需要，选任咨询委员 1 人至 3 人以备咨询的规定，[67] 可使申诉委员会的审议判断更具专业性，从而更好地保障公正性。

关于暂停采购。由于暂停采购会影响整个政府采购进程，关系重大，所以必须审慎决定。我国台湾地区关于暂停采购需要经过申诉委员会决议，在

---

[65] 参见我国台湾地区“采购申诉审议委员会组织准则”第 2 条。
[66] 参见我国台湾地区“采购申诉审议规则”第 13 条、第 18 条。
[67] 参见我国台湾地区“采购申诉审议规则”第 14 条。

时间紧迫的情况下也需要书面征询全体委员的意见，获半数委员的书面同意后才可以通知招标机关暂停采购程序的规定，[68] 使暂停采购决定的作出更加慎重又不失灵活性。

关于审议判断之建议处置方式。我国台湾地区采购申诉审议委员会的审议判断，应以书面附事实及理由，指明招标机关原采购行为有无违反法令之处，如有违反的，建议招标机关处置的方式的规定，[69] 使得申诉委员会对于争议的解决更加有效率，并且有助于彻底解决纠纷。如果将重新作出决定的权力交还给采购机关，而采购机关作出的决定仍然没有纠正错误，那么供应商就又需要重新再走一遍救济程序，这将会使纠纷解决不彻底而导致资源浪费。

---

[68] 参见我国台湾地区“采购申诉审议规则”第 17 条。

[69] 参见我国台湾地区“政府采购法”第 82 条第 1 项。

《行政诉讼法》修改后的证据规定评析

金成波*

2014年11月1日，十二届全国人大常委会第十一次会议通过了修改行政诉讼法的决定。这是党的十八届四中全会后，国家立法机关修改的第一部法律，也是行政诉讼法实施24年来作出的首次修改，标志着“民告官”正式迈入2.0时代。[①] 这次修法的修改幅度较大，内容多达61条，其中对于证据的规定也做了较大幅度的调整，本文对此在下面展开叙述。

一、证据规定修改的整体逻辑

此次《行政诉讼法》修改关于证据部分的规定呈现出以下几个特点：

1. 对现行法律的规定进行了丰富和细化。《行政诉讼法》制定于1989年，实施24年来首次大修，囿于当年立法经验、立法技术等限制，整体条文规定得都比较粗。然而随着行政诉讼经验的增加、情形的丰富，需要更为精细的立法予以应对。[②] 此次修法便力图使行政诉讼的证据规定更为全面、更为细致。现行的《行政诉讼法》关于证据的规定是第五章整个一章，但是只有从第31条至第36条6个条文；修改后的《行政诉讼法》（以下简称新法）将

* 金成波，中央党校政法部讲师，博士。

① 殷泓：《“民告官”迈入2.0时代——解读新修改的行政诉讼法十大亮点》，载《光明日报》2014年11月6日。

② 章剑生：《〈行政诉讼法〉修改的基本立场》，载《广东社会科学》2013年第1期。

整个证据规定扩充为从第33条至第43条11个条文。在内容上，修改后的条文除了对原来规定的证据的种类（第31条）、行政机关负举证责任（第32条）、禁止被告在诉讼中补证（第33条）、法院调取证据（第34条）、鉴定（第35条）和证据保全（第36条）等内容进行了更为深化全面的完善外，还增加规定了证据种类、规定了被告逾期提交证据的后果、原告及第三人提供证据的规则、人民法院职权调取证据的规则、公开质证及认证程序、非法证据排除等内容。总体上，新法对现行法律进行了丰富和细化。

2. 充分吸收了司法解释的内容。如上文所言，现行《行政诉讼法》对于证据制度的规定非常笼统、简略，对证据规则的丰富实际上是通过两个重要的司法解释实现的：其一是2000年通过的最高人民法院《关于执行〈中华人民共和国行政诉讼法〉若干问题的解释》（以下简称《若干解释》）；其二是2002年通过的最高人民法院《关于行政诉讼证据若干问题的规定》（以下简称《证据规定》）。此次修法将以上两个司法解释中经过检验比较合理的内容吸收进来，进行了重申和认可。③ 司法解释虽然也是有效的法律渊源，但在适用范围、效力等方面与基本法律还是有差距，所以将司法解释升格为基本法律是非常有必要的。

3. 保持“证据一体化”，与刑事诉讼和民事诉讼中证据的规定保持一致。因为不同的诉讼特点决定了不同的证据规则，所以三大诉讼中关于证据的规定有所区别，但是证据法本身具有内在关联，许多制度有相通性，这些相通性在法律上一致不但尊重了证据的客观属性，也便利了当事人，便宜了司法运转。2012年3月14日第十一届全国人民代表大会第五次会议通过《关于修改〈中华人民共和国刑事诉讼法〉的决定》，同年8月31日第十一届全国人民代表大会常务委员会第28次会议通过《关于修改〈中华人民共和国民事诉讼法〉的决定》，以上两大诉讼法的修改都有关于证据规定的修订，此次行政诉讼法修改都一定程度上对共通的修订进行了吸收。比如在证据种类的规定

③ 刘莘：《修改后行政诉讼法：“创新”手段解决难题》，载《检察日报》2014年11月28日。

中，增加了“电子证据”一类，同时将“鉴定结论”修改为“鉴定意见”；还比如将“定案”修改为“认定案件事实”等。这些变化的深意后文详述。

新法关于证据规定的修改体现了综上的整体逻辑，在这样的整体逻辑之下，对具体的证据制度做了完善。根据全国人大法工委副主任信春鹰的概括，新的证据规定从以下五个方面对证据制度进行了完善：明确证据的适用规则、明确被告逾期不举证的后果、完善被告的举证制度、明确原告的举证责任、完善人民法院调取证据制度。其中明确被告逾期不举证的后果与完善被告的举证制度紧密相连，合并述之，故下文从四个方面展开。

二、明确证据的适用规则

对于证据的适用规则，新法主要做了三项修改，分别是证据种类的修改、非法证据排除规则的增加以及公开质证和认证程序的增加，这三项修改都是证据适用规则的重要内容。

1. 证据种类的修改。此次新法对证据种类的修改主要有以下三个方面：第一，增加了“电子证据”这一种类。证据是正义的基础，随着计算机及网络技术的发展与应用，以计算机和互联网为场所的电子化纠纷越来越多，以依赖电子信息技术为特征的电子证据越来越多地出现于司法实践中，从而成为这种正义基础的重要组成部分。[④] 我国现行的行政诉讼法规定的七种证据并没有明确涉及电子证据，而由于我国证据的合法性要求进入诉讼的证据必须具有法定形式，这造成电子证据的合法性危机。新法修改顺应时代发展潮流，关注到了信息化时代电子政务对行政法制建设的挑战、对行政诉讼的冲击，将电子证据纳入法定的证据种类之中。这一修改从根本上解决了一直以来对于电子证据种类归属的争议，[⑤] 使得行政诉讼证据制度更加科学、完

④ 张凯：《电子证据研究》，中国政法大学 2006 年博士学位论文，第 9 页。
⑤ 常怡、王健：《论电子证据的独立地位》，载《法学论坛》2004 年第 1 期。

善，也便利了行政诉讼。值得注意的是，随着新法的实施，对于电子证据的概念、定位、收集、审查判断、定案规则等还有待更为细化的规则以及在司法实践中进一步完善。

第二，新法将“鉴定结论”修改为“鉴定意见”。此次修法吸收了2005年全国人大常委会通过的《关于司法鉴定管理问题的决定》中的提法，将“鉴定结论”改为“鉴定意见”，这一修改虽然只有两字之差，但是体现了立法对鉴定人提供意见的基本态度的转变。传统上，将“鉴定证据”称为“鉴定结论”，容易让人误解为无须任何的审查程序；加之具有专家地位的鉴定人很少出庭，使鉴定结论的真实性难以得到法庭的有效审查，所以法官在此基础上的量刑裁判发生错案的可能性增加。将“鉴定结论”修改为“鉴定意见”破除了对于“鉴定证据”的迷信，这一变化的深刻法律意义在于：它表明鉴定人所提供的意见仅仅是一种证据材料，而不是作为定案根据的“结论”；这种意见不是唯一的，法庭有权对其进行否定性判断。⑥ 新法的上述修改赋予法庭对于鉴定意见的审查判断权符合诉讼规律，但是也提出了新的难题：对于鉴定意见的判断程序和标准为何？纵观《关于司法鉴定管理问题的决定》以及《证据规定》对于鉴定意见只关注鉴定人的资质、鉴定人的出庭作证、鉴定意见与事实关联性、鉴定人的违法处罚等内容，而这些关注点与目前英美国家专家证人意见证据规则相比，更多的是形式判断，缺乏实质判断。⑦ 进一步完善我国司法对于鉴定意见的判断，需要借鉴英美国家专家证人意见证据规则，以相关性规则、必要性规则、可靠性规则、合规性规则、充分性规则、适格性规则为内部性规则，以鉴定人出庭作证规则、专家辅助规则、采信理

---

⑥ 陈瑞华：《鉴定意见的审查判断问题》，载《中国司法鉴定》2011年第5期。

⑦ 例如美国《联邦证据规则》第702条规定：“如果科学、技术或其他专业知识，将辅助事实裁判者理解证据或裁断有争议的事实，因其知识、技能、经验、培训或教育而具备专家资格的证人，可以意见或其他形式对此作证。但须符合下述条件：（1）证言基于充足的事实或数据；（2）证言是可靠的原理或方法的产物，并且（3）证人将这些原理和方法可靠地适用于案件的事实。”从这一规定要求司法人员对鉴定意见必须进行“可靠性”与“相关性”的双重检验。

由公开规则为外部性规则，从内、外两个方面规范鉴定意见的审查与运用。⑧

2. 非法证据排除规则的增加。新法第43条第3款规定，“以非法手段取得的证据，不得作为认定案件事实的根据”，这一规定确定了新法的非法证据排除规则。新法的主要变化是更为原则，直接采取了“非法手段取得的证据”这样具有概括力的词语；更为严格，比如《若干解释》第30条第2项规定“被告严重违反法定程序收集的其他证据”，这一款常常被质疑一般违反法定程序收集的证据不用排除？新法修改后这样的疑问将会消除。设定非法证据排除规则具有重要的意义，其主要目的是防止采用非法手段收集证据，损害国家利益、社会公共利益或个人权利、损害正当程序。⑨ 对于新法规定的“非法手段取得的证据”的认定，理论上一般采取广义理解，不仅包括违反行政诉讼程序规范取得的证据，⑩ 还包括其他所有不具有合法性特征的证据。⑪ 如有学者所言，“非法”或“违法”这个词，并不限于“违反诉讼程序”，更重要的是违反了宪法或宪法性规范，当然也包括违反诉讼法、法律、法规、规章、法律解释以及国际法等。由此，非法手段取得证据应该包括不合法的主体收集或者提供的证据、程序不合法取得的证据、形式不合法的证据、通过非法权能取得的证据、其他违反行政诉讼规定取得的证据。⑫

3. 公开质证和认证程序的增加。新法第43条第1款、第2款规定：“证据应当在法庭上出示，并由当事人互相质证。对涉及国家秘密、商业秘密和个人隐私的证据，不得在公开开庭时出示。人民法院应当按照法定程序，全面、客观地审查核实证据。对未采纳的证据应当在裁判文书中说明理由。”这是关于行政诉讼中公开质证和认证程序的规定。与民事诉讼和刑事诉讼类

⑧ 樊崇义、吴光升：《鉴定意见的审查与运用规则》，载《中国刑事杂志》2013年第5期。

⑨ 李国光：《最高人民法院〈关于行政诉讼证据若干问题的规定〉释义与适用》，人民法院出版社2002年版，第123页。

⑩ 对于非法证据排除规则，《若干解释》第30条，第31条第2、3款，《证据规定》第57条第1、2、3项，第58、59、60、61条也做了规定。

⑪ 金诚：《行政诉讼非法证据的内涵界定》，载《行政法学研究》2002年第3期。

⑫ 金诚：《行政诉讼非法证据排除规则研究》，载《证据学论坛》2002年第2期。

似，在行政诉讼中，质证也是指当事人在法官的主持下，围绕证据的真实性、关联性、合法性与证明力的有无、证明力的大小等问题展开的对质、辨认活动；认证是指法官对证据证明力的有无以及大小进行判断的活动。但是因为行政诉讼证据具有证明对象、举证责任承担、证据提出等方面的特殊性，因此行政诉讼中的质证和认证也有一定的特殊性。比如行政诉讼中的基本举证规则是被告证明行政行为的合法性，被告具有证据来源的唯一性，所以被告提供的证据可能是不完全的、可能是后补的，所以必须经过质证；行政诉讼中虽然也是双方当事人互相质证，但是主要的质证主体是原告，由原告对证据的证明力提出意见；认证的过程主要以被告提供的证据为核心，认证的内容主要看证据是否能够证明被诉行政行为合法，等等。[13]

此次公开质证和认证程序的增加可能有两个亮点、一个不足。第一个亮点是对非法证据宽容度降低，亦即前文提到的非法证据必须排除，当然这也主要体现在认证的过程中。第二个亮点是规定了对于没有采纳的证据应当在裁判文书中说明理由。现行的裁判文书普遍缺乏对新证据的采信及认证结论的公示，基本上以一句“审理查明”就包揽了证据的采信与认证的全过程。相对于当事人举证行为的积极，法官的认证行为显得比较消极。公开认证的理由和结果是公开审判的重要组成部分，裁判文书中对未采纳的证据说明了理由会使得败诉方输得心服口服，此外还增加了判决的公信力，维护了社会稳定。[14] 新法的一个不足可能是仍然缺乏对认证标准的规定。当年制定《证据规定》时曾考虑对认证标准作出规定，但因考虑到认证标准问题的灵活性，最后通过的稿子就将证明标准部分删除了。[15] 但是现有的规定，包括新法对于认证标准的规定过于原则，留给法官的自由裁量权过大，同时我国的刑事诉讼中早已确立了“排除合理怀疑”标准、民事诉讼中确立了“优势盖然

---

⑬ 王雪梅：《行政诉讼的举证、质证与认证》，载《人民司法》1999 年第 9 期。

⑭ 林时献：《论行政诉讼中的认证制度》，载《广西政法管理干部学院学报》2007 年第 4 期。

⑮ 张树义：《最高人民法院关于〈行政诉讼证据若干问题规定〉释评》，中国法制出版社 2002 年版，第 45 页。

性”标准，只有行政诉讼中缺乏相应的认证标准。

三、明确被告逾期不举证的后果以及完善被告的举证责任

对于被告的举证期限，行政诉讼法的相关规定曾经历了一定的变化。1989年《行政诉讼法》颁布，其第43条明确规定了被告的举证期限：“人民法院应当在立案之日起五日内，将起诉状副本发送被告。被告应当在收到起诉状副本之日起十日内向人民法院提交作出具体行政行为的有关材料，并提出答辩状。”虽然有这样明确的规定，但是在我国行政诉讼初期，相当一部分行政机关对司法监督不认同，进行各种阻挠，鉴于此，最高院于1991年6月作出《关于贯彻执行〈中华人民共和国行政诉讼法〉若干问题的意见（试行）》，该意见第30条规定“被告在第一审庭审结束前，不提供或者不能提供具体行政行为的主要证据和所依据的规范性文件的，人民法院可以依据行政诉讼法第三十二条和第五十四条第（二）项的规定，判决撤销被诉具体行政行为”。将举证期限延长至一审结束前，导致被告的举证期限过于宽泛，这样使得原被告的诉讼地位不平等，同时经常虚置一审，因此到2000年3月，最高院发布了《若干解释》，第26条第2款规定：“被告应当在收到起诉状副本之日起10日内提交答辩状，并提供作出具体行政行为时的证据、依据；被告不提供或者无正当理由逾期提供的，应当认定该具体行政行为没有证据、依据。”同时在第28条第1项中规定“被告在作出具体行政行为时已经收集证据，但因不可抗力等正当事由不能提供的，被告经人民法院准许可以补充相关的证据”。然而《若干解释》的规定存在两个问题：第一，“不可抗力”的事由过于偏狭，还有其他的正当事由不能涵盖；第二，规定有法定事由被告经人民法院准许可以补充相关的证据，这一规定不够妥当。基于此，2002年颁布《证据规定》时，第1条第2款便规定：“被告因不可抗力或者客观上不能控制的其他正当事由，不能在前款规定的期限内提供证据的，应当在收到起诉状副本之日起十日内向人民法院提出延期提供证据的书面申请。人民法

院准许延期提供的，被告应当在正当事由消除后十日内提供证据。逾期提供的，视为被诉具体行政行为没有相应的证据。”⑯

新法第34条在现行《行政诉讼法》第32条对被告负举证责任的规定基础之上增加了一款：“被告不提供或者无正当理由逾期提供证据，视为没有相应证据。但是，被诉行政行为涉及第三人合法权益，第三人提供证据的除外。”同时新法增加了第36条，规定：“被告在作出行政行为时已经收集了证据，但因不可抗力等正当事由不能提供的，经人民法院准许，可以延期提供。原告或者第三人提出了其在行政处理程序中没有提出的理由或者证据的，经人民法院准许，被告可以补充证据。”这两条规定明确了被告逾期不举证的后果，同时在现行《行政诉讼法》的基础上，完善了被告的举证责任。

五、明确原告的举证责任

行政诉讼中，对于原告举证责任的规定经历了若干次的变迁。现行《行政诉讼法》第32条规定，被告对作出的具体行政行为负有举证责任，应当提供作出该具体行政行为的证据和所依据的规范性文件。然而这一规定过于原则，理论界和实务界存在较大的争议，许多问题悬而未决，例如被告不作为的案件中举证责任如何分担，原告是否应当承担举证责任，如果应该，那应该对哪些事项承担责任等。⑰ 1997年最高人民法院颁布了《关于审理行政赔偿案件若干问题的规定》，其中第32条涉及行政赔偿案件中原告的举证责任，规定原告在行政赔偿诉讼中对自己的主张承担举证责任。这一规定首次出现了“举证责任”的概念，但是令人费解的是对“主张”的理解。有赔偿必有侵权，行政侵权的构成要件包括：第一，行政行为违法或不当；第

⑯ 关于行政诉讼举证期限规定上的变迁，更为详细的梳理参见蔡小雪：《行政诉讼的举证期限》，载《人民司法》2006年第9期。

⑰ 甘文：《规范和理论的缺失与发展——关于行政诉讼原告举证责任的几个问题》，载《法律适用》2005年第8期。

二，公民或法人的合法权益受到了损害的事实；第三，违法或不当行政行为与损害事实之间存在因果关系；第四，有国家承担责任的法律依据。那么该条文中的“主张”应该是上述构成要件的所有还是其中的某一点？可见，这一规定的不明确性不利于保证相对人的合法权益。⑱ 为了进一步解决司法实践中存在的众多问题，《若干解释》在原告举证责任方面对行政诉讼法作了一些重要的补充解释，其第27条规定，原告对下列事项承担举证责任：（1）证明起诉符合法定条件，但被告认为原告起诉超过起诉期限的除外；（2）在起诉被告不作为的案件中，证明其提出申请的事实；（3）在一并提起的行政赔偿诉讼中，证明因受被诉行为侵害而造成损失的事实；（4）其他应当由原告承担举证责任的事项。这些规定着重解决了不作为案件以及行政赔偿案件的原告举证责任，尤其是后者规定原告只对因受被诉行为侵害而造成损失的事实承担举证责任，对侵权行为的其他构成要件不承担举证责任而由被告承担，较好地解决了《关于审理行政赔偿案件若干问题的规定》的遗留问题。但是《若干解释》也有一些欠缺，比如只考虑到依申请的不作为，没有考虑到行政机关应当主动履行而没有履行的情形等。随后通过的《证据规定》对《若干解释》又进行了补充和修正，包括取消了《若干解释》中原告承担举证责任的兜底条款，以抵挡“这样可以避免这一条款成为个别案件被告逃脱举证责任和法院迁就被告的借口”⑲ 的指责；规定了原告因被告受理申请的登记制度不完备等正当事由不能提供相关证据材料并能作出合理说明时，原告不对此事项承担举证责任；在行政赔偿诉讼中，规定原告应对被诉具体行政行为造成损害的事实承担举证责任，减轻原告在违法行为与损害后果之间的因果关系的举证责任等。⑳

新法对以上这些规定进行了总结，但是对于原告的说服责任没有变

---

⑱ 王彦：《行政诉讼原告举证责任的立法完善》，载《法律适用》2006年第8期。

⑲ 王彦：《行政诉讼原告举证责任的立法完善》，载《法律适用》2006年第8期。

⑳ 参见《证据规定》第4、5、6条。

化，主要变化体现在举证责任部分。[21] 新法第37条规定，原告可以提供证明行政行为违法的证据。原告提供的证据不成立的，不免除被告的举证责任。第38条规定，在起诉被告不履行法定职责的案件中，原告应当提供其向被告提出申请的证据。但有下列情形之一的除外：（1）被告应当依职权主动履行法定职责的；（2）原告因正当理由不能提供证据的。在行政赔偿、补偿的案件中，原告应当对行政行为造成的损害提供证据。因被告的原因导致原告无法举证的，由被告承担举证责任。可见，新法对于原告举证责任的规定主要集中在被告不履行法定职责的案件、行政赔偿、补偿的案件两类，规定的内容相较之前的规定更为清晰、完整。但是新法可能仍然存在一些问题，比如回避了原告承担“举证责任”的提法，而代之以“原告提供证据”，这样的规定某种程度上是一个退步，因为不用证据法中通行的“举证责任”概念，就不能非常直接地适用“谁主张、谁举证”的原则，那么会导致行政诉讼举证规则的错乱，不符合行政诉讼规律。[22] 此外新法也如同《证据规定》，删掉了《若干解释》第27条第4项的兜底条款，这一做法虽然杜绝了被告据此逃脱举证责任的可能，但是同时也限制了原告举证空间的拓展。

六、完善人民法院调取证据制度

现行《行政诉讼法》第34条规定：“人民法院有权要求当事人提供或者补充证据。人民法院有权向有关行政机关以及其他组织、公民调取证据。”新法保留了这些规定，但是将这一内容分解为两条，并在其中的后一条（第40条）增加规定了“但是，不得为证明行政行为的合法性调取被告作出行政行为时未收集的证据”。同时，新法增加规定了第41条：“与本案有关的下列证

㉑ 关于行政诉讼中两者的不同以及各自的内容参见湛中乐、李凤英：《行政诉讼中的证明责任》，载《行政法学研究》2000年第4期。

㉒ 何海波：《举证责任分配：一个价值衡量的方法》，载《中外法学》2003年第2期。另见姜明安：《行政诉讼法学》，北京大学出版社1993年版，第145页。

据，原告或者第三人不能自行收集的，可以申请人民法院调取：（一）由国家机关保存而须由人民法院调取的证据；（二）涉及国家秘密、商业秘密和个人隐私的证据；（三）确因客观原因不能自行收集的其他证据。”以上这些内容是对法院依职权调取证据制度的完善。

诉讼中的证据规则存在着当事人主义和职权主义的基本划分，前者强调法官只是居中裁判，所有证据的搜集和证明都由当事人负责；后者强调证据的搜集和证明都由法院承担。当事人主义存在一定的局限，因为诉讼效果对当事人的诉讼意识和诉讼能力严重依赖，而双方当事人在这两方面难以平衡，同时双方提供的证据都是经过加工的，强化对自己有利的，淡化对自己不利的，从而当事人主义设定的形式公正可能掩盖实体的不公正。基于此，现代诉讼越来越以当事人主义为基础而辅之以职权探知主义。我国《行政诉讼法》的证据体制采用了当事人主义为基础并同职权主义相结合的原则。[23] 此次修法，更加注重职权主义的体现，其原因除了顺应当事人主义式微、职权主义兴起的趋势，更主要的是回应“解决行政争议”的要求。新法基于我国行政诉讼发展状况以及行政争议形势的判断，在第一条对行政诉讼的目的和价值增加规定了“解决行政争议”，而且这一规定还在“监督行政机关依法行使职权”之前。行政诉讼中，被告在行政程序中承继的优越地位不可能消灭殆尽，原告实际上仍处于劣势；同时，我国的实践中司法权羸弱，证明妨碍的情形经常存在，正是一定程度上基于这样的理由，我国的行政诉讼不能很好地解决行政争议。现在行政诉讼的价值追求增加了实质解决行政争议的要求，那么必须在制度设计上予以体现，由此要通过赋予法院依职权取证的权力、扩大法院依职权调取证据的范围来对本已举证能力低下的

---

[23] 我们的判断基于以下几点理由：第一，《行政诉讼法》明确规定作为当事人的被告负举证责任，这是行政诉讼举证的原则；第二，规定了作为当事人的原告在特定情形下负举证责任；第三，人民法院依职权调取的证据只有两类，其一为直接调取，但范围极为有限（《证据规定》第9条第2款之规定），其二为依申请调取（新法第41条），必须申请且限于特定情形。当然有学者持不同意见，参见刘巍：《行政诉讼证据制度中人民法院权力解析》，载《法律科学》2006年第2期。

原告予以救济。㉔

对于人民法院依职权调取的证据还存在以下几个需要澄清的问题。第一，法院调取的证据是否需要质证？《证据规定》第38条规定："当事人申请人民法院调取的证据，由申请调取证据的当事人在庭审中出示，并由当事人质证。人民法院依职权调取的证据，由法庭出示，并可就调取该证据的情况进行说明，听取当事人意见。"可见，无论是依当事人申请还是法院依职权调取的证据，都必须经过质证。这一规定主要的目的是防止法院滥权，所以未来可能需要对于法院调查取证的程序进行限制，包括取证的方法、举证的时间、证据的效力等。第二，法院调取证据如何运用？新法第40条规定，"不得为证明行政行为的合法性调取被告作出行政行为时未收集的证据"，这似乎是对法院调取证据运用的排除性规定。但是分析该规定的意涵，不是法院调取的所有证据都不可以用来证明行政行为合法性，只有被告作出行政行为时未收集的，言外之意是法院调取的被告作出行政行为时之外的时间的证据可以用来证明行政行为的合法性？如果这样势必会破坏行政诉讼中的基本举证均衡。此外还有一种情形，依照《证据规定》第22条第1款，"涉及国家利益、公共利益或者他人合法权益"的法院可以依职权调取证据，那么如果此时被告不提供或者无正当理由逾期提供证据——根据《证据规定》第1条是视为被诉具体行政行为没有相应的证据、行为应该撤销的，那么法院是调取还是不调取？如果调取了涉及国家利益、公共利益，直接撤销该行为是否合适？通过《若干解释》第58条是一个较好的解决思路。㉕ 第三，人民法院调

㉔ 黄学贤：《行政诉讼中法院依职权调查取证制度之完善》，载《苏州大学学报》2012年第1期。

㉕ 《若干解释》第58条规定："被诉具体行政行为违法，但撤销该具体行政行为将会给国家利益或者公共利益造成重大损失的，人民法院应当作出确认被诉具体行政行为违法的判决，并责令被诉行政机关采取相应的补救措施；造成损害的，依法判决承担赔偿责任。"仔细分析这一条中只包括了国家利益和公共利益，但是《证据规定》第22条还包括"他人合法权益"，对此如何处理有待进一步讨论。对于第58条的适用参见金成波：《中国情境下的情况判决——经由案例的钩沉》，载《行政法学研究》2011年第1期。

取证据与当事人举证什么关系？前文提到我国的证据体制是当事人主义为主，职权主义为辅，这一基本原则必须严格遵循，因为法院调取证据势必对诉讼利益产生影响，如果法院过多应用调取证据的职权，那么不但是违反法定适用范围，而且也会让当事人举证懈怠，最终带来实体不公平。

七、结语

修法是一种立法活动，和制定法律一样是一个博弈的过程，即是一个利益相关者将本群体的诉求融入法律从而成为权利的过程。所以，法律中凝聚的应该是一个社会的共识，此次行政诉讼法的修改恰恰体现了这一点。多年以来，学界对于行政诉讼证据规定提出了各种各样的完善建议，但是被纳入修法视野并最终成为法律条文的还是那些经过深入讨论、形成广泛共识的内容。比如行政诉讼的证明标准问题、简易程序的证明过程、证明规则等问题，虽然学界有许多讨论，[26] 但是因为争议较大，此次修法并没有进行相应规定。所以许多问题，学界还应该进一步加强研究，在下次修法的时候拿出更为成熟的方案，以便完善立法。

---

[26] 例如余凌云：《论行政诉讼法的修改》，载《清华法学》2014 年第 3 期。

教育法学的理论体系与学科建设*

湛中乐**

近年来，教育法学方面的研究在中国日渐成为热潮，教育法学方面的著作和论文层出不穷，吸引了法学界和教育学界的关注。在学术研究渐趋繁荣的背后，是一系列引人深思的根本问题：教育法学能否成为一个相对独立的学科？它是否存在自身的理论体系？抑或其仅仅是由其他部门法学的理论“拼装”而成的学科，并且不需要自身的一套法理基础和教义学体系？对这些问题的回答，很大程度上决定着教育法学研究的走向和学科的建设方向，这是每一个教育法研究者都需要面对的问题。

一、关于教育法学学科基础的既有研究

学界对教育法学的密切关注已经持续了一段时期。如果自德国学者黑克尔（Hans Heckel）的《学校法学》算起，教育法学的系统研究在国外已经进行了六十年左右，涌现出阿维纳希乌斯（Hermann Avenarius）、瓦伦特（William Valente）、布特勒（Des Butler）、麦卡锡（Martha McCarthy）、兼子仁

* 本文原发表于《中国教育法制评论》（年刊），2015 年 10 月出版。本论文的写作得到苏宇博士的大力协助，特致谢意。

** 湛中乐，法学博士，北京大学法学院教授，博士生导师，教育部百所人文社会科学重点研究基地——北京大学宪法与行政法研究中心副主任，中国行政法学研究会副会长，全国教育政策与法律研究专业委员会副理事长；研究方向：行政法学、行政诉讼法学、教育法学等。

等一系列学者。迄今为止，教育法学还缺乏像民法学、刑法学、行政法学等学科那样一套较为成熟的理论体系，其研究或者处于问题拼接状态，或者借用其他学科的体系（如德国及日本学者对高等教育法学的研究常借用行政法学的体系）。在我国大陆地区，倒不乏有对建设教育法学学科知识体系的相关主张。教育法学之系统研究及对学科基础之反思，可以追溯到20世纪80年代中期。近三十年来，劳凯声、孙霄兵、张维平、谭晓玉、秦惠民、程雁雷、余雅风、周光礼等众多学者对教育法学的立身之本进行了众彩纷呈的探讨，提出了不同的主张，也不乏建构教育法学学科体系的尝试。国内对教育法学学科基础的探讨可以大抵分为三个阶段。① 在第一个阶段，基于20世纪80年代的学科建设热潮，一些学者提出了朴素的学科构建设想。有学者将这一阶段的研究现状概括为“四多四少”，认为此阶段的研究是“文本中的教育法”。② 此阶段的教育法学研究，尚远未深入教育法律关系进行分析，亦缺乏相应的实践素材可供仔细探讨。在第二个阶段，自1994年首次教育法学术研讨会起，学界结合教育法领域的法律实践（尤其是教育行政诉讼实践），开始更为严肃地探讨教育法学自身的学科基础，并且对教育法学有了一些勇气可嘉的反思和主张独立的设想，例如有学者在反思前一阶段研究时提出，教育法学不能是教育法规注释，且不应属于行政法的一部分，而应当成为与行政法并列的二级学科，而且“研究对象、任务、体系和基本内容与行政法学的完全不同。”③ 秦惠民教授也提出了类似的主张，宣称“教育法学应有属于自己学科的基本问题”，“如果只是使用行政法学的概念来研究教育法的问题，那是行政法学而不是教育法学”。④ 在第三阶段，自近几年来，大学章程

① 亦有学者将中国的教育法学研究分为四个阶段，但严格而言，其更多的是从组织机构及制度动态方面进行划分，而本文侧重对学科基础问题的探讨与反思作划分。参见余雅风、劳凯声：《改革开放30年中国教育法学研究的回顾与展望》，载《教育研究》2009年第2期。

② 谭晓玉：《教育法学的何谓与何为》，载《中国教育法制评论》2009年第6辑。

③ 蒋超：《中国教育法学学科建设基本问题研究》，载《四川教育学院学报》1998年第2期。

④ 秦惠民：《中国教育法学的产生发展背景与研究状态》，载《中国教育法制评论》2009年第6辑。

的制定及大学治理法治化的探讨在国内渐成热潮，学界开始真正深入思考教育法学的逻辑起点及教育法规范体系的特殊性，以及整个理论体系的建构路径，开启了“学科理论从自发走向自觉的过程”。[⑤] 其中，一些著作已经开始尝试构建教育法学自身的学科知识架构，例如张维平、石连海、黄巍、申素平、黄欣、李晓燕、杨颖秀、杨挺、高君智等学者都在这方面迈出了实质性的探索步伐。

尽管上述研究进展在相当程度上可谓精彩纷呈，但却呈现出两个根本的问题。首先，对于教育法学基础理论及学科知识体系的探索各言其是，较少相互参考，设想大相径庭，缺乏清晰的主线；其次，与前一个相伴随的是，在种种关于教育法学理论体系的主张中，实际上欠缺深层的法理思考，也难以找到一套能够比肩民法上的法律行为（目的意思、效果意思、表示行为、要约、承诺等）、刑法上的犯罪构成（构成要件该当性、违法性、责任等）、警察法上的危险预防（Gefahrabwehr，引出警察任务、警察作用、警察措施等）之类相对独立的概念基点设想。在此，我们发现存在一个未被追问的根本问题：教育法学在法理上的特殊性是什么？此种特殊性是否需要一个相对独立的理论体系？这一理论体系的初步展开形态如何？这是我们在探索教育法学学科建设时需要认真考虑的基础问题。

二、教育法学的理论体系

教育法学能否成为一个相对独立、自成体系的学科？这一问题首先取决于它是否拥有自身的理论体系。如果教育法学只能依靠宪法学、行政法学、民法学和诉讼法学等学科的理论研究其面对的问题，它充其量只能算是一个相对独立的研究领域，不是严格意义上的学科。如德国的教育法学，是被作

⑤ 龙洋、孙霄兵：《对我国教育法学理论体系逻辑起点的思考》，载《教育学报》2011 年第 6 期。

为特别行政法（besonderen Verwaltungsrechts）加以研究的，从理论体系到学科定位，它都缺乏独立性基础。教育法学是否存在自身的理论体系，关系到教育法学未来的发展方向，关系到教育法治化建设的蓝图和具体构思。教育法学是法学的一部分，因此，它是否存在相对独立的理论体系，就要判断它在法学的基本原理和知识框架之下，是否存在自身相对独立的理论基础及法理框架。

（一）教育法学的理论基础

法学是有关公平正义的学问。[⑥] 各部门法的理论基础，在于根据这些领域的特点，公平正义在此是否呈现出某些特别的、系统的规定性，或公平正义的实现须经由特定的方式进行。当代法学对公平正义的诠释和实现，是通过对权利义务体系进行的；因此，一个具体的法学部门如要具备理论体系上相对的独立性，乃至自成一体，在权利义务关系方面就需要有独特的基点和展开方式。教育法学所面对的权利义务关系，如果在基本权利义务关系具备类型上的特殊性，就能够为教育法学的理论基础提供潜在的坚实支持。

教育法学面对的权利义务关系是复杂的。教育是国家、学校、教师、学生、家庭和其他社会力量共同完成的事业，教育的基本法律关系至少需要处理国家、学校、教师（教育者）与学生（受教育者）之间的权利义务关系。从教育法面对的法律关系主体而言，首先是国家与受教育者之间的关系，其规范基点建立在受教育权与国家义务之上；其次是国家与具体负责教育事务的学校之间的关系，其规范内涵聚焦于在办学自主权问题；其后是学校与教师、学生之间的关系，这既涉及办学自主权乃至学校的自治与治理问题，也

---

⑥ 此说由来已久，影响广泛，其最初起源已不可考。较著名的经典出处可参见《学说汇纂》第一章第一节：“法是善良与公正的艺术。”（中译见《学说汇纂》（第一卷），罗智敏译，中国政法大学出版社 2008 年版，第 5 页）另见《法学阶梯》著名的断言：“法学是关于神和人的事物的知识；是关于正义和非正义的科学。”（中译见《法学总论 ——法学阶梯》，张企泰译，商务印书馆 1989 年版，第 5 页）

涉及学术自由的行使，涉及师生的正当权益保障问题；最后是教师与学生之间的关系，既涉及学校治理问题，也涉及知识和思想的优越地位问题。这些问题之中隐藏着教育法学的核心理论基础，而大部分的基础理论问题都显示出它们对教育法学自身理论体系的突出需求。

1. 受教育权与国家义务

教育法学在中国法律体系中的首要基点，在于中华人民共和国公民依据宪法享有受教育的权利（和义务），国家有推广九年义务教育和发展社会主义教育事业的一般义务。这是教育法学的体系得以展开、教育行政诉讼得以进行的首要基础；也是国家依法治教、对教育事业进行管理的根本依据，更是整个教育法学的逻辑起点。[⑦] 这一基点在法理上拥有鲜明的独特性，遍历我国诸多基本权利义务及法律权利义务，并无与受教育的法律地位相当者。从宪法上看，宪法明确规定同时作为基本权利和基本义务的惟有受教育与劳动；但在具体法律当中，劳动的义务未有实质性的体现，其仍仅仅是宪法上的“光荣职责”；而受教育的义务不仅在《中华人民共和国教育法》（以下简称《教育法》）中得到强调，在《中华人民共和国义务教育法》（以下简称《义务教育法》）中还得到了具体的规定，是一种有实定内容的基本义务。不仅如此，受教育权还是我国宪法中惟一曾经发挥直接效力的基本权利，[⑧] 更加能够称得上是真正意义上的“基本权利”。因此，严格地看，只有受教育兼备基本权利与基本义务的法理属性；自耶利内克的主观公法权体系中观之，公民在诸多具体的身份中，亦管有受教育者的身份能兼具个人相对于国家除主动地

⑦ 参见龙洋、孙霄兵：《对我国教育法学理论体系逻辑起点的思考》，载《教育学报》2011 年第 6 期。

⑧ 2001 年的齐玉苓案被誉为“中国宪法司法化第一案”。1990 年，陈晓琪及其父盗用齐玉苓的姓名获得了济宁商校的录取资格，十年后被齐玉苓发现，后者到法院起诉陈晓琪等侵犯了齐玉苓的姓名权和受教育权。最高人民法院批复：“经研究，我们认为，根据本案事实，陈晓琪等以侵犯姓名权的手段，侵犯了齐玉苓依据宪法规定所享有的受教育的基本权利，并造成了具体的损害后果，应承担相应的民事责任。”山东省高院据此判决齐玉苓胜诉。参见张千帆：《宪法学导论》，法律出版社 2008 年版，第 174 页。这一批复于数年后被最高人民法院废止，但判决依旧有效。

位以外的其余三种地位：[9] 当受教育者履行受教育义务时，其处于被动地位（passiver status）中；当受教育者主张排除行政权力对于行使受教育权的妨碍时，其处于消极地位（negativer status）中；当受教育者请求行政机关履行作为义务、保障其受教育权的实现时，其处于积极地位（positiver status）中。不仅如此，由于我国的宪法、法律为教育事业设置了诸多的国家义务和方针条款（programsatz），[10] 受教育者在公法上的地位和权利体系实际上相当丰富，远远没有得到充分的阐释和发展，更遑论建立一整套与“教育——受教育”相关的权利义务关系及其法教义学体系。

不仅如此，这一理论基点还隐含着另外一个重要前提：国家义务的履行包含着某种宪法委任，[11] 其结果就是国家权力的介入。国家依据宪法的要求，制定各种法律，授予行政机关以教育行政管理权力，也授予公立大学以一定的职权（如学生惩戒权、校园管理权等）。这就使得教育法学在相当程度上需要借助公法学的理论，但又不能完全囿于既有的公法学理论体系。在学生与学校关系方面，由于受教育权的特殊性，它在规范上的请求权体系与其他的基本权有别，与公权力之间产生的法律矛盾在内容上也呈现出特殊性（学生可以同时行使积极性和消极性的请求权），但此种特殊性仍然可以为当前的公法理论架构所消化。但在学校与政府、学生的关系而言，受教育权、

⑨ 个人在公法上的四种地位之说为德国公法学巨擘耶利内克主张。耶利内克认为，个人基于国家成员资格被置于为数众多的地位关系之中：个人对国家的服从状态使个人处于义务领域中，此时个人处于被动地位；个人有排除国家、否定统治的领域，在这种领域是个人的自由领域，个人处于消极地位；国家赋予个人利用国家权力和国家制度的法律上之能力，此处个人处于积极地位；个人被赋予为国家而行动的能力时，则处于主动地位。参见［德］耶利内克：《主观公法权利体系》，曾韬、赵天书译，中国政法大学出版社 2012 年版，第 77–79 页。

⑩ 参见陈新民：《法治国公法学原理与实践（上）》，中国政法大学出版社 2007 年版，第 3–10 页。方针条款虽然在德国宪法学中已经式微，它依然存在于许多国家的宪法文本中。

⑪ 关于宪法委托，国内学界通常受依普生等德国学者影响，认为宪法委托即立法委托，仅限于拘束立法者且明示了立法任务。但随着时间的推移，宪法委托理论亦有突破性进展，如 U. Kuhlmann 批判依甫生的理论过于斤斤计较条文，未能重视委托的一体性；Wienholtz 在宪法委托强度和拘束对象上的扩展；K. Stern 的宪法训令也突破了委托的形式准则。这使得宪法委托的解释范围大为扩张。参见陈新民：《法治国公法学原理与实践（上）》，中国政法大学出版社 2007 年版，第 11–16 页。

受教育义务与国家的教育行政管理权力引发了不同的相对面向，引出了既是权利、又是权力的法律关系内容（典型的如高等学校的办学自主权及下属的各项具体权利），它在教育法中处于相当重要的枢纽位置，但很难为严格意义上的行政法理论体系所消化。这就更需要教育法学打破传统学科门类框架与部门法学方法的限制，以公民受教育权与国家义务为出发点，构筑教育法学自身的理论基石。

2. 学术自由与办学自主

学校（尤其是高等学校）承担的事业不仅仅是教育，也包括科学研究。我国《宪法》第47条规定："中华人民共和国公民有进行科学研究、文学艺术创作和其他文化活动的自由。国家对于从事教育、科学、技术、文学、艺术和其他文化事业的公民的有益于人民的创造性工作，给以鼓励和帮助。"宪法的这一条款规定了内容丰富的文化活动自由，学术自由亦为其所涵盖，它是教育法学的又一重要规范基点。

需要注意的是，一方面，宪法中为这一基本自由规定的主体是作为普通公民的个体；在相应的国家方针条款方面，受帮助的对象也只包括从事教育、科技等事业的公民个体；但从另一方面看，宪法又并未限定公民必须以个体的方式或集体的方式行使此权利，也就为权利主体的扩展留下了空间。在此基础上，《中华人民共和国高等教育法》（以下简称《高等教育法》）进一步规定："国家依法保障高等学校中的科学研究，文学艺术创作和其他文化活动的自由。"此规定并没有对学术自由的主体作出限制，自规范字义观之，只要相关活动属于科研、文艺创作或其他文化活动，就应当处于国家依法保障的自由领域内。这就使得大学的整体及其中的机构可以作为学术自由的主体，为这一基本自由与《高等教育法》规定的办学自主权乃至更进一步的大学自治的联结奠定了规范上的基础。

但是，除宪法学在方法论和基础知识上的有限支持（例如"制度性保障"

等域外理论[12]）外，所有其他部门法学提供的法教义学框架，都无法提供这种联结所需要的法教义学结构，也不能梳理大学自治乃至其他类型学校的办学自主权所面对的规范约束体系。对于包含各种公立学校与民办学校的教育机构而言，行政法律关系和（民事）法律关系理论均难以将建立于基本自由之上的办学自主权乃至大学自治展开为一个规范内涵丰富的法理体系。唯有发展一个自成一体的法教义学体系，才有可能超出于行政行为或民事行为等既有的概念群而完成这种建构；这套体系应当是为多元的、自治与治理相结合的法律过程准备的，并不在传统部门法学的方法论视野之内，而需要吸收当代关于治理、善治和多元民主过程的有关理论完善其内部结构。

3. 人本目标与思想尊严

在以上两种基本自由及相应的国家义务以外，教育还有着与一般的民事或行政活动截然不同的属性。一方面，如果将教育单纯看作一种基于合同的服务，即如教育培训机构开展的收费培训服务一样，教育法的问题基本上可以用民法学的框架进行处理。但至少在我国，肩负着国家战略、国家义务、行政计划和文化理想的教育活动，显然已经远远超出了合同法律制度所能处理的范畴，大部分学校教育活动引致的法律纠纷并不是经由合同法途径解决的，甚至大部分学生在学习生涯之中，自公立小学开始至公立大学毕业，都未必接触过任何书面或口头的教育服务合同。另一方面，如果将教育看作一种行政行为，教育法的问题即可纯以行政法的框架处理。但是，教育过程中尽管包含部分行政行为，教育本身却绝不是任何形式的行政行为，科研就更不能归诸行政行为了。教育和科研过程中遭遇的种种法律问题，固然需要借助部分民法和行政法的理论与制度，但归根结底仍然需要一套相应于它们自身的法理框架和法律制度去解决。

---

⑫ “制度性保障”学说由魏玛时期的学者托马提出，著名宪法学者施米特加以发扬，广泛见诸德国、日本及我国台湾地区的公法学著作，其主要思想是将某些宪法权利或自由看作一种国家有义务加以保障实现的制度。参见施米特：《宪法学说》，刘锋译，上海人民出版社 2005 年版，第 176-190 页。

教育的很多法律问题之所以无法用民事尤其是用合同的方式加以解决，其根本在于教育传授的不仅仅是信息和技能。如果教育仅仅是对特定信息和技能的传授，无论是批量销售还是“度身定做”都不影响其被商品化的潜力。问题的关键在于，教育不仅传递信息、传授技能，还陶冶人的情操、塑造人的品格、养育人的灵魂；教育的这些内容是无法被商品化的，甚至很少建立在具体的合意的基础上。更重要的是，违约责任等合同法的核心机制几乎完全不适用于教育：品格和灵魂无法复原，也不能估值。同样地，这种教育活动也不应当是行政活动。教育组织与管理可能包含行政行为，但教学与科研本身，归根结底是基于个体知识、能力与思想的事业，尽管存在各种教学团队、科研团队和合作机制，但学者与教师、包括部分学生之个体，是教学与科研活动的真正实施者。至少在我国的法律框架下，教师与从事教育的学者并非任何意义上的行政主体。进一步看，行政的工具色彩太浓重，[13] 其组织管理过程以效率和一致性为基本取向，与纯粹以人本身为目的的教育活动在性质上也相去甚远。在这一点上，我们可以认为，“现有的研究框架窄化了教育法学的问题域，与实际的教育法的范围不相匹配”。[14]

因此，对于教育活动，我们必须寻觅一种新的理论定位，以便对其中存在的已发现或未发现的各种法律问题寻求一种体系化展开的可能性。这种定位既要承认教育与科研活动的个体性，又要突出思想和知识的尊严，使得在以人为目标的教育活动中发生的法律问题能够得到更加深刻而妥当的解决之道。

4. 契约属性与双重义务

最后，教育领域也存在与普通民事活动相似的内容，但却又不能简单地以合同法制去进行解决。这些内容包括学校与教师之间的人事法律关系，但

---

⑬ 参见谭海波：《公共行政价值的批判性反思——基于现代性的分析视角》，载《四川行政学院学报》2012 年第 5 期。

⑭ 褚宏启：《教育法学的转折与重构》，载《北京师范大学学报》（社会科学版）2013 年第 5 期。

更具特色的是学校与学生之间的关系。对于学校与学生之间的关系，国际上曾有特别权力关系理论、公法契约理论、私法契约理论、代替父母理论、特权理论、宪法理论、信托理论等多种立场；[15] 在我国，法律没有直接对学校与学生之间的关系作出明确定性，但从实践中看，学校与学生之间的关系存在某种程度的契约性，至少可以被理解为一种拟制的契约关系：学生支付学费（部分学生由国家代为支付全部或部分学费），学校负有正常开展教学活动和保护在校学生人身财产安全的义务；这既是法律直接赋予的义务，也是能够从契约性的合意中解释出的义务。如果有可能，应当对合同法的文本及其适用作适当的扩张，或从教育法方面着手完善有关规定。在民办教育形式中，学校与学生之间的契约性更为突出，特别是学生入学时学校所作承诺在法律上如何定性的问题，或学校收费项目中有某项服务而实际未提供的问题，除合同法进路外几乎别无选择，但又不能简单地通过合同法的既有理论去解释相关的教育者义务及受教育者权利等问题。

在当前，教育法学在处理公立学校与其师生关系时，经常从《教师法》《义务教育法》《高等教育法》等法律及下位的行政法规、规章入手，从国家立法直接赋予学校的义务去认识学校的行为，但这对于师生权益的保障远为不足，因为立法中规定的学校义务过于宽泛、抽象，很多法律义务缺乏可直接执行的内容。教育法需要从行政法律关系和民事法律关系中获得另外一种理论资源作为其又一坚实支点，在我国立法未正式承认公法合同的前提下，发展出一套能够准确阐释学校与学生之间具有契约性的法律关系的理论，通过契约义务和法定义务的双重义务体系对学校与学生的关系作出更加有效的调整。

以上这些关键问题都呼唤一种新的法理框架，唯有在此种法理框架中，才能完整而准确地处理教育法治所面对的种种法律问题，加强对教育行政管理权力的有效约束，并促进学校与师生合法权益的保障。

---

⑮ 参见申素平：《高等学校与学生法律关系的基本理论》，载《中国高教研究》2007 年第 2 期。

（二）教育法学的法理框架

教育法学是法学的一个子部门，法学所通行的法理框架和基本思维，也应当作为教育法学的法理基础。在当前，尽管以法律关系和法律行为为核心的法理框架面临诸多批判，尚未有一种体系化的替代性架构能够有效取代这种法理框架。此种框架仍然可以作为教育法学认识和建构其规范世界的基础。教育法学的法理框架相当丰富而复杂，其主体框架可以由教育法律关系与教育行为组成，其余部分则围绕此二者展开。

1. 教育法律关系

教育法律关系类型丰富、形式繁多，从基本的类型上看，教育法律关系包括行政法律关系、特殊优位关系、拟制契约关系和契约关系。

（1）行政法律关系

教育行政管理机关对学校进行管理、对教师进行奖励和处罚，公立学校依公法授权对师生进行管理和奖惩，都体现高权属性，其依托的法理关系属于行政法律关系（verwaltungsrechtsverhältnis），⑯ 这些特定的高权行为属于行政行为。自“特别权力关系”理论衰落后，高权性法律关系中不再存在隔阻司法审查的“飞地”，在德日等大陆法系国家及我国台湾地区，公立学校内部高权性法律关系的运行已经完全纳入行政法律关系之中，属于司法审查的范围。在我国大陆地区，教育法中的行政法律关系也正日益如同其他法律关系一样需要接受司法审查，此为教育行政诉讼兴起的基点。

教育法中的行政法律关系，依据法治政府和依法行政理念，必须有法律授权的基础方得成立。对行政法律关系所引起法律问题的审查，在我国大陆

---

⑯ 以前的学说曾认为此类关系属于权力关系（gewaltverhältnis），但无论是“一般权力关系”（allgemeines gewaltverhältnis）还是特别权力关系（besondere gewaltverhältnis）理论，在当前的主流行政法学说中均已经衰落。有关一般权力关系的衰落，参见 Vgl *Erichsen* und *Ehlers*, Allgemeines Verwaltungsrecht, 14. Aufl, 2010, 401；有关特别权力关系理论的演变及衰落，参见湛中乐：《再论我国公立高等学校之法律地位》，载《中国教育法制评论》2009 年第 7 辑。

地区即为对行政行为的审查，在一般情况下适用《行政诉讼法》中的合法性审查标准，涉及行政处罚显失公正情形时也适用合理性审查标准。这种关系对于处理教育管理过程中引发的部分奖励和处罚问题尤其是退学和开除学籍等影响学生重大受教育权益的处罚，在理论和实践上都尤为重要。

（2）特殊优位关系

学业评价与学术评价等体现的是知识和专业上的优位，评价者享有专业上的判断余地（beurteilungsspielraum），[17] 一般情况下专业评价本身不受司法审查，部分学业评价具有高度属人性，甚至属于“不可替代的决定”。[18] 这种优位关系与由高权等原因导致的规范性优位关系有别，是一种作用范围有限、作用方式特定化的特殊优位关系，体现着思想和知识的尊严，体现着学术自由的内在价值，也是在教育法中特别发达的法律关系类型和理论构造。对于此种专业判断，法院一般不进行审查；即使进行审查，也仅仅在其明显属于行使行政权力之时介入，而且认为在此种情况下，重要的不是评价结果，而是对价值形塑因素（die wertbildenden Faktoren）的宣告和详细的说明。[19] 此种法理认知及法律思维为教育法学把握学业评价与学术评价中的特殊优位关系提供了非常有益的参考。

同样地，这种特殊优位关系也体现在高等学校学术委员会等学术机构的运作中，《高等学校学术委员会规程》等行政立法确认了此种特殊优位关系的存在，如“学术自由”和“教授治学”的原则即由此种特殊优位关系引申得出。由于此种特殊优位关系和行政法律关系的并存，学术权力和行政权力之间的关系，在教育法学尤其是高等教育法学当中，就成为一个相当复杂的挑战。只有特殊优位关系和行政或民事法律关系相结合，才能承载大学自治和治理的整套制度安排。

---

⑰ 参见翁岳生编：《行政法》（上册），中国法制出版社 2009 年版，第 252-259 页。

⑱ 参见伍劲松：《行政判断余地之理论、范围及其规制》，载《法学评论》2010 年第 3 期。

⑲ *Zimmermann*：Sachverständigenpflichten，DS 2006，S. 313.

(3) 契约关系

学校聘任教师、采购物资、签订科研协议等，体现的是契约关系。契约关系中包含一般民事合同、劳动合同、劳务合同等不同种类的契约，法律关系丰富而复杂。严格而论，教育法中的契约关系包括公法合同和私法合同，但因我国法律还未正式承认公法合同，因此像科研合同等尚无法完全通过法律手段保障相关各方的合法权益。

如前所述，学校与学生之间还存在一些非严格意义上的契约关系，这种契约关系可以有效地解释出学校的保护义务及附随义务，也可以解释出学校要求学生遵守学校规章制度的正当性基础。这种拟制契约关系作为法律所直接确定的权利义务关系之重要补充，既可以吸纳后者为其中的基本内容，又可以对后者进行体系化和完善化，全面提升师生权益的法律保障。在未来，教育法制和教育法学还须向这些方向努力。

2. 教育行为

此处所言的“教育行为”并不是严格意义上的单个行为（akt），而是一组作用（handeln）乃至一系列活动（handlung）的总称。[20] 它至少包括教育行政行为、学校治理作用、专业评价作用和校内管理行为。

(1) 教育行政管理行为

教育行为首先包括教育行政管理行为，主要是包括政府、教育行政管理部门及其他行政机关作出的具有约束力的规则、决定、命令，大部分教育行政管理行为属于行政行为，另外也存在一部分行政指导和事实行为。对

---

[20] 在行为的层面上，我们首先需要区别各种容易混淆的“行为”概念，然后才能对教育法中涉及的行为作出区分。目前国内法学著作将大量不同的概念都译为“行为”，极易导致误解。在各种“行为”概念中，Handlung 为没有特定法律内涵、不一定包含意志因素的客观的行动，本文译为“活动”；Handeln 与 Handlung 意义接近，都带有意志因素，经常包含目的意思，台湾地区习惯译为“作用”，本文也从大陆地区一般行为习惯译“行为”，如“教育行政管理行为”“学校治理行为”“专业评价行为”，实际上在很多情况下是“作用”；Akt 较为复杂，一种含义是带有目的意思和效果意思的意思表示，是严格意义上的法律行为或行政行为的中心词，与 Geschäft 相通，本文译为“行为”；另一种与 real 联结为 Realakt（事实行为），表示不包含明确的意志因素但引起客观事物改变、导致权利义务变动的举动，本文也译为“行为”。

此，应当运用行政法学的有关理论知识去把握和处理，但要注意结合教育领域自身的特点和规律。这些行为已经遍及教育的各个领域，如2015年制定的《学生志愿服务管理暂行办法》《学校体育运动风险防控暂行办法》《农村义务教育薄弱学校改造补助资金管理办法》等，体现了国家行政权在教育法领域中的作用，它是我国教育法学不可忽视的重要组成部分。

（2）学校治理行为

学校治理行为包括与治理过程相关的选举、表决、议事、创设与撤销机构、决定机构的合并与分立、制定校内规章制度等。这些行为普遍存在于各种学校之中，而在高等教育领域尤为活跃，在我国的高等教育法制中也开始受到重视。2014年施行的《高等学校学术委员会规程》就对学校治理行为提出了相当详细的要求。学校治理，尤其是高等学校的治理，应满足充分代表、专业判断、灵活联合、多元参与的原则，[21] 它不单纯是一个自上而下的高权活动过程。在治理过程中，对于选举、表决、议事等活动，应当视为自成一类的形成性公法行为，没有高权行为的效力特征；校内主要治理机构作出的决定、命令或制定的规章制度，则是典型的高权行为，部分有明确法律、法规授权的行为还属于行政行为。学校治理行为是教育法中独具特色的一个重要内容，它不同于一般的行政管理行为，因为它在理论上应当是主要依靠自下而上的民主过程和多元参与的合力来进行的；也不同于村委会或居委会的民主自治活动，因为学校的治理强调多元参与而非纯粹的民主表决，[22] 并且学术事务（也包括教学与科研的专业事务）在学校治理中拥有重要的特殊地位，它排除行政权力乃至普遍性民主过程的干预，仅限于相应学术群体，因此学校治理行为的特殊性在此尤为鲜明。

㉑ 参见湛中乐、苏宇：《中国高等学校内部治理结构：基本原则与关键制度》，载《华中师范大学学报》（人文社会科学版）2011年第5期。

㉒ 同上。

（3）校内管理行为

根据学校治理过程所形成的结果或法律、法规、规章的授权，学校有关部门对学校内部具体的人事作出决定，则属于校内管理行为；对于公立学校而言，则是一种高权行为。它包括学生的招录及工作人员的任免、晋升、调动以及学生和工作人员的奖励、处分等。此类行为在有法律、法规明确授权的情况下，应当视为行政行为；否则，即应为普通的校内管理行为，相关纠纷须依照学校内部的规章制度或通过学校内部的治理过程加以解决，对部分符合申诉条件的行为不服可以向教育行政部门提起申诉。

（4）专业评价行为

对于教育法领域而言，最富特色的是此类专业评价行为，即教师或其他专业工作人员以其知识、技能乃至思想为基础，对同行、学生或其他外部机构与人员的学术能力、作品质量、学习成效等作出评价的行为，包括学业评价、成果评价、学术能力评价等。此种行为在法理上属于专业判断，相关判断在其专业范围内享有判断余地，除非存在现行立法规定，或通过自治过程或法律、法规授权制定的既有规章制度中明确规定特殊的救济途径，一般不受外部审查。专业人士的评价应当不受非专业人士评价的干涉，这应当是教育与科研活动的一条基本原则，是学术自由和教授治学的核心准则，也是学校治理最需要确立的制度基点。

专业评价行为往往不是独立发生作用的，而是与其他行为（通常是行政行为或校内管理行为）结合而成为混合的教育治理或管理行为，例如授予学位、晋升职称、评优评奖、对学术不端的惩罚，等等。对于这些混合的行为，我们需要在理论上加以区分，对其专业评价的部分应当坚持判断余地理论，不能轻易由非专业审查机构推翻专业判断；但对相关的行政行为或校内管理行为而言，它应当受到有权机构的法律审查；如果在主体、程序和形式等方面违反法律、法规、规章或校内相关规章制度的规定，它也应当像一般的同类行为被撤销或宣告无效。

专业评价行为目前在我国尚缺乏完善的规则体系和独立的法律调整机

制，甚至很多重大评价行为都缺乏说明理由等正当程序的基本要求，这应当是未来我国教育法学努力的一个重要方向。

（5）民事法律行为和行政私法行为

此外，教育法领域还存在一部分民事法律行为，也包括所谓属于“行政私法”的政府采购等行为，依照一般的民事法律制度及政府采购法制进行。这些行为在制度上和理论上不存在特殊的法理构造，只是需要注意教育领域的特殊性，例如政府采购的标准可能需要向安全性倾斜甚至需要制定特殊的法定标准，但在法理上大体可以直接运用其他部门法学的架构与内容。

由此，教育法学的理论体系及法理框架已经基本清晰可见，教育法学确实拥有独具特色的理论基础，在主要的法理构成上也有别于其他的部门法学，这就需要我们进一步思考教育法学的学科地位问题，尤其是教育法学的相对独立性问题。

三、教育法学的相对独立性

（一）教育法学相对独立性之基础

教育法学是否具备相对独立性？这需要从其研究范围的特殊性、研究方法的专门性、基本问题的重要性和理论体系的自主性等方面进行分析，只有当它在这些方面都具备鲜明的特色时，它才需要获得独立发展的空间。

1. 研究范围的特殊性

教育法学在研究范围上的特殊性非常突出。教育法学的研究范围是教育领域有关教育行政管理、学校治理、招生、教学、科研等一系列活动的法律现象，这一系列活动并不属于单一的规范维度，无法归类于任意既有的研究对象类别，而其中几乎贯穿始终的、在法律上具有特殊地位的专业评价与学术自由在其他部门法学的研究对象中更缺乏有效的参照物。教育法的研究范围不仅在整体上具备特殊性，在个别具体项目上更是具备其他领域研究范围所无法覆盖的特殊性，例如对于教学与言论自由、学术自由的关系、科研与文化活动自由的关系，均具备高度的形而上学特征和超越于世俗价值的精神特性，这一点就足以决定教育法学在研究范围上已经超出目前其他类似部门法学的疆域。

2. 基本问题的重要性

再者，教育法学所处理的基本问题有着不可替代的重要性。教育法学的众多法律现象中蕴含着若干基本问题，是解决教育法大部分问题所必须回答的，这些基本问题包括办学自主权的内容与界限、学校行政权力的来源及界限、学术权力与行政权力的关系、学术评价之判断余地的范围与保障、教师享有教学自由与科研自由的依据与程度、教师与学生正当权益受侵犯的可诉性、社会力量办学中国家与社会的分工等，除个别问题已经有部门法学提供一些理论依据外，大部分的基本问题都十分重要，而且在其他部门法学的理论体系内并不存在现成的答案。这些重要的基本问题对教学、科研的组织和实施有着举足轻重的影响，随着教育普及度的不断提升，它们几乎关系到每一个人的一生，因此也更需要对其进行专门的研究。

3. 研究方法的专门性

教育法学在研究方法上的专门性应有体现。教育法学目前的研究方法主要仍然借助于法理学及其他部门法学的研究方法，包括宪法学、行政法学、民商法学、诉讼法学等；教育法学自身应有的研究方法曾长期被掩盖。即使是前述有关教育法学理论基础和法理框架的分析，主要也是基于其他部门法学及法理学所提供的方法论基础。但是，基于教育法学研究范围的特殊性和基本问题的重要性，教育法学在研究方法上也是应当具备专门性的。

法学的研究方法，从一般的哲学社会科学方法论体系上看，有历史方法、比较方法、系统科学方法、逻辑学方法、伦理学方法、诠释学方法、社会访谈与实证分析等；从法学自身特有的研究方法看，最为常用也最为基本的是规范实证分析，其余有类观点学（topik，论题学）、法哲学方法、法律经济分析、价值导向思考（werteorientiertes denken）等，但以上常见的法律方法都不能刻画法学各个子学科所真正使用的主要方法。在法学的各个子学科中，其教义学体系和研究方法在某种程度是相互融合的，例如刑法学以犯罪构成理论为教义学体系的核心组成，其主要的研究方法即隐藏于犯罪构成理论中，“四要件+社会危害性判断”的犯罪构成体系充满马克思主义法哲学的气息，而三阶层的犯罪构成体系则是以新康德主义法哲学为其方法论的指引。[23]教育法学的方法论基础，也当隐含于教育法学的教义学体系之中，只要教育法学的法教义学体系具备不可替代的特殊性乃至自主性，其研究方法的专门性也自有根据，所以关键应当是教育法学理论体系的自主性问题。

4. 理论体系的自主性

教育法学的理论体系（主要是其教义学体系）具有自主性，有自己的灵魂所系，不能由“拼装”的其他部门法理论所取代。教育法学的法理框架中固然需要借鉴其他学科的理论，但就其富于特殊性的部分——特殊优位关系、学校治理行为与专业评价行为看，是任何其他部门法学的现成体系所无法涵盖的。这是因为它们在理论基础上源生于知识的优越地位与思想的特殊尊严，而教育活动的灵魂正居于此处。整个教书育人、繁荣科学的事业之所以崇高，并不仅仅是因为知识和思想能够直接转化为可量化的社会效用和国家利益，更是因为它们承载着人类文明薪火相传、继往开来的使命。专业判断与学术评价行为的独立性与学校治理过程的特殊性，也并不完全是因为看得见的功利原因，不仅仅是因为“外行指导内行”容易导致教育和科研的决策失误和经济损失，更是因为知识与思想不可被肆意折辱的内在尊严。正是这种理论基础的展开，造就了教育法学在理论体系上的自主性和特殊性；如果教育法学不需要考虑知识或思想的优越地位，它和一般的公共服务法制并没有什么特殊的区别。

---

[23] 参见彭文华：《犯罪构成：从二元论体系到一元论体系——以事实和价值关系论为视角》，载《法制与社会发展》2012年第6期；邓君韬：《超规范问题及其意义——对犯罪认知体系方法论的初步考察》，载陈兴良主编：《刑事法评论》（第24卷），北京大学出版社2009年版，第364、368页。

因此，可以认为，教育法学的核心特殊性在于直面如下问题：对于基于知识或思想的优越地位而作出的行为，应当如何使之受到法规范的最佳约束？法律固然未必可以约束思想、学问，但并非不能约束与思想及学问相关尤其是凭借思想与学问的名义作出的行为。如果在学术相关事项上采取判断余地绝对化的法理立场，教育法学亦无可资独立之空间，但往往我们并不能完全承认知识与思想名义下的绝对行为自由。至少有两个标准对于防止滥用知识与思想的崇高尊严而言至关重要：首先，我们需要判定相关行为是完全基于知识与思想作出，而不包含与此无关或关系不大的动机或目的，此可称为“学术相关性审查”；其次，我们需要检视相关行为是否符合学术共同体的基本伦理原则，此可称为“学术原则性审查”。此二种审查均要求独特的规范思维，也包含着特定类型的法律实践与法学方法。例如，在美国，法院区分了公立学校对学生的退学处理，对于“基于学业原因的退学”（dismissals for academic causes）不要求类似于行政处罚的听证程序，但要求对课程信息的专业意见；而对“基于纪律原因的退学”（dismissals for disciplinary causes）则提出了听证程序的要求。[24] 在法院审理案件时，一个重要的考量就是判断学校的决定是否出于“纯粹的学业理由”（purely academic reasons），其判断范式仅追问客观的学术判断依据是否存在，需要依托类似于“依事物之本质”（the nature of things）的方法论基础，[25] 而与行政行为合法性的判断范式截然不同。但是，无论国内还是国际学界，都未对这两种教育法学特有的审查方式与思维方法进行系统而深入的探索，也就难以在此基础上建立独具特色的教育法学理论体系。一旦基于这一关键问题的理论体系能够获得系统的归纳和建

㉔ See Board of Curators，Univ. of Missouri v. Horowitz，435 U. S. 78，at 87，90.

㉕ “事物的本质”（德文 Natur de Sache）理论是一种根据事物本质来界定规范类型之适用的学说，“事物的本质”，根据拉伦茨的定义，在当代是指“一种有意义的、且在某种方面已具备规律性的生活关系，也就是社会上一种已经存在之事实及存在之秩序。”Vgl Larenz，Wegweiser zu richterlicher Rechtssch pfung，in：Festchriftfür A. Nikich，1958，275 ff；转引自陈新民：《德国公法学基础理论》，山东人民出版社 2001 年版，第 676 页。这一原则在德国应用尤为广泛，在美国、法国、日本等国家也应用甚多。

构，支撑起前述理论框架，则教育法学的理论自主性也呼之欲出。唯有如此，教育法学才能彰显其学科特色与独立定位的需要。

（二）教育法学的学科定位

教育法学的学科定位问题集中于一点：教育法学能否成为我国法学中一个相对独立的二级学科？要回答这一问题，需要分析二级学科的标准何在。我国目前学科分类的标准主要有五种：一是国家技术监督局发布的《国家标准学科分类与代码》；二是国务院学位委员会、国家教育委员会颁布的《授予博士、硕士学位和培养研究生的学科专业目录》（以下简称《研究生专业目录》）；三是教育部颁布的《普通高等学校本科专业目录》（以下简称《本科专业目录》）；四是国家社会科学基金项目申报代码，即由国家社科基金与社科院系统制定的学科级别分类目录；五是《中国图书馆分类法》。[26] 其中，对于学科建设而言影响最直接、最重要的是《研究生专业目录》和《本科专业目录》，两个目录均没有表明一级学科和二级学科划分的原则。事实上，在每一个一级学科之下，划分二级学科的原则都不是既有文件明确规定的，大量的二级学科是在历史中形成并在国际上有一定的参考样本可循的，或者基于现实的迫切需要特别设置的。由此，要研究哪一个学科可以成为二级学科，就需要研究二级学科所属一级学科的传统及特性、研究设置二级学科的必要性与可行性，根据理论和现实的综合需要而作出判断。

对于法学而言，在法学一级学科之下，二级学科可以大致归为两类：一类是传统的二级学科，包括刑法学、民法学、诉讼法学、国际法学、宪法学与行政法学等，此类学科在历史中逐渐形成，由众多学者筑成其法理框架和教义学体系，包含鲜明的理论特色和体系性；另一类是新兴的二级学科，包括经济法学、环境法学、社会法学、体育法学等，此类学科由于社会发展的

㉖ 参见袁曦临、刘宇、叶继元：《人文、社会科学学科分类体系框架初探》，载《大学图书馆学报》2010 年第 1 期。

迫切需要而形成，其理论体系本可具备一定的独立性和系统性，但尚未经过精致的系统化提炼，应用性色彩较强，下属的各部分相互之间也缺乏体系性的整合。判断两类二级学科的标准实际上是有差异的，对于传统的二级学科，历史本身就提供了一部分清单，其余部分注重的是其于学科的逻辑体系中所处的地位，以及该学科自身理论体系的独立性与自足性。对于新兴的二级学科，则在考察其理论体系的独立性与自主性之余，还要追问学科的设置是否符合社会发展的需要、是否有助于系统地解决社会发展和国民生活在某一领域的一系列问题。

教育法学在法学中的位置目前更加接近于后一类二级学科，因此，对教育法学学科定位的考察就需要分别从理论和实践层面进行。教育法学在理论层面的体系独立性在前文已经得到一定的揭示，但尚未得到充分的发展，如果教育法学能够获得一个正式的平台，教育法学也将提升其体系化的程度，届时教育法学理论体系的特色将更加鲜明。在实践层面，教育法学对于当前教育法治化的实践已经呈现出其不可或缺的重要性：学校章程的制定与实施、学术委员会制度的建设、大学治理事业的推进、师生合法权益的保障、义务教育的落实、民办教育培训机构的规范化等，都需要教育法学的理论作为指引，需要符合教育自身特性的教育法制度设计。其中，相当大部分内容都无法指望其他部门法学提供充分的支持，而在其余部分，尽管交叉学科能够提供一定的支持，但却不足以承载全部的重量。例如，在师生权益保障方面，由于教育行政诉讼和教育民事诉讼的兴起，师生权益已经可以在一定程度上得到保障；但是，民法和行政法能够提供的救济是非常有限的，它们几乎无法以任何形式触及学术和学业评价的部分，也很难介入校内的治理和管理过程，对于影响教师重大权益的职称评审及影响学生终身的“保研”（免试推荐攻读研究生）、自主招生加分认定等关键事项，更显鞭长莫及；而这些事项本来可以通过专家复审委员会之类直接归属于教育法的救济机制来为当事人的正当权益提供法律保障。面对此类问题，传统的学科结构限定了救济机制设计的思维，使得适合于教育活动本身的许多法律制度和救济机制没有形成。中国的教育事业覆盖十亿以上的人口，大量公民需要接受十余年的教育，教育过程中发生的纠纷和争议、涉及侵害正当权益的事情何止千千万万，与此相比，我们目前的权益保障机制和纠纷解决渠道的建设还远远跟不上教育法治化的需求。与此相对照的是，“现阶段我国大陆法律体系的部门划分模式有其局限性，传统上教育法被划入行政法部门的现实不应成为教育法学成为二级学科的制度性障碍”。[27] 由此，发展作为二级学科的教育法学，对于中国的教育法治化进程、对于中国教育事业的良性有序发展，有着十分显著的理论和现实意义。

教育法学作为相对独立的二级学科，可以同时隶属教育学和法学，有利于其吸收交叉学科的知识，形成互补，促进专业之间的有益交流和共同合作。退一步看，即使它不能马上成为一个二级学科，也应当至少成为一个专业方向，可能在研究生培养方面发挥作用，为学科建设准备理论、观念甚至制度的基础。二级学科涉及人才的培养和输送，需要制度建设和相关机构的发展到达一定程度或至少展示出相当的潜力，但专业方向就不需要考虑更多的因素，也可以考虑将专业方向的建设作为一个过渡性的方案，但总体上教育法学仍然需要向二级学科的方向努力。

（三）教育法学的内容设置

教育法学的内容非常丰富，如果作为二级学科或专业方向，其下属的各个方向也可以进一步发展；但教育法学的子领域划分，亦存在多种方式，各有长短，可供进一步探讨。

1. 以教育形式与阶段划分

从教育形式与阶段出发，教育法学可进一步划分为：（1）高等教育法学；（2）高级中等教育法学；（3）义务教育法学；（4）职业教育法学；（5）继续

---

[27] 程雁雷：《诉求与回应：构建教育法学学科的若干思考》，载《中国高等教育》2014 年第 17 期。

教育法学；（6）特殊教育法学；等等。这种划分方式能够有效针对每一种教育形式及各个教育阶段的特点，但各个领域之间会存在一些范围上的交叉。从大的维度上看，公立与私立是一重维度，义务教育与非义务教育是一重维度，初等、中等、高等与研究生教育是一重维度，学历教育与非学历教育又是一重维度，各个维度之间无法做到整齐划一的区分，只能采取相互重叠的方式。目前教育法学的研究主要是以此种方式划分子领域的，且较多地聚焦于公立高等学校的法律问题，应当进一步扩展研究的范围和深度。

2. 以教育管理过程划分

从教育管理过程出发，教育法学可以进一步划分为：（1）考选招录法学；（2）教学管理法学；（3）校园管理法学；（4）学业评价法学；（5）学术评价法学；（6）职称评审法学；（7）师生权益救济法学；（8）学校治理法学，等等。此种划分方式将使问题更为集中、更为专业，但可能研究的问题过于细碎，难以独立支撑一个专业方向，并且研究需要跨越教育形式和阶段进行，在理论的共通性与实践的可行性方面存在一定的挑战。

3. 以法律关系划分

从法律关系出发，教育法学可以进一步划分为：（1）教育行政法，主要研究基于行政法律关系的教育行政管理行为；（2）教育合同法，主要研究教育领域的合同与侵权法律关系；（3）教育治理法，主要研究在学校治理尤其是高等学校依章程进行治理过程中形成的特殊法律关系；（4）学术评价法，主要研究在学术与学业评价过程中涉及的特殊优位关系。这种划分方式的优点在于法律关系清晰、理论性强，教育法学的特色一目了然，但实践中往往我们需要面对的是混合法律关系，单纯研究某一个方向的问题，对于处理教育法学的全局性或复合性问题仍多有不便。

教育法学是一门新兴的学问，对于教育法学的内部划分和内容设置，可以有更加丰富的思路，以上模式也仅仅是若干参考依据。但是，它展示了教育法学作为一个丰富而复杂的领域，有太多的问题值得我们深入研究，最好能够在体系化的前提下、在纲举目张的基础上展开不同分支的探索，否则可能有顾此失彼、全盘失调的可能性，这就对教育法学的学科建设提出了从内容到对象、从形式到方法的体系化要求，需要学界进一步的探索。

结 语

百年大计，教育为本；教育之盛，制度为基。教育法学对于教育事业的健康发展、对于教育法治化的积极推进、对于受教育者的权益保障，有着举足轻重的关键意义。它在理论上既集思广益，又自成一体；它在实践中既适时应务，又别有天地。将教育法学从传统的学科分类中解放出来，建设相对独立的、系统的教育法学，是当代教育学界与法学界的时代使命。

广告法修订草案中全面禁止烟草广告的有关问题

于秀艳*

全国人大常委会应当通过修订广告法，禁止任何形式的烟草广告促销赞助，不让烟草企业用广告营销来提高和保持销量、吸引更多的不吸烟的人特别是青少年加入吸烟者的队伍。只有这样，才能真正符合我国宪法的精神，符合政府的目标，也符合中国所承担的国际法义务，更重要的是能够为广大人民带来福祉。

目前，我国烟草广告方面的法律规范主要包括1994年全国人大常委会制定的广告法、1996年国家工商行政管理局修订的《烟草广告管理暂行办法》（以下简称《暂行办法》）以及国家工商行政管理部门对实践中出现的适用问题所做的批复。根据广告法和《暂行办法》的规定，烟草广告是受到明确限制的，即在许多媒介、形式、地点，禁止烟草广告，但是从制度的层面看是允许的。

《广告法（修订草案）》已在2014年经过了全国人大常委会两次审议。第二次审议与初次审议相比，在烟草广告方面将原第20、21条合并为第18条，内容有保留也有变化。第18条第1款未做修改，其他4款都有变化，主要体现在：第2款在“禁止在公共场所、医院和学校的建筑控制地带、公共交通工具设置烟草广告。禁止设置户外烟草广告”之外，增加了禁止“橱窗烟草广告”。第3款为新增条款，要求禁止在迁址、更名、招聘等启事中使用

* 于秀艳，中国政法大学卫生法研究中心研究员。

烟草制品名称、商标、包装、装潢及类似内容。第 4 款也为新增条款，规定禁止在其他商品或者服务的广告、公益广告中，使用烟草制品名称、商标、包装、装潢及类似内容。第 5 款把烟草广告单独拿出来规制，把批准烟草广告的权限从县级工商行政管理部门提到国务院工商行政管理部门，并且在对烟草广告的限制要求中增加了禁止低焦油含量和低危害用语的规定。

需要指出的是《广告法（修订草案）》二审稿虽有进步，但仍未能跟上法律和实践的发展需要。下面笔者从修法意图及其文本实现这一角度，对广告法二审稿中的禁止烟草广告问题略作评论。

修法意图的自我矛盾

根据全国人大法律委员会“关于《广告法（修订草案）》修改情况的汇报”，在全国人大常委会的审议中有两种意见：“一种意见认为，为了保护人民健康、预防青少年吸烟，应当完全禁止烟草广告；另一种意见认为，修订草案的规定已经国务院有关方面反复研究论证，不宜完全禁止。”所以，法律委员会经研究，“建议对烟草广告作出更为严格的限制”，在二审稿的列举中，扩大、增加了所禁止的烟草广告的媒介、形式、地点以及所允许的烟草广告需要满足的条件。法律委员会认为这样修改过的二审稿，“除了在烟草制品专卖点的店堂室内可以采取张贴、陈列等形式发布经国务院工商行政管理部门批准的烟草广告，以及烟草制品生产者向烟草制品销售者内部发送的经国务院工商行政管理部门批准的烟草制品广告外，其他任何形式的烟草广告均被禁止”。

修改意图在这里出现了两个重点：一个是对烟草广告作出“更为严格的限制”，另一个是除两种形式的烟草广告外“其他任何形式的烟草广告均被禁止”。两者并不统一，因为前者意味着严格限制但法律未予禁止的都是允许的，而后者则意味着全面禁止烟草广告，只允许两种特定形式。也正是这种自相矛盾，除了降低立法质量外，最终还会导致执法上的矛盾和司法上的判断困难。

修法技术层面的挂一漏万

从二审稿的内容来看，它所执行的是“严格限制”的意图，而不是除了两种烟草广告余者全禁的意图，因为二审稿只是在一审稿的列举基础上扩大了列举范围。但是，立法技术上的一项常识就是列举无法涵盖所有，必然挂一漏万。以目前二审稿所列举的禁止形式来看，最起码能数得过来的未被禁止的广告形式就包括：

第一，以烟草制品包装为载体的广告形式。包装是广告和促销的一个重要因素，应该像乌拉圭、泰国、印度、加拿大、澳大利亚等国家甚至像香港、台湾、澳门那样，使用大幅的表明烟草危害具体后果的图形警示，把烟包装作为一种警告国民吸烟危害的广告。

第二，以非烟草制品包装为载体的广告形式。二审稿禁止在非烟草制品广告或公益广告中使用含有烟草表示的内容，但漏掉了在非烟草制品包装上面使用之，使其他商品及其包装本身，例如常见的纸巾盒、靠垫、登机牌成为烟草广告的载体。

第三，以一般印刷品作为载体的广告形式。二审稿禁止了报纸、期刊、图书，但漏掉了印在其他印刷品上的烟草广告。

第四，在不远的将来出现的新型媒介上的广告。正如 1994 年广告法的列举，无法涵盖在未来大行其道的互联网、手机、微电影。

第五，以举办、协办、资助活动方式为载体的广告形式。烟草企业以赞助之形、借企业社会责任之名，大作活动式变相广告用来宣传企业形象、制造和扩大品牌影响力，例如建烟草希望小学，资助贫困生、女童，资助文化、体育活动，举办集体婚礼等社会活动。二审稿禁止在企业启事中使用含有烟草表示的内容，但没禁止在企业举办或赞助举办的活动中使用含有烟草表示的内容。

第六，直接向商业、服务业销售点和居民发送广告品的形式。这种情况《暂行办法》中已明确规定是需要经广告监管机关批准的烟草广告。

如果要达成法律委员会禁止其他任何形式的烟草广告的意图，从起草技术的角度来看，不应以现在这种挂一漏万的列举方式，而应以概括禁止加但书例外的方式来规范烟草广告，即"禁止任何形式的烟草广告，但某种形式的烟草广告除外"。

修法如何消灭终端空白

实践证明，只有全面禁止烟草广告，才对各个收入和教育水平的人群减少吸烟奏效。而严格限制不全禁的做法，因为在法律制度上给烟草业留下了广告营销的空间，对降低吸烟率几乎不产生作用。

法律委员会明确提出的允许经国务院工商行政管理部门批准的"烟草制品专卖点店堂内广告"和"烟草制品生产者向烟草制品销售者内部发送的烟草制品广告"这一修法意图，在二审稿文本中并未得到落实。从全球的情况来看，凡法律不禁止的领域一定会出现烟草广告泛滥现象。由于各国修改立法所禁止的烟草广告的形式越来越全面，烟草企业已把售烟点开拓为最后一块广告阵地，我国烟草业也已经提出"决战在终端"的战略口号。这种情况下允许烟草制品专卖点店堂内广告，无异于顺应烟草业"决战在终端"的营销战略。另外，一旦允许"烟草制品生产者向烟草制品销售者内部发送烟草制品广告"，则无法控制销售者向潜在的消费者个人分发，等于为一对一的烟草广告保驾护航。

综上所述，全国人大常委会应当通过修订广告法，禁止任何形式的烟草广告促销赞助，不让烟草企业用广告营销来提高和保持销量，吸引更多的不吸烟的人特别是青少年加入吸烟者的队伍。只有这样，才能真正符合我国宪法的精神，符合政府的目标，也符合中国所承担的国际法义务，更重要的是能够为广大人民带来福祉。

六七年前，我开始从事控烟工作。推动控烟政策和立法，当然最先想到的就是找应老师。我说，应老师，这是咱们行政法的事儿，也是保护公众健康的事儿，需要您的支持。像对任何学生提出的请求一样，应老师就支持了。他在 2011 年年初北京市人民代表大会上，与 18 位人大代表联署提出控烟立法议案，使多年来屡次被人大代表提议的控烟问题，第一次进入了立法机关的视线。之后又承接了市人大的法规预案研究项目，对北京市控烟立法的可行性和必要性进行了论证研究，使得北京市人大第一次把法规预案研究列入人大立法工作计划中时，控烟立法得到进入其中。最后，控烟立法进入北京市人大立法的一类项目，应老师又领导课题组为市政府提供立法技术帮助，负责法规的起草和论证工作。政府与学术机构的这种合作模式，为北京市控烟条例的成功出台打下了坚实的基础。如今北京市室内工作场所、室内公共场所、公共交通工具全部禁止吸烟，法律保护每一个人都不受二手烟的危害，应老师领导课题组从始至终为市政府提供法学与控烟方面的理论与技术帮助，功不可没。

《广告法》修改是另一件控烟领域的重要工作。原来的《广告法》是 1995 年制定的，当时对烟草危害的认识还不够，因此对于烟草广告的禁止仅限于五类媒体、四种场所。在修改《广告法》的过程中，支持控烟者要求按照《烟草控制框架公约》的要求，全面禁止所有的烟草广告促销赞助，也有另外的声音认为《烟草控制框架公约》要求的是广泛禁止所有的烟草广告促销赞助，广泛不是全面，可以把某些场所留下来做广告。应老师一直在各种公开的和私下的场合，呼吁全面禁止所有的烟草广告促销赞助。第二次审议之后，我写了这篇文章请应老师审阅修改。应老师看过之后，详细指点了修改意见。文章虽已发表且在应老师的坚持下由我单独署名，但因为是在应老师指导下完成的，具有纪念意义。特此提交。

高等教育领域行政法问题研究之回顾与前瞻*

程雁雷**

在学科高度分化又高度整合的当代，高等教育是被多学科涉足的领域。教育学、经济学、法学、管理学、政治学、社会学等学科从不同角度进行研究。由于传统的学科分类是将教育法划归在行政法学的框架内的，① 高等教育领域的法律问题就自然被纳入行政法学的视野。宪法学、民法学、法理学等也有所涉及，但研究还不多。尽管教育法有可能成为一个独立的部门法，但基本事实是：过去和今后的相当长一段时间里，高等教育领域的法律问题更多表现为行政法上的问题。为此，很有必要对这一问题的研究作一回顾与前瞻，以期对行政法学理论及其体系的完善和部门行政法特别是教育行政法的构建有所裨益。

---

* 谨以此文感谢应松年先生对本人学术上的点拨和扶持。1997 年盛夏，全国行政法学年会年在新疆乌鲁木齐召开期间，我就教育领域的法律问题求教于应松年先生。他说，教育领域的法治建设是一块亟待开垦的领域，行政法学界应该有人去关注和研究。正是在先生的启发和鼓励下，我持续地关注和探讨教育领域的行政法问题。2005 年盛夏，在海南博鳌召开的中国行政法学研究会成立 20 周年大会上，我提交了此拙作，有幸被大会作为总结部门行政法研究进展的论文发言。拙作后发表在《行政法学研究》2006 年第 2 期。

** 程雁雷，安徽大学法学院教授。

① 这种影响随处可见。例如，中国学术期刊全文数据库“经济、政治与法律辑”专栏目录下的教育法（含高等教育法）论文都集中显示在“行政法”的分类目录里；2003 年全国人大常委会工作报告将《高等教育法》与《民办教育促进法》的立法归入行政法类；有些法律院校的法律法规教学参考用书中，把教育法律法规列在行政法类规范性文件目录之下。

一、回顾与评述

行政法学界关注的视野和研究的领域是逐步扩大的。教育管理虽然是传统行政法学理论体系中包括的内容，大陆的第一部行政法学统编教材就将其列入其中，② 但对高等教育领域的行政法问题进行研究的时间是比较晚的。在20世纪90年代中期以前，行政法学界参与了我国教育立法的讨论，但很少有与高等教育立法同步的研究；关注了教育立法，但很少有人专门研究高等教育中的行政法问题。我国大陆的教育立法起步于改革开放以后，最先着手是高等教育领域里的立法，1980年诞生了第一部教育法律——《中华人民共和国学位条例》。之后的20年间先后颁布的教育法律有6部：③《义务教育法》（1986年）、《教师法》（1993年）、《教育法》（1995年）、《职业教育法》（1996年）、《高等教育法》（1998年）和《民办教育促进法》（2002年）。除义务教育法之外，其他六部法律都涉及了高等教育，特别是高等教育法确立了我国高等教育领域的基本制度，对高等教育领域的社会关系作了较系统的调整，结束了高等教育领域长期无法可依的局面，为我国高等教育事业走上法治化轨道奠定了基础。但是，随着高等教育改革的深化和民主法治进程的推进，高等教育的社会关系发生了很大的变化，高等教育立法之不足和缺陷日渐凸显，由此反映在高校治理过程中的法律问题也暴露出来，尤其是在20世纪90年代中后期，以学生诉高校的方式引起了社会的普遍而强烈的关注。此时，高等教育领域的行政法问题摆在了行政法学界面前，这既对行政法的理论与实践提出了挑战，又使行政法学获得了拓展新的研究领域的机遇。近

---

② 见王珉灿主编、法学教材编辑部审定：《行政法概要》，法律出版社1983版，第3编“分论”中的“科教文卫”部分。

③ 截至2004年9月，颁行了与高等教育有关的行政法规10件、部门规章49件，前者如《学位条例暂行实施办法》《普通高等学校设置暂行条例》《教师资格条例》《教学优秀成果奖励条例》《中外合作办学条例》；后者如《国家教育考试违规处理办法》《普通高等学校学生管理规定》《高等学校收费管理暂行办法》《高等学校本科专业设置规定》《普通高等学校教育评估暂行规定》，等等。

年来，对高教领域行政法问题的关注程度渐高，研究力量渐强，学术成果渐多，成为行政法学的新的亮点。对高教领域中行政法问题的探索历程并不长，也许只有七八年的时间，但已取得了重大进展。从已发表的相关研究成果来看，主要是围绕两大基本问题而展开研究的：

第一，关于高校的法律地位。高校在公法和私法中的法律地位不同，由此而产生的各主体间法律关系的性质和权利义务的内容，以及产生纠纷的法律救济方式也有很大的不同。针对学生或教师诉高校行政案件提出的问题，比较集中地讨论了高校的法律性质和法律地位、高校的行政诉讼被告资格、受教育权的可诉性等问题。代表性的作品有：④ 马怀德：《公务法人及行政诉讼——兼论特别权力关系的救济途径》（全国行政法年会会议论文，1999年5月）；朱世宽：《学校能否作为行政诉讼的被告》，载《人民司法》1999年第9期；程雁雷：《高校退学权若干问题的法理探讨——对我国首例大学生因受学校退学处理导致文凭纠纷案的法理评析》，载《法学》2000年第4期；马怀德：《公务法人问题研究》，载《中国法学》2000年第4期；湛中乐、李凤英：《论高等学校之法律地位》，载《行政法论丛》（第4卷），法律出版社2001年版；马怀德：《学校、公务法人与行政诉讼》，载《行政法论丛》（第3卷），法律出版社2000年版；温辉：《受教育权可诉性研究》，载《行政法学研究》2001年第3期；刘艺：《高校被诉引起的行政法思考》，载《现代法学》2001年第2期；杨建顺：《教师聘任制与教师地位——以高等学校教师为中心》，载《中国教育法制评论》（第1辑），教育科学出版社2002年版；沈岿：《公立高等学校如何走出法治真空——学校与学生的关系维度》，载《行政法论丛》（第5卷），法律出版社2002年版；申素平：《论我国公立高等学校的公法人地位》，载《中国教育法制评论》（第2辑），教育科学出版社2003年版；熊文钊：《试论公立高等学校的性质及其法律关系》（海峡两岸高

---

④ 此处和下文所例举的代表性作品原则上按发表的时间先后排序。对行政法学者们在报纸上发表的成果本文未作例举，但也是本文评述所依托的研究背景之一。

等教育法学术研讨会论文，2005年6月）；毕雁英：《论教师的法律地位及其与学校的诉讼关系》（海峡两岸高等教育法学术研讨会论文，2005年6月）。

第二，关于司法审查与大学自治。学生诉高校行政案件的受理开启了司法对大学管理行为的审查之门，引发了对司法审查与大学自治的关系与界限、高校内部管理行为的可诉性、司法的能动性和法官对行政法基本原则的运用等问题的深入探讨。代表性的作品有：程雁雷：《司法审查对大学自治的有限介入》，载《行政法学研究》2000年第3期；沈岿：《扩张中的行政法适用空间及其界限问题——田永诉北京科技大学案引发的初步思考》，载《行政法论丛》（第3卷），法律出版社2000年版；沈岿：《制度变迁与法官的规则选择——立足刘燕文案的初步探索》，载《北大法律评论》（第3卷第2辑），法律出版社2000年版；饶亚东：《从审判角度谈受教育权的保护与法官责任》，载《行政法论丛》（第3卷），法律出版社2000年版；石红心：《权利需求与司法响应》，载《行政法论丛》（第3卷），法律出版社2000年版；何海波：《通过判例发展法律——评田永案件中行政法原则的运用》，载《行政法论丛》（第3卷），法律出版社2000年版；胡锦光：《北大博士学位案评析》，载《人大法律评论》2000年卷第2辑；秦惠民：《学位纠纷与司法裁判——对刘燕文诉北京大学学位评定委员会案的评析》，载《判解研究》（第1辑）；何海波：《行政诉讼受案范围：一页司法权的实践史（1999－2000）》，载《北大法律评论》（第4卷第2辑），法律出版社2001年版；杨建顺：《行政诉讼与司法能动性——刘燕文诉北京大学（学位评定委员会）案的启示》，载《法学前沿》2001年第4期，法律出版社2001年版；胡肖华：《论学校纪律处分的司法审查》，载《法商研究》2001年第6期；何兵：《司法的阳光与学术的殿堂——学位纠纷司法救济散论》（法律思想网）；[5] 何兵：《高校的自律与他律》（法律思想网）；[6] 程雁雷：《高校学生管理行为与司法

⑤ 载http://www1law-thinker1com/show1asp?id=2019，最后访问日期：2004年4月8日。
⑥ 载http://law-thinker1com/show1asp?id=2318，最后访问日期：2004年8月22日。

介入之范围》，载《法学》2004 年 12 期；湛中乐、韩春晖：《 论大陆公立大学自治权的内在结构》（海峡两岸高等教育法学术研讨会论文，2005 年）；沈岿：《高校惩戒学生行为的司法审查》（海峡两岸高等教育法学术研讨会论文，2005 年）等。此外还有对学生诉高校司法审判的实证研究，如天津市高级人民法院行政庭的《关于审理教育行政案件的调查报告》，载《行政执法与行政审判》（第 12 辑），法律出版社 2005 年版；刘跃南、鞠晓雄：《 超越理论争议和现行制度局限的实践——广州市两级法院裁判学生诉高校行政案件的实证研究》（《海峡两岸高等教育法学术研讨会论文集》，2005 年）等。有对完善高等教育立法的研究，如湛中乐、李凤英：《 略论我国高等教育学位制度之完善——刘燕文诉北京大学案相关法律问题分析》，载《中外法学》2000 年第 4 期；程雁雷：《必须重视和加强高等教育立法》，载《高等教育研究》2000 年第 2 期。有对政府规制与高校自主权的研究，如龙宗智：《行政规制缓和与高校权力行使》，载《中国高等教育》2004 年第 23 期；何兵、赵鹏：《从专业课程设置析大学自治与政府管制》，载《行政法学研究》2005 年第 2 期等。行政法学界至今还未见研究高等教育行政法的专著，[7] 但已有专门的论文集或案例集，如湛中乐主编：《高等教育与行政诉讼》，北京大学出版社 2003 年版；祝铭山主编：《文化教育类行政诉讼（案例系列）》，中国法制出版社 2004 年版。在一些著作中对高等教育行政法问题也有论及，如于安编著：《德国行政法》，清华大学出版社 1999 年版；姜明安主编：《行政法与行政诉讼法学》，北京大学出版社、高等教育出版社 1999 年版；杨海坤、章志远：《 中国行政法基本理论研究》，北京大学出版社 2004 年版；马怀德主编：《司法改革与行政诉讼制度的完善——行政诉讼法修改建议稿及理由说明书》，中国政法大学出版社 2004 年版等。

上述研究成果的取得还得益于学术争鸣和学术交流。1999 年 12 月 21

---

⑦ 专门研究学校法律问题的如张驰、韩强：《学校法律治理研究》，上海交通大学出版社 2005 年版。

日，北京大学法学院研究生部举办了主题为"'专家'评审与正当程序"——"刘燕文告北大"一案的学术沙龙。2000年1月6日，中国人民大学教科所、法学院、新闻学院以及中国学位与研究生教育学会联合举办了"中国首例学位诉讼案相关问题研讨会"。[⑧] 2000年1月20日，国家行政学院行政法研究中心举办了"教育行政诉讼研讨会"。[⑨] 2000年7月，清华大学法学院举办了"中国学位制度改革与立法研讨会"。[⑩] 2005年6月14-15日，在北京大学召开了"海峡两岸高等教育法学术研讨会"。[⑪] 近年来，在国内的法律院校中先后成立了专门的教育法研究机构，如中国政法大学教育法研究中心、广州外语外贸大学法学院教育法制研究中心等。

近年来，高等教育领域行政法问题的研究中有一道独特风景：行政法学界与教育学界开始沟通与合作，推动两大学科门类之间交叉领域——高等教育法学术研究的繁荣与发展。教育学界对教育立法和教育法的理论研究起步较早，成果也较丰硕，出版了一批专著，[⑫] 较早地成立了专门研究机构[⑬]和专业学会，[⑭] 定期出版专刊[⑮]等，相比之下行政法学界的研究无论在人力资源的投入还是在学术成果的产出方面都还需要进一步加强。

---

⑧ 《中国青年报》2000年1月9日，《检察日报》2000年1月10日等。

⑨ 详见《科学时报》2000年1月27日，《法制日报》2000年2月14日。

⑩ 详见《法制日报》2000年7月23日。

⑪ "海峡两岸高等教育法学术研讨会"由北京大学宪法与行政法研究中心主办，台湾政治大学法学院、公企中心和公益信托法治斌教授学术基金协办，并汇编有论文集。

⑫ 如劳凯声：《教育法》，江苏教育出版社1993年版；劳凯声等：《规矩方圆——教育管理与法律》，中国铁路出版社1997年版；郝维谦等主编：《各国教育法制比较研究》，人民教育出版社1997年版；张维平主编：《平衡与制约——20世纪的教育法》，山东教育出版社1995年版；秦惠民：《走入教育法制的深处——论教育权的演变》，中国人民公安大学出版社1998年版；劳凯声主编：《高等教育法规概论》，北京师范大学出版社1999年版；李泽、史秋衡等：《港澳台高等教育法规与政策研究》，厦门大学出版社2000年版；李连宁：《依法治教的探索》，法律出版社2003年版；劳凯声主编：《变革社会中的教育权与受教育权：教育法学基本问题研究》，教育科学出版社2003年版；孙霄兵：《受教育权的法理学——一种历史哲学的范式》，教育科学出版社2003年版；姚云：《美国高等教育法治研究》，山西教育出版社2004年版；张维平、马立武：《美国教育法研究》，中国法制出版社2005年版。

⑬ 如上海市教育法制研究与咨询中心（1999年）；北京师范大学教育法律政策研究所（2000年）。

⑭ 2000年成立了中国教育学会教育政策与法律研究专业委员会。

⑮ 劳凯声主编、教育科学出版社出版的《中国教育法制评论》从2002年起每年一辑，现已三辑。

二、启示与前瞻

任何学科的发展都离不开它所处的历史背景和社会环境，其研究成果也无不打上时代的烙印。回顾对高等教育行政法的探索和研究过程，我们可以从中得到以下启示：

1. 公民的维权诉求是推动学者探索高等教育领域的行政法问题的社会基础。中国民主法治的进步与公民维权意识的增强和实际诉求的增长是分不开的，由公民维权行动而促使某个法律制度的改革与完善，乃至引发某个法律制度的变迁的个案已不胜枚举。教育领域的纠纷由来已久，但纠纷的化解机制并不健全。其中民事纠纷的诉讼渠道还算畅通，而行政纠纷的救济则问题较多，尤其是学校与学生、学校与教师之间因管理而发生的纠纷的救济管道不畅。教育法、高等教育法有申诉的规定，但由于没有明确的行政复议和行政诉讼的救济设计，致使学生或教师维权艰难，出现了法治的真空和缝隙。发生在1998年10月的"田永诉北科大案"（以下简称"田永案"）和1999年9月的"刘燕文诉北大案"（以下简称"刘燕文案"），⑯ 在社会的强烈关注下，使高等教育领域的法律问题浮出了水面，跃入行政法学研究的视野。之

---

⑯ "田永案"和"刘燕文案"不是法院最早受理的但是最有影响的教育行政诉讼案件，在此之前的教育行政诉讼案件尚没有引起行政法学界应有的关注。第一起学生诉学校的行政诉讼案件尚无从考证，但有数据显示，至少是1996年起就有法院受理了此类案件。如，1996年薛淑琴诉吕梁地区招生办案，1996年王伟诉平顶山市财贸学校不予录取案，分别参见最高人民法院中国应用法学研究所（编）：《人民法院案例选（1992-1999年合订本）行政卷》，中国法制出版社2000年版，案例131、133。又如，1996年杨天诉东台市教育局要求查卷案，参见王保礼、刘德生：《这起因"查卷"引发的行政诉讼案应如何处理》，载《行政法学研究》1999年第3期。1996年四学生诉河南省平顶山煤矿技工学校案，载《法制日报》1997年12月5日。由于以上所举的案例均不是发生在高等教育领域，故"田永案"可以被称为是首例大学生诉高校行政诉讼案。

后的几年里，学生诉高校的行政诉讼案件呈上升趋势，⑰ 其中有些案件也备受关注，又使高校学生的维权问题的讨论再度升温，如2002年重庆邮电学院某女大学生因谈恋爱怀孕被学校勒令退学案（以下简称“重邮案”）和之后的2004年成都某大学两男女大学生因在教室接吻拥抱被学校勒令退学（以下简称“拥吻案”）等，⑱ 以“田永案”和“刘燕文案”为代表的类似案件的发生，看似偶然，实为必然，它们是权利时代的公民维权行动的折射和缩影，反映的是在一个特殊的时期、一群特殊的人群的权利诉求，成为真正推动行政法学界关注和研究高等教育领域的社会基础。

2. 司法审判的突破为推进高等教育领域的行政法问题的研究提供了实证标本。当公民提出权利诉求时，司法的响应就自然成为社会关注的焦点。以北京市海淀区法院受理“田永案”为例，“田永案”受理之初，法院承受了来自各方面的压力。但是，法官们在能动的司法观指导下，凭借其智慧和胆识创造性地运用法律理论和行政法原则，作出了公正的判决，救济了学生的合法权益。该案件的审判突破了“特别权力关系理论”在我国长期以来形成的禁区，并推动了行政法学界从理论上解决高校行政诉讼被告资格的难题，延伸了司法审查的触角。“田永案”开高校行政诉讼之先河，对扩大行政诉讼的

---

⑰ 例如，2000-2004年天津市法院共受理的23件教育行政案件中，学生诉高校的占60%。参见天津市高级人民法院行政庭：《关于审理教育行政案件的调查报告》，载《行政执法与行政审判》（第12辑），法律出版社2005年版。又如，2003年10月-2005年5月，广州市两级法院已经处理了学生诉高校的行政案件18件，是年均处理该类争议最多者。参见刘跃南、鞠晓雄：《超越理论争议和现行制度局限的实践——广州市两级法院裁判学生诉高校行政案件的实证研究》，载《海峡两岸高等教育法学术研讨会论文集》（2005年6月）。

⑱ “田永案”“刘燕文案”“重邮案”和“拥吻案”的案情已为人熟知，不再赘述。此外，笔者收集了一些具有典型意义的案件，如天津市河西区法院受理的天津轻工业学院学生刘某诉学校勒令退学案，《法制日报》2000年4月12日；广东农工商职业技术学院学生郑文滔诉学校勒令退学案，《南方周末》2003年12月18日；南京农业大学学生王某诉学校拒发学士学位案、浙江大学学生姚某诉学校拒发学士学位案，《光明日报》2004年7月16日；昆明某大学机械工程学院学生彭某诉学校拒发本科毕业证案，《中国青年报》2004年4月5日；福州大学学生穆某诉学校拒发毕业证和学士学位案，《齐鲁晚报》2004年2月21日；武汉理工大学（原武汉工业大学）学生王某诉学校拒发学士学位案，载http://www1hustnews1com/ shizheng/ datashow1aspx? id =16313；暨南大学学生武某诉学校拒发学士学位案，载http://fgb1jlu1edu1cn/article1php? articleid = 83；等等。这些案件绝大多数是学生胜诉。

受案范围，扩展行政法的调整范围具有深远的意义。因此有学者评价道："田永诉北京科技大学一案无疑是中国行政法学上一个里程碑式的案件。"[19] 最高人民法院以公告的形式登载"田永案"，以示其对受理教育行政诉讼案件的基本态度，[20] 为行政法学界研究高等教育领域的行政法问题及时提供了实证标本。之后的"刘燕文案""重邮案"和"拥吻案"等众多类似行政案件从更多的角度，提出了更多的问题有待解决。通过对这些标本的实证研究，"以发掘司法实践处理这类案件的基本司法理念、态度和适用法律的技巧以及主要争议问题，为立法特别是司法解释的立法论证提供试验结果，为理论和学术研究提供最基本的素材"。[21]

3. 行政法学者直接参与案件的代理和围绕案件的学术探讨为研究高等教育领域的行政法问题开辟了新的路径。在中国行政法治构建过程中，行政法学者们通过各种方式直接或间接地影响和推进着行政法的发展。学者们或通过著书立说、贡献智识，以理论指导实践；或参与立法起草、立法调研或论证，为理论联系实践架接桥梁；或代理和论证行政案件看到法律的成功与缺失，感悟和"体验法治的底蕴"。[22]"田永案"和"刘燕文案"之所以能成为司法介入高校纠纷的先例，在一定意义上说是与作为行政法学者的代理人[23]的积极参与密不可分。这种参与不仅需要学者敏锐的学术眼光和娴熟的专业技能，更需要勇气和胆识。他们以代理为契机，敏感地意识到案件所蕴藏的问

---

[19] 何海波：《通过判例发展法律——评田永案件中行政法原则的运用》，载《行政法论丛》（第3卷），法律出版社2000年版。

[20] 《田永诉北京科技大学拒绝颁发毕业证、学位证行政诉讼案》，载《中华人民共和国最高人民法院公告》1999年第4期。于安教授认为："这样做表明最高人民法院不仅认可了该案的判决，而且愿意把它作为经典案例推广。"引自《最高法院酝酿将大学纳入行政诉讼，高校反对声重重》，载《瞭望东方周刊》2004年8月24日。

[21] 刘跃南、鞠晓雄：《超越理论争议和现行制度局限的实践——广州市两级法院裁判学生诉高校行政案件的实证研究》，载《海峡两岸高等教育法学术研讨会论文集》（2005年6月）。

[22] 袁曙宏：《社会变革中的行政法制》，法律出版社2001年版，第18页。

[23] 如"田永案"的原告代理人是中国政法大学法学院行政法学者马怀德，"刘燕文案"的原告代理人是当时的北京大学行政法学博士生何兵和何海波，被告代理人是北京大学法学院行政法学者湛中乐；浙江大学学生姚某诉学校拒发学士学位案的被告代理人是浙江大学法学院行政法学者朱新力。

题对行政法学研究和行政法治的特殊意义，适时地找到了关注高等教育法治的切入点，并推动了法学界围绕这个切入点展开了激烈的学术争鸣，为拓展行政法学的研究视野和空间开辟了新的路径。

高等教育是一国教育的龙头。当今世界各国综合国力竞争加剧的事实表明，高等教育在国家经济建设和社会发展中的地位和作用比任何时期都显得突出与重要。而重视高等教育法治以保障和推动高等教育事业的发展，是战后发达国家的成功经验。世纪之交我国高等教育实现了历史性跨越式的发展，[24] 但是高等教育领域的法治化程度还不高，不能适应高等教育改革和发展的需要。加强对高等教育领域行政法问题的研究既是时代的呼唤，也是学科发展的需要。在中国走向法治的背景下，高等教育改革与发展过程中政府管理和高校治理出现的新问题将被更多地提到法律的层面，行政法学研究也将面临更多的机遇和挑战。笔者认为，今后一段时期该领域的研究发展趋势将主要表现为：

1. 由研究内部问题到研究外部问题。较早引起行政法学界研究兴趣的是高校内部治理中比较突出的法律争议，尤其是围绕学生的权利救济而引发的高校的法律地位、大学自治与司法审查的关系问题的研究。而高校落实办学自主权的外部法律环境问题还未引起足够的重视。政府的教育行政行为如行政许可、行政规划、行政立项、行政资助、行政奖励、行政收费、行政合同等，在实体上和程序上还应当进一步规范和完善。高等教育是最具现代行政法特色的领域之一，随着政府法治建设的全面推进，政府在高等教育领域的依法行政问题应当引起我们更多的关注，它是我们研究的重点领域之一。

2. 从局部研究到系统研究。就研究高校内部治理而言，近几年的研究成果主要集中在高校与学生的管理纠纷的救济问题上，对高校法律关系还缺乏全面系统的梳理。高校法律关系的复杂性和多元性决定了高校行政法问题的

㉔ 根据教育部 2005 年 4 月公布的《2004 年全国教育事业发展统计公报》，2004 年全国共有普通高等学校和成人高等学校 2236 所，全国各类高等教育总规模达到 2000 多万人，普通高等学校教职工 161107 人。载 http://www1moe1edu1cn/ edoas/ website18/ info147941htm，最后访问日期：2005 年 6 月 30 日。

特殊性，反映在高校管理的各方面和各环节。例如：高校内部的治理结构和权力分配；大学章程的法律性质与法律地位；高校办学自主权的行使；高校与学生、教师以及教师与学生间的法律关系；高校与政府、社会以及高校与高校之间的法律关系；高校的自律与他律；高校纠纷的化解机制等一系列的问题需要法学界从理论上作出回应。为此，有必要研究制定《学校法》，为建立现代大学制度提供系统的法律理论支撑。

3. 由关注司法实践到关注立法完善。继续关注高等教育行政审判实践是学术研究的源头活水。当从司法个案的实证研究中发现法律真空或者法律缺陷时，立法规范的完善和立法质量的提高就显得尤为必要。例如，针对各地法院在受理和审理教育行政诉讼案件的做法不一致的情况，最高人民法院于2004年拟订了《关于审理教育行政诉讼的若干问题规定（征求意见稿）》，将会有更多的学者给予关注，因为该规定的出台将对《行政诉讼法》有关条款的修改直接产生影响。再如，教育部正在组织专家实施“五修四立”计划（对义务教育法、高等教育法、教育法、教师法和学位条例五部法律提出修改建议稿；起草学校法、教育考试法、教育投入法和终身教育法四部法律的建议稿），将吸引更多的学者为高等教育立法贡献智力。

4. 由依托一般原理到构建部门体系。部门行政法研究的兴起是21世纪中国行政法学发展的必然。由于部门行政法的研究在我国长期得不到应有的发展，[25] 导致行政法学研究总论和分论研究失衡，[26] 这种状况不利于包括高等教

㉕ 20世纪90年代以后部门行政法的研究已有进展，特别是在经济行政法的研究方面，如王克稳的《经济行政法》和《经济行政法基本问题研究》；宋功德的《论经济行政法的制度结构——交易费用的视角》。但已出版的系列部门行政法的教材中未见教育行政法。这一系列教材是：中国人事出版社的《环境行政法》《公安行政法》《工商行政法》《海关行政法》《土地行政法》《审计行政法》《民政行政法》《交通行政法》《税务行政法》。

㉖ 有学者指出，“这种严重的失衡大大削弱了行政法学理论对丰富的部门行政法制实践的影响力，也是不少实践部门工作者批判行政法学研究成果‘流于空泛’的重要原因。很显然，作为部门法学研究的行政法学必然要从一般原理走向部门行政法学，只有以扎实的原理为依托并深入部门行政管理的实践才能真正地提高行政法学的应用性和可操作性，实现理论研究与制度实践的真正互动”。引自杨海坤、章志远：《中国行政法基本理论研究》，北京大学出版社2004年版，第593页。

育法治在内的部门行政法的理论与实践的发展。行政法学基本原理和基本原则对部门行政法的指导性和普适性，决定了对高等教育领域行政法问题的研究应当是依托行政法学一般理论的支撑。但是，仅有这些还不够，还应当充分看到“与其他领域相比，高等教育的行政法问题更具个性：各教育主体之间的法律地位尤为特殊和复杂，更多地保留了‘特别权力关系’理论的影响。在理念上更突出强调人文精神、民主参与和自治；在行为方式上强调非强制性和柔性化管理、更多地要求具有指导性、合作性和激励性；在权利救济上注意学术自由和司法审查的界限和各自的空间”，㉗ 正因为我们对这些个性的研究还不够，因此有必要加强具体的深入细致的研究。只有把法治规律与教育规律有机地结合起来，才能构建起科学的教育行政法的理论体系，并为丰富和发展行政法学总论作出贡献。

㉗ 程雁雷：《高等教育管理行为的行政法学研究论纲》，全国教育学会教育政策与法律专业委员会 2003 年会论文。

证券监管措施：挑战与应对[*]

张　红[**]

证券监管措施，也即证券期货市场监督管理措施，是指我国证券监督管理机构发展和规范证券期货市场，保护投资者的合法权益，维护社会经济秩序和社会公共利益，针对证券期货市场各类主体存在的各类违法或不当行为，依法所采取的监督管理措施的总称。据统计，法律、行政法规和中国证监会的行政规章中共规定了114种证券监管措施。这些监管措施对于预防市场风险、防止风险扩大虽然必要，但往往会对相对人的权益产生巨大影响，且由于不受行政许可法、行政处罚法、行政强制法的约束，因而成为法律规范的盲点。如何认识证券监管措施，如何对其进行法律定位并予以规范，是本文试图探讨的问题。

一、证券监管措施对理论与实务的挑战

（一）两个案例

1. 2010年弘信期货诉中国证监会案

2009年2月20日，中国证券监督管理委员会青岛监管局（以下简称青岛

* 本文系北京高等学校青年英才计划（Beijing Higher Education Young Elite Teacher Project）“证券行政法问题研究”的阶段性成果（项目号YETP0289）。

** 张红，北京师范大学法学院副教授，法学博士。

证监局）因青岛弘信期货经纪有限公司净资本不足，向其发出《关于对弘信期货经纪有限公司限期整改并限制业务的通知》（青证监发〔2009〕41号），责令公司限期整改，促使净资本达标或提出重组方案。2009年3月31日，整改期限届满，弘信期货仍无法满足“净资本不得低于人民币1500万元”的规定。2009年7月9日，中国证券监督管理委员会（以下简称证监会）依法作出《中国证监会行政监管措施决定书》（〔2009〕6号），决定撤销青岛《期货经纪业务许可证》（许可证号30670000）和《期货公司营业部经营许可证》（许可证号30671001、30671002），并关闭其所有分支机构。弘信期货不服，向证监会申请行政复议。2009年10月26日，证监会作出《行政复议决定书（弘信期货）》（〔2009〕7号），决定维持《行政监管措施决定书》（〔2009〕6号）对申请人作出的行政监管措施决定。弘信期货不服上述复议决定，于2009年12月28日向北京市第一中级人民法院提起行政诉讼，请求法院依法予以撤销。北京市一中院于2010年6月3日作出《行政判决书》（〔2010〕一中行初字第949号），驳回了原告的诉讼请求。弘信期货不服一审判决，提起上诉。经过庭审，北京市高级人民法院终审判决，驳回上诉，维持一审判决。①

案件庭审过程中有两个争议焦点：其一，证监会撤销许可的行为是证券监管措施还是行政处罚？原告认为撤销其经营和业务许可的行为是一种行政处罚行为，属于行政处罚法的调整范畴。而被告证监会则强调自己向弘信期货下发的是《行政监管措施决定书》，决定书采取的措施是“撤销”其期货业务许可并关闭分支机构，不是《行政处罚法》中的“吊销”，其决定是适用《期货交易管理条例》（以下简称《条例》）（2007年）相关规定所作出的行政监管措施，不属于行政处罚。其二，证监会作出证券监管措施的行为程序是否合法？原告弘信期货诉称被告未履行听证程序，程序违法，处罚行为显然无效。被告证监会则辩称，监管决定是适用《条例》相关规定所作出的行政

---

① 《北京市高级人民法院行政判决书》（2010）高行终字第896号。

监管措施，不属于行政处罚，因此无须履行听证程序。

2. 2009年江苏期望诉中国证监会案

2005年7、8月，江苏期望经纪有限公司因无法追交450万元的最低结算保证金，被各期货所停止交易。此后几年，江苏期望基本处于停业状态。2007年《条例》开始施行。根据该《条例》第21条“期货公司成立后无正当理由超过3个月未开始营业，或者开业后无正当理由停业连续3个月以上，国务院期货监督管理机构应当依法办理期货业务许可证注销业务”之规定，证监会于2008年3月17日作出《中国证监会行政监管措施告知书》（〔2008〕4号），注销了江苏期望期货经纪有限公司《期货经纪业务许可证》（许可证号A031610063）。江苏期望不服，提起行政诉讼，请求法院撤销证监会作出的注销其期货经纪业务许可证的行政监管措施。经过庭审，北京市第一中级人民法院一审判决驳回江苏期望公司的诉讼请求。江苏期望不服一审判决，提起上诉。北京市高级人民法院终审判决，驳回上诉，维持一审判决。②

在庭审过程中，有两个争议焦点：一是对证监会注销江苏期望期货经纪有限公司《期货经纪业务许可证》这一措施性质的认定；二是证监会监管措施程序是否合法。对于证监会注销许可证行为的性质，原告坚持认为注销措施系行政强制措施决定范围，且其实质内容系撤销期货业务许可证处罚行为。对此，被告证监会辩称，“对于江苏期望的注销措施既不是行政强制，也不是行政处罚，更不是对江苏期望的否定性评价”，采取注销措施是针对期货公司怠于经营、无正当理由停业的事实状态，本质上是一种许可证的管理措施，不能混同于行政处罚。③ 在监管措施行使程序是否合法这一问题上，原告诉称被告证监会在注销许可前未能适当履行调查、告知、审批以及送达程

② 《北京市高级人民法院行政判决书》（2010）高行终字第303号。

③ 张欢：《期货经纪业务许可证被注销，江苏期望起诉中国证监会——期货业行政诉讼第一案在京开庭》，载《上海证券报》2009年8月15日，第2版。

序，程序上存在瑕疵致使事实认定错误。而被告认为自己严格依法行政，审慎作出决定，程序并无不当。

（二）证券监管措施带来的挑战

上述两案系中国证监会因证券监管措施被诉的仅有案例。不难发现，上述两个案例的共同之处在于，原、被告对于具体证券监管措施的性质认定及行使程序是否合法，存在争议。透过上述两案，可以看到证券监管措施对行政法学理论与实务所带来的挑战。

1. 挑战之一：法律定位不清

在弘信期货案中，原被告双方对于撤销原告经营和业务许可行为的性质存在不同意见。原告弘信期货公司认为，被告撤销了其经营及业务许可，停止了其期货经营业务，严重影响了公司利益，显然属于行政制裁的一种，故被告实施的此项监管措施实质上是行政法上的行政处罚行为，而被告证监会则辩称，针对弘信期货违法行为所制作的《行政监管措施决定书》（〔2009〕6号），依据的是《条例》第59条关于撤销期货业务许可的规定，不是《行政处罚法》第8条关于吊销许可证的规定，撤销原告经营和业务许可行为不是一种行政处罚，而是证券监管措施的一种。与此相似，在江苏期望案中，原被告双方对于注销许可证行为的性质同样产生了分歧——注销行为是行政强制措施还是证券监管措施。且不论撤销许可与注销许可的区别何在，问题在于，证券监管机构对于证券市场上企业许可的撤销或注销行为的性质究竟是什么？作为以公权力为后盾的此类证券监管措施到底属于哪种行政行为？更为严重的是，法院对证监会关于证券监管措施不属于行政处罚主张的支持，是否在事实上以司法确认的形式，将证券期货监管措施第一次作为独立的具体行政行为类型对待?④

④ 参见中国证券监督管理委员会：《2010年中国资本市场法制发展报告》，法律出版社2011年版，第785页。

事实上，中国证监会采取的证券监管措施均存在定位不清的问题。例如，不具处罚性质的建议性、报告性、指导性监管措施，如“建议暂停或免除职务”“披露财务报告”“责令进行业务学习”等如何认定?⑤“记入信用记录”或“记入诚信档案”是处罚措施还是强制措施?⑥“暂停证券承销业务许可”“限制有关股东行使股东权利”等是否属于行政强制措施？特别是《行政强制法》颁布施行之后，其中关于金融业审慎监管的例外规定，造成条文理解上的困难和法律适用中的混乱。《行政强制法》第3条第3款规定，“行政机关采取金融业审慎监管措施、进出境货物强制性技术监控措施，依照有关法律、行政法规的规定执行”。在证券期货执法中所适用的各类证券监管措施，是否适用行政强制法，一时出现了“完全不适用说”和“部分不适用说”之争。⑦

2. 挑战之二：行政程序缺失

前述两个案件中，原告坚持认为被告证监会在作出具体行政行为时未能适当履行法定程序，程序瑕疵，该行为无效。而被告证监会强调撤销许可和注销许可行为，并非依照行政处罚法作出，本质上属于一种证券期货监管措施而不是行政处罚，因而无须按照行政处罚法的程序规定进行。在此情况下，只能寄望于单行法律法规中是否有关于行政程序的规定。

上述两个案件均涉及《条例》的适用。弘信期货案涉及该2016年《条例》第59条的适用，第55条第4款规定：“对经过整改仍未达到持续性经营规则要求，严重影响正常经营的期货公司，国务院期货监督管理机构有权撤销其部分或者全部期货业务许可、关闭其分支机构。”江苏期望案涉及该2007年《条例》第21条的适用，第21条第1款规定：“期货公司或者其分支机构

⑤ 参见彭冰：《中国证券法学》，高等教育出版社2007年版，第420页。

⑥ 对此，有学者认为应以是否公布为区分标准，若记入诚信档案并未公布，则不属于行政处罚措施；若记入诚信档案并予以公布，则该措施具备制裁性，属于行政处罚，可参见柯湘：《中国证监会非行政处罚性监管措施研究》，载《政法学刊》2008年第2期。

⑦ 黄江东：《〈行政强制法〉与证券监管执法若干问题辨析》，载《国家行政学院学报》2011年第6期。

有《中华人民共和国行政许可法》第七十条规定的情形或者下列情形之一的，国务院期货监督管理机构应当依法办理期货业务许可证注销手续：（一）营业执照被公司登记机关依法注销；（二）成立后无正当理由超过3个月未开始营业，或者开业后无正当理由停业连续3个月以上；（三）主动提出注销申请；（四）国务院期货监督管理机构规定的其他情形。”但《条例》对于期货监督管理机构采取监管措施的程序没有任何规定。

除《条例》外，《证券法》《期货交易所管理办法》《上市公司收购管理办法》《证券发行上市保荐业务管理办法》《证券投资基金销售管理办法》《上市公司信息披露管理办法》等多部法律法规、规章中均规定了大量监管措施，但均没有关于采取监管措施的程序性规定。

2008年12月12日，中国证监会发布《证券期货市场监督管理措施实施办法（试行）》（以下简称《证券监管措施实施办法》）。《证券监管措施实施办法》对监管措施的种类作了统一设定，对其实施程序作了明确规定。《证券监管措施实施办法》共罗列了18种监管措施，[⑧] 并通过第三章“监督管理措施的实施程序”对监管措施的程序作出了规定，还规定了回避、监管文书的格式、监管措施的公开等问题。如果采取《证券监管措施实施办法》规定之外的其他监督管理措施的，可以参照该办法的有关程序。因此，正如中国证监会通知中所指出的，“《证券监管措施实施办法》是我会实施监督管理措施的‘程序基本法’”。

应当说，这些条文对实施证券监管措施提出了基本的程序要求，有利于规范证券监管措施的实施，但却很难对监管措施的实施产生真正有效的规范作用。原因在于：其一，这些程序规定内容较为简单，《证券监管措施实施办

---

⑧ 这18种监管措施包括：责令改正，监管谈话，出具警示函，责令公开说明，责令参加培训，责令定期报告，认定为不适当人选、暂不受理与行政许可有关的文件，责令增加内部合规检查的次数，公开谴责，责令处分有关人员，责令停止职权或者解除职务，责令更换董事、监事、高级管理人员或者限制其权利，撤销任职资格，暂停核准新业务或者增设，收购营业性分支机构申请，限制证券期货经营机构业务活动，限制股东权利或者责令转让股权，临时接管。

法》第三章“监督管理措施的实施程序”共26个条文，对18种监管措施的程序逐条进行了规定。例如，《证券监管措施实施办法》第27条规定：“责令改正的，实施机构应当向当事人发出书面决定，责令其限期改正并提交书面报告。决定书应当载明改正事项、时限和要求。”此后的17个条文都是根据这种模式作出了规定，一般都明确规定实施监管措施要作出书面决定、监管对象履行监管措施所规定义务应当遵守的时限等。其二，各种监管措施的程序中没有体现监管对象的程序参与权，其只能被动地接受处理。此外，还对监管对象履行监管措施所规定的义务提出了明确的要求，显然这与行政正当程序的要求存在着差距。

3. 挑战之三：司法审查乏力

证券监管措施是一种行使公权力的行为，监管措施的相对人对其不服，自当可以提起行政诉讼。证券监管措施对司法审查亦带来不小的挑战。

第一，大量证券监管措施没有进入司法审查的轨道。这么多年以来，只有弘信期货和江苏期望两家公司针对中国证监会的监管措施提起了行政诉讼。两个行政诉讼案件与中国证监会采取的大量证券监管措施相比实在太少。很显然，面对监管机构及其所代表的对证券期货市场强大的监管权力，监管措施的相对人往往会去考虑如何与监管机构进行“沟通协调”，而不会首先考虑提起行政诉讼。结果自然是许多证券监管措施逃脱了法院的审查。

第二，在证券监管措施行政诉讼案件中，司法机关往往陷入“无法可依”的境地。《证券法》及其他行政法规、行政规章规定了各种证券监管措施。监管措施背后的各项监管权力似乎都有着法律法规及规章条文上的概括性授权，这种宽泛、抽象而又模糊的授权却与现代金融市场法治化下的“有限政府”诉求格格不入。[9] 承载着大量监管措施的法律规定，却缺乏司法可操作性。司法机关往往感觉“无法可依”。

---

⑨ 参见黄韬：《法院真的推动了法治进程吗？——中国法院审理金融行政案件引发的制度性反思》，载《行政法学研究》2011年第2期。

第三，证券监管行政案件的复杂性，加剧了司法权的自我克制。一方面，法院受制于维护政治稳定、经济发展等“任务”束缚，面对肩负“国计民生大业”的中国证监会时，往往再三思量判决认定可能带来的后果与影响，对于此类复杂案件更是小心谨慎。另一方面，司法权力本应保持与行政权力的合理边界，不能因过度干预而降低行政裁量权在剧变社会中所具备的效率优势。法院在审理行政违法案件时，需注意调整司法审查的范围和深度，保持与行政权的良性互动。[⑩] 因此，司法救济在涉及证券监管措施的案件面前，往往表现乏力。在面对弘信期货诉证监会案、江苏期望诉证监会案等类似案件时，受制于种种外部环境因素以及司法权本身职能边界有限性的制约，法院往往在承受巨大压力的同时举步维艰。司法救济乏力，使得维护正义的最后一道防线形同虚设。

二、认识证券监管措施

证券监管措施并非严格法律用语。对于证券监管措施的概念，目前并无明确界定，它更多的使用于证券监管机构内部。从其特定的主体、对象、实施目的及范围来看，证券监管措施本质上属于国家进行市场规范、权益保护的手段或形式，更类似于一个独特的行政管理或经济学术语。但它却与法律密切相关。

（一）证券监管措施的滥觞

1998 年 12 月 29 日第九届全国人民代表大会常务委员会第六次会议通过，1999 年 7 月 1 日起施行的《证券法》中并没有规定证券监管措施。可以查到在中国证监会颁布的行政规章中，最早规定证券监管措施的是 1999 年 4

⑩ 参见李东方、王爱宾：《证券业监管中司法权的介入及其与行政权的互动》，载《西南政法大学学报》2009 年第 2 期。

月22日颁布实施的《外国证券类机构驻华代表机构管理办法》。该办法第24条规定了“证监会要求其外国证券类机构更换首席代表”，第25条和第27条规定了“责令限期补报”。

2005年10月修订的《证券法》中首次出现了“监管措施”一词。《证券法》第153条规定：“证券公司违法经营或者出现重大风险，严重危害证券市场秩序、损害投资者利益的，国务院证券监督管理机构可以对该证券公司采取责令停业整顿、指定其他机构托管、接管或者撤销等监管措施。”在1999年《外国证券类机构驻华代表机构管理办法》和2005年《证券法》之间，共有7部中国证监会规章中规定了证券监管措施。[11] 2005年证券法修订之后至2014年间，共有37部中国证监会规章规定了证券监管措施。

至于为何要规定证券监管措施，全国人大财政经济委员会副主任委员周正庆2005年4月24日在第十届全国人民代表大会常务委员会第十五次会议上所做《关于〈中华人民共和国证券法（修订草案）〉的说明》中明确指出：“现行证券法对证券经营机构监管的特殊性考虑不够，监管手段不足，影响监管效率和效果。修订草案参照《银行业监督管理法》规定，补充和完善了监管措施，要求证券公司及其股东、实际控制人向国务院证券监督管理机构报送有关信息、资料；可以委托会计师事务所、资产评估机构对证券公司进行审计或者评估；对风险控制指标不符合规定的限期改正或限制其业务、限制分配红利；对虚假出资、抽逃出资的股东限期改正并可责令转让股权；对违法违规的证券公司高级管理人员取消任职资格；对严重违法违规的证券公司责令停业整顿、指定其他机构托管、接管或者撤销；在证券公司清算时，优先偿付挪用的客户资产。”可见，证券监管措施是为了顺应证券监管的需要、

⑪ 这七部规章是：《网上证券委托暂行管理办法》（2000年3月30日实施），《客户交易结算资金管理办法》（2002年1月1日实施），《证券业从业人员资格管理办法》（2003年2月1日实施），《证券投资基金运作管理办法》（2004年7月1日实施），《证券公司债券管理暂行办法》（2004年10月18日实施），《证券投资基金行业高级管理人员任职管理办法》（2004年10月1日实施），《证券投资基金托管资格管理办法》（2005年1月1日实施）。

充实监管手段而出现的。

（二）证券监管措施现状

我国现行有效的法律规定中，规定证券监管措施的法律包括《证券法》和《证券投资基金法》2部，行政法规包括《期货交易管理条例》和《证券公司监督管理条例》2部，还有《上市公司收购管理办法》等43部中国证监会规章对证券监管措施进行了规定。中国证监会于2008年12月12日发布的《监管措施实施办法》第8条将监管措施分为法律、行政法规规定的监督管理措施和中国证监会规章规定的监督管理措施。前者包括责令增加内部合规检查的次数等10种，后者包括责令改正等8种。2008-2012年四年间，中国证监会制定或者修改了多部规章，新增了大量证券监管措施。通过对设定证券监管措施的47部法律、行政法规和部门规章的梳理发现，截至2012年年底，我国证券监管措施多达114种。根据这些监管措施对监管对象权利、资格或者行为的限制或者影响进行分类，可以将其划分为申诫类监管措施、限制财产权类监管措施、限制行为类监管措施、限制资格类监管措施。

1. 申诫类监管措施

申诫类监管措施，是指证券监管机构对监管对象发出警戒，通过对其名誉、荣誉、信誉等施加影响，从而引起其精神上的警惕的措施。这类措施共有11种：监管谈话；谈话提醒；谈话；出具警示函；出具监管关注函；提示；予以重点关注；要求证券交易所对发行人证券的交易实施特别提示；记入信用记录；记入诚信档案并公布；通报批评。

2. 限制财产权类监管措施

限制财产权的监管措施，是指证券监管机构对监管对象的财产或某种财产权利进行限制或者剥夺的措施。这类措施共有11种：限制向董事、监事、高级管理人员支付报酬、提供福利；限制分配红利；限制转让财产或者在财产上设定其他权利；限制期货公司自有资金或者风险准备金的调拨和使用；限制有关股东行使股东权利；限制股东权利；责令控股股东转让股权；责令转让所持证券公司的股权；责令转让股权；责令转让所持期货公司的股权；不具有表决权、分红权。

3. 限制行为类监管措施

限制行为类监管措施，是指证券监管机构限制或者剥夺监管对象特定行为能力的措施。这类措施最为常见，共有78种：临时接管；限制业务活动，责令暂停部分业务；限制或暂停部分期货业务；暂停证券承销业务许可；暂停客户资产管理业务；暂停网上委托业务；暂停办理相关业务；限制托管业务；责令暂停基金代销业务；责令暂停收购；限制交易行为；责令暂停履行职务；暂停相关人员职务；限制出境；暂不受理其客户资产管理业务资格申请、集合资产管理计划设立备案或者申请；不受理由其出具的评级报告；不再受理公开发行证券申请；不受理申报文件；不受理其文件，并将处理结果予以公布；不受理该推荐人的推荐意见和签署意见的年检登记表；不受理保荐推荐；不再受理保荐机构推荐的保荐代表人注册登记申请；不接受证券发行专项文件；不受理任职资格申请；每月报告接受保荐机构督导的情况；定期不定期检查；要求说明对公司净资本等风险控制指标的影响；披露月度财务报告、相关资料；建议暂停或者免除职务；责令改正；责令限期改正；责令整顿；责令整改；责令限期整改；责令限期补报；限期纠正；要求予以改进或更换；责令增加内部合规检查的次数；公开作出解释并道歉；公开谴责；责令处分有关人员；责令停止职权或者解除职务；责令更换董事、监事、高级管理人员或者限制其权利；责令更换董事、监事、高级管理人员；责令更换董事、监事、高级管理人员或者有关业务部门、分支机构的负责人员，或者限制其权利；要求其交易所更换首席代表；责令公司限期另行决定代为履行职务的人员；责令原代为履行职务人员停止履行职务；责令公司更换代为履行职责的人员；责令增加内部合规检查的频率；停止批准新业务；停止批准新增业务或者分支机构；停止批准增设、收购营业性分支机构；不得参与证券承销；撤销有关业务许可；取消证券承销业务许可；撤销证券评级业务许可；吊销网上委托业务许可；撤销其部分或者全部期货业务许可；

暂停或撤销其相关证券业务许可；责令终止基金代销业务；不得作为特定对象认购证券；吊销期货业务许可证；责令停止收购；责令停止交易品种的交易；关闭分支机构；撤销代表处；不得行使表决权；责令进行业务学习；责令更换保荐代表人、内核负责人；从名单中除去；要求期货公司更换会计事务所；要求期货公司聘请中介服务机构进行专项审计、评估或者出具法律意见；要求提前报送专门报告；责令履行相关业务；责令定期报告；暂停或者限制证券期货经营业务活动；限制证券买卖。

4. 限制资格类监管措施

限制资格类监管措施，是指证券监管机构剥夺或者限制监管对象从事特定行为的资格的措施。共有 14 种：暂停基金托管资格；暂停任职资格；认定为不适当人选；不得再次申请基金托管资格；资格年检；撤销任职资格；取消任职资格；吊销任职资格；取消客户资产管理业务资格；取消从事证券交易结算资金存管业务资格；取消基金管理资格；吊销基金托管资格；取消基金托管资格；取消托管人资格。

上述 114 项证券监管措施包罗万象，涵盖了市场准入、运行监管、风险控制、稽查执法以及企业教育等方方面面，可谓织下证券监管的“天罗地网”。其中，监管谈话、出具警示函、责令公开说明、责令定期报告、暂不受理与行政许可有关的文件、责令改正、责令限期整改、认定为不适当人选等几种是实践中运用最多的监管措施。

（三）证券监管措施的法律定位

《证券法》第 178 条规定：“国务院证券监督管理机构依法对证券市场实行监督管理，维护证券市场秩序，保障其合法运行。”证券监管是指能够代表国家履行证券监管职能的机构，依据法律授权，为了既定的监管目标，制定相应的法规和政策并监督其执行，查处违法者，对证券市场各类主体及其行为进行的监督和管理。[12] 中国证监会《证券监管措施实施办法》（2008）中明确指出："通过推进股权分置改革、提高上市公司质量、实施证券公司综合治理、完善资本市场法律体系等一系列旨在加强资本市场基础性制度建设的重要改革，我国资本市场发生了重大的变化，进入了改革发展的新阶段，同时也面临着许多新情况、新问题。针对资本市场违法行为呈现出一些新形式、新特征，监管工作必须进一步提高时效性，及时矫正不法行为，快速反应，防范风险的蔓延与危害后果的扩散。监督管理措施作为行政许可、行政处罚等措施的重要补充形式，具有及时矫正的功能。"

证券监管措施是证券监管机构行使证券监管权所采取的措施，是证券监管的具体手段或形式。有学者认为，证券监管权是指能够代表国家履行证券监管职能的机构，为了维护证券市场的公平和效率，保护投资者合法权益，依法律授权拥有的对证券市场各类主体及其行为进行监督和管理，制定相应的法规和政策并监督其执行，对违反者给予处罚的权力。[13] 各国政府证券监管机构拥有的权力不尽相同，但一般都拥有法规制定权、核准审批权、日常监督管理权、调查处罚权、采取强制措施的权力等。除法规制定权外，其他证券监管权均有可能以证券监管措施的形式行使。

三、证券监管措施为何构成挑战

随着法律越来越多地规定证券监管措施，中国证监会也日益频繁地适用证券监管措施，使得证券监管措施逐渐引起人们关注。面对一种证券监管措施，人们往往首先要问：这是一种什么性质的行为？是行政处罚、行政许可还是行政强制，抑或其他行政行为？然而，令人沮丧的是，多数情况下我们

---

⑫ 马洪雨：《论政府证券监管权》，法律出版社 2011 年版，第 16 页。

⑬ 这是狭义的政府证券监管权，参见马洪雨：《论政府证券监管权》，法律出版社 2011 年版，第 167 页。

都很难给出明确的答案，我们会发现很难将多数证券监管措施归入传统的行政行为型式之中。正如前文所述，各种各样的证券监管措施给行政法学理论和实践带来了不小的挑战，归根结底，是行政监管理论对传统行政行为型式化理论的挑战，也是法律移植的结果。

（一）行政行为的型式化理论

在行政行为理论框架之下，证券监管措施悄然存在了，并且对传统的行政行为型式化理论构成了挑战。其实这就是行政监管措施为传统行政法理论带来的新命题。

奥托·梅耶在1895年出版的《德国行政法》中提出了“行政行为”这一行政法学核心范畴。经过系统的理论研究，行政行为成为行政法学，尤其是大陆法系行政法学的一个核心概念。明治宪法下的日本行政法学接受了这一理论，至今仍是行政法学研究中的重要领域。在我国台湾地区，基本上沿用了德国和日本的理论体系，将行政行为作为行政法学的基本概念来把握。

19世纪中叶，德国法学家为适应德国法制统一及其法典化进程的需要，掀起了一股概念法学的思潮。20世纪以来，概念法学在大陆法系国家以及日本和我国的法学界得以广泛流行。在行政行为领域，概念法学致力于行政行为的型式化。所谓“型式化之行政行为”是指，已经受实务、学说所讨论而已固定化之行政行为，其概念、体系与其他体系互相间之关系已经大体完备者。型式化之行政行为主要有行政处分、行政契约、法规命令、行政规划及行政事实行为等。[14] 正如德国行政法学者施密特·阿斯曼所指出的，“如果可以很精确成功地将一个行政措施归入定性为行政处分的概念时，则其他有关其程序及诉讼上之处置，就可以直接援引体系加以回答处理”。[15]

---

⑭ 林明锵：《论型式化之行政行为与未型式化之行政行为》，载《当代公法理论》，月旦出版公司1993年版，第338页以下。

⑮ ［德］施密特·阿斯曼著，《秩序理念下的行政法体系建构》，林明锵等译，北京大学出版社2012年版，第5页。

我国20世纪的行政法学对此作了大量的逻辑处理工作，即寻求某类行政行为的共同素材，将具有相同素材的行政行为加以归类，再用一个行政行为的下位属概念加以命名和界定，从而形成各种不同模式或型式的行政行为，如行政许可、行政征收、行政裁决、行政处罚和行政强制措施等。[16] 这一理论首先影响了我国的行政立法。从1994年《行政处罚法》到2003年《行政许可法》，再到2011年《行政强制法》，全国人大完成了对最常见的三种行政行为进行立法的任务。行政机关在实施行政处罚、行政许可和行政强制这三种行为时必须分别遵守上述三部法律中对行为程序的规定。行政行为型式化理论也直接影响到司法审查。法院在对行政争议进行审查时，也是按照具体行政行为的性质和类别适用相应的法律规范。最高人民法院曾于2004年下发《关于规范行政案件案由的通知》，明确了确定案件案由的基本方法是划分案件的类别，以行政管理范围为"类"，以具体行政行为种类为"别"进行构造。并将具体行政行为分为以下27类：行政处罚、行政强制、行政裁决、行政确认、行政登记、行政许可、行政批准、行政命令、行政复议、行政撤销、行政检查、行政合同、行政奖励、行政补偿、行政执行、行政受理、行政给付、行政征用、行政征购、行政征收、行政划拨、行政规划、行政救助、行政协助、行政允诺、行政监督、其他行政行为。一旦某一行政争议所涉及的行政行为尚未出台独立的部门法律，囿于我国统一行政程序法的缺失，法院在审查时难免倍感艰辛。

有学者指出，这种型式化之行政行为，虽然具有制度化、衔接性和储藏性的功能，可以带来制度与稳定性等优点，但相对的，型式化之行政行为也存在过度抽象性、过度集中性的缺陷，且缺乏对行政过程与行政法律关系的研究。[17] 而"证券监管措施"这一特定概念，正是在行政处罚法出台后、其他

---

⑯ 《最高人民法院关于规范行政案件案由的通知》（法发〔2004〕2号）。

⑰ 参见林明锵：《论型式化之行政行为与未型式化之行政行为》，载《当代公法理论》，月旦出版公司1993年版，第347页以下。

行政行为的专门规范法出台前这一立法空缺期间内出现的。前文所涉及的监管谈话、谈话提醒、出具监管关注函、认定为不适当人选等证券监管措施就难以归入某一既有行政行为类型。在像我国这样将行政行为型式化，并分别立法进行法律约束这种框架之下，证券监管措施极易因此而逃脱法律的规范，导致行政权力的滥用。

（二）法律移植与本土化

国外有学者认为，世界不同法律体系或渊源对一国证券市场法治环境有着至关重要的影响。⑱ 虽然这种认识受到了来自各国学者不同程度的驳斥和批判，⑲ 但在我国证券监管法治领域其带来的启示仍然值得探究，因为作为深受大陆法系传统法理论影响的我国，在证券市场法律制度建设过程中却大规模吸取甚至模仿了以美国为主的英美法系证券法制。1992 年我国专门的证券监管机构（国务院证券委员会和中国证券监督管理委员会）成立后，主要任务是证券立法，⑳ 而美国和我国台湾地区的经验成为立法的主要参考。㉑

在证券监管措施方面，从发行管理到交易管理再到对券商的管理与处罚，我国证券监管措施大多与 SEC 监管执法措施相似。在名称上，美国 SEC 执法手段，被称为监管行动（regulatory actions）或证券监管执法措施（securities enforcements），我国“证券监管措施”的叫法，与 SEC 执法措施并无实质差异。在诸如信息披露、检查、谴责、限制行为或业务、中止或撤销业务许

---

⑱ *See* Rafael La Porta，Florencio Lopez-De-Silane，Andrei Shleifer and Robert W. Vishny，Legal Determinants of External Finance，*Legal Determinants of External Finance*，Vol. 52，No. 3 (Jul，1997)，pp. 1131-1150；Rafael La Porta，Florencio Lopez-de-Silane，Andrei Shleifer，Robert W. Vishny，Law and Finance，*Journal of Political Economy*，Vol. 106，no. 6 (1998)，pp. 1113-1155.

⑲ 参见张宪初：《近期西方证券监管理念论争及对中国的一些启示》，载《中国资本市场法治评论》(第 1 卷)，法律出版社 2008 年版，第 95 页。

⑳ 宗日：《刘鸿儒谈中国证券市场》，载《中国对外贸易》1994 年第 2 期。

㉑ 参见肖力见：《突破：我国股份制改革与资本市场设立——中国证监会首任主席刘鸿儒访谈录》，载《证券市场导报》2011 年第 5 期。

可、暂时吊销或撤销资格、企业高级管理人员资格任免、市场禁入、账户冻结等方面，中国证监会都在借鉴着SEC执法手段。[22] 与美国《2002年萨班斯法案》赋予监管者更多执法手段相似，[23] 我国2005年《证券法》同样加大了中国证监会的监管权力，其中关于查封、冻结等准司法性权力的设置，毫无疑问源自对SEC行政法官执法机制青睐的结果。此外，同样与SEC相似的是，中国证监会也享有广泛的规则制定权和市场监控等行政权，以确保监管及时有效，且中国证监会倾向于不断扩张权力，以增加监管执法资源。[24]

问题在于，美国对行政行为的认识和处理有自己的逻辑和方法。美国《联邦行政程序法》将行政行为区分为规章制定（rulemaking）和裁决（adjudication）两类，分别遵守不同的行政程序。由于不存在行政行为型式化理论的影响，所有的行政行为原则上不是规章制定即为裁决，平等地受到《联邦行政程序法》的约束。加之《联邦行政程序法》所确立的“可受审查的假定”原则，所有证券监管措施的裁决都假定可以接受法院的司法审查。权力制衡和程序约束的有效结合所构建起的严密体系，使得美国证券业监管机构SEC向来兢兢业业，以严格、高效著称，备受好评。[25]

由此可见，我国证券市场监管措施法律困惑的真正原因，或许是证券法治“洋为中用”与我国行政法学理论传统的“大陆法系”“基因”互斥的结果。在英美法系法治演进模式之下孕育出的证券监管措施，有着权力制衡和正当程序的法律规制，一旦移植到不同体制和观念的国家证券法律体系中，势必会出现衔接不畅、磨合吃力的制度困境。

---

[22] 参见刘鸿儒：《亚洲金融危机的教训》，载《金融研究》1998年第6期。

[23] See Sarbanes-Oxley Act of 2002，Sec 603，Sec 1103，Sec 1105.

[24] 参见卢文道：《法律背后的证监会》，载《社会科学报》2007年6月28日，第3版。

[25] See Walter Werner，The SEC As a Market Regulator，*Virginia Law Review*，Vol. 70，No. 4（May，1984），p. 755.

四、如何应对挑战

大量的证券监管措施对于规范证券发行和交易行为，保护投资者的合法权益，维护社会经济秩序和社会公共利益，促进社会主义市场经济的发展，发挥了不可忽视的作用。但同时不可避免地会发生侵犯监管对象权利的情况。如何约束证券监管机构的监管权，规范证券监管措施，成为不可避免的问题。

（一）证券监管措施的两个面向

一是面向过去的传统行政行为型式化理论。规范证券监管措施，我们首先要思考的是，如何将证券监管措施与我国传统的行政行为型式化理论相契合，因为我们既然深受大陆法系行政行为理论的影响，很难将其彻底摒弃。解决中国问题首先应当寻求本土的解决办法。因此，就目前法律规定的114种证券监管措施而言，应当对其进行仔细梳理，对每一种措施从本质上进行分析并试图进行类型化。第一类是本质上属于行政处罚行为的措施，应明确其行政处罚行为的性质，并接受《行政处罚法》的规范，遵守行政处罚程序。例如，公开谴责、记入诚信档案、出具警示函、停止批准新业务、撤销有关业务许可、责令更换董事、监事、高级管理人员、责令股东转让股权等。第二类是本质上属于行政强制措施的，应明确其行政强制措施的性质，并接受《行政强制法》的规范，遵守行政强制措施的程序。根据《行政强制法》第2条第2款的规定，行政强制措施，是指行政机关在行政管理过程中，为制止违法行为、防止证据损毁、避免危害发生、控制危险扩大等情形，依法对公民的人身自由实施暂时性限制，或者对公民、法人或者其他组织的财物实施暂时性控制的行为。该法第3条第3款还专门规定："行政机关采取金融业审慎监管措施、进出境货物强制性技术监控措施，依照有关法律、行政法规的规定执行。"在114种证券监管措施中，约有20余种属于行政强制措施，包括限制出境、限制分配红利、限制支付报酬、限制转让财产、限制期货公司自有资金或者风险准备金的调拨和使用、限制出境、接管、托管等。

二是面向政府规制理论。在现有的证券监管措施中，除了可以归入行政处罚、行政强制措施的监管措施，大量的是无法归入上述两类的证券监管措施，例如予以重点关注、监管谈话、谈话提醒、临时接管、不得参与证券承销等。同时，我们可以合理地预见到，证券监管措施的数量还将增加，如何对这一部分证券监管措施进行法律规范，建议引入政府规制理论。

在当代中国，政府与经济的关系发生了重大变化，可以说“监管型”国家正在中国崛起。这是一种政府和市场的关系模式，在这种模式下，政府实行市场经济，但同时承认市场存在缺陷，因此对市场主体的活动进行监督和控制，以预防和矫正市场失灵问题。国家类型的变迁必然引起行政任务的变化，也会导致行政权在整个国家权力架构中地位和角色的转变。自20世纪八九十年代以来，中国证券监督管理委员会、中国保险监督管理委员会、食品药品监督管理局、安全生产监督管理局等政府监管机构相继成立。不仅在证券领域，在银行、保险、食品药品安全等领域，通过法律法规授权和行政机关的自我赋权，行政监管机关开始实施大量的监管措施。事实上，证券监管措施的定位及其法律规范问题不仅仅只存在于证券领域，在上述各领域均已产生此类困惑。事实上，包括证券监管措施在内的行政监管措施从性质上讲是政府对某一类市场进行监管的手段或形式，不同于传统行政机关对社会的行政管理。这些新型的行政监管措施，对传统的行政法学理论和制度形成挑战。如何应对日益增多的行政监管措施，首先需要行政法学理论作出回应。我们不应囿于传统行政法学理论体系的限制，更应当转变传统研究思路，尝试用政府规制理论去解释这些新问题，进而思考如何对行政监管措施进行规范。

政府规制理论最早发轫于20世纪60年代至70年代的美国经济学界，它所研究的主要对象是行政机构的活动以及行政对市场和社会的规制。应该说，政府规制研究本质上是一种问题导向的政策分析理论，它是法律学科内的整合，它不只是行政法，甚至也不只是公法，而是为了彻底解决问题而综合运用各种法律手段、法律机制和法律思想的理论。它是一个不曾有着体系建构的雄心，却对真实世界行政过程有着超强解释力的理论。[26] 从某种意义上讲，政府规制理论为现代行政法学研究提供了一个强有力的分析工具。正如有学者指出的，现代行政法学对政府规制理论和方法的引入，可以为行政法学研究增加新的生机和活力。[27]

运用政府规制理论去审视证券监管措施，首先是承认其作为证券监管的具体手段，不再试图将一个又一个新出现的证券监管措施纳入已有的行政行为类型。其次更值得我们思考的问题是，法律规定设定哪些监管措施为适当？政府如何选择最为有效的监管措施？这将是崭新的课题。

（二）行政程序规定的完善

国际上五个成熟的证券市场——美国、英国、德国、法国和中国香港的证券监管有着共同的实践。上述五个国家和地区的证券执法都实现了高度的法治化。特别是在证券执法程序方面，无一不是有着充分的法律依据和严格的具体程序。我国的证券监管机构拥有越来越多的裁量权和监管措施，需要对此进行程序规范，否则裁量权的滥用将难以避免。出路有两条：

第一，实现行政程序法典化。

20 世纪后半叶以来，世界上越来越多的国家采取制定统一的行政程序法的方式对行政程序进行法律规范。由于行政行为在程序上具有明显的统一性，因而又可以制定一部统一的行政程序法典，并以其他行政程序方面的法律以及分散在各个行政法律中的行政程序法律规范作为这部法典的补充。在

㉖ 张永健：《论药品、健康食品、食品之管制》，台湾大学法律研究所 2003 年硕士论文。转引自朱新力、宋华琳：《现代行政法学的建构与政府规制研究的兴起》，载《法律科学》（西北政法学院学报）2005 年第 5 期。

㉗ 朱新力、宋华琳：《现代行政法学的建构与政府规制研究的兴起》，载《法律科学》（西北政法学院学报）2005 年第 5 期。

我国，目前虽然在主要行政管理领域已有或将有单行法律规范，但是，其毕竟未能覆盖所有行政领域，例如，行政计划、行政指导、行政合同等领域尚没有程序规范。并且，除了人们予以类型化的行政领域外，现代行政管理内容的复杂多样化，决定了行政管理形式、方法和手段的多样化，对于尚未被类型化的领域来说，各个击破的立法策略一般难以照应。正如应松年教授所指出的："以行政的公正、公开、参与、高效为立法目标的行政程序法，是现代国家规范行政权力的基本法，它的制定对国家机关之间的关系、国家与公民之间的关系有着深远影响。当今社会，无论中外，行政权力空前强大，一国如果没有建立起完善的行政权力规范机制，法治的实现无从谈起，公民权利的保障难以实现。"[28] 制定统一的行政程序法典，对行政机关行使行政权的行为进行规范，可以避免那些没有专门程序规范的行政行为逃脱法律的约束。

第二，修改《证券法》，完善中国证监会内部的行政规定。

首先，建议修改《证券法》，明确证券监管措施的性质，并对证券监管机构实施监管措施规定基本的程序。在最新的《证券法（修订草案）》中已经增加专条规定证券监管措施，但遗憾的是并没有实施证券监管措施的程序规定。[29]

其次，完善中国证监会内部的行政规定。

就法律位阶而言，中国证监会现行《证券监管措施实施办法》层次太低，其仅为中国证监会的内部规范性文件。建议将其上升为中国证监会的行政规章。

在具体程序方面，建议借鉴美国证券执法的程序规定。SEC 的证券执法行为必须符合宪法、《联邦行政程序法》、各单行法律，包括 1933 年证券法、

㉘ 应松年：《中国行政程序法立法展望》，载《中国法学》2010 年第 2 期。

㉙ 《证券法（修订草案）》第 256 条规定："国务院证券监督管理机构依法履行职责，在制定规章时有权规定并采取下列措施：（一）责令改正；（二）监管谈话；（三）出具警示函；（四）责令公开说明；（五）责令参加培训；（六）责令定期报告；（七）暂不受理与行政许可有关的文件；（八）认定为不适当人选；（九）法律、行政法规规定的其他监督管理措施。"

1934年证券交易法，以及SEC工作规则。一个完整的证券执法行为通常包括发现、调查、追诉及裁决等基本环节。[30] 以目前适用最多的行政法官裁决程序为例。SEC《工作规则》中对听证程序中的各方主体、听证的具体程序要求作出了明确的规定。关于听证程序中的各方主体，《工作规则》规定了听证主持人、听证官、听证程序中的命令和决定、文件的送达等；关于听证的具体程序，《工作规则》规定了听证程序的启动、预听证的规则、听证程序的规则（包括听证的公开原则、证据、听证记录等）、向证券交易委员会提出的申诉以及证券交易委员会开展的复议程序、与临时命令和暂停相关的规则、关于追缴款项和罚款支付的规则、非正式程序规则等。正是因为有法律规定和SEC内部工作规则的规定，使得"武装到牙齿"的证券监管权得到了约束。

我国证券监管机构集规则制定权、行政裁决权、准司法权等权力于一身，监管手段具有涉及面广、作用不一、程序各异等特点，这给权力的有效约束带来困难，而通过证券监管措施的程序对权力的运行过程加以规范，无疑给行政自由裁量权的滥用绑上了一道枷锁。通过中国证监会的内部行政程序规定，对证券监管措施进行程序规范，不失为一个现实的好办法。

---

[30] 洪艳蓉：《美国证券交易委员会行政执法机制研究："独立"、"高效"与"负责"》，载《比较法研究》2009年第1期。

高等学校行政争议解决机制研究

姚金菊*

引　言

迄今为止，最高人民法院指导案例汇编①有 9 个行政法案例，其中有 2 个是高等学校行政案例。中国行政审判案例②有 6 个教育案件，其中 4 个涉及学生与高校之间的争议。学生与高校间因学位、纪律处分、招生考试等教育行政行为发生的行政争议已经成为法院行政案件不可忽视的内容。与此同时，还有很多高等教育案件并未进入行政诉讼的视野，西北政法大学申博案涉及高校与教育行政机关的争议通过行政复议途径解决。而教师与高校之间的诸多争议也并未完全进入行政诉讼受案范围。最高人民法院在 2010 年曾努力出台司法解释《关于审理教育行政案件若干问题的规定》。2014 年《行政诉讼法》修改，高校作为法律法规授权组织，其行为被作为行政行为纳入行政诉讼受案范围，结合最高法院案例及出台司法解释的努力，应该不成问题。然而，这绝不意味着行政诉讼就是高等教育行政争议解决的唯一归宿，甚至

* 姚金菊，北京外国语大学法学院，副教授，法学博士，北京外国语大学中外教育法研究中心执行主任。

① 截止到 2015 年 6 月，指导案例汇编共包括 52 个案例。

② 截止到 2015 年 11 月，最高人民法院行政审判庭编的《中国行政审判案例》共包括 160 个案例。

可能也并非最终归宿。

最高院指导报案例汇编	第 38 号案例 田永诉北京科技大学拒绝颁发毕业证、学位证案
	第 39 号案例 何小强诉华中科技大学拒绝授予学位案
中国行政审判案例	第 5 号案例 高等学校能否成为行政诉讼案件的被告——褚胡诉天津师范大学不履行授予学位证法定职责案
	第 9 号案例 高等学校学位授予行为的审查范围及标准——武华玉诉华中农业大学教育行政行为案
	第 21 号案例 考试机构的内设机构是否有权确认考试成绩无效——陈炯杰诉浙江省教育考试院教育行政处理案
	第 77 号案例 法院在裁判时机成熟时可直接判决高校为学生颁发毕业证书——谢文杰诉山西师范大学不履行颁发毕业证法定职责案
	第 93 号案例 高等学校校纪校规不能违反上位法规定——甘露不服暨南大学开除学籍申请再审案
	第 97 号案例 经过评阅的高考试卷能否公开——谷山龙川诉北京教育考试院不服不予公开高考试卷案

实务界以及学术界围绕着上述诸多案件就司法介入学生与高校争议的必要性、可行性以及广度和强度等问题进行的讨论，其实都承认了司法介入的有限性。在肯定司法最终提供救济的同时，更要探索行政系统内的监督和救济途径。对教育尤其是高等学校行政争议来说，非诉纠纷解决机制可能发挥更好的作用。

一、高等教育行政争议概述

教育行政争议是一个广义概念。不同教育阶段的特征不同，高等教育阶段的教育行政争议因为其多发性、典型性和复杂性更需讨论。在中小学虽然学生与学校的纠纷也时有发生，但多集中在民事领域，主要涉及民事责任问题，一般不涉及学校权力行为，而且，中小学虽然也具有公法上身份，但一般不具有独立的行政主体资格，可视为不具有完全能力的公法法人。③ 而在高等教育领域，高校作为“法律法规授权组织”，④ 根据教育法律法规授权对学生行使学籍管理和颁发学历学位等权力。基于高校这一特殊身份，高校与学生之间的争议才可能被归类为行政争议。高校性质使得高等学校行政争议具有了特殊性：

第一，争议主体的特殊性。争议的不同主体直接影响着争议的解决方式。行政争议的一方必然是公法主体，即行政机关或法律法规授权组织。高等教育行政争议当然也有这样一方，但却具有相对的不确定性，一方面高校可能成为行政主体，与作为行政相对人的学生和教师发生行政法律争议，如刘燕文诉北大案、田永诉北京科技高校案、怀孕女生诉重庆邮电大学开除案等；另一方面高校也可能成为行政相对人，与作为行政主体的教育行政机关发生行政法律争议，如西北政法大学申博案，尽管因为现行高校管理体制此类纠纷不多，但实际“争议”大量存在。此外高校还可能作为行政相对人与其他行政机关发生争议，如高校有大量实行聘任制度工作人员，可能因未能履行缴纳社会保险义务而被行政机关进行处罚从而引发争议。这类争议往往不涉及高校教育职能，也不涉及对高校特殊行政主体地位的管理职能，在争议解决方面完全可以由一般行政争议解决机制进行。同时，学生和教师还可能作为行政相对人直接与行政机关发生行政法律争议，如教师可能因被撤销教师资格与教育行政机关发生争议，学生可能因其公民身份而与行政机关发生争议，但对此类争议解决机制的争论不多。

鉴于高校作为行政主体与学生发生的争议最多，也最受关注，本文将高等学校行政争议的主体特征界定为以高等学校为一方主体的高等教育行政争

③　可参见姚金菊：《宜确立学校的“公法法人”法律地位》，载《首都师范大学学报》（社会科学版）2010年第4期。

④　法律法规授权组织是我国行政法学界和实务界共同采用的说法，尽管有学者认为这一说法并未解决为何对高等学校授权等问题，但从诉讼角度来看，最高人民法案公报案例、指导案例以及2014年修正行政诉讼法生效施行，高校作为法律法规授权组织的行政主体地位在实务上业已得到认同。

议。高等学校行政争议只是高等教育行政争议的组成部分，并且是最有争议、最受关注的部分。

第二，争议性质的特殊性。争议的不同性质决定着争议解决机制审查的限度。高等教育行政争议应该是基于教育权利（力）发生的争议。教育尤其是高等教育领域涉及教育权利（力）性质。教育权利（力）包括学生的受教育权、教师的法定权利和高校的自治权力。

学生受教育权有别于一般公民权利，不是学生在高校内所发生的争议都属于受教育权争议，学生可能因为受到学校处分、未能取得学位证书等与学校发生争议，同样可能因为财产权、隐私权等权利受到侵犯而与学校发生争议，如学生因为在宿舍内使用电器而被学校没收。《教育法》第42条规定的受教育者权利范围是非常广泛的，不仅包括直接与教育过程相关的教育活动参加权、教育资源使用权、获得国家帮助权、获得公正评价权和获得证书权，还包括申诉权。学生与学校的关系既有管理关系也有契约关系。

教师权利更为复杂。依据《教师法》第7条，教师权利不仅包括与教育教学直接相关的教育教学权、学术自由、学业指导评定权、培训权，还包括参与权和薪酬权。教师与高校的法律关系既有人事关系也有合同聘任关系。教师可能因为在职称评定中没有受到公正评价而与学校发生争议，也可能因为一般违法受到学校处理⑤而发生争议。学校对教师和学生所进行的处理既有基于自己作为教育机构的专业性权力，还有基于这种专业性权力所附加的管理性权力。基于不同权利和权力所发生的争议性质不同，作为学术评价的专业性权力属于高校固有权限，基于学术评价附带享有的管理性权力属于高校授予权限。

第三，争议解决机制的多元性。争议的不同途径直接影响着争议解决的结果。囿于行政法学研究和行政法制实践，长期以来行政诉讼一直作为我国行政争议解决的核心机制。由于学生、教师与学校之间的关系传统上被认为

⑤ 如中国青年政治学院教师杨支柱因超生而被所在学校予以记过、解除教学岗位等处分。

属于内部法律关系，行政诉讼对此争议一般不予受理。田永案和刘燕文虽然打破了这一现状，但学界基本一致认为并非所有的高等学校行政争议都纳入行政诉讼范围。

2005年教育部出台《普通高等学校学生管理规定》（以下简称《规定》），确立了高等学校学生的申诉制度（包括校内申诉和教育行政申诉），将《教育法》规定的申诉权予以了制度保障，但限于规范本身的层级，对校内申诉、教育行政申诉与行政复议、行政诉讼的衔接并未规定。

有关教师与高校之间的争议，由于《教师法》第39条规定了教师的教育行政申诉制度，但对于校内申诉、教育行政申诉与行政复议、行政诉讼之间的衔接也并未规定。由于申诉制度的性质和地位不明，校内申诉和教育行政申诉发挥的作用有限，由于行政复议与行政诉讼的自由选择原则以及行政复议和诉讼的受理以法律的明确规定为原则，学生和教师的行政复议和行政诉讼途径多受限制。

为了更好分析现有高等学校行政争议解决机制，本文集中关注学生与高等学校、教师与高等学校的争议解决机制，暂不关注高等学校与教育行政机关的争议解决机制。

二、现行高等学校行政争议解决机制

高等学校行政争议特殊性的根源在于高等学校的性质。通常认为高校基于学术自由所享有的自主权应当加以保障。但高校自主权从性质上来说主要是对于外部——政府及教育行政机关——的独立，并不意味着不受监督和约束，对于内部——学生和教师来说，高校自主权来源于学生和教师尤其是后者的权利，即高校自主权源于基于学术自由所享有的高校自治及其制度性保障。一方面，学生和教师权利作为高校自主权的依据，当然不能排除其对高校权力行为进行监督和救济的权利；另一方面，既然高校自主并非绝对，当然不能排除政府对高校权力行为进行监督的权力。毕竟，高校自主只是表现，而非根源，根本仍在于高校的学术自治。由此出发，高等学校行政争议解决机制的构建在实现维权解纷目的的同时，必须尊重并维护高校的学术自主。因而更能够有效平衡个体权利与高校自主权力的机制才是最适合的解决机制。

（一）现有学生与高校行政争议解决机制

现有学生与高校争议解决机制主要依据在于《教育法》《高等教育法》和《规定》，包括校内申诉、教育行政申诉和行政复议和行政诉讼。

第一，校内申诉制度。2005 年教育部以规章的形式颁发《规定》确立了学生申诉制度。《规定》第 60 条至第 62 条规定了校内申诉，第 63 条至第 64 条规定了教育行政申诉。校内申诉是由高校内部成立专门机构对有关学生与高校的行政争议进行处理。学生申诉处理委员会为专门机构，由学校负责人、职能部门负责人、教师代表和学生代表组成，处理争议的范围包括学生对取消入学资格、退学处理或者违规违纪的处分，对与学术有关的处理决定如课程考核、成绩评定、留级、降级、重修；不予批准转专业、转学；不予批准休学、复学；颁发结业证书或肄业证书；不予颁发学习学位证书、追回学历学位证书等决定[⑥]并未在学生申诉处理委员会的范围之列。校内申诉处理制度范围仍然非常有限。

在校内申诉处理的程序上，该《规定》虽然规定了处理时限、书面申诉的方式，但并未对复查方式等作出规定。学生申诉处理委员会是否限于采取书面审查的方式、是否听取学生的陈述和申辩、是否允许学生聘请代理人等也未加以规定。而学生申诉处理委员会也并无权限直接改变学校处理决定，“需要改变原处理决定的，由学生申诉处理委员会提交学校重新研究决定”，这在很大程度上制约着校内申诉功能的发挥，再基于人员组成和机构的

---

⑥ 有关这些决定参见《普通高等学校学生管理规定》第二节第 11 条至第 17 条、第三节第 18 条至第 21 条、第四节第 22 条至第 26 条、第六节第 31 条至第 39 条。

独立性问题，一般情况下都不会改变原处理决定。

第二，教育行政申诉。根据《规定》，教育行政申诉的主体是学校所在地的省级教育行政部门，对学生在法定期限内提出的书面申诉予以处理并答复。但教育行政申诉的对象该规定指出是复查决定，[7] 但该复查决定指向不明，究竟是学生申诉处理委员会作出的复查结论还是学校重新作出的处分决定并不清楚。而且，这实际上变相规定了校内申诉作为教育行政申诉的前置程序，而依据《教育法》规定，学生对学校给予的处分不服向有关部门提出申诉，并未规定校内申诉为必经程序。同时，该规定指出“学生在申诉期内未提出申诉的，学校或者省级教育行政部门不再受理其提出的申诉”，校内申诉与教育行政申诉戛然而止。

《规定》确立了校内申诉与教育行政申诉制度的存在，但对其身份、地位、运行机制等仍未明确。尽管相比于行政复议和行政诉讼，教育行政机关和司法机关对高校事务介入的有限性，申诉制度在理论上和实践中均有所作用，但总体来看形式意义大于实质意义，并未起到该机制的分流减压、扩大救济范围的功能。由于包括教育行政申诉与行政复议的界定不清等诸多原因，行政诉讼在现实中仍然是更多的偏好选择。最高人民法院行政审判庭起草教育行政案件司法解释的努力正是这一偏好的体现。需要注意的是，现有学生申诉机制都并未区分学术处理决定与其他行为，当前正在审理的于艳茹诉北大案中已经对学生申诉委员会受理撤销学位证的合法性提出了质疑。

（二）现有教师与高校行政争议解决机制

现有教师与高校争议的解决机制非常复杂，既涉及争议的不同类型，也涉及不同法律法规之间的冲突，而这些又与我国正在推进的事业单位改革直接相关。从现有法律法规来看，教师与高校间的解决机制主要是教育行政申诉制度和人事争议仲裁制度。教育法及其相关法律法规规定了教育行政申诉

---

⑦ 《普通高等学校学生管理规定》第63条。

制度，而劳动法及事业单位人事制度改革等法律法规则规定了仲裁。但从目前实践来看，将教师与高校之间的人事争议作为行政争议还是民事争议做法并不一致。本文认为，即使将教师与高校之间的人事争议作为民事争议选择纠纷的不同解决机制，也同样要考虑到教育法的特别规定，适用实体法。这也是目前司法实务部门的立场。

第一，教育法规定的教育行政申诉制度。

《教师法》第39条规定，“教师对学校或者其他教育机构侵犯其合法权益的，或者对学校或者其他教育机构作出的处理不服的，可以向教育行政部门提出申诉，教育行政部门应当在接到申诉的三十日内，作出处理”。对此，有关释义指出，教师对学校在人员调配、工作安排、工作条件、职务评聘、聘任、培训、考核、工资福利待遇、退职退休等教师管理的各个方面作出的处理决定不服的，可以向主管学校的教育行政部门或者主管本行政区域内教育工作的教育行政部门等提出申诉。[8]

原国家教委《关于〈教师法〉若干问题的实施意见》明确了教师行政申诉的教育行政部门及相关程序。“教师对学校或者其他教育机构提出的申诉，由其所在区域的主管教育行政部门受理。省、市、县教育行政部门或者主管部门应当确定相应的职能机构或者专门人员，依法办理教师申诉案件。”“行政机关对属于其管辖的教师申诉案件，应当及时进行审查，对符合申诉条件的，应予受理；对不符合申诉条件的，应以书面形式决定不予受理，并通知申诉人。行政机关对受理的申诉案件，应当进行全面调查核实，根据不同情况，依法作出维持或者变更原处理决定、撤销原处理决定或者责令被申诉人重新做出处理决定。”“行政机关作出申诉处理决定后，应当将申诉处理决定书发送给申诉当事人。申诉处理决定书自送达之日起发生效力。申诉当事人对申诉处理决定不服的，可向原处理机关隶属的人民政府申请复核。其申

⑧ 李连宁、孙霄兵：《〈中华人民共和国教师法〉条文简释（六）》，载《中国民族教育》1994年第6期。

诉内容直接涉及其人身权、财产权及其他属于行政复议、行政诉讼受案范围事项的，可以依法提起行政复议或者行政诉讼。”

根据《教师法》及其实施意见，教师行政申诉的范围不限于学校的处理决定，还包括学校侵犯合法权益的所有行为。申诉处理机关是教育行政部门。教育行政部门对申诉的审查为全面审查。对申诉处理决定不服的，救济途径为行政复核。直接涉及人身权、财产权等事项的申诉可以选择复议或诉讼。

《教师法》规定的教育行政申诉制度看似全面，范围很大，但这种过于笼统的规定实际上阻碍了制度功能的发挥。而且，教师申诉范围规定的教师行政申诉机制与行政复议和行政诉讼的并行关系也不利于申诉制度功能的发挥。有研究提出要对教师与高校行政争议的申诉机制加以完善，⑨ 教育部也提出正在起草《教师申诉办法》，⑩ 目前中央层面尚未出台相关规定，地方有的在教师法实施办法的地方性法规中加以规定，如《北京市实施〈中华人民共和国教师法〉办法》；⑪ 有的则通过规章对教师申诉专门立法，如北京市和苏州市出台了《教师申诉办法》。⑫ 然而，对于教师法所规定的学校侵犯教师合法权益的情形与学校对教师作出的处理决定的种类，现有中央层面立法的模糊和缺失使得教育行政申诉无法很好地发挥作用，而有关教育行政申诉部门的属地化特征、教育行政申诉决定的性质、效力及相应救济途径的模糊使得教育

---

⑨ 有关教育申诉、教师申诉问题，可以参见房倩：《教育行政纠纷及法律救济制度研究》，华东师范大学2010年硕士学位论文。

⑩ 教育部正制定教师申诉办法，载《新京报》2012年4月16日，转引自 http://edu.people.com.cn/GB/17659605.html，最后访问日期：2015年11月10日。

⑪ 《北京市实施〈中华人民共和国教师法〉办法》第24条规定：“市和区、县人民政府及其教育、劳动行政部门、有关部门，应当指定相应的职能机构按照《教师法》第三十九条的规定，接受教师申诉。申诉的具体办法由市人民政府制定。教师对申诉处理决定不服的，属于行政复议、行政诉讼受案范围的，可以依法申请行政复议或者提起行政诉讼。”

⑫ 在北大法宝，以教师申诉为关键词进行标题检索，目前仅有北京和苏州制定了地方规章层面的申诉办法。

行政部门不愿意或者也无力对高校的行为进行监督。[13]

第二，相关法律法规规定的人事争议[14]仲裁。

教师与高校之间争议之一就是人事争议。关于人事争议的性质看法不一，这种性质的争议也反映在立法中。高等学校属于法律法规授权组织中的事业单位法人，行政法学者一般认为教师与高校间因辞职、辞退等发生的人事争议属于行政争议，主张基于高校的特殊性质以及教师的专业人员身份，教师与高校之间的争议一般不适用《劳动法》《劳动合同法》及《劳动争议调解仲裁法》。同时，考虑到事业单位改革正在进行，《劳动合同法》第 96 条、[15]《劳动争议调解仲裁法》第 52 条[16]为事业单位人事改革留下了空间。有关教师与高校间的人事争议是否适用劳动争议仲裁也存在争议。

2009 年人力资源和社会保障部根据《劳动争议调解仲裁法》《公务员法》和《解放军文职人员条例》，公布了《劳动人事争议仲裁办案规则》。该规章第 2 条明确规定“事业单位与工作人员之间因除名、辞退、辞职、离职等解除人事关系以及履行聘用合同发生的争议”可以适用劳动人事争议仲裁，这

---

⑬ 尽管通常认为学校面对教育行政部门处于弱势地位，但这种情况对高等学校并不完全适用。按照教师法实施意见，高校教师对高校行为提出申诉由所在区域的主管教育行政部门受理，则省级教育行政部门对所谓部属高校的权威并不足以使得高校服从不利于自己的申诉处理决定。如按照规定，北京大学教师对北京大学处理决定不服申诉的，由北京市教委受理，但北京市教委并非北京大学的主管机构。这种区域管理确定的主管教育行政部门与业务主管之间存在的张力将直接影响申诉的效果。

⑭ 北大法宝将人事争议界定为：人事争议是指聘任制公务员与所在机关之间因履行聘任合同、军队文职人员与聘用单位之间因履行合同、事业单位工作人员与单位之间因辞职、辞退及履行聘用合同所发生的争议。目前分为辞职争议、辞退争议、聘用合同争议三类纠纷。辞职争议是指聘任制公务员、军队文职人员、事业单位工作人员因辞职与单位发生的争议。辞退争议是指聘任制公务员、军队文职人员、事业单位工作人员因辞退与单位发生的争议。聘用合同争议是指聘任制公务员、军队文职人员、事业单位工作人员因履行聘用合同而与单位发生的争议。

⑮ 《劳动合同法》2007 年 6 月 29 日通过，2012 年 12 月 28 日修正。第 96 条规定了事业单位聘用制劳动合同的法律适用：事业单位与实行聘用制的工作人员订立、履行、变更、解除或者终止劳动合同，法律、行政法规或者国务院另有规定的，依照其规定；未作规定的，依照本法有关规定执行。

⑯ 《劳动争议调解仲裁法》2007 年 12 月 29 日通过，2008 年 5 月 1 日起施行。第 52 条规定了有关事业单位劳动争议的处理：事业单位实行聘用制的工作人员与本单位发生劳动争议的，依照本法执行；法律、行政法规或者国务院另有规定的，依照其规定。

改变了《劳动合同法》及《劳动争议调解仲裁法》对于事业单位争议的过渡性和模糊性表述，教师与高校之间因除名、辞退、辞职、离职等解除人事关系以及履行聘用合同发生的争议虽然在理论上仍然被视为行政或者至少是公法上的争议，但在争议解决机制上已经不再限于教育法所规定的申诉，有关教师与高校人事争议的劳动人事仲裁解决机制正式确立。对劳动人事仲裁委员会裁决不服的，可以提起民事诉讼，如海南师范大学与刘春雷人事争议纠纷上诉案。[17]

2003 年最高人民法院通过《关于人民法院审理事业单位人事争议案件若干问题的规定》明确规定，事业单位与其工作人员之间因辞职、辞退及履行聘用合同所发生的争议属于人事争议，适用劳动法，当事人可以申请劳动仲裁，对劳动仲裁不服的可以提起民事诉讼。2004 年最高人民法院《关于事业单位人事争议案件适用法律等问题的答复》进一步明确了实体法律适用，“适用《中华人民共和国劳动法》的规定处理”是指人民法院审理事业单位人事争议案件的程序运用《中华人民共和国劳动法》的相关规定。人民法院对事业单位人事争议案件的实体处理应当适用人事方面的法律规定，但涉及事业单位工作人员劳动权利的内容在人事法律中没有规定的，适用《中华人民共和国劳动法》的有关规定。

2014 年国务院出台《事业单位人事管理条例》第八章专门规定了“人事争议处理”。这也是目前我国有关事业单位人事管理具有最高效力的规范。该法第 37 条肯定了此前教师与高校人事争议可以申请劳动争议仲裁的规定，[18]第 38 条则对教师与高校人事争议之外的考核、处分等决定规定了按国家有关规定复核申诉的途径。[19]

---

⑰ 北大法宝案例，法宝引证码为 CLI. C. 2849723。

⑱ 第 37 条：事业单位工作人员与所在单位发生人事争议的，依照《中华人民共和国劳动争议调解仲裁法》等有关规定处理。

⑲ 第 38 条：事业单位工作人员对涉及本人的考核结果、处分决定等不服的，可以按照国家有关规定申请复核、提出申诉。

从现有规定来看，人事争议仲裁作为解决教师与高校行政争议解决机制，限于教师与高校的人事争议，不包括教师因职务评定、考核等与高校发生的争议，适用范围有限，且作为人事仲裁后续救济的民事诉讼与高校的公权特性并不能很好地契合，[20] 该机制在现实中的实施并不乐观。在事业单位改革的背景下如何在考虑高校个性的基础上兼顾教育质量与教师权益，是事业单位人事仲裁制度也是整个高等教育纠纷解决机制要解决的难题。

现行学生、教师与高校行政争议解决机制有着很多共性，法律都规定了申诉制度，且申诉制度的规定都不够健全，功能发挥都不够理想，与行政复议和行政诉讼的衔接也不清楚。二者也有区别，学生方面毕竟已经构建了校内申诉制度和教育行政申诉并存的局面，行政复议和行政诉讼对部分争议也采取了开放的态度，但在教师方面并未确立校内申诉制度，现有人事争议仲裁制度效果不佳，而行政复议和行政诉讼对相关争议原则上采取封闭态度。而且，在已经确立的争议解决机制中并未区分学生、教师与学校行政争议的不同性质，未提出对学术性争议与其他类行政争议的不同审查原则、范围与强度，同时在与行政复议、行政诉讼制度的衔接上并未明确各自不同的范围。而这，恰恰是在高等教育行政争议解决机制中必须要解决的问题。

三、未来高等学校行政争议解决机制的建构

围绕着高校纠纷解决机制的构建，学者多集中在行政诉讼机制，强调将受教育权纳入行政诉讼范围，但强调司法审慎和司法节制原则；此外还有教育仲裁制度、[21] 教育申诉制度，但很少提及教育行政复议，对高校行政争议的特征和种类系统研究不足，对不同机制各自的适用范围及相互衔接探讨不

---

⑳ 李莉琴：《教师聘任纠纷中的人事争议仲裁制度研究》，北京师范大学 2008 年硕士论文。

㉑ 陈久奎：《我国教育纠纷仲裁制度建构研究》，西南大学 2006 年博士学位论文。吴殿朝：《教育仲裁制度研究》，载《高等工程教育研究》2006 年第 6 期。

足，未能从整体上构建高等学校行政争议机制。国家目前推行的事业单位改革似乎更强调高校教师聘任的合同性质，在处理该类合同纠纷未能充分考虑到高校目前教师的不同类型与高校公法上的特殊性。

现行高等学校行政争议解决机制的建构，应当遵循几个原则：一是尊重高等教育行政争议的个性与多样性，区别对待不同争议。对学生、教师与高校间的行政争议要有别于学生、教师与教育行政机关间的行政争议、高校与教育行政机关之间的行政争议、高校与非教育行政机关之间的行政争议。二是选择重点、逐步完善。学生、教师与高校行政争议是高等教育行政争议的重点和难点，鉴于学生与高校行政争议解决机制已经有所突破，教师与高校行政争议解决机制可以在一定程度上加以借鉴。三是整合完善现有机制，稳步推进。现有申诉、仲裁、复议和诉讼制度如能够有效衔接并加以完善，应该足以解决这些争议。在现有机制未加整合完善的情况下，不宜动辄构建新的机制。

现行高等教育行政争议解决机制的核心就是高校行政争议解决机制，主要是以高校为行政主体的一方与学生和教师所发生的行政争议。学生与高校争议可以分为两个阶段进行分析，一是学生入学前，即学生与高校招生行为之间发生的争议，可以称之为与高校关系形成发生的争议；二是学生进入高校学后同高校所发生的争议，包括学生取得入学资格尚未注册前与注册后取得高校成员身份后两个阶段与高校发生的争议。已经成为高校成员的学生与高校之间为一种混合法律关系，分别为公法上的法律关系和私法上的法律关系，基于高校行使高校自治权力包括学术性权力和行政性权力而与学生所发生的争议为公法上的争议，高校所提供的后勤服务如提供饮食住宿等与学生之间发生的关系为一种私法上的争议，不属于高校行政争议。公法上的争议又分为两类，一类是学生由于考试评定、学位授予、课程选择等与学术直接相关事项发生的争议，另一类则是学生由于违反相应的秩序管理规则受到行政处分而与高校发生的争议。教师与高校之间的争议也可以分为两类：一类是教师与高校之间由于聘任发生的争议，包括由于是否聘任、续聘、解聘等事项而发生的争议，可以称之为与高校关系形成发生的争议；另一类则是教师与高校之间由于教学研究、职称评定晋升而发生的争议。

对学生、教师与高校行政争议来说，并不必然以求得司法救济为途径，而需要视高校决定对学生或教师的重大权益发生影响区分为高校内部救济与外部救济，并且外部救济还包括教育行政救济，不一定是司法救济。高校行政争议解决机制必然是多元的，包括高校内部解决机制、行政解决机制、司法审查机制。高校争议的不同性质决定了解决机制的不同。

1. 明确校内申诉制度，建立完善高校内部争议解决机制。高校内部争议解决机制是指由高校内部机构解决高校内部所发生的种种争议的机制。这一机制具有非常重要的意义。基于学术自由与高校自治，高校内部争议多属于高校自治范围内的事项，由高校来解决内部争议，能够更好地维护学术自由与高校自治，避免外部争议解决机制可能对学术自由与高校自治的侵犯。并且，内部争议解决机制较之于外部解决机制对于争议享有更为充分的权力，不仅可以对争议的合法性问题作出判断，也可以对合理性问题作出判断，还能够直接作出决定。并非所有的争议最终都能够诉诸外部争议解决机制，外部争议也并不能直接对有关学术评定等事项进行实质性审查，高校内部的争议解决机制建设就更为重要，既是高校维护学术自由和高校自治的保障，也是为学生和教师权利得到充分救济的保障。现有申诉制度正是这一机制的体现。

高校内部争议解决机制主要解决高校内部所发生的争议，包括学生与高校之间发生的争议和教师与高校之间发生的争议，但对于学生与高校之间因为招生发生的争议以及教师与高校之间因为聘任而发生的争议，即与高校关系形成过程中所发生的争议，一般不属于内部解决机制的范围。高校内部争议解决机制的重点是对于学生的学术评定、纪律处分等学术性争议和行政性争议，这些争议都属于公法性质的争议，对于争议处理结果不服的，仍可能再经由行政复议和司法审查机制解决。学生与高校间发生的私法上争议也可以在高校内部解决，但对该争议解决不服的，需要通过民事诉讼途径解决。

教师与高校之间关于晋升等发生的争议也属于高校内部争议解决的范围。

高校内部争议解决机制首先是高校内部相应组织机构的建立健全，其次是规则的制定和执行。高校内部争议解决机制包括教师校内申诉和学生校内申诉。从现有申诉制度来看，当务之急是建立教师的校内申诉制度，设立教师申诉委员会。由于教师与高校发生的争议多为学术评议事项，教师申诉委员应当强调专业人员的参与。学生申诉处理委员主要处理违反纪律规则和管理规则作出的处分决定，对于与学生学术水平的具体评定有关的争议事项应当交由学术机构解决。对涉及教师职称评定和学生成绩评定等事项，可以交由已有的学校机构如学位评定委员会和学术委员会进行。原则上所有的学生、教师与高校行政争议都可以进行申诉，但申诉以一次为限。涉及学术的高校行为，校内申诉应当作为教育行政申诉的前置程序。但并非所有的涉及学术行为的校内申诉决定都能够进入教育行政申诉程序。

2. 细化教育申诉和教育仲裁制度，健全完善教育行政救济机制。行政救济机制是由教育行政机关所主持的一种争议解决机制。高校在自治行政之外作为行政相对人与非教育行政机关之间发生的争议，如卫生处罚等，可以由相应的行政复议制度解决，不是教育行政救济机制的重点。行政解决机制主要解决以教育行政争议和高校内部争议为对象的争议解决机制，包括高校内部的学生和教师基于高校行使自治权力发生的争议；高校作为自治行政接受教育行政的干预监督，与教育行政机关之间发生的教育行政争议。

高等教育行政救济机制可以有两种模式。一是教育系统内部司法制度。一些国家中央和地方教育行政部门设有专门机构行使教育行政裁判权和司法仲裁权，负责对涉及教师、校长、教育行政人员的诉讼案件和违法案件的行政惩处和裁决；二是教育系统外部行政司法制度。许多国家均设立了单独的行政仲裁制度和机构，专门受理涉及行政违法行为的诉讼案件。这类行政司法机构有权对包括违反教育法律在内的一切行政违法行为作出裁决，有权受理涉及包括教师和教育行政人员在内的公务人员的诉讼案件。我国高等教育行政救济机制可以在现有机制的基础上沿着上述进路出发，即在教育系统内完善教育申诉制度和教育行政复议制度，同时在教育系统外完善教育仲裁制度。

我国目前现行教育行政解决机制采取的主要是教育系统内部司法制度，由教育行政机关来处理教育行政争议。教育行政机关既是对高校自治行政的监督者，又是对教育行政机构自身教育行政行为的监督者。它可以解决高校内部争议和教育行政争议两种。对高校内部争议，教育行政机关只能审查高校行为的合法性而不能及于高校行为的合理性，不能代替高校直接作出行为。对教育行政争议，由于是教育行政机关自身对于高校所进行的干预行为，教育行政机关有权进行合法性和合理性审查，并可以直接作出行政决定。应当肯定，教师或学生对高校内部争议解决机制的决定仍然不服的可以向教育行政机关进行申诉，但建议将高校内部争议解决机制作为诉诸行政争议解决机制的前置程序。对教育行政机关的申诉处理决定仍然不服的，才有可能提起司法审查。对于教育行政争议，高校可以通过行政争议解决机制解决，也可以直接提起司法审查，行政争议解决机制不是高校对教育行政争议提起司法审查的前置程序。

教育仲裁制度作为教育系统外由人事部门所进行的行政救济机制有其优势，可以予以保留，但建议对教育系统尤其是高等教育领域人事争议仲裁制度的实施情况进行评估，在考虑到高等教育和高校的特殊性的基础上进行改造。尤其要解决教师申诉与教育仲裁的关系，在明确二者各自救济范围的基础上，应当允许二者作为行政救济机制并行不悖，允许当事人自由选择。但在选择之后是否有必要进入同一救济环节需要权衡。目前对教育行政申诉不服的，可以申请复议或行政诉讼，而对人事争议仲裁不服的则进入民事诉讼，这种差别不利于争议的解决。

3. 完善行政诉讼制度，勾连不同争议解决机制。高等学校行政争议要进入行政诉讼，但并不受所有的争议都能够进入。要建立高等学校行政争议对行政诉讼的入口机制。这个入口机制一方面体现为行政诉讼受理此类争议的范围有限性，另一方面体现为行政诉讼受理此类争议的时机限定性。高等学校行政争议涉及学生和教师行为权益的，仅在足以影响二者身份时且必须已经经过校内申诉程序方可进入司法审查。必要时也可以规定校内申诉之后的行政复议程序，穷尽行政救济之后才可能进入司法行政诉讼。并且，此类高等学校行政争议的司法审查强度是受限制的，对于学术性争议，司法审查应当尊重高校的学术自主，原则上只审查程序问题，不介入实体判断。

当然，仅有这些机制还不足以解决高等学校行政纠纷。教师与高校之间的人事争议随着事业单位改革的深入进行将会出现更复杂的情况，需要探索完善教育人事争议仲裁制度。教育行政争议的解决应该更依赖于包括校内申诉、教育申诉等系统内的纠纷解决机制，行政诉讼并非最好选择。行政法学在面临从行政诉讼向行政过程为中心的转变，对高校行政争议非诉讼解决机制的探索，既是高校学术自由和学术权力的应有之义，也是对行政法学这一行政过程中心转变的回应。

Uber 等出租汽车平台公司的中国法律难题*

王 静**

一、出租汽车平台公司在各地面临执法查处和法律争议

2015 年以来，Uber（优步）、滴滴快的、易到专车和神舟租车等各大公司之间的竞争愈发白热化，Uber 等公司和接入平台的车辆在各地被查和处罚的新闻尤其引发关注，号称专车第一案的行政诉讼案件在济南开庭审理，也凸显出租平台公司所面临的法律难题。一些地区还出现了出租汽车司机与 Uber 和专车司机的冲突、出租汽车罢工停运的现象。而从目前各地方政府的反应来看，大约分为以下四类：第一类，针对平台公司进行查处或者约谈，比如，广州、武汉和北京。① 第二类，针对使用 Uber 等软件的车辆严格执

---

* 本文是国家行政学院重大科研项目“用法治思维和法治方式履行政府职能研究”的阶段性成果。本文原发表于《行政管理改革》2015 年第 8 期，最近更新于 2015 年 11 月 26 日。

** 王静，国家行政学院行政法学研究中心副主任、法学部副教授、法学博士。

① 4 月 30 日晚，广州市工商、交通、公安部门联合行动，对 Uber（优步）广州分公司进行检查。广州市工商局回应，联合执法查处 Uber 是因其没有营业执照，涉嫌无照经营。5 月 6 日下午，成都市工商、公安、交委等部门联合调查 Uber（优步）成都分公司。6 月 2 日，北京市交通委运管局、市交通执法总队和市公安局公交保卫总队约谈“滴滴专车”，指出“滴滴专车”及“滴滴快车”业务是违法的。

法，按照无照经营即“黑车”进行调查和处罚，比如上海、武汉和北京。② 第三类，严格执法同时，对本地出租汽车网络使用平台进行改造，比如上海，交通委、市四大出租汽车企业和“滴滴打车”三方共同建设出租汽车信息服务平台。第四类，持观望态度，尚未采取任何措施和行为。而从中央有关部门的反应来看尚未取得一致看法。③

在我国大陆上述平台公司的法律难题大约分为以下三个阶段：第一阶段：滴滴快的打车软件风行伊始，属于对现有出租汽车资源的利用互联网技术进行重新分配，提高出租汽车使用效率，更加方便乘客打车的初级阶段，对出租汽车和乘客来讲，都有好处。究其本质，是对招手即停的巡游方式加以完善，也就是将约车方式，通过手机终端，实现了更高效率的配置，没有引起太多的法律争议。第二阶段：随着滴滴快的两大巨头运用补贴方式争夺市场份额的加剧，以及 Uber 等从最初中高端出租服务向更多领域拓展，特别是滴滴专车、快的一号专车等的出现，事实上是约租出租汽车或者电招出租汽车这一类型。由于滴滴等开始是汽车租赁公司提供车辆，再搭配司机，号称没有打破汽车租赁的概念，似乎绕开了政府监管，所以，也没有引起太多的法律争议。第三阶段：更多私家车通过汽车租赁公司接入平台，或者直接接入平台。甚至一些顺风车、拼车中也有很多是以此为名而做专车服务。由此，形成在客运市场多种平台接入方式，但事实上难脱“出租汽车”的性质，也就严重影响到了出租汽车行业的格局和司机的生存问题，从而在各地引发矛盾乃至暴力冲突。

---

② 5 月 19 日到 21 日上海全市范围内开展为期三天的“飓风四号”非法营运专项整治行动。5 月 21 日晚，静安寺附近有 Uber 司机被倒钩执法。上海市交通委执法总队辟谣称，是蹲点执法。6 月 4 日武汉禁止 Uber 所投入运营车辆上路运营，否则将被视为非法营运车辆，处以 1 万元的最高罚款。6 月 23 日，北京田先生接送通过滴滴顺风车软件联系上的乘客，遭到乘客举报，被交通执法队执法人员以出租汽车非法运营为由扣押车辆，6 月 27 日，缴纳了 15000 元的罚款后领回汽车。

③ 3 月 12 日交通运输部部长杨传堂在接受媒体采访时称：合法的专车应该还是有发展空间的。为什么实施数量管控呢，这也是经营者方面意见，现在我们发展经济着力于最大公约数。不过，目前租赁车辆的管理是市场管理，而非政府绝对管控。杨部长表态，对于私家车是否能够充当专车，答案是永远不允许。

私家车接入平台，一部分是过去已经存在的黑车“漂白”加入专车和顺风车，还有一部分是闲置、富余的私家车在平台公司竞争补贴情况下新加入市场，目前准确数据不得而知，但是确实满足了大众出行的市场需要，也确实对出租汽车行业造成影响。其实，黑出租汽车或黑车由来已久，仅以北京为例，十年前，保守估计黑车的规模就与出租汽车旗鼓相当，都在 6.5 万辆到 7 万辆左右，现在，黑车规模至少在 10 万辆以上，出租汽车数量并没有增长。事实上，长期以来，出租汽车与黑车在北京是共存的，特别在地段稍远的郊县，主要是黑车在承担公共运输的功能。在平台公司整合各种资源，私家车接入以后，形成出租汽车、黑车、私家车三方共享市场的格局，私家车接入平台公司可以称为“新黑车”，挤占了出租汽车和“老黑车”的市场，但是仍然不可能完全满足市场需求。从实践反映的情况来看，一些执法部门发现过去的“钓鱼执法”“养鱼执法”越来越不好做，而调取平台公司数据可以更容易作为黑车运营证据，最近半年来，在经济利益的驱动和出租汽车行业的压力下，加紧对新黑车的查处，引发更大争议。

二、出租汽车平台公司在全球面临法律挑战

Uber 作为目前全球估值增长速度最快的公司，在世界各地都对出租汽车行业产生巨大影响，由此从亚洲到欧洲，韩国、泰国、印度、法国、德国，甚至在美国本土部分地区 Uber 的合法性都受到质疑，以至在某些国家和地区曾被封杀。比如 2011 年 5 月，美国加州曾以“无执照提供服务”叫停 Uber，并处以 2 万美元的罚款，甚至提出了刑事指控。在德国，出租汽车行业组织 Taxi Deutschland（TD）起诉 Uber。在法国，2014 年 9 月国民大会通过《萨文努法案》（Thévenoud law），目的就是保护出租汽车行业。但是，各国的监管也在不同程度的放松甚至变法。比如，美国仍然是变革最快的国家，Uber 起家的加利福尼亚州，公共事业委员会不仅将处罚决定取消，而且为 Uber、Lyft、Summon 等租车服务商创设了新的服务类型，称为“交通网络公司”

（transportation net-work companies）。并修改了《客运租赁法案》，纳入交通网络公司的概念，并作出特别规定。加州还建立 Uber 司机的资质审查数据，包括 7 年的法庭记录、跨州犯罪数据库以及性侵犯信息库等。迄今为止，美国已经有 40 多州承认其合法。就在 6 月 2 日德国垄断委员发布了“竞争政策：数字市场的挑战”报告，支持 Uber。目前，Uber 在各国也积极采取法律应对措施。[4] Uber 还积极改善和调整对政府监管的态度和措施，寻求在更多国家获得更为灵活和宽松的政策环境。相比较而言，滴滴等国内的平台公司试图在我国政府监管的法律框架之内寻求生存空间，以不触犯禁止性规定、“绕道走”等方式试图将法律冲突降低在最小，同时与 Uber 等国外公司展开竞争。

三、我国现行有效的中央和地方法律规范

目前，从各国已有的法律规定来看，在上述受影响行业来看，出租汽车行业是政府监管最为严格规范的领域之一。在我国也是如此，所涉及的法律条文之多、监管措施之广，都不是在短期通过修改法律、放松监管能够轻易解决的。从目前的有关法律规定来看，出租汽车经营管理的主要法律依据有：

第一，出租汽车经营设定许可的中央层面的法律依据。《行政许可法》第 11 条规定，“设定行政许可，应当遵循经济和社会发展规律，有利于发挥公民、法人或者其他组织的积极性、主动性，维护公共利益和社会秩序，促进经济、社会和生态环境协调发展”。第 12 条规定了可以设定行政许可的事项，出租汽车车辆运营证应当属于第 2 项“有限自然资源开发利用、公共资源配置以及直接关系公共利益的特定行业的市场准入等，需要赋予特定权利的事项”，出租汽车司机驾驶资格应当属于第 3 项“提供公众服务并且直接关系公共利益的职业、行业，需要确定具备特殊信誉、特殊条件或者特殊技能

④ 比如在法国国内号召启动违宪审查，主张新法的若干条条款（包括禁止显示机动车地理位置的条款，以及禁止使用车程的时间和距离计算费用的条款等）因为具有“歧视性”而违宪。Uber 也在欧盟层面积极游说，向欧盟委员会提出控诉，主张法国政府是“歧视对待”在政策上明显偏向于出租汽车行业。

等资格、资质的事项”，出租汽车经营资格应当属于第 5 项“企业或者其他组织的设立等，需要确定主体资格的事项”。对出租汽车设定行政许可的直接依据是 2004 年 6 月 29 日《国务院对确需保留的行政审批项目设定行政许可的决定》（国务院令第 412 号）。⑤ 该决定规定了 500 项确需保留的行政许可，其中第 112 项即出租汽车经营资格证、车辆运营证和驾驶员客运资格证核发，由县级以上地方人民政府出租汽车行政主管部门负责发放行政许可。该决定还规定，“为保证本决定设定的行政许可依法、公开、公平、公正实施，国务院有关部门应当对实施本决定所列各项行政许可的条件等作出具体规定，并予以公布。有关实施行政许可的程序和期限依照《中华人民共和国行政许可法》的有关规定执行”。《行政许可法》第 14 条规定，“本法第十二条所列事项，法律可以设定行政许可。尚未制定法律的，行政法规可以设定行政许可。必要时，国务院可以采用发布决定的方式设定行政许可。实施后，除临时性行政许可事项外，国务院应当及时提请全国人民代表大会及其常务委员会制定法律，或者自行制定行政法规”。第 412 号令正是国务院以发布决定的方式设定行政许可。但是，这一做法不无争议，两个原因，一是《行政许可法》要求第 18 条设定行政许可，应当规定行政许可的实施机关、条件、程序、期限，第 412 号令的做法不符合《行政许可法》的规定。二是《行政许可法》要求国务院以决定的方式设定行政许可后，应当及时制定法律或者行政法规。此后，长达十年期间，国务院没有制定行政法规。有关部门，2008 年之前是建设部，此后是交通部也没有对三项行政许可的条件作出具体规定。

---

⑤ 《行政许可法》第 14 条和第 15 条对设定行政许可的法律规范的位阶做了明确规定，即法律可以设定行政许可。尚未制定法律的，行政法规可以设定行政许可。必要时，国务院可以采用发布决定的方式设定行政许可。实施后，除临时性行政许可事项外，国务院应当及时提请全国人民代表大会及其常务委员会制定法律，或者自行制定行政法规。尚未制定法律、行政法规的，地方性法规可以设定行政许可；尚未制定法律、行政法规和地方性法规的，因行政管理的需要，确需立即实施行政许可的，省、自治区、直辖市人民政府规章可以设定临时性的行政许可。临时性的行政许可实施满一年需要继续实施的，应当提请本级人民代表大会及其常务委员会制定地方性法规。因此，综合上述规定，只有法律、行政法规和地方性法规可以设定行政许可，地方政府规章可以设定为期一年的临时性许可。除此以外，部门规章和地方政府规章都不可以设定行政许可。

2004年4月14日国务院第48次常务会议通过的《中华人民共和国道路运输条例》自2004年7月1日起施行。第82条规定，“出租车客运和城市公共汽车客运的管理办法由国务院另行规定”。这一行政法规之所以做这一规定，源于当时出租车还归建设部主管，而道路运输归交通部主管。迄今为止，国务院尚没有制定出租汽车客运的行政法规。

在部门规章层面，对城市出租汽车进行规定的是经建设部、公安部批准，1998年2月1日起施行的《城市出租汽车管理办法》，这是一个部门规章，其中第3条规定，“本办法所称的出租汽车，是指经主管部门批准的按照乘客和用户意愿提供客运服务，并且按照行驶里程和时间收费的客车”。2008年“大部制”改革，原属建设部管理的城市出租汽车、公交车行业，划归交通运输部管理。交通运输部主管出租车行业6年以后，依据国务院第412号令，在2014年9月26日通过《出租汽车经营服务管理规定》，自2015年1月1日起施行。第二章规定了出租汽车经营许可，其中，第8条规定申请出租汽车经营的，应当根据经营区域向相应的设区的市级或者县级道路运输管理机构提出申请，并符合规定的条件。第47条由县级以上道路运输管理机构责令改正，并处以5000元以上20000元以下罚款的违法行为，第一种行为即“未取得出租汽车经营许可，擅自从事出租汽车经营活动的”。

第二，出租汽车经营设定许可的地方层面的法律依据。

《行政许可法》第16条第2、3款规定，“地方性法规可以在法律、行政法规设定的行政许可事项范围内，对实施该行政许可作出具体规定。规章可以在上位法设定的行政许可事项范围内，对实施该行政许可作出具体规定”。第15条第1款规定，“尚未制定法律、行政法规的，地方性法规可以设定行政许可；尚未制定法律、行政法规和地方性法规的，因行政管理的需要，确需立即实施行政许可的，省、自治区、直辖市人民政府规章可以设定临时性的行政许可。临时性的行政许可实施满一年需要继续实施的，应当提请本级人民代表大会及其常务委员会制定地方性法规”。所以，无论第412号令的效力如何，地方性法规和地方政府规章都可以规定或者设定出租车行业的行政许可。

在地方层面，不少地方以地方性法规的形式对出租汽车经营管理做了规定。以北京为例，北京将出租汽车和汽车租赁作为两个概念来对待，就出租汽车而言，1997 年 10 月 16 日北京市第十届人大常委会通过，2001 年、2002 年修正的《北京市出租汽车管理条例》对出租汽车经营的多个方面做了全面规定。而在汽车租赁方面，2012 年 2 月 22 日北京市人民政府通过，2012 年 5 月 1 日施行的《北京市汽车租赁管理办法》，第 2 条规定："本办法所称汽车租赁是指经营者在约定时间内将汽车交付承租人使用，收取租赁费用，不配备驾驶人员的经营活动。"上海对出租汽车的定义明显更为宽泛，包括了汽车租赁在内，1995 年 6 月 16 日上海市第十届人大常委会通过，1997 年、2001 年、2003 年、2006 年修正《上海市出租汽车管理条例》是出租汽车客运和汽车租赁的法律依据。截至 2015 年 7 月 1 日，北大法宝数据库检索显示，118 部地方性法规对出租汽车经营管理做了规定，包括 21 个省、自治区、直辖市，94 个地级市和 3 个经济特区，还有大约不到 40 个市以地方政府规章的形式规定了出租汽车经营管理。⑥ 最近《立法法》修改赋予 233 个所有设区的市都有地方性法规和地方政府规章的制定权，大大扩宽了地方立法权，更多设区的市需要进一步完善出租汽车经营管理的规定。所以，对新兴打车软件、专车和顺风车如何界定和监管的讨论对所有地方而言都是具有极其重要和紧迫的意义。

第三，对未经批准经营出租汽车业务进行处罚的法律依据。

从前面的分析已经可以看到，如果地方性法规对出租汽车经营的许可做了设定，而且规定了罚则，那么情况比较清楚明了，各地执法部门适用地方性法规即可。比如《上海市出租汽车管理条例》第 14 条第 4 款规定，"本市车辆未经批准不得用于出租汽车经营活动；非本市车辆不得用于起点和终点在本市行政区域内的出租汽车经营活动"。第 49 条第 1 款规定，"擅自从事出租汽车经营的，由市交通执法总队、区县交通执法机构没收其非法所得，并

---

⑥ 这其中的问题是，如果是设定行政许可，很多地方政府规章早已过了一年的临时期，也没有提请制定地方性法规。

处二千元以上五万元以下的罚款”。

但是，如果还没有制定地方性法规的地方，如何对未经批准从事出租汽车经营的进行处罚？2005 年 10 月 12 日国务院法制办对交通运输部的一个复函中提到，“根据《无照经营查处取缔办法》第十七条的规定，相关法律、法规对无照经营出租汽车行为的处罚没有规定的，县级以上地方人民政府出租汽车行政主管部门应当依照《无照经营查处取缔办法》第十四条、第十五条、第十六条的规定处罚”。也就是说，2002 年 12 月 18 日国务院第 67 次常务会议通过，自 2003 年 3 月 1 日起施行的行政法规《无照经营查处取缔办法》可以作为行政处罚依据。综合该办法第 4 条和第 17 条的规定，道路交通部门作为许可审批部门可以进行处罚。在交通部转发国务院法制办上述复函时，交通部还明确了几点内容，地方性法规《道路运输管理条例》或《出租汽车管理条例》对无证经营的“黑车”已设定行政处罚的，各地应当按照其规定执行。而且，未制定《道路运输管理条例》或《出租汽车管理条例》的，应当依据《无证经营查处取缔办法》第 14 条“对未取得经营许可证件擅自从事出租汽车经营活动的行为实施行政处罚”。也就是说，《无证经营查处取缔办法》在出租汽车经营领域，作为地方性法规的补充性规定发挥作用。但是实践中的情况是，不少地方城管部门是依据《无证经营查处取缔办法》在查处黑车，而交通执法部门是依据各地关于出租汽车经营管理的地方性法规在查处黑车，还有的地方是以对客运出租车根本没有规定的《中华人民共和国道路运输条例》作为查处依据，执法依据不一，行政处罚的幅度不一，执法部门裁量权过大。

四、出租汽车平台公司在中国的法律应对

Uber、滴滴、易到等公司所涉业务包括了打车、专车、拼车、代驾、租车等业务，比日常用语中的出租汽车或者出租车的范围更为广泛，所影响的市场不限于出租汽车行业，特别是客运出租汽车行业，从未来发展趋势

看，还将推广到货运、快递乃至旅游等多个领域，因此会是对更大范围市场的影响。从科技发展的趋势而言，Uber 等所代表的“共享经济”模式，将在未来几十年甚至十几年内，对出租汽车行业产生难以想象的冲击，甚至有人预测将不再有出租汽车司机等职业。⑦ 简单地禁制出租汽车平台公司，对新黑车进行大力处罚，或者快速放开出租汽车经营，全面取消政府监管的极端做法，都是值得商榷的。在我国法律体系日趋完善，全面推进依法治国的背景下，如何积极、科学、稳妥的以法治思维和法治方法解决好科学技术进步、市场和行业重组与政府监管的矛盾值得深入探讨。

（一）确立面向未来的监管思路和立法目标

之所以必须改变目前的监管思路，有两个原因：一是国际竞争不仅是企业之间的竞争，也是各国监管的竞争。哪个国家的监管科学性和前瞻性领跑，为企业创新发展提供包括法律在内的有力保障，哪个国家的企业和经济发展就可以立足于世界之林。监管竞争并不是说要对国内企业予以差别待遇，给予保护措施，而是要树立科学特别是面向未来的监管目标，为企业和经济发展预留出一定空间，在立法和执法乃至司法中对所有企业平等对待，让企业在竞争中壮大和发展。在这点上，美国的监管特点可供借鉴，在一般领域的市场准入方面，美国应当说是门槛最少最低的，国内和国外企业没有差别待遇，加上科技力量雄厚，催生出一大批能在世界范围内引领创新的企业。我国目前企业发展势头迅猛，特别是借助互联网技术，大批与互联网有关的企业站在世界经济发展的前沿，中国监管思路和立法必须适时进行调整，为中国企业在中国市场进行探索和创新创造环境。二是监管的面向是充分发挥现有各种资源的效能，最大程度解决城市交通拥堵和消费者出行需要这两个基本目标。任何新生事物的出现，都会对既有利益格局产生重大调整，政府监管应当有依赖法治的基本思想，通过法治的方法和措施对各种利益进行调整。其实，社会各界对已有法律规范的适用进行争辩、讨论，监管

---

⑦ 杨璐：《共享经济，一个时代来临》，载《三联生活周刊》2015 年第 26 期。

部门在立法的起草过程中听取多方意见，乃至有诉讼案件付诸法院进行审判，都对厘清问题、找准对策有很大帮助，特别是通过立法修法，政府与企业、大众互动的过程本身就是一个依法进行利益调整和平衡的过程。需要特别注意的是，平台公司的出现对传统出租汽车行业冲击巨大，政府需要通过多重手段加强沟通、宣传工作，尽可能将矛盾纠纷引导到法律渠道，为可能出现的罢工乃至暴力冲突做好监测与预案。

（二）先中央、后地方或者先地方、后中央放开市场准入

出租汽车经营管理传统上认为属于地方事务，需要根据不同地方的实际情况作出规定，但是在出租汽车平台公司崛起的趋势下，未来各地从事乘客运载的主体更加多元，正因平台公司的介入，不同地方的公共交通模式共性将越来越超越个性，这种地方属性一定程度上会减弱，这一问题也更加带有跨区域性乃至全国性。那么如果中央立法，该如何解决目前的立法问题？网约车的行政许可到底是可以适用出租车行业的行政许可，还是一种全新的行政许可，需要再行设定？

2004年6月29日国务院发布第412号令时，尚没有网约车平台这一新生事物，国务院尚没有对网约车平台设定许可的立法意图，所以，第412号令所设定的“出租汽车经营资格证、车辆运营证和驾驶员客运资格证”无法直接适用到网约车平台行业。如果要为网约车行业设定行政许可，需要依据《立法法》《行政许可法》《行政法规制定程序条例》和《规章制定程序条例》等法律、法规的规定，履行法定程序。目前，对于网约车行业设定行政许可，有四种路径。

第一种路径是将网约车看作与传统出租车完全不同的形式。严格按照《行政许可法》的规定，可以由交通运输主管部门组织起草、论证，再提请国务院以行政法规的形式颁布施行。

第二种路径是认可网约车是一种新型的形式，承认其与传统出租车有诸多不同，将其纳入出租车行业，但是采取完全不同的监管模式。《行政法规制定程序条例》第31条第1、2款规定：“行政法规条文本身需要进一步明确界

限或者作出补充规定的，由国务院解释。国务院法制机构研究拟订行政法规解释草案，报国务院同意后，由国务院公布或者由国务院授权国务院有关部门公布。”建议可以由国务院法制办公室对第412号令研究扩大解释，设计完全不同的监管思路和方案，报国务院同意后公布施行。应当将平台公司作为新型经营形式予以规定，将传统出租车、新黑车、老黑车都纳入出租汽车的定义范围内，摒弃个人不得经营出租汽车的观念和做法，放开市场准入。作为行政法规，可以对出租汽车平台公司的资质等进行规定，同时给地方留出适度空间，允许地方通过地方性法规对本地出现的特殊问题进行特殊规定，允许更多运载乘客的交通工具接入平台。而各地可以通过修改地方性法规的方式，从一线城市到二、三线城市，逐步推行出租汽车经营体制改革。

第三种路径是国务院及相关行业主管部门短期内不做规定。现在，网约车行业处于快速发展变化时期，业态和形势变化在几个月里就有很大的不同，尚未形成稳定成熟的盈利模式，对出租汽车行业和整个公共交通体系的影响，还需要继续观望和调研。各地情况也有诸多不同，由国务院交通运输主管部门出台指导意见，留待有地方立法权的地方以地方性法规的形式作出规定，也是一种路径。

第四种路径是由省级人民政府报国务院批准停止出租车行业的《行政许可法》第21条规定，“省、自治区、直辖市人民政府对行政法规设定的有关经济事务的行政许可，根据本行政区域经济和社会发展情况，认为通过本法第十三条所列方式能够解决的，报国务院批准后，可以在本行政区域内停止实施该行政许可”。可以保留对网约车平台公司的出租汽车经营资格证，由省级人民政府报请国务院批准停止对网约车行业的车辆运营证和驾驶员客运资格证。但是，这一路径还有一个问题没有解决，即出租汽车经营资格证的条件在交通运输部的《出租汽车经营服务管理规定》中有规定，地方政府规章无法为平台公司设立不同的许可条件，还得由地方性法规来设定。

另一种思路则是先地方后中央的修法模式。行政法规或者部门规章暂不做规定，地方性法规发挥的空间就更大，各地可以根据各自情况逐步放开市场准入。但是，这一做法的问题是在每一地方都会经历立法博弈，一些地方会在等待中央政府表态中不敢也无法有所变革，从而放任市场的无序或者损害法律的权威。无论哪种思路，出租汽车经营体制改革势在必行，中央政府应当有意识的推动各地逐步完成改革。

（三）科技可以解决的问题要放松管制乃至取消管制

平台公司解决了信息不对称，缓解了公共道路资源紧缺问题，也就瓦解了要对出租汽车数量进行管制的根基，首先应当逐步放开出租汽车的准入管制。接下来，以平台公司的大数据处理可以科学解决定价问题，对出租汽车的价格管制也应当放松直至取消。此外，平台公司在不断发展壮大中，会形成过去无法想象的巨量规模，有可能出现具有支配地位的市场份额，使得市场进入门槛提高，形成自然垄断，法律监管不应当以传统垄断竞争的定义框定平台公司，但是，对自然垄断的平台公司的行为进行反垄断监管，严格监管其利用自然垄断地位进行的价格垄断、市场操纵等行为。由此，政府监管法律从框架到内容，在出租汽车领域都需要进行全新变革。

（四）对市场不能自己解决的问题加强政府监管

最后一点，也是最重要的一点，必须加强政府监管。出租汽车实行特许经营的原因还在于要确保司机和车辆的安全问题和事故赔偿问题。虽然从表面上，平台公司通过审查司机资质、审查车辆安检文件、提供保险等方式来缓解乘客担心、解决事故赔偿问题，但是在这种事关消费者安全领域，政府恰恰是要加强监管的领域，不能单纯依靠平台公司的内部管理。比如政府应当加强个人征信系统建立和完善，对司机的犯罪记录等予以特别跟踪，对车检环节进一步加强，推动机动车强制保险的进一步普及，监督平台公司投保行为等。市场不能解决的还包括出现纠纷以后的调解和处理，应当在调解和诉讼中确保公正有效解决纠纷矛盾。

当代美国行政法发展的重心流变*

骆梅英**

一、引言

1940 年 3 月，美国著名的行政法学家，新政时期风云一时的行政官员，专家管制模式的杰出代表，詹姆斯·M. 兰迪斯（James M. Landis）① 教授发表了一篇著名的讲演，这篇讲演后来刊登在《哈佛法律评论》上，题目叫作《行政法的核心问题》。② 在这篇讲演中，兰迪斯教授梳理了他认为构成当时行政法发展之核心的两个重要问题，尤其是那些因备受争议的沃尔特—罗根法案（Walter-Logan bill）所引发的问题。这些争议正是新政时期官僚机构的膨胀与反对者对新政府机器的极度抵制这两个行政法的极端之间冲突的时代写照。1966 年，兰迪斯的演讲发表后约四分之一世纪，另一位美国著名

---

* 本文原发表于《当代法学》2009 年第 4 期，发表时以《新政后美国行政法发展的重心流变——〈行政法的几个核心问题〉评介》为题，本文略有修改。

** 骆梅英，浙江工商大学法学院教授，副院长，法学博士。

① 詹姆斯·M. 兰迪斯（James M. Landis），费利克斯·法兰克福特的门生。1924 年毕业于哈佛大学法学院，后在哈佛任教，是哈佛历史上最年轻的专职教授和第一位立法学教授。1938 年，其出版了影响美国政治和法律的一本重要著作——《行政过程》，提出通过专家来解决新政机构危机的行政管理理念，开创了新行政法治理模式。

② James Landis，Crucial Issues in Administrative Law，53 *Harv. L. Rev.* 1077（1940）.

的行政法学者伯纳德·施瓦茨（Bernard Schwartz）教授[③]试图继续这个话题。在《华盛顿法律评论》第34卷上，同样以《行政法的核心问题》为题，[④]施瓦茨教授接下来讨论了这半个世纪以来主导美国行政法发展的两个关键词，一是当时作为最高法院处理的主要争议性问题的行政调查问题；二是作为福利国家的兴起所衍生的政府给付“特权”问题。这两个核心问题的产生正是从新政后的规制机器发展到福利国家的新政府机器，行政法对此作出回应的结果。1993年，又是一个25年之后，施瓦茨教授再次继续了这场讨论，在他晚年发表的少数几篇文章中，他再次以他美国现代行政法发展历程之见证者般的视野与敏锐，凝练出至今仍然左右美国行政法发展的两个核心问题：成本效益分析与谢弗林尊重。[⑤]这两个问题与前面所讨论的核心问题一脉相承。

本文的写作正是立足于上述三篇文章。两位美国行政法学大家所总结的六个核心问题，昭示了美国现代行政法律发展史上两个亘古不变的主题：正当程序与司法审查，遵循这两条主线，我们试着去一探自新政以来美国当代行政法律发展史的脉络。

二、新政——联邦行政程序法与实质性证据规则

1929-1933年爆发的经济危机彻底打破了自亚当·斯密以来美国人所信

③ 伯纳德·施瓦茨教授（1923-1997），美国著名的行政法学家、法律思想家。1944年获得纽约大学法律学士学位（L. L. B.）；1945年，获得哈佛大学法律硕士学位（L. L. M.）；1947年和1956年分别获得英国剑桥大学哲学博士学位（Ph. D.）和法律博士学位（L. L. D.）；1963年，获法国巴黎大学博士头衔。在纽约大学任教45年，晚年供职于塔尔萨大学法学院“查普曼杰出法律教授”中心。施瓦茨教授一生发表六十余部著作和大量论文，其《行政法》《美国法律史》等作品对中国行政法的发展影响深远。

④ Bernard Schwartz, Crucial Issues in Administrative Law, 34 *Geo. Wash. L. Rev.* 401 (1966).

⑤ Bernard Schwartz, Some Crucial Issues in Administrative Law, 28 *Tulsa L. J.* 793 (1992-1993).

奉的完全自由市场是最具竞争市场的神话。以凯恩斯主义为理念的罗斯福新政，推行了一系列旨在复兴经济的大刀阔斧的改革措施。⑥ 主要方向是整顿金融市场，鼓励和控制农业生产，鼓励工会和雇主进行劳资谈判，促进中小企业发展，并且实行社会保障制度。这一时期，行政权力迅速膨胀，独立管制机构如雨后春笋般涌现，证券交易委员会、国家劳动关系委员会、联邦电讯委员会、民用航空委员会等，这些拥有独立的政策制定与裁决权的机构的出现，以及大量的授权立法，使得人们对于民主立法与政府滥权的担心达到了顶点。以总统为代表的行政机关与工商界、最高法院以及国会各方力量之间开始了一场权力角逐战。由于新的独立管制机构同时拥有立法行政司法三项权力，权力过于集中，且新政期间，国会对行政机关授权的法律，或者没有规定听证程序，或者规定了行政机关也不执行，各机关间的程序差异极大，随意性也较大，因此，实现行政程序的标准化、统一化以及扩大司法审查的范围成为反对新政的最主要的声音。正如兰迪斯教授所总结的，这一时期，行政法的核心问题主要是：（1）联邦行政机关是否应当受到一部统一的行政程序法的限制；（2）司法审查的适当范围。

（一）统一的行政程序法

兰迪斯教授所提出的第一个问题，毋庸置疑，已经由1946年的联邦行政程序法给出了肯定的回答。这部法律是新政支持者与反对者之间折中的结果。

1939年，在强大的要求控制行政权力、保障行政程序、扩大司法审查的压力下，罗斯福总统命令司法部长任命一个委员会研究行政程序问题。委员会最后没有形成一致的意见。少数派报告倾向于行政程序高度司法化和广泛的司法审查权，而多数派报告则尽管承认加强程序保障的重要性，但倾向于给予行政程序更多的灵活性，同时限制司法化的行政程序的范围，并建议加

---

⑥ Patrick Reagan, *Designing a New America*, *Origins of Neal Deal Planning*, 1892 - 1943, University of Massachusetts Press, 2000.

强听证官员的独立地位，以提高行政效率。新政的支持者与反对者之间的这一拉锯战终于在1940年国会通过的沃尔特一罗根法案被总统否决后达到了顶点。该法案基本上奉行新政反对者的主张，采取高度司法化的行政程序。此后，罗斯福总统正式启动了制定联邦行政程序法的议程。

现在我们已经意识到，新政拥护者的热情与反对者的冷淡两者均不能反映行政过程的真实面貌，对20世纪30年代那种失去理性的期望和害怕已经为一种更加理智的态度所代替，那就是一方面致力于控制行政滥权，另一方面意识到并通过制度设计来维持行政本质上善的一面。众所周知，将行政权威限制在由正当程序所构筑的堤坝内涨落，这种努力的结果很大程度上应归因于1946年联邦行政程序法。当国会，用法兰克福特大法官的话说是“不加犹豫的全体一致”（unquestioning unanimity）⑦ 通过并颁布了联邦行政程序法时，终结了此前所有关于是否应当将公正的行政程序标准化并制定一部统一的法典的争论。从那时起，“这部法律背后的基本原则几乎是得到了一致的接受，包括那些曾经反对这项立法的人”。⑧

（二）实质性证据规则（substantial-evidence rule）

可以肯定的是，兰迪斯教授提到的第二个核心问题，并没有像第一个问题那样得到有效解决。但也不能否认的是，这个问题的答案在过去几十年里，已经有了大大的改观。早期，美国法院对行政行为的司法审查覆盖面很小，受普通法支配，除成文法明文规定可以审查的行为之外，行政机关的其他行为只有在侵害公民普通法上的权利后才能申请法院审查。然而，一旦法院开始了对某项行政行为的审查，即采取非常严格的审查标准（这同样也是普通法理念支配下的结果），从法律到事实进行全面审查。⑨ 司法审查范围的

---

⑦ Universal Camera Corp. v. United States Gypsum Co., 333 U. S. 364, 395 (1948).

⑧ Bernard Schwartz, Some Crucial Issues in Administrative Law, 28 *Tulsa L. J.* 793 (1992-1993).

⑨ 王名扬:《美国行政法》(下)，中国法制出版社1999年版，第675页。

"全有"或"全无"，不能适应20世纪行政权扩张与专家行政模式出现的要求。在事实问题的审查上，[⑩] 一方面，对于事实问题的判断，由于需要行政的专业知识和经验，法院应当尊重行政机关作出的事实认定，且由于法院受理行政案件的增多，对事实问题进行"二次审查"不利于司法效率；另一方面，倘若任由行政机关随意进行判断，法院也就放弃了保障法律被正确执行的职责，司法审查的公正性无疑将受到挑战。因此，法院究竟应当在多大程序审查行政机关所作出的事实认定行为，是当时影响司法审查发展的关键问题。

问题的答案，是实质性证据规则[⑪]的确立。实质性证据规则[⑫]起源于普通法中的上诉审程序。类似于《联邦民事诉讼规则》中主导上诉审的"明显错误"规则。在上诉审中，下级法院对事实问题的裁定必须正确，不能出现明显错误，否则上级法院可以撤销下级法院的裁定，代之以自己的判断，即"只要一项事实存在'明显错误'，尽管有其他证据支持，审理法院在综合全部证据的基础上也只能确定地作出一种判定，即错误必然发生了"。[⑬] 同样的描述也适用于实质性证据规则。法院对事实问题的审查，限于审查行政机关对于证据的判断是否正当、合理，并且不存在明显错误，即是否有实质性的

---

⑩ 在美国行政法上，法院对行政行为的审查分为事实问题的审查与法律问题的审查，在当时的观念下，对法律问题的审查权当然归属于法院，而存有争议的是法院对事实问题的审查程度，即法院是否应当对行政机关已经认定的事实进行再次审查，抑或予以尊重。当然，在后文中，我们也将谈到，在法律问题的审查上，法院是否应当对行政机关作出的法律解释予以尊重也出现了争议，并导致了审查模式的变革。

⑪ Universal Camera Corp. v. NLRB，340 U. S. 474（1951）.

⑫ 关于实质性证据规则，参见 Louis Jaffe，Judicial Review：Substantial Evidence on the Whole Record，64 *Harv. L. Rev.* 1233（1950-1951）；Bernard Schwartz，Substantial Evidence Rule and the Administrative Procedure Act，25 *Wash. L. Rev. & St. B. J.* 135（1950）；Problem of Substantial Evidence in Administrative Hearings and Departmental Trials，34 *St. John's L. Rev.* 268（1959-1960）；其最新发展亦可参见 Douglas Bryant，Gavin Gadberry,，Chad Pierce，Slater Elza，Agencies，Follow Your Statutes：The Substantial Evidence Rule in Judicial Review of Administrative Agency Decisions，4 *Tex. Tech. J. Tex. Admin. L.* 137（2002-2003）.

⑬ United States v. United States Gypsum Co.，333 U. S. 364，395（1948）.

证据支持，作为满足司法审查的条件。尽管，值得一提但囿于篇幅不再展开的是，什么样的证据是“实质性”的，美国法院已经通过判例不断发展出细化的标准。

三、福利国家——行政调查与政府恩惠

如前所述，兰迪斯教授所指出的核心问题，均在他讲演之后的几年得到了解决。和这些核心问题的解决一样具有重大意义的是当时在行政法领域发生的一系列变化。兰迪斯教授的演讲发表后的几年是美国行政法律发展史上的关键时期。这些变化包括：（1）行政程序调查委员会所作的报告和研究的公布，这是第一次对联邦行政过程作了一个细致的描述；联邦行政程序法的颁布，是行政法领域第一项具有重大意义的立法，自此，美国行政法学研究进入了一个关注行政程序的时代；（2）行政权的继续膨胀，使得站在各个政治立场上的人都意识到了控权的重要性，行政行为的规范化、程序化成为最大的呼声；（3）20 世纪中叶，福利国家在政治上和法律上都已既成事实，而行政法就是它最主要的工具。行政权的触角延伸到社会福利领域。残疾人保障、福利、孤儿援助、卫生保健，以及其他一系列不断增长的服务（教育、医疗保健、住房、贫民区卫生、城市化）都在行政管理中得到加强。与此相呼应的，一个是行政行为、程序的规范化问题，尤其是作为最高法院审查热点的行政调查、检查行为；而另一个核心问题则是对福利国家的回应，即在福利国家兴起的背景下，私人在获得政府恩惠（government largess）方面的法律地位问题。

（一）行政调查权

信息是现代行政的燃料，调查则是行政机关取得信息的手段。行政机关不论是制定法规、进行裁决、拟定计划、授予许可、提供援助等，无一不需要首先进行调查，特别是在高度工业化和信息化的现代社会中，行政效率很

大程度上依赖于迅速和准确的调查。传统上，受美国建国初期的自由主义思潮影响，个人隐私权和不受行政机关无理干涉权被认为是个人自由的一个因素，受宪法保护，[14] 因此，行政机关的调查权受到法院严格的限制。但“二战”后，随着美国经济的腾飞，企业规模迅速扩大，政府对企业的管理更加复杂和困难，且由于行政权触及的领域越来越广，传统受司法严格控制的行政调查权不断受到冲击。行政调查究竟是否属于宪法第四修正案下的“搜查”？（法院对这一条的适用直接关系到行政调查权应受的限制程度）学者们对此提出了质疑，包括：宪法第四修正案是不是仅仅适用于刑事调查？在针对行政调查时是否应有所变通？该条仅针对生活住宅，是否适用于企业等公共场所？等等。

1959 年，在 Frank v. Maryland 案[15]中，法院认为，行政调查不属于宪法第四修正案下的“搜查”，因此，行政机关在没有搜查证的情况下所实施的搜查行为被视为从属于行政机关对住宅和商业场所的规制。这个判决大大扩张了行政机关的调查权，使得美国这样一个个人主义盛行的国度，公众对私生活不受行政机关的干涉充满了担忧。于是，在之后的一系列案例中，最高法院修正了 Frank 案的判决并通过了许多规则来限制行政调查权。例如，1967 年的 Camara v. Municipal[16] 和 See v. Seattle 案[17]均认为，不同于 Frank 案，行政调查服从于宪法第四修正案所确立的委任状制度。当然，严格的委任状制度也

---

⑭ 美国宪法第四修正案规定：“人民有保护其身体、住所、文件与财产之权，不受无理拘捕、搜查与扣押，并不得非法侵犯，除有正当理由，经宣誓或代誓宣言，并详载搜查之地点、拘捕或搜押之人或物外，不得颁发搜查令、拘票或扣押状。”

⑮ 359 U. S. 360（1959）. 该案的主要案情是原告拒绝无搜查证的政府卫生检查员入室检查老鼠窝，被罚款 20 美元。最高法院认为这类检查无须搜查证，因为检查的目的明确、范围特定、时间合理，非滥用检查权，且美国的传统习惯支持这种检查，城市卫生的需要高于个人隐私权。

⑯ 387 U. S. 523（1967）. 该案确立了在没有搜查证的情况下，禁止对公民的生活住宅进行检查的原则。

⑰ 387 U. S. 541（1967）. 该案进一步扩张认为，在没有搜查证的情况下，禁止对私人的企业场所进行检查。在这之前，往往认为企业宅地是公众可以自由出入的营业场所，检查人员当然也可以自由出入进行检查，无须搜查证，但当超过一般公众的地域进行检查时，是否需搜查证仍存争议。

会严重制约行政机关的效率。此后的一些案例，则又发展了一项例外，称为“严格管制”（closely regulated）事项。“因为在一个受‘严格管制’的产业中，商业场所的所有人或经营者对于隐私有一种减少的期待”，[18] 此时，一项没有搜查令的搜查在满足以下三个条件的情况下才是有效的：（1）在一项管制计划中，政府必须存在实质性的利益；（2）无委任状的搜查必须对于该管制计划的推行是必要的；（3）调查进行过程的确定性和服从规则性，“必须足以提供一个对委任状之合宪的、充分的替代”。[19] 这种解决行政调查权的方式是令人满意的。私人财产受宪法保护，而当涉及严格管制的事项时可以更加灵活地应用，防止僵化地坚持委任状制度而造成的管制低效率。

（二）特权 vs 权利

随着福利国家的兴起，福利领受者的权利问题成为行政法新的焦点。在下文将要提到的戈德伯格诉凯利案（Goldberg v. Kelly）之前，这类人的权利是不受法院和《联邦行政程序法》所确立的行政程序制度所保护的，占据主导地位的规则是，没有一个人有任何权利要求政府给予恩惠。相反，在法律上，这样的恩惠，仅仅被看成是一种政府的特权。于是，赠予人可以任意地拒绝、给予或者取消这种恩惠，“无论它是什么性质的——一份工作，一个便士，福利补助，退役军人的残疾抚恤金、一份政府合同或者任何其他的私人不具有在先‘权利’的利益”。[20] 结果是，一个不曾有过的如此巨大的行政权领域被隔离在正当程序的保护之外。而且，依赖于政府恩赐的私人的法律地位从属于社会中的其他主体。施瓦茨教授在1966年的文章中尖锐地批评了类似法律规定，并极力批判将权利—特权的区分作为适用行政程序的不同标准。

---

[18] New York v. Burger，482 U. S. p. 702.

[19] 同上注，第702-703页。

[20] 王名扬：《美国行政法》（下），中国法制出版社1999年版，第798页。

四年以后，这个主张在凯利案[21]中得到了回应。该案不仅改变了美国传统上福利权是“特权”而非“权利”的观念，而且正如布伦南法官（William Brennan，Jr）所评价的，“打响了‘现代正当程序革命’的第一枪”。[22]

凯利案确立的规则是，根据正当程序，“一个福利领受者的利益被终止前，必须经过利害关系人的听证”。[23] 对于一直以来阻碍福利领受者的利益受正当程序保护的“特权”概念，法院持理性的否定态度，认为福利领受者的主张不能简单地用“公共补助是一种‘特权’而非‘权利’而加以驳回”。[24] 将福利定性为一种“法律上的权利”并进一步意识到“将福利权利看成是一个更类似于‘财产权’而非‘赏赐’的概念在今天更具有现实意义”[25] 的观点，使得凯利案引入了“权利”概念并受到正当程序的充分保障。

四、行政效率——成本—收益与谢弗林尊重

凯利案之后，为福利国家的发展提供燃料的经济增长出现了停滞，而在一个更多地表现出后富足社会特征的社会中，戈德伯格式的担心“程序保护新扩展的领域将无法忍受地消耗掉本应用于食品、衣服和其他生活必需品的专项资金之中”[26] 就出现了。将正当程序的全套甲胄延伸到社会福利领域，不仅将这一全新的领域置于不适当的司法审查模式之下，大大增加了行政与司

---

[21] Goldberg v. Kelly，397 U. S. 254（1970）. 案情大概：约翰·凯利为纽约州居民，是联邦资助项目（家庭援助计划）的领受者。根据房东提供的信息，纽约州认为凯利现有同居男友，因此不具备只针对单身母亲的福利项目的领受资格。根据传统的特权观念，福利津贴领受被认为是一项特权而不是权利，因此不能接受依据宪法第十四修正案即正当程序条款的保障。由此，纽约州未采取听证程序即终止了凯利的福利津贴发放。进一步可参见，胡敏洁：《戈德伯格诉凯利案述评——兼论对我国的启示》，载《中国社会科学评论》（第4卷），法律出版社2005年版。

[22] William Brennan，Jr.，Reason，Passion，and “The Progress of the Law”，10 *Cardozo L. Rev.* 3（1988），p. 3.

[23] 同上注，第19页。

[24] Goldberg v. Kelly，397 U. S. 254（1970），p. 262.

[25] 同上注。

[26] Goldberg v. kelly. 397U. S. 254（1970），p. 284.

法负担，而且也将使贫困救济金中的大量稀缺资源花费在程序上。这一切又为新一轮旨在提高行政效率，缩小司法审查，赋予行政更多灵活性的改革酝酿着时机，其结果就是改变美国行政法脉象的两个著名判例：确立正当程序之成本效益检验的马休斯诉艾尔德里奇案和与之相呼应的尊重行政机关对法律的解释的谢弗林案。这两个判例所涉及的问题直接来源于我们先前讨论的两个问题。第一，程序保护的范围涵盖了凯利案之前仅被称为“特权”的领域，这是否意味着如今的行政行为都必须遵照传统正当程序的要求举行全面证据性听证？第二，实质性证据规则是否应扩展至司法审查的全部范围？

（一）成本—收益与正当程序

戈德伯格诉凯利“革命”将正当程序的适用几乎扩展到了原本排除在传统程序保护范围之外的所有“特权”领域。问题是，传统的正当程序要求所有的裁决均须举行全面证据性听证，而全面司法化的程序可能难以适应数量庞大的行政争议的需求。全面司法化的程序尽管会有利于法律的受益者，但就其案件的性质和数量来说却会对行政效率构成巨大的阻碍。从诸如州际商业委员会到福利计划管制机构，我们就进入了一个浩如烟海的行政司法领域，其中所涉及的案子不是数以千计而是数以万计的。我们所需要的，不仅是公平的而且是有效率的程序。它能够满足数量庞大但其中大部分涉及小额金钱给付案件的需要。在很多情况下，所争议的金钱数量可能比单独一个听证记录的成本要小得多，但同样，尽管只是一笔小数额，对于那些完全依靠政府救济过活的私人来说也是非常重要的。

最高法院试图在马休斯诉艾尔德里奇案（Mathews v. Eldridge）[27] 中找到这样一个中间立场。该案提出了是否符合正当程序保障的三步骤检验：受到政府行为影响的私人利益；这种利益在已应用的程序中被错误剥夺的风险，以及如果存在任何增加的或替代的程序保障，这种增加或替代的程序保

---

[27] 424 U. S. 319（1976）.

障可能具有的价值；政府利益，包括所涉及的政府职能和增加的或替代的程序必然带来的财政和行政负担。检验要求平衡私人利益、额外程序的效率以及政府利益，尤其是额外程序所涉之成本。马休斯三步骤检验本质上就是进行成本效益检验，“要求对是否给予原告一个比他实际已获得的程序更加具体的程序进行成本和收益的比较”。[28] 只有在成本小于收益的情况下，程序才是可行的。在这种观点下，正当程序原则应当建立在当事双方利益博弈均衡之基础上，考量的重点在于每一个所要求的额外程序之成本和收益。在对私人权益影响重大的情况下，比如福利的终止，“一个全面公正的证据性听证会可能符合宪法的要求”。[29] 但在另外一些情况中，正当程序的要求可能会降低。与那些时间与金钱方面的边际成本大大超过收益的程序相比，法律应当选择更小负担的其他可替代程序。换一句话说，正如最高法院所确认的，“我们强调提供一个额外的程序性保护的边际收益经常应大于其社会成本”。[30]

此后，成本收益分析作为行政程序是否适用乃至管制政策是否实施的标准，在实践中被广泛予以应用，甚至发展成为美国行政法上新一代控权模式。[31] 但同时，关于它的争论也从未平息过。施瓦茨教授就认为它“使我们的基本权利降低到了帐房里的水平”，[32] 将导致私人权利保护的退步。因为，在所争议的权利不能用金钱来衡量的时候，成本收益分析衡量将总是倾向成本。因此，在他看来，“一套用美元和美分来衡量基本权利之价值的机制，还是应当谨慎对待”。[33]

---

[28] Parrett v. Connersville，737 F. 2d 690，696（7th Cir. 1984）.

[29] Brock v. Roadway Express，481 U. S. 252，261（1987）.

[30] Walters v. National Ass'n. of Radiation Survivors，473 U. S. 305，320–321（1985）.

[31] Rechard B. Stewart，Administrative Law in the Twenty－first Century，78 *New York L. Rev*，101（2003）.

[32] American Hospital Supply Corp v. Hospital Products，780 F. 2d 589，610（7th Cir. 1985）.

[33] Bernard Schwartz，Some Crucial Issues in Administrative Law，28 *Tulsa L. J.* 793（1992–1993），p. 803.

（二）谢弗林尊重（Chevron deference）

谢弗林案[34]是半个世纪前兰迪斯教授所讨论的司法审查范围问题再度复苏的直接结果。如前所述，行政行为司法审查的范围建立在法律—事实两分基础之上，而实质性证据规则则限于解决事实认定这一部分，即法院可以判断行政机关对事实认定的合理性而非正确性问题。然而，“法律”与“事实”之间的分界，在很大程度上是不明晰的。譬如，出于司法审查的目的，能将一个包含了法律解释的行政事实认定简单地归入单纯的法律或单纯的事实吗？传统的回答是这是一个法律问题。但谢弗林却给出了不同的答案，它认为这个问题应当作为事实问题来对待。

谢弗林案开始于一个在美国几乎是妇孺皆知的原则，那就是法律的解释取决于国会的立法意图，“如果国会的意图是明确的，那么问题就此了结”。[35]法院运用此原则来审查涉及法律解释的案件包括行政机关对法律的解释。但是，当国会没有表达任何明确的立法意图的时候，会发生什么呢？谢弗林案中的下级法院认为当国会没有表达一个立法意图时，法院可以适用自己的解释，正如在任何行政机关的解释亦缺位的情况下这是一个必然的做法[36]。最高法院推翻了这一判决。他认为，如果一个法院认定国会没有对所争议的问题作出明确的阐释，法院也不能简单地采取自己对该法律的解释，即使行政机

---

[34] Chevon v. National Resources Defense Council，467 U. S. 837，842（1984）. 该案在美国行政法上具有划时代的意义，据统计，截至2001年12月该案在联邦一级法院的引用率已经超过7000次，远远超过了美国宪政史上三个著名案件的引用率，即布朗诉教育委员会案，罗伊诉韦德案及马伯里诉麦迪逊案，这三个判例的引用次数总和才是4172次，见 Royce C. Lamberth，Reflections on Delegation in the Chevron Era，56 *Food and Drug Law Journal* 11（2001）。该案所争论的主要问题是行政机关对1977年《清洁空气法》修正案中的“固定的空气污染源”一词的解释的正当性问题。关于谢弗林案的相关论述，参见李洪雷：《规制国家对行政解释的司法审查——以谢弗林判例为中心的考察》，载《规制研究》（第1卷），格致出版社、上海人民出版社2008年版；高秦伟：《政策形成与司法审查——美国谢弗林案之启示》，载《浙江学刊》2006年第6期。

[35] 467 U. S. 837. 842（1984）.

[36] 467 U. S. 841. 842（1984）.

关也没有对这个问题作出解释。“如果对于特定的问题法律未作规定或者其规定模糊不清时，法院所要解决的问题是行政机关的答案是否属于该法所允许的（permissible）解释”。[37] 即谢弗林两步法：

第一步，判断国会是否就涉及的问题作过准确的说明。法院、行政机关都应服从于国会明确表示的意图。

第二步，当国会没有表达任何明确的立法意图的时候，法院的问题在于行政机关的回答是否基于一种可允许的法律解释之下。也即只要行政机关的解释合理（reasonable），法院就应予以尊重。

无疑，在谢弗林案中，行政机关已经参与了规则制定。在谢弗林案之后，尊重原则被运用于所有行政机关所作的法律解释的审查。施瓦茨教授认为，这种扩张打破了传统行政法的平衡。它模糊了作为司法审查建立之基础的法律一事实两分的界限，大大缩小了审查的范围，不仅将“行政机关所作的‘事实’认定的审查限制在狭义的、字面的意义上”，[38] 而且限制了对行政机关所作的法律解释的审查。后者，在传统英美司法审查理论中，本质上更属于法律问题而非事实问题，且属于应当由法院通过审查来决定的事项。谢弗林尊重是兰迪斯所倡导的行政专家主义的复辟，服务于更灵活不受限制的行政权，同样历史再一次重演，它引起了控权主张者的警觉，正如森斯坦所言，“一个‘最重要的’行政法原则是‘狐狸不能守鸡舍：那些受法律约束的（人或组织）不应当被授予自己决定受限制的范围的权力’”。[39]

五、结语

行政法就是一面时代的镜子，映照出它所运行于其中的社会生活的全貌。

---

[37] 467 U. S. 843（1984）.

[38] SEC v. Central Ill. Sec. Corp.，338 U. S. 96，126（1949）.

[39] 同上注，第224页。

概览新政后美国行政法律发展史的重心流变，其实就是一幅司法权与行政权交织缠绕、此消彼长、跌宕起伏的图景。1940 年兰迪斯指出的两个行政法的核心问题就是新政时期行政权迅速膨胀、专家模式盛行的直接结果。正如道格拉斯法官的担心："除非我们对行政机关的行为制定严格和苛刻的要求，否则专业性——现代政府的优势将成为这样一头猛兽，即使是规则也无以限制其裁量权。绝对的裁量，一如腐败，将成为自由终结的标志。"㊵ 控权问题的解决之道看来是一部公正设定行政程序标准的立法性法典。同样，那些为行政权的膨胀不安和担忧的人也关心他们认为缺乏效力的司法审查问题。行政机关的行为应当在多大程度上受到审查，既能一如既往地看到在新政中功勋彪炳的行政法装置的神勇，又能让它不至于像"猛兽"那般令人不安，实质性证据规则正是对这一问题的直接回应。

进入 20 世纪五六十年代后，美国行政法迎来了其蓬勃发展期，围绕行政程序法的研究，使得大量行政行为被纳入规范化、程序化的轨道上来，首当其冲的就是被广泛运用的行政调查领域。同时，在这个充满争议的年代里，所出现的另一个变化，为行政法孕育了丰富的果实，那就是福利国家的兴起。行政法不断变化的焦点，立即对此作出了回应，福利行政，这一行政法新的增长点，也需要遵守公平竞争，服从于传统的控权要求。凯利案解决了这一问题，认为接受政府给付是一种"权利"，受正当程序保护。从而，将福利国家中的行政机器和早期的规制机器一样纳入行政法治轨道上来。

凯利案所开启的 70 年代，资本主义经济出现"滞胀"，这在很大程度上改变了人们对"从摇篮到坟墓"的高福利社会制度模式的迷信和追求，美国一度无法走出"福利困境"。这一局面令温饱变得比公平更受关注，追求更有效率的行政以拯救贫困，赋予政府更多的弹性以复兴经济成为专家模式再度复苏的导火线。于是，接下来的十几年，我们看到了早先在法院普遍盛行的对行政机关的尊重，而非不信任思潮的兴起。对行政程序进行成本效益的衡

㊵ New York v. United States, 342 U. S. 882, 884 (1951).

量，结果是赋予行政机关更多的程序自主权，与此相呼应的是，有限司法审查权，这就是在一定意义上改变美国三权分立之建国基础的谢弗林案。

纵观自新政以来当代美国行政法的流变，我们不能不感叹：“虽然不能说人类的各项制度都是由地理决定的，但绝不能否认法律在一定程度上是由大自然划定的。”尤其是与社会改革之脉搏同呼吸共命运的行政法，其每一步发展，其概念、理念、原则、规则的形成，都有着挥之不去的时代烙印。认识这一点，对我们当下行政法学研究领域非常时髦的西学引入有着重要的意义。当我们将一个新鲜的概念拿来所用时，我们是否对热狗与汉堡能否在一个馄饨与小笼包盛行的国度里同样有市场这个问题做过慎重的考虑和充分的论证？追问可以进一步继续，中国行政法所生长的土壤，所发展、变化的社会根基究竟在哪里，又正在发生着什么？美国行政法中出现的问题我们又以什么样的形态存在着、解决着或者迷惘着？只要我们不停止思考，摆在我们面前的将永远是充满生命力的行政法。

司法谦抑的倒影

——试论澳门回归后的司法审查*

王凌光**

一、司法谦抑：现实基础与制度体现

司法谦抑（judicial deference 或 judicial self-restraint），又称司法自制或司法克制，是指法院在裁判案件的过程中，在司法自由裁量权的范围内，基于各种原因对立法机关和行政机关的谦让与自我克制。主要表现为对法律、法律解释、行政法规与规则、行政事实判断、行政行为等予以尊重，不轻易以自己的判断取代其他国家机关的判断，不轻易作违宪判决或不合法判决，将某些不适宜由法院审理的案件推给其他国家机关处理等。① 司法谦抑是司法领域中一个比较普遍的现象，强调在审判过程中司法机关对其他国家机关的谦让与敬意。

（一）现实基础

司法谦抑作为一种普遍存在的现象，有其现实基础，主要表现在：司法自由裁量权所蕴含的司法专断风险，司法机关的反多数难题（the counter-majoritarian difficulty），现代行政的专业性和保障司法权威的需要。以下分述之。

---

* 本文曾发表于杨允中、饶戈平主编：《“一国两制”理论的丰富和发展》，澳门基本法推广协会出版，2013 年版。

** 王凌光，广州大学公法研究中心讲师，法学博士。

① 参见黄先雄：《司法谦抑论——以美国司法审查为中心》，湘潭大学 2007 年博士学位论文。

首先，司法自由裁量权所蕴含的司法专断风险。立法者理性的有限性与社会生活无限性决定了法律规则无法充分预测未来将要面对的所有问题，法律体系总会出现这样或那样的漏洞与缺陷。即便是制定得非常完备的法律，语言的模糊性也会使其在很多时候变得难以精确适用。法官作为社会纠纷的最终解决者，不可能因法律规则不完备或法律语言模糊而拒绝裁判；立法者基于自身能力和时间的有限性也不得不授予法官司法自由裁量权。因而，无论法系和地域，司法自由裁量权的存在是一个普遍现象。② 这一现象潜藏着司法专断的风险，它使得法律条文或先例本身并不足以约束司法权的行使，对司法权的唯一制衡就是司法权的自我约束，③ 法院常常可以完全无视立法机关和行政机关的判断与决定，成为宪法和法律的最终解释者。"美国政府中危险最小的部门，却是人类所知道的那家权力异乎寻常地巨大的法院。"④ 这对现代宪法的分权精神是一种挑战。

其次，司法机关的反多数难题。在现代宪政国家，法官都是经由考试任命产生，而非由选民选举产生，他们只需忠诚于法律，不须对选民负责。而议员和政府首脑都是经人民选举产生，选民的意愿正是通过他们得以表达。法院通过司法审查宣布立法机关的法律违宪和宣布行政机关的行政行为违宪的做法，就在某种程度上背弃了人民通过他们选出的代表所表达的意志，具有了反民主的色彩。面对这种反多数难题，在司法审查的发源地美国，联邦法官们的现实选择就是司法谦抑，即在正常发挥司法审查功能的前提下，尽可能地对其他民选国家机关的行为表示尊重，并努力防止因干预过度使得通

② 由于法律传统、国家权力架构模式以及制定法的多寡等方面的原因，各国法官所拥有的司法自由裁量权的大小是不一样的，如在素有法官造法传统的英美法系国家，法官的自由裁量权高于大陆法系的法官，但这无损于司法自由裁量权的普遍存在。同上，第 11-16 页。

③ 正如美国大法官斯通所言："对我们行使权力的唯一制衡是我们自己拥有的自我约束观念。"［美］理查德·A. 波斯纳著：《联邦法院——挑战与改革》，邓海平译，中国政法大学出版社 2002 年版，第 346 页。

④ 参见［美］亚历山大·M. 比克尔著：《最小危险部门——政治法庭上的最高法院》，姚中秋译，北京大学出版社 2007 年版，第 1 页。

过普选产生的立法和行政部门遭到挫折，以致无法表达和实现多数的意志，而在事实上破坏民主。“实际上，司法最低限度主义已经成为20世纪90年代美国法律的最显著特征。最高法院内部最大的斗争，已经是关于何时该表达观点何时该保持沉默的斗争，法院中立场相左的阵营在这个观点上互相竞争，而最低限度主义者往往占据上风。”⑤

再次，现代行政的专业性。与传统“夜警国家”下“无法律即无行政”的传统行政不同，现代行政领域迅速拓展，行政的专业化和技术化进一步加强，行政机关的立法权限也不断扩展，这使得“无法律即无行政”的传统观念被打破。现代行政的高效性、技术性和灵活性要求扩大行政自由裁量权的范围和幅度，保守的司法活动往往成为现实中行政发展的重要障碍。在一些特定的领域，司法权和立法权的外部控制，被行政系统内部的程序和政治性的控制逐步替代，行政过程本身的正当性在不断增强。在现代行政的这些特点中，行政的专业化与技术化、行政自由裁量权的扩展以及行政正当程序的强化等，都成为现代法院司法谦抑的促成因素。⑥

最后，保障司法权威的需要。在现代宪政国家，司法部门往往是政府三个分支中最为弱小的部门，它既无人事权，又无财权，更没有掌控国家暴力机关，只有被动的裁判权，而且其裁判的执行还须仰仗其他权力和民众的支持。⑦ 在这种前提下，法院既要制衡其他政府部门，又要尽量减少它们借以抵抗和攻击的理由，还要谋取或保有自己的司法权威，就只能秉持司法谦抑的策略，谨慎地行使司法审查权，尽可能尊重它们权力的行使，才可能得到它

---

⑤ 参见［美］凯斯·R. 桑斯坦著：《就事论事：美国最高法院的司法最低限度主义》，泮伟江、周武译，北京大学出版社2007年版，前言。

⑥ 参见黄先雄：《司法谦抑论——以美国司法审查为中心》，湘潭大学2007年博士学位论文。

⑦ 恰如汉密尔顿所言：“执法机构不仅支配着荣誉，而且握有社团的利剑。立法机构不仅支配着钱袋，而且制定规章以调控每个公民的责任与权利。与此相反，司法机构对利剑与钱袋都没有影响；它既不能驱使社会力量或财富，也不能主动做出决议。它确实可以说，既无强力，又无意志，只有判决；且即使对于判决的效力，也必须最终依赖执法机构的一臂之力……相比而言，司法机构在三个部门中的权力是最弱的……”转引自同上，第38页。

们的自愿服从，进而树立司法权威。“如果没有立法机关和行政机关的尊敬和支持，任何司法判决，特别是宪法性判决就不能执行，因为法院在宪法层面上终究没有实际的执行权，也不能强迫国会或以总统为首的行政机关去执行，从这个意义上说，司法谦抑与敬意实际上可以视为立法机关和行政机关对司法机关早已采取的自制与敬意态度的一种对等性回报，实有投桃报李之意。”⑧

（二）制度体现

如上所述，基于对司法专断风险的警惕、对反多数难题担忧、对现代行政专业性的尊重和对保障司法权威的现实考虑，使司法谦抑理念在英美法系法官的司法审查实践中普遍存在，在大陆法系国家也有所体现。⑨ 下文以美国司法审查中的相关制度为例进行说明：⑩

1. 受案中的司法谦抑

（1）受案时间上的司法谦抑。无论是立法行为还是行政行为，一般都是由一系列具有连续性的阶段性行为共同构成的，在案件到达法院之前，当事人还有获取其他非司法救济的环节。但并非当事人在任何环节针对立法或行政行为提起的诉讼请求法院都适宜受理，在审判实践中，美国联邦法院创设

---

⑧ 参见陈云生：《论司法谦抑及其在美国司法审查制度中的实践》，载《上海交通大学学报》（哲学社会科学版）2005 年第 5 期。

⑨ 关于法国司法制度中的司法谦抑，可参见李晓兵：《法国第五共和宪法与宪法委员会》，知识产权出版社 2009 年版，第 213-217 页。关于俄罗斯司法制度中的司法谦抑，可参见尤晓红：《俄罗斯宪法法院研究》，中国社会科学出版社 2009 年版，第 4 章。

⑩ 该部分主要参考黄先雄：《司法谦抑论——以美国司法审查为中心》，湘潭大学 2007 年博士学位论文。

了案件成熟原则、[11] 穷尽行政救济原则、[12] 行政最终行为原则[13]和初始管辖权原则[14]等，这些原则充分体现了司法谦抑的精神。

（2）受案范围上的司法谦抑。一般而言，无论是大陆法系还是英美法系，法院的受案范围都受到明确的限制。就美国而言，联邦宪法授予联邦法院的管辖权相当广泛，联邦法院几乎可以对所有涉嫌违反联邦宪法和法律的案件行使管辖权，但联邦法院还是有意无意地在受案范围上进行自我约束，自行创设了“政治问题”理论，即宣称某些问题无法通过司法途径解决或不适合司法解决，所以，法官应当自我克制，将这些问题留给其他政府部门全权处理。除此之外，联邦法院很多时候还会直接以“法院没有审查能力”“行政机关有绝对自由裁量权”“问题更适宜通过政治、民主渠道来解决”等为理由回避对一些案件的受理或审查。

2. 审理中的司法谦抑

（1）对法律的审查。长期以来，美国联邦法院在审查议会所通过的法律时，往往遵守合宪性推定，即在宪法审查过程中，首先在逻辑上推定立法合乎宪法，除非该立法明显地违反了宪法。[15] 与之相关的是，美国联邦法院还发展出合宪性解释原则，即当国会立法遭遇是否合宪的质疑时，如果该法律有两种或两种以上解释的可能，根据其中一种解释能或最能使该法律合宪，则优先适用该解释；只有在该法律无法作合宪性解释时，才能认定其违宪而无

---

[11] 该原则是指一个案件必须发展到适宜由法院处理的阶段，即已经达到成熟的程度，法院才会进行司法审查。

[12] 穷尽行政救济原则是指当事人在没有利用一切可能的行政救济以前，不能申请法院裁决对他不利的行政决定。

[13] 该原则是指只有在行政行为经过所有应当经过的程序，形成相应的行政决定并产生法律效果时，法院才会受理因该行政行为引发的行政争议。预备的、程序性的或中间阶段的机关行为或裁决，不能直接受审查，应在审查机关最终的行为时受审查。

[14] 该原则是指法院和行政机关对某一案件都有原始管辖权时，由行政机关首先行使管辖权，法院只在行政机关作出决定后才进行审查，或者本来属于法院管辖的案件，其中某个问题由于和行政决定有关，属于行政机关的专业知识或自由裁量权的范围，法院对于这个问题暂时不进行裁判，由行政机关首先决定，法院等待行政机关作出决定以后，才就全案进行判决。

[15] 参见王书成：《从合宪性推定到权力谦抑主义——香港“郑家纯等诉立法会”案中的解释方法与司法哲学》，载《法学家》2012 年第 1 期。

效。法律合宪性解释原则也为德国、法国等国家的宪法法院或宪法委员会所遵循，德国联邦宪法法院为避免在宣告某一法律合宪与违宪之间作出简单的选择，经常采取的措施就是对法律作合宪性解释。[16]

（2）对行政机关的法律解释等的审查。对于法律问题的审查是法官的专长，法官可以自己对法律问题的判断代替行政机关的判断。但实际上，美国联邦法院还是给行政机关对法律的解释和行政法规等予以相当程度的尊重。针对行政机关对法律的解释，美国联邦法院发展出两种尊重标准，即 skidmore 尊重标准（skidmore deference）和 chevron 尊重标准（chevron deference），分别适用于不同的情形。[17]

3. 判决中的司法谦抑

（1）判决内容上的司法谦抑。在判决内容上，美国联邦法院的法官们尽可能回避对宪法问题的判断，如果某一案件同时具备宪法上的争讼和法律上的争讼两种性质，争讼当事人提起了明确的宪法诉讼，当通过普通法律上的裁判也能解决该争讼时，法院会仅把该诉讼视为普通的法律诉讼；此外，许多法官还在审判中遵循司法极简主义的原则。

（2）判决形式上的司法谦抑。美国联邦法院在判决形式上对立法机关或行政机关较大陆法系国家法院体现出了更多的司法谦抑，尤其在针对行政机关的判决形式上，如美国联邦法院一般不会作出变更判决，否则就是代替行政机关对该案作出最终的决断，是用司法的裁量来决定行政上的作为方式，从而打破了在法院、行政机关和立法机关之间早已建立好的权力分配结构和平衡。[18] 因此，对于不合理的行政行为法院只是予以撤销，发回被告行政

---

⑯ 宋冰编：《读本：美国与德国的司法制度及司法程序》，中国政法大学出版社 1999 年版，第 574 页。转引自黄先雄：《司法谦抑论——以美国司法审查为中心》，湘潭大学 2007 年博士学位论文。

⑰ 根据前一个标准，法院对行政机关法律解释的尊重程度，取决于该解释的说服力，有多大程度的说服力，法院就给予行政机关对法律的解释以多大程度的尊重与敬意；根据后一个标准，法院按两个步骤来评价行政机关的法律解释是否值得尊重：第一步，看法律是否立意模糊；第二步，如果法律立意很明确，法院将无视行政机关的解释，相反情形下，只要行政机关的解释是合理的，法院必须尊重，这是一种强制性的自制规则。

⑱ 参见余凌云：《行政诉讼上的显失公正与变更判决——对行政诉讼法第 54 条（四）的批判性思考》，载《法商研究》2005 年第 5 期。

机关重新考虑。

二、澳门司法审查中的司法谦抑

如前所述，司法谦抑并非抽象的理论，它的存在有其现实基础，同样，这些现实基础在澳门也存在，如澳门的法官也掌握宽泛的司法自由裁量权，存在司法专断的风险；以司法判决挑战立法会和特区政府，也会面临反多数难题；作为一个经济高度发达、利益多元化的地区，澳门特区的行政监管高度复杂，专业性极强；维护司法权威也同样是澳门法院的追求。由于澳门秉承了大陆法系的司法传统，所以法院对政府行为的司法审查主要体现在行政诉讼中，而司法谦抑，在澳门行政诉讼的制度和实践中都有体现。

（一）受案中的司法谦抑

澳门法院的司法审查权有积极界限和消极界限，积极界限确立司法审查权的势力范围，消极界限则确定司法审查权的排除范围。就前者而言，只有产生于行政法律关系的争端才能成为司法审查权的客体；[19] 就后者而言，国家行为及政治行为，[20] 澳门驻军人员执行职务的行为，[21] 立法行为及立法责任，

---

⑲ 行政法律关系的判断标准有两项：其一，行政法律关系的主体中至少一方是公法人，个别场合可以是获赋予当局权力的私法人；其二，行政法律关系由行政法调整。参见刘高龙、赵国强主编：《澳门法律新论》（下卷），社会科学文献出版社 2011 年版，第 1054 页。

⑳ 这里的国家行为应包括中国最高机关根据《澳门基本法》作出的主权性质的一切行为，尤其是国防行为、外交行为，如其第 17 条第 3 款所规定的发回法案，第 18 条第 3 款规定的增减列于“附件三”的法律，第 18 条第 4 款规定的全国人大常委会的决定与国务院的命令，第 15 条规定的任命与免职，解释与修改基本法，等等；而政治行为包括两个方面，其一，行政长官行使《澳门基本法》赋予之政治职能时作出的行为可以肯定是政治行为，如决定政府政策的行为、提请任命与建议免职的行为、解散立法会的行为、荣典行为、赦免行为等；其二，立法会弹劾行政长官的行为。同上，第 1055-1056 页。

㉑ 依据《澳门驻军法》第 20-27 条，澳门驻军人员执行职务时的犯罪行为由军事司法机关管辖，执行职务时发生的民事侵权案件由最高人民法院管辖，澳门法院不得对澳门驻军的武器装备、物资和其他财产实施强制执行。同上，第 1056 页。

刑事侦查、刑事预审及实行刑事诉讼的行为，审判行为及由此产生的赔偿责任，将财产定性为公产的行为以及将之与其他财产划定界限的行为，澳门三个公证署之公证员、民事登记局局长、物业登记局局长、商业及动产登记局局长、经济局局长在其各自的权限范围内作出的拒绝给予公证或登记的行为，行政当局在其权限范围内处罚“劳动违例”都不属于司法审查权行使的对象。

（二）审理中的司法谦抑

1. 对法律的审查。澳门法院是否可以对立法会通过的法律进行审查，这在澳门《基本法》和相关法律中都有没有明确规定。终审法院曾在判决中提出，法院有权在个案中审查立法会通过的法律，理由有三：第一，澳门《基本法》规定澳门法院有权解释基本法，而“解释在一定程度上可以理解为基本法的审查权，当法院认为特区的立法不符合基本法的规定，仍然可以不适用本地的法律”。第二，“拒绝适用违法的法律的义务本是司法权的其中一个应有之义”，所以当法院发现立法会通过的法律不符合基本法时，有权予以拒绝适用。第三，“在澳门法律秩序中，因为不存在任何审查法律是否符合《基本法》的特定诉讼途径，因此，法院在适用于具体案件的诉讼途径中对法律是否符合《基本法》进行审理”。[22] 此一宣示受到学者的批判。[23] 实践中，澳门法院较为谨慎地对法律进行审查，适用范围不宽，目前来看，主要是以澳门《基本法》第7条来否认《土地法》中有关时效取得的制度。[24]

2. 对行政法规的审查。对行政法规的审查分为两种方式，一种是申请人直接针对行政法规提起的诉讼，又被称为规范反驳；另一种是法院在审理具

㉒ 参见澳门终审法院第28/2006号判决。

㉓ 参见王禹：《澳门法院能否审查立法会通过的法律》，载《澳门日报》2006年11月23日，第C10版；2006年11月30日，第C12版；2006年12月7日，第C12版；2006年12月14日，第C12版。

㉔ 如终审法院第32/2005号、第41/2007号判决。

体案件中对行政法规进行附带审查。以下分述之。

（1）规范反驳。规范反驳规定在《行政诉讼法典》第三章“对规范提出之争议”之中，即申请人在某些情况下可以直接对行政法规的效力提起诉讼。该种诉讼有两个限制：第一，对审查对象的限制：被诉的行政法规必须在三个具体案件中被法院裁定为违法，除非该规范属于“无须透过行政行为或司法行为实施即可立即产生效力之规范”或者声请人为检察院。[25] 第二，审查依据的限制：根据《澳门行政诉讼法典》第 88 条第 2 款[26]的规定，借以评判行政法规是否违法的依据，只能是立法会通过的狭义法律，而不能是澳门《基本法》、适用于澳门的全国性法律、国际条约等。这是因为回归前澳门地区法律规范违宪诉讼的管辖权均属于葡萄牙宪法法院而非澳门本地司法机构，回归之后，《行政诉讼法典》得以保留下来，这项限制条款也被解读为某种程度上“间接排除了违宪审查制度”。[27] 正是上述的严格限制，导致对行政法规的直接诉讼非常少，根据澳门行政法院 2000 年至 2013 年 2 月的案件统计表，回归后至今在行政法院只发生过一起。[28]

（2）附带审查。尽管由于中级法院在审判中宣告行政法规违法而拒绝适用，曾经导致了中级法院和终审法院在判决书中“论战”甚至第 13/2009 号法律的出台，但法院在具体案件的审判中以澳门《基本法》为依据对行政法规进行附带审查，是少有人质疑的。澳门中级法院和终审法院在多个司法案

---

[25] 《行政诉讼法典》第 90 条。

[26] 该款规定：“本章所规范之可对规范提出争议之制度，不适用于载于行政法规之下列规范：a）违反根本法律所载规范或从该法律所体现之原则之规范；b）违反由澳门以外有专属权限制定适用于澳门之立法文件或等同文件之机关所制定之该等立法文件或等同文件中所载规范之规范；c）违反经正式通过之与澳门以外地方订立之协议或协约所载规范之规范；d）违反以上各项所指规范或原则之由澳门以外之机关制定而适用于澳门之规范。”

[27] 参见冯文庄：《澳门行政诉讼法教程——行政司法上诉及中止行政行为效力篇》，法律及司法培训中心 2008 年版，第 200-201 页；另见李燕萍：《澳门行政法规的法律控制问题研究》，载《一国两制研究》2009 年第 1 期。

[28] 参见澳门法院网站，载 http://www.court.gov.mo/c/cdefault.htm，最后访问日期：2013 年 3 月 16 日。

件的判决中阐明：法官可以在对行政行为所提起的司法上诉中对行政法规的合法性作出附带性审理。但附带审查也有限制，主要有二：一是审查依据的限制。澳门终审法院在第9/2006号和第28/2006号判决中提到："如果法院在审理案件中可以解释《基本法》，肯定可以得出某些法律规定或行政法规违反《基本法》的结论，在此情况下，必须执行《基本法》第11条中的规定：因此，不能适用那些违反《基本法》规定或其中规定的原则的那些法规，但该法第143条规定除外。"所以，如果行政法规被认为可能违反澳门《基本法》第143条所涉及的关于中央人民政府管理的事务或中央和澳门特别行政区关系的条款，则应由澳门特别行政区终审法院提请全国人民代表大会常务委员会对有关条款作出解释，而不能由法院径行作出裁决。二是审查强度的限制。尽管法院经常主动依据澳门《基本法》对行政法规进行审查，但法院其实相当尊重行政机关的立法自由。在依据澳门《基本法》中的平等原则进行审查时，终审法院指出："法律上受制于平等原则并不排除立法自由。只有当立法性自由裁量的外部限制被违反时，即当立法性措施没有实质上的适当支持时，才存在对平等原则在禁止独断方面的违反……不是由监控规范之合法性的机构本身对法律解决办法作出正面的判断……他们应做的仅仅是一种消极性判断，即排除那些从各点上看都不能列为合乎情理的法律解决办法。"[29]

3. 对行政行为的审查。司法谦抑在澳门法院对行政行为的审查中主要表现为对行政自由裁量权的尊重。在依据澳门《基本法》和《行政程序法典》中的平等原则、适度原则审查行政行为时，终审法院指出："平等、适度、公正及不偏不倚原则构成自由裁量的内在约束因素"，"只有在行政当局的决定以令人无法容忍的方式违反了平等及适度原则的情况下，法官才介入审查行政当局有否遵守该等原则"，"被《行政程序法典》第122条第2款d）项处以无效的、侵犯一项基本权利之主要内容的行为是那些以不成比例的方式决

㉙ 参见澳门终审法院第33/2012、27/2012、9/2012、19/2012、5/2010号判决。

定性地影响到一项基本权利之主要核心内容的行为”。[30]

三、司法谦抑的底线

司法审查制度的功能，就是为了通过权力之间的相互制约来防止公权力的滥用，从而保障公民的权利。而过度的谦抑会妨碍司法审查功能的实现，有违宪政精神，因此有必要为其设置一条底线。那么这条底线该如何设置呢？笔者认为，应当以不违背法院在宪政体系中的地位和司法审查制度的功能为限。就前者而言，法院作为现代社会是一切法律纠纷的最终裁决者，对于法律纠纷以及相关的法律问题有最终的裁决权，它要求法院不能谦抑到实质上放弃对法律问题的最终裁决权；就后者而言，法院应当对涉及公民基本权利的案件保持适当的司法审查强度，以防止行政自由裁量权的滥用。

相对于香港法院在解释《基本法》和行使基本法审查权时引起的巨大争议，[31] 澳门的法院基本上在现有的制度框架和司法传统之下保持了一个适度谦抑的角色，无论是对澳门《基本法》的解释，还是对立法行为和行政行为的司法审查，澳门法院都在司法自由裁量权的范围内，保持了适度的谦让与自我克制，不轻易以自己的判断取代其他国家机关的判断。笔者认为，应当从制度上给予澳门法院更大的空间，使其更好地履行社会正义守护者的角色。具体而言，可以从两个方面入手：一是将法院对行政法规的司法审查制度化，二是构建澳门司法体系下的司法审查标准。

（一）将法院对行政法规的司法审查制度化

澳门《基本法》实施以来，行政主导的政治体制在澳门回归后的建设中

---

[30] 参见澳门终审法院第 65/2012、13/2012、7/2007、40/2007 号判决。

[31] 参见李树忠、姚国建：《香港特区法院的违基审查权——兼与董立坤、张淑钿二位教授商榷》，载《法学研究》2012 年第 2 期；董立坤、张淑钿：《香港特别行政区法院的违反基本法审查权》，载《法学研究》2010 年第 3 期；王书成：《司法谦抑主义与香港违宪审查权——以“一国两制”为中心》，载《政治与法律》2011 年第 5 期等。

发挥着至关重要的作用，但也带来如何监督和制约行政权力的难题。尤其对于行政长官制定的行政法规，鉴于其在澳门特区的特殊地位，现有的各种监督方式都显得捉襟见肘。从澳门特别行政区的《行政诉讼法典》到第13/2009号法律，虽然对行政法规的地位及内容等问题有所涉及，但对于行政长官制定行政法规的监管问题仍缺乏明晰性，不能有效解决现有问题。[32] 相对于中央政府、立法会而言，澳门法院的司法审查是监督行政法规最为适宜的手段：第一，澳门《基本法》赋予澳门法院对自治条款的解释权，虽然不能推导出澳门法院对行政法规的基本法审查权，但至少可以保证基本法没有禁止法院行使相应权力，并为法院承担此项职能预留了必要的空间。第二，如前所述，回归之后澳门法院在具体案件的审理中对行政法规进行了附带审查，积累了相当的经验，因而具有审查的能力。第三，中级法院当初在判决中对行政长官制定行政法规权限的质疑，在第13/2009号法律出台后已经不复存在，而法院又是"最小危险部门"，由法院来监督行政法规不会打破现有行政主导的权力架构。

具体到制度设计，可以有两种选择：一是修改《行政诉讼法典》第88条第2款之规定，将规范反驳之诉的依据限制删除，即不再限制法院依据澳门《基本法》等"根本性法律所载规范或从该法律所体现之原则之规范"来审查行政法规；二是完善法院在实践中发展出的附带审查，将之制度化、精细化。考虑到澳门的司法传统和现有制度架构的稳定性，笔者认为后一种选择是更为现实的选择。

已经有论者提出完善现有附带审查模式的建议，主要有：[33] 第一，在审查主体上，为了保证审查结果的统一性及权威性，应当由终审法院作出终局性判断，若审查的内容涉及中央人民政府管理的事务或者中央和澳门特别行政区关系，应由终审法院提请全国人大常务委员会进行审查。第二，关于审查

---

[32] 参见郭天武、陈雪珍：《澳门特区行政法规立法监管问题》，载《行政》2011年第3期。

[33] 参见郭天武、陈雪珍：《澳门特区行政法规立法监管问题》，载《行政》2011年第3期。

的申请权人，基于公平审讯的原则，在穷尽其他救济方式的情况下，涉案的双方都应该有权提出审查行政法规的请求。第三，关于审查依据，审查行政法规所依据的只能是基本法，而非其他法律。第四，关于审查的效力，基于保障个人权利和维护法治稳定的衡量，为切实保证司法监督的效果，这一司法裁决应具有普遍效力而非仅适用于个案。同时，应尽量避免宣告行政法规违反基本法而无效，可以由终审法院宣布行政法规违反基本法而无效同时附条款以缓和之，等待行政长官修改或者废止该行政法规。

笔者基本赞同论者的建议，但对第三点有不同看法：根据第 13/2009 号法律，行政法规分为独立行政法规和补充性行政法规。对于独立行政法规而言，第 13/2009 号法律赋予了其相对保留事项，它和法律有各自相对独立的规范内容，法律不可能涵盖和指导行政法规的各项规定，因而仅仅依据澳门《基本法》对独立行政法规的合法性作出判断倒也无可厚非。但对于补充性行政法规而言，它的内容是“就具体执行相关法律订定的事宜作出规定”，所以法院也应当审查其是否符合“具体执行的法律”。

（二）构建澳门司法体系下的司法审查标准

有违宪审查的地方，就会有审查标准的问题。[34] 同样，依据澳门《基本法》对行政法规甚至法律进行司法审查，也涉及审查标准的问题。这是因为政府行为会牵涉到公民的各种权利和利益，法院在对这些行为进行司法审查时，必须基于公民的基本权利，试着划出一些应当予以重点保护的领域，在这些领域中，强调法院应积极介入，谨慎运用司法谦抑原则；而在其他领域，法院可以适当放松对政府行为的控制。

在司法审查中，美国法院至今最常适用的是“三重审查标准”，即合理审查标准、中度审查标准、严格审查标准，除此之外，法院还会针对各种权利

---

[34] 参见黄昭元：《宪法权利限制的司法审查标准：美国类型化多元标准模式的比较分析》，载《台大法学论丛》2004 年 3 期。

类型、限制手段发展出各种特定内容的审查标准，而仅适用于特定的权利案件范畴，如言论自由及政教分离（宗教自由）案例等多元审查标准。而德国则主要适用比例原则审查标准及位于其下游并与之搭配使用的三重审查密度（明显性审查标准、可支持性审查标准、强烈内容审查标准）。近邻的台湾也对司法审查标准多有发展和讨论。但在澳门，还未曾见到相关研究。究其原因，一是司法审查案例积累有限，二是学界对司法审查标准不够重视。随着司法实践的发展，司法审查标准问题早晚会摆到我们面前。因此，研究各国模式，总结澳门经验，探讨适合澳门的司法审查标准，是我们深化相关研究的一个方向。

下 篇

散文篇

大椿不老　古柏常青

江必新*

30年前的一个晚上，刚从西南政法学院（现西南政法大学）毕业分配到最高人民法院工作不久的我，在中国政法大学老校区的一座 筒子楼的狭小房间里，拜见了当时在行政法学界享有盛名的应松年教授，从此开始了我们的"忘年之交"，开始了我们为中国行政法治共同奋斗的历程。

1988年，我有幸与应松年教授合写《论行政管理法制化》一文，分（一）（二）发表于是年《中国行政管理》第6、第7期。该文对行政管理法

* 江必新，最高人民法院副院长，教授、博士生导师。

制化的概念及内涵、基础与前提、对象与环节、途径与步骤作了全面梳理，是我国系统论述行政管理法制化问题较早的一篇学术论文。

27载转瞬即逝！而今，法治中国格局已然确立，行政法治事业方兴未艾，法治政府建设如火如荼。怀想几十年来与应松年教授一起就行政立法、行政执法、行政诉讼中的重大理论与实践问题一起研讨、切磋、筹划之情景，不禁感慨系之。深感崇高事业赋予生命以价值，峥嵘岁月使人生富有意义。应教授数十年如一日，与中国法治同呼吸，与行政法学共命运，功劳卓著，贡献良多！在应教授八十华诞之际，我由衷地对他于中国行政法学发展之呕心沥血，于中国法治实践进步之鞠躬尽瘁，于中国行政法人才培养之倾心尽力，致以崇高的敬意！

大椿不老，古柏常青；大师耄耋，犹胜青春。应教授如今以八十高龄，仍一如既往地专研学术，关心实践，体现了老一辈法学家的法治情怀和担当精神，堪作法学尤其是行政法学学人之表率。衷心祝愿应教授育人之德常华，学术之树常青，康健之体永寿！

江必新

二〇一五年十月二十日

遇有如此导师何其幸也

——贺应松年老师八十华诞

马怀德*

从1988年北大毕业到中国政法大学读研以来，我追随应老师研习行政法已近30年。这期间，老师耳提面命，悉心指导，将我引导上学术之路，成为我人生最重要的学术导师。在老师身边学习工作几十年，留下许多难忘的回忆，深深感受到人生导师的人格魅力。

对于我和很多行政法学界的同仁而言，应老师不仅是关心我们成长进步的学术导师，更是我们的人生导师。所谓导师，就是引领方向的老师。28年

---

* 马怀德，中国政法大学副校长、中国行政法学研究会会长，教授、博士生导师。

来，应老师就是这样一位长者，无论是对我学习、工作中的指导和扶持，还是对我精神上的鼓励鞭策，都使我没齿难忘。记得1989年，我在读研究生二年级的时候，写了一篇题为《论行政决定》的论文。当我将这篇习作诚惶诚恐地拿给应老师审阅时，老师对这篇文章给予肯定。在先生的鼓励和推荐下，这篇处女作有幸发表在1989年第4期《法学杂志》上。此后的每一篇习作，老师都认真看，仔细改，积极推荐发表。1990年，老师承担了国家社科基金七五规划项目“行政法制的理论与实践”，老师挑选我和董皞等同学参加课题研究，课题最终成果出版时，老师执意要我做了这本书的副主编，该书就是1992年人民出版社出版的《行政行为法——中国行政法制建设的理论与实践》。在老师的鼓励和精心指导下，我对行政法的学术兴趣愈发浓郁，写作热情也“一发不可收拾”，陆陆续续写了很多论文，发表在《法学研究》《当代法学》《法学与实践》《中国法学》等刊物上。正是应老师的悉心指导和热情鼓励，给予了我很大的信心和鼓励，才使我走上了这条学术道路。就这样，老师把我引向学术之路，成为我终生的志业。

其实，应老师对所有年轻人和他的学生都是如此，学生在学术上能够有所成长和发展，都无不得益于老师的提携、鼓励和支持。几年前，老师慷慨解囊设立了应松年行政法学奖学金，对全国行政法学专业学业突出的硕士生和博士生予以奖励，这正是老师始终如一地鼓励和帮助青年学子在学术上成长、成才的例证。

应老师是投身行政法学研究、献身法治政府建设的楷模。几十年来，老师呕心沥血、笔耕不辍，从始至今都以高度的热情和专注置身于行政法学研究和法治政府建设，并为中国行政法的发展作出了不可磨灭的贡献。很多人在八十岁时早已步入了颐养天年、含饴弄孙的时光，但是应老师仍然保持着对行政法学研究和法治政府建设强烈的使命感和责任感，在一线做着各种学术上的努力，倾注着自己全部的心血。根据中国法学创新网统计，在行政法学领域，应老师发表文章的数量到目前为止，依然是高居榜首。先生这种不忘初心、矢志不渝的精神品质和勤奋刻苦、持之以恒的学术态度，感染了一批又一批的学子，影响了行政法学界乃至整个法学界的学者，为后辈树立了榜样。

应老师是坚持人民立场、敢于为民请命的志士。除了从事学术研究之外，应老师特别关注社会现实，关心人民疾苦。担任两届全国人大代表和内务司法委员会委员期间，先生始终站在人民的角度去思考行政法和法治政府建设理论与实践中的重大问题，积极参与重要法律制定和修改，在立法和执法领域作出了重大贡献。记得在2000年2月全国人大常委会举行的一次法制讲座上，应老师痛陈繁多的行政审批带来的种种弊病，建议尽快制定《行政许可法》，严格约束政府行政审批权力，更好地维护公民的合法权益。这些思想和观点都反映在2004年出台的《行政许可法》中。“以人民利益为最高准则”的立场既反映在参与立法过程中，更体现在老师的学术活动中。在课堂上，老师叮嘱学生最多的也是要永远站在人民的立场，为老百姓的利益着想。老师的话质朴而坚定，给予了一代代学子们莫大鼓舞和力量。有人曾经这样形容老师的立场，在公民权利与政府权力如以卵击石的博弈中，“他永远站在鸡蛋的一边”。

应老师是为人亲切和蔼、充满人格魅力的智者。记得我在读研究生期间，刚开始接触应老师时，还觉得应老师稍微有点严肃、不苟言笑。但到后来，我发现应老师其实是非常有亲和力和向心力的人。这么多年来，应老师能够团结整个行政法学界带领大家一起前行，很多人愿意以老师为中心，积极推动学术研究和法治实践，这与老师的宽广胸襟和人格魅力有着密切关系。有人说，应老师身上有种江湖侠士的义气，我倒觉得应老师身上体现出更多的还是亲和力、向心力和感染力，能够团结、包容、鼓励身边的同事和学生。应老师的人格魅力得到海内外众多行政法学者的认可。多年来，老师与我国台湾地区的翁岳生先生、日本的室井力先生、法国的高德松教授等一大批著名学者结下了深厚的友谊，即使语言不通也不妨碍他们交流。有一次，我们去日本访问，得知室井力先生生病住院，马上提出去医院看望。当时，室井力老师已经在弥留之际，不能说话，但是，看到应老师时，眼睛眨了眨，明显认出了。看到这一幕，我为中日两国行政法大师的友谊深深感动。

应老师是管理能力突出、业务能力很强的领导者。应老师在1995年创建了东亚行政法研究会，在1997年又创办了海峡两岸行政法研讨会。这两个会议至今已实施了20年之久，为繁荣和促进东亚、海峡两岸的行政法学发展作出了巨大贡献。我时常在想，海峡两岸行政法研讨会已经持续了近20年，20年来很少有人像应老师一样每次都躬身参与。正是先生对学术活动的亲力亲为和对研究会的潜心经营，极大地鼓舞和带动了一批又一批青年学子的积极参与，推动了行政法学研究的繁荣发展。此外，应老师在法大的中国法制研究所当所长和在国家行政学院法学部担任主任时，也表现出了一种很强的管理能力和行政能力，带领研究团队凝心聚力、开拓进取，取得了累累硕果。

应老师是热心关爱学生、真心关心同事的恩师和长者。记得我1992年结婚时，应老师和朱维究老师给我了600块钱的贺仪，当时的工资和物价水平还很低，这真是不小的数字。孩子出生后，应老师还专门邀请全国人大法工委的肖峋老师、北京高院王振清院长、李新生院长等朋友，聚在一起给孩子过满月。老师体贴入微的关怀让我感动和铭记一辈子。老师工作再忙，也始终都关心着学生和下属，惦记着大家的生活和发展，是大家的良师和益友。

应老师是处处严谨认真、事事精益求精的严师。老师对学生和下属一向都是“厚爱加严管”，因为他自己就是一个严谨认真、精益求精的人。例如，应老师是“马工程”教材的首席专家，接到这个任务后，他对整个教材编写工作都亲力亲为，抓得很紧。不仅亲自撰写教材，还经常召集编写组的老师们开会。不仅讨论教材的大纲和具体内容，还根据评审意见对教材反复修改力求完善。应老师对自己撰写的每篇文章、每部专著都如此认真，体现了一位学术大家的严谨学风和敬业精神，令人敬佩和感动。

追随老师一晃已经28年了，自己也过了知天命的年龄。但是，觉得老师还像20多年前那么健康硬朗、神采奕奕，似乎时间没有在老师身上留下印迹。值此老师八十华诞之际，谨以此文恭祝老师身体健康、青松不老，学术之树常青！

蓦然回首之光

——应松年教授八十华诞有感

刘　莘*

闭上眼睛听，这是一首悠扬平静的歌曲，可安静的曲调下边藏着波澜，思绪循着波澜跟去，才知道这是一首怎样激动人心的咏叹调……

我从1983年考上研究生，进入中国政法大学研究生院学习，从未料到开始了一场一生的追随。

三年研究生学习，随后留校任教，不经意间我任教竟快30年了，人也即

* 刘莘，中国政法大学教授，博士生导师。

将跨入花甲。葱茏岁月，我们忙碌之间忽视了许多细节，也忽略了盘点今生，一切皆顺势而下，“运动就是一切，目的是没有的”，说来谁都不肯承认，细想却大多如此。然而，突然身边有人张罗着应松年教授的八十大寿，方如梦初醒，似乎从未想到过也没有相信应老师竟将八十！许多场景和片段陆续集结，那些如此不经意的事情渐渐串联起来，一个闪电似的念头突然浮现在脑海——那是一道蓦然回首之光。我突然明白了我一辈子受益最多最大源源不断的推动力，原来来自于我的老师——应松年教授。

传道授业解惑，每个学生都多少受益于自己的老师，但我因为是留校任教，就如同一直没有离开过娘家。应老师本是行政法学科的领头人，在自己的老师带领下，上百次的学术研讨会，数十次的出访，做课题，参撰写作，参与国家及地方许多立法活动……提携寓于无形。言传身教更是不知不觉之中。人生似乎走马灯般遇到许多人，但实际上算算，即使亲人，未必长相厮守。佛说，亲为姻，疏为缘，30 多年的师生情分，已难分亲疏，不是亲人却远胜亲人。太熟悉未免不留意，回过头细品便有如下深刻体会。

一、知行合一

应老师不尚空谈，圈子里的人都知道。他不论是讲课还是和学生们讨论问题，强调的都是理论是要解决问题的，认为不解决问题的理论是空中楼阁，中看不中用。中国行政法体系中的骨干立法，是应老师倡导、参与、推动制定的。我们可以看到许多立法借鉴了国外的制度或理论，如早期行政立法研究组提出草案的《行政诉讼法》，借鉴了国外尤其是英国司法审查制度和原理，许多具体制度都有所体现，如关于判决理由中的“滥用权力”；行政处罚法中第一次引入的听证会制度，许可法中体现出的信赖保护原则，行政强制法中体现出的比例原则的规定。这些制度或者原理原则，一定是对症下药，如果只是“理论”不知所终，应老师就不屑一顾。对于其他部门法的理论或者制度也是如此。例如，行政处罚法规定了处罚法定原则，其实这是刑法中罪刑法定原则的翻版。现在看起来那么理所当然，但在当初却是创新，需要许多说服工作，引入立法后才成为毋庸置疑的共识。如今说起来这些显得多么简单啊！但是当初能让立法者接受，写入法律却是反复博弈，不停说服的漫长过程。

柔韧的应老师，一路走来，就是这样，耐心却不屈不挠地坚持着，实践着他的法治理想，践行着一个法律人的济世抱负！

二、无畏的勇者

一次偶然谈笑，我问宁波人的应老师：你们南方人为什么把倒票的叫作“黄牛党”？他回答说黄牛的肩膀是溜的，他笑着指着自己的肩膀说，偌，就是这样的溜肩膀。看我不明白，他接着解释道，黄牛溜肩膀，抓不住，倒票的人遇上抓的人就跑，抓不住像黄牛的肩膀哦。原来如此，嘻嘻哈哈之间，应老师说你别看我溜肩膀，可能像黄牛吧，在新疆犁田时我拉犁，我可能干啦。虽说是闲聊，但这话我信。应老师虽然看上去瘦瘦弱弱，一辈子都是戴眼镜，一看就知是书生，可了解他的个性、了解他的一贯行事作风，这话你自然会信。

他确实像一头牛，永远不属于话多的人，总是很安静，但干起活来不惜力，有着常人没有的毅力和韧性。若你为应老师拉出一个成绩单，你会非常非常吃惊，一个人能干这么多活?

早年应老师在华政上大学时是学习法律，但大学期间就遇到“反右”运动，且被定性为“准右派”，按照当时的话说，叫作“右派”帽子在组织手里拿着的人，有点像现在我们说以观后效的意思。毕业因此就分配或者叫发配到新疆，一待就是 20 年。过着农民一样的生活，除了干农活，自己打泥砖（干打垒）盖房子、垒灶台、盘暖炕、挖窖啥的都得学着干，据应老师说，后来这些事做起来已经很顺手，一点儿都不犯怵。毕竟是文人，其间也被组织起用，做过中小学老师，生产队里舞文弄墨的文书。利用业余时间，应老师甚至考察过当地古迹并查阅历史后写过中篇历史小说。总之，20 年的蹉跎，应该说，在大学学的那点法律知识早就交还老师了吧。

就是这样，在 20 世纪 80 年代初，一个机缘巧合让他知道正在编写中国第一套行政法统编教材时，应老师跑到北京找到整套书籍的负责人王名灿老师，陈述自己的想法，从这开始，对于一个现在 80 岁的人来说，从事行政法事业不过整整 35 年而已。

可应老师著述等身，硕士、博士遍及全国，所有行政机关都有听过应老师课的人，他参与推动了所有现行行政法的骨干法律的起草、制定及其修订，如《行政诉讼法》《行政处罚法》《国家赔偿法》《立法法》《行政许可法》《行政强制法》《行政复议条例》及后来的《行政复议法》等。还有后来他为了促进行政程序法的制定，开始与地方结合制定地方行政程序法，从亲自推动协助使湖南省行政程序规定 2008 年出台起，至今已有 9 部地方规章和十几部地方规范文件是专门的行政程序规定。后来又积极推动控烟立法，并最终促成北京市 2015 年“史上最严厉的控烟条例”出台。他敏锐地在 1993 年创建了《行政法学研究》这一全国发行的唯一的部门法刊物；他任行政法学会副会长兼秘书长长达 15 年，解决资金困难，让行政法学会的年会真的是年年召开；他 90 年代初去日本访问，便与日本行政法学界建立起关系，以至于 1995 年在日本建立东亚行政法研究会时，使中国学者也跻身其间；他通过各种渠道开辟与国外同行沟通学习交流的管道，带领不同的团队，访问欧洲许多国家、多次访美；也从 1997 年开始与台湾行政法学界建立正式一年一次、轮流“坐庄”式的学术研讨会，至今不断。这些延绵不断的学术活动，使得中国行政法学者视野变得开阔、思想变得活跃，也为中国的行政法治实务注入了源源不断的理论力量。

即使是前几年，应老师仍以七十多岁的高龄，奔波于各地。他的一个学生统计过那年的飞机票，52 次往返机票！也就是说，不论节假日，平均每周在天上飞一个来回！

可如此频率，从未见过应老师畏难、抱怨、拒绝承担，只要是可以抽出的时间，有人来请上课或者请赴会研讨或者指导地方立法、咨询疑难案例，给大学做讲座，给政府行政机关培训，无不欣然应允。

也从未见过应老师对于境外各种交流的机会因为劳累或者忙碌而弃之不顾。他总是不知疲倦地牵线搭桥，组团带队，把立法、司法、行政活动实践中的问题挂在心上，利用这些交流的机会寻求答案，证实预测。所以多次的欧洲团和美国团，都是带着中国问题去的，如行政诉讼制度的考察、国家赔偿制度的考察、行政程序的考察，具体行政行为法律的制定，也是带着行政处罚考察团、行政许可考察团认真辛苦查看端倪，寻找规律，或者制度的经验教训。

桃李不言，下自成蹊。应老师不曾就此给学生们说教过什么，但是你若看到，应老师在压力面前的坦然，在明知会费力费时却未必讨好的组织工作面前的勇于承担，从来没有畏惧、从来没有畏难，勇敢似乎是他的天性，你自然会受到巨大的鼓舞和感染。

三、人格魅力成就大业

应老师话不多，在教书的人中当属沉默的。尤其是人多热闹的场合，他更是看热闹多过凑热闹。但奇怪的是，这样一个人，却放到哪儿都是中心。1983 年正式调入中国政法大学，1986 年政法大学组建科研所，他便成为中国法制研究所的负责人。一个所不大，有十几号人，却搞得风生水起的。20 世纪 80 年代末，《行政诉讼法》颁布，应老师与国务院当时的法制局一拍即合，开始举办全国法制机构干部培训班。半个月一期，陆续搞了两年多。政法大学自此在政府法制口的人群中声名远播。而且所里每个人凝聚起来干事，向心力杠杠的，对自己的小集体充满了感情。那时候高校人除了工资没有什么其他收入，而这个所的人，即使是劳务所得也是令人羡慕的。记得当时全国人大法工委国家法室主任肖峋，因为讲课原因与我们所有一些来往，他就深有感触地对我感叹道，老应是怎么调教的（所里的人）？个顶个都那么能干，那么顺条。后来应老师去了国家行政学院，国家行政学院俨然成了中国行政法研究中心，应老师回到政法大学，政法大学又成了人气十足的地方。看来，不得不承认，有的人身上就是有那么一股鬼使神差的力量——这种力从鬼，是为“魅力”。

应老师有魅力，还有许多证明。例如，在学术研讨会或者立法研讨会上，别人讲同样的话，别人说，国家机关的人可能听不进去，可只要是应老师说了，国家机关的人就认可、承认乃至吸收，成为国家机关的方案。我也曾百思不得其解，后来才渐渐明白这就是人格魅力。

为什么一个不善辞令的人，在当今这个遍地充斥着颇会说话人的社会，会有如此魅力？其实说来也简单，一个人知道该做什么，言而有信，行而必果，特别靠谱，特敢担当，有责任感，当然会赢得尊重和信任。情商高自然好，但若只是巧言令色，一心只为自己谋，恐难长久。这样说，自己也未免惭愧，因为看来，不是自己人微言轻，恐怕是早被别人识破：逢场作戏，没有真正的担当。逢场作戏者众，把事情当事业做的人才显得可贵。

记得 1994 年我在澳洲墨尔本大学访学，其间应老师恰巧去墨尔本，当然也去了墨尔本大学，当时墨尔本大学法学院有一位知名女教授，我和这位女教授的博士生也是我硕士师弟陪着两位见面，虽然言语不通，奇怪的是两个人互有好感，看得出印象颇好，那位教授甚至对我们说，应老师一定是很有魅力的男人。事后我们也曾打趣应老师，太有魅力了，不用言语都能让人感觉出来。这大概就是人们常说的“惺惺惜惺惺”吧。大器者，自然带着大器的淡定、坦然，也必然有着犀利的眼神，这是千锤百炼的气质，不是演练出来的结果。

四、大智若愚，浑然天成

应老师不擅长应酬，在各种聚会研讨会上，他大多是安静地倾听，从不抢先发言，也极少插话，更不打断别人的话头。一定是大家发完言了，他才说话。平常众人围绕时也是多当看客，看似有点木讷，也不大会客气和寒暄。遇到那种场合，他总是用最简单的方式打招呼。饭桌上不论多么热闹，相互敬酒还是热烈地相互玩笑夹杂着半真半假的恭维，他都不参与，自己静悄悄地吃，吃够了，就静静地看着大家的热闹。奇怪的是，一般这样的人多少会有些尴尬，格格不入吧，但他老先生坦然、淡然，更奇怪的是从没有人对此会感到不舒服。若换别人一定不会这样。就是这样一个人，综合起来看，应该算是大智若愚吧。

我亦不喜许多形式化的寒暄和应酬以及所谓必需的相互恭维和表扬。所以常常羡慕应老师能以极其自然的态度应对这一切，且无人介意。其实这也是一种能力：能摒弃一切繁文缛节，落得自己省事自在，别人亦不觉不嗔，绝非一般人能够达到的境界。不信你就试试看，很难两全的。

若以此种态度处事，会省去许多麻烦，少费许多脑筋。也许这也是应老师的成功秘诀，人生苦短，节约时间就是珍爱生命；把所有时间用在做正事上，应老师一定是快哉快哉吧？

这种事情看起来简单，做起来难。你需要真的心宽，还需要闹市中独静的那种“大隐”定力，还有自然舒适不令人尴尬的气场。哎，我就没有这种潇洒和本事啊！

大智若愚，如其字面所表示的，不仅仅是一种态度，还是一种智慧。应老师能从容应对数十年的繁忙事业，举重若轻，可能就是大智若愚之下，大脑的不停运转和合理安排吧。

智慧人生，笑看生活
——记与应松年老师交往的二三事

许安标*

和应老师接触，他的乐观、豁达、随意、谦和、认真，总是给人留下深刻的印象，时时处处展现出睿智，笑意总是写在脸上。

大家都知道，应老师早年大学毕业，被分到边陲伊犁工作生活近20年，这其中的艰辛和磨难，很容易使人沉沦和放弃，但应老师不仅20年如一日地坚持下来了，而且在那里探索开创了新的研究领域，并且斩获不少。在法学教育被重新重视的形势下，重归法学界，成为中国行政法学的开拓者。

记得第一次与应松年老师比较深入的接触，是2000年法工委组团访问德国和法国，考察德国的行政程序制度，应老师作为著名法学家和中德法律交流项目负责人，应邀参团。尽管德方作了精心安排，但由于语言、时差和习惯等诸多原因，一路上还是遇到不少困难，包括交流时双方的理解和沟通，每每遇到困难，应老师都是以笑谈应对。记得有一天是周末，德方不负责安排就餐，代表团外出参观回到宾馆，开始泡方便面吃，这时应老师来到大家集聚的房间，说吃什么方便面啊，我请大家去餐馆吃饭。大家说，面都已经泡好了，就不出去吃了。看到这一情况，应老师马上说，那给我也来一碗吧！中国行政法的领军人物，既可以高大上，也可以低调简约，随团的同事都很佩服。一路上，应老师对法工委的工作人员给予高度评价，即使有一些服务不周到的地方，他也从不挂在心上，随意平和的性格时时体现。就在

---

* 许安标，应老师2003级博士，现任职于全国人大常委会法工委。

这次出访途中，自己无意说了一句，很想出国学习研究。应老师马上接着说，你想出国，我可以帮助推荐啊。这就有了 2001 年到美国的访问研究。

2010 年我参加中国高级公务员赴美国耶鲁培训项目，其中有一节领导力培训课，在讲授开始之前，教授首先让每个学员在脑海中默想一下，你认为处理问题是你榜样的几个人，再想想他们是怎样处理问题的，当时的想象中就有应老师一个。虽然没有直接和应老师一起共事工作，但点点滴滴印象深刻。一是特别民主，无论是学术问题，还是立法制度设计问题，非常愿意听听大家的意见，而且总是对大家的意见给予充分肯定，挖掘其中有价值的内容。记得 2003 年秋季在上中国行政诉讼法研究课程时，有些同学对 1989 年颁布的《行政诉讼法》的缺陷进行了批评。应老师说，也许你们的批评是有道理的，但要历史地看。长期以来，官贵民贱、官尊民卑，当时能建立起民告官的制度就是了不起的突破，是中国法治建设的巨大进步。二是特别栽培年轻人。应老师主持的会议和课题，都放心让年轻人去张罗，让年轻人快速进步成长。即便年轻人由于经验欠缺，办事不周，应老师也从不去责备，总是宽宏理解。三是特别有事业心。在中国这样一个有着两千多年封建传统的国家，缺少民主法治传统，推进行政法治，难度之大，阻力之大，是前所未有的，对此，应老师从未放弃过，不遗余力。从《行政诉讼法》《行政复议法》《行政处罚法》到《国家赔偿法》《行政许可法》《行政强制执行法》等行政法治领域的重要立法，无不留有应老师的贡献。推动行政程序立法，更是一件难度特别大的巨大法治工程，应老师从组织理论研究、人才准备，到推动立法，呕心沥血，事事上心。在全国层面开展立法困难比较大的情况下，用他的影响，推动地方开展行政程序立法，2008 年湖南省人民政府在全国率先颁布了行政程序规定，其他一些省市也相继推开，这跟应老师的努力是分不开的。应老师连续担任九届、十届两届全国人大代表和内务司法委员会委员，每次参加人大及其常委会的会议，都对审议的法律案很认真地提出修改意见。四是特别有人缘。行政法是一门实践性和理论性都很强的领域，涉及面广，人员多，人才济济，各种观点学派也都有，应老师都能把大家团结在周围，每年的行政法年会都开得很热闹，成为大家殷切期盼的会议。

近年来，有一句比较流行的话，幸福的人生，要选对职业找准平台，交对朋友找对爱人，跟对贵人选对导师。2003 年，怀着对应老师的敬仰，报考了他的博士研究生，四年学习下来，不仅专业学术、研究水平得到提升，而且长了不少人生智慧。跟应老师学习研究行政法是幸运的!

鹤发银丝映日月，丹心热血沃新花。祝应老师健康长寿，为法治中国建设作出更大贡献。

应松年教授与政府法治建设

周继东*

应松年教授是北京市政府法制建设的良师益友，在我30多年的政府法制生涯中，是我十分尊敬的学术领路人。

我与应教授相识于20世纪80年代中期。记得那时，政府法制工作与经济法学界联系紧密，对行政法还很不了解。当时国务院法制局（国务院法制办的前身）的领导提出要加强对行政法的研究。为此，我随当时法制办领导去北京政法学院（中国政法大学的前身）拜访行政法著名学者方彦教授，方教授向我们推荐了应松年和朱维究两位老师。初见应老师时，他瘦瘦高高

---

* 周继东，原北京市人民政府法制办公室党组书记、主任。

的，看不出已是五十多岁的人，讲一口浓厚浙江味的普通话，说话随和，戴一副白边近视镜，典型的江南知识分子形象。不知怎么，竟然没有一点儿生疏感，很快我就喜欢上了这位应老师。

在我国，行政法学研究和行政立法几乎从一开始就是同时起步的。1986年，在全国人大法工委下面成立了一个很重要的组织机构，就是行政立法研究小组。这个小组是著名法学家、全国人大法工委顾问陶希晋老先生首先提出建议，在法工委主任王汉斌直接支持下成立的，是一个半官半民的组织，成员包括全国人大法工委、国务院法制局等部门官员和应松年教授等一批行政法学者，在法工委领导下开展工作，主要任务是对行政立法开展前期研究。从1986年开始，中国的行政立法，几乎每一部重要的法律都是这个研究组提出的建议草案，对中国行政法治建设发挥了特殊而又十分重要的作用。开始，行政立法小组曾经设想要制定一个行政法通则，但考虑到时机还不成熟，于是开始研究单行法律，提出的第一部法律建议草案，就是行政诉讼法。

当时在我国，行政诉讼已经开始出现。1986年全国人大颁布的治安管理处罚条例明确规定，受到治安行政处罚的当事人不服公安机关作出的处罚决定的，可以向人民法院提起行政诉讼。法院受理行政诉讼，根据1982年颁布的《民事诉讼法（试行）》的规定，准用民事诉讼程序。但是，毕竟行政诉讼与民事诉讼有很多不同，在行政诉讼不断增多的情况下，制定一部行政诉讼法，也就越显得重要而紧迫，行政诉讼法就是在这样的背景下出台的。

1989年4月4日，七届全国人大二次会议正式通过了《行政诉讼法》，标志行政诉讼法律制度的正式确立。这部法律明确规定了公民对行政机关提起诉讼的权利，规定了法院审理案件的程序，以及行政机关在行政诉讼中的法定义务和责任。《行政诉讼法》的颁布和实施，对于我国行政法治建设产生了历史性的重大影响。

我国第一部《行政诉讼法》颁布后，北京市开始组织贯彻落实工作。行政诉讼法在北京市的贯彻实施，首先是从行政机关开展学习培训开始。为此，市政府法制办当时组织了一个宣讲团，我也是成员，开始在行政机关广泛宣传培训。我们首先要学习，应老师也就当然成为了我们的启蒙老师。那时，应松年老师给我们专门讲解了行政诉讼法的宗旨、原则和主要制度规定。我此前虽然读过王名扬老师主编的《行政法概论》，但对行政法的真正了解和学习，是从应老师那里开始的，那时开始知道了什么是行政法和行政法学。

应老师是我国行政法学理论的不倦开拓者。行政法学在我国发展较晚，初期受前苏东影响较深。改革开放后，一些研究西方行政法的学者，大量介绍美国、法国、德国的行政法理论和实践，开始形成大陆法系、普通法系和前苏东行政法理论三足鼎立之势。我国行政法法学道路该怎样走，成为当时我国行政法学界面临的重要抉择。应松年、罗豪才等一批学者主张从我国实际出发，兼收并蓄国外有益的理论和实践，为我所用，这种观点逐渐主导了我国行政法学理论研究和实践的发展，逐步形成了我国行政法学理论体系框架，以及在此基础上形成了我国行政法治、建设法治政府的理论体系和研究成果。可以说，我国第一部行政诉讼法的诞生，就是在这种指导思想下，行政法学理论在法治建设实践中运用形成的重要成果。

我国行政法学理论研究和法治实践并生和相互促进，理论为实践开辟道路和指引方向，实践向理论提出课题和提供实验空间。应松年教授总是走在这一大潮的前列。1992 年，党的十三大报告指出："为了巩固机构改革的成果并使行政管理走向法制化的道路，必须加强行政立法，为行政活动提供基本的规范和程序，要完善行政组织法、制定行政机关编制法，用法律手段和预算手段控制机构和人员编制，要制定行政诉讼法，加强对行政工作和行政人员的监察，追究一切行政人员的失职、渎职和一切违法违纪的行为。"为我国行政法学研究和行政立法提出了重大课题和任务。

1996 年实施的行政处罚法，在我国法律制度建设中第一次引入了"听证制度"，使"听证"逐渐成为我国法治建设中的热词；2004 年国务院颁布的全面推进依法行政实施纲要，第一次明确提出依法行政的六条基本原则，即合法行政、合理行政、程序正当、高效便民、诚实守信、权责统一。这六条原则体现了行政法学理论的最新成果，宣示了中国依法行政的核心价值观念。

同年，全国人大颁布行政许可法，第一次确立了信赖保护等一系列重要行政法治原则，等等。应老师为把理论研究的成果付诸实践，不断奔走呐喊，作出了很大贡献。应老师主持的中国行政法学会不仅集中了全国最优秀的行政法教学和理论研究工作者，也吸收了大批在行政法治战线工作的政府法制工作者。我们这些在政府法制战线工作的同志，在学会中深深地受到行政法学理论的熏陶。记得国务院全面推进依法行政纲要颁布前，国务院法制办召开的依法行政研讨会，实际上是一次统一思想和理论务虚会，为纲要的出台和实施奠定了重要思想基础。

应老师注重理论创新和教学著述，但从来没有把自己关在象牙塔中潜心理论，他是一位推进行政法学中国实践的勤耕者。记得很多时候，应老师与我们来自政府法制工作岗位的同志们进行面对面的交流，他对政府法制工作倾注了极大的关注和热忱。就我自己来说，与应老师多次就行政处罚法、许可法、强制法的制定与实施，行政诉讼和行政复议制度的实践与创新，行政执法难点与体制改革，依法行政的理论与实践，行政程序法律制度建设等问题交流探讨。他不仅关注应然，也十分注重实然，不迁就既往沉疴，也不与实践脱节。他深厚的理论功底和对实践的准确理解和把握，总能给我很多教益和收获，在我的政府法制工作生涯中，应老师是我十分钦佩和尊重的良师益友。

应老师十分关心北京市法制建设，为此倾注了很多心血，发挥了重要作用。他是北京市第十届、第十一届人大代表和内务司法委员会委员，市人大法制建设顾问组组长，市政府法律顾问组组长，在北京法治建设和一些重大行政决策中，发挥了重要的作用。应老师在参与北京市法治建设中，不仅注意行政法理论与实践的结合，更是对法治进步、社会公正有着悲天悯人的情怀。他积极参与了很多地方性法规、规章的立法工作，如公共场所禁烟法规，就是在应老师的直接推动下制定的。在北京法制建设中他创造了数个第一：第一个人大法治建设顾问组组长，主持了市人大常委会的第一个立法听证会；第一个承担了人大立法预案研究项目——控制吸烟条例，并已通过人大立法；第一次提出了制定行政程序立法建议，并进入人大立法程序；等等。

在我的印象中，应老师是一个闲不住的人。我与应老师联系时，他多数情况下是在外地讲学、在国外参加学术会议。他十分注重与国外同行的交流，我曾有幸跟随应老师去俄罗斯进行学术访问。应老师还注重台海两岸行政法学界的交往，多次主持和参加两岸学术研讨，带团去台湾访问。他几次邀我随访，可惜前几年工作太忙，没能成行。

行政法研究会是应松年教授辛勤耕耘的另一个重要阵地。在行政法学研究会的旗帜下，汇聚了我国一大批优秀的理论和实际工作者。应松年教授作为中国行政法学的带头人，始终关心着北京市行政法学研究会的成长发展。2005 年，应松年教授提出“为首都法治政府建设实践服务，为繁荣行政法学理论研究服务”的思想，参与发起、筹备成立北京市行政法学研究会，并欣然担任北京市法学会行政法研究会名誉会长。在我担任北京行政法研究会会长期间，研究会每次年会，应老师都应邀出席并致辞，介绍我国行政法学理论发展动态，对北京市行政法研究会的活动给予了充分肯定，提出希望和鼓励，为研究会的发展方向、队伍建设、学术重点和成果转化提出很多中肯建议，使我们深受鼓舞和感动。

应松年教授一直关心北京市行政法学理论和实务研究，利用课题研究、学术交流的平台，全面介绍中国行政法学理论最新研究成果、重要行政法律法规的立法情况和国内外法治政府建设经验。应松年教授不仅自己关心北京政府法治建设，同时鼓励他的学生和弟子参与支持北京市工作。在应教授的带领下，一大批来自首都各高校、政府机关的门下弟子，在服务首都法治政府建设中发挥了生力军作用。中国政法大学马怀德副校长、法学院薛刚凌院长、法治政府研究院王敬波教授等，不仅参加北京行政法研究会具体工作，还直接领衔主持北京市法治建设研究课题，进行了《北京市依法行政评价指标体系研究》《世界城市的政府治理》《北京市重大行政决策机制研究》等重点课题，并转化为解决法治政府建设重点难点问题的对策和措施，有效地发挥了理论研究的前瞻性和指导性作用。

应松年教授始终关注首都政府法制建设和法治队伍建设，多次应邀为全市政府法制系统进行政府立法、行政复议工作等业务讲座，积极支持“法学专家进社区宣讲，助推法治北京建设”项目，并开讲了第一课，推动法律公益服务深入基层，深入群众。

值此应松年教授八十寿辰之际，感念良多，欣然命笔，写下以上文字，以资祝贺。

一座图书馆

叶必丰*

在我的书架上，有一本法律出版社出版的《行政法资料选编》，伴随了我32年。

书的正文共有两个部分。第一部分是“中华人民共和国行政管理法规目录选”，收录了从1949—1966年以及1979—1984年的行政管理法规目录。它们选自《中华人民共和国法令汇编》《中华人民共和国法规汇编》《中华人民共和国国务院公报》以及《新华月报》，分别按年代和类别编排。这部分占了全书630页的67.5%。书的第二部分是“我国新民主主义时期根据地行政管理法规目录选”，计40页。

这本书还有四个附录，分别是中国古代行政管理法规选、外国行政法简介、行政法学著作目录选和行政法参考资料（索引）。其中，行政法参考资料，“是为帮助读者查考研究行政法的有关参考资料而选编的。为方便读者，有的资料还注明了藏书单位及图书编号。这是编者走访各地有关图书馆后集成的”。每一书目都注明了作者、译者、出版社、出版年月和页数等。

这本书出版于32年前的1984年，几乎囊括了当时所能公开查阅到的绝大多数法律、法规和规章，以及自民国以来编写、出版的行政法学公共藏书。我们由此可以发现新中国成立初期行政组织法的发达，了解民国时期行政法学从日本引进到发展状况以及1950—1984年我国行政法学的空白。它简直是

* 叶必丰，上海社会科学院法学研究所所长，教授，博士生导师。

1984年前我国行政法学的一座图书馆。它不仅在于收藏知识，更在于记录历史、传播精神。

这座图书馆的两位建造者之一，就有应松年教授。它向我们展示了一幅幅应教授的画面：那位年近50的人，从西安到北京，从重庆到上海，不断在各地奔波；停放了自行车，又挤上公交车；坐进图书馆，拿出钢笔，在白纸上疾书……它更向我们表明了一位行政法学者所读过的书、所走过的路。

其实，应教授本身就是我国行政法的一座图书馆，推动了我国行政法学从无到有的发展，见证了我国行政法治迄今为止的每个进步。这座图书馆教导我们晚辈：不患莫己知，求为可知也。

我与老师二三事

董 皞*

初识的感慨

追随应老师研究行政法已有近30年了。虽然他曾经在我本科的母校担任过行政法老师，但由于我们在校时还未开设行政法课程，加之应老师那时也借调至司法部参加行政法教材编写，所以他并未给我们79级上过课，我和他也没见过面，但他的名字却早有耳闻。

初识应老师是在1987年的冬天，我在北京大学最高人民法院高级法官英语培训中心学习一年结束后，准备报考中国政法大学的行政法硕士之时。由于应老师当时参加党的十三大报告的起草工作，整天难以见到人影。一个傍晚，我的大学同学、中国政法大学出版社的李传敢带我去见久已仰慕的应松年老师。

中国政法大学是由老北京政法法学院更名而来，由邓小平亲自题写校名。

---

* 董皞，广州大学副校长、教授，中国行政法学会副会长。

更名后名字听起来感觉实在是高大上，很是响亮，其实那个校园就是一个大杂院，建筑布局无章，院内杂物堆砌。我俩兜来转去，来到一栋挂满北京京剧团、北京歌舞团、北京曲艺团各种牌子的筒子楼，远远就听到京胡声、调嗓声、争吵声、台词对白声，穿着紧身练功服的俊男靓女边走边敲打着饭盒赶赴食堂，风景很是热闹。绕过这栋杂耍集群建筑，走进一个小巷子，又是一栋长得一模一样的筒子楼，马上就有米饭味、菜香味、烟熏味，各种味道扑鼻而来。从外面乍然进楼道顿觉一片漆黑，一盏昏暗的黄光灯泡忽暗忽明地在楼道天花板上摇曳。还未上楼，只听到滋油声、炒菜声、加盐叫醋的吆喝声，一曲锅碗瓢盆交响曲不绝于耳。长长的近百米的楼道，应老师几乎住在二楼最靠里面的一间。楼道两边排列着纸箱、桌椅、餐具、蜂窝煤、煤气炉，靠墙两排摆设得没有一丝空隙，空间的有效利用率达到“±10”厘米。家家户户的厨房就是靠墙摆放的炉灶。正是备饭时分，每家每户门口都能看到一两个黑乎乎的人影在晃动，昏暗中，我紧随着李传敢敏捷的黑影侧身躲闪着一排专注的厨师们夸张的动作前行，几乎走到长长的楼道尽头，看到应老师正在手忙脚乱地做饭，顾不上简单地寒暄，他说了声进屋坐吧，算是打了招呼。

我们遵命径直进屋，感觉是进了“图书馆+工作室+卧房”的三合一办公室。靠窗的一张大床几乎占据了房间的一半，三面墙都是直戳屋顶的书架，堆满了书籍杂志，包括地板和床上。窗边一张三屉书桌，床脚一张可折叠圆桌，上面都堆放着书纸，只留出一小块空地摆放着方格纸和笔，桌前各有两把折叠椅，看起来这两个桌子都有各自的主人刚刚使用过。房内甚至没有可以站立的地方，李传敢示意我坐在床边，我也就效仿他直接在床边坐了下来。

须臾，饭做好了。师母胡梅娜老师把圆桌上的书纸收起来堆放在床头，拿过另一张折叠椅摆好，圆桌立即成了饭桌。他们边吃饭边和我们聊，应老师问了几句似乎无关的话，我一一作答，然后说需要找两个教授写推荐信，简单明了。上门“面试”即告结束。我本来准备好的面试台词一句也没用上。

我们师徒二人的初次会见就在这里在这样的氛围中隆重举行。

从应老师家里出来，仰望星空感慨无限。我当时已在改革开放的特区工作，分到了99平方米的房子。看到那样环境、那个住处、那种精神、那股劲头，我无语、无泪、无思……现在来看这个时时想为老百姓代言，总敢用鸡蛋碰石头的人，之所以如此，不知和他几十年的边疆体验以及上述生活经历有无关系？

糊弄不了的学问

中国政法大学88级行政法专业研究生共12位，来源和构成比较多元。6个硕士生6个研究生班，6个硕士生中3个有工作经历3个应届生。研究生班在校一年半（其实我们硕士生学制也只有两年半），课程结束后即离校，一年后再回来参加毕业论文答辩。这样硕士生就成了老师科研的主力军助手。

20世纪80年代末，正值中国体制改革如火如荼之际，行政体制领域随时都会有很多问题亟待解决而且提出的问题又新奇又棘手，所以应老师一天忙得脚不沾地，我们也难得见上一面，但不时会有新任务布置下来。那时既无手机更无微信，每当有新任务他就通过师母或研究所行政人员许可柱老师给我带话，约好时间去他家领任务。领了任务回来我再分解给同学们分工协作一起完成。其他专业的同学除了上课外整天无所事事，或是热衷于组织或参加学生会竞选，或是跳遍首都高校饭堂舞会。我们行政法专业一干人等一天忙得团团转，只有周末才敢去就近的法大食堂踩着黏糊糊的油腻地板，嗅着五味杂陈的饭菜余香，伴着“小月河圆舞曲”大汗淋漓地转上几圈。虽然大家挺忙活，不时要参加立法论证会，起草立法试拟稿，邀请专家或领导来讲座等，但这些都是实实在在的科研任务，研究的同时还可以把思考和成果整理发表。我在读研期间就和应老师合作和单独发表了四五篇文章，其中关于行政复议的三篇论文在当时还算是有点分量和影响的，这种情况在那时的研究生中还不多见。偶尔应老师忙不过来的讲课任务也会叫我顶替出场，记得我第一次去山东游泰山就是顶替应老师去青岛党校讲课后回京途中未请示报告自行改道而去，如果他不看这篇回忆我就蒙他成功啦。两年半的光阴过得很充实，也能赚点小外快，其他专业的同学还是很羡慕我们的。

那期间，应老师带领、组织我们参加了行政复议条例专家稿、国家气象条例试拟稿和气象设备条例试拟稿的起草，国家赔偿法的资料收集、调研论证，对行政诉讼法征求意见稿、新闻法征求意见稿提修改意见等。组织或参与了《中外行政诉讼案例选编》《行政行为法》等书的编写工作。摸到了一点儿门道后，自己也开始组织一些编写工作，赚点稿费弄点小钱，抄写等具体工作也不用自己亲手干了，只需雇请本科生来完成这些简单劳动，约定一个字一分钱，大家各得其所。由于当时没有电脑，所有文字一律都是手写，为了便于计数原稿都是写在格子纸上，所以，把编书写稿都叫作“爬格子”。

时间长了，任务多了，难免产生倦怠，干起活来也就不那么讲究和认真了。完成任务的基本程序就是应老师派活给我，我再负责分工分派，其间上呈下达，限时交差，然后我来统稿、校稿，最后由应老师审定。我每次交差时他都会问一句，你看了没。我必须回答：看了。其实有时候因为时间紧或懒惰真心没看。这样交差后，准是会被应老师叫回去指出一堆问题，我只好取回带着眉批、脚批，包括标点符号等各种批的稿子回来重新再审。如此三番五次就知他是真看，是通篇认真看，弄不好还要返工的，之后只有认真对待再也不敢糊弄了。不过他总是温文尔雅，简短明了，就连批评人也从不大声，一两句而已，不会没完没了，啰里啰嗦。

两年多的研究生生涯就是这样跟着应老师开始学做学问的，虽然好像没有说教，没有指导，没有耳提面命，但他的严格要求，言传身教，以身作则就成了我最好的老师。

我心中的五者：应松年老师素描

莫于川*

自20多年前在西南政法学院读研，由王连昌老师引领我进入行政法学队伍，介绍我认识应松年老师之后，特别是我到北京读博、工作及与应老师做邻居、做研究会同事之后，向应老师请益、讨教、求助的机会日益增多，对他的了解也越来越多，对他的敬重也与日俱增，真心觉得受益匪浅、受教无穷、感恩无尽。在应老师八十大寿之际，我写点文字表达心意并与大家分享。在我的心目中，应老师是一位值得晚辈深深敬重和认真学习的“五者”，也即不断探究新见的学者，执着推进立法的智者，坚持伸张正义的勇者，热心组织交流的行者，大力扶掖后进的长者。这“五者”，是我的应老师素描像，下面谈谈我了解较多的内容。

---

* 莫于川，中国人民大学法学院教授、中国行政法学研究会副会长（2015年11月26日匆写于北京世纪城绿园）。

一、不断探究新见的学者

应老师作为权威学者，学术造诣很深，学术贡献很大，但他一直没有停下学术上探索前进的步伐。例如，关于依法行政理论和制度的认知，他就专门进行了深入研究，并发表长篇论文进行系统阐述，对于我国深入推进依法行政、加快建设法治政府，作出了独特的重大贡献。又如，在我长期研究的柔性管理方式法治化这一行政法学新领域，应老师也敏锐和持续地给予深切关注，且有准确的把握和独到的见解。记得他在福建省出席行政指导高峰论坛发表演讲时，就专门阐述了“行政指导是建设服务型政府的重要抓手”的观点，获得与会者高度共识、共鸣；他还积极评价行政管理创新和行政法治建设的民主化方向，肯定我的民主行政法研究成果为深入推进依法行政、加快建设法治政府提供了新的理论支持。

二、执着推进立法的智者

我国改革开放以来的先后 2 个法治建设 16 字方针，强调了有法可依、科学立法，加之行政法律规范面广、量大的特点，可见做好人大立法和行政立法工作，尽快建立起社会主义法律体系以及行政法律制度的重要性和艰巨性不言而喻。为此，应老师在领导行政法学研究会和行政立法研究组期间，积极组织推动了许多重要立法的研究起草工作，对于建立健全我国法律体系作出了重要贡献。例如，行政程序法是行政法制的特色领域，堪称走向依法行政的标志性工程，是建设法治政府的标配制度。记得应老师带领我们一个学术团队，紧锣密鼓地展开学习和研讨，用了好长时间拿出了《中华人民共和国行政程序法（专家建议稿）》，还举行仪式正式报送全国人大法工委；由于种种原因，此项立法工作受到冷遇。在非常困难、停滞难行的情况下，应老师动脑筋、想办法、拼耐心，眼观八方、发动会众、多腿走路，中央不通走地方，东方不亮西方亮，积极争取法典化的行政程序立法在地方、部门有所突破，最突出的是帮助湖南、山东等地的行政程序专项地方政府规章出台，继而帮助重庆、北京等地正尽快推出行政程序专项地方性法规，从而推动行政程序立法第三波世界浪潮在我国得到延展，可谓功莫大焉。

三、坚持伸张正义的勇者

一位大人物曾言："要努力让人民群众在每一个司法案件中感受到公平正义。"这是一个政治正确、高度共识的美好愿景，但现实状况与此愿景的距离尚远，需要社会各界共同努力加以推动。应老师就是一位最热心尽力的推动者。他积极筹建大道法律援助中心，还为许多上门求助的执法或裁判不公受损者指明出路、介绍关系、提供办法，乃至亲笔投书高层和媒体，集中专家团队力量，运用法律专业知识、智慧和经验，真诚地为民众和企业服务，积极实践着"努力让人民群众在每一个司法案件中感受到公平正义"。

四、热心组织交流的行者

应老师作为我国行政法学界的组织领导者，许多年来一直热心、尽力地组织开展学术交流活动，包括行政法学的年会、论坛和研讨会，如建立起东亚行政法双年会、海峡两岸行政法研讨会、"两岸四地"行政法学术研讨会等一个个学术交流平台，不但活跃了学术园地和氛围，有助于推动学术水平提升，为我国中青年学者快速成长，及时准确地了解当今世界最新学术变化，为外国学界了解我国行政法学术活动和政府法制提供了学习交流平台，其公益之心彰显于世。

五、大力扶掖后进的长者

长江后浪推前浪，江山代有人才出。我国行政法制和行政法学的稳健长远发展，需要无数优秀的青年人才成长起来发挥作用。作为我国行政法学的一位领军人物，获得终身成就奖的行政法学界泰斗，应老师不仅自己在学术上不懈努力、更上层楼，还像学术海洋的一座灯塔，为青年才俊照亮前进方向，做他们的知心朋友和引路前辈，总是真诚、热情、尽力扶掖后进，帮助中青年学者快速成长。例如，为青年学者参加学术会议、发表学术演讲、发表学术文章等提供机会，为他们的成长进步创造条件。应老师特别乐见青年学者发表新成果，乐意为青年学者的新著写序，而且总是充满深情、诚恳细致、恰到好处地肯定成绩、突出特征、指明方向，一篇篇序言就像一颗颗暖心，令人感动、催人奋进、给人智慧。

今天是感恩节，谨以匆匆写出的上述文字表达我对应老师的崇敬和感谢！

我心目中的应老师

薛刚凌*

斗转星移，岁月如梭。自从我1987年到中国政法大学求学于应松年老师以来，30年的时间一晃而过。回忆与应老师在一起的点点滴滴，从当初为师的谆谆教诲到后来工作上的提携关怀，可叙述的事很多很多。令我印象最深刻的，莫过于应老师在学术研究上的创新果敢、在法治事业上的执着追求，在管理工作中的智慧练达，以及在平时生活中的仁心宽厚。

推动学术创新的“勇者”

应老师是我国行政法学发展绕不开的“关键人物”，是中国行政法学的“领头雁”之一。在2015年中国行政法学研究会成立30周年纪念大会上，应老师获“中国行政法学终身成就奖”，可谓实至名归。应老师获得这样的评价和地位，我觉得始终与他在学术研究上的创新精神相关。

中国行政法学发展几乎是“白手起家”，其中尤其需要像应老师这样有学

* 薛刚凌，中国政法大学法学院院长，教授、博士生导师。

术创新的人去推动。应老师经常和我们讲他参与编写中国第一部行政法学教材时“毛遂自荐”的故事，充分体现出他那股子学术创新的“闯劲”。当年应老师在北京听说司法部正组织力量编写一套法学统编教材，其中有一本涉及行政法的内容。虽然人生地不熟，但年过四十的应老师像一个刚毕业的大学生一样，到编辑部的楼里挨个儿敲门，直到敲开负责编写教材的王珉灿先生的大门，毛遂自荐要参与编写。或许是被这个风尘仆仆、满脸执着的后辈一股勇气与热情所打动，“不知道这个人从什么地方冒出来的”，王珉灿先生想了想就答应了。每每讲到这里，我总是能看到应老师脸上洋溢出一种兴奋之情。

做应老师的弟子，一个深刻的感受是老先生对于倡导和支持学术创新。他总是极力鼓励年轻的学生和学者去研究一些新问题，很少限制学生的毕业论文选题，不为学生设定一些条条框框，尽可能让学生自由探讨。这样的一种创新追求，深深令我感动。记得我当时攻读博士学位时，打算以“行政诉权研究”为毕业论文选题，这在当时是一个几乎没有多少人碰过的理论问题，学术界几乎没有探讨。说实话，当时我自己也拿捏不准，去找应老师讨教时内心忐忑不安。应老师听了我的想法后，认为这是一个“十分冒险的题目”。但是他并没有否决我的选题，反而以一种开创性思维鼓励我去研究。正是在他的鼓励和支持下，我的博士论文《行政诉权研究》得以顺利完成，而且出版后获得中国法学会优秀成果二等奖。

正是坚持学术创新，应老师带领我们学生在行政组织法、行政程序法、政府信息公开等领域作出了开创性的研究，积极鼓励青年学者在新领域钻研行政法的新问题，不断引领中国行政法学发展前沿。直到现在，他还坚持给行政法学生上课，而且他的课堂是开放式的，不光是中国政法大学的学生可以到办公室上他的课，连外校的研究生也可以参加。在课堂上，他坚持采用讨论式的教学方法，启发和激励学生各抒己见，将讨论不断引向深入。听应老师的课，不会因为受逻辑限制而感到枯燥乏味，相反，他的课总是在谈想法、谈观点，一有新的学术观点就与同学们分享。正是在他的启发下，一批又一批的青年学子爱上了行政法学研究，走上了学术创新的道路。

矢志法治事业的“恒者”

古语云：“恒者行远，思者常新。”我觉得这句话形容应老师再恰当不过。应老师不仅在学术上勤于思考、勇于创新，年至耄耋仍不断有新成果诞生；更令人敬佩的是，他始终不改法治初心，对法治事业尤其是行政法治建设持之以恒、坚持不懈，融造化以为道，发心之至诚，为推动法治进步作出了重大贡献。

我国的行政法治建设起步晚，行政立法的任务很重，在这个过程中，深深烙印上了应老师的足迹。其中令我印象最深刻也是最感动的，是他对制定《行政程序法》的激情呼吁和“痴心不改”。在推动制定许多政府行为立法之后，应老师越发感到我国缺少一部统一的《行政程序法》，所以很难全面约束行政权力、保障公民权利。为此，他率先主张制定《行政程序法》，并着手进行这方面的学术研究和理论准备。1999 年应老师就出版了《外国行政程序法汇编》和《比较行政程序法》，2009 年主编《行政程序法》，2010 年应老师还在《中国法学》上发表《中国行政程序法立法展望》，还主持起草《中华人民共和国行政程序法试拟稿》。

在做好立法理论准备工作的同时，应老师还以前瞻性眼光积极推动地方性立法先行一步，以便为全国性立法提供经验。2007 年全国人大开会时，应老师与当时的湖南省领导聊起了建议制定行政程序法的想法，结果在应老师的积极推动下，不到一年时间，国内首个将行政程序单独立法的《湖南省行政程序规定》就完成了，为中国的行政程序法提供地方范本和实践经验。在他的推动下，在上海成功地举行了行政程序法国际研讨会，有 60 余名国外境外代表参加。应老师对《行政程序法》的呼吁可谓十数年如一日，至今仍念念不忘。这些年，无论是在学术会议还是与官员交谈或是课堂上，他总是利用一切机会呼吁制定《行政程序法》。认定了的事情便会义无反顾、坚定不移，这种对法治事业的恒心与毅力，数十年丹心不改、愈老弥坚。

另一项体现应老师“知难而进”的是北京市控烟立法。在我国禁烟控烟之难众所周知，作为首善之区的首都北京，如何改变这种被动局面，牵动着应老师的心。对于这块“烫手山芋”，应老师没有绕道而行。2011 年北京两会上，作为市人大代表的应老师领衔提出关于制定《北京市控制吸烟条例》的法规议案，通过明确责任主体、明确控烟领域，为控烟提供切实有效的法律保障。应老师还亲自担任北京市控烟立法课题组负责人，年届八十，四年努力，他的执着终于换来了《北京市控制吸烟条例》的出台，而应老师也被媒体称为北京市“控烟议案第一人”。有调查显示，北京“控烟令”实施近半年，公众满意度超八成。

深谙管理之道的“智者”

在与应老师打交道的过程中，我深刻感受到应老师不仅是一个令人敬仰的学者，同时也是一位令人钦佩的管理者。他懂管理，善管理，总是能最大程度地盘活教学科研资源，拓展行政法治建设和行政法学学科发展平台。

研究中国的行政法学，一定要懂得行政管理。应老师就是一个很有管理艺术的管理者，了解我们中国社会，懂得与官员、媒体打交道，与学界的人相处比较融洽，这主要源于他没有私心，总是从国家法治大局出发，从科学建设出发，从他人角度着想。早在 1986 年他就主编过一本《行政管理学》，这本书后来发行达数十万册，还获得全国行政学著作一等奖。后来，应老师在担任一些管理职务时，无论是 1995 年调任国家行政学院法学部主任，还是担任全国人大内务司法委员会委员，或是在中国法学会行政法学研究会任职，他总是能够想尽办法提高管理效益。

2015 年在筹备中国行政法学研究会成立 30 周年纪念大会时，我回忆梳理了一下，发现从第一届开始到现在，只有应老师“从一而终”，每一届都没有缺席。可以说 30 多年来，他不仅见证了中国行政法学会的成长壮大，而且身体力行地参与其中，凝聚学界力量。即便是年过八旬，应老师依然在深夜亲临行政法学会的筹备会议现场，对会议细节一一叮嘱，这种精神令人感动。

尤其是应老师调任到中国政法大学之后，对中国政法大学乃至我国的行政法学学科建设贡献突出。例如，为促进行政法学的繁荣，应老师就希望行政法学界有一个可以探讨争鸣的园地。在没有经费、没有专职编辑的条件下，应老师四处奔波，终于创办起了一份理论刊物。开始用油印，1993 年取得一些资助后正式出版，成为我国法学领域里惟一的专业理论期刊，这份杂志就是现在的《行政法学研究》。从创建法大的行政法学科组到成立行政法学会，从发起海峡两岸行政法学术交流到推动国际学术交流，应老师充分发挥自己的管理才干，不断寻找机会为他所钟情的行政法事业争取资源，为莘莘学子创建更宽广的成长空间，为加强中外行政法治学术交流搭建平台。

在应老师身上，总是体现出一种少有的管理智慧，筹划事情讲究策略，总是能够找到解决问题的办法。“应老师很务实，跟实务部门接触很多，比较注重用法律解决一些实际问题。”这是我们大家对应老师的共同印象。

处处宽厚待人的“长者”

生活中的应老师，则是一位待人宽厚的“长者”，随时显现出慈祥长者的风范。对待学生就像自己的家人，总是关爱有加，替学生的成长打算。应老师从来没有“门户之见”，对待优秀的青年学生总是无私地提携帮助。当年，有一位北大的博士生来旁听应老师的课，应老师发现这位博士生思维很敏捷，课堂讨论时资料准备得十分扎实，心生喜欢，精心指导。这位博士生就是如今清华大学的何海波教授，已成为行政法学界的“翘楚”。

应老师乐于助人在学界是出了名的，令人感触最深的是他与我国行政法学泰斗王名扬老师的交往。那是应老师刚调入中国政法大学不久，参加行政法硕士导师组的工作，他就去经贸大学敦请王老回法大任课，王老开始时无意回来，这时应老师就问王老“愿不愿意带出新中国第一届行政法研究生”，就是这一问打动了王老，让已经 67 岁的王老毅然进入中国政法大学，并在接下来的12 年中写出了著名的《英国行政法》《法国行政法》《美国行政法》。

应老师不仅请回了王老，而且想方设法为其研究提供条件和便利。例如，王老在写《美国行政法》时十分艰苦，缺乏对美国行政法直接的体会，当王老提出希望能够亲自到美国钻研时，应老师努力找到了经费支持，确保了这项研究的完成。

王老逝世以后，应老师一直惦记着将王老的全部著作收集、编辑、出版，终于在 2016 年，《王名扬全集》一共五卷六册由北京大学出版社出版发行。应老师在序言中真诚写道：《王名扬全集》付梓，是我的眷眷心愿，眼见这一心愿得以实现，庆幸之忱难以自抑。字里行间，表达出应老师对一代行政法巨匠的尊崇和思念，也折射出应老师真诚待人的至诚至热之心。

生活中更多的时候，应老师和年轻的学生们在一起，总是以一种平等的身份进行交流。从我跟应老师读书开始，就觉得不论探讨学问还是处理事情，他都很民主，从来没有居高临下的姿态。讨论任何事情，他总会先让你说说看法，最后找到一个最为理想的解决办法。亲其师，信其道，我们不仅从他那里学到了知识，而且学会了做人的道理。

如今随着年龄的增长，应老师越来越显得豁达慈善，在依旧繁忙的教学研究工作之余，也不忘读一点儿自己喜好的历史与文学。据他和采访的记者讲，忙里偷闲时，他甚至还会拉上一会儿二胡。陶醉在《二泉映月》之中的应老师，显得更加亲和。

我印象中的应老师

方　军*

近日接到同门发来的邮件，告知我应老师的八秩华诞将至，嘱托可以写点什么。时光真是飞快啊，眼前似乎还能回忆起应老师过七十大寿的情景呢，不经意间居然又是十年过去了。此时恰逢我在西部地区挂职，白天忙完各类公文杂务，晚上回到金泰丝路花城兰园的住处，当独坐在狭小的书桌前，我却不能真正地静下心来，因为不知道究竟该写一篇什么样的文字，才是最适于学生表达对老师的内心情感，寄托后辈致一位敦厚长者的寿诞祝福。思前想后，干脆还是信笔由缰，就着记忆中零散碎片，说点自己对老师的印

* 方军，法学博士，现任职于国务院法制办。

象吧。这样的文字，或许更自然真实。

印象之一，是老师身上的强烈正义感。在华夏古国数千年演进的历史长河中，知识分子作为一个特殊的社会阶层，无论是因“道不同不相为谋”而自庙堂退居山野，不为五斗米而折腰，还是秉持一份“天降大任于斯人也”的自信与执着，投身朝廷，愿为帝师，力图践行“为生民立命，为往圣继绝学，为万世开太平”的宏大抱负，他们其实都抱持一个共同的东西，即理想、良知和底线。这些被称为士人风骨的特质，构成中华文化世代传承的亮点。然而时至今日，经过诸多的风波洗涤，知识分子的分化甚至退化有目共睹，有知而无智、见利而忘义的犬儒大行其道，精致的利己主义者比比皆是。从以往的尊称“专家”、“教授”被世人戏谑为“砖家”、“教兽”，即可窥见传统士人精神流失的严重程度。可以说，以理想、良知和底线所支撑的正义感，业已成为难得的稀缺资源。而根据我的感受，老师对他的学生，最看重的正是培养这种法律人应有的品性。他认为学习法律，最重要是有社会正义感，重良知，辨是非。他对社会上那些有违公平正义的现象，从来都是直言相责，毫不隐瞒自己的好恶。他经常提醒学生，面对社会的光怪陆离，要站稳身形，把握住自己，不要为名利而丧失了气节，不能为一时诱惑而铸成大错。他其实很关心自己的学生，乐见他们有所发展、有所成就，绝不希望学生们成为见风使舵、明哲保身甚至弄权擅术的“聪明人”，他对这种小聪明向来嗤之以鼻。在与老师相处的过程中，我还看到他对处于社会底层的弱势群体有着一种发自内心的同情和人文关怀。他经常说，弱势的一方同样有法律上的权利，同样应当得到法律的保护，只有弱势群体获得法律的公平对待，社会才会有真正的和谐。他还强调，行政法之所以非常重要，是因为行政法是调整行政关系的，行政关系的主体包括行政机关和相对人，总体上相对人通常居于弱势地位，行政法要更多地关注约束行政权、保障公民权。多年来，他一直大声疾呼要加强行政程序制度研究，完善行政救济机制，更好地促进社会公平正义。应老师的这些言传身教，使我们这些学生深感受益良多。

印象之二，是老师身上的执着和韧劲。在我的记忆中，老师是一个精力极其充沛的人。他说话做事，总让人感到有一股朝气，看不到任何暮气的影子。他的日程总是安排得满满的，近些年来，他从国家行政学院转到了中国政法大学任教，本来可以借机放缓一些节奏，但是他仍然满负荷地工作，除了承担教学任务外，还要参加各类学术会议，为党政机关举办讲座，到各大高校为年轻学子们巡讲，好像从来不知道什么是疲劳。有时候我们考虑到毕竟年纪不饶人，劝他减少一些活动，他总是回答说，“没事，你看我不是挺好的嘛!”直让我们这些刚届中年但时常感到力不如前的学生备感汗颜。现在想起来，其实老师也并不是什么铁打的人，只是他的毅力不同于常人而已，这可以从一件琐事得到反映。十几年前，他当时还在担任全国人大内司委委员，有一次在去人民大会堂开会的路上，他的坐车遭遇追尾事故，造成他的颈椎严重受伤。他因此戴上了大半年的医用护颈，不仅身体上遭受极大的痛苦，而且起居和活动都很不方便，但即使在这种情况下，他也没有因此而停止工作，经常可以看见他出现在各种场合。从老师的身上，我们都感到做事必须尽心尽力，没有人可以随随便便地取得成功。

印象之三，是老师身上的开明和宽容。世人多易随着年纪增长而变得僵化固执，生活中这样的例子常见不鲜，然而在这方面，老师却是个例外。与他交谈，总觉得他是个名副其实的生活在当下的人，他的思维像年轻人一样活跃，他关注发生在现实生活中的一切新事物。他的治学思想也十分开放，对于不同的观点和学说，他都主张全面研究，给予讨论的空间。许多学生都有和我一样的体验，在与老师同时参加研讨会时，我们不必拘泥于老师的意见和看法，完全可以独立地提出自己的主张，因为老师历来鼓励我们提出自己的观点，他关心的只是我们要经过认真思考，努力做到言之有据、言之成理。老师自己也是理论创新的实践者，比如，几年前他根据完善我国行政争议解决机制的现实需要，首先提出了要强化行政复议的公正性，把行政复议打造成解决行政争议的主渠道的意见，得到了决策层的重视和采纳，对行政法理论发展和行政复议改革实践都起到了重大的推动作用。

印象之四，是老师身上的乐观和豁达。在中国这样一个具有长期人治传统的国度，推进行政法治难免会遇到这样那样的困难。他经常告诉我们，要坚信社会总是会不断进步，民主和法治一定会在中国实现。有一段时期，我在工作上碰到一些不太顺心的事情，他担心我因此而消沉下去，于是跟我讲起他因“反右”风波而被迫远赴新疆20年的艰难经历，并开导我说，人生当中有些挫折并一定都是坏事，逆境往往是对一个人最好的砥砺，能够使人更加成熟、更加刚毅、更加清醒、更加睿智。在逆境的时候，一定要沉住气，没有必要怨天尤人，也不能浪费时间和精力，要利用这个时机多思考、多积累。他还特别提醒我，看问题的角度对改变心境很重要，有时候这件事做不成了，不等于天塌下来了，其实还有许多别的事可以做。有些事自己尽力就好，能做多少就做多少，不必苛求必须所有事都在自己的手上完成。每一次回想起老师的这些话，我都有醍醐灌顶之感。我逐渐领会到，这种相信社会必然趋于进步，正确看待人生的顺境和逆境，努力做事但功成不必在我的乐观心态，凝结了老师八十载风雨人生的深切感悟，无疑也是我度过治学为人处事难关的宝贵指南。

目前，行政法渐成显学，以老师作为领军人物的前辈先贤们此功不可没。作为年轻一辈的行政法学人，我们肩负着推动行政法进一步振兴的历史重任。实现这一目标，必然需要对社会的强烈正义感、对事业的执着和韧劲、对不同观点的开明和宽容以及对人生起伏的乐观和豁达，而所有的这一切，老师都已给我们作了最好的展示。

魏公村的那些事儿

——与应老相处的日子

张 越*

话还得从30年前说起。1985年，我高考。正在这节骨眼上，读了一篇浙江人写的文章：《南人与北人》。其中有句话印象太深刻了：南人要到北方去生活一下，北人也要学点儿南人的优点。作为一个鲁人，正宗的北人，如何才能学一些南人的优点呢？答案就摆在眼前：去浙江大学吧！

当时，还有一个很重要的考虑因素，就是顺不顺路。当时我在济南，到浙大所在的杭州，有1100公里的火车距离，车费是19.90元。现在看来，这就是一张20元纸币，掉地上都不一定每个人都去捡。但在当时，这是我父亲

* 张越，国务院法制办公室机关党委常务副书记。

或者母亲月工资的三分之一。相当于今天一张北京至杭州的往返机票。但钱还不是最重要的，最重要的是父亲的一句话：千万不能转车。结果一查列时刻表：哈哈！正好！119 次，北京至杭州，路过济南。

于是，1985 年的 9 月 1 日，我就登上了 119 次，开始了 20 个小时奔赴我的大学的里程。这一路的摇晃是如此地剧烈，以致到了第二天晚上，我躺在玉泉校区 7 号楼 4010 室的上铺时，感受床还在摇晃。

四年大学的开始就有些意外。我既没有学志愿上填报的无线电，也没有学管理，而是进了机械系流体传动及控制专业，跟随另一个宁波人路甬祥教授学液压。那时候，路老师已经是浙大副校长，但还兼着浙江大学液体传动及控制国家重点开放实验室的主任，因此可以经常在往返液压实验室的那栋小楼的路上，看到他 1 米 85 的身商。当时我们班只有 46 人，暑假的时候大家都回家了，只有我一个人留在实验室打工。那时候，还不怎么兴打工，甚至还没有打工这个词。工钱也非常少，一天 2 元。这样干一个月，就可以挣到暑假的另一个月到全国各地旅游的路费。两年下来，就去了西藏、新疆、黑龙江等地，当然还得靠些别的办法。

四年大学的过程也很艰辛，无论是数学分析，还是画法几何，都不好过，哪怕只有 60 分。因为整个七八页纸的卷子上，就没几个汉字，更没有一句完全由汉字组成的话。哪怕仅仅是看懂题目的要求，都必须理解其中几个外文（不限于英语，还有好几个希腊字母）单词或者符号的意思。于是，四年下来，40 几门课，全班 46 个男男女女，能够不见红（现有叫挂科，因为不及格分数用的是红笔）的只剩下 7 人，其中多数还是女生。我就是其中为数不多的男生之一。幸运啊！最低的时候跌到 63 分了，再不留神就真挂了。

当然，悲苦之中，也有一丝安慰。就是那时候的浙大，那叫一个自由。主要是思想自由。每周至少有 10 场饶有兴趣的讲座或者活动，有讲康德的纯粹理性的，有讲弗洛伊德精神分析的，有讲天体物理的，还有召集大家去谈刘晓波（上海）的诗作，或者参加世界和平年演讲比赛的。

当然更吸引人的，是正对校门的图书馆里大量的藏书。工程方面的书，是必须读的，否则考试过不了。但在借这些书时，也会因为图书检索法的原因，找到一些名字很新鲜的著作，如《论人类不平等的起源》《联邦党人文集》《爱弥儿》《利维坦》《人性的枷锁》。这些书有的属于哲学、有的属于政治学、有的属于文学。但对于正统的工科生而言，都属于文科，看起来都跟小说差不多：比演算数理逻辑公式轻松多了。于是就当闲书看，以至于看得比本专业的书还投入。接着就开始思考、去听相关的讲座。但那时还真不知道有个学科是可以既研究思考这些宏大而轻松的问题，又可以作为职业挣饭吃的。

直到大学毕业，又回到济南，进了一个研究所，开始做一名工程技术人员时，才在一个周日的下午，在济南经四路的那家老新华书店的一楼进门左边的一摞书中，找到了这个答案。

那是1990年律师资格考试的考试大纲，其中提到了宪法、民法、刑法、诉讼法等。我忽视发现，这是我此前直至当时仍真正感兴趣的所在，而且是可以作为一种职业终身从事的：只要做一名律师就可以了。那就报名吧！

第一次参加这种考试，成绩是304.5分（总分500分）。于是，一个行政法问题出现了：当时的山东省司法厅规定，凡从事律师职业的，300分就行；非此，必须325分。什么叫“坑爹”、什么叫行业本位或者部门保护，就是从这儿开始领教的。

于是人生再次蹉跎。虽然没有考过，我还是不想继续当时可以看得见未来的工程师之路。但辞职后也很不顺利，在全国各地转了几大圈之后，最终又回到了出生之地：济南，继续准备1992年律师资格考试！那是最后一次两年一考。

这次没有什么问题了，400分满分，考了280多分，只需要240分就够了——劲使大了。不过没关系，有的就是力气！此时才发现，自己什么法律文凭还没有呢！怎么办？再考个大学？为什么不考个研究生呢？此后先后12次去北京，遍访北京招法律研究生的院校，最后选择了政法大学行政法学专业，因为这是所有院校中行政法专业招生人数最多的。至于为什么选行政法，原因还在于浙大时留下的印象：行政法所研究的领域，涵盖了我的喜好。

1993年第一次考研，考了大约265分，离最终录取分数线差50分。其中最重要的原因，是行政法、行政诉讼法两门专业课加起来只考了100分。因为当时用的教材不对，都是从法律关系入手，学到最后，都不知道行政法到底是什么。

此时，人生的转机出现了。我在山东省图书馆发现了一本书，1985年工人出版社出版的应松年老师的《行政法学总论》：行政法是关于国家行政机关的组织、行为及其监督的法律规范的总称。看到这，我一下子就通达了。1994年考了354分，仅行政法、行政诉讼法两门专业课就贡献了160多分，其他三门课分数都不高，特别是政治，只考了56分，要不是那年政治分数线划在55分，就真挂了。

后来才知道，那年我们专业我是初试（笔试）第二名，其他五位同学中，3位来自中国政法大学。而当年笔试第一名，因为档案的问题，没有取得面试资格。而当年唯一的保送生，也让应老师给打发回家了。当然，我也是我们那年本专业年龄最大的：27岁。不过也不是太晚：苏老泉，27，始发奋，读书籍。我都进师门了，怎么能算晚呢！因为出乎我意料之外的是，应老师点名让我做他的学生。于是，经过9年的折腾，在21年前，和应老师的机缘正式开始了。

也许是年龄比较大、有点儿社会经验的缘故吧，重新回到校园的我，有种如鱼得水的感觉。一进法大研究生院，我立马一改此前15年、从小学到大学都游离于集体之外、甘当少数派的风格，非常彻底地融入新集体、新生活之中，更重要的是投身到新的专业之中。因为自己最清楚，能够得到这个机会太不容易了。用当时在宿舍里和同学们调侃的话说：你们今天的不幸，是多少人的幸福换来的。当时大家都处在迷茫中，但比起那些被我们PK掉的人，现在看来还是幸福许多。

投身到专业之中，绝不是一句空话。作为导师组秘书，和老师们的接触比较多，所有老师们让我写的东西，我都不计报酬、不讲条件，尽最大可能按质、按时完成。于是一年下来，已经可以靠稿费自食其力了。那时的稿费还真不全是书稿稿酬，还有杂志社投稿的报酬，虽然只有几百元，但现在看来，不倒贴就能发文章，其含金量不是一般。

三年后，当应老师第一次自己带博士的时候，他明确希望我读他的第一个博士。新的考验又开始了。由于当时应老师已去国家行政学院，虽然还在法大诉讼法专业带博士，但我那一年行政诉讼方向只有一个委托培养的名额。我的难处还不限于此，除了必须交 3.6 万元的委托培养费外，还将失去毕业后的自由之身。更要命的是，我的师姐吕立秋那年也要报考，而她的外语是公认的比我好的，而专业课也不会太差，因为她当时是法大的行政法老师。

别无选择，只能再次每天去法大 119 教室备考。暑往寒来，一晃半年。1997 年春节我都没回家，祖父此间过世父母也没有告诉我，直到我考完才知道。

我知道笔试成绩，是一天晚上大约 9 点，当时正在蓟门里小区里溜达。BP 机响了，我一看，是应老师家电话！我马上回过去，就听到了胡梅娜师母兴奋的吴音：小张，你是第一名！

但随后的结果却真的出人意料。当年法大博士生招生计划是 18 人，其中 17 个名额分到各专业，1 个机动。我们的复试由王万华师姐做秘书，当天晚上 5 点多，她把我们叫住（当时我们都在 1 号楼），对我说：张越你请客吧！我对考上没有怀疑，因为我的笔试各科成绩都是最高的，总分多出第二名 20 多分。但万华师姐告诉我的是更为皆大欢喜的结果。

当天的面试结束后，各位老师正在讨论录取谁的问题，研究生院的老师进来了，说，经研究，唯一的机动名额给诉讼法专业，具体怎么分配，由导师组定。当时的诉讼法专业有三个研究方向：刑诉、民诉、行政诉讼。三个专业的两门专业课，由各专业分别出题，只有英语是法大统一考试。陈光中老师一锤定音：各专业的题都不一样，没有可比性，那就看英语成绩谁高吧。

那一年的英语那叫一个难。难到什么程度？其中有一道 20 分的 CLOZE，找了一段英国 15 世纪的法律文件的原文，抠掉其中的介词，让我们填，而且不是多项选择题，就是盲填。大家做题时都觉得这题不太好做，但知道原委后，几乎所有的人都觉得，这 20 分是别想要了。结果，参加考试的千把号人，只有 3 个过了 60 分。最高分是国际经济法专业的，就住在 1 号楼三楼东头。这位孙柄辉哥们儿绝对是一位狠角色。他那时也挣钱，但和我们靠专业不一样，他是出去讲疯狂英语，每天早上都在楼下练，没准儿看过这篇原文都未可知，他考了 75 分。另一位也是国经的牛人光军兄（本人就姓牛），他考了 65 分。第三名就是敝人了，62 分。但在诉讼法专业中，那是当仁不让的英语第一人了。以至于后来上外国刑事诉讼法课时，陈老师还说起这段往事，说你们这些人中，就是张越外语好：中国人说他外语好，外国人说他汉语好。

就这样，在吕立秋师姐的鞭策下，我们两人都如愿以偿了：她读法大委培，学校给她报销了一半学费。我读计划内非定向，成为当年 18 名同学中屈指可数的拥有自由之身的。

接下来的三年，就比原来轻松多了。当然工作量肯定是比原来大多了，但心里没有以前那种爬坡时的拧巴了，整个人就都舒展了，当时的状态可谓志乐行苦。我和吕立秋每周去王老家上一次课，那是王老的最后一届学生了。当时的情景，我在王老 90 华诞纪念文章中有具体的描述。每次去王老家，小吕都是打着一辆红色的富康出租车到法大门口接我，那时候还有黄面的，小吕觉得档次太低。专业课则在应老师所在国家行政学院的会议室里上，记得当时何海波等还来旁听过。其他的事就更多了，除了写文章、写书、担任博士生支部书记，很重要的一项工作，就是担任《行政法学研究》的勤杂人员：组稿，参加选稿会，和胡老师一起审稿，交印刷厂，在行政学院的地下室里和马怀德老师、薛刚凌老师、王万华老师等一起糊信封，然后找邮局的车拉走。

那时应老师的家在苏州桥下魏公村，正好是法大去行政学院的路上。应老师一度还以魏公署名，见诸给他人的序中。

这段时间，也是和应老师一家人接触最频繁的了，包括接胡老师的母亲

（享年 96 岁）出院，和应红、宁宁、小许一起吃饭，应老师出差了就和胡老师一起在她家吃方便面，还有一次晚上太晚了，就睡在应老师家。

在此期间，我完成了我的博士论文。进入人生的又一个关键时刻：毕业分配。作为为数不多的有自由之身的博士毕业生，2000 年时找工作真是太容易了。那一年中央国家机关的公务员考试报名在军事博物馆，每个有自由之身的毕业生（非委培、非定向）都可以领到一张学校开具的身份确认函（相当于投名状）。该函只有一张，为的是避免一人多投。当时因为任研究生院博士生支部书记的缘故，和研究生院的老师都很熟，他们破例偷偷地又给了我一张，以备我第一次投名后后悔时用。结果我根本没有用，直接找到国务院法制办，把函一交，就算报名了。随后又把各部委的招生柜台都转了一下，发现至少有 14 个部委当年想要行政法学的博士。但据我所知，当年全国毕业的行政法博士都不过 10 人，很多还没有报名资格。想来这一切，都是应老师三年前让我考他的博士而积聚的气场。

除了需要参加公务员考试的国家机关，应老师还亲自出面，协调把我留在行政学院。于是终于在 5 月的一天，我面临着一个艰难的选择。由于理工科出身的缘故，公务员考试中的职业能力测试那真是我的强项，可以轻松拿到 80 分以上。至于申论和综合，写了那么多文章和书，文字功底也没问题。特别是申论及综合考试中的大题，因为要选拔行政机关公务员（当时还没有国考），其中大量涉及行政管理方面的知识，学行政法的最有优势。结果，三门考试，我考了 243 分，而录取分数线只要 180 分。这个成绩一出来，我在法大校园里绝口不提公务员考试的事，成绩多少更是打死都不说，因为说了真的会被打死的。

很多年后我才知道，这个成绩，是国务院法制办当年 200 多应征者中的第一名。有笔试垫底，面试就轻松多了。当时还在法制办的汪永清司长亲自主持我的面试。他问我的问题是，应老师那边给你开出了什么条件。

已经记不得当时是怎么回答的了。但回来后不久，就接到胡老师的传呼，回过去的时候，胡老师说：小张，这个事你不要为难。无论你怎么选择，我和应老师都会为你高兴的。

于是，我就进了机关。以致此后很多年，我都觉得很对不起他老人家。直到今年教师节，我去他家。胡老师给我看重外孙的照片。我们又说起了当初的选择。他老人家说，你现在也挺好的。

回想这二十多年，从决定报考法大行政法专业，我就和应老师建立起了奇妙的关联。自从读到那本《行政法总论》，我就自以为参透了他的思想。于是很多年前我就跟张步洪师兄说，我基本上可以知道应老师对所有问题的看法。这话确实自夸了些。但这么多年的经验告诉我，还有比这更自夸的，那就是和应老师心有灵犀。

正如有一天我跟他老人家说起一个人，那人自称是应老师的学生，说他和应老师很熟，可以约应老师出来坐坐。我说，号称是您的学生的人估计有5000人。应老师说，他可能不知道你是谁吧。我们会心一笑。

人生如梦，弹指之间。回想同应老师共处的日子，5000字真不好打住。谨以此文，博应老师及亲友同学一笑，并以此笑，敬祝应老师八十华诞。衷心祝他老人家：人生双甲子，福报齐天长。

我与应松年老师的三十年

孟鸿志*

一、30年前的行政法师资班结下了师生友情，从此我追随应老师走向潜心研究行政法之路

1983年，我从辽宁大学毕业被分配到新组建的内蒙古管理干部学院（后合并为内蒙古财经大学）任教。1985年3月，我有幸参加了司法部委托中国政法大学研究生院举办的全国高校首届行政法专业师资班。这次偶然的机缘使我与应老师结下了师生友情，从此也改变了我一生事业的轨迹。当时我只有25岁，这期师资班共有学员44名，都是全国各地高校选拔出的骨干教师。应老

* 孟鸿志，法学博士，现任东南大学法学院教授，博士生导师，东南大学法治政府研究中心主任。曾首任内蒙古财经大学法律系副主任（主持工作），山东工商学院法学院院长、党总支书记、山东省重点学科“宪法学与行政法学”首席专家，东南大学法学院副院长等。被授予全国优秀教师、山东省教学名师、山东省高校十大优秀教师、山东省高校优秀共产党员、首届山东省和内蒙古十大优秀中青年法学家称号。

师当时在研究生院负责教务处工作，非常重视这个师资班，投入了大量的精力，他亲自撰写和主讲中国行政法总论，还集中安排当时全国一流的师资为这个班系统授课，如王名扬老师的法、英、美三国行政法，龚祥瑞老师的比较行政法，周世逑老师的行政管理学等，所开课程也是中国政法大学首届行政法专业研究生的主干课程。在该班学习期间，我受学校委托邀请应老师和朱维究老师为我校的干部学员班授课，两位老师欣然答应了讲学，也许是缘分使然，许燕女士（我的爱人）当时就是这个班的学员，有幸系统聆听了应老师的全部课程。

这期行政法师资班，改变了很多同学的人生事业。今年我在高校从事行政法学教学已满 30 年。这 30 年是应老师引领我们这批学员走向探究行政法学之路的 30 年。在这个师资班上 40 多位学员吸收了充分的养分，学到了当时该学科最前沿的知识，他们为我国行政法学的人才培养和学科建设发挥了重要作用。其中一些学员长期活跃在行政法教学、科研和实践领域，成为行政法学界的骨干，如杨海坤、叶必丰、关保英、沈开举、王周户、付士成、吉雅等学者。这期师资班后来被行政法学界同行尊称为行政法“黄埔一期”。30 年的师生情谊，终生难忘。

二、行政法学初创时期，应老师对年轻人的信任、支持和帮助

（一）推动行政法学教学研究

1985 年中国法学会行政法学研究会成立后，全国行政法学年会活动一般每两年召开一次。在近七八年的时间里，当时每两年一次的年会活动很难满足全国高校行政法学者教学交流的需要。特别是 1985 年后，行政法学课程陆续在全国高校开设，教师在教学中存在许多困惑，需要及时解决和交流。为了及时推动全国行政法学的教学研究，应老师在 1988 年年初就提议在中国行

政法学研究会之下再成立一个全国性教学研究会，由当时中年学者朱维究、姜明安、杨海坤老师等轮流做执行会长，并委托我负责落实他的想法，之后在应老师的直接指导下，我联系了杨小君（时任西北政法学院行政法系副主任）、胡建淼（时任杭州大学法律系副主任、中国政法大学在读研究生）及黑龙江行政管理干部学院等四所高校，在1988年8月太原全国行政法学年会上正式成立筹备组，并发出成立行政法学教学研究会的倡议书。当时有23位青年学者代表23所高校作为发起人，积极响应成立行政法学教学研究会。[①]

1988年10月20日至21日，全国首届行政法学教学研究会成立大会暨第一次行政法学教学研讨会在呼和浩特市内蒙古军区招待所召开，本次研讨会的主题是“行政法学理论体系与教学体系研究”，来自全国约40所高校50名代表参加了本次大会。[②] 这次会议上，虽因个别学者认识上的原因而最终没有正式成立教学研究会，但为以后的全国行政法学教学研讨会活动奠定了重要基础，推动了当时全国行政法学教学研究和经验交流。之后，应老师凭着对事业的执着追求，又相继组织在西北政法学院（1989年）、苏州大学（1993年）、厦门鼓浪屿（1997年）等召开了全国性教学研讨会，也被学界称为行政法的“小年会”。后来，伴随着每年一次的全国行政法学年会和海峡两岸行政法会议的增多，全国性行政法学教学研讨会逐渐不开了。

回想起1988年我和王周户（代表杨小军）、胡建淼在内蒙古办这个会的情景，正值我国开拓行政法学的艰难时期，当时我们的年龄只有二十七八岁，应老师能把如此重任交给几个年轻人来办，足见他的智慧、勇气和魄力。他推动了中国行政法学研究的进程，并为青年学者发展搭建了平台。幸运的是，在我年轻时即遇到了这位给我信任、支持和帮助的良师益友，此情几十

---

① 参见1988年8月行政法学教学研究会筹备组：《成立行政法学教学研究会倡议书》（影印件）。

② 参见孟鸿志保存的1988年呼和浩特首届全国行政法学教学研讨会期间部分学者给孟鸿志的信件（影印件），包括皮纯协、陈德仲、姜明安、沈开举、范宝成、胡东、支复生的信件（由于年代已久，当时的会议日程、讨论资料和照片已找不到）。

年过后，仍然铭记在心。

（二）助推全国公务员岗位培训

1987年，国家正在加紧推进公务员制度建设，这一年原劳动人事部人事教育局计划组织编写一套国家公务员岗位培训公共课必修教材，最初的这套教材包括《法学基础与行政法》《行政管理学概论》《社会调查研究方法》《公务员应用文写作》四门公共课教材，于1988年由吉林人民出版社正式出版。由于当时我是法学教研室主任，又是专门从事行政法研究的教师，学校就委托我申报其中的《法学基础与行政法》教材，后来这部教材申报成功，人事部就委托我所在的学校牵头编写《法学基础与行政法》这部教材，具体组织编写教材的任务也由我来负责（当时参与这本书的编写作者还有胡建淼）。为了保证教材的质量，在该教材大纲论证和书稿修改过程中，我多次往返政法大学请教应老师，应老师都耐心细致地给予指导和帮助，并安排我在他的办公室完成书稿修改工作。其间，应老师对全书行政法章节内容逐句逐段提出修改意见，因此，这本当初26万字包括9章行政法内容的全国公务员培训教材倾注了应老师许多心血和思想。③

教材出版后，1988年10月5日至10月26日，原人事部培训与人事司委托内蒙古自治区劳动人事厅在呼和浩特市举办了全国《法学基础与行政法》师资培训班，该班学员来自29个省、自治区和直辖市、58个国务院部门以及其他9座城市，共计262名学员，学员中还有许多是来自成人高校的教授和副教授。在这个培训班上，除了我们编写教材的作者主讲相关章节外（教材参编者胡建淼当时也在该班讲课），还特别邀请了应老师和姜明安老师作为特邀专家为该班上课。④ 当时具体教学安排和联系专家事宜是由我负责的，所以

---

③ 参见原劳动人事部人事教育局组织编写国家公务员岗位培训教材：《法学基础与行政法》，吉林人民出版社1988年版（该书在后记部分专门对应老师的贡献作了说明）。

④ 参见1988年9月1日原人事部培训与人事司委托内蒙古劳动人事厅、内蒙古管理干部学院联合印发的《关于举办全国〈法学基础与行政法〉师资培训班具体事宜的通知》（影印件）。

对应老师和姜老师风尘仆仆来内蒙古为这个师资班上课的印象特别深，这次师资培训班得到学员的高度评价，并取得圆满成功。应老师此行又一次在全国首次公务员师资培训班上传播了行政法学的火种，此后，公务员的行政法学培训纳入了正常轨道。

三、平易近人，对学生的情感真切朴实

记忆中有几件应老师关心、帮助过我的往事，印象非常深刻。

一是为我们出书作序。1991 年我主编的《行政诉讼法实用教程》和 2001 年出版的《中国行政组织法通论》两本书，都是请应老师作序。令我非常感动的是，应老师为了帮助我们年轻人，他所做的序都是在通读和审阅全书的基础上做出的，因此应老师给做的书序具有很强的针对性，而且处处饱含着对年轻学者的关心、鼓励和肯定。⑤ 这种情况在应老师为其他年轻学者所做的书序也是如此。

二是关心和支持我的工作和事业。1993 年和 1996 年我在内蒙古分别任原单位法律系副主任（主持工作）和首届内蒙古行政法学研究会总干事（吉雅同学为副总干事兼秘书长），应老师得知我们在内蒙古成立了研究会非常高兴，此后他只要有机会给内蒙古领导干部讲学时都会专门通知我和吉雅参加见面。

在我个人工作选择上，有两件事得到应老师的全力帮助和指导。一是 1996 年我提出跟随应老师去北京工作的想法，二是我到南京工作前曾征求应老师的意见，应老师都认真帮我分析并给出他的建议。

三是平易近人，豁达、宽容。2000 年 7 月，行政法学年会在青岛召开。应老师让我协助山东省高院承办本次年会，并负责接待由烟台往返青岛的代

⑤ 参见孟鸿志主编：《行政诉讼法实用教程》，内蒙古大学出版社 1991 年版；孟鸿志著：《中国行政组织法通论》，中国政法大学出版社 2001 年版。

表，当时我任山东工商学院法学院院长。记得7月25日这一天，我负责接待从大连到烟台转青岛开会应老师一行40多位学者，具体事宜由袁曙宏老师（时任国家行政学院法学部副主任）与我电话联系。原计划25日早晨安排大轿车在烟台港码头接站并安排在烟台的宾馆休息，上午考察烟台和座谈，下午集体赶到青岛。没想到袁曙宏老师半夜两点从烟台港打来电话，说大家已经提前到了烟台，等我通知司机发动车去码头接人时，代表们已自行打车到了事先安排好的宾馆。这一年应老师已65岁，虽然他一夜没休息好，但仍满腔热情按预定日程带领大家考察了我所在的学校和养马岛，并与校方进行了座谈。下午我们集体由烟台赶赴青岛，可能是出发时间晚了，大轿车行驶速度也不给力，而青岛那边罗豪才会长正等着应老师和其他几位随车的副会长召开预备会，后来还是青岛中院派出的小车在半路上提前把应老师等几位副会长接走，才没有耽误晚上的预备会。回想起来，当初安排还是不够周到，但应老师从未流露出不满的情绪，更没批评我一句，倒让我心里有些不安。

2012年6月9日，第10届东亚行政法国际学术研讨会在首尔召开，应老师担任团长的大陆代表团一行32位学者出席本届会议。这时应老师已77岁。这一天，我在东南大学因负责卓越法律人才基地申报一事而差点儿耽误了与北京机场等候的应老师团队的会合时间，等我从上海机场赶到北京机场时，距离飞往首尔的时间已经很近了，好在应老师在北京机场及时作了事先安排，最终我与团队顺利会合。后来曹鎏告诉我，当时订的机票是团体票，如果我赶不上与大家会合登机，后果是很麻烦的。但应老师对我既没有发火，也没有批评。在这次韩国交流期间，我答应请应老师和大家吃冰激凌，可我刷了几次卡付钱都没成功，尴尬之下，还是应老师出钱替我“解围”。这些过往的小事，每当我想起心里总是暖融融的。

2015年7月，我负责修订应老师主编的《当代中国行政法》行政规划一章书稿的时间已过，应老师发来短信催交修改稿，我当时回电应老师承诺保证一周内完成书稿修订，应老师只说了四个字，也是唯一一次“批评”的话：

“说话算话！”这一年是应老师的八十华诞。他思维敏捷，从不多说半句话；他和蔼可亲，但总是那么让人尊敬。

岁月荏苒，弹指一挥间。30 年行政法学、30 年“黄埔一期”，师生情谊始终如一。应老师作为中国行政法学的奠基人、拓荒者和教育大师，几十年如一日，培养了一代又一代行政法学的骨干力量。从 1989 年的行政诉讼法开始，推动了一部又一部的重大行政法律制度的出台，他披荆斩棘，始终站在中国行政法学前沿，艰苦探索，不断为中国行政法学鼓与呼，推动了中国行政法学研究和行政法治的不断繁荣和发展。如今应老师对待事业依然热血衷心，以其博大胸怀提携后辈，继续引领和推动着中国行政法学的前行方向。在应老师八十华诞到来之际，作为应老师的学生，我衷心感谢应老师，祝应老师身体健康，永葆青春，继续为中国的行政法学事业作出更大的贡献。我也一定会在今后的工作中，努力向应老师学习，尽自己微薄之力为行政法学大业作出努力。

海纳百川　有容乃大

——应老师八十寿辰回忆

吕立秋*

在昌平校园里读书三年之后，突然需要认真考虑考研的事情了，大家纷纷为专业方向思考，我当时正在考虑最爱的行政法，同宿舍的女生半是认真半是严肃地和我说，“听说了吗？应教授的学生多是美女，研究生院里长发飘飘的，多是他的学生。”（注：每次我说起这段，应老师必会说，“我的男学生都是帅的”。是的，没错，我的师兄师弟们都是大帅哥！）这个评价中有一点让我感到新奇，因为这与之前法大给我的印象不同。记得上大学的第一次讲座，是江平校长的讲座，江校长特别回忆了他自学外语的过程，并谆谆告诫女学生，要把梳妆打扮的时间用于学习，这样可以学到更多的知识。所以尽管昌平校园里有师姐们的花枝招展，我们年级女生的素面朝天也是相当普遍的。如果有一个导师不介意学生梳妆打扮，呵呵，那还是相当有吸引力的啊。

这当然成为报考应老师研究生的一个插曲。研究生院期间，每次专业课大约都有两名以上的教授讲课，教授们之间的观点往往不同，但是应老师始终都是和颜悦色，从不争议，从不说服，只是说完自己的观点即可，也鼓励我们学生发表不同的意见。所以研究生院的三年时间，是培养我独立思考，从不同的角度思考的习惯的重要时期，应老师对于不同学术观点的包容，是我形成多元价值观的开始。

研究生院期间，应老师对于课程和导师的设置也非常有心思，考虑到我

* 吕立秋，北京市观韬律师事务所合伙人，中华全国律师协会行政法专业委员会副主任。

们专业的特殊性，导师们不仅仅限于高校的教授，所以那时候国务院法制办的黄曙海老师、全国人大法工委的肖峋老师，都在不同程度上辅导我们的学习，这是我们接触实务的一个重要窗口，也促使我关注中国的行政法的实务问题，我想这一点，是应老师教学中的一个重要特色，也是我们将理论与实务结合的一个重要原因吧。

研究生毕业后，我还想继续进修博士学位，但是基于心中的“北大梦”，想报考北大的博士，但是这样变换师门，老师们会怎么想呢？心中有一些小的忐忑，但是应老师出乎意料地没有感觉特别，鼓励我认真准备；所以北大的考试落选后，两年后我再次考回师门，应老师对于我没有任何的心结，这是应老师宽广胸怀给予我人生的重要一课。

应老师的教学方法，在于促进和激发学生对于问题的自主思考和学习的能力，博士生期间，应老师给我们安排了很多的专题研究，收获良多的一是参与了行政法制史的一次研究和撰写，使我对于行政法的传统问题予以专注，进而通过扩展学习，通过钱穆的著作，对于中国传统政治理论有了一些涉猎，增强了对传统文化的认同感；此外，应老师安排我们用了很长的时间去王名扬先生那里听课，我和张越二人当时定期去王老家中上课，王老对于外国行政法的博大精深的思考，一直给我们深刻的启发，同时，王先生的人格魅力，也让我们见识了学人的风骨，给了我们独立精神自由思想的洗礼。

除了专业的培养以外，应老师在各个方面给予我们熏陶和引导。应老师在言传身教方面，我理解是老师的模范。首先，我认识的应老师说话从不高声、很少激愤，书生意气虽在，但是理性始终更强。所以气质方面，我感觉我们都不知不觉变得外圆内方起来；尽管如此，应老师侠义心肠，乐于助人，遇到有困难的群体的案件，往往挺身而出，施以援手，这样的侠义心肠，也经常给我一种激励。这些最根本的教养，是应老师师门的丰富内涵，也是我们内心中最宝贵的沉淀。

记得有一次我们很多学生一起到行政学院上课，大家落座后，就是没有人端茶倒水。我的想法是，低年级的同学应该动手才是，所以宁愿口渴也坚决不动手。应老师和颜悦色地说，“你们的大师兄，在待人接物方面是非常突出的，在很多场合，只要有他在，我都不用操心”，话音未落，我们大多羞惭，纷纷站起，主动做起了服务。应老师这一番话深深铭刻在我心里，认真对待生活中的细节和礼节，深深体悟了“世事洞明皆学问，人情练达即文章”的道理，应老师的学生中，大多能够全面发展，这也是应老师的言教所致。

在毕业论文期间，因为工作繁忙，所以匆忙的第一稿就直接给了应老师。过了很长的时间，应老师把稿子给了我，我拿到后立即面红耳赤，里面密密麻麻的红字，均是应老师的标注，因为我的错别字太多啦！应老师没有批评，但是我感受到了更深重的惭愧，我后来认真琢磨了字句，确保文字和标点符号准确才敢把稿子交给老师。这样的一次经历，对于我后的工作受益良多，很多同事都认为我是“完美主义者”，师门的训育其实才是最真正的原因。

博士毕业后，因为种种因缘，我决定离开大学去从事律师工作，其中一个重要的原因是我对行政法的运行机理不明白，希望通过实践更加深刻地理解这门学问。应老师第一次听到我的想法的时候，表情很是凝重，说“三百六十行，行行出状元”。我感觉到老师的担心和忧虑，心里面暗暗决心要做好工作，不让老师担心。所以工作以后，我投身于大量的公共服务和公共决策领域，认真做好各类行政法的实践，投身于工作规律的总结，做了大量的培训和讲座，希望将我工作提炼的经验分享给更多的人，很多人说“做得太好了”的时候，我都会想起老师在我离职时候的表情，我想，作为一名律师，做好自己的本分，那也是师门的安慰吧。

人生一世，草木一春，我幸运地投身在应老师的门下，从事了我热爱的行政法的实务，在应老师繁忙的日程中，只要是律师协会的活动，每次邀请他都未推辞，每次的重要立法活动、学术活动，应老师都邀请我参加。在理论和实务的穿插中，我感觉始终都在师门中成长。终于有一天，我看到应老师的白发，知道岁月如梭，但是那份老师对学生的栽培的心意，却永远没有改变，在应老师的寿辰之际，我作此小文，仅祝福老师身体健康，希望每次见面，都听到老师笑着对我说“我们的中学生来了”，在老师的面前，我们始终都可以像是被老师呵护的孩子。

二十五载师生缘，行政法治续新篇

杨解君*

我初识恩师应松年先生，缘于1991年元月进京赶考。经由当时在中国政法大学攻读法制史专业的陈国平博士热心引荐，得以在中国法治研究所拜访应师。犹忆初见时，应师尚值盛年，西装革履，侃侃而谈，翩翩然尽显理论大家之风范。

求学于中国政法大学后，我有幸在行政法专题课堂上与应老师、朱维究老师、刘莘师姐等进行探讨式学习，互相切磋砥砺，从中获益良多，尤其感佩应师之解惑与启发。应老师深具教育家的风范，对众弟子皆能因材施教，知人善任。对长于法学理论研究者，总是激励他（她）们多读书，勤思

* 杨解君，广州外语外贸大学教授、博士生导师。

考，早出活；对长于法律实务者，总是提供机会让他（她）们参与行政立法、行政复议与行政诉讼等法律实践。在应老师眼中，尽是学生们的长处，一番鼓励的话语往往起到心理学上常言的心理暗示之效果，让一众弟子干劲十足，人尽其才。应老师具有极强的人格魅力，环绕在他周围，言谈举止间，总让人有如沐春风之感。在我两年半的研究生求学生涯中，应老师是行政法学研究生导师组组长，我负责行政法学方向导师们与学生上课的联络工作，因而，与应老师的交流也就较之他人更多，师徒二人在工作学习中互动频繁。应老师对其他弟子鼓励居多，对我则既有鞭策鼓励亦多有严厉的批评，那时我年轻气盛，在学术讨论中如果观点相左，则必抱持“吾爱吾师，吾更爱真理”的信念，不惧权威，敢于较真，有时甚至直言“顶撞”，应老师襟怀宽阔，往往一笑置之，容忍我的年少轻狂，不以为忤。

应老师的学术人生还体现了一位当代法学家的风骨。无论是撰文立说，还是在全国人大常委会法工委从事立法工作，应老师无不以全面推行依法行政、捍卫公民权利为依归，立论公允，张弛有度，超然于权力与部门利益的纠葛之外，披肝沥胆为民请命，为法治中国、法治政府和法治社会的早日实现鼓与呼。应老师自1986年参加全国人大常委会法工委行政立法研究组，并且长期是该组的主要领导人。曾主持《行政诉讼法》《国家赔偿法》《行政处罚法》《立法法》《行政强制法》等法律的起草工作，并参加了很多法律草案的讨论，还是《行政程序法》立法研究项目的主要负责人。在应老师麾下，我有幸参与到若干行政领域立法项目的调研、讨论和论证工作中，这让我既增长了法律识见、拓宽了法治视野，也锻炼了从事法学研究的能力。

“世味年来薄似纱，谁令策马客京华。”在京城求学期间，举目无亲，加之初有小子，妻儿住在老家乡下，收入微薄，一时生活颇为拮据。应老师体谅我的苦衷，尽可能给我提供一些编书、写论文、培训班讲课的机会，稿费薪酬虽少，但也颇能济一时之困，让负笈他乡的游子备感温暖，每念及此，无不感铭在心！

研究生毕业后，我辞别应老师，辗转于南京、武汉、广州等地高校法学院工作。无论身在何处，也无论心境如何，我始终与应老师保持学缘上的联系，不时向老师汇报自己教学科研上的心得感悟和点滴进步，也总能及时得到应老师耐心的指点和温馨的鼓励。应老师甘当人梯，奖掖我辈后学不遗余力，我在学术生涯中能取得今日的成绩，也得益于恩师的一路相挺。应老师提供了多次域外访学交流的机会，2000 年赴台参加东亚行政法年会；2003 年 10 月在法国国家行政学院研修法国行政契约，师徒二人在同一课堂听课、做笔记、研讨，这段经历也直接促使我后来编著出版了《法国行政合同》，在某种程度上充实了这一领域的研究内容；2006 年 3 月，与应老师结伴赴英国考察英国行政裁判所制度；2007 年 8~9 月共赴俄罗斯考察行政法律制度；2012 年共赴韩国首尔参加东亚行政法国际研讨会。这些充实而愉悦的学术经历与体验，无不倾注了应老师提携后学的匠心和厚爱，至今追忆，当时的场景宛如昨日，值得我用一生去回味。

毕业后，师徒二人有过多次学术合作。从 1995 年至 2000 年的几年间，在《中国法律年鉴》上共同发表了历年综述；2002 年在《江苏社会科学》上共同署名发表了《论行政违法的主客观构成》一文；2004 年合作主编了《行政许可法的理论与制度解读》，以一种宏观视角对行政许可的一般原理与实践、历史发展与现状、立法设定与实施、法律责任与监督等问题作了全面的论述。我还参与了应老师主持的若干科研教学项目以及主编的著述，如在应老师主编的 2005 年由中国方正出版社出版的《当代中国行政法》一书中，与周佑勇教授合作撰写第四章“行政法律关系”。这些学术成果既是师徒二人合作无间的存照，也激励着我在学术之旅中保持向上的姿态，不敢停歇。

时光飞逝，不旋踵间，我与应老师这段师生情已 25 年了。而今，应老师已至耄耋之年，我也到了知天命的年龄。所幸者，在授课、讲座、作报告以及与学子交谈时，应老师仍思维敏捷、精神矍铄，可谓老当益壮，让我辈深感欣慰与歆羡。更可贺者，值应老师八十高寿之际，其法学论著三十余年来不减光芒，其主持或参加的各项立法施行于神州大地，其法苑弟子已下自成蹊并卓然有成。在师生欢聚一堂之际，想必恩师内心的幸福感是满满的。纸短情长，难以尽述，谨以此文为先生祝寿，祝心中永远的恩师一切安好！

应松年行政组织法制思想研究

金国坤*

1985年跟应松年老师学行政法时，主要就是行政组织法，包括行政机关组织法、编制法和行政机关工作人员法。《行政诉讼法》颁布实施后，行政组织的概念逐渐被行政主体所取代，行政组织在行政法中主要是作为行政诉讼被告而存在。从此以后，对行政组织，无论是立法上，还是行政法学研究中，都被遗忘甚至遗弃了。有一次，在和应老师说起这个问题时，应老师不无感慨地说，他还是一直重视行政组织法的，并且也一直在呼吁。从应松年老师30多年的行政法学教学研究中可以看出，他始终如一地对行政组织法律问题给予了极大的关注。党的十八届四中全会《中共中央关于全面推进依法治国若干重大问题的决定》（以下简称《决定》）指出，要完善行政组织和行政程序法律制度，推进机构、职能、权限、程序、责任法定化。行政组织立法从此重新被提上了重要的议事日程，行政组织法的春天即将来临。以此来纪念应松年老师八十寿辰，报答应松年老师对行政组织法制建设的孜孜以求，具有时代意义。

* 金国坤，北京行政学院教授，法学博士。

一、应松年行政组织法制思想的形成和发展

（一）应松年行政组织法制思想的形成

党的十一届三中全会以后，随着法制建设的加强，政府机构改革的进展，行政立法也开始受到重视。当时的行政立法，主要指行政管理中行政机构的组织立法，这是我国行政法制建设的开端。1982 年国家重新制定了宪法，通过了《国务院组织法》，并且考虑制定《国家机关工作人员法》。研究行政法现象，最早是宪法和组织法中关于行政机关的设置、职责权限开始的。1982 年的机构改革，是催生行政组织法学研究的直接诱因。应松年老师认为，用行政立法来促进机构改革和巩固机构改革的成果，这是我国进行机构改革的必然要求，也是我国多次精简机构的经验总结。1983 年，应松年老师与方彦老师联合发表的《略论行政组织立法与行政机构改革的关系》提出了加强行政组织立法的要求。文章认为，30 多年来，我国在行政组织立法方面也确实比较薄弱，从整个行政组织法规看，突出的缺陷是不系统、不完备。我们至今还没有一部完整的比较详细地严格规定国务院各部委机构设置、职权范围、定员编制的行政组织法。虽制定了一些各部、委、局等单位的组织法规，但数量极少。部委一级与局一级，公布于法规汇编中的各不超过 10 个。我国也没有一部规定国家行政工作人员选拔、晋升、考核、培训的完整的组织法规。只有一些单行法规，数量很多，但较芜杂。无法可循，就不免要产生混乱。①

在提出应当加强行政机关组织立法的同时，应松年老师提出了加快人事立法的建议。他认为，人事立法属于行政立法的范围。国家行政管理工作，最终都要通过行政工作人员去执行和完成，因此，人事立法是整个行政

---

① 方彦、应松年、朱维究：《略论行政组织立法与行政机构改革的关系》，载《政治与法律丛刊》1983 年第 3 期。

立法中的关键部分，是法制建设不可缺少的部分。同时，人事立法也是人事制度改革的重要环节，是促进改革，巩固改革成果的法律保障。只有使人事管理法律化、制度化，才能使人事管理工作规范化。因此，人事立法工作刻不容缓，希望能认真抓起来，要有紧迫感。不幸被其言中的，否则，一拖又是30年。② 2005年国家公务员法颁布时，离他提出人事立法已经过去22年！

在对行政机关组织立法和人事立法关注的基础上，形成了应松年老师的行政组织法制观念，在其1984年主编的《行政法学总论》中，重点对行政组织进行了阐述。行政组织法是关于行政机关和行政机关工作人员的法律规范的总称，国家通过行政组织对国家事务实施管理，国家行政组织是行政管理的主体，行政组织法管理管理者的法，在行政法中具有极为重要的地位。行政法学至少应该有下列内容：行政机关组织法、行政工作人员法、行政行为法、行政监督法。③ 由于行政组织法可分为行政机关和行政工作人员两个独立的部分，且内容较多，在其教科书中分为两章论述，对行政组织法的内容和行政组织法体系进行了总体构想和初步设计，具备了行政组织法的雏形。1986年《试论行政机关组织法》一文的发表，标志着应松年行政组织法制思想的正式形成。在这篇专门论述行政机关组织的论文中，应松年老师就行政组织法的作用、行政组织法的基本内容，以及建立我国的行政机关组织法体系进行了充分的论述，为行政组织法学奠定了基础。④

（二）应松年行政组织法制思想的完善

1993年《行政机关编制法论纲》⑤ 和《关于行政机关编制法的法律地位》⑥ 两篇文章，标志着应松年老师行政组织法制思想的完善。有关行政机关

---

② 应松年：《谈人事立法》，载《中国劳动》1983年第14期。
③ 应松年、朱维究编著：《行政法学总论》，工人出版社1984年版，第19-20页。
④ 应松年：《试论行政机关组织法》，载《政法论坛》1986年第1期。
⑤ 应松年、薛刚凌：《行政机关编制法论纲》，载《法学研究》1993年第3期。
⑥ 应松年：《行政机关编制法的法律地位》，载《行政法学研究》1993年第1期。

编制的法律规范，传统上从来从属于行政机关组织法。行政机关组织法是规定行政机关的任务、地位、职责、组成、编制、活动原则、法律责任及行政机关的建立、变更和撤销程序等法律规范的总称，是行政机关得以建立并进行活动和如何进行活动的基本法律依据。编制是组织法中的一个组成部分。从此，行政组织法制建设的三大部分：行政机关组织法、编制法和行政机关工作人员法全面建构。

（三）对行政组织法的反思

进入20世纪90年代，行政法学界对行政组织法的研究日趋衰微，应松年老师看到了这一现象，并且分析了产生这种现象的根源，认识到行政法学界有一种较为流行的观点，认为行政组织法规范的是行政组织内部的事情，与行政机关的对外管理无关，因而行政组织法与依法行政没有多大关联，甚至行政法学对其没有必要进行研究。为此，应松年老师及时提醒学界，行政组织法在规范行政法治建设中占有极其重要的地位，人们对行政组织法的片面认识与我们对行政组织法缺乏深入研究有关，因此，需要以一种开阔的视野对行政组织法展开全面系统的研究，对其重新予以定位。依法行政与行政组织法有着极其密切的关系，行政组织法在依法行政中占有十分重要的地位，行政组织法是实现依法行政的法律保障，是健全其他具体行政法律制度的基础，是改变行政管理无序化的手段之一，也有助于行政诉讼制度的发展。行政组织法对行政外部管理主体形式的规定，将为行政被告的确认提供法律依据。⑦

（四）应松年行政组织法制思想的成熟和发展

2001年，《行政组织法基本原则之探讨》⑧ 对行政组织法从理论和整体高

⑦ 应松年、薛刚凌：《行政组织法与依法行政》，载《法学研究》1998年第1期。

⑧ 应松年、薛刚凌：《行政组织法基本原则之探讨》，载《行政法学研究》2001年第2期。

度进行了深入研究，从实证研究转入理性分析，预示着应松年行政组织法学思想走向新的高度。行政组织法的基本原则是对行政组织法基本精神的概括。在理论上对行政组织法基本原则进行探讨，既可推动对行政组织法的深入认识和全面研究，也可以服务于实践，促进行政组织法治的发展。2002 年，《行政组织法研究》专著的问世，是 20 年来行政组织法制观念的系统化，行政组织法制思想走向成熟。在对行政组织法的基本理论、基本原则和基本内容进行系统阐述的基础上，将行政主体、行政权、中央行政组织法、地方组织法和社会中介组织法作为五大行政组织法核心问题加以专题研究。嗣后，还专门发文就中央行政组织法律问题进行了探讨，⑨ 非政府组织也纳入了行政法学研究的视野。应松年老师认为，如何更好地理解行政、行政权和行政法，非政府组织提供了一个比较好的视角。比如，以往对行政权的探讨和理解能否将非政府组织概括进来？非政府组织对公共事务进行管理的权力是来自政府机关的授权，还是来自章程、规约等成员内部的约定？一直使用的授权、委托等概念能否完全解决非政府组织对公共事务管理的合法性问题？非政府组织对公共事务管理如果出现不作为，依据什么来追究其责任？非政府组织对公共事务管理需要遵循什么样的程序，是否与行政机关的程序相同？上述问题都应纳入行政法的研究范畴，以期对国家事务和公共事务的管理获得全面的把握和了解，最终更好地保护公民、法人和其他组织的合法权益。⑩

2013 年，在总结回顾我国行政组织立法历程的基础上，总结性地进行了完善行政组织法制新探索，以期健全组织法制，形成一个完整的行政组织法法律体系，以适应建立法治国和法治政府的要求。我国组织法的体系应该包括：国务院组织法；中央行政机关组织通则；国务院各行政机构组织简则（包括各部、各委员会、各直属机构、各办事机构等组织简则）；中央与地方

---

⑨ 应松年、薛刚凌：《中央行政组织法律问题之探讨——兼论中央行政组织法的完善》，载《公法研究》2002 年第 1 期。

⑩ 应松年：《非政府组织的若干法律问题》，载《北京联合大学学报》（人文社会科学版）2003 年第 1 期。

关系法省、市、县、街道办事处、乡组织通则以及基层自治组织通则等。⑪

二、应松年行政组织法制思想的主要观点

（一）行政组织法是行政法的重要组成部分，具有基础性作用

行政法是关于国家行政组织及其行为，以及对行政组织及其行为进行监督的法律规范的总称。行政法学至少应该有下列内容：行政机关组织法、行政工作人员法、行政行为法和行政监督法。⑫ 行政法从内容上因此可以分为行政组织法、行政行为法和行政监督法三类。在其主编的第二本教科书《行政法学教程》中，将行政法分为绪论、组织篇、行为篇和监督篇四编，⑬ 行政组织法是行政法的极其重要的组成部分。而在其他很多行政法教科书中，行政机关仅仅是作为行政法律关系主体出现，与行政相对人并列，而且主要只是研究其外部关系。在行政法学界，应松年老师认为，我们对行政组织法在依法行政中的意义和作用认识是不足的。依法行政，首先就是行政主体的依法设立，职权法定是依法行政的首要原则。职权法定指明了行政机关的职权是由宪法和组织法规定并授予的。在国家层面上，行政机关与其他国家机关之间的权力是如何划分的，是按什么原则划分的，行政机关具有哪些基本职权，这由宪法规定。行政系统内部，横向的各行政机关职权如何分配，纵向的各层级行政机关的职权如何配置，这些都由宪法和组织法来划定。行政法是宪法的具体化，宪法关于行政机关的许多条款是行政法的法源。行政组织法是健全其他具体行政法律制度的基础。具体行政法律制度可以从不同的角度把握，从管理环节上看，包括行政立法制度、行政许可制度、行政处罚制度和行政强制制度等；从管理内容上分析，涉及经济行政制度、教育行政制

---

⑪ 应松年：《完善行政组织法制探索》，载《中国法学》2013 年第 2 期。

⑫ 应松年、朱维究编著：《行政法学总论》，工人出版社 1984 年版，第 19-20 页。

⑬ 应松年主编：《行政法学教程》，中国政法大学出版社 1988 年版，目录。

度、公安行政制度上述制度中，无论是哪一类哪一种，都包含了三大要素：管理主体、权限和程序，这里，管理主体的形式及权限要按照行政组织法的一般规定加以具体化，如果缺乏行政组织法的规范，则极易造成管理主体形式多样、标准不一以及行政机关职能不清，权限不明，甚至对同一事项重复立法，相互冲突。可见，行政组织法在依法行政中具有基础性的作用。[14]

（二）行政组织法由行政机关组织法、编制法和行政机关工作人员法三部分组成

行政组织法一般包括行政机关组织法和行政机关工作人员法两部分，在应松年老师关于行政组织法的结构中，还特别重视编制法的地位和作用，将编制法纳入行政组织法范畴。行政编制法和行政组织法都属于行政法领域，编制是组织法中的一个组成部分，是指一个机关或一个系统内部的机构设置及其职责权限，各类工作人员的结构比例和工作人员的定额。编制的内部性和从属性，决定了世界各国一般都没有就编制问题单独立法。但很显然，由于中国的特殊国情，制定一部行政编制法却是完全必要的。制定编制管理法及其他编制法规，通过法律特有的规范性、具体性、明确性和约束性，用以调控行政机关的编制，改变编制管理无法可依、软弱无力的状况，同时保障行政机关编制管理科学化。但行政编制法不能代替行政组织法，两者规范的对象基本不同，且后者的实体内容远较前者丰富。

（三）健全行政组织法律体系

建立我国的行政机关组织法体系，是应松年老师孜孜以求的长远目标。行政机关是由不同层次、级别的机构组织而成的，形成一个大系统。不同层次和级别的行政机关本身又由若干层次和级别的行政机关组织而成，形成若干系统。与行政机关这种层次性和级别性相适应，行政机关组织法也应该由

---

⑭ 应松年、薛刚凌：《行政组织法与依法行政》，载《行政法学研究》1998年第1期。

不同层次和级别的机关组织法所组成，形成一个行政机关组织法的系统。我国组织法的体系应该包括四个层次：

第一层次：制定《行政组织基本法》，该法应规定行政组织法的基本原则、行政组织形态、行政主体制度、地方法律分权、行政组织程序、违反行政组织法的责任等基本问题。

第二层次：制定《国务院组织法》《中央行政机关设置标准法》《地方基本法》和《社会中介组织法》。

第三层次：在中央行政机关设置标准法下制定各类行政机关设置法，在地方基本法下制定省组织法、市组织法、县组织法、乡镇组织法以及地方财政法等，在社会中介组织法下制定行业组织法、社会团体法等。

第四层次：由国务院及地方根据具体情况作进一步规定，如省、设区的市等制定省组织条例、市组织条例、县组织条例等。

（四）行政组织法应贯彻依法组织、行政分权和组织效率三原则

行政组织法的基本原则应当反映现代宪法精神，遵循行政法的基本原则，符合行政管理的规律，具有普遍性、统率性，行政组织法的基本原则如下：

1. 依法组织原则，即国家对行政的组织，必须受法律的约束。

2. 行政分权原则，即采用分散的方式组织行政，行政权分别由不同组织体或不同行政机关承担。

3. 组织效率原则，即组织行政，要以最小的投入获取最大的利益。

上述三项原则从不同角度反映了现代行政组织法治的要求，都有重要意义。这三项原则相辅相成，互为保障。在上述三项原则中，依法组织原则与行政分权原则是第一层次的原则，而组织效率原则则是第二层次的原则，因而如果产生矛盾，首先要考虑前两项原则，其次才是效率原则。

（五）行政组织立法要与经济社会发展相适应，与时俱进

在计划经济年代，行政机关是唯一的行政管理主体，行政机关组织法主要规范行政机关的设置、职权划分、工作原则、人员配备等，随着社会管理创新，社会管理已经不能单纯归为政府管理，社会组织同样要通过他们的自律、自治，管理好他们的自身事务。这是一种更广泛的公共行政，这就要求充分发挥社会组织的作用，形成新的公共治理的格局，对社会组织的研究应纳入行政法的视野，社会中介组织是行政组织法研究的核心问题之一。社会中介组织作为承担行政权的一种特殊组织形态，其性质如何，具有哪些类型、哪些功能，在现代行政组织法律制度中处于何种地位，可以承担哪些行政职能，以及如何培育和发展社会中介组织，这些都是行政组织法学研究中不能回避的问题。[15] 社会中介组织可以根据法律授权或行政机关的委托，对其成员进行管理和监控，社会中介组织与政府的关系具有管理关系、协助关系和制约关系三重性。

三、应松年行政组织法制思想的主要特点

（一）将行政组织法制建设与机构改革联系在一起

应松年老师行政组织法制思想的形成和发展，是与机构改革和行政管理体制改革的需要相伴而生的。新中国成立以来，我们已经经过多次精简机构，但大都不太注意运用行政立法这种法律手段，而习惯于“搞运动”的办法。结果机构精简了，设置较合理，人员较精干，费用也缩减，但没有适时地把这些成果用行政立法的手段加以制度化、法律化。时过境迁，习惯势力慢慢抬头，机构又逐渐臃肿庞大起来。历史经验说明，精简机构能否成

---

⑮ 应松年、薛刚凌著：《行政组织法研究》，法律出版社 2002 年版，第 230 页。

功，成果能否巩固，一方面取决于精简与改革能否适应政治经济发展提出的要求，同时又与能否适当运用法律手段来巩固它的成果有着密切关系。因此，改革开放后，我国进行以精简机构为核心的机构改革，改革成果能否长期保持？是否还会重蹈覆辙？是应松年老师长期思考的问题。他认为，机构改革是一项工程，还有待建立起一项强有力的制约机制，以保证改革的成果不致流失。从我国国情看，控制机构、人员编制，无非是财政与法律两种手段，其中法律手段又是基础。作为行使行政权力的主体的行政机构，其组织、职能、编制、工作程序等当然也应纳入法治的轨道，实现法定化。行政权力是由一定主体行使的，组织、职能、编制、工作程序的法定化，是行政机构能否依法行政的基础。要实现国家机构组织、职能的法定化，实现国家机构编制法定化，实现国家机构工作程序的法定化。⑯

（二）将行政组织法制建设与行政程序立法结合在一起

在对行政程序法律制度的研究中，应松年老师发现有的国家行政程序法对调整行政机关之间关系的规则作了规定。例如，西班牙行政程序法包含大量行政组织内容，不仅规定了中央与地方行政机关以及地方行政机关之间的关系，还规定了行政部门的设立及其职能，并规范了集体领导机构的内部规程。从正常的行政管理过程来看，主体是行政程序的首要环节；从我国行政程序立法特别是行政程序法法典的制定来看，主体也是必不可少的规范内容。⑰ 我国未来的行政程序法中可以考虑对管辖、行政协助、行政委托等制度作出规定。如果不对之加以规范，不利于保护相对人。例如，行政机关将本应由已实施的行政管理行为委托给其他主体实施，如果不对受托机关的条件、可以委托事项的范围、将受托机关和委托事项进行公告等事项作出规定，将

---

⑯ 左然、张成福、应松年、王仲田：《机构改革应该如何推进?》，载《瞭望新闻周刊》1998 年第 8 期。

⑰ 应松年主编：《行政程序法立法研究》，中国法制出版社 2001 年版，第 256 页。

会由于受托机关不具备实施条件等问题可能对相对人的权利造成损害。又如管辖，因管辖不明引起的行政机关之间的冲突在所常见，对公民权益也产生众多影响。事实上在我国地方立法中对行政机关的规定是一项重点内容。例如，湖南省行政程序规定，福建、广西、湖北等省等地制定的行政执法条例中都设专章规定了相关制度，内容涉及行政执法机关的范围、行政执法人员资格制度、执法人员持证上岗制度、委托、管辖、行政协助等内容。统一的行政程序法典中拟规定行政主体，置于第二章，内容包括行政权力运行过程中涉及三类主体：行政权力的行使者、行政权力针对的对象、其他协助行政权力运行的主体。[18] 行政组织法的内容，放在社会主义法律体系的角度考虑，是由宪法、行政组织法和行政程序法分别规定的，宪法规定行政机关在国家机关体系中的地位、与其他国家机关的分工制约关系、行政机关的职能，行政组织法规定行政机关体系结构、行政职权的划分以及相互关系、行政编制和工作人员配置等，行政程序法规定管辖、职能转移、行政协助、权限冲突的协调等，更多的是涉及行政机关相互之间的关系，[19] 属于主体在运行中的规范。宪法和行政组织法是静态的，行政程序法是动态的，是行政程序运行中涉及行政主体的权力运行规则。

（三）将行政组织法制建设与国家治理现代化结合在一起

国家治理体系，首先是治理主体问题。国家机关、武装力量、政党、社会团体、企业事业组织、城乡基层群众性自治组织和公民群众等是国家治理体系和治理能力主体。[20] 就行政主体而言，从管理到治理，意味着从单一的行政机关管理，发展到党领导下的社会组织和公众的共同参与。在公共治理语境下，公共行政与社会组织的法律地位与作用急需研究，社会组织的法律规

---

⑱ 应松年：《中国行政程序法立法展望》，载《中国法学》2010 年第 2 期。

⑲ 应松年主编：《比较行政程序法》，中国法制出版社 1999 年版，第 72 页。

⑳ 应松年：《加快法治建设促进国家治理体系和治理能力现代化》，载《中国法学》2014 年第 6 期。

制更显急迫。在我国大陆单一制的国家结构中，中央与地方行政机关的事权还缺少合理、清晰的划分；事业单位改革尚未完全到位，其所行使的社会服务、公共服务和行政管理职能混淆不清；国有资产管理体制仍需完善。这些重大问题的改革，迫切需要行政法学界加强对部门行政组织法、社会组织法、中央与地方行政机关的事权划分、事业单位改革与行政法、国有资产的行政管理与行政法等问题的研究。㉑

四、行政组织法制建设的前景

应松年老师对行政组织法的贡献，不仅在于对行政组织法理论体系的构建和对行政组织法律制度的深入探索上，而且更在于长期以来对行政组织立法和行政组织法研究的推动上。从 1982 年机构改革到党的十八届四中全会决定提出行政组织法定化，应松年老师在不同的场合，一有机会就呼吁健全行政组织法体系。在担任全国人大内务司法委员会委员期间，应松年老师提出，通过国务院组织法的修改，使国务院在组织活动方面有法可依，再辅之以每年一次人代会的监督检查，就机构设置与人员编制而言，相信应该是完全可以使改革成果得以长期保持，精简、膨胀的怪圈将从此结束。㉒ 党的十八届四中全会后，应老师再次提出，当前，完善我们国家的行政组织法体系是一项十分紧迫的任务。根据《决定》的精神，建设法治政府需要重点做好六个方面的工作。首先是要依法全面履行政府职能，推进机构、职能、权限、程序、责任法定化，建立权力清单制度。㉓ 政府的机构、职能、权限都跟后面的权力清单有联系。关于权力清单制度，我们必须要了解权力清单从何而来？从权责法定的角度，应该是通过部门组织法和有关单行法明确规定部门的职

㉑ 应松年：《行政法学的与时俱进》，载《检察日报》2010 年 9 月 16 日，第 003 版。
㉒ 应松年：《依法行政 巩固机构改革成果》，载《人大工作通讯》1999 年第 1 期。
㉓ 应松年：《从六方面重点建设法治政府》，载《光明日报》2014 年 10 月 31 日，第 002 版。

责、权限。权力清单也就是把组织法和单行法里面授予的权力放在一起。笔者认为，权力清单不光要晒出来，还需要进行评价：这个职权应不应该交由政府来行使？能不能由市场或者社会组织自行行使？如果应该交由政府来行使，是否应该交由这个部门来行使？为了健全权力清单制度，首先应该完善我们国家的行政组织法体系。㉔ 现在应该是制定部门组织法的时候了，权利清单就是从部门组织法关于职权的规定和依此而制定单行法中的规定而制定的。㉕

近几年的中国行政法年会，应松年老师有意将与行政组织法制建设相关的议题作为年会的主题，行政管理体制改革的法律问题、社会管理创新与行政法、国家治理体系现代化与行政法，都要求加强行政组织法制建设。全面开展行政组织立法，建立行政组织法律规范体系的时代已经到来。就行政机关而言，虽然我国已有一些组织机构方面的规范，但尚不完善。中央政府有国务院组织法，但亟待修改；部门组织法还停留在“三定”规定阶段。规范国务院各部门内部的权限分配、机构设置、人员定额、层次、结构及比例、活动原则等的部门组织法的一般原则的组织法通则，尚未进入规划。地方政府组织法仍停留在笼统的阶段，没有就省、市、县、乡镇各自立法。法律规范过于粗疏，其规范作用就会削弱。同时，规范中央与地方的事权划分的中央和地方关系法也有待制定。行政组织法是一个法律体系，是机构和职权设定或调整的法律依据，需要尽快完善。㉖

行政组织法制建设的高潮即将兴起，在新的形势下，行政组织法制建设需要考虑以下因素：

首先，在国家治理体系和治理能力现代化的理念下，行政体制改革不再

㉔ 应松年：《论全面推进依法治国的若干重点问题》，载《人民论坛》2014 年 22 期。

㉕ 《政法大学教授全面解读四中全会：法制体系既有法律还要保证》，载北晚新视觉，http://www.takefoto.cn/viewnews-204403.html，最后访问日期：2015 年 10 月 28 日。

㉖ 应松年：《立法界定国务院部门间、中央地方间权限》，载凤凰大学问，http://news.ifeng.com/a/20140906/41890681_0.shtml，最后访问日期：2015 年 10 月 28 日。

局限在既有体制内，而是延伸到体制外，实现政治统治和国家治理的统一，政府治理和社会治理的协调。作为规范治理主体的行政组织法制，也需要与时俱进，以一种全新的理念进行行政组织立法，明确各治理主体的权力范围和相互关系。党委、政府和社会三位一体，作为治理主体，需要明确三者在治理中的地位和作用。既需要理顺政府与市场、政府与社会、党委与政府关系，也需要调整和理顺中央政府与地方政府以及地方政府上下级的关系。政府与市场、社会的互动关系，政府内部多元治理主体之间职责权限的分工，构成了现代国家治理体系成长的两大主轴。在治理理念下，党和国家机关、社会团体和其他社会组织在国家治理中的相互关系，应当由法律加以调节。党政关系的法治化、规范化，可以从法律上保证党对国家机关的领导作用，使领导制度、执政方式明确化、具体化，从而更有利于党的路线、方针和政策在国家中的顺利实施，有利于党的正确领导，保证社会稳定健康地发展，使我国社会向现代化的社会迈进。党群关系指的是党和群众之间的关系，但它实际上反映的是党同公共权力之间的关系，也应该法定化。㉗

其次，在社会治理创新的理念下，需要依法确立社会组织的行政主体地位，将社会组织纳入行政组织立法的视野。社会组织参与国家治理，在行政主体理论中向来被认为是通过法律、法规的授权和行政机关的委托进行的，是授权性组织或受委托的组织，而不是法定的和当然的行政主体。其实，从法律授权的角度说，行政机关也是法律授权的组织，㉘ 职权法定原则便是明证，只不过行政机关是宪法和组织法的统一授权，社会组织是单行法律的授权。在性质上，他们与行政机关一样，都是公共行政组织。有学者将其称为“准行政组织”，并认为，在中国“准行政组织”性的事业单位的确定

㉗ 金国坤：《国家治理体系现代化视域下的行政组织立法》，载《行政法学研究》2014 年第 4 期。

㉘ 金国坤：《论社会管理新格局的形成与行政主体理论的变迁》，载《江淮论坛》2012 年第 1 期。

上，应由法律作出明确规定，改变现行的实际上由行政机关确定的局面。[29] 完善相关的立法，明确各类公共行政组织所享有的管理权力乃是当务之急。非政府公共组织对社会管理职能的承担应当源自宪法与组织法的确认和保障，而非政府的恩赐和让与，只有制定《社会组织基本法》，确立社会组织的行政主体资格，从法律上认可其是国家治理体系中的重要主体，才能为实现国家治理体系的现代化奠定坚强的组织基础。

最后，在全面推进依法治国的大背景下，中央要求完善行政组织和行政程序法律制度，推进机构、职能、权限、程序、责任法定化。完善社会主义法律体系是全面推进依法治国的重要任务。在中国特色社会主义法律体系基本形成后，如果要进一步完善的话，首先是行政法，在行政法律中，重中之重便是行政组织法。我国的行政法制建设，尽管从行政组织法开始，但在《行政诉讼法》颁布实施后，行政救济法先行，行政行为法嗣后，行政程序法也得到了重视，行政组织法一直没有被关注。《决定》明确了机构、权限、职能的法定化，在职权法定、法无授权不可为的依法行政原则下，行政组织立法是加快法治政府建设，建设法治中国的重要基础。我们不能就行政组织法体系的构建谈行政组织立法，而应当将行政组织立法纳入了法治政府、法治社会、法治国家一体建设中来认识，以行政组织立法推进依法行政，实现依法治国的理想。

结　语

研究领导人和大家的思想，是一件力不从心的事，因为你无法站在当事人的高度来认识。记得 20 世纪 90 年代初，国务院办公厅组织研究邓小平行政管理思想，我负责邓小平行政法制思想一章，张文寿副秘书长总觉得还得拔高，气势不够。2014 年学校布置重点课题研究习近平法治中国建设思

[29] 周佑勇：《公共行政组织的法律规制》，载《北方法学》2007 年第 1 期。

想，最后因无力正确把握习近平法治中国思想的理论精髓而以习近平论法治中国建设的五个关系交差。[30] 研究应松年老师的行政组织法制思想，基于与应老师三十多年的师生关系，对应老师行政法的学习领会。在应松年老师的影响下，自己对行政组织法也长期关注，并产生了浓厚的兴趣。此文算是一个梳理，献给应松年老师。当然这远远不足以体现应松年老师整个行政组织法制思想，只是我理解中的应松年老师的行政组织法制思想。

㉚ 金国坤：《论法治中国建设的五个关系》，载《人民论坛》2015 年 2 月下期。

电视剧里的应老师

王敬波*

我虽资质浅陋，但却无比幸运，因缘际会能够在应老师身边工作、学习，自然“近水楼台先得月”，种种好处自不待言。时值应老师八十华诞，作为“追剧狂人”，决定写写电视剧里的应老师。

一、智者“梅长苏”

有一段时间，我很迷电视剧《琅琊榜》，当然，最吸引我的是“麒麟才子”梅长苏。偶发奇想，应老师和电视剧里塑造的“梅长苏”还真有几分相似。他们都经历曲折，梅长苏为奸人所害，身中剧毒，但是以超乎常人的毅力，经受“挫皮削骨”的痛苦后，重出江湖。应老师也曾经历过人生低谷，在艰难的环境中不忘初心，最终名扬天下。他们都坚强忘我，在小我和大国的选择中，毅然放弃小我，深入骨髓的家国情怀从不曾随岁月而流逝。他们都有心中的执念，梅长苏希望清除奸佞、重整山河。应老师心心念念的是中国的法治政府建设。他们都非常智慧，梅长苏文韬武略、博学多才、智

* 王敬波，中国政法大学教授，法治政府研究院院长。

计高远。应老师在中国行政法尚处于混沌状态下，带领学界开启中国行政法治的理论研究和实践，其深谋远虑在30年后的今天回头看来，具有极高的政治智慧和学术眼光。仔细想梅、应二人还有很多共同点，例如，他们都是江浙人，《琅琊榜》以架空历史的网络小说改编而来，但是据考证，是以南梁为背景，就是今天的江苏，应老师是浙江人，他们的老家应该离得不远。他们都曾经以精忠报国的目的奔赴祖国西北边疆，也正是在那里，他们遭遇人生的“滑铁卢”。他们的颜值都高到没有朋友，他们都身材颀长，都有一张清瘦英俊的脸。还有一个特别神奇的相似点，应老师的夫人胡梅娜老师名字里有“梅”字，看过《琅琊榜》的人，一定对剧中“遥知不是雪，唯有暗香来”的梅花有特别的感触。总之，我坚信梅长苏和应松年之间冥冥中有某种联系。

二、暖男“都教授”

《来自星星的你》中的外星人教授都敏俊，活了400年，永远一副不高兴的样子，内心又温暖得一塌糊涂，是一个跨世纪的暖男。他身上没有纷繁喧哗的浮躁之气，也无浮夸不实的拜金质感，有的只是嘴角的一抹浅笑，眼眸的一丝柔情，春风十里，如沐煦阳，如光一般温暖。二人职业相同，都是负有传道授业职责的教授。应老师是地球上的“都教授”，都敏俊是出访外星的应教授。还有一个奇妙之处在于，《来自星星的你》红了“啤酒和炸鸡”。应老师也很喜欢油炸食物。一次，在办公室吃午饭，应老师无奈地说，“我知道油炸食物不好，但我就是爱吃”，然后一脸无辜地夹起一块炸鸡放进嘴里。

应老师对学生的“各种好”一言难尽，他的温暖无处不在，过节或者出差回来经常带礼物给大家。作为资深吃货，我最喜欢的是请吃饭。作为惯例，应老师有几个固定的节日要请吃饭。例如，每逢“三八节”请女学生吃饭，圣诞节请学生吃饭，不论男女，还有“五一”、“十一”等各种节日。中午只要应老师在办公室，一定请吃午饭。最关键的是应老师经常无缘无故地请大家吃饭，这一点尤为可敬。据不完全统计，应老师已经在学校周围十公里之内的新疆、四川等不同风味的中餐馆以及高档奢华的西餐厅请大家吃过饭。刚开始的时候，我还有点不适应，总觉得这么大年纪还“啃老”，不符合传统伦理，现在我已经厚颜无耻地习惯了“啃老”的日子。这些年算下来，已经记不住吃过多少次了。有时错过应老师请吃大餐，过后说起来，应老师会略带遗憾地说：“那天我们去吃了什么什么，很遗憾你没有口福。”我听了常常追悔莫及，心想还不如不知道呢。

应老师特别绅士，他坚持女士优先的基本原则。作为接受传统教育的人，我认为晚辈替长者拎包、开门是天经地义。但是当我的“中国传统”遭遇应老师的“英国绅士”，非但没有机会效力，还经常成为被照顾的对象。

三、儒侠“叶问”

电影、电视剧《叶问》拍了多部，说明人们对叶问成就和武德的敬重。历史上的叶问（1893 年 10 月 1 日至 1972 年 12 月 1 日），本名叶继问，祖籍广东省南海县，学识渊博。于 20 世纪 50 年代开始在香港教授咏春拳，更通过其子弟在全球的广泛传扬，使咏春拳誉满全球。应老师和叶问虽然一个习文，一个习武，但是他们都因其个人成就和崇高品格而成为一代宗师。作为教师，在教学方法上他们都十分注重因材施教。叶问对每一个徒弟，从心理至个性，身材体魄、知识程度，文化修养、学习能力，先作充分了解，根据每个徒弟的特点，使用不同的教学方法，使每个人都能更易学习和吸收。应老师对学生的教育也是如此，从不吝提携年轻人，到鼓励学生提出不同观点，应老师的无私奉献成就了很多学生的人生，也助推了今天行政法学界的群星灿烂。他们都具有删繁就简的超高功力。叶问所收门徒遍及各阶层，上至官绅、下及平头百姓，为适应和惠及众人，遂将原来博大精深的“心法”（譬如双龙夺珠、神龙摆尾、白鹤亮翅、饿虎擒羊、燕子抽水……）拆改成一个个简单通俗的动作，如摊、掌、膀、伏、扰、捶等，让咏春拳以最浅显明了、通俗易懂的方式，在世界范围传扬开来。应老师深厚的理论功底使得他擅长在复杂的法律问题中条分缕析，直击问题核心。在我追随应老师进行的一些学术研究中，应老师的这种学术功力经常令我叹服。

应老师虽是文人，但是他身上常有一股侠气。当他痛斥侵害百姓权益的违法行为，当他为弱势群体秉笔直书，当他憧憬中国法治美好明天，这种豪侠之气总是若隐若现。

人生之有涯，而精神无涯。无论是电视剧中虚构的人物，还是现实中人物走进荧幕，他们之所以能够让电视机前的我们念念不忘、魂牵梦绕，只怕是人物的灵魂，也就是精神的作用。无论时代如何变迁，总有些精神是不变的，是值得后来人学习和承继的。

向应老师致敬，祝应老师福寿安康！

应老师引我走上行政法研究之路

傅士成*

读本科时的行政法老师

我本科就读于南开大学法学系。20 世纪 80 年代初期，南开大学刚刚恢复法学教育，尚没有行政法教师。1984 年，应老师应南开大学邀请，为我所在的 81 级和 82 级本科生讲授行政法。两个年级 100 多人，上课地点是一个阶梯教室。我第一次走进行政法课堂，尚不知道行政法为何物。应老师从第一节课开始，娓娓道来，行政组织法、行政行为法和行政法制监督三大板块论，深深地吸引了我。我印象最深的是，应老师说："行政法领域还是一片沙漠，走进去，会留下脚印"，以形象的比喻鼓励学生学好并研究行政法。课间问问题，问的什么问题，已经不记得了，但应老师在回答基本思路之后，总是指出可阅读的数目，我至今记忆犹新，并且作为自己日后回答学生提问时常用的方法。现在想来，20 世纪 80 年代初，京津之间最快的交通工具是火车，火车单程大概需要两个半小时。加上由学院路的法大到北京站，再由天津站到八里台的南开，公交加火车，是何等得折腾！何等得辛劳！今天想起来，恐怕让人望而生畏。可应老师和朱维究老师，硬是两周一次，一个学期往返京津，为我们讲授行政法。在应老师为我们讲授行政法期间，有一男一

* 傅士成，南开大学法学院教授，博士生导师，法学院党委书记。

女两个人，每次都来听课，而且每次上课之前，都在全班众目睽睽之下，在讲台上安装录音机，印象当中，是当时的先进设备——可以手提的那种砖头式录音机。大家都知道他们不是本班的人，但不知道他们是谁。后来参加“黄埔一期”进修班学习，才知道是天津师范大学的学生王重高和侯玉菲。侯玉菲后来与同在“黄埔一期”进修班学习的金国坤结百年之好，这是后话了。应老师给我们上课期间，课堂上总有王重高和侯玉菲这样的加塞听课的，有时本班同学没有座位，很有意见。应老师引领我初识行政法。

“黄埔一期”时为我修改本科毕业论文

我是南开大学法学系1981级本科生，1985年7月本科毕业。1984年下半年，我也加入了准备考研的行列。在我报名到系里盖章时，系里突然告诉我，准备让我留校，1985年年初到中国政法大学进修行政法，将来承担行政法课程。事关择业和“前程”，还是费了一番思量。最后，是应老师和行政法，让我比较愉快地接受留校并进修行政法的安排。1985年年初，在我还有一个学期本科毕业的时候，我离开所在的班级，离开南开，背起行囊，到中国政法大学参加行政法师资进修班，就是后来戏称的“黄埔一期”。进修期间，应老师不仅系统教授了行政法学总论，而且千方百计安排和聘请全国各方面的专家学者为进修班授课，除大家熟知的王名扬先生，朱维究先生讲课比较多以外，还有龚祥瑞（英国行政法原则）、张尚族（将被遗忘的学科）、张晋藩（讲授古代行政法）、周世裘（讲授行政学）、杨柏华（讲授西方国家人事制度）、王弼选（讲授公安行政法）、廖晃龙（讲授经济行政法）、仝典泰（讲授行政工作人员法）等先生，及实务部门的领导为进修班授课。“黄埔一期”进修的一个学期，是我本科毕业前的最后一个学期。像我这样本科还没毕业就以教师身份来进修的，当时还有黑龙江大学的胡东，已不幸故去的郑钟炎，还有一位来自复旦的女同学，名字不记得了。在进修的同时，需要完成本科毕业论文，结合当时全国人大刚刚通过的授权国务院立法的决定，我写了有关授权立法的论文，并请应老师审阅。交给应老师两三天后，应老师还给我，用铅笔改了多处，提出了修改提高的意见。写的什么意见现在不记得了，但这件事至今记忆犹新。这是我此生第一次写有关行政法的论文，是应老师批改的。我着实按应老师的要求，做了一段时间的功课，以较好的成绩完成了本科毕业论文，并开始了行政法的教学研究生涯。进修班结束后的暑假期间，我和进修班的好几位同学，一起参加了在江苏常州召开的中国法学会行政法学研究会成立大会，这是我平生第一次参加学术会议。今天想来，能够参加这个进修班，并且后来还被冠以“黄埔一期”的美称，是何等得幸运！在我国行政法学研究起步阶段，不仅能跟随应老师等当时站在行政法学前沿的老师们系统学习了行政法，而且结识了一大批行政法学人，至今受益良多！

鼓励我研究行政强制

大概在1995年的样子，由当时的天津市纪委主要领导牵头，开展廉政评价体系研究，我和南开其他学科的几位老师是课题组成员。在课题结项的时候，应老师应邀作为课题鉴定专家来津参加鉴定会，并顺道来南开大学为法学系做学术报告。期间，我请教应老师，选择什么课题比较有价值？应老师当即回答，研究行政强制，并对行政强制存在的问题，研究行政强制的基本取向，向我介绍和讲解。按照应老师的指点，虽然当时资料极其缺乏，但我坚持做下去，终于完成了《行政强制研究》一书。在研究行政强制的过程中，时常遇到难题，我利用见到应老师的机会请教，也曾写信请教，应老师每次都热情解答和鼓励。在完成书稿之后，应老师专门写序推介和鼓励。该书2001年出版后，曾获天津市社科优秀成果一等奖，还在2015年纪念中国行政法学研究会成立30周年纪念大会上获优秀著作一等奖。完成《行政强制研究》一书后，应老师曾希望我就行政强制的对应行为，即对合同、指导等非强制行为进行研究。但由于懒惰，至今没有拿出像样子的东西，愧对应老师。

从 1984 年读本科时听应老师的课结识应老师，至今已有 30 多年，应老师给我的指导和教诲，使我终生受益。我是应老师的学生，以能成为应老师的学生为骄傲！

润物细无声

——忆与应松年教授交往的点点滴滴

高文英*

算起来我与应老师相识已有30年了。30年来与应老师见面次数不算多，基本上是在每年的行政法学年会上，还有就是近些年来，参加政法大学的博士生论文答辩。每次见面，先生都是那样面带微笑，语气平和，有时还要问问我在研究什么，每逢这样的场面总让我想起清人石韫玉的一句诗："精神到处文章老。学问深时意气平"，也许这就是对先生极好的写照。应老师常说与我是"忘年的朋友"，其实这是先生对我的一种鞭策和鼓励，论起来，应老师与我其实是实质意义上的师生关系，只不过与投入应老师门下做应老师名正言顺的学生不同。我与应老师的师生情谊是我参加工作后，请应松年老师来公安大学为我们授课开始的。

1985年我从中国人民大学法学院本科毕业来到公安大学工作。当时想到民法教研室教婚姻法或者民法学，这种愿望也同班主任和公安大学招聘的老师说了。工作确定后我就旅游去了，等我旅游回来才知道要先报到，所以不仅工资比别人少了一个月，而且进民法教研室的事也泡了汤。当时公安大学法律系主任是宪法学专家吴杰教授。他给了我两条路：一是到治安系，那里缺老师；二是到法律系公安法规教研室。这两条路我都不情愿，理由有二：一是我是法律系毕业生，本科毕业论文写的是《论经济合同的履行原则》，指导教师可是民法学界大名鼎鼎的佟柔教授；二是我没有接触过公安法规，所

---

* 高文英，中国人民公安大学法学院教授。

有的东西都要从头来学，这样会很辛苦，另外，我对公法方面的研究和教学也没有什么兴趣。无奈，权衡之下我还是选择了公安法规教研室。

那时公安大学的公安法规教研室主要承担两门课：一是行政法学；二是公安法规基础理论。当时的系副主任王弼选教授是我国第一本行政法教材《行政法概要》的撰稿人之一，可以开设行政法学的课程，但王老师年纪较大，身体也不太好，想将主要精力集中放在宪法学上，没有办法同时承担宪法学和行政法学两门课程，于是行政法的教学工作放入公安法规教研室。我当时是教研室最年轻的，自然承担了这项教学任务。

20 世纪 80 年代中期，全国行政法师资很少。我在人大读本科期间，行政法学还没有系统地作为一个部门法的课程来开设。差不多是我在大三以后，行政法也只是选修课，基本上可以说没有系统地学习过。公安大学本科生是 1984 年开始招生的，法律系学生在大学二年级第二学期要开行政法课，鉴于学校的师资状况，于是系里决定外聘。当时非常幸运，我们请了中国政法大学的应松年和朱维究两位老师。应老师讲授行政法的前半部分，主要是行政法的基本原则和行政组织部分，朱维究老师讲后半部分。当时系里安排一位男老师负责接送应老师，我负责接送朱维究老师。就这样我与应松年老师在公安大学法律系第一届本科生的课堂上相识了，这也是我第一次听应老师的课。之所以说是应老师的学生，主要是应老师是将我真正引入行政法学领域的第一位老师，关于这一点，我在我的第一本专著《警察行政法探究》（群众出版社 2004 年版）的后记中讲到过。应老师课讲得非常棒，深深地吸引了我，让我这个对公法敬重但不敢靠近的人，对行政法产生了浓厚的兴趣。我一节课没落地听完了两位老师的课，并将课程内容全部录了下来。当时条件比较差，我是从系里借来的双卡录音机，每次上课用卡式磁带，课后一句一句地整理讲课录音。

应老师讲课内容不仅系统，而且内容也非常生动还注重结合实践，使我不仅第一次对行政法有了一个体系上认识，还坚定了我从事行政法教学研究的信心。随后，我将讲课录音整理成笔记，这份录音整理出来的笔记，成为我开设行政法课程的主要讲义之一。后来两位老师将在公安大学教授的课程内容进行整理编撰，并在工人出版社出版，这也是我国较早的一本行政法教材即《行政法总论》。正是这份讲课笔记，构成了我首次开设行政法学课程的讲义的主要内容。现在想想，虽然有些实用主义，但正是两位老师雪中送炭的讲授，开启了我行政法学教学和研究之路，也使我成为两位老师真正意义上的学生，我想这种实质意义上的师生情谊可能比与投入门下还要弥足珍贵。

此后，应老师对我的指点和帮助更像春天的细雨，悄然润物，细致无声。我参加行政法学年会是从 1986 年开始的。我要感谢公安大学法律系老领导对我的关心，他们在我开始从事行政法学教学时就对我参加全国行政法学年会提供了方便，使得我得以走出学校与行政法学界名师前辈学习交流。此后，除了个别年份外，我基本上参加了历年次的行政法学年会，积极认真地撰写年会论文。我的第一篇年会论文《浅议我国的行政法复议制度》，后来刊登在《中国法学》1987 年第 2 期，虽然现在看来其中的观点很不完善甚至有些幼稚，但当时对我从事行政法学的教学研究却是莫大的鼓舞。以后每次会上遇见应松年老师，应老师都会说些鼓励的话。说起来很惭愧，我基本上没有登门拜访过应老师，也很少电话联系。但当每次我向应老师请教或者有什么事情想请应老师帮忙给应老师发短信时，应老师都很快回复，帮我解决问题，很令我感动。说一个小插曲。应老师发短信的速度很快，我一度怀疑先生这个年纪不会亲自发，而且还回复得这么快。有一次我悄悄问做过应老师的秘书曹鎏，曹鎏告诉我是应老师自己回复，应老师回复短信的速度相当了得，于是敬佩之情油然而生。此时应老师已是享誉海内外的中国行政法学界的泰斗，是为我国行政法治发展鼓与呼的著名行政法学家。我虽然从事行政法学时间比较长，但由于勤奋不够，加之悟性一般，应当说发展缓慢，进步不大。现在的行政法学界已非过去的行政法，它从一个曾经被遗忘的法学学科，成长为现在的法学学科中的一门“显学”。从过去的较为混乱的学科体系，发展成为一个学科体系较为成熟、能为行政执法实践进行很好指导的学科，应当说，行政法学今天的发展凝聚了应老师等老一代学者的心血。像应老师这样一位行政法学界的学术泰斗，对我们这些普通的行政法学人平等相待，处处关心提携，这在今天这个浮躁有时又很讲实际的学术圈子里，是何等得难能可贵。

我本科毕业就来公安大学当老师，我的硕士和博士学位都是在职读完的。由于公安大学的特殊性，我从开始从事行政法学教学时起，就注意将行政法与警察行政法结合在一起，将关注和研究的重点放在警察执法问题上，这些年我发表论文和著作也基本上与警察执法问题有关。读博期间我与我的导师莫于川教授商议，将博士论文选题确定在对警察权的研究方面。警察权是个涉及多个学科领域的话题，国内和国外系统研究警察权的不多。我也曾有些迟疑，担心自己不具备这方面的知识背景。论文写得很艰苦，持续了两年多。终于到了可以答辩的时候了，做了20多年教师的我，还是难耐内心的紧张和不安。当我得知应老师是我的答辩委员会首席专家时，我紧张的内心平复了许多。首先，我确信应老师对我的选题肯定是支持的，每次见到先生，他都会主动关心我的发展，对我从事的研究领域也相当支持。其次，先生在学问面前秉承人人平等以及鼓励和支持年轻人的精神从来没有改变过。先生虽然学问至博至深，但却能对人特别是年轻人谦和耐心，从不把自己的观点强加于人，先生的这种的处事方式和为师之道，作为晚辈和学生的我，十分钦佩。由先生主持我的论文答辩我觉得心里踏实。那次答辩时间较长，应老师给我提了很多宝贵意见，也给了我很多鼓励，当时的场面至今还记忆犹新。后来，我根据答辩委员会各位老师的意见，对博士论文进行了系统的修改、补充和完善，于2012年出版了《我国社会转型期的警察权配置问题研究》一书，作为交给各位关心我和支持我的老师和同仁的一份不完美的作业。

应老师非常看好我的选择。他曾不止一次鼓励我多从警察执法视角研究行政法学。现在想起来，这种这些支持和鼓励，有时哪怕是一句话，一次挫折面前的微笑，都使我坚定了走下去的决心。2008年我提交年会的论文《我国警察调解运行机制的现状与展望》获中国法学会2008年度行政法学优秀论文一等奖。我心里明白，行政法学年会有许多青年才俊，将这种奖励授予给我，可能鼓励的成分更多吧。

如今，我作为公安大学的一名教师也已经30余年了。30年里我虽然在学术上也取得了一点小小的成绩，但我的每次进步都离不开应老师和学校领导的提携和帮助。尽管应老师在中国行政法学界的成就高山仰止，但其平等谦和，提携后人特别是年轻人的为师之道，踏踏实实、注重理论联系实际，理论服务实践的为学之道，将是我终生学习的榜样。唯愿先生健康如昔，学术之树常青。

启蒙与启迪

——忆应松年先生与我的经济行政法研究之路

王克稳*

知道先生的大名是从大学三年级学习行政法开始的。当时我们使用的行政法教材是王珉灿老师主编、先生共同参与的高等学校法学试用教材《行政法概要》（法律出版社 1983 年版）。该教材将我国行政法分为绪论、总论和分论三编。分论中，将有关国民经济行政管理方面的法律规范单列一章（第十四章），内容包括工业行政管理、农业行政管理、交通运输行政管理、财政金融行政管理、商业行政管理及其他方面的国民经济行政管理（公用事业和环境保护的行政管理、经济特区的行政管理、海关行政管理）六个方面的法律制度。这些内容引发我的关注和兴趣。该书虽未使用“经济行政法”一词，但从其所涉内容看，实际上就是有关经济行政方面的法律制度。临近毕业时，偶然有机会购得先生与朱维究老师共同编著、工人出版社出版的《行政法学总论》（1985 年版）一书。该书在对行政法进行分类时提出，“按照行政管理的实际内容，可以将行政法分为经济行政法、文教行政法、军事行政法、公安行政法、民政行政法、司法行政法等

* 王克稳，苏州大学王健法学院教授，苏州大学东吴公法与比较法研究所所长。

等”。并认为，“经济行政法是全部行政法中数量最多，内容最为繁杂的部分”，经济行政法“已成为独立的部门行政法”。从该书中我知道了“经济行政法”这一概念并接受了经济行政法是作为部门行政法存在的认知。

毕业后，我留苏州大学执教，随杨海坤教授学习、讲授行政法。走上了行政法学的教学与研究之路。受先生《行政法学总论》一书的启发，我开始关注部门行政法，在先生提出的部门行政法分类的基础上，我尝试将部门行政法划分为经济行政法、公共行政法和军事行政法，并率先开始了对经济行政法的关注。

初识先生于20世纪90年代初的全国行政法学年会。其时先生已是鼎鼎大名，作为初入行政法界的年轻学者，对先生唯有高山仰止。好在先生平易近人，对年轻学者又是厚爱有加。记得新疆年会期间有机会就经济行政法的研究方向求教于先生。先生听到我对经济行政法的研究兴趣后评价道，“非常好，这是行政法学领域尚未开垦的一块处女地，值得好好研究”。并要我多关注经济法学界的研究成果。受先生启发和鼓励，我先后在《法律科学》《中国法学》等刊物上发表了《经济行政法之论》《行政法学视野中的经济法——经济行政法》等文章，并于1995年出版了我的第一本经济行政法专著——《经济行政法论》（苏州大学出版社1995年版），从而开启了经济行政法的研究之路。

1999年我考入苏州大学宪法与行政法专业攻读博士研究生，师从杨海坤教授。仍以经济行政法的议题——《经济行政法的基本问题》作为我的博士论文选题。2002年，先生作为答辩委员会主席主持了我的博士论文答辩。答辩结束后，先生对我的博士论文进行了如下点评：“经济行政法对于行政法学界是个新问题，对于克稳是个老问题。他在这一领域已有了多年的研究和积累，这篇博士论文是克稳对经济行政法基础理论的思考和总结。经济行政法有太多值得深入研究的课题，希望他沿着这条道路走下去。”当天晚上，与先生在苏州金鸡湖边喝咖啡，闲聊神侃了一个多小时，除了中国的行政法治建设与中国行政法学未来的研究方向与研究课题外，先生对经济行政法的研究仍然颇为关注，要我沿着经济行政法的研究之路继续走下去，并提醒我要更多关注经济行政法领域中的具体问题，譬如政府对经济管制的限度问题，行业组织在经济活动中的作用问题，国有资产特别是公产的运营与管理问题，公用事业的特许经营问题，等等。先生的提点对我后来继续经济行政法的研究无疑起到了鼓励与推动作用（本来按我的想法，在博士论文做完后，准备转身关注公共行政法及军事行政法）。

虽与先生非常熟悉了，但平时与先生见面的机会并不多。可每次见面，总觉非常亲切，先生总会关切询问我都在忙些什么，关注些什么课题，有什么成果。我不是一个勤奋之人，每每于此，总是难以启齿。先生已是耄耋之寿，但仍然笔耕不已，大作迭出。作为一个晚辈学者，每每读到先生大作，总生愧疚。

值先生八十华诞之际，谨以此小文表达对先生的感激之情、感恩之意！

衷心祝愿先生健康长寿，学术之树常青！

真诚期盼先生继续引领中国行政法学走向辉煌！

追随恩师求学致学点滴

杨伟东*

随着年龄的增长，时间也在“加速”。时光如飞，一年又一年，转眼之间恩师应老师已届八旬，自己也步入中年，屈指算来忝列应老师门下已过20载。追忆求学时光和追随恩师致学的点滴，既向恩师致敬，也记录自己成长的经历。

“严”与“慈”

《礼记·学记》指出：“凡学之道，严师为难。师严然后道尊，道尊然后民知敬学。”最初接触应老师，强烈的感觉是严肃，不苟言笑。应老师一向惜话如金，分析问题、谈论看法皆精简为上，寥寥数语，直击要害，极少有赘语和费话。这塑造了应老师“酷”的形象，也很容易让做学生的看到的是“冷”。自攻读硕士近距离接触应老师，有机会与他当面交流开始，在很长一段时间里，应老师给我的感觉都是如此。特别是在读硕士阶段，在学识与阅历上尚无法与导师形成充分的、自由的对话，因此无

* 杨伟东，国家行政学院法学部教授、博士生导师。

论是在课上还是在课下，每每与应老师交流时都会感到紧张。或许正因如此，有了紧迫感，就要努力提升自己的学识和能力，也要学会以简洁、精炼的表达方式陈述自己的观点和看法。

不过，随着与应老师交流的增多，越来越感受到的是应老师的“外严内松”、“外冷内热”。与应老师交流，难得见到他夸奖人，也鲜见他批评人。20多年来，尤其是学生时代，从未因观点不成熟、见解不深刻遭到他的批评，更不必为与他的观点不一致而惴惴不安。

记忆中，唯一一次被应老师批评，源自安排一位师兄博士论文答辩中出现的纰漏。彼时，博士论文答辩是一件大事和盛事，答辩都要邀请名家、大家前来，本校学生甚至不少外校学生也会慕名旁听。可以说，博士论文答辩，既是答辩学生的学生时代高光时刻，也是一场学术交流大会。在答辩会上，可以目睹答辩人接受答辩专家的不断拷问，见证答辩委员会通过答辩人论文的激动场面，也可以亲眼所见大家之间的观点碰撞和学术交锋。那时，罗豪才、皮纯协、姜明安、朱维究等老师经常会光临行政法、行政诉讼法专业学生的答辩会，而民法专业学生的答辩会上，江平、谢怀栻等老师之间的激辩也是一道风景线。

博士答辩前有诸多事务处理，事先在研究生院张贴海报，确定答辩地点，布置答辩场所，联系相关人员，通常由答辩秘书处理。当时，我同届来自台湾的师兄先期答辩，由于不太熟悉情况，应老师安排我协助处理相关事宜。我跟答辩秘书交待事务，具体交由答辩秘书办理。万事俱备，只待答辩。然而，答辩快要开始时，却找不到答辩室钥匙。原因是那一时期是法大的答辩季，答辩室被集中安排在一个会议室，钥匙要与上场答辩交接。由于疏忽，我们事先没有拿到钥匙。等到答辩老师、旁听学生到达时，才发现问题。面对尴尬情况，应老师只高声说一句“还不快去联系！”虽然很快联系到拿钥匙的人，但取到还要一会儿。幸而担任本场答辩委员、时任法大诉讼法研究中心主任的樊崇义老师救场，及时把答辩地点移师中心会议室，安排工作人员用投影仪打出答辩字幕，使得答辩几乎没有耽误时间就得以开始，师兄也顺利通过答辩。事后应老师没有再问及此事，与师兄交流似也无责怪之意。不过，于我而言，应老师唯一一次的斥责，让我切身感受到了细节的重要性，从而慢慢养成了在工作和学术上注意细节的习惯。

“钦点”与“自主”

导师指导和培养学生有不同风格和特点，以导师对学生研究控制力度来分，大体有“钦点派”与“自主派”之别。“钦点派”导师希望学生光大自己的学术观点，会循着自己的研究兴趣和体系有目的或者有组织地安排学生研究某一领域和某一话题，有时会亲自为学生明定硕士或博士论文的研究主题和题目；“自主派”导师更多放手给学生，让学生自主确定研究方向、研究重点，完成论文。客观来说，不同风格没有优劣高下之分，两种风格有时可以存在同一导师身上。

就本人追随应老师求学的经历来说，应老师的风格本质上属“自主派”：让学生自己“野蛮生长”。应老师几乎不会限定学生的研究范围、兴趣和重点，更不会限制学生应持有的学术观点。在攸关学生毕业的硕士、博士论文选题问题上，应老师更多的时候是提建议和意见，基本是由学生自己选定研究方向和论文题目，不会否决学生的选题。

对博士研究生而言，博士论文的选题是一件大事也是一件难事。在读博士阶段，经过阅读文献、收集资料和前期准备后，我准备把研究主题定在“行政行为司法审查强度”之上。选定题目之后，我怀着忐忑不安的心情向应老师报告我的想法。应老师耐心听完我的介绍之后说，这个题目太超前，中国行政法和行政诉讼法要大概20年之后才会关注这一问题。不过，这的确是重大问题，值得研究，我支持你写，但你必须下功夫好好研究。正是应老师的鼓励和支持，才使我的博士论文能顺利完成。再之后，因出版社曾征询行政法研究状况时马怀德老师的美言，以及我毛遂自荐向中国人民大学出版社请求出版博士论文，论文被列入中国人民大学出版社法律科学文库得以出版。

如果说应老师总体上是“自主派”，但在研究思路和方法却带有“钦点派”的风格。读硕士时，他和朱维究老师把行政法这一重头课程分成若干专题，除第一次课由两位老师讲授外，其余十余次课都是讨论课，采用学生事先准备、上课一二位学生作主题发言、师生讨论和老师总结点评方式。如此一来，每次3~4小时专题课中，学生发言占到一半以上，主题发言的学生至少要发言1小时。为了准备课程，轮到主题发言的学生压力很大，几乎一周时间都要在泡在图书馆里，阅读相关书籍和文章，梳理观点和看法，并力图提出一些自己的见解。其时觉得很辛苦，但事后想来那是很好的学术积累和训练。

攻读博士学位期间，应老师提出学习行政法、研究行政诉讼必须深入了解司法实践，要求我们到法院实习，并亲自联系最高人民法院行政审判庭，安排我与师妹熊菁华到法院实习3个月。

“大局”与“细节”

学术研究需要用可靠的信息、翔实的资料和细致的论证作支撑，但同样需要“大局观”，即对宏观形势、研究格局和未来发展等大问题的准确判断和把握。用学生和后辈的眼光观察应老师学术和事业的成功，斗胆认为，很重要的原因在于应老师在两方面兼备的强大功力。

应老师关注行政法具体制度的研究，在行政诉讼、国家赔偿、行政处罚、行政许可、行政组织法、行政强制执行、行政程序等诸多研究领域及相关具体问题上，都有细化入微的分析。

然而，在学术上，应老师给我更深刻印象的则是他学术上的“大局观”。一是发展方向的把控力。学术研究需要勤奋，但同样需要判断和灵感。前者的重要性不必多言，后者的意义更不可低估，大师、大家的伟大多源于后者。恰恰是在行政法的本质、发展方向和趋势以及行政法研究重点等重大问题上，应老师拥有敏锐的判断力和非凡的直觉。他一以贯之的坚持行政法应立足于保护公民权益的理念，引领行政行为研究，推动行政程序发展，致力于推进行政组织法研究，强调以行政复议的争议解决属性来改革行政复议制度等，都彰显出他超越具体研究而对行政法发展总方向和大趋势的把握能力。二是学术活动的组织力。除自身研究外，应老师担负了大量学术活动的组织和安排。行政法学研究会、东亚行政法学会和海峡两岸行政法学学术研讨会以及各类学术研讨会，经由应老师及相关老师的安排有序进行。三是学术活动的互动力。应老师对学术始终秉持开放态度，注重与实务部门以及境外的交流，特别是后者。在读硕士阶段，日本行政法基本是请日本学者来讲授和介绍的，并时常会有来自美国、德国等国家的行政法学者访问交流。之后，随着法学界国际交流的加深，应老师在举办学术研究会和组织境外考察的同时，不断推动外国行政法的研究，安排学生出国、出境学习和研究，对形成开放的行政法发展格局和行政法学研究贡献良多。

时光悄悄在我们手指间消失，与二十前相比许多方面早已物是人非。然而，不变的是应老师依然忙碌于行政法及行政法学事业之中，且乐此不疲，常常令如我这般人自愧不如。谨以此文祝贺恩师八十华诞！并恭祝应老师身体健康、永远年轻！

与应松年先生的学缘

余凌云*

今年适逢应松年先生八十大寿。去年一次会议间隙，先生与我谈起，想修葺《当代行政法》，邀我撰写一章“中国行政法史”，他说要招揽行政法知名学者都留下一点儿墨宝，可见该书在他心中的分量。我猜想，作为学林领袖，或许他把这本巨作当成他长期引领行政法学界的理论展示与总结，是他的学术人生的一个重要纪念。

“中国行政法史”，好题目，有挑战，我也乐意一试。只是催稿急迫，无法深入思考，从容润笔。当时又忙于完成许崇德先生托付的任务，撰写极有挑战性的“国旗、国歌、国徽”，江苏人民出版社编辑又催之甚急。俗务又多，内心焦炙。所以，我还是委婉地推掉了，心里满怀愧疚。学者也实在害怕“双规”，在规定的时间完成规定的题目。

今天接到张松的短信，约我写一篇与应松年先生交往的随笔，三天后交稿，我满口应承。年过半百，愈发怀旧。我早有念头，准备闲暇之余，一个一个学者地写，学术的交往，学林的友情，前辈的提携，朋友的支持。我能够在学林走到今天，离不开前辈的提携，少不得师友的襄助。我参加的很多立法论证、重要学术活动都是应老师引荐的。每每想起，心里总是阳光一片。

我们这代行政法学人，可以说，都是捧读应松年先生的作品长大的。最初在教科书上看到“应松年”三个字，就觉得名字起得雅致，猜想人一定长

---

* 余凌云，清华大学法学院副院长，教授、博士生导师。

得儒雅。初次见到先生，还在读博士，是替许崇德老师送一份材料，在国家行政学院附近先生的家中，仅交谈数句，便告辞。这么多年过去了，仿佛先生的容颜体态没有什么变化，还是身材高挺，清瘦俊雅，一口宁波乡音肯定是不改的，声音亲切极了。

先生行走在学术与立法之间，给我们树立了一个典范。行政诉讼法、行政复议法、行政处罚法、行政许可法、国家赔偿法，部部典章都有先生的身影。先生运筹帷幄，尽心推动，是学林中的立法组织者，不愧为学林领袖!

在这方面可书可写的实在太多，俯拾皆是。我们常感叹，应老师就是行政法发展的活字典，很多条文为什么这么规定，他都能细细疏解，娓娓道来，令人受益匪浅。

记得也是在一次会议间隙，应老师跟我说，国务院法制办要修改行政复议法，由他负责拿出专家修改稿，问我是否有兴趣参加？我求之不得。一次讨论到复议机关是否要当被告，应老师便回顾了 1989 年起草行政诉讼法时，原本只规定原行政机关做被告，但征求意见时，行政机关不同意，认为复议机关作出变更决定，当事人对变更决定不服，只有复议机关当被告才能说清楚。我们才窥其堂奥。

在行政诉讼法修改中，关乎行政契约能否写入三审稿之际，也是应老师邀请我一起参加了全国人大法工委组织的专门立法论证。那天，我心情激动，早早到场。先生来后，对我说，“这次很关键，决定行政合同能否写进去”。前几天在浙江大学召开的“公法与国家治理现代化”论坛上，应老师在致辞中还说道，行政契约、行政合同写入了行政诉讼法，即便改称“行政协议”，也没有关系。应老师是务实的，我也是实用主义者。

岁月沧桑　吾师依旧

于秀艳*

认识应老师这么多年了，如果不是听到有人称他为老人家，我还从来没有意识到时间的变化。因为没有参加过任何一次给他祝寿的聚会，也不能相信今年他将满八十岁。我认识应老师的时候，他五十多岁。在我心里，他就一直只有五十多岁。

Gentleman 应老师

我是 1991 年考上的研究生。到了新年，给应老师送了一本美人挂历。当时他不在家，我把挂历交给胡老师就走了。后来见到他，怕他学生太多记不住，还特意叮嘱说，挂历虽不怎么样，可那是我送的哟。应老师笑眯眯地说，挺好的，我就喜欢美人挂历。我一面觉得老师好玩儿，一面也暗自得意。后来回想起来，老师当时住在筒子楼里，一间房里摆满各种家什，哪里还有地方放挂历。但老师不仅不嫌弃我那烂大街的破挂历，也没嫌弃我事后还叮嘱他要记住的生猛。不仅不嫌弃，为安慰一贫如洗的学生还表示喜欢。没有哪位老师比他更 Gentleman 了。

我和蒋惠岭在很多年里都是应老师的学生里面唯一的一对双方都是他弟子的夫妇。因为是唯一，所以经常被他当趣事提起。但是，因为蒋师兄无论

---

* 于秀艳，法学博士。

是用功程度还是业务成就都远胜于我，这么多年来我也就一直生活在他的阴影里。甚至，我原先工作或学习、访问过的单位，通过我认识蒋师兄以后，都曾半开玩笑地表示愿意拿我来与他交换。他们大概觉得反正我们是一家的，这样说并不算贬低我，倒是一种暗含的褒奖吧。但是，应老师从未说过这样令人尴尬的话。他既把我们当作夫妇来打趣，同时也把我们分别当作两个独立的弟子平等对待。而他对待弟子的态度，与专业成就无关。

老师砸馅饼

研究生毕业后，应老师问我，下一步打算干什么呀？还愿意继续学习深造吗？我说，愿意，您手里如果有馅饼就往我头上砸吧，我接得住。之后，我们四五个同学在应老师的推荐下，参加了英国文化中心的英语雅思考试。又经过种种周折，我去了澳大利亚卧龙岗大学留学。

有一年，我们法学院院长邀请应老师去访问，他就去了。在法学院做了个讲座，然后就在我们那个背山面海的小城待了一个星期。应老师说，那差不多是他有过的最悠闲的一段假期。但当时我自己正处于写论文的焦虑中，成天蜷在椅子上对着电脑敲字，并没有尽到地主之谊，倒是好朋友容子陪着应老师这儿走走那儿逛逛。

只是，我的博士论文最终也没有写完，并且也没有再回去完成。想来我大概是应老师弟子圈里唯一一个读了博士学位却没读完的人吧。但是，应老师从来没有就此对我表示过任何的失望或不满。看到老师不在意，我便也渐渐安心起来。刘莘师姐某年在法大图书馆会议室里的一句话，颇能说明应老师对我不学无术的包容：应老师对于秀艳就像对自己的孩子一样。

控　烟

最近几年，我开始从事推动控烟政策的工作。最近这二十多年，应老师几乎参与了所有重要的行政法的立法与政策的制定（修改），所以，推动政策和立法，当然最先想到的就是找应老师。我说，应老师，这是咱们行政法的事儿，也是保护公众健康的事儿，需要您的支持。应老师就支持了。

应老师在控烟领域的作用，首先是在《北京市控制吸烟条例》上。北京市本来是有控烟方面的地方性法规的，规定在室内特定区域内禁止吸烟。但是，那是90年代制定的条例，在当时看来是先进的措施，在科学界和医学界对烟草危害有了进一步的科学研究证据之后，特别是已经由《烟草控制框架公约》在法律上确认了之后，人们已经认识到它不能满足保护人们不受二手烟危害的要求。应老师在2011年年初的北京市人民代表大会上，以人大代表的身份，提交了控烟立法议案并得到了18位人大代表的联署，呼吁为防止二手烟的危害，修改现行地方性法规，将禁止吸烟的场所扩大至所有的室内公共场所、室内工作场所、公共交通工具。当时正值北京市人大杜德印主任在考虑如何加强人大在立法决策上的主动性。理论界和实务界的两位大咖，撞出了火花，北京市人大由此开始启动法规预案研究课题，而控烟立法成为了三个法规预案研究项目之一。多年来屡次被人大代表提议的控烟问题，终于进入了立法机关的视线，北京市控烟立法的帷幕就此拉开。

北京市首个法规预案研究项目，就这样落到了应老师的肩上。应老师带领课题组按时完成了《控烟条例法规预案研究报告和专家建议稿》，对控烟立法的必要性、可行性进行了深入论证。有了这一坚实的研究基础，最终控烟条例进入北京市人大常委会立法工作计划的一类项目。应老师课题组又受托为市政府提供立法技术支持，负责法规文本的起草和论证工作。据我所知，地方上最近几年修改或制定的控烟条例（办法），还没有一个像北京这样，由权威法学家牵头一个强有力的课题组承担了立法前期几乎所有的基础调研、论证、起草工作。政府与学术机构的这种合作模式，为北京市控烟条例的成功出台打下了坚实的基础。北京市爱卫办刘泽军主任在条例通过的时候，也曾深有感触地说，北京立法的成功得益于这种政府与学术机构的合作。

在北京市控烟条例的论证过程中，应老师在立法论证中一贯主张的策略也起到了至关重要的作用。当有些人顶不住压力，不敢坚持公共卫生、通风工程方面的科学原则，不敢坚持防止二手烟的最好办法就是室内禁止吸烟、撤掉吸烟区（室）时，应老师则带着我们一拨法律界同仁，在各种场合鼓吹"法乎其上，得乎其中；法乎其中，得乎其下"，坚持要履行国际法义务，按照《烟草控制框架公约》的要求做。如今北京市已成为国际闻名的无烟城市，所有的室内工作场所、室内公共场所、公共交通工具全部禁止吸烟，法律保护每一个在北京的人都不受二手烟的危害。应老师领导课题组从始至终为市政府提供法学与控烟方面的理论与技术帮助，功不可没。

修改《广告法》是另一件控烟领域的重要工作。原来的《广告法》是1995年制定的，当时对烟草危害的认识还不够，因此对于烟草广告的禁止仅限于五类媒体、四种场所。在修改《广告法》的过程中，支持控烟者要求按照《烟草控制框架公约》的要求，全面禁止所有的烟草广告促销赞助，也有另外的声音认为《烟草控制框架公约》要求的是广泛禁止所有的烟草广告促销赞助，"广泛"不是"全面"，可以把某些场所留下来做广告。应老师则一直在各种公开的和私下的场合，呼吁禁止"所有的"烟草广告促销赞助。全国人大常委会第二次审议之后，我把我们的意见写了出来，发表在了《法制日报》上。没人知道那篇文章是应老师仔细看过，并提出了极其重要的结构性和论证逻辑上的修改意见，因为应老师不同意署名，所以，是我单独署名的文章。

一转眼，25年过去了。岁月沧桑流转，吾师依旧，拼命三郎工作，谦谦君子待人。而我也快到了当年认识应老师时他的岁数，有那么一瞬间我想象了一下穿越到他的眼睛后面看一下世界。觉得人生也是一件蛮美好的事呢。

跟随应老师学习行政程序法

王万华*

伴随新年的脚步声越来越近，我们即将迎来老师八十大寿的喜庆日子。弟子们每每见面都在谈及此事，商讨如何给老师庆祝一下。应老师曾经说过自己一生最为得意的事就是选择做了教师，教书育人一辈子，桃李满天下，比什么都强。作为应老师的学生，受惠于先生此种心怀天下的育人情怀，心存感激，写下此文，回忆跟随老师学习行政程序法的点点滴滴，感恩老师的辛勤培养，敬重老师对法治的执着与追求，是为老师贺寿之礼。

---

* 王万华，1996 级博士研究生，现为中国政法大学诉讼法学研究院教授。

我上中学的时候最喜欢的科目是数学，数学用简单的符号将复杂的世界简单化，呈现出简洁的思维之美。上了大学自然没有机会再学习数学了，到了攻读博士学位时，应老师在我入学之初，就将整理外国行政程序法的任务交给我，由此开启了我迄今一直驻足的行政程序法领域的研究。我少年时对数学的喜欢在青年时代对程序法的研究中意外得到对接，也算人生的一种幸运与巧合。行政程序法治寻求的是政府管理中的求真、唯善，用符合理性的程序装置破解复杂的社会问题，实现公共生活的有序和为人民提供公共福祉，与我们寻求用最简洁的方法破解复杂的数学难题有异曲同工之妙。能够有机会比较早地进入行政程序法这一令人着迷的研究领域，要感谢应老师为我开启了这一扇门。应老师对学术前沿问题有很敏锐的判断，在学界尚未开始关注行政程序法的时候，他已经有了系统研究的思路，而我很幸运地成了他的新想法的直接承担者。记得博一的时候，还是在应老师国家行政学院的办公室里，应老师将台湾地区翁岳生先生组织翻译的德国、瑞士、奥地利等国家的行政程序法，及应老师自己找人翻译的荷兰、西班牙、葡萄牙、韩国等其他国家的行政程序法交给我，让我整理一下，编辑成一本书，准备出版，这就是后来的《外国行政程序法典汇编》一书，这本书出版后成为行政法学者研究行政程序法的重要基础资料。整理好外国行政程序法典的资料后，应老师又让我跟家伟师兄分工，对外国行政程序法典的内容进行比较研究，形成《比较行政程序法》一书。在这两本书的基础上，应老师又组织我、锡锌、肖凤城师兄写成《行政程序法立法研究》一书。这三本书的出版，初步形成了行政程序法立法研究的基本框架。这三本书的编辑与写作，也为我撰写博士学位研究论文《行政程序法研究》打下了非常好的基础。这篇论文后来能够获得全国百篇优秀博士学位论文，与应老师博一之初就将我引入行政程序法研究密不可分，集三年之积累写成的论文，有足够的时间思考很多问题。

应老师研究行政程序法的目的还是在于推动中国的行政程序法立法进程，老人家说过很多次，制定《行政程序法》是他最后的一个心愿，当然，这也应当是老人家最大的一个心愿。1996 年，应老师与翁岳生老师联合召开了海峡两岸第一届行政法研讨会，当年会议的主题就是两岸共同推动制定行政程序法。2000 年，台湾地区“行政程序法”开始实施，但大陆的《行政程序法》尚未列入立法议程，且争议还非常大，尤其是得不到立法机关和行政机关的认同，甚至学界也存在很强烈的反对声音。面对立法困境，应老师没有往后退，而是以他老人家知难而上、善于开创新局面的韧性，开始想各种办法推动立法进程。当行政程序法的理论研究框架基本形成之后，应老师即开始着手行政程序法立法的推动工作。在应老师的努力下，刚进入 21 世纪之时，行政程序法研究与立法曾经有过一段黄金时期，有关行政程序法研究的论著纷纷面世，立法方面，全国人大法工委委托行政立法研究小组起草《行政程序法典专家试拟稿》。应老师领衔组织了行政法学界的一批著名学者，开始起草专家试拟稿。记得起草专家试拟稿时，应老师倾注大量心血，召开了各种层次的研讨会，逐字逐句推敲、反复修改，多达 18 稿，才正式交给全国人大法工委。应老师对立法的高度责任心和认真，深深影响了我。我自己在后来工作中有机会参与立法论证时，也是反复斟酌，对立法工作心存敬畏之心。

行政立法研究小组的专家试拟稿提交给全国人大法工委之后，立法工作仍然没有任何进展，特别是《行政许可法》出台之后，《行政强制法》立法又提上议事日程，单行立法依然是立法机关的基本思路。《行政程序法》的立法进程基本处于停滞状态，学界的关注度也在下降，《行政程序法》立法陷入最低谷。善于寻找突破口的应老师在全国人大之外开始寻找其他路径，一次会议上与时任湖南省长的周强相遇，促成了地方统一程序立法《湖南省行政程序规定》的出台，这是中国统一行政程序法立法的破冰之旅，拉开了统一行政程序法立法的序幕。行政程序法立法实现零的突破，应老师功不可没！毕业之后，我经常想，应老师传授给我们的不仅仅是知识，更重要的是他老人家身体力行、不害怕困难，善于寻找突破口和开创新局面的韧性和精神，这一点，需要我们用一生去体会和学习。这种韧性和坚持，除了性格的因素，我想更重要的还是他老人家对法治的热爱和赤诚，是他这一代老一辈法学家坎坷的人生经历所形成的发自内心的对公民自由和权利的热爱和向往。人生的坎坷经历又使得应老师对法治理想实现道路上存在的种种低谷有充分的心理准备，不气馁，不后退，而是积极寻找一切可能的机会，积极去推进。就像老人家每每谈及《政府信息公开条例》时说的那样，“《公开条例》首先为信息公开大门打开了一条缝，有了这条缝，大家就可以拼命去挤，挤着挤着就打开了一扇门”。这种乐观的心态，积极的行动，正是推进中国法治进程所需要的，坚持我们认为对的，一点一点往前推进。

湖南的行政程序规定出台后，在全国引起很大反响，如何进一步扩大湖南行政程序规定的影响，进而水到渠成推动国家层面《行政程序法》的出台，是应老师的最终目标。湖南之后，应老师没有停留，带领我们继续推进。一方面是游说更多的地方加入出台统一行政程序规定的行列，到今天，已有湖南省、山东省、江苏省、宁夏回族自治区、西安市、海口市、兰州市、邢台市、汕头市、酒泉市、凉山自治州、海北藏族自治州、永平县等13个地方出台统一行政程序规定，重庆市、北京市正在起草行政程序条例；另一方面，应老师组织我们对早期出台的行政程序规定，特别是湖南省行政程序规定的实施情况展开两次调研，了解、掌握地方各项程序制度的实施情况，总结经验，使得下一步行政程序立法具有坚实的实践基础。正是在与实践高度融合的过程中，应老师对《行政程序法》如何更接地气有了很多新的思考。

党的十八届四中全会《全面推进依法治国的决定》发布后，应老师非常高兴，因为决定中不仅提出2020年基本建成法治政府，而且明确提出要完善行政组织和行政程序的法律。决定发布后，见到应老师，应老师很高兴地说，“《行政程序法》的制定有希望了”，我当时非常感动，老师的心里时刻都在想着中国《行政程序法》的制定啊，他依然在寻找机会推动它的进程。所有的学生见到他总是劝他老人家不要再忙碌了，不要再跑来跑去，好好待着，养好身体，而他老人家总是说忙惯了，停不下来。我们都知道，应老师其实最放不下的就是《行政程序法》的制定。回想第一届海峡两岸行政法研讨会，彼时，两岸都在推动《行政程序法》的出台，二十年岁月匆匆，海峡那边已经成功立法，并在行政与司法实践中逐步完善；海峡这边，却依然如初。程序法治观念的淡薄与缺失，造成行政管理的非精细化与权力的任性，政府遇到问题只会用限、堵、禁等简单粗暴的极其被动的治理方式，与飞速发展的经济和快速转型的社会相较，政府治理能力不相匹配。现在《行政诉讼法》的修改已经完成了，中央又明确提出建成法治政府的时间表，他总是很着急地说，“没有《行政程序法》，怎么能说法治政府建成了呢?”正是强烈的使命感使得老师无法停下来安享晚年，他总是希望利用自己在学界和实务部门中的影响力多做一些事，多团结一些人，形成更大范围的共识，形成更大合力来促使中国的《行政程序法》早日出台。就在前几天，应老师就组织了一次高规格的行政程序法研讨会，参加会议的人来自方方面面，这次会议很难得还见到了当年支持制定《行政程序法》的张春生主任。张主任讲得很动情，他一再说《行政程序法》耽误了十年，不能再耽误下去了。应老师也很感慨，在致辞中，应老师回顾了行政程序法立法早期的过程，也再次表达了推动《行政程序法》的决心和信心。我当时也在会场，看到老师谈到《行政程序法》时的热忱，心里充满对老师的敬意。老师已近耄耋之年，依然在为国家的法治政府建设费心思虑，不辞辛劳，每日忙忙碌碌，难以偷得浮生半日闲，学生晚辈自当更加努力！

应老师即将迎来八十大寿，作为学生的我也人到中年，对生活有了很多感悟。时常感恩生活让自己求学路上遇到良师，当年报考研究生时，我给应老师打了一个电话说想报考行政法研究生，应老师只很简短地说了一句“好吧”。当时也不知这“好吧”是什么意思，但没敢多问，只觉得应老师好严厉，不过仰慕老师之名，还是战战兢兢选择了报考法大。而我的一个同学，因为害怕应老师的严厉选择了报考其他学校的行政法。现在回想起来很庆幸自己没被应老师一句过于简短的“好吧”给吓跑，才有后来跟随老师学习研修行政程序法的机会。应老师是一个急性子的人，做事雷厉风行，没什么废话，尽管心里爱护学生，但从学生感受来看，未免显得过于严厉。我当年就是到了博士阶段，仍然不敢在应老师面前大声说话，总是如履薄冰般害怕自己做错了什么。后来看到王静、张红她们竟然敢跟应老师开玩笑，心里大吃一惊，心想这些小姑娘胆子可不小，还敢这样跟应老师说话。现在回想起来应老师对学生从来是很宽容的，跟随恩师20余年来，没有受过什么指责，当你有自己的想法时，应老师会说“好吧，你再想想”；当你想做什么事去跟老师商量时，应老师会说“好吧，去干吧”；而当自己做得不够好的时候，应老师还只是拖长了声音说“好吧——，下次注意吧，怎么办呢”。多么可爱的应老师！老师八十大寿之际，学生只有一个心愿，真心祝愿老师健康长寿！《行政程序法》在我们的小康社会建成之时能够出台！

应老师引领我走上行政法学教学科研之路

胡　东*

我与应松年老师初识是在1985年，那是在司法部组织的第七期全国法律专业师资进修班上，我有幸成为应老师的学生。因为进修班是中国政法大学受司法部委托举办的，具体名称也就成了“中国政法大学行政法学师资进修班”。按照教学计划，教学时间本应是3月5日到7月6日，但实际开班时间向后延续了五天，学员是3月9日报到。那年春节特别晚，三月初还春寒料峭，我乘火车自哈尔滨来到北京，当时进修班的报到处就设在法大校内礼堂东门。办理了入学手续后我被分进了1号宿舍楼108房间，同一个宿舍的还有南京大学的叶松春、邢鸿飞，苏州大学的杨海坤，山东大学的李庚元四位老师。我们这个师资进修班一共有44名学员，大部分都是刚参加工作不久的高校教师，只有我们四位学员是提前留校的八一级在校大学生，除了我还有南

---

* 胡东，黑龙江大学法学院院长，教授，博士生导师，中国行政法学研究会常务理事，黑龙江省依法行政研究会会长。

开大学的付士成、复旦大学的宋琳琳、上海大学的郑钟炎。八十年代中期正值我国恢复高考后不久高等教育快速发展的时期，各高校都很缺师资，而当时的研究生还比较少，因此，许多高校都采取选拔本科生留校任教的办法解决师资短缺的难题，我和付士成等四位同学都是被提前半年留校送到司法部第七期师资班进修的。

进修班的教学管理很正规、很严格，我们和中国政法大学的本科生、研究生一样上满了一个学期十八周的课，课程的主要内容是中国行政法学和外国行政法学两部分。其中，中国行政法学主要由应松年和朱维究两位老师来讲授，其间为了能够较好地理解行政法学的基础理论，还开设专题讲授行政学和各国政治制度。

当时参与进修班管理和教学的老师有很多，如法大行政法教研室的方彦老师、王名扬老师、应松年老师、朱维究老师、张锋老师等几位老师，但我与应老师却更为相熟，因为进修班的教学工作主要是由应松年老师组织协调，讲课也是应老师讲得最多，课余时间应老师还组织我们去西山八大处郊游，参观中南海毛主席故居、人民大会堂，因此和应老师接触就比较多，更主要的是应老师平易近人、和蔼可亲，在应老师面前不感到受拘束，所以我也时常向应老师讨教问题，自然受益良多。

应老师上课时的情景至今还清晰得如同昨日，应老师讲课思路清晰、深入浅出、循序善诱、娓娓道来，常常使我们茅塞顿开。应老师对行政法学理论的研究和教学总是能够有一个宏观的把握，分析问题高屋建瓴，当时应老师组织编辑了一套行政法学参考资料《行政管理法规选编》（上、下）。应老师建议我们去研读每一部法规，在组织我们这些学员进行课堂讨论的时候，有学员感叹行政法学教材资料缺乏时，应老师说："行政法学研究应当从研读法规开始，如果我们能够将这些法规都认真研读一遍，我们就会对行政法和行政法学体系有一个宏观的了解，也会发现很多感兴趣的课题。"应老师的话让我们大家很受启发，这在当年行政法学资料匮乏的情况下给我们指明了行政法学研究的方法，这个方法使我至今受益不止。应老师对我们从事行政法教学科研的信心的鼓励也是我们进修班学员的一大收获，应老师在讲到行政法学研究的现状时说："行政法学领域有许多空白需要填补，行政法学研究就像一个人在刚刚下过雪的一片原野上走路，走上去就会留下一串脚印，我们正逢一个好大有作为的时代，只要努力就会有收获。"30 年来，言犹在耳不能忘怀。

就是在这个过程中，我从最开始对行政法一无所知到初识皮毛，逐渐培养起了对行政法相关理论的学术兴趣，开始一步步探索行政法这一全新的学术领域，走上了行政法学教学科研之路。也正是因为应老师的一段话坚定了我学习研究行政法的信心，使我投身到行政法学教学科研事业之中。

我们这个进修班的同学在后来的行政法学教学和研究以及行政法实践等领域都取得了引人瞩目的成就，当年应老师口中戏称的"小家伙"们也成长为了行政法学界的中坚力量，进修班更是被人誉为行政法学的"黄埔一期"。这其中，很大一部分同学长期活跃在教学科研的第一线，多年来学术上的相互促进共同进步使我们不仅仅是同行，更是志同道合的朋友，每年的行政法学年会更为我们提供了固定地与老师和同道挚友就教学和科研进行交流和探讨的平台。

也是因为这次进修班，我有幸参加了 1985 年 8 月中国行政法学研究会在常州召开的成立大会，应老师带着我们班 20 多名同学见证了中国行政法学理论研究的起步与发展。进修班上老师讲授的内容以及研讨会上学者们探讨的问题基本上形成了行政法学的理论框架，这个框架成为了我们后来回到各自的学校开设行政法课程的基础。

进修班结业后我们大部分学员都回到原单位从事行政法学的教学科研工作，多年来，应老师对我们这些进修班的学员一直给予无微不至的关心和帮助。尤其对我来说，应老师不但是我行政法的启蒙老师，也是在生活和工作上关心帮助我成长的长辈。进修班结业后我一直保持着和应老师的联系，而每年都特别希望去参加行政法学年会的理由之一就是想去见应老师，每次见到应老师他都询问我的工作生活情况，而对于我的求教，老师总是耐心解答，期间给予我的鼓励和帮助每每都令我温暖无穷和力量倍增。

1995 年是我从事行政法教学的第 10 个年头，在这 10 年里，行政法基础理论不断丰富创新，行政法教学体系亦面临改革，如何适应新形势的发展改革教学内容和形式是我们必须思考的问题。这一年的 8 月，我和黑龙江大学法律系的杨忠文老师到北京拜访应老师，针对《行政法学》课程的教学内容向应老师请教，并就行政法学科建设和申报硕士学位点的相关事宜向应老师逐一求教。应老师非常关心并且非常支持地方大学的行政法学科建设，他将多年来教学科研中总结积累下来的行政法学教学方法和学科建设的宝贵经验和体会倾囊相授，这对我们地方大学行政法学科建设来说无疑是一份巨大的精神财富。应老师还就如何加强师资队伍建设、凝练科研方向、创新研究理念等方面提出了指导意见，更为我们指明了行政法学教学改革的方向。黑龙江大学法律系于 1996 年获批行政法学硕士点，这其中应老师给予了巨大的支持和帮助。

2009 年秋天，应老师应黑龙江省委党校之邀来哈尔滨讲课，我去宾馆看望他，为老师的敬业精神所感动，也为老师七十多岁高领不辞辛苦来黑龙江讲课担忧他老人家身体吃不消。应老师见到我十分高兴，丝毫没有旅途劳顿的倦意，还诙谐地笑称自己天南地北地讲课是在"锻炼身体"，是体力劳动和脑力劳动相结合。当时，我们都沉浸在浓浓的师生情谊之中，我当时正在筹措撰写博士论文，诸多思考掺杂不清尚不能理出个头绪，恰逢可以有机会向应老师讨教，我就将想就政府信息公开方面进行一些研究的想法向应老师和盘托出，更表明了在搜集资料和研究思路上的困境与迷思。应老师听罢不但为我答疑解惑指点迷津，还将他手中搜集到的与信息公开相关的资料一并给了我，使我在完成博士论文的时候能够始终保持清晰明确的思路，我的博士论文能够顺利完成与当时应老师为我定下的研究基调是分不开的。时隔七年我仍然感怀于应老师对学生后辈的殷切关怀和无私提携，这样有学术交流又有感情相通的师生关系，自当源远流长，是"一辈子的关系"。

2014 年 4 月，我刚担任黑龙江大学法学院院长不久，法学院就接受省人大法工委的委托起草《黑龙江省行政审批管理条例》专家建议稿，这是黑大法学院首次承担委托立法项目，也是黑龙江省首次委托第三方起草地方性法规草案，无论在团队组建还是实际操作都给我们带来了巨大的挑战，我感到困难和责任都很大，在这个困惑的时刻我又想到了老师，于是我向应老师请教，应老师又一次给我指点迷津，使我明确了工作思路和办法。经过为期半年的调查研究，通过多省市实地调研以及项目组无数次会议讨论，专家建议稿于2014年10月完成并交由省人大法工委组织专家论证会。为保证专家意见稿的专业性和科学性，我们特邀请应老师率中国政法大学刘莘教授、王万华教授亲临哈尔滨，就专家建议稿的内容、体例规范、立法技术以及可操作性等方面进行全面评估，并有针对性地就相关问题提出建设性意见。整个论证会持续了三个多小时，应老师的总结发言鞭辟入里，提出立法者应当转变思维，将着眼点放在对行政权力行使的限制和监督上，以社会效益作为检验立法成败的重要标准。这不仅对我们法学院项目组提出了更高的要求，也为在座的立法和行政部门的工作人员上了一堂生动的依法行政课。项目组根据诸位专家所提出的建议对专家建议稿进行修改，修改稿中所包含的制度设计及价值取向在黑龙江省人大于2014年12月出台的《黑龙江省规范行政许可条例》中均有所体现，专家建议稿为推动该部地方性法规的出台发挥了重要作用。

寒来暑往，冬去春来，我们走到了行政法学建设的第30个年头，也迎来了应老师的八十华诞。师者，传道授业解惑也，就为人师长而言，应老师真正当得起“学高为师，身正为范”。回想起师资进修班学习的日子，深深感动于前辈师长的深厚情谊，那段青葱岁月也饱含着应老师对后学晚辈的殷殷期望，仰之弥高，钻之弥坚，惟有不断求索，尚能回报应老师的脉脉关爱和无限期许。30年行政法学、30年“黄埔一期”，应老师的一言一行深切地影响着我们，也实实在在地改变了我们的一生。我们的一生见证了我国法治事业的蓬勃发展，如今虽已人到中年，可在应老师面前我们依然还是“小家伙”。作为行政法教学科研事业的一份子，我自当继续努力学习应老师热血心胆、以博大的胸怀提携后学晚辈、竭尽全力培养行政法后备人才的奉献精神，为行政法学人才培养和法治建设的宏图大业略尽绵薄之力。值此盛事之际，撰小文一篇，衷心祝愿我们的应老师身体康泰，心情舒畅，智者常乐，仁者长健！

爱才·敏行·尚简

——应松年老师印象

刘 丹*

和应老师认识，说不清楚最早是在什么时候了。可以肯定的是我是先知道老师的名字，先看老师的书，然后才听老师的课，见到老师这个人，而后才与老师有了更多的接触与交往。但老师盛名在京城，学生教书在地方，彼此接触的机会并不是很多，一年能借学习、开会之机匆匆见上一两面，就属幸运的了。所以，要我写应老师在心中的印象，不像那些有幸成为其学生或者长期在老师身边工作的同人，可以信手拈来，而需要仔细回忆那些有限的交集，搜寻其中最具意义的点点滴滴……

爱才

学生关注老师似乎十分自然。记得每次到北京学习或者开会，只要举办方请来了政法大学的应老师，心下总有暗暗的骄傲，也会借下课之机挤在人

---

* 刘丹，湖南省委党校、行政学院副校（院）长，二级教授。

堆里和他打个招呼，自我介绍说自己叫什么名字，完了不忘特别说明一下自己是中国政法大学的毕业生。每次这种时候，应老师都会礼貌地点头，微笑，但眼中有一种想不起你是谁的茫然。这很自然，因为虽然他是政法大学的老师，我是政法大学的学生，但当应老师结束他20多年的西北生活回到政法大学时，我们差不多快要毕业了。正因如此，我和应老师这层师生关系有些勉强，有名而无实。

真正和应老师相识应是他调往国家行政学院担任法学部主任之后，那时我正好从省委党校调往湖南行政学院，负责法学部的创建。同在一个系统工作的机缘使我们有了更多的工作和学术关联。记得刚任法学部负责人之初，我去过几回国家行政学院，也带着些茶叶之类的土特产去拜访过已成为我们顶头上司的应老师，向他汇报我们学校法学部的筹建情况，邀请他去讲学和指导。每次去，应老师似乎都很忙，办公室里常常坐着一堆人。每次去，应老师也一如既往的客气和礼貌，但我却有种感觉，他并不希望自己被打搅，对我，依旧没有什么太多的印象。

1996年国家行政学院举办了第一期法学师资培训，开始为全国各地刚刚建立的行政学院培养骨干老师，我正好参加了这次培训。应老师作为法学部主任，对首次举办的这个培训班当然十分重视，从课程设计到师资安排，从教学环节到组织管理，很多事情都是亲力亲为。来自全国各地的老师们也如饥似渴，认认真真上了两个月的课，学到了不少新东西。结业前夕，学院领导、教务部、进修部负责人召开学员座谈会，希望了解首届法学师资班到底办得如何，效果怎样。为开好座谈会，法学部和班主任事先做了一些准备和安排，但遗憾的是，这些安排好的发言似乎并未讲出这次办班的特色和成效，座谈会上的气氛一度十分沉闷，而坐在一边的应老师似乎也有些不自在。我并没被安排发言，事先也没打算在这个会上吭声，但座谈会上的情形让我感到几分不安和压抑，想到几个月来法学部同志们的辛苦付出，想到应老师这个大学者的亲力亲为，想到我好歹也是个法大人，我觉得我应该站起来说点儿什么。我在脑子里飞快地搜寻和组织了一下，然后举手发言，把这期培训的意义、特点和收获，一二三四，作了一通概括和总结。这时我看到，应老师的脸上浮出了笑容，其他领导们开始交头接耳地议论，会场气氛明显活跃起来。会后我被告知，在明天所有班次都参加的毕业典礼上，由我代表师资班发言。第二天，其他班发言者都拿着事先写好的稿子上去念，我空手上台，向领导和全体学员汇报了师资班的学习情况。也许发言效果还不错，晚上我参加学院举行的毕业晚宴并去给领导和老师敬酒，发现他们还在议论那个“湖南妹子”不用稿子的发言。

就这样，多次寒暄拜访都能没留下什么印象的我，就因为一次出彩的发言而被应老师真正记住了。从那以后，但凡有学习培训机会，老师都会特别关照让我参加；有重要的学术会议或外访任务，老师也会尽量为我争取；只要来湖南讲学，老师也会留点时间和我聊聊，给我许多专业和事业发展的指导。而原本学历不高、学术方向不明、学问也做得不深的我，就这样在老师的指导和鼓励下开始聚焦行政法学，开始承担国家课题，开始在教学和科研上逐渐上路，开始担任领导职务。回顾自己的人生道路，我不得不说，假如没有应老师的指点和引导，特别是没有应老师最初的肯定和欣赏，我绝没有今天的成长。

实际上，行政学院系统受老师恩惠鼓舞的又何止是我，福建的李海亮老师、广东的宋儒亮老师等，都是得到应老师特别关注和厚爱的人。再推及行政法学界，又有多少今天的法学名家和政界精英，不是受到应老师精心栽培和培养。对待学生，他就像对待自己的孩子一样有无限的宽厚和慈爱，对待任何一个有点才情的年轻人，他都用他一个大学者的欣赏和鼓励给人带来珍贵的自信和力量。在行政法学界，老师本是撑起一片天空的钢筋铁骨，但在我心目中，他更像是一颗启明星，照亮很多在黑暗中摸索的孩子；更像是水，无声将行政法学界的沙沙石石凝聚在一起，砌成了中国当代行政法学的大厦高楼。

敏行

与江平教授相比，与诸多法学大家相比，应老师不算口才好的。记得我们学院创办之初请他讲学，大家对他充满期望，满心希望听到这个大名鼎鼎的法学大家的宏篇大叙，但结果，人们听到的只是中国行政法起步的琐碎脚步和对中国行政法治发展冷峻而务实的思考。早几年，湖南农大请应老师给学生讲座，我去看他，农大陪同的同志说，你来得正好，下午的讲座就请你来做主持嘉宾吧。我心想这个任务可不太好完成，但碍着情面又不好推辞，只好应承。下午两点不到，图书馆学术大厅就挤满了年轻的学子，竞相争睹心目中景仰已久的大师。在这个追星的时代，像应老师这么不善炒作而只知严谨务实的老师还能赢得学生的喜爱和欢迎吗？我硬着头皮上阵，说："同学们，我很荣幸能够受邀主持应松年教授的报告。我们大家都知道应老师的课不是那么好听……"台下忽然静了下来，接着响起了叽叽喳喳的议论声，坐在前排的领导更是吃惊地瞪大了眼睛。我顿了一下，接着说："但这主要取决于你会不会听。我有一个体会，那就是应老师的课你要用心听才好听，你要听到最后才发现值得听。"这时所有人似乎都松了一口气，会场响起了掌声。有意思的是，那天学生还真听得特别仔细和认真，而应老师也比平常发挥得更好，整个讲座的效果相当不错。尽管如此，我还是想说，老师真的不是一个特别能言善语的人。

与老师"讷于言"相比，老师更善于和乐于"敏于行"。他作为中国法治重建时期第一代行政法学者，作为现代意义上行政法学最早的创建者，作为此后很长一段时间内行政法学学科的掌门人，他一直都在用近乎殉道者的虔诚和勤奋撰写着自己的人生篇章，推动着中国行政法治的历史进程。中国第一本行政法学统编教材，第一个高校行政法学师资班，第一批行政法学的硕士、博士培养，都有应老师最忙碌的身影；中国最重要的行政立法，从行政复议、行政诉讼到行政处罚、行政强制，都有应老师最直接的参与和贡献。

他平和谦逊，从不高谈阔论，更不喜欢夸夸其谈，但他直面现实，直面问题，敢于求真，善于行动。这应该算是老师最突出的学术品质吧。

2007 年，行政法走到了程序法治的关键路口，已列入立法规划的行政程序法起草工作不幸中途停顿，高度关注这一立法进程的应老师心急如焚。2008 年年初，同在北京参加人大政协会的应老师与时任湖南省长周强、高院院长江必新在下榻的全总“职工之家”相聚，谈及陷入困境的行政程序立法，三位法学大家突生火花，为什么不拿到法治建设风生水起的湖南进行试验，制定一部地方性的行政程序规定，为国家立法提供经验？第二天，我就接到了应老师的电话，说在湖南将有一个重要立法项目可能要你参与。接下来省法制办主任也通知我参与这部地方性行政规章制定的前期研究工作。短短几个月后，中国第一部系统规范行政行为程序的地方性行政规章出台。对于这块行政程序国家立法的地方“试验田”，应老师倍加关注，不仅参与立法论证，进行立法指导，实施后又进行追踪研究，督促进行实施效果评估。面对 70 岁高龄仍在为这部地方“小法”而奔忙的老师，我有次不解地问“真有那么重要吗?”老师叹了口气，讲起了自己过去的遭遇，讲到了程序法治的价值，他特别讲到公开的意义，说：“公开可以为公众监督政府提供最有效的途径。现在最重要的是要将这扇门顶开，哪怕开始只是一条小缝，但只要插进去一只脚了，关闭的大门终将打开，老百姓终将了解政府在做些什么，这对民主太重要了。”谈及行政程序立法的艰辛，他说：“我这辈子最后的愿望就是想看到这部法律出台，行政程序法不制定出来，我就是死也难瞑目啊!”老师这句话让我不禁想起林语堂的一句话，“一个人彻悟的程度，恰等于他所受痛苦的深度”。震撼之余我想，这种从民族个人切身之痛中生发出的对法治的梦想和追求，应该是应老师这一代法律人孜孜以求的最大精神动力和历史使命感吧。

尚简

应老师生活简单。和他吃过几次饭，发现他饭量不大，吃得也很清淡，不像是在大西北熬过日子的人，倒是保留了他出自宁波书香门第家庭的清雅。对于穿着老师似乎讲究一些，但也只是干净、素净、整洁而已，并不喜好名牌大牌，也不喜欢过多的颜色图案，基本是以白色和灰色为主，倒也十分贴合老师清瘦儒雅的气度。记得有一年夏天他来湖南讲学，没有带够合适的换洗衣服，吃过饭我陪他散步正好路过一家百货公司，我说老师我从没给您买过什么东西，送您一件衬衣吧。他坚决不肯，左哄右骗好不容易才把他带到了商场里面，但他一看这家店子的东西价格不菲，就根本不肯上楼了。最终，我们什么也没有买。

每次应老师被邀来地方讲学，都会有很多领导陪同，做很好的安排，但应老师对此毫不在意，也从不提任何要求。热闹饭局中的老师总是很少言，总是吃得很快，他似乎很不习惯接受人们的赞美，并且总是希望那些长长的饭局尽快结束。和老师认识那么多年，发现老师唯一能够接受的奢侈一点儿的事情就是在奔波劳累之后洗个脚。记得有一回他飞了很多地方才到长沙，我便陪疲惫的他去洗了个脚。第二天上午讲了一整上午课，吃过中饭我又请老师去放松了一下。下午赶到机场，发现飞机晚点两个小时，我抬头发现候机厅竟然也有一个洗脚的地方，便说，应老师我还请你洗一次脚吧。老师大大地摇头，说："再洗，脚上的皮都要洗没了！"

老师生活简单，待人也宽厚。和他聊天，很少看他抱怨命运，尽管他经历那么多坎坷和磨难，也很少看他抱怨什么人，即便有些人的行为可能有理由抱怨。也有个别人，是老师认为为人不那么地道而不喜欢的，他会提醒你注意，但并不因此画线，也不要求别人按他的判断来处理人际关系。老师总是那么率真、那么本色、那么坦然、那么具有亲和力和凝聚力，他也因此而获得了人们发自内心的尊敬和爱戴。

应老师对钱似乎没有什么太多概念。有次去国家行政学院，几个老师坐在他办公室闲聊，其间不断有人打电话来请他去讲学，看得出他很为难，但最终也都还是答应了尽量去。他说这些人都是一些朋友或者学生，不好意思拒绝。我们好奇地问及课酬，他说自己从来没好意思开口向人家问过这个问题，每次都是人家给多少就是多少。我们说，您应当配一个秘书专门为您安排行程，所有电话都由秘书去接，问好了时间内容和课酬，再替您作一个最优的选择和安排。他笑着说，这主意好，将来要按照这个办法来办。但实际上，应老师就是应老师，以后有电话来，他依旧是有时间就去，没时间就罢，从不问报酬。那个年代，法学名家常常会接到一些企业、律师或案件当事人的请求就某个案件的法律理解或者适用进行法律论证，不用费太大工夫，但酬金很可观，有些人很是热衷。但应老师总是十分谨慎，轻易不答应参与，参与了也必认真研究，按照他自己的理解客观公正地出具法律意见。前不久我所在城市的交通执法局遇到了一个法律难题，渴望得到理论上的解答，我拨通了老师的电话，他很认真地从立法本意上进行了分析和解答。后来我发过去一些资料，问能否出具一个法律意见，他看后说涉及具体的执法实践，自己有些把握不准，建议多找几个懂实务的法学教授仔细论证，一个老学者对学问、对生活的严谨跃然而现。

最让我感动的是，应老师七十大寿之际，众多学生弟子为老师庆贺送上的贺礼据说有数十万计，但老师最终分文未取，全部用在了贫困学生身上。而他自己，实际住着并不宽敞的房子，过着最简单简朴的生活，他唯一的女儿的生活条件也不是很好。他有很多理由收获学生对他的拥护和爱戴，但老师却将学生对他的爱全部回馈给了社会，自己没有留下丝毫。

三年前我遭遇了一次严重的车祸，治疗和恢复花费了很长时间。此间我接到过老师的问候电话，倒是我很久没有关心过也没有见到过年近八旬的老师了。我只希望，老师一切都好，一直都好。

伊犁散记

刘 飞*

应老师八秩华诞祝寿活动临近举办之际，一直想动笔写点什么，又一直迟迟难以下手。除了多年没有写过类似文字、对自己的一支拙笔深切没有自信之外，更重要的是不知道应当写什么。

自1993年进入行政法硕士研究生学习阶段以来，可以说一脚踏入行政法学门20余年就未曾离开过。从硕士学习阶段到留校任教、再从出国留学到返回教学岗位，其间受到应老师指教、期许、鼓励、关怀、帮助之多，实在难以尽数。写哪些不写哪些，尽管心里反复在掂量，却也无法作出决断。犹豫不决之间，不由得想起了应老师过六十岁生日庆祝活动时的场景。

时间应当在1995年年底，天气已经比较凉的时候了。张步洪、张吕好、石红心、王万华与我五人组成的1993级硕士研究生，已经进入临近毕业的时间段了。生日晚会的举办地点是在学院路校区北面不远的某个地方，具体的

* 刘飞，中国政法大学教授、中欧法学院院长。

地点与当晚吃饭的形式——诸如是桌餐还是自助餐——都已经记得不太清楚了。记忆犹新的是饭后的晚会，当年最流行的卡拉 OK 歌会与舞会。应老师一曲《潇洒走一回》，满堂掌声雷动。我也有幸与应老师一道唱了一曲那些年流行的《同桌的你》。伴随此起彼伏歌声的，是翩翩起舞的人群，其中蹦得最欢实的又是我们这帮尚未毕业的学生。石红心和我两个愣头青小伙，更是兴高采烈满场窜动，跳舞不好好跳还挟持着舞伴在场中撞来撞去，直到整个晚会结束才恋恋不舍地离去。

时光如流水，转眼 20 年过去了，应老师八秩华诞在即，我可以写点什么作为纪念呢？应老师曾写过的一小段话浮现在脑海："我的法学人生，是从边疆伊犁走过来的……"② 对，就写伊犁吧，或许稍稍可以有别于其他师兄师姐师弟师妹们的所记所想。

其实我们从学生阶段起，就清楚知道应老师曾经长期在伊犁生活，也对他老人家的这一段往事以及对伊犁充满了好奇心：应老师为何大学毕业就去了遥远的伊犁，在伊犁的状况如何……

2006 年出版的《应松年文集》到手之后，我迫不及待地阅读了有关伊犁部分的内容，更是对伊犁浮想联翩，也对应老师的边疆生涯有了些许了解。对书中记载的一些相关细节与阅读时形成的一些疑问，我至今都还念念不忘：土尔扈特部万里东归之时，停留在尚未冰封的河岸对面的两万部落族人是否一同东归？锡伯族人万里西迁，究竟仅是为了戍边的需要，还是事出另有他因？林则徐被流放伊犁，是否同时还有朝廷巩固疆防方面的考虑？

2012 年暑假期间，终于有机会去伊犁了，当即在预定行程安排之外，特意留出三个整天的停留时间，用以体味伊犁。出行之前，又恰好在某个场合遇到应老师，并问及他曾工作过的伊犁州教育局的情况。应老师答曰："伊犁州教育局没有独立的办公场所，办公室位于州政府内部。"我当即表示要去"应老师战斗与生活过的地方"看看。

② 应松年：《应松年文集》，中国法制出版社 2006 年版，序。

在伊犁，预定行程结束的当晚，当地的朋友组织了隆重的晚宴，在座的还有一位锡伯族的大汉。杯盏交错之际，大家畅谈伊犁今昔故事，我提到了土尔扈特部、锡伯族、林则徐与细君公主等，在座诸君无不并惊奇于我对伊犁的了解。我不禁明言，行前刚刚阅读过《应松年文集》中的相关部分，以及应老师出自伊犁的故事，朋友们无不对应老师的经历与学术成就啧啧称奇。听毕我之所言“想必应老师年轻时在伊犁受过不少苦”；热情好客的拜大哥说道：“那个时代，受苦是肯定的，可是他也吃到了我们伊犁最美好的瓜果和羊肉！”我不禁点头称是。拜大哥再次追问：“今天的羊肉怎么样？”我脱口而出：“这是我一辈子吃到过的最好的羊肉！”兴之所至，哈萨克、锡伯族、维吾尔族与汉族的朋友们都翩翩起舞，气氛之酣畅淋漓之慷慨激昂，为内地所罕见。应老师年轻时如果是与这样一些率真、淳朴、友爱而善饮的人们生活在一起，想必也不会那么孤寂吧。

自由行程的前两天，主题分别是那拉提草原与赛里木湖。湖光山色碧草如茵，纯美与壮丽均超出于想象之外，自不待言。夜晚回到伊宁市内的住地，稍事休息后便漫步四处看看，犹如回到我湖南老家的小城一般，小学、中学、商店、医院、民居、机关单位、外地机构办事处、夜市，无不一一踱过。小城宁静祥和，灯光与人气均不如内地城市，但风格上基本与内地差别不大，不像其他一些边疆城市那样有着比较明显的异域风情。

第三天本来预定上午去林则徐驻留过的惠远古城参观，下午去州政府看看州教育局。由于租的车临时有变故，更兼惠远古城距离市区较远，回来之后可能不再有时间看州政府了，因此干脆放弃惠远古城，直接打车去伊犁哈萨克自治州政府。一到州政府，立马被告知，州教育局另有独立的办公楼，距离州政府两三公里之遥。再问及州政府内原来的州教育局办公楼今何在，被问者茫然不知所以，只得作罢。出门再打车到州教育局，一幢新式大楼面前，两面金字招牌闪闪发光，一为“伊犁哈萨克自治州教育局”，一为“中共伊犁哈萨克自治州教育工作委员会”。台阶上下走动踱步，沉思片刻，原来还设想过去找年长一点儿的同志问问是否有人认识应老师，现在到了反而觉得不必有此问也罢——前后走动的也都是年轻人。心念转动之余，恰有来办事的同志经过，便请人留下了下面的照片，作为纪念。回北京给应老师看此照片时，应老师说：“我都不知道州教育局有了独立的办公楼啊。”

伊犁之行，不仅领略了祖国的壮美河山、品尝了无比甜美的瓜果与至美的羊肉、见识了伊犁人们的热情与率直纯真，而且还走过了“应老师战斗与生活过的地方”。我也深深知道，如今的走马观花，不可能看到应老师当年在伊犁的艰辛与磨难。但毕竟这也算是在不可能的情况之下，我尝试着与应老师进行的一小段旅行对话吧。在此，谨以应老师说过的一段话作为本文的结尾：

“挫折对于人来讲，未见得全是坏事，它可以磨去身上的稚气和傲气，促使人更加懂得生活的含义和人生的意义，更加懂得珍惜人间美好的东西，尤其是能使人练就敏锐的洞察力和清醒的辨别力。”③

---

③ 杨悦新：《一个同中国行政法休戚与共的人——记著名行政法学家应松年教授》，载刘莘、马怀德主编：《行政法学新理念》，中国方正出版社2000年版。

仰之弥高，钻之弥坚

蔡文斌*

颜渊喟然叹曰：“仰之弥高，钻之弥坚，瞻之在前，忽焉在后，夫子循循然诱人。博我以文，约我以礼，欲罢不能，既竭吾才，如有所立卓尔，未由也已。

——《论语·子罕》

一、祝辞

2001 年 5 月，我获得中国政法大学法学博士学位。

我四十五岁读博士，四十八岁取得博士学位。很辛苦，却很有成就感。

我的指导教授是应松年老师。兹逢应老师八十寿辰，敬撰此文。吾师“仰之弥高，钻之弥坚”，虔祝吾师“老骥骨奇心尚状，青松岁久色逾新”（宋·欧阳修《送张生》）！

二、应序

应老师为我的博士论文写序如下：

* 蔡文斌，台湾台南，公道法律事务所主持律师，成功大学兼任教授，中国政法大学法学博士。

蔡文斌是我的第一位台湾博士生，也是第一位由台湾赴大陆研究行政法与行政诉讼法的博士研究生。

年过不惑，事业有成，却在繁忙公务中，毅然矢志再当学生。风雨兼程，寒暑不避，穿梭于台北、北京之间，这种决心和毅力，正反映文斌的执着与追求，也是他取得成就的原因。

三年苦读，修完学业，且其间撰稿百万，成果累累；为高标准完成博士论文，又东渡日本，客座研究一年，获得许多可贵的直接数据，从而在理论上能够纵横比较，深入发掘，圆满完成学位论文《行政诉讼先行程序研究》，在海峡两岸同时出版，这是对文斌数年清修苦研的最好报偿。文斌以优异成绩毕业，获得博士学位，这是他人生历程中的又一个跨越，是又一个里程碑，我确信他必将有更大贡献于人民。

《行政诉讼先行程序研究》一文，专就中国大陆、台湾地区和日本三者的行政诉讼先行程序进行了全方位、多角度的比较研究。既有对先行程序的共性、基本理论的深入阐发，也有对行政复议、行政诉愿和行政不服审查三种具体制度的细致入微的开掘。不仅有理论上的深刻探求，更有对实务的精到分析。旁及声明异议、行政裁判等制度。且资料丰富，相当一部分材料由其本人花费大量精力，筛选整理，制成图表。全文洋洋二十多万字，纵横驰骋，称得上是旁征博引，鞭辟入里，比较借鉴，直陈利弊得失，反映出作者对于行政法学和行政实践的宏观把握，是我近年来读过的最为厚实的、值得推崇的博士论文之一。相信它必将引起海峡两岸理论与实务界的关注和重视。

作为教师，最令人喜悦的无过于有“门生”而“得意”。欣喜之际，特遥向台湾的行政法学泰斗翁岳生教授致意，感谢他的推荐之情。海峡两岸学人共同培养行政法人才，也人生一大乐事！是为序。

三、翁序

蔡文斌学棣是我早期在台湾大学教过的学生，在学期间品学兼优，很得师长的喜爱。毕业当年考取律师，服完兵役后就返回家乡台南执行律师职务，为保障人权贡献心力，惟求学上进之心从未间断。二十多年来，秉其终身学习的理念，服务社会之余，始终不忘读书上进，出任公职，亦复如此，实在难得。

1998年，文斌学棣应中国政法大学诉讼法学专业、行政诉讼法学门博士生考试，经获录取，跟随大陆行政法学名师应松年教授专攻行政救济法，对大陆地区之行政诉讼法作深入之研究。在学三年期间，治学甚勤，并曾抽空至日本明治学院大学客座研究一年，且在海峡两岸发表二十篇以上的论文，可见其用功之勤。

本书就是他的博士学位论文。本书主要是以行政诉讼先行的“声明不服与声明异议”为中心，具体讨论日本、大陆及我国台湾地区的发展与前瞻。

理论与实务并重，有宏观的视野，也作微观的探讨。论文参考数据极为丰富，但走笔行文则纲举目张，在内容上也有很多先进性与开创性之见解。

日本、中国大陆及中国台湾地区都与大陆法系渊源甚深，日本在第二次世界大战后受到美国法制相当大的影响，台湾地区也有部分立法参考日本及美国之理论与实务，可见文化与法制是可以相互影响的。本书研究结论指出，行政诉讼类型中的抗告诉讼应该以声明不服为其前置程序（即本书泛论的先行程序之一），而声明不服之前的声明异议程序应该化繁为简，尽量不要再以声明异议作为声明不服的先行程序。本书掌握行政救济应该立足于人性尊严、贯彻人权之保障，且应注意及时、有效、公正、合法、便民的原则，立论极为正确。

本书在海峡两岸同步出版，相信对两岸行政诉讼之研究会有相当之贡献。

四、自序

本书是我在中国政法大学研究生院博士班课程研究的具体成果。衷心感谢应松年教授等师长的指导。论文答辩时，中国政法大学的刘莘教授与薛刚凌教授、清华大学的于安教授、中国人民公安大学的邢捷教授与余凌云教授，赐予论文评价很高的同行评议意见；国家行政学院袁曙宏教授及中国人民大学杨建顺教授两位提出的专家评议，更对论文高度肯定。

2001 年 4 月 8 日博士学位论文答辩会，主席是北京大学罗豪才教授，应松年、袁曙宏（二位系国家行政学院）、陈光中、樊崇义、朱维究（三位系中国政法大学）、皮纯协（中国人民大学）等教授为答辩委员。三个小时答辩会的考验，紧张气氛不亚于二十六年前参加律师高等考试。无论如何，感谢答辩委员们在肯定之余，指正不少改进的意见。

本书就是汇整教授们指正的意见，重新编校而成。书成之日，又承蒙翁岳生教授与应松年教授赐序，海峡两岸同步发行。三十年来在学法、习法的路途上，深深感谢所有的师长，尤其是翁岳生教授与应松年教授两位法学泰斗的提携、教导与勉励。

本书的课题核心，系提起行政诉讼之前的“声明不服与声明异议”。经由本书的比较分析，发觉：日本与我国台湾地区存在太多“例外多于原则”的声明异议程序；大陆虽未见声明异议，惟作为声明不服程序的复议制度，仍有诸多应予改进之处；更重要的是，未雨绸缪胜过亡羊补牢，完善行政程序可以省却行政救济。本书爰在结论，就海峡两岸的先行程序法规，提出具体的修正建议，以及课题的前瞻方向。

这些年来，公私两忙，知命之年，而能完成年轻岁月未能继续完成的博士学位，午夜梦回，难免几许欢欣。两岸近年来因为解禁而有往来，因往来而互相学习观摩，相信两岸在民主与法治上，相互惕厉，自能有更宽广的视野与进程。

本书因系“大题小做”的方式定稿，数据搜集虽广，却未能在书中完全论析。期待将来能继续补充，更期待博雅诸君不吝指正。

五、另序

2000年1月，应老师曾为拙著写序如下：

文斌的又一新作《考铨行政与正当法律程序》问世。自入“考试院”后，竟每年一本《“考试院”札记》，每天近千字的写作，如此勤奋与敏捷，实令人钦佩。但更使人赞许的是他的“用心”。盖数十篇“札记”，非悉心投入，执着追求，“用心”揣摩，碍难获此“心得”。而此种精神，正是文斌事业有成的缘由。

本册新作《考铨行政与正当法律程序》，内容从考铨行政拓展到宪政与行政法学的广泛领域，反映出文斌在学术研究上的一大跨越，文内所论，切中时弊，这是作者近年来投入海峡两岸行政法学学术交流与研究的结晶与成果，显示出作者对法治实践独到的透视与剖析能力，和对民主政治与严格依法行政的殷切期待。即所谓理论与实践紧密结合矣！读来获益匪浅！

几年来，我有幸与文斌多有交流，每有所论，常得先睹为快，视此其著述历程、治学精神与人生道路，确信作者的前途无量，故乐为之序。

六、忆往

（一）应老师很念旧：1997年年底，政治大学法律系法治斌教授赠送我刘莘教授等主编的《中国行政法学新理念》，这是应老师的六十华诞祝寿专辑。我捧读再三，决心到中国大陆拜在应老师门下攻读博士。遂由法教授介绍认识王文杰博士（现任政治大学法律学院副院长），并在其引荐下，携带翁岳生教授的介绍函，专程到北京拜谒老师。1998年上半年，经由笔试与口试，顺利考取博士班，并在三年内顺利毕业。近二十年来，应教授、翁教授分别领导两岸的行政法学研究团队，经由每年海峡两岸轮办行政法学术研讨会，几乎每年均可激荡出更多学术的光与热。应老师很念旧，法治斌教授在层峰提名大法官不久就仙逝，应老师每两年来台，必往祭拜。

（二）1998年8月，承翁岳生教授之指示，在法治斌、刘宗德教授陪同下，曾偕应松年教授等二十多人参访台湾地区政府法规委员会、集集火车站、日月潭，夜宿暨南大学，再陪同南下参访统一企业公司、南元农场等地。2000年2月，注册开学，与应老师等餐叙。应老师关心“九二一”地震的情形，我据实以告：前一年8月，大家在中部走过的地方都塌陷，但正抢修复建中。

（三）2000年12月下旬，业师率领大陆代表团来台参加“东亚行政法学术研讨会”及“海峡两岸行政法学术研讨会”。业师知道我论文资料已搜集完成大部分，却因衔命并受邀，辞去考试委员返乡就任台南市副市长，早出晚归，以致论文停摆。12月30日晨，与业师漫步台南县南元农场，业师要我赶紧闭门赶工。业师的这一提醒，是促成我在2001年1月29日辞卸公职的原因之一。感谢业师的提醒，让我能三年取得博士学位。

（四）应老师很惜才，同门师兄弟姐妹们感受到的，是老师对学生爱护有加，在学术研究上抛砖引玉。生活起居上，照顾得无微不至。老师对长辈同辈的尊崇也足为门生表率：有一次，他要张越师兄带我去拜访王名扬教授，另一次，他要我们几个前后期同学去探视卧病的陈光中教授。

七、感想

（一）迄今，台湾赴大陆，在中国政法大学攻读并取得博士学位的已有三百多人（我现任台湾校友会理事长，明年将由李永然律师接任），其中研读公法学的屈指可数。公法常会触及政治敏感地带，可能因此少有人去挑战。其实，公法学是否发达，是一个国家是否法治的指标！

（二）追随应老师近二十年，老师的身教言教，我是感受百分之百。

（三）二十年来，看到大陆在行政法学方面突飞猛进，相关学术论文的质量与规范，已不输台湾。

（四）大陆是很认真地要依法治国，但传统包袱还是很大。2014 年 11 月修正的行政诉讼法，诉讼种类仍然未接受大陆法系的基本类型，显然保守有余。新行政诉讼法强制规定机关负责人应亲自出庭，不知是否有实际功效。寿翁是中国政法大学终身教授，期许未来有学弟们朝诉讼种类作进一步的研究。

（五）谨在文末，祝祷寿翁健康如意，祈愿依法治国的理想，更加前进。

能为师生是缘分

何海波*

一

我跟应老师还是蛮有缘分的。从他的学生，到他的助手，再帮他整理回忆录，慢慢地走进他的世界。

最早知道应老师的名字，是在上大学时。学校发下来的《行政法》用的是统编教材，封面上写着“主编罗豪才　副主编应松年”；《行政诉讼法》也

* 何海波，清华大学法学院教授，副院长。

是统编教材，应松年是主编。那时候，他只是一个遥远的只让人仰望的名字。

几年后，我上了北大，有机会见到他。第一次见面的印象模糊了，好像是他给高级法官培训班讲课。他不笑，也不怎么说话，感觉不大好接近。我硕士论文答辩时，他是主席。我写的是《行政法解释体制的重构》，讨论法律解释权力在不同机关之间的分配问题。当时这还是一个比较新的问题，甚至“法律解释体制”这个概念也罕有使用。听完我的报告，评委依次发言。轮到应老师，他说：“现在是‘谁制定谁解释’，你是要‘谁适用谁解释’——这也是一种思路，我看是可以的。”声音不重，语速不快，仿佛自言自语。他这里，这就算过了！

真正跟应老师接触，是读博士之后。我博士报的是罗豪才老师，但北大当时搞了个导师组，邀请外面的几位老师一起指导。在外请导师中，我被分在应老师名下，这样应老师就成了我的联合导师。后来，我的博士论文封面上，指导老师就写了罗老师和应老师两位教授的名字。

第一次给应老师打电话，真是一次惊心动魄的经历。电话接通后，我自我介绍一番，然后说：“您哪天有时间，我过来给您指导指导。”是的，你没看错，我说的是“给您指导指导”——当时太紧张了！话一出口，我就意识到错了；还没来得及纠正，电话那头传来平静的语调：“好的。”

接着，就去听应老师的课。他当时已在国家行政学院，课也是在行政学院上的。学生主要是法大的，两三个北大。北大学生只能算旁听，没有学分，有的后来就不去了，我是每次都去的。应老师布置了一些题目，也就是行政诉讼法的若干基本问题，让大家分别报告、一起讨论。我做过两次报告，参与讨论比较积极。我的观点经常跟别人不一致，好多次还跟法大同学争得面红耳赤。这时，应老师稳坐钓鱼台，笑呵呵地看着我们吵翻天，并不怎么打断。

这些课堂上，应老师自己讲得不多，但每到关键之处，他会讲一下某个制度的来龙去脉，包括立法时的考虑和争论、实践中的情况。这些内容基本上是课本上所没有的，听起来特别新鲜而有趣。当时，北大课堂上出现频率最高的词是“平衡”，大家思考的问题也比较宏观；这里讨论的——借用胡建淼教授的话——更多是中观层面的问题，多与立法或者法律解释相关。由于这些经历，我的学术口味有些杂，总的来说比较关注实践、关注具体制度的改进。后来我自己做了导师，鼓励我的学生去北大、法大听课。我想，即使不能采众家之长，至少也得见识多家之艺。

课堂之外，有两个案子的事给我印象深刻。一是广西的刘秋海案件。围绕这个引发系列诉讼的案件，各方关注的焦点是，刘秋海到底是好心救人还是交通肇事？当时媒体几乎一边倒地指责法院，甚至有人声称法院“把自己钉上了耻辱柱”。这里边确实有不少对行政诉讼的误解。应老师组织了一个讨论会，为法院辩冤白谤。我在会上也发言了，他对我的发言似乎比较认可。二是刘燕文告北大的案件。那时我还在北大读书，却代理刘燕文起诉北大，多少有一些压力。海淀法院一审判决刘燕文胜诉后，引起了高校的惊慌。在人民大学的一个会议上，多所高校研究生院的负责人齐声反对，认为这是法院干预大学自治。应老师听说后，简单地说了句：“我们也开个会。”两天后，在国家行政学院举行了一个研讨会，除了行政法学者，从海淀法院到最高人民法院四级法官都来了。应老师的学术号召力以及学术组织的热情和效率，可见一斑。

跟应老师接触的一个意外收获是，我得到了一个去最高人民法院实习的机会。有一次下课后，应老师问大家，最高人民法院行政庭想要几个人过去实习，谁愿意去？我立即报名。过几天，我就去了。那半年的实习，给我启发很大，受用终身。其中那篇《行政诉讼撤诉考》，可以说是那次实习的最初成果。没有应老师的提示，我大概想不到去法院实习；而没有实习的经历，我肯定不会写那篇文章。后来我去清华，也介绍我的学生去最高人民法院实习。有一次座谈会上，我还建议最高人民法院把学生实习常态化。

更大的机会还在后头。博士二年级的一天晚上，9点多了，我接到应老师的电话，他开门见山地说：“我观察了你一段时间，觉得你不错；问了周围几个人，对你印象也都挺好。你毕业以后，愿不愿来行政学院？”我又惊又喜，支支吾吾。应老师说："不着急，你先考虑一下。"我征求了几个人的意见，很快，就定下"去!"应老师问我，要不要先签个协议，我说不用了，说好就好了。"那好，咱们就君子协议"，他说。后来知道，应老师还为我的事专门找了行政学院的一把手。这样，还没毕业，我就参加了行政学院那边的一些工作，可以算半个行政学院的人了。行政学院首次举行省部级干部依法行政专题研究班，我参与一些教学辅助工作。

二

到行政学院以后，跟应老师的接触就多了起来。当时行政学院法学部人不多，事情比较简单，相互之间也比较融洽。行政方面主要有秘书冯慧（后来是王静）来处理，我则协助应老师处理一些学术性的事务，有时候还帮他写点东西。写得比较多的，有老百姓向他求助法律问题，帮他所做的回复；也有针对法律、法规草案的评论意见，以及立法、修法的提案。

应老师不但是领头的学者，还是全国人大代表，法律咨询的活很多，有来自老百姓的，也有来自政府的。给老百姓的回复，多半是解答一下法律，也有少数需要他以人大代表的身份转给最高人民法院、人大内司委等机构处理。解答法律，我就以他助手的名义直接回复了；转给相关部门，则需要应老师认可签字。给政府部门的，多是立法咨询。有多次，应老师把一个法律、法规草案给我，让我写一个专家意见。一般来说，他事先看过（有的还在上面写着批注），再当面交代几句，由我执笔起草。他做些修改，我再顺一遍，就行了。在这个过程中，我可能补充甚至加塞一些自己的想法，他觉得不行就删掉，但多半还是认可的。这给了我很好的学习机会，知道提意见要有针对性，要言简意赅，要落到具体条款。它也给了我很大的空间，把自己所学的运用到实践中。应老师的风格，简单利落，帮应老师干事是蛮愉快的。

应老师当时负责行政法学会、行政立法研究组的组织工作，开的会比较多。差不多每年的行政法年会，我都参加。行政立法研究组的会，从行政许可法、行政强制法、行政程序法到当时热闹的 WTO 与中国行政法的改革，我基本上也都参与了。每逢这些会，我帮着做点会务，也参与讨论。不久前整理东西，发现一份行政立法研究组的"《行政许可法》立法专家组名单"，上面还有我的名字。以前从来没把这些当回事（或者觉得是当然的事）；现在想来，把一个刚从学生过来的学者列入名单，这实在是抬举我。参与这些会议使我很快在行政法学界混了个脸熟。它也开阔了我的视野，特别是激发我从立法者的角度去思考问题，而不仅仅是一个法律的适用者。

应老师编书、做课题，我有时候也参与一些。他编的那个大厚本《当代中国行政法》，我参加了；那本《行政诉讼法教程》，我写了两章；另外还有两三本书，我也参加了。我投入最多的，是那本《法治的脚步声》。那是为纪念中国行政法学会成立 20 周年而编的行政法学大事记，书中搜集和辑录了一些资料。在书的序言中，应老师还特意夸了我一下。"海波为本书的编写倾注了大量心血……看他每次证实一件史实，获得一帧照片，即笑逐颜开的样子，深感其全身心的投入。"应老师夸起人来，不遗余力，非常到位。

在中国的学术体制下，一个学术领头人必然要做很多课题，要编很多书。参加多了，有的我也不想做。有一次又要编一本什么教材，应老师问我能不能参加。我直率地说："您编的书够多了，再多一本也没什么意思——什么时候把那本《当代中国行政法》修订一下就可以了，其他就不要再编了。"应老师轻叹了一口气，没有再找我写。他不勉强人。

我的学问有一部分来自应老师，说有"师承"一点儿也不夸张，但偶尔也有不同想法。应老师不介意我们跟他想法不一样。在一次行政诉讼法修改的讨论会上，就检察机关提起公益诉讼的问题，我紧接着应老师的发言，第一句就是："我跟应老师的想法有些不一样。"最为冒犯的可能是一次关于行政复议法修改的讨论。当应老师主张设立行政复议委员会，由专家学者、社会贤达来审理和裁定复议案件。我当场反驳："应老师，您就别天真了！在目前的治理结构下，怎么可能让几个外来和尚来决定地方的大事？"应老师愣了一下，说："好好好！不过，我就不明白，现在的年轻人怎么比我们这些老头子还保守？"对制度的设计，他总不放弃理想主义的憧憬，但从不压制后辈的意见。

我写东西还过得去，除此之外就不太灵光，所幸应老师也不怎么计较。有一次，我作为他的秘书，跟随应老师参加全国人大常委会的执法检查。检查团在浙江视察时，我带着调研般的兴趣，向一个当地人了解旅游开发过程中的搬迁补偿和营业管制问题，结果误了时间，害得一车的人都在等我。事后，我惶恐不安地向应老师道歉。一车人等我一个小秘书，他这个当领导的当时一定很尴尬。他没有责备，简单地说了句："没事。"他不训斥人，他对你的肯定就是你的压力。

最难启齿的，是跟应老师说，我想离开行政学院。行政学院法学部的小环境不错，但它没有正规的学生（只有学员），也没什么课（一个学期就几堂课），总感觉缺少点思想的碰撞。从英国回来不久，我就想着去一个更像高校的地方。有一天，在应老师的办公室，我跟他说，我想去清华。应老师沉默了一会儿，说："好吧！凡是对你好的事，我都不拦你。"招我进来又放我出去，能够遇上这样的"老板"，我很幸运，真的很幸运。

三

帮应老师整理回忆录，是我们的另一份机缘。

曾经几次跟应老师聊起，把他的人生经历，特别是他从事教学研究、学术组织、立法活动的过程写下来，留给后人。应老师也有此意，但毕竟年岁已高，不太写得动，需要找个人执笔。应老师问我，愿不愿意？这个，我当然愿意。我在他身边待过一段时间，曾做过行政法学大事记的梳理，又帮他写过一篇小传，由我来整理似乎顺理成章，而且义不容辞。

在此之前，学界已经出版了一些口述历史，其中比较相近的是江平老师的《沉浮与枯荣》。我们商定，就按照这个模式，由他口述，我来整理。我列了一个粗略的提纲，应老师说行，基本上就照这个提纲来了。从2012年年初到2014年8月，他总共讲了15次。口述大部分在他办公室；最后两次，一次是在医院，一次是在他家里。谈话比较轻松随意，我一边笔记，一边插话。每次谈话都做了录音。事后，我请人把录音记录下来。我就根据速录稿整理，有时候也对照一下我做的笔记。第一稿非常简陋，连我的许多问话和插话也在上头，而不少需要交代的内容还空缺。这样又请应老师谈了两次，主要是补缺的。几翻打磨后，书稿就成形了。请应老师看了一下，应老师做了一些修改，有增有删。

第一次做口述整理，没有经验，比较难把握的是事实的取舍。有时候，我们会扯开去，议论起社会和学界中的事。应老师是从"文革"过来的，曾经被关过牛棚，对"文革"有痛彻的反省。这段经历、这段感想，经过修改后，就变得云淡风轻了。对目前的课题管理、教育管理、外事管理等一些具体制度，应老师也有些看法。诸如此类的内容，因为与正题无关，后来都删掉了。我有时想，如果留着，读者是否更爱看呢？

写历史，细节也许越多越好，但偏偏应老师是一个不记事情的人。他哪年评的讲师、教授，他自己都记不清了，需要事后去查一查。也是的，一位八十岁的老人，怎能把过去的事实都记得清清楚楚？过分清晰的细节，有时反而不像是八十岁老人的陈述。1983年比利时根特大学的一位教授（德·迈耶尔）来政法大学讲行政法，应老师记不起他的名字了；书稿中就直说"我现在忘了这位教授的名字了，是江平老师去欧洲时，在那边认识的"。

整理这本书，我不但重温了行政法学的历史，也再次走近了眼前的这位老人。二十年的"流放"之后来到学界，此后三十多年来，他一直身处行政法学舞台的中央。这离不开大时代给予的机遇，但也离不开他个人的特质。不管是读书、务农还是教书，他总是认真实干，不好高骛远。厄运来临的时候，他没有被压垮；机会来临的时候，他不会放过。实际上，很多机会还是他自己创造的。从毛遂自荐参与《行政法概要》，到创办行政法学会、《行政法学研究》，再到发起海峡两岸行政法学交流，他总是在寻找和创造机会。一个成功的人生必有成功的道理。

四

离开行政学院后，跟应老师接触少了一些，他基本上也不再找我什么事。跟应老师见面，多半是在会议上。逢年过节，我有时会去看望他，但也是有一搭没一搭。见面时，他常常会问起“逗逗怎么样”“洛洛怎么样”，问起我身体怎么样。他请学生吃饭，有时也叫上我。他老是嫌我吃得太少，指着我的盘子，“咦，怎么只吃这么一点儿?”其实，那阵子我的腰围正在不停往外扩展呢。不知不觉地，他在我心中不再那么威严、那么遥远，而是一个身边生活中的人，一个可以说说笑笑的人。慢慢地，他越来越像父亲一样威严中透着慈祥的“老爷子”。应老师跟我的父亲正好是同岁的。

曾经跟从应老师去过他老家。他老家没多少亲人了，饭是在他侄子家吃的。经过一个湖，应老师指了指，说，他小时候就住在这一带，具体模样已经认不得了。声音里透着一丝怀恋。当时我眼里闪现出一个宁波少年，走向华政，落户西北，多年后杀到北京。此后，他一直站在中国行政法学的舞台中央，学术界的聚光灯打在他的身上。而现在，音乐渐轻，这位依然矍铄的老人似乎准备谢幕了。回忆往事，他最喜欢的是普希金：“一切都将会过去，而那过去了的，就会成为亲切的怀恋。”

尽管在应老师身边待了多年，我却几乎没有跟他合过影。回忆录即将出版的时候，应老师说，在书中放一张我们的合影。我翻了一遍电脑，也没有一张照片。于是，赶到政法大学，在他的办公室里专门照了几张。我的神态略显呆滞，但总算有了一张合影。

感 念

——写在应松年老师八十寿诞

宋雅芳*

又是一年初冬时分，又是一日晴朗明媚。日日转寒的气候可从光秃秃的树梢间窥见一二，渐渐消逝的时光亦如眼前斑驳的落日余晖悄然隐没。

结束了一天的授课，我走出教学楼，与三五成群的学生擦肩而过。他们仰着青春洋溢的面容向我问好，欢声笑语中呼出的白色雾气在微寒的空气里氤氲开来。

我微笑着对他们点头致意并目送这些年轻的身影远去，不自觉握了握外套口袋里的手机——备忘录里的内容在此刻又浮上了我的脑海：

应松年老师八十寿诞临近。

---

* 宋雅芳，郑州大学法学院教授。

在青葱少年的青春气息之中，我恍惚间像是回到了多年前，因初涉行政法学界而满心敬畏的我，与我至今万分崇敬的新中国行政法学界领头人应老师的渊源。虽然时移事易，然而心中此般感激之意与知遇之恩却日日茂盛，情如泉涌。不觉念起与老师从最初的憧憬，渐渐的崇敬，直到那场足以改变我自身学术生涯的相遇。

20 年前，应老师应邀来到郑大法学院讲学，我有幸成为接待人员之一。对于应老师的第一印象，便是温和沉稳、精神干练，丝毫不傲却自生华气。与我的略显激动却稍带生疏不同，应老师对我这从未谋面的晚辈却十分亲切，态度自然得就像是我俩已师生多年，这不由得使我万分感动。

第一面，应老师便以自己的人格魅力征服了我。

在随后的交流中，我向应老师请教了一大堆行政法问题，因为我不知道这样的机会何时才能降临！课后已很疲惫的应老师始终耐心地听取我的想法，细细讲解的同时还不忘对我的思考表示赞赏。已经开始研究工作的我在应老师面前，竟奇迹般地回复到了当年那个沉迷于图书馆的行政法学书籍中、并不时掩卷畅想的青年学子，为应老师的每一个赞许的眼神而兴奋，每一点善意的批评而陷入思考——这真是奇妙的体验。

交流结束后，应老师问道："你原来是做什么的？我怎么不知道河南有个宋雅芳？"我笑答原来学的宪法专业，刚刚"叛逃"到行政法队伍。应老师惊讶地说："你的问题很有见地，我还以为你是行政法专业的呢！"能够得到如此大师的此种评价，唯有受宠若惊能切合我当初的心情。而更令我难以置信的是，应老师竟主动将联系方式留给我一介晚生，并温和地告知我，此后可随时向他求问解惑。这于我是多么大的荣幸啊！那时我就在心中认定，面前这位有着波澜不惊的笑脸、大脑中蕴涵着无数智慧的长辈，便是我的一生之师。

后来，我与应老师也有过数次往来。我有幸能被应老师记住，并深受鼓励提携。也正是在这段与应老师较为密切交往的时间里，我才能够如同探寻宝藏般，得知老师除严格治学、平等待人外最为平常却又难为人知的面貌。

15年前，应老师受邀前往河南大学讲学，由我驾车与宋炉安一起护送应老师去开封。当我们到达应老师下榻的宾馆时已是夜晚，河大的领导早于门外等候多时。见贵客已到，大家恭敬邀请应老师先进宾馆稍作休憩，而老师却因我还在停车场而婉拒邀请，更是不顾自己年长劳累，坚持要等我回来一同进去，只因担心我一介女徒的安全还嘱咐宋炉安前去寻我。初闻此事的我心情动荡，不知自己何德何能，竟能有此慈师如父。

此后的日子，在应老师的关照下，我不断学习进步，在学术研究与工作实践上皆下一番苦功夫。直到五年前，我邀请应老师来参加我的国家社科项目的结项论证会。我如何不知德高望重如应老师，定是贵事多忙难以抽身，但作为有幸得到老师悉心栽培的学生，我依旧企盼自己的学习成果能够得到老师的验收与指导。然而应老师又给我了一份感动，在百忙中安排出了时间以赴我的邀请。怎知天公不作美，来郑州参会的那天，北京突降暴雨。原定于下午四点多的航班因此延误，直到晚上十点多还没有确切的信息。考虑到应老师已是七十五岁高龄，又加之机场环境嘈杂不适，我联系应老师劝他不要再等，回家休息。可老师却坚持不应，只为来到现场为我增添一分支撑。一直到凌晨一点多，当传来确切消息说航班取消后，应老师第一时间通知了我，轻言细声中满是安慰之意，却不知电话另一端的我早已哽咽不能语。

耳提面命虽易点数，深情厚谊却难言尽。应老师早已待学生我如女，我也认应老师一生为师为父。

应老师能有如此温厚豁达的性子，这与他的兴趣爱好、人生经历分不开。除法学外，应老师同样热爱历史与文学。我至今还记得应老师曾说过，在没有法学书籍能够用来学习的艰难的青年时期，是历史教会他忍耐，是文学平复了他的心情。因此，他才能心平气和地度过那些艰难岁月，从此磨炼出一副上善若水的性情。

在我所看不见的地方，应老师还担任着各式各样的职务，其中教育、学术、政治等各方面应有尽有。以其才识为刃，德行为帆，应老师忧国念民之心可见一斑。思及前段时间与老师相见之际，谈及我在审判中遇到的一件政府任性作为的案子，听闻事情前因后果，应老师拍案而起，怒叱于此律法昭昭之时竟还有如此胡来的行政行为。应老师平日与人交往谦逊和蔼，慈祥温和；待人接物大气识体，彬彬有礼，却会在涉及民众利益方面寸步不让以至于大动肝火，这与其一生研究治学为行政的经历分不开，却更能体现老师坚持践行依法治国理念、为人民谋利益的崇高品格。

这才是真正法学大家的风范，不仅仅埋首于兰园之中、局限于学术之上。哀民生之多艰，思民生之忧虑，谋民生之福祉，真正让自己所学兼济天下，恩泽人民。在这长天之下不愧于心，不愧于世，不愧平生之所学，不愧一身之风骨。正是有老师这般人物的存在，才能够让我在人生的风雨之中、霜雪之下，常怀一颗赤子之心，深信即使如今仍有阴暗，中国法学的未来也一定会光明无限，荣光永存。

应老师重任在肩。即使迈入耄耋之年也从不松懈。多年来，年龄的增加并未减缓应老师工作马达的转速，在本该是悠闲享受生活的如今却还奋战在新中国行政法制建设的第一线。这份努力，这份决心，足以令所有行政法领域内的青年学者——包括我——感到汗颜。常听人道，一个人于其事业之中能够达到的最高境界便是永远年轻，永远心怀梦想，永远热泪盈眶。老师用他一生的奋斗与努力言传身教，践行着自己一生的品格。

应老师其人其作，对我可算得上是影响深远。应老师渊博的专业知识、严谨的治学态度，平等宽容的待人之道深深渗透于我的学术生涯。师长是人生道路上的明灯，而应老师，无疑是我人生道路上最为明亮的灯盏之一，在我迷失方向、偏离道路之际指引我前进。于是我便一步一步，在此光亮的指引之下，纵脚下路途无比坎坷艰难，但脚步却又无比稳当坚定。人生于世，长于斯，有此明灯一盏，引着学生漫漫求索，再不会因世俗缠绕物质引诱而心生动摇，再不会因黑暗笼罩前途茫茫而误入歧途，追着光亮一往无前，真是不知多少幸运。

值应老师八十寿诞之际，我回头重捋往事至今，感慨万千。人生匆匆如白驹过隙，细思之下少年至青年以至如今，竟都承受着老师讲授之恩，知遇之情。心中感激之意如泉喷涌，不知如何言表，更不知如何回报，仅得作陋文聊表敬意，以忆此情。

走笔至此，愿应老师耄耋之时身体康健，寿比南山松；桃李天下之际尽享喜乐，怡福得永年！也愿我国行政法治建设事业蒸蒸日上，公平正义之光普照我疆！

恩重如山 没齿难忘

——记我的导师应松年先生

周 实*

2015年7月我从中国政法大学博士毕业了，毕业典礼上，校长为我整理博士帽上的流苏，为我颁发毕业证书，校长对毕业生们致以殷切希望，那一天我激动的心情难以形容，因为我终于完成了我的博士梦，我感谢中国政法大学的各位导师们，我更感恩我的指导导师应松年先生。

应松年导师是中国政法大学的终身教授，现在是中国法学会行政法学研究会名誉会长。他是著名学者，多年来一直致力于行政法学、行政诉讼法学的教学与研究工作，一直是学科带头人。我有幸从师应松年先生，此生受益匪浅，不仅是学业上，更多的还有人格魅力。

最初与应松年老师相识是在日本名古屋。我当时作为一名留学的中国学生，在日本名古屋大学大学院攻读行政法学博士后期课程。当时我的日本导师是日本行政法学的著名学者室井力先生，他有许多著作都被译成中文，介绍到了中国来。有中国行政法学界的学者来名古屋大学，我责无旁贷地成为学术会议的翻译。

那一届亚洲行政法学会，我全程参与了交流过程，应该说是那个历史时刻的见证人。应松年先生就是代表中国前往日本学术交流的代表团团长。双方交流非常充分，应松年先生把中国行政法学的发展取得的成果向日本学者作了介绍，并与日本学者共同探讨亚洲行政法学发展面临的共同课题。当时

* 周实，东北大学法律系教授。

的中国行政法学还处于发展的初期，日本的行政法学相对发展要早。应松年老师学者风度，学术观点和室井老师有很多的共识，这第一次的交流，两位导师便结下了深厚的友谊，可谓是高山流水般的知遇知音。从那时起，应松年先生就成为了我心目中的导师，我崇拜的学者。

第二次与应松年老师相遇是在2000年，我在日本搞研究，我有机会参加这一届的东亚行政法学会交流年会。亚洲行政法学会每两年都要召开一次，这是第一次应松年老师去日本交流时就定下来的，将中国、日本、韩国、中国台湾地区的学者聚集在一起，共同研究行政法学面临的热点难点问题。应松年老师率中国代表团来交流，带来了中国行政法学届学者们新的研究成果。这次相遇，这位行政法学的知名学者依然记得当年那个名不见经传的我，亲切地称我为小周，和我聊天，关心地问我回国后的情况，应松年老师不仅学术造诣深，还这样的平易近人，我尊称他为我的老师，他向其他学者介绍时都是称我为他的学生，让我非常感动，更加敬仰这位在学术界领先的知名学者。

作为亚洲行政法学会发起者与组织者之一，亚洲行政法学会围绕建设法治政府的行政法治主题，每次都要围绕一个到两个主题进行论文的准备、观点的发表与交流，我有特别注意过应松年老师的神态，应松年老师每次总是会自始至终地、全神贯注地倾听与会学者发言，一听就是一个上午、一个下午，他从来没有溜号过，有他这样的以身作则的专家与会长，与会的学者们自然认真准备论文，准备自己的发言，发表自己的研究成果。他自己也会以身作则地发表自己的论文，他的治学精神是我们学习的榜样。学者们也会把这个机会作为自己学习了解业界发展的一个难得的机会，论文会被译成四种文字，使学者们可以更深入的思考和交流，这正是应松年老师组织的东亚行政法学会成功的主要因素之一，中国行政法学的快速发展得益于这样深入广泛的交流。

渐渐的从事行政法学教学与研究，我越来越多地接触到应松年老师的著作和论文。从学习应老师的《行政法学概要》《行政法学》《行政诉讼法学》

到参与到《美英德法日行政体制与组织法研究》，他还培养了一批批行政法学的研究生、博士生，还多次参与了行政法的相关法律、法规的起草、出台，在电视上看到他当选中国的十大法治人物，方方面面的成绩对很多人来讲都是很难超越的，了解多了，越来越敬佩应老师在学术方面的前瞻性、敏锐性，是走在学术界领先的学者，景仰这位执着前行的知名学者。

2009 年，应松年老师受辽宁省法学会的邀请，来到沈阳，给辽宁省公检法系统、政府处长以上的干部作了一次《依法行政——推进法治政府建设》普法课，这一次我还是以他的学生的身份来听他的课程。他不仅满满地讲完了预定的时间还延长了课时，我课后问他，他说要把行政法的法治理念借这次机会完整地讲给大家，让我看到这样一位富有责任心的学者，带着法治理论从高校走进了社会，为辽宁的法治建设身体力行。内心对自己有这样一位优秀的老师而感到无比的自豪。

最最幸运的是我有幸成为应松年老师真正的学生。这对我来说，是我人生的一个梦想与心愿。我在 1994 年就完成了名古屋大学四年的博士后期课程，但遗憾的是，由于日本的博士制度，并不是说完成课程就可以得到博士学位，而是要求要一直努力，不断追求在接近退休的年龄才能得到学位，也有可能终身得不到学位。对我来讲，已经回国工作，由于工作与生活的关系，再去日本完成博士学位几乎不再可能，心中的这个梦想也越来越渺茫，渴求的愿望却越来越强烈。

一个偶然的机会，我得到一位高人的指点，说我非常符合中国政法大学录取论文博士制度的条件。但我还是信心不足，毕竟中国政法大学是中国以法学为优势的全国重点大学，竞争非常激烈，我就请求应松年老师帮我了解学校的相关要求。但我的信心还不足，在应老师的鼓励下，我向中国政法大学提出博士论文学位的申请。通过学校的资格审查后，我从师应松年老师，让我有更多的机会接触到这位令我景仰的老师，成为我实现梦想的恩师。

应松年老师他在学术上是走在学术前沿的人。做应老师的学生幸运之处还在于应老师的指引方向明确，让我节约了大量的时间，我从开学就在导师的指导下确定了论文写作的方向，目标明确，经过大量的资料的收集、整理，完成了我论文写作的重要储备，节约了很多的精力。与应老师每次交流都可以针对我论文方面的迷惑、难点给予指引，让我有一个明确的努力目标，这个目标只有高瞻远瞩才会让学生少走弯路，节约宝贵的时间，在两年半的时间内完成了十万字以上的学术论文。而且应松年老师自己也有过这方面的研究成果，自己从事行政组织法这方面的研究时，更深刻地体会到应松年老师的前瞻性、敏锐性与权威性。

对我这个学生除了学术上的引领，还需要应老师的鼓励。我在自己完成学位论文的研究过程中信心并不是很足，见到应老师，我还会把我的担心也表达出来，每次应老师都会鼓励我，看他那么相信我，从他的肯定的语气中，我真的把这段学业完成了，回想那段历程，多亏恩师的鼓励才可以实现。

应老师的学生已经都优秀到成为中国法学界的知名学者，政法界的骨干精英，他的学生的学生都桃李满天下了，来到政法大学学习，内心感受到了莘莘学子在这样优秀勤奋的导师指引下，昂扬奋进地为要成为政法界的精英，为中国的法治建设出力流汗。我有幸成为应松年老师的学生，除了幸运，还有一份责任，自己的差距还很大，必须扬鞭自奋蹄，在学术方面努力前行——不为别的，因为我有这样一位优秀的导师。

感恩吾师三春暖，启明人生四海宽

石 磊*

2008年博士毕业离开法大研究生院，到最高人民法院报到参加工作，转眼已是第八个年头。虽然工作单位所在的东交民巷离小月河畔并不算远，由于工作和家务的繁忙，回学校看看的机会越来越少了。但忙里偷闲时，时或回忆起在法大研究生院的日子，数点那些铭刻在心的老师们。我的博士导师应松年教授，自然是我最常想起、对我影响最大的老师。每当想起恩师对我的谆谆教导、点滴往事，心头总会荡漾起一种特别的幸运和温馨之感。虽然时光流逝，境遇变迁，这种感觉不仅不会淡忘，而是更加醇厚。今年恰逢恩师八秩华诞，这篇早就想完成的小文，在师弟师妹们的督促下，终于得以和大家见面。

应老师对我的教诲很多，回想起来，我首先想到的就是老师对我说的“人民性”。有一次，因为论文的事情应老师约我在办公室谈话。说起论文的写作，应老师告诫我，他说我们写文章，一定要有个正确的立场，那就是要永远立于人民的立场，即要有“人民性”。应老师说，做人做事与写文章是一个道理，你们还年轻，将来可能走向不同的岗位，但无论做什么工作，首先要站在人民的立场上思考问题，多为人民做一些事情，这是法律学人应有的责任和使命。后来我到最高人民法院工作，无论在办案还是做调研工作，时常拿老师的这番话提醒自己。在我办理的行政案件或相关调研中，面对的法

* 石磊，法学博士，现任职于最高人民法院。

律关系主体，一般一方是行政机关，另一方是老百姓。相对于行政机关，老百姓一般处于比较弱势的地位，在这种情况下，老百姓的权益可能容易遭到侵犯，维权的力量可能也有限。作为一名人民法院的法官，一定要把公平和正义作为心中的一杆秤，尽己所能为老百姓着想，为民司法。因为应老师在行政法学界的卓著影响，很多权利受到不公对待的老百姓找到应老师求助。应老师总是认真地处理他们反映的诉求，及时把相关材料转送有关部门，甚至很多时候多方奔走，为老百姓解决问题。为更好地帮助这些群众，在应老师的倡议下，成立了大道行政法律援助中心，为寻求法律救济的老百姓提供了极大的帮助。“人民的利益就是最高的法律”，这是应老师一以贯之、始终不渝的学术宗旨和做人准则。在当下急功近利、熙熙攘攘的社会中，这种品质愈发显得极其珍贵。这也为我们这些后辈，在前行的道路上点燃一盏明灯，指引我们不致迷茫。

应老师非常重视学术传承和对年轻后辈的提携。20 世纪 50 年代，应老师以优异的成绩考入华东政法大学，在学校里很快就崭露头角。但那个知识分子命运多舛的时代，应老师也难免受到政治风浪的波及，毕业后被“发配”到新疆伊犁州教育局工作。在伊犁磨砺了 20 年的青葱岁月后，应老师才被调入西北政法学院，重返他热爱的法学教研工作岗位。那时中国的法学教研，正处于时代造就的断层，学术传承消失殆尽，想找一本专门的法学教材都很难。应老师对我们回忆起当年，常常说起当时的艰辛，有时为了研究一个问题，需要到全国各地搜集资料，但还不一定能解答心中的疑惑。后来司法部法学教材编辑部的王珉灿先生主持召开行政法学教材编写研讨会，应老师毛遂自荐，参加了这次会议。在会上王老先生慧眼识珠，当即决定调应老师到北京工作，专门从事新中国第一本行政法学统编教材《行政法概要》的撰写和编辑，此为应老师成为中国现代行政法学一代宗师奠定了学术基础。王老先生虽然早已逝去，但应老师常常对我们说起老先生对他这名年轻人的知遇之恩。正是因为自己早年的人生经历和王老先生的楷模作用，应老师特别注重学术传承和对年轻后辈的提携。应老师说，他们那个时代最可惜的就是人才的埋没和学术传承的断层，培养不出学生，没有学术梯队，前人的研究成果可能就后继无人，这实际上是非常大的浪费。现在时代进步了，教学科研的条件越来越好，作为一名研究生导师，应该非常重视学生的培养和学术梯队的建设。有时应老师说起几位法学界的名师，常感叹由于时代的限制，加上其本人身体、精力等方面的原因，没有带出几名学生就撒手而去，结果其学术成果乏人传承，很多研究戛然而止，非常令人痛惜。而应老师从 1986 年到中国政法大学执教到现在，培养的硕士上百名，博士几十位，这些学生培养的研究生又至少以千记。桃李不言，下自成蹊。应老师说，人们将自我价值实现视为最大满足，对我来说，最大满足是学生们的成长！诚然，作为一名老师，应老师就像一棵大树的树干，而学生们就像大树的枝叶，老师的辛勤培育换来了大树的枝繁叶茂，人生和理想就此得到延伸，甚至传播到远方，生根发芽。这何尝不是一名老师最成功的标志呢?

应老师慈祥可亲，幽默风趣。刚开始在应老师身边帮助工作的时候，我还是刚进校门不久的一名硕士研究生。当时虽然听过应老师的讲座，教师节时也在学校的安排下到过应老师家里拜望，但跟应老师近距离接触时，还是不由得紧张。因为应老师的学术声望和地位，我作为一名晚辈，自然觉得应老师有一种威严感。可能是应老师觉察到此，有一次吃饭时，应老师就对我的硕士导师刘莘老师说，你看石磊还像小男生，很腼腆，跟我说话还会脸红，我还会吃了他吗?接着应老师呵呵一笑。刘莘老师也笑着说，跟你还不熟呀，多让他锻炼锻炼。老师们这么一说一笑，我心里就像一层窗户纸戳破了，不仅化解了我的紧张，也让我感到应老师非常细心，慈祥可亲，在老师面前完全可以自然放松一些。后来，有一次我在办公室跟师妹讲一个笑话，应老师从外面进来，我们起身迎接，但应老师示意我继续讲，我就接着讲了，讲到最好玩儿的地方，我和师妹都情不自禁地大笑，应老师受我们的感染，也开怀大笑，一面说着我讲的这个笑话很有生活感，一面步出门外，从走廊里还传来应老师爽朗的笑声。当时还是跟应老师刚接触的时候，我感觉应老师非常令人亲近，对待学生就像对待自己的孩子，讲起笑话跟我们一样开怀大笑，其乐融融。应老师自己也很有幽默感，跟得上时代。给我印象最深刻的是应老师在我婚礼上的致辞，掀起了一阵阵的高潮。我至今还记得其中的一段，应老师在婚礼上告诫我，今后在家庭生活中，一定要牢记两条，第一条是“夫人永远是对的”，第二条是“如果夫人错了，请参照第一条执行”。应老师把网上的流行语巧妙地嵌入在致辞中，寓意深刻，富含生活哲理，而且笑点连连，很多宾客都笑出眼泪，对这位大教授、大博导赞不绝口。今年应老师喜迎八秩华诞，身体硬朗，笔耕不辍，活动繁多。我想，正是对生活这样幽默深切的感悟，让老人家一直保持青春活力，一直绽放人生的光彩。

应老师对学生的关怀深切入微，爱若父亲。2005 年的时候，我刚考上应老师的博士研究生。我的情况跟多数同学不太一样，我是本科毕业工作了五年考上的硕士，接着读博士。读硕士的时候，我已经不好意思向工薪阶层的父母讨要生活费，基本靠以前的工作积蓄和读书期间的兼职维持生活和学习的。硕士毕业，博士入学之前，身上几无分文。当时心里非常忐忑不安，自己内心希望好好读书，但由于考上的是自筹经费，学费和生活费的压力让我对未来的三年发愁。应老师了解到我这个情况，就对我说，你不要担心，学费我给你解决，开学的时候，你拿着交费的单据到我办公室报销就行，以后还有补助给你，给你解决部分生活费的问题。博士三年，每年应老师都给我解决了一万多块钱的学费和住宿费，加上其他方面的补助，我不用为基本的生活和学习需要担忧了。包括我后来就业和工作中，在人生的重要关口，应老师都非常关心，认真询问我的情况，给予我最大的帮助。应老师不仅对自己的学生非常关怀，对遇到的其他学生，也是悉心指导，不吝帮助。央视的一位著名主持人正在北大法学院读行政法学硕士时，由于工作关系与应老师有所接触，他跟应老师说起硕士论文写作的事情，应老师指导有些书应该多看看。后来再次见面时，应老师把手头找到的几本书给了这位学生。这位学生非常感动，应老师虽然不是自己的硕士指导老师，但这么大的人物对自己这么关心，书的事情一直还记得，让我们这些晚辈不仅汗颜，更让我们感受到老一辈法学大家们对学生至诚的关怀、无私奉献的情操。

虽然离开学校多年，但恩师的关心和教诲难忘。现在每日忙于工作和家务，得到老师耳提面命指导的机会少了，回想起以前经历的点点滴滴，更觉得老师的关心和教诲的珍贵，这也常常鞭策我发奋努力，做好工作，多为老百姓和社会做善事、做实事。师恩难忘，重若泰山。喜迎恩师八秩华诞，吾辈学子祝愿恩师永葆青春，行政法的这棵大树更加枝繁叶茂！

老人家二三事

王 静*

听说可在老人家的文集中写篇散文，一愣神，果真就开始要写回忆录了？没想到，老人家要八十岁的时候，捞了个机会写写，那就写写，满足一下大家的好奇心。

一千个人看老人家，可能有一千种看法，更可能有一种看法，因为老人家学问声望高，一千个人讲的都是一个看法，社会贡献。若是依官方说法，享受国务院津贴，五一劳动奖章获得者，全国行政法学研究会、海峡两岸行政法学会、东亚行政法学会的创始人之一，行政法学奠基人之一，等等。

老人家是个普通人

在我眼里，老人家就是个慈祥和善的老头儿，从来也不批评人，看起来也没什么要求。2002 年冬天，我硕士还没毕业就到国家行政学院实习，此生

* 王静，国家行政学院法学部副教授。

第一份正式工作就是给老人家做学术秘书。年少无知，知道做着一份要尽心尽责的工作，但是对老人家到底是什么大人物，没什么感觉。那时，老人家每天早早到办公室，一天忙个不停，不是在办公室，就是在天南海北到处飞。我整天埋在各种会议和稿子中，加班加点也干不完活儿。2003 年考上博士，我是老人家学生里第三代孙辈的第一个。人说大山近处不显高。跟着老人家久了，在我看来，老人家，真就是个普通人。说两三件好玩儿的事情给大伙听听。

我喜欢养宠物，猫、狗、刺、猬、松鼠、鸟各种都养过，有一年，从官园宠物市场整回一位陆龟小姐，足有 20 公分长，淡绿发黄的壳儿，起了个名叫“小翠”。小翠喜欢吃油麦菜和西红柿，总是慢悠悠地爬。老人家听闻居然有这么一个不太闹的宠物，就让我把小翠抱到办公室。小翠倒也乖，就卧在老人家脚下倚着桌腿安静地睡，一天到晚地睡。老人家感慨，“生命在于静止，静止”，在我们看来这明明就是为自己不爱运动找了个借口。一次，我接了传真急匆匆赶去老人家办公室汇报。一瞧，老人家正在忙忙叨叨搬盒子，搬箱子，搬厚书，把沙发下的空儿围个结结实实，一边围还一边念叨：“进不去了，看你还往哪儿跑……”原来，小翠熟悉了环境，开始到处溜达，哪儿光线暗就往哪儿钻。老人家放下手头百件事，和乌龟玩起躲猫猫，小翠急得到处绕。是不是有画面感，老人家是不是个老顽童？

我是个马大哈，没工作时，身份证、公交卡、钱包、书包、半导体、饭盒、随身所带之物全部丢过，俺娘觉得我只有脑袋焊得牢丢不了。给老人家做学术秘书后，同时也是法学部的秘书和行政法学研究会的秘书，每天几十件事情同时处理，终于出了岔子。有一年老人家率团出访美国，根据规定，老人家不需要面签。奇怪的是，学院外事部门接到美国大使馆通知，指定时间地点要老人家去面谈。那一天正好是一个大型学术会议的开幕式，一大清早老人家就赶到大使馆面谈。我们在外面等着，忐忑不安。没过多久，老人家满面春风地出来了。原来是我出的错，把出生年份填成出访当年，这么算，老人家也就刚满月。大使馆也就是确认一下信息。然后，疾驰往回赶，会议室几十号嘉宾还等着老人家致辞呢。出了这么大岔子，老人家事后把经历给大家当笑话讲，一句责备的话都没有。没过一个月，老人家乘高铁去山东讲课。我在办公室接到电话，老人家被拦在检票口不让进。原来又出错，给老人家订了一张两天以后的火车票，这个汗啊！又过了十几分钟，老人家打回电话，列车员居然让他上车了，他就坐在这张车票所标示的座位上，居然没有人来。事后这又成了一个段子，老人家还是一句责备的话都没有。再后来，痛定思痛，各种出访各种会议，小差池还有，大错误却没有了，马大哈综合征逐渐痊愈。

我还是喜欢养宠物，确信自己没那么马虎，能养活个娃了，就升级，养了个小丫头。四个月开始抱到单位去逛，头一次小丫头还算乖宝，大家吃饭时就睡着了，老人家觉得这孩子宠物也挺好玩儿，连连称喜欢。隔一两个月再抱去，也是吃饭时，小丫头闹觉，咿咿呀呀哭个不停，哄也哄不好，其他人听着当伴奏，老人家就坐立不安，开始烦躁不安了。我们哈哈大笑，说应老师是叶公好龙，号称喜欢重孙，小不点真哭起来，就要吓跑了。

关于老人家的趣事，说也说不完，孙辈们聚在一起也以拿老人家开玩笑为乐。再早一辈的老师们都说中年时的应老师可不是这么慈祥，好几个现在已是大学者的老师都讲当年如何畏惧老人家。我也以为，自己是不怕老人家的。

老人家不是普通人

人近不惑，回想过去十几年，才知道自己其实一直都是怕的。当年做学术秘书的时候，天天早上不愿意起床，满脑子都是各种事情，总觉得要干砸了。过了半年，总算适应了节奏，跟着办了大大小小各种会议，认识了成百上千的各路人马，一转眼，就过了四年，要做博士论文了，才不做全职秘书。此后，又断断续续帮老人家做事，转眼，13 年。曾经看见老人家如何爬格子改稿子，无论是十分钟的演讲，还是一万字的文章，还是百万字的著作，老人家都是字字斟酌，改了再改。见过老人家怎么写稿子，我真是怕了。写博士论文时，关在耶鲁法学院城堡里足不出户，寝食难安，日夜颠倒。日后每一次写稿都战战兢兢，特别是要给老人家交稿，都会如临大敌。老人家是不会批评人的，但是你知道老人家的标准就在那里高高悬着，这种怕是刻在心里的。

人近不惑，经历过更多事，方才知道自己年少无知。老人家哪里是什么普通人啊。

应松年，1936 年在浙江宁波出生。

1960 年从华东政法大学毕业，到新疆伊犁，24 岁。

1981 年到西北政法大学任教，45 岁。

1984 年调入中国政法大学，48 岁。

1992 年获得教授资格，56 岁。

1995 年到国家行政学院任法学部主任，59 岁。

2009 年返回中国政法大学被聘为终身教授，73 岁。

2016 年，80 岁。

应老师在新疆期间，创作了一批历史文学作品，既有细君公主与乌孙昆莫的和亲传奇，也有伊犁宗教的严肃考证，还有西域将士战斗的热血故事。在一篇名为《塞外行》的文章中，应老师生动刻画了 1842 年林则徐因鸦片战争被远戍塞外伊犁的故事。赛里木湖畔，“入夜，狂风大作，惊涛拍岸，天色更加阴沉，赶车前来请示行止，林则徐回头看了看聪懿、聪框两儿，毅然答道：‘走！’”“边陲伊犁，就这样在它的隘口上用暴风雪迎接了林则徐。而林则徐则以他的坚毅踏上了流放的最后一程”……无法想象应老师在新疆如何度过了人生 20 年最为宝贵的青春光阴。他轻描淡写地讲过被关押产生轻生念头又死而复生的经历，会念叨，上一辈人吃过的苦受过的罪，后面的人就不要再重复了，国家和社会得进步。我们这些小辈，听得更多的是伊犁冻梨有多么好吃，自己做家具盖房子多么有趣，和维族兄弟姐妹相处有多么愉快。林则徐离疆时写下“格登山色伊江水，回首依依勒马看”，这诗句也是老人家回想边疆岁月的心情吧。

老人家，是用特殊材料制成的

离开新疆时，应老师已经45岁。

在后来的岁月里，应老师似乎要把新疆的20年争夺回来一样日夜兼程。我到国家行政学院工作时，老人家已经66岁。2005年，老人家将近70岁。那是我印象中最为繁忙的一年，中国行政法学研究会要庆祝成立20周年，要到海南博鳌办会，要出版行政法学20年系列丛书7本著作上千万字，还要召开海峡两岸行政法学学术研讨会，要出访欧洲和香港，等等。老人家的日程上满得要溢出来，无处安插新内容，我们也忙得团团转。小的们会抱怨什么时候不忙了，老人家说，下个月就不忙了。然后，下个月更忙，老人家只好说，再下个月应该不那么忙了。再然后，我们就开玩笑，狼来了狼来了，叫作"不忙"这匹狼是来不了的。现在，我还没有到老人家离开新疆的那个年纪，开始明白，为什么老人家要这么忙。那一代人，因为时代的原因，失去了青春，在获得能够再做一点儿事情的机会时，不敢再有半点儿浪费，驱使自己像永动机一样奔忙，为法治能在祖国大地得到认同和理解而不停地奔走呼告。再读老人家的句子"法律所包含的严谨、周全、科学、逻辑，乃至强大的威力，始终是政府工作的最重要最可靠的依凭"，"我们做一件对老百姓不利的事情，得先说明理由，听听他们的意见，这是程序问题，也是个价值观问题"，"法律并非是冷酷无情的，而是充满了对人的基本权利的认可和尊重"……这些话来自他的人生经历，是对国家和社会发展中的艰难曲折进行反思之后的体会。他得快点儿说出来，得大声说出来，再不说来不及了。

如今老人家快80岁，还在奔走。开会前会说昨天没睡好，今天恐怕要打瞌睡喽。即便如此，老人家也是把会议从头开到尾，不迟到不早退。

海峡两岸行政法学术会议从1998年开始在大陆和台湾轮流举行，开了两岸学术交流的先河，至今仍是两岸行政法学界的盛会。十年以前两岸航班无法直飞，必须经停香港，更复杂的是审批重重，各地情况又有所不同，每一次办会或赴台都是一场与时间赛跑的战斗。有一次遇到一个很难越过的坎儿，可能导致当年活动无法举行，我们都一筹莫展。老人家当时也着了急，没出半个小时，老人家恢复镇定，讨论解决的途径，最终千折百转解决了问题。此后我又多次见到过老人家如何决不放弃、排除万难，化解一个又一个问题。此后，每当我遇到困难一时无解时，按暂停键，想象一下如果我问老人家，他会怎么说，然后再按播放键，想办法解决问题。这么多年我很少真的去问过老人家，靠着回放当年的景象就跨过一道道坎儿。如今，我方意识到这是跟随老人家工作的最大收获。

老人家“好为人师”

老人家当了一辈子老师，说下辈子还想当老师。

老人家桃李满天下，一代代学生毕业成长，其中很多都已成为名家，无论是明确导师为应老师的海内外学生，还是听过老人家讲座、参加过培训的人，都认为是应老师的学生。还有学生的学生们，也都说自己是老人家的孙辈。到行政机关窗口办事，会有工作人员激动得讲，应老师我读过您的书；各地官员来京培训，会激动得讲，应老师20年前我就听过您的课。南开大学傅士成教授，是中国政法大学1985年全国行政法学师资培训班的学员，他们中的很多人正是在全国普及和推广行政法种子的播种者，也都成为各地的行政法学腕儿。无论是学术风格，还是为人处世，傅老师都经常讲深受老人家影响。当年我常坐在第一排听傅士成教授的课，完成了对行政法的启蒙。毕业论文写的是非诉行政执行，当年还不兴打印稿，傅老师就一个字一个字在我的手写稿上改。此后十几年从来都是傅老师请我们吃饭。考研时，傅老师说，考法大吧，我就闷头考试去了法大。硕士阶段幸运跟了刘莘教授，她是应老师的硕士生，新中国的第一届行政法学硕士。外人看她乐观潇洒，没看见她怎么爬格子真做事，十几年里她常要操心我涉猎太广而不能精深，常要督促，生活上更是关怀备至。无论文风还是为人处世，刘导也是承了老人家的传统。

老人家桃李满天下，桃子李子各有不同，老人家从不强求一个模式。无论对什么话题感兴趣，持什么样的观点，老人家都能接受。记得有一年，一个博士生答辩，讲的是行政复议要走行政化的路径等，老人家啪地拍了桌子，这么改下去行政复议就没有出路了！我们在一旁都惊呆了，答辩同学也吓蒙了。老人家很快呵呵一笑，对记录同学说，这段不用记。随后安慰答辩同学，虽然我的观点和你不同，不过你言之有物，自成体系，没有关系。大家的心这才都落了地，日后成了一个段子。在我做学术秘书兼职读博士期间，几个硕士生先后到办公室帮忙，离老人家近了，耳濡目染学术的魅力，深受鼓舞，一个个都考了博士，现在都在高校、研究机构和实务部门以不同形式继续从事行政法的研习。这之后，年轻的学生越来越多，关心的话题越来越广泛，观点千差万别，老人家耐心听着，在老人家看来，百花齐放才是春。老人家自己也是身体力行，不断研究新问题，也不断为新问题的研讨搭建学术平台。这几年，老人家又投身到禁烟立法中，终于看见北京通过了地方性法规。

老人家桃李满天下，学生都像他自己的孩子一样。我们戏称他是老母鸡，学习工作生活都得给大家操心。老人家早年的学生，他能把手机号码记得清清楚楚，后来有一个学生驻外失去联络了，老人家念叨了好一阵子。学生们恋爱结婚生孩子，老人家总会送上祝福，乐得看到大家生活和美。日后两口子吵架了，工作厌烦了，大家还追着老人家，老人家就不厌其烦地给大家出主意、鼓鼓劲。现在我们的伴侣也都成了老人家的孩子。我们家小丫头的爸李大个儿是老人家的铁杆粉丝，老人家七十岁生日时给老人家做了雕塑头像，应夫人胡老师称赞："像，比应老师还像应老师"，可让李大个儿美了一阵子。现在每次见老人家都要拥抱，还得把老人家抱起来离了地。老人家鼓励学生要多吃，总要拿李大个儿举例，要是小李在，这些东西都吃完了。老人家在海内外讲学参会，无论在哪里，学生们一听说老人家来了，都是拖家带口的来见。微信方便了，学生们晒着合影，喜气洋洋。

老人家真的成了老人家了，开始说有点累了。给老人家祝酒，祝老人家身体健康，长命百岁。可是，百岁还不够啊，希望老人家奋斗超过一百岁。会有更多趣事，更多段子，更多念想。

在应老师身边读博的美好时光

张迎涛*

天上掉下一个要约邀请

在读硕士三年级的时候，和好多同学一样，我也正在面临一个艰难的选择，即考博士还是找工作，这的确是一个很折磨人的问题。如果全力备战考博，我有些信心不足，担心万一考不上，到头来再找工作就为时晚矣；如果一门心思找工作，又不甘心放弃藏在心底的那个博士梦；如果一边准备考博，一边找工作，就自己对自己的了解来看，这种两者兼顾的方式几乎是不可能的，因为我长这么大以来就没有拥有过同时把两件事做好的能力。正当我徘徊犹豫之时，记得那是一个阳光明媚的下午，刘莘老师给我带来了一个让我即使睡着了也能笑醒的好消息。刘莘老师告诉我，我具体负责组织编写的那本《行政法治文苑》引起了老人家的注意，老人家问我是否想考博士，如果想考，可以考他的博士。听到这一好消息的刹那间，我真有种天上掉馅饼，且正好砸我嘴上的感觉。当然，我心里很清楚，这仅仅是应老师向我发出的一份要约邀请，要想成功拜入应老师门下，我必须完美通过博士入学考试。此后，我就全副精力投入到了考博的备战之中，在经历了种种考验和磨炼之后，最终我如愿考上了应老师的博士，开始了在应老师身边读博的

* 张迎涛，法学博士，现任职于京东法务部。

美好时光。

在字里行间中成长

有人说，读博是在导师指导下静心读书、奋笔写作和独立思考的过程。据说，要求学生按照一份长长的书单完成阅读任务，是很多博导带博士的惯例。考上博士之后，我就猜想，未来三年恐怕就只能扎到书堆之中，以书为伴了。但是，想象总是和现实有着很大的不同。读博的三年，我虽然读了不少书，但不是单纯的泛泛的读书，而是为了写作而读书。应老师不时会给我布置各种写作任务，通常是告诉我写作的主题和简要的思路，要求我在此基础上形成完整的文章。为了完成这些写作任务，我必须读书，通过读书积累素材、启发灵感和创新表达。三年的时间，我一边读书，一边完成了多篇论文、评论、报告、序言、讲话稿、书稿等文种的写作，在字里行间记录了我的所读、所思和所得，也在求学之路上印上了应老师带领我一步步成长的足迹。

有选择的记忆

随着岁月的周而复始，应老师常常抱怨自己记性越来越不好了。但是谈起行政法的一些典故时，老人家总是如数家珍，娓娓道来，对行政法和行政法学发展的一些关键节点记得清清楚楚。我们几个学生也总是喜欢瞅准各种时机，认真听应老师讲述行政法自己的故事，还不忘带着年轻人的好奇心打听一些逸闻趣事。与国外学者交流是应老师非常重视的事情，应老师经常组织中国行政法学界与美国、德国、法国、日本等国行政法学界开展学术活动。更让我们惊讶的是，应老师还清晰记得跟国外的一些著名学者见面交谈时的提问和回答。例如，应老师经常向我们讲起 20 世纪 80 年代跟美国某著名行政法学者见面的场景。面对如此惊人的记忆力，我们只能感叹，老人家是有选择地把与行政法相关的事情记下来，铭刻在了内心深处。

生命在于静止

有一句名言是这样说的，“生命在于运动”。但是，应老师有一句与此完全相反的名言，即“生命在于静止”。老人家不爱运动，喜欢做一个安静的美男子，但是却一直保持着标准的身材，还多次向我们几个学生宣贯静止的诸多好处。我深受启发，出于对标准身材的无限羡慕，慢慢放弃了之前较为热爱的运动，结果没过多久，发现自己的体重却初具规模，离标准已经越来越远了。这时我才幡然醒悟，运动和静止的好处并不适用于所有人，安静的美男子是学不来的，我沉迷于静止的结果就是体重的逐步增加。

向程序法治迈进

国人极为讲究礼仪，却极其忽视规范权力行使过程的程序，程序任性是根深蒂固的观念和弊病。虽然行政处罚法、许可法、强制法等行政基本法中已经规定了很多程序条款，但是对于健全的程序法治而言，这些规定是远远不够的。应老师经常说一句话，没有行政程序法的法律体系，是不完整的法律体系。因此，老人家一直在为出台行政程序法而奔走呼喊。在应老师的推动下，行政程序法的专家建议稿已经数易其稿，应老师在担任全国人大代表时曾屡次提出制定行政程序法的建议和议案，即使不再担任全国人大代表之后，还多次通过其他人大代表提出制定行政程序法的建议。在行政程序的全国性立法进展缓慢的情况下，应老师带领团队协助湖南省政府出台了我国首部省级行政程序规章，自此开启了我国行政程序立法从地方到中央的新征程。

学生给老师颁奖

2006 年，应老师被评为 CCTV 年度法治人物。颁奖时，出现了极为感人和难忘的一幕，数名不同时期的学生代表所有学生为应老师颁奖。我记得我当时有幸以最年轻学生的身份，为应老师颁发奖杯。我作为一个刚读博士，从未经历过如此大场面的学生，怀着无以复加的激动和紧张心情，将奖杯递给了应老师，当时我紧张得都忘记了向应老师说一声祝贺。后来每当想起这个场景，我依然难以抑制那种激动的心情。

在实践中推动法治进步

应老师是典型的实干家和行动派。从行政诉讼法到国家赔偿法，从行政处罚法到行政复议法，从行政许可法到行政强制法，这些行政基本法无一例外都倾注了老人家的大量心血。应老师不仅自己投身行政法治实践，还鼓励和要求学生参与到行政法治实务中。读博期间，正好赶上北京市组织高校博士生到各部门挂职半年，应老师听我说想报名参加挂职后，非常支持，并叮嘱我多看多听多关注实践中的问题。毕业时，我有意到目前的单位工作，应老师说，交通运输行业有很多法律问题值得研究，我支持你到那里工作。

应老师的若干“关键词”

曹 鎏*

永远不能忘记2009年初冬的那个下午，因为应老师脚部受伤，我与先生郁中华登门拜访，第一次这样近距离接触应老师，尤其是看见穿家居服的应老师，再配上应老师那独具特色的如午后阳光般的笑容，那种亲切和温暖无以言表。交谈中，当了解到我有博士毕业后做博士后的打算时，应老师突然问我：“你愿意在博士后期间兼做我的助理吗？”要知道，在辈分上，我可是应老师的徒孙辈啊，在此之前，我也仅能在课堂上或者会议上有机会与应老师短暂交流，能有这样的机会跟着学科掌门人学习，老天是如何眷恋我？就这样，我的崭新人生开始了。2010年6月开始，我得以有幸学习、工作在应老师身边，2012年9月中国人民大学博士后出站后回到中国政法大学执教并继续留在应老师身边，于是，就有了如下光鲜的头衔：“应老师助理”、“应办主任”，还有“曹秘”……

陪伴应老师的日子，就具有得天独厚的机会，可以全方位、多角度地切

* 曹鎏，作者系中国政法大学法治政府研究院副教授。

身感受这位行政法学界的泰山北斗是如何与众不同。都说青出于蓝而胜于蓝，长江后浪推前浪，为了验证这一定律的正确性，曾经有很多人向我打探应老师成为一代宗师的秘诀。当然，历史不能复制，世上有且只有一个应老师。正值应老师80大寿之际，接下来，容我冒昧，将采用实证主义的研究路径，把应老师的经典语录做一简单梳理，期望能够以飨读者。

“课比天大，上课是老师的天职”

作为中国政法大学的终身教授，按照学校制度，应老师只需要每学年完成一次博士生集体指导课就可以了。实际上，从2005年开始，应老师都会在百忙中主动安排出专门时间（差不多36学时）给政法大学的一年级行政法专业的博士生们义务授课，全面系统梳理一下当代中国行政法的最新发展，包括当前亟待解决的重点和难点问题，风雨无阻。因为应老师社会活动比较多，日程总是安排得满满当当，经常会有会议或者出差考察等活动与授课时间相冲突。因为我负责安排应老师的日常事务，邀请方给我打电话时总会反复强调他们希望邀请到应老师的迫切心情，每当这时，我都会问问应老师要不要把博士生的授课时间调整一下，既然这也不是学校的正式安排。应老师总会语重心长地跟我说：“我是一名人民教师，上课是我的天职，我的学生都在等着我上课呢，上课的时间不能调整”。当我已经成为一名人民教师时，时不时地也会遇到如何分配授课、科研以及参与社会活动的时间问题，应老师总会颇为耐心地跟我说，“你要记住，课比天大，好好备课，丝毫不能马虎，要当一名职称、合格的人民教师，你会很有成就感的”。是啊，“课比天大”这四个字已经深深地烙印在我的心中，并时刻提醒着我要努力成为一名深受学生爱戴的好老师……

“当老师是一件幸福的事情，我的学生就是我的孩子们”

应老师桃李满天下。有一个很有意思的现象，只要是上过应老师课的同学或者同志，不管是在学校里听过应老师的课，还是仅仅因为参加了应老师校外的讲座，都会称自己是应老师的学生。刚开始，遇到这样的同志，我总会跟应老师嘀咕其学生身份的真假，应老师总会语重心长地跟我说，“不要这样嘛，他们尊我是他们的亲老师，我很荣幸，这正说明他们对于行政法的热爱，行政法治很有希望啊”。

因为工作在应老师的身边，我见证了应老师对学生们的疼爱，这份疼爱不仅仅表现在学术进步方面，对于他们的个人生活，比如说能否尽快找到终身伴侣，应老师常常比当事人还着急。只要是应老师的学生结婚，应老师都会送上一对西铁城的光动能手表（象征着爱之永恒），生了宝宝了又会再送上一个长命百岁的金锁，这已经成为应门的标志性信物。

应老师常说，“虽然只有一个女儿，但学生却很多，学生们就是自己的孩子们，很亲近，与学生们相处非常快乐，师生情就好比父子情、父女情，我有一大堆孩子们，这个大家庭很和谐、很幸福，当老师是一件很幸福的事儿”。

“如果还有下辈子，我还要继续当老师”

1960年法学本科毕业的应老师被发配到新疆工作，20年后，待应老师重新回到法学教育岗位，担负起新中国行政法学科的建设和发展之重担，冥冥之中，似乎上天早已有了安排。如今，应老师早已桃李满天下。曾经有多位弟子向应老师提议，能否把应门徒子徒孙做一个全面梳理，应老师总是笑而不语。经常会有记者在采访时，问应老师的职业选择问题。而我对此一直也是颇为好奇，总会逮住一些机会探个究竟，至今我还清晰地记得应老师给我的答案：“我这个人有一个特点，就是干一行，爱一行，到了新疆，让我劳动，我就好好劳动，回到西北政法大学，分配我从事行政法的教学研究，我就要脚踏实地地好好干。就这样，我与行政法有了不解之缘，也有幸成为一名行政法的人民教师。我很庆幸上天的这个安排，让我既可以投身于法学事业，又可以带着一群热血青年一起共同为法治建设添砖加瓦，我的学生们已经成为了我家人的一部分，我非常热爱这个职业，如果有下辈子，我还要继续当老师。”是啊，应老师的这份真挚的热爱影响了很多他的学生们，应老师的弟子们很多毕业后选择了教师职业，如果要细数一下，当今行政法学界的大腕有多少是应老师的学生呢？几乎全部。

“时刻想着人民，如果心中没有人民，那还是什么法学家”

接触过应老师的人，大抵都会有这样一个感觉：应老师很儒雅，性格温和，几乎看不到发火的时候。的确如此，即便是遇到我日常事务处理不当，惹上麻烦时（即便这个麻烦可能无法修复），应老师都会用三个字“没关系”来宽慰我，每每这时我都会很愧疚，但却非常温暖，应老师就像慈父一样，感化着我，鼓励着我。

六年来，我所见到的应老师，生气时，充其量就是用四个字“莫名其妙”做一发泄，但很快就会烟消云散（我也时常在想，也许就是应老师的这种宽容成就了一位如此超脱的非凡人）；当然，生气极致时也有会特殊表现，比如有一次，因在新闻报道中看到某位学者的立场完全背离于保护老百姓，正好我就在身边，应老师拍桌而起，大声说：“如果心中没有人民，那还是什么法学家。”我时常有幸陪同应老师参加一些学术会议，每每听到某某学者发表出有悖于民意之观点时，应老师总会在私下里跟我说，“曹鎏，你要记住，当一名行政法的学者，如果不能时刻想着人民，你就是没有担当，有负于你的这份职业”。

心系人民，这种以民为本的学术思想深深地贯穿在应老师的诸多学术著作论文之中，综观应老师组织起草的一部部法律和行政法规的专家建议稿，其字里行间均贯穿着民本的基本理念，应老师是名副其实的人民法学家。

“女性伟大，我们应该给予特别的尊重和保护”

应老师还是一个地地道道的女权主义者。记得在某一年开年会讨论弱势群体保护的话题，在场男士们很是低调，发言的几乎全是女性，应老师突然站起来（应老师一般很少在自由讨论环节发言），站在女性的角度，特别是基于男女基因的天然不平等，如何在制度制定过程中，给予女性保护的角度发表了自己的看法，掌声雷鸣不止。这样的例子不胜枚举。很多博导不喜欢招录女博士，应老师从来没有这样的偏见，应老师的学生比例几乎是男女持平的。即便是遇到自己的学生在读书期间结婚、怀孕，应老师从来没有埋怨，反而总会站在娘家人的立场对前来汇报的同学说，“我知道你们不容易，一方面要成就自己的事业，另外你们到了这个年龄，解决个人家庭问题也是头等大事，女人生孩子有黄金年龄，错过了这个年龄你们将要承受更多，孕育生子是女人最无私的伟大，我支持你们，但也希望你们能够在身体力行的情况下合理安排好时间，顺利毕业”。

身为应老师的助手，六年多来，应老师从未同意过我为其拎包，甚至托拉行李，应老师总说，这是男人的事情，当我以师生关系反驳他时，应老师总会举出法国、美国的例子，以域外绅士的标准要求自己。是啊，在应老师心里，体力活就应当属于男人的事情，女士就应当得到特别的保护，在应老师身边读书、工作的女士，每个人都享受过这样的待遇，例子不胜枚举。我们常说，应老师就是传说中的“妇女之友”，是一位名副其实的“女权主义者”。

"我的中国梦就是法治梦"

"中国梦"无疑是这个时代最时髦的关键词。每个中国人都会有自己的中国梦。应老师常说，"我的中国梦由来已久，就是法治梦，我希望我们国家能够早日出台行政组织法、行政程序法，早日完善行政法律体系，为建成法治政府夯实基础"。多年来，应老师一直行走在行政法治建设的第一线，为实现行政组织法制化和行政程序法制化鼓与呼，从未懈怠，光是《行政组织法（专家建议稿）》和《行政程序法（专家建议稿）》就几易其稿，《行政程序法（专家建议稿）》多达16稿。应老师常说，我非常希望能够在有生之年看到这两部法律的出台，我将今生无憾，因为这两部法律对于推进我们国家的法治建设太重要了。当看到党的十八届四中全会明确提出"完善行政组织行政程序律制度推进机构、职能、权限、程序、责任定化"，应老师欣喜万分，信心倍增。当前，应老师正在组织筹划系列学术研讨会，期望能够进一步加快中央行政组织法治化和行政程序法治化的进程，让组织法和程序法早日出台。

"行政法就是我的全部"

应老师日程满满。上课、考察、会议、写作几乎已经占据了应老师全部的日常工作时间。每每在安排应老师日程，我提出能否安排出一些休息娱乐时间时，应老师总说"除了工作，我好像无事可做，我现在对游玩、对美食，好像都没什么兴趣，我目前唯一最想做的，就是希望能够继续在第一线，为国家法治建设贡献绵薄之力"。是的，您可能不相信，应老师虽已至耄耋，每天晚上仍要工作到十一点钟，日日如此，没有周末，没有假期。记得某一年大年初二，应老师给几位老师打电话催书稿，事后几位老师聚在一起打趣道，"应老师怎么能够不遵守劳动法，无视休息权啊"，应老师满脸无辜，忙说道"抱歉，抱歉，我假期的任务就是写作，我忘记这是春节期间，你们还要走访亲戚，带着孩子休闲娱乐，对不起，对不起”。

2015 年是中国行政法学会成立 30 周年。应老师笑言，“我与行政法学会有着非常深厚的感情，从成立大会，即第一届年会至今，30 年来的年会我全部亲历过。行政法就是我的全部”。我至今依旧清晰地记得当应老师在获得行政法学终身成就奖发表获奖感言时，应老师的那句“我希望能够为行政法治事业贡献到最后一刻”。是啊，这就是一位与行政法休戚与共、视行政法为生命的行政法开创者和奠基人的肺腑之言。

学习、工作在应老师的身边，我很幸福，收获自是满满。他亦师，亦父，有老师称其为“武林盟主”、“灵魂导师”，我觉得一点儿不足为过。正如清华大学何海波教授的精准评价，“如果要为当代中国行政法的发展找一个最有符号意义的人物，那就是应松年教授”。

值此应老师正式迈入 80 后之际，祝敬爱的、亲爱的应老师万寿无疆、身体健康，因为这世上有且只有一个应老师。

我的应老师

汤俪瑾*

我是读着应老师的书开始学习行政法的。考博面试的那一天，第一次见到应老师，问了我几个不太简单也不太复杂的问题，一直都是笑眯眯的。与我想象中的行政法学泰斗的样子不太一样。

入学后，一直觉得自己从远离北京、远离行政法学的地方来，与身边的同学有很大的差距，与应老师的学生应该有的水平更不知道差了多远。所以，很害怕见应老师，每每总是以英语学习紧张为理由躲避。学位点为我们开设了“集体指导课”，每一位导师都讲二到三次，当然都是导师们最擅长的领域、最新进的研究成果。同学们听着十分过瘾，总是要求导师们增加讲授的次数。应老师的课更是如此，同学们纷纷请求应老师能够多讲几次，应老师欣然应允，将“导师指导课”规模扩大，所有的宪法行政法博士生都可以参加，与课程有关的联系工作自然落到了我的头上。应老师十分看重“导师指导课”，每次课程的主题都提前通知同学们。课堂上，应老师认真听取同学们的发言并给予点评，最后，再围绕主题发表意见，既有深远的理论溯源、更有严肃的实践探讨，总是让同学们获益良多。我在应老师身边，看着应老师为每一次课所做的精心准备，在学问之外，还折服于应老师严谨的治学态度。

作为中国著名的行政法学家，应老师对于中国的行政法治建设持有乐观

---

* 汤俪瑾，中国科技大学人文学院副教授，宪法与行政法学博士。

又坚韧的积极态度。我入学晚，没有幸运参与应老师拟定《中国行政程序法（建议稿）》的过程，也没有幸运参与应老师主持《湖南省行政程序规定》的过程。不过，我有幸见到应老师电脑里保存的《中国行政程序法（建议稿）》和《湖南省行政程序规定》各版修订稿。2008 年 4 月，《湖南省行政程序规定》颁布，引发学术界和实务界的强烈关注，被誉为中国行政程序立法的“破冰之举”。我问应老师，中国行政程序立法的下一步进展会是什么。应老师笑了，没有直接回答我的问题，坚定地说，“尽管行政程序立法并不顺利，但是，有总比没有强，哪怕只是摆设，也比没有摆设强。中国的事情有中国的办法和路径，不能急。做好准备，等待契机，事情总能一步步往前推”。

三年中，围在应老师身边，真切地感受着应老师渊博的知识积淀、高远的学术视野、严谨的治学态度。更加深入心扉的是，应老师的慈祥和关爱，宠着我们这些围在他身边的学生们，让我们痛并快乐地学习和生活。一年级下学期开始，我每周三至四天在应老师的办公室，应老师布置的任务也越来越多。应老师把这称作“干活儿”。常常是，这个活儿刚干完，新活儿又派下来了。我是个急性子的人，应老师派了活儿，当然要尽最大努力干好，就会加班加点，熬夜更是经常的事情。干完了活儿，交给应老师的时候，应老师会笑着说一句，“好！”我知道，这就是基本满意了。虽然，干活儿很辛苦，我们这些学生们还是心甘情愿，就为了那句“好！”真的，应老师就是有这样的魔力！隔一段时间，我们这些学生就会找理由请应老师吃饭，应老师出钱。这种时候，应老师总是乐呵呵的，还是那句“好！”2015 年 10 月，我毕业五年后，第一次出差去北京。定了日程后，最担心的是，不知道有没有机会见到应老师。发短信询问，应老师还是那句，“好！”人生中的温暖，有时就是一句话、一个笑容、一个爱抚。

我的应老师是丰富的——睿智的法学家和儒雅的学者。我的应老师又是简单的——慈爱的师者和年轻的长者。能够有这样的体会，是人生中最大的幸运。

时光可逆，真情永驻

——写给八十高龄但仍然年轻的应老师

吴 陶*

时光是个大男孩儿，你越是想留住它，它流逝得越快。与应老师相识的岁月让我倍感时光脚步的匆忙，想拖住它，让它慢些，而调皮的时光才不管我的央求，只管任性地跑呀跑，一直跑到应老师年近八十岁的今天。拖住时光的脚步是撰写此文的初衷。很庆幸，我采撷到了时光之河中的美丽贝壳，它们都是我与应老师相识过程中的点滴会聚，穿成风铃悬挂心头。每每清风拂过，铃声清脆，犹如师言在耳，倍感温润。

一、初识泰斗，心向往之

与应老师相识至今，已经6年。回忆6年来的情景，犹如弹指一挥，桩桩件件仿佛就在昨日。首次目睹应老师的风采是在2009年秋天的政协礼堂。当时，证监会与法治政府研究院共同研究查审分离的课题，应老师是课题组的组长。记得会议上，应老师对查审分离的执法理念作了精辟阐释：包括证监会在内的很多行政机关是全链条执法，即调查、处罚、执行等权力不分家，一个部门大包大揽，权力过分集中。最后的结果就是绝对权力引发的种种监督不力、不依法行政甚至腐败现象的发生。查审分离体制的建立，是将权力链条区分为各个不同环节，环节之间互相监督、互相制约。查审分离的

---

* 吴陶，中国证券监督管理委员会干部。

执法理念，从制度设计层面上克服了权力过分集中引起的种种问题，是行政权力自我监督自我约束的体现。寥寥几句，却字字珠玑、掷地有声，瞬间勾勒出了证监会行政执法体制改革的方向和未来的前景。此课题最后使证监会获得了国家政府机关中首创查审分离制度的殊荣，引来银监会、保监会等兄弟单位的争相学习。证监会能够有今天的依法行政之硕果，与应老师的辛勤付出密不可分。

这就是大家，这就是中国行政法学的创始人！清晰的思路、敏锐的分析、果敢的判断、强劲的行动力！我心中暗自佩服，也悄悄立下宏愿，努力学习、认真研究，有朝一日能够成为应老师的学生，继续深造。

二、无相布施、仗义执言

细心的学生们将应老师的阴历生日加以阳历换算，最后确认，应老师是摩羯座！说来也巧，我与摩羯座有着不解之缘：我的恩师应松年教授、我先生、儿子、我的直接领导，都是这个星座。摩羯座的保护神是木星。无论从天文学角度，还是从东西方文化角度，木星都是一颗特殊的星星：第一，自转方向与太阳系其他九大行星不同，是自东向西旋转，这意味着年龄的逆生长；第二，在中国传统星相学中，木星即太岁星，保佑人们长寿、幸福、平安；第三，在西方神话传说中，木星会慷慨地给予地球人礼物和好运气。身为摩羯座的应老师，有着显著的木星特征。这些特征主要体现在老师一生始终坚持的无相布施、杏坛传道的教育与研究事业中。

应老师的摩羯性格之一：坚韧不拔、生命长青。犹如摩羯座的守护神木星一样，应老师是一个看不出年龄的法学家。曾经有初次接触应老师的人听到我们称老师为“应老”，非常不解，以为应老师只有六十岁的年纪，后来得知应老师已经年近八旬惊讶不已，并为其终生奉献于教育事业、行政法学研究事业之精神所感动。应老师开坛讲课、传道授业的时间越长，身体就越硬朗，受益的学生们就越多，社会价值就越大。言传胜于身教，老师以其实际行动践行着他兼济天下的格局、终身布道的宏愿。无论路途多么遥远、曲折，只要那里有期待应老师开坛布道的弟子，应老师一定会不负众望，传道授业，将行政法学人的精神播种于当地。记得去年夏天，应老师应山东省日照市法院邀请，讲授行政诉讼法修改相关问题。作为陪同人员，我一路相随，高铁、高速相继换成，像我这样三十多岁的人尚感到疲惫，更不要说应老师这样年近八旬的老者。然而出乎我预料的是，应老师并无疲态，在经历一整天奔波之后，第二天仍然能够精神百倍地演讲！应老师就像一面有感召力的大旗，走到哪里，其强大的精神力量就在哪里释放出活力。像这样的杏坛，应老师开了一场又一场，不计其数！我想，这就是《金刚经》中“无相布施”的内涵，以传道为己任，无求回报。应老师越活越年轻，犹如行政法学一样，越来越朝阳，真正实现了逆生长！

应老师的摩羯性格之二：翩翩君子、公心仗义。在没有结识应老师之前，我对绅士的概念仅仅停留在为女士开车门、搬椅子的粗浅阶段，对于什么是真正的绅士尚无深刻的理解。我想，中国古代常常用“君子”一词对人品高尚者褒奖，所谓“谦谦君子、温润如玉”。大抵真正的绅士等同于我国古代的君子吧。与应老师结识的几年里，我才对真正的绅士、君子这些古韵悠然的词汇有了更加鲜活的认识。

虽然他年近八旬，但是只要您与应老师出差同行，对不起，您失去了为老师提供拎包端水服务的机会。应老师一定自助！若是遇到降温下雨等坏天气，应老师则会把外套让渡给瑟瑟发抖的女士。如果您觉得这就是一名中国绅士的全貌，那还是用中国古代流行至今的“君子”来诠释应老师的为人更加准确。博士毕业论文答辩中，我的一名非同门博士同学不巧被分到了比较特别的一组。特别之处在于，她因在行政机关日常工作中，旁听了一次以其单位为被告的行政诉讼，而恰巧答辩组的组长为原告代理人。于是，不幸发生了：未及充分阐释毕业论文的内容，她就被答辩主席勒令停止答辩，并且不对其论文进行提问，直接枪毙了她的论文。为了给这名同学鸣不平，我找应老师求情，说明了事情的始末，希望应老师主持公道。应老师闻听，二话没说，连续给那名答辩主席打了三个电话，为这名同学争取再次答辩的机会。作为学生，我深深地为应老师的仗义执言、公心对事的处世哲学所感动。我想，中国传统文化倡导的“谦谦君子”，不过如此。公益心、同情心、同理心，重情义、重道义，此“三心二意”，是应老师的魅力所在，也是我做应老师学生之后，受到的最大教化。

三、笑对人生，有容乃大

磨难对于有志者来说，是块垫脚石，它造就了强者，砥砺了心智。这是听师兄师姐们讲应老师故事时，常提起的比喻。1957 年“反右”开始，巨大的政治风浪波及全国众多高校，同许多优秀知识分子一样，应老师也被卷进去。毕业后，他被“发配”去了新疆伊犁。戈壁胡杨面对怒吼的朔风不低头，应老师面对政治风波更是倔强不屈。在艰难环境中吃过的苦、受过的累反而成了日后成就行政法学家的宝贵财富。回首往事，应老师总是非常平静地说：挫折于人不一定全是坏事，他可以磨去身上的稚气和傲气，促使人更加懂得生活的含义和生命的意义，尤其是练就人敏锐的洞察力和清醒的辨别力。每当遇到困难时，我就会想起应老师的教诲，那所谓的“困难”，瞬间改变了性质，从难事变成生活的一部分，等待我的，只是平静地接纳和对待。

生活中的应老师是个懂得“浅幽默”的人。他自己幽默，还会用发问的方式幽我们一默，浅浅的，不会捧腹大笑的那种，然后，你尽可以去反省一下自己。这是他特有的“应式幽默”。记得一次行政法学年会，会期第二天下午会有一点儿自由活动的时间。当天早晨，学生们与应老师一起吃早餐。有几名同学策划着自由活动时间逛商场买包的事情。应老师用标准的宁波普通话郑重其事地发问：“我有一件事情不明白，你们这些同学为什么总是买不同的背包？难道一个包用不久就会坏掉”？我们觉得很难与老师解释同学们买包的心理，于是答道：“包长得不一样，有的扣扣子、有的抽袋子、有的拉链子、有的是皮面、有的是布面、有的是防雨绸、有的圆、有的方、有的扁。”

这答案显然不能够令老师满意，不过他还是笑得非常开心：“这就构成你们消费的理由？原来世界上有你们这样一群不注重功能只重视外表的人，商场才能开得起来，若是都像我，商场早就倒闭了。我不理解，但是我支持你们买。”顿时，我有一种被点中穴位的感觉，过度购物的习惯的确应该控制一下了，反省之中……

不久，就是敬爱的应老师八十大寿，八十岁之于他，是个纪念其逆生长的仪式，他仍然年轻，而且越来越年轻。他是木星庇护下的摩羯座，他在杏坛布道的过程中穿梭了时光，他送给身边所有人礼物，点点滴滴，润物无声，那是大爱的馈赠。行文至此，突然觉得，我没有必要拖住时光的脚步。让它去吧，应老师是能够穿梭时光的人。在此，祝应老师年年岁岁相似，岁岁年年青春！

相识七载，受益终身

——记我与应松年教授相处点滴

王建新*

秋天的确是北京最美的季节，少了雾霾的侵扰，剩下的是蓝天白云，红叶漫山，色彩斑斓。在这样一个美好的季节，回忆我与博士生导师应松年教授相识、学习和交往的点点滴滴，谨以此来表达对恩师八十寿辰的祝贺，也感谢恩师对我的教诲、培养和关爱。

应松年教授对于中国行政法学的创立和发展，对于中国行政法治的完善与进步都具有至关重要的作用和地位，对于应老师的学术水平和社会影响，已无须赘述。在此，我想谈一下和应老师相处的细微往事，希望能够呈现更加真实，更加生活的应松年教授。

相识

第一次与应老师见面是在2008年的秋天，那时的北京还没有雾霾，我也

* 王建新，中国人民公安大学治安学院讲师，法学博士。

还在读硕士。考取应松年教授的博士是无数行政法学子的梦想，那时的我也不敢奢望梦想能够照进现实，只是抱着试试看的想法，鼓起勇气去见一下应老师。当时应老师还在国家行政学院工作，见面地点是在应老师在“红顶官帽”楼上的办公室。现在我还清楚地记得，见面时应老师穿着灰色西装，白色衬衣，戴一副金丝边眼镜，精神焕发，讲起话来面带微笑，慢条斯理，和蔼可亲。我心里还嘀咕：这是七十多岁的人吗？看着不像啊。虽然初次相识只有几分钟，但应老师气定神闲的大师风范坚定了我考博的决心。后来我通过自己的努力，考上了应老师的博士，考博期间也得到了许多师兄师姐前辈的鼓励和帮助，也让我初次感受到应门大家庭的温暖。得到博士研究生录取通知的那一刻，我使劲掐了一下自己的脸，真不敢相信梦想真的成为现实。

考上博士后，应老师专门把我叫到办公室，跟我谈了一次话。这次谈话应老师一改上次的谦和，表情严肃，语重心长，对我讲：虽然博士考上了，但你的理论功底还有所欠缺，要想做好博士期间的学习和研究，基础一定要打牢。临走时，应老师亲自给我列了一份书单，嘱咐我利用假期好好阅读，并且要做好读书笔记，开学他还要检查。这种严格的要求和严谨的态度，始终贯穿在我三年的博士学习当中。

入门

“一如宫门深似海”，这是《甄嬛传》给人印象最深的地方。而想想我跟随应老师读博的经历，可谓“一入应门甜如蜜”。成为应老师的门下弟子是众多学子的梦想，进入应门的我内心充满骄傲与自豪，能够天天陪伴在学术泰斗身边自然羡煞旁人，此为甜蜜之一。

进入应门也给我带来了众多的学习机会，能够和顶尖的行政法学者相识请教，能够接触到行政法学研究的前沿动态，能够了解到行政法治发展的最新成果，此乃甜蜜之二。

甜蜜之三在于应门弟子不但人数众多，而且时时处处充满着欢乐与友爱。

初入应门，师兄师姐们就热情地给我“传经送宝”，带我参加各种应门活动，为我介绍各路英才，使我很快融入应门大家庭中。“天子之门曰应门”（微信群名），应门之内自然人才济济，涉猎广泛。有学术大咖，也有政界明星；有旅游达人，也有美食专家；有成功前辈，也有青年才俊。在应门，你可以畅所欲言，不同年龄、不同领域、不同层次的交流不仅能激发学术研究的灵感火花，也能够让大家的生活更加丰富多彩。

儒雅

都说英国人绅士，对此我也感受颇深，对英国人来说，绅士不是做给别人看的，也不需要得到他人的褒奖，而是渗透到骨髓里，流淌到生活中。在我眼中，应老师不但具有绅士精神，而且更具儒雅气度。博学、平等、尊重、大爱渗透于应老师工作和生活的每一个细节当中。

读博期间，我时常接送应老师上下班，应老师都是坐副驾驶位置，从来不坐后排的“领导专座”，老人家对我说，坐前面说话方便。有一次我驾车陪应老师到某国家机关开会，散会后一位领导给应老师打开我车的后座门，示意应老师坐后面，应老师说：不，我坐前面。自己拉开车门进入前排，与我一同离开。这样的细节让做学生的我内心充满感动和敬意，也教会我要树立平等的观念，学会尊重他人的劳动。

应老师尊重和关爱女性也是公认的。老人家时常对我讲，在中国社会，男女不平等的现象还比较严重，社会应当更多地关注和关心女性。女同志本身在生理上就和男同志有差别，除了生儿育女，还要料理家务，要讲平等的话男同志当然要多干点活了。应老师不但是这么说，更是这么做的。在涉及女性权益的问题上，他都坚决表态支持。例如，对于延长女性产假和提高生育保险的问题，应老师就多次在各级人大会议上进行过呼吁。记得前几年，在控烟氛围还未形成时，但凡遇到有人在女同志面前吸烟，应老师必定会严词制止。有一次，我去机场接应老师，同机回京的还有一位师姐，在机场出口出来时，我发现推行李车的居然是七十多岁的应老师，我立即上去帮忙，应老师笑呵呵地说：没关系，她箱子太重，我来推。对于这些细节，我都看在眼里，记在心里，将应老师作为自己行为的榜样。

传道

师者，所以传道、授业解惑也。学为人师，行为世范，应老师的一言一行都会潜移默化地影响着学生。应老师不仅教诲学生为学之道，更重要的还有处世之道和为人之道。学术的诚信和刻苦的研究是应老师对学生做学问的基本要求，此外，他还倡导学术研究在推动理论深入的同时，更应当注重解决中国的实际问题，也正是在这样的为学之道指引下，一批又一批的应门弟子为中国行政法治的进步不断努力。

应老师为学生传道可谓随时随地。由于接送应老师的便利，我得到了更多和应老师交流学习的机会。应老师会给我讲他参与的行政立法过程，讲他对一些时事的看法，这些都让我受益匪浅。在同应老师聊天时，我们也会谈及他在新疆的经历，但我听到更多的是新疆的美景和百姓的生活，很少有对那段艰难经历的抱怨和愤恨。我想这也是应老师博爱包容、胸怀宽广的体现。应老师教导我，做人不要老停留在过去，要更多地向前看，因为未来会更美好。

应老师的公平正义感非常强，还有点疾恶如仇的侠士风范，看到一些社会不公的现象，老人家有时甚至拍案而起。这也树立了应门弟子的公平正义观。老人家经常对我讲，以后做学问了一定要站在老百姓这边，多为弱势群体思考，做事情不要计较回报，要对得起自己的内心。

爱生

爱是教育的灵魂，是一名教师道德修养和社会责任的体现。应老师爱学生也是出了名的，每当学生有事找应老师帮忙，无论是学习还是生活中的困难，应老师必定毫不推脱，尽力帮忙，哪怕不是自己带的学生，他也会尽心尽力。应老师正是用这种“护犊式”的爱去关心学生的心灵，关爱学生的发展，也正是这种爱护，激励了一批又一批的学生刻苦学习，努力奋斗；也正是这种爱护，让学生们愈发热爱和崇敬应老师。在应老师眼里，学生的事情才是最重要的事情。应老师经常会出差，但是博士生的导师课，他都尽量不调课，按约定时间上课。老人家说：给学生上课永远比开会和讲座更重要。

读博期间，我希望出国交流一段时间，拓展自己的视野，跟应老师汇报想法后，老人家非常支持，在确定选题、联系学校、推荐考试、制订计划和出国准备等各方面都给予我很大帮助。我在英国期间，应老师还时常与我电话或邮件沟通，关心我在外面的学习和生活，让我十分感动，也自知加倍努力，不辜负老师的关怀和期望。

博士毕业找工作时，为了我能够找到一个理想的单位，应老师也是费尽脑力，多方求助，看到年长的老师为了自己的事情费心求人，心中充满感动和感谢。在我接到工作单位录用通知的那一刻，我也第一时间和应老师分享了喜悦，电话里他和我一样高兴，让我感觉到老师始终和学生在一起。

在应老师看来，学生们会有几大喜事让他十分高兴：一是找一份好工作；二是组建一个好家庭；三是有了下一代。特别是新婚之喜，应老师格外重视，不但会亲自挑选礼物，而且要到场祝贺，而学生们最喜欢的就是应老师独特的婚礼致辞。我结婚时，自然也邀请应老师致辞，老人家热情洋溢、风趣幽默的致辞博得了在场嘉宾的热烈掌声，现场的气氛也烘托到了高潮。但后来师姐偷偷告诉我，其实那天应老师身体不太舒服，腰椎有点难受，大家劝他不要去，但他还是坚持要来，而且致辞时一直站立着。听完之后，我的眼眶顿时湿润，带着愧疚之心去看望应老师，老人家只是微微一笑，说：没关系，结婚是终身大事。

正是通过这种身体力行的关心和关爱，让学生们内心感觉应老师始终和自己在一起，让学生们感受到家的温暖，感受到长辈的呵护。学生们不但能够静心学习，努力研究，而且还学会了关心和关爱他人。

童趣

和应老师在一起的日子，不但学有所获，而且轻松愉悦。学术泰斗除了严谨治学，奉献社会之外，也有平凡生活，风趣幽默的一面。特别是与学生在一起的时候，应老师是最放松，也是最快乐的。学生们也与应老师打成一片，融洽的师生氛围让大家能够轻松快乐的工作和学习。

接送应老师上班，每次都会经过友谊宾馆的北侧的三环辅路，在辅路的南侧有很多商铺。有一次师姐对我说，其中一家商铺的名称和应老师的小名是一样的，我就顿时就来了兴趣。以后再经过那条路的时候，我经常会指着某一商铺问应老师：是不是这个？应老师先是一笑，然后就摇摇头说：不是。日复一日，年复一年，我差不多把所有商铺都问遍了，到博士毕业也没有找到正确答案。也不知道是不是应老师在和我开玩笑。还是留点悬念吧，让自己再多走走那条路。

陪应老师到医院检查身体，医生嘱咐老人家尽量不要吃甜食，特别是不能吃冰激凌。作为学生，大家也特别关心应老师的身体，监督老人家按照医师的建议饮食，但老人家似乎对冰激凌情有独钟，念念不忘。学生们也都知道，但是在关于能不吃的问题上，每次都要和应老师博弈一番，最后协商的结果往往是双方各让一步，在学生们的管制加怂恿下，应老师半推半就尝上两口，双方当事人皆大欢喜。

应老师喜欢学生，更喜欢学生的小孩，每次见了小宝宝都开心得不得了，有机会还要抱一抱。记得第一次带着我女儿到应老师家，小宝宝还不会走，只能满地爬。小家伙在应老师家客厅里看到了一个彩色花盆，一下子像发现了新大陆，两眼放光，以迅雷不及掩耳盗铃之势，从沙发爬向花盆，没几下就用小手把花盆里的土抓了出来，撒的客厅地面上到处都是。见到这场面我有点坐不住了，赶紧去制止，此时的应老师倒是乐得不行，开心地哈哈笑，说：没关系，不要管，看她玩儿得多开心啊！

敬业

大师之所以为大师，我想除了先天的禀赋，更多的还需要后天的努力。应老师就非常勤奋。八十岁的人仍然坚持读书，坚持写作。他的勤奋和敬业精神也时刻鼓舞着做学生的我努力向前。

记得博一上学期我针对“钓鱼执法”的现象写了一篇小文章，想在报刊上发表，找应老师给看一下，下午就打印了一份送到应老师办公室。第二天上午老人家就叫我到办公室，跟我讨论写的文章，我接过文章来一看，上面满满的全是应老师手写的修改意见。我原来想的只是请应老师把把关，提提意见，没想到老人家利用晚上时间逐字逐句地给我修改，如此认真，如此敬业，顿时让我对应老师肃然起敬。管中窥豹，可见一斑。应老师正是用这种严谨的态度对待学术研究，准备讲座材料，撰写杂志约稿，都是亲力亲为。

出于应老师的学术地位和影响力，许多单位都会邀请应老师去讲座或开会，应老师总是有求必应，但是，由此也给自己带来很多的劳累和辛苦。一年出差几十次，有的时候一周要跑两三个地方，作为年轻人都觉得辛苦，更何况八十岁的老人。在佩服应老师敬业精神和旺盛精力之余，学生们也十分心疼和担忧老人家的身体，毕竟年龄在那里，还是得注意，所以我们经常会劝应老师，能不能把参加活动的频率减一下，少出点差，多休息一下。老人家也知道我们的心思，但是对我们讲：人家邀请我首先是信任。另外，我去开会和讲座也是在宣传行政法治，也是在推动法治进步，我能在这方面多做些工作，虽然辛苦一点儿，但心里高兴。

应老师一生培养了许许多多的学生，硕士和博士众多。而我也十分幸运，正好赶上应老师从国家行政学院到了政法大学，成为终身教授，从2009年开始，应老师每年可以指导两名全日制博士研究生。很多人都猜测，应老师带学生要带到什么时候，谁会成为关门弟子？还有人说指导学生太辛苦，这么大年纪了没必要再指导学生了。对这些问题，学生们也很好奇。我还记得应老师曾经说过：只要身体允许，就会一直带学生。我想正是出于对行政法学的无比热爱，还有内心的法治信仰，让应老师用尽毕生的精力去为中国行政法治的进步奔走呼号，为行政法学研究的繁荣发展殚精竭虑，为培养更多的行政法后来人奉献一生。

以上只是我与应老师相处交流的零碎片段，现在我也成为一名教师，更加理解应老师对学生的良苦用心。作为学生，我也唯有秉承恩师教诲，不断努力向前，用优异的成绩来回报老师的厚爱。

最后，用一副对联表达对恩师八十寿辰的祝贺。上联：治学传道不老如松；下联：修身养性再续佳年；横批：应门之幸。

后　记

《应松年教授八十华诞贺寿文集》一书的构想筹划、组织编写至今已近一年，这本文集终于尘埃落定。应教授常说，“我的中国梦由来已久，就是法治梦”。应教授数十年如一日，与中国法治同呼吸，与行政法学共命运，功劳卓著，贡献良多，体现了老一辈法学家的法治情怀和担当精神，堪作法学尤其是行政法学人之表率！作为我国行政法学的一位领军人物，获得终身成就奖的行政法学界泰斗，应教授不仅自己在学术上不懈努力、更上层楼，还像学术海洋的一座灯塔，为青年才俊照亮前进方向，做他们的知心朋友和引路前辈，总是真诚、热情、尽力扶掖后进，帮助中青年学者快速成长。应教授将教书育人融入自己的生命，培养的学生遍布海内外，播撒的种子已经桃李满园、栋梁满堂，他严谨的治学观和豁达的人生观是点燃众多弟子的火种。正是对行政法学的无比热爱以及内心的法治信仰，让应教授用尽毕生的精力去为中国行政法治的进步奔走呼号，为行政法学研究的繁荣发展殚精竭虑，为培养更多的行政法后来人奉献一生。

适逢应教授八十寿诞，学界同仁和学生们结集为贺，由衷地对应教授于中国行政法学发展之呕心沥血，于中国法治实践进步之鞠躬尽瘁，于中国行政法人才培养之倾心尽力，致以崇高的敬意，祝愿先生身体健康、学术长青！

该文集筹划期间，中国政法大学副校长、中国行政法学研究会会长马怀德教授，中国政法大学法治政府研究院院长王敬波教授，法治政府研究院曹鎏副教授，张松博士、马龙君博士、刘茜博士及崔瑜博士等为本书做了大量的文字、编撰和联络工作，付出了辛勤的劳动，特此对为本书付出努力的各位同志表示衷心的感谢。

特别感谢中国法制出版社为本书的出版给予的帮助与支持！

图书在版编目（CIP）数据

当代中国行政法的使命／马怀德主编. —北京：中国法制出版社，2017.5（2018.5 重印）
ISBN 978-7-5093-6225-9

Ⅰ.①当… Ⅱ.①马… Ⅲ.①应松年-纪念文集 Ⅳ.①K825.46-53

中国版本图书馆 CIP 数据核字（2017）第 007780 号

策划编辑 马 颖　　责任编辑 侯 鹏　　封面设计 李 宁

当代中国行政法的使命

DANGDAI ZHONGGUO XINGZHENGFA DE SHIMING

主编／马怀德

经销／新华书店

印刷／北京京华虎彩印刷有限公司

开本／787 毫米×960 毫米 16 开　　印张/108 字数／1543 千

版次／2017 年 5 月第 1 版　　2018 年 5 月第 2 次印刷

中国法制出版社出版

书号 ISBN 978-7-5093-6225-9　　定价：299.00 元

北京西单横二条 2 号　　值班电话：66026508

邮政编码 100031　　传真：66031119

网址：http：//www.zgfzs.com　　**编辑部电话：66060794**

市场营销部电话：66033393　　**邮购部电话：66033288**